读古人书　友天下士

百余年前，崇文书局于武昌正觉寺开馆刻书，成晚清四大书局之一。所刻经籍，镌工精雅，数量众多，流布甚广，影响巨大。为赓续前贤，倡明国学，弘扬文化，本局现致力于传统典籍的出版。既专事文献整理，效力学术；亦重文化普及，面向大众。或经学，或史论，或诸子，或诗词，各成系列，统一标识，名之为“崇文馆”。

崇文馆

中华经典全本译注评

1

〔西汉〕司马迁　著
甘宏伟　江俊伟　译注

长江出版传媒｜崇文书局

中华经典全本译注评丛书
编委会

前　言

霍松林

英国思想家培根有一句名言:“读史使人明智。”确实,大到治国安邦,小到个人的立身处世,历史都能带给我们丰富的启迪和智慧。有些人可能把历史想象得枯燥乏味,认为真实的历史进程,远不如想象丰富的文学作品更能引人入胜。对此,我的看法是,文学作品固然有其独特的审美价值,而历史的魅力也是无法抗拒的。二者的完美结合,更能带给读者以完美的精神滋养。现在有不少年轻人酷爱读传记文学、历史小说,就是一个例证。在中国古代的历史著作中,最富于文学性、思想性,对中国文化影响深远的作品,我以为非《史记》莫属。

西方现代历史学比较发达,凡对中国古代文明有所了解的西方史学家们,都承认中华民族是世界民族中最富历史观念的民族。其他姑且不论,仅就中国的历史记载从未间断一点而言,在世界各国中便已罕有其匹。中华民族是一个历史悠久的民族,有着辉煌灿烂的古代文明。更为难得的是,中华文明从远古一直发展到今天,中间虽然历经改朝换代,但文明的基因代代传承,从未中断,这不能不说是人类文明史上的奇迹。这个奇迹的存续,有一个重要前提,那就是:中国历来有着重史的传统。清代纪昀等编修《四库全书》,将中国的古籍划分为“经、史、子、集”四大类。其中隶属于经部的《春秋》其实是一部编年体历史著作。史部排在第二位，据统计，仅《四库全书》收录的史部典籍，便多达15门类、30199卷，这还不包括四库未收书目以及《四库全书》之后新撰的历史著作。无论就重视程度而言，还是就创作数量而言，中国都不愧为一个历史大国。中国古代重史传统是如何形成的？关于这一问题的答案，我们可以追溯到《春秋》，乃至更早的历史记录。我国自商、周以来就设置史官，官方修史的传统由来已久。《汉书·艺文志》中有“左史记言，右史记事”之说。孔子《春秋》一书，是第一部由私人编修的历史著作，对后世影响深远。然而真正使历史编撰成为一门学问，对历史本身作形而上的思考，对历史学家肩负的职责加以考问，影响和激励了后世无数史学家，最终使中国的重史传统得以确立，其功至伟者，还得首推司马迁。

司马迁，字子长，汉代左冯翊夏阳（今陕西韩城）人。关于司马迁的生年，《史记·太史公自序》以及《汉书·司马迁传》均未有明确记载。后世有两种说法：一是唐人张守节《史记正义》认为生于汉景帝中元五年（前145年）；二是唐人司马贞《史记索隐》认为生于汉武帝建元六年（前135年）。据《史记·太史公自序》：“司马氏世典周史。”后来由于战乱，从司马迁的八世祖司马错到他的祖父司马喜这段时间里，一度中断。至司马迁的父亲司马谈，复为太史令。司马谈是一个知识渊博的学者，著有《论六家要旨》，从治理天下的角度，对阴阳、儒、墨、名、法、道德六家作了评价，对道德家最为推崇。司马迁十岁能文，二十岁后游历南北，并曾经出仕为郎中，这段经历对他以后撰写《史记》是很有帮助的。元封元年（前110年），汉武帝在泰山举行“封禅”大典，司马谈身为史官，未能亲历其事，抱恨而终。元封三年（前108年），司马迁继任太史令。太初元年（前104年），他继承乃父遗志，开始了撰写《史记》的伟大事业。司马迁对历史著作的重要意义有着深刻的认识。他以《春秋》为例，指出：“夫春秋，上明先王之道，下辨人事之纪，别嫌疑，明是非，定犹豫，善善，恶恶，贤贤，贱不肖，存亡国，继绝世，补弊起废，王道之大者也。”不料，就在司马迁潜心于《史记》著述的时候，一场横祸突然降临。当时，在汉朝与匈奴的一场战争中，汉将军李陵率步卒不满五千，与匈奴八万大兵转斗千里，矢尽道穷而救兵不至，终于战败。司马迁与李陵素无交往，但他根据自己平日的观察，认为李陵有“国士之风”，在国家需要的时刻能够挺身而出，身虽陷败，“且欲得其当而报于汉”，不宜治罪。然而，这番言论却得罪了汉武帝，司马迁因此下狱，受到了腐刑的严酷惩罚。出狱后，司马迁开始发愤著书，把全部精力投入到《史记》的创作中，最终完成了这部旷世不朽之作。《汉书·司马迁传》中收有司马迁《报任安书》一文，对这段屈辱而惨痛的经历作了详细的描述。司马迁在文中自剖心迹，表明自己历史写作的动机是“述往事，思来者”，“亦欲以究天人之际，通古今之变，成一家之言。”可见，司马迁创作《史记》的起点是很高的。他绝不满足于单纯的史事罗列，而是融入了自己对人生、对社会的思考。司马迁有着史家的责任感和良知，敢于秉笔直书，这种大胆的“实录”精神，为后世的史学家们做出了表率。虽然后世的史学家们，特别是那些官修史书的编撰者们，出于种种因素，往往很难真正做到完全“实录”，但是，司马迁开创的伟大事业，却激励着一代又一代后来者，使历史成为激浊扬清的审判台。可以说，司马迁赋予《史记》的这股精神力量，是最值得后人继承的一笔宝贵财富。

司马迁及其《史记》的另一个重要贡献，是开创了“纪传体”这样一种历史著作的新体例。《史记》之前的历史著作，主要有《尚书》《竹书纪年》《春秋》《左传》《国语》《战国策》《逸周书》《世本》等。《尚书》是上古历史文件的汇编，还不能算是正式的史书。《竹书纪年》《春秋》《左传》等均是编年体，《国语》《战国策》是国别体。《逸周书》记事大多出于想象。《世本》是历代史官代代相传记载的从远古到战国的史事，至唐代已散佚。《史记》没有简单抄袭这些早期史书的史料，更没有模仿它们的体例，而是创造性地以人物传记为中心，用本纪、表、书、世家、列传这五种体例的综合运用来呈现复杂的历史事实。这种体例，被后世继承，成为历代封建王朝官修"正史"的典范。《史记》一百三十卷，共分为"八书、十表、十二本纪、三十世家、七十列传"。"书"主要记录典章制度（后来班固作《汉书》，为避免与书名混淆，改"书"为"志"）。"表"分为两类，一类是大事年表，另一类是人物年表。"表"是人物传记部分的必要补充，使历史事件的眉目更加清晰。"本纪"部分，以朝代或帝王的编年史、大事记为主，相当于全书的总纲。这一部分，特别值得一提的是《项羽本纪》。项羽曾经是与刘邦争夺天下的角色，司马迁生活在刘邦子孙统治的朝代中，敢于把项羽作为一个英雄形象来塑造，并与历代帝王并列，丝毫不受"成者为王，败者为寇"这种世俗思想的影响，显示了令人钦佩的历史眼光和创作勇气。与之类似的，是在以诸侯、将相为主的"世家"部分中，列入了《陈涉世家》。孔子也被列入世家，可以看出，司马迁在选择人物时，主要是实事求是地考虑其对历史发展的影响和作用，而不受统治者意志或世俗眼光的制约。"列传"部分，有为小人物立传的《刺客列传》《游侠列传》，有反映当时商业发展情况的《货殖列传》，有反映少数民族的篇章，这些都反映了司马迁卓越的史识和广阔的历史视野。司马迁热情歌颂的，大都是一些凛凛有生气的历史人物。对于统治阶级虚伪、丑恶的一面，则进行了大胆的揭露。他毫不隐瞒自己的观点，并以"太史公曰"的形式，开创了论赞的体例，为后世史家所继承。班固在《汉书·司马迁传》的赞中说："其是非颇谬于圣人，论大道则先黄、老而后六经，序游侠则退处士而进奸雄，述货殖则崇势利而羞贱贫，此其所蔽也。"这是从正统儒家思想的立场出发，看不到司马迁思想的历史进步意义。在封建时代，班固的这种观点是颇受统治者认可的。后世的官修史书多效仿《汉书》，对《史记》中的许多进步思想没有很好地继承。以今人的眼光来看，上述评论恰恰反映了班固自身思想的局限性。不过，班固在赞文中也提到："然自刘向、扬雄博极群书，皆称迁有良史之材，服其善序事理，辨而不华，质而不俚，其文直，其事核，不虚美，不隐恶，故谓之实录。"借刘向、扬雄之口，对司马迁的实录精神作了肯定。

《史记》不但在史学上有诸多开拓性的贡献，在文学上也取得了很高的成就。《史记》的文学成就主要表现在叙事艺术、人物塑造艺术、语言艺术等三个方面。《史记》的叙事，上起传说中的黄帝，下迄汉武帝太初年间，时间跨度长达三千年之久。要想把这段漫长的历史生动、完整地呈现出来，对材料的剪裁和取舍是至关重要的。《史记》善于选择一些有代表性的人物和事件，集中笔墨加以描写，具有很强的故事性和文学性，写得波澜起伏，扣人心弦。很多脍炙人口的段落，如"完璧归赵"、"荆轲刺秦王"、"鸿门宴"等，写来都让人如闻其声，如临其境。艺术性与真实性并不违背，关键是看作者如何处理。《史记》开创了"纪传体"的体例，在人物塑造方面取得了很高的艺术成就，对后代的传记文学产生了深远的影响。《史记》选取的是真正推动历史发展的、有代表性的人物。在描写这些人物的时候，司马迁没有停留在表面，而是走进了这些人物的内心世界，揭示了他们的行为动机、成功与失败的根源，展现出了他们丰富多彩的个性。在驾驭宏大历史场面的过程中，也加入了许多细节的描写。如在《李斯列传》的开头，司马迁首先为我们讲述了这样一段小故事："(李斯)年少时为郡小吏，见吏舍厕中鼠食不洁，近人犬，数惊恐之。斯入仓，观仓中鼠食积粟，居大庑之下，不见人犬之忧。于是李斯乃叹曰：'人之贤不肖，譬如鼠矣，在所自处耳！'乃从荀卿学帝王之术。"又如张汤儿时审鼠如老吏，刘邦未发迹时的豪放无赖，都揭示了人物的性格特征。像这样从大处着眼，小处落墨，因而使人物气韵生动，形象饱满。《史记》还善于运用逼肖其声口的人物口语和对话来刻画人物形象。

如《陈涉世家》中，写道："陈涉少时，尝与人佣耕，辍耕之垄上，怅恨久之，曰：'苟富贵，无相忘。'佣者笑而应曰：'若为佣耕，何富贵也?'陈涉太息曰：'嗟乎，燕雀安知鸿鹄之志哉！'"又如《项羽本纪》中写了项羽未发迹时的一段故事："秦始皇帝游会稽，渡浙江，梁与籍俱观。籍曰：'彼可取而代也。'梁掩其口，曰：'毋妄言，族矣！'"项羽名籍，字羽。这段简短的会话，通过与项梁的对比，活画出了项羽的英雄气概，同时也表现出其不够沉着谨慎的一面。《史记》还善于将人物置于紧张激烈的矛盾冲突中来表现其性格。如《蔺相如列传》写蔺相如使秦，秦王欲强夺和氏璧，相如"持其璧睨柱，欲以击柱"，"张目叱之，左右皆靡"，"怒发上冲冠"，生动地刻画出蔺相如不畏强暴的性格。再如《项羽本纪》中的"鸿门宴"一节："范增数目项王，举所佩玉玦以示之者三，项王默然不应。"如果在这场宴会中，项羽听从范增的计策，历史或将改写。在这样一个重要的历史转折点，项羽错失良机，这才有了日后的垓下之败的惨剧。总之，司马迁在《史记》中，就是这样善于选取历史镜头，利用一个个生动的小故事，展现了人物一生命运的起伏，进而表现了时代风云的变幻。通过这种"小中见大"的手法，将日常生活、人的命运、历史兴替紧密地联系在一起，带给读者以生动的历史感受，并使全文具有一种悲壮之美。《史记》的语言历来备受称赞。古人称"文必秦汉"，对汉代散文的历史成就极为推崇，并将《史》《汉》或者班、马并称，对《史记》《汉书》作为历史散文所取得的成就给予高度评价。《汉书》反映了正统的儒家思想，《史记》则是"自成一家之言"。这种思想上的不同，在文风上也有所体现。《汉书》的语言较为雅洁，《史记》的语言则更为气韵生动。司马迁在汲取前人成就的基础上，发愤著书，在叙事中包含了深厚的感情因素，形成了自己"雄深雅健"的艺术风格。作为历史散文，不能过分追求华美的词藻。《史记》的语言简洁而形象，具有高度的艺术概括力，另有一种朴素之美。许多出自《史记》的成语便说明了这一点，例如：酒池肉林

(《史记·殷本纪》)、左支右绌(《史记·周本纪》)、项庄舞剑,意在沛公(《史记·项羽本纪》)、沐猴而冠(《史记·项羽本纪》)、鸟尽弓藏(《史记·越王勾践世家》)、一言九鼎(《史记·平原君列传》)、胶柱鼓瑟(《史记·廉颇蔺相如列传》)、纸上谈兵(《史记·廉颇蔺相如列传》)、图穷匕见(《史记·刺客列传》)等等,不胜枚举。

对于《史记》取得的史学成就和文学成就,鲁迅先生用两句精当的话做出了高度评价:“史家之绝唱,无韵之离骚。”司马迁生活在一个伟大的时代,他将自己的全部情感投入到《史记》的创作中,为那个时代的英雄人物谱写了动人的乐章。今天,我们也生活在一个伟大的时代,古老的中华民族在历经坎坷磨难之后,正逐步走向繁荣富强。面对这个伟大的时代,我们又该做些什么?每一个中华儿女在读了《史记》之后都将扪心自问,认真思考,做出自己的回答。

2009.08.12

目　录

第 1 册

第 2 册

第3册

第 4 册

史记卷一·五帝本纪第一

《史记》本纪共十二篇，以帝王事迹为中心，除五帝、夏、殷等因年月难考者外，均采用编年体的记事方式，上自黄帝，下至汉武帝，依次记叙其世系、言行、政绩及当时的政治、经济、军事、文化、外交等大事，以备见一代史事之概要。《五帝本纪》位列十二本纪之首，记载了夏以前传说中的帝系相承，记录了黄帝、颛顼、帝喾、尧、舜五帝禅让相承，典礼制度逐渐完善的过程。尤其是被儒家奉为“圣人”的尧、舜是本篇的浓墨重彩之处，之所以如此，因为他们是司马迁极为尊崇的圣贤帝王，自然也寄托了他的政治理想。

黄帝者，少典之子，姓公孙，名曰轩辕。生而神灵，弱而能言①，幼而徇齐②，长而敦敏③，成而聪明。

轩辕之时，神农氏世衰④。诸侯相侵伐，暴虐百姓，而神农氏弗能征。于是轩辕乃习用干戈，以征不享⑤，诸侯咸来宾从⑥。而蚩尤最为暴，莫能伐。

炎帝欲侵陵诸侯，诸侯咸归轩辕。轩辕乃修德振兵，治五气⑦，艺五种⑧，抚万民，度四方，教熊、罴、貔、貅、貙、虎，以与炎帝战于阪泉之野，三战，然后得其志。

蚩尤作乱，不用帝命。于是黄帝乃征师诸侯，与蚩尤战于涿鹿之野，遂禽杀蚩尤⑨。而诸侯咸尊轩辕为天子，代神农氏，

---

①弱：幼弱，婴孩未满七旬曰弱，这里指出生不久。 ②徇齐：古音与“迅疾”通，指黄帝成熟很快，思维敏捷。 ③敦：敦厚。 ④世：后嗣，后代。 ⑤不享：不向天子进贡朝拜的诸侯。 ⑥宾从：归顺，归从。 ⑦治五气：指研究五行之气。 ⑧艺：栽植。五种：指黍、稷、稻、麦、菽等谷物。 ⑨禽：通“擒”。

是为黄帝。天下有不顺者，黄帝从而征之。平者去之[①]，披山通道，未尝宁居。

东至于海，登丸山，及岱宗[②]。西至于空桐，登鸡头。南至于江，登熊、湘。北逐荤粥[③]，合符釜山，而邑于涿鹿之阿[④]。迁徙往来无常处，以师兵为营卫。官名皆以云命，为云师。置左右大监，监于万国。万国和，而鬼神山川封禅与为多焉。获宝鼎，迎日推筴[⑤]。举[⑥]风后、力牧、常先、大鸿以治民。顺天地之纪[⑦]，幽明之占，死生之说，存亡之难[⑧]。时播百谷草木，淳化[⑨]鸟兽虫蛾，旁罗日月星辰水波土石金玉，劳勤心力耳目，节用水火材物。有土德之瑞，故号黄帝。

黄帝二十五子，其得姓者十四人。

黄帝居轩辕之丘，而娶于西陵之女，是为嫘祖。嫘祖为黄帝正妃，生二子，其后皆有天下：其一曰玄嚣，是为青阳，青阳降居江水；其二曰昌意，降居若水。昌意娶蜀山氏女，曰昌仆，生高阳。高阳有圣德焉。

黄帝崩，葬桥山。其孙昌意之子高阳立，是为帝颛顼也。

帝颛顼高阳者，黄帝之孙而昌意之子也。静渊以有谋[⑩]，疏通而知事，养材以任地，载时以象天，依鬼神以制义，治气以教化，絜[⑪]诚以祭祀。北至于幽陵，南至于交阯，西至于流沙，东至于蟠木。动静之物[⑫]，大小之神，日月所照，莫不砥属[⑬]。

帝颛顼生子曰穷蝉。

---

①平者：指平服的地方。 ②岱宗：即泰山。 ③荤粥：部族名，即匈奴。 ④阿：山脚。 ⑤迎：预测。推：推算。筴（cè）：同“策”，即用以占卜的蓍草。 ⑥举：提拔任用。 ⑦纪：指时令规律。 ⑧难（nàn）：论说，争辩。 ⑨淳化：驯养。 ⑩静渊：安详而深沉。 ⑪絜（jié）：同“洁”。 ⑫动静之物：指天地万物。 ⑬砥：本指磨刀石，引申为平服、平定之义。属：归属，归附。

颛顼崩，而玄嚣之孙高辛立，是为帝喾。

帝喾高辛者，黄帝之曾孙也。高辛父曰蟜极，蟜极父曰玄嚣，玄嚣父曰黄帝。自玄嚣与蟜极皆不得在位，至高辛即帝位。高辛于颛顼为族子。

高辛生而神灵，自言其名。普施利物，不于其身。聪以知远，明以察微。顺天之义，知民之急。仁而威，惠而信，修身而天下服。取地之财而节用之，抚教万民而利诲之，历日月而迎送之，明鬼神而敬事之。其色郁郁，其德嶷嶷①。其动也时，其服也士②。帝喾溉执中而遍天下③，日月所照，风雨所至，莫不从服。

帝喾娶陈锋氏女，生放勋。娶娵訾氏女，生挚。帝喾崩，而挚代立。帝挚立，不善，而弟放勋立，是为帝尧。

帝尧者，放勋。其仁如天，其知④如神。就⑤之如日，望之如云。富而不骄，贵而不舒⑥。黄收纯衣⑦，彤车乘白马。能明驯德，以亲九族。九族既睦，便章百姓⑧。百姓昭明，合和万国。

乃命羲、和，敬顺昊天，数法日月星辰，敬授民时。分命羲仲，居郁夷，曰旸谷。敬道⑨日出，便程东作。日中⑩，星鸟⑪，以殷⑫中春。其民析⑬，鸟兽字微⑭。申命羲叔，居南交，便程南为⑮，敬致。日永⑯，星火⑰，以正中夏。其民因，鸟兽希革⑱。

---

①郁郁：严肃的样子。嶷嶷：高耸的样子。②时：合于时宜。服：服用，指衣食等。③溉：灌溉。执中：公平，不偏不倚。④知：同“智”。⑤就：接近。⑥舒：傲慢。⑦黄收：黄色的帽子。纯衣：黑色的衣服。⑧便章：即“辨章”，辨明。⑨道：通“导”，迎接。⑩日中：指春分日，这一天昼夜平分。⑪星鸟：指南方朱鸟七宿，即井、鬼、柳、星、张、翼、轸。傍晚星宿出现于正南，指春分日。⑫殷：推定，判断。⑬析：分散，指分散劳作。⑭字：生育。微：通“尾”，交尾。⑮南为：指夏季农作。⑯日永：最长的白天，指夏至日。⑰星火：指东方苍龙七宿，即角、亢、氐、房、心、尾、箕。傍晚心宿出现于正南，为夏至日。⑱希革：指夏季炎热，鸟兽皮上毛羽稀少。

申命和仲，居西土，曰昧谷。敬道日入，便程西成①。夜中②，星虚③，以正中秋。其民夷易，鸟兽毛毨④。申命和叔，居北方，曰幽都。便在伏物⑤。日短⑥，星昴⑦，以正中冬。其民燠⑧，鸟兽氄毛⑨。岁三百六十日，以闰月正四时。信饬百官，众功皆兴。

尧曰："谁可顺此事⑩？"放齐曰："嗣子丹朱开明。"尧曰："吁！顽凶，不用。"尧又曰："谁可者？"讙兜曰："共工旁聚布功⑪，可用。"尧曰："共工善言，其用僻⑫，似恭漫天，不可。"尧又曰："嗟，四岳，汤汤洪水滔天，浩浩怀山襄陵⑬，下民其忧，有能使治者？"皆曰鲧可。尧曰："鲧负命毁族，不可。"岳曰："异哉，试不可用而已。"尧于是听岳用鲧。九岁，功用不成。

尧曰："嗟！四岳：朕在位七十载，汝能庸命⑭，践朕位？"岳应曰："鄙德忝帝位⑮。"尧曰："悉举贵戚及疏远隐匿者。"众皆言于尧曰："有矜在民间⑯，曰虞舜。"尧曰："然，朕闻之。其何如？"岳曰："盲者子。父顽，母嚚，弟傲，能和以孝，烝烝治⑰，不至奸。"尧曰："吾其试哉。"于是尧妻之二女，观其德于二女。舜饬下二女于妫汭，如妇礼。尧善之，乃使舜慎和五典⑱，五典能从。乃遍入百官，百官时序。宾于四门，四门穆穆，诸侯远方宾客皆敬。尧使舜入山林川泽，暴风雷雨，舜行不迷。尧以为圣，召舜曰："女谋事至而言可绩⑲，三年矣。女登帝位。"舜让于德，不

---

①西成：指秋天万物长成。 ②夜中：指秋分日，这一天黑夜和白昼平分。 ③星虚：指北方玄武七宿，即斗、牛、女、虚、危、室、壁。黄昏时虚宿出现在正南，即为秋分日。 ④毨：通"鲜"，光泽。 ⑤伏物：收藏过冬的物资。 ⑥日短：指冬至日，这一天昼短夜长。 ⑦星昴：指西方白虎七宿，即奎、娄、胃、昴、毕、觜、参。黄昏时昴宿出现在正南，即为冬至日。 ⑧燠：暖，热，这里指冬季人们防寒取暖。 ⑨氄(rǒng)：鸟兽细软而茂密的毛。 ⑩顺：继承。 ⑪旁：广泛。布：开展。 ⑫用僻：用心邪僻。 ⑬四岳：分掌四方的诸侯首领。汤汤：洪水急流的样子。怀：怀抱，此指包围。襄：淹没。 ⑭庸命：指顺承天命。 ⑮忝(tiǎn)：辱没，玷污。 ⑯矜(guān)：通"鳏"，无妻的人。 ⑰烝烝：形容孝德厚美的样子。 ⑱五典：即五常之教，指父义、母慈、兄友、弟恭、子孝五种伦理道德。 ⑲女：同"汝"，你。至：周到。绩：功效。

怿。

正月上日，舜受终于文祖①。文祖者，尧大祖也。

于是帝尧老，命舜摄行天子之政，以观天命。舜乃在璇玑玉衡，以齐七政②。遂类于上帝，禋于六宗，望于山川，辩于群神③。揖五瑞④，择吉月日，见四岳诸牧，班瑞。岁二月，东巡狩，至于岱宗，祡；望秩于山川⑤。遂见东方君长，合时月正日，同律度量衡，修五礼、五玉、三帛、二生、一死为挚，如五器，卒乃复⑥。五月，南巡狩；八月，西巡狩；十一月，北巡狩；皆如初。归，至于祖祢庙，用特牛礼⑦。五岁一巡狩，群后四朝⑧，遍告以言，明试以功，车服以庸。肇十有二州，决川⑨。象以典刑，流宥五刑，鞭作官刑，扑作教刑，金作赎刑⑩。眚灾过⑪，赦；怙终贼⑫，刑。钦哉，钦哉，惟刑之静哉⑬！

讙兜进言共工，尧曰不可，而试之工师，共工果淫辟⑭。四岳举鲧治鸿水，尧以为不可，岳强请试之，试之而无功，故百姓不便。三苗在江淮、荆州数为乱。于是舜归而言于帝，请流共

---

①上日：初一。受终：接受尧的禅让。文祖：指帝尧的始祖庙。②在：观察，观测。璇玑玉衡：观测天象的仪器，坚玉所制。齐七政：意思是测定日、月及金木水火土五星运行是否正常，以判断政事之得失，古人认为天象的变化与人事吉凶有关。③类：祭天或因特别事而祭祀。禋（yīn）：把祭品放在火上烧，使香味随烟上达于天，叫禋祭。六宗：指星、辰、司中、司命、风师、雨师六神。望：遥祭。辩：通"遍"，普遍地祭祀。④揖：通"辑"，集聚。五瑞：即公、侯、伯、子、男五等爵位的诸侯所执的玉器瑞信。⑤祡：同"柴"，古代祭祀名，烧柴祭天。望秩：按次序遥祭。⑥五礼：指吉、凶、宾、军、嘉五种礼仪。五玉：即"五瑞"。三帛：指三种不同颜色的缯帛，诸侯朝见时的礼品。二生：指羊和雁，卿大夫朝见时的礼品。一死：指雉，即野鸡，士朝见时的礼品。挚：通"贽"，献礼。如：验证。五器：即五玉、五瑞。⑦祖祢（nǐ）：祖庙与父庙。父死入庙称祢。特牛礼：以一头整牛作祭品的祭礼。⑧群后：指各个诸侯。⑨肇：开始，创立。决川：疏通河道。⑩象：执法。典刑：常刑，即指下句所说的"五刑"。流宥五刑：以流放的办法宽大处理触犯五刑的人。五刑：指墨、劓、刵、宫、大辟等五种刑罚。官刑：官府中使用的刑罚。扑：打学生的戒尺。教刑：指学校中使用的刑罚。金作赎刑：意思是可以用金赎罪。⑪眚（shěng）灾过：因灾祸而造成过失。⑫怙：倚仗。贼：害，作恶。⑬钦：谨慎。静：平和，公正。⑭淫辟：放纵邪僻。

工于幽陵，以变北狄；放讙兜于崇山，以变南蛮；迁三苗于三危，以变西戎；殛[①]鲧于羽山，以变东夷：四罪而天下咸服。

尧立七十年得舜，二十年而老，令舜摄行天子之政，荐之于天。尧辟位凡二十八年而崩。百姓悲哀，如丧父母。三年，四方莫举乐，以思尧。尧知子丹朱之不肖，不足授天下，于是乃权授舜。授舜，则天下得其利而丹朱病；授丹朱，则天下病而丹朱得其利。尧曰"终不以天下之病而利一人"，而卒授舜以天下。

尧崩，三年之丧毕，舜让辟丹朱于南河之南。诸侯朝觐者不之丹朱而之舜，狱讼者不之丹朱而之舜，讴歌者不讴歌丹朱而讴歌舜。舜曰"天也"，夫而后之中国，践天子位焉[②]，是为帝舜。

虞舜者，名曰重华。重华父曰瞽叟，瞽叟父曰桥牛，桥牛父曰句望，句望父曰敬康，敬康父曰穷蝉，穷蝉父曰帝颛顼，颛顼父曰昌意：以至舜七世矣。自从穷蝉以至帝舜，皆微为庶人。

舜父瞽叟盲，而舜母死，瞽叟更娶妻而生象，象傲。瞽叟爱后妻子，常欲杀舜，舜避逃；及有小过，则受罪。顺事父及后母与弟，日以笃谨，匪有解[③]。

舜，冀州之人也。舜耕历山，渔雷泽，陶河滨，作什器于寿丘，就时于负夏[④]。舜父瞽叟顽，母嚚，弟象傲，皆欲杀舜。舜顺适不失子道，兄弟孝慈。欲杀，不可得；即求，尝在侧。

舜年二十以孝闻。三十而帝尧问可用者，四岳咸荐虞舜，曰可。于是尧乃以二女妻舜，以观其内；使九男与处，以观其外。舜居妫汭，内行弥谨。尧二女不敢以贵骄事舜亲戚[⑤]，甚有

①殛：通"极"，流放。 ②中国：国都。践：登临。 ③解：同"懈"，懈怠。 ④就时：逐时，指乘时逐利，即做买卖。 ⑤亲戚：指公婆兄弟姐妹。

妇道。尧九男皆益笃。舜耕历山，历山之人皆让畔；渔雷泽，雷泽上人皆让居；陶河滨，河滨器皆不苦窳[①]。一年而所居成聚，二年成邑，三年成都。

尧乃赐舜絺衣[②]与琴，为筑仓廪，予牛羊。瞽叟尚复欲杀之，使舜上涂廪[③]，瞽叟从下纵火焚廪。舜乃以两笠自扞而下，去，得不死。后瞽叟又使舜穿井，舜穿井为匿空旁出[④]。舜既入深，瞽叟与象共下土实井，舜从匿空出，去。瞽叟、象喜，以舜为已死。象曰："本谋者象。"象与其父母分，于是曰："舜妻尧二女与琴，象取之；牛羊仓廪予父母。"象乃止舜宫居，鼓其琴。舜往见之，象鄂不怿[⑤]，曰："我思舜正郁陶[⑥]！"舜曰："然，尔其庶矣！"舜复事瞽叟爱弟弥谨。于是尧乃试舜五典百官，皆治。

昔高阳氏有才子八人，世得其利，谓之"八恺[⑦]"。高辛氏有才子八人，世谓之"八元[⑧]"。此十六族者，世济其美，不陨其名。至于尧，尧未能举。舜举八恺，使主后土[⑨]，以揆百事，莫不时序。举八元，使布五教于四方，父义，母慈，兄友，弟恭，子孝，内平外成[⑩]。

昔帝鸿氏有不才子，掩义隐贼，好行凶慝，天下谓之浑沌[⑪]。少皞氏有不才子，毁信恶忠，崇饰恶言，天下谓之穷奇[⑫]。颛顼氏有不才子，不可教训，不知话言，天下谓之梼杌[⑬]。此三族世忧之。至于尧，尧未能去。缙云氏有不才子，贪于饮食，冒于货

---

①苦窳(yǔ)：粗劣。 ②絺(chī)衣：细葛布所制衣服。 ③涂廪：用泥涂抹粮仓屋顶。 ④匿空：暗孔。 ⑤鄂：通"愕"，吃惊。 ⑥郁陶：忧伤的样子。 ⑦八恺：指苍舒、隤敳、梼戭、大临、尨(máng)降、庭坚、仲容、叔达。恺：和悦，和善。 ⑧八元：指伯奋、仲堪、叔献、季仲、伯虎、仲熊、叔豹、季貍。元：善，善良。 ⑨后土：掌管农业的官。 ⑩内平外成：意思是家内和睦，邻里融洽。 ⑪浑沌：恶兽名，此为讙兜之诨号，喻指其冥顽不化的样子。 ⑫穷奇：恶兽名，此为共工之诨号，喻指其行为怪僻的样子。 ⑬梼杌：恶兽名，此为鲧之诨号，喻指其桀骜不驯的样子。

贿，天下谓之饕餮①。天下恶之，比之三凶②。舜宾于四门，乃流四凶族，迁于四裔，以御螭魅③。于是四门辟，言毋凶人也。

舜入于大麓④，烈风雷雨不迷，尧乃知舜之足授天下。尧老，使舜摄行天子政，巡狩。舜得举用事二十年，而尧使摄政。摄政八年而尧崩。三年丧毕，让丹朱，天下归舜。而禹、皋陶、契、后稷、伯夷、夔、龙、垂、益、彭祖自尧时而皆举用，未有分职⑤。于是舜乃至于文祖，谋于四岳，辟四门，明通四方耳目，命十二牧论帝德，行厚德，远佞人，则蛮夷率服。舜谓四岳曰："有能奋庸美尧之事者⑥，使居官相事？"皆曰："伯禹为司空，可美帝功。"舜曰："嗟，然！禹，汝平水土，维是勉哉。"禹拜稽首，让于稷、契与皋陶。舜曰："然，往矣。"舜曰："弃，黎民始饥，汝后稷播时百谷⑦。"舜曰："契，百姓不亲，五品不驯⑧，汝为司徒，而敬敷五教，在宽。"舜曰："皋陶，蛮夷猾夏⑨，寇贼奸轨⑩，汝作士，五刑有服，五服三就⑪；五流有度⑫，五度三居⑬；维明能信。"舜曰："谁能驯予工？"皆曰垂可。于是以垂为共工。舜曰："谁能驯予上下草木鸟兽？"皆曰益可。于是以益为朕虞⑭。益拜稽首，让于诸臣朱虎、熊罴。舜曰："往矣，汝谐。"遂以朱虎、熊罴为佐。舜曰："嗟！四岳，有能典朕三礼⑮？"皆曰伯夷可。舜曰："嗟！伯夷，以汝为秩宗⑯，夙夜维敬，直哉维静洁。"伯夷让夔、

---

①饕餮：恶兽名，此为三苗之诨号，喻指其贪婪的样子。 ②比之三凶：将三苗与上述三凶并列。 ③四裔：四方边远的地方。螭魅：传说中山林里的精怪。 ④大麓：大森林。 ⑤分职：专门的职守。⑥奋庸：奋发用命。庸：通"用"。 ⑦播时：播种。 ⑧五品：即五伦，指君臣、父子、夫妇、兄弟、朋友之间的五种伦理道德。不驯：不和顺。 ⑨猾：侵扰。 ⑩奸：在内作恶。轨：通"宄"，在外作恶。 ⑪五服三就：五刑分轻重三等在三处施刑，大罪在原野，次罪在市朝，公族犯罪交甸师氏。 ⑫五流有度：指流放而言，依流放者罪行轻重分为五等。度：量刑标准。 ⑬五度三居：流放的远近分为三等。大罪流四裔之地，次罪流九州之外，小罪流国都之外。 ⑭虞：是管理山泽的官。 ⑮三礼：指祭天、祭地、祭鬼三种典礼。 ⑯秩宗：主持郊庙祭祀的官。

龙。舜曰："然。以夔为典乐①，教稚子②，直而温，宽而栗，刚而毋虐，简而毋傲；诗言意，歌长言，声依永，律和声，八音能谐③，毋相夺伦，神人以和。"夔曰："於！予击石拊石，百兽率舞。"舜曰："龙，朕畏忌谗说殄伪④，振惊朕众，命汝为纳言⑤，夙夜出入朕命，惟信⑥。"舜曰："嗟！女二十有二人，敬哉，惟时相天事。"三岁一考功，三考绌陟⑦，远近众功咸兴。分北三苗⑧。

此二十二人咸成厥功。皋陶为大理，平，民各伏得其实⑨。伯夷主礼，上下咸让；垂主工师，百工致功；益主虞，山泽辟；弃主稷，百谷时茂；契主司徒，百姓亲和；龙主宾客，远人至；十二牧行而九州莫敢辟违⑩；唯禹之功为大，披九山，通九泽，决九河，定九州，各以其职来贡，不失厥宜。方五千里，至于荒服⑪。南抚交阯、北发，西戎、析枝、渠廋、氐、羌，北山戎、发、息慎，东长、鸟夷，四海之内，咸戴帝舜之功。

于时禹乃兴《九招》之乐⑫，致异物，凤皇来翔。天下明德皆自虞帝始。

舜年二十以孝闻，年三十尧举之，年五十摄行天子事，年五十八尧崩，年六十一代尧践帝位。践帝位三十九年，南巡狩，崩于苍梧之野。葬于江南九疑，是为零陵。舜之践帝位，载天子旗，往朝父瞽叟，夔夔⑬唯谨，如子道。封弟象为诸侯。舜子商均亦不肖，舜乃预荐禹于天。十七年而崩。三年丧毕，禹亦乃让舜子，如舜让尧子。诸侯归之，然后禹践天子位。尧子丹

---

①典乐：掌音乐的官。 ②稚子：指天子及公卿大夫的子弟。 ③八音：泛指我国古代各种乐器，指金、石、土、革、丝、木、匏、竹等八类。 ④畏忌：憎恶。殄(tiǎn)伪：残暴虚伪。 ⑤纳言：传达王命的官。 ⑥惟信：真实不虚。 ⑦绌：通"黜"，降职。陟：提升，提拔。 ⑧分北：指分化治理。 ⑨大理：即掌司法之士。平：指断狱公平。伏：通"服"，信服。 ⑩辟违：邪僻违抗。 ⑪荒服：五服之一，指离王畿二千五百里的地方。五服：即甸服、侯服、绥服、要服、荒服。 ⑫九招(shào)：亦作"九韶"，古乐曲名。 ⑬夔夔：和顺恭敬的样子。

朱，舜子商均，皆有疆土，以奉先祀。服其服，礼乐如之。以客见天子，天子弗臣，示不敢专也。

自黄帝至舜、禹，皆同姓而异其国号，以章明德。故黄帝为有熊，帝颛顼为高阳，帝喾为高辛，帝尧为陶唐，帝舜为有虞。帝禹为夏后，而别氏，姓姒氏。契为商，姓子氏。弃为周，姓姬氏。

太史公曰：学者多称五帝，尚矣①。然《尚书》独载尧以来，而百家言黄帝，其文不雅驯②，荐绅先生难言之③。孔子所传宰予问《五帝德》及《帝系姓》，儒者或不传。余尝西至空桐，北过涿鹿，东渐于海，南浮江淮矣，至长老皆各往往称黄帝、尧、舜之处，风教固殊焉，总之不离古文者近是。予观《春秋》《国语》，其发明《五帝德》《帝系姓》章矣④，顾弟⑤弗深考，其所表见皆不虚。《书》缺有间矣⑥，其轶乃时时见于他说。非好学深思，心知其意，固难为浅见寡闻道也。余并论次，择其言尤雅者，故著为本纪书首。

【译文】

黄帝，是少典部族的子孙，姓公孙，名叫轩辕。他一生下来，就很有灵性，出生不久就会说话，少年时思虑敏捷，长大后敦厚懂事理，成年以后见闻广博，对事物看得清楚。

轩辕时代，神农氏的后世子孙已衰落，诸侯互相攻战，残害百姓，而神农氏没有力量征讨他们。于是轩辕就习兵练武，去征讨那些不进贡物的诸侯，各诸侯这才都来归附轩辕。而蚩尤在各诸侯中最为暴虐，没有

---

①尚：久远。 ②雅驯：正确可信。 ③荐绅：同“搢绅”，又作“缙绅”，本为士大夫之代称，此指史官。 ④发明：阐发，阐明。章：通“彰”。 ⑤顾弟：不过，只是。 ⑥缺：缺失，残缺。有间：好长时间。

人能去征讨他。

炎帝想进攻欺凌诸侯，诸侯都来归从轩辕。于是轩辕修行德业，整顿军旅，研究五行之气，种植五谷，安抚民众，考虑安定四方诸侯的措施，训练熊、罴、貔、貅、貙、虎等猛兽，与炎帝在阪泉的郊野交战，先后打了几仗，才征服了炎帝，达到目的。

蚩尤发动叛乱，不听从黄帝之命。于是黄帝征调诸侯的军队，在涿鹿郊野与蚩尤交战，终于擒获并杀死了他。这样，诸侯都尊奉轩辕做天子，取代了神农氏，这就是黄帝。天下有不归顺的，黄帝就前去征讨，平定一个地方后就离去，一路上劈山开道，从来不曾在哪儿安宁地居住过。

黄帝往东到过东海，登上了丸山和泰山。往西到过空桐，登上了鸡头山。往南到过长江，登上了熊山和湘山。往北驱逐了荤粥部族，大会诸侯于釜山，就在涿鹿山的山脚下建起了都邑。黄帝四处迁徙，没有固定的住处，带兵走到哪里，就在哪里用军队环绕营垒以自卫。黄帝所封官职都用云来命名，军队号称云师。他设置了左右大监，让他们督察各诸侯国。这时，万国安定，因此，自古以来，祭祀鬼神山川的要数黄帝时最多。黄帝获得了宝鼎，于是观测太阳的运行，用占卜用的蓍草推算历法，预知节气日辰。他任用风后、力牧、常先、大鸿等治理人民。黄帝顺应天地四时的规律，推测阴阳的变化，讲解生死的道理，论述存与亡的原因，按照季节播种百谷草木，驯养鸟兽蚕虫，测定日月星辰以定历法，收取土石金玉以供民用，身心耳目，饱受辛劳，有节制地使用水、火、木材及各种财物。他做天子有土这种属性的祥瑞征兆，土色黄，所以号称黄帝。

黄帝有二十五个儿子，其中建立自己姓氏的有十四人。

黄帝居住在轩辕山，娶西陵部族的女儿为妻，这就是嫘祖。嫘祖是黄帝的正妃，生有二子，他们的子孙都领有天下：一个叫玄嚣，也就是青阳，青阳被封为诸侯，降居在江水；另一个叫昌意，也被封为诸侯，降居在若水。昌意娶了蜀山氏的女儿，名叫昌仆，生下了高阳，高阳有圣人的品德。

黄帝死后，安葬在桥山，他的孙子，也就是昌意的儿子高阳即位，这就是颛顼帝。

颛顼帝高阳，是黄帝的孙子，昌意的儿子。他安详深沉而有机谋，通达远见而知事理。他种植各种庄稼养殖牲畜以充分利用地力，推算四时节令以顺应自然，依顺鬼神以制定礼义，理顺四时五行之气以教化万民，净心诚意地祭祀鬼神。他往北到过幽陵，往南到过交阯，往西到过流沙，往东到过蟠木。天地间的所有生灵，大神小神，凡是日月照临的地方，莫不平服而来归附。

颛顼帝生的儿子叫穷蝉。

颛顼死后，玄嚣的孙子高辛即位，这就是帝喾。

帝喾高辛，是黄帝的曾孙。高辛的父亲叫蟜极，蟜极的父亲叫玄嚣，玄嚣的父亲就是黄帝。玄嚣和蟜极都没有登上帝位，到高辛时才登上帝位。高辛是颛顼的侄子。

高辛一生下来就很有灵气，一出生就叫出了自己的名字。他普遍施予恩泽于一切生灵，而不顾及自身。他耳聪目明，可以了解远处的情况，可以洞察细微的事理。他顺应上天的意旨，了解下民之所急。仁德而威严，温和而守信，修养自身，天下归服。他收取土地上的物产，节俭地使用；他抚爱教化万民，把各种有益的事教给他们；他推算日月的运行以定岁时节气，恭敬地迎送日月的出入；他明识鬼神，慎重地加以事奉。他的神色静穆庄重，他的品德高耸如山。他行动合乎时宜，服用如同士人。帝喾治民，像雨水浇灌农田一样不偏不倚，遍及天下，凡是日月照临的地方，风雨所到的地方，没有人不顺从归服。

帝喾娶了陈锋氏的女儿，生下放勋。娶娵訾氏的女儿，生下挚。帝喾死后，挚即位为帝。帝挚登位后，没有干出什么政绩，于是弟弟放勋登位。这就是帝尧。

帝尧，就是放勋。他仁德如天，智慧如神。接近他，就如太阳一样温暖；仰望他，就像云霞一样灿烂。他富有却不傲慢，尊贵却不放纵。他戴着黄色的帽子，穿着黑色的衣裳，朱红色的车子驾以白马。他能倡明和顺之德，使同族九代相亲相爱。同族的人既已和睦，又去考察百官。百官政绩昭著，各方诸侯邦国都能和睦相处。

帝尧命羲氏、和氏遵循上天的意旨，根据日月的出没、星辰的位次，制定历法，郑重地教给民众从事生产的节令。另外命羲仲住在郁夷，那个地方叫旸谷，恭敬地迎接日出，有步骤地安排春季的耕作。春分这天，白昼同黑夜一样长，朱雀七宿中的星宿初昏时出现在正南方，据此来判断仲春之时。这时候，民众分散劳作，鸟兽生育交尾。又命羲叔住在南交，有步骤地安排夏季的农活儿，谨慎地干好。夏至这天，白昼最长，苍龙七宿中的心宿初昏时出现在正南方，据此来判断仲夏之时。这时候，民众就居高处，鸟兽毛羽稀疏。又命和仲居住在西土，那地方叫作昧谷，恭敬地送太阳落下，有步骤地安排秋天的收获。秋分这天，黑夜与白昼一样长，玄武七宿中的虚宿初昏时出现在正南方，据此来判断仲秋之时。这时候，民众移居平地，鸟兽再生新毛。又命和叔住在北方，那地方叫作幽都，认真收藏好过冬的物质。冬至这天，白昼最短，白虎七宿中的昴宿初昏时出现在正南方，据此来确定仲冬之时。这时候，民众进屋取暖，鸟兽长满细毛。一年有三百六十六天，用置闰的办法来调节四季时令的误差。帝尧真诚地告诫百官各守其职，各种事业都欣欣向荣。

尧说："谁能继承我的事业？"放齐说："您的嗣子丹朱通达事理。"尧说："哼！丹朱顽劣好讼，不可任用。"尧又问道："那么还有谁可以？"谨兜说："共工广揽事务，做出了业绩，可以用。"尧说："共工花言巧语，用心不正，貌似恭敬，连天也敢欺骗，不能任用。"尧又问："唉，四岳啊，如今洪水滔天，浩浩荡荡，包围高山，漫上丘陵，民众万分愁苦，派谁去治理水患呢？"大家都说鲧可以。尧说："鲧违背天命，毁败同族，不能任用。"四岳都说："就让他试试吧，不行再免去。"尧因此听从了四岳的建议，任用了鲧。鲧治水九年，也没有取得成效。

尧说："唉！四岳：我在位已七十年了，你们当中有谁能顺应天命，接替我的帝位？"四岳回答说："我们鄙陋无德，不配玷污帝位。"尧说："那就把亲近贵戚及隐居民间有德才的人都举荐上来吧！"大家都对尧说："有一个尚未娶妻的人流寓在民间，叫虞舜。"尧说："对，我听说过他，这个人怎么样?”四岳回答说:“他是个盲人的儿子。他的父亲不讲德义,母亲不讲忠信,弟弟桀骜不驯,而舜却能与他们和睦相处,尽孝悌之道,把家治理好,使他们不至于作恶。”尧说:“那我就试试他吧。”于是尧把两个女儿嫁给舜,从舜对待二女的行事中来观察他的德行。舜让她们降下尊贵之心住到妫河边的家中去,遵守为妇之道。尧认为这样做很好,就让舜谨慎地宣扬父义、母慈、兄友、弟恭、子孝这五种伦理道德,人民都能遵从不违。尧又让他总领百官职事,百官职事因此变得有条不紊。让他在明堂四门接待宾客,四门处处和睦,从远方来的诸侯宾客都恭恭敬敬。尧又派舜进入山野丛林大川草泽,遇上暴风雷雨,舜也没有迷路误事。尧更认为他十分贤明,很有道德,把他叫来说道:“三年来,你做事周密,说了的话就能做到。现在你就登帝位吧。”舜推让说自己的德行还不够,不愿接受帝位。

正月初一,舜在文祖庙接受了尧的禅让。文祖,也就是尧的太祖。

这时,尧年事已高,让舜代理天子之政事,借以观察他做天子是否符合天意。舜于是通过观测北斗星,来考察日、月及金、木、水、火、土五星的运行是否有异常,接着举行临时仪式祭告上帝,用把祭品放在火上烧的仪式祭祀天地四时,用遥祭的仪式祭祀名山大川,又普遍地祭祀了丘陵坟衍之神。他集聚起公侯伯子男五等爵所持桓圭、信圭、躬圭、谷璧、蒲璧五种玉制符信,选择良月吉日,召见四岳和各州州牧,再颁发给他们。二月,舜去东方巡视,到泰山时,用烧柴的仪式祭祀东岳,用遥祭的仪式祭祀各地的名山大川。接着,他就召见东方各诸侯,协调统一东方诸侯的历法,调正四时的月数与节气日,统一音律和长度、容量、重量的标准,修明吉、凶、宾、军、嘉五种礼仪,规定诸侯用五种圭璧、三种彩缯,卿大夫用羊羔、大雁二种动物,士用死雉作为朝见时的礼物,而五种圭璧,朝见典礼完毕以后仍还给诸侯。五月,到南方巡视;八月,到西方巡视;十一月,到北方巡视:都像起初到东方巡视时一样。回到京城后,告祭祖庙和父庙,用一头牛作祭品。以后每五年巡视下方一次,在其间的四年中,各诸侯国君按时来京师朝见。舜向诸侯们普遍地陈述治国之道，根据业绩明白地进行考察，根据功劳赐给车马服饰。舜开始把天下划分为十二个州，疏浚河道以绝水患。规定根据正常的刑罚来执法，用流放的方法宽减刺字、割鼻、断足、阉割、杀头五种刑罚，官府里治事用鞭子施刑，学校管理用戒尺惩罚，罚以黄金可用作赎罪。因灾害而造成过失的，予以赦免；怙恶不悛、坚持为害的要施以刑罚。谨慎啊，谨慎啊，施用刑罚千万要平稳公正啊！

谨兜曾举荐过共工，尧说不行，让他试任工师，共工果然放纵邪僻。四岳曾推举鲧去治理洪水，尧说“不行”，而四岳硬说要试试看，试的结果是没有成效，所以百官都以为不适宜。三苗在江、淮流域及荆州一带多次作乱。舜巡视回来向尧帝报告，请求把共工流放到幽陵，使他改变北狄的风俗；把谨兜流放到崇山，使他改变南蛮的风俗；把三苗迁徙到三危山，使他改变西戎的风俗；把鲧流放到羽山，使他改变东夷的风俗：按罪惩办了这四人，天下人都悦服了舜。

尧在位七十年得到舜，又过二十年因年老而告退，让舜代行天子政务，向上天推荐。尧让位二十八年后死去。百姓悲哀，就像死了生身父母一般。天下停止歌咏娱乐三年，为的是悼念帝尧。尧了解自己的儿子丹朱不贤，不配传给他天下，因此才姑且试着让给舜。让给舜，天下人就都得到利益而只对丹朱一人不利；传给丹朱，天下人就会遭殃而只有丹朱一人得到好处。尧说：“我毕竟不能使天下人受害而只让一人得利”，于是最终还是把天下传给了舜。

尧死后，三年服丧完毕，舜把帝位让给丹朱，自己躲到了南河的南边。诸侯前来朝觐的不到丹朱那里去却到舜这里来，打官司的也不去找丹朱却来找舜，歌颂功德的，不去歌颂丹朱却来歌颂舜。舜说“这是天意呀”，然后才到国都，登上天子之位，这就是舜帝。

虞舜，名叫重华。重华的父亲叫瞽叟，瞽叟的父亲叫桥牛，桥牛的父亲叫句望，句望的父亲叫敬康，敬康的父亲叫穷蝉。穷蝉的父亲是颛顼帝，颛顼的父亲是昌意：从昌意到舜是七代了。从穷蝉之后一直到舜帝，中间几代地位低微，都是平民。

舜的父亲瞽叟是个瞎子，舜的生母死后，瞽叟又续娶了一个妻子生下了象，象桀骜不驯。瞽叟喜欢后妻之子，常常想把舜杀掉，舜都躲过了；赶上有点小错儿，就会遭到重罚。舜很恭顺地侍奉父亲、后母及后母弟，一天比一天地忠诚谨慎，丝毫不懈怠。

舜，是冀州人。舜在历山耕过田，在雷泽打过鱼，在黄河岸边做过陶器，在寿丘做过各种家用器物，在负夏经过商。舜的父亲不讲德义，母亲不讲忠信，弟弟象桀骜不驯，他们都想杀掉舜。舜却恭顺地行事，从不违背为子之道，友爱兄弟，孝顺父母。他们想杀掉他时，就找不到他；而有事要找他时，他又总是在身边。

舜二十岁时，就以孝闻名。三十岁时，尧帝问谁可以治理天下，四岳全都推荐虞舜，说这个人可以。于是尧把两个女儿嫁给了舜来观察他在家的德行，让九个儿子和他共处来观察他在外的为人。舜居住在妫水岸边，他在家里做事更加谨慎。尧的两个女儿不敢因为自己出身高贵就傲慢地对待舜的亲属，很讲究为妇之道。尧的九个儿子也更加笃诚忠厚。舜在历山耕作，历山人都能互相推让地界；在雷泽捕鱼，雷泽的人都能推让便于捕鱼的位置；在黄河岸边制作陶器，那里就完全没有次品了。一年的功夫，他住的地方就成为一个村落，二年就成为一个小城镇，三年就变成大都市了。

尧就赐给舜一套细葛布做的衣服，给他一张琴，为他建造仓库，还赐给他牛和羊。瞽叟仍然想杀他，让舜登高去用泥土修补谷仓，瞽叟却从下面放火焚烧。舜用两个斗笠保护着自己，像长了翅膀一样从仓顶跳了下来，逃开了，才得以不死。后来瞽叟又让舜挖井，舜挖井时，在侧壁凿出一条暗道通向外边。舜挖到深处，瞽叟和象一起往下倒土填埋水井，舜从旁边的暗道出去，又逃开了。瞽叟和象很高兴，以为舜已死。象说："最初出这个主意的是我。"象跟他的父母一起瓜分舜的财产，说："舜娶过来尧的两个女儿，还有尧赐给他的琴，我都要了。牛羊和谷仓都给父母吧。"象于是住在舜的屋里，弹着舜的琴。舜回来后去看望他。象非常惊愕，继而又摆出闷闷不乐的样子，说："我想念你正在难过呢！"舜说：

“是啊，你像个弟弟了！”舜还像以前一样侍奉父母，友爱兄弟，而且更加恭谨。这样，尧才试用舜去理顺五种伦理道德、总领百官职事，都干得很好。

从前高阳氏有才德兼备的子孙八人，世人得到他们的好处，称之为“八恺”。高辛氏有有才德的子孙八人，世人称之为“八元”。这十六个家族的人，世代保持着他们先人的美德，没有败坏他们先人的名声。到尧的时候，尧没能举用他们。舜举用了八恺的后代，让他们作掌管土地的官，以规划各种事务，都办得有条有理。舜又举用八元的后代，让他们向四方传布五教，使得做父亲的有道义，做母亲的慈爱，做兄长的友善，做弟弟的恭谨，做儿子的孝顺，家庭和睦，邻里融洽。

从前帝鸿氏有个不成材的后代，毁弃仁义，阴险贼狠，好行凶作恶，天下人称他为浑沌。少皞氏也有个不成材的后代，毁弃信义，厌恶忠直，喜欢邪恶的言语，天下人称他为穷奇。颛顼氏有个不成材的后代，不可调教，不懂得好话坏话，天下人称他为梼杌。这三族，世人都害怕。到尧的时候，尧没有把他们除去。缙云氏有个不成材的后代，贪于饮食，图于财货，天下人称之为饕餮。天下人憎恨他，把他与上面说的三凶相提并论，称为四凶。舜在四门接待四方宾客时，流放了这四个凶恶的家族，让他们迁到了边远地区，去抵御害人的妖魔，从此开放了四门，大家都说没有恶人了。

舜进入山林时，遇到暴风雷雨也不迷路误事，尧于是才知道了凭着舜的才能是可以把天下传授给他的。尧年老了，让舜代行天子之政，到四方去巡视。舜被举用掌管政事二十年，尧让他代行天子的政务。代行政务八年，尧死去。服丧三年完毕，舜让位给丹朱，可天下人都来归服舜。禹、皋陶、契、后稷、伯夷、夔、龙、垂、益、彭祖，从尧的时候就都得到举用，却一直没有职务。于是舜就到文祖庙，与四岳商计，开放四门，了解四方的情况，让十二州的长官讨论称帝应具备的功德，他们都说要办有大德的事，疏远巧言善媚的小人，这样，远方的外族就都会归服。舜对四岳说：“有没有能奋发努力、光大帝尧事业的人，授给他官职辅佐我办事呢?”四岳都说:“伯禹为司空,可以光大帝尧的事业。”舜说:“嗯,好极了! 禹,你去负责平治水土,一定要努力办好啊!”禹跪地叩头拜谢,谦让给稷、契和皋陶。舜说:“好了,你就上任去吧!”舜说:“弃,黎民正在挨饿受饥,你负责农业,去教他们播种百谷吧。”舜说:“契,百官不相亲爱,五伦不顺,你做司徒,去谨慎地施行五伦教育,做好五伦教育,在于要宽厚。”舜又说:“皋陶,蛮夷侵扰华夏,抢劫杀人,在我们的境内外作乱,你做法吏,五刑要使用得当,根据罪行轻重,大罪在原野上执行,次罪在市、朝内执行,同族人犯罪送交甸师氏处理;五刑宽减为流放的,流放的远近要有个规定,按罪行轻重分别流放到四境之外、九州之外和国都之外。只有公正严明,才能取信于民。”舜问:“那么谁能管理我的各种工匠?”大家都说垂可以。于是任命垂为共工,统领各种工匠。舜又问:“谁能管理我山上泽中的草木鸟兽?”大家都说益行。于是任命益为朕虞,主管山泽。益下拜叩头,推让给朱虎、熊罴。舜说:“去吧,你行。”就让朱虎、熊罴做他的助手。舜说:“喂,四岳,有谁能替我主持祭祀天、地、宗庙的典礼?”大家都说伯夷可以。舜说:“喂,伯夷,我任命你担任秩宗,主管祭祀,要早晚虔敬,要正直,要肃穆清洁。”伯夷推让给夔、龙,舜说:“那好,就任命夔为典乐,掌管音乐,教育贵族子弟,要正直而温和,宽厚而严厉,刚正却不暴虐,简捷却不傲慢;诗是表达内心情感的,歌是用延长音节来咏唱诗的,乐声的高低要与歌的内容相配合,还要用标准的音律来使乐声和谐。八种乐器的声音谐调一致,不要互相错乱侵扰,这样,就能通过音乐达到人神相和的境界啦。”夔说:“嗯,我轻重有节地敲起石磬,各种禽兽都会跟着跳起舞来的。”舜说:“龙,我非常憎恶那种诬陷他人的坏话和残暴虚伪的行为,惊扰我的臣民,我任命你为传达王命的官,早晚传达我的旨命,报告下情,一定要诚实。”舜说:“喂,你们二十二个人,要谨守职责,时时辅佐我做好上天交付的治国大事。”此后,每三年考核一次功绩,经过三次考核,按照成绩升迁或降职,所以,不论远处近处,各种事情都振兴起来了。又根据是否归顺,分化治理了三苗部族。

这二十二人个个成就功业:皋陶做大理,掌管刑法,断案平正,人们都佩服他能按情据实断理；伯夷主持礼仪，上上下下能都够礼让；垂做工师，主管百工，百工都能做好自己的工作；益做虞，主管山泽，山林湖泽都得到开发；弃做稷，主管农事，百谷按季节茂盛成长；契做司徒，主管教化，百官都亲善和睦；龙主管接待宾客，远方的诸侯都来朝贡；舜所置十二州牧做事，禹所定九州内的民众没有谁邪僻违法。其中禹的功劳最大，开通了九座大山，治理了九处湖泽，疏浚了九条河流，辟定了九州方界，各地都按照应缴纳的贡物前来进贡，没有不恰当的。纵横五千里的领域，都受到安抚，直到离京师最边远的地区。那时，南方安抚到交阯、北发，西方安抚到戎、析枝、渠廋、氐、羌，北方安抚到山戎、发、息慎，东方安抚到长、鸟夷，四海之内，都称颂帝舜的功德。

于是禹作《九招》之乐，歌颂舜的功德，招来了祥瑞之物，凤凰也飞来，随乐声盘旋起舞。天下清明的德政都从虞舜帝开始。

舜二十岁时因为孝顺而闻名，三十岁时被尧举用，五十岁时代理天子政务，五十八岁时尧死去，六十一岁时接替尧登临天子之位。登位三十九年，到南方巡视，在南方苍梧的郊野死去。安葬在长江南岸的九嶷山，这就是零陵。舜登临帝位后，乘着有天子旗帜的车子去给父亲瞽叟请安，恭敬孝顺，遵循为子之孝道。又把弟弟象封在有鼻为诸侯。舜的儿子商均也不成材，舜就事先把禹推荐给上天。十七年后舜死去。服丧三年完毕，禹也把帝位让给舜的儿子，就跟舜让给尧的儿子时的情形一样。诸侯归服禹，这样，禹就登临了天子之位。尧的儿子丹朱、舜的儿子商均分别在唐和虞得到封地，来奉祀祖先。禹还让他们穿自己家族的服饰，用自己家族的礼乐仪式。他们以宾客礼见天子禹，天子禹也不把他们当臣下对待，以表示不敢专擅帝位。

从黄帝到舜、禹，都是同姓，但立了不同的国号，为的是彰明各自光明的德业。所以，黄帝号为有熊，帝颛顼号为高阳，帝喾号为高辛，帝尧号为陶唐，帝舜号为有虞。帝禹号为夏后，而另分出氏，姓姒氏。契是商的始祖，姓子氏。弃是周的始祖，姓姬氏。

太史公说：学者们很多人都称述五帝，五帝的年代已很久远了。《尚书》只记载着尧以来的史实；而各家叙说黄帝，文字并不正确可信，史官们也很难说得清楚。孔子传给宰予所问的《五帝德》及《帝系姓》，读书人有的也不传习。我曾往西到过空桐，往北路过涿鹿，往东到达大海，往南渡过长江、淮水，所到之处，那里的老前辈们都往往谈到他们各自所听说的黄帝、尧、舜的事迹，风俗教化都有不同，总起来说，我认为那些与古文经籍记载相符的说法，接近正确。我阅读《春秋》《国语》，它们对《五帝德》《帝系姓》的阐发都非常明了，只是人们不曾深入考求，其实它们的记述都不是虚妄之说。《尚书》残缺已有好长时间了，但散佚的记载却常常可以从其他书中找到。如果不是好学深思，真正在心中领会其意，想要向那些学识浅薄，见闻不广的人说明白，肯定是困难的。我把这些材料加以评议编次，选择了那些言辞特别雅正的，著录下来，写成这篇本纪，作为全书之首。

史记卷二·夏本纪第二

本篇主要以《尚书》有关内容为依据，兼采历史传说，系统叙述了夏王朝由禹至桀约四百年间的帝王世系及大事。前半部分用占全文三分之二的篇幅记载了夏禹治理洪水拯救万民及接受舜的禅让为帝的事，同时详细介绍了各地的地理物产。后半部分，司马迁本着有事则录、无事则缺的修史精神，勾勒了夏王朝从夏启建国、太康失国、少康中兴直至夏桀灭亡的历史兴衰轮廓。从整篇来看，夏禹是司马迁着力发掘并充分描述的英雄形象，他的卓著业绩、高尚道德和甘于奉献的精神因司马迁的述说而千古传颂，令万世景仰，为华夏民族树起了一座不朽的丰碑。

夏禹，名曰文命。禹之父曰鲧，鲧之父曰帝颛顼，颛顼之父曰昌意，昌意之父曰黄帝。禹者，黄帝之玄孙而帝颛顼之孙也。禹之曾大父昌意及父鲧皆不得在帝位，为人臣。

当帝尧之时，鸿水滔天①，浩浩怀山襄陵，下民其忧。尧求能治水者，群臣四岳皆曰鲧可。尧曰："鲧为人负命毁族，不可。"四岳曰："等之未有贤于鲧者，愿帝试之。"于是尧听四岳，用鲧治水。九年而水不息，功用不成。于是帝尧乃求人，更得舜。舜登用②，摄行天子之政，巡狩。行视鲧之治水无状，乃殛鲧于羽山以死③。天下皆以舜之诛为是。于是舜举鲧子禹，而使续鲧之业。

尧崩，帝舜问四岳曰："有能成美尧之事者使居官？"皆曰："伯禹为司空，可成美尧之功。"舜曰："嗟，然！"命禹："女平水

①鸿水：即洪水，大水。 ②登：升，提升。 ③殛：通"极"，流放。

土，维是勉之。”禹拜稽首，让于契、后稷、皋陶。舜曰：“女其往视尔事矣。”

禹为人敏给克勤①；其德不违，其仁可亲，其言可信。声为律，身为度，称以出②；亹亹穆穆③，为纲为纪。

禹乃遂与益、后稷奉帝命，命诸侯百姓兴人徒以傅土，行山表木，定高山大川④。禹伤先人父鲧功之不成受诛，乃劳身焦思，居外十三年，过家门不敢入。薄衣食，致孝于鬼神。卑宫室，致费于沟淢⑤。陆行乘车，水行乘船，泥行乘橇，山行乘檋⑥。左准绳，右规矩⑦，载四时，以开九州，通九道，陂九泽，度九山。令益予众庶稻，可种卑湿⑧。命后稷予众庶难得之食。食少，调有馀相给，以均诸侯。禹乃行相地宜所有以贡，及山川之便利。

禹行自冀州始。

冀州：既载壶口⑨，治梁及岐；既修太原，至于岳阳。覃怀致功⑩，致于衡漳。其土白壤，赋上上错⑪，田中中⑫；常、卫既从，大陆既为；鸟夷皮服⑬；夹右碣石，入于海⑭。

济、河维沇州：九河既道，雷夏既泽，雍、沮会同，桑土既蚕，于是民得下丘居土；其土黑坟⑮，草繇木条⑯。田中下，赋贞，作

---

①敏给克勤：敏捷勤奋。 ②律：音律。称：权衡。 ③亹（wěi）亹：勤勉不倦的样子。穆穆：严肃谨慎的样子。 ④人徒：被罚服劳役的人。傅土：划分施工的地域。表木：立木作表记。定：测定。 ⑤卑：使低矮，此指简陋。沟淢：渠深广四尺称沟，深广八尺为淢。 ⑥檋：古代一种登山鞋，鞋底有锥齿，以防止上山时滑倒。 ⑦准：取平的工具。绳：取直的工具。规：画圆的工具。矩：划方的工具。 ⑧众庶：庶民，平民。卑湿：低湿之地。 ⑨既：完毕，已经。载：从事，施工。 ⑩致功：收到成效，意思是治理好了。 ⑪赋上上错：田赋应交纳第一等的，也错杂有第二等的。上上：指田赋的等级为上上等，即最高一等。错：杂，错杂。指夹杂有次一等的，即上中等（第二等）。 ⑫田中中：指耕地的质量属中中等，即第五等。从“上上”至“下下”共九等。 ⑬皮服：兽皮作的衣服，此指鸟夷人以皮服作贡品。 ⑭夹：接近，挨近。右：西。海：当作“河”，黄河。 ⑮黑坟：黑色沃土。 ⑯繇：茂盛。条：上，高大。

十有三年乃同;其贡漆丝,其篚织文[①];浮于济、漯,通于河。

海岱维青州:堣夷既略,潍、淄其道。其土白坟,海滨广潟[②],厥田斥卤[③]。田上下,赋中上。厥贡盐絺,海物维错[④],岱畎丝、枲、铅、松、怪石[⑤],莱夷为牧,其篚酓丝[⑥]。浮于汶,通于济。

海岱及淮维徐州:淮、沂其治,蒙、羽其艺。大野既都,东原底平[⑦]。其土赤埴坟,草木渐包[⑧]。其田上中,赋中中。贡维土五色[⑨],羽畎夏狄[⑩],峄阳孤桐,泗滨浮磬,淮夷蠙珠暨鱼[⑪],其篚玄纁纤缟。浮于淮、泗,通于河。

淮海维扬州:彭蠡既都,阳鸟所居[⑫];三江既入,震泽致定;竹箭既布[⑬],其草惟夭[⑭],其木惟乔,其土涂泥[⑮]。田下下,赋下上上杂。贡金三品,瑶、琨、竹箭,齿、革、羽、旄;岛夷卉服[⑯],其篚织贝[⑰],其包橘、柚锡贡[⑱];均江海[⑲],通淮、泗。

荆及衡阳维荆州:江、汉朝宗于海。九江甚中,沱、涔已道,云土、梦为治;其土涂泥。田下中,赋上下。贡羽、旄、齿、革,金三品,杶、榦、栝、柏,砺、砥、砮、丹,维箘簬、楛[⑳],三国致贡其名,包匦菁茅[㉑],其篚玄纁玑组[㉒],九江入赐大龟;浮于江、沱、涔、汉,逾于洛,至于南河。

---

①篚:圆形竹器,用来盛物。织文:锦缎。 ②潟:海滩盐碱地。 ③厥:其,那里的。斥卤:盐碱地。 ④海物:海产。错:杂。 ⑤畎(quǎn):山谷。枲(xǐ):麻。 ⑥酓(yǎn)丝:柞蚕丝。 ⑦都:通“潴”,水积不流。底:致。平:得到平复。 ⑧赤埴坟:红色黏土。包:草木茂密丛生的样子。 ⑨土五色:古帝王用五色泥土立社祭祀土地之神:东方青,南方赤,西方白,北方黑,中央黄。 ⑩狄:通“翟”,雉,长尾野鸡。 ⑪蠙珠:即珍珠。 ⑫阳鸟:大雁等候鸟。 ⑬竹箭:即箭竹,竹质坚硬,可以制箭。 ⑭夭:美嫩。 ⑮涂泥:土质湿润。 ⑯岛夷:即上文所说的“鸟夷”。卉服:麻织品衣服。 ⑰织贝:贝形花纹的丝织品。 ⑱锡贡:根据天子的指令进贡。锡:通“赐”。 ⑲均:沿。 ⑳箘簬:可制箭杆的竹子。楛:一种可作箭杆的荆条。 ㉑包匦菁茅:包裹和装在匣子里的菁茅。菁茅:祭祀时用来滤酒的一种香茅。 ㉒玄纁:紫黑色的丝绸。玑:珠子之类。组:丝绳。

荆河惟豫州：伊、洛、瀍、涧既入于河，荥播既都，道荷泽，被明都；其土壤，下土坟垆[①]；田中上，赋杂上中；贡漆、丝、絺、纻，其篚纤絮，锡贡磬错[②]；浮于洛，达于河。

华阳黑水惟梁州：汶、嶓既艺，沱、涔既道，蔡、蒙旅平，和夷厎绩；其土青骊[③]；田下上，赋下中三错。贡璆、铁、银、镂、砮、磬，熊、罴、狐、貍、织皮；西倾因桓是来，浮于潜，逾于沔，入于渭，乱于河。

黑水西河惟雍州：弱水既西，泾属渭汭[④]。漆、沮既从，沣水所同。荆、岐已旅，终南、敦物至于鸟鼠。原隰厎绩，至于都野。三危既度[⑤]，三苗大序。其土黄壤。田上上，赋中下。贡璆、琳、琅玕[⑥]。浮于积石，至于龙门西河，会于渭汭；织皮昆仑、析支、渠搜，西戎即序。

道九山：汧及岐至于荆山，逾于河；壶口、雷首至于太岳；砥柱、析城至于王屋；太行、常山至于碣石，入于海；西倾、朱圉、鸟鼠至于太华；熊耳、外方、桐柏至于负尾；道嶓冢，至于荆山；内方至于大别；汶山之阳至衡山，过九江，至于敷浅原。

道九川：弱水至于合黎，馀波入于流沙。道黑水，至于三危，入于南海。道河积石，至于龙门，南至华阴，东至砥柱，又东至于盟津，东过洛汭，至于大邳，北过降水，至于大陆，北播为九河，同为逆河[⑦]，入于海。嶓冢道漾，东流为汉，又东为苍浪之水，过三澨，入于大别，南入于江，东汇泽为彭蠡，东为北江，入于海。汶山道江，东别为沱，又东至于醴，过九江，至于东陵，东

---

①壤：杂色壤土。垆：黑色坚实之土。 ②纤絮：细丝绵。磬错：琢磨磬的砺石。 ③土青骊：青黑色土。 ④属：注入，流入。渭汭：指泾水流入渭水之处。汭：河流会合处。 ⑤度：同“宅”，居住。 ⑥璆、琳：美玉名。琅玕：形状像珠子的美石。 ⑦逆河：在上游分流到下游又合流的河。

迤北会于汇，东为中江，入于海。道沇水，东为济，入于河，泆为荥[①]，东出陶丘北，又东至于荷，又东北会于汶，又东北入于海。道淮自桐柏，东会于泗、沂，东入于海。道渭自鸟鼠同穴，东会于沣，又东北至于泾，东过漆、沮，入于河。道洛自熊耳，东北会于涧、瀍，又东会于伊，东北入于河。

于是九州攸同，四奥既居，九山刊旅，九川涤原，九泽既陂[②]，四海会同。六府甚修，众土交正，致慎财赋，咸则三壤成赋。中国赐土姓[③]："祗台德先，不距朕行。"

令天子之国以外五百里甸服[④]：百里赋纳緫[⑤]，二百里纳铚[⑥]，三百里纳秸服[⑦]，四百里粟，五百里米。甸服外五百里侯服[⑧]：百里采[⑨]，二百里任国[⑩]，三百里诸侯[⑪]。侯服外五百里绥服[⑫]：三百里揆文教[⑬]，二百里奋武卫[⑭]。绥服外五百里要服[⑮]：三百里夷[⑯]，二百里蔡[⑰]。要服外五百里荒服[⑱]：三百里蛮，二百里流。

东渐于海，西被于流沙，朔、南暨：声教讫于四海。于是帝锡禹玄圭，以告成功于天下。天下于是太平治。

皋陶作士以理民。帝舜朝，禹、伯夷、皋陶相与语帝前。皋陶述其谋曰："信其道德，谋明辅和。"禹曰："然，如何？"皋陶曰："於！慎其身修，思长[⑲]，敦序九族，众明高翼，近可远在已。"禹

---

①泆：同"溢"。 ②四奥：四方之内。刊旅：开通了道路。涤原：疏浚水源。陂：堤防。 ③中国：指九州之中。赐土姓：建制诸侯，封土授民，赐以姓氏。 ④甸服：指国都周围五百里的近郊地区。 ⑤緫：带秆的谷物。 ⑥铚：短镰。此指用短镰割下的谷穗。 ⑦秸：带壳之谷。 ⑧侯服：为王畿服斥候警戒之任。 ⑨采：采邑，卿大夫封地。 ⑩任国：小的封国。 ⑪诸侯：大的封国。 ⑫绥服：侯服外五百里之地，为绥抚之地。 ⑬揆文教：实行文教。 ⑭奋武卫：振扬武威保卫天子。 ⑮要服：绥服外五百里的地区，是需约束的地区。 ⑯夷：指夷人所居地。 ⑰蔡：指流放罪人之地。 ⑱荒服：要服外五百里的地区。 ⑲思长：思虑长远。

拜美言，曰："然。"皋陶曰："於！在知人，在安民。"禹曰："吁！皆若是，惟帝其难之。知人则智，能官人①；能安民则惠，黎民怀之。能知能惠，何忧乎驩兜，何迁乎有苗，何畏乎巧言善色佞人？"皋陶曰："然，於！亦行有九德，亦言其有德。"乃言曰："始事事，宽而栗，柔而立，愿而共，治而敬，扰而毅，直而温，简而廉，刚而实，强而义，章其有常，吉哉。日宣三德，早夜翊明有家②。日严振敬六德，亮采有国③。翕受普施，九德咸事，俊乂在官④，百吏肃谨。毋教邪淫奇谋。非其人居其官，是谓乱天事。天讨有罪，五刑五用哉。吾言底可行乎？"禹曰："女言致可绩行。"皋陶曰："余未有知，思赞道哉。"

帝舜谓禹曰："女亦昌言。"禹拜曰："於，予何言！予思日孳孳⑤。"皋陶难禹曰："何谓孳孳？"禹曰："鸿水滔天，浩浩怀山襄陵，下民皆服于水。予陆行乘车，水行乘舟，泥行乘橇，山行乘檋，行山刊木。与益予众庶稻鲜食。以决九川致四海，浚畎浍致之川⑥。与稷予众庶难得之食。食少，调有馀补不足，徙居。众民乃定，万国为治。"皋陶曰："然，此而美也⑦。"

禹曰："於，帝！慎乃在位，安尔止。辅德，天下大应。清意以昭待上帝命，天其重命用休。"帝曰："吁，臣哉，臣哉！臣作朕股肱耳目。予欲左右有民，女辅之。余欲观古人之象⑧，日月星辰，作文绣服色，女明之。予欲闻六律五声八音，来始滑⑨，以出入五言⑩，女听。予即辟，女匡拂予⑪。女无面谀，退而谤予。

①官人：任人为官。②有家：指可以做卿大夫。③亮采：认真办事。有国：指可以做诸侯。④俊乂(yì)：指有德行有才能的人。⑤孳孳：同"孜孜"，勤勉不懈的样子。⑥畎浍：田间的沟渠。⑦而：你的。美：业绩。⑧象：指衣服上的图像。⑨来始滑：今文《尚书》作"采治忽"，意思是通过音乐来考察各方政教之得失。⑩五言：指五方之言，即五方的意见。⑪匡拂(bì)：匡正。

敬四辅臣[1]。诸众谗嬖臣，君德诚施皆清矣。”禹曰：“然。帝即不时，布同善恶则毋功。”

帝曰：“毋若丹朱傲，维慢游是好，毋水舟行，朋淫于家[2]，用绝其世。予不能顺是。”禹曰：“予娶涂山，辛壬癸甲，生启，予不子，以故能成水土功。辅成五服[3]，至于五千里，州十二师，外薄四海，咸建五长，各道有功。苗顽不即功，帝其念哉。”帝曰：“道吾德，乃女功序之也。”

皋陶于是敬禹之德，令民皆则禹。不如言，刑从之。舜德大明。

于是夔行乐，祖考至，群后相让，鸟兽翔舞，《箫韶》九成，凤皇来仪，百兽率舞，百官信谐。帝用此作歌曰：“陟天之命，维时维几。”乃歌曰：“股肱喜哉，元首起哉，百工熙哉！”皋陶拜手稽首扬言曰：“念哉，率为兴事，慎乃宪，敬哉！”乃更为歌曰：“元首明哉，股肱良哉，庶事康哉！”舜又歌曰：“元首丛脞哉[4]，股肱惰哉，万事堕哉！”帝拜曰：“然，往钦哉！”于是天下皆宗禹之明度数声乐，为山川神主。

帝舜荐禹于天，为嗣。十七年而帝舜崩。三年丧毕，禹辞辟舜之子商均于阳城。天下诸侯皆去商均而朝禹。禹于是遂即天子位，南面朝天下，国号曰夏后，姓姒氏。

帝禹立而举皋陶荐之，且授政焉，而皋陶卒。封皋陶之后于英、六，或在许。而后举益，任之政。

十年，帝禹东巡狩，至于会稽而崩。以天下授益。三年之丧毕，益让帝禹之子启，而辟居箕山之阳。禹子启贤，天下属意

---

①四辅臣：古时天子周围的辅佐大臣：前曰疑，后曰丞，左曰辅，右曰弼。 ②朋淫：成群结队干淫乱之事。 ③五服：即甸服、侯服、绥服、要服、荒服。 ④丛脞：细碎的小事。

焉。及禹崩，虽授益，益之佐禹日浅，天下未洽。故诸侯皆去益而朝启，曰“吾君帝禹之子也。”于是启遂即天子之位，是为夏后帝启。

夏后帝启，禹之子，其母涂山氏之女也。

有扈氏不服，启伐之，大战于甘。将战，作《甘誓》，乃召六卿申之①。启曰：“嗟！六事之人②，予誓告女：有扈氏威侮五行③，怠弃三正④，天用剿绝其命⑤。今予维共行天之罚。左不攻于左，右不攻于右，女不共命⑥。御非其马之政，女不共命。用命，赏于祖⑦；不用命，僇于社⑧，予则帑僇汝⑨。”遂灭有扈氏。天下咸朝。

夏后帝启崩，子帝太康立。帝太康失国，昆弟五人，须于洛汭，作《五子之歌》。

太康崩，弟中康立，是为帝中康。帝中康时，羲、和湎淫，废时乱日。胤往征之，作《胤征》。

中康崩，子帝相立。帝相崩，子帝少康立。帝少康崩，子帝予立。帝予崩，子帝槐立。帝槐崩，子帝芒立。帝芒崩，子帝泄立。帝泄崩，子帝不降立。帝不降崩，弟帝扃立。帝扃崩，子帝廑立。帝廑崩，立帝不降之子孔甲，是为帝孔甲。帝孔甲立，好方鬼神，事淫乱。夏后氏德衰，诸侯畔之⑩。天降龙二，有雌雄，孔甲不能食，未得豢龙氏。陶唐既衰，其后有刘累，学扰龙于豢龙氏，以事孔甲。孔甲赐之姓曰御龙氏，受豕韦之后。龙一雌死，以食夏后。夏后使求，惧而迁去。

孔甲崩，子帝皋立。帝皋崩，子帝发立。帝发崩，子帝履癸

---

①申：宣布。②六事之人：指六卿。③威侮：轻蔑。④三正：天、地、人之正道。⑤剿：断绝。命：天命，命运。⑥共命：恭敬地遵从命令。⑦祖：这里指祖庙里的神主。⑧僇（lù）：通“戮”，杀。⑨帑：通“奴”，作奴婢。⑩畔：通“叛”。

立，是为桀。

帝桀之时，自孔甲以来而诸侯多畔夏，桀不务德而武伤百姓，百姓弗堪。乃召汤而囚之夏台，已而释之。汤修德，诸侯皆归汤，汤遂率兵伐夏桀。桀走鸣条，遂放而死。桀谓人曰："吾悔不遂杀汤于夏台，使至此。"汤乃践天子位，代夏朝天下。汤封夏之后。至周封于杞也。

太史公曰：禹为姒姓，其后分封，用国为姓，故有夏后氏、有扈氏、有男氏、斟寻氏、彤城氏、褒氏、费氏、杞氏、缯氏、辛氏、冥氏、斟氏、戈氏。孔子正夏时，学者多传《夏小正》云。自虞、夏时，贡赋备矣。或言禹会诸侯江南，计功而崩，因葬焉，命曰会稽。会稽者，会计也。

【译文】

夏禹，名叫文命。禹的父亲叫鲧，鲧的父亲是颛顼，颛顼的父亲是昌意，昌意的父亲是黄帝。禹，是黄帝的玄孙，颛顼帝的孙子。禹的曾祖父昌意和父亲鲧都没登临帝位，而是给天子做臣子。

当尧帝在位时，洪水滔天，浩浩荡荡，包围了高山，漫上了丘陵，下民为此十分忧愁。尧寻找能治理洪水的人，群臣四岳都说鲧可以。尧说："鲧这个人违背天命，毁败同族，不能用。"四岳都说："比较起来，还没有谁比他更强，希望您让他试试。"于是尧听从了四岳的建议，任用鲧治理洪水。九年时间过去，洪水仍泛滥不息，治水没有取得成效。这时尧帝寻找继承帝位的人，又得到了舜。舜被重用，代行天子的政务，巡视四方。舜在巡视途中，看到鲧治理洪水无效，就把他流放到羽山，结果鲧就死在那里。天下人都认为舜对鲧的惩罚是对的。舜又举用了鲧的儿子禹，让他来继续鲧治水的事业。

尧死后，舜帝问四岳说："有谁能光大尧帝的事业，让他做官呢？"大家都说："伯禹做司空，可以光大尧帝的事业。"舜说："嗯，好！"就命禹说：

"你去平治水土,要努力办好啊!"禹叩头拜谢,谦让给契、后稷、皋陶。舜说:"你还是快去办理你的职事吧!"

禹为人敏捷勤奋,他遵守道德,仁爱可亲,言语可信。他的声音合于音律,他的身躯短长合于尺度,办事先权衡轻重而后行动。他勤勤恳恳,严肃谨慎,堪称是百官的典范。

禹接受了舜帝的命令,与益、后稷一起到任,命诸侯百官发动大批被罚服劳役的罪人分治九州土地。他循山勘测线路,立木以为标记,测定高山大川的状貌。禹为父亲鲧因治水无功而受罚感到难过,就不顾劳累,苦苦思索,在外面生活了十三年,几次从家门前路过都没敢进去。他节衣缩食,尽力孝敬鬼神。居处简陋,把资财用于治理河川。他在地上行走乘车,在水中行走乘船,在泥沼中行走就乘木橇,在山路上行走就穿上带锥齿的鞋。他左手拿着准和绳,右手拿着规和矩,还装载着测四时定方向的仪器,开发九州土地,疏导九条河道,修治九个大湖,测量九座大山。他让益给民众分发稻种,种植在低洼潮湿的土地上。又让后稷推广五谷。粮食匮乏时,就让一些地方把余粮调剂给缺粮地方,以使各诸侯国都能有粮食吃。禹一边行进,一边考察各地物产情况,规定了应向天子交纳的贡赋,并考察各地山川地形,以便弄清诸侯朝贡时交通是否便利。

禹治水及考察是从帝都冀州开始的。

他先在冀州完成壶口工程,又治理了梁山及岐山。治理好太原地区,一直到太岳山之南。修治好覃怀后,又继续修治衡水和漳水。冀州土质色白而松软,这里的赋税属上上,即第一等,有时也杂有第二等,田地属于中中,即第五等。常水、卫水疏通了,大陆泽也修治完毕。东北鸟夷部族的贡品是皮衣。其进贡路线是绕道碣石山,从海路入黄河。

济水和黄河之间是兖州:这个地区的九条河都已疏通,雷夏蓄积成了一个大湖。雍水和沮水汇合流入泽中,土地上种桑养蚕,于是人民都能从山上搬下来定居在平地上。沇州的土质发黑而且肥沃,草长得茂盛,树木修长。这里田地属中下,即第六等,赋税属下下,即第九等,经过十三年的整治后,才能和其他各州相同。这一地区进贡的物品是漆、丝,还有用竹筐盛装的有花纹的锦绣。进贡时走水路,由济水进入漯水,然后进入黄河。

大海到泰山之间是青州:这个地区在堣夷平治之后,淮水、淄水也得到了疏通。这里的土质呈白色,海滨一带宽广含碱,多是不可耕的盐碱地。田地属上下,即第三等,赋税属中上,即第四等。进贡的物品是盐和细葛布,有时也进贡一些海产品,还有泰山谷地生产的丝、大麻、锡、松木、宝石,莱夷地区可以放牧,所以,那里进贡畜牧产品,还有用筐盛装的用来作琴弦的柞蚕丝。进贡时走水路,由汶水转入济水。

大海、泰山到淮水之间是徐州:这个地方治理了淮水、沂水,蒙山、羽山也可种植作物了。大野成了一个蓄水湖,东原的水也都退去。这里土质呈红色,有黏性而且肥美,草木丛生繁茂,渐渐覆盖大地。田地属上中,即第二等,赋税属中中,即第五等。进贡物品是供天子筑坛祭天用的五色土,羽山谷中的野鸡,峄山南面产的可用以制琴瑟的孤生桐,泗水之滨浮石制的石磬,淮夷的珍珠和鱼类,还有用竹筐盛装的纤细洁净的黑白丝绸。进贡时,走水路通过淮水、泗水,然后转入黄河。

淮河与大海之间是扬州:彭蠡汇成了湖泊,成了鸿雁等候鸟的过冬地。南江、中江、北江在那里入海,震泽地区也获得了安定。竹林密布,野草繁茂,树木高大。这里的土质湿润。田地属下下,即第九等,赋税居下上,即第七等,有时可居第六等。进贡的物品是三色铜,瑶、琨等美玉和宝石,以及竹箭,还有象牙、皮革、羽毛、旄牛尾和岛夷人所穿的麻织服饰,以及用竹筐盛装的有贝形花纺的锦缎,有进根据朝廷的命令进贡包好的橘子、柚子。这些贡品沿大海、长江进入淮河、泗水。

荆山到衡山的南面是荆州:这个地区有长江、汉水注入大海。长江的众多支流大都有了固定的河道,沱水、涔水业已疏导,云泽、梦泽也治理好了。这里的土质湿润,田地属下中,即第八等,赋税居上下,即第三等。进贡的物品是羽毛、旄牛尾、象牙、皮革、三色铜,以及椿木、柘木、桧木、柏木,还有粗细磨石,可做箭头的砮石、丹砂,特别是可造箭杆的竹子箘、簵和楛木是汉水附近三地进贡的最有名的特产，还有包裹着和装在匣子里的供祭祀时滤酒用的菁茅，用竹筐盛装的彩色布帛，以及穿珠子用的丝带。有时根据命令进贡九江出产的大龟。进贡时，经由长江、沱水、涔水、汉水，转行一段陆路再进入洛水，既而转入南河。

荆州和黄河之间是豫州：伊水、洛水、瀍水、涧水都已疏通注入黄河，荥播也汇成了一个湖泊，还疏浚了菏泽，修筑了明都泽的堤防。这里的土质松软肥沃，低地则是肥沃坚实的黑土。田地属中上，即第四等，赋税居上中，即第二等，有时居第一等。进贡漆、丝、细葛布、麻，以及用竹筐盛装的细丝絮，有时按命令进贡治玉磬用的砺石，进贡时走水路，经洛水进入黄河。

华山南麓到黑水之间是梁州：岷山、嶓冢山都可以耕种了，沱水、涔水也已疏通，蔡山、蒙山的道路已修好，在和夷地区治水也取得成效。这里的土质是青黑色的，田地属下上，即第七等，赋税居下中，即第八等，有时也居第七等或第九等。贡品有美玉、铁、银、可以刻镂的硬铁、可以做箭头的砮石、可以制磬的磬石，以及熊、罴、狐、貍、鸟兽毛织成的毡毯。贡品由西戎西倾山经桓水运出，再从潜水船运，进入沔水，然后走一段山路进入渭水，最后横渡黄河。

黑水与黄河西岸之间是雍州：弱水经治理已向西流去，泾水汇入了渭水。漆水、沮水跟着也汇入渭水，还有沣水也汇入渭水。荆山、岐山的道路已开通，终南山、敦物山一直到鸟鼠山的道路也已竣工。高原和低谷的治理工程都取得了成效，一直治理到都野泽一带。三危山地区可以居住了，三苗族也大为顺服。这里的土质色黄而且松软肥沃，田地属上上，即第一等，赋税居中下，即第六等。贡品是美玉和美石。进贡时从积石山下走水路，顺流到达龙门山间的西河，会集到渭水湾里。织皮族居住在昆仑山、析支山、渠搜山等地，西戎各国已归服。

禹开通了九条山脉的道路：一条从汧山和岐山开始一直开到荆山，越过黄河；一条从壶口山、雷首山一直开到太岳山；一条从砥柱山、析城山一直开到王屋山；一条从太行山、常山一直开到碣石山，入海与水路接通;一条从西倾山、朱圉山、鸟鼠山一直开到太华山;一条从熊耳山、外方山、桐柏山一直开到负尾山;一条从嶓冢山一直开到荆山;一条从内方山一直开到大别山;一条从汶山的南边开到衡山,越过九江,最后到达敷浅原山。

禹疏导了九条大河:把弱水疏导到合黎,使弱水的下游注入流沙。疏导了黑水,经过三危山,流入南海。疏导黄河,从积石山开始,到龙门山,向南到华阴,然后东折经过砥柱山,继续向东到孟津,再向东经过洛水入河口,直达大邳;转而向北经过降水,到大陆泽,再向北分为九条河,这九条河到下游又汇合为一条,叫作逆河,最后流入大海。从嶓冢山开始疏导漾水,向东流就是汉水,再向东流就是苍浪水,经过三澨水,到大别山,南折注入长江,再向东与彭蠡泽之水会合,继续向东就是北江,流入大海。从汶山开始疏导长江,向东分出支流就是沱水,再往东到达醴水,经过九江,到达东陵,向东斜行北流,与彭蠡泽之水会合,继续向东就是中江,最后汇入大海。疏导沇水,向东流就是济水,注入黄河,两水相遇,溢为荥泽,向东经过陶丘北面,继续向东到达菏泽,向东北与汶水会合,再向北流入大海。从桐柏山开始疏导淮水,向东与泗水、沂水会合,再向东流入大海。疏导渭水,从鸟鼠同穴山开始,往东与沣水会合,又向东与泾水会合,再往东经过漆水、沮水,流入黄河。疏导洛水,从熊耳山开始,向东北与涧水、瀍水会合,又向东与伊水会合,再向东北流入黄河。

从此九州统一,四方都可以居住了,九条山脉开通了道路,九条大河疏浚了水源,九个大湖筑起了堤防,四海之内的诸侯都可以来京城会盟。金、木、水、火、土、谷六库的物资治理得很好,各方的土地美恶高下都评定出等级,能按照规定认真进贡纳税,赋税的等级都是根据三种不同的土壤等级来确定。还在全国之中分封诸侯,赐给土地和姓氏,并说:“要恭敬地把德行放在第一位,不要违背天子的各种措施。”

禹下令规定天子国都以外周围五百里的近郊地区为甸服,即为天子服田役纳谷税的地区:紧靠王城百里以内要交纳收割的带秆庄稼,一百里以外到二百里以内要交纳禾穗,二百里以外到三百里以内要交纳谷粒，三百里以外到四百里以内要交纳粗米，四百里以外到五百里以内要交纳精米。甸服以外五百里的地区为侯服，即为天子侦察顺逆和服侍王命的地区：靠近甸服一百里以内的地区是卿大夫的采邑，往外二百里以内的地区为小的封国，再往外三百里以内的地区为诸侯的封地。侯服以外五百里的地区为绥服，即受天子安抚，推行教化的地区：靠近侯服三百里以内的地区视情况来推行礼乐法度、文章教化，往外二百里以内的地区要振兴武威，保卫天子。绥服以外五百里的地区为要服，即受天子约束服从天子的地区：靠近绥服三百里以内的地区是夷人所居之地；往外二百里以内是流放罪人之地。要服以外五百里的地区为荒服，即为天子守卫远边的荒远地区：靠近要服三百里以内的地区是蛮人所居之地；再往外二百里以内的地区也是流放罪人之地。

这样，东临大海，西至沙漠，从北方到南方，天子的声威教化远达四海。于是舜帝颁赐给禹一块代表水色的黑色圭玉，向天下宣告治水成功。天下从此太平安定。

皋陶做执法的士，治理人民。舜帝上朝，禹、伯夷、皋陶一块儿在舜帝面前谈话。皋陶申述他的意见说："如果人君能遵循道德确定不移，就能做到谋略高明，臣下团结。"禹说："很对，但应该怎样做呢？"皋陶说："啊，要谨慎对待自身修养，要有长远打算，敦厚地处理九族的亲疏关系，这样，众多有见识的人就会努力辅佐，由近及远，一定要从自身做起。"禹拜谢皋陶的善言，说："对。"皋陶说："啊，还有就是要知人善任，要能安抚民众。"禹说："哎！完全做到这些，即使是尧帝恐怕也会感到困难的。能了解人就是明智，就能恰当地给人安排官职；能安抚民众就是仁惠，黎民百姓都会爱戴你。如果既能了解人，又能仁惠，还忧虑什么驩兜，何必流放有苗，何必害怕花言巧语伪善谄媚的奸人呢？"皋陶说："是这样啊。检查一个人的行为要根据九种品德，检查一个人的言论，也要看他是否有好的品德。"他接着说道："开始先从他所办的事来检验，宽厚而又谨严，温和而有主见，诚实而又恭敬，有才能而又小心谨慎，善良而又刚毅，正直而又和气，平易而又有棱角，果断而又讲求实效，强有力而又讲道理，要重用那些具有九德的善士呀！能每日宣明三种品德，早晚恭谨努力，卿大夫就能保有他的采邑。每日能严肃地恭敬实行六种品德，认真辅佐王事，诸侯就可以保有他的封国。天子能全部具备这九种品德并普遍施行，就可以使有才德的人都居官任职，使所有的官吏都严肃认真办理自己的政务。不要叫人们胡作非为，胡思乱想。如果让不适当的人居于官位，就叫作扰乱上天所命的大事。上天惩罚有罪的人，用五种刑罚处治犯有五种罪行的罪人。我讲的大抵可以行得通吧？”禹说：“如果按你的话行事，一定会做出实绩的。”皋陶说：“我才智浅薄，只是希望协助您治理国家。”

舜帝对禹说：“你也说说你的好意见吧。”禹谦恭地行了拜礼，说：“啊，我说什么呢？我只不过考虑每天怎样勤恳努力地办事。”皋陶追问道：“怎样才叫勤恳努力？”禹说：“洪水滔天，浩浩荡荡，包围了高山，漫上了丘陵，下民都遭受着洪水的威胁。我在陆地上行走乘车，在水中行走乘船，在泥沼中行走乘木橇，在山路上行走就穿上带铁齿的鞋，翻山越岭，树立木桩，在山上作了标志。我和益一块，给黎民百姓稻粱和新鲜的肉食。疏导九条河道引入大海，又疏浚田间沟渠引入河道。和稷一起赈济吃粮困难的民众。粮食匮乏时，从粮食较多的地区调剂给粮食欠缺的地区，或者叫贫民移居到有粮食的地区居住。民众安定下来了，各诸侯国也都治理好了。”皋陶说：“是啊，这些是你的美德。”

禹说：“啊，帝！谨慎地对待您的职位，做您应做的事。有德行的人辅佐您，天下人就会顺应您。用清静之心奉行上帝的命令，上天就会赐福给您。”舜帝说：“啊，大臣呀，大臣呀！大臣是我的臂膀和耳目。我想身边有治理民众的人，你们要辅助我。我想要效法古人衣服上的图像，按照日月星辰的天象制作锦绣服装，你们要明确各种服装的等级。我想通过各地音乐的雅正与淫邪等来考察那里政教的情况，以便取舍各方的意见，你们要仔细地辨听。我的言行如有过失，你们要匡正我。你们不要当面奉承，回去后却又指责我。我敬重前后左右辅佐大臣。至于那些搬弄是非的佞臣，只要君主的德政真正施行，他们就会被清除了。”禹说：

"对。您如果不这样,好人坏人混而不分,那就不会成就大事。"

舜帝说:"你们不要学丹朱那样桀骜骄横,只喜欢漫游,在无水的陆地上行船,聚众在家里行淫乱之事,以致不能继承帝位。对这种人我决不听之任之。"禹说:"我娶涂山氏的女儿时,新婚四天就离家赴职,生下启我也未曾尽抚育之责,因此才能使平治水土的工作取得成功。我帮助帝王设置了五服,范围达到五千里,每州用了三万劳力,一直开辟到四方荒远的边境,在每五个诸侯国中设立一个首领,他们各尽职守,都有功绩,只有三苗凶顽,没有功绩,希望帝王您记着这件事。"舜帝说:"用我的德教来开导,那么凭你的工作就会使他们归顺的!"

皋陶此时敬重禹的功德,命天下都以禹为榜样。对于不听从命令的,就施以刑法。因此,舜的德教得以大大发扬。

这时,夔做乐师,谱定乐曲,祖先亡灵降临欣赏,各诸侯国君相互礼让,鸟兽在宫殿周围飞翔起舞,《箫韶》奏完九通,凤凰被召来了。群兽都舞起来,百官和谐。舜帝于是歌唱道:"奉行天命,以治万民,顺应天时,谨微慎行。"又唱道:"股肱大臣乐于尽忠啊,天子治国有功啊,百官事业也兴盛啊!"皋陶叩头行礼,继续说道:"牢记您的教导啊,要带头努力尽职,谨慎遵守您的法度,认真办好各种事务!"于是也接着唱道:"天子英明有方啊,股肱大臣都贤良啊,天下万事都兴旺啊!"又唱道,"天子胸中无大略啊,股肱大臣就懈怠啊,天下万事都败坏啊!"舜帝拜答说:"对!以后我们都要努力办好各自的事务!"这时天下都推崇禹精于尺度和音乐,尊奉他为山川的神主。

舜帝把禹推荐给上天,让他作为帝位的继承人。十七年后,舜帝死去。服丧三年完毕,禹为了把帝位让给舜的儿子商均,躲避到阳城。但天下诸侯都不去朝拜商均而来朝拜禹。禹这才继承了天子之位,南面接受天下诸侯的朝拜,国号为夏后,姓姒氏。

禹帝立为天子后,举用皋陶为帝位继承人,把他推荐给上天,并把国政授给他,但皋陶没有继任就死了。禹把皋陶的后代封在英地、六地,有的封在许地。后来又举用了益,把国政授给他。

过了十年，禹帝到东方视察，到达会稽，死在那里。把天下传给益。服丧三年完毕，益又把帝位让给禹的儿子启，自己躲到箕山之南。禹的儿子启贤德，天下人心都归向于他。等到禹死后，虽把天子之位传给益，但由于益辅佐禹时间不长，天下并不顺服他。所以，诸侯还是都离开益而去朝拜启，说："这是我们的君主禹帝的儿子啊"。于是启就继承天子之位，这就是夏后帝启。

夏后帝启，是禹的儿子，他的母亲是涂山氏的女儿。

启登临帝位后，有扈氏不来归从，启前去征伐，在甘地大战。战斗开始之前，启写了一篇誓词叫作《甘誓》，召集来六军将领进行训诫。启说："喂！六军将领们，我向你们宣布誓言：有扈氏蔑视仁、义、礼、智、信五常的规范，背离天、地、人之正道，因此上天要断绝他的天命。如今我恭敬地执行上天对他的惩罚。战车左边的射手不从左边射击敌人，车右的剑手不从右边击杀敌人，就是不恭敬地服从命令。驭手不能使车马阵列整齐，就是不恭敬地服从命令。听从命令的，我将在祖庙奖赏他；不听从命令的，就在社神面前杀掉他，而且要把他们的家属收为奴婢。"于是消灭了有扈氏，天下都来朝拜。

夏后帝启死后，其子帝太康即位。帝太康失去国家，他的五个兄弟在洛水北岸等他没有等到，作了《五子之歌》。

太康死后，他的弟弟中康即位，这就是帝中康。帝中康在位时，掌管天地四时的大臣羲氏、和氏沉湎于酒，把每年的四季、日子的甲乙都搞乱了。胤奉命去征讨，作了《胤征》。

中康死后，其子帝相即位。帝相死，其子帝少康即位。帝少康死，其子帝予即位。帝予死，其子帝槐即位。帝槐死，其子帝芒即位。帝芒死，其子帝泄即位。帝泄死，其子帝不降即位。帝不降死，其弟帝扃即位。帝扃死，其子帝廑即位。帝谨死，立帝不降的儿子孔甲为帝，这就是帝孔甲。帝孔甲即位后，迷信鬼神，行淫乱之事。夏后氏的威德日渐衰微，诸侯相继背叛。上天降下两条神龙，一雌一雄，孔甲喂养不了它们，也没有找到能够饲养的人。陶唐氏已衰败，有个后代叫刘累，从会养龙的人那里学会了驯龙，就去侍奉孔甲。孔甲赐给他姓御龙氏，让他来接受豕韦氏后代的封地。后来那条雌龙死了，刘累献给孔甲吃。夏后孔甲吃了以后，又派人去找刘累索要，刘累惧而逃去。

孔甲死后，其子帝皋即位。帝皋死后，其子帝发即位。帝发死，其子帝履癸即位，这就是桀。

帝桀在位时，因为自从孔甲在位以来，诸侯就有很多相继叛离了夏，而桀又不修德行而用武力伤害百官之族，百官不堪忍受。桀召来汤，把他囚禁在夏台，后来又放了他。汤修行德业，诸侯都归附他，汤就率兵去征讨夏桀，夏桀逃到鸣条，最后被放逐而死。桀对人说："我后悔当初没有在夏台索性把汤杀死，以致落到这个下场。"这样，汤就登上了天子之位，取代了夏朝，领有天下。汤封了夏的后代，到周朝时，把他们封在杞地。

太史公说：禹是姒姓，他的后代被分封在各地，用国号为姓，所以有夏后氏、有扈氏、有男氏、斟寻氏、彤城氏、褒氏、费氏、杞氏、缯氏、辛氏、冥氏、斟氏、戈氏。孔子校正夏朝的历法时，学者们有许多传习《夏小正》的。从虞舜、夏禹时代开始，进贡纳赋的规定已完备。有人说禹在长江南会聚诸侯，因为是在考核诸侯功绩时死的，就葬在那里了，所以，把埋葬禹的苗山改名为会稽山。会稽就是会计的意思。

史记卷三·殷本纪第三

殷商始祖契大约与夏禹同时，被封于商，商王盘庚迁都于殷，始称殷朝。本篇对殷商历代先公及成汤建国后十七世三十一王历代世系做了系统简要的叙述，选择汤王修德建立商朝、盘庚迁殷、武丁中兴、纣王失国等几个殷商发展史上的关键事件，展现了殷商六百年间多次兴衰更迭的历史过程。而作者将商汤修行德政灭夏和殷纣荒淫残暴亡国，这一始一终、一贤一暴、一兴一亡的形象进行互相对比映衬，则反映出商之兴盛在于其任用贤能，商之衰则在于任用奸佞、残害忠良的历史教训，同时也表现出司马迁对仁君德政的热情歌颂和对暴君暴政的无情贬斥。

殷契，母曰简狄，有娀氏之女，为帝喾次妃。三人行浴，见玄鸟堕其卵①，简狄取吞之，因孕，生契。

契长而佐禹治水有功。帝舜乃命契曰："百姓不亲，五品不训②，汝为司徒而敬敷五教③，五教在宽④。"封于商，赐姓子氏。契兴于唐、虞、大禹之际，功业著于百姓，百姓以平。

契卒，子昭明立。昭明卒，子相土立。相土卒，子昌若立。昌若卒，子曹圉立。曹圉卒，子冥立。冥卒，子振立。振卒，子微立。微卒，子报丁立。报丁卒，子报乙立。报乙卒，子报丙立。报丙卒，子主壬立。主壬卒，子主癸立。主癸卒，子天乙立，是为成汤。

成汤，自契至汤八迁。汤始居亳，从先王居，作《帝诰》。

---

①玄鸟：燕子，燕子的羽毛为黑色，所以称为玄鸟。 ②五品：指父子、君臣、夫妇、兄弟、朋友。或指父义、母慈、兄友、弟恭、子孝。训：和顺。 ③敬：谨慎、小心。敷：传布。 ④宽：缓，指慢慢地进行。一说为宽厚之义。

汤征诸侯。葛伯不祀，汤始伐之。汤曰："予有言：人视水见形，视民知治不[①]。"伊尹曰："明哉！言能听，道乃进。君国子民，为善者皆在王官。勉哉，勉哉！"汤曰："汝不能敬命，予大罚殛之，无有攸赦。"作《汤征》。

伊尹名阿衡。阿衡欲干汤而无由[②]，乃为有莘氏媵臣[③]，负鼎俎[④]，以滋味说汤，致于王道。或曰，伊尹处士，汤使人聘迎之，五反，然后肯往从汤，言素王及九主之事。汤举任以国政。伊尹去汤适夏。既丑有夏，复归于亳。入自北门，遇女鸠、女房，作《女鸠》《女房》。

汤出，见野张网四面，祝曰："自天下四方皆入吾网。"汤曰："嘻，尽之矣！"乃去其三面，祝曰："欲左，左。欲右，右。不用命，乃入吾网。"诸侯闻之，曰："汤德至矣，及禽兽。"

当是时，夏桀为虐政淫荒，而诸侯昆吾氏为乱。汤乃兴师，率诸侯，伊尹从汤，汤自把钺以伐昆吾。遂伐桀。汤曰："格女众庶，来，女悉听朕言！匪台小子敢行举乱[⑤]，有夏多罪，予维闻女众言，夏氏有罪。予畏上帝，不敢不正[⑥]。今夏多罪，天命殛之。今女有众，女曰'我君不恤我众，舍我啬事而割政[⑦]'。女其曰'有罪，其奈何'？夏王率止众力，率夺夏国。有众率怠不和，曰：'是日何时丧？予与女皆亡！'夏德若兹，今朕必往。尔尚及予一人致天之罚，予其大理女[⑧]。女毋不信，朕不食言。女不从誓言，予则帑僇女[⑨]，无有攸赦。"以告令师，作《汤誓》。于是汤曰"吾甚武"，号曰武王。

---

①不：同"否"。 ②干：求，此指求见。由：道路，门径。 ③媵（yìng）臣：古代贵族女子出嫁时陪嫁的奴仆。 ④鼎俎：古代烹饪的器具。 ⑤匪：同"非"。台（yí）：我，汤王自称。小子：汤自称，谦辞。举乱：作乱。 ⑥正：通"征"。 ⑦啬事：指稼穑之事。 ⑧理：通"厘"，赏赐。 ⑨帑：通"奴"。僇：通"戮"。

桀败于有娀之虚，桀奔于鸣条，夏师败绩。汤遂伐三嵕，俘厥宝玉，义伯、仲伯作《典宝》。汤既胜夏，欲迁其社，不可，作《夏社》。伊尹报，于是诸侯毕服，汤乃践天子位，平定海内。

汤归至于泰卷（陶），中垒作诰。既绌[①]夏命，还亳，作《汤诰》："维三月，王自至于东郊。告诸侯群后：'毋不有功于民，勤力乃事。予乃大罚殛女，毋予怨。'曰：'古禹、皋陶久劳于外，其有功乎民，民乃有安。东为江，北为济，西为河，南为淮，四渎已修，万民乃有居。后稷降播，农殖百谷。三公咸有功于民，故后有立。昔蚩尤与其大夫作乱百姓，帝乃弗予，有状。先王言不可不勉。'曰：'不道，毋之在国，女毋我怨。'"以令诸侯。伊尹作《咸有一德》，咎单作《明居》。

汤乃改正朔，易服色，上白[②]，朝会以昼。

汤崩，太子太丁未立而卒，于是乃立太丁之弟外丙，是为帝外丙。帝外丙即位三年，崩，立外丙之弟中壬，是为帝中壬。帝中壬即位四年，崩，伊尹乃立太丁之子太甲。太甲，成汤适长孙也，是为帝太甲。帝太甲元年，伊尹作《伊训》，作《肆命》，作《徂后》。

帝太甲既立三年，不明，暴虐，不遵汤法，乱德，于是伊尹放之于桐宫。三年，伊尹摄行政当国，以朝诸侯。

帝太甲居桐宫三年，悔过自责，反善，于是伊尹乃迎帝太甲而授之政。帝太甲修德，诸侯咸归殷，百姓以宁。伊尹嘉之，乃用《太甲训》三篇，褒帝太甲，称太宗。

太宗崩，子沃丁立。帝沃丁之时，伊尹卒。既葬伊尹于亳，咎单遂训伊尹事，作《沃丁》。

---

①绌：通"黜"，废止，废弃。 ②上：同"尚"，崇尚。

沃丁崩，弟太庚立，是为帝太庚。帝太庚崩，子帝小甲立。帝小甲崩，弟雍己立，是为帝雍己。殷道衰，诸侯或不至。

帝雍己崩，弟太戊立，是为帝太戊。帝太戊立，伊陟为相。亳有祥桑谷共生于朝，一暮大拱。帝太戊惧，问伊陟。伊陟曰："臣闻妖不胜德，帝之政其有阙与①？帝其修德。"太戊从之，而祥桑枯死而去。伊陟赞言于巫咸。巫咸治王家有成，作《咸艾》，作《太戊》。帝太戊赞伊陟于庙，言弗臣②，伊陟让，作《原命》。殷复兴，诸侯归之，故称中宗。

中宗崩，子帝中丁立。帝中丁迁于隞，河亶甲居相。祖乙迁于邢。帝中丁崩，弟外壬立，是为帝外壬。《中丁》书阙不具。帝外壬崩，弟河亶甲立。是为帝河亶甲。河亶甲时，殷复衰。

河亶甲崩，子帝祖乙立。帝祖乙立，殷复兴。巫贤任职。

祖乙崩，子帝祖辛立。帝祖辛崩，弟沃甲立，是为帝沃甲。帝沃甲崩，立沃甲兄祖辛之子祖丁，是为帝祖丁。帝祖丁崩，立弟沃甲之子南庚，是为帝南庚。帝南庚崩，立帝祖丁之子阳甲，是为帝阳甲。帝阳甲之时，殷衰。

自中丁以来，废適而更立诸弟子，弟子或争相代立，比九世③乱，于是诸侯莫朝。

帝阳甲崩，弟盘庚立，是为帝盘庚。

帝盘庚之时，殷已都河北，盘庚渡河南，复居成汤之故居，乃五迁，无定处。殷民咨胥皆怨④，不欲徙。盘庚乃告谕诸侯大臣曰："昔高后成汤与尔之先祖俱定天下，法则可修。舍而弗勉，何以成德！"乃遂涉河南，治亳，行汤之政，然后百姓由宁，殷

---

①阙：同"缺"，缺点，过失。 ②弗臣：意思是不敢以之为臣下。 ③比：接连。 ④咨：嗟叹。胥：互相。

道复兴。诸侯来朝，以其遵成汤之德也。

帝盘庚崩，弟小辛立，是为帝小辛。

帝小辛立，殷复衰。百姓思盘庚，乃作《盘庚》三篇。

帝小辛崩，弟小乙立，是为帝小乙。帝小乙崩，子帝武丁立。

帝武丁即位，思复兴殷，而未得其佐。三年不言，政事决定于冢宰，以观国风。武丁夜梦得圣人，名曰说。以梦所见视群臣百吏，皆非也。于是乃使百工营求之野①，得说于傅险中。是时说为胥靡②，筑于傅险。见于武丁，武丁曰是也。得而与之语，果圣人，举以为相，殷国大治。故遂以傅险姓之，号曰傅说。

帝武丁祭成汤，明日，有飞雉登鼎耳而呴③，武丁惧。祖己曰："王勿忧，先修政事。"祖己乃训王曰："惟天监下典厥义④，降年有永有不永⑤，非天夭民，中绝其命。民有不若德，不听罪，天既附命正厥德，乃曰其奈何。呜呼！王嗣敬民，罔非天继，常祀毋礼于弃道。"武丁修政行德，天下咸欢，殷道复兴。

帝武丁崩，子帝祖庚立。祖己嘉武丁之以祥雉为德，立其庙为高宗，遂作《高宗肜日》及《训》。

帝祖庚崩，弟祖甲立，是为帝甲。帝甲淫乱，殷复衰。

帝甲崩，子帝廪辛立。帝廪辛崩，弟庚丁立，是为帝庚丁。帝庚丁崩，子帝武乙立。殷复去亳，徙河北。

帝武乙无道，为偶人⑥，谓之天神。与之博，令人为行。天神不胜，乃僇辱之⑦。为革囊，盛血，仰而射之，命曰"射天"。

武乙猎于河、渭之间，暴雷，武乙震死。子帝太丁立。帝太

---

①百工：此指百官。 ②胥靡：因犯法而服劳役的人。 ③呴（gòu）：同"雊"，雉鸟鸣叫。 ④监：监察，审视。下：下民。典：常则，准则。 ⑤降年：上天赐给人的年岁、寿数。永：寿长。 ⑥偶人：用土或木制成的人像。 ⑦僇辱：羞辱，侮辱。

丁崩，子帝乙立。帝乙立，殷益衰。

帝乙长子曰微子启，启母贱，不得嗣。少子辛，辛母正后，辛为嗣。帝乙崩，子辛立，是为帝辛，天下谓之纣。

帝纣资辨捷疾[①]，闻见甚敏；材力过人，手格猛兽[②]。知足以距谏[③]，言足以饰非。矜人臣以能，高天下以声，以为皆出己之下。好酒淫乐，嬖于妇人[④]。爱妲己，妲己之言是从。于是使师涓作新淫声[⑤]，北里之舞，靡靡之乐[⑥]。厚赋税以实鹿台之钱，而盈巨桥之粟。益收狗马奇物，充仞宫室[⑦]。益广沙丘苑台，多取野兽蜚鸟置其中[⑧]。慢于鬼神。大冣乐戏于沙丘[⑨]，以酒为池，悬肉为林，使男女倮相逐其间[⑩]，为长夜之饮。百姓怨望而诸侯有畔者，于是纣乃重刑辟，有炮格之法。

以西伯昌、九侯、鄂侯为三公。九侯有好女，入之纣。九侯女不憙淫[⑪]，纣怒，杀之，而醢九侯[⑫]。鄂侯争之强，辨之疾，并脯鄂侯[⑬]。西伯昌闻之，窃叹。崇侯虎知之，以告纣，纣囚西伯羑里。西伯之臣闳夭之徒，求美女奇物善马以献纣，纣乃赦西伯。

西伯出而献洛西之地，以请除炮格之刑。纣乃许之，赐弓矢斧钺，使得征伐，为西伯。而用费中为政。费中善谀，好利，殷人弗亲。纣又用恶来。恶来善毁谗，诸侯以此益疏。

西伯归，乃阴修德行善，诸侯多叛纣而往归西伯。西伯滋大，纣由是稍失权重。王子比干谏，弗听。商容贤者，百姓爱之，纣废之。及西伯伐饥国，灭之，纣之臣祖伊闻之而咎周[⑭]，

---

①资：资质。辨：通“辩”，聪慧。 ②格：格斗，格杀。 ③知：通“智”。距：通“拒”，拒绝。 ④嬖：宠爱。 ⑤淫声：指与雅乐相对而言的俗乐。 ⑥靡靡之乐：声音柔弱的音乐。 ⑦充仞：充满。 ⑧蜚：通“飞”。 ⑨冣：通“聚”。 ⑩倮：同“裸”。 ⑪憙：同“喜”。 ⑫醢（hǎi）：古代酷刑之一，把人剁成肉酱。 ⑬脯（fǔ）：古代酷刑之一，把人制成肉干。 ⑭咎：憎恶。

恐,奔告纣曰:“天既讫我殷命,假人元龟,无敢知吉,非先王不相我后人,维王淫虐用自绝,故天弃我,不有安食,不虞知天性,不迪率典①。今我民罔不欲丧,曰:‘天曷不降威,大命胡不至’?今王其奈何?”纣曰:“我生不有命在天乎!”祖伊反,曰:“纣不可谏矣。”

西伯既卒,周武王之东伐,至盟津,诸侯叛殷会周者八百。诸侯皆曰:“纣可伐矣。”武王曰:“尔未知天命。”乃复归。

纣愈淫乱不止。微子数谏不听,乃与大师、少师谋,遂去。比干曰:“为人臣者,不得不以死争。”乃强谏纣。纣怒曰:“吾闻圣人心有七窍。”剖比干,观其心。箕子惧,乃详狂为奴,纣又囚之。殷之大师、少师乃持其祭乐器奔周。周武王于是遂率诸侯伐纣。纣亦发兵距之牧野。甲子日,纣兵败,纣走,入登鹿台,衣其宝玉衣,赴火而死。周武王遂斩纣头,悬之大白旗。杀妲己。释箕子之囚,封比干之墓,表商容之闾。封纣子武庚禄父,以续殷祀,令修行盘庚之政。殷民大说。于是周武王为天子。其后世贬帝号,号为王。而封殷后为诸侯,属周。

周武王崩,武庚与管叔、蔡叔作乱,成王命周公诛之,而立微子于宋,以续殷后焉。

太史公曰:余以《颂》次契之事,自成汤以来,采于《书》《诗》。契为子姓,其后分封,以国为姓,有殷氏、来氏、宋氏、空桐氏、稚氏、北殷氏、目夷氏。孔子曰:殷路车为善,而色尚白。

【译文】

殷的始祖是契,其母叫简狄,是有娀氏的女儿,帝喾的次妃。简狄等

---

①迪:由,遵循。率:法。

三人到河里去沐浴，看见燕子掉下一只蛋，简狄就拣来吞吃了，因而有孕，生下了契。

契长大成人后，帮助禹治水有功，舜帝于是命令契说："现在百姓不相亲爱，父子、君臣、夫妇、长幼、朋友之间五伦关系不和顺，你去做司徒，认真地传布五伦教育。推行五伦教育，要本着宽厚的原则。"契被封在商地，赐姓子氏。契在唐尧、虞舜、夏禹的时代兴起，为百姓做了许多事，功业昭著，百姓们因而平服。

契死后，其子昭明即位。昭明死，其子相土即位。相土死，其子昌若即位。昌若死，其子曹圉即位。曹圉死，其子冥即位。冥死，其子振即位。振死，其子微即位。微死，其子报丁即位。报丁死，其子报乙即位。报乙死，其子报丙即位。报丙死，其子主壬即位。主壬死，其子主癸即位。主癸死，其子天乙即位。这就是成汤。

从契到成汤，曾八次迁居。到成汤时才开始定居于亳，这是为了追随先王帝喾，成汤为此写了《帝诰》。

成汤在夏朝为方伯，有权征讨邻近的诸侯。葛伯不祭祀鬼神，成汤首先征讨他。成汤说："我说过这样的话：人照一照水就能看见自己的形貌，人君听一听民众的议论就可以知道国家治理得好与不好。"伊尹说："英明啊！善言听得进去，道德才会进步。治理国家，抚育万民，凡是有德行做好事的人都安排在朝中为官。努力吧，努力吧！"成汤对葛伯说："你们不能敬顺天命，我就要重重地惩罚你们，决不宽赦。"于是写下《汤征》。

伊尹名叫阿衡。阿衡想求见成汤而苦于没有门路，于是就去给有莘氏做陪嫁的奴仆，背着饭锅砧板来见成汤，借着谈论烹调滋味的机会向成汤进言，劝说他实行王道。也有人说，伊尹本是个有才德而不肯做官的隐士，成汤曾派人去聘迎他，前后去了五趟，他才答应前来归从，向成汤讲述了远古帝王及九类君主的所作所为。成汤于是举用了他，委任他主持国政。伊尹曾离开商汤到夏桀那里，因为看到夏桀无道，十分憎恶，所以又回到了商都亳。他从北门进城时，遇见了女鸠和女房，于是写下

《女鸠》《女房》。

一天成汤外出游猎，看见郊野四面张着罗网，张网的人祝祷说："愿从天上来的，从地下来的，从四方来的，都进入我的罗网！"成汤听了说："嗳，这样就把禽兽全部打光了！"于是把罗网撤去三面，让张网的人祝祷说："想往左的就往左，想向右的就向右。不听从命令的，就进我的罗网吧。"诸侯听到这件事，都说："汤真是仁德到极点了，就连禽兽都受到了他的恩惠。"

就在这时，夏桀却施行暴政，荒淫无道，诸侯昆吾氏也起来作乱，商汤于是举兵，率领诸侯，伊尹跟随着，商汤亲自握着大斧前去讨伐昆吾，转而又去讨伐夏桀。商汤说："来，你们大家到跟前来，都仔细听着我的话：不是我个人敢于兴兵作乱，是因为夏桀确实犯下了很多的罪行。我虽然也听到你们说了些抱怨的话，可是夏桀有罪啊，我畏惧上天，不敢不去征伐。如今夏桀犯下了那么多的罪行，是上天命我去诛杀他的。现在你们大家也许会说'我们的国君不体恤我们，抛开我们的农事不管，却要去征伐打仗'。你们还会问'夏桀有罪，究竟是怎么样的罪'？夏桀君臣耗尽了民力，又重加盘剥民众。夏国的民众都在怠工，不与夏桀协作。他们说'这个太阳什么时候灭亡，我情愿与你同归于尽'！夏王的德行已到这种地步，现在我非去讨伐他不可！希望你们和我一起来奉行上天降下的惩罚，我会重重地奖赏你们。你们不要怀疑，我绝不会说话不算数。如果你们违抗我的誓言，我就要罚你们为奴甚至杀死，决不宽赦！"商汤把这些话告诉传令长官，写下了《汤誓》。当时商汤曾说"我很勇武"，因此号称武王。

夏桀在有娀氏旧地被打败，奔逃到鸣条，夏军就全军崩溃了。商汤就攻伐忠于夏桀的三嵏，夺得了他们的宝器珠玉，义伯、仲伯二臣写下了《典宝》。商汤灭夏之后，想改换夏设立的社神，但没有合适的更替神，于是写下《夏社》。伊尹向诸侯通报，夏灭商兴，自此，诸侯全都听命归服了，商汤登上天子之位，平定了天下。

成汤班师回朝，经过泰卷时，中垒作了朝廷的诰命。汤已经废除了夏的政令，回到国都亳，作《汤诰》："三月，殷王亲自到了东郊，向各诸侯国君宣布：'各位可不能不为民众谋立功业，要努力办好你们的事情。否则，我就重重地地惩罚你们，那时可不要怪罪我。'又说：'过去禹、皋陶长期奔劳在外，为民众建立了功业，民众才得以安居乐业。当时他们东面治理了长江，北而治理了济河，西面治理了黄河，南面治理了淮河，这四条重要的河道治理好了，万民才得以定居下来。后稷教导民众播种五谷，民众才知道种植各种庄稼。这三位先贤，都有功于民，所以，他们的后代能够立国。从前蚩尤和他的大臣们在百姓中发动暴乱，上帝就不降福于他们，这样的事有历史为证。先王的教诲，可不能不努力照办啊！'又说：'你们当中如果有谁干出违背道义的事，那就不允许他回国再做诸侯，那时你们可不要怨我。'"汤用这些话告诫了诸侯。这时，伊尹又作了《咸有一德》，咎单作了《明居》，讲的是民众应该遵守的法则。

商汤临政后，把夏历的寅月为岁首改为丑月为岁首，又改变了器物服饰的颜色，崇尚白色，在白天举行朝会。

商汤死后，因太子太丁未能即位而早亡，就立太丁的弟弟外丙为帝，就是外丙帝。外丙即位三年，死去，立外丙的弟弟中壬为帝，就是中壬帝。中壬即位四年死去，伊尹就拥立太丁之子太甲为帝。太甲，是成汤的嫡长孙，就是太甲帝。太甲元年，伊尹作《伊训》《肆命》《徂后》。

太甲帝临政三年之后，昏乱暴虐，违背了汤王的法度，败坏德业，因此，伊尹把他流放到汤的葬地桐宫。此后的三年，伊尹代行政务，主持国事，朝会诸侯。

太甲在桐宫住了三年，悔过自责，返归于善，于是伊尹又迎接他回到朝廷，把政权交还给他。从此以后，太甲帝修养道德，诸侯都来归服，百姓也因此得以安宁。伊尹对太甲帝很赞赏，就作了《太甲训》三篇，赞扬帝太甲，称他为太宗。

太宗死后，其子沃丁即位。沃丁临政时，伊尹死。在亳地安葬了伊尹后，为了用伊尹的事迹垂训后人，咎单作了《沃丁》。

沃丁死后，他的弟弟太庚即位，这就是太庚帝。太庚死，其子小甲即位;小甲帝死,弟弟雍已即位,这就是雍已帝。到了这时,殷的国势已衰弱,有的诸侯不来朝见。

雍已死后,他的弟弟太戊即位。这就是太戊帝。太戊任用伊陟为相。当时国都亳出现了桑、谷二木合生在朝堂上的怪异现象,一夜之间就长得有一搂粗。太戊帝很惧怕,就去向伊陟询问。伊陟对太戊帝说:“我曾听说,妖异不能战胜有德行的人,会不会是您的政治有什么失误啊?希望您进一步修养德行。”太戊听从伊陟的劝谏,那怪树就枯死消失了。伊陟把这些话告诉了巫咸。巫咸治理朝政有成绩,作《咸艾》《太戊》。太戊帝在太庙中称赞伊陟,不敢以之为臣。伊陟谦让不从,写下《原命》。就这样,殷的国势再度兴盛,诸侯又来归服。因此,称太戊帝为中宗。

中宗死后,其子中丁即位。中丁迁都于隞。后来河亶甲定都于相,祖乙又迁至邢。中丁帝死后,他的弟弟外壬即位,这就是外壬帝。这些曾有《中丁》加以记载,今已残佚不存。外壬帝死后,他的弟弟河亶甲即位,这就是河亶甲帝。河亶甲时,殷朝国势再度衰弱。

河亶甲死后,其子祖乙即位。祖乙帝即位后,殷又兴盛起来,巫贤被任以重职。

祖乙死后,其子祖辛帝即位。祖辛帝死,他的弟弟沃甲即位,这就是沃甲帝。沃甲死,立沃甲之兄祖辛的儿子祖丁,这就是祖丁帝。祖丁死,立弟弟沃甲的儿子南庚,这就是南庚帝。南庚帝死,立祖丁帝的儿子阳甲,这就是阳甲帝。阳甲帝在位时,殷的国势衰弱。

自中丁帝以来,废嫡长子而拥立诸弟兄及诸弟兄的儿子,这些人有时为取得王位而互相争斗,造成了接连九代政乱,因此,诸侯没有人再来朝见。

阳甲帝死后,他的弟弟盘庚即位,就是盘庚帝。

盘庚帝时,殷已在黄河北的奄地定都,盘庚渡过黄河,在黄河南的亳定都,又回到成汤故居。因为自汤到盘庚,这已是第五次迁移,一直没固定国都,所以殷朝的百姓怨声载道,不愿再受迁移之苦。盘庚就告谕诸侯大臣说："从前先王成汤和你们的祖辈们一起平定天下，他们传下来的法度和准则应该遵循。如果我们舍弃这些而不努力推行，那如何能成就德业呢?"这样，最后才渡过黄河，南迁到亳，遵行成汤的政令。此后百姓渐渐安定，殷朝国势又一次兴盛起来。因为盘庚遵循了成汤的德政，诸侯又纷纷前来朝见了。

盘庚帝死，他的弟弟小辛即位，这就是小辛帝。

小辛在位时，殷又衰弱了。百姓们思念盘庚，于是写下了《盘庚》三篇。

小辛帝死后，他的弟弟小乙即位，这就是小乙帝。小乙帝死，其子武丁即位。

武丁帝即位后，想复兴殷朝，但一直没有找到贤人辅佐。于是武丁三年不发表政见，政事由冢宰决定，自己审慎地观察民情风俗。有一天夜里，他梦见得到一位圣人，名叫说。白天他按照梦中见到的形象观察群臣百官，都不是。于是派百官到民间去四处寻找，终于在傅险找到了说。这时，说正服刑役，在傅险修路，百官把说带来让武丁看，武丁说正是这个人。找到说之后，武丁和他交谈，发现果真是位贤圣之人，就举用他做国相，殷国得以大治。因而用傅险这个地名来作说的姓，称之为傅说。

武丁祭祀成汤，第二天，有一只雉鸟飞来登在鼎耳上鸣叫，武丁为此惊惧不安。祖己说："大王不必担忧，先办好政事。"祖己进一步开导武丁说："上天监察下民是着眼于他们的道义。上天赐给人的寿运有长有短，并不是上天有意使人的寿运夭折，中途断送性命。有的人不遵循道德，不承认罪恶，等到上天降下命令纠正他的德行了，他才想怎么办。唉，大王您继承王位，努力办好民众的事，没有什么不符合天意的，还要继续按常规祭祀，不要背弃正道!"武丁听了祖己的劝谏，修行德政，全国上下都高兴，殷朝的国势又兴盛了。

武丁帝死，其子祖庚帝即位。祖己赞赏武丁因为象征吉凶的雉鸟出现而行德政，给他立庙，称为高宗，写下了《高宗肜日》和《训》。

祖庚帝死，其弟祖甲即位，这就是甲帝。甲帝淫乱，殷朝复又衰落。

甲帝死，其子廪辛即位。廪辛死，他的弟弟庚丁即位，这就是帝庚丁。庚丁死，其子武乙即位，这时，殷都又从亳迁到了黄河以北。

武乙暴虐无道，曾制作了一个木偶人，称它为天神，跟它下棋赌输赢，让旁人替它下子。如果天神输了，就侮辱它。又制作了一个皮革的囊袋，里面盛满血，仰天射它，称为“射天”。

有一次武乙到黄河和渭河之间去打猎，天空中突然打雷，武乙被雷击死。武乙死后，其子太丁帝即位。太丁帝死，其子乙帝即位，乙帝即位时，殷朝愈加衰落了。

乙帝的长子叫微子启。启的母亲地位低贱，因而启不能被立为继承人。乙帝的小儿子叫辛，辛的母亲是正王后，因而辛被立为继承人。乙帝死后，辛即位，这就是辛帝，天下都管他叫纣。

纣天资聪慧，有口才，行动迅速，接受能力很强，且气力过人，能徒手与猛兽格斗。他的智慧足可以拒绝臣下的劝谏，他的话语足可掩饰自己的过错。他凭着才能在大臣面前夸耀，凭着声威到处抬高自己，认为天下人都不及他。他嗜好喝酒，放荡作乐，亲近妇人。他特别宠爱妲己，一切都听从妲己的。他让乐师涓为他制作新的俗乐，北里舞曲，柔弱的歌。他加重赋税，鹿台钱库里的钱堆得满满的，巨桥粮仓里的粮食装得满满的。他多方搜集狗马和新奇的玩物，充满宫室。又扩建沙丘的园林楼台，捕捉大量野兽飞鸟，放置在里面。他对鬼神傲慢不敬。他招来大批戏乐，聚集在沙丘，用酒当作池水，把肉悬挂起来当作树林，让男女赤身裸体，在其间追逐戏闹，饮酒作乐，通宵达旦。百姓们怨恨纣，诸侯有的也背叛了他。于是他就加重刑罚，设置炮格酷刑，让人在涂满油膏的铜柱上爬行，下面点燃炭火，爬不动了就掉在炭火里。

纣任用西伯昌、九侯、鄂侯为三公。九侯有个美丽的女儿，献给了纣，她不喜淫荡，纣大怒，杀了她，同时把九侯施以醢刑，剁成肉酱。鄂侯极力强谏，争辩激烈，结果鄂侯也遭到脯刑，被制成肉干。西伯昌闻见此事，暗暗叹息。崇侯虎得知，向纣去告发，纣就把西伯囚禁在羑里。西伯的臣子闳夭等人，搜求美女奇物和好马献给纣，纣才释放了西伯。

西伯从狱里出来之后，向纣献出洛水以西的一片土地，请求废除炮格的酷刑。纣答允了他，并赐给他弓箭大斧，使他能够征伐其他诸侯，这样他就成了西部地区的诸侯之长，就是西伯。纣任用费中管理国家政事。费中善于阿谀，贪图财利，殷人因此不来亲近了。纣又任用恶来，恶来善于毁谤，喜进谗言，诸侯因此越发疏远了。

西伯回国，暗地里修德行善，诸侯很多背叛了纣而来归服西伯。西伯的势力更加强大，纣因此渐渐丧失了权势。王子比干劝说纣，纣不听。商容是位贤人，百姓们敬爱他，纣却黜免了他。等到西伯攻打饥国并把它灭掉了，纣的大臣祖伊听说后既憎恶周国，又非常害怕，于是跑到纣那里去报告说："上天已断绝我们殷国的寿运了。不管是能知天吉凶的人预测，还是用大龟占卜，都没有一点好征兆。并非是先王不保佑后人，而是大王您荒淫暴虐，以致自绝于天，所以上天才抛弃我们，使我们不得安食，而大王您既不能揣度天意，又不遵守常法。如今我国的民众没有不希望殷国早早灭亡的，他们说：'上天为什么还不显示你的威灵？灭纣的命令为什么还不到来？'大王您如今想怎么办呢？"纣说："我生下来做国君，不就是奉受天命吗？"祖伊回国后说："纣已无法规劝！"

西伯死后，周武王东征，到盟津时，诸侯背叛殷纣前来与武王会师的有八百国。诸侯们都说："是讨伐纣的时候了！"周武王说："你们不了解天命。"于是班师回国。

纣更加淫乱不止。微子曾多次劝谏，纣也不听，微子就和太师、少师商量，然后逃离殷国。比干却说："为人臣子，不能不拼死争谏。"就极力劝谏。纣大怒，说："我听说圣人的心有七个孔。"于是剖开比干的胸膛，挖出心来看。箕子见此情形很害怕，就假装疯癫去给人家做了奴隶。纣知道后又把箕子囚禁起来。殷国的太师、少师拿着祭器、乐器，急急逃到周国。周武王见时机已到，就率领诸侯讨伐殷纣。纣派出兵在牧野进行抵御。周武王十一年二月初五甲子那一天，纣的军队被打败，纣逃进内城，登上鹿台，穿上他的宝玉衣，跑到火里自焚而死。周武王砍下他的头，挂在太白旗竿上示众。周武王又处死了妲己，释放了箕子，修缮了比干的坟墓，修治了商容的故居。封纣的儿子武庚禄父，让他承续殷的祭祀，令他施行盘庚的德政，殷人非常高兴。于是，周武王做了天子。因为后世人贬低帝这个称号，所以称为王。封殷的后代为诸侯，隶属于周。

周武王死后，武庚与管叔、蔡叔联合叛乱，周成王命周公旦诛杀他们，而把微子封在宋国，来延续殷的后代。

太史公说：我是根据《诗经》中的《商颂》来编次契的事迹的，自成汤以来，很多史实材料采自《尚书》和《诗经》。契为子姓，他的后代被分封到各国，就以国为姓了，有殷氏、来氏、宋氏、空桐氏、稚氏、北殷氏、目夷氏等。孔子曾说过：殷代的车子很好，那个时代崇尚白色。

史记卷四·周本纪第四

本篇以周先公先王及历代帝王世系为序，概括地记述了周朝八百年的兴衰历史，包括西周、春秋及战国时代。全篇以兴衰为线，以成康之世为中介点，成康之前记其强盛：从后稷为农师抚爱众民，古公亶父正式立国积德行义为民所爱，至季历、西伯招抚人民，直至武王灭纣、建立周朝，再至周公辅政、成康之治，乃一段周朝兴盛发展史；幽厉之后叙其衰落：厉王、幽王皆暴虐侈傲，其间虽有共和行政、宣王中兴，亦难挽周之颓势，至平王东迁，政由方伯，东西周分制，周室名存实亡，最后为秦所灭，堪称一段积弱亡国的衰亡史。而在这一兴衰的历史进程中反映出的有德而兴邦，失德而丧邦的教训永远值得后人为之警醒。

周后稷，名弃。其母有邰氏女，曰姜原。姜原为帝喾元妃。姜原出野，见巨人迹，心忻然说①，欲践之，践之而身动如孕者。居期而生子，以为不祥，弃之隘巷，马牛过者皆辟不践；徙置之林中，适会山林多人，迁之；而弃渠中冰上，飞鸟以其翼覆荐之。姜原以为神，遂收养长之。初欲弃之，因名曰弃。

弃为儿时，屹如巨人之志。其游戏，好种树麻、菽，麻、菽美。及为成人，遂好耕农，相地之宜，宜谷者稼穑焉②，民皆法则之。帝尧闻之，举弃为农师，天下得其利，有功。帝舜曰："弃，黎民始饥，尔后稷播时百谷③。"封弃于邰，号曰后稷，别姓姬氏。后稷之兴，在陶唐、虞、夏之际，皆有令德。

后稷卒，子不窋立。不窋末年，夏后氏政衰，去稷不务，不

①忻：同"欣"。说：通"悦"，高兴。 ②稼穑：播种和收获。 ③播时：播种。

窋以失其官而奔戎狄之间。不窋卒，子鞠立。鞠卒，子公刘立。

公刘虽在戎狄之间，复修后稷之业，务耕种，行地宜，自漆、沮度渭，取材用，行者有资，居者有畜积，民赖其庆。百姓怀之，多徙而保归焉[①]。周道之兴自此始，故诗人歌乐思其德。公刘卒，子庆节立，国于豳。

庆节卒，子皇仆立。皇仆卒，子差弗立。差弗卒，子毁隃立。毁隃卒，子公非立。公非卒，子高圉立。高圉卒，子亚圉立。亚圉卒，子公叔祖类立。公叔祖类卒，子古公亶父立。古公亶父复修后稷、公刘之业，积德行义，国人皆戴之。薰育戎狄攻之，欲得财物，予之。已复攻，欲得地与民。民皆怒，欲战。古公曰："有民立君，将以利之。今戎狄所为攻战，以吾地与民。民之在我，与其在彼，何异？民欲以我故战，杀人父子而君之，予不忍为。"乃与私属遂去豳，度漆、沮，逾梁山，止于岐下。豳人举国扶老携弱，尽复归古公于岐下。及他旁国闻古公仁，亦多归之。于是古公乃贬[②]戎狄之俗，而营筑城郭室屋，而邑别居之。作五官有司。民皆歌乐之，颂其德。

古公有长子曰太伯，次曰虞仲。太姜生少子季历，季历娶太任，皆贤妇人，生昌，有圣瑞。古公曰："我世当有兴者，其在昌乎？"长子太伯、虞仲知古公欲立季历以传昌，乃二人亡如荆蛮，文身断发[③]，以让季历。

古公卒，季历立，是为公季。公季修古公遗道，笃于行义，诸侯顺之。

公季卒，子昌立，是为西伯。西伯曰文王，遵后稷、公刘之

---

①保归：归附。 ②贬：除去。 ③文身断发：在身上刺花纹，剪短头发，皆荆蛮之俗。

业，则古公、公季之法①，笃仁，敬老，慈少。礼下贤者，日中不暇食以待士，士以此多归之。伯夷、叔齐在孤竹，闻西伯善养老，盍往归之。太颠、闳夭、散宜生、鬻子、辛甲大夫之徒皆往归之。

崇侯虎谮西伯于殷纣曰："西伯积善累德，诸侯皆向之，将不利于帝。"帝纣乃囚西伯于羑里。闳夭之徒患之，乃求有莘氏美女、骊戎之文马、有熊九驷、他奇怪物，因殷嬖臣费仲而献之纣。纣大说，曰："此一物足以释西伯，况其多乎！"乃赦西伯，赐之弓矢斧钺，使西伯得征伐。曰："谮西伯者，崇侯虎也。"西伯乃献洛西之地，以请纣去炮格之刑。纣许之。

西伯阴行善，诸侯皆来决平。于是虞、芮之人有狱不能决，乃如周。入界，耕者皆让畔，民俗皆让长。虞、芮之人未见西伯，皆惭，相谓曰："吾所争，周人所耻，何往为？只取辱耳。"遂还，俱让而去。诸侯闻之，曰"西伯盖受命之君"。

明年，伐犬戎。明年，伐密须。明年，败耆国。殷之祖伊闻之，惧，以告帝纣。纣曰："不有天命乎？是何能为！"明年，伐邘。明年，伐崇侯虎。而作丰邑，自岐下而徙都丰。

明年，西伯崩，太子发立，是为武王。

西伯盖即位五十年。其囚羑里，盖益《易》之八卦为六十四卦。诗人道西伯，盖受命之年称王而断虞、芮之讼。后十年而崩，谥为文王。改法度，制正朔矣。追尊古公为太王，公季为王季。盖王瑞自太王兴。

武王即位，太公望为师，周公旦为辅，召公、毕公之徒左右王，师修文王绪业。

九年，武王上祭于毕。东观兵，至于盟津。为文王木主②，

---

①则：遵奉，遵守。 ②木主：神主，即木牌神位。

载以车，中军。武王自称太子发，言奉文王以伐，不敢自专。乃告司马、司徒、司空、诸节[1]："齐栗[2]，信哉！予无知，以先祖有德臣，小子受先功，毕立赏罚，以定其功。"遂兴师。师尚父号曰："总尔众庶，与尔舟楫，后至者斩。"武王渡河，中流，白鱼跃入王舟中，武王俯取以祭。既渡，有火自上复于下，至于王屋，流为乌[3]，其色赤，其声魄云[4]。是时，诸侯不期而会盟津者八百诸侯。诸侯皆曰："纣可伐矣。"武王曰："女未知天命，未可也。"乃还师归。

居二年，闻纣昏乱暴虐滋甚，杀王子比干，囚箕子。太师疵、少师强抱其乐器而奔周。于是武王遍告诸侯曰："殷有重罪，不可以不毕伐。"乃遵文王，遂率戎车三百乘，虎贲三千人，甲士四万五千人，以东伐纣。十一年十二月戊午，师毕渡盟津，诸侯咸会。曰："孳孳无怠[5]！"武王乃作《太誓》，告于众庶："今殷王纣乃用其妇人之言，自绝于天，毁坏其三正，离逷其王父母弟[6]，乃断弃其先祖之乐，乃为淫声，用变乱正声，怡说妇人。故今予发维共行天罚。勉哉夫子，不可再，不可三！"

二月甲子昧爽[7]，武王朝至于商郊牧野，乃誓。武王左杖黄钺，右秉白旄，以麾。曰："远矣西土之人！"武王曰："嗟！我有国冢君[8]，司徒、司马、司空、亚旅、师氏，千夫长、百夫长，及庸、蜀、羌、髳、微、纑、彭、濮人，称尔戈，比尔干[9]，立尔矛，予其誓。"王曰："古人有言'牝鸡无晨[10]。牝鸡之晨，惟家之索。'今殷王纣维妇人言是用，自弃其先祖肆祀不答[11]，昏弃其家国，遗其王父

①诸节：指受有符节的诸官吏。②齐栗：严肃恭敬。③乌：乌鸦。④魄：象声词，形容鸟叫的声音。⑤孳孳：同"孜孜"，奋发努力的样子。⑥离逷：疏远。王父母：祖父母。⑦昧爽：黎明。⑧有国冢君：称同来伐纣的诸侯。⑨称：举。比：并次，排列。⑩牝鸡：雌鸡。晨：报晓鸣叫。⑪肆祀：指对祖先的祭祀。

母弟不用，乃维四方之多罪逋逃是崇是长①，是信是使，俾暴虐于百姓，以奸轨于商国。今予发维共行天之罚。今日之事，不过六步七步，乃止齐焉，夫子勉哉！不过于四伐五伐六伐七伐，乃止齐焉，勉哉夫子！尚桓桓②，如虎如罴，如豺如离，于商郊，不御克奔，以役西土，勉哉夫子！尔所不勉，其于尔身有戮。"誓已，诸侯兵会者四千乘，陈师牧野。

帝纣闻武王来，亦发兵七十万人距武王。武王使师尚父与百夫致师，以大卒③驰帝纣师。纣师虽众，皆无战之心，心欲武王亟入。纣师皆倒兵以战，以开武王。武王驰之，纣兵皆崩，畔纣。纣走，反入登于鹿台之上，蒙衣其珠玉，自燔于火而死。武王持大白旗以麾诸侯，诸侯毕拜武王，武王乃揖诸侯，诸侯毕从。武王至商国，商国百姓咸待于郊。于是武王使群臣告语商百姓曰："上天降休！"商人皆再拜稽首，武王亦答拜。遂入，至纣死所。武王自射之，三发而后下车，以轻剑击之，以黄钺斩纣头，县大白之旗。已而至纣之嬖妾二女，二女皆经自杀。武王又射三发，击以剑，斩以玄钺，县其头小白之旗。武王已乃出复军④。

其明日，除道，修社及商纣宫⑤。及期，百夫荷罕旗以先驱⑥。武王弟叔振铎奉陈常车⑦，周公旦把大钺，毕公把小钺，以夹武王。散宜生、太颠、闳夭皆执剑以卫武王。既入，立于社南大卒之左，左右毕从。毛叔郑奉明水，卫康叔封布兹，召公奭赞采⑧，师尚父牵牲。尹佚策祝⑨曰："殷之末孙季纣，殄废先王

---

①多罪逋逃：指罪恶多端的逃犯。 ②桓桓：威武的样子。 ③大卒：军队编制，有戎车三百五十乘，士卒二万六千二百五十人，虎贲三千人。 ④复军：返回军中。 ⑤修社：整治祭祀土神的祭坛。 ⑥罕旗：有九条飘带的旗帜，古代仪仗前驱。 ⑦常车：王者之车。 ⑧赞采：奉献币帛。 ⑨策祝：读策书祝文祭告神灵。

明德，侮蔑神祇不祀，昏暴商邑百姓，其章显闻于天皇上帝。”于是武王再拜稽首，曰：“膺更大命①，革殷，受天明命。”武王又再拜稽首，乃出。

封商纣子禄父殷之馀民。武王为殷初定未集，乃使其弟管叔鲜、蔡叔度相禄父治殷。已而命召公释箕子之囚。命毕公释百姓之囚，表商容之闾。命南宫括散鹿台之财，发巨桥之粟，以振贫弱萌隶②。命南宫括、史佚展九鼎宝玉。命闳夭封比干之墓③。命宗祝享祠于军。乃罢兵西归。行狩，记政事，作《武成》。封诸侯，班赐宗彝④，作《分殷之器物》。武王追思先圣王，乃褒封神农之后于焦，黄帝之后于祝，帝尧之后于蓟，帝舜之后于陈，大禹之后于杞。于是封功臣谋士，而师尚父为首封。封尚父于营丘，曰齐。封弟周公旦于曲阜，曰鲁。封召公奭于燕。封弟叔鲜于管，弟叔度于蔡。馀各以次受封。

武王征九牧之君，登豳之阜，以望商邑。武王至于周，自夜不寐。周公旦即王所，曰：“曷为不寐？”王曰：“告女：维天不飨殷，自发未生于今六十年，麋鹿在牧，蜚鸿满野⑤。天不享殷，乃今有成。维天建殷，其登名民三百六十夫，不显亦不宾灭，以至今⑥。我未定天保⑦，何暇寐？”王曰：“定天保，依天室，悉求夫恶，贬从殷王受。日夜劳来定我西土，我维显服，及德方明。自洛汭延于伊汭，居易毋固，其有夏之居。我南望三涂，北望岳鄙，顾詹有河，粤詹洛、伊，毋远天室。”营周居于洛邑而后去。纵马于华山之阳，放牛于桃林之虚；偃干戈，振兵释旅⑧，示天下

---

①膺更：承当。大命：指上天所降下的命令。 ②振：同“赈”，赈济。萌隶：百姓。 ③封：聚土筑坟，此指在墓上添土。 ④班赐：分赐。班：同“颁”，颁发。宗彝：宗庙之宝器。 ⑤蜚鸿：蝗虫。 ⑥宾灭：灭除。宾：通“摈”，摈弃。 ⑦天保：国运。 ⑧振兵释旅：整顿部队，解散甲兵。

不复用也。

武王已克殷，后二年，问箕子殷所以亡。箕子不忍言殷恶，以存亡国宜告。武王亦丑①，故问以天道。

武王病。天下未集，群公惧，穆卜，周公乃祓斋②，自为质③，欲代武王，武王有瘳④。后而崩，太子诵代立，是为成王。

成王少，周初定天下，周公恐诸侯畔周，公乃摄行政当国。管叔、蔡叔群弟疑周公，与武庚作乱，畔周。周公奉成王命，伐诛武庚、管叔，放蔡叔，以微子开代殷后，国于宋。颇收殷馀民以封武王少弟，封为卫康叔。晋唐叔得嘉谷，献之成王，成王以归周公于兵所。周公受禾东土，鲁天子之命。

初，管、蔡畔周，周公讨之，三年而毕定，故初作《大诰》，次作《微子之命》，次《归禾》，次《嘉禾》，次《康诰》《酒诰》《梓材》，其事在周公之篇。

周公行政七年，成王长，周公反政成王，北面就群臣之位。

成王在丰，使召公复营洛邑，如武王之意。周公复卜申视，卒营筑，居九鼎焉。曰："此天下之中，四方入贡道里均⑤。"作《召诰》《洛诰》。

成王既迁殷遗民，周公以王命告，作《多士》《无佚》。

召公为保，周公为师，东伐淮夷，残奄，迁其君薄姑。成王自奄归，在宗周，作《多方》。

既绌殷命，袭淮夷，归在丰，作《周官》。兴正礼乐，度制于是改，而民和睦，颂声兴。

成王既伐东夷，息慎来贺，王赐荣伯作《贿息慎之命》。

---

①丑：尴尬，不好意思。 ②祓斋：周公斋戒沐浴，向神祷告。 ③质：这里指周公愿代武王病或死。 ④瘳(chōu)：病愈。 ⑤道里：指路途的远近。均：相同，相等。

成王将崩，惧太子钊之不任，乃命召公、毕公率诸侯以相太子而立之。成王既崩，二公率诸侯，以太子钊见于先王庙，申告以文王、武王之所以为王业之不易，务在节俭，毋多欲，以笃信临之，作《顾命》。太子钊遂立，是为康王。

康王即位，遍告诸侯，宣告以文、武之业以申之，作《康诰》。故成康之际，天下安宁，刑错四十馀年不用。

康王命作策。毕公分居里，成周郊，作《毕命》。

康王卒，子昭王瑕立。昭王之时，王道微缺。昭王南巡狩不返，卒于江上。其卒不赴告，讳之也。立昭王子满，是为穆王。穆王即位，春秋已五十矣。王道衰微，穆王闵文、武之道缺，乃命伯冏申诫太仆国之政，作《冏命》。复宁。

穆王将征犬戎，祭公谋父谏曰："不可。先王耀德不观兵。夫兵戢而时动，动则威，观则玩，玩则无震。是故周文公之颂曰：'载戢干戈，载櫜弓矢[①]，我求懿德[②]，肆于时夏，允王保之。'先王之于民也，茂正其德而厚其性，阜其财求而利其器用，明利害之乡[③]，以文修之，使之务利而辟害，怀德而畏威，故能保世以滋大。昔我先王世后稷以服事虞、夏。及夏之衰也，弃稷不务，我先王不窋用失其官，而自窜于戎狄之间。不敢怠业，时序其德，遵修其绪，修其训典，朝夕恪勤，守以敦笃，奉以忠信。奕世载德，不忝前人[④]。至于文王、武王，昭前之光明而加之以慈和，事神保民，无不欣喜。商王帝辛大恶于民，庶民不忍，䜣载武王，以致戎于商牧。是故先王非务武也，勤恤民隐而除其害也。夫先王之制，邦内甸服，邦外侯服，侯卫宾服，夷蛮要服，戎翟荒服。甸服者祭，侯服者祀，宾服者享，要服者贡，荒服者王。日

---

①櫜：弓箭袋。 ②懿德：美善之德。 ③乡：通"向"。 ④忝（tiǎn）：辱没，玷污。

祭，月祀，时享，岁贡，终王。先王之顺祀也，有不祭则修意，有不祀则修言，有不享则修文，有不贡则修名，有不王则修德，序成而有不至则修刑。于是有刑不祭，伐不祀，征不享，让不贡，告不王。于是有刑罚之辟，有攻伐之兵，有征讨之备，有威让之命，有文告之辞。布令陈辞而有不至，则增修于德，无勤民于远。是以近无不听，远无不服。今自大毕、伯士之终也，犬戎氏以其职来王，天子曰'予必以不享征之，且观之兵'，无乃废先王之训，而王几顿乎？吾闻犬戎树敦，率旧德而守终纯固，其有以御我矣。"王遂征之，得四白狼四白鹿以归。自是荒服者不至。

诸侯有不睦者，甫侯言于王，作修刑辟。王曰："吁，来！有国有土，告汝祥刑①。在今尔安百姓，何择非其人，何敬非其刑，何居非其宜与？两造具备②，师听五辞③。五辞简信④，正于五刑。五刑不简，正于五罚。五罚不服，正于五过。五过之疵，官狱内狱⑤，阅实其罪，惟钧其过。五刑之疑有赦，五罚之疑有赦，其审克之。简信有众，惟讯有稽。无简不疑，共严天威。黥辟疑赦，其罚百率⑥，阅实其罪。劓辟疑赦，其罚倍洒⑦，阅实其罪。膑辟疑赦，其罚倍差⑧，阅实其罪。宫辟疑赦，其罚五百率，阅实其罪。大辟疑赦，其罚千率，阅实其罪。墨罚之属千，劓罚之属千，膑罚之属五百，宫罚之属三百，大辟之罚其属二百：五刑之属三千。"命曰《甫刑》。

穆王立五十五年，崩，子共王繄扈立。

---

①祥刑：善刑。 ②两造：原告和被告双方。 ③师：士师，典狱官。五辞：《汉书·刑法志》说"五听，一曰辞听，二曰色听，三曰气听，四曰耳听，五曰目听"。 ④简信：确凿无疑。 ⑤官狱：依仗权势假公行私。内狱：受居高位者的干预，不敢依法定罪。 ⑥其罚百率：罚款黄铜六百两。率：锾，锾为计量单位，重六两。 ⑦倍洒（xǐ）：加倍。 ⑧倍差：于加倍之外又加差数，这里就是加一倍半，指比劓刑加一倍为四百锾，从中减一倍之半即一百锾，为三百锾。

共王游于泾上，密康公从，有三女奔之。其母曰："必致之王。夫兽三为群，人三为众，女三为粲。王田不取群，公行不下众，王御不参一族[①]。夫粲，美之物也。众以美物归女，而何德以堪之？王犹不堪，况尔之小丑乎！小丑备物，终必亡。"康公不献，一年，共王灭密。

共王崩，子懿王囏立。懿王之时，王室遂衰，诗人作刺。

懿王崩，共王弟辟方立，是为孝王。孝王崩，诸侯复立懿王太子燮，是为夷王。

夷王崩，子厉王胡立。厉王即位三十年，好利，近荣夷公。大夫芮良夫谏厉王曰："王室其将卑乎？夫荣公好专利而不知大难。夫利，百物之所生也，天地之所载也，而有专之，其害多矣。天地百物皆将取焉，何可专也？所怒甚多，而不备大难。以是教王，王其能久乎？夫王人者，将导利而布之上下者也。使神人百物无不得极，犹日怵惕惧怨之来也[②]。故《颂》曰'思文后稷，克配彼天，立我蒸民，莫匪尔极'。《大雅》曰'陈锡载周[③]'。是不布利而惧难乎，故能载周以至于今。今王学专利，其可乎？匹夫专利，犹谓之盗；王而行之，其归鲜矣。荣公若用，周必败也。"厉王不听，卒以荣公为卿士，用事。

王行暴虐侈傲，国人谤王。召公谏曰："民不堪命矣。"王怒，得卫巫，使监谤者，以告，则杀之。其谤鲜矣。诸侯不朝。

三十四年，王益严，国人莫敢言，道路以目。厉王喜，告召公曰："吾能弭谤矣，乃不敢言。"召公曰："是鄣之也[④]。防民之口，甚于防水。水壅而溃，伤人必多，民亦如之。是故为水者决

---

①御：嫔妃。参：三。一族：指同胞姊妹。 ②怵惕：害怕恐惧。 ③陈：布施。锡：赐予。载：开创，成就。 ④鄣：阻塞。

之使导，为民者宣之使言。故天子听政，使公卿至于列士献诗，瞽献曲，史献书，师箴，瞍赋，矇诵①，百工谏，庶人传语，近臣尽规，亲戚补察，瞽史教诲，耆艾修之②，而后王斟酌焉，是以事行而不悖。民之有口也，犹土之有山川也，财用于是乎出；犹其有原隰衍沃也③，衣食于是乎生。口之宣言也，善败于是乎兴。行善而备败，所以产财用衣食者也。夫民虑之于心而宣之于口，成而行之。若壅其口，其与能几何？"

王不听。于是国莫敢出言。三年，乃相与畔，袭厉王。厉王出奔于彘。

厉王太子静匿召公之家，国人闻之，乃围之。召公曰："昔吾骤谏王，王不从，以及此难也。今杀王太子，王其以我为仇而怼怒乎？夫事君者，险而不仇怼，怨而不怒，况事王乎？"乃以其子代王太子，太子竟得脱。

召公、周公二相行政，号曰"共和"。共和十四年，厉王死于彘。太子静长于召公家，二相乃共立之为王，是为宣王。宣王即位，二相辅之，修政，法文、武、成、康之遗风，诸侯复宗周。十二年，鲁武公来朝。

宣王不修籍于千亩④，虢文公谏曰不可，王弗听。三十九年，战于千亩，王师败绩于姜氏之戎。

宣王既亡南国之师，乃料民于太原⑤。仲山甫谏曰："民不可料也。"宣王不听，卒料民。

四十六年，宣王崩，子幽王宫湦立。

---

①瞽：盲者，指乐师。师：少师。瞍：没有眼珠的盲人。矇：有眼珠的盲人。 ②耆艾：老年人，此指王之师傅。 ③原：宽阔平坦之地。隰(xí)：低下潮湿之地。衍：低下平坦之地。沃：有河流灌溉之地。 ④修：耕种。籍(jiè)：籍田，帝王亲自耕种的田地，实际只在春耕时象征性耕作，以示重农。 ⑤料：指调查人口，以便征兵。

幽王二年，西周三川皆震。伯阳甫曰："周将亡矣。夫天地之气，不失其序；若过其序，民乱之也。阳伏而不能出，阴迫而不能蒸，于是有地震。今三川实震，是阳失其所而填阴也①。阳失而在阴，原必塞；原塞，国必亡。夫水土演而民用也②。土无所演，民乏财用，不亡何待！昔伊、洛竭而夏亡，河竭而商亡。今周德若二代之季矣，其川原又塞，塞必竭。夫国必依山川，山崩川竭，亡国之征也。川竭必山崩。若国亡不过十年，数之纪也③。天之所弃，不过其纪。"是岁也，三川竭，岐山崩。

三年，幽王嬖爱褒姒。褒姒生子伯服，幽王欲废太子。太子母申侯女，而为后。后幽王得褒姒，爱之，欲废申后，并去太子宜臼，以褒姒为后，以伯服为太子。周太史伯阳读史记曰："周亡矣。"昔自夏后氏之衰也，有二神龙止于夏帝庭而言曰："余，褒之二君。"夏帝卜杀之与去之与止之，莫吉。卜请其漦而藏之④，乃吉。于是布币而策告之，龙亡而漦在，椟而去之。夏亡，传此器殷。殷亡，又传此器周。比三代，莫敢发之。至厉王之末，发而观之。漦流于庭，不可除。厉王使妇人裸而噪之。漦化为玄鼋，以入王后宫。后宫之童妾既龀而遭之⑤，既笄而孕，无夫而生子，惧而弃之。宣王之时童女谣曰："檿弧箕服⑥，实亡周国。"于是宣王闻之，有夫妇卖是器者，宣王使执而戮之。逃于道，而见乡者后宫童妾所弃妖子出于路者⑦，闻其夜啼，哀而收之，夫妇遂亡，奔于褒。褒人有罪，请入童妾所弃女子者于王以赎罪。弃女子出于褒，是为褒姒。当幽王三年，王之后宫，见而爱之，生子伯服，竟废申后及太子，以褒姒为后，伯服为太

①填阴：被阴气所镇伏。填：通"镇"。 ②演：通"衍"，水土滋润。 ③数之纪：数起于一，终于十，十则更，所以称纪。纪：极，终。 ④漦(lí)：龙之涎沫。 ⑤童妾：小姑娘。既龀(chèn)：刚刚换完牙。 ⑥弧：弓。箕服：箕木所制的箭囊。 ⑦妖子：婴孩。

子。太史伯阳曰："祸成矣，无可奈何！"

褒姒不好笑，幽王欲其笑万方，故不笑。幽王为烽燧大鼓[①]，有寇至则举烽火。诸侯悉至，至而无寇，褒姒乃大笑。幽王说之，为数举烽火。其后不信，诸侯益亦不至。

幽王以虢石父为卿，用事，国人皆怨。石父为人佞巧，善谀好利，王用之，又废申后，去太子也。申侯怒，与缯、西夷犬戎攻幽王。幽王举烽火征兵，兵莫至。遂杀幽王骊山下，虏褒姒，尽取周赂而去[②]。于是诸侯乃即申侯而共立故幽王太子宜臼，是为平王，以奉周祀。

平王立，东迁于洛邑，辟戎寇。

平王之时，周室衰微，诸侯强并弱，齐、楚、秦、晋始大，政由方伯[③]。

四十九年，鲁隐公即位。

五十一年，平王崩，太子泄父蚤死[④]，立其子林，是为桓王。桓王，平王孙也。

桓王三年，郑庄公朝，桓王不礼。

五年，郑怨，与鲁易许田。许田，天子之用事太山田也[⑤]。八年，鲁杀隐公，立桓公。

十三年，伐郑，郑射伤桓王，桓王去归。

二十三年，桓王崩，子庄王佗立。

庄王四年，周公黑肩欲杀庄王而立王子克。辛伯告王，王杀周公。王子克奔燕。

十五年，庄王崩，子釐王胡齐立。

---

①烽燧：古时遇警则点火报警，夜里点火叫烽，白天烧烟叫燧。 ②赂：财宝。 ③方伯：一方诸侯之长。 ④蚤：通"早"。 ⑤用事：此指祭祀。

釐王三年，齐桓公始霸。

五年，釐王崩，子惠王阆立。

惠王二年，初，庄王嬖姬姚，生子颓，颓有宠。及惠王即位，夺其大臣园以为囿，故大夫边伯等五人作乱，谋召燕、卫师，伐惠王。惠王奔温。已居郑之栎，立釐王弟颓为王，乐及遍舞[①]。郑、虢君怒。

四年，郑与虢君伐杀王颓，复入惠王。惠王十年，赐齐桓公为伯。

二十五年，惠王崩。子襄王郑立。

襄王母早死，后母曰惠后。惠后生叔带，有宠于惠王，襄王畏之。三年，叔带与戎、翟谋伐襄王，襄王欲诛叔带，叔带奔齐。齐桓公使管仲平戎于周，使隰朋平戎于晋。王以上卿礼管仲。管仲辞曰："臣贱有司也，有天子之二守国、高在[②]。若节春秋来承王命，何以礼焉？陪臣敢辞[③]。"王曰："舅氏，余嘉乃勋，毋逆朕命。"管仲卒受下卿之礼而还。九年，齐桓公卒。十二年，叔带复归于周。

十三年，郑伐滑，王使游孙、伯服请滑，郑人囚之。郑文公怨惠王之入不与厉公爵[④]，又怨襄王之与卫滑，故囚伯服。王怒，将以翟伐郑。富辰谏曰："凡我周之东徙，晋、郑焉依。子颓之乱，又郑之由定，今以小怨弃之！"王不听。十五年，王降翟师以伐郑。王德翟人，将以其女为后。富辰谏曰："平、桓、庄、惠皆受郑劳，王弃亲亲翟，不可从。"王不听。十六年，王绌翟后，翟人来诛，杀谭伯。富辰曰："吾数谏不从，如是不出，王以我为

---

①遍舞：六代之乐，即黄帝乐"云门"，尧乐"咸池"，舜乐"箫韶"，禹乐"大夏"，殷乐"大获"，周乐"大武"。 ②守：守臣，天子任命的大臣。 ③陪臣：诸侯臣子对天子称陪臣。 ④爵：酒器。

怼乎?”乃以其属死之。

初,惠后欲立王子带,故以党[1]开翟人,翟人遂入周。襄王出奔郑,郑居王于氾。子带立为王,取襄王所绌翟后与居温。十七年,襄王告急于晋,晋文公纳王而诛叔带。襄王乃赐晋文公珪鬯弓矢,为伯,以河内地与晋。二十年,晋文公召襄王,襄王会之河阳、践土,诸侯毕朝,《书》讳曰“天王狩于河阳”。

二十四年,晋文公卒。

三十一年,秦穆公卒。

三十二年,襄王崩,子顷王壬臣立。顷王六年,崩,子匡王班立。匡王六年,崩,弟瑜立,是为定王。

定王元年,楚庄王伐陆浑之戎,次洛[2],使人问九鼎。王使王孙满应设以辞[3],楚兵乃去。十年,楚庄王围郑,郑伯降,已而复之。十六年,楚庄王卒。

二十一年,定王崩,子简王夷立。简王十三年,晋杀其君厉公,迎子周于周,立为悼公。

十四年,简王崩,子灵王泄心立。灵王二十四年,齐崔杼弑其君庄公。

二十七年,灵王崩,子景王贵立。景王十八年,后太子圣而早卒。二十年,景王爱子朝,欲立之,会崩,子丐之党与争立,国人立长子猛为王,子朝攻杀猛。猛为悼王。晋人攻子朝而立丐,是为敬王。

敬王元年,晋人入敬王,子朝自立,敬王不得入,居泽。四年,晋率诸侯入敬王于周,子朝为臣,诸侯城周[4]。十六年,子朝

---

①党:党羽,部属。 ②次:临时驻停。 ③应设以辞:准备辞令以应对。 ④城周:为周筑都城。城:筑城。

之徒复作乱，敬王奔于晋。十七年，晋定公遂入敬王于周。

三十九年，齐田常杀其君简公。

四十一年，楚灭陈。孔子卒。

四十二年，敬王崩，子元王仁立。元王八年，崩，子定王介立。

定王十六年，三晋灭智伯，分有其地。

二十八年，定王崩，长子去疾立，是为哀王。哀王立三月，弟叔袭杀哀王而自立，是为思王。思王立五月，少弟嵬攻杀思王而自立，是为考王。此三王皆定王之子。

考王十五年，崩，子威烈王午立。

考王封其弟于河南，是为桓公，以续周公之官职。桓公卒，子威公代立。威公卒，子惠公代立，乃封其少子于巩以奉王，号东周惠公。

威烈王二十三年，九鼎震。命韩、魏、赵为诸侯。

二十四年，崩，子安王骄立。是岁盗杀楚声王。

安王立二十六年，崩，子烈王喜立。

烈王二年，周太史儋见秦献公曰："始周与秦国合而别，别五百载复合，合十七岁而霸王者出焉。"

十年，烈王崩，弟扁立，是为显王。

显王五年，贺秦献公，献公称伯。九年，致文武胙于秦孝公。二十五年，秦会诸侯于周。二十六年，周致伯于秦孝公。三十三年，贺秦惠王。三十五年，致文武胙于秦惠王。四十四年，秦惠王称王。其后诸侯皆为王。

四十八年，显王崩，子慎靓王定立。

慎靓王立六年，崩，子赧王延立。

王赧时东西周分治。王赧徙都西周。

西周武公之共太子死，有五庶子，毋適立[①]。司马翦谓楚王曰："不如以地资公子咎，为请太子。"左成曰："不可，周不听，是公之知困而交疏于周也。不如请周君孰欲立，以微告翦[②]，翦请令楚资之以地。"果立公子咎为太子。

八年，秦攻宜阳，楚救之。而楚以周为秦故，将伐之。苏代为周说楚王曰："何以周为秦之祸也？言周之为秦甚于楚者，欲令周入秦也，故谓'周秦'也。周知其不可解，必入于秦，此为秦取周之精者也。为王计者，周于秦因善之，不于秦亦言善之，以疏之于秦。周绝于秦，必入于郢矣。"

秦借道两周之间，将以伐韩，周恐。借之，畏于韩；不借，畏于秦。史厌谓周君曰："何不令人谓韩公叔曰'秦之敢绝周而伐韩者，信东周也。公何不与周地，发质使之楚'，秦必疑楚，不信周，是韩不伐也。又谓秦曰'韩强与周地，将以疑周于秦也，周不敢不受'。秦必无辞而令周不受，是受地于韩而听于秦。"

秦召西周君，西周君恶往，故令人谓韩王曰："秦召西周君，将以使攻王之南阳也，王何不出兵于南阳？周君将以为辞于秦。周君不入秦，秦必不敢逾河而攻南阳矣。"

东周与西周战，韩救西周。或为东周说韩王曰："西周故天子之国，多名器重宝。王案兵毋出，可以德东周，而西周之宝必可以尽矣。"

王赧谓成君。

楚围雍氏，韩征甲与粟于东周，东周君恐，召苏代而告之。代曰："君何患于是。臣能使韩毋征甲与粟于周，又能为君得高都。"周君曰："子苟能，请以国听子。"代见韩相国曰："楚围雍

①毋適立：无嫡长子可立。適：通"嫡"。 ②微告：暗中告诉。微：暗中。

氏,期三月也,今五月不能拔,是楚病也[①]。今相国乃征甲与粟于周,是告楚病也。”韩相国曰:“善。使者已行矣。”代曰:“何不与周高都?”韩相国大怒曰:“吾毋征甲与粟于周亦已多矣,何故与周高都也?”代曰:“与周高都,是周折而入于韩也,秦闻之必大怒忿周,即不通周使,是以獘[②]高都得完周也,曷为不与?”相国曰:“善。”果与周高都。

三十四年,苏厉谓周君曰:“秦破韩、魏,扑师武,北取赵蔺、离石者,皆白起也。是善用兵,又有天命。今又将兵出塞攻梁,梁破则周危矣。君何不令人说白起乎?曰:‘楚有养由基者,善射者也。去柳叶百步而射之,百发而百中之。左右观者数千人,皆曰善射。有一夫立其旁,曰:“善,可教射矣。”养由基怒,释弓扼剑,曰:“客安能教我射乎?”客曰:“非吾能教子支左诎右也[③]。夫去柳叶百步而射之,百发而百中之,不以善息,少焉气衰力倦,弓拨矢钩[④],一发不中者,百发尽息。”今破韩、魏,扑师武,北取赵蔺、离石者,公之功多矣。今又将兵出塞,过两周,倍韩,攻梁,一举不得,前攻尽弃。公不如称病而无出’。”

四十二年,秦破华阳约。马犯谓周君曰:“请令梁城周。”乃谓梁王曰:“周王病若死,则犯必死矣。犯请以九鼎自入于王,王受九鼎而图犯。”梁王曰:“善。”遂与之卒,言戍周。因谓秦王曰:“梁非戍周也,将伐周也。王试出兵境以观之。”秦果出兵。又谓梁王曰:“周王病甚矣,犯请后可而复之。今王使卒之周,诸侯皆生心,后举事且不信。不若令卒为周城,以匿事端。”梁王曰:“善。”遂使城周。

---

①病:疲敝。 ②獘:同“弊”,破败的。 ③支左诎右:指左手伸直,撑住弓身,右手弯曲拉开弓弦的动作。 ④拨:不正。钩:不直。

四十五年，周君之秦客谓周冣曰："公不若誉秦王之孝，因以应为太后养地，秦王必喜，是公有秦交。交善，周君必以为公功。交恶，劝周君入秦者必有罪矣。"秦攻周，而周冣谓秦王曰："为王计者不攻周。攻周，实不足以利，声畏天下。天下以声畏秦，必东合于齐。兵弊于周，合天下于齐，则秦不王矣。天下欲弊秦，劝王攻周。秦与天下弊，则令不行矣。"

五十八年，三晋距秦。周令其相国之秦，以秦之轻也，还其行。客谓相国曰："秦之轻重未可知也。秦欲知三国之情。公不如急见秦王曰'请为王听东方之变'，秦王必重公。重公，是秦重周，周以取秦也；齐重，则固有周聚以收齐，是周常不失重国之交也。"秦信周，发兵攻三晋。

五十九年，秦取韩阳城、负黍，西周恐，倍秦，与诸侯约从①，将天下锐师出伊阙攻秦，令秦无得通阳城。秦昭王怒，使将军摎攻西周。西周君奔秦，顿首受罪，尽献其邑三十六，口三万。秦受其献，归其君于周。

周君、王赧卒。周民遂东亡。秦取九鼎宝器，而迁西周公于惮狐。后七岁，秦庄襄王灭东、西周。东、西周皆入于秦，周既不祀。

太史公曰：学者皆称周伐纣，居洛邑。综其实不然。武王营之，成王使召公卜居，居九鼎焉，而周复都丰、镐。至犬戎败幽王，周乃东徙于洛邑。所谓"周公葬于毕"，毕在镐东南杜中。秦灭周。汉兴九十有馀载，天子将封泰山，东巡狩至河南，求周苗裔，封其后嘉三十里地，号曰周子南君，比列侯，以奉其先祭祀。

---

①约从：相约合纵以抗秦。从：同"纵"。

【译文】

周的始祖后稷，名叫弃。他的母亲是有邰氏部族的女儿，名叫姜原。姜原是帝喾的嫡妻。姜原外出到郊野，看见一个巨人脚印，心里欣然爱慕，想去踩踏它，一踩就觉得身子振动像怀了孕似的。怀胎十月就生下一个儿子，姜原认为这孩子不吉祥，就把他扔到了一个狭窄的小巷里，但不论是马还是牛从他身边经过都避开不踩他，于是又把他扔在树林里，正赶上树林里人多，所以又挪了个地方；把他扔在渠沟的冰上，有飞鸟飞来用羽翼盖在他身上，垫在他身下。姜原认为这太神异了，就抱回来把他养大成人。由于起初想把他扔掉，所以就给他起名叫弃。

弃小的时候，俨然像大人一样有志气。他游戏时，喜欢种植麻、豆之类的作物，种出来的麻、豆长得都很茂盛。到他成人之后，就喜欢耕田种谷，仔细考察什么样的土地适宜种什么，适宜种庄稼的地方就在那里种植收获，民众都来向他学习。尧帝听说了这情况后，就举任弃为农师，教给民众种植庄稼，天下都得到他的好处，他做出了很大成绩。舜帝说："弃，黎民百姓开始挨饿时，你做了农师，播种了各种谷物。"把弃封在邰，以官为号，称后稷，另外以姬为姓。后稷的兴起，正在唐尧、虞舜、夏商的时代，这一族都有美好的德望。

后稷死后，其子不窋即位。不窋晚年，夏后氏政治衰败，废弃农师，不再务农，不窋因为失了官职就流浪到戎狄地区，不窋死后，其子鞠即位。鞠死，其子公刘即位。

公刘虽然居住在戎狄地区，仍然治理后稷的基业，从事农业生产，巡行考察土地适宜种什么，从漆水、沮水南渡渭水，伐取木材以供使用，使得出门者有旅费，居家者有积蓄。民众的生活都靠他好起来。各姓的人都感念他，很多人迁来归附他。周朝事业的兴盛就是从这时开始的，所以，诗人们创歌谱乐来怀念他的功德。公刘死后，其子庆节即位，在豳地建立国都。

庆节死后，其子皇仆即位。皇仆死，其子差弗即位。差弗死，其子毁喻即位。毁喻死，其子公非即位。公非死，其子高圉即位。高圉死，其子亚圉即位。亚圉死，其子公叔祖类即位。公叔祖类死，其子古公亶父即位。古公亶父重修后稷、公刘的大业，积累德行，普施仁义，国人都爱戴他。戎狄的薰育族来侵扰，想要夺取财物，古公亶父就主动给他们。后来又来侵扰，想要夺取土地和人口。人民都很愤怒，想奋起反击。古公说："民众拥立君主，是想让他给大家谋利益。现在戎狄前来侵犯，目的是为了夺取我的土地和民众。民众跟着我或跟着他们，有什么区别呢？民众为了我的缘故去打仗，我牺牲人家的父子兄弟却做他们的君主，我实在不忍心这样干。"于是带领家众离开豳地，渡过漆水、沮水，翻越梁山，到岐山脚下居住。豳邑的人全城上下扶老携幼，又都跟着古公来到岐山下。以至其他邻国听说古公如此仁爱，也有很多来归附他。于是古公就变革戎狄的风俗，营造城郭，建筑房舍，把民众分成邑落定居下来。又设立五官职司。人民谱歌作乐，歌颂他的功德。

古公的长子名叫太伯，次子叫虞仲。他的妃子太姜生下小儿子季历，季历娶太任为妻，她也像太姜一样是贤惠的妇人。生下昌，有祥瑞。古公说："我们家族有一代要兴旺起来，恐怕就在昌身上应验吧？"长子太伯、次子虞仲知道古公想让季历即位以便传位给昌，就一块逃到了南方荆、蛮之地，随当地的习俗，在身上刺上花纹，剪断了头发，把王位让给季历。

古公死后，季历即位，这就是公季。公季实行古公的政教，努力施行仁义，诸侯都归顺他。

公季死，其子昌即位，这就是西伯。西伯也就是文王，他继承后稷、公刘的遗业，效法古公、公刘的法则，笃行仁义，敬重老人，慈爱晚辈。礼贤下士，有时到了中午都顾不上吃饭来接待贤士，士人因此都归附他。伯夷、叔齐在孤竹国，听说西伯非常敬重老人，就一起去投奔西伯。太颠、闳夭、散宜生、鬻子、辛甲大夫等人都去归顺西伯。

崇侯虎向殷纣说西伯的坏话，他说："西伯积累善行、美德，诸侯都归向他，这将对您不利呀！"纣帝就把西伯囚禁在羑里。闳夭等人都为西伯担心，就设法找来有莘氏的美女，骊戎国出产的骏马，有熊国出产的三十六匹好马，以及其他一些珍奇宝物，通过殷的宠臣费仲献给纣王。纣见了这些非常高兴，说："这些东西有了一件就可以释放西伯了，何况这么多呢！"于是赦免了西伯，还赐给他弓箭斧钺，让他有权征讨邻近的诸侯。纣说："说西伯坏话的是崇侯虎啊！"西伯回国后就献出洛水以西的土地，请求纣废除炮格的刑法，纣答应了西伯的请求。

西伯暗中做善事，诸侯都来请他裁决争端。当时，虞国人和芮国人发生争执不能断决，就一块儿到周国来。进入周国境后，发现种田的人都互让田界，人们都有谦让长者的习惯。虞、芮两国发生争执的人，还没有见到西伯，就觉得惭愧了，都说："我们所争的，正是周人引以为耻的，我们还找西伯干什么，只会自取其辱罢了。"于是各自返回，都把田地让出然后离去。诸侯听闻了这件事，都说："西伯恐怕就是那承受天命的君王。"

第二年，西伯征伐犬戎。下一年，征伐密须。又过一年，打败了耆国。殷朝的祖伊听说了，非常害怕，把这些情况报告给纣帝。纣说："我不是承奉天命的人吗？他能干成什么！"次年，西伯征伐邘。次年，征伐崇侯虎。营建丰邑，从岐下迁都到丰。

次年，西伯死，太子发登位，这就是武王。

西伯在位约五十年。他被囚禁羑里时，据说曾增演《易》的八卦为六十四卦。诗人称颂西伯，说他断决虞、芮争执后，诸侯尊他为王。后来过了十年死去，谥为文王。他曾改变了殷之律法制度，制定了新历法。曾追尊古公为太王，公季为王季：大概帝王的瑞兆是从太王时开始兴起的。

武王登位，太公望为太师，周公旦为辅相，还有召公、毕公等辅佐，以文王为榜样，承继事业。

武王受命第九年，在毕地祭祀文王。然后往东方去检阅部队，到达盟津。制作了文王的木牌神位，用车载着，供在中军帐中。武王自称太子发，宣称是奉文王之命前去讨伐，不敢擅自做主。他向司马、司徒、司空及各位受有符节的官员宣告："大家都要严肃恭敬，要诚实啊，我本是无知之人，只因先祖有德行，我承受了先人的功业。现在已制定了各种赏罚制度，来确保完成祖先的功业。"于是发兵。太师尚父向全军大声下令说："集合你们的兵众，把好船桨，落后的一律斩杀。"武王乘舟渡河，走到河中央，有一条白鱼跳进武王的船中，武王俯身抓起来用它祭天了。渡河之后，有一团火从天而降，落到武王住的房子上，转动不停，最后变成一只乌鸦，赤红的颜色，发出嘎嘎的鸣声。这时，诸侯虽未曾约定，却都会集到盟津，共有八百多个。诸侯们都说："纣可以讨伐了！"武王说："你们不了解天命，现在还不可以。"于是率兵回去了。

又过了两年，武王听说纣昏庸暴虐更加厉害，杀了王子比干，囚禁了箕子。太师疵、少师强抱着乐器逃奔到周国来了。于是武王向全体诸侯宣告说："殷王罪恶深重，不可以不尽力讨伐了！"于是遵循文王的遗旨，率领战车三百辆，勇士三千人，披甲战士四万五千人，东进伐纣。武王十一年十二月戊午日，军队全部渡过盟津，诸侯都来会合。武王说："要奋发努力，不要懈怠！"武王作了《太誓》，向全体官兵宣告："如今殷王纣竟听任妇人之言，以致自绝于天，毁坏天、地、人的正道，疏远他的亲族兄弟，又抛弃了他祖先传下的乐曲，竟谱制俗乐，扰乱雅正的音乐，去讨女人的欢心。所以，现在我姬发要恭敬地执行上天的惩罚。各位努力吧，不能再有第二次，不能再有第三次！"

二月甲子日的黎明，武王清晨就来到商郊牧野，举行誓师。武王左手持着黄色大斧，右手拿着有旄牛尾做装饰的白色旗帜，用来指挥。说："辛苦了，西方来的将士们！"武王说："喂！我的友邦的国君们，司徒、司马、司空、亚旅、师氏各位卿大夫们，千夫长、百夫长们，还有庸人、蜀人、羌人、髳人、微人、纑人、彭人、濮人，举起你们的戈，排齐你们的盾，竖起你们的矛，让我们来发誓！"武王说："古人有句老话：'母鸡不报晓。母鸡报晓，就会使家毁败。'如今殷王纣只听妇人之言，废弃祭祀祖先的事不加过问，放弃国家大政，抛开亲族兄弟不予任用，却纠合四方罪恶多端的逃犯，抬高他们，尊重他们，信任他们，任用他们，让他们欺压百姓，在商国为非作歹。现在我姬发恭敬地执行上天的惩罚。今天我们作战,不要以为前进六步、七步,就获得胜利,大家一定要努力呀!不要以为刺击过四五次、六七次,就获得胜利,努力吧,各位将士!希望大家威风勇武,像猛虎,像熊罴,像豺狼,像蛟龙。在商都郊外,不要阻止前来投降的殷纣士兵,要让他们帮助我们西方诸侯,一定要努力呀,各位将士!你们谁要是不努力,你们自身就将遭杀戮!"誓师完毕,前来会合的诸侯军队,共战车四千辆,在牧野摆开了阵势。

帝纣听说武王攻来了,也发兵七十万人来抵抗武王。武王派师尚父率领百名勇士前去挑战,然后率领拥有战车三百五十辆、士卒两万六千二百五十人、勇士三千人的大部队急驱冲进殷纣的军队。纣的军队人数虽多,却都没有打仗的心思,心里盼着武王赶快攻进来。他们都掉转兵器攻击殷纣的军队,给武王做了先导。武王急驱战车冲进来,纣的兵卒全部崩溃,背叛了殷纣。殷纣败逃,返回城中登上鹿台,穿上他的宝玉衣,投火自焚而死。武王手持太白旗指挥诸侯,诸侯都向他行拜礼,武王也作揖还礼,诸侯全都跟着武王。武王进入商都朝歌,商都的百姓都在郊外等待武王。于是武王命群臣向商都百姓宣告说:"上天赐给你们幸福!"商都人全都拜谢,叩头至地,武王也向他们回拜行礼。于是进入城中,找到纣自焚的地方。武王亲自发箭射纣的尸体,射了三箭然后走下战车,又用轻吕宝剑刺击纣尸,用黄色大斧斩下了纣的头,悬挂在大白旗上。然后又到纣的两个宠妃那里,两个宠妃都上吊自杀了。武王又向她们射了三箭,用剑刺击,用黑色的大斧斩下了她们的头,悬挂在小白旗上。武王做完这些才出城返回军中。

第二天,清除道路,修治祭祀土地的社坛和商纣的宫室。开始动工时,一百名壮汉扛着有九条飘带的云罕旗作为前驱。武王的弟弟叔振铎护卫并摆开了插着太常旗的仪仗车,周公旦手持大斧,毕公手持小斧,侍卫在武王两旁。散宜生、太颠、闳夭都手持宝剑护卫着武王。入城后,武王站在社坛南大部队的左边,群臣都跟在身后。毛叔郑捧着明月夜取的露水,卫康叔封铺好了公明草编的席子,召公奭奉献上五色彩帛,师尚父牵来了供祭祀用的牲畜。伊佚朗读祝文祭告神灵说:“殷的末代子孙季纣,完全败坏了先王的明德,侮慢鬼神,不进行祭祀,欺凌商邑百姓,他罪恶昭彰,天皇上帝都知道了。”于是武王拜了两拜,叩头至地,说:“承受上天所降的命令,革除殷朝政权,接受上天圣明的旨命。”武王又拜了两拜,叩头至地,然后退出。

武王把殷朝的遗民封给商纣的儿子禄父。武王因为殷地刚刚平定,还没有安定下来,就命他的弟弟管叔鲜、蔡叔度辅佐禄父治理殷国。然后命召公把箕子从牢狱里释放出来。又命毕公释放了被囚禁的百姓,修治商容的故居。命南宫括散发鹿台仓库的钱财,发放巨桥粮仓的粮食,赈济贫弱的民众。命南宫括、史佚展示殷朝的传国之宝九鼎和宝玉。命闳夭给比干的墓培土筑坟。命主管祭祀的祝官在军中祭奠阵亡将士的亡灵。然后才撤兵西去。路上武王巡视各诸侯国,记录政事,写下了《武成》。又分封诸侯,颁赐宗庙祭器,写下《分殷之器物》。武王追思古代的圣王,就表彰并赐封神农氏的后代于焦国,赐封黄帝的后代于祝国,赐封尧帝的后代于蓟国,赐封舜帝的后代于陈国,赐封大禹的后代于杞国。然后分封功臣谋士,其中师尚父是第一个受封的。把尚父封在营丘,国号为齐。把弟弟周公旦封在曲阜,国号为鲁。封召公奭于燕。封弟弟叔鲜于管,封弟弟叔度于蔡。其余人依次受封。

武王召见九州的长官,登上豳城附近的土山,远远地向商朝的国都眺望。武王回到周都镐京,直到深夜不能安眠。周公旦来到武王的居处,问道:“您为什么不能入眠?”武王说:“告诉你吧:上天不享用殷的祭品,从我姬发没出生到现在已六十年了,郊外麋鹿成群,蝗虫遍野。上天不保佑殷朝,才使我们取得了今天的成功。上天建立殷朝,曾任用有名之士三百六十人,虽然说不上政绩光著,但也不至于灭亡,才使殷朝维持至今。我还不能使上天赐给周朝的国运永葆不变,哪里顾得上睡觉呢?”武王又说:“我要确保周朝的国运不可改变,要靠近天帝的居室,要找出所有的恶人,重重惩罚他们,像对待殷王一样。我要日夜勤勉努力,确保我西方的安定,我要办好各种事情,直到功德在四方放光。从洛河之湾直到伊水之湾，地势平坦没有险阻，是从前夏朝定居的地方。我南望三涂，北望岳北，回顾黄河，仔细察看了洛水、伊水地区，这里离天帝的居室不远，是建都的好地方。”于是对在洛邑修建周都进行了测量规划，然后离去。把马放养在华山南面，把牛放养在桃林区域；把武器收藏起来，整军班师，解除甲兵：向天下显示不再用兵。

武王战胜殷朝之后两年，向箕子询问殷朝灭亡的原因。箕子不忍心说殷朝的不好，就向武王讲述国家存亡的道理。武王也觉得不太好意思，所以又转而询问了天道。

武王生病。这时，天下还没有安定，王室大臣非常担心，虔诚地进行占卜；周公斋戒沐浴，祷告上天，为武王消灾除邪，愿意用自己的身体去代替武王，武王渐渐病愈。后来武王死去，太子诵继承了王位，这就是成王。

成王年纪小，周又刚刚平定天下，周公担心诸侯背叛周朝，就代理成王管理政务，主持国事。管叔、蔡叔等弟兄怀疑周公篡位，联合武庚发动叛乱，背叛周朝。周公奉成王的命令，平复叛乱，诛杀了武庚、管叔，流放了蔡叔。让微子启继承殷朝的后嗣，在宋地建国。又收集了殷朝的全部遗民，封给武王的小弟弟封，让他做了卫康叔。晋唐叔得到一种一禾二穗的禾谷，献给成王。成王又把它赠给远在军营中的周公。周公在东方接受了米谷，颂扬了天子赐禾谷的圣命。起初，管叔、蔡叔背叛了周朝，周公前去讨伐，经过三年时间才彻底平定，所以先写下了《大诰》，接着又写下了《微子之命》，写下了《归禾》《嘉禾》，写下《康诰》《酒诰》《梓材》。其事记载在《鲁周公世家》中。

周公代行国政七年，成王长大成人，周公还政于成王，自己又回到群臣的行列中去。

成王住在丰邑，派召公再去洛邑测量，目的是为了遵循武王的遗旨。周公又进行占卜，反复察看地形，最后营建成功，把九鼎安放在那里。说：“这里是天下的中心，四方进贡的路程都一样。”在测量和营建洛邑的过程中，写下了《召诰》《洛诰》。

成王把殷之遗民迁徙到那里，周公向他们宣布了成王的命令，写下了训诫殷民的《多士》《无佚》。

召公做太保，周公做太师，往东征伐淮夷，灭了奄国，把奄国国君迁徙到薄姑。成王从奄国回来，在镐京写下了《多方》，告诫天下诸侯。

成王消灭了殷朝的残余势力，袭击了淮夷，回到丰邑，写下了《周官》。重新规定了礼仪，谱制了音乐，法令、制度这时也都进行了修改，百姓和睦、太平，颂歌四处兴起。

成王征伐东夷之后，息慎前来恭贺，成王令荣伯写下《贿息慎之命》。

成王临终，担心太子钊做天子不能胜任，就命召公、毕公率领诸侯辅佐太子登位。成王死后，召公、毕公率领诸侯，带着太子钊去拜谒先王的宗庙，用文王、武王开创周朝王业的艰难反复告诫太子，要他一定力行节俭，戒除贪欲，专心办理国政，写下了《顾命》。太子钊于是登位，这就是康王。

康王即位，通告天下诸侯，向他们宣告文王、武王的业绩，反复加以说明，写下了《康诏》。所以在成康之际，天下安宁，一切刑罚都放置一边，四十年不曾使用。

康王命毕公写作策书，让民众分别村落居住，划定周都郊区范围，作为周都的屏卫，为此写下《毕命》。

康王死后，其子昭王瑕即位，昭王在位时，王道衰落。昭王到南方巡视，没有回来，南人憎恶他，给他一只用胶粘合的船，结果淹死在江中。他死时没有向诸侯报丧，是因为周人忌讳这件事。后来立了昭王的儿子满，这就是穆王。穆王即位时，已五十岁了。国家政治衰微，穆王痛惜文王、武王的德政遭到损害，就命伯冏反复告诫太仆，要管好国家的政事，写下了《冏命》。这样，天下才又得安定。

穆王准备去攻打犬戎，祭公谋父劝谏他说："不可以。先王都以光耀德行来服人，而不炫耀武力。军队平时蓄积力量，待必要时才出动，一出动就有威力。如果只是炫耀武力，就会漫不经心，漫不经心就没人惧怕了。所以歌颂周公的颂诗说：'收起干与戈，藏起弓和箭。求美善之德，华夏都传遍，王业永保全。’先王对待民众，努力端正他们的品德，使他们的性情纯厚，增加他们的财产，改善他们的器用，让他们懂得趋利避害，用礼法来教育他们，使他们专心致力于有利的事情而躲避有害的事情，心怀德政而惧怕刑威，所以才能保住先王的事业世代相承日益壮大。从前我们的先祖世代做农师，为虞舜、夏禹谋事。当夏衰落时，夏朝废弃农师，不务农事，我们的先王不窋因而失掉官职，自己流落到戎狄地区，但对农事却不敢松懈，时时宣扬弃的德行，继续他的事业，修习他的教化法度，早晚恭谨努力，用敦厚笃实的态度来保持，用忠实诚信的态度来奉行。后来世代继承这种美德，不至于辱没先人。到文王、武王的时候，发扬先人的光明美德，再加上慈祥和善，侍奉鬼神，保护人民，普天之下没有不高兴的。商王帝辛对民众犯下了大罪恶，民众再也不能忍受，都高兴地拥护武王，因此才发动了商郊牧野的战争。所以说，先王并不崇尚武力，而是勤勤恳恳地体恤民众的疾苦，为民除害。先王的制度规定：国都近郊五百里内地区是甸服，甸服以外五百里的地区是侯服，侯服至卫服共二千五百里内地区总称为宾服，蛮夷地区为要服，戎狄地区为荒服。甸服地区要供日祭，即供给天子祭祀祖父、父亲的祭品；侯服地区要供月祀，即供给天子祭祀高祖、曾祖的祀品；宾服地区要供时享，即供给天子祭祀远祖的祭品；要服地区要供岁贡，即供给天子祭神的祭品；荒服地区要来朝见天子。祭祀祖父、父亲，每日一次；祭祀高祖、曾祖，每月一次；祭祀远祖，每季一次；祭神，每年一次；朝见天子，终生一次。先王留下这样的遗训：有不供日祭的，就修明自己的思想；有不供月祀的，就修明自己的号令；有不供时享的，就检查自己的法律制度；有不供岁贡的，就检查上下尊卑的名分；有不来朝见的，就检查自己的德化。以上几点都依次检查完了，仍有不来进献朝见的，就使用刑罚。因此有时就惩罚不祭的，攻伐不祀的，有征讨不享的，谴责不贡的，告谕不来朝见的，于是也就有了惩罚的法律，有了攻伐的军队，有了征讨的装备，有了严厉谴责的命令，有了告谕的文辞。如果宣布了命令，发出了文告，仍有不来进献朝见的，就进一步检查自己的德行，而不是轻易地劳民远征。这样一来，不论是近是远，就没有不服，没有不归附的了。如今自从大毕、伯士死后，犬戎各族遵照他们的职责前来朝见，而您却说‘我要用宾服不享的罪名征伐它，而且要让它看到我的军队的威力’，这岂不是违背先王的教诲，而王业也将陷于困顿。我听说犬戎已建立了敦厚的风尚，遵守祖先传下来的美德，始终如一地坚守终生入朝的职分，看来他们是有力量来和我们对抗的。”穆王终究还是去征伐西戎，结果只获得四只白狼和四只白鹿回来。从此以后，荒服地区就不来朝见天子了。

诸侯有不和睦的，甫侯向穆王报告，于是制定了刑法。穆王说：“喂，来吧！各位诸侯国君和大臣们，让我告诉你们一种完善的刑法。现在你们安抚百姓，应该选择什么呢，不就是贤德的人才吗？应该谨慎对待什么呢，不就是刑法吗？应该怎样处置各种事务，不就是量刑要适宜吗？诉讼双方都到齐了，狱官通过观察言语、脸色、气息、听话时的表情、看人时的表情来审理案件。五种审讯的结果确凿无疑了，就按照墨、劓、膑、宫、大辟五种刑的规定来判决。如果五刑不合适，就按照用钱赎罪的五种惩罚来判决。如果用五罚定罪还不合适，就按照五种过失来判决。按照五种过失来判决会产生弊病，这就是假公济私，受有权势者干预，不能恰当地定罪。遇有这类情况，即使是大官贵族，也要查清罪状，与犯罪的人一样判他们的罪。判五刑之罪如果有疑点，就减等按五罚处理；判五罚之罪如果有疑点，就再减等按五过处理；一定要审核清楚。要在众人中加以核实，审讯的结果要与事实相符。没有确凿的证据的就不要怀疑，应当共同尊敬上天的声威，不要轻易用刑。要判刺面的墨刑而有疑点的，可以减罪，罚以黄铜六百两，但要认真核实，处以应得这罪。要判割鼻的劓刑而有疑点的，可以减罪，罚以黄铜一千二百两，比墨刑加倍，但也要认真核实，处以应得这罪。判挖掉膝盖骨的膑刑而有疑点的，可以减罪，罚以黄铜三千两，比劓刑加一倍半，但也要认真核实，处以应得这罪。判宫刑而有疑点的，可以减罪，罚以黄铜三千六百两，但也要认真核实，处以应得这罪。判杀头之刑大辟而有疑点的，可以减罪，罚以黄铜六千两，但也要认真核实，处以应得这罪。五刑的条文，墨刑类有一千条,劓刑类有一千条,膑刑类有五百条,宫刑类有三百条,大辟类有二百条。”这套刑法因为是甫侯所作,所以叫作《甫刑》。

穆王登位五十五年后死去,其子共王繄扈即位。

共王出游到泾水之上,密康公跟随着,有三个女子来投奔密康公。密康公的母亲说:“你一定要把她们献给国王。野兽够三只就叫‘群’,人够三个就叫‘众’,女子够三人就叫‘粲’。君王行猎都不敢猎取太多的野兽,诸侯出行对众人也要谦恭有礼,君王娶嫔妃不可使三女出自一家。那三个女子都很美丽。那么多美人都投奔你,你有什么德行承受得起呢?君王尚且承受不起,更何况你这样的微小之辈呢?微小之辈而拥有宝物,最终准会灭亡。”康公没有献出那三个女子,只一年,共王就把密国灭了。

共王死后,其子懿王囏登位。懿王在位时,周王室衰落了,诗人们开始作诗讥刺。

懿王死后,共王的弟弟辟方登位,就是孝王。孝王死后,诸侯又拥立懿王太子燮,就是夷王。

夷王死后,其子厉王胡即位。厉王登位三十年,贪财好利,亲近荣夷公。大夫芮良夫劝谏厉王说:“王室恐怕要衰微了!那个荣公只喜欢独占利益,却不懂得大祸难。利益,是从各种事物中产生出来的,是天地自然拥有的,而有谁想独占它,那危害就大了。天地间的万物谁都应得到一份,哪能让一个人独占呢?独占就会触怒很多人,却又不知防备大祸难。荣公用利益来引诱您,君王您难道能长久吗?为人君者,应该是开发各种财物分发给上下群臣百姓。使神、人、万物都能得到所应得的一份,即使这样,还要天天提心吊胆,恐怕招来百姓的怨恨呢。所以《颂诗》说:‘有文德的后稷,能与上天的德行相配合。种植五谷安养万民,无人不向你看齐。’《大雅》说:‘广施恩泽,成就周业。’这不正是说要普施货利而且要警惕祸难来临吗?正是因为这样,先王才能建立起周朝的事业一直到现在。而如今,君王您却去学独占利益,这怎么行呢?普通人独占利益,尚且被人称为是强盗;您如果也这样做,那归服您的人就很少啦。

荣公如果被重用，周朝必定要败亡了。”厉王不听劝谏，还是任用荣公做了卿士，掌管国事。

厉王暴虐无道，放纵骄傲，国人都公开议论他的过失。召公劝谏说：“人民忍受不了您的命令了！”厉王发怒，找来一个卫国的巫师，让他来监视揭发那些议论的人，发现了后就来报告，立即杀掉。这样一来，议论的人少了，可诸侯也不来朝拜了。

三十四年，厉王更加严苛，国人没有谁再敢开口说话，行人也只能以目示意，不敢互相说话。厉王见此非常高兴，告诉召公说：“我能消除人们对我的议论了，他们都不敢说话了。”召公说：“这只是把他们的话堵塞了。堵住人们的嘴巴，要比堵住水流更厉害。水蓄积多了，一旦决口，伤害的人一定会很多；不让民众说话，道理也是如此。所以，治水的人开通河道，使水流通畅，治理民众的人，也应该放开他们，让他们讲话。所以天子治理国政，使公卿以下直到列士都要献诗讽谏朝政得失，盲人乐师要献反映民情的乐曲，史官要献可资借鉴的史书，乐师之长要献箴戒之言，由一些盲乐师诵读公卿列士所献的诗，由另一些盲乐师诵读箴戒之言，百官可以直接进谏言，平民则可以把意思辗转上达天子，近臣要进规劝之言，宗室大臣要补察过失，乐师、太史要负责教诲，师、傅等年长者要经常告诫，然后由天子斟酌而行，所以事情做起来很顺当，没有错误。民众有嘴巴，犹如大地有山川，财货器用都是从这里生产出来；民众有嘴巴，犹如大地有饶田沃野，衣服粮食也是从这里生产出来的。民众把话从嘴里说出来了，政事哪些好哪些坏也就可以从这里看出来了。好的就实行，坏的就防备这个道理，就跟大地出财物器用衣服粮食是一样的。民众心里想什么嘴里就说什么，心里考虑好了就去做。如果堵住他们的嘴巴，那能维持多久呢！”

厉王不听劝阻。从此，国人都不敢说话。过了三年，大家就一起造反，袭击厉王。厉王逃到彘。

厉王的太子静藏身在召公家里，国人知道了，就把召公家包围起来，召公说：“先前我多次劝谏君王，君王不听，以至于遭到这样的灾难。如果现在王太子被人杀了，君王将会以为我对他记仇而在怨恨君王吧？事奉国君的人，即使遇到危险也不该有怨恨之心；即使有怨恨也不该发怒，更何况是事奉天子呢？”于是用自己的儿子代替了王太子，王太子终于免遭杀害。

召公、周公二相共理朝政，号称“共和”。共和十四年，厉王死在彘地。太子静已在召公家长大成人，二相就一同扶立他为王，这就是宣王。宣王登位后，由二相辅佐，修明政事，师法文王、武王、成王、康王的遗风，诸侯又都尊奉周王室了。十二年，鲁武公前来朝拜天子。

宣王不到千亩去耕种籍田，虢文公劝谏说这样不行，宣王不听。三十九年，在千亩打了一仗，宣王的军队被姜戎击败。

宣王丧失了从南方江、淮一带征来的军队，就在太原清点人丁以备征兵。仲山甫劝谏说：“人丁是不能清点的。”宣王不听劝阻，最终还是清点了。

四十六年，宣王死，其子幽王宫湦即位。

幽王二年，西周都城和附近泾水、渭水、洛水三条河的地区都发生了地震。伯阳甫说：“周快要灭亡啦。天地间的阴阳之气，不应该没有秩序；如果打乱了秩序，那也是有人使它乱的。阳气沉伏在下，不能出来，阴气压迫着它使它不能上升，所以就会有地震发生。如今三川地区发生地震，是因为阳气离开了它原来的位置，而被阴气压在下面了。阳气不在上面却处在阴气的下面，水源必定会受阻塞，水源受到阻塞，国家一定会灭亡。水土通气才能供民众从事生产之用。土地得不到滋润，民众就会财用匮乏，到了这种地步，不亡国还等什么！从前，伊水、洛水干涸夏朝就灭亡了；黄河枯竭商朝就灭亡了。如今周的气数也像商、周两代末年一样了，河源的水流又被阻塞，水源被堵塞，河流必定要枯竭。一个国家的生存，一定要依赖于山川，高山崩塌，河川枯竭，这是亡国的征兆。河川枯竭了，高山就一定崩塌。这样看来，国家灭亡用不了十年了，因为十刚好是数字的一个循环。上天所要抛弃的，不会超过十年。”这一年，三川枯竭，岐山崩塌。

三年，幽王宠爱褒姒。褒姒生的儿子叫伯服，幽王想废掉太子。太子的母亲是申侯的女儿，是幽王的王后。后来幽王得到褒姒，宠爱她，就想废掉申后，并把太子宜臼也一起废掉，好让褒姒做王后，让伯服做太子。周太史伯阳诵读历史典籍，感慨道："周朝就要灭亡啦。"从前还是夏后氏衰落时，有两条神龙降落在夏帝的宫廷，说："我们是褒国的两个先君。"夏帝不知道是该杀掉它们，还是赶跑它们，或留住它们，就进行占卜，结果不吉利。又占卜要把它们的唾液藏起来，结果才吉利。于是摆设出币帛祭品，以简策之书，向二龙祷告，二条龙不见了，留下了唾液。夏王让拿来木匣子把龙的唾液收藏起来。夏朝灭亡后，这个匣子传到了殷朝，殷朝灭亡后，又传到周朝。连着三代，从来没人敢把匣子打开。但到周厉王末年，打开匣子看了。龙的唾液流在殿堂上，怎么也清扫不掉。周厉王命一群妇女，赤身裸体对着唾液大声呼叫。那唾液变成了一只黑色的大蜥蜴，爬进了厉王的后宫。后宫有一个小宫女，六七岁，刚刚换牙，碰上了那只大蜥蜴，后到成年时竟然怀孕了，没有丈夫就生下孩子，她非常害怕，就把那孩子扔掉了。周宣王时，小女孩们唱着这样的儿歌："山桑之弓，箕木之矢，灭亡周国的祸害。"宣王听到了这首歌，有一对夫妻正好卖山桑所制之弓和箕木所制之矢，宣王命人去抓捕他们，想把他们杀掉。夫妇二人逃到大路上，发现了先前被小宫女扔掉的婴孩，听着她在深更半夜里啼哭，非常怜悯，就收留了她。夫妇二人继续往前逃，逃到了褒国。后来褒国人得罪了周朝，就想把被小宫女扔掉的那个女孩献给厉王，以求赎罪，因为当初这个被扔掉的女孩是褒国献出，所以叫她褒姒。周幽王三年，幽王到后宫去，一见到这女子就非常喜爱，生下儿子伯服，最后竟把申后和太子都废掉了，让褒姒做了王后，伯服做了太子。太史伯阳感慨地说："祸乱已成，没有法子可想了！"

褒姒不爱笑，幽王为了让她笑，用了各种办法，她还是不笑。周幽王设置了烽火狼烟和大鼓，有敌人来侵犯就点燃烽火。周幽王为了让褒姒笑，点燃了烽火，诸侯见到烽火，全都赶来了，赶到之后，却不见有敌寇，褒姒见了果然哈哈大笑。幽王很高兴，因而又多次点燃烽火。后来诸侯们都不相信了,也就渐渐不来了。

周幽王任用虢石父做卿,在国中当政,国人都愤愤不平。石父为人奸诈乖巧,善阿谀奉承,贪图财利,周幽王却重用他。幽王又废掉了申后和太子。申侯很气愤,联合缯国、犬戎一道攻打幽王。幽王点燃烽火召集诸侯的救兵。诸侯们没有人再派救兵来。申侯就把幽王杀死在骊山脚下,俘虏了褒姒,把周王室所藏财宝都拿走才离去。于是诸侯都靠拢申侯了,共同立幽王从前的太子宜臼为王,这就是平王,由他来继承周朝的祭祀。

平王登位后,东迁洛邑,以躲避犬戎的侵扰。

平王时,周王室衰微,各诸侯以强并弱,齐国、楚国、秦国、晋国势力开始强大,一切政事都要经由各方诸侯的首领。

四十九年,鲁隐公登位。

五十一年,周平王死,而太子泄父早亡,立其子林,这就是桓王。桓王,是周平王的孙子。

桓王三年,郑庄公前来朝见,桓王没有按礼节接待他。

五年,郑国因怨恨桓王,与鲁国调换了许地的田地。许地的田地,是天子用来祭祀泰山的专用田。八年,鲁国人杀掉隐公,拥立桓公。

十三年,周桓王征伐郑国,郑国人祝聃射伤了桓王的肩膀,桓王就撤军回去了。

二十三年,桓王死,其子庄王佗登位。

庄王四年,周公黑肩想杀掉庄王拥立王子克。辛伯把这个消息报告给庄王,庄王杀掉周公,王子克逃到燕国。

十五年,庄王死。其子釐王胡齐登位。

釐王三年,齐桓公开始称霸诸侯。

五年,釐王死,其子惠王阆登位。

惠王二年。起初,庄王宠爱姬姚,生下一子叫颓,很受宠爱。到惠王即位后,又夺了大臣的园林作为自己豢养牲畜的场所,为此,大夫边伯等五人就起来作乱,打算召集燕国、卫国的军队,攻打惠王。惠王逃到温邑，后来又住到郑国的栎邑去。边伯等拥立釐王的弟弟颓为王。他们奏乐，表演各种歌舞，郑国、虢国国君知道了很恼火。

四年，郑国和虢国一起发兵进攻，杀死周王颓，又把惠王护送回朝廷，惠王十年，赐封齐桓公为诸侯首领。

二十五年，惠王死，其子襄王郑登位。

襄王的母亲早逝。继母就是惠后。惠后生了叔带，很受惠王的宠爱，襄王不放心他。三年叔带和戎国、翟国商议攻打襄王，襄王想要杀掉叔带，叔带逃到了齐国。齐桓公派管仲去劝说戎和周讲和，派隰朋去劝说戎和晋讲和。襄王以上卿的礼节接待管仲。管仲辞谢道："我身为下卿，不过是个低下的一般官吏，齐国还有天子您亲自任命的两位上卿国氏、高氏在，如果他们届时在春、秋两季来朝见天子，您将怎样接见他们呢？我以天子和齐桓公的双重臣子的身份冒昧地辞谢了。"襄王说："你是周王室舅家的使臣，我赞赏你的功绩，请不要拒绝我的好意。"管仲最终还是接受了下卿的礼节，然后回国了。九年，齐桓公死。十二年，叔带又返回到周朝。

十三年，郑国攻打滑国。周襄王派游孙、伯服为滑说情，郑国囚禁了这两个人。郑文公怨恨惠王被护送回朝廷后，送给虢公酒器玉爵而不送给郑厉公，又怨恨襄王帮助卫国和滑国，所以囚禁了伯服。襄王很愤怒，给予翟国军队去攻打郑国。富辰劝谏襄王说："周东迁时，靠的是晋国和郑国的力量。子颓叛乱，又是依靠郑国得以平定，如今能因为一点小小的怨恨就抛弃它吗？"襄王不听劝阻。十五年，襄王派翟国的军队前去攻打了郑国。襄王感激翟人，准备把翟王的女儿立为王后。富辰又劝谏说："平王、桓王、庄王、惠王都曾受到郑国的好处，君王您抛开亲近的郑国而去亲近翟国，这实在是不可取。"襄王仍是不听。十六年，襄王废黜了翟后，翟人前来诛讨，杀死了周大夫谭伯。富辰说："我屡次劝谏君王，君王都不听，如今到了这个局面，我若不出去迎战，君王可能会以为我在怨恨他吧！"于是就带领着属众去作战，结果战死。

当初，惠后想立王子叔带为太子，所以用亲信为翟人开路，翟人这才攻进了周都。襄王逃到郑国,郑国把他安置在氾邑。子带立为王,娶了襄王废黜的翟后,与她一起住在温邑。十七年,襄王向晋国告急,晋文公把襄王护送回朝,杀死了叔带。襄王就赐给晋文公玉珪、香酒、弓箭,让他做诸侯的首领,并把河内地区赐给晋国。二十年,晋文公召见襄王,襄王前往河阳、践土与他相会,诸侯都前去朝见,史书因避讳以臣召君这种事,就写成了"天子到河阳巡视"。

二十四年,晋文公死。

三十一年,秦穆公死。

三十二年,周襄王死。其子顷王壬臣登位。顷王六年,顷王死,其子匡王班登位。匡王六年,匡王死,他的弟弟瑜登位,这就是周定王。

定王元年,楚庄王征伐陆浑地方的戎族,军队驻扎在洛邑,楚庄王派人询问九鼎的大小轻重。定王命王孙满用巧妙的辞令应付了他,楚兵这才离去。十年,楚庄王包围了郑国,郑伯投降,不久又恢复了郑国。十六年,楚庄王死。

二十一年,定王死,其子简王夷登位。简王十三年,晋人杀了他们的国君厉公,从周迎回了子周,立为悼公。

十四年,简王死,其子灵王泄心登位。灵王二十四年,齐国的崔杼杀了他们的君王庄公。

二十七年,灵王死,其子景王贵立。景王十八年,王后所生的太子圣明却早逝。二十年,景王喜爱子朝,想立他为太子,正好这时景王死,子丐的党徒和他争夺王位,朝臣拥立长子猛为王,子朝攻杀猛。猛就是悼王。晋人攻打子朝扶立丐为王,这就是敬王。

敬王元年,晋人护送敬王回朝。因子朝已自立为王,敬王不能进入国都,就居住在泽邑。四年,晋率领诸侯把敬王护送回周,子朝做了臣子,诸侯为周修筑都城。十六年,子朝的党徒们又起来作乱,敬王逃奔到晋国。十七年,晋定公终于把敬王护送回周了。

三十九年,齐国田常杀了他们的国君简公。

四十一年,楚灭掉了陈国。孔子在这一年死去。

四十二年，周敬王死，其子元王仁登位。元王八年，死去，其子定王介登位。

定王十六年，韩、赵、魏三家灭了智伯，瓜分了他的土地。

二十八年，定王死，长子去疾登位，这就是哀王。哀王登位三个月，他的弟弟叔袭杀了哀王，自己登上王位，这就是思王。思王登位五个月，他的小弟弟嵬攻杀了思王自立为王，这就是考王。这三个王都是定王之子。

考王十五年，死去，其子威烈王午登位。

考王把他的弟弟封在河南，这就是桓公，让他承续周公这个官位职事。桓公死后，其子威公继任。威公死后，其子惠公继任，把他的小儿子封在巩地以护卫周王，号为东周惠公。

威烈王二十三年，九鼎震动。这一年，周王命韩、魏、赵为诸侯。

二十四年，威烈王死，其子安王骄登位。这一年，盗贼杀了楚声王。

安王在位二十六年，死去，其子烈王喜登位。

烈王二年，周太史儋拜见秦献公说："当初周和秦是合在一起的，后来分开了，分开五百年后又合在一起，合在一起十七年后，将会有一位称霸统一天下的人出现。"

十年，周烈王死，他的弟弟扁登位，这就是显王。

显王五年，祝贺秦献公，献公称霸。九年，显王又给秦献公送上了祭祀文王、武王的胙肉。二十五年，秦在周国与诸侯会盟。二十六年，周王把诸侯之长方伯这个名称送给秦孝公。三十三年，祝贺秦惠王。三十五年，又给秦惠王送上了祭祀文王、武王的胙肉。四十四年，秦惠王称王。自此以后，诸侯都各自称王了。

四十八年，周显王死，其子慎靓王定登位。

慎靓王登位六年，死去，其子赧王延登位。

王赧在位时，东西周各自为政。赧王把国都迁到了西周。

西周武公的共太子死了，还有五个儿子都是庶出，没有嫡子可立为太子。司马翦对楚王说："不如用土地资助公子咎，替他求立为太子。"左成说:“不行。如果我们用土地资助了公子咎,而周却不听我们的,这样您的主意就行不通了,与周的交情也疏远了。不如去问问周君想要立谁为太子,暗中告诉给翦,然后翦再让楚国资助给他土地。”结果,西周真的立公子咎为太子。

八年,秦攻打宜阳,楚发兵援救。而楚国以为周是帮助秦国,所以想攻打周。苏代为周游说楚王说:“您怎么知道周是帮助秦国?说周帮助秦国比帮助楚国更出力的人,是想让周投到秦国方面去,所以人们都把周、秦放在一起说‘周秦’啊。周明白了自己解脱不了,就必定投向秦国一方,这真是帮助秦国取周的妙计呀。如果为大王考虑,周为秦出力,您要好好待他;不为秦出力,仍然好好待他,这样,才能让它与秦疏远。周与秦绝交,就一定投向楚国郢都的。”

秦向东周和西周借道,想通过两周之间的地区去攻打韩国,周担心借了会得罪韩,不借又会得罪秦。史厌对周君说:“为什么不派人去对韩公叔说:‘秦国敢穿过周地去攻打韩国,是由于信任东周。您为什么不给周一些土地,并派出人质前往楚国呢?’这样,秦国一定会怀疑楚国,不相信周君,也就不会攻打韩国了。您再派人去对秦国说:‘韩国非要给我们周一些土地,想以此来让秦国怀疑周君,周不敢不接受。’秦国也就没有说辞了,不让周接受韩国的土地了,这样就既得地于韩,又表示了听命于秦。”

秦国召见西周君,西周君不愿意去,就派人对韩王说:“秦国召见西周君,他是想攻打大王的南阳,大王为什么不派兵驻守南阳?周君将以此为借口不到秦国去。周君不到秦国去,秦国就必定不敢渡河攻打南阳了。”

东周和西周交战,韩国派兵去救援西周。有人为东周游说韩王说:“西周原先是天子的国都,有许多钟鼎宝器和贵重的宝物。您如果按兵不动,就可让东周感激您,又可使您尽得西周的宝物。”

周王赧被称做成君。

楚包围了韩国的雍氏,韩国向东周要兵器和粮草,东周君害怕了,叫来苏代把这事告诉了他。苏代说："您何必为这件事担忧呢！我能使韩国不向东周索要兵器和粮草，又能让您得到高都。"周君说："您如果能办到，我就把国政交给您。"苏代会见了韩相国公仲侈说："楚国包围了雍氏，原计划三个月攻下，如今五个月了，还攻不下来，这说明楚兵已疲惫。现在您向周要兵器粮草，就是向楚宣告您自己已疲惫了。"韩相国说："对。可使者已派出。"苏代于是说："为什么不把高都送给周呢？"韩相国非常生气，说："我不向周要兵器粮草也就够可以了，为什么还要把高都送给周呢？"苏代说："把高都送给周，周会转过来投向韩国，秦国听了一定很恼火，怨恨周，与周断绝使者的往来，这样就等于是拿一个破烂的高都换得了一个完整的周。为什么不给呢？"韩相国说："好。"果然把高都送给周了。

三十四年，苏厉对周君说："秦攻克了韩国、魏国，打败了魏将师武，往北攻取了赵的蔺、离石二县，这些都是白起干的。此人善于用兵，又有天命佑助。而今他又带兵出伊阙塞去攻打梁国，如果梁国被攻破，那么周也就危险了。您为什么不派人去劝说白起呢？您可以说：'楚国有个养由基，是个善于射箭的人。离柳叶百步之外射箭，可以百发百中。左右围观的人有好几千，都说他箭射得好。可有一个汉子站在他的旁边，说："好，可以教给他射箭了。"养由基很生气，扔掉弓，握住剑说："你有什么本事教我射箭呢？"那个人说："并不是说我能教你怎么伸直左臂撑住弓身，怎样弯曲右臂拉开弓弦。一个人在百步之外射柳叶，百发百中，如果不在射得最好时停下来，过一会儿力气小了，身体累了，弓摆不正，箭射出去不直，只要有一发射不中，那么一百发就全部作废了。"如今，您攻突了韩国、魏国，打败了师武，往北攻取了赵国的蔺、离石二县，您的功绩是很大了。现在您又带兵出伊阙塞，过东西两周，背对韩国，攻打梁国，这一次如果打不胜，就会前功尽弃。您不如称病不出。'"

四十二年，秦国攻破魏国的华阳。周的大臣马犯对周君说："请允许我去让梁国给周筑城。"他去对梁王说："周王病了，如果他真死了，我也一定活不成。请让我把九鼎献给大王，您拿到了九鼎后希望能想办法保护我。”梁王说:“好。”于是给他一批士兵,声称是去保卫周。马犯又去对秦王说:“梁并非是想保卫周,而是要攻打周。您可以派兵到国境去看看。”秦果然出兵。马犯又去对梁王说:“周王病好了,九鼎的事没有办成,请您让我在以后找适当的机会再献九鼎吧。但现在您已派兵到周去了,诸侯都起了疑心,怀疑您要伐周,以后您办事将不会有人相信了。不如让那些士兵为周筑城,借此掩盖内幕。”梁王说:“好吧。”于是就让那些士兵给周筑城。

四十五年,周君的秦国宾客对周冣说:“您不如称赞秦王的孝道,趁便把应地献给秦国作为太后的汤沐邑,秦王一定很高兴,这样您和秦国就有了交情。交情好了,周君一定认为这是您的功绩;交情不好,劝周君归附秦国的人一定会获罪。”秦去攻打周,周冣对秦王说:“如果为大王您考虑,那就不应该去攻打周。攻打周,实在利益不多,却使您的名声让天下人都害怕。天下人都因为秦攻打周的名声而害怕,必定会往东边去与齐国联合。您的军队在周打得疲惫了,又使天下诸侯都去与齐联合,这样,秦国就统一不了天下了。天下正希望使秦国疲惫呢,所以劝您去攻打周。如果秦国和诸侯都疲惫了,那样您的教命就不会通行于诸侯了。”

五十八年,韩、赵、魏三国发兵与秦国对抗。周派相国前往秦国,周相国因为怕遭到秦国的轻视,就半路返回来了。有人对相国说:“秦国是轻视您还是重视您,这还是个未知数。秦是想要了解那三国的实情。您不如赶快去拜见秦王,就说‘请让我来给您打探东方三国的变化’,秦王一定会重视您。秦王重视您,就表明秦重视周,周因此也取得了秦国的信任。至于齐国对周的重视,那么早就有周冣和齐国联络好了:这样,周就可以永远不会失去与大国的交情。”秦信任周了,就发兵去攻打韩、赵、魏三国。

五十九年,秦攻取了韩国的阳城、负黍,西周很害怕,背叛了秦国,与东方各诸侯相联合,率领天下的精兵出伊阙塞去攻打秦国,使得秦国与阳城之间无法相通。秦昭王很生气,派将军摎攻打西周。西周君跑到秦国,叩头认罪,把全部三十六邑三万人口都献给了秦王。秦接受了西周君献的人口、土地，让他又回到西周去了。

周君、王赧死后，周地的民众就向东方流窜。秦收取了九鼎和其他珍宝器物，又把西周公迁到惮狐。此后七年，秦庄襄王灭掉了东周。东西周就全都归属于秦了，周朝的祭祀从此断绝。

太史公说：学者都说周伐纣之后，定居在洛邑。综合考察其实际情况来看，并不是这样。洛邑是武王测量的，成王又派召公去进行了占卜，把九鼎安放在那里，而周都仍然是在丰邑、镐京。一直到犬戎打败了幽王，周都才东迁到洛邑。所谓“周公安葬于毕”，毕在镐京东南的杜中。秦灭掉了周。汉兴起九十多年后，天子将要去泰山封禅，向东巡视到河南时，访求周的后裔，把三十里的土地封给周的后代嘉，号为周子南君，与其他列侯平列，让他供奉对周朝祖先的祭祀。

史记卷五·秦本纪第五

《秦本纪》以时间为序完整记载了秦国历代世系及大事，从伯翳佐禹至庄公助周伐戎受封西垂逐渐兴起，到春秋前期日益壮大，缪公在位霸西戎而至极盛，转而中衰，孝公任用商君变法又复振而强称雄诸侯，直到秦王嬴政并吞六国而君临天下，可谓是一部秦国的兴盛史。对秦氏族不断发展壮大而至强盛的这一历史过程，司马迁着重选取缪公、孝公、昭王等时代为重点，较为详细地记载了春秋战国时期秦国几代英主的文治武功，而其中着墨最多的则是秦缪公，他的品德为人、用人方略都被作者赋予了鲜明的个人理想色彩。《史记》体例，诸侯国本只列“世家”，司马迁独将秦列入“本纪”，是为了使之与下篇《秦始皇本纪》相连。

秦之先，帝颛顼之苗裔孙曰女修。女修织，玄鸟陨卵①，女修吞之，生子大业。大业取少典之子②，曰女华。女华生大费，与禹平水土。已成，帝锡玄圭。禹受曰：“非予能成，亦大费为辅。”帝舜曰：“咨尔费，赞禹功，其赐尔皂游③。尔后嗣将大出。”乃妻之姚姓之玉女。大费拜受，佐舜调驯鸟兽，鸟兽多驯服，是为柏翳。舜赐姓嬴氏。

大费生子二人：一曰大廉，实鸟俗氏；二曰若木，实费氏。

其玄孙曰费昌，子孙或在中国，或在夷狄。费昌当夏桀之时，去夏归商，为汤御，以败桀于鸣条。大廉玄孙曰孟戏、中衍，鸟身人言。帝太戊闻而卜之使御，吉，遂致使御而妻之。自太

①玄鸟：燕子。玄：黑色。 ②取：同“娶”。子：指女儿。 ③皂游（liú）：旌旗上的黑色飘带。游：同“旒”。

戊以下，中衍之后，遂世有功，以佐殷国，故嬴姓多显，遂为诸侯。

其玄孙曰中潏，在西戎，保西垂。生蜚廉。蜚廉生恶来。恶来有力，蜚廉善走，父子俱以材力事殷纣。周武王之伐纣，并杀恶来。是时蜚廉为纣石北方，还，无所报，为坛霍太山而报，得石棺，铭曰“帝令处父不与殷乱，赐尔石棺以华氏[①]”。死，遂葬于霍太山。

蜚廉复有子曰季胜。季胜生孟增。孟增幸于周成王，是为宅皋狼。皋狼生衡父，衡父生造父。造父以善御幸于周缪王[②]，得骥、温骊、骅骝、騄耳之驷[③]，西巡狩，乐而忘归。徐偃王作乱，造父为缪王御，长驱归周，一日千里以救乱。缪王以赵城封造父，造父族由此为赵氏。

自蜚廉生季胜已下五世至造父，别居赵。赵衰其后也。

恶来革者，蜚廉子也，蚤死[④]。有子曰女防。女防生旁皋，旁皋生太几，太几生大骆，大骆生非子。以造父之宠，皆蒙赵城，姓赵氏。

非子居犬丘，好马及畜，善养息之。犬丘人言之周孝王，孝王召使主马于汧、渭之间，马大蕃息。孝王欲以为大骆適嗣。申侯之女为大骆妻，生子成为適。申侯乃言孝王曰：“昔我先郦山之女，为戎胥轩妻，生中潏，以亲故归周，保西垂，西垂以其故和睦。今我复与大骆妻，生適子成。申骆重婚，西戎皆服，所以为王。王其图之。”于是孝王曰：“昔伯翳为舜主畜，畜多息，故有土，赐姓嬴。今其后世亦为朕息马，朕其分土为附庸。”邑之

①华氏：使氏族显耀。华：显贵，显要。 ②周缪王：即周穆王。 ③骥、温骊、骅骝、騄耳：皆良马名。 ④蚤：通“早”。

秦，使复续嬴氏祀，号曰秦嬴。亦不废申侯之女子为骆適者，以和西戎。

秦嬴生秦侯。秦侯立十年，卒。生公伯。公伯立三年，卒。生秦仲。

秦仲立三年，周厉王无道，诸侯或叛之。西戎反王室，灭犬丘、大骆之族。周宣王即位，乃以秦仲为大夫，诛西戎。西戎杀秦仲。

秦仲立二十三年，死于戎。有子五人，其长者曰庄公。周宣王乃召庄公昆弟五人，与兵七千人，使伐西戎，破之。于是复予秦仲后，及其先大骆地犬丘并有之，为西垂大夫。

庄公居其故西犬丘，生子三人，其长男世父。世父曰："戎杀我大父仲，我非杀戎王则不敢入邑。"遂将击戎，让其弟襄公，襄公为太子。

庄公立四十四年，卒，太子襄公代立。

襄公元年，以女弟缪嬴为丰王妻。

襄公二年，戎围犬丘，世父击之，为戎人所虏。岁馀，复归世父。

七年春，周幽王用褒姒废太子，立褒姒子为適，数欺诸侯，诸侯叛之。西戎犬戎与申侯伐周，杀幽王郦山下。而秦襄公将兵救周，战甚力，有功。周避犬戎难，东徙洛邑，襄公以兵送周平王。平王封襄公为诸侯，赐之岐以西之地。曰："戎无道，侵夺我岐、丰之地，秦能攻逐戎，即有其地。"与誓，封爵之。襄公于是始国，与诸侯通使聘享之礼，乃用骝驹、黄牛、羝羊各三，祠上帝西畤①。

①骝驹：赤色黑鬃马。羝羊：公羊。祠：祭祀。畤：祭处，祭祀天地五帝的祭坛。

十二年，伐戎而至岐，卒。生文公。

文公元年，居西垂宫。三年，文公以兵七百人东猎。四年，至汧、渭之会，曰："昔周邑我先秦嬴于此，后卒获为诸侯。"乃卜居之，占曰吉，即营邑之。十年，初为鄜畤，用三牢①。十三年，初有史以纪事，民多化者。十六年，文公以兵伐戎，戎败走。于是文公遂收周馀民有之，地至岐。岐以东献之周。十九年，得陈宝②。二十年，法初有三族之罪③。二十七年，伐南山大梓，丰大特④。四十八年，文公太子卒，赐谥为竫公。竫公之长子为太子，是文公孙也。

五十年，文公卒，葬西山。竫公子立，是为宁公。

宁公二年，公徙居平阳。遣兵伐荡社。三年，与亳战，亳王奔戎，遂灭荡社。四年，鲁公子翚弑其君隐公。十二年，伐荡氏，取之。

宁公生十岁立，立十二年卒，葬西山。生子三人，长男武公为太子。武公弟德公，同母鲁姬子，生出子。宁公卒，大庶长弗忌、威垒、三父废太子而立出子为君。

出子六年，三父等复共令人贼杀出子。出子生五岁立，立六年卒。三父等乃复立故太子武公。

武公元年，伐彭戏氏，至于华山下，居平阳封宫。三年，诛三父等而夷三族，以其杀出子也。郑高渠眯杀其君昭公。十年，伐邽、冀戎，初县之⑤。十一年，初县杜、郑。灭小虢。

十三年，齐人管至父、连称等杀其君襄公而立公孙无知。晋灭霍、魏、耿。齐雍廪杀无知、管至父等而立齐桓公。齐、晋

---

①三牢：指牛、羊、猪。牢：祭祀用的牺牲。 ②陈宝：神雉名。传说文公在陈仓山坡上得神雉，化为异石，遂立祠祭祀，称陈宝。 ③三族：所指说法不一。一说父族、母族、妻族，一说父母、兄弟、妻子。 ④特：公牛。 ⑤初县之：始置县邑。

为强国。十九年，晋曲沃始为晋侯。齐桓公伯于鄄。

二十年，武公卒，葬雍平阳。初以人从死，从死者六十六人。有子一人，名曰白。白不立，封平阳。立其弟德公。

德公元年，初居雍城大郑宫。以牺三百牢祠鄜畤。卜居雍。后子孙饮马于河。梁伯、芮伯来朝。二年，初伏，以狗御蛊①。德公生三十三岁而立，立二年卒。生子三人：长子宣公，中子成公，少子穆公。长子宣公立。

宣公元年，卫、燕伐周，出惠王，立王子颓。三年，郑伯、虢叔杀子颓而入惠王。四年，作密畤。与晋战河阳，胜之。

十二年，宣公卒。生子九人，莫立，立其弟成公。

成公元年，梁伯、芮伯来朝。齐桓公伐山戎，次于孤竹。

成公立四年卒。子七人，莫立，立其弟缪公。

缪公任好元年，自将伐茅津，胜之。四年，迎妇于晋，晋太子申生姊也。其岁，齐桓公伐楚，至邵陵。

五年，晋献公灭虞、虢，虏虞君与其大夫百里傒，以璧马赂于虞故也。既虏百里傒，以为秦缪公夫人媵于秦。百里傒亡秦走宛，楚鄙人执之②。缪公闻百里傒贤，欲重赎之。恐楚人不与，乃使人谓楚曰："吾媵臣百里傒在焉，请以五羖羊皮赎之③。"楚人遂许与之。当是时，百里傒年已七十馀。缪公释其囚，与语国事。谢曰："臣亡国之臣，何足问！"缪公曰："虞君不用子，故亡，非子罪也。"固问，语三日，缪公大说，授之国政，号曰五羖大夫。百里傒让曰："臣不及臣友蹇叔，蹇叔贤而世莫知。臣常游困于齐而乞食铚人，蹇叔收臣。臣因而欲事齐君无知，蹇叔

---

①以狗御蛊：杀狗以祛除热毒恶气。蛊：本指毒虫，这里指伤人的热毒恶气。 ②鄙人：楚国过境的人。 ③羖(gǔ)羊：黑色的公羊。

止臣，臣得脱齐难，遂之周。周王子颓好牛，臣以养牛干之。及颓欲用臣，蹇叔止臣，臣去，得不诛。事虞君，蹇叔止臣，臣知虞君不用臣，臣诚私利禄爵，且留。再用其言，得脱；一不用，及虞君难。是以知其贤。”于是缪公使人厚币迎蹇叔，以为上大夫。

秋，缪公自将伐晋，战于河曲。晋骊姬作乱，太子申生死新城，重耳、夷吾出奔。

九年，齐桓公会诸侯于葵丘。

晋献公卒。立骊姬子奚齐，其臣里克杀奚齐。荀息立卓子，克又杀卓子及荀息。夷吾使人请秦，求入晋。于是缪公许之，使百里傒将兵送夷吾。夷吾谓曰：“诚得立，请割晋之河西八城与秦。”及至，已立，而使丕郑谢秦，背约不与河西城，而杀里克。丕郑闻之，恐，因与缪公谋曰：“晋人不欲夷吾，实欲重耳。今背秦约而杀里克，皆吕甥、郄芮之计也。愿君以利急召吕、郄，吕、郄至，则更入重耳便。”缪公许之，使人与丕郑归，召吕、郄。吕、郄等疑丕郑有间，乃言夷吾杀丕郑。丕郑子丕豹奔秦，说缪公曰：“晋君无道，百姓不亲，可伐也。”缪公曰：“百姓苟不便，何故能诛其大臣？能诛其大臣，此其调也①。”不听，而阴用豹。

十二年，齐管仲、隰朋死。

晋旱，来请粟。丕豹说缪公勿与，因其饥而伐之。缪公问公孙支，支曰：“饥穰，更事耳②，不可不与。”问百里傒，傒曰：“夷吾得罪于君，其百姓何罪？”于是用百里傒、公孙支言，卒与之粟。以船漕车转，自雍相望至绛。

十四年，秦饥，请粟于晋。晋君谋之群臣。虢射曰：“因其

---

①调：协调。 ②穰：丰收。更事：交替出现之事。

饥伐之，可有大功。”晋君从之。十五年，兴兵将攻秦。缪公发兵，使丕豹将，自往击之。九月壬戌，与晋惠公夷吾合战于韩地。晋君弃其军，与秦争利，还而马鸷[①]。缪公与麾下驰追之，不能得晋君，反为晋军所围。晋击缪公，缪公伤。于是岐下食善马者三百人驰冒晋军，晋军解围，遂脱缪公而反生得晋君。初，缪公亡善马，岐下野人共得而食之者三百馀人[②]，吏逐得，欲法之。缪公曰：“君子不以畜产害人。吾闻食善马肉不饮酒，伤人。”乃皆赐酒而赦之。三百人者闻秦击晋，皆求从，从而见缪公窘，亦皆推锋争死，以报食马之德。于是缪公虏晋君以归，令于国，“齐宿[③]，吾将以晋君祠上帝”。周天子闻之，曰“晋我同姓”，为请晋君。夷吾姊亦为缪公夫人，夫人闻之，乃衰绖跣[④]，曰：“妾兄弟不能相救，以辱君命。”缪公曰：“我得晋君以为功，今天子为请，夫人是忧。”乃与晋君盟，许归之，更舍上舍[⑤]，而馈之七牢。十一月，归晋君夷吾，夷吾献其河西地，使太子圉为质于秦。秦妻子圉以宗女[⑥]。是时秦地东至河。

十八年，齐桓公卒。二十年，秦灭梁、芮。

二十二年，晋公子圉闻晋君病，曰：“梁，我母家也，而秦灭之。我兄弟多，即君百岁后，秦必留我，而晋轻，亦更立他子。”子圉乃亡归晋。二十三年，晋惠公卒，子圉立为君。秦怨圉亡去，乃迎晋公子重耳于楚，而妻以故子圉妻。重耳初谢，后乃受。缪公益礼厚遇之。

二十四年春，秦使人告晋大臣，欲入重耳。晋许之，于是使人送重耳。二月，重耳立为晋君，是为文公。文公使人杀子圉。

---

①还（xuán）：通“旋”。 ②野人：乡下人。 ③齐（zhāi）宿：斋戒独宿。齐：通“斋”。④衰绖（cuī dié）：泛指丧服。跣（xiǎn）：赤脚。 ⑤上舍：上等的官舍。 ⑥宗女：同宗族的女儿。

子圉是为怀公。

其秋，周襄王弟带以翟伐王，王出居郑。二十五年，周王使人告难于晋、秦。秦缪公将兵助晋文公入襄王，杀王弟带。二十八年，晋文公败楚于城濮。三十年，缪公助晋文公围郑。郑使人言缪公曰："亡郑厚晋，于晋而得矣，而秦未有利。晋之强，秦之忧也。"缪公乃罢兵归。晋亦罢。三十二年冬，晋文公卒。

郑人有卖郑于秦曰："我主其城门，郑可袭也。"缪公问蹇叔、百里傒，对曰："径数国千里而袭人，希有得利者。且人卖郑，庸知我国人不有以我情告郑者乎？不可。"缪公曰："子不知也，吾已决矣。"遂发兵，使百里傒子孟明视、蹇叔子西乞术及白乙丙将兵。行日，百里傒、蹇叔二人哭之。缪公闻，怒曰："孤发兵而子沮哭吾军①，何也？"二老曰："臣非敢沮君军。军行，臣子与往；臣老，迟还恐不相见，故哭耳。"二老退，谓其子曰："汝军即败，必于殽阨矣。"

三十三年春，秦兵遂东，更晋地，过周北门。周王孙满曰："秦师无礼，不败何待！"兵至滑，郑贩卖贾人弦高，持十二牛将卖之周，见秦兵，恐死虏，因献其牛，曰："闻大国将诛郑，郑君谨修守御备，使臣以牛十二劳军士。"秦三将军相谓曰："将袭郑，郑今已觉之，往无及已。"灭滑。滑，晋之边邑也。

当是时，晋文公丧尚未葬。太子襄公怒曰："秦侮我孤，因丧破我滑。"遂墨衰绖②，发兵遮秦兵于崤③，击之，大破秦军，无一人得脱者。虏秦三将以归。文公夫人，秦女也，为秦三囚将

---

①沮：指败坏士气。 ②墨衰绖：染黑丧服。此时襄公居丧，应穿丧服，丧服本为白色，不利行军作战，故染成黑色。 ③遮：拦击。

请曰："缪公之怨此三人入于骨髓，愿令此三人归，令我君得自快烹之。"晋君许之，归秦三将。三将至，缪公素服郊迎[①]，向三人哭曰："孤以不用百里傒、蹇叔言以辱三子，三子何罪乎？子其悉心雪耻，毋怠。"遂复三人官秩如故，愈益厚之。

三十四年，楚太子商臣弑其父成王代立。

缪公于是复使孟明视等将兵伐晋，战于彭衙。秦不利，引兵归。

戎王使由余于秦。由余，其先晋人也，亡入戎，能晋言。闻缪公贤，故使由余观秦。秦缪公示以宫室、积聚。由余曰："使鬼为之，则劳神矣。使人为之，亦苦民矣。"缪公怪之，问曰："中国以诗书礼乐法度为政，然尚时乱，今戎夷无此，何以为治，不亦难乎？"由余笑曰："此乃中国所以乱也。夫自上圣黄帝作为礼乐法度，身以先之，仅以小治。及其后世，日以骄淫。阻法度之威[②]，以责督于下[③]，下罢极则以仁义怨望于上[④]，上下交争怨而相篡弑，至于灭宗，皆以此类也。夫戎夷不然。上含淳德以遇其下，下怀忠信以事其上，一国之政犹一身之治，不知所以治，此真圣人之治也。"于是缪公退而问内史廖曰："孤闻邻国有圣人，敌国之忧也。今由余贤，寡人之害，将奈之何？"内史廖曰："戎王处辟匿，未闻中国之声。君试遗其女乐[⑤]，以夺其志[⑥]；为由余请，以疏其间；留而莫遣，以失其期。戎王怪之，必疑由余。君臣有间，乃可虏也。且戎王好乐，必怠于政。"缪公曰："善。"因与由余曲席而坐[⑦]，传器而食，问其地形与其兵势，尽察。而后令内史廖以女乐二八遗戎王。戎王受而说之，终年

---

①素服：丧服。 ②阻：恃，凭仗。 ③责督：察其罪而责之以刑罚。督：察。 ④罢极：疲惫。怨望：怨恨。 ⑤遗(wèi)：赠送。女乐：歌舞伎女。 ⑥夺其志：意为迷乱其心志。 ⑦曲席：连席，座席相连接。

不还。于是秦乃归由余。由余数谏不听，缪公又数使人间要由余[①]，由余遂去降秦。缪公以客礼礼之，问伐戎之形。

三十六年，缪公复益厚孟明等，使将兵伐晋，渡河焚船，大败晋人，取王官及鄗，以报崤之役。晋人皆城守不敢出。于是缪公乃自茅津渡河，封崤中尸[②]，为发丧，哭之三日。乃誓于军曰："嗟，士卒！听，无哗，余誓告汝。古之人谋，黄发番番[③]，则无所过。"以申思不用蹇叔、百里傒之谋，故作此誓，令后世以记余过。君子闻之，皆为垂涕，曰："嗟乎！秦缪公之与人周也，卒得孟明之庆。"

三十七年，秦用由余谋伐戎王，益国十二，开地千里，遂霸西戎。天子使召公过贺缪公以金鼓。

三十九年，缪公卒，葬雍。从死者百七十七人，秦之良臣子舆氏三人名曰奄息、仲行、鍼虎，亦在从死之中。秦人哀之，为作歌《黄鸟》之诗。君之曰："秦缪公广地益国，东服强晋，西霸戎夷，然不为诸侯盟主，亦宜哉。死而弃民，收其良臣而从死。且先王崩，尚犹遗德垂法，况夺之善人良臣百姓所哀者乎？是以知秦不能复东征也。"缪公子四十人，其太子罃代立，是为康公。

康公元年。往岁缪公之卒，晋襄公亦卒；襄公之弟名雍，秦出也[④]，在秦。晋赵盾欲立之，使随会来迎雍，秦以兵送至令狐。晋立襄公子而反击秦师，秦师败，随会来奔。

二年，秦伐晋，取武城，报令狐之役。四年，晋伐秦，取少梁。六年，秦伐晋，取羁马。战于河曲，大败晋军。晋人患随会

①要：通"邀"，邀请。 ②封：筑坟，此指埋藏。 ③黄发番番：指老年人。 ④秦出：指秦女所生。

在秦为乱，乃使魏雠馀详反，合谋会，诈而得会，会遂归晋。

康公立十二年卒，子共公立。

共公二年，晋赵穿弑其君灵公。三年，楚庄王强，北兵至洛，问周鼎。

共公立五年卒，子桓公立。

桓公三年，晋败我一将。十年，楚庄王服郑，北败晋兵于河上。当是之时，楚霸，为会盟合诸侯。二十四年，晋厉公初立，与秦桓公夹河而盟。归而秦倍盟[①]，与翟合谋击晋。二十六年，晋率诸侯伐秦，秦军败走，追至泾而还。

桓公立二十七年卒，子景公立。

景公四年，晋栾书弑其君厉公。十五年，救郑，败晋兵于栎。是时晋悼公为盟主。十八年，晋悼公强，数会诸侯，率以伐秦，败秦军。秦军走，晋兵追之，遂渡泾，至棫林而还。二十七年，景公如晋，与平公盟，已而背之。三十六年，楚公子围弑其君而自立，是为灵王。景公母弟后子鍼有宠，景公母弟富，或谮之[②]，恐诛，乃奔晋，车重千乘。晋平公曰："后子富如此，何以自亡？"对曰："秦公无道，畏诛，欲待其后世乃归。"三十九年，楚灵王强，会诸侯于申，为盟主，杀齐庆封。

景公立四十年卒，子哀公立。后子复来归秦。

哀公八年，楚公子弃疾弑灵王而自立，是为平王。十一年，楚平王来求秦女为太子建妻。至国，女好而自娶之。十五年，楚平王欲诛建，建亡。伍子胥奔吴。晋公室卑而六卿强[③]，欲内相攻，是以久秦晋不相攻。三十一年，吴王阖闾与伍子胥伐楚，

---

①倍：同"背"，背叛。 ②谮：说坏话背后诬陷别人。 ③六卿：晋国的六家大夫，即韩、赵、魏、范、中行及智氏，世代为卿，称六卿。

楚王亡奔随，吴遂入郢。楚大夫申包胥来告急，七日不食，日夜哭泣。于是秦乃发五百乘救楚，败吴师。吴师归，楚昭王乃得复入郢。

哀公立三十六年卒。太子夷公，夷公早死，不得立，立夷公子，是为惠公。

惠公元年，孔子行鲁相事。五年，晋卿中行、范氏反晋，晋使智氏、赵简子攻之，范、中行氏亡奔齐。

惠公立十年卒，子悼公立。

悼公二年，齐臣田乞弑其君孺子，立其兄阳生，是为悼公。六年，吴败齐师。齐人弑悼公，立其子简公。九年，晋定公与吴王夫差盟，争长于黄池，卒先吴。吴强，陵中国[①]。十二年，齐田常弑简公，立其弟平公，常相之。十三年，楚灭陈。

秦悼公立十四年卒。子厉共公立。孔子以悼公十二年卒[②]。

厉共公二年，蜀人来赂。十六年，堑河旁[③]。以兵二万伐大荔，取其王城。二十一年，初县频阳。晋取武成。二十四年，晋乱，杀智伯，分其国与赵、韩、魏。二十五年，智开与邑人来奔。三十三年，伐义渠，虏其王。

三十四年，日食。厉共公卒，子躁公立。

躁公二年，南郑反。十三年，义渠来伐，至渭南。

十四年，躁公卒，立其弟怀公。

怀公四年，庶长鼂与大臣围怀公，怀公自杀。怀公太子曰昭子，早死，大臣乃立太子昭子之子，是为灵公。灵公，怀公孙也。

---

①陵：同“凌”，欺压。 ②以：于，在。 ③堑：壕沟，此指挖壕沟。

灵公六年，晋城少梁，秦击之。十三年，城籍姑。灵公卒，子献公不得立，立灵公季父悼子，是为简公。简公，昭子之弟而怀公子也。

简公六年，令吏初带剑。堑洛。城重泉。

十六年，卒，子惠公立。

惠公十二年，子出子生。十三年，伐蜀，取南郑。惠公卒，出子立。

出子二年，庶长改迎灵公之子献公于河西而立之。杀出子及其母，沉之渊旁。

秦以往者数易君，君臣乖乱[①]，故晋复强，夺秦河西地。

献公元年，止从死[②]。二年，城栎阳。四年正月庚寅，孝公生。十一年，周太史儋见献公曰："周故与秦国合而别，别五百岁复合，合七十七岁而霸王出。"十六年，桃冬花[③]。十八年，雨金栎阳[④]。二十一年，与晋战于石门，斩首六万，天子贺以黼黻[⑤]。二十三年，与魏、晋战少梁，虏其将公孙痤。

二十四年，献公卒，子孝公立，年已二十一岁矣。

孝公元年，河山以东强国六[⑥]，与齐威、楚宣、魏惠、燕悼、韩哀、赵成侯并。淮、泗之间小国十馀。楚、魏与秦接界。魏筑长城，自郑滨洛以北，有上郡。楚自汉中，南有巴、黔中。周室微，诸侯力政，争相并。秦僻在雍州，不与中国诸侯之会盟，夷翟遇之[⑦]。孝公于是布惠，振孤寡，招战士，明功赏。下令国中曰："昔我缪公自岐、雍之间，修德行武，东平晋乱，以河为界，西霸

①乖乱：混乱，不协调。 ②止从死：废除殉人制度。 ③冬花：冬天开花。 ④雨金：从天上落金子。 ⑤黼黻（fǔ fú）：绣有花纹的帝王礼服，其上绣斧形花纹者为黼，绣青、黑色相间花纹者为黻。 ⑥河山：黄河与崤山。 ⑦夷翟（dí）遇之：像对待夷狄一样对待秦国。翟：通"狄"。

戎翟，广地千里，天子致伯，诸侯毕贺，为后世开业，甚光美。会往者厉、躁、简公、出子之不宁，国家内忧，未遑外事，三晋攻夺我先君河西地，诸侯卑秦，丑莫大焉。献公即位，镇抚边境，徙治栎阳，且欲东伐，复缪公之故地，修缪公之政令。寡人思念先君之意，常痛于心。宾客群臣有能出奇计强秦者，吾且尊官，与之分土①。”于是乃出兵东围陕城，西斩戎之獂王。卫鞅闻是令下，西入秦，因景监求见孝公②。

二年，天子致胙③。

三年，卫鞅说孝公变法修刑，内务耕稼，外劝战死之赏罚，孝公善之。甘龙、杜挚等弗然，相与争之。卒用鞅法，百姓苦之；居三年，百姓便之。乃拜鞅为左庶长。其事在商君语中。

七年，与魏惠王会杜平。八年，与魏战元里，有功。十年，卫鞅为大良造，将兵围魏安邑，降之。

十二年，作为咸阳，筑冀阙④，秦徙都之。并诸小乡聚，集为大县，县一令，四十一县。为田开阡陌。东地渡洛。十四年，初为赋⑤。十九年，天子致伯。二十年，诸侯毕贺。秦使公子少官率师会诸侯逢泽，朝天子。

二十一年，齐败魏马陵。

二十二年，卫鞅击魏，虏魏公子卬。封鞅为列侯，号商君。

二十四年，与晋战雁门，虏其将魏错。孝公卒，子惠文君立。是岁，诛卫鞅。鞅之初为秦施法，法不行，太子犯禁。鞅曰：“法之不行，自于贵戚。君必欲行法，先于太子。太子不可黥，黥其傅师。”于是法大用，秦人治。及孝公卒，太子立，宗室

---

①分土：指赐给封地。分：颁。 ②因：通过。监：宦官。 ③致胙（zuò）：送来祭肉。胙：祭肉。 ④冀阙：也叫象魏、象阙，古为颁布法令之所。 ⑤赋：人口税。

多怨鞅，鞅亡，因以为反，而卒车裂以徇秦国[①]。

惠文君元年，楚、韩、赵、蜀人来朝。二年，天子贺。三年，王冠。四年，天子致文武胙。齐、魏为王。

五年，阴晋人犀首为大良造。六年，魏纳阴晋，阴晋更名宁秦。七年，公子卬与魏战，虏其将龙贾，斩首八万。八年，魏纳河西地。九年，渡河，取汾阴、皮氏。与魏王会应。围焦，降之。十年，张仪相秦。魏纳上郡十五县。十一年，县义渠。归魏焦、曲沃。义渠君为臣。更名少梁曰夏阳。十二年，初腊[②]。十三年四月戊午，魏君为王，韩亦为王。使张仪伐取陕，出其人与魏。

十四年，更为元年。二年，张仪与齐、楚大臣会啮桑。三年，韩、魏太子来朝。张仪相魏。五年，王游至北河。七年，乐池相秦。韩、赵、魏、燕、齐帅匈奴共攻秦。秦使庶长疾与战修鱼，虏其将申差，败赵公子渴、韩太子奂，斩首八万二千。八年，张仪复相秦。九年，司马错伐蜀，灭之。伐取赵中都、西阳。十年，韩太子苍来质。伐取韩石章。伐败赵将泥。伐取义渠二十五城。十一年，樗里疾攻魏焦，降之。败韩岸门，斩首万，其将犀首走。公子通封于蜀。燕君让其臣子之。

十二年，王与梁王会临晋。庶长疾攻赵，虏赵将庄。张仪相楚。十三年，庶长章击楚于丹阳，虏其将屈匄，斩首八万；又攻楚汉中，取地六百里，置汉中郡。楚围雍氏，秦使庶长疾助韩而东攻齐，到满助魏攻燕。十四年，伐楚，取召陵。丹、犁臣，蜀相壮杀蜀侯来降。

---

①徇：示众。 ②腊：祭名，阴历十二月举行，本为中原风俗，此时秦开始效仿，故云“初腊”。

惠王卒，子武王立。韩、魏、齐、楚、越皆宾从。

武王元年，与魏惠王会临晋。诛蜀相壮。张仪、魏章皆东出之魏。伐义渠、丹、犁。

二年，初置丞相，樗里疾、甘茂为左右丞相。张仪死于魏。三年，与韩襄王会临晋外。南公揭卒，樗里疾相韩。武王谓甘茂曰："寡人欲容车通三川，窥周室，死不恨矣。"其秋，使甘茂、庶长封伐宜阳。四年，拔宜阳，斩首六万。涉河，城武遂。魏太子来朝。武王有力好戏，力士任鄙、乌获、孟说皆至大官。王与孟说举鼎，绝膑①。八月，武王死。族②孟说。武王取魏女为后，无子。立异母弟，是为昭襄王。昭襄母楚人，姓芈氏，号宣太后。武王死时，昭襄王为质于燕，燕人送归，得立。

昭襄王元年，严君疾为相。甘茂出之魏。二年，彗星见。庶长壮与大臣、诸侯、公子为逆，皆诛，及惠文后皆不得良死。悼武王后出归魏。三年，王冠。与楚王会黄棘，与楚上庸。四年，取蒲阪。彗星见。五年，魏王来朝应亭，复与魏蒲阪。六年，蜀侯煇反，司马错定蜀。庶长奂伐楚，斩首二万。泾阳君质于齐。日食，昼晦。七年，拔新城。樗里子卒。八年，使将军芈戎攻楚，取新市。齐使章子，魏使公孙喜，韩使暴鸢共攻楚方城，取唐眛。赵破中山，其君亡，竟死齐。魏公子劲、韩公子长为诸侯。九年，孟尝君薛文来相秦。奂攻楚，取八城，杀其将景快。十年，楚怀王入朝秦，秦留之。薛文以金受免。楼缓为丞相。十一年，齐、韩、魏、赵、宋、中山五国共攻秦，至盐氏而还。秦与韩、魏河北及封陵以和。彗星见。楚怀王走之赵，赵不受，还之秦，即死，归葬。十二年，楼缓免，穰侯魏冉为相。予楚粟

①膑：胫骨。 ②族：灭族。

五万石。

十三年,向寿伐韩,取武始。左更白起攻新城。五大夫礼出亡奔魏。任鄙为汉中守。十四年,左更白起攻韩、魏于伊阙,斩首二十四万,虏公孙喜,拔五城。十五年,大良造白起攻魏,取垣,复予之;攻楚,取宛。十六年,左更错取轵及邓。冉免。封公子市宛,公子悝邓,魏冉陶,为诸侯。

十七年,城阳君入朝,及东周君来朝。秦以垣易蒲阪、皮氏。王之宜阳。十八年,错攻垣、河雍,决桥取之。十九年,王为西帝,齐为东帝,皆复去之。吕礼来自归。齐破宋,宋王在魏,死温。任鄙卒。二十年,王之汉中,又之上郡、北河。二十一年,错攻魏河内。魏献安邑,秦出其人,募徙河东赐爵,赦罪人迁之。泾阳君封宛。二十二年,蒙武伐齐。河东为九县。与楚王会宛。与赵王会中阳。二十三年,尉斯离与三晋、燕伐齐,破之济西。王与魏王会宜阳,与韩王会新城。

二十四年,与楚王会鄢,又会穰。秦取魏安城,至大梁,燕、赵救之,秦军去。魏冉免相。二十五年,拔赵二城。与韩王会新城,与魏王会新明邑。二十六年,赦罪人迁之穰。侯冉复相。二十七年,错攻楚。赦罪人迁之南阳。白起攻赵,取代光狼城。又使司马错发陇西,因蜀攻楚黔中,拔之。二十八年,大良造白起攻楚,取鄢、邓,赦罪人迁之。二十九年,大良造白起攻楚,取郢为南郡,楚王走。周君来。王与楚王会襄陵。白起为武安君。三十年,蜀守若伐楚,取巫郡及江南,为黔中郡。三十一年,白起伐魏,取两城。楚人反我江南。三十二年,相穰侯攻魏,至大梁,破暴鸢,斩首四万,鸢走,魏入三县请和。三十三年,客卿胡阳攻魏卷、蔡阳、长社,取之。击芒卯华阳,破之,斩首十五万。魏入南阳以和。三十四年,秦与魏、韩上庸地为一郡，南阳免臣迁居之。三十五年，佐韩、魏、楚伐燕。初置南阳郡。三十六年，客卿灶攻齐，取刚、寿，予穰侯。三十八年，中更胡阳攻赵阏与，不能取。四十年，悼太子死魏，归葬芷阳。四十一年夏，攻魏，取邢丘、怀。四十二年，安国君为太子。十月，宣太后薨，葬芷阳郦山。九月，穰侯出之陶。四十三年，武安君白起攻韩，拔九城，斩首五万。四十四年，攻韩南阳，取之。四十五年，五大夫贲攻韩，取十城。叶阳君悝出之国，未至而死。四十七年，秦攻韩上党，上党降赵，秦因攻赵，赵发兵击秦，相距。秦使武安君白起击，大破赵于长平，四十馀万尽杀之。

四十八年十月，韩献垣雍。秦军分为三军。武安君归。王龁将伐赵武安、皮牢，拔之。司马梗北定太原，尽有韩上党。正月，兵罢，复守上党。其十月，五大夫陵攻赵邯郸。四十九年正月，益发卒佐陵。陵战不善，免，王龁代将。其十月，将军张唐攻魏，为蔡尉捐弗守，还斩之。

五十年十月，武安君白起有罪，为士伍，迁阴密。张唐攻郑，拔之。十二月，益发卒军汾城旁。武安君白起有罪，死。龁攻邯郸，不拔，去，还奔汾军。二月馀，攻晋军，斩首六千，晋楚流死河二万人。攻汾城，即从唐拔宁新中，宁新中更名安阳。初作河桥。

五十一年，将军摎攻韩，取阳城、负黍，斩首四万。攻赵，取二十馀县，首虏九万①。西周君背秦，与诸侯约从，将天下锐兵出伊阙攻秦，令秦毋得通阳城。于是秦使将军摎攻西周。西周君走来自归，顿首受罪，尽献其邑三十六城，口三万②。秦王受献，归其君于周。

---

①首虏：斩获敌人的首级。 ②口：指人口。

五十二年，周民东亡，其器九鼎入秦。周初亡。

五十三年，天下来宾[①]。魏后，秦使摎伐魏，取吴城。韩王入朝，魏委国听令。五十四年，王郊见上帝于雍。五十六年秋，昭襄王卒，子孝文王立。尊唐八子为唐太后，而合其葬于先王。韩王衰绖入吊祠，诸侯皆使其将相来吊祠，视丧事。

孝文王元年，赦罪人，修先王功臣，褒厚亲戚，弛苑囿[②]。孝文王除丧，十月己亥即位，三日辛丑卒，子庄襄王立。

庄襄王元年，大赦罪人，修先王功臣，施德厚骨肉而布惠于民。东周君与诸侯谋秦，秦使相国吕不韦诛之，尽入其国。秦不绝其祀，以阳人地赐周君，奉其祭祀。使蒙骜伐韩，韩献成皋、巩。秦界至大梁，初置三川郡。二年，使蒙骜攻赵，定太原。三年，蒙骜攻魏高都、汲，拔之。攻赵榆次、新城、狼孟，取三十七城。四月，日食。王龁攻上党。初置太原郡。魏将无忌率五国兵击秦，秦却于河外。蒙骜败，解而去。五月丙午，庄襄王卒，子政立，是为秦始皇帝。

秦王政立二十六年，初并天下为三十六郡，号为始皇帝。始皇帝五十一年而崩，子胡亥立，是为二世皇帝。三年，诸侯并起叛秦，赵高杀二世，立子婴。子婴立月馀，诸侯诛之，遂灭秦。其语在《始皇本纪》中。

太史公曰：秦之先为嬴姓。其后分封，以国为姓，有徐氏、郯氏、莒氏、终黎氏、运奄氏、菟裘氏、将梁氏、黄氏、江氏、修鱼氏、白冥氏、蜚廉氏、秦氏。然秦以其先造父封赵城，为赵氏。

---

①宾：服从，归顺。 ②修：推举。褒厚：厚待。弛：废，毁。

【译文】

秦的祖先，是颛顼帝的后代孙女，名叫女修。女修织布时，有只燕子掉落一枚卵，女修把它吞食了，生下一个儿子，名叫大业。大业娶了少典部族的女儿，名叫女华。女华生下大费，大费辅佐夏禹治理水土。治水成功后，舜帝为表彰禹的功劳，赐给他一块黑色的玉圭。禹接受了赏赐，说："治水不是我一个人能完成的，也是因为有大费做助手。"舜帝说："啊！大费，你帮禹治水成功！我赐你一副黑色的旌旗飘带。你的后代将会繁衍昌盛。"于是把一个姓姚的美女嫁给他。大费行拜礼接受了赏赐，为舜帝驯养鸟兽，鸟兽大多驯服，这个人就是柏翳。舜帝赐他姓嬴氏。

大费生有两个儿子，一个名叫大廉，这就是鸟俗氏；另一个叫若木，这就是费氏。费氏的玄孙叫费昌，他的子孙有的住在中原地区，有的住在夷狄地区。

费昌生当夏桀之时，他离开夏国，归附了商汤，给商汤驾车，在鸣条打败了夏桀。大廉的玄孙叫孟戏、中衍，长着鸟的形体，但说人话。太戊帝听说了他们，想让他们给自己驾车，就去占卜，卦相吉利，于是把他们请来驾车，并且给他们娶了妻子。自太戊帝以后，中衍的后代子孙，每代都有功劳，辅佐殷国，所以嬴姓子孙大多显贵，后来终于成为诸侯。

中衍的玄孙叫中潏，住在西戎，守卫西部边陲。中潏生了蜚廉。蜚廉生了恶来。恶来力气很大，蜚廉善于奔跑。父子俩都凭才能力气事奉殷纣王。周武王伐纣时，把恶来也一并杀了。当时，蜚廉为纣出使北方，回来时，因纣已死，没有地方禀报，就在霍太山筑起祭坛向纣王报告，祭祀时获得一副石棺，石棺上刻的字说："天帝命你不参与殷朝之乱，赐给你一口石棺，以光耀你的氏族。"蜚廉死后，就埋葬在霍太山。

蜚廉还有个儿子叫季胜。季胜生了孟增。孟增受到周成王的宠幸，他就是宅皋狼。皋狼生了衡父。衡父生了造父。造父因善于驾车得到周穆王的宠幸。周穆王获得名叫骥、温骊、骅骝、騄耳的四匹骏马，驾车西巡，乐而忘返。到了徐偃王作乱时，造父为穆王驾车，兼程驱赶回周朝，日行千里，平定了叛乱。穆王把赵城封给造父，造父族人从此姓赵氏。

自蜚廉生季胜以来经过五代直到造父时，才另外分出来居住在赵城。春秋晋国大夫赵衰就是他的后代。

恶来革，是蜚廉之子，早逝。他有个儿子叫女防。女防生了旁皋，旁皋生了太几，太几生了大骆，大骆生了非子。因造父受到周王的恩宠，他们都承蒙恩荫住在赵城，姓赵。

非子居住在犬丘，喜欢马和其他牲口，并善于饲养繁殖。犬丘的人把这事告诉了周孝王，孝王召见非子，让他在汧河、渭河之间管理马匹。马匹大量繁殖。孝王想让非子做大骆的继承人。申侯的女儿是大骆的妻子，生了儿子成，成做了继承人。申侯就对孝王说："从前我的祖先是郦山那儿的女儿，她做了西戎族仲衍的曾孙胥轩的妻子，生下中潏，因为与周相亲而归附周朝，守卫西部边境，西部边境因此和睦太平。现在我又把女儿嫁给大骆为妻，生下成作继承人。申侯与大骆再次联姻，西戎族都归顺，这样，您才得以称王。希望您考虑一下吧。"于是孝王说："从前伯翳为舜帝掌管牲畜，牲畜繁殖很多，所以获得土地的封赐，受赐姓嬴。现在他的后代也给我驯养繁殖马匹，我也分给他土地做附属国吧。"赐给他秦地作为封邑，让他接续嬴氏的祭祀，号称秦嬴。但也不废除申侯女儿生的儿子做大骆的继承人，以此来与西戎和好。

秦嬴生了秦侯。秦侯在位十年死去。秦侯生公伯。公伯在位三年死去。公伯生秦仲。

秦仲即位三年，周厉王无道，有的诸侯背叛了他。西戎族反叛周王朝，灭了犬丘大骆的全族。周宣王登上王位后，任用秦仲为大夫，讨伐西戎。西戎杀掉了秦仲。

秦仲即位为侯王二十三年，死在西戎手里。秦仲有五个儿子，大儿子叫庄公。周宣王召见庄公兄弟五人，给他们七千兵卒，命他们讨伐西戎，他们打败了西戎。周宣王于是再次赏赐秦仲的子孙，包括他们的祖先大骆的封地犬丘在内，一并归他们所有，任命他们为西垂大夫。

庄公居住在他们的故地西犬丘，生下三个儿子，长子叫世父。世父说：“西戎杀了我祖父秦仲，我不杀死戎王就决不回家。”于是率兵去攻打西戎，把继承人的位置让给他弟弟襄公。襄公做了太子。

庄公在位四十四年死去，太子襄公即位。

襄公元年，把他妹妹缪嬴嫁给西戎丰王做妻子。

襄公二年，西戎包围犬丘，世父反击，最后被西戎俘虏。过了一年多，西戎放还世父。

七年春，周幽王宠爱褒姒，废掉太子宜臼，把褒姒所生的儿子伯服立为继承人，周幽王多次欺骗诸侯，诸侯们因此背叛了他。西戎的犬戎和申侯一起攻打周朝，在郦山下杀死了幽王。秦襄公率兵营救周朝，作战有力，立下战功。周平王为躲避犬戎的骚扰，把都城向东迁到洛邑，襄公带兵护送了周平王。周平王封襄公为诸侯，赐给他岐山以西的土地。平王说：“西戎不讲道义，侵夺我岐山、丰水的土地，秦国如果能赶走西戎，西戎的土地就归秦国。”平王与他立下誓约，赐给他封地，授予他爵位。襄公在这时才使秦国成为诸侯国，与其他诸侯国互通使节，互致聘问献纳之礼。又用黑鬃赤身的小马、黄牛、公羊各三匹，在西畤祭祀天帝。

十二年，襄公讨伐西戎，到达岐山时，死在那里。他生了文公。

文公元年，文公住在西垂宫。三年，文公带着七百名士卒到东边去打猎。四年，他们到达汧、渭两河的交会之处。文公说：“从前，周朝把这里赐给我的祖先秦嬴做封邑，后来我们终于成了诸侯。”于是占卜这里是否适宜居住，占卜的结果说吉利，就在这里营建起城邑。十年，开始建造祭祀天地的鄜畤，用牛羊猪三种牲畜举行祭祀。十三年，开始设立史官记载大事，百姓大多受到教化。十六年，文公派兵讨伐西戎，西戎败逃。于是文公就收集周朝的遗民归为己有，势力扩展到岐山，把岐山以东的土地献给周天子。十九年，得到一块名叫“陈宝”的异石。二十年，开始设立诛灭三族的刑罚。二十七年，砍伐南山的一株大梓树，梓树中窜出一头大公牛逃进了丰水。四十八年，文公的太子死去，赐谥号为竫公。竫公的长子立为太子，他是文公的孙子。

五十年，文公死，葬在西山。竫公的儿子登位，这就是宁公。

宁公二年，宁公移居平阳，派兵征伐荡社。三年，与西戎的一支亳部落作战，亳王逃往西戎，于是灭了荡社。四年，鲁公子翚杀死了他的国君隐公。十二年，宁公攻打荡氏，攻了下来。

宁公从十岁开始登上王位，在位十二年死去，葬在西山。他生了三个儿子：长子武公为太子。武公的弟弟德公，与武公是同母兄弟；宁公之妾鲁姬子生了出子。宁公死后，大庶长弗忌、威垒和三父废掉太子，拥立出子为国君。

出子六年，三父等人又一起派人杀害了出子。出子五岁即位，在位六年被杀。三父等人又拥立了原太子武公。

武公元年，征伐彭戏氏，到了华山下，居住在平阳的封宫里。三年，杀了三父等人，夷灭了他们的三族，因为他们杀了出子。郑国的高渠眯杀害了他的国君昭公。十年，攻打邽、冀戎两地的戎族，并开始在杜、郑两地设县邑，灭了小虢。

十三年，齐国人管至父、连称等杀了他们的国君襄公，拥立公孙无知。晋国灭了霍、魏、耿三国。齐国雍廪杀死了公孙无知、管至父等人，拥立齐桓公。齐国、晋国成了强国。十九年，晋国的曲沃武公灭掉晋侯缗，开始做了晋侯。齐桓公在鄄地称霸。

二十年，秦武公死，葬在雍邑平阳。这时开始用人殉葬，给武公殉葬的有六十六人。武公有个儿子，名叫白。白没有被立为国君，被封在平阳。立武公的弟弟德公做了国君。

德公元年，开始住进雍城的大郑宫。用牛羊猪各三百头在鄜畤祭祀天地。占卜居住在雍地是否适宜，占卜的结果是：后世子孙将到黄河边上去饮马。梁伯、芮伯来朝见。二年，开始规定伏日，杀狗祭祀以祛除热毒恶气。德公到三十三岁才登位，在位两年死去。他生了三个儿子：长子宣公，次子成公，少子穆公。长子宣公即位。

宣公元年，卫国燕国攻打周王室，把惠王赶出朝廷，拥立王子颓为帝。三年，郑伯、虢叔杀死了王子颓，送惠王返回朝中。四年，秦国修建密畤。与晋国在河阳作战，击败了晋军。

十二年，宣公死。他生有九个儿子，没有一个即位，立了宣公的弟弟成公。

成公元年，梁伯、芮伯来朝见。齐桓公征伐山戎，军队驻扎在孤竹。

成公在位四年死去。他有七个儿子，没有一个即位，立了成公的弟弟穆公。

穆公任好元年，他亲自领兵征伐茅津，取得胜利。四年，从晋国迎娶了妻子，她是晋太子申生的姐姐。这年，齐桓公攻打楚国，一直打到邵陵。

五年，晋献公灭了虞国和虢国，俘虏了虞君和他的大夫百里傒，这是由于晋献公事先送给虞君白玉和良马以借道伐虢，虞君答应了。俘获百里傒后，用他做秦穆公夫人出嫁时陪嫁的奴隶送到秦国。百里傒逃离秦国跑到宛地，楚国边境的人捉住了他。穆公听说百里傒贤能，想用重金赎买他，但又担心楚国不给，就派人对楚王说："我家的陪嫁奴隶百里傒逃到这里，请允许我用五张黑色公羊皮赎回他。"楚国就答应了，交出百里傒。在这时，百里傒已七十多岁。穆公解除了对他的禁锢，同他谈论国家大事。百里傒推辞说："我是亡国之臣，哪里值得您来询问？"穆公说："虞国国君不任用您，所以亡国了。这不是您的罪过。"穆公坚决询问。谈了三天，穆公非常高兴，把国家政事交给了他，号称五羖大夫。百里傒谦让说："我比不上我的朋友蹇叔，蹇叔贤能，可世上却没有人知道。我曾外出游学求官，被困在齐国，向铚地的人讨饭吃，蹇叔收留了我。我因而想事奉齐国国君无知，蹇叔阻止了我，我得以躲过了齐国发生政变的那场灾难，于是到了周朝。周王子颓喜爱牛，我凭着养牛的本领求取禄位。当颓想任用我时，蹇叔劝阻我，我离开了，才没有跟颓一起被杀；事奉虞君时，蹇叔也劝阻过我。我虽知道虞君不能重用我，但实在是心里喜欢利禄和爵位，就暂时留下了。我两次听了蹇叔的话，都得以逃脱险境；一次没听，就遇上了这次因虞君亡国而遭擒的祸难：因此我知道蹇叔贤能。"于是穆公派人带着厚重的礼物去迎请蹇叔，让他做了上大夫。

秋天，穆公亲自带兵攻打晋国，在河曲与晋交战。晋国骊姬作乱，太子申生被骊姬所害，死在新城，公子重耳、夷吾出逃。

九年，齐桓公在葵丘与诸侯会盟。

晋献公死。立骊姬的儿子奚齐，他的臣子里克杀了奚齐。荀息立卓子，里克又杀死了卓子和荀息。夷吾派人请秦国帮他回晋国。穆公答应了，派百里傒率兵去护送夷吾。夷吾对秦国人说："我如果真能登位，愿意割让晋国的河西八座城邑给秦国。"等他回到晋国登上君位，却派丕郑去向秦国道歉，违背诺言，不肯给秦国河西八座城，并杀了里克。丕郑听说此事，十分害怕，就跟秦穆公商议说："晋国人不想要夷吾为君，实际上想立重耳为君。现在夷吾违背诺言而且杀了里克，都是吕甥、郄芮的主意。希望您用重利赶快把吕甥、郄芮叫到秦国来，如果吕、郄两人来了，那么再送重耳回国就方便了。"穆公答应了他，就派人同丕郑一起回晋国去叫吕甥、郄芮。吕、郄等人怀疑丕郑有诈谋，就报告夷吾，杀死了丕郑。丕郑的儿子丕豹逃奔到秦国，劝穆公说："晋国君主无道，百姓不亲附他，可以讨伐他了。"穆公说："百姓如果不认为合适，不拥护晋君，他们为什么能杀掉他们的大臣呢？既然能杀死他们的大臣，这正是由于晋国上下还是协调的。"穆公表面不听从丕豹的计谋，暗中却重用他。

十二年，齐国管仲、隰朋死。

晋国大旱，派人向秦国请求援助粮食。丕豹劝说穆公不要给，要穆公趁着晋国荒歉去攻打它。穆公去问公孙支，公孙支说："荒歉与丰收是交替出现的事，不能不给。"又问百里傒，百里傒说："夷吾得罪了您，他的百姓有什么罪？"穆公听从百里傒、公孙支的意见，最后还是给晋国粮食了。水路用船，陆路用车给晋国运去粮食，从雍都出发，源源不断地直到绛城。

十四年，秦国发生饥荒，请求晋国援助粮食。晋国就此事征求群臣的意见。虢射说："趁着秦国闹饥荒去攻打它，可以大获成功。"晋君听从了他的意见。十五年，晋国发兵攻打秦国。穆公也发兵，让丕豹率领大军，亲自前往迎击。九日壬戌日，与晋惠公夷吾在韩地交战。晋君甩下自己的部队独自往前冲，跟秦军争夺财物，回来时，驾车的战马陷到深泥里。穆公与部下纵马驱车追赶，没能抓到晋君，反而被晋军包围了。晋军攻击穆公，穆公受了伤。这时，曾在岐山下偷吃穆公良马的三百多个乡下人不顾危险驱马冲入晋军，晋军的包围被冲开，不仅使穆公得以脱险，反而又活捉了晋君。当初，穆公丢失了一匹良马，岐山下的三百多个乡下人一块儿把它抓来吃掉了，官吏捕捉到他们，要加以法办。穆公说："君子不能因为牲畜的缘故而伤害人。我听说，吃了良马肉，如果不喝酒，会伤人。"就赐酒给他们喝，赦免了他们。这三百人听说秦国要去攻打晋国，都请求跟着去。在作战时，他们发现穆公被敌人包围，都高举兵器，争先死战，以报答吃马肉被赦免的恩德。于是穆公俘虏了晋君回到秦国，向全国发布命令："人人斋戒独宿，我将用晋君祭祀上天。"周天子听说此事，说"晋君是我的同姓"，替晋君求情。夷吾的姐姐是秦穆公的夫人，她听到这件事，就穿上丧服，光着脚，说："我不能救自己的兄弟，以致还得让君上下命令杀他，实在有辱于君上。"穆公说："我俘获了晋君，以为是成就了一件大事，可现在天子为之求情，夫人为之忧愁。"于是跟晋君订立盟约，答应让他回国，并给他换了上等房舍住宿，送给他牛羊猪各七头，以诸侯之礼相待。十一月，送晋君夷吾回国；夷吾献出晋国河西的土地，派太子圉到秦国作人质。秦国把同宗的女儿嫁给子圉。这时，秦国的地盘向东已扩展到黄河。

十八年，齐桓公死。二十年，秦国灭了梁、芮二国。

二十二年，晋公子圉听说晋君生病，说："梁国是我母亲的家乡，秦国却灭了它。我兄弟众多，如果父君百年后，秦国必定留住我，晋国也不会重视我，而改立其他公子。"于是子圉逃回晋国。二十三年，晋惠公死，子圉即位为君。秦君对圉的逃离十分恼恨，就从楚国迎来晋公子重耳，并把原来子圉的妻子嫁给重耳。重耳起初推辞不肯，后来就接受了。穆公对重耳更加以礼厚待。

二十四年春天，秦国派人告诉晋国大臣，要送重耳回国。晋国答应了，于是派人护送重耳回到晋国。二月，重耳登位成为晋君，这就是晋文公。文公派人杀了子圉。子圉就是晋怀公。

这年秋,周襄王的弟弟带,借助狄人的军队攻打襄王,襄王出逃,住在郑国。二十五年,周襄王派人向晋国、秦国通告了发生祸难的情况。秦穆公率兵帮晋文公护送周襄王回朝,杀死襄王的弟弟带。二十八年,晋文公在城濮打败楚军。三十年,穆公帮助晋文公包围了郑国。郑国派人对穆公说:“灭掉郑国,其结果是使晋国实力增强,这对晋国是有利的,而对秦国却无利。晋国强大,是秦国的忧患啊。”穆公于是撤军,返回秦国。晋国也只好撤军。三十二年冬,晋文公死。

郑国有人向秦国出卖郑国说:“我掌管郑国的城门,可以来偷袭郑国。”穆公去问蹇叔、百里傒,两个人回答说:“路经数国地界,到千里之外去袭击别人,很少有占到便宜的。再说,既然有人出卖郑国,怎么知道我国就没有把情况告诉郑国的人呢? 不能袭击郑国。”穆公说:“你们不懂得,我已决定了。”于是出兵,派百里傒之子孟明视、蹇叔之子西乞术和白乙丙率兵。军队出发的那天,百里傒、蹇叔二人对着军队大哭。穆公听说了,生气地说:“我派兵出发,你们却大哭败坏士气,这是为什么?”二位老人说:“为臣不敢败坏士气。军队要出发了,我俩的儿子在军队中也将前往;如今我们年岁已大,他们如果回来晚了,恐怕就见不着了,所以才哭。”二位老人退回来对他们的儿子说:“你们的部队如果失败,一定是在殽山的险要处。”

三十三年春天,秦国军队向东进发,穿过晋国,从周朝都城北门经过。周朝的王孙满看见了秦国的军队以后说:“秦军不懂礼仪,不打败仗还等什么!”军队开进到滑邑,郑国商人弦高带着十二头牛准备去周朝都城贩卖,碰上了秦军,他害怕被秦军杀掉或俘虏,就献上他的牛,说:“听说贵国要去讨伐郑国,郑君已认真做了防守和抵御的准备,还派我送上十二头牛来慰劳贵国士兵。”秦国的三位将军一起商量说:“我们要去袭击郑国,郑国现在已知道了,去也袭击不成了。”于是灭掉了滑邑。滑邑是晋国的边境城邑。

这时,晋文公死了还没有安葬。太子襄公愤怒地说:“秦国欺侮我刚刚丧父，趁我办丧事时攻破我国的滑邑。”于是把丧服染成黑色，以方便行军作战，发兵在崤山阻截秦军。晋军发起攻击，把秦军打得大败，没有一个人能够逃脱。晋军俘获了秦军三位将军返回都城。晋文公的夫人是秦宗室女子，他替秦国三位被俘的将军求情说：“穆公对这三个人恨之入骨，希望您放他们回国，好让我国国君能亲自痛痛快快地煮掉他们。”晋君答应了，放秦国三位将军归国。三位将军回国后，穆公穿着白色丧服到郊外迎接他们，向三人哭着说：“寡人因为没有听从百里傒、蹇叔的话，以致让你们三位受了屈辱，你们三位有什么罪呢？你们要拿出全部心力洗雪这个耻辱，不要懈怠。”于是恢复了三人原来的官职俸禄，更加厚待他们。

三十四年，楚国太子商臣杀了他的父亲楚成王，登上王位。

秦穆公这时再次派孟明视等率兵攻打晋国，在彭衙交战。秦军作战不利，撤军返回。

戎王派由余出使秦国。由余，祖先是晋国人，逃亡到戎地，他还能说晋国方言。戎王听说穆公贤明，就派由余去观察秦国。秦穆公向由余炫示了宫室和积蓄的财宝。由余说：“这些宫室积蓄，如果是让鬼神营造，那么就使鬼神劳累了；如果是让人民营造的，那么也使人民受苦了。”穆公觉得他的话奇怪，问道：“中原各国借助诗书礼乐和法律来处理政务，还不时地出现祸乱呢，现在戎族没有这些，用什么来治理国家，岂不很困难吗？”由余笑着说：“这些正是中原各国发生祸乱的根源所在。自上古圣人黄帝创造了礼乐法度，并亲自带头贯彻执行，也只是实现了小的太平。到了后代，君主一天比一天骄奢淫逸。依仗着法律制度的威严来要求和监督下民，下民感到疲惫了就怨恨君上，要求实行仁义。上下互相怨恨，篡夺屠杀，甚至灭绝家族，都是由于礼乐法度这些东西啊。而戎族却不是这样。在上位者怀着淳厚的仁德来对待下面的臣民，臣民满怀忠信来事奉君上，整个国家的政事就像一个人支配自己的身体一样，无须了解什么治理的方法，这才真正是圣人治理国家啊。”穆公退朝后，就问内史王廖说：“我听说邻国有圣人，这将是对立国家的忧患。现在由余有才能，这是我的祸害，我该怎么办呢?”内史王廖说:“戎王地处偏僻，不曾听过中原地区的乐曲。您不妨试试送他歌舞伎女，借以迷乱其心志。并且为由余向戎王请求延期返戎，以此来疏远他们君臣之间的关系;同时留住由余不让他回去，以此来延误他回国的日期。戎王一定会感到奇怪，因而怀疑由余。他们君臣之间有了隔阂，就可以俘获他了。再说戎王喜欢上音乐，就一定没有心思处理国事了。”穆公说:“好。”于是穆公与由余座席相连而坐，互递杯盏一块儿吃喝，向由余询问戎地的地形和兵力，把情况了解得一清二楚，然后命内史王廖送给戎王十六名歌伎。戎王接受，并且非常喜爱迷恋，整整一年不曾迁徙。这时，秦国才让由余回国。由余多次向戎王进谏，戎王都不听，穆公又屡次派人秘密邀请由余，由余于是离开戎王，投降秦国。穆公以宾客之礼相待，向他询问应该在什么样的形势下进攻戎族。

三十六年，穆公更加厚待孟明等人，派他们率兵进攻晋国，渡过黄河就焚毁船只，结果把晋国打得大败，夺取了王官邑和鄗地，为崤山之役报了仇。晋国军队都据城防守，不敢出战。于是穆公就从茅津渡过黄河，为崤山战役牺牲的将士筑坟，给他们发丧，痛哭三天。向秦军发誓说:“喂，将士们！你们听着，不要喧哗，我向你们发誓。我要告诉你们，古人办事虚心听取老者的意见，所以不会有什么过错。”穆公反复思考自己不采纳蹇叔、百里傒的计谋而造成的过失，因此发出这样的誓言，让后代记住自己的过失。君子们听说这件事，都为之落泪，说:“啊！秦穆公待人真是周到，终于有了孟明取胜的喜庆之事。”

三十七年，秦国采用由余的计谋攻打戎王，增加了十二个属国，开辟了千里疆土，终于称霸于西戎地区。周天子派召公过带着钲、鼓等器物去向穆公表示祝贺。

三十九年，秦穆公死，葬在雍地。陪葬的人达到一百七十七人，秦国良臣子舆氏名叫奄息、仲行、鍼虎的三个人也属陪葬者之列。秦国人为他们悲痛，并为此而作了一首题为《黄鸟》的诗。君子说:“秦穆公拓展疆土，增加属国，在东方征服了强大的晋国，在西方称霸了西戎，但却没有成为诸侯盟主，这也是理所当然的！因为他死了就置百姓于不顾，还拿他的良臣为自己殉葬。古代有德行的帝王死尚且遗留下好的道德和法度，更何况他还夺走百姓所同情的人呢？由此可以断定秦国不可能再东进了。”穆公的儿子有四十人，他的太子罃继承王位，这就是康公。

康公元年。前一年，穆公死时，晋襄公也死了。晋襄公的弟弟叫雍，是秦国之女所生，住在秦国。晋卿赵盾想拥立他为君，派随会来迎接他，秦国派兵把雍护送到令狐。而晋国已立了襄公的儿子，反过来攻打秦军，秦军战败，随会逃奔秦国。

二年，秦攻打晋国，攻取武城，为令狐之战报了仇。四年，晋国攻打秦国，攻取少梁。六年，秦国攻打晋国，攻取羁马。两军在河曲交战，秦军把晋军打得大败。晋国人担心随会在秦国会给晋国造成祸患，就派魏雠余诈称叛晋降秦，与随会共谋返晋，用蒙骗手段笼住了随会，随会于是回到晋国。

康公在位二十年死去，其子共公即位。

共公二年，晋国的赵穿杀了他的国君灵公。三年，楚庄王强大起来，向北进兵，一直深入到洛邑，询问周朝传国之宝九鼎的大小轻重。

共公在位五年死去，其子桓公即位。

桓公三年，晋军打败秦军，俘虏秦国将领赤。十年，楚庄王征服郑国，往北又在黄河岸上击败晋军。就在这时，楚国称霸，召集各诸侯举行盟会。二十四年，晋厉公刚即位，与秦桓公订立以黄河为界的盟约。桓公回国后就背弃盟约，与翟人合谋一道攻打晋国。二十六年，晋国率诸侯攻打秦国，秦军败逃，晋军一直追赶到泾水边上才返回。

桓公在位二十七年死去，其子景公即位。

景公四年，晋国的栾书杀了他的君主厉公。十五年，秦军救郑国，在栎邑打败晋军。这时，晋悼公成为盟主。十八年，晋悼公强大起来，多次召集诸侯会盟，率领诸侯攻打秦国，打败秦军。秦军败逃，晋兵在后面追赶，一直渡过泾水，追到棫林才返回。二十七年，秦景公到了晋国，与晋平公订立盟约，不久就背弃盟约。三十六年，楚国公子围杀了他的国君自立为王，这就是楚灵王。秦景公的同母兄弟后子鍼得宠，而且富有，有人说坏话诬陷他，他害怕被杀，就逃奔晋国，带着辎重车上千辆。晋平公说："您这样富有，为什么还要逃亡呢？"后子鍼回答说："秦君无道，我害怕被诛杀。想等到他的继承人即位再回去。"三十九年，楚灵王强大起来，在申地与诸侯会盟，做了盟主，杀了齐国的庆封。

景公在位四十年死去，其子哀公即位。后子鍼又回到秦国。

哀公八年，楚国公子弃疾杀了楚灵王，自立为王，这就是平王。十一年，楚平王求娶秦女做太子建的妻子。秦女到楚国，平王见女子漂亮，就自己娶了她。十五年，楚平王想杀死太子建，建逃跑了。伍子胥逃到吴国。晋国国君家族的权力削弱，范氏、中行氏、智氏、赵氏、韩氏、魏氏六个家族世代为晋卿，势力强大，想策动内战，因此很长时间内秦、晋两国没有交战。三十一年，吴王阖闾与伍子胥攻打楚国，楚王逃往随地，吴军于是进入郢都。楚国大夫申包胥来秦国告急求援，一连七天不吃饭，日夜哭泣。于是秦国就派兵车五百辆去援救楚国，击败了吴国军队。吴军撤走了，楚昭王才得以重返郢都。

哀公在位三十六年死去。太子名叫夷公，夷公早死，没能即位，夷公的儿子即位，这就是惠公。

惠公元年，孔子代理鲁国国相的职务。五年，晋卿中行氏、范氏反叛晋国，晋君派智氏和赵简子讨伐他们，范氏、中行氏逃到齐国。

惠公在位十年死去，其子悼公即位。

悼公二年，齐国大臣田乞杀了他的国君孺子，立孺子的哥哥阳生为君，这就是齐悼公。六年，吴军打败齐军。齐国人杀了悼公，立他的儿子简公为君。九年，晋定公与吴王夫差在黄池会盟，争为盟主，最终是让吴王占了先。吴国强盛，凌虐中原各国。十二年，齐国田常杀了齐简公，立他的弟弟平公为君，田常做了国相。十三年，楚国灭掉陈国。

秦悼公在位十四年死去，其子厉共公即位。孔子在悼公十二年死去。

厉共公二年，蜀国向秦国进献财物。十六年，沿黄河挖掘壕沟。派兵两万去攻打大荔国，攻占了大荔王所居之城。二十一年，开始设置频阳县。晋国攻占了武城。二十四年，晋国发生内乱，智伯被杀，把智伯的领地分给赵氏、韩氏、魏氏。二十五年，智开带领邑人来投奔秦国。三十三年，攻打义渠戎族，俘虏了戎王。

三十四年，发生日食。厉共公死，其子躁公即位。

躁公二年，南郑邑反叛。十三年，义渠攻打秦，打到渭南。

十四年，躁公死，其弟怀公即位。

怀公四年，庶长晁和大臣围攻怀公，怀公自杀。怀公太子名叫昭子，死得早，大臣们就拥立太子昭子之子为君，这就是灵公。灵公，是怀公的孙子。

灵公六年，晋国在少梁筑城，秦军攻打晋国。十三年，秦国在籍姑筑城。灵公死，其子献公没能即位，立了灵公的叔父悼子，这就是简公。简公是昭子的弟弟，怀公的儿子。

简公六年，开始让官吏带剑。沿洛水挖壕沟。在重泉筑城。

十六年，简公死，其子惠公即位。

惠公十二年，其子出子出生。十三年，攻打蜀国，攻取了南郑。惠公死，出子即位。

出子二年，庶长改从河西迎接灵公的儿子献公回国，立他为君。杀了出子和他的母亲，把他们的尸体沉入深渊。

秦国在这以前频繁更换君主，君臣之间关系不和谐，所以晋国又强大起来，夺去了秦国河西的土地。

献公元年，废除了殉葬的制度。二年，在栎阳筑城。四年正月庚寅日，孝公出生。十一年，周朝太史儋拜见献公说："周与秦本来是合在一起的，后来秦分了出去，分开五百年后又合在一起，合在一起十七年后，将有称霸统一天下的人出现。"十六年，桃树冬天开了花。十八年，栎阳上空下了黄金雨。二十一年，与魏国在石门交战，斩杀魏兵六万人，天子送来绣有花纹的帝王礼服祝贺。二十三年，与魏国在少梁交战，俘虏了魏将公孙痤。

二十四年，献公死，其子孝公即位，这时孝公已二十一岁。

孝公元年，黄河和殽山以东有六个强国，秦孝公与齐威王、楚宣王、魏惠王、燕悼侯、韩哀侯、赵成侯并立。淮河、泗水之间有十余个小国。楚国、魏国与秦国接壤。魏国修筑长城，从郑县筑起，沿洛河北上，北边据有上郡之地。楚国的土地从汉中往南，据有巴郡、黔中。周王室衰微，诸侯用武力相征伐，彼此争杀吞并。秦国地处偏僻的雍州，不参加中原各国诸侯的盟会，东方诸国像对待夷狄一样对待秦国。孝公于是广施恩德，救济孤寡，招募战士，明确了论功行赏的法令，并向全国发布命令说："从前，我们穆公在岐山、雍邑之间，实行德政、振兴武力，在东边平定了晋国的内乱，疆土达到黄河边上；在西边称霸于戎狄，扩展疆土达千里。天子赐予西戎霸主称号。诸侯各国都来祝贺，给后世开创了基业，盛大辉煌。但就在先前厉公、躁公、简公、出子的时候，接连几世不安宁，国家内有忧患，没空顾及国外的事，结果晋国攻夺了我们先王河西的土地，诸侯也都看不起秦国，没有比这更大的耻辱了。献公即位，安定边境，迁都栎阳，并且想要东征，收复原来穆公时的疆土，重修穆公时的政令。我缅怀先君的遗志，心中常常感到悲痛。宾客和群臣中有谁能献出高明的计策，使秦国强盛起来，我将让他做高官，分封给他土地。"于是便发兵东进，围攻陕城，西进杀了戎族的獂王。卫鞅听说颁布了这个命令，西行入秦，通过景监求见孝公。

二年，周天子送来祭肉。

三年，卫鞅劝说孝公实行变法，制订刑罚，在国内致力于发展农耕，对外鼓励效死作战，给以各种奖罚。孝公认为这个办法很好。但甘龙、杜挚等人不同意，双方因此而争辩起来。最后孝公采用卫鞅的新法，百姓对此抱怨不止；过了三年，百姓反而觉得适应了。于是孝公任命卫鞅做左庶长。其事记载在《商君列传》里。

七年，孝公与魏惠王在杜平会盟。八年，秦国与魏国在元里交战，取得胜利。十年，卫鞅任大良造，率兵包围了魏国安邑，使安邑归服了。

十二年，兴建咸阳城，筑起了公布法令的门阙，秦国迁都咸阳。把各个小乡小村合并为大县，每县设县令一人，全国共有四十一个县。开辟田地，废除了井田之界。这时秦国已越过洛水，侵入魏国河西之地。十四年，开始制定新的赋税制度。十九年，天子赐予秦孝公霸主称号。二十年，诸侯都来祝贺。秦国派公子少官率领军队与诸侯在逢泽会盟，朝见天子。

二十一年，齐国在马陵打败魏国。

二十二年，卫鞅攻打魏国，俘虏了魏公子卬。秦孝公封卫鞅为列侯，号为商君。

二十四年，秦国与韩军在岸门作战，俘虏了将军魏错。秦孝公死，其子惠文君即位。这一年，诛杀卫鞅。卫鞅刚在秦国施行新法时，法令行不通，太子触犯了禁令。卫鞅说："法令行不通，根源起自国君的亲族。国君果真要实行新法，就要从太子做起。太子不能受刺面的墨刑，就让其师代受墨刑。"从此，法令顺利施行，秦国治理得很好。等到孝公死去，太子登位，秦国的宗室大多怨恨卫鞅，卫鞅逃跑，于是定他有反叛之罪，最后处以五马分尸之刑，巡行于都城以示众。

惠文君元年，楚国、韩国、赵国、蜀国派人来朝见。二年，周天子前来祝贺。三年，惠文君年满二十，举行冠礼。四年，天子送来了祭祀文王、武王的祭肉。齐国、魏国称王。

五年，阴晋人犀首任大良造。六年，魏国把阴晋送给秦国，阴晋改名为宁秦。七年，公子卬与魏作战，俘虏了魏将龙贾，杀了八万人。八年，魏国将河西之地送给秦国。九年，秦军渡过黄河，攻占了汾阴、皮氏。秦王与魏王在应邑会盟。秦军包围了焦城，焦城归降。十年，张仪做了秦相。魏国把上郡十五县送给秦国。十一年，在义渠设县。把焦城、曲沃归还给魏国，义渠国君称臣。把少梁改名为夏阳。

十二年，秦国效仿中原各国，初次举行十二月的腊祭。十三年，四月戊午日，魏君称王，即魏襄王；韩君也称王，即韩宣惠王。秦君派张仪攻伐陕县，把那里的居民赶出去交给魏国。

十四年，改为后元元年。二年，张仪与齐、楚两国大臣在啮桑会盟。

三年,韩国、魏国的太子前来朝见。张仪做魏国国相。五年,惠文王巡游到北河。七年,乐池作了秦相。韩国、赵国、魏国、燕国、齐国带领匈奴一起进攻秦国。秦国派庶长疾与他们在修鱼交战,俘虏了韩国将军申差,打败赵国公子渴和韩国太子奂,斩杀了八万二千人。八年,张仪再次做秦相。九年,司马错攻打蜀国,灭掉了蜀国。攻占了赵国的中都、西阳。十年,韩国太子苍来做人质。攻占了韩国石章。打败了赵国的将军泥。攻取了义渠的二十五座城邑。十一年,秦将樗里疾攻打魏国焦城,焦城降服。在岸门打败了韩军,斩杀了一万人,韩将犀首逃跑。公子通被封为蜀侯。燕君将君位让给大臣子之。

十二年,秦王与梁王在临晋会盟。庶长疾进攻赵国,俘虏了赵国将军庄。张仪任楚相。十三年,庶长章在丹阳攻击楚国军队,俘虏了楚将屈匄,斩杀八万人;又攻入楚国的汉中,夺取了六百里土地,设置了汉中郡。楚军包围了韩国的雍氏,秦国派遣庶长疾帮助韩国向东攻打齐国,又派到满帮助魏国攻打燕国。十四年,攻打楚国,攻取了召陵。戎族的丹国、犂国向秦国称臣,蜀相陈庄杀死蜀侯前来投降。

惠王死,其子武王即位。韩国、魏国、齐国、楚国、越国都归服秦国。

武王元年,武王与魏惠王在临晋会盟。诛杀了蜀相壮。张仪、魏章都离开秦国往东到魏国去了。秦军攻打义渠国、丹国、犂国。

二年,开始设置丞相,樗里疾、甘茂分别做左右丞相。张仪死在魏国。三年,秦王与韩襄王在临晋城外会盟。南公揭死,樗里疾做韩相。武王对甘茂说:“我想开辟一条能容车子通过的路,到达洛阳,看一看周王的都城,即使死了也不遗憾了。”那年秋天,派甘茂和庶长封攻打宜阳。四年,攻占了宜阳,杀了六万人。渡过黄河,在武遂筑城。魏国太子来朝见。秦武王有力气,喜好角力,所以大力士任鄙、乌获、孟说都做了大官。武王与孟说举鼎比力气,折断了膝盖骨。八月,武王死。孟说被灭族。武王娶魏国女子做王后,没有生儿子。武王死后,立了他的异母弟弟,这就是昭襄王。昭襄王的母亲是楚国人,姓芈氏,称为宣太后。武王死时,昭襄王在燕国做人质,燕国人送他回国,他才得以即位。

昭襄王元年，严君疾做相。甘茂离开秦国到魏国。二年，彗星出现。庶长壮和大臣、诸侯、公子造反，都被诛杀，牵连到惠文王后也不得善终。悼武王后离开秦国回魏国了。三年，昭襄王举行冠礼，与楚王在黄棘会盟，把上庸还给楚国。四年，攻取了蒲阪。彗星出现。五年，魏王来应亭朝见，秦国又把蒲阪交还给魏国。六年，蜀侯煇反叛，司马错平定了蜀国。庶长奂攻打楚国，斩杀两万人。泾阳君被抵押在齐国做人质。那一年发生了日食，白昼有如黑夜一样昏暗。七年，攻占了新城。樗里子死。八年，派将军芈戎攻打楚国，攻战了新市。齐国派章子，魏国派公孙喜，韩国派暴鸢，一同进攻楚国的方城，俘获唐昧。赵国攻破了中山国，中山国君出逃，最后死在齐国。魏公子劲、韩公子长被封为诸侯。九年，孟尝君薛文来秦国做丞相。庶长奂攻打楚国，攻占了八座城，杀了楚将景快。十年，楚怀王来秦朝见，秦国扣留了他。薛文因为金受在昭王面前说了坏话，被免去相职。楼缓做了丞相。十一年，齐国、韩国、魏国、赵国、宋国、中山五国共同攻打秦国，军队开到盐氏就退了回去。秦国送给韩国、魏国黄河北边以及封陵的土地，与韩、魏讲和。这一年出现了彗星。楚怀王逃到赵国，赵国不敢收留，又让他回到秦国，不久他就死了，秦国把他送还给楚国安葬。十二年，楼缓被罢免，穰侯魏冉做丞相。秦国送给楚国五万石粮食。

十三年，向寿进攻韩国，攻占武始。左更白起攻打新城。五大夫吕礼出逃到魏国。任鄙做汉中郡守。十四年，左更白起在伊阙进攻韩国和魏国，斩杀二十四万人，俘虏公孙喜，攻克五座城。十五年，大良造白起攻打魏国，攻占了垣城，又还给了魏国；进攻楚国，攻占了宛城。十六年，左更司马错攻占了轵城和邓城。魏冉被免除丞相职务。把公子市封在宛，公子悝封在邓，魏冉封在陶，他们都成了诸侯。

十七年，城阳君来朝见，东周君也来朝见。秦国把垣城改为蒲阪、皮氏。秦王到了宜阳。十八年，左更司马错攻打垣城、河雍，折断桥梁攻占了两地。十九年，秦昭王称西帝，齐闵王称东帝，不久都又取消了帝号。吕礼回来自首。齐国攻破宋国，宋王逃到魏国，死在温地。任鄙死。二十年,秦王前往汉中,又到了上郡、北河。二十一年,左更司马错进攻魏国河内。魏国献出了安邑,秦国赶走城中的魏国居民,然后招募秦国人迁到河东地区定居,并赐给爵位,又把被赦免的罪人迁到河东。泾阳君被封在宛。二十二年,蒙武攻打齐国。在河东设置了九个县。秦王与楚王在宛城会盟,秦王与赵王在中阳会盟。二十三年,都尉斯离与韩国、赵国、魏国及燕国一起进攻齐国,在济水西岸打败齐军。秦王与魏王在宜阳会盟,与韩王在新城会盟。

二十四年,秦王与楚王在鄢城会盟,又在穰城会盟。秦国攻取魏国的安城,一直打到国都大梁,燕国、赵国援救魏国,秦军撤离。魏冉被免去丞相职务。二十五年,秦攻取赵国两座城。秦王与韩王在新城会盟,与魏王在新明邑会盟。二十六年,赦免罪人,把他们迁往穰城。侯魏冉恢复丞相职位。二十七年,左更司马错攻打楚国。赦免了罪犯并把他们迁往南阳。白起攻打赵国,夺取代地的光狼城。又派司马错从陇西出发,通过蜀地攻打楚国的黔中,攻占下来。二十八年,大良造白起进攻楚国,攻占了鄢城、邓城,赦免罪人迁往那里。二十九年,大良造白起攻打楚国,攻占了郢都,改为南郡,楚王逃跑了。周君来秦。秦王与楚王在襄陵会盟。白起被封为武安君。三十年,蜀守张若进攻楚国,夺取巫郡和江南,设置黔中郡。三十一年,白起攻打魏国,攻占了两座城。楚国人在江南反秦。三十二年,丞相穰侯进攻魏国,一直攻到大梁,打败暴鸢,杀了四万人,暴鸢逃跑了,魏国给秦国三个县请求讲和。三十三年,客卿胡阳进攻魏国的卷城、蔡阳、长社,都攻了下来。在华阳攻打芒卯,打败了他,斩杀十五万人。魏国把南阳送给秦国请求讲和。三十四年,秦国把上庸给了韩国和魏国,设立一个郡,让南阳被免罪的臣民迁往那里居住。三十五年,帮助韩国、魏国、楚国攻打燕国,开始设置南阳郡。三十六年,客卿灶进攻齐国,攻占了刚、寿两地,送给了穰侯。三十八年,中更胡阳攻打赵国的阏与,没有攻下。四十年,悼太子死在魏国,运回国,安葬在芷阳。四十一年夏,攻打魏国,攻占了邢丘、怀两地。四十二年,安国君立为太子。十月,宣太后死,埋葬在芷阳郦山。九月,穰侯离开都城到陶地去了。四十三年，武安君白起攻打韩国，攻下九座城，斩杀五万人。四十四年，进攻韩国的南阳，攻了下来。四十五年，五大夫贲攻打韩国，攻下了十座城。叶阳君悝离开都城前往封国，没有到那里就死了。四十七年，秦国攻打韩国的上党，上党却投降了赵国，秦国因此去攻打赵国，赵国出兵反击秦军，两军相持不下。秦派武安君白起攻击赵国，在长平大败赵军，坑杀四十多万降卒。

四十八年十月，韩国向秦献出垣雍。秦军分为三部分：武安君率军回国；王龁率军攻打赵国的武安、皮牢，攻了下来；司马梗率军向北，平定太原，全部占领了韩国的上党。正月，军队停止战斗，驻守在上党。这年十月，五大夫陵进攻赵国的邯郸。四十九年正月，增加兵力帮助五大夫陵。陵作战不力，被免职，王龁替代他带兵。这年十月，将军张唐攻打魏国，蔡尉把防守的地盘丢了，张唐回来就斩了他。

五十年十月，武安君白起犯了罪，夺爵为士兵，贬谪到阴密。张唐进攻郑，攻了下来。十二月，增派军队驻在汾城旁边。武安君白起有罪，自杀而死。王龁攻打邯郸，没打下来，撤军离去，返回投奔驻在汾城旁的军队。两个月后，攻打晋军，杀了六千人，晋军和楚军落水漂流死在黄河中的有两万多人。又进攻汾城，接着又随张唐攻下宁新中，把宁新中改名为安阳。开始修造蒲津桥。

五十一年，将军摎攻打韩国，攻占阳城、负黍，斩杀四万人。攻打赵国，攻占二十多个县，斩获首级九万。西周君武公背叛秦国，与各诸侯订约联合率天下的精锐部队出伊阙攻秦，使得秦国与阳城间的交通被阻断。于是秦派将军摎进攻西周。西周君跑到秦来自首，叩头认罪，愿接受惩处，并全部献出他的三十六个城邑和三万人口。秦王接受了这些城邑和人口，让西周君回西周去了。

五十二年，周地百姓向东逃亡，周朝的传国宝器九鼎被运进秦国。周朝从这时起就灭亡了。

五十三年，天下都来归服。魏国落在最后，秦国就派将军摎去讨伐魏国，攻占了吴城。韩王来朝见；魏王也把国家托付给秦国听从命令了。

五十四年，秦王在雍城南郊祭祀上天。五十六年秋天，昭襄王死，其子孝文王登位。追尊生母唐八子为唐太后，与昭襄王合葬一处。韩王穿着孝服前来祭吊，其他诸侯也都派他们的将相前来祭吊，料理丧事。

孝文王元年，大赦罪人，论列表彰先王的功臣，优待宗族亲属，毁掉王家的园囿。孝文王服丧期满，十月己亥日登位，第三天辛丑日死，其子庄襄王即位。

庄襄王元年，大赦罪人，论列表彰先王功臣，广施德惠，厚待宗族亲属，施恩于民。东周君与诸侯图谋反秦，秦襄王派相国吕不韦前去讨伐，全部兼并了东周土地。秦没断绝周朝祭祀，把阳人地区赐给周君，让他来祭祀周朝祖先。秦王派蒙骜攻打韩国，韩国献出成皋、巩县(今巩义市)。秦国国界伸展到大梁，开始设置三川郡。二年，秦王又派蒙骜攻打赵国，平定太原。三年，蒙骜进攻魏国的高都、汲县，攻占下来。蒙骜又进攻赵国的榆次、新城、狼孟，攻占了三十七座城。四月间发生日食。王龁攻打上党，开始设置太原郡。魏将信陵君无忌率五国军队反击秦军，秦军退到黄河南。蒙骜打了败仗，解脱围困撤离了。五月丙午日，庄襄王死，其子嬴政登位，就是秦始皇帝。

秦王嬴政登位二十六年后并吞了天下，设立三十六郡，号称始皇帝。始皇五十一岁死，其子胡亥登位，这就是二世皇帝。三年，诸侯纷纷起来反叛秦朝，赵高杀死二世，拥立子婴为皇帝。子婴即位一个多月，诸侯杀了他，于是灭掉了秦朝。这些都记载在《始皇本纪》中。

太史公说：秦国的先祖姓嬴。他的后代分封各地，各自以所封国名作为姓氏，有徐氏、郯氏、莒氏、终黎氏、运奄氏、菟裘氏、将梁氏、黄氏、江氏、修鱼氏、白冥氏、蜚廉氏、秦氏。而秦之祖先造父封在赵城，所以是赵氏。

史记卷六·秦始皇本纪第六

本篇名为《秦始皇本纪》，实则记述了秦始皇和秦二世两代帝王的历史活动。全篇记事上起公元前246年，下迄公元前207年，以编年体形式如实记载了秦王朝建立前后直至灭亡四十余年之间的各种大事，举凡政治、军事、灾异、天象均有翔实记载，甚至封禅文字、刻石文字，亦加抄录。本篇写秦始皇，既记述了他统一天下、改历法服色、统一度量衡等历史业绩，又列举了入海求仙、大兴土木建造阿房宫和骊山陵墓、焚书坑儒等愚昧荒诞、暴虐凶残的行为。但总的来看，作者笔下的秦始皇是位杰出的君主同时又是位失败的悲剧英雄，而对秦二世则是痛加鞭挞的。在篇末论赞中，作者直接引贾谊《过秦论》评论秦之兴亡，这在《史记》一百三十篇序赞中是个例外。

秦始皇帝者，秦庄襄王子也。庄襄王为秦质子于赵，见吕不韦姬，悦而取之，生始皇。以秦昭王四十八年正月生于邯郸。及生，名为政，姓赵氏。

年十三岁，庄襄王死，政代立为秦王。当是之时，秦地已并巴、蜀、汉中，越宛有郢，置南郡矣；北收上郡以东，有河东、太原、上党郡；东至荥阳，灭二周，置三川郡。吕不韦为相，封十万户，号曰文信侯。招致宾客游士，欲以并天下。李斯为舍人。蒙骜、王齮、麃公等为将军。王年少，初即位，委国事大臣。

晋阳反，元年，将军蒙骜击定之。二年，麃公将卒攻卷，斩首三万。三年，蒙骜攻韩，取十三城。王齮死。十月，将军蒙骜攻魏氏暘、有诡。岁大饥。四年，拔暘、有诡。三月，军罢。秦质子归自赵，赵太子出归国。十月庚寅，蝗虫从东方来，蔽天。

天下疫。百姓内粟千石，拜爵一级①。五年，将军骜攻魏，定酸枣、燕、虚、长平、雍丘、山阳城，皆拔之，取二十城。初置东郡。冬雷。六年，韩、魏、赵、卫、楚共击秦，取寿陵。秦出兵，五国兵罢。拔卫，迫东郡，其君角率其支属徙居野王，阻其山以保魏之河内。七年，彗星先出东方，见北方②，五月见西方。将军骜死。以攻龙、孤、庆都，还兵攻汲。彗星复见西方十六日。夏太后死。八年，王弟长安君成蟜将军击赵，反，死屯留，军吏皆斩死，迁其民于临洮。将军壁死，卒屯留、蒲鶮反，戮其尸。河鱼大上，轻车重马东就食。嫪毐封为长信侯。予之山阳地，令毐居之。宫室车马衣服苑囿驰猎恣毐。事无大小皆决于毐。又以河西太原郡更为毐国。

九年，彗星见，或竟天。攻魏垣、蒲阳。四月，上宿雍。己酉，王冠，带剑。长信侯毐作乱而觉，矫王御玺及太后玺以发县卒及卫卒、官骑、戎翟君公、舍人，将欲攻蕲年宫为乱。王知之，令相国、昌平君、昌文君发卒攻毐。战咸阳，斩首数百。皆拜爵，及宦者皆在战中，亦拜爵一级。毐等败走。即令国中：有生得③毐，赐钱百万；杀之，五十万。尽得毐等。卫尉竭、内史肆、佐弋竭、中大夫令齐等二十人皆枭首，车裂以徇④，灭其宗。及其舍人，轻者为鬼薪⑤。及夺爵迁蜀四千馀家，家房陵。四月寒冻，有死者。杨端和攻衍氏。彗星见西方，又见北方，从斗以南八十日⑥。十年，相国吕不韦坐嫪毐免⑦。桓齮为将军。齐、赵来置酒。齐人茅焦说秦王曰："秦方以天下为事，而大王有迁母太后之名，恐诸侯闻之，由此倍秦也。"秦王及迎太后于雍而入

①内(nà)：通"纳"，交纳。拜爵：授予爵位。 ②见：同"现"，出现。 ③生得：活捉。 ④徇：示众。 ⑤鬼薪：秦代的徒刑之一，刑期三年，为王家宗庙打柴。 ⑥斗：北斗星。 ⑦坐：定罪，因事而获罪。

咸阳，复居甘泉宫。

大索，逐客[①]。李斯上书说，乃止逐客令。李斯因说秦王，请先取韩以恐他国，于是使斯下韩[②]。韩王患之，与韩非谋弱秦。

大梁人尉缭来，说秦王曰："以秦之强，诸侯譬如郡县之君，臣但恐诸侯合从，翕而出不意[③]，此乃智伯、夫差、湣王之所以亡也。愿大王毋爱财物，赂其豪臣，以乱其谋，不过亡三十万金，则诸侯可尽。"秦王从其计，见尉缭亢礼[④]，衣服食饮与缭同。缭曰："秦王为人，蜂准，长目，挚鸟膺，豺声，少恩而虎狼心，居约易出人下[⑤]，得志亦轻食人。我布衣，然见我常身自下我[⑥]。诚使秦王得志于天下，天下皆为虏矣。不可与久游。"乃亡去。秦王觉，固止，以为秦国尉，卒用其计策。而李斯用事。

十一年，王翦、桓齮、杨端和攻邺，取九城。王翦攻阏与、橑杨，皆并为一军。翦将十八日，军归斗食以下，什推二人从军。取邺安阳，桓齮将。

十二年，文信侯不韦死，窃葬。其舍人临者，晋人也，逐出之；秦人，六百石以上夺爵，迁；五百石以下不临，迁，勿夺爵。自今以来，操国事不道如嫪毐、不韦者籍其门，视此[⑦]。秋，复嫪毐舍人迁蜀者。当是之时，天下大旱，六月至八月，乃雨。

十三年，桓齮攻赵平阳，杀赵将扈辄，斩首十万。王之河南。正月，彗星见东方。十月，桓齮攻赵。

十四年，攻赵军于平阳，取宜安，破之，杀其将军。桓齮定

---

①索：搜索。逐客：驱逐客籍的官员。客：指非秦国人而在秦国做官的人。 ②下：降服，制服。 ③合从：六国联合抗秦。从：同"纵"。翕(xī)：收敛，集聚。 ④亢礼：行平等之礼。亢：通"抗"。 ⑤蜂准：鼻头像蜂肚。挚：通"鸷"，猛禽。约：穷困。易：慢易。 ⑥身自下我：自身甘居我之下。 ⑦籍：编入徒役簿册。视此：比照这些。

平阳、武城。韩非使秦，秦用李斯谋，留非[①]，非死云阳。韩王请为臣。

十五年，大兴兵，一军至邺，一军至太原，取狼孟。地动。十六年九月，发卒受地韩南阳假守腾[②]。初令男子书年[③]。魏献地于秦。秦置丽邑。十七年，内史腾攻韩，得韩王安，尽纳其地，以其地为郡，命曰颍川。地动。华阳太后卒。民大饥。

十八年，大兴兵攻赵，王翦将上地，下井陉，端和将河内，羌瘣伐赵，端和围邯郸城。十九年，王翦、羌瘣尽定取赵地东阳，得赵王。引兵欲攻燕，屯中山。秦王之邯郸，诸尝与王生赵时母家有仇怨，皆坑之。秦王还，从太原、上郡归。始皇帝母太后崩。赵公子嘉率其宗数百人之代，自立为代王，东与燕合兵，军上谷。大饥。

二十年，燕太子丹患秦兵至国，恐，使荆轲刺秦王。秦王觉之，体解轲以徇[④]，而使王翦、辛胜攻燕。燕、代发兵击秦军，秦军破燕易水之西。

二十一年，王贲攻蓟。乃益发卒诣王翦军，遂破燕太子军，取燕蓟城，得太子丹之首。燕王东收辽东而王之[⑤]。王翦谢病老归。新郑反。昌平君徙于郢。大雨雪，深二尺五寸。

二十二年，王贲攻魏，引河沟灌大梁，大梁城坏，其王请降，尽取其地。

二十三年，秦王复召王翦，强起之，使将击荆。取陈以南至平舆，虏荆王。秦王游至郢陈。荆将项燕立昌平君为荆王，反秦于淮南。二十四年，王翦、蒙武攻荆，破荆军，昌平君死，项燕

---

①留：羁留，扣留。 ②假：代理。 ③书年：报写年龄。这是为了便于征发徭役。④体解：亦称肢解，古代分解肢体的酷刑。 ⑤王（wàng）：用如动词，称王。

遂自杀。

二十五年，大兴兵，使王贲将，攻燕辽东，得燕王喜。还攻代，虏代王嘉。王翦遂定荆江南地，降越君，置会稽郡。五月，天下大酺①。

二十六年，齐王建与其相后胜发兵守其西界，不通秦。秦使将军王贲从燕南攻齐，得齐王建。

秦初并天下，令丞相、御史曰："异日韩王纳地效玺，请为藩臣，已而倍约②，与赵、魏合从畔秦，故兴兵诛之，虏其王。寡人以为善，庶几息兵革③。赵王使其相李牧来约盟，故归其质子。已而倍盟，反我太原，故兴兵诛之，得其王。赵公子嘉乃自立为代王，故举兵击灭之。魏王始约服入秦，已而与韩、赵谋袭秦，秦兵吏诛，遂破之。荆王献青阳以西，已而畔约，击我南郡，故发兵诛，得其王，遂定其荆地。燕王昏乱，其太子丹乃阴令荆轲为贼④，兵吏诛，灭其国。齐王用后胜计，绝秦使，欲为乱，兵吏诛，虏其王，平齐地。寡人以眇眇之身⑤，兴兵诛暴乱，赖宗庙之灵，六王咸伏其辜，天下大定。今名号不更，无以称成功⑥，传后世。其议帝号。"

丞相绾、御史大夫劫、廷尉斯等皆曰："昔者五帝地方千里，其外侯服、夷服，诸侯或朝或否，天子不能制。今陛下兴义兵，诛残贼，平定天下，海内为郡县，法令由一统，自上古以来未尝有，五帝所不及。臣等谨与博士议曰：'古有天皇，有地皇，有泰皇⑦，泰皇最贵。'臣等昧死上尊号，王为'泰皇'。命为'制'，令为'诏'，天子自称曰'朕'。"王曰："去'泰'，著'皇'，采上古'帝'

---

①酺：具酒肉会食。 ②效：献。已而：不久。 ③息兵革：停止战争。 ④阴：暗中。贼：暗杀。 ⑤眇眇：渺小，微小。 ⑥称：称扬，颂扬。 ⑦天皇、地皇、泰皇：即所谓"三皇"，传说中五帝以前的三个帝王。泰皇：又作"人皇"。

位号,号曰‘皇帝’。他如议。”制曰:“可。”追尊庄襄王为太上皇。制曰:“朕闻太古有号毋谥,中古有号,死而以行为谥。如此,则子议父、臣议君也,甚无谓,朕弗取焉。自今已来,除谥法。朕为始皇帝。后世以计数,二世三世至于万世,传之无穷。”

始皇推终始五德之传[①],以为周得火德,秦代周德,从所不胜。方今水德之始,改年始[②],朝贺皆自十月朔。衣服旄旌节旗皆上黑[③]。数以六为纪,符法冠皆六寸,而舆六尺,六尺为步,乘六马。更名河曰德水,以为水德之始。刚毅戾深,事皆决于法,刻削毋仁恩和义,然后合五德之数。于是急法,久者不赦。

丞相绾等言:“诸侯初破,燕、齐、荆地远,不为置王,毋以填之[④]。请立诸子,唯上幸许。”始皇下其议于群臣,群臣皆以为便。廷尉李斯议曰:“周文、武所封子弟同姓甚众,然后属疏远[⑤],相攻击如仇雠,诸侯更相诛伐,周天子弗能禁止。今海内赖陛下神灵一统,皆为郡县,诸子功臣以公赋税重赏赐之,甚足易制。天下无异意,则安宁之术也。置诸侯不便。”始皇曰:“天下共苦战斗不休,以有侯王。赖宗庙,天下初定,又复立国,是树兵也[⑥],而求其宁息,岂不难哉!廷尉议是。”

分天下以为三十六郡,郡置守、尉、监。更名民曰“黔首”。大酺。收天下兵,聚之咸阳,销以为钟鐻,金人十二,重各千石,置廷宫中。一法度衡石丈尺。车同轨。书同文字。地东至海

---

①推:推求。终始五德:阴阳家以水、火、木、金、土五行相生相克、终而复始来解释王朝兴废更替,就是所谓“终始五德”。其说认为:夏为木德、商为金德、周为火德,代周者当为水德。 ②改年始:亦称“改正朔”或“改正”,即更改一年的岁首,以此表示受命于天。 ③上:同“尚”,崇尚。 ④填:同“镇”,镇服。 ⑤后属:后裔,后代。 ⑥树兵:树立兵弋,意即挑起战争。

暨朝鲜，西至临洮、羌中，南至北向户，北据河为塞，并阴山至辽东①。徙天下豪富于咸阳十二万户。诸庙及章台、上林皆在渭南。秦每破诸侯，写放其宫室②，作之咸阳北阪上，南临渭，自雍门以东至泾、渭，殿屋复道周阁相属。所得诸侯美人钟鼓，以充入之。

二十七年，始皇巡陇西、北地，出鸡头山，过回中。焉作信宫渭南。已，更命信宫为极庙，象天极。自极庙道通郦山，作甘泉前殿。筑甬道，自咸阳属之。是岁，赐爵一级。治驰道。

二十八年，始皇东行郡县，上邹峄山。立石，与鲁诸儒生议，刻石颂秦德，议封禅望祭山川之事③。乃遂上泰山，立石，封，祠祀。下，风雨暴至，休于树下，因封其树为五大夫。禅梁父。刻所立石，其辞曰：

> 皇帝临位，作制明法，臣下修饬。二十有六年，初并天下，罔不宾服。亲巡远方黎民，登兹泰山，周览东极。从臣思迹，本原事业，祗诵功德。治道运行，诸产得宜，皆有法式。大义休明④，垂于后世，顺承勿革。皇帝躬圣，既平天下，不懈于治。夙兴夜寐，建设长利，专隆教诲。训经宣达，远近毕理，咸承圣志。贵贱分明，男女礼顺，慎遵职事。昭隔内外，靡不清净，施于后嗣。化及无穷，遵奉遗诏，永承重戒。

于是乃并勃海以东，过黄、腄，穷成山，登之罘，立石颂秦德焉而去。

南登琅邪，大乐之，留三月。乃徙黔首三万户琅邪台下，复

---

①并：傍，沿着。②写：描摹。放：通“仿”，仿照。③封禅：帝王祭天地的典礼。登泰山筑坛祭天为“封”，在泰山南梁父山上辟场祭地为“禅”。④休明：美好显著。休：美善。

十二岁[①]。作琅邪台，立石刻，颂秦德，明得意。曰：

维二十八年，皇帝作始，端平法度，万物之纪。以明人事，合同父子。圣智仁义，显白道理。东抚东土，以省卒士。事已大毕，乃临于海。皇帝之功，勤劳本事[②]。上农除末[③]。黔首是富。普天之下，抟心揖志。器械一量，同书文字。日月所照，舟舆所载，皆终其命，莫不得意。应时动事，是维皇帝。匡饬异俗[④]，陵水经地。忧恤黔首，朝夕不懈。除疑定法，咸知所辟。方伯分职，诸治经易。举错必当，莫不如画。皇帝之明，临察四方。尊卑贵贱，不逾次行。奸邪不容，皆务贞良。细大尽力，莫敢怠荒。远迩辟隐，专务肃庄。端直敦忠，事业有常。皇帝之德，存定四极[⑤]。诛乱除害，兴利致福。节事以时，诸产繁殖。黔首安宁，不用兵革。六亲相保，终无寇贼。欢欣奉教，尽知法式。六合之内，皇帝之土。西涉流沙，南尽北户。东有东海，北过大夏。人迹所至，无不臣者。功盖五帝，泽及牛马。莫不受德，各安其宇。

维秦王兼有天下，立名为皇帝，乃抚东土，至于琅邪。列侯武城侯王离、列侯通武侯王贲、伦侯建成侯赵亥、伦侯昌武侯成、伦侯武信侯冯毋择、丞相隗林、丞相王绾、卿李斯、卿王戊、五大夫赵婴、五大夫杨樛从，与议于海上。曰：“古之帝者，地不过千里，诸侯各守其封域，或朝或否，相侵暴乱，残伐不止，犹刻金石，以自为纪。古之五帝三王，知教不同，法度不明，假威鬼神，以欺远方，实不称名，故不久

①复：免除赋税徭役。 ②本：根本，指农业。 ③末：指工商业。 ④匡饬：纠正，整顿。⑤存定：安定，安抚。四极：指东西南北四方极远之处，代指天下、全国。

长。其身未殁，诸侯倍叛，法令不行。今皇帝并一海内，以为郡县，天下和平。昭明宗庙，体道行德，尊号大成。群臣相与诵皇帝功德，刻于金石，以为表经。”

既已，齐人徐市等上书，言海中有三神山，名曰蓬莱、方丈、瀛洲，仙人居之。请得斋戒，与童男女求之。于是遣徐市发童男女数千人，入海求仙人。

始皇还，过彭城，斋戒祷祠，欲出周鼎泗水。使千人没水求之，弗得。乃西南渡淮水，之衡山、南郡。浮江，至湘山祠。逢大风，几不得渡。上问博士曰：“湘君何神？”博士对曰：“闻之，尧女，舜之妻，而葬此。”于是始皇大怒，使刑徒三千人皆伐湘山树，赭其山①。上自南郡由武关归。

二十九年，始皇东游。至阳武博狼沙中，为盗所惊。求弗得，乃令天下大索十日。

登之罘，刻石。其辞曰：

维二十九年，时在中春，阳和方起②。皇帝东游，巡登之罘，临照于海。从臣嘉观，原念休烈③，追诵本始。大圣作治，建定法度，显箸纲纪。外教诸侯，光施文惠，明以义理。六国回辟④，贪戾无厌，虐杀不已。皇帝哀众，遂发讨师，奋扬武德。义诛信行，威燀旁达，莫不宾服。烹灭强暴，振救黔首，周定四极。普施明法，经纬天下，永为仪则。大矣哉！宇县之中，承顺圣意。群臣诵功，请刻于石，表垂于常式。

其东观曰：

---

①赭：红色。湘山之土为红土，去尽草木，使山露出红色。 ②中春：即仲春，即阴历二月。阳和：春天的温暖之气。 ③烈：事业，功绩。 ④回辟：奸邪怪僻。回：不直。

维二十九年，皇帝春游，览省远方。逮于海隅[1]，遂登之罘，昭临朝阳。观望广丽，从臣咸念，原道至明。圣法初兴，清理疆内，外诛暴强。武威旁畅，振动四极，禽灭六王。阐并天下，灾害绝息，永偃戎兵。皇帝明德，经理宇内，视听不怠。作立大义，昭设备器，咸有章旗。职臣遵分，各知所行，事无嫌疑。黔首改化，远迩同度，临古绝尤。常职既定，后嗣循业，长承圣治。群臣嘉德，祗诵圣烈，请刻之罘。

旋，遂之琅邪，道上党入。

三十年，无事。

三十一年十二月，更名腊曰“嘉平”。赐黔首里六石米，二羊。始皇为微行咸阳，与武士四人俱，夜出，逢盗兰池，见窘[2]，武士击杀盗，关中大索二十日，米石千六百。

三十二年，始皇之碣石，使燕人卢生求羡门、高誓。刻碣石门，坏城郭，决通堤防，其辞曰：

遂兴师旅，诛戮无道，为逆灭息。武殄暴逆，文复无罪，庶心咸服。惠论功劳，赏及牛马，恩肥土域。皇帝奋威，德并诸侯，初一泰平。堕坏城郭，决通川防，夷去险阻[3]。地势既定，黎庶无繇，天下咸抚。男乐其畴[4]，女修其业，事各有序。惠被诸产，久并来田，莫不安所。群臣诵烈，请刻此石，垂著仪矩。

因使韩终、侯公、石生求仙人不死之药。始皇巡北边，从上郡入。燕人卢生使入海还，以鬼神事，因奏录图书，曰“亡秦者胡也”。始皇及使将军蒙恬发兵三十万人北击胡，略取河南地。

三十三年，发诸尝逋亡人、赘婿、贾人略取陆梁地，为桂林、

---

①逮：到达。 ②见：遭，被。窘：窘迫，处境困迫。 ③夷：铲平，消除。 ④畴：田地。

象郡、南海，以谪遣戍。西北斥逐匈奴。自榆中并河以东，属之阴山，以为四十四县，城河上为塞。又使蒙恬渡河取高阙、阳山、北假中，筑亭障以逐戎人。徙谪，实之初县。禁不得祠。明星出西方。

三十四年，適治狱吏不直者，筑长城及南越地。

始皇置酒咸阳宫，博士七十人前为寿。仆射周青臣进颂曰："他时秦地不过千里，赖陛下神灵明圣，平定海内，放逐蛮夷，日月所照，莫不宾服。以诸侯为郡县，人人自安乐，无战争之患，传之万世，自上古不及陛下威德。"始皇悦。博士齐人淳于越进曰："臣闻殷、周之王千馀岁，封子弟功臣，自为枝辅。今陛下有海内，而子弟为匹夫，卒[1]有田常、六卿之臣，无辅拂，何以相救哉？事不师古而能长久者，非所闻也。今青臣又面谀以重陛下之过，非忠臣。"

始皇下其议。丞相李斯曰："五帝不相复，三代不相袭，各以治，非其相反，时变异也。今陛下创大业，建万世之功，固非愚儒所知。且越言乃三代之事，何足法也？异时诸侯并争，厚招游学。今天下已定，法令出一，百姓当家则力农工，士则学习法令辟禁。今诸生不师今而学古，以非当世，惑乱黔首。丞相臣斯昧死言：古者天下散乱，莫之能一，是以诸侯并作，语皆道古以害今，饰虚言以乱实，人善其所私学，以非上之所建立。今皇帝并有天下，别黑白而定一尊。私学而相与非法教，人闻令下，则各以其学议之，入则心非，出则巷议，夸主以为名，异取以为高，率群下以造谤。如此弗禁，则主势降乎上，党与成乎下，禁之便。臣请史官非秦记皆烧之，非博士官所职，天下敢有藏

---

①卒：通"猝"，突然。

《诗》《书》百家语者，悉诣守、尉杂烧之。有敢偶语《诗》《书》者弃市[①]，以古非今者族，吏见知不举者与同罪。令下三十日不烧，黥为城旦[②]。所不去者，医药、卜筮、种树之书。若欲有学法令，以吏为师。”制曰：“可。”

三十五年，除道[③]，道九原抵云阳，堑山堙谷[④]，直通之。于是始皇以为咸阳人多，先王之宫廷小，吾闻周文王都丰，武王都镐，丰、镐之间，帝王之都也。乃营作朝宫渭南上林苑中。先作前殿阿房，东西五百步，南北五十丈，上可以坐万人，下可以建五丈旗，周驰为阁道，自殿下直抵南山。表南山之颠以为阙。为复道，自阿房渡渭，属之咸阳，以象天极阁道绝汉抵营室也[⑤]。阿房宫未成；成，欲更择令名名之。作宫阿房，故天下谓之阿房宫。隐宫徒刑者七十馀万人[⑥]，乃分作阿房宫，或作丽山。发北山石椁，乃写蜀、荆地材皆至[⑦]。关中计宫三百，关外四百馀。于是立石东海上朐界中，以为秦东门。因徙三万家丽邑，五万家云阳，皆复不事十岁。

卢生说始皇曰：“臣等求芝奇药仙者，常弗遇，类物有害之者。方中，人主时为微行以辟恶鬼，恶鬼辟，真人至。人主所居而人臣知之，则害于神。真人者，入水不濡，入火不爇，陵云气[⑧]，与天地久长。今上治天下，未能恬倓[⑨]。愿上所居宫毋令人知，然后不死之药殆可得也。”于是始皇曰：“吾慕真人。自谓‘真人’，不称‘朕’。”乃令咸阳之旁二百里内，宫观二百七十，复

---

①偶语：结伙谈论。弃市：古代在闹市执行死刑，表示与众共弃，叫弃市。 ②城旦：秦时一种刑罚名。白天守边防寇，晚上筑长城，刑期四年。 ③除道：修治道路。除：治。④堑：挖断。堙(yīn)：填塞。 ⑤阁道：古星名，属奎宿。汉：银河。营室：古星名，即室宿。⑥隐宫：即宫刑，亦称腐刑，受刑后要在阴暗的宫室养息百日，故曰隐宫。 ⑦写：通“泻”，大量输送。 ⑧濡：沾湿。爇：焚烧。陵：通“凌”，凌驾。 ⑨恬倓：即“恬淡”，指清静无为。

道甬道相连，帷帐钟鼓美人充之，各案署不移徙。行所幸，有言其处者，罪死。

始皇帝幸梁山宫，从山上见丞相车骑众，弗善也。中人或告丞相，丞相后损车骑。始皇怒曰："此中人泄吾语。"案问莫服。当是时，诏捕诸时在旁者，皆杀之。自是后莫知行之所在。听事，群臣受决事，悉于咸阳宫。

侯生、卢生相与谋曰："始皇为人，天性刚戾自用，起诸侯，并天下，意得欲从，以为自古莫及己。专任狱吏，狱吏得亲幸。博士虽七十人，特备员，弗用。丞相诸大臣皆受成事，倚办于上。上乐以刑杀为威，天下畏罪持禄，莫敢尽忠。上不闻过而日骄，下慑伏谩欺以取容。秦法，不得兼方，不验，辄死。然候星气者至三百人，皆良士，畏忌讳谀，不敢端言其过。天下之事无小大皆决于上，上至以衡石量书，日夜有呈，不中呈[①]不得休息。贪于权势至如此，未可为求仙药。"于是乃亡去。始皇闻亡，乃大怒曰："吾前收天下书不中用者尽去之，悉召文学方术士甚众，欲以兴太平，方士欲练以求奇药，今闻韩众去不报，徐市等费以巨万计，终不得药，徒奸利相告日闻。卢生等吾尊赐之甚厚，今乃诽谤我，以重吾不德也。诸生在咸阳者，吾使人廉问[②]，或为妖言以乱黔首。"于是使御史悉案问诸生，诸生传相告引[③]，乃自除犯禁者四百六十馀人，皆坑之咸阳，使天下知之，以惩后。益发谪徙边。始皇长子扶苏谏曰："天下初定，远方黔首未集，诸生皆诵法孔子，今上皆重法绳之，臣恐天下不安。唯上察之。"始皇怒，使扶苏北监蒙恬于上郡。

---

①呈：通"程"，定量、定额。中：符合，这里是达到的意思。 ②廉问：察访，察问。
③传相告引：互相揭发，彼此牵引。

三十六年，荧惑守心。有坠星下东郡，至地为石，黔首或刻其石曰“始皇帝死而地分”。始皇闻之，遣御史逐问，莫服，尽取石旁居人诛之，因燔销其石[①]。始皇不乐，使博士为《仙真人诗》，及行所游天下，传令乐人歌弦之。

秋，使者从关东夜过华阴平舒道，有人持璧遮使者曰：“为吾遗滈池君[②]。”因言曰：“今年祖龙[③]死。”使者问其故，因忽不见，置其璧去。使者奉璧具以闻。始皇默然良久，曰：“山鬼固不过知一岁事也。”退言曰：“祖龙者，人之先也。”使御府视璧，乃二十八年行渡江所沉璧也。于是始皇卜之，卦得游徙吉。迁北河榆中三万家。拜爵一级。

三十七年十月癸丑，始皇出游。左丞相斯从，右丞相去疾守。少子胡亥爱慕请从，上许之。十一月，行至云梦，望祀虞舜于九疑山。浮江下，观籍柯，渡海渚，过丹阳，至钱唐。临浙江，水波恶，乃西百二十里从狭中渡。上会稽，祭大禹，望于南海，而立石刻颂秦德。其文曰：

> 皇帝休烈，平一宇内，德惠修长。三十有七年，亲巡天下，周览远方。遂登会稽，宣省习俗，黔首斋庄[④]。群臣诵功，本原事迹，追首高明。秦圣临国，始定刑名，显陈旧章。初平法式，审别职任，以立恒常。六王专倍，贪戾慠猛，率众自强。暴虐恣行，负力而骄，数动甲兵。阴通间使，以事合从，行为辟方。内饰诈谋，外来侵边，遂起祸殃。义威诛之，殄熄暴悖，乱贼灭亡。圣德广密，六合之中，被泽无疆。皇帝并宇，兼听万事，远近毕清。运理群物，考验事实，各

---

①燔销：烧毁。燔：焚烧。 ②遗：送给。滈池君：水神名。因始皇自称以水德统一天下，故以水神借指秦始皇。 ③祖龙：喻指秦始皇。 ④斋庄：恭敬。

载其名。贵贱并通，善否陈前，靡有隐情。饰省宣义，有子而嫁[①]，倍死不贞。防隔内外，禁止淫泆，男女絜诚[②]。夫为寄豭[③]，杀之无罪，男秉义程。妻为逃嫁，子不得母，咸化廉清。大治濯俗，天下承风，蒙被休经。皆遵度轨，和安敦勉，莫不顺令。黔首修洁，人乐同则，嘉保太平。后敬奉法，常治无极，舆舟不倾。从臣诵烈，请刻此石，光垂休铭。

还，过吴，从江乘渡，并海上，北至琅邪。

方士徐市等入海求神药，数岁不得，费多，恐谴，乃诈曰："蓬莱药可得，然常为大鲛鱼所苦，故不得至。愿请善射与俱，见则以连弩射之。"始皇梦与海神战，如人状。问占梦，博士曰："水神不可见，以大鱼蛟龙为候[④]。今上祷祠备谨，而有此恶神，当除去，而善神可致。"乃令入海者赍捕巨鱼具，而自以连弩候大鱼出射之。自琅邪北至荣成山，弗见。至之罘，见巨鱼，射杀一鱼，遂并海西。

至平原津而病。始皇恶言死，群臣莫敢言死事。上病益甚，乃为玺书赐公子扶苏曰："与丧会咸阳而葬。"书已封，在中车府令赵高行符玺事所，未授使者。七月丙寅，始皇崩于沙丘平台。丞相斯为上崩在外，恐诸公子天下有变，乃秘之，不发丧。棺载辒凉车中，故幸宦者参乘，所至上食。百官奏事如故，宦者辄从辒凉车中可其奏事。独子胡亥、赵高及所幸宦者五六人知上死。赵高故尝教胡亥书及狱律令法事，胡亥私幸之。高乃与公子胡亥、丞相斯阴谋破去始皇所封书赐公子扶苏者，而更诈为丞相斯受始皇遗诏沙丘，立子胡亥为太子。更为书赐公

---

①有子而嫁：夫死有子，弃子而嫁。 ②絜：同"洁"。 ③寄豭（jiā）：养母猪而无公猪的人家，借他人家的公猪以与交配，叫寄豭。此处喻指有妇之夫与别人的妻子私通。豭：公猪。 ④候：侦察敌情者。

子扶苏、蒙恬，数以罪，赐死。语具在《李斯传》中。行，遂从井陉抵九原。会暑，上辒车臭，乃诏从官令车载一石鲍鱼，以乱其臭。

行从直道至咸阳，发丧。

太子胡亥袭位，为二世皇帝。九月，葬始皇郦山。

始皇初即位，穿治郦山。及并天下，天下徒送诣七十馀万人，穿三泉，下铜而致椁，宫观百官奇器珍怪徙臧[①]满之。令匠作机弩矢，有所穿近者辄射之。以水银为百川江河大海，机相灌输，上具天文，下具地理。以人鱼膏为烛，度不灭者久之。二世曰："先帝后宫非有子者，出焉不宜。"皆令从死，死者甚众。葬既已下，或言工匠为机，臧皆知之，臧重即泄。大事毕，已臧，闭中羡[②]，下外羡门，尽闭工匠臧者，无复出者。树[③]草木以象山。

二世皇帝元年，年二十一。赵高为郎中令，任用事。二世下诏，增始皇寝庙牺牲及山川百祀之礼，令群臣议尊始皇庙。群臣皆顿首言曰："古者天子七庙，诸侯五，大夫三，虽万世世不轶毁。今始皇为极庙，四海之内皆献贡职[④]，增牺牲，礼咸备，毋以加。先王庙或在西雍，或在咸阳。天子仪当独奉酌祠始皇庙。自襄公已下轶毁。所置凡七庙。群臣以礼进祠，以尊始皇庙为帝者祖庙。皇帝复自称'朕'。"

二世与赵高谋曰："朕年少，初即位，黔首未集附。先帝巡行郡县，以示强，威服海内。今晏然不巡行，即见弱，毋以臣畜天下。"春，二世东行郡县，李斯从。到碣石，并海，南至会稽，而

①臧：同"藏"。 ②羡：通"埏"，即墓道。有内、中、外三道门。 ③树：种植。 ④贡职：贡品。

尽刻始皇所立刻石,石旁著[①]大臣从者名,以章先帝成功盛德焉。

皇帝曰:“金石刻尽始皇帝所为也。今袭号而金石刻辞不称始皇帝,其于久远也如后嗣为之者,不称成功盛德。”丞相臣斯、臣去疾、御史大夫臣德昧死言:“臣请具刻诏书刻石,因明白矣。臣昧死请。”制曰:“可。”

遂至辽东而还。

于是二世乃遵用赵高,申法令。乃阴与赵高谋曰:“大臣不服,官吏尚强,及诸公子必与我争,为之奈何?”高曰:“臣固愿言而未敢也。先帝之大臣,皆天下累世名贵人也。积功劳世以相传久矣。今高素小贱,陛下幸称举,令在上位,管中事。大臣鞅鞅[②],特以貌从臣,其心实不服。今上出,不因此时案郡县守尉有罪者诛之,上以振威天下,下以除去上生平所不可者。今时不师文而决于武力,愿陛下遂从时毋疑,即群臣不及谋。明主收举馀民,贱者贵之,贫者富之,远者近之,则上下集而国安矣。”二世曰:“善。”乃行诛大臣及诸公子,以罪过连逮少近官三郎,无得立者,而六公子戮死于杜。公子将闾昆弟三人囚于内宫,议其罪独后。二世使使令将闾曰:“公子不臣,罪当死,吏致法焉。”将闾曰:“阙廷之礼,吾未尝敢不从宾赞也;廊庙之位,吾未尝敢失节也;受命应对,吾未尝敢失辞也。何谓不臣?愿闻罪而死。”使者曰:“臣不得与谋,奉书从事。”将闾乃仰天大呼天者三,曰:“天乎!吾无罪!”昆弟三人皆流涕拔剑自杀。宗室振恐。群臣谏者以为诽谤,大吏持禄取容,黔首振恐。

四月,二世还至咸阳,曰:“先帝为咸阳朝廷小,故营阿房

---

①著(zhuó):附着,增刻上。 ②鞅鞅:同“快快”,不满意的样子。

宫。为室堂未就，会上崩，罢其作者，复土郦山。郦山事大毕[①]，今释阿房宫弗就，则是章先帝举事过也。”复作阿房宫。外抚四夷，如始皇计。尽征其材士五万人为屯卫咸阳，令教射狗马禽兽。当食者多，度不足，下调郡县转输菽粟刍藁，皆令自赍粮食，咸阳三百里内不得食其谷。用法益刻深。

七月，戍卒陈胜等反故荆地，为“张楚”。胜自立为楚王，居陈，遣诸将徇地。山东郡县少年苦秦吏，皆杀其守尉令丞反，以应陈涉，相立为侯王，合从西乡，名为伐秦，不可胜数也。谒者使东方来，以反者闻二世。二世怒，下吏。后使者至，上问，对曰：“群盗，郡守尉方逐捕，今尽得，不足忧。”上悦。

武臣自立为赵王，魏咎为魏王，田儋为齐王。沛公起沛。项梁举兵会稽郡。

二年冬，陈涉所遣周章等将西至戏，兵数十万。二世大惊，与群臣谋曰：“奈何？”少府章邯曰：“盗已至，众强，今发近县不及矣。郦山徒多，请赦之，授兵以击之。”二世乃大赦天下，使章邯将，击破周章军而走，遂杀章曹阳。二世益遣长史司马欣、董翳佐章邯击盗，杀陈胜城父，破项梁定陶，灭魏咎临济。楚地盗名将已死，章邯乃北渡河，击赵王歇等于巨鹿。

赵高说二世曰：“先帝临制天下久，故群臣不敢为非，进邪说。今陛下富于春秋，初即位，奈何与公卿廷决事？事即有误，示群臣短也。天子称朕，固不闻声。”于是二世常居禁中，与高决诸事。其后公卿希得朝见。盗贼益多，而关中卒发东击盗者毋已。右丞相去疾、左丞相斯、将军冯劫进谏曰：“关东群盗并起，秦发兵诛击，所杀亡甚众，然犹不止。盗多，皆以戍漕转作

①大毕：全部完工。

事苦，赋税大也。请且止阿房宫作者，减省四边戍转。”二世曰：“吾闻之韩子曰：‘尧舜采椽不刮，茅茨不剪，饭土塯，啜土形，虽监门之养，不觳于此①。禹凿龙门，通大夏，决河亭水，放之海，身自持筑臿②，胫毋毛，臣虏之劳不烈于此矣。’凡所为贵有天下者，得肆意极欲，主重明法，下不敢为非，以制御海内矣。夫虞、夏之主，贵为天子，亲处穷苦之实，以徇百姓，尚何于法？朕尊万乘，毋其实，吾欲造千乘之驾，万乘之属，充吾号名。且先帝起诸侯，兼天下，天下已定，外攘四夷以安边竟③，作宫室以章得意，而君观先帝功业有绪。今朕即位二年之间，群盗并起，君不能禁，又欲罢先帝之所为，是上毋以报先帝，次不为朕尽忠力，何以在位？”下去疾、斯、劫吏，案责他罪。去疾、劫曰：“将相不辱。”自杀。斯卒囚，就五刑。

三年，章邯等将其卒围巨鹿，楚上将军项羽将楚卒往救巨鹿。冬，赵高为丞相，竟案李斯杀之。夏，章邯等战数却，二世使人让邯，邯恐，使长史欣请事。赵高弗见，又弗信。欣恐，亡去，高使人追捕，不及。欣见邯曰：“赵高用事于中，将军有功亦诛，无功亦诛。”项羽急击秦军，虏王离，邯等遂以兵降诸侯。

八月己亥，赵高欲为乱，恐群臣不听，乃先设验，持鹿献于二世，曰：“马也。”二世笑曰：“丞相误邪？谓鹿为马。”问左右，左右或默，或言马以阿顺赵高。或言鹿者。高因阴中诸言鹿者以法④。后群臣皆畏高。

高前数言“关东盗毋能为也”，及项羽虏秦将王离等巨鹿下而前，章邯等军数却，上书请益助，燕、赵、齐、楚、韩、魏皆立为

①觳：粗陋。②筑臿（chā）：掘土的工具。③竟：同“境”。④中：中伤。

王，自关以东，大氐[①]尽畔秦吏应诸侯，诸侯咸率其众西乡。沛公将数万人已屠武关，使人私于高。高恐二世怒，诛及其身，乃谢病不朝见。二世梦白虎啮其左骖马，杀之，心不乐，怪，问占梦。卜曰："泾水为祟。"二世乃斋于望夷宫，欲祠泾，沉四白马。使使责让高以盗贼事。高惧，乃阴与其婿咸阳令阎乐、其弟赵成谋曰："上不听谏，今事急，欲归祸于吾宗。吾欲易置上[②]，更立公子婴。子婴仁俭，百姓皆载其言。"使郎中令为内应，诈为有大贼，令乐召吏发卒，追劫乐母置高舍。遣乐将吏卒千馀人至望夷宫殿门，缚卫令仆射，曰："贼入此，何不止？"卫令曰："周庐设卒甚谨，安得贼敢入宫？"乐遂斩卫令，直将吏入，行射，郎宦者大惊，或走或格[③]，格者辄死，死者数十人。郎中令与乐俱入，射上幄坐帏。二世怒，召左右，左右皆惶扰不斗。旁有宦者一人，侍不敢去。二世入内，谓曰："公何不蚤告我？乃至于此！"宦者曰："臣不敢言，故得全。使臣早言，皆已诛，安得至今？"阎乐前即[④]二世数曰："足下骄恣，诛杀无道，天下共畔足下，足下其自为计。"二世曰："丞相可得见否？"乐曰："不可。"二世曰："吾愿得一郡为王。"弗许。又曰："愿为万户侯。"弗许。曰："愿与妻子为黔首，比诸公子。"阎乐曰："臣受命于丞相，为天下诛足下，足下虽多言，臣不敢报。"麾其兵进。二世自杀。

阎乐归报赵高，赵高乃悉召诸大臣公子，告以诛二世之状，曰："秦故王国，始皇君天下，故称帝。今六国复自立，秦地益小，乃以空名为帝，不可。宜为王如故，便。"立二世之兄子公子婴为秦王。以黔首葬二世杜南宜春苑中。令子婴斋，当庙见[⑤]，

①大氐：大抵，大都。氐：同"抵"。②易置上：改立皇帝。③格：格斗。④即：就，走近。⑤庙见：到宗庙去参拜祖先。

受王玺。斋五日，子婴与其子二人谋曰："丞相高杀二世望夷宫，恐群臣诛之，乃详以义立我。我闻赵高乃与楚约，灭秦宗室而王关中。今使我斋见庙，此欲因庙中杀我。我称病不行，丞相必自来，来则杀之。"高使人请子婴数辈[①]，子婴不行，高果自往，曰："宗庙重事，王奈何不行？"子婴遂刺杀高于斋宫，三族高家以徇咸阳。

子婴为秦王四十六日，楚将沛公破秦军入武关，遂至霸上，使人约降子婴。子婴即系颈以组，白马素车，奉天子玺符，降轵道旁。沛公遂入咸阳，封宫室府库，还军霸上。

居月馀，诸侯兵至，项籍为从长，杀子婴及秦诸公子宗族。遂屠咸阳，烧其宫室，虏其子女，收其珍宝货财，诸侯共分之。灭秦之后，各分其地为三，名曰雍王、塞王、翟王，号曰三秦。项羽为西楚霸王，主命分天下王诸侯，秦竟灭矣。后五年，天下定于汉。

太史公曰：秦之先伯翳，尝有勋于唐虞之际，受土赐姓。及殷夏之间微散。至周之衰，秦兴，邑于西垂[②]。自缪公以来，稍蚕食诸侯，竟成始皇。始皇自以为功过五帝，地广三王，而羞与之侔。善哉乎贾生推言之也！曰[③]：

秦并兼诸侯山东三十馀郡，缮津关，据险塞，修甲兵而守之。然陈涉以戍卒散乱之众数百，奋臂大呼，不用弓戟之兵，锄櫌白梃，望屋而食[④]，横行天下。秦人阻险不守，关梁不阖，长戟不刺，强弩不射。楚师深入，战于鸿门，曾无

---

①数辈：几批。 ②垂：同"陲"，边境。 ③曰：司马迁引《过秦论》下篇为始皇赞，后世读史者引《过秦论》上、中篇附于其后，所以《秦始皇本纪》中所附载《过秦论》序列为下、上、中篇。 ④白梃：光光的棍棒。望屋而食：望见房屋就可去吃饭。这是说义军虽无给养，但到处都得到百姓供给粮食。

藩篱之艰。于是山东大扰，诸侯并起，豪俊相立。秦使章邯将而东征，章邯因以三军之众要市于外，以谋其上。群臣之不信，可见于此矣。子婴立，遂不寤。藉使子婴有庸主之材，仅得中佐，山东虽乱，秦之地可全而有，宗庙之祀未当绝也。

秦地被山带河以为固，四塞之国也。自缪公以来，至于秦王，二十馀君，常为诸侯雄。岂世世贤哉？其势居然也。且天下尝同心并力而攻秦矣。当此之世，贤智并列，良将行其师，贤相通其谋，然困于阻险而不能进。秦乃延入战而为之开关，百万之徒逃北而遂坏。岂勇力智慧不足哉？形不利，势不便也。秦小邑并大城，守险塞而军，高垒毋战，闭关据阨，荷戟而守之。诸侯起于匹夫，以利合，非有素王之行也。其交未亲，其下未附，名为亡秦，其实利之也。彼见秦阻之难犯也，必退师。安土息民，以待其敝，收弱扶罢①，以令大国之君，不患不得意于海内。贵为天子，富有天下，而身为禽者，其救败非也。

秦王足己不问，遂过而不变。二世受之，因而不改，暴虐以重祸。子婴孤立无亲，危弱无辅。三主惑而终身不悟，亡，不亦宜乎？当此时也，世非无深虑知化之士也，然所以不敢尽忠拂过者，秦俗多忌讳之禁，忠言未卒于口而身为戮没矣。故使天下之士，倾耳而听，重足而立，拑口而不言。是以三主失道，忠臣不敢谏，智士不敢谋，天下已乱，奸不上闻，岂不哀哉！先王知雍蔽之伤国也②，故置公卿大夫士，以饰法设刑，而天下治。其强也，禁暴诛乱而天

①罢：通“疲”。 ②雍蔽：壅塞。雍：通“壅”。

下服。其弱也，五伯征而诸侯从。其削也，内守外附而社稷存。故秦之盛也，繁法严刑而天下振；及其衰也，百姓怨望而海内畔矣。故周五序得其道，而千馀岁不绝。秦本末并失，故不长久。由此观之，安危之统相去远矣。野谚曰“前事之不忘，后事之师也”。是以君子为国，观之上古，验之当世，参以人事，察盛衰之理，审权势之宜，去就有序，变化有时，故旷日长久而社稷安矣。

秦孝公据殽、函之固，拥雍州之地，君臣固守而窥周室，有席卷天下、包举宇内、囊括四海之意，并吞八荒之心。当是时，商君佐之，内立法度，务耕织，修守战之备，外连衡而斗诸侯，于是秦人拱手而取西河之外。

孝公既没，惠王、武王蒙故业，因遗册①，南兼汉中，西举巴、蜀，东割膏腴之地，收要害之郡。诸侯恐惧，会盟而谋弱秦，不爱珍器重宝肥美之地，以致天下之士，合从缔交，相与为一。当是时，齐有孟尝，赵有平原，楚有春申，魏有信陵。此四君者，皆明知而忠信，宽厚而爱人，尊贤重士，约从离衡，并韩、魏、燕、楚、齐、赵、宋、卫、中山之众。于是六国之士，有宁越、徐尚、苏秦、杜赫之属为之谋，齐明、周最、陈轸、昭滑、楼缓、翟景、苏厉、乐毅之徒通其意，吴起、孙膑、带佗、兒良、王廖、田忌、廉颇、赵奢之朋制其兵。常以十倍之地，百万之众，叩关而攻秦。秦人开关延敌，九国之师逡巡遁逃而不敢进。秦无亡矢遗镞之费，而天下诸侯已困矣。于是从散约解，争割地而奉秦。秦有馀力而制其敝，追亡逐北，伏尸百万，流血漂卤②。因利乘便，

①册：同“策”，策略。 ②卤：通“橹”，大盾。

宰割天下，分裂河山。强国请服，弱国入朝。延及孝文王、庄襄王，享国日浅，国家无事。

及至秦王，续六世之余烈[①]，振长策而御宇内，吞二周而亡诸侯，履至尊而制六合，执棰拊以鞭笞天下，威振四海。南取百越之地，以为桂林、象郡，百越之君俯首系颈，委命下吏。乃使蒙恬北筑长城而守藩篱，却匈奴七百馀里，胡人不敢南下而牧马，士不敢弯弓而报怨。于是废先王之道，焚百家之言，以愚黔首。堕名城，杀豪俊，收天下之兵聚之咸阳，销锋铸鐻，以为金人十二，以弱黔首之民。然后斩华为城，因河为津，据亿丈之城，临不测之溪以为固。良将劲弩守要害之处，信臣精卒陈利兵而谁何[②]，天下以定。秦王之心，自以为关中之固，金城千里，子孙帝王万世之业也。

秦王既没，馀威振于殊俗。陈涉，瓮牖绳枢之子，甿隶之人[③]，而迁徙之徒，才能不及中人，非有仲尼、墨翟之贤，陶朱、猗顿之富，蹑足行伍之间，而倔起什伯之中，率罢散之卒，将数百之众，而转攻秦。斩木为兵，揭竿为旗，天下云集响应，赢粮而景从，山东豪俊遂并起而亡秦族矣。

且夫天下非小弱也，雍州之地，殽、函之固自若也。陈涉之位，非尊于齐、楚、燕、赵、韩、魏、宋、卫、中山之君；锄耰棘矜，非铦于勾戟长铩也[④]；谪戍之众，非抗于九国之师；深谋远虑，行军用兵之道，非及乡时之士也。然而成败异变，功业相反也。试使山东之国与陈涉度长絜大[⑤]，比权量

---

①余烈：遗业，基业。 ②谁何：谁能奈何。 ③甿：种田的人。 ④棘：通“戟”。矜：矛柄。铦（xiān）：同“铦”，锋利。勾戟：有钩的戟。长铩：大矛。 ⑤絜（xié）：衡量，比较。

力，则不可同年而语矣。然秦以区区之地，千乘之权，招八州而朝同列，百有馀年矣。然后以六合为家，殽、函为宫，一夫作难而七庙堕，身死人手，为天下笑者，何也？仁义不施，而攻守之势异也。

秦并海内，兼诸侯，南面称帝，以养四海，天下之士斐然乡风，若是者何也？曰：近古之无王者久矣。周室卑微，五霸既殁，令不行于天下，是以诸侯力政[①]，强侵弱，众暴寡，兵革不休，士民罢敝。今秦南面而王天下，是上有天子也。既元元之民冀得安其性命，莫不虚心而仰上。当此之时，守威定功，安危之本在于此矣。

秦王怀贪鄙之心，行自奋之智，不信功臣，不亲士民，废王道，立私权，禁文书而酷刑法，先诈力而后仁义，以暴虐为天下始。夫并兼者高诈力，安定者贵顺权，此言取与守不同术也。秦离战国而王天下，其道不易，其政不改，是其所以取之守之者无异也。孤独而有之，故其亡可立而待。借使秦王计上世之事[②]，并殷周之迹，以制御其政，后虽有淫骄之主而未有倾危之患也。故三王之建天下，名号显美，功业长久。

今秦二世立，天下莫不引领而观其政。夫寒者利裋褐而饥者甘糟糠，天下之嗷嗷，新主之资也。此言劳民之易为仁也。乡使二世有庸主之行，而任忠贤，臣主一心而忧海内之患，缟素而正先帝之过，裂地分民以封功臣之后，建国立君以礼天下，虚囹圄而免刑戮[③]，除去收帑污秽之罪，使各反其乡里，发仓廪，散财币，以振孤独穷困之士，轻赋

①政：通“征”。 ②借使：假使。 ③囹圄：监狱。

少事，以佐百姓之急，约法省刑以持其后，使天下之人皆得自新，更节修行，各慎其身，塞万民之望[①]，而以威德与天下，天下集矣。即四海之内，皆讙然各自安乐其处，唯恐有变，虽有狡猾之民，无离上之心，则不轨之臣无以饰其智，而暴乱之奸止矣。二世不行此术，而重之以无道，坏宗庙与民，更始作阿房宫，繁刑严诛，吏治刻深，赏罚不当，赋敛无度，天下多事，吏弗能纪，百姓困穷而主弗收恤。然后奸伪并起，而上下相遁，蒙罪者众，刑戮相望于道，而天下苦之。自君卿以下至于众庶，人怀自危之心，亲处穷苦之实，咸不安其位，故易动也。是以陈涉不用汤、武之贤，不借公侯之尊，奋臂于大泽而天下响应者，其民危也。故先王见始终之变，知存亡之机，是以牧民之道，务在安之而已。天下虽有逆行之臣，必无响应之助矣。故曰"安民可与行义，而危民易与为非"，此之谓也。贵为天子，富有天下，身不免于戮杀者，正倾非也。是二世之过也。

襄公立，享国十二年，初为西畤。葬西垂。生文公。文公立，居西垂宫。五十年死，葬西垂。生静公。静公不享国而死。生宪公。宪公享国十二年，居西新邑。死，葬衙。生武公、德公、出子。出子享国六年，居西陵。庶长弗忌、威累、参父三人，率贼贼出子鄙衍，葬衙。武公立。武公享国二十年，居平阳封宫。葬宣阳聚东南。三庶长伏其罪。德公立。德公享国二年。居雍大郑宫。生宣公、成公、缪公。葬阳。初伏[②]，以御蛊。宣公享国十二年。居阳宫。葬阳。初志闰月。成公享国四年，居雍之宫，葬阳。齐伐山戎、孤竹。缪公享国三十九年。天子致

---

①塞：充塞，满足。 ②初伏：指开始规定伏日，即把暑天分为三伏。

霸。葬雍。缪公学著人①。生康公。康公享国十二年。居雍高寝。葬竘社。生共公。共公享国五年,居雍高寝。葬康公南。生桓公。桓公享国二十七年。居雍太寝。葬义里丘北。生景公。景公享国四十年。居雍高寝。葬丘里南。生毕公。毕公享国三十六年。葬车里北。生夷公。夷公不享国。死,葬左宫。生惠公。惠公享国十年。葬车里。生悼公。悼公享国十五年。葬僖公西。城雍。生刺龚公。刺龚公享国三十四年。葬入里。生躁公、怀公。其十年,彗星见。躁公享国十四年。居受寝。葬悼公南。其元年,彗星见。怀公从晋来。享国四年。葬栎圉氏。生灵公。诸臣围怀公,怀公自杀。肃灵公,昭子子也。居泾阳。享国十年。葬悼公西。生简公。简公从晋来。享国十五年。葬僖公西。生惠公。其七年,百姓初带剑。惠公享国十三年。葬陵圉。生出公。出公享国二年。出公自杀,葬雍。献公享国二十三年。葬嚣圉。生孝公。孝公享国二十四年。葬弟圉。生惠文王。其十三年,始都咸阳。惠文王享国二十七年。葬公陵。生悼武王。悼武王享国四年,葬永陵。昭襄王享国五十六年。葬茝阳。生孝文王。孝文王享国一年。葬寿陵。生庄襄王。庄襄王享国三年。葬茝阳。生始皇帝。吕不韦相。

献公立七年,初行为市。十年,为户籍相伍。孝公立十六年,时桃李冬华。惠文王生十九年而立。立二年,初行钱。有新生婴儿曰"秦且王"。悼武王生十九年而立。立三年,渭水赤三日。昭襄王生十九年而立。立四年,初为田开阡陌。孝文王生五十三年而立。庄襄王生三十二年而立。立二年,取太原

---

①著人:职守在宫殿门屏之间的侍卫。著:门屏之间。

地。庄襄王元年，大赦，修先王功臣，施德厚骨肉，布惠于民。东周与诸侯谋秦，秦使相国不韦诛之，尽入其国。秦不绝其祀，以阳人地赐周君，奉其祭祀。

始皇享国三十七年。葬郦邑。生二世皇帝。始皇生十三年而立。二世皇帝享国三年。葬宜春。赵高为丞相安武侯。二世生十二年而立。

右秦襄公至二世[1]，六百一十岁。

孝明皇帝十七年十月十五日乙丑，曰[2]：

周历已移，仁不代母。秦直其位，吕政残虐。然以诸侯十三，并兼天下，极情纵欲，养育宗亲。三十七年，兵无所不加，制作政令，施于后王。盖得圣人之威，河神授图，据狼、狐，蹈参、伐，佐政驱除，距[3]之称始皇。

始皇既殁，胡亥极愚，郦山未毕，复作阿房，以遂前策。云"凡所为贵有天下者，肆意极欲，大臣至欲罢先君所为"。诛斯、去疾，任用赵高。痛哉言乎！人头畜鸣。不威不伐恶，不笃不虚亡，距之不得留，残虐以促期，虽居形便之国，犹不得存。

子婴度次得嗣，冠玉冠，佩华绂，车黄屋，从百司，谒七庙。小人乘非位，莫不怳忽失守，偷安日日，独能长念却虑，父子作权，近取于户牖之间，竟诛猾臣，为君讨贼。高死之后，宾婚未得尽相劳，餐未及下咽，酒未及濡唇，楚兵已屠关中，真人翔霸上，素车婴组，奉其符玺，以归帝者。郑伯茅旌鸾刀，严王退舍。河决不可复壅，鱼烂不可复全。

---

①右：等于说以上或前面。古人自右至左竖行书写，所以称以上或前面所记为"右"。②曰：指班固说。此以下是东汉明帝访班固评贾谊、司马迁赞中论秦二世亡天下之得失，后人因取其说附之。③距：至，直到。

贾谊、司马迁曰："向使婴有庸主之才，仅得中佐，山东虽乱，秦之地可全而有，宗庙之祀未当绝也。"秦之积衰，天下土崩瓦解，虽有周旦之材，无所复陈其巧，而以责一日之孤，误哉！俗传秦始皇起罪恶，胡亥极，得其理矣。复责小子，云秦地可全，所谓不通时变者也。纪季以酅，《春秋》不名。吾读《秦纪》，至于子婴车裂赵高，未尝不健其决，怜其志。婴死生之义备矣。

【译文】

秦始皇帝，是秦国庄襄王之子。庄襄王曾作为秦国派出的质子居留赵国，在那里见到了吕不韦的姬妾，十分喜爱，就娶了她，生下始皇。秦始皇是秦昭王四十八年在邯郸出生的。出生后，起名叫政，姓赵氏。

在他十三岁时，庄襄王死，政继承王位做了秦王。这时，秦国已吞并了巴郡、蜀郡和汉中，跨过宛县占据了楚国的郢都，设置了南郡；往北收取了上郡以东，占据了河东、太原和上党郡；往东到荥阳，灭掉西周、东周两国，设置了三川郡。吕不韦为相国，封十万户，封号为文信侯。招揽宾客游士，想借此吞并天下。李斯为舍人。蒙骜、王齮、麃公等为将军。秦王年少，刚刚即位，把国事委托给大臣们。

晋阳发生叛乱，秦王政元年，将军蒙骜前去讨伐，平定了叛乱。二年，麃公率军攻打卷邑，斩杀三万人。三年，蒙骜攻打韩国，夺取了十三座城邑。王齮死。将军蒙骜攻打魏国的畼邑、有诡。这一年，发生严重饥荒。四年，夺取畼邑、有诡。三月，停止进军。秦国人质从赵国返回，赵国太子也从秦国回赵。十月庚寅日，蝗虫从东方飞来，遮天蔽日。全国瘟疫流行。百姓有缴纳一千石粮食的，授爵一级。五年，将军蒙骜攻打魏国，平定了酸枣、燕邑、虚邑、长平、雍丘、山阳城，全部攻克，夺取了二十个城邑。开始设置东郡。这年冬季有雷。六年，韩、魏、赵、卫、楚一起攻打秦国，攻占寿陵邑。秦国派出军队，五国停止进兵。秦国攻下卫国，逼近东郡，卫君角率领他的宗族迁居到野王邑，凭借山势险阻，保住了魏国的河内。七年，彗星先在东方出现，又在北方出现，五月，又在西方出现。将军蒙骜在攻打龙邑、孤邑、庆都时战死，秦军回师进攻汲县。彗星又在西方连续出现了十六天。夏太后死。八年，秦王的弟弟长安君成蟜率领军队攻打赵国，在屯留造反，结果他手下的军官都被斩杀，那里的百姓被迁往临洮。前来讨伐成蟜的将军壁死了，屯留人士兵蒲鹖又造反，结果战死，死后还被戮。黄河水溢，鱼大批涌上岸边，秦人都赶着马车到东方去找食物。嫪毐被封为长信侯，赐给他山阳的土地，让他居住在那里。宫室、车马、衣服、园林、打猎都听凭嫪毐的意愿。事情无论大小全由嫪毐决断。又把河西太原郡改为嫪毐的封国。

九年，彗星又出现了，有时划过整个天空。攻打魏国的垣邑和蒲阳邑。四月，秦王留宿雍地。己酉日，秦王举行表示已成年的加冠礼，佩带宝剑。长信侯嫪毐作乱的事被发觉，他盗用秦王御玺和太后印玺，发动京城部队和侍卫、官骑、戎翟族首领、家臣，企图攻打蕲年宫，发动叛乱。秦王得知后，命相国吕不韦、昌平君、昌文君发兵攻击嫪毐。在咸阳作战中，斩杀数百人的，秦王都授给他们爵位，连同参战的宦官，也授爵一级。嫪毐等战败逃走。当即通令全国：有活捉到嫪毐的，赐给赏钱一百万；杀死他的，赐给赏钱五十万。嫪毐等全被抓获。卫尉竭、内史肆、佐戈竭、中大夫令齐等二十人都被判处枭刑，把头颅砍下来悬挂在木竿上。对嫪毐处以五马分尸的车裂之刑以示众，并诛灭他的宗族。至于他的家臣，罪轻的处以鬼薪之刑，即为宗庙打柴三年的劳役。还有四千余家被夺去官爵，迁徙到蜀郡，住在房陵县。这个月十分寒冷，有冻死的人。杨端和攻打衍氏邑。彗星出现在西方，不久又出现在北方，从北斗往南接连出现了八十天。十年，相国吕不韦因受嫪毐牵连而被罢官。桓齮为将军。齐国和赵国派来使臣摆酒祝贺。齐国人茅焦劝说秦王道：“秦国正以夺取天下为大事，而大王有流放太后的名声，恐怕诸侯听说了，因此而背弃秦国啊。”秦王于是将太后从雍地接回咸阳，仍让她住在甘泉宫。

秦国全面搜索、驱逐在秦国做官的别国人。李斯上书劝说，秦王才废止了逐客令。李斯借机劝说秦王，建议首先攻取韩国，以此来恐吓其它国家，于是秦王派李斯去降服韩国。韩王为此而担忧，就跟韩非谋划削弱秦国。

大梁人尉缭来到秦国，劝谏秦王道："凭着秦国这样强大，诸侯就象郡县的首脑，我只担心山东各国合纵，联合起来进行出其不意的袭击，这就是从前智伯、夫差、湣王之所以灭亡的原因所在。希望大王不要吝惜财物，给各国权贵大臣送礼，利用他们打乱诸侯的计谋，这样只不过耗费三十万金，而诸侯就可以完全消灭了。"秦王听从了他的计谋，会见缭时以平等的礼节相待，衣服饮食也与尉缭一样。尉缭说："秦王这个人，高鼻梁，眼睛很长，老鹰的胸脯，豺狼的声音，缺乏仁德，而有虎狼之心，穷困时容易对人谦下，得志时也会轻易地吃人。我是个平民，然而他见到我总是常自身甘居我下。如果秦王夺取天下的心愿得以实现，天下的人就都成为奴隶了。我不能与之长久交往。"于是逃走，秦王发觉，坚决劝止，让他做秦国的最高军事长官，始终采用了他的计谋。李斯执掌国政。

十一年，主将王翦、次将桓齮、末将杨端和三军合并为一军去攻打邺邑，先夺取了九座城邑。王翦又去攻打阏与、橑杨，把全部士兵合并成一支军队。王翦统率全军，过了十八天，让军中年俸禄不满百石的小官回家，十人中挑选二人留在军中。终于攻下了邺城、橑杨，是桓齮指挥攻下的。

十二年，文信侯吕不韦死，他的门客偷偷将他安葬在洛阳北芒山。对于他的家臣参加哭吊的，如是晋国人，就赶出国境；如是秦国人，俸禄在六百石以上的官剥夺爵位，流放；俸禄在五百石以下而未参与哭吊的，也流放，但不剥夺爵位。自此以后，掌管国事不遵循正道像嫪毐、吕不韦这样的，就将他的家人编入簿册为奴隶，不得做官，全部照此法办理。秋天，免除迁居蜀郡的嫪毐家臣的赋税徭役。这时，全国大旱，从六月起，直到八月才下了雨。

十三年，桓齮攻打赵国平阳邑，杀了赵将扈辄，斩首十万人。秦王到河南郡去。正月，彗星出现在东方。十月，桓齮攻打赵国。

十四年，在平阳攻击赵军，攻克了宜安，打败了赵国军队，杀死了赵国的将军。桓齮平定了平阳、武城。韩非出使到秦国，秦国采纳了李斯的计谋，扣留了韩非，韩非死在云阳。韩王请求向秦国称臣。

十五年，秦国大举出兵，一路到达邺县，一路到达太原，攻取了狼孟。这一年发生了地震。十六年九月，派军队去接收原韩国南阳一带土地，命腾代理南阳太守。开始命令男子报写年龄，以便征发兵卒、徭役。魏国向秦国献地。秦国设置丽邑。十七年，内史腾去攻打韩国，擒获了韩王安，收缴了他的全部土地。设置为郡，命名为颍川郡。又发生了地震。华阳太后死。人民遭遇到大饥荒。

十八年，秦大举兴兵进攻赵国，王翦统率上地的军队，攻占了井陉。杨端和率领河内的军队，羌瘣进攻赵国，杨端和包围了邯郸城。十九年，王翦、羌瘣全部平定打下了赵国的东阳，俘获赵王。他们又想率兵攻打燕国，驻扎在中山。秦王前往邯郸，当初他生长在赵国时与他母家有仇的那些人，全被活埋了。秦王返回，经由太原、上郡回到都城。秦始皇的母太后死。赵公子嘉率领他的宗族几百人到代地，自立为代王，向东与燕国的军队会合，驻扎在上谷郡。这年发生大饥荒。

二十年，燕太子丹担心秦国军队打到燕国来，十分恐慌，派荆轲去刺杀秦王。秦王发现了，处荆轲以肢解之刑来示众，然后就派遣王翦、辛胜去进攻燕国。燕国、代国发兵迎击秦军，秦军在易水西边击溃了燕军。

二十一年，王贲去攻打楚国。秦王增派援兵到王翦军队中去，终于打败燕太子的军队，攻取了燕国的蓟城，拿到了燕太子丹的首级。燕王向东收取了辽东郡的地盘，在那里称王。王翦推说有病，告老还乡。新郑造反。昌平君被迁谪到郢城。这一年下了大雪，雪厚二尺五寸。

二十二年，王贲去攻打魏国，引汴河的水灌大梁城，大梁城墙塌坏，魏王假请求投降，秦军取得了魏国的全部土地。

二十三年，秦王再次诏令征召王翦，强行起用他，派他去进攻楚国。攻占陈县往南直到平舆土地，俘虏楚王。秦王巡游来到郢都和陈县。楚将项燕拥立昌平君为楚王，在淮河以南抵抗秦国。二十四年，王翦、蒙武去攻打楚国，打败楚军，昌平君死，项燕于是也就自杀了。

二十五年，大规模举兵，派王贲为将领，攻打燕国的辽东郡，俘获燕王姬喜。回来时又攻打代国，俘虏了代王赵嘉。王翦于是平定了楚国的长江以南一带，使越君投降，设置了会稽郡。五月，秦国为庆祝灭掉五国而下令特许天下聚饮。

二十六年，齐王田建和他的相国后胜派军队防守齐国西部边境，断绝与秦国的来往。秦王派将军王贲经由燕国往南进攻齐国，俘获了齐王田建。

秦王刚统一天下，命丞相、御史说："从前韩王交出土地献上印玺，请求做守卫边境的臣子，不久又背弃誓约，与赵国、魏国联合反叛秦国，所以兴兵去讨伐他们，俘虏了韩国的国王。我认为这很好，因为这样或许就可以停止战争了。赵王派他的相国李牧来订立盟约，所以归还了他们抵押在这里的质子。不久他们就违背了盟约，在太原反抗我们，所以派兵去讨伐他们，俘获了赵王。赵公子嘉竟然自立为代王，所以就发兵去灭了赵国。魏王起初已约定归服于秦，不久却与韩国、赵国合谋袭击秦国，秦国官兵前去讨伐，终于打败了他们。楚王献出青阳以西的地盘，不久也背弃誓约，袭击我南郡，所以派兵去讨伐，俘获了楚国的国王，终于平定了楚地。燕王昏乱糊涂，他的太子丹竟然暗中派荆轲来行刺，秦国官兵前去讨伐，灭掉了他的国家。齐王采用后胜的计策，断绝了与秦国的使臣来往，想要作乱，秦国官兵前去讨伐，俘虏了齐国国王，平定了齐地。我凭着这个渺小之身，兴兵诛讨暴乱，靠着祖宗的英灵，六国国王都依他们的罪过受到了应有的惩罚，天下安定了。现在如果不更改名号，就无法显扬我的功业，传给后代。请商议帝号。"

丞相王绾、御史大夫冯劫、廷尉李斯等都说："从前五帝的土地纵横各千里，外面还划分有侯服、夷服等地区，诸侯有的朝见，有的不朝见，天子不能控制，现在您兴正义之师，诛伐四方残贼，平定了天下，在全国设置郡县，法令归于一统，这是亘古不曾有，五帝也比不上的。臣等恭谨地跟博士们商议说：'古代有天皇、有地皇、有泰皇，泰皇最尊贵。'我们这些臣子冒死罪献上尊号，王称为‘泰皇’。发教令称为‘制书’，下命令称为‘诏书’，天子自称为‘朕’。秦王说：“去掉‘泰’字，留下‘皇’字，加在上古‘帝’的位号之前，称为‘皇帝’，其他就按你们议论的办。”于是下令说：“可以”。追尊庄襄王为太上皇。又下令说：“我听说上古时代有号而没有谥，中古有号，死后根据生前品行事迹给个谥号。这样一来，就是儿子议论父亲，臣子议论君主了，非常没有意义，我不取这种做法。从今以后，废除谥法。我就叫作始皇帝，后代就从我这儿开始，称二世、三世直到万世，永远相传，没有穷尽。”

秦始皇按水、火、木、金、土五行相生相克、终始循环的原理进行推求，认为周朝占有火德的属性，秦朝要取代周朝，就必须取周朝的火德所不能剋胜的水德。现在是水德开始之年，更改一年的开始。群臣朝见拜贺都在十月初一这一天。衣服、符节和旗帜的装饰，都崇尚黑色。把数目以十为终极改成以六为终极，所以虎符和御史所戴的法冠都规定为六寸，车宽为六尺，六尺为一步，一辆车驾六匹马。把黄河更名为“德水”，以此来表示水德的开始。刚毅严厉，一切事情都依法律决定，刻薄而不讲仁爱、恩惠、和善、情义，这样才符合五德中水主阴的命数。于是以贯彻法令为急务，很多年前犯的罪，也不能得到宽赦。

丞相王绾等进言说：“诸侯刚被打败，燕国、齐国、楚国地处偏远，不给它们设置诸侯王，就无法镇服那里。请封立各位皇子为王，希望皇上恩准。”始皇把这个建议交给群臣商议，群臣都认为这样做有利。廷尉李斯发表意见说：“周文王、周武王分封子弟和同姓亲属很多，可他们的后代逐渐疏远了，互相攻击，就像仇敌一样，诸侯间彼此征战，周天子也无法阻止。现在天下靠您的神灵之威获得统一，都划分成了郡县，对于皇子功臣，用公家的赋税重重赏赐，这样就很容易控制了。要让天下人没有邪异之心，这才是使天下安宁的好办法啊。设置诸侯王没有好处。”始皇说：“天下人都苦于连年战争无止无休，就是因为有那些诸侯王。现在依仗祖宗英灵，刚安定天下，如果又设立诸侯，这等于是又挑起战争，想要求得安宁太平，岂不困难吗？廷尉说得对。”

于是把天下分为三十六郡。每郡都设置守、尉、监。改称人民为“黔首”。下令全国特许聚饮以表示欢庆。收集天下的兵器，聚集到咸阳，熔化之后铸成大钟，十二个铜人，每个重达十二万斤，放置在宫廷里。统一法令和度量衡标准。统一车辆两轮间的宽度。书写使用统一的文字。领土东到大海和朝鲜，西至临洮、羌中，南到北向户，往北据守黄河作为要塞，沿着阴山往东一直到达辽东郡。迁徙天下富豪人家十二万户到咸阳居住。诸如祖庙及章台宫、上林苑都在渭水南岸。秦国每灭掉一个诸侯，都按照该国宫室的样子，在咸阳北面的山坡上进行仿造，南边濒临渭水，从雍门往东一直到泾、渭二水交会处，殿屋之间有天桥和环行长廊相互连接起来。从诸侯那里虏得的美人、钟鼓乐器之类，都放到那里面。

二十七年，秦始皇去巡视陇西、北地，穿过鸡头山，路过回中。于是在渭水南面建造信宫。不久，又把信宫改名叫极庙，以象征处于天极的北极星。从极庙开通道路直达郦山，又修建了甘泉前殿。修造两旁筑墙的甬道，从咸阳一直连接到骊山。这一年，普遍赐给爵位一级。修筑供皇帝巡行所用的通达全国各地的驰道。

二十八年，始皇到东方去巡视郡县，登上邹县峄山。在山上树立石碑，又与鲁地儒生们商议，刻石以颂扬秦之德业，商议在泰山祭天、在梁父山祭地和遥祭名山大川的事情。于是登上泰山，树立石碑，筑起土坛，举行祭天盛典。下山时，突然风雨大作，始皇歇息在一棵树下，因此赐封那棵树为“五大夫”，接着在梁父山举行祭地典礼，在所立石碑上镌刻碑文。碑文是：

> 皇帝登基即位，创立昌明法度，臣下端正谨慎。二十六年，天下归于一统，四方无不归顺。亲自巡视远方黎民，登临这座泰山，东方一览极尽。随从的臣子思念伟绩，推溯事业本源，敬赞功德无限。治世之道实施，诸种产业得宜，一切法则大振。大义清明美善，传于后世子孙，永世承继不变。皇帝圣明通达，既已平定天下，毫不懈怠国政。每日早起晚睡，建设长远利益，专心教化兴盛。以常道来阐明想法，远近通达平治，圣意人人尊奉。贵贱清楚分明，男女依礼有

别，供职个个虔敬。光明通照内外，处处清净安泰，后世永续德政。教化所及无穷，定要遵从遗诏，永世遵奉谆谆告诫。

于是就沿着渤海岸边往东走，途经黄县、腄县，攀上成山的顶峰，又登上之罘山，树立石碑歌颂秦之功德，然后离去。

又往南走登上了琅邪山，十分高兴，在那里停留了三个月。于是迁来百姓三万户到琅邪台下居住，免除他们十二年的赋税徭役。修筑琅邪台。树碑刻字，歌颂秦之功德，彰明自己因如愿以偿而感到满意的心情。碑文说：

二十八年，皇帝刚刚登基。订立法度，使之成为整治万物的纲纪。彰明人事之宜，提倡父慈子孝。皇帝圣智仁义，宣明各种道理。亲临东土安抚，慰劳视察兵士。大事业已完毕，巡行滨海之地。皇帝伟大功绩，操劳根本大事。实行重农抑商，为使平民富裕。普天之下同心，顺从皇帝意志。统一器物度量，统一书写文字。日月照耀之处，车船所到之地，无不遵奉王命，人人得志满意。顺应四时行事，自有皇帝。整顿恶劣习俗，跋山涉水千里。怜惜黎民百姓，日夜不肯歇息。除疑惑定法律，无人不守法纪。地方长官分职，各级官署治理，举措务求得当，无不公平整齐。皇帝如此圣明，亲自视察四方。无论尊卑贵贱，各守本分，不敢越位。奸邪一律不容，务求忠贞贤良。事情不分大小，竭力不倦争强。无论远处近处，只求严肃端庄。正直敦厚忠诚，事业才能久长。皇帝大恩大德，使天下得以安定。诛除祸乱灾害，为国谋利造福。劳役不误农时，百业繁荣富足。黎民安居乐业，不再用兵动武。六亲终得相保，盗寇从此尽除。欢欣接受教化，法规都能记住。天地四方之内，尽是皇帝之土。西边越过沙漠，南边到达北户。东边到达东海，北边越过山西高原。人迹所到之处，无不称臣归服。功高盖过五帝，恩泽遍及马牛。无人不受其德，家家安定其居。

秦王兼有天下，立名号称为皇帝，亲临东土安抚百姓，到达琅邪。列侯武成侯王离、列侯通武侯王贲、伦侯建成侯赵亥、伦侯昌武侯成、伦侯武信侯冯毋择、丞相隗林、丞相王绾、卿李斯、卿王戊、五大夫赵婴、五大夫杨樛随从着在海上一起议论皇帝的功德。都说："古代帝王，土地不超过千里，诸侯各守受封之土，朝见与否各异。互相攻伐侵犯，残杀征伐不止，还要刻金镂石，立碑夸耀自己。古代五帝三王，知识教育不同，法令制度不明，借助鬼神之威，欺凌压迫远方，其实不称其名，所以不能久长。他们还没有死，诸侯就已背叛，法令无法通行。当今皇帝统一海内，全国设立郡县，天下安定太平。显明祖先宗庙，践行大道，推行德政，实现了名副其实的皇帝称号。群臣齐颂皇帝，功德刻于金石，树作典范永恒。"

刻石完毕，齐地人徐市等上书，说大海之中有三座神山，名叫蓬莱、方丈、瀛洲，有仙人居住在那里。希望能斋戒沐浴，带领童男童女前去求仙。于是就派徐市挑选童男童女几千人，到海中去寻找仙人。

始皇返回京城，路经彭城，斋戒祈祷，想要从泗水中打捞出那只落水的周鼎。派了一千人潜入水底寻找，没能找到。于是向西南渡过淮河，前往衡山、南郡。乘船顺江而下，来到湘山祠。遇上了大风，几乎不能渡河。皇上问博士说："湘君是什么神？"博士回答说："听说是尧的女儿，舜的妻子，埋葬在此。"始皇非常生气，就派了三千服刑役的罪犯，把湘山上的树全部砍光，使山露出了土地的赭红色。皇上从南郡经由武关回到京城。

二十九年，始皇到东方巡游。到达阳武博浪沙时，遭到张良与一名力士的行刺，刺客误中副车，始皇受了惊吓，捉拿刺客没捉到，就下令全国大搜捕十天。登上之罘山，刻石立碑，碑文是：

二十九年，正值仲春二月，春日阳气上升。皇帝东来游览，巡行登上之罘，观看大海。随从诸臣见此美景，追颂伟业初创。圣君兴隆治道，确定制度法规，彰明准则纪纲。对外教诲诸侯，广施礼乐德惠，用义理开导他们。六国之君邪僻，贪利永无满足，虐杀不止疯狂。皇帝哀怜民众，发师前往征讨，武德奋扬大振。仗义讨伐守信，声威光烈遍传，海内无不归服。彻底消灭强暴，努力拯救万民，遍安四方远近。明法普遍施行，天下治理安定，永为法则无伦。伟大啊！天地神州赤县，共同遵循圣意。群臣歌颂功德，请求刻于石碑，表率千古永不陨。

在石碑背面刻写道：

二十九年，皇帝春日出游，巡游来到远方。幸临东海之滨，登上之罘高山，观赏初升朝阳。遥望广阔绚丽的大好河山，众臣推原思念，圣道灿烂辉煌。圣法刚刚实行，对内清理陋习，对外诛灭强暴的六国诸侯。军威远扬四海，震撼四面八方，终于擒灭了六国之王。开拓一统天下，灭绝种种灾害，兵器永远收藏。皇帝修明圣德，经营治理天下，明视兼听不倦。兴立大义，设置种种器物，全有等级标志。大臣安守职分，都知各自事务，诸事毕无猜疑。百姓移风易俗，远近同一法度，终身守法不移。惯常职务已定，后代遵循先业，永远承袭圣治。群臣赞美大德，赞诵圣明伟业，请刻之罘永志。

不久，始皇前往琅邪，经由上党返回咸阳。

三十年，没有什么大事。

三十一年十二月，把腊月更名为“嘉平”。赐给百姓每个里六石米，二只羊。始皇在咸阳便装出行，与四个武士一起，夜里在兰池遇上了强盗，情势危急，武士们打死了强盗，于是在关中大规模搜查了二十天。米价每石一千六百钱。

三十二年，始皇前往碣石，派燕国人卢生访求仙人羡门、高誓。在碣石山门刻石立碑。拆毁了关东诸侯的旧城墙，挖通了阻隔交通的堤防。所以碑文说：

皇帝兴师用兵，诛灭无道之君，要把反叛平息。用武力消灭残暴凶逆，用文教政令保障无罪良民，民心全都归服。论功行赏众臣，惠泽施及牛马，皇恩遍布全国。皇帝振奋神威，以德兼并诸侯，首次实现了天下统一太平。拆除关东旧城，挖通河川堤防，夷平各处险阻。地势既已平坦，众民再也不用服徭役，天下都得安抚。男子欣喜耕作，女子修治女红，事事井然有序。皇恩施及百业，合力勤勉耕田，无不乐业安居。群臣敬颂伟业，敬请镌刻此石，永留仪范规矩。

于是派韩终、侯公、石生寻找仙人不死之药。始皇巡视北部边界，经由上郡返回咸阳。燕国人卢生被派入海求仙回来了。为了说明鬼神的事，他奏上了宣扬符命占验的图录之书，上面写着“灭亡秦朝的是胡”。始皇就派将军蒙恬率兵三十万去攻打北方的胡人，夺取了黄河以南的土地。

三十三年，征发那些曾逃亡的犯人，典押给富人做奴隶、主家又给娶了妻子的人，以及商贩，去夺取陆梁地区，设置桂林、象郡、南海等郡，把受贬谪的人派去防守。又在西北驱逐匈奴。从榆中沿黄河往东一直连接到阴山，划分成四十四个县。沿河修建城墙，设置要塞。又派蒙恬渡过黄河去夺取高阙、阳山、北假一带地方，筑起堡垒以驱逐戎狄。迁移被贬谪的人，让他们去充实新设置的县。发布禁令不准祭祀主稼穑的灵星。彗星出现在西方。

三十四年，贬谪办理诉讼不当的官吏，让他们去修筑长城及戍守南越地区。

秦始皇在咸阳宫设宴，七十位博士上前献酒颂祝寿辞。仆射周青臣上前颂扬说：“从前秦国土地不过千里，仰仗陛下神灵明圣，平定天下，驱逐蛮夷，凡是日月所照耀到的地方，没有不归服的。把诸侯国改置为郡县，人人安居乐业，不必再担心战争，功业可以传之万世。您的威德，自古及今无人能比。”始皇十分高兴。博士齐人淳于越上前说：“我听说殷朝、周朝统治天下达一千多年，分封子弟功臣，给自己当作辅佐。如今陛下拥有天下，而您的子弟却是平民百姓，一旦出现像齐国田常、晋国六卿之类谋杀君主的乱臣，没有宗室辅佐，靠谁来救援呢？凡事不师法古人而能长久的，还不曾听说过。刚才周青臣又当面阿谀，以致加重陛下的过失，这不是忠臣。”

始皇把他们的意见下交群臣商议。丞相李斯说：“五帝的制度不是一代重复一代，夏、商、周的制度也不是一代因袭一代，可都凭着各自的制度治理好了，这并不是他们故意要彼此相反，而是由于时代变了，情况不同了。如今陛下开创大业，建立起万世不朽之功，这本来就不是愚陋的儒生所能理解的。况且淳于越所说的是夏、商、周三代的事，哪里值得取法呢？从前诸侯并起纷争，才大量招揽游说之士。现在天下平定，法令出自陛下一人，百姓在家就应致力于农工生产，读书人就应学习法令刑禁。现在儒生们不学习今天的却要效法古代的，以此来诽谤当世，惑乱民心。丞相李斯冒死罪进言：古代天下散乱，没人能够统一政令，所以诸侯并起，说话都是称引古人为害当今，矫饰虚言扰乱名实，人们只欣赏自己私下所学的知识，指责朝廷所建立的制度。当今皇帝已统一天下，分辨是非黑白，奠定至高无上的法则。可私学却一起非议法令，人们一听说有命令下达，就各根据自己所学加以议论，在家独处时就在心里指责，出朝就去街巷谈议，在君主面前夸耀自己以求取名利，追求奇异说法以抬高自己，在民众当中带头制造谤言。像这样却不禁止，在上边，君主的威势就会下降，在下边，朋党的势力就会逐渐形成。臣以为取缔他们是正确的。我请求让史官把不是秦国的典籍全部焚毁。除博士官署所掌管的之外，天下敢有收藏《诗》《书》、诸子百家著作的，全都送到地方官那里一起烧掉。有敢在一块儿谈论《诗》《书》的处死示众，以古非今的满门抄斩。官吏如果知道而不举报，以同罪论处。命令下达三十天仍不烧书的，处以脸上刺字的黥刑，处以城旦之刑四年，发配边疆，白天防寇，夜晚筑城。所不取缔的，是医药、占卜、种植之类的书。如果有人想要学习法令，就以官吏为师。”秦始皇下诏说：“可以。”

三十五年，开始修筑道路，经由九原一直修到云阳，挖掉山峰填平河谷，笔直贯通。这时始皇认为咸阳人口多，先王宫廷窄小，听说周文王建都在丰，武王建都在镐，丰、镐两城之间，才是帝王的都城所在。于是就在渭水南上林苑内修建朝宫。先在阿房建前殿，东西长五百步，南北宽五十丈，宫中可以容纳一万人，下面可以树立五丈高的大旗。四周架有天桥可供驰走，从宫殿之下一直通到终南山。在终南山的顶峰修建门阙作为标志。又修造天桥，从阿房跨过渭水，与咸阳连接起来，以象征天上的北极星、阁道星跨过银河抵达营室星。阿房宫未建成；计划等竣工后，再选择一个好名字给它命名。因为是在阿房修筑此宫，所以称之为阿房宫，受过宫刑、徒刑的七十多万人，分别被派去修建阿房宫，有的去营建骊山。从北山开采来山石，从蜀地、荆地大量运来木料。关中总共建造宫殿三百座，关外建四百座。于是在东海边的朐山上竖立大石，作为秦朝国境的东门。为此迁徙三万户人家到骊邑，五万家到云阳，都免除十年的赋税徭役。

卢生劝说始皇道："我们寻找灵芝、奇药和仙人，一直找不到，好像是有什么东西伤害了它们。按仙方来说，皇帝要经常秘密出行以便驱逐恶鬼，恶鬼避开了，神仙真人才会来到。皇上住的地方如果让臣子们知道，就会妨害神仙。真人是入水不会沾湿，入火不会烧伤的，能够乘驾云气遨游，寿命和天地共久长。现在皇上治理天下，还没能做到清静恬淡。希望皇上所住的宫室不要让人知道，这样，不死之药或许能够得到。"于是始皇说："我羡慕神仙真人，自称'真人'，不再称'朕'了。"于是令咸阳四周二百里内的二百七十座宫观都用天桥、甬道相互连接起来；把帷帐、钟鼓和美人都安置在里边，全部按照所登记的位置不得移动。皇帝所驾临的地方，如有人说出去，就判死罪。

有一次皇帝幸临梁山宫，从山上望见丞相的随从车马众多，很不赞成。宦官近臣里有人把这件事告诉了丞相，丞相以后就减少了车马数目，始皇生气地说："这是宫中有人泄露了我的话。"经过审问，没有人认罪，就下诏把当时跟随在旁的人抓起来，全部杀掉。从此以后再没有人知道皇帝的行踪。皇帝听群臣报告，群臣接受命令，全在咸阳宫进行。

侯生、卢生一起商议说："始皇的为人，天性粗暴凶狠，自以为是，他出身诸侯，兼并天下，诸事称心，为所欲为，认为从古到今没有人能比得上他。他专门任用治狱的官吏，狱吏们都受到亲近和宠幸。博士虽然也有七十人，但只不过是挂名充数的人员，并未重用。丞相和各位大臣都只是接受已决定的命令，依仗皇上办事。皇上喜欢用重刑、杀戮显示威严，官员们都怕获罪，都想保持住禄位，所以没有人敢真正竭诚尽忠。皇上听不到自己的过错，因而一天更比一天骄横。臣子们担心害怕，专事欺骗，屈从讨好。秦法规定，一个方士不能兼有两种方术，如果方术不能应验，就要处死。然而占候星象云气以测吉凶的人多达三百，都是良士，然而由于害怕获罪，就得避讳奉承，不敢正直地说出皇帝的过错。天下之事无论大小都由皇上决定，皇上甚至用秤来称量各种公文简册，日夜都有定额，批阅达不到定额，就不能休息。他贪于权势到如此地步，咱们不能为他去找仙药。”于是就逃跑了。始皇听说二人逃跑，十分恼怒地说：“我先前查收了天下所有不适用的书都把它们烧掉。征召了大批文章博学之士和有各种技艺的方术之士，想用他们振兴太平，这些方士想要炼造仙丹寻找奇药。今天听说韩众一去无回。徐市等人花费的钱以数万计算，最终也没找到仙药，只是他们奸诈取利互相告发的消息传到我耳朵里。对卢生等人我尊重他们，赏赐十分优厚，如今竟然诽谤我，企图以此加重我的无德。这些人在咸阳的，我派人去查问过，有的人竟妖言惑众，扰乱民心。”于是派御吏去一一审查，这些人互相揭发，一个供出一个，始皇亲自把他们从名籍上除名，一共四百六十多人，全部活埋在咸阳，让天下的人知道，以惩戒以后的人。征发更多的流放人员去戍守边疆。始皇的长子扶苏进谏说：“天下刚刚平定，远方百姓还没有归附，儒生们都诵读诗书，效法孔子，现在皇上一律用重法制裁他们，我担心天下将会不安定，希望皇上明察。”始皇听了很生气，就派扶苏到北方上郡去监督蒙恬的军队。

三十六年，火星侵入心宿，这种天象预示着帝王有灾。有颗陨星坠落在东郡，落地后变为石块，老百姓有人在那块石头上刻了“始皇帝死而土地分。”始皇听说了，就派御史前去挨家查问，没有人认罪，于是把居住在那块石头周围的人全部抓来杀了，焚毁了那块陨石。始皇不高兴，让博士作了一首《仙真人诗》，等到巡行天下时，走到一处就传令乐师弹奏唱歌。

秋天，使者从关东走夜路经过华阴平舒道，有人手持玉璧拦住使者说：“替我送给滈池君。”趁便说：“今年祖龙死。”使者问他缘由，那人忽然就不见了，放下玉璧离去。使者捧回玉璧向秦王报告了所遇见的情况。

始皇沉默了好一会，说："山里鬼怪本来不过能预知一年的事。"退朝后他又说："祖龙，就是人的祖先。"始皇让御府察看那块玉璧，竟然是始皇二十八年出外巡视渡江时沉入水中的那块。于是始皇为此事进行占卜，占卜的结果是迁徙才吉利。于是迁移三万户人家到北河、榆中地区，每户授给爵位一级。

三十七年十月癸丑日，始皇外出巡游。左丞相李斯跟随着，右丞相冯去疾留守咸阳。小儿子胡亥想去巡游，要求跟随着，皇上答应了他。十一月，走到云梦，在九疑山遥祭虞舜。然后乘船沿长江而下，到籍柯游览，渡过海渚，经过丹阳，到达钱塘。到浙江边上时，水波凶险，就向西走了一百二十里，从江面狭窄的地方渡过。登上会稽山，祭祀大禹，遥望南海。在那里刻石立碑，颂扬秦朝的功德。碑文是：

皇帝功业伟大，平定统一天下，德惠深厚久长。三十七年，亲自巡行天下，遍游观览远方。登临会稽山，考察民间习俗，黎民恭敬景仰。群臣齐颂功德，推原皇帝事迹，追溯英明高强。秦朝圣王登位，创制刑法名称，阐述旧有规章。建立公平法则，审慎区分职责，确立永久纲纪。六国之王专横背德，贪利傲慢凶狠，凭借军队，妄自逞强。暴虐横行无忌，倚仗武力而骄横，屡动干戈打仗。暗中安置坐探，联合六国合纵，行为卑鄙猖狂。对内说谎狡诈，向外侵我边境，由此引起祸殃。仗义扬威诛讨，消灭凶暴叛逆，乱贼终于灭亡。圣德广博深厚，天地四海之内，恩泽覆盖无疆。皇帝统一天下，一人兼理万机，远近到处清明。执掌管理万物，考察验证事实，分载以名称。无论贵贱，违法必惩，好坏当前陈述，不敢有丝毫隐瞒。谨慎自省，宣明义理，有夫弃子而嫁，背夫不贞无情。以礼分别内外，禁止纵欲放荡，男女都应洁诚。丈夫在外淫乱，杀了没有罪过，男子须守规程。妻子弃夫逃嫁，子不认她为母，男女都变得品行端正清白。治理荡涤恶俗，全民承受教化，天下沐浴新风。人人遵守规矩，和好安定互勉，无不顺从命令。百姓美善清洁，全都因法度统一而快乐，乐保天下太平。后人敬奉圣法，大治大安无边，车船不翻倾。众臣颂扬功业，请求刻石作铭，传千古放光明。

始皇返回，途经吴地，从江乘县渡江，沿海岸北上，到达琅邪。

方士徐市等人入海寻找仙药，好几年也没找到，花费钱财很多，害怕遭受责罚，就欺骗说："蓬莱仙药可以找到，但常被大鱼困扰，所以无法到达，希望皇上派善于射箭的人一同去，遇到大鱼就用装有机关可以连续发射的弓弩射它。"始皇做梦与海神交战，海神的形状好像人。请占梦的博士给圆梦，博士说："水神本来是看不到的，它用大鱼蛟龙做先导。现在皇上祭祀周到恭敬，却出现这种恶神，应当除掉它，然后真正的善神就可以找到了。"于是命入海的人携带捕大鱼的工具，亲自带着有机关的弓弩去等候大鱼出来以便射它。从琅邪向北直到荣成山，都不曾遇见。到达之罘时，遇见了大鱼，射死了一条。接着又沿海向西进发。

秦始皇到达平原津时生了病。始皇讨厌"死"这个字，群臣没有人敢说死的事情。皇帝病得更厉害了，就写了一封盖上御印的信给公子扶苏说："回来参加我的丧事，在咸阳安葬。"信已封好了，存放在中东府令赵高兼掌印玺事务的办公处，没有交给使者。七月丙寅日，始皇在沙丘平台驾崩。丞相李斯认为皇帝在外地驾崩，恐怕皇子们和各地乘机发动变乱，就秘不发丧。棺材放置在既封闭又能通风的辒凉车中，派始皇生前宠幸的宦官做陪乘，每走到适当的地方，就献上饭食，百官像平常一样向皇上奏事。宦官就在辒凉车中降诏批签。只有胡亥、赵高和五六个曾受宠幸的宦官知道皇上驾崩。赵高过去曾教胡亥写字和狱律法令等事，胡亥私下里很喜欢他。赵高与公子胡亥、丞相李斯秘密商量拆开始皇赐给公子扶苏的那封已封好的信。谎称李斯在沙丘接受了始皇遗诏，立皇子胡亥为太子。又写了一封信给公子扶苏、蒙恬，列举他们的罪状，赐令他们自杀。这些事都记载在《李斯列传》中，继续前行，从井陉到达九原。正赶上是暑天，始皇的尸体在辒凉车中发出了臭味，就下令随从官员让他们往车里装一石有腥臭气的腌鱼，鱼臭掩没尸臭。

一路行进，从直道回到咸阳，发布治丧公告。

太子胡亥即位，就是二世皇帝。九月，把始皇安葬在郦山。

始皇当初刚刚登位，就挖通治理了郦山，到统一天下后，从全国各地送来七十多万徒役，凿地三重泉水那么深，炼铜水浇灌，填塞缝隙，然后才把外棺放进去，又修造宫观，设置百官位次，把珍奇器物、珍宝怪石等搬进去，放得满满的。命工匠制造由机关操纵的弓箭，如有人挖墓一走近就能射死他。用水银做成百川江河大海，在机械转动下流动不息，顶壁装饰成天穹布满群星，下面布置成全国的地形图案。用娃娃鱼的油脂做成火炬，估计很久不会熄灭。二世说："先帝后宫妃嫔没子女的，放她们出宫不合适。"就命这些人全部殉葬，殉葬的人很多。下葬完毕，有人说是工匠制造机械，墓中所藏宝物他们都知道，宝物多而贵重，这就难免会泄露出去。隆重的丧礼完毕，宝物都已藏好，就封闭墓道的中间一道门，又把墓地最外面的一道门放下来，工匠们全部被封闭在里边，没有一个再出来的。墓上栽种草木，从外边看上去好像一座山。

二世皇帝元年，二世二十一岁。赵高做郎中令，执掌朝廷大权。二世下诏，增加始皇祠庙里用来祭祀的牲畜数量，增加山川各种祭祀的礼仪。命大臣们讨论推尊始皇庙号的事。大臣们都叩头说："古时候天子的祖庙为七庙，祭祀七代祖宗，诸侯五庙，大夫三庙，如今始皇庙是至高无上的，即使是万世以后也不能毁除，天下人都要贡献祭品赋税，增加祭祀用的牲畜，礼仪完全具备，不能有比这个再高的。先王之庙有的在西雍，有的在咸阳。按照礼仪，天子应当亲自捧着经多次酿制而且质醇的酎酒祭祀始皇庙。从襄公以下的庙都毁除。仅留孝公至始皇七庙。大臣们都依礼进献祭祀，推尊始皇庙为皇帝始祖庙。皇帝恢复自称为'朕'。"

二世与赵高商议说："我年纪轻，刚登位，百姓还不顺从。先帝巡视各郡县，以显示他的强有力，威势震服海内。现在我安然住在皇宫不出巡游，就让人视作无能，没有办法统治天下。"春天，二世东行巡视郡县，李斯跟随着。到达碣石山，沿海南行到达会稽，在始皇所立的石碑上都刻上字，碑石旁都增刻上随从的大臣的名字，以使先帝的功业盛德更加明显。

皇帝说："那些金石刻辞都是始皇帝所镌刻的。现在朕承袭皇帝名号，而金石刻辞上不称始皇帝，以后年代久远了，就好像是后代子孙所镌刻，以致不能称扬始皇帝的功业和盛德。"丞相臣李斯、臣冯去疾、御史大夫臣德冒死罪进言说："我们请求把诏书全刻在石碑上，让始皇的功德从此得以彰显。为臣冒死罪请求。"制书批复说："可以。"

接着到了辽东，然后返回。

这时秦二世就按赵高的建议，申明法令。他暗中与赵高谋划说："大臣们都不服从，官吏还很有力，还有各位皇子一定要跟我争夺皇位，对这些我该怎么办呢？"赵高说："这些话我本来就想说却没敢说。先帝在位时的大臣，都是接连多少代有名望的贵人，建功立业，世代相传，已很久了。如今为臣赵高生来卑贱，幸蒙陛下抬举，让我身居高位，管理宫廷事务。大臣们并不满意，只在表面上服从，实际上心底不服。现在皇上出巡，何不借此机会查办郡县守尉中的有罪者，把他们杀掉，这样，在上可以使皇上的威严震天下，在下可以除掉皇上一向所不满意的人。现在的时势是不能师法文治而应取决于武力，希望陛下能顺应时势，不要犹豫，那么大臣们虽欲反抗也措手不及。英明的君主收集举用那些被弃不用的人，让卑贱的显贵起来，让贫穷的富裕起来，让疏远的变得亲近，这样就能上下团结国家安定了。"二世说："好！"于是就诛杀大臣和皇子们，制造罪名连带拘捕近侍小臣中郎、外郎、散郎，没有一个得以免罪，六个皇子被杀死在杜县。皇子将闾兄弟三人被囚禁在内宫，只有他们三人在最后定罪。秦二世派使者命将闾说："你们未尽臣职，当处死罪，官吏依法行刑来了。"将闾说："宫廷的礼节，我从来不敢不听从掌管司仪的宾赞；朝堂的位次，我从来不敢有失礼节；奉命对答，我从来不敢说错话。怎能说未尽臣职呢？希望能知道罪名再死。"使者说："我不能参与谋议，只是奉命行事。"将闾仰天大声呼喊，呼喊了几次说："天啊！我没有罪！"兄弟三人都流着眼泪拔剑自杀了。皇族为之震惊恐慌。大臣们进谏的被认为是诽谤，大官们只求保住禄位而苟且偷生，百姓震惊恐惧。

四月，二世返回咸阳，说："先帝因咸阳朝廷小，所以营建阿房宫，室堂还没建成，赶上始皇驾崩，只得让修建的人停下来，调到郦山去修墓。郦山修墓的工作已全部完毕，现在放下阿房宫而不把它建成，就是表明先帝筑阿房宫是做错了。”又开始修建阿房宫。对外安抚四方的外族，遵循始皇的策略。征召五万身强力壮的兵丁守卫咸阳，下令教习射箭，还要饲养供宫廷玩赏的狗马禽兽。兵丁狗马禽兽所需粮食很多，估计咸阳仓里的粮食不够用，就从下面各郡县征调运粮食和饲料，让转运人员都自带干粮，不准在咸阳城三百里之内吃这些粮食。施行法律更加严厉苛刻。

七月，戍卒陈胜等在原楚国旧地造反，国号为“张楚”。陈胜自立为楚王，住在陈县，派遣诸将夺取土地。崤山函谷关以东的山东各郡县，年轻人因为受尽秦朝官吏之苦，都杀掉了他们的郡守、郡尉、县令、县丞，起来造反，以响应陈胜，并在各地相继拥立诸侯王，联合起来向西进攻，旗号都是讨伐秦朝，人数多得数也数不清。掌管传达通报的谒者出使山东回来，把山东造反的情况报告了二世。二世很生气，就把谒者下交给主管官吏去处理。后边的使者回来，皇上问他，他回答说：“那不过是一群盗匪，郡守、郡尉正在追捕，现在全部抓获了，不值得担忧。”皇上高兴了。

武臣自立为赵王，魏咎为魏王，田儋为齐王。沛公在沛县起义。项梁在会稽郡起兵反秦。

二年冬天，陈胜派遣的周章等将领向西到达戏水，兵力有几十万。二世大为吃惊，与群臣商议说：“怎么办？”少府章邯说：“盗匪已经来了，人数多势力强，现在征发附近各县的军队是来不及了。郦山徒役很多，请赦免他们，授予他们兵器去迎击起义军。”于是二世大赦天下，派章邯领兵为将，击败了周章的军队，周章败逃，被杀死在曹阳。二世又增派长史司马欣、董翳去帮助章邯攻打义军，在城父杀死了陈胜，在定陶打败了项梁，在临济杀死了魏咎。楚地义军的名将已被杀死，章邯就向北渡过黄河，到巨鹿去攻打赵王赵歇等人。

赵高劝说二世道：“先帝登位治理天下时间很久，所以群臣不敢做非分之事，不敢进言异端邪说。现在陛下年纪轻，刚登皇位，怎能跟公卿在朝廷上议决大事呢？处理国事如果有差错，就会让群臣看到了自己的弱点。天子自称‘朕’的意思，本来就是不让别人听到他的声音。”于是二世经常居住在深宫之内，只跟赵高一个人决定各种事情。从这以后公卿很少有机会朝见皇上。各地起义的人更多了，关中军队被征发到东边去攻打起义军的一直没有停止。右丞相冯去疾、左丞相李斯、将军冯劫进谏说：“关东各路盗贼纷纷而起，朝廷派兵前去诛讨，杀死的人很多，然而还不能平息。盗贼多都是因为戍边、运输、劳作的事情太劳苦，赋税太重。我们请求暂停阿房宫的修建，减少戍边兵役和运输徭役。”二世说：“我听韩子说：‘尧、舜用柞木做椽子，不进行砍削加工，用芦苇茅草盖屋顶不修剪，吃饭用瓦碗，喝水用瓦罐，即使是看门人的吃住也不至于这样简陋。禹凿龙门，疏通大夏，疏导黄河淤积停滞之水，引水入海，亲自拿着杵和锹，小腿上的毛都被磨光了，即使是奴隶的劳苦，也不会比这再酷烈。’人们之所以看重享有天下，就是为了能纵欲而为，尽情享受，做君主重要的是修明法制，这样，臣下就不敢干坏事，就能统治天下了。虞、夏的君主，地位尊贵，做了天子，却身处穷苦境地，为百姓做出牺牲，这还有什么值得学习呢？天下被称为万乘之主，拥有万辆兵车，我身居万乘之高位，却没有万乘的实际，我要建造千乘之车驾，设立万乘之徒属，真正充实我的名号。再说，先帝出身于诸侯，兼并了天下，天下已平定，对外排除四方外族以安定边境，对内修建宫室来显示成功的得意，你们都看到了先帝功业已经就绪。而现在我登位两年的时间，盗贼纷起，你们不能禁止，又想要终止先帝所要做的事情。这样做，对上不能报答先帝，其次也是不为我尽忠尽力，你们还凭什么身处高位呢？”于是把冯去疾、李斯、冯劫下交给狱吏，审讯追究三人的其他罪行。冯去疾、冯劫说：“将相不能受侮辱。”自杀了。李斯结果被囚禁，备受各种酷刑。

二世三年，章邯等率兵包围巨鹿，楚国上将军项羽率楚兵前去援救巨鹿。冬天，赵高任丞相，终于判决处死李斯。夏天，章邯等作战多次败退，二世派人去谴责章邯，章邯害怕，就派长史司马欣回京汇报情况，请求指示。赵高既不接见，也不信任。司马欣害怕，赶紧逃离，赵高派人去追,没有追到。司马欣见到章邯说:“赵高在朝廷中掌权,将军您有功是被杀,无功也是被杀。”这时,项羽加紧进攻秦军,俘虏王离,章邯等就率兵投降诸侯。

八月己亥日,赵高想谋反,恐怕群臣不听从他,就先设下计谋进行试验,带来一只鹿献给二世,说:“这是一匹马。”二世笑着说:“丞相错了,把鹿说成是马。”问左右大臣,左右大臣有的沉默,有的故意迎合赵高说是马,有的说是鹿,赵高就在暗中陷害那些说是鹿的人,捏造罪名送法吏惩办。以后,大臣都畏惧赵高。

赵高以前多次说:“关东的盗贼成不了什么气候。”后来项羽在巨鹿城下俘虏了王离等人并继续前进,章邯等人的军队多次败退,上书请求增援,燕国、赵国、齐国、楚国、韩国、魏国都自立为王,从函谷关往东,大抵全部背叛了秦朝官吏而响应诸侯,诸侯都率兵西进。沛公率领几万人屠灭了武关,派人来跟赵高私下接触。赵高害怕二世发怒,诛杀加害自身,就谎称有病不去朝见皇上。二世梦见一只白虎咬了他车驾的骖马,他杀了那只白虎,但心中不乐,觉得奇怪,就去问解梦的人。解梦人卜得卦辞说:“泾水水神在作怪。”二世就在望夷宫斋戒,想要祭祀泾水水神,把四匹白马沉入泾水。二世派人以起义军日益逼近的事谴责赵高。赵高恐惧不安,就暗中与他的女婿咸阳县令阎乐、他的弟弟赵成商量说:“皇上不听劝谏,如今事态危急,想要把罪祸推给咱们家族。我想另立天子,改立公子婴。子婴仁爱谦下,百姓都拥护他的话。”就让郎中令做内应,谎称有大盗,命阎乐召集官吏发兵追捕,又劫持了阎乐的母亲,安置到赵高府中作人质。派阎乐带领官兵一千多人在望夷宫殿门前,捆绑上卫令仆射,喝问道:“盗贼从这里进去了,为什么不阻止?”卫令说:“皇宫周围警卫哨所都有卫兵防守,十分严密,盗贼怎么敢进入宫中?”阎乐就斩了卫令,带领官兵径直冲进去,一边走一边射箭,郎官宦官大为吃惊,有的逃跑,有的格斗,格斗的就被杀死,被杀死的有几十人。郎中令和阎乐一同冲进去,用箭射中了二世的帷帐。二世很生气,召唤左右的人,左右的人都慌乱了不敢动手。旁边有一个宦官服侍着二世不敢离开。二世进入内宫,对他说:“您为什么不早告诉我,竟到了现在这种地步!”宦官说:“为臣不敢说,才得以保住性命,如果早说,我们这班人早就都被您杀了,哪能活到今天?”阎乐走上前去历数二世的罪状说:“你骄横放纵、肆意杀人,是个无道昏君,天下的人都背叛了你,怎么办你自己打主意吧!”二世说:“我可以见丞相吗?”阎乐说:“不行。”二世说:“我希望得到一个郡做个王。”阎乐不答应。又说:“我希望做个万户侯。”还是不答应。二世又说:“我愿意和妻子儿女去做普通百姓,与诸公子一样。”阎乐说:“我是奉丞相之命,为天下人来诛杀你,你即使说了再多的话,我也不敢替你回报。”于是指挥他的士兵上前。二世自杀。

阎乐回去禀报赵高,赵高就召来所有大臣和公子,把杀死二世的情况告诉他们。赵高说:“秦国本来是个诸侯国,始皇统一天下,所以称帝。现在六国又各自立了王,秦国地盘越来越小,竟还凭着空名称皇帝,这不合适。应像过去一样称王,才合适。”于是立二世兄长之子公子婴为秦王。按照平民的葬仪把二世葬在杜南宜春苑中。让子婴斋戒,到宗庙去拜祖先,接受国王印玺。斋戒五天后,子婴与他的两个儿子商议说:“丞相赵高在望夷宫杀了二世,害怕大臣们杀他,就假装按照道义立我为王。我听说赵高竟与楚国约定,灭掉秦宗室后他在关中称王。现在让我斋戒,朝见宗庙,这是想趁着我在庙里把我杀掉。我推说生病不能前往,丞相一定会亲自来,他来就杀了他。”赵高派人去请子婴,前后去了好几趟,子婴却不走,赵高果然亲自去请。说:“国家大事,王为什么不去呢?”子婴于是在斋宫杀了赵高,诛杀赵高三族,在咸阳示众。

子婴做秦王四十六天,楚将沛公打败秦军进入武关,接着到了霸上,派人招降子婴。子婴用丝带系上脖子,驾着白车白马,捧着天子印玺符节,在轵道亭旁投降。沛公于是进入咸阳,封了宫室府库,回师驻在霸上。

过了一个多月,各路诸侯军队也到了,项羽是各路诸侯盟主,杀了子婴和秦国各位公子及宗室所有的人。随后屠戮咸阳,焚烧宫室,俘虏宫女,没收秦宫的珍宝财物,与各路诸侯一起分了。灭掉秦王朝后,把原来秦国的地盘划成三份各自为王，就是雍王、塞王、翟王，号称三秦。项羽为西楚霸王，主持分割天下，赐封诸侯王，秦朝终于灭亡了。此后五年，天下统一于汉。

太史公说：秦朝的祖先伯益，在唐尧、虞舜时，曾建立功勋，被封给土地，受赐姓嬴。到夏朝、商朝时衰落了。到周朝衰落时，秦国兴起，在西部边境建起城邑。自穆公即位以来，逐渐蚕食诸侯，最终成就了始皇。始皇自以为功业比五帝伟大，地盘比三王宽广，就认为与五帝、三王相比是羞耻。贾生的评论说得多好啊！他说：

> 秦朝兼并了诸侯，崤山之东六国设有三十多个郡，修筑渡口关隘，占据着险要地势，修治武器，守护着这些地方。然而陈涉凭着几百名乌合之众，振臂大呼，不用弓箭矛戟等武器，光靠锄把和木棍，虽然没有给养，但只要看到有人家住的房屋就能吃上饭，纵横驰骋天下，所向无敌。秦朝险阻之地防守不住了，关卡桥梁封锁不住了，长戟刺不了，强弩射不了。楚军很快深入境内，鸿门一战，如入无人之境。于是，崤山之东大乱，诸侯纷纷起义，豪杰相继称王。秦王派章邯率兵东征，章邯得此机会，就凭着三军的众多兵力，在外面跟诸侯相约，做交易，图谋他的主上。大臣们不可信用，从这件事就可以看出来了。子婴登位，仍然不曾觉悟，假使子婴有一般君主的才能，仅仅得到中等的辅佐之臣，崤山之东地区虽然混乱，秦国的地盘还是可以保全的，宗庙的祭祀也不会断绝。
>
> 秦国地势有高山阻隔，有大河环绕，形成坚固防御，是四面都有险要关塞的国家。自秦穆公以来，直到秦王，二十多位国君，经常在诸侯中称雄。难道代代贤明吗？这是地位形势造成的呀！再说天下各国曾同心合力攻秦。就在此时，贤人智士会聚，有良将指挥各国军队，有贤相沟通彼此的计谋，然而被险阻困住不能前进，秦国就引诱诸侯进入秦国境内作战，为他们打开关塞，结果东方六国的百万军队败逃崩溃。难道是因他们勇气、力量和智慧不够吗？是地形不利，地势不便啊。秦国把小邑并为大城，在险要关塞驻军防守，把

营垒筑得高高的而不轻易跟敌方作战，紧闭关门据守险塞，肩扛矛戟守卫在那里。诸侯们出身平民，是为利益联合起来，并没德高望重而未居王位者的德行。他们的交往不亲密，他们的下属不亲附。名义上是说灭秦，实际是为自己谋求私利。他们看见秦地险阻难以进犯，就必定退兵。如果他们能安定本土，让人民休养生息，等待秦的衰败，收纳弱小，扶助疲困，那么凭着能对大国发号施令的君主，就不用担心在天下实现不了自己的愿望。可他们尊贵身为天子，富足拥有天下，却身遭擒获，这是因为他们挽救败亡的策略错误啊。

秦王满足一己之功，不求教于人，一错到底而不改变。二世承袭父过，因循不改，更加残暴苛虐，以致带来加倍的灾祸。子婴孤立无亲，自处危境，却又柔弱而没有辅佐，三位君主一生昏惑而不觉悟，秦朝灭亡，不也是应该的吗？在这个时候，世上并非没有深谋远虑懂得形势变化的贤士，然而他们所以不敢竭诚尽忠，纠正主上之过，就是由于秦朝的风气多有忌讳的禁规，忠言还没说完而自己就会被杀戮。所以使得天下贤士只能侧着耳朵听，重叠双脚站立，闭上嘴巴不敢说话。因此，三位君主迷失了路途，而忠臣不敢进谏言，智士不敢出主意，天下已大乱，皇上还不知道，这难道不是一种悲哀吗？先王知道言路壅塞不通就会伤害国家，所以设置公卿、大夫和士，来整治法律设立刑罚，天下因而得到治理。强盛时，禁止残暴诛讨叛乱，天下服从；衰弱时，五霸为天子征讨，诸侯也顺从；土地被割削时，在内能自守备，在外还有亲附，社稷得以保全。所以秦朝强盛时，繁法严刑，天下震惊；等它衰弱时，百姓怨恨，天下背叛。周朝的公、侯、伯、子、男五等爵位深得统治之道，因而传国一千多年不断绝。而秦朝则是本末皆失，所以不能长久。由此看来，安定和危亡的纲纪相距太远了！民谚说“前事不忘，后事之师”。因此君子治理国家，考察上古的历史，验证以当世的情况，还要通过人事加以检验，从而了解兴盛衰亡的规律，审知谋略和形势是否合宜，做到取舍有序，变化适时，所以能历时长久，社稷安定。

秦孝公占据殽山和函谷关的险固地势，拥有雍州的土地，君臣牢固防守，窥伺着周王室以图夺取政权，心怀席卷天下、包举宇内的意图，有着囊括四海、并吞八方的雄心。在那时，商君辅佐他，在国内改变制度，致力于农耕和纺织，修治防守和攻战的器械设备，在国外实行连衡，挑起诸侯之间的争斗，于是秦人仅以举手之劳就取得西河以外的土地。

孝公死后，惠王、武王继承其基业，遵循孝公留下来的策略，向南兼并了汉中，向西夺得了巴、蜀，向东割取了肥沃的土地，占据了险要的郡县。诸侯恐惧，举行盟会来商议削弱秦国，不吝惜珍奇的器物、贵重的财宝和肥沃的土地，用以招请天下贤士，实行合纵，缔约结交，互相联合，结成一体。在这个时候，齐国有孟尝君，赵国有平原君，楚国有春申君，魏国有信陵君。这四君子，个个明智忠信，宽仁爱人，尊重贤士，重用能人，他们结约合纵，拆散连横，聚合起韩、魏、燕、楚、齐、赵、宋、卫、中山等国的众多军队。这时六国的谋士中有宁越、徐尚、苏秦、杜赫这些人出谋划策，有齐明、周最、陈轸、昭滑、楼缓、翟景、苏厉、乐毅这些人沟通各国的意见，有吴起、孙膑、带佗、倪良、王廖、田忌、廉颇、赵奢这些人统率军队。他们曾凭着十倍于秦国的土地，上百万的军队，去攻打函谷关攻打秦国。秦国敞开关门，迎战敌人，九国的军队却退缩奔逃，不敢前进。秦国没有损失一支箭、丢一个箭头的耗费，各国诸侯就已疲困不堪了。因此合纵离散，盟约解除，争着割让地盘以侍奉秦国。这就使得秦国有充足的力量利用各国疲困的机会去制服他们，追逐败逃之敌，杀人百万，尸体遍地；血流成河，把武器都漂浮起来了。秦国乘着有利的形势，控制了天下，切割诸侯土地，使得强国请求归服，弱国入秦朝拜。王位传到孝文王、庄襄王，他们在位的时间很短，国家没有什么大事。

到了秦始皇，继承发扬六代先人留下的基业，举起长鞭驾驭各国，吞并东周、西周，灭亡诸侯，登临皇帝之位，统一天下，用刑罚残酷统治全国，声威震动四海。又向南夺取百越的土地，改设成桂林、象郡。百越的君长低着屈服，把性命交付给秦国官吏。于是派蒙恬在北方修筑长城戍守边防，驱赶匈奴使它后退七百多里，匈奴人不敢南下牧马，六国之士不敢张弓报仇。于是废弃先王治国之道，焚毁百家书籍著作，对百姓实行愚民政策。拆毁名城，杀戮豪杰，收缴天下兵器，聚集到咸阳，销毁兵刃，熔化乐器，用它们做成十二尊铜人，以削弱百姓的反抗力量。然后据守华山以为防城，凭借黄河以为护城关津，上据万丈高城，下临无底深沟，以此作为坚固的屏障。有优秀的将领、强劲的弓弩把守险关要塞，有忠信的大臣，又有精锐的部队，摆开了锐利武器，谁人能奈我何？天下已安定。秦始皇心中，以为关中那样坚固，有如千里长的铜铸城墙，是子子孙孙作帝王的万世基业。

始皇死后，他的余威仍然震慑着风俗各异的民族。陈涉不过是个用破瓮做窗户、用绳子捆门枢的贫贱男子，是个为人耕田的雇农，被征服役的戍卒，才能赶不上中等人，没有仲尼、墨翟的贤能，没有陶朱、猗顿的富有，出身于士卒行伍，起事于田间村野，带着疲劳涣散的士兵，领着几百人的徒众，转过身来攻打秦朝。砍下树枝做武器，举起竹竿当旗帜，天下的人像云彩一样地聚集成群，像回声一样响应起义，背负干粮，如影随形地跟随着他，山东地区的豪杰俊士，于是同时起来诛灭了秦朝王族。

再说秦的天下并没变小削弱，雍州的土地、殽山和函谷关的坚固，仍同以前一样。陈涉的地位，比不上齐、楚、燕、赵、韩、魏、宋、卫、中山各国国君那么尊贵，锄把和木棍，比不上钩戟、长矛那样锋利；被流放守边的徒众，比不上九国的军队；深谋远虑、行军用兵方略，也比不上先前六国谋士。然而成败各不相同，功业成就完全相反。假如让东方各国与陈涉比比长短大小，量量权势实力，不能相提并论。然而秦国凭着雍州那块小小的地盘，拥有千辆兵车诸侯的权力，攻取八州兼有天下，使地位等级相同的六国诸侯都朝拜臣服，经历了一百多年。然而后来秦统一天下，以天下为家，以殽山和函谷关为宫殿，谁想到一个普通人带头发难，就使得秦之宗庙被毁，国破家亡，皇子皇孙死在他人手中，让天下人耻笑，这是为什么呢？这是因为不施行仁义，夺取天下跟守住天下的形势不同啊！

秦统一天下，吞并诸侯，临朝称帝，供养四海，天下的士人顺服地慕风向往，为什么会这样呢？回答是：近古以来没有统一天下的帝王已很久了。周王室力量微弱，五霸相继死去以后，天子的命令不能通行于天下，所以诸侯们凭着武力相互征伐，强大的侵略弱小的，人多的欺凌人少的，战事不止，军民疲惫。现在秦皇南面称帝统治了天下，这就是在上有了天子啊。这样一来，那些可怜的百姓就都希望能靠他安身活命，没有谁不诚心景仰皇上，在这个时候，应该保住威权，稳定功业，是安定，是危败，其根本就在于此了。

秦王怀贪婪卑鄙之心，只想施展个人的智慧，不信任功臣，不亲近士民，废弃仁政王道，树立个人权威，禁除诗书古籍，实行严刑酷法，把诡诈权势放在前头，将仁德信义丢在后头，把残暴苛虐作为治理天下的前提。实行兼并，要靠诡诈和实力来完成统一；安定国家，要顺时民心潮流而权变：这就是说打天下与守天下的方法是不同的。秦经历了战国到统一天下，它的路线没改，他的政令没变，这就是说它打天下与守天下所用的方法没有不同。秦王孤身无辅却拥有天下，所以他的灭亡很快就来到。假使秦王能考虑古代的情况，顺着商、周的道路，来制定实行自己的政策，那么后代即使出现骄奢淫逸的君主，也不会有倾覆危亡的祸患。所以夏禹、商汤、周文王和周武王建立国家，名号卓著，功业长久。

现在秦二世即位，普天之下没有人不伸长脖子盼着看看他的政策。受冻的人穿上粗短衣也觉得很好，挨饿的人吃上糟糠也觉得甜美，天下苦苦哀叫的百姓，正是新皇帝执政的凭借。这就是说劳苦百姓容易接受仁政。如果二世有一般君主的德行，任用忠贞贤能的人，君臣一心，为天下苦难而忧心，丧服期间就改正先帝过失，割地分民,封赏功臣后代,封国立君,对天下贤士以礼相待,将牢狱里的犯人放出来,免去刑戮,废除没收犯罪者妻子儿女为官家奴婢之类的杂乱刑罚,让被判刑的人各自返回家乡;打开仓库,散发钱财,以赈济孤独穷困的士人;减轻赋税,减少劳役,帮助百姓解除急困;简化法令,减少刑罚,给犯罪人以把握以后的机会,使天下的人都能自新,改变节操,修养品行,各自谨慎对待自身;满足万民的愿望,以威信仁德对待天下人,天下人也就安定了。如果天下到处都欢欢喜喜安居乐业,唯恐发生变乱,那么即使有奸诈不轨的人,而百姓没背叛主上之心,图谋不轨的乱臣也就无法掩饰他的奸诈,暴乱阴谋就可以被阻止了。二世不实行这种办法,却比始皇更暴虐无道,破坏宗庙,残害百姓,重新开始修筑阿房宫,使刑罚更繁多,杀戮更严酷,官吏办事苛刻狠毒,赏罚不当,赋税搜刮没限度,国家事务太多,官吏们都治理不过来;百姓穷困,而君主却不加收容救济。于是奸险欺诈之事纷起,大小官员互相推避责任,蒙受罪罚的人很多,道路上遭到刑戮的人前后相望,连绵不断,天下的人都陷入了苦难。从君卿以下直到平民百姓,人人心中自危,身处穷苦之境,到处都不得安静,所以容易变乱。因此陈涉不凭商汤、周武王那样的贤能,不借公侯那样的尊贵,在大泽乡振臂一呼而天下响应,其原因就在于人民正处于危难之中。所以古代圣王能洞察开端与结局的变化,知晓生存与灭亡的关键,因此统治百姓的方法,就是专心致力于使他们安定罢了。这样,天下即使出现叛逆臣子,也必然没人响应,得不到帮助力量了。所谓"处于安定中的百姓可共同施行仁义,处于危难中的百姓容易一起干坏事",就是说的这种情况。尊贵到做了天子,富有到拥有天下,而自身却不能免于被杀戮,就是由于挽救倾覆局势的方法错了。这就是二世的过失。

襄公登位,在位十二年。开始建造西畤。葬在西垂。生了文公。文公登位,住在西垂宫。在位五十年死去,葬在西垂。生了静公。静公没有登位就死了。生了宪公。宪公在位十二年。住在西新邑。死后葬在衙县。生了武公、德公、出子。出子在位六年,住在西陵。庶长弗忌、威累和参父三人,率刺客在鄙衍刺杀出子,葬在衙县。武公登位。武公在位二十年。住在平阳封宫。葬在宣阳聚东南。三个庶长受到应有的惩罚。德公即位。德公在位二年。住在雍邑大郑宫。生了宣公、成公、缪公。葬在阳地。开始规定三伏之节。宣公在位十二年。住在阳宫。葬在阳地。开始记载闰月。成公在位四年。住在雍邑的宫殿。葬在阳地。齐国攻打山戎、孤竹。缪公在位三十九年。周天子为他称霸而致贺。葬在雍邑。缪公曾向宫殿的侍卫学习。生康公。康公在位十二年。住在雍邑高寝。死后葬在竘社。生了共公。共公在位五年。住在雍邑高寝。葬在康公南面。生了桓公。桓公在位二十七年。住在雍邑太寝。葬在义里丘的北边。生了景公。景公在位四十年。住在雍邑高寝。葬在丘里南边。生了毕公。毕公在位三十六年。葬在车里北边。生了夷公。夷公没有登位。死后葬在左宫,生了惠公。惠公在位十年。葬在车里。生了悼公。悼公在位十五年。葬在僖公西面。在雍邑修筑城墙。生了刺龚公。刺龚公在位二十四年。葬在入里。生了躁公、怀公。第十年,出现了彗星。躁公在位十四年。住在受寝。葬在悼公南面。躁公元年,出现了彗星。怀公从晋国归来。在位四年。葬在栎圉氏。生了灵公。大臣们包围怀公,怀公自杀。肃灵公是昭子的儿子。住在泾阳。在位十年。葬在悼公西面,生了简公。简公从晋国回来。在位十五年。葬在僖公西面。生了惠公。第七年,百官开始佩剑。惠公在位十三年。葬在陵圉。生了出公。出公在位二年。出公自杀。葬在雍邑。献公在位二十三年。葬在嚣圉。生了孝公。孝公在位二十四年。葬在弟圉。生了惠文王。孝公十三年开始建都咸阳。惠文王在位二十七年。葬在公陵。生了悼武王。悼武王在位四年。葬在永陵。昭襄王在位五十六年。葬在芷阳。生了孝文王。孝文王在位一年。葬在寿陵。生了庄襄王。庄襄王在位三年。葬在芷阳。生了始皇帝,任吕不韦为国相。

献公登位第七年,开始设立集市。第十年,登记户籍,五户相连共为一伍。孝公登位第十六年,这一年,桃树李树在冬天开了花。惠文王十九岁登位。登位第二年，开始实行用钱币。有个新生婴儿说："秦国将称王。"悼武王十九岁登位。登位第三年，渭水变红了三天。昭襄王十九岁登位。登位第四年，开始开辟井田制下的田埂。孝文王五十三岁登位。庄襄王三十二岁登位。登位第二年，夺取太原地区。庄襄王元年，宣布大赦，论列表彰先王功臣，施予恩惠，厚待骨肉至亲，对百姓施以惠泽。东周联合各国谋划攻打秦，秦派相国吕不韦征讨，东周全部纳入秦国。秦国不断绝东周的祭祀，把阳人聚一地赐给周君，让他供奉祖宗祭祀。

始皇在位三十七年，葬在郦邑。生了二世皇帝。始皇是十三岁登位的。二世皇帝在位三年。葬在宜春苑。赵高任丞相，封安武侯。二世是十二岁登位的。

以上从秦襄王到秦二世，总共六百一十年。

汉孝明皇帝十七年十月十五日，这一天是乙丑日，孝明皇帝向班固询问贾谊、司马迁评论秦之得失是否得当，班固说：

> 周朝的国运已尽，周属木德，汉为火德，木生火，就是说周为汉母，子不代母，所以汉的仁德还不能直接代替周朝。而秦朝正碰上这个空隙得了天下。始皇嬴政残忍暴虐。然而他十三岁就做了诸侯王，后来兼并了天下，放纵妄为，却又养育家族宗亲。三十七年间，四处用兵，他制法律政令，为后世帝工所效仿。这大概是由于获得了圣人的神威，河神授予了象征帝王受命的河图，凭借着主弓矢的狼星、狐星之气，和主斩杀的参星、伐星之气，帮助嬴政消除了天下诸侯，达到一统天下自称始皇帝的目的。
>
> 秦始皇死后，胡亥极其愚蠢，郦山工程还没完成，又重新营建阿房宫，以实现先王的计划。还说"对于据有天下的人来说，以为最可贵的，就是想干什么就干什么，大臣们竟要废弃先帝想干的事情"，杀了李斯、冯去疾，任用赵高。二世这话叫人多么痛心啊！他长着人的脑袋，说的话却全是牲畜叫鸣。如果他不逞淫威，人们就不会讨伐他的罪恶；如果他的罪恶不深重，就不至于国灭身亡。直到帝位保不住了，残酷暴虐又加速了他的灭亡，虽占据着地形有利的国

度，还是不能长存。

子婴越序继承王位，戴着垂有玉饰的王冠，佩着系有华美丝带的御玺，坐着帝王的黄屋车，带领百官，朝拜七庙。小人物登上本不属于他的高位，无不惶恐不安，心无主宰，每天苟且偷安。而子婴这个人却能谋虑长远，排除顾虑，跟他的儿子一起权衡策划，在一房室之内就近擒获赵高，终于杀死老奸巨猾之臣，为先君诛讨了逆贼。赵高死后，子婴还没来得及一一慰劳宾客亲属，饭没来得及咽下，酒没来得及沾唇，楚军已屠灭关中，真人天子已飞临霸上，只得驾着素车白马，脖颈上系着丝带，手捧符节御玺，归顺高祖。春秋时楚庄王侵郑，郑伯持祭祀用的礼器茅旌和鸾刀，使楚庄王退兵三十里。然而黄河开了口子不能再堵住，鱼腐烂不能再复原。贾谊、司马迁说："假使子婴有一般君主的才能，仅仅得到中等的辅佐之臣，山东地区虽混乱，秦国地盘还是可保住的，宗庙祭祀也不会断绝。"秦的衰弱是积久而成，天下已土崩瓦解，即使有周公旦那样的才能，也无法施展他的良策，而贾谊、司马迁竟拿秦的灭亡来责备登位几天的子婴，实在错误啊！民间所传，秦始皇造成罪恶，胡亥把它推到顶点，这话说得有理。贾谊、司马迁又指责子婴，说原秦国的土地可保住，它就是所谓的不通晓时势变化呀。纪季为保住宗庙，不得已把酅邑献给齐国，《春秋》不写他的名字，是为表彰他的贤德。我读《秦始皇本纪》，读到子婴车裂赵高时，未尝不感到他那样决断表现了他的干练，怜爱他的志气。子婴于生死大义，已是完美无缺了。

史记卷七·项羽本纪第七

《项羽本纪》是《史记》中最精彩的篇章之一。它色彩鲜明地展现了项羽从江东起事到被困垓下兵败身死的悲壮一生,错综有序地记录了反秦大起义的壮阔历史图景。全文大致可分为四个部分:先是概述了项羽的身世和叔侄起义前的生活经历;接着写项羽叔侄自江东起义至灭秦的全过程,其间有拥立怀王、巨鹿之战、坑杀秦卒等事件;其次写项羽入关、诛杀子婴、分封诸王,重点倾注笔墨写了鸿门之宴这一集中反映楚汉相争过程中预示项羽命运的重大事件;最后写项羽在楚汉之争中由强到弱直至兵败自刎的悲壮结局。在篇末论赞中则指出项羽失败的原因是他"自矜功伐,奋其私智"、"欲以力征经营天下"。

项籍者,下相人也,字羽。初起时,年二十四。其季父项梁①,梁父即楚将项燕,为秦将王翦所戮者也。项氏世世为楚将,封于项,故姓项氏。

项籍少时,学书不成,去②;学剑,又不成,项梁怒之。籍曰:"书足以记名姓而已。剑一人敌,不足学,学万人敌。"于是项梁乃教籍兵法,籍大喜,略知其意,又不肯竟学。

项梁尝有栎阳逮③,乃请蕲狱掾曹咎书④,抵栎阳狱掾司马欣⑤,以故事得已⑥。

项梁杀人,与籍避仇于吴中。吴中贤士大夫皆出项梁下。

---

①季:古人以伯(孟)、仲、叔、季排行,"季"指同辈人中年纪最小的。季父:小叔父。②去:舍弃,放弃。③逮:因罪被逮捕。④狱掾(yuàn):主管监狱的吏目。书:作书,写信。⑤抵:抵达,此指送达,送给。书抵:指写信给(某人)。⑥以故:因此。已:止,了结。

每吴中有大繇役及丧[①]，项梁常为主办，阴以兵法部勒宾客及子弟[②]，以是知其能。

秦始皇帝游会稽，渡浙江，梁与籍俱观。籍曰："彼可取而代也。"梁掩其口，曰："毋妄言，族矣[③]！"梁以此奇籍。

籍长八尺馀，力能扛鼎，才气过人，虽吴中子弟皆已惮籍矣[④]。

秦二世元年七月，陈涉等起大泽中。其九月，会稽守通谓梁曰[⑤]："江西皆反，此亦天亡秦之时也。吾闻先即制人，后则为人所制。吾欲发兵，使公及桓楚将[⑥]。"是时桓楚亡在泽中[⑦]。梁曰："桓楚亡，人莫知其处，独籍知之耳。"梁乃出，诫籍持剑居外待。梁复入，与守坐，曰："请召籍，使受命召桓楚。"守曰："诺。"梁召籍入。须臾，梁眴籍曰[⑧]："可行矣！"于是籍遂拔剑斩守头。项梁持守头，佩其印绶。门下大惊，扰乱，籍所击杀数十百人。一府中皆慑伏[⑨]，莫敢起。梁乃召故所知豪吏，谕以所为起大事[⑩]，遂举吴中兵。使人收下县，得精兵八千人。梁部署吴中豪杰为校尉、候、司马。有一人不得用，自言于梁。梁曰："前时某丧使公主某事，不能办，以此不任用公。"众乃皆伏[⑪]。于是梁为会稽守，籍为裨将[⑫]，徇下县[⑬]。

广陵人召平于是为陈王徇广陵[⑭]，未能下。闻陈王败走，秦兵又且至，乃渡江矫陈王命，拜梁为楚王上柱国。曰："江东已定，急引兵西击秦。"项梁乃以八千人渡江而西。闻陈婴已下东

---

①繇：通"徭"，劳役。 ②部勒：部署，组织。 ③族：灭族。 ④虽：即使。惮：害怕。 ⑤会稽守通：会稽郡守殷通。 ⑥将（jiàng）：带兵，率领。 ⑦亡：逃亡，潜逃。 ⑧眴（shùn）：用眼睛示意，使眼色。 ⑨慑伏：吓得趴在地上不敢动。慑：恐惧，害怕。 ⑩谕：晓喻，告诉。所为：等于说所以。 ⑪伏：通"服"，敬服，佩服。 ⑫裨（pí）将：副将。 ⑬徇（xùn）：夺取，占领。 ⑭于是：犹言"当是时"，在此时。

阳,使使欲与连和俱西。陈婴者,故东阳令史,居县中,素信谨①,称为长者。东阳少年杀其令,相聚数千人,欲置长,无适用,乃请陈婴。婴谢不能,遂强立婴为长,县中从者得二万人。少年欲立婴便为王,异军苍头特起②。陈婴母谓婴曰:“自我为汝家妇,未尝闻汝先古之有贵者。今暴得大名,不祥。不如有所属,事成犹得封侯,事败易以亡,非世所指名也③。”婴乃不敢为王。谓其军吏曰:“项氏世世将家,有名于楚。今欲举大事,将非其人不可④。我倚名族,亡秦必矣。”于是众从其言,以兵属项梁。项梁渡淮,黥布、蒲将军亦以兵属焉。凡六七万人,军下邳⑤。

当是时,秦嘉已立景驹为楚王,军彭城东,欲距项梁⑥。项梁谓军吏曰:“陈王先首事,战不利,未闻所在。今秦嘉倍陈王而立景驹,逆无道。”乃进兵击秦嘉。秦嘉军败走,追之至胡陵。嘉还战一日,嘉死,军降。景驹走,死梁地。项梁已并秦嘉军,军胡陵,将引军而西。章邯军至栗,项梁使别将朱鸡石、馀樊君与战。馀樊君死,朱鸡石军败,亡走胡陵。项梁乃引兵入薛,诛鸡石。

项梁前使项羽别攻襄城,襄城坚守不下。已拔,皆坑之。还报项梁。项梁闻陈王定死⑦,召诸别将会薛计事。此时沛公亦起沛,往焉。

居鄛人范增,年七十,素居家,好奇计,往说项梁曰:“陈胜败固当。夫秦灭六国,楚最无罪。自怀王入秦不反,楚人怜之至今,故楚南公曰‘楚虽三户,亡秦必楚也’。今陈胜首事,不立

---

①信谨:老实谨慎。 ②异军:与众不同的军队。苍头:旧注指一军皆以青色包头巾裹头。特起:独起,独树一帜。 ③世所指名:被世人所指说。 ④将:推测之辞,恐怕,大概。⑤军:驻扎,扎营。 ⑥距:通“拒”,抵御,阻挡,抗拒。 ⑦定:确实。

楚后而自立，其势不长。今君起江东，楚蜂午之将皆争附君者，以君世世楚将，为能复立楚之后也。”于是项梁然其言，乃求楚怀王孙心民间，为人牧羊，立以为楚怀王，从民所望也。陈婴为楚上柱国，封五县，与怀王都盱台①。项梁自号为武信君。

居数月，引兵攻亢父②，与齐田荣、司马龙且军救东阿③，大破秦军于东阿。田荣即引兵归，逐其王假。假亡走楚。假相田角亡走赵。角弟田间故齐将，居赵不敢归。田荣立田儋子市为齐王。项梁已破东阿下军④，遂追秦军。数使使趣齐兵⑤，欲与俱西。田荣曰：“楚杀田假，赵杀田角、田间，乃发兵。”项梁曰：“田假为与国之王⑥，穷来从我⑦，不忍杀之。”赵亦不杀田角、田间以市于齐⑧。齐遂不肯发兵助楚。

项梁使沛公及项羽别攻城阳，屠之。西破秦军濮阳东，秦兵收入濮阳。沛公、项羽乃攻定陶。定陶未下，去。西略地至雍丘，大破秦军，斩李由。还攻外黄，外黄未下。

项梁起东阿，西，比至定陶，再破秦军，项羽等又斩李由，益轻秦，有骄色。宋义乃谏项梁曰：“战胜而将骄卒惰者败。今卒少惰矣，秦兵日益，臣为君畏之。”项梁弗听。乃使宋义使于齐。道遇齐使者高陵君显，曰：“公将见武信君乎？”曰：“然。”曰：“臣论武信君军必败。公徐行即免死，疾行则及祸。”秦果悉起兵益章邯⑨，击楚军，大破之定陶，项梁死。沛公、项羽去外黄攻陈留，陈留坚守，不能下。沛公、项羽相与谋曰：“今项梁军破，士卒恐。”乃与吕臣军俱引兵而东。吕臣军彭城东，项羽军彭城

---

①盱台（xū yí）：同“盱眙（xū yí）”。 ②亢父：音 gāng fù。 ③龙且（jū）：楚怀王的将领，时为司马官。 ④东阿下：东阿一带。下：表示属于某一范围。 ⑤趣（cù）：同“促”，催促。 ⑥与国：互相联合的国家，即盟国。 ⑦穷：处境窘迫，走投无路。 ⑧市于齐：跟齐国做交易。 ⑨益：增援。

西，沛公军砀。

章邯已破项梁军，则以为楚地兵不足忧，乃渡河击赵，大破之。当此时，赵歇为王，陈馀为将，张耳为相，皆走入巨鹿城。章邯令王离、涉间围巨鹿，章邯军其南，筑甬道而输之粟。陈馀为将，将卒数万人而军巨鹿之北，此所谓河北之军也。

楚兵已破于定陶，怀王恐，从盱台之彭城，并项羽、吕臣军自将之。以吕臣为司徒，以其父吕青为令尹，以沛公为砀郡长，封为武安侯，将砀郡兵。

初，宋义所遇齐使者高陵君显在楚军，见楚王曰："宋义论武信君之军必败，居数日，军果败。兵未战而先见败征，此可谓知兵矣。"王召宋义与计事而大说之①，因置以为上将军，项羽为鲁公，为次将，范增为末将，救赵，诸别将皆属宋义，号为卿子冠军。行至安阳，留四十六日不进。项羽曰："吾闻秦军围赵王巨鹿，疾引兵渡河，楚击其外，赵应其内，破秦军必矣。"宋义曰："不然。夫搏牛之虻不可以破虮虱②。今秦攻赵，战胜则兵罢③，我承其敝；不胜，则我引兵鼓行而西，必举秦矣。故不如先斗秦赵④。夫被坚执锐，义不如公；坐而运策，公不如义。"因下令军中曰："猛如虎，很如羊⑤，贪如狼，强不可使者，皆斩之。"乃遣其子宋襄相齐，身送之至无盐，饮酒高会。天寒大雨，士卒冻饥。项羽曰："将戮力而攻秦，久留不行。今岁饥民贫，士卒食芋菽，军无见粮，乃饮酒高会，不引兵渡河因赵食，与赵并力攻秦，乃曰'承其敝'。夫以秦之强，攻新造之赵，其势必举赵。赵举而秦强，何敝之承！且国兵新破，王坐不安席，埽境内而专属

①说：通"悦"，高兴。此指欣赏。 ②搏牛之虻不可以破虮虱：能叮咬大牛的牛虻并不能破牛身上小小的虱子，比喻巨鹿城虽小，但很坚固，秦兵不能马上攻破它。 ③罢：通"疲"，疲乏，疲惫。 ④斗：使动用法，使之争斗。 ⑤很：不听从，执拗。

于将军①，国家安危，在此一举。今不恤士卒而徇其私，非社稷之臣。”项羽晨朝上将军宋义，即其帐中斩宋义头，出令军中曰：“宋义与齐谋反楚，楚王阴令羽诛之。”当是时，诸将皆慑服，莫敢枝梧②。皆曰：“首立楚者，将军家也。今将军诛乱。”乃相与共立羽为假③上将军。使人追宋义子，及之齐，杀之。使桓楚报命于怀王。怀王因使项羽为上将军。当阳君、蒲将军皆属项羽。

项羽已杀卿子冠军，威震楚国，名闻诸侯。乃遣当阳君、蒲将军将卒二万渡河，救巨鹿。战少利，陈馀复请兵。项羽乃悉引兵渡河，皆沉船，破釜甑④，烧庐舍，持三日粮，以示士卒必死，无一还心。于是至则围王离，与秦军遇，九战，绝其甬道，大破之，杀苏角，虏王离。涉间不降楚，自烧杀。

当是时，楚兵冠诸侯。诸侯军救巨鹿下者十馀壁⑤，莫敢纵兵。及楚击秦，诸将皆从壁上观。楚战士无不一以当十。楚兵呼声动天，诸侯军无不人人惴恐。于是已破秦军，项羽召见诸侯将，入辕门，无不膝行而前，莫敢仰视。项羽由是始为诸侯上将军，诸侯皆属焉。

章邯军棘原，项羽军漳南，相持未战。秦军数却，二世使人让章邯⑥。章邯恐，使长史欣请事。至咸阳，留司马门三日，赵高不见，有不信之心。长史欣恐，还走其军，不敢出故道。赵高果使人追之，不及。欣至军，报曰：“赵高用事于中⑦，下无可为者。今战能胜，高必疾妒吾功⑧；战不能胜，不免于死。愿将军

---

①埽：通“扫”，倾其所有，全部集中。 ②枝梧：本指架屋的小柱与斜柱，枝梧相抵。引申为抵抗、抗拒。 ③假：代理，临时。 ④釜：锅。甑（zèng）：做饭用的瓦器。 ⑤壁：壁垒，营垒。 ⑥让：责备，责问。 ⑦用事：掌权，擅权。中：指朝中，朝廷。 ⑧疾：通“嫉”，妒忌。

孰计之[①]。”陈馀亦遗章邯书曰：“白起为秦将，南征鄢郢，北坑服，攻城略地，不可胜计，而竟赐死。蒙恬为秦将，北逐戎人，开榆中地数千里，竟斩阳周。何者？功多，秦不能尽封，因以法诛之。今将军为秦将三岁矣，所亡失以十万数，而诸侯并起，滋益多。彼赵高素谀日久，今事急，亦恐二世诛之，故欲以法诛将军以塞责，使人更代将军以脱其祸。夫将军居外久，多内郤[②]，有功亦诛，无功亦诛。且天之亡秦，无愚智皆知之。今将军内不能直谏，外为亡国将，孤特独立而欲常存，岂不哀哉！将军何不还兵与诸侯为从[③]，约共攻秦，分王其地，南面称孤。此孰与身伏鈇质[④]，妻子为僇[⑤]？”章邯狐疑，阴使候始成使项羽，欲约。约未成，项羽使蒲将军日夜引兵度三户，军漳南，与秦战，再破之。项羽悉引兵击秦军汙水上[⑥]，大破之。

章邯使人见项羽，欲约。项羽召军吏谋曰：“粮少，欲听其约。”军吏皆曰：“善”。项羽乃与期洹水南殷虚上[⑦]。已盟，章邯见项羽而流涕，为言赵高。项羽乃立章邯为雍王，置楚军中。使长使欣为上将军，将秦军为前行。

到新安。诸侯吏卒异时故繇使屯戍过秦中，秦中吏卒遇之多无状，及秦军降诸侯，诸侯吏卒乘胜多奴虏使之，轻折辱秦吏卒。秦吏卒多窃言曰：“章将军等诈吾属降诸侯，今能入关破秦，大善；即不能，诸侯虏吾属而东，秦必尽诛吾父母妻子。”诸将微闻其计[⑧]，以告项羽。项羽乃召黥布、蒲将军计曰：“秦吏卒尚众，其心不服，至关中不听，事必危，不如击杀之，而独与章

①孰：通“熟”，仔细地，好好地。②郤(xì)：间隙，隔阂。③从：通“纵”，合纵，指联合攻秦。④身伏鈇(fū)质：身遭刑戮，被杀。质：同“锧”，斩人时垫的砧板。⑤僇：通“戮”，杀戮。⑥汙(wū)水：河流名。⑦期：相约，约定。洹：音 huán。虚：同“墟”，废墟。⑧微闻：访察到。微：窥探，探察。

邯、长史欣、都尉翳入秦。”于是楚军夜击坑秦卒二十馀万人新安城南。

行略定秦地[①]。函谷关有兵守关，不得入。又闻沛公已破咸阳，项羽大怒，使当阳君等击关。项羽遂入，至于戏西。沛公军霸上，未得与项羽相见。沛公左司马曹无伤使人言于项羽曰：“沛公欲王关中，使子婴为相，珍宝尽有之。”项羽大怒，曰：“旦日飨士卒，为击破沛公军！”

当是时，项羽兵四十万，在新丰鸿门。沛公兵十万，在霸上。范增说项羽曰：“沛公居山东时，贪于财货，好美姬。今入关，财物无所取，妇女无所幸，此其志不在小。吾令人望其气，皆为龙虎，成五采，此天子气也。急击勿失。”

楚左尹项伯者，项羽季父也，素善留侯张良。张良是时从沛公，项伯乃夜驰之沛公军，私见张良，具告以事，欲呼张良与俱去。曰：“毋从俱死也。”张良曰：“臣为韩王送沛公，沛公今事有急，亡去不义，不可不语。”良乃入，具告沛公。沛公大惊，曰：“为之奈何？”张良曰：“谁为大王为此计者？”曰：“鲰生[②]说我曰‘距关，毋内诸侯，秦地可尽王也’。故听之。”良曰：“料大王士卒足以当项王乎？”沛公默然，曰：“固不如也，且为之奈何？”张良曰：“请往谓项伯，言沛公不敢背项王也。”沛公曰：“君安与项伯有故？”张良曰：“秦时与臣游，项伯杀人，臣活之。今事有急，故幸来告良。”沛公曰：“孰与君少长？”良曰：“长于臣。”沛公曰：“君为我呼入，吾得兄事之。”张良出，要项伯[③]。项伯即入见沛公。沛公奉卮酒为寿[④]，约为婚姻[⑤]，曰：“吾入关，秋毫不敢有

---

①行：行将，将要。 ②鲰(zōu)生：浅薄愚陋的小人。鲰：小鱼，比喻浅薄愚陋。 ③要：通“邀”，邀请。 ④卮(zhī)：酒器。为寿：古时献酒致祝颂词叫为寿。 ⑤约为婚姻：约做儿女亲家。

所近，籍吏民[①]，封府库，而待将军。所以遣将守关者，备他盗之出入与非常也[②]。日夜望将军至，岂敢反乎！愿伯具言臣之不敢倍德也。”项伯许诺，谓沛公曰：“旦日不可不蚤自来谢项王。”沛公曰：“诺。”于是项伯复夜去，至军中，具以沛公言报项王。因言曰：“沛公不先破关中，公岂敢入乎？今人有大功而击之，不义也，不如因而善遇之。”项王许诺。

沛公旦日从百馀骑来见项王，至鸿门，谢曰：“臣与将军戮力而攻秦，将军战河北，臣战河南，然不自意能先入关破秦，得复见将军于此。今者有小人之言，令将军与臣有郤。”项王曰：“此沛公左司马曹无伤言之；不然，籍何以致此。”项王即日因留沛公与饮。项王、项伯东向坐，亚父南向坐。亚父者，范增也。沛公北向坐，张良西向侍。范增数目项王，举所佩玉玦以示之者三，项王默然不应。范增起，出召项庄，谓曰：“君王为人不忍，若入前为寿[③]，寿毕，请以剑舞，因击沛公于坐，杀之。不者[④]，若属皆且为所虏[⑤]。”庄则入为寿。寿毕，曰：“君王与沛公饮，军中无以为乐，请以剑舞。”项王曰：“诺。”项庄拔剑起舞，项伯亦拔剑起舞，常以身翼蔽沛公[⑥]，庄不得击。于是张良至军门，见樊哙。樊哙曰：“今日之事何如？”良曰：“甚急。今者项庄拔剑舞，其意常在沛公也。”哙曰：“此迫矣，臣请入，与之同命。”哙即带剑拥盾入军门。交戟之卫士欲止不内，樊哙侧其盾以撞，卫士仆地，哙遂入。披帷西向立[⑦]，瞋目视项王，头发上指，目眦尽裂[⑧]。项王按剑而跽曰[⑨]：“客何为者？”张良曰：“沛公之

①籍：登记。②非常：指意外变故。③若：汝，你。④不者：不然的话。不：同“否”。⑤且：将，将要。⑥翼蔽：遮蔽，掩护。⑦披：分开。⑧眦（zì）：眼眶。⑨跽（jì）：长跪，挺起上身两膝着地。

参乘[①]樊哙者也。"项王曰:"壮士!赐之卮酒。"则与斗卮酒。哙拜谢,起,立而饮之。项王曰:"赐之彘肩[②]。"则与一生彘肩。樊哙覆其盾于地,加彘肩上,拔剑切而啖之[③]。项王曰:"壮士,能复饮乎?"樊哙曰:"臣死且不避,卮酒安足辞!夫秦王有虎狼之心,杀人如不能举,刑人如不恐胜,天下皆叛之。怀王与诸将约曰'先破秦入咸阳者王之。'今沛公先破秦入咸阳,毫毛不敢有所近,封闭宫室,还军霸上,以待大王来。故遣将守关者,备他盗出入与非常也。劳苦而功高如此,未有封侯之赏,而听细说,欲诛有功之人。此亡秦之续耳,窃为大王不取也。"项王未有以应,曰:"坐。"樊哙从良坐。坐须臾,沛公起如厕,因招樊哙出。

沛公已出,项王使都尉陈平召沛公。沛公曰:"今者出,未辞也,为之奈何?"樊哙曰:"大行不顾细谨[④],大礼不辞小让[⑤]。如今人方为刀俎,我为鱼肉,何辞为?"于是遂去。乃令张良留谢。良问曰:"大王来何操?"曰:"我持白璧一双,欲献项王;玉斗一双,欲与亚父。会其怒,不敢献,公为我献之。"张良曰:"谨诺。"

当是时,项王军在鸿门下,沛公军在霸上,相去四十里。沛公则置车骑[⑥],脱身独骑,与樊哙、夏侯婴、靳强、纪信等四人持剑盾步走[⑦],从郦山下,道芷阳间行[⑧]。沛公谓张良曰:"从此道至吾军,不过二十里耳。度我至军中,公乃入。"

沛公已去,间至军中。张良入谢,曰:"沛公不胜杯杓[⑨],不能辞,谨使臣良奉白璧一双,再拜献大王足下;玉斗一双,再拜

---

①参乘:即"骖乘",与君主同车,站在君主右侧做护卫的武士,又叫车右。 ②彘(zhì)肩:猪腿。 ③啖(dàn):吃。 ④大行:指干大事。谨:仪节,礼节。 ⑤大礼:指把握大节。辞:推辞,此指避开,回避。让:责备。 ⑥置:放弃,丢下。 ⑦步走:徒步跑,指不骑马乘车。 ⑧道:取道,经由。间行:抄小道走。 ⑨杯杓:两种酒器,此借指酒。杓,同"酌"。

奉大将军足下。”项王曰:“沛公安在?”良曰:“闻大王有意督过之,脱身独去,已至军矣。”项王则受璧,置之坐上。亚父受玉斗,置之地,拔剑撞而破之,曰:“唉!竖子不足与谋。夺项王天下者,必沛公也,吾属今为之虏矣。”

沛公至军,立诛杀曹无伤。

居数日,项羽引兵西屠咸阳,杀秦降王子婴,烧秦宫室,火三月不灭。收其货宝妇女而东。人或说项王曰:“关中阻山河四塞[①],地肥饶,可都以霸。”项王见秦宫室皆以烧残破,又心怀思欲东归,曰:“富贵不归故乡,如衣绣夜行,谁知之者!”说者曰:“人言楚人沐猴而冠耳[②],果然!”项王闻之,烹说者。

项王使人致命怀王[③]。怀王曰:“如约。”乃尊怀王为义帝。

项王欲自王,先王诸将相。谓曰:“天下初发难时,假立诸侯后以伐秦。然身被坚执锐首事,暴露于野三年,灭秦定天下者,皆将相诸君与籍之力也。义帝虽无功,故当分其地而王之。”诸将皆曰:“善。”乃分天下,立诸将为侯王。

项王、范增疑沛公之有天下[④],业已讲解,又恶负约,恐诸侯叛之,乃阴谋曰:“巴、蜀道险,秦之迁人皆居蜀[⑤]。”乃曰:“巴、蜀亦关中地也。”故立沛公为汉王,王巴、蜀、汉中,都南郑。而三分关中,王秦降将以距塞汉王。

项王乃立章邯为雍王,王咸阳以西,都废丘。长史欣者,故为栎阳狱掾,尝有德于项梁;都尉董翳者,本劝章邯降楚。故立司马欣为塞王,王咸阳以东至河,都栎阳;立董翳为翟王,王上郡,都高奴。徙魏王豹为西魏王,王河东,都平阳。瑕丘申阳

---

①阻:以某地为险阻,倚仗。四塞:四面要塞。 ②沐猴而冠:言其既使戴上人的帽子,也始终办不成人事。此讥讽项羽。 ③致命:禀命,请示。 ④疑:疑心,担心。 ⑤迁人:被迁谪流放的人。

者，张耳嬖臣也[①]，先下河南，迎楚河上，故立申阳为河南王，都洛阳。韩王成因故都，都阳翟。赵将司马卬定河内，数有功，故立卬为殷王，王河内，都朝歌。徙赵王歇为代王。赵相张耳素贤，又从入关，故立耳为常山王，王赵地，都襄国。当阳君黥布为楚将，常冠军，故立布为九江王，都六。鄱君吴芮率百越佐诸侯，又从入关，故立芮为衡山王，都邾。义帝柱国共敖将兵击南郡，功多，因立敖为临江王，都江陵。徙燕王韩广为辽东王。燕将臧荼从楚救赵，因从入关，故立荼为燕王，都蓟。徙齐王田市为胶东王。齐将田都从共救赵，因从入关，故立都为齐王，都临菑。故秦所灭齐王建孙田安，项羽方渡河救赵，田安下济北数城，引其兵降项羽，故立安为济北王，都博阳。田荣者，数负项梁，又不肯将兵从楚击秦，以故不封。成安君陈馀弃将印去，不从入关，然素闻其贤，有功于赵，闻其在南皮，故因环封三县[②]。番君将梅鋗功多，故封十万户侯。项王自立为西楚霸王，王九郡，都彭城。

汉之元年四月[③]，诸侯罢戏下[④]，各就国。

项王出之国[⑤]，使人徙义帝，曰："古之帝者地方千里，必居上游。"乃使使徙义帝长沙郴县。趣义帝行[⑥]。其群臣稍稍背叛之。乃阴令衡山、临江王击杀之江中。韩王成无军功，项王不使之国，与俱至彭城，废以为侯，已又杀之。臧荼之国，因逐韩广之辽东，广弗听，荼击杀广无终，并王其地。

田荣闻项羽徙齐王市胶东，而立齐将田都为齐王，乃大怒，不肯遣齐王之胶东。因以齐反，迎击田都。田都走楚。齐王市

①嬖（bì）臣：宠臣。 ②环封三县：把南皮周围三县封给（陈余）。 ③汉之元年：刘邦称汉王的第一年。 ④戏下：大将军旗帜之下。戏：通"麾"，将帅的大旗。 ⑤出：指出函谷关。 ⑥趣（cù）：同"促"，催促。

畏项王，乃亡之胶东就国。田荣怒，追击，杀之即墨。荣因自立为齐王，而西击杀济北王田安，并王三齐。荣与彭越将军印，令反梁地。陈馀阴使张同、夏说说齐王田荣曰：“项羽为天下宰，不平。今尽王故王于丑地，而王其群臣诸将善地，逐其故主赵王，乃北居代，余以为不可。闻大王起兵，且不听不义，愿大王资馀兵，请以击常山，以复赵王，请以国为扞蔽[①]。”齐王许之，因遣兵之赵。陈馀悉发三县兵，与齐并力击常山，大破之。张耳走归汉。陈馀迎故赵王歇于代，反之赵。赵王因立陈馀为代王。

是时，汉还定三秦。

项羽闻汉王皆已并关中，且东，齐、赵叛之，大怒。乃以故吴令郑昌为韩王，以距汉。令萧公角等击彭越。彭越败萧公角等。汉使张良徇韩，乃遗项王书曰：“汉王失职，欲得关中，如约即止，不敢东。”又以齐、梁[②]反书遗项王曰：“齐欲与赵并灭楚。”楚以此故无西意，而北击齐。征兵九江王布。布称疾不往，使将将数千人行。项王由此怨布也。

汉之二年冬，项羽遂北至城阳，田荣亦将兵会战，田荣不胜，走至平原，平原民杀之。遂北烧夷齐城郭室屋，皆坑田荣降卒，系虏[③]其老弱妇女。徇齐至北海，多所残灭，齐人相聚而叛之。于是田荣弟田横收齐亡卒，得数万人，反城阳。项王因留，连战未能下。

春，汉王部五诸侯兵，凡五十六万人，东伐楚。项王闻之，即令诸将击齐，而自以精兵三万人南从鲁出胡陵。四月，汉皆已入彭城，收其货宝美人，日置酒高会。项王乃西从萧，晨击汉

---

①扞蔽：屏障。 ②齐、梁：《会注考证》以为“齐、赵”之误。 ③系虏：俘虏。

军而东，至彭城，日中，大破汉军。汉军皆走，相随入谷、泗水，杀汉卒十馀万人。汉卒皆南走山，楚又追击至灵壁东睢水上。汉军却，为楚所挤，多杀，汉卒十馀万人皆入睢水，睢水为之不流。围汉王三匝。于是大风从西北而起，折木发屋，扬沙石，窈冥昼晦①，逢迎②楚军。楚军大乱，坏散③，而汉王乃得与数十骑遁去。欲过沛，收家室而西。楚亦使人追之沛，取汉王家。家皆亡，不与汉王相见。汉王道逢得孝惠、鲁元，乃载行。楚骑追汉王，汉王急，推堕孝惠、鲁元车下，滕公常下收载之。如是者三。曰："虽急不可以驱，奈何弃之？"于是遂得脱。求太公、吕后，不相遇。审食其④从太公、吕后间行，求汉王，反遇楚军。楚军遂与归，报项王，项王常置⑤军中。

是时吕后兄周吕侯为汉将兵居下邑，汉王间往从之，稍稍收其士卒。至荥阳，诸败军皆会。萧何亦发关中老弱未傅悉诣荥阳，复大振，楚起于彭城，常乘胜逐北，与汉战荥阳南京、索间，汉败楚，楚以故不能过荥阳而西。

项王之救彭城，追汉王至荥阳。田横亦得收齐，立田荣子广为齐王。汉王之败彭城，诸侯皆复与楚而背汉。汉军荥阳，筑甬道属之河⑥，以取敖仓粟。

汉之三年，项王数侵夺汉甬道，汉王食乏，恐，请和，割荥阳以西为汉。项王欲听之。历阳侯范增曰："汉易与耳⑦，今释弗取，后必悔之。"项王乃与范增急围荥阳。汉王患之，乃用陈平计间项王。项王使者来，为太牢具⑧，举欲进之。见使者，详惊

①窈（yǎo）冥：昏暗的样子。昼晦：白天如同夜晚。 ②逢迎：迎着，指风沙迎面而吹。 ③坏散：崩溃。 ④食其：音 yì jī。 ⑤置：安置，扣留。 ⑥属之河：从荥阳通到黄河边上。属（zhǔ）：连接，通连。 ⑦易与：容易对付。 ⑧太牢具：指极丰盛的筵席。古代祭祀或宴会，牛、羊、豕三牲齐备叫太牢。具：饭食，酒肴。

愕曰:“吾以为亚父使者,乃反项王使者。”更持去,以恶食食项王使者[①]。使者归报项王。项王乃疑范增与汉有私,稍夺之权。范增大怒,曰:“天下事大定矣,君王自为之。愿赐骸骨归卒伍[②]。”项王许之。行未至彭城,疽发背而死。

汉将纪信说汉王曰:“事已急矣,请为王诳楚为王[③],王可以间出。”于是汉王夜出[④]女子荥阳东门被甲二千人,楚兵四面击之。纪信乘黄屋车,傅左纛[⑤],曰:“城中食尽,汉王降。”楚军皆呼万岁。汉王亦与数十骑从城西门出,走成皋。项王见纪信,问:“汉王安在?”信曰:“汉王已出矣。”项王烧杀纪信。

汉王使御史大夫周苛、枞公、魏豹守荥阳。周苛、枞公谋曰:“反国之王,难与守城。”乃共杀魏豹。楚下荥阳城,生得周苛。项王谓周苛曰:“为我将,我以公为上将军,封三万户。”周苛骂曰:“若不趣[⑥]降汉,汉今虏若,若非汉敌也。”项王怒,烹周苛,并杀枞公。

汉王之出荥阳,南走宛、叶,得九江王布,行收兵,复入保成皋。

汉之四年,项王进兵围成皋。汉王逃,独与滕公出成皋北门,渡河走修武,从张耳、韩信军。诸将稍稍得出成皋,从汉王。楚遂拔成皋,欲西,汉使兵距之巩,令其不得西。

是时,彭越渡河击楚东阿,杀楚将军薛公。项王乃自东击彭越。汉王得淮阴侯兵,欲渡河南。郑忠说汉王,乃止壁[⑦]河

---

①恶食:粗劣的饭食。食(sì)项王使者:给项王使者吃。 ②归卒伍:回乡为民。古时户籍以五户为伍,三百家为卒。卒伍:指乡里。 ③为王:替您。诳楚:诓骗楚军。诳:同“诓”,骗,欺骗。为王:装扮成您(汉王)。 ④出:使之出,放出。 ⑤傅:附着,插设。纛(dào):用牦牛尾或雉尾制成的类似旗子的插在车上的装饰物。 ⑥趣(cù):同“促”,赶快。⑦止壁:筑起壁垒。

内。使刘贾将兵佐彭越，烧楚积聚[①]。项王东击破之，走彭越。汉王则引兵渡河，复取成皋，军广武，就敖仓食。项王已定东海来，西，与汉俱临广武而军，相守数月。

当此时，彭越数反梁地，绝楚粮食。项王患之，为高俎，置太公其上，告汉王曰："今不急下[②]，吾烹太公。"汉王曰："吾与项羽俱北面受命怀王，曰'约为兄弟'，吾翁即若翁。必欲烹而翁，则幸分我一杯羹。"项王怒，欲杀之。项伯曰："天下事未可知，且为天下者不顾家，虽杀之无益，只益祸耳。"项王从之。

楚汉久相持未决，丁壮苦军旅，老弱罢转漕[③]。项王谓汉王曰："天下匈匈[④]数岁者，徒以吾两人耳，愿与汉王挑战决雌雄，毋徒苦天下之民父子为也。"汉王笑谢曰："吾宁斗智，不能斗力。"项王令壮士出挑战。汉有善骑射者楼烦[⑤]，楚挑战三合，楼烦辄射杀之。项王大怒，乃自被甲持戟挑战。楼烦欲射之，项王瞋目叱之，楼烦目不敢视，手不敢发，遂走还入壁，不敢复出。汉王使人间问之[⑥]，乃项王也。汉王大惊。于是项王乃即汉王相与临广武间而语。汉王数之[⑦]，项王怒，欲一战。汉王不听，项王伏弩射中汉王。汉王伤，走入成皋。

项王闻淮阴侯已举河北，破齐、赵，且欲击楚，乃使龙且往击之。淮阴侯与战，骑将灌婴击之，大破楚军，杀龙且。韩信因自立为齐王。项王闻龙且军破，则恐，使盱台人武涉往说淮阴侯。淮阴侯弗听。是时，彭越复反，下梁地，绝楚粮。项王乃谓海春侯大司马曹咎等曰："谨守成皋，则汉欲挑战，慎勿与战，毋

---

①积聚：指粮草辎重。 ②急下：赶快投降。 ③罢转漕：疲惫劳乏于运送粮饷。罢：通"疲"，疲惫，劳乏。转：车运。漕：船运。 ④匈匈：骚动不安，烦苦劳扰。 ⑤楼烦：北方种族名，其人善骑射，此指善于骑射的士卒。 ⑥间问：暗中打听。 ⑦数：数说，列举罪状。按，《高祖本纪》载有刘邦所列项羽十条罪状，可参看。

令得东而已。我十五日必诛彭越,定梁地,复从将军。”乃东,行击陈留、外黄。

外黄不下。数日,已降,项王怒,悉令男子年十五已上诣城东,欲坑之。外黄令舍人儿年十三,往说项王曰:“彭越强劫外黄,外黄恐,故且降,待大王。大王至,又皆坑之,百姓岂有归心?从此以东,梁地十馀城皆恐,莫肯下矣。”项王然其言,乃赦外黄当坑者。东至睢阳,闻之皆争下项王。

汉果数挑楚军战,楚军不出。使人辱之,五六日,大司马怒,渡兵汜水。士卒半渡,汉击之,大破楚军,尽得楚国货赂。大司马咎、长史翳、塞王欣皆自刭汜水上。大司马咎者,故蕲狱掾,长史欣亦故栎阳狱吏,两人尝有德于项梁,是以项王信任之。当是时,项王在睢阳,闻海春侯军败,则引兵还。汉军方围钟离眛于荥阳东,项王至,汉军畏楚,尽走险阻①。

是时,汉兵盛食多,项王兵罢食绝。汉遣陆贾说项王,请太公,项王弗听。汉王复使侯公往说项王,项王乃与汉约,中分天下。割鸿沟以西者为汉,鸿沟而东者为楚。项王许之,即归汉王父母妻子。军皆呼万岁。汉王乃封侯公为平国君。匿弗肯复见。曰:“此天下辩士,所居倾国②,故号为平国君。”

项王已约,乃引兵解而东归。

汉欲西归。张良、陈平说曰:“汉有天下太半,而诸侯皆附之。楚兵罢食尽,此天亡楚之时也,不如因其机而遂取之。今释弗击,此所谓‘养虎自遗患’也。”汉王听之。

汉五年,汉王乃追项王至阳夏南,止军,与淮阴侯韩信、建

---

①险阻:指山高路险之地,险要易守之地。 ②倾国:意思是因侯公口才好,足以使国家倾覆。

成侯彭越期会而击楚军。至固陵，而信、越之兵不会。楚击汉军，大破之。汉王复入壁，深堑而自守。谓张子房曰："诸侯不从约，为之奈何？"对曰："楚兵且破，信、越未有分地，其不至固宜。君王能与共分天下，今可立致也①。即不能，事未可知也。君王能自陈以东傅②海，尽与韩信；睢阳以北至谷城，以与彭越。使各自为战，则楚易败也。"汉王曰："善。"于是乃发使者告韩信、彭越曰："并力击楚，楚破，自陈以东傅海与齐王，睢阳以北至谷城与彭相国。"使者至，韩信、彭越皆报曰："请今进兵。"韩信乃从齐往。刘贾军从寿春并行，屠城父。至垓下。大司马周殷叛楚，以舒屠六③，举九江兵，随刘贾、彭越皆会垓下，诣④项王。

项王军壁垓下，兵少食尽，汉军及诸侯兵围之数重。夜闻汉军四面皆楚歌，项王乃大惊曰："汉皆已得楚乎？是何楚人之多也！"项王则夜起，饮帐中。有美人名虞，常幸从；骏马名骓，常骑之。于是项王乃悲歌慷慨，自为诗曰："力拔山兮气盖世，时不利兮骓不逝⑤。骓不逝兮可奈何，虞兮虞兮奈若何！"歌数阕，美人和之。项王泣数行下，左右皆泣，莫能仰视。

于是项王乃上马骑，麾下壮士骑从者八百馀人，直夜⑥溃围南出，驰走。平明，汉军乃觉之，令骑将灌婴以五千骑追之。项王渡淮，骑能属⑦者百馀人耳。项王至阴陵，迷失道，问一田父，田父绐⑧曰"左"。左，乃陷大泽中。以故汉追及之。项王乃复引兵而东，至东城，乃有二十八骑。汉骑追者数千人。项王自度不得脱，谓其骑曰："吾起兵至今八岁矣，身七十馀战，所当者

①致：使至，招来。 ②傅：附着，靠近，此指到。 ③以舒屠六：带领舒县兵卒屠灭了六县。 ④诣：往，到某地去，此指逼近。 ⑤逝：跑。 ⑥直夜：半夜。 ⑦属：连接，此指跟上。 ⑧绐（dài）：通"诒"，欺骗。

破，所击者服，未尝败北，遂霸有天下。然今卒困于此，此天之亡我，非战之罪也。今日固决死，愿为诸君快战[①]，必三胜之，为诸君溃围，斩将，刈旗，令诸君知天亡我，非战之罪也。”乃分其骑以为四队，四向。汉军围之数重。项王谓其骑曰：“吾为公取彼一将。”令四面骑驰下，期山东为三处[②]。于是项王大呼驰下，汉军皆披靡[③]，遂斩汉一将。是时，赤泉侯为骑将，追项王，项王瞋目而叱之，赤泉侯人马俱惊，辟易[④]数里。与其骑会为三处。汉军不知项王所在，乃分军为三，复围之。项王乃驰，复斩汉一都尉，杀数十百人，复聚其骑，亡其两骑耳。乃谓其骑曰：“何如？”骑皆伏曰：“如大王言。”

于是项王乃欲东渡乌江。乌江亭长檥船[⑤]待，谓项王曰：“江东虽小，地方千里，众数十万人，亦足王也。愿大王急渡。今独臣有船，汉军至，无以渡。”项王笑曰：“天之亡我，我何渡为！且籍与江东子弟八千人渡江而西，今无一人还，纵江东父兄怜而王我，我何面目见之？纵彼不言，籍独不愧于心乎？”乃谓亭长曰：“吾知公长者。吾骑此马五岁，所当无敌，尝一日行千里，不忍杀之，以赐公。”乃令骑皆下马步行，持短兵接战。独籍所杀汉军数百人。项王身亦被十馀创，顾见汉骑司马吕马童，曰：“若非吾故人乎？”马童面之，指王翳曰：“此项王也。”项王乃曰：“吾闻汉购我头千金，邑万户，吾为汝德。”乃自刎而死。王翳取其头，馀骑相蹂践争项王，相杀者数十人。最其后，郎中骑杨喜，骑司马吕马童，郎中吕胜、杨武各得其一体[⑥]。五人共会其体，皆是。故分其地为五：封吕马童为中水侯，封王翳为杜

---

①快战：痛快地打一仗。 ②期山东为三处：约好突围后在山东面的三个地点集合。 ③披靡：原指草木随风倒伏，此比喻军队溃败。 ④辟易：倒退，退避。 ⑤檥（yǐ）：同“舣”，使船靠岸。 ⑥体：身体的部分，四肢加头合称五体。

衍侯，封杨喜为赤泉侯，封杨武为吴防侯，封吕胜为涅阳侯。

项王已死，楚地皆降汉，独鲁不下。汉乃引天下兵欲屠之，为其守礼义，为主死节，乃持项王头视鲁[①]，鲁父兄乃降。始，楚怀王初封项籍为鲁公，及其死，鲁最后下，故以鲁公礼葬项王谷城。汉王为发哀，泣之而去。

诸项氏枝属[②]，汉王皆不诛。乃封项伯为射阳侯。桃侯、平皋侯、玄武侯皆项氏，赐姓刘。

太史公曰：吾闻之周生曰"舜目盖重瞳子"，又闻项羽亦重瞳子。羽岂其苗裔邪[③]？何兴之暴也[④]！夫秦失其政，陈涉首难，豪杰蜂起，相与并争，不可胜数。然羽非有尺寸[⑤]，乘势起陇亩之中，三年，遂将五诸侯灭秦，分裂天下，而封王侯，政由羽出，号为"霸王"，位虽不终，近古以来未尝有也。及羽背[⑥]关怀楚，放逐义帝而自立，怨王侯叛己，难矣。自矜功伐[⑦]，奋[⑧]其私智而不师古。谓霸王之业，欲以力征经营天下。五年卒亡其国，身死东城，尚不觉寤[⑨]而不自责，过矣。乃引"天亡我，非用兵之罪也"，岂不谬哉！

【译文】

项籍，下相人，字羽。开始起事时，二十四岁。项籍的叔父是项梁，项梁的父亲是项燕，就是被秦将王翦杀害的那位楚国大将。项氏世世代代做楚将，受封于项地，所以姓项。

项籍年少时，曾学写字，没有学成就不学了；又学剑术，也没学成，项梁对他很生气。项籍却说："写字，能够用来记名姓就行了；剑术，也只能

---

①视：通"示"，出示给某人看。 ②枝属：宗族。 ③苗裔：后代。 ④暴：突然。 ⑤尺寸：指尺寸之地。 ⑥背：弃，舍弃。 ⑦矜：夸，夸耀。功伐：战功，功勋。 ⑧奋：振，此指极力施展。 ⑨寤：通"悟"。

敌一个人,不值得学,要学就学能敌万人的本事。”于是项梁就教项籍兵法,项籍非常高兴。可稍稍知道些兵法的大意,又不肯学了。

项梁曾因罪被栎阳县逮捕,他就请蕲县狱掾曹咎给栎阳狱掾司马欣写了封信,事情因此得以了结。

后来项梁又杀了人,为躲避仇人,和项籍一起逃到吴中。吴中的贤士大夫,本事都比不上项梁。每当吴中有大规模的徭役或大的丧事时,项梁常做主办人,并暗中用兵法部署组织宾客和吴中子弟,因此人们知道了他的才能。

秦始皇帝游会稽渡浙江时,项梁和项籍都去观看。项籍说:“那个人,我可以取代他!”项梁急忙捂住他的嘴,说:“不要胡说,要灭族的!”但项梁却因此而感到项籍很不一般。

项籍身高八尺有余,力大能举鼎,才气超过常人,即使是吴中子弟也都怕他。

秦二世元年七月,陈涉等在大泽乡起义。这一年九月,会稽郡守殷通对项梁说:“大江以西都造反了,这也是上天灭亡秦的时候啊。我听说,做事占先一步就能控制别人,落后一步就被人控制。我打算起兵反秦,让您和桓楚带兵。”当时桓楚正逃亡在草泽之中。项梁说:“桓楚逃亡在外,别人都不知道他的去处,只有项籍知道。”于是项梁出去嘱咐项羽持剑在外面等候,然后又进来跟郡守一起坐下,说:“请让我把项籍叫进来,让他受命去召桓楚。”郡守说:“好吧!”项梁就把项籍叫进去。过了片刻,项梁给项籍使了个眼色,说:“可以行动了!”于是项籍拔出剑来斩下了郡守的头。项梁提着郡守的头,佩带上官印。郡守的部下大为惊慌,一片混乱,项籍一连杀了一百来人。整个郡守府上下都吓得趴倒在地,没有人敢起来。项梁召集原先所熟悉的豪强官吏,告诉他们起事反秦的道理,就发动吴中之兵起事了。项梁派人接收会稽郡下属各县,得精兵八千人。又部署吴中豪杰,派他们做校尉、候、司马。其中有一个人没有被任用,自己来找项梁诉说。项梁说:“前些日子某家有丧事,我派你主办一件事,没有办成,所以不能任用你。”众人听后都很敬服。于是项梁做了会稽郡守，项籍为副将，占领下属各县。

这时，广陵人召平为陈王攻取广陵，广陵没有归服。召平听说陈王兵败退走，秦兵又快到了，就渡江假托陈王的命令，拜项梁为楚王上柱国。召平说："江东已平定，赶快带兵西进攻秦。"项梁就率领八千人渡江西进。听说陈婴已占据东阳，项梁就派使者去东阳想同他合兵西进。陈婴，原是东阳令史，在县中一向诚实谨慎，被称赞为是忠厚老实的人。东阳有年轻人杀了县令，聚集起数千人，想推举一位首领，没有找到合适的人，就来请陈婴。陈婴推辞说自己没有能力，他们就强行让陈婴做了首领，县中追随的人有两万。那帮年轻人想索性立陈婴为王，建立一支用青色包头巾裹头的勇敢的、独树旗帜的军队。陈婴的母亲对陈婴说："自从我做你们陈家的媳妇起，从没听说你们陈家祖上有显贵之人，如今你突然有了这么大的名声，恐怕不吉祥。不如去归属谁，起事成功还可以封侯，起事失败也容易逃脱，因为那样你不是为世人所指说的人。"于是陈婴不敢做王。他对军吏们说："项氏世世代代做大将，在楚国是名门。现在我们要成大事，恐怕非得项氏家的人不可。我们依靠名门大族，灭亡秦国就是一定的了。"于是众人听从他的话，将军队归属于项梁。项梁渡过淮河，黥布、蒲将军也率兵归属项梁。这样，项梁所属总共有了六七万人，驻在下邳。

正当此时，秦嘉已立景驹做了楚王，驻扎在彭城东，想阻挡项梁西进。项梁对军吏们说："陈王最先起事，仗打得不顺利，不知道如今在什么地方。现在秦嘉背叛陈王而立景驹为楚王，这是大逆不道。"于是进军攻打秦嘉。秦嘉军战败而逃，项梁率兵追击，直至胡陵。秦嘉又回过头来与项梁交战，打了一天，秦嘉战死，秦嘉军投降。景驹逃到梁地，死在那里。项梁收编了秦嘉的部队，驻扎在胡陵，准备率军西进攻秦。秦将章邯率军到达栗县，项梁派别将朱鸡石、余樊君迎战章邯。结果余樊君战死，朱鸡石战败，逃回胡陵。项梁于是率兵进入薛县，杀了朱鸡石。

在此之前，项梁曾派项羽另外去攻打襄城，襄城坚守，不肯投降。项羽攻下襄城后，将那里的军民全都活埋了，然后回来报告项梁。项梁听说陈王确实已死，就召集各路别将来薛县聚会，共议大事。此时，沛公也在沛县起兵，应召前往薛县参加聚会。

居鄛人范增，七十岁了，一向居家不仕，喜好琢磨奇计，他前往游说项梁说："陈胜兵败，本该如此。秦灭六国，楚国最无罪。自从怀王被骗入秦没有返回，楚人至今还在同情他；所以楚南公说'楚国即使只剩下三户人家，灭亡秦国的也一定是楚人'。如今陈胜首先起事，不立楚王后代却自立为王，势运一定不会长久。现在您在江东起事，楚国那么多将士蜂拥而起归附您，就是因为项氏世世代代做楚国大将，一定能重新立楚国后代为王。"项梁认为他的话有道理，就在民间寻到正给人家牧羊的怀王的嫡孙熊心，袭用他祖父的谥号立为楚怀王，这是为顺应楚国民众的愿望。陈婴做了楚上柱国，封给他五个县，辅佐怀王建都盱台。项梁自号武信君。

过了几个月，项梁率兵攻打亢父，又与齐将田荣、司马龙且的军队一起援救东阿，在东阿大败秦军。田荣随即率兵返回齐国，赶走了齐王假。假逃亡到楚，假的相田角逃亡到赵。田角的弟弟田间本是齐国大将，留在赵国不敢回齐。田荣立田儋之子田市为齐王。项梁击败东阿一带的秦兵以后，就去追击秦的败军。他多次派使者催促齐国发兵，想与齐军合兵西进。田荣说："楚杀掉田假，赵杀掉田角、田间，我才出兵。"项梁说："田假是我们盟国的王，走投无路来追随我，我不忍心杀他。"赵国也不肯杀田角、田间来跟齐国做交易。齐国始终不肯发兵帮助楚军。

项梁派沛公和项羽另外去攻打城阳，屠戮了这个县。又向西进，在濮阳东打败秦军，秦兵战败，退入濮阳。沛公、项羽就去打定陶，定陶没有打下，又离开定陶西进，沿路攻取城邑直到雍丘，大败秦军，杀了李由。然后回过头攻打外黄，没有攻下。

项梁自东阿出发西进，等到定陶时，已两次打败秦军，项羽等又杀了李由，因此更加轻视秦军，渐渐露出骄傲的神态。宋义于是规谏项梁说："打了胜仗，将领就骄傲，士卒就怠惰，这样的军队要吃败仗。如今士卒有些怠惰了，而秦兵在一天天地增加，我替您担心啊！"项梁不听，却派宋义出使齐国。宋义在途中遇见了齐国使者高陵君显，问道："你是要去见武信君吧？"回答说："是的。"宋义说："依我看，武信君的军队必定要败。您要是慢点儿走就可以免于身死，如果走快了就会赶上灾难。"秦朝果然发动了全部兵力来增援章邯，攻击楚军，在定陶大败楚军，项梁战死。沛公、项羽离开外黄去攻打陈留，陈留坚守，攻不下来。沛公和项羽共同商量说："现在项梁的军队被打败了，士卒都很恐惧。"就和吕臣的军队一起向东撤退。吕臣的军队驻扎在彭城东边，项羽的军队驻扎在彭城西边，沛公的军队驻扎在砀县。

章邯打败项梁军后，认为楚地军兵不值得忧虑了，于是渡过黄河北进攻赵，大败赵军。这时，赵歇为王，陈余为大将，张耳为国相，都逃进了巨鹿城。章邯命王离、涉间包围巨鹿，自己的军队驻扎在巨鹿南边，筑起甬道给他们输送军粮。陈余为大将，率领数万士卒驻扎在巨鹿北边，这就是所谓的河北军。

楚兵在定陶战败后，怀王非常害怕，从盱台前往彭城，合并项羽、吕臣的军队亲自统率。任命吕臣为司徒，吕臣之父吕青为令尹。任命沛公为砀郡长，封为武安侯，统率砀郡的军兵。

先前，宋义出使齐国途中遇见的那位齐国使者高陵君显正在楚军中，他求见楚王说："宋义曾论定武信君的军队必会失败，没过几天，果然战败。在军队没作战时，就能事先看出失败的征兆，这可称得上是懂得用兵了。"于是楚怀王召见宋义，跟他商议军中大事，非常欣赏他，因而命他为上将军；项羽为鲁公，任次将；范增任末将，去援救赵国；其他诸将都隶属于宋义，号称卿子冠军。军队进发行至安阳后，停留四十六天不向前进。项羽说："我听说秦军把赵王围在巨鹿城内，赶快率兵渡过黄河，楚军从外面攻打，赵军在里面接应，打败秦军是一定的。"宋义说："并非如此。能叮咬大牛的牛虻却损伤不了小小的虱子。如今秦攻打赵，打胜了，士卒也会疲惫，我们趁他们疲惫进攻；打不胜，我们就率兵擂鼓西进，一定能歼灭秦军。所以不如先让秦、赵互相争斗。若论披坚甲执兵器，英勇拼杀，我宋义比不上您；若论坐于军帐，运筹决策，您比不上我宋义。”于是通令全军：“凶猛如虎，违逆如羊，贪婪如狼，倔强不听指挥的，一律斩杀。”又派儿子宋襄去辅佐齐国，并亲自送到无盐，置备酒筵，大会宾客。当时天气寒冷，又下大雨，士卒又冷又饿。项羽对将士说：“我们大家想齐心合力攻打秦军，他却久久停留不向前进。如今正赶上荒年，百姓贫困，士卒吃的是芋菽，军中没有存粮，他竟置备酒筵，大会宾客；不率兵渡河去从赵国取得粮食，跟赵合力攻秦，却说‘趁秦军疲惫再进攻’。那么强大的秦国攻打刚建立的赵，那形势必定是能攻占赵。赵被攻占，秦就更强大，到那时，还谈得上什么利用秦国的疲惫？再说，我们的军队刚打了败仗，怀王坐不安席，集中境内全部兵卒粮饷交给上将军，国家安危，在此一举。可上将军不体恤士卒，却牟取私利，不是国家真正的贤臣。”项羽早晨去参见上将军宋义，就在军帐中，斩了他的头，出来向军中发令说：“宋义和齐同谋反楚，楚王密令我处死他。”这时，诸将都畏服项羽，没谁敢抗拒，都说：“首先扶立楚国的，是项将军家。如今又是将军诛灭了叛乱之臣。”于是大家一起拥立项羽为临时上将军。项羽派人追赶宋义之子，追到齐国境内，将他杀了。又派桓楚去向怀王报告。楚怀王于是让项羽做了上将军，当阳君、蒲将军都归属项羽。

项羽诛杀了卿子冠军，威震楚国，名闻诸侯。他于是派遣当阳君、蒲将军率兵二万人渡过漳河，援救巨鹿。战争只有一些小的胜利，陈余又请求增援。项羽就率领全部军队渡过漳河，沉没了所有船只，砸破了所有锅碗，烧毁了全部营垒，只带上三天的干粮，以此向士卒表示一定要决死战斗，毫无退还之心。项羽率军一到就包围了王离，与秦军遭遇，交战多次，阻断了秦军的甬道，大败秦军，杀了苏角，俘虏了王离。涉间拒不降楚，自焚而死。

这时，楚兵勇猛居诸侯之首。前来援救巨鹿的诸侯军筑有十几座营垒，没有谁敢发兵出战。楚军攻击秦军时，他们都只在营垒中观望。楚军战士无不一以当十，士兵们杀声震天，诸侯军无不人人心惊胆寒。打败秦军以后，项羽召见诸侯将领，当他们进入辕门时，无不跪着用膝盖向前走，没有谁敢抬头仰视。自此，项羽真正成了诸侯的上将军，各路诸侯都隶属于他。

章邯军驻扎在棘原，项羽军驻扎在漳南，两军相持未战。由于秦军屡屡退却，秦二世派人责问章邯。章邯害怕了，派长史司马欣回朝中请求指示。司马欣到了咸阳，留在司马门呆了三天，赵高竟不接见，有不信任之意。长史司马欣非常害怕，赶快奔回棘原军中，都没敢顺原路走，赵高果然派人追赶，没有追上。司马欣回到军中，向章邯报告说："赵高在朝中独揽大权，下面的人不可能有什么作为。如今仗能打胜，赵高必定嫉妒我们的战功；打不胜，我们更免不了一死。愿将军好好考虑这件事！"这时，陈余也给章邯写信说："白起身为秦国大将，南征攻陷了楚都鄢郢，北征屠灭了马服君赵括的军队，攻下的城池，夺取的土地，数也数不清，最后还是惨遭赐死。蒙恬也是秦国大将，北面赶跑了匈奴，在榆中开辟了几千里的土地，最终竟被杀害于阳周。这都是为什么呢？就是因为他们战功太多，朝廷不可能每个人都封赏，所以就从法令上找借口杀了他们。如今将军做秦将已三年了，士卒伤亡损失以十万计，而各地诸侯一时并起，越来越多。那赵高一向阿谀奉承，时日已久，如今形势危急，他也害怕秦二世杀他，所以也想从法令上找借口，杀了将军来推卸罪责，让别人来代替将军以免去他自己的灾祸。将军在外时间长久，朝中跟您有嫌隙的人就多，有功也是被杀，无功也是被杀。而且，上天要灭秦，不论智者还是愚者，谁都知道。现在将军在内不能直言进谏，在外已成亡国之将，孤自一人支撑着却想维持长久，难道不可悲哀吗？将军为什么不率兵掉转回头，与诸侯联合，相约一起攻秦，共分秦地，各自为王，南面称孤？这跟身受刑戮、妻儿被杀相比，哪个更合算呢？"章邯犹豫不决，秘密派军候始成到项羽那里去，想订立和约。和约没有成功，项羽命蒲将军日夜不停率兵渡过三户津，在漳河之南驻扎下来，与秦军交战，两次击败秦军。项羽率领全部军兵在汙水攻击秦军，将秦兵打得大败。

章邯又派人来求见项羽，想订和约。项羽召集军吏们商议说："我们粮草不多了，我想答应他们来订约。"军吏们都说："好。"项羽就和章邯约好日期在洹水南岸的殷墟上会晤。订完了盟约，章邯拜见项羽，禁不住流下眼泪，向项羽述说了赵高的种种劣行。项羽于是封章邯为雍王，安置在楚军中。任命司马欣为上将军，统率秦军为先锋。

秦降卒到了新安。诸侯军的吏卒以前曾被征徭役驻守边塞，路过秦中时，秦中吏卒对待他们大多不像样子，秦军投降诸侯后，诸侯军的吏卒大多借着胜利的威势，像对待奴隶一样地使唤他们，随意侮辱。秦军吏卒很多人私下议论："章将军等骗我们投降诸侯军，如果能入关灭秦，倒是很好；如果不能，诸侯军俘虏我们退回关东，秦朝廷必定会将我们的父母妻儿全杀掉。"诸侯军将领暗地访知秦吏卒的这些议论，就报告了项羽。项羽召集黥布、蒲将军商议道："秦军吏卒还很多，他们内心还不服，如果到了关中不听指挥，事情就危险了，不如将他们杀掉，只带章邯、长史司马欣、都尉董翳进入秦地。"于是楚军趁夜间将秦降卒二十余万人击杀坑埋在新安城南。

项羽要去夺取平定秦地。到了函谷关，关内有士兵把守，不能进入。又听说沛公已攻下咸阳，项羽非常生气，就派当阳君等攻打函谷关。这样项羽才进了关，一直到戏水之西。当时，沛公军驻扎在霸上，没能跟项羽相见。沛公的左司马曹无伤派人告诉项羽说："沛公想在关中称王，让秦王子婴为相，珍奇宝物都占为己有了。"项羽大为愤怒，说："明天准备酒食，犒劳士卒，给我把沛公的部队打垮！"

这时，项羽有兵卒四十万，驻扎在新丰鸿门。沛公有兵卒十万，驻扎在霸上。范增劝项羽说："沛公住在山东时，贪图财货，宠爱美女。现在进了关，财物什么都不取，美女也没亲近一个，看这势头他的志气可不小啊。我让人觇望他那边的云气，都呈现为龙虎之状，五色斑斓，这是天子的瑞气呀。希望您赶快进攻，不要错失良机！"

楚国的左尹项伯，是项羽的叔父，一向跟留侯张良要好。张良这时正跟随沛公。项伯连夜赶到沛公军中，私下见了张良，将事情全都告诉了他，想叫张良跟他一起离开。项伯说："不要跟沛公一块儿送死啊。"张良说："我是为韩王来护送沛公的，沛公如今情况危急，我若逃走就太不义了，不能不告诉他。"张良于是进入军帐，把项伯的话全告诉了沛公。

沛公非常惊慌，说："该怎么办呢？"张良说："是谁给大王出的派兵守关这个主意？"沛公说："是一个浅陋小人劝我说：'守住函谷关，不要让诸侯军进来，您就可以占据整个秦地称王了。'所以听了他的话。"张良说："估计您的兵力敌得过项王吗？"沛公沉默不语，过了一会儿说："当然敌不过，那怎么办呢？"张良说："请让我前去告诉项伯，就说沛公是不敢背叛项王的。"沛公说："您怎么跟项伯有交情呢？"张良说："还是在秦时，我们就有交往，项伯杀了人，我使他免了死罪。如今情况危急，幸好他来告诉我。"沛公说："你们两人谁年龄大？"张良说："他比我大。"沛公说："您替我请他进来，我要像对待兄长一样侍奉他。"张良出去邀请项伯。项伯随即进来与沛公相见。沛公捧着酒杯向项伯献酒祝寿，又定下了儿女婚姻。沛公说："我进入函谷关，连秋毫那样细小的东西都没敢动，登记人口，封闭府库，只等着项将军到来。之所以派将守关，是为防备其他盗贼窜入和意外变故。我们日夜盼项将军到来，哪里敢谋反啊！希望您详细转告项将军，我是绝不敢忘恩负义的。"项伯答应了，对沛公说："明天可千万早点亲自来向项王道歉。"沛公说："好吧。"于是项伯又乘夜离开，回到军营中，将沛公的话一一报告项王。接着又说："如果不是沛公先攻破关中，您怎么敢进关呢？如今人家有大功反而要攻打人家，这不合道义，不如就此好好对待他。"项王答应了。

第二天，沛公带着一百多名侍从来见项王，到了鸿门，向项王赔罪说："臣和将军合力攻秦，将军在河北作战，臣在河南作战，却没想到能先入关破秦，在这里又见到将军。现在有小人说了坏话，才使将军和臣之间有了嫌隙。"项王说："这是您的左司马曹无伤说的，不然，我怎么会这样。"项王当日就留沛公一起饮酒。项王、项伯面向东坐，亚父面向南坐——亚父就是范增。沛公面向北坐，张良面向西陪侍。范增好几次给项王使眼色，又好几次举起身上佩戴的玉玦向他示意，项王只是沉默着，不作反应。范增起身出去，叫来项庄，对他说："君王为人心肠太软，你进去上前献酒祝寿，然后请求舞剑，趁机刺击沛公，将他杀死在座席上。不然，你们这些人都将成为人家的俘虏啦。"项庄进来，上前献酒祝寿。祝酒完毕，对项王说："君王和沛公饮酒，军营中没有什么可以娱乐的，就让我来舞剑吧。"项王说："那好。"项庄就拔剑起舞，项伯也拔剑起舞，常常用身体掩护沛公，项庄无法刺击沛公。见此情景，张良走到军门，找到樊哙。樊哙问："今天的事情怎么样？"张良说："很危急！现在项庄正在舞剑，一直在打沛公的主意呀！"樊哙说："这太危险啦！让我进去，我要跟沛公同生死！"樊哙带着剑拥着盾就往军门里闯。交叉持戟的卫士想挡住不让他进去，樊哙侧过盾一撞，卫士们仆倒在地。樊哙于是闯入军门，挑开帷帐面向西站定，睁圆眼睛怒视项王，头发根根竖起，两边眼角都要睁裂了。项王伸手握住宝剑挺直身子，问："这位客人是干什么的？"张良说："是沛公的护卫樊哙。"项王说："真是位壮士！赐他一杯酒！"手下人给樊哙递上一大杯酒。樊哙拜谢，起身站着喝了。项王说："赐他一只猪肘！"手下人递过来一只猪肘。樊哙反扣盾牌在地上，把猪肘放在上面，拔出剑来边切边吃。项王说："好一位壮士！还能再喝吗？"樊哙说："臣连死都不在乎，一杯酒又有什么可推辞的！那秦王有虎狼一样凶狠的心，杀人无数，好像唯恐杀不完；给人加刑，好像唯恐用不尽，天下人都叛离了他。怀王曾和诸将约定说'先击败秦军进入咸阳，让他在关中为王。'如今沛公先击败秦军进入咸阳，连毫毛那么细小的财物都没敢动，封闭秦王宫室，撤军回到霸上，等待大王您的到来。之所以派遣将士把守函谷关，为的是防备其他盗贼窜入和意外的变故。沛公如此劳苦功高，没有得到封侯的赏赐，您反而听信小人的谗言，要杀害有功之人。这只能是走秦朝灭亡的老路，我私下认为大王您不会采取这种做法！"一番话说得项王无话回答，只是说："坐！坐！"樊哙挨着张良坐下来。坐了一会儿，沛公起身上厕所，顺便叫出樊哙。

沛公出来后，项王派都尉陈平叫沛公。沛公对樊哙说："现在我出来，没告辞，怎么办？"樊哙说："干大事不必顾及小的礼节，讲大节无须回避小的责备。如今人家好比是刀子砧板，我们好比是鱼肉，还告辞干什么？"于是一行人决定离开，让张良留下向项王致歉。张良问："大王来时带了什么礼物？"沛公说："我拿来白璧一双，准备献给项王；玉斗一对，准备献给亚父。正赶上他们发怒，没敢献上。您替我献上吧。”张良说：“遵命。”

这时，项王军驻扎在鸿门一带，沛公军驻扎在霸上，相去四十里。沛公扔下车马、侍从，脱身独自骑马而走，樊哙、夏侯婴、靳强、纪信等四人手持剑盾，跟在后面徒步奔跑，从骊山而下，取道芷阳抄小路而行。沛公临行前对张良说：“从这条路到我们军营，不过二十里。估计我到了军营，您才能进去。”沛公等一行离开鸿门，抄小路回至军营，张良进去致歉，说道：“沛公酒量不大，喝得多了点，不能跟大王告辞了。谨让臣张良奉上白璧一双，恭敬地献给大王足下；玉斗一对，恭敬地献给大将军足下。”项王问道：“沛公在哪里？”张良答道：“听说大王有意责怪他，他就脱身一个人走了，已回到军营。”项王接过白璧，放在座位上。亚父接过玉斗，扔在地上，拔出剑来撞碎了，说：“唉！这小子没法跟他们共谋大事，夺取项王天下的，一定是沛公了。我们这班人就要成为他的俘虏了！”

沛公回到军营，立即杀了曹无伤。

过了几天，项羽率兵西进，屠戮咸阳，杀了秦降王子婴，烧了秦朝宫室，大火三个月都不熄灭。劫掠了秦朝的财宝、妇女，往东而行。有人劝项王说：“关中有山河为屏障，四方都有要塞，土地肥沃，可以建都成就霸业。”但项王看到秦朝宫室都被烧得残破不堪，又思念家乡想回去，就说：“富贵不回故乡，就像穿了锦绣衣裳在黑夜中行走，有谁知道呢？”那个劝项王的人说：“人说楚人像是猕猴戴了人的帽子，干不成大事，果真如此。”项王闻听，将那人给烹死了。

项王派人向怀王禀报破关入秦的情况。怀王说：“就按原先约定的办。”于是项王虚尊怀王为义帝。

项王想自己称王，就先封手下诸将相为王。对他们说：“天下刚发难秦时，暂时立诸侯后代为王，为的是讨伐秦朝。然而身披坚甲手持利器带头起事，暴露山野三年在外，灭掉秦朝平定天下的，都是各位将相和我项籍的力量啊。义帝虽无战功，但分给他土地让他做王，本来也是应该的。”诸将都说：“好。”于是项王就分封天下，立诸将为侯王。

项王、范增担心沛公取得天下,然而鸿门之会已和解了,又担心违背当初约定,诸侯背叛,于是暗中谋划道:“巴、蜀两郡道路险阻,秦朝流放的人都居住在蜀地。”又说:“巴、蜀也算关中地盘。”因此就立沛公为汉王,统治巴、蜀、汉中之地,建都南郑。又将关中分为三块,封秦朝三名降将为王以阻断汉王东出之路。

项王立章邯为雍王,统治咸阳以西之地,建都废丘。长史司马欣,以前是栎阳狱掾,曾对项梁有恩;都尉董翳,当初曾劝章邯降楚。因此,立司马欣为塞王,统治咸阳以东到黄河的地区,建都栎阳;立董翳为翟王,统治上郡,建都高奴。改立魏王豹为西魏王,统治河东,建都平阳。瑕丘申阳,本是张耳的宠臣,先攻下河南郡,在黄河岸边迎接楚军,故立申阳为河南王,建都洛阳。韩王成仍居旧都,建都阳翟。赵将司马卬平定河内,屡有战功,故立司马卬为殷王,统治河内,建都朝歌。改立赵王歇为代王。赵相张耳一向贤能,又随项羽入关,故立张耳为常山王,统治赵地,建都襄国。当阳君黥布做楚将,战功一直属第一,故立黥布为九江王,建都六。鄱君吴芮率百越将士协助诸侯,又随项羽入关,故立吴芮为衡山王,建都邾。义帝柱国共敖率兵攻打南郡,战功多,故立共敖为临江王,建都江陵。改立燕王韩广为辽东王。燕将臧荼随楚军救赵,又随军入关,故立臧荼为燕王,建都蓟。改立齐王田市为胶东王。齐将田都随楚军一起救赵,又随军入关,故立田都为齐王,建都临淄。当初被秦灭亡的齐王建之孙田安,在项羽渡河救赵时,曾攻下济水之北的几座城池,率他的军队投降项羽,故立田安为济北王,建都博阳。田荣多次背叛项梁,又不肯率兵随楚军攻打秦军,因此不封。成安君陈余因与张耳抵牾不和弃将印而离去,不随楚军入关,但他一向以贤能闻名,又对赵国有功,知道他在南皮,因此将南皮周围的三个县封给他。番君吴芮的部将梅鋗战功多,故封他为十万户侯。项王自立为西楚霸王,统治九个郡,建都彭城。

汉元年四月,诸侯受封已毕,解散而去,分别前往各自的封地。

项王出了函谷关,来到自己的封国,派人去让义帝迁都,说:“古时候帝王拥有的土地纵横千里，而且一定要居住在河流的上游。”让使者将义帝迁徙到长沙郴县。使者催促义帝起程，左右群臣渐渐叛离了他。项王于是秘密派衡山王、临江王将义帝截杀于大江之中。韩王成没有军功，项王不让他到封国去，带他一起到了彭城，废为侯，不久又杀了他。臧荼到了封国，就驱逐韩广去辽东，韩广不从，臧荼在无终杀了他，将他的土地并为己有。

田荣听说项羽改封齐王市到胶东，而立齐将田都为齐王，非常愤怒，不肯将齐王迁往胶东，就占据了齐地，起而反楚，迎头攻击田都。田都逃往楚国。齐王市害怕项王，就向胶东逃去，奔赴封国。田荣发怒，就追赶他，将他杀死在即墨。田荣于是自立为齐王，又向西进攻并杀死济北王田安，统治了三齐之地。田荣把将军印授给彭越，让他在梁地反楚。陈余私下派张同、夏说劝齐王田荣说：“项羽主持天下事，不公道。现在将以前的诸侯王都封在坏地方，而将他自己的群臣诸将都封在好地方，驱逐了原来的君主赵王，让他往北徙居到代地，我以为这样不合适。听说大王您起兵反楚，而且不听从项羽的不义之命，希望大王您接济我部分兵力，让我去攻打常山，恢复赵王原有的地盘。我愿用我们的国土给你们齐国做屏障。”齐王答应了，就派兵赴赵。陈余发动三县全部兵力，跟齐军合力攻打常山，将常山王打得大败。张耳逃走归附汉王。陈余从代地将原赵王歇接回赵国。赵王因此立陈余为代王。

这时，汉王率军返回关中，平定了三秦。

项羽听说汉王已兼并关中，将要东进，齐国、赵国又都反叛自己，非常生气。于是用以前的吴县令郑昌为韩王，抵挡汉军。命萧公角等攻打彭越，彭越打败了萧公角等。汉王派张良去夺取韩地，并送给项王一封信说：“汉王失去了关中王的封职，所以想要得到关中，若能遵循以前的约定，就立即停下来，不敢再向东进。”又将齐、梁二地的反书送给项王，说：“齐国想要跟赵国一起灭掉楚国。”楚军因此放弃了西进的打算，向北去攻打齐国去了。项王向九江王黥布征调部队。黥布推托有病，不肯亲自去，只派部将率领几千人前往。项王因此怨恨黥布。

汉二年冬天，项羽向北到达城阳，田荣也率兵与项羽决战。田荣没有打胜，逃到平原，平原的百姓将他杀了。项羽于是北进，烧平了齐国的城郭房屋，全部活埋了投降的田荣士卒，掳掠了齐国的老弱妇女。项羽夺取齐地直到北海，杀了许多人，毁了许多地方，齐国人聚集起来，一起造反。此时，田荣的弟弟田横收集了齐军逃散的士卒共有几万人，在城阳反击楚军。项王因此而停下来，但一连打了几仗都没打下。

这年春天，汉王率五个诸侯国的兵马，共五十六万人，向东进兵讨伐楚国。项王听到这个消息，就命诸将攻打齐国，自己率领精兵三万人向南从鲁县穿过胡陵。四月，汉军已全部进入彭城，掳掠那里的财宝、美人，每天摆酒席大会宾客。项王于是引兵西行奔向萧县，从早晨开始攻打汉军向东推进，打到彭城，中午时分，将汉军打得大败。汉军四处逃散，前后相随掉进谷水、泗水，楚军杀了汉兵卒十多万人。汉兵都向南逃入山地，楚军又追击到灵壁东的睢水边上。汉军后退，由于楚军的追逼，很多人被杀，汉军士卒十余万人都掉进睢水，睢水因而被堵塞都不向前流动了。楚军将汉王里外围了三层。正在此时，狂风从西北方向刮起，摧折树木，掀毁房舍，飞沙走石，刮得天昏地暗，向着楚军迎面扑来。楚军大乱，军阵崩溃，这样，汉王才得以带领几十名骑兵逃去。汉王原打算从沛县经过，接取家眷西逃。楚军也派人追到沛县，去抓汉王家眷。但汉王家眷已逃散，没有跟汉王见面。汉王在路上遇见了孝惠帝和鲁元公主，就将他们带上车，一块儿西逃。楚军骑兵追赶汉王，汉王感到情况危急，就将孝惠帝、鲁元公主推落车下，滕公夏侯婴每次都下车将他俩重新扶上车，这样推下扶上有好几次。滕公对汉王说："虽然情况危急，车也不能赶得再快，可怎能将他们扔下呢？"就这样，众人得以脱险。汉王等人到处寻找太公、吕后，没有找见。审食其跟随着太公、吕后抄小路走，也在寻找汉王，却偏偏碰上了楚军。楚军就带着他们回来，向项王报告。项王一直将他们留在军中做人质。

此时，吕后的兄长周吕侯为汉王带兵驻守下邑，汉王抄小路去投奔他，渐渐地收集汉军士卒。到荥阳时，各路败军都已会集在这里，萧何也将关中没有载入兵役名册的老弱人丁全部带到荥阳，汉军重又大振。楚军从彭城出发，一路上常借着胜利的威势追击败逃的汉兵。可是在荥阳南面的京邑、索邑之间与汉军打了一仗，汉军打败楚军，楚军因此不能越过荥阳向西推进。

项王去援救彭城，追赶汉王到荥阳。这时田横也得以收复齐地，立田荣之子田广为齐王。汉王在彭城失败的时，诸侯又都归附楚而背叛了汉。汉王驻扎在荥阳，筑起甬道和黄河南岸相接，用以获取敖仓的粮食。

汉三年，项王多次侵夺汉王的甬道，汉王粮食匮乏，心里恐慌，请求讲和，条件是将荥阳以西的地盘划归汉王。项王打算接受这个条件。历阳侯范增说："汉军容易对付了，现在将它放走而不征服它，以后一定会后悔的！"项王和范增立即包围了荥阳。汉王很担心，就用陈平的计策离间项王。项王使者来了，汉王让人准备了极为丰盛的筵席，端过来刚要进献，一见使者又假装惊愕地说道："我们以为是亚父的使者，没想到却是项王的使者。"将筵席重又撤回，拿来粗劣的饭食给项王使者吃。使者回去向项王报告，项王于是怀疑范增和汉王有私交，逐渐剥夺了他的权力。范增非常气愤，说："天下事大局已定，君王您自己看着办吧。希望您将这把老骨头赐还给我，让我回乡为民吧。"项王答应了他的请求。范增启程走了，还没到彭城，就因背上毒疮发作而身亡。

汉将纪信给汉王出主意说："形势危急，请让我扮成大王去替您诓骗楚兵，大王可以趁机逃走。"于是汉王趁夜间从荥阳东门放出二千名身披铠甲的女子，楚兵立即从四面攻打。纪信乘坐着黄屋车，车上插着纛旗，说："城中粮食已吃光，汉王投降。"楚军一起欢呼万岁。汉王这时也带着几十名骑兵从城的西门逃出，逃到成皋。项王见到纪信，问道："汉王在哪儿？"纪信说："汉王已出城。"项王将纪信烧杀了。

汉王派御史大夫周苛、枞公、魏豹把守荥阳。周苛、枞公商议道："魏豹是已叛变过的国家的君王，难以和他一块守城。"就一起杀了魏豹。楚军攻下荥阳城，活捉了周苛。项王对周苛说："给我做将军吧，我任命你为上将军，封你为三万户侯。"周苛骂道："你还不快快投降汉王，汉王就要俘虏你了，你不是汉王的对手。"项王发怒，烹死周苛，将枞公也杀了。

汉王逃出荥阳后，向南跑到宛县、叶县遇到九江王黥布，一边行进，一边收集士兵，重又进入成皋，守在那里。

汉四年，项王进兵包围城皋。汉王逃走，独自带着滕公出了成皋北门，渡过黄河逃向修武，去投奔张耳、韩信的部队。诸将也陆续逃出成皋，追随汉王。楚军因此拿下成皋，想要西进。汉王派兵在巩县抵抗，阻断了楚军西进的去路。

此时，彭越渡过黄河在东阿攻打楚军，杀了楚国将军薛公。项王于是亲自率兵东进攻打彭越。汉王得到淮阴侯的军队，想要渡黄河南进。郑忠劝阻汉王，汉王才停止南进，在黄河北岸修筑营垒驻扎下来。汉王派刘贾率兵增援彭越，烧毁了楚军的粮草辎重。项王继续东进，打败了刘贾，赶跑了彭越。汉王就趁机率兵渡过黄河，重新拿下成皋，在广武扎营，就近取食敖仓的粮食。项王平定了东方，又回过头来西进，在广武与汉军隔着广武涧扎下营来，两军相持了好几个月。

就在这时，彭越几次往返梁地，断绝了楚军的粮食，项王为此深感忧虑。他做了一张高腿案板，将汉王太公放在上面，向汉王宣告说："现在你如果不赶快投降，我就把太公烹死。"汉王说："我和项羽作为臣子一块接受了怀王的命令，曾说'相约结为兄弟'，这样说来，我的老子也就是你的老子，如果你一定要煮了你的老子，就希望你能分给我一杯肉汤。"项王大怒，要杀太公。项伯说："天下事还不知道怎么样，再说要夺天下的人是不顾及家的，即使杀了他也没有什么好处，只会增加祸患罢了。"项王听从了项伯的话。

楚、汉长久相持，胜负未决。年轻士卒厌倦长期的军旅生活，老弱兵卒也因运送粮草十分疲惫。项王对汉王说："天下纷纷乱乱数年，只是因我们两人的缘故。我愿跟汉王挑战，决一雌雄。不要再让天下百姓白白受苦啦。"汉王笑着回绝说："我宁愿斗智，不能斗力。"项王命勇士出营挑战。汉军有善于骑射的楼烦，楚兵挑战数次，楼烦每次都将他们射死。项王大怒，就亲自披甲持戟出营挑战。楼烦搭箭正要射，项王瞪大眼睛向他大吼一声，楼烦吓得眼睛不敢正视，两只手不敢放箭，转身逃回营垒，不敢再出来。汉王派人私下打听，才知道原来是项王。汉王大为吃惊。这时项王就向汉王靠近，分别站在广武涧东西两边互相对话。汉王一桩桩列举了项王的罪状，项王大怒，要和汉王决战。汉王不听，项王埋伏下的弓箭手射中汉王。汉王受伤，逃进成皋。

项王听说淮阴侯韩信已攻克河北，打败齐、赵两国，而且正准备向楚军进攻，就派龙且前去迎击。淮阴侯与龙且交战，汉骑将灌婴也赶来攻击楚军，将楚军打得大败，杀了龙且。韩信趁此机会自立为王。项王听到龙且军败的消息，十分害怕，派盱台人武涉前去游说淮阴侯，淮阴侯不听。这时，彭越又返回梁地，断绝了楚军的粮食。项王对海春侯大司马曹咎等说："你们要谨慎地守住成皋，如果汉军挑战，千万不要和他们交战，只要别让他们东进就行。十五天之内，我一定杀死彭越，平定梁地，回来再跟将军们会合。"于是带兵向东进发，一路上攻打陈留、外黄。

外黄起先不归顺。过了几天终于投降了，项王很恼怒，命十五岁以上的男子全部到城东去，要将他们活埋了。外黄县令门客之子十三岁，前去劝说项王道："彭越凭强力威胁外黄，外黄人害怕，所以才姑且投降，为的是等待大王。大王来了，又要全部活埋他们，百姓哪儿还会有归附之心呢？从这往东，梁地十几个城邑的百姓都会很害怕，就没有人肯归附您了。"项王认为他说得对，就赦免了准备活埋的那些人。项王东进睢阳，睢阳人听到这个情况都争着归附项王。

汉军果然多次向楚军挑战，楚军都没出来。汉军就派人去辱骂他们，一连五六天，大司马曹咎忍不住气愤，派兵渡汜水。士卒刚渡过一半，汉军出击，大败楚军，缴获楚军全部财货物资。大司马曹咎、长史董翳、塞王司马欣等都自刎于汜水边上。大司马曹咎，就是原来的蕲县狱掾，长史司马欣就是以前的栎阳狱吏，两人都曾对项梁有恩德，所以项王信任他们。这时，项王在睢阳，听说海春侯的军队被打败了，就带兵往回赶。汉军当时正将楚将钟离昧包围在荥阳东边，项王赶到，汉军害怕楚军，全部逃入附近山地。

此时，汉军士卒气盛，粮草充足，项王士卒疲惫，粮食告绝。汉王派陆贾劝说项王，要求放回太公，项王不答应。汉王又派侯公劝说项王，项王才跟汉王定约，平分天下，鸿沟以西的地方归汉，鸿沟以东的地方归楚。项王同意了，并立即放回了汉王的父母妻儿。汉军士兵都呼喊万岁。汉王于是封侯公为平国君，让他隐匿起来，不肯再跟他见面。说："此人是天下的善辩之士，他呆在哪国，就会使哪国倾覆，所以给他个称号叫平国君。"

项王订约后，就带上队伍罢兵东归了。

汉王也想撤兵西归，张良、陈平劝道："汉已据有天下的大半，诸侯又都归附于汉。而楚军已兵疲粮尽，这正是上天亡楚之时。不如趁此机会消灭它。如果现在放走项羽而不打他，这就是所谓的'养虎给自己留下祸患'。"汉王听从了他们的建议。

汉五年，汉王追赶项王到阳夏南，让军队驻扎下来，并和淮阴侯韩信、建成侯彭越约好日期会合，共同攻打楚军。汉军到达固陵，而韩信、彭越的军队没有来会合。楚军攻打汉军，将汉军打得大败。汉王又逃回营垒，掘深壕沟坚守。汉王问张良道："诸侯不遵守约定，怎么办？"张良回答说："楚军快被打垮了，韩信和彭越还没有得到分封的地盘，所以，他们不来是很自然的。君王如果能和他们共分天下，就可让他们立刻前来。如果不能，形势就难以预料了。您如果将从陈以东直到海滨一带的地方都给韩信，将睢阳以北到谷城的地方给彭越，使他们各为自己而战，楚军就容易打败了。"汉王说："好。"于是派使者告诉韩信、彭越说："你们跟汉王合力击楚，打败楚军后，从陈以东直至海滨一带地方给齐王，睢阳以北至谷城的地方给彭相国。"使者到达后，韩信、彭越都说："我们今天就带兵出发。"于是韩信从齐国起行，刘贾军从寿春同时进发，屠戮了城父，到达垓下。大司马周殷叛离楚王，以舒县之兵屠戮了六县，并发动九江兵力，随同刘贾、彭越一起会师垓下，追逼项王。

项王军在垓下修筑了营垒，但兵少粮尽，汉军及诸侯兵团团包围了好几层。深夜，项王听到汉军在四面唱着楚地的歌，大为吃惊，说："难道汉已取得了楚地？怎么楚国人这么多呢？”项王连夜起来，在帐中饮酒。有美人名虞，一直受宠跟在项王身边；有骏马名骓，项王一直骑着。这时，项王不禁慷慨悲歌，自己作诗吟唱道：“力拔山兮气盖世，时不利兮骓不逝。骓不逝兮可奈何，虞兮虞兮奈若何！”项王唱了几遍，虞姬在一旁和唱。项王眼泪一道道流下来，左右侍从也都跟着落泪，没有人敢抬起头来看他。

于是项王骑上马，麾下壮士八百多人骑马跟在后面，半夜突破重围，向南冲出，飞驰而逃。天快亮时，汉军才发觉，命骑将灌婴带领五千骑兵去追赶。项王渡过淮水，部下壮士能跟上的只剩下一百多人了。项王到达阴陵，迷了路，去问一个农夫，农夫骗他说：“向左边走。”项王带人向左，陷进了大沼泽地中。因此，汉兵追上了他们。项王又带着兵卒向东，到达东城，只剩下二十八人了。汉军骑兵追赶上来的有几千人。项王自己估计不能逃脱了，对他的骑兵说：“我带兵起事至今已八年了，身经七十余战，所抵挡的敌人都被打垮，所攻击的敌人无不降服，从来没有失败过，因而能够称霸，据有天下。可如今终于被困在这里，这是上天要灭亡我，绝不是作战的过错。今天肯定得决心战死了，我愿意为诸位打个痛痛快快的仗，一定胜它三回，给诸位冲破重围，斩杀汉将，砍倒军旗，让诸位知道的确是上天要灭亡我，绝不是作战的过错。”于是将兵卒分成四队，面朝四方。汉军将他们围了好几层。项王对兵卒说：“我来给你们拿下一员汉将！”命四面骑兵驱马飞奔而下，约定冲到山的东边，分作三处集合。于是项王高声呼喊着冲了下去，汉军像草木随风倒伏一样溃败了，项王杀掉了一名汉将。这时，赤泉侯为汉军骑将，在后面追赶项王，项王瞪大眼睛呵斥他，赤泉侯连人带马都吓坏了，退避了好几里。项王与他的骑兵分三个地方会合了。汉军不知项王去向，就将军兵分为三路，再次包围上来。项王驱马冲上去，又斩了一名汉军都尉，杀死百八十人。重新聚拢骑兵，仅仅损失两人。项王问兵卒道：“怎么样？”兵卒们都敬服地说：“正像大王说的那样。”

这时，项王想要向东渡过乌江。乌江亭长正停船靠岸等在那里，对项王说:“江东虽然小,但土地方圆千里,民众有几十万,也足够称王啦。希望大王赶快渡江。现在只有我这儿有船,汉军到了,没法渡过去。”项王笑了笑说:“上天要灭亡我,我还渡乌江干什么！再说我和江东子弟八千人渡江西征,如今没有一个人回来,纵使江东父老兄弟怜爱我让我做王,我又有什么脸面去见他们？纵使他们不说什么,我项籍难道心中无有愧吗?”就对亭长说:“我知道您是位忠厚长者,我骑着这匹马征战了五年,所向无敌,曾日行千里,我不忍心杀掉它,把它送给您吧。”于是命骑兵都下马步行,手持短兵器与追兵交战。唯独项籍一个人杀掉汉军几百人。项王身上也有十几处负伤,回头看见汉军骑兵司马吕马童,说:“你不是我的老相识吗?”马童这时才跟项王打了个对脸儿,于是指给王翳说:“这就是项王。”项王说:“我听说汉王用黄金千斤,封邑万户悬赏征求我的头,我就把这份好处送你吧!”说完,自刎而死。王翳拿下项王的头,其他士兵互相践踏争抢项王的躯体,由于相争而被杀死的有几十人。最后,郎中骑杨喜、骑司马吕马童、郎中吕胜、杨武各争得一个肢体。五人将肢体拼合,正好都对。因此,将项羽的土地分成五块:封吕马童为中水侯,封王翳为杜衍侯,封杨喜为赤泉侯,封杨武为吴防侯,封吕胜为涅阳侯。

项王已死,楚地全降了汉王,只有鲁地不降服。汉王率领天下之兵想要屠戮鲁城,但考虑到他们恪守礼义,为君主守节不惜一死,就拿着项王的头给鲁人看,鲁地父老这才投降。当初,楚怀王封项籍为鲁公,等他死后,鲁国又最后投降,所以,按照鲁公这一封号的礼仪将项王安葬在谷城。汉王给他发丧,哭了一通后才离去。

项氏宗族各旁枝,汉王都不加杀戮。封项伯为射阳侯。桃侯、平皋侯、玄武侯都属于项氏,汉王赐姓刘。

太史公说:我听周生说舜的眼睛可能是两个瞳仁儿,又听说项羽也是两个瞳仁儿。项羽难道是舜的后代吗？不然他为什么兴起得那么突然啊！秦朝搞糟了它的政令,陈涉首先发难,各路豪杰蜂拥而起,你争我夺,数也数不清。然而项羽没有尺寸封地可以凭借却趁大乱之势兴起于陇亩之中，只三年的时间，就率领齐、赵、韩、魏、燕五国诸侯灭掉了秦，裂分天下土地，封王封侯，政令全都由项羽发出，自号为“霸王”，他的势位虽然没能长久，但近古以来像这样的人还不曾有过。至于项羽舍弃关中，思念楚国建都彭城，放逐义帝，自立为王，而又埋怨诸侯背叛自己，想成大事可就难了。他自夸战功，竭力施展个人的才智，却不肯师法古人。认为霸王的功业要靠武力征伐治理天下，结果五年之间终于亡了国，身死东城，仍不觉悟，也不自责，实在是太错误了。而他竟然拿“上天要灭亡我，不是用兵的过错”这句话来辩解，难道不荒谬吗？

【鉴赏】

《项羽本纪》是史传文学的经典作品之一。它描绘了一位叱咤风云、显赫一时而又具有复杂矛盾性格的悲剧式英雄形象。司马迁笔下的项羽既有巨鹿之战时破釜沉舟的英勇果敢，又有鸿门之宴时坐失良机的优柔寡断；既有威震诸侯时的不凡，又有垓下之围的悲凄；既有坑杀降卒、火烧咸阳时的残暴，又有无颜再见江东父老时的悲悯；既是一位“力拔山兮气盖世”的英雄，又是一位只知用武不谙机谋的匹夫。然而他又是一个历史注定的悲剧人物，司马迁叹惜项羽“乃引‘天亡我，非用兵之罪也’，岂不谬哉！”这是有道理的。但换个角度看，这也似乎是他悲剧结局颇为恰切的描述。西周春秋以来的分封之梦已被延续数百年的诸侯纷争所击碎，然而项羽在推翻暴秦的统治后妄图恢复它。历史是不可逆转的。尽管项羽非常勇猛，身经七十余战未尝败北，可在一个世道人心皆不古的时代，他这种企图无疑是逆“天”之举。所以在篇末“写项羽‘自度不能脱’，一则曰‘此天之亡我，非战之罪也’，再则曰‘令诸君知天亡我，非战之罪也’，三则曰‘天之亡我，我渡何为！’”（钱锺书《管锥篇》）由再三言之，而将项羽的悲剧渲染得极为浓重，司马迁的深切叹惋之情也深寓其中。

写作上，本篇以小见大、以静见动，以紧张场面的极力铺排、悲剧气氛的纵笔渲染、人物神态的精雕细刻将历史事件写得极富感染力，将历史人物写得形神兼备，尤其写人与写战争更是相得益彰。如项羽披甲持戟、瞋目而叱、大呼驰下、溃围、斩将、刈旗的神态与身影，既表现出战争的壮观，同时又展现了人物的勇猛。

史记卷八·高祖本纪第八

本篇由刘邦起事前带有神异色彩的种种事迹和经历写起，中经入关灭秦、楚汉相争，直至统一天下、建号称帝、诛杀功臣、驾崩长安结束。侧重叙写的是刘邦如何战胜项羽，最后建立汉帝国的过程，并着重揭示了刘邦之所以有天下、项羽之所以失天下的原因，如《太史公自序》所谓“子羽暴虐，汉行功德”。刘邦平定天下后所说的那段话脍炙人口，更是二人在用人上的得失成败的精辟总结。《高祖本纪》正是围绕这一基本判断生动再现了刘邦由亭长发迹，到逐渐强大并能与楚相对决，最终诛杀项羽、成就帝业、平定天下的历史过程。

高祖，沛丰邑中阳里人，姓刘氏，字季。父曰太公，母曰刘媪。其先，刘媪尝息大泽之陂①，梦与神遇。是时雷电晦冥②，太公往视，则见蛟龙于其上。已而有身，遂产高祖。

高祖为人，隆准而龙颜③，美须髯，左股有七十二黑子④。仁而爱人，喜施，意豁如也⑤。常有大度，不事家人生产作业⑥。及壮，试为吏，为泗水亭长，廷中吏无所不狎侮⑦。好酒及色。常从王媪、武负贳酒⑧。醉卧，武负、王媪见其上常有龙，怪之。高祖每酤留饮⑨，酒雠数倍⑩。及见怪，岁竟，此两家常折券弃责⑪。

---

①陂(bēi)：水边，岸边。 ②晦(huì)冥：昏暗。 ③隆准：高鼻梁。准：鼻梁。 ④黑子：黑痣。 ⑤豁如：豁达豪放的样子。 ⑥家人：平民百姓，平常人家。 ⑦狎侮：戏弄耍笑。 ⑧贳(shì)：赊买，赊欠。 ⑨酤(gū)：买酒。 ⑩雠(chóu)：卖出。 ⑪折券弃责：折断债据，不再讨债。责：拖欠人的钱财，后作“债”。

高祖常繇咸阳①，纵观②，观秦皇帝，喟然太息曰："嗟乎，大丈夫当如此也！"

单父人吕公善沛令③，避仇从之客，因家沛焉。沛中豪杰吏闻令有重客，皆往贺。萧何为主吏，主进④，令诸大夫曰："进不满千钱，坐之堂下。"高祖为亭长，素易⑤诸吏，乃绐⑥为谒⑦曰"贺钱万"，实不持一钱。谒入，吕公大惊，起，迎之门。吕公者，好相人，见高祖状貌，因重敬之，引入坐。萧何曰："刘季固多大言，少成事。"高祖因狎侮诸客，遂坐上坐，无所诎⑧。酒阑⑨，吕公因目⑩固留高祖。高祖竟酒，后⑪。吕公曰："臣少好相人，相人多矣，无如季相，愿季自爱。臣有息女⑫，愿为季箕帚妾⑬。"酒罢，吕媪怒吕公曰："公始常欲奇此女，与贵人。沛令善公，求之不与，何自妄许与刘季？"吕公曰："此非儿女子所知也。"卒与刘季。吕公女乃吕后也，生孝惠帝、鲁元公主。

高祖为亭长时，常告归之田。吕后与两子居田中耨⑭，有一老父过请饮，吕后因餔之。老父相吕后曰："夫人天下贵人。"令相两子，见孝惠，曰："夫人所以贵者，乃此男也。"相鲁元，亦皆贵。老父已去，高祖适从旁舍⑮来，吕后具言客有过，相我子母皆大贵。高祖问，曰："未远。"乃追及，问老父。老父曰："乡者⑯夫人婴儿皆似君，君相贵不可言。"高祖乃谢曰："诚如父言，不敢忘德。"及高祖贵，遂不知老父处。

---

①常：通"尝"，曾经。繇：通"徭"，服徭役。 ②纵观：任百姓随意看。杨慎《史记评林》："当时车驾出则禁观者，此时则纵民观，故曰纵观。" ③善：友善，跟某人要好。 ④主：主管。进：进献，指收入的钱财。 ⑤易：轻视，瞧不起。 ⑥绐(dài)：欺骗，诈称。 ⑦谒：进见时用的名帖。 ⑧诎：同"屈"，谦让。 ⑨酒阑：酒快吃完了。阑：残，尽。 ⑩目：用眼色示意。 ⑪竟酒，后：一直留到酒席罢散，尚未走。 ⑫息女：亲生女儿。息：生。 ⑬箕帚妾：谦辞。打扫、清洁的使女，许以为妻的意思。 ⑭耨(nòu)：锄草。 ⑮旁舍：邻居。 ⑯乡者：刚才。乡：同"向"。

高祖为亭长,乃以竹皮为冠,令求盗[①]之薛治之,时时冠之。及贵常冠,所谓"刘氏冠"乃是也。

高祖以亭长为县送徒郦山,徒多道亡。自度比至皆亡之,到丰西泽中,止饮,夜乃解纵所送徒。曰:"公等皆去,吾亦从此逝矣!"徒中壮士愿从者十馀人。

高祖被酒[②],夜径泽中,令一人行前。行前者还报曰:"前有大蛇当径,愿还。"高祖醉,曰:"壮士行,何畏!"乃前,拔剑击斩蛇。蛇遂分为两。径开。行数里,醉,因卧。后人来至蛇所,有一老妪夜哭。人问何哭,妪曰:"人杀吾子,故哭之。"人曰:"妪子何为见杀?"妪曰:"吾子,白帝子也,化为蛇,当道,今为赤帝子斩之,故哭。"人乃以妪为不诚,欲笞之,妪因忽不见。后人至,高祖觉。后人告高祖,高祖乃心独喜,自负。诸从者日益畏之。

秦始皇帝常曰"东南有天子气",于是因东游以厌[③]之。高祖即自疑,亡匿,隐于芒、砀山泽岩石之间。吕后与人俱求,常得之。高祖怪问之。吕后曰:"季所居上常有云气,故从往,常得季。"高祖心喜。沛中子弟或闻之,多欲附者矣。

秦二世元年秋,陈胜等起蕲,至陈而王,号为"张楚"。诸郡县皆多杀其长吏以应陈涉。沛令恐,欲以沛应涉。掾、主吏萧何、曹参乃曰:"君为秦吏,今欲背之,率沛子弟,恐不听。愿君召诸亡在外者,可得数百人,因劫众,众不敢不听。"乃令樊哙召刘季。刘季之众已数十百人矣。

于是樊哙从刘季来。沛令后悔,恐其有变,乃闭城城守[④],

---

①求盗:亭长手下主管追捕盗贼的差役。 ②被酒:带有酒意。 ③厌:通"压",抑制,镇压。 ④城守:凭借城墙防守。

欲诛萧、曹。萧、曹恐，逾城保[①]刘季。刘季乃书帛射城上，谓沛父老曰："天下苦秦久矣。今父老虽为沛令守，诸侯并起，今屠沛。沛今共诛令，择子弟可立者立之，以应诸侯，则家室完。不然，父子俱屠，无为[②]也。"父老乃率子弟共杀沛令，开城门迎刘季，欲以为沛令。刘季曰："天下方扰，诸侯并起，今置将不善，一败涂地[③]。吾非敢自爱[④]，恐能薄，不能完父兄子弟。此大事，愿更相推择可者。"萧、曹等皆文吏，自爱，恐事不就，后秦种族其家[⑤]，尽让刘季。诸父老皆曰："平生所闻刘季诸珍怪，当贵，且卜筮之，莫如刘季最吉。"于是刘季数让。众莫敢为，乃立季为沛公。祠黄帝，祭蚩尤于沛庭，而衅[⑥]彭旗，帜皆赤。由所杀蛇白帝子，杀者赤帝子，故上[⑦]赤。于是少年豪吏如萧、曹、樊哙等皆为收沛子弟二三千人，攻胡陵、方与，还守丰。

秦二世二年，陈涉之将周章军西至戏而还。燕、赵、齐、魏皆自立为王。项氏起吴。秦泗川监平将兵围丰，二日，出与战，破之。命雍齿守丰，引兵之薛。泗川守壮败于薛，走至戚，沛公左司马得泗川守壮，杀之。沛公还军亢父[⑧]，至方与。周市来攻方与，未战。

陈王使魏人周市略地。周市使人谓雍齿曰："丰，故梁徙[⑨]也。今魏地已定者数十城。齿今下魏，魏以齿为侯守丰。不下，且屠丰。"雍齿雅[⑩]不欲属沛公，及魏招之，即反魏守丰。沛公引兵攻丰，不能取。沛公病，还之沛。

沛公怨雍齿与丰子弟叛之，闻东阳宁君、秦嘉立景驹为假

---

①保：以某处为保障，依附。 ②无为：没有意义，没有价值。 ③一败涂地：一旦失败，将使肝脑涂地。 ④自爱：吝惜自己的性命。爱：吝惜，舍不得。 ⑤种族其家：灭其家，绝其种，意思就是满门抄斩。 ⑥衅：古代一种祭祀仪式，杀牲畜用血涂在新制的器物上。 ⑦上：同"尚"，尊崇，崇尚。 ⑧亢父：音 gāng fù。 ⑨徙：迁移，此指迁移地。 ⑩雅：平素，向来。

王，在留，乃往从之，欲请兵以攻丰。是时秦将章邯从[①]陈，别将司马𫚩[②]将兵北定楚地，屠相，至砀。东阳宁君、沛公引兵西，与战萧西，不利。还收兵聚留，引兵攻砀，三日乃取砀。因收砀兵，得五六千人。攻下邑，拔之。还军丰。闻项梁在薛，从骑[③]百馀往见之。项梁益沛公卒五千人，五大夫将十人。沛公还，引兵攻丰。

从项梁月馀，项羽已拔襄城还。项梁尽召别将居薛。闻陈王定死，因立楚后怀王孙心为楚王，治盱台。项梁号武信君。居数月，北攻亢父，救东阿，破秦军。齐军归，楚独追北[④]，使沛公、项羽别攻城阳，屠之。军濮阳之东，与秦军战，破之。

秦军复振，守濮阳，环水[⑤]。楚军去而攻定陶，定陶未下。沛公与项羽西略地至雍丘之下，与秦军战，大破之，斩李由。还攻外黄，外黄未下。

项梁再破秦军，有骄色。宋义谏，不听。秦益章邯兵，夜衔枚[⑥]击项梁，大破之定陶，项梁死。沛公与项羽方攻陈留，闻项梁死，引兵与吕将军俱东。吕臣军彭城东，项羽军彭城西，沛公军砀。

章邯已破项梁军，则以为楚地兵不足忧，乃渡河，北击赵，大破之。当是之时，赵歇为王，秦将王离围之巨鹿城，此所谓河北之军也。

秦二世三年，楚怀王见项梁军破，恐，徙盱台都彭城，并吕臣、项羽军自将之。以沛公为砀郡长，封为武安侯，将砀郡兵。封项羽为长安侯，号为鲁公。吕臣为司徒，其父吕青为令尹。

---

①从：追击，追赶。 ②𫚩：古“夷”字。 ③从骑：带着随从骑兵。骑（jì）：骑兵。 ④北：败逃的军队。 ⑤环水：引水环城以自守。 ⑥枚：像筷子的东西，两头有绳。奔袭敌人时衔在嘴里，绳子结在后颈上，防止喧哗，叫“衔枚”。

赵数请救，怀王乃以宋义为上将军，项羽为次将，范增为末将，北救赵。令沛公西略地入关。与诸将约，先入定关中者王之。

当是时，秦兵强，常乘胜逐北，诸将莫利[①]先入关。独项羽怨秦破项梁军，奋[②]，愿与沛公西入关。怀王诸老将皆曰："项羽为人僄悍猾贼[③]。项羽尝攻襄城，襄城无遗类[④]，皆坑之，诸所过无不残灭。且楚数进取，前陈王、项梁皆败。不如更遣长者扶义[⑤]而西，告谕秦父兄。秦父兄苦其主久矣，今诚得长者往，毋侵暴[⑥]，宜可下。今项羽僄悍，今不可遣。独沛公素宽大长者，可遣。"卒不许项羽，而遣沛公西略地，收陈王、项梁散卒。乃道砀至成阳，与杠里秦军夹壁[⑦]，破秦二军。楚军出兵击王离，大破之。

沛公引兵西，遇彭越昌邑，因与俱攻秦军，战不利。还至栗，遇刚武侯，夺其军，可[⑧]四千馀人，并之。与魏将皇欣、魏申徒武蒲之军并攻昌邑，昌邑未拔。西过高阳。郦食其为监门，曰："诸将过此者多，吾视沛公大人长者。"乃求见说沛公。沛公方踞床[⑨]，使两女子洗足。郦生不拜，长揖，曰："足下必欲诛无道秦，不宜踞见长者。"于是沛公起，摄[⑩]衣谢之，延上坐。食其说沛公袭陈留，得秦积粟。乃以郦食其为广野君，郦商为将，将陈留兵，与偕攻开封，开封未拔。西与秦将杨熊战白马，又战曲遇东，大破之。杨熊走之荥阳，二世使使者斩以徇[⑪]。南攻颍阳，屠之。因张良遂略韩地轘辕。

---

①莫利：没有谁认为某事有利。利：以为有利。 ②奋：气愤，愤激。 ③僄（piào）悍：敏捷勇猛。猾贼：奸狡伤人。 ④无遗类：没有一个活下来。 ⑤扶义：以仁义为助，等于说实行仁义。 ⑥侵暴：侵害，欺凌。 ⑦夹壁：对垒。 ⑧可：将近，大约。 ⑨踞床：伸开腿坐在床上，非常不礼貌的姿势。 ⑩摄：整理。 ⑪徇（xùn）：示众。

当是时，赵别将司马印方欲渡河入关，沛公乃北攻平阴，绝河津[①]。南，战洛阳东，军不利。还至阳城，收军中马骑，与南阳守齮战犨东，破之。略南阳郡，南阳守齮走，保城守宛。沛公引兵过而西。张良谏曰："沛公虽欲急入关，秦兵尚众，距险[②]。今不下宛，宛从后击，强秦在前，此危道也。"于是沛公乃夜引兵从他道还，更旗帜，黎明，围宛城三匝。南阳守欲自刭。其舍人陈恢曰："死未晚也。"乃逾城见沛公，曰："臣闻足下约，先入咸阳者王之。今足下留守宛。宛，大郡之都也，连城数十，人民众，积蓄多，吏人自以为降必死，故皆坚守乘城[③]。今足下尽日止攻[④]，士死伤者必多；引兵去宛，宛必随足下后。足下前则失咸阳之约，后又有强宛之患。为足下计，莫若约降，封其守，因使止守[⑤]，引其甲卒与之西。诸城未下者，闻声争开门而待，足下通行无所累。"沛公曰："善。"乃以宛守为殷侯，封陈恢千户。引兵西，无不下者。至丹水，高武侯鳃、襄侯王陵降西陵。还攻胡阳，遇番君别将梅鋗，与皆[⑥]，降析、郦。遣魏人宁昌使秦，使者未来。是时章邯已以军降项羽于赵矣。

初，项羽与宋义北救赵。及项羽杀宋义，代为上将军，诸将黥布皆属，破秦将王离军，降章邯，诸侯皆附。及赵高已杀二世，使人来，欲约分王关中。沛公以为诈，乃用张良计，使郦生、陆贾往说秦将，啖以利[⑦]，因袭攻武关，破之。又与秦军战于蓝田南，益张疑兵旗帜，诸所过毋得掠卤[⑧]，秦人憙[⑨]，秦军解[⑩]，因

---

①绝河津：封锁黄河渡口。绝：阻断，封锁。 ②距险：凭借险要地势来拒守。距：通"拒"，抵御。 ③坚守乘城：登城坚守。乘：登。 ④止攻：停军于此攻打宛城。止：与西进入关相对而言。 ⑤止守：留下来在那里防守。 ⑥与皆：和某人一块儿，并军作战。皆：同"偕"。 ⑦啖以利：以利诱之，用利益、金钱去收买诱惑。 ⑧掠卤：抢掠。卤：通"掳"，掠夺。 ⑨憙：同"喜"。 ⑩解：通"懈"，懈怠，松懈。

大破之。又战其北，大破之。乘胜，遂破之。

汉元年十月，沛公兵遂先诸侯至霸上。秦王子婴素车白马，系颈以组[①]，封皇帝玺符节，降轵道[②]旁。诸将或言诛秦王。沛公曰："始怀王遣我，固以能宽容；且人已服降，又杀之，不祥。"乃以秦王属吏[③]，遂西入咸阳。欲止宫休舍[④]，樊哙、张良谏，乃封秦重宝财物府库，还军霸上。召诸县父老豪杰曰："父老苦秦苛法久矣，诽谤者族，偶语者弃市[⑤]。吾与诸侯约，先入关者王之，吾当王关中。与父老约，法三章耳：杀人者死，伤人及盗抵罪[⑥]。馀悉除去秦法。诸吏人皆案堵如故[⑦]。凡吾所以来，为父老除害，非有所侵暴，无恐！且吾所以还军霸上，待诸侯至而定约束耳[⑧]。"乃使人与秦吏行县乡邑，告谕之。秦人大喜，争持牛羊酒食献飨军士。沛公又让不受，曰："仓粟多，非乏，不欲费人[⑨]。"人又益喜，唯恐沛公不为秦王。

或说沛公曰："秦富十倍天下，地形强。今闻章邯降项羽，项羽乃号为雍王，王关中。今则来，沛公恐不得有此。可急使兵守函谷关，无内[⑩]诸侯军，稍征关中兵以自益，距之。"沛公然其计，从之。

十一月中，项羽果率诸侯兵西，欲入关，关门闭。闻沛公已定关中，大怒，使黥布等攻破函谷关。

十二月中，遂至戏。沛公左司马曹无伤闻项王怒，欲攻沛公，使人言项羽曰："沛公欲王关中，令子婴为相，珍宝尽有之。"

---

①组：丝带。 ②轵(zhǐ)道：亭名，在今陕西西安市东北。 ③属吏：交付给吏人。属：通"嘱"，交付，委托。 ④止宫休舍：停留在宫中休息。 ⑤偶语：相聚私语。弃市：处死刑。古代处犯人死刑，多在街市上执行，表示与众共弃之。 ⑥抵罪：当罪。 ⑦案堵如故：一切照常，和原先一样。 ⑧约束：规矩，制度。 ⑨费人：让别人花费。费：花费，破费。 ⑩无内：不要接纳，不要让某人进来。内：同"纳"，接纳，收容。

欲以求封。亚父劝项羽击沛公。方飨士，旦日合战。是时项羽兵四十万，号百万。沛公兵十万，号二十万，力不敌。会项伯欲活张良，夜往见良，因以文谕[①]项羽，项羽乃止。沛公从百馀骑，驱之鸿门，见谢项羽。项羽曰："此沛公左司马曹无伤言之。不然，籍何以生此？"沛公以樊哙、张良故，得解[②]归。归，立诛曹无伤。

项羽遂西，屠烧咸阳秦宫室，所过无不残破。秦人大失望，然恐，不敢不服耳。

项羽使人还报怀王。怀王曰："如约。"项羽怨怀王不肯令与沛公俱西入关，而北救赵，后天下约[③]。乃曰："怀王者，吾家项梁所立耳，非有功伐[④]，何以得主约！本定天下，诸将及籍也。"乃佯尊怀王为义帝，实不用其命。

正月，项羽自立为西楚霸王，王梁、楚地九郡，都彭城。负约，更立沛公为汉王，王巴、蜀、汉中，都南郑。三分关中，立秦三将：章邯为雍王，都废丘；司马欣为塞王，都栎阳；董翳为翟王，都高奴。楚将瑕丘申阳为河南王，都洛阳。赵将司马卬为殷王，都朝歌。赵王歇徙王代。赵相张耳为常山王，都襄国。当阳君黥布为九江王，都六。怀王柱国共敖为临江王，都江陵。番君吴芮为衡山王，都邾。燕将臧荼为燕王，都蓟。故燕王韩广徙王辽东。广不听，臧荼攻杀之无终。封成安君陈馀河间三县，居南皮。封梅鋗十万户。

四月，兵罢戏下[⑤]，诸侯各就国。

汉王之国，项王使卒三万人从。楚与诸侯之慕从者数万

①文：言辞。谕：解释，使明白。 ②解：解脱，逃脱。 ③后天下约：意思是按照天下诸侯的约定自己落后面了，就是没能率先进入关中。 ④功伐：功劳。 ⑤戏下：大将军旗帜之下。戏：通"麾"，将帅的大旗。

人。从杜南入蚀中。去辄烧绝栈道[①],以备诸侯盗兵袭之,亦示项羽无东意。至南郑,诸将及士卒多道亡归,士卒皆歌思东归。韩信说汉王曰:“项羽王诸将之有功者,而王独居南郑,是迁[②]也。军吏士卒皆山东之人也,日夜跂而望归[③],及其锋[④]而用之,可以有大功。天下已定,人皆自宁,不可复用。不如决策东乡[⑤],争权天下。”

项羽出关,使人徙义帝。曰:“古之帝者地方千里,必居上游。”乃使使徙义帝长沙郴县,趣[⑥]义帝行。群臣稍倍叛之。乃阴令衡山王、临江王击之,杀义帝江南。

项羽怨田荣,立齐将田都为齐王。田荣怒,因自立为齐王,杀田都而反楚,予彭越将军印,令反梁地。楚令萧公角击彭越,彭越大破之。陈馀怨项羽之弗王己也,令夏说说田荣,请兵击张耳。齐予陈馀兵,击破常山王张耳,张耳亡归汉。迎赵王歇于代,复立为赵王。赵王因立陈馀为代王。项羽大怒,北击齐。

八月,汉王用韩信之计,从故道还,袭雍王章邯。邯迎击汉陈仓,雍兵败,还走;止战好畤,又复败,走废丘。汉王遂定雍地,东至咸阳。引兵围雍王废丘,而遣诸将略定陇西、北地、上郡。令将军薛欧、王吸出武关,因王陵兵南阳,以迎太公、吕后于沛。楚闻之,发兵距之阳夏,不得前。令故吴令郑昌为韩王,距汉兵。

二年,汉王东略地。塞王欣、翟王翳、河南王申阳皆降。韩王昌不听,使韩信击破之。于是置陇西、北地、上郡、渭南、河上、中地郡;关外置河南郡。更立韩太尉信为韩王。诸将以万

①栈道:在峭岩陡壁上凿孔,架木铺板而成的架空的通道。②迁:流放。③跂而望归:形容思归心切。跂(qí):踮起后脚跟。④锋:锐气,势头。⑤决策:决定策略或办法。东乡:向东进发。乡:通“向”,朝着,向着。⑥趣:同“促”,催促。

人若[1]以一郡降者，封万户。缮治[2]河上塞，诸故秦苑囿园池，皆令人得田[3]之。正月，虏雍王弟章平。大赦罪人。

汉王之出关至陕，抚关外父老。还，张耳来见，汉王厚遇之。

二月，令除秦社稷[4]，更立汉社稷。

三月，汉王从临晋渡，魏王豹将兵从。下河内，虏殷王，置河内郡。南渡平阴津，至洛阳。新城三老董公遮说[5]汉王以义帝死故。汉王闻之，袒而大哭[6]。遂为义帝发丧，临[7]三日。发使者告诸侯曰："天下共立义帝，北面事之。今项羽放杀义帝于江南，大逆无道。寡人亲为发丧，诸侯皆缟素[8]。悉发关内兵，收三河士、南浮江、汉以下，愿从诸侯王击楚之杀义帝者。"

是时项王北击齐，田荣与战城阳。田荣败，走平原，平原民杀之。齐皆降楚。楚因焚烧其城郭，系虏[9]其子女。齐人叛之。田荣弟横立荣子广为齐王，齐王反楚城阳。项羽虽闻汉东[10]，既已连齐兵，欲遂破之而击汉。汉王以故得劫[11]五诸侯兵，遂入彭城。项羽闻之，乃引兵去齐，从鲁出胡陵，至萧，与汉大战彭城灵壁东睢水上，大破汉军，多杀士卒，睢水为之不流。乃取汉王父母妻子于沛，置之军中以为质。当是时，诸侯见楚强汉败，还皆去汉复为楚。塞王欣亡入楚。

吕后兄周吕侯为汉将兵，居下邑。汉王从之，稍收士卒，军砀。汉王乃西过梁地，至虞。使谒者[12]随何之九江王布所，曰：

---

①若：或，或者。 ②缮治：修治，修整。 ③田：种田，耕种。 ④社稷：土神和谷神，也指祭祀土神和谷神的地方，即社稷坛。 ⑤遮说：拦道告知。 ⑥袒而大哭：对尊者长者的哭丧之礼。 ⑦临：哭吊死者。 ⑧缟素：指穿白色丧服。 ⑨系虏：俘虏。系：用绳索捆绑。 ⑩东：向东，东进。 ⑪劫：挟持，率领。 ⑫谒者：官名，是皇帝或国君的近身侍从人员。这里或指使者。

"公能令布举兵叛楚,项羽必留击之。得留数月,吾取天下必矣。"随何往说九江王布,布果背楚。楚使龙且往击之。

汉王之败彭城而西,行使人求家室,家室亦亡,不相得。败后乃独得孝惠,六月,立为太子,大赦罪人。令太子守栎阳,诸侯子在关中者皆集栎阳为卫。引水灌废丘,废丘降,章邯自杀。更名废丘为槐里。于是令祠官祀天地、四方、上帝、山川,以时祀之。兴关内卒乘塞①。

是时九江王布与龙且战,不胜,与随何间行归汉。汉王稍收士卒,与诸将及关中卒益出,是以兵大振荥阳,破楚京、索间。

三年,魏王豹谒归视亲疾,至即绝河津,反为楚。汉王使郦生说豹,豹不听。汉王遣将军韩信击,大破之,虏豹。遂定魏地,置三郡,曰河东、太原、上党。汉王乃令张耳与韩信遂东下井陉击赵,斩陈馀、赵王歇。其明年,立张耳为赵王。

汉王军荥阳南,筑甬道属之河②,以取敖仓③。与项羽相距岁馀。项羽数侵夺汉甬道,汉军乏食,遂围汉王。汉王请和,割荥阳以西者为汉,项王不听。汉王患之,乃用陈平之计,予陈平金四万斤,以间疏楚君臣。于是项羽乃疑亚父。亚父是时劝项羽遂下荥阳,及其见疑,乃怒,辞老,愿赐骸骨归卒伍④。未至彭城而死。

汉军绝食⑤,乃夜出女子东门二千馀人,被甲,楚因四面击之。将军纪信乃乘王驾,诈为汉王,诳楚⑥,楚皆呼万岁,之城东观。以故汉王得与数十骑出西门遁。令御史大夫周苛、魏豹、枞公守荥阳。诸将卒不能从者,尽在城中。周苛、枞公相谓曰:

---

①乘塞:守塞,守卫关中四围之塞。 ②属之河:从荥阳通到黄河边上。属(zhǔ):连接,通连。 ③取敖仓:指取得敖仓的粮食。 ④归卒伍:回乡为民。古时户籍以五户为伍,三百家为卒。卒伍:指乡里。 ⑤绝食:断了粮食。 ⑥诳楚:诓骗楚军。

“反国之王，难与守城。”因杀魏豹。

汉王之出荥阳入关，收兵欲复东。袁生说汉王曰：“汉与楚相距荥阳数岁，汉常困，愿君王出武关，项羽必引兵南走，王深壁[①]，令荥阳、城皋间且得休。使韩信等辑[②]河北赵地，连燕、齐，君王乃复走荥阳，未晚也。如此，则楚所备者多，力分，汉得休，复与之战，破楚必矣。”汉王从其计，出军宛、叶间，与黥布行收兵[③]。

项羽闻汉王在宛，果引兵南。汉王坚壁不与战。是时彭越渡睢水，与项声、薛公战下邳，彭越大破楚军。项羽乃引兵东击彭越。汉王亦引兵北军成皋。项羽已破走彭越，闻汉王复军成皋，乃复引兵西，拔荥阳，诛周苛、枞公，而虏韩王信，遂围成皋。

汉王跳[④]，独与滕公共车出成皋玉门，北渡河，驰宿修武。自称使者，晨驰入张耳、韩信壁，而夺之军。乃使张耳北益收兵赵地，使韩信东击齐。汉王得韩信军，则复振。引兵临河，南飨军小修武南，欲复战。郎中郑忠乃说止汉王，使高垒深堑，勿与战。汉王听其计，使卢绾、刘贾将卒二万人，骑数百，渡白马津，入楚地，与彭越复击破楚军燕郭西，遂复下梁地十馀城。

淮阴已受命东，未渡平原。汉王使郦生往说齐王田广，广叛楚，与汉和，共击项羽。韩信用蒯通计，遂袭破齐。齐王烹郦生，东走高密。项羽闻韩信已举河北兵破齐、赵，且欲击楚，则使龙且、周兰往击之。韩信与战，骑将灌婴击，大破楚军，杀龙且。齐王广奔彭越。当此时，彭越将兵居梁地，往来苦楚兵，绝其粮食。

---

①深壁：加深壁垒，深沟高垒。壁：营壁。 ②辑：收取，收服，安定。 ③行收兵：一边行军，一边收集兵卒。 ④跳：轻装疾走。

四年，项羽乃谓海春侯大司马曹咎曰："谨守成皋。若汉挑战，慎勿与战，无令得东而已。我十五日必定梁地，复从将军。"乃行击陈留、外黄、睢阳，下之。汉果数挑楚军，楚军不出。使人辱之五六日，大司马怒，度兵汜水。士卒半渡，汉击之，大破楚军，尽得楚国金玉货赂①。大司马咎、长史欣皆自刭汜水上。项羽至睢阳，闻海春侯破，乃引兵还。汉军方围钟离眜于荥阳东，项羽至，尽走险阻②。

韩信已破齐，使人言曰："齐边③楚，权轻，不为假王，恐不能安齐。"汉王欲攻之。留侯曰："不如因而立之，使自为守。"乃遣张良操印绶立韩信为齐王。

项羽闻龙且军破，则恐，使盱台人武涉说韩信。韩信不听。

楚汉久相持未决，丁壮苦军旅，老弱罢④转饷。汉王项羽相与临广武之间⑤而语。项羽欲与汉王独身挑战。汉王数项羽曰："始与项羽俱受命怀王，曰先入定关中者王之，项羽负约，王我于蜀汉，罪一。项羽矫杀卿子冠军而自尊，罪二。项羽已救赵，当还报，而擅劫诸侯兵入关，罪三。怀王约入秦无暴掠，项羽烧秦宫室，掘始皇帝冢，私收其财物，罪四。又强杀秦降王子婴，罪五。诈坑秦子弟新安二十万，王其将，罪六。项羽皆王诸将善地，而徙逐故主，令臣下争叛逆，罪七。项羽出逐义帝彭城，自都之，夺韩王地，并王梁、楚，多自予，罪八。项羽使人阴弑义帝江南，罪九。夫为人臣而弑其主，杀已降，为政不平，主约不信，天下所不容，大逆无道，罪十也。吾以义兵从诸侯诛残贼⑥，使刑馀罪人击杀项羽，何苦乃与公挑战！"项羽大怒，伏弩

---

①货赂：财货。赂：财物。②险阻：指山高路险之地，险要易守之地。③边：邻近，靠近。④罢：通"疲"，疲惫，劳乏。⑤间：同"涧"。⑥残贼：指残害人的人。

射中汉王。汉王伤胸,乃扪足曰:“虏中吾指!”汉王病创,卧,张良强请汉王起行劳军,以安士卒,毋令楚乘胜于汉。汉王出行军,病甚,因驰入成皋。

病愈,西入关,至栎阳,存问①父老,置酒。枭故塞王欣头栎阳市。留四日,复如军,军广武。关中兵益出。

当此时,彭越将兵居梁地,往来苦楚兵,绝其粮食。田横往从之。项羽数击彭越等,齐王信又进击楚。项羽恐,乃与汉王约,中分天下,割鸿沟而西者为汉,鸿沟而东者为楚。项王归汉王父母妻子,军中皆呼万岁,乃归而别去。

项羽解而东归。汉王欲引而西归,用留侯、陈平计,乃进兵追项羽,至阳夏南止军,与齐王信、建成侯彭越期会②而击楚军。至固陵,不会。楚击汉军,大破之。汉王复入壁,深堑而守之。用张良计,于是韩信、彭越皆往。及刘贾入楚地,围寿春,汉王败固陵,乃使使者召大司马周殷举九江兵而迎武王,行屠城父,随刘贾、齐梁诸侯皆大会垓下。立武王布为淮南王。

五年,高祖与诸侯兵共击楚军,与项羽决胜垓下。淮阴侯将三十万自当之。孔将军居左,费将军居右。皇帝在后,绛侯、柴将军在皇帝后。项羽之卒可十万。淮阴先合,不利,却。孔将军、费将军纵③,楚兵不利。淮阴侯复乘之。大败垓下。项羽卒闻汉军之楚歌,以为汉尽得楚地,项羽乃败而走。是以兵大败。使骑将灌婴追杀项羽东城,斩首八万。遂略定楚地。鲁为楚坚守不下。汉王引诸侯兵北,示鲁父老项羽头,鲁乃降。遂以鲁公号葬项羽谷城。还至定陶,驰入齐王壁,夺其军。

正月,诸侯及将相相与共请尊汉王为皇帝。汉王曰:“吾闻

---

①存问:慰问。 ②期会:约定日期会合。 ③纵:指纵兵攻击楚军。

帝贤者有也，空言虚语，非所守也，吾不敢当帝位。”群臣皆曰：“大王起微细，诛暴逆，平定四海，有功者辄裂地而封为王侯。大王不尊号，皆疑不信。臣等以死守之。”汉王三让，不得已，曰：“诸君必以为便，便国家①。”甲午，乃即皇帝位汜水之阳。

皇帝曰义帝无后，齐王韩信习楚风俗，徙为楚王，都下邳。立建成侯彭越为梁王，都定陶。故韩王信为韩王，都阳翟。徙衡山王吴芮为长沙王，都临湘。番君之将梅鋗有功，从入武关，故德②番君。淮南王布、燕王臧荼、赵王敖皆如故。

天下大定。高祖都洛阳，诸侯皆臣属。故临江王驩为项羽叛汉。令卢绾、刘贾围之，不下。数月而降，杀之洛阳。

五月，兵皆罢归家。诸侯子在关中者复③之十二岁，其归者复之六岁，食④之一岁。

高祖置酒洛阳南宫。高祖曰：“列诸侯将无敢隐⑤朕，皆言其情⑥。吾所以有天下者何？项氏之所以失天下者何？”高起、王陵对曰：“陛下慢而侮人，项羽仁而爱人。然陛下使人攻城略地，所降下者因以予之，与天下同利也。项羽妒贤嫉能，有功者害⑦之，贤者疑之，战胜而不予人功，得地而不予人利，此所以失天下也。”高祖曰：“公知其一，未知其二。夫运筹策帷帐之中，决胜于千里之外，吾不如子房。镇国家，抚百姓，给馈饷，不绝粮道，吾不如萧何。连百万之军，战必胜，攻必取，吾不如韩信。此三者，皆人杰也，吾能用之，此吾所以取天下也。项羽有一范增而不能用，此其所以为我擒也。”

高祖欲长都洛阳，齐人刘敬说，及留侯劝上入都关中，高祖

---

①诸君必以为便，便国家：既然你们坚持认为这样做合适，那我也就从便利国事上来考虑吧。②德：感恩，感激。③复：免除赋税徭役。④食：供养。⑤隐：瞒。⑥情：真情，这里指心里话。⑦害：忌妒，嫉恨。

是日驾，入都关中。六月，大赦天下。

十月，燕王臧荼反，攻下代地。高祖自将击之，得燕王臧荼。即立太尉卢绾为燕王。使丞相哙将兵攻代。

其秋，利几反，高祖自将兵击之，利几走。利几者，项氏之将。项氏败，利几为陈公，不随项羽，亡降高祖，高祖侯之[①]颍川，高祖至洛阳，举通侯籍召之，而利几恐，故反。

六年。高祖五日一朝太公，如家人父子礼。太公家令说太公曰："天无二日，土无二王。今高祖虽子，人主也；太公虽父，人臣也。奈何令人主拜人臣！如此，则威重不行。"后高祖朝，太公拥篲，迎门却行。高祖大惊，下扶太公。太公曰："帝，人主也，奈何以我乱天下法！"于是高祖乃尊太公为太上皇。心善家令言，赐金五百斤。

十二月，人有上变事[②]告楚王信谋反，上问左右，左右争欲击之。用陈平计，乃伪游云梦，会诸侯于陈，楚王信迎，即因执之。是日，大赦天下。田肯贺，因说高祖曰："陛下得韩信，又治[③]秦中。秦，形胜[④]之国，带[⑤]河山之险，县隔千里[⑥]，持戟百万，秦得百二焉。地势便利，其以下兵于诸侯，譬犹居高屋之上建瓴水也[⑦]。夫齐，东有琅邪、即墨之饶，南有泰山之固，西有浊河之限[⑧]，北有勃海之利，地方二千里，持戟百万，县隔千里之外，齐得十二焉。故此东西秦[⑨]也，非亲子弟，莫可使王齐矣。"高祖曰："善。"赐黄金五百斤。

---

①侯之：封给他以侯位。 ②变事：告发谋反的书状。变：非常之事。 ③治：王都所在地，此指以某地为都。 ④形胜：指形势险要。 ⑤带：以某地为襟带，即周围有黄河殽山环绕的意思。 ⑥县隔千里：大意是关中地域辽阔，山川间隔，纵横千里。县隔：隔开，阻隔。县，同"悬"。 ⑦居高屋之上建瓴水也：在高屋脊上把瓶水向下倾倒。比喻居高临下，不可阻遏的形势。建：倾覆，倾倒。瓴(líng)：盛水的瓶子。 ⑧浊河：黄河。限：要地，险阻。
⑨东西秦：胡三省《通鉴》注云"言齐地形胜与秦抗衡也。"

后十馀日，封韩信为淮阴侯，分其地为二国。高祖曰："将军刘贾数有功，以为荆王，王淮东。弟交为楚王，王淮西。子肥为齐王，王七十馀城，民能齐言者皆属齐。"乃论功，与诸列侯剖符行封。徙韩王信太原。

七年，匈奴攻韩王信马邑，信因与谋反太原。白土曼丘臣、王黄立赵故将赵利为王以反，高祖自往击之。会天寒，士卒堕指者什二三，遂至平城。匈奴围我平城，七日而后罢去。令樊哙止，定代地。立兄刘仲为代王。

二月，高祖自平城过赵、洛阳，至长安。长乐宫成，丞相已下徙治长安。

八年，高祖东击韩王信馀反寇于东垣。

萧丞相营作[①]未央宫，立东阙、北阙、前殿、武库、太仓。高祖还，见宫阙壮甚，怒，谓萧何曰："天下匈匈[②]苦战数岁，成败未可知，是何治宫室过度也？"萧何曰："天下方未定，故可因遂就[③]宫室。且夫天子以四海为家，非壮丽无以重威，且无令后世有以加也。"高祖乃说。

高祖之东垣，过柏人，赵相贯高等谋弑高祖，高祖心动，因不留。代王刘仲弃国亡，自归洛阳，废以为合阳侯。

九年，赵相贯高等事发觉，夷三族。废赵王敖为宣平侯。是岁，徙贵族楚昭、屈、景、怀，齐田氏关中。

未央宫成。高祖大朝诸侯群臣，置酒未央前殿。高祖奉玉卮，起为太上皇寿，曰："始大人常以臣无赖[④]，不能治产业，不如仲力[⑤]。今某之业所就孰与仲多？"殿上群臣皆呼万岁，大笑为

---

①营作：营建，建造。 ②匈匈：烦苦劳忧的样子。 ③就：成，指建成。 ④无赖：没有才能，无可依仗，没有出息。 ⑤不如仲力：不如二哥干得好。力：有力量，有本事。

乐。

十年十月，淮南王黥布、梁王彭越、燕王卢绾、荆王刘贾、楚王刘交、齐王刘肥、长沙王吴芮皆来朝长乐宫。春夏无事。

七月，太上皇崩栎阳宫。楚王、梁王皆来送葬。赦栎阳囚。更命郦邑曰新丰。

八月，赵相国陈豨反代地。上曰："豨尝为吾使，甚有信。代地吾所急也，故封豨为列侯，以相国守代，今乃与王黄等劫掠[①]代地！代地吏民非有罪也，其赦代吏民。"九月，上自东往击之。至邯郸，上喜曰："豨不南据邯郸而阻漳水，吾知其无能为也。"闻豨将皆故贾人也，上曰："吾知所以与[②]之。"乃多以金啖豨将，豨将多降者。

十一年，高祖在邯郸诛豨等未毕，豨将侯敞将万馀人游行[③]，王黄军曲逆，张春渡河击聊城。汉使将军郭蒙与齐将击，大破之。太尉周勃道太原入定代地。至马邑，马邑不下，即攻残[④]之。

豨将赵利守东垣，高祖攻之，不下，月馀，卒[⑤]骂高祖，高祖怒。城降，令出骂者斩之，不骂者原之。于是乃分赵山北，立子恒以为代王，都晋阳。

春，淮阴侯韩信谋反关中，夷三族。

夏，梁王彭越谋反，废，迁蜀；复欲反，遂夷三族。立子恢为梁王，子友为淮阳王。

秋七月，淮南王黥布反，东并荆王刘贾地，北渡淮，楚王交走入薛。高祖自往击之。立子长为淮南王。

---

①劫掠：劫持，劫持他人一同造反。 ②与：对付。 ③游行：指游动不定地作战。④残：摧毁。 ⑤卒：始终，一直。

十二年，十月，高祖已击布军会甀[①]，布走，令别将追之。

高祖还归，过沛，留。置酒沛宫，悉召故人父老子弟纵酒，发沛中儿得百二十人，教之歌。酒酣，高祖击筑，自为歌诗曰："大风起兮云飞扬，威加海内兮归故乡，安得猛士兮守四方！"令儿皆和习之。高祖乃起舞，慷慨伤怀，泣数行下。谓沛父兄曰："游子悲故乡。吾虽都关中，万岁后吾魂魄犹乐思沛。且朕自沛公以诛暴逆，遂有天下，其以沛为朕汤沐邑[②]，复其民，世世无有所与[③]。"沛父兄诸母故人日乐饮极欢，道旧故为笑乐。十馀日，高祖欲去，沛父兄固请留高祖。高祖曰："吾人众多，父兄不能给。"乃去。沛中空县皆之邑西献。高祖复留止，张饮三日。沛父兄皆顿首曰："沛幸得复，丰未复，唯陛下哀怜之。"高祖曰："丰吾所生长，极不忘耳，吾特为其以雍齿故反我为魏。"沛父兄固请，乃并复丰，比沛。于是拜沛侯刘濞为吴王。

汉将别击布军洮水南北，皆大破之，追，得斩布鄱阳。

樊哙别将兵定代，斩陈豨当城。

十一月，高祖自布军至长安。十二月，高祖曰："秦始皇帝、楚隐王陈涉、魏安釐王、齐缗王、赵悼襄王皆绝无后，予守冢各十家，秦皇帝二十家，魏公子无忌五家。"赦代地吏民为陈豨、赵利所劫掠者，皆赦之。

陈豨降将言豨反时，燕王卢绾使人之豨所，与阴谋。上使辟阳侯迎绾，绾称病。辟阳侯归，具言绾反有端矣。二月，使樊哙、周勃将兵击燕王绾。赦燕吏民与反者。立皇子建为燕王。

高祖击布时，为流矢所中，行道病。病甚，吕后迎良医。医

①会甀(kuài chuí)：乡邑名，在今安徽宿县东南。 ②汤沐邑：此指皇帝、皇后、公主等收取赋税的私邑。 ③无有所与：不必交纳赋税服徭役。

入见,高祖问医。医曰:“病可治。”于是高祖嫚骂之曰:“吾以布衣提三尺剑取天下,此非天命乎?命乃在天,虽扁鹊何益!”遂不使治病,赐金五十斤罢之。已而吕后问:“陛下百岁后,萧相国即死,令谁代之?”上曰:“曹参可。”问其次,上曰:“王陵可。然陵少戆①,陈平可以助之。陈平智有馀,然难以独任。周勃重厚少文,然安刘氏者必勃也,可令为太尉。”吕后复问其次,上曰:“此后亦非而②所知也。”

卢绾与数千骑居塞下候伺③,幸④上病愈自入谢。

四月甲辰,高祖崩长乐宫。四日不发丧。吕后与审食其谋曰:“诸将与帝为编户民,今北面为臣,此常怏怏⑤,今乃事少主,非尽族⑥是,天下不安。”人或闻之,语郦将军。郦将军往见审食其,曰:“吾闻帝已崩,四日不发丧,欲诛诸将。诚如此,天下危矣。陈平、灌婴将十万守荥阳,樊哙、周勃将二十万定燕、代,此闻帝崩,诸将皆诛,必连兵还乡⑦以攻关中。大臣内叛,诸侯外反,亡可翘足而待也。”审食其入言之,乃以丁未发丧,大赦天下。

卢绾闻高祖崩,遂亡入匈奴。

丙寅,葬。己巳,立太子,至太上皇庙。群臣皆曰:“高祖起微细,拨乱世反之正,平定天下,为汉太祖,功最高。”上尊号为高皇帝。太子袭号为皇帝,孝惠帝也。令郡国诸侯各立高祖庙,以岁时祠。

及孝惠五年,思高祖之悲乐沛,以沛宫为高祖原庙。高祖所教歌儿百二十人,皆令为吹乐。后有缺,辄补之。

---

①戆(zhuàng):刚正愚直,粗疏而认死理。 ②而:你。 ③候伺:等待机会。 ④幸:希望。 ⑤怏(yàng)怏:因不满或不平而心中不高兴。 ⑥族:族灭。 ⑦乡:通“向”。

高帝八男。长庶齐悼惠王肥；次孝惠，吕后子；次戚夫人子赵隐王如意；次代王恒，已立为孝文帝，薄太后子；次梁王恢，吕太后时徙为赵共王；次淮阳王友，吕太后时徙为赵幽王；次淮南厉王长；次燕王建。

太史公曰：夏之政忠[①]。忠之敝[②]，小人以野，故殷人承之以敬。敬之敝，小人以鬼，故周人承之以文。文之敝，小人以僿[③]，故救僿莫若以忠。三王之道若循环，终而复始。周秦之间，可谓文敝矣。秦政不改，反酷刑法，岂不缪[④]乎？故汉兴，承敝易变，使人不倦，得天统[⑤]矣。朝以十月。车服黄屋左纛[⑥]。葬长陵。

【译文】

高祖是沛郡丰邑县中阳里人，姓刘，字季。父亲是太公，母亲是刘媪。高祖出生之前，刘媪曾在大泽的岸边休息，梦中与神交合。当时雷鸣电闪，天昏地暗，太公前去看她，看见有蛟龙在她身上。不久，刘媪有了身孕，生下高祖。

高祖这个人，高鼻梁，上额突起，有漂亮的胡须，左腿上有七十二颗黑痣。他仁厚爱人，喜欢施舍，性情豁达。他常有干大事的气度，不做平常人家生产劳作的事。到了成年，他试着做差役，做了泗水亭长，对官署中的官吏没有不捉弄的。他喜欢喝酒，好女色。常到王媪、武负那里赊酒，喝醉了躺倒就睡，武负、王媪看到他身上常有龙出现，觉得很奇怪。高祖每次去买酒，留在店中畅饮，买酒的人就会增加，卖出的酒达到平常的几倍。等到看见有龙出现的怪现象后，每到年终，这两家就将记账的简札折断，不再向高祖讨账。

---

①忠：质朴忠厚。 ②敝：衰败。 ③僿（sài）：不诚恳，不诚实。 ④缪：同"谬"。 ⑤天统：天然的规律、顺序。统：统纪，顺序。 ⑥纛（dào）：用牦牛尾或雉尾制成的类似旗子的插在车上的装饰物。

高祖曾到咸阳服徭役，一次秦始皇帝出巡，允许人们随意观看，他看到秦始皇，长叹一声说："唉，大丈夫就应该像这样！"

单父人吕公与沛县县令要好，为躲避仇人而投奔县令为客，就在沛县安了家。沛中的豪杰官吏听说县令有贵客，都前往祝贺。萧何当时是主吏，为县令主管接收贺礼，他对那些送礼的宾客们说："送礼不满千钱的，让他坐到堂下。"高祖做亭长，平素就看不起这帮官吏，于是在晋见的名帖上谎称"贺钱一万"，其实一个钱也没带。名帖递进去后，吕公见了大为吃惊，赶忙起身，到门口迎接他。吕公这个人，喜欢给人相面，看见高祖的相貌，就非常敬重他，将他领到堂上坐下。萧何说："刘季一向爱说大话，很少做成什么事。"高祖就趁机戏弄那些宾客，干脆坐到上座去，一点儿也不谦让。酒喝得尽兴了，吕公于是向高祖递眼色，让他一定留下来。高祖喝完了酒，就留在后面。吕公说："臣年轻时就喜欢给人相面，经我相面的人很多，没有谁能比得上你刘季的面相，希望你好自珍爱。我有个亲生女儿，愿意许给你做洒扫使女。"酒宴散了，吕媪对吕公大为恼火，说："你起初总想让这个女儿出人头地，将她许配给贵人。沛县县令跟你要好，想娶这个女儿你不同意，今天为什么随随便便就把她许给刘季了呢？"吕公说："这不是女人家所懂得的。"终于将女儿嫁给了刘季。吕公的女儿就是吕后，生了孝惠帝和鲁元公主。

高祖做亭长时，经常告假回家到田里去。有一次吕后和两个孩子正在田中除草，一位老汉从那里经过向他们讨水喝，吕后让他喝了水，还拿饭给他吃。老汉给吕后相面说："夫人真是天下贵人。"吕后又让他给两个孩子相面，他见了孝惠帝，说："夫人之所以能显贵，正是因为这个男孩。"他又给鲁元相面，也同样是富贵面相。老汉走后，高祖正巧从旁边的房舍走来，吕后就原原本本地对高祖说，有位过路老汉刚才经过此地给我们看相，说我们母子都有富贵之相。高祖问这个人在哪，吕后说："还没走远。"于是高祖追上了老汉，问他刚才的事，老汉说："刚才我看贵夫人及子女的面相都很像您，您的面相简直是贵不可言。"高祖于是道谢说："如果真的那样，我决不会忘记你的恩德。"等到高祖显贵后，始终不知道老汉的去处。

高祖做亭长时，喜欢戴用竹皮编成的帽子，他让掌管捕盗的差役到薛地去制作，经常戴着，到后来显贵了，仍旧经常戴着。人们所说的“刘氏冠”，就是这种帽子。

高祖以亭长的身份为沛县押送徒役去郦山，徒役们有很多在半路逃走了。高祖估计等到了郦山也会逃光了。所以，走到丰西泽中时，就停下来饮酒，趁夜晚把所有役徒都放了，并说：“你们都逃走吧，从此我也远远地走了！”徒役中有十多位壮士愿随他一块儿走。

高祖乘着酒意，趁夜晚抄小路通过沼泽地，让一个人在前边先走。走在前边的人回来报告说：“前边有条大蛇挡在路上，还是回去吧。”高祖已醉，说：“大丈夫走路，有什么可怕的！”于是赶到前面，拔剑去斩大蛇。大蛇被斩成两截，道路打开了。又往前走了几里，醉得厉害了，就躺在地上。后边的人来到斩蛇的地方，见有一老妇在黑夜中哭泣。有人问她为什么哭，老妇人说：“有人杀了我的孩子，我在哭他。”有人问：“你的孩子为什么被杀呢？”老妇说：“我的孩子是白帝之子，变化成蛇，挡在道路中间，如今被赤帝之子杀了，我就是为这哭啊。”众人以为老妇人是在说谎，正要打她，老妇人忽然不见了。后面的人赶上高祖，高祖醒了。那些人把刚才的事告诉了高祖，高祖心中暗暗高兴，更加自负。那些跟随他的人也渐渐畏惧他了。

秦始皇帝曾说：“东南方有天子气”，于是巡游东方，想借此将它压下去。高祖怀疑自己带着这团云气，就逃匿起来，躲在芒山、砀山一带的深山湖泽之间。吕后和别人一起去找，常常能找到他。高祖奇怪地问她怎么能找到，吕后说：“你所在的地方，上空常有一团云气，顺着去找就常常能找到你。”高祖心里更加欢喜。沛县的年轻人中有人听说了此事，许多人都愿依附于他。

秦二世元年秋，陈胜等在蕲县起事，打到陈时自称为王，定国号为“张楚”。许多郡县都杀了他们的长官来响应陈涉。沛县县令非常惊恐，也想率领沛县民众响应陈涉。于是狱椽曹参、主吏萧何说：“您是秦朝官吏，现在想背叛秦朝，率领沛县子弟起义，恐怕没有人会听从命令。希望您召回那些在外逃亡的人，大约可得到数百人，用他们的力量来挟制这里的民众，众人就不敢不听从命令了。”于是派樊哙去召请刘季。这时，刘季的追随者已有近百人了。

樊哙跟着刘季一块儿回来了。而沛令在樊哙走后后悔了，害怕刘季来了会有什么变故，就关闭城门，据守城池，不让刘季进城，而且想杀掉萧何、曹参。萧何、曹参非常害怕，越过城池来依附刘季，以求得保护。刘季就用帛写了封信射到城上，向沛县父老百姓宣告说：“天下百姓为秦政所苦已很久了。现在父老们虽然为沛令守城，但各地诸侯全都反起来了，很快就要屠戮到沛县。如果现在沛县父老一起把沛令杀掉，从年轻人中选择可以拥立的人立他为首领，来响应各地诸侯，那么你们的家室就可得到保全。不然，全县老少都要遭屠杀，那时就什么也做不成了。”于是沛县父老率领县中子弟一起杀了沛令，打开城门迎接刘季，要让他做沛县县令。刘季说：“如今正当乱世，诸侯纷纷起事，如果安排将领人选不妥当，就将一败涂地。我并不敢只顾惜自己的性命，只是怕自己能力小，不能保全父老兄弟。这是一件大事，希望大家一起推选出能胜任的人。”萧何、曹参等都是文官，顾惜性命，害怕起事不成而遭满门抄斩之祸，就极力推让刘季。城中父老也都说：“平素听说刘季那么多奇异之事，必当显贵，而且通过占卜没有谁比得上你刘季最吉利。”刘季还是再三推让。众人没有谁敢做沛县县令，就立刘季做了沛公。刘季就在沛县祭祀黄帝和蚩尤，并杀牲以血涂在旗鼓上，祭旗祭鼓，旗帜都是红色的。这是由于被杀的那条蛇是白帝之子，而杀蛇那个人是赤帝之子，所以尊崇红色。那些年轻有为的官吏如萧何、曹参、樊哙等都为沛公去招收沛县的年轻子弟，共招了二三千人，一起攻打胡陵、方与，然后退回驻守丰邑。

秦二世二年，陈涉手下大将周章率军向西攻打到戏水，又被章邯打退回去了。燕、赵、齐、魏各国都自立为王。项梁、项羽也在吴县起兵。秦朝泗川郡监督官名叫平的率兵包围了丰邑。两天后，沛公率众出城与秦军交战，打败了秦军。沛公命雍齿守丰邑，自己率兵到薛县去。泗川郡守壮在薛县被打败，逃到戚县，沛公左司马曹无伤抓获泗川郡守壮并杀了他。沛公将军队撤到亢父，一直到退方与，周市领军来攻打方与，双方没有交战。

陈王胜派魏人周市来夺取土地，周市派人告诉雍齿说："丰邑，曾是梁国迁都过的地方。现在魏地已平定的有几十座城。你现在降魏，魏国就封你为侯驻守丰邑。如果不降，我就要屠戮丰邑。"雍齿本来就不愿归属沛公，等到魏国来招降，就立刻反叛沛公而为魏国守卫丰邑。沛公带兵攻打丰邑，不能攻取。沛公因病而退兵回到沛县。

沛公怨恨雍齿和丰邑子弟背叛他。又听说东阳宁君、秦嘉立景驹为假代王，驻守在留县，于是前去投奔他，想向他借兵攻打丰邑。这时，秦将章邯正追击陈胜，章邯别将司马尼带兵向北平定楚地，屠戮相县，来到砀县。东阳宁君、沛公领兵向西，和司马尼在萧县西交战，战势不利，就退回来收集兵卒聚集在留县，然后带兵攻打砀县，经过三天攻下了砀。于是收集砀县的兵卒，共得到五六千人。又攻取了下邑，退兵驻在丰邑。听说项梁在薛县，就带着一百多骑兵前去求见项梁。项梁又给沛公增加了五千兵卒和五大夫级的将领十人。沛公返回，又带兵攻打丰邑。

沛公跟从项梁有一个多月，项羽攻下襄城返回。项梁将各路将领全部召回到薛县。他听说陈王确实是已死，于是立楚王后代即怀王的孙子熊心为楚王，建都盱台。项梁号称武信君。过了几个月，项梁向北攻打亢父，援救东阿，击败秦军。齐军此时已返回，只剩下楚军追击败逃之敌。项梁另外又让沛公、项羽攻打并屠戮了城阳。又驻扎在濮阳东和秦军交战，打败秦军。

秦军重又振作起来，在城周围引水坚守濮阳。楚军只好撤兵去攻打定陶，没攻下。沛公和项羽向西攻略土地，到了雍丘城下，和秦军交战，大败秦军，斩了李由。又返回攻打外黄，没攻下。

项梁两次打败秦军，露出骄傲神色。宋义进谏，项梁不听。秦朝给章邯增派军队，趁着黑夜衔枚袭击项梁军队，在定陶打败项梁军，项梁战死。此时，沛公和项羽正攻打陈留，闻听项梁已死，就率兵和吕将军一起向东进军。吕臣军驻在彭城东，项羽军驻在彭城西，沛公军驻在砀县。

章邯打败项梁军后，就以为楚地之兵不值得担忧，于是渡过黄河，向北进攻赵国，大败赵军。此时，赵歇为赵王，秦将王离在巨鹿城包围了赵歇的军队，这就是所谓的河北军。

秦二世三年，楚怀王见项梁军被打败，非常害怕，就从盱台迁都到彭城，并将吕臣、项羽的军队合在一起亲自率领。任命沛公为砀郡长，封为武安侯，统率砀郡之兵。封项羽为长安侯，号称鲁公。吕臣为司徒，其父吕青为令尹。

赵国数次请求援救。怀王就任命宋义为上将军，项羽为次将，范增为末将，向北进兵救赵。又命沛公向西攻略土地进兵关中。并和诸将相约，谁先进入函谷关平定关中，就让他做关中王。

正当此时，秦兵强大，常乘着胜利的威势追击败逃之敌，诸将中没有人认为先入关有利可图。只有项羽怨恨秦军打败了项梁军，很激愤，愿和沛公西进入关。怀王手下的老将们都说："项羽这个人敏捷勇猛，又奸狡伤人。他曾攻下襄城，那里的军民没有一个活下来，都被他活埋了，凡是他经过的地方，没有不被毁灭的。再说，楚已多次进攻，先前陈王、项梁都被打败了。不如改派忠厚老实的人，实行仁义，率军西进，向秦地父老兄弟讲明道理。秦地父老兄弟怨恨他们的君主很久了，现在如果真的能有位忠厚老实的人前去，不残害百姓，才会使秦地降服。项羽只是敏捷勇猛，不能派他去。只有沛公一向忠厚老实，可以派他去。"于是怀王最终没有答应项羽，而派了沛公率兵向西略取土地，并一路收集陈胜、项梁的散兵。于是沛公取道砀县到达成阳，与杠里的秦军对垒相持，击败了秦军的两支部队。楚军又出兵攻击王离，将王离打得大败。

沛公率兵西进，在昌邑与彭越相遇，就和他一起攻打秦军，战事不利。撤兵到栗县，正好遇到刚武侯，就将他的军队夺了过来，大约有四千人，并入自己的军队。又与魏将皇欣、魏申徒武蒲的军队并力攻打昌邑，没有攻下。就继续西进，经过高阳，郦食其负责看管城门，他说："诸将经过此地的多了，我看只有沛公才是个德高忠厚的人。”于是前去求见，游说沛公。沛公当时正叉开两腿坐在床上，让两个女子给他洗脚。郦食其见了也叩不拜，只是略微俯身作了个长揖，说：“如果您一定要诛灭无道的暴秦，就不应该坐着接见长者。”于是沛公起身，整理衣服，向他道歉，并将他请到上坐。郦食其劝说沛公袭击陈留，夺取秦军储存的粮食。沛公就封郦食其为广野君，任命郦商为将军，统率陈留的军队，与沛公一起攻打开封，没有攻下。就继续向西，与秦将杨熊在白马打了一仗，又在曲遇东面打了一仗，大破秦军。杨熊逃到荥阳，秦二世派使者将他斩首示众。沛公又向南攻打并屠戮了颍阳。通过张良的关系，占领了韩国的轘辕险道。

此时，赵国别将司马卬正想渡过黄河，进入函谷关。沛公就向北进攻平阴，截断黄河渡口。又向南进军，与秦军在洛阳东交战，战事不利。又退回阳城，聚集军中的骑兵，在犨县东与南阳太守吕齮交战，打败了秦军，攻取了南阳郡，南阳郡守吕齮逃跑，退守宛城。沛公率兵绕过宛城西进，张良进谏说：“您虽然想赶快入关，但目前秦兵数量仍旧很多，又凭借险要地势进行抵抗。如果现在不攻下宛城，那么宛城的敌人从背后攻击，前面又有强大的秦军，这是一条危险的道啊。”于是沛公连夜率兵从另一条道返回，为掩人耳目，更换了旗帜，黎明时分，将宛城紧紧围了好几圈。南阳郡守想要自刎，他的门客陈恢说：“现在死还太早。”于是越过城墙去见沛公，说：“我听说您和诸侯约定，先攻入咸阳的就让他在那里做王。现在您停下来攻打宛城。宛城是个大郡的都城，相连的城池有几十座，百姓众多，积蓄充足，官民都认为投降肯定要被杀死，所以都决心据城坚守。现在您整天停在这里攻城，士兵伤亡必定很多；如果率军离去，宛城军一定在后面追击。这样，您向西进兵就会错过先进咸阳的机会，后面又有宛城强大军队袭击的后患。替您着想，倒不如约定条件使宛城投降，封赏南阳太守，让他留下来守住南阳，您率领宛城兵卒一起西进。那些还没有降服的城邑，听到这个消息，一定会争着打开城门等候您。您就可以通行无阻地西进，不必担心什么了。”沛公说：“好！”于是封宛城郡守为殷侯，封陈恢为千户。沛公率兵继续西进，所过城邑没有不降服的。到了丹水，高武侯鳃、襄侯王陵也在西陵归降。沛公又回转来攻打胡阳，遇到了鄱君别将梅销，就跟他合力降服了析县和郦县。沛公派遣魏人宁昌出使秦地，宁昌还没有返回。此时，秦将章邯已在赵地率军投降项羽了。

当初，项羽与宋义向北进兵救赵，等到项羽杀了宋义，代替他做了上将军，各路将领如黥布等都归属了项羽；打败了秦将王离的军队，降服了章邯，诸侯都归附了项羽。赵高杀了秦二世后，派人来求见沛公，想和他定约在关中分地称王。沛公认为其中有诈，就用了张良的计策，派郦生，陆贾游说秦将，并用财利进行引诱，乘机偷袭武关，攻了下来。沛公又在蓝田南面与秦军交战，增设疑兵旗帜，命令全军，所过之处，不得掳掠，秦人都很高兴，秦军松懈，因此大败秦军。接着在蓝田北面与秦军交战，又大败秦军。于是乘胜勇战，彻底打败了秦军。

汉元年十月，沛公的军队先于各路诸侯到达霸上。秦王子婴驾着素车白马，用丝带系着脖子，封好皇帝玉玺和符节，在轵道旁投降。诸将中有人主张杀掉秦王。沛公说:“当初怀王派我入关，就是认为我能宽厚容人；再说人家已投降了，又杀掉他，这么做不吉利。”就将秦王交给主管官吏看管，就向西进入咸阳。沛公想留在秦宫中休息，樊哙、张良劝阻，于是下令将秦宫中的贵重宝器财物和库府都封好，然后退回驻扎在霸上。沛公招来各县父老和有才德名望的人，对他们说:“父老们苦于秦朝的苛虐法令已很久了，批评朝政得失的要灭族，相聚谈话的要处死弃市。我和诸侯们约定，谁先进入关中就在这里为王，所以我应当做关中王。现在我和父老们约定，法令只有三条:杀人者处死，伤人者和盗掠者依法治罪。其余凡是秦朝法令全部废除。所有官吏和百姓都各就其位，一切照常。总之，我到这里来，就是要为父老们除害，不会对你们有任何侵害，不要害怕！再说，我所以撤军回霸上，是想等各路诸侯到来，共同制定一个规约。”随即派人和秦朝官吏一起到各县镇乡村去巡视，向民众讲明情况。秦地百姓非常高兴，争着送来牛羊酒食，慰劳士兵。沛公又推让不肯接受，说："仓库里的粮食不少，并不缺乏，不想让大家破费。"人们更加高兴，唯恐沛公不在关中做王。

有人劝说沛公："秦地的富足是其他地方的十倍，地利形势又好。现在听说章邯投降项羽，项羽封他雍王，让他在关中为王。如今要是他来，沛公您恐怕就不能拥有这个地方了。可以赶快派军兵守住函谷关，不要让诸侯军进来。并且逐渐征集关中的兵卒，加强自己的实力，以便抵御他们。"沛公认为他的话有道理，就采纳了。

十一月中，项羽果然率诸侯军西进，想要进入函谷关，可是关门闭着。项羽听说沛公已平定关中，非常恼火，就派黥布等攻破函谷关。

十二月中旬，到达戏水。沛公左司马曹无伤听说项王发怒，想要攻打沛公，就派人对项羽说："沛公要在关中称王，让秦王子婴做丞相，将秦宫所有的珍宝都据为己有。"曹无伤想借此求得项羽的封赏。亚父范增劝说项羽攻打沛公。项羽就犒劳将士，准备次日和沛公会战。这时项羽兵力四十万，号称百万；沛公兵力十万，号称二十万，实力抵不过项羽。恰巧项伯要救张良，就趁夜里去沛公军营见张良，因而有机会通过项伯向项羽说了一番道理，项羽这才作罢。次日沛公带百余名随从骑兵驱马到鸿门见项羽并向他道歉。项羽说："这是沛公左司马曹无伤说的。如果不是这样，我怎么会这样做呢？"沛公因为樊哙、张良解救的缘故得以脱身返回。回到军营，立即杀了曹无伤。

项羽于是向西行进，一路屠杀，焚烧了咸阳城内的秦王宫室，所经过的地方，没有不遭毁灭的。秦人对项羽非常失望，但又害怕，不敢不服从他。

项羽派人回去向怀王禀报并请示。怀王说："按原先约定的办。"项羽怨恨怀王当初不肯让他和沛公一起西进入关，却派他到北边去救赵，结果没能率先入关，落在了后面，就说："怀王是我家叔父项梁拥立的，他没有什么功劳，凭什么能主持盟约呢！平定天下的，本来就是各路将领和我项籍。"于是假意推尊怀王为义帝，实际上并不听从他的命令。

正月，项羽自立为西楚霸王，统治梁地、楚地的九个郡，建都彭城。

又违背当初的约定，改立沛公为汉王，统治巴、蜀、汉中之地，建都南郑。将关中一分为三，封给秦朝的三个降将：章邯为雍王，建都废丘；司马欣为塞王，建都栎阳；董翳为翟王，建都高奴。又封楚将瑕丘申阳为河南王，建都洛阳。封赵将司马卬为殷王，建都朝歌。将赵王歇改封到代地为代王。封赵相张耳为常山王，建都襄国。封当阳君黥布为九江王，建都六县。封怀王柱国共敖为临江王，建都江陵。封番君吴芮为衡山王，建都邾县。封燕将臧荼为燕王，建都蓟县。将原燕王韩广改封到辽东为辽东王。韩广不听，臧荼就率军去攻打，在无终将他杀了。项羽又封给成安君陈余河间周围的三个县，让他住在南皮县。封给梅销十万户。

四月，各路诸侯受封已毕，解散而去，各自前往封地。

汉王也前往封国，项羽只给了他三万士兵随从前往，楚国和诸侯中因为敬慕而跟随汉王的有几万人，他们从杜县往南进入蚀谷。沛公军过去以后，就将在陡壁上架起的栈道全部烧掉，以防备诸侯或其他强盗偷袭，也是向项羽表示没有东进之意。到达南郑时，部将和士兵有许多人中途逃回，士兵们都唱着歌想东归回乡。韩信劝说汉王道："项羽封有功的部将，却偏偏让您到南郑去，分明是流放。军中的军官、士兵大都是崤山以东的人，他们日夜踮起脚跟东望，盼着回归故乡。如果趁着这种锐气利用他们，可以建大功。等到天下安定，人们都安居乐业了，就再也不能利用他们了。不如立即决策，率兵东进，争夺天下。"

项羽出了函谷关，派人让义帝迁都。并对义帝说："古代帝王拥有纵横千里的土地，而且一定要居住在江河的上游。"就派使者将义帝迁徙到长沙郡郴县，催促他赶快走，群臣于是渐渐背叛他。项羽就秘令衡山王、临江王攻击他，在长江以南杀掉义帝。

项羽怨恨田荣，就封齐将田都为齐王。田荣发怒，就自立为齐王，杀掉田都反楚；又将将军印授给彭越，让他在梁地反楚。楚派萧公角攻打彭越，被彭越打得大败。陈余怨恨项羽不封自己为王，就派夏说游说田荣，向他借兵攻打张耳。齐国给了陈余一些兵，打败了常山王张耳，张耳逃走归附汉王。陈余从代地将赵王歇接回赵国，重新立为赵王。赵王因此立陈余为代王。项羽大怒，发兵向北攻打齐国。

八月，汉王用韩信的计策，顺原路返回关中，袭击雍王章邯。章邯在陈仓迎击汉军，雍王的兵被打败，退兵逃走；在好畤停下来再战，又被打败，逃到废丘。汉王于是平定了雍地。汉王向东挺进咸阳，率兵在废丘包围雍王，并派遣将领们去夺取土地，平定了陇西、北地、上郡。派将军薛欧、王吸带兵出武关，借着王陵兵驻南阳，到沛县去接太公、吕后。楚王听说后，派兵在阳夏阻截，汉军不能前进。楚又封原吴县令郑昌为韩王，以抵御汉军。

二年，汉王向东掠取土地，塞王司马欣、翟王董翳、河南王申阳都归降汉王。韩王昌不肯归降，汉王派韩信打败了他。于是在攻占的地方设置陇西、北地、上郡、渭南、河上、中地等郡；在关外设置河南郡。改封韩国太尉韩信为韩王。并下令各路将领，率领万人或者献出一郡之地降汉的，封他万户。修筑河上郡的要塞。原先秦朝的苑囿园池都让百姓去耕种。正月，俘虏了雍王的弟弟章平。大赦天下罪犯。

汉王出了武关到达陕县，抚慰关外父老。返回后，张耳前来求见，汉王厚待他。

二月，下令废除秦社稷，改立汉社稷。

三月，汉王从临晋渡黄河，魏王豹带兵跟随。攻下河内，俘虏殷王，设置河内郡。又率军向南渡过平阴津，到达洛阳。新城县掌管教化的三老董公拦道告知汉王义帝被杀的情况。汉王听后，袒露臂膀失声大哭。随即下令为义帝发丧，哭吊三日。并派使者通告诸侯说："天下诸侯共同拥立义帝，称臣事奉。如今项羽放逐义帝于江南并杀害了他，这是大逆不道。寡人亲自为义帝发丧，诸侯也都应穿白戴素。我将发动关中全部军兵，聚集河东、河内、河南三郡士兵，向南沿长江、汉水而下，希望与诸侯王一起攻打楚国那个杀害义帝的罪人！"

此时，项羽正在北方攻打齐国，田荣和他在城阳交战。田荣打败，逃往平原，平原的百姓杀了他。齐国各地也都归降楚国。楚军放火焚毁了齐国城邑，掠走了齐人子女。齐人十分愤怒，反叛楚国。田荣的弟弟田横立田荣之子田广为齐王,齐王在城阳举兵反楚。项羽虽然听说汉王已进兵向东,但因已与齐军交战,就想在破齐之后再去迎击汉军。汉王因此得以挟持五诸侯兵,攻入彭城。项羽闻讯,立即率兵离开齐国,从鲁县穿过胡陵到达萧县,与汉军在彭城灵壁东的睢水上激战,大败汉军,杀许多汉军士卒,睢水因此阻塞不能畅流。项羽又派人从沛县掳来了汉王的父母妻儿,将他们扣留在军中做人质。当时,诸侯们见楚军强大,汉军被打败,又都背离汉王而去归附楚王。塞王司马欣逃入楚国。

吕后的兄长周吕侯为汉王率兵驻在下邑。汉王去投奔他,逐渐聚集士卒,驻在砀县。然后率军向西,经过梁地,到达虞县。汉王派使者随何到九江王黥布那里去,并对使者说:"您如果能说服黥布发兵反楚,项羽一定会留在那里攻击黥布。只要项羽军停留几个月,我就一定能取得天下。"随何前去游说九江王黥布,黥布果然反楚。楚王派龙且前去攻打他。

汉王在彭城兵败向西撤退时,途中派人去寻找家室,家人都已逃走,没有找到。败退途中只找到了孝惠。六月,立孝惠为太子,大赦罪犯。让太子守卫栎阳,将在关中的各诸侯之子也都集中到栎阳来守卫。接着,引水灌废丘,废丘归降,章邯自杀。将废丘改名为槐里。于是命祠官要按时祭祀天地、四方、上帝、山川。又发动关内的士兵守卫关中四围要塞。

此时,九江王黥布与龙且交战,没打胜,就跟随何抄小路而行来归附汉王。汉王又渐渐收集士兵,跟各路将领及关吴中军卒频频出动,因而声威大震于荥阳,在京、索间击败了楚军。

三年,魏王豹告假回乡去探视父母的疾病,一到魏国,就断绝了黄河渡口,反汉助楚。汉王派郦食其劝说魏豹,魏豹不听。汉王就派将军韩信前去攻击他,大败魏军,俘虏了魏豹。于是平定了魏地,设置三个郡:河东郡、太原郡、上党郡。汉王随即命张耳与韩信率兵东下井陉攻打赵国,杀了陈馀和赵王歇。第二年,封张耳为赵王。

汉王驻军在荥阳南面,修筑甬道,将荥阳同黄河南岸相接,以便取用敖仓的粮食。汉王跟项羽互相对峙了一年多。项羽多次侵夺汉甬道，汉军粮食缺乏，于是包围了汉王。汉王请求讲和，条件是将荥阳以西的地方划归汉王，项王不答应。汉王为此而忧虑，就用陈平的计策，给了陈平黄金四万斤，用以离间项羽和范增君臣。项羽便对亚父范增产生怀疑。范增当时正劝项羽攻荥阳，当遭到猜疑后，非常愤怒，就托辞年老，希望项羽准许他乞身告退回乡为民，还没到彭城就死了。

汉军粮草断绝，就趁夜间将两千多名身披铠甲的女子放出东门，楚军从四面追赶围打。这时将军纪信乘坐着汉王车驾，假扮成汉王诳骗楚军，楚军都高呼万岁，到城东去观看。因此汉王得以带着几十名随从骑兵从西城门逃走。出城之前汉王命御使大夫周苛、魏豹、枞公守卫荥阳。那些不能随汉王出城的将领和士兵，都留在城中，周苛、枞公商量说："魏豹是反叛过的侯国之王，难以和他一起守城。"于是杀了魏豹。

汉王逃出荥阳进入关中，收集士兵准备再次东进。袁生谏说汉王："汉与楚在荥阳相持好几年，汉军常陷于困境。希望汉王出武关，项羽必定率兵南下，那时大王深沟高垒不出战，让荥阳、成皋一带得以休息。派韩信等去安抚河北赵地，联合燕、齐，大王再兵进荥阳也不晚。这样，楚军就要多方防备，力量分散，而汉军得到休整，再跟楚军作战，打败楚军就是必然的了。"汉王听从了他的计策，出兵宛县、叶县之间，与黥布一路行进，收集人马。

项羽听说汉王在宛县，果然率军南下。汉王加固壁垒，不跟他交战。此时，彭越渡过睢水，与项声、薛公在下邳交战，大败楚军。项羽就率兵东进攻打彭越。汉王也率兵北进驻在成皋。项羽打跑彭越，听说汉王又驻进成皋，就又率军向西，攻下荥阳，杀死周苛、枞公，并俘虏了韩王信，包围了成皋。

汉王轻装减从，只与滕公共乘一车从成皋玉门逃走，北渡黄河，驱马跑到夜晚，留宿修武。第二天清晨，他自称使者，冲入张耳、韩信营垒，收了他们的兵权。又派张耳往北到赵地不断收集兵卒，派韩信东进攻打齐国。汉王得到了韩信的军队，重新振作起来，就率军南进临近黄河，在小修武的南面犒劳军兵，要跟项羽再战。郎中郑忠劝阻汉王，让他深沟高垒坚守，不要跟楚军交战。汉王听从了他的计谋，派卢绾、刘贾率兵二万人，骑兵数百名，渡过白马津，进入楚地，与彭越一起在燕县西面再次击败楚军，接着又攻下了梁地十多座城池。

淮阴侯韩信已受命东进，还没有渡过平原津。这时，汉王却暗中派郦食其前往游说齐王田广，田广叛楚，与汉和好，共同攻击项羽。韩信听从蒯通的主意，袭击并打败了齐军。齐王烹死郦食其，向东逃到高密。项羽听说韩信已率河北兵攻占了齐国、赵国，并且还要进攻楚国，就派龙且、周兰前往攻打他。韩信与他们交战，汉骑将灌婴出击，大破楚军，杀了龙且。齐王田广逃跑到彭越那里去。此时，彭越率兵驻在梁地，往来袭击骚扰楚军，断绝其粮食供给。

四年，项羽对海春侯大司马曹咎说："你们谨慎守住成皋。如果汉军挑战，千万不要应战，只要别让他们东进就可以了。我在十五日内一定能平定梁地，回头再跟将军会合。"便率兵去进攻陈留、外黄、睢阳，都打下来了。汉军果然数次向楚军挑战，楚军都不出来。汉军派人辱骂，一连五六日，大司马非常愤怒，领兵横渡汜水。士兵刚渡过一半，汉军出击，大败楚军，缴获了全部金玉财物。大司马曹咎、长史司马欣都在汜水上自刎。项羽到达睢阳，听说海春侯兵败，就率军返回。汉军此时正将钟离眜围困在荥阳东面，项羽一到，汉兵全部逃到险要易守的地方去了。

韩信攻下齐国后，派人对汉王说："齐国和楚国靠近，我的权力太小，如果不立为假王，恐怕不能安定齐地。"汉王想去攻打韩信，留侯张良说："不如趁此机会立他为齐王，让他为自己而守住齐地。"于是汉王派张良带着王印到齐国封韩信为齐王。

项羽听说龙且的军队被打败，非常害怕，就派盱台人武涉游说韩信反汉。韩信不听。

楚汉两军相持很久，胜负未决，年轻人厌倦了长期的行军作战，老弱者由于运送粮饷而疲惫不堪。汉王和项羽隔着广武涧对话。项羽要跟汉王单独决一雌雄，汉王则列数项羽的罪状说："当初我和你项羽同受怀王之命，说定了先入关中者在关中为王，你项羽违背约定，让我在蜀、汉为王，这是你第一条罪状。你项羽假托怀王之命，杀了卿子冠军宋义而自任上将军，是你第二条罪状。你项羽奉命援救赵国，本当回报怀王，却擅自劫持诸侯的军队入关，是你第三条罪状。怀王当初约定入关后不准烧杀掳掠，你项羽却焚毁秦朝宫室，掘了始皇帝坟墓，私自收取秦地财物，是你第四条罪状。又坚持杀掉已投降的秦王子婴，是你第五条罪状。采用欺诈手段在新安活埋二十万秦兵，却封赏他们的降将，是你第六条罪状。你项羽将各诸侯的将领都封在好地方，却迁移赶走原来的诸侯王，使得他们的臣下为争王位而叛逆，是你第七条罪状。你项羽将义帝赶出彭城，自己却在那里建都，又侵夺韩王的地盘，将梁、楚之地并在一起据为己有，是你第八条罪状。你项羽派人在江南秘密地杀害义帝，是你第九条罪状。你为人臣却谋杀君主，杀害已投降之人，你为政不公，不守信约，不容于天下，大逆不道，是你第十条罪状。如今我率义兵和诸侯们诛讨你这个残害人的罪人，只让那些受过刑的罪犯就可以击杀你项羽，我又何苦跟你挑战呢?”项羽非常愤怒，让埋伏好的弩箭手射中了汉王。汉王伤的是胸部，却按着脚说:“这个强盗射中了我的脚趾!”汉王因受箭伤而病倒了，张良硬是请他起来巡行，慰劳军兵，以便安定军心，不让楚军占胜利的威势胜过汉军。汉王出去巡视军营，病情加重，立即赶回了成皋。

汉王病愈，西行入关，到达栎阳，慰问当地父老，摆设酒席，杀了原塞王司马欣并悬首示众。汉王在栎阳停了四日，又回到军中，驻扎在广武。关中兵出关参战的也增多了。

此时，彭越带兵驻在梁地，往来袭击骚扰楚军，断绝其粮食供给。田横前往梁地依附他。项羽多次攻击彭越等，齐王韩信又进兵攻打楚军，项羽惧怕，就跟汉王约定平分天下，鸿沟以西的地方划归汉，鸿沟以东的地方划归楚。项羽送回汉王父母妻儿，军中都呼万岁，项羽则回营别去。

项羽罢兵东归，汉王也想率兵西归，后又用留侯、陈平的计策，进兵追赶项羽，到阳夏南面让部队驻扎下来，和齐王韩信、建成侯彭越约定日期会合，共同攻击楚军。汉王到达固陵，韩信、彭越却没有来会合。楚军迎击汉军，将汉军打得大败。汉王又逃回营垒，深挖壕堑固守。又用张良的计策派使者封给韩信、彭越土地，于是韩信、彭越都来会合。黥布和刘贾进入楚地，围攻寿春，汉王却在固陵打了败仗，于是派人去召大司马周殷，让他出动九江兵迎会武王黥布，行军途中屠戮了城父，然后随刘贾、齐梁诸侯军在垓下大会师。汉王封武王黥布为淮南王。

五年，高祖和诸侯兵共击楚军，与项羽在垓下决战。淮阴侯率三十万大军与楚军对阵，部将孔将军在左边，费将军在右边，汉王领兵随后，绛侯周勃、柴将军跟在汉王后面。项羽军兵约有十万。淮阴侯先跟楚军交锋，不利，向后退却。孔将军、费将军出兵攻击，楚军不利，淮阴侯乘势再次攻上去，大败楚军于垓下。项羽的士兵听到汉军唱起楚地的歌，以为汉军已完全占领了楚地，项羽战败逃走，楚军因此全部崩溃。汉王派骑将灌婴追杀项羽，一直追到东城，杀了八万楚兵，终于攻占平定了楚地。只有鲁人还为项羽坚守，不肯降服。汉王就率诸侯军北上，将项羽的头给鲁地父老看，鲁人这才投降。汉王就按鲁公这一封号的礼仪，将项羽葬在谷城。然后回师定陶，驱马驰入齐王韩信的军营，夺了他的兵权。

正月，诸侯及将相共同请尊汉王为皇帝。汉王说："我听说皇帝的尊号，贤能的人才能据有，只有虚名而无实能的人是不应把持皇帝之位的，我不敢承当皇帝尊号。"大臣们都说："大王从平民起事，诛伐暴逆，平定四海，有功的人都分赏土地封为王侯。如果大王不称皇帝尊号，人们都会对大王的封赏疑虑。臣等愿意以死相请求。"汉王辞让再三，实在推辞不过，才说："既然诸位认为这样合适，那我也就从方便国事上来考虑吧。"甲午日，汉王就在汜水北岸即皇帝位。

皇帝说义帝没有后代，齐王韩信熟悉楚地风俗，就改封为楚王，建都下邳。封建成侯彭越为梁王，建都定陶。原韩王信仍旧为韩王，建都阳翟。改封衡山王吴芮为长沙王，建都临湘。番君的部将梅鋗有功劳，曾随汉军进入武关，所以皇帝感激番君。淮南王黥布、燕王臧荼、赵王张敖封号都不改变。

天下大定。高祖定都洛阳，诸侯都称臣归从高祖。原临江王共驩为项羽效忠，反叛汉王，高祖派卢绾、刘贾包围他，没有攻下。几个月后共驩才投降，在洛阳将他杀了。

五月，士兵都遣散回家。各诸侯子弟留在关中的，免除赋税徭役十二年，回到封国去的免除六年，供养他们一年。

高祖在洛阳南宫设酒宴。高祖说："列侯和各位将领，你们不能瞒朕，都要说真心话。我之所以能取得天下，是为什么呢？项羽之所以失去天下，又是为什么呢？"高起、王陵回答说："陛下傲慢而且轻视别人；项羽仁厚而且怜爱别人。可陛下派人攻城略地，所攻下和降服的地方就分封给他们，跟天下人同享利益。而项羽却妒贤嫉能，有功的就嫉恨人家，贤能的就怀疑人家，打了胜仗不给人家授功，夺得土地不给人家好处，这就是他失去天下的原因。"高祖说："你们只知其一，不知其二。如果说运筹帷幄之中，决胜千里之外，我不如张子房；镇守国家，安抚百姓，供给粮饷，保证粮道不被阻断，我不如萧何；统率百万大军，战则必胜，攻则必取，我不如韩信。这三人都是人中的俊杰，我却能任用他们，这就是我取得天下的原因所在。项羽虽有一位范增却不信用，这就是他被我擒获的原因。"

高祖打算长期定都洛阳，齐人刘敬劝说，还有留侯也劝说高祖进入关中去定都，高祖当日起驾入关，到关中建都。六月，大赦天下。

十月，燕王臧荼造反，攻下代地。高祖亲自率军讨伐，擒获了燕王臧荼。当即封太尉卢绾为燕王。派丞相樊哙领兵攻打代地。

这年的秋天，利几造反，高祖又亲自带兵讨伐，利几败逃。利几原先是项羽部将。项羽失败时，利几是陈县令，没有跟随项羽，逃出归降了高祖。高祖将他封在颍川为侯。高祖到达洛阳后，召集全部在册的列侯到洛阳，利几惴恐不安，就造反了。

六年，高祖每五日朝拜太公一次，按照一般人家父子相见的礼节。太公的家令劝说太公道："天上不会有两个太阳，地上不应有两个君主。

当今皇帝在家虽是儿子，在天下却是万民之主，太公您在家虽是父亲，对皇帝却是臣子。怎么能叫万民之主拜见他的臣子呢！这样做，皇帝的威严就不能遍行天下。”后来高祖再去朝见太公，太公就抱着扫帚，面对门口倒退着走，以示尊敬。高祖大惊，急忙下车搀扶太公。太公说：“皇帝是万民之主，怎么能因我而乱了天下的规矩呢！”于是高祖就尊奉太公为太上皇，心里赞赏那个家令的话，赐给他黄金五百斤。

十二月，有人上书告发楚王韩信谋反，高祖向左右大臣询问对策，大臣们都争着想去征讨。最后高祖用陈平之计，假装游览云梦泽，在陈县召见诸侯，楚王韩信前往迎接时，趁机拘捕了他。当日，大赦天下。田肯来贺，趁便劝说高祖道：“陛下抓住了韩信，又在关中建都。秦地是形势险要之地，周围有崤山黄河环绕，地域辽阔，山川间隔。如果关东拥有百万军队，那么秦地只需二万兵力就可抵挡。秦地地势这样有利，如果对诸侯用兵，就好像从高屋脊上把瓶水向下倾倒一样，居高临下，势不可挡。还有齐地，东有琅邪、即墨的富饶，南有泰山的险固，西有黄河的天险，北有勃海的物产，土地方圆二千里，与诸侯疆界被山水阻隔，超过千里，如果诸侯拥有百万军队，那么齐地只需二十万就可抵挡。所以说，齐地和秦地可并称东秦和西秦。如果不是陛下的嫡亲子弟，就没有谁可以派去做齐王。”高祖说：“好。”赏给他黄金五百斤。

十余日后，封韩信为淮阴侯，将他的封地分为两个侯国。高祖说：“将军刘贾屡次立功，就封他为荆王，统治淮水以东。封他的弟弟刘交为楚王，统治淮水以西。封皇子刘肥为齐王，统辖七十多座城，百姓凡能说齐地话的都属于齐。”高祖论功行赏，并与诸位列侯剖符为证。让韩王信迁移到太原。

七年，匈奴在马邑攻打韩王信，韩王信就与匈奴在太原谋反。其驻在白土城的部将曼丘臣、王黄拥立前赵将赵利为王，也反叛了朝廷，高祖亲自率兵前往击讨。正赶上天气严寒，士兵们冻掉手指的有十分之二三，于是赶到平城。匈奴兵将我军包围在平城，七日后才撤兵离去。高祖回京，令樊哙留下继续平定代地。封兄长刘仲为代王。

二月，高祖从平城出发，经赵地、洛阳，抵达长安。长乐宫建成，丞相以下的官员都迁到长安治事。

八年，高祖又率兵东进，在东垣一带追击韩王信的残余反寇。

萧丞相主持建造未央宫，建东阙、北阙、前殿、武库、太仓。高祖回京，见宫殿非常壮观，很生气，对萧何说："天下动荡纷乱、苦苦争战已有数年，成败还不可确知，为什么要将宫室修造得如此过度呢？"萧何说："正因为天下还没有安定，才可趁此时机建成宫室。再说，天子以四海为家，宫殿不壮丽就无法树立天子的威严，而且也不能让后世超过呀。"高祖这才高兴了。

高祖进兵东垣，回来路过柏人县，赵相贯高等人设下埋伏，想谋杀高祖。高祖本想在柏人留宿，可是心里一动，就没有留宿住在那里。代王刘仲弃国逃亡，逃归洛阳，高祖将他废为合阳侯。

九年，赵相贯高等人企图谋杀高祖的事被发觉，灭了他们的三族。废掉了赵王敖的王位，改封为宣平侯。同年，将原楚国贵族昭氏、屈氏、景氏、怀氏和原齐国贵族田氏等迁到关中。

未央宫建成。高祖在未央宫前殿设宴大会诸侯群臣。高祖捧着玉制酒杯，起身向太上皇献酒祝寿，说："当初大人常以为臣没有出息，不会经营产业，不如仲兄有本事。可现在我的产业和仲兄相比，谁的多？"殿上群臣都呼喊万岁，大笑为乐。

十年十月，淮南王黥布、梁王彭越、燕王卢绾、荆王刘贾、楚王刘交、齐王刘肥、长沙王吴芮都到长乐宫朝见高祖。这年的春夏国家太平无事。

七月，太上皇在栎阳宫驾崩。楚王、梁王都来送葬。赦免栎阳的囚徒。将郦邑改名为新丰。

八月，赵相国陈豨在代地造反。皇上说："陈豨曾给我做事，很有信用。代地我认为是很重要的地方，所以封陈豨为列侯，以相国身份镇守代地，如今他竟和王黄等人劫掠代地！但代地官吏和百姓并没有罪，全都赦免他们。"九月，高祖亲自率兵东进前往讨伐陈豨。到达邯郸，皇上高兴地说:“陈豨不在南面据守邯郸却在漳水阻击,我知道他是个无能之辈了。”听说陈豨部将过去都是做商人的,皇上就说:“我知道怎么对付他了。”于是用许多黄金引诱陈豨部将,很多人都投降了。

十一年,高祖在邯郸讨伐陈豨等人还没有结束,陈豨部将侯敞带领一万多人在各地往来游动作战,王黄驻在曲逆,张春渡过黄河攻打聊城。汉派将军郭蒙和齐国将领攻打他们,将他们打得大败。太尉周勃从太原攻入,平定了代地。到马邑时,马邑叛军不肯降服,周勃就摧毁了马邑。

陈豨部将赵利坚守东垣,高祖带兵攻打,没有攻下。攻了一个多月,东垣的士兵在城上辱骂高祖。高祖大怒,东垣投降后,就下令将辱骂自己的人斩了,不曾辱骂自己的人予以宽恕。随后将赵国常山以北的地方划归代国,立皇子刘恒为代王,建都晋阳。

同年春,淮阴侯韩信在关中谋反,被夷灭三族。

同年夏,梁王彭越谋反,就废掉了他的王位,将他流放到蜀地;不久他又想谋反,被夷灭三族。高祖就立皇子刘恢为梁王,皇子刘友为淮阳王。

秋七月,淮南王黥布造反,向东吞并了荆王刘贾的地盘,又北渡淮河,楚王刘交被迫逃到薛地。高祖亲自率兵前往讨伐。立皇子刘长为淮南王。

十二年十月,高祖在会甀击败了黥布的军队,黥布逃走,高祖派别将继续追击。

高祖回长安途中,路过沛县时停留下来,在沛宫置备酒席,将故人和父老子弟都请来一起纵情畅饮,并挑选沛中少年一百二十人,教他们唱歌。酒喝得畅快时,高祖弹击筑琴,唱起自作的歌诗:“大风起兮云飞扬,威加海内兮归故乡,安得猛士兮守四方!”让少年都跟着学唱。于是高祖起舞,情绪激动心中感伤,洒下行行热泪。高祖对沛县父老兄弟说:“远游的赤子总是思念着故乡。我虽建都关中,但将来死后我的魂魄还会喜欢和思念故乡。而且朕开始是以沛公的身份起兵讨伐暴逆,终于取得天下,朕将沛县作为汤沐邑,免除沛县百姓的赋税徭役,世世代代不必纳税服役。”沛县父老兄弟、同宗母辈及故人每日尽情欢宴，叙谈往事，取笑为乐。过了十余日，高祖要离去，沛县父老坚决要高祖多留几日。高祖说：“我的随从太多，父兄们供应不起。”于是离开沛县。当日，沛地百姓全县出动，赶到城西敬献礼物。高祖又停下来，搭起帐篷，痛饮三日。沛县父兄都叩头请求说：“沛县有幸得以免除赋税徭役，丰邑却没有免除，恳求陛下可怜他们。”高祖说：“丰邑是我生长的地方，最不能忘，我只是因为当初丰邑人跟着雍齿反叛我而帮助魏才这样的。”沛县父兄仍旧坚决请求，高祖才答应将丰邑的赋税徭役也免除掉，跟沛县一样。于是封沛侯刘濞为吴王。

汉将在洮水南北分别进击黥布，全部打败了叛军，追到鄱阳抓获黥布，将他斩了。

樊哙另外带兵平定了代地，在当城斩了陈豨。

十一月，高祖从讨伐黥布的军中返回长安。十二月，高祖说：“秦始皇帝、楚隐王陈涉、魏安釐王、齐缗王、赵悼襄王都没有后代，给予守墓人各十家，秦皇帝二十家，魏公子无忌五家。”代地官吏、百姓，凡是被陈豨、赵利所劫持的，全部赦免。

陈豨降将说，陈豨造反时，燕王卢绾曾派人到陈豨那里跟他密谋。高祖派辟阳侯召卢绾进京，卢绾称病。辟阳侯回来后，详细报告说卢绾有谋反的苗头。二月，高祖派樊哙、周勃带兵讨伐燕王卢绾，赦免参与造反的官吏与百姓，立皇子刘建为燕王。

高祖讨伐黥布时，被飞箭射中，返回的路上生了病。病得很厉害，吕后为他请来一位好医生。医生进宫拜见，高祖问医生病情如何，医生说：“可以治好。”于是高祖骂他说：“就凭我一个平民，手提三尺之剑，最终取得天下，这不是由于天命吗？人的命运决定于上天，纵然你是扁鹊，又有什么用处呢！”就不让他治病，赐给他五十斤黄金打发走了。不久，吕后问高祖：“陛下百年之后，萧相国也死了，让谁来接替他？”高祖说：“曹参可以。”又问曹参之后的事，高祖说：“王陵可以。不过他略显憨厚刚直，陈平可以协助他。陈平智慧有余，然而难以独自担当重任。周勃深沉厚道，缺少文才，但是安定刘氏天下的一定是周勃，可以让他做太尉。”吕后再问以后的事，高祖说：“再以后的事，也就不是你所能知道的了。”

卢绾带着几千骑兵在边塞等待机会，希望高祖病愈后，亲自到长安去请罪。

四月甲辰日，高祖在长乐宫驾崩。四日后还不发丧。吕后和审食其谋划说：“诸将先前和皇帝同为平民百姓，后来北面称臣，这他们就已很不高兴了，现在又要侍奉少主，如果不全部族灭他们，天下就安定不了。”有人听到这话，告诉了郦将军。郦将军前往拜见审食其，说：“我听说皇帝已驾崩，四天了还不发丧，还要杀掉诸将。如果真这样做，天下可就危险了。陈平、灌婴率十万大军镇守荥阳，樊哙、周勃率二十万大军平定燕、代，如果他们听说皇帝驾崩，诸将都将遭杀戮，必定将合兵一处，回过头来进攻关中。那时，大臣在朝廷叛乱，诸侯在外面造反，覆亡的日子就翘足可待了。”审食其进宫将此告诉了吕后，于是就在丁未日发丧，大赦天下。

卢绾听说高祖驾崩，就逃到匈奴去了。

丙寅日，安葬皇帝。己巳日，立太子为帝，太子来到太上皇庙。群臣都说：“高祖起事于平民，平治乱世，使之归于正道，定了天下，是汉的开国皇帝，功劳最高。”献上尊号称为高皇帝。太子继承皇帝之号，就是孝惠帝。又下令让各郡国诸侯都建高祖庙，每年按时祭祀。

到孝惠五年，皇上想到高祖生前思念和喜欢沛县，就将沛宫定为高祖原庙。高祖所教过唱歌的少年一百二十人，都让他们在原庙奏乐唱歌，以后有了缺员，就随时加以补充。

高祖有八个儿子：庶出长子是齐悼惠王刘肥；次子孝惠皇帝，是吕后之子；三子是戚夫人之子赵隐王如意；四子代王刘恒，后来被立为孝文皇帝，是薄太后之子；五子梁王刘恢，吕太后当政时被改封为赵共王；六子淮阳王刘友，吕太后时被改封为赵幽王；七子是淮南厉王刘长；八子是燕王刘建。

太史公说：“夏朝的政治教化以质朴忠厚为本。忠厚的弊端是使得百姓粗野少礼，所以殷人代之以恭敬。恭敬的弊端是使得百姓迷信鬼神，所以周人代之以礼仪。礼仪的弊端是使百姓不诚恳。所以要救治不诚恳的弊端，就没有什么比得上质朴忠厚。三王之道好像是循环的，终而复始。至于周、秦之间，其弊端可以说是在于过分讲究礼仪了。秦朝的政治不但没有改变这种弊端，反而使刑法更加残酷，难道不是很错误吗？所以汉兴起，废除秦朝苛法，与民生息，使百姓不至于疲倦，这是符合循环终始的天道了。汉以十月为诸侯进京朝见皇帝的日子。规定车服制度，皇帝乘坐的车驾，用黄缎子做车盖的衬里，车前横木左上方要插用旄牛尾做的饰物。高祖葬在长陵。

【鉴赏】

将《高祖本纪》和《项羽本纪》对比，可以发现两者在史料选择和剪裁上的不同：前者重在展示汉之"德功"，而后者则重在表现项羽之"武功"。通过对比揭示了楚汉之争的必然结局。首先是刘邦的雄才大略和项羽的自矜功伐进行对比。如作者写项羽只是侧重表现他的勇猛残暴和单纯的军事成功。而写刘邦则不仅表现他的军事策略比项羽的军事强攻要高明许多；且倾注笔墨写他的安民之举，如"约法三章"就是其精彩之笔，使得关中之人"唯恐沛公不为秦王"。二人对待各路诸侯的策略，项羽一听有谁自立为王，便"大怒""发兵"，结果疲于征战，顾此失彼；而刘邦听到韩信自请立为"假王"时，开始打算攻打韩信，但一经张良提醒，"乃遣张良操印绶立韩信为齐王"。其次是刘邦的知人善任和项羽的刚愎自专的对比。刘邦平定天下后那段脍炙人口的话是对各自用人上成败得失的精辟总结："夫运筹策帷帐之中，决胜于千里之外，吾不如子房。镇国家，抚百姓，给馈饷，不绝粮道，吾不如萧何。连百万之军，战必胜，攻必取，吾不如韩信。此三者，皆人杰也，吾能用之，此吾所以取天下也。项羽有一范增而不能用，此其所以为我擒也。"

与《项羽本纪》相比，《高祖本纪》在谋篇布局上颇见高妙。李景星《史记评议》中说《项羽本纪》"每事为一段，插入合来，犹好下手"，《高祖本纪》则"将诸事纷纷抖碎，整中见乱，乱中见整，绝无痕迹"。

史记卷九·吕太后本纪第九

吕后名雉，是历史上一位著名的称制主政的妃后。吕后大封诸吕与诸吕被诛是关系刘氏天下存亡兴替的大事。这篇本纪就是紧紧扣住这个中心谋篇布局，详细记述了刘邦死后吕后使尽种种手段残酷迫害刘邦宠姬、刘氏诸王的可耻行径，以及吕后死后功臣元老与刘氏宗室共同诛灭诸吕的惊险斗争，和群臣拥立代王刘恒即位、安刘氏天下的经过。作者在叙述中表现出对吕后的擅权专制、残忍狠毒、结党营私的厌恶，以生动鲜活的历史事实昭示着“得道多助，失道寡助”的道理，而在结尾的论赞中则对其主政时政治经济措施和社会生产发展仍然表示了肯定。

吕太后者，高祖微时妃也①，生孝惠帝、女鲁元太后。及高祖为汉王，得定陶戚姬，爱幸，生赵隐王如意。孝惠为人仁弱，高祖以为不类我，常欲废太子，立戚姬子如意，如意类我。

戚姬幸，常从上之关东，日夜啼泣，欲立其子代太子。吕后年长，常留守，希②见上，益疏。如意立为赵王后，几③代太子者数矣。赖大臣争④之，及留侯策⑤，太子得毋废。

吕后为人刚毅，佐高祖定天下，所诛大臣多吕后力。吕后兄二人，皆为将。长兄周吕侯死事⑥，封其子吕台为郦侯，子产为交侯。次兄吕释之为建成侯。

高祖十二年四月甲辰，崩长乐宫，太子袭号为帝。是时高祖八子：长男肥，孝惠兄也，异母，肥为齐王；馀皆孝惠弟，戚姬

①微：贫贱，卑贱。妃：妻子。 ②希：同“稀”，少。 ③几：几乎，差点儿。 ④争：谏诤，劝阻。 ⑤留侯策：即令太子迎“四皓”事，详见《留侯世家》。 ⑥死事：战死。

子如意为赵王，薄夫人子恒为代王，诸姬子子恢为梁王，子友为淮阳王，子长为淮南王，子建为燕王。高祖弟交为楚王，兄子濞为吴王。非刘氏功臣番君吴芮子臣为长沙王。

吕后最怨戚夫人及其子赵王，乃令永巷①囚戚夫人，而召赵王。使者三反，赵相建平侯周昌谓使者曰："高帝属臣赵王②，赵王年少。窃闻太后怨戚夫人，欲召赵王并诛之，臣不敢遣王。王且亦病，不能奉诏。"吕后大怒，乃使人召赵相。赵相征至长安，乃使人复召赵王。王来，未到。孝惠帝慈仁，知太后怒，自迎赵王霸上，与入宫，自挟③与赵王起居饮食。太后欲杀之，不得间④。孝惠元年十二月，帝晨出射。赵王少，不能蚤⑤起。太后闻其独居，使人持鸩饮之。犁⑥明，孝惠还，赵王已死。于是乃徙淮阳王友为赵王。夏，诏赐郦侯父追谥为令武侯。太后遂断戚夫人手足，去眼，煇耳，饮瘖药⑦，使居厕⑧中，命曰"人彘⑨"。居数日，乃召孝惠帝观人彘。孝惠见，问，乃知其戚夫人，乃大哭，因病，岁馀不能起。使人请太后曰："此非人所为。臣为太后子，终⑩不能治天下。"孝惠以此日饮为淫乐，不听政，故有病也。

二年，楚元王、齐悼惠王皆来朝。十月，孝惠与齐王燕饮⑪太后前，孝惠以为齐王兄，置上坐，如家人之礼。太后怒，乃令酌两卮鸩，置前，令齐王起为寿。齐王起，孝惠亦起，取卮欲俱为寿。太后乃恐，自起泛⑫孝惠卮。齐王怪之，因不敢饮，详醉

①永巷：即永巷令，主管宫廷中的牢狱。 ②属臣赵王：把赵王托付给臣。属：通"嘱"，嘱托，托付。 ③自挟：亲自携带、保护。 ④间：空隙，机会。 ⑤蚤：通"早"。 ⑥犁：通"黎"，比及，等到。 ⑦煇：通"熏"，用火烧灼。瘖药：使人变哑的药。瘖（yīn）：哑。 ⑧厕：猪圈。 ⑨彘（zhì）：猪。 ⑩终：无论如何。 ⑪燕饮：宴饮。燕：通"宴"。 ⑫泛：通"覂（fěng）"，翻，覆。这里指倒掉。

去。问，知其鸩，齐王恐，自以为不得脱长安，忧。齐内史士说王曰："太后独有孝惠与鲁元公主。今王有七十馀城，而公主乃食[①]数城。王诚以一郡上太后，为公主汤沐邑[②]，太后必喜，王必无忧。"于是齐王乃上城阳之郡，尊公主为王太后。吕后喜，许之。乃置酒齐邸[③]，乐饮，罢，归齐王。三年，方筑长安城，四年就半，五年六年城就。诸侯来会。十月朝贺。

七年秋八月戊寅，孝惠帝崩。发丧，太后哭，泣不下。留侯子张辟强为侍中，年十五，谓丞相曰："太后独有孝惠，今崩，哭不悲，君知其解[④]乎？"丞相曰："何解？"辟强曰："帝毋壮子，太后畏君等。君今请拜吕台、吕产、吕禄为将，将兵居南北军，及诸吕皆入宫，居中用事[⑤]，如此则太后心安，君等幸得脱祸矣。"丞相乃如辟强计。太后说，其哭乃哀。吕氏权由此起。乃大赦天下。九月辛丑，葬。太子即位为帝，谒高庙。元年，号令一[⑥]出太后。

太后称制[⑦]，议欲立诸吕为王，问右丞相王陵。王陵曰："高帝刑白马盟[⑧]曰'非刘氏而王，天下共击之。'今王吕氏，非约也。"太后不说。问左丞相陈平、绛侯周勃。勃等对曰："高帝定天下，王子弟，今太后称制，王昆弟诸吕，无所不可。"太后喜。罢朝，王陵让[⑨]陈平、绛侯曰："始与高帝啑血盟，诸君不在邪？今高帝崩，太后女主，欲王吕氏，诸君纵欲阿[⑩]意背约，何面目见高帝地下？"陈平、绛侯曰："于今面折廷争[⑪]，臣不如君；夫全社稷，定刘氏之后，君亦不如臣。"王陵无以应之。

---

①食：受，享，指享食封地的赋税物产。 ②汤沐邑：此指皇室收取赋税的私邑。 ③齐邸：齐王在京城的官邸。 ④解：道理，缘故。 ⑤用事：执政，当权。 ⑥一：一概，完全。 ⑦称制：代行天子之权。制：帝王的诏令。 ⑧刑白马盟：杀白马盟誓立约，意思就是歃血而盟。刑，杀。 ⑨让：责备。 ⑩阿：阿谀，迎合。 ⑪面折：当面指责。廷争：在朝廷上诤谏。

十一月，太后欲废王陵，乃拜为帝太傅，夺之相权。王陵遂病免归。乃以左丞相平为右丞相，以辟阳侯审食其为左丞相。左丞相不治事①，令监宫中，如郎中令。食其故得幸太后，常用事，公卿皆因而决事②。乃追尊郦侯父为悼武王，欲以王诸吕为渐③。

四月，太后欲侯诸吕，乃先封高祖之功臣郎中令无择为博城侯。鲁元公主薨，赐谥为鲁元太后。子偃为鲁王。鲁王父，宣平侯张敖也。封齐悼惠王子章为朱虚侯，以吕禄女妻之。齐丞相寿为平定侯。少府延为梧侯。乃封吕种为沛侯，吕平为扶柳侯，张买为南宫侯。

太后欲王吕氏，先立孝惠后宫子彊为淮阳王，子不疑为常山王，子山为襄城侯，子朝为轵侯，子武为壶关侯。太后风④大臣，大臣请立郦侯吕台为吕王，太后许之。建成康侯释之卒，嗣子有罪，废，立其弟吕禄为胡陵侯，续康侯后。二年，常山王薨，以其弟襄城侯山为常山王，更名义。十一月，吕王台薨，谥为肃王，太子嘉代立为王。三年，无事。四年，封吕嬃为临光侯，吕他为俞侯，吕更始为赘其侯，吕忿为吕城侯，及诸侯丞相五人。

宣平侯女为孝惠皇后时，无子，详为有身，取美人子名之⑤，杀其母，立所名子为太子。孝惠崩，太子立为帝。帝壮，或闻其母死，非真皇后子，乃出言曰："后安能杀吾母而名我？我未壮，壮即为变。"太后闻而患之，恐其为乱，乃幽⑥之永巷中，言帝病甚，左右莫得见。太后曰："凡有天下治为万民命者，盖之如天，容之如地，上有欢心以安百姓，百姓欣然以事其上，欢欣交通⑦

①不治事：指不管左丞相职内的事。 ②因而决事：借助他来决断大事。 ③渐：开端，从此越来越甚。 ④风：通"讽"。用婉转、含蓄的语言暗示。 ⑤名之：说成是自己所生的儿子。 ⑥幽：幽禁，囚禁。 ⑦交通：相通。

而天下治。今皇帝病久不已，乃失惑惛乱[①]，不能继嗣奉宗庙祭祀，不可属天下，其代之。”群臣皆顿首言：“皇太后为天下齐民计，所以安宗庙社稷甚深。群臣顿首奉诏。”帝废位，太后幽杀之。五月丙辰，立常山王义为帝，更名曰弘。不称元年者，以太后制天下事也。以轵侯朝为常山王。置太尉官，绛侯勃为太尉。五年八月，淮阳王薨，以弟壶关侯武为淮阳王。

六年十月，太后曰吕王嘉居处骄恣，废之，以肃王台弟吕产为吕王。夏，赦天下。封齐悼惠王子兴居为东牟侯。

七年正月，太后召赵王友。友以诸吕女为后，弗爱，爱他姬，诸吕女妒，怒去，谗之于太后，诬以罪过，曰“吕氏安得王！太后百岁后，吾必击之。”太后怒，以故召赵王。赵王至，置邸不见，令卫围守之，弗与食。其群臣或窃馈，辄捕论[②]之。赵王饿，乃歌曰：“诸吕用事兮刘氏危，迫胁王侯兮强授我妃。我妃既妒兮诬我以恶，谗女乱国兮上曾不寤[③]。我无忠臣兮何故[④]弃国？自决中野兮苍天举直[⑤]！于嗟不可悔兮宁蚤自财[⑥]。为王而饿死兮谁者怜之！吕氏绝理兮托天报仇。”丁丑，赵王幽死[⑦]，以民礼葬之长安民冢次[⑧]。

己丑，日食，昼晦。太后恶之，心不乐，乃谓左右曰：“此为我也。”

二月，徙梁王恢为赵王。吕王产徙为梁王。梁王不之国，为帝太傅。立皇子平昌侯太为吕王。更名梁曰吕，吕曰济川。太后女弟吕嬃有女为营陵侯刘泽妻，泽为大将军。太后王诸吕，恐即崩后刘将军为害，乃以刘泽为琅邪王，以慰其心。

---

①失惑：精神失常。惑：糊涂。惛乱：神志不清。 ②论：论罪，这里指处死。 ③曾：竟然，根本。寤：通“悟”，明白。 ④何故：同“何辜”，有何罪过。 ⑤自决：自杀。中野：即野中，野地里。举直：主持公道。 ⑥自财：自杀。 ⑦幽死：被关闭困饿而死。 ⑧次：旁。

梁王恢之徙王赵，心怀不乐。太后以吕产女为赵王后。王后从官皆诸吕，擅权，微伺[①]赵王。赵王不得自恣。王有所爱姬，王后使人鸩杀之。王乃为歌诗四章，令乐人歌之。王悲，六月即自杀。太后闻之，以为王用妇人弃宗庙礼[②]，废其嗣。

宣平侯张敖卒，以子偃为鲁王，敖赐谥为鲁元王。

秋，太后使使告代王，欲徙王赵。代王谢[③]，愿守代边。

太傅产、丞相平等言，武信侯吕禄上侯，位次第一，请立为赵王。太后许之，追尊禄父康侯为赵昭王。

九月，燕灵王建薨，有美人子，太后使人杀之，无后，国除[④]。

八年十月，立吕肃王子东平侯吕通为燕王，封通弟吕庄为东平侯。

三月中，吕后祓[⑤]，还过轵道，见物如苍犬，据高后掖[⑥]，忽弗复见。卜之，云赵王如意为祟[⑦]。高后遂病掖伤。

高后为外孙鲁元王偃年少，早失父母，孤弱，乃封张敖前姬两子，侈为新都侯，寿为乐昌侯，以辅鲁元王偃。及封中大谒者张释为建陵侯，吕荣为祝兹侯。诸中宦者令丞皆为关内侯，食邑五百户。

七月中，高后病甚，乃令赵王吕禄为上将军，军[⑧]北军；吕王产居南军。吕太后诫产、禄曰："高帝已定天下，与大臣约，曰'非刘氏王者，天下共击之'。今吕氏王，大臣弗平。我即崩，帝年少，大臣恐为变。必据兵卫宫，慎毋送丧，毋为人所制。"辛巳，高后崩，遗诏赐诸侯王各千金，将相列侯郎吏皆以秩[⑨]赐金。大赦天下。以吕王产为相国，以吕禄女为帝后。

---

①微伺：暗中监视。 ②用：因为。弃宗庙礼：抛弃了宗庙祭祀的礼仪，指自杀这件事。 ③谢：推辞，谢绝。 ④国除：封国被取消。 ⑤祓（fú）：祈求免除灾祸的祭祀。 ⑥据：冲撞。掖：通"腋"。 ⑦祟：古称神鬼作怪以害人。 ⑧军：居，统领。 ⑨秩：等级，次序。

高后已葬，以左丞相审食其为帝太傅。

朱虚侯刘章有气力[1]，东牟侯兴居其弟也，皆齐哀王弟，居长安。当是时，诸吕用事擅权，欲为乱，畏高帝故大臣绛、灌等，未敢发。朱虚侯妇，吕禄女，阴知其谋，恐见诛，乃阴令人告其兄齐王，欲令发兵西，诛诸吕而立。朱虚侯欲从中与大臣为应。齐王欲发兵，其相弗听。八月丙午，齐王欲使人诛相，相召平乃反，举兵欲围王，王因杀其相，遂发兵东，诈夺琅邪王兵，并将之而西。语在齐王语中[2]。

齐王乃遗诸侯王书曰："高帝平定天下，王诸子弟，悼惠王王齐。悼惠王薨，孝惠帝使留侯良立臣为齐王。孝惠崩，高后用事，春秋高[3]，听诸吕，擅废帝更立，又比[4]杀三赵王，灭梁、赵、燕以王诸吕，分齐为四。忠臣进谏，上惑乱弗听。今高后崩，而帝春秋富[5]，未能治天下，固恃大臣诸侯。而诸吕又擅自尊官，聚兵严威[6]，劫列侯忠臣，矫制以令天下，宗庙所以危。寡人率兵入诛不当为王者。"汉闻之，相国吕产等乃遣颍阴侯灌婴将兵击之。灌婴至荥阳，乃谋曰："诸吕权兵[7]关中，欲危刘氏而自立。今我破齐还报，此益吕氏之资也。"乃留屯荥阳，使使谕齐王及诸侯，与连和，以待吕氏变，共诛之。齐王闻之，乃还兵西界待约。

吕禄、吕产欲发乱关中，内惮绛侯、朱虚等，外畏齐、楚兵，又恐灌婴畔之，欲待灌婴兵与齐合而发，犹豫未决。当是时，济川王太、淮阳王武、常山王朝名为少帝弟，及鲁元王吕后外孙，皆年少未之国，居长安。赵王禄、梁王产各将兵居南北军，皆吕

---

①气力：气指慷慨有志节，力指勇武。 ②齐王语：指《齐悼惠王世家》。 ③春秋高：指年纪大，上了岁数。春秋：指岁月，年龄。 ④比：接连，连续。 ⑤春秋富：年纪小。富：此指未来之日尚长。 ⑥严：重，加重，加强。威：指威势，权势。 ⑦权兵：拥兵。

氏之人。列侯群臣莫自坚①其命。

太尉绛侯勃不得入军中主兵。曲周侯郦商老病，其子寄与吕禄善。绛侯乃与丞相陈平谋，使人劫郦商，令其子寄往绐②说吕禄曰："高帝与吕后共定天下，刘氏所立九王，吕氏立三王，皆大臣之议，事已布告诸侯，诸侯皆以为宜。今太后崩，帝少，而足下佩赵王印，不急之国守藩③，乃为上将，将兵留此，为大臣诸侯所疑。足下何不归将印，以兵属太尉？请梁王归相国印，与大臣盟而之国，齐兵必罢，大臣得安，足下高枕而王千里，此万世之利也。"吕禄信然其计，欲归将印，以兵属太尉。使人报吕产及诸吕老人，或以为便，或曰不便，计犹豫未有所决。吕禄信郦寄，时与出游猎。过④其姑吕媭，媭大怒，曰："若为将而弃军，吕氏今无处矣。"乃悉出珠玉宝器散堂下，曰："毋为他人守也。"

左丞相食其免。

八月庚申旦，平阳侯窋行御史大夫事，见相国产计事。郎中令贾寿使从齐来，因数产曰："王不早之国，今虽欲行，尚可得邪？"具以灌婴与齐楚合从⑤，欲诛诸吕告产，乃趣⑥产急入宫。平阳侯颇闻其语，乃驰告丞相、太尉。太尉欲入北军，不得入。襄平侯通尚符节⑦，乃令持节矫内⑧太尉北军。太尉复令郦寄与典客刘揭先说吕禄曰："帝使太尉守北军，欲足下之国，急归将印辞去，不然，祸且起。"吕禄以为郦兄不欺己，遂解印属典客，而以兵授太尉。太尉将之入军门，行令军中曰："为吕氏右袒，为刘氏左袒。"军中皆左袒为刘氏。太尉行至⑨，将军吕禄亦已解上将印去，太尉遂将北军。

---

①自坚：自保。 ②绐（dài）：通"诒"，欺骗。 ③藩：藩篱，指诸侯王的封国。 ④过：过访，拜访。 ⑤合从：这里指联合。从：通"纵"。 ⑥趣（cù）：同"促"，催促。 ⑦尚符节：为皇帝掌管兵符印信。尚：掌管。 ⑧内：同"纳"，接纳，使进入。 ⑨行至：还没到的时候。

然尚有南军。平阳侯闻之，以吕产谋告丞相平，丞相平乃召朱虚侯佐太尉。太尉令朱虚侯监军门。令平阳侯告卫尉："毋入相国产殿门。"吕产不知吕禄已去北军，乃入未央宫，欲为乱，殿门弗得入，裴回[①]往来。平阳侯恐弗胜，驰语太尉。太尉尚恐不胜诸吕，未敢讼言[②]诛之，乃遣朱虚侯谓曰："急入宫卫帝。"朱虚侯请卒，太尉予卒千馀人。入未央宫门，遂见产廷中。日餔时[③]，遂击产。产走。天风大起，以故其从官乱，莫敢斗。逐产，杀之郎中府吏厕中。

朱虚侯已杀产，帝命谒者持节劳朱虚侯。朱虚侯欲夺节信，谒者不肯，朱虚侯则从与载，因节信驰走，斩长乐卫尉吕更始。还，驰入北军，报太尉。太尉起，拜贺朱虚侯曰："所患独吕产，今已诛，天下定矣。"遂遣人分部悉捕诸吕男女，无少长皆斩之。辛酉，捕斩吕禄，而笞杀吕媭。使人诛燕王吕通，而废鲁王偃。壬戌，以帝太傅食其复为左丞相。戊辰，徙济川王王梁，立赵幽王子遂为赵王。遣朱虚侯章以诛诸吕氏事告齐王，令罢兵。灌婴兵亦罢荥阳而归。

诸大臣相与阴谋[④]曰："少帝及梁、淮阳、常山王，皆非真孝惠子也。吕后以计诈名他人子，杀其母，养后宫，令孝惠子之[⑤]，立以为后，及诸王，以强吕氏。今皆已夷灭诸吕，而置所立，即长用事，吾属无类[⑥]矣。不如视诸王最贤者立之。"或言"齐悼惠王高帝长子，今其适[⑦]子为齐王，推本言之，高帝適长孙，可立也"。大臣皆曰："吕氏以外家恶而几危宗庙，乱功臣。今齐王母家驷，驷钧，恶人也，即立齐王，则复为吕氏。"欲立淮南王，以

---

①裴回：同"徘徊"。 ②讼言：公开说。 ③日餔(bū)时：通"晡"。指傍晚时分。 ④阴谋：暗中商量。 ⑤子之：以之为子。 ⑥无类：绝种，指被杀光。 ⑦适：通"嫡"，指正房妻室所生长子，正妻。

为少，母家又恶。乃曰："代王方今高帝见子①，最长，仁孝宽厚。太后家薄氏谨良。且立长故顺，以仁孝闻于天下，便。"乃相与共阴使人召代王。代王使人辞谢。再反，然后乘六乘传②。后九月晦日己酉，至长安，舍代邸。大臣皆往谒，奉天子玺上代王，共尊立为天子。代王数让，群臣固请，然后听。

东牟侯兴居曰："诛吕氏吾无功，请得除宫③。"乃与太仆汝阴侯滕公入宫，前谓少帝曰："足下非刘氏，不当立。"乃顾麾左右执戟者掊兵罢去④。有数人不肯去兵，宦者令张泽谕告，亦去兵。滕公乃召乘舆车载少帝出。少帝曰："欲将我安之乎？"滕公曰："出就舍。"舍少府。乃奉天子法驾，迎代王于邸。报曰："宫谨除。"代王即夕入未央宫。有谒者十人持戟卫端门，曰："天子在也，足下何为者而入？"代王乃谓太尉。太尉往谕，谒者十人皆掊兵而去。代王遂入而听政。夜，有司分部诛灭梁、淮阳、常山王及少帝于邸。

代王立为天子。二十三年崩，谥为孝文皇帝。

太史公曰：孝惠皇帝、高后之时，黎民得离战国之苦，君臣俱欲休息乎无为，故惠帝垂拱⑤，高后女主称制，政不出房户，天下晏然⑥。刑罚罕用，罪人是希。民务稼穑，衣食滋殖。

【译文】

吕太后是高祖贫贱时的妻子，生有孝惠帝和鲁元太后。到高祖做汉王时，又娶了定陶人戚姬，非常宠爱她，生下赵隐王刘如意。孝惠帝为人仁惠柔弱，高祖认为不像自己，常想废掉他，改立戚姬之子如意为太子，

①见子：现存的儿子。见：同"现"。 ②六乘传(zhuàn)：六匹马拉的驿车。六马以表身份。 ③除宫：清理皇宫。这里指处治少帝及吕氏残余。 ④掊兵：放下兵器。 ⑤垂拱：垂衣拱手，这里是颂扬无为而治。 ⑥晏然：安定，太平无事。

因为如意像自己。

戚姬得到宠爱，常随高祖到关东，她日夜啼哭，想让自己的儿子取代太子。吕后年长，常留在家中，很少见到高祖，和高祖越来越疏远。如意被立为赵王后，好几次险些取代太子，靠着大臣的极力诤谏以及留侯的计策，太子才没有被废掉。

吕后为人刚毅，辅佐高祖平定天下，诛杀大臣也多有吕后之力。吕后有两位兄长，都是高祖的部将。长兄周吕侯战死，其子吕台被封为郦侯，吕产被封为交侯；次兄吕释之被封为建成侯。

高祖十二年四月甲辰日，高祖驾崩长乐宫，太子袭帝号为皇帝。当时高祖有八个儿子：长子刘肥是惠帝的异母兄长，被封为齐王；其余都是惠帝的弟弟，戚夫人之子刘如意被封为赵王，薄夫人之子刘恒被封为代王，其他妃嫔之子，刘恢被封为梁王，刘友被封为淮阳王，刘长被封为淮南王，刘建被封为燕王。高祖之弟刘交被封为楚王，高祖兄长之子刘濞被封为吴王。非刘氏的功臣番君吴芮之子吴臣被封为长沙王。

吕后最怨恨戚夫人和她的儿子赵王，就命永巷令把戚夫人囚禁起来，同时派人召赵王进京。使者往返多次，赵相建平侯周昌对使者说："高皇帝把赵王托付给臣，赵王年纪还小。臣听说太后怨恨戚夫人，想把赵王召去一起杀掉，臣不能让赵王前去。况且赵王又有病，不能接受诏命。"吕后大怒，就派人召周昌。周昌被召至长安，吕后又派人去召赵王。赵王动身赴京，还在半路上。孝惠帝仁慈，知道太后恼恨赵王，就亲自到霸上迎接，跟他一起回到宫中，亲自陪伴，起居饮食都跟他在一块儿。太后想杀赵王，却得不到机会。孝惠元年十二月，一日清晨，孝惠帝出去射箭。赵王年幼，不能早起。太后得知赵王独自在家，派人拿去毒酒让他喝下。等惠帝回到宫中，赵王已死。于是就徙调淮阳王刘友为赵王。同年夏，下诏追封郦侯之父吕泽为令武侯。太后随即派人砍断戚夫人的手脚，挖去眼睛，熏聋耳朵，灌了哑药，扔到猪圈里，叫她"人彘"。过了数日，太后召孝惠帝去看人彘。惠帝见了，一问，才知道这就是戚夫人，于是大哭，从此就病倒了，一年多不能起来。惠帝派人拜见太后说："这不是人的作为。臣作为太后的儿子，无颜再治理天下。”惠帝从此每日饮酒作乐，放纵无度，不问朝政，所以一直患病。

二年，楚元王、齐悼惠王都回京朝见。十月，有一日，惠帝与齐王在太后面前宴饮，惠帝因为齐王是兄长，就按家人的礼节，请他坐上座。太后见此大怒，就叫人倒了两杯毒酒放在齐王面前，让齐王起来向惠帝献酒祝寿。齐王站起来，惠帝也站了起来，端起酒杯要一起向太后献酒祝寿。太后害怕，急忙站起来倒掉了惠帝手里的酒。齐王觉得奇怪，因而没敢喝这杯酒，就装醉离开座席。事后打听，才知那是毒酒，齐王很害怕，认为不能从长安脱身了，非常忧虑。齐内史向齐王献策说：“太后只有惠帝和鲁元公主两个孩子。如今大王您拥有七十多座城，而公主只享食几座城的贡赋。大王如果能把一个郡的封地献给太后，做公主的汤沐邑，供公主收取赋税，太后一定高兴，您也就不必再担心了。”于是齐王就献上城阳郡，并尊异母妹鲁元公主为王太后。吕后很高兴，就接受了。于是在齐王的京邸设宴欢饮，酒宴结束，就让齐王返回封地了。三年，开始修筑长安城，四年，完成了一半，五年、六年全部竣工。诸侯都来京聚会。十月入朝祝贺。

七年秋八月戊寅日，惠帝驾崩。发丧时，太后只是干哭，没眼泪。留侯之子张辟强任侍中，只有十五岁，对丞相陈平说：“太后只有惠帝这一个儿子，如今驾崩，太后只干哭而不悲痛，您知道这里的原因吗？”陈平问：“是什么原因？”辟强说：“皇帝没成年的儿子，太后顾忌你们这班老臣。如果您请求太后拜吕台、吕产、吕禄为将军，统领两宫卫队南北二军，并请吕家人都进入宫中，在朝中掌握重权，这样太后就会心安，你们这些老臣也就能免祸了。”丞相照张辟强的办法行事。太后很满意，才哭得哀痛起来。吕氏家族掌握朝廷大权就是从此开始的。于是大赦天下。九月辛丑日，安葬惠帝。太子即位为皇帝，拜谒高祖庙。少帝元年，朝廷号令全出自太后。

太后行使天子之权后，召集大臣商议，想立诸吕为王。先问右丞相王陵。王陵说：“高帝曾杀白马，和大臣们歃血立约‘不是刘氏子弟却称王的,天下共同诛讨他’。现在如果封吕氏为王,是违背誓约的。”太后很不高兴。又问左丞相陈平、绛侯周勃,周勃等回答:“高帝平定天下,封刘氏子弟为王;如今太后代行天子之权,封吕氏诸兄弟为王,没什么不可的。”太后大喜,于是退朝。王陵责备陈平、绛侯说:“当初跟高帝歃血盟誓时,你们难道不在吗?如今高帝驾崩,太后是临朝执政的女主,却要封吕氏子弟为王。你们竟纵容她的私欲,迎合她的心愿,违背与高帝立下的誓约,将来还有什么脸面见高帝于黄泉下呢?”陈平、绛侯说:“如今在朝廷上当面反驳,据理诤谏,臣不如您;而要保全大汉社稷,安定刘氏后代,您又不如臣。”王陵无话可答。

十一月,太后想罢废王陵,就拜他为皇帝太傅,夺了他右丞相的实权。王陵于是称病免职回乡。吕后命左丞相陈平为右丞相,命辟阳侯审食其为左丞相。但左丞相不管职内的事,只是命他监管宫中事,就像郎中令一样。审食其原先做过太后的舍人,所以很得宠幸,常常决断大事,朝廷大臣处理政务都要通过他来决定。吕后又追尊郦侯之父吕泽为悼武王,想由此开头来封诸吕为王。

四月,太后准备封诸吕为侯,就先封高祖的功臣郎中令冯无择为博城侯。鲁元公主死,赐给她谥号为鲁元太后,封她的儿子张偃为鲁王。鲁王之父就是宣平侯张敖。封齐悼惠王之子刘章为朱虚侯,将吕禄之女嫁给他。封齐丞相齐寿为平定侯。封少府阳成延为梧侯。接着就封吕种为沛侯,吕平为扶柳侯,张买为南宫侯。

太后又想封诸吕为王,先封惠帝后宫妃子所生之子刘强为淮阳王,刘不疑为常山王,刘山为襄城侯,刘朝为轵侯,刘武为壶关侯。太后暗示大臣,大臣们就请求封郦侯吕台为吕王,太后同意了。建成康侯吕释之死,继承侯位的儿子因有罪被废,就封他的弟弟吕禄为胡陵侯,作为承袭建成侯的后代。二年,常山王死,封他的弟弟襄城侯刘山为常山王,改名刘义。十一月,吕王吕台死,谥为肃王,其子吕嘉接替为王。三年,无可记之事。四年,封吕媭为临光侯,吕他为俞侯,吕更始为赘其侯,吕忿为吕城侯,又封了诸侯王的丞相五人为侯。

宣平侯张敖之女为孝惠皇后时，没儿子，假装有孕，抱取后宫妃子生的孩子说是自己所生，杀掉他的母亲，立为太子。惠帝驾崩，太子立为皇帝。后来皇帝略微懂事时，偶然听说自己母亲已死，自己并不是皇后的亲生儿子，就口出怨言说："皇后怎能杀死我的母亲却把我说成是自己的儿子呢？我现在还小，等长大成人后我就造反。"太后听说此事后很担心，害怕他将来作乱，就把他囚禁在永巷宫中，声称皇帝得了重病，左右大臣谁也见不到他。太后说："凡是拥有天下掌握万民命运的人，应像上天覆盖大地、像大地容载万物一样抚育百姓，皇帝有欢悦爱护之心安抚百姓，百姓就会欢欣喜悦地侍奉皇帝，这样上下欢悦欣喜感情相通，天下就能太平。如今皇帝病重，经久不愈，以致神志昏乱失常，不能继承帝位供奉宗庙祭祀，因此不能把天下托付给他，应该找人代替他。"群臣都叩头说："皇太后为天下百姓谋划，对安定宗庙社稷的思虑极为深远，臣等叩头恭敬听命。"于是废了皇帝的帝位，太后又暗中杀了他。五月丙辰日，立常山王刘义为皇帝，改名叫刘弘。没有改称元年，是因为太后在行使着皇帝的职权。改封轵侯刘朝为常山王。设置太尉的官职，绛侯周勃做了太尉。五年八月，淮阳王刘强死，封他的弟弟壶关侯刘武为淮阳王。

六年十月，太后说吕王吕嘉行为骄横跋扈，废掉了他，封肃王吕台的弟弟吕产为吕王。同年夏，大赦天下。封齐悼惠王之子刘兴居为东牟侯。

七年正月，太后召赵王刘友进京。刘友的王后是吕氏之女，刘友不喜欢她，而喜欢其他的姬妾，吕氏之女很嫉妒，恼怒之下离开了家，到太后面前诽谤刘友，诬告刘友曾说过"吕氏怎么能封王！太后百年之后，我一定收拾他们。"太后大怒，因此召赵王来京。赵王到京后，太后把他安置在官邸里却不接见，并派护卫围守着，不给他饭吃。赵王的臣下有偷着给送饭的，就被抓起来判罪。赵王饿极了，就作了一首歌，唱道："诸吕用事兮刘氏危，迫胁王侯兮强授我妃。我妃既妒兮诬我以恶，谗女乱国兮上曾不寤。我无忠臣兮何故弃国？自决中野兮苍天举直！于嗟不可悔兮宁蚤自财。为王而饿死兮谁者怜之！吕氏绝理兮托天报仇。"丁丑日，赵王被囚禁饿死，按照平民的葬礼，把他埋在长安百姓坟墓的旁边。

己丑日，发生日食，白天如同黑夜。太后非常嫌恶，心中不乐，对左右说："这是因为我啊。"

二月，改封梁王刘恢为赵王。吕王吕产被改封为梁王，但梁王没有去封国，留在朝廷做皇帝的太傅。封皇帝之子平昌侯刘太为吕王。把梁国改为吕国。原来的吕国改名为济川国。太后的妹妹吕嬃有个女儿嫁给营陵侯刘泽为妻，刘泽当时做大将军。太后封诸吕为王，怕自己死后刘泽作乱，于是就封刘泽为琅邪王，想借此稳住他的心。

梁王刘恢改封为赵王后，心里不高兴。太后就把吕产之女嫁给赵王做王后。王后的随从官员都是吕家的人，专揽大权，暗中监视赵王，赵王不能随意行动。赵王有个宠爱的姬妾，王后派人用毒酒毒死了她。赵王于是作歌诗四章，让乐工们歌唱。赵王内心悲痛，六月就自杀了。太后知道后，认为赵王为了女人连祭祀宗庙的礼仪都不要了，于是废除了他后代的王位继承权。

宣平侯张敖死，封其子张偃为鲁王，赐给张敖鲁元王的谥号。

七年秋，太后派使者告诉代王刘恒，想改封他为赵王。代王辞谢，表示愿意守卫边远的代国。

太傅吕产、丞相陈平等人向太后进言说，武信侯吕禄是上侯，在列侯中排在第一位，请求立他为赵王。太后同意，并追尊吕禄之父康侯为赵昭王。

九月，燕灵王刘建死，他有一个姬妾生的儿子，太后派人把他杀了，燕灵王绝了后代，封国被废除。

八年十月，立吕肃王之子东平侯吕通为燕王，封吕通之弟吕庄为东平侯。

三月中旬，吕后举行祈求免祸去灾的祓祭，回来路过轵道亭，见一像黑狗一样的东西，冲撞到她的腋下，忽然又不见了。让人占卜，说是赵王刘如意作祟，从此太后就得了腋下疼痛的病。

高后因为外孙鲁元王张偃年幼，又老早死了父母，孤单势弱，就封张敖前妾所生的两个儿子，封张侈为新都侯，张寿为乐昌侯，来辅佐鲁元王张偃。又封中大谒者张释为建陵侯，封吕荣为祝兹侯。宫中宦官做令、丞的都封为关内侯，食邑五百户。

七月中旬，高后病重，就任命赵王吕禄为上将军，统领北军；吕王吕产统领南军。吕太后告诫吕产、吕禄说："高帝平定天下后，曾和大臣们立下誓约，说'不是刘氏子弟却称王的，天下共同诛讨他'。现在吕家的人被封为王，大臣们心中不平。我如果死了，皇帝年轻，大臣们恐怕要作乱。你们一定要握住兵权，保卫皇宫，千万不要为我送丧，不要被人所制服。"辛巳日，高后驾崩，留下诏书，赐给每个诸侯王黄金千斤。将、相、列侯、郎、吏等都按等级赐给黄金。大赦天下。以吕王吕产为相国，以吕禄之女为皇后。

吕后安葬以后，命左丞相审食其做皇帝太傅。

朱虚侯刘章有志节有勇力，东牟侯刘兴居是他的弟弟，二人都是齐哀王刘襄之弟，在京侍卫天子。当时，诸吕独揽大权，打算作乱，但他们畏惧高帝老臣绛侯、灌婴等，未敢妄动。朱虚侯之妻是吕禄之女，他私下了解到诸吕的阴谋。害怕自己被杀，就暗中派人告诉他的兄长齐王刘襄，想让他发兵西进，诛杀诸吕自立为帝。朱虚侯准备在朝廷里联合大臣做内应。齐王准备发兵，他的丞相不服从。八月丙午日，齐王准备派人诛杀丞相，丞相召平于是造反，发兵要围攻齐王，齐王因此杀了丞相，接着发兵东进，诈夺了琅邪王刘泽的军队，然后把两支军队一并率领起来向西进发。此事在《齐悼惠王世家》中有记载。

齐王写信给各诸侯王说："高帝平定天下，分封子弟为王，悼惠王被封在齐国。悼惠王死，孝惠帝派留侯张良立臣为齐王。孝惠帝驾崩，吕后执掌朝政，年事已高，听信诸吕，擅自废掉和改立皇帝，又接连杀了三个赵王，废除了梁、赵、燕三个刘氏封国而封诸吕为王，还把齐国一分为四。虽有忠臣进谏，可是吕后昏乱糊涂听不进去。如今高后驾崩，而皇帝还很年轻，不能治理天下，本应依靠大臣、诸侯。可是诸吕却擅自提高自己的官职，集聚兵权，扩大权势，胁迫列侯、忠臣，假传皇帝之命向天下发号施令，刘氏宗庙因此处于危急之境。寡人率兵入京就是去杀不该为王的人。”朝廷知道后，相国吕产等人就派颍阴侯灌婴率军迎击齐王。灌婴到了荥阳，和将士们商议说：“诸吕在关中握有兵权，图谋颠覆刘氏，自立为帝。如果我打败齐国回去报告，就是给吕氏增加筹码。”于是留驻荥阳，派使者告知齐王及各国诸侯，要和他们联合，等待吕氏发动变乱，共同诛灭他们。齐王得知灌婴的打算后，就带兵返回齐国的西部边界，等待按照约定行事。

吕禄、吕产想在关中发动变乱，但在朝廷他们害怕绛侯、朱虚侯等，在外面害怕齐、楚之兵，又担心灌婴背叛他们，所以想等到灌婴的军队与齐王交战后再起事，所以犹豫不决。当时，名义上是少帝之弟的济川王刘太、淮阳王刘武、常山王刘朝以及吕后外孙鲁元王张偃，都因年纪太小未去封国，住在长安。赵王吕禄、梁王吕产各自带兵分居南北二军，他们都是吕家的人，列侯群臣都感到不能自保性命。

太尉绛侯周勃不能进入军营主持军务。曲周侯郦商年老有病，其子郦寄和吕禄要好。绛侯就跟丞相陈平商议，派人挟持郦商，让他的儿子郦寄前去哄骗吕禄说：“高帝和吕后共同平定天下，刘氏被立为王的九人，吕氏被立为王的三人，都是大臣们商议过的，此事已通告诸侯，诸侯都认为这样合适。现在太后驾崩，皇帝年轻，而您佩带着赵王印，不赶快回去守卫封国，却做上将军，率军留驻此地，让大臣诸侯产生怀疑。您为什么不把将印归还朝廷，把兵权交还太尉呢？也请梁王归还相国印，和大臣们订立盟约，返回封国，这样齐国必然罢兵，大臣也能心里踏实，您也可以在千里封国高枕无忧做王了，这是有利于子孙万代的好事呀。”吕禄果然相信了他的建议，准备交出将军印，把兵权归还太尉。派人把这事告知吕产和吕家诸老，有人认为可行，有人认为不行，意见不一，迟疑未决。吕禄信任郦寄，常和他出外游玩射猎。有一次经过他姑姑吕媭的府第，吕媭大发雷霆，说：“你作为将军却离开军队，我们吕家如今就要没有容身之地了。”接着把所有珠玉宝器都抛撒到庭堂下面，说：“不替别人保存这些玩意儿了。”

左丞相审食其被免职。

八月庚申日，早晨，代行御史大夫职事的平阳侯曹窋，会见相国吕产议事。郎中令贾寿从齐国出使回来，趁机责备吕产说："大王不早到封国，现在即使想走，还走得成吗?"接着就把灌婴与齐、楚联合，准备诛灭诸吕的事全部告诉了吕产，催促吕产赶快进宫。平阳侯曹窋大略听知这些话，立即跑去告诉丞相陈平和太尉周勃。太尉想进入北军，没能进去。襄平侯纪通主管符节，太尉就让纪通拿着符节，假传命令让太尉进入北军。太尉又派郦寄和典客刘揭先去劝说吕禄："皇帝命太尉主管北军，让您回封国去，还是赶快交出将军印，及早离开，不然，大祸将要临头。"吕禄认为郦寄不会欺骗他，就解下将军印交给典客，把兵权交给太尉。太尉带着将印进入军门，向军中发令："拥护吕氏的袒露右臂，拥护刘氏的袒露左臂。"军中将士都袒露左臂拥护刘氏。太尉还没到北军时，吕禄已交出将军印离开军营，太尉于是统率了北军。

然而南军还在吕氏手里。平阳侯听到吕产的阴谋，告知了丞相陈平，陈平就招来朱虚侯让他协助太尉。太尉派朱虚侯监守军门，命平阳侯通知未央宫卫尉："不准放相国吕产进入殿门。"吕产不知吕禄已离开北军，就进入未央宫，准备作乱，但进不了殿门，就在那里徘徊往来。平阳侯担心不能取胜，就驱马跑告诉太尉。太尉也担心不能战胜诸吕，没敢明言杀掉吕产，就派遣朱虚侯并对他说："赶快进宫保卫皇帝。"朱虚侯请求派兵，太尉给他一千多兵卒。朱虚侯进入未央宫，见吕产已在宫中。傍晚时分，朱虚侯向吕产发起攻击，吕产逃走。这时狂风大作，吕产的随从官员一片混乱，无人再敢抵抗。朱虚侯率兵追赶吕产，追到郎中令官府的厕所中把他杀掉了。

朱虚侯杀掉吕产后，皇帝派谒者手持符节前来慰劳。朱虚侯想夺过符节，谒者不肯。朱虚侯就跟谒者同乘一辆车，凭借谒者手中的符节在宫中驰走无阻，斩了长乐宫卫尉吕更始。然后跑回北军向太尉报告。太尉起身向朱虚侯拜贺说："我们所担心的就是吕产，现在已把他杀了，刘氏天下就安定了。"随即派人分头把吕氏的男男女女全部抓来，不分老少，一律斩杀。辛酉日，将吕禄抓获斩首，用笞杖打死了吕媭。又派人诛杀了燕王吕通，废掉了鲁王张偃。壬戌日，恢复了皇帝太傅审食其左丞相的职事。戊辰日，改封济川王为梁王，立赵幽王之子刘遂为赵王。派朱虚侯把诛杀诸吕的事告知齐王，让他收兵。灌婴也从荥阳收兵回京。

朝廷大臣聚在一起暗中商量说："少帝以及梁王刘太、淮阳王刘武、常山王刘朝，都不是孝惠皇帝真正的儿子。吕后用欺诈手段，把别人的儿子抱来谎称是惠帝的儿子，杀掉他们的生母，养在后宫，让孝惠皇帝把他们认作自己的儿子，立为继承人，或者封为诸侯王，来加强吕氏的势力。如今已把诸吕全部铲除，却还留着吕氏所立的人，那么等到他们长大后掌了权，我们这班人就要被灭族了。不如现在挑选一位最贤明的诸侯王，立他为皇帝。"有人说："齐悼惠王是高帝长子，现在他的嫡子为齐王，从本源上说，是高帝的嫡长孙，可以立为皇帝。"但大臣们都说："吕氏就凭着他们是外戚而专权作恶，几乎毁了刘氏宗庙，害了功臣贤良。现在齐王母家姓驷，驷钧是个恶人，如果立齐王为皇帝，那就又会像吕氏那样。"大家考虑立淮南王刘长，又觉得他太年轻，母家也很凶恶。最后大家说："代王是现今高帝儿子中最大的了，为人仁孝宽厚。太后薄夫人娘家谨慎善良。再说，拥立最大的儿子本来就名正言顺，而且代王又以仁爱孝顺闻名天下，立他为帝合适。"于是就一起暗中派使者召代王进京。代王派人辞谢。使者再次前往，代王才乘坐六匹马拉的驿车进京。闰九月月末己酉日，到达长安，住在代王京邸。大臣们都前去拜见，把天子玉玺奉上，一起尊立代王为天子。代王一再推辞，群臣坚决请求，最后才答应了。

东牟侯刘兴居说："诛灭吕氏我没功劳，请让我去清理皇宫。"就和太仆汝阴侯滕公夏侯婴一起入宫，到少帝面前说："你不是刘氏后代，不应立为皇帝。"接着回过头来挥手让少帝左右的卫士放下兵器离去。有几个人不肯，宦者令张泽说明情况后，他们也放下了兵器。滕公于是叫来车子，载着少帝出了皇宫。少帝问："你们要带我到哪儿去？"滕公说："出去找个地方住。"就让他住在少府的官署。然后侍候着天子乘坐的法驾，到代王京邸迎接代王，向他报告："宫室已仔细清理完毕。"代王当晚进入未央宫。有十名谒者持戟守卫端门，喝问："天子还在，你是什么人要进去？"代王叫过太尉，让太尉向他们说明，这十个谒者都放下兵器离去。代王于是进入内廷执掌朝政。当夜，有司分头到梁王、淮阳王、常山王和少帝的住处把他们杀死。

代王被立为天子，在位二十三年驾崩，谥号孝文皇帝。

太史公说：孝惠皇帝和吕后在位时，百姓得以脱离战国时期的苦难，君臣都想通过无为而治来休养生息，所以惠帝垂衣拱手，安闲无为，吕后以女主身份代行皇帝职权，施政不出门户，天下却也安然无事。刑罚很少使用，犯罪的人也很少。百姓专心从事农耕，衣食日益富足。

【鉴赏】

本篇在情节、笔法和人物刻画等方面都表现出相当高的艺术水平。在情节方面，如惠帝与齐王在吕后前宴饮与诛杀吕禄、吕产都惊险紧张，在场面的叙写中齐王的险处逢生、功臣元老与刘氏宗室同诸吕的生死较量都得到了曲尽其致的表现。在笔法上，本篇多处运用简洁的漫画笔法对吕后进行辛辣讽刺，如她在亲生儿子孝惠帝死后发丧时，"哭"而"泣不下"，后丞相陈平请拜诸吕为将，将兵居南北军，"太后悦，其哭乃哀"，如此就产生了绝妙的讽刺效果。再如吕后欲封吕氏为侯为王，就先封有恩于吕氏的刘氏功臣和能掌控手中的刘氏子弟为王为侯，而后又"风大臣"，大臣请立吕台，"太后许之"，在不动声色的叙述中，生动刻画了吕后的装腔作势。而在人物刻画上，本篇也非常出色，如对王陵的刚正不阿，朱虚侯的勇武气概，灌婴的沉稳老练等性格都是寥寥数笔而凸现出来。而对吕后性格的刻画尤其鲜明深刻，如她对戚夫人极尽摧残，还召惠帝观"人彘"更是冷酷非人，作者还借用吕后亲生儿子之口"此非人所为"的痛苦哀叹，对她进行了无情鞭挞。又如以周昌抗旨、惠帝苦心相护反衬吕后费尽心机必置赵王于死地而后快，表现她的残忍刻毒。再如赵王刘友被幽死前所唱的那首悲歌，更是对吕后人性灭绝的直接揭露与声讨。

史记卷十·孝文本纪第十

在《五帝本纪》中，作者集中歌颂了帝王尧、舜的禅让和德政，表现出对理想帝王的向往之情，而汉文帝则是三代以后秦汉以来又一位且是唯一的真正符合作者理想的帝王。故而本篇主要记叙了文帝在诛灭诸吕后，以仁孝宽厚之声名入朝继承皇位，以及在位二十三年间所施行的一系列善政、仁政，赞颂了文帝宽厚仁爱、谦让俭朴的品德。作者的政治理想在文帝这一贤圣帝王身上找到了依托。这种政治理想主要表现在如下方面：其一是文帝在群臣拥立他为帝时所表现出的谦让谨慎、让贤让德的公天下的帝王仁德之行；其二是文帝忧苦万民，以德化民，皆以社稷苍生为念的施政理想；其三是和亲休战，薄刑轻法，勤政俭朴，节省财力，以致海内殷富，礼义兴盛的政治清明景象；其四是宽容仁厚，废除诽谤，广开言路的贤圣之德。

孝文皇帝，高祖中子也。高祖十一年春，已破陈豨军，定代地，立为代王，都中都。太后薄氏子。即位十七年，高后八年七月，高后崩。九月，诸吕吕产等欲为乱，以危刘氏，大臣共诛之，谋召立代王，事在吕后语①中。

丞相陈平、太尉周勃等使人迎代王。代王问左右郎中令张武等，张武等议曰："汉大臣皆故高帝时大将，习兵，多谋诈，此其属意②非止此也，特畏高帝、吕太后威耳。今已诛诸吕，新喋血京师③，此以迎大王为名，实不可信。愿大王称疾毋往，以观其变。"中尉宋昌进曰："群臣之议皆非也。夫秦失其政，诸侯豪

①吕后语：指《吕太后本纪》。 ②属意：用意，用心。 ③喋血京师：指吕后死后，陈平、周勃等诛灭诸吕之事。喋血：践血而行，形容因激战而血流遍地。喋(dié)：通"蹀"，践踏。

杰并起，人人自以为得之者以万数，然卒践天子之位者，刘氏也，天下绝望，一矣。高帝封王子弟，地犬牙相制，此所谓盘石之宗[①]也，天下服其强，二矣。汉兴，除秦苛政，约法令[②]，施德惠，人人自安，难动摇，三矣。夫以吕太后之严，立诸吕为三王，擅权专制，然而太尉以一节入北军[③]，一呼士皆左袒[④]，为刘氏，叛诸吕，卒以灭之。此乃天授，非人力也。今大臣虽欲为变，百姓弗为使，其党宁能专一邪[⑤]？方今内有朱虚、东牟之亲，外畏吴、楚、淮南、琅邪、齐、代之强。方今高帝子独淮南王与大王，大王又长，贤圣仁孝闻于天下，故大臣因天下之心而欲迎立大王，大王勿疑也。"代王报太后计之，犹与[⑥]未定。卜之龟[⑦]，卦兆得大横[⑧]。占曰："大横庚庚[⑨]，余为天王，夏启以光[⑩]。"代王曰："寡人固已为王矣，又何王？"卜人曰："所谓天王者乃天子。"于是代王乃遣太后弟薄昭往见绛侯，绛侯等具为昭言所以迎立王意。薄昭还报曰："信矣，毋可疑者。"代王乃笑谓宋昌曰："果如公言。"乃命宋昌参乘[⑪]，张武等六人乘传诣长安。至高陵休止，而使宋昌先驰之长安观变。

昌至渭桥，丞相以下皆迎。宋昌还报。代王驰至渭桥，群臣拜谒称臣。代王下车拜。太尉勃进曰："愿请间言[⑫]。"宋昌曰："所言公，公言之。所言私，王者不受私。"太尉乃跪上天子

---

①盘石之宗：指像磐石一样稳固的宗法统治。盘石：巨大的石头。盘，同"磐"。 ②约法令：精减法令条文。约：减，省。刘邦刚入咸阳时，有所谓"与父老约法三章"之事。 ③节：符节，朝廷用做信物的凭证。北军：刘邦所建保卫两宫的卫队之一。长乐宫在东，为北军；未央宫在西南，为南军。 ④左袒：袒露左臂。此事详见《吕太后本纪》。 ⑤宁：岂，难道。专一：同一，一致。 ⑥犹与：同"犹豫"。 ⑦卜之龟：用龟甲占卜这件事。古人用火烧灼龟甲，根据龟甲的纵横裂纹推测吉凶。 ⑧大横：指龟甲被烧灼后出现的大的横向裂纹。 ⑨庚庚：鲜明、显豁的样子。 ⑩夏启以光：像夏启那样发扬光大夏禹的帝业。 ⑪参乘：站在车右边陪乘，做护卫。 ⑫间言：指私下进言。

玺符。代王谢曰："至代邸而议之。"遂驰入代邸。群臣从至。丞相陈平、太尉周勃、大将军陈武、御史大夫张苍、宗正刘郢、朱虚侯刘章、东牟侯刘兴居、典客刘揭皆再拜言曰："子弘等皆非孝惠帝子，不当奉宗庙。臣谨请阴安侯、列侯顷王后与琅邪王、宗室、大臣、列侯、吏二千石议曰：'大王高帝长子，宜为高帝嗣。'愿大王即天子位。"代王曰："奉高帝宗庙，重事也。寡人不佞，不足以称宗庙。愿请楚王计宜者，寡人不敢当。"群臣皆伏固请。代王西乡[①]让者三，南乡让者再。丞相平等皆曰："臣伏计[②]之，大王奉高帝宗庙最宜称，虽天下诸侯万民以为宜。臣等为宗庙社稷计，不敢忽。愿大王幸听臣等。臣谨奉天子玺符再拜上。"代王曰："宗室将相王列侯以为莫宜寡人[③]，寡人不敢辞。"遂即天子位。群臣以礼次侍。

乃使太仆婴与东牟侯兴居清宫[④]，奉天子法驾，迎于代邸。皇帝即日夕入未央宫。乃夜拜宋昌为卫将军，镇抚南北军。以张武为郎中令，行[⑤]殿中。还坐前殿。于是夜下诏书曰："间者[⑥]诸吕用事擅权，谋为大逆，欲以危刘氏宗庙，赖将相列侯宗室大臣诛之，皆伏其辜[⑦]。朕初即位，其赦天下。赐民爵一级，女子百户牛酒，酺五日[⑧]。"

孝文皇帝元年十月庚戌，徙立故琅邪王泽为燕王。

辛亥，皇帝即阼[⑨]，谒高庙。右丞相平徙为左丞相，太尉勃为右丞相，大将军灌婴为太尉。诸吕所夺齐、楚故地，皆复与

---

①乡：通"向"，面向。②伏计：伏地考虑。这是臣对君陈述自己意见时所用的敬辞。③莫宜寡人：没有谁比寡人更适宜。④清宫：清理皇宫。这里指将吕氏的残余势力从宫室中清除出去。⑤行：巡行，巡逻。⑥间者：近来。⑦伏：得到(应有的惩罚)。辜：罪。⑧酺(pú)：皇帝在国有吉庆时特许臣民欢庆聚饮。⑨即阼：即位，登基。阼(zuò)：帝王即位或主持祭祀时所登的台阶。

之。

壬子，遣车骑将军薄昭迎皇太后于代。皇帝曰：“吕产自置为相国，吕禄为上将军，擅矫遣[1]灌将军婴将兵击齐，欲代刘氏，婴留荥阳弗击，与诸侯合谋以诛吕氏。吕产欲为不善，丞相陈平与太尉周勃谋夺吕产等军。朱虚侯刘章首先捕吕产等。太尉身率襄平侯通持节承诏入北军。典客刘揭身夺赵王吕禄印。益封太尉勃万户，赐金五千斤。丞相陈平、灌将军婴邑各三千户，金二千斤。朱虚侯刘章、襄平侯通、东牟侯刘兴居邑各二千户，金千斤。封典客揭为阳信侯，赐金千斤。”

十二月，上曰：“法者，治之正[2]也，所以禁暴而率善人[3]也。今犯法已论[4]，而使毋罪之父母妻子同产坐之[5]，及为收帑[6]，朕甚不取。其议之。”有司皆曰：“民不能自治，故为法以禁之。相坐坐收[7]，所以累其心[8]，使重[9]犯法。所从来远矣，如故便[10]。”上曰：“朕闻法正则民悫[11]，罪当则民从。且夫牧民而导之善者，吏也。其既不能导，又以不正之法罪之，是反害于民为暴[12]者也，何以禁之？朕未见其便，其孰计之。”有司皆曰：“陛下加大惠，德甚盛，非臣等所及也。请奉诏书，除收帑诸相坐律令。”

正月，有司言曰：“蚤建太子，所以尊宗庙。请立太子。”上曰：“朕既不德，上帝神明未歆享[13]，天下人民未有嗛志[14]。今纵

①矫遣：假传圣旨派遣。矫：假托君命，假传命令。 ②正：标准，原则，依据。 ③率善人：引导人改恶向善。 ④论：论罪，惩处。 ⑤同产：犹言“同胞”，指同胞兄弟姐妹。坐：连坐，因受牵连而被判罪。 ⑥收帑：没入官府为奴，收为官府奴婢。帑：通“孥”“奴”，奴婢，奴仆。 ⑦相坐坐收：因受牵连而被拘留、逮捕。收：逮捕，下狱。 ⑧累其心：使其牢记心头。累（lèi）：牵累，牵制。 ⑨重：感到某事严重，不敢。 ⑩如故便：依原来的做法不加改变为宜。 ⑪悫（què）：诚恳，谨慎。 ⑫为暴：做凶恶残暴的事。 ⑬歆享：愉快地享用祭祀，意即将给祭祀者以护佑。 ⑭未有嗛志：还不够满意。嗛（qiè）：通“慊”，惬意，满意。

不能博求天下贤圣有德之人而禅天下焉，而曰豫[①]建太子，是重吾不德也，谓天下何？其安之[②]。”有司曰：“豫建太子，所以重宗庙社稷，不忘天下也。”上曰：“楚王，季父[③]也，春秋高[④]，阅天下之义理多矣，明于国家之大体。吴王于朕，兄也，惠仁以好德。淮南王，弟也，秉德以陪朕[⑤]。岂为不豫哉[⑥]！诸侯王宗室昆弟有功臣，多贤及有德义者，若举有德以陪朕之不能终，是社稷之灵，天下之福也。今不选举焉，而曰必子，人其以朕为忘贤有德者而专于子，非所以忧天下也。朕甚不取也。”有司皆固请曰：“古者殷、周有国，治安皆千馀岁，古之有天下者莫长焉，用此道也。立嗣必子，所从来远矣。高帝亲率士大夫，始平天下，建诸侯，为帝者太祖。诸侯王及列侯始受国者皆亦为其国祖。子孙继嗣，世世弗绝，天下之大义也，故高帝设之以抚海内。今释宜建而更选于诸侯及宗室，非高帝之志也。更议不宜。子某最长，纯厚慈仁，请建以为太子。”上乃许之。因赐天下民当代父后者[⑦]爵各一级。封将军薄昭为轵侯。

三月，有司请立皇后。薄太后曰：“诸侯皆同姓，立太子母为皇后。”皇后姓窦氏。上为立后故，赐天下鳏寡孤独[⑧]穷困及年八十已上孤儿九岁已下布帛米肉各有数。

上从代来，初即位，施德惠天下，填抚[⑨]诸侯，四夷皆洽欢[⑩]，乃循[⑪]从代来功臣。上曰：“方大臣之诛诸吕迎朕，朕狐疑，皆止朕，唯中尉宋昌劝朕，朕以得保奉宗庙。已尊昌为卫将

---

①豫：通“预”，预先。 ②其安之：还是放放再说吧。 ③季：古人以伯（孟）、仲、叔、季排行，“季”指同辈人中年纪最小的。季父：最小的叔父。 ④春秋高：指年纪大，上了岁数。 ⑤秉德以陪朕：秉行仁德，对朕多有辅佐。陪：辅佐。 ⑥岂为不豫哉：难道没有考虑过吗？ ⑦当代父后者：有继承权的男子。 ⑧鳏寡孤独：泛指失去依靠，需要照顾的人。 ⑨填抚：镇抚，安抚。填：通“镇”，安定。 ⑩洽欢：满意，喜悦。 ⑪循：安抚，慰问，封赏。

军，其封昌为壮武侯。诸从朕六人，官皆至九卿。”

上曰：“列侯从高帝入蜀、汉中者六十八人皆益封各三百户，故吏二千石以上从高帝颍川守尊等十人食邑六百户，淮阳守申徒嘉等十人五百户，卫尉定等十人四百户。封淮南王舅父赵兼为周阳侯，齐王舅父驷钧为清郭侯。”秋，封故常山丞相蔡兼为樊侯。

人或说右丞相曰：“君本诛诸吕，迎代王，今又矜其功，受上赏，处尊位，祸且及身。”右丞相勃乃谢病免罢，左丞相平专为丞相。

二年十月，丞相平卒，复以绛侯勃为丞相。上曰：“朕闻古者诸侯建国千馀，各守其地，以时入贡，民不劳苦，上下欢欣，靡有遗德①。今列侯多居长安，邑远，吏卒给输费苦，而列侯亦无由教驯②其民。其令列侯之国。为吏及诏所止者，遣太子③。”

十一月晦，日有食之。十二月望，日又食。上曰：“朕闻之，天生蒸民，为之置君以养治之。人主不德，布政不均，则天示之以菑④，以诫不治。乃十一月晦，日有食之，適见于天⑤，灾孰大焉！朕获保宗庙，以微眇之身托于兆民君王之上，天下治乱，在朕一人，唯二三执政犹吾股肱也。朕下不能理育群生，上以累三光之明，其不德大矣。令至，其悉思朕之过失，及知见思之所不及，匄⑥以告朕。及举贤良方正能直言极谏者，以匡朕之不逮。因各饬其任职，务省繇⑦费以便民。朕既不能远德⑧，故憪然⑨念外人之有非，是以设备⑩未息。今纵不能罢边屯戍，而又

①遗德：失德，不道德。 ②驯：通“训”，教训。 ③遣太子：让自己的太子先去。汉初诸侯王的嫡长子也称“太子”。 ④菑：通“灾”。 ⑤適：通“谪”，惩罚。见：同“现”，显现。 ⑥匄（gài）：同“丐”，乞求，请求。 ⑦繇：通“徭”，兵役，劳役。 ⑧远德：使恩德施及远方。 ⑨憪（xiàn）然：忧虑不安的样子。 ⑩设备：设防务。

饬兵厚卫,其罢卫将军军。太仆见马遗财足[①],馀皆以给传置[②]。"

正月,上曰:"农,天下之本,其开籍田[③],朕亲率耕,以给宗庙粢盛[④]。"

三月,有司请立皇子为诸侯王。上曰:"赵幽王幽死,朕甚怜之,已立其长子遂为赵王。遂弟辟强及齐悼惠王子朱虚侯章、东牟侯兴居有功,可王。"乃立赵幽王少子辟强为河间王,以齐剧郡[⑤]立朱虚侯为城阳王,立东牟侯为济北王,皇子武为代王,子参为太原王,子揖为梁王。

上曰:"古之治天下,朝有进善之旌、诽谤之木[⑥],所以通治道[⑦]而来谏者。今法有诽谤妖言之罪,是使众臣不敢尽情,而上无由闻过失也。将何以来远方之贤良?其除之。民或祝诅上以相约结而后相谩[⑧],吏以为大逆,其有他言,而吏又以为诽谤。此细民之愚无知,抵死,朕甚不取。自今以来,有犯此者勿听治[⑨]。"

九月,初与郡国守相为铜虎符、竹使符。

三年十月丁酉晦,日有食之。

十一月,上曰:"前日诏遣列侯之国,或辞未行。丞相朕之所重,其为朕率列侯之国。"绛侯勃免丞相就国,以太尉颍阴侯婴为丞相。罢太尉官,属丞相。

---

①见马:现有的马匹。见:同"现"。财:通"才",仅仅。 ②给传置:补充到驿站上去。传(zhuàn)置:驿站。 ③籍田:皇帝亲自耕种的农田。 ④粢盛:祭品,指盛在祭器内的谷物。粢(zī):古代供祭祀用的黍稷等谷物。 ⑤剧郡:指地位重要,情况复杂,治理困难的大郡。 ⑥进善之旌、诽谤之木:相传唐尧时在路口树立旌旗和木牌,欲进善言者,立于旗下言之;有批评朝政者,写在木牌上。诽谤:批评,指责。 ⑦通治道:使治国的途径上下通畅。 ⑧祝诅(zǔ):诅咒,咒骂,祈祷鬼神降祸于所憎之人。约结:定约。谩:欺骗,指负约,背叛。 ⑨听治:判决治罪。

四月，城阳王章薨。淮南王长与从者魏敬杀辟阳侯审食其。

五月，匈奴入北地，居河南为寇。帝初幸甘泉。

六月，帝曰："汉与匈奴约为昆弟，毋使害边境，所以输遗[①]匈奴甚厚。今右贤王离其国，将众居河南降地，非常故，往来近塞，捕杀吏卒，驱保塞[②]蛮夷，令不得居其故，陵轹[③]边吏，入盗，甚敖[④]无道，非约也。其发边吏骑八万五千诣高奴，遣丞相颍阴侯灌婴击匈奴。"匈奴去。发中尉材官属卫将军军长安。

辛卯，帝自甘泉之高奴，因幸太原，见故群臣，皆赐之。举功行赏，诸民里赐牛酒。复[⑤]晋阳中都民三岁。留游太原十馀日。

济北王兴居闻帝之代，欲往击胡，乃反[⑥]，发兵欲袭荥阳。于是诏罢丞相兵，遣棘蒲侯陈武为大将军，将十万往击之。祁侯贺为将军，军荥阳。七月辛亥，帝自太原至长安。乃诏有司曰："济北王背德反上，诖误[⑦]吏民，为大逆。济北吏民兵未至先自定，及以军地邑降者，皆赦之，复官爵。与王兴居去来[⑧]，亦赦之。"八月，破济北军，虏其王。赦济北诸吏民与王反者。

六年，有司言淮南王长废先帝法，不听天子诏，居处毋度，出入拟于天子，擅为法令，与棘蒲侯太子奇谋反，遣人使闽越及匈奴，发其兵，欲以危宗庙社稷。群臣议，皆曰："长当弃市[⑨]。"帝不忍致法于王，赦其罪，废勿王。群臣请处王蜀严道、邛都，帝许之。长未到处所，行病死，上怜之，后十六年，追尊淮南王

①输：运送。遗（wèi）：送给，给予。 ②保塞：住在边塞上。保：依附，依靠。 ③陵轹（lì）：侵犯，欺陵。 ④敖：通"傲"，狂傲，傲慢。 ⑤复：免除赋税徭役。 ⑥反：反叛，造反。 ⑦诖误：以欺骗手段连累人犯罪。诖（guà）：欺骗，贻误。 ⑧去来：与之断绝往来而投降。 ⑨弃市：古代在闹市处死罪犯，将尸体暴露街头示众，叫作弃市。

长谥为厉王，立其子三人为淮南王、衡山王、庐江王。

十三年夏，上曰："盖闻天道祸自怨起而福繇[①]德兴。百官之非，宜由朕躬。今秘祝之官[②]移过于下，以彰吾之不德，朕甚不取。其除之。"

五月，齐太仓令淳于公有罪当刑，诏狱[③]逮徙系长安。太仓公无男，有女五人。太仓公将行会逮，骂其女曰："生子不生男，有缓急[④]非有益也！"其少女缇萦[⑤]自伤泣，乃随其父至长安，上书曰："妾父为吏，齐中皆称其廉平，今坐法当刑。妾伤夫死者不可复生，刑者不可复属[⑥]，虽复欲改过自新，其道无由[⑦]也。妾愿没入为官婢，赎父刑罪，使得自新。"书奏天子，天子怜悲其意，乃下诏曰："盖闻有虞氏之时，画衣冠异章服以为僇[⑧]，而民不犯。何则？至治[⑨]也。今法有肉刑三，而奸不止，其咎安在？非乃朕德薄而教不明欤？吾甚自愧。故夫驯道不纯而愚民陷焉。《诗》曰'恺悌君子，民之父母[⑩]。'今人有过，教未施而刑加焉，或欲改行为善而道毋由也。朕甚怜之。夫刑至断支体、刻肌肤，终身不息，何其楚痛而不德也，岂称为民父母之意哉！其除肉刑。"

上曰："农，天下之本，务莫大焉。今勤身从事而有租税之赋，是为本末者毋以异[⑪]，其于劝农之道未备，其除田之租税。"

十四年冬，匈奴谋入边为寇，攻朝那塞，杀北地都尉卬。上

---

①繇：通"由"，从，自从。 ②秘祝之官：祭祀时祈求为某人降福或向某人降祸的巫祝。 ③诏狱：关押皇帝下令逮捕的犯人的监狱的狱官。 ④缓急：偏义复词，急。 ⑤少女缇萦(tí yíng)：小女儿名叫缇萦。 ⑥属：连接，此指被割断的肢体再接连起来。 ⑦其道无由：指无法走向改过自新的道路。 ⑧画衣冠：在犯人衣帽上画出某种标志。异章服：让罪犯衣帽与众不同。僇(lù)：羞辱，惩罚。 ⑨至治：政治清明达到了极点。 ⑩出自《诗经·大雅·洞酌》，君子有和乐简易之德，则其民尊之如父，亲之如母。恺(kǎi)悌：平易近人。 ⑪毋以异：无法区分。

乃遣三将军军陇西、北地、上郡。中尉周舍为卫将军，郎中令张武为车骑将军，军渭北，车千乘，骑卒十万。帝亲自劳军，勒兵申教令，赐军吏卒。帝欲自将击匈奴，群臣谏，皆不听。皇太后固要帝，帝乃止。于是以东阳侯张相如为大将军，成侯赤为内史，栾布为将军，击匈奴。匈奴遁走。

春，上曰："朕获执牺牲珪币以事上帝宗庙①，十四年于今，历日绵长，以不敏不明而久抚临天下，朕甚自愧。其广增诸祀墠场②珪币。昔先王远施不求其报，望祀不祈其福，右贤左戚③，先民后己，至明之极也。今吾闻祠官祝釐④，皆归福朕躬，不为百姓，朕甚愧之。夫以朕不德，而躬享独美其福，百姓不与焉，是重吾不德。其令祠官致敬，毋有所祈。"

是时北平侯张苍为丞相，方明律历。鲁人公孙臣上书陈终始传五德⑤事，言方今土德时，土德应黄龙见，当改正朔服色制度。天子下其事与丞相议。丞相推以为今水德，始明正十月上黑⑥事，以为其言非是，请罢之。

十五年，黄龙见成纪，天子乃复召鲁公孙臣，以为博士，申明土德事。于是上乃下诏曰："有异物之神见于成纪，无害于民，岁以有年⑦。朕亲郊祀上帝诸神。礼官议，毋讳以劳朕。"有司礼官皆曰："古者天子夏躬亲礼祀上帝于郊，故曰郊。"于是天子始幸雍，郊见五帝，以孟夏四月答礼焉。赵人新垣平以望气见，因说上设立渭阳五庙。欲出周鼎，当有玉英见。

---

①牺牲：祭祀用的牲畜。珪币：帝王诸侯朝会、祭祀用的礼器和帛。句意：我登基做了皇帝。 ②墠(shàn)场：供祭祀用的场所。 ③右贤左戚：指用人注重贤才，不重亲戚。古代以右为高，以左为下。 ④釐：通"禧"，吉祥，福禄。 ⑤五德：即五行之德。阴阳家以水、火、木、金、土五行相生相克、终而复始附会王朝兴废更替，叫终始五德或五德终始。 ⑥上黑：崇尚黑色。上：通"尚"。 ⑦有年：丰收。

十六年，上亲郊见渭阳五帝庙，亦以夏答礼而尚赤。

十七年，得玉杯，刻曰“人主延寿”。于是天子始更为元年，令天下大酺。其岁，新垣平事觉，夷三族。

后二年，上曰：“朕既不明，不能远德，是以使方外之国或不宁息。夫四荒之外不安其生，封畿之内勤劳不处，二者之咎，皆自于朕之德薄而不能远达也。间者累年匈奴并暴①边境，多杀吏民，边臣兵吏又不能谕吾内志，以重吾不德也。夫久结难连兵，中外之国将何以自宁？今朕夙兴夜寐，勤劳天下，忧苦万民，为之怛惕②不安，未尝一日忘于心，故遣使者冠盖相望，结轶③于道，以谕朕意于单于。今单于反古之道，计社稷之安，便万民之利，亲与朕俱弃细过，偕之大道，结兄弟之义，以全天下元元④之民。和亲已定，始于今年。”

后六年冬，匈奴三万人入上郡，三万人入云中。以中大夫令勉为车骑将军，军飞狐；故楚相苏意为将军，军句注；将军张武屯北地；河内守周亚夫为将军，居细柳；宗正刘礼为将军，居霸上；祝兹侯军棘门，以备胡。数月，胡人去，亦罢。

天下旱、蝗，帝加惠：令诸侯毋入贡，弛山泽⑤，减诸服御狗马⑥，损⑦郎吏员，发仓庾以振贫民，民得卖爵。

孝文帝从代来，即位二十三年，宫室苑囿狗马服御无所增益，有不便，辄弛以利民。尝欲作露台，召匠计之，直百金。上曰：“百金，中民十家之产，吾奉先帝宫室，常恐羞之，何以台为！”上常衣绨⑧衣，所幸慎夫人，令衣不得曳地，帏帐不得文绣，

---

①暴：欺凌，侵害。 ②怛（dá）惕：忧伤惶恐。 ③结轶：车迹相连。轶：通“辙”，车辙，车轮的痕迹。 ④元元：善良的。 ⑤驰山泽：指解除禁止民众开发山林湖泊的法令。弛：放松，解除。 ⑥服御狗马：供朝廷使用的服饰、车驾和狗马等玩好之物。 ⑦损：减少，裁减。 ⑧绨（tí）：一种质地粗厚有光泽的丝织品。

以示敦朴，为天下先。治霸陵，皆以瓦器，不得以金银铜锡为饰，不治坟，欲为省，毋烦民。南越王尉佗自立为武帝，然上召贵尉佗兄弟，以德报之，佗遂去帝称臣。与匈奴和亲，匈奴背约入盗，然令边备守，不发兵深入，恶烦苦百姓。吴王诈病不朝，就赐几杖。群臣如袁盎等称说①虽切，常假借用之②。群臣如张武等受赂遗金钱，觉，上乃发御府金钱赐之，以愧其心，弗下吏③。专务以德化民，是以海内殷富，兴于礼义。

后七年六月己亥，帝崩于未央宫。遗诏曰："朕闻盖天下万物之萌生，靡不有死。死者天地之理，物之自然者，奚可甚哀！当今之时，世咸嘉生而恶死，厚葬以破业，重服以伤生，吾甚不取。且朕既不德，无以佐百姓。今崩，又使重服久临，以离④寒暑之数，哀人之父子，伤长幼之志，损其饮食，绝鬼神之祭祀，以重吾不德也，谓天下何！朕获保宗庙，以眇眇之身托于天下君王之上，二十有馀年矣。赖天地之灵，社稷之福，方内安宁，靡有兵革。朕既不敏，常畏过行⑤，以羞先帝之遗德；维年之久长，惧于不终⑥。今乃幸以天年，得复供养于高庙，朕之不明与！嘉之⑦，其奚哀悲之有！其令天下吏民，令到出临三日，皆释服。毋禁取妇、嫁女、祠祀、饮酒、食肉者。自当给丧事服临者，皆无践⑧。绖带⑨无过三寸，毋布车及兵器，毋发民男女哭临宫殿。宫殿中当临者，皆以旦夕各十五举声，礼毕罢。非旦夕临时，禁毋得擅哭。已下，服大红十五日，小红十四日，纤七日⑩，释服。

---

①称说："称""说"同义。这里指进言说事。 ②假借用之：参照用之。假借：宽容。 ③下吏：下交给有关官吏处理。 ④离：通"罹"，遭受。 ⑤过行：错误的行为。 ⑥不终：不得善终。 ⑦朕之不明与！嘉之：朕如此不贤明，竟得到这样的结果，感到很好。 ⑧践：通"跣"，赤足。 ⑨绖(dié)带：古代服丧时系在头上或腰间的麻质带子。 ⑩大红(gōng)：即大功，古代丧服五服之一，服期九个月。小红：即小功，古代丧服五服之一，服期五个月。纤：指缌麻，丧服五服中最轻的一种，服期三十六日。

佗[1]不在令中者，皆以此令比率[2]从事。布告天下，使明知朕意。霸陵山川因其故，毋有所改。归[3]夫人以下至少使。”令中尉亚夫为车骑将军，属国悍为将屯将军，郎中令武为复土将军，发近县见卒万六千人，发内史卒万五千人，藏郭穿复土属将军武[4]。

乙巳，群臣皆顿首上尊号曰孝文皇帝。

太子即位于高庙，丁未，袭号曰皇帝。

孝景皇帝元年十月，制诏御史：“盖闻古者祖有功而宗有德，制礼乐各有由。闻歌者，所以发德也；舞者，所以明功也。高庙酎[5]，奏《武德》《文始》《五行》之舞。孝惠庙酎，奏《文始》《五行》之舞。孝文皇帝临天下，通关梁，不异远方。除诽谤，去肉刑，赏赐长老，收恤孤独，以育群生。减嗜欲，不受献，不私其利也。罪人不帑，不诛无罪。除宫刑，出美人，重绝人之世[6]。朕既不敏，不能识。此皆上古之所不及，而孝文皇帝亲行之。德厚侔[7]天地，利泽施四海，靡不获福焉。明象乎日月，而庙乐不称，朕甚惧焉。其为孝文皇帝庙为《昭德》之舞，以明休德。然后祖宗之功德著于竹帛，施[8]于万世，永永无穷，朕甚嘉之。其与丞相、列侯、中二千石、礼官具为礼仪奏[9]。”丞相臣嘉等言：“陛下永思孝道，立《昭德》之舞以明孝文皇帝之盛德，皆臣嘉等愚所不及。臣谨议：世功莫大于高皇帝，德莫盛于孝文皇帝，高皇庙宜为帝者太祖之庙，孝文皇帝庙宜为帝者太宗之庙。天子

①佗：通“他”，其他。 ②比率（shuài）：比照，参照。 ③归：遣放回家。 ④藏郭：埋葬棺椁。郭：通“椁”，外棺。穿复土：指挖穴和填土。 ⑤高庙酎：给高祖庙献酒。酎（zhòu）：古代常用来祭祀醇酒。 ⑥重绝人之世：不愿让有些人断子绝孙。重：看重。 ⑦侔（móu）：相当，相比。 ⑧施（yì）：延续，流传。 ⑨具为礼仪奏：制订一套相应的礼仪上奏。

宜世世献①祖宗之庙，郡国诸侯宜各为孝文皇帝立太宗之庙。诸侯王列侯使者侍祠天子，岁献祖宗之庙。请著之竹帛，宣布天下。”制曰：“可。”

太史公曰：孔子言“必世然后仁。善人之治国百年，亦可以胜残去杀。”诚哉是言！汉兴，至孝文四十有馀载，德至盛也。廪廪乡改正服封禅矣②，谦让未成于今。呜呼，岂不仁哉！

【译文】

孝文皇帝刘恒是高祖排行居中的儿子。高祖十一年春，打败了陈豨叛军，平定了代地，刘恒被立为代王，建都中都。他是薄太后所生。在他做代王的第十七年，即吕后八年七月，高后驾崩。九月，吕氏家族的吕产等企图作乱，危害刘氏天下，大臣共同诛灭了诸吕，商议迎立代王为皇帝，此事在《吕太后本纪》中有详细记载。

丞相陈平、太尉周勃等派人迎接代王。代王向左右大臣和郎中令张武等人征询意见，张武等人谏议说：“朝廷大臣都是当初高帝时的大将，通晓兵事，多谋善诈，他们的用心恐怕不止于此，这样做只是畏惧高帝、吕太后的威势罢了。如今他们刚诛灭诸吕，血染京城，此时来人名义上说是迎接大王，其实不可轻信。希望大王假托有病，不要前往，以观其变。”中尉宋昌进言说：“众位大臣的议论都是错误的。当初秦朝政事混乱，诸侯豪杰纷纷起事，自以为能得天下的人数以万计，然而最终登上天子之位的是刘氏，天下豪杰已不再存有做皇帝的奢望，这是其一。高帝封刘氏子弟为王，子弟封国和朝廷直属郡县犬牙交错，紧相控制，这就是古人所说的宗族稳固，有如磐石，天下人都为刘氏的强大而折服，这是其二。汉兴起后，废除秦的苛虐政令，与民约定新的法令，对百姓施以恩

---

①献：献祭。 ②廪廪：渐近的样子。乡：通“向”，接近。正：一年的开始，此指历法制度。服：服色。封禅：帝王祭祀天地的大典。在泰山上筑土为坛祭天叫“封”，在泰山南的梁父山辟场祭地叫“禅”。

德，人心安定，难以动摇，这是其三。再者凭着吕太后的威严，吕氏有三人被立为王，把持朝政，独断专行，然而太尉凭朝廷一符节进入吕氏把持的北军，只是一声呼唤，将士就都袒露左臂，表示要辅佐刘氏而反叛吕氏，最终消灭诸吕。这是天意所授，而不是人力所能做到的。现在即使大臣想作乱，百姓也不会听他们驱使，凭他们就能把天下人团聚在一起吗？如今京城内有朱虚侯、东牟侯这样的皇亲，京城外有吴、楚、淮南、琅邪、齐、代这样强大的诸侯，谁都惧怕他们。现在高帝之子只有淮南王和大王了，而大王您又年长，贤圣仁孝闻名天下，所以大臣们是顺应天下人的心愿而迎立大王做皇帝，大王您不必怀疑。”代王又禀报太后商议这件事，还是犹豫未定。于是就烧灼龟甲进行占卜，龟甲上显现出一条大的横向裂纹，卜辞是：“大横十分明显，预示着我将做天王，像夏启那样，使父业光大发扬。”代王说：“寡人本来就是王了，还做什么王？”占卜的人说：“所谓天王就是天子。”于是代王就派太后弟弟薄昭前往京城会见绛侯周勃，周勃等详细向薄昭说明了为什么要迎立代王。薄昭返回报告说：“全是真的，没什么可怀疑的。”代王于是笑着对宋昌说：“果然像你说的那样。”随即命宋昌做随车参乘，张武等六人也乘驿车随代王一同前往长安。走到高陵停了下来，派宋昌先驱车前去长安观察情况有无变化。

宋昌刚到渭桥，丞相以下的官员都来迎接。宋昌返回报告。代王驱车到了渭桥，群臣都来拜见称臣。代王也下车答拜群臣。太尉周勃上前说：“我希望单独向大王禀报。”宋昌说：“你要说的如果是公事，就请公开说；如果是私事，在王位的人不受理私事。”太尉于是跪下献上皇帝的玉玺和符节。代王辞谢说：“等到代邸再商议吧。”然后驱车进入代王京邸。群臣也跟着来了。丞相陈平、太尉周勃、大将军陈武、御史大夫张苍、宗正刘郢、朱虚侯刘章、东牟侯刘兴居、典客刘揭都上前行礼，拜了两拜，然后说：“皇子刘弘等人都不是孝惠皇帝的儿子，不应当即位事奉宗庙。臣等谨与阴安侯、列侯顷王后与琅邪王、宗室、大臣、列侯、二千石以上的官员商议，大家都说：‘大王如今是高帝长子，最应该做高帝的继承人。’愿大王即天子之位。”代王说：“事奉高帝宗庙，这是大事。寡人没有才能，胜任不了事奉宗庙的大事。愿请叔父楚王考虑最合适的人，寡人不敢当此重任。”群臣都伏在地上，坚决请求。代王先是面向西坐在主人的位置谦让了几次，群臣扶他向南坐在君主的位置，他又谦让了两次。丞相陈平等人都说：“我们再三考虑，认为大王事奉高帝宗庙是最适宜的，即使让天下诸侯和百姓来考虑，也会认为适宜的。臣等是为宗庙社稷着想，绝不敢轻率疏忽。愿大王听从我们的意见，我们将感到荣幸。现在，臣等谨再拜并奉上天子玉玺和符节。”代王说：“既然宗室、将相、诸王、列侯都认为没有谁比寡人更适宜，那寡人就不敢推辞了。”于是，代王即位做了天子。群臣按照礼仪依次陪侍皇帝。

于是派太仆夏侯婴与东牟侯刘兴居清理皇宫。然后用天子乘坐的法驾，来代邸迎接皇帝。皇帝当晚就进入未央宫。连夜任命宋昌为卫将军，统领两宫卫队南北军；任命张武为郎中令，负责巡视殿中。皇帝回到前殿坐朝，当夜下诏说：“近来诸吕把持朝政，独断专行，阴谋叛逆，企图危害刘氏宗庙，全靠众位将相、列侯、宗室和大臣诛灭了他们，使他们全都受到了应有的惩罚。现在朕刚刚即位，大赦天下，赐给每个成年男子一级爵位，无夫无子的女子每百户赐给牛、酒若干，允许百姓自由聚饮五日。”

孝文皇帝元年十月庚戌日，改封原琅邪王刘泽为燕王。

辛亥日，文帝登基，拜谒高祖庙。右丞相陈平改任左丞相，太尉周勃任右丞相，大将军灌婴任太尉。诸吕所剥夺的原齐、楚两国的封地，全部归给齐王和楚王。

壬子日，文帝派车骑将军薄昭去代国迎接皇太后。文帝说：“吕产自任为相国，吕禄为上将军，擅自假托皇帝诏令，派遣将军灌婴带兵攻打齐国，企图取代刘氏，而灌婴留驻荥阳不发兵攻齐，并与诸侯共谋诛灭了吕氏。吕产图谋不轨，丞相陈平与太尉周勃谋划夺取了吕产等人的兵权，朱虚侯刘章首先捕杀了吕产等人，太尉周勃亲自率领襄平侯纪通持节奉诏进入北军，典客刘揭亲自夺了赵王吕禄的将军印。为此，加封太尉周勃食邑一万户，赐黄金五千斤；加封丞相陈平、将军灌婴食邑各三千户，赐黄金二千斤；加封朱虚侯刘章、襄平侯纪通、东牟侯刘兴居食邑各二千户，赐黄金一千斤；封典客刘揭为阳信侯，赐黄金一千斤。”

十二月，文帝说：“法令是治理国家的准绳，是用来制止暴行、引导人们向善的。如今犯罪的人已治罪，却还要使无罪的父母、妻子、儿女和兄弟受牵连而被定罪，甚至被收为奴婢，朕认为这种做法很不可取，希望你们再商议商议吧。”有司都说：“百姓不能自治，所以制定法令来禁止他们做坏事。无罪的亲属受牵连和犯人一起收捕判罪，就是要使人们心有牵挂，感到犯法干系重大。这种做法由来已久，还是依原来的做法不加改变为宜。”文帝说：“朕听说法令公正百姓就忠厚，判罪得当百姓就心服。再说治理百姓引导他们向善，要靠官吏。既然不能引导百姓向善，又使用不公正的法令处罚他们，这样反倒是加害于民而使他们去干凶暴的事。又怎么能禁止犯罪呢？这样的法令，朕看不出它有哪些适宜之处，请你们再仔细考虑考虑。”有司都说：“陛下给百姓以大恩大惠，功德无量，不是臣等所能想得到的。臣等请奉诏书，废除拘执罪犯家属、收为奴婢等各种连坐的法令。”

正月，有司进言说：“及早确立太子，是尊奉宗庙的保障。请皇帝确立太子。”皇帝说：“朕之德薄，上帝神明还没有欣然享受朕的祭品，天下的人民心里还不够满意。如今朕既不能广泛求访贤圣有德的人把天下禅让给他，却说预先确立太子，这是加重朕的无德。将拿什么向天下人交代呢？还是缓缓再说吧。”有司又说：“预先确立太子，正是为了敬重宗庙社稷，不忘天下。”皇帝说：“楚王是朕的叔父，年岁大，经历见识过的道理很多，懂得国家的大体。吴王是朕的兄长，贤惠仁慈，甚爱美德。淮南王是朕的弟弟，秉行仁德对朕多有辅佐。朕难道没有考虑过吗？诸侯王、宗室、兄弟和有功的大臣，很多都是有德有义的人，如果推举有德之人辅佐朕做好皇帝，这也是社稷的幸运，天下人的福分。现在不推举他们，却说一定要立太子，人们就会认为朕忘掉了贤能有德的人，而只想着自己的儿子，不是为天下着想。朕觉得这样做很不可取。”有司都坚决请求说：“古代殷、周立国，太平安定都达一千多年，古来享有天下的王朝没有比它们更长久的了，就是因为采取了立太子这个办法。确立继承人必须是自己的儿子，这是由来已久的。当初高帝亲率众将士平定天下，封建诸侯，成为本朝皇帝的太祖。诸侯王和列侯第一个接受封国的，也都是成为他们各自侯国的始祖。子孙继承，世世代代不断绝，这是普天之下的大道理，所以高帝设立了这种制度来安定天下。现在如果抛开应当立为太子的人，却从诸侯或宗室中另选他人，这不是高帝的本意，另议他人是不合适的。陛下的儿子某最大，纯厚慈仁，请立他为太子。”皇上这才同意。于是赐给全国百姓中应当继承父业的人每人一级爵位。封将军薄昭为轵侯。

三月，有司请求封立皇后。薄太后说：“诸侯都是同姓，就立太子的母亲为皇后吧。”皇后姓窦。文帝因为立皇后的缘故，赐给天下无妻、无夫、无父、无子、穷困之人，以及年过八十的老人、不满九岁的孤儿每人布、帛、米、肉若干。

皇帝由代国来到京城，即位不久，就对天下施以德惠，安抚诸侯，四方部族、上上下下都融洽欢乐，于是封赏从代国随同来京的功臣。文帝说：“当朝廷大臣诛灭诸吕迎朕入朝时，朕犹疑不定，代国大臣也都劝阻朕，只有中尉宋昌劝朕入京，朕才得以事奉宗庙。前已封宋昌为卫将军，现在再封他为壮武侯。另外随朕进京的六人，都任命为九卿。”

文帝说：“当年随高帝进入蜀郡、汉中的列侯六十八人，都加封食邑三百户；原先官禄在二千石以上曾随高帝的颍川郡守刘尊等十人，各赐封食邑六百户；淮阳郡守申徒嘉等十人，各赐封食邑五百户；卫尉定等十人，各赐封食邑四百户。封淮南王舅父赵兼为周阳侯，齐王舅父驷钧为清郭侯。”同年秋，封原常山丞相蔡兼为樊侯。

有人劝说右丞相道：“您原先诛杀诸吕，迎立代王；如今又自夸功劳，受到最高的赏赐，居于尊贵的地位，灾祸就要落到您头上了。”于是右丞相周勃就推病免职，由左丞相陈平专任丞相。

二年十月，丞相陈平死，又用绛侯周勃为丞相。文帝说：“朕听说古代诸侯建立国家的有一千多个，他们各守封地，按时入朝进贡，百姓不觉劳苦,上下欢欣,没有发生不道德的事情。如今列侯大都住在长安,封邑离得又远,要靠官吏士卒供应运输给养,既浪费又辛苦,而这些列侯也无法教导和管理封地的百姓。命列侯回到各自封国去,在朝廷任职和诏令准许留下的诸侯,要让自己的太子先去。

十一月最后一天,发生了日食。十二月十五日,又发生了日食。文帝说:“朕听说天生万民,为他们设置君主来抚育治理他们。如果君主不贤德,施政不公平,那么上天就显示灾异,告诫他治理得不好。十一月最后一天,发生日食,惩罚见于上天,有什么比这更严重的呢!朕能够事奉宗庙,以微眇之躯依托于万民和诸侯之上,天下的治与乱,责任在朕一人,众位执掌国政的大臣就好比是朕的左膀右臂。朕对下不能很好地治理抚育众生,对上又牵累了日、月、星辰的光辉,以致发生日食,朕的无德实在太严重了。接到诏令后,你们都要认真想想朕的过失,以及所知、所见、所思有不周到的地方,请你们告诉朕。还要推举贤良方正,能直言极谏的人,来扶正朕的疏漏。趁此机会,官吏们要整顿好各自所做的职事,务必减少徭役和费用,以便利民众。朕不能使惠德及于远方,所以忧虑不安,怕外族侵扰边境为非作歹,因此边疆的防务一直没停止。现在既然不能撤除边塞的军队,却还要命令增加兵力来保卫朕吗?应该撤销卫将军统辖的军队。太仆掌管的现有马匹,只需留下一些够用就可以了,其余的都交给驿站使用。”

正月,文帝说:“农业是国家的根本,应当开辟皇帝亲自耕种的籍田,朕要亲自带头耕作,来供给宗庙祭祀用的谷物。”

三月,有司请封皇子为诸侯王。文帝说:“赵幽王被囚禁而死,朕非常怜惜他,已立他的长子刘遂为赵王。刘遂之弟辟强,以及齐悼惠王之子朱虚侯刘章、东关侯刘兴居有功,也可以封王。”于是封赵幽王的小儿子刘辟强为河间王,用齐国的重要大郡封朱虚侯为城阳王,封东牟侯为济北王,封皇子刘武为代王,刘参为太原王,刘揖为梁王。

文帝说:“古代治理天下,朝廷设置进善言的旌旗和批评朝政的木牌,用以打通治国的途径,招来进谏的人。现在法令中有诽谤朝廷妖言惑众的罪状，这就使大臣们不敢完全说真话，做皇帝的也无从了解自己的过失，这还怎么能招来远方的贤良之士呢？应当废除这样的罪状。百姓中有人一起诅咒皇帝，约定互相隐瞒，后来又负约相互告发，官吏认为这是大逆不道；如果再有其他不满的话，官吏又认为是诽谤朝廷。这实际上只是小民愚笨无知稀里糊涂犯了死罪，朕认为这很不可取。从今以后，再有犯这类罪的，一律不要过问不予治罪。”

九月，首次实行把可凭之行兵权的铜虎符和使臣所持的竹使符发给各封国丞相和各郡郡守。

三年十月最后一日，丁酉日，发生日食。

十一月，文帝说：“日前曾诏令列侯回各自封国，有的找借口还没走，丞相是朕所敬重的，希望丞相为朕率列侯回封国。”于是绛侯周勃免去丞相职事，回到封国。文帝任命太尉颍阴侯灌婴为丞相。取消太尉之官，太尉所掌兵权归属丞相。

四月，城阳王刘章死。淮南王刘长和他的随从魏敬杀了辟阳侯审食其。

五月，匈奴侵入北地郡，在河南一带进行侵掠。文帝初次幸临甘泉宫。

六月，文帝说：“汉曾与匈奴结为兄弟，为的是不使它侵扰边境，为此给他们送去丰厚的物资馈赠。现在匈奴右贤王离开他们的国家，率众侵入河南一带，不再是原来的样子。在边塞一带出入往来，捕杀官吏士卒，驱逐归附汉、守卫边塞的蛮夷，使他们不能在原地居住，欺凌边防官吏，侵入内地抢劫，十分傲慢，不讲道理，破坏先前的约定。为此可征调边防官吏骑兵八万五千人前往高奴”派丞相颍阴侯灌婴率兵反击匈奴，匈奴退离边境。又征调中尉属下勇武的士卒归于卫将军统领，驻守长安。

辛卯日，文帝从甘泉前往高奴，顺便临幸太原，接见原代国群臣，全都给以赏赐。并据功劳给以不同奖赏，赐给百姓牛、酒。免除晋阳、中都两地百姓三年赋税。在太原逗留游玩十多日。

济北王刘兴居闻知文帝到了代地，要前去反击匈奴，就趁势起兵造反,发兵打算袭击荥阳。于是文帝下令丞相灌婴回兵,派遣棘蒲侯陈武为大将军,率领十万军兵前往讨伐叛军。任命祁侯缯贺为将军,驻在荥阳。七月辛亥日,文帝从太原回到长安。诏令有司说:"济北王背德反上,以欺骗手段带累济北官吏百姓,是大逆不道。济北官吏和百姓,凡在朝廷大军到来之前就停止反叛的,以及率部投降或献出城邑出降的,一律赦免,官爵复原。那些曾与刘兴居一起造反但后来投降了的人,也予以赦免。"八月,打垮了济北叛军,俘虏了济北王。文帝宣布赦免济北随济北王造反的官吏百姓。

六年,有司报告淮南王刘长废弃先帝法律,不听从天子诏令,宫室居所超过规定限度,出入车马仪仗比拟天子,擅自制定法令,与棘蒲侯的太子陈奇图谋造反,派人出使闽越和匈奴,调用它们的军队,企图危害宗庙社稷。群臣议论此事,都说"刘长应当在街市上斩首示众。"文帝不忍心依律处死淮南王,赦免了他的死罪,只废了他的王位,不准再做诸侯王。群臣请求把淮南王流放到蜀郡的严道、邛都一带,文帝诏许。刘长还没到流放地,就病死在路上,文帝非常怜惜。后来到十六年时,追尊淮南王刘长,谥号为厉王,并封立他的三个儿子为淮南王、衡山王、庐江王。

十三年夏,文帝说:"朕听说,天道是祸从怨起、福由德兴。百官的过错,应由朕一人承担。如今秘祝官把过错都推给臣下,结果是显扬了朕的无德,朕很不赞成。应当取消这种做法。"

五月,齐国太仓令淳于公犯了罪,应当受刑,朝廷下诏让狱官逮捕他,把他押解到长安拘禁起来。太仓公没有儿子,只有五个女儿。他被捕临行时,骂女儿们说:"生孩子不生儿子,到紧要关头,就没有用处了!"他的小女儿缇萦伤心地哭了,就随父亲来到长安,向朝廷上书说:"我的父亲做官,齐国的人们都称赞他廉洁公平,现在因触犯法律,应当受刑。我哀伤的是,受了死刑的人不能再活过来,受了肉刑的人肢体断了不能再接起来,虽想走改过自新之路,也没有办法了。我愿意被收入官府做奴婢,来抵父亲的应该受刑之罪,使他能改过自新。"上书奏到天子那里,天子怜悯缇萦的孝心,就下诏说:"听说在有虞氏时,只是在罪犯的衣帽上画上某种记号，给罪犯穿上有特定标志的衣服，以此来羞辱他们，这样，民众就不犯法了。为什么能这样呢？因为当时政治清明到了极点。如今法令中有三种肉刑，可是邪恶奸伪之事仍不能禁止，过失出在哪儿呢？不就是因为朕道德不厚、教化不明吗？朕感到很惭愧。所以训导的方法不完善，愚昧的百姓就会走上犯罪。《诗经》上说‘君子有和乐简易之德，百姓才尊之如父，亲之如母’。现在人犯了过错，还没施以政教就加给刑罚，那么有人想改过从善也没有机会了，朕很怜悯他们。施用刑罚以致割断犯人肢体，刻伤犯人肌肤，终身不能再长出来，多么令人痛苦而又不合道德呀，这样做，怎能说是作为百姓之父母的心意呢！应该废除肉刑。”

文帝说：“农业是天下的根本，没有什么比它更重要。现在农民辛勤从事农耕却还要交纳租税，使得务农和经商没有区别，本末不分，这是鼓励农耕的措施还不完备，应当免除农田的租税。”

十四年冬，匈奴谋划侵入边境进行劫掠，攻打朝那塞，杀死北地郡都尉孙卬。文帝于是派三位将军率兵分别驻在陇西、北地、上郡，任命中尉周舍为卫将军，郎中令张武为车骑将军，驻在渭河以北，计有战车千辆，骑兵十万。文帝亲自慰劳军兵，部署军队，申明训令，奖赏全军将士。文帝想要亲自率兵反击匈奴，群臣劝阻，一概不听。皇太后坚决阻拦文帝，文帝这才作罢。于是任命东阳侯张相如为大将军，成侯董赤为内史，栾布为将军，率军攻打匈奴。匈奴逃遁。

这年春天，文帝说：“朕有幸得以主持祭祀上帝与宗庙，至今十四年了，历时已很久，以朕这样一个既不聪敏又不明智的人长久治理天下，深为自愧，应当广泛增设祭祀的禅场和玉帛。从前先王远施恩惠而不求回报，遥祭山川却不为自己祈福，尊贤抑亲，先民后己，圣明到了极点。如今我听说掌管祭祀的祠官祈祷时，全都是为朕一人，而不为百姓祝福，朕为此感到非常惭愧。凭着朕的无德，却独享神灵的降福，而百姓却享受不到，这就加重了朕的无德。现在命祠官祭祀时只向神献上敬意，不许再为朕祈求什么。”

这时，北平侯张苍任丞相，正为国家制定律度、历法。鲁人公孙臣上书陈说金木水火土五行相生相克、终而复始的五德终始之事，说现在正当土德，土德的验证是将有黄龙出现，应当更改历法、服色等制度。文帝把此事下交给丞相商议，丞相张苍经过推算认为现今是水德，才明确把冬十月作为岁首，应该崇尚黑色，认为公孙臣的说法不对，请求文帝不要采纳。

十五年，有黄龙出现在成纪县，文帝又招来鲁国的公孙臣，任命他为博士，让他重新说明当今应为土德的道理。于是文帝下诏说："有奇物神龙出现在成纪，没有伤害到百姓，今年又是个好年成，朕要亲自郊祀上帝诸神。礼官们商议一下具体事宜，不要因为怕朕劳累而有什么隐讳。"有司和礼官都说："古代天子每年夏天亲自到郊外祭祀上帝，所以叫作'郊'。"于是天子第一次来到雍，郊祭五帝，在孟夏四月向天帝致礼。赵人新垣平凭着善于望云气来进见文帝，劝说文帝在渭水之北建五帝庙，并预言这将使周朝的传国宝鼎出现，还会有奇异的美玉出现。

十六年，文帝亲自到渭北五帝庙郊祭，仍在夏天向天帝致敬，并崇尚红色。

十七年，文帝得到一个玉杯，上刻有"人主延寿"四个字。于是文帝下诏把这一年改为元年，下令天下民众尽情聚会饮酒。当年，新垣平欺骗文帝并诈献玉杯的事被发觉，夷灭了三族。

后元二年，文帝说："朕不英明，不能施恩德于远方，因而使境外有些国家时常侵扰生事。边远地区的百姓不能安定地生活，内地的百姓辛勤劳动也不得歇息，这两方面的过失，都是由于朕的德不厚，不能惠及远方。最近连续几年，匈奴都来为害边境，杀了许多官吏、百姓，边境的官员和将士又不明白我的心意，以致加重我的无德。这样长久结下怨仇，兵祸不断，中外各国将怎么能各自安宁呢？现在我起早睡晚，操劳国事，为万民忧虑，惶惶不安，未曾有一日心里不想着这些事情，所以派出一批又一批的使者，以致路上礼帽车盖前后相望，车子的辙迹道道相连，为的就是向单于说明朕的意愿。现在单于已回到古代圣人的治国安邦之道上，考虑社稷的安定，为了万民的利益，亲自与朕相约完全抛弃细小的过失，一起走友好相处的大道，结为兄弟之好，以保全天下善良的百姓。和亲的协议已确定，从今年就开始。”

后元六年冬，匈奴三万人侵入上郡，三万人侵入云中郡。文帝任命中大夫令勉为车骑将军，驻在飞狐口；任命原楚相苏意为将军，驻在句注山；命将军张武驻守北地郡；任命河内郡守周亚夫为将军，驻军细柳；任命宗正刘礼为将军，驻军霸上；命祝兹侯徐悍驻在棘门，以防备匈奴。过了几个月，匈奴人退去，这些军队也撤回了。

这一年，天下干旱，发生蝗灾。文帝加惠于民，令诸侯不要向朝廷进贡，解除民众开发山林湖泊的禁令，减少宫中各种服饰、车驾和狗马之用，裁减皇帝身边的侍卫、侍从，开仓放粮救济贫苦百姓，平民可以卖爵位换取救济。

孝文帝从代国来到京城，即位二十三年，宫室、苑囿、狗马、服饰、车驾等等，全都没有增加，凡有对百姓不便的事，就予以废止，以便利百姓。文帝曾打算建造一座露台，招来工匠一计算，造价要值上百斤黄金。文帝说：“百斤黄金相当于十户中等人家的产业。我承受了先帝留下的宫室，时常担心有辱于先帝，还建造高台干什么呢？”文帝平时穿的是质地粗厚的丝织衣服，对所宠爱的慎夫人，也不准她穿长得拖地的衣服，所用的帏帐不准绣彩色花纹，以此来表示俭朴，为天下人做出榜样。并诏令，预造他的陵墓，一律用瓦器，不准用金银铜锡等做装饰，不修高坟；要节省，不要烦扰百姓。南越王尉佗自立为武帝，文帝却把尉佗的兄弟招来，使他们显贵，报之以德，尉佗于是取消帝号，向汉称臣。汉与匈奴相约和亲，匈奴却背约入侵劫掠，而文帝只命令边塞戒备防守，不发兵深入匈奴境内，不愿意给百姓带来烦扰和劳苦。吴王刘濞谎称有病不进京朝见，文帝就赐给他木几和手杖，免去他进京朝觐之礼。群臣中如袁盎等人进言说事，虽然直率尖锐，文帝总是宽容并参照采纳。大臣中如张武等人接受别人贿赂的金钱，事情被发觉，文帝就从皇宫仓库中取出金钱赐给他们，用这种办法使他们内心羞愧，而不下交给法吏处理。文帝一心致力于用恩德感化臣民，因此天下富足，礼义兴盛。

后元七年六月己亥日，文帝在未央宫驾崩。留下遗诏说："朕听说天下万物萌芽生长，最终没有不死的。死是天地间的常理，事物的自然归宿，有什么值得过分悲哀的呢！当今世人都喜欢活着而不乐意死，死了人还要厚葬，以致破尽家产；加重服丧以致损害身体。我认为很不可取。况且朕无德，没有给百姓什么帮助；现在死了，又让人们加重服丧长期哭吊，遭受严寒酷暑的折磨，使天下的父子为之悲哀，使天下的老幼心灵受到损害，减少饮食，中断对鬼神的祭祀，其结果是加重了我的无德，怎么向天下人交代呢！朕有幸得以保护宗庙，以渺小之身依托在天下诸侯之上，已有二十多年。靠着天地的神灵，社稷的福运，使得国内安宁，没有战乱。朕不聪敏，时常担心行为有过错，使先帝遗留下来的美德蒙受羞辱；岁月长久了，总是担心不能维持始终。如今能侥幸享尽天年，得以供奉在高庙里享受祭祀，朕如此不贤明，能得到这样的结果，感到很好，还有什么可悲哀的呢！诏令全国官吏和百姓，诏令到达后，哭吊三日就除去丧服。不要禁止娶妻、嫁女、祭祀、饮酒、吃肉。应当参加丧事、服丧哭祭的人，都不要赤脚。服丧的麻带不要超过三寸，不要陈列车驾和兵器，不要动员民间男女到宫殿来哭祭。宫中应当哭祭的人，都在早晚各哭十五声，行礼完毕就停止。不是早晚哭祭的时间，禁止擅自哭泣。下葬以后，按丧服制度应服丧九个月的大功只服十五日，应服丧五个月的小功只服十四日，应服丧三十六日的亲属只服七日，期满就脱去丧服。其他不在此令中的事宜，都参照此令办理。要把这道诏令通告天下，使天下人都明白地知道朕的心意。葬我的霸陵周围山川要保留其原来的样子，不要有所改变。后宫夫人以下直至少使，全都遣放回家。"朝廷任命中尉周亚夫为车骑将军，属国徐悍为将屯将军，郎中令张武为复土将军，征调京城附近各县现役士卒一万六千人，又征调内史所统辖的京城士卒一万五千人，去做安葬棺椁的挖土、填土等工作，归将军张武统领。

乙巳日，群臣都叩首奉上谥号，尊为孝文皇帝。

太子在高庙即位。丁未日，承袭帝号为皇帝。

孝景皇帝元年十月，皇帝下诏给御史："朕听说古代帝王，始取天下的称为'祖'，始治天下的称为'宗'，制定礼仪音乐各有根据。还听说歌是用来颂扬德行的，舞是用来显扬功绩的。在高庙献酒祭祀，演奏《武德》《文始》《五行》等歌舞。在孝惠庙献酒祭祀，演奏《文始》、《五行》等歌舞。孝文皇帝治理天下，废除限制各地往来的关卡，以利士人游宦和商贾沟通；废除诽谤有罪的法令，取消肉刑，赏赐老人，收养抚恤少无父母和老而无子的贫苦人，以此养育天下众生；减少各种嗜好，不受臣下进献的贡品，不求一己之私利；处治罪犯不株连家属，不诛罚无罪之人；废除宫刑，遣放后宫美人，对使人断绝后代的事看得很重。朕不聪敏，不能熟知孝文皇帝的一切。这些都是古代帝王做不到的，而孝文皇帝亲自实行了。他的功德显赫，与天地之德相当；恩惠广施，遍及四海，没有哪个人不曾得到他的好处。他的光辉如同日月，而祭祀所用的歌舞与文帝的功德却不相称，对此朕心中非常不安。应当为孝文皇帝庙制作《昭德》舞，以显扬他的美德。然后将祖宗的功德载入史册，流传万代，永远没有尽头，朕认为这样做很好。此事交给丞相、列侯、中二千石官员和礼官共同定出礼仪，然后上奏。"丞相申徒嘉等说："陛下始终想着孝亲之道，制作《昭德》之舞来显扬孝文皇帝的赫赫功德，这都是臣等由于愚钝而想不到的。臣谨建议：世间取天下之功没有大过高皇帝的，治天下之德没有超过孝文皇帝的，高皇帝庙应当作为本朝帝王的太祖庙，孝文皇帝庙应当作为本朝帝王的太宗庙。后代天子应当世世祭祀太祖和太宗之庙，各郡各国诸侯也应当为孝文皇帝建立太宗之庙。每年朝廷祭祀时，诸侯王和列侯都要按时派使者来京陪侍天子祭祀，每年都要祭祀太祖、太宗。请把这些写在竹帛上，向天下公布。"景帝下制说："可以。"

太史公说：孔子曾说："治理国家必须经过三十年才能实现仁政。善人治理国家经过一百年，也可以克服残暴免除刑杀。"这话千真万确。汉兴起，到孝文皇帝经过四十多年，德政达到了极盛。由于文帝谦让，一直到今天也没有更改历法、服色和进行封禅。啊，这难道不就是仁吗？

【鉴赏】

本篇通过记录文帝诏令和所行政事相辅相成的写法，塑造了一位完美贤德的帝王形象。所录诏令大多以“上曰”的形式出现，口吻真实，感情诚挚，入情入理，一方面反映了文帝治天下的才能，另一方面反映出文帝仁爱的内心和俭朴的品格，而后者更具感染力。如缇萦上书救父而使文帝怜悯其意，颁布了废除肉刑的诏令，这一事一诏相得益彰，使文帝的仁德之心与仁德之行得到了淋漓尽致的表现。而遣列侯之国、罢卫将军军等诏令以及遗诏，都在言语间贯穿着文帝不烦苦百姓的用心。本篇结尾，作者还巧妙地用景帝之诏，群臣之议，以“世功莫大于高皇帝，德莫大于孝文皇帝”表现了对文帝的赞颂之情。

本篇没有扣人心弦的紧张情节和场面，只是选择一些关键事件娓娓道来，语调舒缓，给人以从容不迫的感觉，自然也饱含着作者对一代明君的追慕和向往之情。如描写文帝即位，他先同左右商议，后又报太后计议，确信朝中大臣迎立之事无疑，才乘车驾往长安，而到了高陵又停下来，使人先入京观其变化。当群臣再拜让他即天子位时，他谦让一番，群臣固请之下，他又“西乡让者三，南乡让者再”，这些细致的描写使文帝的周详慎重表现得非常充分。

史记卷十一·孝景本纪第十一

历史上有“文景之治”之称。文帝是作者心目中的圣贤帝王之一，而景帝则继承和发展了文帝时的基本国策。如“除田半租”“除禁锢”以及遗诏“出宫人归其家”等。尤其对景帝平定吴楚之乱和鼓励农耕等更是加以肯定。然而《孝文本纪》与《孝景本纪》又显出不同记叙风格，最明显的是前者详细记载能反映文帝贤德的诏书及所行仁德之事，后者只以大事记的形式，简略记录景帝在位十六年间所发生的要事。这似乎说明二帝在作者心目中的分量相距颇大。的确，无论在历史功绩和对百姓的仁爱、对臣属的宽厚等方面，景帝远不及文帝。

孝景皇帝者，孝文之中子也。母窦太后。孝文在代时，前后有三男。及窦太后得幸，前后死，及三子更[①]死，故孝景得立。

元年四月乙卯，赦天下。乙巳，赐民爵一级。五月，除田半租。为孝文立太宗庙。令群臣无[②]朝贺。匈奴入代，与约和亲。

二年春，封故相国萧何孙係为武陵侯。男子二十而得傅[③]。四月壬午，孝文太后崩[④]。广川、长沙王皆之国。丞相申屠嘉卒。八月，以御史大夫开封侯陶青为丞相。彗星出东北。秋，衡山雨雹[⑤]，大者五寸，深者二尺。荧惑[⑥]逆行，守北辰[⑦]。月出北辰间。岁星逆行天廷中[⑧]。置南陵及内史、祋祤[⑨]为县。

三年正月乙巳，赦天下。长星出西方。天火燔洛阳东宫大

---

①更：相继，接连。 ②无：通“毋”，不要。 ③傅：著，指登录名字于户籍，从此交纳赋税服徭役。 ④崩：古代帝王或王后死叫崩。 ⑤雨雹：下雹子。 ⑥荧惑：今所谓“火星”。因其隐现不定，令人迷惑，所以叫荧惑。 ⑦守：逼近。北辰：北极星。 ⑧岁星：今所谓木星。天廷：古代分星空为三区，即紫微垣、太微垣、天市垣。天廷即太微垣。 ⑨祋祤：音 duì xǔ。

殿城室[①]。吴王濞、楚王戊、赵王遂、胶西王卬、济南王辟光、菑川王贤、胶东王雄渠反，发兵西乡[②]。天子为诛晁错[③]，遣袁盎谕告，不止，遂西围梁。上乃遣大将军窦婴、太尉周亚夫将兵诛之。六月乙亥，赦亡军[④]及楚元王子蓺等与谋反者。封大将军窦婴为魏其侯。立楚元王子平陆侯礼为楚王。立皇子端为胶西王，子胜为中山王。徙济北王志为菑川王，淮阳王馀为鲁王，汝南王非为江都王。齐王将庐、燕王嘉皆薨。

四年夏，立太子。立皇子彻为胶东王。六月甲戌，赦天下。后九月，更以易阳为阳陵。复置津关，用传[⑤]出入。冬，以赵国为邯郸郡。

五年三月，作阳陵、渭桥。五月，募徙阳陵，予钱二十万。江都大暴风从西方来，坏城十二丈。丁卯，封长公主子蟜为隆虑侯。徙广川王为赵王。

六年春，封中尉绾为建陵侯，江都丞相嘉为建平侯，陇西太守浑邪为平曲侯，赵丞相嘉为江陵侯，故将军布为鄃侯。梁、楚二王皆薨。后九月，伐驰道树，殖兰池。

七年冬，废栗太子为临江王。十一月晦，日有食之。春，免徒隶作阳陵者。丞相青免。二月乙巳，以太尉条侯周亚夫为丞相。四月乙巳，立胶东王太后为皇后。丁巳，立胶东王为太子。名彻。

中元年，封故御史大夫周苛孙平为绳侯，故御史大夫周昌孙左车为安阳侯。四月乙巳，赦天下，赐爵一级。除禁锢[⑥]。地动。衡山、原都雨雹，大者尺八寸。

---

①天火：指由雷电或物体自燃引起的火灾。燔(fán)：焚烧。 ②乡：通“向”，朝向，向着。 ③为诛晁错：为安抚反叛的诸侯王而杀了晁错。 ④亡军：平叛过程中开小差的士兵。 ⑤传(zhuàn)：一种出入关隘的凭证。 ⑥除禁锢：撤销禁止某些人做官的命令。

中二年二月，匈奴入燕，遂不和亲。三月，召临江王来，即死中尉府中。夏，立皇子越为广川王，子寄为胶东王，封四侯。九月甲戌，日食。

中三年冬，罢诸侯御史中丞。春，匈奴王二人率其徒来降，皆封为列侯。立皇子方乘为清河王。三月，彗星出西北。丞相周亚夫免，以御史大夫桃侯刘舍为丞相。四月，地动。九月戊戌晦，日食。军东都门外。

中四年三月，置德阳宫。大蝗。秋，赦徒作阳陵者。

中五年夏，立皇子舜为常山王。封十侯。六月丁巳，赦天下，赐爵一级。天下大潦①。更命诸侯丞相曰相。秋，地动。

中六年二月己卯，行幸雍，郊见五帝。三月，雨雹。四月，梁孝王、城阳共王、汝南王皆薨。立梁孝王子明为济川王，子彭离为济东王，子定为山阳王，子不识为济阴王。梁分为五。封四侯。更命廷尉为大理，将作少府为将作大匠，主爵中尉为都尉，长信詹事为长信少府，将行为大长秋，大行为行人，奉常为太常，典客为大行，治粟内史为大农。以大内为二千石，置左右内官，属大内。七月辛亥，日食。八月，匈奴入上郡。

后元年冬，更命中大夫令为卫尉。三月丁酉，赦天下，赐爵一级。中二千石、诸侯相爵右庶长。四月，大酺②。五月丙戌，地动，其蚤③食时复动。上庸地动二十二日，坏城垣。七月乙巳，日食。丞相刘舍免。八月壬辰，以御史大夫绾为丞相，封为建陵侯。

后二年正月，地一日三动。郅将军击匈奴。酺五日。令内

---

①潦（lǎo）：雨多成灾。②酺（pú）：皇帝在国有吉庆时特许臣民欢庆聚饮。③蚤：通“早”。

史郡不得食马粟[①]，没入县官[②]。令徒隶衣七緵布[③]。止马舂[④]。为岁不登，禁天下食不造岁[⑤]。省[⑥]列侯遣之国。三月，匈奴入雁门。十月，租长陵田。大旱。衡山国、河东、云中郡民疫。

后三年十月，日月皆赤五日。十二月晦，雷。日如紫。五星逆行守太微，月贯天廷中。正月甲寅，皇太子冠[⑦]。甲子，孝景皇帝崩。遗诏赐诸侯王以下至民为父后爵一级，天下户百钱。出宫人归其家，复[⑧]无所与。太子即位，是为孝武皇帝。三月，封皇太后弟蚡为武安侯，弟胜为周阳侯。置阳陵。

太史公曰：汉兴，孝文施大德，天下怀安。至孝景，不复忧异姓，而晁错刻削诸侯，遂使七国俱起，合从而西乡。以诸侯太盛，而错为之不以渐也。及主父偃言之，而诸侯以弱，卒以安。安危之机，岂不以谋哉？

【译文】

孝景皇帝是孝文皇帝排行居中的儿子。生母窦太后。孝文皇帝在代国时，前一个王后有三个儿子，等到窦太后受宠爱，前王后死去，三个儿子也相继死去，所以景帝得以继承帝位。

元年四月乙卯日，大赦天下。乙巳日，赐给每个成年男子爵位一级。五月，下诏减去一半田租。为孝文皇帝修建太宗庙。诏令群臣不必上朝拜贺。同年，匈奴侵入代地，与匈奴定约和亲。

二年春，封原相国萧何之孙萧系为武陵侯。规定男子满二十岁开始

---

①食马粟：即“食马以粟”，意思是用粮食喂马。食（sì）：喂。 ②县官：这里是朝廷、官府的代称。 ③七緵（zōng）布：丧家所用的粗麻布。 ④止马舂：禁止用马拉轮机舂米。规定不许用马而用人力舂粮食，可使贫民得到一些粮食。 ⑤不登：歉收。登：庄稼成熟。食不造岁：口粮吃不到收获时节。造：到。 ⑥省：减少。 ⑦冠：冠礼。这里指举行冠礼。古代男子二十岁时，结发戴冠，举行加冠典礼，表示已成年。 ⑧复：免除赋税徭役。

著于户籍交纳赋税服徭役。四月壬午日，文帝之母薄太后崩。景帝之子广川王刘彭祖、长沙王刘发都回到封国。丞相申屠嘉死。八月，任命御史大夫开封侯陶青为丞相。彗星出现在天空的东北方向。秋天，衡山一带下了冰雹，雹子最大的达五寸，最深的地方达二尺。火星逆向运行，逼近北极星。月亮运行到了北极星的位置。木星在太微垣区域逆向运行。下诏设置南陵和内史辖区的祋祤设为县。

三年正月乙巳日，大赦天下。流星出现在西方，天火烧掉了洛阳的东宫大殿和城楼。吴王刘濞、楚王刘戊、赵王刘遂、胶西王刘卬、济南王刘辟光、菑川王刘贤和胶东王刘雄渠反叛，起兵向西杀来。景帝为安抚反叛的诸侯王而杀了晁错，派遣袁盎通告七国，但七国仍不罢兵，继续西进，包围了梁国。景帝于是派遣大将军窦婴、太尉周亚夫率兵平定了叛乱。六月乙亥日，下诏赦免了平叛中开小差的士兵和楚元王之子刘蓺等参与谋反的人。封大将军窦婴为魏其侯，立楚元王之子平陆侯刘礼为楚王。立皇子刘端为胶西王，刘胜为中山王。改封济北王刘志为菑川王，淮阳王刘余为鲁王，汝南王刘非为江都王。齐王刘将庐、燕王刘嘉都在这一年死去。

四年夏，立太子。立皇子刘彻为胶东王。六月甲戌日，大赦天下。闰九月，将易阳改名为阳陵。重新在水陆要道设置关卡，用凭证方得出入。冬天，改赵国为邯郸郡。

五年三月，修建阳陵和渭桥。五月，拨钱二十万，招募民众迁居阳陵。江都大风暴从西方刮来，毁坏城墙十二丈。丁卯日，景帝封姐姐长公主之子陈蟜为隆虑侯。改封广川王刘彭祖为赵王。

六年春，封中尉卫绾为建陵侯，江都丞相程嘉为建平侯，陇西太守公浑邪为平曲侯，赵丞相苏嘉为江陵侯，前将军栾布为俞侯。梁王、楚王死。闰九月，砍伐驰道两旁的树木移植在兰池。

七年冬，废掉栗太子刘荣，封他为临江王。十一月最后一日，发生日食。春，赦免和释放修建阳陵的囚犯和奴隶。丞相陶青被免职。二月乙巳日，任命太尉条侯周亚夫为丞相。四月乙巳日，立胶东王之母为皇后。

丁巳日，立胶东王为太子，名叫彻。

中元元年，封前御史大夫周苛之孙周平为绳侯，前御史大夫周昌之孙周左车为安阳侯。四月乙巳日，大赦天下，赐给每个成年男子爵位一级。废除不准商人、入赘女婿做官和不准犯过罪的官吏重新做官的法令。发生地震。衡山、原都下了冰雹，最大的达一尺八寸。

中元二年二月，匈奴侵入燕地，遂断绝与匈奴和亲。三月，下令召临江王刘荣来京问罪，刘荣畏罪，就在中尉府中自杀。夏，立皇子刘越为广川王，刘寄为胶东王，分封四位列侯。九月甲戌日，发生日食。

中元三年冬，废除诸侯国御史中丞一职。春，匈奴的两个王率部众前来归降，都被封为列侯。立皇子刘方乘为清河王。三月，彗星出现在天空西北方。丞相周亚夫被免职，任命御史大夫桃侯刘舍为丞相。四月，发生地震。九月最后一日戊戌日，发生日食。在京城的东都门外驻军。

中元四年三月，修建德阳宫，发生大蝗灾。秋天，赦免修建阳陵的囚犯。

中元五年夏，立皇子刘舜为常山王，分封了十个侯。六月丁巳日，大赦天下，赐给每个成年男子爵位一级。发生严重涝灾。将诸侯国丞相改称为相。秋天，发生地震。

中元六年二月己卯日，景帝幸临雍地，在郊外祭祀五帝。三月，下冰雹。四月，梁孝王、城阳共王、汝南王都死了。分别立梁孝王之子刘明为济川王，刘彭离为济东王，刘定为山阳王，刘不识为济阴王，将梁国一分为五，封了四个列侯。将廷尉改名为大理，将作少府改名为将作大匠，主爵中尉改名为都尉，长信詹事改名为长信少府，将行改名为大长秋，大行改名为行人，奉常改名为太常，典客改名为大行，治粟内史改名为大农。将主管京城仓库的大内定为二千石官员，设置左、右内官，隶属于大内。七月辛亥日，发生日食。八月，匈奴侵入上郡。

后元元年冬，将中大夫令改名为卫尉。三月丁酉日，大赦天下，赐给每个成年男子爵位一级。赐给中二千石官员和诸侯国的相以右庶长的爵位。四月,下令特许民众聚会饮酒。五月丙戌日,发生地震,早饭时又震。上庸地震连续二十二日,城墙被震毁。七月乙巳日,发生日食。丞相刘舍被免职。八月壬辰日,任命御史大夫卫绾为丞相,封为建陵侯。

后元二年正月,一日之内连续地震三次。郅都将军率军回击匈奴,下令准许民众聚会饮酒五日。诏令内史和各郡不准用粮食喂马,违者将其马匹收归官府。规定罪犯和奴隶穿很粗糙的七緵布衣服。禁止用马舂米。因为这一年粮食歉收,诏令全国节约用粮,严禁不到收获时节就把口粮吃完。减少驻京的列侯,让他们回到自己的封国去。三月,匈奴侵入雁门郡。十月,将高祖陵墓长陵附近的官田租给农民耕种。发生大旱灾,衡山国、河东郡和云中郡发生瘟疫。

后元三年十月,日月连续五日呈现红色。十二月最后一天,打雷,太阳变成紫色。五星倒转运行在太微垣区域,月亮从太微垣星区穿过。正月甲寅日,皇太子刘彻举行加冠典礼。甲子日,孝景皇帝驾崩。遗诏赐给诸侯王以下至平民应该继承父业的人每人爵位一级,全国每户一百钱。将后宫宫人遣放回家,并免除其终身的赋税。太子即位,这就是孝武皇帝。三月,封皇太后之弟田蚡为武安侯,田胜为周阳侯。将景帝的灵柩安葬在阳陵。

太史公说:汉兴以来,孝文皇帝广施恩德,天下安宁。到了孝景时,不再担心异姓诸侯王反叛,然而晁错建议削夺同姓诸侯王的封地,使得吴、楚七国一同起兵反叛,联合向西一路攻杀。这是由于诸侯势力太强大,而晁错又没有采取逐步削减的办法。等到主父偃提出建言,才使诸侯王势力弱下来,天下终于安定。这样看来,国家安危的关键,难道不在于谋略吗?

史记卷十二·孝武本纪第十二

这篇本纪是后人截取《史记·封禅书》后半部分，并以例补写开头而成。这段文字记载了汉武帝即位后四十余年间的祭祀天地鬼神、迷信方士及封禅求仙等种种“终无有验”的活动。主要以武帝耽迷于鬼神方术为中心，先后叙写了李少君、齐人少翁、栾大和公孙卿等方士迎合武帝祈福寻仙、求长生不老之术的圣意，运用种种所谓的方术对武帝进行的愚弄，而武帝对之却深信不疑，或尊之礼之，或封之赏之，始终不能醒悟。作者对方士炫人眼目、故弄玄虚的祈神求仙的方术做了生动曲折的描述，而对方士巧行伪诈和武帝荒唐愚昧的嘲讽也自寓其中。

孝武皇帝者，孝景中子也。母曰王太后。孝景四年，以皇子为胶东王。孝景七年，栗太子废为临江王，以胶东王为太子。孝景十六年崩，太子即位，为孝武皇帝。孝武皇帝初即位，尤敬鬼神之祀。

元年，汉兴已六十馀岁矣，天下乂安①，荐绅之属皆望天子封禅改正度也②。而上乡③儒术，招贤良，赵绾、王臧等以文学④为公卿，欲议古立明堂⑤城南，以朝诸侯，草⑥巡狩封禅改历服色事未就，会窦太后治黄老言，不好儒术，使人微得赵绾等奸利事⑦，召案⑧绾、臧，绾、臧自杀，诸所兴为者皆废。

---

①乂(yì)安：安定。 ②荐绅：本指高级官吏的装束，后用以代称官吏。封禅：帝王祭天地的典礼，在泰山上筑坛祭天为封，在泰山下的梁父山上辟场祭地为禅。 ③乡：通“向”，向往，崇尚。 ④文学：指文章博学，为孔门四科之一。 ⑤明堂：古代帝王宣明政教的地方。 ⑥草：草拟。 ⑦微：暗暗地，指暗中察访。奸利事：指用不正当手段谋利之类的事。 ⑧召案：传讯审问。

后六年，窦太后崩。其明年，上征文学之士公孙弘等。

明年，上初至雍，郊见五畤[①]。后常三岁一郊。是时上求神君，舍之上林中蹏氏观。神君者，长陵女子，以子死悲哀，故见神于先后宛若[②]。宛若祠之其室，民多往祠。平原君往祠，其后子孙以尊显。及武帝即位，则厚礼置祠之内中，闻其言，不见其人云。

是时而李少君亦以祠灶、谷道、却老[③]方见上，上尊之。少君者，故深泽侯人以主方[④]。匿其年及所生长，常自谓七十，能使物[⑤]却老。其游以方遍诸侯。无妻子。人闻其能使物及不死，更[⑥]馈遗之，常馀金钱帛衣食。人皆以为不治产业而饶给[⑦]，又不知其何所人，愈信，争事之。少君资好方，善为巧发奇中[⑧]。尝从武安侯饮，坐中有年九十馀老人，少君乃言与其大父游射处，老人为儿时从其大父行，识其处，一坐尽惊。少君见上，上有故铜器，问少君，少君曰："此器齐桓公十年陈于柏寝。"已而案[⑨]其刻，果齐桓公器。一宫尽骇，以少君为神，数百岁人也。

少君言于上曰："祠灶则致物[⑩]，致物而丹砂可化为黄金，黄金成以为饮食器则益寿，益寿而海中蓬莱仙者可见，见之以封禅则不死，黄帝是也。臣尝游海上，见安期生，食巨枣，大如瓜。安期生仙者，通蓬莱中，合[⑪]则见人，不合则隐。"于是天子始亲祠灶，而遣方士入海求蓬莱安期生之属，而事化丹砂诸药齐[⑫]为

---

①郊：古代祭礼的一种，即在郊外祭祀天地。畤(zhì)：古代用来祭祀天地和五帝的祭坛。 ②见神：显灵。见：通"现"。先后：关中方言，妯娌。 ③祠灶：祭祀灶神。谷道：辟谷不食之道。却老：延缓衰老，使人长生不老。 ④主方：主管方药、方术之事。 ⑤使物：驱使精灵鬼物。 ⑥更：相继。 ⑦饶：物产富足。给(jǐ)：富足，富裕。 ⑧巧发奇中：善于揣摩人的心理，巧言说中事情。 ⑨案：考察，查验。 ⑩致物：招引精灵鬼神前来。 ⑪合：投合，融洽。 ⑫齐：同"剂"。

黄金矣。

居久之，李少君病死。天子以为化去不死也，而使黄锤史宽舒受其方。求蓬莱安期生莫能得，而海上燕、齐怪迂之方士多相效，更言神事矣。

亳人薄诱忌奏祠泰一方①，曰："天神贵者泰一，泰一佐曰五帝。古者天子以春秋祭泰一东南郊，用太牢具②，七日，为坛开八通之鬼道。"于是天子令太祝立其祠长安东南郊，常奉祠如忌方。其后人有上书，言"古者天子三年一用太牢具祠神三一：天一，地一，泰一"。天子许之，令太祝领祠之忌泰一坛上，如其方。后人复有上书，言"古者天子常以春秋解祠③，祠黄帝用一枭破镜；冥羊用羊；祠马行用一青牡马；泰一、皋山山君、地长用牛；武夷君用干鱼；阴阳使者以一牛"。令祠官领之如其方，而祠于忌泰一坛旁。

其后，天子苑有白鹿，以其皮为币，以发瑞应，造白金焉。

其明年，郊雍，获一角兽，若麃然。有司曰："陛下肃祗郊祀，上帝报享，锡④一角兽，盖麟云。"于是以荐⑤五畤，畤加一牛以燎。赐诸侯白金，以风⑥符应合于天地。

于是济北王以为天子且⑦封禅，乃上书献泰山及其旁邑。天子受之，更以他县偿之。常山王有罪，迁，天子封其弟于真定，以续先王祀，而以常山为郡。然后五岳皆在天子之郡。

其明年，齐人少翁以鬼神方见上。上有所幸王夫人，夫人卒，少翁以方术盖夜致王夫人及灶鬼之貌云，天子自帷中望见

①薄诱忌：司马贞《史记索隐》认为"薄"为"亳"的衍文，"诱"为"谬"之误写。应作"谬忌"。《封禅书》和《汉书·郊祀志》皆作"亳人谬忌"。泰一：传说中最尊贵的神，也作"太一"。 ②太牢：古代祭祀或宴会，牛、羊、豕三牲齐备叫太牢。 ③解祠：祭祀以祈求免除祸祟。 ④锡：赐予。 ⑤荐：进献祭品。 ⑥风：通"讽"，讽喻。 ⑦且：将要。

焉。于是乃拜少翁为文成将军，赏赐甚多，以客礼礼之。文成言曰："上即欲与神通，宫室被服不象神，神物不至。"乃作画云气车，及各以胜日驾车辟恶鬼。又作甘泉宫，中为台室，画天、地、泰一诸神，而置祭具以致天神。居岁馀，其方益衰，神不至。乃为帛书以饭牛，详弗知也，言此牛腹中有奇。杀而视之，得书，书言甚怪，天子疑之。有识其手书，问之人，果伪书。于是诛文成将军而隐之。

其后则又作柏梁、铜柱、承露仙人掌之属矣。

文成死明年，天子病鼎湖甚，巫医无所不致，至不愈。游水发根乃言曰："上郡有巫，病而鬼下之。"上召置祠之甘泉。及病，使人问神君。神君言曰："天子毋忧病。病少愈，强与我会甘泉。"于是病愈，遂幸甘泉，病良已①。大赦天下，置寿宫神君，神君最贵者大夫，其佐曰大禁、司命之属，皆从之。非可得见，闻其音，与人言等。时去时来，来则风肃然也。居室帷中。时昼言，然常以夜。天子祓②，然后入。因巫为主人，关③饮食。所欲者言行下，又置寿宫、北宫，张羽旗，设供具，以礼神君。神君所言，上使人受书其言，命之曰"画法"。其所语，世俗之所知也，毋绝殊者④，而天子独喜。其事秘，世莫知也。

其后三年，有司言元宜以天瑞命，不宜以一二数。一元曰建元，二元以长星曰元光，三元以郊得一角兽曰元狩云。

其明年冬，天子郊雍，议曰："今上帝朕亲郊，而后土毋祀，则礼不答也。"有司与太史公、祠官宽舒等议："天地牲角茧栗⑤。今陛下亲祀后土，后土宜于泽中圜丘为五坛，坛一黄犊太牢具，

①良：确实。已：停止，这里指痊愈。 ②祓(fú)：祈福除灾的祭祀。 ③关：关照，送。 ④绝殊：特别。 ⑤牲角茧栗：意思是祭天地用的牛，其角如蚕茧或板栗一样大小。这是指祭祀用的幼牲。

已祠尽瘗[1]，而从祠衣上黄。”于是天子遂东，始立后土祠汾阴脽上，如宽舒等议。上亲望拜，如上帝礼。礼毕，天子遂至荥阳而还。过洛阳，下诏曰：“三代邈绝，远矣难存，其以三十里地封周后为周子南君，以奉先王祀焉。”是岁，天子始巡郡县，侵寻[2]于泰山矣。

其春，乐成侯上书言栾大。栾大，胶东宫人，故尝与文成将军同师，已而为胶东王尚方。而乐成侯姊为康王后，毋子。康王死，他姬子立为王。而康后有淫行，与王不相得，相危以法。康后闻文成已死，而欲自媚于上，乃遣栾大因乐成侯求见言方。天子既诛文成，后悔恨其早死，惜其方不尽，及见栾大，大悦。大为人长美，言多方略，而敢为大言，处之不疑[3]。大言曰：“臣尝往来海中，见安期、羡门之属。顾以为臣贱，不信臣。又以为康王诸侯耳，不足予方。臣数言康王，康王又不用臣。臣之师曰：‘黄金可成，而河决可塞，不死之药可得，仙人可致也。’臣恐效文成，则方士皆掩口，恶敢[4]言方哉！”上曰：“文成食马肝死耳。子诚能修其方，我何爱[5]乎！”大曰：“臣师非有求人，人者求之。陛下必欲致之，则贵其使者，令有亲属，以客礼待之，勿卑，使各佩其信印，乃可使通言于神人。神人尚肯邪不邪？致尊其使，然后可致也。”于是上使先验小方。斗旗，旗自相触击。

是时上方忧河决，而黄金不就，乃拜大为五利将军。居月馀，得四金印，佩天士将军、地士将军、大通将军、天道将军印。制诏御史：“昔禹疏九江，决四渎[6]。间者河溢皋陆[7]，堤繇[8]不

---

①瘗(yì)：埋。 ②侵：渐近，逐渐。寻：这里有接近的意思。 ③疑：犹豫。 ④恶敢：焉敢，岂敢。 ⑤爱：吝惜。 ⑥决：疏通水道。渎：河流。 ⑦间者：近来。皋陆：河边陆地。 ⑧堤繇：修筑堤防的劳役。繇：通“徭”，徭役，劳役。

息。朕临天下二十有八年，天若遗朕士而大通焉①。乾称'蜚龙'，'鸿渐于般'②，意庶几与③焉。其以二千户封地士将军大为乐通侯。"赐列侯甲第，僮千人。乘舆斥④车马帷帐器物以充其家。又以卫长公主妻之，赍金万斤，更名其邑曰当利公主。天子亲如五利之第。使者存问⑤所给，连属于道。自大主将相以下，皆置酒其家，献遗之。于是天子又刻玉印曰"天道将军"，使使衣羽衣，夜立白茅上，五利将军亦衣羽衣，立白茅上受印，以示弗臣也。而佩"天道"者，且为天子道天神也。于是五利常夜祠其家，欲以下神。神未至而百鬼集矣，然颇能使之。其后治装行，东入海，求其师云。大见数月，佩六印，贵振天下，而海上燕、齐之间，莫不搤腕而自言有禁方，能神仙矣。

其夏六月中，汾阴巫锦为民祠魏脽后土营⑥旁，见地如钩状，掊⑦视得鼎。鼎大异于众鼎，文镂无款识⑧，怪之，言吏。吏告河东太守胜，胜以闻。天子使使验问巫锦得鼎无奸诈，乃以礼祠，迎鼎至甘泉，从行，上荐之。至中山，晏温⑨，有黄云盖焉。有麃过，上自射之，因以祭云。至长安，公卿大夫皆议请尊宝鼎。天子曰："间者河溢，岁数不登，故巡祭后土，祈为百姓育谷。今年丰庑未有报，鼎曷为⑩出哉？"有司皆曰："闻昔大帝兴神鼎一，一者一统，天地万物所系终也。黄帝作宝鼎三，象天地人也。禹收九牧之金，铸九鼎，皆尝鬺烹⑪上帝鬼神。遭圣则

---

①天若遗朕士而大通焉：上天要是送方士给朕，那就是大通将军了。 ②蜚：通"飞"，《乾卦》有"飞龙在天"。般：通"磐"，《渐卦》有"鸿渐于般"。《会注考证》引方苞曰："飞龙在天，利见大人，言君之得臣也；鸿渐于磐，饮食衎衎，言臣之得君也。武帝以栾大为天所遗士，故引此。" ③庶几：或许，差不多。与：相与，相同。 ④斥：多余的，不用的。 ⑤存问：看望，慰问。 ⑥营：同"茔"，指祠坛、陵墓所占的地域。 ⑦掊(póu)：用手将土扒开。 ⑧文：花纹。镂：雕刻。款识(zhì)：古代鼎彝器上铸刻的文字。 ⑨晏温：天气晴朗暖和。 ⑩曷为：为什么。曷：通"何"，什么。 ⑪鬺(shāng)烹：烹煮，特指烹煮牲畜以祭祀。

兴,迁于夏、商。周德衰,宋之社亡,鼎乃沦伏而不见。《颂》云‘自堂徂基,自羊徂牛;鼐鼎及鼒,不虞不骜,胡考之休[①]’。今鼎至甘泉,光润龙变[②],承休无疆。合兹中山,有黄白云降盖,若兽为符,路弓乘[③]矢,集获坛下,报祠大飨。惟受命而帝者心知其意而合德焉。鼎宜见于祖祢[④],藏于帝廷,以合明应[⑤]。”制曰:“可。”

入海求蓬莱者,言蓬莱不远,而不能至者,殆不见其气。上乃遣望气佐候[⑥]其气云。

其秋,上幸雍,且郊。或曰“五帝,泰一之佐也,宜立泰一而上亲郊之”。上疑未定。齐人公孙卿曰:“今年得宝鼎,其冬辛巳朔旦冬至,与黄帝时等。”卿有札书曰:“黄帝得宝鼎宛朐,问于鬼臾区。区对曰:‘黄帝得宝鼎神策,是岁己酉朔旦冬至,得天之纪,终而复始。’于是黄帝迎日推策,后率[⑦]二十岁得朔旦冬至,凡二十推,三百八十年,黄帝仙登于天。”卿因所忠欲奏之。所忠视其书不经[⑧],疑其妄书,谢曰:“宝鼎事已决矣,尚何以为!”卿因嬖人奏之。上大说,召问卿。对曰:“受此书申功,申功已死。”上曰:“申功何人也?”卿曰:“申功,齐人也。与安期生通,受黄帝言,无书,独有此鼎书。曰‘汉兴复当黄帝之时[⑨],汉之圣者在高祖之孙且曾孙也。宝鼎出而与神通,封禅。封禅七十二王,唯黄帝得上泰山封’。申功曰:‘汉主亦当上封,上封则

---

①以上五句见《诗经·周颂·丝衣》,是一首写祭祀的诗,佞幸引之以赞美武帝之虔诚于祭祀。堂:正屋。徂(cú):往,到。基:地基,墙基,这里指台阶。鼐(nài):大鼎。鼒(zī):小鼎。虞:通“娱”,快乐,引申为喧哗。骜:通“傲”,傲慢。胡考:长寿。休:福。 ②龙变:像龙一样地变化,指变化神奇莫测。 ③乘:古时“四”的代称。 ④祖祢:祖先。祢(nǐ):父亲的灵位,此指祭祀亡父的宗庙。 ⑤明:神明,神灵。应:瑞应,符应。 ⑥佐:辅助,协助。候:观测,觇测。 ⑦率:大概,大致。 ⑧经:正常。 ⑨复当黄帝之时:应当跟黄帝时的历日相同。

能仙登天矣。黄帝时万诸侯，而神灵之封居七千。天下名山八，而三在蛮夷，五在中国。中国华山、首山、太室、泰山、东莱，此五山黄帝之所常游，与神会。黄帝且战且学仙，患百姓非其道，乃断斩非鬼神者。百馀岁然后得与神通。黄帝郊雍上帝，宿三月。鬼臾区号大鸿，死葬雍，故鸿冢是也。其后黄帝接万灵明廷，明廷者，甘泉也。所谓寒门者，谷口也。黄帝采首山铜，铸鼎荆山下。鼎既成，有龙垂胡髯下迎黄帝。黄帝上骑，群臣后宫从上龙七十馀人，龙乃上去。馀小臣不得上，乃悉持龙髯，龙髯拔，堕黄帝之弓。百姓仰望黄帝既上天，乃抱其弓与龙胡髯号，故后世因名其处曰鼎湖，其弓曰乌号。'"于是天子曰："嗟乎！吾诚得如黄帝，吾视去妻子如脱躧[①]耳。"乃拜卿为郎，东使候神于太室。

上遂郊雍，至陇西，西登空桐，幸甘泉。令祠官宽舒等具泰一祠坛，坛放[②]薄忌泰一坛，坛三垓[③]。五帝坛环居其下，各如其方，黄帝西南，除[④]八通鬼道。泰一所用，如雍一畤物，而加醴枣脯[⑤]之属，杀一牦牛以为俎豆[⑥]牢具。而五帝独有俎豆醴进。其下四方地，为餟[⑦]食群神从者及北斗云。已祠，胙馀皆燎之[⑧]。其牛色白，鹿居其中，彘在鹿中，水而洎[⑨]之。祭日以牛，祭月以羊彘特[⑩]。泰一祝宰则衣紫及绣。五帝各如其色，日赤，月白。

十一月辛巳朔旦冬至，昧爽[⑪]，天子始郊拜泰一。朝朝日，夕夕月[⑫]，则揖；而见泰一如雍礼。其赞飨[⑬]曰："天始以宝鼎神

---

①躧(xǐ)：鞋。 ②放：通"仿"，模仿，仿照，效仿。 ③垓：同"陔"，台阶的层次。 ④除：修，修筑。 ⑤醴(lǐ)：甜酒。脯(fǔ)：肉干。 ⑥俎豆：祭祀时盛牛羊等祭品的礼器。⑦餟(zhuì)：祭祀时将酒洒在地上。 ⑧胙(zuò)：祭祀用的肉。燎(liǎo)：烤，烘烤。 ⑨洎(jì)：浸泡，浸透。 ⑩特：一头(牲畜)。 ⑪昧爽：拂晓，天蒙蒙亮。 ⑫朝(zhāo)朝(cháo)日：早晨朝拜日神。夕夕月：傍晚祭祀月神。夕月：祭月神称"夕月"。 ⑬赞飨：祀神时献祝辞以劝食。

策授皇帝，朔而又朔，终而复始，皇帝敬拜见焉。”而衣上黄。其祠列火满坛，坛旁烹炊具。有司云“祠上有光焉”。公卿言“皇帝始郊见泰一云阳，有司奉瑄玉嘉牲荐飨。是夜有美光，及昼，黄气上属天”。太史公、祠官宽舒等曰：“神灵之休，祐福兆祥，宜因此地光域立泰畤坛以明应。令太祝领，秋及腊间祠。三岁天子一郊见。”

其秋，为伐南越，告祷泰一，以牡荆画幡日月北斗登龙，以象天一三星，为泰一锋，名曰“灵旗”。为兵祷，则太史奉以指所伐国。而五利将军使不敢入海，之泰山祠。上使人微随验，实无所见。五利妄言见其师。其方尽，多不雠[①]。上乃诛五利。

其冬，公孙卿候神河南，见仙人迹缑氏城上。有物若雉，往来城上。天子亲幸缑氏城视迹，问卿：“得毋效文成、五利乎？”卿曰：“仙者非有求人主，人主求之。其道非少宽假[②]，神不来。言神事，事如迂诞[③]，积以岁乃可致。”于是郡国各除道，缮治宫观名山神祠所，以望幸矣。

其年，既灭南越，上有嬖臣李延年以好音见。上善之，下公卿议，曰：“民间祠尚有鼓舞之乐，今郊祀而无乐，岂称乎？”公卿曰：“古者祀天地皆有乐，而神祇可得而礼。”或曰：“泰帝使素女鼓五十弦瑟，悲，帝禁不止，故破其瑟为二十五弦。”于是塞南越，祷祠泰一、后土，始用乐舞。益召歌儿，作二十五弦及箜篌瑟自此起。

其来年冬，上议曰：“古者先振兵泽旅[④]，然后封禅。”乃遂北巡朔方，勒兵[⑤]十馀万。还祭黄帝冢桥山，泽兵须如。上曰：“吾

---

①雠：应验，与事实相符。 ②宽假：宽容，指时间上放宽些。 ③迂诞：迂阔荒诞，指不切合实际，没有事实根据。 ④振兵泽旅：意思是停止用武。振：整顿。泽：通“释”，遣散。 ⑤勒兵：统兵布阵。

闻黄帝不死，今有冢，何也?”或对曰:“黄帝已仙上天，群臣葬其衣冠。”既至甘泉，为且用事泰山，先类[①]祠泰一。

自得宝鼎，上与公卿诸生议封禅。封禅用希旷绝[②]，莫知其仪礼，而群儒采封禅《尚书》《周官》《王制》之望祀射牛事。齐人丁公年九十馀，曰:“封者，合不死之名也。秦皇帝不得上封。陛下必欲上，稍上即无风雨，遂上封矣。”上于是乃令诸儒习射牛，草封禅仪。数年，至且行。天子既闻公孙卿及方士之言，黄帝以上封禅，皆致怪物与神通，欲放黄帝以尝接神仙人蓬莱士，高世比德于九皇，而颇采儒术以文之[③]。群儒既以不能辩明封禅事，又牵拘于《诗》《书》古文而不敢骋[④]。上为封祠器示群儒，群儒或曰“不与古同”，徐偃又曰“太常诸生行礼不如鲁善”。周霸属图[⑤]封事。于是上绌[⑥]偃、霸，尽罢诸儒弗用。

三月，遂东幸缑氏，礼登中岳太室。从官在山下闻若有言“万岁”云。问上，上不言;问下，下不言。于是以三百户封太室奉祠，命曰崇高邑。东上泰山，山之草木叶未生，乃令人上石立之泰山颠。

上遂东巡海上，行礼祠八神。齐人之上疏言神怪奇方者以万数，然无验者。乃益发船，令言海中神山者数千人求蓬莱神人。公孙卿持节常先行候名山，至东莱，言夜见一人，长数丈，就之则不见，见其迹甚大，类禽兽云。群臣有言见一老父[⑦]牵狗，言“吾欲见巨公”，已忽不见。上既见大迹，未信;及群臣有言老父，则大以为仙人也。宿留海上，与方士传车及间使求仙

---

①类:通“禷”，祭祀名，以特别事故祭祀天神。 ②用:因为，由于。希:同“稀”，少，这里指封禅很少举行。旷绝:断绝。旷:阻隔。 ③颇:稍微。文:修饰，粉饰。 ④骋:尽情施展，不受拘束，驰骋想象。 ⑤属:值，正在。图:谋划，策划。 ⑥绌:通“黜”，罢免，贬退。 ⑦父:通“甫(fǔ)”，对成年男子的尊称。

人以千数[1]。

四月，还至奉高。上念诸儒及方士言封禅人人殊，不经，难施行。天子至梁父，礼祠地主。乙卯，令侍中儒者皮弁荐绅[2]，射牛行事。封泰山下东方，如郊祠泰一之礼。封广丈二尺，高九尺，其下则有玉牒书，书秘。礼毕，天子独与侍中奉车子侯上泰山，亦有封。其事皆禁。明日，下阴道。丙辰，禅泰山下阯[3]东北肃然山，如祭后土礼。天子皆亲拜见，衣上黄而尽用乐焉。江淮间一茅三脊为神藉。五色土益杂封。纵远方奇兽蜚禽及白雉诸物，颇以加祠。兕旄牛犀象之属弗用。皆至泰山然后去。封禅祠，其夜若有光，昼有白云起封中。

天子从封禅还，坐明堂，群臣更上寿。于是制诏御史："朕以眇眇之身承至尊，兢兢焉惧弗任。维德菲薄，不明于礼乐。修祀泰一，若有象景光，屑如有望，依依震于怪物，欲止不敢，遂登封泰山，至于梁父，而后禅肃然。自新，嘉与士大夫更始[4]。赐民百户牛一酒十石，加年八十孤寡布帛二匹。复[5]博、奉高、蛇丘、历城，毋出今年租税。其赦天下，如乙卯赦令。行所过毋有复作[6]。事在二年前，皆勿听治[7]。"又下诏曰："古者天子五载一巡狩，用事泰山，诸侯有朝宿地。其令诸侯各治邸泰山下。"

天子既已封禅泰山，无风雨灾，而方士更言蓬莱诸神山若将可得，于是上欣然庶几遇之，乃复东至海上望，冀遇蓬莱焉。奉车子侯暴病，一日死，上乃遂去，并[8]海上，北至碣石，巡自辽

---

①传(zhuàn)车：驿站上供过往使者所用的马车。间：暗中，悄悄。 ②皮弁：头戴鹿皮帽，腰插笏板，是一种参加典礼的装束。 ③下阯：山脚下。 ④嘉与：奖励，勉励。更始：重新开始。 ⑤复：免除赋税徭役。 ⑥复作：被罚苦役的犯人。 ⑦听治：惩治，追究。 ⑧并：同"傍"，沿着。

西，历北边至九原。五月，返至甘泉。有司言宝鼎出为元鼎，以今年为元封元年。

其秋，有星茀①于东井。后十余日，有星茀于三能②。望气王朔言："候独见其星出如瓠，食顷复入焉。"有司言曰："陛下建汉家封禅，天其报德星云。"

其来年冬，郊雍五帝，还，拜祝祠泰一。赞飨曰："德星昭衍，厥维休祥。寿星仍出，渊耀光明。信星昭见，皇帝敬拜泰祝之飨。"

其春，公孙卿言见神人东莱山，若云"见天子"。天子于是幸缑氏城，拜卿为中大夫。遂至东莱，宿留之数日，毋所见，见大人迹。复遣方士求神怪采芝药以千数。是岁旱。于是天子既出毋名，乃祷万里沙，过祠泰山。还至瓠子，自临塞决河。留二日，沈祠而去。使二卿将卒塞决河。河徙二渠，复禹之故迹焉。

是时既灭南越，越人勇之乃言"越人俗信鬼，而其祠皆见鬼，数有效。昔东瓯王敬鬼，寿至百六十岁。后世谩怠③，故衰耗"。乃令越巫立越祝祠，安台无坛，亦祠天神上帝百鬼，而以鸡卜。上信之，越祠鸡卜始用焉。

公孙卿曰："仙人可见，而上往常遽④，以故不见。今陛下可为观，如缑氏城，置脯枣，神人宜可致。且仙人好楼居。"于是上令长安则作蜚廉桂观，甘泉则作益延寿观，使卿持节设具而候神人。乃作通天台，置祠具其下，将招来神仙之属。于是甘泉更置前殿，始广诸宫室。夏，有芝生殿防内中。天子为塞河，兴

①茀(bó)：通"孛(bèi)"，彗星出现时光芒四射的样子。 ②三能：即"三台"，星名。分上台、中台、下台共六星，两两并列。能：通"台"。 ③谩：通"慢"，怠慢。 ④遽：匆忙，仓促。

通天台，若有光云，乃下诏曰："甘泉防生芝九茎，赦天下，毋有复作。"

其明年，伐朝鲜。夏，旱。公孙卿曰："黄帝时封则天旱，乾封三年。"上乃下诏曰："天旱，意乾封乎？其令天下尊祠灵星焉。"

其明年，上郊雍，通回中道，巡之。春，至鸣泽，从西河归。

其明年冬，上巡南郡，至江陵而东。登礼[①]潜之天柱山，号曰南岳。浮江[②]，自寻阳出枞阳，过彭蠡，祀其名山川。北至琅邪，并海上。四月中，至奉高修封焉。

初，天子封泰山，泰山东北阯古时有明堂处，处险不敞。上欲治明堂奉高旁，未晓其制度。济南人公玊带上黄帝时明堂图。明堂图中有一殿，四面无壁，以茅盖，通水，圜宫垣为复道，上有楼，从西南入，命曰昆仑，天子从之入，以拜祠上帝焉。于是上令奉高作明堂汶上，如带图。及五年修封，则祠泰一、五帝于明堂上坐[③]，令高皇帝祠坐对之。祠后土于下房，以二十太牢。天子从昆仑道入，始拜明堂如郊礼。礼毕，燎堂下。而上又上泰山，有秘祠其颠。而泰山下祠五帝，各如其方，黄帝并赤帝，而有司侍祠焉。泰山上举火，下悉应之。

其后二岁，十一月甲子朔旦冬至，推历者以本统[④]。天子亲至泰山，以十一月甲子朔旦冬至日祠上帝明堂，毋修封禅。其赞飨曰："天增授皇帝泰元神策，周而复始。皇帝敬拜泰一。"东至海上，考入海及方士求神者，莫验，然益遣，冀遇之。

十一月乙酉，柏梁灾。十二月甲午朔，上亲禅高里，祠后

①登：登高。礼：祭祀。 ②浮江：指在长江上乘船。浮：乘船走水路。 ③上坐：尊贵的位置。坐：通"座"。 ④推历：推算历法。本统：认为以夏历十一月朔旦冬至为推历法的起点是正统。

土。临渤海，将以望祠蓬莱之属，冀至殊庭焉。

上还，以柏梁灾故，朝受计[①]甘泉。公孙卿曰："黄帝就[②]青灵台，十二日烧，黄帝乃治明庭。明庭，甘泉也。"方士多言古帝王有都甘泉者。其后天子又朝诸侯甘泉，甘泉作诸侯邸。勇之乃曰："越俗有火灾，复起屋必以大，用胜服[③]之。"于是作建章宫，度为千门万户。前殿度高未央。其东则凤阙，高二十馀丈。其西则唐中，数十里虎圈。其北治大池，渐台高二十馀丈，名曰泰液池。中有蓬莱、方丈、瀛洲、壶梁，象海中神山龟鱼之属。其南有玉堂、璧门、大鸟之属。乃立神明台、井幹楼，度五十馀丈，辇道相属焉。

夏，汉改历，以正月为岁首，而色上黄，官名更印章以五字，因为太初元年。是岁，西伐大宛。蝗大起。丁夫人、洛阳虞初等以方祠诅[④]匈奴、大宛焉。

其明年，有司言雍五畤无牢熟具，芬芳不备。乃命祠官进畤犊牢具，五色食所胜，而以木禺[⑤]马代驹焉。独五帝用驹。行亲郊用驹，及诸名山川用驹者，悉以木禺马代。行过，乃用驹。他礼如故。

其明年，东巡海上，考神仙之属，未有验者。方士有言"黄帝时为五城十二楼，以候神人于执期，命曰迎年"。上许作之如方，名曰明年。上亲礼祠上帝，衣上黄焉。

公玊带曰："黄帝时虽封泰山，然风后、封巨、岐伯令黄帝封东泰山、禅凡山，合符，然后不死焉。"天子既令设祠具，至东泰山，东泰山卑小，不称其声，乃令祠官礼之，而不封禅焉。其后

①计：指各郡国上报的计簿。 ②就：完成，建成。 ③胜服：压倒，制服。胜：也称"压胜"，用巫术制服魔鬼。 ④以方祠诅：用方术祭祀，祈求鬼神加祸于人。 ⑤木禺：同"木偶"。

令带奉祠候神物。夏，遂还泰山，修五年之礼如前，而加禅祠石闾。石闾者，在泰山下阯南方，方士多言此仙人之闾也，故上亲禅焉。

其后五年，复至泰山修封，还过祭常山。

今天子所兴祠，泰一、后土，三年亲郊祠，建汉家封禅，五年一修封。薄忌泰一及三一、冥羊、马行、赤星，五，宽舒之祠官以岁时致礼。凡六祠，皆太祝领之。至如八神诸神，明年、凡山他名祠，行过则祀，去则已。方士所兴祠，各自主，其人终则已，祠官弗主。他祠皆如其故。今上封禅，其后十二岁而还，遍于五岳、四渎矣。而方士之候祠神人，入海求蓬莱，终无有验。而公孙卿之候神者，犹以大人迹为解，无其效。天子益怠厌方士之怪迂语矣，然终羁縻[①]弗绝，冀遇其真。自此之后，方士言祠神者弥众，然其效可睹矣。

太史公曰：余从巡祭天地诸神名山川而封禅焉。入寿宫侍祠神语，究观方士祠官之言，于是退而论次自古以来用事于鬼神者，具见其表里。后有君子，得以览焉。至若俎豆珪币之详，献酬之礼，则有司存焉。

【译文】

孝武皇帝是孝景皇帝排行居中的儿子，母亲是王太后。孝景四年，他以皇子身份做胶东王。孝景七年，栗太子刘荣被废，改封临江王，立胶东王为太子。景帝在位十六年驾崩，太子即位，这就是孝武皇帝。孝武皇帝刚即位，就特别敬重祭祀鬼神。

元年，汉兴起已有六十多年了，天下安定，朝廷大臣都希望天子举行

①羁縻（jī mí）：笼络。

封禅大典，改换历法、律度。而皇上崇尚儒术，招纳贤良之士，赵绾、王臧等人就靠文章博学而位至公卿，他们想建议天子按古制在城南建立宣明政教的明堂，用来朝会诸侯。他们草拟天子出巡、封禅和改换历法、服色制度尚未完成，正赶上窦太后还在推崇黄帝、老子的道家学说，不喜欢儒术，于是派人暗中察访赵绾等人所干的非法牟利之类的事，传讯审查赵绾、王臧，赵绾、王臧自杀，他们所建议兴办的那些事也就废止了。

此后六年，窦太后驾崩。第二年，皇上征召文学之士公孙弘等人。

又过了一年，皇帝初次来到雍地，在五畤举行郊祀仪式祭天帝。以后常是每三年郊祀一次。这时皇上求得一位神君，供奉在上林苑中的蹄氏观。神君本是长陵的一个女子，因为儿子夭折，悲哀而死，显灵于她的妯娌宛若身上。宛若在家里供奉她，很多百姓都去祭祀。战国时平原君曾前往祭祀，他的后代子孙因此而尊贵显赫。到武帝即位后，就用隆重的礼仪安置在宫内供奉，能听见神君的说话声，但见不到她本人。

当时李少君也以祭灶致福、避谷不食、长生不老的方术晋见皇上，受到皇上敬重。李少君是由已故的深泽侯引荐而主管方术之事的。他隐瞒了自己的年龄和出身经历，常自称七十岁了，能驱使鬼物，使人长生不老。他靠方术遍游诸侯，没有妻子儿女。人们听说他能驱使鬼物，还能使人长生不老，就不断赠送财物给他，因此他常有多余的金钱、丝帛、衣服和食物。人们都以为他不治事产业就很富有，又不知他是什么地方的人，对他越发相信，争着侍奉他。李少君天生喜好方术，善于用巧言说中事情。他曾跟从武安侯宴饮，座中有位九十多岁的老人，他就谈起从前跟老人的祖父一起游玩射猎的地方，这位老人小时候曾跟着祖父，还能记得那些地方，满座宾客都十分惊讶。少君拜见皇上，皇上有一件古铜器，拿出来问少君。少君说："这件铜器，齐桓公十年时陈列在柏寝台。"过后查验铜器上的铭文，果真是齐桓公时的器物。整个宫中都大为吃惊，以为少君就是神，已有几百岁了。

李少君对皇上说道："祭祀灶神就能招来鬼神，招来鬼神后丹砂可以化成黄金，黄金炼成了用它打造饮食器具，使用后能延年益寿，寿命长了就可见到东海中蓬莱仙人,见到仙人后再举行封禅就可长生不死,黄帝就是这样的。臣曾在海上游历,见过安期生,他给臣枣吃,那枣儿像瓜一样大。安期生是仙人,与蓬莱山的仙人相往来;跟他投合的,他就出来相见,不投合的就躲起来不见。"于是天子开始亲自祭祀灶神,并派方术之士到东海访求安期生之类的仙人,同时干起用丹砂等各种药剂提炼黄金的事来。

过了许久,李少君病死。天子以为他是成仙而去并没有死,就命黄锤人史宽舒学他的方术。皇帝访求蓬莱仙人安期生没有找到,而燕、齐沿海一带怪迂的方士却有许多人仿效李少君,纷纷前来谈论神仙之类的事。

亳县人薄谬忌奏上祭祀泰一神的方法,他说:"天神中最尊贵的是泰一神,泰一的辅佐神是五帝。古时候天子于春秋两季在东南郊祭泰一神,用牛、羊、猪三牲祭祀达七日之久,筑祭坛,祭坛八面开有供神鬼来往的通道。"于是天子命太祝在长安东南郊立泰一神祠,经常按谬忌说的方法供奉祭祀。后来,有人上书说:"古时候天子每三年一次,用牛、羊、猪三牲祭祀三一之神,即:天一神、地一神和泰一神。"天子准奏,命太祝负责在泰一神坛上祭祀,依照上书人所说的方式进行。后来又有人上书,说:"古时候天子经常在春秋两季举行除灾求福的祭祀,祭黄帝用恶鸟枭鸟、恶兽破镜各一只;祭冥羊神用羊;祭马行神用一匹青色雄马;祭泰一神、皋山山君、地长神用牛;祭武夷君用干鱼;祭阴阳使者用一头牛。"天子也命祠官按上书人说的方式照办,在泰一神坛旁举行祭祀。

后来,天子苑出现白鹿,就用白鹿皮制成货币,为使上天发出吉兆,又铸造了白金币。

第二年,天子在雍地举行郊祀,猎获一头独角兽,样子像麃鹿。有司说:"陛下恭恭敬敬举行郊祀,上帝为报答对他的供奉,赐给这头独角兽,这大概就是麒麟。"于是把它进献给五帝之畤,每畤的祭品外加一头牛举行燎祭。赐给诸侯白金币,向他们暗示这种吉兆与天地之意相合。

这时济北王以为天子将要举行封禅,就上书向天子献出泰山及其周围的城邑。天子接受，另用其他县邑给他作为抵偿。常山王有罪，被放逐，天子把他的弟弟封在真定，以延续对祖先的祭祀，而把常山国改为郡。这样一来，五岳就都在天子直接管辖的郡县之内了。

第二年，齐人少翁以招引鬼神的方术晋见皇上。皇上有一位受宠的王夫人死了，少翁用方术在夜里使王夫人和灶神的形貌出现，天子隔着帷幕望见了。于是就封少翁为文成将军，给他很多赏赐，并以宾客之礼对待他。文成将军说道："皇上如果想跟神交往，而宫室、被服不像神用的，神物就不会降临。"于是就制造了画有各种云气的车子，按五行相克之道，在不同日子里驾不同颜色的车子以驱赶恶鬼。又营造甘泉宫，在宫中建起高台宫室，室内画着天、地和泰一等神，而且摆上祭祀用具，想借此招来天神。过了一年多，他的方术越发不灵验，神仙总也不来。文成将军就在一块帛上写了些字，让牛吞到肚里，装作不知道，说这头牛肚子里有怪异之物。把牛杀了一看，发现有块帛上写着字，上面的话很奇怪，天子怀疑这件事。有人认得文成的笔迹，一审问，果然是少翁假造的。于是杀了文成将军，并把这事隐瞒起来。

此后，又建造了柏梁台、铜柱和承露仙人掌之类。

文成死后的第二年，天子在鼎湖宫病得很重，巫医们什么法子都用了，却不见好转。于是游水发根说道："上郡有个巫师，他生病时鬼神能附在身上。"皇上把巫师招来，供奉在甘泉宫。等巫师有病时，派人问附在他身上的神君。神君说道："天子不必为病担忧，病一会儿就会好，您可以强撑着来跟我在甘泉宫相会。"于是天子的病见轻了，就亲自前往甘泉宫，病果然好了。于是大赦天下，将神君安置在寿宫。神君中最尊贵的是大夫，他的辅佐神是大禁、司命之类，都跟随着他。人们看不到众神的模样，只能听到他们的说话声，跟人声音一样。神仙们时去时来，来时风声肃然。他们住在室内帷帐中，有时白天说话，但经常是在晚上。天子举行除灾求福的祓祭，然后才进入宫内。并以巫师为主人，让他关照神君的饮食，神君有什么话要说，有什么事要做，由巫师传送下来。又在寿宫、北宫置办，张挂羽旗，设置祭器，礼敬神君。神君所说的话，皇上命人记录下来，管它叫“画法”。神君所说的话，一般世俗人都知道，没有什么特别的，可是天子暗自高兴。这些事都是秘密的，世上无人知晓。

那以后的第三年，有司建言说纪元应当根据上天所降的吉兆来命名，不应按一年、二年的顺序计算。第一个纪元可称“建元”；第二个纪元因有长星出现，可称为“元光”；第三个纪元，因郊祀时射得独角兽，可称为“元狩”。

次年冬天，天子在雍地举行郊祀，提出：“如今上帝由朕亲自祭祀，可后土神却没有祭拜，这样于礼不合。”有司跟太史令、祠官宽舒等人商议道：“祭天地要有犄角像蚕茧、板栗那样大小的幼牲。如今陛下要亲自祭祀后土，祭后土应在大泽中的圆丘上筑五个祭坛，每个祭坛用黄牛犊一头作太牢祭品，祭过以后全部埋掉，陪从祭祀的人都要穿黄色衣服。”于是天子就向东行，首次在汾阴脽丘上立了后土祠，一切遵照宽舒等人的建议。皇上亲自望拜，跟祭祀上帝礼仪相同。祭礼结束，天子就经由荥阳返回。途经洛阳时，下诏说：“夏、商、周三代已很久远了，难以保存下多少后代。可以划出三十里的地方赐封周王后代为周子南君，让他在那儿供奉祖先的祭祀。”这年，天子开始巡视各郡县，逐渐地靠近泰山了。

这年春天，乐成侯上书推荐栾大。栾大是胶东王宫中的宫人，从前曾跟文成将军同师学习，后来做了胶东王主管方药的尚方令。乐成侯的姐姐是康王的王后，没有儿子。康王死后，其他姬妾的儿子被立为王。而康后有淫乱行为，同新王合不来，彼此用各种办法去加害对方。康后听说文成将军已死，想讨好求宠皇上，就派栾大通过乐成侯求见皇上谈方术。天子杀死文成将军后，也后悔他死得早，惋惜没有让他把方术全部拿出来，等见了栾大，天子非常高兴。栾大这个人长得高大英俊，说话很有策略，而且敢说大话，说什么大话也不犹豫。他吹嘘说：“臣曾在海中往来，见过安期生、羡门高那些仙人。不过他们认为臣地位低下，不信任臣。又认为康王只是个诸侯罢了，不能把神仙方术传给他。臣屡次向康王进言，康王又不任用臣。臣的老师说：‘黄金可以炼成，黄河决口可以堵塞，不死之药可以求得，神仙也可以招来。’臣只怕像文成一样也遭杀身之祸，那么方士们就都要把嘴封上了，哪里还敢谈方术呢！”皇上说：“文成是误食马肝而死。如果您对老师的方术真有研究，我有什么舍不得的呢！”栾大说：“臣的老师不是有求于人，而是人们有求于他。陛下如果一定想要招来神仙，那就要让神仙的使者地位尊贵，让他有自己的家眷，用客礼来对待他，不要瞧不起他，并让他佩带各种印信，才可使他传话给神仙。神仙究竟肯不肯来，尚在两可。总之，只有让神仙的使者尊贵，然后才有可能招来神仙。”于是皇上要他先使个小方术，他就表演斗棋，那些棋子就自己在棋盘上互相撞击。

当时皇上正为黄河决口的事忧虑，而黄金又没有炼成，就封栾大为五利将军。过了一个多月，栾大又得到四枚金印，身佩天士将军、地士将军、大通将军和天道将军印。皇上下诏给御史说：“从前大禹能疏通九江，开引四渎。近来，河水泛滥淹没陆地，筑堤的徭役连续不断。而栾大自言有堵塞黄河的决口方术，真能通神仙啊。朕即位二十八年了，上天如果要送方士给我，那就是大通将军了。《乾卦》上说‘蜚龙’，《渐卦》提到‘鸿渐于般’，朕想朕和栾大现在就差不多是这种君臣相得的情况。应该以二千户的地方封地士将军栾大为乐通侯。”赐给他一等宅第、奴仆千人。将所用多余的车马、帷帐、器物分给栾大，充满了他的居所。又把卫长公主嫁给他，赠给他黄金万斤，并将公主的汤沐邑改名为“当利”，将公主改称当利公主。天子亲临五利将军府第。使者们前去慰问，所赠物品连接于道。从大长公主至将相以下的人，都在家里置备酒宴招待他，献赠礼物给他。接着天子又刻了一枚“天道将军”的玉印，派使者身着羽衣，于夜间站在白茅上，五利将军也穿着羽衣，站在白茅上接受玉印，以此表示天子不把他做臣下看待。佩戴“天道”之印，是将要为天子引导天神降临。于是五利时常夜间在家中祭祀，想求神仙降临。结果神仙没来，百鬼却聚集来了，不过他还是很能驱使诸鬼的。此后他就整理行装，东行海上，说是去寻找他的老师。栾大被引见只有几个月，就佩上六枚大印，尊贵之名震惊天下，使得燕、齐沿海之地的方士们无不握住手腕，激动振奋，都说自己也有秘方，能通神仙。

同年夏六月中旬，一个叫锦的汾阴巫师在魏脽后土祠旁为民众祭祀，看见地面隆起，有如钩状，扒开土来看，得到一只鼎。这只鼎跟其他鼎大不相同，上面只有花纹没有铸刻文字，巫师觉得奇怪，就告诉了当地官吏。当地官吏报告给河东太守胜，胜又报告了朝廷。天子派使者来查验巫师锦得鼎的详情，确认其中没有诈伪之后，就按礼仪举行祭祀，将鼎迎到甘泉宫，天子随鼎而行，准备把它献给上帝。走到中山时，天气晴暖，有一片黄云覆盖。正好有一头麃鹿跑过，皇上亲自射死了它，用来做了祭品。到长安后，公卿大夫们都奏议请求尊奉宝鼎。天子说："近来黄河泛滥，一连几年收成不好，所以才出巡郡县祭祀后土，祈求他为百姓滋育五谷。今年五谷丰茂，还没有举行祭礼酬谢地神，这鼎为什么会出现呢？"有司都说："听说从前太帝伏羲氏造了一只神鼎，表示一统，就是说天地万物都归统于神鼎。黄帝造了三只宝鼎，象征着天、地、人。夏禹收集了九州之金，铸成九只宝鼎，都曾烹煮牲畜祭祀上帝鬼神。遇到圣主鼎就会出现，宝鼎就这样传下来经历了夏、商。到周末世德衰败，宋国祭祀土神的社坛也被毁灭，鼎就沦没隐伏不再出现。《诗经·周颂》说：'自堂徂基，自羊徂牛；鼐鼎及鼒；不虞不骜，胡考之休'。如今鼎已迎到甘泉宫，它光彩夺目，变化莫测，这意味着社稷必将获得无穷无尽的吉祥。这跟行至中山时，上有黄白祥云覆盖、下逢麃鹿吉兽跑过等祥瑞征兆正好相合；还有在神坛下获得大弓和四箭，这全是您在太庙合祭远近祖先神主得到的回报。只有受天命做皇帝的人才能知道天意而与天德相合。这宝鼎应进献祖先，珍藏在天帝宫廷，才符合种种吉祥之兆。"皇上下诏说："可以。"

去海上寻找蓬莱仙山的人说，蓬莱并不远，可总也不能到达，大概是因为看不到仙山的云气。皇上就派出善于望气的官员帮助观测云气。

这年秋天，皇上到了雍地，将要举行郊祀祭五帝。有人说："五帝是泰一神的辅佐神，应当立泰一神坛，并由皇上亲自郊祀。"皇上犹豫未决。齐人公孙卿说："今年得宝鼎，今冬辛巳日正是朔日，这天早晨又交冬至，和黄帝时的节令刚好一样。"卿有一部奏书，写道："黄帝在宛朐得宝鼎，向鬼臾区询问此事。鬼臾区回答说:‘黄帝得宝鼎和占卜用的神策,这年己酉日是朔日,早晨又交冬至,符合天道历数,天道历数是周而复始、循环往复的。’于是黄帝按日月的运行推算历法,以后大致每二十年就遇到一次朔日早晨交冬至,向后推算了二十个这样的冬至日,共三百八十年,黄帝成仙,升天而去。”公孙卿想通过所忠把这事奏给皇上。所忠见他的书不正经,怀疑是荒诞的伪书,就推辞说:“宝鼎的事已定下来了,还上奏干什么!”公孙卿又通过皇帝所宠信的人上奏了。皇上非常高兴,就把公孙卿招来细问。公孙卿回答说:“传这本书的是申功,申功已死。”皇上问:“申功是什么人?”公孙卿说:“申功是齐人。他与安期生有交往,接受过黄帝的教诲,没留下其他书,只有这部关于鼎的书。书中说‘汉的兴盛,应当跟黄帝时的历日相同,汉的圣君,将出在高祖皇帝的孙子、曾孙之中。宝鼎出现就能与神仙相通,应该举行封禅。自古以来,举行过封禅的有七十二个王,只有黄帝能登上泰山祭天。’申功说:‘汉皇帝也应当登上泰山祭天,上了泰山行祭天礼,就可以成仙升天了。黄帝时有上万个诸侯,为祭祀神灵而建立的封国就占了七千。天下的名山有八座,其中三座在蛮夷境内,五座在中国。中国有华山、首山、太室山、泰山和东莱山,这五座山是黄帝常游览之地,在那里与神仙相会。黄帝一边作战一边学习仙道,他担心百姓反对他所学的仙道,就断然把诽谤鬼神的人杀掉。这样过了一百多年,才得与神仙相通。黄帝当年在雍地郊祀上帝,住了三个月。鬼臾区别号叫大鸿,死后葬在雍地,鸿冢就是这么来的。那以后黄帝在明廷迎接过上万的神灵。明廷,就是现在的甘泉。所谓寒门,就是现在的谷口。黄帝开采首山的铜,在荆山脚下铸鼎。鼎铸成后,有一条龙垂着胡须从天上下来迎接黄帝。黄帝骑上龙背,群臣和后宫嫔妃跟着上去的有七十多人,龙才飞升离去。其余的小臣上不去,全都抓住龙须不放,龙须被拉断,黄帝的弓也落了下来。百姓们仰望着黄帝上天而去,就抱着他的弓和龙须大声哭喊,所以后世把那个地方称作鼎湖,把那张弓称作乌号。’”于是天子说:“啊!如果真能像黄帝那样,我看离开妻子儿女只不过就像脱掉鞋子一样罢了。”就封公孙卿为郎官,让他往东到太室山去等候神仙。

接着皇上去雍地郊祀，到了陇西，西行登上空桐山，然后临幸甘泉。命祠官宽舒等人设置泰一神的祭坛，祭坛仿照谬忌所说的泰一坛建造，分作三层。五帝祭坛各自依他们所属的方位环绕在泰一坛下，黄帝坛在西南方，修八条供鬼神往来的通道。泰一坛所用祭品，如同雍地五畤中的一畤，而外加甜酒、枣果和肉干之类，还杀一头牦牛作为牲牢。而五帝坛只进献牛羊等牲牢和甜酒。祭坛下的四周，作为祭祀随从的众神和北斗之神的地方。祭祀完毕，用过的祭品全部烧掉。祭祀所用的牛是白色的，将鹿塞进牛腹中，将猪塞进鹿腹中，然后放在水里浸泡。祭日神用牛，祭月神用羊或猪一只。祭泰一神的祝官穿紫色绣衣，祭五帝的祝官，其礼服颜色各按五帝所属的颜色，祭日穿红衣，祭月穿白衣。

十一月辛巳朔日早晨交冬至，天刚蒙蒙亮，天子开始郊祀祭拜泰一神。早晨朝拜日神，傍晚祭祀月神，都是拱手肃揖；而祭拜泰一神则按在雍地的郊祀礼仪进行。祝辞说："上天开始把宝鼎神策赐给皇帝，让他的天下年复一年，月复一月，终而复始，永无止息。皇帝在此恭敬拜见天神。"祭祀礼服用黄色，祭祀时坛上布满火炬，坛旁摆着烹煮器具。有司说"祠坛上方有光出现"。公卿大臣们说"皇帝最初在云阳宫郊祀，祭拜泰一神，司祭的官员捧着瑄玉和美牲献给神灵享用。当夜有美丽的灵光出现，到了白天，有黄色云气上升，与天相连"。太史公、祠官宽舒等说："神灵降下美好景象，是保佑福禄的吉兆，应在这神光所照的地域建立泰畤坛，以宣扬上天的神明瑞应。命太祝主管此事，每年秋和腊月间举行祭祀。每三年天子郊祀一次。"

这年秋天，为讨伐南越而祭告泰一神，用牡荆做幡旗杆，旗上画有日、月、北斗和腾空升起的龙，以象征天一三星，作为泰一神的先锋旗，命名为"灵旗"。在为兵事祭告时，由太史官手持灵旗指向所伐国。当时，五利将军身为使者却不敢入海求仙，只到泰山去祭祀。皇上派人暗中跟随，查验他的行踪，得知他实际上什么也没见到。五利将军胡说见到了他的老师，其实他的方术已用尽，大多不能应验，皇上就杀了五利将军。

这年冬天，公孙卿在河南等候仙，说是在缑氏城上见到了仙人的脚印，还有个像野鸡一样的神物，往来于城上。天子亲自到缑氏城察看脚印，问公孙卿："你该不是仿效文成、五利欺骗我吧？"公孙卿说："仙人并非有求于皇帝，而是皇帝有求于仙人。求仙人道，如果不把时间稍微放宽一些，神仙是不会来的。谈起求神这种事，好像迂腐荒诞的，其实只要积年累月就可以招来神仙。"于是各郡国都修筑道路，修缮宫殿观台和名山神祠，以期待天子到来。

这年，灭了南越后，皇上有个宠臣李延年以优美的音乐来进见。皇上认为那音乐极美，就下交公卿大臣们商议，说："民间祭祀还有鼓舞之乐，如今举行郊祀却没有音乐，怎么相称呢？"公卿们说："古时候祭祀天地都有音乐，这样天神和地神才会来享受祭祀。"有人说："泰帝让女神素女奏五十弦的瑟，声音悲切，泰帝让她停下，可是她不能自止，所以把她的瑟剖开改成了二十五弦。"于是，在为平定南越而酬祭泰一、后土神时，开始用音乐歌舞。于是广召歌手，从此起开始制作二十五弦瑟和箜篌瑟。

第二年冬，皇上提议说："古代帝王先收兵止武，然后才进行封禅。"于是就统领十几万军队北上巡视朔方。返回时在桥山祭祀黄帝冢，在须如遣散军兵。皇上说："我听说黄帝并没死，现在却有陵墓，是怎么回事？"有人回答说："黄帝成仙升天后，群臣将他的衣冠埋在这里，所以有陵墓。"皇上到了甘泉后，为了要上泰山举行封禅，就先祭祀泰一神。

自从得了宝鼎，皇上就跟公卿大臣及众儒生商议封禅之事。由于封禅之礼很少举行，时间久隔，没有人了解它的礼仪，众儒生主张采用《尚书》《周官》《王制》中记载的遥望而祭、天子射牛的仪式来进行。齐人丁公已九十多岁，他说："'封'合于不死之意。秦皇帝没能登上泰山行封礼。陛下如果一定要上去，就应该坚持；只要稍微登得高一些就没有风雨阻挡，也就可以登上泰山行封礼了。"皇上于是命儒生们练习射牛，草拟封禅礼仪。几年后，就进行封禅。天子听了公孙卿和方士的话，说是黄帝以前的帝王举行封禅，都招来了怪异之物而与神仙相通，就想仿效黄帝时迎接仙人蓬莱士的做法，借此以超乎世俗，跟九皇比德，而且还在很大程度上采用儒术加以修饰。儒生们因为既不能明辨封禅的具体事宜，又受《诗》《书》等古文经籍的束缚，所以不敢尽情施展他们的学问。皇上将封禅用的祭器给儒生们看，儒生们有的说“跟古代的不同”，徐偃又说“太常属下的这些儒生行礼不如古代鲁国的好”。就在这时，周霸正策划封禅事宜，皇上于是贬退了徐偃、周霸，把儒生们全部罢黜不用了。

三月，皇上到东方幸临缑氏城，登上中岳的太室山祭祀。随从官员在山下听到好像有人喊“万岁”。问山上的人，说是没喊；问山下的人，也说没喊。于是皇上封给太室山三百户以供祭祀，命名叫崇高邑。往东登上泰山，山上的草木还没长出叶子，就命人将石碑立在泰山顶峰。

皇上又东巡海上，行礼祭祀八神。齐人上书谈神仙鬼怪和奇异方术的数以万计，但没有应验的。于是皇上增派船只，命那些谈论海上神山的几千人访求蓬莱神人。公孙卿常手持符节，先行在各山等候神仙，到东莱时，说夜间看见一个人，身高数丈，等走近他，却不见了。据说看到了他的脚印很大，类似禽兽的脚印。群臣中有人说见一位牵着狗的老者，说“我想见天子”，一会儿又忽然不见了。皇上见到那大脚印时，还不相信；等到群臣中有人说起老者的事，才有些相信那老者就是仙人。因此，留住在海上，给方士驿车，暗中派出数以千计的使者寻求仙人。

四月，返回到奉高。皇上想着儒生和方士们对封禅礼仪的说法各不相同，又没有古书记载，实在难以施行。天子又到了梁父山，恭敬地祭祀地神。乙卯日，命侍从中的儒生头戴白鹿皮帽，身穿插笏官服，射牛进行祭祀。在泰山的东面山脚下设坛祭天，依照郊祀泰一神的礼仪。祭天的坛宽一丈二，高九尺，坛下放有玉牒刻写的祷文，祷文内容隐秘。祭礼完毕，天子单独带着侍中奉车都尉霍子侯登上泰山，也举行了祭天仪式，这些事情也都禁止泄露。第二天，顺着山北的道路下山。丙辰日，在泰山脚下东北方的肃然山祭地，如同祭祀后土的礼仪。封禅时，天子都亲自拜见天神、地神，穿黄色礼服并全部用了音乐。用采自江淮一带的三棱灵茅作神垫，用五色泥土混杂起来加在祭坛上，还放出远方的飞禽异兽和白色野鸡等物，增加礼仪的隆重气氛，但不用兕牛、旄牛、犀牛、大象之类的动物。天子及其随从都是到了泰山，然后离去。举行封禅的那天晚上，天空仿佛有亮光出现，白天又有白云从祭坛中升起。

天子封禅归来，坐在明堂上，群臣相继上前祝寿。于是天子下诏给御史："朕以微渺之身继承至尊之位，一直谨言慎行，唯恐不能胜任。朕德行微薄，不明礼乐。祭泰一神时，天上像有瑞祥之光，朕心中不安好像望见了什么，被这奇异景象所深深震撼，想要停下来，却又不敢，终于登上泰山筑坛祭天，到了梁父山，然后在肃然山祭地。朕想有新的开端，也很高兴和你们一起重新开始。赐给百姓每百户一头牛、十石酒，八十岁以上的老人和孤儿寡妇，加赐布帛二匹。免除博县、奉高、蛇丘和历城的赋税，不用交纳今年的租税和免除徭役。大赦天下，如同乙卯年的大赦令。凡是朕巡行所经过的地方，所有被罚苦役的犯人一律赦免。如果是两年前犯的罪，一律不再追究。"又下诏说："古时天子每五年出巡一次，在泰山举行祭祀，诸侯们朝拜都有住所，让诸侯在泰山下各自修建官邸。"

天子在泰山封禅完毕，并未遇上风雨灾害，方士们又说蓬莱诸神好像就要找到了，于是皇上很高兴，觉得或许自己能遇到，就又东行到海边眺望，希望能见到蓬莱神山。奉车都尉霍子侯突然生病，一日就死了。皇上这才离去，沿海而上，往北到达碣石，又从辽西开始巡行，经北方边境到达九原。五月，回到甘泉。有司说，宝鼎出现那年的年号为"元鼎"，今年天子到泰山举行封禅，年号应为"元封"。

这年秋天，有彗星光芒四射，出现在东井宿的位置。十几天后，又有彗星光芒四射，出现在三台宿的位置。有个望气的叫王朔的人说："我观测时，只见那星出现时形状像葫芦，一会儿就消失了。"有司说道："陛下创建汉家封禅礼制，上天大概是用象征吉祥的德星出现来报答您。"

第二年冬天，天子到雍地郊祀五帝，返回后又拜祭了泰一神。祝辞说："德星光芒四射，象征美好吉祥。寿星相继出现，光辉遍照远方。信星明亮降福，皇帝敬拜诸神福泽无量。"

这年春天，公孙卿说在东莱山见到了神人，那神人好像说了“想见天子”。天子于是幸临缑氏城，任命公孙卿为中大夫。随即到了东莱，在那里留宿了几天，什么也没看见，只看见了巨大的人脚印。天子又派出数以千计的方士去寻求神仙奇物，采集灵芝仙药。这年天旱。天子已没有出巡的正当名义，就前往万里沙祈求降雨，路过泰山时又举行了祭祀。返回时到了瓠子口，亲自到黄河决口处巡查。停了两日，将供品沉于河中，以祭河神，然后离去。派二位将军率领军兵堵塞黄河决口，把黄河分成两条河渠，使它恢复了当初大禹治水后的样子。

灭了南越之后，越人勇之向皇上进言说“越人有信鬼的习俗，而且他们祭祀时都能见到鬼，屡见效应。从前东瓯王敬鬼，高寿达一百六十岁。后世子孙怠慢了鬼，所以就衰微下来”。天子就命越地巫师建立越祠，只设台而没有祭坛，也采用鸡卜的方法祭祀天神上帝百鬼。皇上相信这些，越祠和鸡卜的方法就开始流行起来。

公孙卿说：“仙人是可以见到的，而皇上去求仙时总是太仓促，因此见不到。如今陛下可以修建一座台阁，就像缑氏城所建的一样，摆上肉干枣果之类的祭品，仙人应该可以招来。而且仙人喜欢住楼阁。”于是皇上命令在长安建造蜚廉观和桂观，在甘泉宫建造益延寿观，派公孙卿手持符节摆好祭品，等候神人。又建造了通天台，在台下摆设祭品，希望招来神仙之类。又在甘泉宫设置前殿，开始增建宫室。夏天，有灵芝草在宫殿内长了出来。天子因为堵塞了黄河决口，兴建了通天台，天上隐约出现了神光，就下诏书说：“甘泉宫殿房内生出了灵芝长有九株菌柄，特此大赦天下，赦免被罚苦役的犯人。”

第二年，征伐朝鲜。夏天，干旱。公孙卿说：“黄帝时进行封禅，天就会干旱，要连旱三年。”皇上就下诏书说：“天旱，莫非就是为了晒干祭坛上的湿土么？应让天下百姓尊祭灵星祈雨。”

第三年，皇上到雍地郊祀，然后打通去回中的路，到那里巡察。春，到达鸣泽，从西河返回。

转年冬天，皇上巡视南郡，到江陵后往东走。登上潜县的天柱山，举行祭祀，称这座山为南岳。乘船顺江而行，从寻阳穿过枞阳，过彭蠡，一路祭祀名山大川。然后北到琅邪，再沿海而上。四月中旬，到达奉高，举行了封禅典礼。

当初，天子在泰山封禅，泰山东北方有古时的明堂旧址，处在险处，又不宽敞。皇上想在奉高县旁修建明堂，但不知道明堂的形制尺度。济南人公王带献上黄帝时的明堂图。明堂图中有一座殿堂，四面没有墙壁，用茅草盖顶，殿堂周围通水，环绕着宫墙修有天桥，殿上有楼，从西南方向伸入殿堂，命为昆仑道。天子由此进入殿堂，在那里拜祭上帝。于是，皇上命奉高按公王带的图样在汶上建造明堂。等到第五年再来举行封禅时，就让泰一神和五帝神位居于明堂上座进行祭祀，让高皇帝的神主灵位对着他们。在下房祭祀后土神，用牛、羊、猪各二十头。天子从昆仑道进入，开始按郊祀的礼仪在明堂祭拜。祭拜完毕，在堂下烧掉祭品。然后，皇上又登上泰山，在山顶秘密举行祭祀。在泰山下祭祀五帝时，按他们各自所属的方位，只有黄帝和赤帝并排，祭祀时由有司陪祭。在泰山上举火，山下也都举火呼应。

两年以后，十一月甲子日是朔日，早晨交冬至，推算历法的人认为以这一天为推历的起点是正统。天子亲临泰山，在这一天到明堂去祭祀上帝，没有举行封禅。祝辞说："上天授予皇帝泰元神策，周而复始。皇帝在此虔诚地拜祭泰一神。"皇上又东行海上，察问那些到海上求仙的人和方士们，没有什么效验，但皇上还是增派使者继续前往，希望能遇上神仙。

十一月乙酉日，柏梁台失火遭灾。十二月甲午日朔日，皇上亲自到高里山祭祀后土神。又到了渤海，遥望拜祭蓬莱之类的仙山，希望能到达仙人所居住的异境。

皇上回京后，由于柏梁台遭灾焚毁，就改在甘泉宫临朝接受各郡国上报的计簿。公孙卿说："黄帝建成青灵台，十二日后就被烧毁，黄帝于是修建了明庭。明庭就是甘泉。"方士们很多人也说古代帝王有在甘泉建都的。后来天子又在甘泉接受诸侯朝见，并在甘泉建造诸侯官邸。勇之说:“越地习俗,火灾之后再盖起的房子,一定要比原先的大,以此制服火灾。”于是天子修造建章宫,规模极大,有千门万户。前殿比未央宫还高。东面是凤阙,高二十余丈;西面是唐中苑,有方圆几十里的虎圈;北面修了大水池,池中的渐台高二十余丈,池名叫泰液池,池中有蓬莱、方丈、瀛洲和壶梁四座山,仿照海中仙山,还有石雕龟鱼之类;南面有玉堂、璧门和石雕大鸟之类。还建造了神明台、井干楼,高达五十余丈,楼台之间有辇车道相互连接。

夏天,汉更改历法,以夏历正月作为岁首,服色崇尚黄色,官印一律改为五个字,因而将当年定为太初元年。这年,往西征伐大宛。蝗灾严重。丁夫人、洛阳虞初等人用方术祭祀,祈求鬼神降祸于匈奴、大宛。

第二年,有司说,雍地五畤祭祀时没有烹煮过的熟牲等祭品,没有芳香气味。天子就命祠官用牛犊做成熟牲祭品进献给五畤,让他们分别享用各自所能胜之的颜色的牲牢,并用木偶马代替幼马做祭品。独有祭五帝用幼马,行亲郊用幼马。至于祭祀各名山大川该用幼马的,全都用木偶马代替。皇帝出巡经过时举行祭祀,才用幼马。其他礼节照旧。

次年,天子东巡海上,察验神仙之类的事,没有灵验的。有的方士说“黄帝时建造了五城十二楼,以便在执期那个地方迎候神仙,命名为迎年。”皇上诏准按他所说的建造五城十二楼,命名为明年。皇上亲自到那里行礼祭祀上帝,穿黄色礼服。

公王带说:“黄帝时虽在泰山筑坛祭天,然而风后、封巨、岐伯等人又令黄帝去东泰山祭天,去凡山祭地,与符瑞相合,然后才长生不死。”天子就命令准备祭品,来到东泰山,见东泰山矮小,跟它的声名不相称,就命祠官祭祀,但不举行封禅。此后命公王带在那里供奉祭祀和迎候神灵。夏天,天子返回泰山,像以前那样举行五年一次的封禅典礼,另外增加了在石闾山祭地的仪式。石闾在泰山脚下的南面,很多方士说这里是仙人住的地方,所以皇上亲自在此祭祀地神。

此后五年,天子又到泰山行封禅礼,返回途中祭祀了常山。

当今天子所兴建的神祠,泰一祠、后土祠,每三年亲自郊祀一次;建立了汉家封禅制度，每五年举行一次封禅大典。亳人谬忌奏请修建的泰一祠和三一、冥羊、马行、赤星等五座神祠，由宽舒等祠官每年按时致礼祭祀。所有六座神祠，都由太祝统管。至于像八神中的各神，明年、凡山等其他有名的神祠，天子路过时就祭祀，离开后就算了。方士们所兴建的神祠，各由他们自已负责祭祀，人一死祭祀也就终止，祠官不管其祭祀。其他神祠全部依照原来的规矩办。当今皇上举行封禅大典，自开始封禅的十二年来，所祭祀的神灵已遍及五岳、四渎。而方士们迎候祀神仙，去海上寻访蓬莱仙山，最终也没有什么结果。公孙卿之类等候神仙的方士，还是用巨大的人脚印作托辞来辩解，也是没有效验。这时，天子对方士们的荒唐怪语越来越倦怠了，然而始终笼络着他们，不肯与他们断绝往来，总希望有一天能遇到真有方术的人。从此以后，方士们谈论祭神的更多，然而效验究竟怎样，就可以想见了。

太史公说：我随皇上出巡，祭祀天地众神和名山大川，参加过封禅大典，也曾进寿宫陪侍皇帝祭祀，听神语，考究了方士和祠官们的言论，于是回来依次论述自古以来祭祀鬼神的活动，将这些活动的里外情形原原本本地展现出来。后世君子，能够从这里观察到那些情形。至于有关祭祀时所用俎豆等礼器以及玉帛的详情，献祭酬神的礼仪，则由有司记录在案。

【鉴赏】

这篇本纪在语言讽刺艺术上颇见功力。首先是在词语的选择使用上暗寓讽意。如常用“盖”“云”“若有”等表示不确定语气的词以示所记之言、所绘之事“姑妄言而姑妄听”的“惚恍迷茫”（钱锺书《管锥编》）。诸如少翁“以方术盖夜致王夫人及灶鬼之貌云”，公孙卿“言夜见一人，长数丈，就之则不见，见其迹甚大，类禽兽云”，栾大“其后治装行，东入海，求其师云”，“天子为塞河，兴通天台，若有光云”等等。而“从官在山下闻若有言‘万岁’云。问上，上不言；问下，下不言”，更是让人感到煞有介事的意味。其二是冷隽犀利的讽刺手法的运用。如栾大初为胶东宫人，凭“敢为大言，处之不疑”，在被引荐的数月之内“佩六印，贵振天下”，尊宠无以复加，于是倾慕暴贵者纷起效尤，“海上燕、齐之间，莫不搤捥而自言有禁方、能神仙矣”。就是这样一个武帝曾制诏称之“朕临天下二十有八年，天若遗朕士而大通焉”的人，在方术已尽，多不应验之时，终未逃过被诛的命运。在通过栾大由卑下到尊贵以及武帝对栾大由极为宠信到诛杀的对比叙写之中，作者对武帝求神祈福的迫切心理和愚蠢之态所致的讽谕不难寻味。

史记卷十三·三代世表第一

《三代世表》虽名曰"三代"，实谱五帝三代世系，以勾勒上古历史的发展线索。《三代世表序》对其相关情况予以概说，首先解释了《三代世表》只谱世系而不记年之因，指出虽自黄帝以来皆有年数，但附会颇多，故而本着"疑则传疑"的慎重态度只谱其世系而不记年；既而交代《三代世表》记事起于黄帝，迄于共和，系根据《五帝德》《帝系姓》并参以《尚书》编次而成。而"张夫子问褚先生曰"以后文字，乃褚少孙所补，主要解释了三代始祖是父生还是神生这一问题，对司马迁的相关记载做出补充。

太史公曰：五帝、三代之记，尚矣①。自殷以前诸侯不可得而谱，周以来乃颇可著。孔子因史文次《春秋》，纪元年，正时日月，盖其详哉。至于序《尚书》则略，无年月；或颇有，然多阙，不可录。故疑则传疑，盖其慎也。

余读谍记，黄帝以来皆有年数。稽其历谱谍终始五德之传，古文咸不同，乖异②。夫子之弗论次其年月，岂虚哉！于是以《五帝系谍》《尚书》集世纪黄帝以来讫共和为《世表》。

张夫子问褚先生曰："《诗》言契、后稷皆无父而生。今案诸传记咸言有父，父皆黄帝子也，得无与《诗》谬乎？"

褚先生曰："不然。《诗》言契生于卵，后稷人迹者，欲见其有天命精诚之意耳。鬼神不能自成，须人而生，奈何无父而生乎！一言有父，一言无父，信以传信，疑以传疑，故两言之。尧知契、稷皆贤人，天之所生，故封之契七十里，后十馀世至汤，王

①尚：久远。 ②乖异：抵牾，矛盾。

天下。尧知后稷子孙之后王也，故益封之百里，其后世且千岁，至文王而有天下。《诗传》曰：‘汤之先为契，无父而生。契母与姊妹浴于玄丘水，有燕衔卵堕之，契母得，故含之，误吞之，即生契。契生而贤，尧立为司徒，姓之曰子氏。子者兹；兹，益大也。诗人美而颂之曰“殷社芒芒，天命玄鸟[1]，降而生商”。商者质，殷号也。文王之先为后稷，后稷亦无父而生。后稷母为姜嫄，出见大人迹而履践之，知于身，则生后稷。姜嫄以为无父，贱而弃之道中，牛羊避不践也。抱之山中，山者养之。又捐之大泽，鸟覆席食之。姜嫄怪之，于是知其天子，乃取长之。尧知其贤才，立以为大农，姓之曰姬氏。姬者，本也。诗人美而颂之曰“厥初生民”，深修益成，而道后稷之始也。’孔子曰：‘昔者尧命契为子氏，为有汤也。命后稷为姬氏，为有文王也。大王命季历，明天瑞也。太伯之吴，遂生源也。’天命难言，非圣人莫能见。舜、禹、契、后稷皆黄帝子孙也。黄帝策天命而治天下，德泽深后世，故其子孙皆复立为天子，是天之报有德也。人不知，以为泛[2]从布衣匹夫起耳。夫布衣匹夫安能无故而起王天下乎？其有天命然。”

“黄帝后世何王天下之久远邪？”

曰：“《传》云天下之君王为万夫之黔首请赎民之命者帝，有福万世。黄帝是也。五政明则修礼义，因天时举兵征伐而利者王，有福千世。蜀王，黄帝后世也，至今在汉西南五千里，常来朝降，输献于汉，非以其先之有德，泽流后世邪？行道德岂可以忽乎哉！人君王者举而观之。汉大将军霍子孟名光者，亦黄帝后世也。此可为博闻远见者言，固难为浅闻者说也。何以言

①玄鸟：燕子。②泛：普遍。

之？古诸侯以国为姓，霍者，国名也。武王封弟叔处于霍，后世晋献公灭霍公，后世为庶民，往来居平阳。平阳在河东，河东晋地，分为卫国。以《诗》言之，亦可为周世。周起后稷，后稷无父而生。以三代世传言之，后稷有父名高辛；高辛，黄帝曾孙。《黄帝终始传》曰：'汉兴百有馀年，有人不短不长，出白燕之乡，持天下之政，时有婴儿主，却行车①。'霍将军者，本居平阳白燕。臣为郎时，与方士考功会旗亭下，为臣言。岂不伟哉！"

（表略）

【译文】

太史公说：五帝和三代的事迹的记载，是很久远的了。殷之前诸侯国的史实，不可能编列出来，而周以来的史事才可以著录。孔子依据文史资料编次了《春秋》，开始系以鲁元公的纪元年数，矫正了时间日月，是很详尽的了。《尚书》记录亦不齐全，连年岁也没有，所以无法参考和记录。因此本着"疑则传疑"的态度书写，这是慎重的。

我阅读谍记，自黄帝以来都有年数。考证那些年历谱谍与五德转次相承的情况，古文的记载都不相同，甚至乖僻差异。孔子没有论列那些年月，难道是没有原因的吗？于是，我依照《五帝系谍》《尚书》所记载的黄帝以来到共和时代的世系，写成《三代世表》。

张夫子问褚先生说："《诗经》上说，契、后稷都是没有父亲就生下来了。现在考察一下传记，都说他们是有父亲的，他们的父亲都是黄帝子孙，这种说法与《诗经》的记载难道不违背吗？"

褚先生说："不是这样。《诗经》上说，契出生于卵，后稷由人迹而生，这是要证明他们体现了天命精诚的意思。鬼神不能自己形成，必须由人

---

①婴儿主：指汉昭帝，即位时年仅八岁。却行车：车倒行，喻霍光持政擅权，使昭帝在位如车倒行，不得向前，无所作为。

来生成,怎么能说契、后稷没有父亲就生下来了呢?一种说法认为他们有父亲,一种说法认为他们没有父亲。信的因而传信,疑的因而传疑,所以就出现了两种说法。尧知道契、后稷都是贤德的人,是上天所出,所以封给契七十里的封地,契之后历经十余代传到了汤,终而君临天下。尧预知后稷的子孙以后要成就帝王之业,所以把后稷的封地增加到一百里,后稷的子孙历经了近千年,到周文王时终于据有天下。《诗传》上说:'汤的先祖是契,契没有父亲便生了下来。契的母亲与她的姊妹们在玄丘水边洗浴,有一只燕子嘴里含着的卵落了下来,契的母亲得到卵后,含在口中,却误吞了下去,就生下了契。契生下来就很贤能,尧任命他为司徒,赐姓子氏。子,就是"兹",即日益强大之意。诗人赞美称颂道:"殷的土地真是广大啊!上天命燕子降下来而产生了商。"商就是"质",质是殷的美号。周文王的先祖是后稷,后稷也是没有父亲便生了下来。后稷之母姜嫄,出门看见了巨人的足迹,踏在上面,就觉得怀了孕,于是生下了后稷。姜嫄认为孩子没有父亲,轻视他,将他抛弃在路边,牛羊都避开,不去踩踏他。姜嫄将他丢到山里,山里的人喂养他。姜嫄又将他遗弃在大泽之中,鸟覆盖铺垫着他,喂养他。姜嫄感到奇怪,据此判断他是上天之子,就将他抱回来抚养长大。尧知道他是贤才,让他做了大农,赐姓姬氏。姬,是"本"的意思。诗人赞美称颂道:"其初有生民以来",充分修炼而愈如有所成就,称道了后稷的开始。'孔子说:'从前尧赐契为子姓,后有商汤。赐后稷为姬姓,后有周文王。大王任命季历为自己的继承人,表明上天降下了祥瑞。太伯到了吴地,于是产生了周代流衍的本源。'天命是难以知晓的,若非圣人不能得知。舜、禹、契、后稷都是黄帝的子孙。黄帝受天命而治理天下,其德泽深深地影响后世。因此,他的子孙又都被立为天子,这是上天在报答有德行的人。人们不懂得这个道理,以为帝王都是从普通人兴起的。普通人哪能无故兴起而据有天下呢?他们是得到了上天的意旨才能如此的。"

"黄帝后世怎么能够君临天下这么久呢?"

褚先生回答道:"《经传》上说,天下的君王是万夫之元首,他们是向上天请求延续人民生命的人，他们称帝，有福泽流传千秋万代。黄帝就是这样的人。修明五政，兴修礼义，按着天时举兵征伐而获胜的，便可称王，有福泽流传千秋万代。蜀王，是黄帝后代，至今仍在汉西南五千里以外的地方，常来朝见大汉天子，输献贡物给大汉。这难道不是因为他的祖先有德行，德泽流传到后世吗？修行道德哪里能够忽视呢？君王们都要拿这一点来省察自身。汉大将军霍子孟，名光，也是黄帝的后代，这件事只可以跟那些博闻远见之人说，本来就难以同那些浅陋之人来讲。为什么要这么说呢？古代的诸侯以国为姓氏，霍是国名。周武王曾将其弟叔处分封在霍，后世晋献公灭掉霍国。霍公的后人成了平民，往来居住在平阳一带。平阳在河东地氏，河东旧属晋国，后来析分为卫国。按《诗经》中所说，也可以说是周的子孙。周起自后稷，后稷没有父亲就生了下来。按三代世传来说，后稷有父亲，其父名叫高辛；高辛是黄帝的曾孙。《黄帝终始传》中说：'汉兴起一百余年，有个人不高不矮，出自白燕之乡，主持天下政事。当时皇帝年幼，他使幼主如倒行车一般无所作为。'霍将军这个人，原来居住在平阳的白燕乡。臣为郎官时，曾与方士考功在旗亭下相会，方士向我谈起霍将军的这些情况，难道他不伟大吗？"

史记卷十四·十二诸侯年表第二

本篇与此前《三代世表》相接，所记起于共和，迄于孔子之卒，即公元前841年至公元前476年。名为《十二诸侯年表》，实则谱列春秋时期周、鲁、齐、晋、秦、楚、宋、卫、陈、蔡、曹、郑、燕、吴十四国，其中原因是周为共主，余为十三诸侯，学者多以为本表依鲁史《春秋》为纲，又多取材于鲁史《左氏春秋》，以鲁为主而表述十二诸侯。其表序分两部分展开论述：第一部分概叙孔子作《春秋》之历史背景及其意义；第二部分总论历史典籍之得失，以明作《十二诸侯年表》之旨，是为“表见《春秋》《国语》学者所讥盛衰大指著于篇，为成学治古文者要删焉”。

太史公读《春秋历谱谍》，至周厉王，未尝不废书而叹也。曰：呜呼，师挚见之矣！纣为象箸而箕子唏[①]。周道缺，诗人本之衽席，《关雎》作。仁义陵迟，《鹿鸣》刺焉。及至厉王，以恶闻其过，公卿惧诛而祸作，厉王遂奔于彘，乱自京师始，而共和行政焉。是后或力政[②]，强乘弱，兴师不请天子。然挟王室之义，以讨伐为会盟主，政由五伯，诸侯恣行，淫侈不轨，贼臣篡子滋起矣。齐、晋、秦、楚其在成周微甚，封或百里或五十里。晋阻三河，齐负东海，楚介江淮，秦因雍州之固，四海迭兴，更为伯主，文、武所褒大封，皆威而服焉。是以孔子明王道，干七十馀君[③]，莫能用，故西观周室，论史记旧闻，兴于鲁而次《春秋》，上记隐，下至哀之获麟，约其辞文，去其烦重，以制义法，王道备，人事浃[④]。七十子之徒口受其传指，为有所刺讥褒讳挹损之文

---

①唏：悲叹声。 ②政：读作“征”。 ③干：求。 ④浃：同“洽”，通彻，融洽。

辞不可以书见也。鲁君子左丘明惧弟子人人异端，各安其意，失其真，故因孔子史记具论其语，成《左氏春秋》。铎椒为楚威王傅，为王不能尽观《春秋》，采取成败，卒四十章，为《铎氏微》。赵孝成王时，其相虞卿上采《春秋》，下观近势，亦著八篇，为《虞氏春秋》。吕不韦者，秦庄襄王相，亦上观尚古，删拾《春秋》，集六国时事，以为八览、六论、十二纪，为《吕氏春秋》。及如荀卿、孟子、公孙固、韩非之徒，各往往捃摭《春秋》之文以著书①，不可胜纪。汉相张苍历谱五德，上大夫董仲舒推《春秋》义，颇著文焉。

太史公曰：儒者断其义，驰说者骋其辞，不务综其终始；历人取其年月，数家隆于神运，谱谍独记世谥，其辞略，欲一观诸要难。于是谱十二诸侯，自共和讫孔子，表见《春秋》《国语》学者所讥盛衰大指著于篇，为成学治古文者要删焉。

（表略）

【译文】

太史公读《春秋历谱谍》，读到周厉王的事迹，未尝不放下书来发出叹息。说：唉，鲁国的太师挚真是有真知灼见啊！商纣王用象牙做筷子，箕子就因而发出悲叹。周朝的政治有了亏缺，诗人就以衽席的私生活为本，写出《关雎》。仁义衰落，诗人就写《鹿鸣》予以讽喻。到周厉王时，由于他厌恶听别人说他的过失，当时的公卿们害怕遭到诛杀，不敢直谏，因而祸乱发生，厉王逃往彘地，大乱由京师开始，而朝廷由周公、召公联合执政。自此以后，诸侯们使用武力互相征伐，强国欺凌弱国，出兵也不向天子请示。却假借周室的名义讨伐他国，争当盟会的盟主，政令都由五霸操控，诸侯恣意横行，淫乱奢侈，不守法度，弑君之臣和杀父之子纷纷

①捃摭：收集，摘取。

兴起。齐、晋、秦、楚等国在西周盛世时本是很弱小的，其封地有的百里，有的不过五十里。晋国依仗着三河，齐国背靠着东海，楚国凭恃着长江、淮河，秦国凭借着雍州之险，四国接连兴起，相继成为霸主。周文王、周武王当初所封的那些大国，都被五霸的声威所压服。所以，孔子为了阐明帝王之道，曾干求过七十多位国君，但都没能受到信用。孔子因而西行去观览周室的图籍，论列历史记录与旧日传闻，从鲁国的史记出发而编成《春秋》，其书上起鲁隐公元年，下至鲁哀公时获麟之年。他简化了史籍的文辞，删去了烦琐重复之处，以制定义理和法度，从而使王道完备，人事通彻。孔子的七十余位弟子接受了他亲口传授的意旨，因为其中批评、规劝、褒扬、隐讳、增饰、损伤的文辞，不能从书面上表现出来。鲁国的君子左丘明担心孔子门生各持异端，各执己见，失去了《春秋》的真意，因此他按孔子所编的史记，详细论述了他的言论，著成《左氏春秋》。铎椒是楚威王的太傅，因为楚王不能阅读全部的《春秋》，他便从中选取了记述的成败经验，写成四十章，命名为《铎氏微》。赵孝成王之时，其宰辅虞卿上采《春秋》的记录，下观近代的时势，也写成八篇作品，定名为《虞氏春秋》。吕不韦是秦庄襄王的丞相，也阅览了远古的史迹，删减、采取了《春秋》的内容，收集六国的时事，著成八览、六论、十二纪，定名为《吕氏春秋》。至于像荀卿、孟子、公孙固、韩非这些人，也往往各自摘取《春秋》中的资料来著书立说，这种情况多得简直不可能全部记述下来。汉丞相张苍以历谱的形式写成了《始终五德传》，上大夫董仲舒推演《春秋》的义理，也颇有所著。

太史公说：儒家对于《春秋》偏重阐明义理，游说家对于《春秋》只是发挥其辞令，而不注重探索历史的兴亡本末。研究历法的人只采取《春秋》的年月，术数家只重视天命，治谱谍的学者只记录《春秋》的世系，其言辞都很简略，想要看一看《春秋》的要旨是很困难的。于是我把春秋时期十二个诸侯国编列成谱，上起共和，下至孔子之时，以年表的方式将研究《春秋》《国语》的学者所探究的盛衰大旨，著述于本篇之内，为成学治古文之人提举出纲要，删去繁复之处。

史记卷十五·六国年表第三

《六国年表》实际谱列周、秦、魏、韩、赵、楚、燕、齐八国，因周为天下共主，秦有统一六国之功，遂只以“六国”名之。《六国年表》所列为上起周元王元年，至秦二世三年刘邦入关灭秦，即公元前476年到公元前207年，共二百七十年之间七雄并立，后归于秦，终至陈涉起事、刘邦灭秦的历史。而《六国年表序》则以“太史公读《秦记》”发论，概括总结秦统一六国的历史，分析了以“始小国僻远”之秦而能一统天下的原因；在评价秦的历史地位时，作者既对其愚民暴政予以批评，又对秦“法后王”统一天下之功进行了肯定。

太史公读《秦记》，至犬戎败幽王，周东徙洛邑，秦襄公始封为诸侯，作西畤用事上帝，僭端见矣。《礼》曰：“天子祭天地，诸侯祭其域内名山大川。”今秦杂戎翟之俗，先暴戾，后仁义，位在藩臣而胪于郊祀，君子惧焉。及文公逾陇，攘夷狄，尊陈宝，营岐、雍之间，而穆公修政，东竟至河，则与齐桓、晋文中国侯伯侔矣。是后陪臣执政，大夫世禄，六卿擅晋权，征伐会盟，威重于诸侯。及田常杀简公而相齐国，诸侯晏然弗讨[①]，海内争于战功矣。三国终之卒分晋，田和亦灭齐而有之，六国之盛自此始。务在强兵并敌，谋诈用而从横短长之说起。矫称蜂出，誓盟不信，虽置质剖符犹不能约束也。秦始小国僻远，诸夏宾之[②]，比于戎翟，至献公之后常雄诸侯。论秦之德义不如鲁卫之暴戾者，量秦之兵不如三晋之强也，然卒并天下，非必险固便形势利

①晏然：安逸，平静，此处有无动于衷之意。 ②宾：同“摈”，排斥。

也，盖若天所助焉。

或曰“东方物所始生，西方物之成孰”。夫作事者必于东南，收功实者常于西北。故禹兴于西羌，汤起于亳，周之王也以丰、镐伐殷，秦之帝用雍州兴，汉之兴自蜀汉。

秦既得意，烧天下《诗》《书》，诸侯史记尤甚，为其有所刺讥也。《诗》《书》所以复见者，多藏人家；而史记独藏周室，以故灭。惜哉，惜哉！独有《秦记》，又不载日月，其文略不具。然战国之权变亦有可颇采者，何必上古。秦取天下多暴，然世异变，成功大。传曰“法后王”，何也？以其近己而俗变相类，议卑而易行也。学者牵于所闻，见秦在帝位日浅，不察其终始，因举而笑之，不敢道，此与以耳食无异。悲夫！

余于是因《秦记》，踵《春秋》之后[①]，起周元王，表六国时事，讫二世，凡二百七十年，著诸所闻兴坏之端。后有君子，以览观焉。

（表略）

【译文】

太史公读秦国的历史记录，读到周幽王被犬戎打败，周平王被迫东迁洛邑，秦襄公因护送平王东迁有功而开始被封为诸侯，建西畤以祭祀上帝，便觉得越礼称王的苗头出现。《礼记》说：“天子祭祀天地，诸侯只祭祀其封域内的名山大川。”现在秦国混杂戎狄之俗，以暴戾为先，视仁义为末节，虽处在藩臣的地位，却陈列祭天的礼仪，这使君子开始感到忧惧。到秦文公越过陇坂东进，驱除了夷狄，尊奉陈宝为神物，在岐山与雍山之间营建基业。秦穆公修明政治，秦国的东边边境扩展到了黄河，穆

---

①踵：脚后跟，引申为跟着，接续。

公就与中原的齐桓公、晋文公并驾齐驱了。自此以后，陪臣执掌国家政务，大夫世代享受俸禄，六卿独擅晋国政权，征伐会盟，权势压过其他诸侯。到田常杀死了齐简公而辅佐齐国，诸侯对此事皆无动于衷，不去讨伐，海内皆争着忙于战功。到后来，韩、赵、魏三国终于瓜分了晋国，田和也灭了齐国占为已有，六国的兴盛自此开始。各国致力于加强军力、兼并敌国，阴谋诡计无所不用，纵横短长之说纷纷兴起。假传王命的事件层出不穷，对盟誓不守信用，虽然各国之间互置人质，君臣之间剖析符契，都不能起到约束作用。秦国开始是个小国，地处偏远，中原各国都排斥它，把它同戎、翟一样看待。到秦献公时，秦国却经常称雄于诸侯。实际说来，秦国最有德义的行为，还不如鲁国、卫国最暴戾的行为合乎德义，估量秦国的军力也不如韩、赵、魏三国强大，然而秦国却最终并吞了天下，这未必是因为它地理位置险固、形势便利，而好像是上天在帮助它。

有人说："东方是事物开始发生的地方，西方是事物成熟的地方。"首先发难的人必兴起于东南，而收到实效的都在西北。所以，大禹兴起于西羌，商汤兴起于亳地，周朝完成王业是凭靠丰、镐之地讨伐商纣，秦国完成帝业是依仗雍州，汉的勃兴起于蜀汉。

秦国并吞天下后，焚毁了天下的《诗》《书》，对诸侯的历史记录焚毁最为厉害，这是因为其中有讽刺秦国的话。《诗》《书》之所以还能再看到，是因为这些书多藏于私人家中，而唯独各国的历史记录贮藏在周室，所以全部被焚毁了。可惜啊，可惜啊，只有《秦记》保存下来，但其中又没有记载日月，文辞也简略不全。然而战国时代的通达权变之法也有很多可采之处，何必一切都遵循上古呢？秦取得天下多用残暴手段，然而秦能顺应时代的变化而变法革新，因而能获得成功。经传上说"要效法后王"，为什么呢？因为后王之法与我们的时代接近，而风俗之变迁也与我们相类似，他们的议论平易浅近容易实行。一般学者局限于自己的见闻，只看到秦朝在帝位的时间不长，不去详细审察其终始，因此而讥笑它，不敢对秦朝有所称道，这与用耳朵吃饭这种不知味的方法有什么不同呢？真是可悲啊！

我于是按《秦记》的记载，紧接孔子《春秋》之后，自周元王开始，表列六国的时事，直到秦二世灭亡，共二百七十年，把我所听闻的有关治乱兴废的经过及其缘由都述写出来，以供后世君子阅览。

史记卷十六·秦楚之际月表第四

《秦楚之际月表》起于陈涉起义，迄于高祖称帝，即公元前209年至公元前201年。此称“秦楚”而不称“秦汉”，应当说这与作者在《史记》当中将项羽列入本纪、将陈涉列入世家所体现出的感情是一致的，即对这些楚人历史业绩表示充分肯定和赞赏。《秦楚之际月表序》概述了秦楚之际数年之间时势剧变的情况，即“五年之间，号令三嬗”；并追述了三代以来虞、夏以积德累善而有天下，商、周以修行仁义而成王业，秦以蚕食历经百年方统一六国。而刘邦却在数年之间成为天下雄主，也真值得作者一唱三叹的了，而后来的班固则一语道破了天机：“镌金石者难为功，摧枯朽者易为力”。

太史公读秦、楚之际，曰：初作难，发于陈涉；虐戾灭秦，自项氏；拨乱诛暴，平定海内，卒践帝祚①，成于汉家。五年之间，号令三嬗，自生民以来，未始有受命若斯之亟也。

昔虞、夏之兴，积善累功数十年，德洽百姓，摄行政事②，考之于天，然后在位。汤、武之王，乃由契、后稷修仁行义十馀世。不期而会孟津八百诸侯，犹以为未可，其后乃放弑。秦起襄公，章于文、穆、献、孝之后，稍以蚕食六国，百有馀载，至始皇乃能并冠带之伦。以德若彼，用力如此，盖一统若斯之难也。

秦既称帝，患兵革不休，以有诸侯也，于是无尺土之封，堕坏名城，销锋镝③，锄豪桀，维万世之安。然王迹之兴，起于闾巷，合从讨伐，轶于三代④，乡秦之禁，适足以资贤者为驱除难

①践：登。帝祚：帝位。 ②摄：代理。 ③镝：箭头。 ④轶：超过，超越。

耳。故愤发其所为天下雄，安在无土不王。此乃传之所谓大圣乎？岂非天哉，岂非天哉！非大圣孰能当此受命而帝者乎？

（表略）

【译文】

太史公读到秦楚之际的历史，认为：首先发难反秦起义的是陈涉；用残暴的手段推翻秦朝统治的是项羽；拨乱反正、剪除强暴，平定海内，最终登上帝位，这项功业却由汉家完成。五年的时间，发号施令的人更换了三次，自有人类以来，从来没有接受天命像这样急剧的。

过去虞、夏的兴起，都积善累功数几十年，恩泽施及百姓，先代理执政，接受上天的考验，然后才正式登上帝位。商汤、周武王能成就王业，是从其祖先契、后稷开始，修行仁义长达十多代，周武王伐纣时，八百诸侯没有邀约就会盟于孟津，但武王却还是认为灭商的时机不够成熟，待条件成熟后，商汤才流放了夏桀，武王才诛杀了商纣。秦国兴于襄公，文公、穆公时渐渐显名，到秦献公、孝公之后，才逐渐蚕食六国，如此经历一百多年，秦始皇才能并吞六国。像虞、夏、商、周这样恩泽百姓，像秦这样用强力吞并诸侯，都经历了长期的努力才一统天下。原来一统天下是这样的艰难啊呀！

秦始皇称帝后，担心战乱不止，是因为有诸侯的存在。于是他不对亲族和功臣实行分封，还毁坏了著名的城池，销毁了天下的兵器，铲除了豪强，希望以此达到长治久安。然而，王业的勃兴，却起自于闾巷，天下豪杰联合起来讨伐秦朝，其威势远远超越了夏、商、周三代。原来秦朝的苛法禁忌成了贤者的凭借，帮他们扫除了灭秦的困难。所以，高祖愤发而起，成为天下雄主，怎么能说“没有封土就不能为王”呢？他不就是书传上所称道的大圣人吗？这难道不是天意吗？难道不是天意吗？不是大圣人，怎能在这豪强并争的时候承受天命而做皇帝呢？

史记卷十七·汉兴以来诸侯王年表第五

本表谱列了自高祖元年起，止于武帝太初四年，即公元前206年至公元前101年，共一百零五年间的诸侯王世系，高后、惠帝、文帝、景帝、武帝所封者亦一并列入。年表序则以回顾周代诸侯分封情况发论，概述汉兴以来百年间诸侯封削过程及得失。关于诸侯分封与设立郡县孰优孰劣也许在汉初立之时是个难以定论的问题，周时分封诸侯，可却出现各自割据一方、礼崩乐坏的混乱局面；秦时不再分封子弟功臣为侯，可又十数年间迅速灭亡。而从汉初历史来看，这不是个争论可以解决的问题，而是由历史进程自身选择的。刘邦为笼络各路诸将而分封诸王，站稳脚跟后，就迅速消灭异姓，约定"非刘氏者不得王"。可同姓之王也不可靠，权力之争同样也会在兄弟父子间血腥的展开，何况是与皇帝日益疏远的宗室之间。于是文帝、景帝就开始着手削弱诸侯，武帝时诸侯之被黜已是易如反掌的事了。

太史公曰：殷以前尚矣。周封五等：公、侯、伯、子、男。然封伯禽、康叔于鲁、卫，地各四百里，亲亲之义，褒有德也；太公于齐，兼五侯地，尊勤劳也。武王、成、康所封数百，而同姓五十五，地上不过百里，下三十里，以辅卫王室。管、蔡、康叔、曹、郑，或过或损。厉、幽之后，王室缺，侯伯强国兴焉，天子微，弗能正。非德不纯，形势弱也。

汉兴，序二等[①]。高祖末年，非刘氏而王者，若无功上所不置而侯者，天下共诛之。高祖子弟同姓为王者九国，唯独长沙

①序二等：指汉恢复分封，但只有王、侯二等。

异姓，而功臣侯者百有馀人。自雁门、太原以东至辽阳，为燕、代国；常山以南，大行左转，度河、济，阿、甄以东薄海，为齐、赵国；自陈以西，南至九疑，东带江、淮、谷、泗，薄会稽，为梁、楚、淮南、长沙国：皆外接于胡、越。而内地北距山以东尽诸侯地，大者或五六郡，连城数十，置百官宫观，僭于天子。汉独有三河、东郡、颍川、南阳，自江陵以西至蜀，北自云中至陇西，与内史凡十五郡，而公主列侯颇食邑其中。何者？天下初定，骨肉同姓少，故广强庶孽①，以镇抚四海，用承卫天子也②。

汉定百年之间，亲属益疏，诸侯或骄奢，忕邪臣计谋为淫乱③，大者叛逆，小者不轨于法，以危其命，殒身亡国。天子观于上古，然后加惠，使诸侯得推恩分子弟国邑，故齐分为七，赵分为六，梁分为五，淮南分三，及天子支庶子为王，王子支庶为侯，百有馀焉。吴楚时，前后诸侯或以適削地，是以燕、代无北边郡，吴、淮南、长沙无南边郡，齐、赵、梁、楚支郡名山陂海咸纳于汉。诸侯稍微，大国不过十馀城，小侯不过数十里，上足以奉贡职，下足以供养祭祀，以蕃辅京师。而汉郡八九十，形错诸侯间，犬牙相临，秉其阨塞地利④，强本干，弱枝叶之势，尊卑明而万事各得其所矣。

臣迁谨记高祖以来至太初诸侯，谱其下益损之时，令后世得览。形势虽强，要之以仁义为本。

（表略）

【译文】

太史公认为：殷朝以前，是很久远了，封爵的情况已不可考知。周封

---

①庶孽：指宗室子弟。 ②用：以。 ③忕(shì)：染习。 ④秉：把持，控制。阨：即“厄”，险要之地。

五等爵位：公、侯、伯、子、男。而把伯禽、康叔封在鲁、卫，方圆才各四百里，这是以亲亲之义为本，同时也是对有德之人的褒奖。周武王将太公分封在齐地，使他拥有五个侯爵的土地，这是为了特别褒奖太公佐周的功劳。周武王、成王、康王所封的诸侯有数百个，其中与周室同姓者有五十五个，其地最大不过百里，最小只有三十里，用来辅卫周王室。管叔、蔡叔、康叔、曹国、郑国，其封地有的超过爵位应得之数，有的则不足。周厉王、周幽王之后，王室衰弱而诸侯强国兴起，天子势微，不能控制诸侯，并不是德行不纯，而是力量对比的形势不利。

汉兴起后恢复了分封制，但所封爵位只有王、侯两个等级。高祖末年，不是刘氏而称王者，或没有功劳不是天子所封而称侯者，天下共同讨伐他。汉高祖灭异姓王后子弟同姓被封为王的有九国，只有长沙王吴芮是异姓，封功臣及外戚为侯者一百多人。从雁门、太原以东至辽阳，是燕国、代国；常山以南，太行以东，过黄河、济水，以及阿、甄以东一直到海边，是齐国和赵国；陈郡以西，南到九疑山，包有长江中下游、淮河、谷水、泗水四条河流的广大地区，一直到会稽山，是梁国、楚国、淮南国、长沙国：都与胡、越之国相接。而内地北距山以东都是诸侯国的土地，大的有五六个郡，数十座城池相连，置有文武百官、宫观，超越本分，使用天子的规模制度。汉只有河东郡、河内郡、河南郡、东郡、颍川郡、南阳郡，从江陵以西一直到蜀，北方从云中郡到陇西郡，加上内史郡，共十五郡，而且其中还有许多是公主、列侯的食邑。这是为什么呢？因为天下刚刚安定，宗室同姓较少，所以要广泛地使宗室子弟强大起来，用以镇抚天下，拱卫天子。

汉安定天下后的百年时间里，宗室与天子的亲属关系日渐疏远，有的诸侯骄纵奢侈，听从奸邪之臣的计谋淫乱为逆，严重者谋反叛逆，轻微者不守法度，以致危及生命，身死国灭。天子效仿上古，行推恩令加惠于诸侯，使诸侯王得以施恩惠于子弟，并分封给他们国邑，所以，齐分为七国，赵分为六国，梁分为五国，淮南国分为三国，加上天子的庶子被封为王，诸侯王的庶子被封为侯，有一百多人。吴楚之乱时，诸侯们有的遭贬谪而被削地，所以燕国、代国失去了北边各郡，吴国、淮南国失去了南边各郡，齐国、赵国、梁国、楚国所辖之郡名山大湖都被纳为汉直接统治区域。诸侯的势力渐渐衰弱，大国不过十余城，小的侯国不过数十里，对上足以完成贡职，对下足以供养祭祀，用来藩卫京师。而汉朝廷所辖有八九十个郡，穿插于诸侯国之间，犬牙交错，把持关塞地利，呈现出本干强而枝叶弱的势态，尊卑分明，各得其所。

臣司马迁恭谨地记载自高祖皇帝以来，一直到太初年间诸侯国的情况，用列表的方式记录自始封年月以下各国兴衰损益的时间，以供后人阅览。如今朝廷形势虽强，处理好与诸侯王关系的要旨是以仁义为本。

史记卷十八·高祖功臣侯者年表第六

《高祖功臣侯者年表》谱列了跟随刘邦打天下的功臣一百四十三人由被封侯到其侯国被废除的始末。而在论赞中，司马迁感慨于诸侯"始未尝不欲固其根本，而枝叶稍陵夷衰微也。"并将远古封国传之数百千年和汉初受封功臣百年之间坐法殒命亡国进行了对比，而对这种巨大反差的原因，司马迁将之归为两点：一是古之侯伯"笃于仁义，奉上法"，而汉之功臣为侯者"子孙骄溢，忘其先，淫嬖"；二是汉之"罔亦少密"，而诸侯们又"皆身无兢兢于当世之禁"。统观全文可以认为，司马迁更多的是委婉表达了对诸侯的同情和对汉之帝王"殊礼而异务"的怨愤之意。

太史公曰：古者人臣功有五品①，以德立宗庙定社稷曰勋，以言曰劳，用力曰功，明其等②曰伐，积日曰阅。封爵之誓曰："使河如带，泰山若厉，国以永宁，爰及苗裔③。"始未尝不欲固其根本，而枝叶稍陵夷衰微也。

余读高祖侯功臣，察其首封④，所以失之者，曰：异哉所闻！《书》曰"协和万国"，迁⑤于夏商，或数千岁。盖周封八百，幽、厉之后，见于《春秋》。《尚书》有唐虞之侯伯，历三代千有馀载，自全以蕃卫天子，岂非笃于仁义，奉上法哉？汉兴，功臣受封者百有馀人。天下初定，故大城名都散亡，户口可得而数者十二三，是以大侯不过万家，小者五六百户。后数世，民咸归乡里，户益息⑥，萧、曹、绛、灌之属或至四万，小侯自倍⑦，富厚如之。子孙

---

①五品：五个等级，即下文所说的勋、劳、功、伐、阅。 ②明其等：按常例逐级提升。 ③使：即使。厉：通"砺"，磨刀石。以：通"亦"。爰：于是。 ④首封：当初受封。 ⑤迁：经历。 ⑥息：繁殖。 ⑦倍：在原来基础上增加相同的倍数。

骄溢，忘其先，淫嬖[①]。至太初百年之间，见[②]侯五，馀皆坐法陨命亡国，秏[③]矣。罔亦少密[④]焉，然皆身无兢兢[⑤]于当世之禁云。

居今之世，志[⑥]古之道，所以自镜[⑦]也，未必尽同。帝王者各殊礼而异务，要以成功为统纪，岂可绲[⑧]乎？观所以得尊宠及所以废辱，亦当世得失之林也，何必旧闻？于是谨其终始，表其文，颇有所不尽本末；著其明，疑者阙[⑨]之。后有君子，欲推而列之，得以览[⑩]焉。

（表略）

【译文】

太史公说：古时候做臣子的有五个等级，以道德建立宗庙、安定社稷的称勋，以言辞谋略建立宗庙、安定社稷的称劳，以勇力建立宗庙、安定社稷称功，按常例逐级提升的臣子称伐，仅靠效力时间长久而为臣称阅。封爵的誓词说："即使黄河有朝一日变得像一条带子那样窄，泰山变得像磨刀石那样小，你的封国也仍是平安的，一直传给你的子孙后代。"功臣诸侯们开始时没有不想着稳固封国的根基的，可后来却渐渐衰微下去了。

我阅读高祖分封功臣的有关文献，考察其当初受封时的情景与其后来失去封国的原因，就感叹：这和所听说的远古帝王传国久远的情形真是不同啊！《尚书》中说"尧能将成千上万的侯国团聚起来和睦相处"，有些侯国经历夏、商还在向下传，有的已传了数千年。周初所封的那些国家，经历了厉、幽之乱还被记在《春秋》上，也都有四五百年了。《尚书》上记有唐虞之侯伯，历经三代之后，已有一千多年了，还一直保全下来守卫

①淫嬖(bì)：荒淫邪恶。 ②见：通"现"，现存，存有。 ③秏：通"耗"。 ④罔：通"网"。少：通"稍"，稍微，略微。 ⑤兢兢：小心谨慎的样子。 ⑥志：记，汲取。 ⑦自镜：给自己作镜子，指让自己从中汲取成功的经验与失败的教训。 ⑧绲(gǔn)：绳索，此指拘泥，死抱某种教条不放。 ⑨阙：同"缺"，空缺。 ⑩览：阅览，参照。

着天子，这难道不是笃行仁义，尊奉古时的法度么？汉代兴起，功臣受的有一百多人。天下刚刚安定，所以大城名都里的百姓大多逃散了，能够聚集起来查点的人口只有原先的十分之二三，所以大的侯国不过万户人家，小的侯国只有五六百户人家。后经数世，百姓都回归乡里，人口越来越多，萧何、曹参、绛侯、灌婴等有的侯国达到四万户人家，小的侯国人口也同倍增加，财富也相应增加。而子孙们也忘掉了先人创业的艰苦，开始骄纵傲慢、荒淫邪恶起来。到了太初时，百年之间，高祖所封列侯传下来的只还有五个，其余的都因犯罪被杀而亡国，昏乱啊。皇帝对列侯的处治，也的确是稍微严厉了点，然而也怪他们没有对当世的法度小心谨慎的遵守。

身处当今之世，汲取古代那些传国久长的诸侯们的为人处世之道，用来给自己作借鉴，但各个时代的具体情况不一定相同。这是因为帝王们各有不同的礼制和事务，如果以成功为根本准则，怎么能死守教条呢？考察诸侯之所以得到尊宠及其之所以遭废除和蒙耻辱的原因，也是当世成功和失败的参照，何必非得旧闻呢？于是谨将功臣由被封侯到其侯国被废除的先后始末以年表的形式记下来，颇有些不能详尽其本末，只是记下明确的东西，而可疑的就空缺。后来有君子如果想进一步发挥、谱列，可以将这些东西作为参照。

史记卷十九·惠景间侯者年表第七

本表谱列了自惠帝元年始，中经吕后、文帝，至景帝末年共五十四年间所封之侯共九十三人从其受封到武帝元封六年几十年间的演变，写了他们各自的封侯缘由、食邑和被废原因。在此年表中值得指出的是文帝与景帝在封侯时的不同做法。文帝封侯对与自己有关的事控制较严，如对跟随自己从代国来的功臣只封了宋昌、薄昭两人，而对人品不错的窦皇后的两个兄弟始终没有封侯。而景帝的封侯则是既多又滥，如对平定吴楚七国之乱的立功者，对“外国归义”者的封赏。对照《孝文本纪》和《孝景本纪》也不难发现作者对文、景二帝的不同感情倾向。

太史公读列封至便侯，曰：有以也夫①！长沙王者，著令甲②，称其忠焉。昔高祖定天下，功臣非同姓疆③土而王者八国。至孝惠时，唯独长沙全，禅五世，以无嗣绝，竟无过，为藩守职，信矣。故其泽流枝庶④，毋功而侯者数人。及孝惠讫孝景间五十载，追修高祖时遗功臣，及从代来，吴楚之劳，诸侯子弟若肺腑⑤，外国归义，封者九十有馀。咸表始终，当世仁义成功之著⑥者也。

（表略）

---

①有以也夫：这是有原因的啊。 ②著令甲：特别下令予以褒奖，并收在诏令汇编甲集，因有多集，故以甲、乙、丙、丁相区分。 ③疆：用作动词，划分边界，划分疆土。 ④枝庶：也称“庶孽”，非嫡系的子孙。 ⑤肺腑：骨肉，此指因与皇家有亲密关系而获封侯。 ⑥著：显著，明显。

【译文】

太史公阅读列侯受封至便侯的档案，说：这是有原因的啊！长沙王，是皇上特别下令予以褒奖称其忠信的诸侯。先前高祖平定天下，功臣中非同姓而划分疆土封为王的有八国。到了孝惠帝时，唯独长沙王得以保全，传了五世，因为没有继承人才断绝，竟然没有过错，做藩侯谨守臣职，确实如此。所以其恩泽能流布到非嫡系的子孙，他们当中无功而封侯的有数人。等到孝惠帝到孝景帝的五十年间，追封高祖时漏封的功臣，以及从代国跟随来的藩臣，平定吴楚七国之乱中立功的，诸侯子弟中如同骨肉的，外国归降的，先后受封的有九十多人。都把他们的始末谱列出来，他们有的历世绵长，有的光景短暂，只有那些谨守仁义的人才能久远，这是最明显不过的，可供人们借鉴。

史记卷二十·建元以来侯者年表第八

本表谱列了武帝建元元年至太初年间分封功臣的情况,表的形式仍是以国为经,以年为纬,但作为当代的功臣封侯,司马迁做了更为详细的谱列,如在“侯功”下又按年号分成“元光”“元朔”“元狩”“元鼎”“元封”“太初以后”六格。需要指出的是本表谱列的主要是武帝在北讨强胡、南诛劲越以及征伐其他周边民族中立有战功的人物。而且从论赞中看,作者也似乎对汉武帝征伐四夷表示了赞颂,但这与《匈奴列传》《大宛列传》《南越列传》《朝鲜列传》《西南夷列传》《卫将军骠骑列传》,尤其是《平准书》等所表现的情绪大不相同。所以古今读《史记》的人都认为这篇表序是似褒实贬。

太史公曰:匈奴绝和亲,攻当路塞①;闽越擅伐,东瓯请降②。二夷交侵,当盛汉之隆,以此知功臣受封侔③于祖考矣。何者?自《诗》《书》称三代“戎狄是膺,荆荼是征”④,齐桓越燕伐山戎,武灵王以区区赵服单于,秦穆用百里霸西戎,吴楚之君以诸侯役百越。况乃以中国一统,明天子在上,兼文武,席卷四海,内辑亿万之众,岂以晏然⑤不为边境征伐哉!自是后,遂出师北讨强胡,南诛劲越,将卒以次封矣。

(表略)

---

①当路塞:直通要道的边塞。 ②东瓯请降:东瓯遭闽越攻击,向汉求救,汉派兵援救,闽越撤兵,东瓯为避闽越遂请迁江淮。 ③侔(móu):相当,相等。 ④戎狄:古时称西部、北部少数民族。膺:抵挡。荆:楚的别称。荼:楚的属国。征:抗击。 ⑤晏然:安逸闲适的样子。

【译文】

太史公说：匈奴破坏和亲之约，进攻直通要道的边塞；闽越擅自进攻东瓯，东瓯向汉求救。北方匈奴与东南闽越同时侵扰汉王朝，正当汉强盛之时，因此知当今皇上因对外用兵而封侯的人和高祖时相当。为什么呢？自从《诗》《书》起就记载有三代帝王讨伐外敌入侵的事，所谓“戎狄是膺，荆荼是征”，后来还有齐桓公率兵帮助燕国打退山戎，武灵王以区区赵国的力量使单于臣服，秦缪公任用百里奚而成为西戎地区的霸主，吴楚的几代君王率领诸侯降服驱使百越等事。何况当今中国一统，英明的天子在上，文武兼有，席卷四海，国内聚有亿万之众，怎能因为贪享安逸而不对侵扰边境的外敌进行征伐呢！从此以后，出师北讨强胡，南诛劲越，将士都按军功依次封赏。

史记卷二十一·建元以来王子侯者年表第九

本表谱列了武帝时所封王子侯一百三十六人，而绝大多数都很快被废黜。自从汉初以来，诸侯王问题一直是朝廷想解决的问题。文帝时贾谊提出“众建诸侯而少其力”的主张，并付诸实施，如“淮南一分为三”“齐国一分为七”，景帝平定吴楚之乱后则加紧对诸侯的分割侵削，武帝时先有长沙王四子、江都王五子，实行“推恩法”后，则开始普遍让各诸侯王分割其地以封其诸子为侯。武帝要讨伐四夷，新功臣层出不穷，于是又以诸多罪名废黜诸王、列侯、王子侯一百多个。自此，四海一统，中央集权加强，武帝讨伐四夷、开疆拓土就更可以大张旗鼓了。而作者对此则是一句“盛哉，天子之德！一人有庆，天下赖之”。陈仁子说：“迁之言，似颂而讽。”也许不无道理。

制诏御史：“诸侯王或欲推私恩分子弟邑者，令各条上①，朕且临定其号名。”

太史公曰：盛哉，天子之德！一人有庆，天下赖②之。

（表略）

【译文】

皇帝下诏给御史：“诸侯王有愿意把自己封国的领土分割立自己的子弟为列侯的，命令各自开列清楚，报告上来，朕将要审定其封土、名号。”

太史公说：天子之德盛啊！一个人有恩德，天下人都跟着受惠。

---

①条上：开列清楚，报告上来。 ②赖：受恩惠，沾光。

史记卷二十二·汉兴以来将相名臣年表第十

关于本年表，班固、张宴认为非司马迁原作，而梁玉绳《史记志疑》认为“天汉”以前的部分是司马迁所作。此是作者问题，而表中令人颇费琢磨之处也不少。如“大事记”一栏，许多重大事件没有列出，而有些小事却写得较详；武帝时的“大事记”则有许多空格。又如表中“相位”谱列历朝丞相较为完备，但却将张苍的“计相”写进去；“将位”写位居“三公”的太尉、大将军、骠骑将军，可却又写进许多前、后、左、右等将军；再如表中记有“行三分钱”“行八铢钱”，而对武帝时的铸五铢钱、盐铁官营、平准均输、算缗告缗等这些非常重大的事项等却只字不写。

此表无序。

（表略）

史记卷二十三·礼书第一

《史记》八书，其体裁为司马迁首创，系统记载文化典章制度等，每篇就某一论题做专题论述。《汉书》因之作十志，专记朝章国典，因其书名中已有“书”字，故班固易“书”为“志”，为后世所袭用，故而这种体裁被称为“书志体”。《礼书》乃八书之首，全篇以“礼由人起”为界，分为两大部分：第一部分为序，总述礼之缘起、发展及功用，其中表明了司马迁对儒家礼制的基本态度，回顾了礼制从西周至汉初的因变。自“礼由人起”以下为文章第二部分，系删节荀子《礼论》《议兵》两篇文字而成，为后人追补司马迁已遗《礼书》的文字。

太史公曰：洋洋美德乎①！宰制万物，役使群众，岂人力也哉？余至大行礼官②，观三代损益，乃知缘人情而制礼，依人性而作仪，其所由来尚矣。

人道经纬万端③，规矩无所不贯④，诱进以仁义，束缚以刑罚，故德厚者位尊，禄重者宠荣，所以总一海内而整齐万民也。人体安⑤驾乘，为之金舆错衡以繁其饰；目好五色，为之黼黻文章以表其能⑥；耳乐钟磬，为之调谐八音以荡其心⑦；口甘五味，为之庶羞酸咸以致其美⑧；情好珍善，为之琢磨圭璧以通其意⑨。故大路越席，皮弁布裳，朱弦洞越，大羹玄酒，所以防其淫

①洋洋：众多、盛美的样子。 ②大行：秦官名，掌王朝典礼仪式。 ③经纬：纵线为经，横线为纬，此指头绪不一。 ④规矩：准则，标准。 ⑤安：舒适。 ⑥五色：青、黄、赤、白、黑。此指各种漂亮色彩。黼黻：礼服上绣的花纹。 ⑦八音：指金、石、土、草、丝、木、匏、竹八类乐器发出的声音，这里泛指乐声。 ⑧五味：酸、辣、苦、甜、咸，此处泛指各种美好的滋味。庶羞：众多的美味。 ⑨琢磨：玉、石的加工方法。圭璧：上尖下方的瑞玉叫圭，圆形的瑞玉叫璧。

侈，救其雕敝①。是以君臣朝廷尊卑贵贱之序，下及黎庶车舆衣服宫室饮食嫁娶丧祭之分，事有宜适，物有节文。仲尼曰："禘自既灌而往者②，吾不欲观之矣"。

周衰，礼废乐坏，大小相逾，管仲之家，兼备三归③。循法守正者见侮于世，奢溢僭差者谓之显荣。自子夏，门人之高弟也，犹云"出见纷华盛丽而说，入闻夫子之道而乐，二者心战，未能自决"，而况中庸以下，渐渍于失教，被服于成俗乎？孔子曰"必也正名"④，于卫所居不合。仲尼没后⑤，受业之徒沉湮而不举，或适齐、楚，或入河、海，岂不痛哉！

至秦有天下，悉内六国礼仪⑥，采择其善，虽不合圣制，其尊君抑臣，朝廷济济⑦，依古以来。

至于高祖，光有四海⑧，叔孙通颇有所增益减损，大抵皆袭秦故。自天子称号下至佐僚及宫室官名，少所变改。孝文即位，有司议欲定仪礼，孝文好道家之学，以为繁礼饰貌，无益于治，躬化谓何耳⑨，故罢去之。孝景时，御史大夫晁错明于世务刑名，数干谏孝景曰："诸侯藩辅，臣子一例，古今之制也。今大国专治异政，不禀京师，恐不可传后。"孝景用其计，而六国畔逆，以错首名，天子诛错以解难。事在袁盎语中。是后官者养交安禄而已，莫敢复议。

今上即位，招致儒术之士，令共定仪，十馀年不就。或言古者太平，万民和喜，瑞应辨至⑩，乃采风俗，定制作。上闻之，制

①大路：天子所乘的一种车。皮弁布裳：鹿皮帽子，白缯布衣裳。越：瑟之底孔。大羹：又作"泰羹"，没加调味的肉汤。玄酒：祭祀时以水代酒。②禘：祭名。天子举行祭祀祖先的隆重典礼。灌：祭祀中的一个步骤，酌酒以献。③三归：指管仲有三处庭院，还有多种说法，如娶三姓女子、采邑、府库等。④必也正名：首先一定要辨正名分，语出《论语·子路》。⑤没：通"殁"，死亡。⑥内：同"纳"，采纳，吸收。⑦济济：庄严恭敬的样子。⑧光：广。⑨躬化：躬自实行。⑩瑞应：祥瑞的兆应。辨：通"遍"。

诏御史曰:“盖受命而王,各有所由兴,殊路而同归,谓因民而作,追俗为制也。议者咸称太古,百姓何望?汉亦一家之事,典法不传,谓子孙何?化隆者闳博,治浅者褊狭,可不勉与!”乃以太初之元改正朔,易服色,封太山,定宗庙百官之仪,以为典常①,垂之于后云。

礼由人起。人生有欲,欲而不得则不能无忿,忿而无度量则争,争则乱。先王恶其乱,故制礼义以养人之欲,给人之求,使欲不穷于物,物不屈于欲,二者相待而长,是礼之所起也。故礼者,养也。稻粱五味,所以养口也;椒兰芬茝②,所以养鼻也;钟鼓管弦,所以养耳也;刻镂文章,所以养目也;疏房床笫几席③,所以养体也。故礼者,养也。

君子既得其养,又好其辨也。所谓辨者,贵贱有等,长少有差,贫富轻重皆有称也④。故天子大路越席,所以养体也;侧载臭茝⑤,所以养鼻也;前有错衡,所以养目也;和鸾之声⑥,步中《武》《象》,骤中《韶》《濩》⑦,所以养耳也;龙旂九斿⑧,所以养信也;寝兕持虎⑨,鲛韅弥龙,所以养威也。故大路之马,必信至教顺,然后乘之,所以养安也。孰知夫士出死要节之所以养生也,孰知夫轻费用之所以养财也,孰知夫恭敬辞让之所以养安也,孰知夫礼义文理之所以养情也。

人苟生之为见,若者必死;苟利之为见,若者必害;怠惰之为安,若者必危;情胜之为安,若者必灭。故圣人一之于礼义,则两得之矣;一之于情性,则两失之矣。故儒者将使人两得之

---

①典常:典制,纲常。 ②茝:一种香草。 ③疏房:通明的房间,或说有窗的房间。几席:古人席地而坐,几置于席上,合称几席。 ④称:各得其宜。 ⑤侧:身旁。臭:香。 ⑥和鸾之声:车马上的铃声。 ⑦《武》《象》:乐舞名。骤:奔驰。《韶》《濩》:乐舞名。 ⑧斿:旗带上的飘带。 ⑨寝兕(sì)持虎:指天子旗上画有伏卧的独角犀和蹲着的虎。

者也，墨者将使人两失之者也。是儒墨之分。

治辨之极也，强固之本也，威行之道也，功名之总也。王公由之，所以一天下，臣诸侯也。弗由之，所以捐社稷也。故坚革利兵不足以为胜，高城深池不足以为固，严令繁刑不足以为威。由其道则行，不由其道则废。楚人鲛革犀兕[①]，所以为甲，坚如金石；宛之巨铁施，钻如蜂虿，轻利剽遬，卒如熛风[②]。然而兵殆于垂涉，唐昧死焉；庄蹻起，楚分而为四参[③]。是岂无坚革利兵哉？其所以统之者非其道故也。汝、颍以为险，江、汉以为池，阻之以邓林，缘之以方城。然而秦师至鄢郢，举若振槁[④]。是岂无固塞险阻哉？其所以统之者非其道故也。纣剖比干，囚箕子，为炮格，刑杀无辜，时臣下懔然，莫必其命[⑤]。然而周师至，而令不行乎下，不能用其民。是岂令不严，刑不峻哉？其所以统之者非其道故也。

古者之兵，戈矛弓矢而已，然而敌国不待试而诎[⑥]。城郭不集，沟池不掘，固塞不树，机变不张，然而国晏然不畏外而固者，无他故焉，明道而均分之，时使而诚爱之，则下应之如景响。有不由命者，然后俟之以刑，则民知罪矣。故刑一人而天下服。罪人不尤其上，知罪之在己也。是故刑罚省而威行如流，无他故焉，由其道故也。故由其道则行，不由其道则废。古者帝尧之治天下也，盖杀一人刑二人而天下治。传曰“威厉而不试，刑措而不用”。

天地者，生之本也。先祖者，类之本也。君师者，治之本也。无天地恶生[⑦]？无先祖恶出？无君师恶治？三者偏亡[⑧]，

①鲛：指鲛鱼皮。革：皮革。犀兕：指犀牛与兕牛的皮革。②施：矛。虿：蝎类毒虫。剽遬：剽悍迅捷。熛风：疾风。③参：同“三”。④振槁：摇撼枯木。⑤必：保。⑥诎（qū）：屈服。⑦恶：怎么，何。⑧三者偏亡：三者缺一。

则无安人。故礼，上事天，下事地，尊先祖而隆君师，是礼之三本也。

故王者天太祖①，诸侯不敢怀，大夫士有常宗②，所以辨贵贱。贵贱治，得之本也。郊畴乎天子，社至于诸侯，函及士大夫，所以辨尊者事尊，卑者事卑，宜巨者巨，宜小者小。故有天下者事七世，有一国者事五世，有五乘之地者事三世，有三乘之地者事二世，有特牲而食者不得立宗庙，所以辨积厚者流泽广，积薄者流泽狭也。

大飨上玄尊③，俎上腥鱼④，先大羹⑤，贵食饮之本也。大飨上玄尊而用薄酒，食先黍稷而饭稻粱，祭哜⑥先大羹而饱庶羞，贵本而亲用也。贵本之谓文，亲用之谓理。两者合而成文以归太一⑦，是谓大隆。故尊之上玄尊也，俎之上腥鱼也，豆之先大羹⑧，一也。利爵弗啐也⑨，成事俎弗尝也⑩，三侑之弗食也⑪，大昏之未废齐也，大庙之未内尸也，始绝之未小敛⑫，一也。大路之素帱也⑬，郊之麻绕⑭，丧服之先散麻⑮，一也。三年哭之不反也，清庙之歌一倡而三叹⑯，县一钟尚拊膈⑰，朱弦而通越⑱，一也。

---

①天太祖：祭天时，以太祖配天而祭之。太祖，指开国君主。 ②常宗：诸侯的庶子受封，其后代就永远尊崇他为始祖。 ③大飨：在太庙中合祭祖先。玄尊：盛玄酒的酒杯，这里指玄酒。 ④俎：盛祭品的器皿。腥鱼：即生鱼。 ⑤大羹：未经调味的肉汤。 ⑥哜：尝。 ⑦太一：亦名大一，原指天地形成前的混沌元气。此处可理解为礼的本原。 ⑧豆：古代盛食物的器皿。 ⑨利爵弗啐：祭祀将毕，祝四面告成，称之利爵。此时祝接受佐食所献的酒，但并不真喝。 ⑩成事：卒哭之祭。古时用活人代死者受祭，称为“尸”，“尸”受祭时是不尝俎中生鱼的。 ⑪侑：劝食。 ⑫绝：绝气，死。小敛：给尸体穿上寿衣。 ⑬帱（chóu）：素色的车帷。 ⑭麻绕：即麻冕，麻布礼帽。 ⑮散麻：小敛时主人把散麻系在腰间。 ⑯清庙之歌：《诗经·周颂》有《清庙》篇。一倡而三叹：一人领唱，三人相和。倡：通“唱”。 ⑰拊膈：均古乐器名。 ⑱通越：瑟底通孔，使瑟声迟重。越：指瑟底之孔。

凡礼始乎脱，成乎文，终乎税[①]。故至备，情文俱尽；其次，情文代胜；其下，复情以归太一。天地以合，日月以明，四时以序，星辰以行，江河以流，万物以昌，好恶以节，喜怒以当。以为下则顺，以为上则明。

太史公曰：至矣哉！立隆以为极，而天下莫之能益损也。本末相顺，终始相应，至文有以辨，至察有以说。天下从之者治，不从者乱；从之者安，不从者危。小人不能则也[②]。

礼之貌诚深矣，坚白同异之察[③]，入焉而弱[④]。其貌诚大矣，擅作典制褊陋之说，入焉而望[⑤]。其貌诚高矣，暴慢恣睢，轻俗以为高之属，入焉而队。故绳诚陈，则不可欺以曲直；衡诚县，则不可欺以轻重；规矩诚错，则不可欺以方员[⑥]；君子审礼，则不可欺以诈伪。故绳者，直之至也；衡者，平之至也；规矩者，方员之至也；礼者，人道之极也。然而不法礼者不足礼，谓之无方之民；法礼足礼，谓之有方之士。礼之中，能思索，谓之能虑；能虑勿易，谓之能固。能虑能固，加好之焉，圣矣。天者，高之极也；地者，下之极也；日月者，明之极也；无穷者，广大之极也；圣人者，道之极也。

以财物为用，以贵贱为文，以多少为异，以隆杀为要[⑦]。文貌繁，情欲省，礼之隆也。文貌省，情欲繁，礼之杀也。文貌情欲相为内外表里，并行而杂，礼之中流也。君子上致其隆，下尽其杀，而中处其中。步骤驰骋广骛不外，是以君子之性守宫庭也。人域是域，士君子也[⑧]。外是，民也。于是中焉，房皇周

---

①脱：疏脱，简略之意。文：文采。税：通“悦”。 ②则：取法。 ③坚白同异：战国时公孙龙“离坚白”之说和惠施“合同异”之说。 ④弱：通“溺”，淹没于其中之意。 ⑤望：惭愧。 ⑥绳：木匠所用墨线。衡：秤。员：同“圆”。 ⑦隆杀：隆盛、减杀。要：适当。 ⑧域：疆域，引申为规范。

浃[1]，曲得其次序，圣人也。故厚者，礼之积也；大者，礼之广也；高者，礼之隆也；明者，礼之尽也。

【译文】

太史公说：礼的品格、功能，实在广大而又盛美啊！它主宰万物、役使群众，岂是人力所能做到的？我曾到过大行礼官那里，研究夏、商、周三代在礼制上所做的增减，才知道，按照人情来制定礼制，依据人性来制定仪节，是由来已久的事了。

做人的道理，千条万条，礼这个行为准则却能无所不贯，无所不包。就是诱导人们，使知仁义，用刑罚来约束。所以，道德高尚之人，地位就尊显贵重；俸禄多的享受荣耀恩宠，以此来统一天下人的意识，整齐人心。人的身体对乘坐车马感到舒适，就以金饰车，又雕镂车衡，镶金错银，加上繁琐的装饰；人的眼睛喜欢观赏五彩美色，就给衣服设计黼黻文章等花纹，使仪容更加美好；人的耳朵乐闻钟磬等动听的声音，就调和各种乐音以激荡人心；人的口味喜欢吃美味食物，就烹调出佳肴异馔，或酸或咸，各尽其美；人情喜爱珍美的物事，就以美玉制成圭璧，又加琢磨，以顺人意。所以大路越席、皮弁布裳、朱弦洞越、大羹玄酒等，是用来防止过分奢侈，挽救衰败的风气。所以，上至君臣朝廷中的尊卑贵贱秩序，下到黎民百姓中间衣食住行、婚丧嫁娶的等级，事事皆有适宜之度，物物文饰皆有节制。孔子说："禘祭在灌以后，我就不愿再看它了。"

周朝衰落后，礼制废弃，乐制败坏，大小不按等级，以至管仲家中有三处庭院。遵法律、守正道的人，被世俗所轻视侮辱，奢侈逾制的人名显身荣。上自子夏这样的孔门优秀学生，还说："出门见到那些纷纭华美的事物就欢喜，回来听到夫子的学说又感到愉悦，二者常在心中斗争，自己决定不了取舍。"更何况中材以下的人，长期被错误的风气所污染，被时下的习俗所征服呢？孔子说："必先正其名分。"但他在卫国相处不投契，

---

①房皇周浃：徘徊周旋，从容不乱。房皇：即"徬徨"。

主张实现不了。孔子死后，受业门人漂泊埋没，得不到任用，有的到了齐、楚，有的遁入黄河、海滨一带。岂不令人痛惜！

至秦统一天下，全部收罗六国的礼仪制度，择其善者而用之，虽与前代圣王的制度不合，却也尊君抑臣，使朝廷威仪，庄严肃穆，与古代相同。

到汉高祖光复四海，拥有天下，儒者叔孙通对秦制稍做增损，制定了汉代制度，大体却是沿袭秦制。上自天子称号，下至大小官吏宫殿官名，都很少变更。孝文帝登位后，有司建议，要重定礼仪制度，那时孝文帝喜爱道家学说，认为繁琐的礼节只能粉饰外表，对天下治乱没有裨益，主要看自身表率作用作得怎样，所以没有采纳。孝景帝时期，御史大夫晁错明于世务，深通刑名之学，屡屡进谏说："诸侯是天子的屏藩、辅佐，与臣子相同，古往今来都是如此。现在的诸侯大国，却专治其境，推行与朝廷不同的政令，诸事又不向朝廷禀报，此事断然不可持续下去，流毒后世。"孝景帝采纳了他的建议，削弱诸侯，导致了六国叛乱，以诛杀晁错为名，景帝不得已，杀晁错以解时局的危难。此事详载于《袁盎列传》中。从此以后，为官者但务结交诸侯、安享俸禄而已，没有谁敢再议论这事情了。

当今皇上即位以来，招纳罗致了一批通儒学的人才，命他们共同制定礼仪制度，搞了十余年，不能成功。有人建议说：古时天下太平，万民和乐欢喜，感应上天，降下各种祥瑞征兆，才能采择风俗，制定礼制。如今不具备这些条件。皇帝听闻这件事，向御史下诏道："历朝受天命而为王，虽各有其兴盛的原因，却是殊途而同归，即因民心而起，随民俗确定制度。如今议者都厚古而薄今，百姓还有什么指望？汉也是一家帝王，如果没有典法制度传于后世，如何对后世子孙解释？治化隆盛的对后世影响也自博大闳深，治化短浅的影响就偏窄狭小，能不奋发勉力吗！"于是，就在"太初"元年改定历法，变易服色，封祭泰山，制定宗庙、百官礼仪，作为不变的制度，流传后世。

礼是由人而产生的。人生而有欲望，欲望达不到则不能不产生怨愤，愤而不止就要争斗，争斗就生祸乱。古代帝王厌恶这种祸乱，才制定礼仪来滋养人的欲望，满足人的需求，使欲望不致因物质有限而受抑制，物质也不致因欲望太大而枯竭，物、欲二者相得而长，这样礼就产生了。所以，礼就是养的意思。五谷五味是养人之口的；椒、兰、芬芳的芷草，是养人之鼻的；钟、鼓及各种管弦乐器的音声是养人之耳的；雕刻花纹是养人眼目的；宽敞的房间、舒适的床几，是养人身体的。所以说礼就是养的意思。

君子的欲望既得到滋养而满足，又想使之具有差别。所谓差别，就是辨别贵贱使有等级，区分长少使有差别，贫富轻重都能得到相称的待遇。因此，天子以大路越席保养身体；身旁常备有香草，用来养鼻；前面的车衡经过嵌错装饰，用来养目；车马铃铛的声响，缓行如《武》《象》二舞的乐曲，急行如《韶》《濩》舞曲，是用来养耳的；龙旗下，九旒低垂，是用来养信用的；天子旗上画有伏卧的独角犀和蹲着的虎，用鲛鱼皮蒙马腹，雕龙文饰车轭，是用来养威的；驾驭大路的马，之所以必须调教顺驯，才能乘坐，是为了养安。谁能知道，古人出生入死，邀立名节，正是为了养护他们的生命？谁能知道，轻财好施，挥金如土，是为了养护钱财？谁能知道，谦恭辞让、循循多礼，是为了养护平安？谁知道知书达礼，温文儒雅，是可以怡养性情的？

人若一意苟且求生，那他就必定走上死路；一意苟且图利，那他就必定大受其害；安于懈怠、懒惰的必然招致危险，固执情性的必然趋向死亡。因此，圣人用礼义来统率一切，则礼义与情性可两者兼得。反之，如果用情性来统率一切，则两者皆失。而儒者的学说使人两者兼得，墨家学说使人两者皆失，这就是儒墨两家的分别。

礼是治国家、辨名分的最高准则，是强国固家的根本，是施行威力的基本方法，是立功成名的总纲。王公奉行这准则，可统一天下，臣服诸侯；不奉行这准则，就会捐弃社稷，亡国破家。所以，坚韧的甲胄、犀利的兵器，不足以获得胜利，高大的城墙、宽深的沟池，不足以为险固，严厉的号令、繁苛的刑罚，不足以增加威严。按礼办事，就事事成功，不按礼办事，就诸事皆废。楚国人以鲛鱼革，犀牛皮为衣甲，坚韧如同金石；又有宛城制造的大铁矛，钻刺时犀利如锋虿之尾；军队轻利飘速，士卒像疾风骤雨般迅捷。然而,兵败于垂涉,将军唐昧战死在那里;庄跻起兵,楚国分而为四。这能说是由于没坚甲利兵吗?是它的统治方法不对头啊。楚国以汝水、颍水为险阻,以岷江、汉水为沟池,以邓林与中原相阻隔,以方城山为边境。然而,秦军直攻到鄢郢,一路如摧枯拉朽。这难道是它无险可守吗?是它的统治方法不对头啊。殷纣王挖比干的心,囚禁箕子,造炮烙酷刑,杀害无罪之人,当时臣民懔然畏惧,生死不保。周朝军队一到,纣王命令无人奉行,百姓不听驱使,怎能说是号令不严、刑罚不峻呢?是它的统治方法不对头啊。

古时的兵器,不过戈、矛、弓矢而已,然而,不待使用敌国就已屈服。城郊百姓不需聚集起来守城,城外也不需挖掘防守用的壕沟,不需建立坚固的阨塞要地,不用兵机谋略,而国家太平,不畏外敌入侵,坚固异常。没有别的原因,只不过是懂得礼义之道,对百姓分财能均,役使有时,并且真心地爱护他们。所以,百姓听命,如影随形,如响附声。偶有不服从命令的,以刑罚处治他,这样百姓也就知罪了。所以,一人受刑,天下皆服。犯罪的人对上级无怨无尤,知道是自己罪有应得。因而,刑罚用得少,威令推行无阻。也没有别的原因,按礼义之道办事罢了。所以,遵行礼义之道,万事能行;不遵此道,诸事皆废。古时帝尧治理天下,只杀一人、刑二人而天下太平,书传里说道"法威虽猛厉而不试,刑罚虽设置而不用"。

天地,是一切生命的本原;先祖,是宗族种类的本原;君主与业师,是国家治理、安定的本原。没有天地,哪会有生命?没有先祖,怎能有人类?没有君主和业师,国家怎能得到治理?三者缺一,人民就无法安宁地生存。所以,礼上奉事天,下奉事地,尊敬先祖,尊崇君主与恩师,这就是礼的三大本原。

所以,帝王以始祖配天而祭之,诸侯不敢这样想,大夫、士也各有常宗,不敢祭先祖,以此来区别贵贱。贵贱有别,就得到道德的根本了。只有天子有郊天、祭太祖的权力,自立社以祭地则至于诸侯,下及士大夫各有定制,以此表现尊者奉事尊者、卑者奉事卑者,应当大就大,应当小就小。所以，天子奉事七世宗庙，诸侯奉事五世宗庙，有方圆五十里封地的大夫奉事三世宗庙，有方圆三十里封地的大夫奉事二世宗庙，平民不得立宗庙，用来表现德厚者恩泽流布广，德薄者恩泽流布狭的原则。

在太庙中合祭祖先，樽酒崇尚玄酒，俎实崇尚腥鱼，羹以大羹为先，这是尊崇饮食本原的意思。合祭先供贡玄酒再用薄酒；先上黍稷再进稻粱的熟食；月祭先上大羹，再享用各种肴核杂膳，这是贵本亲用的意思。贵本是礼仪的形式，亲用是生活的实际。两者相合形成礼仪，达到返璞归真的太古状态，这就是礼的最高境界。因此，樽酒尚玄酒，俎实尚腥鱼，羹尚大羹，道理是一样的。祭祀即将结束时，佐食不啐酒，一饮而尽；卒哭之祭有献无酢，参加祭祀的人除尸之外，不尝俎实；祝与佐食劝尸用饭，因礼成于三，三劝之后，礼数已成，尸停止用饭，虽再劝侑，亦不再食，这些都是礼仪的终结。大婚时祭神以前，祭祀时迎尸入太庙以前，丧礼从始绝气到小敛之间，这些都是礼仪的开始。天子所乘大路用素色车帷，天子郊祭时戴麻质帽子，丧服最重散麻带，道理相同，都是礼尚质不尚文的意思。斩衰之丧，要恸哭失声；《清庙》这首祭歌，一人领唱，三人应和；乐钟在架，却有时悬而不击，拊击钟架以为节拍；大瑟练丝制成朱红色弦，音质清越，底部却开着小孔，使声音重浊，道理也都相同，是重情不重声，亦重本原的意思。

礼仪，始于简略疏脱，增饰文彩，最终达到使人怡悦的程度。所以，最完备的礼仪，是情文并茂的；次一等的是情胜于文，或者文胜于情；再次一等是回复到了太一原始的状态。完备的礼能使天地和谐，日月光明，四时有序，星辰不悖，江河畅流，万物昌盛，好恶之情有所节制，喜怒之情因之适当。在下位者则顺从，处上位者则贤明。

太史公说：礼真是太美了！制定隆盛的礼仪作为人道的最高准则，天下人没谁能有所增损。它情文相符，首尾相应，富于文采而能辨尊卑贵贱，明察秋毫而使人心悦服。天下遵从就能得到治理，否则就生祸乱；遵从它的就安定，不遵从的就危险。平民百姓靠自身是不能遵守的。

礼的道理实在深奥啊，“坚白同异”理论的辨析，可以说是很明察了，与它相比，就会丧败破灭。礼的道理实在太博大了，那些擅自制作的典章制度，及狭隘、浅陋的理论，与之相比，就会自惭形秽了。礼的道理实在太高尚了，那些粗暴、傲慢、放纵、浅露而又轻俗自高之徒，与之相比，就会自坠形象，显露出浮薄来。所以说，绳墨既设，则不能以曲直相欺；秤锤已悬，则不能以轻重相欺；圆规和角尺摆在那里了，就不能以方圆相欺；君子精审于礼，人们就不能以狡诈虚伪相欺。因此，绳墨是直的标准；秤锤是轻重的标准；圆规和角尺是方圆的标准；礼制则是人道的标准。但是，不守礼法的人不值得待之以礼，这种人叫作不守法术之民；守礼者才配以礼相待，这种人叫作守法术之士。能得礼之中道，不偏不倚，又能事事思索，不违情理，叫作能虑；能虑而又不变易礼法，叫作能固。能虑能固，加上对礼的衷心喜爱，那就是圣人了。天是高的极点，地是低下的极点，日月是明亮的极点，太空是广大的极点，圣人则是礼义之道的极点。

礼以财物为形式，以贵贱为文彩，以多少显示差异，以繁简为要领。仪节繁多而人情淡薄的，是隆盛的礼；仪节不足而人情浓厚的，是简易之礼；仪节形式与人情内容互为表里，柔和适中，才是礼情之中。君子对于礼，当隆则隆，当简则简，当处中者则处之中。无论是急走、驰骋、飞奔都不违礼，因此礼就是君子的宫廷，任何时候都守之不离。在平凡人当中也能知礼义的规范，就是士君子。置身此外的，就是平民百姓。介于士君子与平民百姓之间，既不像士君子那样拘泥，也不像平民百姓那样不守礼范，而是能徘徊周旋，随事曲直而变化，总不失礼之次序的，这就是圣人了。圣人之所以道德深厚，是多行礼义，积累所致；之所以恢宏博大，是礼义拓广的结果；之所以道德高尚，是礼义隆盛的结果；之所以心智聪明，是对礼无所不知、无所不行的缘故。

史记卷二十四·乐书第二

古时以“礼乐”并称，故《乐书》紧随《礼书》之后，列《史记》八书第二篇。《乐书》序言部分简要叙述了音乐的历史演变及其与治乱兴衰之间的关系，阐述了作者的“一家之言”，司马迁认为，“乐者乐也”，即是说音乐是使人欢乐的，但这种欢乐不是人情的自然流露，而是要符合礼义的，是合于修德之用的。所以又说：“乐者所以导乐也”，是引导人心欢乐的一种规范，并主张“君子以谦退为礼，以损减为乐”。其后，自“凡音之起”至“子贡问乐”文字，为人所补，悉摘自《乐记》，段落次第及行文与之略有差异；自“凡音由于人心”至结束，余嘉锡认为是古《乐记》的佚文。

太史公曰：余每读虞书，至于君臣相敕①，维是几安，而股肱不良，万事堕坏，未尝不流涕也。成王作颂，推己惩艾②，悲彼家难，可不谓战战恐惧，善守善终哉？君子不为约则修德，满则弃礼。佚能思初，安能惟始，沐浴膏泽而歌咏勤苦，非大德谁能如斯！《传》曰：“治定功成，礼乐乃兴”。海内人道益深，其德益至，所乐者益异。满而不损则溢，盈而不持则倾。凡作乐者，所以节乐。君子以谦退为礼，以损减为乐，乐其如此也。以为州异国殊，情习不同，故博采风俗，协比声律，以补短移化，助流政教。天子躬于明堂临观，而万民咸荡涤邪秽，斟酌饱满，以饰厥性。故云《雅》《颂》之音理而民正，嘄噭③之声兴而士奋，郑、卫之曲动而心淫。及其调和谐合，鸟兽尽感，而况怀五常，含好恶，自然之势也？

---

①敕：告诫，劝勉。 ②惩艾(yì)：惩戒，惩治。 ③嘄噭：激奋高亮的声音。

治道亏缺而郑音兴起，封君世辟[1]，名显邻州，争以相高。自仲尼不能与齐优遂容于鲁，虽退正乐以诱世，作五章以刺时，犹莫之化[2]。陵迟以至六国，流沔沈佚[3]，遂往不返，卒于丧身灭宗，并国于秦。

秦二世尤以为娱。丞相李斯进谏曰："放弃《诗》《书》，极意声色，祖伊所以惧也；轻积细过，恣心长夜，纣所以亡也。"赵高曰："五帝、三王乐各殊名，示不相袭。上自朝廷，下至人民，得以接欢喜，合殷勤。非此，和说不通，解泽不流，亦各一世之化，度时之乐，何必华山之騄耳[4]而后行远乎？"二世然之。

高祖过沛，诗"三侯"之章，令小儿歌之。高祖崩，令沛得以四时歌舞宗庙。孝惠、孝文、孝景无所增更，于乐府习常肄[5]旧而已。

至今上即位，作十九章，令侍中李延年次序其声，拜为协律都尉。通一经之士不能独知其辞，皆集会五经家，相与共讲习读之，乃能通知其意，多尔雅之文。

汉家常以正月上辛祠一甘泉[6]，以昏时夜祠，到明而终。常有流星经于祠坛上。使童男童女七十人俱歌。春歌《青阳》，夏歌《朱明》，秋歌《西皞》，冬歌《玄冥》。世多有，故不论。

又尝得神马渥洼水中，复次以为《太一之歌》。歌曲曰："太一贡兮天马下，沾赤汗兮沫流赭。骋容与兮跇万里[7]，今安匹兮龙为友。"后伐大宛得千里马，马名蒲梢，次作以为歌。歌诗曰：

---

①辟：国君。 ②化：改变。 ③流沔沈佚：流连沉湎，不能自拔。沔：通"湎"。沈：通"沉"，沉湎。 ④耳：一作绿耳，古代骏马名，周穆王八骏之一。 ⑤肄(yì)：研习。 ⑥上辛：每月中的第一个辛日。古人以干支计日，天干自甲至癸一周凡十日，每月三十日，十天干各出现三次，第一个日名带辛字的日子，就称为上辛。 ⑦太一：北极尊神。骋：尽量表现。跇：行走。

"天马来兮从西极,经万里兮归有德。承灵威兮降外国,涉流沙兮四夷服。"中尉汲黯进曰:"凡王者作乐,上以承祖宗,下以化兆民。今陛下得马,诗以为歌,协于宗庙,先帝百姓岂能知其音邪?"上默然不说。丞相公孙弘曰:"黯诽谤圣制,当族。"

凡音之起,由人心生也。人心之动,物使之然也。感于物而动,故形于声。声相应,故生变;变成方,谓之音;比音而乐之,及干戚羽旄,谓之乐也。乐者,音之所由生也,其本在人心感于物也。是故其哀心感者,其声噍以杀①;其乐心感者,其声啴以缓②;其喜心感者,其声发以散;其怒心感者,其声粗以厉;其敬心感者,其声直以廉③;其爱心感者,其声和以柔。六者非性也,感于物而后动,是故先王慎所以感之。故礼以导其志,乐以和其声,政以壹其行,刑以防其奸。礼乐刑政,其极一也,所以同民心而出治道也。

凡音者,生人心者也。情动于中,故形于声,声成文谓之音④。是故治世之音安以乐,其正和⑤;乱世之音怨以怒,其政乖;亡国之音哀以思,其民困。声音之道,与政通矣。宫为君,商为臣,角为民,徵为事,羽为物。五者不乱,则无惉滞之音矣⑥。宫乱则荒⑦,其君骄;商乱则捶,其臣坏;角乱则忧,其民怨;徵乱则哀,其事勤;羽乱则危,其财匮。五者皆乱,迭相陵,谓之慢。如此则国之灭亡无日矣。郑、卫之音,乱世之音也,比于慢矣⑧。桑间、濮上之音,亡国之音也,其政散,其民流,诬上行私而不可止。

凡音者,生于人心者也;乐者,通于伦理者也。是故知声而

①噍(jiāo)以杀:指声音急促。②啴以缓:指声音宽舒和缓。③直以廉:指声音爽直而庄重。④文:指交织组成部分的曲调。⑤正:同"政",以下同。⑥惉滞:声音不和谐。⑦荒:迷乱、散漫。⑧比:接近。

不知音者，禽兽是也；知音而不知乐者，众庶是也。唯君子为能知乐。是故审声以知音，审音以知乐，审乐以知政，而治道备矣。是故不知声者不可与言音，不知音者不可与言乐。知乐则几于礼矣①。礼乐皆得，谓之有德。德者，得也。是故乐之隆，非极音也；食飨之礼，非极味也。清庙之瑟，朱弦而疏越，一倡而三叹，有遗音者矣。大飨之礼，尚玄酒而俎腥鱼，大羹不和，有遗味者矣。是故先王之制礼乐也，非以极口腹耳目之欲也，将以教民平好恶而反人道之正也。

人生而静，天之性也；感于物而动，性之颂也②。物至知知，然后好恶形焉。好恶无节于内，知诱于外，不能反己，天理灭矣。夫物之感人无穷，而人之好恶无节，则是物至而人化物也。

人化物也者，灭天理而穷人欲者也。于是有悖逆诈伪之心，有淫佚作乱之事。是故强者胁弱，众者暴寡，知者诈愚，勇者苦怯，疾病不养，老幼孤寡不得其所，此大乱之道也。是故先王制礼乐，人为之节。衰麻哭泣，所以节丧纪也；钟鼓干戚，所以和安乐也；婚姻冠笄，所以别男女也；射乡食飨，所以正交接也。礼节民心，乐和民声，政以行之，刑以防之。礼乐刑政四达而不悖，则王道备矣。

乐者为同，礼者为异。同则相亲，异则相敬。乐胜则流，礼胜则离③。合情饰貌者，礼乐之事也。礼义立，则贵贱等矣；乐文同，则上下和矣；好恶著，则贤不肖别矣；刑禁暴，爵举贤，则政均矣④。仁以爱之，义以正之，如此则民治行矣。

乐由中出，礼自外作。乐由中出，故静；礼自外作，故文。

---

①几：近。 ②颂：通“容”，仪容，外表，引申为表现。 ③胜：超过。离：隔离，疏远。 ④均：均匀、公平，指政治清明。

大乐必易，大礼必简。乐至则无怨，礼至则不争。揖让而治天下者，礼乐之谓也。暴民不作，诸侯宾服，兵革不试，五刑不用，百姓无患，天子不怒，如此则乐达矣。合父子之亲，明长幼之序，以敬四海之内，天子如此，则礼行矣。

大乐与天地同和，大礼与天地同节[①]。和，故百物不失；节，故祀天祭地。明则有礼乐，幽则有鬼神，如此则四海之内合敬同爱矣。礼者，殊事合敬者也；乐者，异文合爱者也。礼乐之情同，故明王以相沿也。故事与时并，名与功偕。故钟鼓管磬羽籥干戚，乐之器也；诎信俯仰级兆舒疾[②]，乐之文也。簠簋俎豆制度文章，礼之器也；升降上下周旋裼袭[③]，礼之文也。故知礼乐之情者能作，识礼乐之文者能述。作者之谓圣，述者之谓明。明圣者，述作之谓也。

乐者，天地之和也；礼者，天地之序也。和，故百物皆化；序，故群物皆别。乐由天作，礼以地制。过制则乱，过作则暴。明于天地，然后能兴礼乐也。论伦无患，乐之情也；欣喜欢爱，乐之容也。中正无邪，礼之质也；庄敬恭顺，礼之制也。若夫礼乐之施于金石，越于声音[④]，用于宗庙社稷，事于山川鬼神，则此所以与民同也。

王者功成作乐，治定制礼。其功大者其乐备，其治辨者其礼具。干戚之舞，非备乐也；亨孰而祀[⑤]，非达礼也。五帝殊时，不相沿乐；三王异世，不相袭礼。乐极则忧，礼粗则偏矣。及夫敦乐而无忧[⑥]，礼备而不偏者，其唯大圣乎！天高地下，万物散殊，而礼制行也；流而不息，合同而化，而乐兴也。春作夏长，仁

---

①节：节其贵贱，使贵贱高下有等之意。 ②诎：屈。信：伸。级：合拢。兆：分散。③裼：袒开外衣。袭：掩上外衣。 ④越：发扬，传播。 ⑤亨：通“烹”。孰：通“熟”，指用烹熟的食物祭祀。 ⑥敦：厚。

也；秋敛冬藏，义也。仁近于乐，义近于礼。乐者敦和，率神而从天；礼者辨宜，居鬼而从地。故圣人作乐以应天，作礼以配地。礼乐明备，天地官矣。

天尊地卑，君臣定矣。高卑已陈，贵贱位矣。动静有常，小大殊矣。方以类聚，物以群分，则性命不同矣。在天成象，在地成形，如此则礼者天地之别也。地气上跻，天气下降，阴阳相摩，天地相荡，鼓之以雷霆，奋之以风雨，动之以四时，暖之以日月，而百物化兴焉，如此则乐者天地之和也。

化不时则不生，男女无别则乱登，此天地之情也。及夫礼乐之极乎天而蟠乎地，行乎阴阳而通乎鬼神，穷高极远而测深厚，乐著太始而礼居成物[①]。著不息者天也，著不动者地也。一动一静者，天地之间也。故圣人曰"礼云乐云"。

昔者舜作五弦之琴，以歌《南风》；夔始作乐，以赏诸侯。故天子之为乐也，以赏诸侯之有德者也。德盛而教尊，五谷时孰，然后赏之以乐。故其治民劳者，其舞行级远；其治民佚者，其舞行级短。故观其舞而知其德，闻其谥而知其行。《大章》，章之也；《咸池》，备也；《韶》，继也；《夏》，大也；殷周之乐尽也。

天地之道，寒暑不时则疾，风雨不节则饥。教者，民之寒暑也。教不时则伤世。事者，民之风雨也，事不节则无功。然则先王之为乐也，以法治也，善则行象德矣。夫豢豕为酒，非以为祸也，而狱讼益烦，则酒之流生祸也。是故先王因为酒礼：一献之礼，宾主百拜，终日饮酒而不得醉焉。此先王之所以备酒祸也。故酒食者，所以合欢也。

乐者，所以象德也；礼者，所以闭淫也。是故先王有大事[②]，

---

①成物：指地，因地能使万物生长，故称"成物"。 ②大事：死丧之事。

必有礼以哀之;有大福[①],必有礼以乐之。哀乐之分,皆以礼终。

乐也者,施也;礼也者,报也。乐,乐其所自生;而礼,反其所自始。乐章德,礼报情反始也。所谓大路者,天子之舆也;龙旂九旒,天子之旌也;青黑缘者[②],天子之葆龟也;从之以牛羊之群,则所以赠诸侯也。

乐也者,情之不可变者也;礼也者,理之不可易者也。乐统同,礼别异,礼乐之说贯乎人情矣。穷本知变,乐之情也;著诚去伪,礼之经也[③]。礼乐顺天地之诚,达神明之德,降兴上下之神,而凝是精粗之体[④],领父子君臣之节[⑤]。

是故大人举礼乐,则天地将为昭焉。天地欣合,阴阳相得,煦妪覆育万物,然后草木茂,区萌达,羽翮奋,角觡生,蛰虫昭苏,羽者妪伏,毛者孕鬻,胎生者不殰而卵生者不殈,则乐之道归焉耳[⑥]。

乐者,非谓黄钟大吕弦歌干扬也,乐之末节也,故童者舞之;布筵席,陈樽俎,列笾豆,以升降为礼者,礼之末节也,故有司掌之。乐师辩乎声诗,故北面而弦;宗祝辩乎宗庙之礼,故后尸[⑦];商祝辩乎丧礼,故后主人。是故德成而上,艺成而下;行成而先,事成而后。是故先王有上有下,有先有后,然后可以有制于天下也。

乐者,圣人之所乐也,而可以善民心。其感人深,其风移俗易,故先王著其教焉。

夫人有血气心知之性,而无哀乐喜怒之常,应感起物而动,然后心术形焉。是故志微焦衰之音作,而民思忧;啴缓[⑧]慢易繁

---

①大福:吉庆之事。 ②缘:边缘。 ③经:原则,典范。 ④凝:凝成。 ⑤领:统管,治理。节:礼节,引申为关系。 ⑥煦妪:抚育长养。羽翮:鸟类。角觡:走兽类。殰:胎死在内。殈:鸟卵未孵出而破裂。 ⑦尸:祭祀时,扮成死者,接受祭礼的人。 ⑧啴缓:和缓。

文简节之音作，而民康乐；粗厉猛起奋末广贲之音作①，而民刚毅；廉直经正庄诚之音作，而民肃敬；宽裕肉好顺成和动之音作②，而民慈爱；流辟邪散狄成涤滥之音作，而民淫乱。

是故先王本之情性，稽之度数，制之礼义，合生气之和，道五常之行，使之阳而不散，阴而不密，刚气不怒，柔气不慑，四畅交于中而发作于外，皆安其位而不相夺也。然后立之学等，广其节奏，省其文采，以绳德厚也。类小大之称，比终始之序，以象事行，使亲疏贵贱长幼男女之理皆形见于乐。故曰"乐观其深矣"。

土敝则草木不长，水烦则鱼鳖不大，气衰则生物不育，世乱则礼废而乐淫。是故其声哀而不庄，乐而不安，慢易以犯节，流湎以忘本。广则容奸，狭则思欲，感涤荡之气而灭平和之德，是以君子贱之也。

凡奸声感人而逆气应之，逆气成象而淫乐兴焉。正声感人而顺气应之，顺气成象而和乐兴焉。倡和有应，回邪曲直各归其分，而万物之理以类相动也。

是故君子反情以和其志，比类以成其行，奸声乱色不留聪明，淫乐废礼不接于心术，惰慢邪辟之气不设于身体，使耳目鼻口心知百体皆由顺正，以行其义。然后发以声音，文以琴瑟，动以干戚，饰以羽旄，从以箫管，奋至德之光③，动四气之和，以著万物之理。是故清明象天，广大象地，终始象四时，周旋象风雨。五色成文而不乱，八风从律而不奸④，百度得数而有常；小大相成，终始相生，倡和清浊，代相为经。故乐行而伦清，耳目

---

①奋末：指奋动手足。广贲：指乐声广大、愤气充满。 ②肉好：圆润。 ③奋：振作，发扬。 ④奸：干扰，杂乱。

聪明，血气和平，移风易俗，天下皆宁。故曰“乐者，乐也”。君子乐得其道，小人乐得其欲。以道制欲，则乐而不乱；以欲忘道，则惑而不乐。是故君子反情以和其志，广乐以成其教，乐行而民乡方[①]，可以观德矣。

德者，性之端也。乐者，德之华也。金石丝竹，乐之器也。诗，言其志也；歌，咏其声也；舞，动其容也。三者本乎心，然后乐气从之。是故情深而文明，气盛而化神，和顺积中而英华发外。唯乐不可以为伪。

乐者，心之动也；声者，乐之象也；文采节奏，声之饰也。君子动其本，乐其象，然后治其饰。是故先鼓以警戒，三步以见方[②]，再始以著往，复乱以饬归，奋疾而不拔也，极幽而不隐。独乐其志，不厌其道；备举其道，不私其欲。是以情见而义立，乐终而德尊；君子以好善，小人以息过。故曰“生民之道，乐为大焉”。

君子曰“礼乐不可以斯须[③]去身”。致乐以治心，则易直子谅[④]之心油然生矣。易直子谅之心生则乐，乐则安，安则久，久则天，天则神。天则不言而信，神则不怒而威。致乐，以治心者也；致礼，以治躬者也。治躬则庄敬，庄敬则严威。心中斯须不和不乐，而鄙诈之心入之矣；外貌斯须不庄不敬，而慢易之心入之矣。故乐也者，动于内者也；礼也者，动于外者也。乐极和，礼极顺。内和而外顺，则民瞻其颜色而弗与争也，望其容貌而民不生易慢焉。德辉动乎内而民莫不承听，理发乎外而民莫不承顺，故曰：“知礼乐之道，举而错之天下无难矣”。

---

①乡：通“向”，归向。方：正道，道德。 ②见方：表示即将开始。 ③斯须：须臾，瞬间。④子谅：慈爱忠信。

乐也者，动于内者也；礼也者，动于外者也。故礼主其谦，乐主其盈。礼谦而进，以进为文；乐盈而反，以反为文。礼谦而不进则销[①]；乐盈而不反则放[②]。故礼有报而乐有反。礼得其报则乐，乐得其反则安。礼之报，乐之反，其义一也。

夫乐者，乐也，人情之所不能免也。乐必发诸声音，形于动静，人道也。声音动静，性术之变，尽于此矣。故人不能无乐，乐不能无形。形而不为道，不能无乱。先王恶其乱，故制《雅》《颂》之声以道之，使其声足以乐而不流，使其文足以纶而不息，使其曲直繁省廉肉节奏[③]，足以感动人之善心而已矣，不使放心邪气得接焉，是先王立乐之方也。是故乐在宗庙之中，君臣上下同听之，则莫不和敬；在族长乡里之中，长幼同听之，则莫不和顺；在闺门之内，父子兄弟同听之，则莫不和亲。故乐者，审一以定和，比物以饰节，节奏合以成文，所以合和父子君臣，附亲万民也，是先王立乐之方也。故听其《雅》《颂》之声，志意得广焉；执其干戚，习其俯仰诎信，容貌得庄焉；行其缀兆，要其节奏[④]，行列得正焉，进退得齐焉。故乐则天地之齐，中和之纪[⑤]，人情之所不能免也。

夫乐者，先王之所以饰喜也；军旅铁钺者，先王之所以饰怒也。故先王之喜怒皆得其齐矣。喜则天下和之，怒则暴乱者畏之。先王之道礼乐可谓盛矣。

魏文侯问于子夏曰："吾端冕而听古乐则唯恐卧，听郑、卫之音则不知倦。敢问古乐之如彼，何也？新乐之如此，何也。"子夏答曰："今夫古乐，进旅而退旅[⑥]，和正以广，弦匏笙簧合守

---

①销：通"消"，消散，消沉。 ②放：放纵。 ③廉肉：清瘦和圆润。 ④要：合，合着。⑤纪：纲纪，总要。 ⑥旅：共同。

拊鼓，始奏以文，止乱以武，治乱以相，讯疾以雅。君子于是语，于是道古，修身及家，平均天下：此古乐之发也。今夫新乐，进俯退俯，奸声以淫，溺而不止，及优侏儒，獶杂子女[①]，不知父子。乐终不可以语，不可以道古：此新乐之发也。今君之所问者乐也，所好者音也。夫乐之与音，相近而不同。”

文侯曰：“敢问如何？”子夏答曰：“夫古者天地顺而四时当，民有德而五谷昌，疾疢不作而无祆祥[②]，此之谓大当[③]。然后圣人作为父子君臣以为之纪纲。纪纲既正，天下大定，天下大定，然后正六律，和五声，弦歌诗颂，此之谓德音。德音之谓乐。《诗》曰：‘莫其德音，其德克明。克明克类，克长克君。王此大邦，克顺克俾[④]。俾于文王，其德靡悔。既受帝祉，施于孙子。’此之谓也。今君所好者，其溺音与？”

文侯曰：“敢问溺音者何从出也？”子夏答曰：“郑音好滥淫志，宋音燕女溺志，卫音趣数烦志，齐音骜辟骄志。四者皆淫于色而害于德，是以祭祀不用也。《诗》曰：‘肃雍和鸣，先祖是听。’夫肃肃，敬也；雍雍，和也。夫敬以和，何事不行？为人君者，谨其所好恶而已矣。君好之则臣为之，上行之则民从之。《诗》曰‘诱民孔易[⑤]’，此之谓也。然后圣人作为鞉鼓椌楬埙篪。此六者，德音之音也。然后钟磬竽瑟以和之，干戚旄狄以舞之。此所以祭先王之庙也，所以献酬酳酢也[⑥]，所以官序贵贱各得宜也，此所以示后世有尊卑长幼序也。钟声铿，铿以立号，号以立横，横以立武。君子听钟声则思武臣。石声硁，硁以立别，别以

①獶杂：同“猱杂”，混杂。 ②疾疢（chèn）：即疾病。热病为疢，亦泛指一切病。祆：同“妖”。 ③大当：完全合适，极得其所。 ④俾：通“比”。相近，相亲。 ⑤诱：诱导。孔：甚，很。 ⑥献：敬酒于客。酳酢：燕饮时主客互敬酒食，主敬客为酬，客敬主为酢。酳，食毕以酒漱口。

致死。君子听磬声则思死封疆之臣。丝声哀，哀以立廉，廉以立志。君子听琴瑟之声则思志义之臣。竹声滥，滥以立会，会以聚众。君子听竽笙箫管之声则思畜聚之臣。鼓鼙之声欢，欢以立动，动以进众。君子听鼓鼙之声则思将帅之臣。君子之听音，非听其铿锵而已也，彼亦有所合之也。”

宾牟贾侍坐于孔子。孔子与之言，及乐，曰：“夫《武》之备戒之已久，何也？”

答曰：“病不得其众也。”

“永叹之，淫液之①，何也？”

答曰：“恐不逮事也。”

“发扬蹈厉之已蚤②，何也？”

答曰：“及时事也。”

“《武》，坐致右宪左③，何也？”

答曰：“非《武》坐也。”

“声淫及商，何也？”

答曰：“非《武》音也。”

子曰：“若非《武》音，则何音也？”

答曰：“有司失其传也。如非有司失其传，则武王之志荒矣。”

子曰：“唯丘之闻诸苌弘，亦若吾子之言是也。”

宾牟贾起，免席而请曰：“夫《武》之备戒之已久，则既闻命矣。敢问迟之迟而又久，何也？”

子曰：“居，吾语汝。夫乐者，象成者也。总干而山立，武王之事也；发扬蹈厉，太公之志也；武乱皆坐，周召之治也。且夫

---

①淫液：形容乐声连绵不绝，拖得很长。 ②蚤：通“早”。 ③坐：跪。

《武》，始而北出，再成而灭商，三成而南，四成而南国是疆，五成而分陕，周公左，召公右，六成复缀，以崇天子，夹振之而四伐，盛振威于中国也。分夹而进，事早济也。久立于缀，以待诸侯之至也。且夫女独未闻牧野之语乎？武王克殷反商，未及下车，而封黄帝之后于蓟，封帝尧之后于祝，封帝舜之后于陈；下车而封夏后氏之后于杞，封殷之后于宋，封王子比干之墓，释箕子之囚，使之行商容而复其位。庶民弛政，庶士倍禄。济河而西，马散华山之阳而弗复乘；牛散桃林之野而不复服[①]；车甲弢而藏之府库而弗复用[②]；倒载干戈，苞之以虎皮；将率之士，使为诸侯，名之曰'建櫜'[③]：然后天下知武王不复用兵也。散军而郊射，左射《狸首》，右射《驺虞》，而贯革之射息也；裨冕搢笏，而虎贲之士税剑也[④]；祀乎明堂，而民知孝；朝觐，然后诸侯知所以臣；耕藉，然后诸侯知所以敬。五者天下之大教也。食三老五更于太学，天子袒而割牲，执酱而馈，执爵而酳，冕而总干，所以教诸侯之悌也。若此，则周道四达，礼乐交通，则夫《武》之迟久，不亦宜乎？"

子贡见师乙而问焉，曰："赐闻声歌各有宜也，如赐者宜何歌也？"师乙曰："乙，贱工也，何足以问所宜。请诵其所闻，而吾子自执焉。宽而静，柔而正者，宜歌《颂》；广大而静，疏达而信者，宜歌《大雅》；恭俭而好礼者，宜歌《小雅》；正直清廉而谦者，宜歌《风》；肆直而慈爱者，宜歌《商》；温良而能断者，宜歌《齐》。夫歌者，直己而陈德[⑤]；动己而天地应焉，四时和焉，星辰理焉，万物育焉。故《商》者，五帝之遗声也，商人志之，故谓之《商》；

---

①服：使用，驾驭。 ②弢：弓衣，即包裹弓的袋子，引申为收藏之意。 ③建櫜（gāo）：将兵器包裹收藏。建：通"键"，锁闭。櫜：盛兵器的袋子。 ④税剑：放下剑。 ⑤陈德：表现出品格、德行。

《齐》者，三代之遗声也，齐人志之，故谓之《齐》。明乎《商》之诗者，临事而屡断；明乎《齐》之诗者，见利而让也。临事而屡断，勇也；见利而让，义也。有勇有义，非歌孰能保此？故歌者，上如抗[①]，下如队[②]，曲如折，止如槁木，居中矩，句中钩，累累乎殷如贯珠。故歌之为言也，长言之也。说之，故言之；言之不足，故长言之；长言之不足，故嗟叹之；嗟叹之不足，故不知手之舞之足之蹈之。"《子贡问乐》。

凡音由于人心[③]。天之与人有以相通，如景之象形[④]，响之应声。故为善者天报之以福，为恶者天与之以殃，其自然者也。

故舜弹五弦之琴，歌《南风》之诗而天下治；纣为朝歌北鄙之音，身死国亡。舜之道何弘也？纣之道何隘也？夫《南风》之诗者，生长之音也，舜乐好之，乐与天地同意，得万国之欢心，故天下治也。夫朝歌者不时也，北者败也，鄙者陋也，纣乐好之，与万国殊心，诸侯不附，百姓不亲，天下畔之，故身死国亡。

而卫灵公之时，将之晋，至于濮水之上舍。夜半时闻鼓琴声，问左右，皆对曰"不闻"。乃召师涓曰："吾闻鼓琴音，问左右，皆不闻。其状似鬼神，为我听而写之[⑤]。"师涓曰："诺。"因端坐援琴，听而写之。明日，曰："臣得之矣，然未习也，请宿习之。"灵公曰："可。"因复宿。明日，报曰："习矣。"即去之晋，见晋平公。平公置酒于施惠之台。酒酣，灵公曰："今者来，闻新声，请奏之。"平公曰："可。"即令师涓坐师旷旁，援琴鼓之。未终，师旷抚[⑥]而止之曰："此亡国之声也，不可遂。"平公曰："何道出？"师旷曰："师延所作也。与纣为靡靡之乐，武王伐纣，师延

---

①抗：高举。 ②队：同"坠"，下落。 ③由于：发自。 ④景：通"影"，影子。 ⑤写：记录。 ⑥抚：按。

东走，自投濮水之中，故闻此声必于濮水之上，先闻此声者国削。”平公曰：“寡人所好者音也，愿遂闻之。”师涓鼓而终之。

平公曰：“音无此最悲乎？”师旷曰：“有。”平公曰：“可得闻乎？”师旷曰：“君德义薄，不可以听之。”平公曰：“寡人所好者音也，愿闻之。”师旷不得已，援琴而鼓之。一奏之，有玄鹤二八集乎廊门；再奏之，延颈而鸣，舒翼而舞。

平公大喜，起而为师旷寿①。反坐，问曰：“音无此最悲乎？”师旷曰：“有。昔者黄帝以大合鬼神，今君德义薄，不足以听之，听之将败。”平公曰：“寡人老矣，所好者音也，愿遂闻之。”师旷不得已，援琴而鼓之。一奏之，有白云从西北起；再奏之，大风至而雨随之，飞廊瓦，左右皆奔走。平公恐惧，伏于廊屋之间。晋国大旱，赤地三年。听者或吉或凶。夫乐不可妄兴也。

太史公曰：夫上古明王举乐者，非以娱心自乐，快意恣欲，将欲为治也。正教者皆始于音。音正而行正。故音乐者，所以动荡血脉，通流精神而和正心也。故宫动脾而和正圣，商动肺而和正义，角动肝而和正仁，徵动心而和正礼，羽动肾而和正智。故乐所以内辅正心而外异贵贱也；上以事宗庙，下以变化黎庶也。琴长八尺一寸，正度也。弦大者为宫，而居中央，君也。商张右傍，其馀大小相次，不失其次序，则君臣之位正矣。故闻宫音，使人温舒而广大；闻商者，使人方正而好义；闻角音，使人恻隐而爱人；闻徵音，使人乐善而好施；闻羽音，使人整齐而好礼。夫礼由外入，乐自内出。故君子不可须臾离礼，须臾离礼则暴慢之行穷外；不可须臾离乐，须臾离乐则奸邪之行穷内。故乐音者，君子之所养义也。夫古者，天子诸侯听钟磬未

---

①寿：敬酒。

尝离于庭，卿大夫听琴瑟之音未尝离于前，所以养行义而防淫佚也。夫淫佚生于无礼，故圣王使人耳闻《雅》《颂》之音，目视威仪之礼，足行恭敬之容，口言仁义之道，故君子终日言而邪辟无由入也。

【译文】

太史公说：我每次读《尚书·虞书》，当读到君臣互相告诫劝勉，天下由此得到一些安宁，而由于股肱之臣不良，就万事毁坏，不能成功，常痛心落泪。周成王作《颂》，推原自身所受的惩创，为国家所遭遇的祸难而悲痛，怎可说不是小心谨慎、善守善终呢？在上位的君子不因贫穷才修治功德，不因富有而弃礼，欢乐时能不忘当初的劳苦，安定能想到创始时的艰难，处身于安乐之中而歌颂勤苦，不是有大道德的人有谁能这样！《书传》说“治定功成，礼乐乃兴”。天下治民的政策推行得愈深入人心，愈接近于德化的境界，人们所追求的娱乐也就愈不相同。事物满而不损就会外溢，多而不节制就会倾覆。大凡作乐的本意，就是为了节制欢乐。使君子以谦虚退让为礼，以自损自减为乐，乐的作用就在于此啊。由于国家地域不同，性情习俗也不相同，所以要博采风俗，与声律相谐调，以补充治道的缺陷，移易风化，帮助政教的推行。天子亲临明堂观乐，而众百姓能受乐的感化而涤除心灵的污秽，吸取充沛的活力，以整饬其性情。所以说习正派、文雅的诵歌则民风端正，激烈呼号的音声兴起则士心振奋，郑、卫的歌曲使人心生邪念。等到乐与情性调谐和合，鸟兽尽受感动，何况怀五常之性，含好恶之心的人？受乐的感染更是自然之势了。

政治败坏而使郑国的音乐兴起，分封和世袭的君王，声名显扬于相邻州地，却都争着抬高郑音的身价。自从孔子不能与齐国的女优人并容于鲁国，虽然他退出鲁国政界，整理雅正的音乐以诱导世人，作《五章》的歌曲以讥刺时政，犹不能感化世人。日复一日，迟迟延续到战国时期，君王们仍流连沉湎，遂至往而不能复返，终至于身死家亡，国土被强秦所兼并。

秦二世更加喜好以音乐为娱乐。丞相李斯谏说道:“放弃《诗》《书》所载道理,醉心于音声和女色,是引起殷代贤臣祖伊忧惧的原因;轻视细小过失的积累,恣意于通宵的宴饮,是殷纣所以灭亡的原因。”赵高说:“五帝、三王的乐曲各不相同,表明彼此不相沿袭。而上自朝廷,下至百姓,才得以同欢喜,共勤劳,否则上下的和顺欢悦不能相通,结节的恩泽不能流布,各自同样是一世的教化,应时的音乐。难道一定要有产自华山的騄耳骏马,然后才能远行吗?”秦二世以为赵高说得对。

汉高祖经过沛县时,作《三侯之章》的诗歌,命儿童歌唱。高祖驾崩后,命沛县在四时祭祀宗庙时,以此诗为歌舞乐曲。历孝惠、孝文、孝景帝无所变更,乐府中不过是演习旧有乐曲罢了。

当今皇帝即位后,作《郊祀歌》十九章,命侍中李延年谱上乐曲,因封拜他为协律都尉官。只通一经的儒士们不能单独解释歌词含意,必会集五经各名家,大家共同讲习、研读,才能完全理解它的意思,歌词中大多是典雅纯正的文字。

汉代朝廷常常在正月的第一个辛日祭祀太一神于甘泉宫,从黄昏开始夜祀,到黎明时结束。这当中常有流星划过祠坛上空。于是就叫男女儿童共七十人一起歌唱。春季唱《青阳》歌,夏季唱《朱明》歌,秋天唱《西皞》歌,冬天唱《玄冥》歌。歌词世间多有流传,所以这里不再记述。

皇上又曾在渥洼水中得到神马,因而又做了一首《太一之歌》。歌曲说:“太一神的赐与哟有天马降下,汗流如血哟口吐赭色涎沫,纵情驰骋哟已过万里,谁能匹敌哟惟有与龙为友。”此后兵伐大宛国得到千里马,名为“蒲梢”,次序其韵作成歌曲。歌词是:“天马来哟远自西极,经万里哟归于有德,承神灵之威哟降服外国,跨过沙漠哟四夷臣服。”中尉汲黯进谏说:“凡王者作乐,对上以继承祖宗功业,对下以教化亿万百姓。如今陛下得到一匹马,又是作诗又是作歌,还要作为祭祖的郊祀歌,先帝和百姓怎能知道这乐歌的含意呢?”皇上听了默默无言,心中不悦。丞相公孙弘说:“汲黯诽谤圣朝制度,罪该灭族。”

大凡音的起始,是由人心产生的。而人心的活动,是外物造成的。

心有感于物而变动，由声表现出来；声与声互相应和，就发生变化；这些变化成了规律，就叫做音；随着音的节奏用乐器演奏之，再加上干戚羽旄以舞之，就叫做乐了。所以说乐是由音产生的，而其根本是人心有感于物造成的。因此，被物所感而生哀痛心情时，其声急促而忧伤；心生欢乐时，其声舒慢而宽缓；心生欢悦时，其声发扬而且轻散；心生愤怒时，其声粗猛严厉；心生敬意时，其声正直清亮；心生爱意时，其声平和而温柔。以上六种情况，不关性情，任谁都会如此，是感于物而发生的变化，所以先王对外物的影响格外慎重。因此他们用礼节来诱导人的意志，用音乐来调和人的性情，用政令来统一人的行动，用刑罚来防止人的奸乱。礼乐刑政，其终极目的是相同的，都是为了齐同民心而使出现天下大治的世道啊。

凡是音，都是由人心生成的。感情在心里冲动，表现为声，各种声组合变化为有一定结构的整体称为音。所以世道太平时的音中充满安适与欢乐，其政治必清平；乱世时的音里充满了怨恨与愤怒，其政治必混乱；灭亡及濒于灭亡的国家其音充满哀伤和愁思，百姓困苦无望。声音的道理，是与政治相通的。五音中宫为君，商为臣，角为民，徵为事，羽为物。若五者不乱，就不会有敝败不和的音声。宫声乱则五声废弃，其国君必骄纵废政；商声乱则五声跳掷不谐调，其臣官事不理；角声乱五音谱成的乐曲基调忧愁，百姓必多怨恨；徵音乱则曲多哀伤，其国多事；羽声乱曲调倾危难唱，其国财用匮乏。五音全部不准确，就是迭相侵陵，称之为慢。这样，国家的灭亡也就近在眼前了。郑国、卫国的音声，是乱世之音，可与慢音相比拟；桑间、濮上的音声，是亡国之音，该国政治放散，百姓流徙，臣子欺罔君上，徇私舞弊，已到了不可收拾的地步。

音，是在人心中产生的；乐，是与伦理相通的。所以单知声而不知音的，是禽兽；知音而不知乐的，是普通人。唯有君子才懂得乐。所以详细审察声以了解音，审察音以了解乐，审察乐以了解政治，治理天下的道理也就完全掌握了。因此不懂得声的不足以与他谈论音，不懂得音的不足以与他谈论乐，懂得乐就近于明礼了。礼乐的精义都能得之于心，称为有德。德,就是对于礼和乐两方面都有心得的意思。所以说大乐的隆盛,不在于极尽音声的规模;宴享礼的隆盛,不在于肴馔的丰盛。周庙太乐中用的瑟,外表是朱红色弦,下有两个通气孔,毫不起眼;演奏时也不过是一人唱三人和,形式单调简单,却有着不尽的余音。大飨的礼仪中崇尚玄酒,以生鱼为俎实,大羹用味道单一的咸肉汤,不加调料,却有着不尽的余味。所以说先王制定礼乐的目的,不是为满足口腹耳目的嗜欲,而是要以此教训百姓,使其有正确的好恶之心,从而归于为人的正道。

人生来好静,是人的天性;感知外物以后发生情感的变动,是天性的外部表现。外物来到身边后被心智感知,然后形成好恶之情。如果好恶之情不节制于内,外物感知后产生的诱惑作用于外,不能反思自身,天性就要泯灭了。外物给人的感受无穷无尽,而人的好恶之情又没有节制,人就被身边的事物同化了。

人被外物同化,就会灭绝天性而穷尽人欲。于是才有犯上作乱欺骗狡诈的念头,有荒淫逸乐胡作非为的事。因此,强大者胁迫弱小者,人多的施暴人少的,聪慧多智的欺诈愚昧无知的,勇悍的使怯懦者困苦,疾病者不得养,老人、幼童、孤儿、寡妇不得安乐,这些是导致天下大乱的因素。所以,先王制礼作乐,对人的欲望人为的加以节制:以衰麻哭泣的礼仪制度,节制丧葬;钟鼓干戚等乐制,调剂欢乐;婚姻冠笄的制度,区别男女大防;乡射、大射、乡饮酒及其他宴客享食的礼节制度,端正社交风气。用礼节制民心,用乐调和民气,以政治推行之,刑罚防范之。礼乐刑政四者都能发达而不相违背,帝王之术也就完备了。

乐的特性是求同,礼的特征是求异。同使人们互相亲近,异则使人互相尊敬。乐事太过不加节制,会使人之间的尊卑界限混淆、流移不定;礼事太过不加节制,则使人们之间疏远。和合人情,使相亲爱,整饬人们的行为、外貌,使尊卑有序,这就是礼乐的功用。礼的精义得以实现,贵贱就有等级;乐事得以统一,上下关系就能和睦;人们好恶分明,贤与不贤自然区分开来;用刑罚禁止强暴,以爵赏推举贤能,政治就能公平合理。以仁心爱人，以义心纠正他们的过失，这样就会天下大治了。

乐，是从人心中发出的，礼则是自外加于人的。正因为乐自心出，所以它有静的特征；礼自外加于人身，其特征则是注重形式、外表。因而高尚的音乐必定简易，盛大的礼仪必定俭朴。乐教做得好了人心无怨，礼制发挥作用了则人无所争。所谓揖让而治天下，就是指的以礼乐治天下。当强暴之民不起而作乱，诸侯对天子恭敬服从，甲兵不起，刑罚不用，百姓无有忧患，天子没有恼怒，这样就是乐事发达了。调和父子之间的亲情，申明长幼之间的秩序，使四海之内互相敬爱。天子做到这些，就算是礼制的效用发挥出来了。

高尚的音乐与天地同样协和着万物，盛大的礼仪与天地同样节制着万物。协和，才使诸物生长不失；节制，才有祭祀天地的不同仪式。人间有礼乐，阴司有鬼神，以此二者教民，就能做到普天之下互相敬爱。礼制，是要在各种场合下都做到互相尊敬；乐，则是不论采用何种形式都体现同样的爱心。礼乐这种合敬合爱之情永远相同，所以古代贤明帝王一代代因袭下来。所制定的礼仪与时代相符合，盛名与功德相适应。所以钟鼓管磬羽籥干戚，只是乐所用器具；屈伸俯仰聚散舒疾，是乐的表面形式。而簠簋俎豆制度文章，是礼所用器具；升降上下周旋袒免，是礼的表面形式。所有知礼乐之情的人才能制礼作乐，懂得礼乐表面形式的人只能记述修习先王所作不能自制。能制作礼乐的人称为圣，能阐述礼乐的人称为明。所谓明与圣，就是能阐述能制作的意思。

乐是模仿天地的和谐产生的，礼是模仿天地的有序性产生的。因为和谐，才能使百物都化育生长；因为有序，才使群物都有区别。乐是按照天作成，礼是仿照地所制。所制过分了就会由于贵贱不分而生祸乱，所作过分则会因上下不和而生强暴。懂得了天地的道理，然后才能制礼作乐。言与实和合不悖，是乐的主旨；使人感到欣喜欢爱，是乐的功用。而中正无邪曲，是礼的实质，使人庄敬顺从，则是礼的作用。至于礼乐加于金石，度为乐曲，用于祭祀宗庙社稷和山川鬼神的形式，天子与人民都是一样的。

为帝王者功业成就了则制作乐，国家安定了就制定礼。功业伟大的，所制乐更加完备；政治清明的，所作礼制也更为具体。像舞动干戚那样的武乐，只歌颂武功，就不是完备的乐；礼重文，所以祭重气不重味，用烹熟的食物祭祀不是盛大的礼。五帝在位不同时，所作之乐不相沿袭；三王不同世，也各自有礼，不相承袭。乐太过则废事，后必有忧患，礼太简则不易周全，往往有偏漏。至于乐敦厚而无有忧患，礼完备又没有偏漏的，那也许只有大圣人才能如此吧？天高在上，地低在下，万物分散又各不相同，仿照这些实行了礼制；万物流动，变化不息，相同者合，不同者化，仿照这些兴起了乐。春天生，夏天长，化育万物，这就是仁；秋天收敛，冬天贮藏，敛藏决断，这就是义。乐能陶化万物，与仁的精神相近，礼主决断，所以与义的精神相近。乐使人际关系敦厚和睦，尊神而服从于天；礼能分别宜贵宜贱，敬鬼而服从于地。制礼作乐达到明畅完备，天地的作用就能发挥了。

天尊贵、地卑贱，君臣像天地，其地位高下就确定了。山泽高卑不同，布列在那里，公卿像山泽，其地位就有了贵贱之分。或动或静，各有常行，大者静，小者动，万物的大小就可以区别了。法术性行等无形体的以类相聚，世间万物有形体的以群相分，群类有不同，其性命长短也不相同。万物在天上的显光亮，在地上的成形体，如此说，礼就是天地间万物的界限和区别。地上的气上升，天上的气下降，地气为阴，天气为阳，所以阴阳之气相促迫，天地之气相激荡，以雷霆相鼓动，以风雨相润泽，四时交替运转，日月的光华相照耀，因而万物就生长起来了。如此说，乐就是天地万物间的和合与协调。

化育不合天时，万物就不能产生；男女没有分别，就会产生祸乱，这是天地的情趣或意志。并且礼乐充斥于天地之间，连阴阳鬼神也与礼乐之事相关，高远至于日月星三辰，深厚如山川，礼乐都能穷尽其情。乐产生于万物始生的太始时期，而礼则产生于万物形成以后。生而不停息者是天，生而不动者是地。动静交替产生的，则是天地间的万物。礼乐像天地，所以圣人才有以上关于礼乐的种种论述。

舜曾制作五弦琴，用以歌唱《南风》的乐章；自夔开始作乐以赏赐诸侯。所以天子制乐，是为了赏赐那些有德行的诸侯的。德行隆盛而又教化尊显，五谷按时而熟，然后赏给乐舞。因此治化使民劳苦者，赏给的乐队人数少，行短而相互连缀的距离远；治化使民安逸的，赏给的乐队人数多，行长而缀距短。所以只要看诸侯的乐舞就能知道他德行的大小，听他的谥号就能知道他行为的善恶。乐名《大章》，是表彰尧德盛明的意思；乐名《咸池》，是歌颂黄帝施德咸备的意思；乐名为《韶》，是表示舜能绍继尧的功德；夏就是大，所以《夏》乐表示禹能光大尧舜的功德；殷、周时代的音乐，也都是各自尽述其人事的。

就天地运行的规律来说，寒暑不按时而至就产生疾病，风雨无节制就产生饥荒。政治、教化，犹如百姓的寒暑，教化不合时宜就会伤害世道。劳役工事，犹如老百姓的风雨，不加节制就劳而无功。由此可知，先王作乐，用来作为治化的象征，好的乐舞，其行长短就象征着治化之德的大小。例如养猪造酒，不是为了惹是生非，但有了酒肉以后，由于酗酒斗殴，刑狱诉讼的事更加繁多了。所以先王制定了饮酒的礼节制度：有献有酬，一献之间，宾主互拜不计其数，以致终日饮酒也不会醉倒了，以此对付酒食造成的祸端。有了酒礼才可以说：酒食，是用来联欢同乐的。

乐是用来教化德行的，礼是用来制止行为过分的。所以先王有死丧大事，必有相应的礼以表示哀痛之情；有祭祀等祈福喜庆大事，必有相应的礼以表示欢乐之情。哀痛、欢乐的程度，都视礼的规定为准。

乐是用来进行教化的，施以恩德的；礼是用来沟通往来，报答恩惠的。乐的目的是为自己心中所生的情感而表示欢乐；而礼的目的是要追返其始祖的功绩加以祭祀。制乐是为了张扬功德，制礼却是要报答恩情。试看诸侯所有的那种称为大路的金玉车子，原是天子之车；图绘蛟龙、饰有九旒的旗子，原是天子之旗；边缘青黑，用于占卜的宝龟，原是天子之龟；还附带有成群的牛羊，所有这些都是天子回报来朝诸侯的礼品。

乐表现的是人情中永恒不变的主题；礼表现的则是世事中不可移易的道理。乐在于表现人情中的共性部分，礼则是要区别人们之间的不同,礼乐相合就能贯穿人情世事的始终。深得本源,又能随时而变,是乐的实质;彰明诚实,去除诈伪,是礼之精义。礼乐相合就能顺从天地的诚实之情,通达神明变化的美德,以感召上下神祇,成就一切事物,调整父子君臣的关系。

所以,在上位的贤君明臣若能按礼乐行事,天地将为此而变得光明。天地之气欣然交合,阴阳互相感应,熏陶母育万物,草木茂盛,种子萌发,飞鸟奋飞,走兽生长,蜇虫复苏,披羽的孵化,带毛的生育,胎生者不死胎,卵生者不破卵。这一切都要归功于乐的功能啊。

乐,不单是指的黄钟大吕和弦歌舞蹈而言,这不过是乐的末节,所以只命童子奏舞也就够了;布置筵席,陈列酒食,进退拜揖,这些所谓的礼,也只是礼的末节,命典礼的职役主持也就够了。乐师熟习声诗,只让他在下首演奏;宗祝熟习宗庙祭礼,地位却在尸的后面;商祝熟习丧礼,地位也在主人后面。所以说是道德成就的居上位,技艺成就的居下位;功行成就的在前,职任琐事的在后。因此先王有了这种上下、先后、尊卑、主次的区别,然后才能制礼作乐,颁行于天下。

乐,是圣人所喜欢的东西,而它可以使民心向善。乐对人感化很深,能移风易俗,所以先王明令乐为教育的内容之一。

大凡人都有感情与理智的天性,但喜怒哀乐的情态却变化无常,人心受到外物的感应而产生波动,然后其心术邪正才显现出来。所以人君心志细小而笃好繁文缛节的,促迫而气韵微弱的乐声流行,人民多悲思忧愁;人君舒缓大度、不拘细行的,简易而有节制的乐声流行,治下的百姓也必享安乐;人君粗疏刚猛的,亢奋急疾而博大的乐声流行,其民气刚毅;人君廉正不阿的,庄重诚挚的乐声流行,其民气整肃,相互礼敬;人君宽裕厚重,谐和顺畅的乐声流行,其治下的百姓多慈爱亲睦;人君放纵淫邪不正派的,乐声也必猥滥琐屑,不能永久,人民也就会变得淫乱。

因此先王以人的性情为本,制成乐。并以日月行度相考察,礼义制度相节制,使之与调和的阴阳二气相符合,引导诱发人们合于礼义仁智信五常的行为,使性刚的人阳刚之气不散,性柔的人阴柔之性不密,刚而不至于暴怒，柔而不至于胆小畏惧，阴阳刚柔四者交融于心中体现于行动之外，各自相安互不侵夺。然后把制成的这种乐立于学官等机构，使相教授，并且扩大它的节奏，简省它的文采，以此检验人君德行的厚薄。以小大不同分类，制为乐器，与音律高低相称，与五音终始的次序相合，作为行事善恶的象征，使亲疏贵贱、长幼男女的关系都反映在音乐之中。所以古语说“欣赏音乐能深切地体会人生”。

土壤瘠薄，草木就不能生长；水域，烦扰，鱼鳖就难以养大；时气衰微，有生命之物就不能生长发育；世道丧乱，则会礼制废弃，乐声淫荒。所以，这时的乐声悲哀而不庄重，虽然欢乐而不安定，漫涣不敬而失于节奏，流连沉湎而丧失了音乐调和性情的本旨。声调太缓是酝酿奸情，太急则是思逞其欲，有损善良的气质，消灭平和的德行，因此君子鄙视这样的乐声。

当奸邪不正派的乐声刺激着人们时，逆乱的邪气就反映出来，逆乱的邪气造成恶果，又促使淫声邪乐产生。当正派的乐声感染着人们时，和顺的正气就反映出来，和顺的正气造成影响，又促使和顺的乐声产生出来。奸正与逆顺相互唱和呼应，使正邪曲直各得其所，而世间万物的道理也都与此一般是同类互相感应的。

所以居上位的君子才约束情性，调和心志，效法好的榜样，以造就自己美善的德行情操。务使不正当的声色不入心田，以免迷惑自己的耳目聪明，淫乐秽礼不与心术相接触，怠惰、轻慢、邪辟的气质不加于身体，使耳、目、口、鼻、心知等身体的所有部分都按照“顺”“正”二字的原则，执行各自的官能功用。然后以如此美善的身体、气质发为声音，再以琴瑟之声加以文饰美化，以干戚谐调其动作，以羽旄装饰其仪容，用箫管伴奏，奋发神明至极恩德的光耀，以协调四时阴阳和顺之气，著明万事万物生发的道理。因而这种音乐歌声朗朗，音色像天空一样清明；钟鼓铿锵，气魄像地一样广大；五音终始相接，如四时一样的循环不止；舞姿婆娑，进退往复如风雨一般地周旋。以致与之相配的五色也错综成文而不乱，八风随月律而至没有失误，昼夜得百刻之数，没有或长或短的差失，大小月相间而成岁，万物变化终始相生，清浊相应，迭为主次。所以音乐的推行，能使人伦关系清楚；耳聪目明，不为恶声恶色所乱；性情平和，强暴止息；移风易俗，归于淳朴，使普天下皆得以乐享安宁。所以说“音乐就是使人快乐”。居上位的君子为从乐中得到正天下的道理而欢乐，士庶人等为从乐中满足了自己的私欲而欢乐。若以道德节制私欲，就能得到真正的欢乐而不会以乐乱性；若因私欲遗忘了道德，就会因真性惑乱而得不到真正的快乐。因此君子约束情性以使心志和顺，推广乐治以促成社会的教化。乐得以施行，民心自然归向正道，达到这一境界，才可以观察社会的德化。

道德，是人性的根本；乐，是德行的外表；金石丝竹，则是奏乐用的器具。诗是表述心志的，歌是对诗词声调的咏唱，舞则只改变歌者的容色。志、声、容三者都以心为根本，再由诗、歌、舞加以表现。所以情致深远而又文明，气势充盛而能变化神通，心志的善美化成的和顺之气积于心中，才有言词声音等英华发于身外，只有乐是来不得半点虚假的。

乐是心被外物感动产生的；声是乐的外部形象；曲折变化等文采、强弱停顿等节奏，是对声的文饰。君子制乐时，其心被作为外物的道德这个本原所感动，又为它的外部形象声而欢乐，然后下功夫对声加以文饰，这就产生了乐。例如《武》乐先击鼓以警众，然后顿足三次表示表演即将开始、军至孟津而归，复又开始，表明武王第二次伐纣，舞毕整饬队形，鸣铙而退。舞姿奋疾而不失节，气势坚毅而不可拔，含意幽深而不隐晦。它表现了武王即以实现了自己的志愿为乐，而又不违背仁义的道理；既能全面推行仁义的道理，又不放纵自己的私欲。因而《武》乐中不但伐纣的情形历历可见，其以有道伐无道的义旨也表现出来，舞乐表演结束，武王之德更加尊显了；在上位的君子观后心慕武王更加注意修养，士庶人观后痛惩纣恶而改正自己的过失。所以说“治理人民的方法，乐可算是最重要的了”。

君子说：“礼乐片刻不可以离身。”追求用乐治理人心，和易、正直、亲爱、诚信的心地就会自然而生。和易、正直、亲爱、诚信的心地产生就会感到快乐，心中快乐身体就会安宁，安宁则长寿，长寿就会使人像对天一样的信从，信极生畏，就会如奉神灵。以乐治心，就能如天一样不言不语，民自信从；像神一样从不发怒，民自敬畏。研究音乐，是用来治理人心的；研究礼制，则是用来治身的。治身则容貌庄重恭敬，庄重恭敬则生威严。心中片刻不和不乐，卑鄙欺诈之心就会乘虚而入；外貌片刻不庄不敬，轻慢简易之心就会乘虚而入。所以乐是对人的内心起作用的；礼是对人的外貌起作用的。乐极平和，礼极恭顺。心中平和而又外貌恭顺，百姓瞻见其容颜面色就不会与他争竞，望见他的容貌就不会生简易怠慢之心。乐产生的道德的光耀在心中起作用，百姓无不承奉听从；礼产生的容貌举止的从容入理在外表起作用，百姓无不承奉顺从，所以说“如果真正懂得礼乐的功用，运用它来治理天下就不会有什么困难了”。

乐的作用感应在内心，礼的作用修饰外部仪容。所以说礼使人谦恭，乐使人内心充实。谦恭而须自勉力进取，以进取为美德；内心充实须自加抑制，以抑制为美德。礼若一味谦恭，不自勉力进取，礼就会消亡，难以实行下去；乐若一味注重充实，不知自加抑制，就会流于放纵。所以礼尚往来，讲究报答；乐有反复，曲终而复奏。行礼得到报答心里才有快乐，奏乐有反复，心中才得安宁。礼的报答，乐的反复，意义是一样的。

音乐就是使人快乐，是人情所不可缺少的。心中快乐就会发出声音，在行动中表现出来，这是人之必然。人性情心术的变化全都表现在声音与行动中。所以，人不能没有快乐，快乐不能没有形迹，有形迹而不为它确定某种规范，那就不能不出乱子了。先王憎恶出乱子，才制定《雅》《颂》之类的音声作为诱导，使一般人的音声足以做到欢乐而不流漫放纵，使乐的美善足以维系不绝，使它的曲直繁简、表里节奏，足以感发人的善心。不使人的放纵之心，淫邪之气与音声接触，是先王立乐的基本方法。所以乐在宗庙中施行，君臣上下一同听了，则无不和谐恭敬；在族长乡里之中施行，长幼老少一同听了，无不和睦顺从；在家中演奏，父子兄弟听了，无不和睦亲爱。所以乐就是详审人声，以确定调和之音；并与金石匏木等乐器相比类，以装饰音声的节奏；使节奏调和，成为优美的乐章,以此来协调君臣父子,团结万民,这是先王制乐的基本道理和手法。所以听了《雅》《颂》之类的音声,人们的志向、意气就会变得宽广;手持干戚,演习俯仰屈伸等舞姿,人们的容貌就会变得庄严;若标明行列位置,求得舞步与音声的节奏相合,则舞者行列方正,进退整齐。因此说乐是天地端庄的表现,是中正平和思想的纲要,是人情断不可缺少的东西。

乐是先王用来寄托喜乐的,军队武器则是先王用来表达愤怒的。所以先王喜怒不妄发,整齐有规。喜则天下和乐,怒则暴乱者生畏,先王可说是把礼乐发展到了极盛的地步。

魏文侯问子夏说:"我身服兖冕,庄严恭敬地听古乐,却唯恐睡着了觉,听郑、卫之音就不知道疲倦。请问古乐那样令人昏昏欲睡,原因何在?新乐这样令人乐不知疲,又是为何?"子夏回答说:"现在先说古乐:表演时齐进齐退,整齐划一,乐声谐和、雅正,而且气势宽广,弦匏笙簧一应管弦乐器都听拊鼓节制,以擂鼓开始,以鸣金铙结束,将终以相理其节奏,舞姿迅捷且又雅而不俗。君子可以藉古乐交流思想,称述古事,修身齐家平天下,这是古乐所起的作用。再说新乐的演奏,进退曲折,或俯或偻,但求变幻,不求整齐,乐声淫邪,沉溺不反,并有俳优侏儒,侧身其间,男女无别,不知有父子尊卑。直到乐终,都不知道表达的内容,又不可借此交流思想,称述古事,这是新乐的作用。现在您所问的是乐,所喜好的却是音。乐与音虽然相近,其实是不同的"。

文侯说道:"请问音与乐空间有何不同?"子夏回答说:"古时候天地顺行,四时有序,民有道德,五谷丰盛,疾病不生,又无凶兆,一切都适当其时,恰到好处,这就叫作最得当的太平盛世。然后圣人制作了父子君臣之类的礼仪作为纪纲法度,纪纲既立,天下真正安定了,天下安定,然后端正六律,调和五声,将雅正的诗篇和颂扬之声谱入管弦,这就是德音,德音才叫作乐。《诗经》说:'肃静宁定的德音啊,其德行能光照四方。既能光照四方又能施惠同类,能为人之长又能为人之君。他统治着这个伟大的国家,能慈和服众,能择善而从,与文王相比,德行毫不逊色。既受了上帝的赐福,又施于其子子孙孙。'这些话,说的就是这个意思。如今您所喜好的恐怕是那种令人沉溺的溺音吧?”

文侯说:“请问溺音又是怎样产生的?”子夏说:“郑音放荡奢靡,迷乱人心;宋音欢快柔细,沉溺人心;卫音急促疾速,烦劳人心;齐音高傲邪僻,骄逸人心。这四者都沉溺于声色而损害德行,所以祭祀时不使用它们。《诗经》说:‘肃穆而雍和的音乐,才是祖先们喜爱听的乐音。’肃,是尊敬的意思;雍,是和谐的意思。尊敬而又和谐,何事不能成功?作为百姓的君主,不过是要对自己好恶之心的流露谨慎一些罢了。君主喜好,臣子就会去实行,上行则下效。《诗》说‘要诱导百姓,是很容易的’,说的就是这个意思。既能谨其好恶,然后圣人又制作了鞉鼓椌楬埙篪,这六种乐器音色质素无华,是属于德音一类的音声。然后又制成钟磬竽瑟等华美的音声与它们相赞和就文质兼备了,再以干戚羽旄等舞动之。这种乐被用来祭祀先王的宗庙,用于主客之间的献酬酳酢,用于序明官职大小、身份贵贱,使各得其宜,用来向后世表示有尊卑长幼的次序。钟声清铿洪亮,以此立为号令以警众,以号令的威严树立军士勇敢横充的气概,有此横充的气概则武事可立了。所以君子听钟声就会思念武臣。石类乐器声音硁直有力,硁直的音声用来辨别万物,万物有别,心怀节义者就会效死不顾了。所以君子听磬声就会思念死守封疆的大臣。丝弦乐的声音悲哀,悲哀可以树立廉直的作风,廉直可以使人树立志向。所以听琴瑟的声音就会思念有志重义的大臣。竹管之声宽广,宽广使人产生会聚的意向,有会聚之心就能把民众聚集起来。所以君子听竽笙箫管的声音就会思念那些抚恤百姓、容民亲众的大臣。鼓鼙声音喧嚣,听了就会意气感动,感动则使众人奋进。所以君子听了鼓鼙的声音就会思念将帅之臣。君子听音乐,并不是徒然听它那悦耳的声音而已,他是要在音乐中追寻与自己内心感应的东西啊。”

宾牟贾陪坐在孔子身旁。孔子与他闲聊,谈及音乐,孔子问道:“《武》乐开始时击鼓警众,与别的乐相比,持续时间很长,这有什么含意?”

宾牟贾答道:“表示武王伐纣之初,担心得不到众诸侯的拥护,迟迟不肯发动。”

“其歌声反复咏叹，声调拖得很长，是什么意思？”

答道：“那是心有疑虑，生恐事不成功的缘故。”

“《武》舞一开始便发扬蹈厉，气势威猛，是什么意思？”

答说：“表示把握时机，速战速胜。”

“《武》舞坐的动作与他舞不同，是右腿单膝着地，那是什么意思？”

答道：“这不是《武》舞原有的动作。”

“歌声淫靡，表现出有贪图商王政权的不正当目的，这是什么原因？”

答道：“这不是《武》舞原有的曲调。”

孔子说：“如果不是《武》舞原有的曲调，那是什么曲调？”

答道：“这是乐官们错误传授所造成的。若非如此，那只能说明武王作乐时，已老糊涂了。”

孔子说：“我从前从苌弘先生那里听到的，也和您所说的相似。”

宾牟贾起身，离开座席，请问道：“《武》乐击鼓警众，迟迟不肯起舞，我已领教了，但我不明白的是，久立于舞位，又迟缓又久是何道理？”

孔子道：“您先请坐下，我慢慢告诉你。乐是反映功业成就的，如《武》乐开始时，舞者手持盾牌，山立不动，象征当时武王的行事：命部下全副武装，只待诸侯响应，就要出击了；《武》舞一开始就发扬蹈厉，威猛异常，象征太公吕望指挥战斗，欲一举而灭商的决心；结束时，武事已毕，舞者单膝跪地，象征周公、召公共同辅政国家归于安定。《武》乐开始时，舞者自南而北，象征武王出师北上，曲奏第二遍，舞者的动作象征灭商时的殊死决斗，第三遍象征凯旋南归，第四遍象征南方诸国归入版图，第五遍象征周、召二公分陕而治，周公居左，治陕以东，召公居右，治陕以西，第六遍舞者重又相缀成行，表示对天子的崇敬，天子与大将夹舞者而立，振动铎铃，以增士气，出兵四面讨伐，威震中国。继而夹舞者分进出击，是为了战事早些成功。成行以后久立不动，则是为了表示武王等待各路诸侯的到来。你难道没有听说过武王在牧野誓师时说过的话吗？武王克殷以后，恢复商初的政治，不及下车，就封黄帝的后人于蓟，封帝尧的后人于祝，封帝舜的后人于陈；下车后封夏禹的后人于杞，封殷汤的后人于宋，给殷代贤臣比干的坟墓添土，释放被纣王囚禁的贤臣箕子，使他检视商朝掌管礼乐的官员，有贤者就恢复原来的官位。废除殷纣王的苛政，增加官吏们的俸禄。渡过黄河，西行入陕，将战马散于华山南面，不再乘骑；把役牛分散于华山以东桃林地区的荒野之中，不再用以驼载战具军须；战车、衣甲收藏于府库，不再使用；倒载干戈等兵器，使刃向里，外面裹上虎皮，表示定能以武力止息兵事；有功将帅，建立为诸侯，使他们像櫜弓一样，把天下的战乱也从此櫜藏起来，不再发生，因称建立诸侯为'建櫜'。然后，普天下就都知道武王不再用兵了。遣散军队而行郊射求贤之礼，东郊射礼歌唱《貍》的曲子，西郊射礼唱《驺虞》的曲子，军中那种旨在角力比武的贯穿革甲的射击停止了；使天下贤者人人穿着裨衣冕冠等礼服，衣带上插着笏板，勇武的士人就会解下长剑，弃武从文；天子于明堂中祭祀先祖，百姓就由此懂得了为人子者应该行孝；朝廷行朝觐之礼，使诸侯知道怎样做个贤臣；天子亲耕藉田，然后诸侯知道怎样敬奉先祖。以上这五件事，即郊射、裨冕、祀明堂、朝觐、耕藉田，是天下重要的政教措施。此外在太学奉养三老五更，天子亲自脱衣执事，切割牲肉，捧酱请三老五更食肉，执爵请三老五更饮酒洗漱，头戴冠冕、手执干盾，亲自舞蹈，使他们能欢乐快活，以此教化诸侯尊敬长者。这样，周朝的教化达于四方，礼乐的功能要到处发挥，为了这些，《武》舞初的迟久，不是理所应当的吗？"

子贡去见乐师乙，向他请教道："我听说不同的声歌适合于不同个性的人，像我这样的人适合唱什么歌呢？"师乙说："我不过是个微贱的乐工，不配说谁适宜唱什么歌。请允许我把我所知道的说出来，先生自己去斟酌吧。性格宽大好静，柔顺而又正派的人，适合唱《颂》；心胸宽广而好静，疏脱、豁达而守信用的人，适合唱《大雅》；恭敬、俭朴而又好礼的人，适宜唱《小雅》；正直、清正廉洁而又谦虚的人，适于唱《风》；恣肆爽直又心慈友爱的人，适宜唱《商》；温顺良善而能决断的人，适合唱《齐》。说到唱歌，本来就是表达自己的感情，陈述自己品德的；自己动于情感，真情流露，那么天地就会受感应，四时来相和，星辰不逆行，万物也得以发育。因此《商颂》这种歌，虽是五帝留传下来的，但商人记述下来，用以摅己心胸，陈己品德，所以称之为《商》；《齐》这种歌，是三代留传下来的，齐人记述下来，所以称为《齐》。真正懂得《商》含意的人，临事屡屡决断；懂得《齐》含意的，见利能够辞让。临事屡断的，表现出了勇气；见利能辞让的，表现了义气。有勇有义，除了歌还有什么能使人保持这样的品格？所以动人的歌声变化无穷，歌声高亢处，节节上扬，音低处如直坠而下，曲屈处如被弯折，静止处如同槁木，小曲如矩，大曲如钩，殷殷然如累珠落盘。歌也是一种语言，是一种长声调的语言。有可说的东西了，才言说出来；言语表达得不充分，才用长声的语言表达；仍不充分，才相续相和，反复吟唱；还不充分，因而就不知不觉地手舞足蹈起来了。”以上是《子贡问乐》。

大凡音乐，都是由于人心产生的。天与人又是有某种关联的，就像镜中的影子反映出物体的形状，回音响应着发出的响声一样。所以行善的人天就以福回报他，作恶的人天就用祸来惩罚他，这是很自然的事。

所以舜弹奏五弦琴，歌唱《南风》的诗篇，能使天下得到治理；纣王歌唱朝歌地区北部边鄙的乐曲，落得个身死国亡。舜的作为有什么宏大？纣王的作为有什么狭隘之处呢？原来《南风》的诗篇是生长性质的音乐，而舜喜乐爱好它，这种喜乐爱好与天地的意旨相同，得天下人的欢心，所以天下能治理得很好。而朝歌就是早晨的歌，是不时之歌，北就是败北，鄙就是鄙陋的意思，纣王喜爱这样的音乐，与天下人的心意不同，诸侯不肯归附他，老百姓不与他亲近，天下人都背叛他，所以才身死国亡。

卫灵公在位时，有一次他将要去晋国，到达濮水上游住宿下来。半夜里突然听到抚琴的声音，问左右侍从，都回答说：“不曾听到”。于是召见名叫涓的乐师，对他说道：“我听到了抚琴的声音，问身边的从人，都说没听到。这样子好像有了鬼神，你为我仔细听一听，把琴曲记下来。”师涓说：“好吧。”于是端坐下来，取出琴，一边听卫灵公叙述一边拨弄，随手记录下来。第二天，师涓说：“臣已每句都记下了，但还没有串习，难以成曲，请允许再住一宿，熟习几遍。”灵公说：“可以。”于是又住一宿。第二天师涓说：“练习好了。”这才动身到晋国，见了晋平公。晋平公在施惠之台摆酒筵招待他们。饮酒饮到酣畅痛快时，卫灵公道：“我们这次来时，得了一首新曲子，请为您演奏以助酒兴。”晋平公道：“好极了。”即命师涓在晋国乐师旷的身边坐下来，取琴弹奏。一曲未完，师旷手按琴弦制止说：“这是亡国之音，不要再奏了。”晋平公说：“为什么说出这种话来？”师旷道：“这是师延作的曲子，他为纣王作了这种靡靡之音，武王伐纣后，师延向东逃走，投濮水自杀，所以这首曲子必是得之于濮水上游，先听到此曲的人，他的国家就要削弱了。”晋平公说：“寡人所喜好的，就是听曲子这件事，希望能够听完它。”师涓就把它演奏完毕。

晋平公道：“这是我听到过的最动人的曲子了，还有比这更动人的吗？”师旷说：“有。”晋平公说：“能让我们听一听吗？”师旷说：“必须修德行义深厚的才能听此曲，您还不能听。”晋平公说：“寡人所喜好的，就是听曲子这件事，希望能奏给我听听。”师旷不得已，取琴弹奏起来，奏第一遍，有玄鹤十数只飞集堂下廊门之前；奏第二遍，这些玄鹤伸长脖子，呦呦鸣叫起来，还展开翅膀，随琴声跳起舞来。

晋平公大喜，起身为师旷祝酒。回身落座，问道：“再没有比这更动人的曲子了吗？”师旷道：“有。从前黄帝合祭鬼神时奏的曲子比这更动人，只是您的德义太薄，不可听它，听了将有败亡之祸。”晋平公说：“寡人老了，我喜好的只有听曲，希望能听到它。”师旷没办法，取琴弹奏起来。奏了一遍，有白云从西北天际出现；又奏一遍，大风夹着暴雨，铺天盖地而至，直刮得廊瓦横飞，左右人都惊慌奔走。晋平公害怕起来，伏身躲在廊屋之间。此后晋国大旱三年，寸草不生。听乐曲，有的得到吉祥，有的遭受灾祸。乐曲是不能随意演奏的。

太史公说：上古时代的贤明帝王之所以奏乐，不是为了自己心中快乐欢娱，恣情肆欲，快意于一时，而是为了治理好天下。端正教化的人都是从音做起的，音正行为自正。所以音乐，是用来激动人的血脉，沟通人的精神，调和、端正人心的。宫声可以激动脾脏并调和、端正心性中的一个圣字，商声可以激动肺脏并调和、端正心性中的一个义字，角声可以激动肝脏并调和、端正心性中的一个仁字，徵声可以激动心脏并调和、端正心性中的一个礼字，羽声可以激动肾脏并调和、端正心性中的一个智字。所以说乐的功能，就在于它对内端正人的心术，而对外用来区分贵贱；对上用来奉事宗庙，对下用来改变黎民百姓的品性风貌。琴身长八尺一寸，这是标准的尺度。琴弦中最粗大的一根是宫弦，位居琴的中央，是弦中的君主。商弦布置在它右侧的旁边，其他各弦也都按粗细长短的次序排列，不相杂乱，这样君臣的地位也就安置得当了。所以听宫声，使人品性温和宽舒而且广大；听商声，使人品性刚正而且好义；听角声，使人有恻隐之心并且能够爱人；听徵音，使人乐于行善并且爱好施舍；听羽声，使人讲究整洁规矩并且爱好礼节。礼是通过一些规定从外部对人起作用的，乐却是从人心中产生。所以君子片刻也不可离开礼，片刻离开礼，就会有暴横凶恶的行为充分表现于外；也不可片刻离开乐，片刻离开乐，就会有奸诈邪恶的行为从心中大量产生出来。所以乐和音，是君子用来修养德行的。古时候，天子诸侯听钟磬乐声时，不曾离开奏乐的殿廷，卿大夫听琴瑟的乐声时，也不曾离开奏乐的厅堂，这是为了修养德行，防止淫佚的。因为淫佚的产生是从无礼开始的，所以贤明的帝王使人们的耳朵只听《雅》《颂》的乐声，眼睛只看表现威仪的礼节，脚步行止只表现出恭敬的行动，口中只谈仁义的道理。这样君子即使终日与人交谈，不正当的东西也没有机会侵入其心灵。

史记卷二十五·律书第三

《太史公自序》中说:“非兵不强,非德不昌,黄帝、汤、武以兴,桀、纣、二世以崩,可不慎欤?《司马法》所从来尚矣,太公、孙、吴、王子能绍而明之,切近世,极人变。作《律书》第三。”由此可知,《律书》本为兵书,应写战争及兵法之事,故本篇从开始至“孔子所称‘有德君子’者邪”,当为司马迁之遗文,是一篇系统的兵事总论,其理论核心是《太史公自序》中所谓“非兵不强,非德不昌”。后人补入律数,主要阐述八方、八风、二十八宿、十二月、十二律、十二子、十母间的对应关系与律数的计算方法。篇末又作了论赞,指出律度与星历的关系,认为律度客观存在于天地万物之中。

王者制事立法,物度轨则,壹禀于六律,六律为万事根本焉。

其于兵械尤所重,故云“望敌知吉凶,闻声效胜负”,百王不易之道也。

武王伐纣,吹律听声,推孟春以至于季冬,杀气相并,而音尚宫。同声相从,物之自然,何足怪哉?

兵者,圣人所以讨强暴,平乱世,夷险阻,救危殆。自含齿戴角之兽见犯则校①,而况于人怀好恶喜怒之气?喜则爱心生,怒则毒螫加,情性之理也。

昔黄帝有涿鹿之战,以定火灾;颛顼有共工之陈,以平水害;成汤有南巢之伐,以殄夏乱②。递兴递废,胜者用事,所受于

---

①校:同“较”,计较。 ②殄:消灭,灭绝。

天也。

自是之后，名士迭兴，晋用咎犯，而齐用王子，吴用孙武，申明军约，赏罚必信，卒伯诸侯[①]，兼列邦土，虽不及三代之诰誓，然身宠君尊，当世显扬，可不谓荣焉？岂与世儒闇于大较[②]，不权轻重，猥云德化[③]，不当用兵，大至君辱失守，小乃侵犯削弱，遂执不移等哉！故教笞不可废于家[④]，刑罚不可捐于国，诛伐不可偃于天下[⑤]。用之有巧拙，行之有逆顺耳。

夏桀、殷纣，手搏豺狼，足追四马，勇非微也；百战克胜，诸侯慑服，权非轻也。秦二世宿军无用之地，连兵于边陲，力非弱也；结怨匈奴，絓祸於越[⑥]，势非寡也。及其威尽势极，闾巷之人为敌国，咎生穷武之不知足，甘得之心不息也。

高祖有天下，三边外畔[⑦]，大国之王虽称蕃辅，臣节未尽。会高祖厌苦军事，亦有萧、张之谋，故偃武一休息，羁縻不备[⑧]。

历至孝文即位，将军陈武等议曰："南越、朝鲜自全秦时内属为臣子，后且拥兵阻阸，选蠕观望[⑨]。高祖时天下新定，人民小安，未可复兴兵。今陛下仁惠抚百姓，恩泽加海内，宜及士兵乐用，征讨逆党，以一封疆。"孝文曰："朕能任衣冠，念不到此。会吕氏之乱，功臣宗室共不羞耻，误居正位，常战战慄慄，恐事之不终。且兵凶器，虽克所愿，动亦耗病，谓百姓远方何？又先帝知劳民不可烦，故不以为意。朕岂自谓能？今匈奴内侵，军吏无功，边民父子荷兵日久，朕常为动心伤痛，无日忘之。今未能销距[⑩]，愿且坚边设候[⑪]，结和通使，休宁北陲，为功多矣。且

---

①卒：最终，结果。伯：同"霸"。 ②大较：大的问题，大的道理。 ③猥：杂，多。 ④笞：以竹片或荆条打人。 ⑤捐：废除。偃：停止。 ⑥絓(guà)祸：结祸、惹祸。絓：丝结牵缠。⑦畔：同"叛"。 ⑧羁縻：牵制，笼络，稍加约束。 ⑨选蠕：柔弱，不果断。选：通"巽"，顺从。⑩销距：消除敌对状态。 ⑪候：斥候。即巡逻放哨、候望敌情，此指哨所。

无议军。”故百姓无内外之徭，得息肩于田亩，天下殷富，粟至十馀钱，鸣鸡吠狗，烟火万里，可谓和乐者乎！

太史公曰：文帝时，会天下新去汤火，人民乐业，因其欲然，能不扰乱，故百姓遂安。自年六七十翁亦未尝至市井，游敖嬉戏如小儿状。孔子所称有德君子者邪！

书曰“七正”。二十八舍[①]，律历，天所以通五行八正之气，天所以成孰万物也。舍者，日月所舍。舍者，舒气也。

不周风居西北，主杀生。东壁居不周风东，主辟生气而东之。至于营室，营室者，主营胎阳气而产之。东至于危。危，垝也[②]。言阳气之垝，故曰危。十月也。律中应钟。应钟者，阳气之应，不用事也。其于十二子为亥。[③]

广莫风居北方。广莫者，言阳气在下，阴莫阳广大也，故曰广莫。东至于虚。虚者，能实能虚，言阳气冬则宛藏于虚[④]，日冬至则一阴下藏，一阳上舒，故曰虚。东至于须女。言万物变动其所，阴阳气未相离，尚相胥如也[⑤]，故曰须女。十一月也，律中黄钟。黄钟者，阳气踵黄泉而出也。其于十二子为子。子者，滋也；滋者，言万物滋于下也。其于十母为壬癸。壬之为言任也，言阳气任养万物于下也。癸之为言揆也，言万物可揆度[⑥]，故曰癸。东至牵牛。牵牛者，言阳气牵引万物出之也。牛者，冒也，言地虽冻，能冒而生也。牛者，耕植种万物也。东至于建星。建星者，建诸生也。十二月也，律中大吕。大吕者。其于十二子为丑。

条风居东北，主出万物。条之言条治万物而出之，故曰条

①二十八舍：即二十八宿。②垝（guǐ）：毁坏，坍塌。③该：藏塞。④宛藏：蕴藏。⑤胥：等待。⑥揆度：度量，估量。

风。南至于箕。箕者，言万物根棋，故曰箕。正月也，律中泰蔟[①]。泰蔟者，言万物蔟生也，故曰泰蔟。其于十二子为寅。寅言万物始生螾然也，故曰寅。南至于尾，言万物始生如尾也。南至于心，言万物始生有华心也。南至于房。房者，言万物门户也，至于门则出矣。

明庶风居东方。明庶者，明众物尽出也。二月也，律中夹钟。夹钟者，言阴阳相夹厕也[②]。其于十二子为卯。卯之为言茂也，言万物茂也。其于十母为甲乙。甲者，言万物剖符甲而出也[③]；乙者，言万物生轧轧也。南至于氐。氐者，言万物皆至也。南至于亢。亢者，言万物亢见也。南至于角。角者，言万物皆有枝格如角也。三月也，律中姑洗。姑洗者，言万物洗生。其于十二子为辰。辰者，言万物之蜄也[④]。

清明风居东南维，主风吹万物，而西之轸。轸者，言万物益大而轸轸然[⑤]。西至于翼。翼者，言万物皆有羽翼也。四月也，律中中吕。中吕者，言万物尽旅而西行也。其于十二子为巳。巳者，言阳气之已尽也。西至于七星。七星者，阳数成于七，故曰七星。西至于张。张者，言万物皆张也。西至于注。注者，言万物之始衰，阳气下注，故曰注。五月也，律中蕤宾。蕤宾者，言阴气幼少，故曰蕤；痿阳不用事，故曰宾。

景风居南方。景者，言阳气道竟，故曰景风。其于十二子为午。午者，阴阳交，故曰午。其于十母为丙丁。丙者，言阳道著明，故曰丙；丁者，言万物之丁壮也，故曰丁。西至于弧。弧者，言万物之吴落且就死也[⑥]。西至于狼。狼者，言万物可度

①泰："大"之意。蔟："凑"之意。②厕：同"测"。③符甲：即孚甲，指植物种子外面的硬壳，如稻壳、谷壳等。④蜄：动。⑤轸轸然：繁盛的样子。⑥吴落：凋落。

量，断万物，故曰狼。

凉风居西南维，主地。地者，沉夺万物气也。六月也，律中林钟。林钟者，言万物就死气林林然[①]。其于十二子为未。未者，言万物皆成，有滋味也。北至于罚。罚者，言万物气夺可伐也。北至于参。参言万物可参也，故曰参。七月也，律中夷则。夷则，言阴气之贼万物也。其于十二子为申。申者，言阴用事，申贼万物，故曰申。北至于浊。浊者，触也，言万物皆触死也，故曰浊。北至于留。留者，言阳气之稽留也，故曰留。八月也，律中南吕。南吕者，言阳气之旅入藏也。其于十二子为酉。酉者，万物之老也，故曰酉。

阊阖风居西方。阊者，倡也；阖者，藏也。言阳气道万物[②]，阖黄泉也。其于十母为庚辛。庚者，言阴气庚万物，故曰庚；辛者，言万物之辛生，故曰辛。北至于胃。胃者，言阳气就藏，皆胃胃也。北至于娄。娄者，呼万物且内之也[③]。北至于奎。奎者，主毒螫杀万物也，奎而藏之。九月也，律中无射。无射者，阴气盛用事，阳气无馀也，故曰无射。其于十二子为戌。戌者，言万物尽灭，故曰戌。

律数：

九九八十一，以为宫。

三分去一，五十四，以为徵。

三分益一，七十二，以为商。

三分去一，四十八，以为羽。

三分益一，六十四，以为角。

黄钟：长八寸七分一，宫。

---

①林林然：众多的样子。②道：通“导”，引导。③内：通“纳”，装进。

大吕:长七寸五分三分二。

太蔟:长七寸十分二,角。

夹钟:长六寸七分三分一。

姑洗:长六寸十分四,羽。

仲吕:长五寸九分三分二,徵。

蕤宾:长五寸六分三分二。

林钟:长五寸十分四,角。

夷则:长五寸三分二,商。

南吕:长四寸十分八,徵。

无射:长四寸四分三分二。

应钟:长四寸二分三分二,羽。

生钟分:

子:一分。

丑:三分二。

寅:九分八。

卯:二十七分十六。

辰:八十一分六十四。

巳:二百四十三分一百二十八。

午:七百二十九分五百一十二。

未:二千一百八十七分一千二十四。

申:六千五百六十一分四千九十六。

酉:一万九千六百八十三分八千一百九十二。

戌:五万九千四十九分三万二千七百六十八。

亥:十七万七千一百四十七分六万五千五百三十六。

生黄钟术曰:以下生者,倍其实,三其法。以上生者,四其实,三其法。上九,商八,羽七,角六,宫五,徵九。置一而九。

三之以为法。实如法，得长一寸。凡得九寸，命曰“黄钟之宫”。故曰音始于宫，穷于角；数始于一，终于十，成于三；气始于冬至，周而复生。

神生于无，形成于有，形然后数，形而成声，故曰神使气，气就形[①]。形理如类有可类。或未形而未类，或同形而同类。类而可班[②]，类而可识。圣人知天地识之别，故从有以至未有，以得细若气，微若声。然圣人因神而存之，虽妙必效情，核其华[③]道者明矣。非有圣心以乘聪明，孰能存天地之神而成形之情哉？神者，物受之而不能知其去来，故圣人畏而欲存之。唯欲存之，神之亦存。其欲存之者，故莫贵焉。

太史公曰：故旋玑玉衡以齐七政[④]，即天地二十八宿。十母，十二子、钟律调自上古。建律运历造日度，可据而度也。合符节，通道德，即从斯之谓也[⑤]。

【译文】

帝王制定事则建立法度，确定万物的度数和准则，一切都根据六律，六律体现了万事万物的根本原理。

六律对于兵械尤其重要，所以说“观望敌气可以预知吉凶，听闻声音可以显应胜负”，这是百代不变的法则。

武王伐纣时，吹律管听声音而占卜吉凶，自孟春至季冬的音律，都有杀气并声而出，而军声与宫音相合。同声相从，乃是事物自然的道理，有什么可奇怪的呢？

兵事，是圣人用以讨伐强暴，平定乱世，铲除艰险，挽救危局的工具。虽含齿戴角的兽类，遇到外物的侵犯，尚且要进行反抗，何况是怀有好恶

---

①使：支配。就：体现，依附。 ②班：分辨，区别。 ③核：研核，考查核实。 ④齐：正，调整。 ⑤斯：这，此指上述律制。

之心，喜怒之情的人了？欢喜时就产生仁爱之心，愤怒时就以狠毒的手段攻击所怒的对象，这是人性情的必然道理。

从前黄帝时有过涿鹿地区的战斗，以平定炎帝造成的灾害；颛顼有与共工的对阵，以平定少昊氏造成的灾害；成汤有伐桀到南巢的战斗，以殄灭夏朝的祸乱。一代又一代，迭兴迭废，战胜得以统治天下，那是受命于天的原因。

自此之后，名士屡次出现，晋国任用咎犯，而齐国任用王子成父，吴国任用孙武，名自都申明军纪，赏罚必守信用，结果成为诸侯霸主，兼并别国土地，虽然赶不上三代时受诰誓封赏的荣耀，然而同样是自身宠荣，君主尊显，当世显名扬声，能说不荣耀吗？怎能与那些不明大势，不权轻重，终日啰嗦要以德化世，不该用兵，结果重者君亲受辱，国土失守，轻者遭人侵犯，国家削弱，终至于不可挽救的世儒相提并论呢！所以家庭中不能没有教诲和鞭笞，国家不可没有刑罚，天下不可没有诛杀和征伐，不过运用起来有巧有拙，施行时有顺有逆罢了。

夏桀、殷纣王赤手空拳能与豺狼搏斗，奔跑起来能追得上四匹马拉的车子，其勇力并不弱；他们也曾百战百胜，诸侯对他们恐惧服从，权势也不算轻微。秦二世屯军于四郊，连兵于边陲，力量并不是不强；北与匈奴结怨，南在诸越招惹祸端，势力并不算寡弱，等到他们的威风使尽，势力盛极，闾巷中的平民也成了敌国。错就在于他们穷兵黩武不知足，贪欲之心不能停息。

高祖拥有天下后，三方边境叛乱于外，国内有异姓诸侯王阴谋叛乱之忧。赶上高祖厌烦再有战事，也是由于有萧何、张良的计谋，所以一时得以停止武事，与民休息，对他们只稍加约束，不深防备。

等到孝文帝即位，将军陈武等建议说："南越、朝鲜自从秦朝统一时内属为臣子，后来才拥兵守险，徘徊观望。高祖时天下初定，人民刚刚得到一点安宁，不可再兴师动众。如今陛下以仁德、惠爱抚治百姓，四海以内都受恩泽，应该乘此时士民乐为陛下所用的机会，讨伐叛逆的党徒，以统一疆土。"孝文帝说："朕自从能胜衣冠，从来没有想到这些。正赶上吕氏之乱,功臣和宗室都不以我的微贱出身为耻,阴差阳错使我得了皇帝的大位,我时常战战兢兢,恐怕事情有始无终。况且兵是凶器,纵然能达到预定目的,发动起来也必有耗损和创病,又怎能避免得了百姓抛家离业远方征讨?先皇帝知道劳乏的百姓不可再加烦扰,所以不把南越、朝鲜等事放在心上。朕岂能自以为有能耐?如今匈奴入侵内地,军吏御敌无功,边地百姓父死子继,服兵役的日子已很久,朕时常为此不安和伤痛,没有一天能够忘记。如今既不能消除敌对状态,长守安定,但愿暂且坚守边防,远设斥候,派遣使者,缔盟结好,使北部边陲得到休息安宁,功劳就算大得很了。且不可再议兴兵之事了”。因此百姓内外都无徭役,得到休息以致力于农事,致使天下殷实富足,粮食每斗降至十余文钱,国内鸡鸣狗吠相闻,烟火万里不惊,可说是够和平安乐的了。

太史公说:文帝时,赶上天下刚从水火中解脱出来,人民安心从事生产,顺着他们的意愿,能做到不加扰乱,所以百姓因而安定。就连六七十岁的老翁也未曾到过集市之中,终日天真烂漫好像小孩子一样。这就是孔子所称道的有德君子吧!

书中记载“七正”。二十八舍和律历,是上天用来贯通五行八正之气的,是上天用来产生和养育万物的。舍的意思就是日月止宿的天区。舍就是休息一下缓口气的意思。

不周风居西北方,主管杀生的事。东壁宿处于不周风以东,主持开辟生气使往东行,到达营室。营室,主管胎育阳气并把它产生出来。再向东到达危宿。危,就是垝的意思,是说阳气的垝,所以称为危。以上星宿与十月相对应,于十二律与应钟相对应。应钟,就是阳气的反应,阳气这时还不主事。于十二子与亥相对应。亥,就是该的意思。是说阳气藏在它下面,所以闭藏。

广莫风居北方。广莫,是说阳气在下,阴气没有阳气广大,所以叫广莫。广莫风以东到虚宿。虚的意思,是指能实能虚,是说阳气冬季则蕴藏于空虚之中,到冬至日就会有一分阴气下藏,一分阳气上升发散出来,所以称虚。再向东到须女宿。须女,是说万物的位置发生变动,阴气阳气没有分离开，尚且互相等待的意思，所以称为须女。与十一月相对应，律与黄钟相对应。黄钟的意思是阳气踵随黄泉而出。于十二子与子相对应。子就是滋长的滋字；滋，是说万物滋长于下面。于十母与壬癸相对应。壬就是任，是说阳气负担着在下面养育万物的重任。癸就是揆，说万物可以揆度，所以称为癸。向东到牵牛宿。牵牛的意思是说阳气牵引万物而出。牛就是冒，是说地虽冻，能冒出地面生长出来。牛又指耕耘种植万物的意思。再向东到建星。建星，就是能创造各种生物的意思。与十二月相对应，十二律与大吕相对应。大吕的意思是，十二子与丑相对应。

条风居东北方，主管万物的产生和出现。条风意思是说条理万物而使它们产生出来，所以叫条风。条风向南到箕宿。箕就是万物的根柢，所以称为箕。与正月对应，律与泰蔟相对应。泰蔟，是说万物蔟拥而生的意思，所以称为泰蔟。于十二子与寅相对应。寅是说万物初生如蚯蚓之行螾然弯曲的样子，所以称为寅。向南到达尾宿，尾是说万物初生像尾巴一样细小。向南到达心宿，心是说万物开始发生有嫩芽。再向南到房宿。房，是指为万物的门户，到门前就要出来了。

明庶风居东方。明庶的意思是，表明众物全都出土萌发出来了。与二月相应，律与夹钟相对应。夹钟，是说阴阳相夹于两侧。十二子与卯相对应。卯就是茂，是说万物生长茂盛。于十母与甲乙相对应。甲，是说万物剖开外皮萌发出来；乙，是说万物生机勃勃的样子。向南到达氐宿。氐的意思是说万物都已抵达、来到的意思。向南到达亢宿。亢的意思，是说万物渐渐长高了。再向南到角宿。角的意思是说万物都已有了枝杈就像角一样。十二月中与三月相对应，律中与姑洗相对应。姑洗的意思是说万物初生，颜色光鲜如洗。于十二子与辰相对应。辰，是说万物怀胎。

清明风居东南方，主管吹动万物向西发展。先到达轸宿。轸，是说万物生长越发盛大了。向西到达翼宿。翼，是说万物都已长大，如同有了羽翼。以上两宿为四月宿，于律为中吕。中吕的意思是说万物全都向西旅行。于十二子为巳。巳的意思是说阳气已尽了。向西到达七星。七星，是由于阳数成于七，所以叫七星。向西到张宿。张，是说万物都已张大。再向西到注宿。所谓注，是说万物开始衰落，阳气下注，所以称为注。以上三宿为五月宿，于律为蕤宾。蕤宾的意思，是说阴气幼小，所以称为蕤；衰落的阳气已不起作用，所以称为宾。

景风居南方。景，是说阳气之道已尽，所以称为景风。于十二子为午。午，就是阴阳交午的意思，所以称为午。于十母为丙丁。丙，是说阳气的通道彪炳明著，所以称丙；丁，是说万物已长成壮大，所以称丁。向西到弧宿。弧的意思，是说万物凋落，很快就要死亡了。向西到狼宿。狼，是说万物都可以度量，从而判断万物，所以称狼。

凉风居西南方，主宰地。地，就是沉夺万物之气的意思。与六月相应，律属林钟。林钟，是说万物变得死气沉沉的样子。于十二子为未。未与味同音，是说万物都已长成，有滋有味了。向北是罚宿。罚，是说万物气势已夺，可以斩伐了。向北是参宿。参是说万物都可参验，所以称参。以上两宿属七月，律属夷则。夷则，是说阴气贼害万物的意思。于十二子为申。申，是说阴气主事，一再贼害万物，所以名为申。向北是浊宿。浊，与触音相近，是说万物都触阴气而死，所以叫浊。向北是留宿。留，是说阳气稽留没有去尽，所以名为留。以上两宿为八月宿，于律属南吕。南吕，是说阳气旅行入于藏所，就要被收藏起来。于十二子属于酉。酉，就是万物已成熟，所以叫酉。

阊阖风居西方。阊，就是倡导之意；阖，就是闭藏之意。是说阳气引导万物，闭藏于黄泉之下。于十母为庚辛。庚，是说阴气变更万物，所以称为庚；辛，是说万物生存艰辛，所以称为辛。向北是胃宿。胃，是说阳气被收藏，都偎偎然缩聚起来。往北达到娄宿。娄，就是呼唤万物而且要容纳它们的意思。向北是奎宿。奎，主管以毒螫杀万物，举而收藏起来。以上三宿为九月宿，律属无射。无射，是说阴气正盛，主宰事物，阳气隐藏无所余，所以称为无射。于十二子属戌。戌，是说万物全都灭亡了，所以叫戌。

律数：

五音之间的比例关系，以九九八十一分长定为宫的大小，将八十一分为三分，除去一分，余二分得五十四就是徵。将五十四分为三分，加上一分，得四分，为七十二，就是商。把七十二分为三分，除去一分，余二分为四十八就是羽。将四十八分为三分，加上一分，得四分为六十四就是角。

黄钟的长度为长八寸又七分一分，其声为宫。大吕的长是七寸五又三分之二分。太蔟长为七寸二分，为角声。夹钟长六寸七又三分之一分。姑洗长六寸四分，为羽声。仲吕长五寸九又三分之二分，为徵声。蕤宾长五寸六又三分之二分。林钟长五寸四分，为角声。夷则长五寸又三分之二分，为商声。南吕长为四寸八分，为徵声。无射长四寸四又三分之二分。应钟长四寸二又三分之二分，为羽声。

求其他律与黄钟律的比例：

子为一分。丑为三分之二分。寅为九分之八分。卯为二十七分之十六分。辰为八十一分之六十四分。巳为二百四十三分之一百二十八分。午为七百二十九分之五百一十二分。未为二千一百八十七分之一千零二十四分。申为六千五百六十一分之四千零九十六分。酉为一万九千六百八十三分之八千一百九十二分。戌为五万九千零四十九分之三万二千七百六十八分。亥为十七万七千一百四十七分之六万五千五百三十六分。

计算其他律与黄钟律的比例的方法是：由长律管生短律管将分子加倍，分母乘三。由短律管生长律管则是将分子乘四，分母乘三。数最大为九，音数为五，所以以宫为五；宫生徵，以徵为九；徵生商，以商为八；商生羽，以羽为七；羽生角，以角为六。以“生钟律数”中的黄钟大数十七万余为分子，另把一枚算筹放置在算盘上，用三去乘，一乘得三，再乘得九，依次乘下去，直乘到“生钟律数”中的酉数一万九千余。以每次乘得的数为分母，用分母除分子，得到一些长度为寸的数，直到得到九寸的数为止，将此数称为“黄钟律的宫声”。由此用“生黄钟术”得到其余各音，所以说五声相生的次序是始于宫声，终于角声。数目开始于一，到十终止，变化则由三来完成。节气则由冬至开始，周而复始。

神是从无中产生的，形体则是自有形的质中产生，有形体然后才有数产生，有形体才能生成声音，所以说是神能支配气，气要依附于形体。形体的特征是大都能以类加以区别。有的未有形体因而不可分类，有的形体相同因而属于同一类。有类就能把它的特征表示出来，有类就能加以识别。圣人了解天、地等有形体之物与人的意识这种无形体之物的区别，所以是从有形、有质的东西推断无形、无质的东西，从而得到轻细如气体，微小如声音那样东西的有关知识。然而圣人是通过那些本质的称为神的东西认识事物的，本质或神无论何等微妙必然要在情性中表现出来，审核研究事物外部的如同花叶一般的表象特征，内部的本质特征也就明了了。若没有一颗圣人之心以驾驭聪明，有谁能够既懂得天地万物的本质或神，又能推知其形体的性情等外部特征呢？本质或神，是指事物具有了它而不自知何时具有或失去它，所以圣人十分重视并希望能够保留它。正是因为希望保留它，本质或神这些内在的东西也就能把那些希望保留它们的圣人之心保留下来。所以它们被视为最宝贵的东西。

太史公说：以旋玑玉衡整齐七政，或天地、二十八宿，十母、十二子、钟律等，自上古时就加以调配，建立起律制，运算历法，编造日月度数，日月等的运行就可以量度出来。平常所说合符节，通道德，就是对于上述律制而言的。

史记卷二十六·历书第四

本篇可分两大部分，前半部分为序文，后人名之曰“历书序”，记载自黄帝到武帝以来历法起源及演变情况，可分为三层：第一层自“昔自在古”至“事则不悖”，概论上古夏正、殷正、周正之三正历法，其材料主要取自《大戴礼·诰志篇》《国语·楚语》《论语·尧曰》及《左传》等文献；第二层从“其后战国并争”至“故孝文帝废不复问”，论述更改历法与朝代兴衰之间的关系；第三层即“至今上即位”一段，记叙武帝时制定太初历的相关情况。《历书》后半部分载《历书甲子篇》，记载一部太岁纪年法七十六个岁名及大余小余，一般认为，其中“太初初年”等年号为读史者旁记字窜入。

昔自在古，历建正作于孟春。于时冰泮发蛰，百草奋兴，秭鳺先滜[①]。物乃岁具，生于东，次顺四时，卒于冬分。时鸡三号，卒明。抚十二月节[②]，卒于丑。日月成，故明也。明者孟也，幽者幼也，幽明者雌雄也。雌雄代兴，而顺至正之统也。日归于西，起明于东；月归于东，起明于西。正不率天[③]，又不由人，则凡事易坏而难成矣。

王者易姓受命，必慎始初，改正朔，易服色，推本天元[④]，顺承厥意。

太史公曰：神农以前尚矣。盖黄帝考定星历，建立五行，起消息[⑤]，正闰馀，于是有天地神祇物类之官，是谓五官。各司其

①秭：子规。滜：鸣。 ②抚：循序，顺次。 ③正：同“政”。率天：遵循天道。 ④天元：上天的正道，上天元气的运行规律。 ⑤消：死灭。息：生长。

序，不相乱也。民是以能有信，神是以能有明德。民神异业，敬而不渎，故神降之嘉生[①]。民以物享[②]，灾祸不生，所求不匮。

少皞氏之衰也，九黎乱德，民神杂扰，不可放物[③]，祸灾荐至，莫尽其气。颛顼受之，乃命南正重司天以属神，命火正黎司地以属民，使复旧常，无相侵渎。

其后三苗服九黎之德，故二官咸废所职，而闰馀乖次，孟陬殄灭，摄提无纪[④]，历数失序。尧复遂重黎之后不忘旧者，使复典之，而立羲和之官。明时正度，则阴阳调，风雨节，茂气至，民无夭疫。年耆禅舜[⑤]，申戒文祖[⑥]，云"天之历数在尔躬"。舜亦以命禹。由是观之，王者所重也。

夏正以正月，殷正以十二月，周正以十一月。盖三王之正若循环，穷则反本。天下有道，则不失纪序[⑦]；无道，则正朔不行于诸侯。

幽、厉之后，周室微，陪臣执政[⑧]，史不记时，君不告朔。故畴人子弟分散[⑨]，或在诸夏，或在夷狄，是以其禨祥废而不统[⑩]。周襄王二十六年闰三月，而《春秋》非之。先王之正时也，履端于始，举正于中，归邪于终。履端于始，序则不愆；举正于中，民则不惑；归邪于终，事则不悖。

其后战国并争，在于强国禽敌[⑪]救急解纷而已，岂遑念斯哉[⑫]！是时独有邹衍，明于五德之传，而散消息之分[⑬]，以显诸

---

①嘉生：泛指好年景，丰收。 ②物：指祭祀所用的牲畜等。享：祭享。 ③放物：亦作"方物"，辨别名分。 ④孟陬：夏历正月的别称。殄灭：灭绝。摄提：星名，随北斗星斗杓所指，建十二月。 ⑤年耆：年老。禅舜：禅帝位于舜，即把帝位让给舜。 ⑥文祖：尧的祖宗庙。 ⑦纪序：岁时节候的常规。 ⑧陪臣：臣之臣称陪臣，诸侯之臣对周天子自称陪臣。 ⑨畴人：世代职掌律历天官的人。 ⑩禨祥：古代的占星术，通过观察天象以见吉凶之兆，凶兆为禨，吉兆为祥。 ⑪强国：使国家强盛。禽：同"擒"。 ⑫遑：闲暇，空闲。 ⑬消息：指生灭、盛衰。消：减少。息：增长。

侯。而亦因秦灭六国，兵戎极烦，又升至尊之日浅，未暇遑也。而亦颇推五胜，而自以为获水德之瑞，更名河曰“德水”，而正以十月，色上黑①。然历度闰馀，未能睹其真也。

汉兴，高祖曰“北畤待我而起”，亦自以为获水德之瑞。虽明习历及张苍等，咸以为然。是时天下初定，方纲纪大基②。高后女主，皆未遑。故袭秦正朔服色。

至孝文时，鲁人公孙臣以终始五德上书，言“汉得土德，宜更元，改正朔，易服色。当有瑞，瑞黄龙见③”。事下丞相张苍，张苍亦学律历，以为非是，罢之。其后黄龙见成纪，张苍自黜④，所欲论著不成。而新垣平以望气见，颇言正历服色事，贵幸，后作乱，故孝文帝废不复问。

至今上即位，招致方士唐都，分其天部；而巴落下闳运算转历，然后日辰之度与夏正同。乃改元，更官号，封泰山。因诏御史曰：“乃者，有司言星度之未定也，广延宣问，以理星度，未能詹也⑤。盖闻昔者黄帝合而不死，名察度验，定清浊，起五部，建气物分数。然盖尚矣。书缺乐弛，朕甚闵焉。朕唯未能循明也⑥。细绩日分⑦，率应水德之胜。今日顺夏至，黄钟为宫，林钟为徵，太蔟为商，南吕为羽，姑洗为角。自是以后，气复正，羽声复清，名复正变，以至子日当冬至，则阴阳离合之道行焉。十一月甲子朔旦冬至已詹，其更以七年为太初元年。年名‘焉逢摄提格’⑧，月名‘毕聚’，日得甲子，夜半朔旦冬至。”

---

①上：通“尚”，崇尚。 ②纲纪：规划，经营。大基：国家政权的根本制度。 ③见：同“现”。 ④自黜：自请退职。黜：贬斥。 ⑤詹：通“雠”，校正，考验。 ⑥循明：当作“修明”。 ⑦细绩：谓造历算运者如女工之抽丝纺织。 ⑧此为太岁纪年法，是以新名代替干支名号，表示太岁所在位置。

历术甲子篇[①]：

太初元年，岁名"焉逢摄提格"，月名"毕聚"，日得甲子，夜半朔旦冬至。

正北[②]

十二[③]

无大馀，无小馀[④]；

无大馀，无小馀[⑤]；

焉逢摄提格。太初元年[⑥]。

十二

大馀五十四，小馀三百四十八[⑦]；

大馀五，小馀八[⑧]；

端蒙单阏。二年[⑨]。

闰十三

大馀四十八，小馀六百九十六；

大馀十，小馀十六；

---

①历术甲子篇：此处是指古代四分历的推步。历元所起冬至日为甲子，故命名"历术甲子篇"。 ②正北：这是冬至所在辰次的方位。太初元年冬至在夜半子时，子的方位是正北。 ③十二：这是一年的月数，无闰月为十二个月，有闰月则为十三个月。 ④无大馀，无小馀：没有剩余的日数，没有剩余的分数，这是按朔法推算出的结果。 ⑤无大馀，无小馀：没有剩余的日数，没有剩余的分数，这是按至法推算出的结果。 ⑥焉逢摄提格：焉逢摄提格相当于甲寅，据后世推算，太初元年是丁丑。从此处的"太初元年"至以下"二年"直至篇末的"建始四年"等年号年序，皆是后人增附的。 ⑦大馀五十四，小馀三百四十八：按朔法推算，没有闰月的年是三百五十四又九百四十分之三百四十八日，减去五甲子（三百日），则剩余的五十四日称为大馀，三百四十八分称为小馀。 ⑧大馀五，小馀八：按至法推算，每年都是三百六十五又三十二分之八日，减去六甲子（三百日六十日），则剩余的五日称为大馀，八分称为小馀。 ⑨端蒙单阏：相当于乙卯年。下文"游兆执徐"相当于丙辰年，"强梧大荒落"相当于丁巳年，"徒维敦牂"相当于戊午年，"祝犁协洽"相当于己未年，"商横涒滩"相当于庚申年，"昭阳作鄂"相当于辛酉年，"横艾淹茂"相当于壬戌年，"尚章大渊献"相当于癸亥年，"焉逢困敦"相当于甲子年，"端蒙赤奋若"相当于乙丑岁。

游兆执徐。三年。

十二

大馀十二,小馀六百三;

大馀十五,小馀二十四;

强梧大荒落。四年。

十二

大馀七,小馀十一;

大馀二十一,无小馀;

徒维敦牂。天汉元年。

闰十三

大馀一,小馀三百五十九;

大馀二十六,小馀八;

祝犁协洽。二年。

十二

大馀二十五,小馀二百六十六;

大馀三十一,小馀十六;

商横涒滩。三年。

十二

大馀十九,小馀六百一十四;

大馀三十六,小馀二十四;

昭阳作鄂。四年。

闰十三

大馀十四,小馀二十二;

大馀四十二,无小馀;

横艾淹茂。太始元年。

十二

大馀三十七，小馀八百六十九；

大馀四十七，小馀八；

尚章大渊献。二年。

闰十三

大馀三十二，小馀二百七十七；

大馀五十二，小馀一十六；

焉逢困敦。三年。

十二

大馀五十六，小馀一百八十四；

大馀五十七，小馀二十四；

端蒙赤奋若。四年。

十二

大馀五十，小馀五百三十二；

大馀三，无小馀；

游兆摄提格。征和元年。

闰十三

大馀四十四，小馀八百八十；

大馀八，小馀八；

强梧单阏。二年。

十二

大馀八，小馀七百八十七；

大馀十三，小馀十六；

徒维执徐。三年。

十二

大馀三，小馀一百九十五；

大馀十八，小馀二十四；

祝犁大芒落。四年。

闰十三

大馀五十七，小馀五百四十三；

大馀二十四，无小馀；

商横敦牂。后元元年。

十二

大馀二十一，小馀四百五十；

大馀二十九，小馀八；

昭阳协洽。二年。

闰十三

大馀十五，小馀七百九十八；

大馀三十四，小馀十六；

横艾涒滩。始元元年。

正西

十二

大馀三十九，小馀七百五；

大馀三十九，小馀二十四；

尚章作噩。二年。

十二

大馀三十四，小馀一百一十三；

大馀四十五，无小馀；

焉逢淹茂。三年。

闰十三

大馀二十八，小馀四百六十一；

大馀五十，小馀八；

端蒙大渊献。四年。

十二

大馀五十二，小馀三百六十八；

大馀五十五，小馀十六；

游兆困敦。五年。

十二

大馀四十六，小馀七百一十六；

无大馀，小馀二十四；

强梧赤奋若。六年。

闰十三

大馀四十一，小馀一百二十四；

大馀六，无小馀；

徒维摄提格。元凤元年。

十二

大馀五，小馀三十一；

大馀十一，小馀八；

祝犁单阏。二年。

十二

大馀五十九，小馀三百七十九；

大馀十六，小馀十六；

商横执徐。三年。

闰十三

大馀五十三，小馀七百二十七；

大馀二十一，小馀二十四；

昭阳大荒落。四年。

十二

大馀十七，小馀六百三十四；

大馀二十七，无小馀；

横艾敦牂。五年。

闰十三

大馀十二，小馀四十二；

大馀三十二，小馀八；

尚章汁洽。六年。

十二

大馀三十五，小馀八百八十九；

大馀三十七，小馀十六；

焉逢涒滩。元平元年。

十二

大馀三十，小馀二百九十七；

大馀四十二，小馀二十四；

端蒙作噩。本始元年。

闰十三

大馀二十四，小馀六百四十五；

大馀四十八，无小馀；

游兆阉茂。二年。

十二

大馀四十八，小馀五百五十二；

大馀五十三，小馀八；

强梧大渊献。三年。

十二

大馀四十二，小馀九百；

大馀五十八，小馀十六；

徒维困敦。四年。

闰十三

大馀三十七，小馀三百八；

大馀三，小馀二十四；

祝犁赤奋若。地节元年。

十二

大馀一，小馀二百一十五；

大馀九，无小馀；

商横摄提格。二年。

闰十三

大馀五十五，小馀五百六十三；

大馀十四，小馀八；

昭阳单阏。三年。

正南

十二

大馀十九，小馀四百七十；

大馀十九，小馀十六；

横艾执徐。四年。

十二

大馀十三，小馀八百一十八；

大馀二十四，小馀二十四；

尚章大荒落。元康元年。

闰十三

大馀八，小馀二百二十六；

大馀三十，无小馀；

焉逢敦牂。二年。

十二

大馀三十二，小馀一百三十三；

大馀三十五，小馀八；

端蒙协洽。三年。

十二

大馀二十六，小馀四百八十一，

大馀四十，小馀十六；

游兆涒滩。四年。

闰十三

大馀二十，小馀八百二十九；

大馀四十五，小馀二十四；

强梧作噩。神雀元年。

十二

大馀四十四，小馀七百三十六；

大馀五十一，无小馀；

徒维淹茂。二年

十二

大馀三十九，小馀一百四十四；

大馀五十六，小馀八；

祝犁大渊献。三年。

闰十三

大馀三十三，小馀四百九十二；

大馀一，小馀十六；

商横困敦。四年。

十二

大馀五十七，小馀三百九十九；

大馀六，小馀二十四；

昭阳赤奋若。五凤元年。

闰十三

大馀五十一,小馀七百四十七;

大馀十二,无小馀;

横艾摄提格。二年。

十二

大馀十五,小馀六百五十四;

大馀十七,小馀八;

尚章单阏。三年。

十二

大馀十,小馀六十二;

大馀二十二,小馀十六;

焉逢执徐。四年。

闰十三

大馀四,小馀四百一十;

大馀二十七,小馀二十四;

端蒙大荒落。甘露元年。

十二

大馀二十八,小馀三百一十七;

大馀三十三,无小馀;

游兆敦牂。二年。

十二

大馀二十二,小馀六百六十五;

大馀三十八,小馀八;

强梧协洽。三年。

闰十三

大馀十七，小馀七十三；

大馀四十三，小馀十六；

徒维涒滩。四年。

十二

大馀四十，小馀九百二十；

大馀四十八，小馀二十四；

祝犂作噩。黄龙元年。

闰十三

大馀三十五，小馀三百二十八；

大馀五十四，无小馀；

商横淹茂。初元元年。

正东

十二

大馀五十九，小馀二百三十五；

大馀五十九，小馀八；

昭阳大渊献。二年。

十二

大馀五十三，小馀五百八十三；

大馀四，小馀十六；

横艾困敦。三年。

闰十三

大馀四十七，小馀九百三十一；

大馀九，小馀二十四；

尚章赤奋若。四年。

十二

大馀十一，小馀八百三十八；

大馀十五，无小馀；

焉逢摄提格。五年。

十二

大馀六，小馀二百四十六；

大馀二十，小馀八；

端蒙单阏。永光元年。

闰十三

无大馀，小馀五百九十四；

大馀二十五，小馀十六；

游兆执徐。二年。

十二

大馀二十四，小馀五百一；

大馀三十，小馀二十四；

强梧大荒落。三年。

十二

大馀十八，小馀八百四十九；

大馀三十六，无小馀；

徒维敦牂。四年。

闰十三

大馀十三，小馀二百五十七；

大馀四十一，小馀八；

祝犁协洽。五年。

十二

大馀三十七，小馀一百六十四；

大馀四十六，小馀十六；

商横涒滩。建昭元年。

闰十三

大馀三十一，小馀五百一十二；

大馀五十一，小馀二十四；

昭阳作噩。二年。

十二

大馀五十五，小馀四百一十九；

大馀五十七，无小馀；

横艾阉茂。三年。

十二

大馀四十九，小馀七百六十七；

大馀二，小馀八；

尚章大渊献。四年。

闰十三

大馀四十四，小馀一百七十五；

大馀七，小馀十六；

焉逢困敦。五年。

十二

大馀八，小馀八十二；

大馀十二，小馀二十四；

端蒙赤奋若。竟宁元年。

十二

大馀二，小馀四百三十；

大馀十八，无小馀；

游兆摄提格。建始元年。

闰十三

大馀五十六，小馀七百七十八；

大馀二十三，小馀八；

强梧单阏。二年。

十二

大馀二十，小馀六百八十五；

大馀二十八，小馀十六；

徒维执徐。三年。

闰十三

大馀十五，小馀九十三；

大馀三十三，小馀二十四；

祝犁大荒落。四年。

右《历书》。大馀者，日也。小馀者，月也[①]。端蒙者，年名也。支：丑名赤奋若，寅名摄提格。干：丙名游兆。正北，冬至加子时；正西，加酉时；正南，加午时；正东，加卯时。

【译文】

上古时的历法以孟春月作为正月。这时冰雪开始融化，冬眠的动物苏醒过来，百草萌发生长，杜鹃鸟在原野中啼鸣。万物都随着岁时一道发展：它们从春季降生，顺次经历夏秋之季，结束在冬春之交。雄鸡三唱，天色黎明。经过了十二个月的节气，直到丑月即腊月结束，日月运行都已成周。日、月互相交替，所以才能产生光明。明就是孟的意思，幽就是幼，幽明就是指雌雄。雌雄交替出现，而又与以孟春为正月的历法相符合。太阳从西边落下，从东方升起；而月亮先在西方露明，从东方隐于地下。制定岁首不遵循自然规律，又不顺从人们生产生活的需要，就一切事情都容易失败而难以成功了。

帝王承受天命而改朝换代，对于开始必十分慎重，所以要修改历法，

①月："分"字之误，小馀为日分。

改变服装崇尚的颜色，推本天体运行的起始时刻，以顺承天的意旨。

太史公说：神农以前的事年代太远，就不必论了。黄帝时考察星度，制定历法，建立起五行序列，确立起阴阳死生消长的规律，纠正了闰月余分数值的大小，于是设置分管祭祀天地神祇和其他物类的官员，称为五官。各自掌管自己的一套，不相杂乱。所以人民能够有所信赖，神能有灵明。民神各有所职，互相敬重，不相冒犯，所以神给人民降下好年景，人民以丰洁的礼品飨祭神，以致灾祸不发生，所祈求的收获不缺少。

少暤氏衰落以后，诸侯九黎作乱，人与神杂乱纷扰，群类混淆，灾祸接连发生，没有人能够享尽天年。颛顼即位后，就任命南正重主管天事，所有祭祀神祇的事宜都属他管理；任命火正黎负责地事，管理民事，使恢复以前的样子，不得相互侵扰渎乱。

后来，三苗族随九黎一起作乱，所以重、黎二官都放弃了所担负的责任，因而闰月不合星次，正月的设置也与岁首不合，摄提星所指失了规律，历法与天运的次第不符。尧时重新任命重、黎二氏的后人，不忘旧功，让他们重又掌管这个工作，还设立了羲和的官职。时刻明，度数正，就阴阳调和，风雨有节，有了兴旺景象，百姓没有夭殇疾疫。尧年老以后禅位给舜，在文祖庙中告诫舜说“为天造历的重任在尔一身”。舜也用这句话告诫禹。由此看来，这是为帝王所重视的事。

夏朝以正月为岁首，殷朝以十二月为岁首，周朝以十一月为岁首。原来三王的岁首如同循环，周而复始。为家政治清明，就不会乱了次第；国家政治混乱，连诸侯也不会执行王者的历法。

周幽王、厉王以后，周朝衰微，列国大夫执掌着国政，史官记事不记时日，为君者不行告朔礼，所以历算专家的弟子四分五散。有的分散在中原各国，有的流入夷狄，所以祝祷祭祀的制度荒废而不能统一。周襄王二十六年有闰三月，《春秋》中批评了此事。先王制定历法的规则是，先定历元和年、月、日等开始的时刻，再由中气纠正十二月的位置，有日月余分则归于年末。开始的时刻既定，接续下来的四时就不至于失误；以中气纠正月位，人民才不至于迷惑；余分归入年末，诸事才不悖乱。

这以后，战国时期各国纷争，各国的目标都只在于强国胜敌，挽救危机，解决纠纷而已，那有机会顾及编制历法的事！那时只有邹衍懂得五德终始相传，而且散布阴阳消长的分限等学说，因而显名于诸侯。同时也因秦灭六国，战争频繁，后来虽做了皇帝，时日太短，也顾不上历法的事。但是秦时颇为注重推究五行胜克，自以为是得了五行中水德的祥瑞，把河改名为“德水”，岁首用十月，五色中崇尚黑色。然而历法星度闰月余分等，未能做到更为准确一些。

汉兴起后，高祖说“北畤祀黑帝的事待我开始办起”，也是自认为获得了水德的祥瑞。纵然是一些明习历法的人以及丞相张苍等，也都以为如此。这时国家刚刚安定，正着力在大的方面建纲设纪，此后高后是女皇，都顾不及此，所以沿袭了秦朝的历法和服色。

到孝文帝时，鲁人公孙臣以五德终始的理论上书，说“汉获得土德，应该改变历元，更改历法，变易衣服崇尚的颜色。这样天就会降下祥瑞，有黄龙出现”。文帝将此事交给张苍处理，张苍也研究律历，认为他说得不对，把事情搁了起来。这以后，果然有黄龙出现于成纪地区，张苍自请退职，他打算做的制定汉历的有关论述也就不了了之。接着又有新垣平以善于望云气的伎艺被天子接见，也对天子说了些改正历法和服色的事，很得天子宠爱，后来竟然作乱，所以孝文帝再也不谈改历的事。

直到当今皇帝即位，招来方士唐都，测量周天各部的星宿度数；而由巴郡的落下闳运算制历，然后日辰星度得与夏历相同。于是改变年号，更改官名，封祭泰山。因而下诏书对御史说道：“过去，有司说星度没有测定，于是朕广泛征求、询问臣下意见，该怎样测定星度，未能得到满意的答复。听说从前黄帝圣德与神灵相合，固得不死，乘龙仙去。他曾经察星名，验度数，判定五音清浊高低，确立起四时与五行的关系，明确了节气和物候在时间、空间上的界限。然而年代毕竟太久远了。如今典籍缺少，乐律废弛，朕深觉惋惜。只是朕又无力把它们补修完备。今造历者运算日分，全都与能克制水德的土德相合，现在太阳运行正当夏至，用黄钟作宫声，用林钟作徵声，用太蔟作商声，用南吕作羽声，用姑洗作角声。从此以后，节气恢复正常，羽声恢复清越的音调，律名等复又得到纠正，以子日作为冬至日，此后的阴阳离合可循道而行了。已算得十一月甲子日夜半时为月朔冬至，应当把元封七年为太初元年。年名是'焉逢摄提格'，月份叫'毕聚'，日名已算得为甲子，又算得月朔夜半时为冬至。"

历法甲子篇：

太初元年，岁名是"焉逢摄提格"，月份叫"毕聚"，十一月朔旦日名得甲子，夜半时为冬至节。

冬至在子时，方位为正北。

全年为十二个月

月朔无大馀，无小馀；

冬至无大馀，无小馀；

焉逢摄提格，即太初元年。

全年为十二个月

月朔大馀为五十四日，小馀为三百四十八分；

冬至大馀为五日，小馀为八分；

端蒙单阏，即太初二年。

有闰月，全年为十三个月

月朔大馀四十八日，小馀六百九十六分；

冬至大馀十日，小馀十六分；

游兆执徐，即太初三年。

全年为十二个月

月朔大馀十二日，小馀六百零三分；

冬至大馀十五日，小馀二十四分；

强梧大荒落，即太初四年。

全年为十二个月

月朔大馀七日，小馀十一分；

冬至大馀二十一日，无小馀；

徒维敦牂，即天汉元年。

有闰月，全年为十三个月

月朔大馀一日，小馀三百五十九分；

冬至大馀二十六日，小馀八分；

祝犂协洽，即天汉二年。

全年为十二个月

月朔大馀二十五日，小馀二百六十六分；

冬至大馀三十一日，小馀十六分；

商横涒滩，即天汉三年。

全年为十二个月

月朔大馀十九日，小馀六百一十四分；

冬至大馀三十六日，小馀二十四分；

昭阳作鄂，即天汉四年。

有闰月，全年为十三个月

月朔大馀十四日，小馀二十二分；

冬至大馀四十二日，无小馀；

横艾淹茂，即太始元年。

全年为十二个月

月朔大馀三十七日，小馀八百六十九分；

冬至大馀四十七日，小馀八分；

尚章大渊献，即太始二年。

有闰月，全年为十三个月

月朔大馀三十二日，小馀二百七十七分；

冬至大馀五十二日，小馀十六分；

焉逢困敦，即太始三年。

全年为十二个月

月朔大馀五十六日，小馀一百八十四分；

冬至大馀五十七日，小馀二十四分；

端蒙赤奋若，即太始四年。

全年为十二个月

月朔大馀五十日，小馀五百三十二分；

冬至大馀三日，无小馀；

游兆摄提格，即征和元年。

有闰月，全年为十三个月

月朔大馀四十四日，小馀八百八十分；

冬至大馀八日，小馀八分；

强梧单阏，即征和二年。

全年为十二个月

月朔大馀八日，小馀七百八十七分；

冬至大馀十三日，小馀十六分；

徒维执徐，即征和三年。

全年为十二个月

月朔大馀三日，小馀一百九十五分；

冬至大馀十八，小馀二十四分；

祝犁大芒落，即征和四年。

有闰月，全年为十三个月

月朔大馀五十七日，小馀五百四十三分；

冬至大馀二十四日，无小馀；

商横敦牂，即后元元年。

全年为十二个月

月朔大馀二十一日，小馀四百五十分；

冬至大馀二十九日，小馀八分；

昭阳汁洽，即后元二年。

有闰月，全年为十三个月

月朔大馀十五日，小馀七百九十八分；

冬至大馀三十四日，小馀十六分；

横艾涒滩，即始元元年。

冬至在酉时，方位正西

全年为十二个月

月朔大馀三十九日，小馀七百零五分；

冬至大馀三十九日，小馀二十四分；

尚章作噩，即始元二年。

全年为十二个月

月朔大馀三十四日，小馀一百一十三分；

冬至大馀四十五日，无小馀；

焉逢淹茂，即始元三年。

有闰月，全年为十三个月

月朔大馀二十八日，小馀四百六十一分；

冬至大馀五十日，小馀八分；

端蒙大渊献，即始元四年。

全年为十二个月

月朔大馀五十二日，小馀三百六十八分；

冬至大馀五十五日，小馀十六分；

游兆困敦，即始元五年。

全年为十二个月

月朔大馀四十六日，小馀七百一十六分；

冬至无大馀，小馀二十四分；

强梧赤奋若，即始元六年。

有闰年，全年为十三个月

月朔大馀四十一日，小馀一百二十四分；

冬至大馀六日，无小馀；

徒维摄提格，即元凤元年。

全年为十二个月

月朔大馀五日，小馀三十一分；

冬至大馀十一日，小馀八分；

祝犁单阏，即元凤二年。

全年为十二个月

月朔大馀五十九日，小馀三百七十九分；

冬至大馀十六日，小馀十六分；

商横执徐，即元凤三年。

有闰月，全年为十三个月

月朔大馀五十三日，小馀七百二十七分；

冬至大馀二十一日，小馀二十四分；

昭阳大荒落，即元凤四年。

全年为十二个月

月朔大馀十七日，小馀六百三十四分；

冬至大馀二十七日，无小馀；

横艾敦牂，即元凤五年。

有闰月，全年为十三个月

月朔大馀十二日，小馀四十二分；

冬至大馀三十二日，小馀八分；

尚章汁洽，即元凤六年。

全年为十二个月

月朔大馀三十五日，小馀八百八十九分；

冬至大馀三十七日，小馀十六分；

焉逢涒滩，即元平元年。

全年为十二个月

月朔大馀三十日，小馀二百九十七分；

冬至大馀四十二日，小馀二十四分；

端蒙作噩，即本始元年。

有闰月，全年为十三个月

月朔大馀二十四日，小馀六百四十五分；

冬至大馀四十八日，无小馀；

游兆阉茂，即本始二年。

全年为十二个月

月朔大馀四十八日，小馀五百五十二分；

冬至大馀五十三日，小馀八分；

强梧大渊献，即本始三年。

全年为十二个月

月朔大馀四十二日，小馀九百分；

冬至大馀五十八日，小馀十六分；

徒维困敦，即本始四年。

有闰月，全年为十三个月

月朔大馀三十七日，小馀三百零八分；

冬至大馀三日，小馀二十四分；

祝犁赤奋若，即地节元年。

全年为十二个月

月朔大馀一日，小馀二百一十五分；

冬至大馀九日，无小馀；

商横摄提格，即地节二年。

有闰月，全年为十三个月

月朔大馀五十五日，小馀五百六十三分；

冬至大馀十四日，小馀八分；

昭阳单阏，即地节三年。

冬至在午时，方位为正南

全年为十二个月

月朔大馀十九日，小馀四百七十分；

冬至大馀十九日，小馀十六分；

横艾执徐，即地节四年。

全年为十二个月

月朔大馀十三日，小馀八百一十八分；

冬至大馀二十四日，小馀二十四分；

尚章大荒落，即元康元年。

有闰月，全年为十三个月

月朔大馀八日，小馀二百二十六分；

冬至大馀三十日，无小馀；

焉逢敦牂，即元康二年。

全年为十二个月

月朔大馀三十二日，小馀一百三十三分；

冬至大馀三十五日，小馀八分；

端蒙协洽，即元康三年。

全年为十二个月

月朔大馀二十六日，小馀四百八十一分；

冬至大馀四十日，小馀十六分；

游兆涒滩，即元康四年。

有闰月，全年为十三个月

月朔大馀二十日，小馀八百二十九分；

冬至大馀四十五日，小馀二十四分；

强梧作噩，即神雀元年。

全年为十二个月

月朔大馀四十四日，小馀七百三十六分；

冬至大馀五十一日，无小馀；

徒维淹茂，即神雀二年。

全年为十二个月

月朔大馀三十九日，小馀一百四十四分；

冬至大馀五十六日，小馀八分；

祝犁大渊献，即神雀三年。

有闰月，全年为十三个月

月朔大馀三十三日，小馀四百九十二分；

冬至大馀一日，小馀十六分；

商横困敦，即神雀四年。

全年为十二个月

月朔大馀五十七日，小馀三百九十九分；

冬至大馀六日，小馀二十四分；

昭阳赤奋若，即五凤元年。

有闰月，全年为十三个月

月朔大馀五十一日，小馀七百四十七分；

冬至大馀十二日，无小馀；

横艾摄提格，即五凤二年。

全年为十二个月

月朔大馀十五日，小馀六百五十四分；

冬至大馀十七日，小馀八分；

尚章单阏，即五凤三年。

全年为十二个月

月朔大馀十日，小馀六十二分；

冬至大馀二十二日，小馀十六分；

焉逢执徐，即五凤四年。

有闰月，全年为十三个月

月朔大馀四日，小馀四百一十分；

冬至大馀二十七日，小馀二十四分；

端蒙大荒落，即甘露元年。

全年为十二个月

月朔大馀二十八日，小馀三百一十七分；

冬至大馀三十三日，无小馀；

游兆敦牂，即甘露二年。

全年为十二个月

月朔大馀二十二日，小馀六百六十五分；

冬至大馀三十八日，小馀八分；

强梧协洽，即甘露三年。

有闰月，全年为十三个月

月朔大馀十七日，小馀七十三分；

冬至大馀四十三日，小馀十六分；

徒维涒滩，即甘露四年。

全年为十二个月

月朔大馀四十日，小馀九百二十分；

冬至大馀四十八日，小馀二十四分；

祝犁作噩，即黄龙元年。

有闰月，全年为十三个月

月朔大馀三十五日，小馀三百二十八分；

冬至大馀五十四日，无小馀；

商横淹茂，即初元元年。

冬至在卯时，方位正东

全年为十二个月

月朔大馀五十九日，小馀二百三十五分；

冬至大馀五十九日，小馀八分；

昭阳大渊献，即初元二年。

全年为十二个月

月朔大馀五十三日，小馀五百八十三分；

冬至大馀四日，小馀十六分；

横艾困敦，即初元三年。

有闰月，全年为十三个月

月朔大馀四十七日，小馀九百三十一分；

冬至大馀九日，小馀二十四分；

尚章赤奋若，即初元四年。

全年为十二个月

月朔大馀十一日，小馀八百三十六分；

冬至大馀十五日，无小馀；

焉逢摄提格，即初元五年。

全年为十二个月

月朔大馀六日，小馀二百四十六分；

冬至大馀二十日，小馀八分；

端蒙单阏，即永光元年。

有闰月，全年为十三个月

月朔无大馀，小馀五百九十四分；

冬至大馀二十五日，小馀十六分；

游兆执徐，即永光二年。

全年为十二个月

月朔大馀二十四日，小馀五百零一分；

冬至大馀三十日，小馀二十四分；

强梧大荒落，即永光三年。

全年为十二个月

月朔大馀十八日，小馀八百四十九分；

冬至大馀三十六日，无小馀；

徒维敦牂，即永光四年。

有闰月，全年为十三个月

月朔大馀十三日，小馀二百五十七分；

冬至大馀四十一日，小馀八分；

祝犁协洽，即永光五年。

全年为十二个月

月朔大馀三十七日，小馀一百六十四分；

冬至大馀四十六日，小馀十六分；

商横涒滩，即建昭元年。

有闰月，全年为十三个月

月朔大馀三十一日，小馀五百一十二分；

冬至大馀五十一日，小馀二十四分；

昭阳作噩，即建昭二年。

全年为十二个月

月朔大馀五十五日，小馀四百一十九分；

冬至大馀五十七日，无小馀；

横艾阉茂，即建昭三年。

全年为十二个月

月朔大馀四十九日，小馀七百六十七分；

冬至大馀二日，小馀八分；

尚章大渊献，即建昭四年。

有闰月，全年为十三个月

月朔大馀四十四日，小馀一百七十五分；

冬至大馀七日，小馀十六分；

焉逢困敦，即建昭五年。

全年为十二个月

月朔大馀八日，小馀八十二分；

冬至大馀十二日，小馀二十四分；

端蒙赤奋若，即竟宁元年。

全年为十二个月

月朔大馀二日，小馀四百三十分；

冬至大馀十八日，无小馀；

游兆摄提格，即建始元年。

有闰月，全年为十三个月

月朔大馀五十六日，小馀七百七十八分；

冬至大馀二十三日，小馀八分；

强梧单阏，即建始二年。

全年为十二个月

月朔大馀二十日,小馀六百八十五分;

冬至大馀二十八日,小馀十六分;

徒维执徐,即建始三年。

有闰月,全年为十三个月

月朔大馀十五日,小馀九十三分;

冬至大馀三十三日,小馀二十四分;

祝犁大荒落,即建始四年。

以上是《历书》。大余,是指剩余的日数。小余,是指剩余的分数。端蒙等,是年名。地支与岁阴相当:如丑叫做赤奋若,寅叫作摄提格等。天干与岁阳相当,如丙叫作游兆等。正北,是指冬至在子时;正西,冬至在酉时;正南,冬至在午时;正东,冬至在卯时。

史记卷二十七·天官书第五

古人为了观测和记录天象的方便，将相邻或相近星宿组合起来，并给予命名，这种组合单位，称为天官，也称为星官。而《史记·天官书》为迄今为止所知最古的系统全面的天文学专著，同时也是一部星占学、史学、哲学著作。本篇首先分"中、东、南、西、北"五宫对全天星官依次进行详尽描述，接着介绍木、火、土、金、水五行星运行及有关占卜之术。这两部分是全篇的重点。随后又记载二十八宿和地理分野的关系，简略记述日晕、虹、日食、月食及诸多异星等异常天象，且主要偏于占卜吉凶。再次介绍了与云气、风有关的占候之术。最后历述各个历史时期的天官、天文现象与占验等事。此篇所记内容虽多而庞杂，却显得有条不紊。

中宫天极星①，其一明者，太一常居也；旁三星，三公；或曰子属。后句②四星，末大星，正妃；馀三星，后宫之属也。环之匡卫③十二星，藩臣。皆曰紫宫。

前列直④斗口三星，随北端兑⑤，若见若不⑥，曰阴德，或曰天一。紫宫左三星曰天枪，右五星曰天棓⑦，后六星绝汉抵营室⑧，曰阁道。

北斗七星，所谓"旋、玑、玉衡以齐七政⑨"。杓携龙角，衡殷南斗，魁枕参首。用昏建者杓；杓，自华以西南。夜半建者衡；

---

①古时将天空分为中宫（又称紫宫）、东宫（又称青龙或苍龙）、西宫（又称白虎或咸池）、南宫（又称朱雀）、北宫（又称玄武）。 ②句：通"勾"，勾状。此指弯曲排列。 ③匡卫：辅助守卫。 ④直：正当，对着。 ⑤兑：通"锐"。 ⑥见：通"现"，出现。不：无，没有。 ⑦棓（bàng）：通"棒"。 ⑧绝：横渡，横跨。汉：天汉，即俗说的天河。 ⑨旋、玑、玉衡以齐七政：语出《尚书·舜典》。这里指由北斗七星观察人间政事。旋、玑、玉衡：北斗七星中的星名。七政：指春、夏、秋、冬、天文、地理和人道。

衡，殷中州河、济之间。平旦建者魁；魁，海岱以东北也。斗为帝车，运于中央，临制四乡[①]。分阴阳，建四时，均五行，移节度，定诸纪，皆系于斗。

斗魁戴匡[②]六星曰文昌宫：一曰上将，二曰次将，三曰贵相，四曰司命，五曰司中，六曰司禄。在斗魁中，贵人之牢。魁下六星，两两相比者，名曰三能。三能色齐，君臣和；不齐，为乖戾。辅星明近，辅臣亲强；斥小，疏弱。

杓端有两星：一内为矛，招摇；一外为盾，天锋。有句圜[③]十五星，属杓，曰贱人之牢。其牢中星实则囚多，虚则开出。

天一、枪、棓、矛、盾动摇，角大，兵起。

东宫苍龙，房、心。心为明堂，大星天王，前后星子属。不欲直，直则天王失计。房为府，曰天驷。其阴，右骖。旁有两星曰衿；北一星曰舝。东北曲十二星曰旗。旗中四星曰天市；中六星曰市楼。市中星众者实；其虚则秏[④]。房南众星曰骑官。

左角，李；右角，将。大角者，天王帝廷。其两旁各有三星，鼎足句之，曰摄提。摄提者，直斗杓所指，以建时节，故曰"摄提格"。亢为疏庙，主疾。其南北两大星，曰南门。氐为天根，主疫。

尾为九子，曰君臣；斥绝，不和。箕为敖客[⑤]，曰口舌。

火犯守[⑥]角，则有战。房、心，王者恶之也。

南宫朱鸟，权、衡。衡，太微，三光之廷。匡卫十二星，藩臣：西，将；东，相；南四星，执法；中，端门；门左右，掖门。门内六星，诸侯。其内五星，五帝坐。后聚一十五星蔚然，曰郎位；

---

①乡：通"向"，面向，方向。 ②匡：同"筐"，指文昌宫形状如筐，且在斗魁之上。 ③圜：如环围绕。 ④秏：通"耗"，没有。 ⑤敖客：拨弄是非的人。 ⑥犯：陵犯。《宋史·天文志》，两星"相去方寸为犯"。守：《宋史志》，"居之不去为守"。

旁一大星，将位也。月、五星顺入，轨道，司其出，所守，天子所诛也。其逆入，若不轨道，以所犯命之；中坐，成形，皆群下从谋也。金、火尤甚。廷藩西有隋[①]星五，曰少微，士大夫。权，轩辕。轩辕，黄龙体。前大星，女主象；旁小星，御者后宫属。月、五星守犯者，如衡占。

东井为水事。其西曲星曰钺。钺北，北河；南，南河；两河、天阙间为关梁[②]。舆鬼，鬼祠事；中白者为质。火守南北河，兵起，谷不登。故德成衡，观成潢，伤成钺，祸成井，诛成质。

柳为鸟注[③]，主木草。七星，颈，为员官[④]，主急事。张，素[⑤]，为厨，主觞客。翼为羽翮[⑥]，主远客。

轸为车，主风。其旁有一小星，曰长沙，星不欲明，明与四星等。若五星入轸中，兵大起。轸南众星曰天库楼，库有五车。车星角若益众，及不具，无处车马。

西宫咸池，曰天五潢。五潢，五帝车舍。火入，旱；金，兵；水，水。中有三柱，柱不具，兵起。

奎曰封豕，为沟渎。娄为聚众。胃为天仓。其南众星曰廥积。

昴曰髦头，胡星也，为白衣会。毕曰罕车，为边兵，主弋猎。其大星旁小星为附耳。附耳摇动，有谗乱臣在侧。昴、毕间为天街。其阴，阴国；阳，阳国。

参为白虎。三星直者，是为衡石。下有三星，兑，曰罚，为斩艾事。其外四星，左右肩股也。小三星隅置，曰觜觿，为虎

①隋：通“堕”，下垂。 ②关梁：关塞桥梁，泛指交通要道。南北河之间黄道所经，日、月、五星从中通过，故称关梁。 ③注：通“咮(zhòu)”，鸟嘴。 ④员官：圆形器管，指咽喉。七星宿相当于朱鸟的脖颈或咽喉。 ⑤素：通“嗉”，鸟类的食囊。 ⑥羽翮：鸟的翅膀。翮(hé)：羽毛中间的硬管。

首，主葆旅事。其南有四星，曰天厕。厕下一星，曰天矢[①]。矢黄则吉；青、白、黑，凶。其西有句曲九星，三处罗：一曰天旗，二曰天苑，三曰九游。其东有大星曰狼。狼角变色，多盗贼。下有四星曰弧，直狼。狼比地有大星，曰南极老人。老人见，治安；不见，兵起。常以秋分时候之于南郊。

附耳入毕中，兵起。

北宫玄武，虚、危。危为盖屋；虚为哭泣之事。

其南有众星，曰羽林天军。军西为垒，或曰钺。旁有一大星为北落。北落若微亡，军星动角益希，及五星犯北落，入军，军起。火、金、水尤甚。火，军忧；水，水患；木、土，军吉。危东六星，两两相比，曰司空。

营室为清庙，曰离宫、阁道。汉中四星，曰天驷。旁一星，曰王良。王良策马，车骑满野。旁有八星，绝汉，曰天潢。天潢旁，江星。江星动，人涉水。

杵、臼四星，在危南。匏瓜，有青黑星守之，鱼盐贵。

南斗为庙，其北建星。建星者，旗也。牵牛为牺牲。其北河鼓。河鼓大星，上将；左右，左右将。婺女，其北织女。织女，天女孙也。

察日、月之行以揆[②]岁星顺逆。曰东方木[③]，主春，日甲乙。义失者，罚出岁星。岁星赢缩，以其舍命国。所在国不可伐，可以罚人。其趋舍而前曰赢，退舍曰缩。赢，其国有兵不复；缩，其国有忧，将亡，国倾败。其所在，五星皆从而聚于一舍，其下

---

①矢：通“屎”。 ②揆（kuí）：考察，判断。 ③据五行说，将五行、五星、五方、四季配：木，岁星，东方，主春；火，荧惑，南方，主夏；土，填星中央，主夏；金，太白，西方，主秋；水，辰星，北方，主冬。五行与天干配：甲乙木、丙丁火、戊己土、庚辛金、壬癸水。五星与五常配：司马迁认为，岁星为义，荧惑为礼，填星为德，太白为杀，辰星为刑。

之国，可以义致天下。

以摄提格岁：岁阴左行在寅，岁星右转居丑。正月，与斗、牵牛晨出东方，名曰监德。色苍苍有光。其失次，有应见柳。岁早，水；晚，旱。

岁星出，东行十二度，百日而止。反逆行。逆行八度，百日，复东行。岁行三十度十六分度之七，率日[①]行十二分度之一，十二岁而周天。出常东方，以晨；入于西方，用昏。

单阏岁：岁阴在卯，星居子。以二月与婺女、虚、危晨出，曰降入。大有光。其失次，有应见张。其岁大水。

执徐岁：岁阴在辰，星居亥。以三月与营室、东壁晨出，曰青章。青青甚章[②]。其失次，有应见轸。岁早，旱；晚，水。

大荒骆岁：岁阴在巳，星居戌。以四月与奎、娄晨出，曰跰踵。熊熊赤色，有光。其失次，有应见亢。

敦牂岁：岁阴在午，星居酉。以五月与胃、昴、毕晨出，曰开明。炎炎有光。偃兵；唯利公王，不利治兵。其失次，有应见房。岁早，旱；晚，水。

协洽岁：岁阴在未，星居申。以六月与觜觿、参晨出，曰长列。昭昭有光。利行兵，其失次，有应见箕。

涒滩岁：岁阴在申，星居未。以七月与东井、舆鬼晨出，曰大音。昭昭白。其失次，有应见牵牛。

作鄂岁：岁阴在酉，星居午。以八月与柳、七星、张晨出，曰长王。作作有芒。国其昌，熟谷。其失次，有应见危。有旱而昌，有女丧，民疾。

阉茂岁：岁阴在戌，星居巳。以九月与翼、轸晨出，曰天睢。

---

①率：大概，大约。 ②青青甚章：光色青青甚为明亮。章：同“彰”，明显。

白色大明。其失次,有应见东壁。岁水,女丧。

大渊献岁:岁阴在亥,星居辰。以十月与角、亢晨出,曰大章。苍苍然,星若跃而阴出旦,是谓"正平"。起师旅,其率[①]必武;其国有德,将有四海。其失次,有应见娄。

困敦岁:岁阴在子,星居卯。以十一月与氐、房、心晨出,曰天泉。玄色甚明。江池其昌,不利起兵。其失次,有应见昴。

赤奋若岁:岁阴在丑,星居寅。以十二月与尾、箕晨出,曰天皓。黫然黑色甚明。其失次,有应见参。

当居不居,居之又左右摇,未当去去之,与他星会,其国凶。所居久,国有德厚。其角动,乍小乍大,若色数变,人主有忧。

其失次舍以下,进而东北,三月生天棓,长四丈,末兑。进而东南,三月生彗星,长二丈,类彗。退而西北,三月生天欃,长四丈,末兑。退而西南,三月生天枪,长数丈,两头兑。谨视其所见之国,不可举事用兵。其出如浮如沉,其国有土功;如沉如浮,其野亡。色赤而有角,其所居国昌。迎角而战者,不胜。星色赤黄而沉,所居野大穰。色青白而赤灰,所居野有忧。岁星入月,其野有逐相;与太白斗,其野有破军。

岁星一曰摄提,曰重华,曰应星,曰纪星。营室为清庙,岁星庙也。

察刚气以处荧惑,曰南方火,主夏,日丙、丁。礼失,罚出荧惑,荧惑失行是也。出则有兵,入则兵散。以其舍命国荧惑为勃乱[②],残贼、疾、丧、饥、兵。反道二舍以上,居之,三月有殃,五月受兵,七月半亡地,九月太半亡地。因与俱出入,国绝祀。居之,殃还[③]至,虽大当小;久而至,当小反大。其南为丈夫丧,北

---

①率:通"帅",将帅,主将。 ②勃:通"背",违反,迷惑。 ③还:通"旋",旋即,不久。

为女子丧。若角动绕环之，及乍前乍后，左右，殃益大。与他星斗，光相逮，为害；不相逮，不害。五星皆从而聚于一舍，其下国可以礼致天下。

法[①]，出东行十六舍而止；逆行二舍；六旬，复东行，自所止数十舍，十月而入西方；伏行五月，出东方。其出西方曰“反明”，主命者恶之。东行急，一日行一度半。

其行东、西、南、北疾[②]也。兵各聚其下；用战，顺之胜，逆之败。荧惑从太白，军忧；离之，军却。出太白阴，有分军；行其阳，有偏将战。当其行，太白逮之，破军杀将。其入守犯太微、轩辕、营室，主命恶之。心为明堂，荧惑庙也。谨候此。

历斗之会以定填[③]星之位。曰中央土，主季夏，曰戊、己，黄帝，主德，女主象也。岁填一宿，其所居国吉。未当居而居，若已去而复还，还居之，其国得土；不[④]，乃得女。若当居而不居，既已居之，又西东去，其国失土；不，乃失女；不可举事用兵。其居久，其国福厚；易，福薄。

其一名曰地侯，主岁。岁行十三度百十二分度之五，日行二十八分度之一，二十八岁周天。其所居，五星皆从而聚于一舍，其下之国，可以重[⑤]致天下。礼、德、义、杀、刑尽失，而填星乃为之动摇。

赢，为王不宁；其缩，有军不复。填星，其色黄，九芒，音曰黄钟宫。其失次上二三宿曰赢，有主命不成；不，乃大水。失次下二三宿曰缩，有后戚，其岁不复；不，乃天裂若地动。

斗为文太室，填星庙，天子之星也。

---

①法：常规，此指荧惑星运行的规律。 ②疾：急速。 ③填：通“镇”。 ④不：同“否”。 ⑤重：敦厚的德行。

木星与土合，为内乱，饥，主勿用，战败；水，则变谋而更事；火，为旱；金，为白衣会，若水。金在南曰牝牡，年谷熟。金在北，岁偏无。火与水合为焠；与金合，为铄，为丧，皆不可举事；用兵，大败。土为忧，主孽卿；大饥，战败，为北军，军困，举事大败。土与水合，穰而拥阏[1]，有覆军，其国不可举事。出，亡地；入，得地。金，为疾，为内兵，亡地。三星若合，其宿地国，外内有兵与丧，改立公王。四星合，兵丧并起，君子忧，小人[2]流。五星合，是为易行，有德，受庆，改立大人，掩有四方[3]，子孙蕃昌；无德，受殃若亡。五星皆大，其事亦大；皆小，事亦小。

早出者为赢，赢者为客。晚出者为缩，缩者为主人。必有天应见于杓星。同舍为合。相陵为斗，七寸以内必之矣。

五星色白圜，为丧旱；赤圜，则中不平，为兵；青圜，为忧水；黑圜，为疾，多死；黄圜，则吉。赤角犯我城，黄角地之争，白角哭泣之声，青角有兵忧，黑角则水。意，行穷兵之所终。五星同色，天下偃兵，百姓宁昌。春风秋雨，冬寒夏暑，动摇常以此。

填星出百二十日而逆西行，西行百二十日反东行。见三百三十日而入，入三十日复出东方。太岁在甲寅，镇星在东壁，故在营室。

察日行以处位太白。曰西方，秋，日庚、辛，主杀。杀失者，罚出太白。太白失行，以其舍命国。其出行十八舍二百四十日而入。入东方，伏行十一舍百三十日；其入西方，伏行三舍十六日而出。当出不出，当入不入，是谓失舍，不有破军，必有国君之篡。

---

①穰（ráng）：丰收。阏（è）：阻塞，堵塞。 ②小人：古代指平民百姓，也指无才德的人。 ③掩有四方：拥有四方的土地。掩：通“奄”，拥有，包括。

其纪上元，以摄提格之岁，与营室晨出东方，至角而入；与营室夕出西方，至角而入。与角晨出，入毕；与角夕出，入毕。与毕晨出，入箕；与毕夕出，入箕。与箕晨出，入柳；与箕夕出，入柳。与柳晨出，入营室；与柳夕出，入营室。凡出入东西各五，为八岁，二百二十日，复与营室晨出东方。其大率，岁一周天。其始出东方，行迟，率日半度，一百二十日，必逆行一二舍；上极而反，东行，行日一度半，一百二十日入。其庳[①]，近日，曰明星，柔；高，远日，曰大嚣，刚。其始出西方，行疾，率日一度半，百二十日；上极而行迟，日半度，百二十日，旦入，必逆行一二舍而入。其庳，近日，曰大白，柔；高，远日，曰大相，刚。出以辰、戌，入以丑、未。

当出不出，未当入而入，天下偃兵，兵在外，入。未当出而出，当入而不入，天下起兵，有破国。其当期出也，其国昌。其出东为东，入东为北方；出西为西，入西为南方。所居久，其乡[②]利；疾，其乡凶。

出西至东，正西国吉。出东至西，正东国吉。其出不经天；经天，天下革政。

小以角动，兵起。始出大，后小，兵弱；出小，后大，兵强。出高，用兵深吉，浅凶；庳，浅吉，深凶。日方南，金居其南；日方北，金居其北，曰赢，侯王不宁，用兵进吉退凶。日方南，金居其北；日方北，金居其南，曰缩，侯王有忧，用兵退吉进凶。用兵象太白：太白行疾，疾行；迟，迟行。角，敢战。动摇躁，躁。圜以静，静。顺角所指，吉；反之，皆凶。出则出兵，入则入兵。赤角，有战；白角，有丧；黑圜角，忧，有水事；青圜小角，忧，有木

---

①庳(bēi)：低下。 ②乡：通“向”，对着。

事;黄圜和角,有土事,有年。其已出三日而复,有微入,入三日乃复盛出,是谓耎[①],其下国有军败将北。其已入三日又复微出,出三日而复盛入,其下国有忧;师有粮食兵革,遗人用之;卒虽众,将为人虏。其出西失行,外国败;其出东失行,中国败。其色大圜黄滜[②],可为好事;其圜大赤,兵盛不战。

太白白,比[③]狼;赤,比心;黄,比参左肩;苍,比参右肩;黑,比奎大星。五星皆从太白而聚乎一舍,其下之国可以兵从天下。居实,有得也;居虚,无得也。行胜色,色胜位,有位胜无位,有色胜无色,行得尽胜之。出而留桑榆间,疾其下国。上而疾,未尽其日,过参天[④],疾其对国。上复下,下复上,有反将。其入月,将僇[⑤]。金、木星合,光,其下战不合,兵虽起而不斗;合相毁[⑥],野有破军。出西方,昏而出阴,阴兵强;暮食出,小弱;夜半出,中弱;鸡鸣出,大弱。是谓阴陷于阳。其在东方,乘明而出阳,阳兵之强;鸡鸣出,小弱;夜半出,中弱;昏出,大弱。是谓阳陷于阴。太白伏也,以出兵,兵有殃。其出卯南,南胜北方;出卯北,北胜南方;正在卯,东国利。出西北,北胜南方;出西南,南胜北方;正在酉,西国胜。

其与列星相犯,小战;五星,大战。其相犯,太白出其南,南国败;出其北,北国败。行疾,武;不行,文。色白五芒,出早为月蚀,晚为天矢及彗星,将发其国。出东为德,举事左之迎之,吉。出西为刑,举事右之背之,吉。反之皆凶。太白光见景,战胜。昼见而经天,是谓争明,强国弱,小国强,女主昌。

亢为疏庙,太白庙也。太白,大臣也,其号上公。其他名殷

---

①耎(ruǎn):软弱,退缩。 ②滜(zé):有光泽,润泽。 ③比:比较,相似。 ④参天:天空的三分之一。 ⑤僇(lù):通“戮”,侮辱,杀戮。 ⑥相毁:此指光线变暗。

星、太正、营星、观星、宫星、明星、大衰、大泽、终星、大相、天浩、序星、月纬。大司马位谨候此。

察日辰之会，以治辰星之位。曰北方水，太阴之精，主冬，日壬、癸。刑失者，罚出辰星，以其宿命国。

是正四时：仲春春分，夕出郊[①]奎、娄、胃东五舍，为齐；仲夏夏至，夕出郊东井、舆鬼、柳东七舍，为楚；仲秋秋分，夕出郊角、亢、氐、房东四舍，为汉；仲冬冬至，晨出郊东方，与尾、箕、斗、牵牛俱西，为中国。其出入常以辰、戌、丑、未。

其早，为月蚀；晚，为彗星及天夭。其时宜效[②]不效为失，追兵在外不战。一时不出，其时不和；四时不出，天下大饥。其当效而出也，色白，为旱；黄，为五谷熟；赤；为兵；黑，为水。出东方，大而白，有兵于外，解[③]。常在东方，其赤，中国胜；其西而赤，外国利。无兵于外而赤，兵起。其与太白俱出东方，皆赤而角，外国大败，中国胜；其与太白俱出西方，皆赤而角，外国利。五星分天之中，积于东方，中国利；积于西方，外国用兵者利。五星皆从辰星而聚于一舍，其所舍之国可以法致天下。辰星不出，太白为客；其出，太白为主。出而与太白不相从，野虽有军，不战。出东方，太白出西方；若出西方，太白出东方，为格，野虽有兵不战。失其时而出，为当寒反温，当温反寒。当出不出，是谓击卒，兵大起。其入太白中而上出，破军杀将，客军胜；下出，客亡地。辰星来抵[④]太白，太白不去，将死。正旗上出，破军杀将，客胜；下出，客亡地。视旗所指，以命破军。其绕环太白，若与斗，大战，客胜。兔[⑤]过太白，间可椷剑[⑥]，小战，客胜。兔居

---

①出郊：出现。 ②效：显现，出现。 ③解：危险可以化解。 ④抵：靠近。 ⑤兔：水星的别称。 ⑥间：距离。椷（hán）：容纳。

太白前[①]，军罢；出太白左，小战；摩[②]太白，有数万人战，主人吏死；出太白右，去三尺，军急约战。青角，兵忧；黑角，水。赤，行穷兵之所终。

兔七命[③]，曰小正、辰星、天欃、安周星、细爽、能星、钩星。其色黄而小，出而易处，天下之文变而不善矣。兔五色。青圜，忧；白圜，丧；赤圜，中不平；黑圜，吉。赤角，犯我城；黄角，地之争；白角，号泣之声。

其出东方，行四舍四十八日，其数[④]二十日，而反入于东方；其出西方，行四舍四十八日，其数二十日，而反入于西方。其一候之营室、角、毕、箕、柳。出房、心间，地动。

辰星之色：春，青黄；夏，赤白；秋，青白，而岁熟；冬，黄而不明。即变其色，其时不昌。春不见，大风；秋则不实。夏不见，有六十日旱，月蚀。秋不见，有兵；春则不生。冬不见，阴雨六十日，有流邑[⑤]；夏则不长。

角、亢、氐，兖州。房、心，豫州。尾、箕，幽州。斗，江湖。牵牛、婺女，扬州。虚、危，青州。营室至东壁，并州。奎、娄、胃，徐州。昴、毕，冀州。觜觿、参，益州。东井、舆鬼，雍州。柳、七星、张，三河。翼、轸，荆州。

七星为员官，辰星庙，蛮夷星也。

两军相当，日晕。晕等，力钧[⑥]；厚长大，有胜；薄短小，无胜。重抱，大破[⑦]；无抱，为和；背[⑧]，不和，为分离相去。直[⑨]为

①前：此处指东。故北为左，南为右。 ②摩：接近，迫近。此指光相接触，而两者速度不同，擦肩而过。 ③命：名，名称。 ④数：通“速”，快，急速。 ⑤流邑：被大水冲坏的城邑。⑥钧：同“均”。 ⑦重抱，大破：日晕光气重重环抱向日，军将大破。抱：指日晕光环环抱向日。 ⑧背：指日晕的光气背日向外。 ⑨直：光晕笔直。

自立，立侯王；指晕若曰杀将。负且戴[1]，有喜。围在中，中胜；在外，外胜。青外赤中，以和相去；赤外青中，以恶相去。气晕，先至而后去，居军胜。先至先去，前利后病[2]；后至后去，前病后利；后至先去，前后皆病，居军不胜。见而去，其发疾，虽胜无功。见半日以上，功大。白虹屈短，上下兑，有者下大流血。日晕，制胜[3]，近期三十日，远期六十日。

其食，食所不利；复生，生所利；而食益尽，为主位。以其直及日所宿，加以日时，用命其国也。

月行中道，安宁和平。阴间，多水，阴事。外北三尺，阴星。北三尺，太阴，大水、兵。阳间，骄恣[4]。阳星，多暴狱。太阳，大旱丧也。角、天门，十月为四月，十一月为五月，十二月为六月，水发，近三尺，远五尺。犯四辅，辅臣诛。行南、北河，以阴阳言，旱水兵丧。

月蚀岁星，其宿地，饥若亡。荧惑也乱，填星也下犯上，太白也强国以战败，辰星也女乱。食大角，主命者恶之；心，则为内贼乱也；列星，其宿地忧。

月食始日，五月者六，六月者五，五月复六，六月者一，而五月者五，百一十三月而复始。故月蚀，常也；日蚀，为不臧[5]也。甲、乙，四海之外，日月不占。丙、丁，江、淮、海岱也。戊、己，中州、河、济也。庚、辛，华山以西。壬、癸，恒山以北。日蚀，国君；月蚀，将相当之。

国皇星，大而赤，状类南极。所出，其下起兵，兵强；其冲[6]不利。

---

①负：有光晕在日下方叫日负。戴：有光晕在日上方叫日戴。 ②病：窘迫，处境不利。③制胜：占卜吉凶，判断胜败。 ④骄恣：骄横恣肆。 ⑤不臧：不吉利。 ⑥冲：朝着，对着。

昭明星，大而白，无角，乍上乍下。所出国，起兵，多变。

五残星，出正东东方之野。其星状类辰星，去地可六丈。

大贼星，出正南南方之野。星去地可六丈，大而赤，数动，有光。

司危星，出正西西方之野。星去地可六丈，大而白，类太白。

狱汉星，出正北北方之野。星去地可六丈，大而赤，数动，察之中青。此四野星所出，出非其方，其下有兵，冲不利。

四填星，所出四隅，去地可四丈。

地维咸光，亦出四隅，去地可三丈，若月始出。所见，下有乱；乱者亡，有德者昌。

烛星，状如太白，其出也不行。见则灭。所烛者，城邑乱。

如星非星，如云非云，命曰归邪。归邪出，必有归国者。

星者，金之散气，本曰火。星众，国吉；少，则凶。

汉者，亦金之散气，其本曰水。汉，星多，多水；少，则旱。其大经也。

天鼓，有音如雷非雷，音在地而下及地。其所往者，兵发其下。

天狗，状如大奔星，有声，其下止地，类狗。所堕及，望之如火光炎炎冲天。其下圜如数顷田处，上兑者则有黄色，千里破军杀将。

格泽星者，如炎火之状。黄白，起地而上。下大，上兑。其见也，不种而获；不有土功，必有大害。

蚩尤之旗，类彗而后曲，象旗。见则王者征伐四方。

旬始，出于北斗旁，状如雄鸡。其怒，青黑，象伏鳖。

枉矢，类大流星，蛇行而仓黑，望之如有毛羽然。

长庚,如一匹布著天。此星见,兵起。

星坠至地,则石也。河、济之间,时有坠星。

天精而见景星。景星者,德星也。其状无常,常出于有道之国。

凡望云气,仰而望之,三四百里;平望,在桑榆上,千馀二千里;登高而望之,下属①地者三千里。云气有兽居上者,胜。

自华以南,气下黑上赤。嵩高、三河之郊,气正赤。恒山之北,气下黑上青。勃、碣、海、岱之间,气皆黑。江、淮之间,气皆白。

徒气白。土功气黄。车气乍高乍下,往往而聚。骑气卑②而布。卒气抟③。前卑而后高者,疾;前方而高者,兑;后兑④而卑者,却。其气平者其行徐。前高而后卑者,不止而反。气相遇者,卑胜高,兑胜方。气来卑而循车通⑤者,不过三四日,去之五六里见。气来高七八尺者,不过五六日,去之十馀里见。气来高丈馀二丈者,不过三四十日,去之五六十里见。

稍云精白者,其将悍,其士怯。其大根而前绝远者,当战。青白,其前低者,战胜;其前赤而仰者,战不胜。阵云如立垣。杼云类杼。轴云抟两端兑。杓云如绳者,居前亘天,其半半天。其蛪者类阙旗故⑥。钩云句曲。诸此云见,以五色合占。而泽抟密,其见动人,乃有占;兵必起,合斗其直。

王朔所候,决于日旁。日旁云气,人主象。皆如其形以占。

故北夷之气如群畜穹闾⑦,南夷之气类舟船幡旗。大水处,

①属(zhǔ):连接。 ②卑:低,与“高”相对。 ③抟(tuán):仿佛是经手圜转过一样,转成了尖形。 ④兑:通“锐”,精良,精锐。 ⑤车通:《集解》说,“车通,车辙也。避汉武讳,故曰车通。” ⑥蛪:通“霓”,此指形状像虹的云。阙旗:应作“斗旗”。 ⑦穹闾:穹庐聚而成闾,喻毡帐多。穹:北方民族住的毡帐,顶部隆起如同天穹。闾:闾巷。

败军场，破国之虚，下有积钱，金宝之上，皆有气，不可不察。海旁蜃气象楼台；广野气成宫阙然。云气各象其山川人民所聚积。

故候息秏[①]者，入国邑，视封疆田畴之正治[②]，城郭室屋门户之润泽，次至车服畜产精华。实息者，吉；虚耗者，凶。

若烟非烟，若云非云，郁郁[③]纷纷，萧索轮囷[④]，是谓卿云。卿云，喜气也。若雾非雾，衣冠而不濡，见则其域被甲而趋[⑤]。

夫雷电、虾虹、辟历、夜明者，阳气之动者也，春夏则发，秋冬则藏，故候者无不司之。

天开县物，地动坼绝[⑥]。山崩及徙，川塞溪垘[⑦]，水澹[⑧]地长，泽竭见象。城郭门闾，闺臬[⑨]枯槁；宫庙邸第，人民所次。谣俗车服，观民饮食。五谷草木，观其所属。仓府厩库，四通之路。六畜禽兽，所产去就。鱼鳖鸟鼠，观其所指。鬼哭若呼，其人逢俉[⑩]。化言[⑪]诚然。

凡候岁美恶，谨候岁始。岁始或冬至日，产气[⑫]始萌。腊明日，人众卒岁，一会饮食，发阳气，故曰初岁。正月旦，王者岁首；立春日，四时之卒始也。四始者，候之日。

而汉魏鲜集腊明正月旦决八风。风从南方来，大旱；西南，小旱；西方，有兵；西北，戎菽为[⑬]，小雨，趣[⑭]兵；北方，为中岁；

---

①息秏：滋长消亡。息：生息繁育，引申为繁盛。秏：通“耗”，消耗，引申为空虚、衰竭。②封疆：疆界。田畴：泛指农田耕地，种谷地称田，种麻地称畴。正治：整治，治理得如何。③郁郁：文采明盛的样子。④萧索轮囷（qūn）：云气飘流的样子。⑤被甲而趋：穿着甲胄，来往奔走。言有战事。被：通“披”。趋：奔走。⑥坼（chè）绝：断裂。裂为坼，断为绝。⑦垘（fú）：堵塞，壅塞不通。⑧澹（dàn）：波浪起伏，流水回旋。⑨闺：小门，此处泛指门。臬（niè）：门中竖立的短木，以为限隔。⑩逢俉：《索隐》解释为“谓相逢而惊也。”俉（wǔ）：同“迕（wǔ）”，相遇。⑪化：通“讹”。⑫产气：阳气。阳气为生长、发生之气，因称产气。⑬戎菽：大豆。古称豆为菽，相传齐桓公伐山戎始得，因称戎菽，又称胡豆。为：成熟，丰收。⑭趣：通“促”。

东北，为上岁；东方，大水；东南，民有疾疫，岁恶。故八风各与其冲对①，课②多者为胜。多胜少，久胜亟，疾胜徐。旦至食，为麦；食至日昳，为稷；昳至铺，为黍；铺至下铺，为菽；下铺至日入，为麻③。欲终日有云，有风，有日。日当其时者，深而多实；无云有风日，当其时，浅而多实；有云风，无日，当其时，深而少实；有日，无云，不风，当其时者，稼有败。如食顷，小败；熟五斗米顷，大败。则风复起，有云，其稼复起。各以其时用云色占，种其所宜。其雨雪若寒，岁恶。

是日光明，听都邑人民之声④。声宫，则岁善，吉；商，则有兵；徵，旱；羽，水；角，岁恶。

或从正月旦比数雨⑤。率日食一升，至七升而极；过之，不占。数至十二日，日直其月，占水旱。为其环域⑥千里内占，则为天下候，竟⑦正月。月所离⑧列宿，日、风、云，占其国。然必察太岁所在。在金，穰；水，毁；木，饥；火，旱。此其大经也。

正月上甲，风从东方，宜蚕；风从西方，若旦黄云，恶。

冬至短极，县土炭，炭动，鹿解⑨角，兰根出，泉水跃，略以知日至，要决晷景⑩。岁星所在，五谷逢昌⑪。其对为冲，岁乃有殃。

太史公曰：自初生民以来，世主曷尝不历日月星辰？及至

---

①冲：对面方向称为冲，此处泛指本方向以外的所有方向。对：对立，抵消。 ②课：比较，估算。 ③旦：平旦，指寅时，相当于今三至五时。食：食时，指辰时，相当于今七至九时。昳(dié)：未时，又指午后日偏斜，相当于今十三时至十五时。哺(bǔ)：哺时，也作“晡(bū)时”，指申时，相当于今十五时至十七时。下哺：申时过后五刻，相当于今十八时后。日入：指酉时，相当于今十七时至十九时。 ④声：指歌声和乐声。下文宫、商、徵、羽、角是古乐五声音节的名称。 ⑤比：以次，按日为次序。数雨：计算雨，即计算落雨的日子。 ⑥环域：疆域。 ⑦竟：自始至终。 ⑧离：经历。 ⑨解：脱落。 ⑩晷：日晷。景：通“影”。 ⑪逢昌：大丰收。逢：大。

五家、三代,绍而明之,内冠带[①],外夷狄,分中国为十有二州,仰则观象于天,俯则法类[②]于地。天则有日月,地则有阴阳。天有五星,地有五行。天则有列宿,地则有州域。三光者,阴阳之精气本在地,而圣人统理[③]之。

幽、厉以往,尚[④]矣。所见天变,皆国殊窟穴[⑤],家占物怪,以合时应,其文图籍禨祥[⑥]不法。是以孔子论六经,纪异而说不书。至天道命,不传。传其人,不待告;告非其人,虽言不著。

昔之传天数者:高辛之前,重、黎;于唐、虞,羲、和;有夏,昆吾;殷商,巫咸;周室,史佚、苌弘;于宋,子韦;郑则裨灶;在齐,甘公;楚,唐昧;赵,尹皋;魏,石申。

夫天运[⑦],三十岁一小变,百年中变,五百载大变;三大变一纪,三纪而大备;此其大数也。为国者必贵三五。上下各千岁,然后天人之际续备[⑧]。

太史公推古天变,未有可考于今者。盖略以春秋二百四十二年之间,日蚀三十六,彗星三见,宋襄公时星陨如雨。天子微,诸侯力政,五伯[⑨]代兴,更[⑩]为主命。自是之后,众暴[⑪]寡,大并小。秦、楚、吴、越,夷狄也,为强伯。田氏篡齐,三家分晋,并为战国。争于攻取,兵革更起,城邑数屠,因以饥馑疾疫焦苦,臣主共忧患,其察禨祥候星气尤急。近世十二诸侯七国相王,言从衡者继踵[⑫],而皋、唐、甘、石因时务论其书传,故其占验凌

①内:亲近。冠带:礼帽和腰带,本是贵族的服装,引申为文明,借指华夏各族。②法类:效法物类。③统理:统一调理。④尚:久远。⑤窟穴:洞穴,借指灾异现象和其他遗迹。⑥禨祥:指祈祷鬼神降福。禨(jī):事鬼神以求福降临。⑦天运:日月星辰的运行及异常天象的出现。⑧天人之际:天道和人事之间的关系。续备:了解完备,前后贯通。⑨五伯:即五霸,指齐桓公、晋文公、楚庄王、吴王阖闾、越王勾践,一说指齐桓公、晋文公、宋襄公、楚庄王、秦穆公。⑩更:连续,交替。⑪暴:欺侮,践踏。⑫从衡:纵横,指战国时合纵连横的外交斗争。继踵:前后相接,接踵而至。

杂米盐。

二十八舍主十二州，斗秉兼之，所从来久矣。秦之疆也，候在太白，占于狼、弧。吴、楚之疆，候在荧惑，占于鸟衡。燕、齐之疆，候在辰星，占于虚、危。宋、郑之疆，候在岁星，占于房、心。晋之疆，亦候在辰星，占于参、罚。

及秦并吞三晋、燕、代，自河山以南者中国。中国于四海内则在东南，为阳；阳则日、岁星、荧惑、填星；占于街南，毕主之。其西北则胡、貉、月氏诸衣旃裘引弓之民，为阴；阴则月、太白、辰星；占于街北，昴主之。故中国山川东北流，其维①，首在陇、蜀，尾没于勃、碣。是以秦、晋好用兵，复占太白，太白主中国；而胡、貉数侵掠，独占辰星，辰星出入躁疾，常主夷狄。其大经也。此更为客主人。荧惑为孛②，外则理兵，内则理政。故曰"虽有明天子，必视荧惑所在"。诸侯更强，时灾异记，无可录者。

秦始皇之时，十五年彗星四见，久者八十日，长或竟天。其后秦遂以兵灭六王，并中国，外攘四夷，死人如乱麻。因以张楚并起，三十年之间兵相骀藉③，不可胜数。自蚩尤以来，未尝若斯也。

项羽救巨鹿，枉矢西流，山东遂合从诸侯，西坑秦人，诛屠咸阳。

汉之兴，五星聚于东井。平城之围，月晕参、毕七重。诸吕作乱，日蚀、昼晦。吴楚七国叛逆，彗星数丈，天狗过梁野；及兵起，遂伏尸流血其下。元光、元狩，蚩尤之旗再见，长则半天。

---

①维：系统，脉络。 ②孛：通"悖"，逆乱。一说应作"理"，与以下二"理"相同。 ③骀藉（tái jiè）：践踏。

其后京师师四出，诛夷狄者数十年，而伐胡尤甚。越之亡，荧惑守斗；朝鲜之拔，星茀[①]于河戍；兵伐大宛，星茀招摇，此其荦荦[②]大者。若至委曲[③]小变，不可胜道。由是观之，未有不先形见而应随之者也。

夫自汉之为天数者，星则唐都，气则王朔，占岁则魏鲜。故甘、石历五星法，唯独荧惑有反逆行；逆行所守，及他星逆行，日月薄蚀[④]，皆以为占。

余观史记[⑤]，考行事，百年之中，五星无出而不反逆行，反逆行，尝盛大[⑥]而变色；日月薄蚀，行南北有时。此其大度[⑦]也，故紫宫、房心、权衡、咸池、虚危列宿部星，此天之五官坐位也。为经，不移徙，大小有差，阔狭有常。水、火、金、木、填星，此五星者，天之五佐，为经纬，见伏有时，所过行赢缩有度。

日变修德，月变省刑[⑧]，星变结和[⑨]。凡天变，过度乃占。国君强大，有德者昌；弱小，饰诈[⑩]者亡。太上[⑪]修德，其次修政，其次修救[⑫]，其次修禳[⑬]，正下无之[⑭]。夫常星之变希见，而三光之占亟[⑮]用。日月晕适[⑯]，云风，此天之客气[⑰]，其发见亦有大运[⑱]。然其与政事俯仰，最近天人之符。此五者，天之感动[⑲]。为天数者，必通三五。终始古今，深观时变，察其精粗，则天官备矣。

---

①茀：同"孛(bèi)"，指心星出现于某个星宿，或彗星扫某一星官。 ②荦荦(luò)：事理分明。 ③委曲：隐微曲折。 ④薄蚀：太阳或月亮被不透明的高空云气遮掩而昏暗无光。 ⑤史记：古代的历史书籍。 ⑥盛大：指光线强烈闪耀。 ⑦大度：指一般规律。 ⑧省刑：减少刑罚。 ⑨结和：对外睦邻，对内亲和。 ⑩饰诈：虚伪狡诈。 ⑪太上：上上，最好的办法。 ⑫修救：发现错误或失误，及时提出补救措施。 ⑬修禳：出现灾祸后，虔诚祈祷以禳除灾祸。禳(ráng)：祭祀鬼神以祈求消除灾祸。 ⑭正下：最下，最糟糕的。无：无视，不闻不问。 ⑮亟：屡次，常常。 ⑯适：适中。 ⑰客气：暂时停留的云气。客：不久留。 ⑱发见：发生与出现。大运：大方面的规律，大致规律。 ⑲感动：因有所感而变化。

苍帝行德[1]，天门为之开。赤帝行德，天牢为之空。黄帝行德，天夭为之起。风从西北来，必以庚、辛。一秋中五至，大赦；三至，小赦。白帝行德，以正月二十日、二十一日，月晕围，常大赦载，谓有太阳也。一曰：白帝行德，毕、昴为之围。围三暮，德乃成；不三暮及围不合，德不成。二曰：以辰围，不出其旬。黑帝行德，天关为之动。天行德，天子更立年；不德，风雨破石。三能、三衡者，天廷也。客星出天廷，有奇令。

【译文】

中宫的天极星，其中最亮的一颗，是天神太一的常位；旁边三颗小星代表三公，有人说是太一神的诸子之属。后面弯曲排列的四颗星，其中最后一颗大星代表正妃，其余三星代表后宫的妃嫔之类。环绕着它的有十二颗辅助守卫的星，代表藩臣。以上都称为紫宫。

前面排列的对着斗口的三颗星，形成向北较尖锐的形状，星光若隐若现，名为阴德，或称天一。紫宫左方三星名为天枪，右方五星名为天棓，后面六星横跨天汉到达营室，称为阁道。

北斗有七星，《尚书》所说的“旋、玑、玉衡以齐七政”中的“七政”，即指这七颗星。北斗的斗杓与东宫苍龙龙角的大角星相连，斗衡与南斗宿中的二星殷殷相对，斗魁枕于西方七宿中参宿的头部。黄昏时以斗杓所指方位建明四时月份；斗杓，主华山及其西南地区。夜半时以斗衡所指方位建明四时月份；斗衡，主中州黄河、济水之间的区域。黎明时以斗魁所指方位建明四时月份；斗魁，主东海、泰山及其东北区域。北斗是天帝的辇车，在中央运行，主宰、钳制四方。分别阴阳，建明四时，平均五行，移易节度，确定十二辰纪的位置，全都依据北斗。

在斗魁之上有六颗星，形状如筐，名为文昌宫，六颗星的名称：一是

---

① 自此以下疑为后人增窜。

上将，二是次将，三为贵相，四为司命，五是司中，六是司禄。在斗魁内，几乎看不见星，像是贵人之牢。魁下有六颗星，每二颗相邻成对，共三对，称为三能。三能星颜色相同，君臣和合；不同，君臣乖戾。北斗旁的辅星明而近，则辅佐大臣受信任，权重而强；离北斗远而小，则大臣被疏远，权轻而弱。

斗杓末端有二星，靠近北斗的为天矛，就是招摇星；离北斗较远的为盾星，就是天锋星。靠近斗杓有十五颗星，形状上如勾下如环，名为贱人之牢。牢中星多，则尘世中囚犯多，星少囚犯也少。

天一、天枪、天棓、天矛和盾星动摇，星光的芒角大，世乱兵起。

东宫像似一条苍龙，主要有房宿、心宿。心宿是天帝宣明政教的明堂，其中一颗大星为天王，前后二小星为诸子。三颗星排列形状不宜于直，直则表示天王政令失宜。房宿为天府，又名天驷。房宿以北有星名右骖。旁有二星名为衿；北有一星名为舝。东北有弯曲排列的十二颗星，名为旗。旗中有四星名为天市；六星名为市楼。天市中星多世间富足殷实；星少则国虚民贫。房宿以南有许多星，名为骑官。

角宿有二颗：左边为李星，右边为将星。大角星，为天王的帝廷。两旁各有三颗星，鼎足而立如勾状，名为摄提。之所以称为摄提，是由于它们正当斗杓所指的方向之下，被斗杓所提携，以建明时节，所以又有“摄提格”的名号。亢宿是天神的外庙，主疾病。在它南边有南北两颗大星，名为南门。氐宿就像天的根柢，主疫气。

尾宿九星，为天帝九子，又有的说它象征君臣；各星离得远，就表示君臣不和。箕宿为说客，象征口舌是非。

火星运行接近或停留在角宿附近，预示有战争发生。守在房宿、心宿附近，做帝王的厌恶它。

南宫像一只朱鸟，包括权、衡。衡指太微垣，是日、月、五星三光的宫廷。周围有匡辅和守卫的十二颗星，代表藩臣：西边是将；东边是相；南边四颗星，中间二颗名为执法，执法之间为端门；端门左右，为掖门。门内有六个星座，都是诸侯。其中一个有五颗星，为五帝坐。诸侯、五帝坐之后聚集着十五颗星，蔚然丛杂，名为郎位；郎位旁有一大星，是将位。月与五星自西而东顺行进入太微垣，循轨道运行。察看它们走过的路径，停留在某星旁，世间与该星对应的官员就会被天子杀掉。月与五星自东而西逆行进入于太微垣，若不循轨道运行，按照它们所陵犯的星名占卜吉凶；若犯于中间的五帝坐，表示祸福已成，是群下相从而谋、共同作乱的结果。金星、火星犯帝坐尤为严重。太微垣外靠西边有从上垂下的五颗星，名为少微，象征士大夫。权，就是轩辕座，形体如黄龙。前面一颗大星，是女主的象征；其他小星代表后宫奉御妃嫔之属。月与五星守犯，占卜与衡相同。

东井宿主与水有关的事宜。它的西面偏曲处有一颗星名为钺。钺以北，有北河；钺以南，有南河；两河与天阙星之间为日、月、五星所经的通道。舆鬼宿，主鬼神祭祀事；其中一颗白色星名叫质星。火星守南、北河，有兵祸起，五谷歉收。所以说观道德于衡，天子游观占于潢，王者伤败表现于钺，有祸乱表现于井，有诛杀则表现于质星。

柳宿是朱鸟的嘴巴，主草木事。七星宿是朱鸟颈，是其咽喉，主紧急事。张宿为朱鸟的嗉囊，是天廷的厨房，主宴客事。翼宿是朱鸟的翅膀，主远客事。

轸宿是天神的车子，主管风事。旁边有一颗小星，名叫长沙星，星不宜明，若与轸宿的四颗星一样明亮，就与五星运行进入于轸宿之中一样，将有大的战乱发生。轸宿南面的众星名为天库楼；库旁有五个车星。车星有芒角、星数太多、太少，都预示天下将兵车骚动，无有宁处。

西宫名为咸池，又叫天五潢。五潢，是五帝的车舍。火星运行进入其中，天有旱灾；金星运行进入，有兵灾；水星运行进入，有水灾。其中又有三个柱星，柱星看不清，就预示有战争发生。

奎宿又名封豕，主有关沟渎之事。娄宿主聚众之事。胃宿主仓廪之事。胃宿南有许多星，名为廥积。

昴宿又名髦头，是与胡人有关的星，又主丧事，称为白衣之会。毕宿又名为罕车，象征边兵，主弋猎等事。在毕宿中最大一颗星的旁边有一颗小星，名为附耳，附耳星摇动，表示天子身边有谗乱之臣。昴宿、毕宿间两颗星是天街。北星为“阴国”，南星为“阳国”。

参宿形如白虎。中间三颗东西直立的星，其平如衡，称为衡石。衡石下有三颗星，直立如锥，名为罚，主有关斩杀的事。衡石外的四颗星，是参宿的左右肩、左右股。参宿上面边隅处有三颗小星排成三角形，名为觜觿，如同白虎的虎头，主战杀事。参宿以南有四颗星，名为天厕。天厕下有一颗星，名为天矢。矢星为黄色则吉利；若为青色、白色、黑色则凶。参宿以西有弯弯曲曲的九颗星，分三处罗列：一为天旗，二为天苑，三为九游。参宿以东有一颗大星名为狼。狼星星光的芒角变色，天下多盗贼。下有四颗星名为弧，正对着狼星。狼星下面与地相接处有一颗大星，名为南极老人。老人星出现，世道安宁；不出现，有战事。常常在秋分时在城南郊对它进行观测。

附耳星运行进入毕宿之中，有兵事兴起。

北宫名为玄武，主要包括虚宿、危宿。危宿主盖房事；虚宿主丧事。

虚、危二宿以南有一大群星，为羽林天军。羽林天军西部诸星名垒星，或称钺星。钺星旁有一颗大星名为北落。倘若北落星暗而不明或隐而不见，羽林天军星动摇、有芒角、星数不备，以及五星陵犯北落，运行进入于羽林天军，有战事发生。火星、金星、水星运行进入羽林天军就更为严重：火星运行进入，不利于军；水星运行进入，有水灾；木星、土星运行进入，对军事有利。危宿以东有六颗星，每两颗相邻成对，名为司空。

营室宿是天上的清庙，附近有离宫、阁道。天汉之中有四颗星，名为天驷。天驷旁一星，名为王良。王良旁一星为策，策星动摇，天下兵起。旁有八星，横跨天汉，名为天潢。天潢旁有一颗星，名为江星。江星动摇，有大水灾。

杵、臼四星，在危宿南面。又有匏瓜星，若有青色、黑色星停留在附近，天下鱼盐价贵。

南斗宿是天庙，它的北边有建星。建星，如同天庙前的旗。牵牛宿就是庙前祭祀的牲畜。牵牛以北是河鼓宿。河鼓中的大星，为上将；左右小星，为左右将。又有婺女宿，它的北边是织女星。织女，是天帝的孙女。

观察日、月的运行，以判断岁星的是顺行还是逆行。岁星于五方配东方，于五行属木，于四时主春，于天干为甲乙。多行不义，天降惩罚就会由岁星显示出来。岁星运动有了赢缩，就看赢缩所出现的星宿与地面上的什么国相对应。所对应之国不可征伐，而该国可惩罚别国。岁星运行超过了应处的星宿称为赢，不到应处的星宿称为缩。赢，就预示所对应之国有兵事，人不得息；缩，预示所对应之国有忧患，将帅将死，国将倾败。岁星所在的位置，若五星也都聚集在同一星宿，所对应之国可以义取天下。

在摄提格岁：岁阴在寅位从东向西行，岁星在丑位从西向东行。正月，岁星与斗宿、牵牛宿一起，早晨出现在东方，称为监德。星色青苍而明亮。若岁星运行失次，出现时应能见到柳宿。岁星早出，有水灾；晚出，有旱灾。

岁星出现后，先自西向东行十二度，需要一百天的时间，然后开始向西逆行；逆行八度，也要一百天，重又向东行。一岁共行三十度十六分度之七，大约每日行十二分度之一，十二年绕天一周。出时常在东方，所以叫晨星；隐没在西方，表现为昏星。

单阏岁时：岁阴在卯位，岁星在子位。二月，岁星与婺女、虚、危三宿同在早晨出现，称为降入。星大而明亮。若岁星运行失次，出现时应能见到张宿。这样的年份有大水灾。

执徐岁时：岁阴在辰位，岁星在亥位。三月，岁星与营室、东壁二宿同在早晨出现，称为青章。星光青而明亮。若岁星运行失次，出现时应能见到轸宿。岁星早出，天旱；晚出，水灾。

大荒骆岁时：岁阴在巳位，岁星在戌位。四月，岁星与奎、娄二宿同在早晨出现，称为跰踵。星光红而明亮。若岁星运行失次，出现时应能见到亢宿。

敦牂岁时：岁阴在午位，岁星在酉位。五月，岁星与胃、昴、毕三宿同在早晨出现，称为天明。星光非常明亮。这一年应该停止兵事，只对帝王有利，不利于治军弄武。若岁星运行失次，出现时应能见到房宿。岁星早出，有旱灾；晚出，有水灾。

协洽岁时：岁阴在未位，岁星在申位。六月，岁星与觜觿、参宿同在早晨出现，称为长列。星光灿烂。利于出兵行武事。若岁星运行失次，出现时应能见到箕宿。

涒滩岁时：岁阴在申位，岁星在未位。七月，岁星与东井、舆鬼二宿同在早晨出现，称为大音。星体明亮而发白。若岁星运行失次，出现时应能见到牵牛宿。

作鄂岁时：岁阴在酉位，岁星在午位。八月，岁星与柳宿、七星、张宿同在早晨出现，称为长王。星光明亮而有芒角。当年，所出国大吉利，五谷丰熟。若岁星运行失次，出现时应能见到危宿。虽有旱灾，但国运仍昌盛，要不就是有女主的丧事，民间有疾疫流行。

阉茂岁时：岁阴在戌位，岁星在巳位。九月，岁星与翼、轸二宿同在早晨出现，称为天睢。星光呈白色，大而明亮。若岁星运行失次，出现时应能见到东壁宿。这样的年岁有水灾或女主丧事。

大渊献岁时：岁阴在亥位，岁星在辰位。十月，岁星与角宿、亢宿同在早晨出现，称为大章。星光青而黑。岁星像是从黑暗中突然跳出，出现在明亮的晨曦之中，称为正平。这样的年岁，兴兵用武，其将帅必有武功；岁星所对应国有德，将要拥有四海。若岁星运行失次，应能见到娄宿。

困敦岁时：岁阴在子位，岁星在卯位。十一月，岁星与氐宿、房宿、心宿同在早晨出现，称为天泉。星光黑色但比较明亮。当年，有事于江和池沼则吉则，不利于起兵。若岁星运行失次，应能见到昴宿。

赤奋若岁时：岁阴在丑位，岁星在寅位。十二月，岁星与尾宿、箕宿同在早晨出现，称为天皓。星光色黑而明亮。若岁星运行失次，应能见到参宿。

应当在某一宿停留而不停留，虽然停留又左右摇动，或者不应当离去而离去，与其他星交会，于相对应国不利。在某处停留得久，相对应国德泽深厚。岁星光的芒角动摇，忽大忽小，颜色数变，预示人主有忧患。

岁星运行失次有如下情况：进而向东北运行，不出三月就会出现天棓星，其长四丈，末端尖锐。进而向东南运行，不出三月就会出现彗星，其长二丈，形状与扫帚相似。退而向西北运行，不出三月就会出现天欃星，其长四丈，末端尖锐。退而向西南运行，不出三个月就会出现天枪星，其长数丈，两头尖锐。认真观察与这些星出现的天宇相对应的国家，该国不可以举办大事、出兵用武。岁星运行时看上去似要向北上浮，实际却沉向南方，该国有土功；运行时看上去沉向南方，实际却上浮北方，分野之国亡。岁星颜色赤红且光有芒角，所对应国昌盛。与该国作战的，必不胜。岁星颜色赤黄而重，所对应国五谷大熟，得大丰收。岁星颜色青白或赤灰，所对应国有忧患。岁星隐于月亮之后，分野国有被放逐的宰相；岁星与太白星复离复合，分野国有军队被击败。

岁星又名摄提，名重华，名应星，名纪星。营室是天上的清庙，就是指岁星的清庙。

察刚毅之气以对荧惑星做出决断。荧惑于五方配南方，于五行属火，于四时主夏，于天干为丙丁。行为失礼，天降惩罚就会由荧惑星显示出来。荧惑就是行为失礼的意思。它一出现就有战争，隐没战争就会停止。以荧惑所在的分野占卜该国的吉凶。荧惑星预示着勃乱，残害伤杀、疾病、死丧、饥饿、战争将发生。荧惑星逆行超过两宿以上，停留下来，所停处相应国三月内有祸殃，五月内有外兵入侵，七月内国土半数丧失，九月内大半丧失。九月以后仍留而不去，该国灭亡。荧惑停留不去的地方，祸殃旋即而至，看似大，反而小；若缓缓而来，所受祸殃看似小，反而大。荧惑出在南方，预示男子死丧；出在北方，则女子死丧。若荧惑星有芒角、动摇、原地旋转，以及忽前忽后、忽左忽右，祸殃更大。与其他星复离复合，若亮度相差不多，有危害；亮度相差悬殊，不能为害。连同荧惑一起的五星相从聚集在同一星宿，对应的国度可以礼让得天下。

荧惑星运行的规律是，出地后自西向东行，经过十六舍后停止；向西逆行二舍;约经六旬的时间,重又向东行,经过数十舍,约十个月后从西方隐没;在地下伏行五个月后,从东方出现。若自西方出现称为“反明”,对人君不利。向东行快,向西行慢,东行每日行一度半。

荧惑向东急行,有兵聚于东;向西急行,有兵聚于西;向南急行,有兵聚于南;向北急行,有兵聚于北。用于占卜战争,顺荧惑运行用兵的必胜,逆荧惑运行用兵的则败。荧惑随太白而行,军事有忧患;离太白而去,主退军。行于太白以北,有军队分营;行于太白以南,有偏将出战。当荧惑运行时,太白星自后追及荧惑,预示有军队被击败,将帅被杀。荧惑星停留或陵犯太微、轩辕、营室,对人君不利。心宿是明堂,就是指荧惑是神的祭庙的意思。仔细占候荧惑星的运行情况,以断吉凶。

可以填星与斗宿相会为起点来确定填星的位置。填星于五方配中央,于五行属土,于四时主夏,于天干为戊己,于五帝配黄帝,主道德,是女主的象征。每年行过一宿,停留处,对相应国有利。不当停留而停留,或者已离去重又返回,返回后便停留下来,是相应国领土扩大的征兆,否则,和亲而得女。若填星当停留而不停留,既已停留,又东西来去,相应国有丧失领土的灾祸,否则,和亲而失女,不可举办大事,用兵于敌。填星停留得久,相应国的福气大;短暂,福气小。

填星又名地侯,主收成好坏。每年运行十三度百十二分度之五,每日运行二十八分度之一,二十八年绕天一周。填星停留的地方,五星都相从聚集于同一星宿,相应的国家可凭敦厚之德得天下。仪礼、道德、仁义、杀戮、刑罚全都失当,填星就会为此而动摇不定。

填星早出,为王者不安;晚出,有战事不得息。填星色黄,有九芒,五音与黄钟宫相配。若失次而行超前二三宿称为赢,君主有命不能实行,否则,预示有大水灾。若失次而行落后二三宿称为缩,预示以后有悲戚事发生,当年阴阳不和,冬至阴不复,夏至阳不复,不然,就会有天裂地动的事发生。

斗宿是文太室,是填星之庙,填星是占卜天子吉凶的星宿。

木星与土星会合,象征有内乱和饥饿发生,人君不可发动战争,战必失败;木星与水星会合象征谋事不终,半途而废;与火星会合,象征有旱灾;与金星会合象征有死丧事或有水灾。金星在木星南而合称为牝牡,五谷丰收;金星在木星北而合,五谷有收有歉。火星与水星会合称为焠,与金星会合称为铄,预兆有丧事,都不可举行大事,用兵则大败。火星与土星会合称为忧,象征卿受祸孽;有大饥,战败,成为败北之军,军被困,举事遭大败。土星与水星会合,五谷丰收而不能流通,有全军覆灭的征兆,相应国不可以举办大事。星出现,则丧失国土;星隐没不见,失地可复。土星与金星会合为疾病,为外兵入侵,为丧失国土。五星中有三星会合,与会合处相应之国,内外有战事和丧事,要改立公王。四星会合,预示有兵丧并起,人君有忧患,百姓有流移的灾难。五星会合,表示要易世而行,改朝换代,有德者,受喜庆,改立君主,占有天下,子孙繁衍昌盛;无德者,受祸殃以致灭亡。五星星体都大,预兆的事也大;都小,预兆的事也小。

五星早出的称为赢,赢者为客。晚出者称为缩,缩者为主人。五星赢缩失次,天必有反应,由北斗的杓星显示出来。星同舍为会合。相陵犯为斗,斗者相距七寸以内,预示的祸事必然发生。

五星色白体圆,预示有丧事和旱灾;色赤体圆,则有不平事,预示有战争;色青体圆,预示有忧患和水灾;色黑而圆,预示有疾病,多死亡;色黄而圆,则吉利。五星有赤色芒角预示有敌兵犯我城池,有黄色芒角预示有争夺土地的战争,有白色芒角预示有丧事,有青色芒角预示军队有忧患,有黑色芒角则有水灾。它们的形状、颜色能应验用兵的最终结果。五星同色,天下兵戈止息,百姓安宁昌盛。春风秋雨,冬寒夏热,各种变化常以此应验。

填星出现以后,经一百二十天开始向西逆行,又经过一百二十天重又向东行。再经过九十天,总计三百三十日然后隐于地下,隐没三十日后重新在东方出现。太初历开始的年份,太岁在甲寅位,镇星在东壁宿,日月五星皆在营室宿。

观察太阳的运行以判断太白星的位置。太白星于五方配西方,于四季主秋，于天干为庚、辛，主刑杀。刑杀失当，天降惩罚就由太白星显示出来。太白星运行失常，按照所经行的星宿推断对应国家的吉凶。太白星出现后行经十八舍，需二百四十日而隐没。若从东方隐没，在地下伏行十一舍，需一百三十日；从西方隐没，则在地下伏行三舍，需十六日，然后重新出现。应当出现而不出现，或者应当隐没而不隐没，都称为失舍。与太白失舍相应之国，若没有军队被击败，必有国君被篡位。

按上元历法，以摄提格岁时，太白星与营室宿晨时同出于东方，行到角宿时隐没；然后与营室宿黄昏时同出于西方，行至角宿隐没。再与角宿晨时同出，行到毕宿时隐没；然后与角宿黄昏时同出，行到毕宿时隐没。再与毕宿晨时同出，行到箕宿时隐没；然后与毕宿黄昏时同出，行到箕宿时隐没。再与箕宿晨时同出，行到柳宿时隐没，然后与箕宿黄昏时同出，行到柳宿时隐没。再与柳宿晨时同出，行到营室宿时隐没；然后与柳宿黄昏时同出，行到营室宿时隐没。凡出入东西各五次为一周，经八年零二百二十天，重新与营室宿晨时同出于东方。大约每年行一周天。刚出现在东方时，运行较慢，大约每日行半度，一百二十日以后，必然逆行一二舍；星位达到极点，而后反向东行，每日运行一度半，经一百二十日后隐没。星位最低时，距日最近，称为明星，光线比较明亮而柔和，性柔；星位最高时，距日最远，称为大嚣，在夜色背景上显得极亮，性刚。刚出现在西方时，运行较快，大约每日运行一度半，经一百二十天，星位极高而后运行变慢，每天行半度，一百二十天以后，将隐没时，必逆行一二舍然后隐没。星位最低时，距日最近，称为大白，性柔；星位最高时，距日最远，称为大相，性刚。出于辰、戌位，隐于丑、未位。

应当出现时不出现，不应隐没时隐没，预示着天下将干戈停息。兵若在外，应该返回。不应当出现而出现，应当隐没而不隐没，预示着天下将有战争，有国家败亡。太白星按期出现，对应的国家必然昌盛。出于东方与东方国相对应，隐于东方与北方国相对应；出于西方与西方国相对应，隐于西方与南方国相对应。在某处停留得久，对应方向吉利；停留得短暂，对应方向不吉利。

太白星从西方出现向东运行，正西方向上的国家吉利。从东方出现向西运行，在正东方向上的国家吉利。太白星出现后不会经过整个天空，若经过整个天空，预示天下就要改朝换代了。

太白星光的芒角稍微有动摇，有战争。始出的星大，后变小，兵弱；出时小，后变大，兵强。出时太白星位高，用兵一方进入敌国境内愈深愈吉利，浅则凶；出时星位低，用兵一方进入敌国境内浅则吉利，深则凶险。日向南行，金星在日南方，或者日向北行而金星在日北方，称为赢，预示侯王不得安宁，如正在用兵，进兵吉利，退兵凶。日向南行金星在日以北，或者日向北行金星在日以南，称为缩，预示侯王有忧患，如正在用兵，退兵吉利，进兵凶。用兵应像太白星：太白星运行得快，用兵应速战速决；太白星运行慢，用兵也应持重缓行，静以待变。太白星有芒角，兵也有锋芒敢战。太白星动摇为躁动，兵宜动。太白星圆而静，兵宜静。顺太白星芒角所指方向用兵吉利；逆芒角方向用兵则凶。太白星出则出兵，太白星隐没则应收兵。太白星有赤色芒角，预示有战争；白色芒角，预示有丧事；黑色芒角而且圆钝，国有忧患，或有水灾；青色芒角而且既小又圆钝，国有忧患，或者有于五行中属木的事发生；黄色芒角而且颜色平和，芒角圆钝，国有于五行中属土的事发生，有好年成。太白星已出现三日而又隐没且时间较短，或者隐没已三日又出现且时间较长，称作耎，对应国有军队失败，将帅败北的事发生。太白星已隐没三日又出现且时间较短，或者已出现三日又隐没且时间较长，对应国有忧患；军队的粮食兵器，为敌人所得；士卒虽多，将帅将要被俘虏。太白星在西方出现时运行失常，预示外国失败；在东方出现时运行失常，预示中国失败。太白星大而且圆，色黄而又润泽，可做一些和好之事；圆大而色赤，象征兵势虽盛而无战争。

太白星色白，与狼星相似；色赤，与心星相似；色黄，与参宿左肩上的大星相似；色苍，与参宿右肩上的大星相似；色黑，与奎宿中的大星相似。五星皆随太白聚集在同一舍之中，与所聚处对应的国家可以用兵纵横天下。太白星所停留处为应当停留的地方，对应国有实利可得；所停留处若是不应停留的地方,对应国则无所得。由太白星卜吉凶,太白星运行的迟疾伏见比星的颜色更重要,星的颜色比所在方位更重要,而有吉利方位的胜于无吉利方位的,有吉利颜色的胜于没有吉利颜色的,若运行有利,方位、颜色不利也没有关系。太白星出现以后,迟迟停留于树梢之间,对应国不利。向上行,速度极快,行期未尽,运行已超过了星空的三分之一,对于对应国的敌对国不利。太白星忽上忽下,上下反复,预示对应国有反叛的将帅。太白运行入月,预示将帅遭杀戮。金星与木星会合而有光,对应的地区有战争而兵不相遇,兵虽起而不战;会合而无光,预示双方大战,一方被击破。太白星自西方出,时在黄昏为阴,西方属阴,象征阴兵强盛。阴兵晚饭时出动,兵势稍弱;夜半时出动,兵势中弱;鸡鸣时出动,兵势最弱,这叫作阴陷于阳。太白星在东方出现,时在黎明为阳,东方属阳,象征阳兵强。阳兵倘若鸡鸣时出动,兵势稍弱;夜半时出动,兵势中弱;黄昏时出动,兵势大弱,这叫作阳陷于阴。太白星在地下伏行时出兵,兵必有祸殃。太白星出于卯位以南,象征南方胜北方;出于卯位以北,象征北方胜南方;正好出现在卯位,对东方国有利。太白星出于酉位以北,北方胜南方;出于酉位以南,南方胜北方;正好出现在酉位,西方国胜利。

太白星与诸恒星相犯,预示有小规模战争发生;与五星相犯,有大战发生。相犯时,太白星在所犯星以南,预示南方国失败;在所犯星以北,北方国失败。运行得快,象征对应国有武勇;停留不行,象征对应国多礼有文。太白星色白有五芒角,早出必为月所食,晚出就会变成天夭星或彗星,祸事将会发生在对应国中。太白星从东方出为德星,行事若居太白左方或者面对太白星,吉。从西方出为刑星,行事若居太白右方或背向太白,吉。反之则凶。太白星光明亮得能在地上投下影子,战则能胜。昼见太白且周天运行,称为争明,预示强国要变弱,弱国将要变强,女主势力将要昌盛。

亢宿是外庙,是太白星神的外朝。太白,又是大臣的象征,号为上公,还有其他名称,如殷星、太正、营星、观星、宫星、明星、大衰、大泽、终星、大相、天浩、序星、月纬等。官位为大司马者欲知吉凶应仔细观察太白星的运行。

观察太阳与其他星辰的交会以判定辰星的位置。辰星于五方配北方,于五行属水,是太阴月亮的精华聚成,于四时为冬,于天干为壬、癸。刑罚失当者,天降惩罚于辰星中显示出来,由辰宿的状况判断对应国的吉凶。

由辰星以确定四时季节:二月春分,黄昏时出现于奎、娄、胃以东五宿的范围内,对应的分野为齐;五月夏至,黄昏时出现于东井、舆鬼、柳以东七宿范围之内,对应的分野为楚;八月秋分,黄昏时出现于角、亢、氐、房以东四宿范围内,对应分野为汉;十一月冬至,清晨出于东方,与尾宿、箕宿、斗宿、牵牛宿同向西运行,对应分野是中国。辰星出现与隐没常常是在辰、戌、丑、未四个方位之间。

辰星早出,会被月所掩;晚出,就会变成彗星或其他妖星。辰星应当出现而没出现是罚有失当的表现,虽追兵在外没有战斗。一季不出,该季阴阳不和;四季不出,天下五谷不收,有大饥荒。辰星按时出现,星色白预兆有旱灾,星色黄为五谷丰收,星色赤有战争,星色黑有水灾。出于东方,星大而色白,预示有敌兵在外,仍可以化解危险。辰星常在东方,星色赤,预示中国胜利;常在西方,星色赤,预示对外国有利。外无敌兵而辰星色赤,将有兵起。辰星与太白星都从东方出现,都是星色赤红而有芒角,预兆外国将有大败,中国得胜;都从西方出现,而且星色赤红有芒角,对外国有利。若将天球从子午位中分,五星聚集于子午位以东,对中国有利;聚集于子午位以西,敌国用兵有利。五星都随辰星聚于某一星舍,相应国可以法取天下。辰星不出现时,太白为客星;与辰星一起出现,太白为主星。辰星出现而与太白星不在同一方位,虽有敌兵而没有战斗。辰星出东方,太白星出西方;或者辰星出西方,太白星出东方,都称为格,预示有兵而没有战斗。辰星不按时出现,表示气候应当寒冷反而温暖,应当温暖反而寒冷。应当出现而不出现,称为击卒,预兆有大规模兵乱兴起。辰星运行进入太白之中并从太白星上边离去,预兆有军队被击破、将帅被杀的大事发生,客军胜利;自太白星下边离去,客军丧失领土。辰星靠近太白,太白仍停留不动,预兆有将帅死。辰星从旗星上出,预兆有破军杀将的事发生,客军胜利;从旗星下出,丧失领土。观察旗星芒角所指方向,以判定何方军队失败。辰星环绕太白,如与太白相斗,预示有大战发生,客军得胜。辰星从太白星旁经过,其间距离约一剑宽,预示有小规模的战争发生,客军得胜。辰星在太白星前,罢军休战;从太白左方经过,有小战发生;与太白星接近而过,有数万人规模的战争发生,主人一方的官吏被杀;从太白右方经过,相去三尺,表示军情紧急,双方相约而战。辰星有青色芒角,军队有忧患;黑色芒角,有水灾;赤色芒角而且运行是败兵末日来临的征兆。

兔星有七个名字,叫作小正、辰星、天欃、安周星、细爽、能星、钩星。星色黄而且小,出现时又不按正常的方位,预示天下典章礼乐制度有变化,是不吉利的象征。兔星有五色:青而圆预示忧患,白而圆预示丧事,赤而圆预示中有不平事,黑而圆则吉利。有赤色芒角预示有敌军来犯我城,黄色芒角预示有争夺土地的事发生,白色芒角预示丧事,有号哭之声。

辰星出东方,运行四舍,经四十八日,其中快行二十日,然后反向从东方入于地下;辰星出于西方,运行四舍,经四十八日,其中快行二十日,然后反向自西方入于地下。观测辰星应在营室、角宿、毕宿、箕宿、柳宿之中的某一宿之旁。辰星出于房、心二宿之间,有地震发生。

辰星的颜色:春季,青黄色;夏季,赤白色;秋季,青白色,预兆年岁丰收;冬季,黄色,星不明亮。某季改变颜色,该季不得顺昌。辰星春季不出现,有大风,秋天草木不结实。夏季不出现,有六十天的旱灾,有月蚀发生。秋季不出现,有战争,春天草木不萌发。冬季不出现,有阴雨六十天,有被大水冲坏的城邑,夏天草木不生长。

角、亢、氐三宿,分野为兖州。房、心二宿,分野为豫州。尾、箕二宿,分野为幽州。南斗分野为江、湖地区。牵牛、婺女二宿,分野为扬州。虚、危二宿,分野为青州。营室宿到东壁宿,分野为并州。奎、娄、胃三宿，分野为徐州。昴、毕二宿，分野为冀州。觜觿、参宿，分野为益州。东井、舆鬼二宿分野为雍州。柳、七星、张宿，分野为三河地区。翼、轸二宿，分野为荆州。

七星是南宫的咽喉，是辰星的庙廷，是占卜蛮夷吉凶的星宿。

两军对阵时，发生日晕，若日晕各处大小厚薄均等，表示两军势均力敌；某方肥厚长大，某方有获胜希望；某方薄而短小，没有胜利的希望。日晕的光环重抱向日，军将大破；日晕光环环抱向日，主两军言和；日晕光气背日向外，主两军不和，分离而去。日晕笔直，主自立，指自立为侯王；也象征有军被破将被杀的事发生。太阳上下方都有光晕，主有喜庆事。日晕紧围，被围困者取胜，日晕在外边很远的地方围着，围困者取胜。日晕外圈青色里圈红色，双方言和而去；外圈红里圈青，双方怀愤而去。日旁气或晕出现早消失晚，居军胜利。出现早消失也早，居军起初有利，后来不利；出现晚消失也晚，居军起初不利，后来有利；出现晚消失早，居军前后都不利，必不能胜。出现后很快消失，虽胜不会有大功。出现半日以上，才有大功。白虹形状短而屈，上、下端尖锐，预示相应地区有大流血事发生。由日晕占卜吉凶，判断胜败，应验的日期近在三十日之内，远在六十日之内。

日食，象征不吉利；食后太阳复现，象征吉利；日全食，吉凶的承担者是君主。根据日食的所正对的方位，日所在的星宿，再加上日食发生的干支日期及时刻，可判定对应国的吉凶。

月在房宿中道运行，象征安宁与和平。在中道以北的阴间运行，象征多雨水，有阴事。阴间以北三尺是阴星。中道以北三尺之间是太阴道，月行于太阴道象征有大水和兵事。中道以南为阳间，阳间以外三尺处为阳星，中道以南三尺之间为太阳道，月行于阳间，象征君主骄横恣肆。行于阳星间，象征国中多以暴虐凶残治刑狱。行于太阳道，象征将有大旱和丧事。月行于角宿和天门之间，若事在十月，来年四月成灾；事在十一月，来年五月成灾；事在十二月，来年六月成灾，灾是发大水，少说水深三尺，多说深可达五尺。月与房四星相犯，预示辅臣被诛杀。月行于南河、北河附近，按行道在阴或阳判断：在南河之阴有旱灾、有兵事，在北河之阴有水灾、有丧事。

月掩岁星发生岁星星蚀，预示对应地区有饥荒或死亡。月蚀荧惑星预示世道混乱，月蚀填星预示有臣下犯上，月蚀太白星预示强国由于战争而衰败，月蚀辰星预示有女子作乱。月蚀大角星，对君主不利；月蚀心宿，预示有内贼作乱；其他诸星被蚀，预示相应地区有忧患。

自月食开始的日子算起，隔五个月发生的月食连续六次，随后隔六个月发生的月食连续五次，重又隔五个月发生的连续六次，接着隔六个月的月食发生一次，隔五个月的月食发生五次，总计经一百一十三个月如此月食的过程重复发生一遍。所以说月蚀是很平常的事；日蚀，才是不吉利的。发生在甲、乙日的日月食，验见于四海之外，所以不用于占吉凶。丙、丁日的日月食，验见于江、淮、海岱。戊、己的日月食，验见于中州、河、济一带。庚、辛的日月食，验见于华山以西。壬、癸的日月食，验见于恒山以北。日蚀应验在国君身上；月蚀，吉凶由将相承当。

国皇星，星大而红，形状类似南极老人星。国皇星出现，相对应地区有兵兴起，而且兵势强盛，对于兵所向的一方不利。

昭明星，星大而色白，无芒角，忽上忽下，昭明星出现，相对应之国有兵兴起，形势多变。

五残星，出现在正东方，在东方分野上空。形状类似于辰星，距地高约六丈。

大贼星，出现在正南方，在南方分野上空。距地高约六丈，星大而色红，时常摇动，有光芒。

司危星，出现在正西方，在西方分野上空。距地高约六丈，星大而色白，类似于太白星。

狱汉星，出现在正北方，在北方分野上空，距地高约六丈，星大而色红，时常摇动，仔细观察可以发现星中微带青色。此四方分野之星出现，且不在应当出现的方向上，对应的地区有兵兴起，于相对的一方不利。

四填星，出现在东南、西南、西北、东北四隅地区，距地高约四丈。

地维咸光星，也出现在四隅地区，距地高约三丈，星光朦胧，如同月亮刚出现时的样子。与星出对应的地区有作乱之事。乱者灭亡；有德者昌。

烛星，形状如同太白星，出现后不行不动。出现不久就消逝，所对应的地区，城邑有乱。

样子似星非星，似云非云，称为归邪。归邪出现，预兆必有归降中国者。

星，是五行中金气的离散之气，本身是火。星众多，对应的国家吉利；少则凶险不利。

天汉，也是离散的金气，本身是水，天汉中星数多，预兆地上多水；星数少，预兆地上水少有旱灾。以上是以星占卜吉凶的大致情形。

天鼓，有声音大如雷又不是雷，声音在地上传播，且传到地下。声音所往的方向，有兵兴起。

天狗，形状如同一颗大流星，伴随有隆隆声，落在地上，形状如狗。远望去火光炎炎，上冲天际。方圆有数顷地大小，上端尖锐处呈黄色，象征千里之内有破军杀将的事发生。

格泽星，形状如同炎火。黄白色，从地上升起，下大上尖。格泽星出现，不耕种而有收获；没有土功，必有大害。

蚩尤之旗，形状如同彗星而后端弯曲如旗。蚩尤旗出现，预示将有王者征伐四方。

旬始，出现在北斗星旁，形状如同雄鸡。发怒时呈青黑色，形状如同伏鳖。

枉矢，如同大流星，弯弯曲曲如蛇行走，呈苍黑色，看上去像是有羽毛一样。

长庚星，如同一匹布挂在天上。此星出现，预示有兵兴起。

星落在地上，则是石头。在黄河、济水之间，时常有坠落的星石。

天空清朗明亮时，有时能见到景星。景星，就是德星。其形状不固定，常出现于治理得好的国家。

凡是望云气，若仰面而望，云气距人三四百里；若平望过去，见云气在树梢之间，相距大约千余里到两千里；若登高而望，能见到云气与地相连，距人约有三千里。云气形状，有如兽类居上的，吉利。

自华山以南的云气，下为黑色上为赤色。嵩山、三河一带野外的云气，是正红色。恒山以北的云气，下边黑色上边为青色。渤海、碣石山、海、岱之间的云气，都是黑色。江、淮之间的云气，都是白色。

徒气是白色。有土功的地方云气是黄色。战车产生的云气忽高忽低，往往聚在一起。骑兵奔走产生的云气低矮但分布很广。步卒行走产生的云气则高一些，窄一些。云气前边低后边高，表示奔行急，速度快；前边圆钝后边高，表示士卒精锐；云气后端尖锐而矮，表示退却。云气平表示行军慢，前端高后端低，表示不停地退却。二方云气相遇，低矮的一方胜，高的一方败；尖锐的一方胜，圆钝的一方败。敌气低矮且是循车辙而来，不过三四日，距我五六里可见敌踪。敌气高七八尺，不过五六日可至，距我十余里可见敌踪。敌气高一丈多到二丈的，不过三四十日可至，距我五六十里可见敌踪。

云气梢部呈亮白色的，将帅勇悍，士卒怯懦。云气底庞大而前部伸得很远的，应当战。云气青白色，前端低矮者，战则能胜；前端红色而上仰的，战不能胜。兵阵形成的云气像直立的城墙；杼云形状像织布木梭一样；轴云像螺旋形，两端尖锐；杓云有一种细长如绳的，长可横亘天空，一半也有半个天空长；另一种云如同虹霓形的战旗。钩云像勾一样弯曲。诸如以上云出现后，以所具五色综合考察。云气润泽、流动、浓密，出现后极引人注目，才可以用来占卜；如此，则预兆有兵兴起，对应的地区有战争。

王朔占候，都观测日旁的云气。日旁的云气有人主的气象。卜时按云气所成的形象判定吉凶。

所以北方夷人所成的云气如同畜群和毡帐之间，南方夷人所成的云气如同舟船和旗幡。有大水的地方，败军被击败的战场，破败之国留下的废墟，地下藏有积钱，以及金宝之上都有云气，不可不仔细观察。海边的蜃气形状像楼台；广阔的原野上所成云气像宫殿城阙。云气各自与所在地的山川人民聚积的气象相同。

所以，候望某国虚实的人，可以到该国的城邑中去，观察疆界治理、田地整饬得如何，城郭房屋门户是否润泽，其次观察车辆、衣着、畜产是朴陋还是精华。殷实繁息者吉利，虚竭耗损者凶险。

似烟非烟，似云非云，萧索迷蒙，纷郁飘流的称为卿云。卿云出现，预示着将有喜事。又有一种似雾非雾，人在其中，衣冠不潮不湿。出现这样的气，这地方将有战事，人们已披甲以待了。

雷电、虾虹、霹雳、夜明这些现象，是阳气发动形成的，春、夏二季发生，秋、冬二季隐藏，所以测候的人无不等待季节进行观测。

天空开裂而见物象，地震动而有裂缝，山陵崩塌和移动，河川壅塞，溪水断流，水无故自动，地无故自己长高，沼泽枯竭，出现异象。对于城郭门闾，可以观察它们是否枯槁；对于宫室庙宇、官邸宅第，可以察知人们所处的等次。对于谣谚、风俗、车辆、衣着，可以察知百姓的饮食。对于五谷草木，首先观察它们所生长的地方。对于粮仓、钱府、马厩、库藏，首先观察四周的交通道路。对于六畜禽兽，重在观察它们的产地和用场；对于鱼鳖鸟鼠，重在观察它们所藏匿的地方。有鬼哭泣，如同呼叫，人逢必有惊骇。万物都与此一般，遇异必有表现，所以可以望气知吉凶。此虽传言，理实不虚。

大凡占候年岁的丰歉美恶，最重一年的开始。岁始或指冬至日，这一天阳气开始产生。或者是指腊明日，人们聚集在一起庆祝一年的结束，会饮聚食，引发阳气，所以称为初岁。或者是指正月初一的早晨，这是王者的岁首。或者是指立春日，这一日是四季开始的第一天。以上四种岁始，都是占候的重要日子。

而汉代人魏鲜，集中在腊明日与正月初一黎明时，由八方所起的风判定当年的吉凶美恶。风从南方来，有大旱灾；从西南来，有小旱灾；从西方来，有战争；从西北方来，黄豆收成好，多小雨，很快有战争；从北方来，是中等年成；从东北来，丰收年成；从东方来，有大水；从东南来，百姓多疾病、瘟疫,年岁恶。所以八风吉凶各与它们相对方向的风相比较,以多少、久亟、疾徐来做决断。多胜少,时间长久胜短暂,风速快胜于慢。风来在旦时到食时,占麦类作物的收成;风来在食时到日昳时占稷类作物的收成;日昳到餔时占黍类作物的收成;餔时到下餔时占菽类作物的收成,下餔时到日入时占麻类作物的收成。最好是占卜日终日有云、有风、有太阳。若有风、有云、有太阳,那么对应的作物株深多实。无云、有风、有太阳,对应的作物株浅而多实。有云、有风,无太阳,对应的作物只长秸秆少结籽实。只有太阳,无云,无风,对应的作物有伤败;无风、无云的时间若一顿饭的工夫,伤败小;若时间较长,相当于煮熟五斗米的功夫,伤败大;此后重又有风,有云,那么被伤败的作物也重新恢复起来。占卜一年之中种植何种作物最为适宜,要靠风来时间并参考云的颜色来做决定。若占卜日有雨雪,天气寒冷,当年年成不好。

当日若天气晴朗,可由都市集镇人民的歌声和乐声占卜一岁吉凶。若是宫声,则年岁好,吉利;商声,则有兵事;徵声,天旱少雨;羽声,有水灾;角声,年成最坏。

还有一种占候方法是从正月初一起依次计算下雨的日子。按一日雨作物相应有一升收成计算,一直数到七升为极限;超过了七升,就不再占卜。从正月初一数到正月十二,分别对应一月到十二月,用每日的雨量占卜相应月份的水旱灾情。所占卜的地区若至疆域千里的范围,则应该按占卜天下的方法,卜尽整个正月。在正月之内,月在周天绕行,经过某宿时是否有太阳、有风、有云,由此判定对应国家的年成好坏吉凶。但是,必须同时观察太岁的位置。太岁在金位,当年丰收;在水位,庄稼受毁损,收成不好;在木位,有饥荒;在火位,岁旱少雨。以上是大致情形。

正月上旬的甲日,风从东风刮来,宜于养蚕;风从西方刮来,且初一有黄云,岁恶不吉利。

冬至这天白昼极短,可把土和炭悬在衡的两端,若衡器向悬炭的一端倾斜,此后鹿角脱落,兰根生芽,泉水涌出,便能约略判定冬至这一天是否到来,但最终还要用日晷测定日影长短,才能做出准确判断。岁星所在星宿对应的地区五谷丰熟，吉利昌盛。相对的星宿称为冲，与冲对应的地区则有灾殃。

太史公说：自从有生民以来，世间君主何曾不重视观测日月星辰的运行以定历法？直到五帝、三代，才把这件事继承并发扬光大，对内亲和华夏各族，对外抵御夷狄外族，将中国划分为十二州，仰则观察天上的星象，俯则效法地上的物类。然后知天上有日月，地上则有阴阳；天上有五星，地上则有五行；天上有列宿，地上则有州域。天上的日、月、星三光，是阴阳二气的精华凝聚而成，三光之气是以地为本原的，所以圣人得以统一天地而加以调理。

幽王、厉王以前，时日已很久远了。所观察到的天象变化，各国所记怪异所卜吉凶均不相同；各家取为占卜的怪异事物，也都是为合当时情事，所以遗留下来的图文典籍所记占卜吉凶福祸的方法不统一，不足为效法。因此，孔子论述六经，只记灾异奇变而不记灾异奇变为何会发生。至于天道天命之类，更不相传授。这是由于传得其人，也只能自己领悟其中奥妙；若不得其人，虽告诉他也不能通晓。

过去得传授而知天数的人：高辛氏以前，有重、黎；唐、虞时期，有羲氏、和氏；夏朝时，有昆吾；殷商时，有巫咸；周朝时，有史佚、苌弘；列国时宋，有子韦；郑有裨灶；齐有甘公；楚有唐眛；赵有尹皋；魏有石申。

日月星辰的运行及异常天象的出现，三十年有一小变，一百年有一中变，五百年有一大变；每三次大变为一纪，三纪之中所有变化都经历一遍，这是天运的大致规律。主持国政的人一定要重视日月星辰与三、五有关的运行规律。考察上下各一千年的变化，然后天道和人事之间的关系才能了解完备，前后贯通。

太史公推求古代天象的变化，发现没有今天可资考证的资料。约略以《春秋》所记二百四十二年之间的情况为例，其间日蚀有三十六次，彗星出现三次，宋襄公时星体陨落如同降雨。当时，周天子微弱，诸侯有力者主持政事，五霸相继兴起，交替执掌天下政令。从此以后，人众多国家欺侮人寡少的国家，大国兼并小国。秦、楚、吴、越诸国都是夷狄之国，也成了强有力的霸主。自田氏篡夺齐国，韩、赵、魏三家分割晋国以后，进入战国时期。各国间争相攻取掠夺，战争此起彼伏，城邑屡次遭屠灭，加上灾荒、疾疫与火焚所致的焦土之痛，各国君臣无不以此为忧患，所以观察吉凶祸福的征兆、测候星气以占卜吉凶更成当务之急。近世以来十二诸侯、七国争相为王，倡言纵横的人接踵而至，而皋、唐、甘、石等人各自根据其国君的需要写出不同的占候著述，所以他们的占验杂乱无章，琐屑如同米、盐。

占卜以二十八舍分主十二州，而北斗兼主十二州，自很久以前就是这样了。秦国疆域内的吉凶，候望于太白星，占卜于狼、弧星。吴、楚疆域内的吉凶，候望于荧惑星，占卜于鸟衡星。燕、齐疆域内的吉凶，候望于辰星，占卜于虚、危星。宋、郑疆域内的吉凶，候望于岁星，占卜于房、心星。晋国疆域内的吉凶，也是候望于辰星，占卜于参、罚星。

秦国并吞三晋和燕、代以后，华山与黄河以南的地区称为中国。中国于四海之中在东南方，属阳；阳则与日、岁星、荧惑、填星相对应；占于天街星以南诸星，以毕宿为主。中国西北是胡、貉、月氏等穿毡裘弯弓射猎的民族，属阴；阴则与月、太白、辰星相对应，占于天街星以北诸星，以昴星为主。所以中国的山川多是自西南向东北的走向，源头在陇、蜀，而末尾消失在渤海、碣石一带。因此秦、晋好用兵，占中国还要占太白星，因为秦晋也属中国，太白星也主中国域内的祸福吉凶；而胡、貉经常侵掠中国，只占辰星，辰星出入轻躁、疾速，类似夷狄，常主夷狄人的吉凶。这是大致情形。这是辰星与太白星交替处在客位和主人位的原因。荧惑星为理星，外理兵事，内理政事。所以说“虽然有明天子在位，也必须时常观察荧惑星的位置”。诸侯更相强大，当时记录的灾异占候等事，无法收录于书。

秦始皇在位时，十五年之间彗星出现四次，存在时间长的达到八十多天，彗星之长有时横贯天空。后来，秦国果然以兵灭掉六国，统一天下，对外又攘除四夷，死人多如乱麻。因而有张楚等人共同起兵。三十年之间，兵相践踏致死者，不可胜数。自蚩尤以来，从来没有如此残酷的。

项羽援救巨鹿时，枉矢星西流。此后，山东诸侯联合起来，西行破秦，坑杀秦兵，屠戮咸阳。

汉兴起时，五星聚于东井宿。匈奴兵围高祖于平城，在参、毕二宿附近，月晕多至七重。诸吕作乱，发生日食，白昼也黑暗无光。吴、楚等七国叛乱，有彗星长达数丈，天狗星经过梁国郊野；七国兵起以后，以致伏尸血流于梁国城下。元光、元狩年间，蚩尤旗星两次出现，其长横过半个天空。以后京城四处出兵，与夷狄作战前后数十年，其中与胡人的战争最为激烈。越国灭亡的征兆，是荧惑星守于斗宿；平定朝鲜的征兆，是彗星出现于南河、北河；出兵征讨大宛前，有彗星出现于招摇星附近。以上是最为明显的例证。至于一些隐小的、较为间接的例证，更是多不胜数。由此看来，没有一件事不是先由天象表现出来，然后才在世间看到应验的。

汉初以来占卜天数最著名的人，观星的为唐都，望气的是王朔，占卜年岁美恶的是魏鲜。所以甘、石历中利用五星作占之法，只有荧惑星才有反行或称为逆行；凡荧惑星逆行所停留的地方，以及其他星的逆行，日与月的薄蚀等，都用来占卜。

我曾观看史书的记载，考察历朝发生的事件，发现近百年之间，五星没有一颗出现后不逆行的，逆行之星，常常光线强烈闪耀，颜色也有变化；日月是否发生薄蚀，与它们所处的南北相对位置有关。这是一般的规律。所以紫宫、房心、权衡、咸池、虚危等列宿部内的星宿，是天上五官的座位，为经星，不移动迁徙，大小各有差别，宽窄各有常度；而水、火、金、木、填星，这五颗星是天上五官的辅佐，为纬星，它们或隐伏或出现，各有一定规律，运行以及赢或缩也都有常度。

日有变化应该修养德行，月有变化应该减少刑罚，星有变化应该对外睦邻对内亲和。凡天体有变化，超出常规就要占卜吉凶。一般是国君强大而有德行的吉利；弱小而又虚伪狡诈的凶险。对付天变的办法最好的是修养德行，其次是修明政事，再其次是及时补救失误，又其次是虔诚祈祷以禳除灾害,最糟糕的是不闻不问,无视天变。常星的变化很少见;而对日、月、五星等三光变化进行占卜却是常常使用的;对日月晕进行占卜使用频度在两者之间。云和风,这是天暂时停留的云气,它们的出现在大的方面也有规律可循。而它们与世间政事的变化,最接近于上天向人间预示吉凶降下的征兆。以上五种,都是天有所感而产生的变动。占卜天数的人,必须通晓天运变化的三五规律,能纵观古今历史,深刻观察时事变化,察知它们的精粗质地,那么,作为一个掌管天文的官员就齐备了。

春季政令适宜,使东方苍帝得以施行德泽,天门就会为之开放。夏季政令适宜,使南方赤帝得以施行德泽,天牢就会为之空虚。夏季政令适宜,使中央黄帝得以施行德泽,连天矢星也会起变化。西方白帝行德施化,则有风从西北方来,且必在庚、辛日。整个秋季中,这种风有五次,当有大赦;三次,有小赦。秋季政令适宜,西方白帝得以施行德泽,若来年春季正月二十日、二十一日,有月晕成围,当有大赦,是由于太阳寒水的影响太大,应该行赦以消阴气。另一种说法是:西方白帝施德行化,毕宿、昴宿被月晕包围。包围三个晚上,功德才算完成;不足三个晚上,或者月晕有缺口没有合围,功德便不能成。还有一种说法是:月晕围辰星,应验的时间不出旬日之间。冬季政令适宜,北方黑帝得以施行德泽,天关为之变动。五方天帝得以施行德泽,天子将为此更改年号;若不能施行德泽,必示警戒,有疾风暴雨,拔木破石。三能和三衡是天帝的宫廷。有客星出现于天廷之中,必有奇异的政令产生。

史记卷二十八·封禅书第六

封禅是古代帝王祭天地之礼。在泰山上筑土设坛祭天，报天之功，为封；在泰山下的小山上辟场祭地，报地之功，为禅。但《封禅书》几乎述及对天地所有神灵诸如五帝、诸神、山川等的祭祀。具体而言，本篇对舜、禹、夏、商、周、秦以及汉初至于武帝之时封禅祭祀之礼的沿革因变进行了叙述。《太史公自序》说："追本诸神名山大川礼，作《封禅书》第六。"这是司马迁作《封禅书》明确的宗旨。但本篇并非仅仅是记述封禅祭祀的礼仪制度，其更大的意义在于对秦皇汉武进行委婉而充分的嘲讽。这是因为，封禅祭祀本是为寻求天地诸神的福佑或报谢酬神，然而功德并不圆满的秦皇汉武却不仅耽迷于封禅祭祀，更将其变成了求仙以祈个人长生不死的愚蠢之举，作者将他们的荒唐行径载入史册，其讽谕之意十分鲜明。

自古受命帝王，曷尝不封禅①？盖有无其应而用事者矣，未有睹符瑞见而不臻乎泰山者也。虽受命而功不至，至梁父矣而德不洽②，洽矣而日有不暇给，是以即事用希③。《传》曰："三年不为礼，礼必废；三年不为乐，乐必坏。"每世之隆，则封禅答焉，及衰而息。厥旷远者千有馀载，近者数百载，故其仪阙然堙灭，其详不可得而记闻云。

《尚书》曰，舜在璇玑玉衡，以齐七政④。遂类于上帝，禋于

---

①封禅：帝王祭天地之礼。在泰山上筑土为坛祭天为封，在泰山下的梁父山上辟场祭地为禅。②不洽：不周遍，不能让黎民百姓普遍受惠。③希：通"稀"，少。④璇玑玉衡：美玉制作的观测天文星象的仪器。以齐七政：以观测日月星辰的运行是否正常。

六宗，望山川，遍群神[①]。辑五瑞[②]，择吉月日，见四岳诸牧，还瑞。岁二月，东巡狩，至于岱宗。岱宗，泰山也。柴，望秩于山川[③]。遂觐[④]东后。东后者，诸侯也。合时月正日，同律度量衡。修五礼，五玉三帛二生一死贽[⑤]。五月，巡狩至南岳。南岳，衡山也。八月，巡狩至西岳。西岳，华山也。十一月，巡狩至北岳。北岳，恒山也。皆如岱宗之礼。中岳，嵩高也。五载一巡狩。

禹遵之。后十四世，至帝孔甲，淫德好神，神渎[⑥]，二龙去之。其后三世，汤伐桀，欲迁夏社，不可。作《夏社》。后八世，至帝太戊，有桑穀生于廷，一暮大拱，惧。伊陟曰："妖不胜德。"太戊修德，桑穀死。伊陟赞巫咸，巫咸之兴自此始。后十四世，帝武丁得傅说为相，殷复兴焉，称高宗。有雉登鼎耳雊[⑦]，武丁惧。祖己曰："修德。"武丁从之，位以永宁。后五世，帝武乙慢神而震死。后三世，帝纣淫乱，武王伐之。由此观之，始未尝不肃祗，后稍怠慢也。

《周官》曰，冬日至，祀天于南郊，迎长日之至；夏日至，祭地祇。皆用乐舞，而神乃可得而礼也。天子祭天下名山大川，五岳视[⑧]三公，四渎视诸侯，诸侯祭其疆内名山大川。四渎者，江、河、淮、济也。天子曰明堂、辟雍，诸侯曰泮宫。

周公既相成王，郊祀后稷以配天，宗祀文王于明堂以配上

---

①类：祭祀名，祭天而以事告之。禋：祭礼名，斋戒沐浴而后祭祀。六宗：郑玄以为指星、辰、司中、司命、风师、雨师。望：祭礼名，遥望山川而祭。 ②辑：敛，收取。五瑞：五等爵公、侯、伯、子、男所持的瑞玉。 ③柴：祭祀名，孔传引马融注说："祭时积柴，加牲其上而燔之。"秩：等级。 ④觐（jìn）：进见，会见。此为使动用法，使之进见，接受朝见。 ⑤五礼：指吉礼、凶礼、军礼、宾礼、嘉礼。五玉：即"五瑞"。三帛：诸侯世子执纁，公之孤执玄，附庸之君执黄。二生：卿执羔，大夫执雁。一死：士执雉。贽：此指不同等级的人拜见天子所持的不同礼品。 ⑥渎：亵渎，此指为其所亵渎。 ⑦雊（gòu）：野鸡鸣叫。 ⑧视：取齐，相当。

帝。自禹兴而修社祀，后稷稼穑，故有稷祠。郊社所从来尚矣。

自周克殷后十四世，世益衰，礼乐废，诸侯恣行，而幽王为犬戎所败，周东徙洛邑。秦襄公攻戎救周，始列为诸侯。秦襄公既侯，居西垂，自以为主少皞之神，作西畤，祠白帝，其牲用骝驹黄牛羝羊各一云。其后十六年，秦文公东猎汧、渭之间，卜居之而吉。文公梦黄蛇自天下属地，其口止于鄜衍。文公问史敦，敦曰："此上帝之征，君其祠之。"于是作鄜畤，用三牲郊祭白帝焉。

自未作鄜畤也，而雍旁故有吴阳武畤，雍东有好畤，皆废无祠。或曰："自古以雍州积高，神明之隩①，故立畤郊上帝，诸神祠皆聚云。盖黄帝时尝用事，虽晚周亦郊焉。"其语不经见，缙绅者不道。

作鄜畤后九年，文公获若石云，于陈仓北阪城祠②之。其神或岁不至，或岁数来，来也常以夜，光辉若流星，从东南来集于祠城，则若雄鸡，其声殷云③，野鸡夜雊。以一牢④祠，命曰陈宝。

作鄜畤后七十八年，秦德公既立，卜居雍，"后子孙饮马于河"，遂都雍。雍之诸祠自此兴。用三百牢于鄜畤。作伏祠，磔狗邑四门，以御蛊灾⑤。

德公立二年卒。其后四年，秦宣公作密畤⑥于渭南，祭青帝。

其后十四年，秦缪公立，病卧五日不寤；寤，乃言梦见上帝，

---

①隩(ào)：通"墺(ào)"，可居住的地方。②城祠：修城建庙供奉。③殷云：《汉书·郊祀志》作"殷殷"，鸣声响亮的样子。④牢：供祭祀用的牲畜，牛、羊、猪齐全为太牢，只用羊、猪为少牢。⑤磔(zhé)：分裂牲畜的身体举行祭祀。蛊(gǔ)：热毒恶气伤害人。⑥畤(zhì)：古代用来祭天地和五帝的祭坛。

上帝命缪公平晋乱。史书而记，藏之府。而后世皆曰秦缪公上天。

秦缪公即位九年，齐桓公既霸，会诸侯于葵丘，而欲封禅。管仲曰："古者封泰山禅梁父者七十二家，而夷吾所记者十有二焉。昔无怀氏封泰山，禅云云[①]；虙羲封泰山，禅云云；神农封泰山，禅云云；炎帝封泰山，禅云云；黄帝封泰山，禅亭亭；颛顼封泰山，禅云云；帝喾封泰山，禅云云；尧封泰山，禅云云；舜封泰山，禅云云；禹封泰山，禅会稽；汤封泰山，禅云云；周成王封泰山，禅社首：皆受命然后得封禅。"桓公曰："寡人北伐山戎，过孤竹；西伐大夏，涉流沙，束马悬车，上卑耳之山；南伐至召陵，登熊耳山以望江、汉。兵车之会三，而乘车之会六[②]，九合诸侯，一匡天下，诸侯莫违我。昔三代受命，亦何以异乎？"于是管仲睹桓公不可穷以辞，因设之以事[③]，曰："古之封禅，鄗上之黍，北里之禾，所以为盛[④]；江淮之间，一茅三脊，所以为藉[⑤]也。东海致比目之鱼，西海致比翼之鸟，然后物有不召而自至者十有五焉。今凤皇麒麟不来，嘉谷不生，而蓬蒿藜莠茂，鸱枭数至，而欲封禅，毋乃不可乎？"于是桓公乃止。是岁，秦缪公内[⑥]晋君夷吾。其后三置晋国之君，平其乱。缪公立三十九年而卒。

其后百有馀年，而孔子论述六艺，传略言易姓而王，封泰山禅乎梁父者七十馀王矣，其俎豆之礼不章[⑦]，盖难言之。或问禘[⑧]之说，孔子曰："不知。知禘之说，其于天下也视其掌[⑨]。"

---

①云云：与下文"亭亭""社首"皆是泰山下的小山名。 ②兵车之会：与诸侯会师共伐某国。乘车之会：召集诸侯举行和平会盟。 ③穷以辞：以言辞说服。设之以事：说些难办的事阻止。 ④盛：盛在容器中用来祭祀的黍稷。 ⑤以为藉：祭祀时以之铺地。 ⑥内：同"纳"，接纳。 ⑦章：同"彰"，明显，清楚。 ⑧禘(dì)：古代一种极为隆重的大祭之礼，只有天子才能举行。 ⑨视其掌：像看自己的掌纹一样容易。

《诗》云纣在位，文王受命，政不及泰山。武王克殷二年，天下未宁而崩[①]。爰周德之洽维成王[②]，成王之封禅则近之矣。及后陪臣执政，季氏旅于泰山，仲尼讥之。

是时苌弘以方事周灵王，诸侯莫朝周；周力少，苌弘乃明鬼神事，设射貍首[③]。貍首者，诸侯之不来者。依物怪欲以致诸侯。诸侯不从，而晋人执杀苌弘。周人之言方怪者自苌弘。

其后百馀年，秦灵公作吴阳上畤，祭黄帝；作下畤，祭炎帝。

后四十八年，周太史儋见秦献公曰："秦始与周合，合而离，五百岁当复合，合十七年而霸王出焉。"栎阳雨金，秦献公自以为得金瑞，故作畦畤栎阳，而祀白帝。

其后百二十岁而秦灭周，周之九鼎入于秦。或曰宋太丘社亡，而鼎没于泗水彭城下。

其后百一十五年而秦并天下。

秦始皇既并天下而帝，或曰："黄帝得土德，黄龙地螾[④]见。夏得木德，青龙止于郊，草木畅茂。殷得金德，银自山溢。周得火德，有赤乌之符[⑤]。今秦变周，水德之时。昔秦文公出猎，获黑龙，此其水德之瑞。"于是秦更命河曰"德水"，以冬十月为年首，色上[⑥]黑，度以六为名，音上大吕，事统上法。

即帝位三年，东巡郡县，祠驺峄山，颂秦功业。于是征从齐、鲁之儒生博士七十人，至乎泰山下。诸儒生或议曰："古者封禅为蒲车，恶伤山之土石草木；埽地而祭，席用葅秸，言其易遵也。"始皇闻此议各乖异，难施用，由此绌儒生。而遂除[⑦]车

---

①崩：天子或王后死称为崩。 ②爰（yuán）：于是，因此。洽：周遍，让百姓普遍受惠。 ③射貍（mái）首：古代的一种巫术，在箭靶上写上某人的名字，用箭射之，以诅咒其人因此而死。 ④地螾：神奇的大蚯蚓。螾：通"蚓"。 ⑤符：与下文"瑞"皆指好的征兆。 ⑥上：通"尚"，尊崇，崇尚。 ⑦除：修筑。

道，上自泰山阳至巅，立石颂秦始皇帝德，明其得封也。从阴道下[①]，禅于梁父。其礼颇采太祝之祀雍上帝所用。而封藏[②]皆秘之，世不得而记也。

始皇之上泰山，中阪[③]遇暴风雨，休于大树下。诸儒生既绌，不得与用于封事之礼，闻始皇遇风雨，则讥之。

于是始皇遂东游海上，行礼祠名山大川及八神，求仙人羡门之属。八神将自古而有之，或曰太公以来作之。齐所以为齐，以天齐[④]也。其祀绝莫知起时。八神：一曰天主，祠天齐。天齐渊水，居临菑南郊山下者。二曰地主，祠泰山梁父。盖天好阴，祠之必于高山之下，小山之上，命曰"畤"；地贵阳，祭之必于泽中圜丘云。三曰兵主，祠蚩尤。蚩尤在东平陆监乡，齐之西境也。四曰阴主，祠三山。五曰阳主，祠之罘。六曰月主，祠之莱山。皆在齐北，并勃海[⑤]。七曰日主，祠成山。成山斗[⑥]入海，最居齐东北隅，以迎日出云。八曰四时主，祠琅邪。琅邪在齐东方，盖岁之所始。皆各用一牢具祠，而巫祝所损益[⑦]，珪币杂异焉。

自齐威、宣之时，驺子之徒论著终始五德[⑧]之运，及秦帝而齐人奏之，故始皇采用之。而宋毋忌、正伯侨、充尚、羡门高最后[⑨]皆燕人。为方仙道，形解销化[⑩]，依于鬼神之事。驺衍以阴阳主运显于诸侯，而燕、齐海上之方士传其术不能通，然则怪迂阿谀苟合之徒自此兴，不可胜数也。

---

①从阴道下：从山北面的路下去。 ②封藏：指祭祀时埋藏在山上的祭品和文字等。 ③中阪（bǎn）：半山腰的斜坡。 ④齐：通"脐"，此指天的正中央。 ⑤并勃海：沿着渤海。并：沿着。 ⑥斗：通"陡"，陡峭，突出。 ⑦损益：减少或增加。 ⑧终始五德：又称五德终始，是按五行学说推断或解释王朝递变。认为王朝受天命而兴，必秉受五行之德中的一德，兴灭都取决于五行的生克变化。 ⑨最后：以后，言羡门高以后的名士都是燕地人。 ⑩形解销化：道家语，意思是修炼成仙后，如蝉蜕一样抛弃自己的凡体，飞升而去。

自威、宣、燕昭使人入海求蓬莱、方丈、瀛洲。此三神山者，其传在勃海中，去人不远；患且至，则船风引而去。盖尝有至者，诸仙人及不死之药皆在焉。其物禽兽尽白，而黄金银为宫阙。未至，望之如云；及到，三神山反居水下。临之，风辄引去，终莫能至云。世主莫不甘心[①]焉。及至秦始皇并天下，至海上，则方士言之不可胜数。始皇自以为至海上而恐不及矣，使人乃赍童男女入海求之。船交海中，皆以风为解，曰未能至，望见之焉。其明年，始皇复游海上，至琅邪，过恒山，从上党归。后三年，游碣石，考入海方士，从上郡归。后五年，始皇南至湘山，遂登会稽，并海上，冀遇海中三神山之奇药，不得。还至沙丘，崩。

二世元年，东巡碣石，并海南，历泰山，至会稽，皆礼祠之，而刻勒始皇所立石书旁，以章始皇之功德。其秋，诸侯畔秦。三年而二世弑死。

始皇封禅之后十二岁，秦亡。诸儒生疾秦焚《诗》《书》，诛僇文学[②]，百姓怨其法，天下畔之，皆讹曰："始皇上泰山，为暴风雨所击，不得封禅。"此岂所谓无其德而用事者邪？

昔三代之居皆在河洛之间，故嵩高为中岳，而四岳各如其方，四渎咸在山东。至秦称帝，都咸阳，则五岳、四渎皆并在东方。自五帝以至秦，轶兴轶衰[③]，名山大川或在诸侯，或在天子，其礼损益世殊，不可胜记。及秦并天下，令祠官所常奉天地名山大川鬼神可得而序也。

于是自崤以东，名山五，大川祠二。曰太室。太室，嵩高也。恒山，泰山，会稽，湘山。水曰济，曰淮。春以脯酒为岁祠，

①甘心：甘心为求得仙山而不惜付出任何代价。 ②僇(lù)：侮辱。 ③轶兴轶衰：此起彼伏。轶：通"迭"。

因泮冻，秋涸冻，冬塞祷祠①。其牲用牛犊各一，牢具珪币各异。

自华以西，名山七，名川四。曰华山，薄山。薄山者，衰山也。岳山，岐山，吴岳，鸿冢，渎山。渎山，蜀之汶山。水曰河，祠临晋；沔，祠汉中；湫渊，祠朝那；江水，祠蜀。亦春秋泮涸祷赛，如东方名山川；而牲牛犊②牢，具珪币各异。而四大冢鸿、岐、吴、岳，皆有尝禾③。

陈宝节来祠。其河加有尝醪。此皆在雍州之域，近天子之都，故加车一乘，骝驹四。

霸、产、长水、沣、涝、泾、渭皆非大川，以近咸阳，尽得比山川祠，而无诸加。

汧、洛二渊，鸣泽、蒲山、岳壻山之属，为小山川，亦皆岁祷赛泮涸祠，礼不必同。

而雍有日、月、参、辰、南北斗、荧惑、太白、岁星、填星、辰星、二十八宿、风伯、雨师、四海、九臣、十四臣、诸布、诸严、诸逑之属，百有馀庙。西亦有数十祠。于湖有周天子祠。于下邽有天神，沣、滈有昭明、天子辟池。于杜、亳有三社主之祠、寿星祠。而雍菅庙亦有杜主。杜主，故周之右将军，其在秦中，最小鬼之神者。各以岁时奉祠。

唯雍四畤上帝为尊，其光景动人民，唯陈宝。故雍四畤，春以为岁祷，因泮冻，秋涸冻，冬赛祠，五月尝驹，及四仲之月月祠，若陈宝节来一祠。春夏用骍，秋冬用骝。畤驹四匹，木禺龙栾车一驷，木禺车马一驷，各如其帝色。黄犊羔各四，珪币各有数，皆生瘗埋④，无俎豆之具。三年一郊。秦以冬十月为岁首，

①泮冻：解冻。泮(pàn)：融解。塞：同“赛”，祭祀酬神。 ②牲牛犊：用牛犊作为供品。牲：用作动词。 ③尝禾：与下文的“尝醪(láo)”“尝驹”等均为祭祀名，指以新谷、新酒、幼驹等祭神。 ④生瘗埋：活埋。瘗(yì)：埋。

故常以十月上宿郊见，通权火①，拜于咸阳之旁，而衣上白，其用如经祠云。西畤、畦畤，祠如其故，上不亲往。

诸此祠皆太祝常主，以岁时奉祠之。至如他名山川诸鬼及八神之属，上过则祠，去则已。郡县远方神祠者，民各自奉祠，不领于天子之祝官。祝官有秘祝，即有灾祥，辄祝祠移过于下。

汉兴，高祖之微时，尝杀大蛇。有物曰："蛇，白帝子也，而杀者赤帝子。"高祖初起，祷丰枌榆社。徇②沛，为沛公，则祠蚩尤，衅鼓旗③。遂以十月至灞上，与诸侯平咸阳，立为汉王。因以十月为年首，而色上赤。

二年，东击项籍而还入关，问："故秦时上帝祠何帝也？"对曰："四帝，有白、青、黄、赤帝之祠。"高祖曰："吾闻天有五帝，而有四，何也？"莫知其说。于是高祖曰："吾知之矣，乃待我而具五也。"乃立黑帝祠，命曰北畤。有司进祠，上不亲往。悉召故秦祝官，复置太祝、太宰，如其故仪礼。因令县为公社④。下诏曰："吾甚重祠而敬祭，今上帝之祭及山川诸神当祠者，各以其时礼祠之如故。"

后四岁，天下已定，诏御史，令丰谨治枌榆社，常以四时，春以羊彘祠之。令祝官立蚩尤之祠于长安。长安置祠祝官、女巫。其梁巫，祠天、地、天社、天水、房中、堂上之属；晋巫，祠五帝、东君、云中君、司命、巫社、巫祠、族人、先炊之属；秦巫，祠社主、巫保、族之属；荆巫，祠堂下、巫先、司命、施糜之属；九天巫，祠九天。皆以岁时祠宫中。其河巫祠河于临晋，而南山巫祠南山秦中。秦中者，二世皇帝。各有时日。

---

①权火：即爝火，焚柴火以祭天，称燎。天子不亲至祭所，而行礼于宫殿之侧，自祭所至宫殿以爝火相通，如天子亲至。 ②徇(xùn)：攻占，攻取。 ③衅(xìn)鼓旗：杀牲以其血涂在旗鼓上，以表示对旗鼓的祭祀。 ④公社：供官民共同祭祀的庙宇。

其后二岁，或曰周兴而邑邰，立后稷之祠，至今血食[①]天下。于是高祖制诏御史："其令郡国县立灵星祠，常以岁时祠以牛。"

高祖十年春，有司请令县常以春二月及腊祠社稷以羊豕，民里社各自财[②]以祠。制曰："可。"

其后十八年，孝文帝即位。即位十三年，下诏曰："今秘祝移过于下，朕甚不取。自今除之。"

始名山大川在诸侯，诸侯祝各自奉祠，天子官不领。及齐、淮南国废，令太祝尽以岁时致礼如故。是岁，制曰："朕即位十三年于今，赖宗庙之灵，社稷之福，方内艾安[③]，民人靡疾[④]。间者比年登[⑤]，朕之不德，何以飨此？皆上帝诸神之赐也。盖闻古者飨其德必报其功，欲有增诸神祠，有司议增雍五畤路车各一乘，驾被具；西畤、畦畤禺车各一乘，禺马四匹，驾被具；其河、湫、汉水加玉各二；及诸祠，各增广坛场，珪币俎豆以差加之。而祝釐[⑥]者归福于朕，百姓不与焉。自今祝致敬，毋有所祈。"

鲁人公孙臣上书曰："始秦得水德，今汉受之，推终始传，则汉当土德，土德之应黄龙见。宜改正朔，易服色，色上黄。"是时丞相张苍好律历，以为汉乃水德之始，故河决金堤，其符也。年始冬十月，色外黑内赤，与德相应。如公孙臣言，非也。罢之。后三岁，黄龙见成纪。文帝乃召公孙臣，拜为博士，与诸生草改历服色事。其夏，下诏曰："异物之神见于成纪，无害于民，岁以有年[⑦]。朕祈郊上帝诸神，礼官议，无讳以劳朕。"有司皆曰"古者天子夏亲郊，祀上帝于郊，故曰郊"。于是夏四月，文帝始郊见雍五畤祠，衣皆上赤。

---

①血食：指享受祭祀，因祭品中有新杀的牲畜，故称"血食"。 ②自财：同"自裁"，自己决定。 ③艾安：安定。艾：同"乂(yì)"，安定，平定。 ④靡疾：没有灾害。 ⑤间者：近来，这些年来。登：五谷成熟。 ⑥祝釐：同"祝厘"，祝福。 ⑦有年：五谷熟为有年。

其明年，赵人新垣平以望气见上，言“长安东北有神气，成五采，若人冠绕焉。或曰东北神明之舍，西方神明之墓也。天瑞下，宜立祠上帝，以合符应”。于是作渭阳五帝庙，同宇，帝一殿，面各五门，各如其帝色。祠所用及仪亦如雍五畤。

夏四月，文帝亲拜霸、渭之会，以郊见渭阳五帝。五帝庙南临渭，北穿蒲池沟水，权火举而祠，若光辉然①属天焉。于是贵平上大夫，赐累千金。而使博士诸生刺六经中作《王制》，谋议巡狩封禅事。

文帝出长门，若见五人于道北，遂因其直北立五帝坛，祠以五牢具。

其明年，新垣平使人持玉杯，上书阙下献之。平言上曰：“阙下有宝玉气来者。”已视之，果有献玉杯者，刻曰“人主延寿”。平又言“臣候②日再中”。居顷之，日却复中。于是始更以十七年为元年，令天下大酺③。

平言曰：“周鼎亡在泗水中，今河溢通泗④，臣望东北汾阴直有金宝气，意周鼎其出乎？兆见不迎则不至。”于是上使使治庙汾阴南，临河，欲祠出周鼎。

人有上书告新垣平所言气神事皆诈也。下平吏治，诛夷新垣平。自是之后，文帝怠于改正朔服色神明之事，而渭阳、长门五帝使祠官领，以时致礼，不往焉。

明年，匈奴数入边，兴兵守御。后岁少不登⑤。

数年而孝景即位。十六年，祠官各以岁时祠如数，无有所兴，至今天子。

---

①然：同“燃”。 ②候：测候，观测。 ③大酺（pú）：聚饮。古时禁聚饮，只有喜庆等日，天子下诏书，解除禁令，百姓才得聚饮。 ④河溢通泗：黄河决口，河水与泗水通连。⑤少：同“稍”。少不登就是收成少差些。

今天子初即位，尤敬鬼神之祀①。

元年，汉兴已六十馀岁矣，天下艾安，搢绅之属皆望天子封禅改正度也，而上乡儒术，招贤良，赵绾、王臧等以文学为公卿，欲议古立明堂城南，以朝诸侯。草巡狩封禅改历服色事未就。会窦太后治黄老言，不好儒术，使人微伺得赵绾等奸利事，召案绾、臧，绾、臧自杀，诸所兴为皆废。

后六年，窦太后崩。其明年，征文学之士公孙弘等。

明年，今上初至雍，郊见五畤。后常三岁一郊。是时上求神君，舍之上林中蹏氏观。神君者，长陵女子，以子死，见神于先后宛若。宛若祠之其室，民多往祠。平原君往祠，其后子孙以尊显。及今上即位，则厚礼置祠之内中，闻其言，不见其人云。

是时李少君亦以祠灶、谷道、却老方见上，上尊之。少君者，故深泽侯舍人，主方。匿其年及其生长，常自谓七十，能使物，却老。其游以方遍诸侯。无妻子。人闻其能使物及不死，更馈遗之，常馀金钱衣食。人皆以为不治生业而饶给，又不知其何所人，愈信，争事之。少君资好方，善为巧发奇中。尝从武安侯饮，坐中有九十馀老人，少君乃言与其大父游射处，老人为儿时从其大父，识其处，一坐尽惊。少君见上，上有故铜器，问少君。少君曰："此器齐桓公十年陈于柏寝。"已而案其刻，果齐桓公器，一宫尽骇，以为少君神，数百岁人也。

少君言上曰："祠灶则致物，致物而丹沙可化为黄金，黄金成，以为饮食器则益寿，益寿而海中蓬莱仙者乃可见，见之以封禅则不死，黄帝是也。臣尝游海上，见安期生，安期生食巨枣，

①由此至结尾被后人节录而为《孝武本纪》，注释详见《孝武本纪》。

大如瓜。安期生仙者,通蓬莱中,合则见人,不合则隐。”于是天子始亲祠灶,遣方士入海求蓬莱安期生之属,而事化丹沙诸药齐为黄金矣。

居久之,李少君病死,天子以为化去不死,而使黄锤史宽舒受其方。求蓬莱安期生莫能得,而海上燕、齐怪迂之方士多更来言神事矣。

亳人谬忌奏祠太一方,曰:“天神贵者太一,太一佐曰五帝。古者天子以春秋祭太一东南郊,用太牢,七日,为坛开八通之鬼道。”于是天子令太祝立其祠长安东南郊,常奉祠如忌方。其后,人有上书,言“古者天子三年壹用太牢祠神三一:天一、地一、太一”。天子许之,令太祝领祠之于忌太一坛上,如其方。后人复有上书,言“古者天子常以春解祠,祠黄帝用一枭破镜;冥羊用羊;祠马行用一青牡马;太一、泽山君地长用牛;武夷君用干鱼;阴阳使者以一牛”。令祠官领之如其方,而祠于忌太一坛旁。

其后,天子苑有白鹿,以其皮为币,以发瑞应,造白金焉。

其明年,郊雍,获一角兽,若麃然。有司曰:“陛下肃祗郊祀,上帝报享,锡一角兽,盖麟云。”于是以荐五畤,畤加一牛以燎。赐诸侯白金,风符应合于天也。

于是济北王以为天子且封禅,乃上书献太山及其旁邑,天子以他县偿之。常山王有罪,迁,天子封其弟于真定,以续先王祀,而以常山为郡。然后五岳皆在天子之郡。

其明年,齐人少翁以鬼神方见上。上有所幸王夫人,夫人卒,少翁以方盖夜致王夫人及灶鬼之貌云,天子自帷中望见焉。于是乃拜少翁为文成将军,赏赐甚多,以客礼礼之。文成言曰:“上即欲与神通,宫室被服非象神,神物不至。”乃作画云气车,及各以胜日驾车辟恶鬼。又作甘泉宫，中为台室，画天、地、太一诸鬼神，而置祭具以致天神。居岁馀，其方益衰，神不至。乃为帛书以饭牛，详不知，言曰此牛腹中有奇。杀视得书，书言甚怪，天子识其手书，问其人，果是伪书，于是诛文成将军，隐之。

其后则又作柏梁、铜柱、承露仙人掌之属矣。

文成死明年，天子病鼎湖甚，巫医无所不致，不愈。游水发根言上郡有巫，病而鬼神下之。上召置祠之甘泉。及病，使人问神君。神君言曰："天子无忧病，病少愈，强与我会甘泉。"于是病愈，遂起，幸甘泉，病良已。大赦，置寿宫神君。寿宫神君最贵者太一，其佐曰大禁、司命之属，皆从之。非可得见，闻其言，言与人音等。时去时来，来则风肃然。居室帷中。时昼言，然常以夜。天子祓，然后入。因巫为主人，关饮食，所以言，行下。又置寿宫、北宫，张羽旗，设供具，以礼神君。神君所言，上使人受书其言，命之曰"画法"。其所语，世俗之所知也，无绝殊者，而天子心独喜。其事秘，世莫知也。

其后三年，有司言"元"宜以天瑞命，不宜以一二数。一"元"曰"建"，二"元"以长星曰"光"，三"元"以郊得一角兽曰"狩"云。

其明年冬，天子郊雍，议曰："今上帝朕亲郊，而后土无祀，则礼不答也。"有司与太史公、祠官宽舒议："天地牲角茧栗。今陛下亲祠后土。后土宜于泽中圜丘为五坛，坛一黄犊太牢具，已祠尽瘗，而从祠衣上黄。"于是天子遂东，始立后土祠汾阴脽丘，如宽舒等议。上亲望拜，如上帝礼。礼毕，天子遂至荥阳而还。过洛阳，下诏曰："三代邈绝，远矣难存。其以三十里地封周后为周子南君，以奉其先祀焉。"是岁，天子始巡郡县，浸寻于泰山矣。

其春，乐成侯上书言栾大。栾大，胶东宫人，故尝与文成将军同师，已而为胶东王尚方。而乐成侯姊为康王后，无子。康王死，他姬子立为王。而康后有淫行，与王不相中，相危以法。康后闻文成已死，而欲自媚于上，乃遣栾大因乐成侯求见言方。天子既诛文成，后悔其早死，惜其方不尽，及见栾大，大说。大为人长美，言多方略，而敢为大言，处之不疑。大言曰："臣常往来海中，见安期、羡门之属。顾以臣为贱，不信臣。又以为康王诸侯耳，不足与方。臣数言康王，康王又不用臣。臣之师曰：'黄金可成，而河决可塞，不死之药可得，仙人可致也。'然臣恐效文成，则方士皆奄口，恶敢言方哉！"上曰："文成食马肝死耳。子诚能修其方，我何爱乎！"大曰："臣师非有求人，人者求之。陛下必欲致之，则贵其使者，令有亲属，以客礼待之，勿卑，使各佩其信印，乃可使通言于神人，神人尚肯邪不邪。致尊其使，然后可致也。"于是上使验小方。斗棋，棋自相触击。

是时，上方忧河决，而黄金不就，乃拜大为五利将军。居月馀，得四印，佩天士将军、地士将军、大通将军印。制诏御史："昔禹疏九江，决四渎。间者河溢皋陆，堤繇不息。朕临天下二十有八年，天若遗朕士而大通焉。乾称'蜚龙'，'鸿渐于般'，朕意庶几与焉。其以二千户封地士将军大为乐通侯。"赐列侯甲第，童千人。乘舆斥车马帷幄器物以充其家。又以卫长公主妻之，赍金万斤，更命其邑曰当利公主。天子亲如五利之第。使者存问供给相属于道。自大主将相以下，皆置酒其家，献遗之。于是天子又刻玉印曰"天道将军"，使使衣羽衣，夜立白茅上，五利将军亦衣羽衣，夜立白茅上受印，以示不臣也。而佩"天道"者，且为天子道天神也。于是五利常夜祠其家，欲以下神。神未至而百鬼集矣，然颇能使之。其后装治行东入海求其师云。

大见数月，佩六印，贵震天下，而海上燕、齐之间，莫不扼腕而自言有禁方、能神仙矣。

其夏六月中，汾阴巫锦为民祠魏脽后土营旁，见地如钩状，掊视得鼎。鼎大异于众鼎，文镂无款识，怪之，言吏。吏告河东太守胜，胜以闻。天子使使验问巫得鼎无奸诈，乃以礼祠，迎鼎至甘泉，从行，上荐之。至中山，晏温，有黄云盖焉。有麃过，上自射之，因以祭云。至长安，公卿大夫皆议请尊宝鼎。天子曰："间者河溢，岁数不登，故巡祭后土，祈为百姓育谷。今岁丰庑未报，鼎曷为出哉?"有司皆曰："闻昔泰帝兴神鼎一，一者壹统，天地万物所系终也。黄帝作宝鼎三，象天地人。禹收九牧之金，铸九鼎，皆尝亨鬺上帝鬼神。遭圣则兴，鼎迁于夏、商。周德衰，宋之社亡，鼎乃沦没，伏而不见。《颂》云'自堂徂基，自羊徂牛；鼐鼎及鼒；不吴不骜，胡考之休'。今鼎至甘泉，光闰龙变，承休无疆。合兹中山，有黄白云降盖，若兽为符，路弓乘矢，集获坛下，报祠大享。唯受命而帝者心知其意而合德焉。鼎宜见于祖祢，藏于帝廷，以合明应。"制曰："可。"

入海求蓬莱者，言蓬莱不远，而不能至者，殆不见其气。上乃遣望气佐候其气云。

其秋，上幸雍，且郊。或曰"五帝，太一之佐也，宜立太一而上亲郊之"。上疑未定。齐人公孙卿曰："今年得宝鼎，其冬辛巳朔旦冬至，与黄帝时等。"卿有札书曰："黄帝得宝鼎宛朐，问于鬼臾区。鬼臾区对曰：'黄帝得宝鼎神筴，是岁己酉朔旦冬至，得天之纪，终而复始。'于是黄帝迎日推筴，后率二十岁复朔旦冬至，凡二十推，三百八十年，黄帝仙登于天。"卿因所忠欲奏之。所忠视其书不经，疑其妄书，谢曰："宝鼎事已决矣，尚何以为!"卿因嬖人奏之。上大说，乃召问卿。对曰："受此书申功，申功已死。”上曰:“申功何人也?”卿曰:“申功,齐人。与安期生通,受黄帝言,无书,独有此鼎书。曰‘汉兴复当黄帝之时’,曰‘汉之圣者在高祖之孙且曾孙也,宝鼎出而与神通,封禅。封禅七十二王,唯黄帝得上泰山封’。申功曰:‘汉主亦当上封,上封则能仙登天矣。黄帝时万诸侯,而神灵之封居七千。天下名山八,而三在蛮夷,五在中国。中国华山、首山、太室、泰山、东莱,此五山,黄帝之所常游,与神会。黄帝且战且学仙。患百姓非其道者,乃断斩非鬼神者。百馀岁然后得与神通。黄帝郊雍上帝,宿三月。鬼臾区号大鸿,死葬雍,故鸿冢是也。其后黄帝接万灵明廷。明廷者,甘泉也。所谓寒门者,谷口也。黄帝采首山铜,铸鼎于荆山下。鼎既成,有龙垂胡髯下迎黄帝。黄帝上骑,群臣后宫从上者七十馀人,龙乃上去。馀小臣不得上,乃悉持龙髯,龙髯拔,堕,堕黄帝之弓。百姓仰望黄帝既上天,乃抱其弓与胡髯号,故后世因名其处曰鼎湖,其弓曰乌号。’”于是天子曰:“嗟乎!吾诚得如黄帝,吾视去妻子如脱蹝耳。”乃拜卿为郎,东使候神于太室。

上遂郊雍,至陇西,西登崆峒,幸甘泉。令祠官宽舒等具太一祠坛,祠坛放薄忌太一坛,坛三垓。五帝坛环居其下,各如其方,黄帝西南,除八通鬼道。太一,其所用如雍一畤物,而加醴枣脯之属,杀一貍牛以为俎豆牢具。而五帝独有俎豆醴进。其下四方地,为醊食群臣从者及北斗云。已祠,胙馀皆燎之。其牛色白,鹿居其中,彘在鹿中,水而洎之。祭日以牛,祭月以羊彘特。太一祝宰则衣紫及绣。五帝各如其色,日赤,月白。

十一月辛巳朔旦冬至,昧爽,天子始郊拜太一。朝朝日,夕夕月,则揖;而见太一如雍郊礼。其赞飨曰:“天始以宝鼎神策授皇帝,朔而又朔,终而复始,皇帝敬拜见焉。”而衣上黄。其祠列火满坛，坛旁亨炊具。有司云“祠上有光焉”。公卿言“皇帝始郊见太一云阳，有司奉瑄玉嘉牲荐飨。是夜有美光，及昼，黄气上属天”。太史公、祠官宽舒等曰：“神灵之休，祐福兆祥，宜因此地光域立太畤坛以明应。令太祝领，秋及腊间祠。三岁天子一郊见。”

其秋，为伐南越，告祷太一。以牡荆画幡日月北斗登龙，以象太一三星，为太一锋，名曰“灵旗”。为兵祷，则太史奉以指所伐国。

而五利将军使不敢入海，之泰山祠。上使人随验，实毋所见。五利妄言见其师，其方尽，多不雠。上乃诛五利。

其冬，公孙卿候神河南，言见仙人迹缑氏城上，有物如雉，往来城上。天子亲幸缑氏城视迹，问卿：“得毋效文成、五利乎？”卿曰：“仙者非有求人主，人主者求之。其道非少宽假，神不来。言神事，事如迂诞，积以岁乃可致也。”于是郡国各除道，缮治宫观名山神祠所，以望幸矣。

其春，既灭南越，上有嬖臣李延年以好音见。上善之，下公卿议，曰：“民间祠尚有鼓舞乐，今郊祀而无乐，岂称乎？”公卿曰：“古者祠天地皆有乐，而神祇可得而礼。”或曰：“太帝使素女鼓五十弦瑟，悲，帝禁不止，故破其瑟为二十五弦。”于是赛南越，祷祠太一、后土，始用乐舞。益召歌儿，作二十五弦及箜篌琴瑟自此起。

其来年冬，上议曰：“古者先振兵释旅，然后封禅。”乃遂北巡朔方，勒兵十馀万，还祭黄帝冢桥山，释兵须如。上曰：“吾闻黄帝不死，今有冢，何也？”或对曰：“黄帝已仙上天，群臣葬其衣冠。”既至甘泉，为且用事泰山，先类祠太一。

自得宝鼎，上与公卿诸生议封禅。封禅用希旷绝，莫知其仪礼，而群儒采封禅《尚书》《周官》《王制》之望祀射牛事。齐人丁公年九十馀，曰："封禅者，合不死之名也。秦皇帝不得上封。陛下必欲上，稍上即无风雨，遂上封矣。"上于是乃令诸儒习射牛，草封禅仪。数年，至且行。天子既闻公孙卿及方士之言，黄帝以上封禅，皆致怪物与神通，欲放黄帝以上接神仙人蓬莱士，高世比德于九皇，而颇采儒术以文之。群儒既已不能辩明封禅事，又牵拘于《诗》《书》古文而不能骋。上为封禅祠器示群儒，群儒或曰"不与古同"。徐偃又曰"太常诸生行礼不如鲁善"。周霸属图封禅事。于是上绌偃、霸，而尽罢诸儒不用。

三月，遂东幸缑氏，礼登中岳太室。从官在山下闻若有言"万岁"云。问上，上不言；问下，下不言。于是以三百户封太室奉祠，命曰"崇高邑"。东上泰山，泰山之草木叶未生，乃令人上石立之泰山巅。

上遂东巡海上，行礼祠八神。齐人之上疏言神怪奇方者以万数，然无验者。乃益发船，令言海中神山者数千人求蓬莱神人。公孙卿持节常先行候名山，至东莱，言夜见大人，长数丈，就之则不见，见其迹甚大，类禽兽云。群臣有言见一老父牵狗，言"吾欲见巨公"，已忽不见。上即见大迹，未信，及群臣有言老父，则大以为仙人也。宿留海上，予方士传车及间使求仙人以千数。

四月，还至奉高。上念诸儒及方士言封禅人人殊，不经，难施行。天子至梁父，礼祠地主。乙卯，令侍中儒者皮弁荐绅，射牛行事。封泰山下东方，如郊祠太一之礼。封广丈二尺，高九尺，其下则有玉牒书，书秘。礼毕，天子独与侍中奉车子侯上泰山，亦有封。其事皆禁。明日，下阴道。丙辰，禅泰山下阯东北肃然山，如祭后土礼。天子皆亲拜见，衣上黄而尽用乐焉。江淮间一茅三脊为神藉。五色土益杂封。纵远方奇兽蜚禽及白雉诸物，颇以加礼，兕牛犀象之属不用。皆至太山祭后土。封禅祠；其夜若有光，昼有白云起封中。

天子从禅还，坐明堂，群臣更上寿。于是制诏御史："朕以眇眇之身承至尊，兢兢焉惧不任。维德菲薄，不明于礼乐。修祠太一，若有象景光，屑如有望，震于怪物，欲止不敢，遂登封泰山，至于梁父，而后禅肃然。自新，嘉与士大夫更始，赐民百户牛一酒十石，加年八十孤寡布帛二匹。复博、奉高、蛇丘、历城，无出今年租税。其大赦天下，如乙卯赦令。行所过毋有复作。事在二年前，皆勿听治。"又下诏曰："古者天子五载一巡狩，用事泰山，诸侯有朝宿地。其令诸侯各治邸泰山下。"

天子既已封泰山，无风雨灾，而方士更言蓬莱诸神山若将可得，于是上欣然庶几遇之，乃复东至海上望，冀遇蓬莱焉。奉车子侯暴病，一日死。上乃遂去，并海上，北至碣石，巡自辽西，历北边至九原。五月，返至甘泉。有司言宝鼎出为元鼎，以今年为元封元年。

其秋，有星茀于东井。后十馀日，有星茀于三能。望气王朔言："候独见填星出如瓜，食顷复入焉。"有司皆曰："陛下建汉家封禅，天其报德星云。"

其来年冬，郊雍五帝，还，拜祝祠太一。赞飨曰："德星昭衍，厥维休祥。寿星仍出，渊耀光明。信星昭见，皇帝敬拜太祝之享。"

其春，公孙卿言见神人东莱山，若云"欲见天子"。天子于是幸缑氏城，拜卿为中大夫。遂至东莱，宿留之数日，无所见，见大人迹云。复遣方士求神怪、采芝药以千数。是岁旱。于是天子既出无名，乃祷万里沙，过祠泰山。还至瓠子，自临塞决河。留二日，沉祠而去。使二卿将卒塞决河。徙二渠，复禹之故迹焉。

是时既灭两越，越人勇之乃言“越人俗鬼，而其祠皆见鬼，数有效。昔东瓯王敬鬼，寿百六十岁。后世怠慢，故衰耗”。乃令越巫立越祝祠，安台无坛，亦祠天神上帝百鬼，而以鸡卜。上信之，越祠鸡卜始用。

公孙卿曰：“仙人可见，而上往常遽，以故不见。今陛下可为观，如缑城，置脯枣，神人宜可致也。且仙人好楼居。”于是上令长安则作蜚廉桂观，甘泉则作益延寿观，使卿持节设具而候神人。乃作通天台，置祠具其下，将招来仙神人之属。于是甘泉更置前殿，始广诸宫室。夏，有芝生殿房内中。天子为塞河，兴通天台，若见有光云。乃下诏：“甘泉房中生芝九茎，赦天下，毋有复作。”

其明年，伐朝鲜。夏，旱。公孙卿曰：“黄帝时封则天旱，乾封三年。”上乃下诏曰：“天旱，意乾封乎？其令天下尊祠灵星焉。”

其明年，上郊雍，通回中道，巡之。春，至鸣泽，从西河归。

其明年冬，上巡南郡，至江陵而东。登礼潜之天柱山，号曰南岳。浮江，自寻阳出枞阳，过彭蠡，祀其名山川。北至琅邪，并海上。四月中，至奉高修封焉。

初，天子封泰山，泰山东北址古时有明堂处，处险不敞。上欲治明堂奉高旁，未晓其制度。济南人公玊带上黄帝时明堂图。明堂图中有一殿，四面无壁，以茅盖，通水，圜宫垣为复道，上有楼，从西南入，命曰昆仑。天子从之入，以拜祠上帝焉。于是上令奉高作明堂汶上，如带图。及五年修封，则祠太一、五帝于明堂上坐，令高皇帝祠坐对之。祠后土于下房，以二十太牢。

天子从昆仑道入，始拜明堂如郊礼。礼毕，燎堂下。而上又上泰山，自有秘祠其巅。而泰山下祠五帝，各如其方，黄帝并赤帝，而有司侍祠焉。山上举火，下悉应之。

其后二岁，十一月甲子朔旦冬至，推历者以本统。天子亲至泰山，以十一月甲子朔旦冬至日祠上帝明堂，毋修封禅。其赞飨曰："天增授皇帝太元神策，周而复始。皇帝敬拜太一。"东至海上，考入海及方士求神者，莫验，然益遣，冀遇之。

十一月乙酉，柏梁灾。十二月甲午朔，上亲禅高里，祠后土。临勃海，将以望祀蓬莱之属，冀至殊廷焉。

上还，以柏梁灾故，朝受计甘泉。公孙卿曰："黄帝就青灵台，十二日烧，黄帝乃治明廷。明廷，甘泉也。"方士多言古帝王有都甘泉者。其后天子又朝诸侯甘泉，甘泉作诸侯邸。勇之乃曰："越俗有火灾，复起屋必以大，用胜服之。"于是作建章宫，度为千门万户。前殿度高未央。其东则凤阙，高二十馀丈。其西则唐中，数十里虎圈。其北治大池，渐台高二十馀丈，名曰太液池，中有蓬莱、方丈、瀛洲、壶梁，象海中神山龟鱼之属。其南有玉堂、璧门、大鸟之属。乃立神明台、井幹楼，度五十丈，辇道相属焉。

夏，汉改历，以正月为岁首，而色上黄。官名更印章以五字，为太初元年。是岁，西伐大宛。蝗大起。丁夫人、洛阳虞初等以方祠诅匈奴、大宛焉。

其明年，有司上言雍五畤无牢熟具，芬芳不备。乃令祠官进畤犊牢具，色食所胜，而以木禺马代驹焉。独五月尝驹，行亲郊用驹及诸名山川用驹者，悉以木禺马代。行过，乃用驹。他礼如故。

其明年，东巡海上，考神仙之属，未有验者。方士有言"黄帝时为五城十二楼，以候神人于执期，命曰迎年”。上许，作之如方，命曰明年。上亲礼祠上帝焉。

公王带曰：“黄帝时虽封泰山，然风后、封巨、岐伯令黄帝封东泰山，禅凡山，合符，然后不死焉。”天子既令设祠具，至东泰山，东泰山卑小，不称其声，乃令祠官礼之，而不封禅焉。其后，令带奉祠候神物。夏，遂还泰山，修五年之礼如前，而加以禅祠石闾。石闾者，在泰山下阯南方，方士多言此仙人之闾也，故上亲禅焉。

其后五年，复至泰山修封，还过祭恒山。

今天子所兴祠，太一、后土，三年亲郊祠，建汉家封禅，五年一修封。薄忌太一及三一、冥羊、马行、赤星，五，宽舒之祠官以岁时致礼。凡六祠，皆太祝领之。至如八神诸神，明年、凡山他名祠，行过则祠，行去则已。方士所兴祠，各自主，其人终则已，祠官不主。他祠皆如其故。今上封禅，其后十二岁而还遍于五岳四渎矣。而方士之候祠神人，入海求蓬莱，终无有验。而公孙卿之候神者，犹以大人迹为解，无其效。天子益怠厌方士之怪迂语矣。然羁縻不绝，冀遇其真。自此之后，方士言祠神者弥众，然其效可睹矣。

太史公曰：余从巡祭天地诸神名山川而封禅焉。入寿宫侍祠神语，究观方士祠官之意，于是退而论次自古以来用事于鬼神者，具见其表里。后有君子，得以览焉。至若俎豆珪币之详，献酬之礼，则有司存。

【译文】

自古以来受天命为帝王的人，何尝不封禅？上天没有显示吉兆就行封禅礼的或许大有人在，而从来没有上天已现吉兆却不到泰山去封禅的帝王。有的帝王虽受命为帝但他的功业还未能成就，有的功业已成但道德还与封禅的盛举不相当，有的功业、道德都已周洽然而又无暇顾及封禅，所以得行封禅的很少。书上说："三年不行礼，礼制必废；三年不举乐，乐必坏。"每逢盛世，则举行封禅礼以报答上天，衰世则封禅不行。封禅不行说远些有千余年，近些有数百年，所以封禅的仪式缺失以至堙灭，详细情形无法记录下来传闻后世了。

《尚书》说：舜时用璇玑玉衡以观测日月星辰的运行是否正常。于是类祭上帝，禋祭六宗，望祭山川，遍祭群神。收取诸侯所持瑞玉，选择吉月吉日，会见四岳诸侯牧守，又将瑞玉还给他们。当年二月，东巡到达岱宗。岱宗，就是泰山。焚烧柴薪为燎火，按等级望祭诸山川。于是接受东后的朝见。东后，就是东方的诸侯。统一各地历法和律度量衡。修饬五礼以及五玉、三帛、二生、一死等各等级人的贽见礼。五月，巡察到南岳。南岳，就是衡山。八月，巡察到西岳。西岳，就是华山。十一月，巡察到北岳，北岳，就是恒山。都如同岱宗的礼仪。中岳，就是嵩山，五年巡察一次。

禹沿用了这种制度。其后十四世，到帝孔甲，有淫德，好神祀，神被亵渎，二龙离夏庭而去。此后三世，汤伐夏桀，想改变夏朝祭土神的神坛，但没有更合适的礼制，只好作罢，就作了《夏社》的文诰。此后八世，至帝太戊时，有桑、谷二木合为一株，生于庭院中，一夜之间就长到两手合拱那么粗，太戊很是害怕。伊陟说："妖不胜德。"太戊于是修德行善政，桑谷树自枯而死。伊陟告知巫咸，巫咸将此事记录下来，他的名字也从此流传下来。此后十四世，帝武丁得傅说为相，殷朝重又兴盛起来，称为高宗。有野鸡登上鼎耳而鸣叫，武丁十分害怕。祖己说："修德就不怕了。"武丁听从了他的话，帝位一直安宁无事。后五世，帝武乙由于怠慢神灵，遭雷震而死。后三世，帝纣淫乱，武王兴兵讨伐他。由此看来，起初帝王未尝不恭敬神祇，后来渐渐怠慢了。

《周官》说，冬至那天，在城南郊祭天，以迎接夏至到来；夏至那天，祭地祇。祭祀时都用音乐、舞蹈，神才会享受祭祀。天子祭祀天下的名山大川，视五岳如同对待三公礼，视四渎如同对待诸侯礼，诸侯祭祀境内的名山大川。四渎，就是长江、黄河、淮水、济水。天子祭祀的地方称为明堂、辟雍，诸侯祭祀的地方称为泮宫。

周公既已做了成王的相国，郊祀时以后稷配天，宗庙祭祀时在明堂祭文王以配上帝。自从禹兴起祭祀社神，后稷稼穑有功，才有后稷的神祠，郊祭与社祭都有很久的历史了。

自周灭殷以后十四世，世道更加衰落，礼乐废弃，诸侯恣意行事，而周幽王被犬戎战败，周都城东迁到洛邑。秦襄公攻犬戎救周，以功劳开始列为诸侯。秦襄公既为诸侯，居住在西垂，自以为应该主持祭祀少暤之神，作西畤祭祀白帝，祭品用马驹、黄牛、羝羊各一头。过了十六年，秦文公往东方打猎，来到汧水、渭水之间，想留居下来，卜得吉兆。文公梦见有一条黄蛇，身子从天上一直垂到地面，嘴落在鄜衍。文公以梦中的事问史敦，史敦说："这是上帝的象征，请君祭祀它。"于是建立鄜畤，用三牲大礼郊祭白帝。

立鄜畤以前，雍城附近原有吴阳武畤，雍城东面有好畤，都已废毁，无人祭祀。有人说："自古以来，由于雍州地势高，是神灵居住的地方，所以立畤郊祀上帝，诸神祠庙也都聚集在这里。大约黄帝时曾进行祭祀，直到晚周还举行郊祭。"这些话不见于经典，为缙绅大人所不言。

作鄜畤以后九年，秦文公得到一块像石头的东西，在陈仓山北坡的城邑中祭祀它。它的神灵有时经岁不至，有时一年之中数次降临，降临也常在夜晚，有光辉似流星，从东南方来，汇集在祠城中，样子像雄鸡，叫声响亮，引得野鸡纷纷夜啼。用牲畜一头祭祀，名为陈宝。

作鄜畤后七十八年，秦德公立为王，经占卜居住在雍城，后来子孙把疆域扩展到黄河沿岸，便定都雍城，雍城的许多祠庙自此兴盛。在鄜畤祭祀时用牲畜三百头。又建伏祠，将狗分开分别放在城的四门举行祭祀，以防热毒恶气伤人。

德公立二年而死。又过四年，秦宣王在渭水南作密畤，祭祀青帝。

过了十四年，秦穆公即位，病卧五日不省人事；醒来后，就说梦见上帝了，上帝命穆公平定晋国内乱。史官记下来，藏于内府。而后世都说秦穆公上天了。

秦穆公即位九年，齐桓公为霸主，在葵丘召集诸侯会盟，想要封禅。管仲说："古时候封泰山、禅梁父的有七十二家，而夷吾所记得的只有十二家。以前无怀氏封泰山，禅云云；虙羲封泰山，禅云云；神农封泰山，禅云云；炎帝封泰山，禅云云；黄帝封泰山，禅亭亭；颛顼封泰山，禅云云；帝喾封泰山，禅云云；尧封泰山，禅云云；舜封泰山，禅云云；禹封泰山，禅会稽；汤封泰山，禅云云；周成王封泰山，禅社首：他们都是受天命才得以封禅。"齐桓公说："寡人向北征伐山戎，兵过孤竹；向西伐大夏，远涉流沙，勒马停车，登上卑耳山；向南征伐到召陵，登上熊耳山以眺望长江、汉水。召集诸侯会兵三次，召集诸侯会盟六次，前后九次召集诸侯，匡正天下，诸侯没有谁敢违背我。与以前三代受天命为帝王，又有什么不同?"于是管仲看出对桓公不可能以言辞说服，就说些难办的事阻止他道："古时候封禅，需要用鄗上的黍、北里的禾作祭天用的粢盛；用江淮之间生长的三脊茅，编织荐神的垫席。东海求来比目鱼，西海求来比翼鸟，然后还有不求自至的十五种吉祥物出现。如今凤凰麒麟没有降临，嘉谷没有出现，而田中蓬蒿杂草茂盛，恶鸟鸱鸮数次现于朝堂，这时想要封禅，是否不太合适?"于是桓公不再打算封禅。这一年，秦穆公接纳晋君夷吾。此后三次为晋国立君主，平定晋国内乱。穆公在位三十九年而死。

此后过了一百多年，孔子论述六艺。书传中简略地记述说天下改姓而出现的新王，封泰山禅梁父的有七十多人，而孔子论述中却看不到有关封禅的俎豆之礼，大约是难以记述的缘故。曾有人问及有关谛祭的事，孔子说："不知道。倘若知道谛祭的事，那治理天下就如同观察自己的掌纹一样容易。"《诗经》说纣王在位，文王受天命后，政事中没有封泰山的事。武王灭殷后二年，天下尚未安宁就死了。所以周朝惟有到成王时才说得上德政融洽，像成王这样，要封泰山才有些合乎道理。后来陪臣执政，鲁国季氏祭祀泰山，孔子曾嘲笑这件事。

这时苌弘以方术事奉周灵王，诸侯没有谁肯朝见周王；周朝衰微，无力治其罪，于是苌弘就明确了鬼神之事，设置射貍首的仪式。貍首，是那些不来朝见的诸侯，想凭借物怪的力量让诸侯来朝。诸侯不从，晋人抓住苌弘杀掉了他。周朝人谈方术神怪自苌弘开始。

百余年后，秦灵公设吴阳上畤，祭祀黄帝；设下畤，祭祀炎帝。

此后四十八年，周朝太史儋见秦献公说："起初秦与周合，合后又分离，五百年后该当重新合，合十七年就会有霸王出现。"栎阳城里天空降金屑，秦献公自认为是得了五行中属于金的祥瑞，因而在栎阳作畦畤祭祀白帝。

此后过了一百二十年，秦灭周，周的九鼎流入秦。有人说宋国的太丘社坛被毁以后，九鼎在彭城下的泗水中沉没了。

又过了一百一十五年，秦国统一天下。

秦始皇已经统一天下为帝，有人说："黄帝得五行中的土德，有黄龙和神奇的大蚯蚓出现。夏得木德，有青龙降落在都城郊外，草木长得茁壮茂盛。殷得金德，银子从山中流出。周得火德，有天降火鸟的瑞应。如今秦改变周的天下，是得水德之时。以前秦文公出外打猎，曾得到一条黑龙，这就是水德的吉祥物。"于是秦把黄河改名为"德水"，以冬季十月为每年的开头，服色崇尚黑色，尺度以六为数，音声崇尚大吕，政事崇尚法令。

即帝位的第三年，向东方巡察郡县，在驺县峄山立祠祭祀，歌颂秦的功业。于是招来齐鲁的儒生、博士七十人为随从，来到泰山下。众儒生有的建议说："古时候封禅，乘坐用蒲草包裹车轮的车子，是怕伤害了山上的土石草木；把地面打扫一下，就作为祭祀场地，席子用草、禾秆编成，是由于易于遵行的缘故。"始皇听到这些议论各不相同，难以实行，由此罢斥儒生。于是命人修筑车道，从泰山南面登上顶峰，立石碑歌颂秦始皇的功德，说明他封泰山的理由。从泰山北面下山，在梁父山祭地神。封禅之礼许多是采用太祝在雍城祭祀上帝的仪式，而祭品与告天的文字都秘藏起来，世人无法知晓并记录下来。

秦始皇上泰山时，在半山腰中遇到暴风雨，曾在大树下避雨。诸儒生既被贬斥，不能参与封禅之礼，听说始皇遇风雨，就讥笑他。

封泰山已毕，秦始皇继续东行海上，一路祭祀名山大川以及八神，寻求仙人羡门高之类仙人。八神名目自古就有，有人说是齐太公以来造出来的。齐国之所以称为齐，就是因为它正对着天的中央，天齐的祭祀已废绝，不知当初是从什么时候开始的。八神：一是天主，在天齐祭祀，天齐渊水，在临淄城南郊的山脚下。二是地主，在梁父山祭祀。大概是天性喜阴，祭祀它必须在高山的下面，小山的上面，称为畤；地性喜阳，祭祀它必须在低洼地的圆丘上。三是兵主，祭蚩尤。蚩尤祠在东平陆监乡，为齐国西境。四是阴主，在三山祭祀。五是阳主，在之罘祭祀。六是月主，在莱山祭祀。以上三个都在齐国北部，临近渤海。七是日主，在成山祭祀。成山突出入海，在齐国的东北角，据说是迎接日出的地方。八是四时主，在琅邪祭祀。琅邪在齐国东方，大约是一年开头最早的地方。祭祀八神都用一太牢的祭品，只是巫祝、珪币多少有些不同。

自从齐威王、宣王时，驺衍等人著书立说，论述五德终始变化。等到秦称帝后，驺衍的徒子徒孙将其进献给秦始皇，秦始皇采用了它。而自宋毋忌、正伯侨、充尚、羡门高以后都是燕国人，行修道成仙的方术，如形解销化、依托鬼神等事。驺衍以阴阳主运之说显名诸侯，燕、齐一带的方士传习其说又不能通达，而怪迂阿谀、苟且求合的人从此兴起，多得不可胜数。

自从齐威王、齐宣王、燕昭王开始使人入海寻找蓬莱、方丈、瀛州。这三座神山，相传在渤海之中，离人间不算远；困难在于人们快要到达之时，就会有海风将船吹离而去。据说曾有人到过那里，众仙人以及长生不死之药都有。山上的东西禽兽都是白色的，用黄金白银建造宫阙。到山上以前，望过去如同一片白云；来到跟前，见三神山反而在海水以下。想要登上山，则总是被风吹引离去，终究不能到达。世间的帝王无不甘心为求得仙山而不惜代价。等到秦始皇统一天下后，到了海上，向始皇谈及这些事的方士不计其数。始皇自以为亲自到海上不见得就能找到神山，于是派人带着童男童女到海上寻找。船到海中以后，都以遇风不能到达为托辞，说道虽没到达，但确实看到了神山。第二年，始皇重游海上，到琅邪，路过恒山，取道上党而回。三年后，巡游碣石，察考被派遣入海寻找神山的方士，从上郡返回。过了五年，始皇南游到湘山，于是登上会稽山，沿海北行，希望遇到海中三神山上的长生不老药。结果没能如愿，返回的路上在沙丘病死。

二世元年，二世东巡到碣石，沿海南下，过泰山，到达会稽，每处都按礼仪祭祀神祇。在始皇所立石旁刻文纪事，颂扬始皇的功德。这年秋天，诸侯起兵反叛秦朝。三年后二世被弑而死。

始皇封禅之后十二年，秦朝灭亡。儒生们痛恨秦朝焚毁诗书，屠杀、侮辱儒生，百姓怨恨秦朝法律，天下反叛它，都讹传说："始皇上泰山，被暴风雨所阻，没能行封禅礼。"这难道不是所谓的无封禅之德而行封禅之礼吗？

从前三代国都在河、洛之间，所以嵩山为中岳，其他四岳也都与各自方位相合，四渎都在崤山以东。到秦称帝，建都咸阳，则五岳、四渎都在都城东方。自五帝到秦一代代的迭兴迭衰，名山大川或在诸侯境内，或在天子国中，祭祀的礼仪有损有益，随世而异，不可胜计。等到秦统一天下，命令祠官常供奉的天地名山大川诸鬼神，便能按次序记述下来了。

于是知道那时自崤山以东，祭祀的有名山五个，大川二个。名为太室。太室，就是嵩山。恒山，泰山，会稽山，湘山。水是济水，淮水。春季以肉干和酒举行岁祭，此外在河水解冻、秋季河水干涸冰冻、冬季酬神之时进行祈祷祭祀。祭祀用牛犊各一头作祭品，而礼器、珪币各不相同。

自华山以西，名山有七个，名川有四个。名为华山，薄山。薄山，就是衰山。岳山，岐山，吴岳，鸿冢，渎山。渎山，就是蜀中的汶山。水有黄河，在临晋祭祀；沔水，在汉中祭祀；湫渊，在朝那祭祀；江水，在蜀中祭祀。也是在春天解冻、深秋结冰、冬天酬神之时祷祭，祭礼如同祭东方名山川，但所用牛犊、礼器和珪币各不相同。此外四大冢鸿、岐、吴、岳，都有尝禾的祭祀。

遇到陈宝神应节降临祠庙，祭祀黄河时增加尝醪之礼。这些都在雍州地域以内，靠近天子都城，所以祭祀增加车一辆，马驹四匹。

霸水、产水、长水、沣水、涝水、泾水、渭水都不是大川，由于邻近咸阳，享受与名山川相同的祭祀，但没有加祭的诸项内容。

汧水、洛水二渊，鸣泽、蒲山、岳嵋山之类，是小山川，也都有每年的祷祭、赛祭、解冻、河川干涸等祀，但祭礼不必相同。

而雍州有日、月、参、辰、南北斗、荧惑、太白、岁星、填星、辰星、二十八宿、风伯、雨师、四海、九臣、十四臣、诸布、诸严、诸逑之类，共一百多个祠庙。西垂也有数十座祠庙。在湖地有周天子祠，下邽有天神祠，沣、滈有昭明、天子辟池，杜、亳二地有三社主之祠、寿星祠；而雍城草庵小庙中也有供奉杜主的。杜主，原是周朝的右将军，在秦中地区，是小鬼中最有神灵的。以上种种各自都按年岁、时令供奉和祭祀。

诸神祠中唯有雍州四畤的上帝祠地位最尊，祭祀景象最激动人心的要数陈宝祠。所以雍州四畤，春季举行岁祷，此外还有解冻、深秋河川干涸和冰冻、冬赛的祭祀，五月的尝驹，以及每季度的第二个月举行的月祀；而陈宝祠只有在陈宝应节降临时举行祭祀。祭礼春夏季用骍牛，秋冬季用驹。畤用驹四匹，由四匹木偶龙拉的木偶栾车一乘，四匹木偶马拉的木偶马车一乘，颜色与各帝相应的五方色相同。黄牛犊和羔羊各四只，珪币各有定数，牛、羊等都是活埋于地下，没有俎豆等礼器。三年郊祭一次。秦以冬季十月为每年的开始，所以常在十月由帝王亲自斋戒后郊祀上帝，由祭祀的地方以权火直达宫禁，皇帝拜于咸阳宫旁，衣服崇尚白色，其他用具与经常的祭祀相同。西畤、畦畤的祭祀还按过去的办法，皇帝不亲身往祭。

诸如此类的祠庙都由太祝经常主持，按年岁时令进行祭祀。至于其他名山川、诸鬼神以及八神之类，皇帝路过它们的祠庙时就祭祀，离去就算了。郡县以及边远地方的神祠，百姓各自供奉祭祀，不归天子设置的祝官管辖。祝官中有一种秘祝，一旦遇到灾变的征兆，就向鬼神祈祷，请鬼神将谴责转移到臣下身上。

汉兴起，高祖贫贱时，曾杀死一条大蛇。有神物化作人形说："这条蛇，是白帝之子，杀它的是赤帝之子。”高祖初起兵时，曾在丰邑的枌榆社前祈祷。攻下沛县后，做了沛县令，就祭祀蚩尤，以血将鼓旗染成红色。终于在十月兵至灞上，与诸侯一起平定咸阳，立为汉王。因此以十月为一年的开头，崇尚赤色。

第二年，向东攻打项籍，还兵入关后，问道：“过去秦朝时祭祀的上帝是什么帝呢？”左右回答说：“共四帝，有白帝、青帝、黄帝、赤帝之祠。”高祖说：“我听说天有五帝，只有四庙，为什么呢？”谁也不知道他说的什么意思。于是高祖说：“我知道了，是等我来凑满五帝之数的。”于是又建立了黑帝祠，命名为北畤。由有司主持祭祀，皇帝不亲自往祭。将秦的祝官全部招来，又设置了太祝、太宰，祭礼也与以往相同。还让每个县都修建一座祭祀天地的庙宇，并下诏书说：“我很重视祠庙而敬重祭祀。如今上帝的祭祀以及山川诸神应当祭祀的，各按时礼像往常一样进行祭祀。”

四年后，天下已定，诏命御史，令丰邑整修枌榆社，于四时恭谨祭祀，春季用羊猪祭祀。令祝官在长安建立蚩尤祠。在长安设置祠祝官、女巫。其中梁巫，祭祀天、地、天社、天水、房中、堂上之类；晋巫，祭祀五帝、东君、云中君、司命、巫社、巫祠、族人、先炊之类；秦巫，祭祀社主、巫保、族之类；荆巫，祭祀堂下、巫先、司命、施糜之类；九天巫，祭祀九天。都按年岁、时令在宫中祭祀。河巫在临晋祭祀河神，而南山巫祭祀南山和秦中。秦中，是祭祀二世皇帝的。祭祀各有定时。

此后二年，有人说周朝兴起在邰重建城邑，立后稷之祠，至今受天下人祭祀。于是高祖下诏给御史：“下令各郡、诸侯国和所属各县立灵星庙，经常按年岁、时令用牛祭祀。”

高祖十年春，有司请求命各县常在春二月和腊月用羊猪祭祀社稷，民间里巷的土神庙，让百姓自己决定祭祀的方法。高祖制诏说：“可以。”

其后十八年，孝文帝即位。即位的第十三年，下诏说：“如今秘祝把过错都推给臣下，朕很不赞成，从现在起取消秘祝。”

起初名山大川在诸侯国境内的，由诸侯的祝官各自供奉祭祀，天子祝官不负责其事。等到齐、淮南国废除后，命太祝官像往常一样按年岁、时令进行祭祀。这一年，颁布制书说："朕即位至今已十三年，依赖宗庙的神灵，社稷的福报，境内安定，灾疫不兴。近些年来连年丰收，如朕这般无德，为何能享受这样的福报？这都是上帝诸神的赐予啊。听说古时候享受神的恩惠必要报答它的恩德，所以想增加对诸神的祭祀礼数。有司议定雍州五畤增加大车各一乘，连同驾车备马的饰具；西畤、畦畤增加木偶车各一乘，木偶马四匹，连同驾车备马的饰具；河、湫、汉水的祭祀增加玉璧各二枚；至于所有祠庙，各增大其祭坛场地，珪币俎豆也按等级予以追加。祝福者都是为朕祈福，百姓却得不到。今后再祷告时，只是向神灵表示敬意，不许再为朕祈求什么。"

鲁人公孙臣上书说："起初秦得水德，如今汉承受了它，若推求五德终始的传授，汉应当受土德，受土德的感应是出现黄龙。应该更改历法、律度，变易服色，崇尚黄色。"当时丞相张苍喜好律历之学，认为汉是水德的开始，河水决口于金堤，便是水德的征兆。以冬十月为每年的开始，颜色崇尚外黑内赤，才与五行之德相符合。公孙臣所说，是错误的。于是公孙臣的上书就被罢斥不用。此后三年，黄龙在成纪出现。于是文帝召见公孙臣，拜他为博士官，与诸儒生一起草拟更改历法和服色的事宜。当年夏天，文帝下诏说："今有奇异的神灵出现于成纪，对百姓不加伤害，每年又得到好收成。朕要郊祀上帝诸神，礼官商议一下具体事宜，不要因为怕朕劳累而有什么隐讳。"有司都说："古时候天子在夏天亲自郊祀，在郊外祭祀上帝，所以称为郊。"于是夏季四月，文帝首次亲自郊祀雍城的五畤祠，礼服崇尚赤色。

第二年，赵人新垣平以善望气得以朝见皇帝，说道："长安城的东北方有神气，色呈五彩，形状像人的帽子。有人说东北方是神明居住的地方，西方是神明的坟墓。如今天降祥瑞，应该立祠祭祀上帝，以与天降祥瑞相应合。"于是在渭阳作五帝庙，五帝同庙而供，每帝居一殿，庙的每一面有五个门，颜色各与殿内所祭五帝的五方色相同。祭祀所用以及仪礼也如同雍城五畤。

夏季四月，文帝亲自在霸、渭二水会合处拜神，以郊祀渭阳五帝。五帝庙南临渭水，北穿蒲池沟水，权火燃起时开始祭祀，火光照耀好像一直烧到天上。于是封新垣平为上大夫，赏赐累计达千金之多。而命博士和诸儒生搜辑六经中的文句撰成《王制》，打算商讨巡狩和封禅的事宜。

文帝出游长门，仿佛见到五人立于道路以北，于是在五人所站立的正北方建立五帝坛，以五牢和相应的礼具祭祀。

第二年，新垣平命人带着玉杯，到天子阙下上书进献。新垣平对皇帝说："天子阙下有宝玉气来了。"检查各处给皇帝的进献，果然发现有献玉杯的，上面刻着"人主延寿"四个字。新垣平又说："为臣占测，太阳在一日之内将会两次居于中午的位置。"不久，太阳过午以后，果然又回到中午的位置。于是把文帝十七年改为后元元年，命令天下人聚饮庆贺。

新垣平对皇帝说："周鼎失落在泗水之中，如今河水泛滥通于泗水，臣望见东北方汾阴地区有金宝气，推想难道是周鼎要出现了吗？征兆虽已出现，若不迎接它还是不能降临。"于是皇上命人在汾阴南修了一座庙，临河祭祀，希望通过祭祀，祈求周鼎出现。

有人上书告发新垣平所说的种种望气事都是骗局。皇上就把新垣平交给狱吏治罪，杀了新垣平并夷灭其族。从此以后，文帝对于更改历法、律度、服色、神明之事就没有兴趣了，将渭阳、长门的五帝庙交给祠官管领，按时祭祀，不再亲往行礼。

第二年，匈役数次侵入边境，汉发兵守卫。此后几年收成稍差一些。

数年后孝景帝即位。在位十六年，祠官像以往一样各自按年岁、时令祭祀，没有什么兴革，一直到当今天子。

当今天子刚即位，就特别敬重祭祀鬼神。

元年，汉兴起已有六十多年了，天下安定，朝廷大臣都希望天子举行封禅大典，改换历法和度量衡等各种制度。而皇上崇尚儒术，招纳贤良之士，赵绾、王臧等人就靠文章博学而位至公卿，他们想建议天子按古制在城南建立宣明政教的明堂，用来朝会诸侯。他们草拟天子出巡、封禅和改换历法、服色制度尚未完成，正赶上窦太后还在推崇黄帝、老子的道家学说，不喜欢儒术，于是派人暗中察访得赵绾等人所干的非法牟利之类的事，传讯审查赵绾、王臧，赵绾、王臧自杀，他们所建议兴办的那些事也就废止了。

此后六年，窦太后驾崩。第二年，征召文学之士公孙弘等人。

又过了一年，当今皇上初次来到雍地，在五畤举行郊祀仪式祭天帝。以后常是每三年郊祀一次。这时皇上求得一位神君，供奉在上林苑中的蹄氏观。神君本是长陵的一个女子，因儿子夭折，悲哀而死，显灵于她的妯娌宛若身上。宛若在家里供奉她，很多百姓都去祭祀。战国时平原君曾前往祭祀，他的后代子孙因此而尊贵显赫。到当今皇上即位后，就用隆重的礼仪安置在宫内供奉，能听见神君的说话声，但见不到她本人。

当时李少君也以祭灶致福、避谷不食、长生不老的方术晋见皇上，受到皇上敬重。李少君是由已故的深泽侯的舍人，主管方术。他隐瞒了自己的年龄和出身经历，常自称七十岁了，能驱使鬼物，使人长生不老。他靠方术遍游诸侯，没有妻子儿女。人们听说他能驱使鬼物，还能使人长生不老，就不断赠送财物给他，因此他常有多余的金钱、衣服和食物。人们都以为他不治事产业就很富有，又不知他是什么地方的人，对他越发相信，争着侍奉他。李少君天生喜好方术，善于用巧言说中事情。他曾跟从武安侯宴饮，座中有位九十多岁的老人，他就谈起从前跟老人的祖父一起游玩射猎的地方，这位老人小时候曾跟着祖父，还能记得那些地方，满座宾客都十分惊讶。少君拜见皇上，皇上有一件古铜器，拿出来问少君。少君说："这件铜器，齐桓公十年时陈列在柏寝台。"过后查验铜器上的铭文，果真是齐桓公时的器物。整个宫中都大为吃惊，以为少君就是神，已有几百岁了。

李少君对皇上说道："祭祀灶神就能招来鬼神，招来鬼神后丹沙可以化成黄金，黄金炼成了用它打造饮食器具，使用后能延年益寿，寿命长了就可见到东海中蓬莱仙人，见到仙人后再举行封禅就可长生不死，黄帝就是这样的。臣曾在海上游历，见过安期生，安期生给臣枣吃，那枣儿像瓜一样大。安期生是仙人，与蓬莱山的仙人相往来；跟他投合的，他就出来相见，不投合的就躲起来不见。"于是天子开始亲自祭祀灶神，并派方术之士到东海访求安期生之类的仙人，同时干起用丹砂等各种药剂提炼黄金的事来。

过了许久，李少君病死。天子以为他是成仙而去并没有死，就命黄锤人史宽舒学他的方术。皇帝访求蓬莱仙人安期生没有找到，而燕、齐沿海一带怪迂的方士却有许多人纷纷前来谈论神仙之类的事。

亳县人谬忌奏上祭祀太一神的方法，他说："天神中最尊贵的是太一神，太一的辅佐神是五帝。古时候天子于春秋两季在东南郊祭太一神，用牛、羊、猪三牲祭祀达七日之久，筑祭坛，祭坛八面开有供神鬼来往的通道。"于是天子命太祝在长安东南郊立太一神祠，经常按谬忌说的方法供奉祭祀。后来，有人上书说："古时候天子每三年一次，用牛、羊、猪三牲祭祀三一之神，即：天一神、地一神和太一神。"天子准奏，命太祝负责在太一神坛上祭祀，依照上书人所说的方式进行。后来又有人上书，说："古时候天子经常在春季举行除灾求福的祭祀，祭黄帝用恶鸟枭鸟、恶兽破镜各一只；祭冥羊神用羊；祭马行神用一匹青色雄马；祭太一神、泽山君、地长神用牛；祭武夷君用干鱼；祭阴阳使者用一头牛。"天子也命祠官按上书人说的方式照办，在太一神坛旁举行祭祀。

后来，天子苑出现白鹿，就用白鹿皮制成货币。为使上天发出吉兆，又铸造了白金币。

第二年，天子在雍地举行郊祀，猎获一头独角兽，样子像麃鹿。有司说："陛下恭恭敬敬举行郊祀，上帝为报答对他的供奉，赐给这头独角兽，这大概就是麒麟。"于是把它进献给五帝之畤，每畤的祭品外加一头牛举行燎祭。赐给诸侯白金币，向他们暗示这种吉兆与天地之意相合。

这时济北王以为天子将要举行封禅，就上书向天子献出太山及其周围的城邑，天子用其他县邑给他作为抵偿。常山王有罪，被放逐，天子把他的弟弟封在真定，以延续对祖先的祭祀，而把常山国改为郡。这样一来，五岳就都在天子直接管辖的郡县之内了。

第二年，齐人少翁以招引鬼神的方术晋见皇上。皇上有一位受宠的王夫人死了，少翁用方术在夜里使王夫人和灶神的形貌出现，天子隔着帷幕望见了。于是就封少翁为文成将军，给他很多赏赐，并以宾客之礼对待他。文成将军说道："皇上如果想跟神交往，而宫室、被服不像神用的，神物就不会降临。"于是就制造了画有各种云气的车子，按五行相克之道，在不同日子里驾不同颜色的车子以驱赶恶鬼。又营造甘泉宫，在宫中建起高台宫室，室内画着天、地和太一等鬼神，而且摆上祭祀用具，想借此招来天神。过了一年多，他的方术越发不灵验，神仙总也不来。文成将军就在一块帛上写了些字，让牛吞到肚里，装作不知道，说这头牛肚子里有怪异之物。把牛杀了得到帛书，上面的话很奇怪。天子认得文成的笔迹，一审问，果然是少翁假造的。于是杀了文成将军，并把这事隐瞒起来。

此后，又建造了柏梁台、铜柱和承露仙人掌之类。

文成死后第二年，天子在鼎湖宫病得很重，巫医们什么法子都用了，却不见好转。游水发根说道："上郡有个巫师，他生病时鬼神能附在身上。"皇上把巫师招来，供奉在甘泉宫。等巫师有病时，派人问附在他身上的神君。神君说道："天子不必为病担忧，病一会儿就会好，您可以强撑着来跟我在甘泉宫相会。"于是天子的病见轻了，就亲自前往甘泉宫，病果然好了。于是大赦天下，将神君安置在寿宫。神君中最尊贵的是太一，他的辅佐神是大禁、司命之类，都跟随着他。人们看不到众神的模样，只能听到他们的说话声，说话跟人声音一样。神仙们时去时来，来时风声肃然。他们住在室内帷帐中，有时白天说话，但经常是在晚上。天子举行除灾求福的祓祭，然后才进入宫内。并以巫师为主人，让他关照神君的饮食，神君有什么话要说由巫师传送下来。又在寿宫、北宫置办，张挂羽旗，设置祭器，礼敬神君。神君所说的话，皇上命人记录下来，管它叫"画法"。神君所说的话，一般世俗人都知道，没有什么特别的，可是天子心里暗自高兴。这些事都是秘密的，世上无人知晓。

那以后的第三年，有司建言说纪元应当根据上天所降的吉兆来命名，不应按一年、二年的顺序计算。第一个纪元可称"建元"；第二个纪元因有长星出现，可称为"元光"；第三个纪元，因郊祀时射得独角兽，可称为"元狩"。

次年冬天，天子在雍地举行郊祀，提出："如今上帝由朕亲自祭祀，可后土神却没有祭拜，这样于礼不合。"有司跟太史令、祠官宽舒等人商议道："祭天地要有犄角象蚕茧、板栗那样大小的幼牲。如今陛下要亲自祭祀后土，祭后土应在大泽中的圆丘上筑五个祭坛，每个祭坛用黄牛犊一头作太牢祭品，祭过以后全部埋掉，陪从祭祀的人都要穿黄色衣服。"于是天子就向东行，首次在汾阴脽丘上立了后土祠，一切遵照宽舒等人的建议。皇上亲自望拜，跟祭祀上帝礼仪相同。祭礼结束，天子就经由荥阳返回。途经洛阳时，下诏说："夏、商、周三代已很久远了，难以保存下多少后代。可以划出三十里的地方赐封周王后代为周子南君，让他在那儿供奉祖先的祭祀。"这年，天子开始巡视各郡县，逐渐地靠近泰山了。

这年春天，乐成侯上书推荐栾大。栾大是胶东王宫中的宫人，从前曾跟文成将军同师学习，后来做了胶东王主管方药的尚方令。乐成侯的姐姐是康王的王后，没有儿子。康王死后，其他姬妾的儿子被立为王。而康后有淫乱行为，同新王合不来，彼此用各种办法去加害对方。康后听说文成将军已死，想讨好求宠皇上，就派栾大通过乐成侯求见皇上谈方术。天子杀死文成将军后，也后悔他死得早，惋惜没有让他把方术全部拿出来，等见了栾大，天子非常高兴。栾大这个人长得高大英俊，说话很有策略，而且敢说大话，说什么大话也不犹豫。他吹嘘说："臣常在海中往来，见过安期生、羡门高那些仙人。不过他们认为臣地位低下，不信任臣。又认为康王只是个诸侯罢了，不能把神仙方术传给他。臣屡次向康王进言，康王又不任用臣。臣的老师说：'黄金可以炼成，黄河决口可以堵塞，不死之药可以求得，神仙也可以招来。'然而臣只怕像文成一样也遭杀身之祸，那么方士们就都要把嘴封上了，哪里还敢谈方术呢！"皇上说："文成是误食马肝而死。如果您对老师的方术真有研究，我有什么舍不得的呢！"栾大说："臣的老师不是有求于人，而是人们有求于他。陛下如果一定想要招来神仙，那就要让神仙的使者地位尊贵，让他有自己的家眷，用客礼来对待他，不要瞧不起他，并让他佩带各种印信，才可使他传话给神仙。神仙究竟肯不肯来，尚在两可。总之，只有让神仙的使者尊贵，然后才有可能招来神仙。”于是皇上要他使个小方术，他就表演斗棋，那些棋子就自己在棋盘上互相撞击。

当时皇上正为黄河决口的事忧虑，而黄金又没有炼成，就封栾大为五利将军。过了一个多月，栾大又得到四枚金印，身佩天士将军、地士将军、大通将军印。皇上下诏给御史说：“从前大禹能疏通九江，开引四渎。近来，河水泛滥淹没陆地，筑堤的徭役连续不断。朕即位二十八年了，上天如果要送方士给我，那就是大通将军了。《乾卦》上说‘蜚龙’，《渐卦》提到‘鸿渐于般’，朕想朕和栾大现在就差不多是这种君臣相得的情况。应该以二千户的地方封地士将军栾大为乐通侯。”赐给他一等宅第、奴仆千人。将所用多余的车马、帷帐、器物分给栾大，充满了他的居所。又把卫长公主嫁给他，赠给他黄金万斤，并将公主的汤沐邑改名为“当利”，将公主改称当利公主。天子亲临五利将军府第。使者们前去慰问，所赠物品连接于道。从大长公主至将相以下的人，都在家里置备酒宴招待他，献赠礼物给他。接着天子又刻了一枚“天道将军”的玉印，派使者身着羽衣，于夜间站在白茅上，五利将军也穿着羽衣，站在白茅上接受玉印，以此表示天子不把他做臣下看待。佩戴“天道”之印，是将要为天子引导天神降临。于是五利时常夜间在家中祭祀，想求神仙降临。结果神仙没来，百鬼却聚集来了，不过他还是很能驱使诸鬼的。此后他就整理行装，东行海上，说是去寻找他的老师。栾大被引见只有几个月，就佩上六枚大印，尊贵之名震惊天下，使得燕、齐沿海之地的方士们无不握住手腕，激动振奋，都说自己也有秘方，能通神仙。

同年夏六月中旬，一个叫锦的汾阴巫师在魏脽后土祠旁为民众祭祀，看见地面隆起，有如钩状，扒开土来看，得到一只鼎。这只鼎跟其他鼎大不相同，上面只有花纹没有铸刻文字，巫师觉得奇怪，就告诉了当地官吏。当地官吏报告给河东太守胜，胜又报告了朝廷。天子派使者来查验巫师锦得鼎的详情，确认其中没有诈伪之后，就按礼仪举行祭祀，将鼎迎到甘泉宫，天子随鼎而行，准备把它献给上帝。走到中山时，天气晴暖，有一片黄云覆盖。正好有一头麃鹿跑过，皇上亲自射死了它，用来作了祭品。到长安后，公卿大夫们都奏议请求尊奉宝鼎。天子说："近来黄河泛滥，一连几年收成不好，所以才出巡郡县祭祀后土，祈求他为百姓滋育五谷。今年五谷丰茂，还没有举行祭礼酬谢地神，这鼎为什么会出现呢?"有司都说："听说从前泰帝伏羲氏造了一只神鼎，表示壹统，就是说天地万物都归统于神鼎。黄帝造了三只宝鼎，象征着天、地、人。夏禹收集了九州之金，铸成九只宝鼎，都曾烹煮牲畜祭祀上帝鬼神。遇到圣主鼎就会出现，宝鼎就这样传下来经历了夏、商。到周末世德衰败，宋国祭祀土神的社坛也被毁灭，鼎就沦没隐伏不再出现。《诗经·周颂》说：'自堂徂基，自羊徂牛；鼐鼎及鼒；不虞不骜，胡考之休'。如今鼎已迎到甘泉宫，它光彩夺目，变化莫测，这意味着社稷必将获得无穷无尽的吉祥。这趟行至中山时，上有黄白祥云覆盖、下逢麃鹿吉兽跑过等祥瑞征兆正好相合；还有在神坛下获得大弓和四箭，这全是您在太庙合祭远近祖先神主得到的回报。只有受天命做皇帝的人才能知道天意而与天德相合。这宝鼎应进献祖先，珍藏在天帝宫廷，才符合种种吉祥之兆。"皇上下诏说："可以。"

去海上寻找蓬莱仙山的人说，蓬莱并不远，可总也不能到达，大概是因为看不到仙山的云气。皇上就派出善于望气的官员帮助观测云气。

这年秋天，皇上到了雍地，将要举行郊祀祭五帝。有人说："五帝是太一神的辅佐神，应当立太一神坛，并由皇上亲自郊祀。"皇上犹豫未决。齐人公孙卿说："今年得宝鼎，今冬辛巳日正是朔日，这天早晨又交冬至，和黄帝时的节令刚好一样。卿有一部简书，上面说：黄帝在宛朐得宝鼎，向鬼臾区询问此事。鬼臾区回答说：'黄帝得宝鼎和占卜用的神策，这年己酉日是朔日，早晨又交冬至，符合天道历数，天道历数是周而复始、循环往复的。'于是黄帝按日月的运行推算历法，以后大致每二十年就遇到一次朔日早晨交冬至，向后推算了二十个这样的冬至日，共三百八十年，黄帝成仙，升天而去。"公孙卿想通过所忠把这事奏给皇上。所忠见他的书不正经，怀疑是荒诞的伪书，就推辞说："宝鼎的事已定下来了，还上奏干什么！"公孙卿又通过皇帝所宠信的人上奏了。皇上非常高兴，就把公孙卿招来细问。公孙卿回答说："传这本书的是申功，申功已死。"皇上问："申功是什么人？"公孙卿说："申功是齐人。他与安期生有交往，接受过黄帝的教诲，没留下其他书，只有这部关于鼎的书。书中说'汉的兴盛，应当跟黄帝时的历日相同'，还说'汉的圣君，将出在高祖皇帝的孙子、曾孙之中。宝鼎出现就能与神仙相通，应该举行封禅。自古以来，举行过封禅的有七十二个王，只有黄帝能登上泰山祭天。'申功说：'汉皇帝也应当登上泰山祭天，上了泰山行祭天礼，就可以成仙升天了。黄帝时有上万个诸侯，为祭祀神灵而建立的封国就占了七千。天下的名山有八座，其中三座在蛮夷境内，五座在中国。中国有华山、首山、太室山、泰山和东莱山，这五座山是黄帝常游览之地，在那里与神仙相会。黄帝一边作战一边学习仙道。他担忧百姓中有反对他所学仙道的人，就断然把诽谤鬼神的人杀掉。这样过了一百多年，才得与神仙相通。黄帝当年在雍地郊祀上帝，住了三个月。鬼臾区别号叫大鸿，死后葬在雍地，鸿冢就是这么来的。那以后黄帝在明廷迎接过上万的神灵。明廷，就是现在的甘泉。所谓寒门，就是现在的谷口。黄帝开采首山的铜，在荆山脚下铸鼎。鼎铸成后，有一条龙垂着胡须从天上下来迎接黄帝。黄帝骑上龙背，群臣和后宫嫔妃跟着上去的有七十多人，龙才飞升离去。其余的小臣上不去，全都抓住龙须不放，龙须被拉断，他们都掉下来，黄帝的弓也落了下来。百姓们仰望着黄帝上天而去，就抱着他的弓和龙须大声哭喊，所以后世把那个地方称作鼎湖，把那张弓称作乌号。'"于是天子说："啊！如果真能像黄帝那样，我看离开妻子儿女只不过就像脱掉鞋子一样罢了。"就封公孙卿为郎官，让他往东到太室山去等候神仙。

接着皇上去雍地郊祀，到了陇西，西行登上崆峒山，然后临幸甘泉。命祠官宽舒等人设置太一神的祭坛，祭坛仿照薄忌所说的太一坛建造，分作三层。五帝祭坛各自依他们所属的方位环绕在太一坛下，黄帝坛在西南方，修八条供鬼神往来的通道。太一坛所用祭品，如同雍地五畤中的一畤，而外加甜酒、枣果和肉干之类，还杀一头牦牛作为牲牢。而五帝坛只进献牛羊等牲牢和甜酒。祭坛下的四周，作为祭祀随从的众神和北斗之神的地方。祭祀完毕，用过的祭品全部烧掉。祭祀所用的牛是白色的，将鹿塞进牛腹中，将猪塞进鹿腹中，然后放在水里浸泡。祭日神用牛，祭月神用羊或猪一只。祭太一神的祝官穿紫色绣衣，祭五帝的祝官，其礼服颜色各按五帝所属的颜色，祭日穿红衣，祭月穿白衣。

十一月辛巳朔日早晨交冬至，天刚蒙蒙亮，天子开始郊祀祭拜太一神。早晨朝拜日神，傍晚祭祀月神，都是拱手肃揖；而祭拜太一神则按在雍地的郊祀礼仪进行。祝辞说："上天开始把宝鼎神策赐给皇帝，让他的天下年复一年，月复一月，终而复始，永无止息。皇帝在此恭敬拜见天神。"祭祀礼服用黄色。祭祀时坛上布满火炬，坛旁摆着烹煮器具。有司说"祠坛上方有光出现"。公卿大臣们说"皇帝最初在云阳宫郊祀，祭拜太一神，司祭的官员捧着瑄玉和美牲献给神灵享用。当夜有美丽的灵光出现，到了白天，有黄色云气上升，与天相连"。太史公、祠官宽舒等说："神灵降下美好景象，是保佑福禄的吉兆，应在这神光所照的地域建立太畤坛，以宣扬上天的神明瑞应。命太祝主管此事，每年秋和腊月间举行祭祀。每三年天子郊祀一次。"

这年秋天，为讨伐南越而祭告太一神，用牡荆做幡旗杆，旗上画有日、月、北斗和腾空升起的龙，以象征太一三星，作为太一神的先锋旗，命名为"灵旗"。在为兵事祭告时，由太史官手持灵旗指向所伐国。当时，五利将军身为使者却不敢入海求仙，只到泰山去祭祀。皇上派人跟随查，实际上什么也没见到。五利将军胡说见到了他的老师，其实他的方术已用尽，大多不能应验，皇上就杀了五利将军。

这年冬天，公孙卿在河南等候神仙，说是在缑氏城上见到了仙人的脚印，还有个像野鸡一样的神物，往来于城上。天子亲自到缑氏城察看脚印，问公孙卿："你该不是仿效文成、五利欺骗我吧？"公孙卿说："仙人并非有求于皇帝，而是皇帝有求于仙人。求仙人道，如果不把时间稍微放宽一些，神仙是不会来的。谈起求神这种事，好像是迂腐荒诞的，其实只要积年累月就可以招来神仙。"于是各郡国都修筑道路，修缮宫殿观台和名山神祠，以期待天子到来。

这年春天，灭了南越后，皇上有个宠臣李延年以优美的音乐来进见。皇上认为那音乐极美，就下交公卿大臣们商议，说："民间祭祀还有鼓舞之乐，如今举行郊祀却没有音乐，怎么相称呢？"公卿们说："古时候祭祀天地都有音乐，这样天神和地神才会来享受祭祀。"有人说："太帝让女神素女奏五十弦的瑟，声音悲切，太帝让她停下，可是她不能自止，所以把她的瑟剖开改成了二十五弦。"于是，在为平定南越而酬祭太一、后土神时，开始用音乐歌舞。于是广召歌手，从此起开始制作二十五弦瑟和箜篌瑟。

第二年冬，皇上提议说："古代帝王先收兵止武，然后才进行封禅。"于是就统领十几万军队北上巡视朔方。返回时在桥山祭祀黄帝冢，在须如遣散军兵。皇上说："我听说黄帝并没死，现在却有陵墓，是怎么回事？"有人回答说："黄帝成仙升天后，群臣将他的衣冠埋在这里，所以有陵墓。"皇上到了甘泉后，为了要上泰山举行封禅，就先祭祀太一神。

自从得了宝鼎，皇上就跟公卿大臣及众儒生商议封禅之事。由于封禅之礼很少举行，时间久隔，没有人了解它的礼仪，众儒生主张采用《尚书》《周官》《王制》中记载的遥望而祭、天子射牛的仪式来进行。齐人丁公已九十多岁，他说："'封禅'合于不死之意。秦皇帝没能登上泰山行封礼。陛下如果一定要上去，就应该坚持；只要稍微登得高一些就没有风雨阻挡，也就可以登上泰山行封礼了。"皇上于是命儒生们练习射牛，草拟封禅礼仪。几年后，就进行封禅。天子听了公孙卿和方士的话，说是黄帝以前的帝王举行封禅，都招来了怪异之物而与神仙相通，就想仿效黄帝以前的帝王迎接仙人蓬莱士的做法，借此以超乎世俗，跟九皇比德，而且还在很大程度上采用儒术加以修饰。儒生们因为既不能明辨封禅的具体事宜，又受《诗》《书》等古文经籍的束缚，所以不能尽情施展他们的学问。皇上将封禅用的祭器给儒生们看，儒生们有的说"跟古代的不同"，徐偃又说"太常属下的这些儒生行礼不如古代鲁国的好"，就在这时，周霸正策划封禅事宜，皇上于是贬退了徐偃、周霸，把儒生们全部罢黜不用了。

三月，皇上到东方幸临缑氏城，登上中岳的太室山祭祀。随从官员在山下听到好像有人喊“万岁”。问山上的人，说是没喊；问山下的人，也说没喊。于是皇上封给太室山三百户以供祭祀，命名叫崇高邑。往东登上泰山，山上的草木还没长出叶子，就命人将石碑立在泰山顶峰。

皇上又东巡海上，行礼祭祀八神。齐人上书谈神仙鬼怪和奇异方术的数以万计，但没有应验的。于是皇上增派船只，命那些谈论海上神山的几千人访求蓬莱神人。公孙卿常手持符节，先行在各山等候神仙，到东莱时，说夜间见一个很大的人，身高数丈，等走近他，却不见了。据说看到了他的脚印很大，类似禽兽的脚印。群臣中有人说见一位牵着狗的老者，说“我想见天子”，一会儿又忽然不见了。皇上见到那大脚印时，还不相信；等到群臣中有人说起老者的事，才有些相信那老者就是仙人。因此，留住在海上，给方士驿车，暗中派出数以千计的使者寻求仙人。

四月，返回到奉高。皇上想着儒生和方士们对封禅礼仪的说法各不相同，又没有古书记载，实在难以施行。天子又到了梁父山，恭敬地祭祀地神。乙卯日，命侍从中的儒生头戴白鹿皮帽，身穿插笏官服，射牛进行祭祀。在泰山的东面山脚下设坛祭天，依照郊祀太一神的礼仪。祭天的坛宽一丈二，高九尺，坛下放有玉牒刻写的祷文，祷文内容隐秘。祭礼完毕，天子单独带着侍中奉车都尉霍子侯登上泰山，也举行了祭天仪式，这些事情也都禁止泄露。第二天，顺着山北的道路下山。丙辰日，在泰山脚下东北方的肃然山祭地，如同祭祀后土的礼仪。封禅时，天子都亲自拜见天神、地神，穿黄色礼服并全部用了音乐。用采自江淮一带的三棱灵茅作神垫，用五色泥土混杂起来加在祭坛上，还放出远方的飞禽异兽和白色野鸡等物，增加礼仪的隆重气氛，但不用兕牛、犀牛、大象之类的动物。天子及其随从都是到了泰山，然后离去。举行封禅的那天晚上，天空仿佛有亮光出现，白天又有白云从祭坛中升起。

天子封禅归来，坐在明堂上，群臣相继上前祝寿。于是天子下诏给御史：“朕以微渺之身继承至尊之位，一直谨言慎行，唯恐不能胜任。朕德行微薄，不明礼乐。祭太一神时，天上像是有瑞祥之光，朕心中不安好像望见了什么，被这奇异景象所深深震撼，想要停下来，却又不敢，终于登上泰山筑坛祭天，到了梁父山，然后在肃然山祭地。朕想有新的开端，也很高兴和你们一起重新开始。赐给百姓每百户一头牛、十石酒，八十岁以上的老人和孤儿寡妇，加赐布帛二匹。免除博县、奉高、蛇丘和历城的赋税，不用交纳今年的租税和免除徭役。大赦天下，如同乙卯年的大赦令。凡是朕巡行所经过的地方，所有被罚苦役的犯人一律赦免。如果是两年前犯的罪，一律不再追究。”又下诏说：“古时天子每五年出巡一次，在泰山举行祭祀，诸侯们朝拜都有住所，让诸侯在泰山下各自修建官邸。”

天子在泰山封禅完毕，并未遇上风雨灾害，方士们又说蓬莱诸神好像就要找到了，于是皇上很高兴，觉得或许自己能遇到，就又东行到海边眺望，希望能见到蓬莱神山。奉车都尉霍子侯突然生病，一日就死了。皇上这才离去，沿海而上，往北到达碣石，又从辽西开始巡行，经北方边境到达九原。五月，回到甘泉。有司说，宝鼎出现那年的年号为“元鼎”，今年天子到泰山举行封禅，年号应为“元封”。

这年秋天，有彗星光芒四射，出现在东井宿的位置。十几天后，又有彗星光芒四射，出现在三台宿的位置。有个望气的叫王朔的人说：“我观测时，只见那星出现时形状像瓜，一会儿就消失了。”有司说道：“陛下创建汉家封禅礼制，上天大概是用象征吉祥的德星出现来报答您。”

第二年冬天，天子到雍地郊祀五帝，返回后又拜祭了太一神。祝辞说：“德星光芒四射，象征美好吉祥。寿星相继出现，光辉遍照远方。信星明亮降福，皇帝敬拜诸神福泽无量。”

这年春天，公孙卿说在东莱山见到了神人，神人好像说了“想见天子”。天子于是幸临缑氏城，任命公孙卿为中大夫。随即到了东莱，在那里留宿了几天，什么也没看见，只看见了巨大的人脚印。天子又派出数以千计的方士去寻求神仙奇物，采集灵芝仙药。这年天旱。天子已没有出巡的正当名义，就前往万里沙祈求降雨，路过泰山时又举行了祭祀。

返回时到了瓠子口，亲自到黄河决口处巡查。停了两日，将供品沉于河中，以祭河神，然后离去。派二位将军率领军兵堵塞黄河决口，将黄河分成两条河渠，使它恢复了当初大禹治水后的样子。

灭了两越之后，越人勇之向皇上进言说“越人有信鬼的习俗，而且他们祭祀时都能见到鬼，屡见效应。从前东瓯王敬鬼，高寿达一百六十岁。后世子孙怠慢了鬼，所以就衰微下来”。天子就命越地巫师建立越祠，只设台而没有祭坛，也采用鸡卜的方法祭祀天神上帝百鬼。皇上相信这些，越祠和鸡卜的方法就开始流行起来。

公孙卿说：“仙人是可以见到的，而皇上去求仙时总是太仓促，因此见不到。如今陛下可以修建一座台阁，就像缑氏城所建的一样，摆上肉干枣果之类的祭品，仙人应该可以招来。而且仙人喜欢住楼阁。”于是皇上命令在长安建造蜚廉观和桂观，在甘泉宫建造益延寿观，派公孙卿手持符节摆好祭品，等候神人。又建造了通天台，在台下摆设祭品，希望招来神仙之类。又在甘泉宫设置前殿，开始增建宫室。夏天，有灵芝草在宫殿内长了出来。天子因为堵塞了黄河决口，兴建了通天台，天上隐约出现了神光，就下诏书说：“甘泉宫殿房内生出了灵芝长有九株菌柄，特此大赦天下，赦免被罚苦役的犯人。”

第二年，征伐朝鲜。夏天，干旱。公孙卿说：“黄帝时进行封禅，天就会干旱，要连旱三年。”皇上就下诏书说：“天旱，莫非就是为了晒干祭坛上的湿土么？应让天下百姓尊祭灵星祈雨。”

第三年，皇上到雍地郊祀，然后打通去回中的路，到那里巡察。春，到达鸣泽，从西河返回。

转年冬天，皇上巡视南郡，到江陵后往东走。登上潜县的天柱山，举行祭祀，称这座山为南岳。乘船顺江而行，从寻阳穿过枞阳，过彭蠡，一路祭祀名山大川。然后北到琅邪，再沿海而上。四月中旬，到达奉高，举行了封禅典礼。

当初，天子在泰山封禅，泰山东北方有古时的明堂旧址，处在险处，又不宽敞。皇上想在奉高县旁修建明堂，但不知道明堂的形制尺度。济南人公王带献上黄帝时的明堂图。明堂图中有一座殿堂,四面没有墙壁,用茅草盖顶,殿堂周围通水,环绕着宫墙修有天桥,殿上有楼,从西南方向伸入殿堂,命为昆仑道。天子由此进入殿堂,在那里拜祭上帝。于是,皇上命奉高按公王带的图样在汶上建造明堂。等到第五年再来举行封禅时,就让太一神和五帝神位居于明堂上座进行祭祀,让高皇帝的神主灵位对着他们。在下房祭祀后土神,用牛、羊、猪各二十头。天子从昆仑道进入,开始按郊祀的礼仪在明堂祭拜。祭拜完毕,在堂下烧掉祭品。然后,皇上又登上泰山,在山顶秘密举行祭祀。在泰山下祭祀五帝时,按他们各自所属的方位,只有黄帝和赤帝并排,祭祀时由有司陪祭。在泰山上举火,山下也都举火呼应。

两年以后,十一月甲子日是朔日,早晨交冬至,推算历法的人认为以这一天为推历的起点是正统。天子亲临泰山,在这一天到明堂去祭祀上帝,没有举行封禅。祝辞说:"上天授予皇帝泰元神策,周而复始。皇帝在此虔诚地拜祭太一神。"皇上又东行海上,察问那些到海上求仙的人和方士们,没有什么效验,但皇上还是增派使者继续前往,希望能遇上神仙。

十一月乙酉日,柏梁台失火遭灾。十二月甲午日朔日,皇上亲自到高里山祭祀后土神。又到了渤海,遥望拜祭蓬莱之类的仙山,希望能到达仙人所居住的异境。

皇上回京后,由于柏梁台遭灾焚毁,就改在甘泉宫临朝接受各郡国上报的计簿。公孙卿说:"黄帝建成青灵台,十二日后就被烧毁,黄帝于是修建了明庭。明庭就是甘泉。"方士们很多人也说古代帝王有在甘泉建都的。后来天子又在甘泉接受诸侯朝见,并在甘泉建造诸侯官邸。勇之说:"越地习俗,火灾之后再盖起的房子,一定要比原先的大,以此制服火灾。"于是天子修造建章宫,规模极大,有千门万户。前殿比未央宫还高。东面是凤阙,高二十余丈;西面是唐中苑,有方圆几十里的虎圈;北面修了大水池,池中的渐台高二十余丈,池名叫太液池,池中有蓬莱、方丈、瀛洲和壶梁四座山,仿照海中仙山,还有石雕龟鱼之类;南面有玉堂、壁门和石雕大鸟之类。还建造了神明台、井干楼，高达五十丈，楼台之间有辇车道相互连接。

夏天，汉更改历法，以夏历正月作为岁首，服色崇尚黄色，官印一律改为五个字，因而将当年定为太初元年。这年，往西征伐大宛。蝗灾严重。丁夫人、洛阳虞初等人用方术祭祀，祈求鬼神降祸于匈奴、大宛。

第二年，有司上奏说，雍地五畤祭祀时没有烹煮过的熟牲等祭品，没有芳香气味。天子就命祠官用牛犊作成熟牲祭品进献给五畤，让他们分别享用各自所能胜之的颜色的牲牢，并用木偶马代替幼马作祭品。独有五月尝驹祭用幼马，行亲郊用幼马。至于祭祀各名山大川该用幼马的，全都用木偶马代替。皇帝出巡经过时举行祭祀，才用幼马。其他礼节照旧。

次年，天子东巡海上，察验神仙之类的事，没有灵验的。有的方士说“黄帝时建造了五城十二楼，以便在执期那个地方迎候神仙，命名为迎年。”皇上诏准按他所说的建造五城十二楼，命名为明年。皇上亲自到那里行礼祭祀上帝。

公王带说：“黄帝时虽在泰山筑坛祭天，然而风后、封巨、岐伯等人又令黄帝去东泰山祭天，去凡山祭地，与符瑞相合，然后才长生不死。”天子就命令准备祭品，来到东泰山，见东泰山矮小，跟它的声名不相称，就命祠官祭祀，但不举行封禅。此后命公王带在那里供奉祭祀和迎候神灵。夏天，天子返回泰山，像以前那样举行五年一次的封禅典礼，另外增加了在石闾山祭地的仪式。石闾在泰山脚下的南面，很多方士说这里是仙人住的地方，所以皇上亲自在此祭祀地神。

之后五年，天子又到泰山行封禅礼，返回途中祭祀了恒山。

当今天子所兴建的神祠，太一祠、后土祠，每三年亲自郊祀一次；建立了汉家封禅制度，每五年举行一次封禅大典。薄忌奏请修建的太一祠和三一、冥羊、马行、赤星等五座神祠，由宽舒等祠官每年按时致礼祭祀。所有六座神祠，都由太祝统管。至于像八神中的各神，明年、凡山等其他有名的神祠，天子路过时就祭祀，离开后就算了。方士们所兴建的神祠，各由他们自己负责祭祀,人一死祭祀也就终止,祠官不管其祭祀。其他神祠全部依照原来的规矩办。当今皇上举行封禅大典,自开始封禅的十二年来,所祭祀的神灵已遍及五岳、四渎。而方士们迎候祭祀神仙,去海上寻访蓬莱仙山,最终也没有什么结果。公孙卿之类等候神仙的方士,还是用巨大的人脚印作托辞来辩解,也是没有效验。这时,天子对方士们的荒唐怪语越来越倦怠了,然而始终笼络着他们,不肯与他们绝断往来,总希望有一天能遇到真有方术的人。从此以后,方士们谈论祭神的更多,然而效验究竟怎样,就可以想见了。

太史公说:我随皇上出巡,祭祀天地众神和名山大川,参加过封禅大典,也曾进寿宫陪侍皇帝祭祀,听神语,考究了方士和祠官们的言论,于是回来依次论述自古以来祭祀鬼神的活动,将这些活动的里外情形原原本本地展现出来。后世君子,能够从这里观察到那些情形。至于有关祭祀时所用俎豆等礼器以及玉帛的详情,献祭酬神的礼仪,则由有司记录在案。

史记卷二十九·河渠书第七

本篇不像《水经注》那样对河渠作静态描述，而以极大热情将其写成历代直至汉代如何变水害为水利的历史，对许多成功的事实和经验作了详细记述。对历代不可胜数的水利兴作，本篇则重点记述大禹治水，郑国筑渠变关中为沃野，以及武帝时修筑漕渠灌渠和堵塞黄河瓠子决口等。对这些兴利避害的治水之举，作者做过大量、长期的实地考察和研究，所记所述真实可信，而又寥寥数语切中肯綮，如写井渠的开凿，是因“岸善崩”；褒斜道的失败是因“水湍石”等。而在记述中，作者又满怀感情，如对大禹“过家不入门”的无尚崇敬和对其“施于三代”之功业的无限赞颂；对武安侯及望气用数者对堵塞黄河决口的干扰阻挠则满怀郁愤；对武帝亲临瓠子决口的感人表现也发了深深感慨。

《夏书》曰：禹抑鸿水十三年，过家不入门；陆行载①车，水行载舟，泥行蹈毳②，山行即桥③；以别九州，随山浚④川，任土作贡⑤；通九道，陂⑥九泽，度九山。然河灾衍溢⑦，害中国也尤甚。唯是为务。故道⑧河自积石历龙门，南到华阴，东下砥柱，及孟津、洛汭⑨，至于大邳。于是禹以为河所从来者高，水湍悍⑩，难以行平地，数为败，乃厮⑪二渠以引其河。北载之高地，过降水，至于大陆，播⑫为九河，同为逆河⑬，入于勃海。九川既疏，九泽

---

①载：乘，乘坐。 ②毳：通“橇(qiāo)”，古代一种用于在泥路上行走的交通工具，如船而短小，两头微起。 ③桥：通“轿”。 ④浚(jùn)：疏通。 ⑤任：根据。作贡：研究贡赋等级。 ⑥陂(ruì)：堤岸，这里用作动词，修筑堤防。 ⑦衍溢：外流，泛滥成灾。 ⑧道：通“导”，引导，疏导。 ⑨汭(ruì)：河流会合的地方。 ⑩湍悍：水流迅速。 ⑪厮：分开。 ⑫播：散布。 ⑬逆河：九河同受一大河之水，将其导入海。逆：接，迎接，此指相向迎受。

既洒[①]，诸夏艾安[②]，功施[③]于三代。

自是之后，荥阳下引河东南为鸿沟，以通宋、郑、陈、蔡、曹、卫，与济、汝、淮、泗会。于楚，西方则通渠汉水、云梦之野，东方则通邗沟江淮之间。于吴，则通渠三江、五湖。于齐，则通菑、济之间。于蜀，蜀守冰凿离碓，辟[④]沫水之害，穿二江成都之中。此渠皆可行舟，有馀则用溉浸[⑤]，百姓飨[⑥]其利。至于所过，往往引其水益用溉田畴之渠，以万亿计，然莫足数也。

西门豹引漳水溉邺，以富魏之河内。

而韩闻秦之好兴事，欲罢[⑦]之，毋令东伐，乃使水工郑国间说秦，令凿泾水自中山西邸[⑧]瓠口为渠，并[⑨]北山东注洛三百馀里，欲以溉田。中作[⑩]而觉，秦欲杀郑国。郑国曰："始臣为间，然渠成亦秦之利也。"秦以为然，卒使就渠。渠就，用注填阏[⑪]之水，溉泽卤[⑫]之地四万馀顷，收皆亩一钟[⑬]。于是关中为沃野，无凶年，秦以富强，卒并诸侯。因命曰郑国渠。

汉兴三十九年，孝文时河决酸枣，东溃金堤[⑭]，于是东郡大兴卒塞之。

其后四十有馀年，今天子元光之中，而河决于瓠子，东南注巨野，通于淮、泗。于是天子使汲黯、郑当时兴人徒[⑮]塞之，辄复坏。是时武安侯田蚡为丞相，其奉邑食鄃[⑯]。鄃居河北，河决而南则鄃无水灾，邑收多。蚡言于上曰："江河之决皆天事，未易以人力为强塞，塞之未必应天。"而望气用数者亦以为然。于是

---

①洒：筑起堤防。 ②艾安：得到治理而安定。艾(yì)：治理。 ③施(yì)：延续，惠及。 ④辟：排除，消除。 ⑤溉浸：灌溉。 ⑥飨：享，享受。 ⑦罢：通"疲"。 ⑧邸：通"抵"，抵达。 ⑨并：沿着，顺着。 ⑩中作：此指正在开凿的过程中。 ⑪填阏：淤泥。 ⑫泽卤：低洼盐碱地。 ⑬钟：古代量器，一钟有六石四斗，在当时为少有的好收成。 ⑭金堤：西汉时指称今河南延津东北行经滑县、濮阳，直至山东德州一线的黄河大堤。 ⑮徒：被惩罚服劳役的犯人。 ⑯奉邑：汉代诸侯封于某城邑，将其租赋给他作俸禄。食鄃(shū)：食鄃城的租赋。

天子久之不事复塞也。

是时郑当时为大农，言曰："异时关东漕粟从渭中上，度六月而罢，而漕水道九百馀里，时有难处。引渭穿渠起长安，并南山下，至河三百馀里，径[①]，易漕，度可令三月罢；而渠下民田万馀顷，又可得以溉田：此损漕省卒，而益肥关中之地，得谷。"天子以为然，令齐人水工徐伯表[②]，悉发卒数万人穿漕渠，三岁而通。通，以漕，大便利。其后漕稍多，而渠下之民颇得以溉田矣。

其后河东守番系言："漕从山东西，岁百馀万石，更砥柱之限[③]，败亡甚多，而亦烦费。穿渠引汾溉皮氏、汾阴下，引河溉汾阴、蒲坂下，度可得五千顷。五千顷故尽河壖[④]弃地，民茭牧[⑤]其中耳，今溉田之，度可得谷二百万石以上。谷从渭上，与关中无异，而砥柱之东可无复漕。"天子以为然，发卒数万人作渠田。数岁，河移徙，渠不利，则田者不能偿种。久之，河东渠田废，予越人，令少府以为稍入。

其后，人有上书欲通褒斜道及漕事，下御史大夫张汤。汤问其事，因言："抵蜀从故道，故道多阪[⑥]，回远。今穿褒斜道，少阪，近四百里；而褒水通沔，斜水通渭，皆可以行船漕。漕从南阳上沔入褒，褒之绝水至斜，间百馀里，以车转，从斜下下渭。如此，汉中之谷可致，山东从沔无限，便于砥柱之漕。且褒斜材木竹箭之饶，拟于巴蜀。"天子以为然，拜汤子卬为汉中守，发数万人作褒斜道五百馀里。道果便近，而水湍石[⑦]，不可漕。

其后庄熊罴言："临晋民愿穿洛以溉重泉以东万馀顷故卤

---

①径：道直少曲折。 ②表：以表测量地势高下，从而确定水流走向。表：木杆，有刻度，与水准、悬锤配用。 ③更：经过。限：险阻。 ④壖（ruán）：余地，空地。 ⑤茭牧：打草放牧。 ⑥阪（bǎn）：小山坡，斜坡。 ⑦水湍石：水流湍急而且河道多石。

地。诚得水,可令亩十石。”于是为发卒万馀人穿渠,自徵引洛水至商颜山下。岸善崩,乃凿井,深者四十馀丈。往往为井,井下相通行水。水颓以绝商颜①,东至山岭十馀里间。井渠之生自此始。穿渠得龙骨,故名曰龙首渠。作之十馀岁,渠颇通,犹未得其饶。

自河决瓠子后二十馀岁,岁因以数不登,而梁、楚之地尤甚。天子既封禅巡祭山川,其明年,旱,干封②少雨。天子乃使汲仁、郭昌发卒数万人塞瓠子决。于是天子已用事万里沙③,则还自临决河,沈白马玉璧于河,令群臣从官自将军已下皆负薪寘决河。是时东郡烧草,以故薪柴少,而下淇园之竹以为楗④。

天子既临河决,悼功之不成,乃作歌曰:“瓠子决兮将奈何?皓皓旰旰兮闾殚为河⑤!殚为河兮地不得宁,功无已时兮吾山平⑥。吾山平兮钜野溢⑦,鱼沸郁兮柏冬日⑧。延道弛兮离常流⑨,蛟龙骋⑩兮方远游。归旧川兮神哉沛⑪,不封禅兮安知外!为我谓河伯兮何不仁,泛滥不止兮愁吾人?啮桑浮⑫兮淮泗满,久不反兮水维缓⑬。”一曰:“河汤汤兮激潺湲⑭,北渡污兮浚流

①颓:颜师古注,“下流曰颓。”绝:穿过,越过。 ②干封:这里指天旱。封:这里指祭坛。 ③已用事万里沙:指在万里沙祭祀过神灵。 ④楗(jiàn):古代堵塞决口的方法是,先在决口处插大竹,顺竹子将捆成长束的“草龙”放下,因有所插竹子阻挡,草龙才能不被水冲走。然后在草龙后填土、塞石。所插大竹称为楗。 ⑤皓皓旰(hàn)旰:水势浩大的样子。闾:里闾,村落。殚(dān):尽,都。 ⑥功无已时:塞河的辛劳无止无休。吾山平:为凿石堵决口,山都快被凿平,言其破坏力之大。 ⑦钜野溢:由于黄河水灌注,使钜野泽的水溢了出来。 ⑧沸郁:鱼多而拥挤的样子,以言水大。柏冬日:逼近冬日,以言灾民的日子将更加困难。 ⑨延道:正常的河道。弛:毁坏。离常流:离开了正常的流通之道。 ⑩骋:放任,放纵。 ⑪沛:指神力伟大。 ⑫浮:漂浮,被淹。 ⑬久不反:指河水长久未归固有河道。水维缓:水流稍微缓些。 ⑭汤汤(shāng):水势浩大的样子。激潺湲:水势汹涌的样子。潺湲(chán yuán):水缓慢流动的样子。

难[①]。搴长茭[②]兮沉美玉，河伯许兮薪不属[③]。薪不属兮卫人罪[④]，烧萧条[⑤]兮噫乎何以御水！颓林竹兮楗石菑[⑥]，宣房塞兮万福来。”于是卒塞瓠子，筑宫其上，名曰宣房宫[⑦]。而道河北行二渠，复禹旧迹。而梁、楚之地复宁，无水灾。

自是之后，用事者争言水利。朔方、西河、河西、酒泉皆引河及川谷以溉田；而关中辅渠、灵轵引堵水；汝南、九江引淮；东海引巨定；泰山下引汶水。皆穿渠为溉田，各万馀顷。佗[⑧]小渠披山通道者，不可胜言。然其著者在宣房。

太史公曰：余南登庐山，观禹疏九江，遂至于会稽太湟，上姑苏，望五湖；东窥洛汭、大邳、迎河，行淮、泗、济、漯、洛渠；西瞻蜀之岷山及离碓；北自龙门至于朔方。曰：甚哉，水之为利害也！余从负薪塞宣房，悲《瓠子》之诗而作《河渠书》。

【译文】

《夏书》记载：禹治理洪水经历了十三年，其间路过家门口也不回家看望亲人。行陆路时乘车，水路乘船，泥路乘橇，山路坐轿，走遍所有地方，从而划分了九州疆界，随山势地形疏浚了河川，根据土地物产确定了贡赋等级，使九州道路通畅，筑起了九州湖泽的堤岸，度量了九州山势高下。然而还有黄河泛滥成灾，给中国造成很大危害。于是集中力量治理黄河，引导河水自积石山经过龙门，南行到华阴，东下经砥柱山和孟津、洛汭，到达大邳山。禹以为大邳以上黄河流经的地区地势高，水流湍急，难以在大邳以东的平地流过，堤岸屡屡被河水冲毁，于是将黄河自大邳

---

①污：通“纡”，纡曲回转。 ②搴(qiān)长茭：捆成长束的茭草，又称为草龙，为塞河所必须。 ③薪不属：塞河用的草供不上。属(zhǔ)：连续。 ④卫人罪：即上文所说当地人都把草作了烧火用的柴。 ⑤烧萧条：草烧尽而田野萧条。 ⑥颓林竹：即砍伐淇园的竹林。楗石菑：砍竹凿石，为竹石之灾。菑：通“灾”。 ⑦此句意为：堵住了瓠子决口，并在堤上建了宣房宫。 ⑧佗：同“他”。

山开始分流成二条水道以减小水势，并引水北行，从地势较高的冀州地区流过，经降水，到大陆泽，分成九条河道，共同迎受黄河之水，流入勃海。九州河川都已疏通，九州大泽都筑堤岸，华夏诸国因而安定，其功绩一直泽及夏、商、周三代。

自此之后，后人又自荥阳以下引河水东南流，成为鸿沟，将宋、郑、陈、蔡、曹、卫各国连结起来，分别与济、汝、淮、泗诸水交会。在楚地，西方在汉水和云梦泽之间修渠连通，东方则在江淮之间用通渠相连。在吴地于三江、五湖间开凿河渠。在齐则于菑、济二水之间修渠。在蜀，有蜀守李冰凿开离碓，以消除沫水造成的水害，又在成都一带开凿二条江水支流。这些河渠水深都能行舟，渠水有余就用来灌溉农田，百姓获利不小。至于渠水流经的地方，人们往往又开凿一些沟渠引水灌溉农田，数目之多不下千千万万，无法细数。

西门豹引漳水灌溉邺郡的农田，使魏国的河内地区富裕起来。

韩国听说秦国好兴办工役，就想以此消耗它的国力，使它没有力量再向东方诸国用兵，于是命派水利工匠郑国伺机游说秦国，要它凿穿泾水，从中山以西到瓠口修一条水渠，顺着北部山势东行流入洛水长达三百余里，用来灌溉农田。渠正在开凿当中，郑国的用意被发觉，秦国要杀掉他。郑国说："臣开始是为韩国做奸细而来，但渠成以后确实对秦国有利。"秦国以为他说得对，最后命他继续把渠修成。渠成后，引淤积混浊的泾河水灌溉两岸低洼的盐碱地四万多顷，亩产都达到了六石四斗。从此关中沃野千里，再没有饥荒年成，秦国富强起来，最后并吞了诸侯，因而将此渠命名为郑国渠。

汉代兴起三十九年，孝文帝时黄河在酸枣决堤，向东冲垮金堤，于是东郡动员许多兵卒堵塞。

此后过了四十多年，到当今天子元光年间，黄河在瓠子决口，向东南流入巨野泽，一直和淮水、泗水连成一片。于是天子命汲黯、郑当时调发百姓与犯人堵塞决口，往往堵塞以后又被冲坏。当时武安侯田蚡为丞相，他的奉邑是鄃县。鄃县在黄河北，黄河决口水向南流，鄃县没有水灾,收成很好。田蚡对皇上说:“江河决口都是上天的事,不易用人力强加堵塞,即便将决口堵塞,也未必符合天意。”此外望云气和以术数占卜的人也都这样说,于是天子很长时间不再命人堵塞决口。

当时郑当时做大农,说道:“过去从关东漕运的粮食是沿渭水逆流而上,运到长安估计要用六个月,所经由的水路九百多里,途中还常遇到难以通行的地方。若从长安开一条渠引渭水,沿南山而下,直到黄河才三百多里,是一条直道,容易行船,估计可使漕船三个月运一趟;而且沿渠农田一万多顷可以得到灌溉。这样既能缩短漕运时间,节省劳力,又能使关中农田更加肥沃,多打粮食。”天子认为说得对,命来齐地水利工匠徐伯测标地势,确定河道走向,动员兵卒数万人开凿漕渠,历时三年完工。通水后,用来漕运,果然十分便利。此后漕渠渐渐多起来,渠下的老百姓都颇能得到以水溉田之利。

后来河东守番系说:“从山东漕运粮食西行入关,每年一百多万石,中间经过砥柱之险阻,漕船船坏人亡很多,而且运费也太大。若穿渠引汾水灌溉皮氏、汾阴一带的土地,引黄河水灌溉汾阴、蒲坂一带的土地,估计可以灌溉田地五千顷。这五千顷田地原来都是河边被遗弃的荒地,老百姓只在其中打草放牧,如今加以灌溉耕种,估计可得粮食二百万石以上。这些粮食沿渭水运入长安,与直接从关中收获的没有两样,而不用再从砥柱以东漕运粮食入关了。”天子认为这样可行,就动员兵卒数万人造渠田。几年以后,黄河改道,渠无水,种渠田的收成还抵不上种下的种子。时间久了,河东渠田废弃,朝廷把它分给从越地内迁的百姓耕种,使少府能从中得到一点微薄的租赋收入。

之后有人上书想打通褒斜道并开渠连通褒水、斜水以利漕运,天子将此事交给御史大夫张汤。张汤详细了解后,说道:“从汉中入蜀向来走故道,故道有许多斜坡,曲折路远。今若凿穿褒斜道,斜坡少,比故道近四百里;且褒水与沔水相通,斜水与渭水相通,都能通行漕船。漕船从南阳沿沔水上行入褒水,从褒水到斜水旱路一百多里,以车转运,再下船顺斜水下行驶入渭水。这样,不但汉中粮食可以运来,山东的粮食从沔水而上也没有险阻，比经砥柱漕运方便。且褒斜一带的木材箭竹，其富饶可与巴蜀相比拟。”天子认为有道理，封张汤之子卬为汉中太守，调发数万人开出一条长五百多里的褒斜道。果然方便而且路程近，但是水流湍急且河道多石，不能通漕。

此后庄熊罴说：“临晋地区的老百姓希望凿穿洛水筑成水渠，用来灌溉重泉以东原有的一万多顷盐碱地。倘若果然能得水灌溉，可使亩产达到十石。”于是调发兵卒一万多人开渠，自徵城引洛水到商颜山下。由于渠岸容易崩塌，于是沿流凿井，最深的达到四十多丈。许多地方都凿了井，井下相互连通，使水通行。水从地下穿商颜山而过，东行直到山岭之中十多里远。从此产生了井渠。凿渠时曾掘出了龙骨，所以给此渠命名为龙首渠。这条渠筑了十多年，有些地方通了水，但是并未得到太大的好处。

自从黄河在瓠子决口后二十多年间，土地因此多年没有收成，梁楚地区更为严重。天子既已封禅，并巡祭了天下名山大川，第二年，天由于要晒干泰山封土而少雨。天子于是命汲仁、郭昌调发兵卒数万人堵塞瓠子决口。天子从万里沙祭祀过神灵以后，返回的路上亲临黄河决口处，沉白马、玉璧于河中祭奠河神，命群臣及随从官员自将军以下，都背负柴草，填塞决口。当时东郡百姓烧草做饭，柴薪很少，因而命砍伐淇园的竹子作为塞决口的楗。

天子既已亲临黄河决口处，哀伤于以往二十多年塞河不成，于是作歌道：“瓠子决兮将奈何？皓皓旰旰兮闾殚为河！殚为河兮地不得宁，功无已时兮吾山平。吾山平兮钜野溢，鱼沸郁兮柏冬日。延道弛兮离常流，蛟龙骋兮方远游。归旧川兮神哉沛，不封禅兮安知外！为我谓河伯兮何不仁，泛滥不止兮愁吾人？啮桑浮兮淮、泗满，久不反兮水维缓。”另一首是：“河汤汤兮激潺湲，北渡污兮浚流难。搴长茭兮沈美玉，河伯许兮薪不属。薪不属兮卫人罪，烧萧条兮噫乎何以御水！颓林竹兮楗石菑，宣房塞兮万福来。”于是终于堵塞了瓠子决口，在决口处筑了一座宫殿，取名为宣房宫。并修两条渠引河水北行，恢复了禹时的样子，梁、楚之地重又安宁，没有水灾了。

从此以后，负责河渠事的官员争相建议修筑水利。朔方、西河、河西、酒泉等地都引黄河以及川谷中的水灌溉农田；而关中的辅渠、灵轵渠引当地诸川中的水；汝南、九江引淮河水；东海郡引钜定泽之水；泰山周围引汶水。各自所开渠都能灌溉农田万余顷。其他小渠以及劈山通水道的，不可尽言。但最显著的还是宣房治河。

太史公说："我曾南行登上庐山，观看禹疏导九江的遗迹，随后到会稽太湟，上姑苏，眺望五湖；东行考察了洛汭、大邳、迎河，走过淮、泗、济、漯、洛诸水；西行瞻望了蜀地的岷山和离碓；北行自龙门走到朔方。深切感到：水与人的利害关系太大了！我随从皇帝参加了负薪塞宣房决口那件事，为皇帝所作《瓠子》诗感到悲伤，因而写下了《河渠书》。

史记卷三十·平准书第八

本篇主要写汉兴至武帝时，汉朝廷所施行的以充实国库、满足用度为目的的各种聚敛财物的政策措施。尤其是武帝时期连年征战用兵，大造宫室苑囿等都需要大量钱物。于是如何千方百计取财于商、取物于民便成了制定政策的出发点。在一系列措施当中，改铸钱，宣布旧钱无效，使士农工商通过各种辛勤劳动换来的硬通货，一夜之间化为废铜，加之告缗令的实行，朝廷和官府因占有盐铁缗钱而用度更加丰饶；平准法的实施则从根本上抑制了商人逐利，朝廷也达到了尽笼天下之货物的目的。而这些措施的实行，不仅对经济产生了直接影响，还对政治造成严重后果，如选官制度遭破坏，酷吏横行，兴利之臣得到重用进而国耗民贫。

汉兴，接秦之弊，丈夫从军旅，老弱转粮饷，作业剧而财匮①，自天子不能具钧驷②，而将相或乘牛车，齐民无藏盖③。于是为秦钱重难用，更令民铸钱，一黄金一斤，约法省禁。而不轨逐利之民，蓄积馀业以稽④市物，物踊腾粜⑤，米至石万钱，马一匹则百金。

天下已平，高祖乃令贾人不得衣丝乘车，重租税以困辱之。孝惠、高后时，为天下初定，复弛商贾之律，然市井之子孙亦不得仕宦为吏。量吏禄，度官用，以赋于民。而山川园池市井租

①剧：繁重，艰苦。匮(kuì)：不足，缺乏。 ②钧驷：毛色相同的驷马。钧：同“均”。驷：天子用四匹马驾车，称驷马或驷。 ③齐民：平民，百姓。无藏盖：没有可藏、可盖之物，即无蓄积、无剩余。 ④稽：停留，囤积。 ⑤物踊(yǒng)：物价猛涨。腾粜(tiào)：粮价飞涨。谷物粮食买入为籴，卖出为粜。

税之入，自天子以至于封君汤沐邑①，皆各为私奉养焉，不领于天下之经费。漕转②山东粟，以给中都官，岁不过数十万石。

至孝文时，荚钱益多，轻，乃更铸四铢钱，其文为"半两"，令民纵得自铸钱。故吴，诸侯也，以即山铸钱，富埒③天子，其后卒以叛逆。邓通，大夫也，以铸钱财过王者。故吴、邓氏钱布天下，而铸钱之禁生焉。

匈奴数侵盗北边，屯戍者多，边粟不足给食④当食者。于是募民能输及转粟于边者拜爵，爵得至大庶长。

孝景时，上郡以西旱，亦复修卖爵令，而贱其价以招民；及徒复作⑤，得输粟县官⑥以除罪。益造苑马以广用，而宫室列观舆马益增修矣。

至今上即位数岁，汉兴七十馀年之间，国家无事，非遇水旱之灾，民则人给家足，都鄙廪庾⑦皆满，而府库馀货财。京师之钱累巨万，贯朽而不可校⑧。太仓之粟陈陈相因，充溢露积于外，至腐败不可食。众庶街巷有马，阡陌之间成群，而乘字牝⑨者傧⑩而不得聚会。守闾阎者⑪食粱肉，为吏者长子孙⑫，居官者以为姓号。故人人自爱而重⑬犯法，先行义而后绌耻辱焉。当此之时，网疏而民富，役财骄溢⑭，或至兼并豪党之徒，以武断于乡曲⑮。宗室有土公卿大夫以下，争于奢侈，室庐舆服僭⑯于上，无限度。物盛而衰，固其变也。

---

①汤沐邑：皇帝、皇后、公主等收取赋税的私邑。 ②漕转：运输。船运曰漕，车运曰转。 ③埒(liè)：相比，相等。 ④给食(sì)：供养。食：通"饲"。 ⑤徒复作：已弛其刑，但尚未服满劳役的犯人。徒：指被判徒刑的人。 ⑥县官：指朝廷，官府。 ⑦都鄙：都城及边邑，泛言一切地方。廪庾：仓库。 ⑧贯：穿钱的绳子。校(jiào)：计数。 ⑨字牝：母马。字：通"牸(zì)"，雌性牲畜。 ⑩傧(bìn)：通"摈"，排斥。 ⑪守闾阎者：看守里巷大门的人，指最低级的吏役。闾：里巷。阎：里中之门。 ⑫长子孙：指子孙长大了也不得迁调。 ⑬重：看重，不轻于。 ⑭役财骄溢：凭借钱财而骄奢放纵。 ⑮乡曲：乡里。 ⑯僭(jiàn)：超越本分。

自是之后，严助、朱买臣等招来东瓯，事两越，江、淮之间萧然烦费矣。唐蒙、司马相如开路西南夷，凿山通道千馀里，以广巴蜀，巴蜀之民罢焉。彭吴贾灭朝鲜，置沧海之郡，则燕齐之间靡然发动。及王恢设谋马邑，匈奴绝和亲，侵扰北边，兵连而不解，天下苦其劳，而干戈日滋。行者赍①，居者送，中外骚扰而相奉②，百姓抏弊以巧法③，财赂衰耗而不赡。入物者补官，出货者除罪，选举陵迟④，廉耻相冒，武力进用，法严令具⑤。兴利之臣自此始也。

其后汉将岁以数万骑出击胡，及车骑将军卫青取匈奴河南地，筑朔方。当是时，汉通西南夷道，作者数万人，千里负担馈粮，率十馀钟⑥致一石，散币于邛僰以集之。数岁道不通，蛮夷因以数攻，吏发兵诛之。悉巴蜀租赋不足以更⑦之，乃募豪民田南夷，入粟县官，而内受钱于都内。东至沧海之郡，人徒之费拟于南夷。又兴十万馀人筑卫朔方，转漕甚辽远，自山东咸被其劳，费数十百巨万，府库益虚。乃募民能入奴婢得以终身复⑧，为郎增秩，乃入羊为郎，始于此。

其后四年，而汉遣大将将六将军，军十馀万，击右贤王，获首虏万五千级。明年，大将军将六将军仍再出击胡，得首虏万九千级。捕斩首虏之士受赐黄金二十馀万斤，虏数万人皆得厚赏，衣食仰给县官；而汉军之士马死者十馀万，兵甲之财转漕之费不与焉。于是大农陈⑨藏钱经耗，赋税既竭，犹不足以奉战士。有司言："天子曰'朕闻五帝之教不相复而治，禹、汤之法不

---

①赍(jī)：携带，运送。 ②相奉：指供应战事需要。 ③抏弊：玩弊，就是作弊。抏(wán)：同"玩"。 ④选举凌迟：选官制度越来越坏。陵迟：衰败。 ⑤具：详尽，此指繁琐。 ⑥钟：古代计量器具，每钟六石四斗。 ⑦更：抵，补偿。 ⑧复：免除赋税徭役。 ⑨陈：陈说，陈述。

同道而王，所由殊路，而建德一也。北边未安，朕甚悼之。日者[①]，大将军攻匈奴，斩首虏万九千级，留蹛无所食[②]。议令民得买爵及赎禁锢[③]免减罪’。请置赏官，命曰武功爵。级十七万，凡直三十馀万金。诸买武功爵官首者试补吏，先除[④]；千夫如五大夫；其有罪又减两等；爵得至乐卿。以显军功。”军功多用越等，大者封侯卿大夫，小者郎吏。吏道杂而多端，则官职耗废[⑤]。

自公孙弘以《春秋》之义绳臣下取汉相，张汤用峻文决理[⑥]为廷尉，于是见知之法[⑦]生，而废格沮诽穷治[⑧]之狱用矣。其明年，淮南、衡山、江都王谋反迹见，而公卿寻端治之，竟其党与，而坐死者数万人，长吏益惨急而法令明察[⑨]。

当是之时，招尊方正贤良文学之士，或至公卿大夫。公孙弘以汉相，布被，食不重味，为天下先。然无益于俗，稍骛于功利矣。

其明年，骠骑仍再出击胡，获首四万。其秋，浑邪王率数万之众来降，于是汉发车二万乘迎之。既至，受赏，赐及有功之士。是岁费凡百馀巨万。

初，先是往十馀岁河决观，梁、楚之地固已数困，而缘河之郡堤塞河，辄决坏，费不可胜计。其后番系欲省底柱之漕[⑩]，穿汾、河渠以为溉田，作者数万人；郑当时为渭漕渠回远[⑪]，凿直渠自长安至华阴，作者数万人；朔方亦穿渠，作者数万人：各历二三期[⑫]，功未就，费亦各巨万十数。

---

①日者：前者，昔日。 ②蹛（zhì）：通“滞”，停滞，拖欠。食：供养，供给。 ③禁锢：因犯罪而不许做官。 ④除：拜授，任用。 ⑤耗：贬值。废：废职，官多必不得其职，故称为废。 ⑥峻文决理：以酷法决断处理事宜。 ⑦见知之法：处治知道别人犯罪而不告发的人的法令。 ⑧废格：不遵天子命。沮：诋毁，此指诋毁政事。诽：诽谤，此指诽谤君上。穷治：彻底查办。 ⑨明察：此指苛察，严苛。 ⑩底柱之漕：东方各地经过底柱运粮往关中的漕运。底柱：同“砥柱”。 ⑪回远：曲折路远。 ⑫期（jī）：一周年。

天子为伐胡，盛养马，马之来食长安者数万匹，卒牵掌者关中不足，乃调旁近郡。而胡降者皆衣食县官，县官不给，天子乃损膳，解乘舆驷，出御府禁藏以赡之。

其明年，山东被水灾，民多饥乏，于是天子遣使者虚郡国仓廥以振贫民[①]。犹不足，又募豪富人相贷假。尚不能相救，乃徙贫民于关以西，及充朔方以南新秦中，七十馀万口，衣食皆仰给县官。数岁，假予产业，使者分部护之，冠盖相望。其费以亿计，不可胜数。于是县官大空。

而富商大贾或蹛财役贫[②]，转毂百数[③]，废居居邑[④]，封君[⑤]皆低首仰给。冶铸煮盐，财或累万金，而不佐国家之急，黎民重困。于是天子与公卿议，更钱造币以赡用，而摧浮淫[⑥]并兼之徒。是时禁苑有白鹿而少府多银锡。自孝文更造四铢钱，至是岁四十馀年，从建元以来，用少，县官往往即多铜山而铸钱，民亦间盗铸钱，不可胜数。钱益多而轻，物益少则贵。有司言曰："古者皮币，诸侯以聘享[⑦]。金有三等，黄金为上，白金为中，赤金为下。今半两钱法重四铢，而奸或盗摩钱里取镕[⑧]，钱益轻薄而物贵，则远方用币烦费不省。"乃以白鹿皮方尺，缘以藻缋[⑨]，为皮币，直四十万。王侯宗室朝觐聘享，必以皮币荐[⑩]璧，然后得行。

又造银锡为白金，以为天用莫如龙，地用莫如马，人用莫如

①廥(kuài)：仓库，库房。振：通"赈"，救济。 ②蹛：贮，囤积。 ③毂(gǔ)：车轴，这里指车。 ④废居：《史记集解》引徐广语说，"贮畜之名也，有所废，有所畜，言其乘时射利也"。居邑：《集解》引如淳语说，"居贱物于邑中，以待贵也"。 ⑤封君：指公主、列侯等。 ⑥浮：轻浮，浮华。淫：过度，奢侈。 ⑦聘：聘问，古代诸侯之间或诸侯与天子之间派使节问候。享：贡享，奉献供品。 ⑧钱里：钱上没有文字的一面，即背面。镕：铜屑。 ⑨缘：缘饰。藻：古人以水草有文者为藻，以之比喻文采。缋(huì)：通"绘"，五彩花纹。 ⑩荐：草垫，草席，此用作动词，衬垫。

龟,故白金三品:其一曰重八两,圜之,其文龙,名曰"白选",直三千;二曰以重差小,方之,其文马,直五百;三曰复小,椭之,其文龟,直三百。令县官销半两钱,更铸三铢钱,文如其重;盗铸诸金钱罪皆死,而吏民之盗铸白金者不可胜数。

于是以东郭咸阳、孔仅为大农丞,领盐铁事;桑弘羊以计算用事,侍中。咸阳,齐之大煮盐;孔仅,南阳大冶,皆致生[①]累千金,故郑当时进言之。弘羊,洛阳贾人子,以心计,年十三侍中。故三人言利事析秋豪矣[②]。

法既益严,吏多废免。兵革数动,民多买复[③]及五大夫,征发之士益鲜。于是除[④]千夫五大夫为吏,不欲者出马。故吏皆适令伐棘上林,作昆明池。

其明年,大将军、骠骑大出击胡,得首虏八九万级,赏赐五十万金,汉军马死者十馀万匹,转漕车甲之费不与焉。是时财匮,战士颇不得禄矣。

有司言三铢钱轻,易奸诈,乃更请诸郡国铸五铢钱,周郭[⑤]其下,令不可磨取镕焉。

大农上盐铁丞孔仅、咸阳言:"山海,天地之藏也,皆宜属少府,陛下不私,以属大农佐赋。愿募民自给费,因官器作煮盐,官与牢盆[⑥]。浮食奇民[⑦]欲擅管山海之货,以至富羡,役利细民。其沮事[⑧]之议,不可胜听。敢私铸铁器煮盐者,钛左趾[⑨],没入其器物。郡不出铁者,置小铁官,便属在所县。"使孔仅、东郭

---

①致生:获利。 ②言利事析秋豪矣:指为朝廷谋利,秋毫不遗。利事:财利之事。析秋豪:辨析秋毫。豪:通"毫"。 ③复:免除赋税徭役。 ④除:拜官,授职。 ⑤郭:同"廓",边缘。 ⑥牢:储盐的地方。盆:煮盐的器具。 ⑦浮食奇民:指游手不务正业的人。擅管:指擅自据有。 ⑧沮事:阻挠盐铁官营的事。沮(jū):阻止。 ⑨钛(dì)左趾:一种刑罚,用铁钳箍住左脚。

咸阳乘传举行[1]天下盐铁，作官府，除故盐铁家富者为吏。吏道益杂不选而多贾人矣。

商贾以币之变，多积货逐利。于是公卿言："郡国颇被灾害，贫民无产业者，募徙广饶之地。陛下损膳省用，出禁钱以振元元[2]，宽贷赋，而民不齐出于南亩[3]，商贾滋众。贫者畜积无有，皆仰县官。异时算轺车贾人缗钱皆有差[4]，请算如故。诸贾人末作贳[5]贷买，居邑稽诸物，及商以取利者，虽无市籍，各以其物自占[6]，率缗钱二千而一算。诸作有租及铸，率缗钱四千一算。非吏比者三老、北边骑士，轺车以一算；商贾人轺车二算；船五丈以上一算。匿不自占，占不悉，戍边一岁，没入缗钱。有能告者，以其半畀[7]之。贾人有市籍者，及其家属，皆无得籍名田[8]，以便农。敢犯令，没入田、僮。"

天子乃思卜式之言，召拜式为中郎，爵左庶长，赐田十顷，布告天下，使明知之。

初，卜式者，河南人也，以田畜为事。亲死，式有少弟，弟壮，式脱身出分，独取畜羊百馀，田宅财物尽予弟。式入山牧十馀岁，羊致千馀头，买田宅。而其弟尽破其业，式辄复分予弟者数矣。是时汉方数使将击匈奴，卜式上书，愿输家之半县官助边。天子使使问式："欲官乎？"式曰："臣少牧，不习仕宦，不愿也。"使问曰："家岂有冤，欲言事乎？"式曰："臣生与人无分争。式邑人贫者贷之，不善者教顺之，所居人皆从式，式何故见冤于

---

①传(zhuàn)：传车，驿站上供过往使者所用的马车。举行：巡行视察。 ②禁钱：宫禁之中所藏的钱。振：通"赈"，赈济，救济。元元：百姓。 ③齐：尽，都。南亩：泛指农田。 ④算：汉代一种赋税的名称。轺(yáo)车：小车，古代一种有盖、四面空敞的轻便马车。缗(mín)钱：钱以千文为贯，又称为缗，以缗为单位的钱称缗钱。 ⑤贳(shì)：赊买，赊欠。 ⑥自占：自度，自己估算纳税等级。 ⑦畀(bì)：赠，给予。 ⑧籍名田：使土地归其名下，即购买、占有土地。

人！无所欲言也。”使者曰：“苟如此，子何欲而然？”式曰：“天子诛匈奴，愚以为贤者宜死节于边，有财者宜输委[①]，如此而匈奴可灭也。”使者具其言以入闻。天子以语丞相弘。弘曰：“此非人情。不轨[②]之臣，不可以为化[③]而乱法，愿陛下勿许。”于是上久不报[④]式，数岁，乃罢式。式归，复田牧。岁馀，会军数出，浑邪王等降，县官费众，仓府空。其明年，贫民大徙，皆仰给县官，无以尽赡。卜式持钱二十万予河南守，以给徙民。河南上富人助贫人者籍，天子见卜式名，识之，曰：“是固前而欲输其家半助也。”乃赐式外徭[⑤]四百人，式又尽复予县官。是时富豪皆争匿财，唯式尤欲输之助费。天子于是以式终长者，故尊显以风[⑥]百姓。

初，式不愿为郎。上曰：“吾有羊上林中，欲令子牧之。”式乃拜为郎，布衣屩[⑦]而牧羊。岁馀，羊肥息[⑧]。上过，见其羊，善之。式曰：“非独羊也，治民亦犹是也。以时起居，恶者辄斥去，毋令败群。”上以式为奇，拜为缑氏令试之，缑氏便[⑨]之。迁为成皋令，将漕最[⑩]。上以为式朴忠，拜为齐王太傅。

而孔仅之使天下铸作器，三年中拜为大农，列于九卿。而桑弘羊为大农丞，筦诸会计事[⑪]，稍稍置均输以通货物矣。

始令吏得入谷补官，郎至六百石。

自造白金五铢钱后五岁，赦吏民之坐盗铸金钱死者数十万人。其不发觉相杀者，不可胜计。赦自出者百馀万人。然不能

---

①输委：缴纳钱物给官府。输：缴纳。委：属，给。 ②不轨：不按常规、不按法度行事。轨：常规，法度。 ③为化：树之为榜样以教化人。 ④报：答复，回答。 ⑤外徭：戍边。 ⑥风：诱导，教化。 ⑦屩(jué)：草鞋。 ⑧息：繁殖。 ⑨便：便利，得到便利。 ⑩将：管理，办理。最：最好，此指办理得最好。 ⑪筦：同“管”，管理。会计：管理财物及出纳、算账等事。

半自出，天下大抵无虑皆铸金钱矣。犯者众，吏不能尽诛取，于是遣博士褚大、徐偃等分曹循行郡国，举兼并之徒守相为利者。而御史大夫张汤方隆贵用事，减宣、杜周等为中丞，义纵、尹齐、王温舒等用惨急刻深为九卿，而直指①夏兰之属始出矣。

而大农颜异诛，初，异为济南亭长，以廉直稍迁至九卿。上与张汤既造白鹿皮币，问异。异曰："今王侯朝贺以苍璧，直数千，而其皮荐反四十万，本末不相称。"天子不说。张汤又与异有郤，及有人告异以它议②，事下张汤治异，异与客语，客语初令下有不便者，异不应，微反唇。汤奏异当，九卿见令不便，不入言而腹诽，论死。自是之后，有腹诽之法比③，而公卿大夫多谄谀取容矣。

天子既下缗钱令而尊卜式，百姓终莫分财佐县官，于是杨可告缗钱纵矣。

郡国多奸铸钱，钱多轻，而公卿请令京师铸钟官赤侧，一当五，赋官用非赤侧不得行。白金稍贱，民不宝用，县官以令禁之，无益。岁馀，白金终废不行。

是岁也，张汤死，而民不思。

其后二岁，赤侧钱贱，民巧法用之，不便，又废。于是悉禁郡国无铸钱，专令上林三官铸。钱既多，而令天下非三官钱不得行，诸郡国所前铸钱皆废销之，输其铜三官。而民之铸钱益少，计其费不能相当，唯真工大奸乃盗为之。

卜式相齐，而杨可告缗遍天下，中家以上大抵皆遇告。杜周治之，狱少反者。乃分遣御史廷尉正监分曹往，即治郡国缗

---

①直指：官名，为汉朝廷派出的巡察地方各郡国的官员。这些人品级不高，但权力很大，所谓"直指"，即指不阿私徇情，照直办事之意。②它议：其他事。③法比：法令，罪名。

钱，得民财物以亿计，奴婢以千万数，田大县数百顷，小县百馀顷，宅亦如之。于是商贾中家以上大率破，民偷[①]甘食好衣，不事畜藏之产业，而县官有盐铁缗钱之故，用益饶矣。益广关，置左右辅。

初，大农管盐铁官布[②]多，置水衡，欲以主盐铁；及杨可告缗钱，上林财物众，乃令水衡主上林。上林既充满，益广。是时越欲与汉用船战逐，乃大修昆明池，列观环之。治楼船，高十馀丈，旗帜加其上，甚壮。于是天子感之，乃作柏梁台，高数十丈。宫室之修，由此日丽。

乃分缗钱诸官，而水衡、少府、大农、太仆各置农官，往往即郡县比[③]没入田田之。其没入奴婢，分诸苑养狗马禽兽，及与诸官。诸官益杂置多，徒奴婢众，而下河漕度[④]四百万石，及官自籴乃足。

所忠言："世家子弟富人或斗鸡走狗马，弋猎博戏[⑤]，乱齐民[⑥]。"乃征诸犯令，相引数千人，命曰"株送徒"。入财者得补郎，郎选衰矣。

是时山东被河灾，及岁不登数年，人或相食，方一二千里。天子怜之，诏曰："江南火耕水耨[⑦]，令饥民得流就食江淮间，欲留，留处。"遣使冠盖相属[⑧]于道，护之，下巴蜀粟以振之。

其明年，天子始巡郡国。东度河，河东守不意行至，不办[⑨]，自杀。行西逾陇，陇西守以行往卒[⑩]，天子从官不得食，陇西守

---

①偷：苟且，苟活。 ②官布：即官钱。 ③比：通"庀(pǐ)"，治理，整治。 ④度(duó)：估计。 ⑤弋(yì)：用带有绳子的箭射猎。猎：捕杀禽兽的总称。博戏：赌博游戏。 ⑥齐民：平民，百姓。 ⑦火耕水耨：《史记集解》引应劭语，"烧草，下水种稻，草与稻并生，高七八寸，因悉芟去，复下水灌之，草死，独稻长，所谓火耕水耨也。"耨(nòu)：锄草。 ⑧属(zhǔ)：连续，连接。 ⑨办：同"辦(办)"，办理。 ⑩卒：通"猝"，突然，仓猝。

自杀。于是上北出萧关，从数万骑，猎新秦中，以勒[①]边兵而归。新秦中或千里无亭徼[②]，于是诛北地太守以下，而令民得畜牧边县，官假马母，三岁而归，及息什一，以除告缗，用充仞[③]新秦中。

既得宝鼎[④]，立后土、太一祠，公卿议封禅事，而天下郡国皆豫[⑤]治道桥，缮故宫，及当驰道[⑥]县，县治官储，设供具，而望以待幸。

其明年，南越反，西羌侵边为桀。于是天子为山东不赡[⑦]，赦天下。因南方楼船卒二十馀万人击南越，数万人发三河以西骑击西羌，又数万人度河筑令居。初置张掖、酒泉郡，而上郡、朔方、西河、河西开田官，斥塞卒六十万人戍田之。中国缮道馈粮，远者三千，近者千馀里，皆仰给大农。边兵不足，乃发武库工官兵器以赡之。车骑马乏绝，县官钱少，买马难得，乃著令，令封君以下至三百石以上吏，以差[⑧]出牝马天下亭，亭有畜牸马，岁课息[⑨]。

齐相卜式上书曰："臣闻主忧臣辱。南越反，臣愿父子齐习船者往死之。"天子下诏曰："卜式虽躬耕牧，不以为利，有馀辄助县官之用。今天下不幸有急，而式奋愿父子死之，虽未战，可谓义形于内。赐爵关内侯，金六十斤，田十顷。"布告天下，天下莫应。列侯以百数，皆莫求从军击羌、越。至酎[⑩]，少府省金，而列侯坐酎金失侯者百馀人。乃拜式为御史大夫。

式既在位，见郡国多不便县官作盐铁，铁器苦[⑪]恶，贾[⑫]贵，

---

①勒：部署，检阅。 ②亭徼（jiào）：岗亭塞堡，泛指边境上的防卫工事。 ③充仞：充满，充实。仞（rèn）：充满。 ④既得宝鼎：武帝元狩七年五月，得鼎于汾水上。 ⑤豫：同"预"，事先准备。 ⑥驰道：专供天子车驾出巡所走的大道。 ⑦不赡：不足，年成不好，因多年闹灾。 ⑧以差：按等级。 ⑨课：考核，查考。息：生息，繁殖。 ⑩酎（zhòu）：重酿的醇酒，用于祭祀。此处指尝酎之礼，以新酿之酎祭神。 ⑪苦：通"楛（kǔ）"，粗劣而不坚固。 ⑫贾：通"价"。

或强令民卖买之。而船有算，商者少，物贵，乃因孔仅言船算事。上由是不悦卜式。

汉连兵三岁，诛羌，灭南越。番禺以西至蜀南者置初郡十七，且以其故俗治，毋赋税。南阳、汉中以往郡，各以地比①给初郡吏卒奉食币物，传车马被具。而初郡时时小反，杀吏，汉发南方吏卒往诛之，间岁②万馀人，费皆仰给大农。大农以均输调盐铁助赋，故能赡之。然兵所过县，为以訾给③，毋乏而已，不敢言擅赋法④矣。

其明年，元封元年，卜式贬秩⑤为太子太傅。而桑弘羊为治粟都尉，领大农，尽代仅管天下盐铁。弘羊以诸官各自市，相与争，物故腾跃，而天下赋输或不偿其僦费⑥，乃请置大农部丞数十人，分部主郡国。各往，往县置均输盐铁官，令远方各以其物贵时商贾所转贩者为赋，而相灌输。置平准于京师，都⑦受天下委输⑧。召工官治车诸器，皆仰给大农。大农之诸官尽笼天下之货物，贵即卖之，贱则买之。如此，富商大贾无所牟大利，则反本，而万物不得腾踊。故抑天下物，名曰“平准”。天子以为然，许之。于是天子北至朔方，东到太山，巡海上，并北边以归。所过赏赐，用帛百馀万匹，钱金以巨万计，皆取足大农。

弘羊又请令吏得入粟补官，及罪人赎罪。令民能入粟甘泉各有差，以复终身，不告缗。他郡国各输急处，而诸农各致粟，山东漕益岁六百万石。一岁之中，太仓、甘泉仓满。边馀谷诸物均输帛五百万匹。民不益赋而天下用饶。于是弘羊赐爵左

---

①比：挨着，毗邻。 ②间岁：隔年，此实指一年之间。 ③訾给：供给。 ④擅赋法：《义门读书记》引何焯言，“擅赋法，谓常法正供外，擅取诸民，以訾给所过军也。” ⑤秩：指官员的职位或品级。 ⑥僦（jiù）：雇人运送东西。 ⑦都（dū）：聚集，汇聚。 ⑧委：聚拢，聚集。输：缴纳，上缴赋税。

庶长，黄金再百斤焉。

是岁小旱，上令官求雨。卜式言曰："县官当食租衣税而已，今弘羊令吏坐市列肆，贩物求利。亨[①]弘羊，天乃雨。"

太史公曰：农工商交易之路通，而龟贝金钱刀布之币兴焉，所从来久远。自高辛氏之前尚矣，靡得而记云。故《书》道唐虞之际，《诗》述殷周之世，安宁则长庠序[②]，先本绌末，以礼义防于利。事变多故而亦反是。是以物盛则衰，时极而转，一质一文，终始之变也。《禹贡》九州，各因其土地所宜，人民所多少而纳职[③]焉。汤、武承弊易变，使民不倦，各兢兢所以为治，而稍陵迟衰微。齐桓公用管仲之谋，通轻重之权[④]，徼[⑤]山海之业，以朝诸侯，用区区之齐显成霸名。魏用李克，尽地力，为强君。自是之后，天下争于战国，贵诈力而贱仁义，先富有而后推让。故庶人之富者或累巨万，而贫者或不厌[⑥]糟糠；有国强者或并群小以臣诸侯，而弱国或绝祀而灭世。以至于秦，卒并海内。虞、夏之币，金为三品：或黄、或白，或赤。或钱，或布，或刀，或龟贝。及至秦，中一国之币分为二等，黄金以溢[⑦]名，为上币；铜钱识曰半两，重如其文，为下币。而珠玉、龟贝、银锡之属为器饰宝藏，不为币。然各随时而轻重无常。于是外攘夷狄，内兴功业，海内之士力耕不足粮饷，女子纺绩不足衣服。古者尝竭天下之资财以奉其上，犹自以为不足也。无异故云，事势之流，相激使然，曷[⑧]足怪焉？

---

①亨：通"烹"，此指在鼎中把人煮死的一种酷刑。 ②庠(xiáng)序：庠序之中以年长者为尊，不似庙堂之上以爵位、权势为尊，所以长庠序是时世安宁、崇尚礼让的表现。庠序：古代学校名，殷曰庠，周曰序。 ③纳职：进贡。 ④轻重：指货币。权：量物重的秤锤、砝码，引申为标准。 ⑤徼(jiǎo)：求取，求得。 ⑥厌：通"餍(yàn)"，吃饱。 ⑦溢：同"镒"，一镒等于二十两。 ⑧曷：通"何"，什么，有什么。

【译文】

汉代兴起,承继的是秦朝的破败局面,壮年男子参加军旅,老弱之人运送粮饷,劳作繁重而又钱财匮乏,自天子以下备不齐一辆同样颜色的四匹马拉的车子,将相有的乘坐牛车,百姓家无蓄积。于是因秦钱太重不便使用,命百姓另外铸钱,规定一锭黄金的标准重量为一斤。并简约法令,减少禁令。而那些不守法令、追逐利润的商民则蓄积余业囤积商品,以致物价猛涨,粮价飞升,米价涨到每石一万钱,马一匹价值百金。

天下平定后,高祖便下令,商人不许穿丝绸,不许乘车行路,加重向他们征收的租税,以使他们经济遭困,人格受辱。惠帝、高后时,因为天下刚刚安定,重又放宽对商人的法律,然而商人子孙仍不许当官做吏。国家计算官吏俸禄和官府用度,向百姓收取赋税。而山林、河川、园池、市场的租税收入,以及自天子以下至于大小封君汤沐邑的收入,都作为各主管官员的私奉之用,不从国家经费中支出。所以从山东漕运粮食,以供给京都中的官员,每年不过数十万石。

到孝文帝时,荚钱越来越多,而且轻,于是另铸四铢重的钱,而字面写“半两”,命百姓可以随意自铸钱。所以吴是个诸侯国,但它依山铸钱,富可与天子相比,后来终于起兵叛逆。邓通是个大夫,因自铸钱,财产超过了诸侯王。所以吴、邓氏钱遍布天下,导致了铸钱禁令的产生。

匈奴常常侵扰北部边境,朝廷在那里屯驻了很多戍边的士兵,边境屯粮不足供养他们。于是招募百姓中能纳粮给官府或者运送粮食到边地的人封拜爵位,最高可封为大庶长。

孝景帝时,上郡以西发生旱灾,又重新修订了卖爵令,降低价格以招徕百姓;已减轻刑罚但尚未服满劳役的犯人,可向官府缴纳粮食以免除罪过。于是越加大造苑囿多养厩马以扩大用度,而宫室、列观、车马等也大量增修起来。

到当今皇上即位数年后,汉兴起七十多年之间,国家无大事,除非遇到水旱灾害,百姓家给人足,天下粮食堆得满满的,府库还有许多布帛货材。京城积聚的钱千千万万,以致穿钱的绳子都朽烂了,无法计数。太仓中的粮食大囤小囤如兵阵相连，有的露积在外，以至腐烂不能食用。普通街巷中的百姓也有马匹，田野中的马匹更是成群，以至乘母马的人受排斥不许参加聚会。最低级的吏役也吃膏粱肥肉，做官吏的老死不改任，居官年久遂以官职为姓氏名号。因此人人知道自爱，把犯法看得很重，崇尚行义，厌弃做耻辱的事。那时，法网宽疏而百姓富实，因而有人凭借钱财而骄奢放纵，以至于兼并土地成为土豪巨党之徒，靠着势力横行乡里。宗室有封地的以至公卿大夫以下，争相奢侈，房屋车服超过自身等级，没有限度。物盛则衰，本是事物应有的变化。

从此以后，严助、朱买臣等招纳东瓯，发生了对两越的战事，江淮间费用浩大，变得萧条烦乱。唐蒙、司马相如开通往西南夷的道路，为此凿山劈岭，修路一千多里，以扩大巴蜀与外界的联系，巴蜀百姓疲惫不堪。彭吴攻打朝鲜，设置沧海郡，燕齐间劳扰烦苦而骚动起来。等到王恢在马邑设计袭击匈奴，匈奴与汉断绝和亲，侵扰北部边境，兵连祸结，无法和解，天下人为此烦劳，叫苦不迭，而战争还是日甚一日。行人为战事运载物资，居家的则忙于送行，内外扰嚷骚动，都为战事而忙碌。百姓行巧诈以逃避法令，财物衰竭消耗而不足用。缴纳钱物的做官，送出货赂的除罪，选官制度被破坏，廉耻不分，有武力者被重用，法律严酷而命令繁琐。善于谋求财利的臣子从此产生。

之后，汉将每年以数万骑兵出击胡人，直到车骑将军卫青攻占匈奴河套以南的土地，修筑朔方城。那时，汉正在打通往西南夷的道路，动用数万人，从千里之外肩扛担挑运送粮食，大约每十余钟运到的只有一石，将钱币散于邛、僰地区，以招徕那里的百姓。一连数年道路不通，蛮夷之人乘机屡次进攻，官吏发兵诛杀他们。以巴蜀地区的全部租赋也不足以维持需要，于是招募豪民在南夷地区种田，将收获的粮食卖给当地官府，而到京都内府支取粮款。向东开通往沧海郡的道路，劳役费用也与南夷相仿。又调发十万多人修筑并守卫朔方，水陆运输的路程极为遥远，自崤山以东都遭受烦劳，花费数十百万以至万万，府库更加空虚。于是招募百姓能入官为奴的，可以终身免除租赋徭役。原是郎官的增加品级，以及纳羊者得郎官，就始于此时。

过了四年，汉派遣大将军率领六位将军，十多万军兵，出击匈奴右贤王，杀死并俘获一万五千人。第二年，大将军率六将再次出击胡人，杀死并俘获一万九千人。赏赐斩杀俘获敌人的将士黄金多达二十多万斤，投降的胡虏数万人也得到丰厚的赏赐，衣服、食物全都靠朝廷供给；而汉军士兵、马匹死了十多万，兵器盔甲等财物、水陆运输的费用还都不计算在内。于是大农向有司陈说，倾尽库藏钱财和赋税收入仍不足以供给战士的费用。有司道："天子说：'朕听说五帝的政教不相重复天下同样得到治理，禹汤的法令不同都是一代之王，所经由的路径不同，建立的功德则完全相同。北部边境未得安宁，朕对此很是担忧。前些日子，大将军攻击匈奴，斩杀并俘获一万九千人，而大农手中无钱，因而对将士的赏赐都停滞了。可商议命百姓出钱买爵，并可以缴纳赎金减免禁锢等罪刑。'据此，请设置赏功的官爵，名为武功爵。每级价十七万，共值三十多万金。凡买武功爵到官首一级的可优先任用为吏；千夫一级与五大夫相当，有罪的可以减轻二等处置；武功爵最高可至乐卿，以此使军功显荣。"军功爵多超过了这个等级，大者封侯或卿大夫，小者为郎为吏。进身为吏的门路多而杂，而官吏的名位也越来越轻，职责也荒废了。

自从公孙弘以《春秋》大义绳治官民取得汉丞相的职位，张汤以酷法断事做了廷尉，于是产生了见知不举报的法令，而对不遵天子之命、诋毁政事、诽谤君上等罪穷治不休，至于入监入狱。第二年，出现了淮南、衡山、江都王谋反的事，公卿搜寻端匿，审理此案，将其党羽一网打尽，获罪而死的达到数万人，从此官吏更加残酷迫急，法令更加苛细了。

当时，朝廷正在招揽尊崇方正、贤良、文学等士人，有的官至卿大夫。公孙弘以汉丞相身份，盖布被，饭食也很简单，欲以此做天下人的榜样。但对世人影响很小，从此便越来越追求功利了。

第二年，骠骑将军再次出击胡人，斩首四万。当年秋天，匈奴浑邪王率领数万人投降，于是，汉朝廷调发二万辆车迎接。到京城后，归降将士都受到赏赐，连同有功将士也一并受赏。这一年花费达一百多万万钱。

起初，在十多年前黄河决口于观县，梁、楚地区原已数次遭困，而缘河诸郡筑堤塞河，总是又堤坏河决，费用之多无法计算。此后番系想节省砥柱漕运的费用，造渠引汾水、黄河水灌溉田地，开渠的达数万人；郑当时因渭水漕运曲折路远，从长安到华阴开凿一条直渠，有数万人施工；朔方郡也开凿水渠，数万人参加。各自历时二三年之久，而且渠还未筑成，花费也都达数十万万。

天子为讨伐胡人，大量养马，长安饲养的马多达数万匹，关中的养马士卒不够用，就从附近诸郡调发。而投降的胡人都靠朝廷供给衣食，而朝廷供给不上，天子就减少膳食费用，卸掉驷车上的马匹，并从御府中拿出钱财养活他们。

第二年，崤山以东遭受水灾，百姓大多陷于饥饿困乏之中，于是天子派遣使者，将郡国仓库中的财物全部拿出赈济贫民。仍不够用，又招募豪富人家借贷，还是不能救灾民摆脱困境，就把贫民迁移到关西，以及充实到朔方郡以南的新秦中去，约七十多万人，衣食都靠朝廷供给。而且一连几年都由朝廷供给他们生产、生活物资，并派使者分区保护他们，一批批的天子使者，冠盖相望，络绎不绝。其费用以亿计，多得不可计算。于是朝廷财力告竭。

然而富商大贾有的聚敛财货，奴役贫民，车乘百辆，囤积居奇，待时取利，封君对他们也都伏首低眉，仰仗供给。有的冶铸煮盐，家财积累到万金，而不帮助国家的急难，黎民百姓陷于重困之中。于是天子与公卿商议，另造钱币以供给费用，并打击那些浮华奢侈的兼并之徒。那时天子的苑囿中有白鹿，少府有许多银锡。自孝文帝另造四铢钱以来，已有四十多年，从建元年间以来，用度不足，朝廷往往在产铜多的山旁冶铜铸钱，百姓也乘机私自铸钱，使钱多得不可胜数。钱越来越多而且轻，货物越来越少而且贵。有司说："古时候有皮币，诸侯聘问与供享时使用。金有三等，黄金是上等，白金为中等，赤金为下等。如今的半两钱法定重量是四铢，而且奸盗之人又摩取铜钱背面的铜屑重新铸钱，钱更轻更薄而物价更贵，远方用钱又烦费又很不方便。"于是以白鹿皮一尺见方，绘上五彩花纹,制成皮币,值四十万钱。规定王侯宗室朝觐天子、聘问供享,玉璧都必须以皮币做衬垫,然后才能进献。

又杂铸银锡制成白金,认为天所用最重要的是龙,地所用最重要的是马,人所用最重要的是龟,所以分白金为三品:第一品重八两,圆形,花纹为龙,名为“白选”,值三千钱;第二品重量略小,方形,花纹是马,值五百钱;第三品又小些,椭圆形,花纹是龟,值三百钱。命官府销毁半两钱,另铸三铢钱,钱文与重量相同。盗铸各种金钱一律死罪,但盗铸白金的吏民仍不可胜数。

于是命东郭咸阳、孔仅为大农丞,管理盐铁事;桑弘羊以善于计算被任命为侍中。咸阳是齐地煮盐的大商人,孔仅是南阳冶铸大户,都获利累积千金,所以郑当时才向朝廷推荐他们。弘羊是洛阳商人之子,因善于心算,十三岁就作侍中。所以这三人谋求财利真是精细入微,秋毫不遗。

法令既然越来越严酷,官吏就多因罪免官。加上不断打仗,百姓买爵以求免除赋税徭役,大多买到五大夫一级,可征发服役的人越来越少。于是拜授有千夫、五大夫爵位的人为吏,不愿为吏的向官府缴马匹求免;原来为吏的都免去职务,责令到上林苑砍伐荆棘,或去开凿昆明池。

第二年,大将军、骠骑将军大规模出兵与胡人作战,捕获斩杀敌人八九万,赏赐有功将士五十万金,汉军死于战场的马达十多万匹,运输和制造兵车衣甲的费用还不计算在内。当时钱财匮乏,战士有许多人得不到俸禄。

有司说三铢钱重量小,容易从中舞弊,于是请准许诸郡铸五株钱,将钱背面铸出一个厚出钱体的边缘,使人无法磨取铜屑。

大农将盐铁丞孔仅、东郭咸阳的话上奏天子说:“山海是天地藏物的大仓库,都应该属于少府,陛下不为私有,命其属于大农以补充赋税的不足。请准许招募百姓自备经费,使用官府器具煮盐,官府供给牢盆。一些游手不务正业的人擅自据有山海之货,很是富裕,并役使贫民取利。他们阻挠盐铁官营的事,听不胜听。有敢私铸铁器、煮盐的,钛其左脚趾，没收其器物用具。不产铁的郡设置小铁官，隶属于所在县管辖。”于是派孔仅、东郭咸阳乘着传车到各地去巡行督办实行官办盐铁，设立主管盐铁的地方官府，拜授原来经营盐铁而又富裕的人为吏。进身为吏的门路更加杂乱，不再行选官制度，商人做官吏的更多了。

商人因钱经常改变，就多积货物以追逐利润。于是公卿说：“郡国颇受灾害，贫民没有产业的，招募他们迁徙到地多而富饶的地方。陛下为此降低膳食等级、节省费用，拿出皇宫中的钱来赈济百姓，放宽借贷和赋税，然而百姓仍不能都去田亩中耕作，商人数目不断增加。贫民没有积蓄，都仰赖官府供给衣食。以前轺车、商人的缗钱都要征收多少不等的算赋，请准许像往时一样征收算赋。那些属于末作的商人凡赊贷买卖，囤积货物，以及经商取利，即使没有市籍，也要按自己的货物认定估算各自算赋等级，通常是缗钱二千为一算。各种手工作坊有租税以及冶铸业的人家，大抵四千缗为一算。不属于官吏的三老、北部边境的骑士，有轺车一辆为一算；商人有轺车一辆为二算；有船长五丈以上的为一算。有隐匿不自报资财，或隐瞒部分资财的，罚到边境戍守一年，没收缗钱。有能告发的，给予被告发者资财的一半。商人有市籍的，连同他的家属，都不许占有土地，以有利于农民。有敢违犯此令的，没收其土地以及为他种田的僮仆入官。”

天子于是想起卜式的话，将他召来拜封为中郎，爵为左庶长，赐给农田十顷，并布告天下，使天下人都知道这件事。

当初，卜式是河南郡人，以种田养畜为业。父母死后，留下年幼的弟弟。等弟弟长大成人，就与他分了家，自己只要百余只羊，其余田地、宅舍、财物等全留给弟弟。从此卜式入山牧羊十多年，羊繁育到一千多只，买了田地宅舍。他的弟弟却家业尽破，卜式又多次把自己的东西分给他。这时，汉朝廷正数次遣将出击匈奴，卜式上书说，愿把一半家产交给官府援助对匈奴作战。天子派使者问他：“你是想做官吗？”卜式说：“臣自幼放牧，不熟悉做官的事，不愿做官。”使者问：“难道是家中有冤屈，有话要对天子说？”卜式道：“臣生来与人没有纷争。同邑人有贫穷的我就借贷给他，不善良的我就教导他，使他驯良，邻里都愿听我的话，我怎会受人冤屈！没有要对天子说的话。”使者说：“如果是这样，你捐这么多家产，究竟为何事？”卜式道：“天子要讨伐匈奴，我认为贤能的人应在边境拼死效力，有钱的人应缴纳钱物给国家，这样匈奴就可以灭掉。”使者把他的话全都回报天子。天子又转告丞相公孙弘。公孙弘说：“这不合人情。不按法度行事的人，不可做天下楷模而扰乱法纪，愿陛下不要理会他。”于是天子很久没给卜式答复，数年后，打发他离开京城。卜式回家后，依旧种田放牧。过了一年多，正赶上汉军屡次出征，浑邪王等投降，朝廷花费很大，仓库空虚。第二年，贫民大迁徙，都靠朝廷供给，朝廷没东西全部负担。卜式带着二十万钱交给河南郡太守，作为被迁百姓的花费。河南呈上富人资助贫人的名籍，天子见到卜式的名字，尚能记得，说道：“这是前些日子，要献一半家产助边的那个人。”于是赐给卜式四百人的欲免除戍边劳役所纳的钱数。卜式又把它全交给官府。那时，富豪人家争着隐匿家产，唯有卜式特别热衷缴纳钱物帮助官府。天子于是认为卜式的确是有德行的长者，所以给他显官尊荣以诱导教化百姓。

起初，卜式不愿做郎官。天子说：“我有羊在上林苑中，想请你替我放牧。”卜式才受拜做了郎官，穿着布衣草鞋放羊。一年多后，羊群肥壮且繁殖了很多。天子路过看到羊群，十分赞赏他。卜式道：“不但是羊，治理百姓也是同一道理。让它们按时起居，凶恶的就除掉，不要让它败坏了羊群。”天子听了很是惊奇，封他为缑氏令试试他的本领，果然缑氏百姓反映很好。升任他为成皋令，管理漕运又是最好。天子认为卜式为人朴实忠厚，封他做了齐王太傅。

而孔仅出使各地铸作铁器，三年之中升任为大农令，位列于九卿。而桑弘羊做上了大农丞，管理财务收入事务，慢慢设置起均输制度来流通货物了。

这时，开始允许吏缴纳谷物补为官，补为郎官缴纳的谷物多至六百石。

自从制造白金和五铢钱以后五年，赦免官民因私自铸钱获死罪的达数十万人，天子没有发觉而被地方处死的，不可胜数。自出赎金经赦免罪的有百余万人。然而犯罪又能出得起赎金的连一半人也没有，普天之下大概所有人都无顾忌地盗铸金钱了。犯罪的人太多，官吏不能把他们全都诛死，于是派遣博士褚大、徐偃等人按不同司职巡察郡国，揭发举报兼并之徒以及身为郡守、诸侯国相却贪求私利的人。而御史大夫张汤这时正处在官势显赫、大权在握的时候，减宣、杜周等人任御史中丞，义纵、尹齐、王温舒等人以执行法律惨急深刻被提升为九卿，而直指官夏兰这类人开始出现了。

因而有大农颜异被杀的事发生。起初，颜异是济南的一个亭长，因办事清廉正直慢慢升迁到九卿。天子与张汤既已制造了白鹿皮币，问颜异有什么看法。颜异说："如今诸侯王朝见天子有苍璧，价值不过数千钱，而作为垫衬的皮币反而值四十万，本末不相称。"天子听了很不高兴。张汤又与颜异平素有些隔阂，正巧有人以其他事告发颜异，天子将此事交给张汤审理。颜异曾与客人闲谈，客人说某法令初颁下时有些弊病，颜异没有说话，客人反唇讥刺几句。张汤知道此事后，上奏天子说，颜异身为九卿，见法令有不妥处，不向朝廷进言，只在心中诽谤非难，其罪当死。从此之后，有了"腹诽"的罪名，而公卿大夫就多以谄媚逢迎、阿谀奉承取悦于人了。

天子既颁发了算缗钱令并尊崇卜式为天下人的榜样，而百姓终究不肯拿出钱财帮助朝廷，于是告发缗钱的事就行开了。

郡国有许多盗铸的钱，大多不够分量，因而公卿请求命京城铸造钟官赤侧钱，一个当五个，向官府缴纳赋税不是赤侧钱不许使用。白金渐渐地贱下来，百姓不再珍视它，官府下令制止白金贬值，仍无作用。一年多后，白金终于废止不用。

这一年，张汤死，而百姓对他毫无思念之情。

此后二年，赤侧钱又贱，百姓千方百计把它花出去，这对市场很不利，赤侧钱又废弃了。于是下令所有郡国都不许再铸钱，专门命上林苑三官铸造。流行的钱既已很多，于是下令天下，凡不是三官铸造的钱币不许使用，诸郡国以前铸造的钱币全都销毁，把销钱得到的铜上缴三官。百姓铸钱的事更少了，铸钱所获利益还没有花费大，只有巧工匠和大奸商才能盗铸。

卜式做了齐国诸侯相国，而杨可掀起的告发隐匿缗钱的事遍及天下，中等人家以上大抵都被告发。由杜周加以审理，很少有能翻案的。于是分别派遣御史、廷尉、正监等官员按不同司职出使诸国，就地审理郡国隐匿缗钱的案子，所得没收百姓的钱物以亿计，奴婢上千万，田地大县数百顷，小县百余顷，房宅也与之相当。于是商人中等以上人家大抵全都破了家，从此百姓苟且于美衣美食，得吃就吃，得喝就喝，谁也不再经营买卖、蓄藏等产业了，而官府因为有官办盐铁和告缗钱这两件事，用度宽裕多了。

接着，将函谷关东迁三百多里扩大关中地域，设置了京都左右辅之官。

起初，大农管理盐铁官钱事务繁多，设置了水衡都尉，想让其主管盐铁事。等到杨可告发隐匿缗钱的事发生后，上林有财物众多，就命水衡主管上林。上林财物既满，便扩大上林的规模。这时越国打算与汉用船决战，于是大规模修建昆明池，池周围修筑观宇环绕。建造楼船，有十丈多高，上面插着旗子，很是壮观。天子受这气派的感染，于是建造柏梁台，高达数十丈。修建的宫室，也从此越来越富丽。

于是把缗钱分给各官府，而水衡、少府、大农、太仆还各自设置农官，往往就地在各郡县整治没收来的土地，加以耕种。没收来的奴婢，则分给诸苑囿让他们喂养狗马禽兽，或者分给诸官府。诸官府更设置了做各种事情的奴婢。罪徒奴婢众多，因而由黄河漕运至京的粮食大约增加到每年四百万石，还要官府自籴一部分粮食才能够用。

所忠上书说："世家子弟和富人或斗鸡赛狗赛马，或射猎赌博游戏，扰乱百姓。"于是惩罚诸罪犯，命他们互相攀引，牵连数千人，称为"株送徒"。交纳财物的既得以补为郎官，郎官选拔从此衰退。

这时崤山以东遭受黄河水灾，一连数年五谷不熟，方圆一二千里之间，人或相食。天子心中怜悯，下诏说："江南火耕水耨，可让饥民流亡到江淮之间寻口饭吃，愿意留居在那里的，可在那里留居。"派遣的使者冠盖相连，来往于道路，护送这些饥民，并从巴蜀运来粮食赈济他们。

第二年，天子开始巡察郡国。东渡黄河，河东太守没想到天子车驾会来到，没做好迎驾准备，畏罪自杀。西行穿过陇山，陇西太守因车驾来去太突然，准备不足，天子从官连饭也没吃上，陇西太守自杀。于是天子北出萧关，随从数万骑，在新秦中射猎，检阅边兵，然后返回京城。见新秦中有的地方千里之间没有岗亭塞堡，于是将北地太守以下的官员全杀了，并命百姓到边境诸县放牧牲畜，官府借给母马，三年归还，等生下小马后，十个里头交一个作为利息，废除告缗令，以此充实新秦中地区。

得到宝鼎以后，设立了后土祠、太一祠，公卿还在商议封禅的事宜，而天下郡国都已预先修桥铺路，修缮原有的宫室。那些驰道所经过的各县，也准备官库，储藏物品，置办需供给的用具，盼望并等待着天子车驾的幸临。

第二年，南越反叛，西羌侵犯边境以逞凶暴。于是天子因为崤山以东年成不好，赦免天下囚犯。命南方楼船士卒二十多万人进攻南越，命数万人并调发三河以西的马匹为坐骑进攻西羌，还有数万人西渡黄河修筑令居城。这一年设置了张掖、酒泉郡，而在上郡、朔方、西河、河西等地设置田官，斥命在当地戍守的士卒六十万人一边戍守，一边种田。中国内地则修缮道路，运送粮饷，路远的达三千里，近的也有一千多里，全都仰仗大农供给。边境的兵器不足，就调发武库和工官的兵器来供给那里的需要。兵车和战马稀缺，官府钱少，很难买到马匹，就制定一项命令：命封君以下至于三百石以上的官吏，按等级不同缴纳不同数目的母马，分给天下驻兵的亭牧养，使每亭都畜养有母马，每年考核其喂养繁息的情况。

齐国国相卜式上书说："臣听说天子有忧虑，是臣子的耻辱。如今南越反叛，臣父子愿与从齐国发来的操船兵卒一起出征战死。"天子下诏说："卜式虽是个耕田放牧人，并不以此求利，每有剩余就献给官府作为用度。如今天下不幸有急难之事，而卜式奋勇请求父子愿为此战死，虽没有参加战斗，心中的义念可说是已表现出来了。特尝赐给他关内侯的爵位，黄金六十斤，农田十顷。”广为告知天下，但天下没有人响应。列侯有上百名，没有一人要求从军与羌、越作战。于是到诸侯朝见，尝酎献贡时，命少府仔细察看酎金的分量和成色，列侯由于酎金分量不足被削夺侯位的有一百多人。于是拜卜式为御史大夫。

卜式既然有了这等官位，见到许多郡国反映官府作盐铁的坏处，如铁器粗劣，价钱贵，还有的强迫百姓买卖。而船有算赋，以船运货的商人少，商品昂贵，于是通过孔仅上书提议取消船算赋。天子因此对卜式很不满意。

汉接连打了三年仗，诛讨西羌，平定南越。番禺以西直到蜀南初次设了十七郡，且按他们原来的风俗加以治理，不征收赋税。南阳至汉中之间旧有的郡县，分别承担与自己毗邻的新设郡中吏卒的薪俸、食品、钱物，以及驿传所用的车马被具。而新设郡县还时时有小规模的反叛，并诛杀官吏，朝廷调发南方的官吏兵卒前往诛讨，每年有一万多人，费用都仰靠大农供给。大农以均输法调各地盐铁所得，以补充赋税的不足，所以才得以供给上去。然而士兵路过的县，不过做到供给无缺就是了，再也没有谁敢谈论擅赋法了。

第二年，即元封元年，卜式贬官做了太子太傅。而桑弘羊任治粟都尉，并行使兼领大农令，完全代替孔仅管理天下盐铁。由于各地官员自己负责买卖，相互竞争，所以物价涨得快，而天下所缴赋税有的还不够偿还转运的费用，桑弘羊于是请求设立大农部丞官数十名，分别掌管各郡国的大农事务。各自又往往在主要县设立均输盐铁官，命边远地区都以物价贵时，商人从本地转贩的财物为赋税，而由朝廷互相转输。在京城设立平准令，总受天下输纳来的赋税。召雇工官制造车辆器物，都由大农供给费用。大农所属诸官独揽了天下的货物，物贵就卖出，物贱就买进。这样，富商大贾无法从中牟取大利，就会反本为农，而所有货物再也不会价格猛涨。由于天下货物价格都受到其抑制，所以称为“平准”。天子认为有道理，准许了他的请求。于是天子巡游向北到朔方，向东到泰山，又巡行海上，以及北部边郡，然后返回。所过之处都有赏赐，用去帛一百多万匹，钱、金以万万计，全取自大农。

弘羊又请求允许吏可以缴纳粮食补官，以及罪人纳粮赎罪。让百姓能向甘泉宫的仓库缴纳多少不等的粮食，以免除终身赋役，不受告缗令的影响。其他郡国的百姓则各自向急需处交纳，而各处的农民都各自纳粮，山东漕运到京的粮食每年增加了六百万石。一年之中，太仓、甘泉粮仓堆满。边境剩余的粮食和其他货物，按均输法折为帛五百万匹。不向百姓增收赋税而天下用度富足。于是赐给桑弘羊爵为左庶长，黄金二百斤。

这一年有小旱灾，天子命官员求雨。卜式说道："官府应该以租税为衣食，如今桑弘羊使官吏坐于列肆中，买卖货物，求取利润。烹死桑弘羊，天才会下雨。"

太史公说：农工商间交易的渠道沟通了，就有龟贝金钱刀布等钱币产生。这已有很久的历史了，自高辛氏以前年代太远，无从记述。所以《尚书》讲唐虞时的事，《诗经》讲殷周时的事，一般是世道安宁则按长幼序尊卑，先以农为本而以商为末，用礼义限制逐利；世道变乱就会与此相反。所以物太盛就会转为衰落，时势达到极点就会转变，一质之后有一文，与终后有始，始后有终的终始之变是一样的。《禹贡》中的九州，各自根据其土地所适宜，人民拥有财物多少缴纳进贡。商汤和周武王承前朝弊政后有所改易，使百姓不致疲敝困乏，各自都谨慎从事产业，可已稍微有衰落气象。齐桓公采用管仲的计谋，统一钱币标准，从山海之中求取财富，以使诸侯前来朝会，以区区齐国成就霸主威名。魏国任用李克，充分利用地力，发展农业生产，成了强国。从此以后，天下相争于战国，以诡诈武力为贵，轻视仁义道德，以富有之道为先，以推让等礼仪为后。所以百姓中的富人有的积聚财产达万万，而贫穷的连糟糠也不够吃；诸侯国强大的或至并吞诸多小国而使诸侯称臣，弱小者有的至于断绝祭祀而亡国。到秦时，终于并吞海内。虞、夏时的货币，金有三品，或者黄，或者白，或者赤；此外或者用钱，或者用布，或者用刀，或者用龟贝。等到了秦，将一国货币分为二等：黄金以镒为单位，是上等货币；铜钱上的标识为“半两”，重量与标识相同，是下等货币。而珠玉、龟贝、银锡之类只作为器物的装饰、作为宝物贮藏，不作货币使用。然而其价格随时间而高低无常。于是对外攘除夷狄，对内兴立功业，天下百姓尽力耕种不够供给粮饷，女子纺织不足穿衣。古时曾竭尽天下资财以奉献给天子，天子仍自以为不够使用。没别的缘故，是各种事势相互影响造成的，有什么可奇怪呢？

史记卷三十一·吴太伯世家第一

“世家”是《史记》五体之一，记载诸侯列国事迹及其家传世系，其编次之体与《本纪》大致相同，用编年记事，因有别于《本纪》，故名之曰“世家”。《史记》有《世家》三十篇，记载了自西周至西汉初各主要诸侯国的兴衰历史，所记包括春秋战国时期诸侯、汉初之宗室王及开国功臣等。《世家》将《吴太伯世家》列为首篇，是为了表彰吴太伯之让德及创吴国之功。本篇记载了吴国从开国祖先吴太伯远避荆蛮至吴王夫差亡国之间世系承传及兴衰历史，再现了吴国由弱而强、又由盛及衰的历史发展进程，也反映了吴、楚、越三方错综复杂的矛盾关系。

吴太伯，太伯弟仲雍，皆周太王之子，而王季历之兄也。季历贤，而有圣子昌，太王欲立季历以及昌，于是太伯、仲雍二人乃奔荆蛮，文身断发①，示不可用②，以避季历。季历果立，是为王季，而昌为文王。太伯之奔荆蛮，自号句吴③，荆蛮义之，从而归之千馀家，立为吴太伯。

太伯卒，无子，弟仲雍立，是为吴仲雍。仲雍卒，子季简立。季简卒，子叔达立。叔达卒，子周章立。是时周武王克殷④，求太伯、仲雍之后，得周章。周章已君吴，因而封之。乃封周章弟虞仲于周之北故夏虚，是为虞仲，列为诸侯。

周章卒，子熊遂立。熊遂卒，子柯相立。柯相卒，子彊鸠夷

---

①文：同“纹”。文身断发，是古代吴越之地的习俗，即身上刺上花纹，头发剪短不束冠。 ②示不可用：表示不可再被任用。古代中原习俗认为，身体发肤，受之父母，不敢毁伤。太伯、仲雍断发文身，表示自己不可再被立为国君。 ③句吴：又作“勾吴”。“句”字无义，是吴地语言的发声词。 ④克：战胜。武王克殷。

立。彊鸠夷卒，子馀桥疑吾立。馀桥疑吾卒，子柯卢立。柯卢卒，子周繇立。周繇卒，子屈羽立。屈羽卒，子夷吾立。夷吾卒，子禽处立。禽处卒，子转立。转卒，子颇高立。颇高卒，子句卑立。是时晋献公灭周北虞公，以开晋伐虢也。句卑卒，子去齐立。去齐卒，子寿梦立。寿梦立而吴始益大，称王。

自太伯作吴①，五世而武王克殷，封其后为二：其一虞，在中国；其一吴，在夷蛮。十二世而晋灭中国之虞。中国之虞灭二世，而夷蛮之吴兴。大凡从太伯至寿梦十九世②。

王寿梦二年，楚之亡大夫申公巫臣怨楚将子反而奔晋，自晋使吴，教吴用兵乘车，令其子为吴行人③，吴于是始通于中国。吴伐楚。

十六年，楚共王伐吴，至衡山。

二十五年，王寿梦卒。

寿梦有子四人，长曰诸樊，次曰馀祭，次曰馀眜，次曰季札。季札贤，而寿梦欲立之，季札让不可，于是乃立长子诸樊，摄行事当国④。

王诸樊元年。诸樊已除丧，让位季札。季札谢曰⑤："曹宣公之卒也，诸侯与曹人不义曹君，将立子臧，子臧去之，以成曹君，君子曰'能守节矣'。君义嗣⑥，谁敢干君！有国，非吾节也。札虽不材，愿附于子臧之义。"吴人固立季札，季札弃其室而耕，乃舍之。秋，吴伐楚，楚败我师。

四年，晋平公初立。

十三年，王诸樊卒，有命授弟馀祭。欲传以次，必致国于季

---

①作：创立。 ②大凡：共计。 ③其子：狐庸。行人：指春秋时国与国之间的使者，此指执掌行人之官。 ④摄：总持。当国：执政。 ⑤谢：辞绝。 ⑥义嗣：符合礼义的继承人。谓诸樊乃嫡长子，继位合于礼义。

札而止，以称先王寿梦之意，且嘉季札之义，兄弟皆欲致国，令以渐至焉。季札封于延陵，故号曰延陵季子。

王余祭三年，齐相庆封有罪，自齐来奔吴。吴予庆封朱方之县，以为奉邑，以女妻之，富于在齐。

四年，吴使季札聘于鲁[①]。请观周乐[②]。为歌《周南》《召南》。曰："美哉，始基之矣，犹未也[③]，然勤而不怨。"歌《邶》《鄘》《卫》。曰："美哉，渊乎[④]，忧而不困者也。吾闻卫康叔、武公之德如是，是其《卫风》乎？"歌《王》[⑤]。曰："美哉，思而不惧，其周之东乎？"歌《郑》。曰："其细已甚，民不堪也，是其先亡乎？"歌《齐》。曰："美哉，泱泱乎大风也哉[⑥]。表东海者，其太公乎？国未可量也。"歌《豳》。曰："美哉，荡荡乎[⑦]，乐而不淫，其周公之东乎？"歌《秦》。曰："此之谓夏声[⑧]。夫能夏则大，大之至也，其周之旧乎？"歌《魏》。曰："美哉，沨沨乎[⑨]，大而宽，俭而易，行以德辅，此则盟主也。"歌《唐》。曰："思深哉，其有陶唐氏之遗风乎？不然，何忧之远也？非令德之后，谁能若是！"歌《陈》。曰："国无主，其能久乎？"自《郐》以下，无讥焉[⑩]。歌《小雅》。曰："美哉，思而不贰，怨而不言，其周德之衰乎？犹有先王之遗民也。"歌《大雅》。曰："广哉，熙熙乎[⑪]，曲而有直体[⑫]，其文王之德乎？"歌《颂》。曰："至矣哉，直而不倨，曲而不诎，近而不逼[⑬]，远而不携[⑭]，迁而不淫，复而不厌，哀而不愁，乐而不荒，用而不

---

①聘：国与国之间遣使访问。 ②周乐：周朝王室的乐舞。鲁国因为是周公的封地，曾得到周成王赐以天子之乐。 ③犹未也：还没有达到尽善尽美的地步。 ④渊：深厚，深沉。⑤《王》：指从王城一带采集的地方乐调。 ⑥泱泱：深远宏大的样子。 ⑦荡荡：宽宏坦荡的样子。 ⑧夏声：指中原地区的民间音乐。 ⑨沨沨乎：章节中正平和。 ⑩讥：评论。 ⑪熙熙：和谐安乐。 ⑫曲而有直体：旋律虽然婉转柔和，基调却刚劲有力。 ⑬近：指节奏紧密。逼：逼迫。 ⑭远：指节奏舒缓。携：分离，离异。

匮，广而不宣[①]，施而不费，取而不贪[②]，处而不底，行而不流[③]。五声和，八风平[④]，节有度，守有序，盛德之所同也。”见舞《象箾》《南籥》者，曰：“美哉，犹有憾。”见舞《大武》，曰：“美哉，周之盛也其若此乎？”见舞《韶濩》者，曰“圣人之弘也，犹有惭德，圣人之难也！”见舞《大夏》[⑤]，曰：“美哉，勤而不德，非禹其谁能及之？”见舞《招箾》[⑥]，曰：“德至矣哉，大矣，如天之无不焘也[⑦]，如地之无不载也，虽甚盛德，无以加矣。观止矣，若有他乐，吾不敢观。”

去鲁，遂使齐。说晏平仲曰：“子速纳邑与政。无邑无政，乃免于难。齐国之政将有所归；未得所归，难未息也。”故晏子因陈桓子以纳政与邑，是以免于栾、高之难[⑧]。

去齐，使于郑。见子产，如旧交。谓子产曰：“郑之执政侈[⑨]，难将至矣，政必及子。子为政，慎以礼。不然，郑国将败。”

去郑，适卫。说蘧瑗、史狗、史鰌、公子荆、公叔发、公子朝曰：“卫多君子，未有患也。”

自卫如晋，将舍于宿[⑩]，闻钟声，曰：“异哉！吾闻之，辩而不德，必加于戮。夫子获罪于君以在此，惧犹不足，而又可以畔乎[⑪]？夫子之在此，犹燕之巢于幕也[⑫]。君在殡而可以乐乎[⑬]？”遂去之。文子闻之，终身不听琴瑟。

适晋，说赵文子、韩宣子、魏献子曰：“晋国其萃于三家

---

①用而不匮：虽使用而不匮乏。广而不宣：广大而不宣露。 ②施而不费，取而不贪：施惠而不浪费，征取而不过分贪婪。 ③流：虚浮泛滥。 ④五声：宫、商、角、徵、羽。八风：指八音，即金、石、土、革、丝、木、匏、竹八音。 ⑤《大夏》：相传为夏禹之乐舞名。 ⑥《招箾》：即《韶箫》、亦称《大韶》，舜之乐舞名。 ⑦焘：覆盖。 ⑧栾、高之难：齐景公十四年，齐大夫栾施、高强互相进攻，经陈桓子调停乃止。 ⑨郑之执政：此处指郑国大夫伯有，乃郑穆公之子，子产之弟。侈：奢华放纵，荒淫无度。 ⑩宿：通“戚”，地名，乃卫国大夫孙文子之封邑。 ⑪畔：通“般”，怡乐。 ⑫燕巢于幕：比喻处境十分危险。 ⑬殡：停柩待葬。

乎[①]!”将去,谓叔向曰:“吾子勉之!君侈而多良[②],大夫皆富,政将在三家。吾子直,必思自免于难。”

季札之初使,北过徐君[③]。徐君好季札剑,口弗敢言。季札心知之,为使上国,未献。还至徐,徐君已死,于是乃解其宝剑,系之徐君冢树而去。从者曰:“徐君已死,尚谁予乎?”季子曰:“不然。始吾心已许之,岂以死倍吾心哉[④]!”

七年,楚公子围弑其王夹敖而代立,是为灵王。

十年,楚灵王会诸侯而以伐吴之朱方,以诛齐庆封。吴亦攻楚,取三邑而去。

十一年,楚伐吴,至雩娄。

十二年,楚复来伐,次于乾溪,楚师败走。

十七年,王余祭卒,弟余眛立。

王余眛二年,楚公子弃疾弑其君灵王代立焉。

四年,王余眛卒,欲授弟季札。季札让,逃去。于是吴人曰:“先王有命,兄卒弟代立,必致季子。季子今逃位,则王余眛后立,今卒,其子当代。”乃立王余眛之子僚为王。

王僚二年,公子光伐楚,败而亡王舟。光惧,袭楚,复得王舟而还。

五年,楚之亡臣伍子胥来奔,公子光客之。公子光者,王诸樊之子也。常以为吾父兄弟四人,当传至季子。季子即不受国,光父先立。即不传季子,光当立。阴纳贤士,欲以袭王僚。

八年,吴使公子光伐楚,败楚师,迎楚故太子建母于居巢以归。因北伐,败陈、蔡之师。

九年,公子光伐楚,拔居巢、钟离。初,楚边邑卑梁氏之处

---

①萃:集中。 ②良:此指良臣,良大夫。 ③过:造访。 ④倍:通“背”,违背。

女与吴边邑之女争桑，二女家怒相灭，两国边邑长闻之，怒而相攻，灭吴之边邑。吴王怒，故遂伐楚，取两都而去。

伍子胥之初奔吴，说吴王僚以伐楚之利。公子光曰："胥之父兄为僇于楚，欲自报其仇耳。未见其利。"于是伍员知光有他志。乃求勇士专诸，见之光。光喜，乃客伍子胥。子胥退而耕于野，以待专诸之事。

十二年冬，楚平王卒。

十三年春，吴欲因楚丧而伐之，使公子盖馀、烛庸以兵围楚之六、灊。使季札于晋，以观诸侯之变。楚发兵绝吴兵后，吴兵不得还。于是吴公子光曰："此时不可失也。"告专诸曰："不索何获[①]！我真王嗣，当立，吾欲求之，季子虽至，不吾废也。"专诸曰："王僚可杀也。母老子弱，而两公子将兵攻楚，楚绝其路。方今吴外困于楚，而内空无骨鲠之臣，是无奈我何。"光曰："我身，子之身也。"四月丙子，光伏甲士于窟室[②]，而谒王僚饮[③]。王僚使兵陈于道，自王宫至光之家，门阶户席，皆王僚之亲也，人夹持铍[④]。公子光详为足疾，入于窟室，使专诸置匕首于炙鱼之中以进食。手匕首刺王僚，铍交于匈[⑤]，遂弑王僚。公子光竟代立为王，是为吴王阖庐。阖庐乃以专诸子为卿。

季子至，曰："苟先君无废祀，民人无废主，社稷有奉，乃吾君也。吾敢谁怨乎？哀死事生，以待天命。非我生乱，立者从之，先人之道也。"复命[⑥]，哭僚墓，复位而待[⑦]。吴公子烛庸、盖馀二人将兵遇围于楚者，闻公子光弑王僚自立，乃以其兵降楚，

①不索何获：不去追求，就不会有收获。 ②窟室：地下室。 ③谒：迎请。 ④铍（pī）：两面有刃的小刀。 ⑤匈：同"胸"。此指数把刀同时刺入专诸胸膛。 ⑥复命：季札是王僚派往晋国的使臣，因此他到王僚坟上去向王僚复命。 ⑦复位而待：指复归本职，等待新国君之命。

楚封之于舒。

王阖庐元年，举伍子胥为行人而与谋国事。楚诛伯州犁，其孙伯嚭亡奔吴，吴以为大夫。

三年，吴王阖庐与子胥、伯嚭将兵伐楚，拔舒，杀吴亡将二公子。光谋欲入郢，将军孙武曰："民劳，未可，待之。"

四年，伐楚，取六与灊。五年，伐越，败之。

六年，楚使子常、囊瓦伐吴。迎而击之，大败楚军于豫章，取楚之居巢而还。

九年，吴王阖庐谓伍子胥、孙武曰："始子之言郢未可入，今果如何？"二子对曰："楚将子常贪，而唐、蔡皆怨之。王必欲大伐，必得唐、蔡乃可。"阖庐从之，悉兴师，与唐、蔡西伐楚，至于汉水。楚亦发兵拒吴，夹水陈①。吴王阖庐弟夫概欲战，阖庐弗许。夫概曰："王已属臣兵，兵以利为上，尚何待焉？"遂以其部五千人袭冒楚②，楚兵大败，走。于是吴王遂纵兵追之。比至郢，五战，楚五败。楚昭王亡出郢，奔郧。郧公弟欲弑昭王，昭王与郧公奔随。而吴兵遂入郢。子胥、伯嚭鞭平王之尸以报父仇。

十年春，越闻吴王之在郢，国空，乃伐吴。吴使别兵击越。楚告急秦，秦遣兵救楚击吴，吴师败。阖庐弟夫槩见秦越交败吴③，吴王留楚不去，夫槩亡归吴而自立为吴王。阖庐闻之，乃引兵归，攻夫概。夫概败奔楚。楚昭王乃得以九月复入郢，而封夫概于堂溪，为堂溪氏。

十一年，吴王使太子夫差伐楚，取番。楚恐而去郢徙鄀。

十五年，孔子相鲁。

---

①陈：通"阵"。②冒：干犯，此处指进攻敌军。③交：俱。

十九年夏，吴伐越，越王勾践迎击之槜李。越使死士挑战，三行造吴师，呼，自刭。吴师观之，越因伐吴，败之姑苏，伤吴王阖庐指，军却七里。吴王病伤而死。阖庐使立太子夫差，谓曰："尔而忘勾践杀汝父乎？"对曰："不敢！"三年，乃报越。

王夫差元年，以大夫伯嚭为太宰。习战射，常以报越为志。

二年，吴王悉精兵以伐越，败之夫椒，报姑苏也。越王勾践乃以甲兵五千人栖于会稽，使大夫种因吴太宰嚭而行成[①]，请委国为臣妾。吴王将许之，伍子胥谏曰："昔有过氏杀斟灌以伐斟寻[②]，灭夏后帝相。帝相之妃后缗方娠，逃于有仍，而生少康。少康为有仍牧正[③]。有过又欲杀少康，少康奔有虞。有虞思夏德，于是妻之以二女而邑之于纶，有田一成[④]，有众一旅[⑤]。后遂收夏众，抚其官职[⑥]。使人诱之，遂灭有过氏，复禹之绩，祀夏配天，不失旧物[⑦]。今吴不如有过之强，而勾践大于少康。今不因此而灭之，又将宽之，不亦难乎！且勾践为人能辛苦，今不灭，后必悔之。"吴王不听，听太宰嚭，卒许越平[⑧]，与盟而罢兵去。

七年，吴王夫差闻齐景公死而大臣争宠，新君弱，乃兴师北伐齐。子胥谏曰："越王勾践食不重味[⑨]，衣不重采[⑩]，吊死问疾，且欲有所用其众。此人不死，必为吴患。今越在腹心疾而王不先，而务齐，不亦谬乎！"吴王不听，遂北伐齐，败齐师于艾陵。至缯，召鲁哀公而征百牢[⑪]。季康子使子贡以周礼说太宰

---

①因：通过。行成：请求媾和。 ②过、斟灌：皆为古国名。过在今山东省莱州市。斟灌在今山东省寿光市。 ③牧正：官名，主管畜牧。 ④一成：方圆十里为一成。 ⑤一旅：五百人为一旅。 ⑥抚：治理。 ⑦旧物：此指夏旧时典章制度国土等。 ⑧卒：终于。平：和解。 ⑨重味：二种以上菜肴。 ⑩重采：二种以上的颜色。 ⑪百牢：《周礼》规定，宴会用牢之数，天子为十二牢，上公九牢，侯伯七牢，子、男五牢。夫差索百牢是非礼的行为。

嚭,乃得止。因留略地于齐、鲁之南。

九年,为驺伐鲁[①],至,与鲁盟,乃去。

十年,因伐齐而归。

十一年,复北伐齐。

越王勾践率其众以朝吴,厚献遗之,吴王喜。唯子胥惧,曰:“是弃吴也。”谏曰:“越在腹心,今得志于齐,犹石田,无所用。且《盘庚之诰》有颠越勿遗[②],商之以兴。”吴王不听,使子胥于齐,子胥属其子于齐鲍氏,还报吴王。吴王闻之,大怒,赐子胥属镂之剑以死。将死,曰:“树吾墓上以梓[③],令可为器。抉[④]吾眼置之吴东门,以观越之灭吴也。”

齐鲍氏弑齐悼公。吴王闻之,哭于军门外三日,乃从海上攻齐。齐人败吴,吴王乃引兵归。

十三年,吴召鲁、卫之君会于橐皋。

十四年春,吴王北会诸侯于黄池,欲霸中国以全周室。六月丙子,越王勾践伐吴。乙酉,越五千人与吴战。丙戌,虏吴太子友。丁亥,入吴。吴人告败于王夫差,夫差恶其闻也。或泄其语,吴王怒,斩七人于幕下。七月辛丑,吴王与晋定公争长[⑤]。吴王曰:“于周室我为长[⑥]。”晋定公曰:“于姬姓我为伯[⑦]。”赵鞅怒,将伐吴,乃长晋定公。

吴王已盟,与晋别,欲伐宋。太宰嚭曰:“可胜而不能居也。”乃引兵归国。国亡太子,内空,王居外久,士皆罢敝[⑧],于是

---

①驺:通“邹”,又作“郰”。 ②颠越勿遗:意指对坏人要彻底消灭,不能有漏网的。颠:狂。越:超出法度。 ③树:种植。梓:一种落叶乔木,古代多用以制器。 ④抉:挖出。 ⑤长:指盟主。 ⑥吴国祖先太伯是周太王之长子,故夫差认为吴当为盟主。 ⑦伯(bà):通“霸”。晋自文公、襄公、悼公、平公都曾称霸。当时姬姓诸侯,只有晋称过霸。 ⑧罢:通“疲”。

乃使厚币以与越平。

十五年，齐田常杀简公。

十八年，越益强。越王勾践率兵复伐败吴师于笠泽。楚灭陈。

二十年，越王勾践复伐吴。

二十一年，遂围吴。

二十三年十一月丁卯，越败吴。越王勾践欲迁吴王夫差于甬东，予百家居之。吴王曰："孤老矣，不能事君王也。吾悔不用子胥之言，自令陷此。"遂自刭死。越王灭吴，诛太宰嚭，以为不忠，而归。

太史公曰：孔子言"太伯可谓至德矣，三以天下让，民无得而称焉"。余读《春秋》古文，乃知中国之虞与荆蛮句吴兄弟也。延陵季子之仁心慕义无穷，见微而知清浊。呜呼，又何其闳览博物君子也①！

【译文】

吴太伯与其弟仲雍，均为周太王之子，季历王的兄长。季历十分贤明，而且还有一个具有圣德的儿子姬昌，太王想立季历以便传位于姬昌，因此太伯与仲雍二人就逃往荆蛮，像当地人一样身上刺画花纹、剪断头发，以示自己不可以再做国君，把继承权让给季历。季历果然继位，这就是王季，姬昌后来也就成为文王。太伯逃到荆蛮之后，自称"句吴"。荆蛮人仰慕他的节义，追随归附于他的有千余户，尊立他为吴太伯。

太伯死后，没有儿子，由其弟仲雍继位；就是吴仲雍。仲雍死，其子季简继位。季简死，其子叔达继位。叔达死，其子周章继位。那时正值武王灭了殷纣，寻找太伯、仲雍的后代，找到了周章。周章已是吴君，武

①闳览博物：见多识广，博学多知。

王于是就仍将吴地封给他。又把周章的弟弟虞仲封在周北边的夏都故址，就是虞仲，使他位列诸侯。

周章死后，其子熊遂继位。熊遂死，其子柯相继位。柯相死，其子强鸠夷继位。强鸠夷死，其子余桥疑吾继位。余桥疑吾死，其子柯卢继位。柯卢死，其子周繇继位。周繇死，其子屈羽继位。屈羽死，其子夷吾继位。夷吾死，其子禽处继位。禽处死，其子转继位。转死，其子颇高继位。颇高死，其子句卑继位。这时，晋献公灭掉了周北边的虞公，以开拓晋国疆土、打通征伐虢国的通道。句卑死后，其子去齐继位。去齐死，其子寿梦继位。寿梦继位后吴国开始日益强大，自称为王。

从太伯创建吴国算起，传到第五代时武王战胜殷朝，封其后代为二国：其一是虞国，在中原地区；其一为吴国，在夷蛮地带。传至第十二代时晋国灭掉了中原地区的虞国。虞国灭亡后又过了两代，夷蛮地区的吴国兴盛起来。从太伯到寿梦共传十九代。

吴王寿梦二年，楚国流亡在外的大夫申公巫臣因为怨恨楚国的大将子反，投奔晋国，由晋出使吴国，教授吴人用兵之术与车战之法，让他的儿子做了吴国的行人之官，吴国从此开始同中原地区交往。吴国开始派兵征伐楚国。

十六年，楚共王征伐吴国，到达衡山。

二十五年，吴王寿梦死。

寿梦有四个儿子：长子叫诸樊，次子叫余祭，三子叫余眛，四子叫季札。季札贤能，寿梦生前曾想立他，但季札推辞避让，于是寿梦就立了长子诸樊，让他总理事务，代理执掌国政。

吴王诸樊元年，诸樊服丧期满，要让位给季札。季札推辞说："曹宣公死后，各国诸侯和曹国人都认为新立的曹君不义，打算立子臧为国君，子臧离开曹国，以成全曹君。君子评论子臧说他'能保持节操'。您作为长子本是合法的继位者，谁敢冒犯您呢！作国君不是我应有之节。我虽无能，也愿效仿子臧的节操。"吴国人坚持要立季札，他就抛弃了家室财产去耕田，吴人这才放弃了这个打算。秋天，吴国又征伐楚国，楚国击败了吴军。

四年，晋平公才刚刚继位。

十三年，吴王诸樊死。留下遗命传位给弟弟余祭，想按这样的次序传下去，一定要把国位最后传给季札，以此满足先王寿梦的愿望。因为几位兄长都赞赏季札让国的高风亮节，大家都想把国君之位让给他，就用这样依次嗣位的方法渐渐达到目的。季札被封在延陵，因此号称延陵季子。

吴王余祭三年，齐国相庆封获罪于齐，从齐国逃到吴国来。吴王把朱方县赏赐给他为奉邑，还把女儿嫁给他，结果庆封比在齐国时还要富有。

四年，吴王派季札到鲁国去访问，季札请求欣赏周王室的音乐。鲁国乐工为他演唱《周南》和《召南》。季札听后说："美啊，从音乐中听出周王的基础已打好，但还未达到尽善的程度。然而曲中洋溢着虽辛劳却无怨言的感情。"乐工又演唱《邶风》《鄘风》《卫风》。季札听后说"美啊，音调深沉，虽遭坎坷而其精神不陷于困顿，我听说卫康叔、卫武公的德行就像这样，这是《卫风》的乐曲吧？"乐工又演唱《王风》。季札说："美啊，感情忧伤而不恐惧，这是周室东迁以后的曲子吧？"又演唱《郑风》。季札说："音调细琐的太厉害了，说明人民难以忍受了，这个国家恐怕要首先灭亡吧？"又演唱《齐风》。季札说："美啊，曲调宏大深远，有大国风范。堪为东海一方之表率，是姜太公的遗风吧！国家的前途真是无可限量！"又演唱《豳风》。季札说："美啊，曲调宽宏坦荡，欢快而不过度，这是周公东征的乐曲吧？"又演唱《秦风》。季札说："这就叫作华夏之声。既然曲调能演化为夏声，国家也必会日益强大，大到极点，能达到周王朝旧日的恢宏吧？"又演唱《魏风》。季札说："美啊，曲调弘阔博大而又平和，朴实平易，行此政教再辅之以德行，国君就能成为明主了。"又演唱《唐风》。季札说："忧思深沉啊，这是陶唐氏的遗韵吧？若非如此，怎能如此忧远？如非美德之人的后代，谁能达到这种水平！"又演唱《陈风》。季札说："国家没有贤明的君主，又怎么能长久呢？"对于《郐风》以下的地方乐调，季札就没有加以评论了。又演唱《小雅》。季札说："美啊，满怀忧思，而无叛逆之意，怨悱之情忍而不发，这是周德衰微之际的乐曲吧？还有先王遗民之情啊。"又演唱《大雅》。季札说："乐曲宽大啊，多么和谐，旋律曲折优美却刚直有力，这是周文王美德的象征吧？"又演唱《颂》。季札说："达到极致了。刚直却无倨傲之意，旋律婉曲优美却不过分曲折，节奏紧密时却不迫促窘急，节奏舒缓时却未分离割断，变化丰富而不淫靡，回环反复而不令人厌倦，哀伤而不显得愁苦，欢乐而不流于放纵，其音如圣人之才，使用而永不匮乏，若圣人之德，宽宏而不显露，如圣人之理民，施惠而不显耗费，征取而不陷贪婪，宁静而不陷于停滞，活跃而不流荡。五声和谐，八音协调，节拍有序，旋律有度，象征着所有圣德之人的共同风范。"季札看到乐人表演的《象箾》《南籥》之舞，说"美啊，但仍有遗憾之处。"看到舞《大武》，说："美啊，周朝的盛德就像这样吧？"看到跳《韶濩》之舞，他说："真象征了圣人的宏大之德，尚有自愧之心，做圣人真是不易啊。"看到舞《大夏》，说："美啊，为民辛劳而并不自以为对人民有恩德，除了大禹还有谁能做到呢？"看到跳《招箾》舞，他说："美德的顶峰啊，伟大啊，如上天那样覆盖万物，如大地那样无不承载，再好的德行，也不会比这乐舞所象征的美德更高了。可以停止了，假如还有别的音乐，我不敢再欣赏了。"

季札离开鲁国，就出使齐国。他劝说晏平仲道："你快些交出封邑和政权。没有这两样东西，你才能免于祸患。齐国的政权快要有所归属了，在得到归属之前，国家灾祸不会平息。"因此晏子通过陈桓子交出了封邑与政权，在栾、高二氏相攻杀的祸难中才得以安然无恙。

季札离开齐国，出使郑国。见到了子产，如见故人。他对子产说："郑国掌权者奢纵欺人，大难将临，政权必然落于你的身上。你执政时，要谨慎小心、以礼治国，否则郑国将要衰败。"

离开郑国后，季札到了卫国。劝说蘧瑗、史狗、史鳝、公子荆、公叔发、公子朝等人道："卫国君子很多，因此国家无患。"

季札从卫国到了晋国，要住在宿邑，听到鼓钟之声，说："奇怪！我听说有才无德，祸必加身。孙文子正是为此得罪了国君，小心翼翼尚恐不够，还可以玩乐吗？孙文子在这里，就如燕子在帷幕之上筑巢那样危险。况且国君的灵殡未葬，就可以作乐吗？"于是就离开了。孙文子听说后，一辈子不再听音乐。

季札到晋国，针对赵文子、韩宣子、魏献子说："晋国政权将要落到这三家。"临离开晋国时，他对叔向说："你要勉力而行啊！晋国国君奢纵却有许多良臣，大夫都很富有，政权将落于韩、赵、魏三家。你为人刚直，一定要慎思如何使自己免于祸患。"

季札刚出使时，北行途中造访了徐国国君。徐国国君喜欢季札的宝剑，但嘴里没敢说，季札心里也明白徐君的意思，但因为还要到中原诸国去出使，所以没将宝剑献给徐君。出使回来又经过徐国，徐君已死，季札解下宝剑，挂在徐君坟墓树木之上才离开。随从人员说："徐君已死，那宝剑还给谁呀！"季子说："不是这样讲，当初我内心已答应送给他了，怎能因为他过世了我就违背自己的心愿呢！"

七年，楚国公子围杀死了楚王夹敖而自立为王，这就是灵王。

十年，楚灵王与诸侯盟会，征伐吴国朱方县，去诛杀齐国的庆封。吴国也攻楚国，攻占楚国三个城邑后离去。

十一年，楚国征伐吴国，到达雩娄。

十二年，楚国又来征伐吴国，驻军乾溪数日，最后败走。

十七年，吴王余祭死，其弟余眛继位。

王余眛二年，楚公子弃疾杀害楚灵王，自己代立为君。

四年，吴王余眛死，想传位给弟弟季札。季札推让，逃离开去。于是吴国人就说："先王有令，兄死弟继位，一定要传国给季札。季札现在逃脱君位，那余眛成为兄弟中最后一个做国君的人。现在他一死，其子理当即位为王。"于是就拥立余眛的儿子僚为吴王。

吴王僚二年，公子光率兵征讨楚国，打了败仗，丢失了吴先王生前的坐船。公子光害怕因此获罪，就偷袭楚军，又夺回了王舟才回军。

五年，楚国流亡之臣伍子胥逃来吴国，公子光待以客礼。公子光是吴王诸樊的儿子。他一直认为:“我父亲兄弟四人,国君之位应该传到季子。现在季子不做国君,我父亲是最先做国君的。既然不传位于季子,我应当被立为国君。”他在暗中结纳贤能之士,想用来袭击吴王僚。

八年,吴王派公子光征伐楚国,大败楚军,把原楚太子建之母从居巢接回吴国。顺势北伐,打败了陈、蔡两国军队。

九年,公子光又征伐楚国,攻下楚国居巢、钟离二城。当初,楚国边城卑梁氏有少女与吴边城的女子争抢采摘桑叶,两个女子的家人气愤之下互相仇杀,两国边邑的官长听说此事后,一怒之下也互相进攻,吴国边邑被灭掉。吴王闻之大怒,所以讨伐楚国,攻取居巢、钟离二城而还。

伍子胥刚到吴国时,向吴王僚陈说伐楚的好处。公子光说:“伍子胥的父亲兄长被楚王所杀,他是为了报自己的私仇,对吴国并无好处。”伍子胥这才明白公子光别有用心,伍子胥就寻找到一位名叫专诸的勇士,介绍给公子光。公子光十分高兴,才把子胥当作宾客对待。子胥退居郊野耕地度日,以等待专诸行动。

十二年冬,楚平王死。

十三年春,吴王想借楚国国丧而攻伐它,派公子盖余、烛庸领兵包围楚国的六、灊二邑,派季札出使晋国,来观察诸侯的反应。谁知楚国派兵断绝了吴军的后路,吴兵被阻不能回国。这时吴公子光说:“此时机不可失。”他告诉专诸说:“不去追求哪里会有收获。我是真正的王位继承人,理应被立为国君,我正是要追求这个。季子就是回来,也不会反对我的。”专诸说:“杀死吴王僚的条件已成熟。国内只有他的老母幼子,而他的两个弟弟率兵攻楚,被阻绝了归路。如今吴王在境外被楚国所困扰,在国内没有刚直忠诚之臣,他没有什么办法来对付我们。”公子光说:“我的身子就是你的身子,我们祸福与共。”四月丙子日,公子光把披甲勇士埋伏于地下室之中,然后请吴王僚来宴饮。吴王僚派兵排列于道旁,从王宫到公子光的家宅,直至公子光家的大门、台阶、屋门、座席旁,布满吴王僚的亲兵,人人手执利刃。吴王僚来到后,公子光假装脚疼,藏进了地下室,派专诸将匕首藏于烤鱼的腹中,伪装上菜。专诸将鱼送到吴王僚面前时，从鱼腹中取出匕首直刺吴王僚，左右卫士急忙用利刃刺专诸胸膛，但吴王僚已被杀死。公子光果真代立为吴王，就是吴王阖庐。阖庐就任命专诸之子为国卿。

季札回到吴国，说道："只要对先君的祭祀不废止，人民不至于没有君主，社稷得到奉祀，就是我的国君。我敢怨责谁呢？我只有哀悼死者，事奉生者，来顺应天命的安排。祸乱不是我制造的，谁被立为国君就听命于谁，这是先人的原则啊。"于是季札到吴王僚的墓前，汇报了自己出使晋国的经过，痛哭一番，之后复居本职等待新君之命。吴国公子烛庸、盖余领兵在楚军围困之中，听说公子光杀死国君自立为王，就带领军队投降了楚国，楚王把他们封在舒地。

吴王阖庐元年，任命伍子胥做行人之官并参与国事。楚王杀死了伯州犁，其孙伯嚭逃亡到吴国，吴王任命他为大夫。

三年，吴王阖庐与伍子胥、伯嚭领兵征讨楚国，攻取舒邑，杀了吴国的逃亡公子盖余、烛庸。阖庐谋划顺势进攻楚国首都郢，将军孙武说："军民征战太劳累了，现在不能攻打郢都，要等待时机成熟。"

四年，吴国又征讨楚国，攻下六邑与灊邑。

五年，吴国征伐越国，打败了越军。

六年，楚国派子常、囊瓦征伐吴国，吴军迎击楚军，在豫章大败楚军，攻下楚国居巢才班师回吴。

九年，吴王阖庐问伍子胥和孙武道："当初你们说不能攻打郢都，现在怎么样呢？"二人回答说："楚国大将子常贪婪，唐国、蔡国都恨他。大王如果一定要大举伐楚，必须联合唐、蔡二国才能成功。"阖庐听从了他们的建议，出动全部军队，与唐国、蔡国一道西进伐楚，到达汉江边。楚国也发兵抵拒吴国，双方隔水列阵。吴王阖庐之弟夫概想发起战役，阖庐不允许。夫概说："大王已把军队委托给我，作战要抓住有利时机才是上策，还等代什么！"于是带领其部五千人奔袭楚军，楚军大败逃跑。吴王就派兵追击。及至郢都，一共交战五次，楚军五次被打败。楚昭王逃出郢都，跑到郧县。郧公之弟想杀死昭王，昭王又和郧公逃到随国。吴兵进入郢都。伍子胥、伯嚭从墓中挖出楚平王的尸体加以鞭打，报杀父之仇。

十年春天，越王听说吴王兵驻郢都，国内空虚，就举兵伐吴。吴国派另一支军队抗击越国。楚国向秦国告急，秦国派兵救楚击吴，吴军战败。阖庐之弟夫概看到秦兵越兵同时打败吴兵，吴王又留在楚国不归，夫概就跑回吴国自立为吴王。阖庐知道后，就领兵回吴，攻打夫概。夫概兵败逃往楚国。楚昭王才得以于九月又返回郢都，而把夫概封在堂溪，就是堂溪氏。

十一年，吴王派太子夫差征讨楚国，攻取了番邑。楚王恐惧，把国都从郢迁到鄀。

十五年，孔子摄行鲁国相事。

十九年夏天，吴国征伐越国，越王勾践带兵在槜李抗击。越兵派遣敢死队挑战，三次冲向吴阵，高声喊叫，自杀于阵前。吴兵只顾观看这种奇怪的场面，放松防备，越兵趁势攻击，在姑苏大败吴军。吴王脚拇指被越军击伤，军队后退七里。吴王伤重而死。临死前吴王阖庐命立太子夫差为王，对夫差说："你能忘记勾践杀死了你的父亲吗？"夫差回答说："不敢忘！"过了三年，他终于向越国复仇。

吴王夫差元年，任命大夫伯嚭为太宰。军队坚持作战射箭训练，一直有报复越国之志。

二年，吴王出动全部精兵伐越，在夫椒大败了越军，终于报了姑苏一战之仇。越王勾践只得带五千甲兵退守会稽山，派出大夫文种通过吴国太宰伯嚭请求媾和，愿以越国作为吴国的奴仆之国。吴王打算答应媾和，伍子胥劝谏说："从前有过氏杀了斟灌氏又征伐斟寻氏，灭掉夏后帝相。帝相的妻子后缗身怀有孕，逃到有仍国生下少康。少康做了有仍国的牧正。有过氏又想杀死少康，少康逃到有虞国，有虞氏怀念夏之恩德，于是把两个女儿嫁给少康并封给他纶邑，当时少康只有方圆十里的土地，只有五百部下。但以后少康收聚夏之遗民，整顿官职制度。派人打入有过氏内部，终于灭掉了有过氏，恢复了夏禹的业绩，祭祀时以夏祖配享天帝,恢复了夏朝旧日的版图。现在吴国比不上当年有过氏那么强大,而勾践的实力大于当年的少康。现在不借此时机彻底消灭越国,反而又要宽恕他们,不是为以后找麻烦吗!况且勾践为人能坚韧吃苦,现在不消灭他,将来一定后悔。"吴王不听子胥的建议,而听从太宰嚭之言,终于与越国停战,两国订立和平盟约后,吴国撤兵而去。

七年,吴王夫差听说齐景公死后大臣争权,新君年幼无势,于是兴兵北伐齐国。伍子胥劝谏说:"越王勾践吃饭不吃两样以上的菜肴,穿衣不用两种以上的颜色,吊唁死者,慰问病者,这是想利用民众报仇啊。勾践不死,一定是吴国的大患。现在越国是我国的心腹大患,您不重视,反而把力量用于齐国,岂非大错特错!"吴王不听,北伐齐国,在艾陵大败齐军。兵至缯邑,召见鲁哀公并索取百牢。季康子派子贡列举周朝礼制来劝说太宰嚭,吴王才停止。于是吴王留下来略取齐、鲁两国南疆的土地。

九年,为驺国讨伐鲁国,到了鲁国,与鲁国订立盟约后离开。

十年,趁势征伐齐国而归。

十一年,又一次北伐齐国。

越王勾践带领越国群臣朝拜吴王,献上丰厚的贡礼,吴王大喜。只有伍子胥心中害怕,说:"这是要丢掉吴国啊。"于是劝谏吴王说:"越国近在心腹之地,我国虽能战胜齐国,好比石头田地,没有什么用处。而且《盘庚之诰》说,乱妄之人只有消灭干净,王朝才能兴旺。"吴王不听从他的意见,派伍子胥到齐国去,伍子胥就把自己的儿子委托给齐国鲍氏,然后回吴国复命。吴王听说此事,大怒,赐给子胥属镂之剑令其自杀。子胥临死时说:"你们在我坟上种上梓树,让他们生长到可以制器的时候吴国就要灭亡了。把我的眼睛挖出来挂在吴都东门上,让我看着越国怎样灭掉吴国。"

齐国大夫鲍氏杀死齐悼公。吴王闻说,在军门外痛哭了三日,从海上运兵攻打齐国。齐人打败吴军,吴王才率军回国。

十三年,吴王召集鲁、卫二国国君在橐皋会盟。

十四年春,吴王北上与诸侯会盟于黄池,想称霸中原保全周室。六月丙子日，越王勾践大军伐吴。乙酉日，越兵五千人与吴军交战。丙戌，俘获吴国太子友。丁亥，越军进入吴国。吴人向夫差报告失败的消息，吴王害怕会盟的诸侯听到这个消息。有人泄露消息，吴王在营帐中怒斩七人。七月辛丑日，吴王与晋定公争夺盟主之位。吴王说："在周室宗族中我的祖先排行最大。"晋定公说："在姬姓诸国中只有我晋国做过霸主。"晋国大夫赵鞅发怒，要攻打吴国，这才让晋定公做了盟主。

吴王盟会已毕，与晋定公分手，想征伐宋国。太宰嚭说："你能打败宋国，但你不能留下来占有它。"于是领兵回国。吴国没有了太子，国内空虚，吴王在外太久，士卒们都疲惫了，于是就派使者带上厚礼与越国媾和。

十五年，齐大夫田常杀死齐简公。

十八年，越国更加强大。越王勾践率兵伐吴，在笠泽大败吴兵。这一年，楚国灭了陈国。

二十年，越王勾践再次伐吴。

二十一年，越军包围了吴国都城。

二十三年十一月丁卯日，越国打败吴国。越王勾践想把吴王夫差流放甬东去，给他百户人家，让他住在那里。吴王说："我老了，不能再侍奉越王。后悔当初不听子胥之言，如今让自己陷到这个地步。"于是自杀而死。越王灭掉吴国，杀死了太宰嚭，因为他不忠于主上，然后引兵回国。

太史公说：孔子说过"太伯可以说是道德的巅峰，三次把天下让给别人，百姓都不知用什么言辞来称赞他才好"。我读《春秋》古文，才知道中原的虞国和荆蛮的句吴是兄弟啊。延陵季子心怀仁爱，向慕道义终生不止，看到一点迹象就能辨别清浊。啊，又是一个多么见多识广、博学多知的君子啊！

中华经典全本译注评

2

〔西汉〕司马迁　著
甘宏伟　江俊伟　译注

长江出版传媒 | 崇 文 書 局

史记卷三十二·齐太公世家第二

本篇用系年的方式，系统记载了齐太公吕尚事迹及其后裔世系承传，记录了姜姓齐国从太公开国至康公身死国亡的整个历史。姜姓齐国，本为周初功臣太公吕尚封国，太公佐周建功，得封于齐；齐国在春秋时期逐渐强大，成为中原大国之一，至齐桓公时，用管仲而称霸；其后齐国渐趋衰落，崔杼弑君、庆封乱国之后，姜姓公室大伤元气，到齐康公时田氏代齐，姜氏齐国为田氏取代。其中太公建功事迹与齐桓公称霸而尊王攘夷尤为作者所重，于篇末论赞中对二人大加赞颂。对齐桓公晚年因宠信小人而身死六十七日不葬的结局，作者流露出无限感慨之情。

太公望吕尚者，东海上人。其先祖尝为四岳①，佐禹平水土，甚有功。虞夏之际封于吕，或封于申，姓姜氏。夏商之时，申、吕或封枝庶子孙，或为庶人，尚其后苗裔也。本姓姜氏，从其封姓，故曰吕尚。

吕尚盖尝穷困②，年老矣，以渔钓奸周西伯③。西伯将出猎，卜之，曰“所获非龙非彲④，非虎非罴⑤；所获霸王之辅”。于是周西伯猎，果遇太公于渭之阳⑥，与语大说，曰：“自吾先君太公曰‘当有圣人适周，周以兴’。子真是邪？吾太公望子久矣。”故号之曰“太公望”，载与俱归，立为师。

或曰，太公博闻，尝事纣；纣无道，去之。游说诸侯，无所遇，而卒西归周西伯。或曰，吕尚处士，隐海滨，周西伯拘羑里，

---

①四岳：传说为尧、舜掌管四时、主持方岳巡守的官长。 ②盖：句中语气词，无义。 ③奸：通“干”，有所求取，请托。 ④彲（chī）：通“螭”，传说中一种似龙的动物。 ⑤罴：棕熊，俗称“人熊”。 ⑥阳：河的北岸。

散宜生、闳夭素知而招吕尚。吕尚亦曰"吾闻西伯贤,又善养老,盍往焉[①]"。三人者为西伯求美女奇物,献之于纣,以赎西伯。西伯得以出,反国。言吕尚所以事周虽异,然要之为文、武师。

周西伯昌之脱羑里归,与吕尚阴谋修德以倾商政[②],其事多兵权与奇计[③],故后世之言兵及周之阴权皆宗太公为本谋。周西伯政平,及断虞芮之讼[④],而诗人称西伯受命曰文王。伐崇、密须、犬夷,大作丰邑[⑤]。天下三分,其二归周者,太公之谋计居多。

文王崩,武王即位。九年,欲修文王业,东伐,以观诸侯集否[⑥]。师行,师尚父左杖黄钺[⑦],右把白旄以誓,曰:"苍兕苍兕[⑧],总尔众庶[⑨],与尔舟楫,后至者斩!"遂至盟津。诸侯不期而会者八百。诸侯皆曰:"纣可伐也。"武王曰:"未可。"还师,与太公作此《太誓》。

居二年,纣杀王子比干,囚箕子。武王将伐纣,卜,龟兆不吉,风雨暴至。群公尽惧,唯太公强之,劝武王,武王于是遂行。十一年正月甲子,誓于牧野,伐商纣。纣师败绩。纣反走,登鹿台,遂追斩纣。明日,武王立于社[⑩],群公奉明水[⑪],卫康叔封布采席[⑫],师尚父牵牲,史佚策祝[⑬],以告神讨纣之罪。散鹿台之钱,发巨桥之粟,以振贫民[⑭]。封比干墓,释箕子囚。迁九鼎,修周政,与天下更始。师尚父谋居多。

---

①盍(hé):副词,何不。 ②倾:推翻,颠覆。 ③兵权:用兵之计谋。 ④断虞芮之讼:虞国在今山西平陆,芮国在今陕西大荔,二国争地,西伯为之解决事端。 ⑤作:建设。 ⑥集否:指人心向背。集:聚集。 ⑦杖:执持。黄钺:以黄金为饰的长兵器,状如大斧,为帝王专用,或特赐给大臣,以示威重。 ⑧苍兕:传说中的水中猛兽名,借为主管舟楫的官名。 ⑨总:统领。 ⑩社:祭土神之所。 ⑪明水:洁净之水,祭祀所用。 ⑫布:铺展。采:同"彩"。 ⑬策祝:诵读向天祈祷之辞。 ⑭振:同"赈"。

于是武王已平商而王天下，封师尚父于齐营丘。东就国，道宿行迟。逆旅之人曰[①]：“吾闻时难得而易失。客寝甚安，殆非就国者也。”太公闻之，夜衣而行，黎明至国。莱侯来伐，与之争营丘。营丘边莱，莱人，夷也，会纣之乱而周初定，未能集远方，是以与太公争国。

太公至国，修政，因其俗，简其礼，通商工之业，便鱼盐之利，而人民多归齐，齐为大国。及周成王少时，管、蔡作乱，淮夷畔周，乃使召康公命太公曰：“东至海，西至河，南至穆陵，北至无棣，五侯九伯，实得征之。”齐由此得征伐，为大国。都营丘。

盖太公之卒百有馀年，子丁公吕伋立。丁立卒，子乙公得立。乙公卒，子癸公慈母立。癸公卒，子哀公不辰立。

哀公时，纪侯谮[②]之周，周烹哀公而立其弟静，是为胡公。胡公徙都薄姑，而当周夷王之时。

哀公之同母少弟山怨胡公，乃与其党率营丘人袭攻杀胡公而自立，是为献公。

献公元年，尽逐胡公子，因徙薄姑都，治临菑。九年，献公卒，子武公寿立。武公九年，周厉王出奔，居彘。十年，王室乱，大臣行政，号曰“共和”。二十四年，周宣王初立。

二十六年，武公卒，子厉公无忌立。厉公暴虐，故胡公子复入齐，齐人欲立之，乃与攻杀厉公。胡公子亦战死。齐人乃立厉公子赤为君，是为文公。而诛杀厉公者七十人。

文公十二年卒，子成公脱立。成公九年卒，子庄公购立。

庄公二十四年，犬戎杀幽王，周东徙洛。秦始列为诸侯。五十六年，晋弑其君昭侯。

---

①逆旅：客舍。 ②谮：说坏话诬陷别人。

六十四年，庄公卒，子釐公禄甫立。

釐公九年，鲁隐公初立。

十九年，鲁桓公弑其兄隐公而自立为君。

二十五年，北戎伐齐。郑使太子忽来救齐，齐欲妻之。忽曰："郑小齐大，非我敌①。"遂辞之。

三十二年，釐公同母弟夷仲年死。其子曰公孙无知，釐公爱之，令其秩服奉养比太子。

三十三年，釐公卒，太子诸儿立，是为襄公。

襄公元年。始为太子时，尝与无知斗，及立，绌无知秩服，无知怨。

四年，鲁桓公与夫人如齐。齐襄公故尝私通鲁夫人。鲁夫人者，襄公女弟也，自釐公时嫁为鲁桓公妇，及桓公来而襄公复通焉。鲁桓公知之，怒夫人，夫人以告齐襄公。齐襄公与鲁君饮，醉之，使力士彭生抱上鲁君车，因拉杀鲁桓公②，桓公下车则死矣。鲁人以为让③，而齐襄公杀彭生以谢鲁④。

八年，伐纪，纪迁去其邑。

十二年。初，襄公使连称、管至父戍葵丘，瓜时而往，及瓜而代⑤。往戍一岁，卒瓜时而公弗为发代。或为请代，公弗许。故此二人怒，因公孙无知谋作乱。连称有从妹在公宫，无宠，使之间⑥襄公，曰"事成以女⑦为无知夫人"。冬十二月，襄公游姑棼，遂猎沛丘。见彘⑧，从者曰"彭生"。公怒，射之，彘人立而啼。公惧，坠车伤足，失屦。反而鞭主屦者茀三百。茀出宫，而无知、连称、管至父等闻公伤，乃遂率其众袭宫。逢主屦茀，茀

---

①敌：相当，匹配。②拉杀：折断肋骨而死。③让：责问。④谢：道歉，赔罪。⑤瓜时：指七月。七月是瓜熟的时候，故称。及瓜：到第二年七月。⑥间：侦伺。⑦女：同"汝"，你。⑧彘：野猪。

曰："且无入惊宫，惊宫未易入也。"无知弗信，茀示之创，乃信之。待宫外，令茀先入。茀先入，即匿襄公户间。良久，无知等恐，遂入宫。茀反与宫中及公之幸臣攻无知等，不胜，皆死。无知入宫，求公不得。或见人足于户间，发视，乃襄公，遂弑之，而无知自立为齐君。

桓公元年春，齐君无知游于雍林。雍林人尝有怨无知，及其往游，雍林人袭杀无知，告齐大夫曰："无知弑襄公自立，臣谨行诛。唯大夫更立公子之当立者，唯命是听。"

初，襄公之醉杀鲁桓公，通其夫人，杀诛数不当，淫于妇人，数欺大臣，群弟恐祸及，故次弟纠奔鲁。其母鲁女也，管仲、召忽傅之。次弟小白奔莒，鲍叔傅之。小白母，卫女也，有宠于釐公。小白自少好善大夫高傒。及雍林人杀无知，议立君，高、国先阴招小白于莒。鲁闻无知死，亦发兵送公子纠，而使管仲别将兵遮莒道，射中小白带钩。小白详死，管仲使人驰报鲁。鲁送纠者行益迟，六日至齐，则小白已入，高傒立之，是为桓公。

桓公之中钩，佯死以误管仲，已而载温车中驰行①，亦有高、国内应，故得先入立，发兵距鲁②。秋，与鲁战于乾时，鲁兵败走，齐兵掩绝鲁归道。齐遗鲁书曰："子纠兄弟，弗忍诛，请鲁自杀之。召忽、管仲雠也③，请得而甘心醢之④。不然，将围鲁。"鲁人患之，遂杀子纠于笙渎。召忽自杀，管仲请囚。

桓公之立，发兵攻鲁，心欲杀管仲。鲍叔牙曰："臣幸得从君，君竟以立。君之尊，臣无以增君。君将治齐，即高傒与叔牙足也。君且欲霸王，非管夷吾不可。夷吾所居国国重，不可失

---

①温车：一种密闭的卧车，亦名"辒车"。 ②距：通"拒"，抵御。 ③雠：仇敌。 ④醢：将人剁成肉酱的酷刑。

也。”于是桓公从之。乃详为召管仲欲甘心，实欲用之。管仲知之，故请往。鲍叔牙迎受管仲，及堂阜而脱桎梏①，斋祓②而见桓公。桓公厚礼以为大夫，任政。

桓公既得管仲，与鲍叔、隰朋、高傒修齐国政，连五家之兵③，设轻重鱼盐之利④，以赡贫穷，禄贤能，齐人皆说。

二年，伐灭郯⑤，郯子奔莒。初，桓公亡时，过郯，郯无礼，故伐之。

五年，伐鲁，鲁将师败。鲁庄公请献遂邑以平，桓公许，与鲁会柯而盟。鲁将盟，曹沫以匕首劫桓公于坛上，曰：“反⑥鲁之侵地！”桓公许之。已而曹沫去匕首，北面就臣位。桓公后悔，欲无与鲁地而杀曹沫。管仲曰：“夫劫许之而倍信杀之，愈一小快耳，而弃信于诸侯，失天下之援，不可。”于是遂与曹沫三败所亡地于鲁。诸侯闻之，皆信齐而欲附焉。

七年，诸侯会桓公于甄，而桓公于是始霸焉。

十四年，陈厉公子完，号敬仲，来奔齐。齐桓公欲以为卿，让，于是以为工正。田成子常之祖也。

二十三年，山戎伐燕，燕告急于齐。齐桓公救燕，遂伐山戎，至于孤竹而还。燕庄公遂送桓公入齐境。桓公曰：“非天子，诸侯相送不出境，吾不可以无礼于燕。”于是分沟割燕君所至与燕，命燕君复修召公之政，纳贡于周，如成康之时。诸侯闻之，皆从齐。

二十七年，鲁湣公母曰哀姜，桓公女弟也。哀姜淫于鲁公

---

①桎梏：刑具。 ②斋祓：沐浴更衣，素食别居，谓之“斋”。除灾求福之祀谓之“祓”。③连五家之兵：管仲所制定的一种军事制度。五家为一轨，十轨为一里，四里为一连，十连为一乡，并依次编制军队。 ④轻重鱼盐之利：指对商业流通、产品物价的控制。 ⑤郯：《左传·庄公十年》作“谭”，郯、谭皆是古国名。 ⑥反：通“返”，归还。

子庆父，庆父弑湣公，哀姜欲立庆父，鲁人更立釐公。桓公召哀姜，杀之。

二十八年，卫文公有狄乱，告急于齐。齐率诸侯城楚丘而立卫君。

二十九年，桓公与夫人蔡姬戏船中。蔡姬习水，荡公，公惧，止之，不止，出船，怒，归蔡姬，弗绝[①]。蔡亦怒，嫁其女。桓公闻而怒，兴师往伐。

三十年春，齐桓公率诸侯伐蔡，蔡溃。遂伐楚。楚成王兴师问曰："何故涉吾地？"管仲对曰："昔召康公命我先君太公曰：'五侯九伯，若[②]实征之，以夹辅[③]周室。'赐我先君履[④]，东至海，西至河，南至穆陵，北至无棣。楚贡包茅不入[⑤]，王祭不具，是以来责。昭王南征不复，是以来问。"楚王曰："贡之不入，有之，寡人罪也，敢不共乎！昭王之出不复，君其问之水滨。"齐师进次于陉。夏，楚王使屈完将兵扞[⑥]齐，齐师退次召陵。桓公矜屈完以其众。屈完曰："君以道则可；若不，则楚方城以为城，江、汉以为沟，君安能进乎？"乃与屈完盟而去。过陈，陈袁涛涂诈齐，令出东方，觉。秋，齐伐陈。是岁，晋杀太子申生。

三十五年夏，会诸侯于葵丘。周襄王使宰孔赐桓公文武胙、彤弓矢、大路[⑦]，命无拜。桓公欲许之，管仲曰"不可"，乃下拜受赐。秋，复会诸侯于葵丘，益有骄色。周使宰孔会。诸侯颇有叛者。晋侯病，后，遇宰孔。宰孔曰："齐侯骄矣，弟无

---

①弗绝：未断绝婚姻关系。 ②若：你。 ③夹辅：在左右辅佐。 ④履：鞋，指（可以征伐的）范围。 ⑤包茅：菁茅，乃楚国进贡周王室的特产，王室用以过滤酒中杂质。 ⑥扞（hàn）：同"捍"，抵御。 ⑦文武胙：周天子祭祀周文王、周武王的祭肉。将文武胙赐给齐桓公，是一种特殊的嘉奖。彤弓矢：以丹彩涂饰的弓箭。大路：也写作"大辂"，天子所乘之车。

行①。"从之。是岁，晋献公卒，里克杀奚齐、卓子，秦穆公以夫人入公子夷吾为晋君。桓公于是讨晋乱，至高梁，使隰朋立晋君，还。

是时周室微，唯齐、楚、秦、晋为强。晋初与会，献公死，国内乱。秦穆公辟远②，不与中国会盟。楚成王初收荆蛮有之，夷狄自置。唯独齐为中国会盟，而桓公能宣其德，故诸侯宾会。于是桓公称曰："寡人南伐至召陵，望熊山；北伐山戎、离枝、孤竹；西伐大夏，涉流沙；束马悬车登太行，至卑耳山而还。诸侯莫违寡人。寡人兵车之会三，乘车之会六③，九合诸侯，一匡天下。昔三代受命，有何以异于此乎？吾欲封泰山，禅梁父。"管仲固谏，不听；乃说桓公以远方珍怪物至乃得封，桓公乃止。

三十八年，周襄王弟带与戎、翟合谋伐周，齐使管仲平戎于周。周欲以上卿礼管仲，管仲顿首曰："臣陪臣④，安敢！"三让，乃受下卿礼以见。

三十九年，周襄王弟带来奔齐。齐使仲孙请王，为带谢。襄王怒，弗听。

四十一年，秦穆公虏晋惠公，复归之。是岁，管仲、隰朋皆卒。管仲病，桓公问曰："群臣谁可相者？"管仲曰："知臣莫如君。"公曰："易牙如何？"对曰："杀子以适君，非人情，不可。"公曰："开方如何？"对曰："倍亲以适君，非人情，难近。"公曰："竖刀如何？"对曰："自宫以适君，非人情，难亲。"管仲死，而桓公不用管仲言，卒近用三子，三子专权。

四十二年，戎伐周，周告急于齐，齐令诸侯各发卒戍周。是

---

①弟：通"第"，但，只。 ②辟：同"僻"。 ③兵车之会三：为军事行动而召集的三次盟会。乘车之会六：为外交活动而召集的六次盟会。 ④陪臣：臣之臣为陪臣，是诸侯之臣对天子自称。

岁，晋公子重耳来，桓公妻之。

四十三年。初，齐桓公之夫人三，曰王姬、徐姬、蔡姬，皆无子。桓公好内①，多内宠，如夫人者六人：长卫姬，生无诡；少卫姬，生惠公元；郑姬，生孝公昭；葛嬴，生昭公潘；密姬，生懿公商人；宋华子，生公子雍。桓公与管仲属孝公于宋襄公，以为太子。雍巫有宠于卫共姬，因宦者竖刀以厚献于桓公，亦有宠，桓公许之立无诡。管仲卒，五公子皆求立。冬十月乙亥，齐桓公卒。易牙入，与竖刀因内宠杀群吏，而立公子无诡为君。太子昭奔宋。

桓公病，五公子各树党争立。及桓公卒，遂相攻，以故宫中空，莫敢棺②。桓公尸在床上六十七日，尸虫出于户。十二月乙亥，无诡立，乃棺赴③。辛巳夜，敛殡④。

桓公十有馀子，要⑤其后立者五人：无诡立三月死，无谥；次孝公；次昭公；次懿公；次惠公。孝公元年三月，宋襄公率诸侯兵送齐太子昭而伐齐。齐人恐，杀其君无诡。齐人将立太子昭，四公子之徒攻太子，太子走宋，宋遂与齐人四公子战。五月，宋败齐四公子师而立太子昭，是为齐孝公。宋以桓公与管仲属之太子，故来征之。以乱故，八月乃葬齐桓公。

六年春，齐伐宋，以其不同盟于齐也。夏，宋襄公卒。

七年，晋文公立。

十年，孝公卒，孝公弟潘因卫公子开方杀孝公子而立潘，是为昭公。昭公，桓公子也，其母曰葛嬴。

昭公元年，晋文公败楚于城濮，而会诸侯践土，朝周，天子

---

①内：女色。 ②棺：将尸体装棺。 ③赴：同“讣”，报丧。 ④敛：同“殓”，给尸体穿衣下棺。殡：停柩待葬。 ⑤要：总计。

使晋称伯。

六年，翟侵齐。晋文公卒。秦兵败于崤。

十二年，秦穆公卒。

十九年五月，昭公卒，子舍立为齐君。舍之母无宠于昭公，国人莫畏。昭公之弟商人以桓公死争立而不得，阴交贤士，附爱百姓，百姓说。及昭公卒，子舍立，孤弱，即与众十月即墓上弑齐君舍，而商人自立，是为懿公。懿公，桓公子也，其母曰密姬。

懿公四年春。初，懿公为公子时，与丙戎之父猎，争获不胜，及即位，断丙戎父足，而使丙戎仆。庸职之妻好，公内之宫①，使庸职骖乘。五月，懿公游于申池，二人浴，戏。职曰："断足子！"戎曰："夺妻者！"二人俱病此言，乃怨，谋与公游竹中，二人弑懿公车上，弃竹中而亡去。

懿公之立，骄，民不附。齐人废其子而迎公子元于卫，立之，是为惠公。惠公，桓公子也。其母卫女，曰少卫姬。避齐乱，故在卫。

惠公二年，长翟来②，王子城父攻杀之，埋之于北门。晋赵穿弑其君灵公。

十年，惠公卒，子顷公无野立。初，崔杼有宠于惠公，惠公卒，高、国畏其逼也，逐之，崔杼奔卫。

顷公元年，楚庄王强，伐陈。

二年，围郑，郑伯降。已，复国郑伯。

六年春，晋使郤克于齐，齐使夫人③帷中而观之。郤克上，

①内：同"纳"。 ②长翟：即"长狄"，狄人的一支，身材高大。 ③夫人：指齐顷公之母萧桐叔子。

夫人笑之。郤克曰："不是报，不复涉河！"归，请伐齐，晋侯弗许。齐使至晋，郤克执齐使者四人河内，杀之。

八年，晋伐齐，齐以公子强质晋，晋兵去。

十年春，齐伐鲁、卫。鲁、卫大夫如晋请师，皆因郤克。晋使郤克以车八百乘为中军将，士燮将上军，栾书将下军，以救鲁、卫，伐齐。六月壬申，与齐侯兵合靡笄下。癸酉，陈①于鞍。逢丑父为齐顷公右②。顷公曰："驰之，破晋军会食③。"射伤郤克，流血至履。克欲还入壁，其御曰："我始入，再伤，不敢言疾，恐惧士卒，愿子忍之。"遂复战。战，齐急，丑父恐齐侯得，乃易处，顷公为右，车絓于木而止。晋小将韩厥伏齐侯车前，曰"寡君使臣救鲁、卫"，戏之。丑父使顷公下取饮，因得亡脱去，入其军。晋郤克欲杀丑父，丑父曰："代君死而见僇，后人臣无忠其君者矣。"克舍之，丑父遂得亡归齐。于是晋军追齐至马陵。齐侯请以宝器谢，不听，必得笑克者萧桐叔子，令齐东亩。对曰："叔子，齐君母。齐君母亦犹晋君母，子安置之？且子以义伐而以暴为后，其可乎？"于是乃许，令反鲁、卫之侵地。

十一年，晋初置六卿，赏鞍之功。齐顷公朝晋，欲尊王晋景公，晋景公不敢受，乃归。归而顷公弛苑囿，薄赋敛，振孤问疾，虚④积聚以救民，民亦大说。厚礼诸侯。竟顷公卒，百姓附，诸侯不犯。

十七年，顷公卒，子灵公环立。

灵公九年，晋栾书弑其君厉公。

十年，晋悼公伐齐，齐令公子光质晋。

①陈：同"阵"，列阵。 ②右：即车右，古代战车上位于御手右边的武士。 ③会食：聚餐。④虚：使空虚，拿出。

十九年，立子光为太子，高厚傅之，令会诸侯盟于钟离。

二十七年，晋使中行献子伐齐。齐师败，灵公走入临菑。晏婴止灵公，灵公弗从。曰："君亦无勇矣！"晋兵遂围临菑，临菑城守不敢出，晋焚郭中而去。

二十八年。初，灵公娶鲁女，生子光，以为太子。仲姬，戎姬。戎姬嬖[①]，仲姬生子牙，属之戎姬。戎姬请以为太子，公许之。仲姬曰："不可。光之立，列于诸侯矣，今无故废之，君必悔之。"公曰："在我耳。"遂东太子光[②]。使高厚傅牙为太子。灵公疾，崔杼迎故太子光而立之，是为庄公。庄公杀戎姬。五月壬辰，灵公卒，庄公即位，执太子牙于句窦之丘，杀之。八月，崔杼杀高厚。晋闻齐乱，伐齐，至高唐。

庄公三年，晋大夫栾盈奔齐，庄公厚客待之，晏婴、田文子谏，公弗听。

四年，齐庄公使栾盈间入[③]晋曲沃为内应，以兵随之，上太行，入孟门。栾盈败，齐兵还，取朝歌。

六年。初，棠公妻好，棠公死，崔杼取之。庄公通之，数如崔氏，以崔杼之冠赐人。侍者曰："不可。"崔杼怒，因其伐晋，欲与晋合谋袭齐，而不得间。庄公尝笞宦者贾举，贾举复侍，为崔杼间公以报怨。五月，莒子朝齐，齐以甲戌飨之。崔杼称病不视事。乙亥，公问崔杼病，遂从崔杼妻。崔杼妻入室，与崔杼自闭户不出。公拥柱而歌，宦者贾举遮公从官而入，闭门，崔杼之徒持兵从中起。公登台而请解，不许；请盟，不许；请自杀于庙，不许。皆曰："君之臣杼疾病，不能听命。近于公宫。陪臣争趣有淫者[④]，不知二命。"公逾墙，射中公股，公反坠，遂弑之。晏婴

---

①嬖：受宠。 ②东：迁太子于齐国东部。 ③间入：秘密进入。 ④争趣：竞相追赶。

立崔杼门外，曰："君为社稷死则死之，为社稷亡则亡之。若为己死己亡，非其私暱，谁敢任之！"开门而入，枕公尸而哭，三踊而出。人谓崔杼："必杀之。"崔杼曰："民之望也，舍之得民。"

丁丑，崔杼立庄公异母弟杵臼，是为景公。景公母，鲁叔孙宣伯女也。景公立，以崔杼为右相，庆封为左相。二相恐乱起，乃与国人盟曰："不与崔、庆者死！"晏子仰天曰："婴所不获，唯忠于君利社稷者是从！"不肯盟。庆封欲杀晏子，崔杼曰："忠臣也，舍之。"齐太史书曰"崔杼弑庄公"，崔杼杀之。其弟复书，崔杼复杀之。少弟复书，崔杼乃舍之。

景公元年，初，崔杼生子成及强，其母死，取东郭女，生明。东郭女使其前夫子无咎与其弟偃相崔氏。成有罪，二相急治之，立明为太子。成请老于崔，崔杼许之，二相弗听，曰："崔，宗邑，不可。"成、强怒，告庆封。庆封与崔杼有郤①，欲其败也。成、强杀无咎、偃于崔杼家，家皆奔亡。崔杼怒，无人，使一宦者御，见庆封。庆封曰："请为子诛之。"使崔杼仇卢蒲嫳攻崔氏，杀成、强，尽灭崔氏，崔杼妇自杀。崔杼毋归，亦自杀。庆封为相国，专权。

三年十月，庆封出猎。初，庆封已杀崔杼，益骄，嗜酒好猎，不听政令。庆舍用政，已有内郤。田文子谓桓子曰："乱将作。"田、鲍、高、栾氏相与谋庆氏。庆舍发甲围庆封宫，四家徒共击破之。庆封还，不得入，奔鲁。齐人让鲁，封奔吴。吴与之朱方，聚其族而居之，富于在齐。其秋，齐人徙葬庄公，僇崔杼尸于市以说众。

九年，景公使晏婴之晋，与叔向私语曰："齐政卒归田氏。

---

①郤：通"隙"，嫌隙。

田氏虽无大德，以公权私[①]，有德于民，民爱之。”

十二年，景公如晋，见平公，欲与伐燕。

十八年，公复如晋，见昭公。

二十六年，猎鲁郊，因入鲁，与晏婴俱问鲁礼。

三十一年，鲁昭公辟季氏难，奔齐。齐欲以千社封之[②]，子家止昭公，昭公乃请齐伐鲁，取郓以居昭公。

三十二年，彗星见。景公坐柏寝，叹曰：“堂堂，谁有此乎？”群臣皆泣，晏子笑。公怒，晏子曰：“臣笑群臣谀甚。”景公曰：“彗星出东北，当齐分野，寡人以为忧。”晏子曰：“君高台深池，赋敛如弗得，刑罚恐弗胜，茀星将出[③]，彗星何惧乎？”公曰：“可禳否[④]？”晏子曰：“使神可祝而来，亦可禳而去也。百姓苦怨以万数，而君令一人禳之，安能胜众口乎？”是时景公好治宫室，聚狗马，奢侈，厚赋重刑，故晏子以此谏之。

四十二年，吴王阖闾伐楚，入郢。

四十七年，鲁阳虎攻其君，不胜，奔齐，请齐伐鲁。鲍子谏景公，乃囚阳虎。阳虎得亡，奔晋。

四十八年，与鲁定公好会夹谷。犁钼曰：“孔丘知礼而怯，请令莱人为乐，因执鲁君，可得志。”景公害孔丘相鲁，惧其霸，故从犁钼之计。方会，进莱乐，孔子历阶上，使有司执莱人斩之，以礼让景公[⑤]。景公惭，乃归鲁侵地以谢，而罢去。是岁，晏婴卒。

五十五年，范、中行反其君于晋，晋攻之急，来请粟。田乞欲为乱，树党于逆臣，说景公曰：“范、中行数有德于齐，不可不

①以公权私：假公济私。 ②社：二十五家为一社，千社为两万五千家。 ③茀星：又作“孛星”，客星侵犯分野之星，比彗星更不祥。 ④禳：除邪消灾的祭祀。 ⑤让：责备。

救。”乃使乞救而输之粟。

五十八年夏，景公夫人燕姬適子死①。景公宠妾芮姬生子荼，荼少，其母贱，无行。诸大夫恐其为嗣，乃言愿择诸子长贤者为太子。景公老，恶言嗣事，又爱荼母，欲立之，惮发之口，乃谓诸大夫曰：“为乐耳，国何患无君乎？”秋，景公病，命国惠子、高昭子立少子荼为太子，逐群公子，迁之莱。景公卒，太子荼立，是为晏孺子。冬，未葬，而群公子畏诛，皆出亡。荼诸异母兄公子寿、驹、黔奔卫，公子驵、阳生奔鲁。莱人歌之曰：“景公死乎弗与埋，三军事乎弗与谋，师乎师乎，胡党之乎？”

晏孺子元年春，田乞伪事高、国者，每朝，乞骖乘，言曰：“子得君，大夫皆自危，欲谋作乱。”又谓诸大夫曰：“高昭子可畏，及未发，先之。”大夫从之。六月，田乞、鲍牧乃与大夫以兵入公宫，攻高昭子。昭子闻之，与国惠子救公。公师败，田乞之徒追之，国惠子奔莒，遂反杀高昭子。晏圉奔鲁。八月，齐秉意兹。田乞败二相，乃使人之鲁召公子阳生。阳生至齐，私匿田乞家。十月戊子，田乞请诸大夫曰：“常之母有鱼菽之祭，幸来会饮。”会饮，田乞盛阳生橐中②，置坐中央，发橐出阳生，曰：“此乃齐君矣！”大夫皆伏谒③。将与大夫盟而立之，鲍牧醉，乞诬大夫曰：“吾与鲍牧谋共立阳生。”鲍牧怒曰：“子忘景公之命乎？”诸大夫相视欲悔，阳生前顿首曰：“可则立之，否则已。”鲍牧恐祸起，乃复曰：“皆景公子也，何为不可！”乃与盟，立阳生，是为悼公。悼公入宫，使人迁晏孺子于骀，杀之幕下，而逐孺子母芮子。芮子故贱而孺子少，故无权，国人轻之。

悼公元年，齐伐鲁，取讙、阐。初，阳生亡在鲁，季康子以其

---

①適：通“嫡”。 ②橐（tuó）：无底的口袋。 ③伏谒：古人席地而坐，伏身谒见。

妹妻之。及归即位，使迎之。季姬与季鲂侯通，言其情，鲁弗敢与，故齐伐鲁，竟迎季姬。季姬嬖，齐复归鲁侵地。

鲍子与悼公有郤，不善。

四年，吴、鲁伐齐南方。鲍子弑悼公，赴于吴。吴王夫差哭于军门外三日，将从海入讨齐。齐人败之，吴师乃去。晋赵鞅伐齐，至赖而去。齐人共立悼公子壬，是为简公。

简公四年春。初，简公与父阳生俱在鲁也，监止有宠焉。及即位，使为政。田成子惮之，骤顾于朝。御鞅言简公曰："田、监不可并也，君其择焉。"弗听。子我夕[①]，田逆杀人，逢之，遂捕以入。田氏方睦，使囚病而遗守囚者酒，醉而杀守者，得亡。子我盟诸田于陈宗。初，田豹欲为子我臣，使公孙言豹，豹有丧而止。后卒以为臣，幸于子我。子我谓曰："吾尽逐田氏而立女，可乎？"对曰："我远田氏矣[②]。且其违者不过数人，何尽逐焉！"遂告田氏。子行曰："彼得君，弗先，必祸子。"子行舍于公宫。

夏五月壬申，成子兄弟四乘如公。子我在幄，出迎之，遂入，闭门。宦者御之，子行杀宦者。公与妇人饮酒于檀台，成子迁诸寝[③]。公执戈将击之，太史子馀曰："非不利也，将除害也。"成子出舍于库[④]，闻公犹怒，将出[⑤]，曰："何所无君！"子行拔剑曰："需[⑥]，事之贼也[⑦]。谁非田宗？所不杀子者有如田宗。"乃止。子我归，属徒攻闱与大门，皆弗胜，乃出。田氏追之。丰丘人执子我以告，杀之郭关。成子将杀大陆子方，田逆请而免之。以公命取车于道，出雍门。田豹与之车，弗受，曰："逆为余请豹与余车，余有私焉。事子我而有私于其仇，何以见鲁、卫之士？"

①夕：古代早朝叫朝，晚朝叫夕。 ②远田氏：是田氏旁支疏族。 ③寝：寝宫。 ④库：古代收藏武器兵车的处所。 ⑤出：逃亡。 ⑥需：迟疑犹豫。 ⑦贼：危害。

庚辰，田常执简公于徐州。公曰："余早从御鞅言，不及此。"甲午，田常弑简公于徐州。田常乃立简公弟骜，是为平公。平公即位，田常相之，专齐之政，割齐安平以东为田氏封邑。

平公八年，越灭吴。二十五年卒，子宣公积立。

宣公五十一年卒，子康公贷立。田会反廪丘。

康公二年，韩、魏、赵始列为诸侯。十九年，田常曾孙田和始为诸侯，迁康公海滨。

二十六年，康公卒，吕氏遂绝其祀。田氏卒有齐国。为齐威王，强于天下。

太史公曰：吾适齐，自泰山属之琅邪①，北被于海②，膏壤二千里，其民阔达多匿知③，其天性也。以太公之圣，建国本，桓公之盛，修善政，以为诸侯会盟，称伯，不亦宜乎？洋洋哉，固大国之风也！

【译文】

太公望吕尚，是东海边的人。其先祖曾做过掌管四方部落的长官，辅佐夏禹治理水土有大功。舜、禹之时被封在吕，有的被封在申，姓姜。夏、商两代，申、吕有的封给旁支子孙，也有的后代成为平民，吕尚就是他们的远代后裔。吕尚本姓姜，因为以其封地之名为姓氏，所以叫吕尚。

吕尚曾经穷困，年老时，借钓鱼的机会求见周西伯。西伯在出外狩猎之前，占了一卦，卦辞说："所得猎物非龙非螭，非虎非熊；所得乃是成就霸王之业的辅佐之臣。"于是西伯出猎，果然在渭河北岸遇到太公，与之谈论后西伯大喜，说："自从我国先君太公说'一定会有圣人来周，周将会因此兴盛'。这个人就是您吧？我太公盼望您很久了。"因此称吕尚为"太公望"，二人一同乘车回去，尊其为师。

---

①属：连接。 ②被：及，达到。 ③阔达：举止大方。匿知：深沉多智。知：同"智"。

有人说，太公博学多闻，曾为商纣做事。商纣无道，太公就离开了。四处游说列国诸侯，没有遇到知遇之君，最终西行归附周西伯。有人说，吕尚乃一处士，隐居在海滨。周西伯被囚禁在羑里时，西伯之臣散宜生、闳夭久闻吕尚之名而召请他。吕尚也说："听说西伯贤德，又一贯尊重关心老年人，何不前往？"这三人为了营救西伯，寻找美女奇宝，献给纣王，以赎取西伯。西伯因此得以被释，返回周国。虽然吕尚归周的传说各异，但大旨都说他成为文王、武王之师。

周西伯昌从羑里脱身归国后，暗中和吕尚策划如何施行德政以推翻商纣政权，其中大多是用兵的权谋和奇计，所以后代谈论用兵之道和周朝的隐秘权术都尊太公为主要策划者。周西伯为政清平，在明断了虞、芮二国的国土争讼后，被诗人称道为是承受天命的文王。西伯又讨伐了崇国、密须和犬夷，大规模建设丰邑。天下三分之二的诸侯都归心向周，多半是太公谋划的结果。

文王死后，武王即位。九年，武王想继续完成文王大业，东征商纣，察看诸侯是否云集响应。军队出师之际，被尊为"师尚父"的吕尚左手拿着黄钺，右手握着白旄誓师，说："苍兕苍兕，统领众兵，集结船只，迟者斩首。"于是兵至盟津。各国诸侯不召自来者有八百之多。诸侯们都说："商纣可以征伐了。"武王说："还不行。"班师而还，与太公一同写了《太誓》。

又过了两年，商纣杀死王子比干，囚禁了箕子。武王又将要征伐商纣，占卜一卦，龟兆显示不吉利，风雨降临。群臣皆恐，只有太公强劝武王进军讨伐，武王于是出兵。十一年正月甲子日，在牧野誓师，进伐商纣。纣王的军队彻底崩溃。纣王回身逃跑，登上鹿台，于是被武王追杀。第二天，武王立于社坛前，群臣手捧明水，卫康叔封铺好彩席，师尚父牵来祭祀之牲，史佚诵读祷文，向神祇禀告讨伐罪恶商纣之事。散发商纣积聚在鹿台的钱币，发放了商纣囤积在巨桥的粮食，用以赈济贫民。培筑加高比干的坟墓，释放被囚禁中的箕子。把象征天下最高权力的九鼎迁往周，修治周王朝的政务，与天下人民共同开始创造新的时代。上述诸事，多半是出于师尚父的谋议。

此时武王已平定商纣，称王天下，把师尚父封于齐国营丘。师尚父东去自己的封国，边行边住，走得很慢。客舍中人说："我听说时机难以得到而容易失去。这位客人睡得如此安逸，恐怕不是去封国就任的吧。"太公听了这话，连夜穿衣赶路，黎明就到达封国。正遇上莱侯带兵来攻，想与太公争夺营丘。营丘毗邻莱国。莱人是夷族，趁商纣之乱而周朝刚刚建立，还没来得及平定远方各国，因此和太公争夺国土。

太公到齐国后，修明政事，顺其当地风俗，简化礼仪，开放工商之业，发展渔业盐业生产，因而人民多来归附齐国，齐成为了大国。到周成王年幼即位之时，管、蔡叛乱，淮夷也背叛周朝，成王派召康公授命太公说："东至大海，西至黄河，南至穆陵，北至无棣，此间五等诸侯，九州官长，你都可讨伐。"齐因此可以征讨各国，成为大国，定都营丘。

太公死时一百余岁，其子丁公吕伋即位。丁公死，其子乙公得即位。乙公死，其子癸公慈母即位。癸公死，其子哀公不辰即位。

哀公时，纪侯在周王面前诬陷哀公，周王用大鼎煮死哀公，立其弟静为齐君，这就是胡公。胡公迁都于薄姑，此时正当周夷王在位。

哀公一母所生的小弟弟山怨恨胡公，就和他的党徒带领营丘人袭击并杀死了胡公而自立为齐君，这就是献公。

献公元年，全部驱逐胡公的儿子们，把首都从薄姑迁往临淄。九年，献公死，其子武公寿即位。武公九年，周厉王逃亡，住在彘邑。十年，周王室大乱，大臣们主持国政，号称"共和"。二十四年，周宣王即位。

二十六年，武公死，其子厉公无忌即位。厉公残暴肆虐，所以胡公之子又返回齐国，齐人想立他为君，就一同攻杀了厉公。胡公之子也战死。齐人于是立厉公之子赤为齐君，这就是文公，他处死了七十多个攻杀厉公的人。

文公十二年死，其子成公脱即位。成公九年死，其子庄公购即位。

庄公二十四年，犬戎杀死了周幽王，周王室东迁都到洛邑。秦国开始列位于诸侯。五十六年，晋人杀害了他们的国君晋昭侯。

六十四年，庄公死，其子釐公禄甫即位。

釐公九年，鲁隐公则即位。

十九年，鲁桓公杀害其兄隐公而自立为鲁君。

二十五年，北戎攻伐齐国。郑国派太子忽来援救齐国，齐侯想把女儿嫁给他。太子忽说："郑国小齐国大，我配不上。"就谢绝了。

三十二年，釐公的同母弟弟夷仲年死。他的儿子名叫公孙无知，釐公宠爱他，让他的俸禄、车服、饮食待遇和太子一样。

三十三年，釐公死，太子诸儿立，这就是襄公。

襄公元年，襄公当初做太子时，曾与无知争斗，即位之后，就废除了无知的生活待遇等级，无知心中怨恨。

四年，鲁桓公和夫人来到齐国。齐襄公过去曾与鲁夫人私通。鲁夫人是襄公的妹妹，在齐釐公时嫁给鲁桓公做夫人，此次与鲁桓公来齐国又与襄公私通。鲁桓公发现此事，怒责夫人，夫人告诉了齐襄公。齐襄公宴请鲁桓公，将桓公灌醉，派大力士彭生把鲁桓公抱上车，趁机折断了桓公的肋骨，桓公被抬出车时就已死了。鲁国人为此责备齐国，齐襄公杀死彭生向鲁国道歉。

八年，齐国征讨纪国，纪国被迫迁离都城。

十二年，当初，襄公派连称、管至父驻守葵丘，约定七月瓜熟时前去，第二年瓜熟时派人去接替他们。他们前去驻守了一年，到第二年瓜熟期已过，襄公仍不派人去替换他们。有人替他们要求派人接替，襄公不许。所以二人生气，通过公孙无知策划叛乱。连称有个堂妹在襄公宫中，不被宠幸，就让她暗中侦伺襄公，对她说："事成后让你给无知做夫人。"冬十二月，襄公到姑棼游玩，到沛丘打猎。见一只野猪，侍从说"是彭生"，襄公大怒，用箭射去，大猪像人一样站立起来啼叫。襄公害怕，从车上摔下伤了脚，鞋子也掉了。回去后把管理鞋子的那个名叫"茀"的人鞭打了三百下。茀出宫。无知、连称、管至父等人闻知襄公受伤，就带领徒众来攻袭襄公宫。正遇上管理鞋子的茀，茀说："先不要进去以免惊动宫中，惊动宫中后就不易再攻进去了。"无知不信此言，茀让他验看自己的被打的伤痕，才被相信。他们等在宫外，让茀先进去探听。茀先入后，马上把襄公藏在屋门后。过了好久，无知等害怕起来，就进宫去。茀反而和宫中之人以及襄公的亲信之臣反攻无知等人，未能得胜，全被杀死。无知进入宫中，找不到襄公。有人发现屋门下露出人脚，开门一看，门后正是襄公，就杀死了襄公，无知便自立为齐君。

桓公元年春天，齐君无知到雍林游玩。雍林人曾怨恨无知，等到他去游玩时，雍林人偷袭杀死无知，并且向齐国大夫宣告说："无知杀害襄公自立为君，我已将他处死。请大夫们改立公子中应当即位的，我们一定唯命是听。"

当初，襄公将鲁桓公灌醉杀死，与鲁夫人私通，还屡屡杀罚不当，沉迷女色，多次欺侮大臣，他的弟弟们害怕祸患牵连，因此次弟纠逃亡鲁国，他母亲是鲁君之女。管仲、召忽辅佐他。次弟小白逃亡莒国，鲍叔辅佐他。小白母亲是卫国之女，深受齐釐公宠幸。小白从小与大夫高傒交好。雍林人杀死无知后，商议立君之事，高氏、国氏抢先暗中从莒国召回小白。鲁国闻知无知已死，也派兵护送公子纠返齐，并命管仲另带军队遏阻莒国通道，管仲射中小白衣带钩。小白假装死了，管仲派人飞报鲁国。鲁国护送公子纠的部队就放慢速度，走了六天才到达齐国，而公子小白已先回齐国，高傒拥立其为君，这就是桓公。

桓公当时被射中衣带钩后，装死以迷惑管仲，然后藏在温车中飞速前进，又因为有高氏、国氏二大家族做内应，所以能够先入齐都即位，派兵抵御鲁军。秋天，齐兵与鲁兵在乾时作战，鲁兵败逃，齐兵又切断鲁兵的退路。齐国写信给鲁国说："子纠是我兄弟，不忍亲手杀他，请鲁国将他杀死。召忽、管仲是我仇敌，我要求把他们交给我，让我把他们剁成肉酱才甘心。不然，齐兵就要围攻鲁国。"鲁人害怕，就在笙渎杀死了公子纠。召忽自杀而死，管仲自己请求囚禁。

桓公即位时，派兵攻鲁，本想杀死管仲。鲍叔牙说："我有幸能跟从您，您终于成为国君。您已地位尊贵，我无法再帮助您提高地位了。您如果只想治理齐国，那么有高傒和我也就够了。您如果想成就霸业，没有管夷吾不行。夷吾居于哪个国家，哪个国家就强，不可失去这个人才。”于是桓公听从此言。就假装要逮回管仲以报仇雪恨，实际上是想任用他。管仲心里明白此事，所以要求返齐。鲍叔牙迎接管仲，一到齐国境内的堂阜就给管仲解除镣铐，让他斋戒沐浴去见桓公。桓公以厚礼相待，任管仲为大夫，主持政务。

桓公得到管仲后，与鲍叔、隰朋、高傒共同修治齐国的政事，实施五家连兵之制，开发商业流通、促进渔业与盐业，以利百姓，奖励贤能之士，齐国人人欢欣。

二年，齐国伐灭郯国，郯国国君逃亡到莒国。当初，齐桓公逃亡国外，经过郯国时，郯国对其无礼，所以讨伐它。

五年，征伐鲁国，鲁军眼看失败。鲁庄公愿意献出遂邑以媾和，桓公允诺，与鲁人在柯地盟会。将要盟誓之际，鲁国的曹沫在祭坛上用匕首劫持了齐桓公，说：“归还鲁国被侵占的土地！”桓公答应了。然后曹沫扔掉匕首，回到面朝北方的臣子之位。桓公后悔，想不归还鲁国被占领土并杀死曹沫。管仲说：“如果被劫持时答应了人家的要求，然后又背信杀死他，满足于一时小小的快意，而在诸侯中却失去了信义，也就失去了天下人的支持，不可这样做。”桓公于是就把曹沫三次战败所丢的全部领土归还给鲁国。诸侯听说此事，都认为齐国守信而愿意归附。

七年，诸侯与齐桓公在甄地盟会，齐桓公从此成为天下诸侯的霸主。

十四年，陈厉公的儿子陈完，号敬仲，逃亡来到齐国。齐桓公想任命他为卿，他谦让不肯，于是让他做工正之官。这就是田成子田尝的祖先。

二十三年，山戎侵伐燕国，燕国向齐国告急。齐桓公派兵救燕，讨伐山戎，到达孤竹后才班师。燕庄王就送桓公进入齐国境内。桓公说：“不是天子，诸侯之间相送不出自己国境，我不能对燕无礼。”于是把燕君所到的齐国领土用沟分开送给燕国，要求燕君重修召公之政，向周王室进贡，就像周成王、康王时代一样。诸侯闻知后，都服从齐国。

二十七年，鲁湣公的母亲叫哀姜，是齐桓公的妹妹。哀姜与鲁公子庆父私通，庆父杀害了湣公，哀姜想让庆父做国君，鲁人却改立起釐公。

桓公把哀姜召回齐国,杀了哀姜。

二十八年,卫文公被狄人侵伐,向齐国告急。齐国率领诸侯在楚丘筑城,将卫君安置在那里。

二十九年,桓公与夫人蔡姬乘船游玩。蔡姬熟悉水性,摇晃船只颠簸桓公。桓公害怕,令她停止,她仍不停,下船之后,桓公恼怒,把蔡姬送回娘家,但又不断绝婚姻关系。蔡侯也十分生气,就又把蔡姬改嫁给他人。桓公听说后愈发生气,兴兵伐蔡。

三十年春,齐桓公率领诸侯讨伐蔡国,蔡国大败。于是接着伐楚。楚成王出兵来问:"为什么进入我的国土?"管仲回答说:"过去召康公授令我先君太公说:'五等诸侯,九州长官,你有权征伐,以辅佐周室。'赐给我先君有权征伐的范围,东至大海,西至黄河,南至穆陵,北至无棣。楚国应进贡的包茅没有进献,使天子的祭祀用品不全,因此特来督责。昭王南征不归死在南方,因此前来问罪。"楚王说:"贡品没有进献,确实如此,这是我的罪过,今后不敢不进献。至于昭王一去不归,并未在我楚国领土,请您到汉水边去问罪。"齐军进驻于陉地。夏天,楚王命屈完领兵抗齐,齐军退驻召陵。桓公向屈完炫耀兵多将广。屈完说:"您合于正义才能胜利;如果不这样,楚国以方城山为城墙,以长江、汉江为壕沟,您怎么能向前推进呢?"齐桓公就与屈完订立盟约而回。途经陈国,陈国大夫袁涛涂欺骗桓公,让齐军走东线难行之路,被齐国发觉。秋天,齐国讨伐陈国。这一年,晋国君杀死其太子申生。

三十五年夏,桓公与诸侯盟会于葵丘。周襄王派宰孔赐给桓公祭祀过周文王、周武王的福肉、丹彩装饰的弓箭、天子乘用的车乘,还特许桓公不要下拜谢恩。桓公本想答应,管仲说"不可"。桓公于是下拜接受天子的赏物。秋天,再次与诸侯在葵丘盟会,齐桓公愈发面有骄傲神色。周王派宰孔参加盟会。诸侯见桓公如此也使有些人离心。晋君病重,上路迟了,正逢宰孔。宰孔说:"齐桓公骄傲了,可不要去了。"晋君听从了他的话,未去盟会。这年,晋献公死,里克杀死了献公少子奚齐和卓子,秦穆公因为自己的夫人是晋公子夷吾的姐姐,所以护送夷吾返回晋国为君。桓公也讨伐晋国内之乱，到达高梁地方，派隰朋立夷吾为晋君，然后撤军。

此时周王室衰微，天下间只有齐、楚、秦、晋四国强盛。晋国刚刚参加盟会，晋献公便死去，国内大乱。秦穆公处地偏远，不参加中原诸侯的会盟。楚成王刚刚将荆蛮之地占为己有，认为自己是夷狄之国。只有齐国能够主持中原诸侯的盟会，而齐桓公又充分宣示出其他的威德，所以各国诸侯无不宾服而来会。当时桓公宣称："寡人南征至召陵，瞭望到熊耳山；北伐山戎、离枝、孤竹国；西征大夏，远涉流沙；包缠马蹄，挂牢战车，登上太行山，直达卑耳山才回还。诸侯无人违抗寡人。寡人召集军事盟会三次，友好的盟会六次，九次会合诸侯，匡正天下于周室一统。从前三代开国天子，与此有什么不同？我想要封祭泰山，禅祭梁父山。"管仲力谏，桓公不听；管仲于是就说封禅之礼要等远方各种奇珍异物具备才能举行，桓公才作罢。

三十八年，周襄王之弟带与戎人、翟人合谋攻打周王，齐国派管仲到周去调解双方的争端。周天子想用接待上卿的礼节接待管仲，管仲叩头说："我是臣子的臣子，怎么敢受此礼遇！"谦让再三，才接受以下卿之礼拜见天子。

三十九年，周襄王之弟王子带逃亡到齐国。齐国派仲孙请求周襄王，替代谢罪。周襄王很生气，没有答应。

四十一年，秦穆公俘获晋惠公，又释放他回国。这一年，管仲、隰朋都死去。管仲病重后，桓公问他："你死后群臣之中谁可为相国？"管仲说："知臣莫如君。"桓公说："易牙这人怎么样？"回答说："他杀了自己的儿子来迎合国君，不近人情，不能任用。"桓公说："开方这人怎么样？"回答说："他抛弃双亲来迎合国君，不合人情，不可接近。"桓公说："竖刀怎么样？"回答说："阉割了自己来迎合国君，不合人情，不可亲信。"管仲死后，桓公不听管仲之言，还是亲近任用这三人，于是三人专权。

四十二年，戎人伐周，周王向齐国告急，齐国命各诸侯分别派兵戍卫周王室。这一年，晋公子重耳来到齐国，齐桓公把本族之女嫁给重耳为妻。

四十三年。当初,齐桓公有三位夫人:名叫王姬、徐姬、蔡姬,都没有儿子。桓公好色,有很多宠姬,其中地位等同于夫人的有六个:长卫姬,生了无诡;少卫姬,生了惠公元;郑姬,生了孝公昭;葛嬴,生了昭公潘;密姬,生了懿公商人;宋华子,生了公子雍。齐桓公和管仲曾把孝公昭托付给宋襄公,立为太子。易牙受到桓公长卫姬的宠幸,又通过宦者竖刀给桓公献上厚礼,所以也受到桓公宠幸,桓公答应易牙立无诡为太子。管仲死后,五位公子都要求即位。冬十月乙亥日,齐桓公死。易牙进宫,与竖刀一同借助宫内宠臣杀死了许多大夫,立公子无诡为齐君。太子昭逃亡到宋国。

桓公生病之时,五位公子各自结党争立。桓公死后,他们就互相攻战,以致宫中无人,也没人敢去把桓公装尸入棺。桓公的尸体在床上放了六十七天,尸体上的蛆虫以至爬出宫门外。十二月乙亥日,无诡即位,才装尸入棺,向各国报丧。辛巳日夜间,才穿衣入敛,停柩于堂。

桓公有子十多人,总计后来五人曾登君位:无诡即位三月死去,没有谥号;接着是孝公;接着是昭公;再接下去是懿公;最后是惠公。孝公元年三月,宋襄公率领诸侯军队送齐太子昭归国并伐齐。齐人害怕了,杀死了他们的国君无诡。齐人将要立太子昭为齐君时,其余四公子的党徒又攻打太子,太子逃到宋国,宋国与齐国四公子的军队作战。五月,宋军打败齐国四位公子的军队,立太子昭为君,这就是齐孝公。宋国因为曾受桓公与管仲之托照顾太子,所以来征伐四公子。由于战乱,到八月才顾得上埋葬了齐桓公。

六年春,齐国伐宋,因为宋国没有参加在齐国的盟会。夏,宋襄公死。

七年,晋文公即位。

十年,孝公死,孝公之弟潘借公子开方杀死孝公之子而自立为君,就是昭公。昭公是桓公的儿子,其母名叫葛嬴。

昭公元年,晋文公在城濮大败楚军,又召集诸侯在践土盟会,朝见周天子，天子让晋做诸侯的霸主。

六年，狄人侵齐。晋文公死。秦兵在崤地打了败战。

十二年，秦穆公死。

十九年五月，昭公死，其子舍立为齐君。舍之母不为昭公所宠爱，齐国人都不怕他。昭公之弟商人因为桓公死后未能争立为国君，暗中结交贤士，抚爱百姓，百姓拥戴。昭公死后，其子舍即位，孤独软弱，商人就与众人于十月在昭公坟前杀死齐君舍，商人自立为君，就是懿公。懿公，是桓公之子，其母名叫密姬。

懿公四年春，当初，懿公还是公子的时候，与丙戎之父一同打猎，互相争夺猎物，懿公未争到，即位以后，懿公就斩断丙戎父亲的脚，却让丙戎为自己驾车。庸职的妻子漂亮，懿公抢入宫中，却让庸职陪同坐车。五月，懿公在申池游玩，丙戎和庸职洗澡，互相开玩笑。庸职说丙戎是“砍脚人的儿子”，丙戎说庸职是“被夺妻的丈夫”。两人都为这些话感到耻辱，共同怨恨懿公。两个人谋划与懿公一同到竹林中游玩，两人在车上把懿公杀死，把尸体抛在竹林中逃跑。

懿公即位后，骄横，人民不归附。齐国人废黜懿公的儿子而从卫国迎接公子元归齐，立为国君，这就是惠公。惠公，是桓公之子。他的母亲是卫国之女，名叫少卫姬，因躲避齐国内乱，所以逃到卫国。

惠公二年，长狄人来齐，王子城之父攻杀狄人头领，把他的首级埋于北门。晋国大夫赵穿杀死了他的国君晋灵公。

十年，惠公死，其子顷公无野即位。当初，崔杼曾受到惠公宠幸，等到惠公死后，高氏、国氏怕受他胁迫，把崔杼驱逐出国，崔杼逃到了卫国。

顷公元年，楚庄王强盛起来，征伐陈国。

二年，围攻郑国，郑伯投降，不久后又让郑伯复国。

六年春，晋国派郤克出使齐国，齐顷公让其母在帷幕中观看。郤克上阶，夫人笑话他是驼子。郤克说：“此辱不报，誓不再渡黄河！”回国后，请求晋君攻打齐国，晋君不答应。齐国使者至晋，郤克在河内捉住齐国使者四人，全部杀死。

八年，晋国伐齐，齐国让公子强到晋国做人质，晋军才离去。

十年春，齐国征伐鲁国、卫国。鲁、卫二国大夫到晋国请兵，都是通过郤克。晋国派郤克率领战车八百乘，做中军之将，士燮率领上军，栾书率领下军，来救鲁、卫，讨伐齐国。六月壬申日，晋军与齐军在靡笄山下交兵。癸酉日，在鞍地排列成阵。逢丑父做齐顷公的车右武士。顷公说："冲上去，击破晋军后聚餐庆功。"齐国射伤郤克，血流到脚。郤克想退回营垒，他战车的驭手说："我从进入战斗后，已两次负伤，我不敢说疼痛，恐怕使士卒恐惧，愿您忍痛继续战斗。"郤克又投入战斗。战斗进行中，齐军危急，逢丑父怕齐顷公被活捉，就互相交换了位置，顷公成为车右武士，战车绊在树上抛锚。晋国小将韩厥拜伏在齐顷公战车之前，说："我们晋君派我来救援鲁、卫。"以此来嘲笑顷公。丑父装成顷公，让装成车右武士的顷公下车取水喝，顷公借此才得以逃脱，跑回齐军阵中。晋国的郤克要杀丑父、丑父说："我替国君死而被杀，以后为人臣子的就不会有忠于君主的人了。"郤克就放了他，丑父于是能逃归齐国。晋军追赶齐军直到马陵。齐顷公请求用宝器谢罪，郤克不答应，一定要得到耻笑郤克的萧桐叔子，还命齐国把田垅一律改成东西方向。齐人回答说："萧桐叔子，是齐顷公的母亲。齐君的母亲就犹如晋君的母亲一样地位，您怎么处置她？况且您是以正义之师伐齐，却以暴虐无礼来结束，怎么可以呢？"郤克于是答应了他们，只让齐国退还被侵占的鲁、卫二国的领土。

十一年，晋开始设置六卿，用以封赏鞍地战争中的有功之人。齐顷公访问晋君，想用朝见天子的礼节拜见晋景公，晋景公不敢承受，齐君乃回国。回国后顷公开放自己的苑囿，减轻赋税，赈济孤寡，吊问残疾，拿出所有的积蓄来救济百姓，百姓也十分高兴。齐顷公还给诸侯厚礼。直到顷公死去，百姓归附，诸侯也不敢侵犯齐国。

十七年，顷公死，其子灵公环即位。

灵公九年，晋大夫栾书杀其国君晋厉公。

十年，晋悼公伐齐，齐让公子光到晋国做人质。

十九年，立公子光为太子，由高厚辅佐他，让他到钟离参加诸侯盟会。

二十七年，晋国派中行献子伐齐。齐军战败，灵公逃进临淄城。晏婴劝阻灵公，灵公不听。晏子说："我们国君太没有勇气了。"晋兵合围临淄，齐人据守内城不敢出击，晋军把外城内烧光后离去。

二十八年，当初，灵公娶了鲁国之女，生下儿子光，立为太子。后又娶仲姬、戎姬。戎姬受宠，仲姬生儿子名叫牙，托付给戎姬抚养。戎姬请求立牙为太子，灵公答应了。仲姬说："不行。光立为太子，已名列诸侯，现在无故废黜他，您一定会后悔的。"灵公说："废立全由我。"于是把太子光迁往东部边境，让高厚辅佐公子牙为太子。灵公患病，崔杼接回原来的太子光立为国君，就是庄公。庄公杀死戎姬。五月壬辰日，灵公死，庄公即位，在句窦丘捉住太子牙杀死。八月，崔杼杀死高厚。晋国闻知齐国内乱，伐齐，到达高唐。

庄公三年，晋国大夫栾盈逃亡到齐国，庄公待以隆重客礼。晏婴、田文子谏阻，庄公不听。

四年，齐庄公派栾盈秘密进入曲沃做齐国内应，齐国大兵随后，上太行山，进入孟门关口。栾盈吃了败阵，齐军还师，攻取了朝歌城。

六年，当初，棠公之妻美丽，棠公死后，崔杼娶了她。庄公又与她私通，多次去崔杼家，还把崔杼的冠赏给别人。庄公的侍从说："不能这样。"崔杼十分恼怒，趁庄公伐晋之机，想与晋国合谋袭击庄公而未得到机会。庄公曾鞭打过宦官贾举，贾举又被任为内侍，替崔杼寻找庄公的漏隙来报复仇怨。五月，莒国国君朝见齐君，齐庄公在甲戌日宴请他。崔杼谎称有病不去上朝。乙亥日，庄公探望崔杼病情，就跟着崔杼妻子转。崔妻入室，与崔杼同把屋门关上不出来，庄公在前堂倚柱唱歌。这时宦官贾举将庄公的侍从拦在外面而自己进入院子，把院门从里边关上。崔杼的党徒手执兵器一拥而上。庄公登上高台请求和解，众人不答应；庄公又请求盟誓定约，众人也不允许；庄公最后请求让他到祖庙里去自杀，众人仍不允许。大家说："国君之臣崔杼病重，不能听您吩咐。这里离宫廷很近，我们只管捉拿淫乱之徒，没接到其他命令。"庄公爬过墙头想逃跑，被人射中大腿，翻身坠入墙里，于是被杀。晏婴站在崔杼院门之外，说："国君为社稷而死则臣子应为他殉死，国君为国家而逃亡则臣子应随他流亡。假如国君是为自己的私事而死而逃，除了他的宠幸私臣，别人不会为此殉死逃亡的。"晏子等打开大门进入院内，把庄公之尸枕放在自己的大腿上抚尸而哭，起来后顿足三下以示哀痛然后走出院子。有人对崔杼说："一定杀死晏婴！"崔杼说："他深得众望，放过他我们会赢得民心。"

丁丑日，崔杼拥立庄公异母弟弟杵臼为君，这就是景公。景公的母亲，是鲁国大夫叔孙宣伯之女。景公即位后，让崔杼做右相，庆封为左相。二位国相怕国内动乱不稳，就与国人盟誓说："谁不跟从崔、庆谁就别活！"晏子仰天长叹说："我做不到，我只能跟从忠君利国的人！"不肯参加盟誓。庆封想杀害晏子，崔杼说："他是忠臣，放过他吧。"齐太史记载道"崔杼杀庄公"，崔杼把太史杀死。太史之弟又一次记载上，崔杼又杀了他。太史的小弟又记载上，崔杼放过了他。

景公元年，当初，崔杼生有儿子成、强，其母死去，崔杼又娶了东郭氏之女，生了明。东郭氏女让她前夫之子无咎、她自己的弟弟东郭偃做崔氏家族的相。崔成犯了罪过，无咎和东郭偃两位家相立即严治成，立崔明为太子。崔成请求退居崔邑，崔杼答应，二相不肯，说："崔邑是崔氏宗庙所在之地，成不许去。"崔成、崔强恼怒，告知庆封。庆封与崔杼有矛盾，希望崔氏败落。崔成、崔强在崔杼家中杀死无咎、偃，家人都奔逃。崔杼大怒，但没有家人在身边，只好让一个宦官为他驾车，去见庆封。庆封说："让我为您杀掉崔成、崔强。"于是派崔杼的仇人卢蒲嫳去攻打崔氏，杀死崔成、崔强，全部消灭崔氏一族，崔杼之妻自杀。崔杼无家可归，也自杀了。庆封做了相国，专揽大权。

三年十月，庆封外出打猎。当初，庆封杀死崔杼以后，愈发骄横，酗酒游猎，不理政事。由其子庆舍执政，内部已有矛盾。田文子对田桓子说："动乱将要发生。"田、鲍、高、栾四家联合谋划消灭庆氏。庆舍派出甲兵围护庆封的宫室，四家族的部属共同击破庆氏之家。庆封归来，不能进家，逃亡到鲁国。齐人责备鲁国，庆封又逃到吴国。吴国把朱方之地赏给庆封，庆封与族人居此，比在齐国时还要富有。此年秋，齐人移葬庄公，而将崔杼的尸体示众于市以泄民愤。

九年，景公派晏婴出使晋国，晏婴私下对叔向说："齐国政权最终将归田氏。田氏虽无大的功德，但能借公事施私恩，有恩于民，百姓拥戴。"

十二年，景公前往晋国，会见晋平公，想与之共同伐燕。

十八年，景公又到晋国，会见晋昭公。

二十六年，景公在鲁国郊外打猎，接着进入鲁国国都，同晏婴一起询问鲁国礼制。

三十一年，鲁昭公躲避季氏叛乱，逃亡到齐国。景公想封给昭公千社人家及土地，子家劝阻昭公不要接受，昭公就请求齐国伐鲁，夺取了郓邑给昭公居住。

三十二年，彗星出现。景公坐在柏寝台上，叹息着说："多么堂皇的亭台啊，终归谁所有呢？"群臣忧然落泪，晏子反而笑起来。景公很恼怒。晏子说："我笑群臣过于谄谀了。"景公说："彗星出现在东北，正当齐国的分野，我正为此而担忧。"晏子说："您筑高台凿深池，租税唯恐收得少，滥施刑罚唯恐不严苛，最凶的茀星将要出现，彗星有什么可怕的呢？"景公说："可以用祈祷禳除彗星吗？"晏子说："如果祝祷可以使神明降临，那么祈祷也可以使它离去。但百姓愁苦怨恨的成千上万，而您一个人去祈祷消灾，怎么能胜过众口诅咒呢？"当时景公喜好大造宫室，多养狗马，生活奢侈无度，税重刑酷，所以晏子借机拿这些话来谏止齐景公。

四十二年，吴王阖闾攻伐楚国，攻入楚都郢。

四十七年，鲁国大夫阳虎攻打他的国君，失败后逃亡到齐国，请求齐国伐鲁。鲍子谏止景公，景公把阳虎囚禁起来。阳虎逃脱，逃奔晋国。

四十八年，景公与鲁定公在夹谷盟会修好。犁钼说："孔丘深通礼仪但怯懦不刚，请允许让莱人表演歌舞，借机捉住鲁君，可以让鲁满足我们的要求。"景公担心孔子做鲁相，害怕鲁国成就霸业，所以听从犁钼之计。盟会时，齐国献上莱人乐舞，孔子登阶上台，命有司捉住莱人斩首，根据礼仪责备景公。景公惭愧,就归还了所侵占的鲁国领土以谢罪,然后离去。这一年,婴晏死。

五十五年,晋国大夫范氏、中行氏反对其国君,晋君攻打他们很紧,他们来齐借粮。田乞想在齐国作乱,想和晋国叛臣结党,他就劝景公说:“范氏、中行氏多次对齐国有恩,不可不救。”景公于是就派田乞去救援并供给他们粮食。

五十八年夏,景公夫人燕姬所生的嫡子死去。景公宠妾芮姬生有儿子荼,荼年幼,其母出生微贱,荼又行为不端,诸位大夫担心他将成为太子,都说愿意在诸公子中选择年长贤德者做太子。景公因年老,讨厌谈论立太子的事,又因为宠爱荼的母亲,想立荼为太子,又不愿主动提出,就对大夫们说:“及时行乐吧,国家还怕没有君主吗?”秋天,景公病重,命国惠子、高昭子立幼子荼为太子,驱逐其他公子,把他们迁居到莱地。景公死,太子荼被立为国君,这就是晏孺子。冬天,齐景公还未埋葬,其他公子害怕被杀,都逃亡到国外。荼的异母兄长寿、驹、黔逃到卫国,公子驵、阳生逃到鲁国。莱邑人为此唱道:“景公葬礼不能参加,国家军事不能参与谋划。众公子们的追随者呀,你们最终要去何方呢?”

晏孺子元年春,田乞伪装成忠于高氏、国氏的样子,每次二氏上朝,田乞都为他们陪乘,进言道:“您得到君王信任,大夫们人人自危,想图谋叛乱。”又对群大夫说:“高昭子太可怕了,趁他还没开始行动迫害我们,我们先下手吧。”大夫们都听从他。六月,田乞、鲍牧与众大夫带兵进入宫中,攻打高昭子。昭子听说,与国惠子共救国君。国君兵败,田乞的徒众追击,国惠子逃到莒国,田乞回来又杀死高昭子。晏圉逃到鲁国。八月间,齐国大夫秉意兹也逃往鲁国。田乞击败高、国二相,就派人到鲁国迎回公子阳生。阳生到齐后,暗藏在田乞家中。十月戊子日,田乞邀请各位大夫说:“常儿的母亲今天在家将操持菲薄的祭礼,敬请光临饮酒。”会餐饮酒时,田乞事先把阳生装在大口袋里,放在座席中央,然后揭开口袋放出阳生,说:“这位就是齐国之君!”众大夫就地拜见。接着要与众大夫盟誓而立阳生为君,此时鲍牧已喝醉了,田乞就欺骗大家说:“我和鲍牧谋划一致立公子阳生为君。”鲍牧恼怒说：“您忘记了景公立荼为君的遗命了吗？”众大夫面面相觑想反悔，阳生上前，叩头而拜说：“可立我，则立，否则就算了。”鲍牧也怕惹起祸乱，就又说：“都是景公的儿子，有什么不可以的。”就与众盟誓，立阳生为齐君，这就是悼公。悼公进入宫中，派人将晏孺子流放到骀，于途中将晏孺子杀死在帐幕之中，驱逐了孺子之母芮子。芮子本来出身卑贱而孺子幼小，所以无权势，国中人都轻视他们。

悼公元年，齐国伐鲁，攻取讙、阐二地。当初，阳生流亡在鲁国，季康子把妹妹嫁给了他。阳生归国即位后，便派人迎接妻子。其妻季姬与季鲂侯私通，向家人说出真情，鲁人不敢把季姬送到齐国，所以齐国伐鲁，终于把季姬接到齐国。季姬受悼公的宠爱，齐国就又把侵占的土地归还鲁国。

鲍子与悼公有矛盾，关系不和。

四年，吴国、鲁国伐齐国南方。鲍子杀死悼公，向吴国报丧。吴王夫差在军门外哭吊三日，就从海路进军讨伐齐国。齐军战胜吴军，吴军撤退。晋国赵鞅伐齐，到达赖邑后就撤军。齐人一致立悼公之子壬为齐君，这就是简公。

简公四年春，当初，齐简公和其父悼公同在鲁国时，宠幸大夫监止。简公即位后，让监止执政。田成子害怕他加害，在上朝时总戒备地回头看他。御者田鞅向简公进言说：“田、监不能并用，您要从中选择一个。”简公不听。监止有次晚朝，田逆杀人，监止正遇上，就把田逆逮捕进宫。田氏宗族这时正和睦，就让被囚禁的田逆伪装病重，借机由家人探监送酒给看守，将看守灌醉后杀害，田逆得以逃脱。监止与田氏在田氏宗祠盟誓将此事和解。当初，田豹想给监止做家臣，让大夫公孙向监止荐举，正逢田豹服丧就作罢了。以后终于做了监止家臣，而且受到监止的宠任。监止对田豹说：“我要把田氏全部驱逐而让你做田氏之长，可以吗？”田豹回答说：“我只不过是田氏族中的疏远旁支，而且田氏族中不服从您的不过几个人，何必全都驱逐呢！”接着田豹告知田氏。田逆说：“他正得君主宠任,你田常如不先下手,一定被害。”田逆就住在国君宫中以便接应。

夏五月壬申日,田常兄弟乘四辆车去见简公。监止正在帏帐之中,出来迎接他们,他们一进去就将宫门关闭。宦官们抵抗田氏,田逆杀死宦官。简公正与妻妾在檀台上饮酒,田常把他带至寝宫。简公拿起戈要反击,太史子余说:“田常不是要加害于您,而是要为您除害。”田常出宫住进武库,听说简公还在发怒,就想逃到国外,并说:“哪儿没有国君!”田逆拔剑说:“犹豫迟疑,是坏事的祸根。这儿的人谁不是田氏宗族?你如怯懦出逃不顾大家,我要不杀死你,怎能算是田氏宗族。”田常才留下来。监止跑回家,聚集徒众进攻宫城大小各门,都未成功,就出逃而走。田氏之众追赶。丰丘有人抓住监止并报告,田氏在郭门将监止杀死。田常要杀大陆子方,田逆为他请求赦免。子方以简公的名义在路上截车,驰出雍门。田豹曾给他车,不要,说:“田逆为我说情,田豹又给我车辆,人家会以为我与田氏有私交。我是监止的家臣而与仇家有私交,有何面目逃亡去见鲁、卫的士人呢?”

庚辰日,田常在徐州逮住了简公。简公说:“我若早听田鞅之言,不至于落到今天这个地步。”甲午日,田常在徐州杀死简公。田常立简公之弟骜为齐君,就是平公。平公即位后,田常为相国,专擅齐国大权,割齐国安平以东广大国土为田氏封邑。

平公八年,越国灭掉了吴国。二十五年平公死,其子宣公积即位。

宣公五十一年死,其子康公贷即位。田会在廪丘反叛。

康公二年,韩、魏、赵开始成为诸侯。十九年,田常的曾孙田和开始成为诸侯,把康公流放到海滨。

二十六年,康公死去,吕氏祭祀断绝。田氏终于占有齐国,到齐威王时,称雄天下。

太史公说:我到齐国,看到齐地西起泰山,东连琅邪,北至大海,其间沃土两千里,百姓心胸开阔,又深沉多智,这是他们的天性如此。靠太公的圣明,奠定了立国的根基,由于桓公的盛德,施行善政,召集诸侯会盟,成为霸主,不是顺理成章吗?广阔宽宏啊,确是大国风貌啊!

史记卷三十三·鲁周公世家第三

鲁国是西周开国重臣周公旦的封国,乃周武王所封大国之一,素称礼义之邦,且出了位儒家宗师孔子。周公旦虽被封于鲁,却没有就封,而是留在朝中辅佐武王,后又替成王代行国政直至其成年;《鲁周公世家》前半部分重点记载了周公旦佐周事迹,褒扬他的美德,其材料多取自《诗经》《尚书》;后半部分用系年的方式择要记载了鲁国经历三十四代君主、历时一千余年的历史,其材料多取自《春秋》,对《春秋》所载鲁国十二公记载尤详,重点对三桓专权进行了记述,突出了鲁国礼乐崩坏、衰危而亡的发展过程,而在论赞中发出了对鲁道之衰微的无限慨叹。

周公旦者,周武王弟也。自文王在时,旦为子孝,笃仁,异于群子。及武王即位,旦常辅翼武王,用事居多。武王九年,东伐至盟津,周公辅行。十一年,伐纣,至牧野,周公佐武王,作《牧誓》。破殷,入商宫。已杀纣,周公把大钺,召公把小钺,以夹武王,衅社①,告纣之罪于天及殷民。释箕子之囚。封纣子武庚禄父,使管叔、蔡叔傅之,以续殷祀。遍封功臣同姓戚者。封周公旦于少昊之虚曲阜②,是为鲁公。周公不就封,留佐武王。

武王克殷二年,天下未集③,武王有疾,不豫④,群臣惧,太公、召公乃缪卜⑤。周公曰:"未可以戚我先王⑥。"周公于是乃自以为质⑦,设三坛,周公北面立,戴璧秉圭⑧,告于太王、王季、

①衅社:以牲血祭地神。②虚:同"墟",外所,旧址。③集:安定。④不豫:不安适,不舒服。⑤缪卜:恭敬地占卜。缪:通"穆"。⑥戚:忧愁悲伤。⑦质:人质,抵押,此处指周公以身为质,请求先王让武王恢复健康,自己代武王死。⑧戴:捧着。璧、圭:均为古代贵族所用的玉制礼器。

文王。史策祝[1]曰:"惟尔元孙王发,勤劳阻疾。若尔三王是有负子之责于天,以旦代王发之身。旦巧能,多才多艺,能事鬼神。乃王发不如旦多材多艺,不能事鬼神。乃命于帝庭,敷佑四方[2],用能定汝子孙于下地,四方之民罔不敬畏[3]。无坠天之降葆命[4],我先王亦永有所依归。今我其即命于元龟[5],尔之许我,我以其璧与圭归,以俟尔命。尔不许我,我乃屏璧与圭[6]。"周公已令史策告太王、王季、文王,欲代武王发,于是乃即三王而卜。卜人皆曰吉,发书视之,信吉[7]。周公喜,开籥[8],乃见书遇吉。周公入贺武王曰:"王其无害。旦新受命三王,维长终是图[9],兹道能念予一人。"周公藏其策金縢匮中[10],诫守者勿敢言。明日,武王有瘳[11]。

其后武王既崩,成王少,在强葆之中[12]。周公恐天下闻武王崩而畔[13],周公乃践阼代成王摄行政当国[14]。管叔及其群弟流言于国曰:"周公将不利于成王。"周公乃告太公望、召公奭曰:"我之所以弗辟而摄行政者,恐天下畔周,无以告我先王太王、王季、文王。三王之忧劳天下久矣,于今而后成。武王早终,成王少,将以成周,我所以为之若此。"于是卒相成王,而使其子伯禽代就封于鲁。周公戒伯禽曰:"我文王之子,武王之弟,成王之叔父,我于天下亦不贱矣。然我一沐三捉发,一饭三吐哺,起以待士,犹恐失天下之贤人。子之鲁,慎无以国骄人。"

管、蔡、武庚等果率淮夷而反。周公乃奉成王命,兴师东

---

①史策祝:史官将周公祈祷之辞写于简策之上而祝告于神。 ②敷:普遍。佑:佑护。四方:指天下。 ③罔:无。 ④坠:丧失。天之降葆命:上天所降给的宝贵天命。 ⑤即命:听命。元龟:占卜所用的大龟。 ⑥屏:弃。 ⑦信吉:果然,确实。 ⑧籥(yuè):同"钥",锁钥。 ⑨维:通"唯",只。 ⑩縢匮:柜子。匮:同"柜"。 ⑪瘳:病愈。 ⑫强葆:同"襁褓"。 ⑬畔:通"叛"。 ⑭践阼:指新君登上帝位。摄:代理。

伐，作《大诰》。遂诛管叔，杀武庚，放蔡叔。收殷馀民，以封康叔于卫，封微子于宋，以奉殷祀，宁淮夷东土，二年而毕定。诸侯咸服宗周。

天降祉福，唐叔得禾，异母同颖[①]，献之成王，成王命唐叔以馈周公于东土，作《馈禾》。周公既受命禾，嘉天子命，作《嘉禾》。东土以集，周公归报成王，乃为诗贻王，命之曰《鸱鸮》。王亦未敢训周公[②]。

成王七年二月乙未，王朝步自周，至丰，使太保召公先之洛相土[③]。其三月，周公往营成周洛邑，卜居焉，曰吉，遂国之[④]。

成王长，能听政。于是周公乃还政于成王，成王临朝。周公之代成王治，南面倍依以朝诸侯[⑤]。及七年后，还政成王，北面就臣位，匔匔如畏然[⑥]。

初，成王少时，病，周公乃自揃其蚤沉之河[⑦]，以祝于神曰："王少未有识，奸神命者乃旦也[⑧]。"亦藏其策于府。成王病有瘳。及成王用事，人或谮周公，周公奔楚。成王发府，见周公祷书，乃泣，反周公。

周公归，恐成王壮，治有所淫佚，乃作《多士》，作《毋逸》。《毋逸》称："为人父母，为业至长久，子孙骄奢忘之，以亡其家，为人子可不慎乎！故昔在殷王中宗，严恭敬畏天命，自度治民[⑨]，震惧不敢荒宁[⑩]，故中宗飨国七十五年。其在高宗，久劳于外，为与小人，作其即位，乃有亮闇[⑪]，三年不言，言乃欢，不敢荒宁，密靖殷国[⑫]，至于小大无怨，故高宗飨国五十五年。其在

①颖：禾穗。②训：责备。③相土：勘察地形。④国：建为国都。⑤南面：面向南边。倍：通"背"，背向着。⑥匔（qióng）匔：恭谨的样子。⑦揃（jiǎn）：剪断。蚤：通"爪"，指甲。⑧奸：通"干"，冒犯。⑨自度：以法度自律。⑩荒宁：荒废政事，自图逸乐。⑪亮闇：指帝王居丧。⑫密：安。靖：定。

祖甲，不义惟王，久为小人于外，知小人之依，能保施小民，不侮鳏寡，故祖甲飨国三十三年。”《多士》称曰：“自汤至于帝乙，无不率祀明德[①]，帝无不配天者。在今后嗣王纣，诞淫厥佚，不顾天及民之从也。其民皆可诛。”“文王日中昃不暇食[②]，飨国五十年。”作此以诫成王。

成王在丰，天下已安，周之官政未次序[③]，于是周公作《周官》，官别其宜。作《立政》，以便百姓。百姓说。

周公在丰，病，将没，曰：“必葬我成周，以明吾不敢离成王。”周公既卒，成王亦让，葬周公于毕，从文王，以明予小子不敢臣周公也。

周公卒后，秋未获，暴风雷雨，禾尽偃，大木尽拔。周国大恐。成王与大夫朝服以开金縢书，王乃得周公所自以为功代武王之说。二公及王乃问史百执事，史百执事曰：“信有，昔周公命我勿敢言。”成王执书以泣，曰：“自今后其无缪卜乎！昔周公勤劳王家，惟予幼人弗及知。今天动威以彰周公之德，惟朕小子其迎，我国家礼亦宜之。”王出郊，天乃雨，反风，禾尽起。二公命国人，凡大木所偃，尽起而筑之[④]。岁则大孰[⑤]。于是成王乃命鲁得郊祭文王。鲁有天子礼乐者，以褒周公之德也。

周公卒，子伯禽固已前受封，是为鲁公。鲁公伯禽之初受封之鲁，三年而后报政周公。周公曰：“何迟也？”伯禽曰：“变其俗，革其礼，丧三年然后除之，故迟。”太公亦封于齐，五月而报政周公。周公曰：“何疾也？”曰：“吾简其君臣礼，从其俗为也。”及后闻伯禽报政迟，乃叹曰：“呜呼，鲁后世其北面事齐矣！夫

---

①率：遵循（礼制）。明：显扬。 ②昃（zè）：日西斜。 ③官政：官制。次序：系统地建立。 ④筑：培土。 ⑤孰：通“熟”，丰收。

政不简不易，民不有近；平易近民，民必归之。”

伯禽即位之后，有管、蔡等反也，淮夷、徐戎亦并兴反。于是伯禽率师伐之于肸，作《肸誓》，曰：“陈尔甲胄，无敢不善。无敢伤牿[①]。马牛其风[②]，臣妾逋逃[③]，勿敢越逐，敬复之，无敢寇攘[④]，逾墙垣。鲁人三郊三隧[⑤]，峙而刍茭、糗粮、桢幹[⑥]，无敢不逮。我甲戌筑而征徐戎，无敢不及，有大刑。”作此《肸誓》，遂平徐戎，定鲁。

鲁公伯禽卒，子考公酋立。考公四年卒，立弟熙，是谓炀公。炀公筑茅阙门。六年卒，子幽公宰立。幽公十四年，幽公弟濞杀幽公而自立，是为魏公。魏公五十年卒，子厉公擢立。厉公三十七年卒，鲁人立其弟具，是为献公。献公三十二年卒，子真公濞立。

真公十四年，周厉王无道，出奔彘，共和行政。二十九年，周宣王即位。

三十年，真公卒，弟敖立，是为武公。

武公九年春，武公与长子括、少子戏西朝周宣王。宣王爱戏，欲立戏为鲁太子。周之樊仲山父谏宣王曰：“废长立少，不顺；不顺，必犯王命；犯王命，必诛之。故出令不可不顺也。令之不行，政之不立[⑦]；行而不顺，民将弃上。夫下事上，少事长，所以为顺。今天子建诸侯，立其少，是教民逆也。若鲁从之，诸侯效之，王命将有所壅[⑧]；若弗从而诛之，是自诛王命也。诛之亦失，不诛亦失，王其图之。”宣王弗听，卒立戏为鲁太子。夏，

---

①牿：关牛马的圈栏。 ②风：走失。 ③臣妾：男女奴隶。逋逃：逃跑。 ④寇攘：劫掠偷取。 ⑤三郊三隧：古以城外近处为郊，郊外为隧。 ⑥刍茭：牲口吃的草料。糗粮：干粮。桢幹：筑土墙工具，竖在两端的叫桢，竖在两侧的叫幹。 ⑦令：命令。政：指政权及其权威。 ⑧壅：阻塞不能通行。

武公归而卒，戏立，是为懿公。

懿公九年，懿公兄括之子伯御与鲁人攻弑懿公，而立伯御为君。伯御即位十一年，周宣王伐鲁，杀其君伯御，而问鲁公子能道顺诸侯者①，以为鲁后。樊穆仲曰："鲁懿公弟称，肃恭明神②，敬事耆老③；赋事行刑，必问于遗训而咨于固实④；不干所问，不犯所咨⑤。"宣王曰："然，能训治其民矣。"乃立称于夷宫，是为孝公。自是后，诸侯多畔王命。

孝公二十五年，诸侯畔周，犬戎杀幽王。秦始列为诸侯。

二十七年，孝公卒，子弗湟立，是为惠公。惠公三十年，晋人弑其君昭侯。四十五年，晋人又弑其君孝侯。

四十六年，惠公卒，长庶子息摄当国，行君事，是为隐公。初，惠公適夫人无子⑥，公贱妾声子生子息。息长，为娶于宋。宋女至而好，惠公夺而自妻之，生子允，登宋女为夫人，以允为太子。及惠公卒，为允少故，鲁人共令息摄政，不言即位。

隐公五年，观渔于棠。

八年，与郑易天子之太山之邑祊及许田，君子讥之。

十一年冬，公子挥谄谓隐公曰："百姓便君，君其遂立。吾请为君杀子允，君以我为相。"隐公曰："有先君命。吾为允少，故摄代。今允长矣，吾方营菟裘之地而老焉，以授子允政。"挥惧子允闻而反诛之，乃反谮隐公于子允曰："隐公欲遂立，去子，子其图之。请为子杀隐公。"子允许诺。十一月，隐公祭钟巫，齐于社圃⑦，馆于芳氏。挥使人弑隐公于芳氏，而立子允为君，是为桓公。

---

①道顺：导训，引导训治。 ②明神：敬神。 ③耆老：老人。 ④咨：询问。固：通"故"。 ⑤干：干犯。犯：抵触。 ⑥適：通"嫡"，正妻为嫡。 ⑦齐：同"斋"，即斋戒。

桓公元年，郑以璧易天子之许田。二年，以宋之赂鼎入于太庙，君子讥之。

三年，使挥迎妇于齐，为夫人。六年，夫人生子，与桓公同日，故名曰同。同长，为太子。

十六年，会与曹，伐郑，入厉公。

十八年春，公将有行，遂与夫人如齐。申繻谏止，公不听，遂如齐。齐襄公通桓公夫人，公怒夫人，夫人以告齐侯。夏四月丙子，齐襄公飨公，公醉，使公子彭生抱鲁桓公，因命彭生摺其胁①，公死于车。鲁人告于齐曰："寡君畏君之威，不敢宁居，来修好礼。礼成而不反，无所归咎，请得彭生以除丑于诸侯。"齐人杀彭生以说鲁。立太子同，是为庄公。庄公母夫人因留齐，不敢归鲁。

庄公五年冬，伐卫，内②卫惠公。

八年，齐公子纠来奔。九年，鲁欲内子纠于齐，后桓公，桓公发兵击鲁，鲁急，杀子纠。召忽死。齐告鲁，生致管仲。鲁人施伯曰："齐欲得管仲，非杀之也，将用之，用之则为鲁患。不如杀，以其尸与之。"庄公不听，遂囚管仲与齐。齐人相管仲。

十三年，鲁庄公与曹沫会齐桓公会于柯，曹沫劫齐桓公，求鲁侵地。已盟而释桓公，桓公欲背约，管仲谏，卒归鲁侵地。

十五年，齐桓公始霸。二十三年，庄公如齐观社③。

三十二年。初，庄公筑台临党氏，见孟女，说而爱之，许立为夫人，割臂以盟。孟女生子斑。斑长，说梁氏女，往观。圉人荦自墙外与梁氏女戏。斑怒，鞭荦。庄公闻之，曰："荦有力焉，遂杀之，是未可鞭而置也。"斑未得杀。会庄公有疾。庄公有三

①摺：折断。胁：肋骨。 ②内：同"纳"，用武力支持某人归国为君。 ③社：祭祀社神。

弟，长曰庆父，次曰叔牙，次曰季友。庄公娶齐女为夫人，曰哀姜。哀姜无子。哀姜娣曰叔姜[①]，生子开。庄公无適嗣，爱孟女，欲立其子斑。庄公病，而问嗣于弟叔牙。叔牙曰："一继一及[②]，鲁之常也。庆父在，可为嗣，君何忧？"庄公患叔牙欲立庆父，退而问季友。季友曰："请以死立斑也。"庄公曰："曩者叔牙欲立庆父[③]，奈何？"季友以庄公命命牙待命于鍼巫氏，使鍼季劫饮叔牙以鸩[④]，曰："饮此则有后奉祀；不然，死且无后。"牙遂饮鸩而死，鲁立其子为叔孙氏。八月癸亥，庄公卒，季友竟立子斑为君，如庄公命。侍丧，舍于党氏。

先时庆父与哀姜私通，欲立哀姜娣子开。及庄公卒而季友立斑，十月己未，庆父使圉人荦杀鲁公子斑于党氏。季友奔陈。庆父竟立庄公子开，是为湣公。

湣公二年，庆父与哀姜通益甚。哀姜与庆父谋杀湣公而立庆父。庆父使卜齮袭杀湣公于武闱[⑤]。季友闻之，自陈与湣公弟申如邾，请鲁求内之。鲁人欲诛庆父。庆父恐，奔莒。于是季友奉子申入，立之，是为釐公。釐公亦庄公少子。哀姜恐，奔邾。季友以赂如莒求庆父，庆父归，使人杀庆父，庆父请奔，弗听，乃使大夫奚斯行哭而往。庆父闻奚斯音，乃自杀。齐桓公闻哀姜与庆父乱以危鲁，乃召之邾而杀之，以其尸归，戮之鲁。鲁釐公请而葬之。

季友母陈女，故亡在陈，陈故佐送季友及子申。季友之将生也，父鲁桓公使人卜之，曰："男也，其名曰'友'，间于两社[⑥]，为公室辅。季友亡，则鲁不昌。"及生，有文在掌曰"友"，遂以名

---

①娣：妹。 ②继：父死子继。及：兄死弟及。 ③曩者：先前。 ④鸩：毒酒。鸩是传说中一种有毒的鸟，其羽毛泡成的毒酒也叫作"鸩"。 ⑤武闱：宫中侧门口。 ⑥间于两社：位于两社之间，指成为执政大臣。两社指鲁之周社、亳社，为诸臣处理政事之所。

之，号为成季。其后为季氏，庆父后为孟氏也。

釐公元年，以汶阳鄪封季友。季友为相。

九年，晋里克杀其君奚齐、卓子。齐桓公率釐公讨晋乱，至高梁而还，立晋惠公。十七年，齐桓公卒。二十四年，晋文公即位。

三十三年，釐公卒，子兴立，是为文公。

文公元年，楚太子商臣弑其父成王，代立。三年，文公朝晋襄公。

十一年十月甲午，鲁败翟于咸[①]，获长翟乔如，富父终甥舂其喉[②]，以戈杀之，埋其首于子驹之门，以命宣伯。

初，宋武公之世，鄋瞒伐宋，司徒皇父帅师御之，以败翟于长丘，获长翟缘斯。晋之灭路，获乔如弟棼如。齐惠公二年，鄋瞒伐齐，齐王子城父获其弟荣如，埋其首于北门。卫人获其季弟简如。鄋瞒由是遂亡。

十五年，季文子使于晋。

十八年二月，文公卒。文公有二妃：长妃齐女为哀姜，生子恶及视；次妃敬嬴，嬖爱，生子俀。俀私事襄仲[③]，襄仲欲立之，叔仲曰不可。襄仲请齐惠公，惠公新立，欲亲鲁，许之。冬十月，襄仲杀子恶及视而立俀，是为宣公。哀姜归齐，哭而过市，曰："天乎！襄仲为不道，杀適立庶！"市人皆哭，鲁人谓之"哀姜"。鲁由此公室卑，三桓强。

宣公俀十二年，楚庄王强，围郑。郑伯降，复国之。

十八年，宣公卒，子成公黑肱立，是为成公。季文子曰："使

---

①翟：通"狄"，我国古代北方少数民族。 ②舂：通"冲"，直刺。 ③私事：事，本意为事奉。此处私事指暗中笼络。

我杀適立庶失大援者,襄仲。"襄仲立宣公,公孙归父有宠。宣公欲去三桓,与晋谋伐三桓。会宣公卒,季文子怨之,归父奔齐。

成公二年春,齐伐取我隆。夏,公与晋郤克败齐顷公于鞌,齐复归我侵地。

四年,成公如晋,晋景公不敬鲁。鲁欲背晋合于楚,或谏,乃不。十年,成公如晋。晋景公卒,因留成公送葬,鲁讳之。十五年,始与吴王寿作梦会钟离。

十六年,宣伯告晋,欲诛季文子。文子有义,晋人弗许。

十八年,成公卒,子午立,是为襄公。是时襄公三岁也。

襄公元年,晋立悼公。往年冬,晋栾书弑其君厉公。四年,襄公朝晋。

五年,季文子卒。家无衣帛之妾,厩无食粟之马,府无金玉,以相三君。君子曰:"季文子廉忠矣。"

九年,与晋伐郑。晋悼公冠襄公于卫①,季武子从,相行礼。

十一年,三桓氏分为三军。

十二年,朝晋。十六年,晋平公即位。二十一年,朝晋平公。

二十二年,孔丘生。

二十五年,齐崔杼弑其君庄公,立其弟景公。

二十九年,吴延陵季子使鲁,问周乐,尽知其意,鲁人敬焉。

三十一年六月,襄公卒。其九月,太子卒。鲁人立齐归之子裯为君,是为昭公。

昭公年十九,犹有童心。穆叔不欲立,曰:"太子死,有母弟

①冠:行冠礼。古男子成年时须行的礼仪。天子、诸侯十二而冠。

可立;不,即立长。年钧择贤[①],义钧则卜之[②]。今裯非適嗣,且又居丧意不在戚而有喜色,若果立,必为季氏忧。”季武子弗听,卒立之。比及葬,三易衰[③]。君子曰:“是不终也。”

昭公三年,朝晋至河,晋平公谢还之,鲁耻焉。四年,楚灵王会诸侯于申,昭公称病不往。七年,季武子卒。八年,楚灵王就章华台,召昭公。昭公往贺,赐昭公宝器;已而悔,复诈取之。十二年,朝晋至河,晋平公谢还之。十三年,楚公子弃疾弑其君灵王,代立。十五年,朝晋,晋留之葬晋昭公,鲁耻之。二十年,齐景公与晏子狩竟[④],因入鲁问礼。二十一年,朝晋至河,晋谢还之。

二十五年春,鸜鹆来巢。师己曰:“文、成之世童谣曰‘鸜鹆来巢,公在乾侯。鸜鹆入处,公在外野’。”

季氏与郈氏斗鸡,季氏芥鸡羽,郈氏金距[⑤]。季平子怒而侵郈氏,郈昭伯亦怒平子。臧昭伯之弟会伪谗臧氏,匿季氏,臧昭伯囚季氏人。季平子怒,囚臧氏老[⑥]。臧、郈氏以难告昭公。昭公九月戊戌伐季氏,遂入。平子登台请曰:“君以谗不察臣罪,诛之! 请迁沂上。”弗许。请囚于鄪,弗许。请以五乘亡,弗许。子家驹曰:“君其许之。政自季氏久矣,为徒者众,众将和谋。”弗听。郈氏曰:“必杀之。”叔孙氏之臣戾谓其众曰:“无季氏与有,孰利?”皆曰:“无季氏是无叔孙氏。”戾曰:“然,救季氏!”遂败公师。孟懿子闻叔孙氏胜,亦杀郈昭伯。郈昭伯为公使,故孟氏得之。三家共伐公,公遂奔。己亥,公至于齐。齐景公曰:“请致千社待君[⑦]。”子家曰:“弃周公之业而臣于齐,可乎?”乃

---

①钧:通“均”,相等。 ②义钧:贤能相等。 ③衰(cuī):同“缞”,丧服。三次更换丧服,足见昭公顽皮。 ④竟:同“境”。 ⑤芥:通“介”,护甲。金距:在鸡爪上装金属套。 ⑥老:大夫之家臣。 ⑦社:古以二十五家为一社。

止。子家曰:"齐景公无信,不如早之晋。"弗从。叔孙见公还,见平子,平子顿首。初欲迎昭公,孟孙、季孙后悔,乃止。

二十六年春,齐伐鲁,取郓而居昭公焉。夏,齐景公将内公,令无受鲁赂。申丰、汝贾许齐臣高龁、子将粟五千庾[①]。子将言于齐侯曰:"群臣不能事鲁君,有异焉[②]。宋元公为鲁如晋,求内之,道卒。叔孙昭子求内其君,无病而死。不知天弃鲁乎?抑鲁君有罪于鬼神也?愿君且待。"齐景公从之。

二十八年,昭公如晋,求入。季平子私于晋六卿,六卿受季氏赂,谏晋君,晋君乃止,居昭公乾侯。二十九年,昭公如郓。齐景公使人赐昭公书,自谓"主君"。昭公耻之,怒而去乾侯。

三十一年,晋欲内昭公,召季平子。平子布衣跣行[③],因六卿谢罪。六卿为言曰:"晋欲内昭公,众不从。"晋人止。

三十二年,昭公卒于乾侯。鲁人共立昭公弟宋为君,是为定公。

定公立,赵简子问史墨曰:"季氏亡乎?"史墨对曰:"不亡。季友有大功于鲁,受鄪为上卿,至于文子、武子,世增其业。鲁文公卒,东门遂杀適立庶,鲁君于是失国政。政在季氏,于今四君矣。民不知君,何以得国!是以为君慎器与名,不可以假人[④]。"

定公五年,季平子卒。阳虎私怒,囚季桓子,与盟,乃舍之。七年,齐伐我,取郓,以为鲁阳虎邑以从政。

八年,阳虎欲尽杀三桓適,而更立其所善庶子以代之;载季桓子将杀之,桓子诈而得脱。三桓共攻阳虎,阳虎居阳关。九

①庾(yǔ):古代容量单位,十六斗为一庾。 ②有异:有许多特别的征兆。 ③跣:赤脚。④假:给予。

年，鲁伐阳虎，阳虎奔齐，已而奔晋赵氏。

十年，定公与齐景公会于夹谷，孔子行相事①。齐欲袭鲁君，孔子以礼历阶，诛齐淫乐，齐侯惧，乃止，归鲁侵地而谢过。

十二年，使仲由毁三桓城，收其甲兵。孟氏不肯堕城，伐之，不克而止。季桓子受齐女乐，孔子去。

十五年，定公卒，子将立，是为哀公。

哀公五年，齐景公卒。

六年，齐田乞弑其君孺子。

七年，吴王夫差强，伐齐，至缯，征百牢于鲁。季康子使子贡说吴王及太宰嚭，以礼诎之。吴王曰："我文身，不足责礼。"乃止。

八年，吴为邹伐鲁，至城下，盟而去。齐伐我，取三邑。十年，伐齐南边。十一年，齐伐鲁，季氏用冉有有功，思孔子，孔子自卫归鲁。

十四年，齐田常弑其君简公于徐州。孔子请伐之，哀公不听。

十五年，使子服景伯、子贡为介，适齐，齐归我侵地。田常初相，欲亲诸侯。

十六年，孔子卒。

二十二年，越王勾践灭吴王夫差。

二十七年春，季康子卒。夏，哀公患三桓，将欲因诸侯以劫之，三桓亦患公作难，故君臣多间②。公游于陵阪，遇孟武伯于衢，曰："请问余及死乎？"对曰："不知也。"公欲以越伐三桓。八月，哀公如陉氏。三桓攻公，公奔于卫，去，如邹，遂如越。国人

①行相事：主持礼赞。 ②间：仇隙。

迎哀公，复归，卒于有山氏。子宁立，是为悼公。

悼公之时，三桓胜，鲁如小侯，卑于三桓之家。

十三年，三晋灭智伯，分其地有之。

三十七年，悼公卒，子嘉立，是为元公。元公二十一年卒，子显立，是为穆公。穆公三十三年卒，子奋立，是为共公。共公二十二年卒，子屯立，是为康公。康公九年卒，子匽立，是为景公。景公二十九年卒，子叔立，是为平公。是时六国皆称王。

平公十二年，秦惠王卒。二十二年，平公卒，子贾立，是为文公。文公元年，楚怀王死于秦。二十三年，文公卒，子雠立，是为顷公。

顷公二年，秦拔楚之郢，楚顷王东徙于陈。十九年，楚伐我，取徐州。二十四年，楚考烈王伐灭鲁。顷公亡，迁于下邑，为家人①，鲁绝祀。顷公卒于柯。

鲁起周公，至顷公，凡三十四世。

太史公曰：余闻孔子称曰“甚矣鲁道之衰也！洙泗之间龂龂如也②”。观庆父及叔牙、闵公之际，何其乱也？隐、桓之事，襄仲杀適立庶，三家北面为臣，亲攻昭公，昭公以奔。至其揖让之礼则从矣，而行事何其戾也③！

【译文】

周公旦是周武王的弟弟。文王还在世时，旦作为儿子很孝顺，忠厚仁爱，胜过其他兄弟。到武王即位，旦常常佐助辅弼武王，处理很多政务。武王九年，亲自东征到盟津，周公随军辅佐。十一年，讨伐殷纣，军至牧野，周公佐助武王，发布了动员战斗的《牧誓》。周军攻破殷军，进入

①家人：平民。 ②龂如：争辩的样子。 ③戾：背反，乖虐。

殷商的宫室。诛杀殷纣以后，周公手持大钺，召公手持小钺，左右夹辅武王，举行衅社之礼，向上天以及殷的人民昭佈纣之罪状。把箕子从囚禁中释放出来。封纣王之子武庚禄父为殷君，命管叔、蔡叔辅助他，以承续殷的祭祀。遍封功臣、同姓及亲戚。封周公旦于少昊故墟曲阜，就是鲁公。但周公没有去自己的封国，而是留在朝中辅佐武王。

武王战胜殷纣的第二年，天下尚未安定，武王患病，身体不适，群臣恐惧，太公和召公就想虔敬地占卜以明吉凶。周公说："不可以使我们的先王忧虑。"周公于是以自身为质，设立了三个祭坛，周公向北站立，捧璧持圭，向太王、王季、文王之灵祈祷。史官将其祷告的祝词写成册文，祝告说："你们的长孙周王姬发。因勤劳国事而辛劳成疾。如果三位先王欠上天一个儿子，请用旦来代替周王姬发。旦灵巧能干，多才多艺，能服侍鬼神。周王姬发不如旦多才多艺，不能服侍鬼神。但周王姬发受命于天，要普济天下，使你们的子孙在人世安定地生活，天下人民无不敬畏他。不堕毁上天赐予的宝贵国运，我们的先王也才能永享奉祀。现在我通过占卜的大龟听命于列位先王，你们若能答应我的要求，我将圭璧献上，听从你们的吩咐。你们若不答应，我就把圭璧收藏起来。"周公命史官作册文向太王、王季、文王祝告想用己身代替武王发之后，就到三王祭坛前占卜。卜人都说吉利，翻开兆书一看，果然是吉。周公很高兴，又开锁察看藏于柜中的占卜书，也是吉象。周公就进宫祝贺武王说："您不会有什么灾祸，我刚接受了三位先王之命，让您只需考虑天下长远之计。此所谓上天为天子考虑的周到啊。"周公把那份册文收进金丝缠束的柜中密封，告诫守柜者不许声张。第二天，武王痊愈。

后来武王死去，成王幼小，正在襁褓之中。周公怕天下人听说武王死而背叛朝廷，就登位替成王代为处理政务，主持国事。管叔和其他的弟弟就在国中散布流言说："周公将对成王不利。"周公就告诉太公望、召公奭说："我之所以不避嫌疑代理国政，是怕天下的人背叛周室，无法向我们的先王太王、王季、文王交代。三位先王为天下忧劳甚久，到现在才刚成功。武王早逝，成王年幼，只是为了完成周之大业，我才这样做。"于是终究辅佐成王，而令其子伯禽代替自己到鲁国受封。周公告诫伯禽说："我是文王之子、武王之弟，成王的叔父，我在天下的地位不算低了。但我洗一次头就要三次握起头发，吃一顿饭三次吐出正在咀嚼的食物，起来接待贤士，这样还担心失掉天下的贤人。你到鲁国后，千万不要因有国土而看不起人。"

管叔、蔡叔、武庚等果然率领淮夷造反。周公就奉成王之命，举兵东征，写了《大诰》。于是诛杀了管叔，处死了武庚，流放了蔡叔。收服殷之遗民，封康叔于卫，封微子于宋，让他接续殷之祭祀。平定淮夷及东部其他地区，两年时间才全部完成。诸侯都宗顺周王朝。

上天降下福瑞，唐叔获得了二茎共生一穗的特异粟禾，献给成王，成王命唐叔到东部周公军队驻地赠给周公，写了《馈禾》。周公接受赏赐后，为赞颂天子，写了《嘉禾》。东方安定后，周公回报成王，写诗赠给成王，其诗名为《鸱鸮》。成王也没敢责备周公。

成王七年二月乙未日，成王在镐京朝拜武王庙，然后步行到丰京朝拜文王庙，派太保召公先行到洛邑勘察地形。这年三月，周公去洛邑营建成周京城，并进行占卜选择建都之地，得象大吉，于是就以洛邑为国都。

成王长大，能够处理国事了。于是周公就把政权交还给成王，成王临朝听政。过去周公代替成王治天下时，面向南方，背靠着扆壁，接受诸侯朝拜。七年之后，还政于成王，周公面向北站在臣子之位上，仍谨慎恭敬，一副敬畏的样子。

当初，成王幼小时，患病了，周公就剪下自己的指甲沉入河中，向神祝告说："周王年幼没有主张，冒犯神命的是我姬旦。"也把这份祝告册文藏于秘府，成王果然痊愈。到成王临朝主政后，有人说周公的坏话，周公逃亡到楚国。成王打开秘府，发现周公当年的祈祷册文，感动得泪流满面，迎回周公。

周公归国后，怕成王年轻，为政荒淫放荡，就写了《多士》《毋逸》。《毋逸》说："做父母的，经历长久时期创业，其子孙骄纵奢侈，忘记祖先的艰辛，毁败家业，做儿子的能不谨慎吗？因此往昔殷王中宗，庄重恭敬，畏惧天命，治民时严以律己，不敢荒废政事，自图逸乐，所以中宗能拥有国家七十五年。殷之高宗，曾久在民间劳碌，与百姓共同生活，他即位后居丧，三年不曾言语，一旦说话就得到臣民拥戴，他也不敢荒淫逸乐，一心使殷国家安定，小民大臣均无怨言，所以高宗能当政长达五十五年。殷王祖甲，觉得自己并非长子，为王不宜，因此长时间逃避于民间为民，深知百姓的需要，他安定国家、施惠于民，不欺侮鳏寡孤独，所以祖甲能拥有国家三十三年。"《多士》说："自汤到帝乙，诸王无不遵循礼制去祭祀鬼神，修明德行，都能做到不违背上天意旨。到纣王时，荒淫享乐，全不顾天意民心，人民都认为他该杀。""周文王为国事操劳，每天日头偏西还顾不上吃饭，所以能拥有国家五十年。"周公写这些，用来告诫成王。

成王居于丰京，当时天下虽已然安定，但周朝的官职制度尚未安排得当，于是周公写了《周官》，分别划定百官的职责。写了《立政》，以利百姓，百姓欢悦。

周公在丰京患病，临终之时说："一定要把我埋葬在成周，以表明我不敢离开成王。"周公死后，成王也谦让，最后将周公葬于毕邑，伴随文王，来表明成王不敢以周公为臣。

周公死的那年秋后，庄稼尚未收割，一场暴风雷霆，使禾苗倒伏，大树连根拔起。王都的人十分惊恐。成王与众大夫穿好朝服打开金縢书，看到周公愿以己身代武王去死的册文。太公、召公和成王于是问史官和有关人员，他们说："确实有此事，但过去周公命令我们不得泄露出去。"成王手执册文而泣，说道："今后不要再恭敬地占卜了！过去周公为王室辛劳，但我年幼不知道。现在上天发威来表彰周公之德，我应祭祀上天，这也合乎我国家之礼。"成王于是举行郊天之礼，天果真下雨，风向反转，倒伏的禾苗全部立起。太公、召公命国人，凡倒下的大树，全都扶起培实土基。这年果然获得大丰收。于是成王就特许鲁国可以行郊祭天和庙祭文王之礼。鲁国所以能使用天子的礼乐，是为了褒奖周公德行的缘故。

周公死时,其子伯禽早已接受封国,就是鲁公。鲁公伯禽当初受封至鲁,三年以后才向周公汇报政事。周公说:“为何这么迟?”伯禽说:“改变当地的风俗,变更那里的礼仪,要等服丧三年除服之后才能看到效果,所以迟了。”太公受封齐国,五个月后就向周公汇报政事。周公说:“为何如此迅速?”太公说:“我简化了君臣之间的礼节,一切从其风俗去做。”等后来太公听说伯禽汇报政情迟缓,就叹息说:“唉!鲁国后代将要为齐国之臣了,为政不简约就不易实行,人民也就不会亲近;政令平易近民,民众必然归附。”

伯禽即位后,有管叔、蔡叔造反之事,淮夷、徐戎也一起兴兵反叛。于是伯禽率军至肸邑讨伐他们,写了《肸誓》,说:“准备好你们的战甲头盔,必须良好。不许毁坏牛栏马圈。马牛走失,奴隶逃跑,军士不得擅离职守去追捕,若他人的马牛和奴隶跑到自己处要恭敬地归还。不许劫略侵扰,不许入户盗窃。鲁国都城西、南、北三面近郊远郊居民,要备办好粮草和筑墙工具,不许缺少。我军定于甲戌日修筑工事征伐徐戎,不许届时不至,否则就要处死。”发布《肸誓》后,就讨平了徐戎,安定了鲁国。

鲁公伯禽死后,其子考公酋即位。考公四年死,国人拥立其弟熙即位,这就是炀公。炀公修建了茅阙们。炀公在位六年后死去,其子幽公宰继位。幽公十四年,幽公之弟溃杀幽公自立为君,这就是魏公。魏公五十年死,其子厉公擢即位。厉公三十七年死,鲁人拥立其弟具为君,也就是献公。献公三十二年死,其子真公濞即位。

真公十四年,周厉王为政暴虐无道,出逃至彘邑,由周公、召公共同执政。二十九年,周宣王即位。

三十年,真公死,他的弟弟敖即位,这就是武公。

武公九年春,武公和长子括、少子戏,西行朝拜周宣王。宣王喜欢戏,想立戏为鲁君太子。大夫樊仲山父劝谏宣王说:“废长子而立少子,不符合礼制;不符合礼制,必然会触犯先王之命;触犯先王之命必被诛杀:因此发出命令不可违背礼制。命令难以执行,政令就没有权威;命令被执行而又违背礼制,百姓将不服从主上。而下级服务于上级,年轻者服侍年长者，这才符合礼制。现在天子您建置诸侯，而立其少子，是教人民做违犯礼制的事。如果鲁国遵从您的命令，诸侯也都仿效而行，先王之命必将阻塞难行；如果鲁国不遵从您废长立少的命令，您必要诛伐鲁国，您就等于自己诛伐先王之命。诛伐鲁国是错误的，不诛伐也是错误的，请您慎重考虑此事。”宣王不听，终于立戏为鲁太子。夏天，武公回鲁国后死去，戏即位，这就是懿公。

懿公九年，懿公之兄括的儿子伯御和鲁国人攻杀了懿公，立起伯御为鲁君。伯御在位十一年，周宣王伐鲁，杀死伯御，询问鲁国公子中谁能启发训导诸侯，让他做鲁国嗣君。樊穆仲说：“鲁懿公的弟弟称，庄重恭谨，敬事神灵，敬重长者；处理事务执行刑罚时，必定咨询先王的遗训和正确经验；不干犯先王的遗训，不抵触正确的经验。”宣王说：“是的，这样就能训导治理他的民众了。”于是在夷宫立称为鲁君，这就是孝公。此后，诸侯多有违抗周王命令的。

孝公二十五年，诸侯背叛周室，犬戎人杀死了幽王。秦开始列为诸侯。

二十七年，孝公死，其子弗湟即位，这就是惠公。惠公三十年，晋人杀死他们的国君昭侯。四十五年，晋人又杀了他们的国君孝侯。

四十六年，惠公死，长庶子息代理政务，行使君权，这就是隐公。当初，惠公正妻无子，其贱妾声子生了儿子息。息成年后，惠公为息娶了宋国女。宋女来到鲁国，惠公见她美丽就夺为自己的妻子。生下儿子允。惠公将宋女升为正妻，以允为太子。到惠公死时，因为允太年幼，鲁人共同让息代理国政，不叫作即位。

隐公五年，在棠地观捕鱼。

八年，与郑交换天子所赐之封邑泰山的祊和许田，君子讥笑此事。

十一年冬，公子挥向隐公献媚说：“百姓拥戴您，您就正式登位做国君吧。我请求替您杀掉子允，您用我做国相。”隐公说：“先君有命在前。我是因为允年幼，所以代理国政。现在允已长大，我正在营造菟裘这个地方准备养老，再把国政交给太子允。”公子挥害怕太子允听说自己的话而杀他，反而在子允面前诬陷隐公说："隐公想正式做国君，除掉你，你要考虑此事。请允许我替您杀死隐公。"子允答应了。十一月，隐公将要祭祀钟巫，在社圃斋戒，住在苏氏家中。公子挥派人在其家杀死隐公，而立子允为鲁君，这就是桓公。

桓公元年，郑国用玉璧来换取天子赐给鲁的封邑许田。二年，鲁君将宋国赂送的鼎放入太庙，君子讥笑这件事。

三年，派公子挥到齐国接娶齐女为桓公夫人。六年，夫人生下一子，其生日与桓公相同，所以起名叫"同"。同长大，作了太子。

十六年，桓公与诸侯在曹国盟会，讨伐郑国，送郑厉公回国执政。

十八年春，桓公准备外出，与夫人一同去齐国。申繻谏止，桓公不听，于是去了齐国。齐襄公与桓公夫人私通。桓公知道了怒责夫人，夫人把桓公责骂之事告诉了齐襄公。夏四月丙子日，齐襄公宴请桓公，桓公酒醉后，齐襄公命公子彭生抱桓公上车，又命彭生折断桓公肋骨，桓公死于车中。鲁人通告齐人说："我们国君敬畏您的威严，不敢安居，到贵国修两国友睦之礼。礼成而人未归，罪责无法追究，只要求得到彭生以在诸侯面前消除丑闻。"齐人杀死彭生以向鲁解释。鲁人立太子同为国君，就是庄公。庄公的母亲桓公夫人于是留在齐国，不敢返回鲁国。

庄公五年冬，伐卫，支持卫惠公回国执政。

八年冬，齐公子纠逃亡来鲁国。九年，鲁国想送子纠回齐国为君，但落在齐桓公后面，齐桓公发兵攻打鲁国，鲁国危急，只好杀了公子纠，其臣召忽自杀。齐人告知鲁国将管仲活着送回。鲁人施伯说："齐君想得到管仲，并非想杀死他，而是要任用他，他被任用后必为鲁国的祸患。不如杀了管仲，将他的尸体送回齐国。"庄公不听，把管仲押解到齐。齐国任用管仲为相。

十三年，鲁庄公和大夫曹沫在柯地与齐桓公盟会，曹沫武力劫持了齐桓公，索要鲁被齐侵占的土地，盟誓后释放桓公。桓公想毁约，管仲劝阻，终于归还给鲁国被侵之地。

十五年，齐桓公开始称霸。二十三年，庄公到齐国去观看社祭。

三十二年，当初，庄公修筑的一座高台正好俯临党氏之家，庄公看见了党氏家的孟女，十分喜爱，答应立她为夫人，割破胳膊订下盟誓。孟女生了儿子斑。斑长大后，喜欢梁氏的女儿，前去她家看她。一个名叫荦的养马人从墙外戏弄梁氏女。斑大怒，鞭打荦。庄公听说此事，说："荦很有膂力，应杀掉他，这人不能打完后就放掉。"斑未来得及杀荦。这时适逢庄公染病。庄公有三个弟弟，居长的叫庆父，接下来的那个叫叔牙，最小的弟弟名叫季友。庄公娶齐女为夫人，名哀姜。哀姜无子，哀姜的妹妹名叫叔姜的，生了儿子叫开。庄公正妻无子，因喜爱孟女，想立其子斑为太子。庄公病，向其弟叔牙询问谁可继承君位。叔牙说："父死子继，兄死弟及，这是鲁国常规。现有庆父，可为嗣君，您担忧什么？"庄公嫌恶叔牙想立庆父，没人时又问季友。季友说："我拼死也要立斑为君。"庄公曰："刚才叔牙想立庆父，怎么办？"季友就以庄公名义命叔牙在鍼巫氏家中待命，派鍼季强迫叔牙喝毒酒，对叔牙说道："你喝了这个，可以不杀你的后人；不然，你死了，后人也将被杀。"叔牙于是饮毒酒而死，鲁国立叔牙之子为叔孙氏。八月癸亥日，庄公死，季友终于立子斑为君，如同庄公所命令的那样。公子斑守丧期间，住在党氏家。

当初庆父曾与哀姜私通，想立哀姜妹妹的儿子开。庄公死后季友立斑为君，十月己未日，庆父派主管养马的荦在党氏家杀死了鲁公子斑。季友逃到陈国。庆父终于立庄公之子开，就是湣公。

湣公二年，庆父与哀姜私通愈益放肆。哀姜与庆父谋划想杀死湣公而立庆父为鲁君。庆父派卜齮在武闱杀死湣公。季友闻知后，与湣公的弟弟申从陈国至邾国，要求鲁人接申归国为鲁君。鲁人想杀庆父，庆父害怕，逃到莒国。于是季友便拥立公子申回到鲁国为国君，这就是釐公。釐公也是庄公的小儿子。哀姜害怕，逃到邾国。季友送礼给莒人索要庆父，庆父被送回，季友派人去杀庆父，庆父请求允许他流亡，季友不答应，派大夫奚斯哭着去答复庆父。庆父听到奚斯的哭声，心中明白只好自杀了。齐桓公听到哀姜与庆父淫乱而危害鲁国，就从邾国将哀姜召回杀死，把她尸体送回鲁国，陈尸示众。鲁釐公请求后将她埋葬了。

季友母亲乃是陈国之女，所以季友逃亡到陈国，陈国帮助护送季友和公子申归国。季友将要降生时，其父桓公令人为之占卜，卜辞说："这是一个男孩，他的名字叫作'友'，将来会立于两社之间，成为公室重臣。季友死后，鲁国将衰。"到降生时，他的掌中有纹路为'友'字，就以"友"命名，取号叫成季。季友的后人就是季氏，庆父的后人就是孟氏。

釐公元年，把汶阳、鄪邑封赐给季友。季友成为鲁相。

九年，晋国大夫里克杀死国君奚齐、卓子。齐桓公率领鲁釐公讨伐晋国的变乱，到达高梁才归国，立晋惠公为君。十七年，齐桓公死。二十四年，晋文公即位。

三十三年，釐公死，其子兴继位，这就是文公。

文公元年，楚国太子商臣杀其父成王，自立为君。三年，文公朝见晋襄公。

十一年十月甲午日，鲁人在咸地大败狄人，俘虏了长狄首领乔如，鲁大夫富父终甥用戈刺乔如咽喉，杀死了他，把乔如的首级埋在子驹门，此战主将叔孙得臣就以乔如二字为儿子宣伯命名。

当初，还在宋武公之时，鄋瞒伐宋国，司徒皇父率军抵抗，在长丘击败了狄人，俘获长狄首领缘斯。晋国灭掉路国时，俘获乔如的弟弟棼如。齐惠公二年，鄋瞒伐齐时，齐国王子城父俘获了乔如的弟弟荣如，埋其首级于北门。卫国人俘获了乔如的弟弟简如。鄋瞒从此终于灭亡。

十五年，季文子到晋国出使。

十八年二月，鲁文公死。文公有两个妃子：长妃齐女是哀姜，生了儿子恶和视；次妃是敬嬴，甚受文公宠爱，生子俀。俀暗中笼络襄仲，襄仲想立俀为国君，叔仲说不行。襄仲请求齐惠公，齐惠公刚即位，想拉拢鲁国，就答应了他的要求。冬十月，襄仲杀死公子恶与视，立俀为鲁君，这就是宣公。哀姜回齐国去，号哭着经过闹市，说："天哪！襄仲大逆不道，杀嫡子立庶子！"街市上的人纷纷跟着哭泣，所以鲁国人都称她为"哀姜"。鲁国从此公室衰微，而孟孙氏、叔孙氏、季孙氏三桓之族势力强盛起来。

宣公俀十二年，楚庄王强大，围攻郑国。郑伯投降后，庄王又恢复郑封国的地位。

十八年，宣公死，其子成公黑肱继位，就是成公。季文子说："使我国杀嫡立庶而失去齐晋等大国支持的人，就是襄仲。"襄仲立起宣公后，其子公孙归父备受宣公宠爱。宣公想除掉三桓，与晋国商量讨伐三桓。适值宣公死去，季文子怨恨襄仲，公孙归父便逃往齐国。

成公二年春，齐国讨伐鲁国，占据了隆邑。夏季，成公与晋国大夫郤克联军在鞌地大败了齐顷公的军队，齐国归还了鲁国被占的土地。

四年，成公到晋国去，晋景公不尊重成公。成公想背叛晋国与楚国联盟，有人劝谏，才作罢。十年，成公到晋国去。晋景公死，晋人便留下成公送葬，鲁人讳言此事，十五年，鲁与吴王寿梦在钟离盟会。

十六年，宣伯请求晋国，想让晋人杀掉季文子。因为季文子有道义，晋人没答应宣伯的请求。

十八年，成公死，其子午继位，这就是襄公。这时襄公才三岁。

襄公元年，晋人立悼公为君。去年冬季，晋国大夫栾书杀其君厉公。四年，襄公到晋国朝会。

五年，季文子死。家中没有穿着丝绸的姬妾，马棚中没有吃谷子的马，府中没有金玉之器，他就是这样俭朴地做了三代国君的相。君子说："季文子真是廉洁忠正啊！"

九年，鲁国与晋国共同伐郑。晋悼公在卫国给襄公行冠礼，季武子随从，辅助举行冠礼仪式。

十一年，三桓氏分别掌握鲁国三军。

十二年，朝见晋君。十六年，晋平公即位。二十一年，朝会晋平公。

二十二年，孔丘降生。

二十五年，齐国大夫崔杼杀其君庄公，立庄公弟景公为齐君。

二十九年，吴国延陵季子出使鲁国，观周乐，能全部解说其意，鲁人十分敬重他。

三十一年六月，襄公死。其年九月，太子死。鲁人立襄公夫人的妹妹齐归之子裯为鲁君，就是昭公。

昭公时年十九岁，还是幼稚顽皮。穆叔不想立他，说："太子死了，有的他同母之弟可立为君，如无同母弟，才应立庶子中的长子。如果年龄相同就要择其才能，才能也相同则用占卜来决定。现在裯不是嫡子，况且居丧时并不悲伤，反有喜色，如果真的立了他，必为季氏之忧。"季武子不听，终于立裯为君。等襄公下葬时，裯已因顽皮三次更换丧服。君子说："这人不得善终。"

昭公三年，朝拜晋国到达黄河边，晋平公婉言拒绝，让昭公返回，鲁人以为耻辱。四年，楚灵王要诸侯到申地盟会，昭公称病不去。七年，季武子死。八年，楚灵王建成章华台，召会昭公。昭公前往祝贺，灵王赐给昭公宝器；后来反悔，又将宝器骗回。十二年，昭公朝会晋国至黄河，晋平公又辞谢，昭公返回。十三年，楚公子弃疾杀死其君灵王，自立为楚王。十五年，昭公朝会晋国，晋人留下他给晋昭公送葬，鲁人以之为耻辱。二十年，齐景公与晏子在边境巡狩，顺便到鲁国询问礼制。二十一年，昭公朝会晋国至黄河，晋国辞谢，昭公返回。

二十五年春，有八哥鸟来鲁国巢居。师己说："文公和成公时的童谣说'八哥来筑巢，国君出居到乾侯。八哥住进来，国君去野外'。"

季氏与郈氏两家斗鸡，季氏给鸡装上护甲，郈氏给鸡爪套上金属套。季平子一怒之下侵犯了郈氏，郈氏也愤恨季平子。臧昭伯之弟臧会曾造伪诬陷臧氏，后藏在季氏家中，臧昭伯因此拘禁季氏家人。季平子大怒，也把臧氏家臣囚禁。臧氏与郈氏向昭公告难。昭公九月戊戌日攻伐季氏，进入其家。平子登台请求说："您因听信谗言，不能细察我之过错大小，就来诛伐我，请将我放逐到沂上。"昭公不答应。季平子又请求把自己囚禁于鄪邑，昭公仍不答应。平子又请求带五乘车流亡国外，昭公还不答应。子家驹说："您应当答应他。季氏掌握政权时间甚久，徒党众多，他们将合谋对付您。"昭公不听。郈氏说："一定杀死季平子。"叔孙氏家臣戾对其徒众说："季氏灭亡或存在，哪样对我们有利？"大家都回答："没有了季氏，叔孙氏也不能存在。"戾说："对，马上去救援季氏。"于是他们击败昭公军队。孟懿子听到叔孙氏战胜，也杀死郈昭伯。郈昭伯正作为昭公使节派往孟氏，所以孟氏扣留了他。孟孙、叔孙、季孙三家共同讨伐昭公，昭公于是逃亡。己亥日，昭公逃到齐国。齐景公说："我给你两万五千户人及土地来接待你。"子家说："怎么能放弃周公之业而做齐国臣子？"昭公作罢。子家说："齐景公不讲信用，不如及早去晋国。"昭公不从。叔孙会见昭公后回国来，去见季平子，平子叩头至地表示惶愧。起初他们想迎回昭公，因孟孙、季孙后又反悔，于是作罢。

二十六年春，齐伐鲁，占领郓邑让鲁昭公居住。夏季，齐景公打算护送昭公回国，命部下不得接受鲁国的礼物。鲁国大夫申丰、汝贾许诺给齐国大夫高龁、子将粟谷八万斗。子将就向齐侯说："鲁群臣不服从鲁君，有奇怪的征兆。宋元公为鲁昭公到晋国求援，想支持昭公回国，死于途中。叔孙昭子请求让鲁君回国，也无病而死。不知是上天抛弃了鲁君，还是他得罪了鬼神？请您暂且等等看吧。"齐景公听从了他的话。

二十八年，昭公到晋国，请求晋君支持他回国为君。季平子贿赂晋国的六卿，六卿接受了季氏礼物，就去谏止晋君，晋君也就不再坚持，只将昭公安置在乾侯居住。二十九年，昭公前往郓邑。齐景公派人给昭公送信，信中称昭公为"主君"。昭公以之为耻辱，一怒之下又去了乾侯。

三十一年，晋人想支持昭公回鲁，召见季平子。季平子身着布衣赤脚而行，通过六卿向晋君谢罪。六卿替季平子说话，对晋君说："晋国虽支持昭公，但鲁人不听从。"晋君也就作罢。

三十二年，昭公死在乾侯。鲁人一同拥立昭公之弟宋为国君，就是定公。

定公即位时，赵简子问史墨说："季氏会灭亡吗？"史墨回答说："不会。季友为鲁国立过大功，受封于鄪邑，是国之上卿，至季文子、季武子时，累世增其功业。鲁文公死，东门逐杀嫡立庶，鲁国君从此丧失了国政大权。权力掌在季氏手中，至今已历四代国君了。人民不知道他们的国君，这样的国君怎么能掌控国家！因此做国君的一定要慎守礼器爵号，不能随便给人。"

定公五年，季平子死。阳虎因私愤囚禁季桓子，季桓子与他订立盟约，才被释放。七年，齐国伐鲁，占领郓邑，阳虎住在那里，以之为自己的奉邑，在那里处理政务。

八年，阳虎想把三桓之家嫡子杀尽，改立与自己关系密切的庶子代替嫡子；阳虎派车接季桓子要杀掉他，季桓子用计脱身。三桓共攻阳虎，阳虎跑到阳关驻扎。九年，鲁军讨伐阳虎，阳虎逃亡到齐国，后又逃至晋国赵氏处。

十年，定公与齐景公在夹谷相会，孔子主持礼仪。齐人想袭击定公，孔子按礼仪一步一步登阶而上，诛责齐国奏淫乐的乐人，齐侯恐惧，未敢袭害定公，还归还了侵占的鲁国土地来谢罪。

十二年，派仲由拆毁三桓家族的城墙，没收他们的铠甲武器。孟氏不肯拆毁其城，定公就派兵攻伐，不能战胜而作罢。季桓子接受了齐国赠送的美女乐工，孔子就离开了鲁国。

十五年，定公死，其子将继位，就是哀公。

哀公五年，齐景公死。

六年，齐大夫田乞杀死了他的国君孺子。

七年，吴王夫差强盛，攻打齐国，到缯地，向鲁国索要牛、羊、猪各一百头。季康子派子贡游说吴王和吴太宰嚭，用周礼来折服他们。吴王说："我们是文身的蛮夷之人，不值得用礼制来要求。"于是停止了索要。

八年，吴国为邹国攻伐鲁，至城下，与鲁订盟约而离去。齐伐鲁，占领了三邑。十年，鲁国攻打齐国南部边境。十一年，齐国又攻打鲁国。季氏任用冉有甚有成效，因此想起了孔子，孔子就从卫国归返鲁国。

十四年，齐国大夫田常在徐州杀死了齐君简公。孔子请求哀公出兵征伐田常，鲁哀公不从。

十五年，派子服景伯为使节，子贡为副手，去至齐国。齐国归还侵鲁之地。田常初为齐国国相，想要拉拢诸侯，所以如此。

十六年，孔子死。

二十二年，越王勾践灭掉吴王夫差。

二十七年春，季康子死。夏，哀公忧虑三桓之强，想借诸侯之力挟制之，三桓也怕哀公发难，因此君臣之间矛盾很深。哀公去陵阪游玩，路遇孟武伯，哀公说："请问我能善终吗？"孟武伯回答说："不知道。"哀公想借越国力量攻伐三桓。八月，哀公去陉氏家。三桓攻打哀公，哀公逃亡至卫国，又离开卫国至邹国，终于到了越国。鲁人又迎哀公回国，死在有山氏的家里。其子宁继位，这就是悼公。

悼公时代，三桓强盛，鲁国君反如同小侯，比三桓之家还要卑弱。

十三年，晋韩、赵、魏三家灭掉智伯，瓜分其地为三家所有。

三十七年，悼公死，其子嘉继位，就是元公。元公二十一年死，其子显继位，就是穆公。穆公三十三年死，其子奋继位，就是共公。共公二十二年死，其子屯继位，就是康公。康公九年死，其子匽继位，就是景公。景公二十九年死，其子叔继位，就是平公。此时，六国皆自称为王。

平公十二年，秦惠王死。二十年，平公死，其子贾继位，就是文公。文公元年，楚怀王死在秦国。二十三年，文公死，其子雠继位，这就是顷公。

顷公二年，秦国攻克了楚国的郢都，楚顷王向东迁都于陈。十九年，楚国攻伐鲁国，战取了徐州。二十四年，楚考烈王伐灭了鲁国。顷公逃亡，迁居到都外的小邑，成为平民，鲁国祭祀灭绝。顷公在柯邑死去。

鲁国自周公至顷公，总计三十四代。

太史公说：我听说孔子曾说："鲁国的道德真是衰微至极！洙水、泗水之间的人们争辩计较不已。"看看庆父、叔牙和闵公即位之时，鲁国是多么混乱啊！隐公、桓公交替时的事情；襄仲杀嫡立庶的事情；孟孙、叔孙、季孙三家本是臣子，却亲自攻打昭公，以致昭公被迫逃亡。他们虽一直遵循礼仪揖让之礼，但实际行事又多么的乖戾啊！

史记卷三十四·燕召公世家第四

本文记叙了西周开国功臣召公奭所受封之燕国八百余年的历史。召公奭,与周王同姓,初封于召,故称召公,武王灭纣后封之于燕,召公留在朝中辅佐武王,使长子就封。大约是材料缺乏之故,燕国历史是战国七雄中记载最为简略的。自召公以下九世至惠侯,中间七世失载其名属,惠侯以下历代君主除燕君哙、昭王平、燕王喜之外,皆有谥无名。文中重点记载子之乱政及昭王中兴事,而在篇末论赞中称许召公之仁,泽流子孙,曰:"然社稷血食者八九百岁,于姬姓独后亡,岂非召公之烈邪!"这种祖上积德累善惠及子孙的观点,是司马迁惩恶扬善思想在《史记》中的一种表现。

召公奭与周王同姓,姓姬氏。周武王之灭纣,封召公于北燕。

其在成王时,召公为三公。自陕以西,召公主之;自陕以东,周公主之。成王既幼,周公摄政,当国践祚①,召公疑之,作《君奭》。《君奭》不说②周公。周公乃称"汤时有伊尹,假于皇天;在太戊时,则有若伊陟、臣扈,假于上帝,巫咸治王家;在祖乙时,则有若巫贤;在武丁时,则有若甘般:率维兹有陈③,保乂有殷④"。于是召公乃说。

召公之治西方,甚得兆民⑤和。召公巡行乡邑,有棠树,决狱政事其下,自侯伯至庶人各得其所,无失职者。召公卒,而民

---

①当国:执掌国政。践祚:登上皇位,此指代天子之权。 ②说:同"悦"。 ③率:句首语气词。维:语助词。兹:此,指以上几位大臣。 ④保乂(yì):治理,安定。 ⑤兆民:民众。

人思召公之政，怀棠树不敢伐，哥[①]咏之，作《甘棠》之诗。

自召公已[②]下九世至惠侯。燕惠侯当周厉王奔彘，共和之时。

惠侯卒，子釐侯立。是岁，周宣王初即位。釐侯二十一年，郑桓公初封于郑。三十六年，釐侯卒，子顷侯立。

顷侯二十年，周幽王淫乱，为犬戎所弑。秦始列为诸侯。

二十四年，顷侯卒，子哀侯立。哀侯二年卒，子郑侯立。郑侯三十六年卒，子缪侯立。

缪侯七年，而鲁隐公元年也。十八年卒，子宣侯立。宣侯十三年卒，子桓侯立。桓侯七年卒，子庄公立。

庄公十二年，齐桓公始霸。十六年，与宋、卫共伐周惠王，惠王出奔温，立惠王弟颓为周王。十七年，郑执燕仲父而内惠王于周。二十七年，山戎来侵我，齐桓公救燕，遂北伐山戎而还。燕君送齐桓公出境，桓公因割燕所至地予燕，使燕共贡天子，如成周时职；使燕复修召公之法。三十三年卒，子襄公立。

襄公二十六年，晋文公为践土之会，称伯。三十一年，秦师败于殽。三十七年，秦缪公卒。四十年，襄公卒，桓公立。

桓公十六年卒，宣公立。宣公十五年卒，昭公立。昭公十三年卒，武公立。是岁晋灭三郤大夫。

武公十九年卒，文公立。文公六年卒，懿公立。懿公元年，齐崔杼弑其君庄公。四年卒，子惠公立。

惠公元年，齐高止来奔。六年，惠公多宠姬，公欲去诸大夫而立宠姬宋，大夫共诛姬宋[③]，惠公惧，奔齐。四年，齐高偃如晋，请共伐燕，入其君。晋平公许，与齐伐燕，入惠公。惠公至

---

①哥：通“歌”。 ②已：通“以”。 ③姬：比三“姬”皆当作“臣”。

燕而死。燕立悼公。

悼公七年卒,共公立。共公五年卒,平公立。晋公室卑,六卿始强大。平公十八年,吴王阖闾破楚入郢。十九年卒,简公立。简公十二年卒,献公立。晋赵鞅围范、中行于朝歌。献公十二年,齐田常弑其君简公。十四年,孔子卒。二十八年,献公卒,孝公立。

孝公十二年,韩、魏、赵灭知伯,分其地,三晋强。

十五年,孝公卒,成公立。成公十六年卒,湣公立。湣公三十一年卒,釐公立。是岁,三晋列为诸侯。

釐公三十年,伐败齐于林营。釐公卒,桓公立。桓公十一年卒,文公立。是岁,秦献公卒。秦益强。

文公十九年,齐威王卒。二十八年,苏秦始来见,说文公。文公予车马金帛以至赵,赵肃侯用之。因约六国,为从长。秦惠王以其女为燕太子妇。

二十九年,文公卒,太子立,是为易王。

易王初立,齐宣王因燕丧伐我,取十城;苏秦说齐,使复归燕十城。十年,燕君为王。苏秦与燕文公夫人私通,惧诛,乃说王使齐为反间,欲以乱齐。易王立十二年卒,子燕哙立。

燕哙既立,齐人杀苏秦。苏秦之在燕,与其相子之为婚,而苏代与子之交。及苏秦死,而齐宣王复用苏代。燕哙三年,与楚、三晋攻秦,不胜而还。子之相燕,贵重,主断。苏代为齐使于燕,燕王问曰:“齐王奚如①?”对曰:“必不霸。”燕王曰:“何也?”对曰:“不信其臣。”苏代欲以激燕王以尊子之也。于是燕王大信子之。子之因遗②苏代百金,而听其所使。

---

①奚如:怎么样。奚:何。 ②遗(wèi):给予,赠送。

鹿毛寿谓燕王："不如以国让相子之。人之谓尧贤者，以其让天下于许由，许由不受，有让天下之名而实不失天下。今王以国让于子之，子之必不敢受，是王与尧同行也①。"燕王因属国于子之，子之大重。或曰："禹荐益，已而以启人为吏。及老，而以启人为不足任乎天下，传之于益。已而启与交党攻益，夺之。天下谓禹名传天下于益，已而实令启自取之。今王言属国于子之，而吏无非太子人者，是名属子之而实太子用事也。"王因收印自三百石吏已上而效②之子之。子之南面行王事，而哙老，不听政，顾为臣③，国事皆决于子之。

三年，国大乱，百姓恫恐④。将军市被与太子平谋，将攻子之。诸将谓齐湣王曰："因而赴之，破燕必矣。"齐王因令人谓燕太子平曰："寡人闻太子之义，将废私而立公，饬君臣之义⑤，明父子之位。寡人之国小，不足以为先后。虽然，则唯太子所以令之。"太子因要党聚众。将军市被围公宫，攻子之，不克。将军市被及百姓反攻太子平，将军市被死以徇⑥。因搆难数月⑦，死者数万，众人恫恐，百姓离志。孟轲谓齐王曰："今伐燕，此文、武之时，不可失也。"王因令章子将五都之兵，以因北地之众以伐燕。士卒不战，城门不闭，燕君哙死，齐大胜。

燕子之亡二年，而燕人共立太子平，是为燕昭王。

燕昭王于破燕之后即位，卑身厚币以招贤者。谓郭隗曰："齐因孤之国乱而袭破燕，孤极知燕小力少，不足以报。然诚得贤士以共国，以雪先王之耻，孤之愿也。先生视可者，得身事之。"郭隗曰："王必欲致士，先从隗始。况贤于隗者，岂远千里

---

①行：品行，品德。 ②效：呈献，交给。 ③顾：反而。 ④恫恐：恐惧。 ⑤饬：整顿，修治。 ⑥徇：示众。 ⑦搆：同"构"。搆难：造成祸乱。

哉!”于是昭王为隗改筑宫而师事之。乐毅自魏往,邹衍自齐往,剧辛自赵往,士争趋燕[①]。燕王吊死问孤,与百姓同甘苦。

二十八年,燕国殷富,士卒乐轶轻战。于是遂以乐毅为上将军,与秦、楚、三晋合谋以伐齐。齐兵败,湣王出亡于外。燕兵独追北,入至临淄,尽取齐宝,烧其宫室宗庙。齐城之不下者,独唯聊、莒、即墨,其馀皆属燕六岁。

昭王三十三年卒,子惠王立。

惠王为太子时,与乐毅有隙;及即位,疑毅,使骑劫代将。乐毅亡走赵。齐田单以即墨击败燕军,骑劫死,燕兵引归,齐悉复得其故城。湣王死于莒,乃立其子为襄王。

惠王七年卒。韩、魏、楚共伐燕。燕武成王立。

武成王七年,齐田单伐我,拔中阳[②]。十三年,秦败赵于长平四十馀万。十四年,武成王卒,子孝王立。

孝王元年,秦围邯郸者解去。三年卒,子今王喜立。

今王喜四年,秦昭王卒。燕王命相栗腹约欢赵[③],以五百金为赵王酒。还报燕王曰:“赵王壮者皆死长平,其孤未壮,可伐也。”王召昌国君乐间问之。对曰:“赵四战之国[④],其民习兵,不可伐。”王曰:“吾以五而伐一。”对曰:“不可。”燕王怒。群臣皆以为可。卒起二军,车二千乘,栗腹将而攻鄗,卿秦攻代。唯独大夫将渠谓燕王曰:“与人通关约交,以五百金饮人之王,使者报而反攻之,不祥,兵无成功。”燕王不听,自将偏军随之。将渠引燕王绶止之曰:“王必无自往,往无成功。”王蹴之以足。将渠泣曰:“臣非以自为,为王也!”燕军至宋子,赵使廉颇将,击破栗

①趋:奔赴。 ②拔:拔取,攻占。 ③约欢:订立友好盟约。 ④四战之国:意指四面受敌却能拒战的国家。

腹于鄗。破卿秦、乐乘于代。乐间奔赵。廉颇逐之五百馀里，围其国[①]。燕人请和，赵人不许，必令将渠处和。燕相[②]将渠以处和，赵听将渠，解燕围。

六年，秦灭东周，置三川郡。七年，秦拔赵榆次三十七城，秦置大原郡。九年，秦王政初即位。十年，赵使廉颇将攻繁阳，拔之。赵孝成王卒，悼襄王立。使乐乘代廉颇，廉颇不听，攻乐乘，乐乘走，廉颇奔大梁。十二年，赵使李牧攻燕，拔武遂、方城。剧辛故居赵，与庞煖善，已而亡走燕。燕见赵数困于秦，而廉颇去，令庞煖将也，欲因赵獘攻之[③]。问剧辛，辛曰："庞煖易与耳。"燕使剧辛将击赵，赵使庞煖击之，取燕军二万，杀剧辛。秦拔魏二十城，置东郡。十九年，秦拔赵之邺九城。赵悼襄王卒。二十三年，太子丹质于秦，亡归燕。二十五年，秦虏灭韩王安，置颍川郡。二十七年，秦虏赵王迁，灭赵。赵公子嘉自立为代王。

燕见秦且灭六国，秦兵临易水，祸且至燕。太子丹阴养壮士二十人[④]，使荆轲献督亢地图于秦，因袭刺秦王。秦王觉，杀轲，使将军王翦击燕。二十九年，秦攻拔我蓟，燕王亡，徙居辽东，斩丹以献秦。三十年，秦灭魏。

三十三年，秦拔辽东，虏燕王喜，卒灭燕。是岁，秦将王贲亦虏代王嘉。

太史公曰：召公奭可谓仁矣！甘棠且思之，况其人乎？燕外迫蛮貉[⑤]，内措[⑥]齐、晋，崎岖强国之间，最为弱小，几灭者数矣。然社稷血食者八九百岁，于姬姓独后亡，岂非召公之烈[⑦]

---

①国：都城。②相：任命为国相。③獘：通"弊"。④阴：暗中，暗地里。⑤迫：逼近。⑥措：通"错"，交错，夹杂。⑦烈：德业，功业。

耶！

【译文】

召公奭和周王族同姓，姓姬。周武王灭掉商纣王以后，把召公封在北燕。

在周成王的时候，召公位居三公：自陕地以西，由召公主管；陕地以东，由周公掌管。当时成王年幼，周公代他主持国政，执掌大权，俨然如天子一样。召公怀疑周公的作为，周公就作了《君奭》一文表白。召公仍然对周公不满。周公于是说："商汤时有伊尹，功德感通了上天；在太戊时，就有伊陟、臣扈那样的人，功德感通了上帝，并有巫咸治理王政；在祖乙时，就有像巫贤那样的人；在武丁时，就有像甘般那样的贤臣：这些大臣辅佐君王主持施政，建立功业，殷朝得以治理和安定。"召公听了这番话，才高兴起来。

召公治理陕西以西一带，很受广大民众的拥戴。召公到乡村城镇去巡察，附近有棵棠梨树，他就在树下判断官司，处理政事。从贵族到平民都得到了适当的安置，没有失业的。召公死后，民众思念他的政绩，怀念那棵棠梨树，不舍得砍伐，作了名为《甘棠》的诗篇歌咏它。

从召公以后，经过九代传到了惠侯。燕惠侯在位时，正值周厉王逃跑到彘地，周定公和召穆公共和执政的时候。

惠侯死，其子釐侯即位。这一年，周宣王刚刚即位。釐侯二十一年，郑桓公刚被封于郑。三十六年，釐侯死，其子顷侯即位。

顷侯二十年，周幽王淫乱，为犬戎所杀。秦国这时开始被列为诸侯。

二十四年，顷侯死，其子哀侯即位。哀侯二年死，其子郑侯即位。郑侯三十六年死，其子缪侯即位。

缪侯七年，正是鲁隐公元年。缪侯十八年死，其子宣侯即位。宣侯十三年死，其子桓侯即位。桓侯七年死，其子庄公即位。

燕庄公十二年，齐桓公开始称霸。十六年，庄公与宋国、卫国一起攻打周惠王，惠王逃奔到温，他们就拥立惠王的弟弟颓做了周王。十七年，郑国拘捕燕仲父，并把周惠王接回到京城。二十七年，山戎来侵犯燕国，齐桓公去救援燕国，率兵北上讨伐山戎，得胜回国。燕庄公送齐桓公出了国境，齐桓公就把燕庄公所到达的地方割让给了燕国，让燕庄公与诸侯一道向周天子进贡，如同周成王时的燕召公那样；又让燕庄公重新修明燕召公时的法度。三十三年，庄公死，其子襄公即位。

襄公二十六年，晋文公召集诸侯在践上盟会，成为各国的盟主。三十一年，秦军在殽山被晋军所打败。三十七年，秦穆公死。四十年，襄公死，桓公即位。

燕桓公于十六年死，宣公即位。宣公十五年死，昭公即位。昭公十三年死，武公即位。这一年，晋国诛灭了三郤大夫。

武公十九年死，文公即位。文公六年死，懿公即位。懿公元年，齐国崔杼杀害了他的国君庄公。四年，懿公死，其子惠公即位。

惠公元年，齐国高止逃奔燕国。六年，惠公因为有许多宠爱的小臣，就打算废黜大夫们而任用宠臣宋，大夫们一道诛杀了宠臣宋。惠公害怕了，逃奔到齐国。惠公到齐国的第四年，齐国派高偃去到晋国，请求联合讨伐燕国，护送燕惠公回国为君。晋平公答应了，与齐国一道讨伐燕国，把燕惠公送回了燕国。惠公刚回到燕国就死去了。燕国人就拥立了悼公。

悼公七年死，共公即位。共公五年死，平公即位。这时，晋国的君权衰弱，范、中行、智、赵、韩、魏等六大家族的力量开始强大。平公十八年，吴王阖闾攻破楚国，进入郢都。十九年，平公死，简公即位。简公十二年死，献公即位。晋国赵鞅将范氏、中行氏围困在朝歌。献公十二年，齐国田常杀害了他的国君简公。十四年，孔子死。二十八年，献公死，孝公即位。

孝公十二年，韩、魏、赵三家灭掉智伯，瓜分了他的封地，此三家开始逐渐强大起来。

十五年，孝公死，成公即位。成公十六年死，湣公即位。湣公三十一年死，釐公即位。这一年，韩、赵、魏三国被周天子列为诸侯。

釐公三十年，燕国在林营征伐并打败了齐国。釐公死，桓公即位。桓公十一年死，文公即位。这一年，秦献公死，秦国更加强大。

文公十九年，齐威王死。二十八年，苏秦初次来燕国拜见文公，向文公游说他的主张。文公赠给他车马、黄金和绢帛，让他到赵国去，赵肃侯重用了他。苏秦于是约结六国，形成抗秦联盟，他成了合纵联盟的首领。这时，秦惠王把自己的女儿嫁给燕国太子做妻子。

二十九年，文公死，太子即位，这就是易王。

燕易王刚刚即位，齐宣王就趁着给文公办丧事的机会攻打燕国，夺取了十座城池；苏秦到齐国游说，说服齐王把十座城池又归还给了燕国。十年，燕君才正式称王。苏秦和燕文公的夫人私通，害怕被杀掉，于是就说服燕易王派他出使齐国去行反间之计，借以扰乱齐国。易王在位十二年死，其子燕王哙即位。

燕王哙即位以后，齐国人杀死了苏秦。苏秦在燕国时，与国相子之结了亲家，他的弟弟苏代也和子之有交往。等到苏秦死后，齐宣王又任用了苏代。燕王哙三年，燕国联合楚国及韩、赵、魏三国去攻打秦国，没有取胜就回国了。那时子之是燕国的国相，位尊权重，主决国事。苏代作为齐使出使到燕国，燕王问他说："齐王这人怎么样？"苏代回答说："肯定不能称霸。"燕王问："为什么？"苏代回答道："不信任他的大臣。"苏代是想用这些话刺激燕王，使他尊崇子之。于是燕王十分信任子之。子之因此赠给苏代一百镒黄金，任他使用。

鹿毛寿对燕王说："您不如把国家让给国相子之。人们之所以说尧贤圣，是因为他把天下让给了许由，许由没有接受，因此尧有了让天下的美名，实际上他并没有失去天下。如果现在您把国家让给子之，子之一定不敢接受，这就表明您和尧有同样的高尚德行。"燕王于是就把国家托付给了子之，子之的地位就更尊贵起来。有人对燕王说："大禹举荐了伯益，随即却任用了启的亲信做官吏。等到大禹年老时，又认为启不能担当起治理天下的重任，把君位传给了伯益。不久，启就和他的同党攻打伯益，夺取了君位。天下人都说大禹名义上是把天下传给了伯益，而实际上接着又让启自己夺了回去。如今君王说是把国家托付给了子之，但官吏却没有一个不是太子的亲信。这正是名义上把国家托付给子之，而实际上还是由太子执政啊。”燕王于是把俸禄三百石以上官吏的任免权交给了子之。子之就面向南坐在君位上，行使国君的权力；燕王哙年老不再处理政务，反而成为了臣子，国事皆由子之裁决。

子之当权三年，燕国大乱，百官人人恐惧。将军市被与太子平谋划，准备攻打子之。齐国众将对齐湣王说：“趁此机会出兵燕国，一定能把燕国打垮。”齐王于是派人对燕太子平说：“我听说太子主持正义，将要废私立公，整饬君臣大义，明确父子的地位。我的国家很小，不足以做您的辅翼。即使如此，我也愿意听从太子的差遣。”太子平于是邀同党徒，将军市被包围了王宫，攻打子之，没有攻克。将军市被和百官又掉过头来攻打太子平。结果将军市被战死，被陈尸示众。因此造成了国内几个月的祸乱。死去了好几万人，民众都非常恐惧，百官离心。孟轲对齐王说：“现在去讨伐燕国，这正是周文王、武王伐纣那样的好时机，千万不能失去啊。”齐王于是命章子率领五都的军队，偕同北方边境的士卒，一起去讨伐燕国。燕国的士兵不迎战，城门也不关闭，燕君哙死，齐军大胜。

燕相子之死后两年，燕人共同拥立太子平，这就是燕昭王。

燕昭王在燕国被攻破之后即位，以自身的谦恭和丰厚的礼物来招揽贤才。他对郭隗说：“齐国趁我国内乱，攻破了燕国，我深知燕国国小力弱，不能报仇。可是如果得到贤士一起来治理国家，雪洗先王的耻辱，这是我的愿望啊。先生看到有这样的人才，我会亲自侍奉他的。”郭隗说：“假若大王一定想招致贤士，那就先从我郭隗开始。那些比我更贤能的人，难道还会以千里为远而不来吗？”昭王于是给郭隗改建了华美的住宅，并像对待老师那样服侍他。于是乐毅从魏国到来，邹衍从齐国前来，剧辛从赵国到来，贤士们争着奔赴燕国。燕王吊祭死者，慰问孤儿，与臣下们同甘共苦。

二十八年，燕国殷实富足了，士兵都乐于出击，不惧怕战争。燕王于是任命乐毅为上将军，同秦、楚以及赵、魏、韩等五国合谋，发兵征讨齐国。齐军战败,齐湣王逃到外地。燕军单独追击败逃的齐军,攻入齐都临淄,夺取了齐国的所有宝物,焚烧了齐国的宗庙宫室。齐国城池没有被攻下的,只有聊城、莒城与即墨三处,其余都隶属燕国,长达六年之久。

昭王在位三十三年死,其子惠王即位。

惠王在做太子时,就与乐毅有嫌隙;即位之后,他不信任乐毅,让骑劫代替乐毅做将军。乐毅逃到赵国。齐国田单凭借即墨的兵力,打败了燕军,骑劫战死,燕军退回本国,齐国又全部收复了其原有的城池。齐湣王在莒城死去,齐人拥立他的儿子为襄王。

惠王七年死,韩、魏、楚三国联合攻打燕国。燕武成王即位。

武成王七年,齐国田单征伐燕国,攻占中阳。十三年,秦国在长平打败了赵国四十多万军队。十四年,武成王死,其子孝王即位。

孝王元年,秦国围困邯郸的军队解除包围,离开赵国。孝王三年死,其子燕王喜即位。

燕王喜四年,秦昭王死。燕王派国相栗腹和赵国订立友好盟约,送上五百镒黄金给赵王置酒祝寿。栗腹回国向燕王报告说:“赵王国内年轻力壮的人都战死在长平了,他们的孩子还没有长大,可以进攻赵国。”燕王叫来昌国君乐间询问此事。乐间回答说:“赵国是个四面受敌、四面抗战的国家,百姓熟悉军事,不可以进攻。”燕王说:“我们是以五个人攻打他们一个人。”乐间仍然回答说:“不可以。”燕王很生气,这时群臣都认为可以进攻。燕国终于派出两路军队,发动兵车两千辆,由栗腹率领一路攻打鄗邑,卿秦率领一路进攻代邑。只有大夫将渠对燕王说:“和人家互通关卡,订立盟约,又拿出五百镒黄金给人家君王祝寿,使者回来一报告,就反过来进攻人家,这不吉祥,作战不会成功。”燕王听不进去,亲自率领侧翼部队随军出发。将渠拉住燕王腰间系印的带子阻止他说:“大王一定不要亲自前去,是不会成功的!”燕王用脚把他踢开。将渠哭道:“我不是为了自己,是为了大王啊!”燕军到达宋子,赵国派廉颇统兵,在鄗打败了栗腹。乐乘也在代邑打败了卿秦。乐间逃奔到赵国。廉颇追赶燕军,追出五百多里,包围了燕国的都城。燕国人请求议和,赵国人不答应，一定要让将渠出面主持议和。燕国便任命将渠为国相，前去处理议和事务。赵国听了将渠的调处，解除了对燕国的包围。

燕王喜六年，秦国灭掉东周，设置了三川郡。七年，秦国攻占了赵国榆林等三十七座城池，设置了太原郡。九年，秦王嬴政即位。十年，赵国派廉颇率兵攻打魏国的繁阳，占领了繁阳。这时，赵孝成王死，悼襄王即位。悼襄王派乐乘接替廉颇统兵，廉颇不听从命令，攻打乐乘，乐乘逃跑，廉颇也逃奔到魏都大梁。十二年，赵国派李牧进攻燕国，夺取了武遂和方城。剧辛从前住在赵国时，和庞煖很要好，后来逃跑到燕国。燕王看到赵国屡次被秦兵围困，而且廉颇又离开了赵国，让庞煖领兵作战，就想趁赵国疲惫的机会去攻打它。燕王这时询问剧辛，剧辛说："庞煖很容易对付。"燕王就派剧辛领兵攻打赵国，赵国派庞煖迎战，消灭燕军两万人，杀掉了剧辛。秦国攻取了魏国的二十座城池，设置了东郡。十九年，秦国攻取了赵国的邺等九座城池。赵悼襄王死。二十三年，燕太子丹被送到秦国去做人质，逃回了燕国。二十五年，秦国俘虏韩王安，灭掉韩国，设置颍川郡。二十七年，秦国俘虏赵王迁，灭掉赵国。赵国公子嘉自立为代王。

燕国看到秦即将灭掉六国，秦军已开到易水，大祸将要降临燕国了。燕太子丹暗地里供养着二十名壮士，这时他让荆轲把督亢的地图献给秦王，乘机突然向秦王行刺。秦王发觉了，杀死了荆轲，派将军王翦进攻燕国。二十九年，秦军攻取了燕国都城蓟城，燕王逃走了，迁居辽东，杀掉了太子丹，把他的头献给了秦国。三十年，秦国灭掉了魏国。

燕王喜三十三年，秦军攻取辽东，俘虏了燕王喜，终于灭掉了燕国。这一年，秦将王贲也俘虏了代王嘉。

太史公说：召公奭可以称得上是有仁德的人了！那棵棠梨树，尚且被民众所怀念，何况召公本人呢？燕国外部受蛮貉等部族的逼迫，疆土又与齐、晋等国交错着，艰难地生存在强国之间，最为弱小，多次几乎被灭亡。然而国家延续了八九百年之久，在姬姓的封国中只有它最后灭亡，这难道不是由于召公的功业吗！

史记卷三十五·管蔡世家第五

司马迁在《太史公自序》中申明本篇题旨曰:“管蔡相武庚,将宁旧商;及旦摄政,二叔不飨;杀鲜放度,周公为盟;太妊十子,周以宗强。嘉仲悔过,作《管蔡世家第五》。”这篇世家虽以管叔、蔡叔名篇,因管叔被杀,无国可传,故而实载蔡叔、曹叔事迹及其世系承传,主要叙述蔡、曹两国兴衰历史,再现出这两个小国在大国之间的窘迫处境和侯国内部的不断弑杀,并流露出对姬姓侯国不能同心互助而各自衰落的遗憾。本篇记述时以介绍十兄弟起,以管蔡之乱承,管叔死而国除,便专叙蔡,蔡亡,又交待十兄弟的下落,然后叙曹事作结,论赞则劝以修德政。

管叔鲜、蔡叔度者,周文王子而武王弟也。

武王同母兄弟十人。母曰太姒,文王正妃也。其长子曰伯邑考,次曰武王发,次曰管叔鲜,次曰周公旦,次曰蔡叔度,次曰曹叔振铎,次曰成叔武,次曰霍叔处,次曰康叔封,次曰冉季载。冉季载最少。同母兄弟十人,唯发、旦贤,左右辅文王,故文王舍伯邑考而以发为太子。及文王崩而发立,是为武王,伯邑考既已前卒矣。

武王已克殷纣,平天下,封功臣昆弟。于是封叔鲜于管,封叔度于蔡。二人相纣子武庚禄父,治殷遗民。封叔旦于鲁而相周,为周公。封叔振铎于曹,封叔武于成,封叔处于霍。康叔封、冉季载皆少,未得封。

武王既崩,成王少,周公旦专王室。管叔、蔡叔疑周公之为不利于成王,乃挟武庚以作乱。周公旦承成王命,伐诛武庚,杀管叔,而放蔡叔,迁之,与车十乘,徒七十人从。而分殷馀民为二:其一封微子启于宋,以续殷祀;其一封康叔为卫君,是为卫康叔。封季载于冉。冉季、康叔皆有驯行[1],于是周公举康叔为周司寇,冉季为周司空,以佐成王治,皆有令名于天下。

蔡叔度既迁而死,其子曰胡。胡乃改行,率德驯善。周公闻之,而举胡以为鲁卿士,鲁国治。于是周公言于成王,复封胡于蔡,以奉蔡叔之祀,是为蔡仲。馀五叔皆就国,无为天子吏者。

蔡仲卒,子蔡伯荒立。蔡伯荒卒,子宫侯立。宫侯卒,子厉侯立。厉侯卒,子武侯立。

武侯之时,周厉王失国,奔彘,共和行政,诸侯多叛周。

武侯卒,子夷侯立。夷侯十一年,周宣王即位。二十八年,夷侯卒,子釐侯所事立。

釐侯三十九年,周幽王为犬戎所杀,周室卑而东徙。秦始得列为诸侯。

四十八年,釐侯卒,子共侯兴立。共侯二年卒,子戴侯立。戴侯十年卒,子宣侯措父立。

宣侯二十八年,鲁隐公初立。三十五年,宣侯卒,子桓侯封人立。桓侯三年,鲁弑其君隐公。二十年,桓侯卒,弟哀侯献舞立。

哀侯十一年。初,哀侯娶陈,息侯亦娶陈。息夫人将归,过蔡,蔡侯不敬。息侯怒,请楚文王:"来伐我,我求救于蔡,蔡必来,楚因击之,可以有功。"楚文王从之,虏蔡哀侯以归。哀侯留九岁,死于楚。凡立二十年卒。蔡人立其子肸,是为缪侯。

缪侯以其女弟为齐桓公夫人[2]。十八年,齐桓公与蔡女戏

①驯行:善行。 ②女弟:妹妹。

船中，夫人荡舟，桓公止之，不止，公怒，归蔡女而不绝也[①]。蔡侯怒，嫁其弟。齐桓公怒，伐蔡，蔡溃，遂虏缪侯，南至楚邵陵。已而诸侯为蔡谢齐，齐侯归蔡侯。二十九年，缪侯卒，子庄侯甲午立。

庄侯三年，齐桓公卒。十四年，晋文公败楚于城濮。二十年，楚太子商臣弑其父成王代立。二十五年，秦缪公卒。三十三年，楚庄王即位。三十四年，庄侯卒，子文侯申立。

文侯十四年，楚庄王伐陈，杀夏徵舒。十五年，楚围郑，郑降楚，楚复醳之。二十年，文侯卒，子景侯固立。

景侯元年，楚庄王卒。四十九年，景侯为太子般娶妇于楚，而景侯通焉[②]。太子弑景侯而自立，是为灵侯。

灵侯二年，楚公子围弑其王郏敖而自立，为灵王。九年，陈司徒招弑其君哀公。楚使公子弃疾灭陈而有之。十二年，楚灵王以灵侯弑其父，诱蔡灵侯于申，伏甲，饮之醉而杀之，刑其士卒七十人。令公子弃疾围蔡。十一月，灭蔡，使弃疾为蔡公。

楚灭蔡三岁，楚公子弃疾弑其君灵王代立，为平王。平王乃求蔡景侯少子庐，立之，是为平侯。是年，楚亦复立陈。楚平王初立，欲亲诸侯，故复立陈、蔡后。

平侯九年卒，灵侯般之孙东国攻平侯子而自立，是为悼侯。悼侯父曰隐太子友。隐太子友者，灵侯之太子，平侯立而杀隐太子，故平侯卒而隐太子之子东国攻平侯子而代立，是为悼侯。悼侯三年卒，弟昭侯申立。

昭侯十年，朝楚昭王，持美裘二，献其一于昭王而自衣其一。楚相子常欲之，不与。子常谗蔡侯，留之楚三年。蔡侯知

---

①绝：断绝（婚姻关系）。 ②通：私通。

之，乃献其裘于子常；子常受之，乃言归蔡侯。蔡侯归而之晋，请与晋伐楚。

十三年春，与卫灵公会邵陵。蔡侯私于周苌弘，以求长于卫[①]；卫使史鰌言康叔之功德，乃长卫。夏，为晋灭沈，楚怒，攻蔡。蔡昭侯使其子为质于吴，以共伐楚。冬，与吴王阖闾遂破楚，入郢。楚怨子常，子常恐，奔郑。

十四年，吴去而楚昭王复国。

十六年，楚令尹为其民泣以谋蔡，蔡昭侯惧。

二十六年，孔子如蔡。楚昭王伐蔡，蔡恐，告急于吴。吴为蔡远，约迁以自近，易以相救；昭侯私许，不与大夫计。吴人来救蔡，因迁蔡于州来。

二十八年，昭侯将朝于吴，大夫恐其复迁，乃令贼利杀昭侯；已而诛贼利以解过[②]，而立昭侯子朔，是为成侯。

成侯四年，宋灭曹。十年，齐田常弑其君简公。十三年，楚灭陈。十九年，成侯卒，子声侯产立。声侯十五年卒，子元侯立。元侯六年卒，子侯齐立。

侯齐四年，楚惠王灭蔡，蔡侯齐亡[③]，蔡遂绝祀。后陈灭三十三年。

伯邑考，其后不知所封。武王发，其后为周，有本纪言。管叔鲜作乱，诛死，无后。周公旦，其后为鲁，有世家言。蔡叔度，其后为蔡，有世家言。曹叔振铎，其后为曹，有世家言。成叔武，其后世无所见。霍叔处，其后晋献公时灭霍。康叔封，其后为卫，有世家言。冉季载，其后世无所见。

---

①长于卫：指歃盟次序在卫侯前。蔡侯因其祖先蔡叔是卫侯祖先康叔之兄，所以要求次序在前。②解过：赎错，这里指推脱杀君之罪。③亡：逃亡。

太史公曰：管、蔡作乱，无足载者。然周武王崩，成王少，天下既疑，赖同母之弟成叔、冉季之属十人为辅拂[①]，是以诸侯卒宗周，故附之世家言。

曹叔振铎者，周武王弟也。武王已克殷纣，封叔振铎于曹。

叔振铎卒，子太伯脾立。太伯卒，子仲君平立。仲君平卒，子宫伯侯立。宫伯侯卒。子孝伯云立。孝伯云卒，子夷伯喜立。

夷伯二十三年，周厉王奔于彘。

三十年卒，弟幽伯强立。幽伯九年，弟苏杀幽伯代立，是为戴伯。戴伯元年，周宣王已立三岁。三十年，戴伯卒，子惠伯兕立。

惠伯二十五年，周幽王为犬戎所杀，因东徙，益卑，诸侯畔之。秦始列为诸侯。

三十六年，惠伯卒，子石甫立，其弟武杀之代立，是为缪公。缪公三年卒，子桓公终生立。

桓公三十五年，鲁隐公立。四十五年，鲁弑其君隐公。四十六年，宋华父督弑其君殇公，及孔父。五十五年，桓公卒，子庄公夕姑立。

庄公二十三年，齐桓公始霸。

三十一年，庄公卒，子釐公夷立。釐公九年卒，子昭公班立。昭公六年，齐桓公败蔡，遂至楚召陵。九年，昭公卒，子共公襄立。

共公十六年。初，晋公子重耳其亡过曹，曹君无礼，欲观其骈胁[②]。釐负羁谏，不听，私善于重耳。二十一年，晋文公重耳

---

①拂(bì)：通“弼”，辅佐。 ②骈胁：肋骨并生在一处。

伐曹，虏共公以归，令军毋入釐负羁之宗族闾[①]。或说晋文公曰："昔齐桓公会诸侯，复异姓[②]；今君囚曹君，灭同姓，何以令于诸侯？"晋乃复归共公。

二十五年，晋文公卒。三十五年，共公卒，子文公寿立。文公二十三年卒，子宣公强立。宣公十七年卒，弟成公负刍立。

成公三年，晋厉公伐曹，虏成公以归，已复释之。五年，晋栾书、中行偃使程滑弑其君厉公。二十三年，成公卒，子武公胜立。

武公二十六年，楚公子弃疾弑其君灵王代立。二十七年，武公卒，子平公须立。平公四年卒，子悼公午立。是岁，宋、卫、陈、郑皆火。

悼公八年，宋景公立。九年，悼公朝于宋，宋囚之；曹立其弟野，是为声公。悼公死于宋，归葬。

声公五年，平公弟通弑声公代立，是为隐公。隐公四年，声公弟露弑隐公代立，是为靖公。靖公四年卒，子伯阳立。

伯阳三年，国人有梦众君子立于社宫，谋欲亡曹，曹叔振铎止之，请待公孙强，许之。旦，求之曹，无此人。梦者戒其子曰："我亡，尔闻公孙强为政，必去曹，无离曹祸[③]。"及伯阳即位，好田弋之事[④]。六年，曹野人公孙强亦好田弋，获白雁而献之，且言田弋之说，因访政事[⑤]。伯阳大说之[⑥]，有宠，使为司城，以听政[⑦]。梦者之子乃亡去。

公孙强言霸说[⑧]于曹伯。十四年，曹伯从之，乃背晋干

①宗族闾：同族人所聚居的里巷。 ②复异姓：兴灭国，指齐桓公把遭狄人破灭的卫、邢恢复起来。齐国是姜姓，卫邢二国是姬姓。 ③离：通"罹"，遭受。 ④田弋：打猎。田：通"畋"，打猎。 ⑤访：咨询，商问。 ⑥说：通"悦"。 ⑦听政：处理政事。 ⑧霸说：称霸的主张。

宋[①]。宋景公伐之，晋人不救。十五年，宋灭曹，执曹伯阳及公孙强以归而杀之。曹遂绝其祀。

太史公曰：余寻[②]曹共公之不用僖负羁，乃乘轩者三百人[③]，知唯德之不建。及振铎之梦，岂不欲引[④]曹之祀者哉？如公孙强不修厥[⑤]政，叔铎之祀忽[⑥]诸。

【译文】

管叔鲜和蔡叔度，都是周文王的儿子、周武王的弟弟。

武王同母所出兄弟共有十人。他们的母亲名叫太姒，是文王的正妻。她的长子叫伯邑考，以下依次是武王发、管叔鲜、周公旦、蔡叔度、曹叔振铎、成叔武、霍叔处、康叔封，最小的叫冉季载。兄弟十人中只有武王发和周公旦贤德，辅助文王，所以文王不立长子伯邑考，而立次子发为太子。文王死后，太子发即位，这就是武王。之前，伯邑考已死。

武王战胜商纣王、平定天下后，分封功臣与兄弟。把管地分封给叔鲜，把蔡地分封给叔度；并让他们做商纣王之子武庚禄父的相，治理殷族遗民。武王把鲁地分封给叔旦，同时让叔旦做周王朝的相，故称周公。把叔振铎封在曹地，把叔武封在成地，把叔处封在霍地。那时，康叔和冉季载年龄尚幼，未受分封。

武王死后，即位的成王年幼，周公旦掌握国家大权。管叔和蔡叔怀疑周公的作为会对成王不利，于是挟持武庚一起叛乱。周公旦按成王旨意征伐叛军，诛灭武庚，杀死了管叔，流放了蔡叔，流放时只给了蔡叔十乘车和刑徒七十人随从。又把商朝留下的民众分为两部分：宋地一部分封给微子启，以接续殷朝的祭祀；卫地一部，分封给康叔，让他做了卫国国君，这就是卫康叔。又把冉地分封给季载。冉季、康叔品行美善，因此

---

①背：背离。干：干犯，冒犯。②寻：探究。③乘轩者三百人：言曹共公之奢侈荒淫。轩：春秋时大夫以上所乘坐的一种轻便的车子。④引：延长。⑤厥：其，他的。⑥忽：灭绝。

周公荐举康叔为周王的司寇，冉季做司空。二人辅佐成王治理国家，美名传于天下。

蔡叔度流放后死去。其子名胡，姬胡一改乃父旧行，尊德向善。周公听说后，就推举他做了鲁国的卿士，将鲁国治理得很好。周公向成王建言，又把胡分封在蔡地，行蔡叔的岁时祭祀之礼，这就是蔡仲，其余五兄弟各回封国，没有在周天子的朝廷做官的。

蔡仲死，其子蔡伯荒继位。蔡伯荒死，其子宫侯继位。宫侯死，其子厉侯继位。厉侯死，其子武侯继位。

武侯时，周厉王失去王位，逃到彘地，周公、召公共同执政，许多诸侯都背叛周室。

武侯死，其子夷侯继位。夷侯十一年，周宣王即位。二十八年，夷侯死，其子釐侯所事继位。

釐侯三十九年，周幽王为犬戎所杀，周室衰落东迁。秦国开始被列为诸侯。

四十八年，釐侯死，其子共侯兴继位。共侯二年死，其子戴侯继位。戴侯十年死，其子宣侯措父继位。

宣侯二十八年，鲁隐公即位。三十五年，宣侯死，其子桓侯封人继位。桓侯三年，鲁国人杀害鲁隐公。二十年，桓侯死，其弟哀侯献舞继位。

哀侯十一年，先前，哀侯娶了陈侯之女为夫人，这一年，息侯也从陈国娶了夫人。息夫人出嫁路过蔡国，哀侯对她极不尊重。息侯怒，请求楚文王："您带兵来征伐我国，我向蔡国求救，蔡兵定来援救，楚国借机攻打蔡国，必获胜利。"楚文王依计而行，把蔡哀侯俘获带回楚国。哀侯被扣留在楚九年，死在楚国，共在位二十年，蔡国人拥立哀侯之子肸为国君，就是缪侯。

缪侯把妹妹嫁给齐桓公做夫人。十八年，齐桓公和夫人蔡姬乘船嬉戏，夫人使劲晃船，桓公制止她，她依然晃个不停。桓公大怒，把她送回娘家，却并不断绝关系。蔡侯也很生气，就把其妹另嫁他人。齐桓公一怒之下讨伐蔡国；蔡国大败，缪侯被俘，齐国向南进军直至楚国的邵陵。

后来，诸侯替蔡侯向齐桓公道歉，齐桓公才放蔡侯回国。二十九年，缪侯死，其子庄侯甲午继位。

庄侯三年，齐桓公死。十四年，晋文公在城濮大败楚军。二十年，楚国太子商臣杀其父成王，代立为君。二十五年，秦穆公死。三十三年，楚庄王即位。三十四年，庄侯死，其子文侯申继位。

文侯十四年，楚庄王讨伐陈国，杀死了夏徵舒。十五年，楚军围郑国，郑君投降，楚王又释放了郑君。二十年，文侯死，其子景侯固继位。

景侯元年，楚庄王死。四十九年，景侯给太子般从楚国娶来媳妇，但景侯又与儿媳私通。太子杀死了景侯，自立为君，这就是灵侯。

灵侯二年，楚国公子围杀害国君郏敖，自立为楚王，就是灵王。九年，陈国司徒招杀死了陈哀公。楚国派公子弃疾占领陈国，陈国灭亡。十二年，楚灵王借口蔡灵侯杀父，诱骗蔡灵侯到申地，预先埋伏武士，用酒宴招待灵侯。将灵侯灌醉后杀死，跟随灵侯的七十名士兵也遭受害。楚灵王又命公子弃疾围住蔡都。十一月，楚灭掉蔡国，任命弃疾做蔡公。

楚灭蔡三年后，楚国公子弃疾杀了楚灵王，代其为君，这就是平王。平王找到蔡景侯的幼子庐，立为蔡国国君，就是平侯。这一年，楚国也恢复了陈国。楚平王新近即位，打算拉拢诸侯，所以让陈、蔡国君的后代继君位。

平侯九年死，蔡灵侯的孙子东国打跑了平侯之子，自立为君，这就是悼侯。悼侯的父亲就是隐太子友。友本是灵侯太子，平侯继位后杀了隐太子友。因此平侯一死，隐太子的儿子东国就攻打平侯的儿子，自立为君。悼侯三年死，其弟昭侯申继位。

昭侯十年时，去朝见楚昭王，带着两件漂亮的皮衣，一件献给昭王，一件自己穿。楚国令尹子常想要蔡昭侯身上那一件，昭侯不给。子常就向楚昭王说昭侯的坏话，把昭侯扣留在楚国长达三年之久。后来蔡昭侯知其中原因，才把自己那件皮衣献给子常，子常接受皮衣后，才向楚王建言把昭侯放回国。蔡侯回国后赶到晋国，请求晋国帮助蔡国攻楚。

十三年春，昭侯和卫灵侯在邵陵盟会。蔡侯私下向周大夫苌弘要求把蔡国在盟会上的位次排在卫国前面。卫国则派史鳕陈述卫康叔德高功大，终于让卫国排位先于蔡国。夏天，蔡国按晋国意愿灭掉沈国，楚王恼怒，发兵攻蔡。蔡昭侯派其子去吴国做人质，请吴国发兵共伐楚国。冬天，蔡侯随吴王阖闾攻破了楚国，进入楚都城郢。因蔡侯痛恨子常，子常心中害怕，逃到郑国。

十四年，吴国撤军，楚昭王复入楚都。

十六年，楚国令尹因国民被吴、蔡军队屠杀而泣不成声，计划攻蔡报仇，蔡昭侯听说后十分恐惧。

二十六年，孔子到蔡国。楚昭王讨伐蔡国，蔡侯恐慌，向吴国告急。吴王认为蔡国都城距吴国太远，要求蔡侯将其国都迁到靠近吴国一些，以便于出兵相救；蔡昭侯也不与大夫商量，暗中应允。于是吴国出兵救蔡，并把蔡国都城迁到州来。

二十八年，昭侯要去朝见吴王，蔡国大夫们怕他再次迁都，就指派一个名叫"利"的盗贼杀死昭侯，然后又杀掉利以推诿杀君之罪，并拥立昭侯之子朔为国君，就是成侯。

成侯四年，宋国灭掉曹国。十年，齐国的田常杀害国君齐简公。十三年，楚国灭掉陈国。十九年，成侯死，其子声侯产继位。声侯十五年死，其子元侯继位。元侯六年死，其子侯齐继位。

侯齐四年，楚惠王灭掉蔡国，蔡侯齐出逃，蔡国从此祭祀断绝，国家灭亡，比陈国晚灭亡三十三年。

伯邑考的子孙不知分封何处。武王发的后人是周王，有《周本纪》记载。管叔鲜叛乱被杀，没有后代。周公旦的后代是鲁国国君，有《鲁周公世家》记载。蔡叔度的后人是蔡国国君，有《管蔡世家》记载。曹叔振铎的后人是曹国君主，亦由《管蔡世家》记载。成叔武的后人不知下落。霍叔处的后人分封于霍地，后被晋献公灭掉。康叔封的后人是卫国国君，有《卫康叔世家》记载。冉季载的后代不见记载。

太史公说：管叔、蔡叔反叛之事，没有什么值得记载的。但周武王死后，成王年幼，全天下的人都怀疑周公，全仗成叔、冉季等同母兄弟十人的辅助，才得使诸侯终于共尊周室，所以把他们的事迹附载在《管蔡世家》内。

曹叔振铎，是周武王之弟，武王战胜商纣后，就把曹地分封给叔振铎。

叔振铎死，其子太伯脾继位。太伯死，其子仲君平即位。仲君平死，其子宫伯侯继位。宫伯侯死，其子孝伯云继位。孝伯云死，其子夷伯喜继位。

夷伯二十三年，周厉王逃到彘地。

夷伯三十年死，其弟幽伯强继位。幽伯九年，其弟苏杀死幽伯，自立为君，这就是戴伯。戴伯元年，周宣王已即位三年。戴伯三十年死，其子惠伯兕继位。

惠伯二十五年，周幽王被犬戎杀死，王室东迁，国势越发衰微，诸侯纷纷背叛王室。秦国在这一年开始被列为诸侯。

惠伯三十六年死，其子石甫继位，其弟武杀掉石甫代立为君，这就是缪公。缪公三年死，其子桓公终生继位。

桓公三十五年，鲁隐公继位为君。四十五年，鲁人杀死隐公。四十六年，宋国的华父督杀死了国君殇公和大夫孔父。五十五年，楚桓公死，其子庄公夕姑继位。

庄公二十三年时，齐桓公开始称霸。

三十一年，庄公死，其子釐公夷继位。釐公九年死，其子昭公班继位。昭公六年，齐桓公战胜蔡国，顺势进军至楚国的召陵。九年，昭公死，其子共公襄继位。

共公十六年，原先，晋公子重耳逃亡时经过曹国，曹共公对待他没有礼貌，想看重耳那长得连成一块的肋骨。曹大夫釐负羁劝止，共公不听，釐负羁只得暗中对重耳表示友好。二十一年，晋文公重耳讨伐曹国，将曹共公掳回晋国，却令军队不得骚扰釐负羁一族所居地区。有人劝晋文公说："当年齐桓公大会诸侯，连异姓国家都帮助他们复国；现在您却囚禁曹君，灭亡同姓诸侯。这样做，以后凭什么能号令诸侯?"晋文公于是把曹共公释放。

二十五年，晋文公死。三十五年，曹共公死，其子文公寿继位。文公在位二十三年死，其子宣公强继位。宣公十七年死，其弟成公负刍继位。

成公三年，晋厉公攻伐曹国，俘获曹成公回晋国，第二年又放其归国。五年，晋国大夫栾书、中行偃指使程滑杀害晋厉公。二十三年，成公死，其子武公胜继位。

武公二十六年，楚公子弃疾杀死楚灵王，代立为君。二十七年，武公死，其子平公须继位。平公四年死，其子悼公午继位。这年，宋、卫、陈、郑四国都发生了火灾。

悼公八年，宋景公即位。九年，曹悼公去宋国朝会，被宋囚禁；曹国人拥立悼公之弟野为君，这就是声公。悼公最终死在宋国，后来归葬于曹。

声公五年，曹平公之弟通杀声公自立，这就是隐公。隐公四年，曹声公之弟露又杀隐公自立为君，这就是靖公。靖公四年死，其子伯阳继位。

伯阳三年，曹国都城中有人梦见众多君子站在社宫那里商议灭掉曹国；曹叔振铎制止他们，让他们等待公孙强，众君子答应了叔振铎的要求。做梦的人天亮后找遍了曹国，也没有公孙强这个人。他就告诫儿子说："我死后，你若听说公孙强执掌政事，一定离开曹国，免遭灾祸。"等到伯阳即位后，喜好射猎。六年，曹国有个农夫公孙强也喜好射猎，猎得白雁献给伯阳，谈论射猎之道，伯阳因而向他商问政事。伯阳十分欢喜，非常宠幸公孙强，命他做司城来参与处理政务。做梦人之子听说后，就逃离了曹国。

公孙强向曹伯陈说称霸诸侯的主张。十四年，曹伯听从公孙强，背叛晋国，冒犯宋国。宋景公攻曹，晋不来救援。十五年，宋灭掉曹，捉了曹伯阳和公孙强回宋，杀掉他们，曹国就此灭亡。

太史公说：我探究曹共公不听信贤人僖负羁，却让所宠幸的后宫美女三百人高乘轩车的事，得知他不树德政。至于曹叔振铎托梦于人，岂不是想延长曹国的祭祀吗？如果公孙强不施行他的霸政，曹叔振铎的祭祀香烟会忽然灭绝么？

史记卷三十六·陈杞世家第六

《陈杞世家》包括陈世家、杞世家。陈、杞是周初分封的两个异姓小国,陈是帝舜之后裔,杞是夏禹之后裔。陈世家记载陈国自胡公满立国至楚惠王杀湣公灭陈之间,凡二十四代君主世系及大事。杞世家则因"杞小微,其事不足称述",故仅排列其世系。由《太史公自序》可知,司马迁以陈、杞小国入世家,旨在颂扬舜、禹仁圣积德修行,泽流子孙,所谓"王后不绝,舜禹是说","齐田既起,舜何人哉"。照作者看来,这两个国家虽小,但因他们都是圣人之后裔,所以能绵延长久,尽管两国先后为楚所灭,然而陈氏之田仲却又在齐国崛起并最终代齐,杞氏之勾践却又在越兴起。同时作者也重点叙写了一些反面的典型事例,如陈厉公好淫而丧生,陈灵公荒淫而失国,这是因为"其恶可以戒后"。

陈胡公满者,虞帝舜之后也。昔舜为庶人时,尧妻之二女,居于妫汭,其后因为氏姓,姓妫氏。舜已崩,传禹天下,而舜子商均为封国。夏后之时,或失或续①。至于周武王克殷纣,乃复求舜后,得妫满,封之于陈,以奉帝舜祀,是为胡公。

胡公卒,子申公犀侯立。申公卒,弟相公皋羊立。相公卒,立申公子突,是为孝公。孝公卒,子慎公圉戎立。慎公当周厉王时。慎公卒,子幽公宁立。

幽公十二年,周厉王奔于彘。

二十三年,幽公卒,子釐公孝立。釐公六年,周宣王即位。三十六年,釐公卒,子武公灵立。武公十五年卒,子夷公说立。

---

①或:有时。

是岁，周幽王即位。夷公三年卒，弟平公燮立。平公七年，周幽王为犬戎所杀，周东徙。秦始列为诸侯。

二十三年，平公卒，子文公圉立。

文公元年，取蔡女[①]，生子佗。十年，文公卒，长子桓公鲍立。

桓公二十三年，鲁隐公初立。二十六年，卫杀其君州吁。三十三年，鲁弑其君隐公。三十八年正月甲戌己丑，桓公鲍卒。

桓公弟佗，其母蔡女，故蔡人为佗杀五父及桓公太子免而立佗，是为厉公。桓公病而乱作，国人分散，故再赴[②]。

厉公二年，生子敬仲完。周太史过陈，陈厉公使以《周易》筮之，卦得"观"之"否"[③]："是为观国之光，利用宾于王。此其代陈有国乎？不在此，其在异国？非此其身，在其子孙。若在异国，必姜姓。姜姓，太岳之后[④]。物莫能两大，陈衰，此其昌乎？"

厉公取蔡女，蔡女与蔡人乱，厉公数如蔡淫。七年，厉公所杀桓公太子免之三弟，长曰跃，中曰林，少曰杵臼，共令蔡人诱厉公以好女，与蔡人共杀厉公而立跃，是为利公。

利公者，桓公子也。利公立五月卒，立中弟林，是为庄公。庄公七年卒，少弟杵臼立，是为宣公。

宣公三年，楚武王卒，楚始强。

十七年，周惠王娶陈女为后。

二十一年，宣公后有嬖姬生子款，欲立之，乃杀其太子御寇。御寇素爱厉公子完，完惧祸及己，乃奔齐。齐桓公欲使陈完为卿，完曰："羁旅之臣[⑤]，幸得免负檐[⑥]，君之惠也。不敢当

---

①取：同"娶"。 ②再赴：报丧两次。赴：同"讣"，报丧。 ③卦象从否卦的爻变而得到观卦。 ④太岳：尧时四方部落的领袖。 ⑤羁旅：寄居异国为客。 ⑥负檐：同"负担"，指害怕陈宣公杀害自己的事。

高位。”桓公使为工正[1]。齐懿仲欲妻陈敬仲，卜之，占曰：“是谓凤皇于飞[2]，和鸣锵锵。有妫之后，将育于姜。五世其昌，并于正卿。八世之后，莫之与京[3]。”

三十七年，齐桓公伐蔡，蔡败；南侵楚，至召陵，还，过陈。陈大夫辕涛涂恶其过陈，诈齐令出东道。东道恶[4]，桓公怒，执陈辕涛涂。是岁，晋献公杀其太子申生。

四十五年，宣公卒，子款立，是为穆公。穆公五年，齐桓公卒。十六年，晋文公败楚师于城濮。是岁，穆公卒，子共公朔立。

共公六年，楚太子商臣弑其父成王代立，是为穆王。十一年，秦穆公卒。十八年，共公卒，子灵公平国立。

灵公元年，楚庄王即位。六年，楚伐陈。十年，陈及楚平。

十四年，灵公与其大夫孔宁、仪行父皆通于夏姬[5]，衷其衣以戏于朝。泄冶谏曰：“君臣淫乱，民何效焉？”灵公以告二子，二子请杀泄冶，公弗禁，遂杀泄冶。

十五年，灵公与二子饮于夏氏。公戏二子曰：“徵舒似汝。”二子曰：“亦似公。”徵舒怒。灵公罢酒出，徵舒伏弩厩门射杀灵公。孔宁、仪行父皆奔楚，灵公太子午奔晋。徵舒自立为陈侯。徵舒，故陈大夫也。夏姬，御叔之妻，舒之母也。

成公元年冬，楚庄王为夏徵舒杀灵公，率诸侯伐陈。谓陈曰：“无惊，吾诛徵舒而已。”已诛徵舒，因县陈而有之，群臣毕贺。申叔时使于齐来还，独不贺。庄王问其故，对曰：“鄙语有之，牵牛径人田，田主夺之牛。径则有罪矣，夺之牛，不亦甚乎？今王以徵舒为贼弑君，故征兵诸侯，以义伐之，已而取之，以利

①工正：百工之长。 ②凤皇：通“凤凰”。 ③京：高大。 ④恶：恶劣。 ⑤通：私通。

其地，则后何以令于天下！是以不贺。”庄王曰：“善。”乃迎陈灵公太子午于晋而立之，复君陈如故，是为成公。孔子读史记至楚复陈，曰：“贤哉楚庄王，轻千乘之国而重一言。”

八年，楚庄王卒。二十九年，陈倍楚盟①。三十年，楚共王伐陈。是岁，成公卒，子哀公弱立。楚以陈丧，罢兵去。

哀公三年，楚围陈。复释之。

二十八年，楚公子围弑其君郏敖自立，为灵王。

三十四年。初，哀公娶郑，长姬生悼太子师，少姬生偃。二嬖妾，长妾生留，少妾生胜。留有宠哀公，哀公属之其弟司徒招。哀公病，三月，招杀悼太子，立留为太子。哀公怒，欲诛招，招发兵围守哀公，哀公自经杀②。招卒立留为陈君。四月，陈使使赴楚。楚灵王闻陈乱，乃杀陈使者，使公子弃疾发兵伐陈，陈君留奔郑。九月，楚围陈。十一月，灭陈。使弃疾为陈公。

招之杀悼太子也，太子之子名吴，出奔晋。晋平公问太史赵曰：“陈遂亡乎？”对曰：“陈，颛顼之族。陈氏得政于齐，乃卒亡。自幕至于瞽瞍，无违命③。舜重之以明德④。至于遂，世世守之。及胡公，周赐之姓，使祀虞帝。且盛德之后，必百世祀。虞之世未也，其在齐乎？”

楚灵王灭陈五岁，楚公子弃疾弑灵王代立，是为平王。平王初立，欲得和诸侯，乃求故陈悼太子师之子吴，立为陈侯，是为惠公。惠公立，探续哀公卒时年而为元，空籍五岁矣⑤。

十年，陈火。十五年，吴王僚使公子光伐陈，取胡、沈而去。二十八年，吴王阖闾与子胥败楚，入郢。是年，惠公卒，子怀公

---

①倍：通“背”。 ②自经杀：自己上吊而死。 ③无违命：没有违背天命以至国家废绝的人。 ④重：重视。 ⑤空籍：空出君位。

柳立。

怀公元年，吴破楚，在郢，召陈侯。陈侯欲往，大夫曰："吴新得意；楚王虽亡，与陈有故，不可倍。"怀公乃以疾谢吴①。四年，吴复召怀公。怀公恐，如吴。吴怒其前不往，留之，因卒吴。陈乃立怀公之子越，是为湣公。

湣公六年，孔子适陈。吴王夫差伐陈，取三邑而去。十三年，吴复来伐陈，陈告急楚，楚昭王来救，军于城父，吴师去。是年，楚昭王卒于城父。时孔子在陈。

十五年，宋灭曹。

十六年，吴王夫差伐齐，败之艾陵，使人召陈侯。陈侯恐，如吴。楚伐陈。

二十一年，齐田常弑其君简公。

二十三年，楚之白公胜杀令尹子西、子綦，袭惠王。叶公攻败白公，白公自杀。

二十四年，楚惠王复国，以兵北伐，杀陈湣公，遂灭陈而有之。是岁，孔子卒。

杞东楼公者，夏后禹之后苗裔也。殷时或封或绝。周武王克殷纣，求禹之后，得东楼公，封之于杞，以奉夏后氏祀。

东楼公生西楼公，西楼公生题公，题公生谋娶公。谋娶公当周厉王时。谋娶公生武公。

武公立四十七年卒，子靖公立。靖公二十三年卒，子共公立。共公八年卒，子德公立。德公十八年卒，弟桓公姑容立。桓公十七年卒，子孝公匄立。孝公十七年卒，弟文公益姑立。文公十四年卒，弟平公郁立。平公十八年卒，子悼公成立。悼

---

①谢：推辞。

公十二年卒，子隐公乞立。七月，隐公弟遂弑隐公自立，是为釐公。釐公十九年卒，子湣公维立。

湣公十五年，楚惠王灭陈。十六年，湣公弟阏路弑湣公代立，是为哀公。

哀公立十年卒，湣公子敕立，是为出公。出公十二年卒，子简公春立。立一年，楚惠王之四十四年，灭杞。杞后陈亡三十四年。

杞小微，其事不足称述。

舜之后，周武王封之陈，至楚惠王灭之，有世家言。禹之后，周武王封之杞，楚惠王灭之，有世家言。契之后为殷，殷有本纪言。殷破，周封其后于宋，齐湣王灭之，有世家言。后稷之后为周，秦昭王灭之，有本纪言。皋陶之后，或封英、六，楚穆王灭之，无谱。伯夷之后，至周武王复封于齐，曰太公望，陈氏灭之，有世家言。伯翳之后，至周平王时封为秦，项羽灭之，有本纪言。垂、益、夔、龙，其后不知所封，不见也。右十一人者，皆唐虞之际名有功德臣也；其五人之后皆至帝王，馀乃为显诸侯。滕、薛、驺，夏、殷、周之间封也，小，不足齿列，弗论也。

周武王时，侯伯尚千馀人。及幽、厉之后，诸侯力攻相并。江、黄、胡、沈之属，不可胜数，故弗采著于传云。

太史公曰：舜之德可谓至矣！禅位于夏，而后世血食者历三代①。及楚灭陈，而田常得政于齐，卒为建国，百世不绝，苗裔兹兹②，有土者不乏焉。至禹，于周则杞，微甚，不足数也。楚惠王灭杞，其后越王勾践兴。

---

①血食：指祭祀，因用牲血，故云血食。 ②兹兹：繁多的样子。

【译文】

陈胡公满，是虞帝舜的后代。从前，舜还是一个平民时，尧帝把自己的两个女儿嫁给了他，住在妫汭，他的后代就以此地名为姓氏，姓了妫氏。舜死后，把天下传给禹，舜的儿子商均被封为诸侯。夏朝时，舜后人的侯位时断时续。到周武王战胜殷纣以后，又寻找舜的后人，找到妫满，把他封在陈国，来奉事帝舜的岁时祭祀，这就是胡公。

胡公死，其子申公犀侯继位。申公死，其弟相公皋羊继位。相公死，又立起申公之子突为君，这就是孝公。孝公死，其子慎公圉戎继位。慎公正当周厉王之时。慎公死，其子幽公宁继位。

幽公十二年，周厉王逃到彘地。

二十三年，幽公死，其子釐公孝继位。釐公六年，周宣王即位。三十六年，釐公死，其子武公灵继位。武公十五年死，其子夷公说继位。这一年，周幽王即位。夷公三年死，其弟平公燮继位。平公七年，周幽王被犬戎杀死，周室东迁。秦国开始列为诸侯。

二十三年，平公死，其子文公圉继位。

文公元年，娶了蔡侯之女为妇，生下儿子佗。十年，文公死，其长子桓公鲍继位。

桓公二十三年，鲁隐公即位。二十六年，卫人杀死了卫君州吁。三十三年，鲁人杀死了鲁隐公。三十八年正月甲戌日己丑，桓公鲍死。其弟佗之母是蔡国女子，因此蔡人为佗杀死五父和桓公太子免而立佗为国君，这就是厉公。桓公病重以后，国内大乱，国人离散，所以两次发来讣告。

厉公二年，生了个儿子名完，字敬仲。正值周朝的太史经过陈国，陈厉公让他用《周易》为儿子算卦，得到的卦象是《观卦》变《否卦》，周太史说："这是看到国家的荣光，有利于做天子之宾。他大概会取代陈氏而自己据有国家吧？不是在这里，大概是在别的国家吧？这事不会发生在他本人身上，大概是发生在他的子孙之时吧？如果发生在别国，一定是在姜姓国家。因为姜姓是太岳的后代。事物不能在两方面都充分发展，大概要等到陈国衰亡,他的后代才会昌盛吧?"

陈厉公娶蔡侯之女为妻,蔡女与蔡国一个人私通,陈厉公也屡次去蔡国与别的女人淫乱。七年,被厉公所杀的桓公太子免的三个弟弟,大的叫跃,二的叫林,小的叫杵臼,一同让蔡国人用美女引诱厉公,然后与蔡人一起杀掉厉公,而立起跃为国君,这就是利公。

利公是桓公之子。利公即位后五个月就死去,二弟林继位,这就是庄公。庄公七年死,小弟弟杵臼继位,这就是宣公。

宣公三年,楚武王死,楚国开始强大。

十七年,周惠王娶了陈君之女为王后。

二十一年,宣公后来有个爱姬生下一子名款,宣公想立他为太子,就杀掉了原来的太子御寇。御寇一直喜欢厉公的儿子完,完害怕祸连自己,就逃亡到齐国。齐桓公想让陈完做卿,陈完说:"寄居在外之臣,侥幸能不做劳苦之役,就是您给我的恩惠了,我不敢做高官。"桓公就让他做百工之长。齐国的懿仲想把自己的女儿嫁给陈完,先占一卦,卦辞说:"夫妻好比雄雌凤凰双双飞翔,相和而鸣,响亮清脆。妫姓的后人,将在姜姓之国繁育昌盛。五代之后就将发达,地位与正卿并列。八代以后,无人能与之相比。"

三十七年,齐桓公讨伐蔡国,蔡国战败;齐兵趁势向南侵入楚国境内,直至召陵,军队返齐时经过陈国。陈国大夫辕涛涂嫌齐军过境骚扰,就骗齐国人走东路返齐。齐桓公明白真相后大怒,把辕涛涂抓了起来。这年,晋献公逼死了自己的太子申生。

四十五年,宣公死,其子款继位,这就是穆公。穆公五年,齐桓公死。十六年,晋文公在城濮大败楚军。这一年,陈穆公死,其子共公朔继位。陈共公六年,楚国太子商臣杀死其父楚成王,自立为君,就是楚穆王。十一年,秦穆公死。十八年,陈共公死,其子灵公平国继位。

陈灵公元年,楚庄王即位。六年,楚国征伐陈国。十年,陈国与楚国媾和。

十四年,陈灵公和陈国大夫孔宁、仪行父都与夏姬私通,而且贴身穿着夏姬的衣服在朝廷上嬉笑。大夫泄冶劝谏说:"国君和大臣如此淫乱,让人民效法谁呢?"陈灵公把此话告诉孔宁、仪行父二人,二人要求杀死泄冶,陈灵公也不禁止他们,于是二人果然杀死了泄冶。

十五年,陈灵公和孔宁、仪行父在夏姬家饮酒取乐。陈灵公对二人开玩笑说:"徵舒长得像你们。"二人反唇相讥说:"他长得也像您。"徵舒听到了十分生气。灵公喝完酒出来,徵舒藏在马棚门口用箭射杀灵公。孔宁、仪行父吓得逃到楚国,灵公太子午也逃往晋国。徵舒自立为陈侯。徵舒过去是陈国大夫。夏姬是御叔之妻、徵舒之母。

陈成公元年冬天,楚庄王以徵舒杀死陈灵公为由,率领诸侯讨伐陈国。并且对陈国人说:"别害怕,我只是诛杀徵舒而已。"可是杀了徵舒后,借势就吞并了陈国,作为楚国的一个县而占有了,楚国群臣都为此向楚庄王祝贺。这时申叔时从齐国出使回来,独独不表示祝贺。楚庄王问他是什么缘故,申叔时回答说:"俗语说得好,牵着牛踩坏别人的庄稼地,田地主人就把牛抢来归自己。踩人田地确实有罪,可是因此就把人家的牛夺来,不也太过分了吗?现在大王以徵舒杀君为不义,因此征集诸侯军队,讨伐徵舒以伸张正义,可事毕之后却占有陈国,贪图它的土地,那么今后还怎么号令天下!因此我不祝贺。"楚庄王听后说:"讲得好!"于是从晋国接回陈灵公的太子妫午,立为陈君,像过去一样治理陈国,这就是陈成公。孔子在读史书时看到楚国恢复陈国主权一段,说:"楚庄王真可谓贤明。轻视千乘之国而看重一句有益之言。"

八年,楚庄王死。二十九年,陈国背叛跟楚国的盟约。三十年,楚共王征讨陈国。此年,陈成公死,其子哀公弱继位。楚王因陈国有丧事,退兵回国。

哀公三年,楚军包围陈国,后来又饶了陈国。

二十八年,楚国公子围杀害了楚王郏敖,自立为楚王,这就是楚灵王。

三十四年,原先时,陈哀公从郑国娶妻,长姬生了悼太子师,少姬生了儿子偃。哀公又有两名宠幸的妾,长妾生了留,少妾生了胜。哀公最宠爱留，把他托付给自己的弟弟司徒招来照顾。哀公病了以后，三月，招杀死了悼太子，把留立为太子。哀公很生气，想要杀掉招，招发兵包围哀公，哀公自缢而死。最后招还是把留立为国君。四月，陈国派使节去楚国报丧。楚灵王闻说陈国内乱，就杀掉陈国使者，派公子弃疾举兵征伐陈国，陈君留逃往郑国。九月，楚兵围攻陈国。十一月，灭掉陈国。命楚公子弃疾做陈公。

招杀死悼太子时，悼太子的儿子吴逃到晋国。晋平公问太史赵说："陈国这次算最终灭亡了吧？"太史赵回答说："陈国是颛顼的后代。等陈氏在齐国得到政权后，陈国本国才会最终灭亡。陈国祖先从幕传到瞽瞍，没有人违背天命。加之舜的完美的德行，一直到遂，世世恪守其道。等到胡公之世，周天子赐给他姓氏，命他供祀舜帝。而且盛德的后代，应享受百代的祭祀。虞舜的世系还不会断绝，大概将会在齐国兴起吧？"

楚灵王灭陈后第五年，楚国公子弃疾杀死灵王自立为楚王，这就是平王。平王刚刚即位，想与诸侯和好，就找到过去陈国悼太子师的儿子吴，立他为陈侯，就是陈惠公。惠公即位后，上溯到哀公死的那一年来接续陈国纪年作为元年，中间空了五年。

十年，陈国发生火灾。十五年，吴王僚命公子光伐陈国，攻取胡、沈两国土地而归。二十八年，吴王阖庐与伍子胥打败楚国攻进郢都。这一年，陈惠公死，其子怀公柳继位。

怀公元年，吴王攻破楚国后，在郢都召见陈怀公。怀公想要前往，陈国大夫说："吴王最近志得意满，可是楚王虽然逃走，但与陈国是旧交，不能背弃陈、楚之交。"怀公就以身体有病为借口推辞了会见。四年，吴王又召见怀公，怀公害怕，只得前往吴国。吴王生气上次陈怀公不来，扣留了他，终于死在吴国。陈国于是立怀公之子越为君，这就是湣公。

湣公六年，孔子到陈国。吴王夫差征伐陈国，攻取三城而去。十三年，吴国又来征伐陈国，陈国向楚国告急求救，楚昭王带兵来援救，驻军城父，吴军撤兵。这一年，楚昭王死在城父。当时孔子仍在陈国。

十五年，宋国灭掉曹国。

十六年，吴王夫差北伐齐国，在艾陵大败齐兵，又派人召见陈侯。陈湣公害怕，前往吴国。楚国因此征伐陈国。

二十一年，齐国大夫田常杀死齐简公。

二十三年，楚国的白公胜杀死令尹子西、子綦，袭击楚惠王。楚国叶公打败白公，白公自杀。

二十四年，楚惠王复国，举兵北伐，杀陈湣公，于是灭掉陈国，吞其土地。这一年，孔子死。

杞国东楼公，是夏禹的后代子孙。商朝时其封国时断时续。周武王战胜殷纣之后，寻找禹的后代。找到东楼公，封他在杞，以奉事夏后氏的祭祀。

东楼公生子西楼公，西楼公生子题公，题公生子谋娶公。谋娶公正值周厉王时代。谋娶公生子武公。

武公即位后四十七年死，其子靖公二十三年死，其子共公继位。共公八年死，其子德公继位。德公十八年死，其弟桓公姑容继位。桓公十七年死，其子孝公匄继位。孝公十七年死，其子文公益姑继位。文公十四年死，其弟平公郁继位。平公十八年死，其子悼公成继位。悼公十二年死，其子隐公乞继位。七月，隐公之弟遂杀害隐公自立为君，就是釐公。釐公十九年死，其子湣公维继位。

湣公十五年，楚惠王灭掉陈国。十六年，湣公之弟阏路杀害湣公自立为君，这就是哀公。

哀公即位十年死，湣公之子敕继位，这就是出公。出公十二年死，其子简公春继位。即位一年，即楚惠王之四十四年，楚灭掉杞国。杞国比陈国晚灭亡三十四年。

杞国微小，其事迹不足称道记述。

舜的后代，周武王把他封在陈，到楚惠王时被灭掉，有《陈杞世家》记载。禹的后代，周武王把他封在杞，楚惠王灭掉它，有《陈杞世家》记载。契的后代是殷商王族，有《殷本纪》记载。殷朝灭亡后，周朝将其后代封在宋，齐湣王灭掉宋，有《宋微子世家》记载。后稷的后代是周朝王族，秦昭王灭掉周，有《周本纪》记载。皋陶的后代，有的被封在英、六之地，楚穆王灭掉它们，没有谱牒记载。伯夷的后代，在周武王时又被封于齐，叫作太公望，陈氏灭了它，有《齐太公世家》记载。伯翳的后代，在周平王时被封于秦，项羽灭了它，有《秦本纪》记载。垂、益、夔、龙，他们的后代不知封于何地，没有听说过他们。以上十一个人，都是尧、舜时著名的功德之臣；其中五人的后代都做过帝王，其余的则是著名诸侯。滕、薛、驺三国，是夏、商、周三代时所封之国，很小，不足与诸侯相提并论，就不加论述了。

周武王时，封侯封伯的还有一千多人。等到周幽王、周厉王以后，诸侯拼力互相攻伐。江、黄、胡、沈之类的小国，数不胜数，没有采录在史传之中。

太史公曰：舜的德行可谓达到极点了！让位给夏，而以后经历夏商周三代仍享受祭祀。楚国灭掉陈国后，田常又取得了齐国政权，终于得以建立国家，百代不绝，后代子孙众多，被封赐土地的人很多。至于禹，在周时其后代就是杞国之君，很小，不值得一说。楚惠王灭掉杞国以后，禹的后代越王勾践就振兴起来。

史记卷三十七·卫康叔世家第七

卫康叔名封，是周文王第九子，武王之弟，初封于康，后改封于卫，故称“卫康叔”，卫国初都朝歌，后迁楚丘，又迁帝丘。《卫康叔世家》以编年体的方式系统记载了卫国从周初卫康叔立国到秦二世元年卫君角被废为庶人之间这一段兴衰历史，主要参考《毛诗》《左传》《战国策》等文献。全篇重点记述了卫国自立国后，先后在卫桓公、卫宣公、卫献公、卫庄公时期所出现的“父子相杀，兄弟相灭”的几次内乱。其中，卫宣公夺媳杀太子伋与太子异母弟子寿与太子伋争死相让之事两相对照，尤其震撼人心，作者也于篇末论赞中对此生发出无限感叹。

卫康叔名封，周武王同母少弟也。其次尚有冉季，冉季最少。

武王已克殷纣，复以殷馀民封纣子武庚禄父，比诸侯，以奉其先祀勿绝。为武庚未集①，恐其有贼心，武王乃令其弟管叔、蔡叔傅相武庚禄父，以和其民。武王既崩，成王少。周公旦代成王治，当国。管叔、蔡叔疑周公，乃与武庚禄父作乱，欲攻成周。周公旦以成王命兴师伐殷，杀武庚禄父、管叔，放蔡叔，以武庚殷馀民封康叔为卫君，居河、淇间故商墟。

周公旦惧康叔齿少，乃申告康叔曰②：“必求殷之贤人君子长者，问其先殷所以兴，所以亡，而务爱民。”告以纣所以亡者以淫于酒，酒之失，妇人是用，故纣之乱自此始。为《梓材》，示君子可法则。故谓之《康诰》《酒诰》《梓材》以命之。康叔之国，既

---

①集：通“辑”，顺。 ②申：一再。

以此命，能和集其民，民大说①。

成王长，用事，举康叔为周司寇，赐卫宝祭器②，以章有德③。

康叔卒，子康伯代立。康伯卒，子考伯立。考伯卒，子嗣伯立。嗣伯卒，子庢伯立。庢伯卒，子靖伯立。靖伯卒，子贞伯立。贞伯卒，子顷侯立。

顷侯厚赂周夷王，夷王命卫为侯。顷侯立十二年卒，子釐侯立。

釐侯十三年，周厉王出奔于彘，共和行政焉。二十八年，周宣王立。

四十二年，釐侯卒，太子共伯馀立为君。共伯弟和有宠于釐侯，多予之赂；和以其赂赂士，以袭攻共伯于墓上，共伯入釐侯羡自杀④。卫人因葬之釐侯旁，谥曰共伯，而立和为卫侯，是为武公。

武公即位，修康叔之政，百姓和集。四十二年，犬戎杀周幽王，武公将兵往佐周平戎，甚有功，周平王命武公为公。五十五年，卒，子庄公扬立。

庄公五年，取齐女为夫人，好而无子。又取陈女为夫人，生子，早死。陈女女弟亦幸于庄公，而生子完。完母死，庄公令夫人齐女子之，立为太子。庄公有宠妾，生子州吁。十八年，州吁长，好兵，庄公使将。石碏谏庄公曰："庶子好兵，使将，乱自此起。"不听。

二十三年，庄公卒，太子完立，是为桓公。

---

①说：通"悦"。 ②宝祭器：宝器和祭器，宝器指高级车辆、旗帜、乐器、玉饰等；祭器指祭祀时用的礼器。 ③章：通"彰"，表彰。 ④羡：墓道。

桓公二年，弟州吁骄奢，桓公绌之[①]，州吁出奔。十三年，郑伯弟段攻其兄，不胜，亡，而州吁求与之友。十六年，州吁收聚卫亡人以袭杀桓公，州吁自立为卫君。为郑伯弟段欲伐郑，请宋、陈、蔡与俱，三国皆许州吁。州吁新立，好兵，弑桓公，卫人皆不爱。石碏乃因桓公母家于陈，详为善州吁[②]。至郑郊，石碏与陈侯共谋，使右宰丑进食，因杀州吁于濮，而迎桓公弟晋于邢而立之，是为宣公。

宣公七年，鲁弑其君隐公。九年，宋督弑其君殇公，及孔父。十年，晋曲沃庄伯弑其君哀侯。

十八年。初，宣公爱夫人夷姜，夷姜生子伋，以为太子，而令右公子傅之。右公子为太子取齐女，未入室，而宣公见所欲为太子妇者好，说而自取之，更为太子取他女。宣公得齐女，生子寿、子朔，令左公子傅之。太子伋母死，宣公正夫人与朔共谗恶太子伋。宣公自以其夺太子妻也，心恶太子，欲废之。及闻其恶，大怒，乃使太子伋于齐而令盗遮界上杀之。与太子白旄，而告界盗见持白旄者杀之。且行，子朔之兄寿，太子异母弟也，知朔之恶太子而君欲杀之，乃谓太子曰："界盗见太子白旄，即杀太子，太子可毋行。"太子曰："逆父命求生，不可。"遂行。寿见太子不止，乃盗其白旄而先驰至界。界盗见其验[③]，即杀之。寿已死，而太子伋又至，谓盗曰："所当杀乃我也。"盗并杀太子伋，以报宣公。宣公乃以子朔为太子。

十九年，宣公卒，太子朔立，是为惠公。

左右公子不平朔之立也。惠公四年，左右公子怨惠公之谗杀前太子伋而代立，乃作乱，攻惠公，立太子伋之弟黔牟为君，

---

①绌：通"黜"，贬退。 ②详：通"佯"，假装。 ③验：证据，凭证。

惠公奔齐。

卫君黔牟立八年，齐襄公率诸侯奉王命共伐卫，纳卫惠公，诛左右公子。卫君黔牟奔于周，惠公复立。惠公立三年出亡，亡八年复入，与前通年凡十三年矣。

二十五年，惠公怨周之容舍黔牟[①]，与燕伐周。周惠王奔温，卫、燕立惠王弟颓为王。二十九年，郑复纳惠王。三十一年，惠公卒，子懿公赤立。

懿公即位，好鹤，淫乐奢侈。九年，翟伐卫[②]，卫懿公欲发兵，兵或畔[③]。大臣言曰："君好鹤，鹤可令击翟。"翟于是遂入，杀懿公。

懿公之立也，百姓大臣皆不服。自懿公父惠公朔之谗杀太子伋代立，至于懿公，常欲败之，卒灭惠公之后而更立黔牟之弟昭伯顽之子申为君，是为戴公。

戴公申元年卒。齐桓公以卫数乱，乃率诸侯伐翟，为卫筑楚丘，立戴公弟燬为卫君，是为文公。文公以乱故奔齐，齐人入之。

初，翟杀懿公也，卫人怜之，思复立宣公前死太子伋之后，伋子又死，而代伋死者子寿又无子。太子伋同母弟二人：其一曰黔牟，黔牟尝代惠公为君，八年复去；其二曰昭伯。昭伯、黔牟皆已前死，故立昭伯子申为戴公。戴公卒，复立其弟燬，为文公。

文公初立，轻赋平罪[④]，身自劳，与百姓同苦，以收卫民。

十六年，晋公子重耳过，无礼。十七年，齐桓公卒。二十五

①容舍：容许居留。 ②翟：通"狄"，部族名。 ③畔：通"叛"。 ④轻赋平罪：减轻赋税，公平断狱。

年，文公卒，子成公郑立。

成公三年，晋欲假道于卫救宋，成公不许。晋更从南河度[①]，救宋。征师于卫，卫大夫欲许，成公不肯。大夫元咺攻成公，成公出奔。晋文公重耳伐卫，分其地予宋，讨前过无礼及不救宋患也。卫成公遂出奔陈。二岁，如周求入，与晋文公会。晋使人鸩卫成公，成公私于周主鸩[②]，令薄，得不死。已而周为请晋文公，卒入之卫，而诛元咺，卫君瑕出奔。

七年，晋文公卒。十二年，成公朝晋襄公。十四年，秦穆公卒。二十六年，齐邴歜弑其君懿公。三十五年，成公卒，子穆公遬立。

穆公二年，楚庄王伐陈，杀夏徵舒。三年，楚庄王围郑，郑降，复释之。十一年，孙良夫救鲁伐齐，复得侵地。穆公卒，子定公臧立。定公十二年卒，子献公衎立。

献公十三年，公令师曹教宫妾鼓琴，妾不善，曹笞之。妾以幸恶曹于公，公亦笞曹三百。十八年，献公戒孙文子、宁惠子食[③]，皆往。日旰不召[④]，而去射鸿于囿。二子从之，公不释射服与之言。二子怒，如宿。孙文子子数侍公饮，使师曹歌《巧言》之卒章。师曹又怒公之尝笞三百，乃歌之，欲以怒孙文子，报卫献公。文子语蘧伯玉，伯玉曰："臣不知也。"遂攻出献公，献公奔齐，齐置卫献公于聚邑。孙文子、宁惠子共立定公弟秋为卫君，是为殇公。

殇公秋立，封孙文子林父于宿。

十二年，宁喜与孙林父争宠相恶，殇公使宁喜攻孙林父。林父奔晋，复求入故卫献公。献公在齐，齐景公闻之，与卫献公

①度：通"渡"。②私：私下以财物收买。③戒：命令，告请。④旰：天色晚，晚上。

如晋求入。晋为伐卫，诱与盟。卫殇公会晋平公，平公执殇公与宁喜而复入卫献公。献公亡在外十二年而入。

献公后元年，诛宁喜。

三年，吴延陵季子使过卫，见蘧伯玉、史鳅，曰："卫多君子，其国无故。"过宿，孙林父为击磬，曰："不乐，音大悲，使卫乱乃此矣。"是年，献公卒，子襄公恶立。

襄公六年，楚灵王会诸侯，襄公称病不往。

九年，襄公卒。初，襄公有贱妾，幸之，有身，梦有人谓曰："我康叔也，令若子必有卫，名而子曰'元'。"妾怪之，问孔成子。成子曰："康叔者，卫祖也。"及生子，男也，以告襄公。襄公曰："天所置也。"名之曰元。襄公夫人无子，于是乃立元为嗣，是为灵公。

灵公五年，朝晋昭公。六年，楚公子弃疾弑灵王自立，为平王。十一年，火。

三十八年，孔子来，禄之如鲁。后有隙，孔子去。后复来。

三十九年，太子蒯聩与灵公夫人南子有恶，欲杀南子。蒯聩与其徒戏阳遬谋，朝，使杀夫人。戏阳后悔，不果。蒯聩数目之，夫人觉之，惧，呼曰："太子欲杀我！"灵公怒，太子蒯聩奔宋，已而之晋赵氏。

四十二年春，灵公游于郊，令子郢仆①。郢，灵公少子也，字子南。灵公怨太子出奔，谓郢曰："我将立若为后。"郢对曰："郢不足以辱社稷，君更图之。"夏，灵公卒，夫人命子郢为太子，曰："此灵公命也。"郢曰："亡人太子蒯聩之子辄在也，不敢当。"于是卫乃以辄为君，是为出公。

---

①仆：驾车。

六月乙酉，赵简子欲入蒯聩，乃令阳虎诈命卫十馀人衰绖归[①]，简子送蒯聩。卫人闻之，发兵击蒯聩。蒯聩不得入，入宿而保，卫人亦罢兵。

出公辄四年，齐田乞弑其君孺子。八年，齐鲍子弑其君悼公。孔子自陈入卫。九年，孔文子问兵于仲尼，仲尼不对。其后鲁迎仲尼，仲尼反鲁。

十二年。初，孔圉文子取太子蒯聩之姊，生悝。孔氏之竖浑良夫美好[②]，孔文子卒，良夫通于悝母。太子在宿，悝母使良夫于太子。太子与良夫言曰："苟能入我国，报子以乘轩[③]，免子三死[④]，毋所与[⑤]。"与之盟，许以悝母为妻。闰月，良夫与太子入，舍孔氏之外圃。昏，二人蒙衣而乘，宦者罗御，如孔氏。孔氏之老栾宁问之[⑥]，称姻妾以告。遂入，适伯姬氏。既食，悝母杖戈而先，太子与五人介，舆猳从之[⑦]。伯姬劫悝于厕[⑧]，强盟之，遂劫以登台。栾宁将饮酒，炙未熟，闻乱，使告仲由。召护驾乘车，行爵食炙，奉出公辄奔鲁。

仲由将入，遇子羔将出，曰："门已闭矣。"子路曰："吾姑至矣。"子羔曰："不及，莫践其难。"子路曰："食焉不辟其难[⑨]。"子羔遂出。子路入，及门，公孙敢阖门，曰："毋入为也！"子路曰："是公孙也？求利而逃其难。由不然，利其禄，必救其患。"有使者出，子路乃得入。曰："太子焉用孔悝？虽杀之，必或继之。"且曰："太子无勇。若燔台，必舍孔叔。"太子闻之，惧，下石乞、盂黡敌子路，以戈击之，割缨[⑩]。子路曰："君子死，冠不免。"结

---

①衰绖：丧服。衰，通"縗"。 ②竖：童仆。 ③轩：古时大夫所乘轻便车。 ④三死：三种死罪。指着紫衣（君服）、袒裘、食不释剑，均不敬。 ⑤与：在其中。 ⑥老：家臣称老。 ⑦舆：抬、抗。猳（jiā）：公猪。 ⑧厕：通"侧"。 ⑨辟：躲避，避免。 ⑩缨：系在颔下的帽带。

缨而死。孔子闻卫乱，曰："嗟乎！柴也其来乎？由也其死矣。"孔悝竟立太子蒯聩，是为庄公。

庄公蒯聩者，出公父也，居外，怨大夫莫迎立。元年即位，欲尽诛大臣，曰："寡人居外久矣，子亦尝闻之乎？"群臣欲作乱，乃止。

二年，鲁孔丘卒。

三年，庄公上城，见戎州。曰："戎虏何为是？"戎州病之。十月，戎州告赵简子，简子围卫。十一月，庄公出奔，卫人立公子斑师为卫君。齐伐卫，虏斑师，更立公子起为卫君。

卫君起元年，卫石曼尃逐其君起，起奔齐。卫出公辄自齐复归立。初，出公立十二年亡，亡在外四年复入。出公后元年，赏从亡者。立二十一年卒。出公季父黔攻出公子而自立，是为悼公。

悼公五年卒，子敬公弗立。敬公十九年卒，子昭公纠立。是时三晋强，卫如小侯，属之。

昭公六年，公子亹弑之代立，是为怀公。怀公十一年，公子颓弑怀公而代立，是为慎公。慎公父，公子适；适父，敬公也。慎公四十二年卒，子声公训立。声公十一年卒，子成侯遬立。

成侯十一年，公孙鞅入秦。十六年，卫更贬号曰侯。

二十九年，成侯卒，子平侯立。平侯八年卒，子嗣君立。

嗣君五年，更贬号曰君，独有濮阳。四十二年卒，子怀君立。

怀君三十一年，朝魏，魏囚杀怀君。魏更立嗣君弟，是为元君。元君为魏婿，故魏立之。

元君十四年，秦拔魏东地，秦初置东郡，更徙卫野王县，而并濮阳为东郡。

二十五年，元君卒，子君角立。

君角九年，秦并天下，立为始皇帝。

二十一年，二世废君角为庶人，卫绝祀。

太史公曰：余读世家言，至于宣公之太子以妇见诛，弟寿争死以相让，此与晋太子申生不敢明骊姬之过同，俱恶伤父之志。然卒死亡，何其悲也！或父子相杀，兄弟相灭，亦独何哉？

【译文】

卫国康叔名叫封，是周武王同母所生的弟弟，他们还有一个名叫冉季的弟弟，年纪最小。

周武王打败殷纣后，又把殷纣的遗民封给纣王的儿子武庚禄父，让他与诸侯并列，以便使其得以奉祀祖先，世代相传。因为武庚没有完全顺从，武王担心武庚有叛逆之心，就派自己的弟弟管叔、蔡叔监视并辅佐武庚禄父，来安抚百姓。武王死后，成王年幼。周公旦便代替成王主执政。管叔、蔡叔怀疑周公旦，就联合武庚禄父发动叛乱，要攻打成周。周公旦托成王之命组织军队讨伐殷国，杀死武庚禄父和管叔，放逐了蔡叔，并把武庚的殷国遗民封给康叔，立他为卫国君主，居住在黄河、淇水之间商朝的旧都殷墟。

周公旦担忧康叔年纪小，于是一再告诫康叔说："你必须访求殷地的贤人君子长者，向他们了解从前殷朝兴衰成败的道理，务必关爱自己的百姓。"又告诫他纣王灭亡的原因，是在于他饮酒无度，一味作乐，沉溺于女色，所以纣王的乱亡正从此开始。周公旦还撰写了《梓材》一文，指示治国者可以效仿梓人治材的原则。所以称这些文诰为《康诰》《酒诰》《梓材》，用来教导康叔。康叔到了封国后，就用这些准则安定、团结他的人民，人民非常高兴。

成王成人后，亲自执掌政事，命康叔为周司寇，把许多宝器祭器赐给卫，以表彰康叔的德行。

康叔死后，其子康伯即位。康伯死，其子考伯即位。考伯死，其子嗣伯即位。嗣伯死，其子庢伯即位。庢伯死，其子靖伯即位。靖伯死，其子贞伯即位。贞伯死，其子顷侯即位。

因顷侯用厚礼贿赂周夷王，夷王命卫国国君称侯爵。顷侯在位十二年死，其子釐侯即位。

釐侯十三年，周厉王逃亡到彘地，由召公、周公共同代行政权，号为“共和”行政。釐侯二十八年，周宣王登位。

四十二年，釐侯死，太子共伯余即位。共伯的弟弟和曾受釐侯宠爱，釐侯给了和很多财物，和便用这些财物收买武士，在釐侯的墓地袭击共伯余，共伯被迫逃到釐侯墓道自杀。卫人把共伯埋葬在釐侯墓旁，称之为共伯，立和为卫国国君，这就是武公。

武公即位后，重新整饬康叔的政令，百姓和乐安定。四十二年，犬戎杀死周幽王，武公亲自率领部将前去帮助周天子平定犬戎的侵袭，建立了战功，周平王命武公称公爵。五十五年，武公死，其子庄公扬即位。

庄公五年，娶齐国女子为夫人，齐女貌美但无子。庄公便又娶陈国女子为夫人，陈女生了个儿子，夭折了。陈女的妹妹亦受庄公宠幸，生下儿子取名完。完的母亲死后，庄公让夫人齐女抚养完，立完为太子。庄公还有个宠妾，生下儿子名叫州吁。庄公十八年，州吁长大成人，喜好军事，庄公便让他做军队的将领。卫国的上卿石碏向庄公进谏说：“妾生的儿子喜好军事，您便让他做将领，祸乱将从此兴起。”庄公不听。

二十三年，庄公死，太子完即立为君，这就是桓公。

桓公二年，其弟州吁骄奢淫逸，桓公罢黜了他，州吁出逃国外。十三年，郑伯之弟段攻击哥哥，未能取胜，也逃亡，州吁请求与他为友。十六年，州吁聚集卫国逃亡的人袭击并杀死了桓公，州吁自立为卫国国君。因郑伯之弟段要讨伐郑国，州吁请求宋、陈、蔡同去，三国都答应了他的请求。州吁刚刚即位，因喜好军事、杀害桓公，卫人都厌恶他。石碏因桓公母亲家在陈国，假装与州吁友善，卫国军队行至郑国国都的郊外，石碏与陈侯共谋计策，派右宰丑向州吁进献食品，借机在濮击杀了州吁，到邢地把桓公的弟弟晋迎回卫国拥立为君,这就是宣公。

宣公七年,鲁人杀害了自己的国君隐公。九年,宋国华父督杀死了自己的国君殇公和大夫孔父。十年,晋国曲沃庄伯也杀害了他的国君哀侯。

十八年,当初,宣公宠爱夫人夷姜,夷姜生下儿子取名伋,被立为太子。宣公派右公子教导他。右公子为太子娶齐国女子,齐女还未与伋成婚,被宣公所见,宣公见齐女美貌,很喜欢,就自己娶了此女,而为太子另娶其他女子。宣公得到齐女后,齐女生了儿子子寿、子朔,宣公派左公子教导他们。太子伋的母亲死后,宣公正夫人与子朔一同在宣公面前中伤诬陷太子伋。宣公原本就因自己夺了太子之妻而讨厌太子,早想废掉他。等到听说太子的坏话后,怒气冲天,就派太子伋出使齐国,并暗中指使大盗在边境截杀伋。宣公给太子白旄使节,告诫边境上的大盗一见手持白旄使节的人就把他杀掉。太子伋将要启程,子朔的哥哥子寿,即太子的异母弟弟,知道子朔憎恨太子,并且君王欲除掉太子,于是对太子说:"边界上的大盗只要看到太子你手持白旄使节,就会杀死你,太子千万不要去!"太子说:"违背父命保全自己,这绝对不可以。"于是启程前往齐。子寿见太子不听劝告,只好偷取他的白旄使节,先驾车赶到边界。边界上的大盗见事先的约定应验,就杀掉他。子寿被杀后,太子伋又赶到,对大盗说:"应当杀死的人是我呀!"大盗于是又杀死太子伋,回报宣公。宣公就立子朔为太子。

十九年,宣公死,太子朔立为国君,这就是惠公。

左右两公子对于子朔立为国君愤愤不平。惠公四年,左右公子因怨恨惠公中伤并谋杀太子伋而自立之事,发起动乱,赶走了惠公,立太子伋的弟弟黔牟为国君,惠公逃奔到齐国。

卫君黔牟八年,齐襄公受周天子之命率领诸侯共同讨伐卫国,送卫惠公回国,诛杀了左右公子。卫君黔牟逃奔到周,惠公重登君位。惠公在位三年后逃亡,八年后又回归卫国,前后连续计年,通共十三年。

二十五年,惠公不满周王接纳安置黔牟,与燕国共同伐周。周惠王逃奔到温国，卫、燕两国共立惠王之弟颓为王。二十九年，郑国又护送周惠王回周。三十一年，卫惠公死，其子懿公赤被立为国君。

懿公登位后，喜爱养鹤，挥霍淫乐。九年时，翟人攻伐卫国，卫懿公想率军抵御，有些士兵背叛他。大臣们说："君王喜好鹤，就派鹤去抗击翟人吧!"于是，翟人就侵入卫国，杀死懿公。

懿公立为国君，百姓大臣心都不服。从懿公父亲惠公朔谗杀了太子伋自立为国君到懿公，百姓、大臣常想推翻他们，最后，终于灭了惠公的后代，而改立黔牟的弟弟昭伯顽的儿子申为国君，这就是卫戴公。

戴公申于其元年死。齐桓公因卫国多次动乱，便率领诸侯讨伐翟人，替卫在楚丘修筑城堡，立戴公之弟燬为卫国国君，这就是文公。文公因卫动乱逃奔到齐国，齐人送他回国。

当初，翟人杀死懿公，卫人怜悯他，想再立被宣公谋害的太子伋的后代，但伋的儿子已死，代替伋死的子寿又无子。太子伋有两个同母弟弟：一个叫黔牟，黔牟曾代替惠公做了八年国君，后又被惠公赶出卫国，另一个叫昭伯。昭伯、黔牟都早已死，所以卫人又立了昭伯的儿子申为戴公，戴公死后，卫人又立他的弟弟燬为文公。

文公即位伊始，减轻赋税，明断刑狱，劳心劳力，与百姓同甘共苦，以此来使民心归服。

十六年，晋公子重耳路过卫国，文公没有以礼相待。十七年，齐桓公死。二十五年时，文公死，其子成公郑即立为君。

成公三年，晋国为救宋国想向卫国借路，成公不答应。晋便改道渡南河，援救宋国。晋国征兵于卫，卫国的大夫本想同意，而成公不许。大夫元咺攻打成公，成公逃到了楚国。晋文公重耳为了报以前路过卫国而文公无礼和卫君不援救宋国之仇，讨伐了卫国，并把卫国一部分土地分送给宋国。卫成公不得不逃到陈国。两年后，成公到周天子处请求帮助回国，与晋文公相会。晋派人想用毒酒害死成公，成公贿赂了周王室主持放毒的人，让他少放些毒，才免于一死。不久，周王替成公请求晋文公，成公终于被送回卫国，诛杀了元咺，卫君瑕奔逃。

七年时，晋文公死。十二年，成公朝见晋襄公。十四年时，秦穆公死。二十六年时，齐国邴歜杀害了他的国君懿公。三十五年，成公死，其子穆公遬被立为国君。

穆公二年，楚庄王攻打陈国，杀死夏徵舒。三年，楚庄王围攻郑国，郑侯投降，楚庄王又释放了他。十一年，孙良夫为援救鲁国而讨伐齐国，收复被侵夺的领土。穆公死后，其子定公臧立为国君。定公十二年死，其子献公衎被立为国君。

十三年，献公让乐师曹教宫中妾弹琴，妾弹得不好，曹笞打了她。妾因受献公宠爱，就在献公面前说曹的坏话，献公也笞打曹三百下。十八年，献公交代孙文子、宁惠子两人不进早餐，两人如期前往待命。天晚了，献公仍不召请他们，却到园林去射大雁。两人只好跟从献公到了园林，献公未脱射服就同他们谈话，对献公的这种无礼行为，两人非常生气，便到宿邑去了。孙文子的儿子多次陪侍献公饮酒，献公让乐师曹唱《诗经·小雅》中《巧言》篇的末章。乐师曹本来就痛恨献公以前曾笞打过他三百下，于是就演唱了这章诗，想以此激怒孙文子，去报复卫献公。文子把这件事告诉了卫大夫蘧伯玉，蘧伯玉说："我不知道。"孙文子就赶走了献公。献公逃到了齐国，齐国把他安置在聚邑。孙文子、宁惠子共同立定公之弟秋为卫国国君，这就是殇公。

殇公秋即位后，把宿封给孙文子林父。

十二年时，宁喜与孙林父因争宠，互相攻讦，殇公让宁喜攻打孙林父。孙林父逃奔到晋国，又请求晋国护送卫献公回国。当时，献公在齐国。齐景公听到这个消息，和卫献公一起到晋国求助。晋国便去讨伐卫国，诱使卫与晋结盟。卫殇公前去会见晋平公，平公逮捕殇公和宁喜，紧接着就送卫献公回国。献公在外逃亡十二年后，重又回国。

献公后元元年，诛杀宁喜。

三年，吴国延陵季子出使路过卫国，会见蘧伯玉和史鳍说："卫国君子很多，所以这个国家不会有大的患难。"他又路过宿邑，孙林父为他击磬，他说："不快乐，乐音太悲伤，使卫国动乱的就是这里呀！"这一年，献公死，其子襄公恶被立为君。

襄公六年，楚灵王会见各诸侯，襄公托辞有病不去。

九年，襄公死。当初，襄公有个小妾，很受宠爱，怀孕后曾梦见有人对她说："我是康叔，一定让你的儿子享有卫国，你的儿子应取名为'元'。"妾醒后觉得奇怪，去问孔成子。成子说："康叔是卫国的始祖。"等到妾生下孩子，是个男孩，就把此梦告诉襄公。襄公说："这是上天安排的！"于是给男孩取名叫"元"，襄公夫人未生儿子，就立元为嫡子，这就是灵公。

五年，灵公朝见晋昭公。六年，楚公子弃疾杀害灵王，自立为君，称平王。十一年，卫发生火灾。

三十八年，孔子来到卫国，卫给他同在鲁国时一样多的俸禄。后来，孔子与卫国国君产生分歧，便离去了。后来，又回到卫国。

三十九年，太子蒯聩与灵公夫人南子有仇，想杀掉南子。蒯聩与他的家臣戏阳遬商议，在朝会时，让戏阳遬杀死夫人。朝会时，戏阳后悔，没有动手。蒯聩多次使眼色示意他，被夫人察觉，夫人十分恐惧，大声喊道："太子想杀我！"灵公大怒，太子蒯聩逃奔到宋国，不久又逃到晋国赵氏那里。

四十二年春天，灵公郊游，让子郢驾车。郢是灵公的小儿子，字子南。灵公怨恨太子逃亡，就对郢说："我将要立你为太子。"郢回答道："郢不够格，恐怕辱没了国家，您再想别的办法吧！"夏天，灵公死，夫人让子郢做太子，说："这是灵公的命令！"郢答道："逃亡太子蒯聩的儿子辄在，我不敢当此重任。"于是卫人就立辄为国君，这就是出公。

六月乙酉日这天，赵简子想送蒯聩回国，就让阳虎派十多个人装扮成卫国人，身穿丧服，假装从卫国来晋国迎接太子回国的，简子陪送蒯聩。卫人听到这个消息，发兵攻击蒯聩。蒯聩不能回卫国，只好跑到宿邑自保，卫国人也停止了进攻。

出公辄四年，齐国田乞杀害了自己的国君孺子。八年，齐国鲍子杀害了他的国君悼公。孔子从陈国来到卫国。九年，孔文子向孔仲尼请教军事，仲尼不予回答。之后，鲁侯派人迎接仲尼，仲尼返回鲁国。

十二年，起初，孔圉文子娶了太子蒯聩的姐姐为妻，生了悝。孔文子的家仆浑良夫英俊漂亮，孔文子死后，浑良夫与悝的母亲私通。太子在宿邑，悝母便让浑良夫到太子那里去。太子对良夫说："假使你能协助我回国复位，我将赐你大夫所乘的车来报答，还赦免你的三种死罪：穿紫衣、袒裘服、带宝剑，都不在死罪之中。"二人订立了盟约，太子还答应让悝的母亲做良夫的妻子。闰十二月，良夫和太子回到卫都，暂住在孔氏的外园。晚上，两人身着妇人衣服，头蒙围巾，乘车而来，由宦者罗驾车。孔氏的家臣栾宁盘问他们姓名，答称是姻戚家的侍妾，于是顺利地进去了，直抵伯姬住所。吃过饭后，孔悝的母亲手持戈先到孔悝住所，太子与五人身穿甲胄，担着公猪随后而行。伯姬把悝逼到墙角里，强迫他订立盟约，并劫持悝登上高台，逼他召集卫国群臣。栾宁正要饮酒，烤肉还未熟，就听发生变乱，派人告诉了仲由。召护驾着乘车，边饮酒边吃烤肉，护奉着出公辄逃奔到鲁国。

仲由闻讯后赶到，将要进入孔宅，遇到刚逃出孔家的子羔。子羔说："门已关了。"子路说："我暂且去看看。"子羔说："事情已来不及了，你不要跟着悝去受难。"子路说："享受悝的俸禄，不能逃避这灾难。"于是子羔就逃走了。子路要进去，到了门前，公孙敢关紧大门说："不要再进去了！"子路说："你是公孙吧！拿着别人的利禄却躲避别人的灾难。我不是这样，享受了他的俸禄，一定要救他的危难。"这时，有一个使者出来，子路才趁机进去。子路说："太子劫持孔悝有什么用处？即使杀死他，也一定有人接替他进攻太子。"又说："太子缺乏勇气，如果放火烧台，必然会释放孔叔。"太子听了，十分害怕，派石乞、盂黡下台阻挡子路，二人用戈打伤了子路，割掉了子路的帽缨。子路说："君子死，帽子不能掉到地上。"说着，系好帽缨死去。孔子听到卫国动乱的消息，说："唉！高柴将会回来的吧？可仲由，却会死去。"孔悝终于拥立太子蒯聩为国君，这就是庄公。

庄公蒯聩是出公的父亲，逃亡在外时，怨恨大夫们不迎立自己为国君。元年登位后，庄公想把大臣们全都杀死，说："我在国外住久了，你们也曾听说了吗？"大臣们要作乱，庄公才不得不罢休。

二年，鲁国孔丘死。

三年，庄公登上城墙，看见戎州。说："戎虏为何要建城邑？"戎州人对他的话十分忧虑。十月间，戎州人告诉赵简子，简子出兵包围卫国。十一月，庄公逃奔，卫国人拥立公子斑师为国君。齐国讨伐卫国，俘虏斑师，改立公子起为国君。

卫君起元年，卫国石曼尃赶走卫君起，起逃亡到齐国。卫出公辄又从齐返回卫国做国君。当初，出公即位十二年后逃亡，在外四年才得返回。出公后元元年，赏赐了随他逃亡的人们。前后当政二十一年后死，出公叔父黔赶走了出公的儿子，自立为君，这就是悼公。

悼公五年死，其子敬公弗即位为君。十九年，敬公死，其子昭公纠即位。这时，三晋强盛起来，卫君如同小诸侯，附属于赵国。

昭公六年，公子亹杀死昭公自立为国君，这就是怀公。怀公十一年，公子颓杀死怀公自立为君，这就是慎公。慎公的父亲是公子适。适的父亲是敬公。四十二年，慎公死，其子声公训即位。十一年，声公死，其子成侯即位。

成侯十一年，公孙鞅进入秦国。十六年，卫被贬称为侯。

二十九年，成侯死，其子平侯即位。平侯于八年死，其子嗣君即位。

嗣君于五年时，被贬称为君，仅据有濮阳一地。四十二年，嗣君死，其子怀君即位为君。

三十一年，怀君朝拜魏国，魏国囚禁并杀害了怀君。魏国改立嗣君之弟，这就是元君。元君是魏国的女婿，所以魏国立了他。

元君十四年时，秦国攻占了魏国东部领土，开始在这一带设置东郡。又把卫君迁徙到野王县，而将濮阳合并到东郡。

二十五年，元君死，其子角即位为君。

卫君角九年，秦王兼并天下，嬴政登基为始皇帝。

二十一年，秦二世废卫君角为平民，卫国世系彻底断绝。

太史公说：我阅读世家的记载，读到卫宣公太子因为妻子而被杀，弟弟子寿争着替太子去死，兄弟互相推让，这与晋太子申生不敢讲出骊姬的过错相同，都害怕伤害了父亲的感情。然而终于死去了，这是多么悲哀呀！有的父子互相残杀，有的兄弟互相毁灭，这究竟是什么道理呢？

史记卷三十八·宋微子世家第八

微子乃纣王同母庶兄,纣王荒淫暴虐,微子、箕子、比干数谏而不听,微子出逃避祸,箕子佯狂为奴,比干强谏被杀。周公平定武庚之乱后,改封微子于宋,以抚殷之故民,故称《宋微子世家》。本篇记载宋国自微子立国至宋王偃亡国之间三十二世之世系承传及兴衰历程,于篇首附记与微子并称为"殷之三仁"的箕子、比干事迹,收录箕子向周武王陈述殷商政治纲领的《洪范》全文。论赞中太史公对"三仁"及宋襄公都表现了赞赏之情。宋襄公"修行仁义,欲为盟主",可谓迂拙之极,作者对其表示赞赏,似乎表现出对春秋尤其是汉以来人心乖巧的慨叹。

微子开者,殷帝乙之首子而帝纣之庶[①]兄也。纣既立,不明,淫乱于政,微子数谏,纣不听。及祖伊以周西伯昌之修德,灭阢国,惧祸至,以告纣。纣曰:"我生不有命在天乎?是何能为!"于是微子度纣终不可谏,欲死之,及去,未能自决,乃问于太师、少师,曰:"殷不有治政,不治四方。我祖遂陈于上,纣沉湎于酒,妇人是用,乱败汤德于下。殷既小大好草窃奸宄,卿士师师非度,皆有罪辜,乃无维获,小民乃并兴,相为敌雠[②]。今殷其典丧!若涉水无津涯。殷遂丧,越至于今。"曰:"太师、少师,我其发出往?吾家保于丧?今女无故告,予颠跻[③],如之何其?"太师若曰:"王子,天笃下灾亡殷国,乃毋畏畏,不用老长。今殷民乃陋淫神祇之祀[④]。今诚得治国,国治身死不恨。为死,终不

①庶:非正室所生,家族的旁支。 ②雠:同"仇",仇敌,敌人。 ③颠跻:堕落。 ④陋淫:轻视污损。神祇(qí):天曰神,地曰祇。

得治，不如去。”遂亡。

箕子者，纣亲戚也。纣始为象箸，箕子叹曰：“彼为象箸①，必为玉杯；为杯，则必思远方珍怪之物而御之矣。舆马宫室之渐自此始，不可振也。”纣为淫泆，箕子谏，不听。人或曰：“可以去矣。”箕子曰：“为人臣谏不听而去，是彰君之恶而自说于民②，吾不忍为也。”乃被发佯狂而为奴③。遂隐而鼓琴以自悲，故传之曰《箕子操》。

王子比干者，亦纣之亲戚也。见箕子谏不听而为奴，则曰：“君有过而不以死争④，则百姓何辜！”乃直言谏纣。纣怒曰：“吾闻圣人之心有七窍，信有诸乎？”乃遂杀王子比干，刳视其心⑤。

微子曰：“父子有骨肉，而臣主以义属。故父有过，子三谏不听，则随而号之；人臣三谏不听⑥，则其义可以去矣。”于是太师、少师乃劝微子去，遂行。

周武王伐纣克殷，微子乃持其祭器造于军门⑦，肉袒面缚⑧，左牵羊，右把茅，膝行而前以告。于是武王乃释微子，复其位如故。

武王封纣子武庚禄父以续殷祀，使管叔、蔡叔傅相之。

武王既克殷，访问箕子。

武王曰：“於乎！维天阴定下民，相和其居，我不知其常伦所序。”

箕子对曰：“在昔鲧堙鸿水，汩陈其五行⑨，帝乃震怒，不从鸿范九等，常伦所斁⑩。鲧则殛死⑪，禹乃嗣兴。天乃锡禹鸿范

---

①象箸：象牙筷子。 ②说：通“悦”。 ③被：通“披”。 ④争：通“诤”，直言劝诫。 ⑤刳（kū）：剖开。 ⑥三谏：多次劝谏。 ⑦造：往，去。 ⑧肉袒面缚：肉袒指脱去上衣袒露肉体，面缚指缚手于背后而面向前。 ⑨汩（gū）：乱。 ⑩斁（dù）：败坏。 ⑪殛（jí）死：诛死。

九等，常伦所序。

“初一曰五行[1]；二曰五事；三曰八政；四曰五纪；五曰皇极；六曰三德；七曰稽疑；八曰庶征；九曰向用五福，畏用六极。

“五行：一曰水，二曰火，三曰木，四曰金，五曰土。水曰润下，火曰炎上，木曰曲直，金曰从革，土曰稼穑。润下作咸，炎下作苦，曲直作酸，从革作辛，稼穑作甘。

“五事：一曰貌，二曰言，三曰视，四曰听，五曰思。貌曰恭，言曰从，视曰明，听曰聪，思曰睿。恭作肃，从作治，明作智，聪作谋，睿作圣。

“八政：一曰食，二曰货，三曰祀，四曰司空，五曰司徒，六曰司寇，七曰宾，八曰师。

“五纪：一曰岁，二曰月，三曰日，四曰星辰，五曰历数[2]。

“皇极：皇建其有极，敛时五福，用傅锡其庶民[3]，维时其庶民于女极[4]，锡女保极。凡厥庶民，毋有淫朋，人毋有比德，维皇作极。凡厥庶民，有猷有为有守[5]，女则念之。不协于极，不离于咎[6]，皇则受之。而安而色，曰予所好德，女则锡之福。时人斯其维皇之极。毋侮鳏寡而畏高明。人之有能有为，使羞其行，而国其昌。凡厥正人，既富方穀。女不能使有好于而家，时人斯其辜。于其毋好，女虽锡之福，其作女用咎。毋偏毋颇，遵王之义。毋有作好，遵王之道。毋有作恶，遵王之路。毋偏毋党，王道荡荡。毋党毋偏，王道平平[7]。毋反毋侧，王道正直。会其有极，归其有极。曰王极之傅言，是夷是训[8]，于帝其顺。凡厥庶民，极之傅言，是顺是行，以近天子之光[9]。曰天子作民

---

①初一：第一。②历数：推算岁时节候的次序。③傅：通“敷”，布施。锡：赐也。④女：通“汝”，你。⑤有：通“又”。猷（yóu）：谋划。⑥离：通“罹”，遭受。咎：罪责。⑦平：当作“辨”，清明可辨。⑧夷：通“彝”，常道。训：教训。⑨近：益，增加。

父母,以为天下王。

“三德:一曰正直,二曰刚克,三曰柔克。平康正直,强不友刚克[①],内友柔克,沈渐刚克[②],高明柔克。维辟作福,维辟作威,维辟玉食[③]。臣无有作福作威玉食;臣有作福作威玉食,其害于而家,凶于而国。人用侧颇辟,民用僭忒[④]。

“稽疑[⑤]:择建立卜筮人[⑥]。乃命卜筮,曰雨[⑦],曰济[⑧],曰涕[⑨],曰雾,曰克[⑩],曰贞[⑪],曰悔[⑫],凡七。卜五,占之用二,衍贳[⑬]。立时人为卜筮,三人占则从二人之言。女则有大疑,谋及女心,谋及卿士,谋及庶人,谋及卜筮。女则从,龟从,筮从,卿士从,庶民从,是之谓大同[⑭],而身其康强,而子孙其逢吉[⑮]。女则从,龟从,筮从,卿士逆,庶民逆,吉。卿士从,龟从,筮从,女则逆,庶民逆,吉。庶民从,龟从,筮从,女则逆,卿士逆,吉。女则从,龟从,筮逆,卿士逆,庶民逆,作内吉,作外凶[⑯]。龟筮共违于人,用静吉,用作凶[⑰]。

“庶征[⑱]:曰雨,曰阳,曰奥,曰寒,曰风,曰时。五者来备,各以其序,庶草繁庑[⑲]。一极备,凶。一极亡,凶。曰休征[⑳]:曰肃,时雨若;曰治,时旸若;曰知,时奥若;曰谋,时寒若;曰圣,时风若。曰咎征[㉑]:曰狂,常雨若;曰僭[㉒],常旸若;曰舒,常奥若;曰急,常寒若;曰雾,常风若。王眚维岁[㉓],卿士维月,师尹维日。

---

①友:顺。 ②内友:和顺。沈:通“沉”。渐:通“潜”。 ③玉食:美食。 ④僭忒:逾越常规,不安本分。 ⑤稽疑:决断疑难问题。 ⑥卜筮:龟占曰卜,蓍草决疑曰筮。 ⑦曰雨:兆象下雨。 ⑧济:通“霁”,兆象雨止。 ⑨涕:兆象气络绎不绝。 ⑩克:兆象阴阳二气相侵犯。 ⑪贞:内卦下三爻叫贞。贞:正。 ⑫悔:外卦上三爻叫悔。悔:晦,终。 ⑬衍贳:推演变化。 ⑭大同:大吉。 ⑮逢:大。 ⑯作内吉,作外凶:举事于境内则吉,举事于境外则凶。 ⑰作:动,兴起。 ⑱庶征:众多的应验。 ⑲奥(yù):通“燠”,暖。庑:通“芜”,草木茂盛。 ⑳休征:美好行为的证验。 ㉑咎征:恶行的证验。 ㉒僭:差失。 ㉓眚:通“省”,察看,职责。

岁月日时毋易，百谷用成，治用明，畯民用章[①]，家用平康。日月岁时既易，百谷用不成，治用昏不明，畯民用微，家用不宁。庶民维星，星有好风，星有好雨。日月之行，有冬有夏。月之从星，则以风雨。

“五福：一曰寿，二曰富，三曰康宁[②]，四曰攸好德[③]，五曰考终命[④]。

“六极[⑤]：一曰凶短折，二曰疾，三曰忧，四曰贫，五曰恶，六曰弱。”

于是武王乃封箕子于朝鲜而不臣也。

其后箕子朝周，过故殷墟，感宫室毁坏，生禾黍，箕子伤之，欲哭则不可，欲泣为其近妇人，乃作《麦秀》之诗以歌咏之。其诗曰：“麦秀渐渐兮[⑥]，禾黍油油。彼狡僮兮，不与我好兮！”所谓狡僮者，纣也。殷民闻之，皆为流涕。

武王崩，成王少，周公旦代行政当国。管、蔡疑之，乃与武庚作乱，欲袭成王、周公。周公既承成王命诛武庚，杀管叔，放蔡叔，乃命微子开代殷后，奉其先祀，作《微子之命》以申之，国于宋。微子故能仁贤，乃代武庚，故殷之馀民甚戴爱之。

微子开卒，立其弟衍，是为微仲。微仲卒，子宋公稽立。宋公稽卒，子丁公申立。丁公申卒，子湣公共立。湣公共卒，弟炀公熙立。炀公即位，湣公子鲋祀杀炀公而自立，曰“我当立”，是为厉公。厉公卒，子釐公举立。

釐公十七年，周厉王出奔彘。

二十八年，釐公卒，子惠公𫬰立。

---

①畯：通“俊”。 ②康宁：平安，无疾病。 ③攸好德：爱好道德。攸：语助词，无义。 ④考：老。 ⑤极：惩罚的意思。 ⑥渐渐：谐音“尖尖”，麦芒的形状。

惠公四年，周宣王即位。

三十年，惠公卒，子哀公立。哀公元年卒，子戴公立。

戴公二十九年，周幽王为犬戎所杀，秦始列为诸侯。

三十四年，戴公卒，子武公司空立。武公生女为鲁惠公夫人，生鲁桓公。十八年，武公卒，子宣公力立。宣公有太子与夷。

十九年，宣公病，让其弟和，曰："父死子继，兄死弟及，天下通义也。我其立和。"和亦三让而受之。宣公卒，弟和立，是为穆公。

穆公九年，病，召大司孔父谓曰："先君宣公舍太子与夷而立我，我不敢忘。我死，必立与夷也。"孔父曰："群臣皆愿立公子冯。"穆公曰："毋立冯，吾不可以负宣公。"于是穆公使冯出居于郑。八月庚辰，穆公卒，兄宣公子与夷立，是为殇公。君子闻之，曰："宋宣公可谓知人矣，立其弟以成义，然卒其子复享之。"

殇公元年，卫公子州吁弑其君完自立，欲得诸侯，使告于宋曰："冯在郑，必为乱，可与我伐之。"宋许之，与伐郑，至东门而还。

二年，郑伐宋，以报东门之役。其后诸侯数来侵伐。

九年。大司马孔父嘉妻好，出，道遇太宰华督，督说，目而观之。督利孔父妻①，乃使人宣言国中曰："殇公即位十年耳，而十一战，民苦不堪，皆孔父为之，我且杀孔父以宁民。"是岁，鲁弑其君隐公。

十年，华督攻杀孔父，取其妻②。殇公怒，遂弑殇公，而迎穆公子冯于郑而立之，是为庄公。

---

①利：贪图。 ②取：通"娶"。

庄公元年，华督为相。九年，执郑之祭仲，要以立突为郑君。祭仲许，竟立突。十九年，庄公卒，子湣公捷立。

湣公七年，齐桓公即位。九年，宋水，鲁使臧文仲往吊水[①]。湣公自罪曰："寡人以不能事鬼神，政不修，故水。"臧文仲善此言。此言乃公子子鱼教湣公也。

十年夏，宋伐鲁，战于乘丘，鲁生虏宋南宫万。宋人请万，万归宋。十一年秋，湣公与南宫万猎，因博争行[②]，湣公怒，辱之，曰："始吾敬若；今若，鲁虏也。"万有力，病此言，遂以局[③]杀湣公于蒙泽。大夫仇牧闻之，以兵造公门。万搏牧，牧齿著门阖死[④]。因杀太宰华督，乃更立公子游为君。诸公子奔萧，公子御说奔亳。万弟南宫牛将兵围亳。冬，萧及宋之诸公子共击杀南宫牛，弑宋新君游而立湣公弟御说，是为桓公。宋万奔陈。宋人请以赂陈。陈人使妇人饮之醇酒，以革裹之，归宋。宋人醢万也[⑤]。

桓公二年，诸侯伐宋，至郊而去。三年，齐桓公始霸。二十三年，迎卫公子燬于齐，立之，是为卫文公。文公女弟为桓公夫人。秦穆公即位。三十年，桓公病，太子兹甫让其庶兄目夷为嗣。桓公义太子意，竟不听。三十一年春，桓公卒，太子兹甫立，是为襄公。以其庶兄目夷为相。未葬，而齐桓公会诸侯于葵丘，襄公往会。

襄公七年，宋地陨星如雨，与雨偕下；六鹢退蜚[⑥]，风疾也。

八年，齐桓公卒，宋欲为盟会。十二年春，宋襄公为鹿上之盟，以求诸侯于楚，楚人许之。公子目夷谏曰："小国争盟，祸

①吊水：慰问水灾。 ②博：局戏，即弈棋一类的游戏。 ③局：棋盘。 ④阖：门扇。 ⑤醢：古代酷刑之一，把人剁成肉酱。 ⑥蜚：通"飞"。

也。”不听。秋，诸侯会宋公盟于盂。目夷曰：“祸其在此乎？君欲已甚，何以堪之！”于是楚执宋襄公以伐宋。冬，会于亳，以释宋公。子鱼曰：“祸犹未也。”十三年夏，宋伐郑。子鱼曰：“祸在此矣。”秋，楚伐宋以救郑。襄公将战，子鱼谏曰：“天之弃商久矣，不可。”冬，十一月，襄公与楚成王战于泓。楚人未济，目夷曰：“彼众我寡，及其未济击之。”公不听，已济未陈[①]，又曰：“可击。”公曰：“待其已陈。”陈成，宋人击之。宋师大败，襄公伤股。国人皆怨公。公曰：“君子不困人于厄，不鼓不成列。”子鱼曰：“兵以胜为功，何常言与[②]！必如公言，即奴事之耳，又何战为！”

楚成王已救郑，郑享之[③]；去而取郑二姬以归。叔瞻曰：“成王无礼，其不没乎？为礼卒于无别，有以知其不遂霸也。”

是年，晋公子重耳过宋，襄公以伤于楚，欲得晋援，厚礼重耳以马二十乘。

十四年夏，襄公病伤于泓而竟卒，子成公王臣立。

成公元年，晋文公即位。三年，倍楚盟亲晋[④]，以有德于文公也。四年，楚成王伐宋，宋告急于晋。五年，晋文公救宋，楚兵去。九年，晋文公卒。十一年，楚太子商臣弑其父成王代立。十六年，秦穆公卒。

十七年，成公卒。成公弟御杀太子及大司马公孙固而自立为君。宋人共杀君御而立成公少子杵臼，是为昭公。

昭公四年，宋败长翟缘斯于长丘。七年，楚庄王即位。

九年，昭公无道，国人不附。昭公弟鲍革贤而下士。先，襄公夫人欲通于公子鲍，不可，乃助之施于国，因大夫华元为右

①陈：通“阵”。②常言：不切实际的空谈。与：通“欤”。③享：通“飨”，宴请。④倍：通“背”，背弃。

师。昭公出猎，夫人王姬使卫伯攻杀公杵臼。弟鲍革立，是为文公。

文公元年，晋率诸侯伐宋，责以弑君。闻文公定立，乃去。二年，昭公子因文公母弟须与武、缪、戴、庄、桓之族为乱，文公尽诛之，出武、缪之族①。

四年春，楚命郑伐宋。宋使华元将。郑败宋，囚华元。华元之将战，杀羊以食士，其御羊羹不及，故怨，驰入郑军，故宋师败，得囚华元。宋以兵车百乘文马四百匹赎华元。未尽入，华元亡归宋。

十四年，楚庄王围郑。郑伯降楚，楚复释之。

十六年，楚使过宋，宋有前仇，执楚使。九月，楚庄王围宋。十七年，楚以围宋五月不解，宋城中急，无食，华元乃夜私见楚将子反。子反告庄王，王问："城中何如？"曰："析骨而炊，易子而食。"庄王曰："诚哉言！我军亦有二日粮。"以信故，遂罢兵去。

二十二年，文公卒，子共公瑕立。始厚葬。君子讥华元不臣矣。

共公十年，华元善楚将子重，又善晋将栾书，两盟晋、楚。十三年，共公卒。华元为右师，鱼石为左师。司马唐山攻杀太子肥，欲杀华元，华元奔晋，鱼石止之，至河乃还，诛唐山。乃立共公少子成，是为平公。

平公三年，楚共王拔宋之彭城，以封宋左师鱼石。四年，诸侯共诛鱼石，而归彭城于宋。三十五年，楚公子围弑其君自立，为灵王。四十四年，平公卒，子元公佐立。

---

①出：驱逐。

元公三年，楚公子弃疾弑灵王，自立为平王。八年，宋火。十年，元公毋信，诈杀诸公子，大夫华、向氏作乱。楚平王太子建来奔，见诸华氏相攻乱，建去如郑。

十五年，元公为鲁昭公避季氏居外，为之求入鲁，行道卒，子景公头曼立。

景公十六年，鲁阳虎来奔，已复去。二十五年，孔子过宋，宋司马桓魋恶之，欲杀孔子，孔子微服去。三十年，曹倍宋，又倍晋，宋伐曹，晋不救，遂灭曹有之。

三十六年，齐田常弑简公。

三十七年，楚惠王灭陈。荧惑守心①。心，宋之分野也。景公忧之。司星子韦曰："可移于相。"景公曰："相，吾之股肱。"曰："可移于民。"景公曰："君者待民。"曰："可移于岁。"景公曰："岁饥民困，吾谁为君！"子韦曰："天高听卑。君有君人之言三，荧惑宜有动。"于是候之②，果徙三度。

六十四年，景公卒。宋公子特攻杀太子而自立，是为昭公。昭公者，元公之曾庶孙也。昭公父公孙纠，纠父公子褍秦，褍秦即元公少子也。景公杀昭公父纠，故昭公怨，杀太子而自立。

昭公四十七年卒，子悼公购由立。悼公八年卒，子休公田立。休公田二十三年卒，子辟公辟兵立。辟公三年卒，子剔成立。剔成四十一年，剔成弟偃攻袭剔成，剔成败，奔齐，偃自立为宋君。

君偃十一年，自立为王。东败齐，取五城；南败楚，取地三百里；西败魏军。乃与齐、魏为敌国。盛血以韦囊，县而射之③，

---

①荧惑：即火星。守：甲星侵占乙星通常所在的天区。心：心宿，二十八宿之一。 ②候：观察。 ③县：通"悬"。

命曰“射天”。淫于酒、妇人。群臣谏者辄射之。于是诸侯皆曰“桀宋”。“宋其复为纣所为，不可不诛。”告齐伐宋。王偃立四十七年。齐湣王与魏、楚伐宋，杀王偃，遂灭宋而三分其地。

太史公曰：孔子称：“微子去之，箕子为之奴，比干谏而死，殷有三仁焉。”《春秋》讥宋之乱自宣公废太子而立弟，国以不宁者十世。襄公之时，修行仁之，欲为盟主。其大夫正考父美之，故追道契、汤、高宗殷所以兴，作《商颂》。襄公既败于泓，而君子或以为多[①]。伤中国阙礼义[②]，褒之也，宋襄之有礼让也。

【译文】

微子开，是殷朝帝乙的长子，帝纣的庶兄。商纣即位后，昏暗无道，国政荒唐纷乱，微子多次进谏，纣都不听从。等到祖伊因周西伯昌实行德政，灭掉饥国后，恐怕灾祸降落殷朝，便将此事告诉纣王。纣王说：“我生下来难道不是有命在天吗？他能把我怎么样？”于是微子估计纣王至死也不能清醒，想一死了之，或离开纣王，自己又无法决断，便去询问太师、少师说：“殷已没有清明的政治，无法很好地治理四方。我们的祖先在上世贡献才力，取得成功，纣王在当今竟一味沉溺于酒宴之中，亲近妇人，扰乱败坏汤王的德政。殷朝上下大大小小都热衷于草野盗窃、犯上作乱，而朝廷大臣也互相仿效，违法乱纪，使得人人有罪，他们的爵禄也就无法继续下去。朝廷既乱，于是百姓各起一方，互为仇敌，天下失去协和的局面。现在，殷朝丧失国典，如同乘船渡河找不到渡口。殷朝的灭亡，指日可待了。”微子继续说：“太师，少师，我将何去何从呢？我们的国家或可免于灭亡吗？你们无意告诫我，我如陷于不义，那么怎么办呢？”太师顺着说道：“王子啊，天帝降临灾祸灭亡殷朝，殷纣竟没有任何畏惧，又不采纳长者老者的意见。今天，殷朝臣民竟违背和诬秽神祇意旨。现

---

①多：赞美。 ②阙：通“缺”，缺少。

在，假使真能救治殷朝，国家治理好了，即使自己死了，也不怨恨，如果自己死了，国家却还得不到治理，那就不如远走他乡。”于是，微子离开了殷。

箕子是纣的亲属。纣王最初制作象牙筷子时，箕子就悲叹道：“他现在制作象牙筷子，将来就一定会制作玉杯；制作玉杯，就一定想把远方的稀世珍宝占为己有。车马宫室的奢侈豪华也必将从这里开始，国家无法振兴了。”由于纣王淫佚无度，箕子进谏，纣王仍不听。有人说：“可以离开了。”箕子说：“做人臣的向君主进谏，君主置之不理，便离他而去，这是张扬君主的过失，而自己讨人民的喜欢，我不忍心这样做。”于是箕子披头散发、假装疯癫做了奴隶。并隐居弹琴聊以自慰，所以人们传颂他的曲子为《箕子操》。

王子比干也是纣王的亲属，看到箕子进谏，君主不听，去做了奴隶，就说：“君主有过失，而不能用死直言规劝，百姓将受害，那百姓有什么罪呢！”于是，就直言进谏纣王。纣王发怒道：“我听说圣人的心有七个窍，真是这样吗？”于是，纣王于是杀死比干，挖出他的心来验证。

微子说：“父与子是骨肉情，臣子与君主是凭道义联系起来的。所以父亲如果有过错，儿子屡次劝不听，就应随之而号哭；人臣如果屡次规劝，君主不听，那么从义上讲，人臣应该远离君主了。于是，太师、少师就劝告微子离去，微子便走了。

武王讨伐纣王，推翻殷朝，微子便手持宗庙祭器来到军门。他露出上身，两手绑在背后，左边让人牵着羊，右边让人拿着茅，跪在地上前行求告武王。于是武王释放微子，恢复他的原爵位。

武王封商纣的儿子武庚禄父，让他继续殷朝的祭祀，并派管叔、蔡叔辅佐他。

武王灭亡殷朝后，便去访问箕子。

武王说：“唉！上天默默安定百姓，使他们安居乐业，我却不知道上天安定百姓的常理次序。”

箕子回答说：“从前鲧堵塞洪水，扰乱了上天五行的规律，上帝就怒气冲冲，天道大法九类常理因此败坏。鲧被杀死，禹就接续而兴起。上天赐给禹天道大法九种，常理因而有了顺序。

“这九种大法，一叫五行，二叫五事，三叫八政，四叫五纪，五叫皇极，六叫三德，七叫稽疑，八叫庶征，九叫任用五福，而让人畏惧使用六极。

“五行：一是水，二是火，三是木，四是金，五是土。水的常性是滋润万物而行下，火的常性是炎热旺盛，而向上升，木可弯曲变直，金可销熔变形，土可耕种收获。水滋润下物产生卤有咸味，火光上升烧焦物体作苦味，木成曲直作酸味，金销熔变形有辣味，土地种收百谷有甜味。

“五事：一是仪容，二是言语，三是观察，四是听闻，五是思维。仪容必须严肃恭敬，言语必须使人心悦诚服，观察要明察秋毫，听闻要明辨是非，思维要通达周密。仪容恭敬，百姓就严肃；言语使人信服，国家就能治理；观察能明察秋毫，就不会受骗；听闻聪慧，臣民就会进其谋划；思维通达，事情就成功。

“八政：一是粮食，二是财货，三是祭祀，四是营造，五是教化，六是除奸，七是宾赞，八是军事。

“五纪：一是年，二是月，三是日，四是星辰，五是历法。

“至高无上的准则：天子应建立准则，聚集这种幸福，布施给自己的臣民，臣民们就会遵守天子制定的准则，天子也可以要求臣民遵守这些准则。这样一来，凡是你的臣民，都不允许结党营私，人们不结成私党，就会把天子建立的准则当作至高无上的。凡是你的臣民，有谋划，有作为，有操守，你就应当牢牢记住他们。虽然臣民的作为有时与你的准则不大协调，但只要未达到犯罪程度，天子就要大度地包容。假如有人谦恭地说“我喜欢美德”，你就赐给他幸福。如此，人们便会完全遵守你的准则。不要虐待那些无依无靠的人，却畏惧高贵显赫的人。对有能力有作为的人，你应善于任用他们，国家便会繁荣昌盛。凡是那些被任用的，都应使他们有爵位有俸禄。假如你不能使官吏对国家做出贡献，这些人就要走上犯罪道路。对于那些不喜欢你建立的准则的人，你虽然赏赐给他爵位，他对你的国家也没有好处。你不要偏颇不公平，应遵循圣王的法则办事。你不要有个人的好恶,而应沿着圣王的道路前进。你不要为非作歹,要遵循圣王的正路行事。你不要偏私,不要结交朋党,那么,圣王的道路就会宽广。不结党,不偏私,圣王的道路就会清明可辨。你不要违反王道,不要冒犯原则,圣王的道路就正直。你应当会集那些按原则办事的人,那么,臣民们就都能归向你的原则。所以说,天子宣布的至高无上的原则,就应当经常遵守,就是天子的教导也要符合上帝的意旨。凡是臣民,也应把天子宣布的法则当作至高无上的,按照这个原则行事,就是亲附天子了。所以说,天子是臣民的父母,臣民要奉天子为天下之主。

"三德:一是端正人的曲直,二是以刚取胜,三是以柔取胜。要想使天下平安,就要端正人的曲直,对那些强硬不友好的人,就应用刚硬态度战胜他们;对那些友好的人就应用柔和态度对待他们;对乱臣贼子,就必须强硬对付;对高明君子,就必须柔和安抚。只有国君才能授人爵位赏有俸禄,只有国君才能主持刑罚,只有国君才能享有美食。臣子无权授人爵位赏人俸禄,无权主持刑罚,无权享有美食。臣子如果也能授人爵位赏人俸禄,也能主持刑罚,也能享有美食,就会既害自家,又给国家带来灾祸。人们就会因此行为不合王道,百姓就会因此犯上作乱。

"解决疑难问题的办法:选择擅长卜筮的人,任用他们分别用龟甲或蓍草占卜。命他们进行卜筮,卜筮的征兆有的像下雨,有的像雨后初晴,有的像云气连绵,有的像雾气迷蒙,还有兆相交错,有的明正,有的像隐晦,卦象一共七种。前五种用龟甲占卜,后两种用蓍草占卜,对复杂多变的卦象加以推演研究。任用这些卜筮之人,如果三人占卜就信从两人的话。你如果遇到重大的疑难问题,就首先独自深思熟虑,其次要与卿士商量,与百姓商量,最后用卜筮决断。你如果自己同意,龟卜同意,草占同意,卿士同意,百姓同意,这叫大同,那么你本人就健康强壮,子孙也将大吉大利。你自己同意,龟卜同意,草占同意,卿士不同意,百姓不同意,这就是吉。卿士同意,龟卜同意,草占同意,你不同意,百姓不同意,这也是吉。百姓同意,龟卜同意,草占同意,你不同意,卿士不同意,这还是吉。你同意，龟卜同意，草占不同意，卿士不同意，百姓不同意，在境内办事就会吉，在境外办事就有凶险。龟卜、草占都与人的意见相违背，静守就会吉利，行动就会有凶险。

“各种征兆：或是雨，或是晴，或是暖，或是寒，或是风，要符合时令。如果五种自然现象都具备，并能按一定规律出现，庄稼就茂盛。如果一种现象过多发生，就会歉收。如果一种现象缺乏了，同样也要歉收。关于天子美好行为的证验：天子谦恭，天就按时下雨；天子政务清明，阳光就会充足；天子英明，温暖就会按时到来；天子有谋略，寒冷就会应时而生；天子通达，风就会按时刮过。天子丑恶行为的凶验：天子狂妄，雨水就会过多；天子僭越差错，天就会干旱；天子贪图享乐，天气就会过分炎热；天子暴虐急躁，天就会过分寒冷；天子昏暗不明，大风就刮个不止，天子决策有了过失，就影响一整年，卿士管理有了过失，就影响一整月，官吏办事有了过失，就影响一整天。年、月、日都没有异常，各种庄稼就会生长茂盛，政治就会清明，贤能的人就会得到提拔，国家就会平安稳定。相反，年、月、日出现了异常，庄稼就长不好，政治就昏暗，贤能的人就受压抑，国家就会不安宁，百姓像星辰，有的星辰喜好风，有的星辰喜好雨。日月按规律运行，便产生了冬夏。月亮的运行如果顺从星辰，就会招致风雨。

“五种幸福：一是长寿，二是富有，三是平安，四是爱好美德，五是善终。

六种灾祸：一是夭折，二是疾病，三是忧愁，四是贫穷，五是丑陋，六是懦弱。”

武王听完箕子的一番陈述，就把箕子封在朝鲜，而不把他作臣下看待。

后来，箕子朝拜周王，经过故都殷墟，见宫室毁坏坍塌、禾苗丛生，内心十分悲痛，想大哭一场又觉不可；想小声哭泣，又感到近于妇人的性格，于是触景生情吟出《麦秀》诗，诗中说：“麦芒尖尖啊，禾苗绿油油。那个无赖的小子啊，不和我亲近啊！”所谓无赖小子，就是纣王。殷的百姓看到这首诗,都为之流泪。

武王驾崩后,成王还年少,周公旦代理行政,掌握国家政权。管叔、蔡叔怀疑周公旦,就与武庚作乱,想攻打成王、周公。周公秉承成王的命令诛杀武庚、管叔,放逐了蔡叔,又让微子开管理殷地,以继续殷先祖的事业,并作《微子之命》告诫他,国名为宋。微子本来就仁爱贤能,代替武庚后,殷的百姓十分拥戴他。

微子开死后,立他的弟弟衍为国君,这就是微仲。微仲死,其子宋公稽即位。宋公稽死,其子丁公申即位。丁公申死,其子湣公共即位。湣公共死,弟弟炀公熙即位。炀公即位后,湣公的儿子鲋祀杀死炀公夺取君位,说:"我应当即位。"这就是厉公。厉公死,其子釐公举即位。

釐公十七年,周厉王出奔到彘。

二十八年,釐公死后,其子惠公𥌒即位。

惠公四年,周宣王即位。

三十年,惠公死,子哀公即位。哀公于元年死,子戴公即位。

戴公二十九年,周幽王被犬戎所杀,秦国开始被列为诸侯。

三十四年,戴公死,其子武公司空即位。武公的女儿做了鲁惠公的夫人,生了鲁桓公。十八年,武公死,其子宣公力即位。宣公的太子名与夷。

十九年,宣公病重,把君位让给弟弟和说:"父亲死了,儿子继位,哥哥死了,弟弟继位,是天下普遍的道义。我要立和为国君。"和多次谦让不成,最后才接受。宣公死后,弟弟和即位,这就穆公。

穆公于九年病重,对大司马孔父说:"先君宣公舍弃太子与夷而把君位让给我。我永生不能忘记。我死后,一定立与夷为国君。"孔父却说:"大臣们都希望立公子冯!"穆公说:"不要立冯,我绝不能辜负宣公。"于是穆公派冯出使郑国并居住在那里。八月庚辰日,穆公死,哥哥宣公的儿子与夷即位,这就是殇公。君子听到这种情况后说:"宋宣公可以算是知人善任了,立自己的弟弟为国君而保全了道义,然而自己的儿子也还是终于享有了国家。"

殇公元年，卫公子州吁杀害自己的国君完，自立为君主，想得到诸侯支持，便派人告诉宋国君说："冯在郑国，一定是后患，你可以和我共同讨伐他。"宋答应了，和卫共同攻打郑，军队打到东门便返回。

第二年，郑国讨伐宋国，还报"东门役"之仇恨。此后，诸侯多次来进犯宋国。

九年，大司马孔父嘉的美貌妻子外出，路遇太宰华督，华督看中嘉的夫人，竟目不转睛盯住她。华督贪图孔父妻，就让人在国中扬言说："殇公即位十年，竟打十一次大仗，百姓苦不堪言，这都是孔父的罪过，我要杀死孔父以安定人民。"当年，鲁人杀死自己的国君隐公。

十年，华督杀死孔父，夺了他的妻子。殇公很生气，于是华督又杀害殇公，从郑国迎回穆公儿子冯并立他为君王，这就是庄公。

庄公元年，华督做宰相。九年，逮捕了郑国的祭仲，要挟他立突做郑国国君。祭仲答应了，终于拥立突为国君。十九年，庄公死，其子湣公捷即位。

湣公七年，齐桓公即位。九年，宋国洪水成灾，鲁国派臧文仲到宋国慰问，湣公自责说："因我不能侍奉鬼神，政治不清明，所以发生水灾。"臧文仲认为这话很对。这话实际是公子子鱼教给湣公的。

十年夏天，宋国讨伐鲁国，在乘丘作战，鲁国活捉了宋国的南宫万。宋人请求释放万，南宫万回归宋国。十一年秋天，湣公与南宫万出猎时作博戏，南宫万与湣公争道，湣公发怒，侮辱了他，说："以前我很敬重你，今天，你只不过是鲁国的一个俘虏。"南宫万勇武有力，痛恨湣公这样说，于是抓起棋盘把湣公杀死在蒙泽。大夫仇牧听说这事，带着武器来到公门。南宫万迎击仇牧，仇牧门齿碰到扉上死了。南宫万又杀死太宰华督，就改立公子游作国君。各位公子逃奔到萧邑，公子御说逃奔到亳地。南宫万的弟弟南宫牛带领军队包围了亳。冬天，萧邑大夫和宋都逃来的公子们联合击杀了南宫牛，并杀死新立的国君公子游，而立湣公弟弟御说，这就是桓公。南宫万逃奔到陈国。宋国派人贿赂了陈。陈国人便派女人用醇酒灌醉了南宫万，用皮革把他裹上，送回宋国。宋国人对南宫万施以醢刑。

桓公二年，诸侯讨伐宋国，到了宋都郊外就离开了。三年，齐桓公开始称霸。二十三年，卫国把公子燬从齐国迎归，并立他为国君，这就是卫文公。文公的妹妹是宋桓公的夫人。这一年，秦穆公即位。三十年，宋桓公病重，太子兹甫谦让自己的庶兄目夷继承君位。桓公虽然认为太子之意合乎道义，但最终未同意。三十一年春，桓公死，太子兹甫即位，这就是宋襄公。襄公让自己的哥哥目夷做宰相。桓公还未安葬，齐桓公就在葵丘会见各国诸侯，襄公前去赴会。

襄公七年，宋地陨星坠落如雨，和雨一块降下，六只鹢退着飞行，因为风太大了。

八年，齐桓公死，宋国想召集诸侯盟会。十二年春天，宋襄公要在鹿上召集盟会，向楚国提出要求让诸侯拥护他，楚人答应了他。公子目夷进谏说："小国争当盟首，是祸患哪！"襄公听不进目夷的劝告。秋天，诸侯在盂与宋公聚会结盟。目夷说："祸患难道在此吗？国君的欲望太过分了，怎么受得了呢！"果然，楚拘捕了宋襄公来讨伐宋国。冬天，诸侯再次在亳相会，楚释放了宋公。子鱼说："祸患还没有结束呢。"十三年夏天，宋国讨伐郑国。子鱼说："祸患就在这里了。"秋天，楚国为援救郑国而讨伐宋国。襄公要出战，子鱼进谏说："上天抛弃商朝很久了，不可以战。"冬天，十一月，襄公在泓水与楚成王作战。楚军渡河未完时，目夷就劝说："敌众我寡，要趁他们渡河时攻打他们。"襄公不听目夷的意见。等到楚军渡完河还未排列成阵势时，目夷又建议："可以攻打了。"襄公却说："等他们排好阵势再打。"楚军阵势排好，宋军才出战。结果宋军大败，襄公大腿受伤。宋国人都埋怨襄公。襄公辩解说："君子不能乘人之危，不能攻打未列好阵势的军队。"子鱼说："打仗胜了就是功劳，说些空洞的道理又有什么用呢！真的按您说的做，就做奴隶服侍别人算了，何必还要打仗呢？"

楚成王救郑成功，郑国热情款待他。成王离开时，娶了郑君两个女儿回去。叔瞻说："成王不懂礼节，难道能寿终正寝吗？讲究礼节内外无别，从这里就知道他绝对不能成就霸业了。”

这一年，晋公子重耳路过宋国，襄公因为被楚国打伤，想得到晋援助，于是厚礼重耳，赠送给重耳八十匹马。

十四年夏天，襄公终于死于泓水之战时的腿伤，其子成公王臣即位。

成公元年，晋文公即位。三年，宋国背弃楚国盟约，亲近晋国，因为宋襄公曾对文公有过恩德。四年，楚成王讨伐宋国，宋国向晋国告急。五年，晋文公救援宋国，楚军退去。九年，晋文公死。十一年，楚太子商臣杀死自己的父亲成王即位。十六年，秦穆公死。

十七年，成公死。成公的弟弟御杀死太子和大司马公孙固，自立为君。宋人杀死国君御，拥立成公小儿子杵臼，这就是昭公。

昭公四年，宋国在长丘打败长翟缘斯。七年，楚庄王即位。

九年，昭公昏庸无道，国人不归附他。昭公的弟弟鲍革很贤德，又能礼贤下士。先前，襄公夫人想与公子鲍革私通，未能如愿，于是就帮助鲍对国人布施恩惠。公子鲍革由于华元的推荐作了右师。昭公出猎时，夫人王姬让卫伯杀死昭公杵臼，弟弟鲍革即位，这就是文公。

文公元年，晋国率领诸侯讨伐宋国，谴责宋杀死了国君。但听说文公已被立为国君，就退兵离去了。二年，昭公的儿子靠文公的同母弟弟须和武公、缪公、戴公、庄公、桓公后代的支持作乱，文公便诛杀了他们，赶走武公、缪公后代。

四年春天，楚国让郑国讨伐宋国。宋国派华元作统帅，郑国打败了宋国，囚禁了华元。华元在作战初曾杀羊犒劳士兵，他的车夫没有吃到羊羹，所以十分怨恨，便驾着华元的车子跑到郑军中，所以宋军失败，华元被囚。宋国用一百辆兵车、四百匹毛色漂亮的马赎回华元。这些东西还未完全送到楚国，华元就逃了回来。

十四年，楚庄王包围了郑国。郑国国君投降了楚国，楚国又解围而去。

十六年，楚使者路过宋国，宋国因有前仇，就逮捕楚国使者。九月，楚庄王包围宋都。十七年，楚国包围宋都达五月之久，城内告急，无粮可吃，华元便在一天夜里私下会见楚国将领子反。子反告诉庄王。庄王问："城中怎么样？"子反回答："城内人劈人骨头作柴烧，交换幼子果腹。"庄王说："这话是真的呀！我军也只有两天的口粮了。"楚国由于讲求信义，就退兵回去。

二十二年，文公死，其子共公瑕为国君。宋国第一次实行厚葬。君子讥笑华元不像做臣子的。

共公十年，华元与楚将子重友好，又与晋将栾书友好，因此与晋、楚两国都结了盟。十三年，共公死。华元做右师，鱼石做左师。司马唐山杀死太子肥，又打算杀死华元，华元要逃亡到晋国，鱼石阻止了他，到了黄河又折回来，杀了唐山。于是，立共公小儿子成，这就是平公。

平公三年，楚共王攻下宋彭城，把彭城封给宋国左师鱼石。四年，诸侯共同杀死鱼石，把彭城还给宋。三十五年，楚公子围杀死国君即位，就是灵王。四十四年，平公死，其子元公佐即位。

元公三年，楚公子弃疾杀君即位，做了平王。八年，宋国发生火灾。十年，元公不讲信用，用欺骗手段杀死许多公子，大夫华氏、向氏作乱。楚平王太子建逃奔到宋国，看见华氏等人互相攻伐，便离开宋国前往郑国。

十五年，因为鲁昭公在外居住躲避季氏，元公便替他要求回鲁国去，半路上元公死去，其子景公头曼即位。

景公十六，鲁国阳虎逃奔到宋国，没过多久又离开。二十五年，孔子路过宋国，宋国司马桓魋讨厌孔子，想杀死他，孔子换上平民服逃出宋国。三十年，曹背叛宋国，宋国讨伐曹国，晋国未去救援，于是宋国君灭亡了曹国，占据了曹国。

三十六年，齐国田常杀害国君简公。

三十七年，楚惠王灭亡了陈国，火星侵占了心宿星区。心宿区是宋国的天区，景公十分担忧。司星子韦说："可以把灾祸移到相国身上。"景公说："不行，相国像是我的手足一样。"子韦又说："可以移到百姓身上。"景公说："也不行，国君靠的就是百姓。"子韦又说："可以移到年成上。"景公说:“更不行,年成不好,百姓贫困,我做谁的国君!”子韦说:“天虽高远却能听到下界细微的声音,您有这三句国君应该说的话,火星应该有所移动了。”于是仔细观测火星,火星果然移动了三度。

六十四年,景公死。宋公子特杀死太子即位,这就是昭公。昭公是元公的曾孙。昭公的父亲是公孙纠,纠的父亲是公子褍秦,褍秦就是元公的小儿子。景公杀死昭公的父亲公孙纠,所以昭公怨恨太子,便杀死他,自己即位。

昭公四十七年死,其子悼公购由立为国君。悼公八年死,其子休公田即位。休公田二十三年死,其子辟公辟兵即位。辟公三年死,其子剔成即位。剔成四十一年,剔成的弟弟偃袭击剔成,剔成失败逃到齐国,偃自立为宋国国君。

君偃十一年,自己号为王。东面打败齐国,攻下五座城;南面打败楚国,侵占三百里地;西面打败魏国,和齐、魏结成怨家。君偃用牛皮袋盛着血,悬挂起来用箭射它,称为“射天”。君偃只知沉溺于酒色之中。凡是规劝提意见的大臣,君偃一律射死。于是诸侯们都称他为“桀宋”。说:“宋君偃又步纣王后尘,为所欲为,不可不杀。”诸侯要求齐国讨伐宋国。宋王偃即位四十七年,齐湣王与魏、楚讨伐宋国,杀死王偃,灭亡了宋国,瓜分了宋地。

太史公说:孔子说:“微子离开纣,箕子成为奴隶,比干进谏被杀,殷朝有三位仁者。”《春秋》讥讽宋国的动乱从宣公废掉太子而让自己的弟弟即位开始,国家不安定达十代之多。襄公时,修行仁义,想做盟主。他的大夫正考父称赞他,所以追述契、汤、高宗时代殷朝兴盛的原因,写了《商颂》。宋襄公在泓水吃了败仗后,有的君子认为他值得赞扬,感叹当时中原地区的国家缺少礼义,所以表彰他,因为宋襄公具有礼让精神。

史记卷三十九·晋世家第九

晋国是春秋时期大国之一，乃周成王之弟叔虞封国。《晋世家》以系年的方式，系统记载了晋国兴衰发展历史，记事自成王削桐叶为珪以封叔虞于唐到晋静公二年魏、韩、赵三家分晋为止，其间约六百余年。本篇首先交代了晋国建立经过，既而概述了晋国在春秋初年的分裂及晋武公统一晋国的过程；详细叙述了晋国中期历史，重点介绍了晋文公称霸始末，最后记述了晋国后期历史，以六卿兴起直至三家分晋为线索。本篇记事多本于《左传》，而于晋文公重耳述说尤详，详细记述了他从一个流亡公子经过各种艰难险阻登上君主宝座并最终成为一代春秋霸主的历程。

晋唐叔虞者，周武王子而成王弟。初，武王与叔虞母会时，梦天谓武王曰："余命女生子①，名虞，余与之唐。"及生子，文在其手曰"虞"，故遂因命之曰虞。

武王崩，成王立，唐有乱，周公诛灭唐。成王与叔虞戏，削桐叶为珪以与叔虞，曰："以此封若②。"史佚因请择日立叔虞。成王曰："吾与之戏耳。"史佚曰："天子无戏言。言则史书之，礼成之，乐歌之。"于是遂封叔虞于唐。唐在河、汾之东，方百里，故曰唐叔虞。姓姬氏，字子于。

唐叔子燮，是为晋侯。晋侯子宁族，是为武侯。武侯之子服人，是为成侯。成侯子福，是为厉侯。厉侯之子宜臼，是为靖侯。靖侯已来，年纪可推。自唐叔至靖侯五世，无其年数。

---

①女：通"汝"，你。 ②若：你。

靖侯十七年，周厉王迷惑暴虐，国人作乱，厉王出奔于彘，大臣行政，故曰“共和”。

十八年，靖侯卒，子釐侯司徒立。

釐侯十四年，周宣王初立。

十八年，釐侯卒，子献侯籍立。献侯十一年卒，子穆侯费王立。

穆侯四年，取①齐女姜氏为夫人。七年，伐条。生太子仇。十年，伐千亩，有功。生少子，名曰成师。晋人师服曰：“异哉，君之命子也！太子曰仇，仇者雠也。少子曰成师，成师大号，成之者也。名，自命也；物，自定也。今適②庶名反逆，此后晋其能毋乱乎？”

二十七年，穆侯卒，弟殇叔自立，太子仇出奔。殇叔三年，周宣王崩。四年，穆侯太子仇率其徒袭殇叔而立，是为文侯。

文侯十年，周幽王无道，犬戎杀幽王，周东徙。而秦襄公始列为诸侯。

三十五年，文侯仇卒，子昭侯伯立。

昭侯元年，封文侯弟成师于曲沃。曲沃邑大于翼。翼，晋君都邑也。成师封曲沃，号为桓叔。靖侯庶孙栾宾相桓叔。桓叔是时年五十八矣，好德，晋国之众皆附焉。君子曰：“晋之乱其在曲沃矣。末大于本而得民心，不乱何待！”

七年，晋大臣潘父弑其君昭侯而迎曲沃桓叔。桓叔欲入晋，晋人发兵攻桓叔。桓叔败，还归曲沃。晋人共立昭侯子平为君，是为孝侯。诛潘父。

孝侯八年，曲沃桓叔卒，子鱓代桓叔，是为曲沃庄伯。孝侯

---

①取：通“娶”。 ②適：通“嫡”，此处指嫡子。

十五年，曲沃庄伯弑其君晋孝侯于翼。晋人攻曲沃庄伯，庄伯复入曲沃。晋人复立孝侯子郄为君，是为鄂侯。

鄂侯二年，鲁隐公初立。

鄂侯六年卒。曲沃庄伯闻鄂侯卒，乃兴兵伐晋。周平王使虢公将兵伐曲沃庄伯，庄伯走保曲沃。晋人共立鄂侯子光，是为哀侯。

哀侯二年，曲沃庄伯卒，子称代庄伯立，是为曲沃武公。哀侯六年，鲁弑其君隐公。哀侯八年，晋侵陉廷。陉廷与曲沃武公谋，九年，伐晋于汾旁，虏哀侯。晋人乃立哀侯子小子为君，是为小子侯。

小子元年，曲沃武公使韩万杀所虏晋哀侯。曲沃益强，晋无如之何。

晋小子之四年，曲沃武公诱召晋小子杀之。周桓王使虢仲伐曲沃武公，武公入于曲沃。乃立晋哀侯弟缗为晋侯。

晋侯缗四年，宋执郑祭仲而立突为郑君。晋侯十九年，齐人管至父弑其君襄公。

晋侯二十八年，齐桓公始霸。曲沃武公伐晋侯缗，灭之，尽以其宝器赂献于周釐王。釐王命曲沃武公为晋君，列为诸侯，于是尽并晋地而有之。

曲沃武公已即位三十七年矣，更号曰晋武公。晋武公始都晋国，前即位曲沃，通年三十八年。

武公称者，先晋穆侯曾孙也，曲沃桓叔孙也。桓叔者，始封曲沃。武公，庄伯子也。自桓叔初封曲沃以至武公灭晋也，凡六十七岁，而卒代晋为诸侯。武公代晋二岁，卒。与曲沃通年即位凡三十九年而卒。子献公诡诸立。

献公元年，周惠王弟颓攻惠王，惠王出奔，居郑之栎邑。

五年，伐骊戎，得骊姬、骊姬弟，俱爱幸之。

八年，士蔿说公曰："故晋之群公子多，不诛，乱且起。"乃使尽杀诸公子，而城聚都之，命曰绛，始都绛。九年，晋群公子既亡奔虢，虢以其故再伐晋，弗克。十年，晋欲伐虢，士蔿曰："且待其乱。"

十二年，骊姬生奚齐。献公有意废太子，乃曰："曲沃吾先祖宗庙所在，而蒲边秦，屈边翟，不使诸子居之，我惧焉。"于是使太子申生居曲沃，公子重耳居蒲，公子夷吾居屈。献公与骊姬子奚齐居绛。晋国以此知太子不立也。太子申生，其母齐桓公女也，曰齐姜，早死。申生同母女弟为秦穆公夫人。重耳母，翟之狐氏女也。夷吾母，重耳母女弟也。献公子八人，而太子申生、重耳、夷吾皆有贤行。及得骊姬，乃远此三子。

十六年，晋献公作二军。公将上军，太子申生将下军，赵夙御戎①，毕万为右②，伐灭霍，灭魏，灭耿。还，为太子城曲沃，赐赵夙耿，赐毕万魏，以为大夫。士蔿曰："太子不得立矣。分之都城，而位以卿，先为之极，又安得立！不如逃之，无使罪至。为吴太伯，不亦可乎，犹有令名③。"太子不从。卜偃曰："毕万之后必大。万，盈数也；魏④，大名也。以是始赏，天开之矣。天子曰兆民，诸侯曰万民，今命之大，以从盈数，其必有众。"初，毕万卜仕于晋国，遇"屯"之"比"。辛廖占之曰："吉。屯固比人，吉孰大焉！其后必蕃昌。"

十七年，晋侯使太子申生伐东山。里克谏献公曰："太子奉冢祀社稷之粢盛⑤，以朝夕视君膳者也，故曰冢子。君行则守，

①御戎：驾驭戎车。 ②右：马车上防备车子倾倒或受阻的力士，位置在驾车者之右。 ③令名：好名声。 ④魏：通"巍"，高大。 ⑤冢祀：帝王、诸侯在宗庙举行的大祭祀。粢（zī）盛：祭品，指装在祭器里的谷物。

有守则从，从曰抚军，守曰监国，古之制也。夫率师，专行谋也；誓军旅，君与国政之所图也：非太子之事也。师在制命而已，禀命则不威，专命则不孝，故君之嗣適不可以帅师。君失其官，率师不威，将安用之？”公曰：“寡人有子，未知其太子谁立。”里克不对而退，见太子。太子曰：“吾其废乎？”里克曰：“太子勉之！教以军旅，不共是惧[①]，何故废乎？且子惧不孝，毋惧不得立。修己而不责人，则免于难。”太子帅师，公衣之偏衣，佩之金玦。里克谢病，不从太子。太子遂伐东山。

十九年，献公曰：“始吾先君庄伯、武公之诛晋乱，而虢常助晋伐我，又匿晋亡公子，果为乱，弗诛，后遗子孙忧。”乃使荀息以屈产之乘假道于虞。虞假道，遂伐虢，取其下阳以归。

献公私谓骊姬曰：“吾欲废太子，以奚齐代之。”骊姬泣曰：“太子之立，诸侯皆已知之，而数将兵，百姓附之，奈何以贱妾之故废適立庶？君必行之，妾自杀也。”骊姬详誉太子，而阴令人谮恶太子，而欲立其子。

二十一年，骊姬谓太子曰：“君梦见齐姜，太子速祭曲沃，归釐于君[②]。”太子于是祭其母齐姜于曲沃，上其荐胙于献公。献公时出猎，置胙于宫中。骊姬使人置毒药胙中。居二日，献公从猎来还，宰人上胙献公。献公欲飨之[③]。骊姬从旁止之，曰：“胙所从来远，宜试之。”祭地，地坟[④]；与犬，犬死；与小臣，小臣死。骊姬泣曰：“太子何忍也！其父欲弑代之，况他人乎？且君老矣，旦暮之人，曾不能待而欲弑之！”谓献公曰：“太子所以然者，不过以妾及奚齐之故。妾愿子母辟[⑤]之他国，若早自杀，毋

①共：通“恭”。②釐：祭肉，又称“胙”。③飨：通“享”，享用。④坟：高起，隆起。⑤辟：通“避”。

徒使母子为太子所鱼肉也。始君欲废之,妾犹恨之;至于今,妾殊自失于此。”太子闻之,奔新城。献公怒,乃诛其傅杜原款。或谓太子曰:“为此药者乃骊姬也,太子何不自辞明之?”太子曰:“吾君老矣,非骊姬,寝不安,食不甘。即辞之,君且怒之。不可。”或谓太子曰:“可奔他国。”太子曰:“被此恶名以出,人谁内[①]我?我自杀耳。”十二月戊申,申生自杀于新城。

此时重耳、夷吾来朝。人或告骊姬曰:“二公子怨骊姬谮杀太子。”骊姬恐,因谮二公子:“申生之药胙,二公子知之。”二子闻之,恐,重耳走蒲,夷吾走屈,保其城,自备守。初,献公使士蒍为二公子筑蒲、屈城弗就。夷吾以告公,公怒士蒍。士蒍谢曰:“边城少寇,安用之?”退而歌曰:“狐裘蒙茸,一国三公,吾谁适从!”卒就城。及申生死,二子亦归保其城。

二十二年,献公怒二子不辞而去,果有谋矣,乃使兵伐蒲。蒲人之宦者勃鞮命重耳促自杀。重耳逾垣,宦者追斩其衣袪[②]。重耳遂奔翟。使人伐屈,屈城守,不可下。

是岁也,晋复假道于虞以伐虢。虞之大夫宫之奇谏虞君曰:“晋不可假道也,是且灭虞。”虞君曰:“晋我同姓,不宜伐我。”宫之奇曰:“太伯、虞仲,太王之子也。太伯亡去,是以不嗣。虢仲、虢叔,王季之子也,为文王卿士,其记勋在王室,藏于盟府。将虢是灭,何爱于虞?且虞之亲能亲于桓、庄之族乎?桓、庄之族何罪,尽灭之。虞之与虢,唇之与齿,唇亡则齿寒。”虞公不听,遂许晋。宫之奇以其族去虞。其冬,晋灭虢,虢公丑奔周。还,袭灭虞,虏虞公及其大夫井伯百里奚,以媵[③]秦穆姬,而修虞祀。荀息牵曩所遗虞屈产之乘马奉之献公,献公笑曰:

---

①内:通“纳”。 ②袪(qū):袖口。 ③媵:陪嫁。

"马则吾马，齿亦老矣！"

二十三年，献公遂发贾华等伐屈，屈溃。夷吾将奔翟。冀芮曰："不可，重耳已在矣，今往，晋必移兵伐翟，翟畏晋，祸且及，不如走梁。梁近于秦，秦强，吾君百岁后可以求入焉。"遂奔梁。二十五年，晋伐翟，翟以重耳故，亦击晋于啮桑，晋兵解而去。

当此时，晋强，西有河西，与秦接境，北边翟，东至河内。

骊姬弟生悼子。

二十六年夏，齐桓公大会诸侯于葵丘。晋献公病，行后，未至，逢周之宰孔。宰孔曰："齐桓公益骄，不务德而务远略，诸侯弗平。君弟[①]毋会，毋如晋何。"献公亦病，复还归。病甚，乃谓荀息曰："吾以奚齐为后，年少，诸大臣不服，恐乱起，子能立之乎？"荀息曰："能。"献公曰："何以为验？"对曰："使死者复生，生者不惭，为之验。"于是遂属[②]奚齐于荀息。荀息为相，主国政。

秋九月，献公卒。里克、邳郑欲内重耳，以三公子之徒作乱，谓荀息曰："三怨将起，秦、晋辅之，子将何如？"荀息曰："吾不可负先君言。"十月，里克杀奚齐于丧次。献公未葬也。荀息将死之，或曰不如立奚齐弟悼子而傅之，荀息立悼子而葬献公。十一月，里克弑悼子于朝，荀息死之。君子曰："《诗》所谓'白珪之玷，犹可磨也，斯言之玷，不可为也'，其荀息之谓乎！不负其言。"初，献公将伐骊戎，卜曰"齿牙为祸"。及破骊戎，获骊姬，爱之，竟以乱晋。

里克等已杀奚齐、悼子，使人迎公子重耳于翟，欲立之。重耳谢曰："负[③]父之命出奔，父死不得修人子之礼侍丧，重耳何敢

---

①弟：通"第"，但，尽管。 ②属：通"嘱"，托付。 ③负：违背。

入！大夫其更立他子。”还报里克，里克使迎夷吾于梁。夷吾欲往，吕省、郤芮曰：“内犹有公子可立者而外求，难信。计非之秦，辅强国之威以入，恐危。”乃使郤芮厚赂秦，约曰：“即得入，请以晋河西之地与秦。”及遗[①]里克书曰：“诚得立，请遂封子于汾阳之邑。”秦穆公乃发兵送夷吾于晋。齐桓公闻晋内乱，亦率诸侯如晋。秦兵与夷吾亦至晋，齐乃使隰朋会秦俱入夷吾，立为晋君，是为惠公。齐桓公至晋之高梁而还归。

惠公夷吾元年，使邳郑谢秦曰：“始夷吾以河西地许君，今幸得入立，大臣曰：‘地者先君之地，君亡在外，何以得擅许秦者？’寡人争之，弗能得，故谢秦。”亦不与里克汾阳邑，而夺之权。四月，周襄王使周公忌父会齐、秦大夫共礼晋惠公。惠公以重耳在外，畏里克为变，赐里克死。谓曰：“微[②]里子，寡人不得立。虽然，子亦杀二君一大夫，为子君者不亦难乎？”里克对曰：“不有所废，君何以兴？欲诛之，其无辞乎？乃言为此！臣闻命矣。”遂伏剑而死。于是邳郑使谢秦未还，故不及难。

晋君改葬恭太子申生。秋，狐突之下国，遇申生，申生与载而告之曰：“夷吾无礼，余得请于帝，将以晋与秦，秦将祀余。”狐突对曰：“臣闻神不食非其宗，君其祀毋乃绝乎？君其图之。”申生曰：“诺，吾将复请帝。后十日，新城西偏将有巫者见我焉。”许之，遂不见。及期而往，复见，申生告之曰：“帝许罚有罪矣，毙[③]于韩。”儿乃谣曰：“恭太子更葬矣，后十四年，晋亦不昌，昌乃在兄。”

邳郑使秦，闻里克诛，乃说秦穆公曰：“吕省、郤称、冀芮实为不从。若重赂与谋，出晋君，入重耳，事必就。”秦穆公许之，

---

①遗（wèi）：赠送，送给。②微：无，没有。③毙：失败。

使人与归报晋，厚赂三子。三子曰："币厚言甘，此必邳郑卖我于秦。"遂杀邳郑及里克、邳郑之党七舆大夫。邳郑子豹奔秦，言伐晋，穆公弗听。

惠公之立，倍[1]秦地及里克，诛七舆大夫，国人不附。

二年，周使召公过礼晋惠公，惠公礼倨，召公讥之。

四年，晋饥，乞籴[2]于秦。穆公问百里奚，百里奚曰："天灾流行，国家代有，救灾恤邻，国之道也。与之。"邳郑子豹曰："伐之。"穆公曰："其君是恶，其民何罪！"卒与粟，自雍属[3]绛。

五年，秦饥，请籴于晋。晋君谋之，庆郑曰："以秦得立，已而倍其地约。晋饥而秦贷我，今秦饥请籴，与之何疑？而谋之！"虢射曰："往年天以晋赐秦，秦弗知取而贷我。今天以秦赐晋，晋其可以逆天乎？遂伐之。"惠公用虢射谋，不与秦粟，而发兵且伐秦。秦大怒，亦发兵伐晋。

六年春，秦穆公将兵伐晋。晋惠公谓庆郑曰："秦师深矣，奈何？"郑曰："秦内君，君倍其赂；晋饥秦输粟，秦饥而晋倍之，乃欲因其饥伐之，其深不亦宜乎！"晋卜御右，庆郑皆吉。公曰："郑不孙[4]。"乃更令步阳御戎，家仆徒为右，进兵。

九月壬戌，秦穆公、晋惠公合战韩原。惠公马骜不行，秦兵至，公窘，召庆郑为御。郑曰："不用卜，败，不亦当乎！"遂去。更令梁繇靡御，虢射为右，辂[5]秦穆公。穆公壮士冒败晋军，晋军败，遂失秦穆公。反获晋公以归。秦将以祀上帝。晋君姊为穆公夫人，衰绖[6]涕泣。公曰："得晋侯将以为乐，今乃如此。且吾闻箕子见唐叔之初封，曰'其后必当大矣'，晋庸[7]可灭乎！"乃

---

①倍：通"背"。 ②籴：买进粮食。 ③属：接连。 ④孙：通"逊"。 ⑤辂：通"络"，网罗，包抄。 ⑥衰(cuī)绖：丧服。 ⑦庸：岂，难道。

与晋侯盟王城而许之归。晋侯亦使吕省等报国人曰："孤虽得归，毋面目见社稷，卜日立子圉。"晋人闻之，皆哭。秦穆公问吕省："晋国和乎？"对曰："不和。小人惧失君亡亲，不惮立子圉，曰'必报仇，宁事戎狄'。其君子则爱君而知罪，以待秦命，曰：'必报德'。有此二故，不和。"于是秦穆公更舍晋惠公，馈之七牢①。十一月，归晋侯。晋侯至国，诛庆郑，修政教。谋曰："重耳在外，诸侯多利内之。"欲使人杀重耳于狄。重耳闻之，如齐。

八年，使太子圉质秦。初，惠公亡在梁，梁伯以其女妻之，生一男一女。梁伯卜之，男为人臣，女为人妾，故名男为圉，女为妾。

十年，秦灭梁。梁伯好土功，治城沟，民力罢②怨，其众数相惊，曰"秦寇至"，民恐惑，秦竟灭之。

十三年，晋惠公病，内有数子。太子圉曰："吾母家在梁，梁今秦灭之，我外轻于秦而内无援于国。君即不起，病大夫轻③，更立他公子。"乃谋与其妻俱亡归。秦女曰："子一国太子，辱在此。秦使婢子侍，以固子之心。子亡矣，我不从子，亦不敢言。"子圉遂亡归晋。十四年九月，惠公卒，太子圉立，是为怀公。

子圉之亡，秦怨之，乃求公子重耳，欲内之。子圉之立，畏秦之伐也，乃令国中诸从重耳亡者与期，期尽不到者尽灭其家。狐突之子毛及偃从重耳在秦，弗肯召。怀公怒，囚狐突。突曰："臣子事重耳有年数矣，今召之，是教之反君也，何以教之？"怀公卒杀狐突。秦穆公乃发兵送内重耳，使人告栾、郤之党为内应，杀怀公于高梁，入重耳。重耳立，是为文公。

晋文公重耳，晋献公之子也。自少好士，年十七，有贤士五

---

①牢：一牛一羊一猪为一牢。 ②罢：通"疲"。 ③病：忧虑。轻：轻视。

人:曰赵衰;狐偃咎犯,文公舅也;贾佗;先轸;魏武子。自献公为太子时,重耳固已成人矣。献公即位,重耳年二十一。献公十三年,以骊姬故,重耳备蒲城守秦。献公二十一年,献公杀太子申生,骊姬谗之,恐,不辞献公而守蒲城。献公二十二年,献公使宦者履鞮趣[①]杀重耳。重耳逾垣,宦者逐斩其衣袪。重耳遂奔狄。狄,其母国也。是时重耳年四十三。从此五士,其馀不名者数十人,至狄。

狄伐咎如,得二女。以长女妻重耳,生伯鯈、叔刘;以少女妻赵衰,生盾。居狄五岁而晋献公卒,里克已杀奚齐、悼子,乃使人迎,欲立重耳。重耳畏杀,因固谢,不敢入。已而晋更迎其弟夷吾立之,是为惠公。惠公七年,畏重耳,乃使宦者履鞮与壮士欲杀重耳。重耳闻之,乃谋赵衰等曰:"始吾奔狄,非以为可用兴,以近易通,故且休足。休足久矣,固愿徙之大国。夫齐桓公好善,志在霸王,收恤诸侯。今闻管仲、隰朋死,此亦欲得贤佐,盍往乎?"于是遂行。重耳谓其妻曰:"待我二十五年不来,乃嫁。"其妻笑曰:"犂[②]二十五年,吾冢上柏大矣。虽然,妾待子。"重耳居狄凡十二年而去。

过卫,卫文公不礼。去,过五鹿,饥而从野人乞食,野人盛土器中进之。重耳怒。赵衰曰:"土者,有土也,君其拜受之。"

至齐,齐桓公厚礼,而以宗女妻之,有马二十乘,重耳安之。重耳至齐二岁而桓公卒,会竖刀等为内乱,齐孝公之立,诸侯兵数至。留齐凡五岁。重耳爱齐女,毋去心。赵衰、咎犯乃于桑下谋行。齐女侍者在桑上闻之,以告其主。其主乃杀侍者,劝重耳趣行。重耳曰:"人生安乐,孰知其他!必死于此,不能

---

①趣:通"促",赶快。 ②犂:通"黎",比及,等到。

去。”齐女曰：“子一国公子，穷而来此，数士者以子为命。子不疾反国[①]，报劳臣，而怀女德，窃为子羞之。且不求，何时得功？”乃与赵衰等谋，醉重耳，载以行。行远而觉，重耳大怒，引戈欲杀咎犯。咎犯曰：“杀臣成子，偃之愿也。”重耳曰：“事不成，我食舅氏之肉。”咎犯曰：“事不成，犯肉腥臊，何足食！”乃止。遂行。

过曹，曹共公不礼，欲观重耳骈胁[②]。曹大夫釐负羁曰：“晋公子贤，又同姓，穷来过我，奈何不礼！”共公不从其谋。负羁乃私遗重耳食，置璧其下。重耳受其食，还其璧。

去，过宋。宋襄公新困兵于楚，伤于泓，闻重耳贤，乃以国礼礼于重耳。宋司马公孙固善于咎犯，曰：“宋小国新困，不足以求入，更之大国。”乃去。

过郑，郑文公弗礼。郑叔瞻谏其君曰：“晋公子贤，而其从者皆国相，且又同姓。郑之出自厉王，而晋之出自武王。”郑君曰：“诸侯亡公子过此者众，安可尽礼！”叔瞻曰：“君不礼，不如杀之，且后为国患。”郑君不听。重耳去。

之楚，楚成王以適[③]诸侯礼待之，重耳谢不敢当。赵衰曰：“子亡在外十馀年，小国轻子，况大国乎？今楚大国而固遇子，子其毋让，此天开子也。”遂以客礼见之。成王厚遇重耳，重耳甚卑。成王曰：“子即反国，何以报寡人？”重耳曰：“羽毛齿角玉帛，君王所馀，未知所以报。”王曰：“虽然，何以报不穀[④]？”重耳曰：“即不得已，与君王以兵车会平原广泽，请辟王三舍[⑤]。”楚将子玉怒曰：“王遇晋公子至厚，今重耳言不逊，请杀之。”成王曰：

---

①疾：赶快。反：通“返”。 ②骈胁：一种生理畸形，肋骨紧密相连，像一块整骨一样。③適：通“敌”，相当。 ④不穀：国君谦称。 ⑤辟：通“避”。舍：古代行军以三十里为一舍。

"晋公子贤而困于外久,从者皆国器,此天所置,庸可杀乎?且言何以易之!"居楚数月,而晋太子圉亡秦,秦怨之;闻重耳在楚,乃召之。成王曰:"楚远,更数国乃至晋。秦晋接境,秦君贤,子其勉行!"厚送重耳。

重耳至秦,穆公以宗女五人妻重耳,故子圉妻与往。重耳不欲受,司空季子曰:"其国且伐,况其故妻乎!且受以结秦亲而求入,子乃拘小礼,忘大丑乎!"遂受。穆公大欢,与重耳饮。赵衰歌《黍苗》诗,穆公曰:"知子欲急反国矣。"赵衰与重耳下,再拜曰:"孤臣之仰君,如百谷之望时雨。"

是时晋惠公十四年秋。惠公以九月卒,子圉立。十一月,葬惠公。十二月,晋国大夫栾、郤等闻重耳在秦,皆阴来劝重耳、赵衰等反国,为内应甚众。于是秦穆公乃发兵与重耳归晋。晋闻秦兵来,亦发兵拒之。然皆阴知公子重耳入也。唯惠公之故贵臣吕、郤之属不欲立重耳。重耳出亡凡十九岁而得入,时年六十二矣,晋人多附焉。

文公元年春,秦送重耳至河。咎犯曰:"臣从君周旋天下,过亦多矣。臣犹知之,况于君乎?请从此去矣。"重耳曰:"若反国,所不与子犯共者,河伯视之!"乃投璧河中,以与子犯盟。是时介子推从,在船中,乃笑曰:"天实开公子,而子犯以为己功而要市[①]于君,固足羞也。吾不忍与同位。"乃自隐。渡河,秦兵围令孤。晋军于庐柳。

二月辛丑,咎犯与秦晋大夫盟于郇。壬寅,重耳入于晋师。丙午,入于曲沃。丁未,朝于武宫,即位为晋君,是为文公。群臣皆往。怀公圉奔高梁。戊申,使人杀怀公。

---

①要(yāo)市:求取。

怀公故大臣吕省、郤芮本不附文公，文公立，恐诛，乃欲与徒谋烧公宫，杀文公。文公不知。始尝欲杀文公宦者履鞮知其谋，欲以告文公，解前罪，求见文公。文公不见，使人让曰："蒲城之事，女斩予祛。其后我从狄君猎，女为惠公来求杀我。惠公与女期三日至，而女一日至，何速也？女其念之。"宦者曰："臣刀锯之余[①]，不敢以二心事君倍主，故得罪于君。君已反国，其毋蒲、翟乎？且管仲射钩，桓公以霸。今刑馀之人以事告而君不见，祸又且及矣。"于是见之。遂以吕、郤等告文公。文公欲召吕、郤，吕、郤等党多，文公恐初入国，国人卖己，乃为微行，会秦穆公于王城，国人莫知。三月己丑，吕、郤等果反，焚公宫，不得文公。文公之卫徒与战，吕、郤等引兵欲奔，秦穆公诱吕、郤等，杀之河上。晋国复而文公得归。夏，迎夫人于秦，秦所与文公妻者卒为夫人。秦送三千人为卫，以备晋乱。

文公修政，施惠百姓。赏从亡者及功臣，大者封邑，小者尊爵。未尽行赏，周襄王以弟带难出居郑地，来告急晋。晋初定，欲发兵，恐他乱起，是以赏从亡，未至隐者介子推。推亦不言禄，禄亦不及。推曰："献公子九人，唯君在矣。惠、怀无亲，外内弃之；天未绝晋，必将有主，主晋祀者，非君而谁？天实开之，二三子以为己力，不亦诬乎？窃人之财，犹曰是盗，况贪天之功以为己力乎？下冒其罪，上赏其奸，上下相蒙，难与处矣！"其母曰："盍亦求之，以死谁怼[②]？"推曰："尤而效之，罪有甚焉。且出怨言，不食其禄。"母曰："亦使知之，若何？"对曰："言，身之文也；身欲隐，安用文之？文之，是求显也。"其母曰："能如此乎？与女皆隐。"至死不复见[③]。

---

①刀锯之余：受过宫刑的人。 ②怼(duì)：怨恨。 ③见：通"现"。

介子推从者怜之，乃悬书宫门曰："龙欲上天，五蛇为辅。龙已升云，四蛇各入其宇，一蛇独怨，终不见处所。"文公出，见其书，曰："此介子推也。吾方忧王室，未图其功。"使人召之，则亡。遂求所在，闻其入绵上山中。于是文公环绵上山中而封之，以为介推田，号曰介山，"以记吾过，且旌①善人"。

从亡贱臣壶叔曰："君三行赏，赏不及臣，敢请罪。"文公报曰："夫导我以仁义，防我以德惠，此受上赏。辅我以行，卒以成王，此受次赏。矢石之难，汗马之劳，此复受次赏。若以力事我而无补吾缺者，此复受次赏。三赏之后，故且及子。"晋人闻之，皆说②。

二年春，秦军河上，将入王。赵衰曰："求霸莫如入王尊周，周晋同姓，晋不先入王，后秦入之，毋以令于天下。方令尊王，晋之资也。"三月甲辰，晋乃发兵至阳樊，围温，入襄王于周。四月，杀王弟带。周襄王赐晋河内阳樊之地。

四年，楚成王及诸侯围宋，宋公孙固如晋告急。先轸曰："报施定霸，于今在矣。"狐偃曰："楚新得曹而初婚于卫，若伐曹、卫，楚必救之，则宋免矣。"于是晋作三军。赵衰举郤縠将中军，郤臻佐之。使狐偃将上军，狐毛佐之，命赵衰为卿。栾枝将下军，先轸佐之。荀林父御戎，魏犨为右。往伐。冬十二月，晋兵先下山东，而以原封赵衰。

五年春，晋文公欲伐曹，假道于卫，卫人弗许。还自河南度，侵曹，伐卫。正月，取五鹿。二月，晋侯、齐侯盟于敛盂。卫侯请盟晋，晋人不许。卫侯欲与楚，国人不欲，故出其君以说晋。卫侯居襄牛，公子买守卫。楚救卫，不卒。晋侯围曹。三

①旌：表彰。②说：通"悦"。

月丙午，晋师入曹，数之①以其不用釐负羁言，而用美女乘轩者三百人也。令军毋人釐负羁宗家以报德。楚围宋，宋复告急晋。文公欲救则攻楚，为楚尝有德，不欲伐也；欲释宋，宋又尝有德于晋。患之。先轸曰："执曹伯，分曹、卫地以与宋，楚急曹、卫，其势宜释宋。"于是文公从之，而楚成王乃引兵归。

楚将子玉曰："王遇晋至厚，今知楚急曹、卫而故伐之，是轻王。"王曰："晋侯亡在外十九年，困日久矣，果得反国，险阨尽知之，能用其民，天之所开，不可当。"子玉请曰："非敢必有功，愿以间执谗慝之口也②。"楚王怒，少与之兵。于是子玉使宛春告晋："请复卫侯而封曹，臣亦释宋。"咎犯曰："子玉无礼矣，君取一，臣取二，勿许。"先轸曰："定人之谓礼。楚一言定三国，子一言而亡之，我则毋礼。不许楚，是弃宋也。不如私许曹、卫以诱之，执宛春以怒楚，既战而后图之。"晋侯乃囚宛春于卫，且私许复曹、卫。曹、卫告绝于楚。楚得臣怒，击晋师，晋师退。军吏曰："为何退？"文公曰："昔在楚，约退三舍，可倍乎！"楚师欲去，得臣不肯。

四月戊辰，宋公、齐将、秦将与晋侯次城濮。己巳，与楚兵合战，楚兵败，得臣收馀兵去。甲午，晋师还至衡雍。作王宫于践土。

初，郑助楚，楚败，惧，使人请盟晋侯。晋侯与郑伯盟。

五月丁未，献楚俘于周，驷介③百乘，徒兵千。天子使王子虎命晋侯为伯，赐大辂，彤弓矢百，玈弓矢千，秬鬯一卣，珪瓒，虎贲三百人。晋侯三辞，然后稽首受之。周作《晋文侯命》："王

①数之：列举罪状。 ②执：服。谗慝（tè）：邪恶之人。 ③驷介：披甲的战马。

若曰：父义和，丕显文、武，能慎明德，昭登于上[①]，布闻在下，维时上帝集厥命于文、武。恤朕身，继予一人永其在位。”于是晋文公称伯。癸亥，王子虎盟诸侯于王庭。

晋焚楚军，火数日不息，文公叹。左右曰：“胜楚而君犹忧，何？”文公曰：“吾闻能战胜安者唯圣人，是以惧。且子玉犹在，庸可喜乎！”子玉之败而归，楚成王怒其不用其言，贪与晋战，让责子玉，子玉自杀。晋文公曰：“我击其外，楚诛其内，内外相应。”于是乃喜。

六月，晋人复入卫侯。壬午，晋侯度河北归国。行赏，狐偃为首。或曰：“城濮之事，先轸之谋。”文公曰：“城濮之事，偃说我毋失信。先轸曰‘军事胜为右’，吾用之以胜。然此一时之说，偃言万世之功，奈何以一时之利而加万世功乎？是以先之。”

冬，晋侯会诸侯于温，欲率之朝周。力未能，恐其有畔[②]者，乃使人言周襄王狩于河阳。壬申，遂率诸侯朝王于践土。孔子读史记[③]至文公，曰“诸侯无召王”。“王狩河阳”者，《春秋》讳之也。

丁丑，诸侯围许。曹伯臣或说晋侯曰：“齐桓公合诸侯而国异姓，今君为会而灭同姓。曹，叔振铎之后；晋，唐叔之后。合诸侯而灭兄弟，非礼。”晋侯说，复曹伯。

于是晋始作三行[④]。荀林父将中行，先縠将右行，先蔑将左行。

七年，晋文公、秦穆公共围郑，以其无礼于文公亡过时，及

---

①昭：明亮。上：天。 ②畔：通“叛”。 ③史记：泛称史书，实指《春秋》。 ④三行：春秋时各国都用战车作战，晋文公为了抵御狄族，在上、中、下三军之外，增设三支步兵，即右行、中行、左行，称为“三行”，以回避周王六军的名称。

城濮时郑助楚也。围郑，欲得叔瞻。叔瞻闻之，自杀。郑持叔瞻告晋。晋曰："必得郑君而甘心焉。"郑恐，乃间①令使谓秦穆公曰："亡郑厚晋，于晋得矣，而秦未为利。君何不解郑，得为东道交?"秦伯说，罢兵。晋亦罢兵。

九年冬，晋文公卒，子襄公欢立。

是岁郑伯亦卒。郑人或卖其国于秦，秦穆公发兵往袭郑。十二月，秦兵过我郊。

襄公元年春，秦师过周，无礼，王孙满讥之。兵至滑，郑贾人弦高将市于周，遇之，以十二牛劳秦师。秦师惊而还，灭滑而去。

晋先轸曰："秦伯不用蹇叔，反其众心，此可击。"栾枝曰："未报先君施于秦，击之，不可。"先轸曰："秦侮吾孤，伐吾同姓，何德之报?"遂击之。襄公墨衰绖。

四月，败秦师于殽，虏秦三将孟明视、西乞秫、白乙丙以归。遂墨以葬文公。

文公夫人秦女，谓襄公曰："秦欲得其三将戮之。"公许，遣之。先轸闻之，谓襄公曰："患生矣。"轸乃追秦将。秦将渡河，已在船中，顿首谢，卒不反。

后三年，秦果使孟明伐晋，报殽之败，取晋汪以归。

四年，秦穆公大兴兵伐我，渡河，取王官，封②殽尸而去。晋恐，不敢出，遂城守。五年，晋伐秦，取新城，报王官役也。

六年，赵衰成子、栾贞子、咎季子犯、霍伯皆卒。赵盾代赵衰执政。

七年八月，襄公卒。太子夷皋少，晋人以难③故，欲立长君。

①间：乘空隙。 ②封：堆土筑坟。 ③难：引指晋国屡有患难。

赵盾曰："立襄公弟雍。好善而长，先君爱之；且近于秦，秦故好也。立善则固，事长则顺，奉爱则孝，结旧好则安。"贾季曰："不如其弟乐。辰嬴嬖[①]于二君，立其子，民必安之。"赵盾曰："辰嬴贱，班在九人下，其子何震之有！且为二君嬖，淫也。为先君子，不能求大而出在小国，僻也。母淫子僻，无威；陈小而远，无援。将何可乎！"使士会如秦迎公子雍。贾季亦使人召公子乐于陈。赵盾废贾季，以其杀阳处父。十月，葬襄公。十一月，贾季奔翟。是岁，秦穆公亦卒。

灵公元年四月，秦康公曰："昔文公之入也无卫，故有吕、郤之患。"乃多与公子雍卫。太子母缪嬴日夜抱太子以号泣于朝，曰："先君何罪？其嗣亦何罪？舍適而外求君，将安置此？"出朝，则抱以适赵盾所，顿首曰："先君奉此子而属之子[②]，曰'此子材，吾受其赐，不材，吾怨子'。今君卒，言犹在耳，而弃之，若何？"赵盾与诸大夫皆患缪嬴，且畏诛，乃背所迎而立太子夷皋，是为灵公。发兵以距[③]秦送公子雍者。赵盾为将，往击秦，败之令狐。先蔑、随会亡奔秦。秋，齐、宋、卫、郑、曹、许君皆会赵盾，盟于扈，以灵公初立故也。

四年，伐秦，取少梁。秦亦取晋之殽。

六年，秦康公伐晋，取羁马。晋侯怒，使赵盾、赵穿、郤缺击秦，大战河曲，赵穿最有功。

七年，晋六卿患随会之在秦，常为晋乱，乃详令魏寿馀反晋降秦。秦使随会之魏，因执会以归晋。

八年，周顷王崩，公卿争权，故不赴[④]。晋使赵盾以车八百乘平周乱而立匡王。是年，楚庄王初即位。十二年，齐人弑其

---

①嬖：宠幸。 ②奉：通"捧"。属：通"嘱"，托付。 ③距：通"拒"。 ④赴：通"讣"，报丧。

君懿公。

十四年，灵公壮，侈，厚敛以雕墙①，从台上弹人，观其避丸也。宰夫胹熊蹯②不熟，灵公怒，杀宰夫，使妇人持其尸出弃之。过朝，赵盾、随会前数谏，不听；已又见死人手，二人前谏。随会先谏，不听。灵公患之，使鉏麑刺赵盾。盾闺门开，居处节，鉏麑退，叹曰："杀忠臣，弃君命，罪一也。"遂触树而死。

初，盾常田③首山，见桑下有饿人。饿人，示眯明也。盾与之食，食其半。问其故，曰："宦三年，未知母之存不，愿遗母。"盾义之，益与之饭肉。已而为晋宰夫，赵盾弗复知也。九月，晋灵公饮赵盾酒，伏甲将攻盾。公宰示眯明知之，恐盾醉不能起，而进曰："君赐臣，觞三行，可以罢。"欲以去赵盾，令先，毋及难。盾既去，灵公伏士未会，先纵啮狗名敖。明为盾搏杀狗。盾曰："弃人用狗，虽猛何为。"然不知明之为阴德也。已而灵公纵伏士出逐赵盾，示眯明反击灵公之伏士，伏士不能进，而竟脱盾。盾问其故，曰："我桑下饿人。"问其名，弗告。明亦因亡去。

盾遂奔，未出晋境。乙丑，盾昆弟将军赵穿袭杀灵公于桃园而迎赵盾。赵盾素贵，得民和；灵公少，侈，民不附，故为弑易。盾复位。晋太史董狐书曰"赵盾弑其君"，以视于朝。盾曰："弑者赵穿，我无罪。"太史曰："子为正卿，而亡不出境，反不诛国乱，非子而谁？"孔子闻之，曰："董狐，古之良史也，书法不隐。宣子，良大夫也，为法受恶。惜也，出疆乃免。"

赵盾使赵穿迎襄公弟黑臀于周而立之，是为成公。

成公者，文公少子，其母周女也。壬申，朝于武宫。

成公元年，赐赵氏为公族。伐郑，郑倍晋故也。三年，郑伯

---

①厚敛：厚赋。雕墙：雕梁画墙。 ②胹(ér)熊蹯：煮熊掌。 ③田：通"畋"，打猎。

初立，附晋而弃楚。楚怒，伐郑，晋往救之。

六年，伐秦，虏秦将赤。

七年，成公与楚庄王争强，会诸侯于扈。陈畏楚，不会。晋使中行桓子伐陈，因救郑，与楚战，败楚师。是年，成公卒，子景公据立。

景公元年春，陈大夫夏徵舒弑其君灵公。二年，楚庄王伐陈，诛徵舒。

三年，楚庄王围郑，郑告急晋。晋使荀林父将中军，随会将上军，赵朔将下军，郤克、栾书、先縠、韩厥、巩朔佐之。六月，至河。闻楚已服郑，郑伯肉袒与盟而去，荀林父欲还。先縠曰："凡来救郑，不至不可，将率[①]离心。"卒度河。楚已服郑，欲饮马于河为名而去。楚与晋军大战。郑新附楚，畏之，反助楚攻晋。晋军败，走河，争度，船中人指甚众。楚虏我将智䓨。归而林父曰："臣为督将，军败当诛，请死。"景公欲许之。随会曰："昔文公之与楚战城濮，成王归杀子玉，而文公乃喜。今楚已败我师，诛其将，是助楚杀仇也。"乃止。

四年，先縠以首计而败晋军河上，恐诛，乃奔翟，与翟谋伐晋。晋觉，乃族縠。縠，先轸子也。

五年，伐郑，为助楚故也。是时楚庄王强，以挫晋兵河上也。

六年，楚伐宋，宋来告急晋，晋欲救之，伯宗谋曰："楚，天方开之，不可当。"乃使解扬绐[②]为救宋。郑人执与楚，楚厚赐，使反其言，令宋急下。解扬绐许之，卒致晋君言。楚欲杀之，或谏，乃归解扬。

---

①率：通"帅"。 ②绐（dài）：欺骗，谎言。

七年，晋使随会灭赤狄。

八年，使郤克于齐，齐顷公母从楼上观而笑之。所以然者，郤克偻①，而鲁使蹇②，卫使眇③，故齐亦令人如之以导客。郤克怒，归至河上，曰："不报齐者，河伯视之！"至国，请君，欲伐齐。景公问知其故，曰："子之怨，安足以烦国！"弗听。魏文子请老休，辟④郤克，克执政。

九年，楚庄王卒。晋伐齐，齐使太子强为质于晋，晋兵罢。

十一年春，齐伐鲁，取隆。鲁告急卫，卫与鲁皆因郤克告急于晋。晋乃使郤克、栾书、韩厥以兵车八百乘与鲁、卫共伐齐。夏，与顷公战于鞌，伤困顷公。顷公乃与其右易位，下取饮，以得脱去。齐师败走，晋追北至齐。顷公献宝器以求平⑤，不听。郤克曰："必得萧桐叔子为质。"齐使曰："萧桐叔子，顷公母；顷公母犹晋君母，奈何必得之？不义，请复战。"晋乃许与平而去。

楚申公巫臣盗夏姬以奔晋，晋以巫臣为邢大夫。

十二年冬，齐顷公如晋，欲上尊晋景公为王，景公让不敢。晋始作六军，韩厥、巩朔、赵穿、荀骓、赵括、赵旃皆为卿。智罃自楚归。

十三年，鲁成公朝晋，晋弗敬，鲁怒去，倍晋。晋伐郑，取汜。

十四年，梁山崩。问伯宗，伯宗以为不足怪也。

十六年，楚将子反怨巫臣，灭其族。巫臣怒，遗子反书曰："必令子罢于奔命！"乃请使吴，令其子为吴行人，教吴乘车用兵。吴晋始通，约伐楚。

---

①偻：驼背。 ②蹇：跛足。 ③眇：眼瞎，此指卫使一只眼睛瞎。 ④辟：推荐，推举。⑤平：讲和。

十七年，诛赵同、赵括，族灭之。韩厥曰："赵衰、赵盾之功岂可忘乎？奈何绝祀！"乃复令赵庶子武为赵后，复与之邑。

十九年夏，景公病，立其太子寿曼为君，是为厉公。后月馀，景公卒。

厉公元年，初立，欲和诸侯，与秦桓公夹河而盟。归而秦倍盟，与翟谋伐晋。

三年，使吕相让[①]秦，因与诸侯伐秦，至泾，败秦于麻隧，虏其将成差。

五年，三郤谗伯宗，杀之。伯宗以好直谏得此祸，国人以是不附厉公。

六年春，郑倍晋与楚盟，晋怒。栾书曰："不可以当吾世而失诸侯。"乃发兵。厉公自将，五月，度河。闻楚兵来救，范文子请公欲还。郤至曰："发兵诛逆，见强辟之，无以令诸侯。"遂与战。癸巳，射中楚共王目，楚兵败于鄢陵。子反收馀兵，拊循，欲复战，晋患之。共王召子反，其侍者竖阳縠进酒，子反醉，不能见。王怒，让子反，子反死。王遂引兵归。晋由此威诸侯，欲以令天下求霸。

厉公多外嬖姬，归，欲尽去群大夫而立诸姬兄弟。宠姬兄曰胥童，尝与郤至有怨，及栾书又怨郤至不用其计而遂败楚，乃使人间谢楚。楚来诈厉公曰："鄢陵之战，实至召楚，欲作乱，内子周立之。会与国不具，是以事不成。"厉公告栾书，栾书曰："其殆有矣！愿公试使人之周微考[②]之。"果使郤至于周。栾书又使公子周见郤至，郤至不知见卖也。厉公验之，信然，遂怨郤至，欲杀之。

---

①让：责备，抗议。 ②微考：暗中考验。

八年，厉公猎，与姬饮，郤至杀豕奉进，宦者夺之。郤至射杀宦者。公怒，曰："季子欺予！"将诛三郤，未发也。郤锜欲攻公，曰："我虽死，公亦病矣。"郤至曰："信不反君，智不害民，勇不作乱。失此三者，谁与我？我死耳！"十二月壬午，公令胥童以兵八百人袭攻杀三郤。胥童因以劫栾书、中行偃于朝，曰："不杀二子，患必及公。"公曰："一旦杀三卿，寡人不忍益也。"对曰："人将忍君。"公弗听，谢栾书等以诛郤氏罪："大夫复位。"二子顿首曰："幸甚幸甚！"公使胥童为卿。闰月乙卯，厉公游匠骊氏，栾书、中行偃以其党袭捕厉公，囚之。杀胥童，而使人迎公子周于周而立之，是为悼公。

悼公元年正月庚申，栾书、中行偃弑厉公，葬之以一乘车。厉公囚六日死，死十日庚午，智罃迎公子周来，至绛，刑[①]鸡与大夫盟而立之，是为悼公。辛巳，朝武宫。二月乙酉，即位。

悼公周者，其大父捷，晋襄公少子也，不得立，号为桓叔，桓叔最爱。桓叔生惠伯谈，谈生悼公周。周之立，年十四矣。悼公曰："大父、父皆不得立而辟难于周，客死焉。寡人自以疏远，毋幾[②]为君。今大夫不忘文、襄之意而惠立桓叔之后，赖宗庙大夫之灵，得奉晋祀，岂敢不战战乎？大夫其亦佐寡人！"于是逐不臣者七人，修旧功，施德惠，收文公入时功臣后。秋，伐郑。郑师败，遂至陈。

三年，晋会诸侯。悼公问群臣可用者，祁傒举解狐。解狐，傒之仇。复问，举其子祁午。君子曰："祁傒可谓不党[③]矣！外举不隐仇，内举不隐子。"方会诸侯，悼公弟杨干乱行，魏绛戮其仆。悼公怒，或谏公，公卒贤绛，任之政，使和戎，戎大亲附。

---

①刑：杀。②幾：通"冀"，希望。③党：偏私。

十一年，悼公曰："自吾用魏绛，九合诸侯，和戎、翟，魏子之力也。"赐之乐，三让乃受之。冬，秦取我栎。

十四年，晋使六卿率诸侯伐秦，度泾，大败秦军，至棫林而去。

十五年，悼公问治国于师旷。师旷曰："惟仁义为本。"冬，悼公卒，子平公彪立。

平公元年，伐齐，齐灵公与战靡下，齐师败走。晏婴曰："君亦毋勇，何不止战？"遂去。晋追，遂围临菑，尽烧屠其郭中。东至胶，南至沂，齐皆城守，晋乃引兵归。

六年，鲁襄公朝晋。晋栾逞有罪，奔齐。八年，齐庄公微遣栾逞于曲沃，以兵随之。齐兵上太行，栾逞从曲沃中反，袭入绛。绛不戒，平公欲自杀，范献子止公，以其徒击逞，逞败走曲沃。曲沃攻逞，逞死，遂灭栾氏宗。逞者，栾书孙也。其入绛，与魏氏谋。齐庄公闻逞败，乃还，取晋之朝歌去，以报临菑之役也。

十年，齐崔杼弑其君庄公。晋因齐乱，伐败齐于高唐去，报太行之役也。

十四年，吴延陵季子来使，与赵文子、韩宣子、魏献子语，曰："晋国之政，卒归此三家矣。"

十九年，齐使晏婴如晋，与叔向语。叔向曰："晋，季世也①，公厚赋为台池而不恤政，政在私门，其可久乎！"晏子然之。

二十二年，伐燕。二十六年，平公卒，子昭公夷立。

昭公六年卒。六卿强，公室卑。子顷公去疾立。

顷公六年，周景王崩，王子争立。晋六卿平王室乱，立敬

---

①季世：末世。

王。

九年，鲁季氏逐其君昭公，昭公居乾侯。

十一年，卫、宋使使请晋纳鲁君。季平子私赂范献子，献子受之，乃谓晋君曰："季氏无罪。"不果[1]入鲁君。

十二年，晋之宗家祁傒孙、叔向子相恶[2]于君。六卿欲弱公室，乃遂以法尽灭其族，而分其邑为十县，各令其子为大夫。晋益弱，六卿皆大。

十四年，顷公卒，子定公午立。

定公十一年，鲁阳虎奔晋，赵鞅简子舍子。

十二年，孔子相鲁。

十五年，赵鞅使邯郸大夫午，不信，欲杀午，午与中行寅、范吉射亲攻赵鞅，鞅走保晋阳。定公围晋阳。荀栎、韩不信、魏侈与范、中行为仇，乃移兵伐范、中行。范、中行反，晋君击之，败范、中行。范、中行走朝歌，保之。韩、魏为赵鞅谢晋君，乃赦赵鞅，复位。

二十二年，晋败范、中行氏，二子奔齐。

三十年，定公与吴王夫差会黄池，争长，赵鞅时从，卒长吴。

三十一年，齐田常弑其君简公，而立简公弟骜为平公。三十三年，孔子卒。

三十七年，定公卒，子出公凿立。

出公十七年，知伯与赵、韩、魏共分范、中行地以为邑。出公怒，告齐、鲁，欲以伐四卿。四卿恐，遂反攻出公。出公奔齐，道死。故知伯乃立昭公曾孙骄为晋君，是为哀公。

哀公大父雍，晋昭公少子也，号为戴子。戴子生忌。忌善

---

①果：成为事实。 ②恶：诋毁，中伤。

知伯，蚤[①]死，故知伯欲尽并晋，未敢，乃立忌子骄为君。当是时，晋国政皆决知伯，晋哀公不得有所制。知伯遂有范、中行地，最强。

哀公四年，赵襄子、韩康子、魏桓子共杀知伯，尽并其地。

十八年，哀公卒，子幽公柳立。

幽公之时，晋畏，反朝韩、赵、魏之君。独有绛、曲沃，馀皆入三晋。

十五年，魏文侯初立。十八年，幽公淫妇人，夜窃出邑中，盗杀幽公。魏文侯以兵诛晋乱，立幽公子止，是为烈公。

烈公十九年，周威烈王赐赵、韩、魏皆命为诸侯。

二十七年，烈公卒，子孝公颀立。孝公九年，魏武侯初立，袭邯郸，不胜而去。十七年，孝公卒，子静公俱酒立。是岁，齐威王元年也。

静公二年，魏武侯、韩哀侯、赵敬侯灭晋后而三分其地。静公迁为家人[②]，晋绝不祀。

太史公曰：晋文公，古所谓明君也，亡居外十九年，至困约，及即位而行赏，尚忘介子推，况骄主乎？灵公既弑，其后成、景致[③]严，至厉，大刻，大夫惧诛，祸作。悼公以后日衰，六卿专权。故君道之御其臣下，固不易哉！

【译文】

晋国的唐叔虞，是周武王的儿子，周成王的弟弟。当初，武王与叔虞的母亲交会时，梦见上天对武王说："我让你生一个儿子，名叫虞，我把唐赐给他。"等到生下婴儿后，手掌心上果然写着"虞"字，所以就给儿子取

①蚤：通"早"。 ②家人：平民。 ③致：通"至"，极。

名叫虞。

周武王死，周成王继位，唐国发生内乱，周公灭掉了唐国。一天，周成王和叔虞游戏，成王把一片桐树叶削成珪状送给叔虞，说："用这个分封你。"史佚于是请求选择一个吉日封叔虞为诸侯。周成王说："我和他开玩笑呢！"史佚说："天子无戏言。只要说了，史官就应如实记载，用礼节完成它，并奏乐章歌咏它。"于是周成王把唐封给叔虞。唐在黄河、汾河的东边，方圆一百里，所以叫唐叔虞，姓姬，字子于。

唐叔之子燮，就是晋侯。晋侯之子宁族就是武侯。武侯之子服人就是成侯。成侯之子福就是厉侯。厉侯之子宜臼就是靖侯。靖侯以后，可以推算年数。从唐叔到靖侯五代，没有年数记载。

靖侯十七年，周厉王残暴狂虐，国人动乱，厉王逃亡到彘地，大臣主持政务，所以叫"共和"。

十八年，靖侯死，其子釐侯司徒继位。

釐侯十四年，周宣王刚刚即位。十八年，釐侯死，其子献侯籍即位。献侯十一年死，其子穆侯费王即位。

穆侯即位第四年，娶齐女姜氏作夫人。七年，穆侯讨伐条地。夫人生下太子仇。十年，讨伐千亩，有战功。穆侯又生了小儿子，取名成师。晋人师服说："君王给儿子取的名，真奇怪呀！太子叫仇，仇是仇恨的意思。小儿子却叫成师，成师是大名号，是成就他的意思。名字是自己命名的，然而，内容却自有规定。现在，嫡长子与庶子取的名字正相反，这以后晋难道能不乱吗？"

二十七年，穆侯死，弟弟殇叔自立为君，太子仇被迫逃亡。殇叔三年，周宣王死。四年，穆侯的太子仇率领自己的党徒袭击殇叔自立为君，这就是文侯。

文侯十年，周幽王昏庸无道，犬戎杀死幽王，周室东迁。秦襄公开始被列为诸侯。

三十五年，文侯仇死，其子昭侯伯即位。

昭侯元年，把曲沃封给文侯弟弟成师。曲沃城比翼城大。翼城是晋君的都城。成师被封在曲沃,称为桓叔。靖侯的庶孙栾宾辅佐桓叔。当时桓叔已五十八岁,崇尚德行,晋国的百姓都归附他。君子说:“晋国的动乱就在曲沃了。末大于本并且深得民心,哪有不乱的呢!”

七年,晋国大臣潘父杀害他的国君昭侯,要迎接曲沃桓叔。桓叔也想去晋都,但晋人发兵攻打桓叔。桓叔失败,又回到曲沃。晋人共同立昭侯之子平为国君,这就是孝侯。孝侯诛杀了潘父。

孝侯八年,曲沃桓叔死,其子鱓代替桓叔,就是曲沃庄伯。孝侯十五年,曲沃庄伯在翼杀死国君晋孝侯。晋人攻打曲沃庄伯,庄伯再退回到曲沃。晋人又立孝侯之子郄为国君,就是鄂侯。

鄂侯二年,鲁隐公刚即位。

鄂侯于六年死。曲沃庄伯听说晋鄂侯死,就兴兵讨伐晋都。周平王派虢公率领军队讨伐曲沃庄伯,庄伯逃回曲沃防守。晋人共同拥立鄂侯之子光为国君,就是哀侯。

哀侯二年,曲沃庄伯死,其子称接替庄伯即位,这就是曲沃武公。哀侯六年,鲁国人杀死自己的国君隐公。哀侯八年,晋国侵伐陉廷。陉廷人和曲沃武公共同策划,九年,到达汾河畔讨伐晋国,俘虏了哀侯。晋人就立哀侯的儿子小子为国君,这就是小子侯。

小子元年,曲沃武公指使韩万杀死了被俘的晋哀侯。曲沃更加强大,晋国对它无可奈何。

晋小子四年,曲沃武公骗来晋小子杀死了他。周桓王派虢仲讨伐曲沃武公,武公退回曲沃,晋哀侯的弟弟缗被立为晋侯。

晋侯缗四年,宋国逮捕了郑国的祭仲,强迫他立突为郑君。晋侯十九年,齐人管至父杀害自己的国君齐襄公。

晋侯二十八年,齐桓公开始称霸。曲沃武公讨伐晋侯缗,灭晋国,把晋国宝器全部用来贿赂周釐王,釐王命曲沃武公为晋国君,并列为诸侯,于是武公把整个晋国土地全部吞并,据为己有。

曲沃武公已即位三十七年了,才改号叫晋武公。晋武公才开始迁到晋国都城,加上以前在曲沃的即位,总计三十八年。

武公称是先君晋穆侯的曾孙、曲沃桓叔的孙子。桓叔是首先被封于曲沃的。武公是庄伯的儿子。从桓叔最初封于曲沃到武公灭亡晋国，共计六十七年，最终代替晋国成为诸侯。武公代替晋君两年死，与在曲沃的年份合在一起，总共即位三十九年死。其子献公诡诸即位。

献公元年，周惠王的弟弟颓攻击惠王，惠王逃跑，住在郑国的栎邑。

五年，晋献公讨伐骊戎，得到骊姬及骊姬妹妹，十分宠爱她们。

八年，晋大夫士蒍劝说献公："晋国原有很多公子，不杀死他们，就要发生动乱。"于是献公派人要把那些公子都杀死，同时修筑聚城当作都城，改名叫绛，开始定都定绛。九年，晋国的许多公子已逃奔到虢国，虢国因此再一次讨伐晋国，未能取胜。十年，晋国想讨伐虢国，士蒍说："姑且等它自己发生内乱！"

十二年，骊姬生下奚齐。献公想废掉太子，就说："曲沃是我们先祖宗庙所在之地，而蒲邑靠近秦国，屈邑靠近翟族，如果不派公子们在那些地方镇守，我将忧心忡忡。"于是，献公让太子申生驻守曲沃，公子重耳驻守蒲邑，公子夷吾驻守屈邑。献公与骊姬儿子奚齐就居住在绛。晋国人因此知道太子将不能即位了。太子申生的母亲是齐桓公的女儿，叫齐姜，早就死了。申生同母的妹妹是秦穆公夫人。重耳的母亲是翟人的狐氏女子。夷吾的母亲是重耳母亲的妹妹。献公共有八个儿子，太子申生、重耳、夷吾都有贤良的德行。等有了骊姬，献公就疏远了这三个儿子。

十六年，晋献公建立二军。献公统帅上军，太子申生统帅下军，赵夙驾战车，毕万做护右，相继讨伐灭亡了霍、魏、耿三国。等全军回到晋后，献公给太子在曲沃筑城，把耿地赐予赵夙，把魏地赐予毕万，让他们成为大夫。士蒍说："太子不能立为国君了。分给都城，安排他为卿，预先把太子的禄位提高到极点，又怎么能即位呢！太子不如逃走，免得大祸临头。太子仿效吴太伯，不也可以吗？这样还有个好名声。"太子没有听从。掌卜的大夫郭偃说："毕万的后代一定有大发展。万，是个满数；魏又是个高大的名字。把魏赏赐给毕万，是上天保佑毕万呢。天子有兆民，诸侯有万民，今天给它大名，又让它随从满数，它必定会拥有众多的人民。”当初，毕万在晋国占卜自己的官运，遇到《屯卦》演成《比卦》。辛廖占卜说：“这是吉利，屯预示坚固，比预示深入，没有比这更吉利的了。他的后代一定会繁荣昌盛。”

十七年，晋侯派太子申生讨伐东山。里克劝谏献公说：“太子是奉献祭祀宗庙、社稷的祭品、早晚检查国君膳食的人，所以叫冢子。国君出行，太子就应留守，有人代为留守，太子就跟从，随从叫抚军，留守叫监国，这是古代的制度。统率军队，必定专心谋划；发布号令，是国君与正卿的专职，这不是太子的事情。军队的统帅在于服从将军的命令，太子请命于国君，则没有威严；如独断专行，就是不孝，所以国君的继位嫡子不可以统帅军队。国君以太子为军队统帅是错命官职，统帅没有威严，又怎样用他呢?”献公说：“我有几个儿子，不知道立谁为太子。”里克没有回答就退了出来，去见太子。太子问：“我将被废掉吧?”里克说：“太子努力吧，让您统帅下军，只怕不能完成任务，为什么废掉您呢？况且您怕的是不孝，不要怕不能即位。自己注意修身养性，不去责难别人，就可以免除灾难。”太子统率军队，献公让他穿上左右异色的偏衣，佩戴上金玦。里克推说有病，没有跟从太子。太子于是去讨伐东山。

十九年，献公说：“当初我们的先君庄伯、武公平息晋国动乱时，虢国常常帮助晋国攻打我们，又藏匿了晋国逃跑的公子，如果果真作乱，不去讨伐，将给子孙留下后患。”于是，献公就让荀息驾着屈产的驷马向虞国借路。虞国同意借路，晋就去讨伐虢，攻下下阳后回国了。

献公私下对骊姬说：“我想废掉太子，让奚齐代替他。”骊姬听后哭着说：“太子的确定，诸侯都已知道，而且太子又多次统率军队，百姓都归附他，为什么因我的缘故就废掉嫡长子而立庶子，您一定要这样做，我就自杀了。”骊姬假装赞扬太子，暗中却让人中伤太子，想立自己的儿子为太子。

二十一年，骊姬对太子说：“君王曾梦见齐姜，太子应立即去曲沃祭祀母亲，回来后把胙肉献给君王。”于是太子赶到曲沃祭祀母亲，回来后把胙肉奉送给献公。献公当时出去打猎,太子便把胙肉放在宫中。骊姬派人在胙肉上放了毒药。过了两天,献公打猎回来,厨师把胙肉献给献公,献公正想享用,骊姬从旁阻止说:“胙肉来自远方,应当试验一下。”把胙肉倒在地上,地面突起;把胙肉扔给狗,狗吃后立即死了;把胙肉给宦臣吃,宦臣也死了。骊姬哭着说:“太子怎么这么残忍呢!连自己的父亲都想杀死去接替其位,何况别人呢?况且您已年老了,还能在世几天呢,太子竟迫不及待想杀死您!”骊姬接着又对献公说:“太子之所以这样做,不过是因我和奚齐的缘故。我们母子宁愿躲到别国,或早些自杀,不要白白让我母子俩被太子残害。当初您想废掉他,我还反对您;到了今天,我才知道我大错特错了。”太子听到这个消息后,逃到新城。献公非常生气,就杀死太子的老师杜原款。有人对太子说:“把毒药放到胙肉里的就是骊姬,太子为什么不自己去说清楚呢?”太子说:“我父亲年老了,没有骊姬将睡不安、食无味。假使我说明白,父亲将对骊姬发怒。这不行。”有人又对太子说:“那你赶快逃到别的国家去吧。”太子说:“背着这个罪名逃跑,谁能接纳我呢?我自杀算了。”十二月戊申日,申生便在新城自杀。

这时重耳、夷吾来朝见献公。有人告诉骊姬说:“这两位公子恨你诬陷杀死了太子。”骊姬十分害怕,因此又向献公进谗言说:“申生把毒药放到胙肉中,两位公子事先都知道。”重耳、夷吾听到这个消息,很害怕,于是重耳跑到蒲邑,夷吾跑到屈邑,戒备森严地亲自保护着自己的城市。当初,献公让士蒍给两位公子修筑蒲、屈城墙,现在还未修筑成功。夷吾把这事报告了献公,献公对士蒍很生气。士蒍谢罪说:“边城寇贼少,何必非要修城墙呢?”士蒍退出后作歌道:“狐皮袄的毛散乱了,一个国里有三个主,我将服从谁呢!”士蒍终于修好城。等到申生死后,两位公子也就各自回去防守着他们的城池了。

二十二年,献公对两位公子不辞而别十分恼怒,认为他们果真有阴谋,就派军队讨伐蒲城。蒲城有个叫勃鞮的宦者让重耳赶快自杀。重耳爬墙逃走,勃鞮追赶,割下重耳的衣袖。重耳得以逃跑,到了翟国。献公又派人讨伐屈，屈城人全力防守未被攻下。

这年，晋国又向虞借路讨伐虢国。虞国大夫宫之奇劝谏虞君说："不能把路借给晋国，否则晋国会灭亡虞国。"虞君说："晋国与我同姓，它不应该攻打我国。"宫之奇说："太伯、虞仲都是太王的儿子。太伯逃走，因而未能继承王位。虢仲、虢叔都是王季的儿子，是文王的卿士，他们的功勋都在王室中有记载，收藏在掌管盟约的官员手中。定要将虢国灭掉，又怎么会爱惜虞国？况且，晋国亲近虞国能胜过亲近桓叔、庄伯的家族吗？桓叔、庄伯家族有何罪过，晋君竟然全部杀死了他们。虞国与虢国关系，就如同唇与齿的关系，唇亡齿寒。"虞君不听宫之奇的劝告，便答应了晋国。宫之奇带着整个家族离开了虞国。这年冬天，晋国灭亡了虢国，虢公丑逃到周京。晋军返回时，袭击灭亡了虞国，俘虏了虞公及他的大夫井伯、百里奚作为献公女儿秦穆姬的陪嫁人，而派人办理虞国的祭祀。荀息把献公过去送给虞君的屈产的名马又献给了献公，献公笑道："马还是我的马，可惜也老了！"

二十三年，献公派贾华等人攻打屈城，屈城的百姓逃散。夷吾打算逃奔到翟国。冀芮说："不行，重耳已在那里了，今天你如果也去，晋国肯定会调军攻打翟国，翟国害怕晋国，灾祸就要危及你了，你不如逃到梁国。梁国靠近秦国，秦国强大，我们国君死后，你就可以请求秦国送你回国了。"于是，夷吾跑到了梁国。二十五年，晋国攻打翟国，翟国为重耳的缘故，也从啮桑攻打晋国，结果晋国撤兵退去。

就在这个时期，晋国强大，西面占有河西，与秦国接壤，北到翟国，东到河内。

骊姬的妹妹生下悼子。

二十六年夏天，齐桓公在葵丘与诸侯举行盛大盟会。晋献公因病去得晚，还没到葵丘，就遇见周朝的宰孔。宰孔说："齐桓公越发骄横了，不尽力修行德政而想方设法向远方侵略，诸侯不满意。您还是不去的好，齐桓公不能把晋国怎么样。"献公也因有病，就返回晋国。不久，献公病重，就对荀息说："我让奚齐继承王位，可他还年幼，大臣们都不服，恐怕要起乱子，你能立他吗？”荀息说：“能。”献公说：“拿什么做凭证？”荀息回答说：“假使您死后再生还，活着的我仍不感到惭愧，这就是凭证。”于是，献公就把奚齐托付给荀息。荀息做国相，主持国政。

秋季九月时，献公死。里克、邳郑想接回重耳，利用三位公子的党徒作乱，便对荀息说：“三个怨家将要起来，外有秦国、内有晋国百姓帮助他们，你打算怎么办？”荀息说：“我不能违背对先君的承诺。”十月，里克在守丧的地方杀死奚齐，当时，献公还未安葬。荀息想一死了之，有人建议不如立奚齐的弟弟悼子并辅佐他。荀息便拥立悼子，安葬献公。十一月，里克在朝堂上杀死悼子，荀息也死了。君子说：“《诗经》所说的‘白珪有了斑点，还可以磨亮，话要是说错，就不能挽救了’，这就是说的荀息呀！荀息没有违背自己的诺言。”当初，献公将要讨伐骊戎时，龟卜说过“谗言为害”。等到打败骊戎，得到骊姬，十分宠爱她，竟因此搞乱了晋国。

里克等人已杀死了奚齐、悼子，派人到翟国迎接公子重耳，打算拥立他。重耳辞谢道：“违背父亲的命令逃出晋国，父亲死后又不能按儿子的礼仪侍候丧事，我怎么敢回国即位，大夫还是改立别的公子吧。”派去的人回来报告里克，里克让人到梁国去迎接夷吾。夷吾想回晋，吕省、郤芮说：“国内还有公子可以即位却到国外来寻求，难以让人相信。估计如果不去秦国借强国的威力回晋国，恐怕很危险。”于是，夷吾让郤芮用厚礼贿赂秦国，并约定：“假使我能回到晋国，愿把晋国河西奉献给秦国。”夷吾还给里克一封信说：“假使我真能即位，愿把汾阳之城封给您。”秦穆公就派军队护送夷吾回晋国了。齐桓公听说晋国内乱，也率领诸侯到达晋国。秦军和夷吾这时也到达了晋国，齐国就派隰朋会同秦国一起把夷吾送回晋国，立他为晋君，这就是惠公。齐桓公到了晋国的高梁就返回齐国了。

惠公夷吾于元年，派邳郑向秦君道歉说：“当初我把河西之地许给您，今有幸回国立为国君。大臣说：‘土地是先君留下的，您逃亡在外，凭什么擅自许给秦呢？’我力争也无用，所以向秦道歉。”同时，夷吾也不把汾阳城封给里克，反而夺了他的大权。四月，周襄王派周公忌父与齐、秦大夫相会共同拜访晋惠公。惠公因重耳逃亡在外，怕里克发动政变，便赐里克死，并对他说："没有里克我不能即位。虽然如此，您也杀死了两位国君和一位大夫，做你的国君不也太难了吗？"里克回答说："不废前边的，你怎么能兴起呢？想杀死我，难道还找不到借口吗？你竟说这种话！我遵命就是。"说完，里克就伏剑自杀。而邳郑却由于去秦国道歉没回来，才免于此难。

晋君重新按礼仪改葬太子申生。秋季，狐突到了曲沃，遇到申生的鬼魂，申生让他一起乘车并告诉他说："夷吾无礼，我要向天帝请求，将把整个晋国送给秦国，秦国将祭祀我。"狐突回答说："我听说神灵是不享用不是自己宗族祭祀的，这样的话，您的祭祀不是断绝了吗？您仔细考虑考虑吧！"申生说："好吧，我要再一次向天帝请求。十天后，在新城西边将有巫者显现我。"狐突答应了申生，申生就不见了。等到狐突按期前往新城西，果然见到了申生，申生告诉他说："天帝已答应惩罚罪人了，他将在韩原战败。"于是儿童唱起了歌谣："恭太子改葬了，以后十四年，晋国也不会繁荣昌盛了，昌盛在他的兄长。"

邳郑出使秦国，听说里克被杀，就对秦穆公说："吕省、郤称、冀芮确实是不愿意以河西贿赂秦国。如果能够贿赂他们一些财物，跟他们商量，赶走晋君，送重耳回晋国，事情就一定成功。"秦穆公答应了他，派人和邳郑一起回晋国回报，用厚财贿赂了三人。三人说："礼重话甜，一定是邳郑向秦国出卖了我们。"于是三人杀死了邳郑及里克、邳郑的党徒七舆大夫。邳郑的儿子豹逃到秦国，建议秦国攻打晋国，穆公没有听从。

惠公即位后，违背了给秦国土地和给里克封地的约定，又杀死了七舆大夫，晋国人都不顺服。

二年，周王室派召公过拜访晋惠公，惠公礼节傲慢，召公讥笑了他。

四年，晋国发生饥荒，向秦国请求购买粮食。穆公问百里奚，百里奚说："天灾流行，各国都可能发生，救灾助邻是国家的道义。应当卖给它粮食。"邳郑的儿子豹却说："攻打它。"穆公说："晋君确实有罪，晋国人民有什么罪！”秦国终于卖给晋粮食，自雍地源源不断运到绛地。

五年，秦又发生饥荒，向晋国请求购买粮食。晋君与大臣们商量这件事，庆郑说：“君王凭借秦国力量才即位，后来我们又背弃了给秦国土地的约定。晋国发生饥荒，秦国卖给了我们粮食，如今秦国饥荒，请求购买晋国的粮食，给它有什么疑问？何必还商量呢？”虢射说：“去年上天把晋国赐给了秦国，秦国竟不知道夺取晋国反而卖给了我们粮食。如今上天把秦国赐给了晋国，晋难道应该违背天意吗？应该攻打秦国。”惠公便采纳了虢射的计谋，未给秦国粮食，反而派军攻打秦国。秦国非常生气，也派军攻打晋国。

六年春，秦穆公领兵讨伐晋国。晋惠公对庆郑说：“秦军深入到我国境内，该怎么办呢？”庆郑说：“秦国护送您回国，您却违背约定不给秦地；晋国饥荒时，秦国立即运来粮食援助我们，秦国闹饥荒，晋国不仅不给予援助，竟想趁机攻打人家，今天秦军深入国境不也应该吗？”晋国对驾车和做护卫的人进行占卜，二者都是庆郑吉。惠公说：“庆郑不驯服。”就改让步阳驾车，家仆徒做护卫进军秦。

九月壬戌日，秦穆公、晋惠公在韩原交战。惠公的重马深陷在泥里走不动，秦军赶来，惠公十分窘迫，叫庆郑驾车。庆郑说：“不照占卜的去做，不也应该失败吗？”说完，庆郑就离开了。惠公改让梁繇靡驾车，虢射任护卫迎击秦穆公。穆公的勇士击败晋军，晋军败退，让秦穆公跑走了，秦军反而俘获了晋君带回秦国。秦国将要杀死他祭祀上帝。晋君的姐姐是秦穆公的夫人，她身穿丧服哭泣不止。穆公说：“俘获晋侯应庆贺高兴啊，现在你竟悲痛起来。并且我听说箕子看到唐叔刚被分封时说过‘他的后代一定繁荣昌盛’，晋怎么能灭亡呢？”于是，秦穆公就和晋侯在王城订盟并允许他返回晋国。晋侯也派吕省等回报国人说：“我虽然能回晋国，但也没有脸面见社稷，选个吉日让子圉登位吧！”晋国人听到这话都伤心地哭了。秦穆公问吕省：“晋国人和睦吗？”吕省回答说：“不和睦。老百姓怕失去国君出现内乱、牺牲父母，不怕子圉即位，都说：‘一定要报此仇，宁可服侍戎、狄也不服事秦国。’可那些贵族却很爱护自己的国君,知道有罪,他们正等待秦国送回国君的命令,他们说:'一定报答秦国对晋国的恩惠'。因为有这两种主张,所以晋国不和睦。"于是秦穆公改换晋惠公的住处,馈赠晋惠公七套牲畜。十一月,秦送回晋公。晋侯返回晋国后,杀了庆郑,修明政教。与大臣们商议说:"重耳在外,诸侯大多认为有利可图而接待他。"晋君想派人到狄杀死重耳。重耳听到这个消息,跑到齐国去了。

八年,晋惠公让太子圉到秦做人质。当初,惠公逃到梁时,梁伯把自己的女儿嫁给他,生下一男一女。梁伯为他们占卜,男孩是做臣的,女孩是做妾的,所以男孩取名为圉,女孩取名为妾。

十年,秦国灭亡了梁国。梁伯喜欢大兴土木、修筑城池沟堑,百姓疲劳,怨声载道,多次互相惊吓道"秦军来了",百姓过分恐惧,秦国终于灭亡了它。

十三年,晋惠公生病,他有几个儿子。太子圉说:"我母亲家在梁国,今天梁被秦国灭亡,我在国外被秦轻视,在国内又无援助。君王病重卧床不起,我担心晋国大夫看不起我,改立其他公子为太子。"于是太子圉跟妻子商量一起逃回去。秦国女子说:"您是一国的太子,在此受辱。秦国让我服侍您,为的是稳住您的心。您逃跑吧,我不拖累你,也不敢说出去。"太子圉于是就跑回晋国。十四年九月,晋惠公死,太子圉即位,这就是怀公。

太子圉逃走,秦国十分生气,就寻找公子重耳,想送他回去。太子圉即位后,担忧秦国来攻打,于是下令晋国随重耳逃亡在外的人必须按期归晋,逾期未归者杀死整个家族。狐突的儿子狐毛和狐偃都跟随重耳在秦国,狐突不肯叫他们回来。怀公很不高兴,囚禁了狐突。狐突说:"我的儿子服侍重耳也已很多年了,今天您下令叫回他,这是让他们反对自己的君主,我用什么道理教育他们呢?"怀公终于杀死狐突。秦穆公于是派军队护送重耳回晋国,派人先通知栾枝、郤縠的党徒做内应,在高梁杀死了怀公,送回了重耳。重耳登位,这就是文公。

晋文公重耳是晋献公的儿子。从年轻时就喜好结交士人,十七岁时就结交有贤士五人：赵衰；狐偃咎犯，这是文公的舅父；贾佗；先轸；魏武子。在献公做太子时，重耳就已是成人了。献公即位时，重耳二十一岁。献公十三年，因为骊姬的缘故，重耳驻守蒲城防御秦国。献公于二十一年时，杀死了太子申生，骊姬进谗言，重耳害怕，与献公不辞而别就跑回蒲城驻守。献公二十二年，献公派宦者履鞮赶快杀死重耳。重耳爬墙逃跑，宦者追赶，砍掉重耳的袖子。重耳就逃到狄国。狄国是重耳母亲的祖国。当时重耳四十三岁。从那以后，他的五位贤士，还有不知名的几十人，与他一起到了狄。

狄国讨伐咎如，俘获两位女子，把年长的女子嫁给重耳，生了伯儵、叔刘；把年少的女子嫁给赵衰，生了赵盾。重耳在狄住了五年，晋献公就死了，里克已杀死奚齐、悼子，让人迎接重耳，想拥立重耳。重耳怕被杀，因此坚决辞谢，不敢回国。后来，晋国又迎接重耳的弟弟夷吾并拥立他，就是惠公。惠公七年时，因害怕重耳，就让宦者履鞮带着勇士去谋杀重耳。重耳知道情况后，就与赵衰等商量说："我当初逃到狄国，不是因为它可给我帮助，而是因路途近，容易到达，所以暂且在此歇脚。歇脚久了，就希望迁到大国去。齐桓公喜好善行，有志称霸，安定爱护诸侯。现在听说管仲、隰朋死，齐国也想寻找贤能的人辅佐，为何不前往呢？"于是，重耳就动身。离开狄国时，重耳对妻子说："等我二十五年不回来，你就改嫁。"妻子笑着回答："等到二十五年，我坟上的柏树都长大了。虽然如此，我还是等着你的。"重耳在狄国共居住十二年才离开。

重耳经过卫国，卫文公不以礼相待。离去，经过五鹿时，肚子饿了，向村民讨饭，村民把土放在容器中献给他。重耳很不高兴，赵衰说："泥土，象征着拥有土地，你应该行礼接受它。"

重耳到了齐国，齐桓公厚礼招待他，并把同族的一个少女嫁给重耳，陪送二十辆驷马车，重耳安于这种生活。重耳在齐住了两年，桓公死，正赶上竖刀等人发起内乱，齐孝公即位，诸侯的军队多次来侵犯。重耳在齐国总共住了五年。重耳爱恋齐女，没有离开齐国的意思。赵衰、咎犯有一天就在桑树下商量离开齐国之事。齐女的侍女在桑树上听到他们的密谈，回屋后偷偷告诉了主人。齐女把侍女杀死，劝告重耳赶快动身。重耳说："人生来就是寻求安逸享乐的，何必管其他的事情，我一定要死在齐国，不能离开。"齐女说："您是一国的公子，走投无路才来到这里，您的这些随从把您当作他们的生命。您不赶快回国，报答劳苦的臣子，却贪恋女色，我替您感到羞耻。况且，现在您不去追求，什么时候才能得到成功呢？"于是她就与赵衰等人商议，灌醉了重耳，用车载着他离开了齐国。走了一段很长的路，重耳才醒来，大怒，拿起戈来要杀咎犯。咎犯说："杀死我，成就您，是我的心愿。"重耳说："如果事情不能成功，我就吃舅父的肉。"咎犯说："如果事情不能成功，我的肉又腥又臊，怎么值得吃！"于是重耳才罢休，继续前行。

重耳路过曹国，曹共公无礼，想看重耳长成整块的肋骨。曹国大夫釐负羁说："晋公子贤能，与我们又是同姓，穷困中经过我国，为什么无礼？"共公不听劝告。负羁就私下给重耳食物，并把一块璧玉放在食物下面。重耳接受了食物，把璧玉退还给负羁。

重耳离开曹国，来到宋国，宋襄公刚刚被楚军打败，在泓水负了伤，听说重耳贤明，就按国礼接待了重耳。宋国司马公孙固与咎犯友好，说："宋国是小国，又刚吃败仗，不足以帮助你们回国，还是再往大国去吧。"重耳一行人于是又离开宋国。

重耳路过郑国，郑文公无礼。郑大夫叔瞻劝告他的国君说："晋公子贤明，他的随从都是国家的栋梁之材，他与我们又是同姓。郑国从厉王分出，晋国从武王分出。"郑国国君说："从诸侯国中逃出的公子经过我国的太多了，怎么可以都按礼仪去接待呢！"叔瞻说："您若不以礼相待，就不如杀掉他，免得成为咱们的后患。"郑君没有听从，重耳离开郑国。

重耳离开郑国前往楚国，楚成王用对待诸侯的礼节招待他，重耳辞谢不敢领受。赵衰说："您在外逃亡已达十余年之多，小国都轻视你，何况大国呢？今天，楚国是大国，如果坚持厚待你，你不要辞让，这是上天要让你兴起了。"重耳于是按诸侯的礼节会见了楚成王。成王很好地接待了重耳，重耳很谦恭。成王说："您将来回国后，用什么来报答我？"重耳说:“珍禽异兽、珠玉绸绢,君王都富富有余,不知道用什么来报答。”成王说:“虽然如此,到底应该用些什么来报答我呢?”重耳说:“假使不得已,与您在平原湖沼地带兵戎相见,请为君王退避三舍。”楚国大将子玉生气地说:“君王对待晋公子太好了,今天重耳出言不逊,请杀了他。”成王说:“晋公子贤能,却在国外困窘很久了,随从都是国家的贤才,这是上天安排的,怎么可以杀了他呢?况且他的话又该怎样去说呢?”重耳在楚国住了几个月,晋国太子圉从秦国逃跑了,秦国怨恨他,听说重耳住在楚国,于是邀请重耳到秦国。成王说:“楚国太远了,要经过好几个国家才能到达晋国。秦国、晋国交界,秦君很贤明,您好好去吧!”成王赠送了很多礼物给重耳。

重耳到达秦国,秦穆公把同宗的女子五人嫁给重耳,原公子圉的妻子也在其中。重耳不想接受公子圉的妻子,司空季子说:“他的国家都将去攻打了,何况他的妻子呢!而且,您接受此女为的是与秦国结亲,以便返回晋国,您竟拘泥于小礼节,忘了大的羞耻!”重耳于是接受了。秦穆公十分高兴,亲自与重耳宴饮。赵衰吟诵了《黍苗》诗。秦穆公说:“知道你想尽快返回晋国。”赵衰与重耳离开了座位,再次拜谢说:“我们这些流亡的臣子仰仗您,就如同庄稼盼望及时雨。”

当时是晋惠公十四年秋季。惠公于九月死去,子圉即位。十一月,晋国安葬了惠公。十二月,晋国大夫栾枝、郤縠等人听说重耳在秦国,都暗中来劝重耳、赵衰等人回晋国,做内应的人很多。于是秦穆公就派军队护送重耳回晋国。晋君听说秦军来了,也派出军队抵拒。可是民众都暗中知道公子重耳要回来了。只有惠公的旧大臣吕省、郤芮那班人不愿让重耳即位。重耳在外逃亡十九年最终返回晋国,这时已六十二岁了,晋人大多都归附他。

文公元年春,秦国护送重耳到达黄河岸边。咎犯说:“我随您周游天下,过错也太多了。我自己都知道,何况您呢?我请求从此离去吧。”重耳说:“如果我回到晋后,有不与您同心的,请河伯作证!”于是,重耳就把玉璧扔到黄河中,与子犯明誓。这时介子推也是随从,正在船中,就笑道:"确实上天在支持公子兴起,可子犯却把它当作自己的功劳并以此向君王索取,太耻辱了。我不愿和他同列。"说完就隐蔽起来渡过黄河。秦军包围了令狐,晋军驻扎在庐柳。

二月辛丑日,咎犯与秦晋大夫在郇邑订盟。壬寅日,重耳进入晋军中。丙午日,重耳到达曲沃。丁未日,重耳到武宫朝拜,即位做了晋国国君,这就是文公。大臣们都前往曲沃。怀公圉逃到高梁。戊申日,重耳派人杀死了怀公。

怀公旧大臣吕省、郤芮本来就不归附文公,恐怕被杀,就和自己的党徒阴谋焚烧文公居住的宫殿,杀死文公。文公对此毫无察觉。而早先曾想杀死文公的宦者履鞮却知道了这个阴谋,想把这个阴谋告诉文公,以便解脱以前的罪过,便要求谒见文公。文公拒绝见他,让人谴责他说:"蒲城的事,你砍掉了我的衣袖。后来,我跟着狄君去狩猎,你替惠公追踪杀我。惠公与你约定三天到达,而你竟一天就赶到,为什么这么快呢?你仔细想想吧。"宦者说:"我是受过宫刑的人,不敢用二心侍奉国君,背叛主人,所以得罪了您。您已回国,难道就没有蒲、翟这种事了吗?况且,管仲射中齐桓公的带钩,而桓公仍靠着管仲得以称霸。今天我这个罪人想告诉您一件要事,您却不肯接见,灾祸又将降临到您头上了。"于是文公接见了他,他便把吕省、郤芮等人的阴谋一五一十地告诉了文公。文公想传唤吕省、郤芮,但吕、郤等党徒众多,文公担心刚刚回国,国人可能出卖自己,就改装暗地出行,到了王城会见了秦穆公,国人全然不知道他的行动。三月己丑日,吕、郤等人果真造反,烧毁了文公居住的宫殿,却未找到文公。文公的卫兵与他们交战,吕、郤等想率军逃跑,秦穆公引诱吕、郤等人,在黄河边杀死了他们,晋国恢复平静,文公得以返回晋国。夏季,文公从秦国接回夫人,秦国所给文公的妻子终于成为夫人。秦国还送了三千人做文公的卫士,用以防备晋国内乱。

文公修明政务,对百姓布施恩惠,奖赏随从逃亡的人员和有功的臣子,功大的封给城邑,功小的授予爵位。文公还未来得及赏赐完毕,周襄王因为弟弟王子带发难逃到郑国居住,于是来向晋国告急。晋国刚刚安定，想派军队去，又担心国内发生动乱，因此，文公赏赐随从的逃亡者还未轮到隐者介子推。介子推也不要求俸禄，俸禄也没轮到他。介子推说："献公有九个儿子，只有国君还健在。惠公、怀公没有亲信，国内外都唾弃他们；上天还没让晋国灭亡，必定要有君主，主持晋国祭祀的，除了当今的国君还有谁呢？确实是上天兴起他，可是有两三个人以为是自己的功劳，不也很荒谬吗？偷了别人的财物，还说是盗贼，何况贪天之功以为己功的人呢？臣下遮盖他们的罪过，主上赏赐他们的奸诈，上下互相欺骗，我难以与他们相处了！"介子推的母亲说："你为什么不也去请求赏赐呢，用死来怨恨谁？"介子推说："我怨恨那些人，再去效仿他们，罪过就更大了。况且我已说出怨言，绝不吃他的俸禄。"母亲说："也让文公知道一下你的情况，怎么样？"介子推回答说："话是每人身上的文饰，身体都想隐藏起来了，何必再使用文饰呢？文饰是为了显露自己。"介子推的母亲说："能够这么做吗？那我和你一起隐藏起来吧。"母子俩至死没有再露面。

介子推的随从们很怜悯他，就在宫门口悬挂上一张字条，上面写道："龙想上天，五条蛇辅佐。龙已深上云霄，四条蛇各得其所，只有一条蛇独自悲怨，最终没有找到自己的去处。"文公出宫时，看见了这几句话，说："这是介子推。我正为王室之事担忧，还没来得及考虑他的功劳。"于是，文公派人去叫介子推，但介子推已逃走。文公就打听介子推的住所，听说他进了绵上的山中。于是，文公把绵上山中周围封给介子推，作为他的封地称之为介推田，又起名叫介山，"以此来记载我的过失，并且表彰能人。"

随从文公逃亡的无能之辈壶叔说："您三次赏赐功臣都没有轮到我，请问我有什么罪过。"文公答道："用仁义教导我，用道德、恩惠规劝我，这应受到上等赏赐。用行动辅佐我，终于使我获得成功，这应受到次等赏赐。承担弓箭的危险，给我立下汗马功劳，这应受到再次等赏赐。至于用劳力侍奉我，而没有弥补我的过失，这也应受到再次等赏赐。这三次赏赐完了，一定会轮到您。"晋国人听了，皆大欢喜。

二年春，秦军驻在黄河边，将要护送周王回京。赵衰说："要想成为霸主，不如护送周王回京、尊崇周王室。周王与晋君同姓，晋国不抢先护送周王回京，而落在秦国后边，就没资格在天下发号施令。今天尊崇周王是晋国称霸的资本。"三月甲辰日，晋国就派兵到阳樊，包围温国，护送周襄王到周京。四月，杀死襄王的弟弟王子带。周襄王把河内的阳樊地方赐给晋国。

四年，楚成王与诸侯包围宋国，宋国公孙固赶到晋国求援。先轸说："报答恩人，确立霸业，就在于今天了。"狐偃说："楚国新近占有曹国，而且初次与卫国通婚，假如攻打曹国、卫国，楚国一定救援，那么宋国就得到解脱了。"于是晋国编制三军，赵衰推荐郤縠统率中军，郤臻辅佐他；派狐偃统率上军，狐毛协助他，赵衰被命为卿；栾枝统率下军，先轸协助他；荀林父驾车，魏犨任护卫：三军去讨伐曹、卫。冬季十二月时，晋军首先攻下太行山以东，把原邑封给赵衰。

五年春，晋文公想讨伐曹国，向卫国借路，卫国人不答应。晋军只好迂回从南渡过黄河攻打曹国，攻打卫国。正月，晋军攻下五鹿。二月，晋君、齐君在敛盂结盟。卫君请求与晋君结盟，晋人不答应。卫君想与楚国结盟，国人反对，就以赶出卫侯讨好晋国。卫侯住在襄牛，公子买在卫国防守，楚国救援卫国，未能取胜。晋侯包围曹国。三月丙午日，晋军侵入曹都，列举曹君的罪状，因为他不听釐负羁的话，却用乘坐华丽车子的三百个美女。文公下令军队不许进入釐负羁一族的家内，以报答他的恩德。楚国包围宋国，宋国又向晋国求援。文公想救援宋国就应攻打楚国，因为楚国曾对文公有恩，文公便不想攻打楚国；想放弃对宋国的救援，可宋国又曾对晋国有恩，文公为此举棋不定。先轸劝说："抓住曹伯，把曹国、卫国的土地分给宋国，楚国为此肯定着急，那楚国势必要放弃宋国了。"于是文公听取先轸的意见，楚成王真的率军离开了宋国。

楚国大将子玉说："君王对晋国太好了，今天文公知道楚国与曹国、卫国关系密切却故意攻打它们，这是轻视君王。"成王说："晋侯在外逃亡十九年，受困的时间很久了，终于得以返回晋国。他因尝尽了艰难险阻，就能正确对待他的百姓，这是上天为他开路，他不可阻挡。”子玉仍请兵说：“不敢说一定建功立业，只求堵塞中伤诽谤的言论。”楚王很生气，只给他很少的军队。于是子玉让宛春告诉晋国：“请求恢复卫侯地位，保存曹国，我也放弃宋国。”咎犯说：“子玉无礼了，我的国君只得到一份，他们的臣子却得到两份，不能答应。”先轸说：“安定人心叫作礼。楚国一句话安定了三个国家，您一句话灭亡了它们，我们才是无礼了。不答应楚国的要求，这就是放弃宋国。不如私下里答应恢复曹国、卫国以便引诱楚国，扣留宛春来激怒楚国，视战争胜负的情况再作计议。”晋侯就把宛春囚禁在卫国，并私下答应恢复曹国、卫国。曹卫两国派使者通知与楚国断交。楚将得臣很生气，进攻晋军，晋军后退，军官问道：“为什么退兵？”文公说：“过去我在楚国时，已立约说交战时退避三舍，可以违约吗？”楚军也想撤退，得臣不同意。

四月戊辰日，宋公、齐将、秦将与晋君驻扎在城濮。己巳日，他们与楚军交战，楚军失败，得臣收拾残部逃走。甲午日，晋军返回衡雍，在践土为周襄王修筑王宫。

当初，郑国曾援助楚国，现在楚国失败，郑国很害怕，派人请求与晋国结盟。于是，晋文公与郑伯结盟。

五月丁未日，晋文公把楚国俘虏奉献给周王，共有一百辆披甲的驷马车、一千多名步兵。天子派王子虎宣布晋君为霸主，赏赐给晋君黄金装饰的大车，一百副红色弓箭，一千副黑色弓箭，一坛香酒，还有玉勺和三百名勇士。晋君多次辞谢，最后才行礼接受。周王写《晋文侯命》：“王说：您用道义使诸侯和睦，大显文王、武王的功业。文王、武王能够谨慎修养美好的德行，感动上天，在百姓中传播，因此，上天把帝王的事业赐给文王、武王，恩泽流传于子孙。长辈关怀我，让我继承祖先的事业，永远保存王位。”于是晋文公称霸，癸亥日，王子虎在王宫与诸侯订盟。

晋国焚烧了楚军阵地，熊熊大火几天不熄灭，文公叹息。侍从们说：“战胜了楚国，您还发愁，为什么呢？”文公说：“我听说打了胜仗而能心情安定的，只有圣人，我因此恐惧。况且子玉还在，怎么可以高兴呢？”子玉大败而回，楚成王恼火他不听自己的话，只顾与晋国交战，于是责备子玉，子玉自杀身亡。晋文公说："我们在外部打击楚，楚王在内部诛杀大将，内外呼应。"这时文公才面露喜色。

六月，晋人又恢复卫侯地位。壬午日，晋文公渡过黄河向北回国。晋文公论功行赏，狐偃属头功。有人说："城濮的战争，是先轸的计谋。"文公说："城濮的战争，狐偃劝我不要失去信用。先轸说：'打仗以战胜为重。'我听了先轸的话获得胜利。然而这只是有利于一时的说法，狐偃说的是千秋万代的功业，怎么能让一时的利益超过万代的功业呢？因此，狐偃应得首功。"

冬季，晋文公在温邑会见诸侯，想率领诸侯朝拜周王。晋侯担心力量达不到，恐怕诸侯中有反叛的人，就派人告诉周襄王到河阳来巡视。壬申日，晋侯便率领诸侯到践土朝拜襄王。孔子读史书中记载晋文公处，说："诸侯无权召呼周王。'周王在河阳巡视'的这种记载，《春秋》隐讳这件事。"

丁丑日，诸侯包围了许国。曹伯的大臣中有人劝告晋文公说："齐桓公会合诸侯国，为保存异姓国家，现在您会合诸侯，却灭亡同姓国家。曹国是叔振铎的后代，晋国是唐叔的后代。会合诸侯国却消灭史弟国。不合礼仪。"晋侯高兴了，让曹君复位。

这时晋国开始建立三行军制。荀林父统率中行军，先縠统率右行军，先蔑统率左行军。

七年，晋文公、秦穆公共同包围郑国，因为文公逃亡路过郑国时郑国对文公无礼，以及在城濮之战中郑国援助了楚国。晋国包围郑国，想得到叔瞻。叔瞻听说后自杀了。郑国人带叔瞻尸体告诉晋君。晋君却说："一定要得到郑君才甘心。"郑国害怕了，就暗中派使者对秦穆公说："灭亡了郑国，增强了晋国，晋国有所收获，秦国却得不到什么好处。您为什么不放弃郑国，与郑国结为友好？"秦穆公同意了，撤走了军队，晋国也随后撤了兵。

九年冬天，晋文公死，其子襄公欢即位。这年郑君也死去。

郑国有人向秦国出卖自己的国家,秦穆公率军去偷袭郑国。十二月,秦军经过晋都郊处。

襄公元年春天,秦军路过周都,无礼,王孙满讥讽秦国。秦军开到滑国,郑国商人弦高将要去周京做买卖,路遇秦军,用十二头牛犒劳秦军。秦军大吃一惊赶快回国,灭掉滑国离去。

晋国的先轸说:"秦君不听蹇叔的计谋,违背了民意,可以攻打它。"栾枝说:"还没有报答秦国对先君的恩惠就攻打它,不行。"先轸说:"秦国欺侮刚刚失去父亲的我君,讨伐我同姓国家,有什么恩惠需要报答?"于是晋国就攻打了秦国。襄公穿着黑色的丧服。

四月,晋军在殽打败了秦军,俘虏了秦国的三员大将孟明视、西乞秫、白乙丙后回国。于是晋襄公穿着黑色丧服埋葬了文公。文公的夫人是秦国的女子,对襄公说:"秦国想得到这三员大将杀死他们。"襄公同意了,便送回了三员大将。先轸听说后,对襄公说:"祸患将要产生了。"先轸就去追赶秦国三员大将。三员大将渡黄河,已到了船上,看到先轸便叩头道谢,终于不返回。

三年以后,秦国果然派孟明讨伐晋国,为在殽的失败复仇,攻下了晋国的汪邑后撤兵。

四年,秦穆公派大军攻打晋国,渡过黄河,拿下王官,在殽山修筑了阵亡将士的坟墓才离去。晋国十分恐惧,不敢再出战,只好坚守城池。五年,晋国攻打秦国,夺取了新城,为王官失败报了仇。

六年,赵衰成子、栾贞子、咎季、子犯、霍伯都死。赵盾接代赵衰主持政务。

七年八月,襄公死。太子夷皋还年幼。晋人因为屡有患难的缘故,想拥立一位年长的君王。赵盾说:"立襄公弟弟雍。雍温和善良年纪大,先君又喜爱他,而且他亲近秦国,秦国本来是友好邻国。立善良的人国家就稳固,服侍年长的人国家就顺利,侍奉先君喜欢的人就孝顺,与旧日的朋友结交就安定。"贾季说:"雍不如他弟弟乐。辰嬴被两位国君宠爱,拥立她的儿子,百姓一定安心。"赵盾说:"辰嬴卑贱,地位在九个妃妾的下边，他的儿子能有什么威望。况且她被两位国君宠爱，这是淫乱。乐作为先君的儿子，不能投靠大国而出居小国，这是孤立。母亲淫乱，儿子孤立，没有威望；陈国既小又远离晋国，得不到援助，怎么可以为君呢?"于是晋国派士会到秦迎接公子雍。贾季也派人到陈国召回公子乐。赵盾废掉贾季，是因为贾季杀死了阳处父。十月，晋国埋葬了襄公。十一月，贾季逃到了翟国。这一年，秦穆公也死了。

灵公元年四月，秦康公说："先前文公回到晋国没有卫士，所以发生了吕省、郤芮的祸患。"于是，秦送给公子雍很多卫士。太子的母亲穆嬴日夜怀抱太子在朝廷上号叫哭泣说："先君有什么罪过？他的继承人有什么罪过？你们丢弃嫡子却到外边去找君主，打算把太子放在什么位置上?"穆嬴出了朝廷，就抱着太子跑到赵盾的住所，叩头说："先君把这个孩子嘱托给您，曾说过'这孩子成了材，我就是受了您的赐予，不成材，我就埋怨你'。现在先君死了，话还响在耳边，您却废掉他，怎么行?"赵盾和各位大臣都顾忌穆嬴，又怕被谴责，于是背弃了所迎接的雍，而立了太子夷皋，这就是灵公。同时派军队抵御秦国护送公子雍的军队。赵盾为将军，率军攻打秦军，在令狐打败了他们。先蔑、随会逃到秦国。秋季，齐、宋、卫、郑、曹、许各国的国君都拜会了赵盾，并在扈邑结盟，这是因为灵公刚刚即位的缘故。

四年，晋国攻打秦国，夺取了少梁，秦也夺取了晋国的殽。

六年，秦康公讨伐晋国，夺取了羁马。晋侯发怒，派赵盾、赵穿、郤缺攻打秦国，在河曲展开大战，赵穿立了大功。

七年，晋国的六卿担心在秦国的随会经常造成晋国内乱，于是让魏寿余假装反对晋国投降秦国。秦国让随会到魏邑来，因而捉住随会带回晋国。

八年，周顷王死，由于公卿争权，所以没有发讣告。晋国派赵盾率战车八百辆平息了周王室的动乱，拥立了匡王。这一年，楚庄王刚即位。十二年，齐人杀害了自己的国君懿公。

十四年，灵公长成人了，生活非常奢侈，大量搜刮民脂民膏用彩画装饰宫墙。从高台上弹人,以观赏人们避开弹丸而取乐。厨师没把熊掌煮烂,灵公就发怒,竟杀死厨师,让妇人抬着厨师的尸体扔出去,经过朝廷。赵盾、随会前去多次劝告,灵公根本不听;后来,他们又看见死人的手,于是又前去劝告。随会先去劝,灵公不听。灵公也害怕他们,竟派钮麑刺杀赵盾。赵盾内室的门敞开着,钮麑看见赵盾的住处极其简朴,便退出来叹息道:"杀死忠臣,背弃君命,这罪都是一样的。"说完,头撞树而死。

当初,赵盾常在首山打猎,曾看到桑树下有个饿极了的人。这个人叫示眯明。赵盾给了他一些食物,他只吃了一半。赵盾问他缘故,示眯明回答:"我已为人臣隶三年了,不知母亲是否还在世,想把剩下的一半留给母亲。"赵盾认为他很孝敬,又给他一些饭、肉。不久,示眯明做了晋君的厨师。但赵盾不知道这事。九月,晋灵公宴请赵盾,埋伏好士兵将要攻杀他,示眯明知道后,恐怕赵盾酒醉不能起身,于是上前劝说赵盾:"君王赏赐您酒,只喝三杯就可以了。"想让赵盾赶在前面离开,免于遭难。赵盾已离去,灵公埋伏的士兵还未集合好,就先放出一条叫敖的恶狗咬赵盾。示眯明替赵盾徒手杀死了狗。赵盾说:"抛弃人,使用狗,虽然凶猛有什么用呢!"可是赵盾并不知道是示眯明在暗中保护他。随后灵公指挥埋伏的士兵追赶赵盾,示眯明反击灵公的士兵,士兵不能前进,终于使赵盾逃脱。赵盾问示眯明为什么救自己,示眯明说:"我就是桑树下那个饿汉。"赵盾询问他的姓名,他没有告诉。示眯明也趁机隐遁而去。

赵盾于是得以逃脱,但还没有越出晋国国境。乙丑日,赵盾的弟弟将军赵穿在桃园杀死灵公,迎回了赵盾。赵盾素来尊贵,很得民心。灵公年纪不大,又奢侈,百姓不归向他,所以杀死他比较容易。赵盾又恢复了先前的地位。晋国的太史董狐写道:"赵盾杀死了他的国君。"在朝堂上传给大家看。赵盾说:"杀国君的是赵穿,我没有罪。"太史说:"您是正卿,逃跑了但没有逃出晋国国境,你回来也没有杀死作乱的人,不是你,又是谁呢?"后来孔子听到这件事,说道:"董狐是古代优秀的史官,记事的原则是毫不隐瞒罪恶。赵宣子是优秀的大夫,为遵守法制甘愿承受恶名,可惜呀,如果他逃出了国境,也就可以免除恶名了。”

赵盾让赵穿从周京迎回襄公的弟弟黑臀,让他即位,这就是成公。

成公是文公的小儿子,他的母亲是周王室的女子。壬申日,成公去武宫朝拜祖宗。

成公元年,赏赐赵氏为公族大夫。晋国讨伐郑国,因为郑国背叛了晋国。三年,郑君刚刚即位,郑国归附晋国却背弃了楚国。楚王生气了,讨伐郑国,晋国前去救援。

六年,晋国攻打秦国,俘虏了秦国将军赤。

七年,晋成公与楚庄王争霸,在扈邑会见诸侯。陈国畏惧楚国,未去赴会。晋国派中行桓子讨伐陈国,因而救援郑国,与楚国作战,打败了楚军。那一年,成公死,其子景公据即位。

景公元年春天,陈国大夫夏徵舒杀死了他的国君灵公。二年,楚庄王讨伐陈国,诛杀了徵舒。

三年,楚庄王包围郑国,郑国向晋国求救。晋国派荀林父统率中军,随会统率上军,赵朔统率下军,郤克、栾书、先縠、韩厥、巩朔辅佐他们。六月,晋军到达黄河。听说楚国已降服郑国,郑君裸露上身与楚国结盟,楚军就回去了,荀林父想班师回晋。先縠说:“总算是来救郑国的,不到达不可以,否则将帅将要离心离德。”晋军终于渡过黄河。楚国已降服郑国,想在黄河饮马扬名就离开郑国。楚晋两军大战,郑国刚归附楚国,惧怕楚,反而帮助楚军进攻晋军。晋军大败,退到黄河边,士兵争船渡河,船中有很多被砍掉的手指。楚国俘虏晋军大将智罃。晋军返回晋国后,林父说:“我是大将,晋军失败我应该被杀,请求死罪。”晋景公想答应他。随会说:“过去文公与楚国在城濮作战,楚成王回到楚国后杀死了大将子玉,文公才高兴。今天,楚国已打败我军,我们又杀死自己的将领,这是帮助楚国杀死楚国的仇人。”晋景公听了这番话才作罢。

四年,先縠因为首先建议而使晋军在黄河畔吃了败仗,害怕被杀,于是逃亡到翟国,与翟国商量讨伐晋国。晋国发觉后就诛灭了先縠的宗族。先縠,是先轸的儿子。

五年，晋国讨伐郑国，因为它帮助了楚国。当时楚庄王很强大，结果在黄河边挫败晋军。

六年，楚国讨伐宋国，宋国来向晋国求援，晋国想去援救。伯宗献计说："楚国，上天正兴发它，不能阻挡。"于是晋国派解扬谎称救援宋国。郑国人抓住解扬把他交给了楚国，楚君赏赐了他很多财物，让他说反话，以使宋国赶快投降。解扬假装许诺，终于将晋君的话告诉了宋国。楚国想杀死他，有人劝谏，楚国才放回了解扬。

七年，晋国派随会灭亡了赤狄。

八年，晋国派郤克出使齐国。齐顷公的母亲从楼上观看而发笑。之所以如此，是因为郤克驼背，而鲁国的使者跛足，卫国的使者瞎了一只眼，这样，齐君也派同样的残疾人去引导宾客。郤克发怒，回到黄河边发誓说："不报复齐国，河伯来见证！"郤克返回晋国，向晋君请求攻打齐国。晋景公问知其中缘故，说："您有怨气，怎么能够烦扰国家呢？"没有听从。魏文子因年迈请求辞职，推荐郤克，郤克执掌国政。

九年，楚庄王死。晋国讨伐齐国，齐国派太子强到晋国做人质，晋军才停止进攻。

十一年春天，齐国讨伐鲁国，夺取了隆邑。鲁国向卫国求援。卫国和鲁国都通过郤克向晋国求救。晋国就派郤克、栾书、韩厥用八百辆战车和鲁国、卫国共同讨伐齐国。夏天，晋国与齐顷公在鞌地交战，顷公受伤被困，于是便与他的护右交换了座位，下车去找水喝，从而逃脱而去。齐军大败而逃，晋国追赶败兵一直达到齐都。顷公献上宝器求和，晋国不同意。郤克说："一定要得到萧桐姪子做人质。"齐国使者说："萧桐姪子是顷公的母亲，顷公的母亲如同晋君的母亲，怎么一定要得到她呢？你们太不讲信义了，请求再一次交战。"晋国才答应与齐讲和而离去。

楚申公巫臣偷娶了夏姬逃到晋国，晋君用巫臣做邢邑大夫。

十二年冬天，齐顷公到了晋国，想要尊晋景公为王，景公辞谢不敢当。晋国开始设置六军，韩厥、巩朔、赵穿、荀骓、赵括、赵旃都任大臣。智罃也从楚国返回晋国。

十三年，鲁成公朝拜晋君，晋君对他很不礼貌，鲁君生气地走了，背叛了晋国。晋国征伐郑国，攻取了汜地。

十四年，梁山发生山崩。晋君询问伯宗，伯宗认为不值得大惊小怪。

十六年，楚国大将子反怨恨巫臣，杀死了他的宗族。巫臣十分气恼，给子反一封信说："一定让你疲于奔命！"于是巫臣请求出使吴国，让自己的儿子作吴国的行人，教吴国士兵乘车用兵。吴国、晋国开始有交往，约定讨伐楚国。

十七年，晋杀死赵同、赵括，并诛灭他们的家族。韩厥说："赵衰、赵盾的功劳难道是可以忘记的吗？怎么能断绝他们的祭祀呢？"于是，晋君又让赵氏庶子赵武作为赵氏后代，封给城池。

十九年夏天，景公病重，立太子寿曼做国君，这就是厉公。一个月后，景公死。

厉公元年，因为刚刚即位，想与诸侯和好，便与秦桓公隔着黄河订立盟约。回国后秦国就违背盟约，和翟国商议攻打晋国。

三年，晋国派吕相谴责秦国，借机和诸侯讨伐秦国。兵至泾水，在麻隧打败秦军，俘虏了秦国的大将成差。

五年，郤锜、郤犨、郤至中伤伯宗，晋君杀死他。伯宗是因为喜欢直言劝谏才招来这个灾祸，百姓因此不再亲附厉公。

六年春天，郑国背叛晋与楚订盟，晋君大怒。栾书说："不可以在我们这一代失去诸侯。"于是，晋发兵攻打郑。厉公亲自统率军队，五月渡过黄河。听说楚军来援救，范文子请求厉公撤兵。郤至说："派军讨伐逆贼，遇到强敌就躲避，就无法对诸侯发号施令。"于是，晋与楚交战。癸巳日，晋军射中楚共王的眼睛，楚军在鄢陵失败。子反聚集残兵，安抚好楚军，想再次与晋交战，晋很担心。共王召唤子反，子反的侍者竖阳谷向他敬酒，子反喝醉，不能去见共王。共王很生气，责备子反，子反自杀。共王于是率军返回楚国。晋因此威震诸侯，想号令天下，取得霸权。

厉公有许多宠姬，回国后，想免除所有大臣的职务，任用宠姬的兄弟。有个宠姬的哥哥叫胥童，曾与郤至有仇怨，再加上栾书又怨恨郤至不使用自己的计谋竟打败了楚军，就派人暗中向楚国道歉。楚王派人欺骗厉公说："鄢陵一战，实际是郤至招来楚国参与的，郤至想作乱，迎接公子周回晋国即位。恰好盟国没有准备好，所以事情未成功。"厉公告诉栾书，栾书说："大概有这种情况，希望您试着派人到周京暗地考察一下。"厉公果然派郤至到周京。栾书又让公子周会见郤至，郤至却不知道自己已被出卖。厉公验证这件事，认为果真如此，于是很怨恨郤至，想杀死他。

八年，厉公去打猎，与宠姬饮酒，郤至杀猪奉献给厉公，被宦者夺去，郤至射死了宦者。厉公发怒，说道："季子欺侮我！"打算杀掉三郤，还未动手。郤锜想先下手为强，进攻厉公，说："我虽然也许会死，国君也会遭殃。"郤至说："忠诚，不能反对君主；智慧，不能伤害百姓；勇猛，不能挑起乱子。失去这三种美德，谁肯帮助我？我死了算了。"十二月壬午日，厉公派胥童带领八百名士兵袭击攻杀三郤。胥童借机在朝廷上劫持了栾书、中行偃，说："不杀死这两个人，灾祸一定落到国君您头上。"厉公说："一个早上就杀死了三位卿士，我不忍心再多杀人了。"胥童回答说："别人可将忍心杀害您。"厉公不听，向栾书等道歉说明只是惩治郤氏的罪过："大夫都恢复职位。"两人叩头说："很幸运，很幸运！"厉公让胥童做大臣。闰月乙卯日，厉公到匠骊氏家去游玩，栾书、中行偃派他们的党羽袭击逮捕了厉公，把他囚禁起来，杀死了胥童，并派人从周京迎来了公子周，立他为君王，这就是晋悼公。

悼公元年，正月庚申日，栾书、中行偃杀死了厉公，只用一辆车陪葬了他。厉公是在被囚禁了六天后死去的，死去十天后是庚午日，智罃迎接公子周归来，到了绛城，杀鸡与大夫们订盟拥立公子周，这就是悼公。辛巳日，到武宫朝拜。二月乙酉日，公子周即位。

悼公周的祖父捷是晋襄公的儿子，没能继位，号称桓叔，桓叔最受怜爱。桓叔生下惠伯谈，惠伯谈生下悼公周。周即位时已十四岁。悼公说："祖父、父亲都未能继位而在周京避难，客死在那里。我认为自己已经疏远了，从未盼望做晋君。今天，大夫们不忘文公、襄公的意愿而施惠,拥立桓叔的后代,全仰仗祖宗和大夫们的威灵,得以继承晋国的祭祀,难道敢不兢兢业业吗?大夫们也应当辅佐我!"于是驱逐了不忠于国君的七个大臣,修整祖宗旧业,向百姓布施恩惠,抚恤文公回晋时诸功臣的后代。秋天,讨伐郑国。郑军大败,于是又到了陈国。

三年,晋国会合诸侯。悼公向大臣询问可任用的人,祁傒推荐解狐。解狐是祁傒的仇人。悼公又问还有谁,祁傒又推荐自己的儿子祁午。君子说:"祁傒可以说是不偏私了。在外举荐不避仇人,在内举荐不避儿子。"正在会合诸侯时,悼公的弟弟杨干乱了军阵,魏绛杀死他的驾车人。悼公很生气,有人劝谏悼公,悼公终于认识到绛很贤能,任用他主持政务,派他与戎族讲和,戎族终于非常亲近晋国。

十一年,悼公说:"自从我任用魏绛以来,九次会合诸侯,与戎翟和解,这全是魏子的功劳。"悼公赐给他乐队,他三次辞让才接受下来。冬天,秦国攻取了晋国的栎地。

十四年,晋国派六卿率领诸侯们讨伐秦国,渡过泾河,大败秦军,直到棫林才离去。

十五年,悼公向师旷询问治国的道理。师旷说:"只有仁义是根本。"冬天,悼公死,其子平公彪即位。

平公元年,晋国讨伐齐国,齐灵公与晋军在靡下交战。齐军被打败逃跑。晏婴说:"你本来就没有勇气,为何不停止战争?"齐军于是离去。晋国穷追不舍,包围了临菑,烧光了外城内的房屋,杀光了外城内的军民。晋军东到胶水,南到沂水,齐军都坚守着城池,晋国才退兵返回。

六年,鲁襄公朝拜晋君。晋国栾逞犯了罪,逃到齐国。八年,齐庄公暗中派栾逞到曲沃,又派军跟随他。齐军上了太行山,栾逞从曲沃内造反,袭击了绛城。绛城毫无警戒,平公想自杀,范献子阻止了平公,派自己的家兵袭击栾逞,栾逞被打败逃到了曲沃。曲沃人攻打栾逞,栾逞被杀死,还灭了栾氏宗族。栾逞是栾书的孙子。他进入绛城时,与魏氏商量过。齐庄公听说栾逞失败,就返回了,攻取了晋国的朝歌而去,为的是报复临菑一战之仇。

十年，齐国的崔抒杀害了他的国君庄公。晋国趁齐国动乱，高唐打败齐军离去，为的是报复太行一战之仇。

十四年，吴国延陵季子出使来到晋国，曾与赵文子、韩宣子、魏献子谈话，事后他说道："晋国的政权，终于要落在这三家手中了。"

十九年，齐派晏婴到晋国，晏婴与叔向谈话。叔向说："晋国现在处于末世了。平公向百姓征收重税建筑池台楼阁而不顾政事，政事出于私家门下，难道可以持久吗？"晏子对此表示同意。

二十二年，晋国讨伐燕国。二十六年，平公死，其子昭公夷即位。

昭公于六年死。这时，晋国六卿强大，公室却弱小了。昭公之子顷公去疾即位。

顷公六年，周景王死，王子们争夺王位。晋国的六卿平息了周王室的内乱，拥立敬王。

九年，鲁国季氏驱逐自己的国君昭公，昭公住在乾侯。十一年，卫、宋派使者请求晋送鲁君回国。季平子私下贿赂范献子，献子接受贿赂后，对晋君说："季氏没罪。"最终没送鲁君回国。

十二年，晋国公族祁傒的孙子，叔向的儿子，在晋君面前互相诋毁。六卿想削弱国君的力量，便依照刑法全部诛灭了他们的家族，并把他们的封邑划分为十个县，各自让自己的儿子去做大夫。晋君力量更加弱小，六卿都强大起来。

十四年，顷公死，其子定公午即位。

定公十一年，鲁国的阳虎逃到晋国，赵鞅简子留下了他。十二年，孔子在鲁国摄行国相事。

十五年，赵鞅与邯郸大夫午约定，要将卫贡五面家迁到晋阳，邯郸父兄不答应，赵鞅便认为午不诚实，要杀死午，午与中行寅、范吉射亲自攻打赵鞅，赵鞅逃到晋阳防守。定公围晋阳。荀栎、韩不信、魏侈与范去射、中行寅有仇，就调兵攻打范去射、中行寅。范去射、中行寅反叛，晋军攻打他们，打败范去射、中行寅。范去射、中行寅逃到朝歌，据城自保。韩不信、魏侈替赵鞅向晋君道歉，晋君于是赦免赵鞅，恢复他的地位。

二十二年，晋打败范吉射、中行氏，二人逃往齐。

三十年，定公与吴王夫差在黄池相会，争做首领，赵鞅当时从行，终于让吴王做了首领。

三十一年，齐国田常杀死了他的国君简公，立简公的弟弟骜做平公。三十三年，孔子死。

三十七年，定公死，其子出公凿即位。

出公十七年，知伯与赵鞅、韩不信、魏侈共同瓜分子范吉射、中行寅的领地归入自己的采邑。出公发怒，求告齐国、鲁国，想依靠他们讨伐四卿，四卿很惶恐，于是反击攻打出公。出公逃亡齐国，半路上死去。所以知伯就立昭公曾孙骄为晋君，这就是哀公。

哀公的祖父雍，是晋昭公的小儿子，号叫戴子。戴子生下了忌。忌与知伯关系密切，但死得早，所以知伯想吞并晋国，还不敢，就立了忌的儿子骄做晋君。当时，晋国的政务全部由知伯决定，晋哀公不能控制朝政。于是，知伯就占有了范吉射，中行寅的领地，在六卿中最强大。

哀公四年，赵襄子、韩康子、魏桓子共同杀死了知伯，全部吞并了他的土地。

十八年，哀公死，其子幽公柳即位。

幽公时，晋君由于衰弱而害怕卿大夫，反而去朝见韩、赵、魏的君王。晋君只占有绛城、曲沃，余下的都归属韩、赵、魏三晋。

十五年，魏文侯初即位。十八年，幽公奸淫妇女，夜间私自出城，强盗杀死了他。魏文侯派兵平定晋国的内乱，立幽公儿子止，这就是烈公。

烈公十九年，周威烈王赐封赵国、韩国、魏国，都任命他们为诸侯。

二十七年，烈公死，其子孝公颀即位。孝公九年，魏武侯刚刚即位，袭击邯郸，未能取胜就离去了。十七年，孝公死，其子静公俱酒即位。这一年是齐威王元年。

静公二年，魏武侯、韩哀侯、赵敬侯灭亡晋国后把晋地分割为三份。静公降为平民，晋国断绝了祭祀。

太史公说：晋文公是古代所说的贤明君主，逃亡在外十九年，十分贫困，到即位时施行赏赐，尚且还忘记了介子推，何况骄奢的君主呢？灵公被杀后，成公、景公极为严厉，到了厉公更加苛刻，大夫们怕被诛杀，因而祸乱发生。悼公以后，晋国一天天衰弱下去，六卿专权。所以国君驾驭自己的臣民，本来就不容易啊！

史记卷四十·楚世家第十

本篇记载了楚国自熊绎建国至楚王负刍亡国之间四十二世楚王承传世系，记述了楚国从兴盛到灭亡的完整历史。记事主要取材于《左传》《战国策》等文献资料，历代楚王皆有事可记，鲜有一带而过者，尤以楚成王、楚庄王、楚灵王、楚平王、楚怀王等五王遭际记述最详：楚成王与齐、晋争霸受挫；楚庄王“三年不鸣，鸣则惊人”终而称霸；楚灵王、楚平王早年皆有一番作为，晚年昏聩，造成“几再亡国”的悲剧；怀王为秦所欺，卒于秦。在论赞中又以灵王、平王为例，将楚国发生内忧外患并最终灭亡归于统治者的德衰，即“操行之不得”“嬖淫秦女”，而致“几再亡国”，《太史公自序》也说“好谀信谗，楚并于秦”。

楚之先祖出自帝颛顼高阳。高阳者，黄帝之孙，昌意之子也。高阳生称，称生卷章，卷章生重黎。重黎为帝喾高辛居火正①，甚有功，能光融天下，帝喾命曰祝融。共工氏作乱，帝喾使重黎诛之而不尽。帝乃以庚寅日诛重黎，而以其弟吴回为重黎后，复居火正，为祝融。

吴回生陆终。陆终生子六人，坼剖而产焉②。其长一曰昆吾；二曰参胡；三曰彭祖；四曰会人；五曰曹姓；六曰季连，芈姓，楚其后也。昆吾氏，夏之时尝为侯伯，桀之时汤灭之。彭祖氏，殷之时尝为侯伯，殷之末世灭彭祖氏。季连生附沮，附沮生穴熊。其后中微，或在中国，或在蛮夷，弗能纪其世。

周文王之时，季连之苗裔曰鬻熊。鬻熊子事文王，蚤卒③。

---

①火正：上古传说中的火神，职掌天文。 ②坼剖：割裂，裂开。 ③蚤：通“早”。

其子曰熊丽。熊丽生熊狂，熊狂生熊绎。

熊绎当周成王之时，举文、武勤劳之后嗣，而封熊绎于楚蛮，封以子男之田，姓芈氏，居丹阳。楚子熊绎与鲁公伯禽、卫康叔子牟、晋侯燮、齐太公子吕伋俱事成王。

熊绎生熊艾，熊艾生熊䵣，熊䵣生熊胜。熊胜以弟熊杨为后。熊杨生熊渠。熊渠生子三人。

当周夷王之时，王室微，诸侯或不朝，相伐。熊渠甚得江汉间民和，乃兴兵伐庸、杨粤，至于鄂。熊渠曰："我蛮夷也，不与中国之号谥。"乃立其长子康为句亶王，中子红为鄂王，少子执疵为越章王，皆在江上楚蛮之地。及周厉王之时，暴虐，熊渠畏其伐楚，亦去其王①。

后为熊毋康，毋康早死。熊渠卒，子熊挚红立。挚红卒，其弟弑而代立，曰熊延。熊延生熊勇。

熊勇六年，而周人作乱，攻厉王，厉王出奔彘。熊勇十年，卒，弟熊严为后。

熊严十年，卒。有子四人，长子伯霜，中子仲雪，次子叔堪，少子季徇。熊严卒，长子伯霜代立，是为熊霜。

熊霜元年，周宣王初立。熊霜六年，卒，三弟争立。仲雪死；叔堪亡，避难于濮；而少弟季徇立，是为熊徇。熊徇十六年，郑桓公初封于郑。二十二年，熊徇卒，子熊咢立。熊咢九年，卒，子熊仪立，是为若敖。

若敖二十年，周幽王为犬戎所弑，周东徙，而秦襄公始列为诸侯。

二十七年，若敖卒，子熊坎立，是为霄敖。霄敖六年，卒，子

①去：去除。

熊眴立，是为蚡冒。蚡冒十三年，晋始乱，以曲沃之故。蚡冒十七年，卒。蚡冒弟熊通弑蚡冒子而代立，是为楚武王。

武王十七年，晋之曲沃庄伯弑主国晋孝侯。十九年，郑伯弟段作乱。二十一年，郑侵天子之田。二十三年，卫弑其君桓公。二十九年，鲁弑其君隐公。三十一年，宋太宰华督弑其君殇公。

三十五年，楚伐随。随曰："我无罪。"楚曰："我蛮夷也。今诸侯皆为叛相侵或相杀。我有敝甲[①]，欲以观中国之政，请王室尊吾号。"随人为之周，请尊楚，王室不听，还报楚。三十七年，楚熊通怒曰："吾先鬻熊，文王之师也，早终。成王举我先公，乃以子男田令居楚，蛮夷皆率服[②]，而王不加位，我自尊耳！"乃自立为武王，与随人盟而去。于是始开濮地而有之。

五十一年，周召随侯，数以立楚为王[③]。楚怒，以随背己，伐随。武王卒师中而兵罢[④]。子文王熊赀立，始都郢。

文王二年，伐申过邓，邓人曰"楚王易取"，邓侯不许也。六年，伐蔡，虏蔡哀侯以归，已而释之。楚强，陵江汉间小国，小国皆畏之。十一年，齐桓公始霸，楚亦始大。

十二年，伐邓，灭之。十三年，卒，子熊艰立，是为庄敖。庄敖五年，欲杀其弟熊恽，恽奔随，与随袭弑庄敖代立，是为成王。

成王恽元年，初即位，布德施惠，结旧好于诸侯。使人献天子，天子赐胙，曰："镇尔南方夷越之乱，无侵中国。"于是楚地千里。

十六年，齐桓公以兵侵楚，至陉山。楚成王使将军屈完以兵御之，与桓公盟。桓公数以周之赋不入王室，楚许之，乃去。

---

①敝甲：陈旧的铠甲，指军队，谦辞。 ②率：顺服。 ③数：数说，责备。 ④罢：停止。

十八年，成王以兵北伐许，许君肉袒谢，乃释之。二十二年，伐黄。二十六年，灭英。

三十三年，宋襄公欲为盟会，召楚。楚王怒曰："召我，我将好往袭辱之。"遂行，至盂，遂执辱宋公，已而归之。

三十四年，郑文公南朝楚。楚成王北伐宋，败之泓，射伤宋襄公，襄公遂病创死。

三十五年，晋公子重耳过楚，成王以诸侯客礼飨[①]，而厚送之于秦。

三十九年，鲁僖公来请兵以伐齐，楚使申侯将兵伐齐，取谷，置齐桓公子雍焉。齐桓公子七子皆奔楚，楚尽以为上大夫。灭夔，夔不祀祝融、鬻熊故也。

夏，伐宋，宋告急于晋，晋救宋，成王罢归。将军子玉请战，成王曰："重耳亡居外久，卒得反国[②]，天子所开，不可当。"子玉固请，乃与之少师而去。晋果败子玉于城濮。成王怒，诛子玉。

四十六年。初，成王将以商臣为太子，语令尹子上。子上曰："君之齿未也[③]，而又多内宠，绌乃乱也[④]。楚国之举常在少者[⑤]。且商臣蜂目而豺声，忍人也，不可立也。"王不听，立之。后又欲立子职而绌太子商臣。商臣闻而未审也，告其傅潘崇曰："何以得其实？"崇曰："飨王之宠姬江芈而勿敬也。"商臣从之。江芈怒曰："宜乎王之欲杀若而立职也[⑥]。"商臣告潘崇曰："信矣。"崇曰："能事之乎？"曰："不能。""能亡去乎？"曰："不能。""能行大事乎[⑦]？"曰："能。"冬十月，商臣以宫卫兵围成王。成王请食熊蹯而死，不听。丁未，成王自绞杀。商臣代立，是为

---

①飨：通"享"，用酒食款待。 ②反：通"返"。 ③齿未：指年岁还不老。 ④绌：通"黜"，废弃。 ⑤举：立，指立太子。 ⑥若：你。 ⑦大事：指弑君夺位之事。

穆王。

穆王立，为其太子宫予潘崇，使为太师，掌国事。穆王三年，灭江。四年，灭六、蓼。六、蓼，皋陶之后。八年，伐陈。十二年，卒。子庄王侣立。

庄王即位三年，不出号令，日夜为乐，令国中曰："有敢谏者死无赦！"伍举入谏。庄王左抱郑姬，右抱越女，坐钟鼓之间。伍举曰："愿有进隐①。"曰："有鸟在于阜②，三年不蜚不鸣③，是何鸟也？"庄王曰："三年不蜚，蜚将冲天；三年不鸣，鸣将惊人。举退矣，吾知之矣。"居数月，淫益甚。大夫苏从乃入谏。王曰："若不闻令乎？"对曰："杀身以明君，臣之愿也。"于是乃罢淫乐，听政，所诛者数百人，所进者数百人，任伍举、苏从以政，国人大说。是岁灭庸。六年，伐宋，获五百乘。

八年，伐陆浑戎，遂至洛，观兵于周郊。周定王使王孙满劳楚王④。楚王问鼎小大轻重，对曰："在德不在鼎。"庄王曰："子无阻九鼎⑤！楚国折钩之喙⑥，足以为九鼎。"王孙满曰："呜呼！君王其忘之乎？昔虞夏之盛，远方皆至，贡金九枚，铸鼎象物，百物而为之备，使民知神奸⑦。桀有乱德，鼎迁于殷，载祀六百。殷纣暴虐，鼎迁于周。德之休明，虽小必重；其奸回昏乱，虽大必轻。昔成王定鼎于郏鄏，卜世三十，卜年七百，天所命也。周德虽衰，天命未改。鼎之轻重，未可问也。"楚王乃归。

九年，相若敖氏。人或谗之王，恐诛，反攻王，王击灭若敖氏之族。十三年，灭舒。

十六年，伐陈，杀夏徵舒。徵舒弑其君，故诛之也。已破

---

①隐：隐辞，一称瘦辞，一问一答。②阜：土山。③蜚：通"飞"。④劳：犒劳。⑤阻：倚仗，凭恃。⑥喙（huì）：指兵器的刃尖。⑦神奸：天神与鬼怪。

陈,即县之。群臣皆贺,申叔时使齐来,不贺。王问,对曰:“鄙语曰:牵牛径人田[①],田主取其牛。径者则不直矣[②],取之牛不亦甚乎?且王以陈之乱而率诸侯伐之,以义伐之而今贪其县,亦何以复令于天下!”庄王乃复国陈后。

十七年春,楚庄王围郑,三月,克之。入自皇门,郑伯肉袒牵羊以逆[③],曰:“孤不天,不能事君,君用怀怒[④],以及敝邑,孤之罪也。敢不惟命是听!宾之南海[⑤],若以臣妾赐诸侯,亦惟命是听。若君不忘厉、宣、桓、武,不绝其社稷,使改事君,孤之愿也,非所敢望也。敢布腹心。”楚群臣曰:“王勿许。”庄王曰:“其君能下人,必能信用其民,庸可绝乎!”庄王自手旗,左右麾军,引兵去三十里而舍,遂许之平[⑥]。潘尪入盟,子良出质。夏六月,晋救郑,与楚战,大败晋师河上,遂至衡雍而归。

二十年,围宋,以杀楚使也。围宋五月,城中食尽,易子而食,析骨而炊[⑦]。宋华元出告以情。庄王曰:“君子哉!”遂罢兵去。

二十三年,庄王卒,子共王审立。

共王十六年,晋伐郑。郑告急,共王救郑。与晋兵战鄢陵,晋败楚,射中共王目。共王召将军子反。子反嗜酒,从者竖阳谷进酒,醉。王怒,射杀子反,遂罢兵归。

三十一年,共王卒,子康王招立。康王立十五年卒,子员立,是为郏敖。

康王宠弟公子围、子比、子皙、弃疾。郏敖三年,以其季父康王弟公子围为令尹,主兵事。四年,围使郑,道闻王疾而还。

---

①径:笔直走。 ②不直:无理。 ③逆:迎。 ④用:以,因。 ⑤宾:通“摈”,排斥,流放。 ⑥平:议和。 ⑦易:交换。析:劈柴。

十二月己酉，围入问王疾，绞而弑之[①]，遂杀其子莫及平夏。使使赴于郑[②]。伍举问曰："谁为后？"对曰："寡大夫围。"伍举更曰："共王之子围为长。"子比奔晋，而围立，是为灵王。

灵王三年六月，楚使使告晋，欲会诸侯。诸侯皆会楚于申。伍举曰："昔夏启有钧台之飨，商汤有景亳之命，周武王有盟津之誓，成王有岐阳之蒐[③]，康王有丰宫之朝，穆王有涂山之会，齐桓有召陵之师，晋文有践土之盟，君其何用？"灵王曰："用桓公。"时郑子产在焉。于是晋、宋、鲁、卫不往。灵王已盟，有骄色。伍举曰："桀为有仍之会，有缗叛之。纣为黎山之会，东夷叛之。幽王为太室之盟，戎、翟叛之，君其慎终[④]！"

七月，楚以诸侯兵伐吴，围朱方。八月，克之，囚庆封，灭其族。以封徇，曰："无效齐庆封弑其君而弱其孤，以盟诸大夫！"封反曰："莫如楚共王庶子围弑其君兄之子员而代之立！"于是灵王使疾杀之。

七年，就章华台，下令内亡人实之。

八年，使公子弃疾将兵灭陈。十年，召蔡侯，醉而杀之，使弃疾定蔡，因为陈蔡公。

十一年，伐徐以恐吴，灵王次于乾溪以待之[⑤]。王曰："齐、晋、鲁、卫，其封皆受宝器，我独不[⑥]。今吾使使周求鼎以为分，其予我乎？"析父对曰："其予君王哉！昔我先王熊绎辟在荆山[⑦]，荜露蓝蒌以处草莽[⑧]，跋涉山林以事天子，唯是桃弧棘矢以共王事[⑨]。齐，王舅也；晋及鲁、卫，王母弟也。楚是以无分而

---

①绞：以冠缨绞杀之。②赴：通"讣"，告丧。③蒐：检阅军队。④慎终：谨慎仔细地考虑结果。⑤次：驻扎。⑥不：通"否"。⑦辟：通"僻"，偏僻。⑧荜（bì）露：简陋的车子。蓝蒌：通"褴褛"，衣服破烂。⑨桃弧棘矢：桃木做的弓，棘木制的箭。共：通"供"，供给。

彼皆有。周今与四国服事君王，将唯命是从，岂敢爱鼎？”灵王曰：“昔我皇祖伯父昆吾旧许是宅，今郑人贪其田，不我予，今我求之，其予我乎？”对曰：“周不爱鼎，郑安敢爱田？”灵王曰：“昔诸侯远我而畏晋，今吾大城陈、蔡、不羹，赋皆千乘，诸侯畏我乎？”对曰：“畏哉！”灵王喜曰：“析父善言古事焉。”

十二年春，楚灵王乐乾溪，不能去也。国人苦役。初，灵王会兵于申，僇越大夫常寿过[①]，杀蔡大夫观起。起子从亡在吴，乃劝吴王伐楚，为间越大夫常寿过而作乱，为吴间。使矫公子弃疾命召公子比于晋，至蔡，与吴、越兵欲袭蔡。令公子比见弃疾，与盟于邓。遂入杀灵王太子禄，立子比为王，公子子皙为令尹，弃疾为司马。先除王宫[②]，观从从师于乾溪，令楚众曰：“国有王矣。先归，复爵邑田室；后者，迁之。”楚众皆溃，去灵王而归。

灵王闻太子禄之死也，自投车下[③]，而曰：“人之爱子亦如是乎？”侍者曰：“甚是。”王曰：“余杀人之子多矣，能无及此乎？”右尹曰：“请待于郊以听国人。”王曰：“众怒不可犯。”曰：“且入大县而乞师于诸侯。”王曰：“皆叛矣。”又曰：“且奔诸侯以听大国之虑。”王曰：“大福不再，只取辱耳。”于是王乘舟将欲入鄢。右尹度王不用其计，惧俱死，亦去王亡。

灵王于是独傍偟山中，野人莫敢入王。王行遇其故铜人[④]，谓曰：“为我求食，我已不食三日矣。”铜人曰：“新王下法，有敢饷王从王者[⑤]，罪及三族。且又无所得食。”王因枕其股而卧。铜人又以土自代，逃去。王觉而弗见，遂饥弗能起。芋尹申无

①僇：侮辱。 ②除：清除。 ③投：跌倒。 ④铜人：同“涓人”，秦汉时称中涓，贴身内侍。 ⑤饷：用食物款待。

宇之子申亥曰："吾父再犯王命①，王弗诛，恩孰大焉！"乃求王，遇王饥于釐泽，奉之以归。夏五月癸丑，王死申亥家，申亥以二女从死，并葬之。

是时楚国虽已立比为王，畏灵王复来，又不闻灵王死，故观从谓初王比曰："不杀弃疾，虽得国，犹受祸。"王曰："余不忍。"从曰："人将忍王。"王不听，乃去。弃疾归，国人每夜惊，曰："灵王入矣！"乙卯夜，弃疾使船人从江上走呼曰："灵王至矣！"国人愈惊。又使曼成然告初王比及令尹子晳曰："王至矣！国人将杀君，司马将至矣！君早自图，无取辱焉。众怒如水火，不可救也。"初王及子晳遂自杀。丙辰，弃疾即位为王，改名熊居，是为平王。

平王以诈弑两王而自立，恐国人及诸侯叛之，乃施惠百姓。复陈、蔡之地而立其后如故，归郑之侵地。存恤国中②，修政教。吴以楚乱故，获五率以归。平王谓观从："恣尔所欲。"欲为卜尹，王许之。

初，共王有宠子五人，无适立③，乃望祭群神，请神决之，使主社稷，而阴与巴姬埋璧于室内，召五公子斋而入。康王跨之，灵王肘加之，子比、子晳皆远之。平王幼，抱其上而拜，压纽④。故康王以长立，至其子失之；围为灵王，及身而弑；子比为王十馀日，子晳不得立，又俱诛。四子皆绝无后。唯独弃疾后立，为平王，竟续楚祀，如其神符。

初，子比自晋归，韩宣子问叔向曰："子比其济乎⑤？"对曰："不就⑥。"宣子曰："同恶相求，如市贾焉，何为不就？"对曰："无

①再犯：两次触犯。②存恤：慰问救济。③适：通"嫡"。④纽：玉璧的纽带。⑤济：成功。⑥不就：不能成功。

与同好，谁与同恶？取国有五难：有宠无人，一也；有人无主，二也；有主无谋，三也；有谋而无民，四也；有民而无德，五也。子比在晋十三年矣，晋、楚之从不闻通者，可谓无人矣；族尽亲叛，可谓无主矣；无衅而动[①]，可谓无谋矣；为羁终世，可谓无民矣；亡无爱征，可谓无德矣。王虐而不忌，子比涉五难以弑君，谁能济之！有楚国者，其弃疾乎？君陈、蔡，方城外属焉。苛慝不作[②]，盗贼伏隐，私欲不违，民无怨心。先神命之，国民信之。芈姓有乱，必季实立，楚之常也。子比之官，则右尹也；数其贵宠，则庶子也；以神所命，则又远之；民无怀焉，将何以立？"宣子曰："齐桓、晋文不亦是乎？"对曰："齐桓，卫姬之子也，有宠于釐公。有鲍叔牙、宾须无、隰朋以为辅，有莒、卫以为外主，有高、国以为内主，从善如流，施惠不倦。有国，不亦宜乎？昔我文公，狐季姬之子也，有宠于献公，好学不倦。生十七年，有士五人，有先大夫子馀、子犯以为腹心，有魏犨、贾佗以为股肱，有齐、宋、秦、楚以为外主，有栾、郤、狐、先以为内主。亡十九年，守志弥笃[③]。惠、怀弃民，民从而与之。故文公有国，不亦宜乎？子比无施于民，无援于外。去晋，晋不送；归楚，楚不迎。何以有国！"子比果不终焉，卒立者弃疾，如叔向言也。

平王二年，使费无忌如秦为太子建取妇[④]。妇好，来，未至，无忌先归，说平王曰："秦女好，可自娶，为太子更求。"平王听之，卒自娶秦女，生熊珍。更为太子娶。是时伍奢为太子太傅，无忌为少傅。无忌无宠于太子，常谗恶太子建。建时年十五矣，其母蔡女也，无宠于王，王稍益疏外建也[⑤]。

六年，使太子建居城父，守边。无忌又日夜谗太子建于王

---

①衅：间隙，可乘之机。②慝（tè）：邪恶。③弥：更加。④取：通"娶"。⑤外：疏远。

曰："自无忌入秦女，太子怨，亦不能无望于王，王少自备焉。且太子居城父，擅兵，外交诸侯，且欲人矣。"平王召其傅伍奢责之。伍奢知无忌谗，乃曰："王奈何以小臣疏骨肉？"无忌曰："今不制，后悔也。"于是王遂囚伍奢。乃令司马奋扬召太子建，欲诛之。太子闻之，亡奔宋。

无忌曰："伍奢有二子，不杀者，为楚国患。盍以免其父召之，必至。"于是王使使谓奢："能致二子则生，不能将死。"奢曰："尚至，胥不至。"王曰："何也？"奢曰："尚之为人，廉，死节，慈孝而仁，闻召而免父，必至，不顾其死。胥之为人，智而好谋，勇而矜功，知来必死，必不来。然为楚国忧者必此子。"于是王使人召之，曰："来，吾免尔父。"伍尚谓伍胥曰："闻父免而莫奔，不孝也；父戮莫报，无谋也；度能任事，智也。子其行矣，我其归死。"伍尚遂归。伍胥弯弓属矢，出见使者，曰："父有罪，何以召其子为？"将射，使者还走。遂出奔吴。伍奢闻之，曰："胥亡，楚国危哉！"楚人遂杀伍奢及尚。

十年，楚太子建母在居巢，开吴①。吴使公子光伐楚，遂败陈、蔡，取太子建母而去。楚恐，城郢②。

初，吴之边邑卑梁与楚边邑钟离小童争桑，两家交怒相攻，灭卑梁人。卑梁大夫怒，发邑兵攻钟离。楚王闻之，怒，发国兵灭卑梁。吴王闻之，大怒，亦发兵，使公子光因建母家攻楚，遂灭钟离、居巢。楚乃恐而城郢。

十三年，平王卒。将军子常曰："太子珍少，且其母乃前太子建所当娶也。"欲立令尹子西。子西，平王之庶弟也，有义。子西曰："国有常法，更立则乱，言之则致诛。"乃立太子珍，是为

---

①开：引导。 ②城：筑城。

昭王。

昭王元年，楚众不说费无忌[①]，以其谗亡太子建，杀伍奢子父与郤宛。宛之宗姓伯氏子嚭及子胥皆奔吴，吴兵数侵楚[②]，楚人怨无忌甚。楚令尹子常诛无忌以说众，众乃喜。

四年，吴三公子奔楚，楚封之以扞吴[③]。五年，吴伐取楚之六、潜。

七年，楚使子常伐吴，吴大败楚于豫章。

十年冬，吴王阖闾、伍子胥、伯嚭与唐、蔡俱伐楚，楚大败，吴兵遂入郢，辱平王之墓，以伍子胥故也。吴兵之来，楚使子常以兵迎之，夹汉水阵。吴伐败子常，子常亡奔郑。楚兵走，吴乘胜逐之，五战及郢。己卯，昭王出奔。庚辰，吴人入郢。

昭王亡也，至云梦，云梦不知其王也，射伤王。王走郧。郧公之弟怀曰："平王杀吾父，今我杀其子，不亦可乎？"郧公止之，然恐其弑昭王，乃与王出奔随。吴王闻昭王往，即进击随，谓随人曰："周之子孙封于江汉之间者，楚尽灭之。"欲杀昭王。王从臣子綦乃深匿王，自以为王，谓随人曰："以我予吴。"随人卜予吴，不吉，乃谢吴王曰："昭王亡，不在随。"吴请入自索之[④]，随不听，吴亦罢去。

昭王之出郢也，使申包胥请救于秦。秦以车五百乘救楚，楚亦收馀散兵，与秦击吴。十一年六月，败吴于稷。会吴王弟夫概见吴王兵伤败，乃亡归，自立为王。阖闾闻之，引兵去楚，归击夫概。夫概败，奔楚，楚封之堂溪，号为堂溪氏。楚昭王灭唐。九月，归入郢。

十二年，吴复伐楚，取番。楚恐，去郢北徙，都鄀。

---

①说：同"悦"。 ②数：屡次。 ③扞：通"捍"，抵御。 ④索：搜索。

十六年，孔子相鲁。二十年，楚灭顿，灭胡。二十一年，吴王阖闾伐越。越王勾践射伤吴王，遂死。吴由此怨越而不西伐楚。

二十七年春，吴伐陈，楚昭王救之，军城父。十月，昭王病于军中，有赤云如鸟，夹日而蜚。昭王问周太史，太史曰："是害于楚王，然可移于将相。"将相闻是言，乃请自以身祷于神。昭王曰："将相，孤之股肱也，今移祸，庸去是身乎！"弗听。卜而河为祟，大夫请祷河。昭王曰："自吾先王受封，望不过江、汉，而河非所获罪也。"止不许。孔子在陈，闻是言，曰："楚昭王通大道矣，其不失国，宜哉！"

昭王病甚，乃召诸公子大夫曰："孤不佞，再辱楚国之师，今乃得以天寿终，孤之幸也。"让其弟公子申为王，不可。又让次弟公子结，亦不可。乃又让次弟公子闾，五让，乃后许为王。将战，庚寅，昭王卒于军中。子闾曰："王病甚，舍其子让群臣，臣所以许王，以广王意也①。今君王卒，臣岂敢忘君王之意乎！"乃与子西、子綦谋，伏师闭涂②，迎越女之子章立之，是为惠王。然后罢兵归，葬昭王。

惠王二年，子西召故平王太子建之子胜于吴，以为巢大夫，号曰白公。白公好兵而下士，欲报仇。六年，白公请兵令尹子西伐郑。初，白公父建亡在郑，郑杀之，白公亡走吴，子西复召之，故以此怨郑，欲伐之。子西许而未为发兵。

八年，晋伐郑，郑告急楚，楚使子西救郑，受赂而去。白公胜怒，乃遂与勇力死士石乞等袭杀令尹子西、子綦于朝，因劫惠王，置之高府，欲弑之。惠王从者屈固负王亡走昭王夫人宫。

---

①广：宽慰。 ②伏师：埋伏军队。涂：通"途"。

白公自立为王。月馀，会叶公来救楚，楚惠王之徒与共攻白公，杀之。惠王乃复位。是岁也，灭陈而县之。

十三年，吴王夫差强，陵齐、晋，来伐楚。十六年，越灭吴。四十二年，楚灭蔡。四十四年，楚灭杞，与秦平。是时越已灭吴而不能正江、淮北[1]；楚东侵，广地至泗上。

五十七年，惠王卒，子简王中立。简王元年，北伐灭莒。八年，魏文侯、韩武子、赵桓子始列为诸侯。

二十四年，简王卒，子声王当立。声王六年，盗杀声王，子悼王熊疑立。悼王二年，三晋来伐楚，至乘丘而还。四年，楚伐周。郑杀子阳。九年，伐韩，取负黍。十一年，三晋伐楚，败我大梁、榆关。楚厚赂秦，与之平。二十一年，悼王卒，子肃王臧立。

肃王四年，蜀伐楚，取兹方。于是楚为扞关以距之。十年，魏取我鲁阳。十一年，肃王卒，无子，立其弟熊良夫，是为宣王。

宣王六年，周天子贺秦献公。秦始复强，而三晋益大，魏惠王、齐威王尤强。三十年，秦封卫鞅于商，南侵楚。是年，宣王卒，子威王熊商立。

威王六年，周显王致文、武胙于秦惠王。

七年，齐孟尝君父田婴欺楚，楚威王伐齐，败之于徐州，而令齐必逐田婴。田婴恐，张丑伪谓楚王曰："王所以战胜于徐州者，田盼子不用也。盼子者，有功于国，而百姓为之用。婴子弗善而用申纪。申纪者，大臣不附，百姓不为用，故王胜之也。今王逐婴子，婴子逐，盼子必用矣。复搏其士卒以与王遇，必不便于王矣。"楚王因弗逐也。

---

①正：通"征"，征服。

十一年，威王卒，子怀王熊槐立。魏闻楚丧，伐楚，取我陉山。

怀王元年，张仪始相秦惠王。四年，秦惠王初称王。

六年，楚使柱国昭阳将兵而攻魏，破之于襄陵，得八邑。又移兵而攻齐，齐王患之。陈轸适为秦使齐，齐王曰："为之奈何?"陈轸曰："王勿忧，请令罢之。"即往见昭阳军中，曰："愿闻楚国之法，破军杀将者何以贵之?"昭阳曰："其官为上柱国，封上爵执珪。"陈轸曰："其有贵于此者乎?"昭阳曰："令尹。"陈轸曰："今君已为令尹矣，此国冠之上。臣请得譬之。人有遗其舍人一卮酒者，舍人相谓曰：'数人饮此，不足以遍，请遂画地为蛇，蛇先成者独饮之。'一人曰：'吾蛇先成。'举酒而起，曰：'吾能为之足。'及其为之足，而后成人夺之酒而饮之，曰：'蛇固无足，今为之足，是非蛇也。'今君相楚而攻魏，破军杀将，功莫大焉，冠之上不可以加矣。今又移兵而攻齐，攻齐胜之，官爵不加于此；攻之不胜，身死爵夺，有毁于楚：此为蛇为足之说也。不若引兵而去以德齐，此持满之术也①。"昭阳曰："善。"引兵而去。

燕、韩君初称王。秦使张仪与楚、齐、魏相会，盟啮桑。

十一年，苏秦约从山东六国共攻秦，楚怀王为从长②。至函谷关，秦出兵击六国，六国兵皆引而归，齐独后。十二年，齐湣王伐败赵、魏军，秦亦伐败韩，与齐争长。

十六年，秦欲伐齐，而楚与齐从亲，秦惠王患之，乃宣言张仪免相，使张仪南见楚王，谓楚王曰："敝邑之王所甚说者无先大王，虽仪之所甚愿为门阑之厮者亦无先大王。敝邑之王所甚憎者无先齐王，虽仪之所甚憎者亦无先齐王。而大王和之，是

①持满：喻处在盛位。 ②从长：六国合从盟约之长。

以敝邑之王不得事王，而令仪亦不得为门阑之厮也。王为仪闭关而绝齐，今使使者从仪西取故秦所分楚商於之地方六百里，如是则齐弱矣。是北弱齐，西德于秦，私商於以为富，此一计而三利俱至也。”怀王大悦，乃置相玺于张仪，日与置酒，宣言“吾复得吾商於之地”。群臣皆贺，而陈轸独吊。怀王曰：“何故？”陈轸对曰：“秦之所为重王者，以王之有齐也。今地未可得而齐交先绝，是楚孤也。夫秦又何重孤国哉，必轻楚矣。且先出地而后绝齐，则秦计不为。先绝齐而后责地，则必见欺于张仪。见欺于张仪，则王必怨之。怨之，是西起秦患，北绝齐交。西起秦患，北绝齐交，则两国之兵必至。臣故吊。”楚王弗听，因使一将军西受封地。

张仪至秦，详醉坠车[①]，称病不出三月，地不可得。楚王曰：“仪以吾绝齐为尚薄邪？”乃使勇士宋遗北辱齐王。齐王大怒，折楚符而合于秦。秦齐交合，张仪乃起朝，谓楚将军曰：“子何不受地？从某至某，广袤六里。”楚将军曰：“臣之所以见命者六百里，不闻六里。”即以归报怀王。怀王大怒，兴师将伐秦。陈轸又曰：“伐秦非计也。不如因赂之一名都，与之伐齐，是我亡于秦，取偿于齐也，吾国尚可全。今王已绝于齐而责欺于秦，是吾合秦齐之交而来天下之兵也，国必大伤矣。”楚王不听，遂绝和于秦，发兵西攻秦。秦亦发兵击之。

十七年春，与秦战丹阳，秦大败我军，斩甲士八万，虏我大将军屈匄、裨将军逢侯丑等七十馀人，遂取汉中之郡。楚怀王大怒，乃悉国兵复袭秦[②]。战于蓝田，大败楚军。韩、魏闻楚之困，乃南袭楚，至于邓。楚闻，乃引兵归。

---

①详：通“佯”，假装。 ②悉：全部。

十八年，秦使使约复与楚亲，分汉中之半以和楚。楚王曰：“愿得张仪，不愿得地。”张仪闻之，请之楚。秦王曰：“楚且甘心于子，奈何？”张仪曰：“臣善其左右靳尚，靳尚又能得事于楚王幸姬郑袖，袖所言无不从者。且仪以前使负楚以商於之约，今秦楚大战，有恶，臣非面自谢楚不解。且大王在，楚不宜敢取仪。诚杀仪以便国，臣之愿也。”仪遂使楚。

至，怀王不见，因而囚张仪，欲杀之，仪私于靳尚，靳尚为请怀王曰：“拘张仪，秦王必怒。天下见楚无秦，必轻王矣。”又谓夫人郑袖曰：“秦王甚爱张仪，而王欲杀之，今将以上庸之地六县赂楚，以美人聘楚王，以宫中善歌者为之媵[①]。楚王重地，秦女必贵，而夫人必斥矣。夫人不若言而出之。”郑袖卒言张仪于王而出之。仪出，怀王因善遇仪，仪因说楚王以叛从约而与秦合亲，约婚姻。张仪已去，屈原使从齐来，谏王曰：“何不诛张仪？”怀王悔，使人追仪，弗及。是岁，秦惠王卒。

二十年，齐湣王欲为从长，恶楚之与秦合，乃使使遗楚王书曰：“寡人患楚之不察于尊名也。今秦惠王死，武王立，张仪走魏，樗里疾、公孙衍用，而楚事秦。夫樗里疾善乎韩，而公孙衍善乎魏；楚必事秦，韩、魏恐，必因二人求合于秦，则燕、赵亦宜事秦。四国争事秦，则楚为郡县矣。王何不与寡人并力收韩、魏、燕、赵，与为从而尊周室，以案兵息民[②]，令于天下？莫敢不乐听，则王名成矣。王率诸侯并伐，破秦必矣。王取武关、蜀、汉之地，私吴、越之富而擅江海之利，韩、魏割上党，西薄函谷[③]，则楚之强百万也。且王欺于张仪，亡地汉中，兵锉蓝田[④]，天下

①媵：随嫁，也指随嫁的人。 ②案：通“按”，按住，停止。 ③薄：迫近。 ④锉：同“挫”，挫败。

莫不代王怀怒。今乃欲先事秦！愿大王孰计之。”

楚王业已欲和于秦，见齐王书，犹豫不决，下其议群臣。群臣或言和秦，或曰听齐。昭雎曰：“王虽东取地于越，不足以刷耻；必且取地于秦，而后足以刷耻于诸侯。王不如深善齐、韩以重樗里疾，如是则王得韩、齐之重以求地矣。秦破韩宜阳，而韩犹复事秦者，以先王墓在平阳，而秦之武遂去之七十里，以故尤畏秦。不然，秦攻三川，赵攻上党，楚攻河外，韩必亡。楚之救韩，不能使韩不亡，然存韩者楚也。韩已得武遂于秦，以河山为塞，所报德莫如楚厚，臣以为其事王必疾。齐之所信于韩者，以韩公子眜为齐相也。韩已得武遂于秦，王甚善之，使之以齐、韩重樗里疾，疾得齐、韩之重，其主弗敢弃疾也。今又益之以楚之重，樗里子必言秦，复与楚之侵地矣。”于是怀王许之，竟不合秦，而合齐以善韩。

二十四年，倍齐而合秦①。秦昭王初立，乃厚赂于楚。楚往迎妇。二十五年，怀王入与秦昭王盟，约于黄棘。秦复与楚上庸。二十六年，齐、韩、魏为楚负其从亲而合于秦，三国共伐楚。楚使太子入质于秦而请救。秦乃遣客卿通将兵救楚，三国引兵去。

二十七年，秦大夫有私与楚太子斗，楚太子杀之而亡归。二十八年，秦乃与齐、韩、魏共攻楚，杀楚将唐眜，取我重丘而去。二十九年，秦复攻楚，大破楚，楚军死者二万，杀我将军景缺。怀王恐，乃使太子为质于齐以求平。

三十年，秦复伐楚，取八城。秦昭王遗楚王书曰：“始寡人与王约为弟兄，盟于黄棘，太子为质，至欢也。太子陵杀寡人之

---

①倍：通“背”。

重臣，不谢而亡去，寡人诚不胜怒，使兵侵君王之边。今闻君王乃令太子质于齐以求平。寡人与楚接境壤界，故为婚姻，所从相亲久矣。而今秦楚不欢，则无以令诸侯。寡人愿与君王会武关，面相约，结盟而去，寡人之愿也。敢以闻下执事。”

楚怀王见秦王书，患之。欲往，恐见欺；无往，恐秦怒。昭雎曰：“王毋行，而发兵自守耳。秦虎狼，不可信，有并诸侯之心。”怀王子子兰劝王行，曰：“奈何绝秦之欢心！”于是往会秦昭王。昭王诈令一将军伏兵武关，号为秦王。楚王至，则闭武关，遂与西至咸阳，朝章台，如蕃臣，不与亢礼①。楚怀王大怒，悔不用昭子言。秦因留楚王，要以割巫、黔中之郡。楚王欲盟，秦欲先得地。楚王怒曰：“秦诈我而又强要我以地！”不复许秦。秦因留之。

楚大臣患之，乃相与谋曰：“吾王在秦不得还，要以割地，而太子为质于齐，齐、秦合谋，则楚无国矣。”乃欲立怀王子在国者。昭雎曰：“王与太子俱困于诸侯，而今又倍王命而立其庶子，不宜。”乃诈赴于齐，齐湣王谓其相曰：“不若留太子以求楚之淮北。”相曰：“不可，郢中立王，是吾抱空质而行不义于天下也。”或曰：“不然。郢中立王，因与其新王市曰‘予我下东国，吾为王杀太子；不然，将与三国共立之’，然则东国必可得矣。”齐王卒用其相计而归楚太子。太子横至，立为王，则为顷襄王。乃告于秦曰：“赖社稷神灵，国有王矣。”

顷襄王横元年。秦要怀王不可得地，楚立王以应秦，秦昭王怒，发兵出武关攻楚，大败楚军，斩首五万，取析十五城而去。

二年，楚怀王亡逃归，秦觉之，遮楚道，怀王恐，乃从间道走

①亢礼：平等之礼。

赵以求归[①]。赵王父在代，其子惠王初立，行王事，恐，不敢入楚王。楚王欲走魏，秦追至，遂与秦使复之秦。怀王遂发病。

顷襄王三年，怀王卒于秦，秦归其丧于楚。楚人皆怜之，如悲亲戚。诸侯由是不直秦。秦楚绝。

六年，秦使白起伐韩于伊阙，大胜，斩首二十四万。秦乃遗楚王书曰："楚倍秦，秦且率诸侯伐楚，争一旦之命。愿王之饬士卒[②]，得一乐战。"楚顷襄王患之，乃谋复与秦平。七年，楚迎妇于秦，秦楚复平。

十一年，齐秦各自称为帝；月馀，复归帝为王。

十四年，楚顷襄王与秦昭王好会于宛，结和亲。十五年，楚王与秦、三晋、燕共伐齐，取淮北。十六年，与秦昭王好会于鄢。其秋，复与秦王会穰。

十八年，楚人有好以弱弓微缴加归雁之上者[③]，顷襄王闻，召而问之。对曰："小臣之好射鶀雁[④]，罗鸗[⑤]，小矢之发也，何足为大王道也。且称楚之大，因大王之贤，所弋非直此也。昔者三王以弋道德，五霸以弋战国。故秦、魏、燕、赵者，鶀雁也；齐、鲁、韩、卫者，青首也[⑥]；驺、费、郯、邳者，罗鸗也。外其馀则不足射者。见鸟六双，以王何取？王何不以圣人为弓，以勇士为缴，时张而射之？此六双者，可得而囊载也。其乐非特朝夕之乐也，其获非特凫雁之实也。王朝张弓而射魏之大梁之南，加其右臂而径属之于韩，则中国之路绝而上蔡之郡坏矣。还射圉之东，解魏左肘而外击定陶，则魏之东外弃而大宋、方与二郡者举矣。且魏断二臂，颠越矣；膺击郯国[⑦]，大梁可得而有也。王绻

①间道：小道。 ②饬(chì)：整顿。 ③缴：系在箭上的生丝绳，射鸟用。 ④鶀雁：小雁。 ⑤罗鸗：小野鸟。 ⑥青首：小水鸟。 ⑦膺：胸脯，此指正面。

缴兰台，饮马西河，定魏大梁，此一发之乐也。若王之于弋诚好而不厌，则出宝弓，碆新缴[①]，射噣鸟于东海，还盖长城以为防，朝射东莒，夕发浿丘，夜加即墨，顾据午道，则长城之东收而太山之北举矣。西结境于赵而北达于燕，三国布䎉，则从不待约而可成也。北游目于燕之辽东而南登望于越之会稽，此再发之乐也。若夫泗上十二诸侯，左萦而右拂之[②]，可一旦而尽也。今秦破韩以为长忧，得列城而不敢守也；伐魏而无功，击赵而顾病，则秦魏之勇力屈矣，楚之故地汉中、析、郦可得而复有也。王出宝弓，碆新缴，涉鄳塞，而待秦之倦也，山东、河内可得而一也。劳民休众，南面称王矣。故曰秦为大鸟，负海内而处[③]，东面而立，左臂据赵之西南，右臂傅楚鄢郢，膺击韩魏，垂头中国，处既形便，势有地利，奋翼鼓䎉，方三千里，则秦未可得独招而夜射也。"欲以激怒襄王，故对以此言。襄王因召与语，遂言曰："夫先王为秦所欺而客死于外，怨莫大焉。今以匹夫有怨，尚有报万乘，白公、子胥是也。今楚之地方五千里，带甲百万，犹足以踊跃中野也，而坐受困，臣窃为大王弗取也。"于是顷襄王遣使于诸侯，复为从，欲以伐秦。秦闻之，发兵来伐楚。

楚欲与齐、韩连和伐秦，因欲图周。周王赧使武公谓楚相昭子曰："三国以兵割周郊地以便输，而南器以尊楚[④]，臣以为不然。夫弑共主[⑤]，臣世君[⑥]，大国不亲；以从胁寡，小国不附。大国不亲，小国不附，不可以致名实。名实不得，不足以伤民。夫有图周之声，非所以为号也。"昭子曰："乃图周则无之。虽然，周何故不可图也？"对曰："军不五不攻，城不十不围。夫一周为

---

①碆：射鸟用的石制箭头。②萦：缠绕。拂：击。③海：瀚海，即大沙漠。④南器：指向南迁移宝器。器：周之九鼎。⑤共主：周天子乃天下之共主。⑥世君：指周天子，世代为天下共主。

二十晋，公之所知也。韩尝以二十万之众辱于晋之城下，锐士死，中士伤，而晋不拔。公之无百韩以图周，此天下之所知也。夫怨结于两周以塞驺、鲁之心，交绝于齐，声失天下，其为事危矣。夫危两周以厚三川，方城之外必为韩弱矣。所以知其然也？西周之地，绝长补短，不过百里。名为天下共主，裂其地不足以肥国，得其众不足以劲兵[①]。虽无攻之，名为弑君。然而好事之君，喜攻之臣，发号用兵，未尝不以周为终始。是何也？见祭器在焉，欲器之至而忘弑君之乱。今韩以器之在楚，臣恐天下以器仇楚也。臣请譬之。夫虎肉臊，其兵利身，人犹攻之也。若使泽中之麋蒙虎之皮，人之攻之必万于虎矣。裂楚之地，足以肥国；诎楚之名，足以尊主。今子将以欲诛残天下之共主，居三代之传器[②]，吞三翮六翼[③]，以高世主，非贪而何？《周书》曰'欲起无先'，故器南则兵至矣。"于是楚计辍不行。

十九年，秦伐楚，楚军败，割上庸、汉北地予秦。二十年，秦将白起拔我西陵。二十一年，秦将白起遂拔我郢，烧先王墓夷陵。楚襄王兵散，遂不复战，东北保于陈城。二十二年，秦复拔我巫、黔中郡。

二十三年，襄王乃收东地兵，得十馀万，复西取秦所拔我江旁十五邑以为郡，距秦。二十七年，使三万人助三晋伐燕。复与秦平，而入太子为质于秦。楚使左徒侍太子于秦。

三十六年，顷襄王病，太子亡归。秋，顷襄王卒，太子熊元代立，是为考烈王。考烈王以左徒为令尹，封以吴，号春申君。

考烈王元年，纳州于秦以平。是时楚益弱。六年，秦国邯

---

①劲兵：增强兵力。 ②居：占有。传器：传国之器九鼎。 ③三翮六翼：指九鼎的足和耳。

郸，赵告急楚，楚遣将军景阳救赵。七年，至新中。秦兵去。十二年，秦昭王卒，楚王使春申君吊祠于秦。十六年，秦庄襄王卒，秦王赵政立。二十二年，与诸侯共伐秦，不利而去。楚东徙都寿春，命曰郢。

二十五年，考烈王卒，子幽王悍立。李园杀春申君。幽王三年，秦、魏伐楚。秦相吕不韦卒。九年，秦灭韩。十年，幽王卒，同母弟犹代立，是为哀王。

哀王立二月馀，哀王庶兄负刍之徒袭杀哀王而立负刍为王。是岁，秦虏赵王迁。

王负刍元年，燕太子丹使荆轲刺秦王。二年，秦使将军伐楚，大破楚军，亡十馀城。三年，秦灭魏。四年，秦将王翦破我军于蕲，而杀将军项燕。五年，秦将王翦、蒙武遂破楚国，虏楚王负刍，灭楚为郡云。

太史公曰：楚灵王方会诸侯于申，诛齐庆封，作章华台，求周九鼎之时，志小天下；及饿死于申亥之家，为天下笑。操行之不得，悲夫！势之于人也[①]，可不慎与？弃疾以乱立，嬖淫秦女，甚乎哉，几再亡国！

【译文】

楚国的祖先出自颛顼帝高阳氏。高阳是黄帝的孙子，昌意的儿子。高阳生下了称，称生下了卷章，卷章生下了重黎。重黎成为帝喾高辛氏的火正，很有功劳，能使光照天下，帝喾赐给他祝融的称号。共工氏作乱，帝喾派重黎诛杀作乱者但未杀尽。帝喾就在庚寅那一天杀死了重黎，让他的弟弟吴回接替重黎，也去当火正，仍称之为祝融。

---

①势：权势。

吴回生下陆终。陆终生有六个儿子，都是母亲腹裂而生。长子叫昆吾，次子叫参胡，三子叫彭祖，四子叫会人，五子叫曹姓，六子叫季连，季连姓芈，是楚国王族的祖先。昆吾氏夏商时曾做过侯伯，到夏桀时被汤灭亡。彭祖氏在殷朝时曾做侯伯，殷朝末年，彭祖被灭。季连生下了附沮，附沮生下了穴熊。他的后代逐渐衰落。有的在中原，有的在蛮夷，史书未能记下他们的世系。

周文王时，季连的后代有一支叫鬻熊。鬻熊如同儿子般事奉文王，早死。他的儿子叫熊丽。熊丽生下了熊狂，熊狂生下了熊绎。

熊绎处在周成王时代，成王要封赏文王、武王功臣的后代，于是将熊绎封到楚蛮，封给他子男爵位的田地，姓芈，住在丹阳。楚子熊绎和鲁公伯禽、卫康叔的儿子牟、晋侯燮、齐太公的儿子吕伋共同事奉成王。

熊绎生下熊艾，熊艾生下熊䵣，熊䵣生下熊胜。熊胜让弟弟熊杨作继承者。熊杨生下熊渠。熊渠有三个儿子。

当周夷王的时候，周王室衰落，有的诸侯不肯朝觐周天子，诸侯间互相攻伐。熊渠很得长江、汉水一带民众的拥戴，就出兵攻打庸、杨粤，一直打到鄂地。熊渠说："我在蛮夷地区，不必和中原各国的名称谥号一样。"于是他就封自己的长子熊康作句亶王，二儿子熊红作鄂王，小儿子熊执疵作越章王，都在长江边的楚蛮地区。等到周厉王时，由于厉王暴躁狂虐，熊渠担心他来讨伐楚国，也就去掉了王号。

熊渠的继承者是他的长子熊毋康，熊毋康早死。熊渠死后，次子熊挚红即位。挚红死，他的弟弟杀害了他而即位，这就是熊延。熊延生下了熊勇。

熊勇六年，周人挑起内乱，进攻厉王，厉王逃到彘。熊勇十年，死去，弟弟熊严继承王位。

熊严于十年死。熊延有四个儿子，长子叫伯霜，二子叫仲雪，次子叫叔堪，小儿子叫季徇。熊严死，长子伯霜即位，这是熊霜。

熊霜元年，周宣王刚即位。熊霜于六年死，三个弟弟争着即位。仲雪死了，叔堪逃亡，到濮避难，小弟弟季徇即位，这是熊徇。熊徇十六年，郑桓公刚刚被封到郑。二十二年，熊徇死，儿子熊咢即位。熊咢于九年死，其子熊仪即位，这就是若敖。

若敖二十年，周幽王被犬戎所杀，周王室向东迁都，秦襄公开始成为诸侯。

二十七年，若敖死，其子熊坎即位，这就是霄敖。霄敖于六年死，其子熊眴即位，这就是蚡冒。蚡冒十三年，晋国开始动乱，因为曲沃的缘故。蚡冒于十七年死。蚡冒的弟弟熊通杀害蚡冒的儿子即位，这就是楚武王。

武王十七年，晋国曲沃庄伯杀害了宗主国国君晋孝侯。十九年，郑伯的弟弟段挑起内乱。二十一年，郑国抢割了周天子的庄稼。二十三年，卫国人杀死了他们的国君桓公。二十九年，鲁国人杀死了他们的国君隐公。三十一年，宋国的太宰华督杀死了他的国君殇公。

三十五年，楚国讨伐随国。随君说："我没有过失。"楚王说："我处在蛮夷地区。现今诸侯们都背叛王室互相侵伐，互相攻杀。我有军队，想参与中原的政事，请求周王室尊奉我的名号。"随国人替他到周王室请求尊号，周王室不答应，随国人回来向楚国报告。三十七年，楚国熊通大怒说："我的祖先鬻熊是文王的老师，很早死去。周成王提拔我的先公，竟只赐予子男爵位的田地，让他住在楚地，蛮夷部族都顺服，可是周王不加封爵位，我只好自称尊号了！"便自称武王，和随国人订立盟约后才撤军。从此便开始垦殖濮地并占有它。

五十一年，周王召见随侯，责备他拥戴楚君称王。楚武王很生气，认为随君背叛自己，便攻打随国。武王在行军路上病死，楚国才停止进军。武王之子文王熊赀即位，楚国开始迁都到郢。

文王二年，楚国攻伐申国，经过邓国，邓人说："楚王很容易捕获。"邓侯没有答应。六年，楚国讨伐蔡国，俘虏了蔡哀侯后回国，不久又释放了他。楚国强盛起来，欺凌长江、汉水流域的小国，小国都畏惧它。十一年，齐桓公开始称霸，楚国也开始强大。

十二年，楚国讨伐邓国，灭亡了邓国。十三年，文王死，其子熊艰即位，这是庄敖。庄敖于五年，想杀死自己的弟弟熊恽，熊恽逃到随国，与随人袭击杀死了庄敖，自己即位，这就是成王。

成王恽于元年，刚刚即位就向百姓布施恩德，在诸侯中恢复旧时的友好关系。派人向天子进贡，天子赏赐给他祭祀的肉，说："镇抚你们南方夷越地区的动乱，不要侵犯中原各国。"于是楚国扩地到方圆千里。

十六年，齐桓公派兵侵犯楚国，一直到陉山。楚成王让将军屈完率军抵御，与桓公结盟。桓公责备楚成王没有向周王室交纳贡品，楚成王认了错，桓公才撤军离去。

十八年，成王率军向北讨伐许国，许国国君脱去上衣露出胳膊请罪，楚成王才释放了他。二十二年，楚国征伐黄国。二十六年，楚国灭亡了英国。

三十三年，宋襄公想与诸侯结盟相会，叫楚国参加。楚王生气地说："叫我去，我将以友好的态度前往，趁机袭击侮辱他。"于是，楚王出兵到了盂，逮捕宋公侮辱了一番，不久又让他回国。

三十四年，郑文公南下朝拜楚王。楚成王向北攻打宋国，在泓水打败宋军，射伤了宋襄公，襄公不久便因伤而死。

三十五年，晋公子重耳经过楚国，成王按招待诸侯客的礼节款待了重耳，并赠送重耳很多礼物，把他护送到秦国。

三十九年，鲁僖公向楚国请求出兵征讨齐国，楚国派申侯率军攻打齐国，夺下谷邑，把齐桓公的儿子雍安置在谷地。齐桓公的七个儿子都逃到楚国，楚国全部拜他们为上大夫。楚国灭亡了夔国，因为夔国不祭祀祝融、鬻熊。

夏天，楚国攻打宋国，宋国向晋国告急，晋国救援宋国，楚成王只好退兵回国。将军子玉请求继续作战，成王说："重耳在外逃亡多年，终于能够回到晋国，是上天在兴发他，不能阻挡。"子玉坚决请战，于是楚成王只给他很少的军队就离去了。晋国果然在城濮打败子玉。楚成王很生气，杀死了子玉。

四十六年，起初，成王打算确立商臣为太子，告诉了令尹子上。子上说:“国君您还年轻,又有很多宠爱的妻妾,立了再废弃,国家将会发生乱子,楚国立的太子常常在年少的。况且商臣眼如毒蜂,声如豺狼,是个很残忍的人,不宜立他为太子。”楚王不听,终于立了商臣。后来楚王又想立儿子职,而废弃太子商臣。商臣听到一点儿风声可是还没有证实,便告诉自己的老师潘崇说:“怎么才能得到确实的情况呢?”潘崇说:“款待成王宠爱的江芈姬,但不要尊敬她。”商臣听从了他的计谋。江芈发怒地说:“君王想杀掉你立职为太子是应该的。”商臣告诉潘崇说:“确实了。”潘崇问:“您能侍奉职吗?”商臣回答:“不能!”“能逃亡吗?”商臣又回答:“不能。”“能殺君夺位吗?”商臣回答道:“能。”冬季十月,商臣让宫里的卫兵包围了成王。成王请求吃过熊掌后再死,商臣不答应。丁未这一天,成王上吊自杀。商臣即位,这就是穆王。

穆王即位后,把自己的太子宫赐予潘崇,任命他为太师,主持国政。穆王三年,灭亡了江国。四年,灭掉了六国、蓼国。六国、蓼国的国君是皋陶的后裔。八年,楚讨伐陈国。十二年,穆王死。其子庄王侣即位。

庄王即位三年,从未向国内发布过任何政令,日夜寻欢作乐,还向国内下了道诏令:“有敢进谏的格杀勿论!”伍举入宫进谏。庄王左手怀抱着郑姬,右手怀抱着越女,坐在歌舞乐人中间。伍举说:“希望向您进献一个隐语。”接着说:“有一只鸟栖在土山上,三年不飞不鸣,这是什么鸟呢?”庄王说:“三年不飞,一飞冲天;三年不鸣,一鸣惊人。你下去吧,我知道你的意思了。”过了几个月,庄王更加淫佚放纵。大夫苏从就进宫劝谏。楚庄王说:“你没有听到我的诏令吗?”苏从回答说:“舍身而使您贤明,这是我的夙愿。”楚王于是就停止淫佚作乐,开始处理政事,杀死了几百个罪人,擢升了几百个有功之臣,任用伍举、苏从管理政务,举国上下十分拥护。这一年楚国灭亡庸国。六年,楚国讨伐宋国,得到五百辆战车。

八年,楚国征讨陆浑戎,到达洛,在周都郊外阅兵。周定王派王孙满犒劳楚王。楚王向王孙满询问九鼎的大小轻重,王孙满回答说:“统治国家在于道德不在于宝鼎。”庄王说:“你不要倚仗九鼎!楚国只要销毁刀剑上的刃尖便可以铸成九鼎。”王孙满说：“啊呀！君王忘记这些了吗？过去虞夏昌盛时，边远的国家都来朝贡，让九州的长官进贡金属，铸成九鼎，其上绘了许多山川物体，各种怪异之物都具备，好让百姓知道怪异为害情况。桀道德败坏，鼎便被迁到殷，殷延续了六百年。殷纣王残暴狂虐，鼎又被迁到周。如果天子道德美好，鼎虽然很小却重得移不动；如果天子道德败坏，鼎即使再重也容易移动。过去，周成王把九鼎安置在郏鄏，占卜说可以传世三十代，立国七百年，这是上天决定的国运。如今周王室虽然衰微，但天命难以改变。问鼎轻重，确实不可以啊。”楚王这才撤军回国。

九年，楚庄王让若敖氏做宰相。有人在庄王面前中伤他，他怕被杀，反过来攻击庄王，庄王诛杀了若敖氏整个家族。十三年，楚国灭亡了舒国。

十六年，楚国讨伐陈国，杀了夏徵舒。因为徵舒杀害了自己的国君，所以楚国杀死了他。攻下陈国后，楚国就把它划作自己的县。群臣都庆贺胜利，只有申叔时刚从齐国出使归来不庆贺。庄王问他为什么，申叔时回答说：“俗话说，牵着牛笔直地走到人家田里，田的主人抢走了牛。牵牛走入人家田里确实不对，但抢走他的牛，不也太过分了吗？再说，您是因为陈国动乱才率领诸侯们攻伐它，明明是以义的名义攻伐它，但贪婪地把它划归为自己的一个县，这怎么能在天下发布命令呢！”庄王于是又让陈国的后代重建国家。

十七年春天，楚庄王包围了郑国，三个月攻下了它。从皇门进入郑都，郑伯裸露上身牵着羊迎接庄王说：“我不为上天所保佑，不能事奉您，您因此发怒，来到我国，这是我的罪过。我怎敢不唯命是听！您把我遗弃到南海吧，或者把我做奴隶赏赐给诸侯，我也唯命是听。假若您不忘记周厉王、宣王、郑桓公、武公，不断绝他们国家的祭祀，让我侍奉您，这是我的心愿，我也不敢有如此的奢望。只是大胆地向您表白一下我的心意。”楚国的大臣们都说：“君王不要答应他。”庄王说：“郑国君能这样谦卑，就一定能任用自己的百姓，怎么可以断绝他的祭祀呢！”说完，庄王亲自举起军旗，左右的人指挥军队，率军退后三十里驻扎下来，答应跟郑国国君讲和。郑大夫潘尪来订立盟约，子良到楚国做人质。夏季六月，晋国救助郑国，与楚军交战，在黄河畔楚国大败晋军，楚国一直打到衡雍才回军。

二十年，楚国包围了宋都，因为宋国人杀死了楚国使者。楚国包围宋都达五个月之久，城内粮食吃尽，人们互换亲子骨肉而食，劈碎人骨当柴烧。宋国的华元出城向楚军讲明实情。庄王说："这是君子啊！"于是撤军而去。

二十三年，庄王死，其子共王审即位。

共王十六年，晋国讨伐郑国。郑国向楚国求救，共王救援郑国。楚军与晋军在鄢陵交战，晋军打败楚军，射中共王的眼睛。共王传呼将军子反。子反很爱喝酒，随从竖阳谷向子反劝酒，子反竟喝得酩酊大醉。共王生气了，射死子反，撤军回国。

三十一年，共王死，其子康王招即位。康王即位十五年死，其子员即位，这就是郏敖。

康王有宠爱的弟弟公子围、公子比、公子皙、公子弃疾。郏敖于三年，让自己的叔父、康王的弟弟公子围做令尹，主管军事。四年，公子围出使郑国，途中听说楚王生病就返回楚国。十二月己酉这一天，公子围进宫询问楚王病情，竟用帽带勒死了楚王，又杀死了楚王的儿子莫和平夏，派使者到郑国报丧。伍举问使者道："谁将即位？"使者回答："敝国大夫公子围。"伍举更正说："共王的儿子公子围为年长。"公子比逃到晋国，公子围即位，这就是灵王。

灵王三年六月，楚国派使者通知晋国，想与诸侯相会。诸侯都到楚国的申邑聚会。伍举说："从前夏启有钧台宴飨，商汤有景亳诰命，周武王有盟津誓师，成王有岐阳会猎，康王有丰宫朝觐，穆王有涂山相会，齐桓公有召陵会师，晋文公有践土盟誓，您打算使用哪种礼仪？"灵王说："使用齐桓公的。"当时郑国的子产在场，而晋、宋、鲁、卫都未参加。灵王与诸侯订立盟约后，面露骄色。伍举说："桀因举行有仍的集会，有缗背叛他。纣王因举行黎山的相会，东夷背叛他。幽王因举行太室的盟约，戎、翟背叛他。您要慎重地考虑后果呀！”

七月，楚国率诸侯军讨伐吴国，包围了朱方。八月，攻下朱方，囚禁了庆封，杀尽了庆封族人。楚国拿庆封示众说：“大家不要仿效齐国庆封杀死自己的国君，欺凌自己的幼君，挟制各位大夫与自己盟誓。”庆封反唇相讥说：“不要像楚共王的庶出之子公子围杀死自己的国君——哥哥的儿子员却代替员即位！”于是灵王派人立即杀死了庆封。

七年，灵王建成章华台，下令安置逃亡者在里面服役。

八年，楚王派公子弃疾率军灭亡了陈国。十年，楚王招来蔡侯，灌醉后杀死了他。让公子弃疾平定蔡国，令他作陈、蔡的地方长官。

十一年，楚王讨伐徐国以威胁吴国。灵王驻在乾溪等待伐徐的消息。灵王说：“齐、晋、鲁、卫四国，他们受封时都接受了宝器，只有我国没有。现在我派使者到周把鼎要来作为分封的宝器，周王室会给我吗？”析父回答说：“他会给君王的！过去我们的先王熊绎远在偏僻的荆山，乘坐简陋的车子，身穿破衣烂衫，居住在草莽地区，跋山涉水侍奉天子，曾把桃木弓、棘枝箭进贡给周王室。齐国君是周王的舅父；晋、鲁、卫国的国君是周王同母弟弟。因此，他们都有宝器，唯独楚国没有。周王室现在与那四个国家都侍奉您，将对您唯命是从，怎么敢吝惜鼎呢？”灵王说：“从前，我们远祖伯父昆吾住在原来的许国，现在郑国人贪婪地占据那块田地，不给我，现在我去要回，他们将给我吗？”析父回答说：“周王室不吝惜鼎，郑国怎么敢吝惜田呢？”灵王又说：“过去诸侯们都认为我国地处偏远而畏惧晋国，今天我扩大加固陈、蔡、不羹的城池，那里都备有一千辆战车的兵力，诸侯们会怕我吗？”析父回答说：“很怕呀！”灵王高兴地说：“析父善谈往古的事啊！”

十二年的春天，楚灵王在乾溪作乐，舍不得离开。百姓们苦于徭役。当初，灵王在申与诸侯会师时，曾侮辱了越国大夫常寿过，杀死了蔡国大夫观起。观起的儿子观从逃到吴国，他劝吴王讨伐楚国，挑拨越国大夫常寿过与越国的关系，要他挑起内乱，做吴国的间谍。派人假借公子弃疾的命令从晋国召回公子比，到了蔡国，观从想与吴国、越国军队联合袭击蔡国。让公子比会见公子弃疾，并在邓与公子弃疾结盟。于是，入宫杀死灵王的太子禄，拥立子比为楚王，任命公子子晳做令尹、公子弃疾做司马。先清除了王宫，观从又率领军队到乾溪，向楚国官兵宣布说："楚国已拥立新王。先返回国都的，恢复他们的爵位、封邑、田地、房屋。后返回的一律流放。"楚国官兵一听都逃的逃、散的散，纷纷离开灵王返回国都。

灵王听到太子禄被杀的消息，自己跌倒在车下，说："人们爱自己的儿子也都如此吗？"侍者说："还要超过您。"灵王说："我杀别人的儿子也太多了，能不落到这步田地吗？"右尹说："请您到国都郊外听从国人的处置吧。"灵王说："众人的怒气不可冒犯。"右尹说："暂且到大县避一避，再向诸侯们救援吧。"灵王说："诸侯们将都要背叛我的。"右尹又说："那就暂且逃到诸侯们那里，听听大国国君的意见。"灵王说："大福不能再次降临，只不过是自取侮辱罢了。"于是灵王想乘船进入鄢城。右尹估计灵王决不会听从自己的建议，担心与灵王一块被杀，也离开灵王逃走了。

灵王于是独自在山中徘徊，百姓们没有敢收容灵王的。半路，灵王遇见过去在宫里的涓人，对他说："你替我找口饭吃吧，我已饿三天了。"涓人说："新王刚刚下达诏令，有敢给您送饭或与您一起逃亡的诛灭三族，何况我也无处寻食。"灵王便头枕着涓人的大腿睡着了。涓人用土块来代替，抽出自己的腿逃走了。灵王醒后找不见涓人，饿得竟不能坐起。芋地地方官申无宇的儿子申亥说："我的父亲曾两次触犯王法，灵王都赦免了他，恩德没有比这更大的了！"就到处寻找灵王，终于在釐泽找到饿昏的灵王，事奉灵王回到自己的家中。夏季五月癸丑这一天，灵王在申亥家死，申亥让两个女子殉葬，安葬了灵王。

这时楚国虽已拥立公子比为楚王，却怕灵王再一次返回，又未曾听到灵王死去的消息，所以观从对新王比说："不杀死公子弃疾，即使拥有整个国家，也还要遭受灾难。"楚王说："我不忍心杀他。"观从说："别人可忍心害你啊。"新王不听从，观从就离去了。公子弃疾回到国都后，都城的人每每夜里都很惊恐，说："灵王进城来了。"乙卯日那天晚上，公子弃疾让撑船的人在长江岸边奔走呼号说："灵王来了！"都城的人们更加惊恐。公子弃疾又让曼成然告诉新王公子比和令尹皙说："灵王到了！都城的人将要杀死你们，司马将要来到了！您早作打算，不要自取侮辱。众人的怒气就像洪水与大火，那是无法解救的。"新王和子皙就自杀了。丙辰日，公子弃疾即位做了楚王，改名熊居，这就是平王。

平王靠诈骗杀死两个君王，自己即位，恐怕都城的人们和诸侯背叛他，就对百姓布施恩惠。归还陈、蔡两国的土地，并让两国原来国君的后代即位，如过去一样，归还了侵占郑国的土地。抚恤安慰国内百姓，修明政务。吴国因楚国动乱，抓获楚国五位将帅回国。平王对观从说："满足你的欲望。"观从想做卜尹，平王答应了他。

当初，共王有五个宠爱的儿子，没有嫡子可立，就遥祭山川群神，请求神灵决断继承人，让他主持国务。共王暗中与巴姬在祖庙里埋了块玉璧，叫五位公子斋戒后进入祖庙。康王跨璧而过，灵王的手肘放在玉璧上，子比、子皙都远离玉璧。平王年幼，别人抱着他跪在璧玉上叩拜，正好压在璧纽上。因此，康王因为年长即位，君位传到他的儿子便丧失；公子围做了灵王，结果被杀；公子比只做了十几天君王，公子皙未能即位，又都被杀。这四个公子都继绝后代了，唯独公子弃疾最后继位，这就是平王，终于继续了楚国的祭祀，这和神灵所预示的完全符合。

当初，公子比从晋国回国，韩宣子问叔向说："子比能成功吗？"叔向答道："不能成功。"宣子说："楚国人都厌恶楚王，要求立新君，如同生意人要牟取高利一样，怎么能不成功呢？"叔向答道："谁跟他交好，又有谁跟他共仇恨呢？夺取王位有五个难处：有宠爱的人但无贤才，是一难；有贤才却无国内支持力量的响应，是二难；有支持力量却无长远谋划是三难；有长远谋划却无人民拥护，是四难；有人民拥护却无德行，是五难。子比在晋国十三年了，不曾听说晋国、楚国跟随他的人有学识渊博的，可以说他没有贤才了；家族尽失，亲人背叛，可以说他没有重要的支持力量了；没有可乘之机却轻举妄动，可以说他没有长远的谋划；一辈子羁旅在外，可以说他没有人民的拥护了；逃亡在外，不见国内人有爱戴他的迹象，可以说他没有德行了。灵王暴虐，无所顾忌，可以说是自取灭亡，子比五难具备，竟敢杀死国君，谁能帮助他呢？享有楚国的，大概是弃疾吧？弃疾统治陈地、蔡地，方城以外的地区都归属于他。在他统治的区域没有任何邪恶的事发生，盗贼隐遁，不敢妄动，他决不因个人的欲望去违背民心，因此人民毫无怨言。祖先神灵保佑他，楚国人民信任他。芈氏发生内乱，排行在末位的一定继位，这是楚国的常例。子比的官职，不过是右尹；论他的贵宠，无非是个庶子；与神灵的意旨，却又差得很远；百姓不怀念他，他将凭什么即位呢？"宣子说："齐桓公、晋文公不也是这样的吗？"叔向回答："齐桓公是卫姬的儿子，为釐公所宠爱。有鲍叔牙、宾须无、隰朋的辅佐，有莒国、卫国作外援，有高氏、国氏做内应。他听从正确意见像流水一样，对百姓不断地布施恩惠。他享有君位，不也应该吗？过去我国的文公是狐季姬的儿子，为献公所宠爱。他好学不倦。年仅十七岁，就结交五位贤才，有先大夫子余、子犯做心腹，有魏犨、贾佗作左膀右臂，有齐国、宋国、秦国、楚国作外援，有栾、郤、狐、先四家做内应。文公逃亡十九年，返国的志向十分坚定。因惠公、怀公丧失民心，百姓都互相跟随心向文公，所以文公享有国家，不也应该吗？子比不曾给予百姓好处，又得不到外援。离开晋国时，晋国人不护送；返回楚国，楚国人不迎接。凭什么享有国家呢！"子比做王果然没有长久，最终即位的是弃疾，就像叔向所预言的一样。

平王二年，委派费无忌到秦国替太子建娶妻。这个女子貌美过人，还没到达楚都时，无忌先一步赶回，怂恿平王道："秦国女子美貌，您可自己留下，再为太子另找一位。"平王听从了无忌的劝说，终于自己娶了秦女，生下熊珍。又为太子另娶了一位女子。当时伍奢是太子的太傅，无忌是少傅。无忌不被太子宠爱，常常中伤诽谤太子建。太子建当时十五岁了，他的母亲是蔡国女子，也不被平王宠幸，平王渐渐地更加疏远太子建。

六年，平王派太子建出居城父，戍守边界。无忌又日夜在平王面前中伤太子建说:“就因我把秦国女子送到您的后宫,太子便十分怨恨我,亦不可能对您没有怨气,您也要略加防备啊。况且太子住在城父,专揽兵权,对外结交诸侯,而且时时想打进国都。”平王便把太子的太傅伍奢叫来责备一番。伍奢心知这是无忌造谣的结果,就说:“大王您为什么因为一个小人而疏远亲生骨肉呢?”无忌说:“今天不制服伍奢,后悔就晚了。”于是平王就囚禁了伍奢。命司马奋扬召太子建回来,想杀死太子。太子听到风声,便逃到宋国。

无忌说:“伍奢有两个儿子,不一并杀死他们将成为楚国的祸害。为什么不以免除他们父亲的死罪为条件把他们招来,这样他们一定会回来的。”于是,平王派使者对伍奢说:“能把你的两个儿子召回,你就可以活命,否则必将处死。”伍奢说:“伍尚为人正直憨厚,敢为节义而死,慈孝而仁爱,听说受召回来就可以免除父亲的死罪,必然回来,不顾惜自己的性命。伍胥为人聪慧而有谋略,勇猛而喜功,知道回来必死无疑,一定不会回来。可是,将来成为楚国忧患的必定是这个儿子。”于是,平王派人去叫他们,说:“你们回楚国,我就赦免你们父亲的死罪。”伍尚对伍胥说:“听到父亲可以免死却不回去,那是不孝;父亲被杀,做儿子的如不想方设法报仇,那是无谋;估量能力去成就大事,那才是智慧。你应该逃走,而我将回去送死。”伍尚就回郢都了。伍胥拿起弓箭,走出去见使者说:“父亲有罪,为什么叫儿子回去呢?”说完,将拉弓射击使者,使者掉头就跑,伍胥便逃到了吴国。伍奢听到这个消息后说:“伍胥跑了,楚国危险了。”楚国就杀死了伍奢和伍尚。

十年,楚国太子建的母亲住在居巢,暗中与吴国有来往。吴国派公子光讨伐楚国,打败陈国、蔡国军队,接太子建的母亲回吴国去了。楚国很害怕,加固了郢都。

先前,吴国的边城卑梁和楚国的边城钟离有两个小孩争夺桑叶,两家因此发生争吵互相攻打,钟离人杀死了卑梁人。卑梁大夫很生气,派城里的守军攻打钟离。楚王听到此事后也很生气,派军占据了卑梁。吴王听到此事后大怒,也派出军队,让公子光借太子建母亲家在楚国为由而攻打楚国，一举攻下了钟离、居巢两邑。楚国十分畏惧，便又加固了郢都。

十三年，平王死。将军子常说："太子珍还年幼，况且他的母亲就是以前太子建应当娶的。"想拥立令尹子西为王。子西是平王的庶弟，但很仁义。子西说："国家有固定的法则，改立其他王就要动乱，谈论这件事就要招来杀身之祸。"于是楚国拥立太子珍，这就是昭王。

昭王元年，楚国众人不喜欢费无忌，因为他的中伤使太子建逃亡，并杀死了伍奢父子和郤宛。郤宛的同宗伯氏的儿子嚭和子胥都逃奔吴国，吴国军队多次侵伐楚国，楚国人更加怨恨无忌了。楚国令尹子常杀死了无忌取得众人的欢心，众人才高兴。

四年，吴国的三位公子逃到楚国，楚国赐封给他们土地用以抵御吴国。五年，吴国讨伐并攻下了楚国的六邑、潜邑。七年，楚国派子常征讨吴国，吴国在豫章把楚国打得大败。

十年冬天，吴王阖闾、伍子胥、伯嚭和唐国、蔡国共同征讨楚国，楚国大败，吴军于是进入郢都，掘开平王墓鞭打侮辱平王尸体，这是因为伍子胥的缘故。吴军侵来，楚国派子常率军迎击，两军隔着汉水摆开阵势。吴国打败子常，子常逃到郑国。楚军溃败，吴军乘胜追逐楚军，五次交锋后，吴军兵临郢都。己卯日，昭王逃跑。庚辰日，吴军开进郢城。

昭王逃到云梦。云梦人不知道是昭王，射伤了昭王。昭王又逃到郧国。郧公的弟弟怀说："平王杀死了我们的父亲，今天我杀死他的儿子，不也可以吗？"郧公阻止了怀，可是又担心他杀昭王，就和昭王逃到随国。吴王听说昭王逃到随国，立即进击随国，对随人说："被封到长江、汉水之间的周王室的子孙们，都被楚国消灭了。"随君想杀死昭王。昭王的随从子綦就把昭王隐藏到非常秘密的地方，然后自称是昭王，对随国人说："把我交给吴王吧。"随国人便问卜把昭王交给吴国这件事，不吉利，于是，向吴王推辞说："昭王逃跑了，已不在随国了。"吴王强求派人到随国搜索昭王，随国人不同意，吴人只好停止进击离开随国。

昭王逃出郢都时，曾派申包胥去向秦国请求救援。秦国派了五百辆战车救助楚国,楚国也聚集残余士兵,和秦军共同反击吴国。十一年六月,在稷地打败吴军。恰好吴王的弟弟夫概见到吴王的士兵伤残败退,于是逃回吴国,自立为吴王。阖闾听到这个情况,立即率军撤离楚国,回国去攻打夫概。夫概失败,逃到楚国,楚国把他封到堂谿,号称堂谿氏。楚昭王灭亡了唐国。九月,昭王回到了郢都。

十二年,吴国又攻打楚国,攻下了番邑。楚王很害怕,离开郢城,并把都城迁到北边的都邑。

十六年,孔子做了鲁国宰相。二十年,楚国灭亡了顿国、胡国。二十一年,吴王阖闾征讨越国。越王勾践射伤吴王,于是吴王死去。吴国因此怨恨越国不再向西攻打楚国了。

二十七年的春天,吴国攻打陈国,楚昭王救助陈国,驻军城父。十月,昭王病倒在军中。天空有红色云霞像鸟一样,围绕着太阳飞翔。昭王向周太史询问吉凶,太史说:“这对楚王有害,但是能够把灾祸移到将相身上。”将相听到这句话,就请求向神祷告,让自己代替昭王,昭王说:“将相如同我的手足,今天把灾祸移到手足上,难道能够免除我身上的病吗?”昭王不同意。占卜病因,说是黄河在作祟,大夫们请求祭祷河神。昭王说:“自从我们先王受封后,遥祭的大川不过是长江、汉水,黄河神我们不曾得罪过。”昭王没有答应大夫们的请求。孔子在陈国,听到这些话,说:“楚昭王通晓大义啊。他不失去国家,太应该了!”

昭王病重,于是把各位公子大夫召来说:“我没有才能,使楚军一再受辱,今天竟能够寿终正寝,是我的幸运。”昭王推让自己的大弟公子申做楚王,公子申不肯答应。又推让二弟公子结,结也不肯答应。于是又推让三弟公子间,三弟曾推辞五次,最后,才答应做楚王。楚军将要与吴军交战,庚寅这一天,昭王在军中死去。子间说:“君王病重,放弃自己的儿子即位,却推让大臣们做王,我所以答应昭王,是用来宽慰昭王的心意的,当今昭王已死,我怎么敢忘记君王的一片好心呢?”于是就与子西、子綦商量,秘密派出军队堵塞道路,迎接越女所生的儿子章,拥立他为王,这是惠王。然后撤军回国,安葬了昭王。

惠王二年，子西把平王太子建的儿子胜从吴国叫来，授他为巢县大夫，称为白公。白公喜好军事而且能礼遇士人，想为父亲报仇。六年，白公向令尹子西请求出兵讨伐郑国。当初，白公的父亲太子建逃到郑国，郑国杀死了他，白公只好逃到吴国，子西又叫他来，所以白公仇视郑国，才想征讨郑国。子西应允了，但没给他派军。

八年，晋国讨伐郑国，郑国向楚国告急，楚国派子西援救郑国，子西救郑后接受郑的贿赂离开了郑国。白公胜很生气，立即就与敢死的勇士石乞等人在朝堂上突然袭杀了令尹子西、子綦，趁机劫持了惠王，把他囚禁在高府，想杀害他。惠王的随从屈固背着惠王逃到昭王夫人的宫殿。白公自己登位作了楚王。一个月后，恰巧叶公来救助楚国，楚惠王手下人跟叶公一起攻击白公，杀死了他。惠王才恢复王位。这一年，楚国灭亡了陈国，将其划归为楚国一个县。

十三年，吴王夫差势力强大起来，欺辱齐国、晋国，讨伐楚国。十六年，越国灭亡了吴国。四十二年，楚国灭亡了蔡国。四十四年，楚国灭亡了杞国，跟秦国讲和。这时越国已灭亡了吴国，但不能统治长江、淮北地域。楚国向东部侵占，把地盘扩展到泗水一带。

五十七年，惠王死，其子简王中即位。简王元年，向北攻打灭亡了莒国。八年，魏文侯、韩武子、赵桓子开始列为诸侯。

二十四年，简王死。儿子声王当即位。声王六年，强盗杀死了声王，其子悼王熊疑即位。悼王二年，韩、赵、魏三国来讨伐楚国，打到乘丘就返回了。四年，楚国讨伐周朝。郑国杀死了子阳。九年，楚国讨伐了韩国，夺下了负黍。十一年，韩、赵、魏三国来讨伐楚国，在大梁、榆关打败了楚国。楚国给秦国送了厚礼，与秦讲和了。二十一年，悼王死，其子肃王臧即位。

肃王四年，蜀国进攻楚国，攻下兹方。于是楚国修建扞关口以抵抗蜀军。十年，魏国攻下楚国鲁阳。十一年，肃王死，肃王无子，便立弟弟熊良夫为王，这就是宣王。

宣王六年，周天子祝贺秦献公。秦开始又强大起来，可是韩、赵、魏三国更加强大，魏惠王、齐威王尤其强盛。三十年，秦国把商地封给卫鞅，向南侵略楚国。这一年，宣王死，其子威王熊商即位。

威王六年，周显王把祭祀文王、武王的祭肉送给秦惠王。

七年，齐国孟尝君的父亲田婴欺骗楚国，楚威王讨伐齐国，在徐州击败齐军，而且要挟齐国一定驱逐田婴。田婴害怕了，张丑欺骗楚王说："大王之所以在徐州战胜了，是因为齐王没任用田盼子。盼子为齐国立了功，百姓们也服从他。田婴无能而任用申纪。申纪这个人，大臣们都不拥护他，百姓也不服从他，所以大王您才战胜了齐军。现在大王要驱逐婴子，婴子被赶走，齐王就一定重用盼子。那么齐王就又要整顿军队再来与楚王您交战了，这对大王您绝对没有好处。"楚王便不再提出驱逐田婴的要求。

十一年，威王死，其子怀王熊槐即位。魏国听说楚国有国丧，就讨伐楚国，夺取了陉山。

怀王元年，张仪开始作秦惠王的国相。四年，秦惠王开始称王。

六年，楚国派柱国将军昭阳率军攻打魏国，在襄陵打败魏国，取得魏国八个城邑。楚国又调军攻打齐国，齐王为此十分忧虑。陈轸恰好替秦国出使齐国，齐王问："怎么对付楚国？"陈轸说："君王不要担忧，请您允许我去劝说楚国撤军。"于是陈轸立即到楚军中去会见昭阳，说："我想听听楚国的军功法，打败敌军杀死敌将的有功之臣，将赏赐什么？"昭阳说："授予上柱国将军的官职，封给上等爵位，让他手执珪玉。"陈轸说："楚国还有比这个更尊贵的赏赐吗？"昭阳说："令尹。"陈轸说："现在您已做了令尹，这是楚国最高的官位。我请您允许我打个比方。有个人赠给自己的舍人们一杯酒，舍人们说：'几个人喝这杯酒，不够喝的，请大家在地上画一条蛇，谁先画成就赏给谁这杯酒。'有个人说：'我先画好了。'举起酒杯站起身又说：'我能给蛇添上足。'等到他为蛇画好足时，后于他画好蛇的人夺过他的酒一饮而尽，说：'蛇本无足，现在你替它添上足，这就不是蛇了。'现在您身为楚相，来攻打魏国，已打败魏军杀死魏将，没有比这再大的功劳了，可是官职爵禄不可能再增加；假使打不胜，您将要殉职丢爵,给楚国带来损失,这就是画蛇添足。您不如率军返楚对齐施恩施德,这就是永处高位的策略啊!”昭阳说:“好!”于是率军离开齐国。

这一年,燕、韩国国君开始称王。秦国派张仪与楚、齐、魏相会,在啮桑订立盟约。

十一年,苏秦与崤山以东六国约定合纵共同攻打秦国,楚怀王为纵长。大军打到函谷关,秦国出兵迎击,六国都先后撤军,其中齐军在最后。十二年,齐湣王战胜赵、魏联军,秦国也战胜韩军,与齐国争做首领。

十六年,秦国想进攻齐国,可是楚国正和齐国合纵亲善,秦惠王担心这种情况,就扬言免掉张仪相国职,派张仪去会见楚王,对楚王说:“我国君王最喜欢的人无过于大王您,即使我特别希望做看门小厮的主人,也无过于大王;我国君王最憎恨的人无过于齐王,即使我最憎恨的也无过于齐王。可是大王您却与他关系密切,所以我国君王不能侍奉您,这让我也不能为您做看门小厮了。如果楚王能为我关闭关口与齐国断绝来往,那么今天您就派使者跟从我去秦领取秦曾夺取的楚国方圆六百里的商于地,如此,就会削弱齐国势力了。这样,您便可以北方削弱齐国,西方对秦有恩德,并增加商于六百里土地的财富,这真可谓一箭三雕了。”怀王大喜,于是把国相的玉玺赠给张仪,每天为他摆开酒宴,宣称“我又得到我的商于地区了”。大臣们都祝贺,唯独陈轸表示伤痛。怀王说:“为什么?”陈轸回答说:“秦国所以看重您,那是因为您与齐王友好亲善。现在还未得到商于之地就先断与齐绝交,是孤立楚国的做法。秦国又如何要看重孤立无援的我国呢,一定要轻视楚国的。如果秦国先交出商于,尔后我们再与齐断交,那么,秦国的计谋就无效了。如果我们先与齐断交,尔后再去索取商于,那我们一定要被张仪所欺骗。您如果被张仪所欺骗,一定怨恨他。怨恨他,就等于西边兴起了秦国的忧患,北边断绝了齐国的友好。西边有秦的忧患,北边又与齐国断交,那么,韩、魏两国的军队一定来攻打。所以我在伤痛。”楚王不听,于是派一位将军到秦国去接受商于了。

张仪回到秦国,假装醉酒摔倒在车下,声称生病,三个月未出门,楚国也不能得到商于之地。楚王说:“莫非张仪认为我与齐国的断交还不够彻底吗?”于是又派勇士宋遗到北边去辱骂齐王。齐王很生气,折断楚国的符节与秦国友好了。秦齐联合完毕,张仪才上朝,对楚国将军说:“你怎么还没接受土地呢? 从某处到某处,方圆有六里呢。”楚国将军说:“我受命来接受的是六百里,不曾听说是六里。”立即返楚向怀王汇报。怀王十分生气,将要派军讨伐秦国。陈轸又说:“伐秦不是上策。不如趁机用一座名城贿赂秦国,联合秦国讨伐齐国,这就能把从秦国丢失掉的,又从齐国补偿过来了,如此,我国还可保全。当今,您已与齐国断交,又兴师追究秦国欺骗之罪,这就等于我们让秦齐友好引来天下的大军,我国一定会受到很大的伤害啊。”楚王不听,于是又与秦国断交,派军向西边攻打秦国。秦国也发兵迎击楚军。

十七年春天,楚军在丹阳与秦军交战,秦军把楚军打得大败,斩杀士兵八万名,俘虏楚国大将军屈匄、偏将军逢侯丑等七十多人,又夺取了汉中的各郡县。楚怀王大怒,就动用国内全部兵力又一次袭击秦国。两军在蓝田交战,楚军又大败。韩国、魏国听到楚国受困,就都南下袭击楚国,一直打到邓邑。楚国听到消息后,才率军撤出秦国。

十八年,秦国派出使者又与楚约定亲善,并把汉中的一半地盘分给楚以求和解。楚王说:“愿意得到张仪,不想得到土地。”张仪听说后,请求赴楚。秦王说:“楚王正想抓住你才心满意足呢,怎么办?”张仪说:“我与楚王的大臣靳尚友好,靳尚又很受楚王宠幸的夫人郑袖的信任,郑袖的话楚王没有不依从的。况且我以前出使楚国时违背了割商于于楚的约定,现在秦楚交战有了仇恨,我不亲自去向楚国道歉就不能消除仇恨。再说有大王您在,楚国也不敢把我怎么样。果真楚国杀死我,只要对秦国有利,也正是我的愿望。”张仪于是出使楚国。

张仪到达楚都后,怀王不接见他,并囚禁了张仪,想杀死他。张仪暗中贿赂靳尚,靳尚替他向怀王请求说:“您拘捕张仪,秦王一定生气。天下诸侯看到楚国失去了秦国的友好,必定轻视您。”靳尚又对楚王夫人郑袖说:“秦王非常喜欢张仪,可是大王想杀死他,现在秦王将要用上庸的六个县贿赂楚国，把美人送给楚王，将宫中善于歌舞的美女送给大王做侍女。楚王看重地盘，秦女也必定得到楚王的宠爱，那么夫人一定受排斥了。夫人不如劝说楚王释放张仪算了。”郑袖终于在楚王面前替张仪说了情释放了张仪。张仪放出后，怀王很客气地款待张仪，张仪又借机劝说楚王背叛合纵盟约，与秦国联合亲善，相约两国结为婚姻。张仪离开楚国后，屈原刚从齐国出使归来，进谏怀王说：“为什么不杀掉张仪？”怀王这才后悔，派人去追赶张仪，已来不及了。这一年，秦惠王死。

二十年，齐湣王想做合纵首领，憎恶楚国与秦国的联合，就派使者给楚王一封信道：“我担心楚王不曾考虑尊贵的称号。现在秦惠王死了，武王即位，张仪逃到魏国，武王任用樗里疾、公孙衍，可是楚国还是服从秦国。樗里疾与韩国友好，公孙衍跟魏国亲善，楚国一定服侍秦国，韩国、魏国就害怕，一定会借这两个人的力量与秦国联合，那么燕国、赵国也侍奉秦国。四国争服侍秦国，那么楚国就会成了秦国的一个郡县了。楚王为何不与我协力收服韩、魏、燕、赵四国，和他们合纵一起尊崇周王室，以便按兵养民，号令天下？天下没有人敢不乐意听从您的，您也将功成名就了。那时，楚王率领诸侯共同讨秦国，一定能打败秦国。楚王您便可以夺下武关、蜀、汉地区，占有吴国、越国的财富，专享长江、东海的利益，韩国、魏国割给您上党，西部逼近函谷关，那么楚国将比现在强大百万倍。再说大王您被张仪欺骗，丧失汉中地，大军在蓝田受挫，天下人没有不替您怀愤怒的。今天您竟想先侍奉秦国！望您仔细考虑此事。”

楚王正打算与秦国联合，见到齐王的书信，犹豫不决，交给群臣们议论。有的主张与秦联合，有的主张听从齐国的意见。昭睢说：“大王虽然从东边的越国得到地盘，但不足以雪耻。您不如与齐国、韩国深交以抬高樗里疾的权位，这样，您才能得到韩国、齐国的支持要回地盘。秦国在宜阳打败韩国，可是韩国还服侍秦国，是因为先祖墓在平阳，秦国的武遂距平阳只有七十里，因此韩国尤其畏惧秦国。否则，秦国攻打三川，赵国攻打上党，楚国进攻河外，韩国就一定灭亡。楚国去援救韩国，也不能让韩免遭灾难，可是名义上保存韩国的确是楚国。韩国已从秦国夺得武遂，凭借黄河、西山屏障，它所要报答恩德的都不如楚国厚，我认为韩国一定要急切服侍楚王。齐国之所以信任韩国，是因为韩公子眛是齐国国相。韩国已从秦国夺得武遂，大王再好好亲善它，使它凭借齐国、韩国的力量抬高樗里疾的地位，樗里疾得到齐国、韩国的支持，他的主人就不敢抛弃他了。现在再加上楚国又可以帮助他，樗里疾一定向秦王进言，把侵占楚国的土地归还楚国。”于是怀王答应了他，终于没有与秦联合，而联合齐国并与韩国友好。

二十四年，楚国背叛齐国联合秦国。秦昭王刚即位，就用厚礼贿赂楚国。楚国派人去秦国迎娶女子。二十五年，怀王到秦国与秦昭王订立盟约，在黄棘定约。秦王又把楚国上庸归还给楚国。二十六年，齐国、韩国、魏国因为楚国违背了合纵亲善而与秦国联合，三国一同讨伐楚国。楚国派太子到秦国做人质请求救助。秦国就派客卿通率军救助楚国，三国才率军退去。

二十七年，秦国有位大夫私下与楚太子殴斗，楚太子杀死了他，逃回楚国。二十八年，秦国就跟齐国、韩国、魏国共同攻打楚国，杀死楚国大将唐眛，夺取了楚国重丘离去。二十九年，秦国又进攻楚国，把楚军打得大败，杀死两万楚兵，杀死楚国将军景缺。怀王惊恐，就派太子到齐国做人质以求和解。

三十年，秦国又攻打楚国，夺取了八座城邑。秦昭王送给楚王一封信，写道：“当初，我和您结为弟兄，在黄棘盟约，太子作人质，关系十分融洽。太子杀死我的要臣，竟不道歉就逃走了，我确实愤怒之至，便派军侵占您的边境。今天听说您让太子到齐国做人质求得和解。我国和楚国临近接壤，本来就结成了婚姻，互相亲善友好很长时间了。当今秦楚关系恶化，就无法号令诸侯。我希望和您在武关相会并盟约，订立盟约后再离开，这是我的愿望。我冒昧地把这个想法告诉您。”

楚怀王看到秦王的信，很担心。想赴会，又担心受骗；不去吧，又担心秦王发怒。昭睢说：“君王不要前去，应派军队加固边境的防守啊。秦国乃是虎狼之国，不能相信，他有吞并诸侯的野心。”怀王的儿子子兰劝怀王前往，说:“为什么断绝与秦王的友好?”于是怀王去会见秦昭王。楚王一到，秦兵就关闭了武关，于是劫持怀王到咸阳，秦王在章台会见怀王，对待怀王就像对待属国的臣子一般，不用平等的礼节。楚怀王大怒，后悔没听昭雎的劝告。秦王因此扣留楚王，要挟楚国割让巫、黔中的郡县给秦国。楚王想只订盟约，秦王想先得到地盘。楚王生气说:“秦国欺骗我，又强迫要挟我割让地盘!”不再应允秦王。秦王就此扣留了楚王。

楚国大臣十分担心，共同商议说:“我们的君王在秦国不能回来，秦王要挟我们割地，太子又在齐国做人质，如果齐国、秦国合谋，那么楚国就要灭亡了。”于是想拥立在国内的怀王的儿子。昭雎:“君王与太子都在诸侯国受困，现在又违背君王的命令另立庶子，那是不合适的。”于是蒙骗齐国，派使者到齐国报丧。齐湣王对国相说:“不如扣留太子，以便索取楚国的淮北地区。”国相说:“不行，郢都如果另立新君，我们就空留人质并在天下人面前做出不义的事了。”有人说:“不是这样。郢都如果立了君王，正好借机和新王做个交易说:‘您给我们下东国，我们就替您杀死太子，否则，将和秦、韩、魏三国联合拥立太子。’这样，下东国一定就到手了。”齐王终于采用国相的计策送回了楚国太子。太子横回楚后，被立为君王，这就是顷襄王。于是楚人通告秦国说:“依赖社稷神灵的庇护，我国有君王了。”

顷襄王横元年，秦国要挟怀王却得不到地盘，楚国立了新君对付秦国，秦昭王很生气，发兵出武关攻打楚国，把楚军打得大败，斩杀楚国五万士兵，夺取了析邑等十五座城离开楚国。

二年，楚怀王逃跑了，秦国发觉后，封锁了通往楚国的道路，怀王害怕，就从小路到赵国借路回楚。赵王父在代地，他的儿子惠王刚刚即位，代行赵王的职事，害怕秦国，不敢收容楚王。楚王想跑到魏国，秦兵追上了他，楚王只好和秦国使者又回到秦国。这时，怀王生了病。

顷襄王三年，怀王在秦国死。秦国把他的灵柩送回楚国。楚国人都哀怜怀王，像悲悼自己的父母兄弟一样。诸侯们因此认为秦王不正直。秦楚两国绝交。

六年，秦国派白起进攻韩国，在伊阙获大胜，斩杀韩国二十四万士兵。秦王写信给楚王说："楚国背叛秦国，秦国将率领诸侯军攻打楚国，决一雌雄。希望您重整军队，以便痛快地打一仗。"楚顷襄王很担心，便打算再跟秦国讲和。七年，楚国到秦国迎接新妇，秦、楚两国又讲和了。

十一年，齐王、秦王各自称帝，一个月后，又去掉帝号仍旧称王。

十四年，楚顷襄王与秦昭王在宛友好相会，议和结亲。十五年，楚国和秦国、韩国、赵国、魏国共同攻打齐国，夺取了淮北地区。十六年，楚王与秦昭王在鄢友好相会。那年秋季，又和秦王在穰邑相会。

十八年，楚国有一个喜好用微弓细绳射中北归大雁的人，顷襄王听说后，把他叫来询问射中的经验。他回答说："我喜好射小雁、小鸟，这是小箭的作用，怎么值得向大王说呢？况且凭着楚国广袤的土地，凭借大王的贤明，所射中的绝非仅仅是这些小雁、小鸟。过去三王射取道德的尊号，五霸射取各国的拥护。所以，如今秦、魏、燕、赵等国是小雁；齐、鲁、韩、卫等国是小野鸭；邹、费、郯、邳等国是小鸟。其余的就不值得去射了。看见这六双小鸟，您怎么射中呢？大王您为何不用圣人作弓，以勇士作箭，看准时机张弓去射取呢？那么，这六双小鸟，您就可以用口袋装回宫了。这种乐趣绝非一朝一夕的欢乐，这种所获也绝非野鸭小雁一类猎物。您早晨张开弓箭去射击魏国大梁南部，射伤他的右臂直接牵动韩国，那么中原地区的通路就断绝了，上蔡一带就不攻自破了。返身再射击圉的东面，割断了魏国的左臂，再向外射击定陶，那么魏国东部就放弃了，大宋、方与两个郡县就攻下了。况且魏国被砍断左膀右臂，就会倾倒坠落了；正面攻击郯国，就能夺取并占有大梁。您在兰台收拢弓箭，在西河饮马，平定了魏国的大梁，这是第一次射箭的欢乐。如果大王您对于射箭确实喜好而不感到厌倦，那就拿出宝弓，换上石制箭头和新绳，去东海射击有钩喙的大鸟，转身回来重新修筑长城作为防线，早晨射取东莒，晚上射取浿丘，夜里夺取即墨，回头占据午道，那么就能得到长城的东边，太山的北边也就攻下了。西边与赵国相连，北边达到燕，这样，楚、赵、燕三国就像鸟张开翅膀，不用盟约就形成了合纵。大王您到北边可以游观燕国的辽东，到南国边可以登山遥望越国的会稽，这就是第二次射箭的欢乐。至于泗水流域的十二国诸侯，左手一指，右手一挥，就可以在一个早上占有它们。现在秦国打败韩国，实际成了长久的忧患，因为秦国夺取韩国许多城都不能据守；秦国讨伐魏国没有功效，打击赵国反而又担忧，那么秦魏的勇气力量用尽了，原来楚国失去的汉中、析、郦便可以复得归为己有了。大王您拿出宝弓，换上石制箭头和新绳，涉足鄳塞，等待秦国疲倦，就可以得到山东、河内了，使楚国完整。这样，就可以慰劳百姓，休养士兵，您就可以面向南称王了。所以说，秦国是只大鸟，背靠大陆居住，面向东方屹立，左面靠近赵国的西南，右面紧挨楚国的鄢郢，正面对着韩国、魏国，妄想独吞中原，它的位置处于优势，地势有利，展翅翱翔，纵横三千里，可见秦国不可能单独缚住而一夜射得了。”此人想以此激怒襄王，因此用这些话回答楚王。襄王果然又叫来和他详谈，于是他就说：“先王被秦国欺骗，客死在外国，怨恨没有比这再大的了。现在，因为一个普通人有怨恨，尚且用一个国家作为报复对象的，白公、伍子胥就是。当今，楚国方圆五千里，拥有百万大军，本来足以驰骋于战场，却老是坐而待毙，我私下以为大王不会这样做。”于是，顷襄王派使者出使各国，重新约定合纵，以便讨伐秦国。秦国听到这个消息，就发兵来攻打楚国。

楚国想和齐国、韩国联合讨伐秦国，乘机图谋周朝。周王赧派武公对楚国宰相昭子说：“三国使用武力来划分周都郊野以便于运输，并向南运送宝器尊崇楚王，我认为不对。杀害天下诸侯共同尊奉的宗主，让世代相传的君王作臣民，大国就一定不亲近它。凭借人多威胁力单势薄的周室，小国就一定不归附它。大国不亲近，小国不归附，既不可以获得威名，又不可以获得实利。威名和实利都不能获得，就不应该动用武力去伤害百姓。如果有图谋周朝的名声，就无法向诸侯发布号令。”昭子说：“图谋周朝是无中生有。即使如此，周朝为什么不能图谋呢？”武公回答道：“不拥有五倍于敌的军力不发起攻击，不拥有十倍于守敌的力量不能围城。一个周朝相当于二十个晋国，这您是知道的。韩国曾动用二十万兵力包围晋国城邑，但最后遭受耻辱，精兵锐卒战死，普通士兵受伤，晋城也未被攻占。您未拥有百倍于韩国的兵力却图谋周王室，这是天下人都知道的。您与两周结下了怨仇，伤害了礼仪之邦邹、鲁之国的人心，与齐国绝交，在天下失掉声誉，你这样做很危险了。您危害两周是增强韩国的实力，方城以外一定会被韩所侵夺。怎么知道会是这种结局呢？西周的地盘，截长补短，方圆不过一百里。西周名誉上是天下诸侯共同尊奉的君主，实际上全部占有它的土地也不足以使国家强大，全部占有它的百姓也不足以增强军力。即使不去攻打它，名誉上还是杀害君主。可是好事的君主，喜功的臣子，发号施令使用兵力，未曾不始终把矛头指向周朝的。这是为什么呢？因为他们看见祭器在周，想占有祭器，却忘记杀害君主的罪名。今天，韩国要把祭器搬到楚国，我担心天下人会因为祭器仇恨楚国。请让我给您打个比方。虎肉腥臊，它的爪牙有利于防身，但人们还是要猎取它呢。假如让大泽中的麋鹿披上老虎皮，人们猎取它一定万倍于虎了。占有楚国土地，足以使国家强大；谴责楚国的名声，足以使国君尊贵。今天，您将要诛杀天下诸侯共同尊奉的宗主，占有三代传下来的宝器，独吞九鼎，傲视所有的君王，这不是贪婪又是什么？《周书》说的'要想在政治上起家，不要首先倡乱'，所以祭器如果南移到楚国，讨伐楚国的大军就会接踵而至。"于是楚国中止了原有的计划。

十九年，秦国讨伐楚国，楚军败退，割让上庸、汉北地给秦国。二十年，秦国大将白起攻占楚国的西陵。二十一年，秦国大将白起又攻取楚国的郢，烧毁了先王的墓地夷陵。楚襄王的军队溃散，不能再应战，退到东北部保守在陈城。二十二年，秦国又攻下楚国的巫郡、黔中郡。

二十三年，襄王聚集东部的士兵，共得十多万，又向西收回秦国攻下的长江沿岸的十五座城池，设为郡县，抵拒秦国。二十七年，楚派三万人帮助三晋攻打燕国。楚又和秦国讲和，让太子到秦国做人质。楚国让左徒到秦国去侍奉太子。

三十六年，顷襄王生病，太子逃回楚国。秋天，顷襄王死，太子熊元即位，这就是考烈王。考烈王任用左徒为令尹，把吴地封给他，号称春申君。

考烈王元年,把州县给了秦国以求与之讲和。这时楚国更加衰弱。六年,秦国包围了邯郸,赵国向楚国告急,楚国派将军景阳去援救赵国。七年,楚国打到新中。秦军离去。十二年,秦昭王死,楚王让春申君到秦国吊唁。十六年,秦庄襄王死,秦王赵政即位。二十二年,楚国与诸侯国共同讨伐秦国,受挫而撤军了。楚国向东迁都到寿春,命名为郢。

二十五年,考烈王死,其子幽王悍即位。李园杀死春申君。幽王三年,秦、魏两国联军讨伐楚国。秦相吕不韦死。九年,秦国灭亡韩国。十年,幽王死,同母弟犹即位,这是哀王。

哀王即位两个多月,哀王的哥哥负刍的党徒袭击杀死哀王,拥立负刍为王。当年,秦国俘获赵王迁。

王负刍元年,燕太子丹派荆轲刺杀秦王。二年,秦国派将军征讨楚国,大败楚军,夺去了十多座城邑。三年,秦国灭亡了魏国。四年,秦国大将军王翦在蕲地打败楚军,杀死了将军项燕。五年,秦大将王翦、蒙武终于灭楚,俘虏楚王负刍,取消楚的名号,在楚地设置三个郡县。

太史公说:当楚灵王在申会合诸侯,杀死齐国庆封,修筑章华台,要索取周王室九鼎时,他志向高远,把天下都看得很小;到后来在申亥家饿死时,却被天下人所耻笑。操守、品行都未得到,真可悲啊!人们对权势,能不谨慎吗?弃疾以制造内乱而即位,宠幸秦国女子,真是太过分了,几乎再度使国家灭亡!

史记卷四十一·越王勾践世家第十一

本篇既以越王勾践名篇，故而主要记载勾践卧薪尝胆忍辱发愤报仇雪恨的事迹，附记勾践的重要谋臣范蠡遗事。前半部分记越王勾践经会稽之困被吴王赦免回国后自强不息苦志复仇事，详细叙述了他灭强吴以雪会稽之耻、强国力而成春秋霸主的经过。后半部分专写范蠡在辅佐勾践报仇雪恨、成就霸业后的经历：他深谋远虑，知越王可共患难而不可共富贵，故而功成身退，居齐则为齐相，迁陶则成为大商贾。越王勾践卧薪尝胆的故事和范蠡乘舟浮海以行的故事都被后人铭记，前者激励人们艰苦奋斗、发愤图强，后者则启示人们在特定的情境中功成身退者与贪恋富贵者的不同遭遇。

越王勾践，其先禹之苗裔，而夏后帝少康之庶子也。封于会稽，以奉守禹之祀。文身断发[①]，披草莱而邑焉[②]。后二十馀世，至于允常。允常之时，与吴王阖庐战而相怨伐。允常卒，子勾践立，是为越王。

元年，吴王阖庐闻允常死，乃兴师伐越。越王勾践使死士挑战[③]，三行[④]，至吴陈[⑤]，呼而自刭。吴师观之，越因袭击吴师，吴师败于槜李，射伤吴王阖庐。阖庐且死，告其子夫差曰："必毋忘越。"

三年，勾践闻吴王夫差日夜勒兵，且以报越，越欲先吴未发往伐之。范蠡谏曰："不可。臣闻兵者凶器也，战者逆德也，争

---

①文身断发：古代吴越一带风俗，在身上刺画花纹，剪短头发。 ②披：开辟。莱：野草。邑：城邑。 ③死士：敢死之士。 ④三行：排成三行。 ⑤陈：通"阵"。

者事之末也。阴谋逆德，好用凶器，试身于所末，上帝禁之，行者不利。”越王曰：“吾已决之矣。”遂兴师。吴王闻之，悉发精兵击越，败之夫椒。越王乃以馀兵五千人保栖于会稽[①]。吴王追而围之。

越王谓范蠡曰：“以不听子故至于此，为之奈何？”蠡对曰：“持满者与天[②]，定倾者与人[③]，节事者以地[④]。卑辞厚礼以遗之[⑤]，不许，而身与之市[⑥]。”勾践曰：“诺。”乃令大夫种行成于吴[⑦]，膝行顿首曰：“君王亡臣勾践使陪臣种敢告下执事[⑧]：勾践请为臣，妻为妾。”吴王将许之。子胥言于吴王曰：“天以越赐吴，勿许也。”种还，以报勾践。勾践欲杀妻子，燔宝器，触战以死[⑨]。种止勾践曰：“夫吴太宰嚭贪，可诱以利，请间行言之[⑩]。”于是勾践乃以美女宝器令种间献吴太宰嚭。嚭受，乃见大夫种于吴王。种顿首言曰：“愿大王赦勾践之罪，尽入其宝器。不幸不赦，勾践将尽杀其妻子，燔其宝器，悉五千人触战，必有当也[⑪]。”嚭因说吴王曰：“越以服为臣[⑫]，若将赦之，此国之利也。”吴王将许之。子胥进谏曰：“今不灭越，后必悔之。勾践贤君，种、蠡良臣，若反国[⑬]，将为乱。”吴王弗听，卒赦越，罢兵而归。

勾践之困会稽也，喟然叹曰：“吾终于此乎？”种曰：“汤系夏台[⑭]，文王囚羑里，晋重耳奔翟[⑮]，齐小白奔莒，其卒王霸。由是观之，何遽不为福乎？”

吴既赦越，越王勾践反国，乃苦身焦思，置胆于坐[⑯]，坐卧即

---

①保栖：守卫居住。 ②持满：保守成业。与天：天与，得到上天的保佑。 ③定倾：平定危难。与人：人与之，得到人的帮助。 ④以地：得到地利。 ⑤遗：赠送。 ⑥市：交易，做买卖，引申为降服。 ⑦行成：求和。 ⑧下执事：指侍从左右供使令之人。 ⑨触战：拼死决战。 ⑩间行：潜行，暗中行事。 ⑪有当：有相当的代价。 ⑫以：通“已”。 ⑬反：通“返”。 ⑭系：拘囚。 ⑮翟：通“狄”，古代北方一个民族。 ⑯坐：通“座”，指坐卧之处。

仰胆，饮食亦尝胆也。曰："女忘会稽之耻邪?"身自耕作，夫人自织，食不加肉，衣不重采，折节下贤人[①]，厚遇宾客，振贫吊死[②]，与百姓同其劳。欲使范蠡治国政，蠡对曰："兵甲之事，种不如蠡；填抚国家[③]，亲附百姓，蠡不如种。"于是举国政属大夫种[④]，而使范蠡与大夫柘稽行成，为质于吴。二岁而吴归蠡。

勾践自会稽归七年，拊循其士民[⑤]，欲用以报吴。大夫逢同谏曰："国新流亡，今乃复殷给，缮饰备利，吴必惧，惧则难必至。且鸷鸟之击也，必匿其形。今夫吴兵加齐、晋，怨深于楚、越，名高天下，实害周室，德少而功多，必淫自矜。为越计，莫若结齐，亲楚，附晋，以厚吴。吴之志广，必轻战。是我连其权，三国伐之，越承其弊[⑥]，可克也。"勾践曰："善。"

居二年，吴王将伐齐。子胥谏曰："未可。臣闻勾践食不重味，与百姓同苦乐。此人不死，必为国患。吴有越，腹心之疾，齐与吴，疥瘫也[⑦]。愿王释齐先越。"吴王弗听，遂伐齐，败之艾陵，虏齐高、国以归。让子胥。子胥曰："王毋喜!"王怒，子胥欲自杀，王闻而止之。越大夫种曰："臣观吴王政骄矣，请试尝之贷粟，以卜其事。"请贷，吴王欲与，子胥谏勿与，王遂与之，越乃私喜。子胥言曰："王不听谏，后三年吴其墟乎!"太宰嚭闻之，乃数与子胥争越议[⑧]，因谗子胥曰："伍员貌忠而实忍人[⑨]，其父兄不顾，安能顾王?王前欲伐齐，员强谏，已而有功，用是反怨王。王不备伍员，员必为乱。"与逢同共谋，谗之王。王始不从，乃使子胥于齐，闻其托子于鲍氏，王乃大怒，曰："伍员果欺寡人!"役反[⑩]，使人赐子胥属镂剑以自杀[⑪]。子胥大笑曰："我令

①折节：屈身谦恭。②振：通"赈"，救济。吊：悼问。③填抚：镇定安抚。填：通"镇"。④属：通"嘱"，委托，交付。⑤拊循：安抚，抚慰。⑥承：通"乘"。⑦疥瘫：即"疥癣"，皮肤上的疮疥。⑧数：屡次。⑨忍人：残忍之人。⑩役反：出使回来。⑪属镂：剑名。

而父霸，我又立若[①]，若初欲分吴国半予我，我不受，已，今若反以谗诛我。嗟乎，嗟乎，一人固不能独立！”报使者曰：“必取吾眼置吴东门，以观越兵入也！”于是吴任嚭政。

居三年，勾践召范蠡曰：“吴已杀子胥，导谀者众，可乎？”对曰：“未可。”

至明年春，吴王北会诸侯于黄池，吴国精兵从王，惟独老弱与太子留守。勾践复问范蠡，蠡曰：“可矣。”乃发习流二千人[②]，教士四万人[③]，君子六千人[④]，诸御千人[⑤]，伐吴。吴师败，遂杀吴太子。吴告急于王，王方会诸侯于黄池，惧天下闻之，乃秘之。吴王已盟黄池，乃使人厚礼以表成越。越自度亦未能灭吴，乃与吴平[⑥]。

其后四年，越复伐吴，吴士民罢弊[⑦]，轻锐尽死于齐、晋[⑧]。而越大破吴，因而留围之三年，吴师败，越遂复栖吴王于姑苏之山。吴王使公孙雄肉袒膝行而前，请成越王曰：“孤臣夫差敢布腹心[⑨]，异日尝得罪于会稽，夫差不敢逆命，得与君王成以归。今君王举玉趾而诛孤臣，孤臣惟命是听，意者亦欲如会稽之赦孤臣之罪乎？”勾践不忍，欲许之。范蠡曰：“会稽之事，天以越赐吴，吴不取。今天以吴赐越，越其可逆天乎？且夫君王早朝晏罢[⑩]，非为吴邪？谋之二十二年，一旦而弃之，可乎？且夫天与弗取，反受其咎。‘伐柯者其则不远’[⑪]，君忘会稽之厄乎[⑫]？”勾践曰：“吾欲听子言，吾不忍其使者。”范蠡乃鼓进兵，曰：“王

---

①若：你。 ②发：派遣，动员。习流：善于水战的勇士，即熟练的水兵。 ③教士：受过训练的士兵。 ④君子：国君亲近有恩的禁卫军。 ⑤诸御：在军中有职掌的军官。 ⑥平：讲和。 ⑦罢：通“疲”。 ⑧轻锐：轻车锐卒。 ⑨布：披露。 ⑩晏：晚，迟。 ⑪伐柯：《诗经·豳风·伐柯》中有“伐柯伐柯，其则不远”句。意思是说，用斧头去砍伐木头作斧柄，就近可以取法，因为有旧斧柄可以做样子。柯：斧柄。则：法则，道理。 ⑫厄：穷困，灾难。

已属政于执事①，使者去，不者且得罪。”吴使者泣而去。勾践怜之，乃使人谓吴王曰：“吾置王甬东，君百家②。”吴王谢曰：“吾老矣，不能事君王！”遂自杀。乃蔽其面，曰：“吾无面以见子胥也！”越王乃葬吴王而诛太宰嚭。

勾践已平吴，乃以兵北渡淮，与齐、晋诸侯会于徐州，致贡于周。周元王使人赐勾践胙③，命为伯。勾践已去，渡淮南，以淮上地与楚，归吴所侵宋地于宋，与鲁泗东方百里。当是时，越兵横行于江、淮东，诸侯毕贺，号称霸王。

范蠡遂去，自齐遗大夫种书曰：“蜚鸟尽④，良弓藏；狡兔死，走狗烹。越王为人长颈鸟喙，可与共患难，不可与共乐。子何不去？”种见书，称病不朝。人或谗种且作乱，越王乃赐种剑曰：“子教寡人伐吴七术，寡人用其三而败吴，其四在子，子为我从先王试之。”种遂自杀。

勾践卒，子王鼫与立。王鼫与卒，子王不寿立。王不寿卒，子王翁立。王翁卒，子王翳立。王翳卒，子王之侯位。王之侯卒，子王无强立。

王无强时，越兴师北伐齐，西伐楚，与中国争强。当楚威王之时，越北伐齐，齐威王使人说越王曰：“越不伐楚，大不王，小不伯⑤。图越之所为不伐楚者，为不得晋也⑥。韩、魏固不攻楚。韩之攻楚，覆其军，杀其将，则叶、阳翟危；魏亦覆其军，杀其将，则陈、上蔡不安。故二晋之事越也，不至于覆军杀将，马汗之力不效。所重于得晋者何也？”越王曰：“所求于晋者，不至顿刃接兵⑦，而况于攻城围邑乎？愿魏以聚大梁之下，愿齐之试

①执事：办事人员，范蠡自称。②君：统治。③胙：祭祀用的肉。④蜚：通“飞”。⑤王：称王。伯：通“霸”，称霸。⑥得：相得，协助。⑦顿刃接兵：指整兵交战。

兵南阳莒地，以聚常、郯之境，则方城之外不南，淮、泗之间不东，商、於、析、郦、宗胡之地，夏路以左，不足以备秦，江南、泗上不足以待越矣。则齐、秦、韩、魏得志于楚也，是二晋不战而分地，不耕而获之。不此之为，而顿刃于河山之间以为齐、秦用，所待者如此其失计，奈何其以此王也！”齐使者曰：“幸也越之不亡也！吾不贵其用智之如目，见豪毛而不见其睫也。今王知晋之失计，而不自知越之过，是目论也[①]。王所待于晋者，非有马汗之力也，又非可与合军连和也，将待之以分楚众也。今楚众已分，何待于晋？”越王曰：“奈何？”曰：“楚三大夫张九军，北围曲沃、於中，以至无假之关者三千七百里，景翠之军北聚鲁、齐、南阳，分有大此者乎？且王之所求者，斗晋楚也；晋楚不斗，越兵不起，是知二五而不知十也。此时不攻楚，臣以是知越大不王，小不伯。复雠、庞、长沙，楚之粟也；竟泽陵，楚之材也。越窥兵通无假之关，此四邑者不上贡事于郢矣。臣闻之，图王不王，其敝可以伯[②]。然而不伯者，王道失也。故愿大王之转攻楚也。”

于是越遂释齐而伐楚。楚威王兴兵而伐之，大败越，杀王无强，尽取故吴地至浙江，北破齐于徐州。而越以此散，诸族子争立，或为王，或为君，滨于江南海上，服朝于楚[③]。

后七世，至闽君摇，佐诸侯平秦。汉高帝复以摇为越王，以奉越后。东越、闽君，皆其后也。

范蠡事越王勾践，既苦身戮力[④]，与勾践深谋二十馀年，竟灭吴，报会稽之耻，北渡兵于淮以临齐、晋，号令中国，以尊周

---

①目论：目光短浅之论。 ②敝：坏，此指“不成功”的意思。 ③服：服从。朝：朝见。④戮力：努力。

室，勾践以霸，而范蠡称上将军。还反国，范蠡以为大名天下，难以久居，且勾践为人可与同患，难与处安，为书辞勾践曰："臣闻主忧臣劳，主辱臣死。昔者君王辱于会稽，所以不死，为此事也。今既以雪耻，臣请从会稽之诛。"勾践曰："孤将与子分国而有之。不然，将加诛于子。"范蠡曰："君行令，臣行意①。"乃装其轻宝珠玉，自与其私徒属乘舟浮海以行，终不反。于是勾践表会稽山以为范蠡奉邑②。

范蠡浮海出齐，变姓名，自谓鸱夷子皮③，耕于海畔，苦身戮力，父子治产，居无几何，致产数十万。齐人闻其贤，以为相。范蠡喟然叹曰："居家则致千金，居官则至卿相，此布衣之极也。久受尊名，不祥。"乃归相印，尽散其财，以分与知友乡党④，而怀其重宝，间行以去，止于陶，以为此天下之中，交易有无之路通，为生可以致富矣⑤。于是自谓陶朱公。复约要父子耕畜⑥，废居⑦，候时转物，逐什一之利。居无何，则致赀累巨万⑧。天下称陶朱公。

朱公居陶，生少子。少子及壮，而朱公中男杀人⑨，囚于楚。朱公曰："杀人而死，职也⑩。然吾闻千金之子不死于市。"告其少子往视之。乃装黄金千溢⑪，置褐器中，载以一牛车，且遣其少子。朱公长男固请欲行，朱公不听。长男曰："家有长子曰家督⑫，今弟有罪，大人不遣，乃遣少弟，是吾不肖。"欲自杀。其母为言曰："今遣少子，未必能生中子也，而先空亡长男，奈何？"朱

---

①意：意志。 ②表：表彰。奉邑：供给俸禄的封邑。 ③自谓：自称。鸱夷子皮：牛皮制成的鸱形革囊，子胥自杀，吴王用鸱夷装了他的尸体，投之于江。范蠡认为自己的罪同伍子胥一样，故以"鸱夷子皮"自谓。 ④乡党：泛指乡里或乡亲。 ⑤为生：治生。 ⑥约要：约束，约定。 ⑦废居：商人见货物价贱则买进，价贵则卖出，以求厚利。废：出卖。居：囤居。 ⑧赀：通"资"。 ⑨中男：次子。 ⑩职：常理。 ⑪溢：通"镒"。二十四两为一镒。 ⑫家督：旧时长子督理家事，故称之为"家督"。

公不得已而遣长子，为一封书遗固所善庄生。曰："至则进千金于庄生所，听其所为，慎无与争事。"长男既行，亦自私赍数百金[①]。

至楚，庄生家负郭[②]，披藜藋到门，居甚贫。然长男发书进千金，如其父方。庄生曰："可疾去矣，慎毋留！即弟出，勿问所以然。"长男既去，不过庄生而私留[③]，以其私赍献遗楚国贵人用事者。

庄生虽居穷阎[④]，然以廉直闻于国，自楚王以下皆师尊之。及朱公进金，非有意受也，欲以成事后复归之以为信耳。故金至，谓其妇曰："此朱公之金。有如病不宿诫，后复归，勿动。"而朱公长男不知其意，以为殊无短长也[⑤]。

庄生间时入见楚王[⑥]。言"某星宿某，此则害于楚。"楚王素信庄生，曰："今为奈何？"庄生曰："独以德为可以除之。"楚王曰："生休矣，寡人将行之。"王乃使使者封三钱之府[⑦]。楚贵人惊告朱公长男曰："王且赦。"曰："何以也？"曰："每王且赦，常封三钱之府。昨暮王使使封之。"朱公长男以为赦，弟固当出也，重千金虚弃庄生，无所为也，乃复见庄生。庄生惊曰："若不去邪？"长男曰："固未也。初为事弟，弟今议自赦，故辞生去。"庄生知其意欲复得其金，曰："若自入室取金。"长男即自入室取金持去，独自欢幸。

庄生羞为儿子所卖[⑧]，乃入见楚王曰："臣前言某星事，王言欲以修德报之。今臣出，道路皆言陶之富人朱公之子杀人囚楚，其家多持金钱赂王左右，故王非能恤楚国而赦[⑨]，乃以朱公

---

①赍(jī)：携带。 ②负郭：靠近城郭。 ③过：造访，探望。 ④阎：阎里之门，即街巷。⑤短长：优劣。 ⑥间时：适当的时机。 ⑦三钱之府：封闭储存钱币(金、银、铜)的仓库。⑧儿子：小儿辈。卖：欺骗，摆布。 ⑨恤：体恤，怜悯。

子故也。”楚王大怒曰：“寡人虽不德耳，奈何以朱公之子故而施惠乎！”令论杀朱公子[①]。明日，遂下赦令。朱公长男竟持弟丧归。

至，其母及邑人尽哀之，唯朱公独笑，曰：“吾固知必杀其弟也！彼非不爱其弟，顾有所不能忍者也。是少与我俱，见苦[②]，为生难，故重弃财。至如少弟者，生而见我富，乘坚驱良逐狡兔[③]，岂知财所从来，故轻弃之，非所惜吝。前日吾所当欲遣少子，固为其能弃财故也。而长者不能，故卒以杀其弟，事之理也，无足悲者。吾日夜固以望其丧之来也。”

故范蠡三徙，成名于天下，非苟去而已，所止必成名。卒老死于陶，故世传曰陶朱公。

太史公曰：禹之功大矣，渐九川[④]，定九州，至于今诸夏艾安[⑤]。及苗裔勾践，苦身焦思，终灭强吴，北观兵中国，以尊周室，号称霸王。勾践可不谓贤哉！盖有禹之遗烈焉。范蠡三迁皆有荣名，名垂后世。臣主若此，欲毋显，得乎！

【译文】

越王勾践，祖先是夏禹后裔，是夏朝少康帝的庶子。少康帝的儿子被封在会稽，敬奉掌管着那里对夏禹的祭祀。他们身刺花纹，剪短头发，除去草丛，开辟荒野，修筑城邑。二十多代后，传到允常。允常在位时，与吴王阖庐产生怨恨而互相攻伐。允常死后，儿子勾践即位，就是越王。

越王勾践元年，吴王阖庐听说允常已死，就兴兵讨伐越国。越王勾践派遣敢死之士向吴军挑战，勇士们排成三行，冲到吴军阵前，大呼着自刎身亡。吴兵注目呆看，越军就趁机袭击吴军，在槜李大败吴军，射伤了

---

①论：判处。 ②见苦：受过苦。 ③坚：坚固的车。良：良马。 ④渐：疏通。 ⑤艾安：安定。艾：通“乂(yì)”。

吴王阖庐。阖庐在弥留之际嘱咐儿子夫差说:“一定不要忘记越国。”

勾践三年,听说吴王夫差日夜操练士兵,要向越国复仇,便打算先发制人,在吴未发兵前去讨伐它。范蠡进谏说:“不行,我听说兵器是凶器,发动战争是违背道义的事,争夺是各种事情中最下等的。阴谋去做违背道义的事,喜爱使用凶器,亲身参与下等事,是上天所不允许的,这么做绝对没有好处。”越王说:“我已做出了决定。”于是就举兵进军吴国。吴王听到这个消息后,动用全国精锐部队迎击越军,在夫椒大败越军。越王只能聚拢起五千名残兵败将退守会稽。吴王乘胜追击包围了他们。

越王勾践对范蠡说:“由于没听您的劝告,所以才落到这个地步,这该怎么办呢?”范蠡回答说:“能够保守成业的,就能得到上天的保佑;能够转危为安的,就能得到众人的支持;能够精简节约的,就能得到地利。现在,您对吴王要低声下气,派人给吴王送去优厚的礼物,如果他不答应,您就亲自前往侍奉他,把自己也抵押给吴国。”勾践说:“好吧!”于是派大夫文种去向吴求和,文种跪在地上边向前行边叩头说:“君王的亡国臣民勾践让我大胆的告诉您的下级办事人员:勾践请您允许他做您的奴仆,允许他的妻子做您的侍妾。”吴王将要答应文种。伍子胥对吴王说:“上天把越国赏赐给吴国,不要答应他。”文种回越国后,将情况告诉了勾践。勾践想杀死妻子儿女,焚烧宝器,亲赴疆场拼死决战。文种阻止勾践说:“吴国的太宰嚭十分贪婪,我们可以用财利诱惑他,请您允许我暗中去吴通融他。”于是勾践便让文种给太宰嚭献上美女珠宝玉器。嚭接受后,就把大夫文种引见给吴王。文种叩头说:“希望大王能赦免勾践的罪过,我们越国将把传国的宝器全部送给您。万一不能侥幸得到赦免,勾践将把妻子儿女全部杀死,烧毁宝器,率领他的五千名士兵与您决一死战,您也将付出相当的代价。”太宰嚭借机劝说吴王:“越王已降服作臣子了,如果赦免了他,将对我国有利。”吴王又要答应文种。伍子胥又进谏说:“现在不灭亡越国,必定后悔莫及。勾践是贤明的君主,大夫种、范蠡都是贤能的大臣,如果勾践能够返回越国,必将作起乱来。”吴王不听伍子胥的谏言,终于赦免了越王,撤兵回国。

勾践被困在会稽时，曾喟然叹息说："我就这样了结一生吗?"文种说："商汤被拘禁在夏台，周文王被囚禁在羑里，晋国重耳逃到翟，齐国小白逃到莒，他们都终于称王称霸了。由此观之，我们今日的处境何尝不可能转为福分呢?"

吴王赦免了越王，勾践回国后，深思熟虑，苦心经营，把苦胆挂到座位旁，坐卧即能仰头尝尝苦胆，饮食也尝尝苦胆。还说："你忘记会稽的耻辱了吗?"他亲身耕作，夫人亲手纺织，吃饭不吃荤菜，穿衣也从不穿两层华丽的衣服，对贤人彬彬有礼，能委曲求全，招待宾客热情诚恳，能救济穷人，悼念死者，与百姓共同劳作。越王想让范蠡执掌国政，范蠡回答说："用兵打仗之事，文种不如我；镇定安抚国家，让百姓亲近归附，我不如文种。"勾践于是把国政委托给大夫文种，让范蠡和大夫柘稽去求和，到吴国作人质。两年后吴国才让范蠡回国。

勾践从会稽回国后七年，始终抚慰自己的士兵百姓，想向吴国复仇。大夫逢同进谏说："国家刚刚流亡，今天才又殷实富裕，如果我们整顿军备，吴国一定害怕，它害怕，灾难必然降临。再说，凶猛的大鸟袭击目标时，一定先隐藏起来。现在，吴军压在齐、晋国境上，对楚、越有深仇大恨，在天下虽名声显赫，实际危害了周王室的威信。吴缺乏道德而功劳不少，一定骄横狂妄。为越国着想，那越国不如结交齐国，亲近楚国，归附晋国，厚待吴国。吴国的野心很大，对待战争一定很轻视，这样我国可以联络三国的势力，让三国攻打吴国，越国利用它的疲惫，就可以打败它了。"勾践说："好。"

过了两年，吴王将要讨伐齐国。伍子胥进谏说："不行。我听说勾践吃饭不上两样好菜，与百姓同甘共苦。此人不死，一定成为我国的忧患。吴国有了越国，那是心腹之患，而齐对吴来说，只像一块疥癣。希望大王放弃攻齐，先伐越国。"吴王不听，就出兵攻打齐国，在艾陵大败齐军，俘虏了齐国的高氏、国氏而回。吴王责备伍子胥，伍子胥说："大王您不要太高兴!"吴王很生气，伍子胥想要自杀，吴王听到制止了他。越国大夫文种说："我观察吴王当政太骄横了，可以试探一下，向他借粮，来揣度一下吴王对越国的态度。”文种向吴王请求借粮。吴王想借予，伍子胥建议不借，吴王还是借给越了，越王暗中十分高兴。伍子胥说：“君王不听我的劝谏，再过三年吴国将成为一片废墟！”太宰嚭听到这话后，就多次与伍子胥争论对付越国的计策，还借机诽谤子胥说：“伍员表面忠诚，实际很残忍，他连自己的父兄都不顾惜，怎么能顾惜君王呢？君王上次想攻打齐国，伍员极力劝阻，后来您作战有功，他反而因此怨恨您。您不防备他，他一定作乱。”后来伯嚭还和逢同串通一气，在君王面前再三再四诽谤伍子胥。君王开始也不听信谗言，于是就派伍子胥出使齐国，听说伍子胥把儿子委托给鲍氏，君王才大怒，说：“伍员果真欺骗我！”伍子胥出使齐回国后，吴王就派人赐给子胥一把“属镂”剑，让他自杀。子胥大笑道：“我辅佐你的父亲称霸，又拥立你为王，你当初想与我平分吴国，我没有接受，事隔不久，今天你反而因谗言杀害我。唉，唉，你一个人绝对不能独自立国！”伍子胥告诉使者说：“一定要取出我的眼睛挂在吴国都城东门上，以便我能亲眼看到越军进入都城”于是吴王重用伯嚭执掌国政。

过了三年，勾践召见范蠡说：“吴王已杀死子胥，阿谀奉承的人很多，可以攻打吴国了吗？”范蠡回答说：“不行。”

到第二年春天，吴王到北部的黄池去会合诸侯，吴国的精锐部队全随吴王赴会了，只剩下老弱残兵和太子留守吴都。勾践又问范蠡是否可以进攻吴国。范蠡说：“可以了”。于是，勾践派出熟悉水战的士兵两千人，训练有素的士兵四万人，受过良好教育的地位较高的近卫军六千人，各类在职军官一千人，攻打吴国。吴军大败，越军还杀死吴国的太子。吴国使者赶快向吴王告急，吴王正在黄池会合诸侯，怕各国听到吴国惨败的消息，就坚守秘密。吴王已在黄池与诸侯订立盟约，就派人带上厚礼请求与越国求和。越王估计自己也不能灭亡吴国，就与吴国讲和了。

这以后四年，越国再次攻打吴国。吴国军民疲惫不堪，精锐士兵都在与齐、晋之战中死亡。所以越国大败了吴军，因而包围吴都三年，吴军失败，越国就又把吴王围困在姑苏山上。吴王派公孙雄脱去上衣露出胳膊跪地前行，请求与越王讲和说：“孤立无助的臣子夫差冒昧地表露自己的心愿,以前我曾在会稽得罪您,我不敢违背您的命令,如能够与您讲和,就撤军回国了。今天您高投玉足,前来惩罚孤臣,我对您将唯命是听,但我私下的心意是希望像会稽山对您那样赦免我的罪过吧!”勾践不忍心,想答应吴王。范蠡说:“会稽的事,是上天把越国赐给吴国,而吴国不要。今天是上天把吴国赐给越国了,越国难道可以违背天命吗?再说君王早上朝晚罢朝,不就是因为吴国吗?谋划伐吴已二十二年了,一旦放弃,可以吗?且上天赐予您却不要,那反而要受到处罚。‘用斧头砍伐木材做斧柄,斧柄的样子就在身边。’您忘记会稽的苦难了吗?”勾践说:“我想听从您的建议,但我不忍心如此对待他的使者。”范蠡就鸣鼓进军,说:“君王已把政务委托给我,吴国使者赶快离去,否则将要对不起你了。”吴国使者伤心地哭着走了。勾践怜悯他,就派人对吴王说:“我安置您到甬东!统治一百户人家。”吴王推辞说:“我已老了,不能侍奉您了!”说完便自杀身亡,自尽时遮住自己的脸说:“我没脸面见到伍子胥!”越王安葬了吴王,诛杀了太宰嚭。

勾践平定了吴国后,就出兵向北渡过黄河,在徐州与齐、晋等诸侯会合,向周王室进献贡品。周元王派人赏赐祭肉给勾践,命他做诸侯的领袖。勾践离开徐州,渡过淮河南下,把淮河流域送给楚国,把吴国侵占宋国的土地归还给宋国。把泗水以东方圆百里的土地给了鲁国。当时,越国的军队在长江、淮河以东畅行无阻,诸侯们都来庆贺,越王号称霸王。

范蠡于是离开了越王,从齐国写信给大夫文种。信中说:“飞鸟尽,良弓藏;狡兔死,走狗烹。越王是长颈鸟嘴,只可以与之共患难,不可以与之共安乐,您为何不离去?”文种看过信后,声称有病不再上朝。有人中伤文种将要作乱,越王就赏赐给文种一把剑说:“您教给我攻伐吴国的七条计策,我只采用三条就打败了吴国,那四条还在你那里,你替我去到先王面前尝试一下那四条吧!”文种于是自杀身亡。

勾践死,其子王鼫与即位。王鼫与死,其子王不寿即位。王不寿死,其子王翁即位。王翁死,其子王翳即位。王翳死,其子王之侯即位,王之侯死,其子王无强即位。

无强时，越国发兵向北攻打齐国，向西攻打楚国，与中原各国争胜。在楚威王时，越国向北攻打齐国，齐威王派人劝说越王说："越国不攻打楚国，大则不能称王，小则不能称霸。估计越国不攻楚国的原因，是因为得不到韩、魏两国的支持。韩、魏本来就不攻打楚国。韩国如攻打楚国，它的军队就会覆灭，将领就会被杀，那么叶、阳翟二邑就危险了；魏国如攻打楚国也如此，军队覆灭、将领被杀，陈、上蔡都不安定。所以韩、魏事奉越国，就不至于军队覆灭、将领被杀，汗马之劳也就不会显现，您为什么重视得到韩、魏的支持呢？"越王说："我所要求韩、魏的，并非是与楚军短兵相接、你死我活地斗，何况攻城围邑呢？我希望魏军集结在大梁城下，齐军在南阳、莒练兵，聚结在常、郯边界，这样一来，方城以外的楚军不再南下，淮、泗之间的楚军不再向东，商、于、析、郦、宗胡等地即中原通路西部地区的楚军不足以防备秦国，江南、泗上的楚军不足以抵御越国了。那么，齐、秦、韩、魏四国就可以在楚国实现自己的愿望，这样，韩、魏无须战斗就能扩大疆土，无须耕种就能收获。现在，韩、魏不这样做，却在黄河、华山之间互相攻伐，而为齐国和秦国所利用。所期待的韩、魏如此失策，怎么能依靠他们来称王呢！"齐国使者说："越国没有灭亡太侥幸了！我不看重他们使用智谋，因为那智谋就像眼睛一样，虽然能见到毫毛却看不见自己的睫毛。现在君王知道韩、魏的失策了，却不知道自己的过错，这就是刚才比方的'能见到毫毛却看不到自己睫毛的眼睛'之论了。君王所期望于韩、魏的，并非是要他们的汗马功劳，也并非是与韩、魏联军联合，而是分散楚军的兵力。现在，楚军兵力已分散了，何必有求于韩、魏呢？"越王说："怎么办？"使者说："楚国三个大夫已分率所有军队，向北包围了曲沃、于中，直到无假关，战线总长为三千七百里，景翠的军队聚结到北部的鲁国、齐国、南阳，兵力还有超过这种分散的吗？况且君王所要求的，是使晋、楚争斗；晋、楚如不相斗，越国就不出兵，这就是只知道两个五却不知道十了。这时不攻打楚国，我因此判断越王从大处说不想称王，从小处说不想称霸。再说，雠、庞、长沙是楚国盛产粮食的地区，竟泽陵是楚国盛产木材的地区。越国进兵打通无假关，这四个地方将不能再向郢都进献粮、材了。我听说过，图谋称王却不能称王，尽管如此，还可以称霸。然而不能称霸的，王道也就彻底丧失了。所以恳望您转而攻打楚国。”

于是越国就放弃了齐国而去攻打楚国。楚威王发兵迎击越军，大败越军，杀死王无强，把原来吴国一直到浙江的土地全部攻下，北边在徐州大败齐军。越国因此分崩离析，各族子弟们竞争权位，有的称王，有的称君，居住在长江南部的沿海，投降楚国，向楚国朝贡。

七代后，到闽君摇，他辅佐诸侯推翻了秦朝。汉高帝又让摇做了越王，继续越国的奉祀。东越、闽君都是越国的后代。

范蠡事奉越王勾践，辛苦惨淡、勤奋不懈，帮助勾践运筹谋划二十多年，终于灭亡了吴国，洗雪了会稽的耻辱。越军向北进军淮河，兵临齐、晋边境，号令中原各国，尊崇周室，勾践称霸，范蠡做了上将军。回国后，范蠡以为盛名之下，难以久长，况且勾践为人，可与之同患难，难与之同安乐，就写信辞别勾践说：“我听说，君王忧愁臣子就劳苦，君主受辱臣子就该死。过去您在会稽受辱，我之所以未死，是为了报仇雪恨。当今既已雪耻，臣请求您追究我使君主在会稽受辱的死罪。”勾践说：“我将和你平分越国。不然的话，就要加罪于你。”范蠡说：“君主可执行您的命令，臣子仍依从自己的意愿。”于是他打点包装了细软珠宝，与随从从海上乘船离去，始终未再返回越国，勾践为表彰范蠡就把会稽山作为他的封邑。

范蠡乘船飘海到了齐国，改名换姓，自称“鸱夷子皮”，在海边耕作，吃苦耐劳，努力生产，父子合力治理产业。住了不久，积累财产达几十万。齐人听说他贤能，让他做了国相。范蠡叹息道：“住在家里就积累千金财产，做官就达到卿相高位，这是平民百姓能达到的最高地位了。长久享受尊贵的名号，是不吉祥的。”于是归还了相印，全部发散了自己的家产，送给知音好友同乡邻里，携带着贵重财宝，悄悄地离去，到陶地住下来。他认为这里是天下的中心，交易买卖的道路通畅，经营生意可以发财致富。于是自称陶朱公。又约定好父子都要耕种畜牧，买进卖出时都等待时机，以获得十分之一的利润。过了不久，家资又积累到万万。天下人都称他陶朱公。

朱公住在陶地，生了小儿子。小儿子成人时，朱公的二儿子杀了人，被楚国拘捕。朱公说："杀人者抵命，这是常理。可是我听说家有千金的儿子不会被杀在闹市之中。"于是告诫小儿子探望二儿子。便打点好一千镒黄金，装在褐色器具中，用一辆牛车载运。将要派小儿子出发办事时，朱公的长子坚决请求去，朱公不答应。长子说："家里的长子叫"家督"，现在弟弟犯了罪，父亲不派长子去，却派小弟弟，那就说明我是不肖之子。"长子说完想自杀。他的母亲又替他说："现在派小儿子去，未必能救二儿子命，却先丧失了大儿子，怎么办？"朱公不得已就派了长子，写了一封信要大儿子送给旧日的好友庄生，并对长子说："到楚国后，要把千金送到庄生家，一切听从他去办理，遇事不要与他发生争执。"长子走时，也私自携带了几百镒黄金。

长子到达楚国，看见庄生家靠近楚都外城，披开野草才能到达庄生家门前，庄生居住条件十分贫穷。可是朱公的长子还是打开信，向庄生进献了千金，完全照父亲所嘱做的。庄生说："你可以赶快离去了，千万不要留在此地！等弟弟释放后，不要问原因。"长子已离去，不再探望庄生，但私自留在了楚国，把自己携带的黄金送给了楚国主事的达官贵人。

庄生虽然住在穷乡陋巷，可是他的廉洁正直在楚国很闻名，从楚王以下无不尊奉他为老师。朱公献上黄金，他并非有心收下，只是想事成之后再归还给朱公以示讲信用。所以黄金送来后，他对妻子说："这是朱公的钱财，以后再如数归还朱公，但哪一天归还却不得而知，这就如同自己哪一天生病也不能事先告知别人一样，千万不要动它。"但朱公长子不知庄生的意思，以为财产送给庄生不会起什么作用。

庄生乘便入宫会见楚王，说："某星宿移到某处，这将对楚国有危害。"楚王平时十分信任庄生，就问："现在怎么办？"庄生说："只有做好事，才可以免除灾害。"楚王说："您不用多说了，我将照办。"楚王就派使者查封贮藏三钱的仓库。楚国达官贵人吃惊地告诉朱公长子说："楚王将要实行大赦。"长子问："怎么见得呢？"贵人说："每当楚王大赦时，常常先查封贮藏三钱的仓库。昨晚楚王已派使者查封了。"朱公长子认为既然大赦，弟弟自然可以释放了，一千镒黄金等于虚掷庄生处，没有发挥作用，于是又去见庄生。庄生惊奇地问："你还没离开吗？"长子说："始终没离开。当初我为弟弟一事来，今天楚国正商议大赦，弟弟自然得到释放，所以我特意来向您告辞。"庄生知道他的意思是想取回黄金，说："你自己到房间里去取黄金吧。"大儿子便入室取走黄金离开庄生，私自庆幸黄金失而复得。

庄生被小儿辈出卖深感羞耻，就又入宫会见楚王说："我上次所说的某星宿的事，您说想用做好事来回报它。现在，我在外面听路人都说陶地富翁朱公的儿子杀人后被楚囚禁，他家派人拿出很多金钱贿赂楚王左右的人，所以君王并非体恤楚国人民而实行大赦，而是因为朱公儿子才大赦的。"楚王大怒道："我虽然无德，怎么会因为朱公的儿子而布施恩惠呢！"就下令先杀掉朱公儿子，第二天才下达赦免的诏令。朱公长子最终携带弟弟尸体回家了。

回到家后，母亲和乡邻们都十分悲痛，只有朱公一个人笑着说："我本来就知道长子一定救不了弟弟！他不是不爱自己的弟弟，只是有所不能忍心放弃的。他年幼就与我生活在一起，经受过各种辛苦，知道谋生的艰难，所以把钱财看得很重，不敢轻易花钱。至于小弟弟呢，一生下来就看到我十分富有，只知道乘坐上等车，驱驾千里马，到郊外去打猎，哪里知道钱财从何处来，所以把钱财看得极轻，弃之也毫不吝惜。原来我打算让小儿子去，本来就是因为他舍得花钱的缘故，但长子却不能办到，所以终于害了自己的弟弟，这很合乎事理，不值得悲痛。我本来日日夜夜盼的就是二儿子的尸首送回来。"

范蠡曾三次搬家，驰名天下，他不是随意离开某处，他住在哪儿就在哪儿成名。最后老死在陶地，所以世人相传叫他陶朱公。

太史公说：夏禹的功劳很大，疏导了九条大河，平定了九州大地，一直到今天，整个九州都平安无事。到了他的后裔勾践，辛苦劳作，深谋远思，终于灭亡了强盛的吴国，向北进军中原，尊奉周室，号称霸王。能说勾践不贤能吗！大概他还有夏禹的遗风吧。范蠡三次搬家都留下荣耀的名声，并永垂后世。臣子和君主能做到这样，想不显赫，可能吗？

史记卷四十二·郑世家第十二

《郑世家》记载了郑国自郑桓公姬友立国至郑君乙为韩所灭之间二十三世君主承传世系，概述其间郑国之兴衰发展历史：郑桓公审时度势，将部落迁至虢、郐之间，其子郑武公建立郑国，而郑庄公使之强大；其后郑国因昭、厉争国，又处在晋、楚大国之间的交相攻击之下，日益衰弱，至简公以后仅靠子产等勉强支撑，子产死后郑国迅速败落，终为韩国所灭。篇中所记的甫瑕杀郑子迎立厉公终被厉公所杀之事，则引发了司马迁深深的感慨，发出"以权利合者，权利尽而交疏"之叹，大有深意。

郑桓公友者，周厉王少子而宣王庶弟也。宣王立二十二年，友初封于郑。封三十三岁，百姓皆便，爱之。幽王以为司徒，和集周民，周民皆说①。河、洛之间，人便思之。为司徒一岁，幽王以褒后故，王室治多邪，诸侯或畔之②。于是桓公问太史伯曰："王室多故，予安逃死乎？"太史伯对曰："独洛之东土，河、济之南可居。"公曰："何以？"对曰："地近虢、郐，虢、郐之君贪而好利，百姓不附。今公为司徒，民皆爱公，公诚请居之，虢、郐之君见公方用事③，轻分公地。公诚居之，虢、郐之民皆公之民也。"公曰："吾欲南之江上，何如？"对曰："昔祝融为高辛氏火正，其功大矣，而其于周未有兴者，楚其后也。周衰，楚必兴。兴，非郑之利也。"公曰："吾欲居西方，何如？"对曰："其民贪而好利，难久居。"公曰："周衰，何国兴者？"对曰："齐、秦、晋、楚乎？夫齐，姜姓，伯夷之后也，伯夷佐尧典礼④。秦，嬴姓，伯翳

①说：通"悦"。②畔：通"叛"。③用事：执政。④典礼：掌管礼仪。

之后也，伯翳佐舜怀柔百物。及楚之先，皆尝有功于天下。而周武王克纣后，成王封叔虞于唐，其地阻险，以此有德，与周衰并，亦必兴矣。”桓公曰：“善。”于是卒言王[①]，东徙民洛东，而虢、郐果献十邑，竟国之[②]。

二岁，犬戎杀幽王于骊山下，并杀桓公。郑人共立其子掘突，是为武公。

武公十年，娶申侯女为夫人，曰武姜。生太子寤生[③]，生之难，及生，夫人弗爱。后生少子叔段，段生易，夫人爱之。二十七年，武公疾。夫人请公，欲立段为太子，公弗听。是岁，武公卒，寤生立，是为庄公。

庄公元年，封弟段于京，号太叔。祭仲曰：“京大于国[④]，非所以封庶也。”庄公曰：“武姜欲之，我弗敢夺也。”段至京，缮治甲兵，与其母武姜谋袭郑。二十二年，段果袭郑，武姜为内应。庄公发兵伐段，段走。伐京，京人畔段，段出走鄢。鄢溃，段出奔共。于是庄公迁母武姜于城颍，誓言曰：“不至黄泉，毋相见也。”居岁馀，已悔思母。颍谷之考叔有献于公，公赐食。考叔曰：“臣有母，请君食赐臣母。”庄公曰：“我甚思母，恶负盟，奈何？”考叔曰：“穿地至黄泉，则相见矣。”于是遂从之，见母。

二十四年，宋缪公卒，公子冯奔郑。郑侵周地，取禾。二十五年，卫州吁弑其君桓公自立，与宋伐郑，以冯故也。二十七年，始朝周桓王。桓王怒其取禾，弗礼也。二十九年，庄公怒周弗礼，与鲁易祊、许田[⑤]。三十三年，宋杀孔父。三十七年，庄公不朝周，周桓王率陈、蔡、虢、卫伐郑。庄公与祭仲、高渠弥发兵

---

①卒：通“猝”，急速，突然。 ②竟：终于。 ③寤生：即难产逆生，脚先出。 ④国：国都。⑤与鲁易祊、许田：郑以祊与鲁交换，详见《鲁周公世家》注。

自救，王师大败。祝聸射中王臂。祝聸请从之[①]，郑伯止之，曰："犯长且难之，况敢陵天子乎？"乃止。夜令祭仲问王疾。

三十八年，北戎伐齐，齐使求救，郑遣太子忽将兵救齐。齐釐公欲妻之[②]，忽谢曰："我小国，非齐敌也[③]。"时祭仲与俱，劝使取之[④]，曰："君多内宠，太子无大援将不立，三公子皆君也。"所谓三公子者，太子忽，其弟突，次弟子亹也。

四十三年，郑庄公卒。初，祭仲甚有宠于庄公，庄公使为卿；公使娶邓女[⑤]，生太子忽，故祭仲立之，是为昭公。

庄公又娶宋雍氏女，生厉公突。雍氏有宠于宋。宋庄公闻祭仲之立忽，乃使人诱召祭仲而执之，曰："不立突，将死。"亦执以求赂焉。祭仲许宋，与宋盟。以突归，立之。昭公忽闻祭仲以宋要立其弟突，九月丁亥，忽出奔卫。己亥，突至郑，立，是为厉公。

厉公四年，祭仲专国政[⑥]。厉公患之，阴使其婿雍纠欲杀祭仲。纠妻，祭仲女也，知之，谓其母曰："父与夫孰亲？"母曰："父一而已，人尽夫也。"女乃告祭仲，祭仲反杀雍纠，戮之于市。厉公无奈祭仲何，怒纠，曰："谋及妇人，死固宜哉！"夏，厉公出居边邑栎。祭仲迎昭公忽，六月乙亥，复入郑，即位。

秋，郑厉公突因栎人杀其大夫单伯，遂居之。诸侯闻厉公出奔，伐郑，弗克而去。宋颇予厉公兵，自守于栎，郑以故亦不伐栎。

昭公二年。自昭公为太子时，父庄公欲以高渠弥为卿，太子忽恶之，庄公弗听，卒用渠弥为卿。及昭公即位，惧其杀己，

---

①从之：追击王师。②釐：通"僖"。③敌：匹敌。④取：通"娶"。⑤娶：迎娶。⑥专国政：专擅国家大事。

冬十月辛卯，渠弥与昭公出猎，射杀昭公于野。祭仲与渠弥不敢入厉公，乃更立昭公弟子亹为君，是为子亹也。无谥号。

子亹元年七月，齐襄公会诸侯于首止，郑子亹往会，高渠弥相[①]，从，祭仲称疾不行。所以然者，子亹自齐襄公为公子之时，尝会斗，相仇，乃会诸侯，祭仲请子亹无行。子亹曰："齐强，而厉公居栎，即不往[②]，是率诸侯伐我，内厉公[③]。我不如往，往何遽必辱[④]，且又何至是！"卒行。于是祭仲恐齐并杀之，故称疾。子亹至，不谢齐侯，齐侯怒，遂伏甲而杀子亹。高渠弥亡归，归与祭仲谋，召子亹弟公子婴于陈而立之，是为郑子。是岁，齐襄公使彭生醉拉杀鲁桓公。

郑子八年，齐人管至父等作乱，弑其君襄公。二十年，宋人长万弑其君滑公。郑祭仲死。

十四年，故郑亡厉公突在栎者使人诱劫郑大夫甫假，要以求入。假曰："舍我，我为君杀郑子而入君。"厉公与盟，乃舍之。六月甲子，假杀郑子及其二子而迎厉公突，突自栎复入即位。

初，内蛇与外蛇斗于郑南门中，内蛇死。居六年，厉公果复入。入而让其伯父原曰："我亡国外居，伯父无意入我，亦甚矣。"原曰："事君无二心，人臣之职也[⑤]。原知罪矣。"遂自杀。厉公于是谓甫假曰："子之事君有二心矣。"遂诛之。假曰："重德不报[⑥]，诚然哉！"

厉公突后元年，齐桓公始霸。五年，燕、卫与惠王弟颓伐王，王出奔温，立弟颓为王。六年，惠王告急郑，厉公发兵击周王子颓，弗胜，于是与周惠王归，王居于栎。七年春，郑厉公与

---

①相：辅佐。 ②即：如果。 ③内：通"纳"。 ④遽：通"讵"，岂，何。 ⑤职：职分，本分。⑥重德：大德，厚德。

虢叔袭杀王子颓而入惠王于周。

秋，厉公卒，子文公踕立。厉公初立四岁；亡居栎，居栎十七岁；复入，立七岁。与亡凡二十八年。

文公十七年，齐桓公以兵破蔡，遂伐楚，至召陵。

二十四年，文公之贱妾曰燕姞，梦天与之兰，曰："余为伯儵。余，尔祖也。以是为而子[①]，兰有国香。"以梦告文公，文公幸之，而予之草兰为符[②]。遂生子，名曰兰。

三十六年，晋公子重耳过，文公弗礼。文公弟叔詹曰："重耳贤，且又同姓，穷而过君，不可无礼。"文公曰："诸侯亡公子过者多矣，安能尽礼之！"詹曰："君如弗礼，遂杀之；弗杀，使即反国[③]，为郑忧矣。"文公弗听。

三十七年春，晋公子重耳反国，立，是为文公。秋，郑入滑，滑听命，已而反与卫[④]，于是郑伐滑。周襄王使伯犕请滑。郑文公怨惠王之亡在栎，而文公父厉公入之，而惠王不赐厉公爵禄，又怨襄王之与卫滑，故不听襄王请而囚伯犕。王怒，与翟人伐郑，弗克。冬，翟攻伐襄王，襄王出奔郑，郑文公居王于氾。三十八年，晋文公入襄王成周。

四十一年，助楚击晋。自晋文公之过无礼，故背晋助楚。四十三年，晋文公与秦穆公共围郑，讨其助楚攻晋者及文公过时之无礼也。

初，郑文公有三夫人，宠子五人，皆以罪蚤死[⑤]。公怒，溉逐群公子[⑥]。子兰奔晋，从晋文公围郑。时兰事晋文公甚谨，爱幸之，乃私于晋，以求入郑为太子。晋于是欲得叔詹为僇[⑦]。郑文

---

①而：通"尔"，你。 ②符：凭证。 ③反：通"返"。 ④与：亲附。 ⑤蚤：通"早"。⑥溉：通"既"，尽。 ⑦僇：通"戮"，杀头。

公恐，不敢谓叔詹言。詹闻，言于郑君曰："臣谓君，君不听臣，晋卒为患。然晋所以围郑，以詹。詹死而赦郑国，詹之愿也。"乃自杀。郑人以詹尸与晋。晋文公曰："必欲一见郑君，辱之而去。"郑人患之。乃使人私于秦曰："破郑益晋，非秦之利也。"秦兵罢。晋文公欲入兰为太子，以告郑。郑大夫石癸曰："吾闻姞姓乃后稷之元妃①，其后当有兴者。子兰母，其后也。且夫人子尽已死，馀庶子无如兰贤。今围急，晋以为请，利孰大焉！"遂许晋，与盟，而卒立子兰为太子，晋兵乃罢去。

四十五年，文公卒，子兰立，是为穆公。

穆公元年春，秦穆公使三将将兵欲袭郑，至滑，逢郑贾人弦高诈以十二牛劳军，故秦兵不至而还，晋败之于崤。初，往年郑文公之卒也，郑司城缯贺以郑情卖之，秦兵故来。

三年，郑发兵从晋伐秦，败秦兵于汪。

往年楚太子商臣弑其父成王代立。二十一年，与宋华元伐郑。华元杀羊食士②，不与其御羊斟，怒以驰郑，郑囚华元。宋赎华元，元亦亡去。晋使赵穿以兵伐郑。

二十二年，郑穆公卒，子夷立，是为灵公。

灵公元年春，楚献鼋于灵公。子家、子公将朝灵公，子公之食指动，谓子家曰："佗日指动③，必食异物。"及入，见灵公进鼋羹，子公笑曰："果然！"灵公问其笑故，具告灵公。灵公召之，独弗予羹。子公怒，染其指，尝之而出。公怒，欲杀子公。子公与子家谋先。夏，弑灵公。郑人欲立灵公弟去疾，去疾让曰："必以贤，则去疾不肖；必以顺，则公子坚长。"坚者，灵公庶弟，去疾之兄也。于是乃立子坚，是为襄公。

---

①元妃：君主或诸侯的"元配"。 ②食（sì）士：犒劳兵士。 ③佗：同"他"。

襄公立，将尽去缪氏。缪氏者，杀灵公子公之族家也。去疾曰："必去缪氏，我将去之。"乃止。皆以为大夫。

襄公元年，楚怒郑受宋赂纵华元，伐郑。郑背楚，与晋亲。五年，楚复伐郑，晋来救之。六年，子家卒，国人复逐其族，以其弑灵公也。

七年，郑与晋盟鄢陵。

八年，楚庄王以郑与晋盟，来伐，围郑三月，郑以城降楚。楚王入自皇门①，郑襄公肉袒掔羊以迎②，曰："孤不能事边邑，使君王怀怒以及弊邑，孤之罪也。敢不惟命是听。君王迁之江南，及以赐诸侯，亦惟命是听。若君王不忘厉、宣王、桓、武公，哀不忍绝其社稷，锡不毛之地③，使复得改事君王，孤之愿也，然非所敢望也。敢布腹心，惟命是听。"庄王为却三十里而后舍。楚群臣曰："自郢至此，士大夫亦久劳矣。今得国舍之，何如？"庄王曰："所为伐，伐不服也。今已服，尚何求乎？"卒去。晋闻楚之伐郑，发兵救郑。其来持两端④，故迟；比至河，楚兵已去。晋将率或欲渡⑤，或欲还，卒渡河。庄王闻，还击晋。郑反助楚，大破晋军于河上。

十年，晋来伐郑，以其反晋而亲楚也。

十一年，楚庄王伐宋，宋告急于晋。晋景公欲发兵救宋，伯宗谏晋君曰："天方开楚⑥，未可伐也。"乃求壮士得霍人解扬，字子虎，诓楚⑦，令宋毋降。过郑，郑与楚亲，乃执解扬而献楚。楚王厚赐与约，使反其言，令宋趣降⑧，三要乃许。于是楚登解扬楼车⑨，令呼宋。遂负楚约而致其晋君命曰⑩："晋方悉国兵以

---

①皇门：郑国城门。 ②掔：通"牵"。 ③锡：赐。 ④持两端：犹豫不决。 ⑤率：通"帅"。 ⑥方：始，将。开：开拓，扩大。 ⑦诓：骗。 ⑧趣(cù)：通"促"，赶快。 ⑨楼车：亦称"巢车"，用以瞭望侦敌。 ⑩致：传达，表达。

救宋，宋虽急，慎毋降楚，晋兵今至矣！”楚庄王大怒，将杀之。解扬曰：“君能制命为义，臣能承命为信。受吾君命以出，有死无陨[①]。”庄王曰：“若之许我，已而背之，其信安在？”解扬曰：“所以许王，欲以成吾君命也。”将死，顾谓楚军曰：“为人臣毋忘尽忠得死者！”楚王诸弟皆谏王赦之，于是赦解扬使归。晋爵之为上卿。

十八年，襄公卒，子悼公溃立。

悼公元年，鄦公恶郑于楚，悼公使弟睔于楚自讼。讼不直[②]，楚囚睔。于是郑悼公来与晋平，遂亲。睔私于楚子反，子反言归睔于郑。

二年，楚伐郑，晋兵来救。是岁，悼公卒，立其弟睔，是为成公。

成公三年，楚共王曰“郑成公孤有德焉”，使人来与盟。成公私与盟。秋，成公朝晋，晋曰“郑私平于楚”[③]，执之。使栾书伐郑。

四年春，郑患晋围，公子如乃立成公庶兄繻为君。其四月，晋闻郑立君，乃归成公。郑人闻成公归，亦杀君繻，迎成公。晋兵去。

十年，背晋盟，盟于楚。晋厉公怒，发兵伐郑。楚共王救郑。晋楚战鄢陵，楚兵败，晋射伤楚共王目，俱罢而去。

十三年，晋悼公伐郑，兵于洧上。郑城守，晋亦去。

十四年，成公卒，子恽立。是为釐公。

釐公五年，郑相子驷朝釐公，釐公不礼。子驷怒，使厨人药杀釐公，赴诸侯曰“釐公暴病卒”[④]。立釐公子嘉，嘉时年五岁，

①陨：坠落。 ②直：伸。 ③平：讲和。 ④赴：同“讣”，报丧。

是为简公。

简公元年，诸公子谋欲诛相子驷，子驷觉之，反尽诛诸公子。二年，晋伐郑，郑与盟，晋去。冬，又与楚盟。子驷畏诛，故两亲晋、楚。三年，相子驷欲立为君，公子子孔使尉止杀相子驷而代之。子孔又欲自立。子产曰："子驷为不可，诛之，今又效之，是乱无时息也。"于是子孔从之而相郑简公。

四年，晋怒郑与楚盟，伐郑，郑与盟。楚共王救郑，败晋兵。简公欲与晋平，楚又囚郑使者。

十二年，简公怒相子孔专国权，诛之，而以子产为卿。十九年，简公如晋请卫君还，而封子产以六邑。子产让，受其三邑。

二十二年，吴使延陵季子于郑，见子产如旧交，谓子产曰："郑之执政者侈[①]，难将至，政将及子。子为政，必以礼；不然，郑将败。"子产厚遇季子。

二十三年，诸公子争宠相杀，又欲杀子产。公子或谏曰："子产仁人，郑所以存者子产也，勿杀！"及止。

二十五年，郑使子产于晋，问平公疾。平公曰："卜而曰实沈、台骀为祟，史官莫知，敢问？"对曰："高辛氏有二子，长曰阏伯，季曰实沈，居旷林，不相能也[②]，日操干戈以相征伐。后帝弗臧[③]，迁阏伯于商丘，主辰[④]，商人是因，故辰为商星。迁实沉于大夏，主参[⑤]，唐人是因，服事夏、商，其季世曰唐叔虞[⑥]。当武王邑姜方娠大叔，梦帝谓己：'余命而子曰虞，乃与之唐，属之参而蕃育其子孙。'及生，有文在其掌曰'虞'，遂以命之。及成王灭唐而国大叔焉。故参为晋星。由是观之，则实沉，参神也。

---

①侈：放纵。 ②不相能：不亲善，不和睦。 ③臧：善。 ④主：主持祭祀。辰：指心宿，二十八宿之一。 ⑤参（shēn）：参宿，二十八宿之一。 ⑥季世：末世。

昔金天氏有裔子曰昧，为玄冥师[①]，生允格、台骀。台骀能业其官[②]，宣汾、洮[③]，障大泽[④]，以处太原。帝用嘉之，国之汾川。沈、姒、蓐、黄实守其祀。今晋主汾川而灭之。由是观之，则台骀，汾、洮神也。然是二者不害君身。山川之神，则水旱之灾禜之[⑤]；日月星辰之神，则雪霜风雨不时禜之；若君疾，饮食哀乐女色所生也。”平公及叔向曰：“善，博物君子也！”厚为之礼于子产。

二十七年夏，郑简公朝晋。冬，畏楚灵王之强，又朝楚，子产从。二十八年，郑君病，使子产会诸侯，与楚灵王盟于申，诛齐庆封。

三十六年，简公卒，子定公宁立。秋，定公朝晋昭公。

定公元年，楚公子弃疾弑其君灵王而自立，为平王。欲行德诸侯，归灵王所侵郑地于郑。四年，晋昭公卒，其六卿强，公室卑。子产谓韩宣子曰：“为政必以德，毋忘所以立。”

六年，郑火，公欲禳之[⑥]。子产曰：“不如修德。”

八年，楚太子建来奔。十年，太子建与晋谋袭郑。郑杀建，建子胜奔吴。

十一年，定公如晋。晋与郑谋，诛周乱臣，入敬王于周。

十三年，定公卒，子献公虿立。献公十三年卒，子声公胜立。当是时，晋六卿强，侵夺郑，郑遂弱。

声公五年，郑相子产卒，郑人皆哭泣，悲之如亡亲戚。子产者，郑成公少子也。为人仁，爱人，事君忠厚。孔子尝过郑，与子产如兄弟云。及闻子产死，孔子为泣曰：“古之遗爱也[⑦]。”

---

①玄冥：水官。师：长。 ②业：继承。 ③宣：疏导。 ④障：修筑堤防。 ⑤禜（yíng）：古代禳除水旱风雨等灾祸之祭。 ⑥禳：祭祷消灾。 ⑦古之遗爱：古代的仁爱体现在子产的身上。

八年，晋范、中行氏反晋，告急于郑，郑救之。晋伐郑，败郑军于铁。

十四年，宋景公灭曹。二十年，齐田常弑其君简公，而常相于齐。二十二年，楚惠王灭陈。孔子卒。三十六年，晋知伯伐郑，取九邑。

三十七年，声公卒，子哀公易立。

哀公八年，郑人弑哀公而立声公弟丑，是为共公。

共公三年，三晋灭知伯。三十一年，共公卒，子幽公已立。

幽公元年，韩武子伐郑，杀幽公。郑人立幽公弟骀，是为繻公。

繻公十五年，韩景侯伐郑，取雍丘。郑城京。十六年，郑伐韩，败韩兵于负黍。二十年，韩、赵、魏列为诸侯。二十三年，郑围韩之阳翟。

二十五年，郑君杀其相子阳。二十七年，子阳之党共弑繻公骀而立幽公弟乙为君，是为郑君。

郑君乙立二年，郑负黍反，复归韩。十一年，韩伐郑，取阳城。二十一年，韩哀侯灭郑，并其国。

太史公曰：语有之，“以权利合者，权利尽而交疏”，甫假是也。甫假虽以劫杀郑子内厉公，厉公终背而杀之，此与晋之里克何异？守节如荀息，身死而不能存奚齐。变所从来，亦多故矣！

【译文】

郑桓公姬友，是周厉王的小儿子，周宣王的弟弟。宣王即位二十二年，姬友才被封到郑地。受封三十三年，百姓都喜爱他。幽王任命他为司徒。他使周朝百姓和睦相处，百姓都十分高兴，黄河、洛水一带的人们都思念他。他做了一年的司徒,因为幽王宠爱褒姒,朝廷政事废弃不顾,有些诸侯背叛了幽王。于是桓公询问太史伯说:“王室灾难深重,我怎么才能死里逃生呢?”太史伯回答说:“只有洛水以东,黄河、济水以南可以安居。”桓公问:“为什么?”太史伯回答说:“那一带邻近虢国、郐国,虢国、郐国的国君既贪婪又喜好占小便宜,百姓不顺从他们。现在,您是司徒,百姓都热爱您,您如真的请求住在那一带,虢国、郐国国君看到您正当权,会很容易地分给您土地。您果如真的住在那一带,虢国、郐国的百姓都是您的百姓了。”桓公:“我想到南边的长江流域住,怎么样?”太史回答说:“过去祝融做高辛氏的火官,功劳甚大,但他的后代在周朝也没有兴盛起来,楚国就是他的后代。周王室衰弱,楚国一定兴盛。楚国如果兴盛,对郑国绝对没有好处。”桓公说:“我想住在西方,怎么样?”太史伯回答说:“那里的百姓既贪婪又好利,难以长久居住。”桓公说:“周王室衰弱,哪一个国家将兴盛呢?”太史伯回答说:“齐、秦、晋、楚吧?齐国姓姜,是伯夷的后代,伯夷曾辅助尧掌管仪制度。秦国姓嬴,是伯翳的后代,伯翳曾辅助舜驯服百物。至于楚国祖先,也都曾为天下有过功劳。周武王战胜商纣王后,成王把唐封给叔虞,那里山川险阻,凭这些有德的后代与衰弱的周室并存,晋国也一定能兴盛了。”桓公说:“好吧。”于是急速向幽王请示,把他的百姓迁移到洛水东部,虢国、郐国国君果然向他贡献出十座城邑,桓公终于建立了郑国。

二年,犬戎在骊山下杀死了幽王,也杀死了桓公。郑人拥立桓公的儿子掘突,这就是郑武公。

郑武公于十年,娶了申侯的女儿做夫人,叫武姜。武姜生下太子寤生,生时是难产,等到生下以后,夫人不喜欢寤生。后来武姜又生下小儿子叔段,生段时是顺产,夫人十分喜爱叔段。二十七年,武公生病了,夫人向武公请求,想立段为太子,武公未答应。当年,武公死,寤生即位,这就是郑庄公。

庄公元年,把弟弟叔段封到京邑,号称太叔。祭仲说:“京邑大于国都,不可以封给弟弟。”庄公说:“武姜想这样,我不敢反对。”叔段到了京,整顿军备，训练士兵，与他的母亲武姜阴谋袭击郑都。二十二年，叔段果然袭击了郑都，武姜做内应。庄公派军攻打叔段，段逃跑。庄公又攻打京邑，京邑的人们都背叛了叔段，叔段面对无奈逃跑到鄢邑。鄢邑的百姓溃逃了。叔段不得已逃亡到共国。于是庄公把他的母亲武姜放逐到城颍，发誓说："不到黄泉，不与她见面。"过了一年多，庄公又后悔自己说过的话，很思念母亲。颍谷的考叔向庄公献礼，庄公赐给他食物。考叔说："我有老母，请您把食物赐给我的母亲吧。"庄公说："我很思念我的母亲，但又厌恶违背誓言，怎么办呢？"考叔说："挖条地道到有泉水处，母子就可以见面了。"于是庄公依照他的办法，终于见到母亲。

二十四年，宋缪公死，公子冯逃到郑国。郑国侵夺周室田地，抢收了田里的庄稼。二十五年，卫国州吁杀死了自己的国君桓公，自立为君，与宋国联合讨伐郑国，因为郑国接纳了公子冯的缘故。二十七年，郑庄公才朝拜周桓王，桓王对郑国抢收周地的庄稼一事很生气，没有按礼仪对待他。二十九年，庄公怨恨周桓王没有礼遇自己，故意用祊与鲁国交换了靠近许国的田地。三十三年，宋国杀死了孔父。三十七年，庄公不朝拜周桓王，周桓王率领陈、蔡、虢、卫国讨伐郑国。庄公和祭仲、高渠弥出兵迎击，大败桓王的军队，祝聸射中了桓王的手臂。祝聸请求继续追击桓王，郑庄公阻止他，说道："冒犯长者尚且要遭到责难，何况欺辱天子呢？"于是祝聸才停止追击。庄公深夜派祭仲去询问桓王的箭伤。

三十八年，北戎讨伐齐国，齐国派使者向郑国求援，郑国派太子忽领军救援齐国。齐釐公想把女儿嫁给太子忽。忽辞谢说："我国是个小国，不宜和齐国这样的大国相匹配。"当时，祭仲与太子在一起，劝太子答应娶齐釐公的女儿，说："我们郑国国君有很多宠爱的姬妾，太子得不到大国的援助将不能即位，三位公子都可以成为国君。"祭仲所说的三位公子，即太子忽，他的弟弟突，小弟弟子亹。

四十三年，郑庄公死。当初，祭仲很受庄公宠信，庄公让他做上卿，派祭仲为自己迎娶了邓国美女，生下了太子忽，所以祭仲立忽为君，这就是昭公。

庄公又曾娶宋国的雍氏女子，生下厉公突。雍氏女子很受国君宠爱。宋庄公听说祭仲拥立忽，就派人把祭仲骗来扣留了他，威胁他说："不立突为国君，将处死你。"宋国也逮捕突求取贿赂。祭仲答应了宋国，并与宋君盟誓。他准备带着突回国，拥立突为国君。昭公忽听说祭仲因宋国的要挟拥立自己的弟弟突为国君，九月丁亥日，忽逃到卫国。己亥日，突来到郑都即位，这是厉公。

厉公四年，祭仲专权。厉公担心此事，暗中让祭仲的女婿纠杀死祭仲。雍纠的妻子是祭仲的女儿，她知道此事后，问母亲："父亲与丈夫哪一个更亲。"母亲说："父亲只有一个，丈夫却可以有很多选择的！"祭仲女就把此事告诉了祭仲，祭仲反而杀死了雍纠，并暴尸于街市上。厉公对祭仲无可奈何，对雍纠却很生气，说："跟妇人商量，死了活该！"夏季，厉公被赶到边界的栎邑居住。祭仲迎来了昭公忽，六月乙亥日，昭公忽又回到郑都重新登位了。

秋季，郑厉公因为栎邑的人杀死了栎邑大夫单伯，于是就定居在栎邑。诸侯们听说厉公逃跑了，就讨伐郑国，但没有战胜郑国就离去了。宋国给了厉公很多军队，让他在栎邑坚守防备，郑国因此也不再讨伐栎邑。

昭公二年，从昭公做太子时，父亲庄公就想拜高渠弥为上卿，太子忽厌恶高渠弥，庄公不听忽的意见，终于让渠弥做了卿。昭公即位后，渠弥担心昭公杀害自己，冬季十月辛卯日，渠弥与昭公出外打猎，在郊野射杀了昭公。祭仲与渠弥不敢接纳厉公，便改立昭公的弟弟子亹做国君，就称子亹，他没有谥号。

子亹元年七月，齐襄公在首止会合诸侯，郑子亹赴会，高渠弥辅佐，跟从子亹前往，祭仲称病没去。祭仲之所以这样做，是因为在齐襄公做公子时，子亹曾与他相斗过，双方结仇，等到诸侯相会时，祭仲请求子亹不要去。子亹说："齐国强大，厉公又住在栎邑，假使我不去，齐就会率领诸侯攻打我，并让厉公回到国都。我不如前往，去了为什么一定受辱呢，而且，又为何一定落到像你所设想的那步田地呢！"子亹终于前往了。祭仲担心齐国会杀死子亹及随从,所以称病不去。子亹到了首止,也未向齐侯道歉,齐侯十分生气,就设下伏兵杀死了子亹。高渠弥逃回了郑国,与祭仲商议,把子亹的弟弟公子婴从陈国招来拥立成国君,这是郑子。这一年,齐襄公让彭生趁鲁桓公酒醉摧折其肋骨将其杀死。

郑子八年,齐国管至父等人作乱,杀死他们的国君襄公。十二年,宋国人长万杀死自己的国君滑公。这年,郑国祭仲死。

十四年,从前逃亡在栎邑的郑厉公突派人诱骗劫持了大夫甫假,要挟甫假帮助厉公回国都复位。甫假说:"赦免我,我替您杀死郑子,接您回到国都。"厉公与他订立盟约后,才释放了他。六月甲子日,甫假杀死了郑子和他的两个儿子,并迎来厉公突,突从栎邑又回来即位。

当初,在郑都南门城内有一条蛇与城外一条蛇相互争斗,城内的蛇死去。过了六年,厉公果然又回来了。厉公回到郑都后就责备自己的伯父姬原说:"我失去了国家到都外居住,伯父却无意接纳我,也太过分了。"原说:"事奉国君不能有二心,这是做人臣的本分。我知道我的罪过了。"说完就自杀了。厉公于是又对甫假说:"你事奉国君有二心。"于是杀死了他。甫假后悔地说:"对郑子的厚德不去报答而有此下场,实在是应该啊!"

厉公突复位后元年,齐桓公开始称霸。五年,燕国、卫国与周惠王的弟弟姬颓一起讨打周惠王,惠王逃到温,弟弟颓即位为周王。六年,惠王向郑国告急,厉公率军攻打周王子颓,未打胜,于是厉公与周惠王一起撤回郑国,惠王住在栎邑。七年春天,郑厉公与虢叔共同袭击杀死了王子颓,护送惠王回到周都。

秋季,厉公死,其子文公姬踕即位。厉公刚刚即位四年,就逃到栎邑居住,在栎邑住了十七年,又回到郑都,在位七年,与逃亡的时间加在一起总共二十八年。

文公十七年,齐桓公率军打败了蔡国,于是进攻楚国,一直打到召陵。

二十四年,文公有一个名叫燕姞的贱妾,梦到天帝给她一株兰草说:

"我是伯儵。我是你的祖先。用这株兰草做你的儿子,兰草有浓烈的香气。"燕姞把此梦告诉文公,文公就与她同房了。并赠送她兰草作为凭证。于是燕姞生下了一个儿子,取名姬兰。

三十六年,晋公子重耳路过郑国,郑文公没有礼待他。文公的弟弟叔詹说:"重耳是贤人,又与咱们同姓,受穷困经过您处,您不能对他无礼。"文公说:"诸侯中逃亡的公子路过此处的有很多,我怎么都能按礼招待他们呢!"叔詹说:"您如果不礼待他,就杀掉他;不杀,假使他返回国内,就是郑国的忧患了。"文公不听从叔詹的意见。

三十七年春天,晋公子重耳返回晋国,即位了,这就是晋文公。秋季,郑国攻入滑国,滑国唯郑命是听,不久,滑国又亲附卫国,于是郑国又攻打滑国。周襄王让伯犕替滑国说情,郑文公怨恨周惠王,因为周惠王曾逃到栎邑,是文公的父亲厉公护送惠王回朝复位的,但惠王却没有赏赐厉公爵位俸禄,又怨恨襄王亲附卫国、滑国,所以文公不听从襄王为滑国的说情反而囚禁了伯犕。襄王十分生气,联合翟人攻打郑国,没有获胜。冬季,翟人攻打周襄王,襄王逃到郑国,郑文公让襄王住在氾邑。三十八年,晋文公把周襄王送回成周。

四十一年,郑国帮助楚国攻打晋国。因晋文公当年路过郑,郑对他无礼,所以郑国背叛晋国帮助楚国。四十三年,晋文公与秦穆公共同包围郑都,讨伐郑君帮助楚国攻打晋国的罪行,以及文公路过时郑君的无礼行为。

当初,郑文公有三位夫人,五个宠爱的儿子,都因罪早死。郑文公发怒,赶走了各位公子。公子兰逃到晋国,跟从晋文公包围郑都。当时公子兰事奉晋文公很恭敬,晋文公十分宠幸他。他在晋暗中活动,借机要求回郑做太子。晋国这时想得到叔詹并杀死他。郑文公很害怕,不敢对叔詹说。叔詹听到这个情况,告诉郑君说:"我曾对您说,要杀死重耳,您却不听从我的意见,晋国终于成为郑国的忧患了。可是晋国之所以包围郑都就是因为我,我死了而能赦免郑国,这是我的心愿。"于是叔詹就自杀了。郑人把叔詹尸首送给晋国。晋文公说:"一定想见一下郑君,侮辱他后再离去。”郑人担心这件事，就派人私下对秦国说：“打败了郑国对晋国有好处，并非对秦国有利。”秦军听后才撤军。晋文公送公子兰到郑国做太子，借机通报了郑国。郑国大夫石癸说：“我听说姞姓的女儿是后稷的元配，她的后裔应当有兴发的，公子兰的母亲就是她的后裔。况且夫人的儿子都已不在世了，剩下的儿子没有比得上兰贤能的。现在晋国包围郑都很急迫，晋国替公子兰请求回郑，没有比这个条件更好的了！”于是郑国答应了晋国，与晋国订立盟约，终于立公子兰为太子，晋军才撤走。

四十五年，郑文公死，公子兰即位，这是穆公。

穆公元年春，秦穆公派三位将军率军想要攻打郑国，到了滑国，遇上郑国商人弦高，弦高诈称奉郑君之命用十二头牛犒劳秦军，所以秦军没再继续进军就回国了，晋军在崤打败秦军。当初，郑文公死后，郑国都城的卫戍官缯贺把郑国的内情出卖给秦国，所以秦军才来攻打郑国。

三年，郑国派军随晋国攻打秦国，在汪邑打败秦军。

楚国太子商臣杀死了自己的父亲成王即位。二十一年，楚国与宋国华元攻打郑国。华元宰羊犒劳士兵，却未分给自己的驾车者羊斟，羊斟恼怒把车赶到郑国，郑国囚禁了华元，宋国用重金来赎回华元，而华元早已逃走。晋国让赵穿率军攻打郑国。

二十二年，郑穆公死，其子姬夷即位，这就是郑灵公。

灵公元年春天，楚国给灵公送来了鼋。子家、子公将要朝拜灵公，子公的食指颤动了一下，对子家说：“我的手指曾动过，一定要吃珍异食物了。”等到入宫后，见到灵公进食鼋汤，子公笑道：“果然如此。”灵公问子公为何笑，子公把以上情况告诉了灵公。灵公叫他过去，却唯独没把汤给他喝，子公很生气，手指在汤里沾了一下，尝了尝就出了宫。灵公很生气，想杀死子公。子公与子家商议先下手。夏季，他们杀死了灵公。郑人想立灵公的弟弟去疾，去疾谦让说：“一定让贤能的人即位，而我去疾无才能；一定按长少顺序即位，那么公子坚比我年长。”坚是灵公的弟弟，去疾的哥哥。于是就拥立了子坚为君，这就是襄公。

襄公即位后，将要把缪氏家族斩尽杀绝。缪氏就是杀死灵公的子公的家族。去疾说："一定要杀死缪氏家族，我也将要离开郑国了。"襄公这才停止。并任命缪氏都为大夫。

襄公元年，楚国恼怒郑国接受了宋国贿赂释放了华元，攻打郑国。郑国背叛楚国，与晋国亲近。五年，楚国又攻打郑国，晋国来救助郑国。六年，子家死，郑都的人们又驱逐了子家的家族，因为他杀死了灵公。

七年，郑国与晋国在鄢陵结盟。

八年，楚庄王因郑国与晋国结盟，来讨伐郑国，包围郑都三个月，郑国献出国都投降楚国。楚王从皇门进入郑都，郑襄公脱去上衣露出胳膊手牵着羊迎接楚王说："我不能在边城侍奉您，让您生气地来到我国国都，这是我的罪过。我不敢不唯命是听。您把我流放到江南，把郑赐给诸侯，我也唯命是听。如果君王没忘记周厉王、周宣王、郑桓公、郑武公，可怜他们，不忍心断绝他们的祭礼，赐给我不毛之地，使我又能够侍奉你，这是我的愿望，可是我不是敢有所希望。我只不过冒昧地表露我的真心，只听从您的命令。"庄王为此让军队退却三十里后才驻下来。楚国大臣们说："我们千里迢迢从郢都来到这里，官兵们也长久地劳苦了。现在已打下的国家又放弃，为什么？"庄王说："我们之所以讨伐，是讨伐不驯服的国君。今天人家已服服帖帖了，还有什么要求的呢？"楚军终于撤去。晋国听说楚国攻打郑国，派军救援。晋军出发时，晋国意见不统一，犹豫不决所以来迟了，等到了黄河，楚军已离去。晋国将帅有的想渡河追击，有的想班师回国，但终于渡过黄河。庄王听说后，反转身来攻击晋军。郑国反而帮助楚国，在黄河上把晋军打得大败。

十年，晋国又来攻打郑国，因为它反对晋国却亲附楚国。

十一年前，楚庄王讨伐宋国，宋国向晋告急。晋景公想派军救助宋国，伯宗进谏晋君说："上天正在振兴楚国，不能攻打它。"晋国于是找到霍国人解扬，字子虎。晋国让解扬欺骗楚国，让宋国不要投降。解扬路过郑国，郑国和楚国关系亲密，就逮捕解扬献给楚国。楚王赏赐给解扬一份厚礼并与他立约，让他说反话，叫宋国赶快投降，楚王多次要挟解扬，解扬才勉强答应。于是楚王让解扬登上观望敌军的楼车，让他向宋军喊话。但解扬竟背弃与楚人的约定，传达了晋君给他的命令，大声喊："晋国正聚集全国军队来援救宋国，宋国虽形势紧迫，但千万不要投降楚国，晋军马上就要赶到了！"楚王一听非常生气，将要杀死解扬。解扬说："国君以制定命令为本分，臣民以执行命令为讲信用。我接受国君的命令出国办事，宁死也不能让君命受损。"庄王说："那么，你已答应了我，尔后又背叛，你的信用在哪儿呢？"解扬说："我所以答应您，就是想用来完成我国国君的命令。"解扬将要受刑时，回头对楚军说："做人臣的不要忘记竭尽忠诚尔后去死！"楚王的弟弟们都劝楚王赦免解扬，于是楚王赦免他，让他回晋国。晋国授予他上卿。

十八年，襄公死，其子悼公濆即位。

悼公元年，鄦公到楚国中伤郑国，悼公便让弟弟睔去楚国自我申辩。申辩不成功，楚国囚禁了睔。于是郑悼公来晋讲和，两国言归于好。睔与楚国子反有交情，子反说情把他放回郑国。

二年，楚国攻打郑国，晋军来援救。当年，悼公死，郑国立悼公的弟弟睔，这就是成公。

成公三年，楚共王说"对郑成公来说，我是有恩德的"，便派人来郑与成公订立盟约。成公暗中与楚国结盟。秋季，成公朝拜晋国，晋说"郑国暗中与楚讲和了"，逮捕了成公。并派栾书攻打郑国。

四年春，郑国担心晋国来包围，公子如就拥立成公的哥哥姬繻做国君。当年四月，晋国听说郑国又立新君，就放成公回国了。郑人听说成公回国，又杀死繻迎接成公。晋军撤去。

十年，郑国背叛了与晋国的盟约，与楚国结了盟。晋厉公很生气，派军攻打郑国。楚共王援救了郑国。晋楚在鄢陵交战，楚军失败了，晋军还射伤楚共王的眼睛，双方才停战离去。

十三年，晋悼公攻打郑国，驻军在洧上。郑军据城防守，晋军也离去了。

十四年，成公死，其子恽即位，这是釐公。

釐公五年，郑国国相子驷朝拜釐公，釐公没有以礼相待。子驷十分生气，让厨师用毒药杀死了釐公，向诸侯们报丧说"釐公患了急症病故"。立釐公儿子姬嘉，嘉当时年五岁，这就是简公。

简公元年，公子们密谋诛杀国相子驷，子驷发觉了，反而把公子们全部杀死了。二年，晋国讨伐郑国，郑国与晋国结为盟好，晋国才离去。冬季，郑国又与楚国订立盟约。子驷被杀，所以又亲近晋又亲近楚。三年，宰相子驷想自立为君，公子子孔派尉止杀死了宰相子驷代替了他。子孔又想自立为国君。子产说："子驷自立是不行的，所以你杀了他，今天你又仿效他，这样，动乱就没有平息的那一天了。"于是子孔听从了子产的意见，仍然只做了郑简公的国相。

四年，晋国恼怒郑国与楚国订立盟约，攻打郑国，郑国又与晋国结盟。楚共王救援郑国，打败了晋军。简公想和晋国讲和，楚国又囚禁了郑国的使者。

十二年，简公对国相子孔专揽大权很愤恨，杀死了子孔，让子产做上卿。十九年，简公到晋，给卫君说情让他回国，并把六个邑封给子产。子产辞让，只接受了三个邑。

二十二年，吴国派延陵季子到郑国，延陵季子与子产一见如故，对子产说："郑国执政的人多邪行，灾难将要降临，大权将落到你手中。你若当政，一定要遵循礼法；否则，郑国将惨败。"子产热情地接待了季子。

二十三年，各位公子竞争宠爱互相残杀，又想杀死子产。有的公子说："子产是仁爱之人，郑之所以能生存就是因为子产，千万不要杀死他！"公子们才罢手了。

二十五年，郑国派子产到晋国，询问平公的病情。平公问："我占卜后说是实沈、台骀作祟，史官不了解他们的来历，冒昧地请问他们是什么神？"子产回答说："高辛氏有两个儿子，长子叫阏伯，二子叫实沈，两人住在大森林里，互相不容，每天拿着干戈互相征伐。尧帝不喜欢他们，于是让伯迁到商丘住，主持祭祀辰星，商人因此沿袭下来，所以辰星称为商星；尧帝让实沈到大夏住，主持祭祀参星，唐人因此沿袭下来，服侍夏朝、商朝,唐的末世君主叫唐叔虞。当武王夫人邑姜娠怀大叔时,曾梦见天帝对她说:‘我给你的儿子起名叫虞,就把唐封给他,委托他祭祀参星,在那里繁育后代。’等到大叔生出后,手掌心的纹理像“虞”字,于是用虞命名了。等周成王灭亡了唐后,就把唐封给大叔。所以参星是晋国的星宿。从这了解到,实沈是参星神。过去金天氏有个叫昧的后裔,做水官长,生了允格、台骀。台骀能够继承前辈的官职,疏通了汾水、洮水,给大泽修筑堤防,住在太原。颛顼帝因此嘉奖了他,把汾水封给他。由沈、姒、蓐、黄四国掌管他的祭祀。现在,晋国统治了汾水流域,灭亡了这一带的国家。从这里看,台骀是汾水、洮水神。可是,这两位神灵都不会危害您的身体。对于山河神,在发生水旱灾时应祭祀,对于日月星辰神,在雪霜风雨不按时令来祭祀;您的疾病,那是饮食、哀乐、女色所造成的。”平公及叔向听到子产这番议论后称赞说:“好哇,您真不愧为知识渊博的君子!”送给子产丰厚的礼物。

二十七年夏天,郑简公去朝拜晋君。冬季,郑国害怕楚灵王的强大,又朝拜楚国,子产跟从。二十八年,郑君生病,派子产去会合诸侯,与楚灵王在申订立盟约,楚王杀死了齐国庆封。

三十六年,简公死,其子定公宁即位。秋季,定公朝拜了晋昭公。

定公元年,楚国公子弃疾杀死了国君灵王自立为君,这是平王。平王想在诸侯中做仁义道德之事,把灵王侵占郑国的土地都还给了郑国。四年,晋昭公死,晋国的六卿强盛起来,国家政权衰落了。子产对韩宣子说:“执掌政权必须凭仁义道德,不要忘记政权巩固的原因。”

六年,郑国发生火灾,定公想祭祷消灾。子产说:“不如修行德政。”

八年,楚国太子建逃到郑国。十年,太子建与晋国商议袭击郑国。郑国杀了太子建,太子建的儿子逃到吴国。

十一年,定公到了晋国。晋与郑合谋,杀死周王室作乱的臣子,送敬王回周。

十三年,定公死,其子献公姬虿即位。献公十三年死,其子声公胜即位。正在这时,晋国六卿强盛了,侵夺郑国领土,郑国于是衰落了。

声公五年，郑国国相子产死，郑人都哭泣，悲悼他如同悲悼自己的亲人。子产是郑成公的小儿子。为人仁慈关怀别人，事奉君王忠诚老实。孔子曾路过郑国，与子产亲如兄弟。听到子产死去，孔子流着泪说："子产的仁爱，真是古代的遗风啊！"

八年，晋国的范氏、中行氏反叛晋国，晋向郑国告急，郑国救助他们。晋国因而攻打郑国，在铁丘大败郑军。

十四年，宋景公灭了曹国。二十年，齐国田常杀死了自己的国君简公，田常做了齐国国相。二十二年，楚惠王灭亡了陈国。孔子死。三十六年，晋国智伯讨伐郑国，攻取了九个城邑。

三十七年，郑声公死，其子哀公即位。

哀公八年，郑人杀死了哀公，拥立声公的弟弟姬丑为国君，这是共公。

共公三年，三晋消灭了智伯。三十一年，共公死，其子幽公姬已即位。

幽公元年，韩武子讨伐郑国，杀死了幽公。郑人立了幽公的弟弟姬骀为国君，这就是缥公。

缥公十五年，韩景侯讨伐郑国，夺取了雍丘。郑国在京邑筑城。十六年，郑国讨伐韩国，在负黍打败了韩军。二十年，韩、赵、魏被列为诸侯。二十三年，郑国包围了韩国的阳翟。

二十五年，郑君杀死了国相子阳。二十七年，子阳的党羽一起杀死了缥公骀，立了幽公的弟弟姬乙为国君，这就是郑君。

郑君姬乙即位两年，被郑国占领的负黍的人反叛，使负黍又归属韩国。十一年，韩国讨伐郑国，夺下了阳城。二十一年，韩哀侯灭了郑国，吞并了郑国。

太史公说：有句俗话说："用权势和利害使关系密切的，权势和利害终止了，关系也就疏远了。"这句话说得是甫假。甫假虽然靠劫杀了郑子的办法接厉公回国，但厉公终于背叛并杀死了他，与晋国的里克有什么不同呢？像荀息那样坚守节操，即使死了也不能保住奚齐。所以说，变乱的产生，原因也是很多的呀！

史记卷四十三·赵世家第十三

《赵世家》是战国时期的东方六国“世家”中记事最详尽的篇章，它生动具体地记载了赵国兴衰的历史。最初赵氏因先人赵衰追随晋公子重耳有功而兴于晋；传至赵简子，赵氏长期专晋之权；至赵烈侯，与韩、魏三家分晋，得以列为诸侯；其后赵武灵王胡服骑射使赵国走向强盛；赵孝成王时经长平之战，国势日衰；至赵王迁，终为秦所灭。在对赵国历史的记述当中，特别对赵盾、赵简子、赵襄子、赵武灵王等君主给予了较多关注。而篇中赵氏孤儿的故事尤为后世所传诵。本篇除采用了《战国策》相关材料外，还因司马迁有闻于冯王孙讲说赵氏掌故，故其记事详于列国诸侯，颇具特色，其中穿插有民间传闻，如赵氏孤儿的故事，为人熟知。

赵氏之先，与秦共祖。至中衍，为帝大戊御。其后世蜚廉有子二人，而命其一子曰恶来，事纣①，为周所杀，其后为秦。恶来弟曰季胜，其后为赵。

季胜生孟增。孟增幸于周成王。是为宅皋狼。皋狼生衡父，衡父生造父。造父幸于周穆王。造父取骥之乘匹②，与桃林盗骊、骅骝、绿耳，献之穆王。穆王使造父御，西巡狩③，见西王母，乐之忘归。而徐偃王反，穆王日驰千里马，攻徐偃王，大破之。乃赐造父以赵城，由此为赵氏。

自造父以下六世至奄父，曰公仲，周宣王时伐戎，为御。及千亩战，奄父脱宣王。奄父生叔带。叔带之时，周幽王无道，去

---

①命：命名。事：侍奉。 ②乘匹：八匹。四马相并为乘，因而乘常做四的代称。匹：成双。乘匹就是四的双倍。 ③巡狩：古代帝王外出视察游历称为巡狩。

周如晋[①]，事晋文侯，始建赵氏于晋国。

自叔带以下，赵宗益兴，五世而至赵夙。

赵夙，晋献公之十六年伐霍、魏、耿，而赵夙为将伐霍，霍公求奔齐。晋大旱，卜之，曰“霍太山为祟”。使赵夙召霍君于齐，复之，以奉霍太山之祀，晋复穰[②]。晋献公赐赵夙耿。

夙生共孟，当鲁闵公之元年也。共孟生赵衰，字子馀。

赵衰卜事晋献公及诸公子，莫吉；卜事公子重耳，吉，即事重耳。重耳以骊姬之乱亡奔翟，赵衰从。翟伐廧咎如，得二女，翟以其少女妻重耳，长女妻赵衰而生盾。初，重耳在晋时，赵衰妻亦生赵同、赵括、赵婴齐。赵衰从重耳出亡，凡十九年，得反国。重耳为晋文公，赵衰为原大夫，居原，任国政。文公所以反国及霸，多赵衰计策，语在晋事中。

赵衰既反晋，晋之妻固要迎翟妻，而以其子盾为適嗣[③]，晋妻三子皆下事之。晋襄公之六年，而赵衰卒，谥为成季。

赵盾代成季任国政二年而晋襄公卒，太子夷皋年少。盾为国多难，欲立襄公弟雍。雍时在秦，使使迎之。太子母日夜啼泣，顿首谓赵盾曰：“先君何罪，释其適子而更求君[④]？”赵盾患之，恐其宗与大夫袭诛之，乃遂立太子，是为灵公，发兵距所迎襄公弟于秦者[⑤]。灵公既立，赵盾益专国政。

灵公立十四年，益骄。赵盾骤谏[⑥]，灵公弗听。及食熊蹯，胹不熟[⑦]，杀宰人，持其尸出，赵盾见之。灵公由此惧，欲杀盾。盾素仁爱人，尝所食桑下饿人反扞救盾，盾以得亡。未出境，而赵穿弑灵公而立襄公弟黑臀，是为成公。赵盾复反，任国政。

---

①如：到某地去。 ②穰：丰收。 ③適：同“嫡”。 ④释：舍弃，抛弃。 ⑤距：通“拒”，阻拦。 ⑥骤：屡次。 ⑦胹(ér)：煮。

君子讥盾"为正卿，亡不出境，反不讨贼"，故太史书曰"赵盾弑其君"。晋景公时而赵盾卒，谥为宣孟，子朔嗣。

赵朔，晋景公之三年，朔为晋将下军救郑，与楚庄王战河上。朔娶晋成公姊为夫人。

晋景公之三年，大夫屠岸贾欲诛赵氏。初，赵盾在时，梦见叔带持要而哭[①]，甚悲；已而笑，拊手且歌[②]。盾卜之，兆绝而后好。赵史援占之，曰："此梦甚恶，非君之身，乃君之子，然亦君之咎。至孙，赵将世益衰。"屠岸贾者，始有宠于灵公，及至于景公而贾为司寇，将作难，乃治灵公之贼以致赵盾，遍告诸将曰："盾虽不知，犹为贼首。以臣弑君，子孙在朝，何以惩罪？请诛之。"韩厥曰："灵公遇贼，赵盾在外，吾先君以为无罪，故不诛。今诸君将诛其后，是非先君之意。而今妄诛，妄诛谓之乱。臣有大事而君不闻，是无君也。"屠岸贾不听。韩厥告赵朔趣亡[③]，朔不肯，曰："子必不绝赵祀，朔死不恨。"韩厥许诺，称疾不出。贾不请而擅与诸将攻赵氏于下宫，杀赵朔、赵同、赵括、赵婴齐，皆灭其族。

赵朔妻成公姊，有遗腹，走公宫匿。赵朔客曰公孙杵臼，杵臼谓朔友人程婴曰："胡不死？"程婴曰："朔之妇有遗腹，若幸而男，吾奉之；即女也，吾徐死耳。"居无何，而朔妇免身，生男，屠岸贾闻之，索于宫中。夫人置儿绔中[④]，祝曰："赵宗灭乎，若号；即不灭，若无声。"及索，儿竟无声。已脱，程婴谓公孙杵臼曰："今一索不得，后必且复索之，奈何？"公孙杵臼曰："立孤与死孰难？"程婴曰："死易，立孤难耳。"公孙杵臼曰："赵氏先君遇子厚，子强为其难者，吾为其易者，请先死。"乃二人谋取他人婴儿

---

①要：同"腰"。 ②拊（fǔ）：拍。 ③趣：通"促"。 ④绔中：裤裆中。

负之，衣以文葆[①]，匿山中。程婴出，谬谓诸将军曰[②]："婴不肖，不能立赵孤。谁能与我千金，吾告赵氏孤处。"诸将皆喜，许之，发师随程婴攻公孙杵臼。杵臼谬曰："小人哉程婴！昔下宫之难不能死，与我谋匿赵氏孤儿，今又卖我。纵不能立，而忍卖之乎？"抱儿呼曰："天乎天乎！赵氏孤儿何罪？请活之，独杀杵臼可也。"诸将不许，遂杀杵臼与孤儿。诸将以为赵氏孤儿良已死[③]，皆喜。然赵氏真孤乃反在，程婴卒与俱匿山中。

居十五年，晋景公疾，卜之，大业之后不遂者为祟。景公问韩厥，厥知赵孤在，乃曰："大业之后在晋绝祀者，其赵氏乎？夫自中衍者皆嬴姓也。中衍人面鸟噣[④]，降佐殷帝大戊及周天子，皆有明德。下及幽、厉无道，而叔带去周适晋，事先君文侯，至于成公，世有立功，未尝绝祀。今吾君独灭赵宗，国人哀之，故见龟策。唯君图之。"景公问："赵尚有后子孙乎？"韩厥具以实告。于是景公乃与韩厥谋立赵孤儿，召而匿之宫中。诸将入问疾，景公因韩厥之众以胁诸将而见赵孤。赵孤名曰武。诸将不得已，乃曰："昔下宫之难，屠岸贾为之，矫以君命，并命群臣。非然，孰敢作难！微君之疾，群臣固且请立赵后。今君有命，群臣之愿也。"于是召赵武、程婴遍拜诸将，遂反与程婴、赵武攻屠岸贾，灭其族。复与赵武田邑如故。

及赵武冠[⑤]，为成人，程婴乃辞诸大夫，谓赵武曰："昔下宫之难，皆能死。我非不能死，我思立赵氏之后。今赵武既立，为成人，复故位，我将下报赵宣孟与公孙杵臼。"赵武啼泣顿首固请，曰："武愿苦筋骨以报子至死，而子忍去我死乎！"程婴曰：

---

①文葆：绣花的襁褓。葆：通"褓"。 ②谬谓：谎称。 ③良：确实。 ④鸟噣：尖嘴。⑤冠：古代男子二十岁行冠礼，以示成人。

"不可。彼以我为能成事，故先我死；今我不报，是以我事为不成。"遂自杀。赵武服齐衰三年[①]，为之祭邑，春秋祠之，世世勿绝。

赵氏复位十一年，而晋厉公杀其大夫三郤。栾书畏及，乃遂弑君厉公，更立襄公曾孙周，是为悼公。晋由此大夫稍强。

赵武续赵宗二十七年，晋平公立。平公十二年，而赵武为正卿。十三年，吴延陵季子使于晋，曰："晋国之政卒归于赵武子、韩宣子、魏献子之后矣。"赵武死，谥为文子。

文子生景叔。景叔之时，齐景公使晏婴于晋，晏婴与晋叔向语。婴曰："齐之政后卒归田氏。"叔向亦曰："晋国之政将归六卿。六卿侈矣，而吾君不能恤也[②]。"

赵景叔卒，生赵鞅，是为简子。

赵简子在位，晋顷公之九年，简子将合诸侯戍于周。其明年，入周敬王于周，辟弟子朝之故也[③]。

晋顷公之十二年，六卿以法诛公族祁氏、羊舌氏，分其邑为十县，六卿各令其族为之大夫。晋公室由此益弱。

后十三年，鲁贼臣阳虎来奔，赵简子受赂，厚遇之。

赵简子疾，五日不知人，大夫皆惧。医扁鹊视之，出，董安于问。扁鹊曰："血脉治也[④]，而何怪！在昔秦穆公尝如此，七日而寤。寤之日，告公孙支与子舆曰：'我之帝所甚乐。吾所以久者，适有学也。帝告我："晋国将大乱，五世不安；其后将霸，未老而死；霸者之子且令而国男女无别。"'公孙支书而藏之，秦谶于是出矣。献公之乱，文公之霸，而襄公败秦师于崤而归纵淫，

①齐衰(cuī)：古代丧服，用粗麻布缝制，下边缝齐，故称齐衰。仅次于最重的丧服斩衰。 ②侈：指势力盛大。恤：忧虑。 ③辟：同"避"。 ④治：平和。

此子之所闻。今主君之疾与之同，不出三日疾必间①，间必有言也。”

居二日半，简子寤。语大夫曰：“我之帝所甚乐，与百神游于钧天②，广乐九奏万舞③，不类三代之乐，其声动人心。有一熊欲来援我④，帝命我射之，中熊，熊死。又有一罴来⑤，我又射之，中罴，罴死。帝甚喜，赐我二笥，皆有副⑥。吾见儿在帝侧，帝属我一翟犬，曰：‘及而子之壮也，以赐之。’帝告我：‘晋国且世衰，七世而亡，嬴姓将大败周人于范魁之西⑦，而亦不能有也。今余思虞舜之勋，适余将以其胄女孟姚配而七世之孙⑧。’”董安于受言而书藏之。以扁鹊言告简子，简子赐扁鹊田四万亩。

他日，简子出，有人当道，辟之不去，从者怒，将刃之。当道者曰：“吾欲有谒于主君。”从者以闻。简子召之，曰：“譆，吾有所见子晰也。”当道者曰：“屏左右⑨，愿有谒。”简子屏人。当道者曰：“主君之疾，臣在帝侧。”简子曰：“然，有之。子之见我，我何为？”当道者曰：“帝令主君射熊与罴，皆死。”简子曰：“是，且何也？”当道者曰：“晋国且有大难，主君首之。帝令主君灭二卿⑩，夫熊与罴其皆祖也。”简子曰：“帝赐我二笥，皆有副，何也？”当道者曰：“主君之子将克二国于翟⑪，皆子姓也。”简子曰：“吾见儿在帝侧，帝属我一翟犬，曰‘及而子之长以赐之’。夫儿何谓以赐翟犬？”当道者曰：“儿，主君之子也。翟犬者，代之先也。主君之子且必有代。及主君之后嗣，且有革政而胡服，并二国于翟。”简子问其姓而延之以官。当道者曰：“臣野人，致帝

---

①间：病愈或病势好转。 ②钧天：天正中央。 ③广乐：盛大的音乐。九奏：多次演奏。万舞：各式舞蹈。 ④援：抓。 ⑤罴：熊的一种，俗称人熊。 ⑥笥（sì）：装衣物或饭食的竹器。副：套子。 ⑦周人：指卫人，卫人的祖先康叔为周武王同母弟。 ⑧七世之孙：即赵武灵王。 ⑨屏：退避。 ⑩二卿：指范氏、中行氏。 ⑪二国：指代和知氏。

命耳。”遂不见。简子书藏之府。

异日，姑布子卿见简子，简子遍召诸子相之。子卿曰：“无为将军者。”简子曰：“赵氏其灭乎？”子卿曰：“吾尝见一子于路，殆君之子也。”简子召子毋恤。毋恤至，则子卿起曰：“此真将军矣！”简子曰：“此其母贱，翟婢也，奚道贵哉？”子卿曰：“天所授，虽贱必贵。”自是之后，简子尽召诸子与语，毋恤最贤。简子乃告诸子曰：“吾藏宝符于常山上，先得者赏。”诸子驰之常山上，求，无所得。毋恤还，曰：“已得符矣。”简子曰：“奏之。”毋恤曰：“从常山上临代，代可取也。”简子于是知毋恤果贤，乃废太子伯鲁，而以毋恤为太子。

后二年，晋定公之十四年，范、中行作乱。明年春，简子谓邯郸大夫午曰：“归我卫士五百家，吾将置之晋阳。”午许诺，归而其父兄不听，倍言①。赵鞅捕午，囚之晋阳。乃告邯郸人曰：“我私有诛午也，诸君欲谁立？”遂杀午。赵稷、涉宾以邯郸反。晋君使籍秦围邯郸。荀寅、范吉射与午善，不肯助秦而谋作乱，董安于知之。十月，范、中行氏伐赵鞅，鞅奔晋阳，晋人围之。范吉射、荀寅仇人魏襄等谋逐荀寅，以梁婴父代之；逐吉射，以范皋绎代之。荀栎言于晋侯曰：“君命大臣，始乱者死。今三臣始乱而独逐鞅，用刑不均。请皆逐之。”十一月，荀栎、韩不佞、魏哆奉公命以伐范、中行氏，不克。范、中行氏反伐公，公击之，范、中行败走。丁未，二子奔朝歌。韩、魏以赵氏为请。十二月辛未，赵鞅入绛，盟于公宫。

其明年，知伯文子谓赵鞅曰：“范、中行虽信为乱，安于发之，是安于与谋也。晋国有法，始乱者死。夫二子已伏罪而安

①倍：通“背”，违背。

于独在。”赵鞅患之。安于曰：“臣死，赵氏定，晋国宁，吾死晚矣。”遂自杀。赵氏以告知伯，然后赵氏宁。

孔子闻赵简子不请晋君而执邯郸午，保晋阳，故书《春秋》曰“赵鞅以晋阳畔[①]”。

赵简子有臣曰周舍，好直谏。周舍死，简子每听朝，常不悦，大夫请罪，简子曰：“大夫无罪。吾闻千羊之皮不如一狐之腋。请大夫朝，徒闻唯唯，不闻周舍之鄂鄂[②]，是以忧也。”简子由此能附赵邑而怀晋人[③]。

晋定公十八年，赵简子围范、中行于朝歌，中行文子奔邯郸。明年，卫灵公卒。简子与阳虎送卫太子蒯聩于卫，卫不内[④]，居戚。

晋定公二十一年，简子拔邯郸，中行文子奔柏人。简子又围柏人，中行文子、范昭子遂奔齐。赵竟有邯郸、柏人。范、中行馀邑入于晋。赵名晋卿，实专晋权，奉邑侔于诸侯[⑤]。

晋定公三十年，定公与吴王夫差争长于黄池，赵简子从晋定公，卒长吴。定公三十七年卒，而简子除三年之丧，期而已。是岁，越王勾践灭吴。

晋出公十一年，知伯伐郑。赵简子疾，使太子毋恤将而围郑。知伯醉，以酒灌击毋恤。毋恤群臣请死之。毋恤曰：“君所以置毋恤，为能忍询[⑥]。”然亦愠知伯。知伯归，因谓简子，使废毋恤，简子不听。毋恤由此怨知伯。

晋出公十七年，简子卒，太子毋恤代立，是为襄子。

赵襄子元年，越围吴。襄子降丧食，使楚隆问吴王。

---

①畔：通“叛”。 ②唯唯：恭顺应答。鄂鄂：正义直言。 ③附：归服。怀：安抚。④内：同“纳”。 ⑤侔：等同。 ⑥询(gòu)：羞辱，耻辱。

襄子姊前为代王夫人。简子既葬，未除服，北登夏屋，请代王。使厨人操铜枓以食代王及从者[①]，行斟，阴令宰人各以枓击代王及从宫，遂兴兵平代地。其姊闻之，泣而呼天，摩笄自杀[②]。代人怜之，所死地名之为摩笄之山。遂以代封伯鲁子周为代成君。伯鲁者，襄子兄，故太子。太子早死，故封其子。

襄子立四年，知伯与赵、韩、魏尽分其范、中行故地。晋出公怒，告齐、鲁，欲以伐四卿。四卿恐，遂共攻出公。出公奔齐，道死。知伯乃立昭公曾孙骄，是为晋懿公。知伯益骄，请地韩、魏，韩、魏与之；请地赵，赵不与，以其围郑之辱。知伯怒，遂率韩、魏攻赵。赵襄子惧，乃奔保晋阳。

原过从，后，至于王泽，见三人，自带以上可见，自带以下不可见。与原过竹二节，莫通。曰："为我以是遗赵毋恤。"原过既至，以告襄子。襄子齐三日[③]，亲自剖竹，有朱书曰："赵毋恤，余霍泰山山阳侯天使也。三月丙戌，余将使女反灭知氏。女亦立我百邑，余将赐女林胡之地。至于后世，且有伉王[④]，赤黑，龙面而鸟噣，鬓麋髭髯，大膺大胸，修下而冯，左衽界乘[⑤]，奄有河宗，至于休溷诸貉，南伐晋别，北灭黑姑。"襄子再拜，受三神之令。

三国攻晋阳，岁馀，引汾水灌其城，城不浸者三版。城中悬釜而炊，易子而食。群臣皆有外心，礼益慢，唯高共不敢失礼。襄子惧，乃夜使相张孟同私于韩、魏。韩、魏与合谋，以三月丙戌，三国反灭知氏，共分其地。于是襄子行赏，高共为上。张孟同曰："晋阳之难，唯共无功。"襄子曰："方晋阳急，群臣皆懈，惟共不敢失人臣礼，是以先之。"于是赵北有代，南并知氏，强于

①铜枓(zhǔ)：铜勺。 ②摩：通"磨"。 ③齐：同"斋"，斋戒。 ④伉：强大。 ⑤左衽：衣襟左开。衽：同"衽"，衣襟。界乘：披甲骑马。界：同"介"，铠甲。

韩、魏。遂祠三神于百邑，使原过主霍泰山祠祀。

其后娶空同氏，生五子。襄子为伯鲁之不立也，不肯立子，且必欲传位与伯鲁子代成君。成君先死，乃取代成君子浣立为太子。襄子立三十三年卒，浣立，是为献侯。

献侯少即位，治中牟。襄子弟桓子逐献侯，自立于代，一年卒。国人曰桓子立非襄子意，乃共杀其子而复迎立献侯。

十年，中山武公初立。十三年，城平邑。十五年，献侯卒，子烈侯籍立。

烈侯元年，魏文侯伐中山，使太子击守之。六年，魏、韩、赵皆相立为诸侯。追尊献子为献侯。

烈侯好音，谓相国公仲连曰："寡人有爱，可以贵之乎？"公仲曰："富之可，贵之则否。"烈侯曰："然夫？郑歌者枪、石二人，吾赐之田，人万亩！"公仲曰："诺。"不与。居一月，烈侯从代来，问歌者田。公仲曰："求，未有可者。"有顷，烈侯复问。公仲终不与，乃称疾不朝。番吾君自代来，谓公仲曰："君实好善，而未知所持。今公仲相赵，于今四年，亦有进士乎？"公仲曰："未也。"番吾君曰："牛畜、荀欣、徐越皆可。"公仲乃进三人。及朝，烈侯复问："歌者田何如？"公仲曰："方使择其善者。"牛畜侍烈侯以仁义，约以王道，烈侯逌然[①]。明日，荀欣侍以选练举贤，任官使能。明日，徐越侍以节财俭用，察度功德。所与无不充，君说[②]。烈侯使使谓相国曰："歌者之田且止。"官牛畜为师，荀欣为中尉，徐越为内史，赐相国衣二袭[③]。

九年，烈侯卒，弟武公立。武公十三年卒，赵复立烈侯太子章，是为敬侯。是岁，魏文侯卒。

---

①逌(yóu)然：同"攸然"，高兴的样子。 ②说：同"悦"，高兴。 ③二袭：两套。

敬侯元年，武公子朝作乱，不克，出奔魏。赵始都邯郸。

二年，败齐于灵丘。三年，救魏于廪丘，大败齐人。四年，魏败我兔台。筑刚平以侵卫。五年，齐、魏为卫攻赵，取我刚平。六年，借兵于楚，伐魏，取棘蒲。八年，拔魏黄城。九年，伐齐。齐伐燕，赵救燕。十年，与中山战于房子。

十一年，魏、韩、赵共灭晋，分其地。伐中山，又战于中人。十二年，敬侯卒，子成侯种立。

成侯元年，公子胜与成侯争立，为乱。二年六月，雨雪。三年，大戊午为相。伐卫，取乡邑七十三。魏败我蔺。四年，与秦战高安，败之。五年，伐齐于鄄。魏败我怀。攻郑，败之，以与韩，韩与我长子。六年，中山筑长城。伐魏，败涿泽，围魏惠王。七年，侵齐，至长城。与韩攻周。八年，与韩分周以为两。九年，与齐战阿下。十年，攻卫，取甄。十一年，秦攻魏，赵救之石阿。十二年，秦攻魏少梁，赵救之。十三年，秦献公使庶长国伐魏少梁，虏其太子痤。魏败我浍，取皮牢。成侯与韩昭侯遇上党。十四年，与韩攻秦。十五年，助魏攻齐。

十六年，与韩、魏分晋，封晋君以端氏。

十七年，成侯与魏惠王遇葛孽。十九年，与齐、宋会平陆，与燕会阿。二十年，魏献荣椽，因以为檀台。二十一年，魏围我邯郸。二十二年，魏惠王拔我邯郸，齐亦败魏于桂陵。二十四年，魏归我邯郸，与魏盟漳水上。秦攻我蔺。二十五年，成侯卒。公子緤与太子肃侯争立，緤败，亡奔韩。

肃侯元年，夺晋君端氏，徙处屯留。二年，与魏惠王遇于阴晋。三年，公子范袭邯郸，不胜而死。四年，朝天子。六年，攻齐，拔高唐。七年，公子刻攻魏首垣。十一年，秦孝公使商君伐魏，虏其将公子卬。赵伐魏。十二年，秦孝公卒。商君死。十五年，起寿陵。魏惠王卒。

十六年，肃侯游大陵，出于鹿门，大戊午扣马曰："耕事方急，一日不作，百日不食。"肃侯下车谢①。

十七年，围魏黄，不克。筑长城。

十八年，齐、魏伐我，我决河水灌之，兵去。二十二年，张仪相秦。赵疵与秦战，败，秦杀疵河西，取我蔺、离石。二十三年，韩举与齐、魏战，死于桑丘。

二十四年，肃侯卒。秦、楚、燕、齐、魏出锐师各万人来会葬。子武灵王立。

武灵王元年，阳文君赵豹相。梁襄王与太子嗣、韩宣王与太子仓来朝信宫。武灵王少，未能听政，博闻师三人，左右司过三人。及听政，先问先王贵臣肥义，加其秩②；国三老年八十，月致其礼。

三年，城鄗。四年，与韩会于区鼠。五年，娶韩女为夫人。

八年，韩击秦，不胜而去。五国相王，赵独否，曰："无其实，敢处名乎！"令国人谓己曰"君"。

九年，与韩、魏共击秦。秦败我，斩首八万级。齐败我观泽。十年，秦取我中都及西阳。齐破燕。燕相子之为君，君反为臣。十一年，王召公子职于韩，立以为燕王，使乐池送之。十三年，秦拔我蔺，虏将军赵庄。楚、魏王来，过邯郸。十四年，赵何攻魏。

十六年，秦惠王卒。王游大陵。他日，王梦见处女鼓琴而歌诗曰："美人荧荧兮，颜若苕之荣③。命乎命乎，曾无我嬴！"异日，王饮酒乐，数言所梦，想见其状。吴广闻之，因夫人而内其

---

①谢：谢罪，认错。②秩：俸禄或品级。③苕：水生植物，开紫色花。

女娃嬴。孟姚也。孟姚甚有宠于王，是为惠后。

十七年，王出九门，为野台，以望齐、中山之境。

十八年，秦武王与孟说举龙文赤鼎，绝膑而死①。赵王使代相赵固迎公子稷于燕，送归，立为秦王，是为昭王。

十九年春正月，大朝信宫。召肥义与议天下，五日而毕。王北略中山之地，至于房子，遂之代，北至无穷，西至河，登黄华之上。召楼缓谋曰："我先王因世之变，以长南藩之地，属阻漳、滏之险，立长城，又取蔺、郭狼，败林人于荏，而功未遂。今中山在我腹心，北有燕，东有胡，西有林胡、楼烦、秦、韩之边，而无强兵之救，是亡社稷，奈何？夫有高世之名，必有遗俗之累②。吾欲胡服。"楼缓曰："善。"群臣皆不欲。

于是肥义侍，王曰："简、襄主之烈③，计胡、翟之利。为人臣者，宠有孝悌长幼顺明之节，通有补民益主之业，此两者臣之分也。今吾欲继襄主之迹，开于胡、翟之乡，而卒世不见也。为敌弱，用力少而功多，可以毋尽百姓之劳，而序往古之勋④。夫有高世之功者，负遗俗之累；有独智之虑者，任骜民之怨⑤。今吾将胡服骑射以教百姓，而世必议寡人，奈何？"肥义曰："臣闻疑事无功，疑行无名。王既定负遗俗之虑，殆无顾天下之议矣。夫论至德者不和于俗，成大功者不谋于众。昔者舜舞有苗，禹袒裸国，非以养欲而乐志也，务以论德而约功也。愚者闇成事⑥，智者睹未形，则王何疑焉。"王曰："吾不疑胡服也，吾恐天下笑我也。狂夫之乐，智者哀焉；愚者所笑，贤者察焉。世有顺我者，胡服之功未可知也。虽驱世以笑我，胡地中山吾必有

---

①膑：膝盖骨。②遗俗：为世俗所摒弃。③烈：功业。④序：继承。⑤骜：通"傲"。⑥闇：同"暗"，不明白。

之。”于是遂胡服矣。

使王緤告公子成曰：“寡人胡服，将以朝也，亦欲叔服之。家听于亲而国听于君，古今之公行也。子不反亲，臣不逆君，兄弟之通义也。今寡人作教服而叔不服[①]，吾恐天下议之也。制国有常，利民为本；从政有经，令行为上。明德先论于贱，而行政先信于贵。今胡服之意，非以养欲而乐志也；事有所止而功有所出[②]，事成功立，然后善也。今寡人恐叔之逆从政之经，以辅叔之议。且寡人闻之，事利国者行无邪，因贵戚者名不累[③]，故愿慕公叔之义，以成胡服之功。使緤谒之叔，请服焉。”公子成再拜稽首，曰：“臣固闻王之胡服也。臣不佞，寝疾，未能趋走以滋进也[④]。王命之，臣敢对，因竭其愚忠。曰：臣闻中国者，盖聪明徇智之所居也[⑤]，万物财用之所聚也，贤圣之所教也，仁义之所施也，《诗》《书》《礼》《乐》之所用也，异敏技能之所试也，远方之所观赴也，蛮夷之所义行也。今王舍此而袭远方之服，变古之教，易古之道，逆人之心，而佛学者[⑥]，离中国，故臣愿王图之也。”使者以报。王曰：“吾固闻叔之疾也，我将自往请之。”

王遂往之公子成家，因自请之，曰：“夫服者，所以便用也；礼者，所以便事也。圣人观乡而顺宜，因事而制礼，所以利其民而厚其国也。夫剪发文身，错臂左衽，瓯越之民也。黑齿雕题[⑦]，却冠秫绌[⑧]，大吴之国也。故礼服莫同，其便一也。乡异而用变，事异而礼易。是以圣人果可以利其国，不一其用；果可以便其事，不同其礼。儒者一师而俗异，中国同礼而教离，况于山谷之便乎？故去就之变，智者不能一；远近之服，贤圣不能

---

①教：教令，命令。 ②止：至，即达到目的。 ③因：凭借。 ④滋：多。进：进言。 ⑤徇智：睿智。 ⑥佛(bèi)：通“悖”，违反。 ⑦雕题：在额头上刺花纹。题：额。 ⑧秫：长针。绌：缝制。

同。穷乡多异，曲学多辩。不知而不疑，异于己而不非者，公焉而众求尽善也。今叔之所言者俗也，吾所言者所以制俗也。吾国东有河、薄洛之水，与齐、中山同之，无舟楫之用。自常山以至代、上党，东有燕、东胡之境，而西有楼烦、秦、韩之边，今无骑射之备。故寡人无舟楫之用，夹水居之民，将何以守河、薄洛之水？变服骑射，以备燕、三胡、秦、韩之边[①]。且昔者简主不塞晋阳以及上党，而襄主并戎取代以攘诸胡，此愚智所明也。先时中山负齐之强兵，侵暴吾地，系累吾民[②]，引水围鄗，微社稷之神灵，则鄗几于不守也。先王丑之[③]，而怨未能报也。今骑射之备，近可以便上党之形，而远可以报中山之怨。而叔顺中国之俗以逆简、襄之意，恶变服之名以忘鄗事之丑，非寡人之所望也。”公子成再拜稽首，曰：“臣愚，不达于王之义，敢道世俗之闻，臣之罪也。今王将继简、襄之意以顺先王之志，臣敢不听命乎！”再拜稽首。乃赐胡服。明日，服而朝。于是始出胡服令也。

赵文、赵造、周袑、赵俊皆谏止王毋胡服，如故法便。王曰：“先王不同俗，何古之法？帝王不相袭，何礼之循？虙戏、神农教而不诛[④]，黄帝、尧、舜诛而不怒。及至三王，随时制法，因事制礼。法度制令各顺其宜，衣服器械各便其用。故礼也不必一道，而便国不必古。圣人之兴也不相袭而王，夏、殷之衰也不易礼而灭。然则反古未可非，而循礼未足多也[⑤]。且服奇者志淫，则是邹、鲁无奇行也；俗辟者民易，则是吴、越无秀士也。且圣人利身谓之服，便事谓之礼。夫进退之节，衣服之制者，所以齐

①三胡：指林胡、楼烦、东胡。 ②系累：掳掠。 ③丑：以为耻辱。 ④虙戏：即伏羲。诛：刑罚。 ⑤多：赞许，肯定。

常民也①，非所以论贤者也。故齐民与俗流，贤者与变俱。故谚曰‘以书御者不尽马之情，以古制今者不达事之变’。循法之功，不足以高世；法古之学，不足以制今。子不及也。”遂胡服招骑射。

二十年，王略中山地，至宁葭；西略胡地，至榆中。林胡王献马。归，使楼缓之秦，仇液之韩，王贲之楚，富丁之魏，赵爵之齐。代相赵固主胡，致其兵②。

二十一年，攻中山。赵袑为右军，许钧为左军，公子章为中军，王并将之。牛翦将车骑，赵希并将胡、代。赵与之陉③，合军曲阳，攻取丹丘、华阳、鸱之塞。王军取鄗、石邑、封龙、东垣。中山献四邑和，王许之，罢兵。二十三年，攻中山。二十五年，惠后卒。使周袑胡服傅王子何。二十六年，复攻中山，攘地北至燕、代，西至云中、九原。

二十七年五月戊申，大朝于东宫，传国，立王子何以为王。王庙见礼毕，出临朝。大夫悉为臣，肥义为相国，并傅王。是为惠文王。惠文王，惠后吴娃子也。武灵王自号为主父。

主父欲令子主治国，而身胡服将士大夫西北略胡地，而欲从云中、九原直南袭秦，于是诈自为使者入秦。秦昭王不知，已而怪其状甚伟，非人臣之度，使人逐之，而主父驰已脱关矣。审问之，乃主父也。秦人大惊。主父所以入秦者，欲自略地形，因观秦王之为人也。

惠文王二年，主父行新地，遂出代，西遇楼烦王于西河而致其兵。

三年，灭中山，迁其王于肤施。起灵寿，北地方从，代道大

---

①齐：统一，整齐。 ②致：招募。 ③陉：通“径”，路线。

通。还归，行赏，大赦，置酒酺五日①，封长子章为代安阳君。章素侈，心不服其弟所立。主父又使田不礼相章也。

李兑谓肥义曰："公子章强壮而志骄，党众而欲大，殆有私乎？田不礼之为人也，忍杀而骄。二人相得，必有谋阴贼起，一出身徼幸。夫小人有欲，轻虑浅谋，徒见其利而不顾其害，同类相推，俱入祸门。以吾观之，必不久矣。子任重而势大，乱之所始，祸之所集也，子必先患。仁者爱万物而智者备祸于未形，不仁不智，何以为国？子奚不称疾毋出，传政于公子成？毋为怨府，毋为祸梯。"肥义曰："不可。昔者主父以王属义也，曰：'毋变而度，毋异而虑，坚守一心，以殁而世。'义再拜受命而籍之②。今畏不礼之难而忘吾籍，变孰大焉。进受严命，退而不全，负孰甚焉。变负之臣，不容于刑。谚曰'死者复生，生者不愧'。吾言已在前矣，吾欲全吾言，安得全吾身！且夫贞臣也难至而节见，忠臣也累至而行明。子则有赐而忠我矣，虽然，吾有语在前者也，终不敢失。"李兑曰："诺，子勉之矣！吾见子已今年耳。"涕泣而出。李兑数见公子成，以备田不礼之事。

异日肥义谓信期曰："公子与田不礼甚可忧也。其于义也声善而实恶，此为人也不子不臣。吾闻之也，奸臣在朝，国之残也③：谗臣在中，主之蠹也④。此人贪而欲大，内得主而外为暴。矫令为慢，以擅一旦之命，不难为也，祸且逮国。今吾忧之，夜而忘寐，饥而忘食。盗贼出入不可不备。自今以来，若有召王者必见吾面，我将先以身当之，无故而王乃入。"信期曰："善哉，吾得闻此也！"

四年，朝群臣，安阳君亦来朝。主父令王听朝，而自从旁观

---

①酺：聚会饮酒。②籍：记录在案。③残：祸害。④蠹：蛀虫。

窥群臣宗室之礼。见其长子章傫然也①,反北面为臣,诎于其弟②,心怜之,于是乃欲分赵而王章于代,计未决而辍。

主父及王游沙丘,异宫,公子章即以其徒以田不礼作乱,诈以主父令召王。肥义先入,杀之。高信即与王战。公子成与李兑自国至,乃起四邑之兵入距难,杀公子章及田不礼,灭其党贼而定王室。公子成为相,号安平君,李兑为司寇。公子章之败,往走主父,主父开之,成、兑因围主父宫。公子章死,公子成、李兑谋曰:"以章故围主父,即解兵,吾属夷矣。"乃遂围主父。令宫中人"后出者夷",宫中人悉出。主父欲出不得,又不得食,探爵彀而食之③,三月馀而饿死沙丘宫。主父定死,乃发丧赴诸侯④。

是时王少,成、兑专政,畏诛,故围主父,主父初以长子章为太子,后得吴娃,爱之,为不出者数岁,生子何,乃废太子章而立何为王。吴娃死,爱弛,怜故太子,欲两王之,犹豫未决,故乱起,以至父子俱死,为天下笑,岂不痛乎!

五年,与燕鄚、易。八年,城南行唐。九年,赵梁将,与齐合军攻韩,至鲁关下。及十年,秦自置为西帝。十一年,董叔与魏氏伐宋,得河阳于魏。秦取梗阳。十二年,赵梁将攻齐。十三年,韩徐为将,攻齐。公主死。十四年,相国乐毅将赵、秦、韩、魏、燕攻齐,取灵丘,与秦会中阳。十五年,燕昭王来见。赵与韩、魏、秦共击齐,齐王败走,燕独深入,取临菑。

十六年,秦复与赵数击齐,齐人患之。苏厉为齐遗赵王书曰:

---

①傫然:垂头丧气的样子。 ②诎(qū):通"屈",屈服。 ③爵:同"雀"。彀(kòu):雏鸟。 ④赴:同"讣",报丧。

臣闻古之贤君，其德行非布于海内也，教顺非洽于民人也[①]，祭祀时享非数常于鬼神也[②]。甘露降，时雨至，年谷丰孰，民不疾疫，众人善之，然而贤主图之。

令足下之贤行功力，非数加于秦也；怨毒积怒，非素深于齐也。秦赵与国，以强征兵于韩，秦诚爱赵乎？其实憎齐乎？物之甚者，贤主察之。秦非爱赵而憎齐也，欲亡韩而吞二周，故以齐啖天下[③]。恐事之不合，故出兵以劫魏、赵。恐天下畏己也，故出质以为信。恐天下亟反也，故征兵于韩以威之。声以德与国，实而伐空韩，臣以秦计为必出于此。夫物固有势异而患同者，楚久伐而中山亡，今齐久伐而韩必亡。破齐，王与六国分其利也。亡韩，秦独擅之。收二周，西取祭器，秦独私之。赋田计功，王之获利孰与秦多？

说士之计曰："韩亡三川，魏亡晋国，市朝未变而祸已及矣。"燕尽齐之北地，去沙丘、巨鹿敛三百里[④]，韩之上党邯郸百里，燕、秦谋王之河山，间三百里而通矣。秦之上郡近挺关，至于榆中者千五百里，秦以三郡攻王之上党，羊肠之西句注之南非王有已。逾句注，斩常山而守之，三百里而通于燕，代马胡犬不东下，昆山之玉不出，此三宝者亦非王有已。王久伐齐，从强秦攻韩，其祸必至于此。愿王孰虑之。

且齐之所以伐者，以事王也；天下属行，以谋王也。燕秦之约成而兵出有日矣。五国三分王之地，齐倍五国之约

①教顺：即教训。顺：通"训"。 ②常：通"尝"。 ③啖：吃，引申为诱饵。 ④敛：同"俭"，不足。

而殉王之患，西兵以禁强秦，秦废帝请服，反高平、根柔于魏，反巠分、先俞于赵。齐之事王，宜为上佼[①]，而今乃抵罪，臣恐天下后事王者之不敢自必也。愿王孰计之也。

今王毋与天下攻齐，天下必以王为义。齐抱社稷而厚事王，天下必尽重王义。王以天下善秦，秦暴，王以天下禁之，是一世之名宠制于王也。

于是赵乃辍，谢秦不击齐。

王与燕王遇。廉颇将，攻齐昔阳，取之。

十七年，乐毅将赵师攻魏伯阳。而秦怨赵不与己击齐，伐赵，拔我两城。十八年，秦拔我石城。王再之卫东阳，决河水，伐魏氏。大潦[②]，漳水出。魏冉来相赵。十九年，秦取我二城。赵与魏伯阳。赵奢将，攻齐麦丘，取之。二十年，廉颇将，攻齐。王与秦昭王遇西河外。

二十一年，赵徙漳水武平西。二十二年，大疫。置公子丹为太子。

二十三年，楼昌将，攻魏几，不能取。十二月，廉颇将，攻几，取之。二十四年，廉颇将，攻魏房子，拔之，因城而还。又攻安阳，取之。二十五年，燕周将，攻昌城、高唐，取之。与魏共击秦。秦将白起破我华阳，得一将军。二十六年，取东胡欧代地。

二十七年，徙漳水武平南。封赵豹为平阳君。河水出，大潦。

二十八年，蔺相如伐齐，至平邑。罢城北九门大城。燕将成安君公孙操弑其王。二十九年，秦韩相攻，而围阏与。赵使赵奢将，击秦，大破秦军阏与下，赐号为马服君。

---

①上佼：上好，上等。 ②潦（lào）：通“涝”。雨水过大，水涝成灾。

三十三年，惠文王卒，太子丹立，是为孝成王。

孝成王元年，秦伐我，拔三城。赵王新立，太后用事，秦急攻之。赵氏求救于齐，齐曰："必以长安君为质，兵乃出。"太后不肯，大臣强谏。太后明谓左右曰："复言长安君为质者，老妇必唾其面。"左师触龙言愿见太后，太后盛气而胥之①。入，徐趋而坐，自谢曰："老臣病足，曾不能疾走，不得见久矣。窃自恕，而恐太后体之有所苦也，故愿望见太后。"太后曰："老妇恃辇而行耳。"曰："食得毋衰乎？"曰："恃粥耳。"曰："老臣间者殊不欲食，乃强步，日三四里，少益嗜食，和于身也。"太后曰："老妇不能。"太后不和之色少解。左师公曰："老臣贱息舒祺最少②，不肖，而臣衰，窃怜爱之，愿得补黑衣之缺以卫王宫③，昧死以闻④。"太后曰："敬诺。年几何矣？"对曰："十五岁矣。虽少，愿及未填沟壑而托之。"太后曰："丈夫亦爱怜少子乎？"对曰："甚于妇人。"太后笑曰："妇人异甚。"对曰："老臣窃以为媪之爱燕后贤于长安君。"太后曰："君过矣，不若长安君之甚。"左师公曰："父母爱子，则为之计深远。媪之送燕后也，持其踵，为之泣，念其远也，亦哀之矣。已行，非不思也，祭祀则祝之曰'必勿使反'，岂非计长久，为子孙相继为王也哉？"太后曰："然。"左师公曰："今三世以前，至于赵主之子孙为侯者，其继有在者乎？"曰："无有。"曰："微独赵⑤，诸侯有在者乎？"曰："老妇不闻也。"曰："此其近者祸及身，远者及其子孙。岂人主之子侯则不善哉？位尊而无功，奉厚而无劳，而挟重器多也⑥。今媪尊长安君之位，而封之以膏腴之地，多与之重器，而不及今令有功于国，

①胥：等待。 ②息：子孙，儿子。 ③黑衣：指王宫卫士，当时王宫卫士穿黑衣，故以之为代称。 ④昧死：冒死。 ⑤微独：不仅，不但。 ⑥重器：珍宝及钟鼎等礼器。

一旦山陵崩，长安君何以自托于赵？老臣以媪为长安君之计短也，故以为爱之不若燕后。”太后曰：“诺，恣君之所使之。”于是为长安君约车百乘[①]，质于齐，齐兵乃出。

子义闻之，曰：“人主之子，骨肉之亲也，犹不能持无功之尊，无劳之奉，而守金玉之重也，而况于予乎？”

齐安平君田单将赵师而攻燕中阳，拔之。又攻韩注人，拔之。二年，惠文后卒。田单为相。

四年，王梦衣偏裻之衣[②]，乘飞龙上天，不至而坠，见金玉之积如山。明日，王召筮史敢占之，曰：“梦衣偏裻之衣者，残也。乘飞龙上天不至而坠者，有气而无实也。见金玉之积如山者，忧也。”

后三日，韩氏上党守冯亭使者至，曰：“韩不能守上党，入之于秦。其吏民皆安为赵，不欲为秦。有城市邑十七，愿再拜入之赵，财王所以赐吏民[③]。”王大喜，召平阳君豹告之曰：“冯亭入城市邑十七，受之何如？”对曰：“圣人甚祸无故之利。”王曰：“人怀吾德，何谓无故乎？”对曰：“夫秦蚕食韩氏地，中绝不令相通，固自以为坐而受上党之地也。韩氏所以不入于秦者，欲嫁其祸于赵也。秦服其劳而赵受其利，虽强大不能得之于小弱，小弱顾能得之于强大乎？岂可谓非无故之利哉！且夫秦以牛田之水通粮，蚕食上乘倍战者[④]，裂上国之地，其政行，不可与为难，必勿受也。”王曰：“今发百万之军而攻，逾年历岁未得一城也。今以城市邑十七币吾国[⑤]，此大利也。”

赵豹出，王召平原君与赵禹而告之。对曰：“发百万之军而

---

①约：准备，备办。 ②裻：衣服的后背缝。 ③财：通“裁”，裁决。 ④倍战：努力作战。⑤币：礼物，此处用为动词。

攻,逾岁未得一城,今坐受城市邑十七,此大利,不可失也。”王曰:“善。”乃令赵胜受地,告冯亭曰:“敝国使者臣胜,敝国君使胜致命,以万户都三封太守,千户都三封县令,皆世世为侯,吏民皆益爵三级,吏民能相安,皆赐之六金。”冯亭垂涕不见使者,曰:“吾不处三不义也:为主守地,不能死固,不义一矣;入之秦,不听主令,不义二矣;卖主地而食之,不义三矣。”赵遂发兵取上党。廉颇将军军长平。

七月,廉颇免而赵括代将。秦人围赵括,赵括以军降,卒四十馀万皆坑之。王悔不听赵豹之计,故有长平之祸焉。

王还,不听秦,秦围邯郸。武垣令傅豹、王容、苏射率燕众反燕地。赵以灵丘封楚相春申君。

八年,平原君如楚请救。还,楚来救,及魏公子无忌亦来救,秦围邯郸乃解。

十年,燕攻昌壮,五月拔之。赵将乐乘、庆舍攻秦信梁军,破之。太子死。而秦攻西周,拔之。徒父祺出。十一年,城元氏,县上原。武阳君郑安平死,收其地。十二年,邯郸廥烧[1]。十四年,平原君赵胜死。

十五年,以尉文封相国廉颇为信平君。燕王令丞相栗腹约驩,以五百金为赵王酒,还归,报燕王曰:“赵氏壮者皆死长平,其孤未壮,可伐也。”王召昌国君乐间而问之。对曰:“赵,四战之国也,其民习兵,伐之不可。”王曰:“吾以众伐寡,二而伐一,可乎?”对曰:“不可。”王曰:“吾即以五而伐一,可乎?”对曰:“不可。”燕王大怒,群臣皆以为可。燕卒起二军,车二千乘,栗腹将而攻鄗,卿秦将而攻代。廉颇为赵将,破杀栗腹,虏卿秦、乐间。

---

①廥:积存草料的地方。

十六年，廉颇围燕。以乐乘为武襄君。十七年，假相大将武襄君攻燕，围其国。十八年，延陵钧率师从相国信平君助魏攻燕。秦拔我榆次三十七城。十九年，赵与燕易土：以龙兑、汾门、临乐与燕；燕以葛、武阳、平舒与赵。

二十年，秦王政初立，秦拔我晋阳。

二十一年，孝成王卒。廉颇将，攻繁阳，取之。使乐乘代之，廉颇攻乐乘，乐乘走，廉颇亡入魏。子偃立，是为悼襄王。

悼襄王元年，大备魏。欲通平邑、中牟之道，不成。

二年，李牧将，攻燕，拔武遂、方城。秦召春平君，因而留之。泄钧为之谓文信侯曰："春平君者，赵王甚爱之而郎中妒之，故相与谋曰'春平君入秦，秦必留之'，故相与谋而内之秦也。今君留之，是绝赵而郎中之计中也。君不如遣春平君而留平都。春平君者言行信于王，王必厚割赵而赎平都。"文信侯曰："善。"因遣之。城韩皋。

三年，庞煖将，攻燕，禽其兵将剧辛①。四年，庞煖将赵、楚、魏、燕之锐师攻秦蕞，不拔；移攻齐，取饶安。五年，傅抵将，居平邑；庆舍将东阳河外师，守河梁。六年，封长安君以饶。魏与赵邺。

九年，赵攻燕，取貍阳城。兵未罢，秦攻邺，拔之。悼襄王卒，子幽缪王迁立。

幽缪王迁元年，城柏人。二年，秦攻武城，扈辄率师救之，军败，死焉。

三年，秦攻赤丽、宜安，李牧率师与战肥下，却之。封牧为武安君。四年，秦攻番吾，李牧与之战，却之。

---

①禽：同"擒"。

五年，代地大动，自乐徐以西，北至平阴，台屋墙垣太半坏，地坼东西百三十步。六年，大饥，民讹言曰："赵为号，秦为笑。以为不信，视地之生毛。"

七年，秦人攻赵，赵大将李牧、将军司马尚将，击之。李牧诛，司马尚免，赵怱及齐将颜聚代之。赵怱军破，颜聚亡去。以王迁降。

八年十月，邯郸为秦。

太史公曰：吾闻冯王孙曰："赵王迁，其母倡也①，嬖于悼襄王。悼襄王废適子嘉而立迁。迁素无行，信谗，故诛其良将李牧，用郭开。"岂不谬哉！秦既虏迁，赵之亡大夫共立嘉为王。王代六岁，秦进兵破嘉，遂灭赵以为郡。

【译文】

赵氏的先人和秦人是同一个祖先。传到中衍，他给殷帝太戊驾车。他的后代蜚廉有两个儿子，一个儿子取名恶来，侍奉纣王，后被周人所杀，他的后代就是秦人。恶来的弟弟名叫季胜，他的后代就是赵人。

季胜生了孟增。孟增受到周成王的宠信，这就是宅皋狼。皋狼生衡父，衡父生造父。造父得宠于周穆王。造父选取了骏马八匹，与在桃林得到的盗骊、骅骝、绿耳等名马献给穆王。穆王让造父驾车，到西方去巡游，会见了西王母，快乐得忘了回朝。不久，徐偃王发动叛乱，穆王乘坐马车，日行千里，进攻徐偃王，把他彻底打败。于是把赵城赐给造父，从此就以赵为姓氏。

从造父往下经六代传到了奄父，奄父字公仲，周宣王讨伐戎族，他为宣王驾车。在千亩之战中，奄父曾使宣王脱险。奄父生了叔带。叔带的时候，周幽王荒淫无道，他就离开周地到了晋国，侍奉晋文侯，开始在晋

---

①倡：歌舞艺人。

国建立赵氏家族。

从叔带往下，赵氏宗族是渐兴旺，又过五代，传到了赵夙。

晋献公十六年，晋国征讨霍、魏、耿三国，赵夙为将军征讨霍国，霍公求逃到了齐国。这一年晋国大旱，占卜的结果说："霍太山的山神作怪。"献公就派赵夙到齐国召回霍国国君，恢复了他的地位，让他主持霍太山神的祭祀，晋国才又得到丰收。晋献公把耿地赐给赵夙。

赵夙生共孟这一年，正当鲁闵公元年。共孟生赵衰，赵衰字子余。

赵衰占卜侍奉晋献公及几位公子，结果都不吉利。又占卜侍奉公子重耳时，结果吉利，他就去侍奉重耳。重耳由于骊姬之乱逃奔翟国，赵衰随从。翟人讨伐廧咎如，俘获他的两个女儿。翟君将小女儿嫁给重耳为妻，长女嫁给赵衰为妻，生了赵盾。当初，重耳在晋国时，赵衰的元配妻子已生了赵同、赵括、赵婴齐。赵衰随重耳在外逃亡，共计十九年，才得以回国。重耳做了晋文公，赵衰为原大夫，住在原城，主持国家政事。晋文公所以能返回并且成为霸主，大多是赵衰的计策，这些事记载在《晋世家》里。

赵衰回到晋国后，他在晋国的原配妻子坚持要把他在翟国娶的妻子迎接回来，并且让翟妻的儿子赵盾做继承人，而让自己的三个儿子居下位侍奉他。晋襄公六年，赵衰死，他的谥号是成季。

赵盾接替成季主持国政两年之后，晋襄公死，太子夷皋年纪小。赵盾由于国家多难，想立襄公的弟弟雍。雍当时在秦国，就派使臣去迎接他。太子的母亲日夜哭泣，叩头对赵盾说："先君有什么罪过，为什么要抛弃他的嫡子而另找国君呢?"赵盾为此事忧虑，恐怕她的宗亲和大夫们来袭击诛杀自己，于是就立了太子，这就是晋灵公，并派兵去拦截到秦国迎接襄公弟弟的一行人。灵公即位后，赵盾更加独揽晋国的政事。

灵公即位十四年，日益骄纵。赵盾多次进谏，灵公不听。有一次灵公吃熊掌，没煮熟，就把膳食官杀了，让人把他的尸体抬出去，正好被赵盾看见。灵公因此害怕，想杀害赵盾。赵盾平素待人宽厚慈爱，他曾送食物给一个饿倒在桑树之下的人，这个人回身掩护救了赵盾，赵盾才得以逃亡。他还没有逃出国境，赵穿就杀死了灵公，立襄公的弟弟黑臀为君，这就是晋成公。赵盾又回来，主持国政。君子讥讽赵盾"身为正卿，逃亡没有出国境，返回来也不诛讨逆贼"，所以史官记载说"赵盾杀害了他的国君"。晋景公时，赵盾死，他的谥号是宣孟，其子赵朔承袭爵位。

晋景公三年，赵朔率晋国的下军援救郑国，与楚庄王在黄河边交战。赵朔娶了晋成公的姐姐为夫人。

晋景公三年，大夫屠岸贾要诛杀赵氏家族。当初，赵盾在世时，曾梦见叔带抱着他的腰痛哭，非常悲伤；之后又大笑，还拍着手唱歌。赵盾为此进行占卜，龟甲上烧出的裂纹中断，可是后边又呈现出佳兆了。赵国一位名叫援的史官判断说："这个梦很凶，不是应验在您的身上，而是在您儿子身上，可也是由于您的过错。到您孙子那一代，赵氏家族将更加衰落。"屠岸贾这个人，起初受灵公的宠信，到景公时他就做了司寇，将要发难，就先惩治杀灵公的逆贼以便牵连出赵盾，同时遍告所有的将领说："赵盾虽然不知情，但仍然是罪魁祸首。做臣子的杀害了国君，他的子孙却还在朝为官，这还怎么能惩治罪人呢？所以必须诛杀他们。"韩厥说："灵公遇害时，赵盾在外地，我们的先君认为他无罪，所以没有杀他。如今各位将要诛杀他的后人，这不是先君的意思而是随意滥杀，随意滥杀就是作乱。为臣的有大事却不让国君知道，这就是目无君上。"屠岸贾不听。韩厥就告知赵朔赶快逃跑。赵朔不肯，他说："您一定能不使赵氏的香火断绝，我死了也就没有遗恨了。"韩厥答应了这一请求，他谎称有病不出门。屠岸贾不请示国君就擅自和将领们在下宫攻袭赵氏，杀死了赵朔、赵同、赵括、赵婴齐，诛灭了赵氏家族。

赵朔的妻子是成公的姐姐，怀有赵朔的遗腹子，她逃到景公的宫里躲藏起来。赵朔的一位门客名叫公孙杵臼，杵臼对赵朔的朋友程婴说："您为什么不死？"程婴说："赵朔的妻子有身孕，如果有幸是男孩，我就抚养他；如果是女孩，我再慢慢去死。"过了不久，赵朔的妻子分娩，生下男孩。屠岸贾听到消息后，到宫中去搜查。大人把婴儿藏在裤子里，祷告说："赵氏宗族要是灭绝，你就大哭；如果不该灭绝，你就不要出声。"到搜查时，婴儿竟然没有声音。脱险后，程婴对公孙杵臼说："今天一次搜查没有找到，以后一定要再来搜查，怎么办呢？"公孙杵臼说："抚养遗孤和死哪件事更难？"程婴说："死很容易，抚养遗孤成人很难啊。"公孙杵臼说："赵氏的先君待您不薄，您就勉为其难吧；我去做那件容易的，让我先死吧！"于是两人设法得到别人家的婴儿背着，裹着华丽的襁褓，藏到深山中。程婴从山里出来，假意对将军们说："我程婴没出息，不能扶养赵氏孤儿，谁能给我千金，我就告诉他赵氏孤儿藏在哪里。"将军们都很高兴，答应了他的条件，就派兵随程婴去攻打公孙杵臼。杵臼假意骂道："程婴，你这个小人哪！当初下宫之难你不能去死，跟我商量藏匿赵氏孤儿，如今你却出卖了我。即使你不能抚养，怎能忍心出卖他呢！"他抱着婴儿大叫道："天哪！天哪！赵氏孤儿有什么罪？请你们让他活下来，只杀我杵臼好了。"将军们不答应，立刻杀了杵臼和孤儿。将军们以为赵氏孤儿确实已死，都很高兴。然而真正的赵氏孤儿却仍然活着，程婴终于和他一起隐藏到深山里。

过了十五年，晋景公生病，进行占卜，占卜结果说是大业的子孙后代断绝了祭祀，因而作怪。景公问韩厥，韩厥知道赵氏孤儿还活着，便说："大业的后代子孙中如今已在晋国断绝祭祀的，不就是赵氏吗？从中衍传下的后代都是姓嬴的了。中衍人面鸟嘴，来到人世辅佐殷帝太戊，以后的几代辅佐周天子，都有美好的德行。再往下到厉王、幽王时昏庸无道，叔带就离开周王朝来到晋国，侍奉先君文侯，一直到成公，他们世代都建立了功业，从未断绝过祭祀。如今只有您灭了赵氏宗族，国人都为他们悲哀，所以在占卜时就显示出来了。希望您考虑此事！"景公问道："赵氏还有后代子孙吗？"韩厥就把实情告诉了景公。于是景公就和韩厥商量立赵氏孤儿，先把他召回藏在宫中。诸将进宫探问景公病情，景公依靠韩厥的众多随从迫使诸将同赵氏孤儿见面。赵氏孤儿名叫赵武。诸将不得已，只好说："当初下宫那次事变，是屠岸贾策动的，他假传君命，指挥群臣，不然的话，谁敢发难呢！如果不是您有病，我们这些大臣本来就要请立赵氏后代了。如今您有这个命令，正是群臣的心愿啊！"于是景公就让赵武、程婴一一拜谢各位将军,将军们又反过来跟程婴、赵武攻打屠岸贾,诛灭了他的家族。景公重又把原属赵氏的封地赐给赵武。

到赵武行了冠礼,已是成人了,程婴就拜别了诸位大夫,然后对赵武说:“当初下宫事变,人人都能以身殉难。我并非不能去死,我是想扶立赵氏的后代成人。如今赵武已承袭祖业,长大成人,恢复了原来的爵位,我要到地下去报告给赵宣孟和公孙杵臼。”赵武啼哭叩头,坚持请求说:“我愿意劳苦筋骨也要报答您一直到死,难道您忍心离开我去死吗?”程婴说:“不行。公孙杵臼认为我能完成大事,所以先我而死;如今我不去复命,就会以为我承担的任务没有完成。”于是就自杀了。赵武为程婴守孝三年,给他安排了祭祀用的土地,春秋祭祀,世代不绝。

赵氏恢复爵位十一年后,晋厉公杀了三位郤氏大夫。栾书害怕牵连到自己,于是就杀了晋君厉公,改立襄公的曾孙周,这就是晋悼公。晋国从此以后大夫的势力逐渐强盛起来。

赵武接续赵氏宗族后二十七年,晋平公即位。平公十二年,赵武做了正卿。十三年,吴国的延陵季子出使晋国,他说:“晋国的政权最后要落到赵武子、韩宣子、魏献子后人的手里。”赵武死后,谥号是文子。

文子生了景叔。景叔的时候,齐景公派晏婴出使晋国,晏婴和晋国的叔向谈话。晏婴说:“齐国的政权以后最终要落到田氏手里。”叔向也说:“晋国的政权将要落到六卿的手里。六卿很放肆,可是我们国君却不知忧虑。”

赵景叔死,生子名赵鞅,这就是赵简子。

赵简子在位期间,晋顷公九年,简子会合诸侯在周境内驻守。第二年,送周敬王回周,因为他在外躲避他的弟弟子朝。

晋顷公十二年,六卿借用法令诛杀了国君的宗族祁氏和羊舌氏,把他们的领地分划为十个县,六卿分别让自家的族人去做大夫。晋国公室从此更加削弱。

再过十三年,鲁国的乱臣阳虎逃到晋国来,赵简子接受了贿赂,对他给以厚待。

赵简子生病，接连五天不省人事，大夫们都害怕了。名医扁鹊看过后走出来，董安于询问病情，扁鹊说："血脉平和，你们何必大惊小怪！从前秦穆公也有过这种情况，过了七天才醒来。醒来那天，告诉公孙支和子舆说：'我到了上帝住的地方很快乐。我所以停留的时间久，是由于我正好在受教。上帝告诉我：'晋国将要大乱，五世不得安宁；他们的后代将要称霸诸侯，但没有年老就死去，称霸者的儿子将要让你们晋国男女混杂。'公孙支写下来并把它藏好，秦国的预言这时就传出来了。献公时的混乱，文公时的称霸，襄公时在崤山大败秦军，回去就纵欲淫乱，这些都是您知道的。如今主君的病与秦穆公一样，不出三天病一定会好，好转后，一定有话要讲。"

过了两天半，简子醒过来了。他对大夫们说："我到了上帝那里非常快乐，和百神在钧天游览。各种乐曲多次演奏，众神翩翩起舞，不像是夏、商、周三代的音乐，那乐声非常动人。有一头熊要来抓我，上帝让我射它，熊被射中了，死了。又有一只罴过来，我又射它，罴被射中，也死了。上帝非常高兴，赐给我两个竹箱，都配有小箱。我看到一个小孩在上帝身边，上帝又赐给我一只翟犬，对我说：'等你的儿子长大了，把这只犬送给他。'上帝还告诉我：'晋国将逐渐衰落，再传七代就要灭亡，嬴姓的人将在范魁的西边大败周人，但是却不能占有那里。现在我追念虞舜的功勋，到时候我将把舜的后代之女孟姚嫁给你的第七代孙子。'"董安于听了这番话就把它记录下来珍藏于府库。他把扁鹊说的话报告给简子，简子赐给扁鹊田地四万亩。

有一天，简子外出，有个人拦在路上，驱赶他也不离开，随从们很生气，要杀他。拦路人说："我有事要拜见主君。"随从把他的话禀告简子，简子召见他，一见面就说："嘻！我好像见过你呀。"拦路的人说："让左右侍从退下，我有事禀告。"简子让人们退下。拦路人说："您生病时，我正在上帝身边。"简子说："对，有这件事。你见到我时，我在做什么？"拦路人说："上帝让您射熊和罴，都被您射死了。"简子说："是的，这是什么意思呢？"拦路人说："晋国将有大难，您是为首的。上帝让您灭掉两位上卿，熊和罴就是他们的祖先。"简子说："上帝赐给我两个竹箱，并且都有相配的小箱，这是什么意思呢？"拦路人说："您的儿子将在翟攻克两国，他们都是子姓。"简子说："我看到一个小孩在上帝身边，上帝给我一只翟犬，并说'等你的儿子长大了把这只犬送给他'。把翟犬送给小孩是什么意思呢？"拦路人说："小孩就是您的儿子，翟犬是代国的祖先。您的儿子将来一定占有代国。到您的后代，将有政令的变革，并且要穿胡人的服装，在翟吞并两国。"简子问他的姓并且要聘他做官。拦路人说："我是乡野之人，只是来传达上帝的旨意罢了。"说完就不见了。简子把这些话记载下来，珍藏在府库里。

另一天，姑布子卿拜见简子，简子把儿子们都叫来让他看相。子卿说："没有能做将军的人。"简子说："难道赵氏要完了吗？"子卿说："我曾在路上看到一个孩子，大概是您的儿子吧！"简子又叫来儿子毋恤。毋恤一到，子卿就站起来说："这才是真正的将军呀！"简子说："这孩子的母亲卑贱，是从翟国来的一个婢女，怎能说他尊贵呢？"子卿说："上天赐给的，纵然卑贱也定能显贵。"从此以后简子常把儿子们都叫来谈话，毋恤表现最好。简子有一次告诉儿子们说："我把宝符藏在常山之上，你们谁先找到了就赏给他。"儿子们赶快跑到常山上去找，结果什么也没找到。毋恤回来后说："已找到宝符了。"简子说："你说吧。"毋恤说："从常山上往下看到代国，代国可以夺取。"简子这才知道毋恤果真贤能。于是废了太子伯鲁，立毋恤为太子。

过了两年，晋定公十四年，范氏、中行氏作乱。第二年春天，简子对邯郸大夫赵午说："把卫国的五百户士民归还给我，我要把他们安置到晋阳。"赵午答应了，回去后他的父兄却不同意，就违背了诺言。赵鞅逮捕了赵午，把他囚禁在晋阳。通告邯郸人说："我私自决定诛杀赵午，各位想立谁？"于是杀了赵午。赵午之子赵稷和家臣涉宾凭借邯郸反叛。晋国国君派籍秦包围邯郸。荀寅、范吉射和赵午关系密切，不肯帮助籍秦反而策划叛乱，董安于知道这一情况。十月，范氏和中行氏讨伐赵鞅，赵鞅逃到晋阳，晋人包围晋阳。范吉射、荀寅的仇人魏襄等谋划驱逐荀寅，用梁婴父代替他；驱逐范吉射，用范皋绎代替他。荀栎对晋君说："先君对大臣们有令，领头叛乱的要处死。如今三位大臣都领头作乱，可是单单驱逐赵鞅，这是施用刑罚不公平，请把他们全都驱逐了。"十一月，荀栎、韩不佞、魏哆奉国君的命令讨伐范氏、中行氏，没有取胜。范氏、中行氏反过来讨伐定公，定公还击，范氏、中行氏败逃。十一月丁未日，两个人逃到朝歌。韩不佞、魏哆为赵鞅求情。十二月辛未这天，赵鞅进入绛城，在定公宫中盟誓。

第二年，知伯文子对赵鞅说："范氏、中行氏虽然确实发动了叛乱，但这是董安于挑起的，这就说明董安于参与了策划。晋国有法，开始作乱的要处死。那两个人已受到处治，而唯独董安于还在。"赵鞅为此事忧虑。董安于说："我死了，赵氏可以安定，晋国也能安宁，我死得太迟了。"于是就自杀了。赵鞅把这件事告诉了知伯，此后赵氏才得安宁。

孔子听说赵简子不请示晋君就逮捕邯郸大夫赵午，以致退守晋阳，所以在《春秋》中记载说"赵鞅凭借晋阳反叛"。

赵简子有个家臣名叫周舍，喜欢直言进谏。周舍死后，简子每当上朝处理政事时，常常不高兴，大夫们请罪。简子说："你们没有罪。我听说一千张羊皮也不抵不上一只狐的腋下皮毛。大夫们上朝，只听到恭敬顺从的应答声，听不到周舍那样的争辩之声了，我为此而忧虑。"简子因此能使赵地的人顺从，并使晋人也归向他。

晋定公十八年，赵简子在朝歌包围了范吉射和中行寅，中行寅逃奔邯郸。第二年，卫灵公死。赵简子和阳虎把卫太子蒯聩护送回卫国，卫国不接纳，卫太子只好住到戚城。

晋定公二十一年，赵简子攻入邯郸，中行文子逃到柏人。简子又包围了柏人，中行寅、范昭子于是又奔到齐国。赵氏终于占有了邯郸、柏人。范氏、中行氏其余的领地都归入晋国。赵简子名为晋国上卿，实际上独揽晋国政权，他的封地和诸侯相等。

晋定公三十年，定公与吴王夫差在黄池的诸侯盟会上争做盟主，赵简子随晋定公前往，终于让吴王为盟主。定公在位三十七年死，简子为他守丧三年，实际只一年。这一年，越王勾践灭吴。

晋出公十一年，知伯讨伐郑国。赵简子生病，派太子毋恤率兵围攻郑。知伯喝醉，用酒强灌毋恤并打他。随从毋恤的群臣要求处死知伯。毋恤说："主君所以让我做太子，是因我能忍辱。"但他也怨恨知伯。知伯回去后，就对简子讲了，让他废毋恤，简子不听。毋恤因此更加怨恨知伯。

晋出公十七年，赵简子死，太子毋恤继位，这就是赵襄子。

赵襄子元年，越国包围吴国。襄子减少了守孝期间规定的饮食，派家臣楚隆去慰问吴王。

襄子的姐姐原是代王夫人。简子安葬以后，襄子还没有除丧服，就到北边登上夏屋山，请来代王，让厨师拿着铜勺请代王和他的随从进餐，斟酒时，暗中令名叫各的厨师用铜勺打死代王和随从官员，于是就发兵平定代地。他的姐姐听说这件事后，哭泣着呼天，磨尖簪子自杀了。代地人同情她，把她自杀的地方命名摩笄之山。襄子把代地封给伯鲁的儿子赵周，让他做代君。伯鲁是襄子的哥哥，原来的太子。他早已死去，所以封他的儿子。

襄子即位四年，知伯和赵、韩、魏三家把范氏、中行氏原有的领地全都瓜分了。晋出公大怒，通告齐国、鲁国，想依靠他们讨伐四卿。四卿害怕，于是就联合攻打晋出公。出公逃奔齐国，半路上死了。知伯于是让昭公的曾孙骄即位，这就是晋懿公。知伯越来越骄横。他要求韩、魏两家割让领地，韩、魏给了他。要求赵氏割地，赵氏不给，因为在包围郑国时知伯侮辱过襄子。知伯恼怒，就率领韩、魏两家进攻赵氏。赵襄子害怕，就逃奔到晋阳退守。

原过跟随襄子，落在后边，到了王泽，看见三个人，从腰带以上可以看见，从腰带以下就看不见了。三人给了原过一根有两个节的竹棍，中间不通。对他说："替我们把这竹棍送给赵毋恤。"原过到了以后，把情况告诉襄子。襄子斋戒三天，亲自把竹棍剖开，里边有朱红的字写道："赵毋恤，我们是霍泰山山阳侯天使。三月丙戌日，我们将让你反过来灭掉知氏。你也要为我们在百邑立庙，我们将把林胡的土地赐给你。到你的后代，将出现一位勇健的国王，皮肤红黑，龙脸鸟嘴，鬓眉相连，髭髯络腮，宽胸大腹，下体修长，上体壮大，左衣襟，披甲乘马。全部占有黄河中游一带，直至休溷地区的各部貉人，南攻晋国的其他城邑，北灭黑姑。”襄子再拜，接受了三位神人的旨令。

三国攻打晋阳，一年多以后，引来汾水灌城，城墙没被水浸的只剩下三版高了。城里的人都把锅悬挂起来，互换子女吃掉。群臣都有了外心，礼节越来越怠慢，只有高共不敢失礼。襄子害怕，于是半夜派丞相张孟同暗中结好韩、魏。韩、魏与赵合谋，三月丙戌这天，三国反过来灭了知氏，共同瓜分了他的土地。于是襄子进行封赏，高共是上等。张孟同说：“晋阳有难期间，只有高共没功劳。”襄子说：“当晋阳危急之时，群臣都很怠慢，只有高共不敢有失臣下的礼节，因此他要受上赏。”这时的赵在北方占有代地，南边并吞了知氏，比韩、魏强大。于是在百邑给三神立庙祭祀，派原过主持霍泰山神庙的祭祀典礼。

后来襄子娶空同氏为妻，生了五个儿子。襄子因为伯鲁未能继位，不肯立自己的儿子做太子，并且一定要传位给伯鲁的儿子代成君。代成君先死了，就选定代成君的儿子赵浣立为太子。襄子在位三十三年死，赵浣即位，这就是献侯。

献侯年纪不大就即位了，首府在中牟。襄子的弟弟桓子驱逐了献侯，在代地自立为侯，一年后死去。赵国人认为桓子即位不是襄子的意愿，就一起杀了他的儿子，又迎回献侯即位。

献侯十年，中山国武公即位。十三年，在平邑筑城。十五年，献侯死，其子烈侯赵籍即位。

烈侯元年，魏文侯攻打中山国，派太子魏击驻守。六年，魏、韩、赵都被承认为诸侯，赵籍追尊献子为献侯。

烈侯爱好音乐，对相国公仲连说：“寡人有喜爱的人，能给他显贵的地位吗？”公仲说：“使他富有还可以，让他显贵就不好办了。”烈侯说：“好吧。郑国的歌手枪和石两个人，我要赐给他们田地，每人一万亩。”公仲说:“是”。但并没有给。过了一个月,烈侯从代地回来,询问给歌手赐田的事,公仲说:“正在寻找,还没找到合适的。”过了不久,烈侯又问,公仲始终不给,于是就说有病不上朝。番吾君从代地来,对公仲说:“国君其实喜欢善政,只是不知道怎样实行。现在您任赵的相国,至今已有四年,也曾推荐过人才吗?”公仲说:“没有。”番吾君说:“牛畜、荀欣、徐越都可以推荐。”公仲就推荐了这三个人。到上朝时,烈侯又问:“歌手的田地怎么样了?”公仲说:“正让人挑选最好的田。”牛畜侍奉烈侯时对他讲仁义的道理,用王道约束他,烈侯态度宽和。第二天,荀欣陪侍,建议精选起用贤才,任命官吏要使用能干的人。第三天,徐越陪侍,建议节约财物,俭省用度,考察评估官吏们的功绩德行。他们所讲的道理没有不充分的,国君很高兴。烈侯派人去对相国说:“给歌手赐田的事暂时停止。”任命牛畜为师,荀欣为中尉,徐越为内史,赐给相国两套衣服。

九年,烈侯死,弟弟武公即位。武公在位十三年死,赵国又让烈侯太子赵章即位,这就是赵敬侯。这一年,魏文侯死。

敬侯元年,武公的儿子赵朝作乱,失败后逃奔魏国。赵国开始建都邯郸。

敬侯二年,赵在灵丘打败齐军。三年,在廪丘救援魏国,大败齐军。四年,魏在兔台打败赵军。赵修筑刚平城以便进攻卫国。五年,齐、魏两国帮助卫国攻赵,夺取了刚平。六年,向楚国借兵伐魏,攻取了棘蒲。八年,攻下了魏国的黄城。九年,进攻齐国。齐国进攻燕国,赵军去援救燕国。十年,赵国与中山国在房子县交战。

敬侯十一年,魏、韩、赵共三家共同灭了晋国,瓜分了它的土地。赵国攻打中山国,又在中人地区交战。十二年,敬侯死,其子成侯赵种即位。

成侯元年,公子赵胜与成侯争夺君位,发动叛乱。二年六月,下雪。三年,大戊午任相国。征讨卫国,夺取了乡邑七十三处。魏国在蔺打败赵军。四年,与秦军在高安交战,打败了它。五年,在鄄城攻伐齐军。魏军在怀地打败赵军。赵军攻打郑国,打败了它,将占领的郑地给了韩国,韩国把长子县给了赵国。六年，中山国修筑长城。赵军进攻魏国，在涿泽打败了它，围困了魏惠王。七年，进攻齐国，打到了齐长城。同韩国联合进攻西周国。八年，和韩国一起把西周分为两部分。九年，与齐国在阿下作战。十年，进攻卫国，夺取甄城。十一年，秦国进攻魏国，赵军到石阿去援救。十二年，秦军进攻魏国的少梁，赵军前去援救。十三年，秦献公派名叫国的庶长领兵进攻魏国的少梁，俘虏了魏国太子和公孙痤。魏军在浍水一带打败赵军，夺取了皮牢。成侯与韩昭侯在上党会晤。十四年，赵与韩一起攻秦。十五年，赵国帮助魏国攻齐。

十六年，赵国与韩国、魏国瓜分晋国。把端氏县封给晋君。

十七年，成侯与魏惠王在葛孽相遇。十九年，赵国与齐国、宋国在平陆盟会，与燕君在西阿盟会。二十年，魏国进献上等木料做的檐椽，于是就用这些木椽修建了檀台。二十一年，魏军包围了邯郸。二十二年，魏惠王攻下了邯郸，齐军也在桂陵打败了魏军。二十四年，魏国把邯郸归还给赵国，赵国与魏国在漳水之滨盟誓。秦军进攻赵国的蔺城。二十五年，成侯死。公子緤与太子肃侯争夺君位，赵緤失败，逃奔韩国。

肃侯元年，夺取了晋君的端氏县，把晋君迁居到屯留安置。二年，与魏惠王在阴晋相遇。三年，公子赵范袭击邯郸，战败而死。四年，朝拜周天子。六年，进攻齐国，夺取了高唐。七年，公子赵刻进攻魏国的首垣。十一年，秦孝公派商鞅征伐魏国，俘虏了魏国将军公子卬。赵国征讨魏国。十二年，秦孝公死，商鞅也死了。十五年，开始兴建寿陵。魏惠王死。

十六年，肃侯游览大陵，经过鹿门，宰相大戊午牵住马头劝谏道："正当农事繁忙的时候，一天不劳作，一百天没有饭吃。"肃侯听了立即下车认错。

十七年，围困魏国的黄城，没有攻克。修筑长城。

十八年，齐、魏联合征伐赵国，赵国决黄河之水淹灌敌军，敌军撤离。二十二年，张仪做秦国宰相。赵疵与秦军交战，失败，秦军在河西杀死赵疵，夺取了赵国的蔺和离石两地。二十三年，韩举与齐军、魏军作战，战死在桑丘。

二十四年，肃侯死。秦、楚、燕、齐、魏各派精兵一万同来参加葬礼。肃侯之子武灵王即位。

武灵王元年，阳文君赵豹任宰相。梁襄王与太子嗣、韩宣王和太子仓到信宫来朝贺。武灵王年少，还不能处理政事，身边设有博闻师三人，左右司过官三人。到处理朝政时，首先问候先王的贵臣肥义，并给他增加品级和俸禄；国中八十以上的德高老人，每月都送给他们礼物。

武灵王三年，修筑鄗城。四年，与韩王在区鼠会见。五年，娶韩国宗亲之女为夫人。

八年，韩国进攻秦国，没有取胜就撤离了。五国互相称王，只有赵国不这样做，赵君说："没有实际，何必居此虚名呢！"下令赵国人都称他为"君"。

九年，与韩、魏一起进攻秦国，秦国打败了三国军队，斩杀了八万人。齐国在观泽打败赵军。十年，秦军夺取赵国的中都和西阳。齐国打败燕国，燕国宰相子之做了国君，国君反而做了臣子。十一年，武灵王把燕国公子职从韩国招来，立他为燕王，派乐池把他送燕国。十三年，秦军攻下赵国的蔺城，俘虏了将军赵庄。楚王、魏王来赵国，至邯郸。十四年，赵何进攻魏国。

十六年，秦惠王死。武灵王巡游大陵。有一天，武灵王梦见一位少女弹琴并唱了一首诗："美人光彩照人啊，容貌好像苕花一样艳丽。命运啊，命运啊，竟然无人知我嬴娃！"另一天，武灵王饮酒很高兴，屡次谈起他所做的梦，想象着梦中少女的美貌。吴广听说后，通过夫人把他的女儿娃嬴送入宫中。这就是孟姚。孟姚特别受武灵王的宠爱，她就是惠后。

十七年，武灵王到九门，修筑野台，用以瞭望齐国和中山国的边境。

十八年，秦武王和孟说举龙纹赤鼎，折断膝盖骨死去。赵王派代相赵固到燕国接来秦公子稷，送他回国，立为秦王，这就是秦昭王。

武灵王十九年春正月，在信宫举行盛大朝会。召见肥义同他议论天下大事，整整谈了五天才结束。武灵王到北边巡视中山国的地界，到了房子县，又去代地，北到无穷，西到黄河，登上黄华山顶。然后召见楼缓商议说："我们先王趁着世事的变化，做了南边领地的君长，连接了漳水、滏水的险阻，修筑了长城，又夺取了蔺城、郭狼，在荏地打败了林胡人，但是功业尚未完成。如今中山国在我们腹心，北面是燕国，东面是东胡，西面是林胡、楼烦、秦国、韩国的边界，然而没有强大兵力的救援，这样下去国家要灭亡，怎么办呢？要取得高出世人的功名，必定要受到背离习俗的牵累。我想穿起胡人服装。"楼缓说："很好。"可是群臣都不愿意。

当时肥义在旁侍奉，武灵王说："简子、襄子二位主君的功业，就在于考虑到了胡、翟之利。做人臣的，受宠时应有明孝悌、知长幼、顺从明理的德操，通达时应建立既可利民又能益君的功业，这两点是臣子的本分。如今我想继承襄主的事业，开拓胡人、翟人所住之地，可是找遍世间也见不到这样的贤臣。为了削弱敌人，用力少而能取得更多的功效，可以不耗尽百姓的劳力，就能继续两位先主的勋业。大凡有高出当世功业的人，就要承受背弃习俗的牵累；有独特智谋的人，就要为傲慢之民所埋怨。如今我要穿胡人服装，骑马射箭，并用这个教练百姓，可是世人必定要议论我，怎么办呢？"肥义说："我听说做事犹疑就不会成功，行动犹豫就不会成名。您既然考虑决定承受背弃风俗的责难，就不必顾虑天下的议论了。追求最高道德的人不附和世俗，成就大功的人不与凡夫俗子商议。从前舜用舞蹈感化三苗，禹到裸国脱去上衣，他们不是为了满足欲望和愉悦心志，而是必须用这种方法宣扬德政以便取得成功。愚蠢的人事情成功了他还不明白，聪明人在事情尚无迹象时就能看清，那么大王您还犹疑什么呢！"武灵王说："穿胡服我不犹疑，我恐怕天下之人要嘲笑我。无知的人快乐，也就是聪明人的悲哀；蠢人讥笑的事，贤人却能看得清。世上有顺从我的人，穿胡服的功效是不可估量的。即便驱使世人都来笑我，胡地和中山国我也一定要占有。"于是就穿起了胡服。

武灵王派王緤转告公子成说："我穿上胡服，将要这样上朝，也希望叔父穿上它。家事要听从双亲，国事要听从国君，这是古今公认的行为准则。儿子不能反对父亲,臣子不能违背君主,这是上古传下来的道理。如今我制定政令,改变服装,可叔父您要不穿,我担心天下人要议论。治国有常规,利民是根本;处理政事有常法,有令就行最为重要。宣传德政要先从平民谈起,而施行政令就要先取信于贵族。如今改穿胡服的目的,不是为满足欲望和愉悦心志;事情要达到一定的目的,功业才能完成。事情完成了,功业建立了,然后才算妥善。如今我恐怕叔父违背了处理政事的原则,因此来帮助叔父考虑。况且我听说过,做有利于国家的事,行为不会偏邪;依靠贵戚的人,名不会受损害。所以我愿仰仗叔父的威望,来成就胡服的功效。我派王緤来拜见叔父,请您穿上胡服。"公子成再拜叩头说:"我来已听说了大王穿上胡服的事,我没才能,卧病在床,不能奔走效力多多进言。大王命令我,我斗胆回答,是为了尽我的愚忠。我听说中国是聪明智慧的人居住的地方,是万物财用聚集的地方,是圣贤进行教化的地方,是仁义可施行的地方,是远方之人愿来观览的地方,是蛮夷乐于效法的地方。如今大王抛弃这些而穿起远方的服装,变更古来的教化,改易古时的正道,违反众人的心意,背弃学者之教,远离中国风俗,所以我希望大王慎重考虑此事。"使者回去如实禀报。武灵王说:"我本来知道叔父有病,我要亲自去请求他。"

武灵王于是前往公子成家中,亲自请求他,说:"衣服是为了便于穿用的,礼制是为了便于行事的。圣人观察乡俗而顺俗制宜,根据实际情况制定礼仪,这是为了利民富国。剪断头发,身上刺花纹,臂膀上绘画,衣襟开在左边,这是瓯越一带百姓的习俗。染黑牙齿,额上刺花纹。戴鱼皮帽子,穿粗劣的衣服,这是吴国的习俗。所以礼制服装各地不同,而为了便利却是一致的。地方不同使用会有变化,事情不同礼制也会更改。因此圣人认为如果有利于国家,方法不必一致;如果可以便于行事,礼制不必相同。儒者同一师承而习俗有别,中原礼仪相同而教化互异,何况是为了荒远地区的方便呢?所以进退取舍的变化,聪明人也不能一致;远方和近处的服饰,圣贤也不能使它相同。穷乡僻壤风俗多异,学识浅陋却多诡辩。不了解的事不去怀疑,与自己的意见不同而不去非议的人，才会公正地博采众见以求尽善。如今叔父所说的是世俗之见，我所说的是改变旧俗。我国东有黄河、漳水，和齐国、中山国共有，可是没有舟船的设施。从常山直到代地、上党，东边是燕国、东胡的国境，西边有楼烦、秦国、韩国的边界，如今没有骑兵防守。所以我认为如果没有舟船的设施，住在河两岸的百姓，将用什么守住黄河、漳水呢？改变服装、练习骑射，就是为了防守同燕、三胡、秦、韩相邻的边界。况且，当初简主不在晋阳以及上党设要塞，襄主并吞戎地、攻取代国以便排斥各地胡人，这是愚人和智者都能明白的。从前中山国仗恃齐国的强大兵力，侵占践踏我国土地，掳掠我国百姓，引水围困鄗城，如果不是社稷神灵保佑，鄗城几乎失守。先王引以此为耻，可是这个仇还没有报。如今以骑射来防守，近可以使上党的地势更为有利，远可以报中山国之仇。可是叔父却顺从中原的习俗，违背简主、襄主的遗志，厌恶变服的名声而忘掉了鄗城被困的耻辱，这不是我所希望的。”公子成再拜叩头说：“我很愚蠢，没能理解大王的深意，竟敢乱说世俗的见解，这是我的罪过。如今大王要继承简主、襄主的遗志，顺从先王的意愿，臣敢不听从王命吗！”公子成再拜叩头。武灵王于是赐给他胡服。第二天，穿上胡服上朝。于是武灵王开始发布改穿胡服的命令。

赵文、赵造、周袑、赵俊都来劝阻武灵王不要穿胡服，依照原来的办法更适宜。武灵王说：“先王习俗不同，哪有古法可仿效？帝王们不互相因袭，哪有礼制可遵循？伏羲神农注重教化，不行诛罚；黄帝、尧、舜使用刑罚而不残暴。到了夏禹、商汤、周文王，随时代不同来制定法度，根据实际情况制定礼制。法规政令都要顺应实际需要，衣服器械都便于使用。所以礼不必只用一种方式，而便利国家也不必效法古代。圣人兴起并不互相因袭却能统一天下，夏、殷衰败，并未变更礼制也终于灭亡。那么，违背古制未可厚非，遵循旧礼并不值得称道。如果说服装奇特的人心志浮荡，那么邹、鲁一带就不会有离奇行为的人了；习俗怪异的地方百姓都轻率，那么吴、越一带也就不会有出众的人才了。况且圣人认为，只要有利于身体就可叫作衣服，只要便于行事就可称为礼法。规定进退的礼节，衣服的制度，是为使平民百姓有统一的遵循，不是用来约束贤人的。所以平民总是和流俗相伴，贤人却是同变革一道。所以谚语说：'按照书本赶车的人不会摸透马的性情，用古法来约束今世的人不懂得事理的变化。'遵循古法的功效，不可能高出世俗；效法古代的学说，不可能治理今世。你们不懂这个道理啊！"终于推行胡服并招募士兵练习骑射。

二十年，武灵王巡视中山国，到达宁葭；往西巡视胡人居住地，到达榆中。林胡王进献马匹。回来后，派楼缓出使秦国，仇液出使韩国，王贲出使楚国，富丁出使魏国，赵爵出使齐国。让代相赵固掌管胡地，招募胡兵。

二十一年，进攻中山国。赵袑率领右军，许钧率领左军，公子章率领中军，武灵王统率三军。牛翦率领战车和骑兵，赵希率领胡地与代地的士兵。赵希与诸军通过隘口，到曲阳会师，攻占了丹丘、华阳、鸱上关塞。武灵王率军夺取了鄗城、石邑、封龙、东垣。中山国献出四城求和，武灵王应允，收兵停战。二十三年，又进攻中山国。二十五年，惠后死。派周袑穿胡服辅佐教导王子赵何。二十六年，再次进攻中山国，夺取的土地北至燕、代一带，西至云中、九原。

二十七年五月戊申日，在东宫举行盛大朝会，武灵王传位，立王子赵何为王。新王到祖庙行参拜祖先之礼以后，上朝理事。大夫全都是大臣，肥义任相国，并且是新王的师傅。这就是惠文王。惠文王是惠后吴娃的儿子。武灵王自称为主父。

主父想让儿子自主治国，而自己穿上胡服率士大夫到西北去巡视胡地，并想从云中、九原径直向南方袭击秦国，于是他亲自乔装成使者进入秦国。秦昭王没有觉察，过后惊怪他的状貌特别魁伟，不像是为人臣子的气度，立即派人追赶，可是主父早已飞马奔出秦国的关口。仔细询问，才知道是主父。秦人非常惊恐。主父所以要进入秦国，是想亲自察看地形，顺便观察秦王的为人。

惠文王二年，主父巡视新占领的土地，于是经过代地，往西在西河与楼烦王相会，并招收了他的士兵。

三年，灭中山国，把中山王迁到肤施县。开始建灵寿城。北方的土地才开始属于赵国，通往代地的道路大为通畅。归来之后，论功行赏，实行大赦，设酒宴聚会欢饮五天，封长子赵章为代地的安阳君。赵章一向放纵，弟弟被立为国王他心中不服。主父又派田不礼辅佐赵章。

李兑对肥义说："公子章正当壮年并且心志骄狂，党徒众多，野心很大，大概会有私心吧！田不礼的为人，残忍并且傲慢。这两个人互相投合，一定会有阴谋作乱的事情发生，一旦挺身作乱就希图侥幸成功。小人有了野心，就会考虑轻率，谋事浅薄，只看到利益而不顾祸害，同伙互相怂恿，就会一起闯入祸乱之门。据我看，这一天一定不久了。您负有重任并握有大权，动乱会从您那里开始，灾祸会在您那里集中，您必定最先受害。仁人博爱万物，智者防患于未然，不仁又不智，怎能治理国家？您何不声称有病不出家门，把政事移交给公子成呢？不要成为怨恨的集中点，不要做祸乱发生的阶梯。"肥义说："不行。当初主父把新王托付给我时说：'不要变更你的法度，不要改变你的心，坚持一心，直到你死。'我再拜接受王命并且记载下来。现在如果惧怕田不礼作乱而忘记我记载的王命，什么罪过比变节更大呢！上朝接受了庄严的王命，退朝后就不全心全意，什么错误比负心更严重！变节负心之臣，刑罚是不宽容的。谚语说'死者如果复生，生者不应在他面前感到惭愧'。我已有言在先，我要实现我的诺言，哪能保全我的身体！况且坚贞之臣当灾难临头时节操就会显现，忠良之臣遇到牵累时行事必须鲜明。您已对我赐教并给我忠告。尽管如此，我已有言在先，始终不敢违背。"李兑说："好吧，您尽力而为吧！我能看到您只有今年了。"说完就痛哭流涕而去。李兑几次去见公子成，以便防范田不礼作乱。

另一天，肥义对信期说："公子章和田不礼非常令人忧虑。他们对我说得好听而实际上很险恶，他们为人不孝不忠。我听说，奸臣在朝廷，是国家的祸害；谗臣在宫中，是君主的蛀虫。这种人贪婪并且野心很大，宫内得到君主宠爱就到外边行凶胡为。假传王命傲慢无礼，一旦擅自发出命令，也是不难做到的，祸害将要危及国家。如今我为此忧虑，夜里忘记睡觉，饥饿忘记吃饭。对盗贼的出没不可不防。从今以后，如果有人请见君王一定要同我见面，我要先用自身抵挡他，没有变故君王才能进来。”信期说：“好啊，我能听到这样的话！”

四年，群臣前来朝拜，安阳君也来朝拜。主父让新王主持朝拜，而自己从旁暗中观察群臣和王室宗亲的礼仪。看到他的长子赵章颓丧的样子，反而北面称臣，屈身在弟弟面前，心里很怜悯他，那时就想把赵国一分为二，让赵章做代国之王，这个打算没有决定就中止了。

主父和惠文王到沙丘游览，分住两处宫室。公子章就利用他的党徒和田不礼作乱，诈传主父之命召见惠文王。肥义首先进去，被杀死了。高信就与惠文王一起作战。公子成和李兑从国都赶到，就调集四邑的军队前来抵御这场变乱，杀死了公子章和田不礼，消灭了他们的党徒，安定了王室。任命公子成为宰相，封号是安平君，任命李兑为司寇。公子章被打败时，逃到了主父那里，主父开门收留了他，公子成和李兑因而包围了主父的宫室。公子章死后，公子成和李兑商量说：“由于赵章的缘故包围了主父，即使撤兵，我们这些人也要灭族啊！”于是就继续包围主父宫室。命令宫中的人“最后出来的人灭族”，宫里的人全出来了。主父想出宫但出不来，又得不到食物，只好去掏雏雀充饥，三个多月以后饿死在沙丘宫。主父确实已死，这才向诸侯发出讣告报丧。

当时惠文王年少，公子成、李兑专政，两人害怕被杀，所以围困主父。主父起初是把长子赵章立为太子，后来得到吴娃，非常宠爱她，为此好几年不外出，生下儿子赵何后，就废了太子章而立赵何为王。吴娃死后，对赵何的爱也随之松弛，重又怜惜原来的太子，想让两个儿子并立为王，犹豫不决，所以祸乱发生，以至父子一同死去，被天下人嘲笑，怎不令人痛惜呢！

惠文王五年，赵把鄚、易两地给了燕国。八年，修筑南行唐城。九年，赵梁领兵，与齐国联合进攻韩国，直到鲁关之下。到了十年，秦国自称为西帝。十一年，董叔和魏氏征讨宋国，在魏国得到河阳。秦国夺取梗阳。十二年，赵梁领兵攻打齐国。十三年，韩徐为统帅，进攻齐国。公主死。十四年相国乐毅统率赵、秦、韩、魏、燕五国联军进攻齐国，夺取灵丘。赵王与秦王在中阳相会。十五年，燕昭王来会见赵王。赵国与韩、魏、秦联合攻齐，齐王败逃，燕军孤军深入，攻下临淄城。

十六年，秦国又与赵国几次进攻齐国，齐国人非常忧虑。苏厉为齐国写信给赵王，信中说：

我听说古代的贤君，他的德行并非遍布于海内各地，教化也并非普及到所有的百姓，四时祭祀的供品也不是经常让祖先享用。可是甘露普降，下雨及时，五谷丰收，百姓不生疫病，众人都赞美这些，然而贤主却要深思。

如今您的贤德和功劳，并非经常施之于秦国；积蓄的怨恨和怒气，也并非平素就对齐国特别深。秦赵两国联合，强使韩国出兵，秦国真是爱赵国吗？它确实恨齐国吗？事情如果过分，贤明的君主就应该认真观察。秦国并非爱赵国而恨齐国，而是想要灭亡韩国并且吞并东、西二周，故意以齐国为诱饵吸引天下。唯恐事情不能成功，所以才出兵胁迫魏国和赵国。又恐怕天下各国惧怕它，所以派出人质以便得到信任。还恐怕天下各国很快要反对它，所以在韩国征兵以示威胁。表面上说是对盟国有好处，实际上是要讨伐空虚的韩国，我认为秦国的计谋一定是从这方面考虑的。事情本来就有形势不同而祸患是一样的，楚国长期受到攻伐而中山国却灭亡了，如今齐国长期被攻伐而韩国必定该灭亡了。攻破齐国，大王您和六国共分其利。灭亡了韩国，秦国就单独占有它。占领二周，往西可以得到周王室祭祀用的礼器，秦国独吞私占。授给田地要计算功利，大王您得到的利益同秦国比谁多？

游说之士分析说："韩国失去三川，魏国失去晋地，用不了多久，灾祸就要来到了。"燕国全部占领齐国北部土地后，离沙丘、巨鹿就少了三百里，韩国的上党离邯郸一百里，燕国、秦国共谋夺取赵国的河山，经小路三百里就可串通。秦国的上郡邻近挺关，到达榆中有一千五百里，秦国如果依托三郡进攻赵国上党，羊肠坂以西，句注山以南就不再归大王您所有了。越过句注山，截断常山并驻守在那里，仅三百里路就可直达燕国,代马胡犬从此不再东入赵国,昆山之玉也不能运至赵国,这三种宝物也就不再归大王您所有了。大王长期攻伐齐国,随强秦进攻韩国,祸患必定会达到这种地步。希望您仔细考虑这个问题。

况且齐国所以被秦国攻伐,就是由于它侍奉了大王;各国军队联合行动,就是为了嫁祸于大王。燕、秦两国的盟约一订立,出兵的日子就不远了。五国想把赵国土地一分为三,齐国背弃了五国盟约而为解除赵国之祸牺牲自己,向西进兵扼制强秦,使秦国废除帝号请求屈服,把高平、根柔归还给魏国,把至分、先俞还给赵国。齐国侍奉大王,应该说是最好的交情了,如今却要向齐国问罪,我担心以后侍奉大王的国家不敢那么坚决了。希望大王慎重考虑这件事。

如今大王不与各国进攻齐国,天下各国必定认为大王主持正义,齐国将捧着江山社稷更尽心的侍奉大王,天下各国一定都会敬重大王的正义。大王可以倡导各国同秦国友好,如果秦国强暴,大王就带领各国抑制它,这样,一世的名誉荣耀都在大王的掌握中了。

于是赵国就停止进兵,谢绝秦国,不再攻击齐国。

惠文王与燕王相会。廉颇为将,进攻齐国的昔阳,把它攻下了。

惠文王十七年,乐毅率领赵国军队攻打魏国的伯阳。秦国怨恨赵国不同它联合进攻齐国,就征伐赵国,攻下赵国的两座城。十八年,秦国攻下赵国的石城。赵王再次到卫地的东阳,决开黄河水道,征伐魏国。大水成灾,漳水泛滥。魏冉来赵国任宰相。十九年,秦军夺取了赵国的两座城。赵国把伯阳还给魏国。赵奢领兵,攻打齐国的麦丘,把它攻取了。二十年,廉颇领兵,进攻齐国。赵王与秦昭王在西河之外渑池相会。

二十一年,赵国把漳水的水道改在武平西边。二十二年,瘟疫大规模流行。立公子丹为太子。

二十三年,楼昌领兵,攻打魏国的几邑,未能夺取。十二月,廉颇领兵,再攻几邑,占领了它。二十四年,廉颇领兵,进攻魏国的房子县,攻克了它,就筑起城墙才回去。又进攻安阳,把它夺取了。二十五年,燕周领兵,进攻昌城、高唐,都攻克了。赵国和魏国一起攻秦,秦国大将白起在华阳打败赵军，俘虏一名赵将。二十六年，夺取被东胡胁迫叛离的代地。

二十七年，又将漳水改道在武平以南。封赵豹为平阳君。黄河泛滥，大水成灾。

二十八年，蔺相如征伐齐国，打到平邑。停止修建北边九门县的大城。燕国将领成安君和公孙操杀害了他们的国王。二十九年，秦与韩相助攻赵，包围了阏与。赵国派赵奢领兵，反击秦军，在阏与城下大败秦军，赵王赐给他马服君的封号。

三十三年，惠文王死，太子丹即位，这就是孝成王。

孝成王元年，秦国攻打赵国，攻下了三座城。赵王刚刚即位，太后掌权，秦国加紧进攻。赵国向齐国求救，齐王说："必须要让长安君来做人质，才能出兵。"太后不肯，大臣极力进谏。太后明确地对左右说："有再来谈让长安君去作人质的，老妇一定要唾他的脸。"左师触龙说希望拜见太后，太后怒气冲冲地等着他。触龙进宫后，慢慢地走着小碎步坐下，自己告罪说："老臣我脚有毛病，简直不能快跑，有很久没来拜见您了。我私下里宽恕自己，可是又恐怕太后的身体有什么不舒服，所以很想看望太后。"太后说："老妇我依靠车辇行动。"触龙说："您的饮食没有减少吧？"太后说："就靠喝粥罢了。"触龙说："老臣我近来食欲很不好，就勉强散散步，每天走上三四里，多少增加了点食欲，身体也舒适一些了。"太后说："老妇我办不到。"太后不平和的脸色稍有缓和。左师公触龙说："我的儿子舒祺年龄最小，没什么出息，而我已衰老，心里很疼爱他，希望他能补上黑衣卫士的空缺来保卫王宫，我冒着死罪向您禀告此事。"太后说："好吧！年纪多大了？"回答说："十五岁了。虽然还不大，希望在我还没入土时把他托付给您。"太后说："男人也疼爱小儿子吗？"回答说："超过妇人。"太后笑着说："妇人爱得更厉害。"触龙说："老臣私下里认为您老疼爱燕后胜过爱长安君。"太后说："您错了，比爱长安君差得多了。"左师公说："父母疼爱子女，就应当为他们考虑得周到长远。您老送燕后远嫁时，握着她的脚后跟，为她哭泣，想到她要去那么远，也是很可怜她呀。走了以后，并非不想念她，可是祭祀时却祷告说'千万不要让她回来'，难道不是为她考虑长远，希望她的子子孙孙都能继承王位吗？”太后说：“是啊。”左师公说：“从现在上推到三代以前，直到赵氏建国，赵王子孙被封侯的，他们的继承人还有在位的吗？”太后说：“没有了。”触龙说：“不只是赵国，各国诸侯子孙后代的继承人还有在位的吗？”太后说：“老妇没听说过。”触龙说：“这是由于离得近的灾祸落到自己身上，离得远的灾祸就落到子孙头上。难道君主的子孙被封侯的就都不好吗？是由于他们的地位尊贵但没有功勋，俸禄优厚但没有劳绩，而拥有的贵重的宝物又太多了。如今您老抬高长安君的地位，又封给他肥沃的土地，赐给他许多贵重的宝物，可是不趁现在让他为国立功，一旦您辞别了人世，长安君凭借什么在赵国安身？老臣以为您为长安君打算得短浅，所以认为疼爱他不如疼爱燕后。”太后说：“好吧，任凭您派遣他去吧！”于是为长安君准备了一百辆车子，到齐国去做人质，齐国这才出兵。

子义听到这件事，说：“君主的儿子，也是骨肉至亲，尚且不能依仗没有功勋的尊位，没有劳绩的俸禄，来保住他的权力和财富，何况是我们这样的人呢？”

齐国的安平君田单率领赵国军队进攻燕国的中阳，把它攻克了。又进攻韩国的注人，也攻克了。二年，惠文后死。田单任宰相。

四年，孝成王做梦穿着左右两色衣服，乘飞龙上天，没到天上就坠落下来，看见金玉堆积如山。第二天，孝成王召见名叫敢的筮史来给他占卜，筮史敢解道：“梦见穿左右两色衣服，象征残缺。乘飞龙上天没到天上就坠落下来，象征有气势但没力量。看见金玉堆积如山，象征有忧患。”

过了三天，韩国上党的守将冯亭派使者到赵国，他说：“韩国不能守住上党，就要并入秦国。那里的官吏百姓都愿意归属赵国，不愿归属秦国。上党有城邑十七个，愿再拜并入赵国，听凭大王您裁决，赐给官吏百姓好消息。”孝成王大喜，召见平阳君赵豹告诉他说：“冯亭进献十七城，接受它怎么样？”赵豹回答说：“圣人把无缘无故得到的利益看作是大祸害。”孝成王说：“人们都被我的恩德感召，怎么说是无故呢？”赵豹回答说:“秦国蚕食韩国的土地,从当中断绝,不让两边相通,本来自以为会安安稳稳地得到上党的土地了。韩国所以不归顺秦国,是想要嫁祸于赵国。秦国付出了辛劳而赵国却白白得利,即使强国大国也不能随意从小国弱国那里得利,小国弱国反倒能从强国大国那里得利吗?难道可以说不是无故之利吗!况且秦国利用牛田的水道运粮蚕食韩国,用最好的战车奋力作战,分割韩国的土地,它的政令已施行,不能和它为敌,一定不要接受。”孝成王说:“我国出动百万大军进攻,一年半载也得不到一座城。现在人家把十七座城邑当礼物送给我国,这可是很大的利益呀!”

赵豹出去后,孝成王召见平原君和赵禹,告诉他们这件事。他们回答说:“出动百万大军进攻,过一年也得不到一座城,如今白白得到十七座城邑,这是大便宜,不能丢掉。”孝成王说:“好。”于是派赵胜去接受土地。赵胜告诉冯亭说:“我是敝国使者赵胜,敝国君主派我传达命令,封赐太守万户的城邑三座,封赐各县县令千户的城邑三座,全都世代为侯,官吏百姓全部晋爵三级,官吏百姓能平安相处,都赐给黄金六斤。”冯亭流下眼泪不见使者,他说:“我不能处于三不义的境地:为国君守卫国土,不能拼死固守,这是一不义;韩王把上党送给秦国,我不听国君的命令,这是二不义;出卖君主的土地而得到封赏,这是三不义。”赵国于是发兵占领上党。廉颇领兵进驻长平。

七月,廉颇被免职,赵括接替他领兵。秦军包围赵括,赵括率军投降,四十多万士兵都被坑杀。孝成王后悔不听赵豹的意见,所以才有了长平之祸。

孝成王回到王都,不答应秦国的割地要求,秦军围困邯郸。武垣令傅豹和王容、苏射率领燕国民众叛赵回归燕地。赵国把灵丘封给楚国宰相春申君。

八年,平原君到楚国请救兵。回国后,楚军前来救援,魏国公子无忌也来救援,秦军才解除了对邯郸的包围。

十年,燕军进攻昌壮,五月攻克。赵国将军乐乘、庆舍进攻秦国信梁的军队,打败了他。赵国太子死。秦国进攻西周国,攻克了它。徒父祺领兵出境。十一年,建元氏城,设上原县。武阳君郑安平死,收回他的封地。十二年,邯郸的草料库被烧毁。十四年,平原君赵胜死。

十五年,把尉文封给相国廉颇,封号信平君。燕王派丞相栗腹同赵国交好,送五百斤黄金给赵王作礼物。栗腹回国后向燕王报告说:“赵国的壮丁都死在长平,他们的遗孤还未长成,可以进攻它。”燕王召见昌国君乐间问他。乐间回答说:“赵国是四面受敌的国家,它的百姓都受过军事训练,不能进攻它。”燕王说:“我们以多攻少,两个打一个,行吗?”回答道:“不行。”燕王说:“那我就用五个去打一个,可以吗?”回答道:“不行。”燕王大怒。群臣都认为可以。燕国终于出动两支军队,两千辆战车,栗腹率军进攻鄗城,卿秦率军进攻代地。廉颇为赵国大将,打败并杀死栗腹,俘虏了卿秦、乐间。

十六年,廉颇围困燕国都城。封乐乘为武襄君。十七年,代理宰相大将武襄君进攻燕国,包围了它的国都。十八年,延陵钧率军随相国信平君廉颇帮助魏国进攻燕国。秦军攻下了赵国榆次地区的三十七座城。十九年,赵国和燕国交换国土:赵国把龙兑、汾门、临乐给燕国;燕国则把葛城、武阳、平舒给赵国。

二十年,秦王政即位。秦军攻下赵国的晋阳。

二十一年,孝成王死。廉颇领兵,进攻繁阳,占领了它。赵王派乐乘接替廉颇,廉颇攻打乐乘,乐乘逃跑,廉颇逃亡到魏国。孝成王之子赵偃即位,这就是悼襄王。

悼襄王元年,盛礼交好魏国。想修通到魏国平邑和中牟的道路,没有成功。

二年,李牧领兵,攻打燕国,攻下了武遂、方城。秦国召见赵国的春平君,借故把他扣留了。泄钧为他对文信侯吕不韦说:“春平君这个人,赵王特别喜爱他,而赵王的近侍们却忌妒他,所以他们互相商议说:‘春平君到秦国,秦国一定扣留他。’于是他们一起商量把春平君送到秦国。如今您扣留他,就断绝和赵国的关系,中了那些近侍们的奸计。您不如送回春平君扣留平都。春平君的言行受赵王的信任,赵王一定会割让许多土地赎回平都。”文信侯说：“好。”因而送走了春平君。赵国在韩皋筑城。

三年，庞煖领兵，进攻燕国，俘虏了燕将剧辛。四年，庞煖统率赵、楚、魏、燕四国的精兵，进攻秦国的蕞地，没有攻克；移兵进攻齐国，夺取了饶安。五年，傅抵领兵，驻扎在平邑；庆舍率领东阳河外的军队，守卫黄河的桥梁。六年，把饶阳封给长安君。魏国将邺地送给赵国。

九年，赵国进攻燕国，夺取了貍阳城。还没有收兵，秦国就来攻邺，攻下了它。悼襄王死，其子幽缪王赵迁即位。

幽缪王赵迁元年，在柏人筑城。二年，秦军进攻武城，扈辄率领军队去救援，军队被打败，扈辄战死。

三年，秦军进攻赤丽、宜安，李牧领兵与秦军在肥城之下大战，击退了秦军。赵王封李牧为武安君。四年，秦军进攻番吾，李牧与秦军作战，把它打退了。

五年，代地发生大地震，从乐徐以西，北至平阴，楼台、房屋、墙垣大半毁坏，地面裂开东西宽一百三十步的裂沟。六年，发生大饥荒，百姓中传出民谣说：“赵人大哭，秦人大笑。如若不信，请看田里长不长苗。”

七年，秦军进攻赵国，赵国大将李牧和将军司马尚领兵，反击秦军。李牧被杀，司马尚被免职，赵忽和齐国将军颜聚代替他们。赵忽兵败，颜聚逃跑。因此赵王迁投降。

八年十月，邯郸成为秦国的领土。

太史公说：我听冯王孙说：“赵王迁，他的母亲是歌女，得到悼襄王的宠爱。悼襄王废了嫡子赵嘉而立赵迁为太子。赵迁平素行为不端，听信谗言，所以诛杀了赵国良将李牧，重用郭开。”难道不荒唐吗！秦国俘虏赵迁后，赵国那些逃亡的大夫共同扶立赵嘉为王，在代地称王六年。秦国进兵打败了赵嘉，终于灭了赵国，把它改为郡。

【鉴赏】

在《史记》三十世家中，《赵世家》是颇具特色的一篇。首先是其带有后世传奇小说色彩的笔法。本篇分别记述了赵盾、赵简子、赵武灵王、孝成王所做的四个梦，并通过梦占交代了赵国即将发生的大事，还记述了三位神人给赵襄子的旨令，如此以神秘的梦境和神示为线索，前后呼应，串合历史，使得赵国历史的发展像是事先规定好的，带有浓厚的传奇色彩。有人以为这是司马迁不能摆脱时代局限和迷信思想的束缚所致，这并非全无道理，但不妨视之为作者组织历史材料的手段，如此方使得对历史进程的叙述更为紧凑生动。

其次是叙事曲折生动，写人鲜明逼真。这又分别以赵氏孤儿和赵武灵王胡服骑射为代表。赵氏孤儿的故事情节曲折，惊心动魄；人物形象鲜明，栩栩如生。程婴的忍辱负重，公孙杵臼的慷慨牺牲，屠岸贾的奸邪残暴，无不跃然纸上。后来这个故事被搬上舞台，写入说部，更是广为流传，为人熟知。赵武灵王是战国乃至中国古代史上一位杰出的人物，他的胡服骑射之功，是历史上颇为鲜亮的一笔。司马迁通过对赵武灵王的毫不妥协、力排众议、大胆改革进行较为详尽的记述，为读者展现出这位改革者的远见卓识和勇气魄力。不仅如此，在司马迁笔下，赵武灵王的生平事迹也很有传奇性和悲剧性。

史记卷四十四·魏世家第十四

《魏世家》记述了魏国自魏文侯建国至王假为秦所灭二百多年之间的世系承传及全部兴衰历史。全篇多简短记事,而紧扣魏国兴衰转折之关键,记魏文侯、魏惠王和魏安釐王三代事颇详。魏文侯尊贤下士,好学善问,使魏国兴起为强国。魏惠王穷兵黩武,桂陵、马陵之战败于齐,又为秦所逼,尽失河西之地,徙都大梁,魏国之衰由此而始。魏安釐王时魏公子无忌合纵抗秦本可延缓魏之灭亡,而魏安釐王之失策却加速了魏国的灭亡,本篇用了近三分之一的篇幅从不同角度、以不同方式记述了安釐王的失策之处。在篇末论赞中司马迁对魏国不用信陵君致使国家灭亡表达了深深的感慨之情,并揭示出秦统一六国乃必然之势,魏之灭亡也是历史之必然。

魏之先,毕公高之后也,毕公高与周同姓。武王之伐纣,而高封于毕,于是为毕姓。其后绝封,为庶人,或在中国①,或在夷狄②。其苗裔曰毕万,事晋献公。

献公之十六年,赵夙为御,毕万为右③,以伐霍、耿、魏,灭之。以耿封赵夙,以魏封毕万,为大夫。卜偃曰:“毕万之后必大矣。万,满数也④;魏,大名也。以是始赏,天开之矣。天子曰兆民,诸侯曰万民。今命之大,以从满数,其必有众。”初,毕万卜事晋,遇“屯”之“比”⑤。辛廖占之,曰:“吉。屯固比入⑥,吉

---

①中国:指中原地区。 ②夷狄:古代称东部的少数民族为夷,称北部的少数民族为狄。此处泛指外族所居之地。 ③御:驾驭车马,此指御者。右:指车右。古代车战中,御者居中,尊者居左,护卫居右。 ④满数:古人计数以万为满数。 ⑤之:变为。 ⑥屯:险难。固:坚久。比:顺利。

孰大焉？其必蕃昌。”

毕万封十一年，晋献公卒，四子争更立[①]，晋乱。而毕万之世弥大[②]，从其国名为魏氏。生武子。魏武子以魏诸子事晋公子重耳。晋献公之二十一年，武子从重耳出亡。十九年反，重耳立为晋文公，而令魏武子袭魏氏之后封，列为大夫，治于魏。生悼子。

魏悼子徙治霍[③]。生魏绛。

魏绛事晋悼公。悼公三年，会诸侯。悼公弟杨干乱行[④]，魏绛僇辱杨干[⑤]。悼公怒曰：“合诸侯以为荣，今辱吾弟！”将诛魏绛。或说悼公，悼公止。卒任魏绛政，使和戎、翟[⑥]，戎、翟亲附。悼公之十一年，曰：“自吾用魏绛，八年之中，九合诸侯，戎、翟和，子之力也。”赐之乐，三让，然后受之。徙治安邑。魏绛卒，谥为昭子。生魏嬴。嬴生魏献子。

献子事晋昭公。昭公卒而六卿强，公室卑[⑦]。

晋顷公之十二年，韩宣子老[⑧]，魏献子为国政。晋宗室祁氏、羊舌氏相恶，六卿诛之，尽取其邑为十县，六卿各令其子为之大夫。献子与赵简子、中行文子、范献子并为晋卿。

其后十四岁而孔子相鲁。后四岁，赵简子以晋阳之乱也，而与韩、魏共攻范、中行氏。

魏献子生魏侈。魏侈与赵鞅共攻范、中行氏。

魏侈之孙曰魏桓子，与韩康子、赵襄子共伐灭知伯，分其地。

---

①更立：轮流交替。 ②世：后代。弥：更加。 ③徙治：迁徙治所。 ④乱行：军队行列混乱。 ⑤僇辱：侮辱，羞辱。僇：通“戮”。 ⑥翟：通“狄”，古代北方一个民族。 ⑦六卿：范、中行、智、韩、赵、魏六大家族，世为晋卿。公室：诸侯家族，亦指诸侯国政权。 ⑧老：告老，退休。

桓子之孙曰文侯都。魏文侯元年，秦灵公之元年也。与韩武子、赵桓子、周威王同时。

六年，城少梁。十三年，使子击围繁、庞，出其民[①]。十六年，伐秦，筑临晋、元里。

十七年，伐中山，使子击守之，赵仓唐傅之[②]。子击逢文侯之师田子方于朝歌，引车避，下谒[③]。田子方不为礼。子击因问曰："富贵者骄人乎？且贫贱者骄人乎？"子方曰："亦贫贱者骄人耳。夫诸侯而骄人则失其国，大夫而骄人则失其家。贫贱者，行不合，言不用，则去之楚、越，若脱蹝然，奈何其同之哉！"子击不怿而去[④]。西攻秦，至郑而还，筑洛阴、合阳。

二十二年，魏、赵、韩列为诸侯。

二十四年，秦伐我，至阳狐。

二十五年，子击生子罃。

文侯受子夏经艺[⑤]，客段干木，过其闾，未尝不轼也[⑥]。秦尝欲伐魏，或曰："魏君贤人是礼[⑦]，国人称仁，上下和合，未可图也。"文侯由此得誉于诸侯。

任西门豹守邺，而河内称治[⑧]。

魏文侯谓李克曰："先生尝教寡人曰'家贫则思良妻，国乱则思良相'。今所置非成则璜[⑨]，二子何如？"李克对曰："臣闻之，卑不谋尊，疏不谋戚。臣在阙门之外，不敢当命。"文侯曰："先生临事勿让。"李克曰："君不察故也。居视其所亲[⑩]，富视其所与[⑪]，达视其所举[⑫]，穷视其所不为，贫视其所不取，五者足以

---

①出：迁出，迁走。②傅：辅佐。③下谒：下车拜见。④怿：高兴。⑤经艺：六经亦称六艺，"经艺"即指经书。⑥轼：车前的横木，这里是指在车上扶轼表示敬意。⑦贤人是礼：礼敬贤人。⑧河内：春秋战国时期，称黄河以北地区为河内。⑨成：即魏成子，文侯之弟。璜：即大夫翟璜。⑩居：平时。⑪与：交往。⑫达：显贵。

定之矣，何待克哉！”文侯曰：“先生就舍，寡人之相定矣。”

李克趋而出，过翟璜之家。翟璜曰：“今者闻君召先生而卜相[1]，果谁为之？”李克曰：“魏成子为相矣。”翟璜忿然作色曰：“以耳目之所睹记，臣何负于魏成子[2]？西河之守[3]，臣之所进也。君内以邺为忧，臣进西门豹。君谋欲伐中山，臣进乐羊。中山已拔，无使守之，臣进先生。君之子无傅，臣进屈侯鲋。臣何以负于魏成子！”李克曰：“且子之言克于子之君者，岂将比周以求大官哉[4]？君问而置相‘非成则璜，二子何如’。克对曰：‘君不察故也。居视其所亲，富视其所与，达视其所举，穷视其所不为，贫视其所不取，五者足以定之矣，何待克哉！’是以知魏成子之为相也。且子安得与魏成子比乎？魏成子以食禄千钟，什九在外，什一在内，是以东得卜子夏、田子方、段干木。此三人者，君皆师之。子之所进五人者，君皆臣之。子恶得与魏成子比也[5]？”翟璜逡巡再拜曰[6]：“璜，鄙人也，失对，愿卒为弟子。”

二十六年，虢山崩，壅河[7]。

三十二年，伐郑。城酸枣。败秦于注。三十五年，齐伐取我襄陵。三十六年，秦侵我阴晋。

三十八年，伐秦，败我武下，得其将识。是岁，文侯卒，子击立，是为武侯。

魏武侯元年，赵敬侯初立，公子朔为乱，不胜，奔魏，与魏袭邯郸，魏败而去。二年，城安邑、王垣。七年，伐齐，至桑丘。九年，翟败我于浍。使吴起伐齐，至灵丘。齐威王初立。

---

①卜：选择。②负：比不上。③西河：指黄河以西的地区。④比周：结党营私。⑤恶：怎么，哪里。⑥逡巡：犹疑徘徊的样子。⑦壅：堵塞。

十一年，与韩、赵三分晋地，灭其后。

十三年，秦献公县栎阳。十五年，败赵北蔺。

十六年，伐楚，取鲁阳。武侯卒，子䓨立，是为惠王。

惠王元年。初，武侯卒也，子䓨与公中缓争为太子。公孙颀自宋入赵，自赵入韩，谓韩懿侯曰："魏䓨与公中缓争为太子，君亦闻之乎？今魏䓨得王错，挟上党，固半国也。因而除之，破魏必矣，不可失也。"懿侯说[①]，乃与赵成侯合军并兵以伐魏，战于浊泽，魏氏大败，魏君围。赵谓韩曰："除魏君，立公中缓，割地而退，我且利。"韩曰："不可。杀魏君，人必曰暴；割地而退，人必曰贪。不如两分之。魏分为两，不强于宋、卫，则我终无魏之患矣。"赵不听。韩不说，以其少卒夜去。惠王之所以身不死，国不分者，二家谋不和也。若从一家之谋，则魏必分矣。故曰"君终无適子[②]，其国可破也"。

二年，魏败韩于马陵，败赵于怀。三年，齐败我观。五年，与韩会宅阳。城武堵。为秦所败。六年，伐取宋仪台。九年，伐败韩于浍。与秦战少梁，虏我将公孙痤，取庞。秦献公卒，子孝公立。

十年，伐取赵皮牢。彗星见[③]。十二年，星昼坠，有声。十四年，与赵会鄗。十五年，鲁、卫、宋、郑君来朝。十六年，与秦孝公会杜平。侵宋黄池，宋复取之。

十七年，与秦战元里，秦取我少梁。围赵邯郸。十八年，拔邯郸。赵请救于齐，齐使田忌、孙膑救赵，败魏桂陵。

十九年，诸侯围我襄陵。筑长城，塞固阳。

二十年，归赵邯郸，与盟漳水上。二十一年，与秦会彤。赵

①说：同"悦"。②適：同"嫡"。③见：同"现"。

成侯卒。二十八年，齐威王卒。中山君相魏。

三十年，魏伐赵，赵告急齐。齐宣王用孙子计，救赵击魏。魏遂大兴师，使庞涓将，而令太子申为上将军。过外黄，外黄徐子谓太子曰："臣有百战百胜之术。"太子曰："可得闻乎？"客曰："固愿效之[①]。"曰："太子自将攻齐，大胜并莒，则富不过有魏，贵不益为王。若战不胜齐，则万世无魏矣。此臣之百战百胜之术也。"太子曰："诺，请必从公之言而还矣。"客曰："太子虽欲还，不得矣。彼劝太子战攻，欲啜汁者众。太子虽欲还，恐不得矣。"太子因欲还，其御曰："将出而还，与北同[②]。"太子果与齐人战，败于马陵。齐虏魏太子申，杀将军涓，军遂大破。

三十一年，秦、赵、齐共伐我，秦将商君诈我将军公子卬而袭夺其军，破之。秦用商君，东地至河，而齐、赵数破我，安邑近秦，于是徙治大梁，以公子赫为太子。

三十三年，秦孝公卒，商君亡秦归魏，魏怒，不入。三十五年，与齐宣王会平阿南。

惠王数被于军旅[③]，卑礼厚币以招贤者。邹衍、淳于髡、孟轲皆至梁。梁惠王曰："寡人不佞[④]，兵三折于外，太子虏，上将死，国以空虚，以羞先君宗庙社稷，寡人甚丑之[⑤]。叟不远千里，辱幸至敝邑之廷，将何以利吾国？"孟轲曰："君不可以言利若是。夫君欲利则大夫欲利，大夫欲利则庶人欲利，上下争利，国则危矣。为人君，仁义而已矣，何以利为！"

三十六年，复与齐王会甄。是岁，惠王卒，子襄王立。

襄王元年，与诸侯会徐州，相王也。追尊父惠王为王。

---

①效：呈献，进献。 ②北：败北，败逃。 ③被：遭受。 ④不佞：不才。 ⑤丑：惭愧，羞耻。

五年，秦败我龙贾军四万五千于雕阴，围我焦、曲沃。予秦河西之地。六年，与秦会应。秦取我汾阴、皮氏、焦。魏伐楚，败之陉山。七年，魏尽入上郡于秦。秦降我蒲阳。八年，秦归我焦、曲沃。

十二年，楚败我襄陵。诸侯执政与秦相张仪会啮桑。十三年，张仪相魏。魏有女子化为丈夫。秦取我曲沃、平周。

十六年，襄王卒，子哀王立。张仪复归秦。

哀王元年，五国共攻秦，不胜而去。

二年，齐败我观津。五年，秦使樗里子伐取我曲沃，走犀首岸门。六年，秦来立公子政为太子。与秦会临晋。七年，攻齐。与秦伐燕。

八年，伐卫，拔列城二。卫君患之。如耳见卫君曰："请罢魏兵，免成陵君，可乎？"卫君曰："先生果能，孤请世世以卫事先生。"如耳见成陵君曰："昔者魏伐赵，断羊肠，拔阏与，约斩赵，赵分而为二，所以不亡者，魏为从主也。今卫已迫亡，将西请事于秦。与其以秦醳卫，不如以魏醳卫，卫之德魏必终无穷。"成陵君曰："诺。"如耳见魏王曰："臣有谒于卫。卫故周室之别也①，其称小国，多宝器。今国迫于难而宝器不出者，其心以为攻卫醳卫不以王为主，故宝器虽出必不入于王也。臣窃料之，先言醳卫者必受卫者也。"如耳出，成陵君入，以其言见魏王。魏王听其说，罢其兵；免成陵君，终身不见。

九年，与秦王会临晋。张仪、魏章皆归于魏。魏相田需死，楚害张仪、犀首、薛公。楚相昭鱼谓苏代曰："田需死，吾恐张仪、犀首、薛公有一人相魏者也。"代曰："然相者欲谁而君便

---

①别：别支，分支。

之?"昭鱼曰:"吾欲太子之自相也。"代曰:"请为君北,必相之。"昭鱼曰:"奈何?"对曰:"君其为梁王[1],代请说君。"昭鱼曰:"奈何?"对曰:"代也从楚来,昭鱼甚忧,曰:'田需死,吾恐张仪、犀首、薛公有一人相魏者也。'代曰:'梁王,长主也[2],必不相张仪。张仪相,必右秦而左魏。犀首相,必右韩而左魏。薛公相,必右齐而左魏。梁王,长主也,必不便也。'王曰:'然则寡人孰相?'代曰:'莫若太子之自相。太子之自相,是三人者皆以太子为非常相也,皆将务以其国事魏,欲得丞相玺也。以魏之强,而三万乘之国辅之,魏必安矣。故曰莫若太子之自相也。'"遂北见梁王,以此告之。太子果相魏。

十年,张仪死。十一年,与秦武王会应。十二年,太子朝于秦。秦来伐我皮氏,未拔而解。十四年,秦来归武王后。十六年,秦拔我蒲反、阳晋、封陵。十七年,与秦会临晋。秦予我蒲反。十八年,与秦伐楚。二十一年,与齐、韩共败秦军函谷。

二十三年,秦复予我河外及封陵为和。哀王卒,子昭王立。

昭王元年,秦拔我襄城。二年,与秦战,我不利。三年,佐韩攻秦,秦将白起败我军伊阙二十四万。六年,予秦河东地方四百里。芒卯以诈重。七年,秦拔我城大小六十一。八年,秦昭王为西帝,齐湣王为东帝。月馀,皆复称王归帝。九年,秦拔我新垣、曲阳之城。

十年,齐灭宋,宋王死我温。十二年,与秦、赵、韩、燕共伐齐,败之济西,湣王出亡。燕独入临菑。与秦王会西周。

十三年,秦拔我安城,兵到大梁,去。十八年,秦拔郢,楚王徙陈。

---

①梁王:即魏王。魏惠王时迁都大梁,故魏王又称梁王。 ②长主:贤明的君主。

十九年，昭王卒，子安釐王立。

安釐王元年，秦拔我两城。二年，又拔我二城。军大梁下，韩来救，予秦温以和。三年，秦拔我四城，斩首四万。四年，秦破我及韩、赵，杀十五万人，走我将芒卯。魏将段干子请予秦南阳以和。苏代谓魏王曰："欲玺者段干子也，欲地者秦也。今王使欲地者制玺①，使欲玺者制地，魏氏地不尽则不知已。且夫以地事秦，譬犹抱薪救火，薪不尽，火不灭。"王曰："是则然也。虽然，事始已行，不可更矣。"对曰："王独不见夫博之所以贵枭者②，便则食③，不便则止矣。今王曰'事始已行，不可更'，是何王之用智不如用枭也？"

九年，秦拔我怀。十年，秦太子外质于魏死。

十一年，秦拔我郪丘。

秦昭王谓左右曰："今时韩、魏与始孰强？"对曰："不如始强。"王曰："今时如耳、魏齐与孟尝、芒卯孰贤？"对曰："不如。"王曰："以孟尝、芒卯之贤，率强韩、魏以攻秦，犹无奈寡人何也。今以无能之如耳、魏齐而率弱韩、魏以伐秦，其无奈寡人何亦明矣。"左右皆曰："甚然。"中旗冯琴而对曰："王之料天下过矣④。当晋六卿之时，知氏最强⑤，灭范、中行，又率韩、魏之兵以围赵襄子于晋阳，决晋水以灌晋阳之城，不湛者三版⑥。知伯行水，魏桓子御，韩康子为参乘⑦。知伯曰：'吾始不知水之可以亡人之国也，乃今知之。'汾水可以灌安邑，绛水可以灌平阳。魏桓子肘韩康子，韩康子履魏桓子，肘足接于车上，而知氏地分，身死国亡，为天下笑。今秦兵虽强，不能过知氏；韩、魏虽弱，尚贤

①制：控制。 ②枭：古代博局戏，得枭者则食其子。 ③食：吃掉（棋子）。 ④过：错。 ⑤知氏：即智氏。 ⑥湛：通"沉"，被淹没。 ⑦参乘：陪乘者。

其在晋阳之下也[①]。此方其用肘足之时也,愿王之必勿易也[②]!"于是秦王恐。

齐、楚相约而攻魏,魏使人求救于秦,冠盖相望也,而秦救不至。魏人有唐雎者,年九十馀矣,谓魏王曰:"老臣请西说秦王,令兵先臣出。"魏王再拜,遂约车而遣之[③]。唐雎到,入见秦王。秦王曰:"丈人芒然乃远至此[④],甚苦矣!夫魏之来求救数矣,寡人知魏之急已。"唐雎对曰:"大王已知魏之急而救不发者,臣窃以为用策之臣无任矣[⑤]。夫魏,一万乘之国也,然所以西面而事秦,称东藩,受冠带,祠春秋者,以秦之强足以为与也[⑥]。今齐、楚之兵已合于魏郊矣,而秦救不发,亦将赖其未急也。使之大急,彼且割地是约从,王尚何救焉?必待其急而救之,是失一东藩之魏而强二敌之齐、楚,则王何利焉?"于是秦昭王遽为发兵救魏[⑦]。魏氏复定。

赵使人谓魏王曰:"为我杀范痤,吾请献七十里之地。"魏王曰:"诺。"使吏捕之,围而未杀。痤因上屋骑危[⑧],谓使者曰:"与其以死痤市[⑨],不如以生痤市。有如痤死[⑩],赵不予王地,则王将奈何?故不若与先定割地,然后杀痤。"魏王曰:"善。"痤因上书信陵君曰:"痤,故魏之免相也,赵以地杀痤而魏王听之,有如强秦亦将袭赵之欲,则君且奈何?"信陵君言于王而出之。

魏王以秦救之故,欲亲秦而伐韩,以求故地。无忌谓魏王曰:

> 秦与戎翟同俗,有虎狼之心,贪戾好利无信,不识礼义德行。苟有利焉,不顾亲戚兄弟,若禽兽耳,此天下之所识

---

①贤:胜过。②易:轻视。③约:备办。④丈人:对老者的尊称。芒然:老态龙钟的样子。⑤无任:无能。⑥与:盟国。⑦遽:立即。⑧骑危:骑在屋脊上。⑨市:交易。⑩有如:假如。

也，非有所施厚积德也。故太后母也，而以忧死；穰侯舅也，功莫大焉，而竟逐之；两弟无罪，而再夺之国。此于亲戚若此，而况于仇雠之国乎[①]？今王与秦共伐韩而益近秦患，臣甚惑之。而王不识则不明，群臣莫以闻则不忠。

今韩氏以一女子奉一弱主，内有大乱，外交强秦、魏之兵，王以为不亡乎？韩亡，秦有郑地，与大梁邻，王以为安乎？王欲得故地，今负强秦之亲[②]，王以为利乎？

秦非无事之国也，韩亡之后必将更事[③]，更事必就易与利，就易与利必不伐楚与赵矣。是何也？夫越山逾河，绝韩上党而攻强赵，是复阏与之事，秦必不为也。若道河内[④]，倍邺、朝歌[⑤]，绝漳、滏水，与赵兵决于邯郸之郊，是知伯之祸也，秦又不敢。伐楚，道涉谷，行三千里，而攻冥阨之塞，所行甚远，所攻甚难，秦又不为也。若道河外，倍大梁，右上蔡、召陵，与楚兵决于陈郊，秦又不敢。故曰秦必不伐楚与赵矣，又不攻卫与齐矣。夫韩亡之后，兵出之日，非魏无攻已。

秦固有怀、茅、邢丘，城垝津以临河内，河内共、汲必危；有郑地，得垣雍，决荧泽水灌大梁，大梁必亡。王之使者出，过而恶安陵氏于秦[⑥]，秦之欲诛之久矣。秦叶阳、昆阳与舞阳邻，听使者之恶之，随安陵氏而亡之，绕舞阳之北，以东临许，南国必危，国无害乎？

夫憎韩不爱安陵氏可也，夫不患秦之不爱南国非也。异日者，秦在河西晋，国去梁千里，有河山以阑之[⑦]，有周、

---

①仇雠：仇敌。 ②负：依仗。 ③更事：再生事端。 ④道：取道。 ⑤倍：通“背”。⑥过：出访。恶：诽谤，中伤。 ⑦阑：阻挡。

韩以间之。从林乡军以至于今，秦七攻魏，五入囿中，边城尽拔，文台堕，垂都焚，林木伐，麋鹿尽，而国继以围[①]。又长驱梁北，东至陶、卫之郊，北至平监。所亡于秦者，山南山北，河外河内，大县数十，名都数百。秦乃在河西晋，去梁千里，而祸若是矣。又况于使秦无韩，有郑地，无河山而阑之，无周、韩而间之，去大梁百里，祸必由此矣。

异日者，从之不成也，楚、魏疑而韩不可得也。今韩受兵三年，秦桡之以讲[②]，识亡不听，投质于赵[③]，请为天下雁行顿刃[④]，楚、赵必集兵，皆识秦之欲无穷也，非尽亡天下之国而臣海内，必不休矣。是故臣愿以从事王，王速受楚赵之约，而挟韩之质以存韩，而求故地，韩必效之。此士民不劳而故地得，其功多于与秦共伐韩，而又与强秦邻之祸也。

夫存韩安魏而利天下，此亦王之天时已。通韩上党于共、宁，使道安成，出入赋之，是魏重质韩以其上党也。今有其赋，足以富国，韩必德魏爱魏重魏畏魏，韩必不敢反魏，是韩则魏之县也。魏得韩以为县，卫、大梁、河外必安矣。今不存韩，二周、安陵必危，楚、赵大破，卫、齐甚畏，天下西向而驰秦入朝而为臣不久矣。

二十年，秦围邯郸，信陵君无忌矫夺将军晋鄙兵以救赵，赵得全。无忌因留赵。二十六年，秦昭王卒。

三十年，无忌归魏，率五国兵攻秦，败之河外，走蒙骜。魏太子增质于秦，秦怒，欲囚魏太子增。或为增谓秦王曰："公孙喜固谓魏相曰'请以魏疾击秦，秦王怒，必囚增。魏王又怒，击

---

①国：国者。 ②桡：通"挠"，扰乱。讲：讲和，媾和。 ③投质：送人质。 ④雁行：打先锋。

秦,秦必伤’。今王囚增,是喜之计中也。故不若贵增而合魏,以疑之于齐、韩。”秦乃止增。三十一年,秦王政初立。

三十四年,安釐王卒,太子增立,是为景湣王。信陵君无忌卒。

景湣王元年,秦拔我二十城,以为秦东郡。二年,秦拔我朝歌。卫徙野王。三年,秦拔我汲。五年,秦拔我垣、蒲阳、衍。十五年,景湣王卒,子王假立。

王假元年,燕太子丹使荆轲刺秦王,秦王觉之。三年,秦灌大梁,虏王假,遂灭魏以为郡县。

太史公曰:吾适故大梁之墟①,墟中人曰:“秦之破梁,引河沟而灌大梁,三月城坏,王请降,遂灭魏。”说者皆曰魏以不用信陵君故,国削弱至于亡,余以为不然。天方令秦平海内,其业未成,魏虽得阿衡之佐,曷益乎②?

【译文】

魏氏的祖先,是毕公姬高的后代,毕公姬高与周天子同姓。武王伐纣之后,高被封在毕,于是就以毕为姓。他的后代中断了封爵,变成了平民,有的在中原,有的流落到夷狄。他的后代子孙中有个叫毕万的,侍奉晋献公。

晋献公十六年,赵夙驾车,毕万为护卫,去征讨霍、耿、魏三个小国,灭了它们。献公把耿地封给赵夙,把魏地封给毕万,二人都成了大夫。主管占卜的卜偃说:“毕万的后代一定很兴旺。‘万’是满数;‘魏’是高大的名称。用这样的名称开始封赏,这是上天对他的赞助。天子统治兆民,诸侯统治万民。如今封他的名称是大,后边又跟着满数,他一定会拥有民众。”当初,毕万占卜侍奉晋君的吉凶,得到屯卦变为比卦。辛廖推

①墟:废墟,故城。 ②曷:何,为什么。

测说:“吉利。屯卦象征坚固,比卦象征进入,还有什么比这个更吉利的呢?他的后代必定繁盛兴旺。”

毕万受封后十一年,晋献公死,献公的四个儿子互相争夺君位,晋国内乱。而毕万的子孙越来越多,随他们的封邑名称为魏氏。毕万生了魏武子。魏武子以魏氏诸子的身份侍奉晋公子重耳。晋献公二十一年的时候,魏武子随重耳外出流亡,十九年之后回国,重耳即位为晋文公,让魏武子承袭魏氏后代的封爵,列为大夫,他的官府设在魏邑。魏武子生了魏悼子。

魏悼子把官府迁到霍邑。他生了魏绛。

魏绛侍奉晋悼公。悼公三年,同诸侯盟会。悼公的弟弟杨干搞乱了队列,魏绛杀了杨干的仆人以处罚他。悼公怒冲冲地说:“会合诸侯是以此为荣的,如今却侮辱我的弟弟!”将要诛杀魏绛。有人劝说悼公,悼公才作罢。后来终于任用魏绛执政,派他去同戎、狄修好,戎、狄从此亲附晋国。悼公十一年,悼公说:“自从我任用了魏绛,八年之中,九次会合诸侯,戎、狄同我们和睦,这都是您的功劳呀!”赐给魏绛乐器和乐队,魏降三次辞让,然后才接受了。魏绛把官府迁到安邑。魏绛死后,谥号是昭子。他生了魏嬴,魏嬴生了魏献子。

魏献子侍奉晋昭公。昭公死后,晋国的六卿强盛,公室衰微。

晋顷公十二年,韩宣子告老,魏献子主持国政。晋国宗族祁氏和羊舌氏互相诽谤,六卿把他们诛灭了,收回他们的全部封地分为十个县,六卿分别派他们的儿子去十县为大夫。魏献子与赵简子、中行文子、范献子同任晋国的卿。

此后十四年,孔子在鲁国代理宰相。四年后,赵简子由于晋阳之乱,同韩氏、魏氏一起攻打范氏和中行氏。魏献子生了魏侈,魏侈同赵鞅一同攻打范氏和中行氏。

魏侈的孙子是魏桓子,他和韩康子、赵襄子一起讨伐除灭了智伯,并瓜分了他的领地。

桓子的孙子是文侯都。魏文侯元年,正是秦灵公元年。魏文侯和韩武子、赵桓子、周威烈王同时。

文侯六年，在少梁筑城。十三年，派子击去围攻繁和庞两地，迁走那里的百姓。十六年，进攻秦国，在临晋、元里筑城。

文侯十七年，魏军攻灭中山国，派子击在那里驻守，让赵仓唐辅佐他。公子击在朝歌遇到了文侯的老师田子方，他退车让路，下车拜见。田子方却不还礼。公子击就问他说："是富贵的人对人傲慢呢还是贫贱的人对人傲慢呢？"田子方说："原本是贫贱的人对人傲慢罢了。诸侯如果对人傲慢就会失去他的封国，大夫如果对人傲慢就会失去他的封邑。贫贱的人，如果行为不相投合，意见不被采纳，就离开这里到楚、越去，好像脱掉草鞋一样，怎么能和富贵者相同呢！"子击很不高兴地离开了。向西进攻秦国，到郑国就回来了，在洛阴、合阳筑城。

文侯二十二年，魏国、赵国、韩国被承认为诸侯。

文侯二十四年，秦军攻伐魏国，一直打到了阳狐。

文侯二十五年，子击生子罃。

文侯师从子夏学经书，以客礼对待段干木，经过他的邑里，没有一次不凭轼敬礼的。秦国曾想进攻魏国。有人说："魏君对贤人特别敬重，魏国人都称赞他的仁德，上下和谐同心，不能对他有什么企图。"文侯因此得到诸侯的赞誉。

文侯任命西门豹为邺郡郡守，因而河内号称清平安定。

魏文侯对李克说："先生曾教导我说'家贫就想得贤妻，国乱就想得贤相'。如今要安排宰相，不是魏成子就是翟璜，这两人您看怎么样？"李克回答说："我听说，卑贱的人不替尊贵的人谋划，疏远的人不替亲近的人谋划。我的职责在宫门以外，不敢承担这个使命。"文侯说："先生面对此事就不要推辞了。"李克说："这是您不注意考察的缘故。平时看他亲近哪些人，富有时看他结交哪些人，显贵时看他推举哪些人，不得志时看他不做哪些事，贫苦时看他不要哪些东西，根据这五条就能确定宰相的人选了，何须等我李克呢！"文侯说："先生回家吧，我的宰相已决定了。"

李克快步走出去，到翟璜家中拜访。翟璜说："今天听说君主召见先生去选择宰相,结果是谁做宰相呢?”李克说:“魏成子做宰相了。”翟璜气得变了脸色,他说:“就凭耳目的所见所闻,我哪一点比不上魏成子?西河的守将是我推荐的。君主对内地最忧虑的是邺郡,我举荐了西门豹。君主想要攻伐中山国,我推荐了乐羊。中山攻灭以后,派不出人去镇守,我推荐了先生。君主的儿子没师傅,我举荐了屈侯鲋。我哪一点比魏成子差!”李克说:“您向您的君主推荐我的目的,难道是为了结党营私来谋求做大官吗?君主询问安排宰相‘不是成子就是翟璜,两人怎么样?’我回答说:‘这是您不注意考察的缘故。平时看他亲近哪些人,富有时结交哪些人,显贵时看他推举哪些人,不得志时看他不做哪些事,贫苦时看他不要哪些东西。根据这五条就能确定宰相人选了,何须我李克呢?’因此就知道魏成子要做宰相了。您怎么能跟魏成子相比呢?魏成子有千钟俸禄,十分之九用在外边,十分之一用在家里,因此从东方聘来卜子夏、田子方、段干木。这三人,君主把他们都奉为老师。您所推荐的那五个人,君主都任他们为臣。您怎么能跟魏成子相比呢?”翟璜迟疑徘徊后再拜说:“我翟璜是个浅薄的人,说话很不得体,我愿终身做您的弟子。”

文侯二十六年,虢山崩塌,堵塞了黄河。

文侯三十二年,魏军攻伐郑国。在酸枣筑城。在注城打败秦军。三十五年,齐军攻占了魏国的襄陵。三十六年,秦军侵犯魏国的阴晋。

文侯三十八年,魏军攻秦,在武下被打败,魏俘虏了秦将识。这一年,文侯死,子击即位,这就是武侯。

魏武侯元年,赵敬侯刚刚即位,公子朔作乱,没有成功,逃到了魏国,与魏军一起袭击邯郸,魏军失败后撤离。武侯二年,在安邑、王垣筑城。武侯七年,魏军进攻齐国,打到了桑丘。九年,狄人在浍水打败魏军。魏侯派吴起进攻齐国,打到了灵丘。齐威王刚刚即位。

武侯十一年,魏与韩、赵三国瓜分了晋国领土,晋国灭亡。

武侯十三年,秦献公迁都栎阳。十五年,魏军在北蔺打败赵军。

武侯十六年,魏军进攻楚国,占领了鲁阳,武侯死,公子罃即位,这就是惠王。

惠王元年。当初，武侯死时，子䓨和公中缓争做太子。公孙颀从宋国到赵国，又从赵国到韩国，对韩懿侯说："魏䓨与公中缓争做太子，您也听说这件事了吧？如今魏䓨得到了王错的辅佐，拥有上党，算是半个国家了。趁这个机会除掉他，打败魏国是一定的，不可失去这个机会。"懿侯很高兴，就与赵成侯合兵一起攻魏国，在浊泽交战，魏国大败，魏君被围困。赵侯对韩侯说："除掉魏君，让公中缓即位，割地后我们退兵，对我们有利。"韩侯说："不能这样。杀死魏君，人们必定指责我们残暴；割地退兵，人们必定指责我们贪婪。不如把魏国分成两半，魏国分为两国，不会比宋国、卫国还强，我们就永远也不会有魏国的祸患了。"赵侯不听。韩侯不高兴，带领部分军队连夜离去。魏惠王所以没有死，魏国没被分裂的原因，就在于韩、赵两家的意见不合，如果听从一家的意见，魏国就一定被分裂了。所以说"君主死了没有太子，这个国家可以被攻破"。

惠王二年，魏军在马陵打败韩军，在怀邑打败赵军。三年，齐军在观城打败魏军。五年，魏王与韩侯在宅阳相会。筑武堵城。魏军被秦军打败。六年，攻取了宋国的仪台。九年，在浍水进攻并打败了韩军。魏军在少梁与秦军交战，秦军俘虏了魏将公孙痤，并夺取了庞城。秦献公死，其子孝公即位。

惠王十年，魏军攻占了赵国的皮牢。彗星出现。十二年，陨星白天坠落，落地时发出声响。十四年，魏王与赵侯在鄗邑相会。十五年，鲁国、卫国、宋国和郑国的君主来朝见魏惠王。十六年，魏惠王与秦孝公在杜平相会。魏军侵占了宋国的黄池，宋国又把它夺回去了。

惠王十七年，魏军与秦军在元里交战，秦军攻占魏国的少梁。魏军包围赵国的邯郸。十八年，魏军攻下邯郸。赵国向齐国请救兵，齐国派田忌、孙膑救赵，在桂陵打败了魏军。

惠王十九年，诸侯联合包围魏国的襄陵。魏国修筑长城，固阳成为要塞。

惠王二十年，魏国把邯郸归还赵国，魏王与赵侯在漳水之滨订盟。二十一年，与秦君在彤相会。赵成侯死。二十八年，齐威王死。中山君任魏国宰相。

惠王三十年，魏军进攻赵国，赵国向齐国告急。齐宣王用孙子的计策，进击魏国援救赵国。魏国于是大量发兵，派庞涓率领，任命太子申做上将军。魏军经过外黄时，外黄徐子对太子申说："我有百战百胜的方法。"太子说："可以让我听听吗？"徐子说："本来就想要呈献给您的。"他接着说："太子亲自领兵攻齐，即使大胜并占领莒地，富也不过就是拥有魏国，贵也不过就是做魏王。如果不能战胜齐国，那就会万世子孙也不能得到魏国了。这就是我的百战百胜的方法。"太子申说："好吧，我一定听从您的意见，撤军回国去。"徐子说："太子虽然想回去，已不可能了。那些劝太子打仗，想从中得利的人太多了。太子虽然想回去，恐怕不可能了。"太子于是想回去，他的驾车人却说："将军领兵刚出来就回去，跟打败仗一样。"太子申果然同齐军作战，在马陵战败。齐军俘虏了魏太子申，杀死了将军庞涓，魏军终于大败。

惠王三十一年，秦、赵、齐共同进攻魏国，秦将商鞅诈骗并俘虏了魏国将军公子卬，然后又袭击夺取了他的军队，打败了魏军。秦国任用商鞅，东边的领土到了黄河，而齐国、赵国又屡次打败魏国，安邑又靠近秦国，于是魏国就迁都大梁。立公子赫为太子。

惠王三十三年，秦孝公死，商鞅从秦国逃出来投奔魏国，魏人恼怒，不收留他。三十五年，魏王与齐宣王在平阳南边相会。

惠王屡次遭受军事上的失败，就用谦恭的礼节和优厚的礼物来招纳贤人，邹衍、淳于髡、孟轲都来到魏国。魏惠王对孟轲说："寡人没有才能，军队三次在国外受挫折，太子被俘，上将战死，国内因而空虚，以致使祖先的宗庙社稷受到羞辱，我非常惭愧。先生不远千里屈尊亲临敝国朝廷，将用什么方法使我国得利呢？"孟轲说："君主不可以像这样谈论利益。君主想得利，那么大夫也想得利；大夫想得利，那么百姓也想得利，上下逐利，国家就危险了。作为一国君主，讲仁义就行了，为什么要讲利呢？"

惠王三十六年，再次与齐王在甄邑相会。这一年，惠王死，其子襄王即位。

襄王元年，魏王与诸侯在徐州相会，互相尊称为王。襄王追尊他的父亲惠王为王。

襄王五年，秦军在雕阴打败魏国龙贾率领的军队四万五千人，并围困魏国的焦城和曲沃。魏国将河西之地割给秦国。襄王六年，魏王与秦王在应城相会。秦军夺取魏国的汾阴、皮氏和焦城。魏军征讨楚国，在陉山打败楚军。七年，魏国把上郡全部给了秦国。秦军攻占魏国的蒲阳。八年，秦国把焦城、曲沃归还魏国。

襄王十二年，楚军在襄陵打败魏军。各国的执政大臣与秦相张仪在啮桑相会。十三年，张仪任魏国宰相。魏国有女子变成男子。秦军攻取了魏国的曲沃、平周。

襄王十六，襄王死，其子哀王继位。张仪又回到秦国。

哀王元年，五国联合攻秦，没有胜利就撤兵了。

哀王二年，齐军在观津打败魏军。五年，秦国派樗里子攻取魏国的曲沃，在岸门赶跑了犀首公孙衍。六年，秦国派人来魏国立魏公子政为太子。魏王与秦王在临晋相会。七年，魏军进攻齐国。同秦军一道征讨燕国。

哀王八年，魏军进攻卫国，攻克两座城邑。卫国国君非常忧虑，大夫如耳去见卫君，他说："让我去使魏国退兵，并免去成陵君，可以吗？"卫君说："先生果真能做到，我愿意世世代代以卫国侍奉先生。"如耳见了成陵君说道："从前魏军攻赵，断绝羊肠坂，攻克阏与，准备割裂赵国，把它分为两半，可是赵国所以没有灭亡，是因为魏国是合纵的盟主。如今卫国已濒临灭亡，将向西方请求侍奉秦国。与其由秦国来解救卫国，不如由魏国来宽释卫国，这样，卫国一定会永远感激魏国的恩德。"成陵君说："是的。"如耳又去见魏王说："臣曾去晋见卫君。卫国本来是周王室的分支，它虽号称小国，但宝器非常多。如今国家濒临危难，可是宝器还不献出来，原因是他们心里认为进攻卫国或者宽释卫国，都不由大王做主，所以宝器即使献出来也一定不会到大王手里。臣私下里猜测，最先建议宽释卫国的人,一定是接受了卫国贿赂的人。”如耳出去后,成陵君进来,照如耳所说的话拜见魏王。魏王听了他的意见,撤回了魏军,同时也免去了成陵君的职位,终身不再见他。

哀王九年,魏王与秦王在临晋相会。张仪、魏章都来归附魏国。魏国宰相田需死,楚国唯恐张仪、犀首或薛公做魏相。楚国宰相昭鱼对苏代说:“田需死了,我恐怕张仪、犀首、薛公三人中有一人要做魏相了。”苏代说:“那么谁做宰相对您才有利呢?”昭鱼说:“我想让魏国太子亲自做宰相。”苏代说:“请允许我为您北上,一定会让他做宰相。”昭鱼说:“怎么办?”苏代回答说:“您来扮演魏王,请让我向您游说。”昭鱼说:“你怎么说?”苏代回答说:“我从楚国来,昭鱼非常担忧,他说:‘田需死了,我恐怕张仪、犀首、薛公三人中有一人要做魏相了。’我对他说:‘魏王是一位贤君,一定不会让张仪做宰相。张仪做了宰相,一定会偏向秦国,不助魏国。犀首做了宰相,也一定偏向韩国,不助魏国。薛公做了宰相,也一定偏向齐国,不助魏国。魏王是一位贤君,一定会知道这样对魏国不利。’魏王会说:‘那么寡人应该让谁做宰相呢?’我说:‘不如让太子亲自做宰相。太子亲自做宰相,这三个人都会认为太子不是长期任宰相,都将尽力让他们原来的国家侍奉魏国,想借此得到宰相的地位。以魏国的强大,再加上三个大国的辅助,魏国一定会安定的。所以说不如让太子亲自做宰相。’”于是北上见魏王,把这些话告诉他。魏国太子果然做了宰相。

哀王十年,张仪死。十一年,魏王与秦武王在应城相会。十二年,魏太子到秦国朝拜。秦军来进攻魏国的皮氏,没有攻克就撤兵而去。十四年,秦国把秦武王王后送回魏国。十六年,秦军攻下魏国的蒲反、阳晋和封陵。十七年,魏王与秦王在临晋相会。秦国把蒲反归还给魏国。十八年,魏国与秦国联合攻打楚国。二十一年,魏军与齐军、韩军联合在函谷关打败秦军。

哀王二十三年,秦国又把河外之地以及封陵还给魏国,同魏国讲和。哀王死,其子昭王即位。

昭王元年，秦军攻占魏国襄城。二年，魏军与秦军交战，魏军失利。三年，魏国帮助韩国进攻秦国，秦将白起在伊阙打败二十四万韩魏军。六年，魏国把河东四百里土地让给秦国。芒卯因善用计谋被魏国重用。七年，秦军攻下魏国大小城邑六十一处。八年，秦昭王亲自称西帝，齐湣王自称东帝，过了一个多月，都重新称王收回了帝号。九年，秦军攻克魏国新垣、曲阳两城。

昭王十年，齐国灭了宋国，宋王死在魏国的温邑。十二年，魏国与秦、赵、韩、燕共同攻伐齐国，在济西把齐军打败，齐湣王出外逃亡。燕军单独进入临淄。魏王与秦王在西周国相会。

昭王十三年，秦军攻下魏国的安城。军队到了大梁，又撤离了。十八年，秦军攻陷楚国的郢都，楚王迁都到陈城。

昭王十九年，昭王死，其子安釐王即位。

安釐王元年，秦军攻下魏国两座城。二年，秦军又攻下魏国两座城，陈兵大梁城下，韩国派兵来援救，把温邑割让给秦国求和。三年，秦军攻下魏国四座城，斩杀四万人。四年，秦军打败魏军和韩军、赵军、杀死十五万人，赶跑了魏将芒卯。魏将段干子请求把南阳割让给秦国求和。苏代对魏王说："想得到封赏的是段干子，想得到土地的是秦国。如今大王让想得土地的人控制封赏的权力，让想得到封赏的人控制土地，魏国的土地不送光了就不会终结。况且用土地侍奉秦国，就好像抱着干柴去救火，柴不烧完，火是不会熄灭的。"魏王说："那是当然了，尽管如此，可是事情已开始实行，不能更改了。"苏代回答说："大王没见过玩博戏的人所以特别看重枭子的缘故，是由于有利就可以吃掉对方的棋子，无利就停下来。如今大王说'事情已开始实行，不能更改了'，大王使用智谋怎么还不如博戏时的用枭呢？"

安釐王九年，秦军攻下魏国怀邑，十年，在魏国作人质的秦国太子死了。

十一年，秦军攻下魏国的郪丘。

秦昭王对左右侍臣说："现在的韩、魏和他们初起时比，哪个时期强?”回答说:“不如初起时强。”秦王说:“现在的如耳、魏齐和从前的孟尝君、芒卯相比,谁更贤能?”回答说:“如耳、魏齐不如孟尝君和芒卯。”秦王说:“凭孟尝君和芒卯的贤能,率领韩、魏的强兵来进攻秦国,还不能把我怎么样呢。如今由无能的如耳、魏齐率领疲弱的韩、魏军队来攻打秦国,他们不可能把我怎么样也是很明显的了。”左右侍臣都说:“很对。”中旗官倚着琴却回答说:“大王对天下形势的估计错了。当初晋国六卿掌权时,智氏最强,灭了范氏和中行氏,又率领韩、魏的军队在晋阳围攻赵襄子,决开晋水淹灌晋阳城,只剩下三版高没有淹没。智伯巡察水势,魏桓子驾车,韩康子在车右陪侍。智伯说:‘我起初不知道水也可以灭亡别人的国家,如今才知道了。’汾水可以淹灌魏都安邑,绛水可以淹灌韩都平阳。魏桓子用臂肘碰一碰韩康子,韩康子也用脚碰一碰魏桓子,两人在车上用肘和脚暗中示意,结果智氏的领土被瓜分,智伯身死国亡,被天下人耻笑。如今秦兵虽然较强,但不会超过智氏;韩、魏虽然较弱,但还是要胜过当初在晋阳城下的时候。现在正是他们联合抗秦之际,希望大王不要把形势看得太简单了!”于是秦王有些惊恐。

齐、楚两国联合攻魏,魏国派人到秦国求救,使臣络绎不绝,可是秦国的救兵却不来。魏国有个叫唐雎的人,九十多岁了,对魏王说:“老臣请求到西方去游说秦王,一定让秦国的军队在我离秦之前出发。”魏王再拜,就准备好车辆派他前去。唐雎到秦国,入宫拜见秦王。秦王说:“老人家疲惫不堪地远道而来,太辛苦了!魏国来求救已是多次了,寡人知道魏国的危急了。”唐雎回答说:“大王既然已知道魏国的危急却不发救兵,我私下以为是出谋划策之臣无能。魏国是有万辆战车的大国,之所以向西侍奉秦国,称为东方藩属,接受秦国赐给的衣冠,春秋两季都向秦国送祭品,是由于秦国的强大足以成为盟国。如今齐、楚的军队已在魏都的郊外会合,可是秦国还不发救兵,也就是依仗着魏国还不太危急吧。假如到了特别危急时,它就要割地给齐、楚两国,加入合纵集团,大王您还去救什么呢?一定要等到危急了才去救它,这是失去东边一个作为藩属的魏国,而增强了齐和楚两个敌国,对于大王您有什么好处呢?”于是秦昭王马上就发兵援救魏国，魏国才转危为安。

赵国派人对魏王说："为我杀了范痤，我国愿献出七十里土地。"魏王说："好。"于是派官吏去逮捕范痤，包围了他的家但还没杀他。范痤因而上了屋顶骑在屋脊上，对使臣说："与其用死范痤去做交易，不如用活范痤去做交易。如果把我范痤杀死了，赵国却不给大王土地，那么大王将怎么办呢？所以不如与赵国先把割让的土地划定了，然后再杀我。"魏王说："很好。"范痤于是给信陵君上书说："范痤本是过去魏国免职的宰相，赵国用割地为条件要求杀我，而魏王竟听从了，如果强秦沿用赵国的办法对待您，那么您将怎么办？"信陵君向赵王进谏后，范痤被释放了。

魏王因为秦国曾援救的缘故，想要亲近秦国，攻伐韩国，以便讨还旧日失地。信陵君无忌对魏王说：

秦人和戎狄的习俗相同，有虎狼一样的心肠，贪婪残暴，好利而不讲信用，不懂得礼义德行。如果有利，连亲戚兄弟也不顾，好像禽兽一样，这是天下人都知道的，他们从不曾施厚恩，积大德。所以宣太后本是秦王的母亲，却由于忧愁而死去；穰侯是秦王的舅父，功劳没有比他大的，可是竟然把他驱逐了；两个弟弟没有罪过，却一并被削夺封地。秦国对亲戚尚且如此，何况对仇敌之国呢？如今大王与秦国共同攻伐韩国就会更加接近秦国的祸害，臣特别感到迷惑不解。大王不懂此理就是不明，群臣没有来向您奏闻此理就是不忠。

如今韩国靠母后辅佐幼弱的君主，内有大乱，外又与秦、魏的强兵交战，大王以为它还会不亡吗？韩国灭亡后，秦国将要占有原来郑国的土地，与大梁相邻，大王以为能安宁吗？大王想得到原来的土地，就要依靠和强秦的亲近，大王认为这会有利吗？

秦国不是一个安分的国家，韩国灭亡后必将另起事端，另起事端必定要找容易的和有利的目标，找容易的和有利的目标必定不去找楚国和赵国。这是为什么呢？如果越大山跨黄河，穿过韩国的上党去进攻强大的赵国，这是重蹈阏与那一仗的覆辙，秦国一定不会这样的。如果取道河内，背向邺城和朝歌，横渡漳水、滏水，与赵军决战于邯郸郊外，这就会遇到智伯那样的灾祸，秦国又不敢这样干。进攻楚国，要取道涉谷，行军三千里，去攻打冥阨关塞，走的路太远，攻打的地方太难，秦国也不会这样做的。如果取道河外，背向大梁，右边是上蔡、召陵，与楚军在陈城郊外决战，秦国又不敢。所以说秦国一定不会进攻楚国和赵国，更不会进攻卫国和齐国了。韩国灭亡之后，秦国出兵之日，除去魏国就没有可进攻的了。

秦国本来已占有怀邑、茅邑、邢丘，如在垝津筑城逼近河内，河内的共城、汲邑必定危险；秦国据有郑国故地，得到垣雍城，决开荧泽，水淹大梁，大梁一定失陷。大王的使臣去秦已成过失，而又在秦国毁谤安陵氏，秦国早就想诛灭它了。秦国的叶阳、昆阳与魏国的舞阳相邻，听任使臣毁谤安陵氏，听任安陵氏被灭亡，秦军就会绕过舞阳的北边，从东边逼近许地，这样南方一定危急，这对魏国无害吗？

憎恶韩国、不喜爱安陵氏是可以的，可不担心秦国和不爱护南方那就错了。从前，秦国在河西晋国故地，离大梁有千里之远，有黄河及高山阻挡，有周与韩把它隔开。自从林乡一战到现在，秦国七次进攻魏国，五次攻入囿中，边境城邑都被攻陷，文台被毁，垂都被烧，林木被砍光，麋鹿被猎尽，国都接着被围。秦军又长驱到大梁以北，东边打到陶、卫两城的郊外，北边打到平监。丧失给秦国的，有山南山北，河外河内，大县几十个，名都几百个。秦国还在河西晋国故地，离大梁一千里时，祸患就已如此了。又何况让秦国灭了韩国，据有郑国故地，没有黄河大山阻拦它，没有周和韩间隔它，离大梁只有一百里，大祸必定由此开始。

从前，合纵不成功，是由于楚、魏两国互相猜疑，而韩国又不可能参加盟约。如今韩国遭受战祸已有三年，秦国使它屈从同它媾和，韩国知道要亡了可是不肯听从，反而送人质到赵国，表示愿做天下诸侯的先锋与秦国死战。楚国、赵国必定愿意合兵，他们都知道秦国的贪欲是无穷的，除非把天下各诸侯国完全灭亡，使海内之民都臣服于秦国，它是绝不会罢休的。因此臣愿意用合纵的主张报效大王，大王应尽快接受楚国和赵国的盟约，挟持韩国的人质来保全韩国，然后再索取旧日失地，韩国一定会送还。这样做军民不受劳苦就可得回旧日失地，其功效要超过与秦国一起去进攻韩国，而且没有与强秦紧邻的祸害。

保存韩国、安定魏国而有利于天下，这也是上天赐给大王的良机。开通共城、宁邑到韩国上党的道路，让这条路经过安成，进出的商贾都要纳税，这就等于魏国又把韩国的上党作为抵押。如果有了这些税收，就能够使国家富足。韩国必定要感激魏国、爱戴魏国、尊崇魏国、惧怕魏国，一定不敢反叛魏国，这样，韩国就成为魏国的郡县了。魏国得到韩国作为郡县，卫国、大梁、河外必然能安定。如果不保存韩国，东西二周、安陵必定危险，楚国、赵国大败之后，卫国、齐国就畏惧，天下诸侯都向西奔赴秦国去朝拜称臣的日子没多久了。

安釐王二十年，秦军围困邯郸，信陵君无忌假传王命夺取了将军晋鄙的军队去救援赵国，赵国得到保全，无忌也因此留在赵国。二十六年，秦昭王死。

安釐王三十年，魏公子无忌返回魏国，率领五国军队进攻秦国，在河外打败秦军，赶跑了秦将蒙骜。那时魏国太子增在秦国作人质，秦王发怒，要囚禁魏太子增。有人替太子增对秦王说："公孙喜本来对魏相说过：'请用魏军快速攻秦，秦王一怒，必定要囚禁太子增。这又会使魏王发怒，再攻打秦国，秦国必定要伤害太子增。'现在大王要囚禁太子增，这正是公孙喜的计谋得逞了。因此不如厚待太子增而与魏国交好，让齐国、韩国去猜疑魏国。"秦王这才取消了囚禁太子增的打算。安釐王三十一年，秦王政即位。

安釐王三十四年，安釐王死，太子增即位，这就是景湣王。信陵君无忌死。

景湣王元年，秦军攻下魏国二十座城，设置为秦国的东郡。二年，秦军又攻克了魏国的朝歌。卫国迁到野王。三年,秦军攻下魏国的汲邑。五年,秦军攻下魏国的垣地、蒲阳、衍邑。十五年,景湣王死,其子魏王假即位。

魏王假元年,燕国太子丹派荆轲刺杀秦王,被秦王发觉了。魏王假三年,秦军水淹大梁,俘虏了魏王假,于是灭了魏国,设置为郡县。

太史公说:我曾到过大梁的旧城址,那里的人说:"秦军攻破大梁时,引鸿沟之水淹灌大梁,经过三个月城被毁坏,魏王请求投降,于是灭亡了魏国。"议论的人都说,由于魏王不任用信陵君的缘故,国家削弱以至于灭亡,我认为不是这样。天意正是让秦国平定海内,它的功业尚未成,魏国即使得到像阿衡一样的贤臣辅佐,又有什么用处呢?

史记卷四十五·韩世家第十五

韩氏本为晋国贵族，后来与赵、魏三家分晋而为诸侯。韩国是战国七雄中力量最弱的国家，东邻是魏，西邻是秦，依违于合纵连横之间，常常两面受敌，屡被侵伐，却能支撑两百年，历史上虽未出现有作为的君主，但已属不易。而韩国历史上出现的两位杰出人物申不害和韩非则在《老子韩非列传》中有记述。《韩世家》主要记载了韩国十余世约两百余年兴衰历史。第一部分讲述韩国列为诸侯前之世系承传及韩厥存赵氏孤儿事，第二部分主要记述韩国自景侯列为诸侯后常遭侵伐至王安时终为秦所灭这一段衰亡史。

韩之先与周同姓，姓姬氏。其后苗裔事晋，得封于韩原，曰韩武子。武子后三世有韩厥，从封姓为韩氏。

韩厥，晋景公之三年，晋司寇屠岸贾将作乱，诛灵公之贼赵盾，赵盾已死矣。欲诛其子赵朔。韩厥止贾，贾不听。厥告赵朔，令亡①。朔曰："子必能不绝赵祀②，死不恨矣。"韩厥许之。及贾诛赵氏，厥称疾不出。程婴、公孙杵臼之藏赵孤赵武也，厥知之。

景公十一年，厥与郤克将兵八百乘伐齐，败齐顷公于鞍，获逢丑父。于是晋作六卿，而韩厥在一卿之位，号为献子。

晋景公十七年，病，卜大业之不遂者为祟③。韩厥称赵成季之功④，今后无祀，以感景公。景公问曰："尚有世乎⑤？"厥于是

①亡：逃走。 ②绝赵祀：断绝赵氏祖先的祭祀，此指断绝后代。 ③大业：赵人之远祖。 ④赵成季：即赵衰，佐晋文公称霸，有大功，"成季"是其谥号。 ⑤世：后代。

言赵武，而复与故赵氏田邑[①]，续赵氏祀。

晋悼公之七年，韩献子老[②]。献子卒，子宣子代。宣子徙居州[③]。

晋平公十四年，吴季札使晋，曰："晋国之政卒归于韩、魏、赵矣。"

晋顷公十二年，韩宣子与赵、魏共分祁氏、羊舌氏十县。晋定公十五年，宣子与赵简子侵伐范、中行氏。宣子卒，子贞子代立。贞子徙居平阳。

贞子卒，子简子代。简子卒，子庄子代。庄子卒，子康子代。康子与赵襄子、魏桓子共败知伯，分其地，地益大，大于诸侯。

康子卒，子武子代。武子二年，伐郑，杀其君幽公。十六年，武子卒，子景侯立。

景侯虔元年，伐郑，取雍丘。二年，郑败我负黍。

六年，与赵、魏俱得列为诸侯。

九年，郑围我阳翟。景侯卒，子列侯取立。

列侯三年，聂政杀韩相侠累。九年，秦伐我宜阳，取六邑。十三年，列侯卒，子文侯立。是岁魏文侯卒。

文侯二年，伐郑，取阳城。伐宋，到彭城，执宋君。七年，伐齐，至桑丘。郑反晋。九年，伐齐，至灵丘。十年，文侯卒，子哀侯立。

哀侯元年，与赵、魏分晋国。二年，灭郑，因徙都郑。

六年，韩严弑其君哀侯，而子懿侯立。

---

①田邑：封地采邑。 ②老：告老。 ③徙居：这里指其官邸驻地迁徙。州：县邑，在今河南省武陟县西南。

懿侯二年，魏败我马陵。五年，与魏惠王会宅阳。九年，魏败我浍。十二年，懿侯卒，子昭侯立。

昭侯元年，秦败我西山。二年，宋取我黄池。魏取朱。六年，伐东周，取陵观、邢丘。八年，申不害相韩，修术行道，国内以治，诸侯不来侵伐。十年，韩姬弑其君悼公[①]。十一年，昭侯如秦[②]。二十二年，申不害死。二十四年，秦来拔我宜阳。

二十五年，旱，作高门。屈宜臼曰："昭侯不出此门。何也？不时。吾所谓时者，非时日也，人固有利不利时。昭侯尝利矣，不作高门。往年秦拔宜阳，今年旱，昭侯不以此时恤民之急[③]，而顾益奢[④]，此谓'时绌举赢[⑤]'。"二十六年，高门成，昭侯卒，果不出此门。子宣惠王立。

宣惠王五年，张仪相秦。八年，魏败我将韩举。十一年，君号为王。与赵会区鼠。十四年，秦伐败我鄢。

十六年，秦败我脩鱼，虏得韩将鰒、申差于浊泽。韩氏急，公仲谓韩王曰："与国非可恃也[⑥]，今秦之欲伐楚久矣，王不如因张仪为和于秦，赂以一名都，具甲[⑦]，与之南伐楚，此以一易二之计也[⑧]。"韩王曰："善。"乃警公仲之行[⑨]，将西购于秦[⑩]。楚王闻之大恐，召陈轸告之。陈轸曰："秦之欲伐楚久矣，今又得韩之名都一而具甲，秦韩并兵而伐楚，此秦所祷祀而求也。今已得之矣，楚国必伐矣。王听臣为之警四境之内，起师言救韩，命战车满道路，发信臣[⑪]，多其车，重其币[⑫]，使信王之救己也。纵韩

①韩姬：韩大夫。悼公：韩国世系中没有悼公，此处恐有脱误。 ②如：到某处去。 ③恤：体恤，怜悯，救济。 ④顾：反而，却。 ⑤时绌举赢：衰敝不足之时做奢侈之事。绌：不足。赢：有余。 ⑥与国：友好的国家，盟国。 ⑦具甲：装备军队。 ⑧以一易二：一，指送给秦国一座名都（大邑）；二，指秦国不再伐韩且又与韩联合伐楚。 ⑨警：戒备。 ⑩购：通"媾"，求和。 ⑪发：派出。信臣：使臣。 ⑫币：礼物。

不能听我，韩必德王也，必不为雁行以来[①]，是秦韩不和也，兵虽至，楚不大病也。为能听我绝和于秦，秦必大怒，以厚怨韩。韩之南交楚，必轻秦；轻秦，其应秦必不敬：是因秦、韩之兵而免楚国之患也。”楚王曰：“善。”乃警四境之内，兴师言救韩。命战车满道路，发信臣，多其车，重其币。谓韩王曰：“不穀国虽小[②]，已悉发之矣。愿大国遂肆志于秦[③]，不穀将以楚徇韩。”韩王闻之大说[④]，乃止公仲之行。公仲曰：“不可。夫以实伐我者秦也，以虚名救我者楚也。王恃楚之虚名，而轻绝强秦之敌，王必为天下大笑。且楚韩非兄弟之国也，又非素约而谋伐秦也[⑤]。已有伐形，因发兵言救韩，此必陈轸之谋也。且王已使人报于秦矣，今不行，是欺秦也。夫轻欺强秦而信楚之谋臣，恐王必悔之。”韩王不听，遂绝于秦。秦因大怒，益甲伐韩[⑥]。大战，楚救不至韩。十九年，大破我岸门。太子仓质于秦以和。

二十一年，与秦共攻楚，败楚将屈丐，斩首八万于丹阳。是岁，宣惠王卒，太子仓立，是为襄王。

襄王四年，与秦武王会临晋。其秋，秦使甘茂攻我宜阳。五年，秦拔我宜阳，斩首六万。秦武王卒。六年，秦复与我武遂。九年，秦复取我武遂。十年，太子婴朝秦而归。十一年，秦伐我，取穰。与秦伐楚，败楚将唐眛。

十二年，太子婴死。公子咎、公子虮虱争为太子。时虮虱质于楚。苏代谓韩咎曰：“虮虱亡在楚，楚王欲内之甚[⑦]。今楚兵十馀万在方城之外，公何不令楚王筑万室之都雍氏之旁。韩必起兵以救之，公必将矣[⑧]。公因以韩、楚之兵奉虮虱而内之，

---

①雁行：如大雁那样排列成行。比喻军队列队进行。 ②不穀：不善，古代诸侯国君自称的谦辞。 ③肆志：随心所欲。 ④说：同“悦”。 ⑤素约：预先约定。 ⑥益甲：增兵。 ⑦内：同“纳”，送回。 ⑧将：领兵。

其听公必矣，必以楚、韩封公也。”韩咎从其计。

楚围雍氏，韩求救于秦。秦未为发，使公孙昧入韩。公仲曰：“子以秦为且救韩乎？”对曰：“秦王之言曰‘请道南郑、蓝田①，出兵于楚以待公’，殆不合矣。”公仲曰：“子以为果乎？”对曰：“秦王必祖张仪之故智②。楚威王攻梁也，张仪谓秦王曰：‘与楚攻魏，魏折而入于楚③，韩固其与国也，是秦孤也。不如出兵以到之④，魏楚大战，秦取西河之外以归。’今其状阳言与韩，其实阴善楚⑤。公待秦而到，必轻与楚战。楚阴得秦之不用也，必易与公相支也⑥。公战而胜楚，遂与公乘楚⑦，施三川而归⑧。公战不胜楚，楚塞三川守之⑨，公不能救也。窃为公患之。司马庚三反于郢，甘茂与昭鱼遇于商於，其言收玺，实类有约也。”公仲恐，曰：“然则奈何？”曰：“公必先韩而后秦，先身而后张仪。公不如亟以国合于齐、楚⑩，齐、楚必委国于公。公之所恶者张仪也，其实犹不无秦也。”于是楚解雍氏围。

苏代又谓秦太后弟芈戎曰：“公叔伯婴恐秦、楚之内虮虱也，公何不为韩求质子于楚？楚王听，入质子于韩，则公叔伯婴知秦、楚之不以虮虱为事，必以韩合于秦、楚。秦、楚挟韩以窘魏，魏氏不敢合于齐，是齐孤也。公又为秦求质子于楚，楚不听，怨结于韩。韩挟齐、魏以围楚，楚必重公。公挟秦、楚之重以积德于韩，公叔伯婴必以国待公。”于是虮虱竟不得归韩。韩立咎为太子。齐、魏王来。

十四年，与齐、魏王共击秦，至函谷而军焉⑪。十六年，秦与我河外及武遂。襄王卒，太子咎立，是为釐王。

---

①道：取道，经过。②祖：效。③折：战败。④到：欺骗，迷惑。⑤阳言：表面上假说。⑥相支：相持，相抗。⑦乘：凌驾。⑧施：显示，扬威。⑨塞：阻塞。⑩亟：急，赶快。⑪军：驻扎。

釐王三年，使公孙喜率周、魏攻秦。秦败我二十四万，虏喜伊阙。五年，秦拔我宛。六年，与秦武遂地二百里。十年，秦败我师于夏山。十二年，与秦昭王会西周而佐秦攻齐。齐败，湣王出亡。十四年，与秦会两周间。二十一年，使暴鸢救魏，为秦所败，鸢走开封。

二十三年，赵、魏攻我华阳。韩告急于秦，秦不救。韩相国谓陈筮曰："事急，愿公虽病，为一宿之行。"陈筮见穰侯。穰侯曰："事急乎？故使公来。"陈筮曰："未急也。"穰侯怒曰："是可以为公之主使乎？夫冠盖相望[①]，告敝邑甚急，公来言未急，何也？"陈筮曰："彼韩急则将变而佗从[②]，以未急，故复来耳。"穰侯曰："公无见王，请今发兵救韩。"八日而至，败赵、魏于华阳之下。是岁，釐王卒，子桓惠王立。

桓惠王元年，伐燕。九年，秦拔我陉，城汾旁[③]。十年，秦击我于太行，我上党郡守以上党郡降赵。十四年，秦拔赵上党，杀马服子卒四十馀万于长平。十七年，秦拔我阳城、负黍。二十二年，秦昭王卒。二十四年，秦拔我城皋、荥阳。二十六年，秦悉拔我上党。二十九年，秦拔我十三城。三十四年，桓惠王卒，子王安立。

王安五年，秦攻韩，韩急，使韩非使秦，秦留非，因杀之。

九年，秦虏王安，尽入其地，为颍川郡。韩遂亡。

太史公曰：韩厥之感晋景公，绍赵孤之子武[④]，以成程婴、公孙杵臼之义，此天下之阴德也[⑤]。韩氏之功，于晋未睹其大者也。然与赵、魏终为诸侯十馀世，宜乎哉！

---

①冠盖相望：指使者或官吏在路上往来不断。冠：此专指官吏的礼帽。盖：车上伞状的车篷。 ②佗：通"他"。 ③城：筑城。 ④绍：承继，接续。 ⑤阴德：暗中保护他人施以德惠。

【译文】

韩国的祖先与周天子同姓,姓姬。后来,他的后代侍奉晋国,被封在韩原,称为韩武子。韩武子之后再传三代有了韩厥,他用封地的名称为姓,就改姓韩了。

韩厥在晋景公三年时,晋国司寇屠岸贾将要作乱,说是诛杀灵公的贼臣赵盾。赵盾早已死了,就要诛杀他的儿子赵朔。韩厥阻止屠岸贾,屠岸贾不听。韩厥就去告诉赵朔,让他逃走。赵朔说:"您一定能使赵氏的后代不断绝,我死后也就没有遗恨了。"韩厥答应了他。等到屠岸贾诛灭赵氏时,韩厥称病,不出家门。程婴、公孙臼把赵氏孤儿赵武藏了起来,韩厥是知道这件事的。

晋景公十一年,韩厥和郤克率领八百辆战车的兵力征讨齐国,在鞍打败了齐顷公,俘虏了逄丑父。从这时起,晋国设置了六卿,韩厥占了一卿,号为献子。

晋景公十七年,景公生病,占卜的结果说是大业绝后的厉鬼在作怪。韩厥就赞扬赵衰的功劳,说他现在已没有人接续香火,以此来感动景公。景公问道:"他还有后代吗?"韩厥当时就谈到了赵武,景公便把赵氏原有的田邑重新给他,让他接续赵氏的香火。

晋悼公七年,韩献子告老。献子死后,其子宣子继承爵位。宣子迁徙到州邑。

晋平公十四年,吴国的季札到晋国出使,他说:"晋国的政权最终要归韩、魏、赵三家。"

晋顷公十二年韩宣子和赵、魏两家一起瓜分了祁氏、羊舌氏的十个县。晋定公十五年,韩宣子和赵简子攻打范氏、中行氏。宣子死,其子贞子继承爵位。贞子迁居到平阳。

韩贞子死,其简子继位。韩简子死,其子庄子继位。韩庄子死,其子康子继位。韩康子和赵襄子、魏桓子一同打败了智伯,瓜分了他的领地,他们三家的领地更大了,超过了诸侯。

韩康子死后，其子武子继位。韩武子二年，进攻郑国，杀死了他们的国君郑幽会。十六年，韩武子死，其子景侯继位。

韩景侯韩虔元年，进攻郑国，占领了雍丘。二年，郑军在负黍打败了赵军。

景侯六年韩与赵、魏一起被承认为诸侯国。

景侯九年，郑国包围韩国的阳翟。景侯死。其子列侯韩取即位。

列侯三年，聂政刺杀了韩国宰相侠累。九年，秦国进攻韩国的宜阳，夺取了六邑。十三年，列侯死，其子文侯即位。这一年魏文侯死。

韩文侯二年，韩国进攻郑国，占领阳城。又进攻宋国，打到彭城，俘虏了宋国国君。七年，进攻齐国，打到桑丘。郑国反叛晋国。九年，韩国攻伐齐国，打到了灵丘。十年，韩文侯死，其子哀侯即位。

韩哀侯元年，韩与赵、魏三家瓜分了晋国。二年，韩国灭了郑国，于是把都城迁到了新郑。

哀侯六年，韩严杀害了他的国君哀侯，哀侯的儿子懿侯即位。

懿侯二年，魏军在马陵打败韩军。五年，韩侯与魏惠王在宅阳相会。九年，魏军在浍水打败了韩军。十二年，懿侯死，其子昭侯继位。

韩昭侯元年，秦军在西山打败了韩军。二年，宋国夺取了韩国的黄池。魏国夺取了朱邑。六年，韩军征讨东周国，攻占了陵观、邢丘。昭侯八年，申不害任韩国宰相，运用君主驾驭群臣的权术，实行法家的治国之道，国内得到安定，其他国家不敢前来侵犯。昭侯十年，韩姬杀死了他的国君悼公。十一年，昭侯到秦国去。二十二年，申不害死。二十四年，秦军攻下了韩国的宜阳。

昭侯二十五年，发生旱灾，修建了一座高大的城门。屈宜臼说："昭侯出不了这座门。为什么呢？因为不合时宜。我所说的时，不是指的时间，人本来就有顺利或不顺利的时候。昭侯曾顺利过，可是并没有修建高门。去年秦国攻占了他们的宜阳，今年发生旱灾，昭侯不在这时救济民众的急难，反而是更加奢侈，这就叫作衰败时却做奢侈的事情。"二十六年，高门修成了，昭侯也死了，果然没能出这座门。其子宣惠王即位。

宣惠王五年，张仪任秦国宰相。八年，魏军打败了韩国将军韩举。十一年，改君号为王。与赵君在区鼠相会。十四年，秦军进攻并在鄢陵打败了韩军。

宣惠王十六年，秦军在脩鱼打败韩军，在浊泽俘虏了韩将鲠和申差。韩国着急了，相国公仲对韩王说："盟国是不可靠的。如今秦国想征伐楚国已很久了，大王不如通过张仪向秦王求和，送给它一座名城，并准备好军队，跟秦军一起向南征伐楚国，这是用一失换二得的计策。"韩王说："好。"于是让公仲秘密地准备上路，西行与秦国讲和。楚王听说后非常惊恐，召见陈轸，把情况告诉他。陈轸说："秦国想攻伐楚国已很久了，现在又得到韩国的一座名城，并且还准备好了军队，秦韩合兵攻伐楚国，这正是秦国祈求的，如今已得到了，楚国一定要受到侵伐。大王听我的意见，先在国境四周加强警戒，发兵声言援救韩国，让战车布满道路，然后派出使臣，多给他配备车辆，带上厚礼，让韩国相信大王会去救他们。即使韩王不听我们的意见，韩国也一定会感激大王的恩德，一定不会列队前来攻楚，这样秦韩就会产生不和了，即使军队到了，也不会成为楚国的大患。如果韩国听从我们的意见，停止向秦求和，秦国必定大怒，因而对韩国的怨恨加深；韩国到南方结交楚国，必定慢待秦国，慢待秦国，应酬秦国时一定不会尊重：这就是利用秦韩军队之间的矛盾来免除楚国的祸患。"楚王说："很好！"于是在全国加强警戒，发兵声言去救援韩国，让战车布满道路，然后派出使臣，给他配备很多车辆，让他带着厚礼到韩国。楚使对韩王说："敝国虽小，已把军队全派出来了。希望贵国能随心所欲地同秦国作战，敝国君将让楚军为韩国死战。"韩王听了这话之后，非常高兴，就停止了公仲到秦国议和的行动。公仲说："不能这样，以实力侵犯我们的是秦国，用虚名来救我们的是楚国。大王想依靠楚国的虚名，而轻易和强敌秦国绝交，大王必定要被天下大加嘲笑。况且楚韩并非兄弟之国，又不是早有盟约共谋伐秦的。我们已有了联秦攻楚的迹象，楚国才声言发兵救韩，这一定是陈轸的计谋。况且大王已派人把我们的打算通报秦国了，现在不去，这是欺骗秦国。轻易欺骗强大的秦国，而听信楚国谋臣的话,恐怕大王必定要后悔的。"韩王不听劝告,终于和秦国断交。秦国因而大怒,增加兵力进攻韩国。两国大战,而楚国救兵一直没到韩国来。十九年,秦军大败韩军于岸门。韩国只好派太子仓去作人质来向秦国求和。

宣惠王二十一年,韩国同秦国一起攻楚,打败了楚将屈丐,在丹阳斩杀了八万楚军。这一年,宣惠王死,太子仓即位,这就是韩襄王。

襄王四年,与秦武王在临晋会见。这年秋天,秦国派甘茂进攻韩国的宜阳。五年,秦攻下宜阳,斩杀韩军六万。秦武王死。六年,秦国又把武遂还给韩国。九年,秦国再度攻下了韩国的武遂。十年,韩国太子婴朝见秦王后回国。十一年,秦军攻韩,占领了穰邑。韩国和秦国进攻楚国,打败了楚将唐眛。

襄王十二年,太子婴死。公子咎和公子虮虱争做太子。当时公子虮虱在楚国做人质。苏代对韩咎说:"公子虮虱流亡在楚国,楚王特别想把他送回国。现在十几万楚军驻在方城山北边,您为什么不让楚国在雍氏城的旁边建起一座万户的城邑,这样,韩王必定派兵去援救雍氏,您一定做统帅。您就可以利用韩、楚两国的军队拥戴公子虮虱,把他接回韩国,将来他一定会听您的话,一定会把楚韩边境封给您的。"韩咎听从了他的计谋。

楚军包围雍氏,韩国向秦国求救。秦国没有发兵,派公孙眛来到韩国。公仲对公孙眛说:"您认为秦国将会援救韩国吗?"公孙眛回答说:"秦王是这样说的:'我们要取道南郑、蓝田,出兵到楚国等待您的军队。'恐怕是不能会合了。"公仲说:"您以为真会是这样吗?"公孙眛回答说:"秦王一定仿效张仪原来的计谋。人家楚威王进攻魏国时,张仪对秦王说:'秦国和楚国进攻魏国,魏国失败就会倒向楚国,韩国本来就是它的盟国,这样,秦国就孤立了。我们不如出兵来迷惑他们,让魏国和楚国大战,秦军就可以占领西河以外的土地,然后再回来。'现在看秦王的样子表面上是支持韩国,其实是暗中同楚国交好。您等待秦军的到来,必定会轻率地同楚军打仗。楚国暗中已得知秦军不会为韩国效力,一定很容易同您相对抗。您这一仗如果胜了楚国，秦国就会和您共同控制韩国，然后到三川一带扬威而回。您这一仗如果不能战胜楚国，楚国阻塞三川据守，您就不能得救了。我私下里为您担忧。秦人司马庚三度往返于郢都，秦相甘茂和楚相昭鱼在商于会见，表面上扬言说要收回攻韩楚军的印信，其实双方好像是有什么密约。”公仲惊恐地说：“那么该怎么办呢？”公孙昧说：“您一定要先从韩国自身考虑，然后考虑秦国是否来救援，先想好自救的方法，然后再考虑怎样应付张仪那种计谋。您不如马上让韩国同齐楚两国联合，齐楚必定会把国事托付给您。您所厌恶的只是张仪那种欺诈的计谋，其实还是不能无视秦国呀！”于是楚国解除了对雍氏的围困。

苏代又对秦太后的弟弟芈戎说：“公叔伯婴唯恐秦国、楚国把公子虮虱送回韩国，您为什么不替韩国到楚国去请求放回质子虮虱呢？楚国如果不答应把质子放回韩国，那么公叔伯婴就知道秦、楚两国并不重视公子虮虱的事，一定会使韩国与秦楚联合。秦、楚就能依靠韩国使魏国受窘，魏国不敢同齐国联合，这样，齐国也就孤立了。然后您再替秦国请求楚国把质子虮虱送到秦国，楚国不答应，必然会同韩国结怨。韩国就要依靠齐国和魏国的力量去围困楚国，楚国必定会尊重您。您依靠秦国和楚国的尊重向韩国施以恩德，公叔伯婴一定会拿整个国家来侍奉您。”于是公子虮虱终于未能回到韩国。韩国立公子咎为太子。齐王、魏王到韩国来。

襄王十四年，韩国与齐、魏两国一起进攻秦国，到了函谷关就在那里驻扎下来。十六年，秦国把河外之地和武遂还给韩国。襄王死，太子咎即位，这就是韩釐王。

釐王三年，派公孙喜率领周和魏的军队攻秦。秦国大败韩军二十四万，在伊阙俘虏了公孙喜。五年，秦军攻取了韩国的宛城。六年，韩国把武遂地带的二百里土地给了秦国。十年，秦军在夏山打败韩军。十二年，韩釐王与秦昭王在西周国相会，并帮助秦国进攻齐国。齐国战败，齐湣王外出逃亡。十四年，韩王与秦王在两周国之间相会。二十一年，派暴鸢救援魏国，被秦军打败，暴鸢逃到开封。

釐王二十三年，赵、魏两国进攻韩国的华阳。韩国向秦国告急，秦国不来援救。韩国相国对陈筮说："事态急迫，您虽患病，还是希望您连夜到秦国去。"陈筮到秦先会见穰侯魏冉。穰侯说："事情很紧急吧？所以才派你来。"陈筮说："还不很急呀。"穰侯发怒道："如果这样，你的君主还能派你做使臣吗？你们的使臣来来往往，都是来向我们告急的，你来了却说不急，为什么？"陈筮说："韩国如果真的危急，就要改变政策去依附其他国家，因为还没到危急的时候，所以我又来了。"穰侯说："你不必去见秦王了，我们立即发兵去援救韩国。"过了八天，秦军赶到，在华阳山下打败赵军和魏军。这一年，釐王死，其子桓惠王即位。

桓惠王元年，韩军进攻燕国。九年，秦军攻占了韩国的陉城，并在汾水旁筑城。十年，秦军在太行山进击韩军，韩国的上党郡守献出上党郡投降赵国。十四年，秦国夺取赵国的上党。在长平杀死了马服君之子赵括率领的军卒四十万人。十七年，秦军攻占韩国的阳城和负黍。二十二年，秦昭王死。二十四年，秦军攻占韩国的城皋和荥阳。二十六年，秦军全部攻占了韩国的上党地区。二十九年，秦军攻下韩国的十三座城。三十四年，桓惠王死，其子韩王安继位。

韩王安五年，秦进攻韩，韩国形势危急，派韩非出使秦，秦国将韩非扣留，后来就把他杀了。

九年，秦军俘虏了韩王安，韩国领土全部归属秦国，设置为颍川郡。韩国终于灭亡。

太史公说：韩厥感动了晋景公，让赵氏孤儿赵武继承了赵氏的爵位，因而成全了程婴和公孙杵臼的义举，这是世上少有的阴德。韩氏在晋国，并没看到有什么大功，然而，终于能和赵氏、魏氏一样，做诸侯十几代之久，也是很应该的呀！

史记卷四十六·田敬仲完世家第十六

田氏先祖最早来到齐国的是田完(即陈完),他的谥号是敬仲,因名本篇为《田敬仲完世家》。本篇主要记述的是:陈完逃到齐国立足,他的子孙们逐步把持齐国政事,至田和终于篡夺姜氏齐国,建立田氏齐国;之后又历经桓公至威王、宣王达到鼎盛;至齐湣王时走向衰落,虽经旧臣辅助得以复国并立襄王,但襄王又宠用奸相亲善秦国,不修攻战,面对秦国对五国的吞并消灭,全然无视“唇亡齿寒”的后果,苟且偷安,终被秦所灭。本篇以对齐威王、齐湣王两位国君的记述最为详细。前者是一位很有作为的君王,他与魏王会猎时的一番对话,是对齐国之所以能在他的治理下达到鼎盛的极好诠释。后者是齐国由盛而衰时的一位君王,他放弃东帝的称号而征讨宋国暴君使齐国威望提升,但他却骄纵好战,又傲慢无礼,最终在五国联军的进攻下被杀身亡,齐国也自此衰败不振。

陈完者,陈厉公他之子也。完生,周太史过陈,陈厉公使卜完,卦得观之否:“是为观国之光,利用宾于王①。此其代陈有国乎?不在此而在异国乎?非此其身也,在其子孙。若在异国,必姜姓。姜姓,四岳之后。物莫能两大,陈衰,此其昌乎?”

厉公者,陈文公少子也,其母蔡女。文公卒,厉公兄鲍立,是为桓公。桓公与他异母。及桓公病,蔡人为他杀桓公鲍及太子免而立他,为厉公。厉公既立,娶蔡女。蔡女淫于蔡人,数归,厉公亦数如蔡。桓公之少子林怨厉公杀其父与兄,乃令蔡人诱厉公而杀之。林自立,是为庄公。故陈完不得立,为陈大

①二句为《观》卦《六四》的爻辞。大意是使者聘于他国,欲请观其国之光,利于为君主之上客。

夫。厉公之杀，以淫出国，故《春秋》曰“蔡人杀陈他”，罪之也。

庄公卒，立弟杵臼，是为宣公。宣公二十一年，杀其太子御寇。御寇与完相爱，恐祸及己，完故奔齐。齐桓公欲使为卿，辞曰：“羁旅之臣幸得免负檐[①]，君之惠也，不敢当高位。”桓公使为工正。齐懿仲欲妻[②]完，卜之，占曰：“是谓凤皇于蜚[③]，和鸣锵锵[④]。有妫之后，将育于姜。五世其昌，并[⑤]于正卿。八世之后，莫之与京[⑥]。”卒妻完。完之奔齐，齐桓公立十四年矣。

完卒，谥为敬仲。仲生稚孟夷。敬仲之如齐，以陈字为田氏。

田稚孟夷生湣孟庄，田湣孟庄生文子须无。田文子事齐庄公。晋之大夫栾逞作乱于晋，来奔齐，齐庄公厚客之。晏婴与田文子谏，庄公弗听。

文子卒，生桓子无宇。田桓子无宇有力，事齐庄公，甚有宠。

无宇卒，生武子开与釐子乞。田釐子乞事齐景公为大夫，其收赋税于民以小斗受之，其禀予民以大斗，行阴德[⑦]于民，而景公弗禁。由此田氏得齐众心，宗族益强，民思田氏。晏子数谏景公，景公弗听。已而使于晋，与叔向私语曰：“齐国之政其卒归于田氏矣。”

晏婴卒后，范、中行氏反晋。晋攻之急，范、中行请粟于齐。田乞欲为乱，树党于诸侯，乃说景公曰：“范、中行数有德于齐，齐不可不救。”齐使田乞救之而输之粟。

景公太子死，后有宠姬曰芮子，生子荼。景公病，命其相国

---

①负：背东西。檐：通“担”，用肩扛，挑。 ②妻（qì）：以女嫁人。 ③于蜚：飞翔。 ④锵（qiāng）锵：这里是指凤凰的鸣叫声十分美好。 ⑤并：并列，此指与卿的地位一样。 ⑥莫之与京：没有谁比他更强大。京：强大。 ⑦阴德：暗中施恩。

惠子与高昭子以子荼为太子。景公卒，两相高、国立荼，是为晏孺子。而田乞不说，欲立景公他子阳生。阳生素与乞欢。晏孺子之立也，阳生奔鲁。田乞伪事高昭子、国惠子者，每朝代参乘①，言曰："始诸大夫不欲立孺子。孺子既立，君相之，大夫皆自危，谋作乱。"又绐②大夫曰："高昭子可畏也，及未发先之。"诸大夫从之。田乞、鲍牧与大夫以兵入公室，攻高昭子。昭子闻之，与国惠子救公。公师败。田乞之众追国惠子，惠子奔莒，遂返杀高昭子。晏圉奔鲁。

田乞使人之鲁，迎阳生。阳生至齐，匿田乞家。请诸大夫曰："常之母有鱼菽之祭③，幸而来会饮。"会饮田氏。田乞盛阳生橐中，置坐中央。发橐，出阳生，曰："此乃齐君矣。"大夫皆伏谒。将盟立之，田乞诬曰："吾与鲍牧谋共立阳生也。"鲍牧怒曰："大夫忘景公之命乎？"诸大夫欲悔，阳生乃顿首曰："可则立之，不可则已。"鲍牧恐祸及己，乃复曰："皆景公之子，何为不可！"遂立阳生于田乞之家，是为悼公。乃使人迁晏孺子于骀，而杀孺子荼。悼公既立，田乞为相，专齐政。

四年，田乞卒，子常代立，是为田成子。

鲍牧与齐悼公有郄④，弑悼公。齐人共立其子壬，是为简公。田常成子与监止俱为左右相，相简公。田常心害⑤监止，监止幸于简公，权弗能去。于是田常复修釐子之政，以大斗出贷，以小斗收。齐人歌之曰："妪乎采芑⑥，归乎田成子！"齐大夫朝，御鞅谏简公曰："田、监不可并也，君其择焉。"君弗听。

①参乘：即"骖(cān)乘"，此指在车上右边护卫或陪侍的人。 ②绐(dài)：哄骗，欺骗。 ③鱼菽之祭：以鱼、豆之类为供品的祭祀，指薄陋的祭祀。菽(shū)：豆。 ④郄(xì)：同"郤(xì)"，嫌隙，因猜疑而产生的仇怨。 ⑤害：妒忌，忌恨。 ⑥妪(yù)：老年妇女。芑(qǐ)：一种野菜，可食。

子我者，监止之宗人也，常与田氏有郤。田氏疏族田豹事子我有宠。子我曰："吾欲尽灭田氏適[①]，以豹代田氏宗。"豹曰："臣于田氏疏矣。"不听，已而豹谓田氏曰："子我将诛田氏，田氏弗先，祸及矣。"子我舍公宫，田常兄弟四人乘如公宫，欲杀子我。子我闭门。简公与妇人饮檀台，将欲击田常。太史子馀曰："田常非敢为乱，将除害。"简公乃止。田常出，闻简公怒，恐诛，将出亡。田子行曰："需，事之贼也[②]。"田常于是击子我。子我率其徒攻田氏，不胜，出亡。田氏之徒追杀子我及监止。

简公出奔，田氏之徒追执简公于徐州。简公曰："蚤[③]从御鞅之言，不及此难。"田氏之徒恐简公复立而诛己，遂杀简公。简公立四年而杀。于是田常立简公弟骜，是为平公。平公即位，田常为相。

田常既杀简公，惧诸侯共诛己，乃尽归鲁、卫侵地，西约晋、韩、魏、赵氏，南通吴、越之使，修功行赏，亲于百姓，以故齐复定。

田常言于齐平公曰："德施人之所欲，君其行之；刑罚人之所恶，臣请行之。"行之五年，齐国之政皆归田常。田常于是尽诛鲍、晏、监止及公族之强者，而割齐自安平以东至琅邪，自为封邑。封邑大于平公之所食[④]。

田常乃选齐国中女子长七尺以上为后宫[⑤]，后宫以百数，而使宾客舍人[⑥]出入后宫者不禁。及田常卒，有七十馀男。

田常卒，子襄子盘代立，相齐。常谥为成子。

田襄子既相齐宣公，三晋杀知伯，分其地。襄子使其兄弟

---

①適：通"嫡"，此指直系亲族。②需：迟疑不决。贼：败坏，伤害。③蚤：通"早"。④食：食邑。⑤后宫：原指妃嫔居住之所，常借代为妃嫔或姬妾。⑥宾客：依附于权贵之门的清客、食客等。舍人：亲近侍从。

宗人尽为齐都邑大夫，与三晋通使，且以有齐国[①]。

襄子卒，子庄子白立。田庄子相齐宣公。宣公四十三年，伐晋，毁黄城，围阳狐。明年，伐鲁、葛及安陵。明年，取鲁之一城。

庄子卒，子太公和立。田太公相齐宣公。宣公四十八年，取鲁之郕。明年，宣公与郑人会西城。伐卫，取毌丘。宣公五十一年卒，田会自廪丘反。

宣公卒，子康公贷立。贷立十四年，淫于酒、妇人，不听政。太公乃迁康公于海上，食一城，以奉其先祀。明年，鲁败齐平陆。

三年，太公与魏文侯会浊泽，求为诸侯。魏文侯乃使使言周天子及诸侯，请立齐相田和为诸侯。周天子许之。康公之十九年，田和立为齐侯，列于周室，纪元年。

齐侯太公和立二年，和卒，子桓公午立。桓公午五年，秦、魏攻韩，韩求救于齐。齐桓公召大臣而谋曰："早救之孰与晚救之?"驺忌曰："不若勿救。"段干朋曰："不救，则韩且折而入于魏，不若救之。"田臣思曰："过矣君之谋也！秦、魏攻韩，楚、赵必救之，是天以燕予齐也。"桓公曰："善。"乃阴告韩使者而遣之。韩自以为得齐之救，因与秦、魏战。楚、赵闻之，果起兵而救之。齐因起兵袭燕国，取桑丘。

六年，救卫。桓公卒，子威王因齐立。是岁，故齐康公卒，绝无后，奉邑皆入田氏。

齐威王元年，三晋因齐丧来伐我灵丘。三年，三晋灭晋后而分其地。六年，鲁伐我，入阳关。晋伐我，至博陵。七年，卫

---

①且：将近，几乎。以：通"已"。

伐我,取薛陵。九年,赵伐我,取甄。

威王初即位以来,不治,委政卿大夫,九年之间,诸侯并伐,国人不治①。于是威王召即墨大夫而语之曰:“自子之居即墨也,毁言日至。然吾使人视即墨,田野辟②,民人给③,官无留事,东方以宁。是子不事吾左右以求誉也。”封之万家。召阿大夫语曰:“自子之守阿,誉言日闻。然使使视阿,田野不辟,民贫苦。昔日赵攻甄,子弗能救。卫取薛陵,子弗知。是子以币厚④吾左右以求誉也。”是日,烹阿大夫,及左右尝誉者皆并烹之。遂起兵西击赵、卫,败魏于浊泽而围惠王。惠王请献观以和解,赵人归我长城。于是齐国震惧,人人不敢饰非,务尽其诚,齐国大治。诸侯闻之,莫敢兵于齐二十馀年。

驺忌子以鼓琴见威王,威王说而舍之右室。须臾,王鼓琴,驺忌子推户入曰:“善哉鼓琴!”王勃然不说,去琴按剑曰:“夫子见容未察,何以知其善也?”驺忌子曰:“夫大弦浊以春温者⑤,君也;小弦廉折以清者⑥,相也;攫之深⑦,醳之愉者⑧,政令也;钧谐以鸣⑨,大小相益⑩,回邪而不相害者⑪,四时也:吾是以知其善也。”王曰:“善语音。”驺忌子曰:“何独语音,夫治国家而弭人民皆在其中⑫。”王又勃然不说曰:“若夫语五音之纪⑬,信未有如夫子者也。若夫治国家而弭人民,又何为乎丝桐之间⑭?”驺忌子曰:“夫大弦浊以春温者,君也;小弦廉折以清者,相也;攫

---

①治:安宁,安定。 ②辟:开辟,这里指田地的开垦。 ③给:丰足。 ④以币厚:以礼物贿赂。币:礼物。厚:厚赠,贿赂。 ⑤浊以春温:指声音浑厚温和。浊:低沉浑厚。 ⑥廉折:指乐声高亢,节奏明快。清:指声音清越响亮。 ⑦攫:用手指勾拨琴弦。深:拨琴紧而有力。 ⑧醳(shì):通“释”,指放开琴弦。愉:同“舒”,舒缓,舒展。 ⑨钧谐:和谐。 ⑩相益:互相补充,引申为互相增色。 ⑪回邪:曲折。 ⑫弭(mǐ):安抚,安定。 ⑬五音:古代音乐以宫、商、角、徵、羽为五音,五音常为音乐的代称。纪:法度,规则。 ⑭丝桐:指古琴,古琴琴体多用桐木,弦用丝弦,故称丝桐。

之深而舍之愉者，政令也；钧谐以鸣，大小相益，回邪而不相害者，四时也。夫复而不乱者，所以治昌[①]也；连而径者[②]，所以存亡也[③]。故曰琴音调而天下治。夫治国家而弭人民者，无若乎五音者。”王曰：“善。”

驺忌子见三月而受相印。淳于髡见之曰：“善说哉！髡有愚志，愿陈诸前。”驺忌子曰：“谨受教。”淳于髡曰：“得全全昌[④]，失全全亡。”驺忌子曰：“谨受令，请谨毋离前。”淳于髡曰：“狶膏棘轴[⑤]，所以为滑也，然而不能运方穿[⑥]。”驺忌子曰：“谨受令，请谨事左右[⑦]。”淳于髡曰：“弓胶昔幹[⑧]，所以为合也，然而不能傅合疏罅[⑨]。”驺忌子曰：“谨受令，请谨自附于万民。”淳于髡曰：“狐裘虽弊，不可补以黄狗之皮。”驺忌子曰：“谨受令，请谨择君子，毋杂小人其间。”淳于髡曰：“大车不较[⑩]，不能载其常任；琴瑟不较，不能成其五音。”驺忌子曰：“谨受令，请谨修法律而督奸吏。”淳于髡说毕，趋出，至门，而面其仆曰：“是人者，吾语之微言五，其应我若响之应声[⑪]，是人必封不久矣。”居朞年[⑫]，封以下邳，号曰成侯。

威王二十三年，与赵王会平陆。二十四年，与魏王会田于郊[⑬]。魏王问曰：“王亦有宝乎？”威王曰：“无有。”梁王曰：“若寡人国小也，尚有径寸之珠照车前后各十二乘者十枚，奈何以万乘之国而无宝乎？”威王曰：“寡人之所以为宝与王异。吾臣有檀子者，使守南城，则楚人不敢为寇东取，泗上十二诸侯皆来

①治昌：政治昌明。 ②连：相连，连贯。径：轻捷，流畅。 ③存亡：使危亡的局面得以稳定。 ④得全：指人臣事君之礼周全无失。全昌：指身与名都能昌盛。 ⑤狶膏：猪油。狶（xī）：同“豨”，猪。棘轴：棘木做的车轴。 ⑥方穿：方形的轴孔。穿：孔。 ⑦事：相处。⑧胶：用胶粘。昔幹：用久放旧的弓干。 ⑨傅：通“附”，附着。罅（xià）：缝隙。 ⑩较：同“校”，校正。 ⑪响：回声。 ⑫朞年：周年。朞（jī）：同“期（jī）”。 ⑬田：同“畋（tián）”，打猎。

朝。吾臣有肦子者,使守高唐,则赵人不敢东渔于河。吾吏有黔夫者,使守徐州,则燕人祭北门,赵人祭西门,徙而从者七千馀家。吾臣有种首者,使备盗贼,则道不拾遗。将以照千里,岂特十二乘哉!”梁惠王惭,不怿①而去。

二十六年,魏惠王围邯郸,赵求救于齐。齐威王召大臣而谋曰:“救赵孰与勿救?”驺忌子曰:“不如勿救。”段干朋曰:“不救则不义,且不利。”威王曰:“何也?”对曰:“夫魏氏并邯郸,其于齐何利哉?且夫救赵而军其郊,是赵不伐而魏全也。故不如南攻襄陵以弊魏②,邯郸拔而乘魏之弊。”威王从其计。

其后成侯驺忌与田忌不善,公孙阅谓成侯忌曰:“公何不谋伐魏,田忌必将。战胜有功,则公之谋中也;战不胜,非前死则后北③,而命在公矣。”于是成侯言威王,使田忌南攻襄陵。十月,邯郸拔,齐因起兵击魏,大败之桂陵。于是齐最强于诸侯,自称为王,以令天下。三十三年,杀其大夫牟辛。

三十五年,公孙阅又谓成侯忌曰:“公何不令人操十金卜于市,曰‘我田忌之人也。吾三战而三胜,声威天下。欲为大事,亦吉乎不吉乎’?”卜者出,因令人捕为之卜者,验其辞于王之所。田忌闻之,因遂率其徒袭攻临淄,求成侯,不胜而奔。

三十六年,威王卒,子宣王辟彊立。

宣王元年,秦用商鞅。周致伯④于秦孝公。

二年,魏伐赵。赵与韩亲,共击魏。赵不利,战于南梁。宣王召田忌复故位。韩氏请救于齐。宣王召大臣而谋曰:“早救孰与晚救?”驺忌子曰:“不如勿救。”田忌曰:“弗救,则韩且折而

①怿(yì):喜悦,高兴。②弊:使疲困,使疲乏。③前死:向前死战。北:败北,败逃。④伯:通“霸”,霸主,诸侯的盟主。

入于魏，不如早救之。”孙子曰：“夫韩、魏之兵未弊而救之，是吾代韩受魏之兵，顾反听命于韩也。且魏有破国之志，韩见亡，必东面而愬[①]于齐矣。吾因深结韩之亲而晚承[②]魏之弊，则可重利而得尊名也。”宣王曰：“善。”乃阴告韩之使者而遣之。

韩因恃齐，五战不胜，而东委国于齐。齐因起兵，使田忌、田婴将，孙子为师，救韩、赵以击魏，大败之马陵，杀其将庞涓，虏魏太子申。其后三晋之王皆因田婴朝齐于博望，盟而去。

七年，与魏王会平阿南。明年，复会甄。魏惠王卒。明年，与魏襄王会徐州，诸侯相王也。十年，楚围我徐州。十一年，与魏伐赵，赵决河水灌齐、魏，兵罢。十八年，秦惠王称王。

宣王喜文学游说之士，自如驺衍、淳于髡、田骈、接予、慎到、环渊之徒七十六人，皆赐列第，为上大夫，不治[③]而议论。是以齐稷下学士复盛，且数百千人。

十九年，宣王卒，子湣王地立。

湣王元年，秦使张仪与诸侯执政会于啮桑。三年，封田婴于薛。四年，迎妇于秦。七年，与宋攻魏，败之观泽。

十二年，攻魏。楚围雍氏，秦败屈丐。苏代谓田轸曰：“臣愿有谒于公，其为事甚完，使楚利公，成为福，不成亦为福。今者臣立于门，客有言曰魏王谓韩冯、张仪曰：‘煮枣将拔，齐兵又进，子来救寡人则可矣；不救寡人，寡人弗能拔。’此特转辞也。秦、韩之兵毋东，旬馀，则魏氏转韩从秦，秦逐张仪，交臂[④]而事齐、楚，此公之事成也。”田轸曰：“奈何使无东？”对曰：“韩冯之救魏之辞，必不谓韩王曰‘冯以为魏’，必曰‘冯将以秦、韩之兵

---

①愬(sù)：告诉，诉说。 ②承：通“乘”，趁，利用。 ③不治：不理政事。 ④交臂：拱手。

东却齐、宋，冯因抟①三国之兵，乘屈丐之弊，南割于楚，故地必尽得之矣’。张仪救魏之辞，必不谓秦王曰‘仪以为魏’，必曰‘仪且以秦、韩之兵东距齐、宋，仪将抟三国之兵，乘屈丐之弊，南割于楚，名存亡国②，实伐③三川而归，此王业也’。公令楚王与韩氏地，使秦制和④，谓秦王曰‘请与韩地，而王以施⑤三川，韩氏之兵不用而得地于楚’。韩冯之东兵之辞且谓秦何？曰‘秦兵不用而得三川，伐楚、韩以窘魏，魏氏不敢东，是孤齐也’。张仪之东兵之辞且谓何？曰‘秦、韩欲地而兵有案⑥，声威发于魏，魏氏之欲不失齐、楚者有资矣’。魏氏转秦、韩争事齐、楚，楚王欲而无与地，公令秦、韩之兵不用而得地，有一大德也。秦、韩之王劫于韩冯、张仪而东兵以徇⑦服魏，公常执左券⑧以责于秦、韩，此其善于公而恶张子多资矣。”

十三年，秦惠王卒。二十三年，与秦击败楚于重丘。二十四年，秦使泾阳君质于齐。二十五年，归泾阳君于秦。孟尝君薛文入秦，即相秦。文亡去。二十六年，齐与韩、魏共攻秦，至函谷，军焉。二十八年，秦与韩河外以和，兵罢。二十九年，赵杀其主父。齐佐赵灭中山。

三十六年，王为东帝，秦昭王为西帝。苏代自燕来，入齐，见于章华东门。齐王曰：“嘻，善，子来！秦使魏冉致帝，子以为何如？”对曰：“王之问臣也卒⑨，而患之所从来微⑩，愿王受之而勿备称也。秦称之，天下安之，王乃称之，无后也。且让争帝名，无伤也。秦称之，天下恶之，王因勿称，以收天下，此大资

①抟(zhuān)：统率，统领。②存亡国：使即将灭亡之国得以存续。③伐：炫耀，夸耀。④制和：控制两国议和。⑤施：给予恩惠。⑥案：通“按”，使停止，止住。⑦徇(xùn)：使顺从。⑧左券：古代契约分为左右两片，左片称左券，由债权人收执，作为索偿凭据。后常用“执左券”比喻有成功的把握。⑨卒：通“猝”，仓猝，突然。⑩微：隐微，不明显。

也。且天下立两帝，王以天下为尊齐乎？尊秦乎？”王曰：“尊秦。”曰：“释帝，天下爱齐乎？爱秦乎？”王曰：“爱齐而憎秦。”曰：“两帝立约伐赵，孰与伐桀宋之利？”王曰：“伐桀宋利。”对曰：“夫约钧[①]，然与秦为帝而天下独尊秦而轻齐，释帝则天下爱齐而憎秦，伐赵不如伐桀宋之利，故愿王明释帝以收天下，倍约宾秦[②]，无争重，而王以其间举宋。夫有宋，卫之阳地危；有济西，赵之阿东国危；有淮北，楚之东国危；有陶、平陆，梁门不开。释帝而贷[③]之以伐桀宋之事，国重而名尊，燕、楚所以形服，天下莫敢不听，此汤武之举也。敬秦以为名，而后使天下憎之，此所谓以卑为尊者也。愿王孰[④]虑之。”于是齐去帝复为王，秦亦去帝位。

三十八年，伐宋。秦昭王怒曰：“吾爱宋与爱新城、阳晋同。韩聂与吾友也，而攻吾所爱，何也？”苏代为齐谓秦王曰：“韩聂之攻宋，所以为王也。齐强，辅之以宋，楚、魏必恐，恐必西事秦，是王不烦一兵，不伤一士，无事而割安邑也，此韩聂之所祷于王也。”秦王曰：“吾患齐之难知。一从一衡[⑤]，其说何也？”对曰：“天下国令齐可知乎？齐以[⑥]攻宋，其知事秦以万乘之国自辅，不西事秦则宋治不安。中国白头游敖[⑦]之士皆积智欲离齐秦之交，伏式结轶[⑧]西驰者，未有一人言善齐者也，伏式结轶东驰者，未有一人言善秦者也。何则？皆不欲齐、秦之合也。何晋、楚之智而齐、秦之愚也！晋、楚合必议齐、秦，齐、秦合必图晋、楚，请以此决事。”秦王曰：“诺。”于是齐遂伐宋，宋王出亡，

---

①约钧：指相约称帝，其利相等。钧：通“均”。②倍：通“背”。宾：同“摈”，排斥，抛弃。③贷：通“代”，代替。④孰：通“熟”，深思。⑤从：同“纵”，合纵。衡：通“横”，连横。⑥以：通“已”。⑦敖：遨游，游说。⑧伏式结轶：形容乘车往来不断。式：通“轼”，车前横木。结轶：车辙在路上交错。轶：通“辙”。

死于温。齐南割楚之淮北，西侵三晋，欲以并周室，为天子。泗上诸侯邹、鲁之君皆称臣，诸侯恐惧。

三十九年，秦来伐，拔我列城九。

四十年，燕、秦、楚、三晋合谋，各出锐师以伐败我济西。王解而却。燕将乐毅遂入临淄，尽取齐之宝藏器。湣王出亡，之卫。卫君辟宫舍之，称臣而共[①]具。湣王不逊，卫人侵之。湣王去，走邹、鲁，有骄色，邹、鲁君弗内[②]，遂走莒。楚使淖齿将兵救齐，因相齐湣王。淖齿遂杀湣王而与燕共分齐之侵地卤[③]器。

湣王之遇杀，其子法章变名姓为莒太史敫家庸[④]。太史敫女奇法章状貌，以为非恒人，怜而常窃衣食之，而与私通焉。淖齿既以去莒，莒中人及齐亡臣相聚求湣王子，欲立之。法章惧其诛己也，久之，乃敢自言"我湣王子也"。于是莒人共立法章，是为襄王。以保[⑤]莒城而布告齐国中："王已立在莒矣。"

襄王既立，立太史氏女为王后，是为君王后，生子建。太史敫曰："女不取媒因自嫁，非吾种也，污吾世。"终身不睹君王后。君王后贤，不以不睹故失人子之礼。

襄王在莒五年，田单以即墨攻破燕军，迎襄王于莒，入临淄，齐故地尽复属齐。齐封田单为安平君。

十四年，秦击我刚寿。十九年，襄王卒，子建立。

王建立六年，秦攻赵，齐、楚救之。秦计曰："齐、楚救赵，亲则退兵，不亲遂攻之。"赵无食，请粟于齐，齐不听。周子曰："不如听之以退秦兵，不听则秦兵不却，是秦之计中而齐、楚之计过也。且赵之于齐、楚，扞蔽[⑥]也，犹齿之有唇也，唇亡则齿寒。今

---

①共：通"供"，供给，供应。 ②内：同"纳"，收容，接纳。 ③卤：通"掳"，掠夺。 ④庸：通"佣"。 ⑤保：占据，拥有。 ⑥扞蔽：屏障。扞(hàn)：同"捍"。

日亡赵,明日患及齐、楚。且救赵之务,宜若奉漏瓮沃焦釜[1]也。夫救赵,高义也;却秦兵,显名也。义救亡国,威却强秦之兵,不务为此而务爱粟,为国计者过矣。"齐王弗听。秦破赵于长平四十馀万,遂围邯郸。

十六年,秦灭周。君王后卒。二十三年,秦置东郡。二十八年,王入朝秦,秦王政置酒咸阳。三十五年,秦灭韩。三十七年,秦灭赵。三十八年,燕使荆轲刺秦王,秦王觉,杀轲。明年,秦破燕,燕王亡走辽东。明年,秦灭魏,秦兵次于历下。四十二年,秦灭楚。明年,虏代王嘉。灭燕王喜。

四十四年,秦兵击齐。齐王听相后胜计,不战,以兵降秦。秦虏王建,迁之共。遂灭齐为郡。天下壹并于秦,秦王政立号为皇帝。

始,君王后贤,事秦谨,与诸侯信,齐亦东边海上。秦日夜攻三晋、燕、楚,五国各自救于秦,以故王建立四十馀年不受兵。君王后死,后胜相齐,多受秦间[2]金,多使宾客入秦,秦又多予金,客皆为反间,劝王去从朝秦,不修攻战之备,不助五国攻秦,秦以故得灭五国。五国已亡,秦兵卒入临淄,民莫敢格[3]者。王建遂降,迁于共。故齐人怨王建不早与诸侯合从攻秦,听奸臣宾客以亡其国,歌之曰:"松耶柏耶?住建共者客耶?"疾建用客之不详也。

太史公曰:盖孔子晚而喜《易》。《易》之为术,幽明远矣,非通人达才孰能注意焉?故周太史之卦田敬仲完,占至十世之后;及完奔齐,懿仲卜之亦云。田乞及常所以比[4]犯二君,专齐

---

①奉:通"捧",捧着。沃:浇水。釜:锅。 ②间:间谍,奸细。 ③格:抵挡,抵抗。④比:接连。

国之政，非必事势之渐然也，盖若遵厌①兆祥云。

【译文】

陈完是陈厉公陈他之子。陈完出生时，周太史正好路过陈国，陈厉公请他给陈完卜卦，卜得的卦是《观卦》变为《否卦》，太史说："卦辞'观国之光，利用宾于王'。这大概是说他将取得陈国君位拥有其国吧？也许是不在陈国而在他国吧？或者是不应验在他身上，而应验在他的子孙身上。如果是在他国，必定是姜姓国。姜姓是帝尧时四岳的后代。事物不可能是两个同时强大，陈国衰落后，他这一支将要昌盛起来吧！"

厉公是陈文公的小儿子，他的母亲是蔡国之女。文公死后，厉公的兄长陈鲍即位，这就是桓公。桓公和弟弟陈他为异母兄弟。趁桓公生病时，蔡国人替陈他杀死了桓公陈鲍和太子陈免，立陈他为君，这就是厉公。厉公即位后，娶蔡国之女为妻。这个蔡女和蔡国人淫乱，常回蔡国去，厉公也常去蔡国。桓公的小儿子陈林怨恨厉公杀死了他的父兄，就让蔡国人诱骗厉公并把他杀了。陈林自立为国君，这就是庄公。所以陈完不能立为国君，做了陈国大夫。厉公被杀，是由于为淫乱而出国，所以《春秋》里说"蔡人杀陈他"，这是指责他的罪恶。

庄公死，弟弟杵臼即位，这就是陈宣公。宣公二十一年，杀死了太子御寇。御寇和陈完相友爱，陈完恐怕灾祸牵连到自己，所以逃奔齐国。齐桓公想要任他为卿，他推辞说："我这个寄居在外的小臣能有幸不必从事辛苦的劳作，已是您给我的恩惠了，不敢再担当这么高的职位。"齐桓公让他任管理各种工匠的工正。齐懿仲想把女儿嫁给陈完为妻，为此事进行占卜，占辞说："这叫作凤凰飞翔，和谐的鸣声锵锵。有妫氏的后代，将在姜氏那里成长发展。五代之后就要昌盛，和正卿的地位一样。八代之后，地位之高没人比得上。"终于把女儿嫁给陈完为妻。陈完逃奔齐国时，齐桓公已在位十四年了。

---

①遵厌：遵循，符合。

陈完死后，谥号是敬仲。敬仲生了稚孟夷。敬仲到齐国后，将陈氏改为田氏。

田稚孟夷生了湣孟庄，田湣孟庄生了文子须无。田文子侍奉齐庄公。晋国大夫栾逞在晋国作乱，逃奔到齐国，齐庄公对他以优厚的客礼相待。晏婴和田文子劝谏，庄公不听。

田文子死，他生的儿子是桓子无宇。田桓子无宇有力气，侍奉齐庄公，很受宠信。

无宇死，他生的儿子是武子开和釐子乞。釐子田乞侍奉齐景公做大夫，他向百姓征收赋税时用小斗收进，赐给百姓粮食时用大斗，暗中向百姓施以恩德，而齐景公也不加禁止。因此田氏得到齐国的民心，家族越来越强大，百姓心向田氏。晏子多次向景公进谏，景公不听。不久晏子到晋国出使，他与叔向私下说："齐国朝政最终要归到田氏的手里呀。"

晏婴死后，范氏和中行氏反叛晋国。晋国追击他们追得很急，范氏和中行氏向齐国请求借粮。田乞想作乱，要在诸侯中结党，于是对齐景公说："范氏和中行氏多次对齐国有恩德，齐国不能不救他们。"齐国就派田乞去救援，并给他们输送粮食。

齐景公的太子死，景公有个宠姬叫芮子，芮子生的儿子叫荼。景公生病时，让他的宰相国惠子和高昭子立儿子荼为太子。景公死后，高、国两位宰相立荼为国君，这就是晏孺子。可是田乞不高兴，想立景公的另一个儿子阳生。阳生平素和田乞关系很好。晏孺子即位后，阳生逃奔鲁国。田乞假装侍奉高昭子和国惠子，每次上朝都替参乘在车上陪侍，并且说："起初各位大夫都不想立孺子。孺子既然即位，您两位任宰相，大夫们人人自危，图谋作乱。"田乞又哄骗大夫们说："高昭子很可怕呀，趁他还没动手我们先动手吧！"大夫们都依从他。田乞、鲍牧和大夫们领兵进入宫室，攻击高昭子。昭子听说后，与国惠子去救国君。国君的军队失败了。田乞的部下去追国惠子，惠子逃到莒国，于是又返回去杀高昭子。晏婴之子晏圉逃奔鲁国。

田乞派人到鲁国，迎回阳生。阳生回到齐国，藏在田乞家。田乞邀请大夫们说："田常的母亲作薄陋的祭祀，请诸位赏光来聚会饮酒。"大夫们都来田氏家饮酒。田乞把阳生装在口袋里，放在中央的座位上。饮宴中，田乞打开口袋，放出阳生，他说："这才是齐国的国君呀。"大夫们都俯身拜见。即将订盟拥立阳生，田乞谎称说："我是与鲍牧合谋一起拥立阳生的。"鲍牧怒冲冲地说："大夫忘记景公的遗命了吗？"大夫们想反悔，阳生就叩头说："看我可以就立我，不可以就算了。"鲍牧恐怕灾祸落到自己身上，就重新说："都是景公的儿子，怎么不可以呢！"于是在田乞家中立阳生为国君，这就是悼公。又派人把晏孺子迁到骀，并杀死了孺子荼。悼公即位后，田乞任宰相，独揽齐国朝政。

四年后，田乞死，其子田常接替相位，这就是田成子。

鲍牧和齐悼公有嫌隙，杀死了悼公。齐国人共同拥立悼公之子壬，这就是简公。成子田常与监止一起任左右相，辅佐简公。田常心中妒忌监止，因为监止受简公宠信，所以田常无法将他排挤走。于是田常就重新使用他父亲釐子的措施，用大斗把粮食借出，用小斗收回。齐国人唱歌颂扬他说："老太太采芑菜呀，送给田成子！"齐国大夫上朝，御鞅向简公进谏说："田常、监止不可两立，请君主来选择吧！"简公不听。

子我是监止的同族，平素与田氏不和。田氏的远房同族田豹侍奉子我而受宠。子我说："我想把田氏的直系亲族都杀光，让你来为田氏家族的宗主。"田豹说："我只是田氏的远房啊。"子我不听。不久田豹对田氏说："子我将要诛灭田氏，如果田氏不先下手，灾祸就要来了。"子我住在简公的宫室里，田常兄弟四人也乘车到了宫中，想杀掉子我。子我闭门。简公正与宠妃在檀台饮酒，就想攻打田常。太史子余说："田常不敢作乱，他是要为国除害。"简公才停止了。田常出宫后，听说简公发怒，恐怕自己被杀，想出外逃亡。田子行说："迟疑不决，是办事的大敌。"田常于是攻击子我。子我率领他的部下进攻田氏，不能取胜，于是外出逃亡。田氏的部下追赶并杀死了子我和监止。

简公出逃，田氏的部下追到徐州捉住了简公。简公说："早听御鞅的话，也不会受到这样的灾难。"田氏的部下恐怕简公恢复君位后会杀他们，就把简公杀了。简公即位四年被杀。于是田常让简公的弟弟骜即位，这就是平公。平公即位后，任田常为宰相。

田常杀了简公后，害怕各国诸侯联合诛杀自己，就把侵占鲁国、卫国的土地全部归还，西边同晋国、韩氏、魏氏、赵氏订立和约，南方与吴、越互通使臣，建立功德，施行赏赐，亲和百姓，因此齐国重又安定。

田常对齐平公说："施行恩德是人们所希望的，由您来施行；刑罚是人们所厌恶的，请让臣去执行。"这样做了五年，齐国的朝政都归田常把持了。于是田常把鲍氏、晏氏、监止和公族中较强盛的全部诛杀了，并分割齐国从安平以东到琅邪的土地，作为自己的封地。他的封地比齐平公享有的食邑还要大。

田常挑选身高七尺以上的齐国女子做后宫姬妾，姬妾达一百多人，并且让宾客侍从随便出入后宫，不加禁止。到田常死时，姬妾生下七十多个儿子。

田常死后，其子襄子田盘接替他，任齐国宰相。田常的谥号是成子。

田襄子做齐宣公宰相后，晋国韩、赵、魏三家贵族杀死知伯，瓜分了他的领地。襄子也让他的兄弟和本族人都去做齐国大小城邑的大夫，与三晋互通使臣，几乎已拥有了齐国。

襄子死后，其子庄子田白继承父位。田庄子辅佐齐宣公。宣公四十三年，齐国进攻晋国，攻毁黄城，围困阳狐。第二年，进攻鲁、葛和安陵。再一年，夺取鲁国一城。

田庄子死后，其子太公田和继承父位。田太公辅佐齐宣公。宣公四十八年，齐国夺取鲁国的郕城。第二年，齐宣公与郑国人在西城相会。齐国攻伐卫国，攻占了毌丘。宣公五十一年，齐宣公死，田会在廪丘反叛。

齐宣公死后，其子康公贷即位。贷即位十四年，沉溺于酒色，不理政事。太公田和就把他迁到海滨，只给他一座城做食邑，以便供给对其祖先的祭祀。第二年，鲁军在平陆打败齐军。

又过三年，齐太公田和与魏文侯在浊泽相会，请求成为诸侯。魏文侯就派使臣报告周天子和各国诸侯，请求立齐相田和为诸侯。周天子准许了这一请求。齐康公十九年，田和立为齐侯，列名于周朝正室，开始纪元年。

齐侯太公田和在位二年死去，其子桓公田午即位。桓公午五年，秦国、魏国进攻韩国，韩国向齐国求救。齐桓公召集大臣商议说："早去救它好，还是晚去救它好？"驺忌说："不如不救。"段干朋说："如果不救，韩国转过来投向魏国，不如去救它。"田臣思说："您的计谋错了！秦、魏进攻韩国，楚、赵一定去救它，这是上天把燕国送给齐国。"桓公说："好极了！"于是暗中告诉韩国使者一定去援救。韩国自以为得到了齐国的救兵，因而与秦、魏交战。楚、赵两国知道以后，果然发兵救援。齐国趁机出兵袭击燕国，占领了桑丘。

桓公六年，援救卫国。桓公死，其子威王因齐即位。这一年，原来的齐康公死，绝了后代，封地都归田氏所有。

齐威王元年，三晋趁齐国有丧事来进攻灵丘。三年，韩、赵、魏灭晋后并瓜分了它的土地。六年，鲁国进攻齐国，攻入阳关。晋国进攻齐国，打到博陵。七年，卫国进攻齐国，夺取薛陵。九年，赵国进攻齐国，占领甄城。

威王开始即位以来，不理国事，把政事交给卿大夫办理，九年之间，各国诸侯都来讨伐，齐国人不得太平。于是威王召见即墨大夫对他说："自从您治理即墨，毁谤您的话每天都有。可是我派人到即墨视察，田野得到开发，百姓生活富足，官府没有积压公事，齐国的东方因而得以安宁。这是由于您不逢迎我的左右以求得赞誉啊！"于是，封给他一万户食邑。又召见阿城大夫对他说："自从你治理阿城，赞扬你的话每天都能听到。可是我派人到阿城视察，田野荒废，百姓贫苦。以前赵军进攻甄城，你未能援救。卫国夺取薛陵，你也不知道。这是你用财物贿赂我的左右来求得赞誉吧！"当天就烹杀了阿城大夫，并把左右曾吹捧过他的人也都一起烹杀了。于是发兵向西进攻赵、卫，在浊泽打败魏军并围困了魏惠王。魏惠王请求献出观城来讲和。赵国人归还了齐国的长城。于是齐国全国震惊,人人都不敢文过饰非,努力表现出他们的忠诚,齐国得到很好的治理。诸侯听到以后,有二十多年,没有谁敢对齐国用兵。

驺忌子由于善弹琴而进见齐威王,威王很喜欢他,并让他住在宫中的右室。没多久,威王弹琴,驺忌子推门进来说:“琴弹得好极了!”威王突然变色很不高兴,离开琴手按宝剑说:“先生只看到我弹琴的样子,还没有认真品味,怎么能知道弹得好呢?”驺忌子说:“大弦浑厚温和,如同国君的宽和气度;小弦高亢明快而又清亮,如同宰相的精明干练;手指勾弦有力,放开舒缓,如同政令有张有弛,有缓有急;发出的琴声和谐,大小配合美妙,曲折不正之声不相干扰,如同一年四季周而复始:我由此能知道您弹得好。”威王说:“你很善于谈论音乐。”驺忌子说:“何止是谈论音乐,治理国家和安抚百姓都在其中啊!”威王又突然不高兴地说:“如果谈论五音的法度,我相信没有比得上先生的。如果是治理国家和安抚人民,又怎么能在琴弦之中呢?”驺忌子说:“大弦浑厚温和,如同国君的宽和气度;小弦高亢明快而又清亮,如同宰相的精明干练;手指勾弦有力,放开舒缓,如同政令有张有弛,有缓有急;发出的琴声和谐,大小配合美妙,曲折不正之声不相干扰,如同一年四季周而复始。回环往复而不乱,是由于政治昌明;连贯而轻快,是由于使危亡之国得以稳定。所以说懂得使琴音和谐也就能使天下得到治理。治理国家和安抚人民之道,没有什么比五音之道与其更相像的了。”威王说:“好极了。”

驺忌子拜见威王才三个月就被授以相印。淳于髡见了他说:“您真会说话呀!我有些浅薄的想法,愿在您面前陈述。”驺忌子说:“愿恭敬接受教诲。”淳于髡说:“侍奉国君能周全无失,你的身名就都能昌盛;如果稍有不周,身名都要毁灭。”驺忌子说:“愿恭敬记住您的指教,我要在国君前周全无失。”淳于髡说:“用猪油涂抹棘木车轴,是为了使它润滑,然而,如果轴孔是方形的就无法转动。”驺忌子说:“谨受指教,我要小心地与左右相处。”淳于髡说:“拿胶粘用久了的弓干,是为了粘合在一起,然而胶不能把缝隙完全合起来。”驺忌子说:“谨受指教,我要使自己依附于百姓。”淳于髡说:“狐皮衣即使破了,也不能用黄狗皮去补。”驺忌子说:

“谨受指教，我要小心地挑选君子，不让小人混杂在其中。”淳于髡说：“大车如果不较正，就不能正常载重；琴瑟不把弦调好，就不能使五音和谐。”驺忌子说：“谨受指教，我要认真修订法律并监督奸猾的官吏。”淳于髡说完后，快步走出，到门外对他的仆人说：“这个人，我对他说了五条隐语，他回答我就像回声的响应一样，这个人不久必定要受封啊！”过了整一年，威王把下邳封给驺忌子，封号是成侯。

威王二十三年，齐王与赵王在平陆相会。二十四年，齐王与魏王在郊外一起打猎。魏王问道：“大王也有宝物吗？”威王说：“没有。”魏王说：“像寡人的国家这样小，也还有能照亮前后各十二辆车的直径一寸的夜明珠十颗，齐国这样的万乘之国怎能没宝物呢？”威王说：“寡人当作宝物的东西与大王不同。我的大臣有个叫檀子的，派他镇守南城，楚国人就不敢向东方侵犯掠夺，泗水之滨的十二诸侯都来朝拜。我的大臣有个叫盼子的，派他镇守高唐，赵国人就不敢到东边黄河里捕鱼。我有个官吏叫黔夫的，派他镇守徐州，燕国人就到北门祭祀，赵国人就到西门来祭祀，以求神灵降福免灾，搬家去追随他的有七千多家。我的大臣有个叫种首的，派他防范盗贼，结果道不拾遗。这些都是用来光照千里的，岂止是十二辆车呢！”魏惠王心中惭愧，败兴而去。

威王二十六年，魏惠王包围邯郸，赵国向齐国求救。齐威王召集大臣商议说：“救赵还是不救赵？”驺忌子说：“不如不救。”段干朋说：“不救就是不义，并且对我们不利。”威王说：“为什么呢？”段干朋回答说：“魏国并吞邯郸，这对齐国有什么好处呢？如果救赵，屯兵于赵国要冲之处，这样赵国就不受攻伐而魏国也不会受损。所以不如向南进攻魏国的襄陵使魏军疲惫，邯郸即使被攻下，我们也可以利用魏国的疲惫使它受挫。”威王听从了他的计谋。

后来成侯驺忌与田忌关系不好，公孙阅对成侯驺忌说：“您为什么不谋划伐魏？那样，田忌一定领兵。如果战胜有功，那是您的计谋正确；如果打不胜，田忌不是向前死战就是向后败北，他的命就在您手里了。”于是成侯向威王进言，派田忌南攻襄陵。十月，邯郸被攻克，齐国趁机起兵进攻魏军，在桂陵大败魏军。于是齐国成为诸侯中最强的国家，自称为王，以号令天下。威王三十三年，威王杀了他的大夫牟辛。

威王三十五年，公孙阅又对成侯驺忌说："您为什么不让人带黄金十斤到街上去占卜，说'我是田忌的人。我们三战三胜，声威满天下。想要做大事，是吉利还是不吉利？'"问卜的人走了以后，就派人逮捕为他占卜的先生，在威王那里验证问卜之辞，田忌听说后，就率他的部下袭击临淄，追捕成侯，没有取胜就逃跑了。

威王三十六年，齐威王死，其子宣王辟彊即位。

宣王元年，秦国任用商鞅。周天子将霸主称号送给秦孝公。

宣王二年，魏国进攻赵国。赵国与韩国友好，一起攻打魏国。赵国不利，在南梁战败。宣王召回田忌恢复他原来的职位。韩氏向齐国求救。宣王召集大臣商议说："早去援救好还是晚去援救好？"驺忌子说："不如不救。"田忌说："如果不救，韩国就要失败而并入魏国，不如早去援救它。"孙子说："如果韩、魏的军队尚未疲惫就去援救，那就是我们代替韩国受魏国的攻击，回过头来反倒听从韩国的差令。况且魏国已有攻破韩国的打算，韩国就要亡国，必定要到东边来向齐国告求救兵。我们趁机与韩国结下亲密的关系，又可晚些去利用魏军的疲惫，这样就能得重利又可获美名。"宣王说："很好。"于是暗中告诉韩国使者并把他送走。

韩国由于依仗齐国救援，接连五战，但都失败了，只好向东把国家托付给齐国。齐国趁势出兵，派田忌、田婴为统帅，孙子为军师，进击魏国以救援韩、赵，并在马陵大败魏军，杀死魏将庞涓，俘虏了魏太子申。此后，三晋的君主都由田婴引见，在博望朝拜齐王，盟誓之后离去。

宣王七年，齐宣王与魏王在平阿以南相会。第二年，又在甄城相会。魏惠王死。再一年，齐宣王与魏襄王在徐州相会，诸侯互相称王。宣王十年，楚军包围齐国的徐州。十一年，齐国与魏国攻伐赵国，赵国决黄河水淹齐国、魏国的军队，齐、魏退兵。十八年，秦惠王称王。

宣王喜爱博学和能言善辩的士人，如驺衍、淳于髡、田骈、接予、慎到、环渊一流的七十六人，都赐给府第，封为上大夫，让他们不处理政事而专门议论学术。因此齐国的稷下学士又多起来了，将近数百以至上千人。

宣王十九年，齐宣王死，其子湣王田地即位。

湣王元年，秦国派张仪与诸侯执政大臣在啮桑相会。三年，湣王把田婴封在薛地。四年，湣王从秦国迎娶他的夫人。七年，齐国与宋国攻打魏国，在观泽把魏军打败。

湣王十二年，齐国攻打魏国。楚国围攻韩国雍氏，秦国打败楚将屈丐。苏代对楚国大臣田轸说："臣有事愿拜见您，这将是一件大好事，会使楚国对您有利，成功了是福，不成功也是福。现在臣站在门口，有客说魏王曾对韩冯、张仪说'煮枣将要被攻占，齐兵又来进犯，您二位来救寡人就可以不败；不来救寡人，寡人就不能支撑了'。这只是婉转之辞。秦、韩的军队不向东救魏，十多天后，魏国就要转变策略，韩国追随秦国，秦国驱逐张仪，拱手侍奉齐、楚，这样，您的事就成功了。"田轸说："怎么才能使秦、韩军队不向东进呢？"苏代回答说："韩冯救魏的言辞，一定不会对韩王说'我是为了魏国'，必定说'我将用秦、韩的兵力向东打退齐、宋，我趁势聚合三国的军队，利用屈丐战败后的疲惫，向南要求楚国割地，韩国失去的旧地一定能全部收回'。张仪救魏的言辞，一定不会对秦王说'我是为了魏国'，必定说'我将用秦、韩的兵力向东抵挡齐、宋，我将聚合三国的军队，趁屈丐战败后的疲惫，向南要楚国割地，名义上是为保存将亡的国家，实际上是向属有三川之地的韩国炫耀功德，这是王者的事业'。您让楚王姑且给韩国一块土地，再让秦王主持此事。您对秦王说'请让楚国给韩国土地，而大王可以对韩国施恩，韩国没有动用军队就从楚国得到土地。'韩冯向东发兵的言辞会怎样对秦国说呢？他会说'秦国不用兵就得到韩国的感谢，炫耀与楚国、韩国的友好，使魏国受到困窘，魏国便不敢向东联齐，这就孤立了齐国'。张仪向东发兵的言辞会怎样说呢？他会说'秦国、韩国想得到土地却按兵不动，声威震动了魏国，魏国不想失去和齐、楚的关系也就有理由了。'魏国转变策略，秦国、韩国争着侍奉齐国和楚国，楚国正想得到魏国侍奉而又不想给韩国土地。您让秦国、韩国不用兵就能得到土地，这是对两国有大恩德啊。秦韩两国国君受韩冯、张仪的挟持，向东发兵以便使魏国顺服，您可以常持胜券去责问秦、韩，这样就对您有利而对张仪有许多不利。”

湣王十三年，秦惠王死。二十三年，齐军和秦军在重丘击败楚军。二十四年，秦国派泾阳君到齐国做人质。二十五年，齐国把泾阳君送回秦国。孟尝君薛文到秦国，立即任秦国宰相。不久又逃离秦国。二十六年，齐国与韩、魏一起进攻秦国，到函谷关驻军。二十八年，秦把河外之地归还韩国以求和，三国撤兵而去。二十九年，赵国人杀了他们的主父。齐国帮助赵国灭了中山国。

湣王三十六年，齐湣王自称东帝，秦昭王自称西帝。苏代从燕国来到齐国，在章华东门拜见齐王。齐王说："嘿，好啊，您来了！秦国派魏冉来尊我为东帝，您认为怎么样？"苏代回答说："大王对臣的提问太仓猝了，而祸患的生产常常是逐渐的。希望大王接受帝号，但不要马上就准备称帝。秦国称帝后，如果天下没有反对，大王再称帝，也不算晚。况且在争称帝名时表示谦让，也没什么关系。如果秦国称帝后，天下都憎恶他，大王也就不要称帝，以此博取天下人心，这是很大的本钱。况且天下并立两帝，大王认为天下是尊崇齐国呢，还是尊崇秦国呢？"湣王说："尊崇秦国。"苏代说："如果放弃帝号，天下是敬爱齐国呢，还是敬爱秦国呢？"湣王说："敬爱齐国而憎恨秦国。"苏代说："东西两帝订立盟约进攻赵国有利，还是讨伐宋国的暴君有利？"湣王说："讨伐宋国的暴君有利。"苏代说："盟约是均等的，可是与秦国一起称帝，天下只尊崇秦国而轻视齐国，放弃帝号，天下就会敬爱齐国而憎恨秦国，进攻赵国不如讨伐宋国的暴君有利，所以希望大王公开声明放弃帝号以收拢天下人心，背弃盟约，抛开秦国，不与秦国争高低，大王要利用这个时机攻下宋国。占有宋国，魏国的阳地也就危急了；占有济水以西，赵国的阿地以东一带就危急了；占有淮水以北，楚国的东部就危急了；占有陶、平陆，魏都大梁的城门就被堵塞了。放弃帝号而用讨伐宋国暴君的事代替，这样，国家地位提高，名声受人尊崇，燕国、楚国会因形势所迫而归服，天下各国都不敢不听从齐国,这是像商汤伐桀、武王伐纣那样的义举呀。名义上敬重秦国的称帝,然后让天下人都憎恨它,这就是所谓由卑下变为尊贵的办法。希望大王认真地考虑。"于是齐国放弃帝号,重新称王,秦国也放弃了帝位。

湣王三十八年,齐国讨伐宋国。秦昭王发怒说:"我爱宋国和爱新城、阳晋是一样的。齐国的韩聂和我是朋友,可是却进攻我所爱的地方,为什么呢?"苏代为齐国对秦王说:"韩聂进攻宋国,就是为了大王。齐国强大,再有宋国的辅助,楚、魏必然恐慌,恐慌就一定向西侍奉秦国,这样,大王不用一兵,不伤一卒,不用费事就会使魏国割让安邑,这就是韩聂为大王祈祷的。"秦王说:"我担心齐国很难看透,一会儿合纵,一会儿连横,这怎么解释呢?"苏代回答说:"天下各国的情况能让齐国都知道吗?齐国进攻宋国,它知道侍奉秦国应该有万乘之国的力量辅助自己,不向西侍奉秦国,即使占领宋国,宋国也不会安定。中原那些白发的游说之士都绞尽脑汁想离间齐、秦的联合,那些乘车纷纷向西奔驰的人,没有一个是去谈论和齐国交好的;那些驾车纷纷向东奔驰的人,没有一个是去谈论同秦国交好的。为什么?因为他们都不想让齐、秦联合。为什么晋与楚那么聪明而齐、秦那么愚蠢呢?晋、楚联合一定要商议进攻齐、秦,齐、秦联合一定要谋划进攻晋、楚。请大王根据这种情况决定行事吧!"秦王说:"好吧!"于是齐国就去讨伐宋国,宋王出逃,死在温城。齐国在南方占据了楚国的淮水以北的土地,在西边侵入了三晋,还打算吞并周室,自立为天子。泗水一带的诸侯如邹、鲁等国国君都向齐称臣,各国诸侯都很恐惧。

湣王三十九年,秦国来进攻齐国,攻下城邑九座。

湣王四十年,燕、秦、楚及三晋合谋,各派精兵进攻齐国,在济水以西打败齐军。齐王的军队溃散退却。燕将乐毅于是攻入齐都临淄,全部掠取了齐国收藏的珍宝礼器。湣王出逃到卫国,卫国国君就腾出王宫让他居住,向他称臣并供给他用具。湣王却很无礼,卫人回击他。湣王离开卫国,跑到邹国、鲁国,表现出傲慢的神气,邹、鲁的国君都不收留他,于是又跑到莒。这时楚国派淖齿领兵救援齐国，因而被齐湣王任为相，结果淖齿杀了湣王，并与燕国一起瓜分了所侵占的齐国土地和掠夺的宝器。

湣王遇害后，他的儿子法章更名改姓去莒太史敫的家中做佣人。太史敫的女儿感到法章相貌不凡，认为他不是平常之人，怜爱他并时常偷着送他一些衣食，并和他私通。淖齿离开莒城后，莒城里的人和齐国逃亡的大臣聚在一起寻找湣王之子，想要立他为齐王。法章先是害怕他们杀害自己，过了很久，才敢自己说"我就是湣王之子"。于是莒人共同立法章为君王，这就是襄王。于是占据莒城而向齐国各地布告："新王已在莒即位了。"

襄王即位后，立太史氏的女儿为王后，称为君王后，生了儿子建。太史敫说："女儿不经媒人而私自嫁人，不能算我的后代，她玷污了我的家风。"他就终身不与君王后见面。君王后贤惠，并不因为父亲不见她就失掉做子女的礼节。

襄王在莒住了五年，田单依靠即墨打败了燕军，到莒迎接襄王，回到临淄。齐国原有的土地全部重新归属齐国。齐王封田单为安平君。

襄王十四年，秦军进攻齐国的刚寿。十九年，襄王死，其子田建即位。

齐王建即位六年，秦国进攻赵国，齐、楚前去援救。秦国盘算说："齐、楚援救赵国，如果他们关系亲近，我们就退兵；如果他们不亲近，我们就进攻它。"赵国没有粮食，请求齐国支援粟米，齐国不答应。周子说："不如答应它以便使秦兵撤退，不答应它秦兵就不会撤退，这样就使秦国的计谋得逞，而齐、楚的计谋失败了。况且赵国对于齐、楚来说，就是屏障啊，好像牙齿外面有嘴唇一样，嘴唇没有了，牙齿就会受寒。今天赵国灭亡，明天祸患就该到齐国、楚国了。而且救赵的事，应该像捧着漏水的瓮去浇烧焦的锅一样不容耽搁。救赵是高尚的义举；使秦兵退却，可以显扬威名。仗义解救将亡的国家，扬威退却强秦的军队，不尽力去做这件事而专注于吝惜粮食，为国家出谋划策的人错了。"齐王不听劝谏。秦军在长平打败了赵国的四十多万军队，随后包围了邯郸。

齐王建十六年，秦国灭周室。齐国君王后死。二十三年，秦国设置东郡。二十八年，齐王到秦国朝拜，秦王政在咸阳设酒宴款待。三十五年，秦国灭韩国。三十七年，秦国灭赵国。三十八年，燕国派荆轲刺杀秦王，秦王发觉，杀死荆轲。第二年，秦军攻破燕都，燕王逃到辽东。再一年，秦国灭魏国，秦军驻扎在历下。四十二年，秦国灭楚国。第二年，俘虏代王嘉，杀死燕王喜。

齐王建四十四年，秦进攻齐国，齐王听从宰相后胜的计谋，不交战就率兵降秦。秦国俘虏齐王建，把他迁到共城，终于灭齐设郡。天下统一于秦，秦王政建立称号叫作皇帝。

起初，君王后有贤德，侍奉秦国比较谨慎，与诸侯相交有信用，齐国又处在东部海滨。秦国日夜进攻三晋、燕、楚，这五国面对秦国的进攻只有分别谋求自救，因此齐王建在位四十多年没遭受战祸。君王后死，后胜做了齐国宰相，他接受了秦国间谍的金钱，派很多宾客到秦国，秦国又给他们很多钱，宾客们都回来进行反间活动，劝说齐王放弃合纵而归向秦国，不作攻战准备，不帮助五国进攻，秦国因此得以灭亡五国。五国灭亡后，秦军终于攻入临淄，百姓没人敢反抗。齐王建于是投降，被迁到共城。所以齐国人抱怨王建不早与诸侯合纵攻秦，听信奸臣及宾客的话以致亡国，人们编歌唱道："松树呢，还是柏树呢？让王建住到共城的不是宾客吗？"即是痛恨王建使用宾客不谨慎。

太史公说：大概孔子晚年喜欢读《易经》。《易经》作为一门学问，道理很深奥，如果不是博古通今明智达理的人，谁能专注于它呢！所以周太史为田敬仲完卜卦，能占卜到十代以后；到田完逃奔齐国，懿仲为他卜卦也是如此。田乞和田常之所以接连杀害两位国君，独揽齐国政事，不一定是事情的形势逐渐发展到了这样地步，大概像是要遵循占卜的预兆吧！

【鉴赏】

本篇在对田氏世家的前后记述中，展现了一些生动的人物和事例。重点人物主要有齐威王、齐湣王等君王和驺忌子等臣相。作者花了不少笔墨表现齐威王的不同寻常，揭示了齐国之所以能在他的治理下达到鼎盛不是偶然的。作者通过他重赏即墨大夫和烹杀阿大夫的不同态度对比，表现他的赏罚严明；又记述了一段齐威王与梁惠王会猎时的谈话，梁惠王以有十枚照夜珠自诩，而齐威王却把自己的贤臣良将视如珍宝，鲜明的对比，突出了齐威王对人才的重视。齐威王的另一不同寻常处在于他善于听取臣下的意见，作者选取两件事表现这一点：一是以威王和驺忌子议论鼓琴与治国相类比，二是同大臣讨论是否救赵。臣相中，驺忌子是着墨较多的一个，作者通过记述他与齐威王以鼓琴论治国之道，以及对淳于髡讽以微言应答如响，表现出他的辅国大才，当权后对田忌的陷害又表现了他的权势欲。这样就塑造了一个真实的、生动的历史人物形象。

田乞采取阴谋废杀晏孺子、迎立阳生，及田常杀齐简公、立齐平公而专齐政，作者如实记述了田氏靠搞阴谋逐步专齐政、篡姜氏齐国的过程。对此作者的批判态度是无疑的。然而司马迁又收录了《左传》中实为田氏后代为神化祖先而编造的"五世其昌""八世之后，莫与之京"的神话。历史事实与天道的不一致，的确让司马迁感到无法理解。

史记卷四十七·孔子世家第十七

《孔子世家》是司马迁根据《论语》《左传》《孟子》《礼记》等书中的资料谱列而成，详细记述了孔子的生平活动及各方面的成就，是研究孔子生平思想的一篇重要文献。孔子胸怀大志，用了一生的大部分时间，不辞劳苦周游于鲁、齐、卫、郑、陈、蔡、楚等诸侯之间。虽然多次遭到打击、排斥、嘲讽，甚至连生命也受到威胁，然而他始终不肯降志辱身，一直积极奔走寻求机会以实现自己的为政理想和为政主张，恢复建立一个礼乐繁盛、王道大兴的天下。当为政的主张终不被执政者所采用，晚年的孔子仍未放弃理想，怀着极高的热情，整理典籍，著述《春秋》，为天下制仪法，为后世垂统纪。司马迁写《孔子世家》，是把他作为自己人生的楷模而倾注深情的，所以在文中对孔子表现出了极大的敬仰和企慕之情。

孔子生鲁昌平乡陬邑。其先宋人也，曰孔防叔。防叔生伯夏，伯夏生叔梁纥。纥与颜氏女野合而生孔子，祷于尼丘得孔子。鲁襄公二十二年而孔子生。生而首上圩顶①，故因名曰丘云。字仲尼，姓孔氏。

丘生而叔梁纥死，葬于防山。防山在鲁东，由是孔子疑其父墓处，母讳之也。孔子为儿嬉戏，常陈俎豆②，设礼容。孔子母死，乃殡五父之衢，盖其慎也。郰人挽父之母诲③孔子父墓，然后往合葬于防焉。

---

①圩顶：形容人头顶四周高，中间低。圩（yú）：水田四周的土埂。 ②陈：陈列，摆设。俎（zǔ）豆：古代祭祀时盛祭品的器皿。 ③诲：告知，告诉。

孔子要绖[①]，季氏飨[②]士，孔子与往。阳虎绌[③]曰："季氏飨士，非敢飨子也。"孔子由是退。

孔子年十七，鲁大夫孟釐子病且[④]死，诫其嗣懿子曰："孔丘，圣人之后，灭于宋。其祖弗父何始有宋而嗣让厉公。及正考父佐戴、武、宣公，三命兹益恭，故鼎铭云：'一命而偻[⑤]，再命而伛[⑥]，三命而俯[⑦]，循墙而走，亦莫敢余侮。饘于是[⑧]，粥于是，以餬[⑨]余口。'其恭如是。吾闻圣人之后，虽不当世[⑩]，必有达者。今孔丘年少好礼，其达者欤？吾即没[⑪]，若必师之。"及釐子卒，懿子与鲁人南宫敬叔往学礼焉。是岁，季武子卒，平子代立。

孔子贫且贱。及长，尝为季氏史，料量平[⑫]；尝为司职吏而畜蕃息[⑬]。由是为司空。已而去鲁，斥乎齐，逐乎宋、卫，困于陈、蔡之间，于是反鲁。孔子长九尺有六寸，人皆谓之"长人"而异之。鲁复善待，由是反鲁。

鲁南宫敬叔言鲁君曰："请与孔子适周[⑭]。"鲁君与之一乘车，两马，一竖子俱，适周问礼，盖见老子云。辞去，而老子送之曰："吾闻富贵者送人以财，仁人者送人以言。吾不能富贵，窃仁人之号，送子以言，曰：'聪明深察而近于死者，好议人者也。博辩广大危其身者，发人之恶者也。为人子者毋以有己，为人臣者毋以有己。'"孔子自周反于鲁，弟子稍益进焉。

---

①要：通"腰"。绖（dié）：古代服丧的人系在头上或腰间的麻带子，分别叫"头绖"或"腰绖"。 ②飨（xiǎng）：用酒食款待人，犒赏。 ③绌：通"黜"，排除，贬斥。 ④且：将要。 ⑤偻（lǚ）：曲背，引申为弯腰鞠躬。 ⑥伛（yǔ）：躬身，弯腰，表示恭敬。 ⑦俯：低头，躬身。 ⑧饘（zhān）：煮稠粥。于是：在这个鼎中。 ⑨餬（hú）：同"糊"，以薄粥来维持生计。 ⑩当世：当政，治国。 ⑪没：通"殁"，死，死亡。 ⑫料：计算。量：衡量。平：公平，准确。 ⑬畜蕃息：牲畜繁殖兴旺。 ⑭与：允许，让。适：往，到，去。

是时也，晋平公淫，六卿擅权，东伐诸侯；楚灵王兵强，陵轹①中国；齐大而近于鲁。鲁小弱，附于楚则晋怒；附于晋则楚来伐；不备于齐，齐师侵鲁。

鲁昭公之二十年，而孔子盖年三十矣。齐景公与晏婴来适鲁，景公问孔子曰："昔秦穆公国小处辟②，其霸何也？"对曰："秦，国虽小，其志大；处虽辟，行中正。身举五羖③，爵之大夫，起累绁④之中，与语三日，授之以政。以此取之，虽王可也，霸小矣。"景公说。

孔子年三十五，而季平子与郈昭伯因斗鸡故得罪鲁昭公，昭公率师击平子，平子与孟氏、叔孙氏三家共攻昭公，昭公师败，奔于齐，齐处昭公乾侯。其后顷之，鲁乱。孔子适齐，为高昭子家臣，欲以通乎景公。与齐太师语乐，闻《韶》音，学之，三月不知肉味，齐人称之。

景公问政孔子，孔子曰："君君，臣臣，父父，子子。"景公曰："善哉！信如君不君，臣不臣，父不父，子不子，虽有粟，吾岂得而食诸！"他日又复问政于孔子，孔子曰："政在节财。"景公说，将欲以尼谿田封孔子。晏婴进曰："夫儒者滑稽⑤而不可轨法；倨傲自顺⑥，不可以为下；崇丧遂⑦哀，破产厚葬，不可以为俗；游说乞贷，不可以为国。自大贤之息⑧，周室既衰，礼乐缺有间。今孔子盛容饰，繁登降之礼，趋详之节，累世不能殚⑨其学，当年⑩不能究其礼。君欲用之以移齐俗，非所以先细民⑪也。"后

---

①陵轹：同"凌轹"，欺压。轹(lì)：侵凌，欺凌。 ②辟：同"僻"，偏僻。 ③五羖：指五羖大夫百里奚。羖(gǔ)：黑色公羊。 ④累绁(xiè)：同"缧绁"，囚犯披带的绳套枷锁，引申为拘禁。 ⑤滑稽：谓能言善辩，巧嘴滑舌。 ⑥倨傲自顺：傲慢不恭，自以为是。 ⑦遂：放纵，任意。 ⑧息：同"熄"，熄灭，成为过去。 ⑨殚(dān)：穷尽，完毕。 ⑩当年：当世，一生。 ⑪先：引导，带动。细民：平民百姓。

景公敬见孔子，不问其礼。异日，景公止孔子曰："奉子以季氏，吾不能。"以季孟之间待之。齐大夫欲害孔子，孔子闻之。景公曰："吾老矣，弗能用也。"孔子遂行，反乎鲁。

孔子年四十二，鲁昭公卒于乾侯，定公立。定公立五年，夏，季平子卒，桓子嗣立。季桓子穿井得土缶，中若羊，问仲尼云"得狗"。仲尼曰："以丘所闻，羊也。丘闻之，木石之怪夔、罔阆，水之怪龙、罔象，土之怪坟羊。"

吴伐越，堕①会稽，得骨节专车。吴使使问仲尼："骨何者最大？"仲尼曰："禹致群神于会稽山，防风氏后至，禹杀而戮之，其节专车，此为大矣。"吴客曰："谁为神？"仲尼曰："山川之神足以纲纪天下，其守为神，社稷为公侯，皆属于王者。"客曰："防风何守？"仲尼曰："汪罔氏之君守封、禺之山，为釐姓。在虞、夏、商为汪罔，于周为长翟，今谓之大人。"客曰："人长几何？"仲尼曰："僬侥氏三尺，短之至也。长者不过十之，数之极也。"于是吴客曰："善哉圣人！"

桓子嬖臣②曰仲梁怀，与阳虎有隙。阳虎欲逐怀，公山不狃止之。其秋，怀益骄，阳虎执怀。桓子怒，阳虎因囚桓子，与盟而醳③之。阳虎由此益轻季氏。季氏亦僭④于公室，陪臣执国政，是以鲁自大夫以下皆僭离于正道。故孔子不仕，退而修《诗》《书》《礼》《乐》，弟子弥众，至自远方，莫不受业焉。

定公八年，公山不狃不得意于季氏，因阳虎为乱，欲废三桓之適⑤，更立其庶孽⑥阳虎素所善者，遂执季桓子。桓子诈之，得脱。定公九年，阳虎不胜，奔于齐。是时孔子年五十。

---

①堕：通"隳(huī)"，毁坏。 ②嬖(bì)臣：受宠幸的臣子。 ③醳(shì)：通"释"，释放。 ④僭(jiàn)：超越本分。 ⑤適(dí)：通"嫡"，指正妻所生的儿子，为法定继承人。 ⑥庶孽：妾所生的儿子。

公山不狃以费畔季氏，使人召孔子。孔子循道弥久，温温[①]无所试，莫能己用，曰："盖周文、武起丰、镐而王，今费虽小，傥庶几乎[②]！"欲往。子路不说，止孔子。孔子曰："夫召我者岂徒[③]哉？如用我，其为东周乎！"然亦卒不行。

其后定公以孔子为中都宰，一年，四方皆则[④]之。由中都宰为司空，由司空为大司寇。

定公十年春，及齐平[⑤]。夏，齐大夫黎钼言于景公曰："鲁用孔丘，其势危齐。"乃使使告鲁为好会，会于夹谷。鲁定公且以乘车好往[⑥]。孔子摄相事，曰："臣闻有文事者必有武备，有武事者必有文备。古者诸侯出疆，必具[⑦]官以从。请具左右司马。"定公曰："诺。"具左右司马。会齐侯夹谷，为坛位，土阶三等，以会遇之礼相见，揖让而登。献酬之礼毕，齐有司趋而进曰："请奏四方之乐。"景公曰："诺。"于是旍旄羽袚矛戟剑拨[⑧]鼓噪而至。孔子趋而进，历阶而登[⑨]，不尽一等，举袂[⑩]而言曰："吾两君为好会，夷狄之乐何为于此！请命有司！"有司却之，不去，则左右视晏子与景公。景公心怍[⑪]，麾[⑫]而去之。有顷，齐有司趋而进曰："请奏宫中之乐。"景公曰："诺。"优倡侏儒为戏而前。孔子趋而进，历阶而登，不尽一等，曰："匹夫而荧惑[⑬]诸侯者罪当诛！请命有司！"有司加法焉，手足异处。景公惧而动，知义不若，归而大恐，告其群臣曰："鲁以君子之道辅其君，而子独以夷狄之道教寡人，使得罪于鲁君，为之奈何？"有司进对曰："君

---

①温温：蕴蓄饱满的样子。②傥：同"倘"，或许。庶几：差不多。③徒：白白的，徒然。④则：效法，以之为榜样。⑤平：和好。⑥好往：友好的前去。好：指无敌意，无戒备。⑦具：配备，设置。⑧旍旄羽袚矛戟剑拨：都是武舞中所用道具。旍（jīng）：同"旌"，用五色羽毛装饰的旗，用以指挥或开道。旄（máo）：牦牛尾装饰的旗。袚（fú）：通"帗"，舞蹈用的道具。拨（fá）：大的盾。⑨历阶而登：指一步一阶地往台上走。⑩袂（mèi）：衣袖。⑪怍（zuò）：羞惭，惭愧。⑫麾：同"挥"，挥手。⑬荧惑：迷惑，乱人视听。

子有过则谢以质，小人有过则谢以文。君若悼[①]之，则谢以实。”于是齐侯乃归所侵鲁之郓、汶阳、龟阴之田以谢过。

定公十三年夏，孔子言于定公曰：“臣无藏甲，大夫毋百雉[②]之城。”使仲由为季氏宰，将堕[③]三都。于是叔孙氏先堕郈。季氏将堕费，公山不狃、叔孙辄率费人袭鲁。公与三子入于季氏之宫，登武子之台。费人攻之，弗克，入及公侧。孔子命申句须、乐颀下伐之，费人北[④]。国人追之，败诸姑蔑。二子奔齐，遂堕费。将堕成，公敛处父谓孟孙曰：“堕成，齐人必至于北门。且成，孟氏之保鄣[⑤]，无成是无孟氏也，我将弗堕。”十二月，公围成，弗克。

定公十四年，孔子年五十六，由大司寇行摄相事，有喜色。门人曰：“闻君子祸至不惧，福至不喜。”孔子曰：“有是言也。不曰‘乐其以贵下人’乎？”于是诛鲁大夫乱政者少正卯。与闻国政三月，粥羔豚者弗饰贾[⑥]；男女行者别于涂[⑦]；涂不拾遗；四方之客至乎邑者不求有司，皆予之以归。

齐人闻而惧，曰：“孔子为政必霸，霸则吾地近焉，我之为先并矣。盍致地焉？”黎钼曰：“请先尝沮[⑧]之；沮之而不可，则致地，庸[⑨]迟乎！”于是选齐国中女子好者八十人，皆衣文衣而舞《康乐》，文马三十驷[⑩]，遗鲁君。陈女乐文马于鲁城南高门外。季桓子微服往观再三，将受，乃语鲁君为周道游，往观终日，怠于政事。子路曰：“夫子可以行矣。”孔子曰：“鲁今且郊[⑪]，如致

---

①悼：痛心，悔愧。 ②雉（zhì）：城高一丈，长三丈叫一雉。 ③堕：通“毁”。 ④北：败逃，逃跑。 ⑤鄣：通“障”，屏障。 ⑥粥：通“鬻（yù）”，卖。羔豚：羊、猪。饰：虚增。贾：通“价”。 ⑦涂：同“途”，道路。 ⑧沮：破坏，阻止。 ⑨庸：难道。 ⑩驷：四匹马为驷。 ⑪郊：郊祀，在城外举行的祭天活动。

膰[①]乎大夫，则吾犹可以止。”桓子卒受齐女乐，三日不听政；郊，又不致膰俎于大夫。孔子遂行，宿乎屯。而师己送，曰：“夫子则非罪。”孔子曰：“吾歌可夫？”歌曰：“彼妇之口，可以出走[②]；彼妇之谒，可以死败。善优哉游哉，维以卒岁！”师己反，桓子曰：“孔子亦何言？”师己以实告。桓子喟然叹曰：“夫子罪我以群婢[③]故也夫！”

孔子遂适卫，主于子路妻兄颜浊邹家。卫灵公问孔子：“居鲁得禄几何？”对曰：“奉[④]粟六万。”卫人亦致粟六万。居顷之，或谮[⑤]孔子于卫灵公。灵公使公孙余假一出一入。孔子恐获罪焉，居十月，去卫。

将适陈，过匡，颜刻为仆，以其策指之曰：“昔吾入此，由彼缺也。”匡人闻之，以为鲁之阳虎。阳虎尝暴[⑥]匡人，匡人于是遂止孔子。孔子状类阳虎，拘焉五日。颜渊后，子曰：“吾以汝为死矣。”颜渊曰：“子在，回何敢死！”匡人拘孔子益急，弟子惧。孔子曰：“文王既没，文不在兹乎？天之将丧斯[⑦]文也，后死者不得与于斯文也；天之未丧斯文也，匡人其如予何！”孔子使从者为宁武子臣于卫，然后得去。

去即过[⑧]蒲。月馀，反乎卫，主蘧伯玉家。灵公夫人有南子者，使人谓孔子曰：“四方之君子不辱[⑨]欲与寡君为兄弟者，必见寡小君。寡小君愿见。”孔子辞谢，不得已而见之。夫人在絺帷[⑩]中，孔子入门，北面稽首。夫人自帷中再拜，环佩玉声璆

---

①膰(fán)：祭祀用的烤肉。按礼节，祭祀结束后将祭肉分送大臣，以表示对大臣的尊重。 ②出走：此指离间君臣，使贤臣被迫出走。 ③群婢：指齐国女乐。 ④奉：通“俸”，俸禄。 ⑤谮(zèn)：诬陷，说别人的坏话。 ⑥暴：残害。 ⑦斯：此，这。 ⑧过：拜访，探望。 ⑨不辱：不以为辱。 ⑩絺(chī)帷：细葛布帷帐。

然①。孔子曰:“吾乡②为弗见,见之礼答焉。”子路不说。孔子矢③之曰:“予所不④者,天厌之!天厌之!”居卫月馀,灵公与夫人同车,宦者雍渠参乘⑤,出,使孔子为次乘,招摇市过之。孔子曰:“吾未见好德如好色者也。”于是丑⑥之,去卫,过曹。是岁,鲁定公卒。

孔子去曹适宋,与弟子习礼大树下。宋司马桓魋欲杀孔子,拔其树。孔子去。弟子曰:“可以速矣。”孔子曰:“天生德于予,桓魋其如予何!”

孔子适郑,与弟子相失,孔子独立郭东门。郑人或谓子贡曰:“东门有人,其颡⑦似尧,其项类皋陶,其肩类子产,然自要以下不及禹三寸,累累⑧若丧家之狗。”子贡以实告孔子。孔子欣然笑曰:“形状,末也。而谓似丧家之狗,然哉!然哉!”

孔子遂至陈,主于司城贞子家。岁馀,吴王夫差伐陈,取三邑而去。赵鞅伐朝歌。楚围蔡,蔡迁于吴。吴败越王勾践会稽。

有隼集于陈廷而死,楛矢贯之,石砮⑨,矢长尺有咫⑩。陈湣公使使问仲尼。仲尼曰:“隼来远矣,此肃慎之矢也。昔武王克商,通道九夷百蛮,使各以其方贿⑪来贡,使无忘职业⑫。于是肃慎贡楛矢石砮,长尺有咫。先王欲昭其令德⑬,以肃慎矢分大姬,配虞胡公而封诸陈。分同姓以珍玉,展亲⑭;分异姓以远方职⑮,使无忘服⑯。故分陈以肃慎矢。”试求之故府,果得之。

---

①璆(qiú):佩玉相撞击的声音。 ②乡:通“向”,一向,本来。 ③矢:通“誓”,发誓。 ④不:通“否”,假。 ⑤参乘:即“骖乘”,古代乘车,御者居中,尊者居左,骖乘居右,是陪乘。 ⑥丑之:以之为丑,感到受侮辱。 ⑦颡(sǎng):额头。 ⑧累累:颓丧狼狈的样子。 ⑨石砮(nǔ):用石头制成的箭头。 ⑩咫(zhǐ):古代长度单位,八寸为咫。 ⑪方贿:地方出产,土特产。 ⑫职业:职分,指进贡之事。 ⑬昭:表彰。令德:美德。 ⑭展亲:重视亲族。 ⑮职:贡品,贡赋。 ⑯无忘服:不要忘记服从周天子。

孔子居陈三岁，会晋、楚争强，更伐陈，及吴侵陈，陈常被寇。孔子曰："归与归与！吾党之小子狂简[①]，进取不忘其初。"于是孔子去陈。

过蒲，会公叔氏以蒲畔，蒲人止[②]孔子。弟子有公良孺者，以私车五乘从孔子。其为人长，贤，有勇力，谓曰："吾昔从夫子遇难于匡，今又遇难于此，命也已。吾与夫子再罹难，宁斗而死。"斗甚疾。蒲人惧，谓孔子曰："苟毋适卫，吾出子。"与之盟，出孔子东门。孔子遂适卫。子贡曰："盟可负邪？"孔子曰："要盟[③]也，神不听。"

卫灵公闻孔子来，喜，郊迎。问曰："蒲可伐乎？"对曰："可。"灵公曰："吾大夫以为不可。今蒲，卫之所以待[④]晋、楚也，以卫伐之，无乃[⑤]不可乎？"孔子曰："其男子有死之志，妇人有保西河之志。吾所伐者不过四五人。"灵公曰："善。"然不伐蒲。

灵公老，怠于政，不用孔子。孔子喟然叹曰："苟有用我者，期月[⑥]而已，三年有成。"孔子行。

佛肸为中牟宰。赵简子攻范、中行，伐中牟。佛肸畔，使人召孔子。孔子欲往。子路曰："由闻诸夫子，'其身亲为不善者，君子不入也'。今佛肸亲以中牟畔，子欲往，如之何？"孔子曰："有是言也。不曰坚乎，磨而不磷[⑦]；不曰白乎，涅而不淄[⑧]。我岂匏瓜也哉，焉能系而不食？"

孔子击磬，有荷蒉[⑨]而过门者，曰："有心哉，击磬乎！硁硁[⑩]乎，莫己知也夫而已矣！"

---

①党：乡党，乡里。狂：有进取心。简：耿直，率直。 ②止：扣留。 ③要盟：要挟强制下订立的盟约。要：要挟，胁迫。 ④待：戒备，防备。 ⑤无乃：大概。 ⑥期（jī）月：周遍一年之十二月，即指一整年。 ⑦磷：薄。 ⑧涅（niè）：一种古代用作黑色染料的矿物，此处作动词用，印染。淄：黑色。 ⑨荷：背。蒉（kuì）：草筐。 ⑩硁（kēng）硁：象声词，击石声。

孔子学鼓琴师襄子，十日不进。师襄子曰："可以益矣。"孔子曰："丘已习其曲矣，未得数也。"有间，曰："已习其数，可以益矣。"孔子曰："丘未得其志也。"有间，曰："已习其志，可以益矣。"孔子曰："丘未得其为人也。"有间，有所穆然①深思焉，有所怡然高望而远志焉。曰："丘得其为人，黯然而黑，几然而长，眼如望羊②，如王四国，非文王其谁能为此也！"师襄子辟③席再拜，曰："师盖云《文王操》也。"

孔子既不得用于卫，将西见赵简子。至于河而闻窦鸣犊、舜华之死也，临河而叹曰："美哉水，洋洋④乎！丘之不济此，命也夫！"子贡趋而进曰："敢问何谓也？"孔子曰："窦鸣犊、舜华，晋国之贤大夫也。赵简子未得志之时，须此两人而后从政；及其已得志，杀之乃从政。丘闻之也，刳胎杀夭⑤则麒麟不至郊，竭泽涸渔则蛟龙不合阴阳，覆巢毁卵则凤皇不翔。何则？君子讳伤其类也。夫鸟兽之于不义也尚知辟之，而况乎丘哉！"乃还息乎陬乡，作为《陬操》以哀之。而反乎卫，入主蘧伯玉家。

他日，灵公问兵陈⑥。孔子曰："俎豆之事则尝闻之，军旅之事未之学也。"明日，与孔子语，见蜚⑦雁，仰视之，色不在孔子。孔子遂行，复如⑧陈。

夏，卫灵公卒，立孙辄，是为卫出公。六月，赵鞅内⑨太子蒯聩于戚。阳虎使太子绕⑩，八人衰绖⑪，伪自卫迎者，哭而入，遂居焉。冬，蔡迁于州来。是岁鲁哀公三年，而孔子年六十矣。

---

①穆然：沉默静思的样子。穆：通"默"，沉默。 ②望羊：又作"望洋"，远望。 ③辟：同"避"。 ④洋洋：水盛大的样子。 ⑤刳(kū)胎：剖腹取胎。刳：剖，剖开。夭：指幼小的动物。 ⑥陈：通"阵"。 ⑦蜚：通"飞"。 ⑧如：前往。 ⑨内：同"纳"，送纳，送回。 ⑩绕(wèn)：古代的一种丧服，脱帽，用布来缠裹发髻。 ⑪衰(cuī)：同"缞"，古代一种用粗麻布制成的丧服。绖(dié)：古代丧服上的麻布带子。

齐助卫围戚，以卫太子蒯聩在故也。

夏，鲁桓、釐庙燔，南宫敬叔救火。孔子在陈，闻之，曰："灾必于桓、釐庙乎？"已而果然。

秋，季桓子病，辇[①]而见鲁城，喟然叹曰："昔此国几兴矣，以吾获罪于孔子，故不兴也。"顾谓其嗣康子曰："我即死，若必相鲁；相鲁，必召仲尼。"后数日，桓子卒，康子代立。已葬，欲召仲尼。公之鱼曰："昔吾先君用之不终，终为诸侯笑。今又用之不能终，是再为诸侯笑。"康子曰："则谁召而可？"曰："必召冉求。"于是使使召冉求。冉求将行。孔子曰："鲁人召求，非小用之，将大用之也。"是日，孔子曰："归乎归乎！吾党之小子狂简，斐然成章，吾不知所以裁[②]之。"子赣知孔子思归，送冉求，因诫曰"即用，以孔子为招"云。

冉求既去，明年，孔子自陈迁于蔡。蔡昭公将如吴，吴召之也。前昭公欺其臣迁州来，后将往，大夫惧复迁，公孙翩射杀昭公。楚侵蔡。秋，齐景公卒。

明年，孔子自蔡如叶。叶公问政，孔子曰："政在来远附迩[③]。"他日，叶公问孔子于子路，子路不对。孔子闻之，曰："由，尔何不对曰'其为人也，学道不倦，诲人不厌，发愤忘食，乐以忘忧，不知老之将至'云尔。"

去叶，反于蔡。长沮、桀溺耦[④]而耕，孔子以为隐者，使子路问津焉。长沮曰："彼执舆[⑤]者为谁？"子路曰："为孔丘。"曰："是鲁孔丘与？"曰："然。"曰："是知津矣。"桀溺谓子路曰："子为谁？"曰："为仲由。"曰："子，孔丘之徒与？"曰："然。"桀溺曰："悠

---

①辇：乘车。 ②裁：剪裁，这里指教育。 ③来、附：使动用法，使之来、使之附。迩(ěr)：近。 ④耦：两人一齐执耜(sì，一种挖土农具)耕地。 ⑤执舆：手拉马缰绳。

悠者天下皆是也，而谁以易之？且与其从辟[①]人之士，岂若从辟世之士哉！”耰[②]而不辍。子路以告孔子，孔子怃然[③]曰：“鸟兽不可与同群。天下有道，丘不与易也。”

他日，子路行，遇荷蓧[④]丈人，曰：“子见夫子乎？”丈人曰：“四体不勤，五谷不分，孰为夫子！”植其杖而芸[⑤]。子路以告，孔子曰：“隐者也。”复往，则亡[⑥]。

孔子迁于蔡三岁，吴伐陈。楚救陈，军于城父。闻孔子在陈、蔡之间，楚使人聘孔子。孔子将往拜礼，陈、蔡大夫谋曰：“孔子贤者，所刺讥皆中诸侯之疾。今者久留陈、蔡之间，诸大夫所设行皆非仲尼之意。今楚，大国也，来聘孔子。孔子用于楚，则陈、蔡用事大夫危矣。”于是乃相与发徒役围孔子于野。不得行，绝粮，从者病，莫能兴[⑦]。孔子讲诵弦歌不衰。子路愠[⑧]见曰：“君子亦有穷[⑨]乎？”孔子曰：“君子固穷，小人穷斯滥矣。”

子贡色作，孔子曰：“赐，尔以予为多学而识[⑩]之者与？”曰：“然。非与？”孔子曰：“非也。予一以贯之。”

孔子知弟子有愠心，乃召子路而问曰：“《诗》云‘匪兕匪虎，率彼旷野’[⑪]。吾道非耶？吾何为于此？”子路曰：“意者[⑫]吾未仁耶？人之不我信也。意者吾未知[⑬]耶？人之不我行也。”孔子曰：“有是乎！由，譬使仁者而必信，安有伯夷、叔齐？使知者而必行，安有王子比干？”

---

①辟：同“避”。 ②耰（yōu）：榔头状用以敲碎土块、平整土地的农具。此为动词。③怃（wǔ）然：失望的样子。 ④荷蓧（diào）：扛着除草工具。 ⑤植：通“置”。芸：同“耘”，用农具除草。 ⑥亡：不在。 ⑦兴：站起来。 ⑧愠（yùn）：愤怒，怨恨。 ⑨穷：走投无路，困厄。 ⑩识（zhì）：记住，强记。 ⑪这两句诗出自《诗经·小雅·何草不黄》。匪：通“非”。兕（sì）：犀牛。率：沿着。大意是：不是犀牛不是老虎，然而却整天在旷野上奔跑。 ⑫意者：想来大概是。 ⑬知：同“智”，有智慧，有智谋。

子路出，子贡入见。孔子曰："赐，《诗》云'匪兕匪虎，率彼旷野'。吾道非耶？吾何为于此？"子贡曰："夫子之道至大也，故天下莫能容夫子。夫子盖[①]少贬焉？"孔子曰："赐，良农能稼而不能为穑[②]，良工能巧而不能为顺。君子能修其道，纲而纪之，统而理之，而不能为容。今尔不修尔道而求为容。赐，而志不远矣！"

子贡出，颜回入见。孔子曰："回，《诗》云'匪兕匪虎，率彼旷野'。吾道非耶？吾何为于此？"颜回曰："夫子之道至大，故天下莫能容。虽然，夫子推而行之，不容何病，不容然后见君子！夫道之不修也，是吾丑也。夫道既已大修而不用，是有国者之丑也。不容何病？不容然后见君子！"孔子欣然而笑曰："有是哉颜氏之子！使尔多财，吾为尔宰。"

于是使子贡至楚。楚昭王兴师迎孔子，然后得免。

昭王将以书社[③]地七百里封孔子，楚令尹子西曰："王之使使诸侯有如子贡者乎？"曰："无有。""王之辅相有如颜回者乎？"曰："无有。""王之将率[④]有如子路者乎？"曰："无有。""王之官尹有如宰予者乎？"曰："无有。""且楚之祖封于周，号为子男五十里。今孔丘述三王之法，明周、召之业，王若用之，则楚安得世世堂堂方数千里乎！夫文王在丰，武王在镐，百里之君卒王天下。今孔丘得据土壤[⑤]，贤弟子为佐，非楚之福也。"昭王乃止。其秋，楚昭王卒于城父。

楚狂接舆歌而过孔子，曰："凤兮凤兮，何德之衰！往者不

---

①盖：通"盍"，何不。②稼：种。穑(sè)：收获，收成。③书社：《索隐》云，"古者二十五家为里，里则各立社，则书社者，书其社之人名于籍。"也就是把里社的人名登记户籍。这里指有户籍登记的地方。④率：通"帅"。⑤土壤：土地，这里指封地。

可谏[①]兮，来者犹可追也！已而已而，今之从政者殆[②]而！”孔子下，欲与之言，趋而去，弗得与之言。

于是孔子自楚反乎卫。是岁也，孔子年六十三，而鲁哀公六年也。

其明年，吴与鲁会缯，征百牢[③]。太宰嚭召季康子，康子使子贡往，然后得已。

孔子曰：“鲁、卫之政，兄弟也。”是时，卫君辄父不得立，在外，诸侯数以为让[④]。而孔子弟子多仕于卫，卫君欲得孔子为政。子路曰：“卫君待子而为政，子将奚[⑤]先？”孔子曰：“必也正名乎！”子路曰：“有是哉，子之迂也！何其正也？”孔子曰：“野[⑥]哉由也！夫名不正则言不顺，言不顺则事不成，事不成则礼乐不兴，礼乐不兴则刑罚不中，刑罚不中则民无所错[⑦]手足矣。夫君子为之必可名，言之必可行。君子于其言，无所苟[⑧]而已矣。”

其明年，冉有为季氏将师，与齐战于郎，克之。季康子曰：“子之于军旅，学之乎？性之乎？”冉有曰：“学之于孔子。”季康子曰：“孔子何如人哉？”对曰：“用之有名，播之百姓，质诸鬼神而无憾。求之至于此道，虽累千社[⑨]，夫子不利也。”康子曰：“我欲召之，可乎？”对曰：“欲召之，则毋以小人固之，则可矣。”而卫孔文子将攻太叔，问策于仲尼。仲尼辞不知，退而命载而行，曰：“鸟能择木，木岂能择鸟乎？”文子固止。会季康子逐公华、公宾、公林，以币[⑩]迎孔子，孔子归鲁。

孔子之去鲁凡十四岁而反乎鲁。

---

①谏：挽救，挽回。②殆：危险。③牢：指祭祀用的牲畜，牛、羊、猪各一头叫一牢。据《周礼》，致天子十二牢，上公九牢，侯伯七牢，子、男五牢。吴征百牢，实为无理。④让：责备，指责。⑤奚：何，什么。⑥野：粗野，放肆。⑦错：通“措”，放置。⑧苟：苟且，随便。⑨累：累计得到。社：二十五家为一社。⑩币：聘迎的礼品，礼物。

鲁哀公问政，对曰："政在选臣。"季康子问政，曰："举直错诸枉[①]，则枉者直。"康子患盗，孔子曰："苟子之不欲，虽赏之不窃。"然鲁终不能用孔子，孔子亦不求仕。

孔子之时，周室微而礼乐废，《诗》《书》缺。追迹三代之礼，序《书传》，上纪唐虞之际，下至秦穆，编次其事，曰："夏礼吾能言之，杞不足征[②]也。殷礼吾能言之，宋不足征也。足，则吾能征之矣。"观殷夏所损益，曰："后虽百世可知也，以一文一质。周监[③]二代，郁郁乎文哉。吾从周。"故《书传》《礼记》自孔氏。

孔子语鲁大师："乐其可知也。始作翕如，纵之纯如，皦如，绎如也[④]，以成。""吾自卫反鲁，然后乐正[⑤]，《雅》《颂》各得其所。"

古者《诗》三千馀篇，及至孔子，去其重，取可施于礼义，上采契、后稷，中述殷、周之盛，至幽、厉之缺，始于衽席[⑥]，故曰："《关雎》之乱[⑦]以为《风》始，《鹿鸣》为《小雅》始，《文王》为《大雅》始，《清庙》为《颂》始。"三百五篇孔子皆弦歌之，以求合《韶》《武》《雅》《颂》之音。礼乐自此可得而述，以备王道，成六艺[⑧]。

孔子晚而喜《易》，序《彖》《系》《象》《说卦》《文言》。读《易》，韦编三绝[⑨]，曰："假我数年，若是，我于《易》则彬彬[⑩]矣。"

孔子以《诗》《书》《礼》《乐》教，弟子盖三千焉，身通六艺者七十有二人[⑪]。如颜浊邹之徒，颇受业者甚众。

孔子以四教：文，行，忠，信。绝四：毋意，毋必，毋固，毋我。

---

①枉：邪曲。 ②征：验证，证明。 ③监：通"鉴"，借鉴。 ④翕(xī)如：平和。纵：放开。纯如：纯美和谐。皦(jiǎo)如：清晰。绎(yì)如：连续不断。 ⑤乐正：即"正乐"，整理错乱的乐曲。 ⑥衽(rèn)席：本是床席，这里指男女情爱。 ⑦乱：乐曲的尾声。 ⑧六艺：《诗》《书》《易》《礼》《乐》《春秋》合称六艺。 ⑨韦：熟牛皮条。古代书籍是写在竹木简上，用熟牛皮条穿起来的。绝：断开。 ⑩彬彬：有修养、有学问的样子，此指对文章理解深透。 ⑪六艺：此指礼、乐、射、御、数、术六种技艺。

所慎:斋,战,疾。子罕言利与命与仁。不愤不启[①],举一隅不以三隅反[②],则弗复也。

其于乡党,恂恂似不能言者[③]。其于宗庙朝廷,辩辩言,唯谨尔[④]。朝,与上大夫言,訚訚如也[⑤];与下大夫言,侃侃如也[⑥]。入公门,鞠躬如也[⑦];趋进,翼如也[⑧]。君召使傧[⑨],色勃如也[⑩]。君命召,不俟[⑪]驾行矣。

鱼馁[⑫],肉败,割不正,不食。席不正,不坐。食于有丧者之侧,未尝饱也。

是日哭,则不歌。见齐衰[⑬]、瞽[⑭]者,虽童子必变。

"三人行,必得我师。""德之不修,学之不讲,闻义不能徙[⑮],不善不能改,是吾忧也。"使人歌,善,则使复之,然后和之。

子不语:怪、力、乱、神。

子贡曰:"夫子之文章[⑯],可得闻也。夫子言天道与性命,弗可得闻也已。"颜渊喟然叹曰:"仰之弥高,钻之弥坚,瞻之在前,忽焉在后。夫子循循然善诱人,博我以文,约我以礼,欲罢不能。既竭我才,如有所立,卓尔[⑰]。虽欲从之,蔑[⑱]由也已。"达巷党人曰:"大哉孔子,博学而无所成名。"子闻之曰:"我何执?执御乎?执射乎?我执御矣。"牢曰:"子云'不试,故艺'。"

鲁哀公十四年春,狩大野。叔孙氏车子[⑲]钽商获兽,以为不

---

①愤:烦闷,此指心有疑难,苦思不得其解。启:启发,引导。 ②隅(yú):方面。反:推想,类推。 ③恂(xún)恂:温和恭敬的样子。 ④唯谨:态度恭敬谨慎。 ⑤訚(yín)訚如:和悦而能直言的样子。 ⑥侃侃:和悦亲切的样子。 ⑦鞠躬如:谨慎恭敬的样子。 ⑧翼如:恭谨有礼的样子。 ⑨傧(bīn):接见宾客。 ⑩色勃如:脸色庄重认真。 ⑪俟(sì):等待。 ⑫馁(něi):鱼腐烂。 ⑬齐衰(zī cuī):古代用粗麻布做成的一种丧服。衰:通"缞"。 ⑭瞽(gǔ)者:盲人。 ⑮义:指道理。徙:指前往学习。 ⑯文:文献。章:明显,显著。 ⑰卓尔:高超,高明。 ⑱蔑:不能。 ⑲车子:驾车的人。

祥。仲尼视之,曰:“麟也。”取之。曰:“河不出图,洛不出书[①],吾已矣夫!”

颜渊死,孔子曰:“天丧予!”及西狩见麟,曰:“吾道穷矣!”喟然叹曰:“莫知我夫!”子贡曰:“何为莫知子?”子曰:“不怨天,不尤人,下学而上达,知我者其天乎!”

“不降其志,不辱其身,伯夷、叔齐乎?”谓“柳下惠、少连降志辱身矣”。谓“虞仲、夷逸隐居放言,行中清,废中权[②]”。“我则异于是,无可无不可”。

子曰:“弗乎弗乎? 君子病没世而名不称焉[③]。吾道不行矣,吾何以自见于后世哉?”乃因史记作《春秋》,上至隐公,下讫哀公十四年,十二公。据鲁,亲周,故殷,运之三代[④]。约其文辞而指博[⑤]。故吴、楚之君自称王,而《春秋》贬之曰“子”;践土之会实召周天子,而《春秋》讳之曰“天王狩于河阳”。推此类,以绳[⑥]当世贬损之义。后有王者举而开之。《春秋》之义行,则天下乱臣贼子惧焉。

孔子在位听讼,文辞有可与人共者,弗独有也。至于为《春秋》,笔则笔,削则削,子夏之徒不能赞[⑦]一辞。弟子受《春秋》,孔子曰:“后世知丘者以《春秋》,而罪丘者亦以《春秋》。”

明岁,子路死于卫。孔子病,子贡请见。孔子方负杖逍遥于门,曰:“赐,汝来何其晚也?”孔子因叹,歌曰:“太山坏乎! 梁柱摧乎! 哲人萎乎!”因以涕下。谓子贡曰:“天下无道久矣,莫

---

①河不出图,洛不出书:《易·系辞》道,“河出图洛出书,圣人则之。”传说伏羲氏时有龙马从黄河背负河图而出,大禹时有灵龟背负洛书从洛水中浮出。后世遂常以“河出图,洛出书”称说时代清平、国有圣王。 ②行中清:立身行事合乎清高纯洁的准则。废中权:废身不仕合于居乱世的权变之道。 ③病:害怕,担忧。称:被称道,被称赞。 ④据鲁:以鲁为中心记述。亲周:尊奉周天子。故殷:以殷旧事为鉴。故:借鉴。运:贯通。 ⑤指:同“旨”,宗旨,意旨。 ⑥绳:衡量,此指以某某为标准褒贬。 ⑦赞:改动。

能宗予[①]。夏人殡于东阶，周人于西阶，殷人两柱间。昨暮予梦坐奠[②]两柱之间，予始殷人也。”后七日卒。

孔子年七十三，以鲁哀公十六年四月己丑卒。

哀公诔之曰：“旻天不吊[③]，不慭[④]遗一老，俾屏[⑤]余一人以在位，茕茕余在疚[⑥]。呜呼哀哉！尼父，毋自律[⑦]！”子贡曰：“君其不没于鲁乎！夫子之言曰：‘礼失则昏，名失则愆[⑧]。失志为昏，失所为愆。’生不能用，死而诔之，非礼也；称‘余一人’，非名也。”

孔子葬鲁城北泗上，弟子皆服三年。三年心丧[⑨]毕，相诀而去，则哭，各复尽哀；或复留。唯子贡庐于冢上，凡六年，然后去。弟子及鲁人往从冢而家者百有馀室，因命曰孔里。鲁世世相传以岁时奉祠孔子冢，而诸儒亦讲礼乡饮大射[⑩]于孔子冢。孔子冢大一顷，故所居堂弟子内[⑪]，后世因庙藏孔子衣冠琴车书，至于汉二百馀年不绝。高皇帝过鲁，以太牢祠焉。诸侯卿相至，常先谒然后从政。

孔子生鲤，字伯鱼。伯鱼年五十，先孔子死。

伯鱼生伋，字子思，年六十二。尝困于宋。子思作《中庸》。

子思生白，字子上，年四十七。子上生求，字子家，年四十五。子家生箕，字子京，年四十六。子京生穿，字子高，年五十一。子高生子慎，年五十七，尝为魏相。

子慎生鲋，年五十七，为陈王涉博士，死于陈下。

---

①宗予：尊奉我的主张。 ②坐奠：坐着受人祭奠。 ③旻(mín)天：天的泛称。吊：怜悯，体恤，仁慈。 ④慭(yìn)：肯，愿意。遗：留下。 ⑤俾(bǐ)：使，使得。屏：通“摒”，抛弃。 ⑥茕(qióng)茕：孤独无依的样子。疚：内心忧烦痛苦。 ⑦毋自律：没谁可作自己的楷模了。 ⑧愆(qiān)：过失，过错。 ⑨心丧：在心中悼念，不穿丧服。 ⑩乡饮：乡官为送本乡贤士入京应试而举行的宴饮。大射：诸侯于祭祀前和臣下举行的射箭仪式，射中者参加祭祀，不中者不参加。 ⑪内：内室，卧室。

鲋弟子襄，年五十七。尝为孝惠皇帝博士，迁为长沙太守。长九尺六寸。

子襄生忠，年五十七。忠生武，武生延年及安国。安国为今皇帝博士，至临淮太守，蚤[①]卒。安国生卬，卬生驩。

太史公曰：《诗》有之："高山仰止，景行行止。"[②]虽不能至，然心向往之。余读孔氏书，想见其为人。适鲁，观仲尼庙堂车服礼器，诸生以时习礼其家，余祗回留之[③]不能去云。天下君王至于贤人众矣，当时则荣，没则已焉。孔子布衣，传十馀世，学者宗之。自天子王侯，中国言"六艺"者折中[④]于夫子，可谓至圣矣！

【译文】

孔子出生在鲁国昌平乡的陬邑。他的祖先是宋国人，叫孔防叔。防叔生伯夏，伯夏生了叔梁纥。叔梁纥年老时娶颜姓少女才生了孔子，那是他们到尼丘山向神明祷告后而得孔子的。鲁襄公二十二年孔子生。他刚出生时头顶是凹下去的，所以就取名叫丘。字仲尼，姓孔氏。

孔子出生不久叔梁纥就死了，埋葬在防山。防山在鲁国东部，因此孔子无法确知父亲的坟墓在何处，是母亲没有把父亲埋葬的地方告诉他。孔子小时候游戏，常常摆起各种祭器，学做祭祀的礼仪动作。孔子的母亲死后，就把灵柩暂且停放在五父之衢，这是出于慎重没有马上埋葬。陬邑人挽父的母亲把孔子父亲的葬地告诉了他，然后孔子才把母亲迁去防山同父亲葬在一起。

孔子腰间还系着麻带守丧时，季孙氏举行宴会款待名士，孔子前往。季孙氏的家臣阳虎贬斥说："季氏招待名士，不敢请你啊。"孔子因此退了

---

①蚤：通"早"。 ②高山仰止，景行行止：出自《诗经·小雅·车辖》。仰止：敬仰。景行：大道。止：表语气。意思是：像高山一般令人敬仰，像大道一般让人循行。 ③祗回留之：徘徊不忍离去的样子。祗：敬。 ④折中：这里是取正、判断的意思。

回去。

孔子十七岁那年，鲁国大夫釐子病危，临终前告诫儿子懿子说："孔丘，是圣人的后代，他的祖先在宋国败灭。他的先祖弗父何本来继位做宋国国君，却让位于他的弟弟厉公。到他另一个先祖正考父时，辅佐戴公、武公、宣公三朝，三次受命一次比一次恭敬，所以正考父鼎的铭文说：'第一次任命鞠躬而受，第二次任命时弯腰而受，第三次任命时俯首而受。顺着墙根快走，也没人敢欺侮我；我就是用这个鼎来煮粥以糊口度日的。'他就是这般恭谨。我听说圣人的后代，虽即使不能当政为君，也必定有贤达的人出现。如今孔丘年少而好礼，他不就是贤达的人吗？如果我死了，你一定要以他为师。"釐子死后，懿子和鲁人南宫敬叔便前往孔子处学礼。这一年，季武子死，平子继承了卿位。

孔子家境贫穷，地位低微。长大之后，曾给季氏做过管理仓库的小吏，计算衡量公平准确；也曾做过管理牧场的小官，牲畜繁殖得多。因此他又升任主管建筑的司空。过了不久，他离开鲁，在齐受到排斥，在宋、卫遭遇到驱逐，又在陈、蔡之间被围困，于是又返回鲁国。孔子身高九尺六寸，人们都称他为"长人"，觉得他与一般人不一样。鲁国后来善待他，所以他返回了鲁国。

鲁国人南宫敬叔对鲁君说："请让孔子出使周。"鲁君就给了他一辆车子、两匹马，一名童仆与他同行，到周去学礼，据说见到了老子。告辞时，老子送他时说："我听说富贵的人是用财物送人，品德高尚的人是用言辞送人。我不是富贵的人，只能窃用品德高尚的人的名号，用言辞为您送行，我想说的是：'聪明深察的人常更容易死，那是因为他喜欢议论别人是非的缘故；博学善辩识见广大的人常遭困厄危及自身，那是因为他好揭发别人短处的缘故。做子女的要忘掉自己而心想父母，做臣下的要忘掉自己而心存君主。'"孔子从周回到鲁国之后，跟从他学习的弟子就渐渐多起来了。

当时，晋平公淫乱无道，六卿把持国政，不断出兵向东攻打诸侯；楚灵王兵强，也时常侵犯中原各国；齐是大国又靠近鲁国。鲁国既小又弱，归附楚就惹怒晋;归附晋就招致楚来讨伐;对齐若奉事不周,齐国军队就侵犯鲁国。

鲁昭公二十年,孔子大约三十岁了。齐景公和晏婴来到鲁国,景公问孔子说:"从前秦穆公国家小而又地处偏僻,他能够称霸,是为什么呢?"孔子回答说:"秦国虽小,志向却很大;所处地方虽然偏僻,但施政却很恰当。秦穆公亲自任用五张黑公羊皮赎来的百里奚,授给他大夫的官爵,把他从拘禁中一解救出来,就与他一连谈了三日,并把执政大权交给他。用这种精神来治理国家,就是统治整个天下也是可以的,做个霸主还算是小的呢。"景公听了很高兴。

孔子三十五岁时,季平子因为与郈昭伯斗鸡结怨而得罪于鲁昭公,昭公率军攻打平子,平子和孟氏、叔孙氏三家联合攻打昭公,昭公军败,逃奔齐国,齐国把他安置在乾侯这个地方。其后不久,鲁国发生变乱。孔子来到齐国,做了高昭子的家臣,想借高昭子而接近景公。他与齐国乐官谈论音乐,听到了《韶》乐,就学了起来,有三个月的时间不知肉的味道,齐国人都称赞他。

齐景公向孔子请教如何为政,孔子说:"君要像君,臣要像臣,父要像父,子要像子。"景公说:"好极了! 的确,假如君不像君,臣不像臣,父不像父,子不像子,即使有很多粮食,我怎么能吃得着呢!"改日景公又向孔子请教为政的道理,孔子说:"管理国家最重要的是节省用度。"景公听了很高兴,打算把尼谿的田地封赏给孔子。晏婴劝阻说:"儒者这种人,能言善辩,巧嘴滑舌,不能奉以为法;他们狂妄自大,自以为是,不能任为臣下;他们重视丧事,竭尽哀情,为了葬礼隆重而不惜倾家荡产,不能让这种现象形成风气;他们四处游说乞求官禄,不能任用他们来治理国家。自从那些圣贤相继下世后,周王室也随之衰微下去,礼乐不行已有好长时间了。如今孔子讲究仪容服饰,将登堂下阶及各种行走的礼节搞得十分繁琐,这些繁文缛节,就是几代人也学不完,毕生也搞不清楚。您如果想用这套东西来改变齐国的风俗,恐怕这不是引导百姓的好办法。"之后,齐景公虽然很有礼貌地接见孔子,可不再问起有关礼的问题了。有一天，景公慰留孔子说："用给季氏那样高的待遇给您，我做不到。"就以低于季孙氏、高于孟孙氏的待遇对待孔子。齐国大夫中有人想害孔子，孔子听到了这个消息。景公对孔子说："我已老了，不能任用你了。"孔子于是就离开齐国，返回鲁国。

孔子四十二岁那年，鲁昭公死在齐国的乾侯，鲁定公继位。定公继位的第五年夏天，季平子死，季桓子继立为上卿。季桓子掘井时掘得一个腹大口小的陶器，里面有个像羊的东西，告诉孔子时却谎称"得到一只狗"。孔子说："据我所听，那里面是羊。我听说，山林中的怪物是一种叫'夔'的单足兽和会学人声的山精'罔阆'，水中的怪物是神龙和叫'罔象'的水怪，泥土中的怪物是一种雌雄未明的'坟羊'。"

吴国攻打越国，摧毁了越国国都会稽，得到一节大骨头，要一辆车才能装下。吴国派使者来问孔子："什么骨头最大？"孔子说："大禹召集群神到会稽山，防风氏迟到，大禹就把他杀死，他的骨头一节就要一辆车才能装下，这就是最大的骨头了。"吴国使者又问："那神又是谁呢？"孔子说："山川的神灵，可以主宰天下，负责监守山川按时祭祀的就是神，守土地和谷物的就是公侯，他们都隶属于帝王。吴使又问："防风氏是监守什么的？"孔子说："汪罔氏的君长监守封山和禺山一带的祭祀，是釐姓。在虞、夏、商叫汪罔，在周叫长翟，现在叫大人。"吴使问："人的身高有多少？"孔子回答说："僬侥氏身高三尺，是最矮的了；高的不超过其十倍，数得上是最高的了。"吴国使者听了之后说："了不起呀，圣人！"

季桓子有个宠臣叫仲梁怀，与阳虎有怨仇。阳虎想要驱逐仲梁怀，季氏家臣公山不狃阻止了他。这年秋，仲梁怀更加骄横，阳虎把捉了起来。季桓子对此很恼怒，阳虎就把季桓子也囚禁了起来，直到季桓子认输订立盟约才把他释放出来。阳虎从此更加轻视季氏。季氏也竟然凌驾于鲁君之上，鲁国出现了大臣专权的局面。因此鲁国自大夫以下都不守礼分，超越本分背离正道。所以孔子不再做官，退闲在家，专心修治《诗》《书》《礼》《乐》，弟子越来越多，有的甚至来自远方，无不虚心向孔子求教。

鲁定公八年，公山不狃在季桓子手下感到不如意，就利用阳虎作乱，打算废掉季孙氏、孟孙氏、叔孙氏三家的嫡生嗣子，另立平日为阳虎所喜欢的庶子，于是就把季桓子抓了起来。桓子用计骗过他，得以逃脱。鲁定公九年，阳虎作乱失败，逃奔齐国。这时，孔子五十岁。

公山不狃凭借费城反叛季氏，他派人来召请孔子。孔子探索先王之道已很久了，胸怀韬略却无处可以施展，没人能任用自己，就说："当初周文王、周武王兴起于丰、镐而建立王业，如今费城虽小，该也差不多吧！"想应召前去，子路不高兴，阻止孔子。孔子说："他们请我去，难道会让我白跑一趟吗？如果重用我，我将在东方建立一个像周那样的王朝！"然而最终也没能成行。

之后鲁定公任命孔子为中都宰，一年后，各地都效法他的治理办法。孔子由中都宰提升为司空，又由司空提升为大司寇。

鲁定公十年春，鲁国与齐国和解。同年夏，齐国大夫黎钼对景公说："鲁国任用孔丘，势必危及齐国。"于是齐景公就派使者告诉鲁国，说要与鲁定公举行友好会晤，会晤地点在夹谷。鲁定公准备好车辆随从，毫无戒备前去赴约。孔子置办会晤典礼事宜，他对定公说："我听说办理外交必须要有武装准备，办理武事也必须有外交配合。从前诸侯出了自己的疆界，一定配备好各种官属，跟随前往。请求您安排左、右司马一起去。"定公说："好的。"就带了左、右司马一道去。定公在夹谷与齐侯相会，在那里修筑盟坛，坛上备好席位，设置了三级登坛的台阶，用国君相遇的礼节相见，拱手揖让登坛。馈赠酬应的仪式行过后，齐国有司快步上前说："请开始演奏四方各族的舞乐"。齐景公说："好的。"于是齐国乐队以旌旗为先导，手执羽、祓、矛、戟、剑、盾等喧闹着一拥而上。孔子快步上前，一步一阶往台上走，还差一级台阶时，便扬起衣袖一挥，说道："我们两国国君为和好而来相会，为什么在这里演奏夷狄的舞乐，请命有司让他们下去！"有司叫乐队退下，他们却不肯动，左右看看晏婴与齐景公。齐景公心里很惭愧，挥手叫乐队退下去。过了一会儿，齐国有司又快步上前说道："请演奏宫中的乐曲"。景公说："好的。"于是一些歌舞杂伎艺人和身材矮小的侏儒都前来表演。孔子又快步上前，一步一阶往台上走，最后一阶还没有迈上，就说："下等人敢来迷惑诸侯，论罪当杀！请命有司去执行！"于是有司将他们腰斩，叫他们手足异处。齐景公大为恐惧，深深触动，知道自己义礼上不如他，回国后很是惶恐，告诉他的大臣说："鲁国是用君子之道辅佐他们的国君，而你们却仅拿夷狄之道教寡人，使我得罪了鲁国国君，这该怎么办呢？"有司上前回答说："君子有了过错，就用实在的东西向人家道歉认错；小人有了过错，就用花言巧语来谢罪。您如果痛心，就用实在的东西表示道歉吧。"于是齐景公就归还了所侵夺的鲁国郓、汶阳、龟阴的土地，以此来向鲁国道歉并悔过。

鲁定公十三年夏，孔子对定公说："臣下不能私藏甲兵，大夫封邑的城墙不能超过百雉。"于是就派仲由去做季氏的管家，打算拆毁季孙氏、孟孙氏、叔孙氏三家封邑的城墙。于是，叔孙氏首先把郈邑的城墙拆了。季孙氏也准备拆费邑的城墙，公山不狃和叔孙辄就带领费邑的人袭击鲁国。鲁定公和季孙氏、孟孙氏、叔孙氏三人就躲进了季孙氏的宫院，登上季孙武子的楼台。费邑人进攻他们，没有能打进去，但有的人已经突入鲁定公所登楼台的近侧。孔子命申句须、乐颀下台攻打他们，费邑人失败逃走。鲁国人乘胜追击，在姑蔑将他们击溃。公山不狃、叔孙辄两人逃到齐国，费邑的城墙终于被拆毁了。接着准备拆成城，孟孙氏的家臣公敛处父对孟孙氏说："拆除了成邑的城墙，齐国人必将进逼到我们的北大门。且成城又是你们孟氏的屏障，没有成城也就等于没有孟氏，我不打算拆毁"。十二月，鲁定公率兵包围成城，没有攻下。

鲁定公十四年，孔子五十六岁，由大司寇理国相职务，露出喜悦神色。他的弟子说："听说'君子大祸临头不恐惧，大福到来也不喜形于色'"。孔子说："有这句话，但不是还有一句'乐在身居高位而礼贤下士'的话吗？"于是就把扰乱国政的大夫少正卯杀了。孔子参与国政三个月，贩卖猪、羊的商人就不敢漫天要价了；男女行人都分开走路；掉在路上的东西也没人捡走；各地的旅客来到鲁国的城邑，用不着向有司求情送礼，都能得到满意的照顾，好像回到家中一样。

齐国闻知后很是害怕,说:“孔子在鲁国执政下去,一定会称霸,一旦鲁国称霸,我们靠它最近,必然首先来吞并我们。何不先送些土地给他们以求安宁呢?”黎鉏说:“我们先试着阻止他们一下,如果不成,再送给他们土地,难道还算迟吗!”于是就从齐国挑选美貌女子八十名,都穿上华丽的衣服,教她们学会跳《康乐》的舞蹈,另加身披彩饰的马一百二十匹,一起送给鲁君。先把女乐和纹马放在鲁城南面的高门外。季桓子身着便服前往再三观看,打算接受,就告诉鲁君到各地周游视察,乘机整天到南门观看齐国的美女和骏马,连政事也懒得管理了。子路便对孔子说:“老师,可以离开这里了吧。”孔子说:“鲁国如今就要在郊外祭祀,如果能按礼节把祭肉分给大夫,那么我还可以留下不走。”季桓子终于接受了齐国送来的女子乐团,一连三天不过问政务;郊外祭祀束后,又没把祭肉分给大夫。孔子于是离开鲁国,当天就在屯地住宿。鲁国一个名叫师己的乐师为他送行,说道:“先生您是没有过错的。”孔子说:“我唱一首歌,好不好?”于是唱道:“那些妇人的口,可以离间君臣,使贤臣被迫出走;接近那些妇人,可以使人死国败。悠闲啊悠闲,我只有这样安度岁月!”师己返回后,桓子问他说:“孔子说了些什么?”师己如实相告。桓子长叹一声,说:“先生怪罪我是因我接受了齐国那一群女乐的缘故啊!”

孔子于是到了卫国,住在子路妻子的兄长颜浊邹家中。卫灵公问孔子:“你在鲁国得到的俸禄是多少?”孔子回答说:“俸米六万斗。”卫国也给他俸米六万斗。过了不久,有人向卫灵公说孔子的坏话。卫灵公就派公孙余假监视孔子的出入。孔子害怕在这里获罪,住了十个月,就离开了卫国。

孔子将要到陈国去,经过匡地,弟子颜刻替他赶车,颜刻用马鞭指着说:“从前我进入过这个城,就是由那缺口进去的”。匡人听说,以为是鲁国的阳虎来了,阳虎曾残害过匡人,于是匡人就围困了孔子。孔子的模样很像阳虎,所以被困在那里整整五天。颜渊后来赶到,孔子说:“我还以为你死了。”颜渊说:“老师您活着,我怎么敢死!”匡人围攻孔子越来越急,弟子们都很害怕。孔子说:“周文王已死,周代的礼乐制度不就在我们这里吗？上天如果要毁灭这些礼乐制度的话，就不会让我们这些后死的人承担起维护它的责任。上天并没有要消灭周代的这些礼乐，匡人能把我怎么样！”孔子派了一个跟从他的人到宁武子那里在卫国为臣，然后才得以离开匡地。

孔子离开匡地拜访蒲地。过了一个多月，又返回卫国，住在蘧伯玉家。卫灵公夫人有个叫南子的，派人对孔子说：“各国君子，凡是看得起我们国君，愿意与我们国君建立像兄弟一样的交情的，必定会来见我们南子夫人。我们南子夫人也愿意见见您”。孔子推辞谢绝，最后不得已才去见她。南子夫人坐在细葛布做的帷帐中等待。孔子进门后，面朝北叩头行礼。南子夫人在帷帐中拜了两拜，她佩戴的玉器首饰发出叮当撞击的响声。事后孔子说：“我本不愿见她，现在既然不得已见了，就只好以礼相答。”子路不高兴。孔子发誓说：“我说的话如果不是真的，上天一定厌弃我！上天一定厌弃我！”在卫国住了一个多月，灵公与夫人南子同坐一辆车，宦者雍渠陪侍车右，出宫后，让孔子坐在第二辆车上跟从，大摇大摆从街市上走过。孔子说：“我没见过喜好道德像喜欢美色一样的人啊。”于是感到受了侮辱，就离开卫国，往曹国去。这一年，鲁定公死。

孔子离开曹国到达宋国，与弟子在大树下演习礼仪。宋国司马桓魋想杀死孔子，就把树砍掉了。孔子只得离开。弟子们催促说：“可以快点走了。”孔子说：“上天既然把传道德的使命赋予我，桓魋又能把我怎么样！”

孔子到了郑国，与弟子们走散了，孔子一个人站在外城的东门。郑国有人看见了，就对子贡说：“东门有个人，他的额头像唐尧，颈项像皋陶，肩膀像子产，可是从腰部以下比禹短了三寸，一副狼狈不堪的样子，真像一条丧家狗。”子贡如实告诉了孔子。孔子高兴地说：“他形容我的相貌，不一定对。但说我像条丧家狗，对极了！对极了！”

孔子于是到达陈国，住在司城贞子家。过了一年多，吴王夫差攻打陈国，夺取了三个城邑退兵而去。赵鞅攻打朝歌。楚国包围蔡国，蔡国迁移到吴地。吴国在会稽打败越王勾践。

有一天，许多只隼落在陈国宫廷中死了，有楛木做的箭穿在身上，箭头是石头制作的，箭长一尺八寸。陈湣公派使者向孔子请教，孔子说：“这些隼是从很远的地方飞来的，这是肃慎部族的箭。从前武王伐纣灭商，沟通了与九夷百蛮的联系，让各族都贡献各自的地方特产，叫他们不要忘记自己的职分。于是肃慎部族献来楛木做的箭和石头制作的箭头，长一尺八寸。周武王为了表彰他的美德，就把肃慎部族的箭赐给长女太姬，后来太姬嫁给了虞胡公，虞胡公又封在陈国。当初王室分珍宝玉器给同姓诸侯，是为了表示重视亲族；把远方的贡品分赠给异姓诸侯，是为了让他们不要忘记服从周天子。所以把肃慎部族的箭分给陈国。”陈湣公叫人到过去收藏各方贡物的仓库中去找，果然找到了这种箭。

孔子在陈国住了三年，正好遇上晋、楚争霸，两国轮番攻打陈国，直到吴国进攻陈国为止，陈国常常遭受侵犯。孔子说：“回去吧，回去吧！我家乡的那些弟子，志气很大，只是行事耿直，他们都很有进取心，也没有忘记自己的初志。”于是孔子就离开了陈国。

孔子路过蒲地，正好遇上公叔氏据蒲反叛卫国，蒲人扣留了孔子。弟子中有个叫公良孺的，自己带了五辆车随孔子周游。他这个人身材高大，有才德，且有勇力，对孔子说：“我从前随老师周游在匡地遇到危难，如今又在这里遇到危难，这是命中注定的吧。我和老师再遭难，宁可搏斗而死。”公良孺跟蒲人打得很激烈。蒲人害怕了，对孔子说：“如果你不到卫国去，我们就放你走。”孔子与他们订立了盟约，这才放孔子从东门出去。孔子于是到了卫国。子贡说：“盟约可以违背吗？”孔子说：“在要挟下订立的盟约，神是不会认可的。”

卫灵公听说孔子到来，很高兴，亲自赶到郊外迎接。灵公问孔子说：“蒲地可以讨伐吗？”孔子回答说：“可以。”灵公说：“我的大夫却认为不可以讨伐。因为现在的蒲是卫国防御晋、楚的屏障，用我们卫国的军队去攻打，恐怕不可以的吧？”孔子说：“蒲地的男子有誓死效忠卫国的决心，妇女有守卫西河的愿望。我所说要讨伐的只是四五个领头叛乱的人罢了。”卫灵公说：“很好。”但是没有出兵讨伐蒲地的叛乱。

卫灵公年纪老了，懒得处理政务，也不任用孔子。孔子长叹了一声说："如果有人任用我，一年可使政教畅行，三年就会大见成效。"孔子只好离开。

佛肸做中牟的长官。晋国的赵简子攻打范氏、中行氏，讨伐中牟。佛肸就占据中牟反叛赵简子，并派人招请孔子，孔子打算去。子路说："我听老师说过'亲自做坏事的人那里，君子是不去的'。现在佛肸自己占据中牟反叛，您想前去，这是为什么呢？"孔子说："我是说过这句话。但我不也说过，坚硬的东西是磨不薄的；不也说过洁白的东西，是染不黑的。我难道是只中看不能吃的匏瓜吗，怎么可以老是挂着却不给人吃呢？"

有一次孔子正敲着磬，有个背着草筐的人路过门口，说道："有心思啊，这个击磬人，磬敲得又响又急，既然人家不赏识自己，那就算了吧！"

孔子向师襄子学习弹琴，一连学了十天，仍在弹初学的曲子。师襄子说："可以学些新曲了。"孔子说："我已熟习乐曲了，但还没有熟练掌握弹琴的技法。"过了些时候，师襄子又说："你已熟习弹琴的技法了，可以学些新曲子了。"孔子说："我还没有领会乐曲所表达的思想。"又过了些时候，师襄子又说："你已领会乐曲所表达的思想，可以学些新曲了。"孔子说："我还没有体会出作曲者是怎样的一个人。"过了些时候，孔子肃穆沉静，深思着什么，接着又心旷神怡，显出志向远大的样子。说："我体会出作曲者是个什么样的人了，他的肤色黝黑，身材高大，目光明亮而深邃，好像一个统有天下的帝王，除了周文王又有谁能够如此呢！"师襄子恭敬地离开席位给孔子拜了两拜，说："我的老师告诉我这好像是《文王操》呀。"

孔子既然得不到卫国重用，打算西游去见赵简子。到了黄河边，听到窦鸣犊、舜华被杀的消息，就面对黄河感慨地叹道："壮美啊黄河水，浩浩荡荡多么盛大，我所以不能渡过黄河，也是命运的安排吧！"子贡赶上前问："请问老师，这话是什么意思？"孔子说："窦鸣犊、舜华都是晋国有才德的大夫。当赵简子还没有得志时，是依靠这两人才得以从政的；等到他得志了，却杀了他们来执掌政权。我听说过，一个地方剖腹取胎杀害幼兽，麒麟就不来到它的郊野，排干了池塘水抓鱼，那么蛟龙就不调合阴阳来兴致雨了，倾覆鸟巢毁坏鸟卵，凤凰就不愿来这里飞翔。这是为什么呢？君子忌讳伤害他的同类。那些鸟兽对于不义的行为尚且知道避开，何况是我孔丘呢！”于是便回到老家陬乡休息，创作了《陬操》的琴曲来哀悼窦鸣犊、舜华两位贤人。随后又回到卫国，寄住在蘧伯玉家。

有一天，卫灵公向孔子问起布兵列阵的事。孔子回答说：“祭祀的事我倒曾听说过，排兵布阵的事，我还不曾学过呢。”第二天，卫灵公与孔子谈话时，看见空中飞来大雁，只顾抬头仰望，神色不在孔子身上。孔子于是离开卫国，再次前往陈国。

夏天，卫灵公死，他的孙子辄被立为国君，这就是卫出公。六月，赵鞅把流亡在外的灵公太子蒯聩送回卫国居于戚地。阳虎让太子蒯聩穿上丧服，又让八个人穿麻戴孝，装扮成是从卫国来接太子回去奔丧的样子，哭着进了戚城，就在那里住了下来。冬天，蔡国迁都到州来。这一年是鲁哀公三年，孔子已六十岁了。齐国帮助卫国包围了戚城，是因为卫太子蒯聩在那儿的缘故。

还是这年夏天，鲁桓公、釐公的祀庙起火，南宫敬叔去救火。孔子在陈国听到了祀庙起火的消息，就说：“火灾一定在桓公、釐公的祀庙吧？”不久证实，果然如他所言。

秋天，季桓子病重，乘着辇车巡视鲁城，长叹一声说：“从前这个国家几乎就要兴盛起来了，因我得罪了孔子，所以没兴盛起来。”回头又对他的嗣子季康子说：“我要是死了，你一定会接替我辅佐国君；你辅佐国君后，一定要召回孔子。”过了几天，季桓子死，季康子继承了他的职分。办完丧事后，想召回孔子。大夫公之鱼说：“从前我们的先君定公曾任用过他，没能有始有终，最后被诸侯耻笑。如今你再任用他，如果也不能有始有终，还会再次招来诸侯耻笑。”季康子说：“那么召谁才好呢？”公之鱼说：“一定要召冉求。”于是就派人召冉求。冉求准备起身前往，孔子说：“这次鲁国召冉求，不会小用，该会重用他。”就在这天，孔子说：“回去吧，回去吧！我家乡的那些弟子志气很大，只是行事耿直，为文富有文采，我真不知如何教育他们才好。”子贡知道孔子思念家乡想回去，在送冉求时，叮嘱他“你要是被重用，要想着把老师请回去”之类的话。

冉求离去后，第二年，孔子从陈国移居蔡国。蔡昭公准备到吴国去，是吴国召他去的。以前昭公欺骗大臣，将国都迁到州来，这次将要前往，大夫们担心他又要迁都，公孙翩就在路上把蔡昭公射死了。接着，楚军就来侵犯蔡国。同年秋，齐景公死。

第二年，孔子从蔡国前往叶地。叶公问孔子为政之道，孔子说：“为政之道在于招纳远方的贤能，使近处的人归服。”有一天，叶公向子路问孔子的情况，子路不回答。孔子听说这件事，对子路说：“仲由，你为什么不对他说‘他这个人呀，学习起道理来不知疲倦，教导人全不厌烦，发愤学习时忘记吃饭，快乐时忘记忧愁，以至连衰老就要到来也不知道’呢？”

孔子离开叶地回到蔡国。路上遇见长沮、桀溺两人一起耕地，孔子以为他们是隐士，就叫子路前去打听渡口在哪里。长沮说：“那个拉着马缰绳的人是谁？”子路回答说：“是孔丘。”长沮又问：“是鲁国的孔丘吧？”子路说：“是的。”长沮说：“那他应该知道渡口在哪儿了。”桀溺又问子路：“你是谁？”子路说：“我是仲由。”桀溺说：“你是孔丘的门徒吗？”子路说：“是的。”桀溺说：“天下的混乱到处都是一样的，而谁能改变这种状况呢？况且你与其跟着逃避作乱君臣的人四处奔走，还不如跟着我们这些躲避乱世的人呢？”说完，就覆土不止。子路把这话告诉了孔子，孔子失望地说：“我们不能住在山林里与鸟兽同群，要是天下有道，我也用不着到处奔走想改变这个局面了。”

有一天，子路一个人行走时，路遇一位肩扛除草用具的老人。子路问他：“您见我的老师了吗？”老人说：“你们这些人四肢不勤劳，五谷辨不清，谁是你的老师我怎么知道？”说完就放下棍杖除草去。子路把这些告诉孔子，孔子说：“这是位隐士。”叫子路再到那里看看，老人已走了。

孔子迁居到蔡国三年，吴国攻打陈国。楚国救援陈国，驻军在城父。听说孔子住在陈国、蔡国的边境上，楚国便派人去延聘孔子。孔子正要前往拜见接受聘礼，陈国、蔡国的大夫商议说："孔子是位有才德的贤人，他所指责讽刺的都切中诸侯的弊病。如今他长久停留在陈国和蔡国之间，大夫们的施政作为都不合仲尼的心意。如今的楚国，是个大国，却来聘请孔子。如果孔子在楚国被重用，那么我们陈蔡两国掌权的大夫们就危险了。"于是他们就一起派了一些服劳役的人把孔子围困在野外。孔子和他的弟子无法行动，粮食也断绝了。跟从的弟子饿病了，站都站不起来。孔子却还在不停地给大家讲学、朗诵、弹琴、歌唱。子路很生气地来见孔子："君子也有窘迫的时候吗？"孔子说："君子在困窘面前能坚节操不动摇，人小遇到困窘就会不加节制，什么事情都做得出来。"

这时子贡的脸色也变了。孔子说："赐啊，你认为我是博学强记的人吗？"子贡回答说："是的。难道不对吗？"孔子说："不是的，我是用一种基本的东西贯穿其中的。"

孔子知道弟子们心中不高兴，便叫来子路问道："《诗经》上说'匪兕匪虎，率彼旷野'。我们奉行的道义难道错了吗？我们怎么会落到这种地步呢？"子路说："想来大概是我们的仁德还不够吧？所以人家不信任我们；想必是我们的智慧不足吧？所以人家不让我们畅行。"孔子说："有这样的话吗？仲由啊，假使有仁德的人必定能使人信任，哪里还会有伯夷、叔齐饿死在首阳山呢？假使有智谋的人就能畅行无阻，哪里还会有王子比干被剖心呢？"

子路退出，子贡进来见孔子。孔子对子贡说："赐啊，《诗经》上说'匪兕匪虎，率彼旷野'。我们奉行的道义难道错了吗？我们怎么会落到这种地步呢？"子贡说："老师的学说博大到极点了，所以天下没有一个国家能容纳老师。老师何不稍微降低一点要求呢？"孔子说："赐啊，好的农夫能努力把土地耕种好，但却不一定有好收成；好的工匠虽然手艺精巧，但却未必能使人们都称心如意。君子能研修自己的学说，就像网一样，先构出大纲统绪，然后再依次疏理，但不一定被人接受。现在你不去研修自己的学说，反而想降格来迎合取容。赐啊，你的志向太不远大了。"

子贡出去后，颜回进来见孔子。孔子说："回啊，《诗经》说'匪兕匪虎，率彼旷野'。我们奉行的道义难道错了吗？我们怎么会落到这种地步呢？"颜回说："老师的学说博大到极点了，所以天下没有一个国家能容纳老师。虽然是这样，老师还是要推行自己的学说。不被天下接受又有什么关系呢？不被接受，这样才能显出君子的本色！一个人不研修自己的学说，那是自己的耻辱。至于学说已下大力气研修学说而不被使用，那是当权者的耻辱了。不被天下接受又有什么关系呢？不被接受，这样才能显出君子的本色！"孔子听了欣慰地笑着说："是这样的啊，颜氏之子！假使你有很多钱财，我愿意给你做管家。"

于是派子贡到楚国。楚昭王率领军队迎接孔子，才除了这场灾祸。

楚昭王想把有户籍登记的七百里地方封给孔子。楚国令尹子西说："大王派往各诸侯国的使臣，有像子贡这样的吗？"昭王说："没有。""大王的左右辅佐大臣，有像颜回这样的吗？"昭王说："没有。""大王的将帅，有像子路这样的吗？"昭王说："没有。""大王的各部主事官员，有像宰予这样的吗？"昭王说："没有。"子西接着说："况且我们楚国祖先在受周天子分封时，封号是子爵，土地跟男爵相等，方圆五十里。如今孔丘讲述三皇五帝的治国方法，申明周公、召公辅佐周天子的事业，大王如果任用了他，那么楚国还能世世代代保有方圆几千里的土地吗？想当年文王在丰邑、武王在镐京，只有百里之地的君主最终能据有天下。现在如果让孔丘拥有那么多土地，再加上那些有才能的弟子辅佐，这不是楚国的福音啊。"昭王就打消了原来的想法。这年秋天，楚昭王死在城父。

楚国的狂人接舆有一天唱着歌从孔子旁边走过，说："凤凰呀，凤凰呀，你的美德为什么这么不受欢迎！过去的不能再挽回，未来的还可以再赶得上！算了吧，算了吧！现在从政的人都是很危险的啊！"孔子下车，想和他谈谈。但他却快步走开了，没能跟他说上话。

于是孔子从楚国返回卫国。这一年，孔子六十三岁，是鲁哀公六年。

第二年，吴国和鲁国在一个叫缯地会盟，吴国要求鲁国提供百牢的祭品。吴国的太宰嚭召见季康子。季康子就派子贡前往，然后事情得以了结。

孔子说:“鲁国、卫国的政事,如同兄弟般相似。”此时,卫出公辄的父亲蒯聩没有继位做国君,流亡在外,诸侯对此事屡加指责。而孔子的弟子很多在卫国做官,卫出公辄也想请孔子出来执政。子路问孔子说:“卫国国君想请您出来执政,您打算首先做什么呢?”孔子回答说:“那我一定首先正名分!”子路说:“真是像人所说,老师您太迂阔了!为什么要首先正名分呢?”孔子说:“放肆啊,仲由!要知道,名分不正,说出话来就不可行;说话不可行,事情就办不成;事情办不成,礼乐就不能兴盛;礼乐不兴盛,刑罚就不准确;刑罚不准确,百姓就手足无措。所以君子办事必须符合名分,说出来的话,一定要切实可行。君子对于他所说出来的话,应该毫不苟且才行啊。”

第二年,冉有为季氏统率军队,在郎地同齐国作战,打败了齐国军队。季康子对冉求说:“您的军旅之才,是学来的呢?还是天生的呢?”冉有回答说:“我是从孔子那里学来的。”季康子又问:“孔子是怎样的一个人呢?”冉有回答说:“孔子如果用兵,那一定是师出有名,不论是传布到百姓中,还是对质于鬼神前,都是没有遗憾的。我对于军事,虽然有功而累计封到二千五百户人家,而孔子却会毫不动心的。”康子说:“我想召请他回来,可以吗?”冉有说:“你想召请他回来,只要不让小人从中阻碍他,就可以了。”当时,卫国大夫孔文子准备攻打太叔,向孔子问计策。孔子推辞说不知道,他回到住处便立即吩咐备车离开了卫国,说道:“鸟能选择树木栖息,树木怎能选择鸟呢?”孔文子坚决拘留他。恰好季康子派来公华、公宾、公林,带着礼物接迎孔子,孔子就回鲁国去了。

孔子离开鲁国一共十四年又回到鲁国。

鲁哀公向孔子问为政的道理,孔子回答说:“为政最重要的是选好大臣。”季康子也向孔子问为政的道理,孔子说:“任用正直的人去管理那些邪曲的人,邪曲的人也会变得正直。”季康子忧虑盗窃,孔子说:“如果你自己没有贪欲,就是给奖赏,人们也不会去偷窃。”然而鲁国最终也不能重用孔子,孔子也不要求出来做官。

孔子的时代,周王室衰微,礼乐衰废,《诗经》《尚书》残缺。孔子探究三代的礼仪制度，编定了《书传》的篇次，上起唐尧、虞舜之时，下至秦穆公，依照事情的先后，加以整理编排。孔子说："夏代的礼仪制度我还能讲出来，只是夏的后代杞国没有留下足够的文献证明这些了。殷商的礼仪制度我也能讲出来，只是殷商的后代宋国没有留下足够的文献证明这些了。如果杞、宋两国有足够的文献，我就能证明这些制度了。"孔子考察殷对夏的礼仪制度所做的增减后，说："将来即使经过百世，那些增减也是可以推知的，它们一种是重文采，另一种是重朴实。周代的礼仪制度是在吸取借鉴夏殷两代礼仪制度的基础上制定的，它的文采最繁盛，我主张用周代的礼仪。"所以《书传》《礼记》都是孔子传下来的。

孔子对鲁国的乐官太师说："音乐是可以通晓的。开始演奏时往往很平和，接着演奏下去就纯美和谐，声音清晰，连续不断，直到演奏结束。"孔子又说："我从卫国返回鲁国，就开始订正诗乐，使《雅》《颂》都恢复了原来的曲调。"

先前《诗经》有三千多篇，到孔子时，删掉重复的，选取合适的用于礼义教化，最早的是追述殷始祖契、周始祖后稷，其次是叙述殷、周两代的兴盛，直到周幽王、周厉王的政治缺失，而开头的则是叙述男女夫妇关系和感情的诗篇，所以说："《关雎》这一乐章作为《国风》的第一篇，《鹿鸣》作为《小雅》的第一篇，《文王》作为《大雅》的第一篇；《清庙》作为《颂》的第一篇。"三百零五篇诗孔子都将它们演奏歌唱，以求合于《韶》《武》《雅》《颂》这些乐曲的音调。先王的礼乐制度从此恢复旧观而得以称述，王道得以完备，孔子也完成了六艺的编修。

孔子晚年喜欢钻研《易》，他详细解释了《彖》《系》《象》《说卦》《文言》。孔子读《易》，刻苦勤奋，以至于穿简策的皮条都被翻断了好多次。他还说："如果能让我多活几年，这样的话，我对《易》的理解就更深透了。"

孔子用《诗》《书》《礼》《乐》教育弟子，就学的弟子大约有三千人，其中能精通礼、乐、射、御、数、术这六种技艺的有七十二人。至于像颜浊邹那样受到孔子教诲的弟子就更多了。

孔子教育弟子有四个方面：文辞、操行、忠恕、信义。让弟子根绝四种毛病：不揣测、不武断、不固执、不自以为是。他认为应当特别谨慎处理的是：斋戒、战事、疾病。孔子很少谈到利，如果谈到，就与命运、仁德联系起来。他教育弟子时，不到心有疑难，苦思而不得其解时，不去启发引导他。他讲一个道理，弟子不能触类旁通地推演出类似的道理，他也不再重复讲述。

孔子在自己乡里，温和谦恭得像个不善言谈的人。他在宗庙祭祀和朝廷议政时，却能言善辩，言辞明晰而有条理，然而又很恭敬谨慎。上朝时，与上大夫交谈，态度和悦，中正自然；与下大夫交谈，则显得和悦亲切。孔子进入国君的公门，恭敬谨慎，进门后快步上前，恭谨有礼。国君命他迎接宾客，容色庄重认真。国君召见他，不等车驾备好，就动身起行。

鱼不新鲜，肉有变味，或不按规矩宰杀切割，孔子不吃。席位不正，孔子不就座。在有丧事的人旁边吃饭，从来没有吃饱过。

一日之内哭泣过，就不再歌唱。看见穿孝服的人和盲人，即使是个小孩，也必定改变面色显出同情的样子。

孔子说："三个人同行，必定可以找到可做我老师的。"又说："不去修明道德，不去探求学业，听到正义的道理又不前往学习，对错误又不能改正，这些是我忧虑的问题。"孔子请人唱歌，要是唱得好，就请人再唱一遍，然后自己也和唱起来。

孔子不谈论怪异、暴力、叛乱、鬼神的事情。

子贡说："老师在文献方面的成绩很显著，人们是知道的。老师讲天道与人性天命的深微见解，人们就不知道了。"颜渊感慨地叹道："越是仰慕老师的学问，越觉得它更加崇高；越是钻研探究，越觉得它坚实深厚。看见它是在前面，忽然间又在后面了。老师善于循序渐进地诱导人，用典籍来丰富我的知识，用礼仪来规范我的言行，使我想停止学习都不可能。已竭尽了我的才力，我现在也好像有所建树，但老师的学问却依然高立在我的面前。虽然我也想追赶上去，但是不可能追得上。"达巷这个地方的人说:“伟大啊孔子,他学识渊博,无所不通,不以某一方面而成名。”孔子听了这话之后说:“我要专注于什么呢? 是专于驾车? 还是专于射箭? 我看还是专于驾车吧。”子牢说:“老师曾说:‘我没有被世所用,所以才学会了这么多的技艺。’”

鲁哀公十四年春,在大野狩猎。给叔孙氏驾车的钼商猎获一头怪兽,他们以为这是不祥之兆。孔子看了之后说:“这是麒麟。”于是将它收管起来。孔子说:“黄河不再有神龙背负河图出现,洛水不再有灵龟背负洛书出现,我算是完啦!”

颜渊死,孔子说:“老天可要了我的命啊!”等到他西去大野狩猎见到麒麟,说:“我的主张不可能实现了!”感慨地说:“没有人理解我了!”子贡说:“为什么说没有人理解您?”孔子回答说:“我不抱怨天,也不怪罪人,下学人事,上通天道,能理解我的,大概只有上天了!”

孔子说:“不降低自己的志向,不使自己的人格受到侮辱,只有伯夷、叔齐两人吧!”又说:“柳下惠、少连降低了自己的志向,使人格受到了侮辱。”又说:“虞仲、夷逸隐居,不言世务,立身行事合乎清高纯洁的准则,废身不仕合于居乱世的权变之道。”又说:“我就跟他们不同了,既不降志辱身以求进取,也不隐居避世脱离尘俗,没有绝对的可以,也没有绝对的不可以。”

孔子说:“不是吗,不是吗? 君子最担忧的是死后没有留下好的名声。我的主张不能实行,我用什么给后世留下好名声呢?”于是就根据鲁国史书作了《春秋》,上起鲁隐公,下止鲁哀公十四年,共包括鲁国十二个国君。以鲁国为中心记述,尊奉周天子为正统,以殷商旧事为借鉴,贯通三代的法统,文辞简约而意旨广博。所以吴、楚国君自称为王,《春秋》仍贬称为“子”;晋文公在践土与诸侯会盟,实际是召周天子入会,而《春秋》却避讳说“周天子巡狩来到河阳”。依此类推,《春秋》就是用这一原则,来褒贬当世,期待后世有圣王出现能把《春秋》的宗旨推广开来。《春秋》义法在天下通行,那些乱臣贼子就都害怕了。

孔子任司寇审理诉讼案件,书写判辞时,有可与别人商量之处,绝不独自决断。到了写《春秋》时就不同了，该写的一定写上，当删的一定删掉，就连子夏这些长于文字的弟子，一处文辞也不能改动。弟子们学习《春秋》，孔子说："后人了解我将因为《春秋》，后人怪罪我也将因为《春秋》。"

第二年，子路死在卫国。孔子生病，子贡请求看望他。孔子正拄着拐杖在门口悠闲散步，说："赐，你为什么来得这样晚啊？"孔子于是叹息，随即唱道："泰山要倒了！梁柱要断了！哲人要死了！"他边唱边流下了眼泪。对子贡说："天下失去常道已很久了，没有人能尊奉我的主张。夏人死了停棺在东厢的台阶，周人死了停棺在西厢的台阶，殷人死了停棺在正堂两柱之间。昨天晚上我梦见自己坐在两柱之间受人祭奠，我原本就是殷商人啊。"过了七天孔子就死了。

孔子享年七十三岁，死于鲁哀公十六年四月己丑日。

鲁哀公哀悼说："老天爷不仁慈，不肯留下这位老人，使他扔下我，孤零零一人在位，我孤独而又伤痛。啊！多么痛！尼父啊，没有人可做我的楷模了！"子贡说："鲁君难道不能在鲁国得到善终吗？老师的话说：'礼仪丧失就会昏乱，名分丧失就会产生过失。丧失意志就会昏乱，失去所宜就会出现过错。'老师活着时不能用他，死了作祭文哀悼他，是不合礼的。以诸侯身份称'余一人'，是不合名分的啊。"

孔子死后葬在鲁城北面的泗水边，弟子都为他服丧三年。三年心丧完毕，大家道别离去时，都相对而哭，又各尽哀；有的就又留了下来。只有子贡在墓旁搭了一间小房住下，守墓总共六年，然后才离去。弟子及鲁人，前往墓旁居住的有一百多家，因而就把这里命名为孔里。鲁国世世代代相传，每年都定时到孔子墓前祭拜，而儒生们也来这里讲习乡饮、大射之礼。孔子墓地有一顷大。孔子故居的堂屋以及弟子们居住的内室，后来就改成庙，收藏孔子的衣冠，使用过的琴、车服、琴书等，直到汉代，二百多年间没有断绝。高皇帝经过鲁地，用牛、羊、猪三牲俱全的太牢祭祀孔子。诸侯、卿大夫、宰相一到任，常是先祭拜孔子墓，然后才就职处理政务。

孔子生鲤，字伯鱼。伯鱼享年五十岁，死在孔子之前。

伯鱼生伋，字子思，享年六十二岁，曾受困于宋国。子思作了《中庸》。

子思生白，字子上，享年四十七岁。子上生求，字子家，享年四十五岁。子家生箕，字子京，享年四十六岁。子京生穿，字子高，享年五十一岁。子高生慎，享年五十七岁，曾做过魏国的相。

子慎生鲋，享年五十七岁，做过陈胜王的博士，死在陈郡的城下。

鲋的弟弟子襄，享年五十七岁。曾做过孝惠皇帝博士，后被提升为长沙太守，身高九尺六寸。

子襄生忠，享年五十七岁。忠生武，武生延年和安国。安国做了当今皇上的博士，官至临淮太守，寿短早死。安国生卬，卬生驩。

太史公说：《诗经》中有这样的话："高山仰止，景行行止。"虽然不能达到这种境地，但是心里却向往着他。我读孔子的著作，可以想见到他的为人。到了鲁地，参观了孔子的庙堂、车辆、衣服、礼器，目睹了读书的学生们按时到孔子旧宅中演习礼仪的情景，我怀着崇敬的心情徘徊留恋不愿离去。天下的君王直到贤人也够多的了，活着时都显贵荣耀，可是一死什么也就没有了。孔子是一个平民，他的名声和学说已传了十几世，读书人仍然尊他为宗师。从天子王侯一直到全国谈六艺的人，都把孔子的学说作为衡量是非的标准，可以说孔子是至高无上的圣人了。

【鉴赏】

《孔子世家》写孔子写得生动具体、形象逼真。司马迁是把孔子当作自己理想中的"至圣"形象来写的。孔子首先是一个执著追求政治理想、努力将理想付诸实践的形象，在孔子所处的时代，面对礼崩乐坏的现实，有人降身辱志、与世俗同流，也有如长沮、桀溺、荷蓧丈人那样避世隐身，而孔子则心怀宁知其不可为也为之的信念，奔走列国以求被世所用，既便为之"累累若丧家之狗"仍矢志不渝。作者还表现了孔子将自己的理想变为现实的才干，如他在由大司寇摄相事三月，就"粥羔豚者弗饰贾；男女行者别于涂；涂不拾遗；四方之客至乎邑者，不求有司，皆予之以归"。令齐人闻而恐惧。孔子还是一个刻苦努力、虚心好学的形象,如他向师襄子学琴,不满足于“习其曲”“习其数”,还要“得其志”“得其为人”,令师襄子都佩服得“辟席再拜”。文中对孔子循循善诱、诲人不倦的作风也有全面的描写,突出表现了他授徒讲学的风范。文章还写了孔子渊博的知识和高度的修养,以及他在整理和传播古代文化典籍方面的功绩。

但司马迁笔下的孔子也是一个悲剧者的形象,他一生奔走,却处处碰壁,不为所用,只得退而著述,所谓“仲尼厄而作《春秋》”,表达了对孔子的深切同情,处处流露出对孔子的向往和景仰,同时抒发了对自身所遭遇的愤慨。

史记卷四十八·陈涉世家第十八

公元前246年，秦王政立，他继承先世功业，横扫六合，公元前221年用武力统一了天下。但秦始皇仍以武力守天下，赋税沉重，徭役繁苛，刑罚残酷，终于在二世元年，陈胜、吴广在大泽乡首先发难反秦，各地纷纷响应，陈胜、吴广虽不久即身死，但纷起响应者终于推翻了秦的统治。《陈涉世家》真实完整地记述了陈涉聚众举大事的背景、发动过程及其与秦王朝的决死斗争，也叙述了陈涉兵败身死的原因。作者还引用贾谊的《过秦论》议论了秦以区区之地并吞天下以及由一人发难而失天下的原因，并借此对陈涉的首先发难给予了极高评价。而在《太史公自序》中，司马迁更将陈涉与汤、武、孔子这些古代的大圣人相提而论，极力推崇："桀、纣失其道而汤、武作，周失其道而《春秋》作，秦失其政而陈涉发迹。"

陈胜者，阳城人也，字涉。吴广者，阳夏人也，字叔。

陈涉少时，尝与人佣耕，辍耕之垄上，怅恨①久之，曰："苟富贵，无②相忘。"庸③者笑而应曰："若为庸耕，何富贵也？"陈涉太息曰："嗟乎，燕雀安知鸿鹄之志哉！"

二世元年七月，发闾左适戍④渔阳，九百人屯大泽乡。陈胜、吴广皆次⑤当行，为屯长。会天大雨，道不通，度已失期。失期，法皆斩。陈胜、吴广乃谋曰："今亡亦死，举大计亦死，等死⑥，死国⑦可乎？"陈胜曰："天下苦秦久矣。吾闻二世，少子也，不当立，当立者乃公子扶苏。扶苏以数谏故，上使外将兵。

①怅：失意，失望。恨：恼恨，烦恼。 ②无：通"毋"，不要。 ③庸：通"佣"，受雇佣。 ④闾左：住在闾巷左侧的居民。闾：里巷大门。適（zhé）：通"谪"，因有罪被发遣到边远之地守卫。 ⑤次：编次，列入。 ⑥等死：同样是死。 ⑦死国：为国死，指为国事而死。

今或闻无罪，二世杀之。百姓多闻其贤，未知其死也。项燕为楚将，数有功，爱士卒，楚人怜①之。或以为死，或以为亡。今诚②以吾众诈自称公子扶苏、项燕，为天下唱③，宜多应者。”吴广以为然，乃行卜。卜者知其指意④，曰：“足下事皆成，有功。然足下卜之鬼乎！”陈胜、吴广喜，念鬼，曰：“此教我先威众耳。”乃丹书帛曰“陈胜王”，置人所罾⑤鱼腹中。卒买鱼烹食，得鱼腹中书，固以⑥怪之矣。又间令吴广之次所旁丛祠中⑦，夜篝火⑧，狐鸣呼曰“大楚兴，陈胜王”。卒皆夜惊恐。旦日，卒中往往语，皆指目陈胜。

吴广素爱人，士卒多为用者。将尉醉，广故数言欲亡，忿恚⑨尉，令辱之，以激怒其众。尉果笞广。尉剑挺，广起，夺而杀尉。陈胜佐之，并杀两尉。召令徒属曰：“公等遇雨，皆已失期，失期当斩。藉弟令⑩毋斩，而戍死者固十六七。且壮士不死即已，死即举大名耳，王侯将相宁有种乎！”徒属皆曰：“敬受命。”乃诈称公子扶苏、项燕，从民欲也。袒右，称大楚。为坛而盟，祭以尉首。陈胜自立为将军，吴广为都尉。攻大泽乡，收而攻蕲。蕲下，乃令符离人葛婴将兵徇⑪蕲以东，攻铚、酂、苦、柘、谯，皆下之。行收兵，比至陈，车六七百乘，骑千馀，卒数万人。攻陈，陈守令皆不在，独守丞与战谯⑫门中。弗胜，守丞死。乃入据陈。数日，号令召三老、豪杰与皆来会计事⑬。三老、豪杰皆曰：“将军身被坚执锐⑭，伐无道，诛暴秦，复立楚国之社稷，功

---

①怜：敬爱，爱戴。②诚：果真，如果。③唱：同“倡”，倡导，号召。④指意：心意，意图。⑤罾（zēng）：用渔网捕捞，捕捉。⑥以：同“已”，已经。⑦次所：行军时临时屯驻的地方。丛祠：荒庙，树木隐蔽的神庙。⑧篝火：在竹笼里点着火。⑨忿恚（huì）：恼怒，这里用为使动，使恼怒、激怒。⑩藉弟令：假使，即使。⑪徇（xùn）：夺取，占领。⑫谯（qiáo）：城门上的瞭望楼。⑬会：集会。计事：议事。⑭被：同“披”。

宜为王。”陈涉乃立为王，号为张楚。

当此时，诸郡县苦秦吏者，皆刑其长吏，杀之以应陈涉。乃以吴叔为假王[①]，监诸将以西击荥阳。令陈人武臣、张耳、陈馀徇赵地，令汝阴人邓宗徇九江郡。当此时，楚兵数千人为聚者不可胜数。

葛婴至东城，立襄强为楚王。婴后闻陈王已立，因杀襄强还报。至陈，陈王诛杀葛婴。

陈王令魏人周市北徇魏地。吴广围荥阳。李由为三川守，守荥阳，吴叔弗能下。陈王征国之豪杰与计，以上蔡人房君蔡赐为上柱国。

周文，陈之贤人也，尝为项燕军视日，事春申君，自言习兵，陈王与之将军印，西击秦。行收兵至关，车千乘，卒数十万，至戏，军焉。秦令少府章邯免郦山徒、人奴产子，悉发以击楚大军，尽败之。周文败，走出关，止次曹阳二三月。章邯追败之，复走次渑池十馀日。章邯击，大破之。周文自刭，军遂不战。

武臣到邯郸，自立为赵王，陈馀为大将军，张耳、召骚为左右丞相。陈王怒，捕系武臣等家室，欲诛之。柱国曰：“秦未亡而诛赵王将相家属，此生一秦也。不如因而立之。”陈王乃遣使者贺赵，而徙系武臣等家属宫中，而封耳子张敖为成都君，趣赵兵亟入关[②]。赵王将相相与谋曰：“王王赵，非楚意也。楚已诛秦，必加兵于赵。计莫如毋西兵，使使[③]北徇燕地以自广也。赵南据大河，北有燕、代，楚虽胜秦，不敢制赵。若楚不胜秦，必重赵。赵乘秦之弊，可以得志于天下。”赵王以为然，因不西兵，而

①假：代理的。 ②趣：通“促”，催促。亟：急，赶快。 ③使使：前一个“使”是动词，派遣；后一个“使”是名词，使者。

遣故上谷卒史韩广将兵北徇燕地。

燕故贵人豪杰谓韩广曰："楚已立王，赵又已立王。燕虽小，亦万乘之国也，愿将军立为燕王。"韩广曰："广母在赵，不可。"燕人曰："赵方西忧秦，南忧楚，其力不能禁我。且以楚之强，不敢害赵王将相之家，赵独安敢害将军之家！"韩广以为然，乃自立为燕王。居数月，赵奉燕王母及家属归之燕。

当此之时，诸将之徇地者，不可胜数。周市北徇地至狄，狄人田儋杀狄令，自立为齐王，以齐反击周市。市军散，还至魏地，欲立魏后故宁陵君咎为魏王。时咎在陈王所，不得之魏。魏地已定，欲相与立周市为魏王，周市不肯。使者五反，陈王乃立宁陵君咎为魏王，遣之国。周市卒为相。

将军田臧等相与谋曰："周章军已破矣，秦兵旦暮至，我围荥阳城弗能下，秦军至，必大败。不如少遗兵，足以守荥阳，悉精兵迎秦军。今假王骄，不知兵权[①]，不可与计，非诛之，事恐败。"因相与矫王令以诛吴叔，献其首于陈王。陈王使使赐田臧楚令尹印，使为上将。田臧乃使诸将李归等守荥阳城，自以精兵西迎秦军于敖仓。与战，田臧死，军破。章邯进兵击李归等荥阳下，破之，李归等死。

阳城人邓说将兵居郯，章邯别将击破之，邓说军散走陈。铚人伍徐将兵居许，章邯击破之，伍徐军皆散走陈。陈王诛邓说。

陈王初立时，陵人秦嘉、铚人董緤、符离人朱鸡石、取虑人郑布、徐人丁疾等皆特[②]起，将兵围东海守庆于郯。陈王闻，乃使武平君畔为将军，监郯下军。秦嘉不受命，嘉自立为大司马，

①兵权：用兵的应变之术。权：权变，应时变通。 ②特：单独，独自。

恶属武平君。告军吏曰："武平君年少，不知兵事，勿听！"因矫以王命杀武平君畔。

章邯已破伍徐，击陈，柱国房君死。章邯又进兵击陈西张贺军。陈王出监战，军破，张贺死。

腊月，陈王之汝阴，还至下城父，其御庄贾杀以降秦。陈胜葬砀，谥曰隐王。

陈王故涓人[①]将军吕臣为仓头军，起新阳，攻陈下之，杀庄贾，复以陈为楚。

初，陈王至陈，令铚人宋留将兵定南阳，入武关。留已徇南阳，闻陈王死，南阳复为秦。宋留不能入武关，乃东至新蔡，遇秦军，宋留以军降秦。秦传留至咸阳，车裂留以徇[②]。

秦嘉等闻陈王军破出走，乃立景驹为楚王，引兵之方与，欲击秦军定陶下。使公孙庆使齐王，欲与并力俱进。齐王曰："闻陈王战败，不知其死生，楚安得不请而立王！"公孙庆曰："齐不请楚而立王，楚何故请齐而立王！且楚首事，当令于天下。"田儋诛杀公孙庆。

秦左右校复攻陈，下之。吕将军走，收兵复聚。鄱盗当阳君黥布之兵相收[③]，复击秦左右校，破之青波，复以陈为楚。会项梁立怀王孙心为楚王。

陈胜王凡六月。已为王，王陈。其故人尝与庸耕者闻之，之陈，扣宫门曰："吾欲见涉。"宫门令欲缚之。自辩数，乃置，不肯为通。陈王出，遮道[④]而呼涉。陈王闻之，乃召见，载与俱归，入宫，见殿屋帷帐，客曰："夥颐！涉之为王沈沈[⑤]者！"楚人谓多

---

①涓人：掌管洒扫事务的侍臣。②徇（xùn）：示众。③相收：相会，相合。④遮道：拦路。⑤沈沈：形容宫室高大深邃，富丽堂皇。沈：同"沉"。

为夥，故天下传之，夥涉为王[①]，由陈涉始。客出入愈益发舒[②]，言陈王故情。或说陈王曰："客愚无知，颛[③]妄言，轻威。"陈王斩之。诸陈王故人皆自引去，由是无亲陈王者。陈王以朱房为中正，胡武为司过，主司[④]群臣。诸将徇地，至，令之不是[⑤]者，系而罪之，以苛察为忠。其所不善者，弗下吏，辄自治之。陈王信用之。诸将以其故不亲附，此其所以败也。

陈胜虽已死，其所置遣侯王将相竟亡秦，由涉首事也。高祖时为陈涉置守冢三十家砀，至今血食[⑥]。

褚先生曰：地形险阻，所以为固也；兵革刑法，所以为治也。犹未足恃也。夫先王以仁义为本，而以固塞文法为枝叶[⑦]，岂不然哉！吾闻贾生之称曰：

秦孝公据崤、函之固，拥雍州之地，君臣固守，以窥周室。有席卷天下，包举宇内[⑧]，囊括四海之意，并吞八荒之心[⑨]。当是时也，商君佐之，内立法度，务耕织，修守战之备；外连衡而斗诸侯[⑩]。于是秦人拱手[⑪]而取西河之外。

孝公既没，惠文王、武王、昭王蒙[⑫]故业，因遗策，南取汉中，西举巴蜀，东割膏腴之地，收要害之郡。诸侯恐惧，会盟而谋弱秦。不爱珍器重宝肥饶之地，以致天下之士。合从[⑬]缔交，相与为一。当此之时，齐有孟尝，赵有平原，楚

---

①夥(huǒ)涉为王：这是当时流传的口头语，意思是一朝得志就变得十分阔气。 ②发舒：放肆，随便。 ③颛：通"专"。 ④司：通"伺"，探察，察看。 ⑤不是：不服从命令。 ⑥血食：享受祭祀。古时祭祀要宰杀牲畜作祭品，所以叫"血食"。 ⑦固塞：巩固边塞。文法：文饰、制定法律条文。枝叶：指次要的事情。 ⑧席卷：像卷席子一样卷起来。包举：全部占有。 ⑨囊括：像装在口袋里一样包括进去。八荒：八方荒远之地，也指天下。 ⑩连衡：即"连横"，使秦以外的六国分别西向事秦以便各个击破的策略。斗：使之相斗。 ⑪拱手：两手相合，这里形容毫不费力。 ⑫蒙：继承。 ⑬合从：战国时六国联合反对秦国的联盟。从：通"纵"。

有春申，魏有信陵，此四君者，皆明知而忠信，宽厚而爱人，尊贤而重士。约从连衡，兼韩、魏、燕、赵、宋、卫、中山之众。于是六国之士有宁越、徐尚、苏秦、杜赫之属为之谋，齐明、周最、陈轸、邵滑、楼缓、翟景、苏厉、乐毅之徒通其意，吴起、孙膑、带他、兒良、王廖、田忌、廉颇、赵奢之伦制其兵。尝以什倍之地，百万之师，仰关而攻秦。秦人开关而延敌，九国之师遁逃而不敢进。秦无亡矢遗镞[①]之费，而天下固已困矣。于是从散约败，争割地而赂秦。秦有馀力而制其弊，追亡逐北[②]，伏尸百万，流血漂橹[③]，因利乘便，宰割天下，分裂山河，强国请服，弱国入朝。

施[④]及孝文王、庄襄王，享国之日浅，国家无事。

及至始皇，奋六世之馀烈[⑤]，振长策而御宇内，吞二周而亡诸侯，履至尊而制六合[⑥]，执敲朴以鞭笞天下，威振四海。南取百越之地，以为桂林、象郡，百越之君俛首系颈[⑦]，委命下吏。乃使蒙恬北筑长城而守藩篱，却匈奴七百馀里，胡人不敢南下而牧马，士亦不敢贯弓而报怨。于是废先王之道，燔[⑧]百家之言，以愚黔首[⑨]。堕[⑩]名城，杀豪俊，收天下之兵聚之咸阳，销锋鍉[⑪]，铸以为金人十二，以弱天下之民。然后践[⑫]华为城，因河为池，据亿丈之城，临不测之溪以为固。良将劲弩，守要害之处，信臣精卒，陈利兵而谁何[⑬]。天下已定，始皇之心，自以为关中之固，金城千里，

---

①镞(zú)：箭头。 ②追亡逐北：追击失败逃亡的敌人。亡：逃跑。北：战败而逃跑的敌人。 ③橹(lǔ)：盾牌。 ④施(yì)：延续。 ⑤烈：伟业，功业。 ⑥六合：指天之上、地之下的四方之内，即天下。 ⑦俛(fǔ)首：低头听命。俛：通“俯”。系颈：颈上系绳。 ⑧燔(fán)：焚烧。 ⑨黔首：指百姓。 ⑩堕：通“隳(huī)”，毁坏。 ⑪销：把金属熔化。锋鍉：泛指兵器。 ⑫践：凭借。 ⑬谁何：即谁，这里指盘问行人是谁。

子孙帝王万世之业也。

始皇既没，馀威振于殊俗①。然而陈涉瓮牖绳枢之子②，甿隶之人③，而迁徙之徒也。材能不及中人④，非有仲尼、墨翟之贤，陶朱、猗顿之富也。蹑足行伍之间，俛仰阡陌之中，率罢⑤散之卒，将数百之众，转而攻秦。斩木为兵，揭竿为旗，天下云会响应⑥，赢粮而景从⑦，山东豪俊遂并起而亡秦族矣。

且天下非小弱也；雍州之地，崤、函之固自若也。陈涉之位，非尊于齐、楚、燕、赵、韩、魏、宋、卫、中山之君也；鉏耰棘矜⑧，非铦于句戟长铩⑨也；適戍之众，非俦⑩于九国之师也；深谋远虑，行军用兵之道，非及乡⑪时之士也。然而成败异变，功业相反也。尝试使山东之国与陈涉度长絜大⑫，比权量力，则不可同年而语矣。然而秦以区区之地，致万乘之权，抑八州而朝同列，百有馀年矣。然后以六合为家，崤、函为宫。一夫作难而七庙堕，身死人手，为天下笑者，何也？仁义不施，而攻守之势异也。

【译文】

陈胜，阳城人，字涉。吴广，阳夏人，字叔。

陈涉年轻时，曾和别人一起受雇给人耕田。一次他停止耕作走到田

---

①殊俗：风俗不同的地方，指边远民族地区。 ②瓮牖绳枢：形容房子简陋，极言出身贫寒。 ③甿隶：指出身微贱。甿(méng)：同“氓”，耕田的农夫。隶：隶卒。 ④材能：才能。材：通“才”。中人：一般人。 ⑤罢：通“疲”，疲乏，疲困。 ⑥云会响应：像风云那样汇聚起来，像回音那样应声而起。 ⑦赢粮：担着粮食。赢：担负。景：同“影”，影子，此指像影子一样。自若：还和从前一样。 ⑧鉏：同“锄”。耰(yōu)：榔头状的农具。棘矜：以棘木棒作矛。矜(qín)：矛戟一类兵器的柄。 ⑨铦(xiān)：锋利。句：通“勾”。铩(shā)：长矛。 ⑩俦(chóu)：匹敌。 ⑪乡：同“向”，从前，先前。 ⑫度(duó)：丈量。絜(xié)：衡量，比较。

埂上休息时，感慨恼恨了好久，说："假如有谁富贵了，不要忘记大家。"和他一起受雇佣的伙伴们笑着回答说："你是被雇给人家耕田的，怎能富贵呢？"陈涉叹息说："唉！燕子、麻雀怎能理解大雁、天鹅的远大志向呢！"

秦二世元年七月，征调居住在里巷左侧的居民去戍守渔阳，有九百人停驻在大泽乡。陈胜、吴广都编入这次征发的行列之中，做了屯长。正好赶上天下大雨，道路不通，他们估计已误了到达渔阳的限期。过了限期，按照法令都要被杀头。陈胜、吴广就商谋说："如今逃跑也是死，起义干一番大事也是死，同样都是死，为国事而死怎么样？"陈胜说："天下怨恨秦的统治已很久了。我听说二世是始皇帝的小儿子，不应当立他为皇帝，应该继位的是公子扶苏。扶苏因为屡次规劝皇上的缘故，皇上派他领兵在外如今有人听说他并没有什么罪，却被二世杀害了。百姓大多听说他很贤德，而不知道他已死。项燕原是楚国的将军，多次立功，爱护士卒，楚国人都很爱戴他。有人以为他已死，有人以为他逃亡在外。现在如果以我们这些人假托公子扶苏和项燕的名义，向天下发出起义的号召，应该会有很多人响应。"吴广认为很对。于是就去占卜吉凶，占卜的人知道他们的意图，说道："你们的事都能成，能够建功立业。然而你们向鬼神问过吉凶了吗？"陈胜、吴广很高兴，寻思占卜人所说向鬼神问吉凶的意思，说："这是教我们先在众人中树立威望。"于是就用朱砂在一块丝帛上写了"陈胜王"几个字，塞进别人捕来的鱼肚子里。戍卒买鱼回来煮着吃，发现了鱼肚中的帛书，对这事已是觉得很奇怪了。陈胜又暗中派吴广到屯驻地附近一座草木丛生的神庙里，在夜里举火，并模仿狐狸的声音叫喊道："大楚兴，陈胜王。"戍卒们在深更半夜听到后，都非常惊恐。第二天早晨，戍卒中到处议论，都指点着偷视陈胜。

吴广一向关心别人，士卒中很多人愿为他效劳。押送戍卒的县尉喝醉了酒，吴广故意多次扬言要逃跑，以激怒县尉，惹他侮辱自己，借以激怒众人。那县尉果然鞭打吴广。县尉佩剑脱出，吴广奋起夺剑杀死了县尉。陈胜帮助他，合力杀死了两个县尉。随即召集同往服役的人说："各位在这里遇上大雨，大家都误了期限，误期按规定要杀头。即使不被杀头，但将来戍边死去的肯定也得十之六七。再说大丈夫不死便罢，要死就要扬大名，王侯将相难道都是世代相传下来的吗！”大家都说：“情愿听凭差遣。”于是就假托公子扶苏和项燕的名义起义，以顺应民众的愿望。大家都露出右臂作为标记，号称大楚。他们又筑起高台设誓，并用将尉的头作祭品。陈胜自立为将军，吴广为都尉。首先进攻大泽乡，攻克后又攻打蕲县。蕲县攻克后，就派符离人葛婴率兵攻取蕲县以东的地方，一连进攻铚、酂、苦、柘、谯，都攻下了。他们一面进军，一面不断补充兵员扩大队伍，等行进到陈县时，已拥有兵车六七百辆，骑兵一千多，步卒数几万人。攻打陈县时，那里的郡守、县令都不在，只有留守的郡丞领兵与他们在城门下作战。结果郡丞兵败身死，于是起义军就进入城中占领陈县。过了几天，陈胜下令召集掌管教化的三老和有名望有势力的地方豪杰都来开会议事。三老、豪杰都说：“将军您身披铠甲，手执锐器，讨伐无道昏君，诛灭暴虐的秦朝，重新建立楚国社稷，论功劳应该称王。”陈涉于是就自立为王，国号为张楚。

这时，各个郡县怨恨秦朝官吏暴政的人，都拘捕他们的官吏，杀掉他们来响应陈涉。于是就以吴广为代理王，督率各路将领向西进攻荥阳。命陈县人武臣、张耳、陈余攻占原赵国辖地，命汝阴人邓宗攻占九江郡。这时，楚地数千人聚集起义的，多得不计其数。

葛婴到达东城，立襄强为楚王。葛婴后来听说陈胜已自立为王，就杀了襄强，回来向陈王报告。一到陈县，陈王就杀了葛婴。

陈王命魏人周市北上攻取原属魏国的地方。吴广包围了荥阳。李由任三川郡守，防守荥阳，吴广久攻不下。陈王召集国内的豪杰商量对策，任命上蔡人房君蔡赐为上柱国。

周文，是陈县有名的贤人，曾为项燕军占卜望日，也在楚相春申君手下做过事，他自称熟习用兵，陈王就授给他将军印，让他带兵向西攻秦。他一路上边走边召集兵马，到达函谷关时，有战车千辆，士兵数十万人，到了戏亭，就驻扎下来。秦王朝派少府章邯赦免了因犯罪而在骊山服役的人以及家奴所生之子，全部调来攻打张楚的大军，把楚军全打败了。

周文失败后，逃出函谷关，在曹阳驻留了两三个月。章邯又追来把他打败了，又逃到渑池驻留十几天。章邯又来追击，把他打得惨败。周文自杀，他的军队也就不能作战了。

武臣到达邯郸，就自立为赵王，陈余为大将军，张耳、召骚任左、右丞相。陈王知道后非常生气，就把武臣等人的家室拘捕囚禁起来，打算杀掉他们。上柱国蔡赐说："秦还没灭亡就杀赵王将相家属，这等于又生出一个像秦国那样的敌国来。不如就此封立他。"陈王于是派遣使者前往赵国祝贺，同时把武臣等人的家属迁移到宫中软禁起来，又封张耳之子张敖为成都君，催促赵兵赶快进军函谷关。赵王武臣的将相一起商议说："大王您在赵国称王，不合楚国本意。等楚灭秦后，一定会来攻打赵国。最好的办法莫过于不派兵向西，而派人向北攻取原来燕国的辖地以扩大我们的土地。赵国南面占据黄河天险，北面又有燕、代的广大土地，楚国即使战胜秦国，也不敢来控制赵国。如果楚国不能战胜秦国，必定会借重赵国。那时赵国趁着秦国的疲敝，就可以得志于天下。"赵王认为很有道理，因而不向西出兵，而派遣原上谷郡卒史韩广领兵北上攻取燕地。

燕国原来的贵族豪杰劝韩广说："楚国已立了王，赵国也已立了王。燕国地方虽然小，但过去也是个拥有万辆兵车的国家，希望将军您自立为燕王。"韩广说："我的母亲还留在赵国，使不得。"燕人说："赵国如今正西面担忧秦，南面担忧楚，他的力量不能来限制我们。况且以楚国的强大，都不敢加害赵王将相的家室，赵国又怎敢加害将军您的家室呢？"韩广认为他们说的有道理，于是就自立为燕王。过了几个月，赵国派人护送燕王的母亲及其家属回到燕国。

这时，到各地去攻城略地的将领，数不胜数。周市北上攻城略地到达狄县，狄县人田儋杀死狄县县令，自立为齐王，凭借齐地的力量反击周市。周市的军队溃散，退回魏地，打算立魏王后代宁陵君咎为魏王。当时，咎在陈王那里，不能回到魏地去。魏地平定后，大家想共同拥立周市做魏王，周市不肯接受。使者先后五次往返于陈王与周市之间，陈王才答应立宁陵君咎为魏王，遣送他回到魏国，周市最后做了魏国的相。

将军田臧等人一起谋划说："周章的军队已溃散，秦兵早晚要到来，我们包围荥阳城久攻不下，如果秦军到来，一定会被打得大败。不如留下少量军兵，足以守住荥阳就可以了，将其余精锐之兵全部用来迎击秦军。如今代理王骄横，又不懂用兵应变，这样的人无法和他议事，不杀他，我们的计划恐怕会被搞坏。"于是他们就假传陈王的命令杀掉了吴广，把他的头献给了陈王。陈王就派使者赐给田臧楚令尹的大印，任命他为上将军。田臧就派部将李归等人驻守荥阳城，自己带精锐之兵西进，在敖仓迎战秦军。双方交战时，田臧战死，军队溃散。章邯领兵趁机到荥阳城下攻打李归等人，打败了他们，李归等人战死。

阳城人邓说领兵驻在郯城，被章邯部将击败，邓说军溃逃到陈县。铚人伍徐率兵驻在许县，也被章邯军击溃。伍徐军都溃散逃到陈县。陈王杀了邓说。

陈胜刚自立为王时，陵县人秦嘉、铚县人董緤、符离人朱鸡石、取虑人郑布、徐县人丁疾等都各自起兵反秦，他们领兵将东海郡太守庆围困在郯城。陈王听说后，就派武平君畔为将军，督率郯城下的各路军队。秦嘉拒不接受命令，自立为大司马，不愿隶属于武平君。便告诉他的军吏说："武平君年轻，不懂用兵，不要听他的！"接着就假托陈王的命令杀死了武平君畔。

章邯打败伍徐后，进攻陈县，陈王的上柱国房君蔡赐战死。章邯又领兵进攻驻守在陈县西面的张贺军。陈王亲自出来督战，楚军还是战败，张贺战死。

腊月，陈王退到汝阴，回到下城父时，他的车夫庄贾杀了他投降秦军。陈胜死后安葬在砀县，谥号隐王。

陈王做过涓人，后来成了将军的吕臣组织了一支青巾裹头的"苍头军"，从新阳起兵攻打陈县，攻克后，杀死庄贾，又以陈县为楚都。

当初，陈王刚到陈县时，曾命铚县人宋留领兵平定南阳，再进兵武关。宋留攻占南阳后，传来了陈王被杀的消息，于是南阳又被秦军夺了回去。宋留不能进入武关，就往东到了新蔡，不料又遇上秦军，宋留带领部队投降秦军。秦军押解宋留到咸阳，将他五马分尸示众。

秦嘉等听说陈王的军队已兵败逃走，就立景驹为楚王，率兵到了方与，准备在定陶附近袭击秦军。于是派公孙庆出使齐国会见齐王田儋，想联合他一同进兵。齐王说："听说陈王战败，至今生死不明，楚国怎能不来请示就自立为王呢？"公孙庆说："齐国不请示楚国而立王，楚国为什么要向齐国请示才能立王呢？何况楚是首先起事反秦的，理当号令天下。"田儋杀死了公孙庆。

秦的左右校尉率兵再次进攻陈县，并占领了它。将军吕臣失败逃跑后，重新集聚兵马。并与当年在鄱阳为盗后被封为当阳君的黥布所率领之兵联合，再次攻击秦左右校尉的军队，在青波将他们打败，再度以陈县为楚都。这时正好项梁立楚怀王之孙心为楚王。

陈胜称王共六个月的时间。称王后，以陈为国都。以前一位曾与他一起雇佣给人家耕田的伙计听说他做了王，来到陈县，敲着宫门说："我要见陈涉。"守宫门的长官要把他捆绑起来。经他反复辩说，才放开他，但仍不肯为他通报。等陈王出门时，他拦路呼喊陈涉。陈王听见，才召见了他，与他同乘一辆车回宫。进入宫殿，看见殿堂房屋、帷幕帐帘后，客人说："夥颐！陈涉大王的宫殿高大富丽啊！"楚地人把"多"叫作"夥"，所以天下流传"夥涉为王"的俗语，就是从陈涉开始的。这客人在宫中出入越来越随便放肆，常跟人讲陈王从前的一些旧事。有人就对陈王说："您的客人愚昧无知，专门胡说八道，有损于您的威严。"陈王就把来客杀死了。陈王的故旧知交都纷纷自动离去，从此以后，没有再亲近陈王的人了。陈王任命朱房为中正，胡武为司过，专门督察群臣的过失。将领们攻占了地方回到陈县，命令稍不服从，就抓起来治罪，他们以苛刻地寻求群臣的过失作为对陈王的忠心。凡是他们不喜欢的人，一旦有错，不交给负责司法的官吏审理，就擅自予以惩治。陈王却很信任他们。将领们因为这些缘故就不再亲近依附他了。这就是陈王所以失败的原因。

陈胜虽已死，他所封立派遣的侯王将相最终灭掉了秦王朝，这是由陈涉首先起事反秦的结果。高祖时，在砀县安置了三十户人家为陈涉看守坟墓，到现在仍按时杀牲祭祀他。

褚先生说：地形险阻，是便于固守的；兵革刑法，是便于治理国家的。但这些还不足以凭依。先王以仁义道德作为治国的根本，而把巩固边塞、制定法律条文作为次要的事情，难道不是这样吗？我听贾生说道：

秦孝公占据崤山和函谷关的险固地势，拥有整个雍州之地，君臣牢固防守，窥视周王室。有席卷天下，包举宇内，囊括四海的意图，并吞八荒的心劲。正当此时，商鞅辅佐秦孝公，对内建立法令制度，致力于耕种纺织，修治攻守的武器；对外用连横的策略使诸侯们互相争斗。于是秦国拱手取得了黄河以西的大片土地。

秦孝公死后，秦惠文王、武王、昭襄王继承秦孝公遗下的功业，遵循先人留下的策略，向南夺取汉中，向西攻占巴蜀，向东割取肥沃的土地，夺得地处要害的郡邑。诸侯因此而恐惧惊慌，相会结盟共谋削弱秦国。他们不吝惜珍贵的器物、贵重的财宝和富饶的土地，用来招纳天下的人才。采取合纵策略缔结盟约，互相联合，结为一体。此时，齐有孟尝君，赵有平原君，楚有春申君，魏有信陵君：这四位公子，都贤明智慧而忠诚信义，宽宏厚道而爱惜人才，尊重贤者而器重士人。他们互相约定实行合纵联合抗秦，破坏秦国的连横策略，联合韩、魏、燕、赵、宋、卫、中山之众。于是六国的人才，有宁越、徐尚、苏秦、杜赫这些人替他们谋划；有齐明、周最、陈轸、邵滑、楼缓、翟景、苏厉、乐毅这些人沟通他们的意见；有吴起、孙膑、带他、兒良、王廖、田忌、廉颇、赵奢这些人统率他们的军队。诸侯们曾以十倍于秦国的土地，百万的大军，攻打函谷关，进击秦国。秦人开关迎敌，九国的军队反而逃跑不敢前进。秦国没有丢一矢，损一箭，而天下诸侯却已疲惫不堪了。于是合纵解散，盟约破坏，各自争相割地贿赂秦国。秦国有充裕的力量来利用诸侯的弱点，追赶逃亡败走的敌人，杀得他们横尸百万，流的血能把大盾牌都漂浮起来；秦国趁着有利的形势，方便的时机，分割土地山河，因而强国请求臣服，弱国前来朝拜。

延续到秦孝文王、庄襄王，他们在位时间短暂，国家没有什么大事。

等到了秦始皇，发扬六代传下来的功业，像驾车似的挥动长鞭驾驭海内，吞并东周和西周两个小国，灭亡各国诸侯，登上皇帝之位而控制天下，手持刑杖鞭笞天下百姓，声威震慑四海。向南夺取百越的土地，设为桂林郡和象郡；百越的君长们，低头听命，用绳子拴住脖颈前往投降，将自己的性命交给秦王手下的官吏处置。于是派蒙恬到北方修筑长城，作为屏障防守边疆，将匈奴赶走了七百多里；胡人再不敢南下牧马，士兵也不敢搭起弓箭来报仇。于是废除先王治国之道，焚烧诸子百家的著书，以图愚弄百姓。还毁坏名城，杀戮豪杰，收缴天下的武器聚集到咸阳，熔化刀剑和箭头，铸成十二个金人，以此削弱天下百姓的力量。然后凭借华山作为城墙，凭借黄河作为护城河，占据亿丈高的华山，临守深险莫测的黄河，以为险固。良将拿着强弓，防守要害之地，宠信的大臣带领精锐的士兵，摆列着锋利的武器，严厉盘查过往的行人是谁。天下已平定，秦始皇的心中，自以为关中的坚固，是千里金城，可以作为子孙做皇帝的万世基业了。

秦始皇死后，他的余威还震慑着边远异族。然而陈涉是一个用破瓮作窗户，用草绳闩门轴的穷苦人家子弟，是被雇佣耕田的人，是被征发服役的人。他的才能比不上一般人，既没有仲尼、墨翟那样的贤明，也没有陶朱、猗顿那样的富有，置身在戍卒的行列之中，兴起在乡野之间，带领着疲乏散乱的戍卒，统领着几百人的队伍，转身攻打秦国。他们砍下木棍作武器，高举竹竿为旗帜，天下的人就像风云那样迅速汇集起来，像回响那样应声而起，挑着粮食，像影子一样跟着他。崤山以东的英雄豪杰一齐起来，就把秦王朝灭亡了。

再说，秦王朝的天下并没有缩小削弱；雍州的土地，崤山、函谷关的险固，还和从前一样。陈涉的地位，并不比齐、楚、燕、赵、韩、魏、宋、卫、中山的国君尊贵；锄耙棘木，并不比钩戟长矛锋利；被征发守边地的戍卒，并不比九国的军队强大；深谋远虑，行军与用兵的本领，也比不上先前六国的那些才智之士。但是成功失败完全不同，功业完全相反。假使拿峭山、函谷关以东各国诸侯来跟陈涉量长短，比大小，比较一下他们的威势，衡量一下他们的实力，那简直不能同日而语，相提并论。然而秦国当初凭借很小的地方，使自己成为拥有万辆兵车的强国，进而控制其他诸侯，使与它同列的诸侯都来朝拜，已有一百多年了。然后把天地四方当作家，把峭山、函谷关当作宫墙。可是陈涉一人发难，秦朝的七代宗庙就被毁坏，连秦王子婴也死在别人手中，被天下人所讥笑，这是为什么呢？这是因为不施行仁义，而攻取天下和防守天下的形势不同啊。”

【鉴赏】

本文叙事以顺叙为主，补叙为辅。首先按事件的发展顺序记事。先写陈涉早年与人佣耕时即有鸿鹄之志，接着就开始写起义的背景原因，再写陈涉、吴广共谋举事的过程，写起义的迅猛发展和张楚政权的建立，写各地纷起响应，写义军内部的不和及自相残杀，写陈涉称王后的贪图享受、信用奸邪，写陈涉的兵败身死，脉络非常清晰。之后照应开头陈涉“苟富贵，无相忘”之语，记叙了曾与陈涉一起佣耕的一位故人被召见到被斩的事，补叙了陈涉失败的原因。

在记述中，则采取先因后果的写法。写起义的发动，则先写暴秦的严刑峻法；写起义的发生，则又先写将尉的残酷等，这样写入情入理，有力地突出了陈涉起事反秦是秦暴政的必然结果，而那句“王侯将相宁有种乎!”更是历史上振聋发聩的一声呼喊。文中还通过典型细节的描写，对陈胜、吴广起事反秦的过程、声势进行了较为充分的展现。文章也比较生动地描写了陈涉和吴广的形象。司马迁选取陈涉早年佣耕时的一段生活细节，展示出他之所以能以贫寒之身率先起事发难不是偶然的。他还聪明果断，具有谋大事成大业的卓越才干。但对他在称王后的贪图享受、不恤将士作者也作了如实记述，客观展示了人物的真实面貌。吴广虽然刻画较为简略，但从他与陈涉谋划起事、诱杀将尉等事迹中，也表现了非凡的机智勇敢。

史记卷四十九·外戚世家第十九

本篇主要记述了高祖皇后吕雉在高祖死后“夷戚氏，诛赵王”“贵外家，王诸吕”而终无益的所作所为；文帝母薄太后的屡经坎坷及因祸得福；文帝窦皇后阴差阳错，富有传奇色彩的经历；景帝王皇后、长公主刘嫖与栗姬之间的争权夺宠；武帝卫皇后以歌姬入宫获宠而霸天下的情形等。褚少孙续补的主要是修成君、卫子夫、卫青以及尹夫人、钩弋夫人的故事。本篇展示了后妃之间的明争暗斗，尤其是刘邦死后，诸吕擅权，几乎取代刘氏天下。司马迁对这个教训很重视，所以在写到窦皇后的两位兄弟受封后，特意记述了周勃和灌婴特意“选长者、士之有节者与居”的事。而对几位皇后由微贱到尊贵的经历，作者将之归于“命”，所谓“人能弘道，无如命何”，则显示了司马迁的困惑。

自古受命帝王及继体守文[①]之君，非独内德茂[②]也，盖亦有外戚之助焉。夏之兴也以涂山，而桀之放[③]也以末喜。殷之兴也以有娀，纣之杀也嬖[④]妲己。周之兴也以姜原及大[⑤]任，而幽王之禽[⑥]也淫于褒姒。故《易》基《乾》《坤》，《诗》始《关雎》，《书》美釐降[⑦]，《春秋》讥不亲迎。夫妇之际，人道之大伦也。礼之用，唯婚姻为兢兢[⑧]。夫乐调而四时和，阴阳之变，万物之统也。可不慎与？人能弘道，无如命何。甚哉，妃匹[⑨]之爱，君不能得之于臣，父不能得之于子，况卑下乎！即欢合矣，或不能成子

①继体：继承先人统绪。守文：遵守前代法令。 ②茂：完美，完善。 ③放：放逐，流放。 ④嬖（bì）：宠爱。 ⑤大：通“太”。 ⑥禽：通“擒”。 ⑦釐（lí）降：下嫁。这句指的是，尧听说舜有贤德，就把两个女儿下嫁给他为妻。 ⑧兢兢：小心谨慎的样子。 ⑨妃匹：匹配，男女婚姻。妃：通“配”，婚配。

姓[1];能成子姓矣,或不能要[2]其终。岂非命也哉?孔子罕称命,盖难言之也。非通幽明[3]之变,恶能识乎性命哉[4]?

太史公曰:秦以前尚略[5]矣,其详靡得而记焉。汉兴,吕娥姁为高祖正后,男为太子。及晚节色衰爱弛,而戚夫人有宠,其子如意几[6]代太子者数矣。及高祖崩,吕后夷戚氏,诛赵王,而高祖后宫唯独无宠疏远者得无恙。

吕后长女为宣平侯张敖妻,敖女为孝惠皇后。吕太后以重亲[7]故,欲其生子万方[8],终无子,诈取后宫人子为子。及孝惠帝崩,天下初定未久,继嗣不明。于是贵外家,王诸吕以为辅,而以吕禄女为少帝后,欲连固根本牢甚,然无益也。

高后崩,合葬长陵。禄、产等惧诛,谋作乱。大臣征之,天诱[9]其统,卒灭吕氏。唯独置孝惠皇后居北宫。迎立代王,是为孝文帝,奉汉宗庙。此岂非天邪?非天命孰能当之?

薄太后,父吴人,姓薄氏。秦时与故魏王宗家女魏媪通,生薄姬。而薄父死山阴,因葬焉。

及诸侯畔秦,魏豹立为魏王,而魏媪内[10]其女于魏宫。媪之许负所相,相薄姬,云当生天子。是时项羽方与汉王相距[11]荥阳,天下未有所定。豹初与汉击楚,及闻许负言,心独喜,因背汉而畔,中立,更与楚连和。汉使曹参等击虏魏王豹,以其国为郡,而薄姬输[12]织室。豹已死,汉王入织室,见薄姬有色,诏内后宫,岁馀不得幸。始姬少时,与管夫人、赵子儿相爱[13],约曰:"先贵无相忘。"已而管夫人、赵子儿先幸汉王。汉王坐河南宫成皋

---

①子姓:子孙。 ②要:求,取。 ③幽明:阴阳。 ④恶:哪里,怎么。性命:人性和天命。 ⑤尚略:久远,稀少。 ⑥几:几乎,差点儿。 ⑦重亲:亲上加亲。 ⑧万方:千方百计。 ⑨诱:通"佑",保佑,福佑。 ⑩内:同"纳",送入。 ⑪距:通"拒",抵御,抗拒。 ⑫输:送入。织室:收容罪犯以从事织作的地方。 ⑬相爱:亲密。

台，此两美人相与笑薄姬初时约。汉王闻之，问其故，两人具以实告汉王。汉王心惨然，怜薄姬，是日召而幸之。薄姬曰："昨暮夜妾梦苍龙据吾腹。"高帝曰："此贵征也，吾为女[①]遂成之。"一幸生男，是为代王。其后薄姬希[②]见高祖。

高祖崩，诸御幸姬戚夫人之属，吕太后怒，皆幽之，不得出宫。而薄姬以希见故，得出，从子之代，为代王太后。太后弟薄昭从如代。

代王立十七年，高后崩。大臣议立后，疾[③]外家吕氏强，皆称薄氏仁善，故迎代王，立为孝文皇帝，而太后改号曰皇太后，弟薄昭封为轵侯。

薄太后母亦前死，葬栎阳北。于是乃追尊薄父为灵文侯，会稽郡置园邑三百家，长丞已[④]下吏奉守冢，寝庙上食祠如法[⑤]。而栎阳北亦置灵文侯夫人园，如灵文侯园仪。薄太后以为母家魏王后，早失父母，其奉薄太后诸魏有力者，于是召复魏氏，赏赐各以亲疏受[⑥]之。薄氏侯者凡一人。

薄太后后文帝二年，以孝景帝前二年崩，葬南陵。以吕后会葬长陵，故特自起陵，近孝文皇帝霸陵。

窦太后，赵之清河观津人也。吕太后时，窦姬以良家子入宫侍太后，太后出宫人以赐诸王，各五人，窦姬与在行中。窦姬家在清河，欲如赵近家，请其主遣宦者吏："必置我籍赵之伍中。"宦者忘之，误置其籍代伍中。籍奏，诏可，当行。窦姬涕泣，怨其宦者，不欲往，相强，乃肯行。至代，代王独幸窦姬，生女嫖，后生两男。而代王王后生四男。先代王未入立为帝而王

①女：通"汝"，你。②希：同"稀"，少，罕见。③疾：痛恨，憎恶。④已：通"以"。⑤上食：供奉祭品。如法：依照礼法。⑥受：同"授"，授予，给予。

后卒。后代王立为帝，而王后所生四男更[①]病死。孝文帝立数月，公卿请立太子，而窦姬长男最长，立为太子。立窦姬为皇后，女嫖为长公主。其明年，立少子武为代王，已而又徙梁，是为梁孝王。

窦皇后亲蚤[②]卒，葬观津。于是薄太后乃诏有司，追尊窦后父为安成侯，母曰安成夫人，令清河置园邑二百家，长丞奉守，比灵文园法。

窦皇后兄窦长君，弟曰窦广国，字少君。少君年四五岁时，家贫，为人所略[③]卖，其家不知其处。传[④]十馀家，至宜阳，为其主入山作炭，寒暮卧岸[⑤]下百馀人，岸崩，尽压杀卧者，少君独得脱，不死。自卜数日当为侯，从其家之长安。闻窦皇后新立，家在观津，姓窦氏。广国去时虽小，识其县名及姓，又常与其姊采桑堕，用为符信，上书自陈。窦皇后言之于文帝，召见，问之，具言其故，果是。又复问他何以为验？对曰："姊去我西时，与我决于传舍[⑥]中，丐沐沐[⑦]我，请食饭我[⑧]，乃去。"于是窦后持之而泣，泣涕交横下。侍御左右皆伏地泣，助皇后悲哀。乃厚赐田宅金钱，封公昆弟[⑨]，家于长安。

绛侯、灌将军等曰："吾属不死，命乃且县[⑩]此两人。两人所出微，不可不为择师傅宾客，又复效吕氏大事也。"于是乃选长者士之有节行者与居。窦长君、少君由此为退让君子，不敢以尊贵骄人。

窦皇后病，失明。文帝幸邯郸慎夫人、尹姬，皆毋子。孝文

---

①更：交替，接连。 ②蚤：通"早"。 ③略：通"掠"，掠夺。 ④传：通"转"，转移，辗转。 ⑤岸：山崖。 ⑥决：通"诀"，分离，分别。传(zhuàn)舍：驿站。 ⑦沐沐：前一"沐"字指洗头水。后一"沐"字指洗头。 ⑧请食：要来吃的东西。饭我：给我吃。 ⑨公昆弟：同祖的兄弟。 ⑩县：同"悬"，这里有掌握的意思。

帝崩，孝景帝立，乃封广国为章武侯。长君前死，封其子彭祖为南皮侯。吴楚反时，窦太后从昆弟子窦婴，任侠自喜，将兵，以军功为魏其侯。窦氏凡三人为侯。

窦太后好黄帝、老子言，帝及太子诸窦不得不读《黄帝》《老子》，尊其术。

窦太后后孝景帝六岁建元六年崩，合葬霸陵。遗诏尽以东宫金钱财物赐长公主嫖。

王太后，槐里人，母曰臧儿。臧儿者，故燕王臧荼孙也。臧儿嫁为槐里王仲妻，生男曰信，与两女。而仲死，臧儿更嫁长陵田氏，生男蚡、胜。臧儿长女嫁为金王孙妇，生一女矣，而臧儿卜筮之，曰两女皆当贵。因欲奇①两女，乃夺金氏。金氏怒，不肯予决，乃内之太子宫。太子幸爱之，生三女一男。男方在身时，王美人梦日入其怀，以告太子，太子曰："此贵征也。"未生而孝文帝崩，孝景帝即位，王夫人生男。

先是臧儿又入其少女儿兒姁，儿姁生四男。

景帝为太子时，薄太后以薄氏女为妃。及景帝立，立妃曰薄皇后。皇后毋子，毋宠。薄太后崩，废薄皇后。

景帝长男荣，其母栗姬。栗姬，齐人也。立荣为太子。长公主嫖有女，欲予为妃。栗姬妒，而景帝诸美人皆因长公主见景帝，得贵幸，皆过栗姬，栗姬日怨怒，谢长公主，不许。长公主欲予王夫人，王夫人许之。长公主怒，而日谗栗姬短于景帝曰："栗姬与诸贵人幸姬会，常使侍者祝②唾其背，挟邪媚道。"景帝以故望③之。

---

①奇：通"倚"，依靠，倚恃。 ②祝：通"咒"，诅咒。 ③望：怨恨。

景帝常体不安，心不乐，属[①]诸子为王者于栗姬，曰："百岁后，善视之。"栗姬怒，不肯应，言不逊。景帝恚[②]，心嗛[③]之而未发也。

长公主日誉王夫人男之美，景帝亦贤之，又有曩者所梦日符[④]，计未有所定。王夫人知帝望栗姬，因怒未解，阴使人趣[⑤]大臣立栗姬为皇后。大行奏事毕，曰："'子以母贵，母以子贵'，今太子母无号，宜立为皇后。"景帝怒曰："是而[⑥]所宜言邪！"遂案[⑦]诛大行，而废太子为临江王。栗姬愈恚恨，不得见，以忧死。卒立王夫人为皇后，其男为太子，封皇后兄信为盖侯。

景帝崩，太子袭号为皇帝。尊皇太后母臧儿为平原君。封田蚡为武安侯，胜为周阳侯。

景帝十三男，一男为帝，十二男皆为王。而兒姁早卒，其四子皆为王。王太后长女号曰平阳公主，次为南宫公主，次为林虑公主。

盖侯信好酒。田蚡、胜贪，巧于文辞。王仲早死，葬槐里，追尊为共侯，置园邑二百家。及平原君卒，从田氏葬长陵，置园比共侯园。而王太后后孝景帝十六岁，以元朔四年崩，合葬阳陵。王太后家凡三人为侯。

卫皇后字子夫，生微矣。盖其家号曰卫氏，出平阳侯邑。子夫为平阳主讴者[⑧]。武帝初即位，数岁无子。平阳主求诸良家子女十馀人，饰置家。武帝祓[⑨]霸上还，因过[⑩]平阳主。主见[⑪]所侍美人，上弗说[⑫]。既饮，讴者进，上望见，独说卫子夫。

---

①属：通"嘱"，嘱托，托付。 ②恚（huì）：愤怒，怨恨。 ③嗛（xián）：怀恨，怨恨。④曩（nǎng）：从前，过去。符：征兆。 ⑤趣：通"促"，催促。 ⑥而：你。 ⑦案：查办，论罪。⑧讴者：歌姬。 ⑨祓（fú）：除灾求福的祭祀。 ⑩过：顺路看望。 ⑪见：使之拜见。 ⑫说：通"悦"，高兴。

是日，武帝起更衣，子夫侍尚衣①，轩②中得幸。上还坐，欢甚，赐平阳主金千斤。主因奏子夫奉送入宫。子夫上车，平阳主拊③其背曰："行矣，强饭，勉之！即贵，无相忘。"入宫岁馀，竟不复幸。武帝择宫人不中用者，斥出归之。卫子夫得见，涕泣请出。上怜之，复幸，遂有身，尊宠日隆。召其兄卫长君弟青为侍中。而子夫后大幸，有宠，凡生三女一男。男名据。

初，上为太子时，娶长公主女为妃。立为帝，妃立为皇后，姓陈氏，无子。上之得为嗣，大长公主有力焉，以故陈皇后骄贵。闻卫子夫大幸，恚，几死者数矣。上愈怒。陈皇后挟妇人媚道，其事颇觉，于是废陈皇后，而立卫子夫为皇后。

陈皇后母大长公主，景帝姊也，数让④武帝姊平阳公主曰："帝非我不得立，已而弃捐⑤吾女，壹何不自喜而倍本乎⑥！"平阳公主曰："用⑦无子故废耳。"陈皇后求子，与医钱凡九千万，然竟无子。

卫子夫已立为皇后，先是卫长君死，乃以卫青为将军，击胡有功，封为长平侯。青三子在襁褓中，皆封为列侯。及卫皇后所谓姊卫少儿，少儿生子霍去病，以军功封冠军侯，号骠骑将军。青号大将军。立卫皇后子据为太子。卫氏枝属以军功起家，五人为侯。

及卫后色衰，赵之王夫人幸，有子，为齐王。

王夫人早卒。而中山李夫人有宠，有男一人，为昌邑王。

李夫人早卒，其兄李延年以音幸，号协律。协律者，故倡

---

①更衣：婉指上厕所。侍尚衣：侍候皇上更衣。 ②轩：指殿堂四周的游廊，这里指通向厕所的小厅。 ③拊：通"抚"，抚摸。 ④让：责备，怪罪。 ⑤弃捐：抛弃，舍弃。 ⑥壹何：表示反问，为何，怎么。自喜：自感庆幸。倍本：忘本。倍：通"背"。 ⑦用：因为，由于。

也，兄弟皆坐奸，族[①]。是时其长兄广利为贰师将军，伐大宛，不及诛，还，而上既夷李氏，后怜其家，乃封为海西侯。

他姬子二人为燕王、广陵王。其母无宠，以忧死。

及李夫人卒，则有尹婕妤之属，更有宠。然皆以倡见，非王侯有土[②]之士女，不可以配人主也。

褚先生曰：臣为郎时，问习汉家故事[③]者钟离生。曰：王太后在民间时所生一女者，父为金王孙。王孙已死。景帝崩后，武帝已立，王太后独在。而韩王孙名嫣素得幸武帝，承间[④]白言太后有女在长陵也。武帝曰："何不早言！"乃使使往先视之，在其家。武帝乃自往迎取之。跸道[⑤]，先驱旄骑[⑥]出横城门，乘舆[⑦]驰至长陵。当小市西入里，里门闭，暴开门，乘舆直入此里，通至金氏门外止，使武骑围其宅，为其亡走，身自往取不得也。即使左右群臣入呼求之。家人惊恐，女亡匿[⑧]内中床下。扶持出门，令拜谒。武帝下车泣曰："嚄！大姊，何藏之深也！"诏副车载之，回车驰还，而直入长乐宫。行诏门著引籍[⑨]，通到谒太后。太后曰："帝倦矣，何从来？"帝曰："今者至长陵得臣姊，与俱来。"顾曰："谒太后！"太后曰："女某邪？"曰："是也。"太后为下泣，女亦伏地泣。武帝奉酒前为寿，奉钱千万，奴婢三百人，公田百顷，甲第，以赐姊。太后谢曰："为帝费焉。"于是召平阳主、南宫主、林虑主三人俱来谒见姊，因号曰修成君。有子男一人，女一人。男号为修成子仲，女为诸侯王王后。此二子非刘

---

①族：灭族。 ②土：封地。 ③故事：旧事，过去的事情。 ④承间：趁机。承：通"乘"。 ⑤跸(bì)道：帝王出行时，禁行人，清道路，称为"跸道"或"跸路"。 ⑥旄骑：驾前开路的仪仗兵。 ⑦乘舆：皇帝乘坐的车驾。 ⑧亡匿：躲藏。 ⑨行：路上。引籍：引入和门籍。汉制，出入宫门要通过引入并核对门籍。引入即门使。门籍即出入宫门的人员名册。

氏,以故太后怜之。修成子仲骄恣,陵折①吏民,皆患苦之。

卫子夫立为皇后,后弟卫青字仲卿,以大将军封为长平侯。四子,长子伉为侯世子,侯世子常②侍中,贵幸。其三弟皆封为侯,各千三百户,一曰阴安侯,二曰发干侯,三曰宜春侯,贵震天下。天下歌之曰:“生男无喜,生女无怒,独不见卫子夫霸天下!”

是时平阳主寡居,当用列侯尚③主。主与左右议长安中列侯可为夫者,皆言大将军可。主笑曰:“此出吾家,常使令骑从我出入耳,奈何用为夫乎?”左右侍御者曰:“今大将军姊为皇后,三子为侯,富贵振动天下,主何以易④之乎?”于是主乃许之。言之皇后,令白之武帝,乃诏卫将军尚平阳公主焉。

褚先生曰:丈夫龙变。《传》曰:“蛇化为龙,不变其文⑤;家化为国,不变其姓。”丈夫当时富贵,百恶灭除,光耀荣华,贫贱之时何足累之哉!

武帝时,幸夫人尹婕妤。邢夫人号娙娥,众人谓之“娙何”。娙何秩比中二千石,容华秩比二千石,婕妤秩比列侯,常从。婕妤迁为皇后。

尹夫人与邢夫人同时并幸,有诏不得相见。尹夫人自请武帝,愿望见邢夫人,帝许之。即令他夫人饰,从御者数十人,为邢夫人来前。尹夫人前见之,曰:“此非邢夫人身也。”帝曰:“何以言之?”对曰:“视其身貌形状,不足以当人主矣。”于是帝乃诏使邢夫人衣故衣,独身来前。尹夫人望见之,曰:“此真是也。”于是乃低头俛⑥而泣,自痛其不如也。谚曰:“美女入室,恶女之

---

①陵折:欺凌压迫。陵:通“凌”。②常:通“尝”,曾经。③尚:上配,即娶。④易:轻视,看不起。⑤文:同“纹”,花纹。⑥俛(fǔ):同“俯”,弯腰,低头屈身。

仇。"

褚先生曰：浴不必江海，要之去垢；马不必骐骥，要之善走；士不必贤世[①]，要之知道；女不必贵种，要之贞好。《传》曰："女无美恶，入室见妒；士无贤不肖，入朝见嫉。"美女者，恶女之仇，岂不然哉！

钩弋夫人姓赵氏，河间人也。得幸武帝，生子一人，昭帝是也。武帝年七十，乃生昭帝。昭帝立时，年五岁耳。

卫太子废后，未复立太子。而燕王旦上书，愿归国入宿卫。武帝怒，立斩其使者于北阙。

上居甘泉宫，召画工图画周公负成王也。于是左右群臣知武帝意欲立少子也。后数日，帝谴责钩弋夫人。夫人脱簪珥叩头。帝曰："引持去，送掖庭狱！"夫人还顾，帝曰："趣行，女不得活！"夫人死云阳宫。时暴风扬尘，百姓感伤，使者夜持棺往葬之，封识[②]其处。

其后帝闲居，问左右曰："人言云何？"左右对曰："人言且立其子，何去其母乎？"帝曰："然。是非儿曹愚人所知也。往古国家所以乱也，由主少母壮也。女主独居骄蹇[③]，淫乱自恣，莫能禁也。女不闻吕后邪？"故诸为武帝生子者，无男女，其母无不谴死，岂可谓非贤圣哉！昭然远见，为后世计虑，固非浅闻愚儒之所及也。谥为"武"，岂虚哉！

【译文】

自古以来，受命于天的开国帝王和继承先人统绪遵守前代法度的国君，不只是本人品德完美，大都也有外戚帮助。夏代的兴起是因有涂山

①贤世：贤于世。贤：超出，胜过。②识：通"志"，标志。③骄蹇(jiǎn)：骄横傲慢。

氏之女，而夏桀的被流放是由于末喜。殷代的兴起是由于有娀氏之女，商纣王的被杀是因为宠爱妲己。周代的兴起是由于有姜原及太任，而幽王的被擒是因为他和褒姒淫乱。所以《易经》以《乾》《坤》两卦开始，《诗经》以《关雎》开篇，《书经》赞美尧把女儿下嫁给舜，《春秋》讥讽娶妻不亲自去迎接。夫妇之间的关系，是人道之中最重要的伦常关系。礼的应用，只有婚姻最为谨慎。乐声协调四时就和顺，阴阳的变化是万物生长变化的统领。怎能不慎重呢？人能弘扬人伦之道，可是对天命却无可奈何。确实啊，夫妇之间的恩爱，国君不能从大臣那里得到，父亲也不能从儿子那里得到，何况是更卑下的人呢！夫妇欢合之后，有的不能繁育子孙；能繁育子孙了，有的又不能得到好的结果。这难道不是天命吗？孔子很少谈天命，大概是由于很难说清吧。不通晓阴阳的变化，怎能懂得人性和天命的道理呢？

太史公说：秦以前后妃命运如何，因时代太久远，记载太稀少啦，其详情无法写在史书上。汉兴起，吕娥姁成为高祖的正宫皇后，儿子是太子。到了晚年，容颜衰老就不受宠爱了，而戚夫人得宠，她的儿子如意有好几次差点儿取代太子。到高祖驾崩后，吕后除掉了戚氏，杀死了赵王如意，而高祖后宫的妃子只有不受宠爱被疏远的人得以平安无事。

吕后的长女是宣平侯张敖之妻，张敖之女是惠帝的皇后。吕太后由于亲上加亲的缘故，用种种办法想让她生子，可是始终没有生子，只得从后宫抱来别人的儿子谎称是她的儿子。到孝惠帝驾崩后，天下刚刚安定不久，继承皇位的人还没有明确。于是就尊显外家的地位，封吕氏兄弟为王以作为辅佐，并让吕禄之女做少帝的皇后，想把根基联结得更牢固，然而毫无益处。

高后驾崩，与高祖合葬在长陵。吕禄、吕产等人害怕被诛杀，就阴谋作乱。大臣就征讨他们，上天保佑着汉家的皇统，最终消灭了吕氏。只有孝惠皇后被安置住在北宫。大臣把代王迎来即位，这就是孝文帝，由他供奉汉家的宗庙。这难道不是天命吗？不是天命谁能担当这样的使命呢？

薄太后，父亲是吴县人，姓薄氏。秦朝时与原魏王宗族的女子魏媪私通，生薄姬。薄姬的父亲死在山阴县，于是就葬在那里。

到诸侯反叛秦朝时，魏豹自立为魏王，魏媪就把她的女儿送入魏王宫中。魏媪到许负那里看相，让他给薄姬相面，许负说她应当生天子。那时项羽正与汉王在荥阳相持不下，天下归谁还没一定。魏豹起初与汉王一同攻打楚王，等听了许负的话，心里独自高兴，便背叛汉帝，先是中立，接着又与楚王联合。汉王派曹参等进攻并俘虏了魏王豹，将他据有的土地改为郡，把薄姬送入织室。魏王豹死后，有一次汉王进入织室，看到薄姬美貌，下诏把她收进后宫，一年多也没有得到宠幸。当初薄姬年少时，与管夫人、赵子儿很亲密，相约说："谁先富贵不要把别人忘了。"后来管夫人、赵子儿先得到汉王宠幸。有一次汉王坐在河南宫的成皋台上，这两位美人谈起当初与薄姬的誓约而相互嬉笑。汉王听到后，问她们缘故，两人把实情都告诉了汉王。汉王心中有些伤感，怜爱薄姬，当天就召见她并与她同宿。薄姬说："昨天夜里妾梦见苍龙盘踞在我的腹上。"高祖说："这是显贵的征兆，我来为你成全了吧。"一次同宿就生了男孩，这就是代王。此后薄姬就很少见到高祖了。

高祖驾崩，对那些高祖宠幸的妃子如戚夫人等人，吕太后非常怨恨，就把她们都囚禁起来，不准出宫。而薄姬由于极少见高祖的缘故，得以出宫，随儿子到代国，成为代王太后。太后的弟弟薄昭也跟随到代国。

代王在位十七年，高后驾崩。大臣商议立新君，痛恨外戚吕氏势力强盛，都称赞薄氏仁德善良，所以迎回代王，立为孝文皇帝，薄太后改称号为皇太后，她的弟弟薄昭被封为轵侯。

薄太后之母已在这以前死去，葬在栎阳北边。于是就追尊薄太后之父为灵文侯，在会稽郡设置有三百户的园邑，让长丞以下的官员供奉看守陵墓，宗庙供奉祭品及祭祀礼仪都依照礼法。在栎阳北边也设置了灵文侯夫人陵园，所有礼仪都和灵文侯陵园一样。薄太后认为母家是魏王后代，她的父母早逝，魏氏家族中有人侍奉薄太后很尽力。于是下令恢复魏氏家族地位，分别按亲疏远近给予赏赐。薄氏家族中有一人被封侯。

薄太后比文帝晚两年，在景帝前元二年驾崩，葬在南陵。由于吕后在长陵与高祖合葬，所以她特为自己单独起建陵墓，靠近孝文帝的霸陵。

窦太后，赵国清河观津人。吕太后时窦姬由良家女子选入宫中服侍太后。后来太后把宫女遣送出宫赐给诸侯王，每王五人，窦姬就在这批宫女之中。窦姬家在清河，想到赵国，以求离家近点，就请求主管遣送的宦官："一定把我的名册放在去赵国五个人当中。"宦官把这件事忘了，错把她的名册放到去代国的五个人当中。名册上奏，诏令说可以。该启程了，窦姬痛哭流涕，埋怨那个宦官，不想去，强制她走，她才肯动身。到了代国，代王偏偏只宠爱窦姬，生下女儿叫嫖，后来又生了两个男孩。代王王后生了四个男孩。在代王尚未入朝立为皇帝之前王后就死了。等到代王立为皇帝，王后所生的四个男孩也接连病死。孝文帝即位数月后，公卿大臣请求立太子，窦姬的长子年龄最大，被立为太子。窦姬也被立为皇后，女儿刘嫖为长公主。第二年，立小儿子刘武为代王，不久又迁徙到梁国，这就是梁孝王。

窦皇后的双亲早已死去，葬在观津。这时薄太后就诏令有司，追尊窦皇后父为安成侯，母称安成夫人。下令清河设置二百户的园邑，由长丞供奉守护，比照灵文园的标准。

窦皇后的兄长窦长君，弟弟叫窦广国，字少君。少君四五岁时，家境贫穷，被人掠去后卖掉，他家中不知他被卖在何处。又转卖了十几家，卖到宜阳。他为主人进山烧炭，晚上一百多人躺在山崖下睡觉，山崖崩塌，把睡在下边的人全都压死了，只有少君脱险，没有被压死。他自己算了一卦，断定几天之内要被封侯，于是就从主人家去了长安。听说窦皇后是刚被封立的，她的家乡在观津，姓窦氏。广国离家时年龄虽小，也还知道县名和自家的姓，又曾和姐姐一起采桑，从树上掉下来，用这些事作为凭据，上书陈述自己的经历。窦皇后把这件事告诉文帝，广国即被召见，问他，他详细叙说了情况，果然不错。又问他还能用什么作凭证，他回答说："姐姐离开我西去，和我在驿站的客舍里分别时，讨来洗头水给我洗头，又要来吃的东西给我吃，然后才离去。”于是窦后拉住弟弟痛哭起来，涕泪交流而下。左右侍从也都伏在地上哭泣，一起为皇后助哀。于是赏赐他很多田地、房屋和金钱，又分封与皇后同祖的窦氏兄弟，让他们迁居到长安。

绛侯周勃、将军灌婴等人说：“我们这些人不死，可命都掌握在窦氏兄弟二人手里。这两人出身低微，不能不给他们挑选师傅和宾客，否则，又会再次效法吕氏阴谋叛乱。”于是就挑选年长有德、品行端正的士人和他俩生活在一起。窦长君、少君从此成为谦逊礼让的君子，不敢倚仗他们的尊贵对人骄横傲慢。

窦皇后生病，双目失明。文帝宠幸邯郸慎夫人、尹姬，都没有生子。孝文帝驾崩，孝景帝即位，封广国为章武侯。长君已先死去，就封其子彭祖为南皮侯。吴、楚七国叛乱时，窦太后随从堂兄弟的儿子窦婴。窦婴喜欢仗义行侠，就由他领兵平叛，因有战功被封为魏其侯。窦氏共有三人被封侯。

窦太后爱好黄帝、老子的学说，皇帝、太子以及所有窦氏子弟都不得不读《黄帝》《老子》，尊奉黄老之术。

窦太后比景帝晚六年于建元六年驾崩，与文帝合葬在霸陵。遗下诏书把东宫的金钱财物全部赐给长公主刘嫖。

王太后，槐里人，母亲叫臧儿。臧儿是原来的燕王臧荼的孙女。臧儿先嫁给槐里王仲为妻，生子名叫信，还有两个女儿。后来王仲死，臧儿又改嫁给长陵田氏，生子田蚡、田胜。臧儿的长女嫁给金王孙为妻，生有一女，臧儿为子女占卜，说她两个女儿都该是贵人。于是想倚仗两个女儿，就把女儿从金氏家中强行接回。金氏很愤怒，不肯和妻子断绝，臧儿就把女儿送进太子宫中。太子很宠爱她，生了三女一男。当男孩还在胎孕时，王美人梦见太阳落入她的怀中。她把这个梦告诉太子，太子说：“这是大贵的征兆。”孩子还没降生时孝文帝就驾崩了，孝景帝即位后，王夫人生下了这个男孩。

在此之前臧儿又把她的小女儿兒姁送进宫中，兒姁生了四个男孩。

景帝做太子时，薄太后选了一个薄氏的女儿做他的妃子。到景帝即位，这个妃子就被立为薄皇后。皇后没有生子，不受宠爱。薄太后驾崩，薄皇后就被废了。

景帝长子刘荣，他的母亲是栗姬。栗姬是齐人。刘荣被立为太子。长公主刘嫖有个女儿，想给太子做妃子。栗姬很嫉妒，景帝的几位美人都是靠长公主而见到景帝的，她们得到的尊贵和宠爱都超过了栗姬。栗姬天天怨怒，为此拒绝了长公主，不应允亲事。长公主想把女儿嫁给王夫人之子，王夫人答应了。长公主为这事生气，就常在景帝面前讲栗姬的坏话说："栗姬和各位贵人及宠姬聚会，常让侍从在他们背后吐口水诅咒，施用妖邪惑人的道术。"景帝因此恼恨栗姬。

景帝曾身体不好，心中不乐，就把被封王的儿子托付给栗姬，对她说："我死后，你要善待他们。"栗姬很愤怒，不肯答应，并且出言不逊。景帝很气愤，怀恨在心而没有发作。

长公主天天称赞王夫人之子的优点，景帝也认为他德才兼备，又有从前他母亲梦日入怀的祥兆，主意还没定下来。王夫人知道景帝怨恨栗姬，趁他怒气未消，暗中派人催促大臣奏请立栗姬为皇后。一次朝会大行官奏事完毕，又说："'儿子因母亲而尊贵，母亲因儿子而尊贵'，如今太子的母亲还没有封号，应当立为皇后。"景帝发怒说："这是你应该讲的话吗！"结果竟论罪处死了大行官，并废了太子，改封为临江王。栗姬更加怨恨，不能再见到景帝，后因忧伤而死。王夫人终于被立为皇后，其子立为太子，皇后的兄长王信被封为盖侯。

景帝驾崩，太子继位为皇帝。尊皇太后之母臧儿为平原君。封田蚡为武安侯，田胜为周阳侯。

景帝有十三个儿子，一个儿子做了皇帝，十二个儿子都封为王。兒姁早逝，她的四个儿子也都封为王。王太后长女封号为平阳公主，次女为南宫公主，三女为林虑公主。

盖侯王信好饮酒。田蚡、田胜贪婪，善用文辞巧辩。王仲早死，葬在槐里，被追尊为共侯，设置了二百户的园邑。等平原君死，随从田氏一起葬在长陵，设置的陵园同共侯陵园一样。王太后比孝景帝晚十六年，在元朔四年驾崩，与景帝合葬在阳陵。王太后家共有三人被封侯。

卫皇后字子夫，生在微贱之家。她家自称姓卫，在平阳侯的封地上长大。子夫是平阳公主的歌姬。武帝初即位，数年没有儿子。平阳公主挑选十几个良家女子，装扮起来留在家里。武帝到霸上祓祭返回，顺路看望平阳公主。公主让侍奉的美人出来拜见武帝，武帝都不喜欢。宴饮之后，歌姬进来，武帝见后，唯独喜欢卫子夫。武帝起身如厕，子夫在小厅中侍候皇上更衣，得到亲幸。皇上回到座位上，非常高兴，赐给平阳公主黄金千斤。公主趁机奏请把卫子夫奉送入宫。子夫上车后，平阳公主抚着她的背说："去吧，好好吃饭，好好侍奉皇上！如果尊贵了，别把我忘了。"子夫入宫一年多，竟没有再得到亲幸。武帝把不中用的宫人挑出来，让她们出宫回家。卫子夫因而得见武帝，她哭泣着请求出宫。皇上怜爱她，再次亲幸，于是有了身孕，一日比一日受尊宠。武帝召见她的兄长卫长君和弟弟卫青任侍中。子夫后来大得亲幸，备受宠爱，共生了三个女儿一个儿子。儿子名叫据。

当初，皇上做太子时，娶了长公主的女儿为妃。即位为皇帝，妃子被立为皇后，姓陈氏，没有生子。皇上能继承帝位，大长公主出力不小，因此陈皇后娇贵。听说卫子夫大受亲幸，非常气愤，好几次差点儿要死。皇上更生气。陈皇后就施用妇人妖邪惑人的道术，武帝对此颇有觉察，于是废了陈皇后，立卫子夫为皇后。

陈皇后的母亲大长公主是景帝的姐姐，多次责备武帝的姐姐平阳公主说："皇帝没有我就不能即位，过后竟抛弃了我的女儿，怎么不感到庆幸而忘本呢！"平阳公主说："是因没有儿子的缘故才废的。"陈皇后渴求得子，求医花费的钱有九千万之多，然而终于未能生子。

卫子夫立为皇后时，卫长君已先死，就让卫青为将军，又因抗击胡人有功，封为长平侯。他的三个儿子还在襁褓中，也都被封为列侯。至于卫皇后所说的姐姐卫少儿，她生的儿子霍去病，因有战功被封为冠军侯，号称骠骑将军。卫青号称大将军。卫皇后之子刘据被立为太子。卫氏亲族以军功起家,有五人被封侯。

到卫皇后姿色衰老了,赵国的王夫人受宠幸,有儿子,被封为齐王。

王夫人早死。中山李夫人受宠,生有一个儿子,被封为昌邑王。

李夫人早死,她的兄长李延年因精于音律而得宠,封为协律都尉。协律都尉李延年,原本是个乐伎,他们兄弟都因犯淫乱后宫罪而被灭族。当时她的长兄李广利为贰师将军,正在征讨大宛,没有被杀,回到长安,皇上已诛灭李氏,后又怜悯他这一家,就封他为海西侯。

别的妃子还有两个儿子是燕王、广陵王。他们的母亲不受宠爱,因忧伤而死。

等李夫人死后,又有尹婕妤等相继受宠。然而她们都是以歌女的身份得见武帝,不是有封地的王侯之家的女子,不该和皇帝匹配。

褚先生说:我任郎官时,问过熟习汉家旧事的钟离生。他说:王太后在民间时所生的一个女儿,父亲是金王孙。王孙已死,景帝驾崩后,武帝即位,只有王太后还在。韩王孙名叫嫣的人平素受到武帝宠爱,他趁机会谈起太后有个女儿在长陵。武帝说:“怎么不早说!”于是派使者先去看看,正好在家。武帝就亲自前往迎接她。路上清道禁行,驾前开路的仪仗骑兵出横城门,皇帝乘坐的车驾飞驰到长陵。在小市的西边进入里巷,里门关闭着,就粗暴地砸开里门,皇帝乘坐的车驾一直进入里中,到达金氏门外才停下。马上派威武的骑兵包围这座宅院,为的是她如果逃跑,亲自接也接不着了。随即派左右群臣进去呼喊寻找。金氏家人惊恐,金女躲藏在内室的床下。找到后扶着她出门,让她拜见皇上。武帝下车哭着说:“哎呀!大姐,怎么藏得这么深哪!”下令侍从车辆载上她,掉转车子飞驰回城,直入长乐宫。武帝在行车途中就诏令门使把自己的名帖向太后通报,车一到就去拜见太后。太后说:“皇上受累了,从哪里来呀?”武帝说:“今天到长陵找到了我姐姐,和她一起来了。”回过头对姐姐说:“拜见太后!”太后说:“你是我那个女儿吗?”回答说:“是呀。”太后落泪哭泣,女儿也伏地哭泣。武帝奉酒到跟前为太后和姐姐祝贺,拿出一千万钱,三百名奴婢,一百顷公田,上等宅第,赐给姐姐。太后道谢说:

“让皇上破费了。”于是又招来平阳公主、南宫公主和林虑公主三人都来拜见姐姐，于是赐她封号修成君。她有一个儿子，一个女儿。儿子号为修成子仲，女儿做了诸侯王的王后。这两个孩子不出于刘氏，因此太后怜爱他们。修成子仲骄横放纵，常欺凌压迫官吏和百姓，人们都为此而忧虑怨恨。

卫子夫立为皇后以后，她的弟弟卫青字仲卿，以大将军的身份被封为长平侯。他有四个儿子，长子卫伉是准备继承爵位的世子，曾在宫中侍奉皇帝，尊贵受宠。卫伉的三个弟弟都被封侯，各封给一千三百户，一个叫阴安侯，一个叫发干侯，一个叫宜春侯，他们的富贵震动天下。天下流传这样一首歌谣：“生男无喜，生女无怒，独不见卫子夫霸天下！”

当时平阳公主守寡独居，应选一位列侯做她的丈夫。公主和左右侍从议论长安城里的列侯谁可做她的丈夫，都说大将军卫青可以。公主笑着说：“这是从我家出去的人，我常让他骑马随我出入，怎能让他做我的丈夫呢？”左右侍从说：“如今大将军的姐姐是皇后，三个儿子都封侯了，富贵震动天下，公主怎么倒把他看轻了呢？”于是公主才同意了。把此事告诉皇后，皇后让禀告武帝，武帝就诏令卫将军做平阳公主的丈夫。

褚先生说：男子可以像龙那样变化无穷。《传》上面说：“蛇变成龙，不会改变它的花纹；封侯封王有了封邑，不会改变它的姓氏。”男子富贵时，有多少污点都可以被掩盖消除，变得光彩荣耀，贫贱时的事怎么能够牵累他呢！

武帝时，宠爱过夫人尹婕妤。邢夫人官号娙娥，众人称她“娙何”。娙何的品级相当于中二千石官员，容华的品级相当于二千石官员，婕妤的品级相当于列侯。曾有人从婕妤升为皇后。

尹夫人与邢夫人同时被亲幸，武帝有诏令两人不许相见。有一次尹夫人亲自请求武帝，希望能见到邢夫人，武帝答应了。就让另一位夫人装扮起来，跟随的侍从数十人，装作邢夫人来到面前。尹夫人走上前去见她，说：“这不是邢夫人人。”武帝说：“为什么这样讲呢？”尹夫人回答说：“看她的身段相貌姿态，不足以匹配皇上。”于是武帝就下令让邢夫人穿上旧衣服，单独前来。尹夫人远远看见她就说："这才是真的。"于是就低头哭泣，自己伤心不如邢夫人。谚语说："美女进屋，就是丑女的仇人。"

褚先生说：洗浴不必非到江海去，主要是能除去污垢；马不必是有名的骏马，主要是善于奔跑；士人不必都要超出世上一般人，主要是应懂得道理；女子不必出身高贵，主要是应贞洁美好。《传》上面说："女子不论美丑，一进家室就会被人嫉妒；士人不论贤与不贤，一入朝廷就会被人嫉妒。"美女是丑女的仇人。难道不对吗！

钩弋夫人，姓赵氏，河间人。得到武帝宠幸，生了一个儿子，就是昭帝。武帝七十岁时才生昭帝。昭帝即位时刚刚五岁。

卫太子被废以后，没有重新立太子。而燕王刘旦上书，愿意将封国归还朝廷回到京城入宫侍卫皇帝。武帝生气，立刻在北阙把燕王使者问斩。

皇上住在甘泉宫，召画工画了一幅周公背负成王的图。于是左右群臣知道武帝想立小儿子为太子。过了几天，武帝谴责钩弋夫人。夫人摘下头簪耳饰等叩头请罪。武帝说："把她拉走，送到掖庭狱！"夫人回过头来看着，武帝说："快走，你活不成了！"夫人死在云阳宫。死时暴风刮得尘土飞扬，百姓也都很悲伤。使者夜里拉着棺材去埋葬，在埋葬的地方作了标志。

事后，武帝闲时问左右说："人们都说些什么？"左右回答说："人们说就要立她的儿子了，为什么要除掉他的母亲呢？"武帝说："是的。这不是你等愚人所能理解的。古时候国家所以出乱子，就是由于君主年少，而他的母亲正在壮年。女主独居，骄横傲慢，淫乱放纵，没有人能禁止。你们没有听说过吕后的事吗？"因此，所有为武帝生过孩子的，无论是男是女，他们的母亲没有不被谴责处死的，难道能说这就不是贤圣了吗？这样明确的远见，为后世考虑，本来就不是那些见闻浅陋的愚儒所能达到的。谥号为"武"，难道是虚名吗！

【鉴赏】

本篇在写作上的突出特点是，所记的数位后妃不仅按时间顺序而显得有条有理，而且更重要的是以“命”贯穿全篇，使得文章脉络贯通，章法严谨。本文开篇首先列举夏、商、周三代之兴在于后妃，三代之亡也在于后妃，表明了后妃之德对帝王及国之兴亡的密切关系，“岂非命也哉”则是对将要记叙的数位后妃之不寻常经历的感慨。这几位后妃命运也的确让人感慨，除了吕后是因高祖发迹由微贱而至尊贵外，文帝母薄太后、文帝窦皇后、景帝王皇后、武帝卫皇后等都可以说是在偶然中命运发生了意想不到的转变。尤其是文帝窦皇后最富有传奇色彩，她由一良家女子入宫，又被宦者误置赐给代王，临行时还涕泣怨恨不欲前往，日后竟成为皇后，这种阴差阳错的确令人不可理解。司马迁就是围绕着这种对“命”的不可捉摸的困惑，将数位后妃的奇特经历、地位的急剧转变写得颇为吸引人。

本篇在一些人情家事上也写得十分生动感人。其中以窦皇后姐弟相认的情节，及褚先生续补的武帝寻找其同母异父姐姐一段尤为生动。窦皇后的阴差阳错的经历本已极富传奇性，而他的弟弟少君的经历也不乏神秘色彩，真应了民间所说的“命大福大”的话，而姐弟俩相认与少时分别的场景也在寥寥数语之中显得极富人情。而武帝寻姊则让人感受到了与在《孝武本纪》等篇中所展现的形象有别的人性的另一侧面。

史记卷五十·楚元王世家第二十

本篇简略介绍了楚元王刘交即刘邦的同母弟与其后代的事迹，楚元王刘交跟随刘邦打天下，高祖六年被封为楚王，之后以《诗》《书》文章为事，《汉书·楚元王传》对他作了更为充实而明晰的记述。刘交的孙子刘戊性行淫暴，不听规谏，《儒林列传》中有他将规劝自己的师傅申公处以严刑的记述，后因与吴王合谋反叛兵败自杀。此外，还介绍了刘邦长兄刘伯的夫人、次兄刘仲、儿子刘友以及他们后代的事迹。而在篇末的论赞中对吴王刘濞、楚王刘戊、赵王刘遂等由于不用贤才、不纳贤者之言而终至破国亡身表示了深深的慨叹。

楚元王刘交者，高祖之同母少弟也，字游。

高祖兄弟四人，长兄伯，伯蚤[①]卒。始高祖微[②]时，尝辟[③]事，时时与宾客过巨嫂食。嫂厌叔，叔与客来，嫂详[④]为羹尽，栎釜[⑤]，宾客以故去。已而视釜中尚有羹，高祖由此怨其嫂。及高祖为帝，封昆弟，而伯子独不得封。太上皇以为言，高祖曰："某非忘封之也，为其母不长者耳。"于是乃封其子信为羹颉侯。而王次兄仲于代。

高祖六年，已禽[⑥]楚王韩信于陈，乃以弟交为楚王，都彭城。即位二十三年卒，子夷王郢立。夷王四年卒，子王戊立。

王戊立二十年，冬，坐[⑦]为薄太后服[⑧]私奸，削东海郡。春，戊与吴王合谋反，其相张尚、太傅赵夷吾谏，不听。戊则杀尚、

①蚤：通"早"。 ②微：卑微，低下。 ③辟：同"避"，躲避。 ④详：通"佯"，假装。 ⑤栎釜：刮锅边出声。栎(lì)：通"轹"，敲击，击打。釜：古代烹饪用的锅。 ⑥禽：通"擒"，捉住。 ⑦坐：因某事获罪。 ⑧服：服丧。

夷吾，起兵与吴西攻梁，破棘壁。至昌邑南，与汉将周亚夫战。汉绝吴、楚粮道，士卒饥，吴王走，楚王戊自杀，军遂降汉。

汉已平吴、楚，孝景帝欲以德侯子续吴，以元王子礼续楚。窦太后曰："吴王，老人也，宜为宗室顺善[①]。今乃首率七国，纷乱天下，奈何续其后！"不许吴，许立楚后。是时礼为汉宗正。乃拜礼为楚王，奉元王宗庙，是为楚文王。

文王立三年卒，子安王道立。安王二十二年卒，子襄王注立。襄王立十四年卒，子王纯代立。王纯立，地节二年，中人[②]上书告楚王谋反，王自杀，国除，入汉为彭城郡。

赵王刘遂者，其父高祖中子，名友，谥曰"幽"。幽王以忧死，故为"幽"。高后王吕禄于赵，一岁而高后崩。大臣诛诸吕吕禄等，乃立幽王子遂为赵王。

孝文帝即位二年，立遂弟辟强，取赵之河间郡为河间王，是为文王。立十三年卒，子哀王福立。一年卒，无子，绝后，国除，入于汉。

遂既王赵二十六年，孝景帝时坐晁错以適[③]削赵王常山之郡。吴、楚反，赵王遂与合谋起兵。其相建德、内史王悍谏，不听。遂烧杀建德、王悍，发兵屯其西界，欲待吴与俱西。北使匈奴，与连和攻汉。汉使曲周侯郦寄击之。赵王遂还，城守邯郸。相距[④]七月。吴、楚败于梁，不能西。匈奴闻之，亦止，不肯入汉边。栾布自破齐还，乃并兵引水灌赵城。赵城坏，赵王自杀，邯郸遂降。赵幽王绝后。

太史公曰：国之将兴，必有祯[⑤]祥，君子用而小人退。国之

---

①顺善：遵守法度的表率。顺：顺从，遵守。善：从善，行善。 ②中人：王纯身边的人。③適：通"谪"，因罪过被罚降职。 ④距：通"拒"，抵御，拒守。 ⑤祯(zhēn)：福，吉祥。

将亡，贤人隐，乱臣贵。使[①]楚王戊毋刑申公，遵其言，赵任防与先生，岂有篡杀之谋，为天下僇[②]哉？贤人乎，贤人乎！非质有其内，恶[③]能用之哉？甚矣！“安危在出令，存亡在所任”，诚哉是言也！

【译文】

楚元王刘交，是高祖的同母小弟，字游。

高祖兄弟四人，长兄名伯，伯早死。当初高祖微贱时，曾为躲避难事，常和宾客路过大嫂家吃饭。大嫂讨厌小叔，小叔和宾客来家，大嫂假装羹汤已吃完，用勺子刮锅，宾客因此离去。过后看锅里还有羹汤，高祖从此怨恨大嫂。等高祖做了皇帝，分封兄弟，唯独不封兄长之子。太上皇为他们说情，高祖说：“我不是忘记封他，因为他母亲太不像长者了。”于是才封其子信为羹颉侯，封二哥仲为代王。

高祖六年，在陈地擒捕楚王韩信后，就封弟弟刘交为楚王，定都彭城。刘交在位二十三年死，其子夷王刘郢继位。夷王在位四年死，其子刘戊继位。

王戊即位二十年，冬天，因在为薄太后服丧期间犯了私奸罪，削去东海郡封地。第二年春，戊和吴王合谋反叛，他的相国张尚、太傅赵夷吾谏阻，不听从。戊杀了张尚、赵夷吾，起兵和吴王向西攻打梁国，攻占了棘壁。行至昌邑南边，和汉将周亚夫交战。汉军截断了吴、楚的粮道，士兵饥饿，吴王败走，楚王戊自杀，吴、楚军就投降了汉军。

汉已平定吴、楚叛乱，孝景帝想让德侯之子继承吴国王位，让元王之子礼继承楚国王位。窦太后说：“吴王，是老一辈人，理应为宗室做表率。如今却带头率领七国叛乱，扰乱天下，为什么还要让他的后代接续为王！”不允许立吴王后代，只准许立楚王后代。当时礼是汉的宗正，于是

---

①使：假如。 ②僇：通“戮”，杀戮，侮辱。 ③恶（wū）：怎么，如何。

封刘礼为楚王，供奉元王的宗庙，这就是楚文王。

文王即位三年死，其子安王道继位。安王在位二十二年死，其子襄王刘注继位。襄王在位十四年死，其子刘纯继位。刘纯继位后，地节二年，他身边有人上书告楚王谋反，楚王自杀，国号被废除，封地收归汉改为彭城郡。

赵王刘遂，他父亲在高祖之子中排行居中，名友，谥号为“幽”。幽王因忧伤而死，所以谥号为“幽”。高后封吕禄在赵地为王，一年而高后驾崩。大臣诛杀吕禄等吕氏族人，于是立幽王之子遂为赵王。

孝文帝即位二年，立遂的弟弟辟强，割取赵国的河间郡立为河间王，这就是文王。在位十三年死，其子哀王福继位。福一年后死，无子，绝后，国号被废除，封地收归汉。

遂已为赵王二十六年，孝景帝时，因为犯有过失被晁错削去他的常山郡。吴、楚叛乱，赵王遂就和他们合谋起兵。他的相国建德、内史王悍谏阻，不听从。就烧死建德、王悍，发兵屯驻在赵国的西部边界，想等吴兵一起西进。并派人到北边的匈奴，想联合匈奴进攻汉。汉派曲周侯郦寄攻击赵国。赵王遂退回，据守邯郸，相持七个月。吴、楚在梁国被打败，不能西进。匈奴听到这个消息，也停止发兵，不肯进入汉边界。栾布打败齐国后返回，就和郦寄合兵引水灌赵国都城。赵的都城毁坏，赵王自杀，邯郸于是投降。赵幽王断绝了后代。

太史公说：国家将要兴起时，一定有吉祥的预兆，君子被重用，小人被斥退。国家将要灭亡时，贤人隐退，乱臣显贵。如果楚王戊不惩罚申公，听从他的劝告；赵王任用防与先生，哪会有篡杀的阴谋，遭天下人的戮辱呢？贤人啊！贤人啊！不是自身贤能的君王，怎能任用你们呢？的确如此，“国家的安危在于发出的政令，国家的存亡在于任用的大臣”，这话实在太对了。

史记卷五十一·荆燕世家第二十一

本篇写了两个刘姓远属诸侯荆王刘贾、燕王刘泽，他们与刘邦同村，又都因随刘邦多少有些战功及其他原因被封为王侯。刘贾主要是在楚汉相争特别是垓下之围中立下的战功，所以司马迁在论赞中说："刘贾虽属疏，然以策为王，填江淮之间。"而刘泽则在击败叛军陈豨中略有战功，他被封为侯主要因他是樊哙的女婿，吕后的侄女婿。本篇对刘泽着墨较多，吕后当政时，他不惜重金，借助游说之徒田生、吕后宠臣张卿巧施权谋迎合吕后，被封为琅邪王。司马迁在论赞中对他是语含讥讽的。吕后一死，他又起兵诛吕，而一听说汉军屯兵荥阳，又退兵自保，之后又迅速赶到长安拥立代王为天子。刘泽完全是一个左右逢源、靠投机权诈行事的变色龙，《齐悼惠王世家》中对他有更具体的记述。本篇最后还记述了刘泽之孙刘定国乱伦事发而自杀的情况。

荆王刘贾者，诸刘，不知其何属、初起时。

汉王元年，还定三秦，刘贾为将军，定塞地，从东击项籍。

汉四年，汉王之败成皋，北渡河，得张耳、韩信军，军修武，深沟高垒，使刘贾将二万人，骑数百，渡白马津入楚地，烧其积聚，以破其业，无以给项王军食。已而楚兵击刘贾，贾辄壁[①]不肯与战，而与彭越相保。

汉五年，汉王追项籍至固陵，使刘贾南渡淮围寿春。还[②]至，使人间[③]招楚大司马周殷。周殷反楚，佐刘贾举九江，迎武王黥布兵，皆会垓下，共击项籍。汉王因使刘贾将九江兵，与太

---

①辄：总是。壁：营垒，这里是坚守营垒之意。 ②还：通"旋"，迅速。 ③间：暗中，悄悄。

尉卢绾西南击临江王共尉。共尉已死,以临江为南郡。

汉六年春,会诸侯于陈,废楚王信,囚之,分其地为二国。当是时也,高祖子幼,昆弟少,又不贤,欲王同姓以镇天下,乃诏曰:“将军刘贾有功,及择子弟可以为王者。”群臣皆曰:“立刘贾为荆王,王淮东五十二城;高祖弟交为楚王,王淮西三十六城。”因立子肥为齐王。始王昆弟刘氏也。

高祖十一年秋,淮南王黥布反,东击荆。荆王贾与战,不胜,走富陵,为布军所杀。高祖自击破布。十二年,立沛侯刘濞为吴王,王故荆地。

燕王刘泽者,诸刘远属也。

高帝三年,泽为郎中。高帝十一年,泽以将军击陈豨,得①王黄,为营陵侯。

高后时,齐人田生游乏资,以画干②营陵侯泽。泽大说之,用金二百斤为田生寿。田生已得金,即归齐。二年,泽使人谓田生曰:“弗与③矣。”田生如长安,不见泽,而假大宅,令其子求事吕后所幸大谒者张子卿。居数月,田生子请张卿临,亲修具④。张卿许往。田生盛帷帐共具⑤,譬如列侯。张卿惊。酒酣,乃屏人说张卿曰:“臣观诸侯王邸弟⑥百馀,皆高祖一切⑦功臣。今吕氏雅故本推毂高帝就天下⑧,功至大,又亲戚太后之重。太后春秋长⑨,诸吕弱,太后欲立吕产为吕王,王代。太后又重发之,恐大臣不听。今卿最幸,大臣所敬,何不风⑩大臣以闻太后,太后必喜。诸吕已王,万户侯亦卿之有。太后心欲之,

---

①得:这里指俘获。 ②画:同“划”,策划,谋划。干:求见,寻求赏识。 ③与:来往。④修具:置办酒宴。 ⑤共具:酒食器具。 ⑥邸弟:府第。弟:通“第”。 ⑦一切:一概,通通。 ⑧雅故本:三字同义,本来。推毂:推车轮使之前进,比喻助人成事。毂:车轮轴,代车轮。就:成就。 ⑨春秋长:指年事高。 ⑩风:通“讽”,用婉转的语言暗示或劝说。

而卿为内臣，不急发，恐祸及身矣。”张卿大然之，乃风大臣语太后。太后朝，因问大臣，大臣请立吕产为吕王。太后赐张卿千斤金，张卿以其半与田生。田生弗受，因说之曰：“吕产王也，诸大臣未大服。今营陵侯泽，诸刘，为大将军，独此尚觖望[①]。今卿言太后，列[②]十馀县王之，彼得王，喜去，诸吕王益固矣。”张卿入言，太后然之。乃以营陵侯刘泽为琅邪王。琅邪王乃与田生之国。田生劝泽急行，毋留。出关，太后果使人追止之；已出，即还。

及太后崩，琅邪王泽乃曰：“帝少，诸吕用事，刘氏孤弱。”乃引兵与齐王合谋西，欲诛诸吕。至梁，闻汉遣灌将军屯荥阳，泽还兵备西界，遂跳驱[③]至长安。代王亦从代至。诸将相与琅邪王共立代王为天子。天子乃徙泽为燕王，乃复以琅邪予齐，复故地。

泽王燕二年，薨[④]，谥为敬王。传子嘉，为康王。

至孙定国，与父康王姬奸，生子男一人。夺弟妻为姬。与子女三人奸。定国有所欲诛杀臣肥如令郢人，郢人等告定国，定国使谒者以他法劾捕格杀[⑤]郢人以灭口。至元朔元年，郢人昆弟复上书具言定国阴事，以此发觉。诏下公卿，皆议曰：“定国禽兽行，乱人伦，逆天，当诛。”上许之。定国自杀，国除为郡。

太史公曰：荆王王也，由汉初定，天下未集[⑥]，故刘贾虽属疏，然以策[⑦]为王，填[⑧]江、淮之间。刘泽之王，权激[⑨]吕氏，然刘泽卒南面称孤者三世。事发相重，岂不为伟[⑩]乎！

---

①觖(jué)望：因不满而怨恨。 ②列：同“裂”，分裂，划出。 ③跳驱：急速奔驰，迅速赶到。 ④薨(hōng)：古代称诸侯之死为薨。 ⑤劾(hé)：揭发，告发。格杀：击杀。 ⑥集：统一。 ⑦策：谋略，这里引申为战功。 ⑧填：通“镇”，镇抚，威震。 ⑨权激：用权谋激发。 ⑩伟：奇异，出奇。

【译文】

荆王刘贾，是刘氏宗族的人，但不知他属于哪一支派。

初起事时，在汉王元年。汉王从汉中返回平定三秦，任刘贾为将军，让他平定塞地，然后从东边进攻项羽。

汉四年，汉王在成皋被打败，北渡黄河，得到张耳、韩信的军队，驻在修武，深挖壕沟，高筑营垒，派刘贾率两万人，骑兵数百人，渡过白马津进入楚地，烧掉那里囤积的粮草，破坏那里的产业，让他们无法供给项王军队粮食。不久楚军攻打刘贾，刘贾总是坚守营垒不肯出战，并与彭越相互支援、互相依仗。

汉五年，汉王追击项羽到了固陵，派刘贾南渡淮水包围寿春。刘贾很快到达，派人暗中招降楚大司马周殷。周殷反叛楚王，帮助刘贾攻下九江，迎着武王黥布的军队在垓下会合，共同攻打项羽。汉王于是让刘贾率九江之兵，与太尉卢绾一起向西南进攻临江王共尉。共尉死后，将临江改为南郡。

汉六年春，汉王在陈地会见诸侯，废黜楚王韩信，并把他囚禁起来，他的封地被分为两国。这时，高祖之子年幼，兄弟少，又没有贤才，想封同姓的人为王来镇抚天下，于是就下诏令说：“将军刘贾有战功，应挑刘氏子弟中可以封王的人。”群臣都说：“应立刘贾为荆王，统辖淮东五十二座城；立高祖的弟弟刘交为楚王，统辖淮西三十六座城。”刘邦于是就立自己的儿子刘肥为齐王。自此开始封刘氏兄弟为王。

高祖十一年秋，淮南王黥布反叛，向东攻打荆地。荆王刘贾与他交战，没有取胜，逃到富陵，被黥布军杀死。高祖亲自率兵打败黥布。十二年，立沛侯刘濞为吴王，统辖原荆王故地。

燕王刘泽，是刘氏的远房宗亲。

高帝三年，刘泽任郎中。高帝十一年，刘泽做将军攻打陈豨，俘虏敌将王黄，被封为营陵侯。

高后当政时，齐人田生周游干谒没盘缠了，就通过献计求见营陵侯刘泽。刘泽非常高兴,用二百斤黄金为田生祝寿。田生得到钱后,立即回到齐国。第二年,刘泽派人去对田生说:“不再和我来往了。”田生来到长安,不去见刘泽,而是租了一座大宅院,让他的儿子求见并侍奉被吕后宠幸的大谒者张子卿。过了几个月,田生之子请张卿到家里做客,他亲自准备酒宴。张卿答应前往。田生张挂起豪华的帷帐,摆设出精美的用具,好像列侯之家一样的排场。张卿一见很惊讶。酒兴正浓时,田生就屏退左右,向张卿劝说道:“臣观看了诸侯王的府第一百多座,都是高祖时的功臣。如今吕氏本来就协助高祖完成了统一天下的大业,功劳非常大,又有亲戚太后的尊贵。太后年事已高,吕氏族人力量弱,太后想立吕产为王,做代地的诸侯王。太后自己不好开口,恐怕大臣们不同意。如今您最受太后宠幸,并受大臣们尊敬,何不婉言劝说大臣向太后禀告此事,太后一定高兴。诸吕一旦被封王,万户侯也会为您所有了。太后心里是想这样做的,而您是内臣,不赶快提出,恐怕灾祸要落到您身上了。”张卿对此非常同意,于是就婉言劝说大臣把此事禀告太后。太后上朝,就此事询问大臣。大臣奏请立吕产为吕王。太后赐给张卿黄金千斤,张卿把其中的一半送给田生。田生没有接受赠金,并趁机向张卿劝说道:“吕产被封王,大臣们并没有完全心服。如今营陵侯刘泽,是刘氏宗族,任大将军,只有他现在还很不满。现在您禀告太后,划出十几个县封他为王,他得到王位,高高兴兴离去,吕氏宗族的王位就更巩固了。”张卿进宫禀告,太后认为很对,于是把营陵侯刘泽封为琅邪王。琅邪王就与田生前往封国。田生劝刘泽快走,不要停留。刚出函谷关,太后果然派人追赶阻拦他们,可刘泽已出关,追赶的人只好回去了。

等太后驾崩后,琅邪王刘泽于是说:“皇帝年少,诸吕把持朝政,刘氏孤单势弱。”于是率兵与齐王刘襄合谋西进,打算诛杀诸吕。到达梁地,听说朝廷派将军灌婴屯兵荥阳,刘泽就回师加强自己西部边界的守备,然后迅速赶到长安。代王也从代地赶到。将相大臣与琅邪王共同拥立代王为天子。天子于是徙封刘泽为燕王,重把琅邪还给齐王,恢复齐王原有的领地。

刘泽做燕王的第二年,死,谥号为敬王。王位传给其子刘嘉,这就是康王。

王位传到刘定国,他与父亲康王的姬妾私通,生下一个男孩,又霸占弟弟的妻子为姬妾,还与自己的三个女儿私通。定国打算杀死肥如县令郢人,郢人等就把定国的罪行上告,定国派谒者假借其他法令揭发、逮捕并杀死郢人以灭口。到元朔元年,郢人的兄弟再次上书详细揭发定国不可告人的丑事,定国的罪恶因此被发觉。皇帝诏令公卿论处,公卿都议论说:"定国所为是禽兽之行,败坏人伦,违背天理,应当处死。"皇帝准许。定国自杀,封国废除,改设为郡。

太史公说:荆王能被封王,是由于汉刚建立,天下尚未完全统一,所以刘贾虽是刘邦的远亲,但以战功被封为王,威震江淮之间。刘泽被封王,是用权谋激发吕氏的结果,然而刘泽也终于有三代南面称王。与吕氏互相借重以获得封王,难道不是出奇的吗!

史记卷五十二·齐悼惠王世家第二十二

汉高祖六年,刘邦以七十城封立庶长子刘肥为齐王,是刘邦分封的同姓诸王封地最大的。本篇记述齐国自刘邦死至武帝时百年之间的分合兴衰。其间虽几经分合,但所封之王多为齐悼惠王刘肥的后代,故名为《齐悼惠王世家》。齐国的分合主要同吕后专权与诛杀诸吕、七国之乱等事件紧密相关。吕后时,齐被分割为四。诸吕被诛,文帝即位,吕后所分割土地复归于齐。齐文王时,齐国再被分割。文王死后无子,文帝又封齐悼惠王的几个儿子在齐地为王。七国之乱,齐地有四王与吴楚同叛,都兵败被杀。在这分合兴衰中,本篇记述了一些情节颇为生动的历史故事和性格相当鲜明的人物,如朱虚侯刘章以军法行酒令,魏勃为求见齐相曹参而为其舍人夜扫门外,宦官徐甲小人得志,武帝近臣主父偃公报私仇等。

齐悼惠王刘肥者,高祖长庶男也。其母外妇也,曰曹氏。高祖六年,立肥为齐王,食七十城,诸民能齐言者皆予齐王。

齐王,孝惠帝兄也。孝惠帝二年,齐王入朝。惠帝与齐王燕饮①,亢礼②如家人。吕太后怒,且诛齐王。齐王惧不得脱,乃用其内史勋计,献城阳郡以为鲁元公主汤沐邑③。吕太后喜,乃得辞就国。

悼惠王即位十三年,以惠帝六年卒。子襄立,是为哀王。

哀王元年,孝惠帝崩,吕太后称制,天下事皆决于高后。二年,高后立其兄子郦侯吕台为吕王,割齐之济南郡为吕王奉邑。

---

①燕饮:宴饮。燕:通"宴",用酒食招待客人。 ②亢礼:互行平等礼节。 ③汤沐邑:原为周天子赐给诸侯供给沐浴的封地,此指皇帝、皇后、公主等收取赋税的私邑。

哀王三年，其弟章入宿卫于汉，吕太后封为朱虚侯，以吕禄女妻之。后四年，封章弟兴居为东牟侯，皆宿卫长安中。

哀王八年，高后割齐琅邪郡立营陵侯刘泽为琅邪王。其明年，赵王友入朝，幽死于邸。三赵王皆废。高后立诸吕为三王，擅权用事。

朱虚侯年二十，有气力，忿刘氏不得职。尝入侍高后燕饮，高后令朱虚侯刘章为酒吏。章自请曰："臣，将种也，请得以军法行酒。"高后曰："可。"酒酣，章进饮歌舞。已而曰："请为太后言耕田歌。"高后儿子畜[①]之，笑曰："顾而父知田耳。若生而为王子，安知田乎？"章曰："臣知之。"太后曰："试为我言田。"章曰："深耕穊[②]种，立苗欲疏，非其种者，锄而去之。"吕后默然。顷之，诸吕有一人醉，亡酒，章追，拔剑斩之，而还报曰："有亡酒一人，臣谨行法斩之。"太后左右皆大惊。业已许其军法，无以罪也，因罢。自是之后，诸吕惮朱虚侯，虽大臣皆依朱虚侯，刘氏为益强。

其明年，高后崩。赵王吕禄为上将军，吕王产为相国，皆居长安中，聚兵以威大臣，欲为乱。朱虚侯章以吕禄女为妇，知其谋，乃使人阴出告其兄齐王，欲令发兵西，朱虚侯、东牟侯为内应，以诛诸吕，因立齐王为帝。

齐王既闻此计，乃与其舅父驷钧、郎中令祝午、中尉魏勃阴谋[③]发兵。齐相召平闻之，乃发卒卫王宫。魏勃绐[④]召平曰："王欲发兵，非有汉虎符验[⑤]也。而相君围王，固善。勃请为君将兵卫卫王。"召平信之，乃使魏勃将兵围王宫。勃既将兵，使

①畜：对待。 ②穊(jì)：稠密。 ③阴谋：暗中谋划。 ④绐(dài)：通"诒(dài)"，哄骗，欺骗。 ⑤虎符：调兵的印信。验：作凭证。

围相府。召平曰:"嗟乎！道家之言'当断不断,反受其乱',乃是也。"遂自杀。于是齐王以驷钧为相,魏勃为将军,祝午为内史,悉发国中兵。使祝午东诈琅邪王曰:"吕氏作乱,齐王发兵欲西诛之。齐王自以儿子,年少,不习兵革之事,愿举国委大王。大王自高帝将也,习战事。齐王不敢离兵,使臣请大王幸之临菑见齐王计事,并将齐兵以西平关中之乱。"琅邪王信之,以为然,乃驰见齐王。齐王与魏勃等因留琅邪王,而使祝午尽发琅邪国而并将其兵。

琅邪王刘泽既见欺,不得反国,乃说齐王曰:"齐悼惠王,高皇帝长子,推本言之,而大王高皇帝適[①]长孙也,当立。今诸大臣狐疑未有所定,而泽于刘氏最为长年,大臣固待泽决计。今大王留臣,无为也,不如使我入关计事。"齐王以为然,乃益具车送琅邪王。

琅邪王既行,齐遂举兵西攻吕国之济南。于是齐哀王遗[②]诸侯王书曰:"高帝平定天下,王诸子弟,悼惠王于齐。悼惠王薨[③],惠帝使留侯张良立臣为齐王。惠帝崩,高后用事,春秋高[④],听诸吕擅废高帝所立,又杀三赵王,灭梁、燕、赵以王诸吕,分齐国为四。忠臣进谏,上惑乱不听。今高后崩,皇帝春秋富,未能治天下,固恃大臣诸侯。今诸吕又擅自尊官,聚兵严威,劫[⑤]列侯忠臣,矫制以令天下,宗庙所以危。今寡人率兵入诛不当为王者。"

汉闻齐发兵而西,相国吕产乃遣大将军灌婴东击之。灌婴至荥阳,乃谋曰:"诸吕将兵居关中,欲危刘氏而自立。我今破

①適:通"嫡"。 ②遗(wèi):送给。 ③薨(hōng):古代称诸侯之死为薨。 ④春秋高:指年岁大。下文"春秋富"指年纪小。春秋:指岁月,年龄。 ⑤劫:胁迫,威胁。

齐还报，是益吕氏资也。”乃留兵屯荥阳，使使喻齐王及诸侯，与连和，以待吕氏之变而共诛之。齐王闻之，乃西取其故济南郡，亦屯兵于齐西界以待约。

吕禄、吕产欲作乱关中，朱虚侯与太尉勃、丞相平等诛之。朱虚侯首先斩吕产，于是太尉勃等乃得尽诛诸吕。而琅邪王亦从齐至长安。

大臣议欲立齐王，而琅邪王及大臣曰：“齐王母家驷钧，恶戾[①]，虎而冠者也。方以吕氏故几乱天下，今又立齐王，是欲复为吕氏也。代王母家薄氏，君子长者；且代王又亲高帝子，于今见[②]在，且最为长，以子则顺，以善人则大臣安。”于是大臣乃谋迎立代王，而遣朱虚侯以诛吕氏事告齐王，令罢兵。

灌婴在荥阳，闻魏勃本教齐王反，既诛吕氏，罢齐兵，使使召责问魏勃。勃曰：“失火之家，岂暇先言大人而后救火乎！”因退立，股战而栗，恐不能言者，终无他语。灌将军熟视笑曰：“人谓魏勃勇，妄庸[③]人耳，何能为乎！”乃罢[④]魏勃。魏勃父以善鼓琴见秦皇帝。乃魏勃少时，欲求见齐相曹参，家贫无以自通，乃常独早夜埽齐相舍人门外。相舍人怪之，以为物，而伺[⑤]之，得勃。勃曰：“愿见相君，无因，故为子埽，欲以求见。”于是舍人见勃曹参，因以为舍人。一为参御，言事，参以为贤，言之齐悼惠王。悼惠王召见，则拜为内史。始，悼惠王得自置二千石。及悼惠王卒而哀王立，勃用事，重于齐相。

王既罢兵归，而代王来立，是为孝文帝。

孝文帝元年，尽以高后时所割齐之城阳、琅邪、济南郡复与

---

①恶戾(lì)：凶恶残暴。 ②见：通“现”。 ③妄庸：寻常平庸。妄：平庸，寻常。 ④罢：放过。 ⑤伺：暗中察看。

齐，而徙琅邪王王燕，益封①朱虚侯、东牟侯各二千户。

是岁，齐哀王卒，太子则立，是为文王。

齐文王元年，汉以齐之城阳郡立朱虚侯为城阳王，以齐济北郡立东牟侯为济北王。

二年，济北王反，汉诛杀之，地入于汉。

后二年，孝文帝尽封齐悼惠王子罢军等七人皆为列侯。

齐文王立十四年卒，无子，国除，地入于汉。

后一岁，孝文帝以所封悼惠王子分齐为王，齐孝王将闾以悼惠王子杨虚侯为齐王。故齐别郡尽以王悼惠王子：子志为济北王，子辟光为济南王，子贤为菑川王，子卬为胶西王，子雄渠为胶东王，与城阳、齐凡七王。

齐孝王十一年，吴王濞、楚王戊反，兴兵西，告诸侯曰："将诛汉贼臣晁错以安宗庙"。胶西、胶东、菑川、济南皆擅发兵应吴、楚。欲与齐，齐孝王狐疑，城守，不听，三国兵共围齐。齐王使路中大夫告于天子。天子复令路中大夫还告齐王："善坚守，吾兵今破吴、楚矣。"路中大夫至，三国兵围临菑数重，无从入。三国将劫与路中大夫盟，曰："若②反言汉已破矣，齐趣下③三国；不，且见屠。"路中大夫既许之，至城下，望见齐王，曰："汉已发兵百万，使太尉周亚夫击破吴、楚，方引兵救齐，齐必坚守无下！"三国将诛路中大夫。

齐初围急，阴与三国通谋，约未定，会闻路中大夫从汉来，喜，及其大臣乃复劝王毋下三国。居无何，汉将栾布、平阳侯等兵至齐，击破三国兵，解齐围。已而复闻齐初与三国有谋，将欲移兵伐齐。齐孝王惧，乃饮药自杀。景帝闻之，以为齐首善，以

①益封：增加封地。 ②若：你。 ③趣：通"促"，急速，赶快。下：投降，屈服。

迫劫有谋,非其罪也,乃立孝王太子寿为齐王,是为懿王,续齐后。而胶西、胶东、济南、菑川王咸诛灭,地入于汉。徙济北王王菑川。

齐懿王立二十二年卒,子次景立,是为厉王。

齐厉王,其母曰纪太后。太后取其弟纪氏女为厉王后。王不爱纪氏女。太后欲其家重宠①,令其长女纪翁主入王宫,正其后宫,毋令得近王,欲令爱纪氏女。王因与其姊翁主奸。

齐有宦者徐甲,入事②汉皇太后。皇太后有爱女曰修成君,修成君非刘氏,太后怜之。修成君有女名娥,太后欲嫁之于诸侯,宦者甲乃请使齐,必令王上书请娥。皇太后喜,使甲之齐。是时齐人主父偃知甲之使齐以取③后事,亦因谓甲:“即事成,幸言偃女愿得充王后宫。”甲既至齐,风④以此事。纪太后大怒,曰:“王有后,后宫具备。且甲,齐贫人,急乃为宦者,入事汉,无补益,乃欲乱吾王家!且主父偃何为者?乃欲以女充后宫!”徐甲大穷⑤,还报皇太后曰:“王已愿尚⑥娥,然有一害,恐如燕王!”燕王者,与其子昆弟奸,新坐以死,亡国,故以燕感太后。太后曰:“无复言嫁女齐事。”事浸浔⑦闻于天子。主父偃由此亦与齐有郤⑧。

主父偃方幸于天子,用事,因言:“齐临菑十万户,市租千金,人众殷富,巨于长安,此非天子亲弟爱子不得王此。今齐王于亲属益疏。”乃从容言:“吕太后时齐欲反,吴、楚时孝王几为乱,今闻齐王与其姊乱。”于是天子乃拜主父偃为齐相,且正其事。主父偃既至齐,乃急治王后宫宦者为王通于姊翁主所者,

①重宠:世世受宠。 ②事:侍奉,服侍。 ③取:同“娶”。 ④风:通“讽”,用含蓄的语言暗示或劝说。 ⑤穷:窘迫,难堪。 ⑥尚:娶帝王之女为妻。 ⑦浸浔(xún):渐渐。 ⑧郤(xì):通“隙”,隔阂。

令其辞证皆引王。王年少，惧大罪为吏所执诛，乃饮药自杀。绝无后。

是时赵王惧主父偃一出废齐，恐其渐疏骨肉，乃上书言偃受金及轻重之短。天子亦既囚偃。公孙弘言："齐王以忧死，毋后，国入汉，非诛偃无以塞天下之望①。"遂诛偃。

齐厉王立五年死，毋后，国入于汉。

齐悼惠王后尚有二国：城阳及菑川。菑川地比②齐。天子怜齐，为悼惠王冢园在郡，割临菑东环悼惠王冢园邑尽以予菑川，以奉悼惠王祭祀。

城阳景王章，齐悼惠王子，以朱虚侯与大臣共诛诸吕，而章身首先斩相国吕王产于未央宫。孝文帝既立，益封章二千户，赐金千斤。孝文二年，以齐之城阳郡立章为城阳王。立二年卒，子喜立，是为共王。

共王八年，徙王淮南。四年，复还王城阳。凡三十三年卒，子延立，是为顷王。

顷王二十六年卒，子义立，是为敬王。敬王九年卒，子武立，是为惠王。惠王十一年卒，子顺立，是为荒王。荒王四十六年卒，子恢立，是为戴王。戴王八年卒，子景立，至建始三年，十五岁，卒。

济北王兴居，齐悼惠王子，以东牟侯助大臣诛诸吕，功少。及文帝从代来，兴居曰："请与太仆婴入清宫。"废少帝，共与大臣尊立孝文帝。

孝文帝二年，以齐之济北郡立兴居为济北王，与城阳王俱立。立二年，反。始大臣诛吕氏时，朱虚侯功尤大，许尽以赵地

---

①望：怨恨。 ②比：紧靠。

王朱虚侯，尽以梁地王东牟侯。及孝文帝立，闻朱虚、东牟之初欲立齐王，故绌①其功。及二年，王诸子，乃割齐二郡以王章、兴居。章、兴居自以失职夺功。章死，而兴居闻匈奴大入汉，汉多发兵，使丞相灌婴击之，文帝亲幸太原，以为天子自击胡，遂发兵反于济北。天子闻之，罢丞相及行兵，皆归长安。使棘蒲侯柴将军击破虏济北王，王自杀，地入于汉，为郡。

后十三年，文帝十六年，复以齐悼惠王子安都侯志为济北王。十一年，吴楚反时，志坚守，不与诸侯合谋。吴楚已平，徙志王菑川。

济南王辟光，齐悼惠王子，以勒侯孝文十六年为济南王。十一年，与吴、楚反。汉击破，杀辟光，以济南为郡，地入于汉。

菑川王贤，齐悼惠王子，以武城侯文帝十六年为菑川王。十一年，与吴、楚反，汉击破，杀贤。

天子因徙济北王志王菑川。志亦齐悼惠王子，以安都侯王济北。菑川王反，毋②后，乃徙济北王王菑川。凡立三十五年卒，谥为懿王。子建代立，是为靖王。二十年卒，子遗代立，是为顷王。三十六年卒，子终古立，是为思王。二十八年卒，子尚立，是为孝王。五年卒，子横立，至建始三年，十一岁，卒。

胶西王卬，齐悼惠王子，以昌平侯文帝十六年为胶西王。十一年，与吴、楚反。汉击破，杀卬，地入于汉，为胶西郡。

胶东王雄渠，齐悼惠王子，以白石侯文帝十六年为胶东王。十一年，与吴、楚反，汉击破，杀雄渠，地入于汉，为胶东郡。

太史公曰：诸侯大国无过齐悼惠王。以海内初定，子弟少，激③秦之无尺土封，故大封同姓，以填④万民之心。及后分裂，

①绌：削减。 ②毋：通“无”，没有。 ③激：有感于。 ④填：通“镇”，安定，镇抚。

固其理也。

【译文】

齐悼惠王刘肥,是高祖最大的庶子。他的母亲是别人的媳妇,姓曹氏。高祖六年,立刘肥为齐王,封地七十座城,百姓凡是说齐地话的都归属齐王。

齐王是孝惠帝的兄长。孝惠帝二年,齐王入京朝见皇帝。惠帝与齐王宴饮,二人行对等之礼如同家人兄弟的礼节一样。吕太后为此发怒,将要诛杀齐王。齐王害怕不能免祸,就用他的内史勋的计策,献出城阳郡,作为鲁元公主的汤沐邑。吕太后很高兴,齐王才得以辞朝归国。

悼惠王即位十三年,在惠帝六年死。其子刘襄即位,这就是哀王。

哀王元年,孝惠帝驾崩,吕太后称制,天下事都由吕后决断。二年,高后把她兄长的儿子郦侯吕台封为吕王,分出齐国济南郡作为吕王的封地。

哀王三年,他的弟弟刘章进入汉宫做皇帝侍卫,吕太后封他为朱虚侯,将吕禄的女儿嫁给他为妻。四年后,封刘章的弟弟兴居为东牟侯,都在长安宫中做皇帝侍卫。

哀王八年,高后分割齐国的琅邪郡封营陵侯刘泽为琅邪王。第二年,赵王刘友入朝,在他的府邸被幽禁而死。三个赵王都被废黜。高后封诸吕为燕王、赵王、梁王,独揽大权,专断朝政。

朱虚侯二十岁时,很有气力,为刘氏得不到任用而愤愤不平。他曾侍奉高后宴饮,高后令朱虚侯刘章做酒令官。刘章亲自请求说:“臣是武将后代,请允许我按军法行酒令。”高后说:“可以。”到酒兴正浓时,刘章献上助兴的歌舞。然后又说:“请让我为太后唱耕田歌。”高后把他当作孩子看待,笑着说:“想来你父亲知道种田的事,像你生下来就是王子,怎么知道种田的事呢?”刘章说:“臣知道。”太后说:“试着给我说说种田的事。”刘章说:“深耕密种,留苗要疏,不是同类,坚决铲锄。”吕后听后默默不语。过了一会儿,诸吕当中有一人喝醉,逃离酒席,刘章追过去,拔剑把他斩了，然后回来禀报说："有一个人逃离酒席，臣谨按军法把他斩了。"太后和左右都大为吃惊。既然已准许他按军法行事，也就无法治他的罪，饮宴也因而结束。从此以后，吕氏家族的人都惧怕朱虚侯，即使是大臣也都依从朱虚侯。刘氏的声势又渐渐强盛起来。

第二年，高后驾崩。赵王吕禄任上将军，吕王吕产任相国，都住在长安城里，聚集军队威胁大臣，想发动叛乱。朱虚侯刘章由于妻子是吕禄的女儿，所以知道了他们的阴谋，于是派人秘密出长安报告他的兄长齐王，想让他发兵西征，朱虚侯、东牟侯做内应，以便诛杀吕氏族人，趁机立齐王为皇帝。

齐王听到这个计策后，就和他的舅父驷钧、郎中令祝午、中尉魏勃暗中谋划出兵。齐国相召平听到这件事，就发兵护卫王宫。魏勃骗召平说："大王想发兵，可是并没有朝廷的虎符作凭证。相君您围住王宫，当然很好。我请求替您领兵护卫齐王。"召平相信了他，就让魏勃领兵围住王宫。魏勃领兵后，派兵包围了相府。召平说："唉！道家的话'当断不断，反受其乱'，正是如此呀。"终于自杀。于是齐王让驷钧做国相，魏勃任将军，祝午任内史，发出国中全部兵力。派祝午到东边去欺骗琅邪王说："吕氏叛乱，齐王发兵想西进诛杀他们。齐王自以为是小孩子，年纪也小，不熟悉征战之事，愿把整个封国托付给大王。大王从高帝那时起就是将军，熟悉战事。齐王不敢离开军队，就派臣请大王到临淄去会见齐王商议大事，一起领兵西进平定关中之乱。"琅邪王相信了，认为不错，就飞驰去见齐王。齐王与魏勃等趁机扣留琅邪王，派祝午调发琅邪国全部人力、物力并统领其军队。

琅邪王刘泽被骗之后，不能返回封国，于是就劝齐王说："齐悼惠王是高皇帝的长子，推求本源来说，大王正是高皇帝的嫡长孙，应当继承皇位。如今大臣们还在犹疑不定，而我在刘氏中是最年长的，大臣本来是等我去决定大计的。如今大王把我留在这里，我也就不能有什么作为了，不如让我入关计议大事。"齐王认为很对，就又准备车送琅邪王入朝。

琅邪王走后，齐王就发兵向西进攻吕国的济南郡。这时齐哀王给诸侯王发信说:“高帝平定天下后,封子弟为王,悼惠王封在齐国。悼惠王死,惠帝派留侯张良来立臣为齐王。惠帝驾崩,高后专政,她年事已高,听任诸吕擅自废黜高帝所封诸王,又杀害三位赵王,灭梁、燕、赵让诸吕为王,还把齐国一分为四。忠臣进谏,主上惑乱不听。如今高后驾崩,皇帝年少,还不能治理天下,当然要依仗大臣和诸侯。现在诸吕又擅自尊为高官,聚集军队耀武扬威,胁迫诸侯和忠臣,假传诏命号令天下,刘氏宗庙因而危急。如今寡人率兵入关就是要诛杀那些不应为王的人。”

朝廷听说齐王发兵西进,相国吕产就派大将军灌婴东进拦击齐兵。灌婴到了荥阳,心中盘算道:“诸吕领兵聚集关中,想要危害刘氏而自立为皇帝。我现在如果打败齐国回朝报捷,这就等于为吕氏增加筹码。”于是就停下来屯驻荥阳,派使者告诉齐王和诸侯,愿互相联合,等吕氏一叛乱就共同诛杀他们。齐王听说此事,就向西进兵夺回他们的故地济南郡,并在齐国西部边界屯兵等待履行盟约。

吕禄、吕产要在关中叛乱,朱虚侯刘章与太尉周勃、丞相陈平等诛杀了他们。朱虚侯首先斩杀了吕产,于是太尉周勃等才得以全部诛杀吕氏族人。琅邪王也从齐国来到长安。

大臣商议要让齐王继皇帝位,可琅邪王和大臣说:“齐王的母舅驷钧,凶恶残暴,简直就是一只戴着人帽子的老虎。刚刚由于吕氏的缘故几乎使天下大乱,现在又要立齐王,就是想要再出现一个吕氏。代王的母家薄氏,是忠厚君子;况且代王又是高帝的亲生儿子,如今还在,并且最年长,以亲子来说,名正言顺;以善良人家来说,大臣都会放心。”于是大臣就谋划迎立代王为帝,并派朱虚侯把已诛杀诸吕的事告诉齐王,让他收兵。

灌婴在荥阳,听说魏勃本来是教唆齐王反叛的,诛灭吕氏后,齐国也收了兵,灌婴派人招来魏勃责问他。魏勃说:“失火的人家,哪里有空先告诉家长然后才去救火呢?”说完就退立一旁,两腿发抖,像是吓得说不出话,终于没再说什么。灌将军看了他好久,笑着说:“人们都说魏勃很勇敢,其实是个平庸无能的人罢了,哪会有什么作为呢!”于是免了他的职而不治罪。魏勃的父亲因善弹琴见过秦皇帝。魏勃在年少时，想求见齐相曹参，由于家贫没有财力亲自去疏通关系，就常一个人半夜里到齐相的随身侍从门外去打扫。这位侍从很奇怪，以为是什么怪物，就暗中窥探，结果捉到了魏勃。魏勃说："我想拜见相君，没有门路，所以来给您打扫，想借此来求见。"于是这位侍从就将魏勃引见给曹参，曹参因而让他也做侍从。有一次他给曹参驾车，说到对一些事情的意见，曹参认为他有才干，就向齐悼惠王推荐他。悼惠王召见魏勃，任命他为内史。起初，悼惠王有权自己任命二千石官员。到悼惠王死，哀王即位后，魏勃执掌政事，权重于齐相。

齐王收兵回国后，代王来到长安即皇帝位，这就是孝文帝。

孝文帝元年，把高后时从齐国分割出去的城阳、琅邪和济南郡全部归还齐国，琅邪王改封为燕王，朱虚侯、东牟侯加封领地各二千户。

这一年，齐哀王死，太子刘则即位，这就是齐文王。

齐文王元年，汉朝廷将齐国的城阳郡封给朱虚侯刘章，立他为城阳王；将齐国的济北郡封给东牟刘兴居，立他为济北王。

二年，济北王反叛，朝廷派兵把他诛杀了，他的封地归入朝廷。

又过两年，孝文帝把齐悼惠王之子罢军等七人全部封为列侯。

齐文王即位十四年死，没有儿子，国号废除，封地归入朝廷。

一年后，孝文帝分割齐国土地使原来所封的悼惠王的几个儿子为王。悼惠王之子齐孝王将闾是由杨虚侯改封为齐王的。原来齐国的其他郡县全部分封给悼惠王之子为王：刘志为济北王，刘辟光为济南王，刘贤为菑川王，刘印为胶西王，刘雄渠为胶东王，与城阳王、齐王共为七王。

齐孝王十一年，吴王刘濞、楚王刘戊谋反，起兵西进，遍告诸侯说："将去诛杀汉的贼臣晁错以使宗庙安定。"胶西王、胶东王、菑川王、济南王都擅自发兵响应吴、楚。还想拉齐国一起反叛，齐孝王犹豫不定，就坚守城池没有听从，三国军队共同包围齐国。齐王派路中大夫去向天子报告，天子又让路中大夫回去告知齐王："好好坚守，我派的军队现在已打败吴、楚。"路中大夫回到齐国，三国军队把临淄重重包围，没有办法入城。三国的将领劫持路中大夫并与他订立盟约，说："你反过来说汉朝廷已被攻破，齐国要赶快向三国投降，否则将被屠城。"路中大夫只好答应他们，来到城下，远远看见齐王，说："朝廷已发兵百万，派太尉周亚夫把吴、楚叛军打败，正领兵来救援齐国，齐国一定要坚守，不要投降！"三国将领杀死了路中大夫。

齐国起初被围困形势危急时，曾暗中与三国共同商谋，盟约还没有议定，正好听说路中大夫从朝廷回来，非常高兴，大臣们就再次劝谏齐王不要投降三国。过了不久，汉将栾市、平阳侯等率兵来到齐国，打败三国军队，解除了对齐国的包围。不久又听说齐国起初曾与三国有过共谋，又要移兵攻打齐国。齐孝王惧怕，就饮毒药自杀了。景帝听说后，认为齐国开始时是好的，由于受到威胁才与三国有共谋，这不是他的罪。于是立孝王的太子刘寿为齐王，这就是懿王，延续了齐王的后代。而胶西王、胶东王、济南王和菑川王都被诛灭，他们的领地都归入汉朝廷。将济北王迁到菑川为王。

齐懿王在位二十二年死，其子次景即位，这就是厉王。

齐厉王，他的母亲是纪太后。太后把她弟弟纪氏的女儿嫁给厉王为后。厉王不喜欢纪氏的女儿。太后想让纪氏家族世世受宠，就让她的长女纪翁主进入王宫，整治后宫，不准其他嫔妃接近齐王，想让厉王爱纪氏的女儿。厉王却趁机和他的姐姐翁主私通。

齐国有个宦官徐甲，入宫侍奉汉皇太后。皇太后有爱女是修成君，修成君不是出于刘氏，太后怜爱她。修成君有个女儿名叫娥，太后想把她嫁给诸侯。宦官徐甲就请求出使齐国，定让齐王上书求娶娥。皇太后很高兴，就派徐甲前往齐国。当时齐国人主父偃知道徐甲出使齐国是为了娶王后的事，也趁机对徐甲说："如果事情办成了，希望请你说说，我的女儿也愿在齐王后宫服侍。"徐甲到齐国之后，先用此事试探纪太后。纪太后闻听大怒，说："齐王已有王后，后宫嫔妃齐全。况且徐甲原是齐国的贫民，穷困已极才去做宦官，入朝侍奉汉宫，没给我们帮什么忙，又想来扰乱我们齐王之家！至于主父偃算什么人？竟也想让女儿进入后宫!”徐甲非常难堪,回朝禀报皇太后说:“齐王已愿意娶娥为后,但是有一种后患,恐怕齐王日后将像燕王一样。”燕王就是由于和他女儿的姐妹们私通,刚刚论罪处死,封国灭亡,所以徐甲用燕王的事触动太后。太后说:“不准再说嫁孙女到齐国的事了。”事情渐渐传天子耳中。主父偃从此也与齐国有了仇怨。

主父偃正受到天子宠信,主断政事,趁机对天子说:“齐国的临淄有十万户,每天从市场所收租税每天达千金,人口多而且富足,超过了长安,这种地方如果不是天子的亲兄弟或爱子不应在此为王。如今齐王和皇室亲属的关系日益疏远了。”接着又从容地说:“吕太后时齐国就想反叛,吴、楚七国之乱时孝王几乎参与叛乱。现在又听说齐王和他的姐姐有乱伦的事。”于是天子就任命主父偃为齐丞相,并且查办这件事。主父偃来到齐国后,就加紧审问齐王后宫的宦官中帮助齐王到达他姐姐翁主住所的人,命他们在供词和旁证中都牵涉到齐王。齐王年少,害怕因大罪被官吏拘捕诛杀,就饮毒药自杀了。他子嗣断绝没有后代。

当时赵王怕主父偃一做齐相就废除齐国,恐怕他要离间自家骨肉,于是给天子上书告发主父偃受贿以及因挟怨而对齐国说长道短。天子也就借此囚禁了主父偃。公孙弘说:“齐王因忧郁而死,没有后代,封国已归入朝廷,不诛杀主父偃无法杜绝天下人的怨恨。”于是诛杀了主父偃。

齐厉王在位五年死,没有后代,封地归入汉朝廷。

齐悼惠王后代还领有两国,即城阳和菑川。菑川土地紧靠齐国。天子怜悯齐国,因为悼惠王的墓园在齐郡,就把临淄以东环绕悼惠王墓园的城邑全部划给菑川国,以便供奉悼惠王的祭祀。

城阳景王刘章,齐悼惠王之子,他以朱虚侯的身份与大臣共同诛灭诸吕,而刘章亲手在未央宫首先斩了相国吕王吕产。孝文帝即位后,加封刘章领地二千户,赏赐黄金千斤。孝文帝二年,以齐国的城阳郡封立刘章为城阳王。刘章在位二年死,其子刘喜即位,这就是共王。

共王八年,改封为淮南王。四年后,又回来做城阳王。在位共三十三年死，其子刘延即位，这就是顷王。

顷王在位二十六年死，其子刘义即位，这就是敬王。敬王在位九年死，其子刘武即位，这就是惠王。惠王在位十一年死，其子刘顺即位，这就是荒王。荒王在位四十六年死，其子刘恢即位，这就是戴王。戴王在位八年死，其子刘景即位，到建始三年，十五岁，死。

济北王刘兴居，齐悼惠王之子，他以东牟侯的身份协助大臣诛灭诸吕，功劳不大。等文帝从代国来到长安，兴居说："请让我和太仆夏侯婴入宫清除余患。"接着废黜少帝刘弘，与大臣共同尊立孝文帝。

孝文帝二年，以齐国的济北郡封立兴居为济北王，与城阳王一同即王位。即位两年，兴居反叛。起初大臣诛灭吕氏时，朱虚侯的功劳特别大，曾答应把赵地封给朱虚侯为王，把梁地封给东牟侯为王。到孝文即位后，听说朱虚侯、东牟侯起初想立齐王为帝，所以削减了他们的功劳。到文帝二年，封诸子为王，才划出齐国的两个郡封刘章、刘兴居为王。刘章、刘兴居因被剥夺了应得的封地，有诛灭吕氏的大功而不被承认。刘章死，而兴居听说匈奴大举侵汉，汉大量发兵，派丞相灌婴领兵反击，文帝亲自到太原，以为天子亲自领兵反击匈奴，于是就起兵在济北反叛。天子听说后，撤回了丞相和派出的军队，让他们都回长安。派棘蒲侯柴将军打败并俘虏了济北王，济北王自杀，封地归入朝廷，改为郡。

十三年后，即文帝十六年，又封齐悼惠王之子安都侯刘志为济北王。过了十一年，吴、楚反叛时，刘志坚守，不与七国诸侯合谋。吴、楚叛乱平定后，改封刘志为菑川王。

济南王刘辟光，齐悼惠王之子，孝文帝十六年，由勒侯晋封为济南王。十一年后，与吴、王一同反叛。汉军打败叛军，杀死辟光，将济南设为郡，封地归入汉朝廷。

菑川王刘贤，齐悼惠王之子，文帝十六年，由武城侯晋封为菑川王。十一年后，与吴、楚一同反叛。汉军打败叛军，杀死刘贤。

天子因而徙封济北王刘志为菑川王。刘志也是齐悼惠王之子，由安都侯晋封为济北王。菑川王刘贤反叛，没有后代，就把济北王改封为菑川王。共在位三十五年死，谥号是懿王。其子刘建继承王位，这就是靖王。在位二十年死，其子刘遗继承王位，这就是顷王。在位三十六年死，其子刘终古即位，这就是思王。在位二十八年死，其子刘尚即位，这就是孝王。在位五年死，其子刘横即位，到建始三年，十一岁，死。

胶西王刘卬，齐悼惠王之子，文帝十六年，由昌平侯晋封为胶西王。十一年后，与吴、楚一同反叛。汉军打败叛军，杀死刘卬，封地归入汉朝廷，改为胶西郡。

胶东王刘雄渠，齐悼惠王之子，文帝十六年，由白石侯晋封为胶东王。十一年后，与吴、楚一同反叛，汉军打败叛军，杀死雄渠，封地归入汉朝廷，改为胶东郡。

太史公曰：诸侯中的大国没有超过齐悼惠王的。由于天下刚刚平定，刘氏子弟较少，汉天子有感于秦朝对宗亲没有封给尺寸土地，所以就大封同姓，以此来镇抚万民之心。到以后被分裂为几国，本来也是理所当然的。

史记卷五十三·萧相国世家第二十三

萧何是刘邦的重要谋臣，在辅佐刘邦打天下、安天下的过程中，建立了卓越功勋。本篇就是围绕萧何与刘邦的君臣际遇这一中心，主要写了萧何在辅佐刘邦灭秦、灭项羽中所建立的种种功勋，在刘邦封赏功臣时所受的分外恩宠，以及他在刘邦称帝后随着地位日隆、君臣之间出现的微妙关系，和他恭谨行事以谋求自保的艰难境况等。本篇所展现的只是萧何的一生和他性格的一些侧面，他为吕后设计诛淮阴侯韩信在文中只是一语带过，韩信的"成也萧何，败也萧何"充分暴露了他的自私性格，则在《淮阴侯列传》中有详细的记述。但在篇末的论赞中作者也对萧何所扮演的这一角色表示了微讽，有淮阴侯和黥布被诛杀的衬托，萧何的位冠群臣、声施后世显得更加灿烂，可淮阴侯和黥布的被诛杀也都有他的功劳，讽刺之意已显而易见。

萧相国何者，沛丰人也。以文无害为沛主吏掾。

高祖为布衣时，何数以吏事护高祖。高祖为亭长，常左右①之。高祖以吏繇②咸阳，吏皆送奉钱三，何独以五。

秦御史监郡者与从事，常辨③之。何乃给泗水卒史事，第一。秦御史欲入言征何，何固请④，得毋行。

及高祖起为沛公，何常为丞督事。沛公至咸阳，诸将皆争走金帛财物之府分之，何独先入收秦丞相御史律令图书藏之。沛公为汉王，以何为丞相。项王与诸侯屠烧咸阳而去，汉王所以具知天下阸塞⑤，户口多少，强弱之处，民所疾苦者，以何具得

①左右：佐助。 ②繇：通"徭"，劳役，这里指服劳役。 ③辨：清楚，明白，这里用作动词。 ④请：辞谢。 ⑤阸塞：险要之地。

秦图书也。何进言韩信，汉王以信为大将军。语在淮阴侯事中。

汉王引兵东定三秦，何以丞相留收巴蜀，填[①]抚谕告，使给军食。汉二年，汉王与诸侯击楚，何守关中，侍太子，治栎阳。为法令约束[②]，立宗庙社稷宫室县邑，辄奏上，可，许以从事；即不及奏上，辄以便宜[③]施行，上来以闻。关中事：计户口转漕[④]给军，汉王数失军遁去，何常兴关中卒，辄补缺。上以此专属[⑤]任何关中事。

汉三年，汉王与项羽相距京、索之间，上数使使劳苦[⑥]丞相。鲍生谓丞相曰："王暴衣露盖，数使使劳苦君者，有疑君心也。为君计，莫若遣君子孙昆弟能胜兵者悉诣[⑦]军所，上必益信君。"于是何从其计，汉王大说[⑧]。

汉五年，既杀项羽，定天下，论功行封。群臣争功，岁馀功不决。高祖以萧何功最盛，封为酂侯，所食邑多。功臣皆曰："臣等身被[⑨]坚执锐，多者百馀战，少者数十合，攻城略地，大小各有差。今萧何未尝有汗马之劳，徒持文墨议论，不战，顾反居臣等上，何也？"高帝曰："诸君知猎乎？"曰："知之。""知猎狗乎？"曰："知之。"高帝曰："夫猎，追杀兽兔者狗也，而发踪指示兽处者人也。今诸君徒能得走兽耳，功狗也。至如萧何，发踪指示，功人也。且诸君独以身随我，多者两三人。今萧何举宗数十人皆随我，功不可忘也。"群臣皆莫敢言。

列侯毕已受封，及奏位次，皆曰："平阳侯曹参身被七十创，

---

①填：通"镇"，安抚，安定。 ②约束：规章，法度。 ③便(biàn)宜：酌情处理。 ④转漕：运送粮食。古时车运为"转"，水运为"漕"。 ⑤属：通"嘱"，嘱托，委托。 ⑥劳苦：慰劳。 ⑦诣(yì)：到某地去，前往。 ⑧说：通"悦"，高兴。 ⑨被：通"披"。

攻城略地，功最多，宜第一。”上已桡[①]功臣，多封萧何，至位次未有以复难之，然心欲何第一。关内侯鄂君进曰：“群臣议皆误。夫曹参虽有野战略地之功，此特一时之事。夫上与楚相距[②]五岁，常失军亡众，逃身遁者数矣。然萧何常从关中遣军补其处，非上所诏令召，而数万众会上之乏绝者数矣。夫汉与楚相守荥阳数年，军无见[③]粮，萧何转漕关中，给食不乏。陛下虽数亡[④]山东，萧何常全关中以待陛下，此万世之功也。今虽亡曹参等百数，何缺于汉？汉得之不必待以全，奈何欲以一旦之功而加万世之功哉！萧何第一，曹参次之。”高祖曰：“善。”于是乃令萧何第一，赐带剑履上殿，入朝不趋[⑤]。

上曰：“吾闻进贤受上赏。萧何功虽高，得鄂君乃益明。”于是因鄂君故所食关内侯邑封为安平侯。是日，悉封何父子兄弟十馀人，皆有食邑。乃益封何二千户，以帝尝繇咸阳时“何送我独赢奉钱二”也[⑥]。

汉十一年，陈豨反，高祖自将，至邯郸。未罢，淮阴侯谋反关中，吕后用萧何计，诛淮阴侯，语在淮阴事中。上已闻淮阴侯诛，使使拜丞相何为相国，益封五千户，令卒五百人一都尉为相国卫。诸君皆贺，召平独吊。召平者，故秦东陵侯。秦破，为布衣，贫，种瓜于长安城东，瓜美，故世俗谓之“东陵瓜”，从召平以为名也。召平谓相国曰：“祸自此始矣。上暴露于外而君守于中，非被矢石之事[⑦]而益君封置卫者，以今者淮阴侯新反于中，疑君心矣。夫置卫卫君，非以宠君也。愿君让封勿受，悉以家私财佐军，则上心说。”相国从其计，高帝乃大喜。

---

①桡：通“挠”，弯曲，这里指委屈。 ②距：通“拒”，抵御，抵抗。 ③见：通“现”。 ④亡：丢失，失去。 ⑤趋：小步快走。这是古人在君长面前走路时表示恭敬的姿势。 ⑥赢奉：多给。 ⑦矢石之事：此指战事之险。矢石：箭头与飞石。

汉十二年秋，黥布反，上自将击之，数使使问相国何为。相国为上在军，乃拊循勉力[①]百姓，悉以所有佐军，如陈豨时。客有说相国曰："君灭族不久矣。夫君位为相国，功第一，可复加哉？然君初入关中，得百姓心，十馀年矣，皆附君，常复孳孳[②]得民和。上所为数问君者，畏君倾动关中。今君胡不多买田地，贱贳[③]贷以自污？上心乃安。"于是相国从其计，上乃大说。

上罢布军归，民道遮[④]行上书，言相国贱强买民田宅数千万。上至，相国谒。上笑曰："夫相国乃利民[⑤]！"民所上书皆以与相国，曰："君自谢[⑥]民。"相国因为民请曰："长安地狭，上林中多空地，弃，愿令民得入田，毋收稿[⑦]为禽兽食。"上大怒曰："相国多受贾人财物，乃为请吾苑。"乃下相国廷尉，械系[⑧]之。数日，王卫尉侍，前问曰："相国何大罪，陛下系之暴也？"上曰："吾闻李斯相秦皇帝，有善归主，有恶自与。今相国多受贾竖金而为民请吾苑，以自媚于民，故系治之。"王卫尉曰："夫职事苟有便于民而请之，真宰相事，陛下奈何乃疑相国受贾人钱乎！且陛下距楚数岁，陈豨、黥布反，陛下自将而往，当是时，相国守关中，摇足[⑨]则关以西非陛下有也。相国不以此时为利，今乃利贾人之金乎？且秦以不闻其过亡天下，李斯之分过，又何足法哉。陛下何疑宰相之浅也。"高帝不怿[⑩]。是日，使使持节赦出相国。相国年老，素恭谨，入，徒跣[⑪]谢。高帝曰："相国休矣！相国为民请苑，吾不许，我不过为桀、纣主，而相国为贤相。吾故系相

---

①拊（fǔ）循勉力：安抚勉励。勉力：同"勉励"。 ②孳（zī）孳：勤勉努力的样子。 ③贳（shì）：赊欠，赊买。 ④遮：阻拦。 ⑤相国乃利民：身为相国竟然如此"利民"。这是高祖说的反语。乃：竟然。 ⑥谢：谢罪，请罪。 ⑦稿：禾秆。 ⑧械系：用枷锁等刑具拘禁。 ⑨摇足：顿足，跺脚，此处比喻办事容易。 ⑩怿（yì）：喜悦，高兴。 ⑪徒跣（xiǎn）：赤脚步行，是一种请罪的表示。

国,欲令百姓闻吾过也。”

何素不与曹参相能[①]。及何病,孝惠自临视相国病,因问曰:“君即百岁后,谁可代君者?”对曰:“知臣莫如主。”孝惠曰:“曹参何如?”何顿首曰:“帝得之矣!臣死不恨[②]矣!”

何置田宅必居穷处,为家不治垣屋[③],曰:“后世贤,师吾俭;不贤,毋为势家所夺。”

孝惠二年,相国何卒,谥为文终侯。

后嗣以罪失侯者四世,绝,天子辄复求何后,封续酂侯,功臣莫得比焉。

太史公曰:萧相国何于秦时为刀笔吏,碌碌[④]未有奇节。及汉兴,依日月[⑤]之末光,何谨守管籥[⑥],因民之疾秦法,顺流与之更始。淮阴、黥布等皆以诛灭,而何之勋烂焉。位冠群臣,声施[⑦]后世,与闳夭、散宜生等争烈[⑧]矣。

【译文】

萧相国萧何,沛县丰邑人。他因写文书周密无疵病而做沛县的主吏掾。

高祖还是平民时,萧何多次在他触犯科条时袒护他。刘邦做亭长,萧何常佐助他。刘邦以小吏的身份率县民到咸阳服役,官吏们都奉送他三百钱,唯独萧何送他五百钱。

秦御史到泗水郡监察时,与萧何打过交道,常说他办事精明。萧何于是做了泗水郡卒史,其才干名列第一。秦御史打算入朝进言征调萧何,萧何一再辞谢,才没被调走。

---

①能:和睦。 ②恨:遗憾。 ③垣屋:有矮墙的房舍。 ④碌碌:平庸的样子。 ⑤日月:喻指帝王。 ⑥管籥:钥匙,这里喻指职责。籥(yuè):通“钥”。 ⑦施(yì):延续。 ⑧烈:伟业,功业。

等高祖起事做了沛公,萧何常以县丞的身份协助他督办各种事务。沛公到了咸阳,诸将都争先奔向府库,分取金帛财物,唯独萧何首先进入宫室收取秦丞相及御史掌管的律令图书,并珍藏起来。沛公做了汉王,任命萧何为丞相。项羽和诸侯屠戮焚烧咸阳后就离去了。汉王之所以能够详尽地了解天下的险关要塞,户口的多少,各地诸方面的强弱,百姓的疾苦等,就是因为萧何完备地得到了秦律令图书的缘故。萧何向汉王推荐韩信,汉王任命韩信为大将军。此事记在《淮阴侯列传》中。

汉王领兵东进,平定三秦,萧何以丞相的身份留守治理巴蜀,安抚百姓,发布政令,供给军队粮草。汉二年,汉王与各路诸侯攻打楚军,萧何守卫关中,侍奉太子,治理栎阳。制定法令、规章,建立宗庙、社稷、宫室、县邑。萧何行事总是禀报汉王,汉王同意,才施行这些政事;如果来不及禀报汉王,有些事就酌情处理,等汉王回来再向他禀报。萧何在关中管理户籍人口,征集粮草运送给前方军队,汉王多次弃军败逃而去,萧何常征发关中士卒,补充士兵的缺额。汉王因此将关中政事全部委托萧何处理。

汉三年,汉王与项羽对峙于京县、索城之间,汉王多次派遣使者慰劳丞相萧何。有个叫鲍生的人对丞相说:"汉王在前线风餐露宿,却多次派使者来慰劳您,这是有怀疑您的心意。为您着想,不如派遣您的子孙兄弟中能打仗的人都到军营中效力,汉王必定更信任您。"于是萧何听从了他的计谋,汉王非常高兴。

汉五年,已消灭项羽,平定天下,于是论功行赏。群臣争功,一年多了,功劳大小也没能决定下来。高祖认为萧何功劳最显赫,封他为酂侯,给予的食邑最多。功臣们都说:"臣等身披战甲,手执利器,多的身经百战,少的交锋数十回合,攻占城池,夺取土地,都立下大小不等的战功。如今萧何未尝有汗马功劳,只是舞文弄墨,发发议论,不参加战斗,封赏倒反在臣等之上,这是为什么呢?"高帝说:"诸位懂得打猎吗?"群臣回答说:"懂得。"高帝又问:"知道猎狗吗?"群臣说:"知道。"高帝说:"打猎时,追咬野兽的是猎狗,但发现野兽踪迹,指出野兽所在地方的是猎人。而今大家仅能捉到奔跑的野兽罢了，有猎狗一样的功劳。至于像萧何，发现野兽踪迹，指明猎取目标，功劳如同猎人。再说诸位只是个人追随我，多的不过一家两三个人。而萧何让自己本族里的数十人都来跟随我，功劳是不能忘记的。”群臣都不敢再言语了。

列侯均已受封赏，等向高祖进言评定位次时，群臣都说：“平阳侯曹参身受七十处创伤，攻城夺地，功劳最多，应排在第一。”高祖已委屈了功臣，较多地赏封了萧何，到评定位次时就无法再反驳大家，但心里还是想把萧何排在第一。关内侯鄂千秋进言说：“各位大臣的主张是不对的。曹参虽有转战各处、夺取土地的功劳，但这不过是一时的事。大王与楚军相持五年，常失掉军队，士卒逃散，只身逃走有数次。然而萧何常从关中派遣军队补充前线，这些都不是大王下令让他做的，当皇上兵乏粮绝的时刻，萧何的数万士卒正好送到，这已有多次了。汉军与楚军在荥阳对垒数年，军中没有现用的口粮，萧何从关中用车船运来粮食，军粮供应从不匮乏。陛下虽多次失掉崤山以东的地区，但萧何一直保全关中等待陛下，这是万世的功勋啊。如今即使没有上百个曹参这样的人，对汉室又有什么损失？汉室得到这些人也不一定非得靠着他才得以保全。怎么能让一时的功劳凌驾在万世功勋之上呢！应该是萧何排第一，曹参居次。”高祖说：“好。”于是便诏令萧何为第一，特恩许他带剑穿鞋上殿，上朝时可以不必小步快走。

高祖说：“我听说推荐贤才要受上等封赏。萧何的功劳虽很高，经鄂君的表彰就更显赫了。”于是在鄂君原来受封的关内侯食邑的基础上，加封为安平侯。当日，萧何父子兄弟十多人都封有食邑。后又加封萧何两千户，这是因为高祖过去到咸阳服役时，萧何多送给自己二百钱的缘故。

汉十一年，陈豨反叛，高祖亲自统兵到了邯郸。平叛尚未结束，淮阴侯韩信又在关中谋反，吕后采用萧何的计策，杀了淮阴侯，此事记在《淮阴侯列传》中。高祖已听说淮阴侯被杀，派遣使者拜丞相萧何为相国，加封五千户，并令五百名士卒、一名都尉做相国的侍卫。为此许多人都来祝贺，唯独召平哀慰其不幸。召平原是秦朝时的东陵侯。秦亡后，他沦为平民，家中贫穷，在长安城东种瓜，他种的瓜味道甜美，所以人们称它为"东陵瓜"，这是根据召平的封号来命名的。召平对相国萧何说："祸患从此开始了。皇上风吹日晒统军在外，而您留守朝中，未遭战事之险，反而增加您的封邑并设置卫队，这是因为如今淮阴侯刚在京城谋反，对您的内心有所怀疑。设置卫队保护您，并非以此宠信您。希望您辞让封赏不受，把家产、资财全都捐助军队，那么皇上心里就会高兴。"萧相国听从了他的计谋，高帝果然非常高兴。

汉十二年秋，黥布反叛，高祖亲自率军征讨他，多次派使者询问萧相国在做什么。萧相国因为皇上在军中，就在后方安抚勉励百姓，把自己的家财全都捐助军队，和讨伐陈豨时一样。有门客劝告萧相国说："您灭族的日子不远了。您位居相国，功劳数第一，还能够再加功吗？然而您当初进入关中就深得民心，至今十多年了，民众都亲附您，您还是那么勤勉做事，与百姓关系和谐，受到爱戴。皇上之所以屡次询问您，是害怕您震撼关中。如今您何不多买田地，采取低利息赊借等手段来败坏自己的声誉？这样，皇上才会心安。"于是萧相国听从了他的计谋，高祖才非常高兴。

高祖征讨黥布军回来，百姓拦路上书，说相国低价强买百姓田地房屋数千万。高祖回到京城，相国拜见。高祖笑着说："你这个相国竟然这样'利民'！"高祖把百姓的上书都交给相国，说："你自己向百姓谢罪吧。"相国趁此机会为百姓请求说："长安一带土地狭窄，上林苑中有很多空地，已废弃荒芜，希望让百姓们进去耕种，留下禾秆作为禽兽的饲料。"高祖大怒说："相国你大量接受商人的财物，然后就为他们请求占用我的上林苑！"于是就把相国交给廷尉，用枷锁拘禁了他。几天后，一个姓王的卫尉侍奉高祖时，上前问道："相国犯了什么大罪，陛下突然拘禁他？"高祖说："我听说李斯辅佐秦始皇时，有了功业归于主上，出了差错自己承担。如今相国大量收受奸商钱财而为百姓请求占用我的上林苑，以此向百姓讨好，所以把他拘禁起来治罪。"王卫尉说："在自己的职责内，如果有利于百姓而为他们请求，这确是宰相分内的事，陛下怎么怀疑相国收受商人钱财呢！况且陛下抗拒楚军数年，陈豨、黥布反叛时，陛下又亲自带兵前往平叛，当时相国留守关中，他只跺一跺脚，那么函谷关以西的土地就不归陛下所有了。相国不趁此时机为己谋利，如今却贪图商人的钱财吗？再说秦正因为听不到自己的过错而失去天下，李斯分担过错，又哪里值得效法呢？陛下为什么怀疑宰相到如此浅薄的地步！”高祖听后很不高兴。当日，高祖派人持节赦免释放了相国。相国上了年纪，一向谦恭谨慎，入见高祖，赤脚步行谢罪。高祖说：“相国别这个样子啦！相国为百姓请求上林苑，我不答应，我不过是桀、纣那样的君主，而你则是个贤相。我之所以把你用枷锁拘禁起来，是想让百姓们知道我的过错。”

萧何一向不跟曹参和睦，到萧何病重时，孝惠皇帝亲自去探视相国病情，趁便问道：“您如果故去了，谁可以接替您呢？”萧何回答说：“了解臣下的莫过于君主了。”孝惠帝说：“曹参怎么样？”萧何叩头说：“陛下得到合适人选了！我死也不遗憾了！”

萧何购置田地住宅必定处在破败偏僻的地方，建造家园不修筑有围墙的宅第。他说：“我的后代贤能，就学习我的俭朴；后代不贤能，可以不被有权势的人家所夺取。”

孝惠二年，相国萧何死，谥号为文终侯。

萧何后代因犯罪而失去侯爵封号的有四世，每次断绝了继承人时，天子总是再寻求萧何的后代，续封为酂侯，功臣中没有谁能跟萧何这种情况相比。

太史公说：相国萧何在秦时仅是个文职小官吏，平平常常，没有什么惊人的作为。等到汉室兴盛，仰仗帝王的余光，萧何谨守职责，根据百姓痛恨秦朝苛法这一情况，顺应潮流，为他们除旧更新。韩信、黥布等因他而被诛灭，萧何的功勋更显得灿烂。他的地位为群臣之冠，声望延及后世，能够跟闳夭、散宜生等人争辉比美了。

【鉴赏】

本篇采用对比、衬托等手法多侧面的描写了萧何。在刘邦进入咸阳之后，诸将都争着分金帛财物，而萧何却首先进入宫室收取秦丞相御史律令图书并珍藏起来，从而得知天下厄塞、户口、各地强弱、百姓疾苦等，这就是他比一般人高明得多的地方。后来刘邦封赏功臣时把诸将之功比作猎狗一样的功劳，而独将他的功劳比作猎人一样的功劳，这绝不是偶然的。他之所以能建立卓著功勋离不开他的高瞻远瞩，深谋远虑。作者还记述关内侯的进言进一步彰显了萧何所建功业的非同寻常，曹参攻城略地，战功最多，但仅是“一旦之功”，而萧何勤勉经营关中，并保证前方军需供给，立下的则是“万世之功”。通过直接述其功业和其他人物的表彰，在对比衬托之中，充分肯定了萧何的功绩。萧何还行事恭谨，忠心耿耿。如汉二年他守关中，侍太子要么先奏后行，要么先相机行事，再禀奏刘邦。又如他在汉三年、十一年、十二年分别遭到刘邦猜疑，萧何积极采纳鲍生、召平以及那位不知名之客的计谋而得以化险为夷，博得刘邦大喜。他还善于识人，如他向刘邦推荐韩信，不计个人得失向孝惠帝推荐曹参在自己之后为相，都体现了他作为大臣的胸襟。但同时他还有自私忍狠的一面，如为了保全个人，他与吕后定计杀害韩信。而“月夜追韩信”“成也萧何，败也萧何”的故事即表现了他识才惜才，同时也成了他为顾自己而反复无常的铁证。当然这要从《淮阴侯列传》中读到了。

史记卷五十四·曹相国世家第二十四

本篇主要记述了曹参随刘邦打天下过程中所立下的攻城野战之功，以及他为齐丞相和继萧何为汉相国后所实行的清静无为的政策及其所取得的政绩。曹参施行的政策，使百姓得以休养生息，也使他受到了天下人的称颂。司马迁对他这一点是肯定的。但肯定归肯定，作者对曹参这个人的称颂并不很多。在本篇的论赞中，他说曹参之所以能建立如此之多的攻城野战之功，是因为跟上了韩信这位名将，韩信又被诛灭，曹参的声名才得以显出。他接替萧何做汉相国，又“举事无所变更，一遵萧何约束”，汉国之策多依萧何，虽然这顺应了当时的形势和人心向背，但就曹参本人来说，尤其是在与韩信和萧何的对比中，这又使他成了一个因人成事、庸庸碌碌之人。同时在这对比之中，作者似乎又别有用意，那就是传达出对韩信的痛惜之情。

平阳侯曹参者，沛人也。秦时为沛狱掾，而萧何为主吏，居县为豪吏矣。

高祖为沛公而初起也，参以中涓从。将击胡陵、方与，攻秦监公军，大破之。东下薛，击泗水守军薛郭西。复攻胡陵，取之。徙守方与。方与反为魏，击之。丰反为魏，攻之，赐爵七大夫。击秦司马尼军砀东，破之，取砀、狐父、祁善置。又攻下邑以西，至虞，击章邯车骑。攻爰戚及亢父，先登，迁为五大夫。北救东阿，击章邯军，陷陈，追至濮阳。攻定陶，取临济。南救雍丘，击李由军，破之，杀李由，虏秦候一人。秦将章邯破杀项梁也，沛公与项羽引而东。楚怀王以沛公为砀郡长，将砀郡兵。于是乃封参为执帛，号曰建成君。迁为戚公，属砀郡。

其后从攻东郡尉军，破之成武南。击王离军成阳南，复攻之杠里，大破之。追北[①]，西至开封，击赵贲军，破之，围赵贲开封城中。西击秦将杨熊军于曲遇，破之，虏秦司马及御史各一人，迁为执珪。从攻阳武，下轘辕、缑氏，绝[②]河津，还击赵贲军尸北，破之。从南攻犨，与南阳守齮战阳城郭东，陷陈[③]，取宛，虏齮，尽定南阳郡。从西攻武关、峣关，取之。前攻秦军蓝田南，又夜击其北，秦军大破，遂至咸阳，灭秦。

项羽至，以沛公为汉王。汉王封参为建成侯。从至汉中，迁为将军。从还定三秦，初攻下辩、故道、雍、斄。击章平军于好畤南，破之，围好畤，取壤乡。击三秦军壤东及高栎，破之。复围章平，章平出好畤走。因击赵贲、内史保军，破之。东取咸阳，更名曰新城。参将兵守景陵二十日，三秦使章平等攻参，参出击，大破之。赐食邑于宁秦。参以将军引兵围章邯于废丘。以中尉从汉王出临晋关。至河内，下修武，渡围津，东击龙且、项他定陶，破之。东取砀、萧、彭城，击项籍军，汉军大败走。参以中尉围取雍丘。王武反于外黄，程处反于燕，往击，尽破之。柱天侯反于衍氏，又进破取衍氏。击羽婴于昆阳，追至叶，还攻武强，因至荥阳。参自汉中为将军中尉，从击诸侯，及项羽败，还至荥阳，凡二岁。

高祖二年，拜为假[④]左丞相，入屯兵关中。月馀，魏王豹反，以假左丞相别与韩信东攻魏将军孙遬军东张，大破之。因攻安邑，得魏将王襄。击魏王于曲阳，追至武垣，生得魏王豹。取平阳，得魏王母妻子，尽定魏地，凡五十二城。赐食邑平阳。因从

---

①追北：追击败逃的敌军。北：战败逃跑的军队。 ②绝：断绝，封锁。 ③陈：通“阵”，阵列。 ④假：代理的。

韩信击赵相国夏说军于邬东，大破之，斩夏说。韩信与故常山王张耳引兵下井陉，击成安君，而令参还围赵别将[①]戚将军于邬城中。戚将军出走，追斩之。乃引兵诣[②]敖仓汉王之所。韩信已破赵，为相国，东击齐。参以右丞相属韩信，攻破齐历下军，遂取临菑。还定济北郡，攻著、漯阴、平原、鬲、卢。已而从韩信击龙且军于上假密，大破之，斩龙且，虏其将军周兰。定齐，凡得七十馀县。得故齐王田广相田光、其守相许章，及故齐胶东将军田既。韩信为齐王，引兵诣陈，与汉王共破项羽，而参留平齐未服者。

项籍已死，天下定，汉王为皇帝，韩信徙为楚王，齐为郡。参归汉相印。高帝以长子肥为齐王，而以参为齐相国。以高祖六年赐爵列侯，与诸侯剖符[③]，世世勿绝。食邑平阳万六百三十户，号曰平阳侯，除[④]前所食邑。

以齐相国击陈豨将张春军，破之。黥布反，参以齐相国从悼惠王将兵车骑十二万人，与高祖会击黥布军，大破之。南至蕲，还定竹邑、相、萧、留。

参功：凡下二国，县一百二十二；得王二人，相三人，将军六人，大莫敖、郡守、司马、候、御史各一人。

孝惠帝元年，除诸侯相国法，更以参为齐丞相。参之相齐，齐七十城。天下初定，悼惠王富于春秋[⑤]，参尽召长老诸生，问所以安集百姓，如齐故俗诸儒以百数，言人人殊，参未知所定。闻胶西有盖公，善治黄老言，使人厚币[⑥]请之。既见盖公，盖公

①别将：配合主力军作战的将领。 ②诣(yì)：到某地去，前往。 ③剖符：帝王分封诸侯或功臣时，把一种竹制的凭证剖成两半，帝王与诸侯各执一半，以为凭信。 ④除：收回。 ⑤富于春秋：指年纪轻。春秋：年龄，年纪。 ⑥币：礼物。

为言治道贵清静而民自定，推此类具言之。参于是避①正堂，舍②盖公焉。其治要③用黄老术，故相齐九年，齐国安集，大称贤相。

惠帝二年，萧何卒。参闻之，告舍人趣④治行："吾将入相。"居无何，使者果召参。参去，属⑤其后相曰："以齐狱市为寄，慎勿扰也。"后相曰："治无大于此者乎？"参曰："不然。夫狱市者，所以并容也，今君扰之，奸人安所容也？吾是以先之。"

参始微时，与萧何善；及为将相，有郤⑥。至何且死，所推贤唯参。参代何为汉相国，举事无所变更，一遵萧何约束⑦。

择郡国吏木诎⑧于文辞，重厚长者，即召除⑨为丞相史。吏之言文刻深，欲务声名者，辄斥去之。日夜饮醇酒。卿大夫已下吏及宾客见参不事事，来者皆欲有言。至者，参辄饮以醇酒，间之，欲有所言，复饮之，醉而后去，终莫得开说，以为常。

相舍后园近吏舍，吏舍日饮歌呼。从吏恶之，无如之何，乃请参游园中，闻吏醉歌呼，从吏幸相国召按⑩之。乃反取酒张坐⑪饮，亦歌呼与相应和。

参见人之有细过，专掩匿覆盖之，府中无事。

参子窋为中大夫。惠帝怪相国不治事，以为"岂少⑫朕与"？乃谓窋曰："若归，试私从容⑬问而父曰：'高帝新弃群臣，帝富于春秋，君为相，日饮，无所请事，何以忧天下乎？'然无言吾告若也。"窋既洗沐⑭归，间侍，自从其所谏参。参怒，而笞窋二百，

---

①避：腾出，让出。②舍：使居住。③要：主要，关键。④趣：通"促"，催促，赶快。⑤属：通"嘱"，嘱咐，托付。⑥郤（xì）：通"隙"，感情上的隔阂。⑦约束：规章，法度。⑧木诎（qū）：质朴而不善言辞。⑨除：任命。⑩幸：希望。按：制止，止住。⑪张坐：陈设座席。⑫少：认为不足，贬低，轻视。⑬从容：随便。⑭洗沐：沐浴，借指假日，又叫"休沐"。汉时规定，官员每五日一休息，用于沐浴等事。

曰:“趣入侍,天下事非若所当言也。”至朝时,惠帝让[①]参曰:“与窋胡治[②]乎? 乃者[③]我使谏君也。”参免冠谢曰:“陛下自察圣武孰与高帝?”上曰:“朕乃安敢望先帝乎!”曰:“陛下观臣能孰与萧何贤?”上曰:“君似不及也。”参曰:“陛下言之是也。且高帝与萧何定天下,法令既明,今陛下垂拱[④],参等守职,遵而勿失,不亦可乎?”惠帝曰:“善。君休矣!”

参为汉相国,出入三年。卒,谥懿侯。子窋代侯。百姓歌之曰:“萧何为法,顜若画一[⑤];曹参代之,守而勿失。载[⑥]其清净,民以宁一。”

平阳侯窋,高后时为御史大夫。孝文帝立,免,为侯。立二十九年卒,谥为静侯。子奇代侯,立七年卒,谥为简侯。子时代侯。时尚[⑦]平阳公主,生子襄。时病疠[⑧],归国。立二十三年卒,谥夷侯。子襄代侯。襄尚卫长公主,生子宗。立十六年卒,谥为共侯。子宗代侯。征和二年中,宗坐太子死,国除。

太史公曰:曹相国参攻城野战之功所以能多若此者,以与淮阴侯俱。及信已灭,而列侯成功,唯独参擅其名。参为汉相国,清静极言合道。然百姓离[⑨]秦之酷后,参与休息无为,故天下俱称其美矣。

【译文】

平阳侯曹参,沛县人。秦朝时做沛县狱掾,萧何做主吏,他们在县里已是有名望的官吏了。

高祖做沛公开始起事时,曹参以中涓的身份跟随高祖。曹参率兵进

---

①让:责备。 ②治:惩处,惩治。 ③乃者:先前,往日。 ④垂拱:垂衣拱手,形容无所事事,不费力气,常用来称颂帝王无为而治。 ⑤顜(jiǎng):明,明确。 ⑥载:施行。 ⑦尚:娶帝王的女儿。 ⑧疠(lì):疫病,瘟疫。 ⑨离:通“罹”,遭受。

击胡陵、方与，攻打监郡的军队，大破敌兵。又向东拿下薛县，在薛县外城的西面进击泗水郡守的军队。又攻打胡陵，夺取了它。曹参率兵转移去守卫方与。方与已反叛降魏，曹参就进击方与。丰邑也反叛降魏，曹参又去攻打丰邑，沛公赐给曹参七大夫的爵位。曹参在砀县东面进击秦朝司马𡰖的军队，打败了它，夺取砀县、狐父和祁县的善置邑。又攻打下邑以西的地方，一直到虞县，进击章邯的军队。攻打爰戚和亢父时，曹参最先登上城墙，曹参官职升为五大夫。他向北救援东阿，进击章邯的军队，攻陷陈县，追击到濮阳。又攻打定陶，夺取临济。又往南救援雍丘，进击李由的军队，打败了它，杀掉李由，俘虏秦军候一人。这时秦将章邯打败项梁的军队，杀死项梁，沛公与项羽率军东撤。楚怀王任用沛公为砀郡长，统领砀郡的军兵。于是就封曹参为执帛，号称建成君。后曹参升为爰戚县县令，隶属砀郡。

之后，曹参随沛公攻打东郡郡尉的军队，在成武南面打败敌军。在成阳南面进击王离的军队，在杠里又跟王离军队交锋，把它打得大败。又追击败逃的敌军，向西到了开封，进击赵贲的军队，打败了它，把赵贲围在开封城中。向西在曲遇进击秦将杨熊的军队，打败了它，俘虏秦司马及御史各一人，曹参升为执珪。随沛公攻打阳武，拿下轘辕、缑氏，断绝黄河渡口，回军进击赵贲的军队，在尸乡北面打败了它。随沛公向南攻打犨邑，在阳城外城以东与南阳郡郡守𬺈交战，攻破𬺈军阵列，夺取宛县，俘虏𬺈，完全平定了南阳郡。又随沛公向西攻打武关、峣关，夺下这两个关口。先在蓝田南面攻打秦军，又在夜间攻打蓝田北面，大败秦军，随即到达咸阳，灭了秦朝。

项羽到了关中，封沛公为汉王。汉王封曹参为建成侯。曹参随汉王到了关中，升为将军。又随汉王回军平定三秦，起初攻打下辩、故道、雍县、斄县。在好畤的南面进击章平的军队，打败了它，包围好畤，夺取壤乡。在壤乡东面和高栎一带进击三秦的军队，打败了它。又包围了章平，章平从好畤突围逃跑。于是进击赵贲和内史保的军队，打败了它。向东夺取咸阳，把咸阳改名为新城。曹参率兵守卫景陵二十天，三秦派章平等人进攻曹参，曹参出兵迎击，大败敌军。汉王把宁秦赐给曹参做食邑。曹参以将军的身份领兵在废丘包围了章邯，以中尉的身份随汉王出临晋关。到了河内，拿下修武，从围津渡过黄河，向东在定陶进击龙且、项他的军队，打败了它。又向东攻取砀县、萧县、彭城，进击项籍的军队，汉军大败逃跑。曹参以中尉的身份包围夺取雍丘。汉将王武在外黄反叛，程处在燕县反叛，曹参率军前往进击，都打败了他们。柱天侯在衍氏反叛，曹参又击败叛军，夺回衍氏。在昆阳攻打羽婴，追击到叶邑，又回军攻打武强，随即又打到荥阳。曹参从汉中做将军、中尉，随汉王进击诸侯，到项羽战败，回到荥阳，前后总共两年时间。

高祖二年，拜授曹参代理左丞相，领兵进驻关中。一个多月后，魏王豹反叛，曹参以代理左丞相的身份又与韩信率军向东在东张攻打魏将军孙遬的军队，将其打得大败。乘势进攻安邑，捕获魏将王襄。在曲阳进击魏王，追到武垣，活捉了魏王豹。夺取了平阳，捕得魏王的母亲、妻子、儿女，全部平定魏地，共得五十二座城邑。汉王把平阳赐给曹参做食邑。曹参后来又随韩信在邬县东面进击赵相国夏说的军队，将它打得大败，斩杀了夏说。韩信与原常山王张耳率兵到井陉，攻打成安君，同时命曹参回军把赵国的别将戚将军围困在邬城中。戚将军突围逃跑，曹参追击并斩杀了他。于是曹参率兵到敖仓汉王的营地。这时韩信已打败赵国，做了相国，向东攻打齐国。曹参以右丞相的身份隶属韩信，击破了齐国历下的军队，于是夺取了临菑。又回军平定济北郡，攻打著县、漯阴、平原、鬲县、卢县。不久随韩信在上假密进击龙且的军队，大败敌军，斩了龙且，俘虏了他的部将周兰。平定了齐国，总共得到七十余县。捕获了原齐王田广的丞相田光、代替丞相留守的许章和原齐国的胶东将军田既。韩信做了齐王，领兵到了陈县，与汉王会合，共同打败了项羽，而曹参留下来平定齐国尚未降服的地方。

项羽已死，天下平定，汉王做了皇帝，韩信被改封为楚王，齐国划为郡。曹参归还了汉丞相印。高帝把长子刘肥封为齐王，任命曹参为齐相国。高祖六年，分封列侯爵位，朝廷与诸侯剖符为凭，使被分封者的爵位世代相传而不断绝。把平阳的一万零六百三十户封给曹参作为食邑，封号叫平阳侯，收回以前所封的食邑。

曹参以齐国相国的身份领兵攻打陈豨部将张春的军队，打败了它。黥布反叛，曹参以齐国相国的身份跟从齐悼惠王刘肥率领十二万人马，与高祖合攻黥布的军队，将它打得大败。向南打到蕲县，又回军平定了竹邑、相县、萧县、留县。

曹参的功绩：总共打下两个诸侯国，一百二十二个县；俘获诸侯王二人，诸侯国丞相三人，将军六人，大莫敖、郡守、司马、候、御史各一人。

孝惠帝元年，废除了诸侯国设相国的法令，改命曹参为齐国丞相。曹参做齐国丞相时，齐国有七十座城邑。当时天下刚刚平定，悼惠王很年轻，曹参按照齐地固有的习俗，把有知识阅历的老者和诸位儒生都招来，询问安抚百姓的办法。但齐国原有的儒生数以百计，众说纷纭，曹参不知如何决定。他听说胶西有位盖公，精研黄老学说，就派人带着厚礼把他请来。见到盖公后，盖公对曹参说，治理国家的诀窍贵在清静无为，让百姓们自行安定。以此类推，把这方面的道理都讲了。曹参于是腾出丞相衙门的正堂让盖公住。此后，曹参治理齐国主要就是采用黄老之术，所以他任齐国丞相九年，齐国安定，人们称赞他是贤相。

惠帝二年，萧何死。曹参听到这个消息，就告诉他的门客赶快整理行装，说："我将要入朝做相国去了。"过了不久，朝廷派来的使者果然来召请曹参。曹参离开时，嘱咐后任齐国丞相说："要把齐国的狱市作为某些人的寄托之所，要慎重对待这些人的行为，不要轻易整治干涉。"后任丞相说："治理国家没有比这更重要的吗？"曹参说："不是这样。狱市中的行为，是善恶并容的，如果您严加干涉，坏人在哪里容身呢？我因此把这件事摆在前面。"

曹参起初微贱时，跟萧何要好；等到各自做了将军、相国，便有了隔阂。到萧何临终时，向孝惠帝推荐的贤臣只有曹参。曹参接替萧何做汉相国，行事没任何变更，一概遵循萧何定的法度。

曹参从各郡和诸侯国中挑选一些质朴而不善文辞的厚道人，立即召来任命为丞相的属官。对官吏中那些言语文字苛求细枝末节，想一味追求办事严格的声誉的人，就斥退撵走他们。曹参自己整天痛饮美酒。卿大夫以下的官吏和宾客们见曹参不理政事，上门来的人都想有言相劝。可是这些人一到，曹参就立即拿美酒给他们喝，过了一会儿，有人想说些什么，曹参又让他们喝酒，直到喝醉后离去，始终没能开口劝谏，如此习以为常。

相国住宅的后园靠近官吏的房舍，官吏的房舍里整天饮酒歌唱，大呼小叫。曹参的随从官员很厌恶这件事，但对此也无可奈何，于是就请曹参到后园中游玩，听到了那些官吏们醉酒高歌、狂呼乱叫的声音，随从官员们希望相国把他们招来加以制止。曹参反而叫人取酒陈设座席痛饮起来，并且也高歌呼叫，与那些官吏们相应和。

曹参见别人有细小的过失，总是隐瞒遮盖，因此相府中相安无事。

曹参之子曹窋做中大夫。汉惠帝埋怨曹相国不理政事，认为"难道相国对自己有什么不满吗？"，于是对曹窋说："你回家后，试着私下随便问你父亲说：'高帝刚永别群臣，皇上又很年轻，您身为相国，整天饮酒，也没有什么事来请示，根据什么考虑国家大事呢？'但不要说是我告诉你的。"曹窋假日休息时回家，闲暇时陪侍父亲，依惠帝的意思规劝曹参。曹参听了大怒，笞打了曹窋二百下，说："快点儿进宫侍奉皇上去，国家大事不是你应该说的。"到上朝时，惠帝责备曹参说："为什么要惩治曹窋？上次是我让他规劝您的。"曹参脱帽谢罪说："请陛下自己仔细考虑一下，在圣明英武上您和高帝谁强？"惠帝说："我怎么敢跟先帝相比呢！"曹参说："陛下看臣和萧何谁更贤能？"惠帝说："您好像不如萧何。"曹参说："陛下说得很对。高帝与萧何平定天下，法令已经明确，如今陛下垂衣拱手，我等谨守各自的职责，遵循原有的法度而不随意更改，不就行了吗？"惠帝说："好。您休息休息吧！"

曹参做汉相国，前后有三年时间。他死后，被谥为懿侯。其子曹窋接替他的侯位。百姓们歌颂曹参说："萧何制定法令，清楚明白；曹参接替萧何为相，遵守萧何制定的法度而不改变。曹参施行他那清静无为的做法，百姓因而安宁不乱。”

平阳侯曹窋，高后时任御史大夫。孝文帝即位，免职为侯。曹窋为侯二十九年后死，谥号为静侯。其子曹奇接替侯位，为侯七年死，谥号为简侯。其子曹时接替侯位。曹时娶了平阳公主，生子曹襄。曹时得了疫病，回到封国。曹时为侯二十三年死，谥号为夷侯。其子曹襄接替侯位。曹襄娶了卫长公主，生子曹宗。曹襄为侯十六年死，谥号为共侯。其子曹宗接替侯位。征和二年时，曹宗因受武帝太子兵变事牵连，获罪被处死，封国被废除。

太史公说：曹相国曹参攻城野战的功业之所以能如此多，是因他跟上了淮阴侯韩信。等到韩信被消灭，列侯成就的战功，唯独曹参据有其名。曹参作为汉相国，极力主张清静无为，这完全合于治国之道。百姓遭受秦酷政后，曹参给予他们休养生息的时机，所以天下人都称颂他的美德。

【鉴赏】

司马迁对谋略的称颂似乎要高于战功。在《萧相国世家》中刘邦那段“功狗”与“功人”之论，以及关内侯“一旦之功”与“万世之功”之言即可作为一个佐证。所以在本篇中作者对曹参的赫赫战功只是依次罗列出来。而对他接替萧何为汉相国后的行事为人则记述较为生动，这也是曹参的形象得以活起来的主要原因。如他“日夜饮醇酒”，卿大夫以下的属吏及宾客想规劝他，他反倒一再地向他们劝酒，让人无法开口；对后园近旁的官员房舍中醉酒呼叫的吵闹声，随从的官员都非常厌恶，不但不感到厌烦，反而“取酒张坐饮，亦歌呼与相应和”。可他又不是醉生梦死之徒，绝不是如萧何那样多买田地以自污的取悦皇上之举，他是十分清醒的。他的清醒在与孝惠皇帝的一番对话中突出表现了出来。另外还有他重视官员的德，提拔那些拙于文辞而又质朴忠厚之人，而对那些言文刻深、务求声名之徒他一概斥去。这说明生活上的醉酒并没有掩盖他治国上的清醒。他为齐相时就遵从治国之道“贵清静而民自定”的黄老之言，使得齐国安抚，而被称为贤相。接替萧何之后，“举事无所变更，一遵萧何约束”自然是他极为清醒之处。在“醉”与“醒”的交替、“醉”与“醒”的对比中，曹参的形象生动起来。司马迁如此写曹参继萧何清静无为而使百姓安宁，又似乎在与当时武帝的穷兵黩武、逞强侈欲的局面进行对比，蕴含一种讽谕之情。

史记卷五十五·留侯世家第二十五

“非天下所以存亡,故不著。”这是司马迁作为一位史家取舍著史素材的原则之一。作为刘邦的重要谋臣,张良与刘邦所言的事肯定很多。本篇就选择了一些关乎历史人物命运并进而关乎天下所以存亡的事作了较为生动详细的记述。张良年轻时,不惜家财求客刺秦王为韩报仇,博浪沙狙击秦始皇,圯上进履而受书;随灭秦灭项羽时,张良设计利诱秦将击败秦军,使刘邦先入咸阳,劝谏刘邦撤出秦宫,鸿门宴救刘邦脱险,劝汉王烧绝汉道以惑项王之心,陈说郦食其之计之不可行;刘邦称帝建汉后,张良舍“自择齐三万户”之封而自请留侯,建议刘邦封赏与自己有宿怨的雍齿以安定诸将之心,献言定都关中,为护持太子而建言吕氏招致四贤人等。一桩桩大事小事展现了张良在兴汉固汉过程中发挥的重要历史作用。

留侯张良者,其先韩人也。大父开地,相韩昭侯、宣惠王、襄哀王。父平,相釐王、悼惠王。悼惠王二十三年,平卒。卒二十岁,秦灭韩。良年少,未宦事韩。韩破,良家僮三百人,弟死不葬,悉以家财求客刺秦王,为韩报仇,以大父、父五世相韩故。

良尝学礼淮阳,东见仓海君,得力士,为铁椎重百二十斤。秦皇帝东游,良与客狙击①秦皇帝博浪沙中,误中副车②。秦皇帝大怒,大索天下,求贼甚急,为张良故也。良乃更名姓,亡匿③下邳。

①狙击:伺机袭击。狙(jū):暗中观察动静。 ②副车:皇帝的侍从车辆。 ③亡匿:逃避,躲藏。

良尝闲从容[①]步游下邳圯[②]上，有一老父，衣褐[③]，至良所，直[④]堕其履圯下，顾谓良曰："孺子，下取履！"良鄂[⑤]然，欲殴之，为其老，强忍，下取履。父曰："履[⑥]我！"良业[⑦]为取履，因长跪履之。父以足受，笑而去。良殊大惊，随目之。父去里所[⑧]，复还，曰："孺子可教矣。后五日平明，与我会此。"良因怪之，跪曰："诺。"五日平明，良往。父已先在，怒曰："与老人期[⑨]，后，何也？"去，曰："后五日早会。"五日鸡鸣，良往。父又先在，复怒曰："后，何也？"去，曰："后五日复早来。"五日，良夜未半往。有顷，父亦来，喜曰："当如是。"出一编[⑩]书，曰："读此则为王者师矣。后十年兴，十三年孺子见我济北，谷城山下黄石即我矣。"遂去，无他言，不复见。旦日视其书，乃《太公兵法》也。良因异之，常习诵读之。

居下邳，为任侠[⑪]。项伯常[⑫]杀人，从良匿。

后十年，陈涉等起兵，良亦聚少年百馀人。景驹自立为楚假[⑬]王，在留。良欲往从之，道遇沛公。沛公将数千人，略地下邳西。遂属[⑭]焉。沛公拜良为厩将[⑮]。良数以《太公兵法》说沛公，沛公善之，常用其策。良为他人言，皆不省[⑯]。良曰："沛公殆[⑰]天授。"故遂从之，不去见景驹。

及沛公之薛，见项梁。项梁立楚怀王。良乃说项梁曰："君已立楚后，而韩诸公子横阳君成贤，可立为王，益树党[⑱]。"项梁

---

①从容：随便，闲暇，无目的的样子。 ②圯(yí)：桥。 ③褐：粗布衣服，古代贫者所穿。 ④直：特意，故意。 ⑤鄂：通"愕(è)"，惊异，惊讶。 ⑥履：穿上鞋。 ⑦业：既然，已经。 ⑧所：许，表示约略、大概。 ⑨期：相约，约定。 ⑩编：当时的书多写在竹简上，而后用皮条把它们串联在一起，因而称"编"。 ⑪任侠：以他人急难为己任，即好打抱不平。 ⑫常：通"尝"，曾经。 ⑬假：代理的，临时的。 ⑭属(zhǔ)：跟从，跟随。 ⑮厩将：军中主管马匹的官。厩(jiù)：马棚。 ⑯省：领会，明白。 ⑰殆(dài)：大概。 ⑱益：更加。党：党羽，同盟者。

使良求韩成，立以为韩王。以良为韩申徒，与韩王将千馀人西略韩地，得数城，秦辄复取之，往来为游兵颍川。

沛公之从洛阳南出轘辕，良引兵从沛公，下韩十馀城，击破杨熊军。沛公乃令韩王成留守阳翟，与良俱南，攻下宛，西入武关。沛公欲以兵二万人击秦峣下军，良说曰："秦兵尚强，未可轻。臣闻其将屠者子，贾竖①易动以利，愿沛公且留壁②，使人先行，为五万人具③食，益为张旗帜诸山上，为疑兵，令郦食其持重宝啖④秦将。"秦将果畔，欲连和俱西袭咸阳。沛公欲听之。良曰："此独其将欲叛耳，恐士卒不从。不从必危，不如因其解⑤击之。"沛公乃引兵击秦军，大破之。逐北⑥至蓝田，再战，秦兵竟⑦败。遂至咸阳，秦王子婴降沛公。

沛公入秦宫，宫室帷帐狗马重宝妇女以千数，意欲留居之。樊哙谏沛公出舍，沛公不听。良曰："夫秦为无道，故沛公得至此。夫为天下除残贼⑧，宜缟素⑨为资。今始入秦，即安其乐，此所谓'助桀为虐'。且'忠言逆耳利于行，毒药⑩苦口利于病'，愿沛公听樊哙言。"沛公乃还军霸上。

项羽至鸿门下，欲击沛公，项伯乃夜驰入沛公军，私见张良，欲与俱去。良曰："臣为韩王送沛公，今事有急，亡去不义。"乃具以语沛公。沛公大惊，曰："为将奈何？"良曰："沛公诚欲倍⑪项羽邪？"沛公曰："鲰生教我距关无内诸侯⑫，秦地可尽王，故听之。"良曰："沛公自度能却项羽乎？"沛公默然良久，曰："固

---

①贾竖：对商人的轻蔑称呼。 ②留壁：停止前进，扎下大营。壁：营垒，这里用作动词。 ③具：准备，置办。 ④啖：吃，喂。这里是引诱，以利诱之。 ⑤解：通"懈"，松懈，懈怠。 ⑥逐北：追击败逃的敌军。北：战败逃跑的军队。 ⑦竟：终于，彻底。 ⑧残贼：残虐害人的暴君。 ⑨缟素：白绢，这里比喻清白俭朴。 ⑩毒药：常指药性猛烈的药。毒：狠，烈。 ⑪倍：通"背"，背叛。 ⑫鲰生：浅薄愚陋的小人。鲰（zōu）：小鱼，比喻浅薄愚陋。距：通"拒"，抵御，这里指把守，拒守。内：同"纳"，接纳，让某人进入。

不能也。今为奈何?”良乃固要①项伯。项伯见沛公。沛公与饮为寿,结宾婚②。令项伯具言沛公不敢倍项羽,所以距关者,备他盗也。及见项羽后解,语在项羽事中。

汉元年正月,沛公为汉王,王巴蜀。汉王赐良金百溢③,珠二斗,良具以献项伯。汉王亦因令良厚遗项伯,使请汉中地。项王乃许之,遂得汉中地。汉王之国,良送至褒中,遣良归韩。良因说汉王曰:“王何不烧绝所过栈道④,示天下无还心,以固项王意。”乃使良还。行,烧绝栈道。

良至韩,韩王成以良从汉王故,项王不遣成之国,从与俱东。良说项王曰:“汉王烧绝栈道,无还心矣。”乃以齐王田荣反,书告项王。项王以此无西忧汉心,而发兵北击齐。

项王竟不肯遣韩王,乃以为侯,又杀之彭城。良亡,间行归汉王。汉王亦已还定三秦矣,复以良为成信侯,从东击楚。至彭城,汉败而还。至下邑,汉王下马踞⑤鞍而问曰:“吾欲捐关以东等弃之,谁可与共功者?”良进曰:“九江王黥布,楚枭⑥将,与项王有郄⑦;彭越与齐王田荣反梁地:此两人可急使。而汉王之将独韩信可属⑧大事,当一面。即欲捐之,捐之此三人,则楚可破也。”汉王乃遣随何说九江王布,而使人连彭越。及魏王豹反,使韩信将兵击之,因举燕、代、齐、赵。然卒破楚者,此三人力也。

张良多病,未尝特将⑨也,常为画⑩策臣,时时从汉王。

---

①要:通“邀”,邀请,约请。②结宾婚:结交为友,并结为儿女亲家。③溢:通“镒(yì)”,古代黄金的重量单位,二十两为一镒。④栈(zhàn)道:在险绝的地方傍山架木而成的道路。⑤踞:通“据”,跨坐。⑥枭(xiāo):勇猛,强悍。⑦郄(xì):通“隙”,隔阂,裂痕。⑧属:通“嘱”,托付,嘱托。⑨特将:单独领兵,独当一面。特:单独。⑩画:筹划,谋划。

汉三年，项羽急围汉王荥阳，汉王恐忧，与郦食其谋桡①楚权。食其曰："昔汤伐桀，封其后于杞。武王伐纣，封其后于宋。今秦失德弃义，侵伐诸侯社稷，灭六国之后，使无立锥之地。陛下诚能复立六国后世，毕已受印，此其君臣百姓必皆戴②陛下之德，莫不乡风③慕义，愿为臣妾④。德义已行，陛下南乡称霸，楚必敛衽⑤而朝。"汉王曰："善。趣⑥刻印，先生因行佩之矣。"

食其未行，张良从外来谒。汉王方食，曰："子房前！客有为我计桡楚权者。"具以郦生语告，曰："于子房何如？"良曰："谁为陛下画此计者？陛下事去矣。"汉王曰："何哉？"张良对曰："臣请藉前箸为大王筹⑦之。"曰："昔者汤伐桀而封其后于杞者，度⑧能制桀之死命也。今陛下能制项籍之死命乎？"曰："未能也。""其不可一也。武王伐纣，封其后于宋者，度能得纣之头也。今陛下能得项籍之头乎？"曰："未能也。""其不可二也。武王入殷，表商容之闾⑨，释箕子之拘，封比干之墓。今陛下能封圣人之墓，表贤者之闾，式⑩智者之门乎？"曰："未能也。""其不可三也。发巨桥之粟，散鹿台之钱，以赐贫穷。今陛下能散府库以赐贫穷乎？"曰："未能也。""其不可四矣。殷事已毕，偃革为轩⑪，倒置干戈，覆以虎皮，以示天下不复用兵。今陛下能偃武行文，不复用兵乎？"曰："未能也。""其不可五矣。休马华山之阳，示以无所为。今陛下能休马无所用乎？"曰："未能也。""其不可六矣。放牛桃林之阴，以示不复输积⑫。今陛下能放牛

---

①桡：通"挠"，削弱。②戴：感激，拥戴。③乡风：归顺，服从。乡：通"向"。④臣妾：奴婢，这里指臣民。⑤敛衽(rèn)：整理衣襟。敛衽而朝是表示恭敬，服从，愿为其臣下。⑥趣：通"促"，赶快。⑦筹：计算，谋划。⑧度(duó)：揣度，估计，推测。⑨闾：里巷，住处。⑩式：通"轼"，古代车厢前用作扶手的横木。这里指乘车时扶轼敬礼。⑪偃：停止，废止。革：革车，即兵车。轩：大夫以上的贵族乘坐的车子。⑫输积：运输和积聚粮草。

不复输积乎？"曰："未能也。""其不可七矣。且天下游士离其亲戚，弃坟墓，去故旧，从陛下游者，徒欲日夜望咫尺之地。今复六国，立韩、魏、燕、赵、齐、楚之后，天下游士各归事其主，从其亲戚，反其故旧坟墓，陛下与谁取天下乎？其不可八矣。且夫楚唯无强，六国立者复桡①而从之，陛下焉得而臣之？诚用客之谋，陛下事去矣。"汉王辍食吐哺②，骂曰："竖儒，几败而公事！"令趣销印。

汉四年，韩信破齐而欲自立为齐王，汉王怒。张良说汉王，汉王使良授齐王信印，语在淮阴事中。

其秋，汉王追楚至阳夏南，战不利而壁③固陵，诸侯期④不至。良说汉王，汉王用其计，诸侯皆至。语在项籍事中。

汉六年正月，封功臣。良未尝有战斗功，高帝曰："运筹策帷帐中，决胜千里外，子房功也。自择齐三万户。"良曰："始臣起下邳，与上会留，此天以臣授陛下。陛下用臣计，幸而时中，臣愿封留足矣，不敢当三万户。"乃封张良为留侯，与萧何等俱封。

六年，上已封大功臣二十馀人，其馀日夜争功不决，未得行封。上在洛阳南宫，从复道⑤望见诸将往往相与坐沙中语。上曰："此何语？"留侯曰："陛下不知乎？此谋反耳。"上曰："天下属⑥安定，何故反乎？"留侯曰："陛下起布衣，以此属⑦取天下；今陛下为天子，而所封皆萧、曹故人所亲爱，而所诛者皆生平所仇怨。今军吏计功，以天下不足遍封，此属畏陛下不能尽封，恐又见疑平生过失及诛，故即相聚谋反耳。"上乃忧曰："为之奈

①桡(náo)：屈服，服从。②辍：停止，中止。哺(bǔ)：口中含着的食物。③壁：营垒，这里指筑壁垒固守。④期：已到约定的期限。⑤复道：阁道，楼阁间的空中通道。⑥属：刚刚。⑦此属：此辈，这些人。

何?”留侯曰:“上平生所憎,群臣所共知,谁最甚者?”上曰:“雍齿与我故[①],数尝窘辱我。我欲杀之,为其功多,故不忍。”留侯曰:“今急先封雍齿以示群臣,群臣见雍齿封,则人人自坚矣。”于是上乃置酒,封雍齿为什方侯,而急趣丞相、御史定功行封。群臣罢酒,皆喜曰:“雍齿尚为侯,我属无患矣。”

刘敬说高帝曰:“都关中。”上疑之。左右大臣皆山东人,多劝上都洛阳:“洛阳东有成皋,西有崤、渑,倍[②]河,向伊、洛,其固亦足恃。”留侯曰:“洛阳虽有此固,其中小,不过数百里,田地薄,四面受敌,此非用武之国也。夫关中左崤、函,右陇、蜀,沃野千里,南有巴蜀之饶,北有胡苑[③]之利,阻[④]三面而守,独以一面东制诸侯。诸侯安定,河、渭、漕挽[⑤]天下,西给京师;诸侯有变,顺流而下,足以委输[⑥]。此所谓金城[⑦]千里,天府之国也,刘敬说是也。”于是高帝即日驾,西都关中。

留侯从入关。留侯性多病,即道引[⑧]不食谷,杜门不出岁馀。

上欲废太子,立戚夫人子赵王如意。大臣多谏争[⑨],未能得坚决者也。吕后恐,不知所为。人或谓吕后曰:“留侯善画计策,上信用之。”吕后乃使建成侯吕泽劫[⑩]留侯,曰:“君常为上谋臣,今上欲易太子,君安得高枕而卧乎?”留侯曰:“始上数在困急之中,幸用臣策。今天下安定,以爱欲易太子,骨肉之间,虽臣等百馀人何益!”吕泽强要曰:“为我画计。”留侯曰:“此难以口舌争也。顾上有不能致[⑪]者,天下有四人。四人者年老矣,皆

---

①故:指有故怨,宿怨。 ②倍:本义为背向,背着。 ③苑:养禽兽植树木的地方,这里指放牧之处。 ④阻:倚仗。 ⑤漕挽:运输粮饷。 ⑥委输:运送。 ⑦金城:坚固的城池。 ⑧道引:亦作“导引”,道家所提倡的一种活动肢体的养生术。 ⑨争:同“诤”,规劝。 ⑩劫:挟持,胁迫。 ⑪致:招致,得到。

以为上慢侮[①]人，故逃匿山中，义不为汉臣。然上高此四人。今公诚能无爱金玉璧帛，令太子为书，卑辞安车[②]，因使辩士固请，宜来。来，以为客，时时从入朝，令上见之，则必异而问之，问之，上知此四人贤，则一助也。”于是吕后令吕泽使人奉太子书，卑辞厚礼，迎此四人。四人至，客建成侯所。

汉十一年，黥布反，上病，欲使太子将，往击之。四人相谓曰：“凡来者，将以存太子。太子将兵，事危矣。”乃说建成侯曰：“太子将兵，有功则位不益太子；无功还，则从此受祸矣。且太子所与俱诸将，皆尝与上定天下枭将也，今使太子将之，此无异使羊将狼也，皆不肯为尽力，其无功必矣。臣闻‘母爱者子抱’，今戚夫人日夜侍御，赵王如意常抱居前，上曰‘终不使不肖子居爱子之上’，明乎其代太子位必矣。君何不急请吕后承间为上泣言：‘黥布，天下猛将也，善用兵，今诸将皆陛下故等夷[③]，乃令太子将此属，无异使羊将狼，莫肯为用，且使布闻之，则鼓行而西耳。上虽病，强载辎车，卧而护[④]之，诸将不敢不尽力。上虽苦，为妻子自强。’”于是吕泽立夜见吕后，吕后承间为上泣涕而言，如四人意。上曰：“吾惟[⑤]竖子固不足遣，而公自行耳。”于是上自将兵而东，群臣居守，皆送至灞上。留侯病，自强起，至曲邮，见上曰：“臣宜从，病甚。楚人剽疾，愿上无与楚人争锋。”因说上曰：“令太子为将军，监关中兵。”上曰：“子房虽病，强卧而傅太子。”是时叔孙通为太傅，留侯行少傅事。

汉十二年，上从击破布军归，疾益甚，愈欲易太子。留侯谏，不听，因疾不视事。叔孙太傅称说引古今，以死争太子。上

---

①慢：傲慢，不恭敬。侮：怠慢，轻慢。②安车：用一匹马拉的乘车。高官告老或征召有名望的人，常赐乘安车。③等夷：同辈。④护：统领，统率。⑤惟：考虑。

详许之，犹欲易之。及燕[①]，置酒，太子侍。四人从太子，年皆八十有馀，须眉皓白，衣冠甚伟。上怪之，问曰："彼何为者？"四人前对，各言名姓，曰东园公，角里先生，绮里季，夏黄公。上乃大惊，曰："吾求公数岁，公辟[②]逃我，今公何自从吾儿游乎？"四人皆曰："陛下轻士善骂，臣等义不受辱，故恐而亡匿。窃闻太子为人仁孝，恭敬爱士，天下莫不延颈欲为太子死者，故臣等来耳。"上曰："烦公幸卒调护太子。"

四人为寿已毕，趋[③]去。上目送之。召戚夫人指示四人者曰："我欲易之，彼四人辅之，羽翼已成，难动矣。吕后真而主矣。"戚夫人泣，上曰："为我楚舞，吾为若楚歌。"歌曰："鸿鹄高飞，一举千里。羽翮已就，横绝四海。横绝四海，当可奈何！虽有矰缴，尚安所施[④]！"歌数阕[⑤]，戚夫人嘘唏流涕，上起之，罢酒。竟不易太子者，留侯本招此四人之力也。

留侯从上击代，出奇计马邑下，及立萧何相国，所与上从容言天下事甚众，非天下所以存亡，故不著。留侯乃称曰："家世相韩，及韩灭，不爱万金之资，为韩报仇强秦，天下振动。今以三寸舌为帝者师，封万户，位列侯，此布衣之极，于良足矣。愿弃人间事，欲从赤松子游耳。"乃学辟谷，道引轻身。会高帝崩，吕后德留侯，乃强食之，曰："人生一世间，如白驹过隙[⑥]，何至自苦如此乎！"留侯不得已，强听而食。

后八年卒，谥为文成侯，子不疑代侯。

---

①燕：通"宴"，安闲，闲逸。 ②辟：同"避"，躲避。 ③趋：小步快走，以示恭敬。 ④鸿鹄（hú）：天鹅。羽翮：羽毛。翮（hé）：羽毛中间的硬管。矰（zēng）：系有丝绳用以射鸟的短箭。缴（zhuó）：系在箭后的丝绳。大致可译为：天鹅高飞，振翅千里。羽翼已成，翱翔四海。翱翔四海，当可奈何！虽有短箭，安能施用！ ⑤阕：乐曲每次终止为一阕。 ⑥白驹过隙：出自《庄子·知北游》，形容时光过得快，像小白马在细小的缝隙中跑过一样。或谓"白驹"指日影，意谓时光就像阳光穿过墙壁上的细缝那样迅疾。

子房始所见下邳圯上老父与《太公书》者，后十三年从高帝过济北，果见谷城山下黄石，取而葆祠[①]之。留侯死，并葬黄石冢。每上冢伏腊，祠黄石。

留侯不疑，孝文帝五年坐不敬，国除。

太史公曰：学者多言无鬼神，然言有物[②]。至如留侯所见老父予书，亦可怪矣。高祖离[③]困者数矣，而留侯常有功力焉，岂可谓非天乎？上曰："夫运筹策帷帐之中，决胜千里外，吾不如子房。"余以为其人计[④]魁梧奇伟，至见其图，状貌如妇人好[⑤]女。盖孔子曰："以貌取人，失之子羽。"留侯亦云。

【译文】

留侯张良，他的先人是韩国人。祖父张开地，做过韩昭侯、宣惠王、襄哀王的相。父亲张平，做过釐王、悼惠王的相。悼惠王二十三年，张平死。张良的父亲死后二十年，秦国灭掉韩国。张良当时年纪轻，没有在韩国做官。韩国灭亡后，张良家有奴仆三百人，弟弟死了不厚葬，用全部家财寻求勇士谋刺秦王，为韩国报仇，因为他的祖父、父亲做过五代韩王的相。

张良曾在淮阳学习礼法，还到东方拜见仓海君。他寻得一个大力士，造了一个一百二十斤重的铁锤。秦始皇到东方巡游，张良与大力士在博浪沙袭击秦始皇，误中副车。秦始皇大怒，在全国大肆搜捕，寻拿刺客非常急迫，这是因为张良的缘故。张良于是改名换姓，逃到下邳躲藏起来。

张良曾在闲暇时悠闲地在下邳桥上游玩，有一个老者，穿着粗布衣服，走到张良跟前，故意把鞋甩到桥下，看着张良对他说："小子，下去把

---

①葆：通"宝"，珍贵，宝贵。祠：祭祀。 ②物：精灵、神怪的东西。 ③离：通"罹（lí）"，遭遇。 ④计：大概，可能。 ⑤好：容貌美。

鞋捡上来!"张良有些惊讶,想打他。因见他年老,勉强忍了下来,下去捡来了鞋。老者说:"给我穿上!"张良既然已替他把鞋捡了上来,就跪下身去替他穿上。老者把脚伸出让他穿上鞋,笑着离去了。张良十分惊讶,随着老者的身影注视着他。老者离开约有一里路,又返回来,说:"你这个孩子可以教导。五天后天刚亮时,跟我在这里相会。"张良觉得这件事很奇怪,跪下来说:"好。"五天后的拂晓,张良去到那里。老者已先在那里,生气地说:"跟老人相约,反而后到,为什么呢?"老者离去,又说:"五天后早来会面。"五天后鸡一叫,张良就去了。老者又先在那里,又生气地说:"又来晚了,这是为什么?"老者离开说:"五天后再早点儿来。"五天后,张良不到半夜就去了。过了一会儿,老者也来了,高兴地说:"应当像这样才好。"老者拿出一编书,说:"读了这部书就可以做帝王的老师了。十年后就会发迹,十三年后小伙子你到济北见我,谷城山下的黄石就是我。"说完便走了,没有留下别的话,从此也没有见到这位老者。天明时一看老者送的书,原来是《太公兵法》。张良觉得这部书非同寻常,经常学习、诵读它。

张良住在下邳时,以他人急难为己任。项伯曾杀了人,跟随张良躲藏起来。

过了十年,陈涉等起兵反秦,张良也聚集了一百多个年轻人。景驹自立为楚国的代理王,驻在留县。张良打算前去跟随他,半路上遇见沛公。沛公率领几千人,攻占了下邳以西的地方,张良便跟从了他。沛公拜授张良做厩将。张良数次以《太公兵法》向沛公献策,沛公很赏识他,经常采用他的计谋。张良对别人讲这些,别人都不能领悟。张良说:"沛公大概是上天授予人间的。"所以张良就跟随了沛公,没有离开他去见景驹。

等沛公到了薛地,拜见项梁。项梁拥立了楚怀王。张良于是劝说项梁道:"您已拥立楚王后人,而韩国各位公子中横阳君韩成贤能,可立为王,增加同盟者的力量。"项梁派张良寻得韩成,立他为韩王。任命张良为韩国司徒,随韩王率一千多人向西攻取韩国原来的领地,夺得数座城邑，秦军往往又夺了回去，韩军只在颍川一带往来游击作战。

沛公从洛阳向南穿过轘辕山时，张良率兵跟从沛公，攻下韩地十余座城邑，击败了杨熊的军队。沛公于是让韩王成在阳翟留守，自己和张良一起南下，攻下宛县，向西进入武关。沛公想用两万人的兵力攻打秦峣关的军队，张良劝道："秦军还很强大，不可轻视。我听说峣关的守将是屠户之子，贾商容易以利相诱，希望沛公暂且停止前进，扎下大营，派人先去，预备好五万人吃的东西，在各个山头上多增挂旗帜，作为疑兵，叫郦食其带着贵重的宝物利诱秦军将领。"秦军将领果然反叛，打算跟沛公联合一起向西袭击咸阳，沛公想听从秦将。张良说："这只是峣关的守将想反叛罢了，恐怕部下的士卒不听从。士兵不从必定带来危害，不如趁着他们懈怠时攻打他们。"沛公于是率兵攻打秦军，将他们打得大败。然后追击败军到蓝田，第二次交战，秦兵终于溃败。沛公于是到了咸阳，秦王子婴投降沛公。

沛公进入秦宫，那里的宫室、帷帐、狗马、重宝、美女数以千计，沛公想留下住在宫里。樊哙劝谏沛公出去居住，沛公不听。张良说："秦朝正因暴虐无道，所以沛公才能来到这里。替天下铲除残虐害人的暴君，应该以清廉朴素为本。现在刚攻入秦，就想安享其乐，这正是人们说的'助桀为虐'。况且'忠言逆耳利于行，毒药苦口利于病'，希望沛公能听取樊哙的意见。"沛公这才回军驻在霸上。

项羽到鸿门下，要攻打沛公，项伯于是连夜急驰到沛公军营，私下会见张良，想让张良跟他一起离开。张良说："我是替韩王跟从沛公的，如今情况紧急，逃去不合道义。"于是就将情况全都告诉沛公。沛公非常吃惊，说："对此将怎么办呢？"张良说："沛公果真想背叛项羽吗？"沛公说："有个浅陋小人教我拒守函谷关不要让诸侯进来，说这样就可在秦地为王，所以就听从了。"张良说："沛公自己揣度一下能打退项羽吗？"沛公沉默好一会儿，说："本来是不能的。现在该怎么办呢？"张良于是坚决邀请项伯见沛公。项伯拜见沛公。沛公与项伯同饮，为他敬酒祝福，结交为友，并订为儿女亲家。沛公请项伯向项羽详细说明沛公不敢背叛项羽，沛公之所以拒守函谷关,是为防备其他强盗。等沛公会见项羽后,取得和解,这些记在《项羽本纪》中。

汉元年正月,沛公做了汉王,统治巴蜀。汉王赏赐张良黄金百镒,珍珠二斗,张良全都赠送给了项伯。汉王也趁势让张良厚赠项伯,使项伯代他请求汉中之地。项王于是答应了汉王,汉王就得到了汉中之地。汉王到封国去,张良送到褒中,汉王让张良返回韩国。张良便劝告汉王说:“大王为何不烧断所经过的栈道,向天下显示不再回来的决心,以此稳住项王的心。”汉王便让张良返回韩国。汉王进入巴蜀,烧断了所经栈道。

张良到了韩国,韩王成因为张良跟随汉王的缘故,项王不派韩成到封国去,让他随自己一起东去。张良向项王解释道:“汉王烧断了栈道,已没有返回的意思了。”张良便把齐王田荣反叛之事上书报告项王。项王由此不再有担忧西边汉王的心,因而起兵北上攻打齐国。

项王终究不肯派韩王回韩国,于是把他贬为侯,又在彭城杀了他。张良逃走,抄小路偷偷回到汉王那里,汉王这时也已回军平定三秦了。汉王又封张良为成信侯,跟着东征楚国。到了彭城,汉军战败而归。行至下邑,汉王跨坐在马鞍上问道:“我打算舍弃函谷关以东等一些地方作为封赏,谁能同我一起建功立业呢?”张良进言说:“九江王黥布是楚国的猛将,同项王有隔阂;彭越与齐王田荣在梁地反楚。这两个人可马上利用。则汉王的将领中唯有韩信可托付大事,独当一面。如果要舍弃这些地方,就送给这三个人,那么楚国就可以打败了。”汉王于是派随何游说九江王黥布,又派人去联合彭越。等魏王豹反汉,汉王派韩信率兵攻打他,乘势攻占了燕、代、齐、赵的领地。而最终击溃楚国的,就是这三人的力量。

张良多病,不曾独立领兵作战,一直作为出谋划策的臣子,时时跟从汉王。

汉三年,项羽把汉王紧紧围困在荥阳,汉王惊恐忧愁,与郦食其商议削弱楚国势力。郦食其说:“昔日商汤讨伐夏桀,封夏朝后人于杞国。周武王讨伐商纣,封商朝后人于宋国。如今秦朝丧失德政、抛弃道义,侵伐诸侯各国，消灭六国后代，使他们没一点立足的地方。陛下果真能重新封立六国后裔，使他们都接受陛下的印信，这样六国君臣百姓必定都感激陛下的恩德，无不归顺服从，仰慕陛下道义，甘愿做陛下的臣民。随着恩德道义的施行，陛下就可面南称霸，楚王一定整好衣襟恭恭敬敬前来朝拜。”汉王说：“好。赶快刻制印信，先生就可带着这些印出发了。”

郦食其还没动身，张良从外面回来进见汉王。汉王正吃饭，说：“子房过来！有客人为我谋划削弱楚国的势力。”就把郦食其的话都告诉了张良，然后问道：“在你看来这事怎样？”张良说：“是谁替陛下出的这个主意？陛下的大事要完了。”汉王说：“为什么呢？”张良回答说：“我请求借用面前的筷子为大王筹划一下。”又说：“昔日商汤讨伐夏桀而封夏的后代于杞国，那是估计到能制桀于死命。当前陛下能制项籍于死命吗？”汉王说：“不能。”张良说：“这是不能那样做的第一个原因。周武王讨伐商纣而封商的后代于宋国，那是估计到能取纣王的头。现在陛下能取项籍的头吗？”汉王说：“不能。”张良说：“这是不能那样做的第二个原因。武王攻入殷商都城后，在商容住的里巷里表彰他，释放囚禁的箕子，重修比干的坟墓。如今陛下能重修圣人的坟墓，在贤人里巷里表彰他，在有才智的人门前向他致敬吗？”汉王说：“不能。”张良说：“这是不能那样做的第三个原因。周武王曾发放巨桥粮仓的存粮，散发鹿台府库的钱财，用来赏赐贫苦百姓。如今陛下能散发仓库的财物赏赐穷人吗？”汉王说：“不能。”张良说：“这是不能那样做的第四个原因。周武王灭商后，废止兵车改为乘车，把兵器倒置存放，盖上虎皮，用以向天下显示不再用兵。现在陛下能停止战事，推行文治，不再用兵吗？”汉王说：“不能。”张良说：“这是不能那样做的第五个原因。周武王将战马放牧在华山南面，以此表明没用到它们的地方了。眼下陛下能让战马休息不再使用它们吗？”汉王说：“不能。”张良说：“这是不能那样做的第六个原因。周武王把牛放牧在桃林北面，以此表明不再运输积聚作战用的粮草。而今陛下能放牧牛群不再运输积聚粮草了吗？”汉王说：“不能。”张良说：“这是不能那样做的第七个原因。再说天下游说之士离开他们的亲人，舍弃祖坟，告别老友，随陛下各处奔走，只是日夜盼望得到一块小小的封地。假如恢复六国，封立韩、魏、燕、赵、齐、楚的后代，天下游说之士各自回去侍奉他们的主上，伴随他们的亲人，返回他们的旧友和祖坟所在之地，陛下同谁一起夺取天下呢？这是不能那样做的第八个原因。当前只有使楚国不再强大，否则六国被封立的后代重新屈服并跟随楚国，陛下怎么能使他们臣服？如果真的要采用这位客人的计策，陛下的大事就完了。”汉王饭也不吃了，吐出口中的食物，骂道：“这个笨书呆子，几乎败坏了你老子的大事！”于是下令赶快销毁那些印信。

汉四年，韩信攻下齐国而想自立为齐王，汉王大怒。张良劝告汉王，汉王才派张良授予韩信齐王印信，此事记在《淮阴侯列传》中。

这年秋，汉王追击楚军到阳夏南面，战事失利而在固陵筑营垒坚守，已到约定的期限，但诸侯没有到。张良向汉王献计，汉王采用了他的计策，诸侯才都赶到。此事记在《项羽本纪》中。

汉六年正月，封赏功臣。张良不曾有战功，高帝说：“出谋划策于营帐之中，决定胜负在千里之外，这就是子房的功劳。让张良自己从齐国选择三万户作为封邑。”张良说：“当初臣在下邳起事，与主上会合在留县，这是上天把臣交给陛下。陛下采用臣的计谋，幸而时常言中，臣只愿受封留县就足够了，不敢承受三万户。”于是封张良为留侯，同萧何等人一起受封。

汉六年，皇上已封赏大功臣二十多人，其余的人日夜争功，不能决定高下，未能进行封赏。皇上在洛阳南宫，从阁道上望见一些将领常坐在沙地上彼此议论。皇上说：“这些人在说什么？”留侯说：“陛下不知道吗？这是在商议反叛呀。”皇上说：“天下刚刚安定，为什么要谋反呢？”留侯说：“陛下以平民之身起事，靠着这些人取得了天下，现在陛下做了天子，而所封赏的都是萧何、曹参这些陛下所亲近宠幸的人，所诛杀的都是生平仇恨的人。如今军吏们计算功劳，认为天下的土地不够一一封赏，这些人怕陛下不能全部封赏，恐怕又被怀疑到平生的过失而遭诛杀，所以就聚在一起图谋造反了。”皇上于是忧心地说：“这该怎么办呢？”留侯说：

“皇上平生憎恨,又是群臣都知道的,谁最突出?”皇上说:“雍齿与我有宿怨,曾多次使我受窘受辱。我原想杀掉他,因为他的功劳多,所以不忍心。”留侯说:“现在赶紧先封赏雍齿来给群臣看,群臣见雍齿都受封赏,那么人人都心安了。”于是皇上便摆设酒宴,封雍齿为什方侯,并急催丞相、御史评定功劳,施行封赏。群臣吃过酒后,都高兴地说:“雍齿尚且被封为侯,我们这些人就不必担忧了。”

刘敬劝高帝说:“要以关中为都城。”皇上对此心有疑虑。左右大臣都是崤山以东的人,多劝皇上定都洛阳,他们说:“洛阳东面有成皋,西面有崤山、渑池,背靠黄河,面向伊水、洛水,它的坚固也足可以依靠。”留侯说:“洛阳虽有如此险固,但其中平原之地狭小,不过方圆数百里,土地贫瘠,四面受敌,这里不是用武之地。关中东面有崤山、函谷关,西面有陇山、岷山,肥沃的土地方圆千里,南面有富饶的巴、蜀两地,北面有利于放牧的胡苑,凭借三面险阻来固守,只用东方一面控制诸侯。如果诸侯安定,可由黄河、渭河运输天下粮食,往西供给京师;如果诸侯发生变故,可顺流而下,足以运送粮草供应前线。这正是所谓‘金城千里,天府之国’,刘敬的建议是对的。”于是高帝当即决定起驾,往西定都关中。

留侯随高帝入关。他体弱多病,便施行道引之术,不食五谷,闭门不出有一年多。

皇上想废掉太子,立戚夫人所生之子赵王如意。很多大臣进谏劝阻,还没有人能使高帝拿定主意。吕后很惊恐,不知该怎么办。有人对吕后说:“留侯善于出谋划策,皇上信任他。”吕后就派建成侯吕泽胁迫留侯说:“您一直是皇上的谋臣,现在皇上打算更换太子,您怎么能高枕而卧呢?”留侯说:“当初皇上多次处在危急之中,臣的计谋有幸被采用。如今天下安定,由于偏爱想更换太子,这些至亲骨肉之间的事,即使如同臣这样的有一百多人进谏又有什么益处。”吕泽竭力要挟说:“一定得给我出个主意。”留侯说:“这件事是很难用口舌来争辩的。皇上不能请出来的,天下有四个人。这四个人已经年老,都认为皇上对人傲慢,所以逃避躲藏在山中,他们按道义不肯做汉的臣子。但是皇上很敬重这四个人。

现在您果真能不惜金玉璧帛，让太子写封信，言辞谦恭，并预备安车，再派能言善辩的人恳切地聘请，他们应当会来。来了以后，把他们当作贵宾，让他们时常跟着入朝，叫皇上见到他们，那么皇上一定会感到惊异并询问他们。一问他们，皇上知道这四个人贤能，那么这对太子是一种帮助。”于是吕后让吕泽派人携带太子的书信，用谦恭的言辞和丰厚的礼品，迎请这四个人。四个人来了，就在建成侯的府第中为客。

汉十一年，黥布反叛，皇上患病，打算派太子率兵前往讨伐叛军。这四个人互相商议说：“我们之所以来，是为了保全太子。太子如果率兵平叛，事情就危险了。”于是劝告建成侯说：“太子率兵出战，立了功，那么权位也不会高过太子；无功而返，那么从此就要遭受祸患了。再说跟太子一起出征的各位将领，都是曾随皇上平定天下的猛将，如今让太子统率这些人，这和让羊指挥狼没什么两样，他们都不肯为太子卖力，太子不能建功是必定的了。我们听说‘爱其母必抱其子’，现在戚夫人日夜侍奉皇上，赵王如意常被抱在皇上面前，皇上说‘终归不能让不成器的儿子居于我的爱子之上’，显然，赵王如意取代太子之位是必定的了。您何不赶紧请吕后趁机会向皇上哭诉：‘黥布是天下的猛将，很会用兵，如今的各位将领都是陛下过去的同辈，您却让太子统率这些人，这和让羊指挥狼没有两样，没有人肯为太子效力，而且如果让黥布听说这个情况，就会大张旗鼓向西进犯。皇上虽患病，还可勉强乘坐辎车，躺着统领军队，众将不敢不尽力。皇上即使受些辛苦，为了妻儿还是要自己勉强坚持。’”于是吕泽立即在当夜进见吕后，吕后找机会向皇上哭诉，说了四个人授意的那番话。皇上说：“我就想到这小子本来不能派遣他，老子自己去吧。”于是皇上亲自带兵东征，群臣留守，都送到灞上。留侯患病，自己勉强支撑起来，送到曲邮，谒见皇上说：“我本应跟从，但病势沉重。楚国人马迅猛敏捷，希望皇上不要跟楚国人斗高低。”留侯又趁机规劝皇上说：“让太子做将军，监守关中的军队吧。”皇上说：“子房虽患病，也要勉强在卧床养病时辅佐太子。”这时叔孙通做太傅，留侯做少傅。

汉十二年，皇上随击败黥布的军队回来，病势更加沉重，更想更换太子。留侯劝谏，皇上不听，留侯就托病不再理事。叔孙太傅引证古今事例进行劝说，死命争保太子。皇上假装答应他，但还是想更换太子。到一次安闲时，设置酒席，太子在旁伺候。那四人跟着太子，年纪都已八十多岁，须眉洁白，衣冠非常奇伟。皇上感到奇怪，问道："他们是干什么的？"四人向前对答，各自说出姓名，叫东园公、角里先生、绮里季、夏黄公。皇上于是大惊，说："我访求各位数年，各位都逃避我，现在你们为何自愿随我儿交游呢？"四人都说："陛下轻慢士人，喜欢骂人，我们讲求义理，不愿受辱，所以惶恐地逃躲。我们私下闻知太子为人仁义孝顺，谦恭有礼，喜爱士人，天下人没有谁不伸长脖子想为太子拼死效力的，因此我们就来了。"皇上说："烦劳诸位始终如一地好好调理保护太子吧。"

四人敬酒祝福完毕，小步快走离去。皇上目送他们，召戚夫人过来，指着那四人给她看，说道："我想更换太子，那四人辅佐他，太子羽翼已形成，难以更动了。吕后真是你的主人了。"戚夫人哭泣，皇上说："你为我跳楚舞，我为你唱楚歌。"皇上唱道："鸿鹄高飞，一举千里。羽翮已就，横绝四海。横绝四海，当可奈何！虽有矰缴，尚安所施！"皇上唱了几遍，戚夫人抽泣流泪，皇上起身离去，酒宴结束。皇上最终没更换太子，原本是留侯让招请这四人产生了效力。

留侯随皇上攻打代国，在马邑城下出奇计，以及劝皇上立萧何为相国，他跟皇上平常随便谈论天下的事情很多，但由于不是关于国家存亡的大事，所以不予记载。留侯宣称道："我家世代为韩相，到韩国灭亡，不惜万金家财，替韩国向强秦报仇，天下为此震动。如今凭三寸之舌为帝王之师，封邑万户，位居列侯，这对一个平民是至高无上的，我张良已很满足了。我愿丢却人世间的事情，打算随赤松子去遨游。"张良于是学辟谷之术，行导引轻身之道。正值高帝驾崩，吕后感激留侯，便竭力让他进食，说："人生一世，时光有如白驹过隙一样迅速，何必让自己苦到这种地步啊！"留侯不得已，勉强听命进食。

过了八年，留侯死，谥号为文成侯。其子张不疑袭封为侯。

张子房当初在下邳桥上遇见那个给他《太公兵法》的老者，在别后十三年，他随高帝经过济北，果然见到谷城山下的黄石，便把它取回，奉若至宝祭祀它。留侯死，一起安葬了黄石。每年扫墓和伏祭、腊祭，祭祀张良时，也祭祀黄石。

留侯张不疑，在孝文帝五年因犯不敬之罪，封国被废除。

太史公说：学者大多说没鬼神，然而又说有精怪。至于像留侯遇见老者赠书的事，也够神奇的了。高祖遭遇困厄有数次了，而留侯常在这种危急时刻建功效力，难道能说不是天意吗？皇上说："出谋划策于营帐之中，决定胜负在千里之外，我不如子房。"我原以为此人大概是高大威武的样子，等看见他的画像，相貌却像个美丽的女子。孔子说过："按相貌来评判人，在对待子羽上就有所失。"对留侯也可这样说。

【鉴赏】

本篇以张良一生的经历为线索，描述了他超群的才干心计，生动刻画了他的为人与性格，使这一历史人物活生生地展现出来。张良早年是一位血气刚锐的任侠青年，他不惜家财为韩报仇，行刺秦始皇，天下震动。但圯上进履的情节则刻画了张良的隐忍，"小忍"与"大谋"也因而就成为张良性格的两个侧面。在刘邦打天下、安天下的过程中，张良是为其出谋划策的重要谋臣，刘邦对他也是言听计从，并称赞他"运筹策帷帐之中，决胜千里外"。张良不仅善于为刘邦谋天下，也更善于谋自身。群臣争功，他"不敢当三万户"，仅请留侯；从刘邦入关后，他称病杜门不出一年有余，行"道引""辟谷"之术；他称言"愿弃人间事，欲从赤松子游"，吕氏要挟他为护持太子出谋划策他又故弄玄虚。他的远事避祸与韩信被诛、萧何遭疑都共同验证着"狡兔死，良狗烹；高鸟尽，良弓藏；敌国破，谋臣亡"的道理。他没有什么野心，似乎企图寻求功成身退；他虽求自全可又设计害人，但他又似乎不是一个非常值得褒美的人。加之他的诸多带有传奇性的事迹，使得他在历史上成为一个颇有些神秘色彩的人物。博浪沙狙击秦始皇，东见仓海君得力士，圯上老人授书，十三年后取谷城山下黄石祭祀，学辟谷及道引轻身，欲从赤松子游等都扑朔迷离，亦真亦幻。后代的戏曲小说由此演绎出了许多故事，其中关于他的不少传说都是根据司马迁在本篇所记之事的基础上衍生而成。

史记卷五十六·陈丞相世家第二十六

陈丞相即陈平，是刘邦的重要谋臣，一生历高祖、惠帝、吕后、文帝四朝。早年他先事魏王咎，后归项羽，最后终于降汉而跟随刘邦，先后“六出奇计”，为刘邦平定天下做出了相当大的贡献。楚围汉王于荥阳时，他施反间之计疏离楚君臣，又夜出女子二千人骗过楚军使得汉王得以脱逃；后又劝刘邦立韩信为齐王笼络他而终于灭楚。汉兴以后，再献计让刘邦伪游云梦而使韩信就擒；平城之围，刘邦用陈平之计得以解围。这是他一生中“救纷纠之难，振国家之患”而最可值得称道的时期。后来在吕后朝时他屈伸变化，应付自如，并诛灭诸吕，至文帝时则城府更深，得以揽权为丞相。司马迁在记叙中突出了陈平的谋略，但在论赞中，慨叹之余，对其为人则不无揶揄之意。

陈丞相平者，阳武户牖乡人也。少时家贫，好读书，有田三十亩，独与兄伯居。伯常耕田，纵①平使游学。平为人长大美色。人或谓陈平曰：“贫何食而肥若是？”其嫂嫉②平之不视家生产，曰：“亦食糠覈耳。有叔如此，不如无有。”伯闻之，逐其妇而弃之。

及平长，可娶妻，富人莫肯与者，贫者平亦耻之。久之，户牖富人有张负，张负女孙五嫁而夫辄死，人莫敢娶。平欲得之。邑中有丧，平贫，侍丧，以先往后罢为助。张负既见之丧所，独视伟平，平亦以故后去。负随平至其家，家乃负郭穷巷③，以弊席为门，然门外多有长者车辙。张负归，谓其子仲曰：“吾欲以

①纵：听任，支持。②嫉：恼恨。③负：背，靠着。郭：外城城墙。

女孙予陈平。”张仲曰：“平贫不事事，一县中尽笑其所为，独奈何予女乎？”负曰：“人固有好美如陈平而长贫贱者乎？”卒与女。为平贫，乃假贷[①]币以聘，予酒肉之资以内妇[②]。负诫其孙曰：“毋[③]以贫故，事人不谨。事兄伯如事父，事嫂如母。”平既娶张氏女，赍用[④]益饶，游道日广。

里中社[⑤]，平为宰[⑥]，分肉食甚均。父老曰：“善，陈孺子之为宰！”平曰：“嗟乎，使平得宰天下，亦如是肉矣！”

陈涉起而王陈，使周市略定魏地，立魏咎为魏王，与秦军相攻于临济。陈平固已前谢[⑦]其兄伯，从少年往事魏王咎于临济。魏王以为太仆。说魏王，不听；人或谗之，陈平亡去。

久之，项羽略地至河上，陈平往归之，从入破秦，赐平爵卿。项羽之东王彭城也，汉王还定三秦而东，殷王反楚。项羽乃以平为信武君，将魏王咎客在楚者以往，击降殷王而还。项王使项悍拜平为都尉，赐金二十溢[⑧]。居无何，汉王攻下殷。项王怒，将诛定殷者将吏。陈平惧诛，乃封其金与印，使使归项王，而平身间行杖[⑨]剑亡。渡河，船人见其美丈夫独行，疑其亡将，要[⑩]中当有金玉宝器，目之，欲杀平。平恐，乃解衣裸而佐刺[⑪]船。船人知其无有，乃止。

平遂至修武降汉，因魏无知求见汉王，汉王召入。是时万石君奋为汉王中涓[⑫]，受平谒[⑬]，入见平。平等七人俱进，赐食。王曰：“罢，就舍矣。”平曰：“臣为事来，所言不可以过今日。”于

---

①假贷：借给。②内妇：娶妻。内：同“纳”，娶。③毋：不要。④赍用：资财用度。赍：通“资”。⑤里：古代的居民组织，先秦以二十五家为里。陈平所在的里叫库上里。社：祭祀土地神。⑥宰：主持割肉的人。⑦谢：辞别。⑧溢：通“镒”，古代黄金的重量单位，二十两为一镒。⑨杖：通“仗”，拿着。⑩要：同“腰”。⑪刺：用篙撑船。⑫中涓：官名，为王者主管清洁洒扫等事，是近身的侍从人员。⑬谒：名帖。

是汉王与语而说之，问曰："子之居楚何官？"曰："为都尉。"是日乃拜平为都尉，使为参乘①，典护军②。诸将尽讙③，曰："大王一日得楚之亡卒，未知其高下，而即与同载，反使监护军长者！"汉王闻之，愈益幸平。遂与东伐项王。至彭城，为楚所败。引而还，收散兵至荥阳，以平为亚将，属于韩王信，军广武。

绛侯、灌婴等咸谗陈平曰："平虽美丈夫，如冠玉耳，其中未必有也。臣闻平居家时，盗其嫂；事魏不容，亡归楚；归楚不中，又亡归汉。今日大王尊官之，令护军。臣闻平受诸将金，金多者得善处，金少者得恶处。平，反覆乱臣也，愿王察之。"汉王疑之，召让④魏无知。无知曰："臣所言者，能也；陛下所问者，行也。今有尾生、孝己之行而无益处于胜负之数，陛下何暇用之乎？楚汉相距⑤，臣进奇谋之士，顾其计诚足以利国家不⑥耳。且盗嫂受金又何足疑乎？"汉王召让平曰："先生事魏不中，遂事楚，而去，今又从吾游，信者固多心乎？"平曰："臣事魏王，魏王不能用臣说，故去事项王。项王不能信人，其所任爱，非诸项即妻之昆弟，虽有奇士不能用，平乃去楚。闻汉王之能用人，故归大王。臣裸身来，不受金无以为资。诚臣计画有可采者，愿大王用之；使无可用者，金具在，请封输官，得请骸骨⑦。"汉王乃谢，厚赐，拜为护军中尉，尽护诸将。诸将乃不敢复言。

其后，楚急攻，绝汉甬道⑧，围汉王于荥阳城。久之，汉王患之，请割荥阳以西以和，项王不听。汉王谓陈平曰："天下纷纷，何时定乎？"陈平曰："项王为人，恭敬爱人，士之廉节好礼者多

---

①参乘：即"骖乘"，与王者同车，站在王者右侧做护卫的人，又叫车右。 ②典：主管。护：监护，监察。 ③讙(huān)：喧哗，吵闹。 ④让：责备，责问。 ⑤距：通"拒"，抵御，抵抗。⑥不：通"否"。 ⑦请骸骨：请求辞职的委婉说法。 ⑧甬道：两侧筑墙的通道。

归之。至于行功爵邑，重①之，士亦以此不附。今大王慢而少礼，士廉节者不来；然大王能饶②人以爵邑，士之顽钝嗜利无耻者亦多归汉。诚各去其两短，袭其两长，天下指麾则定③矣。然大王恣侮④人，不能得廉节之士。顾楚有可乱者，彼项王骨鲠⑤之臣亚父、钟离眛、龙且、周殷之属，不过数人耳。大王诚能出捐数万斤金，行反间，间其君臣，以疑其心，项王为人意忌⑥信谗，必内相诛。汉因举兵而攻之，破楚必矣。"汉王以为然，乃出黄金四万斤与陈平，恣所为，不问其出入。

陈平既多以金纵反间于楚军，宣言诸将钟离眛等为项王将，功多矣，然而终不得裂地而王，欲与汉为一，以灭项氏而分王其地。项羽果意不信钟离眛等。项王既疑之，使使至汉。汉王为太牢具⑦，举进。见楚使，即详惊曰："吾以为亚父使，乃项王使！"复持去，更以恶草具⑧进楚使。楚使归，具以报项王。项王果大疑亚父。亚父欲急攻下荥阳城，项王不信，不肯听。亚父闻项王疑之，乃怒曰："天下事大定矣，君王自为之！愿请骸骨归！"归，未至彭城，疽⑨发背而死。陈平乃夜出女子二千人荥阳城东门，楚因击之，陈平乃与汉王从城西门夜出去。遂入关，收散兵复东。

其明年，淮阴侯破齐，自立为齐王，使使言之汉王。汉王大怒而骂，陈平蹑汉王。汉王亦悟，乃厚遇齐使，使张子房卒立信为齐王。封平以户牖乡。用其奇计策，卒灭楚。常⑩以护军中

---

①重：看重，爱惜。这里指吝啬。 ②饶：增添。这里指舍得。 ③指麾则定：挥手可定，形容事情容易办到。麾：通"挥"，挥手。 ④恣：放纵，无拘束，此指随意。侮：看不起，怠慢。⑤骨鲠：比喻刚直。鲠(gěng)：耿直，正直。 ⑥意忌：猜忌。 ⑦太牢具：指极丰盛的筵席。祭祀或宴会，牛、羊、豕三牲齐备叫太牢。具：此指饭食，酒肴。 ⑧恶草具：粗劣的饮食。⑨疽(jū)：毒疮。 ⑩常：通"尝"，曾经。

尉从定燕王臧荼。

汉六年，人有上书告楚王韩信反。高帝问诸将，诸将曰："亟[①]发兵坑竖子耳。"高帝默然。问陈平，平固辞谢，曰："诸将云何？"上具告之。陈平曰："人之上书言信反，有知之者乎？"曰："未有。"曰："信知之乎？"曰："不知。"陈平曰："陛下精兵孰与楚？"上曰："不能过。"平曰："陛下将用兵有能过韩信者乎？"上曰："莫及也。"平曰："今兵不如楚精，而将不能及，而举兵攻之，是趣[②]之战也，窃为陛下危之。"上曰："为之奈何？"平曰："古者天子巡狩，会诸侯。南方有云梦，陛下弟[③]出伪游云梦，会诸侯于陈。陈，楚之西界，信闻天子以好[④]出游，其势必无事而郊迎谒。谒，而陛下因禽[⑤]之，此特一力士之事耳。"高帝以为然，乃发使告诸侯会陈："吾将南游云梦。"上因随以行。行未至陈，楚王信果郊迎道中。高帝豫[⑥]具武士，见信至，即执缚之，载后车。信呼曰："天下已定，我固当烹！"高帝顾谓信曰："若毋声。而[⑦]反明矣！"武士反接[⑧]之。遂会诸侯于陈，尽定楚地。还至洛阳，赦信以为淮阴侯，而与功臣剖符[⑨]定封。

于是与平剖符，世世勿绝，为户牖侯。平辞曰："此非臣之功也。"上曰："吾用先生谋计，战胜剋敌，非功而何？"平曰："非魏无知臣安得进？"上曰："若子可谓不背本矣。"乃复赏魏无知。其明年，以护军中尉从攻反者韩王信于代。卒[⑩]至平城，为匈奴所围，七日不得食。高帝用陈平奇计，使单于阏氏[⑪]，围以得开。

---

①亟：同"急"，急迫，赶快。 ②趣：通"促"，催促。 ③弟：通"第"，只管，尽管。 ④好：无恶意，怀着善意。 ⑤禽：通"擒"，捉住。 ⑥豫：通"预"，预先准备。 ⑦而：通"尔"，你。 ⑧接：绑，捆。 ⑨剖符：帝王分封诸侯功臣时，把一种竹制的凭证剖成两半，帝王与诸侯各执一半，以作凭证。 ⑩卒：通"猝"，突然，仓猝。 ⑪单于（chán yú）：匈奴最高君长的称号。阏氏（yān zhī）：匈奴王后的称号。

高帝既出，其计秘，世莫得闻。

高帝南过曲逆，上其城①，望见其屋室甚大，曰："壮哉县！吾行天下，独见洛阳与是耳。"顾问御史曰："曲逆户口几何？"对曰："始秦时三万馀户，间者兵数起，多亡匿，今见②五千户。"于是乃诏御史，更以陈平为曲逆侯，尽食之，除前所食户牖。

其后常以护军中尉从攻陈豨及黥布。凡六出奇计，辄益邑，凡六益封。奇计或颇秘，世莫能闻也。

高帝从破布军还，病创，徐行至长安。燕王卢绾反，上使樊哙以相国将兵攻之。既行，人有短恶哙者。高帝怒曰："哙见吾病，乃冀我死也。"用陈平谋而召绛侯周勃受诏床下，曰："陈平亟驰传③载勃代哙将，平至军中即斩哙头！"二人既受诏，驰传未至军，行计之曰："樊哙，帝之故人也，功多，且又乃吕后弟吕媭之夫，有亲且贵，帝以忿怒故，欲斩之，则恐后悔。宁囚而致上，上自诛之。"未至军，为坛，以节④召樊哙。哙受诏，即反接载槛车，传诣⑤长安，而令绛侯勃代将，将兵定燕反县。

平行闻高帝崩，平恐吕太后及吕媭谗怒，乃驰传先去。逢使者诏平与灌婴屯于荥阳。平受诏，立复驰至宫，哭甚哀，因奏事丧前。吕太后哀之，曰："君劳，出休矣。"平畏谗之就⑥，因固请得宿卫中。太后乃以为郎中令，曰："傅⑦教孝惠。"是后吕媭谗乃不得行。樊哙至，则赦，复爵邑。

孝惠帝六年，相国曹参卒，以安国侯王陵为右丞相，陈平为左丞相。

王陵者，故沛人，始为县豪，高祖微时，兄事陵。陵少文，任

---

①城：城墙。 ②见：通"现"。 ③驰传：驾驿站车马急行。传(zhuàn)：传车，驿站上供过往使者所用的马车。 ④节：符节，天子派出使者用以传达命令的凭证。 ⑤诣(yì)：到某地去，前往。 ⑥就：归于，加于。 ⑦傅：教导，辅佐帝王或王子。

气，好直言。及高祖起沛，入至咸阳，陵亦自聚党数千人，居南阳，不肯从沛公。及汉王之还攻项籍，陵乃以兵属汉。项羽取陵母置军中，陵使至，则东乡[①]坐陵母，欲以招陵。陵母既私送使者，泣曰："为老妾语陵，谨事汉王。汉王，长者也，无以老妾故，持二心。妾以死送使者。"遂伏剑[②]而死。项王怒，烹陵母。陵卒从汉王定天下。以善雍齿，雍齿，高帝之仇，而陵本无意从高帝，以故晚封，为安国侯。

安国侯既为右丞相，二岁，孝惠帝崩。高后欲立诸吕为王，问王陵，王陵曰："不可。"问陈平，陈平曰："可。"吕太后怒，乃详迁陵为帝太傅，实不用陵。陵怒，谢疾免，杜门竟不朝请[③]，七年而卒。

陵之免丞相，吕太后乃徙平为右丞相，以辟阳侯审食其为左丞相。左丞相不治，常给事[④]于中。

食其亦沛人。汉王之败彭城西，楚取太上皇、吕后为质，食其以舍人侍吕后。其后从破项籍为侯，幸于吕太后。及为相，居中，百官皆因[⑤]决事。

吕媭常以前陈平为高帝谋执樊哙，数谗曰："陈平为相非治事，日饮醇酒，戏妇女。"陈平闻，日益甚。吕太后闻之，私独喜。面质吕媭于陈平曰："鄙语曰'儿妇人口不可用'，顾君与我何如耳。无畏吕媭之谗也。"

吕太后立诸吕为王，陈平伪听之。及吕太后崩，平与太尉勃合谋，卒诛诸吕，立孝文皇帝，陈平本谋也。审食其免相。

孝文帝立，以为太尉勃亲以兵诛吕氏，功多；陈平欲让勃尊

---

①东乡：向东。乡：通"向"，古代设席，凡不面对庭下者，以朝东方向的位置为尊。②伏剑：以剑自刎。③朝请：朝见皇帝。汉律，春季朝见皇帝为"朝"，秋季朝见皇帝为"请"。④给事：服侍，听候使唤。⑤因：通过，借助。

位，乃谢病。孝文帝初立，怪平病，问之。平曰："高祖时，勃功不如臣平。及诛诸吕，臣功亦不如勃。愿以右丞相让勃。"于是孝文帝乃以绛侯勃为右丞相，位次第一；平徙为左丞相，位次第二。赐平金千斤，益封三千户。

居顷之，孝文皇帝既益明习国家事，朝而问右丞相勃曰："天下一岁决狱几何？"勃谢曰："不知。"问："天下一岁钱谷出入几何？"勃又谢不知，汗出沾背，愧不能对。于是上亦问左丞相平。平曰："有主者。"上曰："主者谓谁？"平曰："陛下即问决狱，责廷尉；问钱谷，责治粟内史。"上曰："苟各有主者，而君所主者何事也？"平谢曰："主臣[①]。陛下不知其驽下[②]，使待罪[③]宰相。宰相者，上佐天子理阴阳，顺四时，下育万物之宜，外镇抚四夷诸侯，内亲附百姓，使卿大夫各得任其职焉。"孝文帝乃称善。右丞相大惭，出而让陈平曰："君独不素教我对！"陈平笑曰："君居其位，不知其任邪？且陛下即问长安中盗贼数，君欲强对邪？"于是绛侯自知其能不如平远矣。居顷之，绛侯谢病请免相，陈平专为一丞相。

孝文帝二年，丞相陈平卒，谥为献侯。子共侯买代侯。二年卒，子简侯恢代侯。二十三年卒，子何代侯。二十三年，何坐略[④]人妻，弃市[⑤]，国除。

始陈平曰："我多阴谋，是道家之所禁。吾世即废，亦已矣，终不能复起，以吾多阴祸也。"然其后曾孙陈掌以卫氏亲贵戚，愿得续封陈氏，然终不得。

---

①主臣：表示惶恐之词。 ②驽下：谦语，才能低下，拙笨。 ③待罪：臣子对帝王禀奏时的谦辞，意思是说不知何时因不能胜任自己的职位，必将获罪。 ④坐：犯罪。略：通"掠"，抢占，抢夺。 ⑤弃市：处死。古代处犯人死刑，多在街市上执行，表示与众共弃之。

太史公曰：陈丞相平少时，本好黄帝、老子之术。方其割肉俎①上之时，其意固已远矣。倾侧扰攘②楚魏之间，卒归高帝。常出奇计，救纷纠之难，振③国家之患。及吕后时，事多故矣，然平竟自脱，定宗庙，以荣名终，称贤相，岂不善始善终哉！非知谋孰能当此者乎？

【译文】

陈丞相陈平，阳武县户牖乡人。年轻时家中贫穷，喜欢读书，有田地三十亩，独自与兄长陈伯住在一起。陈伯平常在家种地，听任陈平周游求学。陈平长得身材高大，相貌堂堂。有人对陈平说："你家里那么穷，吃什么长得这么魁梧？"他的嫂子恼恨他不看顾家庭，不从事生产，说："也不过吃糠罢了。有这样的小叔子，还不如没有。"陈伯听到这些话，赶走并休了他的妻子。

等陈平长大成人该娶媳妇了，富人家没有谁肯把女儿嫁给他，娶穷人家的女儿做媳妇陈平又感到羞耻。过了好久，户牖有个富人叫张负，他的孙女嫁了五次人，丈夫都死了，没有人再敢娶她。陈平却想娶她。乡邑中有人办丧事，陈平家贫，就去帮忙料理丧事，靠着早去晚归多得些报酬以贴补家用。张负在丧家见到他，相中了高大魁梧的陈平，陈平也因此而留到最后才走。张负随陈平到了陈家，陈家竟在靠近外城城墙的偏僻小巷里，用一领破席当门，但门外却有很多有德才的人留下的车辙。张负回家后，对他的儿子张仲说："我打算把孙女嫁给陈平。"张仲说："陈平又穷又不爱劳动，全县人都耻笑他的所作所为，为什么偏把女儿嫁给他？"张负说："哪有仪表堂堂像陈平这样的人会长久贫寒卑贱的呢？"终于将孙女嫁给了陈平。因为陈平贫穷，张家就借钱给他让他用来做聘礼，还给他置办酒宴的钱让他娶亲。张负告诫他的孙女说："不要因为陈

①俎(zǔ)：割肉用的砧板。 ②倾侧扰攘：彷徨不定的样子。 ③振：挽救，拯救。

家穷的缘故，侍奉人家就不小心。侍奉兄长陈伯要像侍奉父亲一样，侍奉嫂嫂要像侍奉母亲一样。”陈平娶了张家女子后，资财日益宽裕，交游也越来越广。

陈平所居的库上里祭祀土地神，陈平为主持割肉的人，他把祭肉分得很均匀。父老们说：“好，陈家孩子真会做分祭肉的人！”陈平说：“唉，假使让我陈平主宰天下，也会像这次分肉一样呢！”

陈胜起兵后在陈县称王，派周市平定魏地，立魏咎为魏王，与秦军在临济交战。此前陈平本已辞别他的兄长陈伯，随一些年轻人到临济事奉魏王咎。魏王任命他为太仆。陈平向魏王进言，魏王不听，又有人说他的坏话，陈平只好逃离而去。

过了好久，项羽攻打到黄河边上，陈平前往投奔，随项羽入关破秦，项羽赐给他卿爵。项羽东归，在彭城称王，汉王回军平定三秦向东进军，殷王反叛楚国。项羽于是封陈平为信武君，让他率魏王咎留在楚国的部下前往，击败并降服殷王后返回。项王派项悍拜授陈平为都尉，赏给他黄金二十镒。过了不久，汉王又攻下殷地。项王大怒，准备杀掉前次平定殷地的将吏。陈平害怕被杀，便封好项王赏赐的黄金和官印，派人送还项王，自己只身带剑抄小路逃走。陈平横渡黄河，船夫见他一个美男子只身独行，怀疑他是逃亡的将领，腰中应藏有金玉宝器，就盯着陈平，打算杀掉他。陈平很害怕，就解开衣服赤身帮船夫撑船。船夫知道他身上一无所有，才没下手。

陈平于是到修武投降汉军，通过魏无知求见汉王，汉王召他进去。此时万石君石奋做汉王的中涓，接过陈平的名帖，引陈平进见汉王。陈平等七人都进去了，汉王赐给他们饮食。汉王说：“吃完后，到客舍休息吧。”陈平说：“我有要事前来，所说的话不能拖过今日。”于是汉王就跟他交谈并喜欢他，汉王问：“你在楚军中任什么官职？”陈平说：“做都尉。”汉王当天就拜授予陈平为都尉，让他做参乘，主管监察诸军将士。诸将都喧哗不服，说：“大王日前刚得到楚国的一个逃兵，还不知他本领的高低，就跟他同乘一辆车子，并且反让他监督我们这些老将！”汉王听到这些议论，更加宠幸陈平。汉王于是带着陈平往东讨伐项王。到了彭城，被楚军打败，汉王领兵返回。一路上收集散兵到达荥阳，任命陈平为亚将，隶属于韩王信，驻在广武。

周勃、灌婴等都谗毁陈平说："陈平虽是美男子，只不过像帽子上的玉饰罢了，胸中未必有真东西。臣等听说陈平在家时，曾和嫂嫂私通；事奉魏王不能容身，逃来归附楚王；归附楚王不相合，又逃来归降汉王。现在大王如此器重他，让他做高官，命他为护军。臣等听说陈平接受了诸将的钱财，钱给得多的就得到好处，钱给得少的就遭遇坏的处境。陈平是个反复无常的乱臣，愿大王明察。"汉王就怀疑陈平，招来魏无知责问他。魏无知说："臣所说的是才能，陛下所问的是品行。如今有人有尾生、孝己那样的品行，但对决定胜负没有益处，陛下哪有闲暇用这样的人呢？楚汉相持，臣推荐善出奇谋的人，只关心他的计谋是否确实能有利国家罢了，至于私通嫂嫂、接受钱财，又有什么值得怀疑的呢？"汉王召来陈平责问道："先生服侍魏王不相合，服侍楚王而又半道离开，如今又来跟从我，讲信用的人原是这样三心二意吗？"陈平说："臣事奉魏王，魏王不能采用臣的建议，所以我离开他事奉项王。项王不能信任人，他所信任、宠爱的，不是那些项氏宗族就是妻家的兄弟，即使有奇才也不能重用，我这才离开楚王。听说汉王能用人，所以来归附大王。臣空身而来，不接受钱财便没有办事的费用。如果臣的计谋确有值得采纳的，愿大王采用；若没有值得采用的，钱财都还在，请允许我封好送回官府，并请求辞职回家。"汉王于是向陈平道歉，厚赏了他，拜授他为护军中尉，监督全体将领。诸将才不敢再说什么了。

后来楚军加紧进攻，切断了汉军的甬道，把汉王围困在荥阳城。过了好久，汉王为之而忧虑，请求割让荥阳以西的地方以讲和。项王不答应。汉王对陈平说："天下如此纷乱，什么时候才能安定呢？"陈平说："项王为人谦恭有礼，对人爱护，有清廉节操、喜好礼仪的士人多归附他。到论功行赏、授爵封邑时，却又吝啬这些爵邑，士人也因此不愿归附他。如今大王傲慢又缺乏礼仪，有清廉节操的士人不来归附；但是大王能够舍得给人爵位、食邑，那些圆滑没有骨气、好利无耻之徒又多归附汉。如果你们谁能去掉双方的短处，袭用对方的长处，那么天下就挥手可定了。但是大王爱随意怠慢人，不能得到有清廉节操的士人。不过楚军有可扰乱的地方，项王那里刚直的臣子像亚父范增、钟离眛、龙且、周殷之辈，不过数人罢了。大王如果能舍得拿出几万斤黄金，施行反间的计谋，离间楚国君臣，让他们互生怀疑之心，项王为人猜忌多疑，听信谗言，他们内部定会互相残杀。汉军可趁机发兵攻打他们，击败楚军是必然的。"汉王认为陈平说得对，于是拿出黄金四万斤给陈平，听凭他使用，不过问其支出情况。

陈平用了很多黄金在楚军中进行离间活动，宣称钟离眛等人作为项王的将帅，功劳很多，但始终不能分割土地封王，他们打算跟汉王联合，消灭项王，瓜分楚国的土地，各自为王。项羽果然猜疑起来，不再信任钟离眛等人。项王已怀疑钟离眛等人，就派使者到汉军那里打探。汉王备下丰盛的饭食，命人端进。见到楚王使者，就假装吃惊地说："我还以为是亚父的使者，竟是楚王使者！"又让人把酒肴端走，换上粗劣的饭菜端给楚王使者。楚王使者回去后，把这些情况禀告给项王。项王果然更加怀疑起亚父。范增想急速攻下荥阳城，项王不信任他，不肯听从。范增闻知项王在怀疑自己，就生气地说："天下事大局已定，君王您自己干吧！臣请求辞职告老还乡！"他回乡还没走到彭城，就因背上毒疮发作而死。陈平于是趁夜里让两千名女子出荥阳城东门，楚军便发动攻击，陈平就与汉王从荥阳西门出城逃离。汉王随即进入关中，收集败散的士兵再次东进。

第二年，淮阴侯韩信打败齐国，自立为齐王，派使者把这件事禀报给汉王。汉王大怒，斥骂韩信。陈平暗踩汉王的脚，汉王也有所悟，于是厚待齐王使者，并派张子房立即前往封韩信为齐王。汉王把户牖乡封给陈平。汉王采用陈平的奇计妙策，最终灭掉了楚国。陈平曾以护军中尉的身份随汉王平定燕王臧荼。

汉六年，有人上书告发楚王韩信谋反。高帝问询诸将，诸将说："赶快发兵活埋这小子。"高帝默默不语。高帝问陈平,陈平一再推辞,反问道:"诸将说些什么?"皇上把诸将的话都告诉了陈平。陈平问:"有人上书说韩信谋反,有知道这事的外人吗?"皇上说:"没有。"陈平问:"韩信本人知道这事吗?"皇上说:"不知道。"陈平说:"陛下的精锐部队跟楚国比哪个强?"皇上说:"不能超过它。"陈平问:"陛下的将帅中用兵有能超过韩信的吗?"皇上说:"没有谁赶得上他。"陈平说:"如今陛下的军队不如楚国精锐,将帅的才干又赶不上韩信,却要发兵攻打他,这是促使他同我们作战,我私下为陛下的安危而担忧。"皇上说:"那该怎么办?"陈平说:"古时天子巡察各地,召会诸侯。南方有个云梦泽,陛下只管假装出游云梦,在陈县召会诸侯。陈县在楚国的西部边界,韩信听到天子怀着善意出游,看那情势定然无事,因而到郊外迎接拜见陛下。拜见时,陛下趁机将他拿下,这只不过是一个力士就能办到的事。"高帝觉得他的主意不错,于是派出使者告知各诸侯到陈县会面,说:"我即将南游云梦。"皇上便随即出发。尚未行到陈县,楚王韩信果然在郊外的道路上迎接。高帝预先准备好武士,见韩信来了,立即将他拿下捆绑起来,装在副车中。韩信喊道:"天下已平定了,我本来就该烹杀了!"高帝回过头对韩信说:"你不要喊叫!你谋反,已很明显了!"武士把韩信两手反绑。高帝于是在陈县会见诸侯,全部平定楚地。高帝回到洛阳,赦免了韩信,封他为淮阴侯,又与功臣剖符确定封赏。

于是与陈平剖符,世代相传而不断绝,封为户牖侯。陈平辞谢说:"这不是臣的功劳。"皇上说:"我用了先生的计谋,克敌制胜,这不是功劳是什么呢?"陈平说:"不是魏无知,臣怎能晋升为官呢?"皇上说:"先生您可说是不忘本了。"于是又赏赐魏无知。第二年,陈平以护军中尉的身份跟从高帝在代地攻打谋反的韩王信。匆忙行军到平城,被匈奴围困,七天吃不上饭。高帝用了陈平的妙计,派人到单于的阏氏那里去,才得以解围。高帝脱身后,陈平的计策始终秘而不宣,世人无法得知。

高帝南归经过曲逆,登上城墙,望见城内的房屋很大,说道:"这个县好壮观!我行遍天下,只见到洛阳和这个县是这样。"回头问御史说:"曲逆的户口有多少?”御史回答说:“当初秦时有三万多户,中间连年战乱,很多人逃亡躲藏起来,如今现存五千户。”当时高帝便诏令御史,改封陈平为曲逆侯,尽享全县的赋税,取消以前所封的户牖乡。

此后陈平曾以护军中尉的身份从高帝征讨陈豨和黥布。他一共出过六次奇计,每次都增加了封邑,一共增封了六次。奇计有的颇为隐秘,世间无人得知。

高帝随击败黥布的军队返回,因受创伤而病重,缓缓地行至长安。燕王卢绾反叛,皇上派樊哙以相国的身份率兵征讨他。启程后,有人说樊哙的坏话。高帝发怒说:“樊哙见我病了,便盼望我死。”便用陈平的计谋,召绛侯周勃在病榻前接受诏命,说道:“陈平赶快驾传车载着周勃代替樊哙领兵,陈平到了军中立即斩下樊哙的头!”二人接受诏命,驾传车急行,还没有到军中,边走边商议说:“樊哙是高帝的老朋友了,功劳很多,而且又是吕后妹妹吕媭的丈夫,与高帝是亲戚并且显贵,高帝因为一时愤怒的缘故想杀他,只怕将来要后悔。我们宁可把他囚禁起来交给皇上,由皇上自己处决他。”他们没到军营中,便堆土筑坛,用符节招来樊哙。樊哙接受诏令,立即被反绑装上囚车,用传车送往长安,而命绛侯周勃代樊哙为将,率兵平定燕地反叛的各县。

陈平返回路上听说高帝驾崩,他恐怕吕媭进谗言、吕后信谗言发怒,便急驾传车先行。路上遇到使者诏令陈平和灌婴驻守荥阳。陈平接受诏命,马上又驱车赶到宫廷,哭得非常哀痛,趁机在高帝灵前向吕后禀奏处理樊哙事的经过。吕太后哀怜陈平,说道:“您辛苦了,出去好好休息吧。”陈平怕谗言加于自身,于是坚决请求宿卫宫中。吕太后于是让他做郎中令,说道:“请好好辅佐教导皇帝。”此后吕媭的谗言才不起作用。樊哙被押到长安,便被赦免并恢复了爵位和封邑。

孝惠帝六年,相国曹参死,任命安国侯王陵为右丞相,陈平为左丞相。

王陵,原为沛县人,当初是县里的豪绅,高祖卑微时,像对待兄长那样侍奉王陵。王陵不注意礼节,爱意气用事,喜欢直言。到高祖在沛县起兵，进入关中抵达咸阳时，王陵也自己聚集党羽几千人，驻在南阳，不肯跟从沛公。等汉王回军进攻项籍时，王陵才率兵归属汉王。项羽捉得王陵的母亲安置在军营中，王陵的使者到来时，项羽就让王陵的母亲朝东坐着，想以此招降王陵。王陵的母亲私下送走使者时哭着说："请替我告诉王陵，要小心地侍奉汉王。汉王是个宽厚的长者，不要因为我的缘故而有二心。我以一死来给你送行吧。"说罢即拔剑自刎而死。项王大怒，烹煮了王陵的母亲。王陵终于跟从汉王平定天下。王陵跟雍齿友善，雍齿是高帝的仇人，王陵又原本无意跟从高帝，由于这些缘故受封较晚，被封为安国侯。

安国侯做了右丞相，两年后，孝惠帝驾崩。吕太后想立诸吕为王，询问王陵，王陵说："不行。"又问陈平，陈平说："可以。"吕太后大怒，于是假意提升王陵为皇帝太傅，实际上不重用王陵。王陵发怒，称病辞职。闭门不出，始终不朝见皇帝，七年后死。

王陵被免除丞相职事后，吕太后就改任陈平为右丞相，任命辟阳侯审食其为左丞相。左丞相不行职分内的事，常在宫中听候使唤。

审食其也是沛县人。汉王在彭城西被击败时，楚军抓走汉王的父亲和吕后作为人质，食其以舍人的身份侍奉吕后。他后来随汉军打败项籍被封为侯，受到吕太后宠幸。等做了左丞相，住在宫中，百官都要通过他来决断大事。

吕媭常因从前陈平为高帝谋划捉拿樊哙，多次进谗言说："陈平做丞相不理政事，每天饮美酒，戏弄妇女。"陈平听后，日益沉迷于饮酒作乐。吕太后闻知此事，暗自高兴。她当着吕媭的面对陈平说："俗语说'小孩和妇女的话不可信'，就看你对我怎么样了。不要怕吕媭说你的坏话。"

吕太后立诸吕为王，陈平伪装顺从这件事。等吕太后驾崩，陈平跟太尉周勃合谋，终于诛灭诸吕，拥立孝文皇帝即位，此事陈平是主要谋划者。审食其被免去左丞相。

孝文帝即位，认为太尉周勃亲自率兵诛灭诸吕，功劳多；陈平想把右丞相的尊位让给周勃，于是推辞有病。孝文帝刚即位，觉得陈平病得奇怪,就去探问他。陈平说:“高祖时,周勃的功劳不如臣陈平。到诛灭诸吕时,臣的功劳也就不如周勃了。我愿把右丞相之位让给周勃。”于是孝文帝就任命绛侯周勃为右丞相,位列第一;陈平改任为左丞相,位列第二。赏赐陈平黄金千金,加封食邑三千户。

过了不久,孝文皇帝已渐渐熟悉国家大事,一次接受群臣朝见时问右丞相周勃说:“全国一年判处的案件有多少?”周勃谢罪说:“不知道。”孝文皇帝又问:“全国一年钱粮的开支收入有多少?”周勃又谢罪说不知道,急得汗流浃背,惭愧自己不能回答。于是皇上又问左丞相陈平。陈平说:“有主管的人。”皇上说:“主管的人又是谁?”陈平说:“陛下若问判处案件的情况,可责问廷尉;问钱粮收支的情况,可责问治粟内史。”皇上说:“如果各自有主管的人,那么您所主管的是些什么事呢?”陈平谢罪说:“为臣诚惶诚恐!陛下不知我拙笨,让我勉强做宰相。宰相,对上辅佐天子调理阴阳,顺应四时,对下养育万物适时生长,对外镇抚四夷和诸侯,对内亲和爱抚百姓,使公卿大夫各自能胜任自己的职责。”孝文帝于是称赞他回答得好。右丞相周勃大为惭愧,退朝后埋怨陈平说:“您怎么不在平时教我对答这些话!”陈平笑着说:“您身居相位,不知丞相的职责吗?陛下如果问长安城中盗贼的数目,您也要勉强凑数对答吗?”这时绛侯周勃自知才能比陈平差远了。过了不久,绛侯周勃托病请求免去右丞相职事,陈平独自做丞相。

孝文帝二年,丞相陈平死,谥号为献侯。其子共侯陈买接替侯位。陈买为侯二年死,其子简侯陈恢接替侯位。陈恢为侯二十三年死,其子陈何接替侯位。陈何为侯二十三年时,犯了抢占他人妻子的罪,被处死,封国被废除。

当初陈平曾说过:“我常使用诡秘的计谋,这是道家所禁忌的。我的后代如被废黜,也就止住了,终归不能再兴起,因为我暗中积下了很多祸因。”此后他的曾孙陈掌靠着是卫家亲戚的关系,希望能接续陈家原来的封号,但终究没能如愿。

太史公说:陈丞相陈平年轻时,原本喜好黄帝、老子的学说。当他在砧板上分割祭肉时，他的志向本已很远大了。他彷徨于楚魏之间，最终归附高帝。他常想出奇计，解救纷繁的危难，消除国家的祸患。到吕后专政时，诸事多有变故，但陈平竟能自免于祸，安定宗庙，终身保持荣耀的名望，被称为贤相，难道不是善始善终吗！假若没有才智和谋略，谁能做到这一步呢？

【鉴赏】

王鏊说："知谋二字，断尽陈平一生。"林云铭说："智谋二字，一篇主脑。"本文以"智谋"总揽陈平一生，重点描绘最能体现陈平智谋的言行，使得文章结构严谨，材料剪裁得当。司马迁写陈平的智谋主要从两个方面用笔，而这两个方面又相互交错。一是谋他人，即为刘邦而谋，这主要是体现他"六出奇计"，其中三次是为刘邦解围，两次用计对付韩信，终于立下大功。他每出奇计一次就得到刘邦加封一次。他与绛侯周勃合谋，计诛诸吕，拥立孝文帝，恢复刘氏天下。二是谋自己。作者特地记述了陈平从项羽处逃离归降刘邦渡河时的一件事，当船夫想杀掉他夺其金玉宝器时，他则裸身帮人划船得以脱险。当刘邦一时愤怒，命令陈平斩杀樊哙时，陈平为不给自己添惹麻烦，仅囚禁了樊哙。吕媭数次在吕太后面前谗毁陈平，他则日饮醇酒，戏妇女反而使吕后更加对其放心，陈平的谋身之道真可谓极高。吕后欲立诸吕为王，陈平没有像王陵直言相阻，反而振振有词表示赞同。正是他的善谋，使他能在多事艰难之秋履险如夷，"以荣名终"。但他的"谋"有时是不惜损害别人的。如他在文帝初立时先是以右丞相让周勃，自己甘居其下为左丞相，可不久面对文帝询问，他左右逢源，令周勃十分狼狈，之后又狠狠奚落一番，算是报了当初周勃在高祖面前诋毁他的仇，此后不久周勃谢病请免，他得以专揽丞相。

史记卷五十七·绛侯周勃世家第二十七

本篇是汉初名将周勃和周亚夫父子的合传。父子二人都是汉初立有卓绝功业的臣子。周勃从刘邦为沛公初起事直至楚汉相争时一直随从南攻北战，建立了诸多功勋，被赐封为绛侯。汉兴之后又在击韩王信、陈豨、卢绾之战中立下不少战功，吕后死，周勃又与陈平合谋诛灭诸吕迎立文帝，为安定刘氏天下立了大功。这样的功臣应当受到恩宠，然而他却是在功成之后战兢自危，晚年被人诬告谋反而治罪下狱，在狱中受尽凌辱。他的儿子也是治军名将、汉初功臣，在平定吴楚之乱时为汉军统帅并立下功勋。可他的不幸遭遇甚于其父，也是被诬入狱，先是自杀未遂，后绝食五日，呕血而死。论赞中，太史公赞父子二人的为人堪与伊尹、周公比，才能堪与司马穰苴比，而对他们的悲惨遭遇表达了愤慨之意和无限同情。

绛侯周勃者，沛人也。其先卷人，徙沛。勃以织薄曲①为生，常为人吹箫给丧事。材官引强②。

高祖之为沛公，初起，勃以中涓③从攻胡陵，下方与。方与反，与战，却適④。攻丰。击秦军砀东。还军留及萧。复攻砀，破之。下下邑，先登⑤。赐爵五大夫。攻蒙、虞，取之。击章邯车骑，殿⑥。定魏地。攻爰戚、东缗，以往至栗，取之。攻啮桑，先登。击秦军阿下，破之。追至濮阳，下甄城。攻都关、定陶，袭取宛朐，得单父令。夜袭取临济，攻张，以前至卷，破之。击

①薄曲：用竹篾或苇篾编织的养蚕用具，今称“蚕箔”。薄：通“箔”。 ②材官：勇武的士卒。引强：拉强弓。 ③中涓：官名，为王者主管清洁洒扫等事，是近身的侍从人员。 ④適：通“敌”。 ⑤登：指登上城墙。 ⑥殿：殿后，撤退时走在最后。

李由军雍丘下。攻开封，先至城下为多。后章邯破杀项梁，沛公与项羽引兵东如砀。自初起沛还至砀，一岁二月。

楚怀王封沛公号安武侯，为砀郡长。沛公拜勃为虎贲令，以令从沛公定魏地。攻东郡尉于城武，破之。击王离军，破之。攻长社，先登。攻颍阳、缑氏，绝河津。击赵贲军尸北。南攻南阳守𮡚，破武关、峣关。破秦军于蓝田，至咸阳，灭秦。

项羽至，以沛公为汉王。汉王赐勃爵为威武侯。从入汉中，拜为将军。还定三秦，至秦，赐食邑怀德。攻槐里、好畤，最①。击赵贲、内史保于咸阳，最。北攻漆，击章平、姚卬军。西定汧，还下郿、频阳。围章邯废丘。破西丞。击盗巴军，破之。攻上邽。东守峣关，转击项籍。攻曲逆，最。还守敖仓，追项籍。籍已死，因东定楚地泗水、东海郡，凡得二十二县。还守洛阳、栎阳，赐与颍阴侯共食钟离。以将军从高帝击反者燕王臧荼，破之易下。所将卒当驰道②为多，赐爵列侯，剖符③世世勿绝。食绛八千一百八十户，号绛侯。

以将军从高帝击反韩王信于代，降下霍人。以前至武泉，击胡骑，破之武泉北。转攻韩信军铜鞮，破之。还，降太原六城。击韩信胡骑晋阳下，破之，下晋阳。后击韩信军于硰石，破之，追北④八十里。还攻楼烦三城，因击胡骑平城下，所将卒当驰道为多。勃迁为太尉。

击陈豨，屠马邑。所将卒斩豨将军乘马絺。击韩信、陈豨、赵利军于楼烦，破之。得豨将宋最、雁门守圂。因转攻得云中守遬、丞相箕肆、将勋。定雁门郡十七县，云中郡十二县。因复

①最：功劳最大。 ②当：抵御敌人。驰道：古代供皇帝驾车行驶的大道。 ③剖符：帝王分封诸侯或功臣时，把一种竹制的凭证剖成两半，帝王与诸侯各执一半，以作凭证。 ④追北：追击败逃的敌军。北：战败逃跑的军队。

击豨灵丘，破之，斩豨，得豨丞相程纵、将军陈武、都尉高肆，定代郡九县。

燕王卢绾反，勃以相国代樊哙将，击下蓟，得绾大将抵、丞相偃、守陉、太尉弱、御史大夫施，屠浑都。破绾军上兰，复击破绾军沮阳。追至长城，定上谷十二县，右北平十六县，辽西、辽东二十九县，渔阳二十二县。最①从高帝得相国一人，丞相二人，将军、二千石各三人；别②破军二，下城三，定郡五，县七十九，得丞相、大将各一人。

勃为人木彊③敦厚，高帝以为可属④大事。勃不好文学⑤，每召诸生说士，东乡坐而责之⑥："趣⑦为我语。"其椎少文⑧如此。

勃既定燕而归，高祖已崩矣，以列侯事孝惠帝。孝惠帝六年，置太尉官，以勃为太尉。十岁，高后崩。吕禄以赵王为汉上将军，吕产以吕王为汉相国，秉汉权，欲危刘氏。勃为太尉，不得入军门。陈平为丞相，不得任事。于是勃与平谋，卒诛诸吕而立孝文皇帝。其语在吕后、孝文事中。

文帝既立，以勃为右丞相，赐金五千斤，食邑万户。居月馀，人或说勃曰："君既诛诸吕，立代王，威震天下，而君受厚赏，处尊位，以⑨宠，久之即祸及身矣。"勃惧，亦自危，乃谢请归相印。上许之。岁馀，丞相平卒，上复以勃为丞相。十馀月，上曰："前日吾诏列侯就国，或未能行，丞相吾所重，其率先之。"乃

---

①最：总计。 ②别：另外，此指单独领兵。 ③木彊(jiàng)：憨厚刚直。 ④属：通"嘱"，嘱托，托付。 ⑤文：文辞，文章。学：学问。 ⑥东乡坐：面向东坐。古人设席，凡不面对庭下者，以东向坐为尊。自己面对宾客东向而坐，是不客气、不谦让的表现。责：督促，催促。 ⑦趣：通"促"，赶快。 ⑧椎：质朴，鲁钝。少文：缺少文采。 ⑨以：这样，如此。

免相就国[1]。

岁馀，每河东守尉行县[2]至绛，绛侯勃自畏恐诛，常被甲，令家人持兵以见之。其后人有上书告勃欲反，下[3]廷尉。廷尉下其事长安，逮捕勃治[4]之。勃恐，不知置辞。吏稍[5]侵辱之。勃以千金与狱吏，狱吏乃书牍背[6]示之曰"以公主为证"。公主者，孝文帝女也，勃太子胜之尚[7]之，故狱吏教引为证。勃之益封受赐，尽以予薄昭。及系[8]急，薄昭为言薄太后，太后亦以为无反事。文帝朝，太后以冒絮提[9]文帝，曰："绛侯绾皇帝玺[10]，将兵于北军，不以此时反，今居一小县，顾[11]欲反邪？"文帝既见绛侯狱辞，乃谢曰："吏方验而出之。"于是使使持节[12]赦绛侯，复爵邑。绛侯既出，曰："吾尝将百万军，然安知狱吏之贵乎！"

绛侯复就国。孝文帝十一年卒，谥为武侯。

子胜之代侯。六岁，尚公主不相中[13]，坐[14]杀人，国除。绝[15]一岁，文帝乃择绛侯勃子贤者河内守亚夫，封为条侯，续绛侯后。

条侯亚夫自未侯为河内守时，许负相[16]之，曰："君后三岁而侯。侯八岁为将相，持国秉[17]，贵重[18]矣，于人臣无两。其后九岁而君饿死。"亚夫笑曰："臣之兄已代父侯矣，有如[19]卒，子当代，亚夫何说侯乎？然既已贵如负言，又何说饿死？指示我。"许负指其口曰："有从理[20]入口，此饿死法[21]也。"居三岁，其兄绛

---

①就国：前往封地。国：指封地。 ②行县：郡守郡尉到各县巡视。行：巡行，巡视。 ③下：交给，交付。 ④治：惩处，审理。 ⑤稍：逐渐，渐渐。 ⑥牍背：木简的背面。牍：古人写字用的木简、木片。 ⑦尚：古代娶公主为妻尊称为尚。 ⑧系：拘囚，关押。 ⑨冒絮：头巾之类。提：掷扔，掷打。 ⑩绾(wǎn)：掌管。玺：皇帝的印章。 ⑪顾：反而，反倒。 ⑫节：符节，天子派出的使者持之以为凭证。 ⑬相中：相合。 ⑭坐：犯罪。 ⑮绝：这里指爵位中断。 ⑯相：看相，相面。 ⑰秉：通"柄"，权力，权柄。 ⑱贵重：位尊而权重。 ⑲有如：如果。 ⑳从理：纵纹。从：通"纵"。 ㉑法：古代相术家称人的面相或骨相为法。

侯胜之有罪，孝文帝择绛侯子贤者，皆推亚夫，乃封亚夫为条侯，续绛侯后。

文帝之后六年，匈奴大入边。乃以宗正刘礼为将军，军霸上；祝兹侯徐厉为将军，军棘门；以河内守亚夫为将军，军细柳：以备胡。上自劳军，至霸上及棘门军，直驰入，将以下骑送迎。已而之细柳军，军士吏被甲，锐兵刃，彀①弓弩，持满②。天子先驱至，不得入。先驱曰："天子且至！"军门都尉曰："将军令曰'军中闻将军令，不闻天子之诏'。"居无何，上至，又不得入。于是上乃使使持节诏将军："吾欲入劳军。"亚夫乃传言开壁门③。壁门士吏谓从属车骑曰："将军约，军中不得驱驰。"于是天子乃按辔④徐行。至营，将军亚夫持兵揖曰："介胄⑤之士不拜，请以军礼见。"天子为动，改容式车⑥。使人称谢："皇帝敬劳将军。"成礼而去。既出军门，群臣皆惊。文帝曰："嗟乎，此真将军矣！曩者⑦霸上、棘门军，若儿戏耳，其将固可袭而虏也；至于亚夫，可得而犯邪！"称善者久之。月馀，三军皆罢，乃拜亚夫为中尉。

孝文且崩时，诫太子曰："即有缓急⑧，周亚夫真可任将兵。"文帝崩，拜亚夫为车骑将军。

孝景三年，吴、楚反。亚夫以中尉为太尉，东击吴、楚。因自请上曰："楚兵剽轻⑨，难与争锋，愿以梁委⑩之，绝其粮道，乃可制。"上许之。

太尉既会兵荥阳，吴方攻梁，梁急，请救。太尉引兵东北走

---

①彀(gòu)：把弓弩拉开、拉满。 ②持满：把弓弦拉满。 ③壁门：营门。壁：营垒。 ④按辔(pèi)：拉紧马缰绳。 ⑤介：铠甲。胄(zhòu)：头盔。 ⑥式车：手扶车前横木表示敬意。式：通"轼"，古代车前用作扶手的横木。 ⑦曩(nǎng)：先前，以往。 ⑧即：假如，如果。缓急：危急情况，这里是偏义复合词。 ⑨剽(piāo)：强悍，勇猛。轻：轻捷，迅捷。 ⑩委：抛弃，放弃。

昌邑，深壁而守。梁日使使请太尉，太尉守便宜[①]，不肯往。梁上书言景帝，景帝使使诏救梁。太尉不奉诏，坚壁不出，而使轻骑兵弓高侯等绝吴、楚兵后食道[②]。吴兵乏粮，饥，数欲挑战，终不出。夜，军中惊，内相攻击扰乱，至于太尉帐下，太尉终卧不起。顷之，复定。后吴奔壁东南陬[③]，太尉使备西北。已而其精兵果奔西北，不得入。吴兵既饿，乃引而去。太尉出精兵追击，大破之。吴王濞弃其军，而与壮士数千人亡走，保于江南丹徒。汉兵因乘胜，遂尽虏之，降其兵，购吴王千金。月馀，越人斩吴王头以告。凡相攻守三月，而吴、楚破平。于是诸将乃以太尉计谋为是。由此梁孝王与太尉有郤[④]。

归，复置太尉官。五岁，迁为丞相，景帝甚重之。景帝废栗太子，丞相固争之，不得。景帝由此疏之。而梁孝王每朝，常与太后言条侯之短。

窦太后曰："皇后兄王信可侯也。"景帝让曰："始南皮、章武侯先帝不侯，及臣即位乃侯之。信未得封也。"窦太后曰："人主各以时行耳。自窦长君在时，竟不得侯，死后乃其子彭祖顾得侯。吾甚恨[⑤]之。帝趣侯信也！"景帝曰："请得与丞相议之。"丞相议之，亚夫曰："高皇帝约'非刘氏不得王，非有功不得侯。不如约，天下共击之'。今信虽皇后兄，无功，侯之，非约也。"景帝默然而止。

其后匈奴王唯徐卢等五人降，景帝欲侯之以劝[⑥]后。丞相亚夫曰："彼背其主降陛下，陛下侯之，则何以责人臣不守节者乎？"景帝曰："丞相议不可用。"乃悉封唯徐卢等为列侯。亚夫

①便宜：有利，合适。 ②食道：即粮道。 ③陬（zōu）：角落。 ④郤（xì）：裂痕，仇怨。 ⑤恨：遗憾，后悔。 ⑥劝：勉励，鼓励。

因谢病。景帝中三年，以病免相。

顷之，景帝居禁中，召条侯，赐食。独置大胾[①]，无切肉，又不置櫡。条侯心不平，顾谓尚席[②]取櫡。景帝视而笑曰："此不足君所乎？"条侯免冠谢。上起，条侯因趋出。景帝以目送之，曰："此怏怏[③]者非少主臣也！"

居无何，条侯子为父买工官尚方甲楯五百被[④]可以葬者。取庸[⑤]苦之，不予钱。庸知其盗买县官[⑥]器，怒而上变[⑦]告子，事连污条侯。书既闻上，上下吏。吏薄责条侯，条侯不对。景帝骂之曰："吾不用也。"召诣[⑧]廷尉。廷尉责曰："君侯欲反邪？"亚夫曰："臣所买器，乃葬器也，何谓反邪？"吏曰："君侯纵不反地上，即欲反地下耳。"吏侵之益急。初，吏捕条侯，条侯欲自杀，夫人止之，以故不得死，遂入廷尉。因不食五日，呕血而死。国除。

绝一岁，景帝乃更封绛侯勃他子坚为平曲侯，续绛侯后。十九年卒，谥为共侯。子建德代侯，十三年，为太子太傅。坐酎金[⑨]不善，元鼎五年，有罪，国除。

条侯果饿死。死后，景帝乃封王信为盖侯。

太史公曰：绛侯周勃始为布衣时，鄙朴[⑩]人也，才能不过凡庸。及从高祖定天下，在将相位，诸吕欲作乱，勃匡[⑪]国家难，复之乎正。虽伊尹、周公，何以加哉！亚夫之用兵，持威重，执坚

---

①胾(zì)：大块的肉。 ②尚席：主管安排酒席的人。尚：主管。 ③怏(yàng)怏：心中不满或不高兴的样子。 ④尚方：掌管制造和供应皇家用品的官署。被(pī)：具，件。 ⑤取庸：搬运的雇工。庸：通"佣"，雇工。 ⑥县官：指天子，皇家。 ⑦变：也叫"变事"，告发谋反之事的书状。 ⑧诣(yì)：前往，到某地去。 ⑨酎(zhòu)金：汉朝规定，诸侯每年应向朝廷进献助祭的黄金，即酎金。 ⑩鄙朴：粗陋朴实。鄙：粗陋，不懂礼仪。 ⑪匡：救助，挽救。

刃[①],穰苴曷[②]有加焉！足己[③]而不学,守节不逊[④],终以穷困。悲夫！

【译文】

绛侯周勃,沛县人。他的祖先是卷县人,后来迁到沛县。周勃靠编蚕箔维持生活,还常在人家办丧时吹箫奏挽歌,后来又成为能拉硬弓的勇士。

高祖当初做沛公刚起兵时,周勃以中涓的身份从高祖进攻胡陵,攻下方与。方与反叛,周勃跟他们交战,打退了敌军。进攻丰邑,在砀郡东攻打秦军。回军到留县和萧县,再次进攻砀郡,攻破了它。攻打下邑,周勃最先登上城墙。高祖赐给他五大夫爵位。进攻蒙、虞二城,都攻克。袭击章邯车骑,撤退时殿后。平定魏地。进攻爰戚、东缗,一直打到栗县,都攻占了。攻啮桑时,周勃又最先登城。在东阿城下攻击秦军,打败秦军。追击到濮阳,攻下甄城。进攻都关、定陶,袭击并攻取宛朐,俘获单父的县令。夜袭攻取临济,进攻张县,又往前打到卷县,攻破了它。在雍丘城下攻击秦将李由的军队。进攻开封,周勃先到城下,战功多。后来章邯打败项梁的军队并杀死项梁,沛公和项羽领兵向东返回砀郡。从在沛县开始起兵到返回砀郡,共一年零两个月。

楚怀王封沛公号为安武侯,并让他做砀郡长。沛公拜授周勃为虎贲令,他以虎贲令的身份随沛公平定魏地。在城武进攻东郡尉的军队,打败了他们。攻打秦将王离的军队,把他们打败了。进攻长社,周勃最先登城。进攻颍阳、缑氏,封断了黄河渡口。在尸乡北面攻打赵贲的军队。又南下攻打南阳郡齮,攻破武关、峣关。在蓝田大败秦军。打到咸阳,灭了秦朝。

项羽到了咸阳,封沛公为汉王。汉王赐给周勃的爵位是威武侯。周

---

①坚刃:法令严明。刃:通“忍”,严厉,不慈。 ②曷:通“何”,怎么,怎能。 ③足己:自足,自满。 ④不逊:不顺,顺适天子之意。

勃随汉王进入汉中,被拜授为将军。回师平定三秦,到秦地后,汉王把怀德赐给周勃做食邑。进攻槐里、好畤,功劳最大。在咸阳攻击赵贲和内史保,功劳最大。向北进攻漆县,攻打章平、姚卬的军队。向西平定汧县,又回军攻克郿县、频阳。在废丘包围章邯军。打败西县县丞的军队。攻打盗巴的军队,打败了他。进攻上邽。在东边镇守峣关,转而攻打项羽。进攻曲逆,功劳最大。回师镇守敖仓,追击项羽。项羽死后,趁机向东平定楚地泗水和东海两郡,共攻占二十二县。又回师守卫洛阳、栎阳,汉王把钟离赐给周勃与颍阴侯灌婴作为二人共有食邑。周勃以将军的身份随高祖征讨反叛汉的燕王臧荼,在易县城下把他们打败。周勃率领的士兵在车马大道上抵御敌军,战功多。周勃被封赐列侯的爵位,高祖剖符以证其爵位代代相传,永不断绝。赐绛县八千一百八十户作为食邑,号为绛侯。

周勃以将军身份随高祖在代地征讨反叛汉的韩王信,降服了霍人县。又向前到武泉,攻击胡人的骑兵,在武泉北边把他们打败。又转移到铜鞮进攻韩王信的军队,打败了他们。回师降服太原郡的六座城。在晋阳城下,攻击韩王信的胡人骑兵,击败了他们,攻下了晋阳。随后又在硰石攻击韩王信的军队,把他们击败,追击败兵八十里。回师进攻楼烦的三座城,趁势在平城之下攻击胡人骑兵,周勃所率领的士兵在车马大道上抵御敌兵,战功最多。周勃晋升为太尉。

周勃攻打陈豨,屠戮马邑。所率士卒斩杀了陈豨的将军乘马絺。在楼烦攻打韩信、陈豨、赵利的军队,打败了他们。擒获了陈豨的部将宋最和雁门郡守圂。趁势转攻云中郡,俘获郡守遬、丞相箕肆和将军勋。平定雁门郡十七个县,云中郡十二个县。趁势又在灵丘攻打陈豨,打败了他们,斩杀了陈豨,俘获了陈豨的丞相程纵、将军陈武、都尉高肆。平定代郡九个县。

燕王卢绾反叛,周勃以相国的身份代樊哙领兵,攻打下蓟,俘获卢绾的大将抵、丞相偃、郡守陉、太尉弱、御史大夫施,屠灭浑都城。在上兰打败卢绾的叛军,又在沮阳击败卢绾的叛军。追击到长城,平定上谷郡十二县，右北平郡十六县，辽西、辽东二十九县，渔阳郡二十二县。周勃随高祖出征，共俘获相国一人，丞相二人，将军和二千石官员各三人；单独领兵打败了两支军队，攻下了三座城，平定五个郡、七十九个县，俘虏丞相、大将各一人。

周勃为人憨厚刚直，淳朴忠实，高祖认为可以嘱托大事。周勃不喜好文辞学问，每次召见儒生和游说之士，他面向东坐着，催促他们："快点给我说！"他的质朴少文就像这样。

周勃平定燕地之后回朝，高祖已驾崩，他以列侯身份侍奉孝惠帝。孝惠帝六年设太尉官职，命周勃为太尉。十年后，吕后驾崩。吕禄以赵王身份任汉上将军，吕产以吕王身份任汉相国，把持汉廷政权，想要危害刘氏。周勃身为太尉，却不能进入军营之门；陈平身为丞相，却不能处理政事。于是周勃与陈平谋划，终于诛灭诸吕，拥立孝文皇帝。此事的详情记在《吕太后本纪》和《孝文本纪》中。

文帝即位后，任周勃为右丞相，赐给黄金五千斤，食邑一万户。过了一个多月，有人劝周勃说："您已诛灭诸吕，拥立代王为天子，威震天下。而且您受到丰厚的赏赐，处在尊贵的地位，如此受宠，时间久了将会有灾祸降到您的身上。"周勃害怕，自己也感到危险，于是就请辞归还相印。皇帝答应了他。过了一年多，丞相陈平死，皇上又让周勃任丞相。过了十几个月，皇上说："前些天我下令让列侯都到自己的封地去，有些人还没有走，丞相您是我很器重的人，希望您带头先去吧！"于是免去丞相职事前往封地。

回到封地一年多，每当河东郡守和郡尉巡视各县到绛县时，绛侯周勃自己害怕被诛杀，常披挂铠甲，命家人手持兵器会见郡守和郡尉。后来有人上书告发周勃要反叛，皇帝把此事交给廷尉处理。廷尉又把此事交付长安刑狱官，长安刑狱官逮捕周勃进行审问。周勃恐惧，不知怎么回答。狱吏渐渐欺凌侮辱他。周勃拿千金送给狱吏，狱吏才在木简背后写字提示他道："让公主为你作证。"公主就是文帝的女儿，周勃长子胜之娶她为妻，所以狱吏教周勃让她作证。周勃把加封所受的赏赐都送给薄太后之弟薄昭。等案子到了紧要关头，薄昭为周勃向薄太后说情，太后也认为不会有谋反的事。文帝朝见太后，太后顺手抓起头巾向文帝扔去，说："原来绛侯掌管着皇帝印玺，在北军领兵，他不在这时反叛，如今住在一个小小的县里，反倒要叛乱吗?"文帝已看到绛侯的供词，便向太后谢罪说："狱吏刚好查证清楚，要放他出去了。"于是派使者带着符节赦免绛侯，恢复他的爵位和食邑。绛侯出狱后说："我曾率百万大军，可怎么知道狱吏的尊贵呀!"

绛侯重新回到封地。孝文帝十一年死，谥号是武侯。

绛侯之子胜之继承侯位。过了六年，他所娶的公主与他感情不和，犯了杀人罪，封地被废除。爵位中断一年，文帝才从绛侯周勃的儿子中挑选贤能的河内郡守周亚夫，封为条侯，接续绛侯的爵位。

条侯周亚夫在还没封侯做河内郡守时，许负为他相面，说："您三年后要被封侯，封侯八年后做将军和丞相，执掌国家大权，位尊权重，在大臣中没第二个能和你比。此后再过九年，您将饿死。"周亚夫笑着说："我的兄长已继承父亲的侯爵了，如果他死了，他的儿子应当接替，我周亚夫怎么谈得上封侯呢？既然我已像你说的那样富贵，又怎么说会饿死呢?请你指教我。"许负指着周亚夫的嘴说："您脸上有纵纹入口，这是饿死的面相。"过了三年，他的兄长绛侯周胜之有罪，文帝从周勃的儿子中挑选贤能的人，大家都推举亚夫，于是封亚夫为条侯，接续绛侯的爵位。

文帝后元六年，匈奴大举入侵边境。文帝便命宗正刘礼为将军，驻军霸上；命祝兹侯徐厉为将军，驻军棘门；命河内郡守周亚夫为将军，驻军细柳：以便防备匈奴。皇帝亲自慰劳军队，到了霸上和棘门的军营，一直奔驰进入，将军以下都下马迎送。之后到达细柳军营，军中兵吏都披挂铠甲，手持锐利的兵刃，张开弓弩，拉满弓弦。天子的导驾者来到军营，不能进入。导驾者说："天子就要到了!"军门都尉说："我们将军命令说'军中只听将军命令，不听天子诏令'。"过了不久，皇帝到了，又不能进入。于是皇帝便派使者手持符节诏令将军："我要进去慰劳军队。"亚夫才传话打开营门。营门的守卫士官对天子的车马随从说："将军规定，军营里不准驱马奔驰。”于是天子就拉紧马缰绳慢慢行进。到了营中，将军周亚夫手拿武器拱手行礼说：“穿戴盔甲的将士不能跪拜，请允许我以军礼参见。”天子被他感动，马上变得面容庄重，靠在车前横木上向官兵致意。派人向周亚夫致谢说：“皇帝特来慰劳将军。”进行完劳军的礼仪后离去。一出营门，群臣都露出惊怪之色。文帝说：“啊，这才是真正的将军呀！先前在霸上和棘门军营看到的，简直像儿戏，他们的将军就可能受袭击被俘虏。至于亚夫，怎么可能侵犯他呢！”称赞他很久。过了一个多月，三支军队都罢兵了。文帝便拜授周亚夫为中尉。

文帝将要驾崩时，告诫太子说：“如果发生危急情况，周亚夫是真正可担当领兵重任的。”文帝驾崩后，景帝拜授周亚夫为车骑将军。

景帝三年，吴、楚反叛。周亚夫由中尉升为太尉，领兵攻打吴、楚叛军。于是周亚夫亲自请示皇帝说：“楚兵勇猛迅捷，很难与他们交战取胜。我想先把梁国放弃，让他们进攻，再断绝他们的粮道，这样才能制服他们。”景帝答应了。

太尉把各路兵马会集到荥阳后，吴国正在进攻梁国，梁国形势危急，请求援救。太尉却领兵向东北跑到昌邑，深沟高垒坚守。梁国天天派使者向太尉求救，太尉认为坚守有利更合适，不肯去救。梁国上书禀报景帝，景帝随即派使者诏令太尉救梁。太尉不遵奉诏令，坚守营垒仍不出兵，而是派轻骑兵由弓高侯等率领去断绝吴、楚叛军后方的粮道。吴兵缺粮，士兵饥饿，数次想要挑战，可汉军始终不出战。夜里，汉军营中受惊，军内互相攻击扰乱，甚至闹到太尉营帐之下，太尉却始终静卧不起。时间不久，又恢复了安定。后来吴军朝汉军军营东南角奔来，太尉让人们注意防备西北。不久吴国精兵果然奔向西北，但不能攻入。吴兵已饿，于是撤退离去。太尉派精兵追击，大败吴军。吴王濞抛弃军兵，与几千名精壮士卒逃跑，逃到江南丹徒自保。汉兵于是乘胜追击，全部俘虏了叛军，并降服了他们，又悬赏千金捉拿吴王。过了一个多月，越人斩了吴王的头来报告。双方攻守一共只有三个月，吴、楚叛乱就被打败平定了。于是诸将才认识到太尉的计谋是正确的。可由于这次平叛，梁孝王却和太尉有了仇怨。

周亚夫回朝后，朝廷重新设置太尉官。五年后，周亚夫升为丞相，景帝非常器重他。景帝废栗太子，丞相周亚夫极力争辩，未能劝阻。景帝从此疏远了他。而梁孝王每次进京朝见，常跟太后讲条侯周亚夫的坏话。

有一天，窦太后说："皇后的兄长王信可以封侯了。"景帝推辞说："起初南皮侯、章武侯先帝都没封他们为侯，等臣即位后才封他们。王信还不能封啊。"窦太后说："君主们都是各自按当时的情况行事。我兄长窦长君在世时，最终不能被封侯，死后他的儿子彭祖反倒封侯了，这件事我非常悔恨，皇上赶快封王信为侯吧！"景帝说："这事要和丞相商议一下。"景帝就与丞相商议，周亚夫说："当初高皇帝约定'不是刘氏家族的人不能封王，不是有功的人不能封侯。谁不遵守这个约定，天下人共同攻击他'。如今王信虽是皇后的兄长，但没有立功，封他为侯是违背高帝约定的。"景帝听了默默无言，只好作罢。

后来匈奴王唯徐卢等五人降汉。景帝想封他们为侯以鼓励其余的人继续来降。丞相周亚夫说："那几个人背叛他们的君主投降陛下，陛下如果封他们为侯，那还凭什么责备不守节操的臣子呢？"景帝说："丞相的意见不能采用。"于是把唯徐卢等全封为列侯。周亚夫因而称病退居在家。景帝中元三年，周亚夫因病被免去丞相职事。

不久，景帝在宫中召见条侯，赏赐酒食。席上只放了一大块肉，没有切好的肉，也不放筷子。条侯心中不满，扭头叫主管安排宴席的人拿筷子。景帝看到后笑着说："这还不能让您满意吗？"条侯脱帽谢罪。皇上起身，条侯趁机小步快走而出。景帝目送他出去，说："这个遇事就不满意的人不能做少主的大臣啊！"

过了不久，条侯之子从专做皇家用品的工官那里给父亲买了五百件殉葬用的盔甲盾牌。搬运的雇工很受累，却不给钱。雇工们知道他偷买皇家用的器物，一怒就上书告发条侯之子要反叛，事情自然牵连到条侯。雇工的书状呈报给景帝，景帝交给官吏查办。官吏按书状上的内容一一责问条侯，条侯拒不回答。景帝责骂他说：“用不着你再回答了。”下令把他交给廷尉处置。廷尉责问说：“您是想造反吗?”周亚夫说：“臣所买的器物都是殉葬用的，怎么说是要造反呢?”狱吏说：“您纵使不在地上造反，也要到地下去造反吧!”狱吏逼迫越来越急。起初，狱吏逮捕条侯时，条侯想自杀，夫人制止了他，因此没能死，于是就进了廷尉的监狱。周亚夫于是五天不吃饭，吐血而死。他的封地被废除。

周亚夫的爵位中断了一年，景帝便改封绛侯周勃的另一个儿子周坚为平曲侯，接续绛侯的爵位。周坚封侯十九年后死，谥号是共侯。其子建德继承侯爵，十三年后，周建德任太子太傅。由于所献的助祭黄金品质不佳，元鼎五年，被判有罪，封地被废除。

条侯周亚夫果然饿死。他死后，景帝便封王信为盖侯。

太史公说：绛侯周勃当初是平民时，是个粗陋朴实的人，才能不过平常之辈。等随高祖平定天下，身居将相之位，诸吕想谋反作乱，周勃挽救国家于危难，使天下恢复正常。即使伊尹、周公，怎能超过他呢！周亚夫的用兵，一直保持威严稳重，法令严明，即使司马穰苴怎能超过他呢？可惜他自满而不虚心学习，能谨守臣节但不知恭顺，最后以穷途困窘而终。真令人悲伤啊！

【鉴赏】

本篇可视为受辱功臣的传记，也是司马迁感同身受而流露出愤愤不平之情的作品。绛侯周勃出狱后所发出“吾尝将百万军，然安知狱吏之贵乎”的慨叹，是直言胸中的愤慨。而条侯周亚夫入狱之后自杀未遂，又绝食呕血而死，则是无声而又强烈的控诉。比起萧何入狱，韩信被杀，樊哙被捕，周勃父子二人的遭遇更能让人看到统治者的寡情薄义。司马迁也是亲身感受到了这种刻薄寡恩而发愤著书，寄愤慨于笔下的。

周勃父子二人的遭遇有诸多相似之处，但作者用对比对照的笔法写出来却是同中有异，异中见同。写周勃之为人，重在突出他的“木僵敦厚”，直出直入；写周亚夫，重在突出他的刚正守节，如他谏阻封皇后兄王信和匈奴降将唯徐卢为侯。父子二人与当时望风观色、阿意取容的萧何、曹参、张良、陈平等比起来，真是形成了鲜明的对照。写周勃之功，重在突出其战功之多，开篇不厌其烦地详列他在跟随刘邦灭秦灭项羽的南攻北战中所立下的大大小小的战功几十次，汉兴以后，也主要是写他在几次攻战中的卓著功绩。而写周亚夫之功，重在写他的治军之才和大将风范。他治军细柳营，连皇帝要进入军营，都得听他之令方可放行，而且一切都按军礼行事，皇帝也为之赞叹。吴楚之乱时，他从容不迫，以尽可能小的代价平定了叛乱。同时，父子二人的正直为人、卓著功勋也与他们后来的悲惨遭遇形成了极为强烈的对比。而对这种不幸作者也只能无奈地将之归于命相，因为这太让人难以理解了。

史记卷五十八·梁孝王世家第二十八

汉文帝有四个儿子,长子就是汉景帝,其余三个儿子是谥号为梁孝王的刘武、谥号为代孝王的刘参、谥号为梁怀王的刘胜。本篇虽记述了三王的行事,但后面两王只是稍稍述及,故而以"梁孝王世家"名篇。梁孝王刘武很受母亲窦太后宠爱,因此窦太后和景帝曾意欲让刘武继嗣为帝,由此他骄横恣肆,"出言跸,入言警"。但在朝廷大臣谏阻下此事作罢,他则怀恨在心,怨恨并欲暗杀议臣十余人,险遭杀身之祸,最终忧郁而死。他的子孙们则又依仗其势,恣行滥杀,后多在武帝时封国被废,甚至有的贬为庶人。权位之争一直是历代皇室难以避开的问题,太史公对这场权位之争所持的态度是谴责梁孝王的骄奢僭越,自然这有他的原则和道理。论赞之后则是褚少孙补叙的围绕梁孝王嗣位为帝之事所引发的朝臣谏议和争斗。

梁孝王武者,孝文皇帝子也,而与孝景帝同母。母,窦太后也。

孝文帝凡四男:长子曰太子,是为孝景帝;次子武;次子参;次子胜。孝文帝即位二年,以武为代王,以参为太原王,以胜为梁王。二岁,徙代王为淮阳王。以代尽与太原王,号曰代王。参立十七年,孝文后二年卒,谥为孝王。子登嗣立,是为代共王。立二十九年,元光二年卒。子义立,是为代王。十九年,汉广关,以常山为限①,而徙代王王清河。清河王徙以元鼎三年也。

①限:界限,边界。

初，武为淮阳王十年，而梁王胜卒，谥为梁怀王。怀王最少子，爱幸异于他子。其明年，徙淮阳王武为梁王。梁王之初王梁，孝文帝之十二年也。梁王自初王通历①已十一年矣。

梁王十四年，入朝。十七年，十八年，比年②入朝，留，其明年，乃之国。二十一年，入朝。二十二年，孝文帝崩。二十四年，入朝。二十五年，复入朝。是时上未置太子也。上与梁王燕③饮，尝从容④言曰："千秋万岁后传于王。"王辞谢。虽知非至言，然心内喜。太后亦然。

其春，吴、楚、齐、赵七国反。吴、楚先击梁棘壁，杀数万人。梁孝王城守睢阳，而使韩安国、张羽等为大将军，以距⑤吴、楚。吴、楚以梁为限⑥，不敢过而西，与太尉亚夫等相距三月。吴、楚破，而梁所破杀虏略与汉中分⑦。明年，汉立太子。其后梁最亲，有功，又为大国，居天下膏腴地。地北界泰山，西至高阳，四十馀城，皆多大县。

孝王，窦太后少子也，爱之，赏赐不可胜道。于是孝王筑东苑，方三百馀里。广睢阳城七十里。大治宫室，为复道⑧，自宫连属于平台三十馀里。得赐天子旌旗，出从千乘万骑。东西驰猎，拟于天子。出言跸⑨，入言警。招延四方豪桀⑩，自山以东游说之士，莫不毕至，齐人羊胜、公孙诡、邹阳之属。公孙诡多奇邪计，初见王，赐千金，官至中尉，梁号之曰公孙将军。梁多作兵器弩弓矛数十万，而府库金钱且⑪百巨万，珠玉宝器多于京师。

---

①通历：共经历。 ②比年：连年。 ③燕：通"宴"。 ④从容：随便。 ⑤距：通"拒"，抵御，抵抗。 ⑥限：阻隔，拦截。 ⑦略：大致，大概。中分：对半分，相等。 ⑧复道：楼阁间有上下两重通道，其架空者称复道，又名阁道。 ⑨跸（bì）：帝王出行时开路清道，不准行人通过。 ⑩桀：通"杰"。 ⑪且：接近，将近。

二十九年十月，梁孝王入朝。景帝使使持节乘舆驷马[①]，迎梁王于关下。既朝，上疏因留，以太后亲故。王入则侍景帝同辇，出则同车游猎，射禽兽上林中。梁之侍中、郎、谒者著籍引[②]出入天子殿门，与汉宦官无异。

十一月，上废栗太子，窦太后心欲以孝王为后嗣。大臣及袁盎等有所关说[③]于景帝，窦太后义格[④]，亦遂不复言以梁王为嗣事由此。以事秘，世莫知。乃辞归国。

其夏四月，上立胶东王为太子。梁王怨袁盎及议臣，乃与羊胜、公孙诡之属阴使人刺杀袁盎及他议臣十馀人。逐[⑤]其贼，未得也。于是天子意[⑥]梁王。逐贼，果梁使之。乃遣使冠盖相望[⑦]于道，覆按[⑧]梁，捕公孙诡、羊胜。公孙诡、羊胜匿王后宫。使者责二千石[⑨]急，梁相轩丘豹及内史韩安国进谏王，王乃令胜、诡皆自杀，出之。上由此怨望[⑩]于梁王。梁王恐，乃使韩安国因长公主谢罪太后，然后得释。

上怒稍解，因上书请朝，既至关，茅兰说王，使乘布车，从两骑入，匿于长公主园。汉使使迎王，王已入关，车骑尽居外，不知王处。太后泣曰："帝杀吾子！"景帝忧恐。于是梁王伏斧质于阙下[⑪]谢罪，然后太后、景帝大喜，相泣，复如故。悉召王从官入关。然景帝益疏王，不同车辇矣。

---

①节：符节，使者所持信物。乘舆：皇帝乘的车子。驷：古时一车套四马，因称四马之车或车之四马为"驷"。 ②籍引：在名簿上登记，允许其自由出入。 ③关说：谏阻，劝阻。 ④义格：想法受阻。义：通"议"。格：受阻碍。 ⑤逐：追查。 ⑥意：猜疑，怀疑。 ⑦冠盖相望：言其派出的使者很多，以至后一批可望见前一批的衣饰与车盖。冠：指使者的礼帽。盖：指使者车上的大伞。 ⑧覆按：反复查验。覆：通"复"。按：通"案"，查验，审查。 ⑨二千石：当时诸侯国的一些大臣如丞相、内史、中尉等都是二千石或比二千石一级。 ⑩怨望：怨恨，责怪。望：埋怨，怨恨。 ⑪斧质：古代杀人刑具。质：通"锧（zhì）"，杀人时垫的砧板。阙：宫阙，帝王居住的地方。

三十五年冬，复朝，上疏欲留，上弗许。归国，意忽忽[①]不乐。北猎良山，有献牛，足出背上，孝王恶之。六月中，病热，六日卒，谥曰孝王。

孝王慈孝，每闻太后病，口不能食，居不安寝，常欲留长安侍太后。太后亦爱之。及闻梁王薨[②]，窦太后哭极哀，不食，曰："帝果杀吾子！"景帝哀惧，不知所为。与长公主计之，乃分梁为五国，尽立孝王男五人为王，女五人皆食汤沐邑[③]。于是奏之太后，太后乃说，为帝加壹餐。

梁孝王长子买为梁王，是为共王；子明为济川王；子彭离为济东王；子定为山阳王；子不识为济阴王。

孝王未死时，财以巨万计，不可胜数。及死，藏府[④]馀黄金尚四十馀万斤，他财物称是。

梁共王三年，景帝崩。共王立七年卒，子襄立，是为平王。

梁平王襄十四年。母曰陈太后。共王母曰李太后。李太后，亲平王之大母[⑤]也。而平王之后姓任，曰任王后。任王后甚有宠于平王襄。初，孝王在时，有罍樽，直千金。孝王诫后世，善保罍樽，无得以与人。任王后闻而欲得罍樽。平王大母李太后曰："先王有命，无得以罍樽与人。他物虽百巨万，犹自恣也。"任王后绝[⑥]欲得之。平王襄直[⑦]使人开府取罍樽，赐任王后。李太后大怒，汉使者来，欲自言，平王襄及任王后遮[⑧]止，闭门，李太后与争门，措[⑨]指，遂不得见汉使者。李太后亦私与食官长及郎中尹霸等士通乱，而王与任王后以此使人风[⑩]止李太

---

①忽忽：恍惚不安的样子。 ②薨(hōng)：古代诸侯王或公主等死叫薨。 ③汤沐邑：此指皇帝、皇后、公主等收取赋税的私邑。 ④藏(zàng)府：仓库，府库。 ⑤大母：祖母。 ⑥绝：执意，非常。 ⑦直：径自，径直。 ⑧遮：拦阻，阻止。 ⑨措(zé)：挤压，夹住。 ⑩风：通"讽"，用含蓄的话暗示或劝告。

后，李太后内有淫行，亦已。后病薨。病时，任后未尝请病[1]；薨，又不持丧。

元朔中，睢阳人类犴反者，人有辱其父，而与淮阳太守客出同车。太守客出下车，类犴反杀其仇于车上而去。淮阳太守怒，以让[2]梁二千石。二千石以下求反甚急，执反亲戚[3]。反知国阴事，乃上变事[4]，具告知王与大母争樽状。时丞相以下见知之，欲以伤梁长吏，其书闻天子。天子下吏验问，有之。公卿请废襄为庶人。天子曰："李太后有淫行，而梁王襄无良师傅，故陷不义。"乃削梁八城，枭[5]任王后首于市。梁馀尚有十城。襄立三十九年卒，谥为平王。子无伤立为梁王也。

济川王明者，梁孝王子，以桓邑侯孝景中六年为济川王。七岁，坐[6]射杀其中尉，汉有司请诛，天子弗忍诛，废明为庶人，迁[7]房陵，地入于汉为郡。

济东王彭离者，梁孝王子，以孝景中六年为济东王。二十九年，彭离骄悍，无人君礼，昏暮私与其奴、亡命少年数十人行剽[8]杀人，取财物以为好。所杀发觉者百馀人，国皆知之，莫敢夜行。所杀者子上书言，汉有司请诛，上不忍，废以为庶人，迁上庸，地入于汉，为大河郡。

山阳哀王定者，梁孝王子，以孝景中六年为山阳王。九年卒，无子，国除，地入于汉，为山阳郡。

济阴哀王不识者，梁孝王子，以孝景中六年为济阴王。一岁卒，无子，国除，地入于汉，为济阴郡。

太史公曰：梁孝王虽以亲爱之故，王膏腴之地，然会[9]汉家

---

①请病：请安问病。 ②让：责备，责问。 ③执：拘捕，捕捉。亲戚：此处指父母。 ④变事：告发非常大事的书状。 ⑤枭（xiāo）：斩首示众。 ⑥坐：因某事获罪。 ⑦迁：贬迁，流放。 ⑧行剽（piāo）：从事抢劫。 ⑨会：适逢，正好遇上。

隆盛，百姓殷富，故能植[①]其财货，广宫室，车服拟于天子。然亦僭[②]矣。

褚先生曰：臣为郎时，闻之于宫殿中老郎吏好事者称道之也。窃以为令梁孝王怨望，欲为不善者，事从中生。今太后，女主也，以爱少子故，欲令梁王为太子。大臣不时正言其不可状，阿意治小[③]，私说意[④]以受赏赐，非忠臣也。齐如魏其侯窦婴之正言也，何以有后祸？景帝与王燕见[⑤]，侍太后饮，景帝曰："千秋万岁之后传王。"太后喜说。窦婴在前，据地[⑥]言曰："汉法之约，传子适[⑦]孙，今帝何以得传弟，擅乱高帝约乎！"于是景帝默然无声。太后意不说。

故成王与小弱弟立树下，取一桐叶以与之，曰："吾用封汝。"周公闻之，进见曰："天王封弟，甚善。"成王曰："吾直[⑧]与戏耳。"周公曰："人主无过举[⑨]，不当有戏言，言之必行之。"于是乃封小弟以应县。是后成王没齿不敢有戏言，言必行之。《孝经》曰："非法不言，非道不行。"此圣人之法言也。今主上不宜出好言于梁王。梁王上有太后之重，骄蹇[⑩]日久，数闻景帝好言，千秋万世之后传王，而实不行。

又诸侯王朝见天子，汉法凡当四见耳。始到，入小见；到正月朔旦，奉皮荐[⑪]璧玉贺正月，法见；后三日，为王置酒，赐金钱财物；后二日，复入小见，辞去。凡留长安不过二十日。小见者，燕见于禁门内，饮于省中，非士人所得入也。今梁王西朝，

---

①植：通"殖"，增殖，积累。 ②僭(jiàn)：超越本分。 ③阿意：曲从，迎合。治小：管一些无足轻重的小事，此指不考虑大的方面。 ④私说意：指私下里办些使太后感到满意的事。说：同"悦"，取悦，讨好。 ⑤燕见：亦作"宴见"，谓帝王闲暇时召见臣下，会见时不拘大礼。燕：通"宴"，安逸，闲适。 ⑥据地：稽首至地，恭敬地跪拜。 ⑦适(dí)：通"嫡"，有时指正房妻室所生长子，有时也指正妻所生的儿子。 ⑧直：只是，不过。 ⑨过举：错误的、不恰当的举动。 ⑩骄蹇(jiǎn)：骄横傲慢。 ⑪皮荐：皮垫。

因留，且半岁，入与人主同辇，出与同车，示风以大言而实不与，令出怨言，谋畔逆，乃随而忧之，不亦远①乎！非大贤人，不知退让。今汉之仪法，朝见贺正月者，常一王与四侯俱朝见，十馀岁一至。今梁王常比年入朝见，久留。鄙语曰“骄子不孝”，非恶言也。故诸侯王当为置良师傅，相忠言之士，如汲黯、韩长孺等，敢直言极谏，安得有患害！

盖闻梁王西入朝，谒窦太后，燕见，与景帝俱侍坐于太后前，语言私说。太后谓帝曰：“吾闻殷道亲亲②，周道尊尊③，其义一也。安车大驾④，用梁孝王为寄。”景帝跪席举身曰：“诺。”罢酒出，帝召袁盎诸大臣通经术者曰：“太后言如是，何谓也？”皆对曰：“太后意欲立梁王为帝太子。”帝问其状，袁盎等曰：“殷道亲亲者，立弟。周道尊尊者，立子。殷道质，质者法天，亲其所亲，故立弟。周道文，文者法地，尊者敬也，敬其本始，故立长子。周道，太子死，立適孙。殷道，太子死，立其弟。”帝曰：“于公何如？”皆对曰：“方今汉家法周，周道不得立弟，当立子。故《春秋》所以非宋宣公。宋宣公死，不立子而与弟。弟受国死，复反之与兄之子。弟之子争之，以为我当代父后，即刺杀兄子。以故国乱，祸不绝。故《春秋》曰：‘君子大⑤居正，宋之祸宣公为之。’臣请见太后白之。”袁盎等入见太后：“太后言欲立梁王，梁王即终，欲谁立？”太后曰：“吾复立帝子。”袁盎等以宋宣公不立正，生祸，祸乱后五世不绝，小不忍害大义状报太后。太后乃解说，即使梁王归就国。而梁王闻其义⑥出于袁盎诸大臣所，怨

①远：指远离事理。 ②亲亲：亲其所当亲，此指亲其兄弟。 ③尊尊：尊其所当尊，此指尊敬其长辈。 ④安车：古代一种小车，以其可以坐乘，故名“安车”。又以凡妇人均坐乘，所以太后用以自指。大驾：本指帝王出行的车驾，这里用为死亡的讳称。 ⑤大：看重，尊崇。⑥义：通“议”，主意，意见。

望，使人来杀袁盎。袁盎顾之曰：“我所谓袁将军者也，公得毋[①]误乎？”刺者曰：“是矣！”刺之，置[②]其剑。剑著[③]身。视其剑，新治。问长安中削厉工[④]，工曰：“梁郎某子来治此剑。”以此知而发觉之，发使者捕逐之。独梁王所欲杀大臣十馀人，文吏穷本之，谋反端颇见[⑤]。太后不食，日夜泣不止。景帝甚忧之，问公卿大臣，大臣以为遣经术吏往治之，乃可解。于是遣田叔、吕季主往治之。此二人皆通经术，知大礼。来还，至霸昌厩，取火悉烧梁之反辞，但空手来对景帝。景帝曰：“何如？”对曰：“言梁王不知也。造为之者，独其幸臣羊胜、公孙诡之属为之耳。谨以伏诛死，梁王无恙也。”景帝喜说，曰：“急趋谒太后。”太后闻之，立起坐，餐，气平复。故曰，不通经术知古今之大礼，不可以为三公及左右近臣。少见之人，如从管中窥天也。

【译文】

梁孝王刘武，是孝文皇帝之子，与孝景帝为同母兄弟。母亲是窦太后。

孝文帝共四个儿子：长子为太子，就是孝景帝；次子名武；三子名参；四子名胜。孝文帝即位第二年，封刘武为代王，封刘参为太原王，封刘胜为梁王。过了两年，改封代王为淮阳王。把代国的封地全部划归太原王，号为代王。刘参在位十七年，于孝文帝后元二年死，谥号为孝王。孝王之子刘登继位，这就是代共王。代共王在位二十九年，于武帝元光二年死，共王之子刘义继位，这就是代王。过了十九年，汉扩展关中之地，以常山为界，改封代王为清河王。改封时在武帝元鼎三年。

起初，刘武封为淮阳王的第十年，梁王刘胜死，谥号为梁怀王。怀王

①得毋：莫非，该不会。 ②置：放弃，丢弃。 ③著：附着，加某物于其上。 ④削厉工：制作磨砺刀剑的工匠。厉：通“砺”，磨。 ⑤见：通“现”，出现，显露。

是孝文帝最小的儿子，比其他儿子更受宠爱。第二年，改封淮阳王刘武为梁王。刘武初受封为梁王，是孝文帝十二年。梁王自起初受封为代王起，前后为王已十一年了。

梁王十四年，入朝。十七年，十八年，连年入朝，留在京师，第二年才返回封国。二十一年，入朝。二十二年，孝文帝驾崩。二十四年，入朝。二十五年，又入朝。那时皇上尚未立太子。皇上与梁王宴饮，曾随便说道："千秋万岁之后，传位于你。"梁王谦恭地推辞。虽明知不是真心话，但心中暗喜。太后也很高兴。

这年春，吴、楚、齐、赵七国反叛。吴、楚先进攻梁国的棘壁，杀死数万人。梁孝王据守睢阳城，命韩安国、张羽等为大将军，抵抗吴、楚之兵。吴、楚受阻于梁，不敢越过梁国向西进兵，与太尉周亚夫等相持三个月。吴、楚被打败，梁国所斩杀俘获的吴、楚军兵和朝廷大致相同。第二年，朝廷立太子。后来梁王因是皇上的亲兄弟，立有大功，又受封于大国，据有天下肥沃的土地。其封地北以泰山郡为界，西到高阳，共有四十多座城，多数是大县。

梁孝王是窦太后的小儿子，很受宠爱，所得到的赏赐不计其数。于是，梁孝王建造东苑，方圆三百多里。扩展睢阳城达七十里。大兴土木，建造宫室，修筑阁道，从宫殿连接到平台长达三十多里。有天子赏赐的旌旗，外出随从千乘万骑。到处驰马狩猎，排场之盛可比天子。出入宫殿，都清道禁绝行人。延揽四方豪杰，自崤山以东的游说之士，像齐人羊胜、公孙诡、邹阳等人，莫不尽归梁国。公孙诡多有奇特怪诞之计，初次拜见梁王，梁王赐他千金，官做到中尉，梁国称他为公孙将军。梁国铸造了许多兵器，弓箭、戈矛就有数十万件，府库的金钱近万亿，珠玉、宝器比京师还多。

梁王二十九年十月，梁孝王入京朝见景帝，景帝派使者带着符节，驾着皇帝乘坐的驷车，到函谷关前迎接梁王。朝见景帝后，向皇帝上书请求留在了京师，因太后也是梁王的母亲。孝王入宫则陪侍景帝同乘步辇，出宫则同车游猎，到上林苑去射猎鸟兽。梁国的侍中、郎官、谒者只需在名簿上登记姓名,便可出入天子殿门,和朝廷官员没有区别。

十一月,皇上废黜栗太子,窦太后想让孝王做皇位继承人。大臣和袁盎等人劝阻景帝,窦太后的想法受阻,从此也就不再提让梁王做继承人这件事。因为这件事很秘密,世人没有谁知道。梁王于是辞别返回封国。

这年夏天四月,皇上立胶东王为太子。梁王怨恨袁盎和参与议嗣的大臣,就和羊胜、公孙诡等人谋划,暗中派人刺杀袁盎和其他参与议嗣的十多位大臣。朝廷追查刺客,未能查获。于是天子猜疑梁王,捕得凶手,果然是梁王主使。于是景帝派使者不断往来于至梁国的路上,到梁国去反复查验,逮捕公孙诡、羊胜。公孙诡、羊胜藏匿在梁王后宫。使者责问梁国大臣很急迫,梁相轩丘豹和内史韩安国进谏梁王,梁王才令羊胜、公孙诡都自杀,之后将死尸交出来。皇上因此怨恨梁王。梁王恐惧,于是派韩安国通过长公主向太后谢罪,这才得到宽恕。

皇上怒气逐渐消解,梁王便上书请求朝见。到了函谷关,茅兰劝梁王乘坐布车,只带两个骑兵入京,躲藏在长公主的园囿中。朝廷派使者迎接梁王,而梁王已入关,随从车马都在关外,不知梁王在何处。太后哭泣道:“皇上杀了我的儿子!”景帝为此忧恐。于是梁王背着刑具俯伏在宫廷门下,认罪自请处罚,太后、景帝非常高兴,相对哭泣,兄弟之情又如以前。然后把梁王随从官员全部召请入关。然而景帝渐渐疏远梁王,不再和他同乘车辇了。

梁王三十五年冬,梁王又入京朝见。上书请求留住京师,皇上没答应。梁王返回封国后,心神恍惚不乐。到北方的良山打猎,有人献上一头牛,牛足长在背上,孝王对它感到厌恶。六月中旬,得了热病,过了六天就病死了。谥号为孝王。

孝王孝敬母亲,每次听说太后生病,吃不下东西,睡不好觉,常想留在长安侍候太后。太后也疼爱他。得知梁王病死,窦太后哭得极为悲痛,不进饮食,说:“皇上果然杀了我的儿子!”景帝为之悲哀忧惧,不知所措。和长公主计议,于是分梁为五国,把孝王的五个儿子全封为王,五个女儿也都封给汤沐邑。于是上奏给太后，太后才高兴起来，特地因此而加了一次餐。

梁孝王长子刘买继承王位，被封为共王；次子刘明被封为济川王；三子刘彭离被封为济东王；四子刘定被封为山阳王；少子刘不识被封为济阴王。

梁孝王未死时，财产多得以亿万计，不可胜数。死后，他府库所余的黄金尚有四十多万斤，其他财物也与此相称。

梁共王三年，景帝驾崩。共王在位七年而死，其子刘襄继位，这就是平王。

梁平王刘襄十四年，梁平王的母亲是陈太后。共王的母亲是李太后。李太后，是平王的祖母。平王的王后姓任，叫任王后。任王后很受平王刘襄宠爱。当初，孝王在世时，有一个罍樽，价值千金。孝王告诫后人，要好好保管罍樽，不得送给别人。任王后听说却想得到罍樽。平王祖母李太后说："先王有遗命，不得把罍樽送给别人。其他的东西即使价值亿万，随便你拿。"任王后执意要得到这个罍樽。平王刘襄径自使人开启府库取来罍樽，赐给任王后。李太后大怒，汉使者来梁国，李太后要亲自向使者诉说此事，平王刘襄和任王后拦阻她，关上门，李太后和他们争门夺路，夹住了手指，终于未能见到汉使者。李太后也私下和食官长以及郎中尹霸等人私通，于是平王和任王后派人以此暗示劝阻李太后，李太后因内有淫乱的行为，也就作罢。后来李太后病故。她生病时，任王后未曾请安问病；死了，又不居丧守孝。

元朔年间，睢阳人有名叫类犴反的，有人侮辱了他的父亲，这个人和淮阳太守的门客同车外出。太守门客下车离去，类犴反在车上杀死他的仇人便逃走了。淮阳太守很生气，以此责问梁国二千石官员。二千石以下的官员缉捕类犴反非常紧急，就拘捕了类犴反的父母。类犴反知道梁国宫中的隐秘事，于是向朝廷呈上书状，详细说出平王和祖母为罍樽而争执的前后情况。当时丞相以下的官员知道了这件事，想借此伤害梁国各级官吏。奏文让天子知道了。天子交给官吏查问，果然有这件事。公卿奏请皇上废黜平王刘襄为平民。天子说:“李太后有淫乱的行为,梁王刘襄又没有良好的太师太傅,所以陷于不义。”于是削减梁国八城封地,把任王后斩首示众于市。梁国还剩下十城。刘襄在位三十九年死,谥为平王。其子刘无伤立为梁王。

济川王刘明是梁孝王之子,孝景帝中元六年由桓邑侯封为济川王。七年后,因射杀中尉犯罪,汉有司奏请诛杀济川王,天子不忍杀他,废刘明为平民,流放到房陵,封地收归朝廷设为郡。

济东王刘彭离是梁孝王之子,孝景帝中元六年受封为济东王。二十九年后,刘彭离骄纵凶悍,没有人君的样子,趁夜晚私下和他的奴仆、亡命少年数十人去打劫杀人,以掠取别人物为乐事。他所杀的人被发觉的就有一百多,封国的人都知道,没人敢夜间外出。被他杀死的人的儿子上书告发。汉有司奏请诛杀他。皇上不忍,把他废为平民,流放到上庸,封地收归朝廷,设为大河郡。

山阳哀王刘定是梁孝子之子,孝景帝中元六年受封为山阳王。在位九年而死,没有儿子,封国被废除,封地收归朝廷,设为山阳郡。

济阴哀王刘不识是梁孝王之子,孝景帝中元六年受封为济阴王。在位一年而死,没有儿子,封国被废除,封地收归朝廷,设为济阴郡。

太史公说:梁孝王虽因是天子亲兄弟、太后爱子的缘故,受封于肥沃之地为王,又正赶上国运隆盛,百姓富足,所以能增殖其财货,扩建宫室,车马服饰和天子相似。然而,这样做也属超越本分了。

褚先生说:我做郎官时,从宫中喜好说长论短的老郎官那里听说过梁孝王的事。私下认为使梁孝王怨恨不满,想图谋不轨,是从宫中惹出来的。当时太后是国家的女主,因疼爱小儿子的缘故,想让梁王为太子。朝中大臣不及时直说这样做不可以的情由,而迎合太后,不考虑社稷大计,私下取悦太后以求赏赐,这不是忠臣啊!假如大臣都能像魏其侯窦婴说出堂堂正正的话,怎会有后来的祸患?景帝与梁孝王闲暇时会见,侍候太后饮酒,景帝说:“在我千秋万岁之后,传帝位给你梁王。”太后很高兴。窦婴在宴席前,伏地谏道:“汉法规定,帝位传给嫡长子、嫡长孙,现在皇上怎可传给弟弟，擅自乱了高帝的约定呢！”当时景帝沉默不语。太后心里也很不愉快。

从前周成王和年幼的小弟弟站在树下，他拿起一片桐叶对弟弟说：“我用这来封你。”周公听见了，向前拜见道：“天王分封弟弟，很好。”成王说：“我只不过和他开玩笑罢了。”周公说：“作为君主不能有不当的举动，不应有开玩笑的话，说了就一定要做到。”于是就把应县封给小弟。此后，成王终生不敢有戏言，说的话一定做到。《孝经》上说：“不合法度的话不说，不合道义的事不做。”这是圣人的明训啊。当时皇上不该用那种好听的话对梁王许愿。梁王上有太后可倚重，骄横傲慢已很久。多次听景帝许愿之言，要千秋万岁后把帝位传给梁王，可实际不这样做。

另外，诸侯王朝见天子，根据汉法，应当一共只见四次。刚到京城时，入宫拜见，称为“小见”；到了正月初一清晨，将璧玉放在皮垫上进献给皇帝道贺正月，称为“法见”；三天后，皇帝为侯王设下酒宴，赐给他们金钱财物；再过两天，诸侯王又入宫“小见”，然后辞别归国。一共留居长安不超过二十天。所谓“小见”，即在宫内不拘大礼相见，饮宴于王宫禁地，这不是一般士人所能进入的。现在梁王西入长安朝见皇上，趁此留居宫中，将近半年。他入宫和皇上同坐一辇，出宫与皇上同乘一车。皇上以夸大的言辞说传皇帝位给他而实际又不能兑现，致使梁王口出怨言，图谋叛逆，于是又接着为他担忧，这不是违背事理太远了吗！不是大贤大德之人，不懂得谦恭退让。按汉的礼仪法度，朝见皇上庆贺正月，通常是一王和四侯一起朝见，十多年才进京一次。而今梁王却常连年入京朝见，并久留于京。俗语说：“骄纵的孩子不懂得孝顺。”这话不错啊。所以对诸侯王应为他们安排好的太师太傅，让忠正敢言之士为相辅佐他，就如汲黯、韩长孺等人那样，敢于直言极谏，这怎么还会有祸患呢！

听说梁王西入京师朝见，谒见窦太后，家人相见，和景帝一起陪坐在太后面前，母子、兄弟之间高兴地说贴心话。太后对景帝说：“我听说殷商的制度亲其兄弟，周朝的制度尊其祖先，其道理是一样的。我死之后，把梁孝王托付给你。”景帝在座席上跪起来直起身说：“是。”宴罢出宫，景帝召集袁盎等精通经术的大臣说:“太后说这样的话,是什么意思?”袁盎等人都回答说:“太后的意思是要立梁王为皇帝的太子。”景帝问其中的道理,袁盎等人说:“殷商的制度亲其兄弟,所以传位于弟。周朝的制度尊其祖先,所以传位于子。殷商的制度崇尚质朴,质朴就效法上天,亲其亲人,所以传位于弟。周朝的制度崇尚华美,华美就效法大地,尊是敬的意思,敬其先祖,所以传位于长子。周朝的制度,太子死了,立嫡孙。殷朝的制度,太子死了,立其弟。”景帝说:“你们怎么看?”大家都回答说:“现在汉家效法周朝,周朝的制度不能立兄弟,应当立儿子。所以《春秋》以此指责宋宣公。宋宣公死后,不立儿子而传位给弟弟。其弟继位为国君死后,又把君位传给他兄长的儿子。弟弟的儿子争夺君位,认为自己应接替父亲身后之位,于是刺杀了宣公之子。因此国家大乱,祸患不断。所以《春秋》说:‘君子看重遵循正道,宋国的祸乱是宣公造成的。’臣等请求拜见太后说明这个道理。”袁盎等入宫拜见太后说:“太后说要立梁王,那么,梁王死后,要立谁?”太后说:“我再立皇帝的儿子。”袁盎等用宋宣公不立应继位的嫡子而发生祸乱,祸乱延续五代而不断绝,以及不克制小的私心便会贻害大义等前代的情况回禀太后。太后才理解其中的道理,高兴起来,随即让梁王返回封国。梁王听说这种意见出自袁盎等大臣,就怨恨他们,派人来杀袁盎。袁盎回头看到刺客说:“我就是人们所说的袁将军,你莫非弄错了吧?”刺客说:“就是你!”刺客杀了袁盎,扔下了他的剑,剑插在袁盎身上。查看那把剑,是刚磨过的。查问长安城中打造磨砺刀剑的工匠,工匠说:“梁国郎官某人曾来磨过这把剑。”因此而得知线索,察觉阴谋,便派使者追捕刺客。仅梁王所要杀的大臣就有十多人,法吏追根求源,梁王谋反的端倪明显暴露出来。太后为此吃不下饭,日夜哭泣不止。景帝为此非常担忧,向公卿大臣问办法,大臣认为派精通经术的官吏去处理,才可解除太后之忧。于是派田叔、吕季主前往处理此事。这两人都精通经术,识大礼。办完事返回,走到霸昌厩,用火把梁王谋反的证词全部烧掉,只空手来回奏景帝。景帝问:“事情办得怎么样?”回奏说:“供词都说梁王不知情。参与这件事的人,只有他的宠臣羊胜、公孙诡等罢了。臣等谨按律令杀了他们，梁王平安无恙。”景帝很高兴，说：“快去拜见太后。”太后得知，立刻坐起来吃饭，心情恢复了平静。所以说，不精通经术、不懂古今大礼的人，不可委任为三公及左右近臣。孤陋寡闻的人，如同从管中窥天一样。

史记卷五十九·五宗世家第二十九

汉景帝共有十四个儿子，王太后唯有一子，就是汉武帝刘彻。栗姬、程姬、贾夫人、唐姬、王皃姁五个妃子共生了十三个儿子，就是本篇所记的五宗十三子。诸子都先后被封为王，但他们生在汉王朝的隆盛时期，都没有什么大的作为，也不被允许有什么大的作为。他们或者为权力而互相争斗，对抗朝廷，或者为躲避陷害而沉湎酒色，林林总总，各具面目。在论赞中，太史公则对诸侯王的迅速衰败颇多感慨，这与《高祖功臣侯者年表》等篇中的感情是一致的。特别需要指出的是，本篇篇幅不长，笔触简练，所写人物却不少，而且人物个性十分鲜明突出，如胶西王刘端凶暴桀骜，赵王刘彭祖巧佞刻深，江都王刘非好武，河间王刘德好儒，中山靖王刘胜乐酒好内，等等。

孝景皇帝子凡十三人为王，而母五人，同母者为宗亲。栗姬子曰荣、德、阏于。程姬子曰馀、非、端。贾夫人子曰彭祖、胜。唐姬子曰发。王夫人皃姁子曰越、寄、乘、舜。

河间献王德，以孝景帝前二年用①皇子为河间王。好儒学，被服造次②必于儒者。山东诸儒多从之游。

二十六年卒，子共王不害立。四年卒，子刚王基代立。十二年卒，子顷王授代立。

临江哀王阏于，以孝景帝前二年用皇子为临江王。三年卒，无后，国除为郡。

临江闵王荣，以孝景前四年为皇太子，四岁废，用故太子为

---

①用：以某种身份。 ②造次：言行举止。

临江王。四年，坐[①]侵庙壖垣[②]为宫，上征荣。荣行，祖[③]于江陵北门。既已上车，轴折车废。江陵父老流涕窃言曰："吾王不反[④]矣！"荣至，诣中尉府簿[⑤]。中尉郅都责讯王，王恐，自杀。葬蓝田。燕数万衔土置冢上。百姓怜之。

荣最长，死无后，国除，地入于汉，为国郡。

右三国本王皆栗姬之子也。

鲁共王馀，以孝景前二年用皇子为淮阳王。二年，吴、楚反破后，以孝景前三年徙为鲁王。好治宫室苑囿狗马。季年[⑥]好音，不喜辞辩。为人吃[⑦]。二十六年卒，子光代为王。初好音舆马；晚节啬[⑧]，惟恐不足于财。

江都易王非，以孝景前二年用皇子为汝南王。吴、楚反时，非年十五，有材[⑨]力，上书愿击吴。景帝赐非将军印，击吴。吴已破，二岁，徙为江都王，治吴故国，以军功赐天子旌旗。元光五年，匈奴大入汉为贼，非上书愿击匈奴，上不许。非好气力，治宫观，招四方豪桀[⑩]，骄奢甚。

立二十六年卒，子建立为王。七年自杀。淮南、衡山谋反时，建颇闻其谋。自以为国近淮南，恐一日发，为所并，即阴作兵器，而时佩其父所赐将军印，载天子旗以出。易王死未葬，建有所说易王宠美人淖姬，夜使人迎与奸服舍中。及淮南事发，治党与[⑪]，颇及江都王建。建恐，因使人多持金钱，事绝其狱。而又信巫祝，使人祷祠妄言。建又尽与其姊弟奸。事既闻，汉公卿请捕治建。天子不忍，使大臣即讯王。王服所犯，遂自杀。

---

①坐：因事而犯罪。 ②壖(ruán)：城郭旁或河边的空地。此指宗庙墙外的空地。③祖：出行时祭祀路神。 ④反：通"返"，返回。 ⑤诣(yì)：前往，到某地去。簿：此指对簿，即接受审问。 ⑥季年：晚年。 ⑦吃：口吃。 ⑧啬：吝啬。 ⑨材：通"才"，能力，才能。⑩豪桀：指地方上有权势的人。桀：通"杰"。 ⑪与：参与，交结。

国除，地入于汉，为广陵郡。

胶西于王端，以孝景前三年吴楚七国反破后，端用皇子为胶西王。端为人贼戾[①]，又阴痿，一近妇人，病之数月。而有爱幸少年为郎。为郎者顷之与后宫乱，端禽[②]灭之，及杀其子母。数犯上法，汉公卿数请诛端，天子为兄弟之故，不忍，而端所为滋[③]甚。有司再请削其国，去太半。端心愠，遂为无訾省[④]。府库坏漏，尽腐财物以巨万计，终不得收徙。令吏毋得收租赋。端皆去卫，封其宫门，从一门出游。数变名姓，为布衣，之他郡国。

相、二千石往者，奉汉法以治，端辄求其罪告之，无罪者诈药杀之。所以设诈究[⑤]变，强足以距谏，智足以饰非。相、二千石从王治，则汉绳[⑥]以法。故胶西小国，而所杀伤二千石甚众。

立四十七年，卒，竟无男代后，国除，地入于汉，为胶西郡。

右三国本王皆程姬之子也。

赵王彭祖，以孝景前二年用皇子为广川王。赵王遂反破后，彭祖王广川。四年，徙为赵王。十五年，孝景帝崩。彭祖为人巧佞卑谄，足恭而心刻深[⑦]。好法律，持诡辩以中[⑧]人。彭祖多内宠姬及子孙。相、二千石欲奉汉法以治，则害于王家。是以每相、二千石至，彭祖衣皂布衣[⑨]，自行迎，除[⑩]二千石舍，多设疑[⑪]事以作动之，得二千石失言，中忌讳，辄书之。二千石欲治者，则以此迫劫[⑫]；不听，乃上书告，及污以奸利事。彭祖立五十馀年，相、二千石无能满二岁，辄以罪去，大者死，小者刑，以

①贼戾（lì）：凶狠残暴。 ②禽：通“擒”。 ③滋：更加。 ④无訾省：指诸事不理。訾：通“赀（zī）”，计算，估量。 ⑤究：穷尽。 ⑥绳：制裁，处治。 ⑦刻深：刻薄阴毒。 ⑧中：中伤，陷害。 ⑨皂布衣：黑布衣，奴仆或服役者所穿的衣服。 ⑩除：扫除，清扫。 ⑪疑：惑乱，迷惑。 ⑫迫劫：逼迫，挟持。

故二千石莫敢治。而赵王擅权,使使即县为贾人榷会[1],入多于国经[2]租税。以是赵王家多金钱,然所赐姬诸子,亦尽之矣。彭祖取故江都易王宠姬王建所盗与奸淖姬者为姬,甚爱之。

彭祖不好治宫室、禨祥[3],好为吏事。上书愿督国中盗贼。常夜从走卒行徼[4]邯郸中。诸使过客以彭祖险陂[5],莫敢留邯郸。

其太子丹与其女及同产姊奸。与其客江充有郤,充告丹,丹以故废。赵更立太子。

中山靖王胜,以孝景前三年用皇子为中山王。十四年,孝景帝崩。胜为人乐酒好内[6],有子枝属[7]百二十馀人。常与兄赵王相非,曰:"兄为王,专代吏治事。王者当日听音乐声色。"赵王亦非之,曰:"中山王徒日淫,不佐天子拊循[8]百姓,何以称为藩臣!"

立四十二年卒。子哀王昌立。一年卒,子昆侈代为中山王。

右二国本王皆贾夫人之子也。

长沙定王发,发之母唐姬,故程姬侍者。景帝召程姬,程姬有所辟[9],不愿进,而饰侍者唐儿使夜进。上醉不知,以为程姬而幸之,遂有身。已乃觉非程姬也。及生子,因命曰发。以孝景前二年用皇子为长沙王。以其母微,无宠,故王卑湿贫国。

立二十七年卒,子康王庸立。二十八年卒,子鲋鮈立为长沙王。

---

①榷(què):专利,专卖。会:指人物商旅会集之地。 ②经:正常的,合乎常规的。 ③禨(jī)祥:敬鬼神以求福。 ④徼(jiào):巡视,巡察。 ⑤险陂:阴险邪恶。陂(pō):倾斜,不正,引申为邪佞。 ⑥好内:好养姬妾。内:妻妾。 ⑦枝属:亲属。 ⑧拊(fǔ):抚慰,安抚。循:安慰,慰问。 ⑨辟:同"避",回避,此指妇人月事。

右一国本王唐姬之子也。

广川惠王越，以孝景中二年用皇子为广川王。

十二年卒，子齐立为王。齐有幸臣桑距。已而有罪，欲诛距，距亡，王因禽其宗族。距怨王，乃上书告王齐与同产奸。自是之后，王齐数上书告言汉公卿及幸臣所忠等。

胶东康王寄，以孝景中二年用皇子为胶东王。二十八年卒。淮南王谋反时，寄微闻其事，私作楼车镞[①]矢战守备，候淮南之起。及吏治淮南之事，辞出之。寄于上最亲，意伤之，发病而死，不敢置后，于是上闻寄有长子者名贤，母无宠；少子名庆，母爱幸，寄常[②]欲立之，为不次[③]，因有过，遂无言。上怜之，乃以贤为胶东王，奉康王嗣，而封庆于故衡山地，为六安王。

胶东王贤立十四年卒，谥为哀王。子庆为王。

六安王庆，以元狩二年用胶东康王子为六安王。

清河哀王乘，以孝景中三年用皇子为清河王。十二年卒，无后。国除，地入于汉，为清河郡。

常山宪王舜，以孝景中五年用皇子为常山王。舜最亲，景帝少子，骄怠多淫，数犯禁，上常宽释之。立三十二年卒，太子勃代立为王。

初，宪王舜有所不爱姬生长男棁。棁以母无宠故，亦不得幸于王。王后修生太子勃。王内多，所幸姬生子平、子商，王后希得幸。及宪王病甚，诸幸姬常侍病，故王后亦以妒媢[④]不常侍病，辄归舍。医进药，太子勃不自尝药，又不宿留侍病。及王薨[⑤]，王后、太子乃至，宪王雅[⑥]不以长子棁为人数，及薨，又不

①镞(zú)：箭头。 ②常：通“尝”，曾经。 ③不次：不合次序。 ④妒媢(mào)：嫉妒，嫉恨。 ⑤薨(hōng)：古代诸侯王或公主等死叫薨。 ⑥雅：平素，向来。

分与财物。郎或说太子、王后，令诸子与长子棁共分财物，太子、王后不听。太子代立，又不收恤棁。棁怨王后、太子。汉使者视宪王丧，棁自言宪王病时，王后、太子不侍，及薨，六日出舍[①]，太子勃私奸，饮酒，博戏，击筑，与女子载驰，环城过市，入牢视囚。天子遣大行骞验王后及问王勃，请逮勃所与奸诸证左，王又匿之。吏求捕勃大急，使人致击笞掠[②]，擅出汉所疑囚者。有司请诛宪王后修及王勃。上以修素无行，使棁陷之罪，勃无良师傅，不忍诛。有司请废王后修，徙王勃以家属处房陵，上许之。

勃王数月，迁于房陵，国绝。月馀，天子为最亲，乃诏有司曰："常山宪王蚤[③]夭，后妾不和，適孽[④]诬争，陷于不义，以灭国，朕甚闵[⑤]焉。其封宪王子平三万户，为真定王；封子商三万户，为泗水王。"

真定王平，元鼎四年用常山宪王子为真定王。

泗水思王商，以元鼎四年用常山宪王子为泗水王。十一年卒，子哀王安世立。十一年卒，无子。于是上怜泗水王绝，乃立安世弟贺为泗水王。

右四国本王皆夫人兒姁子也。其后汉益封其支子为六安王、泗水王二国。凡兒姁子孙，于今为六王。

太史公曰：高祖时诸侯皆赋，得自除[⑥]内史以下，汉独为置丞相，黄金印。诸侯自除御史、廷尉正、博士，拟于天子。自吴、楚反后，五宗王世，汉为置二千石，去"丞相"曰"相"，银印。诸侯独得食租税，夺之权。其后诸侯贫者或乘牛车也。

---

①出舍：离开服丧的庐舍。②掠：拷打。③蚤：通"早"。④適：通"嫡（dí）"，正妻所生的儿子，有时也指正妻所生长子。孽：非嫡妻所生的庶子。⑤闵（mǐn）：通"悯"，哀怜。⑥除：任命，授职。

【译文】

孝景皇帝之子共有十三人受封为王，分别由五位母亲所生，同一母亲所生的为宗亲。栗姬所生之子是刘荣、刘德、刘阏于。程姬所生之子是刘余、刘非、刘端。贾夫人的所生之子是刘彭祖、刘胜。唐姬所生之子是刘发。王夫人兒姁所生之子是刘越、刘寄、刘乘、刘舜。

河间献王刘德，在孝景帝前元二年以皇子身份受封为河间王。他喜好儒学，衣着服饰言行举止都从儒生。崤山以东的众儒生多同他交游。

他在位二十六年死，其子共王刘不害继位。刘不害在位四年死，其子刚王刘基继位。刘基在位十二年死，其子顷王刘授继位。

临江哀王刘阏于，在孝景帝前元二年以皇子身份受封为临江王。在位三年死，因没有后代继承王位，封国废除，改为郡。

临江闵王刘荣在孝景帝前元四年被立为皇太子，四年后被废黜，以原太子的身份封为临江王。他在位四年，因侵占宗庙墙外的空地扩建宫殿获罪，天子征召他。刘荣应召出发，在江陵北门祭祀路神。上车之后，轴断车坏。江陵父老哭泣着私语道："我们的君王恐怕回不来了！"刘荣到了京城，前往中尉府接受审问。中尉郅都责问他，他畏惧，自杀而死，葬在蓝田。数万只燕子衔土放在他的坟墓上，百姓都哀怜他。

刘荣在景帝诸子中年龄最大，死后没有儿子继承王位，封国废除，封地并入汉，设为南郡。

前述三国的第一代君王都是栗姬之子。

鲁共王刘余在孝景帝前元二年以皇子身份封为淮阳王。第二年，吴、楚反叛被击败后，在孝景帝前元三前改封为鲁王。喜欢建造宫殿苑囿、畜养狗马。晚年喜好音乐。不善辩说，说话口吃。在位二十六年死，其子刘光继位为王。刘光最初喜欢音乐车马。晚年吝啬，唯恐财产不够用。

江都易王刘非在孝景帝前元二年以皇子身份受封为汝南王。吴、楚反叛时，刘非十五岁，有勇有谋，上书天子，愿领兵攻打吴国。景帝赐给他将军印,令其攻打吴国。吴国被击败后,第二年,改封为江都王,治理吴国原有封地,因有军功受赐天子旌旗。元光五年,匈奴大举入侵汉境为寇,刘非又上书愿攻打匈奴,天子没有答应。刘非喜好使弄气力,建造宫殿,招纳各地豪杰,十分骄纵奢侈。

他在位二十六年死,其子刘建继位为王。刘建在位七年自杀而死。在淮南、衡山谋反时,刘建略知他们的图谋。他认为自己的封国靠近淮南,恐怕一旦事发,被淮南王吞并,于是暗中制造兵器,并经常佩带天子赐给他父亲的将军印,载着天子旌旗出巡。易王死后尚未埋葬,刘建看上易王宠爱的美人淖姬,趁夜晚派人接来淖姬,跟她在守丧的房舍中奸淫。等淮南王反叛事败露,朝廷惩治同党参与者,颇牵连到江都王刘建。刘建恐慌,于是派人多带金钱,想通过行贿收买平息此事。他又相信巫祝,派人祭祀祷告,编造虚妄荒诞的话。刘建还跟他的姊妹都有奸情。这些事被朝廷得知后,汉公卿请求拘捕刘建治罪。天子不忍心,派大臣去讯问他。他招认所犯之罪,于是自杀。封国废除,封地并入朝廷,设为广陵郡。

胶西于王刘端,在孝景帝前元三年吴、楚七国反叛被击败后,以皇子身份受封为胶西王。刘端为人凶狠残暴,又有阳痿,一接触女人,就要病几个月。他有个宠爱的年轻人,任为郎官。这个郎官不久与后宫淫乱,刘端擒杀了他,并杀死与他私通的妃嫔及所生孩子。刘端屡次触犯天子法令,汉公卿多次请求诛杀他,天子因他是兄弟的缘故不忍心,因而刘端行为更为放肆。有司两次请求削减其封地,于是削减了他大半封地。刘端心里怀恨,就诸事不理。府库全都倒塌破漏,腐坏的财物以亿万计,最终不收起,也不移放别处。他又命官吏不准收取租赋。刘端又全部撤除侍卫,封闭宫门,只留下一门,从那里出宫游荡。屡次改换姓名,扮为平民,到其他郡国去。

凡前往胶西任相及二千石官员,如果奉行汉法治理政事,刘端总是找出他们的罪过控告他们;如果找不到罪过,就设诡计用药毒死他们。他想尽办法设诡计,强横足以拒绝他人的劝谏,智巧足以掩饰自己的过错。相、二千石官员如果遵从王法治理政事，就中其陷害，被朝廷以法治罪。因此，胶西虽是小国，而被杀受伤害的二千石官员却很多。

刘端在位四十七年死，终因没有儿子继承王位，封国废除，封地并入朝廷，设为胶西郡。

前述三国的第一代君王都是程姬之子。

赵王刘彭祖，在孝景帝前元二年以皇子身份受封为广川王。赵王刘遂反叛被击败后，彭祖仍为广川王。在位第四年，改封为赵王。第十五年，孝景帝驾崩。彭祖为人巧诈奸佞，阿谀奉承，表面谦卑恭敬讨好人，内心却刻薄阴毒。喜好钻研法律条文，用诡辩中伤人。彭祖多有宠幸的姬妾及子孙。相、二千石官员如果想奉行汉法治理政事，就会对赵王不利。因此每当相、二千石官员到任，刘彭祖便穿着黑布衣扮为奴仆，亲自出迎，清扫二千石官员的房舍，多设惑乱之事来触动他，一旦二千石官员言语失当，触犯朝廷禁忌，就把它记下来。如果二千石官员想奉法治事，他就以此威胁；如果对方不顺从，就上书告发，并以作奸犯法图谋私利之事诬陷对方。刘彭祖在位五十多年，相、二千石官员没有能任满两年的，常因罪去位，罪过大的被处死，罪过小的受刑罚，所以二千石官员没有谁敢奉法治事。赵王因此专擅大权，派使者到属县作垄断买卖，其收入多于王国正常的租税。因此赵王家多有金钱，然而因赏赐给姬妾诸子，也都耗光了。刘彭祖娶以前江都易王的宠姬，即后来为刘建所偷取而相奸淫的那位淖姬为姬妾，非常宠爱她。

刘彭祖不喜好营建宫室、敬事鬼神，而喜好做吏人做的事。上书天子，愿督讨国内的盗贼。经常夜间带领走卒在邯郸城内巡察。各往来使者、过路旅客因刘彭祖险诈邪恶，不敢留宿邯郸。

赵王的太子刘丹与他的女儿及同胞姐姐私通。刘丹跟他的门客江充有怨仇，江充告发刘丹，刘丹因此被废黜。赵国改立太子。

中山靖王刘胜，在孝景帝前元三年以皇子身份受封为中山王。在位第十四年，孝景帝驾崩。刘胜这个人喜好饮酒，好养姬妾，有子孙一百二十多人。经常和他的兄长赵王相互指责，说：“兄长为王，专门替代下级官吏治理政事。为王的人应当每日听音乐享受歌舞女色。”赵王也指责他，说：“中山王只是每天淫乐，不帮助天子抚慰百姓，如何可以称为藩臣!”

刘胜在位四十二年死。其子哀王刘昌继位，刘昌在位一年死，其子刘昆侈继位为中山王。

前述二国的第一代君王都是贾夫人之子。

长沙定王刘发，他的母亲唐姬，原是程姬的侍女。景帝召幸程姬，适逢程姬有月事，不愿进侍，就把侍女唐儿加以装扮，让她夜晚进侍皇上。皇上醉酒不知内情，以为是程姬，就幸了她，于是有了身孕。事后皇上才发觉不是程姬。等生下儿子，就起名为刘发。刘发在孝景帝前元二年以皇子身份受封为长沙王。因他母亲身份微贱，不得天子宠爱，所以被封在低湿贫穷之国为王。

刘发在位二十七死，其子康王刘庸继位。刘庸在位二十八年死，其子刘鲋鮈继位为长沙王。

前述一国的第一代君王是唐姬之子。

广川惠王刘越，在孝景帝中元二年以皇子身份受封为广川王。

刘越在位十二年死，其子刘齐继位为王。刘齐有一个宠幸臣子桑距。后来桑距犯了罪，刘齐想诛杀桑距，桑距逃亡，刘齐于是擒灭了他的宗族。桑距因此怨恨刘齐，于是上书告发刘齐与同胞姊妹有奸情。从此以后，刘齐数次上书告发汉公卿以及宠幸之臣所忠等。

胶东康王刘寄，在孝景帝中元二年以皇子身份受封为胶东王。在位二十八年死。淮南王谋划反叛时，刘寄暗中听说此事，就私下造楼车弓箭，作好战守的准备，等候淮南王起事。等后来官吏审问淮南王谋反之事时，在供词中牵扯出这件事。刘寄与皇上最亲，心中为参与谋反而内疚，发病而死，不敢立传后之人，皇上听说了此事。刘寄有长子名刘贤，其母不受宠爱；小儿子名刘庆，其母受宠爱，刘寄曾想立刘庆为传后之人。因不合长幼次序，又因自己有罪过，就没敢说出。天子哀怜他，就封刘贤为胶东王，做康王的继承人，把刘庆封在过去衡山王的封地，称为六安王。

胶东王刘贤在位十四年死，谥号为哀王。其子刘庆继位为王。

六安王刘庆，在元狩二年以胶东康王之子的身份被封为六安王。

清河哀王刘乘，在孝景帝中元三年以皇子身份受封为清河王。在位十二年死，没有儿子，封国被废除，封地收归朝廷，设为清河郡。

常山宪王刘舜，在孝景帝中元五年以皇子身份受封为常山王。刘舜与皇上最亲，是景帝的小儿子，骄纵怠惰，多有淫乱之事，数次触犯法禁，天子常宽恕赦免他。在位三十二年死，太子刘勃继位为王。

当初，宪王刘舜有个不被他宠爱的姬妾生下长男刘棁。刘棁因生母不被宠爱的缘故，也不得宪王喜欢。王后修生太子刘勃。宪王姬妾很多，所宠幸的姬妾为他生下儿子刘平、刘商，王后很少得幸。等宪王病重，那些被宠幸的姬妾常去侍候，王后因嫉妒的缘故不常去问病侍疾，常呆在自己屋子里。医生送进汤药，太子刘勃不亲自尝药，又不留宿王室侍疾。等到宪王死，王后、太子才赶到。宪王向来就不把长子刘棁当儿子看待，宪王死后，又不分给他财物。郎官中有人劝谏太子、王后，让诸子和长子刘棁共分财物，太子、王后不听。太子继位后，又不肯收纳抚恤刘棁。刘棁因此怨恨王后、太子。汉使者来视理宪王丧事，刘棁亲自告发宪王生病时，王后、太子不床前侍候，等到宪王死，才六天就离开服丧的屋子，太子刘勃私下奸淫、饮酒取乐、赌博为戏、击筑作乐，与女子乘车奔驰、穿城过市、进入囚牢探看囚犯的种种事情。天子派大行张骞查验王后的作为并审问刘勃，请求逮捕与刘勃相奸淫的诸人作为佐证，刘勃又设法把他们藏匿起来。官吏大举搜捕，刘勃非常着急，派人拷打吏人，擅自释放朝廷认为可疑而囚禁起来的人。有司请求诛杀宪王王后修和刘勃。天子认为修向来就品行不好，致使刘棁告发她有罪，刘勃没有好的太师太傅的辅佐，不忍心诛杀。有司又请求废黜王后修，放逐刘勃和他的家属迁居房陵，皇上应允。

刘勃为王只有几个月，被贬迁到房陵，封国绝灭。一个多月后，皇上顾念到宪王最亲，就下诏给有司说："常山宪王早亡，王后与姬妾失和，嫡庶之间互相诬蔑，互相攻击，因而陷于不义，封国绝灭，朕很哀怜他。封宪王之子刘平三万户，为真定王；封宪王之子刘商三万户，为泗水王。”

真定王刘平，元鼎四年以常山宪王之子的身份被封为真定王。

泗水思王刘商，在元鼎四年以常山宪王之子的身份封为泗水王。在位十一年死，其子哀王刘安世继位。哀王在位十一年死，没儿子。天子怜悯泗水王绝后，就立刘安世的弟弟刘贺为泗水王。

前述四国的第一代君王都是王夫人兒姁之子。后来汉又增封其枝属子孙为六安王、泗水王两国。总计兒姁的子孙，到现在有六王。

太史公说：高祖在位时，诸侯的一切赋税都归诸侯王所有，可自行任命内史以下的官员，朝廷只为他们派遣丞相，授予金印。诸侯王自行任命御史、廷尉正、博士，跟天子相类似。自从吴、楚等国反叛后，五宗为王时，朝廷为他们派遣二千石官员，撤除“丞相”，改为“相”，授予银印。诸侯只能享用租税，夺去了他们管理政事的权力。这以后，诸侯王有贫困的只能乘坐牛车了。

史记卷六十·三王世家第三十

本篇写法独特，只载述群臣请立武帝三子刘闳、刘旦、刘胥为王的奏疏，武帝让群臣一再更议的诏制，以及武帝封立三子的策文，而对三王行事未有涉及。不过这些奏疏策文细读起来也颇有趣。篇末的太史公论赞称之是因为“燕齐之事，无足采者。然封立三王，天子恭让，群臣守义，文辞烂然，甚可观也”。而三王的结局司马迁已不能闻见，这在褚先生的补述中作了交代。如齐王刘闳不幸中年早夭，“全身无过，如其策意”。广陵王刘胥作威作福、私通谋反，被迫自杀。燕王刘旦作怨叛逆，一再谋反，终自杀国除。

“大司马臣去病昧死再拜上疏[①]皇帝陛下：陛下过听[②]，使臣去病待罪行间[③]。宜专边塞之思虑，暴骸中野[④]无以报，乃敢惟他议以干[⑤]用事者，诚见陛下忧劳天下，哀怜百姓以自忘，亏膳贬乐，损郎员。皇子赖天，能胜衣趋拜，至今无号位师傅官。陛下恭让不恤[⑥]，群臣私望，不敢越职而言。臣窃不胜犬马心，昧死愿陛下诏有司，因盛夏吉时定皇子位。唯陛下幸察。臣去病昧死再拜以闻皇帝陛下。”三月乙亥，御史臣光守[⑦]尚书令奏未央宫。制[⑧]曰：“下御史。”

六年三月戊申朔，乙亥，御史臣光、守尚书令丞非，下御史

①昧死：冒死，不避死罪。再拜：一拜之后，再拜一次，表示恭敬。 ②过听：错误听信，意思是因误听而错用无才之人。谦辞，相当于“承蒙错爱”。 ③待罪：受任供职的谦辞。行间：行伍之间，即军中。 ④中野：荒野之中。 ⑤惟：思考，考虑。他议：指职分以外的事情。干：打扰，干预。 ⑥恤(xù)：体恤，顾念。 ⑦守：官吏试用或兼任称“守”或“行”。位卑官高称“守”，位高官卑称“行”。 ⑧制：皇帝的命令。

书到，言："丞相臣青翟、御史大夫臣汤、太常臣充、大行令臣息、太子少傅臣安行宗正事昧死上言：大司马去病上疏曰：'陛下过听，使臣去病待罪行间。宜专边塞之思虑，暴骸中野无以报，乃敢惟他议以干用事者，诚见陛下忧劳天下，哀怜百姓以自忘，亏膳贬乐，损郎员。皇子赖天，能胜衣趋拜，至今无号位师傅官。陛下恭让不恤，群臣私望，不敢越职而言。臣窃不胜犬马心，昧死愿陛下诏有司，因盛夏吉时定皇子位。唯愿陛下幸察。'制曰'下御史'。臣谨与中二千石、二千石臣贺等议：古者裂地立国，并建诸侯以承天子，所以尊宗庙重社稷也。今臣去病上疏，不忘其职，因以宣恩，乃道天子卑让自贬以劳天下，虑皇子未有号位。臣青翟、臣汤等宜奉义遵职，愚憧[①]而不逮事。方今盛夏吉时，臣青翟、臣汤等昧死请立皇子臣闳、臣旦、臣胥为诸侯王。昧死请所立国名。"

制曰："盖闻周封八百，姬姓并列，或子、男、附庸。《礼》'支子[②]不祭'。云并建诸侯所以重社稷，朕无闻焉。且天非为君生民也。朕之不德，海内未洽，乃以未教成者强君连城[③]，即股肱何劝[④]？其更议以列侯家[⑤]之。"

三月丙子，奏未央宫。"丞相臣青翟、御史大夫臣汤昧死言：臣谨与列侯臣婴齐、中二千石二千石臣贺、谏大夫博士臣安等议曰：伏闻[⑥]周封八百，姬姓并列，奉承天子。康叔以祖考[⑦]显，而伯禽以周公立，咸为建国诸侯，以相傅为辅。百官奉宪，各遵其职，而国统备矣。窃以为并建诸侯所以重社稷者，四海

---

①憧(chōng)：愚笨，愚蠢。②支子：嫡长子及继承先祖嫡系之子为"宗子"，嫡妻之次子以下及妾子为"支子"。③强：勉强。君：统治。连城：城邑相连，此指诸侯国。④股肱：大腿和胳膊，比喻辅佐君主的大臣。劝：勉励，劝勉。⑤家：以某处为家。诸侯王封邑称国，列侯食邑称家。⑥伏闻：听说。伏：谦敬辞。⑦考：敬称死去的父亲。

诸侯各以其职奉贡祭。支子不得奉祭宗祖,礼也。封建使守藩国,帝王所以扶德施化。陛下奉承天统,明开圣绪,尊贤显功,兴灭继绝,续萧文终之后于酂,褒厉①群臣平津侯等。昭六亲之序,明天施之属,使诸侯王封君得推私恩分子弟户邑,锡②号尊建百有馀国。而家皇子为列侯,则尊卑相逾,列位失序,不可以垂统于万世。臣请立臣闳、臣旦、臣胥为诸侯王。”三月丙子,奏未央宫。

制曰:“康叔亲属③有十而独尊者,褒有德也。周公祭天命郊,故鲁有白牡、骍刚④之牲。群公不毛⑤,贤不肖差也。‘高山仰之,景行向之’⑥,朕甚慕焉。所以抑未成,家以列侯可。”

四月戊寅,奏未央宫。“丞相臣青翟、御史大夫臣汤昧死言:臣青翟等与列侯、吏二千石、谏大夫、博士臣庆等议:昧死奏请立皇子为诸侯王。制曰:‘康叔亲属有十而独尊者,褒有德也。周公祭天命郊,故鲁有白牡、骍刚之牲。群公不毛,贤不肖差也。“高山仰之,景行向之”,朕甚慕焉。所以抑未成,家以列侯可。’臣青翟、臣汤、博士臣将行等伏闻康叔亲属有十,武王继体⑦,周公辅成王,其八人皆以祖考之尊建为大国。康叔之年幼,周公在三公之位,而伯禽据国于鲁,盖爵命之时,未至成人。康叔后扞⑧禄父之难,伯禽殄⑨淮夷之乱。昔五帝异制,周爵五等,春秋三等,皆因时而序尊卑。高皇帝拨乱世反诸正,昭至德,定海内,封建诸侯,爵位二等。皇子或在襁褓而立为诸侯

---

①厉:同“励”,勉励,激励。 ②锡:通“赐”。 ③亲属:此指兄弟。 ④白牡:白色公畜。骍(xīng)刚:古代祭祀用的赤色牛。 ⑤不毛:指毛色不纯的祭牲。 ⑥高山仰之,景行向之:出自《诗经·小雅·车辖》。高山:喻道德崇高。景行(xíng):大路,喻行为正大光明。可译为:崇高的道德令人仰慕,正大光明的行为令人向往。 ⑦继体:继位。 ⑧扞(hàn):同“捍”,保卫,守卫。 ⑨殄(tiǎn):灭绝,消灭。

王，奉承天子，为万世法则，不可易。陛下躬亲仁义，体行圣德，表里文武。显慈孝之行，广贤能之路。内褒有德，外讨强暴。极临北海，西溱[1]月氏，匈奴、西域，举国奉师。舆械之费，不赋于民。虚御府之藏以赏元戎[2]，开禁仓以赈[3]贫穷，减戍卒之半。百蛮[4]之君，靡不乡[5]风，承流称意[6]。远方殊俗，重译[7]而朝，泽及方外。故珍兽至，嘉[8]谷兴，天应甚彰。今诸侯支子封至诸侯王，而家皇子为列侯。臣青翟、臣汤等窃伏孰计[9]之，皆以为尊卑失序，使天下失望，不可。臣请立臣闳、臣旦、臣胥为诸侯王。"四月癸未，奏未央宫。留中不下。

"丞相臣青翟、太仆臣贺、行御史大夫事太常臣充、太子少傅臣安行宗正事昧死言：臣青翟等前奏大司马臣去病上疏言，皇子未有号位，臣谨与御史大夫臣汤、中二千石、二千石、谏大夫、博士臣庆等昧死请立皇子臣闳等为诸侯王。陛下让[10]文武，躬自切[11]，及皇子未教。群臣之议，儒者称其术，或悖其心。陛下固辞弗许，家皇子为列侯。臣青翟等窃与列侯臣寿成等二十七人议，皆曰以为尊卑失序。高皇帝建天下，为汉太祖，王子孙，广支辅。先帝法则弗改，所以宣至尊也。臣请令史官择吉日，具礼仪上，御史奏舆地图，他皆如前故事[12]。"制曰："可。"

四月丙申，奏未央宫。"太仆臣贺行御史大夫事昧死言：太常臣充言卜入[13]四月二十八日乙巳，可立诸侯王。臣昧死奏舆地图，请所立国名。礼仪别奏。臣昧死请。"

---

①溱（zhēn）：通"臻"，到，抵达。 ②元戎：兵车，此指将士。 ③禁仓：宫廷的粮仓。振：通"赈"，赈济，救济。 ④百蛮：此指当时东越、南越以及西南夷的诸小国。 ⑤乡：通"向"，面向，朝向。 ⑥承流称意：指按汉的意旨行事。 ⑦重译：辗转翻译。极言其相距遥远，语言不通，故必须辗转翻译才能通其意。 ⑧嘉：美好，优良，优质。 ⑨孰计：反复商议。孰：通"熟"。 ⑩让：谦让，辞让。 ⑪切：恳切，深切。 ⑫故事：旧例，先例，即旧有的典章制度。 ⑬卜入：通过占卜求得。

制曰："立皇子闳为齐王，旦为燕王，胥为广陵王。"

四月丁酉，奏未央宫。六年四月戊寅朔，癸卯，御史大夫汤下丞相，丞相下中二千石，二千石下郡太守、诸侯相，丞书从事下当用者。如律令。

"维[①]六年四月乙巳，皇帝使御史大夫汤庙立子闳为齐王。曰：於戏[②]，小子闳，受兹青社[③]！朕承祖考，维稽[④]古建尔国家，封于东土，世为汉藩辅。於戏念哉！恭朕之诏，惟命不于常。人之好德，克[⑤]明显光。义之不图，俾[⑥]君子怠。悉[⑦]尔心，允[⑧]执其中，天禄永终[⑨]。厥有愆不臧[⑩]，乃凶于而国[⑪]，害于尔躬。於戏，保国艾[⑫]民，可不敬与！王其[⑬]戒之。"右齐王策。

"维六年四月乙巳，皇帝使御史大夫汤庙立子旦为燕王。曰：於戏，小子旦，受兹玄社！朕承祖考，维稽古建尔国家，封于北土，世为汉藩辅。於戏！荤粥氏虐老兽心，侵犯寇盗，加以奸巧边萌[⑭]。於戏！朕命将率，徂征厥罪[⑮]，万夫长，千夫长，三十有二君皆来，降期[⑯]奔师。荤粥徙域，北州以绥。悉尔心，毋作怨，毋俷[⑰]德，毋乃废备。非教士不得从征。於戏，保国艾民，可不敬与！王其戒之。"右燕王策。

"维六年四月乙巳，皇帝使御史大夫汤庙立子胥为广陵王。曰：於戏，小子胥，受兹赤社！朕承祖考，维稽古建尔国家，封于

---

①维：古代文书惯用发语词。 ②於戏：同"呜呼"。 ③青社：古代诸侯受封时，由皇帝授予代表其封国方位的某一色土，作为分得土地的象征。齐在东方，东方配青色；燕在北方，北方配玄（黑）色；广陵在南方，南方配赤（红）色。 ④维：考虑，忖度。稽：应当。 ⑤克：能。 ⑥俾（bǐ）：使，使得。 ⑦悉：尽其全部，竭尽。 ⑧允：诚实，真实，真正地。 ⑨永终：长久，永久。 ⑩厥：句首助词。愆（qiān）：过失，过错。臧（zāng）：善，好。 ⑪凶：凶险，伤害。而：通"尔"，你。 ⑫艾：同"乂（yì）"，安定，安抚。 ⑬其：一定，必须。 ⑭巧：虚浮，伪诈。边萌：边境之民。萌：通"氓"，百姓。 ⑮率：通"帅"。徂（cú）：往，去，到。厥：其，他们的。 ⑯降期：即偃旗。期：通"旗"。 ⑰俷（fèi）：废毁，败坏。

南土，世为汉藩辅。古人有言曰：‘大江之南，五湖之间，其人轻心[①]。杨州保疆，三代要服[②]，不及以政。’於戏！悉尔心，战战兢兢，乃惠乃顺[③]，毋侗好佚[④]，毋迩宵人[⑤]，维法维则。《书》云：‘臣不作威，不作福，靡[⑥]有后羞。’於戏，保国艾民，可不敬与！王其戒之。”右广陵王策。

太史公曰：古人有言曰“爱之欲其富，亲之欲其贵”。故王者疆[⑦]土建国，封立子弟，所以褒亲亲，序骨肉，尊先祖，贵支体[⑧]，广同姓于天下也。是以形势强而王室安。自古至今，所由来久矣。非有异也，故弗论箸[⑨]也。燕齐之事，无足采者。然封立三王，天子恭让，群臣守义，文辞烂然，甚可观也，是以附之世家。

褚先生曰：臣幸得以文学[⑩]为侍郎，好览观太史公之列传[⑪]。传中称《三王世家》文辞可观，求其世家，终不能得。窃从长老好故事者取其封策书，编列其事而传之，令后世得观贤主之指意[⑫]。

盖闻孝武帝之时，同日而俱拜三子为王：封一子于齐，一子于广陵，一子于燕。各因子才力智能，及土地之刚柔，人民之轻重[⑬]，为作策以申戒[⑭]之。谓王：“世为汉藩辅，保国治民，可不敬与！王其戒之。”夫贤主所作，固非浅闻者所能知，非博闻强

---

①轻心：浮躁，易生事。 ②要服：古五服之一，口头约定的服从。据《尚书·禹贡》：由天子京城向外，第一个五百里叫甸服，第二个五百里叫侯服，第三个五百里叫绥服，第四个五百里叫要服，再往外叫荒服。 ③惠：惠政，此为动词，实行惠政。顺：顺应，此指顺应百姓的愿望。 ④侗：通“童”，无知，浅陋。佚：通“逸”，安逸，安乐。 ⑤迩（ěr）：近。宵：通“小”。⑥靡（mǐ）：无，没有。 ⑦疆：划分边界。 ⑧支体：比喻同族。支：通“肢”。 ⑨箸：同“著”。⑩文学：此指经术。 ⑪太史公之列传：此指《太史公自序》。 ⑫指意：即旨意，意图。指：通“旨”。 ⑬轻重：浮躁与沉稳。 ⑭申：告诫。

记君子者所不能究竟[1]其意。至其次序分绝[2],文字之上下,简[3]之参差长短,皆有意,人莫之能知。谨论次其真草[4]诏书,编于左方,令览者自通其意而解说之。

王夫人者,赵人也,与卫夫人并幸武帝,而生子闳。闳且[5]立为王时,其母病,武帝自临问之,曰:"子当为王,欲安所置之?"王夫人曰:"陛下在,妾又何等可言者。"帝曰:"虽然,意所欲,欲于何所王之?"王夫人曰:"愿置之洛阳。"武帝曰:"洛阳有武库敖仓,天下冲阨[6],汉国之大都也。先帝以来,无子王于洛阳者。去洛阳,馀尽可。"王夫人不应。武帝曰:"关东之国无大于齐者。齐东负[7]海而城郭大,古时独临菑中十万户,天下膏腴地莫盛于齐者矣。"王夫人以手击头,谢曰:"幸甚。"王夫人死而帝痛之,使使者拜之曰:"皇帝谨使使太中大夫明奉璧一,赐夫人为齐王太后。"子闳王齐,年少,无有子,立,不幸早死,国绝,为郡。天下称齐不宜王云。

所谓"受此土"者,诸侯王始封者,必受土于天子之社,归立之以为国社,以岁时祠[8]之。《春秋大传》曰:"天子之国有泰社。东方青,南方赤,西方白,北方黑,上方黄。"故将封于东方者取青土,封于南方者取赤土,封于西方者取白土,封于北方者取黑土,封于上方者取黄土。各取其色物,裹以白茅,封以为社。此始受封于天子者也。此之为主土。主土者,立社而奉之也。"朕承祖考",祖者先也,考者父也。"维稽古",维者度也,念也,稽者当也,当顺古之道也。

齐地多变诈,不习于礼义,故戒之曰"恭朕之诏,唯命不可

---

①究竟:终极,穷尽。②分绝:文句的开合停顿。③简:书简,竹简,此指策文。④真:本稿,草稿。草:抄正稿。⑤且:将。⑥阨:险要之地。⑦负:背靠,背向。⑧祠:祭祀。

为常。人之好德，能明显光。不图于义，使君子怠慢。悉若心，信[1]执其中，天禄长终。有过不善，乃凶于而国，而害于若身”。齐王之国，左右维持以礼义，不幸中年早夭。然全身无过，如其策意。

传曰：“青采出于蓝，而质青于蓝”者，教使然也。远哉贤主，昭然独见：诫齐王以慎内；诫燕王以无作怨，无俷德；诫广陵王以慎外，无作威与福。

夫广陵在吴越之地，其民精而轻，故诫之曰“江湖之间，其人轻心。杨州葆[2]疆，三代之时，迫要[3]使从中国俗服，不大及以政教，以意御之而已。无侗好佚，无迩宵人，维法是则。无长好佚乐驰骋弋猎淫康[4]而近小人。常念法度，则无羞辱矣”。三江、五湖有鱼盐之利，铜山之富，天下所仰。故诫之曰“臣不作福”者，勿使行财币，厚赏赐，以立声誉，为四方所归也。又曰“臣不作威”者，勿使因轻以倍[5]义也。

会孝武帝崩，孝昭帝初立，先朝广陵王胥，厚赏赐金钱财币，直三千馀万，益地百里，邑万户。

会昭帝崩，宣帝初立，缘恩行义，以本始元年中，裂汉地，尽以封广陵王胥四子：一子为朝阳侯；一子为平曲侯；一子为南利侯；最爱少子弘，立以为高密王。

其后胥果作威福，通楚王使者。楚王宣言曰：“我先元王，高帝少弟也，封三十二城。今地邑益少，我欲与广陵王共发兵，立广陵王为上，我复王楚三十二城，如元王时。”事发觉，公卿有司请行罚诛。天子以骨肉之故，不忍致法于胥，下诏书无治广

---

①信：的确，确实。 ②葆：通“保”。 ③要：要挟，迫使。 ④佚（yì）：安逸，舒适。淫：过度。康：安乐。 ⑤倍：通“背”，背弃。

陵王，独诛首恶楚王。传曰"蓬生麻中，不扶自直；白沙在泥中，与之皆黑"者，土地教化使之然也。其后胥复祝诅[①]谋反，自杀，国除。

燕土垓埆[②]，北迫匈奴，其人民勇而少虑[③]，故诫之曰"荤粥氏无有孝行而禽兽心，以窃盗侵犯边民。朕诏将军往征其罪，万夫长，千夫长，三十有二君皆来，降旗奔师。荤粥徙域远处，北州以安矣"。"悉若心，无作怨"者，勿使从俗以怨望也。"无俷德"者，勿使王背德也。"无废备"者，无乏武备，常备匈奴也。"非教士不得从征"者，言非习礼义不得在于侧也。

会武帝年老长，而太子不幸薨，未有所立，而旦使来上书，请身入宿卫于长安。孝武见其书，击地，怒曰："生子当置之齐、鲁礼义之乡，乃置之燕、赵，果有争心，不让之端见矣。"于是使使即斩其使者于阙下[④]。

会武帝崩，昭帝初立，旦果作怨而望[⑤]大臣。自以长子当立，与齐王子刘泽等谋为叛逆，出言曰："我安得弟在者！今立者乃大将军子也。"欲发兵。事发觉，当诛。昭帝缘恩宽忍，抑案不扬，公卿使大臣请，遣宗正与太中大夫公户满意、御史二人，偕往使燕，风喻[⑥]之。到燕，各异日更见责王。宗正者，主宗室诸刘属籍，先见王，为列陈道[⑦]昭帝实武帝子状。侍御史乃复见王，责之以正法，问："王欲发兵罪名明白，当坐[⑧]之。汉家有正法，王犯纤介[⑨]小罪过，即行法直断耳，安能宽王。"惊动以文法。王意益下，心恐。公户满意习于经术，最后见王，称引古今

---

①祝诅(zǔ)：诅咒，咒骂，祈祷鬼神降祸于所憎之人。 ②垓埆(qiāo què)：土地贫瘠薄弱。 ③虑：谋略，谋划。 ④阙下：宫阙之下。 ⑤望：埋怨，怨恨。 ⑥风喻：讽劝晓谕。风：通"讽"。 ⑦列陈道：三字同义，即为之讲说。 ⑧坐：犯罪(或错误)。 ⑨纤介：细微，一点儿。

通义，国家大礼，文章尔雅。谓王曰："古者天子必内有异姓大夫，所以正骨肉也；外有同姓大夫，所以正异族也。周公辅成王，诛其两弟，故治。武帝在时，尚能宽王。今昭帝始立，年幼，富于春秋①，未临政，委任大臣。古者诛罚不阿②亲戚，故天下治。方今大臣辅政，奉法直行，无敢所阿，恐不能宽王。王可自谨，无自令身死国灭，为天下笑。"于是燕王旦乃恐惧服罪，叩头谢过。大臣欲和合骨肉，难伤之以法。

其后旦复与左将军上官桀等谋反，宣言曰"我次太子，太子不在，我当立，大臣共抑我"云云。大将军光辅政，与公卿大臣议曰："燕王旦不改过悔正，行恶不变。"于是修法直断，行罚诛。旦自杀，国除，如其策指。有司请诛旦妻子。孝昭以骨肉之亲，不忍致法，宽赦旦妻子，免为庶人。传曰"兰根与白芷，渐之滫中③，君子不近，庶人不服④"者，所以渐然也。

宣帝初立，推恩宣德，以本始元年中尽复封燕王旦两子：一子为安定侯；立燕故太子建为广阳王，以奉燕王祭祀。

【译文】

"大司马臣去病冒死再拜上疏皇帝陛下：承蒙陛下错爱，使臣去病能受任于军中。本应专心考虑边塞的安危，即使战死荒野也无法报答陛下。居然敢考虑其他事来打扰陛下，实在是因看到陛下为天下事忧劳，因哀怜百姓忘了自己，降低膳食，减少歌舞，裁减侍卫。皇子们赖天保佑，长大成人，已能行趋拜之礼，但至今没有封号，没有师傅官。陛下谦恭礼让，不顾念骨肉之情，群臣私下都希望早日给予封号，但不敢越职进奏。臣实在克制不住效犬马之劳的心思，冒死建言，愿陛下诏命有司，趁

①富于春秋：指年纪还小，未来的时光还很长。春秋：年龄，年岁，时光。 ②阿（ē）：庇护，偏袒。 ③渐：浸染，浸泡。滫（xiǔ）：淘米水，引申为脏水、臭水。 ④服：佩带。

盛夏吉日早定皇子之位。愿陛下鉴察。臣去病冒死再拜进奏皇帝陛下。”三月乙亥日，御史臣光兼尚书令上奏未央宫。皇帝下诏道：“下交御史办理。”

元狩六年三月戊申朔日，乙亥，任御使兼尚书令者名光，又有任尚书丞者名非，下交给御史的文书到达，说：“丞相臣青翟、御史大夫臣汤、太常臣充、太行令臣息、太子少傅臣安行宗正事冒死上奏：大司马霍去病上疏说：‘承蒙陛下错爱，使臣去病能受任于军中。本应专心考虑边塞的安危，即使战死荒野也无法报答陛下。居然敢考虑其他事来打扰陛下，实在是因看到陛下为天下事忧劳，因哀怜百姓忘了自己，降低膳食，减少歌舞，裁减侍卫。皇子们赖天保佑，长大成人，已能行趋拜之礼，但至今没有封号，没有师傅官。陛下谦恭礼让，不顾念骨肉之情，群臣私下都希望早日给予封号，但不敢越职进奏。臣实在克制不住效犬马之劳的心思，冒死建言，愿陛下诏命有司，趁盛夏吉日早定皇子之位。愿陛下鉴察。’皇帝下诏道：‘下交御史办理。’臣谨与中二千石、二千石臣公孙贺等商议：自古以来分地立国，同时建立诸侯国以尊奉天子，为的是尊崇宗庙，敬重社稷。如今大臣霍去病上疏，不忘其职责，趁势以宣扬皇恩，称道天子谦让自贬，为天下事烦劳，思虑皇子未封号位。臣青翟、臣汤等应奉义遵职，却愚笨而考虑不周。如今正是盛夏吉时，臣青翟、臣汤等冒死请立皇子臣闳、臣旦、臣胥为诸侯王。冒死请求确定封给他们的国名。”

皇帝下诏道：“听说周朝分封八百诸侯，姬姓并列，有子爵、男爵、附庸。《礼记》说：‘支子不得奉祭宗庙。’你们说并建诸侯以敬重社稷，朕没听说过。再说上天并不是为君王而降生百姓。朕德行浅薄，海内未能和洽，却勉强让未教诲成的皇子去做诸侯王，即使大臣又怎么能劝勉？应重新商议，以列侯封赐他们。”

三月丙子日，奏未央宫。“丞相臣青翟，御史大夫臣汤冒死上奏：臣谨与列侯臣婴齐、中二千石二千石臣公孙贺、谏议大夫博士臣安等商议说：我们听说周朝分封八百诸侯，姬姓并列，侍奉天子。康叔凭借其祖父和父亲而显贵，伯禽凭借周公受封，他们都是建国的诸侯，以傅相为辅佐。百官遵奉法令，各守其职。国家的统系便完备了。我们私下认为并建诸侯之所以能敬重社稷，是因为天下诸侯各按自己的职守向天子朝贡奉祭。支子不得奉祭宗祖，这是礼制所规定的。封建诸侯，使他们守住藩国，帝王就能借此弘扬功德施行教化。陛下奉承天统，光大先圣的遗业，尊贤礼士，圣功显赫，扶持兴起即将灭绝之国，使萧何的后代继续受封在酇邑，褒扬平津侯公孙弘等。昭示六亲的尊卑之序，表明天恩施予之属，使诸侯王封君能够推私恩分给子弟户邑，赐号尊建一百多个诸侯王。然而却以皇子为列侯，这就使尊卑相逾越，列位失序，不能作为法度传给子孙万代。臣请求立臣闳、臣旦、臣胥为诸侯王。”三月丙子日，进奏未央宫。

皇帝下诏道：“康叔有十个兄弟而独被尊贵，是褒扬有德之人。周公被特许在郊外祭祀天神，所以鲁国有纯白色和纯赤色公牛作祭牲。其他公侯用毛色不纯的祭牲，这是贤者和不肖者的差别。‘高山仰之，景行向之’，朕很敬仰他们。以此来抑制未成才的皇子，封他们为列侯就可以了。”

四月戊寅日，奏未央宫。“丞相臣青翟、御史大夫臣汤冒死谏言：臣青翟等与诸位列侯、二千石官吏、谏大夫、博士臣庆等商议，冒死奏请立皇子为诸侯王。皇帝诏命道：‘康叔有十个兄弟而独被尊贵，是褒扬有德之人。周公被特许在郊外祭祀天神，所以鲁国有纯白色和纯赤色公牛作祭牲。其他公侯用毛色不纯的祭牲，这是贤者和不肖者的差别。“高山仰之，景行向之”，朕很敬仰他们。以此来抑制未成才的皇子，封他们为列侯就可以了。’臣青翟、臣汤、博士臣将行等听说康叔兄弟有十人，武王继位，周公辅佐成王，其他八人都因祖父和父亲的尊贵被封为大国诸侯。康叔年幼，周公在三公之位，而伯禽封在鲁国，那是因封爵位时，还没成年。后来康叔制止禄父之难，伯禽消灭淮夷之乱。从前五帝制度各异，周有五等爵位，春秋只有三等爵位，都是根据时代不同而序定尊卑。高皇帝治理乱世使其归于正道，显扬崇高德惠，安定海内，分封诸侯，爵位分二等。有的皇子在襁褓之中立为诸侯王，侍奉天子，作为万世的法则，不可改变。陛下躬行仁义，亲播圣德，文治武功互相配合。彰显慈爱孝亲的德行，广拓进贤唯能的道路。对内褒扬有德之人，对外讨伐强暴之贼。远抵北海，西至月氏，匈奴、西域，举国贡奉汉军。车马兵械的费用，不向百姓征收赋税。全部拿出府库中的财物奖赏将士，打开宫廷的粮仓赈济贫民，戍卒减少一半。百蛮的君主，无不闻风向慕，按汉的意旨行事。远方异域，不辞辗转翻译前来朝拜，圣上恩泽遍及边远之地。所以珍禽异兽不断送来，优良的米谷丰收，天道感应非常显著。如今诸侯支子都封为诸侯王，而皇子却赐封列侯，臣青翟、臣汤等私下反复商议，都认为尊卑失序，使天下百姓失望，这是不可行的。臣请求立臣闳、臣旦、臣胥为诸侯王。”四月癸未日，奏未央宫，奏章留在宫中没有诏示。

“丞相臣青翟、太仆臣贺行御史大夫事、太常臣充、太子少傅臣安行宗正事冒死进言：臣青翟等以前进奏大司马臣霍去病上疏说，皇子没有封号王位，臣谨与御史大夫臣汤、中二千石、二千石、谏大夫、博士臣庆等冒死请立皇子臣闳等为诸侯王。陛下辞让文治武功，责己之意非常恳切，谈到皇子未教诲成才。群臣的建议，儒者都凭着学过的东西发表见解，有时却不能表达出真正的意思。陛下坚决推辞，不予同意，只许封皇子为列侯。臣青翟等私下与列侯臣寿成等二十七人商议，都认为这是尊卑失序。高皇帝创立天下，为汉太祖，封子孙为王，广封支子，以为朝廷屏障。不改先帝的法则，用以彰显先帝至尊。臣请求陛下令史官选择吉日，开列礼仪奉上，令御史呈上地图，其他都照以前旧例。”皇上诏示道：“可以。”

四月丙申日，奏未央宫：“太仆臣贺代理御史大夫事冒死进言：太常臣充说通过占卜得知四月二十八日乙巳时，可以立诸侯王。臣冒死进呈地图，请给所立封国命名。分封典礼的仪式另行上奏。臣冒死奏请。”

皇上诏示道：“立皇子刘闳为齐王，刘旦为燕王，刘胥为广陵王。”

四月丁酉日，奏未央宫。元狩六年四月初一，到癸卯日，御史大夫张汤下达丞相，丞相下达中二千石官员，二千石官员下达郡太守、诸侯相，丞书从事下达有关办事人员。按命令行事。

“元狩六年四月乙巳日，皇帝派御史大夫张汤告庙立皇子刘闳为齐王。圣旨道:呜呼,小子闳,接受这份青色社土!朕继承祖先的帝业,考虑应当顺依先王之制,封你国家,封在东方,世代为汉藩篱辅臣。呜呼,你要念此勿忘!要恭受朕的诏令,要想到天命不是固定不变的。人能喜好善德,才能昭显光明。若不图德义,就会使辅臣懈怠。要尽心竭力,真正地行中正之道,天赐的福禄就能长久。如果邪曲不善,就会伤害你的国家,伤害你自身。呜呼,保护国家,安抚百姓,能不尽心尽力吗!齐王你一定要戒惧。"以上是齐王的策文。

"元狩六年四月乙巳日,皇帝派御史大夫张汤告庙立皇子刘旦为燕王。圣旨道:呜呼,小子旦,接受这份黑色社土!朕继承祖先的帝业,考虑应当顺依先王之制,封你国家,封在北方,世代为汉藩篱辅臣。呜呼,荤粥氏有虐待老人的禽兽之心,到处侵犯掠夺,还蛊惑边民作乱。呜呼!朕命大将率军前往征伐其罪,他们的万夫长,千夫长,三十二位君王都来归降,偃旗息鼓而逃。荤粥逃到漠北,北方因此安定。要尽心竭力,不要做招人怨恨的事,不要败坏自己的道德,不要废弃武备,士民未经教习,不得从军征发。呜呼,保护国家,安抚百姓,能不尽心尽力吗!燕王你一定要戒惧。"以上是燕王的策文。

"元狩六年四月乙巳日,皇帝派御史大夫张汤告庙立皇子刘胥为广陵王。圣旨道:呜呼,小子胥,接受这份赤色社土!朕继承祖先的帝业,考虑到应当顺依先王之制,封你国家,封在南方,世代为汉藩篱辅臣。呜呼,古人说:'大江以南,五湖之间,这一带的人浮躁易生事。杨州是保卫中原的封疆,三代时为王畿外围要服之地,政教不能到达。'呜呼!要尽心竭力,小心谨慎,实行惠政,顺应百姓愿望。不要浅陋无知,不要贪图安逸,不要接近小人,一切要按法则行事。《尚书》上说:'臣子不作威作福,就不会招来日后的受辱。'呜呼,保护国家,安抚百姓,能不尽心尽力吗!广陵王你一定要戒惧。"以上是广陵王的策文。

太史公说:古人有句话说:"爱他就希望他富有,亲他就希望他尊贵。"所以君王划分土地,建立国家,分封子弟,用来褒奖亲属,体恤骨肉,尊崇先祖,显贵同族,使同姓之人散布天下。以此使国势强大,王室安定。从古到今，由来已久了。历代没有什么不同，所以不必论述。燕王齐王受封之事，不值得采写。然而封立三王，天子谦恭礼让，群臣恳切请求，文辞有光彩，很值得观赏，因此将其附在世家里。

褚先生说：臣很幸运能凭借经术成为侍郎，喜欢阅览太史公的列传。传中称道《三王世家》文辞可观，但寻求其原文始终没有得到。私下在喜欢旧事的长者那里取得他们所保存的封策书，把其中的有关事迹编写出来以便传下去，使后世之人能知道贤主的旨意。

听说孝武帝时，同一天拜封三子为王：封一个皇子在齐，一个皇子在广陵，一个皇子在燕。各自按皇子才力智能，及土地的刚柔不同，人民的浮躁与沉稳，为其作策文来告诫他们，说："世代为汉的藩属辅臣，保护国家，养护百姓，能不敬慎吗！诸王一定要戒惧。"贤明国君的所作所为，本来就不是孤陋寡闻之人所能理解的，如果不是博闻强记的君子是不能透彻理解其深意的。至于诏书的前后安排、开合停顿，语言的上下行文，策文的参差长短，都有深意，别人是不能理解的。谨论定编次这些本稿诏书，编列于下，使阅览者自己通晓它的宗旨，理解它的主张。

王夫人是赵国人，与卫夫人同受武帝的宠幸，而生了刘闳。刘闳将立为王时，他的母亲生病，武帝亲自前去探问。问道："儿子应当封王，你想把他封在哪里？"王夫人说："有陛下在，我又有什么可说的呢。"武帝说："虽然如此，就你的愿望来说，想封他到什么地方为王？"王夫人说："希望封在洛阳。"武帝说："洛阳有武库敖仓，是天下要冲之地，是汉直辖的重要都城。从先帝以来，没有一个皇子封在洛阳为王的。除了洛阳，其他地方都可以。"王夫人没有作声。武帝说："关东的国家，没有比齐国更大的。齐国东边靠海，而且城郭大，古时仅临菑城就有十万户，天下肥沃的土地没有比齐国更多的了。"王夫人以手击头，谢道："太好了。"王夫人病故武帝很哀痛，派使者去祭拜道："皇帝谨派使者太中大夫明进献璧玉一块，赐封夫人为齐王太后。"皇子刘闳为齐王，年纪小，没有儿子，[illegible]王以后，不幸早死，封国废绝，变为郡。世人说齐地不宜封王。

所谓"受此土"，就是诸侯王开始受封时，一定在天子祭祀土神的地方领受一包土，回到封国以建立自己的国社，每年按年节时令祭祀它。《春秋大传》记载："天子之国有泰社。东方为青色，南方为赤色，西方为白色，北方为黑色，中央为黄色。"所以将封在东方的取青土，封在南方的取赤土，封在西方的取白土。封在北方的取黑土，封在中央京畿一带的取黄土。各取自己的色土，用白茅草包裹起来，封好以后建立社稷坛。这是最初受封于天子的情形，这叫做主土。对于主土，要建立社坛祭祀它。"朕承祖考"，"祖"是祖先，"考"是先父。"维稽古"，"维"是忖度，是考虑，"稽"是应当，即应当顺从古人之道。

齐地的人多变伪诈，不通晓礼义，所以天子告诫齐王说："敬受朕的诏令，要想到天命不是固定不变的。人能喜好善德，才能昭显光明。若不图德义，就会使辅臣懈怠。要尽心竭力，真正地行中正之道，天赐的福禄就能长久。如果邪曲不善，就会伤害你的国家，伤害你自身。"齐王到了封国，大臣以礼义辅佐护持，不幸齐王中年夭折。然而他一生无过失，遵照皇帝诏策做了。

《荀子·劝学》"靛青从蓝草中提取，而颜色比蓝草更青"，比喻有德之人是教化才使其贤德。富有远见的贤主，有独到的真知灼见：警诫齐王要重道德修养；警诫燕王不要做招人怨恨的事，不要败坏自己的道德；警诫广陵王做事要谨慎，不要作威作福。

广陵在吴越之地，这里的人精悍而轻浮，所以天子告诫广陵王说："江湖之间，那里的人浮躁易生事。杨州是保卫中原的边疆，三代之时迫使他们随从中原风俗服饰，但政教不大能达到，只能用德来驾驭罢了。不要浅陋无知，不要接近小人，一切要按法则行事。不要喜好安逸享乐、驰骋游猎、过度安乐，而接近小人。经常想到法度，就不会有羞辱之事了。"三江、五湖一带有鱼盐的收益，铜山的财富，是天下人所羡慕的。所以天子告诫说"臣不作福"，是说不要滥用财货钱币，赏赐过分，以此来树立声誉，使四方之人前来归附。又说"臣不作威"，是不让他顺应当地人的轻浮而背弃礼义。

适逢孝武帝驾崩，孝昭帝继位，让广陵王刘胥首先进京朝见，并丰厚的赏赐金钱财物，价值三千多万，增加封地百里，食邑万户。

适逢昭帝驾崩，宣帝初即位，因骨肉恩情，施行恩义，在本始元年中，割裂汉地，全用来分封广陵王刘胥的四个儿子：一个封为朝阳侯；一个封为平曲侯；一个封为南利侯；最受宠爱的小儿子刘弘，立为高密王。

后来刘胥果然作威作福，派使者勾结楚王。楚王扬言说："我的祖先元王，是高祖的小弟弟，封有三十二城。如今封地城邑越来越少，我要与广陵王共同起兵，拥立广陵王为皇上，我要恢复楚王的三十二城，像元王时一样。"这件事被发觉，公卿有司请求诛罚。天子因骨肉之故，不忍心对刘胥施加惩罚，下诏书不处治广陵王，只诛杀了首恶楚王。古书上说"蓬草生长在麻中，不必扶持自然挺直；白沙处在污泥中，与污泥同黑"，比喻人的善恶是水土教化使其如此的。后来刘胥又祈神降殃祸谋划反叛，结果事发自杀，封国被废除。

燕国土地贫瘠，北近匈奴，这里的人民勇敢却少谋略，所以天子告诫燕王说"荤粥氏没有孝行而有禽兽之心，以盗窃侵犯边民为事。朕诏命将军前往征伐其罪，统帅万人的将官，统帅千人的将官，三十二个君长都来归降，偃旗息鼓而逃。荤粥氏远迁他处，北方因此安定。""悉若心，无作怨"，是不让他随从当地习俗而产生怨恨。"无俷德"，是不让他背弃恩德。"无废备"，是不要削减武备，要常防备匈奴。"非教士不得从征"，是说凡不通晓礼义之士，不得召在身边使用。

正赶上武帝年老，而太子不幸早亡，没再立太子，刘旦派使者前来上书，请求到长安做皇帝护卫。武帝看到他的信，扔到地上，发怒说："生子应当把他放到齐鲁礼义之地，竟将他放在燕赵之地，果然有争夺之心，不谦让的端倪表现出来了。"于是派人在宫阙之下斩了刘旦的使者。

适逢武帝驾崩，昭帝刚即位，刘旦果然生怨而责恨议事大臣。刘旦自以为长子当立，与齐王之子刘泽等人图谋叛乱，扬言说："我哪里还有弟弟？如今即位的是大将军的儿子。"想要发兵。事情被发觉，应该处死。昭帝因为骨肉恩情予以宽容，就把这件事压下来不让张扬。公卿派大臣请求处理，朝廷派宗正与太中大夫公户满意、两个御史，一齐前往燕国，奉劝晓谕燕王。到了燕国，各在不同的时间，轮番去会见并责问燕王。宗正是执掌刘氏皇族户籍的，先会见燕王，给他讲说昭帝确实是武帝儿子的事实。随后，侍御史去会见燕王，用国法责备他，问道："燕王你想要起兵造反，罪状很明白，应当治罪。汉家有大法，诸王只要犯下一点儿小罪过，就得受到国法惩处，怎能宽恕大王你。"用法律条文使他恐惧震动。燕王情绪逐渐低落，心里恐惧起来。公户满意熟悉儒经义理，最后会见燕王，引述古今道义，国家大礼，言辞华美，引经据典，喻理庄正。对燕王说："古代的天子，在朝内必有异姓大夫，这是用来匡正王族子弟的；在朝外有同姓大夫，用来匡正异姓诸侯。周公辅佐成王，诛杀了他两个弟弟，所以天下太平。武帝在时，还能宽容大王。如今昭帝刚继位，年幼，未来的时光还长，尚未亲自执政，一切大权委任大臣。自古以来诛杀惩罚不偏袒内亲外戚，所以天下太平。如今大臣辅佐政事，奉行法度率直办事，不敢有所偏袒，恐怕不能宽恕你燕王。大王可要自己谨慎，不要使自己身死国灭，被天下人耻笑。"这时燕王刘旦才恐惧认罪，叩头认错。大臣们想使他们骨肉和好，不忍用法律惩治他。

后来刘旦又与左将军上官桀等谋反，扬言说"我是次太子，太子不在，我应继位，大臣们压抑我"等等。大将军霍光辅政，与公卿大臣商议道："燕王刘旦不改过归正，仍为恶不改。"于是按法直断，将行诛杀惩罚。刘旦自杀，封国被废，正如给他的策文所说的。有司请求处死刘旦的妻子和儿女。昭帝因他们是骨肉之亲，不忍执法，宽赦了刘旦的妻子儿女，削为平民。古籍说"兰根和白芷，把它浸泡在臭水里，君子就不再接近它，平民也不再佩带它"，这是浸染使它如此的。

宣帝刚即位，广推恩泽，弘扬德化，在本始元年中又都赐封燕王刘旦的两个儿子：一个儿子封为安定侯；把燕王原来的太子刘建封为广阳王，让他承奉燕王的祭祀。

中华经典全本译注评

3

〔西汉〕司马迁　著
甘宏伟　江俊伟　译注

长江出版传媒｜崇文书局

史记卷六十一·伯夷列传第一

本文是《史记》七十列传的第一篇，全传以议论为主，可以称之为“论传”。列传夹叙夹议，以议代叙，于议论中穿插叙述了孤竹君的两个儿子伯夷、叔齐的事迹，作者一方面对他们让国出逃、耻食周粟、采薇而食的“奔义”“让国”行为加以极力颂扬，一方面又质疑了孔子关于伯夷叔齐饿死而“无怨”的说法。不仅如此，文章还将伯夷、叔齐与盗跖的行止遭际进行了对比，对天道“惩恶扬善”之说提出了大胆质疑。最后，司马迁通过许由、务光等人由孔子称颂方得以闻名后世的事例，表达了为历史人物立传以传世的志向。

夫学者载籍①极博，犹考信于六艺②。《诗》《书》虽缺，然虞夏之文可知也。尧将逊位③，让于虞舜，舜、禹之间，岳牧咸荐④，乃试之于位，典职数十年⑤，功用⑥既兴，然后授政。示天下重器，王者大统，传天下若斯之难也。而说者曰尧让天下于许由，许由不受，耻之，逃隐。及夏之时，有卞随、务光者。此何以称⑦焉？

太史公曰：余登箕山，其上盖有许由冢云。孔子序列古之仁、圣、贤人，如吴太伯、伯夷之伦详矣。余以所闻由、光义至高，其文辞不少概见，何哉？

孔子曰：“伯夷、叔齐，不念旧恶，怨是用希⑧。”“求仁得仁，

①载籍：书籍。 ②考信：通过检验而得到确认。六艺：指《诗》《书》《礼》《乐》《易》《春秋》。 ③逊位：让位，退位。 ④岳：指四岳，四方诸侯首领。牧：据说当时中国分为九州，各州长官为牧。咸：全，都。 ⑤典：主持。 ⑥功用：业绩，成就。 ⑦称：赞许，表扬。 ⑧是：此。用：因。希：同“稀”，稀少。

又何怨乎?"余悲伯夷之意,睹轶诗[①]可异焉。其传曰:

伯夷、叔齐,孤竹君之二子也。父欲立叔齐,及父卒,叔齐让伯夷。伯夷曰:"父命也。"遂逃去。叔齐亦不肯立而逃之。国人立其中子。于是伯夷、叔齐闻西伯昌善养老,盍往归焉[②]。及至,西伯卒,武王载木主[③],号为文王,东伐纣。伯夷、叔齐叩马而谏曰:"父死不葬,爰及干戈[④],可谓孝乎?以臣弑君,可谓仁乎?"左右欲兵之。太公曰:"此义人也。"扶而去之。武王已平殷乱,天下宗周,而伯夷、叔齐耻之,义不食周粟,隐于首阳山,采薇而食之。及饿且死,作歌,其辞曰:"登彼西山兮,采其薇矣。以暴易暴兮,不知其非矣。神农、虞、夏忽焉没兮,我安适归矣?于嗟徂兮[⑤],命之衰矣!"遂饿死于首阳山。

由此观之,怨邪非邪?

或曰:"天道无亲[⑥],常与[⑦]善人。"若伯夷、叔齐,可谓善人者非邪?积仁絜[⑧]行如此而饿死!且七十子之徒,仲尼独荐颜渊为好学。然回也屡空[⑨],糟糠不厌[⑩],而卒蚤夭[⑪]。天之报施善人,其何如哉?盗跖日杀不辜,肝人之肉[⑫],暴戾恣睢[⑬],聚党数千人横行天下,竟以寿终。是遵何德哉?此其尤大彰明较著者也。若至近世,操行不轨,专犯忌讳,而终身逸乐,富厚累世不绝。或择地而蹈之[⑭],时然后出言,行不由径[⑮],非公正不发

---

①轶诗:指下文《采薇》歌,因其未收入《诗经》,所以称之为轶诗。轶:通"逸""佚",散失。 ②盍:同"盖"。乃,于是。 ③木主:死者的木制牌位。 ④爰:于是就。干戈:古代常用兵器,此处引申为战争。干:盾。戈:戟。 ⑤于(xū)嗟:叹词,表示惊异。徂(cú):通"殂",死亡。 ⑥无亲:没有私心,没有亲疏、厚薄之分。 ⑦与:帮助。 ⑧絜:同"洁",使高洁。 ⑨空:空乏,穷困。 ⑩糟糠:借指粗劣食物。糟:酿酒剩的陈渣。不厌:吃不饱。厌:同"餍(yàn)",饱。 ⑪卒:终于。蚤:通"早"。夭:夭折,过早地死。 ⑫肝人之肉:挖人肝脏当肉吃。 ⑬暴戾:粗暴乖张,残酷凶恶。恣睢(suī):任意胡为,放肆行凶。 ⑭择地而蹈之:看好地方才下脚迈这一步,形容谨慎小心的样子。 ⑮行不由径:走路不抄近道,比喻光明正大。径:小路,引申为邪路。

愤，而遇祸灾者，不可胜数也。余甚惑焉，傥所谓天道，是邪？非邪？

子曰“道不同，不相为谋”，亦各从其志也。故曰“富贵如可求，虽执鞭之士，吾亦为之。如不可求，从吾所好”。“岁寒，然后知松柏之后凋。”举世混浊，清士乃见，岂以其重若彼，其轻若此哉？

“君子疾没世而名不称焉[①]。”贾子曰：“贪夫徇财[②]，烈士徇名，夸者死权，众庶冯生[③]。”“同明相照，同类相求。”“云从龙，风从虎，圣人作而万物睹[④]。”伯夷、叔齐虽贤，得夫子而名益彰。颜渊虽笃学，附骥尾而行益显。岩穴之士，趣舍有时若此[⑤]，类名堙灭[⑥]而不称，悲夫！闾巷之人，欲砥行立名者，非附青云之士，恶能施于后世哉[⑦]？

【译文】

学者们所涉猎的书籍虽然很多，但还是要从《六经》中考察真实可信的记载。《诗经》《尚书》虽已残缺不全，但是还可以从记载虞、夏两代的文字中考察清楚。唐尧将要退位时，把帝位禅让给虞舜；舜把帝位禅让给禹之际，四方诸侯和州牧都来推荐禹，这才把他放在帝王之位上加以考察。等到主持职事几十年，功绩卓著以后，才正式传以帝位。这说明政权是最贵重的宝器，帝王是极重要的统绪，所以传以政权是如此郑重审慎啊！可是诸子杂说中说：唐尧想把天下让给许由，许由不但不接受，反而以此为耻，逃走隐居起来。到了夏朝，又出现了不接受商汤传位的卞随、务光。这又如何颂扬他们呢？

---

①疾：患，担心。 ②徇财：为了达到获得财物的目的而牺牲性命。徇：通“殉”，牺牲生命。 ③众庶：泛指百姓。冯（píng）：通“凭”，依靠，引申为贪求。 ④睹：显露，昭著。 ⑤趣：趋向，向前，取。舍：隐退。 ⑥堙（yīn）灭：埋没。 ⑦恶：怎么，哪能。施（yì）：延续，留传。

太史公说：我曾登上箕山，据说山上可能有许由的坟墓。孔子依次论列古代的仁人、圣人、贤人，像吴太伯、伯夷这些人，论述得非常详细。我认为从我所听到的有关许由、务光的情况来看，他们的德行是最高尚的了，但是在儒家的经典里连一点大略的记载也见不到，这是为什么呢？

孔子说："伯夷、叔齐不记旧仇，因而怨恨也就少了。""他们追求仁德，就得到了仁德，又有什么怨恨呢？"我对伯夷的意志深表同情，看到他们未被经书载录的遗诗，又感到很诧异。他们的传记上说：

伯夷、叔齐是孤竹君的两个儿子。他们的父亲想立叔齐为国君，等到父亲死后，叔齐要把君位让给伯夷。伯夷说："这是父亲的遗命啊！"于是就逃走了。叔齐也不肯继承君位逃走了。国人只好拥立孤竹君的另一个儿子。这时，伯夷、叔齐听说西伯侯姬昌能够很好地赡养老人，于是就去投奔他了。到了那里，西伯侯姬昌已死，其子武王姬发把他的木制灵牌载在兵车上，追尊他为文王，向东方进兵去讨伐殷纣。伯夷、叔齐勒住武王的马缰谏言道："父亲死了不安葬，就发动战争，这能说是孝顺吗？身为臣下却去杀害君主，这能说是仁义吗？"武王身边的随从人员要杀掉他们。太公吕尚说："这是有节义的人啊。"于是搀扶着他们离去。武王平定了商纣的暴乱，天下都归顺了周朝，可是伯夷、叔齐却认为这是耻辱的事，他们坚持仁义，不吃周朝的粮食，隐居在首阳山中，靠采摘薇菜来充饥。到快要饿死时，作了一首歌，那歌词说："登上那西山啊，采摘那里的薇菜。以暴易暴啊，竟不知道那是错误的。神农、虞、夏的太平盛世转眼消失了，哪里才是我们的归宿？哎呀，我即将死了，倒霉的命运该当如此啊！"二人于是饿死在首阳山上。

从这首诗看来，他们是有怨恨呢，还是没有怨恨呢？

有人说："老天爷是没有偏心眼的，总是帮助好人。"像伯夷、叔齐应该说是好人呢，还是不能说是好人呢？他们如此地积累仁德，保持高洁的品行，最终却要饿死！再说，孔门七十名得意的弟子里，只有颜渊被推为好学。然而颜渊却经常处于贫困之中，连粗劣的食物都吃不饱，终于过早地死去了。天道对好人的报偿又是怎样的呢？盗跖成天杀害无辜的人，烤人的心肝当肉吃，残暴放纵，聚集党徒几千人横行天下，竟然长寿而终。这又是遵循的什么道德呢？这是极大而又显著的事啊。至于说到近世，那些不走正道、专门违法犯禁的人，却能终生安逸享乐，过着富裕优厚的生活，世世代代都不断绝。而有的人，选好地方才肯下脚迈步，时机合适了才肯开口说话，走路不敢抄近道，不是公正的事决不发愤去做，像这样小心审慎而遭灾祸的人，数也数不过来。我真是困惑不解。倘若有所谓天道，那么这是对还是不对呢？

孔子说："思想不一致的人，不可能为对方出什么主意。"也只有各人按着自己的意志行事。所以他又说："富贵如果是可以凭着手段寻求得到的话，那么即使做个卑贱的赶车人，我也愿去做；假如富贵是不能凭着人们去寻求的，那么我就还是依照自己的志趣去做。""到了严寒季节，才了解松柏是最后凋谢的。"整个社会都污浊不堪时，品行高洁的人才会显露出来。不就是因为有的人把富贵安乐看得那么重，才显得另一些人把富贵安乐看得那么轻吗？

孔子说："君子所引以为恨的是，一直到死名声都不被别人称述。"贾谊说："贪婪者为财而死，重义轻生者为名而献身，矜夸而贪图权势者为争权夺利而丧生，平民百姓则贪生怕死。"《易经》云："同样明亮的东西，就会相互映照，同属一类的事物，自然互相感应。""云随龙腾，风随虎啸，圣人述作，才使万物显露出本来的面目。"伯夷、叔齐虽然有贤德，只有得到孔子的称赞，名声才愈加彰显。颜渊虽然专心好学，也只是因孔子的提携，他的德行才更加显著。岩居穴处的隐士，或名声晓达，或湮没无闻，有时也是这样的，像这样的人如果名声埋没得不到称扬，多么可惜啊！穷乡僻壤的士人要砥砺德行，树立名声，如果不依靠德高望重的人来提携，又怎么能扬名后世呢！

【鉴赏】

《伯夷列传》是一篇奇文。文章之奇，首先奇在它特殊的体例上。本文名为传记，实则传论，全文七百余字，而记载伯夷、叔齐事迹不过二百余字，且穿插于大量的论赞之中。历叙史实不加案论是史家正例，于叙述之中抒发自己的见解本身就是变例，而《伯夷列传》虽名曰“传”，却通篇以议论为主，反以叙述相穿插，令人称奇。然考其全文，虽以议论为主，却又夹叙夹议，以叙代议，以议代叙，叙议之间彼此呼应，回环相间。恰如清人吴见思所说：“通篇纯以议论咏叹，回环跌宕，一片文情，极其纯密。而夷实事，只在中间一顿序过，如长江大河，前后风涛重叠，而中有澄湖数顷，波平若黛，正以相间出奇。”文章之奇，更奇在它所蕴涵的质疑精神。司马迁一开始就将质疑的矛头直接指向圣人孔子，对于不食周粟终而饿死的伯夷叔齐究竟是“怨”还是“不怨”，大胆提出自己的见解。然而，作者并没就此打住，而是将质疑的矛头进一步指向天命。积仁洁行如伯夷、叔齐等，却不得不采薇而食饿死山中，博学明礼如颜渊之辈，也难免身陷困窘惜乎短命；反倒是暴戾凶残、横行天下的盗跖之流，却常能安享富贵寿终正寝。“天道无亲，常与善人。”这句话到底是谎言还是真理？这实在是个令人极为困惑的问题。

作为《史记》中唯一以三代人物为传主的列传，《伯夷列传》被司马迁置于七十列传之首这样一个显要的位置，也向我们透露了以下六十九篇列传的撰述精神，即“《列传》者，谓叙列人臣事迹，令可传于后世，故曰《列传》”。

史记卷六十二·管晏列传第二

本篇乃春秋时期齐国名相管仲、晏婴二人的合传。管仲相齐四十余年，辅佐齐桓公一匡天下，成就一代霸主伟业；晏婴仕齐灵公、庄公、景公三世，使齐中兴，显名于诸侯。此二人虽相隔百余年，但皆为齐国一代名相，又都为齐国做出了卓越的贡献，故合传为一。由于二人事迹已见于卷三十二《齐太公世家》，故本传只论其轶事，记管仲受知于鲍叔，颂二人之间感人至深的友谊；叙晏婴释越石父之囚、延之为上客及荐车夫为大夫等礼贤、荐贤事，借以突出荐贤知人的主题，并凝聚着作者对个人身世的无限感慨。

管仲夷吾者，颍上人也。少时常与鲍叔牙游，鲍叔知其贤。管仲贫困，常欺①鲍叔，鲍叔终善遇之，不以为言。已而鲍叔事齐公子小白，管仲事公子纠。及小白立为桓公，公子纠死，管仲囚焉。鲍叔遂进管仲。

管仲既用，任政于齐，齐桓公以霸，九合诸侯②，一匡天下，管仲之谋也。

管仲曰："吾始困时，尝与鲍叔贾③，分财利多自与，鲍叔不以我为贪，知我贫也。吾尝为鲍叔谋事而更穷困，鲍叔不以我为愚，知时有利不利也。吾尝三仕三见逐于君，鲍叔不以我为不肖，知我不遭时也。吾尝三战三走，鲍叔不以我为怯，知我有老母也。公子纠败，召忽死之④，吾幽囚受辱，鲍叔不以我为无耻，知我不羞小节而耻功名不显于天下也。生我者父母，知我

①欺：占便宜。 ②合：会盟。 ③尝：曾经。贾：经商。 ④死之：为之而死。

者鲍子也。”

鲍叔既进管仲，以身下之。子孙世禄于齐[①]，有封邑者十馀世，常为名大夫。天下不多[②]管仲之贤而多鲍叔能知人也。

管仲既任政相齐，以区区之齐在海滨，通货积财，富国强兵，与俗同好恶。故其称曰：“仓廪实而知礼节，衣食足而知荣辱，上服度则六亲固[③]。四维[④]不张，国乃灭亡。下令如流水之原[⑤]，令顺民心。”故论卑而易行[⑥]。俗之所欲，因而予之；俗之所否，因而去之。

其为政也，善因祸而为福，转败而为功。贵轻重[⑦]，慎权衡[⑧]。桓公实怒少姬，南袭蔡，管仲因而伐楚，责包茅不入贡于周室。桓公实北征山戎，而管仲因而令燕修召公之政。于柯之会，桓公欲背曹沫之约，管仲因而信之，诸侯由是归齐。故曰：“知与[⑨]之为取，政之宝也。”

管仲富拟于公室，有三归、反坫，齐人不以为侈。管仲卒，齐国遵其政，常强于诸侯。后百馀年而有晏子焉。

晏平仲婴者，莱之夷维人也。事齐灵公、庄公、景公，以节俭力行重于齐。即相齐，食不重肉，妾不衣帛。其在朝，君语及之，即危言[⑩]；语不及之，即危行。国有道，即顺命；无道，即衡命[⑪]。以此三世显名于诸侯。

越石父贤，在缧绁中[⑫]。晏子出，遭之涂，解左骖赎之，载归。弗谢，入闺。久之，越石父请绝。晏子戄然，摄衣冠谢曰：

---

①世禄：世代享受俸禄。 ②多：称道，赞美。 ③上：居上位者。服：行，施行。度：制度。固：安固，稳固。 ④四维：指礼、义、廉、耻。维：纲，引申为纲要，原则。 ⑤原：水源，源头。 ⑥论卑：指政令平易，符合下情。 ⑦轻重：指物价高低。 ⑧权衡：量物之器，这里指对度量衡的监督。 ⑨与：给予。 ⑩危：高耸，引申为正直。 ⑪衡命：斟酌命令的情况去做。 ⑫缧绁：拘系犯人的绳索，引申为囚禁。

“婴虽不仁,免子于厄,何子求绝之速也?”石父曰:“不然。吾闻君子诎于不知己而信于知己者[①]。方吾在缧绁中,彼不知我也。夫子既已感寤而赎我,是知己;知己而无礼,固不如在缧绁之中。”晏子于是延入为上客。

晏子为齐相,出,其御之妻从门间而窥其夫。其夫为相御,拥大盖,策驷马,意气扬扬,甚自得也。既而归,其妻请去。夫问其故。妻曰:“晏子长不满六尺,身相齐国,名显诸侯。今者妾观其出,志念深矣,常有以自下者[②]。今子长八尺,乃为人仆御,然子之意自以为足,妾是以求去也。”其后夫自抑损[③]。晏子怪而问之,御以实对。晏子荐以为大夫。

太史公曰:吾读管氏《牧民》《山高》《乘马》《轻重》《九府》,及《晏子春秋》,详哉其言之也。既见其著书,欲观其行事,故次其传[④]。至其书,世多有之,是以不论,论其轶事。

管仲,世所谓贤臣,然孔子小之。岂以为周道衰微,桓公既贤,而不勉之至王,乃称霸哉?语曰“将顺其美,匡救其恶,故上下能相亲也”。岂管仲之谓乎?

方晏子伏庄公尸哭之,成礼然后去,岂所谓“见义不为无勇”者邪?至其谏说,犯君之颜,此所谓“进思尽忠,退思补过”者哉!假令晏子而在,余虽为之执鞭,所忻慕焉。

【译文】

管仲,名夷吾,颍上人。他年轻时,常与鲍叔牙交往,鲍叔牙知道他贤明、有才干。管仲家贫,经常占鲍叔的便宜,但鲍叔始终对他很好,不因为这些事而有什么怨言。不久,鲍叔侍奉齐国公子小白,管仲侍奉公

---

①诎:通“屈”,委屈。信:通“伸”,伸展,伸张。 ②自下:谦恭卑逊。 ③抑损:谦恭、退让。抑:谦下。损:退损。 ④次:编次,编列。

子纠。等到公子小白被立为齐桓公后，桓公让鲁国杀了公子纠，管仲被囚禁。于是鲍叔向齐桓公推荐管仲。

管仲被任用以后，在齐国执政，桓公凭借着管仲而称霸，并以霸主的身份，多次会合诸侯，使天下归正于一，这都是管仲的智谋。

管仲说："我当初贫困时，曾和鲍叔一起做生意，分财利时自己总是多要一些，鲍叔并不认为我贪财，而是知道我家里贫穷。我曾替鲍叔谋划事情，反而使他更加困顿不堪，陷于窘境，鲍叔不认为我愚笨，他知道时运有时顺利，有时不顺利。我曾多次做官却多次被国君驱逐，鲍叔不认为我不成器，他知道我是没遇上好时机。我曾多次打仗多次逃跑。鲍叔不认为我胆小，他知道我家中有老母需要赡养。公子纠失败，召忽为之殉难，我被囚禁遭受屈辱，鲍叔不认为我没有廉耻，知道我不因小的过失而感到羞愧，却以功名不显扬于天下而感到耻辱。生养我的是父母，而真正了解我的是鲍叔啊。"

鲍叔推荐管仲后，情愿把自己置于管仲之下。他的子孙世世代代在齐国享有俸禄，得到封地的有十几代，多数是著名的大夫。因此，天下的人不称赞管仲的才干，反而称赞鲍叔能识别人才。

管仲做齐相执政以后，凭借着小小的齐国在海滨的条件，流通货物，积聚财富，使得国富兵强，与百姓同好恶。所以，他在《管子》一书中称述说："仓库储备充实了，百姓才懂得礼节；衣食丰足了，百姓才能分辨荣辱；国君的作为合乎法度，'六亲'才会得以稳固不提倡礼义廉耻，国家就会灭亡。国家下达政令就像流水的源头，顺着百姓的心意流下。"所以政令符合下情就容易施行。百姓想要得到的，就给他们；百姓所反对的，就替他们废除。

管仲执政时，善于把祸患化为吉祥，将失败转化为成功。他重视分别事物的轻重缓急，慎重地权衡事情的利弊得失。齐桓公实际上是怨恨少姬改嫁而向南袭击蔡国，管仲就寻找借口攻打楚国，责备它没有向周王室进贡菁茅。桓公实际上是向北出兵攻打山戎，而管仲就趁机让燕国整顿召公时期的政教。在柯地会盟，桓公想背弃曹沫逼迫他订立的盟约,管仲就顺应形势劝他信守盟约,各国都因此归顺齐国。所以说:“懂得给予正是为了取得的道理,这是治国的法宝。”

管仲的富贵可以与国君相比拟,拥有三归、反坫,齐国人却不认为他奢侈僭越。管仲死后,齐国仍遵循他的政策,常常比其他诸侯国强大。此后过了百余年,齐国又出了个晏婴。

晏平仲,名婴,是齐国莱地夷维人。他辅佐了齐灵公、庄公、景公三代国君,由于节约俭朴又努力工作,在齐国受到人们的尊重。他做了齐国宰相,吃饭不吃两样以上的肉食,妻妾不穿丝绸衣服。在朝廷上,国君说话涉及他,就正直地陈述自己的意见;国君的话不涉及他,就正直地去办事。国君能行正道,就顺着他的命令去做,不能行正道时,就对命令斟酌着去办。因此,他在齐灵公、庄公、景公三代,名声显扬于各国。

越石父是个贤才,正在囚禁之中。晏子外出,在路上遇到他,就解开乘车左边的马,把他赎出来,用车拉回家。晏子没有向越石父告辞,就走进内室,过了好久没出来,越石父就请求与晏子绝交。晏子大吃一惊,匆忙整理好衣冠道歉说:“我即使说不上善良宽厚,也总算帮助您从困境中解脱出来,您为什么这么快就要求绝交呢?”越石父说:“不是如此,我听说君子可以被不知己的人委屈,但在知己者面前就应当获得尊重。当我在囚禁之中,那些人不了解我。你既然已受到感动而醒悟,把我赎买出来,这就是了解我;了解我却不能以礼相待,还不如在囚禁之中。”于是晏子就请他进屋待为贵宾。

晏子做齐国宰相时,一次坐车外出,车夫的妻子从门缝里偷偷地看她的丈夫。他丈夫替宰相驾车,头上遮着大伞,挥动着鞭子赶着四匹马,神气十足,得意扬扬。不久回到家里,妻子就要求离婚,车夫问她离婚的原因,妻子说:“晏子身高不过六尺,却做了齐国的宰相,名声在各国显扬。我看他外出,志向思想都非常深沉,常有那种甘居人下的态度。现在你身高八尺,才不过做人家的车夫,看你的神态,却自以为挺满足,因此我要求和你离婚。”从此以后,车夫就谦虚恭谨起来。晏子发现了他的变化，感到很奇怪，就问他，车夫如实相告。晏子就推荐他做了大夫。

太史公说：我读了管仲的《牧民》《山高》《乘马》《轻重》《九府》和《晏子春秋》，这些书上说的太详细了！我读了他们的著作，想让人们了解他们的事迹，所以就依次编写了他们的合传。至于他们的著作，社会上已有很多，因此不再论述，只记载他们的轶事。

管仲是世人所说的贤臣，然而孔子小看他。难道是因为周朝统治衰微，桓公既然贤明，管仲不勉励他实行王道却辅佐他只称霸主吗？古语说："要顺势助成君主的美德，纠正挽救他的过错，所以君臣百姓之间能亲密无间。"这大概就是说的管仲吧？

当初晏子枕伏在庄公尸体上痛哭，完成了礼节然后离去，难道是人们所说的"遇到正义的事情不去做就是没有勇气"的表现吗？至于晏子直言进谏，敢于冒犯君主的威严，这就是人们所说的"进就想到竭尽忠心，退就想到弥补过失"的人啊！假使晏子还活着，我即使替他挥动着鞭子驾车，也是我非常高兴和十分向往的啊！

【鉴赏】

管仲、晏婴二人功业，显赫一时，垂名后世。但二人事迹在《史记》卷三十二《齐太公世家》中已有详述，故本文虽为二人合传，对传主立身行事仅以寥寥数语一带而过，对二人生平交游知己之事却极力渲染铺陈。就《管晏列传》的结构而言，作者巧行避重就轻之术，避开了对二位传主平生重要功绩的详录，而以轶事片断构成传文主体。故而本文可视为《史记》一书使用互见法的一个显例。就人物塑造而言，本篇用借宾形主之法，借他人之言行细节来塑造人物。文章借管仲自陈与鲍叔交往之事，言鲍叔不以其为贪，不以其为愚，不以其为不肖，不以其为怯，不以其为无耻，喟然叹曰："生我者父母，知我者鲍子也。"鲍叔之识人爱人，跃然纸上。二人互相引为知己的友谊也因之而突显出来。

就文章主旨而论，这是一篇对知人荐贤者的颂文。管仲得以任政于齐，助齐桓公九合诸侯，一匡天下者，皆因鲍叔牙之能识人鉴人。晏婴以堂堂齐相之尊，不拘一格赏拔贤才，延囚犯为上宾，荐御者为大夫，识人于闾巷，举才于微末，使齐中兴，扬名诸侯。篇末赞论中，司马迁“假令晏子而在，余虽为之执鞭，所忻慕焉”一语，正是对本文主旨最好的注脚，也表达了作者对贤者真挚的倾慕之情和向往之而又不能得的深切慨叹之意。

史记卷六十三·老子韩非列传第三

本篇以老子、韩非二人为题，实际记述有老子、庄子、申不害、韩非四人。司马迁将法家与道家人物合传，乃因其在篇末论赞中所说的“皆源于道德之意，而老子深远矣”。姑且不论申不害“主刑名”而言“术”，韩非言“法”“术”“势”与老子言“清静”“无为”有很大不同，即便庄子之“天道无为而自然”也较老子更进一步，司马迁胸罗道德，纵横评说，是重在求其通同。传文首先介绍老子其人生平及其所创道学之术；叙述了庄子的学术及其不愿为重利尊位所羁而终身不仕的情态；既而用简短的语言写申不害之学本于黄老而主以刑名，在他的治理下，韩国国治兵强；韩非传文简述其生平学术后，则全文引载其《说难》，以见作者痛惜悲叹之意。

老子者，楚苦县厉乡曲仁里人也，姓李氏，名耳，字聃，周守藏室之史也。

孔子适周，将问礼于老子。老子曰：“子所言者，其人与骨皆已朽矣，独其言在耳。且君子得其时则驾①，不得其时则蓬累而行②。吾闻之，良贾深藏若虚③，君子盛德，容貌若愚。去子之骄气与多欲，态色与淫志④，是皆无益于子之身。吾所以告子，若是而已。”

孔子去，谓弟子曰：“鸟，吾知其能飞；鱼，吾知其能游；兽，

---

①时：机会，时运。驾：坐车，引申出仕做官。 ②蓬：一种根叶俱细的小草，风吹根断，随风飘转。累：转行的样子。 ③深藏若虚：指善于经营的商人隐藏货物，不让别人知道，好像空虚无物的样子。比喻有真才实学的人，不露锋芒。 ④态色：做作的情态神色。淫志：过大的志向。淫：过分。

吾知其能走。走者可以为罔[①]，游者可以为纶[②]，飞者可以为矰[③]。至于龙，吾不能知，其乘风云而上天。吾今日见老子，其犹龙邪！”

老子修道德，其学以自隐无名为务。居周之久，见周之衰，乃遂去。至关，关令尹喜曰：“子将隐矣，强为我著书。”于是老子乃著书上下篇，言道德之意五千馀言而去，莫知其所终。

或曰老莱子亦楚人也，著书十五篇，言道家之用，与孔子同时云。

盖老子百有六十馀岁，或言二百馀岁，以其修道而养寿也。

自孔子死之后百二十九年，而史记周太史儋见秦献公曰：“始秦与周合，合五百岁而离，离七十岁而霸王者出焉。”或曰儋即老子，或曰非也，世莫知其然否。老子，隐君子也。

老子之子名宗，宗为魏将，封于段干。宗子注，注子宫，宫玄孙假，假仕于汉孝文帝。而假之子解为胶西王卬太傅，因家于齐焉。

世之学老子者则绌[④]儒学，儒学亦绌老子。“道不同不相为谋”，岂谓是邪？李耳无为自化，清静自正。

庄子者，蒙人也，名周。周尝为蒙漆园吏，与梁惠王、齐宣王同时。其学无所不窥，然其要本归于老子之言。故其著书十馀万言，大抵率寓言也。作《渔父》《盗跖》《胠箧》，以诋訿[⑤]孔子之徒，以明老子之术。《畏累虚》《亢桑子》之属，皆空语无事实。然善属书离辞[⑥]，指事类情，用剽剥[⑦]儒、墨，虽当世宿学不能自解免也。其言洸洋自恣以适己，故自王公大人不能器之。

---

①罔：同“网”，捕具。 ②纶：钓鱼的丝线。 ③矰：系有丝绳的短箭，用来射鸟。 ④绌：通“黜”，排斥。 ⑤诋訿：毁辱，诽谤。 ⑥属书：连缀文字。离辞：犹“摛辞”，铺陈辞藻。⑦剽剥：攻击，驳斥。

楚威王闻庄周贤，使使厚币迎之[①]，许以为相。庄周笑谓楚使者曰："千金，重利；卿相，尊位也。子独不见郊祭之牺牛乎？养食[②]之数岁，衣以文绣，以入大庙。当是之时，虽欲为孤豚，岂可得乎？子亟[③]去，无污我。我宁游戏污渎之中自快，无为有国者所羁。终身不仕，以快吾志焉。"

申不害者，京人也，故郑之贱臣。学术以干韩昭侯[④]，昭侯用为相。内修政教，外应诸侯，十五年。终申子之身，国治兵强，无侵韩者。

申子之学本于黄老而主刑名。著书二篇，号曰《申子》。

韩非者，韩之诸公子也。喜刑名法术之学，而其归本于黄老。非为人口吃，不能道说，而善著书。与李斯俱事荀卿，斯自以为不如非。

非见韩之削弱，数以书谏韩王，韩王不能用。于是韩非疾治国不务修明其法制[⑤]，执势以御其臣下，富国强兵而以求人任贤，反举浮淫之蠹而加之于功实之上[⑥]。以为儒者用文乱法，而侠者以武犯禁。宽则宠名誉之人，急则用介胄之士。今者所养非所用，所用非所养。悲廉直不容于邪枉之臣，观往者得失之变，故作《孤愤》《五蠹》《内外储》《说林》《说难》十馀万言。

然韩非知说之难，为《说难》书甚具[⑦]，终死于秦，不能自脱。

《说难》曰：

凡说之难，非吾知之有以说之难也；又非吾辩之难，能

---

①使使：前一"使"为派遣，后一"使"为使者。币：古人对礼物的通称。迎：聘请。②食（sì）：喂养。③亟（jí）：急，快。④术：指法家的刑名法术之学。干：求取，指求官。⑤疾：痛恨。务：勉力从事。⑥举：提拔任用。浮淫之蠹：文学游说之士。浮淫：虚浮淫夸。功实：注重功利而讲实际的人。⑦具：通"俱"，完全，周详。

明吾意之难也；又非吾敢横失[①]能尽之难也。凡说之难，在知所说之心，可以吾说当之。

所说出于为名高者也，而说之以厚利，则见下节而遇卑贱，必弃远矣。所说出于厚利者也，而说之以高名，则见无心而远事情[②]，必不收矣。所说实为厚利而显为名高者也，而说之以名高，则阳[③]收其身而实疏之；若说之以厚利，则阴用其言而显弃其身。此之不可不知也。

夫事以密成，语以泄败。未必其身泄之也，而语及其所匿之事，如是者身危。贵人有过端，而说者明言善议以推其恶者，则身危。周泽未渥也而语极知[④]，说行而有功则德亡[⑤]，说不行而有败则见疑，如是者身危。夫贵人得计而欲自以为功，说者与知[⑥]焉，则身危。彼显有所出事[⑦]，乃自以为也故，说者与知焉，则身危。强之以其所必不为，止之以其所不能已者，身危。故曰：与之论大人，则以为间己[⑧]；与之论细人[⑨]，则以为粥权[⑩]。论其所爱，则以为借资[⑪]；论其所憎，则以为尝己[⑫]。径省其辞[⑬]，则不知而屈之[⑭]；泛滥博文，则多而久之。顺事陈意，则曰怯懦而不尽；虑事广肆[⑮]，则曰草野而倨侮[⑯]。此说之难，不可不知也。

凡说之务，在知饰所说之所敬而灭[⑰]其所丑。彼自知其计，则毋以其失穷之[⑱]；自勇其断，则毋以其敌怒之；自多

---

①横失：纵横肆意，无所顾忌。失：通“佚”“逸”。 ②无心：没心计。远事情：脱离实际。 ③阳：表面上。 ④周：亲密。泽：恩泽，恩惠。渥：浓厚，深厚。极：穷尽。 ⑤德：功劳，功德。亡：通“忘”，忘记。 ⑥与知：参与此事。 ⑦出事：做事。 ⑧间己：离间君主与大臣的关系。 ⑨细人：指近臣小人。 ⑩粥权：卖弄权势。粥：通“鬻(yù)”，卖。 ⑪借资：借助别人的力量，以为己助。 ⑫尝：试探。 ⑬径省：简略。 ⑭知：通“智”，智慧。屈之：使他遭受委屈。 ⑮广肆：谓谋虑远而放纵无所收束。广：通“旷”，远。肆：放纵。 ⑯草野：粗野。倨侮：倨傲侮慢。 ⑰灭：遮掩，掩盖。 ⑱穷之：指使君主困窘、难堪。

其力，则无以其难概之[①]。规异事与同计，誉异人与同行者，则以饰之无伤也。有与同失者，则明饰其无失也。大忠无所拂悟[②]，辞言无所击排，乃后申其辩知焉。此所以亲近不疑，知尽之难也。得旷日弥久，而周泽既渥，深计而不疑，交争而不罪，乃明计利害以致其功，直指是非以饰其身，以此相持，此说之成也。

伊尹为庖，百里奚为虏，皆所由干其上也。故此二子者，皆圣人也，犹不能无役身而涉世如此其污也，则非能仕[③]之所设也。

宋有富人，天雨墙坏。其子曰"不筑且有盗"，其邻人之父亦云。暮而果大亡其财，其家甚知其子而疑邻人之父。昔者郑武公欲伐胡，乃以其子妻之。因问群臣曰："吾欲用兵，谁可伐者？"关其思曰："胡可伐。"乃戮关其思，曰："胡，兄弟之国也，子言伐之，何也？"胡君闻之，以郑为亲己而不备郑。郑人袭胡，取之。此二说者，其知皆当矣，然而甚者为戮，薄者见疑。非知之难也，处之则难矣。

昔者弥子瑕见爱于卫君。卫国之法，窃驾君车者罪至刖[④]。既而弥子之母病，人闻，往夜告之，弥子矫驾君车而出。君闻之而贤之曰："孝哉，为母之故而犯刖罪！"与君游果园，弥子食桃而甘，不尽而奉君。君曰："爱我哉，忘其口而念我！"及弥子色衰而爱弛，得罪于君。君曰："是尝矫驾吾车，又尝食我以其馀桃。"故弥子之行未变于初也，前见贤而后获罪者，受憎之至变也。故有爱于主，则知当而加

①概：限制，阻止。②拂悟：违逆，抵触。悟：通"牾"。③能仕：智能之士。仕：通"士"。④刖：断足酷刑。

亲;见憎于主,则罪当而加疏。故谏说之士不可不察爱憎之主而后说之矣。

夫龙之为虫也,可扰狎①而骑也。然其喉下有逆鳞径尺,人有婴②之,则必杀人。人主亦有逆鳞,说之者能无婴人主之逆鳞,则几矣。

人或传其书至秦。秦王见《孤愤》《五蠹》之书,曰:"嗟乎,寡人得见此人与之游,死不恨矣!"李斯曰:"此韩非之所著书也。"秦因急攻韩。韩王始不用非,及急,乃遣非使秦。秦王悦之,未信用。李斯、姚贾害③之,毁之曰:"韩非,韩之诸公子也。今王欲并诸侯,非终为韩不为秦,此人之情也。今王不用,久留而归之,此自遗患也。不如以过法诛之。"秦王以为然,下吏治非。李斯使人遗④非药,使自杀。韩非欲自陈,不得见。秦王后悔之,使人赦之,非已死矣。

申子、韩子皆著书,传于后世,学者多有。余独悲韩子为《说难》而不能自脱耳。

太史公曰:老子所贵道,虚无,因应变化于无为,故著书辞称微妙难识。庄子散道德,放论,要亦归之自然。申子卑卑⑤,施之于名实。韩子引绳墨⑥,切事情,明是非,其极惨礉⑦少恩。皆原于道德之意,而老子深远矣。

【译文】

老子是楚国苦县厉乡曲仁里人,姓李,名耳,字聃,做过周朝管理藏书的史官。

---

①扰狎:驯熟。扰:驯服,驯养。②婴:碰,触犯。③害:嫉妒。④遗(wèi):送给。⑤卑卑:勤奋自勉。⑥绳墨:木工用以正曲直的墨线,引申为规范,法制。⑦惨礉:惨酷苛刻。礉(hé):苛刻。

孔子到周都去，想向老子请教礼的学问。老子说："您所说的礼，倡导它的人和骨头都已腐烂了，只有他的言论还在。况且君子时运来了就驾着车出仕做官，不遇之时，就像蓬草一样随风飘转。我听说，善于经商的人，深藏货物，表面上好像什么东西也没有，君子具有高尚的品德，其容貌谦虚得像愚钝的人。抛弃您的骄气和过多的欲望，抛弃您做作的姿态和狂妄的志向，这些对于您自身都是没有益处的。我能告诉您的，就是这些而已。"

孔子离去以后，对弟子们说："鸟，我知道它能飞；鱼，我知道它能游；兽，我知道它能跑。会跑的可以织网来捕获，会游的可制成丝线去钓它，会飞的可以用箭去射它。至于龙，我就不知道该怎么办了，它是驾着风云而飞腾升天的。我今天所见到的老子，大概就是龙吧！"

老子研究道德之学，他的学说以深自韬隐为主。他在周都住了很久，见周朝衰微，于是离去。到了函谷关，关令尹喜对老子说："您就要隐居了，请勉力为我们写部书吧。"于是老子就撰写了《道德经》一书，分上下两篇，阐述道德的本意，共五千多字，然后才离去，没人知道他的下落。

有的人说：老莱子也是楚国人，著书十五篇，阐述道家的作用，与孔子是同一时代的人。

据说老子活了一百六十多岁，也有人说他活了二百多岁，这是因为他能修道而长寿的啊。

孔子死后一百二十九年，史书记载周太史儋会见秦献公时，曾预言说："当初秦国与周朝合在一起，合了五百年而又分开了，分开七十年后，当有称霸称王的人出现。"有人说太史儋就是老子，也有人说不是，世间没人知道哪种说法正确。总之，老子，是一位隐君子。

老子的儿子名叫李宗，是魏国的将军，封地在段干。李宗的儿子叫李注，李注的儿子叫李宫，李宫的玄孙叫李假，李假在汉文帝时曾出仕为官。而李假的儿子李解做过胶西王刘卬的太傅，因此，李氏就定居在齐地。

世上信奉老子学说的人就排斥儒学，信奉儒家学说的人也贬斥老子学说。“主张不同的人，彼此就不能互相商议”，难道说的就是这种情况吗？老子主张无为而听任自然的变化清静不扰而民自归正。

庄子是蒙人，叫周。庄周曾任蒙地的漆园吏，与梁惠王、齐宣王是同一时代的人。他学识渊博，涉猎范围无所不包，其主旨却本源于老子的学说。所以他撰写的十余万字著作，大体都是寓言。他写的《渔父》《盗跖》《胠箧》是用来毁辱孔子学派的人，以此来表明老子的学说。所言《畏累虚》《亢桑子》之类，都是空设言语，没有实事。可是庄子善于行文措辞，描摹事物的情状，用来攻击儒家和墨家，即使是当世博学之士，也难免受到他的攻击。其语言汪洋浩漫，纵横恣肆，以适合自己的性情，所以从王公大人起，都无法利用他。

楚威王听说庄周贤能，派人用厚礼去聘请他，答应让他做宰相。庄周笑着对楚王的使臣说：“千金，的确是厚礼；卿相，的确是尊贵的高位。您难道没见过祭祀天地所用的牛吗？喂养它好几年，给它披上带有花纹的绸缎，把它牵进宗庙去做祭品。在那时，它即使想做一头孤独的小猪，哪里能办得到呢？您赶快走开，不要玷污了我。我宁愿在小水沟里身心愉快地游戏，也不愿受国君的束缚。我终身不做官，让自己的心志愉快。”

申不害是京邑人，原先是郑国的低级官吏。后来研究了刑名法术学问，向韩昭侯求官，昭侯任命他为宰相。他对内修明政教，对外应对诸侯，执政十五年。一直到申子死，国家安定，政治清明，军队强大，没有国家敢侵犯韩国。

申不害的学说本源黄帝和老子而以循名责实为主，其著作有两篇，名为《申子》。

韩非，是韩国的贵族子弟。喜好刑名法术之学。其学说本源于黄帝和老子。韩非有口吃的缺陷，不善于讲话，而长于著书立说。他和李斯都是荀卿的弟子，李斯自认为比不上韩非。

韩非看到韩国渐渐衰弱下去，屡次上书规劝韩王，但韩王没有采纳他的意见。当时韩非痛恨治理国家不致力于修明法制，不能用君王掌握的权势来驾驭臣子，不能富国强兵寻求任用贤能之士，反而任用一些夸夸其谈、对国家有害的蛀虫小人，并且让他们的地位高于讲求功利实效的人。他认为儒者用经典文献扰乱国家法制，而游侠凭借着武力触犯国家禁令。国家安定时，君主就宠用那些徒有虚名假誉的人，形势危急时，就使用那些披甲戴盔的武士。如今国家供养的人并不是所要用的，而所要用的人又不被供养。他悲叹廉洁正直的人不为邪曲奸枉之臣所容，他考察古往今来的得失变化，所以写了《孤愤》《五蠹》《内外储》《说林》《说难》等十余万字的著作。

然而韩非深深地明了游说的困难。他撰写的《说难》一书，说理非常透辟，但他最终还是死在秦国，不能逃脱游说的祸难。

《说难》写道：

大凡游说的困难，不是我的才智不足以说服君主；也不是我的口才不足以明确地表达出我的思想；也不是我不能毫无顾虑地尽情说理。大凡游说的困难，在于如何了解对方的心意，然后用我的说词去适应他。

游说的对象如果是博取高名之人，而你却用重利去劝说他，那么你将被视为品德低下之人而受到卑贱的待遇，而被遗弃和疏远了。游说的对象如果是志在贪图重利之人，而你却用博取高名去劝说他，那么你将被视为没有头脑不切实际，一定不会被录用。游说的对象如果是骨子里求利而表面上求名之人，而你用博取高名去劝说他，他就会表面上录用你而实际上疏远你；假如你用重利去劝说他，他就会暗中采纳你的意见，而公开疏远你，这些都是游说的人不能不知道的。

行事能保密就成功，言谈之中泄露了机密就会失败。不一定是游说者本人有意泄密，而往往是在言谈之中无意地说到君主内心隐藏的秘密，像这样，你就会身遭灾祸。君主有过错，而你却认真分析他错误的根由，那么你的生命就会有危险。君主对你的恩宠还没有达到深厚的程度，而你把知心话全部说出来，如果你的意见被采纳实行而且见到了功效，那么，君主就会忘掉你的功劳；如果意见行不通而且遭到失败，那么你就会受到怀疑，要是这样，你的生命就会有危险。君主自认为有了如愿的计策，而且打算独占其功，游说的人参与这件事，那么你也会有危险。君主公开说做一件事，而自己另有别的目的，如果游说的人预知这一企图，那么你也会有危险。勉强君主去做他坚决不愿做的事，阻止君主去做他丢不下的事，你就危险了。所以说和君主议论大臣，就会被认为离间君臣关系；和君主议论地位低下的人，就会被认为是卖弄权势。谈论君主所喜爱的，那么你将被怀疑是在利用他；谈论君主所憎恶的，你将被怀疑是在试探他。如果游说者文辞简略，君主就会认为你没有才智而屈辱你；如果你旁征博引地谈论，那么君主就会认为你语言放纵而无当。如果你顺着君主的主张谈论事情，那么就会说你胆小。如果你谋虑深远大发议论，那么就会说你粗俗傲慢。这些游说的难处，是不能不知道的啊。

游说的诀窍，在于懂得美化君主所推崇的事情，而掩盖他认为丑陋的事情。他自认为高明的计策，就不要指出其不周而使他难堪；他自认为是勇敢的决断，就不要说出相反的判断来使他激怒；他夸耀自己的力量强大，就不必用他为难的事来阻止他。君主与某人同计，与某人同行，你赞誉与君主同计同行的，不要伤损。有与君主同样过失的人，游说者就明确地粉饰说他没有过失。待到游说者的忠心使君主不再抵触，游说者的说辞，君主不再排斥，此后，你才可以施展自己的口才和智慧了。这就是与君主亲近不被怀疑，能说尽心里话的难处啊！等经过很长时间后，君主对游说的人恩泽已经深厚了，游说者深远的计谋也不被怀疑了，交相争议也不被加罪了，就可以明白地计议利害关系以帮助君主立业建功，就可直接指出君主的是非以正其身，用这样的办法扶持君主，就是游说成功了。

伊尹曾为汤王厨师，百里奚曾为秦穆姬之媵臣（奴仆），都是借以求得君主的任用。所以，这两个人都是圣人，他们仍然不得不做低贱的事而经历世事如此地卑污，那么智能之士就不把这些看作是耻辱的了。

宋国有个富人，因为天下雨浸倒了墙。他的儿子说："不修好墙的话将会被盗"，他的邻居有位老人也这么说。晚上果然丢了很多财物，家人都不怀疑这个儿子，却怀疑邻居那位老人。从前郑武公想要攻打胡国，反而把自己的女儿嫁给胡国的君主。就问大臣们说："我要用兵，可以攻打谁？"关其思回答说："可以攻伐胡国。"郑武公就把关其思杀了，并且说："胡国，是兄弟之国，你说攻打它，什么居心？"胡国君主听说这件事，就认为郑国君主是自己的亲人而不防备他，郑国就趁机偷袭胡国，占领了它。这两个说客，他们的见解都是正确的，然而言重的被杀死，言轻的被怀疑。所以认识某些事情并不难，如何去处理已知的事就难了。

从前弥子瑕为卫国君主所宠爱。按卫国的法律，偷驾君主车驾的人要判断足的罪。不久，弥子瑕的母亲病了，有人听说此事，就连夜通知他，弥子瑕就假称主上的命令驾着君主的车子出去了。君主听到此事反而赞美他说："多孝顺啊，为了母亲的病竟愿犯断足之罪！"弥子瑕和卫君到果园去玩，弥子瑕吃到一个甜桃子，没吃完就献给卫君。卫君说："真爱我啊，自己不吃却想着我！"等到弥子瑕容色衰退，卫君对他的宠爱也疏淡了，后来他得罪了卫君。卫君说："这个人曾诈称我的命令驾我的车，还曾把吃剩下的桃子给我吃。"弥子瑕的德行和当初一样没改变，以前所以被认为贤德而后来被治罪的原因，是由于君主对他的爱憎有了极大的改变。所以，被君主宠爱时你所做的一切都是对的，而愈加受宠；被君主憎恶了，你所做的一切就都是错的，而愈加疏远。因此，劝谏游说的人，不能不调查君主的爱憎态度后再游说他。

龙属于虫类，可以驯养熟习而骑它。然而其喉咙下端有一尺长的倒鳞，人若触及它的倒鳞，一定会被它伤害。君主也有倒鳞，游说的人能不触犯君主的倒鳞，就差不多算得上善于游说的了。

有人把韩非的著作传播到秦国。秦王见到《孤愤》《五蠹》这些书，说:“哎呀，我要是能见到这个人并且能和他交往，就是死也不算遗憾了。”李斯说:“这是韩非撰写的书。”秦王因此立即攻打韩国。韩王原本不重用韩非，等到情势吃紧，就派遣韩非出使秦国。秦王很喜欢他，还没被信用。李斯、姚贾嫉妒他，在秦王面前诋毁他说:“韩非，是韩国公室子弟。现在大王要吞并各国，韩非到头来还是要帮助韩国而不帮助秦国，这是人之常情。如今大王不任用他，在秦国留的时间长了，再放他回去，这是给自己留下的祸根啊。不如给他加个罪名，依法处死他。”秦王认为他们说得对，就下令法吏给韩非定罪。李斯派人给韩非送去了毒药，叫他自杀。韩非想要当面向秦王剖白，又不能见到。后来秦王后悔了，派人去赦免他，可惜韩非已死。

申子、韩非子都著书立说，传于后世，学者大多有他们的书，我唯独悲叹韩非撰写了《说难》而自己却逃脱不了游说君主的灾祸。

太史公说:老子推重的“道”，虚无，顺应自然，以无所作为来适应各种变化，所以，他写的书很多措辞微妙不易理解。庄子推演道德，纵意推论，其学说的要点也归本于自然无为的道理。申子勤奋自勉，推行于循名责实。韩子依据法度作为规范行为的绳墨，决断事情，明辨是非，用法严酷苛刻，绝少施恩。都原始于道德的理论，而老子的思想理论就深邃旷远了。

【鉴赏】

这是一篇先秦道家和法家代表人物合传。司马迁将老庄申韩合为一传，其实代表了汉代人对道家与法家关系的重要看法，关于庄子、申不害、韩非皆推本于老子这一认识，传文中也多有表述，说庄子“其学无所不窥，然其要本归于老子之言”，又说“申子之学本于黄老而主刑名”，说韩非则“喜刑名法术之学，而其归本于黄老”。故而全传以老子为提纲，以庄子、申不害事迹为过渡，以韩非子传为归结，以“道德”“刑名”为关键，而以著书事相贯穿。

作者巧妙把握了四段传文之间繁与简的转换，使全文之起伏自有节奏，也使文字屈伸变化自如，这也是此传妙处之一。老子传文较繁，以孔子之言、孔子赞老子“其犹龙邪”之言及令尹喜强之著书三事概述老子其人生平及其所创道家学说，传文收录关于老子身世三种说法及其后裔事，却用“或曰”“或言”若干语以存疑，传末则以“世莫知其然否”作结，以明知疑传疑之意。庄子传文则较简，虚致回合，以成妙致；而申不害传尤为简质，以为过渡；下接韩非子传文则最繁，引《说难》全文，其文洋洋洒洒，指事类情，穷形尽变，极尽纵横奇宕之妙，堪为奇观，以见韩子之善为文，且以韩非子之智而不能自脱于谗言，死秦狱中，作者引《说难》，意中言外，对其悲惨结局表示了深深的慨叹。

史记卷六十四·司马穰苴列传第四

司马穰苴，本姓田，为齐国著名战将，作者不用其本名题篇，而用其官称“司马穰苴”题篇，以明敬慕之意。全传以晏婴对司马穰苴的评价“文能附众，武能威敌”为一篇之纲目，写他在齐师败于晋、燕军队之时，临危受命、整饬军队，不战而屈人之兵的史实。为整肃军威、申明军纪，司马穰苴以严法诛杀国君的宠臣庄贾，处置景公使者。为激发士卒的斗志，他事必躬亲，与众人同甘共苦，终于使士卒争奋为之赴战，而晋、燕之师不战而罢，齐国成功收复失地。

司马穰苴者，田完之苗裔也①。齐景公时，晋伐阿、甄，而燕侵河上②，齐师败绩③。景公患之。晏婴乃荐田穰苴曰：“穰苴虽田氏庶孽④，然其人文能附众⑤，武能威敌，愿君试之。”景公召穰苴，与语兵事，大说之，以为将军，将兵扞燕、晋之师⑥。穰苴曰：“臣素卑贱，君擢之闾伍之中⑦，加之大夫之上，士卒未附，百姓不信，人微权轻，愿得君之宠臣，国之所尊，以监军，乃可。”于是景公许之，使庄贾往。穰苴既辞，与庄贾约曰：“旦日日中会于军门⑧。”穰苴先驰至军，立表下漏待贾⑨。贾素骄贵，以为将已之军而已为监，不甚急；亲戚左右送之，留饮。日中而贾不至。穰苴则仆表决漏⑩，入，行军勒兵，申明约束。约束既定，夕

---

①苗裔：后代。 ②河上：黄河岸边。 ③败绩：大败。 ④庶孽：妾生的孩子。 ⑤附众：得到大家归附、顺从。 ⑥说：同“悦”，愉快。扞：抵御，保卫。 ⑦擢：提拔。闾伍：乡里，民间。闾与伍都是户籍的基层组织。 ⑧旦日：明日。日中：正午，中午。 ⑨立表：在阳光下竖起木杆，据木杆影子的移动计算时间。表：木杆。下漏：把铜壶下穿一小孔，壶中蓄水并立有刻度的箭，使水徐徐下漏，以箭杆显露出的刻度计算时间。 ⑩扑表：把计时的木杆打倒。决漏：把壶里的水放出。

时，庄贾乃至。穰苴曰："何后期为[①]？"贾谢曰："不佞大夫亲戚送之，故留。"穰苴曰："将受命之日则忘其家，临军约束则忘其亲，援枹鼓之急则忘其身[②]。今敌国深侵，邦内骚动，士卒暴露于境，君寝不安席，食不甘味，百姓之命皆悬于君，何谓相送乎！"召军正[③]问曰："军法期而后至者云何？"对曰："当斩。"庄贾惧，使人驰报景公，请救。既往，未及反[④]，于是遂斩庄贾以徇三军[⑤]。三军之士皆振慄[⑥]。久之，景公遣使者持节赦贾[⑦]，驰入军中。穰苴曰："将在军，君令有所不受。"问军正曰："军中不驰，今使者驰，云何？"正曰："当斩。"使者大惧。穰苴曰："君之使不可杀之。"乃斩其仆、车之左驸[⑧]，马之左骖[⑨]，以徇三军。遣使者还报，然后行。士卒次舍，井灶饮食，问疾[⑩]医药，身自拊循之[⑪]。悉取将军之资粮享[⑫]士卒，身与士卒平分粮食，最比其羸弱者[⑬]，三日而后勒兵。病者皆求行，争奋出为之赴战。晋师闻之，为罢去[⑭]。燕师闻之，度水而解[⑮]。于是追击之，遂取所亡[⑯]封内故境而引兵归。未至国，释兵旅[⑰]，解约束，誓盟而后入邑。景公与诸大夫郊迎，劳师成礼[⑱]，然后反归寝。既见穰苴，尊为大司马。田氏日以益尊于齐。

已而大夫鲍氏、高、国之属害之[⑲]，谮于景公。景公退穰苴，苴发疾而死。田乞、田豹之徒由此怨高、国等。其后及田常杀

---

①期：约定的时间。②援：操起，拿起。枹：鼓槌。鼓：击鼓。③军正：军中司军法之官。④反：同"返"，返回。⑤徇：示众。三军：泛指全军。⑥振慄：战栗，害怕得发抖。⑦节：符节，使者所持的信物。⑧左驸：车厢左边的立木。⑨骖：古代用三匹或四匹马拉车时，在两边的马叫"骖"。⑩次舍：宿营。次：停留。舍：宿营地。⑪身自：亲自。拊循：慰问，安抚。⑫享：通"飨"，供食款待。⑬最比：集合全军，淘汰瘦弱的士卒。最：总。比：排列。羸：瘦弱。⑭罢：撤退。⑮解（xiè）：同"懈"，松弛。⑯所亡：所失掉的。⑰国：国都。释兵旅：解除军队的战备。⑱劳师：慰劳将士。成礼：按照一定的程式执行完毕。⑲害：忌妒。

简公，尽灭高子、国子之族。至常曾孙和，因自立为齐威王。用兵行威，大放穰苴之法①，而诸侯朝齐。

齐威王使大夫追论古者《司马兵法》而附穰苴于其中，因号曰《司马穰苴兵法》。

太史公曰：余读《司马兵法》，闳廓深远，虽三代征伐，未能竟其义，如其文也，亦少褎矣。若夫穰苴，区区为小国行师，何暇及《司马兵法》之揖让乎②？世既多③《司马兵法》，以故不论，著穰苴之列传焉。

【译文】

司马穰苴，是田完的后代子孙。齐景公时，晋国出兵攻打齐国的东阿和甄城，燕国进犯齐国黄河南岸的领土，齐国军队被打得大败。齐景公为此非常忧愁。晏婴就向齐景公推荐田穰苴，说："穰苴虽是田氏妾生之子，可他的文才能使大家归服，武略能使敌人畏惧，希望君王能用他试试。"于是齐景公召见穰苴，跟他议论军国大事，齐景公非常高兴，就命他为将军，率兵抵抗燕、晋两国军队。穰苴说："我的地位一向卑微，君王把我从平民中提拔起来，置于大夫之上，士兵不会亲服，百姓也不会信任，我的资望轻微，权威就无法树立，希望能派一位君王所宠信、国家所尊重的大臣，来做监军才行。"齐景公答应了他，派庄贾前去监军。穰苴辞别景公后，便与庄贾约定说："明天正午在营门会齐。"第二天，穰苴率先赶到军门，立起计时的木表和漏壶，等候庄贾。但庄贾向来骄盈显贵，认为统领的是自己的军队，而自己又做监军，就不是特别着急；亲友给他饯行，挽留他喝酒。到了正午，庄贾还没到来。穰苴就放倒木表，倒掉漏壶里的水，进入军营，巡视队伍，整饬兵士，宣布各种规章号令。等他部署

①放：通"仿"，仿效，效法。②揖让：宾主相见，拱手作揖的礼仪。这里引申为《司马兵法》中说论述的军制礼仪。③多：推重，赞扬。

完毕，已是日暮时分，庄贾才到。穰苴说："为什么约定了时刻还迟到？"庄贾表示歉意说："大臣和亲戚们为我送行，所以耽搁了。"穰苴说："身为将领，从接受命令的那天起，就应忘掉自己的家庭，来到军队宣布规章号令后，就应忘掉自己的父母，擂鼓进军的紧急时刻，就应忘掉自己的生命。如今敌人侵略已深入国境，国内动乱不安，战士已在前线日晒夜露，国君睡不安稳，吃不香甜，百姓生命都维系在你身上，还谈得上什么送行呢！"言毕，就把法吏叫来，问道："军法上，对于约定时刻而迟到的人说该怎么办？"回答说："应当斩首。"庄贾很害怕，派人飞马报告齐景公，请求搭救。报信人去后，还没来得及返回，穰苴就将庄贾斩首，向三军示众，全军将士都害怕得发抖。过了好久，齐景公派遣的使者才拿着符节来赦免庄贾，使者驾着马车飞奔冲入军营。穰苴说："将领在军队里，国君的命令有的可不接受。"又问法吏说："驾着车马驰入军营，军法上是怎么规定的？"法吏说："应当斩首。"使者异常恐惧。穰苴说："国君使者不可斩首。"就斩了使者的仆从，砍断车子左边的夹车木，杀死车驾左边的马，在三军巡行示众。穰苴又让使者回去向齐景公报告，然后就出发了。行军中士兵安营扎寨，掘井立灶，饮水伙食，探问疾病，安排医药，田穰苴都亲自过问并照顾他们。还把自己将军名下的专用物资和粮食全拿出来款待士兵，自己则与士兵一样平分粮食，还把体弱有病的士兵另行统计出来，三日后重新整训军队，准备出战。病弱的士兵都请求一同奔赴战场，争先奋勇要为他去战斗。晋军知道了这个消息后，就撤军回去了。燕国军队知道了这个消息后，就回到黄河以北，撤退而去。于是齐军趁势追击，收复了所有沦陷的领土，然后率军凯旋。还没到国都，穰苴就下令军队解除了武装，取消了战时的规章号令，宣誓立盟后才进入国都。齐景公率领大臣们到城外迎接，按照礼仪慰劳将士后，才回到寝宫。齐景公接见了田穰苴，尊奉他为大司马。从此，田氏在齐国的地位就一天天地显贵起来。

后来，大夫鲍氏、高氏、国氏一班人嫉妒他，在齐景公面前诬陷中伤他。齐景公免去他的官职，穰苴发病而死。田乞、田豹等人因此怨恨高氏、国氏等人。后来，等田常杀死齐简公，就将高氏、国氏家族全部诛灭。到了田常的曾孙田和，便自立为君，称齐威王。他率兵打仗行使权威，都大力效仿穰苴的做法，各国诸侯都到齐国来朝拜。

齐威王派大臣整理古代的各种“司马兵法”，而把大司马田穰苴的兵法也放在里边，故而定名为《司马穰苴兵法》。

太史公说：我读《司马兵法》，感到它立论宏大深远，即使是三代的战争，也未能完全发挥出它的内蕴，像现在把《司马穰苴兵法》的文字附在里边，也未免推许太过分了。至于说到田穰苴，不过是为小小诸侯国带兵打仗，怎能和《司马兵法》相提并论呢？世人既然推许《司马兵法》，因此不再评论，就写了这篇《司马穰苴列传》。

【鉴赏】

本篇用极其精练的语言，展现了司马穰苴“文能附众，武能威敌”的名将风采。文章之始，即叙晋燕入侵，齐师大败，交代田穰苴临危受命的背景。然后遗貌取神，抓住其整肃军威一事，就使人物个性十分鲜明。他出身卑微，因得齐相晏婴举荐而为齐景公所赏识，擢任为将，将出师抵御晋燕大军。面对“士卒未附，百姓不信，人微权轻”的局面，他自请君之宠臣庄贾为监军，立表下漏，以待庄贾，约定时间庄贾未至，就扑表决漏，申明军纪，诛杀庄贾、责罚国君来使，巡行示众，三军为之振慄。行军之中，他又身体力行，凡兵卒日常起居饮食疾病医药之事，必亲身过问，取自己之军需粮食平分兵士，以至于勒兵之时，“病者皆求行，争奋为之赴战。”敌人闻知，晋师罢而燕军退，他兵不血刃收复失地，不辱君命。诛庄贾、责君使以整肃军威，是谓附众之术；拊循兵士、鼓舞士气，是谓威敌之法。一文一武，足以震慑强敌，不战而能屈人之兵。本传行文虽简，但通过立一庄贾作为比照，将穰苴的形象描绘得有声有色，生动传神。前人多称赏其妙，清人吴汝纶赞曰：“前幅来势浩大，如长江大河；收束简劲，如悬崖勒马。”然而穰苴有功如此，仍受谗被退，发病而死，故太史公除对其表示赞美钦敬外，自然也深切同情。

史记卷六十五·孙子吴起列传第五

本篇是春秋战国时代著名军事家孙武、孙膑、吴起三人之合传，附魏惠王将军庞涓的事迹。作为《史记》又一篇兵家人物传记，全传以兵法相串联，主要记述并称颂了他们杰出的军事才能。孙武传记述“吴宫教战”事迹及其西破强楚、北威齐晋的战绩；孙武后裔孙膑传文以其为庞涓所嫉而受断足之苦开篇，再叙其用兵法教田忌赛马取胜而得以见用于齐威王的传奇经历，重点描写他在围魏救赵与马陵道智斗中两败魏军、歼灭庞涓之事；吴起传则记述他以卓越的军事、政治才能助魏楚两国富国强兵的事迹。至于三人之品德为人则无可称道，而司马迁尤其对吴起颇有微词，称其“以刻暴少恩亡其躯”。

孙子武者，齐人也。以兵法见于吴王阖庐。阖庐曰：“子之十三篇①，吾尽观之矣，可以小试勒兵乎②？”对曰：“可。”阖庐曰：“可试以妇人乎？”曰：“可。”于是许之，出宫中美女，得百八十人。孙子分为二队，以王之宠姬二人各为队长，皆令持戟③，令人曰：“汝知而心与左右手背乎④？”妇人曰：“知之”。孙子曰：“前，则视心；左，视左手；右，视右手；后，即视背。”妇人曰：“诺。”约束既布⑤，乃设𫓧钺⑥，即三令五申之。于是鼓之右⑦，妇人大笑。孙子曰：“约束不明，申令不熟，将之罪也。”复三令五申而鼓之左，妇人复大笑。孙子曰：“约束不明，申令不熟，将

①十三篇：指孙武撰写的《孙子兵法》，也叫《孙子》。②勒兵：整训军队，操练。勒：约束，统率。③戟：古代青铜制的兵器，具有戈和矛的特征，能直刺，又能横击。④而：你。心：胸口。⑤约束：用来控制管理的号令、规定。⑥设𫓧钺：设置刑戮之具。𫓧：铡刀，用作腰斩的刑具。钺：古兵器，刃圆或平，持以砍斫。⑦鼓：击鼓发令。

之罪也;既已明而不如法者[①],吏士之罪也。”乃欲斩左右队长。吴王从台上观,见且斩爱姬,大骇,趣使使下令曰[②]:“寡人已知将军能用兵矣。寡人非此二姬,食不甘味,愿勿斩也。”孙子曰:“臣既已受命为将,将在军,君命有所不受。”遂斩队长二人以徇[③],用其次为队长。于是复鼓之,妇人左右前后跪起皆中规矩绳墨[④],无敢出声。于是孙子使使报王曰:“兵既整齐,王可试下观之,唯王所欲用之,虽赴水火犹可也。”吴王曰:“将军罢休就舍[⑤],寡人不愿下观。”孙子曰:“王徒好其言,不能用其实。”

于是阖庐知孙子能用兵,卒以为将。西破强楚,入郢,北威齐、晋,显名诸侯,孙子与有力焉。

孙武既死,后百馀岁有孙膑。

膑生阿、鄄之间[⑥]。膑亦孙武之后世子孙也。孙膑尝与庞涓俱学兵法。庞涓既事魏,得为惠王将军,而自以为能不及孙膑,乃阴[⑦]使召孙膑。膑至,庞涓恐其贤于己,疾之[⑧],则以法刑断其两足而黥之[⑨],欲隐勿见。

齐使者如梁[⑩],孙膑以刑徒阴见,说齐使。齐使以为奇,窃载与之齐。齐将田忌善而客待之。忌数与齐诸公子驰逐重射[⑪]。孙子见其马足[⑫]不甚相远,马有上、中、下辈。于是孙子谓田忌曰:“君弟[⑬]重射,臣能令君胜。”田忌信然之,与王及诸公子逐射千金。及临质[⑭],孙子曰:“今以君之下驷与彼上驷,取君

①不如法:不按照号令去操练。 ②趣:通“促”,催促。使使:派遣使者。 ③徇:示众。④中:符合。规矩:校正圆形和方形的器具。绳墨:木工用以正曲直的墨线,这里借指军令。⑤就舍:到客馆去。 ⑥阿:古邑名,在今山东阳谷县阿城镇。鄄:鄄城,在今山东鄄城北。⑦阴:暗中,秘密地。 ⑧疾:厌恶,忌恨。 ⑨黥:即墨刑,在犯人的面额上刺字。 ⑩如:往,到某地去。梁:指魏国,因其都大梁,史称魏为梁。 ⑪诸公子:国君除太子以外的诸子。驰逐:指赛马。重射:押重金赌输赢。 ⑫马足:马的脚力,速度。 ⑬弟:但,只管,又写作“第”。 ⑭临质:临到比赛开始。质:对抗,评量。

上驷与彼中驷，取君中驷与彼下驷。”既驰三辈毕，而田忌一不胜而再胜，卒得王千金。于是忌进孙子于威王。威王问兵法，遂以为师。

其后魏伐赵，赵急，请救于齐。齐威王欲将孙膑，膑辞谢曰：“刑馀之人[①]，不可。”于是乃以田忌为将军，而孙子为师，居辎车中，坐为计谋。田忌欲引兵之赵，孙子曰：“夫解杂乱纷纠者不控捲[②]，救斗者不搏撠[③]，批亢捣虚[④]，形格势禁[⑤]，则自为解耳。今梁、赵相攻，轻兵锐卒必竭于外，老弱罢于内。君不若引兵疾走大梁，据其街路[⑥]，冲其方虚[⑦]，彼必释赵而自救。是我一举解赵之围而收弊于魏也。”田忌从之。魏果去邯郸，与齐战于桂陵，大破梁军。

后十三岁，魏与赵攻韩，韩告急于齐。齐使田忌将而往，直走大梁。魏将庞涓闻之，去韩而归，齐军既已过而西矣[⑧]。孙子谓田忌曰：“彼三晋之兵[⑨]，素悍勇而轻齐，齐号为怯，善战者因其势而利导之。兵法：百里而趣利者蹶上将[⑩]，五十里而趣利者军半至。使齐军入魏地为十万灶，明日为五万灶，又明日为三万灶。”庞涓行三日，大喜，曰：“我固知齐军怯，入吾地三日，士卒亡[⑪]者过半矣。”乃弃其步军，与其轻锐倍日并行[⑫]逐之。孙子度其行，暮当至马陵。马陵道狭，而旁多阻隘，可伏兵，乃斫大树白而书之曰：“庞涓死于此树之下。”于是令齐军善射者万弩，夹道而伏，期曰“暮见火举而俱发”。庞涓果夜至斫木下，见

---

①刑馀之人：受过肉刑身体已不完整的人。②杂乱纷纠：事情好像纠缠在一起的乱丝，没有头绪。控：控制，引申为紧握。捲：通“拳”。③撠：刺。④批亢捣虚：撇开敌人充实的地方，冲击敌人空虚的地方。批：排除，撇开。亢：充满。⑤格：被阻遏。禁：顾忌。⑥街路：交通要道。⑦方虚：正好是空虚处。⑧既已过而西：指齐军已越过齐国国境线西入魏国。⑨三晋之兵：这里指魏兵。春秋末年，三家分晋，成为战国时的韩、赵、魏三国，史称三晋。⑩趣：同“趋”。蹶：受挫折。⑪亡：逃跑。⑫倍日并行：昼夜兼程。

白书，乃钻火烛之[①]。读其书未毕，齐军万弩俱发，魏军大乱相失[②]。庞涓自知智穷兵败，乃自刭，曰："遂成竖子之名[③]！"齐因乘胜尽破其军，虏魏太子申以归。孙膑以此名显天下，世传其兵法。

吴起者，卫人也，好用兵，尝学于曾子[④]。事鲁君。齐人攻鲁，鲁欲将吴起，吴起取齐女为妻，而鲁疑之。吴起于是欲就名[⑤]，遂杀其妻，以明不与齐也[⑥]。鲁卒以为将。将而攻齐，大破之。

鲁人或恶吴起曰[⑦]："起之为人，猜忍人也[⑧]。其少时，家累千金，游仕不遂[⑨]。遂破其家。乡党笑之，吴起杀其谤己者三十馀人，而东出卫郭门[⑩]。与其母诀，啮臂而盟曰：'起不为卿相，不复入卫。'遂事曾子。居顷之，其母死，起终不归。曾子薄之，而与起绝[⑪]。起乃之鲁，学兵法以事鲁君。鲁君疑之，起杀妻以求将。夫鲁小国，而有战胜之名，则诸侯图[⑫]鲁矣。且鲁卫兄弟之国也[⑬]，而君用起，则是弃卫。"鲁君疑之，谢[⑭]吴起。

吴起于是闻魏文侯贤，欲事之。文侯问李克曰："吴起何如人哉？"李克曰："起贪而好色，然用兵，司马穰苴不能过也。"于是魏文侯以为将，击秦，拔五城。

起之为将，与士卒最下者同衣食。卧不设席，行不骑乘，亲裹赢粮[⑮]，与士卒分劳苦。卒有病疽者[⑯]，起为吮之[⑰]。卒母闻

---

①钻火烛之：取火照亮树干上的字。钻：古时钻木取火。烛：照，照亮。 ②相失：溃散，彼此不相照应。 ③竖子：这小子。对人的蔑称。 ④尝：曾经。曾子：孔子门生曾子。⑤就名：成就名声。就：完成。 ⑥不与齐：不亲附齐国。与：亲附。 ⑦或：有的人。恶：诋毁。 ⑧猜忍：猜疑残忍。 ⑨游仕：外出谋官。遂：遂心，如愿。 ⑩郭门：古代外城城门。⑪薄：轻视，看不起。绝：断绝关系。 ⑫图：算计，谋取。 ⑬鲁卫兄弟之国：鲁卫两国祖先姬旦与姬封是亲兄弟，所以叫兄弟之国。 ⑭谢：辞退。 ⑮赢粮：剩余的军粮。 ⑯病疽：患毒疮病。 ⑰吮：用嘴吸疽排脓。

而哭之。人曰:“子卒也,而将军自吮其疽,何哭为。”母曰:“非然也。往年吴公吮其父,其父战不旋踵[①],遂死于敌。吴公今又吮其子,妾不知其死所矣。是以哭之。”

文侯以吴起善用兵,廉平,尽能得士心,乃以为西河守[②],以拒秦、韩。

魏文侯既卒,起事其子武侯。武侯浮西河而下[③],中流,顾而谓吴起曰:“美哉乎山河之固,此魏国之宝也!”起对曰:“在德不在险。昔三苗氏左洞庭,右彭蠡,德义不修,禹灭之。夏桀之居,左河、济,右泰、华,伊阙在其南,羊肠在其北,修政不仁,汤放之。殷纣之国,左孟门,右太行,常山在其北,大河经其南,修政不德,武王杀之。由此观之,在德不在险。若君不修德,舟中之人尽为敌国也。”武侯曰:“善。”

吴起为西河守,甚有声名。魏置相,相田文。吴起不悦,谓田文曰:“请与子论功,可乎?”田文曰:“可。”起曰:“将三军,使士卒乐死,敌国不敢谋,子孰与起[④]?”文曰:“不如子。”起曰:“治百官,亲万民,实府库,子孰与起?”文曰:“不如子。”起曰:“守西河而秦兵不敢东乡[⑤],韩、赵宾从[⑥],子孰与起?”文曰:“不如子。”起曰:“此三者,子皆出吾下,而位加吾上,何也?”文曰:“主少国疑,大臣未附,百姓不信,方是之时,属之于子乎[⑦]?属之于我乎?”起默然良久,曰:“属之子矣。”文曰:“此乃吾所以居子之上也。”吴起乃自知弗如田文。

田文既死,公叔为相,尚[⑧]魏公主,而害[⑨]吴起。公叔之仆

①旋:旋转。踵:脚跟。 ②西河:郡名,今陕西东部黄河西岸地区。 ③西河:此指山西陕西交界的那段黄河。 ④孰与:与某人比,哪一个更怎么样。 ⑤东乡:向东侵犯。乡:同“向”,面对。 ⑥宾从:服从,归顺,实为结成同盟。 ⑦属:同“嘱”,托付。 ⑧尚:古代臣娶君之女叫尚。 ⑨害:畏忌。

曰:“起易去也。”公叔曰:“奈何?”其仆曰:“吴起为人节廉而自喜名也①。君因先与武侯言曰:‘夫吴起贤人也,而侯之国小,又与强秦壤界②,臣窃恐起之无留心也。’武侯即曰:‘奈何?’君因谓武侯曰:‘试延以公主③,起有留心,则必受之,无留心,则必辞矣。以此卜之④。’君因召吴起而与归,即令公主怒而轻君。吴起见公主之贱君也,则必辞。”于是吴起见公主之贱魏相,果辞魏武侯。武侯疑之而弗信也。吴起惧得罪,遂去,即之楚。

楚悼王素闻吴起贤,至则相楚。明法审令⑤,捐不急之官⑥,废公族疏远者,以抚养战斗之士。要在强兵,破驰说之言从横者⑦。于是南平百越;北并陈、蔡,却三晋;西伐秦。诸侯患楚之强。故楚之贵戚尽欲害吴起。及悼王死,宗室大臣作乱而攻吴起,吴起走之王尸而伏之⑧。击起之徒因射刺吴起,并中悼王⑨。

悼王既葬,太子立,乃使令尹尽诛射吴起而并中王尸者。坐射起而夷宗死者七十馀家⑩。

太史公曰:世俗所称师旅⑪,皆道《孙子》十三篇、吴起《兵法》,世多有,故弗论,论其行事所施设者⑫。语曰:“能行之者未必能言,能言之者未必能行。”孙子筹策庞涓明矣⑬,然不能蚤⑭救患于被刑。吴起说武侯以形势不如德,然行之于楚,以刻暴

---

①节廉而自喜名:有骨气而又重视自己的名声。节:气节,节操。廉:锋利,有棱角。②壤界:国土相连。③延:聘请,邀请。这句的意思是说,用请吴起娶魏公主的办法探试。④卜:判断,推断。⑤明法:使法规明确。审令:令出必行。审:察。⑥捐不急之官:淘汰裁减无关紧要的冗员。捐:撤掉。⑦驰说:往来奔走的游说。从横:六国联合以抗秦,叫合纵;六国分别与秦国联盟,叫连横。⑧走之王尸而伏之:逃跑过去俯伏在悼王的尸体上。⑨中:正着目标。⑩坐:因某事获罪。夷宗:灭族。夷:灭尽,杀绝。⑪称:称道,称誉。师旅:古时军制以二千五百人为师,五百人为旅,因以师旅通称军队。⑫施设:设施,安排。⑬筹策:谋划。⑭蚤:通“早”。

少恩亡其躯[①]。悲夫!

【译文】

孙子名武,是齐国人。因为精通兵法,受到吴王阖庐的接见。阖庐说:“您的十三篇兵书我都读过了,能够小规模地试着指挥一下军队吗?”孙子回答说:“可以。”阖庐说:“可以用妇人试试吗?”孙子回答说:“可以。”于是阖庐就答应他试试,叫出宫中的美女,共约一百八十人。孙子将她们分为两队,让吴王阖庐最宠爱的两位侍妾分别做队长,让所有的美女都拿一支戟。然后命令她们说:“你们知道自己的心、左右手和背吗?”妇人们回答说:“知道。”孙子说:“我说向前,你们就看自己心口所对的方向;我说向左,你们就看左手所在的方向;我说向右,你们就看右手所在的方向;我说向后,你们就看背所对的方向。”妇人们答道:“是。”号令宣布完毕,于是陈设了斧钺等刑具,旋即又把已宣布的号令反复交代清楚。就击鼓发令,叫她们向右,妇人们都哈哈大笑起来。孙子说:“纪律还不清楚,号令还不熟悉,这是将领的过错。”又反复交代清楚,然后击鼓发令让她们向左,妇人们又都哈哈大笑起来。孙子说:“纪律不清楚,号令不熟悉,这是将领的过错;现在这些既然讲得清清楚楚,却不遵照号令去做,这就是军官和士兵的过错了。”于是就要杀左、右两队的队长。吴王在台上观看,见孙子将要杀自己的爱妾,大吃一惊,急忙派使臣传下命令说:“我已知道将军善于用兵了。我要是没了这两个侍妾,吃起东西来也没有味道,希望你不要杀她们。”孙子回答说:“我已受命为将,将领在军队里,国君的命令有的可以不接受。”于是杀了两个队长示众。然后按顺序任用两队第二人为队长,于是又击鼓发令,妇人们不论是向左向右、上前退后、跪倒起立都符合号令和纪律的要求,没有人敢出声。于是孙子派使臣向吴王报告说:“队伍已操练整齐,大王可以下台来验察,任凭大王怎样使用她们,即使叫她们赴汤蹈火也做得到啊。”吴王回答说:

①刻:刻薄。少恩:少施恩惠。亡:丧失。

“将军停止演练，回宾馆去休息吧。我不愿下去察看了。”孙子感叹地说：“大王只是欣赏我的兵书，却不能让我付诸实践。”

于是，吴王阖庐知道孙子善于用兵，终于任用他做了将军。向西打败强大的楚国，攻克郢都，向北威震齐国和晋国，在诸侯中名声赫赫，这些，孙子参与出了很大的力啊。

孙子死后，隔了一百多年又出了个孙膑。

孙膑出生在阿城和鄄城一带，也是孙武的后代子孙。他曾和庞涓一道学习兵法。后来庞涓事奉魏国，做了魏惠王的将军，却知道自己的才能比不上孙膑，就暗中把孙膑找来。孙膑到来，庞涓害怕他比自己贤能，因而忌恨他，就假借罪名用刑砍掉他的两只脚，并且在他脸上刺了字，想让他隐藏起来不敢露面。

齐国使臣来到大梁，孙膑以犯人的身份秘密地会见了齐使，进行游说。齐国的使臣认为他是个难得的人才，就偷偷地用车把他载回齐国。齐国将军田忌不仅赏识他，而且还用上宾的礼节来款待他。田忌经常跟齐国贵族子弟赛马，下很大的赌注。孙膑发现那些马的脚力都差不多，但分为上、中、下三等。于是孙膑对田忌说：“您尽管下最大的赌注，我能让您取胜。”田忌相信了他，与齐王和贵族子弟们赛马，下了千金赌注。临到比赛开始，孙膑对田忌说：“现在用您的下等马对付他们的上等马，拿您的上等马对付他们的中等马，让您的中等马对付他们的下等马。”三个等级的比赛结束后，田忌败了一次，胜了两次，终于赢得了齐王的千金赌注。于是田忌就把孙子推荐给齐威王。威王向他请教兵法，把他当作老师。

后来魏国攻打赵国，赵国形势危急，向齐国求救。齐威王打算任用孙膑为主将，孙膑辞谢说：“受过酷刑的人，不宜任主将。”于是就任命田忌做主将，孙膑做军师，坐在有篷帐的车里，暗中谋划。田忌想要领兵直奔赵国，孙膑说：“想解开乱丝一样杂乱纠纷的人，不能紧握双拳用力；解救斗殴的人，不能卷进去帮着打斗。要避实击虚，争斗者因形势限制，就不得不自行解开。如今魏、赵两国相互攻打，魏国的精锐部队必定在国外筋疲力尽,老弱残兵在国内疲惫不堪。你不如率领军队火速向大梁挺进,占据他们的交通要道,冲击他们防务空虚的地方,魏国肯定会放弃赵国而回兵自救。这样,我们一举解救了赵国之围,而又可坐收魏国自行挫败的效果。”田忌听从了孙膑的意见。魏军果然撤离邯郸,回师与齐军在桂陵交战,魏军被打得大败。

十三年后,魏国和赵国联合攻打韩国,韩国向齐国告急。齐王派田忌率军前往救援,径直进军大梁。魏将庞涓听到这个消息,率师撤离韩国回魏,而齐军已越过边界向西挺进。孙膑对田忌说:“那魏军向来凶悍勇猛,看不起齐兵,齐兵被称作胆小怯懦,善于用兵的将领,就要顺应着这样的趋势而加以引导。兵法上说:“用急行军走一百里与敌人争利的,有可能折损上将军;用急行军走五十里与敌人争利的,可能有一半士兵掉队。命军队进入魏境后先砌十万人煮饭的灶,第二天砌五万人煮饭的灶,第三天砌三万人煮饭的灶。”庞涓行军三日,特别高兴地说:“我本来就知道齐军胆小怯懦,进入我国境才三天,逃跑的士兵就超过了半数啊!”于是放弃他的步兵,只和他轻装精锐的部队,日夜兼程拼命追击齐军。孙膑估计他的行程,当晚可以到达马陵。马陵的道路狭窄,两旁又多是险要地带,适合埋伏军队。孙膑就叫人砍去树皮,露出白木,写上:“庞涓死于此树之下。”又命一万名善于射箭的齐兵,隐伏在马陵道两边,约定说:“晚上看见树下火光亮起,就万箭齐发。”庞涓当晚果然赶到那棵砍去树皮的大树下,看见白木上写着字,就取火照树干上的字,上边的字还没读完,齐军伏兵就万箭齐发,魏军大乱,互不接应。庞涓自知无计可施,败局已定,就拔剑自刎,临死说:“倒成就了这小子的声名!”齐军就乘胜追击,把魏军彻底击溃,俘虏魏国太子申回国。孙膑也因此战名扬天下,世上流传着他的兵法。

吴起是卫国人,喜好用兵。曾向曾子求学,事奉鲁君。后来齐国军队攻打鲁国,鲁君想任用吴起为主将,但吴起娶的妻子却是齐国人,鲁君因此怀疑他。当时,吴起一心想成名,就杀了自己的妻子,以此表明他不亲附齐国。鲁君终于任命他做了将军,率军攻打齐国,把齐军打得大败。

鲁国有人诋毁吴起说："吴起为人，是猜疑残忍的。他年轻时，家里积蓄了千金，在外边求官没结果，把家产也败尽了，同乡邻里的人讥笑他，他就杀掉三十多个讥笑自己的人，从卫国的东门逃跑了。他和母亲诀别时，咬着自己的胳膊赌咒说：'我吴起不做卿相，绝不再回卫国。'于是就拜曾子为师。不久，他母亲死了，吴起终究还是没回去奔丧。曾子瞧不起他并和他断绝了师徒关系。吴起就到鲁国去，学习兵法来事奉鲁君。鲁君怀疑他，吴起杀掉妻子来明心迹，用以谋求将军的职位。鲁国虽是个小国，却有着战胜国的名声，那么诸侯各国就要打鲁国的主意了。况且鲁国和卫国是兄弟国家，鲁君要是重用吴起，就是抛弃卫国。"鲁君怀疑吴起，疏远了吴起。

这时，吴起听说魏国文侯贤明，想去事奉他。文侯问李克说："吴起这个人怎么样啊？"李克回答说："吴起贪恋成名，爱好女色，然而要是带兵打仗，连司马穰苴也超不过他。"于是魏文侯就任用他为主将，攻打秦国，夺取了五座城池。

吴起做主将，跟最下等的士兵穿一样的衣服，吃一样的饭食，睡觉不铺垫褥，行军不乘车骑马，亲自背负捆扎好的粮食，与士兵们同甘共苦。有个士兵生了恶性毒疮，吴起替他吸吮脓汁。这个士兵的母亲听说后放声大哭。有人说："你儿子只是个无名小卒，将军却亲自替他吸吮毒疮，你怎么还哭呢？"那位母亲回答说："不是这样啊，往年吴公替他父亲吸吮毒疮，他父亲在战场上勇往直前，就战死在敌人手里。如今吴公又给我儿子吸吮毒疮，我不知道他又会死在什么地方，因此我才为他哭泣呢。"

魏文侯因为吴起善于用兵打仗，廉洁公正，能取得所有将士的欢心，就任命他做西河地区的长官，来抗拒秦国和韩国。

魏文侯死后，吴起奉事他的儿子魏武侯。武侯泛舟顺黄河而下，船到半途，回过头来对吴起说："山川是如此的险要壮美，这是魏国的瑰宝啊！"吴起回答说："国家政权的稳固，在于施德于民，而不在于地势的险要。从前三苗氏左临洞庭湖，右濒彭蠡泽，但是它不修德行，不讲信义，所以夏禹灭掉了它。夏桀的领土，左临黄河、济水，右靠泰山、华山，伊阙山在它的南边，羊肠坂在它的北面。因为他不行仁政，所以商汤放逐了他。殷纣的领土，左边有孟门山，右边有太行山，常山在它的北边，黄河流经它的南面，因为他不行德政，武王杀了他。由此看来，政权稳固在于给人民施以恩德，不在于地理形势的险要。如果您不施恩德，这条船的人也会变成您的仇敌啊！”武侯回答说：“讲得好。”

吴起做西河守，声望很高。魏国设置了相位，任命田文做国相。吴起很不高兴，对田文说：“请让我与您评一评功劳，可以吗？”田文说：“可以。”吴起说：“统率三军，让士兵乐意为国去死战，使敌国不敢图谋魏国，您和我比，谁强？”田文说：“不如您。”吴起说：“管理文武百官，让百姓亲附，充实府库的储备，您和我比，谁强？”田文说：“不如您。”吴起说：“拒守西河而秦军不敢向东侵犯，韩国、赵国服从归顺，您和我比，谁强？”田文说：“不如您。”吴起说：“这几方面您都在我之下，可是您的职位却在我之上，是什么道理呢？”田文说：“国君还年轻，国内不安定，大臣不亲附，百姓不信任，正当这个时候，是把政事托付给您呢，还是应当交给我呢？”吴起沉默了许久，说：“应该托付给您啊。”田文说：“这就是我的职位在您之上的原因啊。”吴起这才明白自己不如田文。

田文死后，公叔做国相，娶了魏君的女儿，却畏忌吴起。公叔的仆人说：“吴起是不难撵走的。”公叔问：“怎么办？”那个仆人说：“吴起为人高傲而又喜好名誉、声望。您可找机会先向武侯进言说：‘吴起是个贤能的人，而您的国土太小了，又和强大的秦国接壤，我私下担心吴起没有长期留在魏国的意思。’武侯就会说：‘那可怎么办呢？’您就趁机对武侯说：‘请用下嫁公主的办法去试探他，如果吴起有长期留在魏国的心意，就一定会答应娶公主，如果没有长期留下来的心意，就一定会推辞。用这个办法就能推断他的心意了。’您找个机会请吴起一道回家，故意让公主发怒而当面轻视您。吴起见公主这样蔑视您，就一定不会娶公主了。”当时，吴起见到公主如此地蔑视国相，果然婉言谢绝了魏武侯。武侯便怀疑吴起，也就不再信任他了。吴起怕招来灾祸，于是离开魏国，立即就到楚国去了。

楚悼王一向听说吴起贤能，吴起一到楚国，就被悼王任命为国相。他明确法令，依法办事，令出必行，裁减冗员，废止疏远王族的按例供养，来抚养战士。致力于使军力强盛，斥退往来奔走的游说之客。于是向南平定百越；向北吞并陈国和蔡国，击退韩、赵、魏三国的进攻；向西又讨伐秦国。诸侯各国对楚国的强盛感到忧虑。以往被吴起停止供给的疏远王族都想谋害吴起。等悼公一死，王室大臣发动骚乱，攻打吴起，吴起逃到楚王停尸的地方，伏在悼王的尸体上。攻打吴起的那伙人趁机用箭射吴起，同时也射中了悼王的尸体。

等把悼王安葬停当后，太子即位。就让令尹把射杀吴起因而连带射中悼王尸体的人全部处死，由于射杀吴起而被灭族的有七十多家。

太史公说：社会上所称道的军旅战法，都说是《孙子》十三篇和吴起《兵法》，这两部书，社会上流传很广，所以不加论述，只评论他们生平行事所涉情况。俗话说："能做的未必能说，能说的未必能做。"孙膑算计庞涓的军事行动是英明的，但他却不能预先防范刖足的酷刑。吴起向魏武侯讲解凭地势的险要不如给人民施以恩德的道理，然而到在楚国执政时却因为刻薄少恩而葬送了自己的生命。可悲啊！

【鉴赏】

孙武、孙膑、吴起皆有兵法著作传于后世，其中孙武兵法即传世之《孙子》十三篇，更是我国乃至世界现存最早的兵书，历来被推崇为"兵经""武经"，为后世代代相习，流传至今。此三人因"兵法"而合传，因此其传以"兵法"二字为骨，以兵法起，以兵法结，首尾呼应：孙武传开篇即点出其兵法十三篇，文中又有"以兵法见于吴王阖庐""于是阖庐知孙子能用兵，卒以为将"诸语以相勾连；孙膑传文用"孙膑尝与庞涓俱学兵法"以开篇，以"孙膑以此名显天下，世传其兵法"为收束；而吴起传开篇只说他"好用兵"，文中不提"兵法"二字，只于赞中略略一点。纵观三传，司马迁只用"兵法"二字，就巧妙地将三位不同时代、不同经历的军事家及众多历史人物、事件连缀起来，展现在读者面前。

同时，精心选择传主生平之典型事例来丰满其形象也是《孙子吴起列传》的特色之一：孙武传选"吴宫教战"一事，使人得窥其用兵之有方；孙膑传又以他与庞涓的怨报为主线，择其教田忌赛马、围魏救赵、马陵道与庞涓智斗三事，明其过人之智、用兵之神，同时使庞涓因嫉妒害人终害己得以突显；吴起传叙事虽繁却亦有重点，所重笔描绘者，不过杀妻以求将、为士卒亲吮毒疽、与田文论功三事，其人其事生动鲜活，如在眼前。

史记卷六十六·伍子胥列传第六

伍子胥，其家历代事楚，因楚平王无道，致使其父兄蒙冤而死，故矢志报仇，背楚奔吴，献刺客专诸助吴公子光弑君自立，借吴兵破楚以复仇，鞭楚平王之尸以泄愤。全传以“复仇”为纲目，前述伍子胥为报父兄之仇，“弃小义，雪大耻，名垂于后世”的不同寻常的人生经历，后记伍子胥在吴国受谗被逼自尽的悲剧结局，其中又穿插吴王夫差为报杀父之仇而伐越，越王勾践为雪兵败之耻而灭吴的历史事件，文末则附以楚太子建之子白公胜乱楚复仇之事。

伍子胥者，楚人也，名员。员父曰伍奢。员兄曰伍尚。其先曰伍举，以直谏事楚庄王，有显，故其后世有名于楚。

楚平王有太子名曰建，使伍奢为太傅，费无忌为少傅。无忌不忠于太子建。平王使无忌为太子取[①]妇于秦，秦女好，无忌驰归报平王曰：“秦女绝美，王可自取，而更为太子取妇。”平王遂自取秦女而绝爱幸之，生子轸。更为太子取妇。

无忌既以秦女自媚于平王，因去太子而事平王。恐一旦平王卒而太子立，杀己，乃因谗太子建。建母，蔡女也，无宠于平王。平王稍益疏建，使建守城父，备边兵。

顷之，无忌又日夜言太子短于王曰：“太子以秦女之故，不能无怨望[②]，愿王少自备也。自太子居城父，将兵，外交诸侯，且欲入为乱矣。”平王乃召其太傅伍奢考问之。伍奢知无忌谗太

①取：同“娶”。 ②望：埋怨，怨恨。

子于平王，因曰："王独奈何以谗贼小臣疏骨肉之亲乎[1]？"无忌曰："王今不制，其事成矣。王且见禽[2]。"于是平王怒，囚伍奢，而使城父司马奋扬往杀太子。行未至，奋扬使人先告太子："太子急去，不然将诛。"太子建亡奔宋。

无忌言于平王曰："伍奢有二子，皆贤，不诛且为楚忧。可以其父质[3]而召之，不然且为楚患。"王使使谓伍奢曰："能致汝二子则生，不能则死。"伍奢曰："尚为人仁，呼必来。员为人刚戾忍诟[4]，能成大事，彼见来之并禽，其势必不来。"王不听，使人召二子曰："来，吾生汝父；不来，今杀奢也。"伍尚欲往，员曰："楚之召我兄弟，非欲以生我父也，恐有脱者后生患，故以父为质，诈召二子。二子到，则父子俱死。何益父之死？往而令仇不得报耳。不如奔他国，借力以雪父之耻，俱灭，无为也。"伍尚曰："我知往终不能全父命。然恨父召我以求生而不往，后不能雪耻，终为天下笑耳。"谓员："可去矣！汝能报杀父之仇，我将归死。"尚既就执[5]，使者捕伍胥。伍胥贯弓[6]执矢向使者，使者不敢进，伍胥遂亡。闻太子建之在宋，往从之。奢闻子胥之亡也，曰："楚国君臣且苦兵矣。"伍尚至楚，楚并杀奢与尚也。

伍胥既至宋，宋有华氏之乱，乃与太子建俱奔于郑。郑人甚善之。太子建又适晋，晋顷公曰："太子既善郑，郑信太子。太子能为我内应，而我攻其外，灭郑必矣。灭郑而封太子。"太子乃还郑。事未会[7]，会自私[8]欲杀其从者，从者知其谋，乃告之于郑。郑定公与子产诛杀太子建。建有子名胜。伍胥惧，乃

---

①独：岂，难道。谗贼小臣：以谗言伤害人的小人之臣。贼：败坏，伤害。 ②禽：同"擒"，捕捉。 ③质：作人质。 ④刚戾忍诟：刚强能忍受耻辱。戾：凶暴，猛烈。诟(gòu)：羞辱，耻辱。 ⑤执：捉拿，拘捕。 ⑥贯弓：弯弓，拉满弓。贯：通"弯"。 ⑦未会：时机不成熟。会：时机，际会。 ⑧自私：个人私事。

与胜俱奔吴。到昭关，昭关欲执之。伍胥遂与胜独身步走，几不得脱。追者在后，至江，江上有一渔父乘船，知伍胥之急，乃渡伍胥。伍胥既渡，解其剑曰："此剑直百金，以与父。"父曰："楚国之法，得伍胥者赐粟五万石，爵执珪，岂徒百金剑邪！"不受。伍胥未至吴而疾，止中道，乞食。至于吴，吴王僚方用事，公子光为将，伍胥乃因公子光以求见吴王。

久之，楚平王以其边邑钟离与吴边邑卑梁氏俱蚕，两女子争桑相攻，乃大怒，至于两国举兵相伐。吴使公子光伐楚，拔其钟离、居巢而归。伍子胥说吴王僚曰："楚可破也。愿复遣公子光。"公子光谓吴王曰："彼伍胥父兄为戮于楚，而劝王伐楚者，欲以自报其仇耳。伐楚，未可破也。"伍胥知公子光有内志，欲杀王而自立，未可说以外事，乃进专诸于公子光，退而与太子建之子胜耕于野。

五年而楚平王卒。初，平王所夺太子建秦女生子轸，及平王卒，轸竟立为后，是为昭王。吴王僚因楚丧，使二公子将兵往袭楚，楚发兵绝吴兵之后，不得归。吴国内空，而公子光乃令专诸袭刺吴王僚而自立，是为吴王阖庐。阖庐既立，得志，乃召伍员以为行人，而与谋国事。

楚诛其大臣郤宛、伯州犁，伯州犁之孙伯嚭亡奔吴，吴亦以嚭为大夫。前王僚所遣二公子将兵伐楚者，道绝不得归，后闻阖庐弑王僚自立，遂以其兵降楚，楚封之于舒。

阖庐立三年，乃兴师与伍胥、伯嚭伐楚，拔舒，遂禽故吴反二将军。因欲至郢，将军孙武曰："民劳，未可，且待之。"乃归。

四年，吴伐楚，取六与灊。五年，伐越，败之。六年，楚昭王使公子囊瓦将兵伐吴。吴使伍员迎击，大破楚军于豫章，取楚之居巢。

九年，吴王阖庐谓伍子胥、孙武曰："始子言郢未可入，今果可如？"二子对曰："楚将囊瓦贪，而唐、蔡皆怨之。王必欲大伐之，必先得唐、蔡乃可。"阖庐听之，悉兴师与唐、蔡伐楚，与楚夹汉水而陈[①]。吴王之弟夫概将兵请从，王不听，遂以其属五千人击楚将子常。子常败走，奔郑。于是吴乘胜而前，五战，遂至郢。己卯，楚昭王出奔。庚辰，吴王入郢。

昭王出亡，入云梦；盗击王，王走郧。郧公弟怀曰："平王杀我父，我杀其子，不亦可乎！"郧公恐其弟杀王，与王奔随。吴兵围随，谓随人曰："周之子孙在汉川者，楚尽灭之。"随人欲杀王，王子綦匿王，己自为王以当之。随人卜与王于吴，不吉，乃谢吴不与王。

始伍员与申包胥为交，员之亡也，谓包胥曰："我必覆楚。"包胥曰："我必存之。"及吴兵入郢，伍子胥求昭王。既不得，乃掘楚平王墓，出其尸，鞭之三百，然后已。申包胥亡于山中，使人谓子胥曰："子之报仇，其以甚乎！吾闻之，人众者胜天，天定亦能破人。今子故平王之臣，亲北面而事之，今至于僇[②]死人，此岂其无天道之极乎！"伍子胥曰："为我谢申包胥曰，吾日莫[③]途远，吾故倒行而逆施之。"于是申包胥走秦告急，求救于秦。秦不许。申包胥立于秦廷，昼夜哭，七日七夜不绝其声。秦哀公怜之，曰："楚虽无道，有臣若是，可无存乎！"乃遣车五百乘救楚击吴。六月，败吴兵于稷。会吴王久留楚求昭王，而阖庐弟夫概乃亡归，自立为王。阖庐闻之，乃释楚而归，击其弟夫概。夫概败走，遂奔楚。楚昭王见吴有内乱，乃复入郢。封夫概于堂溪，为堂溪氏。楚复与吴战，败吴，吴王乃归。

---

①陈：同"阵"，排列成阵。 ②僇（lù）：侮辱。 ③莫：同"暮"。

后二岁，阖庐使太子夫差将兵伐楚，取番。楚惧吴复大来，乃去郢，徙于鄀。当是时，吴以伍子胥、孙武之谋，西破强楚，北威齐晋，南服越人。

其后四年，孔子相鲁。

后五年，伐越。越王勾践迎击，败吴于姑苏，伤阖庐指[①]，军却。阖庐病创将死，谓太子夫差曰："尔忘勾践杀尔父乎?"夫差对曰："不敢忘。"是夕，阖庐死。夫差既立为王，以伯嚭为太宰，习战射。二年后伐越，败越于夫湫。越王勾践乃以馀兵五千人栖于会稽之上，使大夫种厚币遗吴太宰嚭以请和[②]，求委国为臣妾。吴王将许之。伍子胥谏曰："越王为人能辛苦，今王不灭，后必悔之。"吴王不听，用太宰嚭计，与越平[③]。

其后五年，而吴王闻齐景公死而大臣争宠，新君弱，乃兴师北伐齐。伍子胥谏曰："勾践食不重味[④]，吊死问疾[⑤]，且欲有所用之也。此人不死，必为吴患。今吴之有越，犹人之有腹心疾也。而王不先越而乃务齐，不亦谬乎!"吴王不听，伐齐，大败齐师于艾陵，遂威[⑥]邹鲁之君以归。益疏子胥之谋。

其后四年，吴王将北伐齐，越王勾践用子贡之谋，乃率其众以助吴，而重宝以献遗太宰嚭。太宰嚭既数受越赂，其爱信越殊甚，日夜为言于吴王。吴王信用嚭之计。伍子胥谏曰："夫越，腹心之病。今信其浮辞诈伪而贪齐，破齐，譬犹石田，无所用之。且《盘庚之诰》曰：'有颠越不恭，劓殄灭之，俾无遗育，无使易种于兹邑[⑦]。'此商之所以兴。愿王释齐而先越；若不然，后

①指：手指，也指脚趾，此处即指脚趾。 ②币：用作礼物的丝织品，泛指用作礼物的玉、马、皮、帛等。遗：此指贿赂收买。 ③平：媾和。 ④食不重味：用餐时不吃两道荤菜。⑤吊死问疾：哀悼死者，慰问病者。 ⑥威：胁迫。 ⑦劓：割除。殄：断绝，灭绝。俾：使。遗育：遗留传宗接代的机会。易：延。

将悔之无及。"而吴王不听,使子胥于齐。子胥临行,谓其子曰:"吾数谏王,王不用,吾今见吴之亡矣。汝与吴俱亡,无益也。"乃嘱其子于齐鲍牧,而还报吴。

吴太宰嚭既与子胥有隙,因谗曰:"子胥为人刚暴,少恩,猜贼[①],其怨望恐为深祸也。前日王欲伐齐,子胥以为不可,王卒伐之而有大功。子胥耻其计谋不用,乃反怨望。而今王又复伐齐,子胥专愎[②]强谏,沮毁[③]用事,徒幸吴之败以自胜其计谋耳。今王自行,悉国中武力以伐齐,而子胥谏不用,因辍谢,详[④]病不行。王不可不备,此起祸不难。且嚭使人微伺之,其使于齐也,乃属其子于齐之鲍氏。夫为人臣,内不得意,外倚诸侯,自以为先王之谋臣,今不见用,常鞅鞅[⑤]怨望。愿王早图之。"吴王曰:"微子之言,吾亦疑之。"乃使使赐伍子胥属镂之剑,曰:"子以此死。"伍子胥仰天叹曰:"嗟呼!谗臣嚭为乱矣,王乃反诛我。我令若父霸,自若未立时,诸公子争立,我以死争之于先王,几不得立。若既得立,欲分吴国予我,我顾不敢望也。然今若听谀臣言以杀长者!"乃告其舍人曰:"必树吾墓上以梓,令可以为器;而抉吾眼县吴东门之上[⑥],以观越寇之入灭吴也。"乃自刭死。吴王闻之大怒,乃取子胥尸盛以鸱夷革,浮之江中。吴人怜之,为立祠于江上,因命曰胥山。

吴王既诛伍子胥,遂伐齐。齐鲍氏杀其君悼公而立阳生。吴王欲讨其贼,不胜而去。其后二年,吴王召鲁、卫之君之橐皋。其明年,因北大会诸侯于黄池,以令周室。越王勾践袭杀吴太子,破吴兵。吴王闻之,乃归,使使厚币与越平。后九年,

---

①猜贼:猜忌嫉害。②专愎:刚愎固执。愎:任性,固执。③沮:败坏。毁:毁谤。④详:通"佯",假装。⑤鞅鞅:通"怏怏",指郁郁不乐。⑥抉:挖出。县:通"悬",悬挂。

越王勾践遂灭吴，杀王夫差；而诛太宰嚭，以不忠于其君，而外受重赂，与己比周也。

伍子胥初所与俱亡故楚太子建之子胜者，在于吴。吴王夫差之时，楚惠王欲召胜归楚。叶公谏曰："胜好勇而阴求死士，殆有私乎！"惠王不听。遂召胜，使居楚之边邑鄢，号为白公。白公归楚三年而吴诛子胥。

白公胜既归楚，怨郑之杀其父，乃阴养死士，求报郑。归楚五年，请伐郑，楚令尹子西许之。兵未发而晋伐郑，郑请救于楚。楚使子西往救，与盟而还。白公胜怒曰："非郑之仇，乃子西也。"胜自砺剑①，人问曰："何以为？"胜曰："欲以杀子西。"子西闻之，笑曰："胜如卵耳，何能为也！"

其后四岁，白公胜与石乞袭杀楚令尹子西、司马子綦于朝。石乞曰："不杀王，不可。"乃劫王如高府。石乞从者屈固负楚惠王亡走昭夫人之宫。叶公闻白公为乱，率其国人攻白公。白公之徒败，亡走山中，自杀。而虏石乞，而问白公尸处，不言将亨②。石乞曰："事成为卿，不成而亨，固其职也。"终不肯告其尸处。遂亨石乞，而求惠王复立之。

太史公曰："怨毒之于人甚矣哉③！王者尚不能行之于臣下，况同列乎！向④令伍子胥从奢俱死，何异蝼蚁。弃小义，雪大耻，名垂于后世。悲夫！方子胥窘于江上，道乞食，志岂尝须臾忘郢邪？故隐忍就功名，非烈丈夫孰能致此哉？白公如不自立为君者，其功谋亦不可胜道者哉！

---

①砺剑：磨剑。砺：磨刀石。 ②亨：同"烹"，用鼎煮杀。 ③怨毒：怨恨，仇恨。 ④向：假使，先前。

【译文】

伍子胥，楚国人，名叫员。伍员的父亲叫伍奢，伍员的哥哥叫伍尚。他的祖先叫伍举，因为侍奉楚庄王时直言谏诤而显贵，所以他的后代子孙在楚国很有名气。

楚平王有个太子名叫建，楚平王派伍奢做太子太傅。费无忌做太子少傅。费无忌对太子建不忠心。平王派无忌到秦国为太子建娶亲。因为秦女长得漂亮，无忌就急忙赶回来报告平王说："秦女是个绝代佳人，大王可以自己娶了他，再另外给太子娶个媳妇。"平王就自己娶了秦女，十分宠爱她，后来生了个儿子叫轸。另外给太子建娶了媳妇。

费无忌用秦国美女向楚平王献媚以后，就离开了太子去侍奉平王。他又担心有一天平王死了，太子建继位，会杀了自己，因此在平王面前诋毁太子建。太子建的母亲是蔡国人，楚平王不宠爱她。因此，平王也越来越疏远太子建，派太子建驻守城父，驻守边疆。

不久，无忌又没日没夜地在平王面前说太子建的坏话，他说："太子因为秦女的缘故，不可能没有怨恨情绪，希望大王自己稍许防备着点。自从太子驻守城父以后，统率军队，对外和诸侯交往，将要进入都城作乱了。"楚平王就把太子太傅伍奢召回来审问。伍奢知道无忌在平王面前说了太子的坏话，因此说："大王怎么能仅仅凭拨弄是非的小臣的坏话，就疏远了骨肉至亲呢?"费无忌说："如果大王现在不制止，他们的阴谋就要得逞了，大王将会被逮捕!"于是平王发怒，把伍奢囚禁起来，同时令城父司马奋扬去杀太子建。奋扬还没走到，派人提前告知太子："太子赶快离开，要不然，将被杀死。"于是太子建逃到宋国去了。

费无忌对平王说："伍奢有两个儿子，都很贤能，不杀掉他们，将要成为楚国的祸害。可用他们父亲作人质，把他们招来，不这样将成为楚国的后患。"平王就派使臣对伍奢说："能把你两个儿子叫来，就能活命，要是不能，就处死。"伍奢说："伍尚为人仁慈，我叫他，一定能来；伍员为人性格刚强，忍辱负重，能成就大事，他知道来了一并被擒，势必不来。"平王不听，派人去召伍奢两个儿子，说："来，我使你父亲活命；不来，现在就杀死伍奢。”伍尚打算前往，伍员说：“楚王召我们兄弟，并不打算让我们父亲活命，是担心我们逃跑，产生后患，所以用父亲作人质，欺骗我们。我们一到，就会和父亲一同处死。对于父亲的死，有什么好处呢？去了，就叫我们报不成仇了。不如逃往别国，借别国力量来洗雪父亲的耻辱。一道去死，没有意义呀。”伍尚说：“我知道去了最后也不能保全父亲的性命。可是只恨父亲召我们是为了保全性命，要是不去，以后又不能洗雪耻辱，终会被天下人所耻笑。”他对伍员说：“你逃走吧，你能报杀父之仇，我将要就身去死。”伍尚接受逮捕后，使臣又要逮捕伍子胥，伍子胥拉满弓，搭上箭对准使者，使者不敢上前，伍子胥就逃跑了。他听说太子建在宋国，就前去追随他。伍奢听说伍子胥逃跑了，说：“楚国君臣将要受战火之苦了。”伍尚来到楚都，楚平王就把伍尚和伍奢一道杀害了。

伍子胥到宋国以后，正遇上宋国华氏作乱，就和太子建一同逃奔郑国。郑国君臣对他们很友好。太子建又前往晋国，晋顷公说：“太子既然与郑国君臣交好，郑国信任太子，太子要是能给我们做内应，我们从外面进攻，必定能灭掉郑国。灭掉郑国，就把它封给太子。”于是太子返回郑国。举事的时机还未成熟，恰巧太子因为个人私事打算杀掉一个跟随他的人，这个人知道太子的计划，就把它告诉郑国。郑定公和子产杀死了太子建。建有个儿子叫胜。伍子胥害怕了，就和胜一同逃奔吴国。到了昭关，昭关的官兵要捉拿他们，于是，伍子胥和胜各自只身徒步逃跑，差一点不能脱身。追兵紧跟在后面。来至江边，江上有个渔翁乘着船，知道伍子胥很危急，就渡伍子胥过江。伍子胥过江后，解下随身带的宝剑说：“这把剑价值百金，把它送给你老人家。”渔翁说：“按照楚国的法令，抓到伍子胥的人，赏给粮食五万石，封给执珪的爵位，难道是仅仅值百金的宝剑吗？”不肯接受。伍子胥还没逃到吴国都城，就得了病，在中途停下来，讨饭吃。到达吴都，吴王僚当权执政，公子光做将军。伍子胥就通过公子光的关系求见了吴王。

一段时间后，楚平王因楚国边邑钟离和吴国边邑卑梁氏都养蚕，两地女子为争采桑叶而相互厮打，就大发雷霆，以至于两国起兵相互攻伐。

吴国派公子光攻打楚国，攻占了楚国的钟离、居巢就回来了。伍子胥劝说吴王僚说："楚国是可以打败的，希望再派公子去。"公子光对吴王说："那伍子胥的父兄被楚国杀死，他劝大王攻打楚国，是为了报他的私仇。攻打楚国，是不可能消灭它的。"伍子胥知道公子光在国内有野心，想杀死吴王僚而自立为君，因此不可以用对外的军事行动来劝说他，就向公子光推荐了专诸，自己离开朝廷，和太子建的儿子胜到乡下种田去了。

五年后，楚平王死。当初平王从太子建那儿夺取的那个秦女生了个儿子叫轸，等平王一死，轸竟即位为王，就是昭王。吴王僚趁楚国办丧事，派烛庸、盖余二公子领兵袭击楚国。楚国出兵切断吴军后路，使吴军不能退回国内。吴国国内空虚，公子光就命专诸暗杀了吴王僚，自立为王，这就是吴王阖庐。阖庐为王以后，愿望实现了，就召回伍员，官拜为行人，同他商量国事。

楚国杀了它的大臣郤宛、伯州犁，伯州犁的孙子伯嚭逃奔到吴国，吴国也用伯嚭做了大夫。从前，吴王僚派遣攻打楚国的两位公子，后路被切断不能回国，后来听说阖庐杀死吴王僚自立为王的消息，就带领着军队，投降了楚国，楚国把舒地封给了他们。

阖庐自立为王的第三年，就发动军队和伍子胥、伯嚭攻打楚国，占领了舒地，捉住了原来背叛吴国的两个将军。阖庐想乘胜进军郢都，将军孙武说："百姓太疲惫了，不行，暂且等一等吧。"就收兵回国了。

阖庐四年，吴国攻打楚国，夺取了六地和灊地。阖庐五年，攻打越国，打败了它。阖庐六年，楚昭王派公子囊瓦领兵攻打吴国。吴国派伍子胥迎战，在豫章大败楚军，夺取了楚国的居巢。

阖庐九年，吴王阖庐对伍子胥、孙武说："当初你们说郢都不可攻入，现在究竟怎么样呢？"伍子胥、孙武回答说："楚国将军囊瓦贪财，唐国和蔡国都怨恨他。大王一定要大规模地进攻楚国，必须先要得到唐国和蔡国的支持才行。"阖庐听从了他们的意见，出动了全部军队和唐国、蔡国一道攻打楚国，跟楚国军队在汉水两岸列兵对阵。吴王的弟弟夫概带领着军队请求相随出征，吴王不答应，夫概就用自己属下五千人攻击楚将子常，子常战败逃跑，逃奔郑国。于是，吴军乘胜挺进，经过五次战役，就打到了郢都。己卯日，楚昭王出逃。第二天，吴王进入郢都。

楚昭王出逃，躲进云楚泽；昭王遭到强盗的袭击，又逃到郧地。郧公的弟弟怀说："平王杀死我们的父亲，我们杀死他的儿子，不也可以吗？"郧公担心他的弟弟杀死昭王，就和昭王一道逃到随地。吴兵包围了随地，对随地人说："在汉水流域的周朝子孙，被楚国全部消灭了。"随地人要杀死昭王，王子綦把昭王藏起来，自己假冒昭王来搪塞他们。随地人卜了一卦，卦象表明把昭王交给吴国，不吉利，就谢绝了吴国，没有把昭王交出去。

当初，伍子胥和申包胥是知己之交，伍子胥逃跑时，对申包胥说："我一定要颠覆楚国。"申包胥说："我一定要保全楚国。"等吴兵攻进郢都，伍子胥搜寻昭王，没有找到，就挖开楚平王的坟，拖出他的尸体，鞭打三百下才住手。申包胥逃到山里，派人去对伍子胥说："您这样报仇，太过分了！我听说人多可以胜天，天公降怒也能够毁灭人。您原来是平王的臣子，亲自称臣侍奉过他，如今弄到侮辱死人的地步，这难道不是伤天害理到了极点吗！"伍子胥对来人说："替我告诉申包胥说，我就像太阳快要落山了，路途却还很遥远。所以，我只能倒行逆施。"于是申包胥跑到秦国去报告危急情况，向秦国求救，秦国不答应。申包胥站在秦国朝廷上，日夜不停地痛哭，七天七夜没有中断。秦哀公同情他，说："楚王虽无道，但有这样的臣子，能不保全楚国吗？"就派了五百辆战车援救楚国，攻打吴国。六月，在稷地打败了吴国的军队。正赶上吴王长时间地留在楚国搜寻楚昭王，吴王阖庐的弟弟夫概逃回国内，自立为王。阖庐听到这个消息，就弃楚国赶回去，攻打他的弟弟夫概。夫概兵败，跑到楚国。楚昭王见吴国内部发生变乱，就又回到郢都，把堂溪封给夫概，称堂溪氏。楚国再次和吴军作战，打败吴军，吴王就回国了。

又过了两年，阖庐派太子夫差领兵攻打楚国，夺取了番地。楚国害怕吴军再次大规模地进攻，就离开郢城，迁都鄀邑。在这时，吴国用伍子胥、孙武的战略，向西打败了强大的楚国，向北威镇了齐国、晋国，向南降服了越国。

又过了四年,孔子做鲁国国相。

又过了五年,吴军攻打越国。越王勾践率兵迎战,在姑苏打败了吴军,击伤了吴王阖庐的脚趾,吴军退却。阖庐创伤发作,很严重,快要死时对太子夫差说:“你会忘掉勾践杀了你父亲吗?”夫差回答说:“不敢忘记。”当天晚上,阖庐就死了。夫差继位吴王以后,任用伯嚭做太宰,操练士兵。两年后攻打越国,在夫湫打败越国的军队,越王勾践带着五千残兵栖息在会稽山上,派大夫文种用重礼赠送太宰嚭请求媾和,把国家政权交给吴国,甘心作为吴国奴仆。吴王准备答应越国的请求,伍子胥规劝说:“越王勾践为人能忍受艰辛,如今大王要是不一举歼灭他,今后一定会后悔。”吴王不听伍子胥的规劝,而采纳了太宰嚭的计策,和越国议和。

与越国议和以后五年,吴王听说齐景公死了,大臣争权夺利,新君软弱,就发兵向北攻打齐国。伍子胥规劝说:“勾践一餐没有两味荤菜,哀悼死者、慰问病者,将打算有所作为。这个人不死,一定是吴国的祸患。现在吴国有越国在身边,就像一个人得了心腹之疾。大王不先铲除越国却一心打齐国的主意,不是很荒谬的吗?”吴王不听伍子胥的规劝,进攻齐国。在艾陵把齐国军队打得大败,于是慑服了邹国和鲁国的国君而回国。从此,就越来越不相信伍子胥的计谋了。

此后四年,吴王将要北上攻打齐国,越王勾践用子贡的计谋,就带领他的人马帮助吴王作战,把贵重的宝物奉献给太宰嚭。太宰嚭多次接受越国的贿赂,特别喜欢并信任越国,没日没夜地在吴王面前替越王说好话。吴王总是相信和采用太宰嚭的计谋。伍子胥规劝吴王说:“越国,是心腹大患,现在却相信它那些虚伪狡诈的欺骗之词,贪图齐国。攻占齐国,好比占领了一块石田,丝毫没用处。并且《盘庚之诰》上说:‘有破坏礼法,不遵上命的,就要彻底割除灭绝他们,使他们不能繁衍下去,不要让他们在这个城邑里延续下去。’这就是商朝之所以兴盛的原因。希望大王放弃齐国,先攻打越国;如果不这样,今后反悔也来不及了。”吴王不听伍子胥劝告，却派他出使齐国。子胥临行时，对他的儿子说："我屡次规劝大王，大王不听，我现在看到吴国的末日了。你同吴国一道毁灭，没好处。"就把他的儿子托付给齐国的鲍牧，而返回吴国向吴王报告。

吴国太宰嚭与伍子胥不和，就趁机在吴王面前说他的坏话："伍子胥为人强硬凶恶，缺少情义，猜忌狠毒，他的怨恨恐怕要酿成深重的灾难。前次大王想要攻打齐国，伍子胥认为不可以，大王终于发兵并且取得了重大的胜利。伍子胥因自己的计谋没被采用而感到羞耻，反而产生了怨恨情绪。如今大王又要再次攻打齐国，伍子胥独断固执，强行谏阻，败坏、诋毁大王的事业，只希望吴国战败来证明自己的计谋高明。如今大王亲自出征，调动全国的兵力去攻打齐国，而伍子胥的劝谏不被采纳，因此就中止上朝，假装有病不随大王出征。大王不可不有所戒备，这是很容易引起祸端的。况且我派人暗中探查，他出使齐国，竟把儿子托付给齐国的鲍氏。为人臣子，在国内不得意，就在外依靠诸侯，自己认为是先王的谋臣，现在不被信用，时常郁闷埋怨。希望大王对这件事早日想办法。"吴王说："没有你这番话，我也怀疑他了。"于是就派使臣把属镂宝剑赐给伍子胥，说："你用这把宝剑自杀吧。"伍子胥仰天叹息道："唉！谗言小人伯嚭作乱，大王反而来杀我。我使你父亲称霸，你还没确定为王位继承人时，公子们争夺太子之位，我在先王面前冒死相争，几乎不能得到太子之位。你立为太子后，还答应把吴国分一部分给我，我却不存此奢望。然而现在你竟听信谄媚小人的坏话来杀害长辈。"于是，告诉他亲近的门客说："你们一定要在我的坟墓上种上梓树，让它长大能够做棺材。挖出我的眼珠悬挂在吴国都城东门的楼上，来看着越寇怎样进入都城，灭亡吴国。"于是自刎而死。吴王听到这番话，大发雷霆，就把伍子胥的尸体装进皮革袋子里，让它漂浮在江中。吴国人同情他，在江边为他修建了祠堂，因此把这个地方命名叫胥山。

吴王杀了伍子胥后，就攻打齐国。齐国鲍氏杀了他们的国君悼公而辅佐阳生做了国君。吴王打算讨伐鲍氏，可是，没有取得胜利就撤兵回去了。此后两年，吴王召集鲁国、卫国的国君在橐皋会盟。第二年，就趁势北上，在黄池大会诸侯，来逼迫周天子承认他的盟主地位。这时，越王勾践袭击吴国，杀死了吴太子，打败了吴国军队。吴王听到这个消息，就回国了，派人用丰厚的礼物与越国媾和。过后九年，越王勾践终于灭掉吴国，杀死吴王夫差，又杀了太宰嚭，因为他不忠于他的国君，接受外国的贵重贿赂，私下亲近越国。

当初，跟伍子胥一块逃亡的楚国原来的太子建的儿子胜，在吴国。吴王夫差在位时，楚惠王要召胜回楚国。叶公劝阻说："胜爱好勇武，暗中寻访敢死的勇士，恐怕有私心吧！"惠王不听他的进谏，终于把胜召回来，让他居住在楚国的边邑鄢城，号称白公。白公回到楚国的第三年，吴王杀了伍子胥。

白公胜回到楚国不久，怨恨郑国杀了他的父亲，于是暗地里收养敢死的勇士向郑国报仇。回到楚国的第五年，他请求楚王攻打郑国，楚国令尹子西答应了他的要求。可是，还没发兵而晋国已出兵攻打郑国，郑国派人到楚国求援，楚王派子西前往救郑，和郑国订立了盟约回国。白公胜发怒说："我的仇敌不是郑国，而是子西！"白公胜亲自磨砺宝剑，有人问他："用它干什么？"白公胜回答说："要用它杀死子西。"子西听到这件事，笑着说："白公胜如同鸟蛋一样，能有什么作为呢？"

此后四年，白公胜和石乞在朝廷上突然刺杀了令尹子西及司马子綦。石乞说："不杀掉楚惠王，不行。"于是，把楚惠王劫持到高府去。石乞的随从屈固背负着楚惠王逃到昭王夫人住的宫室。叶公听说白公胜作乱，就带领着自己封地的人攻打白公胜。白公胜一伙人战败，白公胜逃到山里自杀了。石乞被俘，审问他白公胜的尸首在哪里，不说出来就要把他煮死。石乞说："事情成功了就做卿相，不成功就被煮死，职分本来就是如此啊。"终究不肯说出白公胜尸首在什么地方。于是，叶公就把石乞煮死了。找回楚惠王，再立他为国君。

太史公说：怨毒对于人类来说实在是太可怕了！国君尚且不能和臣子结怨，何况地位相同的人呢！假使伍子胥追随他的父亲伍奢一道死去，和蝼蚁又有什么区别。放弃小义，洗雪重大的耻辱，让名声流传于后世。可悲啊！当伍子胥在江边困窘危急，在路上沿途乞讨时，他的心志难道曾有一刻忘记郢都的仇恨吗？所以，他克制忍耐，成就功名，不是刚毅的男子，谁能达到这种地步呢！白公如果不自立为王，他的功业和才略恐怕也是说也说不尽的啊！

【鉴赏】

《伍子胥列传》是《史记》名篇，其中许多段落为后世小说、戏曲详加演绎，妇孺皆知。本传之行文以紧凑贯穿为胜，主要叙述伍子胥为报父兄之仇，奔吴伐楚、掘墓鞭尸事迹，以及他受谗终而被诛之恨。叙述之间，穿插事件始末，以吴楚之争、吴越之战为主，兼及宋、鲁、晋、郑、秦诸国朝事，相互穿插，有条不紊；行文之中，串联人物事迹，则以伍子胥行迹为纲，串起太子建之因谗出奔、白公胜之复仇乱楚、太宰嚭之受赂误国、申包胥之哭秦廷、费无忌之媚主邀宠，人事繁杂，却紧凑连贯，或记其言，或叙其行，或重笔描摹，或简笔勾勒，莫不形神兼备，可谓传神写照之至。本篇人物刻画，多神来之笔。尤其是伍子胥的形象。作者略貌取神，突出了他的精神风貌和鲜明的个性，而汇聚众多复仇故事一则为衬托伍子胥之复仇，再则也彰显着文学的复仇主题。

传文之精神内核亦有可观处，传主伍子胥为父兄而向君主复仇可谓叛逆之至，司马迁在篇末论赞中称许其行事，曰“弃小义，雪大耻，名垂于后世”，此言确实叛逆。司马迁因“李陵案”系狱而身受腐刑，所以隐忍苟活于世，只为“恨私心有所不尽，鄙陋没世而文采不表于后世也”(《报任安书》)，故而于此赞中借论伍子胥之行事以抒己愤，赞中“故隐忍就功名，非烈丈夫孰能致此哉?”之叹，是赞传主，又似另有深意。

史记卷六十七·仲尼弟子列传第七

本篇为孔门弟子合传，共述列孔子弟子七十七人，主要记述孔子及其弟子的言语行事。全传主要本于《论语》。司马迁在记述孔门弟子时，主要以有关史料为依据，将其分为两种情况：一是“显有年名及受业闻见于书传”者三十五人，为传文主体，而又以德行、政事、言语、文学四科及其他，分别为之作传，其中以子贡、子路着墨最多，其他或只记一二事，或仅载数语。二是“无年及不见书传者”四十二人，作者仅录其名于全传之末。此文与《孔子世家》合在一起，可让人感受到孔子与其门徒的风神情貌，充分体现出司马迁对孔子及其学派的尊崇和景仰。

孔子曰：“受业身通者七十有七人”，皆异能之士也。德行：颜渊，闵子骞，冉伯牛，仲弓。政事：冉有，季路。言语：宰我，子贡。文学：子游，子夏。师也辟。参也鲁。柴也愚。由也喭。回也屡空[①]。赐不受命而货殖焉，亿则屡中[②]。

孔子之所严事[③]：于周则老子；于卫，蘧伯玉；于齐，晏平仲；于楚，老莱子；于郑，子产；于鲁，孟公绰。数称臧文仲、柳下惠、铜鞮伯华、介山子然，孔子皆后之，不并世[④]。

颜回者，鲁人也，字子渊，少孔子三十岁。

颜渊问仁，孔子曰：“克己复礼，天下归仁焉[⑤]。”

孔子曰：“贤哉回也！一箪食，一瓢饮，在陋巷，人不堪其忧，回也不改其乐。”“回也如愚；退而省其私，亦足以发，回也不

---

①鲁：迟钝。喭：莽撞。空：贫困。 ②亿：同“臆”。推测：揣度。 ③所严事：所尊敬的人。严：尊敬。事：事奉。 ④不并世：不在同一时代。 ⑤归仁：称之为仁。归：称赞，称许。仁：仁德，仁人。

愚。”“用之则行，舍之则藏，唯我与尔有是夫！”

回年二十九，发尽白，蚤死[①]。孔子哭之恸，曰：“自吾有回，门人益亲。”鲁哀公问：“弟子孰为好学？”孔子对曰：“有颜回者好学，不迁怒，不贰过[②]。不幸短命死矣，今也则亡[③]。”

闵损字子骞，少孔子十五岁。

孔子曰：“孝哉闵子骞！人不间于其父母昆弟之言。”不仕大夫，不食污君之禄。“如有复我者，必在汶上矣。”

冉耕字伯牛，孔子以为有德行。

伯牛有恶疾，孔子往问之，自牖[④]执其手，曰：“命也夫！斯人也而有斯疾，命也夫！”

冉雍字仲弓。

仲弓问政，孔子曰：“出门如见大宾，使民如承大祭。在邦无怨，在家无怨。”

孔子以仲弓为有德行，曰：“雍也可使南面。”

仲弓父，贱人。孔子曰：“犁牛之子骍且角[⑤]，虽欲勿用，山川其舍诸[⑥]？”

冉求字子有，少孔子二十九岁。为季氏宰。

季康子问孔子曰：“冉求仁乎？”曰：“千室之邑，百乘之家，求也可使治其赋。仁则吾不知也。”复问：“子路仁乎？”孔子对曰：“如求。”

求问曰：“闻斯行诸[⑦]？”子曰：“行之。”子路问：“闻斯行诸？”子曰：“有父兄在，如之何其闻斯行之！”子华怪之，“敢问问同而答异？”孔子曰：“求也退，故进之。由也兼人[⑧]，故退之。”

---

①蚤：通“早”。②贰过：再犯同一过失。贰：再，重复。③亡：通“无”。④牖：窗户。⑤骍：赤色的牲畜，用于祭祀。⑥诸：“之乎”二字的合音。⑦斯：就，则。⑧兼人：犹超人，勇为好胜。

仲由字子路，卞人也，少孔子九岁。

子路性鄙，好勇力，志伉直①，冠雄鸡，佩豭豚，陵暴孔子。孔子设礼稍诱子路，子路后儒服委质，因门人请为弟子。

子路问政，孔子曰："先之，劳之。"请益②，曰："无倦。"

子路问："君子尚勇乎？"孔子曰："义之为上。君子好勇而无义则乱，小人好勇而无义则盗。"

子路有闻，未之能行，唯恐有闻。

孔子曰："片言可以折狱者③，其由也与！""由也好勇过我，无所取材。""若由也，不得其死然。""衣敝缊袍与衣狐貉者立而不耻者，其由也欤！""由也升堂矣，未入于室也。"

季康子问："仲由仁乎？"孔子曰："千乘之国可使治其赋。不知其仁。"

子路喜从游，遇长沮、桀溺、荷蓧丈人。

子路为季氏宰，季孙问曰："子路可谓大臣与？"孔子曰："可谓具臣矣④。"

子路为蒲大夫，辞孔子。孔子曰："蒲多壮士，又难治。然吾语汝：恭以敬，可以执勇；宽以正，可以比众；恭正以静，可以报上。"

初，卫灵公有宠姬曰南子。灵公太子蒉聩得过⑤南子，惧诛，出奔。及灵公卒而夫人欲立公子郢。郢不肯，曰："亡人太子之子辄在。"于是卫立辄为君，是为出公。出公立十二年，其父蒉聩居外，不得入。子路为卫大夫孔悝之邑宰。蒉聩乃与孔悝作乱，谋入孔悝家，遂与其徒袭攻出公。出公奔鲁，而蒉聩入

---

①伉直：刚猛直爽。 ②益：进一步，增加。 ③片言：原告或被告一面之词。折狱：断案。折：断，判断。 ④具臣：备位充数、不称职守之臣。 ⑤得过：得罪。

立，是为庄公。方孔悝作乱，子路在外，闻之而驰往。遇子羔卫城门，谓子路曰："出公去矣，而门已闭，子可还矣，毋空受其祸。"子路曰："食其食者不避其难。"子羔卒去。有使者入城，城门开，子路随而入，造蒉聩。聩与孔悝登台，子路曰："君焉用孔悝，请得而杀之。"蒉聩弗听。于是子路欲燔台①，蒉聩惧，乃下石乞、壶黡攻子路，击断子路之缨②。子路曰："君子死而冠不免。"遂结缨而死。

孔子闻卫乱，曰："嗟乎，由死矣！"已而果死。故孔子曰："自吾得由，恶言不闻于耳。"是时子贡为鲁使于齐。

宰予字子我，利口辩辞。既受业，问："三年之丧不已久乎？君子三年不为礼，礼必坏，三年不为乐，乐必崩。旧谷既没，新谷既升，钻燧改火，期可已矣。"子曰："于汝安乎？"曰："安。""汝安则为之。君子居丧，食旨不甘③，闻乐不乐，故弗为也。"宰我出，子曰："予之不仁也！子生三年然后免④于父母之怀。夫三年之丧，天下之通义也。"

宰予昼寝，子曰："朽木不可雕也，粪土之墙不可圬也⑤。"

宰我问五帝之德，子曰："予非其人也。"

宰我为临菑大夫，与田常作乱，以夷其族，孔子耻之。

端木赐，卫人，字子贡，少孔子三十一岁。

子贡利口巧辞，孔子常黜⑥其辩。问曰："汝与回也孰愈？"对曰："赐也何敢望回！回也闻一以知十，赐也闻一以知二。"

子贡既已受业，问曰："赐何人也？"孔子曰："汝器也。"曰："何器也？"曰："瑚琏也⑦。"

---

①燔：焚烧。②缨：系在颔下的冠带。③旨：味美的食物。④免：脱离，离开。⑤圬：粉饰整洁。⑥黜：废止，驳斥。⑦瑚琏：瑚、琏都是古代祭祀时盛粮食的器皿，极为尊贵，用来比喻堪当大任的、有才能的人。

陈子禽问子贡曰："仲尼焉学？"子贡曰："文武之道未坠于地，在人，贤者识其大者，不贤者识其小者，莫不有文武之道。夫子焉不学，而亦何常师之有！"又问曰："孔子适是国必闻其政。求之与？抑与之与？"子贡曰："夫子温良恭俭让以得之。夫子之求之也，其诸异乎人之求之也。"

子贡问曰："富而无骄，贫而无谄，何如？"孔子曰："可也；不如贫而乐道，富而好礼。"

田常欲作乱于齐，惮高、国、鲍、晏，故移其兵欲以伐鲁。孔子闻之，谓门弟子曰："夫鲁，坟墓所处，父母之国，国危如此，二三子何为莫出？"子路请出，孔子止之。子张、子石请行，孔子弗许。子贡请行，孔子许之。

遂行，至齐，说田常曰："君之伐鲁过矣[①]。夫鲁，难伐之国，其城薄以卑[②]，其地狭以泄，其君愚而不仁，大臣伪而无用，其士民又恶甲兵之事，此不可与战。君不如伐吴。夫吴，城高以厚，地广以深，甲坚以新，士选以饱，重器精兵尽在其中，又使明大夫守之，此易伐也。"田常忿然作色曰："子之所难，人之所易；子之所易，人之所难。而以教常，何也？"子贡曰："臣闻之，忧在内者攻强，忧在外者攻弱。今君忧在内。吾闻君三封而三不成者，大臣有不听者也。今君破鲁以广齐，战胜以骄主，破国以尊臣，而君之功不与焉，则交日疏于主。是君上骄主心，下恣群臣，求以成大事，难矣。夫上骄则恣，臣骄则争，是君上与主有郤，下与大臣交争也。如此，则君之立于齐危矣。故曰不如伐吴。伐吴不胜，民人外死，大臣内空，是君上无强臣之敌，下无民人之过，孤主制齐者唯君也。"田常曰："善。虽然，吾兵业已

①过矣：大错特错。 ②卑：低，与"高"相对。

加鲁矣，去而之吴，大臣疑我，奈何？”子贡曰：“君按兵无伐，臣请往使吴王，令之救鲁而伐齐，君因以兵迎之。”

田常许之，使子贡南见吴王。说曰：“臣闻之，王者不绝世，霸者无强敌，千钧之重加铢两而移。今以万乘之齐而私千乘之鲁，与吴争强，窃为王危之。且夫救鲁，显名也；伐齐，大利也。以抚泗上诸侯，诛暴齐以服强晋，利莫大焉。名存亡鲁，实困强齐，智者不疑也。”吴王曰：“善。虽然，吾尝与越战，栖之会稽。越王苦身养士，有报我心。子待我伐越而听子。”子贡曰：“越之劲不过鲁，吴之强不过齐，王置齐而伐越，则齐已平鲁矣。且王方以存亡继绝为名，夫伐小越而畏强齐，非勇也。夫勇者不避难，仁者不穷约①，智者不失时，王者不绝世，以立其义。今存越示诸侯以仁，救鲁伐齐，威加晋国，诸侯必相率而朝吴，霸业成矣。且王必恶越，臣请东见越王，令出兵以从，此实空越，名从诸侯以伐也。”

吴王大说，乃使子贡之越。越王除道郊迎，身御至舍而问曰：“此蛮夷之国，大夫何以俨然辱而临之？”子贡曰：“今者吾说吴王以救鲁伐齐，其志欲之而畏越，曰‘待我伐越乃可’。如此，破越必矣。且夫无报人之志而令人疑之，拙也；有报人之志，使人知之，殆也②；事未发而先闻，危也。三者举事之大患。”勾践顿首再拜曰：“孤尝不料力，乃与吴战，困于会稽，痛入于骨髓，日夜焦唇干舌，徒欲与吴王接踵而死，孤之愿也。”遂问子贡。子贡曰：“吴王为人猛暴，群臣不堪；国家敝以数战，士卒弗忍；百姓怨上，大臣内变；子胥以谏死，太宰嚭用事，顺君之过以安其私。是残国之治也。今王诚发士卒佐之以徼其志③，重宝以

---

①穷约：困厄。 ②殆：危险，不安全。 ③徼：通“邀”，求取。

说其心，卑辞以尊其礼，其伐齐必也。彼战不胜，王之福矣。战胜，必以兵临晋，臣请北见晋君，令共攻之，弱吴必矣。其锐兵尽于齐，重甲困于晋，而王制其敝，此灭吴必矣。”越王大说，许诺。送子贡金百镒，剑一，良矛二。子贡不受，遂行。

报吴王曰：“臣敬以大王之言告越王，越王大恐，曰：‘孤不幸，少失先人，内不自量，抵罪于吴①，军败身辱，栖于会稽，国为虚莽。赖大王之赐，使得奉俎豆而修祭祀，死不敢忘，何谋之敢虑！’”后五日，越使大夫种顿首言于吴王曰：“东海役臣孤勾践使者臣种，敢修下吏问于左右，今窃闻大王将兴大义，诛强救弱，困暴齐而抚周室，请悉起境内士卒三千人，孤请自被坚执锐，以先受矢石。因越贱臣种奉先人藏器，甲二十领②，铁屈卢之矛，步光之剑③，以贺军吏。”吴王大说，以告子贡曰：“越王欲身从寡人伐齐，可乎？”子贡曰：“不可。夫空人之国，悉人之众，又从其君，不义。君受其币，许其师，而辞其君。”吴王许诺，乃谢越王。于是吴王乃遂发九郡兵伐齐。

子贡因去之晋，谓晋君曰：“臣闻之，虑不先定不可以应卒④，兵不先辨⑤不可以胜敌。今夫齐与吴将战，彼战而不胜，越乱之必矣；与齐战而胜，必以其兵临晋。”晋君大恐，曰：“为之奈何？”子贡曰：“修兵休卒以待之。”晋君许诺。

子贡去而之鲁。吴王果与齐人战于艾陵，大破齐师，获七将军之兵而不归，果以兵临晋，与晋人相遇黄池之上。吴、晋争强。晋人击之，大败吴师。越王闻之，涉江袭吴，去城七里而军。吴王闻之，去晋而归，与越战于五湖。三战不胜，城门不

---

①抵：触犯，冲撞。 ②领：衣领，引申为件，套。 ③铁：铁斧。屈卢：古代造矛良匠名，借以指代良矛。步光：古剑名。 ④卒：通“猝”，突然，仓猝。 ⑤辨：同“办”，治理，准备。

守，越遂围王宫，杀夫差而戮其相。破吴三年，东向而霸。

故子贡一出，存鲁，乱齐，破吴，强晋而霸越。子贡一使，使势相破，十年之中，五国各有变。

子贡好废举[①]，与时转货资[②]。喜扬人之美，不能匿人之过。常相鲁、卫，家累千金。卒终于齐。

言偃，吴人，字子游，少孔子四十五岁。

子游既已受业，为武城宰。孔子过，闻弦歌之声。孔子莞尔而笑曰："割鸡焉用牛刀？"子游曰："昔者偃闻诸夫子曰，君子学道则爱人，小人学道则易使。"孔子曰："二三子，偃之言是也。前言戏之耳。"孔子以为子游习于文学。

卜商字子夏，少孔子四十四岁。

子夏问："'巧笑倩兮，美目盼兮，素以为绚兮[③]'，何谓也？"子曰："绘事后素[④]。"曰："礼后乎？"孔子曰："商始可与言《诗》已矣。"

子贡问："师与商孰贤？"子曰："师也过，商也不及。""然则师愈与？"曰："过犹不及。"

子谓子夏曰："汝为君子儒，无为小人儒。"

孔子既没，子夏居西河教授，为魏文侯师。其子死，哭之失明。

颛孙师，陈人，字子张，少孔子四十八岁。

子张问干禄[⑤]，孔子曰："多闻阙疑，慎言其馀，则寡尤；多见阙殆，慎行其馀，则寡悔。言寡尤，行寡悔，禄在其中矣。"

他日从在陈、蔡间，困，问行。孔子曰："言忠信，行笃敬，虽

---

①废举：买贱卖贵。 ②与时：根据时间不同。转货：指贱买贵卖，使货物不断流通。资：通"赀"，资财，钱财。 ③素：白色。绚：有文采。 ④绘事后素：先有白底，然后画画。绘：画。素：白底。 ⑤问：学，求教。干：谋求，求取。

蛮貊之国行也;言不忠信,行不笃敬,虽州里行乎哉！立则见其参于前也,在舆则见其倚于衡[①],夫然后行。”子张书诸绅。

子张问:“士何如斯可谓之达矣[②]?”孔子曰:“何哉,尔所谓达者?”子张对曰:“在国必闻[③],在家必闻。”孔子曰:“是闻也,非达也。夫达者,质直而好义,察言而观色,虑以下人[④],在国及家必达,夫闻也者,色取仁而行违,居之不疑,在国及家必闻。”

曾参,南武城人,字子舆,少孔子四十六岁。

孔子以为能通孝道,故授之业。作《孝经》。死于鲁。

澹台灭明,武城人,字子羽,少孔子三十九岁。

状貌甚恶。欲事孔子,孔子以为材薄。既已受业,退而修行,行不由径,非公事不见卿大夫。

南游至江,从弟子三百人,设取予去就,名施[⑤]乎诸侯。孔子闻之,曰:“吾以言取人,失之宰予;以貌取人,失之子羽。”

宓不齐字子贱,少孔子三十岁。

孔子谓:“子贱君子哉！鲁无君子,斯焉取斯?”

子贱为单父宰,反命于孔子,曰:“此国有贤不齐者五人,教不齐所以治者。”孔子曰:“惜哉,不齐所治者小！所治者大,则庶几矣[⑥]。”

原宪字子思。

子思问耻,孔子曰:“国有道,穀[⑦]。国无道,穀,耻也。”

子思曰:“克、伐、怨、欲不行焉,可以为仁乎?”孔子曰:“可以为难矣,仁则吾弗知也。”

孔子卒,原宪遂亡在草泽中。子贡相卫,而结驷连骑,排藜

---

①衡:通“横”,车辕头上的横木。 ②达:通达。 ③闻:有名誉,有声望。 ④下人:谦让,对人谦恭有礼。 ⑤施:传扬。 ⑥庶几:差不多。 ⑦穀:享用俸禄。

藿入穷阎，过谢原宪[①]。宪摄敝衣冠见子贡。子贡耻之，曰："夫子岂病乎？"原宪曰："吾闻之，无财者谓之贫，学道而不能行者谓之病。若宪，贫也，非病也。"子贡惭，不怿而去[②]，终身耻其言之过也。

公冶长，齐人，字子长。

孔子曰："长可妻也，虽在累绁[③]之中，非其罪也。"以其子妻之。

南宫括字子容。

问孔子曰："羿善射，奡荡舟，俱不得其死然；禹、稷躬稼而有天下？"孔子弗答。容出，孔子曰："君子哉若人[④]！上[⑤]德哉若人！""国有道，不废；国无道，免于刑戮。"三复"白珪之玷"，以其兄之子妻之。

公皙哀字季次。

孔子曰："天下无行，多为家臣，仕于都；唯季次未尝仕。"

曾蒧字皙。

侍孔子，孔子曰："言尔志。"蒧曰："春服既成，冠者五六人，童子六七人，浴乎沂，风乎舞雩，咏而归。"孔子喟尔叹曰："吾与蒧也[⑥]！"

颜无繇字路。路者，颜回父，父子尝各异时事孔子。

颜回死，颜路贫，请孔子车以葬。孔子曰："材不材[⑦]，亦各言其子也。鲤也死，有棺而无椁，吾不徒行以为之椁，以吾从大夫之后，不可以徒行。"

商瞿，鲁人，字子木，少孔子二十九岁。

---

①过谢：探望。 ②怿：悦。 ③累绁：捆绑犯人的绳子。引申为囚禁。 ④若人：这个人。 ⑤上：通"尚"，崇尚，尊重。 ⑥与：赞同，称许。 ⑦材：有才华，指颜回。不材：没有才华，指孔鲤。

孔子传《易》于瞿，瞿传楚人馯臂子弘，弘传江东人矫子庸疵，疵传燕人周子家竖，竖传淳于人光子乘羽，羽传齐人田子庄何，何传东武人王子中同，同传菑川人杨何。何元朔中以治《易》为汉中大夫。

高柴字子羔，少孔子三十岁。

子羔长不盈五尺，受业孔子，孔子以为愚。

子路使子羔为费郈宰，孔子曰："贼夫人之子①！"子路曰："有民人焉，有社稷焉，何必读书然后为学！"孔子曰："是故恶夫佞者②。"

漆雕开字子开。

孔子使开仕，对曰："吾斯之未能信。"孔子说。

公伯缭字子周。

周愬子路于季孙③，子服景伯以告孔子，曰："夫子固有惑志④，缭也，吾力犹能肆诸市朝。"孔子曰："道之将行，命也；道之将废，命也。公伯缭其如命何！"

司马耕字子牛。

牛多言而躁。问仁于孔子，孔子曰："仁者其言也讱⑤。"曰："其言也讱，斯可为之仁乎？"子曰："为之难，言之得无讱乎！"

问君子，子曰："君子不忧不惧。"曰："不忧不惧，斯可谓之君子乎？"子曰："内省不疚，夫何忧何惧！"

樊须字子迟，少孔子三十六岁。

樊迟请学稼，孔子曰："吾不如老农。"请学圃⑥，曰："吾不如老圃。"樊迟出，孔子曰："小人哉，樊须也！上好礼，则民莫敢不

---

①贼：残害。②佞者：善于花言巧语的人。③愬：同"诉"，进谗言，毁谤。④惑志：疑心。⑤讱：出言难的样子，引申为谨慎。⑥圃：菜地，此指种蔬菜。

敬；上好义，则民莫敢不服；上好信，则民莫敢不用情。夫如是，则四方之民襁负[①]其子而至矣，焉用稼！”

樊迟问仁，子曰：“爱人。”问智，曰：“知人。”

有若少孔子四十三岁。有若曰：“礼之用，和为贵，先王之道斯为美。小大由之，有所不行；知和而和，不以礼节之，亦不可行也。”“信近于义，言可复也；恭近于礼，远耻辱也；因不失其亲，亦可宗也[②]。”

孔子既没，弟子思慕，有若状似孔子，弟子相与共立为师，师之如夫子时也。他日，弟子进问曰：“昔夫子当行，使弟子持雨具，已而果雨。弟子问曰：‘夫子何以知之？’夫子曰：‘《诗》不云乎：“月离于毕，俾滂沱矣。”[③]昨暮月不宿毕乎？’他日，月宿毕，竟不雨。商瞿年长无子，其母为取室。孔子使之齐，瞿母请之。孔子曰：‘无忧，瞿年四十后当有五丈夫子。’已而果然。敢问夫子何以知此？”有若默然无以应。弟子起曰：“有子避之，此非子之座也！”

公西赤字子华，少孔子四十二岁。子华使于齐，冉有为其母请粟。孔子曰：“与之釜[④]。”请益，曰：“与之庾[⑤]。”冉子与之粟五秉[⑥]。孔子曰：“赤之适齐也，乘肥马，衣轻裘。吾闻君子周急，不继富[⑦]。”

巫马施字子旗，少孔子三十岁。陈司败问孔子曰：“鲁昭公知礼乎？”孔子曰：“知礼。”退而揖巫马旗曰：“吾闻君子不党，君子亦党乎？鲁君娶吴女为夫人，命之为孟子。孟子姓姬，讳称

①襁负：用襁褓背着。 ②宗：主，可靠。 ③月离于毕，俾滂沱矣：月亮依附于毕宿，便要下滂沱大雨。离：通“丽”，依附，靠近。 ④釜：古代量器，六斗四升为釜。 ⑤庾：古代量器，十六斗为一庾。 ⑥秉：古代量器，十斗为一斛，十六斛为一秉。 ⑦周：同“赒”，周济，救济。

同姓，故谓之孟子。鲁君而知礼，孰不知礼！”施以告孔子，孔子曰：“丘也幸，苟有过，人必知之。臣不可言君亲之恶，为讳者，礼也。”

梁鳣字叔鱼，少孔子二十九岁。

颜幸字子柳，少孔子四十六岁。

冉孺字子鲁，少孔子五十岁。

曹恤字子循，少孔子五十岁。

伯虔字子析，少孔子五十岁。

公孙龙字子石，少孔子五十三岁。

自子石已右三十五人①，显有年名及受业闻见于书传。

其四十有二人，无年及不见书传者纪于左：

冉季，字子产。公祖句兹，字子之。秦祖，字子南。漆雕哆，字子敛。颜高，字子骄。漆雕徒父。壤驷赤，字子徒。商泽。石作蜀，字子明。任不齐，字选。公良孺，字子正。后处，字子里。秦冉，字开。

公夏首，字乘。奚容箴，字子皙。公肩定，字子中。颜祖，字襄。鄡单，字子家。句井疆。罕父黑，字子索。秦商，字子丕。申党，字周。颜之仆，字叔。荣旂，字子祈。县成，字子祺。左人郢，字行。燕伋，字思。郑国，字子徒。秦非，字子之。施之常，字子恒。颜哙，字子声。步叔乘，字子车。原亢籍。乐欬，字子声。廉絜，字庸。叔仲会，字子期。颜何，字冉。狄黑，字皙。邦巽，字子敛。

孔忠。公西舆如，字子上。公西蒧，字子上。

太史公曰：学者多称七十子之徒，誉者或过其实，毁者或损

---

①已：通“以”。

其真,钧之未睹厥容貌①。则论言弟子籍,出孔氏古文近是。余以弟子名姓文字悉取《论语》弟子问,并次为篇,疑者阙焉。

【译文】

孔子说:“跟着我受教育而精通六艺的弟子有七十七人”,他们都是具有奇异才能的人。德行好的:颜渊,闵子骞,冉伯牛,仲弓。擅长处理政事的:冉有,季路。会说话的:宰我,子贡。熟悉古代文献的:子游,子夏。颛孙师偏激,曾参迟钝,高柴愚笨,仲由粗鲁,颜回经常贫穷无所有。端木赐不接受命运的安排而去经营商业,推测行情,经常是准确的。

孔子所礼敬的人:在周朝是老子;在卫国是蘧伯玉;在齐国是晏平仲;在楚国是老莱子;在郑国是子产;在鲁国是孟公绰。他也经常称赞臧文仲、柳下惠、铜鞮伯华、介山子然,孔子出生的时间比他们都晚,不在同一时代。

颜回,是鲁国人,字子渊。比孔子小三十岁。

颜渊问什么是仁,孔子说:“约束自己,使言行都符合于礼,天下的人就会称许你是仁人了。”

孔子说:“颜回的德行多么好啊!吃的是一小竹筐饭,喝的是一瓢水,住在狭小的巷子里,一般人忍受不了这种困苦,颜回却也不改变自己的乐趣。”“听我授业时,颜回像个蠢笨的人,下课后观察他私下的言谈,却也能够发挥,颜回实在不愚蠢。”“任用我的时候,就匡时救世,不被任用的时候,就藏起来,只有我和你才能如此吧!”

颜回才二十九岁,头发就全白了,过早地死去。孔子哭得很伤心,说:“自从我有了颜回,学生们更加亲近我。”鲁哀公问:“学生中谁是最爱学习的?”孔子回答说:“有个叫颜回的人最爱学习,他从不把怒火转移到别人身上,不再犯同样的过失。不幸的是短命死了,现在就再也没有这样的人了。”

---

①钧:通“均”。厥:其。

闵损,字子骞,比孔子小十五岁。

孔子说:“闵子骞太孝顺啦!别人对他的父母兄弟夸赞他都没有非议的闲话。”他不做大夫的家臣,不吃昏君的俸禄。所以他说:“如果有人再来召我,我一定逃到汶水以北了。”

冉耕,字伯牛。孔子认为他有德行。

伯牛得了难治的病,孔子前去探问他,从窗户里握住他的手,说:“这是命啊!这样好的人却得了这样的病,这是命啊!”

冉雍,字仲弓。

仲弓问怎样处理政事,孔子说:“出门做事如同接待贵宾一样谦恭有礼,役使百姓如同承办隆重的祭典一样虔诚谨慎。这样,在诸侯封国里任职,就不会结怨,在卿大夫的家邑里任职也不会结怨。”

孔子认为仲弓有德行,说:“冉雍啊,可任一邦之君主。”

仲弓的父亲,是个地位卑微的人。孔子说:“杂色牛生出红色的小牛,两角长得周正,即便你不想用它作祭品,山川的神灵难道会舍弃它吗?”

冉求,字子有,比孔子小二十九岁。作季孙氏的总管。

季康子问孔子说:“冉求有仁德吗?”孔子回答说:“有千户人家的城邑,有百辆兵车的采邑,冉求能够把那里的军政事务管理好。至于他有没有仁德,我就不知道了。”季康子又问:“子路有仁德吗?”孔子回答说:“像冉求一样。”

冉求问孔子说:“听到应做的事情就立刻行动起来吗?”孔子回答说:“立刻行动。”子路问孔子说:“听到应做的事就应该立刻行动起来吗?”孔子回答说:“有父亲兄长在,怎么能听到就立刻行动起来呢?”子华感到这件事很奇怪,不解地说:“我大胆地问问,为什么问同样的问题而回答却不同呢?”孔子回答说:“冉求做事畏缩犹豫,所以我激励他。仲由做事有两个人的胆量,所以我要压制他。”

仲由,字子路,卞地人。比孔子小九岁。

子路性情粗朴,爱好逞勇斗力,志气刚强,性格直爽,头戴雄鸡式样的帽子，佩戴着公猪皮装饰的宝剑，曾欺侮孔子。孔子用礼乐渐渐地诱导他，后来，子路穿着儒服，带着拜师的礼物，通过孔子学生的引荐，请求做孔子的弟子。

子路问怎样处理政事，孔子说："自己先给百姓做出榜样，然后才能使百姓辛勤地劳作。"子路请求进一步讲讲。孔子说："永不懈怠。"

子路问："君子崇尚勇敢吗？"孔子说："君子最崇尚的是义。君子只好勇而不崇尚义，就会叛逆作乱。小人只好勇而不崇尚义，就会做强盗。"

子路要听到什么道理，没有马上行动，只怕又听到新的道理。

孔子说："只听单方面言辞就可以决断案子的，恐怕只有仲由吧！""仲由崇尚勇敢超过了我，不可取。""像仲由这种性情，不会得到善终。""穿着破烂的丝绵袍子和穿着裘皮大衣的人站在一起而不认为羞愧的，恐怕只有仲由吧！""仲由的学问好像登上了正厅，可是还没能进入内室呢。"

季康子问道："仲由有仁德吗？"孔子答说："拥有一千辆兵车的国家，可以让他管理军政事务，至于他有没有仁德，我就不知道了。"

子路喜欢随孔子出游，曾遇到过长沮、桀溺、扛着农具的老人等隐士。

子路做季孙氏的家臣，季孙问孔子说："子路可以说是大臣了吗？"孔子回答说："可以说是备位充数的臣子了。"

子路做蒲邑的大夫，向孔子辞行。孔子说："蒲邑勇武之士很多，又难治理。然而我告诉你：恭谨谦敬，就可以制服勇武的人；宽厚清正，就可以使众人亲近；恭谨清正而社会安静，就可以用来报效上司了。"

当初，卫灵公有位宠姬叫作南子。卫灵公的太子蒉聩曾得罪过她，害怕被杀就逃往国外。等到灵公死，夫人南子想让公子郢继承王位。公子郢不肯接受，说："太子虽然逃亡，太子的儿子辄还在。"于是卫国立辄为国君，这就是卫出公。卫出公继位十二年，他的父亲蒉聩一直留在国外，不能回到国内。这时子路任卫国大夫孔悝采邑的长官。蒉聩就和孔悝一同作乱，想办法带人潜入孔悝家，就和他的党徒去袭击卫出公。出公逃往鲁国，蒉聩进宫继位，这就是卫庄公。当孔悝作乱时，子路还有事在外，听到这个消息就急忙赶回。子羔从卫国城门出来，正好相遇，对子路说："卫出公逃走了，城门已关，您可以回去了，不要为他白白遭受祸殃。"子路说："吃着人家的粮食就不能逃避人家的灾难。"子羔终于离去。正赶上有使者要进城，城门开了，子路就跟了进去，找到蒉聩。蒉聩和孔悝都在台上，子路说："大王为什么要任用孔悝呢？请让我捉住他杀了。"蒉聩不听从他的劝说。于是子路要放火烧台，蒉聩害怕了，就叫石乞、壶黡到台下去攻打子路，斩断子路的帽带。子路说："君子可以死，帽子不能掉下来。"说完系好帽子就死了。

孔子听到卫国发生政变的消息，说："哎呀，仲由死了！"不久，果真传来了他的死讯。所以孔子说："自从我有了仲由，没听到过恶言恶语的话了。"这时，子贡正为鲁国出使到了齐国。

宰予，字子我。他口齿伶俐，擅长辞辩。拜在孔子门下以后，问道："一个人的父母死了，守孝三年，时间不是太久了吗？君子三年不习礼，礼义一定会败坏；三年不演奏音乐，音乐一定会败坏。一年间，陈旧的谷子吃完了，新的谷子又成熟了，钻木取火的木材换遍了，服丧一年也就可以了。"孔子说："只服丧一年，你内心安不安呢？"宰我回答说："心安。"孔子说："你既然感到心安理得，你就这样做吧。君子守孝期间，即使吃美味的食品也不觉得甜美，听到动听的音乐也不觉得快乐，所以君子才不这样做呀。"宰我退了出去，孔子说："宰予不是个仁人君子啊！孩子生下来三年，才能脱离父母的怀抱。为父母守孝三年，是天下共同遵行的礼仪啊。"

宰予白天睡大觉。孔子说："腐朽的木头是不能雕刻器物的，粪土一样的墙壁是不能粉刷的。"

宰我询问五帝的德行，孔子回答说："你不是问这种问题的人。"

宰我做齐国临菑的大夫，和田常一起同谋作乱，因此被灭族，孔子为此感到羞耻。

端木赐，是卫国人，字子贡。比孔子小三十一岁。

子贡口齿伶俐，巧于辞令，孔子常常驳斥他的言辞。孔子问子贡说："你和颜回比，谁更出色？"子贡回答说："我哪里敢跟颜回相比呢？颜回听到一个道理，能够推知十个道理，我听说一个道理，也不过推导出两个道理。"

子贡拜在孔子门下求学以后，问道："我是怎样的人？"孔子说："你好比是一个有用的器物。"子贡说："什么样的器物呀？"孔子说："宗庙里的瑚琏。"

陈子禽问子贡说："仲尼在哪里得来这么广博的学问啊？"子贡说："文王、武王的治国思想并没有完全失传，还在人间流传，贤能的人记住它的根本，不贤的人只记住了它细枝末节，无处不有文王、武王的思想存在着。先生在哪里不能学习，又何必要有固定的老师！"陈子禽又问道："孔子每到一个国家，一定了解到这个国家的政事。这是请求人家告诉他的呢，还是人家主动告诉他的呢？"子贡说："先生凭着温和、善良、恭谨、俭朴、谦让的态度得来的。先生这种求得的方式，或许与别人求得的方式不同吧。"

子贡问孔子说："富有而不骄纵，贫穷而不谄媚，这种人怎么样？"孔子说："可以了；不过，不如虽贫穷却乐于恪守圣贤之道，虽富有却能处事谦恭守礼。"

田常想要在齐国叛乱，却害怕高昭子、国惠子、鲍牧、晏圉的势力，所以想调动他们的军队去攻打鲁国。孔子听到这件事，对门下弟子们说："鲁国，是祖宗坟墓所在的地方，是我们出生的国家，国家危险到这种地步，诸位为什么不挺身而出呢？"子路请求前去，孔子制止了他。子张、子石请求前去救鲁，孔子也不允许。子贡请求前去救鲁，孔子答应了他。

子贡就出发了，先来到齐国，游说田常说："您攻打鲁国是错误的。鲁国是难攻打的国家，它的城墙单薄而矮小，它的护城河狭窄而水浅，它的国君愚昧而不仁慈，大臣们虚伪而无用，它的百姓又厌恶战争，这样的国家不能与之交战。您不如去攻打吴国。吴国，它的城墙高大而厚实，护城河宽阔而水深，铠甲坚固而崭新，士卒经过挑选而精神饱满，可贵的人才、精锐的部队都在那里，又派英明的大臣守卫着它，这样的国家是容易攻打的。”田常顿时显出愤怒的神色，说：“您认为难的，人家认为容易；您认为容易的，人家认为是难的。用这些话来指教我，是什么用心？”子贡说：“我听说，忧患来自国内的，要去攻打强大的国家；忧患在国外的，要去攻打弱小的国家。如今，您的忧患在国内。我听说您多次被授予封号而多次未能封成，是因为朝中有大臣反对呀。现在，你要攻占鲁国来扩充齐国的疆域，若是打胜了，你的国君就更骄纵，占领了鲁国土地，你国的大臣就会更尊贵，而您的功劳都不在其中，这样，您和国君的关系会一天天地疏远。这是您对上使国君产生骄纵的心理，对下使大臣们放纵无羁，想要成就大业，太困难啦。国君骄纵就要无所顾忌，大臣骄纵就要争权夺利，这样，对上您与国君感情上产生裂痕，对下您和大臣们相互争夺。像这样，那您在齐国的处境就危险了。所以说不如攻打吴国。假如攻打吴国不能取得胜利，百姓死在国外，大臣在国内的势力空虚，这样，在上没有强臣对抗，在下没有百姓的非难，能够孤立国君、专制齐国的只有您了。”田常说：“好。虽然如此，可我国的军队已开赴鲁国，如果现在从鲁国撤军转而进兵吴国。大臣们怀疑我，怎么办？”子贡说：“您按兵不动，不要进攻，请让我为您出使去见吴王，让他出兵援助鲁国而攻打齐国，您就趁机出兵迎击它。”

田常采纳了子贡的意见，派他南下去见吴王。子贡游说吴王说：“臣听说，施行王道的人不能让诸侯属国灭绝，施行霸道的不能让强敌出现，在千钧重的物体上，即使再加上一铢一两的分量也可能产生移位。如今，拥有万辆战车的齐国再独自占有千辆战车的鲁国，跟吴国来争高低，臣私下为大王感到忧惧。况且去援救鲁国，是显扬名声的事情；攻打齐国，是能获取大利的事情。安抚泗水以北的各国诸侯，讨伐强暴的齐国，用来镇服强大的晋国，好处没比这更大的了。名义上保存了危亡的鲁国，实际上阻遏了强大的齐国，这道理，聪明人是不会迟疑的。”吴王说：“好。虽然如此，可我曾和越国作战，越王退守在会稽山上栖身，越王自我刻苦,优待士兵,有报复我的决心。您等我攻打越国后再按您的话做吧。”子贡说:“越国的力量超不过鲁国,吴国的强大超不过齐国,如果大王把齐国搁在一边,去攻打越国,那么,齐国早已平定鲁国了。况且大王正借着“使灭亡之国复存,使断绝之嗣得续”的名义,却攻打弱小的越国而害怕强大的齐国,这不是勇敢的表现啊! 勇敢的人不回避艰难,仁慈的人不让别人陷入困境。聪明的人失掉时机,施行王道的人不会让一个国家灭绝,凭借这些来树立你们的道义。如今保存越国向各国诸侯显示您的仁德,援助鲁国攻打齐国,施加晋国以威力,各国诸侯一定会竞相来吴国朝见,称霸天下的大业就成功了。大王果真畏忌越国,我请求东去会见越王,让他派出军队追随您,这实际上是使越国空虚,名义上追随诸侯讨伐齐国。”

吴王特别高兴,于是就派子贡到越国去。越王清扫道路,到郊外迎接子贡,亲自驾驭着车子到子贡下榻的馆舍,问道:“这是个偏远落后的国家,大夫怎么屈辱自己庄重的身份光临这里?”子贡回答说:“现在我已劝说吴王援救鲁国攻打齐国,他心里想要这么做却害怕越国,说‘等我攻下越国才行’。像这样,攻破越国是必然的了。况且要没有报复人的心志而使人怀疑他,太笨拙了;要有报复人的心志又让人知道他,就不安全了;事情还没有发动先叫人知道,就太危险了。这三种情况是办事的最大祸害。”勾践听罢叩头到地再拜说:“我曾不自量力,才与吴国交战,被围困在会稽,恨入骨髓,日夜唇焦舌燥,只打算和吴王一块儿拼死,这就是我的愿望。”于是问子贡怎么办。子贡说:“吴王为人凶猛残暴,大臣们难以忍受;国家多次打仗,弄得疲惫衰败,士兵不能忍耐;百姓怨恨国君,大臣发生内乱;伍子胥因谏诤被杀死,太宰嚭执政当权,顺应着国君的过失,用来保全自己的私利:这是行将灭亡国家的政治表现啊。现在大王果真能出兵辅佐吴王,以投合他的意愿,用重金宝物来获取他的欢心,用谦卑的言辞表示对他的敬重,他一定会攻打齐国。如果那场战争不能取胜,就是大王您的福气了。如果他打胜了,他一定会带兵逼近晋国,请让我北上会见晋国国君,让他共同攻打它,一定会削弱吴国的势力。等他们的精锐部队全部消耗在齐国，重兵又被晋国牵制住，大王再趁它疲惫不堪时攻打它，这样，就一定能灭掉吴国。”越王非常高兴，答应照计行动。送给子贡黄金百镒，宝剑一把，良矛二支。子贡没有接受，就走了。

子贡回报吴王说：“我郑重地把大王的话告诉了越王，越王非常惶恐，说：‘我很不幸，从小就失去父亲，又不自量力，触犯吴国而获罪，军队战败，自身受辱，栖居在会稽山上，国家成了荒凉的废墟，仰赖大王的恩赐，使我得以捧着祭品而祭祀祖宗，我至死也不敢忘怀，怎么敢另有其他打算！’”过了五天，越国派大夫文种以头叩地对吴王说：“东海役使之臣勾践谨派使者文种，来修好您的属下近臣，托他们向大王问候。如今我私下听说大王将兴正义之师，讨伐强暴，救护弱小，困厄残暴的齐国而安抚周王室，请求出动越国境内全部军队三千人，勾践请求亲自披挂铠甲、拿着武器，冲锋冒险。因此派越国卑贱的臣子文种进献祖先珍藏的宝器，铠甲二十件，斧头、屈卢矛、步光剑，用来作贵军吏的贺礼。”吴王听了非常高兴，把文种的话告诉子贡说：“越王想亲自随我攻打齐国，可以吗？”子贡回答说：“不行。使人家国内空虚，调动人家所有的人马，还叫人家的国君跟着出征，这是不道义的。大王可以接受他的礼物，允许他派出军队，辞谢他的国君随行。”吴王同意了，就辞谢越王。于是吴王就调动九个郡的兵力去攻打齐国。

子贡便离开吴国前往晋国，对晋国国君说：“我听说，不事先谋划好计策，就不能应付突然来的变化，不事先治理好军队，就不能够战胜敌人。现在齐国和吴国即将开战，如果那场战争吴国不能取得胜利，越国必定会趁机扰乱它；要是和齐国一战取得了胜利，吴王一定会带他的军队逼近晋国。”晋国非常恐慌，说：“那该怎么办呢？”子贡说：“整造武器，休养士卒，等着吴军的到来。”晋君依照他的话做了。

子贡离开晋国前往鲁国。吴王果然与齐国人在艾陵打了一仗，把齐军打得大败，俘虏了七个将军的兵马而不肯班师回国，果然带兵逼近晋国边境，和晋国人在黄池相遇。吴晋两国争雄，晋国人攻击吴国，大败吴军。越王听到吴军惨败的消息，就渡过江去袭击吴国，直打到离吴国都城七里远的地方才安营扎寨。吴王听到这个消息，离开晋国返回吴国，与越国军队在五湖一带作战。多次战斗都失败了，城门失守，于是越军包围了王宫，杀死吴王夫差和他的相国。灭掉吴国三年后，越国称霸东方。

所以，子贡这一出行，保全了鲁国，扰乱了齐国，灭亡了吴国，使晋国强盛而使越国称霸。子贡一次出使，使各国形势发生了相应变化，十年间，齐、鲁、吴、晋、越五国的局势各有变化。

子贡擅长经商，贱买贵卖，随着供需情况转手谋取利润。他喜欢颂扬别人的长处，也不隐瞒别人的过失。他曾做过鲁国和卫国的国相，家产积累千金，最终死在齐国。

言偃，是吴国人，字子游。比孔子小四十五岁。

子游受业后，做了武城的长官。孔子路过武城，听到弹琴唱歌的声音。孔子微微地笑了，说："杀鸡何必用宰牛刀呢?"子游说："从前我听先生说过，有才德的人学了礼乐，就会涵养仁心，爱护人民；普通人学了礼乐，就会谨守法规，容易使唤。"孔子对随行的学生们说："诸位，言偃的话是正确的。我刚才说的那句话不过是开玩笑罢了。"孔子认为子游熟悉古代文献。

卜商，字子夏。比孔子小四十四岁。

子夏问道："'姣美的笑容妩媚动人啊，美丽的眼珠流动生辉啊，施以脂粉就更加漂亮啊。'这三句诗是什么意思?"孔子回答说："绘画要先有洁白的底子，然后再彩饰图画。"子夏说："是不是礼乐的产生在仁义之后呢?"孔子说："卜商啊，现在可以和你讨论《诗经》了。"

子贡问道："颛孙师和卜商哪一位更出色?"孔子说："师么，有些过分，商么，有些赶不上。"子贡说："那么颛孙师好一些吗?"孔子说："过分和赶不上同样是不完美的。"

孔子对子夏说："你要立志做个有才德的读书人，不要做浅薄不正派的读书人。"

孔子死后，子夏定居西河，教授学生，做魏文侯的教师。子夏的儿子死了，把眼睛都哭瞎了。

颛孙师，是陈国人，字子张。比孔子小四十八岁。

子张向孔子学求取官职俸禄的方法。孔子说："多听人家说，有怀疑的问题加以保留，其余有把握的要谨慎说出，就能少犯错误；多看人家行事，对疑难未解的，不要妄加行动，其余有把握的要谨慎行动，能减少懊悔。说话的错误少、行动的懊悔少，你要求取的官职俸禄就在里面了。"

有一天，子张随孔子在陈国和蔡国之间被围困，子张问怎样才能处处行得通。孔子说："说话要忠诚老实，行为要真诚恭敬，即使在南蛮北狄，也行得通；说话不忠诚老实，行为不真诚恭敬，即使是在本乡本土，能行得通吗？站着的时候，就像'忠信笃敬'几个字呈现在眼前；坐在车上，就像'忠信笃敬'几个字挂在车前的横木上，做到这种地步之后，就到处行得通了。"子张就把这些话写在自己束腰的大带子上。

子张问："读书人怎样做才可以叫通达了呢？"孔子说："你所说的通达，是指的什么意思呢？"子张回答说："在诸侯国中一定要有声望，在卿大夫家里也一定要有声誉。"孔子说："这是声望，不是通达。所谓通达，应当是立身正直而爱好礼义，审度别人的言论，观察别人的表情，时常想着谦恭退让，这样，在诸国和卿大夫的封地一定能够通达。所说的声望，外表上好像追求仁德的样子，而实际行动上却违背仁德，自己要安然处之，毫不怀疑，这样的人在诸侯国和卿大夫的封地必定能取得名望。"

曾参，是南武城人，字子舆，比孔子小四十六岁。

孔子认为他能遵循孝道，所以传授他学业。他撰写了一部《孝经》。他死在鲁国。

澹台灭明，是武城人，字子羽。比孔子小三十九岁。

他的体态相貌很丑陋。想要事奉孔子，孔子认为他资质低下。他从师学习以后，回去就致力于修身实践，处事光明正大，从不走邪路，不是为了公事，从来不去会见公卿大夫。

他往南游历到长江，跟随他的学生有三百人，他获取、给予、离弃、趋就都完美无缺，他的声誉在诸侯中传扬。孔子听到这些事，说："我只凭言辞判断人,对宰予的判断就错了;只凭相貌来判断人,对子羽的判断就错了。”

宓不齐,字子贱。比孔子小三十岁。

孔子谈论宓子贱,说:“子贱真是君子啊!假如鲁国没有君子,这个人又从哪儿学到这种好品德呢?”

子贱做单父地方长官,回来向孔子报告,说:“这个地方有五个人比我贤能,他们教给我治理的方法。”孔子说:“可惜呀!不齐治理的地方太小了,要是治理的地方大就差不多了。”

原宪,字子思。

子思问什么是耻辱。孔子说:“国家政治清明,可以做官领取俸禄。国家政治黑暗,做官领取俸禄,这就是耻辱。”

子思说:“好胜、自夸、怨恨、贪欲都没有显现出来,可以算是做到了仁了吗?”孔子说:“可以说是难能可贵了,是否算是做到仁,那我就不知道了。”

孔子死后,原宪就在低洼积水、野草丛生的地方隐居起来。子贡做了卫国的国相,出门时车马成群,排开丛生的野草,来到偏远简陋破败的小屋,前去探望原宪。原宪整理好破旧的衣帽,会见子贡。子贡见状替他感到羞耻,说:“您怎么如此困窘?”原宪回答说:“我听说,没有财产的叫作贫穷,学习了道理而不能施行的叫作困窘。像我,贫穷,而不是困窘啊。”子贡感到很惭愧,不高兴地离去了,一辈子都为这次说错了话感到羞耻。

公冶长,是齐国人,字子长。

孔子说:“公冶长,可以把女儿嫁给他,即使他曾被囚禁,但并不是他的罪过。”于是就把自己的女儿嫁给了他。

南宫括,字子容。

南宫括问孔子说:“羿擅长射箭,奡擅长荡舟,他们都不能够善终;而禹、稷亲自耕种而为什么能得到天下呢?”孔子不回答。南子容退出后,孔子说:“这个人真是个君子啊!这个人崇尚道德啊!”孔子评论他说:

“国家政治清明，他会被任用；国家政治黑暗，他也不至于遭受刑罚”。他把“白珪之玷”的几句诗再三吟诵，孔子就把自己的侄女嫁给了他。

公晢哀，字季次。

孔子说：“天下的读书人没有德行，大多数作了卿大夫们的家臣，在都邑做官，只有季次不曾出来做官。”

曾蒧，字晳。

他陪着孔子，孔子说：“谈谈你的志趣。”曾蒧说：“穿着刚做好的春装，和五六个成年人，六七个少年，在沂水里洗个澡，在祈雨台上吹吹风，然后一路唱着歌回来。”孔子听了，长长地叹息说：“我赞成曾蒧的志趣啊！”

颜无繇，字路。颜路是颜回的父亲，父子俩曾先后在孔子门下求学。

颜回死了，颜路贫穷，请求孔子把车子卖掉来安葬颜回。孔子说：“不论是有才华或没有才华，但对我们来说都是自己的儿子。孔鲤死了，只有内棺，没有外椁，我不能卖掉车子徒步走路给他买椁，因为我曾位居大夫行列，是不可以徒步行走的。”

商瞿，是鲁国人。字子木，比孔子小二十九。

孔子把《易经》传授给商瞿，商瞿传给楚国人馯臂子弘，馯子弘传给江东人矫疵字子庸，子庸传给燕国人周竖字子家，周竖传给淳于人光羽字子乘，光羽传给齐国人田何字子庄，田何传给东武人王同字子中，中同传给菑川人杨何。杨何在汉武帝元朔年间，因为研究《易经》做了当朝的中大夫。

高柴，字子羔。比孔子小三十岁。

子羔的身长不足五尺，在孔子门下学习，孔子认为他很愚笨。

子路派子羔做费邑的长官。孔子说：“这是残害人家的子弟！”子路说：“那里有人民百姓，有祭祀土神和谷神的庙宇，为什么一定要读书才叫作学问呢？”孔子说：“因此我厌恶用花言巧语谄媚的人”。

漆雕开，字子开。

孔子叫子开去做官，子开回答说：“我对做官还没有信心。”孔子听了很高兴。

公伯缭，字子周。

子周在季孙面前说子路的坏话，子服景伯把这件事告诉了孔子并且说："季孙本来就有了疑心，可是我还有力量杀死公伯缭，把他的尸体陈列在街头示众。"孔子说："正道能够行得通，那是天意，正道废弃不能施得，也是天意，公伯缭能对天意怎么样呢?"

司马耕，字子牛。

子牛话多而性情急躁。他向孔子问仁德，孔子说："有仁德的人，说话很谨慎。"子牛又问："说话很谨慎，这就可以算是仁德吗?"孔子说："做起来很困难，说起来能不谨慎吗!"

子牛问怎样才算是君子，孔子说："一个君子既不忧愁，也不畏惧。"他接着问："不忧愁，不畏惧，这就可以算是君子吗?"孔子说："自己内心无愧，有什么忧愁，有什么畏惧的呢!"

樊须，字子迟。比孔子小三十六岁。

樊须向孔子请求学种庄稼，孔子说："我不如老农民。"又请求学种蔬菜，孔子说："我不如老菜农。"樊迟退了出去，孔子说："樊须，是个志向浅薄的小人啊！统治者提倡礼义，百姓就没有人敢不敬；统治者诚恳信实，百姓就没有人敢不说真情实话。如果能做到这些，那么四方的百姓就会背负着自己的孩子前来投奔，哪里用得着自己种庄稼!"

樊迟问什么是仁德，孔子说："爱护人!"又问什么是智慧，孔子说："了解人。"

有若，比孔子小四十三岁。有若说："礼的应用，以和谐为可贵。过去圣明的君王治理国家的办法，最高明的地方就在这里；小事大事都按照这一条原则去办理，有时就行不通；但是只知道和谐的重要而一味地追求和谐，而不用礼去节制它，也是不可行的。"有若又说："所守的信约要符合于义理，这约言就能经得起实践的检验；恭敬要符合礼制，就能避免耻辱；依傍那些不失为亲近的人，这才靠得住。"

孔子死后，学生们都很怀念他，有若长得很像孔子，学生们共同拥戴他做老师，就像当年侍奉孔子一样对待他。有一天，学生进来问他说："从前先生正要出行，就叫同学们携带雨具，不久果真下起雨来。同学们请教说：'先生怎么知道要下雨呢？'先生回答说：'《诗经》里不是说了吗："月亮依附于毕星的位子上，接着就会下大雨。"昨天夜里月亮不是宿在毕星的位子上吗？'有一天，月亮又宿在毕星的位了上，却没有下雨。商瞿年纪大了还没有儿子，他的母亲要替他另外娶妻。孔子派他到齐国去，商瞿的母亲请求不要派他远去。孔子说：'不要担忧，商瞿四十岁以后会有五个男孩子。'过后，果真是这样的。请问先生当年怎么能够预知是这样的呢？"有若沉默无以回答。学生们站起来说："有子躲开这儿吧，这个位子不是您能坐的啊！"

公西赤，字子华。比孔子小四十二岁。子华出使去齐国，冉有替他的母亲向孔子请求粮食。孔子说："给他一釜。"冉有请求增加，孔子说："那就给他一庾。"冉有给了她五秉粮食。孔子说："公西赤到齐国去，坐的是肥马拉的车子，穿的是又轻又暖的裘皮衣裳。我听说，君子救济有紧急需要的穷人而不接济富人。"

巫马施，字子旗，比孔子小三十岁。陈司败问孔子说："鲁昭公懂礼吗？"孔子说："懂礼。"孔子出去后，陈司败向巫马旗作了个揖说："我听说君子是不偏私袒护别人的，莫非君子也会偏私袒护别人吗？鲁昭公娶来吴女作夫人，给她起名叫孟子。孟子本姓姬，避忌称呼同姓，所以叫她孟子。鲁君要是懂得礼仪，那还有谁不懂得礼节呢？"巫马施把这些话转告给孔子，孔子说："我真幸运，如果有了过错，人家一定会知道。作臣子的不能说国君的过错的，替他避忌的人，就是懂礼啊。"

梁鳣，字叔鱼，比孔子小二十九岁。

颜幸，字子柳，比孔子小四十六岁。

冉儒，字子鲁，比孔子小五十岁。

曹恤，字子循，比孔子小五十岁。

伯虔，字子析，比孔子小五十岁。

公孙龙，字子石，比孔子小五十三岁。

从子石以上三十五人，他们的年龄、姓名和受业情况、事迹都能明显地见到文字记载。

其余的四十二人，没有年龄可考，也没有文字记载的记在下面：

冉季，字子产。公祖句兹，字子之。秦祖，字子南。漆雕哆，字子敛。颜高，字子骄。漆雕徒父。壤驷赤，字子徒。商泽。石作蜀，字子明。任不齐，字选。公良孺，字子正。后处，字子里。秦冉，字开。公夏首，字乘。奚容箴，字子皙。公肩定，字子中。颜祖，字襄。鄡单，字子家。句井疆。罕父黑，字子索。秦商，字子丕。申党，字周。颜之仆，字叔。荣旂，字子祈。县成，字子祺。左人郢，字行。燕伋，字思。郑国，字子徒。秦非，字子之。施之常，字子恒。颜哙，字子声。步叔乘，字子车。原亢籍。乐欬，字子声。廉絜，字庸。叔仲会，字子期。颜何，字冉。狄黑，字皙。邦巽，字子敛。孔忠。公西舆如，字子上。公西葴，字子上。

太史公说：后世学者们都称述孔子门下七十位门徒，赞誉他们的人，有的超过了他们的实际，毁谤他们的人，有的损害了他们的真实形象。总之，谁都没有看到他们的真实相貌。如果要说孔子弟子们的姓名履历，还是孔氏古文接近真实。关于孔子门下弟子们的名字、姓氏、言行等情况，我全部取自《论语》的弟子问答，把它们合编成一篇，有疑问的地方就空缺着。

【鉴赏】

司马迁为孔门弟子立传，囊括史料，取材《论语》，兼及《春秋左氏传》等文献，记述有繁有简，或备述其为人事迹，或仅记其生平一二事，或只述其寥寥数语，甚或仅列其名姓，而孔子及孔门弟子之情态多已跃然纸上。尤其子路死难、子贡救鲁两节，更是两篇大文章。写子路死难，先以“性鄙，好勇力，志伉直”总其为人，次以其言行细事见其性格，再叙蒉聩与孔悝作乱，子路抱着“食其食者不避其难”的信念，“闻之而驰往”，结缨而死的结果也就不难预料。写子贡救鲁，独用笔意，将五国之事一一叙述，所谓“故子贡一出，存鲁，乱齐，破吴，强晋而霸越。子贡一使，使势相破，十年之中，五国各有变。”前人或指其华而不实，或疑子贡传非《史记》原文，其理由是弟子传皆短简不繁，独子贡传榛芜不休。但子贡传的确为本篇精彩片断，其说辞，大起大落，纵横捭阖，语意贯通，子贡的形象因之而鲜明生动。参之其他篇目，如《孔子世家》中盛道子贡为孔子守墓六年的师生情谊，《货殖列传》中称子贡“所至，国君无不分庭与之抗礼”，又云“使孔子名布扬天下者，子贡先后之也”。而使人“名布扬天下”在司马迁看来更是一项十分崇高的伟业，他写《史记》记述诸多闾巷之人并给他们以极高评价，亦是缘于此。司马迁对子贡着墨甚多，似乎亦是对此有所感慨。

史记卷六十八·商君列传第八

商鞅是先秦法家代表人物之一，战国中期卫国公室诸公子，名鞅，姓公孙氏，故亦称公孙鞅、卫鞅；以变法实绩，秦封之于、商十五邑，是称“商君”。全传主要记述了商鞅变法革新的过程及其功过得失，交代了他受恶名于秦、身遭车裂而死的悲惨结局。传文以叙卫鞅身世开篇，述其始不见用于魏，后以其说见于秦孝公，主持变法，对内树信于民，对外立威于诸侯，然相秦十年结怨于贵戚，不听赵良之言以德施后世，竟死于非命。在《太史公自叙》中，司马迁对商君变法的历史功绩予以肯定，但在本传论赞中则对其为人之刻薄少恩颇致不满。

商君者，卫之诸庶孽公子也①，名鞅，姓公孙氏，其祖本姬姓也。鞅少好刑名之学②，事魏相公叔座为中庶子③。公叔座知其贤，未及进④。会座病⑤，魏惠王亲往问病，曰：“公叔病有如不可讳⑥，将奈社稷何？”公叔曰：“座之中庶子公孙鞅，年虽少，有奇才，愿王举国而听之。”王嘿然。王且去，座屏人言曰：“王即不听用鞅，必杀之，无令出境。”王许诺而去。公叔座召鞅谢曰：“今者王问可以为相者，我言若⑦，王色不许我。我方先君后臣，因谓王即弗用鞅，当杀之。王许我。汝可疾去矣，且见禽⑧。”鞅曰：“彼王不能用君之言任臣，又安能用君之言杀臣乎？”卒不去。惠王既去，而谓左右曰：“公叔病甚，悲乎，欲令寡

①庶孽：侧室所生之子。 ②刑名之学：战国时以申不害为代表的法家一派，主张循名责实，以刑法治国。刑：通“形”。 ③公叔座：复姓公叔，名座。中庶子：官名。 ④进：推荐，保举。 ⑤会：适逢。 ⑥不可讳：亦作“不讳”，死亡的婉转说法。讳：忌讳，隐瞒。 ⑦言：指推举。若：你。 ⑧疾：快，迅速。禽：同“擒”，捉拿。

人以国听公孙鞅也，岂不悖哉[①]！”

公叔既死，公孙鞅闻秦孝公下令国中求贤者，将修穆公之业[②]，东复侵地[③]，乃遂西入秦，因孝公宠臣景监以求见孝公。

孝公既见卫鞅，语事良久，孝公时时睡，弗听。罢而孝公怒景监曰：“子之客妄人耳，安足用邪！”景监以让卫鞅[④]，卫鞅曰：“吾说公以帝道[⑤]，其志不开悟矣。”后五日，复求见鞅[⑥]。鞅复见孝公，益愈[⑦]，然而未中旨[⑧]。罢而孝公复让景监，景监亦让鞅。鞅曰：“吾说公以王道而未入也[⑨]。请复见鞅。”鞅复见孝公，孝公善之而未用也。罢而去。孝公谓景监曰：“汝客善，可与语矣。”鞅曰：“吾说公以霸道[⑩]，其意欲用之矣。诚复见我，我知之矣。”卫鞅复见孝公。公与语，不自知膝之前于席也[⑪]。语数日不厌。景监曰：“子何以中吾君，吾君之欢甚也。”鞅曰：“吾说君以帝王之道比三代，而君曰：‘久远，吾不能待。且贤君者，各及其身显名天下，安能邑邑待数十百年以成帝王乎？’故吾以强国之术说君，君大悦之耳。然亦难以比德[⑫]于殷、周矣。”

孝公既用卫鞅[⑬]，鞅欲变法，恐天下议己。卫鞅曰：“疑行无名，疑事无功。且夫有高人之行者，固见非于世[⑭]；有独知之虑者，必见敖于民[⑮]。愚者闇于成事[⑯]，知者见于未萌[⑰]。民不可与虑始而可与乐成。论至德者不和于俗，成大功者不谋于众。

---

①悖：荒唐，糊涂。 ②穆公：秦穆公。 ③东复侵地：向东收复原属晋国的河西地区。 ④让：责备。 ⑤说：规劝，劝说。帝道：传说为尧舜等五帝治理国家的道理。 ⑥复求见鞅：景监再向孝公请求召见公孙鞅。 ⑦益愈：反复前日之论，稍加修正。 ⑧未中旨：尚未能与孝公的心意相合。 ⑨王道：指夏禹、商汤、周文王、周武王统一天下之道。 ⑩霸道：指齐桓公、晋文公称霸之道。 ⑪膝之前于席：身上跪在席子上向前膝行。古人席地而坐，膝盖挨着席子。 ⑫比德：比量德行。 ⑬卫鞅：因商鞅是卫国人，故称。 ⑭见非于世：被世俗非难。 ⑮敖：通“謷”，嘲笑。 ⑯闇：同“暗”，不清楚，不明白。 ⑰知：通“智”。未萌：未发现、察觉。

是以圣人苟可以强国,不法其故[①];苟可以利民,不循其礼。”孝公曰:“善。”甘龙曰:“不然。圣人不易民而教[②],知者不变法而治。因民而教,不劳而成功;缘法而治者,吏习而民安之。”卫鞅曰:“龙之所言,世俗之言也。常人安于故俗,学者溺于所闻。以此两者居官守法可也,非所与论于法之外也。三代不同礼而王[③],五伯不同法而霸[④]。智者作法,愚者制焉;贤者更礼,不肖者拘焉。”杜挚曰:“利不百,不变法;功不十,不易器[⑤]。法古无过,循礼无邪。”卫鞅曰:“治世不一道,便国不法古。故汤、武不循古而王,夏、殷不易礼而亡。反古者不可非,而循礼者不足多[⑥]。”孝公曰:“善。”以卫鞅为左庶长,卒定变法之令。

令民为什五[⑦],而相牧司连坐[⑧]。不告奸者腰斩,告奸者与斩敌首同赏,匿奸者与降敌同罚。民有二男以上不分异者[⑨],倍其赋。有军功者,各以率受上爵;为私斗者,各以轻重被刑大小。僇力本业,耕织致粟帛多者复其身[⑩]。事末利及怠而贫者[⑪],举以为收孥[⑫]。宗室非有军功论,不得为属籍[⑬]。明尊卑爵秩等级,各以差次名田宅,臣妾衣服以家次。有功者显荣,无功者虽富无所芬华[⑭]。

令既具,未布[⑮],恐民之不信,已乃立三丈之木于国都市南门[⑯],募民有能徙置北门者予十金。民怪之,莫敢徙。复曰“能徙者予五十金”。有一人徙之,辄予五十金,以明不期。卒下

①法:效法。故:指成法。 ②易民:改变民风民俗。 ③王:成王,统一天下。 ④五伯:即春秋五霸。 ⑤器:指古代标志名位、爵号的器物。 ⑥多:推重,赞扬。 ⑦什五:户籍编制,十家为什,五家为伍。 ⑧牧司:检举,监督。连坐:什伍中一家犯法,其他家如不检举,连带治罪。 ⑨分异:分家另过。 ⑩复其身:免其本身劳役或赋税。复:免除。 ⑪事末利:从事工商业。末:非根本,不重要的事物,古时以农业为本,以工商业为末。 ⑫收孥:没收为奴。孥:同“奴”。 ⑬宗室:此指王族。属籍:家族的名册,谱牒。 ⑭芬华:显赫荣耀。 ⑮布:颁布,公布。 ⑯国都市南门:指都城后边市场南门。

令。

令行于民期年①，秦民之国都言初令②之不便者以千数。于是太子犯法。卫鞅曰："法之不行，自上犯之。"将法③太子。太子，君嗣也，不可施刑，刑其傅公子虔，黥其师公孙贾。明日，秦人皆趋令④。行之十年，秦民大说，道不拾遗，山无盗贼，家给人足。民勇于公战，怯于私斗，乡邑大治。秦民初言令不便者有来言令便者，卫鞅曰："此皆乱化⑤之民也。"尽迁之于边城。其后民莫敢议令。

于是以鞅为大良造⑥，将兵围魏安邑，降之。

居三年，作为筑冀阙宫庭于咸阳⑦，秦自雍徙都之。而令民父子兄弟同室内息者为禁。而集小乡邑聚为县，置令、丞，凡三十一县。为田开阡陌封疆⑧，而赋税平⑨。平斗桶权衡丈尺⑩。

行之四年，公子虔复犯约，劓之⑪。

居五年，秦人富强，天子致胙⑫于孝公，诸侯毕贺。

其明年，齐败魏兵于马陵，虏其太子申，杀将军庞涓。其明年，卫鞅说孝公曰："秦之与魏，譬若人之有腹心疾，非魏并秦，秦即并魏。何者？魏居岭阨之西，都安邑⑬，与秦界河，而独擅山东之利⑭。利则西侵秦，病则东收地。今以君之贤圣，国赖以盛。而魏往年大破于齐，诸侯畔之，可因此时伐魏。魏不支秦，必东徙。东徙，秦据河山之固，东乡以制诸侯，此帝王之业也。"

---

①期年：周年。 ②初令：指商鞅新变的法令。 ③法：处罚，治罪。 ④趋令：遵照新法执行。 ⑤乱化：扰乱教化。 ⑥大良造：即大上造，秦爵位第十六级。 ⑦作为筑：兴建和修筑。冀阙：古代宫廷外公布法令的门阙。冀：记，出列教令，当记于门阙。 ⑧阡陌：纵横交错的田塍。南北叫阡，东西称陌。封：聚土作为标志。疆：划定疆界。 ⑨平：统一，划一。 ⑩斗桶：量器名，六斗为一桶。权：秤锤。衡：秤杆。 ⑪劓：古代割掉鼻子的刑罚。 ⑫致胙：天子把祭祀用的肉赐给诸侯，是一种尊荣。 ⑬岭阨：山岭险要处。阨：通"隘"，狭隘，险要。都：建都。 ⑭界河：以黄河为界。山东：华山之东。

孝公以为然，使卫鞅将而伐魏。魏使公子卬将而击之。军既相距[①]，卫鞅遗魏将公子卬书曰："吾始与公子欢，今俱为两国将，不忍相攻，可与公子面相见，盟，乐饮而罢兵，以安秦、魏。"魏公子卬以为然。会盟已，饮，而卫鞅伏甲士而袭虏魏公子卬，因攻其军，尽破之以归秦。魏惠王兵数破于齐、秦，国内空，日以削，恐，乃使使割河西之地献于秦以和。而魏遂去安邑，徙都大梁。梁惠王曰："寡人恨不用公叔座之言也。"卫鞅既破魏还，秦封之於、商十五邑，号为商君。

商君相秦十年，宗室贵戚多怨望者。赵良见商君，商君曰："鞅之得见也，从孟兰皋[②]，今鞅请得交，可乎？"赵良曰："仆弗敢愿也。孔丘有言曰：'推贤而戴者进[③]，聚不肖而王者退。'仆不肖，故不敢受命。仆闻之曰：'非其位而居之曰贪位，非其名而有之曰贪名。'仆听君之义，则恐仆贪位贪名也。故不敢闻命。"商君曰："子不说吾治秦与？"赵良曰："反听[④]之谓聪，内视[⑤]之谓明，自胜[⑥]之谓强。虞舜有言曰：'自卑也尚矣[⑦]。'君不若道虞舜之道，无为问仆矣。"商君曰："始秦戎翟之教，父子无别，同室而居。今我更制其教，而为其男女之别，大筑冀阙，营如鲁卫矣。子观我治秦也，孰与五羖大夫贤？"赵良曰："千羊之皮，不如一狐之腋；千人之诺诺[⑧]，不如一士之谔谔[⑨]。武王谔谔以昌，殷纣墨墨[⑩]以亡。君若不非武王乎，则仆请终日正言而无诛[⑪]，可乎？"商君曰："语有之矣，貌言华也，至言[⑫]实也，苦言[⑬]

①相距：两军接近，尚未交战。距：通"拒"，抵御。 ②从孟兰皋：经由孟兰皋的介绍。 ③戴者：指善于治理政事而受到百姓爱戴的人。 ④反听：能够接受别人的意见。反：同"返"。 ⑤内视：自省。 ⑥自胜：自我克制。 ⑦自卑：谦虚，卑下自守。尚：崇尚，尊重。 ⑧诺诺：答应之声，此指随声附和。 ⑨谔谔：直言的样子。 ⑩墨墨：通"默默"，缄默不言。 ⑪诛：责怪。 ⑫至言：正直忠实之言。 ⑬苦言：逆耳之言。

药也，甘言[①]疾也。夫子果肯终日正言，鞅之药也。鞅将事子，子又何辞焉！”赵良曰：“夫五羖大夫，荆之鄙人也。闻秦穆公之贤而愿望见，行而无资，自粥[②]于秦客，被褐食牛[③]。期年，穆公知之，举之牛口之下，而加之百姓之上，秦国莫敢望焉。相秦六七年，而东伐郑[④]，三置晋国之君[⑤]，一救荆国之祸[⑥]。发教封内[⑦]，而巴人致贡；施德诸侯，而八戎来服。由余闻之[⑧]，款关请见[⑨]。五羖大夫之相秦也，劳不坐乘，暑不张盖，行于国中，不从车乘，不操干戈，功名藏于府库，德行施于后世。五羖大夫死，秦国男女流涕，童子不歌谣，舂者不相杵。此五羖大夫之德也。今君之见秦王也，因嬖人景监以为主[⑩]，非所以为名也。相秦不以百姓为事，而大筑冀阙，非所以为功也。刑黥太子之师傅，残伤民以骏刑[⑪]，是积怨畜祸也。教之化民也深于命，民之效上也捷于令。今君又左建外易[⑫]，非所以为教也。君又南面而称寡人，日绳[⑬]秦之贵公子。《诗》曰：‘相鼠有体，人而无礼，人而无礼，何不遄死。’[⑭]以《诗》观之，非所以为寿也。公子虔杜门不出已八年矣，君又杀祝欢而黥公孙贾。《诗》曰：‘得人者兴，失人者崩。’[⑮]此数事者，非所以得人也。君之出也，后车十数，从车

---

①甘言：甜言蜜语，献媚奉承的话。 ②粥（yù）：通“鬻”，卖。 ③被：同“披”，穿。食：饲养。 ④东伐郑：指公元前627年，秦穆公袭击郑国，即崤山之战。 ⑤三置晋国之君：晋献公死后，秦国先后安置过三位晋君。公元前651年，晋公子夷吾自秦归晋即位，是为晋惠公；公元前637年，晋公子圉自秦归晋即位，是为晋怀公；公元前637年，晋公子重耳自秦归晋即位，是为晋文公。 ⑥一救荆国之祸：解除了一次楚国造成的祸害，当指晋楚城濮之战。 ⑦发教：施行教化。封内：境内。 ⑧由余：由余的先人原为晋人，在西戎做官，后降秦，辅佐秦穆公霸西戎。 ⑨款关：叩关，即入关求见。款：叩，敲。 ⑩主：荐主，保举的人。 ⑪骏刑：严刑。骏：通“峻”。 ⑫左建外易：违情背理立权威，违背常情变法制。左：不正。外：失中。易：变易，变法。 ⑬绳：约束，制裁。 ⑭引自《诗经·鄘风·相鼠》第三章。遄：急，迅速。 ⑮此二句《诗经》未载，是逸诗。

载甲，多力而骈胁者为骖乘[①]，持矛而操闟戟者旁车而趋[②]。此一物不具，君固不出。《书》曰：'恃德者昌，恃力者亡[③]。'君之危若朝露，尚将欲延年益寿乎？则何不归十五都，灌园于鄙，劝秦王显岩穴之士[④]，养老存孤，敬父兄，序有功[⑤]，尊有德，可以少安。君尚将贪商、於之富，宠秦国之教，畜百姓之怨，秦王一旦捐宾客而不立朝[⑥]，秦国之所以收君者[⑦]，岂其微哉[⑧]？亡可翘足而待。"商君弗从。

后五月而秦孝公卒，太子立。公子虔之徒告商君欲反，发吏捕商君。商君亡至关下，欲舍客舍，客人[⑨]不知其是商君也，曰："商君之法，舍人无验者坐之[⑩]。"商君喟然叹曰："嗟乎，为法之敝一至此哉[⑪]！"去之魏。魏人怨其欺公子卬而破魏师，弗受。商君欲之他国。魏人曰："商君，秦之贼。秦强而贼入魏，弗归，不可。"遂内秦。商君既复入秦，走商邑，与其徒属发邑兵北出击郑[⑫]。秦发兵攻商君，杀之于郑黾池[⑬]。秦惠王车裂商君以徇[⑭]，曰："莫如商鞅反者！"遂灭商君之家。

太史公曰：商君，其天资刻薄人也。迹其欲干孝公以帝王术[⑮]，挟持浮说，非其质矣。且所因由嬖臣，及得用，刑公子虔，欺魏将卬，不师赵良之言，迹足发明[⑯]商君之少恩矣。余尝读商君《开塞》《耕战》书，与其人行事相类。卒受恶名于秦，有以[⑰]也

---

①骈胁：肌肉壮健，不显肋骨条痕。骖乘：乘车时居于右者，即陪乘。 ②闟（xī）：长戟。旁：同"傍"，依傍。 ③此二句今本《尚书》里没有。 ④显：尊显，重用。岩穴之士：隐居山林的贤士。 ⑤序：录用。 ⑥捐宾客：舍弃宾客。这是对死亡的委婉说法。 ⑦收：逮捕，拘压。 ⑧岂其微哉：难道还少吗？微：少。 ⑨客人：旅店主人。 ⑩舍人：留人住店。验：凭证，证件。坐之：即店主人与住店的人一起判罪。 ⑪敝：通"弊"，弊病，害处。一：竟然。 ⑫徒属：封邑中的部属。 ⑬《史记》卷十五《六国年表》谓商君死彤地。 ⑭车裂：古代酷刑，以车撕裂人体，俗叫五马分尸。徇：巡行示众。 ⑮迹：考察，追究。干：求取，这里是游说的意思。 ⑯发明：说明。 ⑰有以：有缘故。

夫!

【译文】

商君,是卫国国君姬妾所生的公子。名鞅,姓公孙,他的祖先本来姓姬。公孙鞅年轻时就喜欢刑名法术之学,侍奉魏国国相公叔座做了中庶子。公叔座知道他贤能,还没来得及向魏王推荐。正赶上公叔座得了病,魏惠王亲自去探望他,说:"您的病倘有不测,国家将怎么办呢?"公叔座回答说:"我的中庶子公孙鞅,虽然年轻,却有奇才,希望大王能把国政全部委交他,由他去治理。"魏惠王听后默默无语。当魏惠王将要离开时,公叔座屏退左右随侍人员,说:"大王假如不任用公孙鞅,就一定要杀掉他,不要让他走出国境。"魏王答应了他的要求就离去了。公叔座招来公孙鞅,道歉说:"刚才大王询问能够做国相的人,我推荐了你。看大王的神情不会同意我的建议。我当先忠于君,后考虑臣下,因而劝大王假如不能任用公孙鞅,就该杀掉他。大王答应了我。你赶快离开吧,否则马上就要被擒。"公孙鞅说:"大王既然不能听您的话任用我,又怎么能听您的话来杀我呢?"终于没有离开魏国。惠王离开后,对随侍人员说:"公叔座的病很严重,真叫人伤心啊,他让我把国政全部交给公孙鞅掌管,难道不是糊涂了吗?"

公叔座死后不久,公孙鞅听说秦孝公下令在全国寻访有才能的人,打算重整秦穆公时代的霸业,向东收复失地,他就西去秦国,通过孝公的宠臣景监求见孝公。

孝公召见卫鞅,让他说了很长时间的国事,孝公却时时打瞌睡,一点也听不进去。事后孝公迁怒景监说:"你的客人是大言欺人的人,怎么能任用呢!"景监又用孝公的话责备卫鞅。卫鞅说:"我用尧、舜等五帝治国的道理劝说大王,看来他的心志不能领会。"过了几天,景监又请求孝公召见卫鞅。卫鞅再见孝公时,把治国之理谈得更多,可还是不合孝公的心意。孝公又责备景监,景监也责备卫鞅。卫鞅说:"我用禹、汤、文、武统一天下的道理劝说大王而他听不进去。请求他再召见我一次。"卫鞅又一次进见孝公，孝公对他很友好，可是没任用他。卫鞅退出后，孝公对景监说："你的客人不错，我可以和他谈谈了。"景监告诉卫鞅，卫鞅说："我用春秋五霸的治国道理去劝诫大王，看他的心思是准备采纳了。果真再召见我，我就知道该说些什么啦。"于是卫鞅又进见孝公，孝公跟他谈话，不知不觉地在垫席上向前移动膝盖靠近卫鞅，谈了好几天都不觉得厌倦。景监说："您凭什么能合上大王的心意呢？我们的国君可特别高兴呢！"卫鞅回答说："我用五帝、三王治国的道理向他进言，劝他建立夏、商、周那样的盛世，可是大王说：'时间太长了，我不能等，何况贤明的国君，谁不希望自己在位时就名扬天下，怎能让我郁闷不乐地等上几十年、几百年才成就帝王大业呢？'所以，我用富国强兵的办法向他进言，他才特别高兴。然而，这样也就不能与殷、周的德行相比量了。"

孝公任用卫鞅后不久，想要变更法度，又害怕天下人议论自己。卫鞅说："行动犹豫不决，就搞不出名堂，办事迟疑不定就不会成功。况且超出常人的行为，本来就会被世俗所非议；有独到见解的人，必定会被一般人诋毁。愚蠢的人事成之后都弄不明白，聪明的人却能事先就预见将要发生的事情。不能和百姓谋划新事物的创始，只能在事成之后和他们共享成功的欢乐。探讨高深道理的人不与世俗合流，成就大业的人不与一般人共谋。因此，圣人只要能够使国家强盛，就不必沿用成规故法；只要能够利于百姓，就不必遵循古制。"孝公说："说得好。"甘龙说："不是这样。圣人不改变民俗而施以教化，聪明的人不变更成法而治理国家。顺应民俗而施教化，不费力就能取得成功；沿袭成法而治理国家，官吏习惯，百姓安定。"卫鞅说："甘龙所说的，是世俗的说法啊。一般人安于旧有的习俗，而读书人拘泥于书本上的见闻。这两种人奉公守法还可以，却不能与他们谈论成法以外的事情。三代礼制不同却都能统一天下，五伯法制各异却都能成就霸业。聪明的人制定法度，愚蠢的人为法度所制约；贤能的人变更礼制，寻常的人为礼制所约束。"杜挚说："没有百倍的利益，就不改变成法；没有十倍的功用，就不能更换旧的器物。仿效成法，没有过失；遵循旧礼，不会有偏差。"卫鞅说："治理国家没有一成不变的办法,有利于国家的就不必仿效旧法。所以汤武不遵循旧法度而能统一天下,夏桀、殷纣不改旧礼,反而灭亡。反对旧法的人不应该非难,而沿袭旧礼的人也不值得赞扬。”孝公说:“说得好。”于是任命卫鞅为左庶长,终于制定了变更旧法的命令。

令百姓十家编成一什,五家编成一伍,互相监视检举,一家犯法,十家连带治罪。不告发奸恶的处以腰斩之刑,告发奸恶的与斩敌首级一样受赏,窝藏奸恶的人与投降敌人同样的惩罚。一家有两个以上的壮丁而不分居的,赋税加倍。有军功的人,各按标准升爵受赏;为私利斗殴的,按情节轻重分别处以大小不同的刑罚。致力于农业生产,让粮食丰收、布帛丰产的,免除自身的劳役或赋税。从事工商业及懒惰而贫穷的,全都没入官府为奴。王族里没有军功的,不能列入家族的名册。明确规定尊卑爵位等级,各按等级差别占有土地、房产,男女奴婢的衣裳、服饰,按各家爵位等级决定。有军功的显赫荣耀,没有军功的即使很富有也不能尊荣。

新法准备就绪后,还没有公布,恐怕百姓不相信,就在国都后边市场的南门立起一根三丈长的木头,招募百姓中有能把木头搬到北门的人赏给十金。百姓觉得这件事很奇怪,没人敢动。又宣布道:“能把木头搬到北门的人赏五十金”。有一个人把它搬走了,当下就赏给他五十金,借此表明令出必行,绝不欺骗。接着就颁布了新法。

新法在民间施行了整一年,秦国百姓到国都诉说新法不当的人数以千计。正当此时,太子触犯了新法。卫鞅说:“新法不能顺利推行,是由于上面的人触犯它。”将依新法处罚太子。太子,是国君的继承人,又不能施以刑罚,于是就处罚了监督他的太傅公子虔,以墨刑处罚了他的太师公孙贾。第二天,秦国人就都遵照新法而行了。新法推行了十年,秦国百姓都非常满意,路不拾遗,山无盗贼,家家富裕充足。人民勇于为国家作战,不敢为私利争斗,乡村和城镇社会秩序良好。当初说新法不当的秦国百姓,又有人来说法令的好处,卫鞅说:“这都是扰乱教化的人”,把他们全部迁到边疆去。此后,百姓再也不敢议论新法了。

于是卫鞅被任命为大良造。率领着军队围攻魏国安邑，使他们屈服投降。

过了三年，秦国在咸阳建筑宫廷城阙，把国都从雍地迁到咸阳。下令禁止百姓父子兄弟同居一室。把小乡小邑合并成县，设置了县令、县丞，总共三十一个县。废除原来的田塍界线，鼓励开垦荒地，而使赋税平衡。统一全国的度量衡制度。

施行了四年，公子虔又犯了新法，被处以劓刑。

过了五年，秦国富强，周天子把祭肉赐给秦孝公，各国诸侯都来祝贺。

第二年，齐国军队在马陵打败魏军，俘虏了魏国的太子申，杀死了将军庞涓。下一年，卫鞅劝孝公说："秦国与魏国的关系，就像人得了心腹疾病，不是魏国兼并秦国，就是秦国吞并了魏国。为什么这样说呢？魏国地处山岭险要的西部，建都安邑，与秦国以黄河为界而独据崤山以东的地利。形势有利时，它就可以向西进犯秦国，形势不利时，它也可以向东扩展领地。如今凭借大王圣明贤能，秦国才繁荣昌盛。而魏国往年被齐国打得大败，诸侯们都背叛了他，可以趁此良机攻打魏国。魏国抵挡不住秦国，必然要向东撤退。一向东撤退，秦国就占据了黄河和崤山险要的地势，向东就可以控制各国诸侯，这可是一统天下的帝王之业啊！"孝公认为说得对。就派卫鞅率领军队攻打魏国。魏国派公子卬领兵迎击。两军对峙，卫鞅派人给魏将公子卬送信道："我当初与公子交好，如今你我成了两国的将领，不忍心相互攻击，可以与公子当面相见，订立盟约，痛痛快快地喝几杯，然后各自撤兵，使秦魏两国相安无事。"魏公子卬认为卫鞅说得对。会盟结束，喝酒时，卫鞅埋伏下的士兵突然袭击，俘虏了魏公子卬，趁机攻打他的军队，彻底打垮了魏军，将公子卬押解着班师回国。魏惠王的军队多次被齐、秦击溃，国内空虚，一天比一天削弱，害怕起来，就派使者割让河西地区献给秦国以媾和。魏国就离开安邑，迁都大梁。梁惠王说："我真后悔当初没采纳公叔座的意见啊。"卫鞅打败魏军回来以后，秦孝公把于、商十五个邑封给了他，封号叫商君。

商君做秦相十年,很多皇亲国戚都怨恨他。赵良去见商君。商君说:“我能够见到你,是由于孟兰皋的介绍,现在我们交个朋友,可以吗?”赵良回答说:“我不敢抱这样的奢望。孔子说过:‘推荐贤能,受到人民拥戴的人才会前来;聚集不贤的人,即使能使成王业的人也会引退。’我不贤,所以不敢从命。我听说过这样的话:‘占据不该占有的职位叫作贪位,享有不该享有的名声叫作贪名。’要是我接受了您的情谊,那我恐怕就是既贪位又贪名了。所以不敢从命。”商鞅说:“您不满意我对秦国的治理吗?”赵良说:“能够接受别人的意见叫作聪,能够自我省察叫作明,能够自我克制叫作强。虞舜曾说:‘自我谦虚的人被人尊重。’您不如遵从虞舜的主张去做,无须问我了。”商鞅说:“当初,秦国的习俗和戎、狄一样,父子不分开,男女老少同居一室。如今我改变了秦国的这种风俗,使他们男女有别,分居而住,又大造宫廷城阙,把秦国营建得像鲁国、卫国一样。您看我治理秦国,跟五羖大夫比,谁更有才干?”赵良说:“一千张羊皮抵不上一领狐腋贵重,一千个随声附和的人比不上一个正义直言的人。武王因允许大臣们直言谏诤而国家昌盛,纣王因为大臣不敢讲话而灭亡。您如果不反对武王的做法,那么,请允许我整天直言而不受责备,可以吗?”商君说:“俗话说,外表上动听的话好比是花朵,真实至诚的话如同果实,苦口相劝的逆耳之言是治病的良药,甜言蜜语是害人的疾病。您果真肯终日正义直言,那就是我治病的良药啊。我将拜您为师,您又何必推辞呢!”赵良说:“那五羖大夫,是楚国的乡下人。听说秦穆公贤明,就想去当面拜见,却没有路费,就把自己卖给秦国人,穿着粗布短衣给人家喂牛。整整过了一年,秦穆公知道了这件事,把他从牛嘴之下提拔起来,凌驾于万人之上,秦国人没有谁不满意。他做秦相六七年,向东讨伐过郑国,三次拥立晋国的国君,一次出兵解除了楚国造成的祸患。在境内施行教化,而巴国前来纳贡;施德政于诸侯,四方的少数民族前来归附。由余听到这种情形,前来叩关投奔。五羖大夫做秦相,劳累不乘车,酷暑炎热不打伞,走遍都城,不用随从的车辆,不带防卫的武器,他的功业载于史册,藏于府库,他的德行施教于后世。五羖夫死时,秦国男女都痛哭流涕，连小孩子也不唱歌谣，舂米的人也因悲哀而发不出相应的呼声。这就是五羖大夫的德行啊。如今您得以见秦王，靠的是宠臣景监的介绍，这就说不上什么名望了。身为秦国国相不为百姓造福，而大建宫阙，这就说不上为国家建立功业了。惩治太子的师傅，用严酷的刑法残害百姓，这是积累怨恨、聚积祸患啊。教化百姓比命令百姓更深入人心，百姓模仿上边的行为比命令百姓更快。如今您却违情悖理地建立威权变更法度，这就不是对百姓施行教化了。您又在商于封地南面称君，天天用新法来约束秦国的贵族。《诗经》上说：'相鼠还懂得礼貌，人反而没有了礼仪，人既然失去了礼仪，为什么不快快地死去呢。'照这句诗看来，实在是不能恭维您了。公子虔闭门不出已八年了，您又杀死祝欢，用墨刑惩处公孙贾。《诗经》上说：'得到人心的就振兴，失掉人心的将灭亡。'您干的这几件事，都不是得人心的呀。您出门时，后边跟着数以十计的车辆，车上都是披甲的武士，身强力壮的人做贴身警卫，持矛操戟的人护持着您的车子奔驰。这些防卫缺少一样，您必定不敢出行。《尚书》上说：'凭靠施德的昌盛，依仗武力的灭亡。'您的处境就好像早晨的露水很快就会消亡一样危险，您还打算要延年益寿吗？那为什么不把商于十五邑的封地交还秦国，到偏僻荒远的地方浇园自耕，劝秦王起用那些隐居山林的贤才，赡养老人，抚育孤儿，使父兄相互敬重，叙用有功之人，尊崇有德之士，这样您才能稍保平安。您还要贪图商、于的富有，以独揽秦国的政教为荣宠，聚集百姓的怨恨，秦王一旦舍弃人世而不在位了，秦国要拘捕您的人难道还少吗？您丧身的日子就像一抬足那样迅速地到来。"但商君没有听从赵良的劝告。

五个月后，秦孝公死，太子即位。公子虔一班人告发商君要造反，派人逮捕商君。商君逃到边境关口，想住旅店。旅店主人不知道他就是商君，说："商君有令，留宿没证件的住店者，店主要连带判罪。"商君叹息说："哎呀！制定新法的贻害竟到了这个地步！"就离开秦国潜逃到魏国。魏国人怨恨他欺骗公子卬而打败魏军，拒绝收留他。商君打算到别的国家。魏国人说："商君是秦国的逃犯，秦国强大，它的逃犯跑到魏国来，不送还是不行的。”于是把商君送回秦国。商君回到秦国后，就潜逃到他的封地商邑，和他的部属发动邑中士兵，向北攻击郑国，秦国出兵攻打商君，把他杀死在郑国的黾池。秦惠王把商君五马分尸示众，说：“不要像商鞅那样谋反！”就诛杀了商君全家。

太史公说：商君，他生性就是个残忍寡恩的人，考察他当初用帝王之道游说孝公，凭借着虚饰浮说，并不是他的内心话。再说他凭借着国君宠臣太监的推荐，等到被任用，就刑罚公子虔，欺骗魏将公子卬，不听从赵良的规劝，足以证明商君残忍寡恩了。我曾读过商君《开塞》《耕战》等篇，其内容和他本身的作为相类似。最后还是在秦国落得个谋反的恶名，这是有缘故的呀！

【鉴赏】

本传全面系统地记叙了商鞅变法的过程及成就，以及他终遭车裂身亡的人生惨剧。司马迁在《太史公自述》中点明作传主旨曰：“鞅去卫适秦，能明其术，强霸孝公，后世遵其法。作《商君列传》第八。”故而全文紧扣住一个中心——“法”，以记述商鞅变法过程：变法未行，商鞅以“三代不同礼而王，五伯不同法而霸”之论成功驳斥了反对变法者，说服秦孝公“卒定变法之令”；变法之初，于令行之前立木悬赏，取信于民，令行之后“于是太子犯法”，刑黥太子之师，以肃其法，使秦人莫不趋令；变法成功，是以“居五年，秦人富强，天子致胙于孝公，诸侯毕贺”及大破魏军，此皆商君变法之功。而商鞅个人遭际，也与变法息息相关，商鞅一生，成于变法，败于变法：因变法之效、破魏之功得以受封十五邑，号为商君，相秦十年，功名显赫；又因法深怨积，不听赵良之谏，及太子得立，公子虔告反，失势之际喟然长叹曰：“嗟乎，为法之敝一至此哉”，以至于身遭车裂族灭之惨祸。商鞅以变法而强秦，以积怨而亡身，正是全篇之骨。此外，文章叙商君功业极简练，记赵良之言则不厌其详，可谓运实于虚，既而又以篇末论赞中“其天资刻薄人也”一句收束，以明作者批评其刻薄少恩之意，关合甚妙。而文章着眼于细节描写和人物精神世界的刻画，又使人物血肉丰满，灵动传神。

史记卷六十九·苏秦列传第九

本篇以苏秦名篇，兼及其弟苏代、苏厉，为三人合传。传文前半部分述苏秦始以连横之说游说秦惠王失败，至赵而赵相又不纳，转以合纵之策北说燕王，得燕王资助而游说赵、韩、魏、齐、楚，终佩六国相印，使六国合纵并力，遏止秦兵不敢东出十五年的显赫事迹，中间穿插苏秦衣锦还乡的得意后报怨报德之事。然后写他为燕谋国并为己谋身而到齐国行反间之计，最终死于齐国。传文后半部分写其弟苏代、苏厉二人为燕谋齐之事。苏氏兄弟三人，苏秦为燕仕齐，为争宠者所刺，苏代为燕谋破齐，谏燕昭王不入秦，其智也过人，是故司马迁因“毋令独蒙恶声焉”而作此文，表现出了对苏秦的同情之意。

苏秦者，东周洛阳人也。东事师于齐，而习之于鬼谷先生。

出游数岁，大困而归①。兄弟嫂妹妻妾窃皆笑之，曰：“周人之俗，治产业，力工商，逐什二以为务②。今子释本而事口舌，困，不亦宜乎！”

苏秦闻之而惭，自伤，乃闭室不出，出其书遍观之。曰：“夫士业已屈首受书③，而不能以取尊荣，虽多亦奚以为！”于是得周书《阴符》④，伏而读之。期年⑤，以出揣摩⑥，曰：“此可以说当世之君矣。”求说周显王。显王左右素⑦习知苏秦，皆少⑧之，弗信。

---

①大困：很不得志。 ②逐什二：从事工商业获十分之二的利润。 ③屈首：低头，埋头。受书：从师受教，读书。 ④《阴符》：周代兵书名，《战国策》谓为太公所著，已佚。今传《阴符经》旧题黄帝撰。 ⑤期年：一周年。 ⑥揣摩：此指悉心求其真意，以相比合。 ⑦素：平时，向来。 ⑧少：轻视，看不起。

乃西至秦。秦孝公卒。说惠王曰:“秦四塞之国①,被山带渭②,东有关河③,西有汉中,南有巴蜀,北有代马④,此天府也⑤。以秦士民之众,兵法之教,可以吞天下,称帝而治。”

秦王曰:“毛羽未成,不可以高蜚⑥;文理未明⑦,不可以并兼⑧。”方诛商鞅,疾辩士⑨,弗用。

乃东之赵。赵肃侯令其弟成为相,号奉阳君。奉阳君弗说之,去。

游燕,岁馀而后得见。说燕文侯曰:“燕东有朝鲜、辽东,北有林胡、楼烦⑩,西有云中、九原,南有嘑沱、易水,地方二千馀里,带甲数十万,车六百乘,骑六千匹,粟支数年。南有碣石、雁门之饶,北有枣栗之利,民虽不佃作而足于枣栗矣。此所谓天府者也。夫安乐无事,不见覆军杀将,无过燕者。大王知其所以然乎?夫燕之所以不犯寇被甲兵者⑪,以赵之为蔽其南也。秦赵五战,秦再胜而赵三胜。秦赵相毙⑫,而王以全燕制其后,此燕之所以不犯寇也。且夫秦之攻燕也,逾云中、九原,过代、上谷,弥⑬地数千里,虽得燕城,秦计固不能守也。秦之不能害燕亦明矣。今赵之攻燕也,发号出令,不至十日而数十万之军军⑭于东垣矣。渡嘑沱,涉易水,不至四五日而距国都矣。故曰秦之攻燕也,战于千里之外;赵之攻燕也,战于百里之内。夫不

---

①四塞之国:秦四面有山关之固,形势险要,可为屏障,故称四塞之国。 ②被山带渭:谓秦国背靠终南山,中有渭水流过。带:流经,穿过。 ③关:函谷关。河:黄河。 ④代马:代郡,马邑。 ⑤天府:指地势险要,土地肥沃,物产丰饶的地方。府:府库,仓库。 ⑥蜚:同“飞”。 ⑦文理:指国家大政方针策略。 ⑧并兼:一统天下。 ⑨疾:憎恶、忌恨。辩士:善于游说的人。 ⑩林胡、楼烦:古部族名。 ⑪不犯寇:不被敌人侵犯。被甲兵:指遭受战争。甲:铠甲和武器,此代指战争。 ⑫相毙:相互残杀。毙:灭亡,此指秦赵互相杀伤,互相削弱。 ⑬弥:旷远,远离。 ⑭军军:军队驻扎,驻军。

忧百里之患而重千里之外，计无过于此者。是故愿大王与赵从亲[①]，天下为一，则燕国必无患矣。”

文侯曰：“子言则可，然吾国小，西迫强赵，南近齐，齐、赵强国也。子必欲合从以安燕，寡人请以国从[②]。”

于是资[③]苏秦车马金帛以至赵。而奉阳君已死，即因[④]说赵肃侯曰：“天下卿相人臣及布衣之士，皆高[⑤]贤君之行义，皆愿奉教陈忠于前之日久矣。虽然[⑥]，奉阳君妒而君不任事，是以宾客游士莫敢自尽于前者[⑦]。今奉阳君捐馆舍[⑧]，君乃今复与士民相亲也，臣故敢进其愚虑。

“窃为君计者，莫若安民无事，且无庸[⑨]有事于民也。安民之本，在于择交，择交而得则民安，择交而不得则民终身不安。请言外患：齐、秦为两敌而民不得安，倚秦攻齐而民不得安，倚齐攻秦而民不得安。故夫谋人之主，伐人之国，常苦出辞断绝人之交也。愿君慎勿出于口。请别白黑，所以异阴阳而已矣。君诚能听臣，燕必致旃[⑩]裘狗马之地，齐必致鱼盐之海，楚必致橘柚之园，韩、魏、中山皆可使致汤沐[⑪]之奉，而贵戚父兄皆可以受封侯。夫割地包利，五伯之所以覆军禽将而求也；封侯贵戚，汤、武之所以放弑而争也[⑫]。今君高拱而两有之[⑬]，此臣之所以为君愿也。

“今大王与秦[⑭]，则秦必弱韩、魏；与齐，则齐必弱楚、魏。魏

---

①从亲：指齐、楚、燕、赵、韩、魏等形成联盟，对抗强秦。从：通“纵”。 ②国从：倾国相从。从：相从，听从安排。 ③资：资助，给予。 ④因：趁机，趁着。 ⑤高：仰慕，推崇。 ⑥虽然：虽然如此，那么。 ⑦是以：因此。自尽：畅所欲言。 ⑧捐馆舍：抛弃住所，死亡的委婉说法。 ⑨无庸：不须，不必。 ⑩旃（zhān）：同“毡”。 ⑪汤沐：指汤沐邑，是天子赐给诸侯的一种封邑，邑内收入供诸侯汤沐之用。奉：供给，供养。 ⑫放弑：指商汤流放夏桀，武王伐纣，纣败自杀，武王又斩其头事。放：流放。弑：臣杀君。 ⑬高拱：高拱两手，安坐时的姿态，意即安然就座，乐享其成。 ⑭与秦：与秦亲附交好。

弱则割河外，韩弱则效宜阳[①]。宜阳效则上郡绝，河外割则道不通，楚弱则无援。此三策者，不可不孰计也。

“夫秦下轵道，则南阳危；劫韩包围，则赵氏自操兵；据卫取卷，则齐必入朝秦。秦欲已得乎山东，则必举兵而向赵矣。秦甲渡河逾漳，据番吾，则兵必战于邯郸之下矣。此臣之所为君患也。

“当今之时，山东之建国莫强于赵。赵地方二千馀里，带甲数十万，车千乘，骑万匹，粟支数年。西有常山，南有河漳，东有清河，北有燕国。燕固弱国，不足畏也。秦之所害于天下者莫如赵，然而秦不敢举兵伐赵者，何也？畏韩、魏之议[②]其后也。然则韩、魏，赵之南蔽也。秦之攻韩、魏也，无有名山大川之限，稍蚕食之，傅[③]国都而止。韩、魏不能支秦，必入臣于秦。秦无韩、魏之规[④]，则祸必中[⑤]于赵矣。此臣之所为君患也。

“臣闻尧无三夫之分[⑥]，舜无咫尺之地[⑦]，以有天下；禹无百人之聚，以王诸侯；汤、武之士不过三千，车不过三百乘，卒不过三万，立为天子：诚得其道也。是故明主外料其敌之强弱，内度其士卒贤不肖，不待两军相当[⑧]而胜败存亡之机固已形于胸中矣，岂揜[⑨]于众人之言而以冥冥决事哉！

“臣窃以天下之地图案[⑩]之，诸侯之地五倍于秦，料度诸侯之卒十倍于秦。六国为一，并力西乡而攻秦，秦必破矣。今西面而事之，见臣于秦。夫破人之与破于人也[⑪]，臣人之与臣于人也，岂可同日而论哉！

---

①效：献纳。②议：计算，暗算。③傅：通“附”，逼近，迫近。④规：阻隔。⑤中：指集中到，指向。⑥夫：古代井田，一夫受田百亩，故称百亩为夫。⑦咫：周制八寸为咫。以距离短喻面积小。⑧相当：相抗，交战。⑨揜(yǎn)：掩盖，遮蔽。⑩案：通“按”，考察，考据。⑪破人：打破秦国。破于人：被秦打破。

“夫衡人者[①]，皆欲割诸侯之地以予秦。秦成，则高台榭、美宫室，听竽瑟之音，前有楼阙轩辕[②]，后有长姣美人，国被秦患而不与其忧。是故夫衡人日夜务以秦权恐愒诸侯以求割地，故愿大王孰计之也。

“臣闻明主绝疑去谗，屏流言之迹[③]，塞朋党之门，故尊主广地强兵之计臣得陈忠于前矣。故窃为大王计，莫如一[④]韩、魏、齐、楚、燕、赵以从亲，以畔秦。令天下之将相会于洹水之上，通质[⑤]，刳白马而盟[⑥]，要约曰[⑦]：‘秦攻楚，齐、魏各出锐师以佐之，韩绝其粮道，赵涉河漳，燕守常山之北。秦攻韩、魏，则楚绝其后，齐出锐师而佐之，赵涉河漳，燕守云中。秦攻齐，则楚绝其后，韩守城皋，魏塞其道，赵涉河漳、博关，燕出锐师以佐之。秦攻燕，则赵守常山，楚军武关，齐涉渤海，韩、魏皆出锐师以佐之。秦攻赵，则韩军宜阳，楚军武关，魏军河外，齐涉清河，燕出锐师以佐之。诸侯有不如约者，以五国之兵共伐之。’六国从亲以宾秦[⑧]，则秦甲必不敢出于函谷以害山东矣。如此，则霸王之业成矣。”

赵王曰：“寡人年少，立国日浅，未尝得闻社稷之长计也。今上客有意存天下，安诸侯，寡人敬以国从。”乃饰车百乘，黄金千镒，白璧百双，锦绣千纯[⑨]，以约诸侯。

是时周天子致文、武之胙[⑩]于秦惠王。惠王使犀首攻魏，禽将龙贾，取魏之雕阴，且欲东兵。苏秦恐秦兵之至赵也，乃激怒

---

①衡人：指为秦国效力，主张连横的人。衡：通“横”。 ②轩辕：指高敞华丽的车舆。 ③屏：亦作“摒”，除去，排除。流言：无根据之言。 ④一：使之统一。 ⑤通质：六国之间互相交通换质。 ⑥刳：宰杀。白马：古代祭祀盟誓用的牺牲。 ⑦要约：盟约。 ⑧宾：通“摈”，排斥，遗弃。 ⑨纯：捆，包，引申为丝绵布帛的计量单位。帛一段、一匹曰“纯”。 ⑩胙：祭祀用的肉，祭后送给参与祭祀的人。

张仪，入之于秦。

于是说韩宣王曰："韩北有巩、成皋之固，西有宜阳、商阪之塞，东有宛、穰、洧水，南有陉山，地方九百馀里，带甲数十万，天下之强弓劲弩皆从韩出。谿子、少府时力、距来者[①]，皆射六百步之外。韩卒超足而射[②]，百发不暇止，远者括蔽洞胸，近者镝弇心[③]。韩卒之剑戟皆出于冥山、棠溪、墨阳、合赙、邓师、宛冯、龙渊、太阿，皆陆断牛马，水截鹄雁，当敌则斩坚甲铁幕[④]，革抉㕹芮[⑤]，无不毕具。以韩卒之勇，被坚甲，蹠[⑥]劲弩，带利剑，一人当百，不足言也。夫以韩之劲与大王之贤，乃西面事秦，交臂[⑦]而服，羞社稷而为天下笑无大于此者矣。是故愿大王孰计之。

"大王事秦，秦必求宜阳、成皋。今兹效之[⑧]，明年又复求割地。与则无地以给之，不与则弃前功而受后祸。且大王之地有尽而秦之求无已，以有尽之地而逆无已之求，此所谓市怨结祸者也[⑨]，不战而地已削矣。臣闻鄙谚曰：'宁为鸡口，无为牛后。'今西面交臂而臣事秦，何异于牛后乎？夫以大王之贤，挟强韩之兵，而有牛后之名，臣窃为大王羞之。"

于是韩王勃然作色，攘臂瞋目[⑩]，按剑仰天太息曰[⑪]："寡人虽不肖，必不能事秦。今主君诏以赵王之教，敬奉社稷以从。"

又说魏襄王曰："大王之地，南有鸿沟、陈、汝南、许、郾、昆阳、召陵、舞阳、新都、新郪，东有淮、颍、煮枣、无胥，西有长城之界，北有河外、卷、衍、酸枣，地方千里。地名虽小，然而田舍庐

---

①谿子：南方少数民族，善制柘弩和竹弩，此指韩国仿造的谿子弩。时力、距来：均为良弓名。②超足：两脚用力踏射的连弩箭。③括：箭末端。蔽：疑衍文。洞胸：穿透胸部。镝弇心：箭射穿胸膛至心脏。弇(yǎn)：遮蔽。④铁幕：铁甲串成的臂衣。⑤革抉：射箭时套在臂上的皮套。⑥蹠：通"跖"，踏。⑦交臂：交手，拱手。⑧兹：年。⑨市怨：买怨，招怨。市：购买。⑩攘：捋。瞋目：发怒时瞪大眼睛。⑪太息：出声长叹。

庑之数,曾无所刍牧①。人民之众,车马之多,日夜行不绝,輷輷殷殷②,若有三军之众。臣窃量大王之国不下楚。然衡人怵王交强虎狼之秦以侵天下,卒有秦患,不顾其祸。夫挟强秦之势以内劫其主,罪无过此者。魏,天下之强国也;王,天下之贤王也。今乃有意西面而事秦,称东藩,筑帝宫③,受冠带④,祠春秋⑤,臣窃为大王耻之。

"臣闻越王勾践战敝卒⑥三千人,禽夫差于干遂;武王卒三千人,革车三百乘,制纣于牧野:岂其士卒众哉,诚能奋其威也。今窃闻大王之卒,武士二十万,苍头⑦二十万,奋击⑧二十万,厮徒⑨十万,车六百乘,骑五千匹。此其过越王勾践、武王远矣,今乃听于群臣之说而欲臣事秦。夫事秦必割地以效实⑩,故兵未用而国已亏矣。凡群臣之言事秦者,皆奸人,非忠臣也。夫为人臣,割其主之地以求外交,偷取一时之功而不顾其后,破公家而成私门,外挟强秦之势以内劫其主,以求割地,愿大王孰察之。

"《周书》曰:'绵绵不绝,蔓蔓奈何?豪氂不伐,将用斧柯。'前虑不定,后有大患,将奈之何?大王诚能听臣,六国从亲,专心并力壹意,则必无强秦之患。故敝邑赵王使臣效愚计,秦明约,在大王之诏诏之。"

魏王曰:"寡人不肖,未尝得闻明教。今主君以赵王之诏诏之,敬以国从。"

---

①无所刍牧:因田间建满房屋,连放牧牲畜的地方都没有了,形容人口密集。刍牧:放牧牛羊。 ②輷(hōng)輷殷殷:象声词,形容车声盛大。 ③筑帝宫:指为秦王建造离宫,以备巡游暂住。 ④受冠带:接受秦国的分封,采用秦国的冠服样式制度。 ⑤祠春秋:贡献财物,春秋为秦助祭。 ⑥敝卒:疲敝之兵卒。 ⑦苍头:头裹青巾以异于众的士兵。一说精锐敢死队的称号。 ⑧奋击:冲锋陷阵的勇士。 ⑨厮徒:军中供役人,即勤杂兵。 ⑩效实:以割地之实,表示忠诚。

因东说齐宣王曰:“齐南有泰山,东有琅邪,西有清河,北有勃海,此所谓四塞之国也。齐地方二千馀里,带甲数十万,粟如丘山。三军之良[①],五家之兵[②],进如锋矢,战如雷霆,解如风雨。即有军役,未尝倍泰山,绝清河,涉勃海也。临菑之中七万户,臣窃度之,不下户三男子,三七二十一万,不待发于远县,而临菑之卒固已二十一万矣。临菑甚富而实,其民无不吹竽鼓瑟,弹琴击筑[③],斗鸡走狗,六博蹋鞠者[④]。临菑之涂,车毂击[⑤],人肩摩,连衽成帷[⑥],举袂成幕,挥汗成雨,家殷人足,志高气扬。夫以大王之贤与齐之强,天下莫能当。今乃西面而事秦,臣窃为大王羞之。

“且夫韩、魏之所以重畏秦者[⑦],为与秦接境壤界也。兵出而相当,不出十日而战胜存亡之机决矣。韩、魏战而胜秦,则兵半折,四境不守;战而不胜,则国已危亡随其后。是故韩、魏之所以重与秦战,而轻为之臣也。今秦之攻齐则不然。倍韩、魏之地[⑧],过卫阳晋之道,径乎亢父之险,车不得方轨[⑨],骑不得比行,百人守险,千人不敢过也。秦虽欲深入,则狼顾[⑩],恐韩、魏之议其后也。是故恫疑虚猲[⑪],骄矜而不敢进,则秦之不能害齐亦明矣。

“夫不深料秦之无奈齐何,而欲西面而事之,是群臣之计过也。今无臣事秦之名而有强国之实,臣是故愿大王少留意计之。”

---

①三军:即全军。周制天子六军,诸侯大国三军。一军为一万二千五百人。 ②五家之兵:指管仲所定兵制,每五家为一轨,一家出一丁,五人为一伍,由轨长率之。 ③筑:古弦乐器名,形如琴,十三弦。 ④六博:古代一种棋戏。蹋鞠:足球,以皮制成,中实羽毛。 ⑤毂:车轴两端伸出车轮的部分。 ⑥连衽成帷:把衣襟连在一起形成帐幔。衽:衣襟。 ⑦重畏秦:非常害怕秦国。 ⑧倍:通“背”,背向。 ⑨方轨:两车并行。 ⑩狼顾:狼性多疑,唯恐突袭,时时回顾,指喻秦有后顾之忧。 ⑪虚猲:虚张声势,恐吓威胁。猲:通“喝”。

齐王曰："寡人不敏，僻远守海，穷道东境之国也，未尝得闻馀教。今足下以赵王诏诏之，敬以国从。"

乃西南说楚威王曰："楚，天下之强国也；王，天下之贤王也。西有黔中、巫郡，东有夏州、海阳，南有洞庭、苍梧，北有陉塞、郇阳，地方五千馀里，带甲百万，车千乘，骑万匹，粟支十年。此霸王之资也。夫以楚之强与王之贤，天下莫能当也。今乃欲西面而事秦，则诸侯莫不西面而朝于章台之下矣。

"秦之所害莫如楚，楚强则秦弱，秦强则楚弱，其势不两立。故为大王计，莫如从亲以孤秦。大王不从亲，秦必起两军，一军出武关，一军下黔中，则鄢、郢动矣。

"臣闻治之其未乱也，为之其未有也。患至而后忧之，则无及已。故愿大王早孰计之。

"大王诚能听臣，臣请令山东之国奉四时之献，以承大王之明诏，委社稷，奉宗庙，练士厉兵①，在大王之所用之。大王诚能用臣之愚计，则韩、魏、齐、燕、赵、卫之妙音美人必充后宫，燕、代橐驼良马必实外厩②。故从合则楚王，衡成则秦帝。今释霸王之业，而有事人之名，臣窃为大王不取也。

"夫秦，虎狼之国也，有吞天下之心。秦，天下之仇雠也③。衡人皆欲割诸侯之地以事秦，此所谓养仇而奉雠者也。夫为人臣，割其主之地以外交强虎狼之秦，以侵天下，卒有秦患，不顾其祸。夫外挟强秦之威以内劫其主，以求割地，大逆不忠，无过此者。故从亲则诸侯割地以事楚，衡合则楚割地以事秦，此两策者相去远矣，二者大王何居焉？故敝邑赵王使臣效愚计，奉明约，在大王诏之。"

---

①厉兵：修治兵器。②橐：骆驼。厩：牲畜栏。③雠：仇人，仇敌。

楚王曰："寡人之国西与秦接境，秦有举巴蜀、并汉中之心。秦，虎狼之国，不可亲也。而韩、魏迫于秦患，不可与深谋，与深谋恐反人[①]以入于秦，故谋未发而国已危矣。寡人自料以楚当秦，不见胜也；内与群臣谋，不足恃也。寡人卧不安席，食不甘味，心摇摇然如县旌而无所终薄[②]。今主君欲一天下，收诸侯，存危国，寡人谨奉社稷以从。"

于是六国从合而并力焉。苏秦为从约长，并相六国。

北报赵王，乃行过洛阳，车骑辎重，诸侯各发使送之甚众，疑[③]于王者。周显王闻之恐惧，除道，使人郊劳[④]。苏秦之昆弟妻嫂侧目不敢仰视[⑤]，俯伏侍取食。苏秦笑谓其嫂曰："何前倨而后恭也？"嫂委蛇蒲服[⑥]，以面掩地而谢曰："见季子位高金多也[⑦]。"苏秦喟然叹曰："此一人之身，富贵则亲戚畏惧之，贫贱则轻易之，况众人乎！且使我有洛阳负郭田二顷[⑧]，吾岂能佩六国相印乎？"于是散千金以赐宗族朋友。

初，苏秦之燕，贷人百钱为资，及得富贵，以百金偿之。遍报诸所尝见德者。其从者有一人独未得报，乃前自言，苏秦曰："我非忘子。子之与我至燕，再三欲去我易水之上。方是时，我困，故望[⑨]子深。是以后子。子今亦得矣。"

苏秦既约六国从亲，归赵，赵肃侯封为武安君，乃投从约书于秦。秦兵不敢窥函谷关十五年。

其后秦使犀首欺齐、魏，与共伐赵，欲败从约。齐、魏伐赵，

---

①反人：返回秦国并泄露消息的人。反：通"返"。 ②县旌：悬挂在空中的旗子。县：同"悬"，悬挂。终薄：着落，安顿。 ③疑：通"拟"，比拟。 ④郊劳：到郊外迎接、慰劳。 ⑤昆弟：同母所生的兄弟。 ⑥委蛇：也作"逶迤"，伏地曲行。蒲服：同"匍匐"，伏地膝行。 ⑦季子：小叔子。一说苏秦字季子。 ⑧负郭田：靠近城郭的耕地。负：背倚。郭：外城。 ⑨望：埋怨，怨望。

赵王让[1]苏秦。苏秦恐，请使燕，必报齐。苏秦去赵而从约皆解。

秦惠王以其女为燕太子妇。是岁，文侯卒，太子立，是为燕易王。易王初立，齐宣王因燕丧伐燕，取十城。易王谓苏秦曰："往日先生至燕，而先王资先生见赵，遂约六国从。今齐先伐赵，次至燕，以先生之故为天下笑，先生能为燕得侵地乎？"苏秦大惭，曰："请为王取之。"

苏秦见齐王，再拜，俯而庆，仰而吊[2]。齐王曰："是何庆吊相随之速也？"苏秦曰："臣闻饥人所以饥而不食乌喙者[3]，为其愈充腹而与饿死同患也[4]。今燕虽弱小，即秦王之少婿也。大王利其十城而长与强秦为仇。今使弱燕为雁行而强秦敝其后[5]，以招天下之精兵，是食乌喙之类也。"齐王愀然变色曰："然则奈何？"苏秦曰："臣闻古之善制事者，转祸为福，因败为功。大王诚能听臣计，即归燕之十城。燕无故而得十城，必喜；秦王知以己之故而归燕之十城，亦必喜。此所谓弃仇雠而得石交者也[6]。夫燕、秦俱事齐，则大王号令天下，莫敢不听。是王以虚辞附秦，以十城取天下，此霸王之业也。"王曰："善。"于是乃归燕之十城。

人有毁苏秦者曰："左右卖国反覆之臣也，将作乱。"苏秦恐得罪归而燕王不复官也，苏秦见燕王曰："臣，东周之鄙人也，无有分寸之功，而王亲拜之于庙而礼之于廷。今臣为王却齐之兵而得十城，宜以益亲[7]。今来而王不官臣者，人必有以不信伤臣

---

①让：责备，责怪。 ②吊：对受灾祸的人表示哀悼、慰问。 ③乌喙：一种毒植物，即乌头。 ④愈：同"偷"，苟且，暂时。 ⑤雁行：大雁飞行有序，此指燕将在秦前面打头阵。敝：通"蔽"，遮挡，掩蔽。 ⑥石交：金石之交，指感情深厚牢不可破的友谊。 ⑦宜以益亲：应更加信任。

于王者。臣之不信，王之福也。臣闻忠信者，所以自为也；进取者，所以为人也。且臣之说齐王，曾非欺之也。臣弃老母于东周，固去自为而行进取也。今有孝如曾参，廉如伯夷，信如尾生。得此三人者以事大王，何若？”王曰：“足矣。”苏秦曰：“孝如曾参，义不离其亲一宿于外，王又安能使之步行千里而事弱燕之危王哉？廉如伯夷，义不为孤竹君之嗣，不肯为武王臣，不受封侯而饿死首阳山下。有廉如此，王又安能使之步行千里而事行进取于齐哉？信如尾生，与女子期于梁下，女子不来，水至不去，抱柱而死。有信如此，王又安能使之步行千里却齐之强兵哉？臣所谓以忠信得罪于上者也。”燕王曰：“若[①]不忠信耳，岂有以忠信而得罪者乎？”苏秦曰：“不然。臣闻客有远为吏而其妻私[②]于人者，其夫将来，其私者忧之，妻曰‘勿忧，吾已作药酒待之矣’。居三日，其夫果至，妻使妾举药酒进之。妾欲言酒之有药，则恐其逐主母也；欲勿言乎，则恐其杀主父也。于是乎详僵[③]而弃酒，主父大怒，笞之五十。故妾一僵而覆酒，上存主父，下存主母，然而不免于笞，恶[④]在乎忠信之无罪也？夫臣之过，不幸而类是乎！”燕王曰：“先生复就故官。”益厚遇之。

易王母，文侯夫人也，与苏秦私通。燕王知之，而事之加厚。苏秦恐诛，乃说燕王曰：“臣居燕不能使燕重[⑤]，而在齐则燕必重。”燕王曰：“唯先生之所为。”于是苏秦详为得罪于燕王而亡走齐，齐宣王以为客卿[⑥]。

齐宣王卒，湣王即位，说湣王厚葬以明孝，高宫室大苑囿以明得意，欲破敝[⑦]齐而为燕。燕易王卒，燕哙立为王。其后齐大

---

①若：你。②私：私通，指不正当的男女关系。③详僵：假装仆倒。④恶：哪里，怎么。⑤重：地位提高。⑥客卿：任用别国人为卿，称为客卿。⑦破敝：使之衰败。

夫多与苏秦争宠者，而使人刺苏秦，不死，殊[①]而走。齐王使人求贼，不得。苏秦且死，乃谓齐王曰："臣即死，车裂臣以徇于市[②]，曰'苏秦为燕作乱于齐'，如此则臣之贼必得矣。"于是如其言，而杀苏秦者果自出，齐王因而诛之。燕闻之曰："甚矣，齐之为苏生报仇也！"

苏秦既死，其事大泄。齐后闻之，乃恨怒燕。燕甚恐。苏秦之弟曰代，代弟苏厉，见兄遂，亦皆学。及苏秦死，代乃求见燕王，欲袭故事[③]，曰："臣，东周之鄙人也。窃闻大王义甚高，鄙人不敏，释鉏耨而干[④]大王。至于邯郸，所见者绌于所闻于东周，臣窃负其志。及至燕廷，观王之群臣下吏，王，天下之明王也。"燕王曰："子所谓明王者何如也？"对曰："臣闻明王务[⑤]闻其过，不欲闻其善，臣请谒[⑥]王之过。夫齐、赵者，燕之仇雠也；楚、魏者，燕之援国也。今王奉仇雠以伐援国，非所以利燕也。王自虑之，此则计过[⑦]，无以闻者，非忠臣也。"王曰："夫齐者固寡人之仇，所欲伐也，直患国敝力不足也。子能以燕伐齐，则寡人举国委子。"对曰："凡天下战国七，燕处弱焉。独战则不能，有所附则无不重。南附楚，楚重；西附秦，秦重；中附韩、魏，韩、魏重。且苟所附之国重，此必使王重矣。今夫齐，长主而自用也[⑧]。南攻楚五年，畜聚竭[⑨]；西困秦三年，士卒罢敝[⑩]；北与燕人战，覆三军，得二将。然而以其馀兵南面举[⑪]五千乘之大宋，而包[⑫]十二诸侯。此其君欲得，其民力竭，恶足取乎！且臣闻

①殊：死，此指致命伤。 ②车裂：以车撕裂人体，俗称"五马分尸"。徇：示众。 ③袭：因袭，继承。故事：旧事，旧业。 ④干：求，求取。 ⑤务：必须，一定。 ⑥谒：说明，剖析。 ⑦计过：错误的策略。 ⑧长主：年高的君主。自用：自以为是，自恃其强。 ⑨畜聚竭：积聚已尽。畜：同"蓄"，积聚，储蓄。 ⑩罢敝：羸弱疲困。罢：通"疲"，疲乏，疲劳。 ⑪举：此指大败。 ⑫包：并吞，囊括。

之，数战则民劳，入师则兵敝矣。”燕王曰：“吾闻齐有清济、浊河可以为固，长城、巨防足以为塞，诚有之乎？”对曰：“天时不与，虽有清济、浊河，恶足以为固！民力罢敝，虽有长城、巨防，恶足以为塞！且异日济西不师，所以备赵也；河北不师，所以备燕也。今济西河北尽已役矣，封内敝矣。夫骄君必好利，而亡国之臣必贪于财。王诚能无羞宠子母弟以为质[①]，宝珠玉帛以事左右，彼将有德燕而轻亡宋，则齐可亡已。”燕王曰：“吾终以子受命于天矣。”燕乃使一子质于齐。而苏厉因燕质子而求见齐王。齐王怨苏秦，欲囚苏厉。燕质子为谢，已，遂委质[②]为齐臣。

燕相子之与苏代婚，而欲得燕权，乃使苏代侍质子于齐。齐使代报燕，燕王哙问曰：“齐王其霸乎？”曰：“不能。”曰：“何也？”曰：“不信其臣。”于是燕王专任子之，已而让位，燕大乱。齐伐燕，杀王哙、子之。燕立昭王，而苏代、苏厉遂不敢入燕，皆终归齐，齐善待之。

苏代过魏，魏为燕执[③]代。齐使人谓魏王曰：“齐请以宋地封泾阳君，秦必不受。秦非不利有齐而得宋地也，不信齐王与苏子也。今齐魏不和如此其甚，则齐不欺秦。秦信齐，齐秦合，泾阳君有宋地，非魏之利也。故王不如东苏子[④]，秦必疑齐而不信苏子矣。齐秦不合，天下无变，伐齐之形成矣。”于是出苏代。代之宋，宋善待之。

齐伐宋，宋急，苏代乃遗燕昭王书曰：

夫列在万乘而寄质于齐[⑤]，名卑而权轻；奉万乘助齐伐宋，民劳而实费；夫破宋，残楚淮北，肥大齐[⑥]，仇强而国害。

①母弟：同母所生的弟弟。质：人质。②委质：古人相见，必执贽为礼，如卿以羔，大夫以雁等。一说“质”为形体。委质指人臣拜见人君时屈膝委体于地。③执：拘捕。④东苏子：让苏代回东方去。齐在魏之东。⑤寄质于齐：燕前有一子质于齐。⑥肥：壮，壮大。

此三者皆国之大败也[①]。然且王行之者，将以取信于齐也。齐加不信于王，而忌燕愈甚，是王之计过矣。夫以宋加之淮北，强万乘之国也，而齐并之，是益一齐也[②]。北夷方七百里，加之以鲁、卫，强万乘之国也，而齐并之，是益二齐也。夫一齐之强，燕犹狼顾而不能支，今以三齐临燕，其祸必大矣。

虽然，智者举事，因祸为福，转败为功。齐紫败素也[③]，而贾十倍[④]；越王勾践栖于会稽，复残强吴而霸天下。此皆因祸为福，转败为功者也。

今王若欲因祸为福，转败为功，则莫若挑[⑤]霸齐而尊之，使使盟于周室，焚秦符，曰"其大上计，破秦；其次，必长宾[⑥]之"。秦挟宾以待破，秦王必患之。秦五世伐诸侯，今为齐下，秦王之志苟得穷齐，不惮以国为功。然则王何不使辩士以此言说秦王曰："燕、赵破宋肥齐，尊之为之下者，燕、赵非利之也。燕、赵不利而势为之者，以不信秦王也。然则王何不使可信者接收燕、赵，令泾阳君、高陵君先于燕、赵？秦有变，因以为质，则燕、赵信秦。秦为西帝，燕为北帝，赵为中帝，立三帝以令于天下。韩、魏不听则秦伐之，齐不听则燕、赵伐之，天下孰敢不听？天下服听，因驱韩、魏以伐齐，曰'必反宋地，归楚淮北'。反宋地，归楚淮北，燕、赵之所利也；并立三帝，燕、赵之所愿也。夫实得所利，尊得所愿，燕、赵弃齐如脱蹝矣[⑦]。今不收燕、赵，齐霸

①败：过失，失策。 ②益一齐：使齐国得益了一倍的国力。 ③齐紫：齐国的紫衣。当时齐桓公好紫服，一国尽服紫。败素：破旧的白帛。 ④贾十倍：商人为牟利，将不好的百缯染为紫色，可获十倍之利。贾：通"价"，价格。 ⑤挑：逗引，诱使。 ⑥宾：通"摈"，排斥。⑦蹝(xǐ)：鞋。

必成。诸侯赞齐而王不从，是国伐也[1]；诸侯赞齐而王从之，是名卑也。今收燕、赵，国安而名尊；不收燕、赵，国危而名卑。夫去尊、安而取危、卑，智者不为也。”秦王闻若说，必若刺心然。则王何不使辩士以此若言说秦？秦必取，齐必伐矣。夫取秦，厚交也；代齐，正利也。尊厚交，务正利，圣王之事也。

燕昭王善其书，曰：“先人尝有德苏氏，子之之乱而苏氏去燕。燕欲报仇于齐，非苏氏莫可。”乃召苏代，复善待之，与谋伐齐。竟破齐，湣王出走。

久之，秦召燕王，燕王欲往，苏代约[2]燕王曰：“楚得枳而国亡，齐得宋而国亡，齐、楚不得以有枳、宋而事秦者，何也？则有功者，秦之深仇也。秦取天下，非行义也，暴也。秦之行暴，正告天下。

告楚曰：“蜀地之甲[3]，乘船浮于汶，乘夏水而下江，五日而至郢。汉中之甲，乘船出于巴，乘夏水而下汉，四日而至五渚。寡人积甲宛东下随，智者不及谋，勇士不及怒，寡人如射隼矣[4]。王乃欲待天下之攻函谷，不亦远乎！”楚王为是故，十七年事秦。

秦正告韩曰：“我起乎少曲，一日而断大行。我起乎宜阳而触平阳，二日而莫不尽繇[5]。我离两周而触郑，五日而国举[6]。”韩氏以为然，故事秦。

秦正告魏曰：“我举安邑，塞女戟，韩氏太原卷。我下轵，道南阳，封冀，包两周。乘夏水，浮轻舟，强弩在前，锬[7]戈在后，决荥口，魏无大梁；决白马之口，魏无外黄、济阳；决宿胥之口，魏

---

①国伐：国被攻伐。 ②约：阻止。 ③甲：古代士卒穿的革制护身衣，此处喻军队。 ④射隼：比喻行动迅速。隼：一种疾飞的猛禽。 ⑤繇：同“摇”，震撼，动摇。 ⑥国举：占领整个国家。举：攻克，夺取。 ⑦锬：锋利。

无虚、顿丘。陆攻则击河内,水攻则灭大梁。”魏氏以为然,故事秦。

秦欲攻安邑,恐齐救之,则以宋委于齐。曰:“宋王无道,为木人以写寡人,射其面。寡人地绝[①]兵远,不能攻也。王苟能破宋有之,寡人如自得之。”已得安邑,塞女戟,因以破宋为齐罪。

秦欲攻韩,恐天下救之,则以齐委于天下,曰:“齐王四与寡人约,四欺寡人,必率天下以攻寡人者三。有齐无秦,有秦无齐,必伐之,必亡之。”已得宜阳、少曲、致蔺、离石,因以破齐为天下罪。

秦欲攻魏重楚,则以南阳委于楚。曰:“寡人固与韩且绝矣。残均陵,塞鄳阨,苟利于楚,寡人如自有之。”魏弃与国而合于秦,因以塞鄳阨为楚罪。

兵困于林中,重燕、赵,以胶东委于燕,以济西委于赵。已得讲于魏,至公子延,因犀首属行[②]而攻赵。

兵伤于谯石,而遇败于阳马,而重魏,则以叶、蔡委于魏。已得讲于赵,则劫魏。魏不为割,困,则使太后弟穰侯为和;嬴,则兼欺舅与母[③]。

适[④]燕者曰“以胶东”,适赵者曰“以济西”,适魏者曰“以叶、蔡”,适楚者曰“以塞鄳阨”,适齐者曰“以宋”。此必令言如循环,用兵如刺蜚[⑤],母不能制,舅不能约。

龙贾之战,岸门之战,封陵之战,高商之战,赵庄之战,秦之所杀三晋之民数百万,今其生者皆死秦之孤。西河之外,上洛之地,三川晋国之祸,三晋之半,秦祸如此其大也。而燕、赵之

---

①绝:遥远。 ②属行:指发动大军。属:相连属。行:行列,指军队。 ③舅与母:指穰侯魏冉与宣太后。 ④适:通“谪”,谴责,惩罚。 ⑤刺蜚:比喻用兵捷速,易于取胜。蜚:小飞虫。一说当作“韭”,刺韭指犹如割菜。

秦者，皆以争事秦说其主，此臣之所大患也。

燕昭王不行。苏代复重于燕。

燕使约诸侯从亲如苏秦时，或从或不，而天下由此宗[①]苏氏之从约。代、厉皆以寿死，名显诸侯。

太史公曰：苏秦兄弟三人，皆游说诸侯以显名，其术长于权变。而苏秦被反间以死，天下共笑之，讳学其术。然世言苏秦多异，异时[②]事有类之者皆附之苏秦。夫苏秦起闾阎[③]，连六国从亲，此其智有过人者。吾故列其行事，次其时序[④]，毋令独蒙恶声焉。

【译文】

苏秦，东周洛阳人，他曾向东到齐国去拜师求学，在鬼谷子先生门下学习。

后来他外出游历多年，弄得穷困潦倒，只得回到家里。兄嫂、弟妹、妻妾都私下嘲笑他，说道："周国人的习俗，大家都治理产业，努力从事工商，追求那十分之二的盈利为事业。如今您丢掉了本行去干要嘴皮子的事，穷困潦倒，不也是应该嘛！"

苏秦听了这些话，暗自惭愧、伤感，就闭门不出，把自己的藏书全部阅读了一遍。说道："一个读书人既然已从师受教，埋头读书，可又不能凭借它获得荣华富贵，即使读书再多，又有什么用呢?"于是他找到一本周书《阴符》，埋头钻研。下了一整年的功夫，悉求真谛，从中找到了许多揣摩国君心意的门道，激动地说："就凭这些，足可以游说当代的国君了。"他求见并游说周显王。可是显王的近臣一向了解苏秦的为人，都瞧不起他，因而周显王也不信任他。

---

①宗：推重，尊崇。 ②异时：不同的时代。 ③闾阎：古代村社，里门叫闾，里中门叫阎，是故闾阎为民间代称。 ④时序：编定事情年代。

于是,他向西到了秦国。秦孝公已死。他就游说惠王说:“秦国是个四面山关险固的国家,背靠终南山,渭水如带横流,东有函谷关和黄河,西有汉中,南有巴郡、蜀郡,北有代郡与马邑,这真是个天然的府库啊。凭着秦国众多的百姓,训练有素的士兵,足以吞并天下,建立帝业而统治四方。”

秦惠王说:“鸟儿的羽毛还没长丰满,不可能凌空高飞;国家的政教还没有走上正轨,不可能兼并天下。”当时,秦国刚刚处死商鞅,憎恨游说的人,因而不任用苏秦。

于是,他向东到了赵国。赵肃侯让自己的弟弟赵成任国相,封号奉阳君。奉阳君不喜欢苏秦,他就离开了赵国。

苏秦又去燕国游说,等了一年多才见到燕王。他劝燕文侯说:“燕国东有朝鲜、辽东,北边有林胡、楼烦,西有云中、九原,南有滹沱河、易水,区域纵横两千多里,武装部队几十万人,战车六百辆,战马六千匹,储存的粮食足够用好几年。南有碣石、雁门的肥沃土地,北有红枣和栗子的收益,百姓即使不耕作,光靠这红枣、栗子的收获也足够富裕的了。这就是人们所说的天然府库啊!能够安居乐业,没有战事,看不到军队覆灭、将领被杀的情景,没有谁比得上燕国。大王知道这是为什么吗?燕国不被敌人侵犯的原因,是因有赵国在燕国南面遮蔽着。秦国和赵国打了五次仗,秦国胜两次而赵国胜三次。两国相互杀伤,彼此削弱,而大王可凭借整个燕国的势力,在后边牵制他们,这就是燕国不受敌人侵略的原因。况且秦国要攻打燕国,就要穿越云中和九原,经过代郡和上谷,远离几千里,即使攻克燕国的城池,秦国也考虑到没法守住它。秦国不能侵害燕的道理很明显。如今赵国要攻打燕国,只要发出号令,不到十天,几十万大军就会进驻东桓一带了,再渡过滹沱,涉过易水,用不了四五天,就可到达燕国的都城了。所以说秦国攻打燕国,是在千里以外作战;赵国攻打燕国,是在百里以内作战。不忧虑百里内的祸患而重视千里外的敌人,再没有比这更错误的策略了。因此希望大王与赵国合纵亲善,把各国联成一体,那么燕国一定不会有什么值得忧虑的了。”

文侯说:“您的话当然不错,可是我的国家弱小,西边又紧靠着强大的赵国,南边接近齐国,齐、赵都是强国啊。您一定要用合纵的办法使燕国安全无事,我愿倾国相从。”于是燕文侯就赞助苏秦车马钱财,让他到赵国去。奉阳君已死,苏秦就趁机劝赵肃侯说:“天下的卿相臣子一直到普通读书人,都仰慕您这样贤明的国君能施行仁义,都希望能在您面前听从教诲,陈述忠言,为时已很久了。尽管如此,但奉阳君妒忌人才而您又不理政事,因此宾客和游说之士没有谁敢在您面前畅所欲言。如今奉阳君已死,您又可以和士民百姓亲近了,所以我才敢于向您陈述愚见。

“我私下替您考虑,没有比百姓生活的安宁,国家太平,并且无须让人民卷入战争中去更重要的了。使人民安定的根本,就在于选择邦交,邦交选择得当,那么人民就安定;邦交选择不得当,人民就终身不能安定。请允许我分析一下赵国的外患:假如赵国与齐、秦两国为敌,那么人民就得不到安宁,如果依靠秦国攻打齐国,人民也不会得到安宁,假如依仗齐国攻打秦国,人民同样得不到安宁。所以想要计算别国的国君,攻打别人的国家,常常苦于公开声明断绝跟别国的外交关系。因此,希望您小心谨慎,不要轻易把这话说出来。请让我为您分析这种黑白、阴阳极其分明的利害得失吧。您果真能听从我的忠告,燕国一定会献出盛产毡裘狗马的土地,齐国一定会献出盛产鱼盐的海湾,楚国一定会献出盛产桔柚的园林,韩、卫、中山等国都可以相应地献出供您汤沐的费用,而您的亲戚和父兄都可以裂土封侯了。夺取土地、享受权利,这正是春秋五霸不惜全军覆没、将领被俘的代价去追求的;使贵戚封侯,正是商汤、武王所以要采用流放甚至弑君去争取的。如今我让您安然就座,就可以轻易地获得这两种好处,这就是我所替您希望的。

“现在如果大王与秦国交好,那么秦国一定会去削弱韩国、魏国;如果与齐国交好,那么齐国一定会去削弱楚国、魏国。魏国衰弱了就要割让河外之地,韩国衰弱了就要献出宜阳。宜阳一旦献给秦国,上郡就要陷入绝境,割让了河外就会阻断通往上郡的道路,楚国要衰弱了,赵国就孤立无援。这三个方面您不能不仔细地考虑啊。

“秦国攻下轵道，韩国的南阳就危在旦夕；秦国要强夺南阳，包围周都，那么，赵国就要拿起武器自卫；假如秦国据有卫地，攻取卷城，那么齐国一定会向秦国俯首称臣。秦国的欲望既然已在崤山以东得逞，就一定会发兵进犯赵国。假如秦军渡过黄河，越过漳水，占据了番吾，那么，秦、赵两国的军队一定要在邯郸城下作战了。这就是我所替你忧虑的啊。

“当前，崤山以东一带所建立的国家没有比赵国更强大的了。赵国区域纵横两千多里，武装部队几十万人，战车千辆，战马万匹，粮食可供给好几年。西有常山，南有漳水，东有清河，北有燕国。燕国，本来就是个弱小的国家，不值得害怕。天下间，秦国最忌恨的莫过于赵国。但是秦国为什么不敢发兵攻打赵国呢？主要是害怕韩国和魏国在后边暗算它。既然如此，那么韩、魏可算是赵国南边的屏障了。秦国要是攻打韩国、魏国，就没有什么名山大川的阻挡，像蚕吃桑叶似的逐渐地侵占，直到逼近两国的国都为止。韩、魏两国不能抵挡秦国，必然会向秦国屈服称臣。秦国解除了韩、魏暗算的顾虑，那么战祸就必然会降临到赵国头上了。这也是我所替你忧虑的。

“我听说当初唐尧没分到过三百亩的赏赐，虞舜也没得到过一尺的封地，却能拥有整个天下；禹夏聚集的民众不够百人，却能在诸侯中称王；商汤、周武的卿士不足三千，战车不足三百辆，士兵不足三万，却能成为天子：这都是因为他们确实掌握了夺取天下的策略。因此，一个贤明的君主，对外要能预料敌国的强弱，对内要能估计士兵素质的优劣，这样用不着等到两军交战，胜败存亡的关键所在早已了然于胸。怎么会被众人的议论所蒙蔽，而昏昧不清地决断国家大事呢？

“我私下考察过天下的地图，各诸侯国的土地五倍于秦国，估计各诸侯国的士兵十倍于秦国，假如六国结成一个整体，合力向西攻打秦国，秦国一定会被打败。如今您却向西侍奉秦国，向秦国称臣。打败别人和被别人打败，让别人向自己称臣和自己向别人称臣，难道是可以同日而语的么！

“凡主张连衡的人，都想把各诸侯国的土地割让给秦国。秦国成就霸业，他们就可把楼台亭榭建得高大，把宫室建得华美，欣赏着竽瑟演奏的音乐，前有楼台、宫阙、大车，后有窈窕艳丽的美女，至于各国遭受秦国的祸害，他们就不去分担忧愁了。所以那些主张连衡的人凭借秦国的权势日夜不停恐吓各国，要求割让土地，因此，希望大王能仔细考虑啊。

“我听说贤明的君主决断疑虑，排斥谗言，摒弃流言蜚语的来路，堵塞结党营私的门道，所以我才有机会在您面前陈述使国君尊崇，使土地扩展，使军队强大的计策。我私下为大王考虑，不如使韩、魏、齐、楚、燕、赵结成一个相亲的整体，去对抗秦国。让天下的将相在洹水之上举行盟会，互相交通换质，杀白马歃血盟誓，订立盟约说：‘假如秦国攻打楚国，那么齐国、魏国就分别派出精锐部队帮助楚国，韩国就切断秦国的运粮要道，赵军就南渡河漳支援，燕军就固守常山以北。假如秦国攻打韩国、魏国，那么楚军就切断秦国的后援，齐国就派出精锐部队去帮助韩国、魏国，赵军就渡过河漳支援，燕国就固守云中地带。假如秦国攻打齐国，那么楚国就切断秦国的后援，韩国固守城皋，魏国堵塞秦国进攻齐国的要道，赵国的军队就渡过漳河，挺进博关支援，燕国就派出精锐部队去协同作战。假如秦国攻打燕国，那么，赵国就守卫常山，楚国的部队驻扎武关，齐军渡过渤海，韩、魏同时派出精锐部队协同作战。假如秦国攻打赵国，那么韩国驻军宜阳，楚国驻军武关，魏国驻军河外，齐国的军队渡过清河，燕国派出精锐部队协同作战。假如有的诸侯不照盟约办事，便用其他五国的军队共同讨伐它。’假如六国合纵联盟，共同抵抗秦国，那么秦国一定不敢从函谷关出兵侵犯山东六国了。这样，您霸主的事业就成功了。”

赵王说：“我还年轻，即位时间又短，不曾听到过使国家长治久安的策略。如今您有意保全天下，使各国得以安定，我愿诚恳地倾国相从。”于是装饰车子一百辆，载上黄金一千镒，白璧一百双，绸缎一千匹，让苏秦用来游说各国。

这时，周天子把祭祀文王、武王用过的肉赐给秦惠王。惠王派犀首攻打魏国，活捉了魏将龙贾，攻占了魏国的雕阴，并打算挥师向东挺进。

苏秦恐怕秦国的部队打到赵国来，就用计激怒了张仪，迫使他投奔秦国。

于是苏秦去游说韩宣王道："韩国北面有坚固的巩邑、城皋，西面有宜阳、商阪的要塞，东有宛邑、穰邑、洧水，南有陉山，土地纵横九百多里，武装部队有几十万，天下的强弓硬弩都由韩国所产。像溪子、少府、时力、距来等弩箭，射程都在六百步以外。韩国士兵脚踏连弩而射，能连续发射一百来次，中间不停歇。远处的敌人，可以射穿他们胸前的铠甲，穿透胸膛，近处的敌人，可以射透他们的心脏。韩国士兵使用的剑、戟都是从冥山、棠溪、墨阳、合赙、邓师、宛冯、龙渊、太阿等地锻冶的，这些锋利的武器都能在陆上斩杀牛马，在水上劈击天鹅、大雁，临阵对敌能斩断坚固的铠甲、铁衣，从臂套到系在盾牌上的丝带，没有一样不具备的。凭着韩国士兵的勇敢，披上坚固的铠甲，拉着强劲的硬弩，佩戴着锋利的宝剑，即使以一当百，也不在话下。凭着韩国兵力的强大和大王的贤明，却向西侍奉秦国，拱手而屈服，使国家蒙受耻辱而被天下人耻笑，没有比这更严重的了。因此希望大王仔细考虑一下。

"如果大王向秦国屈服，秦国必定会向您索取宜阳、成皋。今年把土地献给他，明年又要索取割地。给他吧，却没有那么多土地可给，不给吧，那么就会丢掉以前割地求好的功效而遭受后患。况且大王的土地是有穷尽的，而秦国贪婪的索取是没有止境的，拿有限的土地，去迎合无止境的索取，这就叫作拿钱购买怨恨，结下灾祸，不用交战，而土地就被人割占去了。我听说过一句俗话：'宁肯做鸡的嘴，不要做牛的屁股。'现在，您如果向西拱手臣服，和做牛的肛门有什么不同呢？"凭着大王的贤明，又拥有韩国强大的军队，却蒙受做"牛后"的丑名，我私下替大王感到羞耻。"

这时韩王突然变了脸色，捋起袖子，瞪大眼睛，手按宝剑，仰望天空长长地叹息说："我虽然没出息，也决不能向秦国屈服。现在您既然转告了赵王的指教，我愿把我的国家托付给您，听从您的安排。"

苏秦又游说魏襄王说："大王的国土，南面有鸿沟、陈地、汝南、许地、郾地、昆阳、召陵、舞阳、新都、新郪，东面有淮河、颍河、煮枣、无胥，西面有长城为界,北面有河外、卷地、衍地、酸枣,国土纵横千里。地方名义上虽狭小,但田间到处盖满房屋,连放牧牲畜的地方也没有了。人口稠密,车马众多,日夜行驰,络绎不绝,轰轰隆隆,好像有三军人马的声势。我私下估量您国家的力量和楚国不相上下。可那些主张连衡的人却诱惑您侍奉秦国,伙同像虎狼一样凶恶的秦国侵扰整个天下,一旦魏国遭受秦国危害,谁都不会顾及您的灾祸。依仗秦国强大的势力,在内部劫持别国君主,一切罪过没有比这更严重的了。魏国是天下强国;大王是天下贤明的国君。现在您竟有意向西面事奉秦国,自称是秦国东方的属国,为秦国建筑离宫,采用秦国的冠服制度,春秋季节给秦国纳贡助祭,我私下为大王感到羞耻。

"我听说越王勾践仅用三千疲惫的士兵作战,就在干遂活捉了吴王夫差;周武王只用了三千士兵,三百辆蒙着皮革的战车,就在牧野制服了商纣:难道他们是靠着兵多将广吗?实在是因为他们能充分发挥出自己的威力。现在,我私下听说大王的军事力量的实际情况,有精锐部队二十万,裹着青色头巾的部队二十万,冲锋部队二十万,勤杂兵十万,战车六百辆,战马五千匹。这些超过越王勾践和周武王很远了,可是,如今您却听信群臣的建议,想以臣子的身份服事秦国。如果服事秦国,必然要割让土地来表示自己的忠诚,还没动用军队,国家却已亏损了。凡是群臣中妄言服事秦国的,都是奸人,不是忠臣。他们作为君主的臣子,却想割让自己国君的土地,以求得与外国的友谊,苟取一时的成功,而不顾后果,破坏国家的利益而成就私人的好处,对外凭借着强秦的势力,从内部劫持自己的国君,以达到割让土地的目的,希望大王仔细看清这一点。

"《周书》上说:'草木滋长出微弱的嫩枝,要不及时除掉它,等到滋长蔓延开了,该怎么办呢?细微嫩枝不及时砍掉它,等到长得粗壮了,就得用斧头才行了。'事前不考虑成熟,事后将有大祸临头,那时对它将怎么办呢?大王果真能听从我的建议,使六国联合相亲,专心合力,统一意志,就一定不会有遭受强秦侵害的祸患了。所以敝国的赵王派我来献上不成熟的策略,奉上明确的公约,全赖大王的指示去号召大家了。"

魏王说:“我没有出息,以前没听说过如此贤明的指教,如今您奉赵王的使命来指教我,我愿率领全国民众听从您的安排。”

接着,苏秦又向东方游说齐宣王,说:“齐国南面有泰山,东面有琅邪山,西面有清河,北面有渤海,这可说是四面都有天险的国家了。齐国的土地纵横两千余里,武装部队几十万人,粮食堆积得像山丘一样。三军精良,联合起五家的兵卒,进攻时如同刀锋、箭头那样勇猛捷速,打起仗来好像雷霆震怒一样猛烈,撤退时好像风雨一样很快地消散。自有战役以来,从未征调过泰山以南的军队,也不曾渡过清河,涉过渤海去征调这二部的士兵。光是临淄就有七万户人家,我私下估计,每户不少于三个男子,三七二十一万,用不着征集远处县邑的兵源,光是临淄的士兵本来就有二十一万了。临淄富有而殷实,这里的居民没有不吹竽鼓瑟、弹琴击筑、斗鸡走狗、下棋踢球的。临淄的街道上,车子拥挤得车轴互相撞击,人多得肩擦着肩,把衣襟连接起来,可以形成围幔,举起衣袖,可以成为遮幕,大家挥洒的汗水,就像下雨一样,家家殷实,人人富足,大家志向高远,意志飞扬。凭借着大王的贤明和齐国的强盛,天下没有哪个国家能够对抗。如今您却要向西去事奉秦国,我真私下替大王感到羞耻。

“况且韩、魏之所以非常畏惧秦,是因为他们和秦边界相接,两国军队一交战,不出十天,胜败存亡的局势就决定了。如果韩、魏战胜了秦,那么自己的兵力也要损失一半,四面的国境就无法保卫;如果韩、魏两国作战不能取胜,那么国家接着就陷入危亡的境地。这就是韩、魏把和秦国作战看得那么重要,把向秦国臣服看得很随便的原因。如果秦国攻打齐国,情况就不同了。秦国背靠韩、魏的土地,要经过卫国阳晋的要道,穿过齐国亢父的险塞,战车不能并驶,战马不能并行,只用一百人守在险要之处,就是有一千人也不敢通过。即使秦国军队想要深入,就像狼一样疑虑重重,时时得回顾,生怕韩、魏在后面暗算它。所以它虚张声势,恐吓威胁。它虽然骄横自大却不敢冒险进攻,那么秦国不能危害齐国的道理也就相当明了啦。

“不能深刻地估计到秦国根本对齐国无可奈何的实情,却想要向西服事秦国，这是群臣们策略上的错误。现在，齐国还没有向秦国臣服的丑名却有强大的国家实力，所以我希望大王稍微留心考虑一下，以便决定对策。”

齐王说：“我是个愚笨之人，居住在偏远之地，这里是紧靠大海、道路绝尽、地处东境的国家，因此我从未听过您高明的教诲。如今您奉赵王的使命指教我，我愿率全国百姓听从您安排。”

苏秦于是又向西南去游说楚威王，说：“楚国，是天下的强国；大王，是天下贤明的国王。楚国西边有黔中、巫郡，东边有夏州、海阳，南边有洞庭、苍梧，北边有径塞、郇阳，国土纵横五千多里，武装部队一百万，战车千辆，战马万匹，存粮足够支用十年。这是建立霸主事业的资本啊。凭借着楚国的强大和大王的贤明，天下没有哪个国家能比得上。如今您却想向西侍奉秦国，那么，天下就再没有哪个诸侯不向西面拜服在秦国的章台宫下了。

“秦国最大的忧患没有比得上楚国的，楚国强，秦国就会弱；秦国强，楚国就会弱。从这种情势判断，两国不能同时并存。所以，我替大王策划，不如合纵联盟，以孤立秦国。如果大王不采纳合纵政策，秦国一定会出动两支军队，一支从武关出击，一支直下黔中，那么鄢郢的局势就动摇了。

我听说在未发生动乱前，就应治理它，在祸患没降临前，就要采取行动。要等到祸患临头，再去忧虑它，那就来不及了。所以愿大王能早做仔细的打算。

“大王如果能听从我的建议，我能使山东各国向您贡献四时的礼物，接受大王您英明的指教，把国家委托给您，奉献宗庙请您保护，训练士兵，修造兵器，听凭大王的指挥。大王果真能采纳我这不成熟的计策，那么，韩、魏、齐、燕、赵、卫等国美好的音乐和美丽的女子，一定会充满您的后宫。燕国、代地所产的骆驼、良马一定会充满您的畜圈。所以，合纵成功，楚国就能称王。连衡得逞，秦国就能称帝。如今您要放弃称王称霸的功业，甘愿蒙受事奉别人的丑名，我私下认为大王这种做法不可取。

“秦，是虎狼一样凶恶的国家，怀有吞并天下的野心。秦国也是天下各诸侯共同的仇敌。凡主张连衡的人都想分割各国的土地奉献给秦国，这就叫作供养仇人和敬奉仇敌啊。作为人家的臣子，却要分割自己国君的土地，用来和虎狼一样强暴的秦国相交往，侵扰天下，当自己的国家突然遭受秦国的侵害，他们却不顾及这些灾祸。在外依仗着强秦的威势，在内部劫持自己的国君，要求割地给秦国，是最大的叛逆，最大的不忠，没有比这更严重的罪过了。所以，如果合纵相亲，各诸侯就会割让土地事奉楚国，连衡成功，楚国就要割让土地事奉秦国，这两种策略相差太远了，这二者，大王要站到哪一方面呢？所以敝国赵王派我来进献这不成熟的策略，奉上明确的公约，全靠大王晓喻众人。”

楚王说：“我国西面与秦国接壤，秦国有夺取巴蜀、并吞汉中的野心。秦国，是虎狼一样凶恶的国家，是不可以亲近的。韩国、魏国经常遭受秦国侵害的威胁，不可以和他们谋划大事。假如和他们深入地谋划，恐怕有叛逆的人泄露给秦国，以致计划还未施行，而国家就早已面临危险了。我自己估计，拿楚国对抗秦国，不一定取得胜利；在朝廷内和群臣谋划，他们又不可信赖。我躺在床上睡不安稳，吃东西也感觉不到甜美的滋味，心神恍恍惚惚，好像挂在空中的旗子，始终没有个着落。现在您打算使天下统一，团结诸侯，使处于危境的国家保存下来，我愿意恭恭敬敬地把整个国家托付给您，听从您的安排。”

于是，六国合纵成功，同心协力了。苏秦做了合纵联盟的盟长，并且做了六国的国相。

苏秦北上向赵王复命，中途经洛阳，随行的车辆马匹满载行装，各诸侯派来送行的使者很多，气派比得上帝王。周显王听到此消息感到惊恐，赶快找人为他清除道路，并派使臣到郊外迎接慰劳。苏秦的兄弟、妻子、嫂子斜着眼不敢抬头看他，都俯伏在地，服侍他用饭。苏秦笑着对嫂子说：“你以前为什么对我那么傲慢，现在却对我这么恭顺呢？”他的嫂子赶紧伏俯在地，弯着身子，匍匐到他面前，脸贴着地谢罪说：“因为我看到小叔您地位显贵，钱财很多。”苏秦感慨地叹息说：“同样是我这个人，富贵了,亲戚就敬畏我,贫贱时,就轻慢我。何况一般人呢!假如我当初在洛阳近郊有二顷良田,如今,我难道还能佩带得上六国的相印吗?”当时他就散发千金,赏赐给亲友。

当初,苏秦到燕国去,向人家借过一百钱做路费,等到富贵了,就拿出一百金去偿还那个人。并且报答了以前所有对他有恩德的人。他的随从人员中,唯独有一个人没得到赏赐,就上前去自己申说。苏秦说:“我不是忘了您,当初您跟我到燕国去,在易水边上,您再三要离开我,那时正当我困窘不堪,所以我深深地埋怨您,所以把您放在最后,您现在也可得到赏赐了。”

苏秦约定六国合纵联盟后,回到赵国,赵肃侯封他为武安君,于是,苏秦把合纵盟约送交秦国。从此秦国不敢窥伺函谷关以外的国家,长达十五年之久。

后来秦国派使臣犀首欺骗齐国和魏国,和它们联合攻打赵国,打算破坏合纵联盟。齐、魏攻打赵国,赵王就责备苏秦。苏秦害怕,请求出使燕国,一定要向齐国报复。苏秦离开赵国以后,合纵盟约就瓦解了。

秦惠王将他的女儿嫁给燕国太子做妻子。这一年,燕文侯死,太子即位,这就是燕易王。易王刚刚登位,齐宣王便趁着燕国发丧之机,攻打燕国,一连攻取了十座城池。易王对苏秦说:“从前先生到燕国来,先王资助您去见赵王,于是才约定六国合纵。现在齐国首先进攻赵国,接着又打到燕国,因为先生的缘故被天下人耻笑,先生能替燕国收复被侵占的国土吗?”苏秦感到十分惭愧,说:“请让我替大王把失地收回来。”

苏秦见到齐王,拜了两拜,弯下腰去,向齐王表示庆贺;仰起头来,又向齐王表示哀悼。齐王说:“为什么庆贺和哀悼相继来得这么快呢?”苏秦说:“我听说饥饿的人,宁愿饥饿而不吃乌头这种毒物的原因,是因为它越是能填饱肚子就和饿死的灾祸越是没有区别啊。现在,燕国虽然弱小,但燕王却是秦王的小女婿。大王贪图十座城池的便宜,却长久地和强秦结成仇怨。如果使弱小的燕国打头阵,强大的秦国跟在它的后面做掩护,从而招致天下的精兵攻击你,这和吃乌头充饥是相类似的啊。”齐王听了，脸色一下子变得凄怆而严肃，说："既然如此，该怎么办呢?"苏秦说："我听说古代善于处理事情的人，能够把灾祸转化为吉祥，通过失败变为成功。大王果真能听从我的计策，就应立即归还燕国的十座城池。燕国平白地收回十城，一定很高兴；秦王知道因为他的关系而归还燕国的十城，也一定会很高兴。这就叫作抛弃仇恨而得到牢不可破的友谊。燕国、秦国都来事奉齐国，那么大王对天下发出的号令，没有敢不听的。这就是说，大王只需要空口表示依附秦国，实际上却以十城的代价取得天下，这是霸主的事业啊。"齐王说："好"。于是就归还了燕国的十座城池。

有诋毁苏秦的人说："苏秦是个左右摇摆、出卖国家、反复无常的人，将要引起乱子。"苏秦害怕获罪，回到燕国，而燕王却不给他官职。苏秦求见燕王说："我本是东周一个鄙陋的人，没一点功劳，而大王却在宗庙里授予我官职，在朝廷上以礼相待。如今，我替大王说退了齐国的军队，又收回了十座城池，应该对我越发亲近。如今我回到燕国而大王不给我官职，一定有人以不诚实的罪名在您面前中伤我。其实我的'不诚实'，正是大王的福气啊。我听说忠诚信实的人，一切都为自己打算；奋发进取的人，一切都替别人打算。况且我游说齐王，也没有欺骗他啊。我把老母抛在东周，本来就不打算为自己树立忠信的名声，而决心帮助别人求得进取。现在，假如有像曾参一样孝顺，像伯夷一样廉洁，像尾生一样诚信的人，让这样三种人去事奉大王，您认为怎样?"燕王回答说："足够了。"苏秦说："像曾参一样孝顺，为尽孝道，决不离开父母在外面过上一夜。像这样您又怎么能让他步行千里，来到弱小的燕国，侍奉处在危困中的国君呢？像伯夷一样廉洁，坚守正义，不愿做孤竹君的继承人，不肯作周武王的臣子，不接受赐爵封侯而最终饿死在首阳山下。像他这样廉洁，大王又怎能让他步行千里到齐国干一番事业取回十座城池呢？像尾生那样坚守诚信，和女子相约在桥下幽会，女子如期没来，洪水来了也不离开，紧抱桥柱被水淹死。像这样的诚信，大王又怎能让他步行千里退去齐国强大的军队呢？我正是以所谓的忠诚信实在王上面前获罪的呀。”燕王说:“你自己不忠诚信实罢了,难道还有因忠诚信实而获罪的吗?”苏秦说:“不是这样的。我听说有一个人在很远的地方做官,他的妻子与别人私通,她的丈夫快要回来时,与她私通的人就忧虑,妻子说:‘你不要担心,我已做好了毒酒等着他呢。’过了三天,她丈夫果然到了,妻子让侍妾端着有毒的酒给他喝,侍妾想告诉他酒中有毒,又恐怕他把主母赶走;可不告诉他吧,又恐怕她的毒酒害死主父。于是只好她假装跌倒,把酒泼在地上,主父大发雷霆之怒,将她打了五十竹板。所以侍妾一跌倒而泼掉了那杯毒酒,对上保全了主父,对下保全了主母,可自己却免不掉挨竹板子,怎么能说忠诚信实就不能获罪呢?不幸的是我的罪过跟侍妾的遭遇相类似啊!”燕王说:“先生恢复原来的官职吧。”从此燕王愈发优待苏秦。

燕易王的母亲,是燕文侯的夫人,跟苏秦私通。燕易王知道这件事,却对苏秦的待遇更加优厚。苏秦恐怕被杀,就劝说燕王:“我留在燕国,不能使燕国的地位提高,如果我去齐国,就一定能提高燕国的地位。”燕王说:“一切听任先生去做吧。”于是,苏秦假装得罪了燕王而逃跑到齐国。齐宣王便任用他为客卿。

齐宣王死,湣王继位,苏秦劝说湣王把葬礼办得铺张隆重,用来表明自己的孝道,高高地建筑宫室,大规模地开辟园林,用以表明自己得志,其实苏秦企图使齐国破败,从而有利于燕国。燕易王死,燕哙登基做了国君。此后,齐国大夫中有许多人和苏秦争夺国君的宠信,因而派人刺杀苏秦,苏秦当时没死,带着致命伤逃跑了。齐王派人捉拿凶手,没有抓到。苏秦将要死去,便对齐王说:“我快要死了,请您在人口集中的街市上把我五马分尸示众,就说‘苏秦为了燕国在齐国谋乱’,这样做,刺杀我的凶手一定可以抓到。”当时,齐王就按照他的话做了,那个刺杀苏秦的凶手果然自己出来了,齐王因而就把他杀了。燕王听到这个消息说:“齐国为苏先生报仇,作法也够过分的啦。”

苏秦死后不久,他为燕国破坏齐国的事实被大量泄露出来。齐国后来得知这些秘密,就迁怒于燕国。燕王很害怕。苏秦的弟弟叫苏代,代的弟弟叫苏厉，他们看到哥哥功成名就，也都发奋学习纵横之术。等苏秦死了，苏代就去求见燕王，打算承袭苏秦的旧业。他对燕王说："臣，是东周鄙陋的人。私下听说大王德行很高，鄙人很愚笨，放弃农具来求见大王。到了赵国邯郸，所看到的情况远不如我在东周听到的，我私下决定担负起为您做一番事业的志向。等到了燕国朝廷，遍观大王的臣子、下吏，才知道大王是天下最贤明的国君啊。"燕王说："您所说的贤明国君是什么样的呢？"苏代回答说："我听说贤明的国君一定愿听到别人指出他的过失，而不希望只听到别人称赞他的优点，请允许让我说明大王的过失。齐国和赵国，是燕国的仇敌，楚国和魏国，是燕国的盟国。如今，大王却去奉承仇敌而攻打盟国，这对燕国是没好处的。请大王自己想想，这是策略上的失误，不把这种失误向您说明的人，就不是忠臣。"燕王说："齐国本来就是我的仇敌，是我要讨伐的国家，只是担心国家衰弱，没足够的力量。假如您能以燕国现有力量讨伐齐国，那么，我愿将整个国家托付给您。"苏代回答说："天下能互相征战的国家共有七个，而燕国处于弱小的地位。单独作战不能取胜，然而只要有所依附，那么就没有不提高声威的。向南依附楚国，楚国声威提高；向西依附秦国，秦国声威提高；中部依附韩国、魏国，韩国、魏国声威提高。假如所依附的国家声威提高，这样也就一定能使您的声威提高啊。如今齐国国君，年纪大而固执自信，听不进别人的意见。他向南攻打楚国长达五年之久，积聚的财富也消耗尽了；西边被秦国困扰多年，士兵们已疲惫衰败；向北和燕国人作战，以三军覆没的代价，仅俘虏两名将领。然而，还要发动剩余的兵力向南攻打拥有五千辆战车的宋国，吞并十二个小诸侯国。这是他们国君的欲望，可他们的民力已枯竭，怎能办得到呢？况且我听说过，连续打仗，百姓就疲困劳乏，战争持续太久，士兵就疲惫不堪。"燕王说："我听说齐国据有清济、浊河可用来固守，长城、巨防足以作为要塞，果真这样吗？"苏代回答说："天时不给他有利的机会，即使有清济、浊河怎能固守呢？百姓已疲困劳乏，即使有长城、巨防，怎能成为要塞呢？况且，以前不征发济州以西的兵力，目的是为防备赵国入侵；不征发漯河以北的兵力，目的是为防备燕国入侵。如今，济西、河北的兵力都被征发参战，境内的防守力量已很薄弱了。骄横的君主一定好利，亡国的臣子一定贪财。大王如果能不因为以爱子胞弟作为人质而感到羞耻，用宝珠、美玉、布帛去贿赂齐王的亲信，齐王就会友好对待燕国，而轻率出兵去消灭宋国，那么，这样一来，齐国就可灭掉了。”燕王说：“我终于凭借着您而承受灭亡齐国的天命了。”燕国就派一位公子到齐国做人质。苏厉也借着燕国派人质的机会求见齐王。齐王怨恨苏秦，打算把苏厉囚禁起来。燕国质子替他在齐王面前请罪，随后苏厉就委身做了齐国的臣子。

燕国的宰相子之与苏代结为姻亲，子之想夺取燕国政权，就派苏代到齐去侍奉做人质的那位公子。齐王派苏代回燕国复命，燕王哙问道：“齐王可能要称霸了吧？”苏代回答说：“不可能。”燕王说：“为什么呢？”苏代回答说：“齐王不信任他的臣子。”于是燕王便把权力集中委任于子之，不久又把王位禅让给子之，燕国因此大乱。齐国趁机攻打燕国，杀了燕王哙和子之。燕国拥立昭王即位，而苏代、苏厉从此再不敢回到燕国来，最后都归附了齐国，齐王友好地对待他们。

苏代经过魏国，魏国替燕国拘捕了苏代。齐王派人去对魏王说：“齐国想要把宋地分封给秦王的弟弟泾阳君，秦王一定不肯接受。秦王并不是不愿齐国的协助而夺取宋国的土地，而是他不相信齐王和苏先生呢。现在齐国和魏国的矛盾已达到如此严重的地步，那么齐国就不会去欺骗秦国了。秦国也会相信齐国，齐、秦联合起来，泾阳君就会得到宋国的土地，这就不是一件有利于魏国的事了。所以大王不如让苏先生东归齐国，秦王一定会怀疑齐王，而又不相信苏先生了。齐、秦不能联合，天下的局势就不会有什么大的变动，讨伐齐国的形势就形成了。”于是魏国释放了苏代，苏代到了宋国，宋王友好地对待他。

齐国攻打宋国，宋国危急，苏代就写了一封信致送燕昭王，说：

燕国居于大国的地位，却向齐国派遣了人质，名声卑下而权力微小；奉献出众多军队帮助齐国攻打宋国，使得人民劳困而财力消费；即便打败宋国，侵略楚国的淮北，只能壮大齐国，帮助仇敌日益强大而残害了自己的国家。这三者，对燕国来说，都是很不利的事。虽然如此，可大王还在继续这样干下去，是为了取得齐国的信任。齐国对大王更加不信任，而且对燕国的忌恨越来越深，这就说明大王的策略是错误的。把宋国和楚国淮北加在一起，抵得上一个强大的万乘的国家，而齐国吞并了它，就等于使齐国得益了一倍的国力。北夷的土地纵横七百里，再加上鲁国和卫国，也抵得上一个强大的万乘国家，齐国吞并了它们，这就等于使齐国得益了二倍的国力。一个强大的齐国，燕国就忧虑重重而不能支持，如今把三个齐国那么强大的力量压到燕国头上，那灾祸必然很大了。

虽然如此，但是一个明智的人办事，能够利用灾祸取得吉祥，把失败转化为成功。齐国的紫布，本来是用破旧的白缯染成的，却能够提高十倍的价钱；越王勾践被困栖身在会稽山上，反过来却击败了强大的吴国而称霸天下；这都是利用灾祸变为吉祥，把失败转化为成功的事例啊。

如今，大王如果想把灾祸变为吉祥，把失败化为成功，就不如怂恿各国尊奉齐国为霸主，派遣使臣到周王室去公然结盟，烧毁秦国的符信，宣称："最高明的策略就是攻破秦国；其次是一定要永远排斥它。"秦国受到各国排斥，面临被攻破的威胁，秦王必定为此忧虑。秦国连续五代都主动攻打各诸侯国，如今却屈居齐国之下，按照秦王的意志，如果能迫使齐国走投无路，就不怕拿整个国家作赌注以求得成功。既然如此，那么大王何不派说客用这些话去劝说秦王：燕国、赵国攻破宋国，都壮大了齐国，大家尊崇他，作他的下属。燕、赵并没得到好处。燕、赵得不到好处而又一定这么干的原因，在于不相信秦王。既然如此，那么大王何不派可信赖的人沟通燕国和赵国，让泾阳君、高陵君先到燕国、赵国去呢？如果秦国背信弃义，就用他们做人质，这样燕国和赵国就相信秦国了。这样一来，秦国在西方称帝，燕国在北方称帝，赵国在中部称帝，树立起三个帝王在天下发号施令。假如韩国、魏国不服从，那么，秦国就出兵攻打它，齐国不服从，那么，燕国、赵国出兵攻打它，这样一来，天下还有谁敢不顺从呢？天下都顺从了，就趁势驱使韩、魏攻打齐国，说‘必须交出宋国的失地，归还楚国的淮北’。交出宋国的失地，归还楚国的淮北，对燕国和赵国都是有利的事；并立三帝，也是燕、赵甘之如饴的事。他们实际上得到好处，名分上如愿以偿，那么让燕国和赵国抛弃齐国，就好像甩掉拖鞋一样容易。现在如果您不去沟通燕、赵，那么齐国称霸的局势一定会形成。诸侯都拥护齐国而唯独您不服从，这就会遭到各国诸侯讨伐；诸侯们都拥护齐国而您也服从它，这样你的声望也就降低了。如今，您争取燕国、赵国，可使国家安定而声望尊崇；不争取燕国、赵国，国家就会危险而声望就会降低。抛弃尊荣和安宁，而选择危险和卑下，明智的人是不会这样干的。”秦王听到这些话，一定像匕首刺进他的心脏一样。那么大王为什么不派说客用这些话去游说秦王呢？秦王听到了一定会采纳，齐国也一定会遭到讨伐。结交秦国，是有利的外交；讨伐齐国，是正当的利益。奉行有利的外交政策，追求正当的利益，这是圣王所做的事业啊。

燕昭王认为他的这封信写得太好了，就说：“先王曾对苏家有恩德，后来因为子之的乱子，苏氏兄弟才离开了燕国。燕国要向齐国报仇，非得苏氏兄弟不可。”于是就召回苏代，重新很好地对待他，与他一块儿策划攻打齐国的事情。终于打败了齐国，迫使齐湣王逃离齐国。

过了很久，秦国邀请燕王到秦国去，燕王就想前往，苏代阻止燕王说：“楚国贪得枳地而导致国家危亡，齐国夺取宋地而导致国家危亡。齐、楚不能拥有枳、宋，自己反而还要事奉秦国，这是为什么呢？那是因为凡是成功的国家，都是秦国所忌恨的大敌。秦国夺取天下，不是凭借着推行正义，而是施以暴力。秦国施以暴力，是公开宣告于天下的。”

他曾警告楚国说：“蜀地的军队，坐船浮于汶水之上，趁着夏季盛大的水势而直下长江，五天就能抵达郢都。汉中的军队，坐船从巴江出发，趁着夏季盛涨的水势直下汉江，四天就能抵达五渚。我亲自在宛东集结军队，直下随邑，聪明才智的人来不及出谋献策，勇武的人来不及发怒，我攻击你们的行动就像射杀鹰隼一样神速。而楚王你还想等天下各国一起来攻打函谷关,岂不是太遥远了吗?”楚王就因这个缘故,前后十七年事奉秦国。

秦国警告韩国说:“我的军队从少曲出发,一天之内就可切断太行山的通道。我的军队从宜阳出发,直接攻击平阳,两天内韩国各地局势就没有不动摇的了。我的军队穿过东西两周攻击新郑,五天内,我将攻克整个韩国。”韩国认为情况确是如此,所以事奉秦国。

秦国警告魏国说:“我的军队攻下安邑,围困女戟,韩国的太原就被切断。我的军队直下轵道,通过南阳,封锁冀邑,包抄东西两周。趁着夏季旺盛的水势,驾着轻便的战船,强劲的弓弩在前,锋利的戈矛在后,掘开荥泽水口,魏国的大梁就会被洪水吞没不复存在了;掘开白马河口,魏国的外黄、济阳也会被洪水吞没不复存在了;掘开宿胥河口,魏国的虚地、顿丘也会被洪水淹没不复存在了。在陆地上作战,就攻击河内,利用水攻就可毁灭大梁。”魏国认为他说的有道理,所以事奉秦国。

秦国打算攻打安邑,恐怕齐国救援它,就把宋地许给齐国。说:“宋王无道,做了个木头人很像我,用箭射它的脸。我的国家和宋国路途隔绝,军队距宋太远,不能直接攻打它。齐王您如果能打败宋国据为己有,那就像我自己占有它一样高兴。”后来,秦国攻下了魏国的安邑,围困了女戟,反而又把攻破宋国作为齐国的罪过。

秦国打算进攻韩国,担心天下诸侯救援它,就把齐国许给天下诸侯去讨伐,说:“齐王四次和我订立盟约,四次欺骗我,坚决地率领天下的军队进攻我国,就有多次。有齐国存在,就没有秦国,有秦国存在,就没有齐国,一定要讨伐它,一定要毁灭它。”等到秦国夺取了韩国的宜阳、少曲,攻克了蔺邑、离石,却又把打败齐国作为天下诸侯国的罪过。

秦国打算进攻魏国,就先尊崇楚国,便把南阳许给楚国。说:“我本来就要和韩国断绝关系。摧毁均陵,围困鄳阸,假如对楚国有利,我就像自己占有它一样高兴。”等到魏国抛弃了盟国而与秦国联合,秦国却以围困鄳阸作为楚国的罪名。

秦军被困在林中，就抬高燕国和赵国，把胶东许给燕国，把济西许给赵国。等到秦国和魏国和解了，就把公子延作为人质，利用犀首组织军队进攻赵国。

秦军在谯石遭到重创，在阳马又被打败，就尊崇魏国，便把叶地和蔡地许给魏国。等到他和赵国和解后，就威胁魏国而不肯依照约定分割土地。秦军陷入困境，就派太后的弟弟穰侯去讲和，等他取得了胜利，连自己的舅舅和母亲也都受到欺骗。

秦国谴责燕国时说“是因为攻打胶东”，谴责赵国时说“是因为攻打济西”，谴责魏国时说“是因为攻打叶、蔡”，谴责楚国时说“是因为围困了鄳阸”，谴责齐国时说“是因为攻打宋地”。这样，他的外交辞令循环往复，用兵打仗如同刺杀蜚虫那么轻易。秦王飞扬跋扈，太后都不能制止，穰侯更不能约束。

龙贾之战、岸门之战、封陵之战、高商之战、赵庄之战，秦国所杀韩、赵、魏三国百姓有几百万，现在这三个国家还活着的人都是被秦国杀死的人的遗孤。西河以外、上洛地区、三川一带经常遭受秦国的攻打，这是晋国的灾难！秦国侵扰了韩、赵、魏的一半土地，秦国制造的灾难是如此严重啊！而燕、赵等国到秦国去游说的人，却都争相以事奉秦国来劝说自己的国君，这是我非常忧虑的事。

燕昭王没有去秦国，苏代又被燕王所重用。

燕王派苏代联络各国合纵相亲，像苏秦在世时一样，诸侯们有的加入了联盟，有的没有加入，但是各国人士从此都尊崇苏秦所倡导的合纵联盟。苏代、苏厉都寿终天年，他们的名声显扬各国。

太史公说：苏秦兄弟三人，都因游说诸侯而名扬天下，他们的学说擅长于权谋机变。而苏秦承担着反间计的罪名被人杀死，天下人都嘲笑他，讳忌研习他的学说。然而社会上流传的苏秦事迹有许多差异，凡是不同时期和苏秦相类的事迹，都附会到苏秦身上。苏秦出身于民间，却能联合六国合纵相亲，这正说明他的才智有超过一般人的地方，所以，我列出他的经历，按着正确的时间顺序加以陈述，以便不使他仅只蒙受不好的名声。

【鉴赏】

《苏秦列传》材料主要本于《战国策》，但司马迁做了改动和发挥。本传之行文，很有妙处，传文始叙苏秦不得志时出游数年、大困而归，“兄弟嫂妹妻妾皆笑之”，至苏秦合纵成功，佩六国相印，“昆弟妻嫂侧目不敢仰视”，前倨后恭之态，世态炎凉之情描述得惟妙惟肖，悉在眼前，几近后世小说笔法。而苏秦对比至亲之人前后态度的转变，不禁喟然叹曰：“此一人之身，富贵则亲戚畏惧之，贫贱则轻易之，况众人乎！且使我有洛阳负郭田二顷，吾岂能佩六国相印乎！”亦是纵横家逐名求利之本色语。本篇以游说之辞表现人物，苏秦游说六国之辞及其弟苏代一段说辞，为论者大加赞赏。尤其是苏秦游说六国，无论国大国小，皆根据所说对象的差异，顺其心意，慨然雄辩，各指利害：因赵为合纵之主，故说燕简而说赵详；说韩、魏两国，虽皆以割地事秦之弊为言，然说韩则强调其兵械之利，说魏则夸其地势之优；说齐，则以大国事秦而羞之；说楚，则以合纵之利诱之。就说辞本身而言，或夸张、或排比、或比喻，有时形象对比，有时引经据典，有时言说故事，有时渲染气氛，有时动之以情，有时说之以理，体现出语言艺术之美。无怪乎清人吴见思赞其“是一篇掀天揭地文章”。而苏秦的形象也通过其恣肆汪洋的说辞得到充分表现。

史记卷七十·张仪列传第十

本篇虽以张仪为题，实为战国时期纵横家之合传，除传主张仪外，亦载陈轸、犀首二位连横派代表人物纵横游说事迹。本传与《苏秦列传》因其一记合纵，一载连横，两传对照鲜明：二人俱事鬼谷先生学术，苏秦游说六国，张仪也游说六国，都是以权变之术追求功名；苏秦合纵以燕为主，张仪连横以魏为主。传文前叙张仪事迹，张仪初因不见用于六国而西向入秦，为秦王以连横之说游说六国，扬合纵之短，离间齐楚，借秦国之强，诱逼列国，成为纵横一时的风云人物；后载陈轸、犀首二人事迹亦足见彼时权变之士的雄辩风采。因司马迁写策士之传，主要本自《战国策》，而《战国策》多夸张乃至虚造之辞，所以读本书中策士之传不可不注意这一点。

张仪者，魏人也。始尝与苏秦俱事鬼谷先生学术，苏秦自以不及张仪。

张仪已学而游说诸侯。尝从楚相饮，已而楚相亡璧①，门下意张仪②，曰："仪贫无行，必此盗相君之璧。"共执张仪③，掠笞数百④，不服，醳之。其妻曰："嘻！子毋读书游说，安得此辱乎？"张仪谓其妻曰："视吾舌尚在不？"其妻笑曰："舌在也。"仪曰："足矣。"

苏秦已说赵王而得相约从亲，然恐秦之攻诸侯，败约后负，念⑤莫可使用于秦者，乃使人微感⑥张仪曰："子始与苏秦善，今

①亡：丢失。璧：平而圆，中间有孔的玉。 ②意：怀疑。 ③执：拘捕，捉拿。 ④掠笞：用竹板或荆条拷打。 ⑤念：想，引申为考虑。 ⑥微感：暗中引导，劝说。

秦已当路[1]，子何不往游，以求通子之愿？”张仪于是之赵，上谒[2]求见苏秦。苏秦乃诫门下人不为通，又使不得去者数日。已而见之，坐之堂下，赐仆妾之食。因而数让之曰[3]：“以子之材能，乃自令困辱至此。吾宁不能言而富贵子，子不足收也。”谢去之。张仪之来也，自以为故人，求益，反见辱，怒，念诸侯莫可事，独秦能苦[4]赵，乃遂入秦。

苏秦已而告其舍人曰：“张仪，天下贤士，吾殆[5]弗如也。今吾幸先用，而能用秦柄[6]者，独张仪可耳。然贫，无因以进。吾恐其乐小利而不遂，故召辱之，以激其意。子为我阴奉之[7]。”乃言赵王，发金币车马，使人微随张仪，与同宿舍，稍稍近就之，奉以车马金钱，所欲用，为取给，而弗告。张仪遂得以见秦惠王。惠王以为客卿，与谋伐诸侯。

苏秦之舍人乃辞去。张仪曰：“赖子得显，方且报德，何故去也？”舍人曰：“臣非知君，知君乃苏君。苏君忧秦伐赵败从约，以为非君莫能得秦柄，故感怒[8]君，使臣阴奉给君资，尽苏君之计谋。今君已用，请归报。”张仪曰：“嗟乎，此在吾术中而不悟，吾不及苏君明矣！吾又新用，安能谋赵乎？为吾谢苏君，苏君之时，仪何敢言。且苏君在，仪宁渠[9]能乎！”张仪既相秦，为文檄告楚相曰：“始吾从若饮，我不盗而[10]璧，若笞我。若善守汝国，我顾且盗而城！”

苴蜀相攻击，各来告急于秦。秦惠王欲发兵以伐蜀，以为道险狭难至，而韩又来侵秦。秦惠王欲先伐韩，后伐蜀，恐不利；欲先伐蜀，恐韩袭秦之敝。犹豫未能决。司马错与张仪争

---

①当路：指政。②谒：名帖，一般要写上姓名、籍贯、官爵和拜见事项。③数：屡次。让：责备。④苦：困苦，引申为困扰，侵扰。⑤殆：大概，恐怕。⑥柄：权柄，权力。⑦阴奉之：暗中资助张仪。⑧感怒：激怒。⑨宁渠：哪里，如何。⑩而：你。

论于惠王之前，司马错欲伐蜀，张仪曰："不如伐韩。"王曰："请闻其说。"

仪曰："亲魏善楚，下兵三川，塞什谷之口，当屯留之道，魏绝南阳，楚临南郑，秦攻新城、宜阳，以临二周之郊，诛周王之罪，侵楚、魏之地。周自知不能救，九鼎宝器必出。据九鼎，案图籍，挟天子以令于天下，天下莫敢不听，此王业也。今夫蜀，西僻之国而戎翟之伦也，敝兵劳众不足以成名，得其地不足以为利。臣闻争名者于朝，争利者于市。今三川、周室，天下之朝、市也。而王不争焉，顾争于戎翟，去王业远矣。"

司马错曰："不然。臣闻之，欲富国者务广[①]其地，欲强兵者务富其民，欲王者务博其德。三资者备而王随之矣。今王地小民贫，故臣愿先从事于易。夫蜀，西僻之国也，而戎翟之长也，有桀、纣之乱。以秦攻之，譬如使豺狼逐群羊。得其地足以广国，取其财足以富民缮兵[②]，不伤众而彼已服焉。拔一国而天下不以为暴，利尽西海而天下不以为贪，是我一举而名实附也，而又有禁暴止乱之名。今攻韩，劫天子，恶名也，而未必利也，又有不义之名，而攻天下所不欲，危矣。臣请谒[③]其故：周，天下之宗室也[④]；齐、韩之与国也。周自知失九鼎，韩自知亡三川，将二国并力合谋，以因乎齐、赵而求解乎楚、魏[⑤]，以鼎与楚，以地与魏，王弗能止也。此臣之所谓危也。不如伐蜀完[⑥]。"

惠王曰："善，寡人请听子。"卒起兵伐蜀，十月，取之，遂定蜀，贬蜀王更号为侯，而使陈庄相蜀。蜀既属秦，秦以益强，富厚，轻诸侯。

---

①广：开拓疆土。②缮兵：充实兵力。缮：整治。③谒：告诉，分析。④宗室：此指宗主，共主。⑤因：凭借。解：和解。⑥完：完满，周全。

秦惠王十年，使公子华与张仪围蒲阳，降之。仪因言秦复与魏，而使公子繇质于魏。仪因说魏王曰："秦王之遇魏甚厚，魏不可以无礼。"魏因入①上郡、少梁，谢秦惠王。惠王乃以张仪为相，更名少梁曰夏阳。

仪相秦四岁，立惠王为王。居②一岁，为秦将，取陕。筑上郡塞。

其后二年，使与齐、楚之相会啮桑。东还而免相，相魏以为秦，欲令魏先事秦而诸侯效之。魏王不肯听仪。秦王怒，伐取魏之曲沃、平周，复阴厚张仪益甚。张仪惭，无以归报。留魏四岁而魏襄王卒，哀王立。张仪复说哀王，哀王不听。于是张仪阴令秦伐魏。魏与秦战，败。

明年，齐又来败魏于观津。秦复欲攻魏，先败韩申差军，斩首八万，诸侯震恐。而张仪复说魏王曰："魏地方③不至千里，卒不过三十万。地四平，诸侯四通辐凑，无名山大川之限④。从郑至梁二百馀里，车驰人走，不待力而至⑤。梁南与楚境，西与韩境，北与赵境，东与齐境，卒戍四方，守亭鄣⑥者不下十万。梁之地势，固战场也。梁南与楚而不与齐，则齐攻其东；东与齐而不与赵，则赵攻其北；不合于韩，则韩攻其西；不亲于楚，则楚攻其南：此所谓四分五裂之道也。

"且夫诸侯之为从者，将以安社稷尊主强兵显名也。今从者一天下，约为昆弟，刑⑦白马以盟洹水之上，以相坚也。而亲昆弟同父母，尚有争钱财，而欲恃诈伪反覆苏秦之馀谋，其不可成亦明矣。

---

①入：进献。 ②居：过，过了。 ③地方：纵横面积。 ④限：阻挡，隔绝。 ⑤不待力而至：不费力气就可到达。 ⑥亭鄣：防卫壁垒。鄣：也作"障"，筑垒阻隔。 ⑦刑：割杀，宰杀。

"大王不事秦，秦下兵攻河外，据卷、衍、燕、酸枣，劫[①]卫取阳晋，则赵不南，赵不南而梁不北，梁不北则从道绝，从道绝则大王之国欲毋危不可得也。秦折韩[②]而攻梁，韩怯于秦，秦韩为一，梁之亡可立而须也[③]。此臣之所为大王患也。

"为大王计，莫如事秦。事秦则楚、韩必不敢动；无楚、韩之患，则大王高枕而卧，国必无忧矣。

"且夫秦之所欲弱者莫如楚，而能弱楚者莫如梁。楚虽有富大之名而实空虚；其卒虽多，然而轻走易北[④]，不能坚战。悉梁之兵南面而伐楚，胜之必矣。割楚而益梁，亏楚而适秦[⑤]，嫁祸安国，此善事也。大王不听臣，秦下甲士而东伐，虽欲事秦，不可得矣。

"且夫从人多奋辞而少可信[⑥]，说一诸侯而成封侯，是故天下之游谈士莫不日夜扼腕瞋目切齿以言从之便，以说人主。人主贤其辩而牵其说，岂得无眩哉[⑦]。

"臣闻之，积羽沉舟[⑧]，群轻折轴[⑨]，众口铄金，积毁销骨。故愿大王审定计议，且赐骸骨辟魏[⑩]。"

哀王于是乃倍从约而因仪请成于秦。张仪归，复相秦。三岁而魏复背秦为从。秦攻魏，取曲沃。明年，魏复事秦。

秦欲伐齐，齐楚从亲，于是张仪往相楚。楚怀王闻张仪来，虚上舍而自馆之[⑪]。曰："此僻陋之国，子何以教之？"

仪说楚王曰："大王诚能听臣，闭关[⑫]绝约于齐，臣请献商於

---

①劫：胁迫，威逼。 ②折韩：使韩屈服。 ③立而须：跷足以待，喻时间短暂。须：等待。 ④轻走易北：轻易逃跑溃散。走：败逃。北：打了败仗往回跑。 ⑤适：归服，讨好。 ⑥奋辞：激昂慷慨地说大话、唱高调游说。 ⑦眩：迷惑，昏惑。 ⑧积羽沉舟：最轻的羽毛，积累过多，也会把船压沉。喻积轻可为重，积小患可致大灾。 ⑨群轻折轴：物虽轻，积多量大，也可以折断车轴。 ⑩赐骸骨：乞身引退。骸骨：身体。辟：同"避"。 ⑪虚上舍：空出上等馆驿。馆之：安排他留宿。 ⑫闭关：闭塞关门，引申为断绝往来。

之地六百里，使秦女得为大王箕帚之妾，秦楚娶妇嫁女，长为兄弟之国。此北弱齐而西益秦也，计无便此者。”

楚王大说而许之。群臣皆贺，陈轸独吊之①。楚王怒曰：“寡人不兴师发兵得六百里地，群臣皆贺，子独吊，何也？”陈轸对曰：“不然。以臣观之，商於之地不可得而齐秦合，齐秦合，则患必至矣。”楚王曰：“有说乎？”陈轸对曰：“夫秦之所以重楚者，以其有齐也。今闭关绝约于齐，则楚孤。秦奚②贪夫孤国，而与之商於之地六百里？张仪至秦，必负王，是北绝齐交，西生患于秦也，而两国之兵必俱至。善为王计者，不若阴合而阳绝③于齐，使人随张仪。苟与吾地，绝齐未晚也；不与吾地，阴合谋计也。”楚王曰：“愿陈子闭口毋复言，以待寡人得地。”乃以相印授张仪，厚赂④之。于是遂闭关绝约于齐，使一将军随张仪。

张仪至秦，详失绥堕车⑤，不朝三月。楚王闻之，曰：“仪以寡人绝齐未甚邪？”乃使勇士至宋，借宋之符，北骂齐王。齐王大怒，折节而下秦⑥。秦齐之交合，张仪乃朝，谓楚使者曰：“臣有奉邑六里，愿以献大王左右。”楚使者曰：“臣受令于王。以商於之地六百里，不闻六里。”还报楚王，楚王大怒，发兵而攻秦。陈轸曰：“轸可发口言乎？攻之不如割地反以赂秦，与之并兵而攻齐，是我出地于秦，取偿于齐也，王国尚可存。”楚王不听，卒发兵而使将军屈匄击秦。秦齐共攻楚，斩首八万，杀屈匄，遂取丹阳、汉中之地。楚又复益发兵而袭秦，至蓝田，大战，楚大败，于是楚割两城以与秦平⑦。

---

①吊：悲悼。 ②奚：何，怎么。 ③阴合而阳绝：暗中与齐国合作而表面上假装断绝关系。 ④赂：馈赠财物。 ⑤详：通“佯”，假装。绥：登车时作挽手用的绳子。 ⑥折节而下秦：低首屈身侍奉秦国。 ⑦平：媾和，讲和。

秦要[①]楚欲得黔中地，欲以武关外易之[②]。楚王曰："不愿易地，愿得张仪而献黔中地。"秦王欲遣之，口弗忍言。张仪乃请行。惠王曰："彼楚王怒子之负以商於之地，是且甘心于子。"张仪曰："秦强楚弱，臣善靳尚，尚得事楚夫人郑袖，袖所言皆从。且臣奉王之节使楚，楚何敢加诛。假令诛臣而为秦得黔中之地，臣之上愿[③]。"遂使楚。楚怀王至则囚张仪，将杀之。靳尚谓郑袖曰："子亦知子之贱[④]于王乎？"郑袖曰："何也？"靳尚曰："秦王甚爱张仪而必欲出之，今将以上庸之地六县赂楚，以美人聘楚，以宫中善歌讴者为媵[⑤]。楚王重地尊秦，秦女必贵而夫人斥矣[⑥]。不若为言而出之。"于是郑袖日夜言怀王曰："人臣各为其主用。今地未入秦，秦使张仪来，至重王。王未有礼而杀张仪，秦必大怒攻楚。妾请子母俱迁江南，毋为秦所鱼肉也。"怀王后悔，赦张仪，厚礼之如故。

张仪既出，未去，闻苏秦死，乃说楚王曰："秦地半天下，兵敌四国，被险带河[⑦]，四塞以为固。虎贲[⑧]之士百馀万，车千乘，骑万匹，积粟如丘山。法令既明，士卒安难乐死[⑨]，主明以严，将智以武，虽无出甲，席卷常山之险，必折天下之脊[⑩]，天下有后服者先亡。且夫为从者，无以异于驱群羊而攻猛虎，虎之与羊不格明矣。今王不与猛虎而与群羊，臣窃以为大王之计过[⑪]也。

"凡天下强国，非秦而楚，非楚而秦，两国交争，其势不两立。大王不与秦，秦下甲据宜阳，韩之上地不通。下河东，取城

---

①要：要挟，强索。 ②武关外：武关外之地即商于之地。易：交换。 ③上愿：最高愿望。 ④贱：轻视，鄙弃。 ⑤媵：随嫁侍女。 ⑥斥：被排斥，被废。 ⑦被险带河：秦四周地势险要，中有黄河流经。被：同"披"，带子，流经穿过之意。 ⑧虎贲：勇武之士。 ⑨安难乐死：安于艰苦危难，乐于牺牲。 ⑩折天下之脊：常山在天下之北，就如人之脊背。折：折断。 ⑪过：错误，过失。

皋，韩必入臣[①]，梁则从风而动。秦攻楚之西，韩、梁攻其北，社稷安得毋危？

"且夫从者聚群弱而攻至强，不料敌而轻战，国贫而数举兵，危亡之术也。臣闻之，兵不如者勿与挑战，粟不如者勿与持久。夫从人饰辩虚辞，高主之节，言其利不言其害，卒有秦祸，无及为已，是故愿大王之孰计之。

"秦西有巴蜀，大船积粟，起于汶山[②]，浮江已下[③]，至楚三千馀里。舫船载卒[④]，一舫载五十人与三月之食，下水而浮，一日行三百馀里，里数虽多，然而不费牛马之力，不至十日而距扞关。扞关惊，则从境以东尽城守矣，黔中、巫郡非王之有。秦举甲出武关，南面而伐，则北地绝。秦兵之攻楚也，危难在三月之内，而楚待诸侯之救，在半岁之外，此其势不相及也。夫恃弱国之救，忘强秦之祸，此臣所以为大王患也。

"大王尝与吴人战，五战而三胜，阵卒尽矣；偏守新城，存民苦矣。臣闻功大者易危，而民敝者怨上。夫守易危之功而逆强秦之心，臣窃为大王危之。

"且夫秦之所以不出兵函谷十五年以攻齐、赵者，阴谋有合天下之心[⑤]。楚尝与秦构难[⑥]，战于汉中，楚人不胜，列侯执珪死者七十馀人[⑦]，遂亡汉中。楚王大怒，兴兵袭秦，战于蓝田。此所谓两虎相搏者也。夫秦楚相敝而韩魏以全制其后，计无危于此者矣。愿大王孰计之。

"秦下甲攻卫阳晋，必大关天下之匈[⑧]。大王悉起兵以攻宋，不至数月而宋可举，举宋而东指[⑨]，则泗上十二诸侯尽王之

---

①入臣：到秦去称臣。 ②汶山：即岷山。 ③已：通"以"，而。 ④舫船：即方船，两船相并。 ⑤合：合并，吞并。 ⑥构难：造成祸患。 ⑦执珪：楚国高级爵位名。 ⑧阳晋：在山东郓城，为齐、楚、魏之交，如天下之胸。关：锁住。匈：同"胸"，胸膛。 ⑨指：趋向，走向。

有也[1]。

“凡天下而以信约从亲相坚者苏秦，封武安君，相燕，即阴与燕王谋伐破齐而分其地；乃详有罪出走入齐[2]，齐王因受而相之；居二年而觉，齐王大怒，车裂苏秦于市。夫以一诈伪之苏秦，而欲经营天下，混一诸侯[3]，其不可成亦明矣。

“今秦与楚接境壤界，固形亲之国也。大王诚能听臣，臣请使秦太子入质于楚，楚太子入质于秦，请以秦女为大王箕帚之妾，效万室之都以为汤沐之邑，长为昆弟之国，终身无相攻伐。臣以为计无便于此者。”

于是楚王已得张仪而重出黔中地与秦，欲许之。屈原曰：“前大王见欺于张仪，张仪至，臣以为大王烹之；今纵弗忍杀之，又听其邪说，不可。”怀王曰：“许仪而得黔中，美利也；后而倍之[4]，不可。”故卒许张仪，与秦亲。

张仪去楚，因遂之韩，说韩王曰：“韩地险恶山居，五谷所生，非菽而麦，民之食大抵菽饭藿羹[5]。一岁不收，民不餍[6]糟糠。地不过九百里，无二岁之食。料大王之卒，悉之不过三十万，而厮徒负养[7]在其中矣。除守徼亭鄣塞[8]，见卒不过二十万而已矣。秦带甲百馀万，车千乘，骑万匹，虎贲之士跿跔科头贯颐奋戟者[9]，至不可胜计。秦马之良，戎兵之众，探前趹后蹄间三寻腾者[10]，不可胜数。山东之士被甲蒙胄以会战[11]，秦人捐甲徒裼[12]以趋敌，左挈人头，右挟生虏。夫秦卒与山东之卒，犹孟

---

①泗上十二诸侯：指泗水流域宋、鲁、邹、莒等小国。 ②详：通“佯”，假装。 ③混壹：统一。 ④倍：同“背”，违约。 ⑤藿羹：豆叶汤。 ⑥餍：饱。 ⑦厮徒负养：勤杂人员。厮徒：杂役。 ⑧徼亭：边界驿亭。徼(jiào)：边界。鄣塞：屏障要塞。 ⑨跿跔(tú jū)：赤脚跳跃。科头：不戴头盔。贯颐：双手捂着面颊，直扑敌阵。颐：面颊。 ⑩探前趹(jué)后：骏马奔驰过程中前蹄扬起，后蹄腾空之姿。寻：古代长度单位，七尺为寻。 ⑪被(pī)：同“披”，穿。胄：头盔。 ⑫捐甲：脱掉铠甲。徒裼：赤足露身。裼(xī)：袒。

贲之与怯夫;以重力相压,犹乌获之与婴儿。夫战孟贲、乌获之士以攻不服之弱国,无异垂千钧之重于鸟卵之上,必无幸矣。

“夫群臣诸侯不料地之寡,而听从人之甘言好辞[①],比周[②]以相饰也,皆奋曰‘听吾计可以强霸天下’。夫不顾社稷之长利而听须臾之说,诖误[③]人主,无过此者。

“大王不事秦,秦下甲据宜阳,断韩之上地[④],东取城皋、荥阳,则鸿台之宫、桑林之苑[⑤]非王之有也。夫塞城皋,绝上地,则王之国分矣。先事秦则安,不事秦则危。夫造祸而求其福报,计浅而怨深,逆秦而顺楚,虽欲毋亡,不可得也。

“故为大王计,莫如为秦。秦之所欲莫如弱楚,而能弱楚者莫如韩。非以韩能强于楚也,其地势然也。今王西面而事秦以攻楚,秦王必喜。夫攻楚以利其地,转祸而说秦,计无便于此者。”

韩王听仪计。张仪归报。秦惠王封仪五邑,号曰武信君。

使张仪东说齐湣王曰:“天下强国无过齐者,大臣父兄殷众富乐。然而为大王计者,皆为一时之说,不顾百世之利。从人说大王者,必曰‘齐西有强赵,南有韩与梁。齐,负海之国也[⑥],地广民众,兵强士勇,虽有百秦,将无奈齐何’。大王贤其说而不计其实。夫从人朋党比周[⑦],莫不以从为可。臣闻之,齐与鲁三战而鲁三胜,国以危,亡随其后,虽有战胜之名,而有亡国之实。是何也?齐大而鲁小也。今秦之与齐也,犹齐之与鲁也。秦赵战于河漳之上,再战而赵再胜秦;战于番吾之下,再战又胜秦。四战之后,赵之亡卒数十万,邯郸仅存,虽有战胜之名而国

---

①从人:言合纵之人。甘言好辞:甜言蜜语。 ②比周:结伙营私。 ③诖误:贻误。诖:欺骗,贻误。 ④上地:高地。 ⑤鸿台、桑林:皆韩国宫苑。 ⑥负海之国:背靠海的国家。 ⑦朋党比周:结党营私,排斥异己。

已破矣。是何也？秦强而赵弱。

“今秦楚嫁女娶妇，为昆弟之国。韩献宜阳，梁效河外，赵入朝渑池，割河间以事秦。大王不事秦，秦驱韩、梁攻齐之南地，悉赵兵渡清河，指博关，临菑、即墨非王之有也。国一日见攻，虽欲事秦，不可得也。是故愿大王孰计之也。”

齐王曰：“齐僻陋，隐居东海之上，未尝闻社稷之长利也。”乃许张仪。

张仪去，西说赵王曰：“敝邑秦王使使臣效愚计于大王。大王收率天下以宾秦①，秦兵不敢出函谷关十五年。大王之威行于山东，敝邑恐惧慑伏，缮甲厉兵②，饰车骑，习驰射，力田积粟，守四封之内，愁居慑处，不敢动摇，唯大王有意督过之也。

“今以大王之力，举巴蜀，并汉中，包两周，迁九鼎，守白马之津。秦虽僻远，然而心忿含怒之日久矣。今秦有敝甲凋兵③，军于渑池④，愿渡河逾漳，据番吾，会邯郸之下，愿以甲子合战⑤，以正殷纣之事，敬使使臣先闻左右。

“凡大王之所信为从者恃苏秦。苏秦荧惑⑥诸侯，以是为非，以非为是，欲反⑦齐国，而自令车裂于市。夫天下之不可一亦明矣。今楚与秦为昆弟之国，而韩、梁称为东藩之臣，齐献鱼盐之地，此断赵之右臂也。夫断右臂而与人斗，失其党而孤居，求欲毋危，岂可得乎？

“今秦发三将军：其一军塞午道⑧，告齐使兴师渡清河，军于邯郸之东；一军军成皋，驱韩、梁军于河外；一军军于渑池。约

---

①宾秦：排斥秦国。宾：同“摈”。 ②厉：同“砺”。 ③敝：破旧。凋：损伤，伤残。 ④军：驻扎。 ⑤甲子合战：周武王伐纣，于甲子日誓师牧野。甲子：古人以干支纪日的日期。 ⑥荧惑：眩惑，迷惑。 ⑦反：倾覆。 ⑧午道：交通四达之道，在赵国与齐国相交之地。午：一纵一横。

四国为一以攻赵，赵破，必四分其地。是故不敢匿意隐情，先以闻于左右。臣窃为大王计，莫如与秦王遇于渑池，面相见而口相结，请案兵无攻[①]，愿大王之定计。”

赵王曰：“先王之时[②]，奉阳君专权擅势，蔽欺先王，独擅绾事[③]，寡人居属师傅，不与国谋计。先王弃群臣[④]，寡人年幼，奉祀之日新[⑤]，心固窃疑焉，以为一从不事秦，非国之长利也。乃且愿变心易虑，割地谢前过以事秦。方将约车趋行[⑥]，适闻使者之明诏。”赵王许张仪，张仪乃去。

北之燕，说燕昭王曰：“大王之所亲莫如赵。昔赵襄子尝以其姊为代王妻，欲并代，约与代王遇于句注之塞。乃令工人作为金斗[⑦]，长其尾[⑧]，令可以击人。与代王饮，阴告厨人曰：‘即酒酣乐，进热啜[⑨]，反斗以击之[⑩]。’于是酒酣乐，进热啜，厨人进斟，因反斗以击代王，杀之，王脑涂地。其姊闻之，因摩笄以自刺，故至今有摩笄之山。代王之亡，天下莫不闻。

“夫赵王之很戾无亲[⑪]，大王之所明见，且以赵王为可亲乎？赵兴兵攻燕，再围燕都而劫大王，大王割十城以谢。今赵王已入朝渑池，效河间以事秦，今大王不事秦，秦下甲云中、九原，驱赵而攻燕，则易水、长城非大王之有也。

“且今时赵之于秦犹郡县也，不敢妄举师以攻伐。今王事秦，秦王必喜，赵不敢妄动，是西有强秦之援，而南无齐赵之患，是故愿大王孰计之。”

---

①案兵：勒兵不前。案：通“按”，压抑，止住。 ②先王：指赵武灵王之父赵肃侯。③擅：专，独揽。绾：专管，控制。 ④弃群臣：抛弃群臣，这是对国君死亡的委婉说法。⑤奉祀：主持祭祀，这里指即位当政。 ⑥约车：套车。趋：趋向，奔向。 ⑦金斗：金勺，亦可斟酒。 ⑧尾：斗柄。 ⑨热啜：热汤。 ⑩反斗以击之：倒转勺柄以击人。 ⑪很戾：残暴乖张。很：通“狠”。

燕王曰："寡人蛮夷僻处，虽大男子裁[①]如婴儿，言不足以采正计。今上客幸教之，请西面而事秦，献恒山之尾[②]五城。"

燕王听仪。仪归报，未至咸阳而秦惠王卒，武王立。武王自为太子时不说张仪，及即位，群臣多谗张仪曰："无信，左右卖国以取容。秦必复用之，恐为天下笑。"诸侯闻张仪有郤武王[③]，皆畔衡[④]，复合从。

秦武王元年，群臣日夜恶[⑤]张仪未已，而齐让[⑥]又至。张仪惧诛，乃因谓秦武王曰："仪有愚计，愿效之[⑦]。"王曰："奈何？"对曰："为秦社稷计者，东方有大变，然后王可以多割得地也。今闻齐王甚憎仪，仪之所在，必兴师伐之。故仪愿乞其不肖之身之梁，齐必兴师而伐梁。梁、齐之兵连于城下而不能相去，王以其间伐韩，入三川，出兵函谷而毋伐，以临周[⑧]，祭器必出[⑨]。挟天子，按图籍，此王业也。"秦王以为然，乃具革车[⑩]三十乘，入仪之梁。齐果兴师伐之。梁哀王恐。张仪曰："王勿患也，请令罢齐兵。"乃使其舍人冯喜之楚，借使之齐，谓齐王曰："王甚憎张仪；虽然，亦厚矣王之托仪于秦也。"齐王曰："寡人憎仪，仪之所在，必兴师伐之，何以托仪？"对曰："是乃王之托仪也。夫仪之出也，固与秦王约曰：'为王计者，东方有大变，然后王可以多割得地。今齐王甚憎仪，仪之所在，必兴师伐之。故仪愿乞其不肖之身之梁，齐必兴师伐之。齐、梁之兵连于城下而不能相去，王以其间伐韩，入三川，出兵函谷而无伐，以临周，祭器必出。挟天子，按图籍，此王业也。'秦王以为然，故具革车三十乘而入

①裁：通"才"，仅仅，刚刚。②尾：末端，山脚下。③郤：同"隙"，嫌隙。④畔：通"叛"，背叛。衡：通"横"，连横，因秦在西，六国在东，东西为横，故称连横。⑤恶：诋毁，中伤。⑥让：责备，责怪。⑦效：进献。⑧临：逼近，迫近。⑨祭器：祭祀用的礼器，周王室祭器象征着王权。⑩革车：兵车。

之梁也。今仪入梁，王果伐之，是王内罢国而外伐与国，广邻敌以内自临，而信仪于秦王也。此臣之所谓'托仪'也。"齐王曰："善。"乃使解兵。

张仪相魏一岁，卒于魏也。

陈轸者，游说之士。与张仪俱事秦惠王，皆贵重，争宠。张仪恶陈轸于秦王曰："轸重币轻使秦、楚之间，将为国交也。今楚不加善于秦而善轸者，轸自为厚而为王薄也。且轸欲去秦而之楚，王胡不听乎？"王谓陈轸曰："吾闻子欲去秦之楚，有之乎？"轸曰："然。"王曰："仪之言果信矣。"轸曰："非独仪知之也，行道之士尽知之矣。昔子胥忠于其君而天下争以为臣，曾参孝于其亲而天下愿以为子。故卖仆妾不出闾巷而售者，良仆妾也；出妇嫁于乡曲者[①]，良妇也。今轸不忠其君，楚亦何以轸为忠乎？忠且见弃，轸不之楚何归乎？"王以其言为然，遂善待之。

居秦期年[②]，秦惠王终相张仪，而陈轸奔楚。楚未之重也，而使陈轸使于秦。过梁，欲见犀首。犀首谢弗见。轸曰："吾为事来，公不见轸，轸将行，不得待异日。"犀首见之。陈轸曰："公何好饮也？"犀首曰："无事也。"曰："吾请令公厌[③]事可乎？"曰："奈何？"曰："田需约诸侯从亲，楚王疑之，未信也。公谓于王曰：'臣与燕、赵之王有故，数使人来，曰"无事何不相见"，愿谒行于王。'王虽许公，公请毋多车，以车三十乘，可陈之于庭，明言之燕、赵。"燕、赵客闻之，驰车告其王，使人迎犀首。楚王闻之大怒，曰："田需与寡人约，而犀首之燕、赵，是欺我也。"怒而不听其事。齐闻犀首之北，使人以事委焉。犀首遂行，三国相事皆断于犀首。轸遂至秦。

---

①出妇：被遗弃的妻子。乡曲：乡里。②期年：一整年。③厌：饱，引申为多。

韩、魏相攻，期年不解。秦惠王欲救之，问于左右。左右或曰救之便，或曰勿救便，惠王未能为之决。陈轸适[①]至秦，惠王曰："子去寡人之楚，亦思寡人不?"陈轸对曰："王闻夫越人庄舄乎?"王曰："不闻。"曰："越人庄舄仕楚执珪，有顷而病。楚王曰：'舄故越之鄙细人也[②]，今仕楚执珪，富贵矣，亦思越不?'中谢对曰：'凡人之思故，在其病也。彼思越则越声[③]，不思越则楚声。'使人往听之，犹尚越声也。今臣虽弃逐之楚，岂能无秦声哉!"惠王曰："善。今韩、魏相攻，期年不解，或谓寡人救之便，或曰勿救便，寡人不能决，愿子为子主计之馀[④]，为寡人计之。"陈轸对曰："亦尝有以夫卞庄子刺虎闻于王者乎？庄子欲刺虎，馆竖子止之，曰：'两虎方且食牛，食甘必争，争则必斗，斗则大者伤，小者死。从伤而刺之，一举必有双虎之名。'卞庄子以为然，立须之[⑤]。有顷，两虎果斗，大者伤，小者死。庄子从伤者而刺之，一举果有双虎之功。今韩、魏相攻，期年不解，是必大国伤，小国亡。从伤而伐之，一举必有两实。此犹庄子刺虎之类也。臣主与王何异也[⑥]。"惠王曰："善。"卒弗救。大国果伤，小国亡，秦兴兵而伐，大克[⑦]之。此陈轸之计也。

犀首者，魏之阴晋人也。名衍，姓公孙氏。与张仪不善。

张仪为秦之魏，魏王相张仪。犀首弗利，故令人谓韩公叔曰："张仪已合秦魏矣，其言曰'魏攻南阳，秦攻三川'。魏王所以贵[⑧]张子者，欲得韩地也。且韩之南阳已举矣，子何不少委焉以为衍功，则秦魏之交可错矣[⑨]。然则魏必图秦而弃仪，收韩而相衍。"公叔以为便，因委之犀首以为功。果相魏。张仪去。

---

①适：适逢，正赶上。 ②鄙细人：地位低微的人。 ③声：口音，腔调。 ④子：指陈轸，敬称。子主：指楚怀王。 ⑤立须之：站在一边等待。 ⑥臣主：指楚怀王。王：指秦惠王。 ⑦克：战胜。 ⑧贵：器重，重视。 ⑨错：中断，停止。

义渠君朝于魏。犀首闻张仪复相秦,害之。犀首乃谓义渠君曰:“道远不得复过①,请谒事情②。”曰:“中国无事③,秦得烧掇焚杅君之国④;有事,秦将轻使重币事君之国。”其后五国伐秦。会⑤陈轸谓秦王曰:“义渠君者,蛮夷之贤君也,不如赂之以抚其志。”秦王曰:“善。”乃以文绣千纯⑥,妇女百人遗⑦义渠君。义渠君致群臣而谋曰:“此公孙衍所谓邪?”乃起兵袭秦,大败秦人李伯之下。

张仪已卒之后,犀首入相秦。尝佩五国之相印,为约长⑧。

太史公曰:三晋多权变之士⑨,夫言从衡强秦者大抵皆三晋之人也。夫张仪之行事甚于苏秦,然世恶苏秦者,以其先死,而仪振暴其短以扶其说⑩,成其衡道。要之,此两人真倾危⑪之士哉!

【译文】

张仪是魏国人。当初曾与苏秦一起师事鬼谷子先生,学习游说之术,苏秦自认为比不上张仪。

张仪完成学业,就去各国游说。他曾陪着楚相喝酒,席间,楚相丢失了一块玉璧,门客们怀疑张仪,说道:“张仪贫穷,品行鄙劣,一定是他偷去了相国的玉璧。”于是,大家一起把张仪拘捕起来,拷打了几百下。张仪始终没有承认,只得释放了他。他的妻子又悲又恨地说:“唉!您要是不读书游说,哪会受到这样的屈辱呢?”张仪对他的妻子说:“你看看我的舌头还在不在?”他的妻子笑着说:“舌头还在呀。”张仪说:“这就够了。”

---

①复过:再访问。 ②谒:陈述,分析。 ③中国:中原各诸侯国。无事:指各国不攻打秦。 ④烧掇:焚烧而侵掠。焚杅:焚烧蹂躏,从而牵制。 ⑤会:适逢,正赶上。 ⑥文绣:饰以彩色花纹的丝织物。纯(tún):匹,段。 ⑦遗:赠予。 ⑧约长:合纵或连横之领袖,均为约长。 ⑨权变:权宜机变。 ⑩振暴:宣扬暴露。扶:支持,附和。说:主张。 ⑪倾危:险诈。

那时，苏秦已说服赵王而得以去各国缔结合纵联盟，可是他害怕秦国趁机攻打各国，破坏纵约。又考虑到没有合适的人可以派到秦国，于是派人暗中启发张仪说："您当初与苏秦感情很好，现在苏秦已经当权，您为什么不去结交他，用以实现功成名就的愿望呢?"于是张仪前往赵国，呈上名帖，请求会见苏秦。苏秦就叮嘱门下的人不给张仪通报，又让他好几天不能离去。这时苏秦才接见了他。让他坐在堂下，赐给他奴仆吃的饭菜，还多次责备他说："凭着您的才能，却让自己穷困潦倒到这样的地步。我难道不能推荐您让您富贵吗？只是您不值得录用罢了。"说完就把张仪打发走了。张仪来投奔苏秦，自己认为是老朋友了，能够得到好处，不料反而被羞辱，很生气，又考虑到诸侯中没有谁值得侍奉，只有秦国能侵扰赵国，于是就到秦国去了。

不久苏秦对他左右亲近的人说："张仪是天下最有才能的人，我可比不上他呢。如今，幸亏我比他先受重用，而能够掌握秦国权柄的，只有张仪才行。然而，他很贫穷，没有进身之阶。我恐怕他以小的利益为满足而不能成就大的功业，所以特意把他招来羞辱他，以激发他的意志，您替我暗中侍奉他。"苏秦禀明赵王，发给他金钱、财物和车马，派人暗中跟随张仪，和他投宿同一客栈，逐渐地接近他，还以车马金钱奉送他，凡是张仪需要的，都供给他，却不说明谁给的。于是张仪才有机会拜见了秦惠王。惠王任用他作客卿，与他商议攻打各国的事。

这时，苏秦派来的门客要告辞离去，张仪说："我依靠您鼎力相助，才得到显贵的地位，正要报答您的恩德，为什么要走呢?"门客说："我并不了解您，真正了解您的是苏先生。苏先生担心秦国攻打赵国，破坏合纵联盟，认为除了您没有谁能掌握秦国的大权，所以激怒先生，派我暗中供您钱财，这些都是苏先生的计谋。如今先生已被重用，请让我回去复命吧！"张仪说："哎呀，这些权谋本来都属于我研习过的范围而我却没有察觉到，我没有苏先生高明啊！况且我刚刚被任用，又怎么能图谋攻打赵国呢？请替我感谢苏先生，苏先生当权的时代，我张仪怎么敢奢谈攻赵呢?"张仪做秦国宰相以后，写信警告楚国相国说："当初我陪着你喝酒，我并没偷你的玉璧，你却鞭打我。你要好好地守护住你的国家，我可要偷你的城池了！”

苴国和蜀国互相攻打，分别到秦国告急。秦惠王想要出兵讨伐蜀国，又认为道路艰险狭窄，难以到达。这时韩国又来侵犯秦国。秦惠王要先攻打韩国，然后再讨伐蜀国，恐怕有所不利；要先攻打蜀国，又恐怕韩国趁着久战疲惫之机来偷袭，犹豫不决。司马错和张仪在秦惠王面前争论不休，司马错主张讨伐蜀国，张仪说：“不如先讨伐韩国。”秦惠王说：“我愿听听你们的理由。”

张仪说：“我们先和魏相亲，与楚友好，然后进军三川，阻塞什谷的隘口，挡住屯留的要道。这样，使魏国到南阳的通道断绝，让楚国出兵逼近南郑，秦军进击新城和宜阳，径直逼近西周和东周的城郊，声讨周王的罪恶，再攻占楚国、魏国的土地。周王自己知道没办法挽救，一定会献出传国的九鼎宝器。秦国占有九鼎宝器，掌握地图和户籍，就可挟制周天子而向天下发号施令，天下各国没有谁敢不听从，这是统一天下的功业啊！如今蜀国是西方偏远之国，像戎狄一样的落后民族，搞得我们士兵疲惫、人民劳苦，也不能扬名天下，夺取他们的土地也得不到实际的好处。我听说追求名位的人要到朝廷去，追求利益的人要到市场去。如今，三川、周京，如同朝廷和市场，大王却不到那里去争夺，反而到戎狄一类的落后地区去争夺，这离帝王功业太远了。”

司马错说：“不是这样。我听说，想使国家富强的人，一定要开拓他的疆土；想使军队强大的人，一定要使人民富足；想要统一天下的人，一定要广施恩德。这三种条件齐备了，帝王大业也就水到渠成了。如今，大王的疆土还狭小，百姓还贫穷，所以我希望大王先做些容易办到的事情。蜀国是西方偏远的国家，却是戎狄的首领，已发生了类似夏桀、商纣的祸乱。出动秦国强大的军队去攻打它，就好像让豺狼去驱赶羊群一样。占领了它的土地就足以扩大秦国的疆域，夺取了它的财富就足以使百姓富足、整治军队。用不着损兵折将，他们就已屈服了。攻克一个国家，天下人不认为我们残暴；把西方的全部财富取尽，天下人不认为我们贪婪，我们这一出动军队，使得声望、实利都有增益，还有制止暴乱的好名声。如果去攻打韩国，劫持天子，是很坏的名声，而且未必就能得到好处，还负有不义的名声，攻打天下人所不希望攻打的国家，那就危险了。请让我陈述一下理由：周王，是天下共有的宗主；是和齐、韩交往密切的国家。周王自己知道要失掉传国的九鼎，韩国自己知道将会失去三川，这二国必将通力合谋，依靠齐国和赵国的力量，与楚国、魏国谋求和解。如果他们把九鼎宝器送给楚国，把土地让给魏国，大王是不能制止的，这就是我说的危险所在，所以不如攻打蜀国那样完满。”

惠王说：“说得好，我听您的。”终于出兵讨伐蜀国。当年十月攻占了蜀国。于是，平定了蜀国的暴乱，贬谪蜀王，改封号为蜀侯，派遣陈庄做蜀国相国。蜀国归秦国后，秦国因此更加强大富足，轻视各国。

惠王十年，派遣公子华和张仪围攻魏的蒲阳，降服了它。张仪趁机又劝说秦王把它归还魏，而且派公子繇到魏做人质。张仪趁机劝说魏王道：“秦对待魏国如此宽厚，魏国不可失礼。”魏国因此就把上郡、少梁献给秦国，用以答谢秦惠王。惠王就任用张仪为相国，把少梁改名叫夏阳。

张仪做秦相国四年，拥戴惠王称王。过了一年，张仪做秦国的将军，夺取了陕邑，修筑了上郡要塞。

此后二年，秦王派张仪和齐、楚两国相国在啮桑会谈。他从东方归来，被免去相国职事，为了秦国的利益，他去魏国做相国，打算使魏国领头臣侍秦国，再让各国效法它。魏王不肯接受张仪的建议，秦王大发雷霆，立刻出动军队攻下了魏国的曲沃、平周，暗中给张仪的待遇更加优厚。张仪觉得很惭愧，感到没有什么可以回敬来报答秦王。他留任魏国四年，魏襄侯死，哀王即位。张仪又劝说哀王，哀王也不听从。于是，张仪暗中让秦国攻打魏国。魏国与秦国交战，失败了。

第二年，齐国又在观津打败魏军。秦想再次攻打魏国，先打败了韩国申差的部队，杀死官兵八万人，各国震惊慌恐。张仪再次游说魏王：“魏国土地纵横不到千里，士兵不超过三十万。四周地势平坦，像车轴的中心，是可以畅通四方的诸侯国，又没名山大川的隔绝。从新郑到大梁只有二百多里，战车飞驰，士兵奔跑，没等用多少力气就已到了。魏的南边和楚接境，西边和韩接境，北边和赵接境，东边和齐接境，士兵驻守四面边疆，光是防守边塞堡垒的人就不少于十万。魏国的地势，原本就是个战场。假如魏国向南与楚国友善而不和齐国友善，那么齐国就会攻打您的东面；向东与齐国友善而不和赵国友善，那么赵国就会攻打您的北面；与韩国不合，那么韩国攻打您的西面；不亲附楚国，那么楚国就会攻打您的南面；这就是所谓四分五裂的地理形势啊。

“况且，各国缔结合纵联盟的目的，是为了凭靠它使国家安宁，君主尊崇，军队强大，名声显赫。现在，那些主张合纵的人，想使天下联合为一体，结为兄弟，在洹水边上杀白马，歃血为盟，表示坚守盟约。然而，即使是同一父母所生的亲兄弟，还有争夺钱财的，您还打算凭借着苏秦虚伪欺诈、反复无常的策略，那必将遭到失败也是很明显的了。

“假如大王不事奉秦国，秦国出兵攻打河外，占领卷地、衍地、燕地、酸枣，劫持卫国夺取阳晋，那么赵国的军队就不能南下支援魏国，赵国的军队不能南下而魏国的军队不能北上，魏军不能北上，合纵联盟的通道就被断绝了。合纵联盟的道路断绝，那么，大王的国家想不遭受危难，就办不到了。秦国使韩国屈服，进而攻打魏国，韩国害怕秦国，秦、韩合为一体，那么魏国的灭亡，快得简直来不及坐下来等待啊。这是我替大王担忧的啊。

“我替大王着想，不如事奉秦。如果您事奉秦，那么楚、韩一定不敢轻举妄动；没有楚、韩的危害，那么大王就可以垫高了枕头，安心地睡大觉了，国家一定没有什么可以忧虑的事了。

“况且，秦国所要削弱的莫过于楚国，而能够削弱楚国的莫过于魏国。楚国即使有富足强大的名声，而实际很空虚；它的士兵虽然很多，但容易逃跑溃散，不能艰苦奋战。假如魏国发动所有军队向南面攻打楚国，胜利是肯定的。宰割楚国使魏国得到好处，使楚国亏损而满足秦国，转嫁灾祸，使自己的国家安宁，这是大好事啊。假如大王不听从我的建议，秦国出动精锐部队向东进攻，那时即使您想要臣侍秦国，恐怕也来不及了。

“况且，那些主张合纵的人，大多只会说大话，唱高调，不可信。他们只想游说一个国君达到封侯的目的，所以天下游说之士，没有不日夜激动地紧握手腕，瞪大眼睛，磨牙鼓舌，大谈合纵的好处，用以游说各国国君。国君赞赏他们的口才，被他们的游说迷惑，难道这不是糊涂吗？

“臣听说，羽毛虽轻，集聚多了，可以使船沉没；货物虽轻，但装载多了也可以压断车轴；众口所毁，就是金石也可以销熔；谗言诽谤多了，即使是骨肉之亲也会消灭。所以我希望大王审慎地拟订治国大计，并且请准许我乞身引退，离开魏国。”

于是，哀王背弃了合纵盟约，通过张仪请求和秦国和解。张仪回到秦国，重新做相国。三年以后，魏国又背弃了秦国加入合纵盟约。秦国就出兵攻打魏国，夺取了曲沃。第二年，魏国再次归顺秦国。

秦国想要攻打齐国，当时齐、楚缔结了合纵相亲的盟约，于是张仪前往楚国做相国。楚怀王听说张仪来，空出上等的宾馆，亲自到宾馆安排他住宿。说：“这是个偏僻鄙陋的国家，您拿什么来指教我呢？”

张仪游说楚王说：“大王如果真要听从我的意见，就和齐断绝往来，解除盟约，我请秦王献出商于一带六百里的土地，让秦国女子成为大王的侍妾，秦、楚之间娶妇嫁女，永远结为兄弟国家，这样向北可削弱齐而西方的秦也就得到好处，没有比这更有利的策略了。”

楚王十分高兴地应允了他。大臣们来向楚王庆贺，唯独陈轸为他伤悼。楚王很生气地说：“我用不着调兵遣将就得到六百里土地，大臣们向我祝贺，唯独你为我伤悼，这是为什么？”陈轸回答说：“不是这样，在我看来，商于一带的土地不仅不能得到，而且齐、秦可能会联合起来。齐、秦联合起来，那么祸患一定会降临。”楚王说：“能说说理由吗？”陈轸回答说：“秦之所以重视楚，是因为楚有结盟的齐国。如今和齐国断绝往来，废除盟约，那么楚国就孤立了。秦国为什么稀罕一个孤立无援的楚国，而给它六百里土地呢？张仪回到秦国，一定会背弃向大王的承诺，这是向北和齐国绝交，又从西方的秦国招来祸患，两国军队必然会同时攻打楚国。我妥善地替大王想出了对策，不如暗中和齐国联合而表面上断绝关系，并派人随张仪去秦国。假如秦国给了我们土地，再和齐国断交也不算晚；假如秦国不给我们土地，那就符合了我们的策略。”楚王说：“希望陈先生闭上嘴，不要再讲话了，就等着我得到土地。”就把相印授给了张仪，还馈赠了大量的财物。于是就和齐国断绝了关系，废除了盟约，派了一位将军跟着张仪到秦国去接收土地。

张仪回到秦国，假装登车时没拉住车上的绳索，跌下车来受了伤，一连三个月不上朝。楚王听到这件事，说：“张仪是因为我与齐国断交还不彻底吧？”就派勇士到宋国，借了宋国的符节，到北方的齐国辱骂齐王。齐王愤怒，斩断了符节而委屈地和秦国结交。秦、齐两国建立了邦交，张仪才上朝。他对楚国的使者说：“我有秦王赐给的六里封地，愿把它献给楚王。”楚国使者说：“我奉楚王的命令，来接收商于之地六百里，不曾听说是六里。”使者回报楚王，楚王怒火填胸，立刻要出动军队攻打秦国。陈轸说：“我可以开口说话了吗？与其攻打秦国，不如反过来割让土地贿赂秦国，和他合兵攻打齐国，我们把割让给秦国的土地，再从齐国夺回来补偿，这样，大王的国家还可以生存下去。”楚王不听，终于出动军队并派将军屈匄进攻秦国。秦、齐两国共同攻打楚国，杀死官兵八万，杀了屈匄，于是夺取了丹阳、汉中等地。楚国又派出更多的军队去袭击秦国，到蓝田，经过一场激战，楚军大败，于是楚国又割让两座城池与秦国媾和。

秦国要挟楚国，想得到黔中一带的土地，要用武关以外的土地交换它。楚王说：“我不愿交换土地，只要得到张仪，就献出黔中地区。”秦王想要遣送张仪，又不忍开口说出来。张仪却请求前往。惠王说：“那楚王恼恨先生背弃奉送商于土地的诺言，这是存心报复您。”张仪说：“秦国强大，楚国弱小，我和楚大夫靳尚关系亲善，靳尚侍奉楚王夫人郑袖，而郑袖的话楚王是全部听从的。况且我是奉大王之命出使楚国，楚王怎么敢杀我。假如杀死我而替秦国取得黔中的土地，这也是我的最高愿望。”于是，他出使楚国。楚怀王等张仪一到就把他囚禁起来，准备杀掉他。靳尚对郑袖说：“您知道您将被大王鄙弃吗？”郑袖说：“为什么？”靳尚说：

“秦王特别宠爱张仪，一定要把他从囚禁中救出来，如今将要用上庸六县的土地贿赂楚国，把美女嫁给楚王，用宫中擅长歌唱的女子做陪嫁。楚王看重土地，敬重秦国，秦国美女一定会受到宠爱而尊贵，这样，夫人也将被鄙弃了。不如替张仪讲情，救他出来。”于是郑袖日夜向怀王讲情说：“作为臣子，各自为他们的国家效力。现在土地还没有交给秦国，秦王就派张仪来了，对大王的尊重达到了极点。大王还没有回礼却要杀张仪，秦王必定大怒出兵攻打楚国。我请求让我们母子都搬到江南去住，不要让秦国像鱼肉一样地欺凌屠戮。”怀王后悔了，赦免了张仪，像过去一样优厚地款待他。

张仪从囚禁中放出来不久，还没离去，就听说苏秦死了，便游说楚怀王说：“秦国的土地占了天下的一半，兵力足以抵挡四方的国家，四境险要，黄河如带横流，四周都有设防重地可以坚守。勇武的战士一百多万，战车千辆，战马万匹，贮存的粮食堆积如山。法令严明，士兵们都不避艰苦危难，乐于为国牺牲，国君贤明而威严，将帅智谋而勇武，即使没有出动军队，它的声威就能够席卷险要的常山，折断天下的脊骨，天下后臣服的国家首先被灭亡。而且，那些合纵的国家要与秦国相较，无异于驱赶着羊群进攻凶猛的老虎，猛虎和绵羊不能成为敌手是非常明显的。如今，大王不亲附老虎而去亲附绵羊，我私下认为大王的主意错了。

“当今天下的强国，不是秦国便是楚国，不是楚国便是秦国，两国相互争战，当是势不两立。如果大王不去亲附秦国，秦国就会出动军队先占据宜阳，韩国的土地也就被切断不通。秦国出兵河东，夺取城皋，韩国必然要到秦国称臣，魏国就会闻风而动。秦国进攻楚国的西边，韩国、魏国进攻楚国的北面，国家怎么会不危险呢？

“而且，那些主张合纵的人聚集了一群弱小的国家攻打最强的国家，不权衡敌对方的力量而轻易地发动战争，国家穷困而又频繁地打仗，这就是导致危亡的策略。我听说，您的军事力量比不上别国强大，就不要挑起战争；您的粮食比不上人家多，就不要持久作战。那些主张合纵的人，粉饰言辞，空发议论，使国君的思想言行高傲，只说对国君的好处，不说对国君的危害，一旦招致秦国的祸患，就来不及应付了，所以希望大王仔细考虑这个问题。

“秦国拥有西方的巴郡、蜀郡，用大船装满粮食，从岷山起程，顺着江水漂浮而下，到楚国三千多里。两船相并运送士兵，一条船可以载五十人和三个月的粮食，顺流而下，一天可走三百多里，路程虽长，可不花费牛马的力气，不到十天就可以到达扞关。扞关形势一紧张，那么边境以东，所有的国家就都要据城守御了，黔中、巫郡将不再属于大王所有了。秦国发动军队出武关，向南边进攻，楚国的北部地区就被切断。秦军攻打楚国，三个月内可以造成楚国的危难，而楚国等待各国的救援，需要半年以上的时间，从这形势看来，根本来不及。依赖弱小国家的救援，忽略强秦带来的祸患，这是我替大王担忧的原因啊。

“大王曾和吴国人作战，虽五战三胜，阵地上的士兵死光了；楚军在偏远的地方守卫着新占领的城池，可活着的百姓却太辛苦了。我听说功业过大的国君容易遭到危险，而百姓疲惫困苦就怨恨国君。守候着容易遭遇危难的功业而违背强秦的心意，我私下替大王感到忧惧。

“秦国之所以十五年不出兵函谷关攻打齐国和赵国的原因，是因为秦国在暗中策划，有吞并天下的野心。楚国曾给秦国造成祸患，在汉中打了一仗，楚国没有取得胜利，却有七十多位列侯执珪的人战死，于是丢掉了汉中。大王大怒，出兵袭击秦国，又在蓝田打了一仗。这就是所说的两虎相斗啊。秦国和楚国相互厮杀，疲惫困顿，韩国和魏国用全力从后边进攻，再没有比这样的策略更危险的了。希望大王仔细地考虑它。

“假如秦国出动军队攻占卫都和阳晋，必然像锁住天下的胸膛一样。大王出动全部军队进攻宋国，用不了几个月的时间，宋国就会被拿下来，攻占了宋国而挥师向东进发，那么泗水流域的众多小国便全归大王所有了。

“游说天下各国凭借信念合纵相亲、坚守盟约的人就是苏秦，他被封为武安君，做燕国的相国，就在暗中与燕王策划破齐，并且分割它的土地；假装获罪于燕王，逃亡到齐，齐王因此收留他而且任用他作相国；过了两年被发觉，齐王大怒，在刑场上把苏秦五马分尸。靠一个奸诈虚伪的苏秦，想要经营整个天下，让诸侯们结为一体，他的策略不可能成功，那是很明显的了。

“如今，秦国和楚国连壤接境，从地理形势上也应该是亲近的国家。大王如果能听取我的建议，我请秦王派太子来楚国做人质，楚国派太子到秦国做人质，把秦王的女儿作为侍候大王的姬妾，进献有一万户居民的都邑作为大王的汤沐邑，永结兄弟邻邦，终生不相互攻伐。我认为没有比这更好的策略了。”

此时，楚王虽已得到张仪，却又难于让出黔中土地给秦国，想要答应张仪的建议。屈原说：“前次大王被张仪欺骗，这次张仪来到楚国，我认为大王会用鼎镬煮死他；如今释放了他，不忍杀死他，还听信他的邪说，这可不行。”怀王说：“答应张仪的建议可以保住黔中土地，这是最有利的事情；已答应了而又背弃他，这可不行。”所以最终答应了张仪的建议，和秦国相亲善。

张仪离开楚国，接着就前往韩国，游说韩王说：“韩国地势险恶，人民都住在山区，生产的粮食不是麦而是豆，人们吃的大都是豆子饭、豆叶汤。一年没收成，人们连糟糠这样粗劣的食物都吃不饱。土地不足九百里，没有储存二年的粮食。估计大王的士兵，全数也超不过三十万人，而那些勤杂兵、后勤人员也都包括在内。除掉防守驿亭、边防要塞的士兵，可供调遣的军队不过二十万罢了。而秦国武装部队就一百多万，战车千辆，战马万匹，勇猛的战士飞奔前进，不戴头盔，双手捂着面颊，带着武器，愤怒扑向敌阵的，多到没法计算。秦国战马精良，骏马奔驰，前蹄扬起，后蹄腾空，一跃就是两丈多远的，多到没法数清。山东六国的士兵，戴着头盔，穿着铠甲会合作战，秦国的军队却甩掉战袍，赤足露身扑向敌人，左手提着人头，右手挟着俘虏。秦国士兵与山东各国的士兵相比，如同勇猛的大力士孟贲跟软弱的胆小鬼；用巨大的威力压下去，好像勇猛的大力士乌获与婴儿对抗。用孟贲、乌获这样的军队去攻打不服从的弱国，无异于把千钧的重量压在鸟卵上，一定没有幸存的了。

“那些诸侯、大臣们不估量自己的土地狭小，却听信主张合纵的人甜言蜜语，他们结伙营私，互相掩饰，都振振有词地说：‘听从我的策略，可以在天下称霸。’不顾国家的长远利益而听从一时之说，贻误国君，没有比这更厉害的了。

“假如大王不事奉秦国，秦国出动武装部队占据宜阳，切断了韩国的土地，向东夺取成皋、荥阳，那么鸿台的宫殿、桑林的林苑，都将不再为大王所有了。再说，秦军堵塞了成皋，切断了上地，大王的国土就被分割了。首先归顺秦国就安全，不臣侍秦国就危险。制造了祸端却想求得吉祥的回报，计谋浅陋而结下的仇怨深重，违背秦国而服从楚国，即使想不灭亡，那是不可能的。

“所以我替大王策划，不如帮助秦国。秦国所希望的，没有比削弱楚国更重要的了，能够削弱楚国的，没有谁比得上韩国。不是因为韩国比楚国强大，而是因为韩国地理形势的关系。如今，假如大王向西归顺秦国，进攻楚国，秦王一定很高兴。进攻楚国在它土地上取得利益，转移了自己的祸患而使秦国高兴，没有比这计策更适宜的了。”

韩王听信了张仪的策略。张仪回到秦国报告，秦惠王便封赏他五个城邑，号为武信君。

又派张仪向东去游说齐湣王说：“天下强大的国家没有超过齐国的，大臣及其父兄兴旺发达、富足安乐。然而，替大王出谋划策的人，都为了暂时的欢乐，没有考虑国家长远的利益。主张合纵的人游说大王，必定会说：‘齐国西面有强大的赵国，南面有韩国和魏国。齐国是背靠大海的国家，土地广阔，人口众多，军队强大，士兵勇敢，即使有一百个秦国，对齐国也将无可奈何。’大王认为他们的说法很高明，却没能考虑到实际的情况。主张合纵的人，结党营私，排斥异己，没有谁不认为合纵是可行的。我听说，齐国和鲁国打了三次仗，而鲁国战胜了三次，国家却因此随后就灭亡了，即使有战胜的名声，却遭到国家灭亡的现实。这是为什么呢？齐国强大而鲁国弱小啊。现在，秦国与齐国比较，就如同齐国和鲁国一样。秦国和赵国在黄河、漳水边上交战，两次交战两次打败了秦国；

在番吾城下交战，两次交战又两次打败秦国。四次战役之后，赵国的士兵阵亡了几十万，才仅仅保住邯郸。即使赵国有战胜的名声，国家却残破不堪了。这是为什么呢？秦国强而赵国弱啊。

“如今秦、楚两国嫁女娶妇，结成兄弟盟国。韩国献出宜阳，魏国献出河外，赵国在渑池朝拜秦王，割让河间来事奉秦国。假如大王不归顺秦国，秦国就会驱使韩国、魏国进攻齐国的南部，赵国的军队全部出动，渡过清河，直指博关，临菑、即墨就不再为大王所拥有了。国家一旦被进攻，即使是想要归顺秦国，也不可能了。因此希望大王仔细地考虑它。”

齐王说：“齐国偏僻落后，僻处东海边上，不曾听过国家长远利益的道理。”于是答应了张仪的建议。

张仪离开齐国，向西游说赵王说：“敝国秦王派我这个使臣给大王献上不成熟的意见。大王率领各国来抵制秦国，秦国的军民十五年不敢出函谷关。大王的声威遍布山东各国，敝邑担惊受怕，屈服不敢妄动，整治军备，磨砺武器，整顿战车战马，练习骑马射箭，努力耕种，储存粮食，守护在四方边境之内，忧愁畏惧地生活着，不敢轻举稍动，只恐怕大王有意深责我们的过失。

“如今，凭借着大王的督促之力，秦已攻克巴、蜀，吞并汉中，夺取东周、西周，迁走九鼎宝器，据守着白马渡口。秦国虽说地处偏远，然而内心积愤已久。现在，秦国有一支残兵败将，驻扎在渑池，正打算渡过黄河，跨过漳水，占据番吾，同贵军在邯郸城下相会，希望在甲子这一天与贵军交战，用以效法武王伐纣的旧事，所以秦王郑重地派出使臣先来敬告大王的侍从官员。

“大王信赖倡导合纵联盟的原因是依仗苏秦。苏秦迷惑各国君主，把对的说成错的，把错的说成对的，他想要反对齐国，而自己落得在街市上五马分尸。天下各国不可能统一是很明显的了。如今，楚国和秦国已结成了兄弟盟国，而韩国和魏国已向秦国臣服，成为东方的属国，齐国献出了盛产鱼盐的地方，这就等于斩断了赵国的右臂。斩断了右臂而和人家争斗，失去他的同伙而孤立无援，想要国家不危险，怎么可能办到呢？

“现在，秦国派出三支军队：其中一支军队阻绝午道，通知齐国调动军队渡过清河，驻扎在邯郸的东面；一支军队驻扎在成皋，驱使韩国和魏国的军队驻扎在河外；一支军队驻扎在渑池。邀集四国军队结为一体进攻赵国，攻破赵国，必然由四国瓜分它的土地。所以我不敢隐瞒真实的情况，先把它告诉大王和侍从官员。我私下替大王考虑，不如与秦王在渑池会晤，面对面，口头作个约定，请求按兵不动，不要进攻。希望大王拿定主意。”

赵王说：“先王在世时，奉阳君独揽权势，蒙蔽欺骗先王，处理政事，我还深居宫内，从师学习，不参与国家大事的谋划。先王抛弃群臣谢世时，我还年轻，继承君位的时间也不长，我心中确实暗自怀疑这种做法，认为各国联合一体，不归顺秦国，不是我国长远的利益。于是我打算改变主意，割让土地弥补已往的过失，以归顺秦国。我正要整备车马前去请罪，正好赶上听到您明智的教诲。”赵王答应了张仪的建议，张仪才离去。

张仪向北到了燕国，游说燕昭王说：“大王最亲近的国家，莫过于赵国。从前赵襄子曾把自己的姐姐嫁给代王为妻，想吞并代国，约定在勾注要塞和代王会晤。就命工匠做了一个金斗，加长了斗柄，使它能用来击杀人命。赵王与代王喝酒时，暗中告诉厨工说：‘趁酒喝到酣畅欢乐时，你送上热羹，趁机把斗柄反转过来击杀他。’于是当喝酒喝到酣畅欢乐时，厨工送上热羹，并送上金斗，趁机反转斗柄击中代王，杀死了他，代王的脑浆流了一地。赵王的姐姐听到这件事，磨快了簪子自杀了，所以至今还有一个名叫摩笄的山名。代王的死，天下人没有不知道的。

“赵王凶暴乖张，六亲不认，大王是有明确见识的，还认为赵王是可以亲近的吗？赵国出动军队攻打燕国，两次围困燕国首都来威逼大王，大王还要割让十座城池向他道歉。如今，赵王已到渑池朝拜秦王，献出河间一带土地归顺秦国。如今，假如大王不事奉秦国，秦国将出动武装部队直下云中、九原，驱使赵国进攻燕国，那么易水、长城，就不再为大王所有了。

“况且，现在的赵国对秦国来说，如同郡县一般，不敢胡乱出动军队攻打别的国家。如果大王归顺秦国，秦王一定高兴，赵国也不敢轻举妄动，这就等于西边有强大秦国的支援，而南边解除了齐国、赵国的忧虑，所以希望大王仔细地考虑这个问题。”

燕王说：“我处在落后荒远的地区，这里的人即使是男子大汉，都仅仅像个婴儿，他们的言论不能够产生正确的决策。如今，承蒙贵客指点，我愿意向西面归顺秦国，献出恒山脚下五座城池。”

燕王听信了张仪的建议。张仪回报秦王，还没到达咸阳而秦惠王就死了，武王即位。武王从做太子时就不喜欢张仪，等到继承王位，很多大臣说张仪的坏话：“张仪不讲信用，反复无常，出卖国家，以谋图国君的恩宠。秦国一定要再任用他，恐怕被天下人耻笑。”诸侯们听说张仪和秦武王有嫌隙，都纷纷背叛了连横政策，又恢复了合纵联盟。

秦武王元年，大臣们日夜不停地诋毁张仪，而齐国又派使者来责备张仪。张仪害怕被杀死，就趁机对武王说：“我有个不成熟的计策，希望献给大王。”武王说：“怎么办？”回答说：“为秦国国家考虑，必须使东方各国发生大的变故，大王才可以多割得土地。现在听说齐王特别憎恨我，只要我在哪个国家，他一定会出兵讨伐它。所以，我希望让我这个不成才的人到魏国去，齐国必然要出兵攻打魏国。当魏国和齐国的军队在城下混战，打得难解难分时，大王利用这个间隙攻打韩国，打进三川，军队开出函谷关而不要攻打别的国家，直接进逼周都，周天子一定会献出祭器。大王就能挟持天子，掌握天下的地图户籍，这是帝王的事业啊。”秦王认为他说得对，就准备了三十辆兵车，送张仪到魏国，齐王果然出动军队攻打魏国，魏哀王很害怕。张仪说：“大王不要担忧，我让齐国罢兵。”就派遣他的门客冯喜去楚国，作为楚国的使臣到齐国，对齐王说：“大王特别憎恨张仪；虽然如此，可是大王让张仪在秦国有所依托，也做得够周到了啊！”齐王说：“我憎恨张仪，张仪在什么地方，我一定出兵攻打什么地方，我怎么让张仪有所依托呢？”冯喜回答说：“这就是大王让张仪有所依托呀。张仪离开秦国时，本来与秦王约定说：‘为大王考虑，必须使东方各国发生大的变故,大王才能多割得土地。如今齐国特别憎恨我,我在哪个国家,他一定会派出军队攻打哪个国家。所以我希望让我这个不成才的人到魏国,齐国必然要出动军队攻打魏国,当魏国和齐国的军队在城下混战,打得难解难分时,大王利用这个间隙攻打韩国,打进三川,军队开出函谷关而不要攻打别的国家,直接进逼周都,周天子一定会献出祭器。大王就可以挟持天子,掌握天下的地图户籍,这是成就帝王的功业啊。'秦王认为他说得对,所以准备了兵车三十辆,送张仪去了魏国。现在张仪到了魏国,大王果然攻打它,这是大王使国内疲惫困乏而向外攻打盟邦,广泛地树立敌人,祸患殃及自身,而使张仪得到秦国的信任。这就是我所说的'让张仪有所依托'呀。"齐王说:"好。"就派人撤回了军队。

张仪做魏国宰相一年,死在魏国。

陈轸,是游说的策士。和张仪一道侍奉秦惠王,都被重用而显贵,互相争宠。张仪在秦王面前中伤陈轸说:"陈轸用丰厚的礼物频繁地来往于秦楚之间,应当为国家外交工作。如今楚国却不曾对秦国更加友好反而对陈轸亲善,足见陈轸为自己打算的多而替大王打算的少啊。而且陈轸想要离开秦国前往楚国,大王为什么没听说呢?"秦王对陈轸说:"我听说先生想要离开秦国到楚国去,有这样的事吗?"陈轸说:"有。"秦王说:"张仪的话果然可信。"陈轸说:"不仅张仪知道这回事,就连过路的人也都知道这回事。从前伍子胥忠于他的国君,天下国君都争着要他做臣子,曾参孝敬他的父母,天下的父母都希望有他做儿子。所以被出卖的奴仆侍妾不等走出里巷就卖掉了,因为都是好奴仆;被遗弃的妻子还能在本乡本土再嫁出去,因为都是好女人。陈轸如果对自己的国君不忠诚,楚国又凭什么认为陈轸能对他忠诚呢?忠诚却被抛弃,陈轸不去楚国,到哪儿去呢?"秦王认为他的话说得对,于是就很好地对待他。

陈轸在秦国过了一整年,秦惠王终于任用张仪做相国,陈轸就投奔了楚国。楚王没有重用他,却派他出使秦国。他路过魏国,想要见一见犀首,犀首谢绝不见。陈轸说:"我有事才来,您不见我,我就要走了,不能等到第二天呢。”犀首便接见了他。陈轸说:“您为什么喜欢喝酒呢?”犀首说:“我没事可做。”陈轸说:“我让您有很多事做,可以吗?”犀首说:“怎么办?”陈轸说:“田需约集各国合纵相亲,楚王怀疑他,不相信。您对魏王说:‘我和燕国、赵国的国君有旧交情,多次派人来对我说:“闲着没事为什么不互相见见面。”希望您去晋见我们国君。’魏王即使答应您去,您不必多要车辆,只要把三十辆车摆列在庭院里,公开地说要到燕国、赵国去。”燕国、赵国的外交人员听了这个消息,急忙驱车回报他们的国君,派人迎接犀首。楚王听了这个消息,很生气,说:“田需和我约定了结盟,而犀首却去燕国、赵国,这是欺骗我呀。”楚王很生气而不再理睬田需合纵的事。齐国听说犀首前往北方,派人把国家的政事托付给他,犀首就去齐国了,三国的相国职务,都由犀首决断,陈轸于是回到秦国。

韩国和魏国交战,整整一年不能和解。秦惠王打算让他们和解,问左右大臣的意见。左右大臣有的说让他们和解有利,有的说不和解有利,惠王不能为此事做出决断。陈轸恰巧来到秦国,惠王说:“先生离开我到楚国,也想念我吗?”陈轸回答说:“大王听说过越国人庄舄吗?”惠王说:“没听说。”陈轸说:“越人庄舄在楚国官做到执珪的爵位,不久就生病了。楚王说:‘庄舄原本是越国一个地位低微的人,如今官做到执珪的爵位,富贵了,也想念越国吗?’中谢回答说:‘大凡人们思念自己的故乡,都是在他生病的时候。假如他思念越国,就会操越国的腔调,要是不思念越国就要操楚国的腔调。’楚王派人前去偷听,庄舄还是操越国的腔调。如今我即使被遗弃跑到楚国,难道能没有了秦国的腔调吗?”惠王说:“好。现在韩国和魏国交战,整整一年都不能和解,有的对我说让他们和解有利,有的说不让他们和解有利,我不能够作出决断,希望先生为你的国君出谋划策之余,替我出个主意。”陈轸回答说:“也曾有人把卞庄子刺虎的事讲给大王听吗?庄子想去刺杀猛虎,旅馆的小伙子阻止他说:‘两只虎正在吃牛,等它们吃出滋味的时候一定会争夺,一争夺就一定会打起来,一打起来,大的伤,小的死。追逐着受伤的老虎而刺杀它,这一来必然获得刺杀双虎的名声。’卞庄子认为他说得对,站在旁边等待它们。

不久,两只老虎果然打起来,结果大的受了伤,小的死了。庄子追赶上受伤的老虎而杀死了它,这一来果然获得了杀死双虎的功劳。如今,韩、魏交战,一年不能解除,这样势必大国损伤,小国一定危亡,追逐着受到损伤的国家而讨伐它,这一讨伐必然会获得两个胜利果实。这就如同庄子刺杀猛虎一类的事啊。我为自己的国君出主意和为大王出主意有什么不同呢?"惠王说:"说得好。"终于没有让它们和解。果然大国受到损伤,小国面临着危亡,秦国趁机出兵讨伐它们,大大地战胜它们,这是陈轸的计策。

犀首,是魏国阴晋人。名叫衍,姓公孙。与张仪关系不好。

张仪为了秦国到魏国去,魏王任用他做了相国。犀首认为对自己不利,所以他使人对韩国公叔说:"张仪已让秦、魏联合了,他扬言说:'魏国进攻南阳,秦国进攻三川。'魏王器重张仪的原因,是想夺取韩国的土地。况且韩国的南阳已被占领,先生为什么不稍微把一些政事委托给公孙衍,让他到魏王面前请功,那么秦、魏两国的交往就会停止了。既然如此,那么魏国一定谋取秦国而抛弃张仪,结交韩国而让公孙衍做相国。"公叔认为有利,因此就把政事委托犀首,让他献功。犀首果然作了魏国相国,张仪离开了。

义渠君前来朝见魏王。犀首听说张仪又做秦国相国,迫害义渠君。犀首就对义渠君说:"贵国道路遥远,今日分别,不容易再来访问,请允许我告诉你一件大事。"他继续说:"中原各国不联合起来讨伐秦国,秦国就会焚烧掠夺您的国家;中原各国一致讨伐秦国,秦国就会派遣轻装的使臣带着贵重的礼物来服事您的国家。"此后,楚、魏、齐、韩、赵五国共同讨伐秦国。正好陈轸对秦王说:"义渠君是蛮夷各国中的贤明君主,不如赠送财物以安抚他的心志。"秦王说:"好。"就把一千匹锦绣和一百名美女赠送给义渠君,义渠君召集群臣商议说:"这就是公孙衍告诉我的情形吗?"于是就起兵袭击秦国,在李伯城下大败秦军。

张仪死后,犀首到秦国做宰相。曾佩带过五个国家的相印,做了联盟的领袖。

太史公说：三晋出了很多权宜机变的人物，那些主张合纵、连横使秦国强大的，大多是三晋的人。张仪的作为比苏秦有过之，然而世人厌恶苏秦的原因，是因为他先死了，从而张仪能够张扬暴露他合纵政策的短处，用来反证自己的主张，促成自己的连横政策。总而言之，这两个人是真正险诈的策士。

【鉴赏】

《张仪列传》记张仪、陈轸、犀首纵横游说事迹，与前篇《苏秦列传》相连，两传多有相同相对处。首先体现在传述精神上的一致，即《苏秦列传》所谓“毋令独蒙恶声焉”，传述之中褒贬互见，持论公允。其二，两传材料皆主要取自《战国策》，其文字有纵横家本色，皆以游说六国之六篇说辞构成一篇传文。其三，两传行文，皆有逼似后世小说笔法处，《苏秦列传》有妻嫂前倨后恭一段，其中“兄弟嫂妹妻妾皆笑之”至“昆弟妻嫂侧目不敢仰视”的言行变化，见出世态之炎凉、人情之冷落，极是逼真传神；而《张仪列传》则有苏秦智激张仪入秦一段，苏秦对张仪明以羞辱，激其入秦之念，暗以门人助其入秦为卿，以张仪之智，至事成方知此系苏秦之计，一段文字曲折灵动，极有声色。

二传之相对处，即篇末论赞中所谓“甚于苏秦”四字，恰是全篇之筋节，二人俱为游说之士中一流人物，然二人之策正好相反，苏秦以合纵之策游说六国以抗秦，张仪则为秦国以连横之策说六国以瓦解合纵。故张仪之立说，全以辩驳苏秦为宗旨，而张仪传文也借此勾连：以“苏秦自以不及张仪”开篇明意，以苏秦“张仪，天下贤士，吾殆弗如也”之语呼应，其后张仪说六国处，说魏王有“而欲恃诈伪反覆苏秦之余谋”语、说楚王有“夫以一诈伪之苏秦，而欲经营天下，混一诸侯，其不可成亦明矣”之语，不惜余力以压倒张仪。对于《苏秦列传》而言，《张仪列传》正好是一篇反对文字。

史记卷七十一·樗里子甘茂列传第十一

本篇为秦相樗里子、甘茂二人合传，并附有向寿及甘茂之孙甘罗之传。主要记述他们的才智和为秦国发展所做出的历史贡献。秦樗里子，秦惠王异母弟，因居渭南樗里，号樗里子，辅佐惠王、武王、昭王三代秦君，伐赵攻卫屡立功勋，以"智囊"之名称于世。甘茂因樗里子见于秦王，为秦武王左丞相，攻伐宜阳，一时显名于诸侯，虽终遭谗而出奔，却能巧借苏代之力为齐国上卿，保全在秦国的家人。甘茂之孙甘罗，年十二岁为秦上卿，不费一兵一卒得赵国五城，当然是少年有为的天才，不过也似有传说之夸大处。司马迁对战国策士们的为人是不欣赏的，称他们是"非笃行之君子"，但又叹服于他们翻云覆雨的口辩之才。

樗里子者，名疾，秦惠王之弟也，与惠王异母。母，韩女也。樗里子滑稽①多智，秦人号曰"智囊"。

秦惠王八年，爵樗里子右更②，使将而伐曲沃，尽出其人，取其城，地入秦。秦惠王二十五年，使樗里子为将伐赵，虏赵将军庄豹，拔蔺。明年，助魏章攻楚，败楚将屈丐，取汉中地。秦封樗里子，号为严君。

秦惠王卒，太子武王立，逐张仪、魏章，而以樗里子、甘茂为左、右丞相。秦使甘茂攻韩，拔宜阳。使樗里子以车百乘入周。周以卒迎之，意甚敬。楚王怒，让周③，以其重秦客。游腾为周说楚王曰："智伯之伐仇犹，遗④之广车，因随之以兵，仇犹遂亡。

---

①滑稽：指能言善辩，语多诙谐。 ②爵：封爵位。右更：秦国爵位第十四级。 ③让：责备。 ④遗(wèi)：赠送，送给。

何则？无备故也。齐桓公伐蔡，号曰诛楚，其实袭蔡。今秦，虎狼之国，使樗里子以车百乘入周，周以仇犹、蔡观焉，故使长戟居前，强弩在后，名曰卫疾，而实囚之。且夫周岂能无忧其社稷哉？恐一旦亡国以忧大王。"楚王乃悦。

秦武王卒，昭王立，樗里子又益尊重。

昭王元年，樗里子将伐蒲。蒲守恐，请胡衍。胡衍为蒲谓樗里子曰："公之攻蒲，为秦乎？为魏乎？为魏则善矣，为秦则不为赖矣[①]。夫卫之所以为卫者，以蒲也。今伐蒲入于魏，卫必折而从之[②]。魏亡[③]西河之外而无以取者，兵弱也。今并卫于魏，魏必强。魏强之日，西河之外必危矣。且秦王将观公之事，害秦而利魏，王必罪公。"樗里子曰："奈何？"胡衍曰："公释蒲勿攻，臣试为公入言之，以德[④]卫君。"樗里子曰："善。"胡衍入蒲，谓其守曰："樗里子知蒲之病矣，其言曰必拔蒲。衍能令释蒲勿攻。"蒲守恐，因再拜曰："愿以请。"因效金三百斤，曰："秦兵苟退，请必言子于卫君，使子为南面。"故胡衍受金于蒲以自贵于卫。于是遂解蒲而去。还击[⑤]皮氏，皮氏未降，又去。

昭王七年，樗里子卒，葬于渭南章台[⑥]之东。曰："后百岁，是当有天子之宫夹我墓。"樗里子疾室在于昭王庙西渭南阴乡樗里，故俗谓之樗里子。至汉兴，长乐宫在其东，未央宫在其西，武库正直其墓[⑦]。秦人谚曰："力则任鄙，智则樗里。"

甘茂者，下蔡人也。事下蔡史举先生，学百家之说。因张仪、樗里子而求见秦惠王。王见而说之，使将，而佐魏章略定[⑧]汉中地。

---

①赖：利。 ②折：屈服。从：顺从，依附。 ③亡：失去。 ④德：施恩德，使之感激。 ⑤还击：返回来攻击。 ⑥章台：秦国宫名。 ⑦武库：储藏武器的仓库。直：面对。 ⑧略定：夺取，平定。

惠王卒，武王立。张仪、魏章去，东之魏。蜀侯辉、相壮反，秦使甘茂定蜀。还，而以甘茂为左丞相，以樗里子为右丞相。

秦武王三年，谓甘茂曰："寡人欲容车[①]通三川，以窥周室，而寡人死不朽矣。"甘茂曰："请之魏，约以伐韩，而令向寿辅行。"甘茂至，谓向寿曰："子归，言之于王曰'魏听臣矣，然愿王勿伐'。事成，尽以为子功。"向寿归，以告王，王迎甘茂于息壤。甘茂至，王问其故。对曰："宜阳，大县也，上党、南阳积[②]之久矣。名曰县，其实郡也。今王倍数险[③]，行千里攻之，难。昔曾参之处费[④]，鲁人有与曾参同姓名者杀人，人告其母曰'曾参杀人'，其母织自若也。顷之，一人又告之曰'曾参杀人'，其母尚织自若也。顷又一人告之曰'曾参杀人'，其母投杼[⑤]下机，逾墙而走。夫以曾参之贤与其母信之也，三人疑之，其母惧焉。今臣之贤不若曾参，王之信臣又不如曾参之母信曾参也，疑臣者非特三人，臣恐大王之投杼也。始张仪西并巴蜀之地，北开西河之外，南取上庸，天下不以多[⑥]张子而以贤先王。魏文侯令乐羊将而攻中山，三年而拔之。乐羊返而论功，文侯示之谤书[⑦]一箧。乐羊再拜稽首曰：'此非臣之功也，主君之力也。'今臣，羁旅之臣也[⑧]。樗里子、公孙奭二人者挟[⑨]韩而议之，王必听之，是王欺魏王而臣受公仲侈之怨也。"王曰："寡人不听也，请与子盟。"卒使丞相甘茂将兵伐宜阳。五月而不拔，樗里子、公孙奭果争之。武王召甘茂，欲罢兵。甘茂曰："息壤在彼[⑩]。"王曰：

---

①容车：原指古代妇女坐乘的小车，其盖饰有帷幔以遮形貌，此指有帷帐的车。 ②积：积贮，积蓄。 ③倍：即"背"，犯。数险：多处险要的关隘，指函谷关、三崤等。 ④处费（bì）：居住在费邑。 ⑤杼：织布的梭子。 ⑥多：称赞，推重。 ⑦谤书：攻击他人的书函。 ⑧羁旅之臣：客卿。 ⑨挟：倚仗。 ⑩息壤在彼：息壤就在那里。言外之意是，大王请不要忘记息壤的盟约。

"有之。"因大悉起兵，使甘茂击之。斩首六万，遂拔宜阳。韩襄王使公仲侈入谢[①]，与秦平[②]。

武王竟至周，而卒于周。其弟立，为昭王。王母宣太后，楚女也。楚怀王怨前秦败楚于丹阳而韩不救，乃以兵围韩雍氏[③]。韩使公仲侈告急于秦。秦昭王新立，太后楚人，不肯救。公仲因[④]甘茂，茂为韩言于秦昭王曰："公仲方有得秦救，故敢扞楚也。今雍氏围，秦师不下殽，公仲且[⑤]仰首而不朝，公叔且以国南合于楚。楚、韩为一，魏氏不敢不听，然则伐秦之形成矣。不识坐而待伐孰与伐人之利?"秦王曰："善。"乃下师于殽以救韩，楚兵去。

秦使向寿平宜阳，而使樗里子、甘茂伐魏皮氏。向寿者，宣太后外族也[⑥]，而与昭王少相长，故任用。向寿如楚，楚闻秦之贵向寿，而厚事向寿。向寿为秦守宜阳，将以伐韩。韩公仲使苏代谓向寿曰："禽困覆车[⑦]。公破韩，辱公仲，公仲收国复事秦，自以为必可以封。今公与楚解口地，封小令尹以杜阳。秦、楚合，复攻韩，韩必亡。韩亡，公仲且躬率其私徒以阏于秦[⑧]。愿公孰虑之也。"向寿曰："吾合秦、楚非以当[⑨]韩也，子为寿谒之公仲，曰秦、韩之交可合也。"苏代对曰："愿有谒于公。人曰'贵其所以贵者贵'，王之爱习[⑩]公也，不如公孙奭；其智能公也，不如甘茂。今二人者皆不得亲于秦事，而公独与王主断于国者何？彼有以失之也。公孙奭党[⑪]于韩，而甘茂党于魏，故王不信也。今秦、楚争强而公党于楚，是与公孙奭、甘茂同道也，公何

---

①谢：谢罪。②平：媾和。③雍氏：地名，在河南禹县东北。④因：依靠，托付。⑤且：将要，就要。⑥外族：即外戚。⑦禽困覆车：野兽被围困急了，也能倾覆猎人的车子。⑧私徒：私家的徒隶。阏(è)：阏塞，阻止。⑨当：挡住，抵挡。⑩爱习：爱怜，亲近。习：近习，亲近。⑪党：偏袒，偏私。

以异之？人皆言楚之善变也，而公必亡之，是自为责也。公不如与王谋其变也，善韩以备楚，如此则无患矣。韩氏必先以国从公孙奭而后委国于甘茂。韩，公之仇也。今公言善韩以备楚，是外举不僻仇也。”向寿曰：“然，吾甚欲韩合。”对曰：“甘茂许公仲以武遂，反宜阳之民，今公徒收之，甚难。”向寿曰：“然则奈何？武遂终不可得也？”对曰：“公奚不以秦为韩求颍川于楚？此韩之寄地①也。公求而得之，是令行于楚而以其地德韩也。公求而不得，是韩楚之怨不解而交走②秦也。秦、楚争强，而公徐过③楚以收韩，此利于秦。”向寿曰：“奈何？”对曰：“此善事也。甘茂欲以魏取齐，公孙奭欲以韩取齐。今公取宜阳以为功，收楚、韩以安之，而诛④齐、魏之罪，是以公孙奭、甘茂无事也⑤。”

甘茂竟言秦昭王，以武遂复归之韩。向寿、公孙奭争之，不能得。向寿、公孙奭由此怨，谗甘茂。茂惧，辍伐魏蒲阪⑥，亡去。樗里子与魏讲⑦，罢兵。

甘茂之亡秦，奔齐，逢苏代。代为齐使于秦。甘茂曰：“臣得罪于秦，惧而遁逃，无所容迹。臣闻贫人女与富人女会绩⑧，贫人女曰：‘我无以买烛，而子之烛光幸有馀，子可分我馀光，无损子明而得一斯便焉。’今臣困而君方使秦而当路矣⑨。茂之妻子在焉，愿君以馀光振之⑩。”苏代许诺。遂致使于秦。已，因说秦王曰：“甘茂，非常士也。其居于秦，累世⑪重矣。自崤塞及至鬼谷，其地形险易皆明知之。彼以齐约韩、魏反以图秦，非秦之

①寄地：颍川本为韩邑，被楚国夺去，故言“寄地”。寄：权当寄托。②交走：争着奔向。③过：指责过失。④诛：谴责。⑤无事：指使公孙奭、甘茂不能再参与秦政。⑥蒲阪：关名，在今山西永济市西。⑦讲：讲和，和解。⑧会绩：一起纺织。⑨当路：当道，掌权，受重用。⑩振：同“赈”，救济，挽救。⑪累世：指甘茂为秦国效力累积秦惠王、秦武王、秦昭王三代。

利也。"秦王曰:"然则奈何?"苏代曰:"王不若重其贽,厚其禄以迎之,使彼来则置之鬼谷,终身勿出。"秦王曰:"善。"即赐之上卿,以相印迎之于齐。甘茂不往。苏代谓齐湣王曰:"夫甘茂,贤人也。今秦赐之上卿,以相印迎之。甘茂德王之赐,好为王臣,故辞而不往。今王何以礼之?"齐王曰:"善。"即位之上卿而处之。秦因复甘茂之家以市于齐①。

齐使甘茂于楚,楚怀王新与秦合婚而欢。而秦闻甘茂在楚,使人谓楚王曰:"愿送甘茂于秦。"楚王问于范蜎曰:"寡人欲置相于秦,孰可?"对曰:"臣不足以识之。"楚王曰:"寡人欲相甘茂,可乎?"对曰:"不可。夫史举,下蔡之监门②也,大不为事君,小不为家室,以苟贱不廉闻于世,甘茂事之顺焉。故惠王之明,武王之察,张仪之辩,而甘茂事之,取十官而无罪。茂诚贤者也,然不可相于秦。夫秦之有贤相,非楚国之利也。且王前尝用召滑于越,而内行章义之难③,越国乱,故楚南塞厉门而郡江东④。计王之功所以能如此者,越国乱而楚治也。今王知用诸越而忘用诸秦,臣以王为巨过⑤矣。然则王若欲置相于秦,则莫若向寿者可。夫向寿之于秦王,亲也,少与之同衣,长与之同车,以听事⑥。王必相向寿于秦,则楚国之利也。"于是使使请秦相向寿于秦。秦卒相向寿。而甘茂竟不得复入秦,卒于魏。

甘茂有孙曰甘罗。

甘罗者,甘茂孙也。茂既死后,甘罗年十二,事秦相文信侯吕不韦。

秦始皇帝使刚成君蔡泽于燕,三年而燕王喜使太子丹入质

①复:免除徭役。市:买,收买。 ②监门:看守城门的人。 ③章义:越人,在召滑的鼓动下挑起祸乱。内:阴,暗地里。 ④塞厉门而郡江东:以厉门为边塞,把江东作郡县。 ⑤巨过:大错特错。 ⑥听事:指参与政事的处理。

于秦[①]。秦使张唐往相燕，欲与燕共伐赵以广[②]河间之地。张唐谓文信侯曰："臣尝为秦昭王伐赵，赵怨臣，曰：'得唐者与百里之地。'今之燕必经赵，臣不可以行。"文信侯不快，未有以强也[③]。甘罗曰："君侯何不快之甚也？"文信侯曰："吾令刚成君蔡泽事燕三年，燕太子丹已入质矣，吾自请张卿相燕而不肯行。"甘罗曰："臣请行之。"文信侯叱曰："去！我身自请之而不肯，汝焉能行之？"甘罗曰："夫项橐生七岁为孔子师。今臣生十二岁于兹矣，君其试臣，何遽[④]叱乎？"于是甘罗见张卿曰："卿之功孰与武安君[⑤]？"卿曰："武安君南挫强楚，北威燕、赵，战胜攻取，破城堕邑，不知其数，臣之功不如也。"甘罗曰："应侯[⑥]之用于秦也，孰与文信侯专[⑦]？"张卿曰："应侯不如文信侯专。"甘罗曰："卿明知其不如文信侯专与？"曰："知之。"甘罗曰："应侯欲攻赵，武安君难之，去咸阳七里而立死于杜邮。今文信侯自请卿相燕而不肯行，臣不知卿所死处矣。"张唐曰："请因孺子行。"令装治行。

行有日[⑧]，甘罗谓文信侯曰："借臣车五乘，请为张唐先报赵。"文信侯乃入言之于始皇曰："昔日茂之孙甘罗，年少耳，然名家之子孙，诸侯皆闻之。今者张唐欲称疾不肯行，甘罗说而行之。今愿先报赵，请许遣之。"始皇召见，使甘罗于赵。赵襄王郊迎甘罗。甘罗说赵王曰："王闻燕太子丹入质秦欤？"曰："闻之。"曰："闻张唐相燕欤？"曰："闻之。""燕太子丹入秦者，燕不欺秦也。张唐相燕者，秦不欺燕也。燕、秦不相欺者，伐赵，危矣。燕、秦不相欺无异故[⑨]，欲攻赵而广河间。王不如赍臣五

---

①入质：作人质。 ②广：增大。 ③强：勉强。 ④遽(jù)：急，匆忙。 ⑤武安君：即秦将白起。 ⑥应侯：即范雎，害死白起。 ⑦专：专擅国政。 ⑧行有日：行期已确定。 ⑨无异故：没有别的缘故。

城以广河间，请归燕太子，与强赵攻弱燕。”赵王立自割五城以广河间。秦归燕太子。赵攻燕，得上谷三十城，令秦有十一。

甘罗还报秦，乃封甘罗以为上卿，复以始甘茂田宅赐之。

太史公曰：樗里子以骨肉重[①]，固其理[②]，而秦人称其智，故颇采焉[③]。甘茂起下蔡闾阎[④]，显名诸侯，重强齐、楚。甘罗年少，然出一奇计，声称后世。虽非笃行之君子，然亦战国之策士也。方秦之强时，天下尤趋[⑤]谋诈哉。

【译文】

樗里子，名叫疾，是秦惠王的弟弟，与惠王同父异母。他的母亲是韩国女子。樗里子能说会道，足智多谋，秦人都称他为“智囊”。

秦惠王八年，赐封樗里子右更的爵位，秦王派他带兵攻打魏国的曲沃，他把那里的人全部赶走，占领了城邑，土地并入了秦国。秦惠王二十五年，秦王任命樗里子为将军进攻赵国，俘虏了赵国将军庄豹，攻下了蔺邑。第二年，他又协助魏章攻打楚国，打败楚将屈丐，夺取了汉中地区。秦王赐封樗里子，封号为严君。

秦惠王死后，太子武王即位，驱逐了张仪和魏章，任命樗里子和甘茂为左右丞相。秦王派甘茂进攻韩国，一举拿下宜阳，同时派樗里子率领百辆战车进抵周都。周王派士兵列队迎接他，态度很是恭敬。楚王得知后怒不可遏，责备周王，因为他这么敬重秦国的不速之客。对此，游腾替周王劝说楚王道：“先前知伯攻打仇犹时，用赠送大车的办法，趁机让军队跟在后面，结果仇犹灭亡了。为什么？就是没有防备的缘故啊。齐桓公攻打蔡国时，声称是讨伐楚国，其实是偷袭蔡国。现在秦国，是个如狼似虎的国家，派樗里子带着百辆战车进入周都，周王以仇犹、蔡国的教训来看待这件事的，所以派手持长戟的兵卒走在前面，让佩带强弓的军士

①重：受尊重。 ②固：本来。理：常理，常情。 ③采：收集，采录。 ④闾阎：乡里平民。⑤趋：趋向，这里是盛行的意思。

跟在后面,表面说是护卫樗里子,实际上是把他看管起来。再说,周王怎能不担心自己国家的安全呢?恐怕一旦亡国会给大王您带来麻烦。”楚王听后,这才高兴起来。

秦武王死后,昭王即位,樗里子更加受到尊重。

昭王元年,樗里子率兵攻打蒲城。蒲城的长官十分恐惧,便求计于胡衍。胡衍便出面替蒲城长官对樗里子说:“您攻打蒲城,是为了秦国呢,还是为了魏国?如果是为了魏国,那当然好了;如果是为了秦国,那就不算有利了。卫国之所以成为一个国家,就是由于有蒲城存在。现在您进攻蒲邑,迫使它投入魏国怀抱,整个卫国就会屈服并依附魏国。魏国丧失了西河之外的城邑而无法夺回,原因就在于兵力薄弱。现在让卫国并入魏国,魏国必定强大起来。魏国强大之日,也就是贵国所占城邑的危险之时。况且秦王要察看您的此次行动,若有害于秦国而让魏国得利,秦王一定会加罪于您。”听了这番话,樗里子若有所思地说:“怎么办才好呢?”胡衍顺势便说:“您放弃蒲城不要进攻,我试着替您到蒲城说说这个意思,从而施恩于卫国。”樗里子说:“好吧。”胡衍进入蒲城后,就对那里的长官说:“樗里子已掌握蒲城困厄的处境了,他声言一定拿下蒲城。但我能让他放弃蒲城,不再进攻。”蒲城长官十分恐惧,对胡衍拜了又拜,连声说:“求您施恩救助。”于是献上黄金三百斤,又说:“秦国军队真的撤退了,请让我一定把您的功劳报告给卫国国君,让您享受我们国家最高的礼遇。”因此,胡衍从蒲城得到重金而使自己在卫国成了显贵。这时,樗里子已解围撤离了蒲城,回兵去攻打魏国城邑皮氏,皮氏没投降,便又撤离了。

昭王七年,樗里子死,葬在渭水南边章台的东面。他临终前曾预言说:“百年以后,这里会有天子的宫殿夹着我的坟墓。”樗里子嬴疾的住宅在昭王庙西边渭水之南的阴乡樗里,因此人们通常称他为樗里子。到了汉兴起,所建长乐宫就在他墓地的东边,而未央宫则在他坟墓的西边,武库正对着他的坟墓。秦国人有句俗语说:“力气最大要算任鄙,智谋最高要算樗里。”

甘茂是下蔡人。甘茂曾侍奉下蔡的史举先生，学习诸子百家的学说。后来通过张仪、樗里子的引荐得到拜见秦惠王的机会。惠王接见后，很喜欢他，就让他带兵，协助魏章夺取汉中地区。

惠王死后，武王即位。当时张仪、魏章已离开秦国，跑到东边的魏国。不久，秦公子蜀侯辉和他的辅相陈壮谋反，武王派甘茂去平定蜀地。返回秦国后，武王任命甘茂为左丞相，任命樗里子为右丞相。

秦武王三年，武王对甘茂说："我想要开辟一条御驾亲征的路线，通过三川之地，去看一看周朝都城，即使死去也算是不朽了。"甘茂心领神会，便说："请允许我到魏国，约它去攻打韩国，并请派向寿辅助我一同前往。"甘茂到魏国后，就对向寿说："您回去，把出使的情况报告给武王说'魏国听从我的主张了，但我希望大王先不要攻打韩国'。事情成功后，全算作您的功劳。"向寿回到秦国，把甘茂的话报告给武王，武王到息壤迎接甘茂。甘茂抵达息壤，武王问他先不攻打韩国是什么缘故。他回答说："宜阳是个大县，上党、南阳财富的积贮已经很久了。名称叫县，其实是个郡。现在大王离开自己所凭据的几处险要关隘，远行千里去攻打它们，这很难办。从前，曾参住在费邑，鲁国有个与曾参同姓同名的人杀了人，有人告诉曾参的母亲说'曾参杀了人'，他的母亲正在织布，神情泰然自若。过了一会儿，另一个人又来告诉他的母亲说'曾参杀了人'，他的母亲还是织着布，神情不变。不一会，又有一个人告诉他的母亲说'曾参杀了人'，他的母亲扔下梭子，走下织布机，翻墙逃跑了。凭着曾参的贤德与他母亲对他的信任，有三个人怀疑他，还使他母亲真的害怕他杀了人。现在我的贤能比不上曾参，大王对我的信任也不如曾参的母亲信任曾参，怀疑我的不只三个人，我唯恐大王也像曾母投杼一样，怀疑我啊。当初，张仪在西边兼并巴蜀的土地，在北面扩大了西河之外的疆域，在南边夺取了上庸，天下人并不因此赞扬张仪，而是认为大王贤能。魏文侯让乐羊带兵去攻打中山国，打了三年才攻下中山。乐羊回到魏国论述战功，而魏文侯把一箱子告发信拿给他看。吓得乐羊一连两次行跪拜大礼说：'这不是我的功劳，全靠主上的英明啊。'如今我是个寄居此地的客臣。樗里子和公孙奭二人会以韩国国力强为理由，对进攻韩国的事提出反对意见，大王一定会听从他们的意见，这样就会造成大王欺骗了魏王而我遭到韩相公仲侈怨恨的结果。”武王说：“我不会听他们的，请让我跟您盟誓。”终于让丞相甘茂带兵攻打宜阳。打了五个月却拿不下宜阳，樗里子和公孙奭果然提出反对意见。武王召甘茂回国，想退兵。甘茂说：“息壤就在那里，您忘了我们的盟誓吗？”武王说：“有过盟誓。”于是调集了全部兵力，让甘茂进攻宜阳，斩敌六万人，终于攻下了宜阳。韩襄王派公仲侈到秦国谢罪，同秦国讲和。

武王终于通过三川之地到了周都，最后死在那里。武王的弟弟即位，就是昭王。昭王的母亲宣太后，是楚国女子。楚怀王由于怨恨从前秦国在丹阳打败楚国时，韩国不去援救，于是就带兵围攻韩国的雍氏。韩王派公仲侈到秦国告急求援。秦昭王刚即位，太后又是楚国人，所以不肯出兵救援。公仲侈就去托付甘茂，甘茂便替韩国向秦昭王进言说：“公仲侈正是因为可望得到秦国援救，所以才敢于抵御楚国。眼下雍氏被围攻，秦军不肯下崤山救援，公仲侈将会轻蔑秦国昂着头不来朝见。公叔将会让韩国向南同楚国联合，楚国和韩国一旦联合成为一股力量，魏国就不敢不听它的摆布，这样看来，它们共同攻打秦国的形势就形成了。您看坐等别人进攻与主动进攻别人相比，哪个有利？”秦昭王说：“好。”于是就让军队下崤山去援救韩国。楚军随即撤离雍氏。

秦王让向寿去平定宜阳，同时派樗里子和甘茂攻打魏国皮氏。向寿是宣太后娘家的亲戚，与昭王从少年时就很要好，所以受到任用。向寿先到楚国，楚王听说秦王十分敬重向寿，便优待向寿。向寿替秦国驻守宜阳，准备据此进攻韩国。韩相公仲侈派苏代对向寿说：“野兽被围困急了能撞翻人的车辆。您攻破韩国，使公仲侈受辱，但公仲侈仍可收拾韩国局面再去事奉秦国，自认为一定可得到秦国的封赐。现在您把解口送给楚国，又把杜阳封给小令尹，使秦、楚交好。秦、楚联合，无非是再次攻打韩国，韩国必然要灭亡。韩国要灭亡，公仲侈必将亲自率领他的私家徒隶去顽强抗拒秦国。希望您深思熟虑。”向寿说：“我联合秦、楚两国，不是用来对付韩国的,您替我把这个意思向公仲侈申明,说秦国与韩国的关系是可以合作的。”苏代回答说:“我愿向您进一言。人们说‘知道自己得以受人尊敬的地方,就可永远使自己保持尊贵’,秦王亲近您,比不上亲近公孙奭;秦王赏识您的智慧才能,也比不上赏识甘茂。现在这两人都不能直接参与秦国大事,而您却独能与秦王对秦国大事做出决策,这是什么原因呢?是他们各有自己失去信任的地方啊。公孙奭偏向韩国,而甘茂偏袒魏国,所以秦王不信任他们。现在秦国与楚国争强,可您却偏护楚国,这跟公孙奭、甘茂走的同一条路。您靠什么来与他们相区别呢?人们都说楚国是个善于权变的国家,您一定会在与楚国结交上栽跟头,这是自找苦吃。您不如与秦王谋划对付楚国权变的策略,与韩国友善以防备楚国,这样就没什么祸患了。韩国与秦国结好必定先把国家大事交给公孙奭,听从他的意见,然后会把国家托付给甘茂。韩国,是您的仇敌。如今您提出与韩国友好以防备楚国,这就是外交结盟不避仇敌啊。”向寿说:“是这样,我是很想与韩国合作的。”苏代回答说:“甘茂曾答应公仲侈把武遂还给韩国,让宜阳的百姓返回宜阳,现在您想要空口结交韩国,很难办到。”向寿说:“既然如此,那该怎么办呢?武遂就终究不能得到了?”苏代回答说:“您为什么不借重秦国的声威,替韩国向楚国索还颍川呢?颍川是韩国的寄托之地,您若索取并得到它,这是您的命令在楚国得到推行,并用那块地方赢得韩国的悦服。您若索取而得不到它,这样韩国与楚国的怨恨不能化解,就会交相巴结秦国。秦楚两国争强,您从而一点一点地责备楚国来使韩逐渐向您靠拢,这大大有利于秦国。”向寿听后,掂量着利弊,一时下不了决心,便顺口说出:“怎么办好呢?”苏代立即答道:“这是件好事啊。甘茂想要借着魏国的力量去进攻齐国,公孙奭打算凭着韩国的势力去攻打齐国。现在您夺取宜阳作为功劳,又取得楚国和韩国的信任并使它们安定下来,进而再声讨齐国和魏国的罪过。因此公孙奭和甘茂就无所作为了。”

甘茂终于向秦昭王进言,把武遂归还给韩国。向寿和公孙奭竭力反对这件事,但没有成功。向寿和公孙奭因此而怨愤,常在昭王面前说甘茂的坏话。甘茂恐惧了,便停止攻打魏国的蒲阪,逃亡而去。樗里子与魏国和解,撤兵作罢。

甘茂逃出秦国投奔齐国,路上恰巧碰上苏代。当时,苏代正替齐国出使秦国。甘茂说:"我在秦国获罪,感到害怕,便逃了出来,现在还没有容身之地。我听说贫家女和富家女在一起搓麻线,贫家女说:'我没有钱买蜡烛,而您的烛光幸好有剩余,请您分给我一点剩余的光亮,这无损于您的照明,却能使我同您一样享用烛光的方便。'现在我陷入了困境,而您正出使秦国,大权在握。我的妻子儿女还在秦国,希望您拿点余光救济他们。"苏代应允,他出使秦国,完成任务后,苏代借机劝说秦王道:"甘茂,不是个平常的士人。他在秦国居住多年,连续三代受到重用,从崤山要塞直至鬼谷,全部地形何处险要何处平展,他都了如指掌。如果他依借齐国与韩国、魏国约盟联合,反过来算计秦国,对秦国可不算有利呀。"秦昭王说:"既然这样,那么该怎么办呢?"苏代说:"大王不如送他更加贵重的礼物,给他更加丰厚的俸禄,把他迎回来,假使他回来了,就把他安置在鬼谷,终身不准他出来。"秦王说:"好。"便赐给甘茂上卿官位,并派人带着相印到齐国去迎接他。甘茂执意不回秦国。苏代对齐湣王说:"那个甘茂,可是个贤人。现在秦国已赐给他上卿官位,带着相印来迎接他了。由于甘茂感激大王的恩赐,乐意做大王的臣下,因此推辞邀请不去秦国。现在大王您拿什么来礼遇他?"齐王说:"好。"便安排他上卿的官位,把他留在了齐国。秦国也赶快免除了甘茂全家的赋税徭役,用以同齐国争着收买甘茂。

齐国派甘茂出使楚国,楚怀王刚刚与秦国通婚结亲,对秦国亲热得很。秦王听说甘茂正在楚国,就派人对楚王说:"希望把甘茂送到秦国来。"楚王向范蜎询问说:"我想在秦国安排个丞相,您看谁合适?"范蜎回答说:"我的能力不够,看不准谁合适。"楚王说:"我打算让甘茂去任丞相,可以吗?"范蜎回答道:"不行。那个史举,是下蔡的城门看守,大事不能侍奉国君,小事不能治好家庭,他以苟且活命,人格低下,节操不廉闻名于世,可是甘茂事奉他却很恭顺。所以,像惠王的明智,武王的敏锐,张仪的善辩，甘茂能够一一事奉他们，取得十个官位而没有罪过。甘茂的确是个贤能的人，但不能到秦国任丞相。秦国有贤能的丞相，不是楚国的好事。况且大王先前曾把召滑推荐到越国任职，而他暗地里鼓动章义发难，搞得越国大乱，因此楚国才能够开拓疆域，以厉门为边塞，把江东作为郡县。我揣度大王的功绩所以能够达到如此辉煌的地步，其原因就是越国大乱，而楚国大治。现在大王只知把这种谋略用于越国却忘记用于秦国，我认为您这是重大的失策。话再说回来，您若打算在秦国安置丞相，那就不如安置向寿这样的人更为合适。向寿对于秦王来说是亲戚，少年时与秦王同穿一件衣服，长大后同乘一辆车子，因此能够直接参与国政。大王如果能安置向寿到秦国任相，那就是楚国的好事了。”于是楚王派使臣去请求秦王让向寿在秦国任相。秦国终于让向寿做了丞相。甘茂最终也没能再返回秦国，后来死在魏国。

甘茂有个孙子叫甘罗。

甘罗是甘茂的孙子。甘茂死后，甘罗十二岁事奉秦国丞相文信侯吕不韦。

秦始皇派刚成君蔡泽到燕国，三年后燕国国君喜派太子丹到秦国作人质。秦国准备派张唐去燕国任相，打算跟燕国共同进攻赵国扩张河间一带的领地。张唐对文信侯说：“我曾为昭王进攻过赵国，赵国怨恨我，曾宣称说：‘能逮住张唐的人，就赐给他方圆百里的土地。’现在去燕国必定要经赵国，因此我不能前往。”文信侯听了怏怏不乐，可没什么办法勉强他去。甘罗说：“君侯您为什么这么不高兴？”文信侯说：“我让刚成君蔡泽奉事燕国三年，燕太子丹已来秦国作人质，我亲自请张卿去燕国任相，可他不愿去。”甘罗说：“请允许我说服他去燕国。”文信侯呵斥说：“快走开！我亲自请他去，他都不肯，你怎能让他去？”甘罗说：“项橐七岁就做了孔子的老师。如今，我已满十二岁，您就让我试试吧，何必这么急着呵斥我呢？”于是文信侯就同意了。甘罗去拜见张卿说：“您的功劳与武安君白起相比，谁的大？”张卿说：“武安君在南面挫败强大的楚国，在北面施威震慑燕、赵两国，战必胜，攻必克，夺城取邑，不计其数，我的功劳可比不上他。”甘罗又说：“应侯范雎在秦国任丞相时与现在的文信侯相比，谁的权势大？”张卿说：“应侯不如文信侯权势大。”甘罗进而说：“您明知应侯不如文信侯权势大吗？”张卿说：“确实知道。”甘罗接着说：“应侯打算攻打赵国，武安君认为这难办，结果武安君刚离开咸阳七里地就死在杜邮。如今文信侯亲自请您去燕国任相国而您执意不肯，我不知道您要死在什么地方了。”张唐说：“那就依着你这个童子的意见前往燕国吧。”于是让人整理行装，准备上路。

行期已经确定，甘罗便对文信侯说：“借给我五辆马车，请允许我为张唐赴燕先去通报赵国。文信侯就进宫把甘罗的请求报告给秦始皇说：“过去的甘茂有个孙子甘罗，年纪很轻，然而是著名卿相家的子孙，所以诸侯们都有所闻。最近，张唐想要推托有病不愿意去燕国，甘罗说服了他，使他毅然前往。现在甘罗愿意先到赵国把张唐的事通报一声，请您允许派他去。”秦始皇召见了甘罗，就派他去赵国。赵襄王到郊外远迎甘罗。甘罗劝说赵王，问道：“大王听说燕太子丹到秦国作人质吗？”赵王回答说：“听说过了。”甘罗又问道：“听说张唐要到燕国任相吗？”赵王回答说：“听说过了。”甘罗接着说：“燕太子丹到秦国来，表明燕国不欺骗秦国。张唐到燕国任相，表明秦国不欺骗燕国。燕、秦两国互不相欺，显然是要共同攻打赵国，赵国就危险了。燕、秦两国互不相欺，没有别的缘故，就是想要进攻赵国，来扩大自己在河间一带的领地。大王不如先送给我五座城邑来扩大秦国在河间的领地，我请求秦王送回燕太子，再帮助强大的赵国攻打弱小的燕国。”赵王立即亲自划出五座城邑来扩大秦国在河间的领地。秦国送回燕太子，赵国便进攻燕国，结果取得到上谷三十座城邑，让秦国占有其中的十一座。

甘罗回来后把情况报告了秦始皇，秦始皇于是封赏甘罗让他做了上卿，又把原来甘茂的田地住宅赐给了甘罗。

太史公说：“樗里子因为是秦王的至亲而受到尊重，这本来是常理，但秦国人称颂他的才智，因此较多地采录了他的事迹。甘茂出身于下蔡平民，声名显扬于诸侯，为强大的齐国和楚国所推重。甘罗年纪很轻，然而献出一条妙计，名垂后世。他们虽然算不上品行忠厚的君子，但也是战国时代名副其实的谋士。须知，当秦国强盛起来的时候，天下特别盛行权变谋诈之术呢！

【鉴赏】

本传以“智”为一篇之骨，叙秦国右丞相樗里子、左丞相甘茂及其孙甘罗之才智。樗里子号曰“智囊”，本为秦惠王之弟，以骨肉之亲辅佐三代秦王，伐曲沃，攻魏、赵、楚，颇有功绩。他虽“以骨肉重”，但能周旋于素来猜忌残忍的秦国，而又任武王、昭王两朝之相，已经足见其才智过人，作者还引秦人之谚“力则任鄙，智则樗里”，称道其智。甘茂本为羁旅之臣，得任秦相，攻伐宜阳甚有战功，虽处处提防，仍因谗而出奔齐国。其传着力写他在失势后巧借齐使苏代之力说秦王虚以相位相迎，借秦之势得齐王礼遇，位居上卿，既而借齐之势保全在秦国的妻儿。甘茂之智，亦不可小视。甘罗事迹虽附在后，然而本篇之所以被后世盛传，主要缘于此。“甘罗十二为宰相”之说至今在民间仍十分流行。甘罗十二岁事秦相吕不韦，洞察时势，以寥寥数语说张卿出使，出奇计说赵国，使之亲秦攻燕，使秦国坐收五城之利。甘罗确乎天才。

行文间前后照应，首尾圆合，也是本传的特色。说樗里子之智，以“滑稽多智”开篇，以秦人“力则任鄙，智则樗里”之谚作结，前后相承，一脉贯穿。说甘罗事，甘茂传有“秦因复甘茂之家”一语以为伏埋，甘罗传开篇以“甘茂孙也”以相呼应，中有吕不韦“甘茂之孙甘罗，年少耳，然名家之子孙”数语以相承接，终以“复以始甘茂田宅赐之”为结，前后照应、伏脉千里。

史记卷七十二·穰侯列传第十二

本篇是战国末期秦相穰侯魏冉的专传。魏冉,为秦宣太后之同母异父弟,秦昭王的舅父。魏冉力拥昭王即位后,以外戚执秦政,为相数十年,掌秦国实权,荐白起为将,东伐韩、魏、齐、楚诸国,攻城掠地,开疆拓土,战功卓著,使秦国空前强大,称雄于诸侯,"天下皆西向而稽首"。因为功大,魏冉被封于穰,称穰侯。魏冉主张"近交远攻",费力大而秦所得的土地不多,倒表现出他"以广其陶邑"和"擅权于诸侯"的私利,所以被主张"远交近攻"的范雎抓住把柄,乘机进谗,被昭王疑忌罢斥,忧死于封邑。太史公在论赞中对穰侯的功绩作了盛赞,而对其悲剧结局则深致感慨。

穰侯魏冉者,秦昭王母宣太后弟也。其先楚人,姓芈氏①。

秦武王卒,无子,立其弟为昭王。昭王母故号为芈八子,及昭王即位,芈八子号为宣太后。宣太后非武王母。武王母号曰惠文后,先武王死。宣太后二弟:其异父长弟曰穰侯,姓魏氏,名冉;同父弟曰芈戎,为华阳君。而昭王同母弟曰高陵君、泾阳君。而魏冉最贤,自惠王、武王时任职用事②。武王卒,诸弟争立,唯魏冉力为能立昭王。昭王即位,以冉为将军,卫咸阳。诛季君之乱③,而逐武王后出之魏④,昭王诸兄弟不善者皆灭之,威振秦国。昭王少,宣太后自治⑤,任魏冉为政。

昭王七年,樗里子死,而使泾阳君质⑥于齐。赵人楼缓来相

---

①芈(mǐ):楚国的祖姓。 ②用事:当权。 ③季君之乱:指公子壮在秦昭王二年与大臣及诸公子谋反,自号为"季君",为魏冉所诛。 ④之:往,到。 ⑤自治:亲自听政。 ⑥质:作人质。

秦,赵不利,乃使仇液之秦,请以魏冉为秦相。仇液将行,其客宋公谓液曰:“秦不听公,楼缓必怨公。公不若谓楼缓曰‘请为公毋急秦①’。秦王见赵请相魏冉之不急,且不听公。公言而事不成,以德楼子②;事成,魏冉故德公矣。”于是仇液从之。而秦果免楼缓而魏冉相秦。欲诛吕礼,礼出奔齐。

昭王十四年,魏冉举白起,使代向寿将而攻韩、魏,败之伊阙,斩首二十四万,虏魏将公孙喜。明年,又取楚之宛、叶。魏冉谢病③免相,以客卿寿烛为相。其明年,烛免,复相冉,乃封魏冉于穰,复益封陶④,号曰穰侯。

穰侯封四岁,为秦将攻魏。魏献河东方四百里。拔魏之河内,取城大小六十馀。

昭王十九年,秦称西帝,齐称东帝⑤。月馀,吕礼来,而齐、秦各复归帝为王。魏冉复相秦,六岁而免。免二岁,复相秦。四岁,而使白起拔楚之郢,秦置南郡。乃封白起为武安君。白起者,穰侯之所任举也,相善。于是穰侯之富,富于王室。

昭王三十二年,穰侯为相国,将兵攻魏,走芒卯⑥,入北宅⑦,遂围大梁。梁大夫须贾说穰侯曰:“臣闻魏之长吏谓魏王曰:‘昔梁惠王伐赵,战胜三梁,拔邯郸,赵氏不割,而邯郸复归;齐人攻卫,拔故国⑧,杀子良,卫人不割,而故地复反。卫、赵之所以国全兵劲⑨而地不并于诸侯者,以其能忍难而重出地也⑩。宋、中山数伐割地,而国随以亡。臣以为卫、赵可法,而宋、中山

---

①请为公毋急秦:请允许我为您打算,我不让秦国感到赵国请求任魏冉为秦相的要求很迫切。 ②德:施恩德,使之感激。 ③谢病:推托有病。 ④益:增加。 ⑤秦称西帝,齐称东帝:战国时各大国国君均自称为王,故王号不尊贵,秦与齐相约,并称为帝。前288年秦昭王自称西帝,尊齐湣王为东帝,这也是秦国连横之策。 ⑥走芒卯:使魏将芒卯战败而逃。走:使败逃。 ⑦北宅:在今河南荥阳市西南。 ⑧故国:旧都,指楚丘。 ⑨兵劲:军队坚强有力。 ⑩重出地:舍不得割地。重:惜。出:拿出。

可为戒也。秦，贪戾之国也，而毋亲。蚕食魏氏，又尽晋国[1]，战胜暴子[2]，割八县，地未毕入，兵复出矣。夫秦何厌之有哉！今又走芒卯，入北宅，此非敢攻梁也，且劫王以求多割地。王必勿听也。今王背楚、赵而讲秦[3]，楚、赵怒而去王，与王争事秦，秦必受之。秦挟楚、赵之兵以复攻梁，则国求无亡不可得也。愿王之必无讲也。王若欲讲，少割而有质[4]；不然，必见欺。'此臣之所闻于魏也，愿君之以是虑事也。《周书》曰'惟命不于常'，此言幸之不可数也。夫战胜暴子，割八县，此非兵力之精也，又非计之工也，天幸为多矣。今又走芒卯，入北宅，以攻大梁，是以天幸自为常也，智者不然。臣闻魏氏悉其百县胜甲以上戍大梁[5]，臣以为不下三十万。以三十万之众守梁七仞之城[6]，臣以为汤、武复生，不易攻也。夫轻[7]背楚、赵之兵，陵七仞之城，战三十万之众，而志必举之，臣以为自天地始分以至于今，未尝有者也。攻而不拔，秦兵必罢，陶邑必亡[8]，则前功必弃矣。今魏氏方疑，可以少割收也。愿君逮楚、赵之兵未至于梁，亟以少割收魏。魏方疑而得以少割为利，必欲之，则君得所欲矣。楚、赵怒于魏之先己也，必争事秦，从以此散，而君后择焉。且君之得地岂必以兵哉！割晋国，秦兵不攻，而魏必效绛、安邑。又为陶开两道[9]，几尽故宋，卫必效单父。秦兵可全，而君制之，何索而不得，何为而不成！愿君熟虑之而无行危。"穰侯曰："善。"乃罢梁围。

明年，魏背秦，与齐从亲[10]。秦使穰侯伐魏，斩首四万，走魏

---

①尽：吞尽，割尽。晋国：这里指原属晋国，现属魏国的土地。 ②暴子：韩将暴鸢。 ③讲：和解。 ④少割而有质：要少割地，并求秦质子。 ⑤悉：竭尽。胜甲：精卒，强悍的士兵。 ⑥七仞之城：数丈高的坚固城池。仞：古代以七尺或八尺为一仞。 ⑦轻：轻易，随便。 ⑧亡：丢失。 ⑨两道：指河西、河东两条道路。 ⑩从亲：合纵相亲。

将暴鸢[1]，得魏三县。穰侯益封。

明年，穰侯与白起客卿胡阳复攻赵、韩、魏，破芒卯于华阳下，斩首十万，取魏之卷、蔡阳、长社，赵氏观津。且与[2]赵观津，益赵以兵，伐齐。齐襄王惧，使苏代为齐阴遗[3]穰侯书曰："臣闻往来者言曰'秦将益赵甲四万以伐齐'，臣窃必之弊邑之王曰[4]'秦王明而熟于计，穰侯智而习于事，必不益赵甲四万以伐齐'。是何也？夫三晋之相与也[5]，秦之深仇也。百相背也，百相欺也，不为不信，不为无行[6]。今破齐以肥赵。赵，秦之深仇，不利于秦。此一也。秦之谋者，必曰'破齐，弊晋、楚，而后制晋、楚之胜'。夫齐，罢国也，以天下攻齐，如以千钧之弩决溃痈也[7]，必死，安能弊晋、楚？此二也。秦少出兵，则晋、楚不信也；多出兵，则晋、楚为制于秦。齐恐，不走[8]秦，必走晋、楚。此三也。秦割齐以啖晋、楚，晋、楚案之以兵[9]，秦反受敌。此四也。是晋、楚以秦谋齐，以齐谋秦也，何晋、楚之智而秦、齐之愚？此五也。故得安邑以善事之，亦必无患矣。秦有安邑，韩氏必无上党矣。取天下之肠胃[10]，与出兵而惧其不反也，孰利？臣故曰秦王明而熟于计，穰侯智而习于事，必不益赵甲四万以伐齐矣。"于是穰侯不行，引兵而归。

昭王三十六年，相国穰侯言客卿灶，欲伐齐取刚、寿[11]，以广其陶邑。于是魏人范雎自谓张禄先生，讥穰侯之伐齐，乃越三晋以攻齐也，以此时奸说[12]秦昭王。昭王于是用范雎。范雎言

---

①魏将暴鸢：暴鸢乃韩将，救魏。 ②与：给予。 ③阴：暗地里。遗：送给。 ④臣窃必之敝邑之王曰：我私下一定对本国的国君说。 ⑤三晋：春秋末，晋国被韩、赵、魏三家瓜分，各立为国，故称"三晋"。相与：相友好。 ⑥行：道义。 ⑦弩：用机关发射箭矢的弓。决：冲击。溃痈：溃烂了的毒疮。 ⑧走：投奔，投靠。 ⑨案：同"按"，压住，控制。 ⑩肠胃：比喻中心、腹心地带。 ⑪刚、寿：两邑，在今山东东平县西南。卷七十九《范雎蔡泽列传》作"纲寿"。 ⑫奸说：请见进说。奸(gān)：通"干"，请见。

宣太后专制，穰侯擅权于诸侯，泾阳君、高陵君之属太侈，富于王室。于是秦昭王悟，乃免相国，令泾阳之属皆出关，就封邑。穰侯出关，辎车千乘有馀。

穰侯卒于陶，而因葬焉。秦复收陶为郡。

太史公曰：穰侯，昭王亲舅也。而秦所以东益地，弱诸侯，尝称帝于天下，天下皆西乡稽首者①，穰侯之功也。及其贵极富溢，一夫开说，身折势夺而以忧死，况于羁旅②之臣乎！

【译文】

穰侯魏冉，是秦昭王母亲宣太后的弟弟。他的祖先是楚国人，姓芈。

秦武王死，没有儿子，所以魏冉拥立武王的弟弟为国君，就是昭王。昭王的母亲原名为芈八子，等到昭王即位，芈八子才称为宣太后。宣太后并不是武王的生母。武王的母亲称惠文后，比武王先死。宣太后有两个弟弟：她同母异父的大弟弟叫穰侯，姓魏，名冉；她同父异母的弟弟叫芈戎，就是华阳君。昭王还有两个同母弟弟：一个称高陵君，一个称泾阳君。诸人中，魏冉最为贤能，从惠王、武王时即已任职掌权。武王死后，他的弟弟们争相继位，只有魏冉算有能力能够拥立昭王。昭王即位后，便命魏冉为将军，守卫咸阳。他曾平定了季君的叛乱，并且把武王后驱逐到魏国，昭王的那些兄弟中有图谋不轨的全部诛灭，魏冉的威势一时震动秦国。当时昭王年纪还轻，宣太后亲自主持朝政，让魏冉执掌政权。

昭王七年，樗里子死，秦国派泾阳君到齐国去作人质。赵国人楼缓来秦国做丞相，赵国认为这对自己显然不利，于是赵国派仇液到秦国游说，请求让魏冉做秦国的丞相。仇液即将出发，他的门客宋公对他说："假如秦王不听从您的劝说，楼缓必定怨恨您。您不如对楼缓说'为您打算，我不会认真要求秦国这样做'。秦王见赵国使者请求任用魏冉并不

---

①西乡：面向西。乡：通"向"。稽首：叩头，此指臣服。②羁旅：寄居异国。

急切，将不会听从您的劝说。您这么说了，如果事情不成功，您可以讨好楼缓；如果事情成功了，那么魏冉当然会感激您了。”于是，仇液听从了宋公的意见。秦国果然免掉了楼缓，魏冉做了丞相。秦国要诛杀吕礼，吕礼逃到齐国。

秦昭王十四年，魏冉举用白起为将军，派他代替向寿领兵去攻打韩国和魏国，在伊阙打败了他们，斩敌二十四万人，俘虏了魏将公孙喜。第二年，又夺取了楚国的宛邑、叶邑。此后，魏冉托病要求免去职务，秦王任用客卿寿烛为丞相。第二年，寿烛免职，又起用魏冉任丞相，于是把魏冉封在穰地，后来又加封陶邑，称为穰侯。

穰侯受封的第四年，任秦国将领进攻魏国。魏国被迫献出了河东方圆四百里的土地。其后，又占领了魏国的河内地区，夺取了大小六十余座城邑。

昭王十九年，秦昭王自称西帝，尊齐湣王为东帝。过了一个多月，吕礼又来到秦国，齐、秦两国国君取消了帝号仍旧称王。魏冉再度做秦国丞相后，第六年上便免职了。免职后两年，第三次做秦国丞相。四年以后，派白起攻取了楚国的郢都，秦国设置了南郡。于是封白起为武安君。白起，是穰侯所举荐的将军，两人关系很好。当时，穰侯的富有，超过了王室。

秦昭王三十二年，穰侯任相国，带兵攻打魏国，使魏将芒卯战败而逃，进入北宅，接着围攻大梁。魏国大夫须贾劝说穰侯道：“我听魏国的高级官员对魏王说：‘从前梁惠王攻打赵国，在三梁打了胜仗，拿下了邯郸；而赵王虽然战败也不肯割地，后来邯郸终于被收复；齐国人攻打卫国，拿下了国都，杀死了子良，而卫人即使受辱也不肯割地，后来丧失的国都仍被卫人收复。卫国、赵国之所以国家完整，军队强劲，土地不被诸侯兼并，就是因为他们能够忍受苦难而不肯轻易割地。宋国、中山国屡遭进犯又屡次割地，结果国家随即灭亡。我认为卫国、赵国值得效法，而宋国、中山国则当引以为戒。秦国是个贪婪暴戾的国家，切勿亲近。它蚕食魏国，吞尽原属晋国之地，战胜了暴鸢，割去八个县之多，土地来不及全部并入,可是军队又出动了。秦国哪有什么满足的时候呢?现在又使芒卯败逃,开进了北宅,这并不是敢于进攻魏都,而是威胁大王要求多多割让土地。大王一定不要接受它的要求。如果大王背弃楚国、赵国而与秦国和解,楚、赵两国必定怨恨而背弃大王,而与大王争着去服事秦国,秦国必定接受它们的要求。秦国挟制楚、赵两国的军队再攻魏都,那么魏国想要不来灭亡是不可能的。希望大王一定不要讲和。大王若打算讲和,也要少割地并且要有人质作保;否则,必定上当受骗。'这是我在魏国所听到的,希望您据此来考虑围攻大梁的事。《周书》说'天命不是固定不变的',这就是说天赐幸运是不可多次遇到的。秦国战胜暴鸢,割取八县,并不是由于兵力精良,也不是由于计谋的高超巧妙,而靠的主要是运气。现在秦国又打败了芒卯,进占北宅,进而围攻大梁,这是主观地把天幸当作了常规,明智的人不是这样的。据我所知魏国已全部出动上百个县的精兵良将来保卫大梁,估计不少于三十万人。以三十万的大军来守卫七丈高的城垣,我认为就是商汤、周武王死而复生,也是难以攻下的。冒失地背向着楚、赵两国军队,要登七丈高的城垣,与三十万大军对垒,而且志在必得,我以为从开天辟地以来直到今天,是不曾有过的。攻而不克,秦军必然疲惫不堪,大梁攻不下而陶邑却一定要丧失,那就会前功尽弃了。现在魏国正犹疑,可以让它少割土地来收服它。希望您抓住楚、赵援军尚未到达大梁的时机,赶快以少割土地来收服魏国。魏国正当犹疑之际,会把得到以少割土地换取大梁解围的做法看作是有利的上策,一定愿意这么办,那么您的愿望就会实现了。楚、赵两国对于魏国抢先与秦国媾和会大为恼火,必定争着讨好秦国,合纵便因此瓦解,而后您可以随后采取新的对策。况且,您要获得土地也不一定非用军事手段呀!割取了原来的晋国土地,秦军不必进攻,魏国就一定会乖乖地献出绛邑、安邑。这样又为您打开了河西、河东两条通道,几乎可以完全占有原来的宋国土地,随即卫国一定会献出单父。秦军不动一兵一卒,而您却能控制整个局势,有什么要求不能达到,有什么作为不能成功呢!希望您仔细考虑围攻大梁这件事而不要使自己的行动冒险。"穰侯说:

“好。”于是停止了对大梁的攻击。

第二年，魏国背弃了秦国，同齐国合纵交好。秦王派穰侯进攻魏国，斩敌四万人，使魏将暴鸢战败而逃，夺得了魏国的三个县。穰侯又增加了封邑。

第三年，穰侯与白起、客卿胡阳再次攻打赵国、韩国和魏国，在华阳城下，大败芒卯，斩敌十万人，夺取了魏国的卷邑、蔡阳、长社，赵国的观津。接着又把观津交还给了赵国，并且给赵国增加了兵力，让它去进攻齐国。齐襄王害怕被伐，就让苏代替齐国暗地里送给穰侯一封信说：“我听来往人们传说‘秦国将要给赵国增援四万兵力进攻齐国’，我私下一定对我们国君说‘秦王精明而谙熟谋略，穰侯机智而精通军事，一定不会这么做’。为什么这么说呢？韩、赵、魏三国结盟，这是秦国的深仇。它们三国之间的关系非同一般，尽管有上百次的背弃，上百次的相骗，但都不算是背信弃义，一旦对外它们是互信不疑的。现在要战败齐国去壮大赵国。赵国是秦国的深仇大敌，这样显然对秦国不利。这是第一点。秦国的谋士一定会说‘打败齐国，先削弱三晋和楚国的力量，然后再制服三晋和楚国’。其实，齐国是个疲惫的国家，调集天下诸侯的兵力攻打齐国，就如同用千钧强弓去冲开溃烂的痈疽，齐国必定会灭亡，怎么能削弱三晋和楚国呢？这是第二点。秦国若出兵少，那么三晋和楚国就不相信秦国；若出兵多，就会让三晋和楚国认为将被秦国控制。齐国惧怕被伐，不会投靠秦国，一定会投靠三晋和楚国。这是第三点。秦国以瓜分齐国来引诱三晋和楚国，而三晋和楚国派兵进驻加以扼守，秦国反而会受到它们的对抗。这是第四点。这种做法就是让三晋和楚国借秦国之力谋取齐国，又用齐国算计秦国，怎么三晋、楚国如此聪明而秦国、齐国这样愚蠢？这是第五点。因此，取得了安邑把它治理好，也就一定没有祸患了。秦国占据了安邑，韩国也就必定会失去上党了。夺取天下的中心区域，与出兵而担忧其不能返回比较起来，哪一个有利呢？这些道理都是显而易见的，所以我才说秦国精明而谙熟谋略，穰侯机智而精通军事，肯定不会增援赵国四万士兵攻打齐国了。”于是穰侯不再进军，领兵回国了。

昭王三十六年，相国穰侯与客卿灶商议，要攻打齐国夺取刚邑、寿邑，借以扩大自己的封地。这时魏国人范雎自称张禄先生，讥笑穰侯竟然越过韩、魏等国去攻打齐国，他趁着这个机会请求劝说秦昭王。昭王于是任用了范雎。范雎向昭王阐明宣太后对内专制，穰侯对外专权，泾阳君、高陵君等人则过于奢侈，比王室还富有。于是秦昭王幡然醒悟，就免掉穰侯的相国职务，责令泾阳君等人都一律迁出国都，到自己的封邑去。穰侯走出国都关卡时，载物坐人的车子有一千多辆。

穰侯死于陶邑，就葬在那里。秦国收回陶邑，改设为郡。

太史公说：穰侯是秦昭王的亲舅舅。秦国之所以能够向东扩大领土，削弱诸侯，曾称帝于天下，各国诸侯无不俯首称臣，这全是穰侯的功劳。等到显贵至极豪富无比之时，一人说破，竟身受挫折，权势被夺，忧愁而死，何况那些寄居异国的臣子呢！

【鉴赏】

《穰侯列传》是一篇避实击虚、详略得当的好文章。具体而言，穰侯魏冉一生功业多有可记之处，然而其事迹大多记在《范雎蔡泽列传》中，所以本传只概述他以外戚之亲任秦之政，以拥立之功专国之权；点叙他荐用白起，伐韩、魏、齐、楚诸国，使秦称雄于诸侯之功业；略言他因范雎之讥被秦昭王疑忌，而“身折势夺而以忧死”的悲剧结局。而对须贾说词及苏代书词不吝笔墨，详加记述。梁大夫须贾一段说词，以“陶邑必亡，则前功必弃”分析得失，使苦心经营陶邑的魏冉“乃罢梁围”，引兵而去。他因患得患失而注定垮败的结局露出端倪。苏代一篇书词，以“秦王明而熟于计，穰侯智习于事，必不益赵甲四万以伐齐矣”之言晓以利害，使穰侯放弃伐齐计划，引兵而归，而这篇书词正是范雎“一夫开说”的注脚。同时，文章谋篇布局之灵活，前后照应之缜密，也有可观可叹处。文章开始，在概述穰侯魏冉发迹一段文字中，曾言及太后听政，华阳、高陵、泾阳三君贵显的事；至传文结束处，叙穰侯因擅权于诸侯而失势时，也有太后专制，高陵君、泾阳君生活奢靡胜过王室诸语。不但于此一前一后的叙述中，伏埋照应，衬穰侯荣辱浮沉、功败垂成，更在篇末赞语中以“贵极富溢”四字咏叹收束，遂愈发强化作者对人生无常的感叹。

史记卷七十三·白起王翦列传第十三

本篇是战国末期著名秦将白起、王翦的合传，全传既是对二人事迹的记述，也是对秦统一六国征战过程的记录。白起在秦昭王时率秦军攻三秦伐荆楚，战无不胜，取七十余城，战功赫赫；长平之战中破赵军，坑杀俘虏四十余万，诸侯震惊，却终因范雎进谗而蒙冤赐死，作者在行文中也对他的嗜杀成性进行了谴责。王翦在秦统一六国的战争中，与其子王贲先后灭赵、魏、楚、燕、齐五国，功名扬于后世，其孙王离却于二世时为项羽所虏。篇末论赞中，司马迁既肯定二人之功，又叹惜二人之短，认为白起因“不能救患于应侯”而结局悲惨，王翦则是因“不能辅秦建德”“偷合取容”而殃及后代。

白起者，郿人也①。善用兵，事秦昭王。

昭王十三年，而白起为左庶长②，将而击韩之新城③。是岁，穰侯相秦④，举任鄙以为汉中守。其明年，白起为左更⑤，攻韩、魏于伊阙，斩首二十四万，又虏其将公孙喜，拔五城。起迁为国尉⑥。涉河取韩安邑以东，到干河。明年，白起为大良造⑦。攻魏，拔之，取城小大六十一。明年，起与客卿错攻垣城，拔之。后五年，白起攻赵，拔光狼城。后七年，白起攻楚，拔鄢、邓五城。其明年，攻楚，拔郢，烧夷陵⑧，遂东至竟陵。楚王亡去郢⑨，东走徙陈。秦以郢为南郡。白起迁为武安君。武安君因

①郿：县名，在今陕西今县东。②左庶长：秦国爵位第十级。③将：带兵。④穰侯：秦相魏冉的称号。其事详见《史记》卷七十二《穰侯列传第十二》。⑤左更：秦国爵位第十一级。⑥国尉：秦国最高军事长官。⑦大良造：秦国爵位第十六级。⑧夷陵：楚国先王的墓地，今湖北宜昌。⑨亡：逃亡。去：离开。

取楚，定巫、黔中郡。昭王三十四年，白起攻魏，拔华阳，走芒卯，而虏三晋将[①]，斩首十三万。与赵将贾偃战，沈其卒二万人于河中[②]。昭王四十三年，白起攻韩陉城，拔五城，斩首五万。四十四年，白起攻南阳太行道，绝之[③]。

四十五年，伐韩之野王[④]。野王降秦，上党道绝。其守冯亭与民谋曰："郑道已绝，韩必不可得为民。秦兵日进，韩不能应，不如以上党归赵。赵若受我，秦怒，必攻赵。赵被兵[⑤]，必亲韩。韩赵为一，则可以当秦[⑥]。"因使人报赵。赵孝成王与平阳君、平原君计之[⑦]。平阳君曰："不如勿受。受之，祸大于所得。"平原君曰："无故得一郡，受之便[⑧]。"赵受之，因封冯亭为华阳君。

四十六年，秦攻韩缑氏、蔺，拔之。

四十七年，秦使左庶长王龁攻韩，取上党。上党民走赵。赵军[⑨]长平，以按据上党民。四月，龁因攻赵。赵使廉颇将。赵军士卒犯秦斥兵[⑩]，秦斥兵斩赵裨将茄[⑪]。六月，陷赵军，取二鄣[⑫]四尉。七月，赵军筑垒壁而守之。秦又攻其垒，取二尉，败其阵，夺西垒壁。廉颇坚壁以待秦，秦数挑战，赵兵不出。赵王数以为让。而秦相应侯又使人行千金于赵为反间，曰："秦之所恶[⑬]，独畏马服子赵括将耳[⑭]，廉颇易与[⑮]，且降矣。"赵王既怒廉颇军多失亡，军数败，又反坚壁不敢战，而又闻秦反间之言，因使赵括代廉颇将以击秦。秦闻马服子将，乃阴使武安君白起为上将军，而王龁为尉裨将，令军中有敢泄武安君将者斩。赵括

---

①三晋将：此指赵、魏两国的将领。三晋：春秋末，韩、赵、魏三家分晋。 ②沈：同"沉"。③绝：切断，截断。 ④野王：在今河南沁阳市。 ⑤被：遭受。 ⑥当：挡住，抵挡。 ⑦平阳君：赵豹的封号。平原君：赵胜的封号。二人皆为赵惠文王弟。 ⑧便：有利。 ⑨军：屯兵。⑩斥兵：前哨巡兵。 ⑪裨将：副将。 ⑫鄣：城堡。 ⑬恶：忧患。 ⑭马服：指马服君赵奢。将：任为将军。 ⑮与：对付。

至，则出兵击秦军。秦军详败而走，张[①]二奇兵以劫之。赵军逐胜，追造[②]秦壁。壁坚拒不得入，而秦奇兵二万五千人绝赵军后，又一军五千骑绝赵壁间，赵军分而为二，粮道绝。而秦出轻兵击之。赵战不利，因筑壁坚守，以待救至。秦王闻赵食道绝，王自之河内，赐民爵各一级，发[③]年十五以上悉诣长平，遮绝赵救及粮食。

至九月，赵卒不得食四十六日，皆内阴相杀食。来攻秦垒，欲出[④]。为四队，四五复之[⑤]，不能出。其将军赵括出锐卒自搏战，秦军射杀赵括。括军败，卒四十万人降武安君。武安君计曰："前秦已拔上党，上党民不乐为秦而归赵。赵卒反覆[⑥]，非尽杀之，恐为乱。"乃挟诈而尽坑杀之，遗其小者二百四十人归赵。前后斩首虏四十五万人。赵人大震。

四十八年十月，秦复定上党郡。秦分军为二：王龁攻皮牢，拔之；司马梗定太原。韩、赵恐，使苏代厚币说秦相应侯曰："武安君禽马服子乎？"曰："然。"又曰："即围邯郸乎？"曰："然。""赵亡则秦王王矣[⑦]，武安君为三公[⑧]。武安君所为秦战胜攻取者七十馀城，南定鄢、郢、汉中，北擒赵括之军，虽周、召、吕望之功不益于此矣[⑨]。今赵亡，秦王王，则武安君必为三公，君能为之下乎？虽无欲为之下，固不得已矣。秦尝攻韩，围邢丘，困上党，上党之民皆反为赵，天下不乐为秦民之日久矣。今亡赵，北地入燕，东地入齐，南地入韩、魏，则君之所得民亡几何人。故不如因而割之[⑩]，无以为武安君功也。"于是应侯言于秦王曰：

---

①张：布置。②造：到。③发：征召。④出：指冲出敌围。⑤四五复之：连续四五次反复突围。⑥反覆：变化无常。⑦秦王王矣：秦王将统一天下。⑧三公：指辅佐国君掌握军政大权的最高长官。周代三公，说法不一，一说太师、太傅、太保。⑨周：指周公旦。召：指召公奭。吕望：太公姜尚。⑩因而割之：趁长平战胜之机让它们割让土地。

“秦兵劳，请许韩、赵之割地以和，且休士卒。”王听之，割韩垣雍、赵六城以和。正月，皆罢兵。武安君闻之，由是与应侯有隙。

其九月，秦复发兵，使五大夫王陵攻赵邯郸。是时武安君病，不任行[①]。四十九年正月，陵攻邯郸，少利，秦益发兵佐陵。陵兵亡五校[②]。武安君病愈，秦王欲使武安君代陵将。武安君言曰：“邯郸实未易攻也。且诸侯救日至，彼诸侯怨秦之日久矣，今秦虽破长平军，而秦卒死者过半，国内空。远绝河山而争人国都，赵应其内，诸侯攻其外，破秦军必矣。不可。”秦王自命[③]，不行；乃使应侯请之，武安君终辞不肯行，遂称病。

秦王使王龁代陵将，八九月围邯郸，不能拔。楚使春申君及魏公子将兵数十万攻秦军，秦军多失亡。武安君言曰：“秦不听臣计，今如何矣！”秦王闻之，怒，强起[④]武安君，武安君遂称病笃[⑤]。应侯请之，不起。于是免武安君为士伍，迁之阴密。武安君病，未能行。居三月，诸侯攻秦军急，秦军数却，使者日至。秦王乃使人遣白起，不得留咸阳中。

武安君既行，出咸阳西门十里，至杜邮。秦昭王与应侯群臣议曰：“白起之迁，其意尚怏怏不服，有余言[⑥]。”秦王乃使使者赐之剑，自裁。武安君引剑将自刭，曰：“我何罪于天而至此哉？”良久，曰：“我固当死。长平之战，赵卒降者数十万人，我诈而尽坑之，是足以死。”遂自杀。武安君之死也，以秦昭王五十年十一月。死而非其罪，秦人怜之，乡邑皆祭祀焉。

王翦者，频阳东乡人也。少而好兵，事秦始皇。始皇十一

---

①任：堪，能够。 ②亡：损失。校：军营。 ③秦王自命：秦昭王亲自下令。 ④强起：强行任命。 ⑤笃：重。 ⑥余言：多余的话。指怨言。

年，翦将攻赵阏与，破之，拔九城。十八年，翦将攻赵。岁馀，遂拔赵，赵王降，尽定赵地为郡。明年，燕使荆轲为贼①于秦，秦王使王翦攻燕。燕王喜走辽东，翦遂定燕蓟②而还。秦使翦子王贲击荆③，荆兵败。还击魏，魏王降，遂定魏地。

秦始皇既灭三晋，走燕王，而数破荆师。秦将李信者，年少壮勇，尝以兵数千逐燕太子丹至于衍水中，卒破得丹，始皇以为贤勇。于是始皇问李信："吾欲攻取荆，于将军度用几何人而足？"李信曰："不过用二十万人。"始皇问王翦，王翦曰："非六十万人不可。"始皇曰："王将军老矣，何怯也！李将军果势④壮勇，其言是也。"遂使李信及蒙恬将二十万南伐荆。王翦言不用，因谢病⑤，归老于频阳。李信攻平与，蒙恬攻寝，大破荆军。信又攻鄢、郢，破之，于是引兵而西，与蒙恬会城父。荆人因随之，三日三夜不顿舍⑥，大破李信军，入两壁⑦，杀七都尉，秦军走。

始皇闻之，大怒，自驰如频阳，见谢⑧王翦曰："寡人以不用将军计，李信果辱秦军。今闻荆兵日进而西，将军虽病，独忍弃寡人乎！"王翦谢⑨曰："老臣罢病悖乱⑩，唯大王更择贤将。"始皇谢曰："已矣，将军勿复言！"王翦曰："大王必不得已用臣，非六十万人不可。"始皇曰："为听将军计耳。"于是王翦将兵六十万人，始皇自送至灞上。王翦行，请美田宅园池甚众。始皇曰："将军行矣，何忧贫乎？"王翦曰："为大王将，有功终不得封侯，故及大王之向臣⑪，臣亦及时以请园池为子孙业耳⑫。"始皇大

---

①贼：谋杀，杀害。 ②蓟：燕都，在今北京市西南。 ③荆：楚国的别称。秦始皇父庄襄王名子楚，秦人为避讳称楚为荆。 ④果势：果断。 ⑤谢病：推脱有病。 ⑥顿舍：停留，止息。 ⑦壁：军营。 ⑧谢：道歉。 ⑨谢：推辞。 ⑩罢(pí)：通"疲"，疲弱。悖乱：糊涂，昏乱。 ⑪及：趁着某种时机。向：亲近，器重。 ⑫业：置家业。

笑。王翦既至关，使使还请善田者五辈。或曰："将军之乞贷[①]，亦已甚矣。"王翦曰："不然。夫秦王怚[②]而不信人。今空秦国甲士而专委于我，我不多请田宅为子孙业以自坚[③]，顾令秦王坐[④]而疑我邪？"

王翦果代李信击荆。荆闻王翦益军[⑤]而来，乃悉[⑥]国中兵以拒秦。王翦至，坚壁而守之，不肯战。荆兵数出挑战，终不出。王翦日休士洗沐[⑦]，而善饮食抚循之[⑧]，亲与士卒同食。久之，王翦使人问军中戏乎？对曰："方投石超距[⑨]。"于是王翦曰："士卒可用矣。"

荆数挑战而秦不出，乃引而东[⑩]。翦因举兵追之，令壮士击，大破荆军。至蕲南，杀其将军项燕，荆兵遂败走。秦因乘胜略定[⑪]荆地城邑。岁馀，虏荆王负刍，竟[⑫]平荆地为郡县。因南征百越之君。而王翦子王贲，与李信破定燕、齐地。

秦始皇二十六年，尽并天下，王氏、蒙氏功为多，名施[⑬]于后世。

秦二世之时，王翦及其子贲皆已死，而又灭蒙氏。陈胜之反秦，秦使王翦之孙王离击赵，围赵王及张耳巨鹿城。或曰："王离，秦之名将也。今将强秦之兵，攻新造[⑭]之赵，举之必矣。"客曰："不然。夫为将三世者必败。必败者何也？必其所杀伐多矣，其后受其不祥。今王离已三世将矣。"居无何，项羽救赵，击秦军，果虏王离，王离军遂降诸侯。

---

①乞贷：要求，此指请求赐予家产。 ②怚：同"粗"，粗暴。 ③自坚：自己表示坚定不移。 ④坐：凭空，徒然。 ⑤益军：增兵。 ⑥悉：竭尽。 ⑦休士洗沐：让士兵休整洗浴。 ⑧善饮食：好饭食。抚循：安抚，安顿抚慰。 ⑨投石超距：投掷石头，跳跃等练武游戏。 ⑩乃引而东：楚国军向东撤退。 ⑪略定：占领、平定。 ⑫竟：终于。 ⑬施（yì）：延续。 ⑭造：建立。

太史公曰：鄙语云：“尺有所短，寸有所长。”白起料敌合变[①]，出奇无穷，声震天下，然不能救[②]患于应侯。王翦为秦将，夷[③]六国，当是时，翦为宿将，始皇师之，然不能辅秦建德，固其根本，偷合取容，以至坳身[④]。及孙王离为项羽所虏，不亦宜乎！彼各有所短也。

【译文】

白起，郿地人，善于用兵，事奉秦昭王。

昭王十三年，白起封为左庶长，带兵攻打韩国的新城。这一年，穰侯做了秦国的丞相，举用任鄙做了汉中郡守。第二年，白起又封为左更，进攻韩、魏两国联军，在伊阙交战，斩敌二十四万人，又俘虏了魏军的将领公孙喜，攻下了五座城邑。白起升为国尉。他率兵渡过黄河夺取了韩国安邑以东直到干河的大片土地。第三年，白起再封为大良造。他进攻魏国，打败了它，夺取了大小城邑六十一座。第四年，白起与客卿错进攻垣城，随即攻下了它。以后五年，白起进攻赵国，夺下了光狼城。这以后的第七年，白起进攻楚国，占领了鄢、邓等五座城邑。第二年，他再次进攻楚国，占领了楚国都城郢，烧毁了夷陵，一直向东到达竟陵。楚王逃离郢都，向东奔逃到陈邑。秦国便把郢地改设为南郡。白起被封为武安君，他趁势攻取楚地，平定了巫、黔中两郡。秦昭王三十四年，白起进攻魏国，拔取华阳，使芒卯败逃，俘获了赵、魏将领，斩敌十三万人。当时，白起与赵国将领贾偃交战，把赵国两万士兵沉到黄河里。昭王四十三年，白起进攻韩国的陉城，夺取了五座城邑，斩敌五万人。四十四年，白起攻打韩国的南阳太行道，断绝了这条通道。

昭王四十五年，白起发兵进攻韩国的野王县，野王县投降，使韩国通往上党郡的道路被切断。上党郡守冯亭便同百姓们商议道：“通往郑都

---

①料敌：算计敌人。合变：随机应变。 ②救：防止。 ③夷：铲平，平定。 ④坳（mò）身：老死。坳：同“殁”，死亡。

的道路被切断，韩国肯定不能管我们了。秦国军队日益逼进，韩国不能救应我们，不如把上党归附赵国。赵国如果接受我们，秦国恼怒，必定攻打赵国。赵国遭受武力攻击，一定会亲近韩国。韩、赵两国联合起来，就可以抵挡秦国。”于是便派人通报赵国。赵孝成王跟平阳君、平原君一起研究这件事，平阳君说：“不如不接受。如果接受它，带来的祸患要比得到的好处大得多。”平原君表示异议说：“平白得到一郡，接受它有利。”结果赵王接受了上党，封冯亭为华阳君。

昭王四十六年，秦国攻占了韩国的缑氏和蔺邑。

昭王四十七年，秦国派左庶长王龁攻韩国，夺取了上党。上党的百姓纷纷逃往赵国。赵国在长平屯兵，据以接应上党的百姓。四月，王龁借此进攻赵国。赵国派廉颇去统率军队。秦赵两军士兵时有交手，赵军士兵侵害了秦军侦察兵，秦军侦察兵又杀死了赵军名叫茄的副将。六月，秦军攻破赵军阵地，夺下了两个城堡，杀死了四个尉官。七月，赵军高筑围墙，坚壁不出。秦军进攻赵军营塞，俘虏了两个尉官，攻破赵军阵地，夺取了西边的营垒。廉颇固守营垒，采取防御态势与秦军对峙，秦军屡次挑战，赵兵不出来应战。赵王多次指责廉颇不与秦军交战。秦国丞相应侯又派人携带千金到赵国施行反间计，大肆宣扬说：“秦国最伤脑筋的，只是怕马服君的儿子赵括做将领而已，廉颇容易对付，他就要投降了。”赵王早已恼怒廉颇军队伤亡很多，屡次战败，却又反而坚守营垒不敢应战，再加上听到秦国反间谣言，于是就派赵括取代廉颇率兵去攻击秦军，秦国得知马服君的儿子充任将领，就暗地里派武安君白起做上将军，让王龁做尉官副将，并下令军中有敢泄露白起做上将军的斩首。赵括一到任上，就发兵进击秦军。秦军假装战败逃跑，同时布置了两支突袭部队逼进赵军。赵军乘胜追击，直追到秦军营垒。但是秦军营垒十分坚固，难以攻入，而秦军的一支突袭部队两万五千人已切断了赵军的后路，另一支五千骑兵的快速部队穿插到赵军的营垒之间，将赵军分割成两个孤立的部分，运粮通道也被堵塞。这时秦军派出轻装精兵实施攻击，赵军交战失利，就构筑工事，顽强固守，等待援兵的到来。秦王得知赵国的运粮通道已被截断，他亲自到河内，封给百姓爵位各一级，征调十五岁以上的壮丁全部集中到长平战场，拦截赵国的救兵，断绝他们的粮食。

到了九月，赵国士兵断绝口粮已四十六天，军内士兵们暗中残杀以人肉充饥。赵军扑向秦军营垒，发动攻击，想突围逃走。他们分成四队，轮番进攻了四、五次，仍不能冲杀出去。他们的将领赵括派出精锐士兵，亲自率领他们与秦军搏杀，结果秦军射死了赵括。赵括的部队大败，士兵四十万人向武安君投降。武安君谋划着说："前时秦军已拿下上党，上党的百姓不甘心臣服秦国而归附了赵国。赵国士兵反复无常，不全部杀掉他们，恐怕要出乱子。"于是用欺骗伎俩把赵国降兵全部活埋了。只留下未成年的士兵二百四十人放回赵国。前后斩杀擒获赵兵四十五万人，赵国人上下一片震惊。

昭王四十八年十月，秦军再次平定了上党郡。以后，秦军兵分两路：王龁攻下了皮牢，司马梗平定了太原。韩、赵两国十分恐惧，就派苏代到秦国，献上丰厚的礼物劝说丞相应侯说："武安君已擒杀赵括了吗？"应侯回答说："是。"苏代又问："就要围攻邯郸吗？"应侯回答说："是。"于是苏代说："赵国灭亡，那么秦王就要君临天下了，武安君会位列三公。武安君为秦国攻占夺取的城邑有七十多座，南边平定了楚国的鄢、郢及汉中地区，北边俘获了赵括的四十万大军，即使历史上赫赫有名的周公、召公和吕望的功劳也超不过这些了。如果赵国灭亡，秦王君临天下，那么武安君位居三公是定而无疑的，您甘愿屈居他的下位吗？即使不甘心屈居下位，可已成事实也就不得不屈从了。秦军曾进攻韩国，围击邢丘，困死上党，上党的百姓都转而归附赵国，天下人不甘作秦国臣民的日子已很久了。如果把赵国灭掉，它北边的土地将落入燕国，东边的土地将并入齐国，南边的土地将归入韩国、魏国，那么您所得到的百姓就没有多少了。所以不如趁着韩国、赵国惊恐之机让它们割让土地，不要再让武安君建立功劳了。"听了苏代这番话应侯便向秦王进言道："秦国士兵太劳累了，请您应允韩国、赵国割地讲和，权且让士兵们休整一下。"秦王听从了应侯的意见,割取了韩国的垣雍和赵国的六座城邑便讲和了。正月,双方停止交战。武安君得知停战消息,自有想法,从此与应侯互有恶感。

这年九月,秦国曾再次派出部队,命五大夫王陵攻打赵国邯郸。当时武安君有病,不能出征。昭王四十九年正月,王陵进攻邯郸,但收获不大,秦国便增派部队帮助王陵继续进攻。结果王陵部队损失了五个军营。武安君病好了,秦王打算派武安君代替王陵统率部队。武安君进言道:"邯郸实在不容易攻下。而且诸侯国的救兵一天天来到,他们对秦国的怨恨已积存很久了。现在秦国虽然消灭了长平的赵军,可是秦军死亡的士兵也超过了一半,国内空虚。远行千里越过河山去夺取别人的国都,赵军在城里应战,诸侯军在城外攻击,里应外合,内外夹击,战败秦军是必定无疑的。这个仗不能打。"秦王亲自下令,武安君也不肯赴任;于是就派应侯去请他,但武安君始终推辞不肯赴任,并称病不起。

秦王只好改派王龁代替王陵统率军队,八、九月围攻邯郸,没能攻下。楚国派春申君同魏公子信陵君率数十万士兵进攻秦军,秦军损失伤亡很多。武安君说道:"秦国不听我的意见,现在怎么样了!"秦王听到后,怒火中烧,强令武安君就职,武安君就称病情严重。应侯又请他,仍是辞不赴任。于是就免去武安君的官爵降为士兵,让他离开咸阳迁到阴密。但武安君有病,未能成行。过了三个月,诸侯联军进攻秦军更加紧迫,秦军屡次退却,报告失利情况的使者天天都有来的。秦王就派人驱逐白起,不能让他留在咸阳城里。

武安君已上路,走出咸阳西门十里路,到了杜邮。秦昭王与应侯以及大臣们商议道:"令白起迁出咸阳,他流露的样子还不满意,不服气,有怨言。"秦王便派使者赐给他一把剑,令他自杀。武安君拿着剑就要自刎时,仰天长叹道:"我对上天犯了什么罪过,竟落得这个结果?"过了好一会儿,说:"我本就该死。长平之战,赵国投降的士兵有几十万人,我用欺诈之术把他们全活埋了,光凭这一点就足够让我死。"随即自杀。武安君死于秦昭王五十年十一月。武安君死而无罪,秦国人怜悯他,所以无论城乡都祭祀他。

王翦，是频阳东乡人。少年时就喜好军事，后来事奉秦始皇。始皇十一年，王翦带兵攻打赵国的阏与，不仅攻陷了它，还一连攻下了九座城邑。始皇十八年，王翦领兵攻打赵国。一年多就攻取了赵国，赵王投降，赵国各地全部被平定，改设为郡。第二年，燕国派荆轲到秦国谋杀秦王，秦王派王翦攻打燕国。燕王喜逃往辽东，王翦终于平定了燕国都城蓟胜利而回。秦王派王翦的儿子王贲攻击楚国，楚兵战败。王贲的军队掉过头来再进击魏国，魏王投降，于是平定了魏地。

秦始皇灭掉了韩、赵、魏三国，赶跑了燕王喜，还多次战败楚军。秦国将领李信，年轻勇武，曾带着几千士兵把燕太子丹追击到衍水，终于打败燕军捉到太子丹，秦始皇认为李信贤能勇敢。一天，秦始皇问李信："我想要攻取楚国，由将军估计调用多少人才够?"李信回答说："最多不过二十万人。"秦始皇又问王翦，王翦回答说："非得六十万人不可。"秦始皇说："王将军老了，多么胆怯呀！李将军真是果断勇敢，他的话是对的。"于是就派李信及蒙恬带兵二十万向南进军攻打楚国。王翦的话不被采用，就托病辞归，回频阳家乡养老。李信攻打平与，蒙恬攻打寝邑，大败楚军。李信接着进攻鄢、郢，又拿了下来，于是带领部队向西前进，要与蒙恬在城父会合。其实，楚军正在跟踪追击他们，三天三夜没有停息，大败了李信部队，攻入两个军营，杀死了七个都尉，秦军大败而逃。

秦始皇听到这个消息，大为震怒，亲自乘快车奔往频阳，见到王翦道歉说："我由于没采用您的计策，李信果然使秦军蒙受了耻辱。现在听说楚军一天天向西逼进，将军虽然染病，难道忍心丢下我不管吗!"王翦推辞说："老臣病弱疲乏，昏聩无能，希望大王您另择良将。"秦始皇再次表示歉意说："好啦，将军不要再推辞了!"王翦说："大王一定不得已而用我，非六十万人不可。"秦始皇满口答应说："就听从将军的问罪吧。"于是王翦率领着六十万大军出发，秦始皇亲自到灞上送行。王翦临行时，请求秦始皇赐予许多良田、美宅、园林池苑等。秦始皇说："将军尽管上路好了，何必担忧家里日子不好过呢?"王翦说："替大王带兵，即使有功劳也终究难以得到封侯赐爵，所以趁着大王特别器重我的时候，我也就及时请求大王赐予园林池苑来给子孙后代置份产业吧。"秦始皇听了哈哈大笑起来。王翦出发后到了函谷关,又连续五次派使者回朝廷请求赐予良田。有人说:"将军请求赏赐,也太过分了吧。"王翦说:"这么说不对。秦王性情粗暴对人多疑。现在大王调尽全国的武装特地委托给我,我不多多请求赏赐田宅给子孙们留作产业,以表示自己出征的坚定意志,竟反而让秦王平白无故地怀疑我吗?"

王翦终于代替李信进击楚国。楚王得知王翦增兵而来,就竭尽全国军队来抗拒秦兵。王翦抵达战场,构筑坚固的营垒采取守势,不肯出战。楚军屡次挑战,始终坚守不出。王翦让士兵们天天休息洗浴,供给上等饭食抚慰他们,亲自与士兵同饮同食。过了一段时间,王翦派人询问士兵中玩什么游戏?回来报告说:"正在比赛投石和跳跃。"于是王翦说:"士兵们可以用了。"

楚军屡次挑战,秦军不肯应战,就领兵向东去了。王翦趁机发兵追击他们,派精锐的兵丁实施突击,大败楚军。追到蕲县以南,杀了他们的将军项燕,楚军终于败逃。秦军乘胜追击,占领并平定了楚国的一些城邑。一年多以后,俘虏了楚王负刍,终于平定了楚国各地,设为郡县。又乘势向南征伐百越国王。与此同时,王翦的儿子王贲,与李信攻陷平定了燕国和齐国各地。

秦始皇二十六年,完全并吞了天下,王氏与蒙氏的功劳最多,名声流传后世。

秦二世时,王翦和他的儿子王贲都已死去,蒙恬也因被构陷而被诛杀。陈胜起义反抗秦朝时,二世派王翦的孙子王离攻打赵国,把赵歇和张耳围困在巨鹿城。当时有个人说:"王离,这是秦朝的名将。现在他率领强大的秦军攻打刚刚建立的赵国,战胜它是必然的。"有的门客说:"不是这样的。说来做将领的世家到了第三代一定要失败。说他一定要失败是什么道理呢?一定是他家杀戮的人太多了,他家的后代就要承受为恶的惩罚。如今王离已是第三代将领了。"过了不久,项羽救援赵国,攻打秦军,果然俘虏了王离,王离的军队就投降了诸侯的联军。

太史公说:俗话说:“尺虽然长也有短的时候,寸虽然短但也有长的时候。”白起算计敌人能随机应变,计出不尽,奇妙多变,名震天下,然而却无法对付应侯给他制造的祸患。王翦作为秦国将领,扫平六国,功绩卓著,在当时不愧是元老将军,秦始皇尊其为师,可是他不能辅佐秦始皇建立德政,以巩固国家的根本,却苟且迎合,取悦人主,直至死去。到了他的孙子王离,被项羽俘虏,不也是理所当然的吗!他们各有自己的短处啊。

【鉴赏】

武安君白起,为秦昭王时名震诸侯的著名战将;王翦其人,则是助秦始皇一统天下的功臣宿将。二人俱以用兵如神、战功卓著有名于世,如《太史公自序》中所云:“南拔鄢郢,北摧长平,遂围邯郸,武安为率;破荆灭赵,王翦之计”,是以合传。二传起始,皆先明示全传之纲,白起传文以“善用兵”总一篇之纲目,王翦传文则以“少而好兵”明一篇之意。传文的主体部分,将二人生平功绩一带而过,是一样笔法;选白起长平之战、王翦平楚之战两事件重点记载,却分用两样笔墨,毫无雷同:白起传文重写长平之战,于此前攻三晋伐荆楚,战无不胜攻无不克之赫赫战功,步步皆用顿挫之法,逐节写来;王翦传文则重写破楚之事,写秦将李信之年少轻放反衬王翦之老谋深算,借李信之大败以明王翦平楚之功,步步用反衬之法,层层烘托;写长平之战又不吝笔墨详叙战争双方战略战术、战斗的进展和战争的结果,写破楚之战尤其对王翦的作战计划先被否定后又肯定的过程以及相关活动细节作细致生动的描写,而战争进展只概括介绍。白起功高震主,传文收束处记其临死之言;王翦父子功业,难免后世之败,传末则记王离之败。再于赞语处,收二人之事曰:“彼各有所短也”。纵观全篇,二传之谋篇布局各具匠心,其笔法相对,映照成趣,抑扬变化,或真或活,各具其妙。

史记卷七十四·孟子荀卿列传第十四

本篇通过孟子、荀卿事迹的记述，肯定了他们“明礼义”“绝利端”的思想，赞赏他们守道不阿的精神，并说明了他们的思想学说之渊源及影响。故而全篇以孟子与荀卿为中心，而包举战国时阴阳、道德、法、名、墨诸家，也是兼及其思想和为人，以资与二人进行比照。传文开篇，以齐国为线，先叙述生于齐国或曾游于齐国的学者，如孟轲、邹忌、邹衍、淳于髡、慎到、田骈、接子、环渊、邹奭、荀卿诸人，皆得以一一连缀串起；再叙别国学者，如赵国之公孙龙、剧子，魏国之李悝，楚国之尸子、长卢，阿地之吁子；最后叙及宋国大夫墨翟。需要说明的是，孟子和商鞅、屈原在司马迁的时代都是不怎么显名的人，司马迁为他们立传可谓是孤心独运。

太史公曰：余读孟子书，至梁惠王问“何以利吾国”，未尝不废①书而叹也。曰：嗟乎，利诚乱之始也！夫子罕言利者，常防其原也②。故曰“放于利而行，多怨”。自天子至于庶人，好利之弊何以异哉！

孟轲，邹人也。受业子思之门人。道既通，游事齐宣王，宣王不能用。适梁，梁惠王不果所言，则见以为迂远而阔于事情③，当是之时，秦用商君，富国强兵；楚、魏用吴起，战胜弱敌；齐威王、宣王用孙子、田忌之徒，而诸侯东面朝齐。天下方务于合从连衡④，以攻伐为贤⑤，而孟轲乃述唐、虞、三代之德，是以所如者不合。退而与万章之徒序《诗》《书》，述仲尼之意，作《孟

---

①废：放下。②原：本源，根源。③迂远：不切实情。阔：远。事情：事实。④务：致力。从：同“纵”。衡：通“横”。⑤贤：才能。

子》七篇。

其后有邹子之属。

齐有三邹子。其前邹忌，以鼓琴干威王，因及国政，封为成侯而受相印，先孟子。

其次邹衍，后孟子。

邹衍睹有国者益淫侈，不能尚德，若《大雅》整[①]之于身，施及黎庶矣[②]。乃深观阴阳消息而作怪迂之变[③]，《终始》《大圣》之篇十馀万言。其语闳大不经[④]，必先验小物，推而大之，至于无垠。先序今以上至黄帝，学者所共术[⑤]，大并世盛衰[⑥]，因载其禨祥[⑦]度制，推而远之，至天地未生，窈冥不可考而原也[⑧]。先列中国名山大川，通谷禽兽，水土所殖，物类所珍，因而推之，及海外人之所不能睹。称引天地剖判以来，五德转移，治各有宜，而符应若兹[⑨]。以为儒者所谓中国者，于天下乃八十一分居其一分耳。中国名曰赤县神州。赤县神州内自有九州，禹之序九州是也，不得为州数。中国外如赤县神州者九，乃所谓九州也。于是有裨海[⑩]环之，人民禽兽莫能相通者，如一区中者，乃为一州。如此者九，乃有大瀛海环其外，天地之际焉。其术皆此类也。然要其归，必止乎仁义节俭，君臣上下六亲之施始也滥耳[⑪]。

王公大人初见其术，惧然顾化[⑫]，其后不能行之。

是以邹子重于齐。适梁，惠王郊迎，执宾主之礼。适赵，平

---

①整：整饬，要求。 ②施(yì)：推及。黎庶：百姓。 ③消息：消失和增长。息：滋生。怪迂：怪异而脱离实际。 ④闳：宏大。不经：荒诞不合常理。 ⑤术：通“述”，述说。 ⑥大：大体上。并(bàng)：通“傍”，依随。 ⑦禨(jī)祥：祈神以求福去灾。 ⑧窈冥：奥妙。原：推究根源。 ⑨符应：古人把天降祥瑞与人间政事相应称为“符应”。兹：此。 ⑩裨海：浅海。裨(pí)：细小。 ⑪滥：滥觞，源头。 ⑫惧然：惊心动魄的样子。顾化：内心思谋，用于教化。

原君侧行襒席[1]。如燕，昭王拥彗先驱[2]，请列弟子之座而受业，筑碣石宫，身亲往师之。作《主运》。其游诸侯见[3]尊礼如此，岂与仲尼菜色陈、蔡，孟轲困于齐、梁同乎哉！故武王以仁义伐纣而王，伯夷饿不食周粟；卫灵公问陈[4]，而孔子不答；梁惠王谋欲攻赵，孟轲称大王去邠。此岂有意阿世俗苟合而已哉！持方枘欲内圆凿[5]，其能入乎？或曰，伊尹负鼎而勉汤以王，百里奚饭牛车下而穆公用霸，作先合[6]，然后引之大道。驺衍其言虽不轨[7]，傥亦有牛鼎之意乎[8]？

自邹衍与齐之稷下先生，如淳于髡、慎到、环渊、接子、田骈、邹奭之徒，各著书言治乱之事，以干[9]世主，岂可胜道哉！

淳于髡，齐人也。博闻强记，学无所主。其谏说，慕晏婴之为人也，然而承意观色为务。客有见髡于梁惠王，惠王屏左右，独坐而再见之，终无言也。惠王怪之，以让客曰："子之称淳于先生，管、晏不及，及见寡人，寡人未有得也。岂寡人不足为言邪？何故哉？"客以谓髡。髡曰："固也。吾前见王，王志在驱逐[10]；后复见王，王志在音声。吾是以默然。"客具以报王，王大骇，曰："嗟乎，淳于先生诚圣人也！前淳于先生之来，人有献善马者，寡人未及视，会先生至。后先生之来，人有献讴者，未及试，亦会先生来。寡人虽屏人，然私心[11]在彼，有之。"后淳于髡见，壹[12]语连三日三夜无倦。惠王欲以卿相位待之，髡因谢去。于是送以安车驾驷，束帛加璧，黄金百镒。终身不仕。

---

①侧行：侧着身子走路，以示谦让。襒席：拂拭座席。 ②拥彗先驱：拿起扫帚清扫开道，以示尊敬。彗：扫帚。 ③见：被。 ④陈：同"阵"，交战时的队列。 ⑤枘（ruì）：榫头。内：通"纳"，放入。凿：榫眼。 ⑥作先合：行为先要投合人主的意愿。 ⑦不轨：不合常理。⑧牛鼎之意：这里是说伊尹负鼎、百里奚饭牛以干求人主的意思。 ⑨干：干谒，谋求。⑩驱逐：策马奔驰。 ⑪私心：内心，心思。 ⑫壹：专一。

慎到，赵人。田骈、接子，齐人。环渊，楚人。皆学黄老道德之术，因发明序其指意[①]。故慎到著十二论，环渊著上下篇，而田骈、接子皆有所论焉。

驺奭者，齐诸驺子，亦颇采驺衍之术以纪文。

于是齐王嘉之，自如淳于髡以下，皆命曰列大夫，为开第康庄之衢[②]，高门大屋，尊宠之。览[③]天下诸侯宾客，言齐能致天下贤士也。

荀卿，赵人。年五十始来游学于齐。驺衍之术迂大而闳辩，奭也文具难施，淳于髡久与处，时有得善言。故齐人颂曰："谈天衍，雕龙[④]奭，炙毂[⑤]过髡。"田骈之属皆已死。齐襄王时，而荀卿最为老师。齐尚修列大夫之缺，而荀卿三为祭酒焉。齐人或谗荀卿，荀卿乃适楚，而春申君以为兰陵令。春申君死而荀卿废，因家兰陵。李斯尝为弟子，已而相秦。荀卿嫉浊世之政，亡国乱君相属，不遂大道而营于巫祝[⑥]，信禨祥，鄙儒小拘[⑦]，如庄周等又猾稽乱俗。于是推儒、墨、道德之行事兴坏，序列著数万言而卒。因葬兰陵。

而赵亦有公孙龙为坚白同异之辩，剧子之言；魏有李悝，尽地力之教；楚有尸子、长卢；阿之吁子焉。

自如孟子至于吁子，世多有其书，故不论其传云。

盖墨翟，宋之大夫，善守御，为节用。或曰并孔子时，或曰在其后。

---

①发明：阐明发挥。序：陈述。指：通"旨"。 ②开第：建造高大的住宅。康庄之衢：四通八达的街道。 ③览：通"揽"，招揽，收纳。 ④雕龙：辞采华丽如雕龙。 ⑤炙毂：车轴储润滑油的涡轮，慢慢流出油以润滑车轴，这里用来比喻智慧不尽，议论不绝。 ⑥遂：通，达。营：通"荧"，迷惑。巫祝：古代从事鬼神祭祀的人。 ⑦小拘：拘泥于小节。

【译文】

太史公说:“我读《孟子》,每当读到梁惠王问“怎样才对我的国家有利”时,总不免放下书本来感叹一番。说:唉,功利的确是一切祸乱的开始呀!孔夫子极少讲功利的问题,其原因就是要经常防备祸乱的根源。所以他说“只依据个人的利益而行动,会招致很多怨恨”。上自帝王,下至平民,追求功利所产生的弊病有什么不同呢?

孟轲,邹国人。他曾跟着子思的弟子学习。学业通达后,便去游说齐宣王,齐宣王没任用他。于是到了魏国,梁惠王不但不听信他的主张,反而认为他的主张不切实情,远离实际。当时,秦国任用商鞅,使国家富足,兵力强大;楚国和魏国也都任用过吴起,打了些胜仗,削弱了强敌;齐威王和宣王举用孙膑和田忌等人,国力强盛,使各诸侯国都东来朝拜齐国。当各国正致力于“合纵连横”的攻伐谋略,把能攻善伐看作贤能的时候,孟轲却称述唐尧、虞舜以及夏、商、周三代的德政,因此不符合他所周游的那些国家的需要。于是他就返回家乡,与万章等人整理《诗经》《书经》,阐发孔丘的思想学说,写成《孟子》一书,共七篇。

在他之后,出现了学者邹子等人。

齐国有三个邹子。在前的是邹忌,他借弹琴的技艺去求见齐威王,因而得以参与了国家政事,被封为成侯并接受了相印,做了宰相,他生活的时代要早于孟子。

第二个是邹衍,生在孟子之后。邹衍目睹那些国君们越来越荒淫奢侈,不能崇尚德政,不像《诗经·大雅》所要求的那样先整饬自己,再推及百姓。于是就深入观察万物的阴阳消长,记述了各种怪异玄虚的变化,如《终始》《大圣》等篇共十余万字。他的话宏大广阔荒诞不合情理,一定要先从细小的事物验证开始,然后推广到大的事物,以至达到无边无际。先从当今说起再往前推至学者们所共同谈论的黄帝时代,大体上依着时代的盛衰变化,记载下不同时代的凶吉制度,再从黄帝时代推而远之,一直到天地还没出现时,真是深幽玄妙无从稽考和追溯。他先列出中国的名山大川,长谷禽兽,水土所生的,各种物类中最珍贵的,一概俱全,并由此推广开去，直到人们根本看不到的海外。他称述开天辟地以来，金、木、水、火、土五行相生相克，而历代帝王的更替都正好与它们相配合，天降祥瑞与人事相应就是这样的。他认为儒家所说的中国，只不过是天下的八十一分之一罢了。中国名叫“赤县神州”。赤县神州之内又有九州，就是夏禹所分的九个州，但不能算是州的全部数目。在中国之外，像是赤县神州的地方还有九个。这才是所谓的九州。在这里都有小海环绕着，人和禽兽不能与其他州相通，像是一个独立的区域，这才算是一州。像这样的州共有九个，更有大海环绕在它的外面，那就到了天地的边际了。邹衍的学说都是这一类述说。然而，总括它的要领，一定要归结到仁义节俭，并在君臣上下和六亲之间施行，不过开始的引论的确空泛一些罢了。

王公大人初见他的学说，感到惊异而引起思考，受到感化，但到后来却不能实行。

因此，邹衍在齐国受到尊重。到魏国，梁惠王远接高迎，同他行宾主的礼节。到赵国，平原君侧身陪行，亲自为他拂拭席位。到燕国，燕昭王拿着扫帚为他作先导，并请求坐在弟子的座位上向他求教，还曾为他修建碣石宫，亲自去拜他为老师。这时，他作了《主运》篇。邹衍周游各国受到如此礼尊，这与孔丘在陈蔡断粮面有饥色，孟轲在齐、梁遭到困厄，岂能同日而语！从前周武王用仁义讨伐殷纣王从而称王天下，伯夷宁肯饿死不吃周朝的粮食；卫灵公问作战方阵，孔子却不予回答；梁惠王想要攻打赵国，孟轲却称颂周太王离开邠地的事迹。所有这些有名人物的做法，难道有半点迎合世俗、讨好人主的心意么？拿着方榫头却要放入圆榫眼，哪能放得进去呢？有人说，伊尹背着鼎去给汤烹饪，却勉励汤行王道，结果汤统一了天下；百里奚在车下喂牛而秦穆公任用了他，因而成就了霸业。他们的做法都是先投合人主的意愿，然后引导人主走上正道。邹衍的话虽然不合常理常情，或许有伊尹负鼎、百里奚喂牛的意思吧？

从邹衍到齐国稷下的诸多学者，如淳于髡、慎到、环渊、接子、田骈、邹奭等人，各自著书立说谈论国家兴亡治乱的大事，用来求取国君的信用，这些怎能说得尽呢？

淳于髡，是齐国人。博闻强识，学术上不专主一家之言。从他劝说君王的言谈中看，似乎他仰慕晏婴直言敢谏的为人，然而实际上他致力于察颜观色，揣摩人主的心意。一次，有个宾客向梁惠王推荐淳于髡，惠王喝退身边的侍从，单独坐着两次接见他，可是他始终一言不发。惠王感到很奇怪，就责备那个宾客说："你称赞淳于先生，说连管仲、晏婴都比不上他，等到他见了我，我是一点收获也没得到啊。难道是我不配跟他谈话吗？这究竟是什么缘故呢？"那个宾客把惠王的话告诉了淳于髡。淳于髡说："的确如此。我前一次见大王时，大王的心思全用在驾车打猎上；后一次再见大王，大王的心思却用在了声色上。因此我沉默不语。"那个宾客把淳于髡的话全部报告了惠王，惠王大为惊讶，说："哎呀，淳于先生真是个圣人啊！前一次淳于先生来的时候，有个人献上一匹好马，我还没来得及相一相，恰巧淳于先生来了。后一次来的时候，又有个人献来歌伎，我还没来得及试一试，也遇到淳于先生来了。我接见淳于先生时，虽然支走了身边的侍从，可是心里却想着马和歌伎，是有这么回事。"后来淳于髡见惠王，两人专注交谈一连三天三夜毫无倦意。惠王打算封给淳于髡卿相官位，淳于髡客气地推辞不受便离开了。当时，惠王赠给他一辆四匹马驾的精致车子、五匹帛、玉璧以及百镒黄金。淳于髡终身没有做官。

慎到，是赵国人。田骈、接子，是齐国人。环渊，是楚国人。他们都专攻黄帝、老子有关道德的学说，对黄老学说的意旨进行阐述发挥。所以他们都有著述，慎到著有十二篇论文，环渊著有上、下篇，田骈、接子也都有论著。

邹奭，是齐国几位邹子中的一个，他较多地吸收了邹衍的学说来著述文章。

当时齐王很赏识这些学者，从像淳于髡以下的一些人，都任命为列大夫，为他们在人来人往的通衢大道旁建造住宅，高门大屋，以示对他们的尊崇和偏爱。以此招揽天下各国的宾客，宣扬齐国最能招纳天下的贤才。

荀卿，赵国人。五十岁时才到齐国来游说讲学。邹衍的学说曲折夸大而多空洞的论辩；邹奭的文章完备周密但难于实行；淳于髡，若与他相处日久，时常学到一些精辟的言论。所以齐国人称颂他们说："善于高谈阔论的是邹衍，善于修饰文章的是邹奭，智多善辩、议论不绝的是淳于髡。"田骈等人都已在齐襄王时死去，此时荀卿是地位最高的宗师。当时齐国仍在补充列大夫的缺额，荀卿曾先后三次充当他们的领袖。后来，齐国有人毁谤荀卿，荀卿就到了楚国，春申君让他做兰陵令。春申君死后，荀卿被罢官，便在兰陵安了家。李斯曾是他的学生，后来在秦朝任丞相。荀卿憎恶乱世的黑暗政治，亡国昏乱的君主接连不断地出现，他们不通晓常理正道却被巫祝所迷惑，信奉求神赐福去灾，庸俗鄙陋的儒生拘泥于琐碎礼节，再加上庄周等人狡猾多辩，伤风败俗。于是推究儒家、墨家、道家活动的成功和失败，编次著述了几万字的文章便辞世了。死后就葬在兰陵。

当时赵国也有个公孙龙，他曾以"离坚白"之说，同惠施的"合同异"之说展开论辩，此外还有剧子的著述；魏国曾有李悝，他提出了鼓励耕作以尽地力的主张；楚国曾有尸子、长卢，齐国东阿还有一位吁子。自孟子到吁子，世上多流传着他们的著作，所以不详叙这些著作的内容了。

墨翟是宋国的大夫，擅长守卫和防御的战术，竭力提倡节约用度。有人说他与孔子同时，也有人说他在孔子之后。

【鉴赏】

《孟子荀卿列传》属列传中的变例。说本传是变例，一是因其虽以传名篇，但同《伯夷叔齐列传》一样也是以议论胜；二是因本传将太史公赞语置于篇首以明其旨，在《史记》列传中别具一格，其他只有《儒林列传》《货殖列传》少数几篇如此。

本传行文颇有特色，其文法拉杂，行文间虚实详略，比照映衬，情致实妙：虽以孟子、荀卿名篇，却旁及阴阳、道德诸家，于孟、荀二人事迹反传述不多。传文之首的太史公序论，明逐私利乃祸乱之本；孟子传文，以略略片言交代孟轲之身世、思想,其生平事迹亦只略写虚写,勾连商君、吴起、孙子、田忌诸人以明孟轲所处时代背景,反用更多笔触记叙邹忌、邹衍、淳于髡、慎到、田骈、接子、环渊、驺奭诸人生平、思想及著述情况,或繁或简、有虚有实,尤以重笔记载齐国三邹子之一的阴阳家邹衍学说,批评其内容之荒诞怪异,又肯定其“止乎礼仪”的要旨。而荀卿传文,突出写荀卿生平所学,以之为儒、道、墨三家思想之精华合成。形散神聚,也是本传特色之一,传文叙及数人,而以礼义为宗,以齐国为线,以孟、荀为主,时而三邹,时而稷下,错落有致。正如清徐与乔所称:“叙诸子斜斜整整,离离合合,每回顾《孟子传》。首读《孟子书》数笔,间间散散,空领一篇。谓诸子之阴以利于当世而遇,孟子独不遇,故盛称诸子,却是反形孟子”“盖宾主参互变化出没之妙,至此篇极矣。”

史记卷七十五·孟尝君列传第十五

本篇与《平原君虞卿列传》《魏公子列传》《春申君列传》一起构成了战国四公子的传记。本篇传主孟尝君田文，是齐国宰相田婴的庶子，少年时即以不凡的才干继其父为有土封君。他以好客喜士闻名于世，却又只为一己私利而养客，被视为四公子中最下者。传文先叙田文因礼贤下士、宾客盈门，名声远播于诸侯而得立为薛公太子；再叙其滞留于秦，在门下鸡鸣狗盗之徒的帮助下方得以脱身；却终究为图谋私利而借兵自伐其国，身死嗣绝。传文最后补叙了门客冯驩事迹，对他的士为知己者用，流露出由衷的赞赏之情。

孟尝君名文，姓田氏。文之父曰靖郭君田婴。田婴者，齐威王少子而齐宣王庶弟也。田婴自威王时任职用事①，与成侯邹忌及田忌将而救韩伐魏②。成侯与田忌争宠，成侯卖田忌。田忌惧，袭齐之边邑，不胜，亡走。会威王卒，宣王立，知成侯卖田忌，乃复召田忌以为将。宣王二年，田忌与孙膑、田婴俱伐魏，败之马陵，虏魏太子申而杀魏将庞涓。宣王七年，田婴使于韩、魏，韩、魏服于齐③。婴与韩昭侯、魏惠王会齐宣王东阿南④，盟而去⑤。明年，复与梁惠王会甄。是岁，梁惠王卒。宣王九年，田婴相齐。齐宣王与魏襄王会徐州而相王也⑥，楚威王闻之，怒田婴。明年，楚伐败齐师于徐州，而使人逐田婴。田婴使张丑说楚威王⑦，威王乃止。田婴相齐十一年，宣王卒，湣王

①用事：当权。 ②将：带兵。 ③服：归服。 ④东阿：在今山东今县西南。 ⑤盟：缔约。 ⑥相王：互相尊称为王。王：称为王。 ⑦使：派遣。说：劝说，说服。

即位。即位三年,而封田婴于薛。

初,田婴有子四十馀人,其贱妾有子名文,文以五月五日生。婴告其母曰:“勿举也[①]。”其母窃举生之[②]。及长,其母因兄弟而见其子文于田婴[③]。田婴怒其母曰:“吾令若去此子[④],而敢生之,何也?”文顿首[⑤],因曰:“君所以不举五月子者,何故?”婴曰:“五月子者,长与户齐[⑥],将不利其父母[⑦]。”文曰:“人生受命于天乎?将受命于户邪[⑧]?”婴默然。文曰:“必受命于天,君何忧焉?必受命于户,则可高其户耳,谁能至者!”婴曰:“子休矣。”

久之,文承间[⑨]问其父婴曰:“子之子为何?”曰:“为孙。”“孙之孙为何?”曰:“为玄孙。”“玄孙之孙为何?”曰:“不能知也。”文曰:“君用事相齐,至今三王矣[⑩],齐不加广而君私家富累万金,门下不见一贤者。文闻将门必有将,相门必有相。今君后宫蹈绮縠而士不得裋褐[⑪],仆妾馀粱肉而士不厌糟糠[⑫]。今君又尚厚积馀藏,欲以遗所不知何人,而忘公家之事日损,文窃怪之。”于是婴乃礼文,使主家[⑬]待宾客。宾客日进,名声闻于诸侯。诸侯皆使人请薛公田婴以文为太子[⑭],婴许之。婴卒,谥为靖郭君。而文果代立于薛,是为孟尝君。

孟尝君在薛,招致诸侯宾客,及亡人[⑮]有罪者,皆归孟尝君。孟尝君舍业厚遇之[⑯],以故倾[⑰]天下之士。食客数千人,无贵贱

---

①举:养育,抚养。 ②窃:暗中,偷偷地。生:使其长大。 ③因:通过。见:引见。 ④若:你。去:放弃。 ⑤顿首:头叩地而拜,系周礼九拜之一。 ⑥长与户齐:身高与门户相等。户:门户。 ⑦不利其父母:当时认为,五月五日生子,男害父,女害母。 ⑧将:还是。 ⑨承间:寻找机会。 ⑩三王:指田婴侍奉过齐国威王、宣王、湣王三代君王。 ⑪蹈:长裙曳拖于地。绮:有花纹的丝织物。縠:绉纹纱。裋(shù)褐:短而窄的粗布衣服。 ⑫粱:指饭食。厌:同“餍”,吃饱。 ⑬主家:主持家政。 ⑭为太子:为嗣子,继承封邑。 ⑮亡人:逃亡的人。 ⑯舍业:舍弃家业,耗尽家产。厚遇:给予丰厚的待遇。 ⑰倾:倾慕。

一与文等[①]。孟尝君待客坐语，而屏风后常有侍史[②]，主记君所与客语，问亲戚居处。客去，孟尝君已使使存问，献遗其亲戚[③]。孟尝君曾待客夜食[④]，有一人蔽火光[⑤]。客怒，以饭不等，辍食辞去。孟尝君起，自持其饭比之。客惭，自刭。士以此多归孟尝君。孟尝君客无所择[⑥]，皆善遇之。人人各自以为孟尝君亲己。

秦昭王闻其贤，乃先使泾阳君[⑦]为质于齐，以求见孟尝君。孟尝君将入秦，宾客莫欲其行，谏，不听。苏代谓曰："今旦代从外来，见木禺人与土禺人相与语。木禺人曰：'天雨，子将败矣[⑧]。'土禺人曰：'我生于土，败则归土。今天雨，流子而行[⑨]，未知所止息也。'今秦，虎狼之国也，而君欲往，如有不得还，君得无为土禺人所笑乎？"孟尝君乃止。

齐湣王二十五年，复卒使孟尝君入秦，昭王即以孟尝君为秦相。人或说秦昭王曰："孟尝君贤，而又齐族也[⑩]，今相秦，必先齐而后秦，秦其危矣。"于是秦昭王乃止。囚[⑪]孟尝君，谋欲杀之，孟尝君使人抵昭王幸姬求解[⑫]。幸姬曰："妾愿得君狐白裘[⑬]。"此时孟尝君有一狐白裘，直千金，天下无双，入秦献之昭王，更无他裘。孟尝君患之，遍回客，莫能对。最下坐有能为狗盗者，曰："臣能得狐白裘。"乃夜为狗，以入秦宫臧中[⑭]，取所献狐白裘至，以献秦王幸姬。幸姬为言昭王，昭王释孟尝君。孟尝君得出，即驰去，更封传[⑮]，变名姓以出关。夜半至函谷关。

---

①一与文等：一律与田文相同。 ②侍史：古代为贵族、官员办理文书的侍从人员。③献遗：恭敬地赠送。 ④待客：陪客人吃饭。 ⑤蔽：遮住。火光：灯光。 ⑥客无所择：孟尝君养客不加选择。 ⑦泾阳君：秦昭王弟，名悝，这是他的封号。 ⑧败：毁坏。 ⑨流子而行：水流冲着你走。 ⑩齐族：指齐国国君的同姓亲属。 ⑪囚：监视起来。 ⑫抵：冒昧相求。幸姬：宠爱的姬妾。解：解救。 ⑬狐白裘：集狐腋下的白色皮毛制成的皮衣。 ⑭臧：通"藏"，贮藏财物的仓库。 ⑮封传：即驿传，古代官府所发的出境或投宿驿站的凭证。

秦昭王后悔出孟尝君，求之，已去，即使人驰传[①]逐之。孟尝君至关，关法[②]鸡鸣而出客，孟尝君恐追至，客之居下坐者有能为鸡鸣，而鸡齐鸣，遂发传出[③]。出如食顷[④]，秦追果至关，已后[⑤]孟尝君出，乃还。始孟尝君列此二人于宾客，宾客尽羞之，及孟尝君有秦难，卒此二人拔之。自是之后，客皆服。

孟尝君过赵，赵平原君客之。赵人闻孟尝君贤，出观之，皆笑曰："始以薛公为魁然也[⑥]，今视之，乃眇小丈夫耳[⑦]。"孟尝君闻之，怒。客与俱者下[⑧]，斫击杀数百人，遂灭一县以去。

齐湣王不自得[⑨]，以其遣孟尝君。孟尝君至，则以为齐相，任政。

孟尝君怨秦，将以齐为韩、魏攻楚，因与韩、魏攻秦，而借兵食于西周。苏代为西周谓曰："君以齐为韩、魏攻楚九年，取宛、叶以北以强韩、魏，今复攻秦以益之。韩、魏南无楚忧，西无秦患，则齐危矣。韩、魏必轻齐畏秦，臣为君危之。君不如令敝邑深合于秦[⑩]，而君无攻，又无借兵食。君临函谷而无攻，令敝邑以君之情谓秦昭王曰'薛公必不破秦以强韩、魏。其攻秦也，欲王之令楚王割东国以与齐，而秦出楚怀王以为和[⑪]'。君令敝邑以此惠秦，秦得无破而以东国自免也，秦必欲之。楚王得出，必德齐[⑫]。齐得东国益强，而薛世世无患矣。秦不大弱，而处三晋之西，三晋必重齐。"薛公曰："善。"因令韩、魏贺秦，使三国无攻，而不借兵食于西周矣。是时，楚怀王入秦，秦留之，故欲必出之。秦不果[⑬]出楚怀王。

---

①传：驿车，传达命令的马车。②关法：关卡的制度。③发传：出示封传。④食顷：吃一顿饭的时间，不一会儿。⑤已后：已经晚了一步。⑥魁然：魁梧高大的样子。⑦眇小丈夫：短小的男人。⑧下：此指下车。⑨不自得：内疚。⑩敝邑：对自己国家的自谦说法。这里指西周。合：交好。⑪出：释放。和：媾和。⑫德：感激。⑬果：实现。

孟尝君相齐，其舍人魏子为孟尝君收邑入[①]，三反而不致一入[②]。孟尝君问之，对曰："有贤者，窃假与之[③]，以故不致入。"孟尝君怒而退魏子。居数年，人或毁孟尝君于齐湣王曰："孟尝君将为乱。"及田甲劫湣王，湣王意疑孟尝君，孟尝君乃奔。魏子所与粟贤者闻之，乃上书言孟尝君不作乱，请以身为盟[④]，遂自刭宫门以明孟尝君。湣王乃惊，而踪迹验问[⑤]，孟尝君果无反谋，乃复召孟尝君。孟尝君因谢病，归老于薛。湣王许之。

其后，秦亡将吕礼相齐，欲困苏代。代乃谓孟尝君曰："周最于齐，至厚也，而齐王逐之，而听亲弗相吕礼者[⑥]，欲取秦也[⑦]。齐、秦合，则亲弗与吕礼重矣。有用[⑧]，齐、秦必轻君。君不如急北兵趋[⑨]赵以和秦、魏，收周最以厚行[⑩]，且反齐王之信[⑪]，又禁天下之变[⑫]。齐无秦，则天下集齐，亲弗必走，则齐王孰与为其国也！"于是孟尝君从其计，而吕礼嫉害于孟尝君。

孟尝君惧，乃遗秦相穰侯魏冉书曰："吾闻秦欲以吕礼收齐，齐，天下之强国也，子必轻矣。齐、秦相取以临三晋，吕礼必并相矣[⑬]，是子通[⑭]齐以重吕礼也。若齐免于天下之兵，其仇子必深矣。子不如劝秦王伐齐。齐破，吾请以所得封子。齐破，秦畏晋之强，秦必重子以取晋。晋国敝于齐而畏秦，晋必重子以取秦。是子破齐以为功，挟晋以为重。是子破齐定封，秦、晋交重子。若齐不破，吕礼复用，子必大穷[⑮]。"于是穰侯言于秦昭王伐齐，而吕礼亡。

---

①邑入：封邑的租税收入。 ②反：同"返"。致：取得。 ③窃假与之：私自借用您的名义送给了他。假：借。 ④以身为盟：用生命立誓、作保。 ⑤踪迹验问：寻根找证据、考问。 ⑥听：听从，听信。相：任为相。 ⑦取：取信于对方，这里是联合、结盟的意思。 ⑧有用：有所任用，指任用亲弗、吕礼。 ⑨趋：通"促"，促使。 ⑩收：招致。厚行：使举动显出忠厚。 ⑪反：同"返"，挽回。信：信用。 ⑫天下之变：指齐、秦联合后会引起的各国关系变化。 ⑬并相：同时兼任齐、秦两国的相位。 ⑭通：交往，结交。 ⑮穷：困厄。

后齐湣王灭宋，益骄，欲去[①]孟尝君。孟尝君恐，乃如魏[②]。魏昭王以为相，西合于秦、赵，与燕共伐破齐。齐湣王亡在莒，遂死焉。

齐襄王立，而孟尝君中立于诸侯，无所属。齐襄王新立，畏孟尝君，与连和，复亲薛公。文卒，谥为孟尝君。诸子争立，而齐、魏共灭薛。孟尝绝嗣无后也。

初，冯驩闻孟尝君好客，蹑屩[③]而见之。孟尝君曰："先生远辱[④]，何以教文也？"冯驩曰："闻君好士，以贫身归于君。"孟尝君置传舍[⑤]十日，孟尝君问传舍长曰："客何所为？"答曰："冯先生甚贫，犹有一剑耳，又蒯缑[⑥]。弹其剑而歌曰'长铗[⑦]归来乎，食无鱼'。"孟尝君迁之幸舍[⑧]，食有鱼矣。五日，又问传舍长。答曰："客复弹剑而歌曰'长铗归来乎，出无舆[⑨]'。"孟尝君迁之代舍[⑩]，出入乘舆车矣。五日，孟尝君复问传舍长。舍长答曰："先生又尝弹剑而歌曰'长铗归来乎，无以为家[⑪]'。"孟尝君不悦。

居期年[⑫]，冯驩无所言。孟尝君时相齐，封万户于薛。其食客三千人，邑入不足以奉客[⑬]，使人出钱于薛[⑭]。岁馀不入，贷钱者多不能与其息[⑮]，客奉将不给。孟尝君忧之，问左右："何人可使收债于薛者？"传舍长曰："代舍客冯公形容状貌甚辩[⑯]，长者[⑰]，无他伎能，宜可令收债。"孟尝君乃进冯驩而请之曰："宾客不知文不肖，幸临文者三千馀人，邑入不足以奉宾客，故出息钱于薛。薛岁不入，民颇不与其息。今客食恐不给，愿先生责

①去：除掉。②如：往，到。③蹑屩(juē)：穿着草鞋，指远行。④远辱：承蒙远道光临。辱：谦辞。⑤传舍：此指下等食客的居处。⑥蒯缑：用草绳缠剑柄。言冯驩空无一物，只以草绳缠剑。蒯：草名。缑：缠剑把。⑦长铗：长剑名。⑧幸舍：指中等食客的居舍。⑨舆：车厢，这里指车子。⑩代舍：指上等食客的居舍。⑪为：照顾，供养。⑫期年：一周年。⑬奉客：供养食客。⑭出钱：放债。⑮与：偿还，给。息：利息。⑯辩：明，精明。⑰长者：指年龄、辈分高的人。

之。”冯驩曰：“诺。”辞行，至薛，召取孟尝君钱者皆会，得息钱十万。乃多酿酒，买肥牛，召诸取钱者，能与息者皆来，不能与息者亦来，皆持取钱之券书[①]合之。齐为会[②]，日杀牛置酒[③]。酒酣，乃持券如前合之，能与息者，与为期[④]；贫不能与息者，取其券而烧之。曰：“孟尝君所以贷钱者，为民之无者以为本业也；所以求息者，为无以奉客也。今富给者以要期[⑤]，贫穷者燔券书以捐之[⑥]。诸君强饮食[⑦]。有君如此，岂可负哉！”坐者皆起，再拜。

孟尝君闻冯驩烧券书，怒而使使召驩。驩至，孟尝君曰：“文食客三千人，故贷钱于薛。文奉邑少[⑧]，而民尚多不以时与其息[⑨]，客食恐不足，故请先生收责之。闻先生得钱，即以多具牛酒而烧券书，何？”冯驩曰：“然。不多具牛酒即不能毕会，无以知其有馀不足。有馀者，为要期。不足者，虽守而责之十年，息愈多，急，即以逃亡自捐之。若急，终无以偿，上则为君好利不爱士民，下则有离上抵负之名[⑩]，非所以厉士民彰君声也[⑪]。焚无用虚债之券，捐不可得之虚计[⑫]，令薛民亲君而彰君之善声也，君有何疑焉！”孟尝君乃拊手而谢之[⑬]。

齐王惑于秦、楚之毁，以为孟尝君名高其主而擅齐国之权，遂废孟尝君。诸客见孟尝君废，皆去。冯驩曰：“借臣车一乘[⑭]，可以入秦者，必令君重于国而奉邑益广，可乎？”孟尝君乃约车

---

①券书：契据。古代的券书常分为两半，各执一半作为凭证，如现在的合同。 ②齐为会：一齐参加聚会。 ③日：聚会的当天。 ④与为期：给期限。为期：规定日期。 ⑤要期：约定日期。 ⑥燔：焚烧。捐之：送给你们。 ⑦强：尽情。 ⑧奉邑：即食邑，卿大夫的封地。 ⑨以时：按时，按期。 ⑩离：背离。抵负：背弃。 ⑪厉：同“励”，勉励，激励。彰：显扬。 ⑫虚计：有名无实的账簿。 ⑬拊手：拍手。谢：感谢。 ⑭乘：古时四马一车叫“乘”。

币而遣之[①]。冯驩乃西说秦王曰："天下之游士冯轼结靷[②]西入秦者，无不欲强秦而弱齐；凭轼结靷东入齐者，无不欲强齐而弱秦。此雄雌之国也，势不两立为雄，雄者得天下矣。"秦王跽而问之曰[③]："何以使秦无为雌而可？"冯驩曰："王亦知齐之废孟尝君乎？"秦王曰："闻之。"冯驩曰："使齐重于天下者，孟尝君也。今齐王以毁废之，其心怨，必背齐；背齐入秦，则齐国之情，人事之诚[④]，尽委之秦，齐地可得也，岂直为雄也！君急使使载币阴迎孟尝君[⑤]，不可失时也。如有齐觉悟[⑥]，复用孟尝君，则雌雄之所在未可知也。"秦王大悦，乃遣车十乘黄金百镒以迎孟尝君。冯驩辞以先行，至齐，说齐王曰："天下之游士凭轼结靷东入齐者，无不欲强齐而弱秦者；凭轼结靷西入秦者，无不欲强秦而弱齐者。夫秦、齐雄雌之国，秦强则齐弱矣，此势不两雄。今臣窃闻秦遣使车十乘载黄金百镒以迎孟尝君。孟尝君不西则已，西入相秦则天下归之，秦为雄而齐为雌，雌则临淄、即墨危矣。王何不先秦使之未到，复孟尝君，而益与之邑以谢之？孟尝君必喜而受之。秦虽强国，岂可以请人相而迎之哉！折秦之谋[⑦]，而绝其霸强之略。"齐王曰："善。"乃使人至境候秦使。秦使车适入齐境，使还驰告之，王召孟尝君而复其相位，而与其故邑之地，又益以千户。秦之使者闻孟尝君复相齐，还车而去矣。

自齐王毁废孟尝君，诸客皆去。后召而复之，冯驩迎之。未到，孟尝君太息叹曰[⑧]："文常好客，遇客无所敢失，食客三千

---

①约：备办，整理。币：原为丝帛，古代以束帛作为赠送的礼物叫"币"。 ②冯轼结靷：靠着车轼，结好革带，指驾车奔驰。冯：同"凭"，倚，靠。轼：车前横木，可以凭倚或作扶手。结：连结。靷：引车前行的革带。 ③跽：长跪，两腿跪着挺直上身。 ④诚：真实情况。 ⑤载币：带上礼品。阴：暗中，暗地里。 ⑥有：名词词头，无义。 ⑦折：挫败。 ⑧太息：出声长叹。

有馀人，先生所知也。客见文一日废，皆背文而去，莫顾文者。今赖先生得复其位，客亦有何面目复见文乎？如复见文者，必唾其面而大辱之。”冯驩结辔下拜①，孟尝君下车接之②，曰：“先生为客谢乎③？”冯驩曰：“非为客谢也，为君之言失。夫物有必至，事有固然，君知之乎？”孟尝君曰：“愚不知所谓也。”曰：“生者必有死，物之必至也；富贵多士，贫贱寡友，事之固然也。君独不见夫趣市朝者乎④？明旦，侧肩争门而入；日暮之后，过市朝者掉臂而不顾⑤。非好朝而恶暮，所期物忘其中⑥。今君失位，宾客皆去，不足以怨士而徒绝宾客之路。愿君遇客如故。”孟尝君再拜曰：“敬从命矣。闻先生之言，敢不奉教焉。”

太史公曰：吾尝过薛，其俗闾里率多暴桀子弟⑦，与邹、鲁殊。问其故，曰：“孟尝君招致天下任侠、奸人入薛中⑧，盖六万馀家矣。”世之传孟尝君好客自喜，名不虚矣。

【译文】

孟尝君姓田名文。田文的父亲叫靖郭君田婴。田婴是齐威王的小儿子、齐宣王庶母所生的弟弟。田婴从威王时就任职当权，曾与成侯邹忌以及田忌带兵去救援韩国攻伐魏国。后来成侯与田忌争着得到齐王的宠信而嫌隙很深，结果成侯出卖了田忌。田忌很害怕，就偷袭齐国边境的城邑，不得手，便逃跑了。这时正赶上齐威王死，齐宣王继立为国君，宣王知道是成侯陷害田忌，就又召回了田忌并让他做了将领。宣王二年，田忌跟孙膑、田婴一起攻打魏国，在马陵战败魏国，俘虏了魏太子

①结辔：收住缰绳。下拜：下车拜礼。②下车接之：下车答礼。③为客谢：替客人道歉。④趣：趋向，奔赴。市朝：市集，人众会集之处。⑤掉臂：甩着手臂，形容不顾而去。⑥所期物忘其中：所期望得到的东西市场中已没有了。忘：无。⑦俗：风俗。闾里：乡里，民间。率多：大多，相当对。暴桀：凶暴。⑧任侠：指打抱不平，负气仗义的人。奸人：作奸犯法的人。

申,杀了魏国将领庞涓。宣王七年,田婴奉命出使韩国和魏国,使韩国、魏国归服于齐国。田婴陪着韩昭侯、魏惠王在东阿南会见齐宣王,结盟缔约后离去。第二年,宣王又与梁惠王在甄地盟会。这一年,梁惠王死。宣王九年,田婴任齐国宰相。齐宣王与魏襄王在徐州盟会互相尊称为王。楚威王得知这件事,对田婴很恼火,认为是他一手策划的。第二年,楚国进攻齐国,在徐州击败了齐国军队,便派人让齐国放逐田婴。田婴派张丑去劝说楚威王,楚威王才算罢休。田婴在齐国任相十一年,齐宣王死,齐湣王继立为国君。湣王即位三年,赐封田婴于薛邑。

当初,田婴有四十多个儿子,他的小妾生了个儿子叫文,田文是五月五日出生的。田婴告诉田文的母亲说:“不要抚养他。”可是田文的母亲还是偷偷把他养活了。等他长大后,他的母亲便通过田文的兄弟把田文引见给田婴。田婴斥责田文的母亲说:“我让你把这个孩子丢掉,你竟敢把他养活了,这是为什么?”田文的母亲还没回答,田文立即叩头大拜,接着反问田婴说:“您不让养育五月五日出生的孩子,是什么缘故?”田婴回答说:“五月五日出生的孩子,长大了身长跟门户一样高,会不利于他的父母。”田文说:“人的命运是由上天安排呢?还是由门户来决定呢?”田婴不知怎么回答好,便沉默不语。田文接着说:“如果是由上天安排的,您何必忧虑呢?如果是由门户决定的,那么只要加高门户就可以了,谁还能长到那么高呢!”田婴无言以对便斥责道:“你不要说了!”

过了些时候,田文趁空问他父亲说:“儿子的儿子叫什么?”田婴答道:“叫孙子。”田文接着问:“孙子的孙子叫什么?”田婴答道:“叫玄孙。”田文又问:“玄孙的孙叫什么?”田婴说:“我不知道了。”田文说:“您执掌大权做齐国宰相,到如今已经历三代君王了,可是齐国的领土没有扩大,您的私家却积贮了万金的财富,门下也看不到一位贤能之士。我听说,将军的门庭必出将军,宰相的门庭必有宰相。现在您的姬妾可以践踏绫罗绸缎,而贤士却穿不上粗布短衣;您的男仆女奴有剩余的饭食肉羹,而贤士却连粗劣的饭食也吃不饱。现在您还一个劲地加多积贮,想要把它留给那些连称呼都叫不上来的人,却忘记国家在诸侯中一天天失势。我私下感到诧异。”从此以后，田婴才器重田文，让他主持家政，接待宾客。宾客来往不断，日益增多，田文的名声随之传播到各国。各国都派人来建议田婴立田文为太子，田婴答应下来。田婴死后，追谥靖郭君。田文果然在薛邑继承了田婴的爵位。这就是孟尝君。

孟尝君在薛邑，招揽各国的宾客以及犯罪逃亡的人，很多人归附了孟尝君。孟尝君宁肯舍弃家业也给他们丰厚的待遇，因此使天下的贤士无不倾心向往。他的食客有几千人，待遇不分贵贱一律与田文相同。孟尝君每当接待宾客，与宾客坐着谈话时，总是在屏风后安排侍史，让他记录孟尝君与宾客的谈话内容，记载所问宾客亲戚的生活情况。宾客刚刚离开，孟尝君就已派使者到宾客亲戚家里去慰问，献上礼物。有一次，孟尝君招待宾客吃晚饭，有个人遮住了灯光。那个宾客很恼火，认为饭食的质量肯定不相等，放下碗筷就要辞别而去。孟尝君马上站起来，亲自端着自己的饭食与他的相比，那个宾客惭愧得无地自容，就以刎颈自杀表示谢罪。士人们因此有很多人都情愿归附孟尝君。孟尝君对于来到门下的宾客都热情接纳，不挑拣，无亲疏，一律给予优厚的待遇。宾客们人人都认为孟尝君与自己亲近。

秦昭王听说孟尝君贤能，就先派泾阳君到齐国作人质，请求会见孟尝君。孟尝君准备去秦国，而宾客都不赞成他出行，规劝他，他不听，执意前往。苏代对他说：“今天早上我从外面来，见到一个木偶人与一个土偶人正在交谈。木偶人说：‘天一下雨，你就要坍毁了。’土偶人说：‘我是由泥土生成的，毁坏了就归回到泥土里。若天真的下起雨来，水流冲着你跑，可不知把你冲到哪里去了。’当今的秦国，是个如虎似狼的国家，而您执意前往，如果一旦回不来，您能不被土偶人嘲笑吗？”孟尝君听后，这才停止了出行的准备。

齐湣王二十五年，终于又派孟尝君到了秦国，秦昭王立即让孟尝君做秦国宰相。臣僚中有的人劝说秦王道：“孟尝君的确贤能，可他又是齐王的同宗，现在任秦国宰相，谋划事情必定是先替齐国打算，而后才考虑秦国，秦国可要危险了。”于是秦昭王就作罢，还把孟尝君囚禁起来，图谋杀掉孟尝君。孟尝君就派人冒昧地去见昭王的宠妾请求解救。那个宠妾提出条件说："我希望得到孟尝君的白色狐皮裘。"孟尝君来时，带有一件白色狐皮裘，价值千金，天下没有第二件，到秦国后献给了昭王，再也没有别的皮裘了。孟尝君为这件事发愁，问遍了宾客，谁也想不出办法来。最末的座位上有个会盗东西的人，说："我能拿到那件白色狐皮裘。"于是当夜化装成狗，钻入了秦宫中的仓库，取出献给昭王的那件狐白裘，拿回来献给了昭王的宠妾。宠妾得到后，替孟尝君向昭王说情，昭王便释放了孟尝君。孟尝君获释后，立即乘快车逃离，更换了出境证件，改了姓名逃过关卡。夜半时分到了函谷关。昭王后悔放出了孟尝君，再寻找他，他已经逃走，就立即派人驾上传车飞奔而去追捕他。孟尝君一行到了函谷关，关防法令规定鸡叫时才能放来往客人出关，孟尝君恐怕追兵赶到万分着急，宾客中有个位居末座的人会学鸡叫，他一学鸡叫，附近的鸡随着一齐叫了起来，便立即出示了证件逃出函谷关。出关后约莫一顿饭的工夫，秦国追兵果然到了函谷关，但已落在孟尝君的后面，就只好回去了。原先，孟尝君把这两个人安排在宾客中时，宾客无不感到羞耻，觉得脸上无光，等孟尝君在秦国遭到劫难，终于靠着这两个人解救了他。自此以后，宾客们都佩服。

孟尝君经过赵国，赵国平原君以贵宾相待。赵国人听说孟尝君贤能，都出来围观想一睹风采，见了后便都嘲笑说："原来以为孟尝君是个魁梧的大丈夫，如今看到他，竟是个瘦小的男人罢了。"孟尝君听了这些话，大为恼火。随行的人跟他一起跳下车来，砍杀了几百人，毁了一个县才离去。

齐湣王因派孟尝君去秦国而感到内疚。孟尝君回到齐国后，齐王就任他为相，执掌国政。

孟尝君怨恨秦国，准备以齐国曾帮助韩国、魏国攻打楚国的理由，来联合韩国、魏国攻打秦国，为此要向西周借兵器和军粮。苏代替西周对孟尝君说："您拿齐国的兵力帮助韩国、魏国攻打楚国达九年之久，取得了宛、叶以北的地方，结果使韩、魏两国强大起来，如今再去攻打秦国就会越加增强了韩、魏的力量。韩、魏两国南边没有楚国忧虑，北边没有秦国的祸患，那么齐国就危险了。韩、魏两国强盛起来必定轻视齐国而畏惧秦国，我实在替您不安。您不如让西周与秦国深切交好，您不要进攻秦国，也不要借兵器和粮食。您将军队开临函谷关但不要进攻，让西周把您的心情告诉给秦昭王说：'薛公一定不会攻破秦国来增强韩、魏两国的势力。他要进攻秦国，不过是想要大王迫使楚国把东国割给齐国，并请您把楚怀王释放出来以相媾和。'您让西周用这种做法给秦国好处，秦国能够不被攻破又拿楚国的地盘保全了自己，秦国一定情愿这么办。楚王能够获释，也一定感激齐国。齐国得到东国自然会日益强大，那么薛邑也就会世世代代没有忧患了。秦国并非很弱，它有一定实力，而处在韩国、魏国的西邻，韩、魏两国必定依重齐国。"薛公听了后，立即说："好。"于是让韩、魏向秦国祝贺，避免了一场兵灾，使齐、韩、魏三国不再发兵进攻，也不向西周借兵器和军粮了。这时，楚怀王已到了秦国，秦国扣留了他，所以孟尝君还是要秦国一定放出楚怀王。但秦国并没有这么办。

孟尝君任齐国宰相时，一次他的侍从魏子替他去收取封邑的租税，三次往返，结果一次也没把租税收回来。孟尝君问他这是什么缘故，魏子回答说："有位贤德的人，我私自借您的名义把租税赠给了他，因此没有收回来。"孟尝君听后发了火一气之下辞退了魏子。几年后，有人向齐湣王造孟尝君的谣言说："孟尝君将要发动叛乱。"等到田君甲劫持了湣王，湣王便猜疑是孟尝君策划的，孟尝君便出逃了。曾得到魏子赠粮的那位贤人听说此事，就上书给湣王申明孟尝君不会作乱，并请求以自己的生命作保，于是在宫殿门口刎颈自杀，以此证明孟尝君的清白。湣王为之震惊，便去调查实际情况，孟尝君果然没有叛乱阴谋，便召回孟尝君。孟尝君因此推托有病，要求辞官回薛邑养老。湣王答应了他的请求。

此后，秦国的逃亡将领吕礼做齐国宰相，他想要陷苏代于困境。苏代就对孟尝君说："周最对于齐王，是极为忠诚的，可是齐王把他驱逐了，而听信亲弗的意见让吕礼做宰相,其原因就是打算联合秦国。齐国、秦国联合,那么亲弗与吕礼就会受到重用了。他们受到重用,齐国、秦国必定轻视您。您不如急速向北进军,促使赵国与秦、魏讲和,招回周最来显示您的厚道,还可以挽回齐王的信誉,又能防止因齐、楚联合将造成各国关系的变化。齐国不去依傍秦国,那么各诸侯都会靠拢齐国,亲弗一定会出逃,这样一来,除了您之外,齐王还能跟谁一起治理他的国家呢?”于是孟尝君听从了苏代的计谋,因而吕礼嫉恨并要谋害孟尝君。

孟尝君很害怕,就给秦国丞相穰侯魏冉写了一封信说:“我听说秦国打算让吕礼来联合齐国,齐国,是天下的强大国家,齐、秦联合成功吕礼将要得势,您必会被秦王轻视了。如果秦、齐相与结盟来对付韩、赵、魏三国,那么吕礼必将为秦、齐两国宰相了,这是您结交齐国反而使吕礼的地位显重啊。再说,即如齐国免于诸侯国攻击的兵祸,齐国必定会深深地仇恨您。您不如劝说秦王攻打齐国。齐国被攻破,我会设法请求秦王把所得的齐国土地封给您。齐国被攻破,秦国会害怕魏国强大起来,秦王必定重用您去结交魏国。魏国败于齐国又害怕秦国,它一定会推重您以便结交秦国。这样,您既能够凭攻破齐国建立自己的功劳,依仗魏国提高自己的地位;又可以攻破齐国得到封邑,使秦、魏两国同时敬重您。如果齐国不被攻破,吕礼再被任用,您一定会陷于极端的困境中。”于是穰侯向秦昭王进言攻打齐国,吕礼便逃离了齐国。

后来,齐湣王灭掉了宋国,更加骄傲起来,打算除掉孟尝君。孟尝君很恐惧,就到了魏国。魏昭王任用他做宰相,同西边的秦国、赵国联合,帮助燕国攻打并战败了齐国。齐湣王逃到莒,后来就死在那里。

齐襄王即位,当时孟尝君在各国之间持中立地位,不从属于哪个君王。齐襄王由于刚刚即位,畏惧孟尝君,便与孟尝君和好,与他亲近起来。田文死,谥号称孟尝君。田文的几个儿子争着继承爵位,随即齐、魏两国联合共同灭掉了薛邑。孟尝君绝嗣,没有了后代。

当初,冯驩听说孟尝君爱好招揽宾客,便穿着草鞋远道而来见他。孟尝君说:“承蒙先生远道光临,有什么指教我的?”冯驩回答说:“听说您乐于养士，我只是想归附您谋口饭吃。”孟尝君把他安置在下等食客的住所里，十天后孟尝君询问住所的负责人说：“那个客人近来做什么了？”负责人回答说：“冯先生太穷了，只有一把剑，还是草绳缠着剑把。他时而弹着那把剑唱道‘长剑啊，咱们回家吧！吃饭没有鱼’。”孟尝君听后让冯驩搬到中等食客的住所里，吃饭有鱼了。过了五天，孟尝君又向那位负责人询问冯驩的情况，负责人回答说：“客人又弹着剑唱道‘长剑啊，咱们回去吧！出门没有车’。”于是孟尝君又把冯驩迁到上等食客的住所里，进出都有车子坐。又过了五天，孟尝君再次询问那位负责人。负责人回答说：“这位先生又曾弹着剑唱道‘长剑啊，咱们回家吧！没有办法养活家’。”孟尝君听了很不高兴。

过了整一年，冯驩没再说什么。孟尝君当时正做齐国宰相，受封万户于薛邑。他的食客有三千人之多，食邑的赋税收入不够供养这么多食客，就派人到薛邑放债。由于年景不好，没有收成，借债的人多数不能付给利息，食客的需用将无法供给。孟尝君对这一情况感到忧虑，就问左右侍从：“谁可以派往薛邑去收债？”那个住所负责人说：“上等食客住所里的冯老先生从状貌长相看，很是精明，是个老成稳重的人，可以派他去收债。”孟尝君便迎进冯驩向他请求说：“宾客们不知道我无能，光临我的门下有三千多人，如今食邑的收入不能够供养宾客，所以在薛邑放了些债。可是薛邑年景不好，没有收成，百姓多数不能付给利息。宾客吃饭恐怕都成问题了，希望先生替我去索取欠债。”冯驩说：“好吧。”便告别了孟尝君，到了薛邑，他把凡是借了孟尝君钱的人都集合起来，索要欠债得到利息十万钱。这笔款项他没送回去，却酿了许多酒，买了肥牛，然后召集借钱的人，能付给利息的都来，不能付给利息的也来，要求一律带着借钱的契据以便核对。随即让大家一起参加宴会，当日杀牛炖肉，置办酒席。宴会上正当大家饮酒尽兴时，冯驩就拿着契据走到席前一一核对，能够付给利息的，给他定下期限；穷得不能付息的，取回他们的契据当众把它烧毁。接着对大家说：“孟尝君之所以向大家放债，就是给没有资金的人提供资金来从事行业生产；他之所以向大家索取利息，是因为没有钱财供养宾客。如今富裕有钱还债的约定日期还债,贫穷无力还债的烧掉契据把债务全部废除。请各位开怀畅饮吧。有这样的封邑主人,日后怎么能背弃他呢!"在座的人都站了起来,连续两次行跪拜大礼。

孟尝君听到冯骥烧毁契据的消息,十分恼怒立即派人召回冯骥。冯骥刚一到,孟尝君就责问道:"我的封地本来就少,而百姓还多不按时还给利息,宾客们连吃饭都怕不够用,所以请先生去收缴欠债。听说先生收来钱就大办酒肉宴席,而且把契据烧掉了。这是怎么回事?"冯骥回答说:"是这样的。如果不大办酒肉宴席就不能把债民全都集合起来,也就没办法了解谁富裕谁贫穷。富裕的,给他限定日期还债。贫穷的,即使监守着催促十年也还不上债,时间越长,利息越多,到了危急时,就会用逃亡的办法赖掉债务。如果催促紧迫,不仅终究没办法偿还,而且上面会认为您贪财好利,不爱惜平民百姓,在下面您则会有背离和冒犯国君的恶名,这可不是用来鼓励平民百姓、彰扬您名声的做法。我烧掉毫无用处徒有其名的借据,废弃不可能收回的空头账目,是让薛邑平民百姓亲附您,从而彰扬您善良的好名声啊。您有什么可疑惑的呢?"孟尝君听后,拍着手连声道谢。

齐王受到秦国和楚国毁谤言论的蛊惑,认为孟尝君的名声压倒了自己,独揽齐国大权,终于罢了孟尝君的官。那些宾客看到孟尝君被罢了官,一个个都离开了他。只有冯骥为他谋划说:"借给我一辆可以跑到秦国的车子,我一定让您在齐国更加显贵,食邑更加宽广。您看可以吗?"于是孟尝君便准备了马车和礼物送冯骥上了路。冯骥就乘车西行游说秦王说:"天下的游说之士驾车向西来到秦的,无一不是想要使秦国强大而使齐国削弱的;乘车向东进入齐国的,无一不是要使齐国强大而使秦国削弱的。这是两个必须要决一雌雄的国家,是不能并列称雄的,优胜的一方就能得到天下。"秦王听得入了神,挺直身子跪着问冯骥说:"您看要使秦国避免成为软弱无力的国家该怎么办才好呢?"冯骥回答说:"大王也知道齐国罢了孟尝君的官吧?"秦王说:"听到了这件事。"冯骥说:"使齐国受到各国敬重的,就是孟尝君。如今齐国国君听信了毁谤之言而把孟尝君罢免，孟尝君心中无比怨愤，必定背离齐国；他背离齐国进入秦国，那么齐国的国情，朝廷中下至君王下至官吏的状况都将为秦国所掌握。您将得到整个齐国的土地，岂止是称雄呢！您可以赶快派使者载着礼物暗地里去迎接孟尝君，不能失掉良机啊。如果齐王明白过来，再度起用孟尝君，则谁是雌谁是雄还不可预料啊。”秦王听了非常高兴，就派遣十辆马车载着百镒黄金去迎接孟尝君。冯驩告别了秦王而抢在使者前面赶往齐国，到了齐国，劝说齐王道：“天下游说之士驾车向东来到齐的，无一不是想要使齐国强大而使秦国削弱的；乘车向西进入秦国的，无一不是要使秦国强大而使齐国削弱的。秦国与齐国是两个必定要决一雌雄的国家，秦国强大那么齐国必定软弱，这两个国家势必不能同时称雄。现在我私下得知秦国已派遣使者带着十辆马车载着百镒黄金去迎接孟尝君了。孟尝君不西去就罢了，如果西去做秦国宰相，那么天下将归秦国所有，秦国是强大的雄国，齐国就是软弱无力的雌国，软弱无力，那么临淄、即墨就危在旦夕了。大王为什么不在秦国使者没到达之前，赶快恢复孟尝君的官位并给他增加封邑来向他表示道歉呢？如果这么做了，孟尝君必定高兴而情愿接受。秦国虽是强国，岂能够任意到别的国家迎接人家的宰相呢！我们应当挫败秦国的阴谋，断绝它称强称霸的计划。”齐王听后，顿时明白过来说：“好。”于是派人至边境等候秦国使者。秦国使者的车子刚入齐国边境，齐国在边境的使臣立即转车奔驰而回报告了这个情况，齐王召回孟尝君并且恢复了他的宰相官位，同时还给了他原来封邑的土地，又给他增加了千户。秦国的使者听说孟尝君恢复了齐国宰相官位，就转车回去了。

自从齐王因受毁谤之言的蛊惑而罢免了孟尝君，那些宾客们都离开了他。后来齐王召回并恢复了孟尝君的官位，冯驩去迎接他。还没到京城时，孟尝君深深感叹说：“我素常喜好宾客，乐于养士，接待宾客从不敢有任何失礼之处，有食客三千多人，这是先生您所了解的。宾客们看到我一旦被罢官，都背离我而离去，没有一个顾念我的。如今靠着先生得以恢复我的宰相官位，那些离去的宾客还有什么脸面再见我呢？如果有再来见我的，我一定唾他的脸，狠狠地羞辱他。”听了这番话后，冯驩收住缰绳，下车而行拜礼。孟尝君也立即下车还礼，说：“先生是替那些宾客道歉吗？”冯驩说：“并不是替宾客道歉，是因为您的话说错了。说来，万物都有其必然的终结，世事都有其常规常理，您明白这句话的意思吗？”孟尝君说：“我不明白说的是什么意思。”冯驩说：“活物一定有死亡的时候，这是活物的必然归结；富贵的人多宾客，贫贱的人少朋友，事情本来就是如此。您难道没有看见那些赶集的人吗？天刚亮，人们向市集里拥挤，侧着肩膀争夺入口；日落之后，经过市集的人甩着手臂连头也不回。不是人们喜欢早晨而厌恶傍晚，而是由于所期望得到的东西市中已没有了。如今您失去了官位，宾客都离去，不能因此怨恨宾客而平白截断他们奔向您的通路。希望您对待宾客像过去一样。”孟尝君连续两次下拜说：“我恭敬地听从您的指教了。听先生的话，敢不恭敬地接受教导吗？”

太史公说：“我曾过薛地，那里民间的风气多有凶暴的子弟，与邹地、鲁地十分不同。我向当地人询问这是什么缘故，人们说：“孟尝君曾招来天下许多负气仗义、乱法犯禁的人进入薛地，大概有六万多家。”世间传说孟尝君以乐于养客而自鸣得意，的确名不虚传。

【鉴赏】

《孟尝君列传》是《史记》名篇之一。孟尝君以好客喜士名闻天下，因此全传以好客一事贯穿始终，串起孟尝君一生的荣辱遭际，而以田婴、冯驩事迹附传，一首一尾，章法错落，结构匀适。传文初述孟尝君本为薛公田婴贱妾所出，因生辰不吉为父所弃，由母亲私自养育，到了成年，以“忘公家之事”“门下不见一贤者”谏其父，养客之心已萌；及至替父招延宾客，名显诸侯，得以立为薛公之嗣，养客之名初显；招“宾客及亡人有罪者”“舍业厚遇之”，是以倾天下之士，养客之志亦明；孟尝君养客虽不择贤愚一应供养之，然鸡鸣狗盗之徒亦能助其脱难于秦，魏子、冯驩之辈更能为之深谋远虑，养客之效自明。全文以“客”为纲，章法错落，虚实相映，引人入胜。

北宋王安石在《读〈孟尝君传〉》中说“孟尝君特鸡鸣狗盗之雄耳”。传文中就记述了他只为谋求个人的富贵尊荣而不分良莠豢养的食客，有救他一命的鸡鸣狗盗之徒，有替他大打出手的凶顽恶棍。而着墨最多的是奉讲市侩哲学的冯驩，他的"长铗归来乎"的歌弹也同其主子一样自负；他为反复无常、趋炎附势的食客作辩解，一心只讲利己，也如同他的主子。所谓物以类聚，人以群分，司马迁通过记述孟尝君所豢养的食客，也映照出他的为人和品行。当然事物是要一分为二的，孟尝君的养客也起到了"为齐扞楚魏"的作用，士人的智谋与精神也是他们人生的亮点。

史记卷七十六·平原君虞卿列传第十六

本篇是“战国四公子”之一平原君赵胜与赵国上卿虞卿的合传。平原君赵胜忠于赵国，虚心听人劝谏，以倾心养士名闻诸侯。邯郸之围的危难关头，他在门客毛遂的协助下成功与楚国结盟，使春申君发兵救赵；听舍吏子李同之谏，散家财以激励将士敢死杀敌，使邯郸得以保全；功成之后，又能纳公孙龙之谏，不请封赏。因此，他虽然“未睹大体”、平庸无识，却仍不失为“翩翩浊世之佳公子也”。虞卿更是作者所欣赏的人物，于公，他坚定了赵王合纵抗秦的信念；于私，他弃万户侯之贵卿相之尊，为救魏齐而离赵，终困于梁，穷愁著书。作者在篇末论赞中表达了对他的高度赞赏与同情，亦自寄其意。

平原君赵胜者，赵之诸公子也①。诸子中胜最贤，喜宾客，宾客盖至者数千人②。平原君相赵惠文王及孝成王，三去相，三复位，封于东武城。

平原君家楼临民家③。民家有躄者④，槃散行汲⑤。平原君美人居楼上，临见，大笑之。明日，躄者至平原君门，请曰：“臣闻君之喜士，士不远千里而至者，以君能贵士而贱妾也。臣不幸有罢癃之病⑥，而君之后宫临而笑臣，臣愿得笑臣者头。”平原君笑应曰：“诺。”躄者去，平原君笑曰：“观此竖子⑦，乃欲以一笑之故杀吾美人，不亦甚乎！”终不杀。居岁馀，宾客门下舍人稍

①诸公子：众公子，这里指在众公子之列。②盖：大概，大约。③临民家：居于民家的上面。④躄(bì)者：两腿瘸的人，即跛子。⑤槃散：同“蹒跚”，行走时一瘸一拐的样子。行汲：出外取水。⑥罢癃：身体残疾。罢：通“疲”，废置。癃(lóng)：背驼。⑦竖子：小子，家伙，系蔑称。

稍引去者过半[①]。平原君怪之，曰："胜所以待诸君者未尝敢失礼，而去者何多也？"门下一人前对曰："以君之不杀笑躄者，以君为爱色而贱士，士即去耳。"于是平原君乃斩笑躄者美人头，自造门进躄者[②]，因谢焉[③]。其后门下乃复稍稍来。是时齐有孟尝，魏有信陵，楚有春申[④]，故争相倾以待士[⑤]。

秦之围邯郸，赵使平原君求救，合从于楚，约与食客门下有勇力文武备具者二十人偕[⑥]。平原君曰："使文能取胜[⑦]，则善矣。文不能取胜，则歃血于华屋之下[⑧]，必得定从而还[⑨]。士不外索，取于食客门下足矣。"得十九人，馀无可取者，无以满二十人。门下有毛遂者，前，自赞[⑩]于平原君曰："遂闻君将合从于楚，约与食客门下二十人偕，不外索。今少一人，愿君即以遂备员而行矣[⑪]。"平原君曰："先生处胜之门下几年于此矣？"毛遂曰："三年于此矣。"平原君曰："夫贤士之处世也，譬若锥之处囊中，其末立见[⑫]。今先生处胜之门下三年于此矣，左右未有所称诵，胜未有所闻，是先生无所有也。先生不能，先生留。"毛遂曰："臣乃今日请处囊中耳。使遂蚤得处囊中，乃颖脱而出[⑬]，非特其末见而已。"平原君竟与毛遂偕。十九人相与目笑之而未废也[⑭]。

毛遂比至楚，与十九人论议，十九人皆服。平原君与楚合

---

①门下舍人：指寄食门下并派有一定差役的食客。稍稍：逐渐地。引去：离去。 ②造门：登门。进：献。 ③谢：谢罪。 ④孟尝：指孟尝君田文。信陵：指信陵君魏无忌。春申：指春申君黄歇。 ⑤倾：超越，压倒对方。待：款待，礼遇。 ⑥约：约定。偕：一起去。 ⑦使：假使。文：指和平谈判的方式。胜：成功。 ⑧歃血：古代举行盟会时，以口微吸盘中牲畜之血，以表示诚意。 ⑨定从：确定合纵盟约。 ⑩自赞：自我标榜。 ⑪备员：凑数。 ⑫其末立见：锥子的锋尖立即会露出来。末：锥尖。见：同"现"，显露。 ⑬颖脱而出：指整个锥尖都脱露出来。颖：原指禾穗的芒，此指锥头。 ⑭目笑：互相以眼光示意，暗笑毛遂。废：借为"发"，发声。

从,言其利害,日出而言之,日中不决。十九人谓毛遂曰:“先生上[①]。”毛遂按剑历阶而上[②],谓平原君曰:“从之利害,两言而决耳。今日出而言从,日中不决,何也?”楚王谓平原君曰:“客何为者也?”平原君曰:“是胜之舍人也。”楚王叱曰:“胡不下!吾乃与而君言[③],汝何为者也!”毛遂按剑而前曰:“王之所以叱遂者,以楚国之众也。今十步之内,王不得恃楚国之众也,王之命县[④]于遂手。吾君在前,叱者何也?且遂闻汤以七十里之地王天下[⑤],文王以百里之壤而臣诸侯[⑥],岂其士卒众多哉!诚能据其势而奋其威。今楚地方五千里,持戟百万[⑦],此霸王之资也。以楚之强,天下弗能当。白起,小竖子耳,率数万之众,兴师以与楚战,一战而举鄢、郢[⑧],再战而烧夷陵[⑨],三战而辱王之先人[⑩]。此百世之怨,而赵之所羞,而王弗知恶焉[⑪]。合从者为楚,非为赵也。吾君在前,叱者何也?”楚王曰:“唯唯[⑫],诚若先生之言,谨奉社稷而以从。”毛遂曰:“从定乎?”楚王曰:“定矣。”毛遂谓楚王之左右曰:“取鸡狗马之血来。”毛遂奉铜槃而跪进之楚王曰:“王当歃血而定从,次者吾君,次者遂。”遂定从于殿上。毛遂左手持槃血而右手招十九人曰:“公相与歃此血于堂下。公等录录[⑬],所谓因人成事者也[⑭]。”

平原君已定从而归,归至于赵,曰:“胜不敢复相士[⑮]。胜相士多者千人,寡者百数,自以为不失天下之士,今乃于毛先生而

---

①上:指登堂。 ②按剑:握紧剑柄。历阶而上:不停足地连续登阶,形容急速不遵礼。 ③而:你的。 ④县:通“悬”。掌握,控制。 ⑤王天下:统治天下。 ⑥臣诸侯:使诸侯称臣而宾服。 ⑦持戟:指武装的士兵。戟:古代的一种兵器。 ⑧举鄢、郢:指公元前279年,秦将白起攻下楚国鄢,前278年攻取郢都。 ⑨夷陵:楚国先王陵墓所在地。 ⑩辱王之先人:侮辱大王您的祖先。指楚屡为秦所败,不仅被迫迁都,连祖先陵庙也被毁。 ⑪恶:羞愧。 ⑫唯唯:表示应答的声音。 ⑬录录:通“碌碌”,平庸无能。 ⑭因人成事:依赖他人的力量来完成任务。 ⑮相士:观察、识别人才。

失之也。毛先生一至楚，而使赵重于九鼎大吕[①]。毛先生以三寸之舌，强于百万之师。胜不敢复相士。”遂以为上客。

平原君既返赵，楚使春申君将兵赴救赵，魏信陵君亦矫夺晋鄙军往救赵[②]，皆未至。秦急围邯郸，邯郸急，且降[③]，平原君甚患之。邯郸传舍吏子李同说平原君曰[④]：“君不忧赵亡邪？”平原君曰：“赵亡则胜为虏，何为不忧乎？”李同曰：“邯郸之民，炊骨易子而食[⑤]，可谓急矣，而君之后宫以百数，婢妾被绮縠[⑥]，余粱肉[⑦]，而民褐衣不完[⑧]，糟糠不厌[⑨]。民困兵尽，或剡木为矛矢[⑩]，而君器物钟磬自若。使秦破赵，君安得有此？使赵得全，君何患无有？今君诚能令夫人以下编于士卒之间，分功而作，家之所有尽散以飨士[⑪]，士方其危苦之时，易德耳[⑫]。”于是平原君从之，得敢死之士三千人。李同遂与三千人赴秦军，秦军为之却三十里。亦会楚、魏救至，秦兵遂罢，邯郸复存。李同战死，封其父为李侯。

虞卿欲以信陵君之存邯郸为平原君请封[⑬]。公孙龙闻之，夜驾见平原君曰：“龙闻虞卿欲以信陵君之存邯郸为君请封，有之乎？”平原君曰：“然。”龙曰：“此甚不可。且王举君而相赵者，非以君之智能为赵国无有也。割东武城而封君者，非以君为有功也，而以国人无勋，乃以君为亲戚故也。君受相印不辞无能，割地不言无功者，亦自以为亲戚故也。今信陵君存邯郸而请

①九鼎：相传为禹所铸，象征九州，商、周把它作为传国之宝。大吕：周王室宗庙内的大钟。②矫夺晋鄙军：指信陵君假传魏王的命令取代魏将晋鄙来统率军队救赵。矫：假借，假称。③且：将要。④传舍吏子：驿站小吏的儿子。李同：本名李谈，避司马迁父司马谈讳改。⑤炊骨：用死人枯骨作柴烧饭。⑥被：同“披”，穿在身上。绮：织有花纹的素地丝织物。縠：绉纹纱。⑦余粱肉：好米好肉吃不完。⑧褐衣：粗布短衣。不完：不能遮体。⑨厌：同“餍”，吃饱。⑩剡(yǎn)：削尖。⑪飨士：犒赏士卒。⑫易：容易。德：感激。⑬请封：平原君已有封邑，此请封为增加封邑。

封，是亲戚受城而国人计功也。此甚不可。且虞卿操其两权①，事成，操右券以责②；事不成，以虚名德君。君必勿听也。”平原君遂不听虞卿。

平原君以赵孝成王十五年卒。子孙代③。后竟与赵俱亡。

平原君厚待公孙龙。公孙龙善为坚白之辩④，及邹衍过赵言至道⑤，乃绌公孙龙⑥。

虞卿者，游说之士也⑦，蹑屩檐簦说赵孝成王⑧。一见，赐黄金百镒，白璧一双；再见，为赵上卿，故号为虞卿。

秦、赵战于长平，赵不胜，亡一都尉。赵王召楼昌与虞卿曰：“军战不胜，尉复死，寡人使束甲而趋之⑨，何如？”楼昌曰：“无益也，不如发重使为媾⑩。”虞卿曰：“昌言媾者，以为不媾军必破也。而制媾者在秦⑪。且王之论秦也，欲破赵之军乎？不邪？”王曰：“秦不遗馀力矣，必且欲破赵军。”虞卿曰：“王听臣，发使出重宝以附楚、魏⑫，楚、魏欲得王之重宝，必内吾使⑬。赵使入楚、魏，秦必疑天下之合从，且必恐。如此，则媾乃可为也。”赵王不听，与平阳君为媾⑭，发郑朱入秦。秦内之。赵王召虞卿曰：“寡人使平阳君为媾于秦，秦已内郑朱矣，卿以为奚如？”虞卿对曰：“王不得媾，军必破矣。天下贺战胜者皆在秦

---

①操其两权：掌握了事情两头的主动权。 ②操右券以责：拿着索债的契券来索取好处。右券：古代借债契券分左右两半，双方各执一半作为凭证，左半叫左券，左半叫右券，右券为债权人所执。责：索取。 ③代：世代，这里是世代相袭的意思。 ④坚白之辩：指公孙龙关于“离坚白”命题的论辩。他认为，眼看不到石头的坚度，只能看到石头的白色；手摸不着石头的白色，只能触及其坚度，因而“坚”和“白”是互相分离的。 ⑤过：访。至道：大道。 ⑥绌：通“黜”，辞退。 ⑦游说之士：指战国时，周游列国凭口才劝说君主接受其治国主张以取得官禄的策士。 ⑧蹑屩：脚踏草鞋。檐：通“担”。簦(dēng)：古代有柄的笠。 ⑨束甲：卷甲，以示决战。 ⑩重使：重要使臣。媾：求和，讲和。 ⑪制媾者：指掌握讲和与否的主动权的一方。 ⑫附：依附，指联合。 ⑬内：同“纳”，接纳。 ⑭平阳君：即赵惠文王弟赵豹。

矣。郑朱，贵人也，入秦，秦王与应侯必显重以示天下[1]。楚、魏以赵为媾，必不救王。秦知天下不救王，则媾不可得成也。”应侯果显郑朱以示天下贺战胜者，终不肯媾。长平大败，遂围邯郸，为天下笑。

秦既解邯郸围，而赵王入朝，使赵郝约事于秦[2]，割六县而媾。虞卿谓赵王曰：“秦之攻王也，倦而归乎？王以其力尚能进，爱王而弗攻乎？”王曰：“秦之攻我也，不遗馀力矣，必以倦而归也。”虞卿曰：“秦以其力攻其所不能取，倦而归，王又以其力之所不能取以送之，是助秦自攻也[3]。来年秦复攻王，王无救矣。”王以虞卿之言告赵郝，赵郝曰：“虞卿诚能尽秦力之所至乎？诚知秦力之所不能进，此弹丸之地弗予，令秦来年复攻王，王得无割其内而媾乎？”王曰：“请听子割矣。子能必使来年秦之不复攻我乎？”赵郝对曰：“此非臣之所敢任也。他日三晋之交于秦[4]，相善也。今秦善韩、魏而攻王，王之所以事秦必不如韩、魏也。今臣为足下解负亲之攻[5]，开关通币[6]，齐交韩、魏，至来年而王独取攻于秦，此王之所以事秦必在韩、魏之后也。此非臣之所敢任也。”

王以告虞卿，虞卿对曰：“郝言‘不媾，来年秦复攻王，王得无割其内而媾乎’。今媾，郝又以不能必秦之不复攻也。今虽割六城何益！来年复攻，又割其力之所不能取而媾，此自尽之术也[7]，不如无媾。秦虽善攻，不能取六县；赵虽不能守，终不失六城。秦倦而归，兵必罢。我以六城收天下以攻罢秦，是我失

---

①秦王：秦昭王。应侯：即范雎。 ②约事于秦：到秦国订约结交。 ③助秦自攻：帮助秦国进攻自己。 ④他日：往昔。三晋：春秋末，晋被韩、赵、魏三家瓜分，各立为国，故称“三晋”。 ⑤解负亲之攻：解除因背弃与秦的亲善关系而招致的进攻。 ⑥开关通币：开放关卡，互通贸易。币：财物、货币。 ⑦自尽之术：自取灭亡的办法。

之于天下而取偿于秦也，吾国尚利，孰与坐而割地自弱以强秦哉？今郝曰‘秦善韩、魏而攻赵者，必王之事秦不如韩、魏也’，是使王岁①以六城事秦也，即坐而城尽。来年秦复求割地，王将与之乎？弗与，是弃前功而挑秦祸也；与之，则无地而给之。语曰：‘强者善攻，弱者不能守。’今坐而听秦，秦兵不弊而多得地，是强秦而弱赵也。以益强之秦而割愈弱之赵，其计②故不止矣。且王之地有尽而秦之求无已③，以有尽之地而给无已之求，其势必无赵矣。”

赵王计未定，楼缓从秦来，赵王与楼缓计之，曰：“予秦地如毋予，孰吉④？”缓辞让曰：“此非臣之所能知也。”王曰：“虽然，试言公之私⑤。”楼缓对曰：“王亦闻夫公甫文伯母乎⑥？公甫文伯仕于鲁，病死，女子为自杀于房中者二人。其母闻之，弗哭也。其相室曰⑦：‘焉有子死而弗哭者乎？’其母曰：‘孔子，贤人也，逐于鲁，而是人不随也⑧。今死而妇人为之自杀者二人，若是者必其于长者薄而于妇人厚也。’故从母言之⑨，是为贤母；从妻言之，是必不免为妒妻。故其言一也，言者异则人心变矣。今臣新从秦来而言勿予，则非计也；言予之，恐王以臣为为秦也：故不敢对。使臣得为大王计，不如予之。”王曰：“诺。”

虞卿闻之，入见王曰：“此饰说也⑩，王慎勿予！”楼缓闻之，往见王。王又以虞卿之言告楼缓。楼缓对曰：“不然，虞卿得其一，不得其二。夫秦赵构难而天下皆说⑪，何也？曰‘吾且因强

---

①岁：每年。 ②计：算计，谋划。 ③无已：没有止境。 ④孰吉：哪种做法好。 ⑤私：指个人的见解。 ⑥公甫文伯母：指鲁定公时大夫公甫文伯的母亲，即敬姜。 ⑦相室：古代保育贵族子女的老年人，如保姆之类。 ⑧是人：此人，指公甫文伯，因其母不把他视为己子，故称“是人”。 ⑨从母言之：由母亲来说这样的话。 ⑩饰说：虚伪、狡辩的言辞。 ⑪构难：结下怨仇，引起战争。说：同“悦”。

而乘弱矣’。今赵兵困于秦，天下之贺战胜者则必尽在于秦矣。故不如亟割地为和，以疑天下而慰秦之心。不然，天下将因秦之怒，乘赵之弊，瓜分之。赵且亡，何秦之图乎？故曰虞卿得其一，不得其二。愿王以此决之，勿复计也。”

虞卿闻之，往见王曰：“危哉楼子之所以为秦者！是愈疑天下，而何慰秦之心哉？独不言其示天下弱乎？且臣言勿予者，非固[①]勿予而已也。秦索六城于王，而王以六城赂齐。齐，秦之深仇也，得王之六城，并力西击秦，齐之听王，不待辞之毕也[②]。则是王失之于齐而取偿于秦也，而齐、赵之深仇可以报矣，而示天下有能为也。王以此发声[③]，兵未窥于境，臣见秦之重赂至赵而反媾于王也[④]。从秦为媾，韩、魏闻之，必尽重王[⑤]；重王，必出重宝以先于王[⑥]。则是王一举而结三国之亲，而与秦易道也[⑦]。”赵王曰：“善。”则使虞卿东见齐王，与之谋秦。虞卿未返，秦使者已在赵矣。楼缓闻之，亡去。赵于是封虞卿以一城。

居顷之，而魏请为从。赵孝成王召虞卿谋。过平原君[⑧]，平原君曰：“愿卿之论从也。”虞卿入见王。王曰：“魏请为从。”对曰：“魏过[⑨]。”王曰：“寡人固未之许[⑩]。”对曰：“王过。”王曰：“魏请从，卿曰魏过，寡人未之许，又曰寡人过。然则从终不可乎？”对曰：“臣闻小国之与大国从事也，有利则大国受其福，有败则小国受其祸。今魏以小国请其祸，而王以大国辞其福，臣故曰王过，魏亦过。窃以为从便。”王曰：“善。”乃合魏为从。

虞卿既以魏齐之故[⑪]，不重万户侯卿相之印，与魏齐间

---

①固：坚决。 ②不待辞之毕：不等话说完。 ③发声：声扬。 ④反媾于王：反而向大王您求和。 ⑤重：尊重，敬重。 ⑥先：争先致意。 ⑦易道：颠倒了处事的位置。 ⑧过：拜访。 ⑨过：错误。 ⑩固：本来。未之许：没有答应魏国的请求。 ⑪以魏齐之故：因魏相魏齐的缘故。

行[①],卒去赵,困于梁[②]。魏齐已死,不得意,乃著书,上采《春秋》,下观近世,曰《节义》《称号》《揣摩》《政谋》,凡八篇。以刺讥国家得失,世传之曰《虞氏春秋》。

太史公曰:平原君,翩翩浊世之佳公子也[③],然未睹大体[④]。鄙语曰“利令智昏”,平原君贪冯亭邪说,使赵陷长平兵四十馀万众,邯郸几亡。虞卿料事揣情,为赵画策[⑤],何其工也!及不忍魏齐,卒困于大梁,庸夫且知其不可,况贤人乎?然虞卿非穷愁,亦不能著书以自见[⑥]于后世云。

【译文】

平原君赵胜,是赵国的公子。在诸多公子中赵胜最为贤德有才,好客养士,宾客投奔到他的门下大约有几千人。平原君做过赵惠文王和孝成王的宰相,曾三次离开相位,又三次官复原职,被封在东武城。

平原君家有座高楼面对着下边的民宅。民宅中有个跛子,总是一瘸一拐地出外打水。平原君的一位姬妾住在楼上,有一天她往下看到跛子打水的样子,就大声发笑。第二天,这位跛子找上平原君的家门来,请求道:“我听说您喜爱士人,士人所以不远千里归附到您的门下,就是因为您看重士人而卑视姬妾啊。我遭到不幸得病致残,可是您的姬妾却在高楼上耻笑我,我希望得到耻笑我的那个人的脑袋。”平原君笑着应答说:“好吧。”等那个跛子离开后,平原君又笑着说:“看这小子,竟因一笑的缘故,要杀我的爱妾,不是太过分了吗?”终归没有杀死那名姬妾。过了一年多,宾客以及家臣陆陆续续地离开了一多半。平原君对这种情况感到很奇怪,说:“我赵胜对待各位先生,从来不曾有失礼的地方,可是离开我的人为什么这么多呢?”一个门客走上前去回答说:“因为您不杀耻笑跛

---

①间行:从小路走。 ②困:困窘。指虞卿眼见魏齐自杀,无法解救,在梁受窘。 ③翩翩:形容举止超脱于浊世庸碌子弟。浊世:乱世。 ④大体:有关大局的道理。 ⑤画策:谋划。 ⑥见:同“现”,表露。

子的那个妾，大家认为您喜好美色而轻视士人，所以士人就纷纷离去了。”于是平原君就斩下耻笑跛子的那个爱妾的头，亲自登门献给跛子，并借机向他谢罪。从此以后，原来门下的客人就又陆陆续续地回来。当时，齐国有孟尝君，魏国有信陵君，楚国有春申君，他们都好客养士，因此都争相竞赛，看谁最能礼贤下士。

秦国围攻邯郸时，赵王曾派平原君出去求援，当时拟推楚国为盟主，订立合纵盟约联兵抗秦，平原君准备邀集门下有勇有谋文武兼备的食客二十人一同前往楚国。平原君说：“假使能通过客气的谈判取得成功，那就最好了。如果谈判不能取得成功，那么也要挟制楚王在大庭广众之下歃血为盟，把合纵盟约订好后才回国。同去的人员不必到外面去寻找，从我门下的食客中选取就足够了。”结果选得十九人，剩下的人没有可再挑选的了，竟没办法凑满二十人。这时门下食客中有个叫毛遂的人，径自走到前面来，向平原君自我推荐说：“我听说您要到楚国去，让楚国做盟主订下合纵盟约，并且约定与门下食客二十人一同去，人员不到外面寻找。现在还少一个人，希望您就拿我充个数一同去吧。”平原君问道：“先生在我的门下到现在有几年啦？”毛遂回答道：“到现在整整三年了。”平原君说：“有才能的贤士生活在世上，就如同锥子放在布袋里，它的锋尖立即就会显露出来。如今先生寄附在我的门下到现在已三年了，我的左右近臣们从没有称赞推荐过你，我也从来没听说过你，这可见先生没有什么专长啊。先生不能去，先生还是留下来吧。”毛遂说：“我是今天才请求放在口袋里。假使我早就被放在口袋里，整个锥锋都会显露出来，不只是露出一点锋尖就罢了的。”平原君终于同意让毛遂一同去。那十九个人互相使眼色示意，暗暗嘲笑毛遂，只是没有发出声音来。

等到毛遂到达楚国，跟那十九个人谈论，交换意见，十九个人个个佩服他。平原君与楚王谈判订立合纵盟约的事，再三陈述利害关系，从早晨就谈判，直到中午还没决定下来。那十九个人就鼓动毛遂说：“先生登堂。”于是毛遂紧握剑柄，一路小跑地登阶到了殿堂上，对平原君说：“谈合纵是‘利’还是‘害’，只两句话罢了。现在从早晨就谈合纵，到了中午还决定不下来,是什么缘故?”楚王对平原君说:“这个人是干什么的?”平原君回答说:“这是我的家臣。”楚王厉声呵斥道:“为什么还不给我退下去!我是跟你的主人谈判,你来干什么!”毛遂紧握剑柄走向前去说:“大王之所以敢呵斥我,不过是依仗楚国人多势众。现在我与你相距只有十步,这十步之内,大王是依仗不了楚国的人多势众的,大王的性命控制在我手中。我的主人就在面前,当着他的面你为什么这样呵斥我?况且我听说商汤曾凭着七十里方圆的地方统治了天下,周文王凭着百里大小的土地使天下诸侯臣服,难道是因为他们的士兵众多吗!实际上是由于他们善于掌握形势而发扬威力。如今楚国领土纵横五千里,士兵百万,这正是争王称霸的资本。凭着楚国如此强大,天下谁也不能挡住它的威势。秦国的白起,不过是个毛孩子罢了,他率领几万人的部队,发兵与楚国交战,第一战就攻克了鄢城、郢都,第二战就烧毁了夷陵,第三战就使大王的祖先受到极大凌辱。这是楚国百世不解的怨仇,连赵王都感羞耻,可是大王却不觉得羞愧。合纵盟约是为了楚国,而不是为了赵国。我的主人就在面前,你为什么这样呵斥我?”楚王立即说:“是,是,的确像先生所说的那样,我愿倾全国之力来履行合纵盟约。”毛遂进一步逼问道:“合纵盟约算是确定了吗?”楚王回答说:“确定了。”于是毛遂对楚王的左右近臣说:“把鸡、狗、马的血取来。”毛遂双手捧着铜盘,跪着把它进献到楚王面前说:“大王应先吮血以表示确定合纵盟约的诚意,下一个是我的主人,再下一个是我。”就这样,在楚国的殿堂上签订了合纵盟约。这时毛遂左手托起一盘血,右手招呼那十九个人说:“各位在堂下也一块儿吮盘中的血,各位平庸无能,都是依赖他人,坐享成果的人。”

平原君与楚国定下了合纵盟约便返回赵国,回到赵国后,说:“我不敢再观察识别人才了。我观察识别人才多则上千,少则几百,自认为不会遗漏天下的贤能之士,现在竟然把毛先生给漏下了。毛先生一次到楚国,就使赵国的地位比九鼎、大吕还尊贵。毛先生凭着他的口才,竟比百万大军的威力还要强大。我不敢再观察识别人才了。”于是把毛遂尊为上宾。

平原君回到赵国后，楚国派春申君带兵赶赴救援赵国，魏国的信陵君也假托君命夺了晋鄙的军权，带兵前去救援赵国，可是都还没有赶到。这时秦国急速地围攻邯郸，邯郸告急，将要投降，平原君极为焦虑。邯郸宾馆吏员的儿子李同劝说平原君道："您不担忧赵国灭亡吗？"平原君说："赵国一灭亡，我就要做俘虏，为什么不担忧呢？"李同说："邯郸的百姓，拿人骨当柴烧，交换孩子当饭吃，可以说危急至极了，可是您的后宫姬妾数以百计，侍女们穿着丝绸绣衣，精美的饭菜吃不完，而百姓却粗布短衣难以遮体，连酒渣谷皮也吃不饱。百姓困乏，兵器用尽，有的人削尖木头当长矛箭矢，而您的珍宝玩器、铜钟玉磬照旧无损。假使秦军攻破赵国，您哪里还能有这些东西？假若赵国得以保全，您又何愁没有这些东西？现在您果真能命夫人以下的所有人编到士兵队伍中，分担守城的劳役，把家里所有的东西全都犒赏士兵，士兵正当危急困苦的时候，是很容易感恩戴德的。"于是平原君采纳了李同的意见，得到了敢于冒死的士兵三千人。李同就加入了三千人的队伍奔赴秦军决一死战，秦军因此被击退了三十里。正好这时楚、魏两国的救兵到达，秦军便撤走了，邯郸得以保存下来。李同在同秦军作战时阵亡，赐封他的父亲为李侯。

虞卿想要以信陵君出兵救赵保存了邯郸为理由替平原君请求增加封邑。公孙龙得知这个消息，就连夜乘车去见平原君说："我听说虞卿想要以信陵君出兵救赵保存了邯郸为理由替您请求增加封邑，有这回事吗？"平原君回答说："有。"公孙龙说："这是很不恰当的。国君任用您做赵国宰相，并不是因为您的智慧才能是赵国独一无二别人没有的。把东武城封赐给您，也不是因为您做出了有功劳的事情，只不过是由于您是国君近亲的缘故啊。您接受相印并不因自己无能而推辞，取得封邑也不说自己没有功劳而不接受，也是由于您自己认为是国君的近亲的缘故啊。如今信陵君出兵保存了邯郸而您要求增加封邑，这是无功时作为近亲接受了封邑，而有功时又要求按照普通人来论功计赏啊。这显然是很不恰当的。况且虞卿掌握着办事成功与不成功的两头主动权，事情成功了，就要像拿着索债的契券一样来向您索取报偿；事情不成功，又要拿着为您争功求封的虚名来让您感激他。您一定不能听从他的主张。”平原君于是拒绝了虞卿的建议。

平原君在赵孝成王十五年死。平原君的子孙世代承袭他的封爵,一直到赵国灭亡时为止。

平原君对待公孙龙很是优厚。公孙龙善于进行“离坚白”命题的论辩,到了邹衍访问赵国时,纵论至高无上的正大道理,平原君就疏远了公孙龙。

虞卿,是善于游说的有才之士,他脚穿草鞋,肩搭雨伞,远道而来游说赵孝成王。第一次拜见赵王,赵王便赐给他黄金百镒,白璧一对;第二次拜见赵王,就作了赵国上卿,所以称为虞卿。

秦、赵两国在长平交战,赵国初战不利,损失一员都尉。赵王招来楼昌和虞卿计议说:“我军初战不利,都尉战死,我要卷甲赴敌与秦军决战,你们看怎么样?”楼昌说:“没好处,不如派出重要的使臣去求和。”虞卿说:“楼昌主张求和的原因,是认为不求和我军必败。可控制和谈的主动权在秦国一方。而且大王您估计一下秦国的作战意图,是要击败赵国军队呢,还是不要呢?”赵王回答说:“秦国已竭尽全力毫不保留了,必定将要击败赵军。”虞卿接着说:“大王听从我的话,派出使臣拿上贵重的珍宝去联合楚、魏两国,楚、魏两国想得到大王的贵重珍宝,一定接纳我们的使臣。赵国使臣进入楚、魏两国,秦国必定怀疑天下各国联合抗秦,而且必定恐慌。这样,和谈才能进行。”赵王没听从虞卿的意见,与平阳君赵豹议妥求和,就派出郑朱到秦国去。秦国接纳了郑朱。赵王又召见虞卿说:“我派平阳君到秦国求和,秦国已接纳郑朱了,您认为怎么样?”虞卿回答说:“大王的和谈不能成功,赵军必定被击败。天下各国祝贺秦国获胜的使臣都在秦国了。郑朱是个显贵之人,他进入秦国,秦王和应侯一定把郑朱来到秦国这件事大加宣扬而给天下诸侯看。楚、魏两国认为赵国到秦国求和,必定不会救援大王。秦国知道各国都不来救援大王,那么和谈是不可能得到成功的。”应侯果然把郑朱来到秦国这件事大加宣扬而给各国来祝贺秦国获胜的使臣们看,终究不肯和谈。于是赵军在长平大败，邯郸被围困，被天下人耻笑。

秦国解除对邯郸的包围后，而赵王却准备到秦国拜访秦王，就派赵郝到秦国去订约结交，割出六个县讲和。虞卿对赵王说："大王您看，秦国进攻大王，是因打得疲顿了才撤回呢？还是它能够进攻，由于爱护大王而不再进攻呢？"赵王回答说："秦国进攻我，是毫不保留竭尽全力了，一定是因打得疲惫才撤回的。"虞卿说："秦国用它的全部力量进攻它所不能夺取的土地，结果打得疲顿而回，可大王又把秦国兵力所不能夺取的土地白白送给秦国，这等于帮助秦国进攻自己啊。明年秦国再进攻大王，大王就无法自救了。"赵王把虞卿的话告诉了赵郝。赵郝说："虞卿真能摸清秦国兵力的底细吗？果真知道秦国兵力今年不能进攻了，这么一块弹丸之地不给它，让秦国明年再来进攻大王，那时大王岂不是要割让腹地给它来求和吗？"赵王说："我听从你的意见割让六县了，您能让秦国明年一定不再进攻我吗？"赵郝回答说："这个可不是我所敢承担的事情。过去韩、赵、魏三国与秦国交往，互相亲善。现在秦国对韩、魏两国亲善而进攻大王，看来大王事奉秦国的心意一定是不如韩、魏两国了。现在我替您解除因背弃与秦国亲善关系而招致的进攻，开放关卡，互通贸易，与秦国的交好程度同韩、魏两国一样，若到了明年大王独自招来秦国的进攻，这一定是大王事奉秦国的心意又落在韩、魏两国的后面了。所以说，这不是我所敢担保的。"

赵王把赵郝的话告诉了虞卿。虞卿回答说："赵郝说'不讲和，明年秦国再来进攻大王，大王岂不是要割让腹地给它来求和吗'。现在讲和，赵郝又认为不能保证秦国不再进攻。那么现在即使割让六个城邑，又有什么好处！明年再来进攻，又把它的兵力所不能夺取的土地割让给它来求和，这是自取灭亡的办法，所以不如不讲和。秦国即使善于进攻，也不能轻易地夺取这六县；赵国即使不能防守，终归也不会丢失六座城。秦国疲顿而撤兵，军队必然疲软。我用六座城来收拢天下诸侯去进攻疲软的秦军，这是我在天下诸侯那里失去六座城而在秦国那里得到补偿。我国还可得到好处，这与白白地割让土地，使自己削弱而使秦国强大相比，哪一样好呢？现在赵郝说‘秦国与韩、魏两国亲善而进攻赵国的原因，一定是大王事奉秦国的心意不如韩、魏两国’，这是让大王每年拿出六座城来事奉秦国，也就是白白断送全部国土。明年秦国又要求割地，大王将给它吗？不给，这是抛弃了原来割让土地所换取的成果而挑起秦国进攻的兵祸；给它，也就无地可给了。俗话说：‘强大的善于进攻，弱小的不能防守。’现在平白地听任秦国摆布，秦军毫不费力便可多得土地，这是使秦国更加强大而使赵国更加削弱啊。让越来越强大的秦国来割取越来越弱小的赵国，秦国年年谋取赵国土地的打算因而就不会停止了。况且大王的土地有限而秦国的要求无限，拿有限的赵国土地去满足秦国没完没了的要求，那势必不会再有赵国了。”

赵王还没有拿定主意，楼缓从秦国回到赵国，赵王与楼缓商议这个问题，说：“给秦国土地与不给，哪种作法好？”楼缓推让说：“这不是我所能判断的。”赵王说：“虽然这么说，也不妨试着谈谈你个人的意见。”楼缓便回答说：“大王听说过那个公甫文伯母亲的事吗？公甫文伯在鲁国做官，病死了，妻妾中为他在卧房中自杀的有两个人。他的母亲听到这件事，居然不哭一声。公甫文伯家的保姆说：‘哪里有儿子死了而母亲不哭的呢？’他的母亲说：‘孔子是个大贤人，被鲁国驱逐了，可他这个人却不跟随孔子了。现在他死了而妻妾为他自杀的有两人，像这样的情况一定是他对尊长的情义淡薄而对妻妾的情义深厚。’所以由母亲说出这样的话，这是个贤良的母亲；若由妻子说出这样的话，这一定免不了是个嫉妒的妻子。所以说的话虽然都一样，但由于说话人的立场不同，人的用意也就跟着变化了。现在我刚刚从秦国来，如果说不给，那不是上策；如果说给它，恐怕大王会认为我是替秦国帮忙：所以我不敢回答。假使我能够替大王考虑，不如给它好。”赵王听后说：“嗯”。

虞卿听到这件事，入宫拜见赵王说：“这是虚伪的辩说，大王切切不要割给秦国六个县！”楼缓听说了，就去拜见赵王。赵王把虞卿的话告诉了楼缓。楼缓说：“不对，虞卿知其一，不知其二。秦、赵两国结下怨仇引起兵祸而天下诸侯都很高兴，这是为什么？他们说‘我们将借强国来欺弱国’。如今赵国军队被秦国围困,天下各国祝贺获胜的人必定都在秦国了。所以不如赶快割让土地讲和,来使天下各国怀疑秦、赵已交好而又能抚慰秦国。不然的话,各国将借着秦国的怨怒,趁着赵国的疲困,瓜分赵国。赵国将要灭亡,还图谋什么秦国呢?所以说虞卿知其一,不知其二。希望大王从这些方面考虑决定给它吧,不要再盘算了。”

虞卿听到这番议论后,去拜见赵王说:“危险了,楼缓就是为秦国帮忙的,这只是越发让天下各国怀疑我们了,又怎么能抚慰秦国呢?他为什么偏偏不说这样做就是向天下诸侯昭示赵国软弱可欺呢?再说我所主张不给秦国土地,并不是坚决不给土地就算了。秦国向大王索取六个城邑,而大王则把这六个城邑送给齐国。齐国,是秦国的死对头,得到大王的六个城邑,就可以与我们合力攻打秦国,齐王倾听大王的计谋,不用等话说完,就会同意。这就是大王虽然在齐国方面失去六个城邑却在秦国方面得到补偿,这样做,齐国、赵国的深仇大恨都可以报复了,还能向各国显示赵王是有作为的。大王把齐、赵两国结盟的事声扬出去,我们的军队不必到边境侦察,我就会看到秦国的贵重财礼送到赵国来而反过来向大王求和了。一旦跟秦王讲和,韩、魏两国听到消息,必定尽力敬重大王;既要敬重大王,就必定拿出珍贵的宝物争先向大王致意。这样大王的一个举动可以与韩、魏、齐三国结交亲善,从而与秦国改换了主动与被动的位置。”赵王听后说:“好极了。”就派虞卿向东去拜见齐王,与齐王商议攻打秦国的问题。虞卿还没返回齐国,秦国的使臣已在赵国了。楼缓得知这个消息,立即逃跑了。赵王于是把一座城邑封给了虞卿。

过了不久,魏国请求与赵国订立合纵盟约。赵孝成王就召虞卿来商议这件事。虞卿先去拜访平原君,平原君说:“希望您阐明合纵的好处。”虞卿入宫拜见赵王。赵王说:“魏国请求订立合纵盟约。”虞卿说:“魏国错了。”赵王说:“我还没答应它。”虞卿说:“大王错了。”赵王说:“魏国请求合纵,您说魏国错了;我没有答应它,您又说我错了。既然这样,那么合纵盟约是终归不可以了吗?”虞卿回答说:“我听说小国跟大国一起办事,有好处就由大国享用成果,有坏处就由小国承担灾祸。现在的情况是魏国以小国的地位情愿担当灾祸,而您是以大国的地位辞却享用好处。我所以说大王错了,魏国也错了。我私下认为合纵盟约对赵国是有利的。”赵王说:“好。”于是就同魏国合纵盟约。

虞卿因为魏国宰相魏齐的缘故,宁愿抛弃万户侯的爵位和卿相大印,与魏齐一起从小路逃走,最后离开赵国,在魏国大梁遭到困厄。魏齐死后,虞卿更加不得意,就著书立说,采集《春秋》的史实,观察近代的世情,写成了《节义》《称号》《揣摩》《政谋》等共八篇。用来分析国家政治的成功与失败,世上流传,称为《虞氏春秋》。

太史公说:平原君,是乱世之中风度翩翩很有才气的公子,但是不能识大局。俗话说:“贪图私利便丧失理智”,平原君相信冯亭的邪说,贪图他献出的上党,致使赵国兵败长平,赵军四十多万人被坑杀,赵国几乎灭亡。虞卿分析事理推测情势,为赵国出谋划策,是多么周密啊!到后来不忍心看着魏齐被人追杀,终于在大梁遭到困厄,平常人尚且知道不能这么做,何况贤能的人呢?但是虞卿若不是穷困忧愁,也就不能著书立说而使自己的名声表露于世,流传于后代了。

【鉴赏】

本传特色之一是章法错落,详略得当。平原君传文着力写毛遂自荐及毛遂迫使楚王与赵结盟两件事,在富有戏剧性的场面中塑造了毛遂、平原君、楚王三个鲜活的人物形象。尤其描述毛遂自荐前往楚国时,抓住毛遂与平原君的冲突,巧妙安排对话场面,将二人的不同神态状貌展示出来;写毛遂折服楚王时,则通过描绘毛遂“按剑而前”的动作、理直气壮的说辞和楚王连声“唯唯”的状貌,把毛遂的胆识和果敢刻画得形神毕肖。虞卿传文则详引他坚守合纵,应对赵郝、楼缓媚秦之策的论辩说辞,以明虞卿“料事揣情,为赵画策,何其工也!”传文所略写者,于平原君是信冯亭而招长平之战事,于虞卿是因魏齐而困大梁穷愁著书事,略写之原因大约不只是古人所说的“为贤者讳”那样简单,也是因《赵世家》中已有详细记载,此处当以“互见法”以避重复。本传叙事系剪取《战国策》文字,纯以风度取胜,却又大不相同:传平原君,多用叠句以张气势;传虞卿,则多用转折以使笔锋锐利,两传相对,各成其妙。清人徐与乔评曰："写得生气勃然，使千载下，赫赫若当时情事"，所言不谬。

本篇在人物塑造上，除毛遂、平原君、虞卿的形象写得十分鲜明外，平原君门客舍吏子李同的形象也在数语之中显得相当感人，他劝说平原君散家财以飨士，而得敢死之士三千，令秦军后退三十里，他还冒死赴敌，舍生取义为国战死。

史记卷七十七·魏公子列传第十七

战国四公子信陵君魏无忌、孟尝君田文、平原君赵胜、春申君黄歇皆以养士闻名于世，然而信陵君魏无忌礼贤下士的目的，与其他三人不同，正如王世贞所说："三公之好士也，以自张也；信陵之好士也，以存魏也；乌乎同！"因此在四公子中，以信陵君最贤，作者特以"魏公子"名篇，且传文中不时称公子，足见钦慕之意。在篇末论赞中太史公也表达了对信陵君的敬仰之情。本传先记述了信陵君礼待侯嬴，后来在侯嬴、朱亥协助下完成窃符救赵的历史壮举；又记述了他居赵国期间，折节与毛公、薛公交游，在二人劝谏下又有返国救魏之义行；最后交代了公子晚年的悲剧。

魏公子无忌者，魏昭王少子而魏安釐王异母弟也。昭王薨，安釐王即位，封公子为信陵君。是时范雎亡魏相秦①，以怨魏齐故②，秦兵围大梁，破魏华阳下军，走芒卯③。魏王及公子患之。

公子为人仁而下士④，士无贤不肖皆谦而礼交之⑤，不敢以其富贵骄士。士以此方数千里争往归之⑥，致食客三千人。当是时，诸侯以公子贤，多客，不敢加兵谋魏十馀年。

公子与魏王博⑦，而北境传举烽⑧，言"赵寇至，且入界⑨"。魏王释博⑩，欲召大臣谋。公子止王曰："赵王田猎耳，非为寇

---

①亡魏：从魏国逃亡。 ②以怨魏齐故：因为怨恨魏相魏齐的缘故。 ③走芒卯：使芒卯战败而逃。走：使败逃。 ④仁而下士：仁爱而礼贤下士。下：降低自己身份，与人交往。 ⑤无：无论。不肖：没有才能。 ⑥方数千里：方圆数千里之内。 ⑦博：下棋。 ⑧举烽：古代戍守遇到紧急情况时，即于高架上升起薪火以示报警，是为"举烽"。烽：烽火。 ⑨且：将要，就要。 ⑩释：放下。

也。"复博如故。王恐,心不在博。居顷,复从北方来传言曰:"赵王猎耳,非为寇也。"魏王大惊,曰:"公子何以知之?"公子曰:"臣之客有能探得赵王阴事者①,赵王所为,客辄以报臣,臣以此知之。"是后魏王畏公子之贤能,不敢任公子以国政。

魏有隐士曰侯嬴,年七十,家贫,为大梁夷门监者②。公子闻之,往请③,欲厚遗之④。不肯受,曰:"臣修身洁行数十年,终不以监门困故而受公子财。"公子于是乃置酒大会宾客。坐定,公子从车骑⑤,虚左⑥,自迎夷门侯生。侯生摄敝衣冠⑦,直上载公子上坐⑧,不让,欲以观公子。公子执辔愈恭⑨。侯生又谓公子曰:"臣有客在市屠中⑩,愿枉车骑过之⑪。"公子引车入市,侯生下见其客朱亥,俾倪,故久立⑫与其客语,微察公子。公子颜色愈和。当是时,魏将相宗室宾客满堂,待公子举酒⑬。市人皆观公子执辔,从骑皆窃骂侯生。侯生视公子色终不变,乃谢⑭客就车。至家,公子引侯生坐上坐,遍赞宾客,宾客皆惊。酒酣,公子起,为寿⑮侯生前。侯生因谓公子曰:"今日嬴之为⑯公子亦足矣。嬴乃夷门抱关者也⑰,而公子亲枉车骑,自迎嬴于众人广坐之中,不宜有所过⑱,今公子故过之。然嬴欲就公子之名,故久立公子车骑市中,过客以观公子,公子愈恭。市人皆以嬴为小人,而以公子为长者能下士也。"于是罢酒,侯生遂为上客。

侯生谓公子曰:"臣所过屠者朱亥,此子贤者,世莫能知,故

---

①阴事:秘密的事情。 ②夷门:魏都大梁城之东门。监者:看守城门的人。 ③请:拜见。 ④遗:赠送,送给。 ⑤从:使跟随,带着。 ⑥虚左:空出左方的尊位以迎侯生。古代乘车以左位为尊位。 ⑦摄:整理。敝:破旧。 ⑧载:乘坐。 ⑨执辔:握着驾车的马缰绳。 ⑩屠:指宰牲畜的地方。 ⑪枉:委屈。过:拜访,探望。 ⑫俾倪:同"睥睨",傲慢地斜视。故:故意。 ⑬举酒:即举酒开宴之意。 ⑭谢:告辞。 ⑮为寿:敬酒。 ⑯为:难为,使人为难。 ⑰抱关:守门人。关:门闩。 ⑱有所过:有拜访朋友的事。指拜访朱亥。另一解为"过分",超出常规的礼数。

隐屠间耳。”公子往数请之，朱亥故不复谢，公子怪之。

魏安釐王二十年，秦昭王已破赵长平军，又进兵围邯郸。公子姊为赵惠文王弟平原君夫人，数遗魏王及公子书，请救于魏。魏王使将军晋鄙将十万众救赵。秦王使使者告魏王曰：“吾攻赵旦暮且下，而诸侯敢救者，已拔赵，必移兵先击之。”魏王恐，使人止晋鄙，留军壁邺①，名为救赵，实持两端以观望。平原君使者冠盖相属于魏②，让③魏公子曰：“胜所以自附为婚姻者④，以公子之高义，为能急人之困。今邯郸旦暮降秦而魏救不至，安在公子能急人之困也！且公子纵轻胜，弃之降秦，独不怜公子姊邪？”公子患之，数请魏王，及宾客辩士说王万端⑤。魏王畏秦，终不听公子。公子自度终不能得之于王，计不独生而令赵亡，乃请宾客，约⑥车骑百馀乘，欲以客往赴秦军，与赵俱死。

行过夷门，见侯生，具告所以欲死秦军状。辞决而行⑦，侯生曰：“公子勉之矣，老臣不能从。”公子行数里，心不快，曰：“吾所以待侯生者备矣，天下莫不闻，今吾且死而侯生曾无一言半辞送我，我岂有所失哉？”复引车还，问侯生。侯生笑曰：“臣固知公子之还也。”曰：“公子喜士，名闻天下。今有难，无他端⑧而欲赴秦军，譬若以肉投馁虎⑨，何功之有哉？尚安事客⑩？然公子遇臣厚，公子往而臣不送，以是知公子恨之复返也。”公子再拜，因问。侯生乃屏人间语⑪，曰：“嬴闻晋鄙之兵符常在王卧内，而如姬最幸⑫，出入王卧内，力能窃之。嬴闻如姬父为人所

---

①壁：扎营驻守。 ②冠盖相属：形容使臣多，连续不断到来。冠盖：官员的冠冕和他们车乘的篷盖。属：连续。 ③让：责备。 ④自附：自愿依托。 ⑤说：劝说，说服。万端：各个方面，各种办法。 ⑥约：凑集，备办。 ⑦辞决：辞别。决：同“诀”，诀别。 ⑧他端：其他头绪，其他办法。 ⑨馁虎：饥饿的老虎。 ⑩尚安事客：还要宾客干什么用呢？安：何。事：用。 ⑪屏人：使旁人回避。间语：私语，密谋。 ⑫幸：受宠爱。

杀,如姬资[①]之三年,自王以下欲求报其父仇,莫能得。如姬为[②]公子泣,公子使客斩其仇头,敬进如姬。如姬之欲为公子死无所辞[③],顾未有路耳[④]。公子诚[⑤]一开口请如姬,如姬必许诺,则得虎符夺晋鄙军,北救赵而西却秦,此五霸之伐也[⑥]。"公子从其计,请如姬。如姬果盗晋鄙兵符与公子。

公子行,侯生曰:"将在外,主令有所不受,以便国家。公子即合符,而晋鄙不授公子兵而复请之[⑦],事必危矣。臣客屠者朱亥可与俱,此人力士。晋鄙听,大善;不听,可使击之。"于是公子泣。侯生曰:"公子畏死耶?何泣也?"公子曰:"晋鄙嚄唶宿将[⑧],往恐不听,必当杀之,是以泣耳,岂畏死哉?"于是公子请朱亥。朱亥笑曰:"臣乃市井鼓刀屠者[⑨],而公子亲数存之[⑩],所以不报谢者,以为小礼无所用。今公子有急,此乃臣效命之秋也。"遂与公子俱。公子过谢侯生[⑪],侯生曰:"臣宜从,老不能。请数[⑫]公子行日,以至晋鄙军之日,北乡自刭[⑬],以送公子。"公子遂行。

至邺,矫魏王令代晋鄙。晋鄙合符,疑之,举手视公子曰:"今吾拥十万之众,屯于境上,国之重任,今单车来代之,何如哉?"欲无听。朱亥袖四十斤铁椎[⑭],椎杀晋鄙,公子遂将晋鄙军。勒兵下令军中曰:"父子俱在军中,父归;兄弟俱在军中,兄归;独子无兄弟,归养[⑮]。"得选兵八万人[⑯],进兵击秦军。秦军解去,遂救邯郸,存赵。赵王及平原君自迎公子于界,平原君负

---

①资:蓄积。 ②为:对,向。 ③无所辞:决不会推辞。 ④顾:只是。路:指报恩的机会。 ⑤诚:如果。 ⑥五霸之伐:如同春秋五霸的功绩。伐:功劳,功绩。 ⑦复请之:反而向魏王请示。 ⑧嚄唶宿将:勇猛强悍,富有经验的老将。嚄唶(zé):形容气概豪迈的样子。 ⑨市井:市场。鼓刀:屠宰牲畜时击刀作声,称为"鼓刀"。 ⑩存:慰问。 ⑪过谢侯生:去向侯生告辞。过:去。 ⑫数:计算。 ⑬北乡自刭:面向北方刎颈自杀。乡:通"向",面向。 ⑭袖:藏在袖中。 ⑮归养:回家奉养父母。 ⑯选兵:选出的精兵。

韊矢①为公子先引。赵王再拜曰："自古贤人未有及公子者也。"当此之时，平原君不敢自比于人。公子与侯生决，至军，侯生果北乡自刭。

魏王怒公子之盗其兵符，矫杀晋鄙，公子亦自知也。已却秦存赵，使将将其军归魏②。而公子独与客留赵。赵孝成王德公子之矫夺晋鄙兵而存赵，乃与平原君计，以五城封公子。公子闻之，意骄矜而有自功之色③。客有说公子曰："物有不可忘，或有不可不忘。夫人有德于公子，公子不可忘也；公子有德于人，愿公子忘之也。且矫魏王令夺晋鄙兵以救赵，于赵则有功矣，于魏则未为忠臣也。公子乃自骄而功之，窃为公子不取也。"于是公子立自责④，似若无所容者⑤。赵王埽除自迎，执主人之礼，引公子就西阶⑥；公子侧行辞让⑦，从东阶上。自言罪过，以负于魏，无功于赵。赵王侍酒至暮，口不忍献五城⑧，以公子退让也。公子竟留赵。赵王以鄗为公子汤沐邑⑨，魏亦复以信陵奉公子。公子留赵。

公子闻赵有处士毛公藏于博徒⑩，薛公藏于卖浆家⑪，公子欲见两人，两人自匿，不肯见公子。公子闻所在，乃间步往从此两人游⑫，甚欢。平原君闻之，谓其夫人曰："始吾闻夫人弟公子天下无双，今吾闻之，乃妄从博徒卖浆者游。公子妄人耳⑬。"夫

---

①负韊矢：背着盛满箭支的囊袋。韊(lán)：盛箭的袋子。 ②将将：前"将"字指将官，后"将"字指率领之意。 ③骄矜：骄傲自大。自功：自己认为有功。 ④立自责：立刻自我责备。 ⑤似若无所容者：惭愧的无地自容的样子。 ⑥引公子就西阶：古代迎宾升堂的礼节规定，主人从东阶上，宾客从西阶上，以示尊敬。宾客若自谦降低身份，则随主人之后从东阶升堂。就：走向。 ⑦侧行：侧身而行以示谦让。 ⑧口不忍：不好意思开口。 ⑨汤沐邑：古代天子赐给诸侯的封邑，邑内收入供斋戒自洁用。这里是指供养生活取用的地方。⑩处士：指有德行而未仕或不仕的人。博徒：赌徒。 ⑪卖浆家：卖酒的店家。 ⑫间步：悄悄地前往。游：交游，交往。 ⑬妄人：荒唐的人。

人以告公子。公子乃谢夫人去，曰："始吾闻平原君贤，故负魏王而救赵，以称平原君。平原君之游，徒豪举耳①，不求士也。无忌自在大梁时，常闻此两人贤，至赵，恐不得见。以无忌从之游，尚恐其不我欲也②，今平原君乃以为羞，其不足从游。"乃装为去③。夫人具以语平原君。平原君乃免冠谢，固留公子。平原君门下闻之，半去平原君归公子。天下士复往归公子。公子倾平原君客。

公子留赵十年不归。秦闻公子在赵，日夜出兵东伐魏。魏王患之，使使往请公子。公子恐其怒之，乃诫门下："有敢为魏王使通者，死。"宾客皆背魏之赵，莫敢劝公子归。毛公、薛公两人往见公子曰："公子所以重于赵，名闻诸侯者，徒以有魏也。今秦攻魏，魏急而公子不恤，使秦破大梁而夷先王之宗庙，公子当何面目立天下乎？"语未及卒④，公子立变色，告车趣驾归救魏⑤。

魏王见公子，相与泣，而以上将军印授公子，公子遂将⑥。魏安釐王三十年，公子使使遍告诸侯。诸侯闻公子将，各遣将将兵救魏。公子率五国⑦之兵破秦军于河外，走⑧蒙骜。遂乘胜逐秦军至函谷关，抑秦兵，秦兵不敢出。当是时，公子威振天下，诸侯之客进兵法，公子皆名之，故世俗称《魏公子兵法》。

秦王患之，乃行⑨金万斤于魏，求晋鄙客，令毁公子于魏王曰："公子亡在外十年矣，今为魏将，诸侯将皆属，诸侯徒闻魏公子，不闻魏王。公子亦欲因此时定南面而王，诸侯畏公子之威，

---

①豪举：豪放的举动。 ②不我欲：即"不欲我"，不要我。 ③乃装为去：于是整理行装准备离去。 ④卒：结束。 ⑤告车趣驾：嘱咐车夫赶快备车。趣：通"促"，急促，赶快。 ⑥将：指做上将军。 ⑦五国：魏楚燕韩赵五国。 ⑧走：打退。 ⑨行：行贿。

方欲共立之。"秦数使反间[①],伪贺公子得立为魏王未也。魏王日闻其毁,不能不信,后果使人代公子将。公子自知再以毁废[②],乃谢病不朝[③],与宾客为长夜饮[④],饮醇酒[⑤],多近妇女。日夜为乐饮者四岁,竟病酒而卒[⑥]。其岁,魏安釐王亦薨。

秦闻公子死,使蒙骜攻魏,拔二十城,初置东郡。其后秦稍[⑦]蚕食魏,十八岁而虏魏王,屠大梁。

高祖始微少时[⑧],数闻公子贤。及即天子位,每过大梁,常祠公子。高祖十二年,从击黥布还,为公子置守冢五家[⑨],世世岁以四时奉祠公子。

太史公曰:吾过大梁之墟,求问其所谓夷门。夷门者,城之东门也。天下诸公子亦有喜士者矣,然信陵君之接岩穴隐者[⑩],不耻下交,有以也[⑪]。名冠诸侯,不虚耳。高祖每过之而令民奉祠不绝也。

【译文】

魏公子无忌,是魏昭王的小儿子、魏安釐王的异母弟弟。昭王死后,安釐王即位,封公子为信陵君。当时范雎从魏国逃出到秦国任秦相,因为怨恨魏相魏齐的缘故,就派秦军围攻大梁,击败了魏国驻扎在华阳的部队,使魏将芒卯战败而逃。魏王和公子对这件事十分焦虑。

公子为人仁爱宽厚礼贤下士,士人无论才能大小,他都谦恭有礼地同他们交往,从来不敢因为自己富贵而轻慢士人。因此方圆几千里以内的士人都争相归附于他,招徕食客三千人。当时,诸侯各国因公子贤德,宾客众多,连续十几年不敢动兵谋犯魏国。

---

①反间:派出间谍,离间敌方内部,使之落入圈套。 ②再以毁废:再次因毁谤而被废黜。 ③谢病:托脱有病。 ④长夜饮:通宵饮酒。 ⑤醇酒:厚酒,烈性酒。 ⑥病酒:饮酒过量而病。 ⑦稍:渐渐地。 ⑧微少:微贱,指尚未发迹之时。 ⑨守冢:看守坟墓。 ⑩岩穴隐者:居住在深山野谷的隐士。 ⑪有以:有道理。

有一次，公子跟魏王正在下棋，不想从北边边境传来警报，说“赵国发兵进犯，将进入边境”。魏王立即放下棋子，就要召集大臣们商议对策。公子劝阻魏王说：“那是赵王打猎罢了，不是进犯边境。”又接着跟魏王下棋如同没发生什么事一样。可是魏王惊恐，心思全没放在下棋上。过了一会儿，又从北边传来消息说：“是赵王打猎罢了，不是进犯边境。”魏王听后大感惊诧，问道：“公子是怎么知道的？”公子回答说：“我的食客中有个人能深入底里探到赵王的秘密，赵王有什么行动，他就会立即报告我，我因此知道这件事。”从此以后，魏王畏惧公子的贤能，不敢任用公子处理国家大事。

魏国有个隐士叫侯嬴，已七十岁了，家境贫寒，是大梁城东门的守门人。公子听说了这个人，就派人去拜见，并想送给他一份厚礼。但是侯嬴不肯接受，说：“我几十年来修养品德，坚持操守，终究不能因我看门贫困的缘故而接受公子的财礼。”公子于是就大摆酒席，宴饮宾客。大家来齐坐定之后，公子就带着车马随从，空出车子上的左位，亲自到东城门去迎接侯先生。侯先生整理了一下破旧的衣帽，就径直上了车子坐在公子空出的尊贵座位，一点都不谦让，想借此观察公子的态度。可是公子手握缰绳，更加恭敬。侯先生又对公子说：“我有个朋友在街市的屠宰场，希望委屈一下车马载我去拜访他。”公子立即驾车前往进入街市，侯先生下车去会见他的朋友朱亥，他斜眯缝着眼看公子，故意久久地站在那里同他的朋友聊天，同时暗暗地观察公子。公子的面色更加和悦。在这时，魏国的将军、宰相、宗室大臣以及高朋贵宾坐满堂上，正等着公子举杯开宴。街市上的人都看到公子手握缰绳替侯先生驾车，公子的随从人员都暗自责骂侯先生。侯先生看到公子面色始终不变，才告别了朋友上了车。到家后，公子领着侯先生坐到上位上，并向全体宾客赞扬地介绍了侯先生，满堂宾客无不惊异。大家酒兴正浓时，公子站起来，走到侯先生面前举杯为他祝寿。侯先生趁机对公子说：“今天我侯嬴为难公子也够劲了。我只是个城东门的守门人，可是公子委屈车马，亲自在大庭广众之中迎接我，我本不该再去拜访朋友，今天公子竟屈尊陪我拜访他。

然而我想成就公子的名声，故意让公子车马久久地停在街市中，借拜访朋友来观察公子，结果公子更加谦恭。街市上的人都以为我是小人，而认为公子是个高尚的人能礼贤下士啊。”在这次宴会散了后，侯先生便成了公子的贵客。

侯先生对公子说：“我所拜访的屠夫朱亥，是个贤能的人，只是人们都不了解他，所以隐没在屠夫中罢了。”公子曾多次前往拜见朱亥，朱亥故意不回拜，不答谢，公子觉得这个人很奇怪。

魏安釐王二十年，秦昭王已在长平大败赵国军队，接着进兵围攻邯郸。公子的姐姐是赵惠文王弟弟平原君的夫人，多次给魏王和公子送信来，向魏国请求救兵。魏王派将军晋鄙率领十万之众的部队去救赵国。秦昭王得知这个消息后就派使臣告诫魏王说：“我就要攻下赵国了，这只是早晚的事，诸侯中有谁敢救赵国的，拿下赵国后，一定调兵先攻打它。”魏王很害怕，就派人阻止晋鄙不要再进军了，把军队留在邺城扎营驻守，名义上是救赵国，实际上是采取两面倒的策略，来观望形势的发展。平原君使臣的车子连续不断地到魏国来，频频告急，责备魏公子说：“我赵胜之所以愿高攀您，与您联姻结亲，就是因为公子的道义高尚，能够解救别人的危难。如今邯郸危在旦夕，早晚就要投降秦国，可是魏国救兵至今不来，公子能救人于危难又表现在哪里！再说公子即使不把我赵胜看在眼里，抛弃我让我去投降秦国，难道就不可怜您的姐姐吗?”公子为这件事忧虑万分，屡次请求魏王赶快出兵，又让宾客辩士们千方百计地劝说魏王。魏王由于害怕秦国，始终不肯听从公子的意见。公子估计终究不能征得魏王同意出兵了，就决计不能自己活着而让赵国灭亡，于是请来宾客，凑集了战车一百多辆，打算率领宾客赶到战场上去同秦军拼命，与赵国人一起死难。

公子带着车队走过东门时，去见侯先生，把打算同秦军拼命的情况全都告诉了侯先生。然后向侯先生诀别上路，侯先生说：“公子努力干吧，老臣我不能随行了。”公子走了几里路，心里不痛快，自语道：“我对待侯先生算是够周到的了，天下无人不晓，如今我将要死难可是侯先生竟没有一言半语来送我，难道我对待他有闪失吗?”于是又赶着车子返回来，想问问侯先生。侯先生一见公子便笑着说：“我本来就知道公子会回来的。”又接着说：“公子好客爱士，闻名天下。如今有了危难，想不出别的办法却要赶到战场上同秦军拼命，这就如同把肥肉扔给饥饿的老虎，有什么作用呢？如果这样的话，还用我们这些宾客干什么呢？公子待我深厚，公子要去决战，可是我不送行，因此知道公子会恼恨我，会返回来的。”公子连着两次向侯先生拜礼，进而问对策。侯先生就让旁人离开，同公子秘密交谈，说：“我听说晋鄙的兵符经常放在魏王的卧室内，而如姬最受宠爱，她出入魏王的卧室很随便，只要尽力是能偷出兵符来的。我还听说如姬的父亲被人杀死，如姬报仇雪恨的心志积蓄了三年之久，从魏王以下都想为如姬报仇，但没能如愿。为此，如姬曾对公子哭诉，公子派门客斩了那个仇人的头，恭敬地献给如姬。如姬要为公子效命而死，是在所不辞的，只是没有机会罢了。公子果真一开口请求如姬帮忙，如姬一定会答应，那么就能得到虎符而夺了晋鄙的军权，北面可救赵国，西面能抵御秦国，这是春秋五霸一样的功业啊。”公子听从了侯嬴的计策，请求如姬帮忙。如姬果然盗出晋鄙的兵符，交给了公子。

公子拿到了兵符准备上路，侯先生说：“将帅在外作战时，有机断处置的权力，国君的命令有的可以不接受，以求有利于国家。公子到那里即使合了兵符，可是晋鄙仍不交给公子兵权反而再请示魏王，事情就危险了。我的朋友屠夫朱亥可以跟您一起前往，这个人是个大力士。晋鄙如果能够听从，那是再好不过了；如果他不听从，可以让朱亥击杀他。”公子听了这些话后，便哭了。侯先生见状便问道：“公子害怕死呀？为什么哭呢?”公子回答说：“晋鄙是魏国勇猛强悍、富有经验的老将，我去他那里恐怕他不会听从命令，必定要杀死他，因此我难过地哭了，哪里是怕死呢?”于是公子去请求朱亥一同前往。朱亥笑着说：“我只是个市场上操刀杀生的屠夫，可是公子竟多次登门问候我，我之所以不回拜，不答谢，是因为我认为小礼节没什么用处。如今公子有了急难，这就是我为公子效命的时候了。”就与公子一起出发了。公子去向侯先生辞行。侯先生说："我本应随您一起去，可是年老不能成行。请允许我计算您行程的日期，您到达晋鄙军营的那一天，我将面向北刎颈而死，来表达我为公子送行的一片忠心。"公子于是出发。

到了邺城，假传魏王命令代替晋鄙做将领。晋鄙合了兵符，验证无误，但还是怀疑这件事，就举着手盯着公子说："如今我统帅着十万之众的大军，驻扎在边境上，这是关系到国家命运的重任，今天你只身一人来代替我，这是怎么回事呢？"正要拒绝接受命令。这时朱亥取出藏在衣袖里的四十斤铁椎，一椎击死了晋鄙，公子于是统帅了晋鄙的军队。然后整顿部队，向军中下令说："父子都在军队里的，父亲回家；兄弟同在军队里的，长兄回家；没有兄弟的独生子，回家去奉养父母。"经过整顿选拔，得到精兵八万人，开拔前线攻击秦军。秦军解围撤离而去，于是邯郸得救，保住了赵国。赵王和平原君亲自到郊界来迎接公子。平原君替公子背着盛满箭支的囊袋走在前面引路。赵王连着两次拜谢说："自古以来的贤人没有一个赶上公子的。"在这时，平原君不敢再拿自己跟别人相比了。公子与侯先生诀别后，在到达邺城军营的那一天，侯先生果然面向北方刎颈而死。

魏王恼怒公子盗出了他的兵符，假传君令击杀晋鄙，这一点公子也是明知的。所以在打退秦军拯救赵国之后，就让部将带着部队返回魏国去，而公子自己和他的门客就留在了赵国。赵孝成王感激公子假托君命夺取晋鄙军权从而保住了赵国，就与平原君商量，把五座城邑封赏给公子。公子听到这个消息后，产生了骄傲自大的情绪，露出了居功自满的神色。门客中有个人劝说公子道："事物有不可以忘记的，也有不可以不忘记的。别人对公子有恩德，公子不可以忘记；公子对别人有恩德，希望公子忘掉它。况且假托魏王命令，夺取晋鄙兵权去救赵国，这对赵国来说算是有功劳了，但对魏国来说那就不算是忠臣了。公子却因此自以为有功，觉得了不起，我私下认为公子实在不应该。"公子听后，立刻责备自己，好像无地自容一样。赵王打扫了殿堂台阶，亲自到门口迎接贵客，并执行主人的礼节，领着公子走进殿堂的西边台阶；公子则侧着身子一再推辞谦让，并主动从东边的台阶升堂。宴会上，公子称说自己有罪，对魏国有亏欠，对赵国也无功劳可言。赵王陪着公子饮酒直到傍晚，始终不好开口谈封献五座城邑的事，因为公子总是在谦让自责。公子终于留在了赵国。赵王把鄗邑作为公子的封邑，这时魏王也把信陵邑又奉还给公子。公子仍留居赵国。

公子听说赵国有两位隐士，一个是毛公藏身于赌徒中，一个是薛公藏身在酒店里，公子很想见见这两个人，可这两个人躲了起来不肯见公子。公子打听到他们的藏身地址，就悄悄步行去同这两个人交往，很是要好。平原君知道了这个情况，就对他的夫人说："当初我听说夫人的弟弟魏公子是个举世无双的大贤人，如今我听说他竟然胡来，跟那伙赌徒、酒店伙计交往，公子只不过是个无知妄为的人罢了。"平原君的夫人把这些话告诉了公子。公子听后就向夫人告辞准备离开这里，说："以前我听说平原君贤德，所以背弃魏王来救赵国，满足了平原君的要求。现在才知道平原君与人交往，只是显示富贵的豪放举动罢了，他不是求取贤士人才啊。我从前在大梁时，就常常听说这两个人贤能有才，到了赵国，我唯恐不能见到他们。拿我这个人跟他们交往，还怕他们不要我呢，现在平原君竟然把跟他们交往看作是羞辱，平原君这个人不值得交往。"于是就整理行装准备离去。夫人把公子的话全都告诉了平原君，平原君听了自感惭愧便去向公子脱帽谢罪，坚决地把公子挽留下来。平原君的门客们听到此事，有一半人离开平原君归附于公子，天下士人也都投靠公子，归附在他的门下。公子的为人使平原君的宾客仰慕而尽都到公子的门下来。

公子留在赵国十年，没有回魏国。秦国听说公子留在赵国，就日夜不停地发兵向东进攻魏国。魏王为此事焦虑万分，就派使臣去请公子回国。公子仍担心魏王恼怒自己，就告诫门下宾客说："有敢替魏王使臣通报传达的，处死。"由于宾客们都是背弃魏国来到赵国的，所以没谁敢劝公子回去。这时，毛公和薛公两人一同来见公子说："公子所以在赵国受到尊重，名扬诸侯，只是因为有魏国的存在啊。现在秦国进攻魏国，魏国危急而公子毫不顾念，假使秦国攻破大梁，夷平您先祖的宗庙，公子还有什么脸面活在世上呢?”话还没说完，公子脸色立即变了，嘱咐车夫赶快套车回去救魏国。

魏王见到公子，两人相对落泪，魏王把上将军的印信授给公子，公子便正式做了上将军这个统帅军队的最高职务。魏安釐王三十年，公子派使臣把自己做上将军职务一事通报给各国。各国得知公子做了上将军，都各自派遣将领救援魏国。公子率领五国的军队在黄河以南地区把秦军打得大败，使秦将蒙骜败逃。进而乘胜追击直到函谷关，把秦军压在函谷关内，使他们不敢出关。当此之时，公子的声威震动天下，各国来的宾客都进献兵法，公子把它们合在一起签上自己的名字，所以世人俗称《魏公子兵法》。

秦王担忧公子将进一步威胁秦国，就使用了万斤黄金到魏行贿，寻求晋鄙原来的那些门客，让他们在魏王面前进谗言说:“公子流亡在外十年了，现在做魏国大将，各国的将领都归他指挥，各国只知魏国有个魏公子，不知道还有个魏王。公子也要乘这个时机决定称王，各国害怕公子的权势声威，正打算共同出面拥立他为王呢。”秦国又多次派人实行反间，假装向公子祝贺，问是否已立为魏王了。魏王天天听到这些毁谤公子的话，不能不信以为真，后来果然派人代替公子做上将军。公子自己明知这是又一次因毁谤而被废黜，于是就推托有病不上朝了，他在家里与宾客们通宵达旦地宴饮，痛饮烈性酒，常跟女人厮混。这样日日夜夜寻欢作乐度过了四年，终于因饮酒过量患病而死。这一年，魏安釐王也死了。

秦王得到公子已死的消息，就派蒙骜进攻魏国，攻占了二十座城邑，开始设立东郡。从此以后，秦国逐渐地像蚕食桑叶一样侵占魏国领土，过了十八年便俘虏了魏王假，屠杀大梁军民，毁掉了这座都城。

汉高祖当初贫贱之时，就多次听别人说魏公子贤德有才。等到他即位做了皇帝后，每次经过大梁，常常去祭祀公子。高祖十二年，他从击败叛将黥布的前线归来，经过大梁时为公子安置了五户人家，专门看守他的坟墓，让他们世世代代每年按四季祭祀公子。

太史公说：我经过大梁废墟时，曾寻访那个夷门。所谓夷门就是大梁城的东门。天下诸多公子中也确有好客喜士的，但只有信陵君能够交结那些隐没在民间的隐士，他不以交结下层贱民为耻辱，是很有道理的。他的名声远远超过各国君主，的确不是虚传。因此，高祖每次经过大梁就要命令百姓永远祭祀他。

【鉴赏】

信陵君魏无忌在战国四公子中的才德声名远远胜于其他三位，《魏公子列传》就是司马迁倾情为之所立专传。前人对此篇列传多有妙评，其中明人茅坤之语最妙，他说："信陵君是太史公胸中得意人，故本传亦太史公得意文。"

说信陵君是司马迁胸中得意之人，只看本传之题便知，"战国四公子"皆有专传，各以封爵题篇，唯只信陵君一传以魏公子名篇，因其系魏之存亡，关乎天下之安危也。公子救赵以存魏，是以天下存；公子破秦存魏，是以燕韩齐楚俱存。无公子则无魏，公子死则魏亡，是以全文不过二千五百余字，称公子者一百四十七次，极尽唱叹低徊之能事，以明无限钦佩倾慕之情。

说本传是司马迁胸中得意之文，可从传文叙事之巧，选材之精考察。全传叙事，以"公子为人"一段为一篇之纲领，而"贤""多客"三字又为此段之纲领，全传通篇以客起，以客结，以相照应。信陵君一生，门客三千，行事无数，传文却只选"窃符救赵"、返国救魏之事，而穿插以侯嬴、朱亥、毛公、薛公诸客言行，只因救赵却秦为信陵君一生大功，辅其成功者正是侯嬴、朱亥诸位门客，而他之所以得诸客倾力相辅，又在于公子礼贤下士；返国救魏乃公子一生大义，而能使公子弃个人安危而全家国兴亡者，乃毛公、薛公诸人之劝，而所以得其劝者，又在于公子之从谏如流。是故《太史公自序》赞曰："能以富贵下贫贱，贤能诎于不肖，唯信陵君为能行之。"

史记卷七十八·春申君列传第十八

本篇是战国四公子之一楚国春申君黄歇的专传，传文以春申君任楚相为界，将其一生际遇分为两个阶段。壮年的春申君何其英明果决：以辩才上书说秦昭王，救楚于危难，又以命相抵，设计遣太子归国即位为楚考烈王，既而相楚二十年，使楚一度强盛。晚年的春申君又何其昏聩糊涂：为保住自身的权势富贵，听李园之奸计，不纳朱英之谏，以至惨死于奸人之手。在篇末论赞中，作者对传主早年之智给予赞赏，对其晚年之昏给予讽刺，更对其结局之惨表示惋惜。有必要说明，上书秦王事经学者考辨非春申君所为，送孕妾李园之妹与楚王之事大概与吕不韦事同，亦属子虚乌有。

春申君者，楚人也，名歇，姓黄氏。游学博闻，事楚顷襄王。顷襄王以歇为辩①，使于秦。秦昭王使白起攻韩、魏，败之于华阳，禽魏将芒卯，韩、魏服而事秦。秦昭王方令白起与韩、魏共伐楚，未行②，而楚使黄歇适至于秦，闻秦之计。当是之时，秦已前使白起攻楚，取巫、黔中之郡，拔鄢、郢，东至竟陵，楚顷襄王东徙治于陈县③。黄歇见楚怀王之为秦所诱而入朝，遂见欺④，留死于秦。顷襄王，其子也，秦轻之，恐壹⑤举兵而灭楚。歇乃上书说秦昭王曰：

天下莫强于秦、楚。今闻大王欲伐楚，此犹两虎相与斗。两虎相与斗而驽犬受其弊，不如善楚。臣请言其说⑥。

---

①辩：有口才。 ②未行：还未出兵。 ③治：指王都所在地。白起破郢，楚迁都于陈，在今河南淮阳县。 ④见欺：被欺骗。 ⑤壹：一旦。 ⑥说：主张，看法。

臣闻物至则反，冬夏是也[①]；致至则危，累棋是也。今大国之地，遍天下有其二垂[②]，此从生民已来，万乘[③]之地未尝有也。先帝文王、庄王之身，三世不妄接地于齐，以绝从亲之要。今王使盛桥守事于韩，盛桥以其地入秦，是王不用甲[④]，不信威[⑤]，而得百里之地。王可谓能矣。王又举甲而攻魏，杜大梁之门[⑥]，举河内，拔燕、酸枣、虚、桃，入邢，魏之兵云翔[⑦]而不敢救。王之功亦多矣。王休甲息众，二年而后复之；又并蒲、衍、首、垣，以临仁、平丘，黄、济阳婴城[⑧]而魏氏服；王又割濮磨之北，注齐、秦之要[⑨]，绝楚、赵之脊[⑩]，天下五合六聚而不敢救[⑪]。王之威亦单矣[⑫]。

王若能持功守威，绌攻取之心而肥仁义之地[⑬]，使无后患，三王不足四，五伯不足六也[⑭]。王若负人徒之众，仗兵革之强，乘毁魏之威，而欲以力臣天下之主，臣恐其有后患也。《诗》曰“靡不有初，鲜克有终”[⑮]。《易》曰“狐涉水，濡其尾”[⑯]。此言始之易，终之难也。何以知其然也？昔智氏见伐赵之利而不知榆次之祸，吴见伐齐之便而不知干隧之败[⑰]。此二国者，非无大功也，没利于前而易患于后也。吴之信越也，从而伐齐，既胜齐人于艾陵，还为越王禽三渚之浦[⑱]。智氏之信韩、魏也，从而伐赵，攻晋阳城，胜有日矣，

①冬夏是也：冬季与夏季就是这样的。 ②二垂：指秦据有西北两方边地。垂：同“陲”。 ③万乘：万辆兵车，这里指代天子。周制天子地方千里，出兵车万乘。战国时大国也称“万乘”。 ④甲：指披甲的士兵。 ⑤不信威：不伸展武力。信：通“伸”，伸展。 ⑥杜：堵塞。 ⑦云翔：如白云一样飘散。 ⑧婴城：围城。 ⑨注：灌入，打通。要：同“腰”。 ⑩脊：脊梁，比喻要害之处。 ⑪五合六聚：指六国多次聚会。 ⑫单：通“惮”。 ⑬绌：减损，除去。肥：增厚，增广。 ⑭三王不足四，五伯不足六也：意为秦昭王之功绩不愁不能与夏禹、商汤、周文周武三代君王并举，与春秋五霸比肩，成为第四个圣王，第六个霸主。 ⑮靡：无。鲜：少。克：能够。 ⑯濡：浸湿。 ⑰便：利益。干隧之败：指吴王夫差被越王勾践战败后在干隧自刭。 ⑱三渚之浦：三江口，即娄江、东江、松江之口。浦：水滨。

韩、魏叛之，杀智伯瑶于凿台之下[①]。今王妒楚之不毁也，而忘毁楚之强韩、魏也，臣为王虑而不取也。

《诗》曰“大武远宅而不涉”。从此观之，楚国，援也；邻国，敌也。《诗》云“趯趯毚兔，遇犬获之[②]。他人有心，余忖度之”。今王中道而信韩、魏之善王也，此正吴之信越也。臣闻之，敌不可假[③]，时不可失。臣恐韩、魏卑辞除患而实欲欺大国也。何则？王无重世[④]之德于韩、魏，而有累世之怨焉。夫韩、魏父子兄弟接踵而死于秦者将十世矣。本国残，社稷坏，宗庙毁。刳腹绝肠，折颈摺颐，首身分离，暴骸骨于草泽，头颅僵仆，相望于境，父子老弱系脰[⑤]束手为群虏者，相及于路。鬼神孤伤，无所血食[⑥]。人民不聊生，族类离散，流亡为仆妾者，盈满海内矣。故韩、魏之不亡，秦社稷之忧也，今王资之与攻楚，不亦过乎！

且王攻楚将恶[⑦]出兵？王将借路于仇雠之韩、魏乎？兵出之日而王忧其不返也！是王以兵资于仇雠之韩、魏也。王若不借路于仇雠之韩、魏，必攻随水右壤。随水右壤，此皆广川大水，山林溪谷，不食之地也[⑧]，王虽有之，不为得地。是王有毁楚之名而无得地之实也。

且王攻楚之日，四国必悉起兵以应王[⑨]。秦、楚之兵构而不离，魏氏将出而攻留、方与、铚、湖陵、砀、萧、相，故宋必尽[⑩]。齐人南面攻楚，泗上必举。此皆平原四达，膏腴之地，而使独攻。王破楚以肥韩、魏于中国而劲齐[⑪]。韩、魏

---

①凿台：榆次城下的台名。 ②趯趯：同“躍躍”，疾跳。毚(chán)兔：狡兔。遇犬：猎犬。 ③假：宽容。 ④重世：数世，累世。 ⑤脰(dòu)：颈，脖子。 ⑥血食：接受祭祀。古时杀牲取血，用以祭祀。 ⑦恶：怎么。 ⑧不食之地：不可耕的土地。 ⑨四国：指韩赵魏齐四国。应：对付。 ⑩故宋：指原来宋国的土地。 ⑪中国：即中原。劲：使强劲有力。

之强，足以校于秦①。齐南以泗水为境，东负海，北倚河，而无后患。天下之国莫强于齐、魏，齐、魏得地葆利而详事下吏②，一年之后，为帝未能，其于禁王之为帝有馀矣。

夫以王壤土之博，人徒之众，兵革之强，壹举事而树怨于楚，迟③令韩、魏归帝重于齐，是王失计也。臣为王虑，莫若善楚。秦、楚合而为一以临韩，韩必敛手④。王施以东山之险，带⑤以曲河之利，韩必为关内之侯⑥。若是而王以十万戍郑，梁氏寒心⑦，许、鄢陵婴城，而上蔡、召陵不往来也，如此而魏亦关内侯矣。王壹善楚，而关内两万乘之主注地于齐⑧，齐右壤可拱手而取也。王之地一经两海⑨，要约天下，是燕、赵无齐、楚，齐、楚无燕、赵也。然后危动⑩燕、赵，直摇齐、楚，此四国者不待痛⑪而服矣。

昭王曰："善。"于是乃止白起而谢韩、魏。发使赂楚，约为与国⑫。

黄歇受约归楚，楚使歇与太子完入质于秦，秦留之数年。楚顷襄王病，太子不得归。而楚太子与秦相应侯善⑬，于是黄歇乃说应侯曰："相国诚善楚太子乎？"应侯曰："然。"歇曰："今楚王恐不起疾，秦不如归其太子。太子得立，其事秦必重而德相国无穷，是亲与国而得储万乘也。若不归，则咸阳一布衣耳；楚更立太子，必不事秦。夫失与国而绝万乘之和，非计也。愿相国孰虑之。"应侯以闻秦王⑭，秦王曰："令楚太子之傅先往问楚

---

①校：同"较"，对抗，较量，抗衡。②葆：通"保"，保护，保持。详事下吏：假意事秦。③迟(zhí)：当，乃。④敛手：束手无策。⑤带：环绕。⑥关内之侯：即"关内侯"，此系臣属之意。⑦梁氏：指魏国。寒心：恐惧惊心。⑧关内两万乘之主：指韩、魏两国。注地于齐：谓韩、魏二主将专注于伐齐之地。⑨一经：横贯。两海：指西海与东海。⑩危动：以危亡震慑。⑪痛：急攻。⑫与国：友好的国家。⑬应侯：即范雎。⑭闻：传达，报告。

王之疾，返而后图之。”黄歇为楚太子计曰：“秦之留太子也，欲以求利也。今太子力未能有以利秦也，歇忧之甚。而阳文君子二人在中[①]，王若卒大命，太子不在，阳文君子必立为后，太子不得奉宗庙矣。不如亡秦，与使者俱出。臣请止，以死当之。”楚太子因变衣服为楚使者御[②]以出关，而黄歇守舍，常为谢病[③]。度太子已远，秦不能追，歇乃自言秦昭王曰：“楚太子已归，出远矣。歇当死，愿赐死。”昭王大怒，欲听其自杀也。应侯曰：“歇为人臣，出身以徇其主[④]，太子立，必用歇，故不如无罪而归之，以亲楚。”秦因遣黄歇。

歇至楚三月，楚顷襄王卒，太子完立，是为考烈王。考烈王元年，以黄歇为相，封为春申君，赐淮北地十二县。后十五岁，黄歇言之楚王曰：“淮北地边齐[⑤]，其事急，请以为郡便。”因并献淮北十二县，请封于江东。考烈王许之。春申君因城故吴墟[⑥]，以自为都邑。

春申君既相楚，是时齐有孟尝君，赵有平原君，魏有信陵君，方争下士，招致宾客，以相倾夺，辅国持权[⑦]。

春申君为楚相四年，秦破赵之长平军四十馀万。五年，围邯郸。邯郸告急于楚，楚使春申君将兵往救之。秦兵亦去，春申君归。

春申君相楚八年，为楚北伐灭鲁，以荀卿为兰陵令。当是时，楚复强。

赵平原君使人于春申君，春申君舍之于上舍[⑧]。赵使欲夸楚，为玳瑁簪，刀剑室以珠玉饰之，请命[⑨]春申君客。春申君客

---

①阳文君：楚顷襄王的兄弟。②御：驾车的人。③守舍：守在咸阳楚使馆舍中。谢病：推脱有病。④出身：献身。徇：通“殉”。⑤边齐：靠近齐国。⑥城：修筑城墙。吴墟：指吴国旧都。⑦持权：专国政。⑧舍：安置住宿。上舍：上等客舍。⑨命：招来会见。

三千馀人,其上客皆蹑珠履以见赵使,赵使大惭。

春申君相十四年,秦庄襄王立,以吕不韦为相,封为文信侯。取东周。

春申君相二十二年,诸侯患秦攻伐无已时①,乃相与合从,西伐秦,而楚王为从长②,春申君用事③。至函谷关,秦出兵攻,诸侯兵皆败走。楚考烈王以咎春申君,春申君以此益疏。

客有观津人朱英,谓春申君曰:"人皆以楚为强而君用之弱,其于英不然。先君时善秦二十年而不攻楚,何也?秦逾黾隘之塞而攻楚,不便;假道于两周,背韩、魏而攻楚,不可。今则不然,魏旦暮亡,不能爱④许、鄢陵,其许魏割以与秦。秦兵去陈百六十里,臣之所观者,见秦、楚之日斗也。"楚于是去陈徙寿春;而秦徙卫野王,作置东郡。春申君由此就封于吴,行相事。

楚考烈王无子,春申君患之,求妇人宜子者进之甚众,卒无子。赵人李园持其女弟⑤,欲进之楚王,闻其不宜子,恐久毋宠。李园求事春申君为舍人,已而谒归,故失期。还谒⑥,春申君问之状,对曰:"齐王使使求臣之女弟,与其使者饮,故⑦失期。"春申君曰:"娉入乎?"对曰:"未也。"春申君曰:"可得见乎?"曰:"可。"于是李园乃进其女弟,即幸于春申君。知其有身,李园乃与其女弟谋。园女弟承间⑧以说春申君曰:"楚王之贵幸君,虽兄弟不如也。今君相楚二十馀年,而王无子,即百岁后将更立兄弟,则楚更立君后,亦各贵其故所亲,君又安得长有宠乎,非徒然也?君贵用事久,多失礼于王兄弟,兄弟诚立,祸且及身,何以保相印江东之封乎?今妾自知有身矣,而人莫知。妾幸君

---

①已:停止。 ②从(zòng)长:六国合纵盟约之长。 ③用事:当权主事。 ④爱:吝惜。 ⑤持:带着。女弟:妹妹。 ⑥谒:拜见。 ⑦故:所以。 ⑧承:通"乘",趁着。间:空隙。

未久，诚以君之重而进妾于楚王，王必幸妾；妾赖天有子男，则是君之子为王也，楚国尽可得，孰与身临不测之罪乎？"春申君大然之，乃出李园女弟谨舍[①]，而言之楚王。楚王召入幸之，遂生子男，立为太子。以李园女弟为王后。楚王贵李园，园用事。

李园既入其女弟，立为王后，子为太子，恐春申君语泄而益骄，阴养死士[②]，欲杀春申君以灭口，而国人[③]颇有知之者。

春申君相二十五年，楚考烈王病。朱英谓春申君曰："世有毋望之福[④]，又有毋望之祸。今君处毋望之世[⑤]，事毋望之主[⑥]，安可以无毋望之人乎？"春申君曰："何谓毋望之福？"曰："君相楚二十馀年矣，虽名相国，实楚王也。今楚王病，旦暮且卒[⑦]，而君相少主，因而代立当国[⑧]，如伊尹、周公，王长而反政，不即遂南面称孤而有楚国？此所谓毋望之福也。"春申君曰："何谓毋望之祸？"曰："李园不治国而君之仇也，不为兵而养死士之日久矣，楚王卒，李园必先入据权而杀君以灭口，此所谓毋望之祸也。"春申君曰："何谓毋望之人？"对曰："君置臣郎中，楚王卒，李园必先入，臣为君杀李园。此所谓毋望之人也。"春申君曰："足下置之[⑨]。李园，弱人也，仆又善之，且又何至此！"朱英知言不用，恐祸之身，乃亡去。

后十七日，楚考烈王卒，李园果先入，伏死士于棘门之内。春申君入棘门，园死士侠刺春申君[⑩]，斩其头，投之棘门外。于是遂使吏尽灭春申君之家。而李园女弟初幸春申君有身而入之王所生子者遂立，是为楚幽王。

---

①谨舍：恭谨地奉卫于别馆。 ②阴：暗中。死士：冒死的刺客。 ③国人：住在国都的人。 ④毋望：不期而至。 ⑤毋望之世：指生死无常的世界。 ⑥毋望之主：喜怒无常的君主。 ⑦旦暮且卒：早晚将死。 ⑧代立当国：代少主掌握国政。 ⑨置：放弃。 ⑩侠：通"夹"，从两侧夹住。

是岁也,秦始皇帝立九年矣。嫪毐亦为乱于秦,觉,夷其三族,而吕不韦废。

太史公曰:吾适楚,观春申君故城,宫室盛矣哉!初,春申君之说秦昭王,及出身遣楚太子归,何其智之明也!后制于李园,旄矣①。语曰:"当断不断,反受其乱。"春申君失朱英之谓邪?

【译文】

春申君是楚国人,名叫歇,姓黄。曾周游各地,从师学习,知识渊博,事奉楚顷襄王。顷襄王因为黄歇有口才,让他出使秦国。当时秦昭王派白起进攻韩、魏两国,在华阳战败了他们,捕获了魏将芒卯,韩、魏两国向秦国臣服并事奉秦国。秦昭王已命白起同韩国、魏国一起进攻楚国,还没出发,楚王派黄歇恰巧来到秦国,听到了秦国的这个计划。在这时,秦王已先派白起攻打楚国,夺取了巫郡、黔中郡,攻占了鄢城、郢都,向东一直打到竟陵,楚顷襄王只好把都城向东迁到陈县。黄歇见到楚怀王被秦国引诱去访问,结果上当受骗,死在秦国。顷襄王是楚怀王的儿子,秦国根本不把他放在眼里,恐怕一旦发兵就会灭掉楚国。黄歇就上书劝说秦王道:

天下的诸侯没有谁比秦、楚两国更强大的。现在听说大王要征讨楚国,这就如同两只猛虎互相搏斗。两虎相争而劣狗趁机得到好处,不如与楚国亲善。请允许我陈述自己的看法:我听说事物发展到顶点就必定走向反面,冬季、夏季的变化就是这样;事物积累到极高处就会危险,堆叠棋子就是这样。现在秦国的领土,占着天下西、北两方边地,这是从有人类以来,即使天子的领地也不曾有过的。可是从先帝文王、庄王以及大王自身,三代不忘使秦国土地同齐国

①旄(mào):通"耄",昏乱糊涂。

连接起来，借以切断各国合纵结盟的关键部位。现在大王派盛桥到韩国驻守任职，盛桥把韩国的土地并入秦国，这是不动一兵一卒，不施展武力，而得到百里土地的好办法。大王可以说是有才能了。大王又发兵进攻魏国，堵塞了魏国都城大梁的门户，攻取河内，拿下燕、酸枣、虚、桃等地，进而攻入邢地，魏国军队如风吹白云四处逃散而不敢彼此相救。大王的功绩也算够多了。大王停止征战休整部队，两年后再次用兵；又夺取蒲、衍、首、垣等地，进逼仁地、平丘，包围黄地、济阳，结果魏国屈服降秦；大王又割取濮磿以北的土地，打通齐国、秦国的通道，截断楚国、赵国的联系，天下经过多次联合而相集的六国诸侯，不敢互相援救。大王的威势也可以说发挥到极点了。

大王如果保持已有的功绩与威势，消除攻伐之心，广施仁义之道，使没有后患，您的事业真可与三王并称，您的威势可与五霸并举。大王如果依仗人口的众多，凭靠军备的强大，趁着毁灭魏国的威势，而想以武力使天下的诸侯屈服，我担心您会有后患啊。《诗经》上说："没有人不想有好的开头，却很少人能有好的终结。"《易经》上说："小狐渡水将渡过时，却沾湿了尾巴。"这些话说的是开始容易，结尾难。怎么才能知道是这样的呢？从前，智伯只看见攻伐赵襄子的好处却没料到自己反在榆次遭到杀身之祸，吴王夫差只看到进攻齐国的利益却没有想到在干隧被越王勾践战败。这两个国家，不是没有建树过巨大的功绩，由于贪图眼前的利益，结果换得了后患。因为吴王夫差相信了越国的恭维，所以才去攻打齐国，在艾陵战胜了齐国人后，回来时却在三江水边被越王勾践擒获。智伯相信韩氏、魏氏，因而去攻伐赵氏，进攻晋阳城，胜利指日可待了，可是韩氏、魏氏背叛了他，在凿台杀死了智伯瑶。现在大王嫉恨楚国的存在，却忘掉毁灭楚国就会使韩、魏两国更加强大，我替大王考虑，认为不能这样做。

《诗经》说："大军不长途跋涉攻伐远方之敌。"从这种观点看，楚是帮手，邻国才是仇敌。《诗经》说："狡兔又蹦又跳，遇到猎犬跑不掉。别人的心思，我要认真揣摩。"现在大王中途相信韩、魏两国与您亲善，这正如同吴国相信越国啊。我听说，对敌人不能宽容，时机不能错过。我恐怕韩、魏两国低声下气要秦国消除祸患，实际上是欺骗秦国。何以见得呢？大王对韩国、魏国没几世的恩德，而只有几代的仇怨。韩、魏国君的父子兄弟接连死在秦国刀下的将近十代了。他们国土残缺，国家破败，宗庙焚毁。上至将领下至士卒，剖腹断肠，砍头毁面，身首分离，枯骨暴露在荒野水泽中，头颅僵挺，横尸遍野，国内到处可见。父子老弱被捆着脖子和手，成为任人凌辱的俘虏，一群接一群走在路上。战死者的祖宗先人孤苦悲伤，无人祭祀。百姓无法生活，亲族逃离，骨肉分散，流亡沦落为奴仆婢妾的，海内各国到处都有。所以韩、魏两国不亡，这是秦国最大的忧患，如今大王却借助他们一起攻打楚国，不也太失当吗！

再说大王进攻楚国将怎么出兵呢？大王将向仇敌韩国、魏国借路吗？若是，则出兵之日，大王就要担心他们不能返回了，这是大王把自己的军队借给仇敌韩国、魏国啊。大王如果不从仇敌韩国、魏国借路，那就必定攻打随水右边的地区。而随水右边地区，都是大河大水，山林溪谷，这样一些不能产粮的地区，大王即使占领了它，也等于没有得到土地。这是大王落个毁灭楚国的恶名声而没有得到占领土地的实惠啊。

再说大王从进攻楚国之日起，韩、赵、魏、齐四国一定会全都发兵对付大王。秦、楚两国一旦交锋，便兵连祸结不会罢休，魏国将出兵攻打留地、方与、铚地、湖陵、砀地、萧地、相地，原先占领的宋国土地必定全都丧失。齐国人向南攻击楚地，泗水地区必定攻克。这些地方都是四通八达的平原沃土，却让他们单独占领。大王击败楚国而使韩、魏两国在中原地区壮大起来，又使齐国更加强劲。韩、魏两国强大了，完全能够同秦国抗衡。齐国南面以泗水为边境，东面背靠大海，北面依恃黄河，便没有后患。天下的国家没有谁能比齐国、魏国更强大，齐、魏两国得到土地，保持了已得的利益，进而假装服事秦国，一年以后，虽不能称帝天下，但阻止大王称帝却是绰绰有余的。

以大王土地的广大，人丁的众多，军备的强大，一旦发兵就与楚国结下怨仇，就会让韩、魏两国尊齐称帝，这是大王的失策啊。我替大王考虑，不如与楚国亲善。秦、楚两国联合而成为一个整体进逼韩国，韩必定收敛，不敢轻举妄动。大王再依靠东山的险要地势，利用黄河环绕的有利条件，韩国就必定成为您的臣属。大王再用十万兵力驻守郑地，魏国则心惊胆战，许地、鄢陵退缩固守不敢出击，那么上蔡、召陵与魏国的联系就被断绝，这样魏国也会成为您的臣属。大王一旦同楚国交好，那么关内两个万乘之国——韩与魏就要向齐国割取土地，齐国右边的广大地区便可轻而易举地得到。大王的土地横贯东、西两海，约束天下诸侯，这样燕国、赵国没有齐国、楚国作依托，齐国、楚国不能依靠燕国、赵国。然后以危亡震慑燕、赵两国，直接动摇齐、楚两国，这四个国家不须急攻就会服从了。

昭王读了春申君的上书后说："好。"于是就阻止了白起出征，并辞谢了韩、魏两国。同时派使臣给楚国送去了厚礼，秦楚盟约结为友好国家。

黄歇接受了盟约返回楚国，楚王派黄歇与太子完到秦国作人质，秦国把他们扣留了几年之久。后来楚顷襄王病了，太子却不能回国。但太子与秦国相国应侯私人关系很好，于是黄歇就劝说应侯道："相国真是与楚太子要好吗?"应侯说："是啊。"黄歇说："如今楚王恐怕一病不起了，秦国不如让太子回去。如果太子能立为王，他事奉秦国一定厚重而感激相国的恩德将永不竭尽，这不仅是亲善友好国家的表示，而且为将来保留了一个万乘大国的盟友。如果不让他回去，那他只是个咸阳城里的百姓罢了；楚国将改立太子，肯定不会事奉秦国。失去友好国家的信任，又断绝了一个万乘大国的盟友，这不是好主意。希望相国仔细考虑这件事。"应侯把黄歇说的意思报告给秦王。秦王说："让楚国太子的师傅先回去探问一下楚王的病情，回来后再作计议。"黄歇替楚国太子谋划说："秦国扣留太子的目的，是要借此谋取好处。现在太子没有能力使秦国得到好处，我忧虑得很。而阳文君的两个儿子在国内，大王如果不幸辞世，太子又不在，阳文君的儿子必定被立为继承人，太子就不能继位为王了。不如逃离秦国，与使臣一起出去。请让我留下来，以死来担当责任。"楚太子于是换了衣服扮成楚国使臣的车夫混出了关，而黄歇在客馆里留守，总是推托太子有病谢绝会客。估计太子已走远，秦国追不上了，黄歇就自己向秦昭王报告说："楚国太子已回去，走得很远了。我当死罪，愿您赐我一死。"昭王大为恼火，要准予黄歇自杀。应侯进言说："黄歇作为臣子，为了他的主人愿意献出自己的生命，太子如果立为楚王，肯定重用他，所以不如免他死罪放他回国，来表示对楚国的亲善。"秦王就把黄歇遣送回国。

黄歇回到楚国三个月，楚顷襄王死，太子完立为楚王，这就是考烈王。考烈王元年，命黄歇为宰相，封为春申君，赏赐淮北地区十二个县。十五年以后，黄歇向楚王进言道："淮北地区靠近齐国，那里情势紧急，请把这个地区划为郡治理更为方便。"就一并献出淮北十二个县，请求封到江东去。考烈王答应了他的请求。春申君就在吴国故都修建城堡，把它们作为自己的都邑。

春申君已做了楚国宰相，这时齐国有孟尝君，赵国有平原君，魏国有信陵君，大家都正在竞相礼贤下士，招引宾客，互相争夺贤士，辅佐君王，掌握国政。

春申君做楚国宰相的第四年，秦国击败坑杀了赵国长平守军四十多万人。第五年，秦国包围了赵国都城邯郸。邯郸向楚国告急求援，楚国派春申君带兵去救援邯郸，秦军解围撤退后，春申君返回楚国。

春申君做楚国宰相的第八年，为楚国向北征伐灭掉鲁国，任命荀卿做兰陵县令。这时，楚国又强大起来。

有一次，赵国平原君派使臣到春申君这里来访问，春申君把他们安排在上等客馆住下。赵国使臣想向楚国夸耀赵国的富有，特意用玳瑁簪子绾插冠髻，亮出用珍珠宝玉装饰的剑鞘，请求与春申君的宾客会面。

春申君的上等宾客都穿着宝珠做的鞋子来见赵国使臣，使赵国使臣自惭形秽。

春申君任宰相的第十四年，秦庄襄王即位，任命吕不韦为秦相，封为文信侯。夺取了东周。

春申君任宰相的第二十二年，各国诸侯担心秦国的攻战征伐无止无休不能遏制，就互相联合，向西讨伐秦国，而楚国国君做六国盟约之长，让春申君当权主事。六国联军到达函谷关后，秦军出关应战，六国联军战败而逃。楚考烈王把作战失利归罪于春申君，春申君因此渐渐被疏远。

这时宾客中有个观津人朱英，对春申君说："人们都认为楚国是个强大国家而您把它治理弱了，我认为不是这样。先王时与秦国交好二十年而秦国不攻打楚国，是为什么？秦国要越过黾隘这个要塞进攻楚国，是很不方便的；要是从西周、东周借路的话，它背对着韩、魏两国进攻楚国，也是不行的。现在的形势就不是这样了，魏国早晚都要灭亡，不能吝惜许地和鄢陵了，答应把这两座城邑割给秦国。这样秦国军队离楚都陈只有一百六十里路，我看到的是，秦、楚两国的交兵越来越频繁了。"楚国当时就把都城从陈迁到了寿春；而秦国则把附庸卫元君从濮阳迁到了野王，设置了东郡。春申君从此去到了封地吴，同时兼行宰相职务。

楚考烈王没儿子，春申君为此事发愁，就寻找宜于生育儿子的妇女进献给楚王，虽进献了不少，却始终没生儿子。赵国李园带着他的妹妹来，打算把他的妹妹进献给楚王，又听说楚王不能生养儿子，恐怕时间长了不能得到宠幸。李园便寻找机会做了春申君的侍从，不久他请假回家，又故意延误了返回的时间。回来后他去拜见春申君，春申君问他迟到的原因，他回答说："齐王派使臣来求娶我的妹妹，由于我跟那个使臣饮酒，所以延误了返回的时间。"春申君问道："订婚礼物送来了吗？"李园回答说："没有。"春申君又问道："能够让我看看吗？"李园说："可以。"于是李园就把他的妹妹献给春申君，并立即得到春申君的宠幸。后来李园知道妹妹怀了身孕，就同他妹妹商量了进一步的打算。李园的妹妹找了个机会劝说春申君道："楚王尊重宠信您，即使兄弟也不如。如今您任楚国宰相已二十多年，可是大王没有儿子，如果楚王寿终之后将改立兄弟，那么楚国改立国君以后，也就会重用原来所亲信的人，您又怎么能长久地得到宠信呢？不仅如此，您身处尊位执掌政事多年，对楚王的兄弟们难免有许多失礼的地方，楚王兄弟果真立为国君，灾祸将落在您的身上，还怎么能保住相印和江东封地呢？现在我知道自己怀上身孕了，可是别人谁也不知道。我得到您的宠幸时间不长，如果凭您的尊贵地位把我进献给楚王，楚王必定宠幸我；我仰赖上天的保佑生个儿子，这就是您的儿子做了楚王，楚国全为您所有，这与您身遭意想不到的殃祸相比，哪一样好呢？"春申君认为这番话说得对极了，就把李园的妹妹送出家来，严密地安排在一个住所，便向楚王称说要进献李园的妹妹。楚王把李园的妹妹召进宫来很是宠幸她，于是生了个儿子，立为太子，又把李园妹妹封为王后。楚王抬举李园，于是李园参与朝政。

李园把他妹妹送进宫里，封为王后，生的儿子立为太子，便担心春申君泄漏秘密而更加骄横，就暗中豢养了刺客。打算杀死春申君来灭口，居住在国都的人有略微知道这件事的。

春申君任宰相的第二十五年，楚考烈王病重。朱英对春申君说："世上有不期而至的福，又有不期而至的祸。如今您处在生死无常的世上，事奉喜怒无常的君主，又怎么能会没有不期而至的人呢？"春申君问道："什么叫不期而至的福？"朱英回答说："您任楚国宰相二十多年了，虽然名义上是宰相，实际上就是楚王啊。现在楚王病重，死在旦夕，您辅佐年幼的国君，因而代他掌握国政，如同伊尹、周公一样，等君王长大再把大权交给他，不就是您南面称王而据有楚国？这就是所说的不期而至的福。"春申君又问道："什么叫不期而至的祸？"朱英回答道："李园不执掌国政却是您的仇人，他不管兵事却豢养刺客为时已久了，楚王一死，李园必定抢先入宫夺权并要杀掉您灭口。这就是所说的不期而至的祸。"春申君接着问道："什么叫不期而至的人？"朱英回答说："您安排我做郎中，楚王一下世，李园必定抢先入宫，我替您杀掉李园。这就是所说的不期而至的人。”春申君听了后说：“您放弃这种打算吧。李园是个软弱的人，我又对他很友好，又怎么能到这种地步！”朱英知道自己的进言不被采用，恐怕祸患殃及自身，就逃离了。

十七天以后，楚考烈王死，李园果然抢先入宫，并在宫门里埋伏下刺客。春申君进入宫门，李园豢养的刺客从两侧夹住刺杀了春申君，斩下他的头，扔到宫门外边。同时就派官吏把春申君家满门抄斩。而李园的妹妹原先受春申君宠幸怀孕后又入宫得宠于楚考烈王所生的那个儿子便立为楚王，这就是楚幽王。

这一年，秦始皇即位已九年了。嫪毐也与秦国太后私乱，被发觉后，夷灭三族，而吕不韦因受牵连被废黜。

太史公说：我到楚地，观览了春申君的旧城，宫室建筑十分华丽。当年，春申君劝说秦昭王，以及冒着生命危险派人把楚太子送回楚国，是多么聪慧的高明之举啊！后来被李园控制，可就昏聩糊涂了。俗话说：“应当决断时不决断，反过来就要遭受祸患了。”说的就是春申君失策没有听朱英的话吧？

【鉴赏】

战国四公子都有好客喜士之名，因此四传相连，其他三人皆有好客之事记诸于传，亦皆曾得客之力，孟尝君有冯驩而能解危难，平原君有毛遂而能与楚订盟以解邯郸之围，信陵君有侯嬴而能行窃符救赵的壮举。春申君虽也能“使驰说之士南乡走楚”（《太史公自序》），“招致宾客，以相倾夺”，却有朱英而不用，有良言而不纳，遂陷入身死族灭的悲惨境地，为天下笑。四位公子的为人品行、经历结局各有所异，司马迁写来也各不相同。本篇是以“为楚相”为一篇之中枢记述春申君一生始末，前叙春申君以辩才上书说秦昭王，救楚于危难，又“以身徇君”救楚考烈王脱身强秦，相楚二十年，以智能安楚，何其智也；后叙春申君晚年贪恋权势富贵以奸谋盗楚，又中李园之计，以至身死棘门，又何其昏也！司马迁赞叹春申君壮年之英明果决，惋惜其暮年之昏聩糊涂，两相比对，不由发出“当断不断，反受其乱”之叹。传文之前后两部分各安插一段说辞，颇富匠心：前有春申君上秦王书一段说辞，明春申君早年之智；

后有朱英一段谏言，连用五个“毋望”，曰“世有毋望之福，又有毋望之祸。今君处毋望之世，事毋望之主，安可以无毋望之人乎？”以斥其晚年之昏。前后都有头有尾，对比鲜明，正如明凌稚隆所说：“按此传前叙春申君以智能安楚，而就封于吴，后叙春申君以奸谋盗楚，而身死棘门，为天下笑。模写情事，春申君殆两截人。”

史记卷七十九·范雎蔡泽列传第十九

本篇是秦相范雎、蔡泽合传。二人同为游说之士出身，早年都曾经历坎坷，不遇于东方六国，后来西入秦国，凭借口辩之才、足智多谋先后为秦相，建功立业后，又皆能全身而退。传文记述了二人的生平和奇特经历，范雎辗转入秦，进说秦昭王，倾倒穰侯，“一饭之德必偿，睚眦之怨必报”，后又进谗使白起蒙冤而死，他也最终失势；蔡泽说服范雎让位被命为相，但没有大的作为。司马迁在《太史公自序》中云：“能忍诟于魏齐，而信威于强秦，推贤让位，二子有之”，推许其不因受困而丧志，反因忍辱而奋发的精神，这是司马迁时常感于自身遭遇和志向所发之慨。

范雎者，魏人也，字叔。游说诸侯，欲事魏王，家贫无以自资①，乃先事魏中大夫须贾②。

须贾为魏昭王使于齐，范雎从。留数月，未得报③。齐襄王闻雎辩口④，乃使人赐雎金十斤及牛酒，雎辞谢不敢受。须贾知之，大怒，以为雎持魏国阴事告齐⑤，故得此馈，令雎受其牛酒，还其金。既归，心怒雎，以告魏相。魏相，魏之诸公子，曰魏齐。魏齐大怒，使舍人笞击雎⑥，折胁摺齿⑦。雎详死⑧，即卷以箦⑨，置厕中。宾客饮者醉，更溺雎⑩，故僇辱以惩后⑪，令无妄言者。雎从箦中谓守者曰：“公能出我，我必厚谢公。”守者乃请出弃箦中死人。魏齐醉，曰：“可矣。”范雎得出。后魏齐悔，复

---

①自资：自己筹措费用。 ②中大夫：掌议论之官。 ③报：回报，结果。 ④辩口：有口才。 ⑤阴事：秘密的事情。 ⑥笞：用竹板、荆条等抽打。 ⑦摺（lā）：折断，打断。 ⑧详：通“佯”，假装。 ⑨箦（zé）：竹席。 ⑩溺：同“尿”，小便。 ⑪僇辱：践踏羞辱。僇：通“戮”。

召求之。魏人郑安平闻之，乃遂操范雎亡[①]，伏匿，更名姓曰张禄。

当此时，秦昭王使谒者王稽于魏。郑安平诈为卒[②]，侍王稽。王稽问："魏有贤人可与俱西游者乎？"郑安平曰："臣里中[③]有张禄先生，欲见君，言天下事。其人有仇，不敢昼见。"王稽曰："夜与俱来。"郑安平夜与张禄见王稽。语未究[④]，王稽知范雎贤，谓曰："先生待我于三亭之南[⑤]。"与私约而去。

王稽辞魏去，过载范雎入秦。至湖[⑥]，望见车骑从西来。范雎曰："彼来者为谁？"王稽曰："秦相穰侯东行县邑[⑦]。"范雎曰："吾闻穰侯专秦权，恶内诸侯客[⑧]，此恐辱我，我宁且匿车中。"有顷，穰侯果至，劳王稽[⑨]，因立车而语曰[⑩]："关东有何变？"曰："无有。"又谓王稽曰："谒君得无与诸侯客子俱来乎？无益，徒乱人国耳。"王稽曰："不敢。"即别去。范雎曰："吾闻穰侯智士也，其见事迟[⑪]，乡者疑车中有人[⑫]，忘索之。"于是范雎下车走，曰："此必悔之。"行十馀里，果使骑还索车中，无客，乃已。王稽遂与范雎入咸阳。

已报使[⑬]，因言曰："魏有张禄先生，天下辩士也。曰'秦王之国危于累卵[⑭]，得臣则安。然不可以书传也'。臣故载来。"秦王弗信，使舍食草具[⑮]。待命岁馀。

当是时，昭王已立三十六年。南拔楚之鄢、郢，楚怀王幽死于秦。秦东破齐。湣王尝称帝，后去之。数困三晋。厌天下辩

①操：携带。②诈：假装，装扮。卒：差役。③里中：同乡。④究：尽，完毕。⑤三亭之南：三亭冈的南边。三亭：冈名，在今河南尉氏县西南。⑥湖：函谷关西侧之城邑名。⑦穰侯：即魏冉。行：巡查。⑧内：同"纳"，收容，接纳。⑨劳：慰问。⑩立车：停车。⑪见事迟：处事反应慢。⑫乡者：方才。乡：同"向"。⑬已报使：（王稽）向秦王报告了出使情况后。⑭危于累卵：比喻情况十分危险。⑮舍：安置在客舍。食草具：吃素饭。

士，无所信。

穰侯、华阳君[1]，昭王母宣太后之弟也；而泾阳君、高陵君皆昭王同母弟也。穰侯相，三人者更将[2]，有封邑，以太后故，私家富重于王室。及穰侯为秦将，且欲越韩、魏而伐齐纲寿，欲以广其陶封[3]。范雎乃上书曰：

臣闻明主立政[4]，有功者不得不赏，有能者不得不官，劳大者其禄厚，功多者其爵尊，能治众者其官大。故无能者不敢当职焉，有能者亦不得蔽隐[5]。使以臣之言为可，愿行而益利其道[6]；以臣之言为不可，久留臣无为也[7]。语曰："庸主赏所爱而罚所恶；明主则不然，赏必加于有功，而刑必断于有罪。"今臣之胸不足以当椹质[8]，而要不足以待斧钺[9]，岂敢以疑事尝试于王哉[10]！虽以臣为贱人而轻辱，独不重任臣者之无反复于王邪[11]？

且臣闻周有砥砨，宋有结绿，梁有县藜，楚有和朴，此四宝者[12]，土之所生，良工之所失也[13]，而为天下名器。然则圣王之所弃者，独不足以厚国家乎[14]？

臣闻善厚家者取之于国，善厚国者取之于诸侯。天下有明主则诸侯不得擅厚者[15]，何也？为其割荣也[16]。良医知病人之死生，而圣主明于成败之事，利则行之，害则舍

---

①华阳君：即芈戎，穰侯之弟。 ②更将：三人轮番做秦将。 ③陶：齐邑定陶，秦王虚封予穰侯。 ④立政：推行政事。 ⑤蔽隐：遮挡，埋没。 ⑥愿行：希望推行。利其道：使这种主张达到目的。 ⑦无为：无作用，无意义。 ⑧椹质：铡刀的底座。 ⑨要：同"腰"。斧钺：刑具。 ⑩疑事：疑惑不定的事理、主张。 ⑪任臣者：保荐我的人，指王稽。无反复：指担保，负责到底。 ⑫四宝：即砥砨(è)、结绿、县(xuán)藜(又称"悬藜")、和朴四种美玉。 ⑬良工：高明的玉工。失：指失于鉴别。 ⑭厚国家：有益于国家。 ⑮擅厚者：独自占有厚国之利。 ⑯割荣：指明主能分荣与人才，故人才不为诸侯所独占而为明主所用。

之，疑则少尝之①，虽舜、禹复生，弗能改已。语之至者②，臣不敢载之于书，其浅者又不足听也。意者臣愚而不概于王心邪③？亡其言臣者贱而不可用乎④？自非然者，臣愿得少赐游观之间，望见颜色⑤。一语无效，请伏斧质⑥。

于是秦昭王大说，乃谢王稽，使以传车召范雎⑦。

于是范雎乃得见于离宫⑧，详为不知永巷而入其中⑨。王来，而宦者怒，逐之，曰："王至！"范雎缪为曰⑩："秦安得王？秦独有太后、穰侯耳。"欲以感怒昭王。昭王至，闻其与宦者争言，遂延迎⑪，谢曰："寡人宜以身受命久矣⑫，会义渠之事急⑬，寡人旦暮自请太后；今义渠之事已，寡人乃得受命。窃闵然不敏⑭，敬执宾主之礼。"范雎辞让。是日观范雎之见者，群臣莫不洒然⑮变色易容者。

秦王屏左右，宫中虚无人。秦王跽而请曰⑯："先生何以幸教寡人？"范雎曰："唯唯。"有间，秦王复跽而请曰："先生何以幸教寡人？"范雎曰："唯唯。"若是者三。秦王跽曰："先生卒不幸教寡人邪？"范雎曰："非敢然也。臣闻昔者吕尚之遇文王也，身为渔父而钓于渭滨耳。若是者，交疏也。已说而立为太师，载与俱归者，其言深也。故文王遂收功于吕尚而卒王天下。乡使⑰文王疏吕尚而不与深言，是周无天子之德，而文、武无与成

---

①少：稍微。尝之：试一试。 ②至：深。 ③这一句的意思是说：想来是我愚笨，说话不符合大王的心意吧？概：合。 ④亡其：还是。不可用：不足取信。 ⑤望见颜色：指正面拜见。 ⑥请伏斧质：甘愿伏罪。 ⑦传车：载送宾客的车。 ⑧离宫：行宫。 ⑨永巷：通往内宫的道路。 ⑩缪为：胡说。缪：通"谬"。为：通"谓"。 ⑪延迎：迎接进来。 ⑫身：亲身。受命：接受教导。 ⑬义渠之事：秦昭王时，义渠戎王与宣太后淫乱，生有二子，太后设计杀戎王，秦兴师灭义渠。 ⑭闵然不敏：糊涂不聪明，此系谦辞。闵然：昏昧，糊涂。敏：聪敏。 ⑮洒然：敬畏的样子。 ⑯跽：长跪，挺直上身两腿跪着，是古人表敬礼节之一。 ⑰乡使：假使。乡：通"向"。

其王业也。今臣羁旅[①]之臣也，交疏于王，而所愿陈者皆匡君之事，处人骨肉之间[②]，愿效愚忠而未知王之心也。此所以王三问而不敢对者也。臣非有畏而不敢言也。臣知今日言之于前而明日伏诛于后，然臣不敢避也。大王信[③]行臣之言，死不足以为臣患，亡[④]不足以为臣忧，漆身为厉被发为狂不足以为臣耻[⑤]。且以五帝之圣焉而死，三王之仁焉而死，五伯之贤焉而死，乌获、任鄙之力焉而死，成荆、孟贲、王庆忌、夏育之勇焉而死。死者，人之所必不免也。处必然之势，可以少有补于秦，此臣之所大愿也，臣又何患哉！伍子胥橐载而出昭关，夜行昼伏，至于陵水，无以糊其口，膝行蒲伏[⑥]，稽首肉袒[⑦]，鼓腹吹篪[⑧]，乞食于吴市，卒兴吴国，阖闾为伯[⑨]。使臣得尽谋如伍子胥，加之以幽囚，终身不复见，是臣之说行也，臣又何忧？箕子、接舆漆身为厉，被发为狂，无益于主。假使臣得同行于箕子，可以有补于所贤之主，是臣之大荣也，臣有何耻？臣之所恐者，独恐臣死之后，天下见臣之尽忠而身死，因以是杜口裹足[⑩]，莫肯乡秦耳。足下上畏太后之严，下惑于奸臣之态，居深宫之中，不离阿保之手[⑪]，终身迷惑，无与昭奸[⑫]。大者宗庙灭覆，小者身以孤危，此臣之所恐耳。若夫穷辱之事，死亡之患，臣不敢畏也。臣死而秦治，是臣死贤于生。”秦王跽曰：“先生是何言也！夫秦国辟远，寡人愚不肖，先生乃幸辱至于此，是天以寡人慁[⑬]先生而存先王之宗庙也。寡人得受命于先生，是天所以幸先王，而不弃其孤也。

---

①羁旅：寄居他国。 ②处人骨肉之间：指自己身处昭王同其母宣太后、其舅穰侯的骨肉关系之间。 ③信：果真。 ④亡：流放。 ⑤漆身为厉：以漆涂身，使遍生癞疮以改变形貌。厉：同“癞”。被：同“披”。 ⑥膝行蒲伏：用手和膝在地上爬行。蒲伏：同“匍匐”。 ⑦稽首肉袒：赤膊上身叩头。 ⑧篪(chí)：古代竹管乐器。 ⑨伯：诸侯盟主。 ⑩杜口裹足：闭口不言，止步不前。杜：堵塞。 ⑪阿保：宫内照顾君王起居的女官。 ⑫昭奸：辨明忠奸。昭：显明。 ⑬慁(hùn)：烦扰。

先生奈何而言若是！事无大小，上及太后，下至大臣，愿先生悉以教寡人，无疑寡人也。”范雎拜，秦王亦拜。

范雎曰：“大王之国，四塞以为固，北有甘泉、谷口，南带泾、渭，右陇、蜀，左关、阪，奋击百万，战车千乘，利则出攻，不利则入守，此王者之地也。民怯于私斗而勇于公战，此王者之民也。王并此二者[①]而有之。夫以秦卒之勇，车骑之众，以治诸侯，譬若施韩卢而搏蹇兔也[②]，霸王之业可致也，而群臣莫当其位。至今闭关十五年，不敢窥兵于山东者，是穰侯为秦谋不忠，而大王之计有所失也。”秦王跽曰：“寡人愿闻失计。”

然左右多窃听者，范雎恐，未敢言内[③]，先言外事[④]，以观秦王之俯仰[⑤]。因进曰：“夫穰侯越韩、魏而攻齐纲、寿，非计也。少出师则不足以伤齐，多出师则害于秦。臣意王之计，欲少出师而悉韩、魏之兵也，则不义矣。今见与国之不亲也，越人之国而攻，可乎？其于计疏矣[⑥]。且昔齐湣王南攻楚，破军杀将，再辟地千里，而齐尺寸之地无得焉者，岂不欲得地哉，形势不能有也。诸侯见齐之罢弊[⑦]，君臣之不和也，兴兵而伐齐，大破之。士辱兵顿，皆咎其王，曰：‘谁为此计者乎？’王曰：‘文子为之[⑧]。’大臣作乱，文子出走。故齐所以大破者，以其伐楚而肥韩、魏也。此所谓借贼兵而赍盗粮者也[⑨]。王不如远交而近攻，得寸则王之寸也，得尺亦王之尺也。今释此而远攻，不亦缪乎！且昔者中山之国地方五百里，赵独吞之，功成名立而利附焉，天下

---

①二者：指地利与人和。 ②施：放。韩卢：韩国的壮犬名。蹇兔：跛足兔子。 ③内：指宫廷内部太后擅权之事。 ④外事：指穰侯对外用兵失策等事。 ⑤俯仰：此处喻指动向，态度。 ⑥疏：疏忽，不周密。 ⑦罢弊：疲惫困顿。罢：通“疲”。弊：困。 ⑧文子：即孟尝君田文。 ⑨借贼兵而赍盗粮：把兵器借给盗贼，把粮食送给强盗。赍：赠送。

莫之能害也。今夫韩、魏，中国之处而天下之枢也[①]，王其欲霸，必亲中国以为天下枢，以威楚、赵。楚强则附赵[②]，赵强则附楚，楚、赵皆附，齐必惧矣。齐惧，必卑辞重币以事秦。齐附而韩、魏因可虏也。”昭王曰：“吾欲亲魏久矣，而魏多变之国也，寡人不能亲。请问亲魏奈何？”对曰：“王卑词重币以事之；不可，则割地而赂之；不可，因举兵而伐之。”王曰：“寡人敬闻命矣。”乃拜范雎为客卿，谋兵事。卒听范雎谋，使五大夫绾伐魏，拔怀。后二岁，拔邢丘。

客卿范雎复说昭王曰：“秦、韩之地形，相错如绣[③]。秦之有韩也，譬如木之有蠹也，人之有心腹之病也。天下无变则已，天下有变，其为秦患者孰大于韩乎？王不如收韩。”昭王曰：“吾固欲收韩，韩不听，为之奈何？”对曰：“韩安得无听乎？王下兵而攻荥阳，则巩、成皋之道不通；北断太行之道，则上党之师不下。王一兴兵而攻荥阳，则其国断而为三[④]。夫韩见必亡，安得不听乎？若韩听，而霸事因可虑矣。”王曰：“善。”且欲发使于韩。

范雎日益亲，复说用数年矣[⑤]，因请间说曰：“臣居山东时，闻齐之有田文，不闻其有王也；闻秦之有太后、穰侯、华阳、高陵、泾阳，不闻其有王也。夫擅国[⑥]之谓王，能利害之谓王[⑦]，制杀生之威之谓王[⑧]。今太后擅行不顾[⑨]，穰侯出使不报，华阳、泾阳等击断无讳[⑩]，高陵进退不请[⑪]。四贵备而国不危者，未之有也。为此四贵者下，乃所谓无王也。然则权安得不倾，令安

---

①中国：即中原。枢：关键、中心部位。 ②楚强则附赵：楚国强大就亲近赵国。附：亲附，支持。 ③相错如绣：两国地形犬牙交错，像各种色彩丝线交织的刺绣。 ④其国断而为三：韩国被分割为新郑、宜阳、上党三个孤立的地区，彼此不能相救。 ⑤说用：被信用。说：同“悦”。 ⑥擅国：独揽国家大权。 ⑦利害：兴利除害。 ⑧制：控制，掌握。威：威力，权势。 ⑨擅行：独断专行。 ⑩击断无讳：处事专断，毫无顾忌。 ⑪进退不请：擅自决定事情的行止，从不向秦王请示。

得从王出乎？臣闻善治国者，乃内固其威而外重其权。穰侯使者操王之重①，决制于诸侯，剖符于天下②，政适伐国③，莫敢不听。战胜攻取则利归于陶，国弊御于诸侯④；战败则结怨于百姓，而祸归于社稷。诗曰⑤：'木实繁者披其枝⑥，披其枝者伤其心⑦；大其都者危其国⑧，尊其臣者卑其主。'崔杼、淖齿管齐，射王股⑨，擢王筋⑩，县之于庙梁，宿昔而死⑪。李兑管赵，囚主父于沙丘⑫，百日而饿死。今臣闻秦太后、穰侯用事，高陵、华阳、泾阳佐之，卒无秦王，此亦淖齿、李兑之类也。且夫三代⑬所以亡国者，君专授政⑭，纵酒驰骋弋猎，不听政事。其所授者，妒贤嫉能，御下蔽上，以成其私，不为主计，而主不觉悟，故失其国。今自有秩以上至诸大吏⑮，下及王左右，无非相国之人者。见王独立于朝，臣窃为王恐万世之后，有秦国者非王子孙也。"昭王闻之大惧，曰："善。"于是废太后，逐穰侯、高陵、华阳、泾阳君于关外⑯。秦王乃拜范雎为相。收穰侯之印，使归陶。因使县官⑰给车牛以徙，千乘有馀，到关，关阅其宝器⑱，宝器珍怪多于王室。

秦封范雎以应⑲，号为应侯。当是时，秦昭王四十一年也。

范雎既相秦，秦号曰张禄，而魏不知，以为范雎已死久矣。魏闻秦且东伐韩、魏，魏使须贾于秦。范雎闻之，为微行⑳，敝衣

---

①操王之重：持着君王的重权。 ②剖符：君主调兵的凭证。铜或竹制，剖分为二，双方各执一半，以符为信。此指持符使臣。 ③政：通"征"。适(dí)：通"敌"。 ④国弊御于诸侯：国家困弊将受制于诸侯。 ⑤诗曰：古书引文通称"诗曰"。 ⑥木实：树木的果实。披：折。 ⑦心：指树木本干。 ⑧都：都邑。国：指国都。 ⑨王：指齐庄公。 ⑩擢：拔，抽。王：指齐湣王。 ⑪宿昔：早晚。比喻时间短暂。 ⑫主父：指赵武灵王。他让国给儿子惠文王，自称主父。 ⑬三代：指夏、商、周三代。 ⑭君专授政：指国君把政权全都交给宠臣。 ⑮有秩：乡官，此指小官。大吏：朝中大臣。 ⑯关外：指国都之外。关：这里指国都之门。 ⑰县官：指朝廷，官府。 ⑱关：这里指守关官吏。阅：检核。 ⑲应：邑名，在今河南鲁山县东。 ⑳微行：隐蔽尊贵身份便装出行。

间步之邸，见须贾。须贾见之而惊曰："范叔固无恙乎！"范雎曰："然。"须贾笑曰："范叔有说于秦邪？"曰："不也。雎前日得过①于魏相，故亡逃至此，安敢说乎？"须贾曰："今叔何事？"范雎曰："臣为人庸赁②。"须贾意哀之，留与坐饮食，曰："范叔一寒如此哉！"乃取其一绨袍以赐之。须贾因问曰："秦相张君，公知之乎？吾闻幸于王，天下之事皆决于相君。今吾事之去留在张君③。孺子岂有客习④于相君者哉？"范雎曰："主人翁习知之。唯雎亦得谒，雎请为见君于张君。"须贾曰："吾马病，车轴折，非大车驷马，吾固不出。"范雎曰："愿为君借大车驷马于主人翁。"

范雎归取大车驷马，为须贾御之，入秦相府。府中望见，有识者皆避匿。须贾怪之。至相舍门，谓须贾曰："待我，我为君先入通于相君。"须贾待门下，持车良久，问门下曰："范叔不出，何也？"门下曰："无范叔。"须贾曰："乡者与我载而入者。"门下曰："乃吾相张君也。"须贾大惊，自知见卖⑤，乃肉袒膝行，因门下人谢罪。于是范雎盛帷帐⑥，侍者甚众，见之。须贾顿首言死罪，曰："贾不意君能自致于青云之上⑦，贾不敢复读天下之书，不敢复与天下之事。贾有汤镬之罪⑧，请自屏于胡貉之地⑨，唯君死生之！"范雎曰："汝罪有几？"曰："擢贾之发以续贾之罪⑩，尚未足。"范雎曰："汝罪有三耳。昔者楚昭王时而申包胥为楚却吴军，楚王封之以荆五千户，包胥辞不受，为丘墓⑪之寄于荆也。今雎之先人丘墓亦在魏，公前以雎为有外心于齐而恶雎于

①得过：得罪。②庸赁：为人做帮工。③去留：留下或离去，此处喻指成败。④习：熟悉。⑤见卖：被诓骗上当。⑥盛帷帐：挂上盛大的帐幕。⑦不意：没想到。自致：靠自己能力达到。青云之上：比喻极高的官位。⑧汤镬：古代的酷刑之一，用以煮杀罪人。镬：大锅，用作刑具。⑨屏：放逐。胡貉之地：少数民族所居地区。⑩续：一说，"续"与"数"音近而误。另一说，续：连接。⑪丘墓：这里指祖坟。

魏齐，公之罪一也。当魏齐辱我于厕中，公不止，罪二也。更醉而溺我，公其何忍乎？罪三矣。然公之所以得无死者，以绨袍恋恋①，有故人之意，故释公。”乃谢罢。入言之昭王，罢归须贾②。

须贾辞于范雎，范雎大供具③，尽请诸侯使，与坐堂上，食饮甚设④。而坐须贾于堂下，置莝豆其前⑤，令两黥徒夹而马食之⑥，数曰⑦：“为我告魏王，急持魏齐头来！不然者，我且屠大梁。”须贾归，以告魏齐。魏齐恐，亡走赵，匿平原君所。

范雎既相，王稽谓范雎曰：“事有不可知者三，有不可奈何者亦三。宫车一日晏驾⑧，是事之不可知者一也。君卒然捐馆舍⑨，是事之不可知者二也。使臣卒然填沟壑⑩，是事之不可知者三也。宫车一日晏驾，君虽恨于臣，无可奈何。君卒然捐馆舍，君虽恨于臣，亦无可奈何。使臣卒然填沟壑，君虽恨于臣，亦无可奈何。”范雎不怿，乃入言于王曰：“非王稽之忠，莫能内臣于函谷关；非大王之贤圣，莫能贵臣。今臣官至于相，爵在列侯，王稽之官尚止于谒者，非其内臣之意也。”昭王召王稽，拜为河东守，三岁不上计⑪。又任郑安平，昭王以为将军。范雎于是散家财物，尽以报所尝困厄者。一饭之德必偿，睚眦之怨必报。

范雎相秦二年，秦昭王之四十二年，东伐韩少曲、高平，拔之。

秦昭王闻魏齐在平原君所，欲为范雎必报其仇，乃详为好

---

①恋恋：形容依恋之情。②罢归：指不接受来使，驱逐回国。③大供具：大摆宴席。④食饮甚设：筵席摆设得极其丰盛。⑤莝豆：铡碎的草和豆子拌在一起，是喂马的饲料。⑥黥徒：受过墨刑的犯人。⑦数：指责。⑧晏驾：君王之死的讳称。⑨卒然：突然。捐馆舍：离弃住所，指死去。⑩填沟壑：指死去。⑪上计：地方官在年终时派人至国都将本地全年人口、钱粮、盗贼、狱讼等报告朝廷。

书遗平原君曰[1]："寡人闻君之高义，愿与君为布衣之友[2]。君幸过寡人，寡人愿与君为十日之饮。"平原君畏秦，且以为然，而入秦见昭王。昭王与平原君饮数日，昭王谓平原君曰："昔周文王得吕尚以为太公，齐桓公得管夷吾以为仲父[3]，今范君亦寡人之叔父也。范君之仇在君之家，愿使人归取其头来；不然，吾不出君于关。"平原君曰："贵而为交者，为贱也；富而为交者，为贫也。夫魏齐者，胜之友也，在，固不出也，今又不在臣所。"昭王乃遗赵王书曰："王之弟在秦，范君之仇魏齐在平原君之家。王使人疾持其头来；不然，吾举兵而伐赵，又不出王之弟于关。"赵孝成王乃发卒围平原君家，急，魏齐夜亡出，见赵相虞卿。虞卿度赵王终不可说[4]，乃解其相印，与魏齐亡，间行，念诸侯莫可以急抵者，乃复走大梁，欲因信陵君以走楚。信陵君闻之，畏秦，犹豫未肯见，曰："虞卿何如人也?"时侯嬴在旁，曰："人固未易知，知人亦未易也。夫虞卿蹑屩檐簦[5]，一见赵王，赐白璧一双，黄金百镒；再见，拜为上卿；三见，卒受相印，封万户侯。当此之时，天下争知之。夫魏齐穷困过虞卿，虞卿不敢重爵禄之尊，解相印，捐万户侯而间行。急士之穷而归公子，公子曰'何如人'。人固不易知，知人亦未易也!"信陵君大惭，驾如野迎之[6]。魏齐闻信陵君之初难见之，怒而自刭。赵王闻之，卒取其头予秦，秦昭王乃出平原君归赵。

昭王四十三年，秦攻韩汾陉，拔之，因城[7]河上广武。

后五年，昭王用应侯谋，纵反间卖赵，赵以其故，令马服子[8]

---

①好书：交好的书信。遗：送给。 ②布衣之友：指平等交往的朋友。 ③仲父：齐桓公礼尊管仲如父，故称仲父。 ④度：估计。说：劝谏。 ⑤蹑(niè)屩(jué)檐簦：脚穿草鞋，肩搭长柄斗笠。指远行。 ⑥如野：到郊外。 ⑦城：筑城。 ⑧马服子：指马服君赵奢之子赵括。

代廉颇将。秦大破赵于长平，遂围邯郸。已而与武安君白起有隙，言而杀之。任郑安平，使击赵。郑安平为赵所困，急，以兵二万人降赵。应侯席稿请罪[①]。秦之法，任人而所任不善者，各以其罪罪之。于是应侯罪当收三族。秦昭王恐伤应侯之意，乃下令国中："有敢言郑安平事者，以其罪罪之。"而加赐相国应侯食物日益厚，以顺适其意。后二岁，王稽为河东守，与诸侯通，坐法诛。而应侯日益以不怿。

昭王临朝叹息，应侯进曰："臣闻'主忧臣辱，主辱臣死'。今大王中朝而忧，臣敢请其罪。"昭王曰："吾闻楚之铁剑利而倡优拙[②]。夫铁剑利则士勇，倡优拙则思虑远。夫以远思虑而御勇士，吾恐楚之图秦也。夫物不素具[③]，不可以应卒[④]。今武安君既死，而郑安平等畔，内无良将而外多敌国，吾是以忧。"欲以激励应侯。应侯惧，不知所出[⑤]。蔡泽闻之，往入秦也。

蔡泽者，燕人也。游学干[⑥]诸侯小大甚众，不遇。而从唐举相[⑦]，曰："吾闻先生相李兑，曰'百日之内持国秉[⑧]'，有之乎？"曰："有之。"曰："若臣者何如？"唐举孰视而笑曰："先生曷鼻，巨肩，魋颜，蹙齃，膝挛[⑨]。吾闻圣人不相[⑩]，殆先生乎？"蔡泽知唐举戏之，乃曰："富贵吾所自有，吾所不知者寿也，愿闻之。"唐举曰："先生之寿，从今以往者四十三岁。"蔡泽笑谢而去，谓其御者曰："吾持粱刺齿肥[⑪]，跃马疾驱，怀黄金之印，结紫绶于要[⑫]，

---

①席稿请罪：跪在草垫上等候惩处。稿：垫子。 ②倡优拙：楚国乐工伶人表演歌舞的技艺拙劣。 ③素具：平时早有准备。 ④应卒：应付突然事变。 ⑤不知所出：想不出什么办法来对答秦昭王。 ⑥干：求取官职。 ⑦从唐举相：到唐举那里去，请他看相。 ⑧持国秉：执掌国家的权柄，即做国相。秉：通"柄"，权柄。 ⑨曷(xiē)鼻：鼻形如蝎虫，鼻子上仰。巨肩：肩膀高耸。魋颜：额头突出。蹙齃(è)：鼻梁塌陷。膝挛：两膝蜷曲。 ⑩不相：不能以相貌来判断。 ⑪持粱：端着米饭。刺齿肥：吃着肥肉。 ⑫紫绶：紫色丝带，用来系在官印上。要：同"腰"。

揖让人主之前①，食肉富贵，四十三年足矣。”去之赵、见逐。之韩、魏，遇夺釜鬲于涂②。闻应侯任郑安平、王稽皆负重罪于秦，应侯内惭，蔡泽乃西入秦。

将见昭王，使人宣言③以感怒应侯曰：“燕客蔡泽，天下雄俊弘辩智士也④。彼一见秦王，秦王必困君而夺君之位。”应侯闻，曰：“五帝三代之事，百家之说，吾既知之，众口之辩，吾皆摧之⑤，是恶能困我而夺我位乎？”使人召蔡泽。蔡泽入，则揖应侯⑥。应侯固不快，及见之，又倨⑦，应侯因让之曰：“子尝宣言欲代我相秦，宁有之乎？”对曰：“然。”应侯曰：“请闻其说。”蔡泽曰：“吁，君何见之晚也⑧！夫四时之序，成功者去⑨。夫人生百体坚强，手足便利，耳目聪明而心圣智，岂非士之愿与？”应侯曰：“然。”蔡泽曰：“质仁秉义⑩，行道施德，得志于天下，天下怀乐敬爱而尊慕之，皆愿以为君王，岂不辩智之期与？”应侯曰：“然。”蔡泽复曰：“富贵显荣，成理万物⑪，使各得其所；性命寿长，终其天年而不夭伤；天下继其统，守其业，传之无穷；名实纯粹⑫，泽流千里，世世称之而无绝，与天地终始。岂道德之符⑬而圣人所谓吉祥善事者与？”应侯曰：“然。”

蔡泽曰：“若夫秦之商君，楚之吴起，越之大夫种，其卒然亦可愿与⑭？”应侯知蔡泽之欲困己以说，复谬曰⑮：“何为不可？夫公孙鞅之事孝公也，极身无贰虑⑯，尽公而不顾私；设刀锯以

---

①揖让：作揖和谦让，古代宾主相见的礼仪。这里指在人主面前受尊重。 ②釜鬲：炊具。涂：同“途”。 ③宣言：扬言。 ④雄俊弘辩：见识超群，能言善辩。 ⑤摧之：使之折服。 ⑥揖应侯：指给应侯只行拱手礼，而未下拜。 ⑦倨：态度傲慢。 ⑧何见之晚：认识问题怎么这样迟钝。 ⑨成功者去：指春、夏、秋、冬四季更替，完成了自己的使命，就自动退去。 ⑩质仁秉义：本性仁义，主持正义。质：本。 ⑪成理万物：治理一切事物。 ⑫名实纯粹：名声和实际都完美无缺。 ⑬道德之符：行道施德的效果。符：效应，效果。 ⑭卒然：指商鞅、吴起、文种的被杀结局。愿：仰慕，羡慕。 ⑮谬：狡辩。 ⑯极身：终身。贰虑：二心。

禁奸邪，信赏罚以致治；披腹心，示情素[1]，蒙怨咎，欺旧友[2]，夺魏公子卬，安秦社稷，利百姓，卒为秦禽将破敌，攘地千里[3]。吴起之事悼王也，使私不得害公，谗不得蔽忠，言不取苟合[4]，行不取苟容[5]，不为危易行，行义不辟难，然为霸主强国，不辞祸凶。大夫种之事越王也，主虽困辱，悉忠而不解[6]，主虽绝亡，尽能而弗离，成功而弗矜，富贵而不骄怠。若此三子者，固义之至也，忠之节也[7]。是故君子以义死难，视死如归，生而辱不如死而荣。士固有杀身以成名，唯义之所在，虽死无所恨。何为不可哉？”

蔡泽曰：“主圣臣贤，天下之盛福也；君明臣直，国之福也；父慈子孝，夫信妻贞，家之福也。故比干忠而不能存殷，子胥智而不能完吴，申生孝而晋国乱。是皆有忠臣孝子，而国家灭乱者，何也？无明君贤父以听之，故天下以其君父为僇辱而怜其臣子。今商君、吴起、大夫种之为人臣，是也；其君，非也。故世称三子致功而不见德[8]，岂慕不遇世死乎？夫待死而后可以立忠成名，是微子不足仁[9]，孔子不足圣，管仲不足大也。夫人之立功，岂不期于成全邪？身与名俱全者，上也。名可法而身死者[10]，其次也。名在僇辱而身全者，下也。”于是应侯称善。

蔡泽少得间[11]，因曰：“夫商君、吴起、大夫种，其为人臣尽忠致功则可愿矣，闳夭事文王，周公辅成王也，岂不亦忠圣乎[12]？以君臣论之，商君、吴起、大夫种其可愿孰与闳夭、周公哉？”应

---

①披：剖露。情素：真情实意。素：通“愫”，诚意。②欺旧友：指商鞅用计诱捕旧交魏公子卬。③攘地：开拓国土。④苟合：随声附和。⑤苟容：苟且容身于世。⑥解：同“懈”，懈怠。⑦节：志节气概，这里含有标准、榜样之意。⑧见德：受恩惠，得好报。⑨这一句的意思是说：如果只有用死才可成就功名的话，那么微子也就不能够称为仁人了。⑩名可法：功名可为后世效法。⑪少得间：指蔡泽在辩难中稍稍钻了空子。间：缝隙。⑫忠圣：竭尽忠诚，极富智慧。

侯曰："商君、吴起、大夫种弗若也。"蔡泽曰："然则君之主慈仁任忠，惇厚旧故，其贤智与有道之士为胶漆，义不倍功臣，孰与秦孝公、楚悼王、越王乎？"应侯曰："未知何如也。"蔡泽曰："今主亲忠臣，不过秦孝公、楚悼王、越王，君之设智[①]，能为主安危修政，治乱强兵，批患折难[②]，广地殖谷，富国足家，强主，尊社稷，显宗庙，天下莫敢欺犯其主，主之威盖震海内，功彰万里之外，声名光辉传于千世，君孰与商君、吴起、大夫种？"应侯曰："不若。"蔡泽曰："今主之亲忠臣不忘旧故不若孝公、悼王、勾践，而君之功绩爱信亲幸又不若商君、吴起、大夫种，然而君之禄位贵盛，私家之富过于三子，而身不退者，恐患之甚于三子，窃为君危之。语曰'日中则移，月满则亏'。物盛则衰，天地之常数也[③]。进退盈缩[④]，与时变化，圣人之常道也。故'国有道则仕，国无道则隐'。圣人曰'飞龙在天，利见大人[⑤]''不义而富且贵，于我如浮云[⑥]'。今君之怨已仇而德已报，意欲至矣，而无变计，窃为君不取也。

"且夫翠、鹄、犀、象，其处势非不远死也，而所以死者，惑于饵也。苏秦、智伯之智，非不足以辟辱远死也，而所以死者，惑于贪利不止也。是以圣人制礼节欲，取于民有度[⑦]，使之以时，用之有止，故志不溢，行不骄，常与道[⑧]俱而不失，故天下承而不绝。昔者齐桓公九合诸侯[⑨]，一匡天下，至于葵丘之会[⑩]，有骄矜之志，畔者九国。吴王夫差兵无敌于天下，勇强以轻诸侯，陵

---

①设智：施展才智。 ②批：排除。折：毁，灭。 ③常数：常规。 ④盈缩：伸屈。 ⑤引自《易·乾卦·九五》。比喻明君在位，有作为的人理应辅佐以施展抱负。 ⑥引自《论语·述而》。意思是，用义的手段得来的富贵，在我看来如同浮云一样。 ⑦有度：有一定的标准、限度。 ⑧道：指制礼节欲的原则。 ⑨九合诸侯：指齐桓公多次以盟主身份盟会诸侯。 ⑩葵丘之会：鲁僖公九年(公元前651)，鲁、齐、宋、卫、郑、许、曹等诸侯国在葵丘会盟。

齐、晋，故遂以杀身亡国。夏育、太史噭叱呼骇三军，然而身死于庸夫。此皆乘至盛而不返道理①，不居卑退处俭约之患也。夫商君为秦孝公明法令，禁奸本②，尊爵必赏，有罪必罚，平权衡，正度量，调轻重，决裂阡陌，以静生民之业而一其俗③，劝民耕农利土④，一室无二事⑤，力田稸积⑥，习战陈之事，是以兵动而地广，兵休而国富，故秦无敌于天下，立威诸侯，成秦国之业。功已成矣，而遂以车裂⑦。楚地方数千里，持戟百万，白起率数万之师以与楚战，一战举鄢、郢以烧夷陵，再战南并蜀汉；又越韩、魏而攻强赵，北坑马服⑧，诛屠四十馀万之众，尽之于长平之下，流血成川，沸声若雷，遂入围邯郸，使秦有帝业。楚、赵天下之强国而秦之仇敌也，自是之后，楚、赵皆慑伏不敢攻秦者，白起之势也。身所服者七十馀城，功已成矣，而遂赐剑死于杜邮。吴起为楚悼王立法，卑减⑨大臣之威重，罢无能，废无用，损不急之官⑩，塞私门之请⑪，一楚国之俗，禁游客之民，精耕战之士，南收杨越，北并陈、蔡，破横散从⑫，使驰说⑬之士无所开其口，禁朋党以励百姓，定楚国之政，兵震天下，威服诸侯。功已成矣，而卒枝解。大夫种为越王深谋远计，免会稽之危，以亡为存，因辱为荣，垦草入邑，辟地殖谷，率四方之士，专上下之力⑭，辅勾践之贤，报夫差之仇，卒擒劲吴，令越成霸。功已彰而信矣，勾践终负而杀之。此四子者，功成不去，祸至于此。此所谓

---

①乘：升，达到。至盛：指功名极为煊赫。 ②奸本：邪恶的根源。 ③静生民：安定人民。静：通“靖”。一其俗：统一文化教令。 ④利土：尽地力，使土地发挥效益。 ⑤一室无二事：一家不操二业，指专事耕战之业。一说，户有两男，要分居生活。 ⑥稸：积蓄。 ⑦车裂：古代酷刑之一。以车撕裂人体。 ⑧北坑马服：指秦、赵长平之战，坑杀马服子赵括的军队。坑：活埋。 ⑨卑减：降低和削弱。 ⑩损：裁减。 ⑪私门：指豪门贵族。 ⑫破横散从：指拆穿纵横机谋的辩说。从：同“纵”。 ⑬驰说：往来游说。 ⑭专：集聚。

信而不能诎[①]，往而不能返者也。范蠡知之，超然辟世，长为陶朱公。君独不观夫博者乎[②]？或欲大投[③]，或欲分功[④]，此皆君之所明知也。

“今君相秦，计不下席，谋不出廊庙[⑤]，坐制诸侯；利施三川[⑥]，以实宜阳；决羊肠之险[⑦]，塞太行之道；又斩范、中行之涂，六国不得合从；栈道千里，通于蜀汉，使天下皆畏秦，秦之欲得矣，君之功极矣，此亦秦之分功之时也。如是而不退，则商君、白公、吴起、大夫种是也。吾闻之，‘鉴于水者见面之容，鉴于人者知吉与凶’。《书》[⑧]曰‘成功之下，不可久处’。四子之祸，君何居焉？君何不以此时归相印，让贤者而授之，退而岩居川观，必有伯夷之廉，长为应侯，世世称孤，而有许由、延陵季子之让，乔松之寿[⑨]，孰与以祸终哉？即君何居焉？忍不能自离，疑不能自决，必有四子之祸矣。《易》曰‘亢龙有悔[⑩]’，此言上而不能下，信而不能诎，往而不能自返者也。愿君孰计之[⑪]！”

应侯曰：“善。吾闻‘欲而不知止，失其所以欲；有而不知足，失其所以有’。先生幸教，睢敬受命。”于是乃延入坐[⑫]，为上客。

后数日，入朝，言于秦昭王曰：“客新有从山东来者曰蔡泽，其人辩士，明于三王之事，五伯之业，世欲之变，足以寄秦国之政[⑬]。臣之见人甚众，莫及[⑭]，臣不如也。臣敢以闻。”秦昭王召见，与语，大说之，拜为客卿。

---

①信：通“伸”。诎：通“屈”。 ②博：博弈，赌博。 ③大投：下大赌注。 ④分功：分次下小赌注，指逐次获胜。 ⑤廊庙：指朝廷。 ⑥施：施展，展开。 ⑦决：打通。 ⑧《书》：指《逸周书》。 ⑨乔松之寿：将与仙人王乔、赤松子同寿。乔：指周灵王太子王乔。松：神农时雨师赤松子。 ⑩亢龙有悔：引自《易·乾》卦。意思是，龙飞得过高既不能上升又不能下降因而后悔。此语喻指身居高思位，应力戒骄傲。亢：极高。 ⑪孰计：认真考虑。孰：通“熟”。 ⑫延入坐：礼请入座。 ⑬寄：托付，委托。 ⑭莫及：没有人能赶得上（蔡泽）。

应侯因谢病请归相印。昭王强起应侯，应侯遂称病笃①。范雎免相，昭王新说蔡泽计画，遂拜为秦相，东收周室。

蔡泽相秦数月，人或恶之，惧诛，乃谢病归相印，号为纲成君。居秦十馀年，事昭王、孝文王、庄襄王。卒事始皇帝，为秦使于燕，三年而燕使太子丹入质于秦。

太史公曰：韩子称"长袖善舞，多钱善贾"，信哉是言也！范雎、蔡泽世所谓一切辩士②，然游说诸侯至白首无所遇者，非计策之拙，所为说力少也③。及二人羁旅入秦，继踵取卿相，垂功于天下者，固强弱之势异也。然士亦有偶合，贤者多如此二子，不得尽意，岂可胜道哉！然二子不困厄，恶能激乎？

【译文】

范雎，魏国人，字叔。他曾周游列国，想在魏王手下任职服务，可是家境贫寒，没有办法筹集活动资金，就先在魏国中大夫须贾门下混事。

有一次，须贾为魏昭王出使齐国办事，范雎也跟着去了。他们在齐国逗留了几个月，也没什么结果。当时齐襄王得知范雎很有口才，就派人给范雎送去十斤黄金以及牛肉美酒之类的礼物，但范雎一再推辞不敢接受。须贾知道了此事，十分恼火，认为范雎必是把魏国的秘密出卖给齐国了，所以才得到这些馈赠，于是他让范雎收下牛肉美酒之类的食品，而把黄金送回去。回到魏国后，须贾心里恼怒嫉恨范雎，就把此事报告给魏国宰相。魏国宰相是魏国的公子之一，叫魏齐。魏齐听后大怒，就命家臣用板子、荆条抽打范雎，打得范雎胁折齿断。当时范雎假装死去，魏齐就派人用席子把他卷了卷，扔在厕所里。又让宴饮的宾客喝醉，轮番往范雎身上撒尿，故意污辱他借以警戒以后的人，让他们不敢再乱说。卷在席子里的范雎就对看守说："您如果放走我，我日后必定重重谢您。"

①病笃：病重。 ②一切：一世，一代。 ③所为说力少也：帮助游说成功的因素太少了。

看守有意放走范雎就向魏齐请示把席子里的死人扔掉算了。碰巧魏齐喝得酩酊大醉，就顺口答应说："可以吧。"范雎因而得以逃脱。后来魏齐后悔，又派人搜索范雎。魏国人郑安平听说此事，就带着范雎一起逃跑了，他们隐藏起来，范雎改名换姓，叫张禄。

在这时，秦昭王派出使臣王稽出使魏国。郑安平就假装做差役，侍候王稽。王稽问他："魏国有贤能的人士愿跟我一起到西边去的吗？"郑安平回答说："我的乡里有位张禄先生，想求见您，谈谈天下大事。不过，他有仇人，不敢白天出来。"王稽说："夜里你跟他一起来好了。"郑安平就在夜里带着张禄来拜见王稽。两个人的话还没谈完，王稽就发现范雎是个贤才，对他说："先生请在三亭冈的南边等着我。"范雎与王稽暗中约好见面时间就离去了。

王稽辞别魏国上路后，经过三亭冈南边时，载上范雎便很快进入了秦国国境。车到湖地时，远远望见有一队车马从西边奔驰而来。范雎便问："那边过来的是谁？"王稽答道："那是秦国国相穰侯去东边巡行视察县邑。"范雎就说："我听说穰侯独揽秦国大权，他最讨厌接纳各国的说客，这样见面恐怕要侮辱我的，我宁可暂在车里躲藏一下。"不一会儿，穰侯果然来到，慰问王稽后，停下车询问说："关东的局势有什么变化？"王稽答道："没有。"穰侯又对王稽说："使臣先生该不会带着那般说客一起来吧？这种人一点好处也没有，只是扰乱别人的国家罢了。"王稽赶快回答说："不敢。"两人随即告别而去。范雎对王稽说："我听说穰侯是个智谋之士，处理事情多有疑惑，刚才他怀疑车中藏着人，可是忘记搜查了。"于是范雎就跳下车来逃走，说："这件事穰侯一定会后悔的。"大约走了十几里路，穰侯果然派骑兵追回来搜查车子，没发现有人，这才作罢。王稽于是与范雎进了咸阳。

王稽向秦王报告了出使情况后，趁机进言道："魏国有位张禄先生，是天下难得的能言善辩之士。他说'秦王的国家处境危险已到了层层堆蛋的地步，能采用我的方略便可安全。但这些需面谈不能用书信传达'。所以我把他载到秦国来。"秦王不相信，只让范雎住在客舍，给他粗劣的饭食吃。就这样，范雎等待秦王接见有一年多。

当时，秦昭王已即位三十六年了。秦国在南面夺取了楚国的鄢、郢，楚怀王已在秦国被囚禁而死。在东面攻破了齐国。此前齐湣王曾经称帝，不久又取消帝号。秦国还曾多次围攻韩、赵、魏三国，扩张领土。昭王武功赫赫，因而讨厌那些说客，从不听信他们。

穰侯、华阳君是昭王母亲宣太后的弟弟，而泾阳君、高陵君都是昭王的同胞弟弟。穰侯做宰相，华阳君、泾阳君和高陵君接连做将军，他们都有封赐的领地，由于宣太后庇护的缘故，他们私家的财产甚至比王家还要多。等到穰侯做了秦国将军，他又要越过韩国和魏国去攻打齐国的纲邑、寿邑，想借此扩大他的陶邑封地。为此，范雎就上书启奏秦王说：

我听说圣明的君主推行政事，有功劳的人不可以不给奖赏，有才能的人不可以不授官职，劳苦大的人俸禄就多，功绩多的人爵位就高，能管众多事务的人官职就大。所以没有才能的人不敢担当官职，有才能的人也不会被埋没。假使您认为我的话可用，希望您推行并进一步使这种主张得以实现；如果认为我的话不可用，那么长久留我在这里也没有意义。俗话说："庸碌的君主奖赏他所宠爱的人，而惩罚他所厌恶的人；圣明的君主就不这样，奖赏一定施给有功的人，刑罚一定判在有罪人的身上。"如今我的胸膛耐不住铡刀和砧板，我的腰也承受不了小斧和大斧，怎么敢用毫无根据疑惑不定的主张来试探大王呢？即使您认为我是个微贱的人而加以轻侮，难道就不重视推荐我的人对您的担保吗？

况且我听说周室有砥砨，宋国有结绿，魏国有县藜，楚国有和氏璞玉，这四件宝玉，产于土中，为著名的工匠所遗弃，但它们终究成为天下的名贵器物。既然如此，那么圣明君主所抛弃的人，难道就不能够使国家强大吗？

我听说善于使自己封地丰足的大夫，要向国家窃取财富；善于使一国富足的国君，要从各分封国中取利。而天下有了圣明的君主那么诸侯就不得独自豪富，这是什么道理呢？是因为它们会削割国家而使自我显贵。高明的医生能知道病人的生死，圣明的君主能明了国事的成败，认为于国家有利的就实行，有害的就舍弃，有疑惑的就稍加试验，即使舜和禹死而复生，也不能改变这种方略。要说最深切的话语，我不敢写在书信上，一些浅露的话又不值得您一听。想来是我愚笨而不符合大王的心意吧？还是推荐我的人人贱言微而不值得信用呢？如果不是这样，我希望您赐给少许游览观赏的空隙，让我拜见您一次。如果一次谈话没有效果，我请求伏罪受死。

读了这封书信，秦昭王十分高兴，便向王稽表示了歉意，要他用专车去接范雎。

这样，范雎才得以去离宫拜见秦昭王，到了宫门口，他假装不知道是内宫的通道，就往里走。这时恰巧秦昭王出来，宦官发怒，驱赶范雎，呵斥道："大王来了！"范雎故意乱嚷着说："秦国哪里有什么王？秦国只有太后和穰侯罢了。"他想用这些话激怒秦昭王。昭王走过来，听到范雎正在与宦官争吵，便上前去迎接范雎，并向他道歉说："我本该早就向您请教了，正遇到处理义渠事件很紧迫，我早晚都要向太后请示；现在义渠事件已处理完毕，我才能来向您请教。我这个人很糊涂、不聪敏，让我向您敬行一礼。"范雎谦逊地推辞。这一天凡是看到范雎谒见昭王情况的臣子，没有一个不是肃然起敬的。

秦昭王喝退了左右近臣，宫中没有别的人。这时秦昭王长跪着向范雎请求道："先生怎么赐教我？"范雎说："是，是。"停了一会，秦昭王又长跪着向范雎请求说："先生怎么赐教我？"范雎说："是，是。"像这样询问连续三次。秦昭王长跪着说："先生终究也不肯赐教我了吗？"范雎说："不敢这样。我听说从前吕尚遇到周文王时，他只是个渭水边上钓鱼的渔夫罢了。像他们这种关系，就属于交情生疏。但文王听完他的一席话便立他为太师，并立即用车载着他一起回宫，就是因为他的这番话说到了文王的心坎里。因此文王便得到吕尚的辅佐，终于统一了天下。假如当初文王疏远吕尚而不与他深谈，这样周朝就没有做天子的气运，而文王、武王也就无人辅佐来成就他们统一天下的大业了。如今我是个寄居异国他乡的臣子，与大王关系疏远，而我所希望陈述的都是匡扶补正国君的大事，我处在大王与亲人的骨肉关系之间来谈这些大事，本愿献出我的一片忠心，可不知大王心里是怎么想的。这就是大王连续三次询问我而我不敢回答的原因。我并不是害怕什么而不敢说出来。我明知今天向您陈述主张，明天就可能伏罪受死，然而我不想逃避。大王果真照我的话办了，受死不值得我忧患，流放不值得我苦恼，就是漆身生癞，披发装疯我也不会感到羞耻。况且，像五帝那样的圣明终不免死去，三王那样的仁义也不免死去，春秋五霸那样的贤能都死了，乌获、任鄙那样力大无比也难免一死，成荆、孟贲、王庆忌、夏育那样勇猛威武也一个个死去了。由此可见，死是每个人一定不能避免的。处于明了必然死去的形势下，能够对秦国稍稍有所补益，这就是我的最大愿望，我又担忧什么呢！过去伍子胥被装在口袋里逃出了昭关，路上夜里行走，白天隐藏，走到陵水，连饭也吃不上了，只好爬着前行，裸出上身，叩着响头，鼓起肚皮吹笛子，在吴国街市上到处行乞讨饭，后来终于振兴了吴国，让吴王阖闾成为霸主。假使我能像伍子胥一样极尽智谋效忠秦国，就是再把我囚禁起来，终身不再见大王，这样我的主张实行了，我又担忧什么呢？过去箕子、接舆漆身生癞，披发装疯，可是对君主毫无益处。假使我也跟箕子有同样的遭遇披发装疯，可是能够对我认为贤能的君主有所补益，这是我的最大荣幸，我又有什么耻辱的？我所担忧的，只是怕我死后，天下人看见我为君主尽忠反而遭到死罪，因此闭口停步，没有谁肯向秦国来罢了。现在您在上面畏惧太后的威严，在下面被奸臣的惺惺作态所迷惑，自己身居深宫禁院，离不开左右近臣的把持，终身迷惑不清，也没人帮助您辨出奸邪。长此下去，从大处说国家覆亡，从小处说您自身陷入孤立无援的危险境地，这是我所最担忧的。至于说困穷、屈辱一类的事情，处死、流亡之类的灾祸，我是从不害怕的。如果我死了而秦国得以大治，这是我死了比活着更有意义。”秦昭王长跪着说：“先生这是说的什么话！秦国偏僻远处一隅，我本人愚笨无能，先生竟屈尊光临此地，这是上天恩准我烦劳先生来保存我的先王的遗业啊。我能受到先生的教诲，这正是上天宠幸先王，而不抛弃他们的这个后代啊。先生怎么说这样的话呢！从这以后，事情无论大小，上至太后，下到大臣，有关问题希望先生毫无保留地给我以指教，不要怀疑我。”范雎听了后行跪拜礼，秦昭王也连忙还礼。

范雎说：“大王的国家，四面都是坚固的要塞，北面有甘泉高山、谷口险隘，南面环绕着泾河、渭河，右边是陇山、蜀道，左边是函谷关、殽阪山，雄师百万，战车千辆，有利就进攻，不利就退守，这是据以建立王业的好地方啊。百姓不敢因私事而争斗，却勇敢地为国家去作战，这是据以建立王业的百姓啊。现在大王同时兼有地利、人和这两个有利条件。凭着秦国士兵的勇猛，战车的众多，去制服诸侯，就如同放出韩国壮犬去捕捉跛足的兔子那样容易，称王称霸的事业是完全能够办到的，可是您的臣子们却都不称职。秦国到现今闭关固守已十五年，之所以不敢伺机向崤山以东进兵，这都是因为穰侯为秦国出谋划策不肯竭尽忠心，而大王的计策也有失误之处啊。”秦昭王长跪着说：“我愿意听您说说我的失策之处。”

可是范雎发觉谈话时周围有不少偷听的人，心里畏惧不安，不敢谈宫廷内部太后专权的事，就先谈穰侯对诸侯国的外交谋略，借此观察一下秦王的态度。于是凑向昭王面前说：“穰侯越过韩、魏两国去进攻齐国的纲邑、寿邑，这不是个好计策。出兵少就不能损伤齐国，出兵多反会损害秦国自己。我猜测大王的计策，是想自己少出兵而让韩、魏两国尽遣兵力来协同秦国，这就违背情理了。现在已发现这两个友国实际并不真正亲善，您却要越过他们的国境去进攻齐国，合适吗？这在计策上考虑太欠周密了。先前，齐湣王向南攻打楚国，杀楚军、斩楚将，开辟了千里之遥的领土，可是最后齐国连寸尺大小的土地也没得到，难道是不想得到土地吗，是形势迫使它不可能占有啊。各国看到齐国已疲惫困顿国力大衰，君臣又不和，便发兵进攻齐国，结果大败齐国。齐国将士受辱溃不成军，上下一片责怪齐王之声，说：‘策划攻打楚国的是谁？’齐王说：‘是田文策划的。’于是齐国大臣发动叛乱，田文被迫逃亡出走。由此可见齐国大败的原因，就是因为它耗尽兵力攻打远方的楚国，反而壮大了韩、魏两国。这就叫作把兵器借给强盗，把粮食送给窃贼啊。大王不如结交远邦而攻伐近国，这样攻取一寸土地就成为您的一寸土地，攻取一尺土地也就成为您的一尺土地。如今放弃近国而攻打远邦，不也太荒谬了吗？过去中山国领土有方圆五百里，赵国独自把它吞并了，功业建成，名声高扬，利益到手，天下没有谁能侵害它。现在韩、魏两国，地处中原是天下的中心部位，大王如果打算称霸天下，就必须先亲近中原国家，把它作为掌握天下的关键，以此威胁楚国、赵国。楚国强大您就亲近赵国，赵国强大您就亲近楚国，楚国、赵国都亲附您，齐国必然恐惧了。齐国恐惧，必定低声下气拿出丰厚财礼来事奉秦国。齐国亲附了秦国，那么韩、魏两国就可乘势收服了。”昭王说：“我早就想亲近魏国了，可是魏国是个翻云覆雨变化无常的国家，我无法同它亲近。请问怎么才能亲近魏国？”范雎回答道：“大王可以先说好话送厚礼来靠拢它；不行的话，就割让土地收买它；再不行，就发兵攻打它。”昭王说：“我就恭候您的指教了。”于是任命范雎为客卿，同他一起谋划军事。终于听从了范雎的谋略，派五大夫绾带兵攻打魏国，拿下了怀邑。两年后，又攻下了邢丘。

客卿范雎后来又劝说昭王道：“秦、韩两国的地形，犬牙交错简直就像交织的刺绣一样。秦国境内伸进韩国的土地，就如同树干中生了蛀虫，人身内患了心病一样。天下的形势没有变化就罢了，一旦发生变化，给秦国造成祸患的还有谁能比韩国大呢？大王不如拉拢韩国。”昭王说：“我本来就想拢住韩国，可是韩国不听从，对它该怎么办才好？”范雎回答道：“韩国怎么能不听从呢？您进兵去攻荥阳，那么韩国由巩县通成皋的道路就不通了；在北面切断太行山要道，那么上党的军队就不能南下。大王一旦发兵进攻荥阳，那么韩国就会被分割成三块孤立的地区。韩国眼见必将灭亡，怎么能不听从呢？如果韩国服帖了，那么就可乘势盘算称霸的大业了。”昭王说：“好。”就准备派使臣到韩国去。

范雎一天比一天得到秦昭王信任，转眼间受到秦昭王的信用就有几年了，一次范雎找机会对昭王说：“我住在山东时，只听说齐国有田文，从没听说齐国有齐王;只听说秦国有太后、穰侯、华阳君以及高陵君、泾阳君,从不曾没听说秦国有秦王。独掌国家大权的称作王,能够兴利除害的称作王,掌握生杀予夺权势的称作王。现在太后独断专行毫无顾忌,穰侯出使国外从不报告,华阳君、泾阳君等人惩处断罚随心所欲,高陵君任免官吏也从不请示。这四种权贵凑在一起而国家却没有危险,那是从来没有过的。人们处在这四种权贵的统治下,心目中就没有秦王了啊。既然如此,那么大权怎么能不旁落,政令又怎么能由大王发出呢?我听说善于治国的君主,就是要在国内使自己的威势牢固而对国外使自己的权力集中。穰侯派出的使臣操持着大王的威权,对诸侯国发号施令,他又向天下遍派持符使臣订盟立约,征讨敌国,没有谁不敢听命。如果打了胜仗,夺取了城地就把好处归入陶邑,国家一旦遭到困厄就受制于诸侯;如果打了败仗就会让百姓怨恨国君,而把祸患推给国家。有诗说:'树上结果太多就要压折树枝,树枝断了就会伤害树心;封地城邑太大就要危害国都,抬高臣属就会使君主卑微。'从前崔杼、淖齿在齐国专权,崔杼射中齐庄公的大腿并杀死了他,淖齿抽了齐滑王的筋,把他悬吊在庙梁上,一夜就吊死了。李兑在赵国专权,把赵武灵王囚禁在沙丘的宫里,一百天后困饿而死。如今我听说秦国的太后、穰侯当权,高陵君、华阳君和泾阳君辅佐他们,最终是不要秦王的,这也就是淖齿、李兑一类的人物啊。夏、商、周三代亡国的原因,就是君主把国家大权全都交给宠臣,自己恣意饮酒纵情游猎,不理朝政。他们授权任职的宠臣,一个个妒贤嫉能,瞒上欺下,谋取私利,从不替君主考虑,可是君主又不醒悟,因此丧失了自己的国家。如今秦国从小乡官到各个大官吏,再到大王的左右侍从,没有一个不是相国穰侯的人。我看到大王在朝廷孤单一人,我暗自替您害怕,在您之后,统治秦国的怕不是您的子孙了。"昭王听了这番话如梦初醒大感惊惧,说:"说得对。"于是废弃了太后,把穰侯、高陵君以及华阳君、泾阳君驱逐出国都。秦昭王就任命范雎为相国。收回了穰侯的相印,让他回到封地陶邑去,由朝廷派给车子和牛帮他拉东西迁出国都,装载东西的车子有一千多辆。到了国都关卡,守关官吏检查他的珍宝器物，发现珍贵奇异的宝物比王室还要多。

秦昭王把应城封给范雎，封号称应侯。这时，是秦昭王四十一年。

范雎做了秦国相国后，秦国人仍称他叫张禄，而魏国人对此毫无所知，认为范雎早已死了。魏王听到秦国即将向东攻打韩、魏两国的消息，便派须贾出使秦国。范雎听说须贾到了秦国，便隐蔽了相国的身份乔装出行，他穿着破旧的衣服偷空步行到客馆，见到了须贾。须贾一见范雎不禁惊愕道："范叔原来没有遭难啊！"范雎说："是啊。"须贾笑着说："范叔是来秦国游说的吧？"范雎答道："不是的。我前时得罪了魏国宰相，所以流落逃跑到这里，怎么能还敢游说呢！"须贾问道："如今你干些什么事？"范雎答道："我给人家做差役。"须贾听了有些怜悯他，便留下范雎一起坐下吃饭，又不无同情地说："范叔怎么竟贫寒到这个样子！"于是就取出了自己一件粗丝袍送给了他。须贾趁机问道："秦国的相国张君，你知道他吧。我听说他在秦王那里很得宠，有关天下的大事都由相国张君决定。这次我办的事情成败也都取决于张君。你小子有没有跟相国张君熟悉的朋友啊？"范雎说："我的主人很熟悉他。就是我也能求见的，请让我把您引见给张君。"须贾说："我的马病了，车轴也断了，不是四匹马拉的大车，我是决不出门的。"范雎说：我愿意替您向我的主人借来四匹马拉的大车。"

范雎回去弄来四匹马拉的大车，亲自给须贾驾车，直进了秦国相府。相府里的人看到范雎驾着车子，有些认识他的人都回避离开了。须贾见到这般情景感到很奇怪。到了相国办公地方的门口，范雎对须贾说："您等着我，我替您先进去向相国张君通报一声。"须贾就在门口等着，拽着马缰绳等了很长时间不见人来，便问门卒说："范叔进去很长时间了不出来，是怎么回事？"门卒说："这里没有范叔。"须贾说："就是刚才跟我一起乘车进去的那个人。"门卒说："他就是我们相国张君啊。"须贾一听大惊失色，自知被诓骗进来，就赶紧脱掉上衣光着膀子双膝跪地而行，托门卒向范雎认罪。于是范雎坐在富丽堂皇的帐幕中，招来许多侍从，才让须贾上堂来见。须贾见到范雎后叩头自称死罪，说："我没想到您靠自己的能力达到这么高的尊位，我从此不敢再读天下的书，也不敢再参与天下的事了。我犯下了应该煮杀的大罪，把我抛到荒凉野蛮的胡貉地区我也心甘情愿，是死是活，听凭您的处理！”范雎说：“你的罪状有多少？”须贾连忙答道：“拔下我的头发来数我的罪过，也不够数。”范雎说：“你的罪状有三条。从前楚昭王时，申包胥为楚国谋划打退了吴国军队，楚王把楚地的五千户赐封给他，申包胥推辞不肯接受，因为他的祖坟安葬在楚国，打退吴军也可保住他的祖坟。现在我的祖坟在魏国，可是你以前认为我对魏国有外心要暗通齐国，因而在魏齐面前说我的坏话，这是你的第一条罪状。当魏齐把我扔到厕所里肆意侮辱我时，你不加制止，这是第二条罪状。更有甚者你喝醉之后往我身上撒尿，你何等的忍心啊？这是第三条罪状。但是你之所以能不被处死，是因为从今天你赠我一件粗丝袍看还有点老朋友的依恋之情，所以我释放你。”于是辞开须贾，结束了会见。随即范雎进宫把事情的原委报告了昭王，打发须贾回国。

须贾去向范雎辞行，范雎便大摆宴席，请来各国的使臣，与他同坐堂上，酒菜饭食摆设得很丰盛。而让须贾坐在堂下，在他面前放了一槽草豆掺拌的饲料，又命两个受过墨刑的犯人在两旁夹着，像喂马一样喂他吃饲料。范雎责令他道：“替我告诉魏王，赶快把魏齐的脑袋拿来！不然的话，我就要屠平大梁。”须贾回到魏国，把情况告诉了魏齐，魏齐大为惊恐，便逃到了赵国，躲藏在平原君的家里。

范雎任秦相之后，王稽曾对范雎说：“事情不能预知的有三件，毫无办法的也有三件。君王说不定哪一天死去，这是不可预知的第一件事。您突然死去，这是不可预知的第二件事。假使我突然死去，这是不可预知的第三件事。如果君王有一天死去，您即使因我没被君王重用而感到遗憾，那是毫无办法的。如果您突然死去，您即使为还未报答我而感到遗憾，那也是毫无办法的。假使我突然死去，您即使因不曾及时推荐我而感到遗憾，那也是毫无办法的。”范雎听了闷闷不乐，就入宫向秦王进言说：“不是王稽对秦国的忠诚，就不能把我带进函谷关；不是大王的贤能圣明，就不能使我如此显贵。如今我的官位做到相国，爵位已封到列侯，可王稽还仅是个谒者，这不是他带我进来的本意吧。”秦昭王便召见王稽，命他做河东郡守，并且允许他三年之内可以不向朝廷汇报郡内的政治、经济情况。范雎又向秦昭王举荐曾保护过他的郑安平，昭王任命郑安平为将军。范雎于是散发家里的财物，用来报答所有那些曾帮助过他而处境困苦的人。只要有给他一顿饭吃的小恩小惠他也是必定报答的，而瞪过他一眼的小怨小仇他也是必定报复的。

范雎任秦相的第二年，就是秦昭王四十二年，秦国向东进攻韩国的少曲和高平，拿下了这两个城邑。

秦昭王听说魏齐藏在平原君的家里，想替范雎一定报这个仇，就假装交好写了一封信给平原君说：“我久闻您为人有高尚的道德情义，希望跟您交个像平民百姓一样无拘无束的知心朋友。希望您到我这里来，我愿同您开怀畅饮十天。”平原君本就畏惧秦国，看了信又认为秦昭王真的有意交好，便到秦国去见秦昭王。昭王陪着平原君宴饮了几天，便对平原君说：“从前周文王得到吕尚尊他为太公，齐桓公得到管夷吾尊他为仲父，如今范先生也是我的叔父啊。范先生的仇人住在您家里，希望您派人把他的脑袋取来；不然的话，我就不让您出函谷关。”平原君说：“显贵了还要交低贱的朋友，是为了不忘低贱时的情谊；豪富了还要交贫困的朋友，是为了不忘贫困时的友情。魏齐，是我的朋友，即使他在我家，我也决不会把他交出来，何况现在他根本不在我家呢。”昭王又给赵国国君写了一封信说：“大王的弟弟在秦国，而范先生的仇人魏齐就在平原君家里。大王派人赶快拿他的脑袋来；不然的话，我要发动军队攻打赵国，而且不放大王的弟弟出函谷关。”赵孝成王看了信就派士兵包围了平原君的家宅，危急中，魏齐连夜逃出了平原君家，去见赵国宰相虞卿。虞卿估计赵王不可能说服，就解下自己的相印，跟魏齐一起逃出了赵国，两人抄小路奔逃，想来想去各国都没有能急人之难而可以投靠的人，就又奔回大梁，打算通过信陵君投奔到楚国去。信陵君听到了这个消息，害怕秦国找上门来，有些犹豫不决不肯接见他们，就向周围的人说：“虞卿是怎样的人呢？”当时侯嬴也在旁边，就回答说：“人固然很难被别人了解，可了解别人也不是件容易的事。虞卿脚踏草鞋，肩搭雨伞，远行而到赵国，第一次见赵王，赵王赐给他白璧一对，黄金百镒；第二次见赵王，赵王任命他为上卿；第三次见赵王，终于得到相印，赐封万户侯。当时，天下人都争着了解虞卿的为人。魏齐走投无路时投奔了虞卿，虞卿根本不把自己的高官厚禄看在眼里，丢下相印，抛弃万户侯的爵位而与魏齐逃走。能把别人的困难当作自己的困难来投奔您，您还问'这个人怎么样'。人固然很难被别人了解，了解别人也实在不容易啊！"信陵君听了这番话深感惭愧，赶快驱车到郊外去迎接他们。可是魏齐听说信陵君当初不大肯接见他的消息，便一怒之下刎颈自杀了。赵王得知魏齐自杀身亡，终于取了他的脑袋送到秦国。秦昭王这才放平原君回赵国。

昭王四十三年，秦国进攻韩国的汾陉，夺占了它，并在靠着黄河边上的广武山筑城。

五年之后，昭王采用应侯的计谋，施行反间计使赵国上当，赵国因为这个缘故，让马服君赵奢的儿子赵括代替廉颇统帅军队。结果秦军在长平大败赵军，进而围攻邯郸。此后不久应侯与武安君白起结下了怨仇，就向昭王进谗言而把白起杀了。于是昭王任用郑安平，派他领兵攻打赵国。郑安平在战场上反被赵军团团围住，情况危急，带着二万人投降了赵国。对此应侯自知罪责难逃，就跪在草垫上请求惩处治罪。按秦国法令，举荐了官员而被举荐的官员犯了罪，那么举荐人也同样按被举荐官员的罪名治罪。这样应侯应被处以拘捕三族的罪行。秦昭王恐怕伤害了应侯的感情，就下令国都内："有敢于议论郑安平事件的，一律按郑安平的罪名治罪。"同时加赏相国应侯更为丰厚的食物，以使他安心。此后二年，王稽做河东郡守，曾与他国有勾结，因犯法而被诛杀。因此应侯一天比一天懊丧。

后来，有一天昭王上朝时不断叹息，应侯走上前去说："我听说'人主忧虑是臣下的耻辱，人主受辱是臣下的死罪'。今天大王当朝处理政务而如此忧虑，我请求给我惩处。"昭王说："我听说楚国的铁剑锋利而歌舞演技拙劣。这个国家的铁剑锋利那么士兵就勇敢，歌舞演技拙劣那么国君的谋计必定深远。楚王心怀深远的谋略而指挥勇敢的士兵，我恐怕楚国要在秦国身上打算盘。事情不在平日做好准备，就不能够应付突然的变化。如今武安君已死，而郑安平等人叛变了，国内没有能征善战的大将，而国外敌对国家又很多，我因此忧虑。”昭王之意在于以此激励应侯。而应侯听了却感到恐惧，也想不出什么办法来。蔡泽听到这种情况，便从燕国来到秦国。

蔡泽，燕国人。曾周游列国从师学习，向许多大小诸侯谋求官职，可是没有得到信用。有一次他请唐举相面，说：“我听说先生给李兑相面，说‘一百天内将掌握一国的大权’，有这样的事吗？”唐举回答说：“有的。”蔡泽说：“像我这样的人你看怎么样？”唐举仔细地看了一番便笑着说：“先生是朝天鼻，端肩膀，凸额头，塌鼻梁，罗圈腿。我听说圣人不在乎相貌，大概说的是先生吧？”蔡泽知道唐举是讥笑自己，就说：“富贵那是我本来就有的，我所不知道的是寿命的长短，希望听听你的说法。”唐举说：“先生的寿命，从今以后还有四十三岁。”蔡泽笑着表示感谢便走开了，随后对他的车夫说：“我端着米饭吃着肥肉，赶着马车奔驰，手抱黄金大印，腰系紫色绶带，在人主面前备受尊重，享受荣华富贵，四十三年该满足了。”便离开燕国到了赵国，但被赵国赶了出来。随即前去韩国、魏国，路上遇着强盗抢走了他的锅鼎之类的炊具。他听说应侯举荐的郑安平和王稽都在秦国犯下大罪，应侯内心惭愧，蔡泽就向西来到秦国。

他准备去拜见秦昭王，先派人在应侯面前扬言一番来激怒应侯说：“燕国来的宾客蔡泽，那是个天下见识超群，极富辩才的智谋之士。他只要一见秦王，秦王一定使您处于困境，剥夺您的权位。”应侯听了这些话，说道：“五帝三代的事理，诸子百家的学说，我都是熟悉的，许多人的巧言雄辩，我都能折服他们，这个人怎么能使我难堪而夺取我的权位呢？”于是就派人去召蔡泽来。蔡泽进来了，只向应侯作了个揖。应侯本来就不高兴，等见了蔡泽，看他又如此傲慢，应侯就斥责他说：“你曾扬言要取代我做秦国的宰相，可曾有这种事吗？”蔡泽回答说：“有的。”应侯说：“让我听听你的说法。”蔡泽说：“呦！您认识问题多么迟钝啊！一年之中春、夏、秋、冬四季交替，各自完成了它的使命就自动退去。人的身体各个部分都很健壮，手脚灵活，耳朵听得清，眼睛看得明，心灵聪慧，这难道不是士人的愿望吗?”应侯说:“是的。”蔡泽说:“以仁为本，主持正义，推行正道，施行恩德，在天下实现自己的志向，天下人拥护爱戴而尊敬仰慕他，都希望让他做君主，这难道不是善辩明智之士的希望吗?”应侯说:“是的。”蔡泽又说:“位居富贵显赫荣耀，治理一切事物，使它们都能各得其所;性命活得长久，平安度过一生而不会夭折;天下都继承他的传统，固守他的事业，并永远流传下去;名声与实际相符完美无缺，恩泽远施千里之外，世世代代称赞他永不断绝，与天地一样长久:这难道不是推行正道广施恩德的效果，圣人所说的吉祥善事么?”应侯说:“对。”

蔡泽说:“至于说到秦国的商鞅，楚国的吴起，越国的大夫文种，他们的悲惨结局也值得羡慕吗?”应侯知道蔡泽要用这些话来堵自己的嘴，从而说服自己，便故意狡辩说:“为什么不值得? 那个公孙鞅事奉秦孝公，终身没有二心，一心为国家而毫不顾念自身;设置刀锯酷刑来禁绝奸诈邪恶，切实论赏行罚以实现国家太平;剖露忠心，昭示真情，忍受怨恨，诱骗老友，捉住魏公子卬，使秦国的国家安定，百姓获利，终于为秦国擒敌将，破敌军，开拓疆域达千里之遥。吴起事奉楚悼王，使私人不能损害公家，奸佞谗言不能蔽塞忠良，议论不随声附和，办事不苟且保身，不因为有危险而改变自己的行动，坚持大义不躲避灾祸。就是这样为了使君主成就霸业，使国家强盛，决不躲避殃祸凶险。大夫文种事奉越王，即使君主遭困受辱，也竭尽忠心和毫不懈怠，即使君主面临断嗣亡国，也仍然竭尽全力挽救而不离开，越王复国大功告成而不骄傲自夸，自己富贵也不放纵轻慢。像这三位先生的表现，本来就是道德大义的标准，忠贞的典范。因此君子为了大义遭难而死，视死如归;活着受辱不如死了光荣。士人本当杀身以成全名节，只要是为了大义的存在，即使死了也没有什么遗憾的。为什么不值得呢?”

蔡泽说:“君主圣明，臣子贤能，这是天下的大福;国君英明，臣子正直，这是国家的福气;父亲慈爱，儿子孝顺，丈夫诚实，妻子忠贞，这是一家的福分。所以比干忠诚却不能保住殷朝，子胥聪明却不能保全吴国；申生孝顺可是晋国大乱。这些都是忠臣孝子，反而国家灭亡、大乱的事例，这是为什么呢？是因为没有英明的国君、贤能的父亲听取他们的声音，因此天下人都认为这样的国君和父亲可悲可耻，而怜惜同情他们的臣子和儿子。现在看来，商鞅、吴起、大夫文种作为臣子，他们是正确的；而他们的国君对待他们的态度是错误的。所以世人称说这三位先生建立了功绩却不得好报，难道是羡慕他们不被国君了解而无辜死去吗？如果只有用死才可以树立忠诚的美名，那么微子就不配称为仁人，孔子就不配称为圣人，管仲也不配称为伟大人物了。人们要建功立业，难道不期望功成人在吗？自身性命与功业名声都能保全的，这是上等。功名可让后世效法而自身性命不能保全的，这是次等。名声蒙受诟辱而自身性命得以保全的，这是下等。”说到这里，应侯称赞讲得好。

蔡泽抓住了应侯“称善”的这个缝隙，趁机说：“商鞅、吴起、大夫文种，他们作为臣子竭尽忠诚建立功绩那是令人仰慕的，闳夭奉事周文王，周公辅佐周成王，难道不也是竭尽忠诚极富智慧吗？从君臣的关系看，商鞅、吴起、大夫文种的令人仰慕，比起闳夭、周公来怎么样呢？”应侯说：“商君、吴起、大夫文种比不上闳夭、周公。”蔡泽说：“既然这样，那么您的主上慈爱仁义信用忠良，厚道诚实笃念旧情，重视贤能，跟那些有才能明大理的人士关系极为密切，情义深厚不背弃功臣，在这些方面比起秦孝公、楚悼王、越王来怎么样呢？”应侯说：“不知道怎么样。”蔡泽说：“如今您的主上亲近忠臣，是超不过秦孝公、楚悼王、越王的，您施展才能，努力替主上解决危难，整治国家，平定叛乱，增强兵力，排除灾祸，消除灾难，拓宽疆域，增种谷物，使国家富强，百姓富足，加强主上的权力，提高国家的威望，显示王族的高贵，天下没有哪一个敢于侵凌冒犯您的主上，主上的声威压倒一切诸侯，震动海内四方，功业显扬于万里以外的地方，声名光辉灿烂，流传千秋万代，在这些方面您比起商鞅、吴起、大夫文种来怎么样？”应侯说：“我比不上。”蔡泽说：“如今您的人主亲近忠臣，不忘旧情比不上秦孝公、楚悼王、越王勾践，而您的功绩以及受到的信任、宠爱又比不上商鞅、吴起、大夫文种，可是您的官职爵位显贵至大，家产的富有超过了他们三位，而自己不知引退，恐怕您遭到祸患要比他们三位更惨重，我私下替您感到忧惧啊。俗话说‘太阳升到正中就要逐渐偏斜，月亮达到圆满就要开始亏缺’。事物发展到鼎盛就要衰落，这是天地间万事万物的常规。进退伸缩，附和时势的变化，这是圣人恪守的常理。所以‘国家政治清明就出来做官，国家政治昏暗就隐退’。圣人说‘明君在位，有作为的人就应当辅佐以施展抱负’。‘用不正当的手段得到的富贵，在我看来就如同浮云一样。’现在您的怨仇已经报复，恩德已经报答，心愿已经满足，可是却没有应变的谋划，我私下认为您不该采取这种态度。

“再说了，翠鸟、鸿鹄、犀牛、大象这些动物，它们所处的形势位置，不是不远离死亡的，可是它们之所以死亡，其原因就是被食物所迷惑。像苏秦、智伯那样的机智多谋，不是不能够避开耻辱远离死亡，可是他们之所以死于非命，其原因就是被贪得无厌所迷惑。因此圣人才制定礼法，节制欲望，向百姓征收财物要有一定的限度，使用百姓要按时节，也要有一定的节制，所以心志不过分强求，行动不骄横无理，时时事事严守这些原则而不背离它，因此天下才承继他们的事业而永不断绝。从前，齐桓公曾九次盟会诸侯，使天下归正，但到葵丘之会时，他有骄横自大之意，结果许多国家叛离了他。吴王夫差的军队无敌于天下，依仗勇猛强悍而轻视各国，侵犯齐国、晋国，所以终于自己被杀，国家灭亡。夏育、太史嗷勇猛异常一声呼喊可以吓退大军，但是最后死在平庸之辈的手里。这些都是到了名功极为煊赫时而不能回到常规常理上来，不能自甘谦下、自我节制所招来的祸患啊。商鞅为秦孝公制法令昭示全国，禁绝奸邪的根源，崇尚封爵制度有功必定奖赏，有罪必定惩罚，统一度量衡，调节商品、货币流通等轻重关系，铲除纵横交错的田埂，允许认垦荒田，使百姓生活安宁而统一民俗，鼓励百姓耕作，使土地充分发挥效益，一家不操二业，努力种田积贮粮食，平时演练军事战阵，因此军队一出动就能扩展领土，军队休整就可使国家富足，所以秦国无敌于天下，在各国建立了威信，奠定了秦国的基业。功业告成，结果身遭车裂而死。楚国地域方圆几千里，士兵有百万之多，白起率领几万人的部队与楚军交战，第一次交战就攻克了鄢、郢，烧毁了夷陵，第二次交战在南面兼并了蜀汉地区。后来又越过韩国和魏国去进攻强大的赵国，在北面坑杀了马服子赵括的军队，把四十多万人全部屠杀在长平城下，血流成河，血水咆哮如同雷鸣，进而围攻邯郸，使秦国形成帝王的事业。楚国、赵国是天下的强大国家却是秦国的仇敌，从此之后，楚国、赵国都因恐惧而屈服不敢再进攻秦国，这是白起杀出的威势啊。白起亲自征服了七十多座城邑，功业告成，却终于在杜邮被勒令自杀。吴起为楚悼王制定法令，削弱大臣的权力，罢免庸才，废黜无用之辈，裁减可有可无的官员，杜绝豪门贵族的请托，整饬划一了楚国的风俗，禁止游民无业游荡，选练既能耕田又能作战的农民士兵，向南收取了杨越，向北兼并了陈、蔡两国，拆穿纵横机谋的无用辩说，让那些往来游说的人无法开口，禁止结党营私而鼓励百姓为国耕战，使楚国政治安定，兵力震动天下，威慑诸侯各国。功业告成，可是最后惨遭肢解而死。大夫文种为越国国君深谋远虑，避免了会稽被困亡国在即的危急，在危亡中求得了生存，借着君臣受辱而求得了复国的光荣，开垦荒地，招募游民充实城邑，开辟农田，种植谷物，统率全国各地的民众，把上上下下的力量团结起来，辅助勾践这样贤能的君王，报了夫差的仇恨，终于灭掉了强大的吴国，使越国成为霸主。功业彰明而获得信望，可是勾践终于忘恩负义把他杀了。这四位先生，功业完成了却不离开官职，遭祸竟至于如此悲惨。这就是人们所说的能伸而不能屈，能往而不能返啊。范蠡明白这个道理，所以他超脱世俗远避世事，永做个陶朱公。您难道没见过那些赌博的人吗？有时要下大赌注，有时要分次下小赌注，这些都是您所明明白白知道的。

“现在您任秦国相国，出计不必离开座位，定谋略不必走出朝廷，坐而指挥即可控制诸侯；谋取三川之地，展开威势，用来增强宜阳实力；打通羊肠坂道的天险，堵塞太行山的通路；切断范氏、中行氏这些韩、魏领土上的要道，使六国诸侯不能联合；栈道连绵千里，可通往蜀汉地区，使天下诸侯都畏惧秦国，秦国的欲望满足了。您的功业也达到了顶点，这也就到了秦国要分次下小赌注的时候了。若在这时还不引退,那就是商鞅、白起、吴起、大夫文种的结局。我听说过这样的话‘用水来照镜,可以看清自己的面容,用别人作借鉴,可以明知事情的吉凶’。《书》上说‘功成名就的地方,是不能久留的’。这四位先生的灾祸,您何必再去经受呢?您为什么不在这时送回相印,把它让给贤能的人,自己退隐林泉,一定有伯夷正直廉洁的美名,长享应侯爵位,世世代代称侯,而且有许由、延陵季子谦让的声誉,像王乔、赤松子一样的长寿,这么做比起终遭灾祸来怎么样?那么您看处于哪种情况好呢?忍耐而不能自动离去,犹疑而不能自我决断,必定会遭到四位先生的灾难。《易经》上说‘龙飞得过高达到顶点既不能上升又不能下降,一定后悔’,这句话说的就是能上不能下,能伸不能屈,能往不能自觉返回所造成的状态,让人们警惕。希望您仔细考虑这个问题!”

应侯说:“好的。我听说‘有欲望而不知道满足,就会失去欲望;要占有而不知节制,就会丧失占有’。承蒙先生教导,我恭听从命。”于是便请蔡泽入座,尊为上客。

几天之后,应侯上朝,对秦昭王进言说:“有位新从山东过来的客人叫蔡泽,此人是个很有口才的人,对三王五霸的事业以及世俗的变迁他都了如指掌,秦国的大政完全可以托付给他。我见过的人很多,还没有谁赶得上他,我也不如。我冒昧地把这个情况向您禀告。”秦昭王便召见了蔡泽,跟他谈话后,很喜欢他,任命他为客卿。

应侯趁机推托有病请求送回相印。昭王还是竭力让他理事,应侯于是称说病重。范雎被免去了相国官职,昭王初次召见蔡泽就很赏识他的谋划,于是任命蔡泽做秦国相国。向东收服了周朝。

蔡泽在秦国做了几个月的相国,就有人恶语中伤,他害怕被杀,便推托有病交还了相印,他被赐给封号叫纲成君。蔡泽在秦国居住了十多年,事奉过昭王、孝文王、庄襄王。最后事奉秦始皇,曾为秦国出使燕国,三年后燕国太子丹到秦国作人质。

太史公说:韩非子说“袖子长的人善于舞蹈,钱多的人善于做买卖”,

这话说得很实在啊！范雎、蔡泽是人们所说的一代辩士，然而那些游说各国直至白发苍苍也没遇到知音的，并不是计策谋略的拙劣，而是使游说获得功效的条件不够。到了他们二人寄居秦国，能够相继取得卿相地位，功名流传于天下，其原因本是国家强弱的形势不同啊。但是辩士也有偶然的机遇，很多像范雎、蔡泽一样贤能的人，由于没有机遇，不能尽量施展自己的才能，这些人哪能一一说得尽呢！然而他们二人如果不遭受困厄，又怎么能奋发有为呢？

【鉴赏】

本传是一篇极出色的传记作品，其文宏阔壮丽，洋洋数千言，气脉紧凑，无一懈笔，历来为论者所推崇。

其文宏阔壮丽，首先是传文所记两篇说辞洋洋洒洒、前后对应而成奇观。范雎一生事业，在于以利害之说进言秦昭王而排除穰侯，得为秦相；蔡泽一生事业，则在以功成身退之理说范雎退位，取而代之。二人之所以得为强秦之相，在于口辩之才，故二人传文于这两段辩辞，皆悉加详述。范雎说昭王，一路逼人，一无匹敌；蔡泽说范雎，反复辩难，各不相下，真是一篇绝妙文字。其次在传文写人叙事极尽工巧。写范雎早年行事，从受辱遭魏齐毒打到佯死以脱难，从巧避穰侯而入秦到寻机说秦昭王，情节一波三折，曲尽其妙。写蔡泽其人，借唐举之观面相，其异容活现于人前；而写范雎其人，贵为秦相后的骄矜得意之态，皆鲜活生动，可谓千古之下，如见其人。

其文气脉紧凑，一是文中首尾照应圆全：范、蔡二人皆有辩才，又皆以口舌得相位，以之成一生之事业，故传文紧扣二人口辩之才，范雎传中有“齐襄王闻雎辩口”“天下辩士也”之言，蔡泽传则有“天下雄俊弘辩智士也”“其人辩士”数语，而篇末论赞中以“范雎、蔡泽世所谓一切辩士”作结，遥相呼应。二是两传结合自然巧妙：范雎传文中，叙范雎之事末了，以昭王临朝之一叹而“蔡泽闻之，往入秦也”一句，引入蔡泽，其过接联络，关合甚妙。李景星推许之：“《史记》合传之最自然者，无过范雎、蔡泽传。”

史记卷八十·乐毅列传第二十

乐毅，赵人，战国名将。乐毅感燕昭王知遇之恩，联五国之军破齐，攻下七十余城，为其报强齐伐燕之仇；燕惠王即位后中齐国反间之计，乐毅受谗出奔赵国，齐国得以收复失地；惠王兵败自悔，亦恐赵国用乐毅攻燕，寄书责让，乐毅上书自申，即为著名的《报燕惠王书》。全传简叙乐毅生平事迹，而详录其回书原文，借以展现其胸襟情怀。传文后附乐毅之子乐间事及乐氏宗姓后事，附记汉初无为政治的重要执行者相国曹参之师承情况。通篇来看，本传以歌颂乐毅、燕昭王的君臣际遇和乐毅的胸襟为中心，赞扬了乐毅的高风亮节和对燕昭王的耿耿忠心，表达了作者对理想君臣关系的向往之情。

乐毅者，其先祖曰乐羊。乐羊为魏文侯将，伐取中山，魏文侯封乐羊以灵寿。乐羊死，葬于灵寿，其后子孙因家焉。中山复国，至赵武灵王时复灭中山，而乐氏后有乐毅。

乐毅贤，好兵，赵人举之。及武灵王有沙丘之乱，乃去赵适魏。闻燕昭王以子之之乱而齐大败燕，燕昭王怨齐，未尝一日而忘报齐也。燕国小，辟远①，力不能制②，于是屈身下士，先礼郭隗以招贤者。乐毅于是为魏昭王使于燕，燕王以客礼待之。乐毅辞让，遂委质③为臣，燕昭王以为亚卿，久之。

当是时，齐湣王强，南败楚相唐昧于重丘，西摧三晋于观津，遂与三晋击秦，助赵灭中山，破宋，广地千馀里。与秦昭王

---

①辟：同“僻”，偏僻。 ②制：制胜。 ③委质：敬献礼物，表示委身为臣，称为“委质”。质：通“贽”，献礼。

争重为帝。已而复归之，诸侯皆欲背秦而服于齐。湣王自矜，百姓弗堪。于是燕昭王问伐齐之事。乐毅对曰："齐，霸国之余业也[①]，地大人众，未易独攻也。王必欲伐之，莫如与赵及楚、魏。"于是使乐毅约赵惠文王，别使连楚、魏，令赵啖[②]秦以伐齐之利。诸侯害齐湣王之骄暴，皆争合从[③]与燕伐齐。

乐毅还报，燕昭王悉起兵，使乐毅为上将军，赵惠文王以相国印授乐毅。乐毅于是并护赵、楚、韩、魏、燕之兵以伐齐，破之济西。诸侯兵罢归，而燕军乐毅独追，至于临菑。

齐湣王之败济西，亡走，保于莒。乐毅独留徇齐[④]，齐皆城守[⑤]。乐毅攻入临菑，尽取齐宝财物祭器输之燕。燕昭王大说，亲至济上劳军，行赏飨[⑥]士，封乐毅于昌国，号为昌国君。于是燕昭王收齐卤获[⑦]以归，而使乐毅复以兵平齐城之不下者。

乐毅留徇齐五岁，下齐七十馀城，皆为郡县以属燕。唯独莒、即墨未服。

会燕昭王死，子立为燕惠王。惠王自为太子时尝不快于乐毅，及即位，齐之田单闻之，乃纵反间于燕曰："齐城不下者两城耳。然所以不早拔者，闻乐毅与燕新王有隙[⑧]，欲连兵[⑨]且留齐，南面而王齐。齐之所患，唯恐他将之来。"于是燕惠王固已疑乐毅，得齐反间，乃使骑劫代将，而召乐毅。乐毅知燕惠王之不善代之，畏诛，遂西降赵。赵封乐毅于观津，号曰望诸君。尊宠乐毅以警动于燕、齐。

齐田单后与骑劫战，果设诈诳[⑩]燕军，遂破骑劫于即墨下，

---

①余业：先人遗下的功业。 ②啖（dàn）：以利益引诱人。 ③从：同"纵"，联合。④徇：带兵巡行占领的地方。 ⑤城守：坚城固守。 ⑥飨：用酒食招待人。 ⑦卤获：夺取缴获的战利品。卤：通"掳"，掠夺。 ⑧隙：感情上的裂痕，怨仇。 ⑨连兵：断断续续用兵，拖延战争。 ⑩诈：欺骗。诳：迷惑。

而转战逐燕，北至河上，尽复得齐城，而迎襄王于莒，入于临菑。

燕惠王后悔使骑劫代乐毅，以故破军亡将失齐；又怨乐毅之降赵，恐赵用乐毅而乘燕之弊以伐燕。燕惠王乃使人让[①]乐毅，且谢之曰："先王举国而委将军，将军为燕破齐，报先王之仇，天下莫不震动，寡人岂敢一日而忘将军之功哉！会先王弃群臣，寡人新即位，左右误寡人。寡人之使骑劫代将军，为将军久暴露[②]于外，故召将军且休，计事。将军过听，以与寡人有隙，遂捐燕归赵。将军自为计则可矣，而亦何以报先王之所以遇将军之意乎？"乐毅报遗燕惠王书曰：

臣不佞，不能奉承王命，以顺左右之心，恐伤先王之明，有害足下之义，故遁逃走赵。今足下使人数之以罪，臣恐侍御者不察先王之所以畜幸臣之理，又不白臣之所以事先王之心，故敢以书对。

臣闻贤圣之君不以禄私亲，其功多者赏之，其能当者处之。故察能而授官者，成功之君也；论行而结交者，立名之士也。臣窃观先王之举也，见有高世主之心，故假节[③]于魏，以身得察于燕。先王过举[④]，厕[⑤]之宾客之中，立之群臣之上，不谋父兄，以为亚卿。臣窃不自知，自以为奉令承教，可幸无罪，故受令而不辞。

先王命之曰："我有积怨深怒于齐，不量轻弱[⑥]，而欲以齐为事。"臣曰："夫齐，霸国之馀业而最胜[⑦]之遗事也。练于兵甲，习于战攻。王若欲伐之，必与天下图之。与天下图之，莫若结于赵。且又淮北、宋地，楚、魏之所欲也，赵若

---

①让：责备。 ②暴(pù)露：露天在外。 ③假：借。节：符节，古代君王传布命令或征调兵将的凭证，此指出使。 ④过举：破格举用。 ⑤厕：置身于。 ⑥轻弱：指燕国国小力弱。 ⑦最胜：多次取胜。最：同"骤"，积聚。

许而约四国攻之，齐可大破也。”先王以为然，具符节南使臣于赵。顾反命[1]，起兵击齐。以天之道，先王之灵，河北之地随先王而举之济上。济上之军受命击齐，大败齐人。轻卒锐兵，长驱至国。齐王遁而走莒，仅以身免；珠玉财宝车甲珍器尽收入于燕。齐器设于宁台，大吕陈于元英，故鼎反乎磿室，蓟丘之植植于汶篁，自五伯已来，功未有及先王者也。先王以为慊[2]于志，故裂地而封之，使得比小国诸侯。臣窃不自知，自以为奉命承教，可幸无罪，是以受命不辞。

臣闻贤圣之君，功立而不废，故著于春秋；蚤知之士[3]，名成而不毁，故称于后世。若先王之报怨雪耻，夷[4]万乘之强国，收八百岁之蓄积，及至弃群臣之日，馀教未衰，执政任事之臣，修法令，慎庶孽[5]，施及乎萌隶[6]，皆可以教后世。

臣闻之，善作者不必善成，善始者不必善终。昔伍子胥说听于阖闾，而吴王远迹至郢；夫差弗是也，赐之鸱夷而浮之江。吴王不寤先论之可以立功[7]，故沉子胥而不悔；子胥不早见主之不同量[8]，是以至于入江而不化[9]。

夫免身立功[10]，以明先王之迹，臣之上计也。离[11]毁辱之诽谤，堕先王之名，臣之所大恐也。临不测之罪，以幸为利，义之所不敢出也。

---

①反命：即“返命”，复命。 ②慊（qiè）：满足。 ③蚤知之士：先知，有预见的人。蚤：通“早”。 ④夷：平定。 ⑤慎庶孽：慎重地对待诸公子。 ⑥施（yì）：推及。萌隶：百姓。 ⑦寤：通“悟”，明白。先论：指伍子胥先前的建议，即拒绝越王请降，停止对齐国用兵。 ⑧不同量：有不同的度量、抱负。 ⑨入江而不化：伍子胥怀恨，虽投江而冤魂不化，成波涛之神。 ⑩免身：免遭自身灾祸。 ⑪离：通“罹”，遭受。

臣闻古之君子，交绝不出恶声；忠臣去国，不絜[①]其名。臣虽不佞，数奉教于君子矣。恐侍御者之亲左右之说，不察疏远之行，故敢献书以闻，唯君王之留意焉。

于是燕王复以乐毅子乐间为昌国君；而乐毅往来复通燕；燕、赵以为客卿。乐毅卒于赵。

乐间居燕三十馀年，燕王喜用其相栗腹之计，欲攻赵，而问昌国君乐间。乐间曰："赵，四战之国也，其民习兵，伐之不可。"燕王不听，遂伐赵。赵使廉颇击之，大破栗腹之军于鄗，禽栗腹、乐乘。乐乘者，乐间之宗也。于是乐间奔赵，赵遂围燕。燕重割地以与赵和，赵乃解而去。

燕王恨不用乐间，乐间既在赵，乃遗乐间书曰："纣之时，箕子不用，犯谏不怠，以冀其听；商容不达，身祇[②]辱焉，以冀其变。及民志不入，狱囚自出，然后二子退隐。故纣负桀暴之累，二子不失忠圣之名。何者？其忧患之尽矣。今寡人虽愚，不若纣之暴也；燕民虽乱，不若殷民之甚也。室有语，不相尽，以告邻里。二者，寡人不为君取也。"

乐间、乐乘怨燕不听其计，二人卒留赵。赵封乐乘为武襄君。

其明年，乐乘、廉颇为赵围燕，燕重礼以和，乃解。

后五岁，赵孝成王卒。襄王使乐乘代廉颇。廉颇攻乐乘，乐乘走，廉颇亡入魏。其后十六年而秦灭赵。

其后二十馀年，高帝过赵，问："乐毅有后世乎？"对曰："有乐叔。"高帝封之乐卿，号曰华成君。华成君，乐毅之孙也。而乐氏之族有乐瑕公、乐臣公，赵且为秦所灭，亡之齐高密。乐臣

---

①絜：同"洁"，洗雪。 ②祇(zhǐ)：同"只"。

公善修黄帝、老子之言，显闻于齐，称贤师。

太史公曰：始齐之蒯通及主父偃读乐毅之报燕王书，未尝不废书而泣也。乐臣公学黄帝、老子，其本师号曰河上丈人，不知其所出。河上丈人教安期生，安期生教毛翕公，毛翕公教乐瑕公，乐瑕公教乐臣公，乐臣公教盖公。盖公教于齐高密、胶西，为曹相国师。

【译文】

乐毅，他的祖先叫乐羊。乐羊曾做魏文侯的将军，他带兵攻下了中山国，魏文侯把灵寿封给了乐羊。乐羊死后，就葬在灵寿，他的后代子孙们就在那里安了家。后来中山重新建国，到赵武灵王的时候又灭掉了中山国，而乐家的后代出了个有名人物叫乐毅。

乐毅很贤能，喜好军事，赵国人曾举荐他出来做官。到赵武灵王发生了沙丘之乱，他就离开赵国到了魏国。后来他听说燕昭王因为子之之乱，而被齐国乘机战败，因而燕昭王非常怨恨齐国，不曾一天忘记向齐国报仇。燕国是个弱小的国家，地处偏远，国力是不能克敌制胜的，于是燕昭王降低自己的身份，礼贤下士，他先礼尊郭隗借以招揽天下的贤士。这时，乐毅为魏昭王出使到了燕国，燕王以宾客的礼节接待他。乐毅推辞谦让，后来终于向燕昭王敬献了礼物，表示愿意献身做臣下，燕昭王就任他为亚卿，他做了很长时间的亚卿。

当时，齐湣王很强大，南边在重丘打败了楚国宰相唐眛，西边在观津打垮了魏国和赵国，又联合韩、赵、魏三国攻打秦国，帮助赵国灭掉中山国，又击破了宋国，扩展领土一千多里。他与秦昭王共同争取尊为帝号，不久他便自行取消了东帝的称号，仍旧称王。各诸侯国都打算背离秦国而归服齐国。可是齐湣王骄横，百姓不能忍受。燕昭王就向乐毅询问有关攻打齐国的事情。乐毅回答说："齐国，它有霸国遗留的基业，土地广阔人口众多，可不能轻易地单独攻打它。大王若一定要攻打它，不如联合赵国、楚国、魏国一起攻击它。”于是昭王派乐毅去与赵惠文王结盟立约,另派使臣去联合楚国、魏国,又让赵国以攻打齐国的好处去诱劝秦国。由于各国认为齐湣王骄横暴虐对各国也是个祸害,都争着与燕国联合共同讨伐齐国。

乐毅回来汇报了出使情况,燕昭王动员了全国的兵力,派乐毅做上将军,赵惠文王把相国大印授给了乐毅。乐毅于是统一指挥着赵、楚、韩、魏、燕五国的军队去进攻齐国,在济水西边大败齐国军队。这时各路诸侯的军队都停止了攻击,撤退回国,而乐毅指挥燕军单独追击败逃之敌,一直追到齐国都城临淄。

齐湣王在济水西边被打败后,就逃跑到莒邑并据城固守。乐毅单独留下来带兵巡行占领的地方,齐国各城邑都据城坚守。乐毅拿下临淄后,把齐国的珍宝财物以及宗庙祭祀的器物全部夺取过来并把它们运到燕国去。燕昭王十分高兴,亲自到济水岸边慰劳军队,奖赏并用酒肉犒劳军队将士,把昌国封给乐毅,封号为昌国君。当时,燕昭王把在齐国夺取缴获的战利品带回了燕国,而让乐毅继续带兵进攻还没拿下来的齐国城邑。

乐毅留在齐国巡行作战五年,攻下齐国城邑七十多座,都划为郡县,隶属燕国,只有莒邑和即墨没有降服。

这时恰逢燕昭王死去,其子继位,就是燕惠王。惠王从做太子时就曾对乐毅有所不满,等他即位后,齐国的田单了解到他与乐毅有矛盾,就对燕国施行反间计,造谣说:“齐国城邑没有攻下的仅只两个城邑罢了。而所以不及早拿下来的原因,听说是乐毅与燕国新即位的国君有嫌隙,乐毅断断续续用兵故意拖延时间姑且留在齐国,准备在齐国称王。齐国害怕的是燕国派别的将领来。”当时燕惠王本来就已怀疑乐毅,又受到齐国反间计的挑拨,就派骑劫代替乐毅任将领,并召回乐毅。乐毅心里明白燕惠王派人代替自己是不怀好意的,害怕回国后被杀,就向西去投降了赵国。赵国把观津这个地方封给乐毅,封号叫望诸君。赵国对乐毅十分尊重优宠,借此来震动威慑燕国、齐国。

齐国田单后来与骑劫交战，果然设置骗局用计谋迷惑燕军，结果在即墨城下把骑劫的军队打得大败，接着辗转战斗追逐燕军，向北直追到黄河边上，收复了齐国的全部城邑，并且把齐襄王从莒邑迎回，进入都城临淄。

燕惠王很后悔派骑劫代替乐毅，致使燕军惨败，损兵折将，丧失了占领的齐国土地；可是又怨恨乐毅投降赵国，恐怕赵国任用乐毅乘着燕国兵败疲困之机攻打燕国。燕惠王就派人去赵国责备乐毅，同时向他道歉说："先王把整个燕国委托给将军，将军为燕国打败了齐国，替先王报了深仇大恨，天下人没有不震动的，我哪里有一天敢忘记将军的功劳呢！正遇上先王辞世，我本人初即位，是左右人耽误了我。我所以派骑劫代替将军，是因为将军长期在外，风餐露宿，因此召回将军暂且休整一下，也好共商朝政大计。不想将军误听传言，认为与我有不融洽的地方，就抛弃了燕国而归附赵国。将军为自己打算，这样是可以的，可是又怎么对得住先王待将军的深情厚意呢？"乐毅写了一封回信给惠王，信中说：

臣下不肖，不能恭奉您的命令，来顺从您左右那些人的意愿，我恐怕回国有不测之事，因而有损先王的英明，有害您的道义，所以逃奔到赵国。现在您派人来指责我的罪过，我怕您的侍从不能体察先王收留、宠信我的道理，又不清楚我事奉先王的诚心，所以冒昧地用信来回答您。

我听说贤明的君主不拿爵禄偏赏给亲近的人，功劳多的就奖赏他，能力胜任的就举用他。所以考察才能然后授给官职的，是能成就功业的君主；衡量品行然后交往的，是能树立名声的贤士。我暗中观察先王的举止，看到他有超出一般君主的见识，所以我借为魏国出使之机，到燕国献身接受考察。先王格外抬举我，把我列入宾客之中，将我选拔出来高居群臣之上，不同父兄宗亲大臣商议，就任命我为亚卿。我自己也缺乏自知之明，自认为只要执行命令接受教导，就能侥幸免于犯罪，所以接受任命而不推辞。

先王指示我说："我跟齐国有宿怨积仇，不去估量燕国的弱小，也要把向齐国复仇作为我在位的职分。”我说:“齐国至今仍保留着霸国的基业,而又有多次作战取胜的经验。士卒训练有素,谙熟攻战方略。大王若要攻打它,必须与天下诸侯联合共同图谋它。若要与天下诸侯图谋它,最好先与赵国结盟。而且淮北地区和原属宋国的地区是楚、魏两国都想得到的地方,赵国如果答应结盟就约好四国联合攻打它,这样齐国就可以被彻底打败。”先王认为我的主张对,就准备了符节派我往南去出使赵国。很快我就归国复命,随即发兵攻打齐国。靠着上天的帮助,先王的神威,黄河以北地区的赵、魏两国军队随着先王全部到达济水岸上。济水岸上的军队接受命令进击齐军,把齐国人打得大败。我们的轻装精锐部队,长驱直入抵达齐国国都。齐王只身逃跑奔向莒邑,仅他一人免于身亡;珠玉财宝战车盔甲以及珍贵的祭祀器物全部缴获送回燕国。齐国的祭器陈设在宁台,大吕钟陈列在元英殿,被齐国掠去的原燕国宝鼎又从齐国取来放回磿室,蓟丘的植物中种植着齐国汶水出产的竹子,自五霸以来,丰功伟业没有赶上先王的。先王认为自己的志向得到满足,所以划出一块地方赏赐给我,使我能比同小国的诸侯。我自己也缺乏自知之明,自认为只要执行命令接受教导,就能侥幸免于犯罪,所以接受任命而不推辞。

我听说贤能圣明的君主,功业建立而不废弛,所以名标青史;有远见的贤士,名声取得而不败坏,所以能被后人称颂。像先王那样报仇雪耻,平定具有万辆兵车的强大国家,缴获齐国八百多年所积累的珍宝,等到先王辞世之日,还留下政令训示,指示执政掌权的臣属,修整法令,慎重对待王族子弟,把恩泽推及百姓身上,这些都可用来教导后代。

我听过这种说法,善于开创的不一定善于完成,有好的开端不一定有好的结局。从前伍子胥的主张被吴王阖闾采纳,吴王带兵一直打到楚国郢都;吴王夫差不采纳伍子胥的正确建议,赐给他马革囊袋,把他的尸骨装在袋子里扔到江里漂流。吴王夫差不明白先前伍子胥的主张能够建立功业，所以把伍子胥沉入江里而不后悔；伍子胥也不能预见到两代君主的气量、抱负各不相同，因此致使被沉入江里而死不瞑目。

免遭杀身之祸而建功立业，来彰明先王重用我的心意，这是我的上策。遭到侮辱以至诽谤，毁坏先王的名声，这是我所最害怕的事情。面临难以预测的罪过，把幸免于杀身之祸作为个人渔利的机会，这是恪守道义的人所不敢做出的事情。

我听说古代的君子，绝交时不说别人的坏话；忠臣离开原来的国家，不洗雪自己的罪过和冤屈。我虽然无能，但也曾多次聆听君子的教导了。我恐怕您的侍从听信左右近臣的谗言，不体察被疏远人的行为，所以献上这封信把我的心意告诉您，希望君王留意吧。

于是燕惠王仍把乐毅的儿子乐间封为昌国君；而乐毅往来于赵国、燕国之间，与燕国重新交好，燕、赵两国都任用他为客卿。乐毅最后死于赵国。

乐间住在燕国三十多年，燕王喜采用他的宰相栗腹的计策，打算攻打赵国，便询问昌国君乐间。乐间说："赵国，是同四方交战的国家，那里的百姓熟悉军事，攻打它是不行的。"燕王喜不听，于是攻打赵国。赵国廉颇还击燕军，在鄗地把栗腹的军队打得大败，活捉了栗腹、乐乘。乐乘，与乐间是同族。于是乐间逃到赵国，赵国于是攻燕国。燕国割让了许多土地向赵国求和。赵军才解围而去。

燕王悔恨没有采纳乐间的建议，乐间已在赵国，就给乐间写了一封信说："殷纣王时，箕子不被任用，但他敢于冒犯君王，直言谏诤，毫不懈怠，希望纣王听取；商容因劝谏纣王而被贬谪，他身受侮辱，仍希望纣王改弦更张。等到民心涣散，狱中的囚犯纷纷逃出的地步，然后两位先生才辞官隐居。因此纣王背上了凶暴的恶名，两位先生却不失忠诚、高尚的美誉。这是为什么呢？他竭尽了为君为国而忧虑的责任。现在我虽然愚蠢，但还不像殷纣那么凶暴；燕国百姓虽不安定，但也不像殷朝百姓那么严重。有道是，家庭内部有了纷争，不尽述自己的意见，却去告诉邻里。这两种做法,我认为是不可取的。”

乐间、乐乘怨恨燕王不听从他们的计策,两个人终于留在赵国。赵国赐封乐乘为武襄君。

第二年,乐乘、廉颇为赵国围困燕国,燕国用厚礼向赵国求和,赵军才解围。

五年之后,赵孝成王死。悼襄王派乐乘代替廉颇的官职。廉颇攻打乐乘,乐乘逃奔,廉颇也逃到魏国。这以后十六年,秦国灭掉了赵国。

二十年后,汉高帝经过原来赵国属地,问那里的人说:“乐毅有后代吗?”回答说:“有个乐叔。”汉高帝把乐卿封赐给他,封号称华成君。华成君就是乐毅的孙子。乐氏家族还有乐瑕公、乐臣公,他们在赵国将要被秦国灭掉时逃到齐国的高密。乐臣公长于研究黄帝、老子的学说,在齐国很有名气,人们称他为贤师。

太史公说:“当初齐人蒯通和主父偃读乐毅给燕王的那封信时,都曾不禁放下书信掉下眼泪来。乐臣公钻研黄帝、老子的学说,他的宗师叫河上丈人,现在还不清楚河上丈人是哪里人。河上丈人教安期生,安期生教毛翕公,毛翕公教乐瑕公,乐瑕公教乐臣公,乐臣公教盖公。盖公在齐地高密、胶西一带执教,是曹相国的老师。

【鉴赏】

本文对战国名将乐毅一生事迹以简笔概述,而不惜笔墨全文引录其《报燕惠王书》,一繁一简,正是本篇艺术特色之一。乐毅为燕昭王报强齐伐燕之仇,联五国之军破齐,下齐七十余城,其功大矣,因新君惠王中齐国反间之计,乐毅因谗奔赵,惠王恐乐毅借赵伐燕,寄书责让之。乐毅回书自申,回顾当日与燕昭王君臣之情,剖白对燕国的耿耿忠心,委婉地驳斥了惠王,并表明自己无借赵伐燕之意。司马迁全文引录此书,一则以补叙乐毅在燕功业,再则以明其磊落胸襟,次则揭露燕惠王的昏庸无能,正如李景星所云:“乐毅出处,本末尽在报燕惠王一书,故太史公之传乐毅,即以此书为主。”而且,通过乐毅在两代燕王时不同际遇的对照,突出了乐毅和昭王之间和谐的君臣际遇及乐毅的高尚人格,自然也是君子之腹与小人之心的对比。

本传以乐毅《报燕惠王书》为中心，将全传分为两大部分，传文前后关合照应之妙，亦是本传艺术特色之一。传文前半叙事，步步为《报燕惠王书》作伏笔；后半叙事，则处处与之相照应；篇末更以“始齐之蒯通及主父偃读乐毅之报燕王书，未尝不废书而泣也”之事以遥相呼应。文中赵、齐、燕三国，乃乐毅一生功业出处，故文之首末俱以三国提纲；传文开篇详细交代了乐毅之先代，传末则附其子乐间及同宗后辈乐乘事以相响应，皆可见本传行文照应圆合之妙。

史记卷八十一·廉颇蔺相如列传第二十一

本篇重点铺叙赵国将相廉颇、蔺相如的品质才干和为保卫赵国所立下的功勋，并穿插记述了赵奢、赵括父子及李牧等人的事迹，所寓深意，即《太史公自叙》中所谓“国有贤相良将，民之师表也”。传文记蔺相如事迹，以“完璧归赵”“渑池会”二片断彰显其智勇双全，取“将相和”事明其“先国家之急而后私仇”之志，并在论赞中直抒对他的无限景仰敬佩之情。记廉颇事迹，则以“负荆请罪”明其勇于认错、光明磊落的品行，而载其晚年受排斥事则指斥庸君信谗误国为害之大。“完璧归赵”“负荆请罪”“将相和”等故事得以流传后世，成千古佳话，离不开司马迁为二人立传之功。

廉颇者，赵之良将也。赵惠文王十六年，廉颇为赵将伐齐，大破之，取阳晋，拜为上卿，以勇气闻于诸侯。

蔺相如者，赵人也，为赵宦者令缪贤舍人。

赵惠文王时，得楚和氏璧。秦昭王闻之，使人遗①赵王书，愿以十五城请易璧。赵王与大将军廉颇诸大臣谋：欲予秦，秦城恐不可得，徒见欺；欲勿予，即患秦兵之来。计未定，求人可使报秦者，未得。宦者令缪贤曰：“臣舍人蔺相如可使。”王问：“何以知之？”对曰：“臣尝有罪，窃计欲亡走燕，臣舍人相如止臣，曰：‘君何以知燕王？’臣语曰：‘臣尝从大王与燕王会境上，燕王私握臣手，曰“愿结友”。以此知之，故欲往。’相如谓臣曰：‘夫赵强而燕弱，而君幸于赵王，故燕王欲结于君。今君乃亡赵

①遗（wèi）：送给。

走燕，燕畏赵，其势必不敢留君，而束君归赵矣。君不如肉袒伏斧质请罪[①]，则幸得脱矣。’臣从其计，大王亦幸赦臣。臣窃以为其人勇士，有智谋，宜可使。”

于是王召见，问蔺相如曰：“秦王以十五城请易寡人之璧，可予不[②]？”相如曰：“秦强而赵弱，不可不许。”王曰：“取吾璧，不予我城，奈何？”相如曰：“秦以城求璧而赵不许，曲在赵。赵予璧而秦不予赵城，曲在秦。均[③]之二策，宁许以负秦曲[④]。”王曰：“谁可使者？”相如曰：“王必无人，臣愿奉璧往使。城入赵而璧留秦；城不入，臣请完璧归赵。”赵王于是遂遣相如奉璧西入秦。

秦王坐章台见相如，相如奉璧奏秦王。秦王大喜，传以示美人及左右，左右皆呼万岁。相如视秦王无意偿赵城，乃前曰：“璧有瑕，请指示王。”王授璧，相如因持璧却[⑤]立，倚柱，怒发上冲冠，谓秦王曰：“大王欲得璧，使人发书至赵王，赵王悉召群臣议，皆曰‘秦贪，负其强，以空言求璧，偿城恐不可得’。议不欲予秦璧。臣以为布衣之交尚不相欺，况大国乎！且以一璧之故逆强秦之欢，不可。于是赵王乃斋戒五日，使臣奉璧，拜送书于庭。何者？严大国之威以修敬也。今臣至，大王见臣列观，礼节甚倨[⑥]；得璧，传之美人，以戏弄臣。臣观大王无意偿赵王城邑，故臣复取璧。大王必欲急臣，臣头今与璧俱碎于柱矣！”相如持其璧睨[⑦]柱，欲以击柱。秦王恐其破璧，乃辞谢固请，召有司案图，指从此以往十五都予赵。相如度秦王特以诈详为予赵城，实不可得，乃谓秦王曰：“和氏璧，天下所共传宝也，赵王恐，

---

①肉袒：脱去上衣，露出上体，以示伏罪就刑。斧质：古代斩人刑具。质：同“锧”。②不：通“否”。③均：同“钧”，权衡。④负秦曲：使秦国承担理亏的责任。⑤却：后退。⑥倨(jù)：简易，轻慢。⑦睨(nì)：斜视。

不敢不献。赵王送璧时,斋戒五日,今大王亦宜斋戒五日,设九宾于廷,臣乃敢上璧。”秦王度之,终不可强夺,遂许斋五日,舍相如广成传①。相如度秦王虽斋,决负约不偿城,乃使其从者衣褐②,怀其璧,从径道亡③,归璧于赵。

秦王斋五日后,乃设九宾礼于廷,引赵使者蔺相如。相如至,谓秦王曰:“秦自穆公以来二十馀君,未尝有坚明约束者也④。臣诚恐见欺于王而负赵,故令人持璧归,间至赵矣。且秦强而赵弱,大王遣一介之使至赵,赵立奉璧来。今以秦之强而先割十五都予赵,赵岂敢留璧而得罪大王乎?臣知欺大王之罪当诛,臣请就汤镬⑤,唯大王与群臣孰计议之。”秦王与群臣相视而嘻。左右或欲引相如去,秦王因曰:“今杀相如,终不能得璧也,而绝秦赵之欢,不如因而厚遇之,使归赵,赵王岂以一璧之故欺秦邪!”卒廷见相如,毕礼而归之。

相如既归,赵王以为贤大夫,使不辱于诸侯,拜相如为上大夫。秦亦不以城予赵,赵亦终不予秦璧。

其后秦伐赵,拔石城。明年,复攻赵,杀二万人。

秦王使使者告赵王,欲与王为好会于西河外渑池。赵王畏秦,欲毋行。廉颇、蔺相如计曰:“王不行,示赵弱且怯也。”赵王遂行,相如从。廉颇送至境,与王诀⑥曰:“王行,度道里会遇之礼毕,还,不过三十日。三十日不还,则请立太子为王,以绝秦望。”王许之,遂与秦王会渑池。秦王饮酒酣,曰:“寡人窃闻赵王好音,请奏瑟。”赵王鼓瑟。秦御史前书曰:“某年月日,秦王与赵王会饮,令赵王鼓瑟。”蔺相如前曰:“赵王窃闻秦王善为秦

---

①传(zhuàn):传舍,宾馆。 ②衣褐:化装穿上粗麻布短衣。 ③径道:便道,小路。 ④坚明:坚决明确地遵守。约束:信约,盟约。 ⑤请就汤镬:即愿受烹刑。汤镬:盛开水的锅,用以烹人,古代的一种酷刑。 ⑥诀:辞别。

声，请奏盆缻[①]秦王。以相娱乐。”秦王怒，不许。于是相如前进缻，因跪请秦王。秦王不肯击缻。相如曰：“五步之内，相如请得以颈血溅大王矣！”左右欲刃相如，相如张目叱之，左右皆靡[②]。于是秦王不怿[③]，为一击缻。相如顾召赵御史书曰：“某年月日，秦王为赵王击缻。”秦之群臣曰：“请以赵十五城为秦王寿。”蔺相如亦曰：“请以秦之咸阳为赵王寿。”秦王竟酒，终不能加胜于赵。赵亦盛设兵以待秦，秦不敢动。

既罢归国，以相如功大，拜为上卿，位在廉颇之右。廉颇曰：“我为赵将，有攻城野战之大功，而蔺相如徒以口舌为劳，而位居我上，且相如素贱人，吾羞，不忍为之下。”宣言曰：“我见相如，必辱之。”相如闻，不肯与会。相如每朝时，常称病，不欲与廉颇争列。已而相如出，望见廉颇，相如引车避匿。于是舍人相与谏曰：“臣所以去亲戚而事君者，徒慕君之高义也。今君与廉颇同列，廉君宣恶言而君畏匿之，恐惧殊甚，且庸人尚羞之，况于将相乎！臣等不肖，请辞去。”蔺相如固止之，曰：“公之视廉将军孰与秦王？”曰：“不若也。”相如曰：“夫以秦王之威，而相如廷叱之，辱其群臣，相如虽驽[④]，独畏廉将军哉？顾吾念之，强秦之所以不敢加兵于赵者，徒以吾两人在也。今两虎共斗，其势不俱生。吾所以为此者，以先国家之急而后私仇也。”廉颇闻之，肉袒负荆，因宾客至蔺相如门谢罪。曰：“鄙贱之人，不知将军宽之至此也。”卒相与欢，为刎颈之交。

是岁，廉颇东攻齐，破其一军。居二年，廉颇复伐齐畿，拔之。后三年，廉颇攻魏之防陵、安阳，拔之。后四年，蔺相如将

---

①缻（fǒu）：盛酒浆的瓦器，同“缶”，秦人歌时习惯击缶为节拍。 ②靡：后退，溃退。 ③怿（yì）：快乐，高兴。 ④驽：劣马，常喻人之拙笨。

而攻齐，至平邑而罢。其明年，赵奢破秦军阏与下。

赵奢者，赵之田部吏也。收租税而平原君家不肯出租，奢以法治之，杀平原君用事者九人。平原君怒，将杀奢。奢因说曰："君于赵为贵公子，今纵君家而不奉公则法削，法削则国弱，国弱则诸侯加兵，诸侯加兵，是无赵也，君安得有此富乎？以君之贵，奉公如法则上下平，上下平则国强，国强则赵固，而君为贵戚，岂轻于天下邪？"平原君以为贤，言之于王。王用之治国赋，国赋大平，民富而府库实。

秦伐韩，军于阏与。王召廉颇而问曰："可救不？"对曰："道远险狭，难救。"又召乐乘而问焉，乐乘对如廉颇言。又召问赵奢，奢对曰："其道远险狭，譬之犹两鼠斗于穴中，将勇者胜。"王乃令赵奢将，救之。

兵去邯郸三十里，而令军中曰："有以军事谏者死。"秦军军武安西，秦军鼓噪勒兵①，武安屋瓦尽振。军中候有一人言急救武安，赵奢立斩之。坚壁②，留二十八日不行，复益增垒。秦间来入，赵奢善食而遣之。间以报秦将，秦将大喜曰："夫去国三十里而军不行，乃增垒，阏与非赵地也。"

赵奢既已遣秦间，乃卷甲而趋之③，二日一夜至，令善射者去阏与五十里而军。军垒成，秦人闻之，悉甲而至④。军士许历请以军事谏，赵奢曰："内之⑤。"许历曰："秦人不意赵师至此，其来气盛，将军必厚集其阵以待之。不然，必败。"赵奢曰："请受令。"许历曰："请就铁质之诛。"赵奢曰："胥⑥后令邯郸。"许历复请谏，曰："先据北山上者胜，后至者败。"赵奢许诺，即发万人趋

---

①鼓噪：击鼓呐喊。勒兵：操练军队。 ②坚壁：坚守营垒。 ③卷甲：脱去铁甲。趋：快速前进。 ④悉甲：全副装备。 ⑤内：同"纳"，接纳，使之进来。 ⑥胥：同"须"，等待。

之。秦兵后至,争山不得上,赵奢纵兵击之,大破秦军。秦军解而走,遂解阏与之围而归。

赵惠文王赐奢号为马服君,以许历为国尉。赵奢于是与廉颇、蔺相如同位。

后四年,赵惠文王卒,子孝成王立。七年,秦与赵兵相距长平,时赵奢已死,而蔺相如病笃,赵使廉颇将攻秦,秦数败赵军,赵军固壁不战。秦数挑战,廉颇不肯。赵王信秦之间。秦之间言曰:“秦之所恶,独畏马服君赵奢之子赵括为将耳。”赵王因以括为将,代廉颇。蔺相如曰:“王以名使括,若胶柱而鼓瑟①耳。括徒能读其父书传,不知合变②也。”赵王不听,遂将之。

赵括自少时学兵法,言兵事,以天下莫能当。尝与其父奢言兵事,奢不能难③,然不谓善。括母问奢其故,奢曰:“兵,死地也,而括易言之。使赵不将括即已,若必将之,破赵军者必括也。”及括将行,其母上书言于王曰:“括不可使将。”王曰:“何以?”对曰:“始妾事其父,时为将,身所奉饭饮而进食者以十数,所友者以百数,大王及宗室所赏赐者尽以予军吏士大夫,受命之日,不问家事。今括一旦为将,东向而朝,军吏无敢仰视之者,王所赐金帛,归藏于家,而日视便利田宅可买者买之。王以为何如其父?父子异心,愿王勿遣。”王曰:“母置之,吾已决矣。”括母因曰:“王终遣之,即有如不称,妾得无随坐乎④?”王许诺。

赵括既代廉颇,悉更约束,易置军吏。秦将白起闻之,纵奇兵,佯败走,而绝其粮道,分断其军为二,士卒离心。四十馀日,

---

①胶柱:“胶柱”就是把弦柱粘死,不能转动,也就无法调节音调的高低,只能弹一个调。这里比喻赵括死读书,不知变通。 ②合变:应变。 ③难(nàn):驳难,反驳。 ④随坐:连坐受罪。

军饿，赵括出锐卒自搏战，秦军射杀赵括。括军败，数十万之众遂降秦，秦悉坑之。赵前后所亡凡四十五万。明年，秦兵遂围邯郸，岁馀，几不得脱。赖楚、魏诸侯来救，乃得解邯郸之围。赵王亦以括母先言，竟不诛也。

自邯郸围解五年，而燕用栗腹之谋，曰“赵壮者尽于长平，其孤未壮”，举兵击赵。赵使廉颇将，击，大破燕军于鄗，杀栗腹，遂围燕。燕割五城请和，乃听之。赵以尉文封廉颇为信平君，为假相国。

廉颇之免长平归也，失势之时，故客尽去。及复用为将，客又复至。廉颇曰：“客退矣！”客曰：“吁！君何见之晚也？夫天下以市道交，君有势，我则从君，君无势则去，此固其理也，有何怨乎？”居六年，赵使廉颇伐魏之繁阳，拔之。

赵孝成王卒，子悼襄王立，使乐乘代廉颇。廉颇怒，攻乐乘，乐乘走。廉颇遂奔魏之大梁。其明年，赵乃以李牧为将而攻燕，拔武遂、方城。

廉颇居梁，久之，魏不能信用。赵以数困于秦兵，赵王思复得廉颇，廉颇亦思复用于赵。赵王使使者视廉颇尚可用否，廉颇之仇郭开多与使者金，令毁之。赵使者既见廉颇，廉颇为之一饭斗米，肉十斤，被甲上马，以示尚可用。赵使还报王曰：“廉将军虽老，尚善饭，然与臣坐，顷之三遗矢①矣。”赵王以为老，遂不召。

楚闻廉颇在魏，阴使人迎之。廉颇一为楚将，无功，曰：“我思用赵人。”廉颇卒死于寿春。

李牧者，赵之北边良将也。常居代雁门，备匈奴。以便宜②

①矢：同“屎”。 ②便宜：根据实际情况。

置吏，市租皆输入莫府[①]，为士卒费。日击数牛飨[②]士，习骑射，谨烽火，多间谍，厚遇战士。为约曰："匈奴即入盗，急入收保[③]，有敢捕虏者斩。"匈奴每入，烽火谨，辄入收保，不敢战。如是数岁，亦不亡失。然匈奴以李牧为怯，虽赵边兵亦以为吾将怯。赵王让李牧，李牧如故。赵王怒，召之，使他人代将。

岁馀，匈奴每来，出战。出战，数不利，失亡多，边不得田畜[④]。复请李牧。牧杜门不出，固称疾。赵王乃复强起使将兵。牧曰："王必用臣，臣如前，乃敢奉令。"王许之。

李牧至，如故约。匈奴数岁无所得。终以为怯。边士日得赏赐而不用，皆愿一战。于是乃具选车得千三百乘，选骑得万三千匹，百金之士五万人，彀者十万人，悉勒习战。大纵畜牧，人民满野。匈奴小入，佯北不胜，以数千人委之。单于闻之，大率众来入。李牧多为奇陈[⑤]，张左右翼击之，大破杀匈奴十馀万骑。灭襜褴，破东胡，降林胡，单于奔走。其后十馀岁，匈奴不敢近赵边城。

赵悼襄王元年，廉颇既亡入魏，赵使李牧攻燕，拔武遂、方城。居二年，庞煖破燕军，杀剧辛。后七年，秦破杀赵将扈辄于武遂，斩首十万。赵乃以李牧为大将军，击秦军于宜安，大破秦军，走[⑥]秦将桓齮。封李牧为武安君。居三年，秦攻番吾，李牧击破秦军。南距韩、魏。

赵王迁七年，秦使王翦攻赵，赵使李牧、司马尚御之。秦多与赵王宠臣郭开金，为反间，言李牧、司马尚欲反。赵王乃使赵葱及齐将颜聚代李牧。李牧不受命，赵使人微捕得李牧，斩之。

---

①莫府：即幕府，古代将帅出征时，办公机构设在帐幕中，称为幕府。莫：通"幕"。②飨：用酒食招待。 ③收保：退入营垒，收缩防御。保：同"堡"。 ④田畜：耕作和畜牧。⑤陈：同"阵"。 ⑥走：赶跑。

废司马尚。后三月，王翦因急击赵，打破杀赵葱，虏赵王迁及其将颜聚，遂灭赵。

太史公曰：知死必勇，非死者难也，处死①者难。方蔺相如引璧睨柱，及叱秦王左右，势不过诛，然士或怯懦而不敢发。相如一奋其气，威信②敌国；退而让颇，名重太山③。其处智勇，可谓兼之矣！

【译文】

廉颇是赵国优秀的将领。赵惠文王十六年，廉颇率领赵军去攻打齐国，大败齐军，夺取了阳晋，被任命为上卿，他以勇气闻名于诸侯各国。

蔺相如是赵国人，是赵国宦者令缪贤的家臣。

赵惠文王时，得到了楚国的和氏璧。秦昭王听说了这件事，就派人给赵王一封书信，表示愿意用十五座城邑交换这块宝玉。赵王同大将军廉颇及大臣们商量：要是把宝玉给了秦国，秦国的城邑恐怕不可能得到，白白地被欺骗；要是不给，又怕秦军马上来攻打。怎么解决没有确定，想找一个能派到秦国去回复的使者，没有找到。宦者令缪贤说："我的家臣蔺相如可以派去。"赵王问："你怎么知道他可以呢？"缪贤回答说："为臣曾犯过罪，私下打算逃亡到燕国去，我的家臣蔺相如阻拦我，说：'您怎么会了解燕王呢？'我对他说：'我曾随从大王在国境上与燕王会见，燕王私下握住我的手，说"愿意跟您交个朋友"。我因此了解他，所以想往他那里去。'相如对我说：'赵国强，燕国弱，而您受宠于赵王，所以燕王想要与您结交。现在您是逃出赵国奔到燕国，燕国怕赵国，这种形势下燕王必定不敢收留您，而且还会把您捆绑起来送回赵国。您不如脱掉上衣，露出肩背，伏在斧刃之下，向大王请罪，这样兴许侥幸被赦免。'臣听从了他的意见，大王也开恩赦免了臣。为臣私下认为这人是个勇士，有智谋，派

①处死：如何对待死。处：处理，对待。 ②信：通"伸"，伸张。 ③太山：即泰山。

他出使很合适。”

于是赵王召见蔺相如，问他说：“秦王用十五座城请求交换我的和氏璧，能不能给他？”相如说：“秦国强，赵国弱，不能不答应它。”赵王说：“得了我的宝璧，不给我城邑，怎么办？”相如说：“秦国请求用城换璧，赵国如不答应，赵国理亏；赵国给了璧而秦国不给赵国城邑，秦国理亏。两种对策衡量一下，宁可答应秦国，让它来承担理亏的责任。”赵王说：“谁可派为使臣？”相如说：“大王如果确实无人可派，臣愿捧护宝璧前往。城邑归属赵国，就把宝璧留给秦国；城邑不能归赵国，我一定把和氏璧完好地带回赵国。”赵王于是就派蔺相如带着和氏璧，西行入秦。

秦王坐在章台上接见了蔺相如，相如捧璧献给秦王。秦王十分高兴，把宝璧给妻妾和左右侍从传看，左右都高呼万岁。相如看出秦王没有用城邑给赵国抵偿的意思，便走上前去说：“璧上有个小斑点，请允许我指给大王看。”秦王把璧交给他，相如于是手持璧玉退后几步站定，身体靠着殿柱，怒发冲冠，对秦王说：“大王想得到宝璧，派人送信给赵王，赵王召集全体大臣商议，大家都说：‘秦国贪得无厌，倚仗国力强大，想用空话得到宝璧，给我们的城邑恐怕是不能得到的。’商议的结果不想把宝璧给秦国。我认为平民百姓的交往尚且不互相欺骗，何况是大国呢！况且为了一块璧玉的缘故就惹得强大的秦国不高兴，也是不应该的。于是赵王斋戒了五天，派我捧着宝璧，在殿堂上恭敬地拜送国书。为什么要这样做呢？是尊重大国的威望以表示敬意呀。如今我来到贵国，大王却在一般的台观接见我，态度十分傲慢，不讲究礼节；得到宝璧后，传给姬妾们观看，这样来戏弄我。我观察大王没有诚意给赵王十五城邑，所以我又收回宝璧。大王如果一定要逼我，我的头今天就同宝璧一起在柱子上撞碎！”相如手持宝璧，斜视殿柱，就要向殿柱上撞去。秦王怕他真把宝璧撞碎，便连忙向他道歉，坚决请求他不要如此，并招来有司查看地图，指明从某地到某地的十五座城邑交割给赵国。相如估计秦王不过用欺诈手段假装给赵国城邑，实际上赵国是不可能得到的，于是就对秦王说：“这和氏璧是天下公认的宝物，赵王惧怕贵国，不敢不奉献出来。赵王送璧之前，斋戒了五天，如今大王也应斋戒五天，在殿堂上设九宾大典，我才敢献上宝璧。”秦王估量此事，毕竟不可用强力夺取，于是就答应斋戒五天，请相如住在广成宾馆。相如估计秦王虽然答应斋戒，但必定背约不给城邑，便派他的随从穿上粗麻布衣服，怀中藏好宝璧，从小路逃出，把宝璧送回赵国。

秦王斋戒五天后，就在殿堂上设九宾大典，去请赵国使者蔺相如。相如来到后，对秦王说：“秦国从穆公以来的二十几位君主，从没有一个坚守盟约的。我实在是怕被大王欺骗而对不起赵王，所以派人带着宝璧回去，从小路已回到赵国了。况且秦强赵弱，大王派一位使臣到赵国，赵国立即就把宝璧送来。如今凭您秦国的强大，先把十五座城邑割让给赵国，赵国怎么敢留下宝璧而得罪大王呢？我知道欺骗大王之罪应被诛杀，我情愿下油锅被烹，只希望大王和各位大臣仔细考虑此事。”秦王和群臣面面相觑并有惊怪之声。侍从有人要把相如拉下去，秦王趁机说：“如今杀了相如，终归还是得不到宝璧，反而破坏了秦赵两国的交情，不如趁此好好款待他，放他回到赵国，赵王难道会为了一块璧玉的缘故而欺侮秦国吗！”最终还是在殿堂上接见相如，完成了接见大礼让他回国。

相如回国后，赵王认为他是一位称职的大夫，身为使臣，能不受别国的欺辱，于是封相如为上大夫。秦国没有把城邑给赵国，赵国也始终不给秦国宝璧。

此后秦国攻打赵国，夺取了石城。第二年，秦国再次攻赵，杀死两万人。

秦王派使者通告赵王，想在西河外的渑池与赵王进行一次友好会见。赵王害怕秦国，想不去。廉颇、蔺相如商议道：“大王如果不去，就显得赵国既软弱又胆小。”赵王于是前往赴会，蔺相如随行。廉颇送到边境，和赵王诀别说：“大王此行，估计路程和会见礼仪结束，再加上返回的时间，不会超过三十天。如果三十天还没回来，就请您允许我们拥立太子为王，以断绝秦国的妄想。”赵王同意这个意见，便去渑池与秦王会见。秦王饮到酒兴正浓时，说：“我私下听说赵王爱好音乐，请您弹瑟吧！”赵王就弹起瑟来。秦国史官上前来写道:“某年某月某日,秦王与赵王一起饮酒,令赵王弹瑟。”蔺相如上前说:“赵王私下听说秦王擅长秦地土乐,请让我给秦王献上盆缶,以便互相娱乐。”秦王发怒,不答应。这时相如向前递上瓦缶,并跪下请秦王演奏。秦王不肯击缶,相如说:“在这五步之内,我蔺相如要把脖颈里的血溅在大王身上了!”侍从们想杀相如,相如圆睁双眼大喝一声,侍从们都吓得倒退。当时秦王不大高兴,也只好敲了一下缶。相如回头招呼赵国史官写道:“某年某月某日,秦王为赵王敲缶。”秦国大臣们说:“请你们用赵国的十五座城向秦王献礼。”蔺相如也说:“请你们用秦国的咸阳向赵王献礼。”秦王直到酒宴结束,始终也未能压倒赵国。赵国原来也部署了大批军队防备秦国,因而秦国也不敢轻举妄动。

渑池会结束以后,由于相如功劳大,被封为上卿,位在廉颇之上。廉颇说:“我是赵国将军,有攻城野战的大功,而蔺相如只不过靠能说会道立了点功,可是他的地位却在我之上,况且蔺相如本来是卑贱之人,我感到羞耻,在他下面我难以忍受。”并且扬言说:“我遇见蔺相如,一定要羞辱他。”蔺相如听到后,不肯和他相会。相如每到上朝时,常常推说有病,不愿和廉颇去争位次的先后。没过多久,相如外出,远远看到廉颇,相如就掉转车子回避。于是相如的门客就一起来直言进谏说:“我们所以离开亲人来侍奉您,就是仰慕您高尚的气节呀。如今您与廉颇职位相同,廉老先生口出恶言,而您却怕他躲他,您怕得也太过分了,平庸的人尚且感到羞耻,何况是身为将相的人呢!我们这些人没出息,请让我们告辞吧!”蔺相如坚决地挽留他们,说:“诸位认为廉将军和秦王相比谁更厉害?”回答说:“廉将军不如秦王。”相如说:“以秦王的威势,而我却敢在朝廷上呵斥他,羞辱他的群臣,我蔺相如即使无能,难道会怕廉将军吗?但是我想到,强秦所以不敢对赵国用兵,就是因为有我们两人在呀。如今两虎相斗,势必不能共存。我之所以这样忍让,就是为了要把国家的急难摆在前面,而把个人的仇怨放在后面。”廉颇听说了这些话,就脱去上衣,露出上身,背着荆条,由宾客带引,到蔺相如家请罪。他说:“我是个粗野卑贱的人，想不到将军您是如此的宽厚啊！”二人终于相互交欢和好，成为生死与共的好友。

这一年，廉颇向东进攻齐国，打败了它的一支军队。过了两年，廉颇又攻打齐国的畿邑，攻占了它。此后三年，廉颇进攻魏国的防陵、安阳，都攻克了。再过四年，蔺相如领兵攻齐，打到平邑就收兵了。第二年，赵奢在阏与城下大败秦军。

赵奢，本是赵国征收田租的官吏。在收租税时，平原君家不肯缴纳，赵奢依法处治，杀了平原君家九个管事的人。平原君大怒，要杀死赵奢。赵奢趁机劝说道：“您在赵国是贵公子，现在要是纵容您家不遵奉公家的法令，就会使国家的法令削弱，法令削弱了，国家就会衰弱，国家衰弱了，各国就要出兵侵犯，各国出兵侵犯，赵国就会灭亡，您还怎能保有这些财富呢？以您的地位和尊贵，能奉公守法就会使国家上下公平，上下公平就能使国家强盛，国家强盛了赵氏的政权就会稳固，而您身为国君的亲族，难道还会被天下人轻视吗？”平原君认为他很有才干，把他推荐给赵王。赵王任用他掌管全国的赋税，全国赋税非常公平合理，民众富足，国库充实。

秦国进攻韩国，军队驻扎在阏与。赵王召见廉颇问道：“可以去援救吗？”回答说：“道路远，而且又艰险又狭窄，难以援救。”又召见乐乘问这件事，乐乘的回答和廉颇的话一样。又召见赵奢来问，赵奢回答说：“道远地险路狭，就譬如两只老鼠在洞里争斗，该是勇猛者获胜。”赵王便派赵奢领兵，去救援阏与。

军队离开邯郸三十里，赵奢就在军中下令说：“有谁来为军事进谏的处以死刑。”秦军驻扎在武安西边，秦军击鼓呐喊的练兵之声，把武安城中的屋瓦都震动了。赵军中的一个侦察人员请求急速援救武安，赵奢立即将他斩首。赵军坚守营垒，停留二十八天不向前进发，反而又加筑营垒。秦军间谍潜入赵军营地，赵奢用饮食好好款待后把他遣送回去。间谍把情况向秦军将领报告，秦将大喜，说：“离开国都三十里军队就不前进了，而且还增修营垒，阏与看来不会为赵国所有了。”

赵奢遣送秦军间谍之后，就令士兵卸下铁甲，快速向阏与进发。两天一夜就到达前线，下令善射的骑兵离阏与五十里扎营。军营筑成后，秦军知道了这一情况，立即全军赶来。一个叫许历的军士请求就军事提出建议，赵奢说："让他进来。"许历说："秦人本没想到赵军会来到这里，现在他们赶来对敌，士气很盛，将军一定要集中兵力严阵以待。不然的话，一定要失败。"赵奢说："请让我接受您的指教。"许历说："我请求按军令接受处死。"赵奢说："等回邯郸再处理吧。"许历请求再提个建议，说："先占据北面山头的得胜，后到的失败。"赵奢同意，立即派出一万人迅速奔上北面山头。秦兵后到，与赵军争夺北山但攻不上去，赵奢指挥士兵猛攻，大败秦军。秦军四散逃跑，于是阏与的包围被解除，赵军回国。

赵惠文王赐给赵奢的封号是马服君，并任许历为国尉。赵奢于是与廉颇、蔺相如职位相同。

四年以后，赵惠文王死，太子孝成王即位。孝成王七年，秦军与赵军在长平对阵，那时赵奢已死，蔺相如也已病危，赵王派廉颇率兵攻打秦军，秦军多次打败赵军，赵军坚守营垒不出战。秦军屡次挑战。廉颇置之不理。赵王听信了秦国间谍散布的谣言。秦国的间谍说："秦军所害怕的，就是怕马服君赵奢的儿子赵括来做将军。"赵王因此就以赵括为将军，取代了廉颇。蔺相如说："大王只凭名声来任用赵括，就好像胶着瑟上的弦柱来弹瑟那样不知变通。赵括只会读他父亲留下的书，不懂得灵活应变。"赵王不听，还是任命赵括为上将。

赵括从小就学习兵法，谈论起军事来，以为天下没人能抵得过他。他曾与父亲赵奢谈论用兵之事，赵奢也难不倒他，可是并不说他好。赵括的母亲问赵奢这是什么缘故，赵奢说："用兵打仗是关乎生死的事，然而他却把这事说得太容易了。如果赵国不用赵括为将也就罢了，要是一定让他为将，使赵国打败仗的一定就是他呀。"等到赵括将要起程时，他母亲上书给赵王说："不可以让赵括做将军。"赵王说："为什么？"回答说："当初我侍奉他父亲，那时他是将军，由他亲自捧着饮食侍候吃喝的人数以十计，结交为朋友的数以百计，大王和王族们所赏赐的东西全都分给军吏和僚属，接受命令的那天起，就不再过问家事。现在赵括一下子做了将军，就面向东接受朝见，军吏没人敢抬头看他的，大王赏赐的金帛，都带回家收藏起来，还天天访查便宜合适的田地房产，可买的就买下来。大王认为他哪里像他父亲？父子二人的心地不同，希望大王不要派他领兵。”赵王说：“您就把这事放下别管了，我已决定了。”赵括的母亲接着说：“您一定要派他领兵，如果他有不称职的情况，我能不受株连吗？”赵王答应了。

赵括代替廉颇后，把原有的规章制度全都改变了，把原来的军官也撤换了。秦将白起听到了这些情况，便让大军假装败逃，又调遣两支奇兵截断赵军运粮的道路，把赵军分割成两半，赵军士卒离心。过了四十多天，赵军饥饿，赵括出动精兵亲自与秦军搏斗，秦军射死赵括。赵括军队战败，几十万大军于是投降秦军，秦军把他们全部活埋了。赵国前后损失共四十五万人。第二年，秦军就包围了邯郸，有一年多，赵国几乎不能保全，全靠楚国、魏国军队来援救，才得以解除邯郸的包围。赵王也由于赵括的母亲有言在先，终于没株连她。

邯郸解围后五年，燕国采纳栗腹的计谋，说是“赵国壮丁全都死在长平，他们的遗孤尚未成人”，燕王便发兵攻赵。赵王派廉颇领兵反击，在鄗城大败燕军，杀死栗腹，顺势包围燕国都城。燕国割让五座城请求讲和，赵王才答应停战。赵王把尉文封给廉颇，封号是信平君，并让他代理相国。

廉颇在长平被免职回家，失掉权势时，原来的门客都离开他了。等到又被任用为将军，门客又重新回来了。廉颇说：“先生们都请回吧！”门客们说：“唉！您的见解怎么这样落后？天下之人都是按市场交易的方法结交朋友，您有权势，我们就跟随着您，您没权势了，我们就离开，这本是常理，有什么可抱怨的呢？”又过了六年，赵国派廉颇进攻魏国的繁阳，把它攻占了。

赵孝成王死，太子悼襄王即位，派乐乘接替廉颇。廉颇大怒，攻打乐乘，乐乘逃跑了。廉颇于是也逃奔魏国的大梁。第二年，赵国便以李牧为将进攻燕国，攻下了武遂、方城。

廉颇在大梁住久了，魏国对他不能信任重用。赵国由于屡次被秦兵围困，赵王就想重新用廉颇为将，廉颇也想再被赵国任用。赵王派使臣去探望廉颇，看看他还能不能任用。廉颇的仇人郭开用重金贿赂使者，让他回来后说廉颇的坏话。赵国使臣见到廉颇后，廉颇当着他的面一顿饭吃了一斗米、十斤肉，又披上铁甲上马，表示自己还可以被任用。赵国使者回去向赵王报告说："廉将军虽然已老，饭量还很不错，可陪我坐着时，一会儿就拉了三次屎。"赵王认为廉颇老了，就没把他召回。

楚国听说廉颇在魏国，暗中派人去迎接他。廉颇虽做了楚国的将军，并没有战功，他说："我想指挥赵国的士兵啊。"廉颇最终死在寿春。

李牧是赵国北部边境的良将。长期驻守代地、雁门郡，防备匈奴。他有权根据需要任命官吏，防地内城市的租税都送入李牧的幕府，作为军队的经费。他每天宰杀几头牛犒赏士兵，教士兵练习射箭骑马，小心看守烽火台，多派侦察敌情的人员，对战士待遇优厚。制定规章说："匈奴如果入侵，要赶快收拢人马退入营垒固守，有胆敢去捕捉敌人的斩首。"匈奴每次入侵，烽火传来警报，立即收拢人马退入营垒固守，不敢出战。像这样过了好几年，人马物资也没有什么伤亡和损失。可是匈奴却认为李牧是胆小，就连赵国守边的官兵也认为自己的主将胆小怯战。赵王责备李牧，李牧依然如故。赵王发怒，把他召回，派别人代他领兵。

此后一年多里，匈奴每次来侵犯，就出兵交战。每次交战，多是失利，损失伤亡很多，边境上无法耕田、放牧。赵王只好再次召请李牧。李牧闭门不出，坚持说有病。赵王就一再强使李牧出来，让他领兵。李牧说："大王一定要用我，我还是像以前那样做，才敢奉命。"赵王答应他的要求。

李牧来到边境，还按照原来的章程。匈奴好几年都一无所获，但又始终认为李牧胆怯。边境的官兵每天得到赏赐可是无用武之地，都希望与匈奴打一仗。于是李牧就准备了精选的战车一千三百辆，精选的战马一万三千匹，敢于冲锋陷阵的勇士五万人，善射的士兵十万人，全部组织起来训练作战。同时让大批牲畜到处放牧,放牧的人民满山遍野。匈奴小股人马入侵,李牧就假装失败,故意把几千人丢弃给匈奴。单于听到这种情况,就率领大批人马入侵。李牧布下许多奇兵,张开左右两翼包抄反击匈奴,大败敌军,杀死十多万人马。灭了襜褴,打败了东胡,收降了林胡,单于逃跑。此后十多年,匈奴不敢接近赵国边境上的城镇。

赵悼襄王元年,廉颇已逃到魏国后,赵国派李牧进攻燕国,攻占了武遂、方城。过了两年,庞煖又打败燕军,杀死剧辛。又过了七年,秦军在武遂击败赵军,杀死赵将扈辄,斩杀赵军十万。赵国便派李牧为大将军,在宜安进攻秦军,大败秦军,赶走秦将桓齮。李牧被封为武安君。又过三年,秦军进攻番吾,李牧击败秦军后,又向南抵御韩国和魏国。

赵王迁七年,秦国派王翦进攻赵国,赵国派李牧、司马尚抵御秦军。秦国用很多金钱向赵王宠臣郭开行贿,让他施行反间计,造谣说李牧、司马尚要谋反。赵王便派赵葱和齐将颜聚接替李牧。李牧不接受命令,赵王派人暗中乘其不备逮捕李牧,把他杀了,并撤了司马尚的官职。三个月后,王翦趁机猛攻赵国,大败赵军,杀死赵葱,俘虏赵王迁和他的将军颜聚,终于灭了赵国。

太史公说:知道将死而不害怕,必定是很有勇气;死并非难事,而怎样对待这个死才是难事。当蔺相如手举宝璧斜视殿柱,以及大声呵斥秦王侍从的时候,就面前形势来说,最多不过是被杀罢了,然而一般士人往往因为胆小懦弱而不敢行动。蔺相如一旦振奋起他的勇气,其威力就伸张出来压倒敌国;后来又对廉颇谦逊退让,他的声名比泰山还重。他处事中所表现的智慧和勇气,真可以说是兼而有之啊!

【鉴赏】

本文是《史记》名篇之一。战国后期,东方六国势力渐衰,赵国涌现出一批忠臣良将,廉颇、蔺相如、赵奢、李牧等人为其中代表人物,本传即以此四人的荣辱升降来反映赵国国运的强弱变化:赵惠文王用廉颇、蔺相如为将相,强秦不敢加兵,用赵奢大破秦军而解韩国之围,赵国势强;赵孝成王中秦人反间计临阵换将,以赵括代廉颇,而有长平之败、邯郸之围,赵国元气大伤;赵悼襄王信谗，廉颇不得用，客死于楚，其后赵王亲佞臣宠郭开，中反间之计，屈斩李牧，加速赵国之亡。全传以赵国为经，以此四人经历为纬互相穿插成文，前后钩连成篇，老将廉颇侍奉惠文王、孝成王、悼襄王三世君主，传文即以其一人事迹贯穿全文，以引出另外几人，其间或断或续，或分或合，首尾一片，了无痕迹，这与本书中多数合传以分为主而人物各自独立的结构不同。本篇的这种结构对章回小说《水浒传》叙写英雄故事之连锁结构产生了重要影响。

本传选材剪裁也自有妙处。廉颇是战国后期著名战将，一生事业颇多，然而本传对其用兵事着墨不多，而精心选择了两件事：一是他与赵王在渑池会前约定若赵王逾期不还“则请立太子为王，以绝秦望”之事，见其非同一般之忠心；二是“负荆请罪”以谢相如事，见其非同一般之勇气。写蔺相如一生，以“完璧归赵”“渑池抗秦”两个片断明其智勇；以引避廉颇事明其“只知有国，不知有己”之公心。赵奢之子赵括也经司马迁之笔，成“纸上谈兵”之典型。

史记卷八十二·田单列传第二十二

本篇是战国时期齐国将领田单的专传,主要记述了田单率领即墨军民击败燕军、恢复齐国的经过,歌颂了田单出奇制胜、善于用兵的非凡智慧及其卓著的历史功勋。赞论部分则补述太史嬓女与王蠋二人事迹。齐湣王曾北败燕国,杀死燕王哙。燕昭王为报杀父之仇,以乐毅为将率五国之兵大败齐国,但燕军占领齐国后,却割俘虏之鼻,挖掘齐人坟墓,并掠夺无数财宝重器,这激起了齐人的强烈憎恨,他们同仇敌忾,据守仅有的莒和即墨两城。田单就是在即墨守城长官司阵亡的情况下受命于危难,大展奇才,一举击败燕军的。

田单者,齐诸田疏属也①。湣王时,单为临淄市掾②,不见知③。及燕使乐毅伐破齐,齐湣王出奔,已而保莒城。燕师长驱平齐④,而田单走安平,令其宗人尽断其车轴末而傅铁笼⑤。已而燕军攻安平,城坏,齐人走,争涂⑥,以轊折车败⑦,为燕所虏,唯田单宗人以铁笼故得脱,东保即墨。

燕既尽降齐城,唯独莒、即墨不下。燕军闻齐王在莒,并兵攻之。淖齿既杀湣王于莒,因坚守,距⑧燕军,数年不下。燕引兵东围即墨。即墨大夫出与战,败死。城中相与推田单,曰:"安平之战,田单宗人以铁笼得全,习兵⑨。"立以为将军,以即墨拒燕。

---

①诸田:指齐王田氏宗族的各个分支。疏属:血缘比较远的宗族。 ②市掾:管理市场的官吏。 ③见知:被人了解,受赏识重用。 ④平齐:指攻破齐都临淄。 ⑤傅铁笼:用铁箍紧紧套住。傅:通"附",包,裹。 ⑥争涂:争路而逃。涂:同"途"。 ⑦轊(wèi):车轴头。 ⑧距:通"拒",抗拒。 ⑨习兵:熟悉军事。

顷之①,燕昭王卒,惠王立,与乐毅有隙②。田单闻之,乃纵反间于燕③,宣言曰:“齐王已死,城之不拔者二耳④。乐毅畏诛而不敢归,以伐齐为名,实欲连兵南面而王齐⑤。齐人未附,故且缓攻即墨以待其事。齐人所惧,唯恐他将之来,即墨残矣⑥。”燕王以为然,使骑劫代乐毅。

乐毅因归赵,燕人士卒忿。而田单乃令城中人食必祭其先祖于庭,飞鸟悉翔舞城中下食。燕人怪之。田单因宣言曰:“神来下教我。”乃令城中人曰:“当有神人为我师。”有一卒曰:“臣可以为师乎?”因反走⑦。田单乃起,引还⑧,东乡坐⑨,师事之。卒曰:“臣欺君,诚无能也。”田单曰:“子勿言也!”因师之。每出约束⑩,必称神师。乃宣言曰:“吾唯惧燕军之劓所得齐卒⑪,置之前行,与我战,即墨败矣。”燕人闻之,如其言。城中人见齐诸降者尽劓,皆怒,坚守,唯恐见得⑫。单又纵反间曰:“吾惧燕人掘吾城外冢墓,僇先人⑬,可为寒心⑭。”燕军尽掘垄墓⑮,烧死人。即墨人从城上望见,皆涕泣,俱欲出战,怒自十倍。

田单知士卒之可用,乃身操版插⑯,与士卒分功,妻妾编于行伍之间,尽散饮食飨士⑰。令甲卒皆伏,使老弱女子乘城,遣使约降于燕,燕军皆呼万岁。田单又收民金,得千溢⑱,令即墨富豪遗燕将,曰:“即墨即降,愿无虏掠吾族家妻妾,令安堵⑲。”燕将大喜,许之。燕军由此益懈。

---

①顷之:不久。 ②有隙:有裂痕,有矛盾。 ③纵:发,放,行使。 ④拔:攻下。二:指莒和即墨两城。 ⑤连兵:与齐兵联合。南面:古以坐朝南为尊,天子、诸侯见群臣,卿大夫见僚属,皆南面坐。 ⑥残:攻破。 ⑦反走:回头就跑。反:同“返”,返回。 ⑧引还:拉他回来。 ⑨乡:通“向”。 ⑩约束:号令,行使指挥权。 ⑪劓:割去鼻子,古代肉刑之一。 ⑫见得:被俘。 ⑬僇(lù):羞辱。 ⑭寒心:胆战心惊。 ⑮垄墓:坟墓。 ⑯版插:建筑工具。筑土墙时,用版夹土,用插挖土。 ⑰飨士:用酒食犒赏士卒。 ⑱溢:同“镒”,古代重量单位,一镒二十四两。 ⑲安堵:安居。

田单乃收城中得千馀牛，为绛缯衣[①]，画以五彩龙文，束兵刃于其角，而灌脂束苇于尾，烧其端。凿城数十穴，夜纵牛，壮士五千人随其后。牛尾热，怒而奔燕军，燕军夜大惊。牛尾炬火光明炫耀[②]，燕军视之皆龙文，所触尽死伤。五千人因衔枚击之[③]，而城中鼓噪从之，老弱皆击铜器为声，声动天地。燕军大骇，败走。齐人遂夷杀其将骑劫[④]。燕军扰乱奔走，齐人追亡逐北[⑤]，所过城邑皆畔燕而归田单，兵日益多。乘胜，燕日败亡，卒至河上，而齐七十馀城皆复为齐。乃迎襄王于莒，入临淄而听政。

襄王封田单，号曰安平君。

太史公曰：兵以正合，以奇胜。善之者，出奇无穷。奇正还相生，如环之无端。夫始如处女，適人[⑥]开户；后如脱兔，適不及距：其田单之谓邪！

初[⑦]，淖齿之杀湣王也，莒人求湣王子法章，得之太史嬓之家，为人灌园。嬓女怜而善遇之。后法章私以情告女，女遂与通[⑧]。及莒人共立法章为齐王，以莒距燕，而太史氏女遂为后，所谓"君王后"也。

燕之初入齐，闻画邑人王蠋贤，令军中曰："环画邑三十里无入"，以王蠋之故。已而使人谓蠋曰："齐人多高子之义，吾以子为将，封子万家。"蠋固谢[⑨]。燕人曰："子不听，吾引三军而屠画邑。"王蠋曰："忠臣不事二君，贞女不更二夫。齐王不听吾谏，故退而耕于野。国既破亡，吾不能存；今又劫之以兵为君

---

①绛缯衣：大红色丝帛制成的外套。 ②炬火：火把。炫耀：火光闪动之状。 ③衔枚：枚的形状如筷子，横衔口中，以禁止喧哗，古代军中常用。 ④夷杀：斩杀。 ⑤追亡逐北：追击败逃的敌人。亡：逃跑。北：败逃。 ⑥適：通"敌"，敌人。 ⑦初：当初，追叙之辞。 ⑧通：私通。 ⑨固谢：坚决不接受。

将，是助桀为暴也。与其生而无义，固不如烹[①]！”遂经[②]其颈于树枝，自奋绝脰[③]而死。齐亡大夫闻之，曰：“王蠋，布衣也，义不北面于燕，况在位食禄者乎！”乃相聚如莒[④]，求诸子，立为襄王。

【译文】

田单是齐国田氏王族的旁支亲属。在齐湣王时，田单在齐都临淄做佐理市政的小官，并不被重用。后来，到燕国派遣大将乐毅攻破齐国，齐湣王被迫出逃，不久又退守莒城。燕国军队长驱直入，征讨齐国，田单也逃到了安平，让他的同族人把车轴两端的突出部位全部锯下，安上铁箍。不久，燕军攻打安平，城池被攻破，齐国人逃亡时争先抢路，都因被撞断了车轴，车子坏了，被燕军俘虏。只有田单和族人因用铁箍包住了车轴的缘故，得以逃脱，向东退守即墨。

这时，燕国军队已全部降服了齐国大小城邑，只有莒和即墨两城未被攻下。燕军听说齐湣王在莒城，就调集军队，全力攻打。大臣淖齿已杀死齐湣王，坚守城池，抗击燕军，燕军几年都不能攻破该城。燕将带兵东行，围攻即墨。即墨的守城官员出城与燕军交战，战败被杀。即墨城中军民都推举田单做首领，说：“安平那一仗，田单的同族人因用铁箍包住车轴才得以安然脱险，可见他很会用兵。”于是，大家就拥立田单为将军，坚守即墨，抗击燕军。

过了不久，燕昭王死，燕惠王登位，他和乐毅有些不和。田单听到这个消息后，就派人到燕国去行使反间计，扬言说：“齐湣王已被杀死，没被攻克的齐国城池只不过两座而已。乐毅是害怕被诛杀而不敢回国，他以讨伐齐国为名，实际上是想和齐国兵力联合起来，在齐国称王。齐国人心还未归附，因此暂且拖延时间，慢慢攻打即墨，以等待他们归服。齐国人担心的是，唯恐其他将领来带兵，即墨城就无法保全了。”燕惠王认为

---

①烹：用鼎锅把人煮死，古代酷刑之一。 ②经：上吊，自缢。 ③脰（dòu）：脖子。
④如：往某地去，到某地去。

这些话是对的，就派骑劫去代替乐毅。

乐毅被免职后就逃到赵国去了，燕军官兵都为此忿忿不平。田单又命城中军民在吃饭之前必须先在庭院里祭祀祖先，使得众多的飞鸟因争食祭祀的食物，在城上盘旋飞舞。城外的燕军看了，都感到很奇怪。田单又扬言说："这是神人要下界指导我们克敌制胜。"又对城里人说："一定会有神人来做我的老师。"有一个士兵说："我可以做您的老师吗？"接着就扬长而去。田单连忙站起来，把他拉过来，请他坐在面向东的上座，用侍奉老师的礼节来侍奉他。那个士兵说："我欺骗了您，我真是一点本领也没有。"田单说："请您不要再说了。"接着就奉他为师。每次发号施令，一定要称是神师的主意。他又扬言说："我最怕的是燕军把俘虏的齐国士兵割去鼻子，放在队伍的前列，再和我们交战，那样即墨就必然被攻克。"燕军听到这话，就照此施行。城里的人看到齐国众多的降兵都被割去了鼻子，人人义愤填膺，全力坚守城池，只怕被敌人俘虏。田单又派人施反间计说："我们很害怕燕国人挖了我们城外的祖坟，侮辱了我们的祖先，这可真是让人寒心的事。"燕军听说后，又把齐国人的坟墓全部掘开，焚烧死尸。即墨人从城上看到此情此景，人人痛哭流涕，都请求出城拼杀，愤怒的情绪增长十倍。

田单知道现在士兵可用了，于是就亲自拿着夹板铲锹，和士兵们一起修筑工事，并把自己的妻子姬妾都编在队伍之中，还把全部的食物拿出来犒赏士卒。命装备整齐的精锐部队都埋伏起来，让老弱妇女上城防守，又派使者去和燕军约定投降事宜，燕军官兵都高呼万岁。田单又把民间的黄金收集起来，共得一千镒，让即墨城里有钱有势的人去送给燕军，请求说："即墨就要投降了，希望你们进城后，不要掳掠我们的妻子姬妾，让我们能平安地生活。"燕军将领非常高兴，满口答应。燕军因此更加松懈。

田单于是从城里收集了一千多头牛，给它们披上大红绸绢制成的被服，在上面画着五颜六色的蛟龙图案，在它们的角上绑好锋利的刀子，把渍满油脂的芦苇绑在牛尾上，点燃其末端。又把城墙凿开几十个洞穴，趁夜间把牛从洞穴中赶出,派精壮士兵五千人跟在火牛的后面。因尾巴被烧得发热,火牛都狂怒地奔入燕军,使燕军惊慌失措。牛尾上的火把将夜间照得通明如昼,燕军看到它们都是龙纹,所触及的人非死即伤。五千壮士又随后悄然无声地杀来,而城里的人乘机擂鼓呐喊,紧紧随在后面,老弱妇孺都敲击铜器,喊杀声惊天动地。燕军非常害怕,大败而逃。齐国人在乱军之中杀死了燕国的主将骑劫。燕军纷乱,溃散逃命,齐军紧紧追击溃逃的敌军,所经过的城邑都背叛燕军,归顺田单。田单的兵力也日益增多,乘着战胜的军威,一路追击。燕军仓皇而逃,战斗力一天天减弱,一直退到了黄河边上,原来齐国的七十多座城池又都被收复。于是田单到莒城迎接齐襄王,襄王也就回到都城临淄来处理政务。

齐襄王封赏田单,赐爵号为安平君。

太史公说:用兵作战要一面和敌人正面交锋,一面用奇兵突袭制胜。善于用兵的人,奇妙的战术是变化无穷的。奇正循环相互转化,就如同圆环没有起止一般使人捉摸不定。用兵之初要像处女那样沉静、柔弱,诱使敌人敞开门户,不加戒备;然后在时机到来之时,就像逃脱的兔子一般快速、敏捷,使敌人来不及防御。田单用兵,大概正是如此吧!

当初,淖齿杀死齐湣王时,莒城人访求齐湣王的儿子法章,在太史嬓的家里找到了他,他正在替人家种地浇园。太史嬓的女儿喜欢他并对他很好。后来法章就把自己的情况告诉了她,她就和法章私通了。等到莒城人共同拥立法章为齐王,以莒城抗击燕军,太史嬓的女儿就被立为王后,这就是人们所说的"君王后"。

燕军在开始攻入齐国时,听说画邑人王蠋有才有德,就命令军队说:"在画邑周围三十里之内不许进入。"这是因为王蠋是画邑人的缘故。不久,燕国又派人对王蠋说:"齐国有许多人都称颂您高尚的品德,我们要任用您为将军,还封赏给您一万户的食邑。"王蠋坚决谢绝。燕国人说:"您若不肯接受的话,我们就要带领大军,屠平画邑!"王蠋说:"尽忠的臣子不能侍奉两个君主,贞烈的女子不能再嫁第二个丈夫。齐王不听从我的劝谏,所以我才隐居在乡间种田。齐国已经破亡,我不能使它复存;现在你们又用武力劫持我做你们的将领，我若是答应了，就是帮助坏人干坏事。与其活着干这不义之事，还不如受烹刑死了更好！”然后他就把自己的脖子吊在树枝上，奋力挣扎，自己扭断脖子而死。齐国那些四散奔逃的官员们听到这件事，说：“王蠋只是一个平民百姓，尚且能坚守节操，不向燕人屈服称臣，更何况我们这些享受国家俸禄的在职官员了！”于是他们就聚集在一起，赶赴莒城，寻找齐滑王的儿子，拥立他为齐襄王。

【鉴赏】

《田单列传》历来被评者视为奇作，清人吴见思即云：“田单是战国一奇人，火牛是战国一奇事，遂成太史公一篇奇文，其声色气势，如风车雨阵，拉杂而来，几令人弃书下席。”

传文暗以“奇”字为一篇之骨，以记田单之奇人奇事：齐人败逃过程中，他教族人以铁笼车轴得脱，是处事之奇；即墨拜将后，他利用燕惠王和乐毅之间的矛盾，巧施反间之计，使燕国临阵换将撤下乐毅；又集飞鸟、拜神师，使燕军割齐国降卒的鼻子，挖齐人的祖坟，以坚民众守城之心；让老弱女子上城守卫，遣使约降，又让富豪之家送去重金贿赂燕将，以懈燕军提防之意；他还和士兵同甘共苦，终于以火牛陷阵之妙计，出奇制胜，大破燕军于即墨，乘胜追击，光复齐国被占七十余城。传文通篇以“奇”为中心取舍材料，以极精炼的笔墨写田单的奇事奇谋奇功，以奇笔写火牛阵之雄奇场面以称赏田单的奇才。本篇无论从选材布局，还是场面描写、人物刻画都如同古今小说写法。

本传之论赞亦是一段奇文，赞曰“兵以正合，以奇胜。善之者，出奇无穷。奇正还相生，如环之无端”。一连用三个“奇”字，以暗合全传关目，点明通篇之意。而赞后所附太史嫩女私通齐滑王子法章而为“君王后”事，是奇女之行；画邑人王蠋义不北面事燕，自尽而死，是奇士之义。奇女奇士，皆与传主田单奇人奇事隐约以相呼应。

史记卷八十三·鲁仲连邹阳列传第二十三

本篇为鲁仲连、邹阳合传，二人生不同于世，行不同于事，言语文章亦不相侣，然而鲁仲连义不帝秦、功成而不仕，"不诎于诸侯"，邹阳为人所谗，却能"抗直不桡"，也有不屈于权贵之志，故而司马迁"比物连类"，将二人合为一传。长平之战后，秦军又围攻邯郸，魏军不敢进兵救赵，却派新垣衍劝说赵尊秦为帝，鲁仲连前往见新垣衍指陈帝秦利害，使其不敢复言帝秦，秦军为之退却，鲁仲连传记述的第一件事就是鲁仲连义不帝秦；第二件是鲁仲连射书燕将助齐取聊城之事，并录其《遗燕将书》。邹阳传仅记一事，即他受谗下狱，上书梁王自鸣其冤，得以自解，遂成梁王座上之客，并录其《狱中上梁王书》全文。

鲁仲连者，齐人也。好奇伟俶傥[①]之画策，而不肯仕宦任职，好持高节。游于赵。

赵孝成王时，而秦王使白起破赵长平之军前后四十馀万，秦兵遂东围邯郸。赵王恐，诸侯之救兵莫敢击秦军。魏安釐王使将军晋鄙救赵，畏秦，止于荡阴不进。魏王使客将军新垣衍间入邯郸，因平原君谓赵王曰："秦所为急围赵者，前与齐湣王争强为帝，已而复归帝；今齐已益弱，方今唯秦雄天下，此非必贪邯郸，其意欲复求为帝。赵诚发使尊秦昭王为帝，秦必喜，罢兵去。"平原君犹预[②]未有所决。

此时鲁仲连适游赵，会秦围赵，闻魏将欲令赵尊秦为帝，乃见平原君曰："事将奈何？"平原君曰："胜也何敢言事！前亡四

①俶傥：同"倜傥"，卓越超群。 ②犹预：即"犹豫"。

十万之众于外，今又内围邯郸而不能去。魏王使客将军新垣衍令赵帝秦，今其人在是。胜也何敢言事！”鲁仲连曰：“吾始以君为天下之贤公子也，吾乃今然后知君非天下之贤公子也。梁客新垣衍安在？吾请为君责而归之。”平原君曰：“胜请为绍介而见之于先生。”平安君遂见新垣衍曰：“东国有鲁仲连先生者，今其人在此，胜请为绍介，交之于将军。”新垣衍曰：“吾闻鲁仲连先生，齐国之高士也。衍，人臣也，使事有职，吾不愿见鲁仲连先生。”平原君曰：“胜既已泄之矣。”新垣衍许诺。

鲁仲连见新垣衍而无言。新垣衍曰：“吾视居此围城之中者，皆有求于平原君者也；今吾观先生之玉貌，非有求于平原君者也，曷为久居此围城之中而不去？”鲁仲连曰：“世以鲍焦为无从颂①而死者，皆非也。众人不知，则为一身。彼秦者，弃礼仪而上首功之国也②，权使其士，虏使其民。彼即肆然而为帝，过而为政于天下，则连有蹈东海而死耳，吾不忍为之民也。所为见将军者，欲以助赵也。”

新垣衍曰：“先生助之将奈何？”鲁仲连曰：“吾将使梁及燕助之，齐、楚则固助之矣。”新垣衍曰：“燕则吾请以从矣；若乃③梁者，则吾乃梁人也，先生恶能使梁助之？”鲁仲连曰：“梁未睹秦称帝之害故耳。使梁睹秦称帝之害，则必助赵矣。”

新垣衍曰：“秦称帝之害何如？”鲁仲连曰：“昔者齐威王尝为仁义矣，率天下诸侯而朝周。周贫且微，诸侯莫朝，而齐独朝之。居岁馀，周烈王崩，齐后往，周怒，赴④于齐曰：‘天崩地坼⑤，天子下席⑥。东藩之臣因齐后至，则斫。’齐威王勃然怒

---

①从颂：同“从容”，引申为胸怀博大。 ②上：通“尚”，崇尚，尊重。首功：指战功。 ③若乃：至于。 ④赴：即“讣”，告丧。 ⑤天崩地坼(chè)：天崩地裂，以喻天子之死。坼：裂开。 ⑥下席：离开正殿宫室，睡在草席上居丧守礼。

曰：'叱嗟，而母婢也！'卒为天下笑。故生则朝周，死则叱之，诚不忍其求[①]也。彼天子固然，其无足怪。"

新垣衍曰："先生独不见夫仆乎？十人而从一人者，宁力不胜而智不若邪？畏之也。"鲁仲连曰："呜呼！梁之比于秦若仆邪？"新垣衍曰："然。"鲁仲连曰："吾将使秦王烹醢[②]梁王。"新垣衍怏然不悦，曰："噫嘻，亦太甚矣先生之言也！先生又恶能使秦王烹醢梁王？"鲁仲连曰："固也，吾将言之。昔者九侯、鄂侯、文王，纣之三公也。九侯有子而好，献之于纣，纣以为恶，醢九侯。鄂侯争之强，辩之疾，故脯[③]鄂侯。文王闻之，喟然而叹，故拘之牖里之库百日，欲令之死。曷为与人俱称王，卒就脯醢之地？齐湣王之鲁，夷维子为执策而从，谓鲁人曰：'子将何以待吾君？'鲁人曰：'吾将以十太牢待子之君。'夷维子曰：'子安取礼而待吾君？彼吾君者，天子也。天子巡狩，诸侯辟舍[④]，纳管籥[⑤]，摄衽抱机[⑥]，视膳于堂下，天子已食，乃退而听朝也。'鲁人投其籥，不果纳。不得入于鲁，将之薛，假途于邹。当是时，邹君死，湣王欲入吊，夷维子谓邹之孤曰：'天子吊，主人必将倍殡棺，设北面于南方，然后天子南面吊也。'邹之群臣曰：'必若此，吾将伏剑而死。'固不敢入于邹。邹、鲁之臣，生则不得事养，死则不得赙襚[⑦]，然且欲行天子之礼于邹、鲁，邹、鲁之臣不果纳。今秦万乘之国也，梁亦万乘之国也。俱据万乘之国，各有称王之名，睹其一战而胜，欲从而帝之，是使三晋之大臣不如邹、鲁之仆妾也。且秦无已而帝，则且变易诸侯之大臣。彼将夺其所不肖而与其所贤，夺其所憎而与其所爱。彼又将使其子女谗妾

---

①求：苛求。 ②烹醢：古代两种酷刑。烹：下锅煮。醢：剁成肉酱。 ③脯(fǔ)：做成肉干。 ④辟舍：让出正宫。辟：同"避"，躲开。 ⑤纳管龠：交出钥匙。纳：交出。 ⑥摄衽：提起衣襟。抱机：捧着几案。机：通"几"。 ⑦赙襚：陪葬的财货衣被。赙：货财。襚：衣被。

为诸侯妃姬,处梁之宫。梁王安得晏然而已乎?而将军又何以得故宠乎?”

于是新垣衍起,再拜谢曰:“始以先生为庸人,吾乃今日知先生为天下之士也。吾请出,不敢复言帝秦。”秦将闻之,为却军五十里。适会魏公子无忌夺晋鄙军以救赵,击秦军,秦军遂引而去。

于是平原君欲封鲁连,鲁连辞让者三,终不肯受。平原君乃置酒,酒酣起前,以千金为鲁连寿。鲁连笑曰:“所贵于天下之士者,为人排患释难解纷乱而无取也。即有取者,是商贾之事也,而连不忍为也。”遂辞平原君而去,终身不复见。

其后二十馀年,燕将攻下聊城,聊城人或谗之燕,燕将惧诛,因保守聊城,不敢归。齐田单攻聊城岁馀,士卒多死而聊城不下。鲁连乃为书,约之矢[①]以射城中,遗燕将。书曰:

吾闻之,智者不倍时而弃利,勇士不怯死而灭名,忠臣不先身而后君。今公行一朝之忿,不顾燕王之无臣,非忠也;杀身亡聊城,而威不信[②]于齐,非勇也;功败名灭,后世无称焉,非智也。三者世主不臣,说士不载,故智者不再计[③],勇士不怯死。今死生荣辱,贵贱尊卑,此时不再至,愿公详计而无与俗同。

且楚攻齐之南阳,魏攻平陆,而齐无南面之心,以为亡南阳之害小,不如得济北之利大,故定计审处之。今秦人下兵,魏不敢东面;衡秦之势成[④],楚国之形危;齐弃南阳,断右壤,定济北,计犹且为之也。且夫齐之必决于聊城,公

①约之矢:束书于箭矢之上。②信:通“伸”。③再计:犹豫不能决断。④衡秦之势成:指齐秦联盟已成。衡:连衡。

勿再计。今楚、魏交退于齐，而燕救不至。以全齐之兵，无天下之规[①]，与聊城共据期年之敝，则臣见公之不能得也。且燕国大乱，君臣失计，上下迷惑。栗腹以十万之众五折于外，以万乘之国被围于赵，壤削主困，为天下僇笑。国敝而祸多，民无所归心。今公又以敝聊之民距全齐之兵，是墨翟之守也。食人炊骨，士无反外之心，是孙膑之兵也。能见于天下。虽然，为公计者，不如全车甲以报于燕。车甲全而归燕，燕王必喜；身全而归于国，士民如见父母，交游攘臂而议于世，功业可明。上辅孤主以制群臣，下养百姓以资说士，矫国更俗[②]，功名可立也。亡意亦捐燕弃世，东游于齐乎？裂地定封，富比乎陶、卫，世世称孤，与齐久存，又一计也。此两计者，显名厚实也，愿公详计而审处一焉。

且吾闻之，规小节者不能成荣名，恶小耻者不能立大功。昔者管夷吾射桓公中其钩[③]，篡也；遗公子纠不能死，怯也；束缚桎梏，辱也。若此三行者，世主不臣而乡里不通。乡[④]使管子幽囚而不出，身死而不反于齐，则亦名不免为辱人贱行矣。臧获[⑤]且羞与之同名矣，况世俗乎！故管子不耻身在缧绁[⑥]之中而耻天下之不治，不耻不死公子纠而耻威之不信于诸侯，故兼三行之过而为五霸首，名高天下而光烛[⑦]邻国。曹子为鲁将，三战三北，而亡地五百里。乡使曹子计不反顾，议不还踵，刎颈而死，则亦名不免为败军禽将矣。曹子弃三北之耻，而退与鲁君计。桓公朝天

①规：谋求，贪求。 ②矫国更俗：矫正国事，改变弊俗，使国家强盛。 ③钩：指衣带钩。④乡：同“向”，从前，过去。 ⑤臧获：奴婢。 ⑥缧绁：拘系犯人的绳索，引申为牢狱。⑦烛：照，照耀。

下，会诸侯，曹子以一剑之任，枝[①]桓公之心于坛坫之上，颜色不变，辞气不悖[②]，三战之所亡一朝而复之，天下震动，诸侯惊骇，威加吴、越。若此二士者，非不能成小廉而行小节也，以为杀身亡躯，绝世灭后，功名不立，非智也。故去感忿之怨，立终身之名；弃忿悁之节，定累世之功，是以业与三王争流，而名与天壤相弊也[③]。愿公择一而行之。

燕将见鲁连书，泣三日，犹豫不能自决。欲归燕，已有隙，恐诛；欲降齐，所杀虏于齐甚众，恐已降而后见辱。喟然叹曰："与人刃我，宁自刃。"乃自杀。聊城乱，田单遂屠聊城。归而言鲁连，欲爵之。鲁连逃隐于海上，曰："吾与富贵而诎[④]于人，宁贫贱而轻世肆志焉。"

邹阳者，齐人也。游于梁，与故吴人庄忌夫子、淮阴枚生之徒交。上书而介于羊胜、公孙诡之间。胜等嫉邹阳，恶[⑤]之梁孝王。孝王怒，下之吏，将欲杀之。邹阳客游，以谗见禽，恐死而负累[⑥]，乃从狱中上书曰：

臣闻"忠无不报，信不见疑"。臣常以为然，徒虚语耳。昔者荆轲慕燕丹之义，白虹贯日，太子畏之；卫先生为秦画长平之事，太白蚀昴，而昭王疑之。夫精变天地而信不喻两主，岂不哀哉！今臣尽忠竭诚，毕议愿知，左右不明，卒从吏讯，为世所疑。是使荆轲、卫先生复起，而燕、秦不悟也。愿大王孰察之。

昔卞和献宝，楚王刖之[⑦]；李斯竭忠，胡亥极刑。是以箕子佯狂，接舆辟世，恐遭此患也。愿大王孰察卞和、李斯

①枝：通"支"，抵住，架住。 ②悖：谬误。 ③名与天壤相弊：名声与天地一道不朽。 ④诎：通"屈"，屈服。 ⑤恶：谗言诽谤。 ⑥负累：这里指背负莫须有的罪名。 ⑦刖之：断足的酷刑。

之意，而后楚王、胡亥之听，无使臣为箕子、接舆所笑。臣闻比干剖心，子胥鸱夷，臣始不信，乃今知之。愿大王孰察，少加怜焉。

谚曰："有白头如新①，倾盖如故②。"何则？知与不知也。故昔樊於期逃秦之燕，藉荆轲首以奉丹之事；王奢去齐之魏，临城自刭以却齐而存魏。夫王奢、樊於期非新于齐、秦而故于燕、魏也，所以去二国死两君者，行合于志而慕义无穷也。是以苏秦不信于天下，而为燕尾生；白圭战亡六城，为魏取中山。何则？诚有以相知也。苏秦相燕，燕人恶之于王，王按剑而怒，食以駃騠；白圭显于中山，中山人恶之魏文侯，文侯投之以夜光之璧。何则？两主二臣，剖心坼③肝相信，岂移④于浮辞哉！

故女无美恶，入宫见妒；士无贤不肖，入朝见嫉。昔者司马喜髌⑤脚于宋，卒相中山；范睢摺胁折齿于魏，卒为应侯。此二人者，皆信必然之画，捐朋党之私，挟孤独之位，故不能自免于嫉妒之人也。是以申徒狄自沉于河，徐衍负石入海。不容于世，义不苟取比周⑥于朝以移主上之心。故百里奚乞食于路，穆公委之以政；宁戚饭牛车下，而桓公任之以国。此二人者，岂借宦于朝，假誉于左右，然后二主用之哉！感于心，合于行，亲于胶漆，昆弟不能离，岂惑于众口哉？故偏听生奸，独任成乱。昔者鲁听季孙之说而逐孔子，宋信子罕之计而囚墨翟。夫以孔、墨之辩，不能自免于谗谀，而二国以危。何则？众口铄金，积毁销骨也。是

①白头如新：相交到老，如同初识一样彼此并不了解。 ②倾盖如故：路途相遇，就如同故交旧识那样倾斜车篷靠近交谈。 ③坼：分裂，裂开。 ④移：动摇，变心。 ⑤髌：去掉髌骨的酷刑。 ⑥比周：结党。

以秦用戎人由余而霸中国，齐用越人蒙而强威、宣。此二国，岂拘于俗，牵于世，系阿偏之辞哉[①]？公听并观，垂名当世。故意合则胡越为昆弟，由余、越人蒙是矣；不合则骨肉出逐不收，朱、象、管、蔡是矣。今人主诚能用齐、秦之义，后宋、鲁之听，则五伯不足称，三王易为也。

是以圣王觉寤，捐子之之心，而能不说于田常之贤；封比干之后，修孕妇之墓，故功业复就于天下。何则？欲善无厌也[②]。夫晋文公亲其仇，强霸诸侯；齐桓公用其仇，而一匡天下。何则？慈仁殷勤，诚加于心，不可以虚辞借也。

至夫秦用商鞅之法，东弱韩、魏，兵绝天下，而卒车裂之；越用大夫种之谋，禽劲吴，霸中国，而卒诛其身。是以孙叔敖三去相而不悔，於陵子仲辞三公为人灌园。今人主诚能去骄慠之心，怀可报之意，披心腹，见情素，堕肝胆，施德厚，终与之穷达，无爱[③]于士，则桀之狗可使吠尧，而蹠之客可使刺由；况因万乘之权，假圣王之资乎？然则荆轲之湛[④]七族，要离之烧妻子，岂足道哉！

臣闻明月之珠，夜光之璧，以暗投人于道路，人无不按剑相眄[⑤]者。何则？无因而至前也。蟠木根柢[⑥]，轮囷离诡[⑦]，而为万乘器者。何则？以左右先为之容也[⑧]。故无因至前，虽出随侯之珠，夜光之璧，犹结怨而不见德。故有人先谈，则以枯木朽株树功而不忘。今夫天下布衣穷居之士，身在贫贱，虽蒙尧、舜之术，挟伊、管之辩，怀龙逢、比干之意，欲尽忠当世之君，而素无跟柢之容，虽竭精思，欲开

---

①系：牵制，束缚。阿偏：不公正。阿：偏袒。 ②厌：同"餍（yàn）"，满足。 ③爱：吝啬。 ④湛：通"沉"，灭。 ⑤眄：斜着眼看。 ⑥蟠木：盘曲的树。根柢：树根。 ⑦轮囷：盘绕屈曲的样子。离诡：离奇。 ⑧容：雕刻，容饰。

忠信，辅人主之治，则人主必有按剑相眄之迹，是使布衣不得为枯木朽株之资也。

是以圣王制世御俗，独化于陶钧之上，而不牵于卑乱之语，不夺于众多之口。故秦皇帝任中庶子蒙嘉之言，以信荆轲之说，而匕首窃发；周文王猎泾、渭，载吕尚而归，以王天下。故秦信左右而杀，周用乌集[①]而王。何则？以其能越挛拘之语[②]，驰域外之议，独观于昭旷[③]之道也。

今人主沉于谄谀之辞，牵于帷裳[④]之制，使不羁之士与牛骥同皂[⑤]，此鲍焦所以忿于世而不留富贵之乐也。

臣闻盛饰入朝者不以利污义，砥厉名号者不以欲伤行，故县名胜母而曾子不入，邑号朝歌而墨子回车。今欲使天下寥廓之士[⑥]，摄于威重之权，主于位势之贵，故回面污行以事谄谀之人而求亲近于左右[⑦]，则士伏死堀穴岩薮之中耳，安肯有尽忠信而趋阙下者哉！

书奏梁孝王，孝王使人出之，卒为上客。

太史公曰：鲁连其指[⑧]意虽不合大义，然余多其在布衣之位，荡然肆志，不诎于诸侯，谈说于当世，折[⑨]卿相之权。邹阳辞虽不逊，然其比物连类，有足悲者，亦可谓抗直不桡[⑩]矣，吾是以附之列传焉。

【译文】

鲁仲连，齐国人。长于阐发奇特宏伟卓异不凡的谋略，却不肯做官

---

①乌集：是说如同乌鸟集散，事出偶合。 ②越：超出。挛拘：牵系，束缚。 ③昭旷：宽宏，豁达。 ④帷裳：车旁的布幔，喻指姬妾近侍。制：制约。 ⑤皂：牲口槽。 ⑥寥廓之士：抱负远大的人。寥廓：长空。 ⑦故：有意地。回面：回转面孔，转变态度。 ⑧指：同“旨”，意图。 ⑨折：使折服。 ⑩抗直：刚直不屈。桡：通“挠”，屈。

任职,愿意保持高尚的节操。他曾客游赵国。

赵孝成王时,秦王派白起在长平前后击溃赵国四十万军队,于是,秦军向东挺进,包围邯郸。赵王很害怕,各国的救兵也没有谁敢攻击秦军。魏安釐王派出将军晋鄙营救赵国,因为畏惧秦军,驻扎在荡阴不敢前进。魏王派客籍将军新垣衍,从隐蔽的小路进入邯郸,通过平原君的关系见赵王说:"秦军所以急于围攻赵国,是因为以前和齐湣王争强称帝,不久又取消了帝号;如今齐国已然更加衰弱了,当今只有秦国称雄天下,这次围城并不是贪图邯郸,他的意图是要重新称帝。赵国果真能派遣使臣尊奉秦昭王为帝,秦王一定很高兴,就会撤兵离去。"平原君犹豫不能决断。

这时恰好鲁仲连客游赵国,正赶上秦军围攻邯郸,听说魏国想要让赵国尊奉秦昭王称帝,就去见平原君说:"这件事怎么办?"平原君说:"我哪里还敢谈论这样的大事! 前不久,损失了四十万大军于外,而今,秦军围困邯郸,我又不能使之退兵。魏王派客籍将军新垣衍让赵国尊奉秦昭王称帝,眼下,此人还在这儿。我哪里还敢谈论这样的大事!"鲁仲连说:"以前我认为您是天下的贤公子,今天我才知道您并不是天下的贤公子。魏国的客人新垣衍在哪儿? 我替您去责问他并且让他回去。"平原君说:"我愿为您介绍,让他跟先生相见。"于是平原君见新垣衍说:"齐国有位鲁仲连先生,如今他就在这儿,我愿替您介绍,跟将军认识认识。"新垣衍说:"我听说鲁仲连先生,是齐国志行高尚的人。我是魏王的臣子,使命在身,我不想见鲁仲连先生。"平原君说:"我已把您在这儿的消息透露了。"新垣衍这才应允。

鲁仲连见到新垣衍却一言不发。新垣衍说:"我看留在这座围城中的,都是有求于平原君的人;而今,我看先生的尊容,不像是有求于平原君的人,为什么还久留在这围城之中而不离去呢?"鲁仲连说:"世人认为鲍焦没有博大的胸怀而死去,这种看法都错了。一般人不了解他耻居浊世的心意,只认为他是为个人打算。那秦国,是个抛弃礼仪而只崇尚战功的国家,用权诈之术对待它的士子,像对待奴隶一样役使百姓。如果让它无所忌惮地恣意称帝,进而统治天下,那么,我只有投东海而死,不忍心作它的顺民，我所以来见将军，是打算帮助赵国啊。”

新垣衍说：“先生打算怎样帮助赵国呢？”鲁仲连说：“我要请魏国和燕国帮助它，齐、楚两国本来就帮助赵国了。”新垣衍说：“燕国嘛，我相信会听从您的；至于魏国，我就是魏国人，先生怎么能让魏国帮助赵国呢？”鲁仲连说：“魏国是因为没看清秦国称帝的祸患。只要让魏国看清秦国称帝的祸患后，就一定会帮助赵国。”

新垣衍说：“秦国称帝后会有什么祸患呢？”鲁仲连说：“从前，齐威王曾奉行仁义，率天下诸侯朝拜周天子。当时，周天子贫困又弱小，诸侯们谁也不去朝拜，唯有齐国去朝拜。过了一年多，周烈王死，齐王奔丧去迟了，新继位的周显王很生气，派人到齐国报丧说：“天子死，如同天崩地裂般的大事，新继位的天子也得离开宫殿居丧守孝，睡在草席上，东方属国之臣田婴齐居然敢迟到，当斩。”齐威王听了，勃然大怒，骂道：“呀呸！您母亲原先还是个婢女呢！”结果被天下传为笑柄。齐威王所以在周天子活着时去朝见，死后就破口大骂，实在是忍受不了新天子的苛求啊。那些作天子的本来就是这个样子，也没什么值得奇怪的。”

新垣衍说：“先生难道没见过奴仆吗？十个奴仆侍奉一个主人，难道是力气赶不上、才智比不上他吗？是害怕他啊。”鲁仲连说：“唉！魏王和秦王相比魏王竟像仆人吗？”新垣衍说：“是。”鲁仲连说：“那么，我就让秦王烹煮魏王，剁成肉酱。”新垣衍很不高兴地说：“哼哼，先生的话也说得太过分了！先生又怎么能让秦王烹煮了魏王剁成肉酱呢？”鲁仲连说：“当然能够，我说给您听。从前，九侯、鄂侯、文王是商纣的三个诸侯。九侯有个女儿长得姣美，把她献给殷纣，殷纣认为她长得丑陋，把九侯剁成肉酱。鄂侯刚直诤谏，激烈辩白，又把鄂侯杀了做成肉干。文王听到这件事，只是长长地叹了一口气，殷纣就把他囚禁在牖里监牢内一百天，想要他死。为什么和人家同样称王，最终落到被剁成肉酱、做成肉干的地步呢？齐湣王前往鲁国，夷维子替他赶着车子作随员。他对鲁国官员们说：‘你们准备怎样接待我们国君？’鲁国官员们说：‘我们打算用十副太牢的礼仪接待您的国君。’夷维子说：‘你们这是按照哪来的礼仪接待我们国君，我那国君，是天子啊。天子到各国巡察，诸侯例应迁出正宫，移居别处，交出钥匙，撩起衣襟，安排几桌，站在堂下伺候天子用膳，等天子吃完后，才可以退回朝堂听政理事。'鲁国官员听了，就关闭上锁，不让齐滑王入境。齐滑王不能进入鲁国，打算借道邹国前往薛地。正当这时，邹国国君死，齐滑王想入境吊丧，夷维子对邹国的嗣君说：'天子吊丧，丧主一定要把灵柩转换方向，移到坐南朝北的方位，然后天子面向南吊丧。'邹国大臣们说：'一定要这样，我们宁愿用剑自杀。'所以王不敢进入邹国。邹、鲁两国的臣子，对国君生前不能够好好地侍奉，国君死后又不能周备地助成丧仪，然而想要在邹、鲁行天子之礼，邹、鲁的臣子们终于坚决地拒绝齐滑王。如今，秦国是拥有万辆战车的国家，魏国也是拥有万辆战车的国家。都是万乘大国，又各有称王的名分，如果只看它打了一次胜仗，就要顺从地拥护它称帝，这就使得三晋的大臣比不上邹、鲁的奴婢了。如果秦国贪心不足，终于称帝，那么，就会更换诸侯的大臣。他将要罢免他认为不肖的，换上他认为贤能的人，罢免他所憎恶的人，换上他所喜爱的人。还要让他的儿女和搬弄是非的姬妾，嫁给诸侯做妃子，住在魏国的宫廷里，魏王怎么能够安安稳稳地生活呢？而将军您又怎么能够保持原先的宠信呢？"

于是，新垣衍站起来，向鲁仲连连拜两次谢罪说："当初认为先生是个普通的人，我今天才知道先生是天下杰出的高士。我将离开赵国，再不敢谈拥护秦王称帝的事了。"秦军主将听到这个消息，为此把军队后撤了五十里。恰好魏公子无忌夺得了晋鄙的军权率领军队来援救赵国，攻击秦军，秦军也就撤离邯郸回去了。

于是平原君要封赏鲁仲连，鲁仲连再三辞让，最终也不肯接受。平原君就设宴招待他，喝到酒酣耳热时，平原君起身向前，献上千金酬谢鲁仲连。鲁仲连笑着说："杰出之士之所以可贵，是因为他们能替人排除祸患，消释灾难，解决纠纷而不取报酬。如果收取酬劳，那就成了生意人的行为，我鲁仲连是不忍心这样做的。"于是辞别平原君走了，终身不再相见。

此后二十多年，燕国有位将领攻克聊城。聊城有人在燕王面前说那个燕将的坏话，燕将害怕被诛杀，就据守聊城不敢回去。齐国田单攻打聊城一年多，士兵们死了很多，却攻不下聊城。鲁仲连就写了一封信，系在箭上射进城去给燕将。信中写道：

“我听说，明智的人不违背时机而放弃有利的行动，勇士不回避死亡而埋没名声，忠臣不先顾及自己而把国君放在后面。如今您逞一时的气愤，不顾及燕王无法驾驭臣子，是为不忠；战死身亡，丢掉聊城，威名不能在齐国伸张，是为不勇；功业失败，名声破灭，后世无所称述，是为不智。有这三条，当世的君主不以之为臣，游说之士不会为之记载，所以聪明的人不能犹豫不决，勇士不会贪生怕死。如今是生与死、荣与辱、贵与贱、尊与卑的关头，这时不能决断，时机不会再来，希望您详加计议而不要和俗人一般见识。

况且，楚国进攻齐国的南阳，魏国进攻齐国的平陆，而齐国并没有向南反击的打算，认为丢掉南阳的损失小，比不上夺得济北的利益大，所以做出这样的决策来执行。如今秦国派出军队，魏国不敢向东进军；秦国连横的局面就形成了，楚国的形势就危机了；齐国放弃南阳，断弃右边的国土而不救，平定济北，是权衡得失定下的决策。况且齐国决心夺回聊城，您不要再犹豫了。现在楚、魏两国军队都先后从齐国撤回而燕国救兵又没到。以齐国全部的兵力，对天下别无谋求，全力攻打聊城，如果还要据守已围困了一年多的聊城，我看您是办不到的。而且燕国发生动乱，君臣束手无策，全国上下人心混乱。栗腹带领十万大军在国外连续打了五次败仗，拥有万辆兵车的大国却被赵国包围，土地削减，国君被困，被天下人耻笑。国家衰败，祸患丛起，民心浮动。如今，您又用聊城疲惫的军民抵抗整个齐国军队的进攻，可以说是像墨翟一样地善于据守了。缺乏粮食吃人肉充饥，没有柴烧，烧人的骨头，可士兵却没有叛离之心，可以说是像孙膑一样擅长带兵啊。您的才能已在天下显现。虽然如此，可是替您考虑，不如保全兵力用来答谢燕国。兵力完好回归燕国，燕王一定高兴；身体完好地回归本国，百姓好像重见父母，朋友们到一起都会振奋地称赞、推崇，功业可得以显扬。对上，辅佐国君统率群臣；对下，既养百姓又资游说之士，矫正国政，更换风俗，事业名声都可以建立。如果没有回归燕国的心志，就离开燕国，摒弃世俗的议论，向东到齐国来。齐国会割裂土地予以分封，使您富贵得可以和魏冉、商鞅相比，世世代代称孤道寡，和齐国长久并存，这也是个好办法。这两种方案，是显扬名声丰厚实惠的好主意，希望您仔细地考虑，审慎地选择其中一条。

我听说，拘泥小节的人不能成就荣耀的名声，以小耻为耻的人不能建立大的功业。从前管仲射中桓公的衣带钩，这是犯上的行为；放弃公子纠而不能随他去死，这是怯懦的表现；身带刑具被囚禁，是受尽耻辱。具有这三种情况的人，国君不用他作臣子而亲友不会跟他来往。当初假使管子长期囚禁死在牢狱而不能返回齐国，那么也不免落个行为耻辱、卑贱的名声。连奴婢也会羞与之相比，何况社会上的舆论呢！因此管仲不以身在牢狱为耻，却以不能使天下太平为耻，不以未能随公子纠去死为耻，却以不能在诸侯中显扬威名为耻，因此他虽兼有犯上、怕死、受辱三重过失，却辅佐齐桓公成为五霸之首，他的名声比天下任何人都高，而他的光辉照耀着邻国。曹沫作鲁国将领，三战三败，丢掉五百里的土地。当初假使曹沫不反复仔细地考虑，仓促计议就刎颈自杀，那么，也不免落个被擒败将的丑名了。曹沫不顾多次战败的耻辱，却回来和鲁君计议。趁齐桓公大会天下诸侯的机会，曹沫凭借一把短剑，在坛台上逼近桓公的心窝，脸色不变，谈吐从容，三次战败丢掉的土地，一会儿工夫收回来，使天下振动，诸侯惊骇，使鲁国的威名在吴、越之上。像这二位志士，不是不顾全小的名节和廉耻，认为一死了之，身亡名灭，功业不能建立，不是聪明的行为。所以摒弃一时的愤怒，树立终身的威名；放弃一时的愤怒，奠定世世代代的功业。所以这些业绩和三王的功业争相流传，而名声和天地共存。希望您选择其中一个方案行动吧！

燕将看了鲁仲连的信，哭了好几天，犹豫不能自断。想要回归燕国，已产生了嫌隙，怕被诛杀；想要投降齐国，杀死和俘虏的齐人太多了，恐怕降服后被侮辱。长长地叹息说："与其让别人杀死我，不如自杀。"就自杀了。聊城大乱，于是田单进兵血洗聊城。归来向齐王报告鲁仲连的事，齐王想要封他爵位。鲁仲连听后潜逃到海边隐居起来，他说："我与其富贵而屈身侍奉于人，还不如贫贱而轻视世俗放任自己的心志啊。"

邹阳，是齐国人。客游梁国，和原吴国人庄忌、淮阴人枚乘等人往来。上书自达在羊胜、公孙诡之间同为梁孝王门客。羊胜等人嫉妒邹阳，在梁孝王面前说他的坏话。孝王很生气，把邹阳交给下属官吏办罪，准备杀死他。邹阳在梁国客游，因为遭到诽谤被抓起来，担心死后承担莫须有的罪名，就从牢狱里写信给梁孝王，信中写道：

我听说"忠诚的人不会不得到回报，信实的人不会被怀疑"。过去我总认为是对的，今天看来不过是一句空话罢了。从前荆轲仰慕燕丹的高义前去行刺秦王，尽管天空出现白虹贯日的征兆，可是燕太子丹仍然担心荆轲害怕不能成行；卫先生替秦王谋划长平之事，也出现了金星遮掩昴星的预兆，可秦昭王仍然疑虑重重。他们的精诚所至感天动地显示出征兆，却不为燕丹、昭王所理解，这难道不是可悲的吗！如今我竭尽忠诚，尽其计议，希望大王采纳。您周围的人不了解情况，终于把我交给官吏审讯，使我被世人误解。即使让荆轲、卫先生复活，而燕丹、秦昭王也不会醒悟。希望大王仔细地审察这种情况。

从前卞和进献宝玉，楚王砍掉他的脚；李斯竭尽忠诚，胡亥却把他处以极刑。因此箕子装疯，接舆避世，他们都怕遭到这种灾祸啊。希望大王仔细地审察卞和、李斯的诚意，抛弃楚王、胡亥偏听偏信的错误，不要让我被箕子、接舆耻笑。我听说比干被剖心，伍子胥的尸体被装进皮袋子沉入江里，起初我并不相信，现在我才了解了真情。希望大王仔细地审察，略微给我一点怜悯吧！

俗话说:“有人相处到老,如同新识;有人偶然相遇,却一见如故。”这是为什么呢?是相知和不相知啊。所以,从前樊于期从秦国逃往燕国,把首级借给荆轲用来奉行燕丹的使命;王奢离开齐国前往魏国,在城上自刎用来退去齐军保全魏国。王奢、樊于期不是因为齐、秦是新交,燕、魏是老相识,他们离开齐国和秦国,为燕、魏二君去死,是行为和志向相合,而对正义无限仰慕的原因啊。所以苏秦对天下不讲信义,却对燕国像尾生一样信实;白圭战败丢掉六国城池,却为魏国夺取中山。这是为什么呢?实在是受到知遇的原因啊。苏秦做燕国宰相,燕国有人在国君面前诽谤他,燕王手按宝剑发怒,还杀一匹骏马给他吃;白圭在中山名声显扬,中山有人到魏文侯面前毁谤他,文侯却拿出夜光璧赠给他。这是为什么呢?两主二臣之间,剖心披胆,深信不疑,怎会听到流言蜚语就变心呢!

所以女子不论美丑,进入宫廷就被嫉妒;士子不论贤还是不肖,入朝做官就被嫉妒。从前司马喜在宋国遭到割去膝盖骨的刑罚,后来却做了中山国的宰相;范雎在魏国被折断肋骨,打掉牙齿,后来却被秦国封为应侯。这两个人,都信守一定之规,摒去结党营私的勾当,处于孤独的境地,所以不能身免嫉妒小人的迫害。申徒狄所以投河自尽,徐衍抱着石头投海,是因为他们不被当世所容,信守正义不苟且迎合,不在朝廷里结党营私来迷惑国君。所以百里奚在路上行乞,秦穆公把国政托付给他;宁戚在车下喂牛,齐桓公把国事交给他治理。这两个人,难道是在朝中借助官宦的保举、左右亲信的吹捧,才博得穆公、桓公重用他们吗?感召在心,相合在行,亲密如同胶漆,就像亲兄弟一样不能分开,难道还能被众多的谗言迷惑吗?所以,只听一面之词就要产生邪恶,只任用个别人就要酿成祸乱。从前鲁君只听信季孙的话,赶走了孔子;宋君只相信子罕的计策,囚禁了墨翟。像孔子、墨子的辩才,都不能自免谗言的伤害,因而鲁、宋两国出现了危机。这是为什么呢?众口一词,就是金石也会熔化,毁谤聚集多了,就是亲骨肉的关系也会销毁。所以秦穆公任用了戎人由余，而称霸中国，齐国任用了越人蒙，从而使威王、宣王两代强盛。秦、齐两国，难道是拘泥于流俗，牵累于世风，束缚于阿谀偏执的谗言吗？他们能公正地听取意见，全面地观察事情，在当世一直保持好的名声。所以心意相合，就是胡人越人，也可以亲如兄弟，由余和越人蒙就是那样；心意不能相合，就是至亲骨肉也赶走不留，朱、象、管、蔡就是那样。如今，国君如果能用齐、秦合宜的做法，摒弃宋、鲁偏听偏信的错误，那么，五霸的功业就不值得称颂，三王的功业也就容易实现了。

因此，英明的国君明辨忠奸，能摒弃子之虚伪的心肠，能不喜欢田常的才能；封赏比干的后代，整修被剖腹孕妇的坟墓，所以能够建立君临天下的功业。这是为什么呢？要从善如流，永不满足啊。晋文公亲近过去的仇人，就能够在诸侯中称霸；齐桓公任用他原来的仇人，却能使天下纳入正轨。这是为什么呢？心地仁慈，对人恳切，用真诚感化人心，这不是用虚浮的言辞能代替的。

到秦国任用商鞅推行变法，削弱了东方的韩、魏两国，秦国军队在天下称强，而商鞅终于受车裂而死；越国采纳大夫种的计谋，攻灭了强大的吴国，称霸中国，而他终于遭到杀身之祸。因此，孙叔敖三次离开相位而不懊悔；于陵子仲推辞了三公的职位去替别人浇水灌园。如今国君果真能去掉倨傲的情绪，心里存有让别人效力的意念，披露心腹，以见真情，披肝沥胆，施以厚德，始终和别人共甘苦，爱戴士子，那么，桀养的狗可以让它咬尧，而蹠的门客可以让他行刺许由；何况您依仗大国的权势，凭借圣王的才能呢？既然如此，那么荆轲甘冒灭七族的大祸，要离烧死妻子儿女，难道还有什么值得称道的吗！

我听说把月明珠或夜光璧，在黑夜的路上抛向行人，人们没有不惊异地按剑斜着眼睛看他。为什么呢？是因为宝物无端地跑到面前。盘曲的树根，屈曲奇特，却可以成为国君鉴赏的器物。为什么呢？是因为周围的人事先把它雕刻、容饰了。所以宝物无端地出现在眼前，即使抛出的是随侯明珠，夜光之璧，还是要结怨而不讨好。所以事先有人予以推荐，就是枯木朽株也会有所建树而不被忘掉。如今那些平民百姓和穷居陋巷的士人，处于贫贱的环境中，即使有尧、舜的治国之道，持有伊尹、管仲那样的辩才，怀有龙逢、比干那样的心志，打算尽忠于当世的国君，而平素没有被推荐的根底，即使是用尽心思，献出自己的忠信，辅佐国君治国安邦，那么，国君一定会像对待投掷宝物的人那样按剑斜视你了，这是使平民百姓不能起到枯木朽株那样的功用啊。

因此圣明的君主治理国家，如同陶人运钧一样自有治国之道，教化天下，而不被鄙乱的议论所左右，不被众多口舌贻误大事。所以秦始皇听信了中庶子蒙嘉的话，才相信了荆轲谎话，荆轲才能乘人不备偷偷地取出行刺的匕首；周文王在泾、渭地区狩猎，用车载回吕尚，以后才得以在天下称王。所以秦王偏听了近臣的话，险些被杀；周文王却事出偶合而得了天下。这是为什么呢？因为他能超越拘泥的言辞，纵横于苑囿以外的议论，卓然独立地看到光明宏远的大道。

如今的人主沉湎于阿谀奉承的言辞之中，牵制于姬妾近侍的包围之下，对卓异超群的士人不能优待，犹如骏马和老牛同槽。这就是鲍焦为什么对世道愤懑不平，对富贵没有半点留恋的原因啊。

我听说庄重严整上朝的人，不会贪图利禄而玷污道义；追求名誉的人，决不会放纵私欲败坏自己的品行，因此，县名叫作“胜母”，而曾子就不进去；城邑的名字叫“朝歌”，而墨子就回车离去。如今，让天下抱负远大的人，被威重的权势所震慑，被高位大势所压抑，有意用邪恶的面目、肮脏的品行来事奉阿谀献媚的小人，以求得亲近于大王左右，那么有志之士就会老死在岩穴之中了，怎么肯竭尽忠诚信义来追随大王呢！

这封书信上给了梁孝王，孝王派人从牢狱中把邹阳放出来，终于成为梁孝王的上客。

太史公说：鲁仲连的议论主要旨意虽然不合大义，可是我赞许他能以平民百姓的身份，纵横快意地放浪形骸，不屈服于诸侯，评论当世大事，却使大权在握的公卿宰相折服。邹阳的言辞虽然不够谦逊，可是他连缀相类的事物，进行比较，确实有感人之处，也可以说是耿直不屈了，所以我把他附在这篇列传里。

【鉴赏】

《史记》列传中，而合传者，前有管仲、晏婴以皆为齐相而合传，白起、王离以皆为秦将而合传，后有屈原、贾谊以二人皆不得遇且贾谊有吊屈原事合传，而鲁仲连、邹阳二人生不同于世，行不类于事，却合为一传，前人多有“仲连天下士，邹阳固非其比”之疑，然鲁仲连持高义而不仕，有“不诎于诸侯”之行，邹阳为人所谗，有“抗直不桡”之志，故合二人为一传，一则以二人皆善言辞，二则以二人皆有不屈于权贵之性情。

二人以善言辞合传，故而全篇以言传人，将二人之言论声口巧妙组织，以成传记。传文录鲁仲连一封《遗燕将书》、邹阳一篇《狱中上梁王书》，直载二人之文，其人之性情风骨自现：鲁仲连身是布衣，言辞间却有一股自主之气，径直可见；邹阳身陷囹圄，言间一股郁结之气，亦可见之。鲁仲连之书，燕将读后，竟至泣三日，终于自杀身亡；邹阳狱中之书，梁孝王读后，竟派人将他救出，并奉为上客。二人以性情合传，故传文以栩栩如生之语，记二人之性格。写鲁仲连“谈笑却秦军，功成不受赏”之高义，见其性格峻拔，独来独往之名士风采；写邹阳狱中上书，则刚直不屈，可悲可泣。是谓两样口吻，一样心胸，皆志节不凡而慷慨陈词，胸罗奇想而文采飞扬。太史公有鲁仲连之天性，邹阳之遭际，自然对二人之书感慨不已，喜爱非常。

史记卷八十四·屈原贾生列传第二十四

屈原是战国时期楚国著名爱国诗人，贾谊是西汉初期著名政治家。二人皆识见颇高，一心为国，怀改革之志，而经历坎坷，遭谗受逐而才不得用。屈原侍奉楚怀王、顷襄王两代楚王，皆为昏聩之君，几度遭谗被疏斥放逐，国破自沉，传文中录其《怀沙》之赋；贾谊得遇汉文帝一代贤君，也因谗而疏，谪于长沙，作《鹏鸟赋》自嘲。因此作者以古人今人合传，以二人遭际合观，发“爽然自失”之叹，流露出作者无限的身世之感，这也是司马迁喜欢描写悲剧英雄人物的原因之一。

屈原者，名平，楚之同姓也。为楚怀王左徒。博闻强志①，明于治乱，娴②于辞令。入则与王图议国事，以出号令；出则接遇宾客，应对诸侯。王甚任之。

上官大夫与之同列③，争宠而心害④其能。怀王使屈原造为宪令⑤，屈平属⑥草稿未定。上官大夫见而欲夺之，屈平不与，因谗之曰：“王使屈平为令，众莫不知，每一令出，平伐⑦其功，以为‘非我莫能为也’。”王怒而疏⑧屈平。

屈平疾王听之不聪也⑨，谗谄之蔽明也，邪曲之害公也，方正之不容也，故忧愁幽思而作《离骚》。离骚者，犹离忧也⑩。夫天者，人之始也；父母者，人之本也。人穷则反本⑪，故劳苦倦极，未尝不呼天也；疾痛惨怛⑫，未尝不呼父母也。屈平正道直

---

①博闻强志：见闻广博，记忆力强。 ②娴：熟习，擅长。 ③上官大夫：即靳尚。同列：同在朝班，即同事。 ④害：妒忌。 ⑤宪令：法令。 ⑥属：起草。 ⑦伐：夸耀。 ⑧疏：疏远，不信任。 ⑨疾：痛心。聪：听觉灵敏，此指明辨是非。 ⑩离忧：遭受忧患。离：通“罹(lí)”，遭受。 ⑪穷：困顿。反本：追念根本。反：同“返”。 ⑫惨怛：内心忧伤，悲痛。

行，竭忠尽智以事其君，谗人间之[①]，可谓穷矣。信而见疑，忠而被谤，能无怨乎？屈平之作《离骚》，盖自怨生也。《国风》好色而不淫，《小雅》怨诽而不乱，若《离骚》者，可谓兼之矣。上称帝喾，下道齐桓，中述汤武，以刺世事。明道德之广崇[②]，治乱之条贯[③]，靡不毕见[④]。其文约[⑤]，其辞微[⑥]，其志洁，其行廉，其称文小而其指极大，举类迩而见义远[⑦]。其志洁，故其称物芳。其行廉，故死而不容。自疏[⑧]濯淖[⑨]污泥之中，蝉蜕[⑩]于浊秽，以浮游尘埃之外，不获世之滋垢，皭然泥而不滓者也[⑪]。推此志也，虽与日月争光可也。

屈平既绌[⑫]，其后秦欲伐齐，齐与楚从亲，惠王患之，乃令张仪详去秦，厚币委质事楚[⑬]，曰："秦甚憎齐，齐与楚从亲，楚诚能绝齐，秦愿献商、於之地六百里。"楚怀王贪而信张仪，遂绝齐，使使如秦受地。张仪诈之曰："仪与王约六里，不闻六百里。"楚使怒去，归告怀王。怀王怒，大兴师伐秦。秦发兵击之，大破楚师于丹、淅，斩首八万，虏楚将屈匄，遂取楚之汉中地。怀王乃悉发国中兵以深入击秦，战于蓝田。魏闻之，袭楚至邓。楚兵惧，自秦归。而齐竟怒不救楚，楚大困。

明年，秦割汉中地与楚以和。楚王曰："不愿得地，愿得张仪而甘心焉[⑭]。"张仪闻，乃曰："以一仪而当汉中地，臣请往如楚。"如楚，又因厚币用事者[⑮]臣靳尚，而设诡辩于怀王之宠姬郑袖。怀王竟听郑袖，复释去张仪。是时屈平既疏，不复在位，使

---

①间：离间。②广崇：广大崇高。③条贯：条理。④靡：没有。见：同"现"。⑤约：简约。⑥微：精深，幽微。⑦指：通"旨"，意义。迩：近。⑧自疏：自己主动疏远，此指不放松对自己的要求。⑨濯淖（zhuó nào）：洗涤污垢，喻超脱世俗。⑩蝉蜕：蝉蜕之壳，此喻解脱。⑪皭然：同"皎然"，洁白的样子。滓：染黑。⑫绌：同"黜"，贬斥，废退。⑬厚币：丰厚的礼物。质：通"贽"。⑭甘心：称心，快意。⑮用事者：当权的人。

于齐，顾反[①]，谏怀王曰："何不杀张仪？"怀王悔，追张仪，不及。

其后诸侯共击楚，大破之，杀其将唐眛。

时秦昭王与楚婚，欲与怀王会。怀王欲行，屈平曰："秦，虎狼之国，不可信，不如毋行[②]。"怀王稚子子兰劝王行："奈何绝秦欢！"怀王卒行[③]。入武关，秦伏兵绝其后，因留[④]怀王，以求割地。怀王怒，不听。亡走赵，赵不内[⑤]。复之秦，竟死于秦而归葬。

长子顷襄王立，以其弟子兰为令尹。楚人既咎子兰以劝怀王入秦而不反也。

屈平既嫉之，虽放流，睠顾[⑥]楚国，系心[⑦]怀王，不忘欲反，冀幸[⑧]君之一悟，俗之一改也。其存君兴国而欲反覆之，一篇之中三致志焉。然终无可奈何，故不可以反，卒以此见怀王之终不悟也。人君无愚智贤不肖，莫不欲求忠以自为，举贤以自佐，然亡国破家相随属，而圣君治国累世而不见者，其所谓忠者不忠，而所谓贤者不贤也。怀王以不知忠臣之分[⑨]，故内惑于郑袖，外欺于张仪，疏屈平而信上官大夫、令尹子兰。兵挫地削，亡其六郡，身客死于秦，为天下笑。此不知人之祸也。《易》曰："井泄[⑩]不食，为我心恻，可以汲。王明，并受其福。"王之不明，岂足福哉！

令尹子兰闻之大怒，卒使上官大夫短[⑪]屈原于顷襄王，顷襄王怒而迁之[⑫]。

屈原至于江滨，被发行吟泽畔。颜色憔悴，形容枯槁。渔

---

①顾反：等到返回时。反：同"返"。 ②毋行：不去为好。毋：无，不。 ③卒：最终，终于。 ④留：拘留。 ⑤内：同"纳"，接纳。 ⑥睠顾：同"眷顾"，怀念。 ⑦系心：关心。⑧冀幸：侥幸地希望。 ⑨分：职分，本分。 ⑩泄：通"抴"，淘去污秽。 ⑪短：说坏话。⑫迁：贬谪，放逐。

父见而问之曰："子非三闾大夫欤[①]？何故而至此？"屈原曰："举世混浊而我独清，众人皆醉而我独醒，是以见放[②]。"渔父曰："夫圣人者，不凝滞[③]于物而能与世推移。举世混浊，何不随其流而扬其波？众人皆醉，何不餔其糟而啜其醨[④]？何故怀瑾握瑜而自令见放为[⑤]？"屈原曰："吾闻之，新沐者必弹冠，新浴者必振衣，人又谁能以身之察察[⑥]，受物之汶汶者乎[⑦]！宁赴常流而葬乎江鱼腹中耳，又安能以皓皓之白而蒙世俗之温蠖乎[⑧]！"

乃作《怀沙》之赋[⑨]。其辞曰：

陶陶孟夏兮[⑩]，草木莽莽[⑪]。伤怀永哀兮[⑫]，汩徂南土[⑬]。眴兮窈窈，孔静幽墨[⑭]。冤结纡轸兮，离愍之长鞠[⑮]；抚情效志兮，俯诎以自抑[⑯]。

刓方以为圜兮[⑰]，常度未替[⑱]。易初本由兮[⑲]，君子所鄙。章画职墨兮[⑳]，前度未改。内直质重兮，大人所盛[㉑]。巧匠不斫兮[㉒]，孰察其揆正[㉓]？玄文幽处兮[㉔]，矇[㉕]谓之不章。离娄微睇兮[㉖]，瞽[㉗]以为无明。变白而为黑兮，倒上以为下。凤皇在笯兮[㉘]，鸡雉翔舞[㉙]。同糅玉石兮，一概而相

---

①三闾大夫：职官名，掌管楚王族屈、景、昭三姓事务。此处代指屈原，他罢左徒后曾任此职。 ②见放：被放逐。 ③凝滞：拘泥。 ④餔：吃，食。糟：酒滓。醨：薄酒。 ⑤瑾、瑜：皆为美玉名，此喻品德高尚。 ⑥察察：清白，高洁。 ⑦汶汶：昏聩的样子。 ⑧晧晧：通"皓皓"，洁白光明。温蠖：尘滓重积的样子。 ⑨《怀沙》：是屈原《九章》中的一篇。一般认为这是屈原的绝命词。 ⑩陶陶：天气和暖的样子。孟夏：初夏。 ⑪莽莽：草木茂盛的样子。 ⑫伤怀：伤心。永：长。 ⑬汩（yù）：水流迅疾的样子。徂（cú）：来到。 ⑭眴：看。孔：甚。幽墨：寂静无声。墨：通"默"。 ⑮纡轸：迂曲的苦痛。愍：病痛，忧伤。鞠：窘困。 ⑯俯诎：委曲，冤屈。自抑：强自按捺。 ⑰刓（wán）：刻，削。圜：同"圆"。 ⑱常度：正常法则。 ⑲易初本由：改变自己原来的志趣。 ⑳章：明。职：通"识"，记住。画墨：指匠人之绳墨，此喻法度。 ㉑大人：犹言君子，贤人。盛：赞美。 ㉒斲（zhuó）：砍削。 ㉓孰：谁。揆：测度。揆正：测度准确。 ㉔玄文：黑色的花纹。幽处：放在昏暗的地方。 ㉕矇：盲人。 ㉖睇：斜视。 ㉗瞽：盲人。 ㉘笯（nú）：楚地方言字，竹笼。 ㉙雉：野鸡。

量。夫党人之鄙妒兮，羌不知吾所臧[①]。

任重载盛兮，陷滞而不济[②]。怀瑾握瑜兮，穷不得余所示。邑犬群吠兮，吠所怪也。诽骏疑桀兮，固庸态也[③]。文质疏内兮，众不知吾之异采。材朴委积兮[④]，莫知余之所有。重仁袭义兮，谨厚以为丰。重华不可牾兮[⑤]，孰知余之从容！古固有不并兮，岂知其故也？汤禹久远兮，邈不可慕也。惩违改忿兮，抑心而自强。离湣而不迁兮，愿志之有象[⑥]。进路北次兮，日昧昧其将暮；含忧虞哀兮，限之以大故[⑦]。

乱曰[⑧]：浩浩沅、湘兮，分流汩兮。修路幽拂兮，道远忽兮。曾唫恒悲兮，永叹慨兮。世既莫吾知兮，人心不可谓兮。怀情抱质兮，独无匹兮。伯乐既殁兮，骥将焉程兮[⑨]？人生禀命兮，各有所错兮[⑩]。定心广志，余何畏惧兮？曾伤爰哀，永叹喟兮。世溷不吾知，心不可谓兮。知死不可让兮[⑪]，愿勿爱兮。明以告君子兮，吾将以为类兮[⑫]。

于是怀石遂自沉汨罗以死。

屈原既死之后，楚有宋玉、唐勒、景差之徒者，皆好辞而以赋见称。然皆祖屈原之从容辞令，终莫敢直谏。其后楚日以削，数十年竟为秦所灭。

自屈原沉汨罗后百有馀年，汉有贾生，为长沙王太傅，过湘水，投书以吊屈原。

贾生名谊，洛阳人也。年十八，以能诵诗属书闻于郡中。

---

①羌：语首助词，无义。臧：善，美。 ②不济：不能渡过。济：渡。 ③庸态：常态，一贯的本性。 ④材朴：这里泛指木材。材：指有用的木料。朴：指没有加工的原木。 ⑤牾：相遇。 ⑥象：榜样。 ⑦大故：指死亡。 ⑧乱：辞赋篇末总括全篇要旨的话，即尾声。 ⑨程：考核，评量。 ⑩错：通“措”，安置。 ⑪让：回避。 ⑫类：榜样。

吴廷尉为河南守，闻其秀才，召置门下，甚幸爱。孝文皇帝初立，闻河南守吴公治平为天下第一，故与李斯同邑而常学事焉，乃征为廷尉。廷尉乃言贾生年少，颇通诸子百家之书。文帝召以为博士。

是时贾生年二十馀，最为少。每诏令议下，诸老先生不能言，贾生尽为之对，人人各如其意所欲出。诸生于是乃以为能，不及也。孝文帝说之，超迁①，一岁中至太中大夫。

贾生以为汉兴至孝文二十馀年，天下和洽，而固当改正朔②，易服色，法制度，定官名，兴礼乐。乃悉草具其事仪法，色尚黄，数用五，为官名，悉更秦之法。孝文帝初即位，谦让未遑也③。诸律令所更定，及列侯悉就国，其说皆自贾生发之。于是天子议以为贾生任公卿之位。绛、灌、东阳侯、冯敬之属尽害之，乃短贾生曰："洛阳之人，年少初学，专欲擅权，纷乱诸事。"于是天子后亦疏之，不用其议，乃以贾生为长沙王太傅。

贾生既辞往行，闻长沙卑湿，自以寿不得长，又以适去，意不自得。及渡湘水，为赋以吊屈原。其辞曰：

> 共承嘉惠兮，俟罪长沙。侧闻屈原兮，自沉汨罗。造托湘流兮，敬吊先生。遭世罔极兮，乃陨厥身④。呜呼哀哉，逢时不祥！鸾凤伏窜兮，鸱枭翱翔。阘茸⑤尊显兮，谗谀得志；贤圣逆曳兮，方正倒植。世谓伯夷贪兮，谓盗跖廉；莫邪为顿兮，铅刀为铦。于嗟嚜嚜兮，生之无故！斡弃周鼎兮宝康瓠，腾驾罢牛兮骖蹇驴⑥，骥垂两耳兮服盐车。章甫荐屦兮⑦，渐不可久；嗟苦先生兮，独离此咎！

---

①超迁：指破格提拔。②改正朔：改定历法。正朔：一年的第一天。③未遑：来不及。④陨：通"殒"，灭。厥：其，指屈原。⑤阘茸：小人。阘是小门，茸为小草，用以取喻。⑥腾驾：驾驭。罢：同"疲"。⑦章甫：殷代的一种礼帽。荐：垫。

讯曰[①]：已矣，国其莫我知，独堙郁兮其谁语[②]？凤漂漂其高遰兮[③]，夫固自缩而远去。袭九渊之神龙兮，沕深潜以自珍。弥融爚以隐处兮[④]，夫岂从蚁与蛭螾？所贵圣人之神德兮，远浊世而自藏。使骐骥可得系羁兮，岂云异夫犬羊！般纷纷其离此尤兮，亦夫子之辜也！瞝[⑤]九州而相君兮，何必怀此都也？凤皇翔于千仞之上兮，览德辉焉下之。见细德之险征兮，摇增翮逝而去之。彼寻常之污渎兮[⑥]，岂能容吞舟之鱼！横江湖之鳣鲟兮[⑦]，固将制于蚁蝼。

贾生为长沙王太傅三年，有鸮飞入贾生舍，止于坐隅。楚人命鸮曰"鹏"。贾生既以適居长沙，长沙卑湿，自以为寿不得长，伤悼之，乃为赋以自广。其辞曰：

单阏[⑧]之岁兮，四月孟夏，庚子日施兮[⑨]，鹏集予舍，止于坐隅，貌甚闲暇。异物来集兮，私怪其故，发书占之兮，策言其度[⑩]。曰"野鸟入处兮，主人将去"。请问于鹏兮："予去何之？吉乎告我，凶言其灾。淹数之度兮[⑪]，语予其期。"鹏乃叹息，举首奋翼，口不能言，请对以臆。

万物变化兮，固无休息。斡流而迁兮[⑫]，或推而还。形气转续兮，化变而嬗[⑬]。沕穆无穷兮[⑭]，胡可胜言！祸兮福所倚，福兮祸所伏；忧喜聚门兮，吉凶同域。彼吴强大兮，夫差以败；越栖会稽兮，勾践霸世。斯游遂成兮，卒被五

①讯：告也，即尾声。 ②堙郁：憋闷，堵塞。 ③遰：通"逝"，远去。 ④弥：远离。融爚(yuè)：光亮。 ⑤瞝：遍看，环视。 ⑥寻：八尺为寻。常：十六尺为常。污：积水。渎：小水沟。 ⑦鳣鲟：两种大鱼。 ⑧单阏：十二地支中卯的别称，用以纪年。此指文帝六年。 ⑨日施：太阳西斜。施：通"迤"，斜行。 ⑩度：数，吉凶定数。 ⑪淹数：迟速，指生死的迟速。 ⑫斡流：犹言"运转"。 ⑬形：形体。气：精神。嬗：演变，蜕变。 ⑭沕穆：精微深远的样子。

刑；傅说胥靡兮，乃相武丁。夫祸之与福兮，何异纠缠[1]。命不可说兮，孰知其极？水激则旱兮，矢激则远。万物回薄兮，振荡相转。云蒸雨降兮，错缪相纷。大专槃物兮，块轧无垠[2]。天不可与虑兮，道不可与谋。迟数有命兮，恶识其时？

且夫天地为炉兮，造化为工；阴阳为炭兮，万物为铜。合散消息兮，安有常则；千变万化兮，未始有极。忽然为人兮，何足控抟[3]；化为异物兮，又何足患！小知自私兮，贱彼贵我；通人大观兮，物无不可。贪夫徇财兮，烈士徇名；夸者死权兮，品庶冯生[4]。怵迫之徒兮，或趋西东；大人不曲兮，亿变齐同。拘士系俗兮，攌如囚拘[5]；至人遗物兮，独与道俱。众人或或兮[6]，好恶积意；真人淡漠兮，独与道息。释知遗形兮，超然自丧；寥廓忽荒兮，与道翱翔。乘流则逝兮，得坻则止；纵躯委命兮，不私与己。其生若浮兮，其死若休；澹乎若深渊之静，氾乎若不系之舟。不以生故自宝兮，养空而浮；德人无累兮，知命不忧。细故慸葪兮[7]，何足以疑！

后岁馀，贾生征见。孝文帝方受釐[8]，坐宣室。上因感鬼神事，而问鬼神之本。贾生因具道所以然之状。至夜半，文帝前席。既罢，曰："吾久不见贾生，自以为过之，今不及也。"居顷之，拜贾生为梁怀王太傅。梁怀王，文帝之少子，爱，而好书，故

①纠缠：多股绞在一起的绳索。 ②大专(jūn)：即大钧，制陶器用的转轮，自然界造就万物，就如同钧制陶器，故以之喻大自然。块轧：无边无际。 ③控抟：引持，把握，有爱惜珍重之意。 ④冯(píng)：通"凭"，依靠，引申为贪恋。 ⑤攌：拘禁。 ⑥或或：通"惑惑"，迷惑不解。 ⑦慸葪：同"蒂芥"，细小的梗塞物。 ⑧受釐：享受祭肉。釐：祭天地之肉，享用能得福佑。

令贾生傅之。

文帝复封淮南厉王子四人皆为列侯。贾生谏，以为患之兴自此起矣。贾生数上疏，言诸侯或连数郡，非古之制，可稍削之，文帝不听。

居数年，怀王骑，堕马而死，无后。贾生自伤为傅无状[①]，哭泣岁馀，亦死。贾生之死时年三十三矣。及孝文崩，孝武皇帝立，举贾生之孙二人至郡守，而贾嘉最好学，世其家，与余通书。至孝昭时列为九卿。

太史公曰：余读《离骚》《天问》《招魂》《哀郢》，悲其志。适长沙，观屈原所自沉渊，未尝不垂涕，想见其为人。及见贾生吊之，又怪屈原以彼其材，游诸侯，何国不容，而自令若是。读《鹏鸟赋》，同死生，轻去就，又爽然自失矣[②]。

【译文】

屈原名平，与楚王是同族。他做楚怀王的左徒，学识渊博，记忆力很强，对国家存亡兴衰的道理非常了解，擅长应酬交际的辞令。因此他入朝就和楚王讨论国家大事，制定政令；对外就接待各国使节，处理对各诸侯国的外交事务。楚怀王对他非常信任。

而上官大夫和屈原职位相同，他为了能得到怀王的宠爱，很嫉妒屈原的才能。有一次，怀王命屈原制定国家法令，屈原刚写好草稿，还没最后修定完成。上官大夫见到之后想夺为己有，但屈原不肯给他，他就对楚怀王说屈原的坏话："大王您让屈原制定法令，上下没有人不知道这件事，每颁布一条法令，屈平就自夸其功，说是'除了我之外，别人谁也做不出来'。"怀王听了，非常生气，因此就对屈原疏远了。

---

①无状：不像样，不称职。 ②同死生：把死和生同等看待。轻去就：指不患得患失，不以荣辱改变初衷。爽然：默然。

屈原因为怀王听闻闭塞而不能分辨是非，视线被谗佞谄媚之徒所蒙蔽而不能辨明真伪，致使邪恶伤害了公道，正直的人不能在朝廷容身，所以才忧愁苦闷，沉郁深思而写成了《离骚》。所谓“离骚”，就是遭遇忧患的意思。上天是人的原始；父母是人的根本。人在处境窘迫的时候，就要追念根本，所以在劳累困苦到极点时，没有不呼叫上天的；在受到病痛折磨无法忍受时，没有不呼唤父母的。屈原坚持公正，行为耿直，对君王他一片忠心，竭尽才智，却遭到小人的挑拨离间，其处境可以说是极端困窘了。诚心为国反被君王怀疑，忠心事主而被小人诽谤，怎能没有怨恨呢？屈原写作《离骚》，正是为了抒发这种怨恨之情。《诗经·国风》虽然有许多描写男女恋情之作，但却不涉及淫乱；《诗经·小雅》虽然表露了百姓对朝政的诽谤愤怨之情，但却不涉及反叛。而像屈原的《离骚》，可以说是兼有以上两者的优点。屈原在《离骚》中，往上追述到帝喾，近世赞扬齐桓公，中间说及商汤、周武，以此来批评时政。阐明道德内容的广博深远，治乱兴衰的因果必然，这些都讲得非常详尽。其文字精约，其内容却托意深微，其情志高洁，其品行廉正，其文句虽写的是细小事物，而其意旨却极其宏大博大，其所举的虽然都是眼前习见的事例，而所寄托的意义却极其深远。其情志高洁，所以喜欢用香草作譬喻。其品行廉正，所以至死也不放松对自己的要求。身处污泥浊水之中而能洗涤干净，就像蝉能从混浊污秽中解脱出来一样，在尘埃之外浮游，不被世俗的混浊所玷污，清白高洁，出污泥而不染。推论其高尚情志，即使与日月争辉，也是很恰当的。

屈原被贬之后，秦国打算发兵攻打齐国，可是齐国与楚国有合纵的盟约，秦惠王对此很是担忧，于是就派张仪假装离开秦国，带着大量礼物来到楚国表示臣服，说：“秦国非常痛恨齐国，但齐国和楚国有合纵的盟约，若是楚国能和齐国断交，那么秦国愿意献出商、于一带六百里土地。”楚怀王贪图得到土地而相信了张仪，就和齐国断绝了关系，并派使者到秦国接受土地。张仪欺骗了楚国，对使者说：“我和楚王约定的是六里，没听说过有什么六百里。”楚国使者非常生气地离去，回到楚国禀报怀王。怀王勃然大怒，大规模起兵攻打秦国。秦国也派兵迎击，在丹水、淅水一带大破楚军，并斩杀八万人，俘虏了楚将屈匄，接着又攻取了楚国汉中一带的地域。于是楚怀王动员了全国的军队，深入进军，攻打秦国，在蓝田大战。魏国得知此事，发兵偷袭楚国，到达邓地。楚兵非常害怕，不得不从秦国撤军回国。而齐国因痛恨怀王背弃盟约，不肯派兵救助楚国，楚国的处境非常艰难。

第二年，秦国提出割让汉中一带土地和楚国讲和，楚怀王说："我不希望得到土地，只想得到张仪就甘心了。"张仪听到这话，就说："用我一个张仪来抵汉中之地，请大王让我去楚国吧。"张仪到楚国后，又给楚国掌权的大臣靳尚送上厚礼，并用花言巧语欺骗怀王的宠姬郑袖。怀王竟然听信郑袖的话，又把张仪放了。这时屈原已被疏远，不再担任要职，刚被派到齐国出使，回来后，向怀王进谏说："大王怎么不杀掉张仪呢？"怀王感到很后悔，派人去追赶，但已来不及了。

在此之后，各国联合攻打楚国，大败楚军，杀死了楚国大将唐眛。

当时秦昭王和楚国结为姻亲，要求与楚怀王会面，楚怀王想要前往，屈原劝谏说："秦国是虎狼一般凶暴的国家，是不能信任的，还是不去为好。"可是怀王的小儿子子兰劝怀王前去，他说："为什么要断绝了秦王的好意呢？"怀王最终还是去了。但他刚一进武关，秦朝的伏兵就斩断了他的归路，把怀王扣留，要让他答应割让土地。怀王大怒，不肯应允。逃到赵国，但赵国拒绝接纳。然后又来到秦国，最终死在秦国，遗体运回楚国安葬。

怀王的大儿子顷襄王继位，任命他的弟弟子兰为令尹。因子兰劝怀王入秦而最终死在秦国，楚人都把此事的责任归罪于子兰。

屈原对此事也非常痛恨。虽然身遭放逐，却依然眷恋楚国，怀念怀王，时刻惦记着能重返朝廷，总是希望楚王能突然觉悟，不良习俗也为之改变。他总是不忘怀念君王，振兴国家，扭转局势，其作品中多次流露此种心情。然而终究无可奈何，所以也不可能再返朝廷，于此也可见怀王最终也没有醒悟。作为国君，不管他聪明还是愚蠢，有才还是无才，都希望找到忠臣和贤才来辅佐自己治理国家,然而亡国破家之事却不断发生,而那圣明的君主、太平的国家却好多世代都未曾一见,其根本原因就在于其所谓忠臣并不忠,其所谓贤才并不贤。怀王因不知晓忠臣的本质,所以在内被郑袖所迷惑,在外被张仪所欺骗,疏远屈原而信任上官大夫和令尹子兰。结果使军队惨败,国土被侵占,丧失了六郡地盘,自己还流落他乡,客死秦国,为天下人所耻笑。这是由于不知人所造成的灾祸。《易经》上说:“井已经疏浚干净,却没人来喝水,这是令人难过的事。国君若是圣明,大家都能得到幸福。”而怀王是如此不明,哪可获得幸福呢!

令尹子兰听到以上情况勃然大怒,结果让上官大夫去向顷襄王说屈原的坏话,顷襄王一生气,就把屈原放逐到更远的江南。

屈原来到江边,披头散发在荒野草泽上一边走,一边悲吟。面容憔悴,形体干瘦。一位渔翁看到他,就问道:“您不就是三闾大夫吗?为什么到这里来呢?”屈原说:“世人都是污浊的而只有我是干净的,大家都昏沉大醉而只有我是清醒的,因此才被放逐。”渔翁说:“一个道德修养达到最高境界的人,不固执地对待事物,而是能随着世俗风气而转移。既然世人都是污浊的,你为什么不在其中随波逐流?大家都昏沉大醉,你为什么不在其中吃点残羹剩酒呢?为什么要保持美玉一般的德操,而使自己讨了个被流放的下场呢?”屈原回答说:“我听说过,刚洗过头的人一定要弹去帽子上的灰尘,刚洗过身躯的人一定要把衣服上的尘土抖干净,人们又有谁肯以清白之身,而受外界污垢的沾染呢?我宁愿跳入江水长流之内,葬身鱼腹之中,也不让自己的清白品德去蒙受世俗的污染!”

于是,屈原写下了《怀沙》,其中这样写道:

初夏的天气暖洋洋呀,草木茂盛地生长。悲伤总是充满胸膛啊,我急匆匆来到南方。眼前是一片茫茫啊,沉寂得毫无声响。我的心情沉郁悲慨啊,这困苦的日子又实在太长。抚心反省而无过错啊,蒙冤自抑而无惧。

想把方木削成圆木啊,但正常法度不可改易。抛开当初的正路而走斜径啊,那将为君子所唾弃。明确规范,牢记法度啊,往日的初衷决不反悔。品性忠厚,心地端正啊,为君子所赞美。巧匠如不挥动斧头砍削啊,谁能看出是否合乎标准?黑色的花纹放在幽暗之处啊,盲人会说花纹不鲜明。离娄一瞥眼就看得非常清楚啊,盲人反说他是瞎着眼。事情竟是如此的黑白混淆啊,上下颠倒。凤凰被关进笼子里啊,鸡和野雉却在那里飞跳。美玉和粗石被掺杂在一起啊,竟有人认为二者也差不了多少。那些帮派小人卑鄙嫉妒啊,全然不了解我的高尚情操。

任重道远负载太多啊,却沉陷阻滞不能向前。身怀美玉品德高啊,处境困窘向谁献?邑里的群狗胡乱叫啊,以为少见为怪就叫唤。诽谤英俊疑豪杰啊,这本来就是小人的丑态。外表粗疏内心朴实啊,众人不知我的异彩。未经雕饰的材料被丢弃啊,没人知道我所具有的智慧和品德。我注重仁与义的修养啊,并把恭谨忠厚来加强。虞舜既已不可遇啊,又有谁知道我从容坚持自己的志向?古代的圣贤也难得同世而生啊,又有谁能了解其中缘由?商汤夏禹距今是何其久远啊,渺茫无际难以追攀。强压住悲愤不平啊,抑制内心而使自己更加坚强。遭受忧患而不改变初衷啊,只希望我的志向成为后人效法的榜样。我又顺路北行啊,迎着昏暗将尽的夕阳。含忧郁而强作欢颜啊,死亡就在前面不远的地方。

尾声:浩荡的沅水、湘水啊,不停地流淌翻涌着波浪。道路漫长而又昏暗啊,前途又是何等的恍惚渺茫。我不断地悲伤歌吟啊,慨然叹息终此世。世上没人了解我啊,谁能听我诉衷肠?情操高尚品质美啊,芬芳洁白世无双。伯乐早已死去啊,千里马谁能识别它是骏良?人生一世秉承命运啊,各有不同的安排。内心坚定心胸广啊,别的还有什么值得畏惧!重重忧伤长感慨啊,永世长叹无尽哀。世道混浊知音少啊,人心叵测内难猜。人生在世终须死啊,对自己的生命就不必太珍爱。明白告知世君子啊,你们是我的榜样。

于是,屈原就怀抱石头,投入汨罗江而死。

屈原死后,楚国有宋玉、唐勒、景差等人,他们都爱好文学而以擅长辞赋著名。但他们都只学习了屈原辞令含蓄委婉的一面，而最终没人敢像屈原那样直言劝谏。此后楚国一天比一天弱小，几十年之后终于被秦国消灭。

屈原沉江而死一百多年后，汉朝有个贾生，在做长沙王太傅时，经过湘水，写了一篇辞赋投入江中，以此祭吊屈原。

贾生名谊，是洛阳人。在十八岁时就因诵读诗书会写文章而闻名当地。吴廷尉做河南郡守时，听说贾谊才学优异，就把他召到官署里，非常器重。汉文帝刚即位时，听说河南郡守吴公政绩卓著，为全国第一，而且和李斯同乡，又曾向李斯学习过，于是就征召他做廷尉。吴廷尉就推荐贾谊年轻有才，能通晓诸子百家的学问。这样，汉文帝就征召贾谊，让他做博士。

当时贾谊二十有余，在同僚中最为年轻。每次文帝下令让博士们讨论一些问题，那些年长的老先生们都无话可说，而贾谊却能一一对答，人人都觉得说出了自己想说的话。博士们都认为贾生才能杰出，无与伦比。汉文帝也非常喜欢他，对他破格提拔，一年之内就升任太中大夫。

贾谊认为从西汉建立到汉文帝时已有二十多年了，天下太平，正是应该改正历法、变易服色、订立制度、决定官名、振兴礼乐的时候。于是他起草了各种仪法，崇尚黄色，遵用五行之说，创设官名，通通改变了秦朝的旧制。汉文帝刚刚即位，谦虚退让而来不及实行。但此后各项法令的更改，以及诸侯必须到封地去上任等事，这些主张都是由贾谊提出的。于是汉文帝就和大臣们商议，想提拔贾谊做公卿。而绛侯周勃、灌婴、东阳侯、冯敬这班人都嫉妒他，就诽谤贾谊说："这个洛阳人，年轻学浅，只想独揽大权，把政事弄得一团糟。"此后，汉文帝也就疏远了贾谊，不再采纳他的意见，任命他为长沙王太傅。

贾谊向文帝告辞后，前往长沙赴任，他听说长沙地势低洼，气候潮湿，自认为寿命不会很长，加上被贬至此，内心非常不愉快。在渡湘江时，写下一篇辞赋来凭吊屈原，赋里这样写道：

我恭奉天子的诏命，来到长沙任职。曾听说过屈原先生啊，是自沉汨罗江而长逝。今天我来到湘江边上，凭托北去的江水，来敬吊先生的英灵。遭遇纷乱无常的时世，才逼得您自杀失去生命。啊呀，太令人悲伤啦！正赶上那不幸的时光。鸾凤潜伏隐藏，鸱鸮却得意翱翔。不才之人尊贵显赫，阿谀小人得志猖狂；圣贤都不能顺随行事啊，方正的人反屈居下位。世人竟称伯夷贪婪，说盗跖廉洁；莫邪宝剑太钝，铅刀反而是利刃。哎呀！先生您真是太不幸了，平白遭此灾祸！丢弃了周代传国的宝鼎，反把破瓠当奇货。驾着疲惫的老牛和跛驴，却让骏马垂着两耳拉着盐车。好端端的礼帽当鞋垫，这样的日子怎能长？哎呀，可怜屈先生，唯您遭受这样的灾祸！

尾声：算了吧！既然国人不了解我，内心的抑郁不快又能和谁诉说？凤凰高飞远离去，本应如此自引退。效法神龙隐渊底，深藏起来保全自己。韬光晦迹来隐居，岂能与蚂蚁、水蛭、蚯蚓为邻？圣人品德最可贵，远离浊世而自隐匿。假若良马可拴系，怎说异于犬羊类！世态纷乱遭此祸，这是先生自己的过错。游历九州择君而事啊，何必对故都恋恋不舍？凤凰飞翔千仞上，看到有德之君才下来栖止。一旦发现危险的征兆，振翅高飞远离去。狭小污浊的小水坑，怎能容得下吞舟的大鱼？横绝江湖的大鱼啊，最终还要受制于蝼蚁。

贾谊在任长沙王太傅的第三年，有一次有一只鸮鸟飞进他的住宅，停在了座位旁边。楚国人把鸮叫作“鹏”。贾谊原来就是因被贬来到长沙，而长沙又地势低洼，气候潮湿，所以自认为寿命不能久长，悲痛伤感，就写下了一篇赋来自我安慰。赋文写道：

丁卯年四月初夏，庚子日太阳西斜的时候，有一只猫头鹰飞进我的住所，它在座位旁边停下，样子是那样的闲适。怪鸟突然进我家，私下疑怪是为啥。打开卦书来占卜，上面载有这样的话，“野鸟闯进住舍呀，主人将会离开家”。请问你鹏鸟啊，“我离开这里将去何方？是吉，就请告我；是凶，也请告诉我是什么祸殃。生死迟速有定数啊，请把期限对我说。”鹏鸟听罢长叹息，抬头振翅已会意。嘴巴虽不能说话，就请示意作答。

天地万物长变化，本无终止。如涡流旋转，反复循环。外形内气转化相续，有如蝉的蜕化一般。其道理深微无穷，言语哪能说得尽。祸当中傍倚着福，福当中也埋藏着祸；忧和喜同聚一起，吉和凶同在一个领域。当年吴国是何等的强大，但吴王夫差却反而败亡；越国困居会稽，勾践竟以此称霸于世。李斯游秦顺利成功，却终于遭受极刑；傅说原为一刑徒，后来却辅佐武丁。祸对于福来说，与绳索互相缠绕有什么不同？天命无法解说啊，谁能预知它的究竟？水成激流来势猛，箭遇强力射得远。万事万物循环往复长激荡，运动之中相互起变化。云升雨降多反复，错综变幻何纷繁。天地运转造万物，漫无边际何浩瀚。天道高深不可预测，凡人思虑难以谋算。生死的迟早都有命，谁能预知其限数？

天地是座巨炉，自然本为司炉工；阴阳运转是炉炭，世间万物皆为铜。其中聚散消长，哪有常规可寻踪？错综复杂多变化，未曾见过有极终。成人亦为偶然事，不足珍爱慕长生；纵然死去化异物，又何足忧虑！浅陋之人只顾自己，鄙薄外物重己身；通达之人达观大度，死生祸福无不宜。贪夫为财赔性命，烈士为名忘死生；喜好虚名者为权势而死，一般人又怕死贪生。而被名利所诱惑、被贫贱所逼迫的人，为了钻营而奔走西东；而道德修养极高的人，不被物欲所屈服，对千变万化的事物一视同仁。愚夫被俗累羁绊，拘束得如囚徒一般；有至德的人能遗世弃俗，只与大道同存在。天下众人迷惑不解，爱憎之情积满胸臆；有真德的人恬淡无为，独和大道同生息。舍弃智慧忘形骸，超然物外不知有己；在那空旷恍惚的境界里，和大道一起共翱翔。乘着流水任意随行，碰上小洲就停止；将身躯托付给命运，不把它看作一己的私物。活着如同寄于世，死了就是长休息；内心宁静就如无波的深渊，浮游就如不系缆绳的小舟。不因活着重己命，修养空灵之性不拘泥；至德之人无俗累，乐天知命复何忧！鸡毛蒜皮区区小事，哪里值得疑虑！

一年多后，贾谊被召回京城拜见皇帝。当时汉文帝正坐在宣室，接受神的降福。文帝因有感于鬼神之事，就向贾谊询问鬼神的本原。贾谊也就乘机周详地讲述所以会有鬼神之事的种种情形。一直谈到半夜，文帝听得很入神，不知不觉地在座席上总往贾谊身边移动。听完后，文帝慨叹道："我好长时间没见贾谊了，自认为超过了他，现在看来还是不如他。"过了不久，文帝任命贾谊为梁怀王太傅。梁怀王是文帝的小儿子，受文帝宠爱，又喜欢读书，因此才让贾谊做他的老师。

文帝又封淮南厉王的四个儿子都为列侯。贾谊劝谏，认为国家祸患的兴起就要从这里开始了。贾谊又多次上疏皇帝，说现在有的诸侯封地太多，甚至多达几郡之地，不合古代的制度，应该逐渐削弱他们的势力，但文帝没有采纳。

几年后，梁怀王因骑马不慎，从马上掉下来摔死了，没有留下后代。贾谊认为这是自己做太傅没有尽到责任，非常伤心，哭泣了一年多，也死去了。死时年仅三十三岁。后来汉文帝驾崩，汉武帝即位，提拔贾谊的两个孙子任郡守，其中贾嘉最为好学，继承了贾谊的家业，曾和我有过书信往来。到汉昭帝时，他做到了九卿。

太史公说：我读完《离骚》《天问》《招魂》《哀郢》后，深受屈原情志的感染，悲伤不已。当我到长沙时，特意去看了屈原沉江自杀之处，不禁流泪感叹，想象他的为人。后来读了贾谊的《吊屈原赋》，又责怪屈原以自己超人的才华，如果去游事诸侯的话，哪个国家不能容纳他呢？却把自己弄到这种地步。读过《鹏鸟赋》之后，把生死同等看待，把身世浮沉看得很轻，又不禁默然若失了。

【鉴赏】

《屈原贾生列传》是屈原、贾谊合传，二人生不同时，然际遇却有相类之处：两人才识过人，忠心为国而遭谗受逐，屈原自沉而贾谊悲死。二人所遇，一为楚怀王、顷襄王之昏，一为汉文帝之明，而遭遇何其近似，故作者以之为一传，同取其文，同悲其志。

本传既有合赞二人文学成就之意，故行文中注意择选二人作品，参以实事,以至虚实相参,自生变化。屈原传文采用了淮南王刘安《离骚序》中的一些文字,大致勾勒了屈原生平事迹,于中所详记者,一则将张仪欺楚之事整段写入,一则述其作《离骚》《渔父》之事而录《怀沙》之文,以《离骚》明其忧愁幽思,以《渔父》著其“举世混浊我独清,众人皆醉我独醒”之意,因《怀沙》乃其绝命之辞而载之。贾谊传文亦略写其一生实事,只以“是时贾生二十余,最为少。每诏令人,诸老先生不能言,贾生尽为之对,人人各如其意所欲出。诸生以为能,不及也”诸语,开篇明意,而实写其《吊屈原赋》,一则因为此赋乃贾谊借屈原遭遇以自伤之文,二则因为此赋正是二人合传理由之一。本传还有同悲其志之意,作者用笔饱含深情,行文幽抑哀婉,以倾注自己悲愤不平之感,顿挫悲壮,读之如见其人。尤其屈原传文夹叙夹议,一面叙事一面抒情,更是《史记》中少有的特例。

史记卷八十五·吕不韦列传第二十五

吕不韦，本为韩国商贾，长于经营之道，家累千金；靠政治上的投机，成为秦国国相，本传即详载其一生功业荣辱，也从一个侧面反映出政治斗争的残酷无情。全传先记吕不韦周游列国，得识入赵为质的秦国公子子楚，以奇货居之，助其争得太子之位，子楚即位为君，而吕不韦也藉此入秦为相，专一国之政，纳士招贤，著《吕氏春秋》；传文后载吕不韦为固宠而献嫪毒秽乱秦宫，事败饮鸩身亡。作者于论赞中直接对传主吕不韦予以批评，称“孔子之所谓‘闻’者，其吕子乎?”直指其为骗取声名之辈。

吕不韦者，阳翟大贾人也①。往来贩贱卖贵，家累②千金。

秦昭王四十年，太子死。其四十二年，以其次子安国君为太子。安国君有子二十馀人。安国君有所甚爱姬，立以为正夫人，号曰华阳夫人。华阳夫人无子。安国君中男名子楚③，子楚母曰夏姬，毋④爱。子楚为秦质子于赵。秦数攻赵，赵不甚礼⑤子楚。

子楚，秦诸庶孽孙⑥，质于诸侯，车乘进用不饶⑦，居处困，不得意。吕不韦贾邯郸，见而怜之，曰“此奇货可居⑧”。乃往见子楚，说曰：“吾能大子之门。”子楚笑曰：“且自大君之门，而乃大吾门!”吕不韦曰：“子不知也，吾门待子门而大。”子楚心知所谓，乃引与坐，深语⑨。吕不韦曰：“秦王老矣，安国君得为太子。

---

①大贾人：大商人。②累：积聚。③中男：次子。子楚：后为庄襄王。④毋：无。⑤礼：以礼相待。⑥庶孽孙：非嫡孙。⑦进用：供给的财用。进：通“赆”，指收入的钱财。⑧可居：可以囤积起来。⑨深语：指深谈密谋。

窃闻安国君爱幸华阳夫人，华阳夫人无子，能立適嗣者[①]独华阳夫人耳。今子兄弟二十馀人，子又居中，不甚见幸，久质诸侯。即[②]大王薨，安国君立为王，则子毋几[③]得与长子及诸子旦暮在前者争为太子矣。”子楚曰：“然。为之奈何？”吕不韦曰：“子贫，客于此，非有以奉献于亲及结宾客也。不韦虽贫，请以千金为子西游，事安国君及华阳夫人，立子为適嗣。”子楚乃顿首曰：“必如君策，请得分秦国与君共之。”

吕不韦乃以五百金与子楚，为进用，结宾客；而复以五百金买奇物玩好，自奉而西游秦，求见华阳夫人姊，而皆以其物献华阳夫人。因言子楚贤智，结诸侯宾客遍天下，常曰“楚也以夫人为天[④]，日夜泣思太子及夫人”。夫人大喜。不韦因使其姊说夫人曰：“吾闻之，以色事人者，色衰而爱弛。今夫人事太子，甚爱而无子，不以此时蚤[⑤]自结于诸子中贤孝者，举立以为適而子之[⑥]，夫在则重尊，夫百岁之后，所子者为王，终不失势，此所谓一言而万世之利也。不以繁华[⑦]时树本，即色衰爱弛后，虽欲开一语，尚可得乎？今子楚贤，而自知中男也，次不得为適，其母又不得幸，自附夫人。夫人诚以此时拔以为適，夫人则竟世[⑧]有宠于秦矣。”华阳夫人以为然，承太子间，从容言子楚质于赵者绝贤[⑨]，来往者皆称誉之。乃因涕泣曰：“妾幸得充后宫，不幸无子，愿得子楚立以为適嗣，以托妾身。”安国君许之，乃与夫人刻玉符[⑩]，约以为適嗣。安国君及夫人因厚馈遗[⑪]子楚，而请吕不韦傅之。子楚以此名誉益盛于诸侯。

---

①適嗣：正妻所生长子，此处指王位的继承人。適：通“嫡”。 ②即：若是，假使。 ③毋几：没有希望。 ④天：仰赖以为生存者古称之为天。 ⑤蚤：通“早”。 ⑥子之：养以为子。 ⑦繁华：花盛，此处喻荣宠之时。 ⑧竟世：终世，一辈子。 ⑨绝贤：最贤能。 ⑩玉符：古代朝廷的一种凭证。 ⑪馈遗：赠送礼品、财物等。

吕不韦取邯郸诸姬绝好善舞者与居①，知有身②。子楚从不韦饮，见而说之，因起为寿③，请之④。吕不韦怒，念业已破家为子楚，欲以钓奇⑤，乃遂献其姬。姬自匿有身，至大期时⑥，生子政。子楚遂立姬为夫人。

秦昭王五十年，使王齮围邯郸，急，赵欲杀子楚。子楚与吕不韦谋，行金六百斤予守者吏，得脱，亡赴秦军，遂以得归。赵欲杀子楚妻子，子楚夫人赵豪家女也，得匿，以故母子竟得活。秦昭王五十六年，薨，太子安国君立为王，华阳夫人为王后，子楚为太子。赵亦奉子楚夫人及子政归秦。

秦王立一年，薨，谥为孝文王。太子子楚代立，是为庄襄王。庄襄王所母⑦华阳后为华阳太后，真母⑧夏姬尊以为夏太后。庄襄王元年，以吕不韦为丞相，封为文信侯，食河南洛阳十万户。

庄襄王即位三年，薨，太子政立为王，尊吕不韦为相国，号称"仲父"⑨。秦王年少，太后时时窃私通吕不韦。不韦家童万人。

当是时，魏有信陵君，楚有春申君，赵有平原君，齐有孟尝君，皆下士喜宾客以相倾⑩。吕不韦以秦之强，羞不如，亦招致士，厚遇之，至食客三千人。是时诸侯多辩士，如荀卿之徒，著书布天下。吕不韦乃使其客人人著所闻，集论以为八览、六论、十二纪，二十馀万言，以为备天地万物古今之事，号曰《吕氏春秋》。布咸阳市门，悬千金其上，延诸侯游士宾客有能增损一字

---

①绝好：特别漂亮。与居：同居。②有身：指怀孕在身。③寿：祝酒。④请：求，要得到。⑤钓奇：钓到奇货，指想得到巨大利益。⑥大期：产期。⑦所母：所拜认的母亲。⑧真母：生母。⑨仲父：亚父，仅次于父。⑩下士：谦恭有礼地对待士人。相倾：互相争胜，压倒对方。

者予千金。

始皇帝益壮，太后淫不止。吕不韦恐觉，祸及己，乃私求大阴人嫪毐以为舍人，时纵倡乐，使毐以其阴关桐轮而行[①]，令太后闻之，以啖[②]太后。太后闻，果欲私得之。吕不韦乃进嫪毐，诈令人以腐罪[③]告之。不韦又阴谓太后曰："可事诈腐，则得给事中。"太后乃阴厚赐主腐者吏，诈论之，拔其须眉为宦者，遂得侍太后。太后私与通，绝爱之。有身，太后恐人知之，诈卜当避时[④]，徙宫居雍。嫪毐常从，赏赐甚厚，事皆决于嫪毐。嫪毐家童数千人，诸客求宦为嫪毐舍人者千馀人。

始皇七年，庄襄王母夏太后薨。孝文王后曰华阳太后，与孝文王会葬寿陵。夏太后子庄襄王葬芷阳，故夏太后独别葬杜东，曰"东望吾子，西望吾夫。后百年，旁当有万家邑"。

始皇九年，有告嫪毐实非宦者，常与太后私乱，生子二人，皆匿之。与太后谋曰"王即薨，以子为后"。于是秦王下吏治[⑤]，具得情实[⑥]，事连相国吕不韦。九月，夷嫪毐三族[⑦]，杀太后所生两子，而遂迁太后于雍。诸嫪毐舍人皆没其家而迁之蜀[⑧]。王欲诛相国，为其奉先王功大，及宾客辩士为游说者众，王不忍致法[⑨]。

秦王十年十月，免相国吕不韦。及齐人茅焦说秦王，秦王乃迎太后于雍，归复咸阳，而出文信侯就国河南。

岁馀，诸侯宾客使者相望于道，请[⑩]文信侯。秦王恐其为变，乃赐文信侯书曰："君何功于秦？秦封君河南，食十万户！

---

①关：贯穿。桐轮：桐木小车轮。②啖（dàn）：给某人吃，引申为引诱之意。③腐罪：指应判处腐刑（即宫刑）的罪。④避时：改变一下住所，以避灾祸。⑤下吏：交法吏去审讯。⑥具：通"俱"，全，都。⑦夷：诛灭。三族：指父族、母族和妻族。⑧没：没入，即没收其财产充官。家：指家产。迁之蜀：流放到蜀地。⑨致法：予以法办。⑩请：问候。

君何亲于秦？号称仲父。其与家属徙处蜀！”吕不韦自度稍侵[①]，恐诛，乃饮鸩而死[②]。秦王所加怒吕不韦、嫪毐皆已死，乃皆复归嫪毐舍人迁蜀者。

始皇十九年，太后薨，谥为帝太后，与庄襄王会葬茝阳[③]。

太史公曰：不韦及嫪毐贵[④]，封号文信侯。人之告嫪毐，毐闻之。秦王验[⑤]左右，未发。上之雍郊[⑥]，毐恐祸起，乃与党谋，矫[⑦]太后玺发卒以反蕲年宫。发吏攻嫪毐，毐败亡走，追斩之好畤，遂灭其宗。而吕不韦由此绌矣[⑧]。孔子之所谓“闻”者[⑨]，其吕子乎？

【译文】

吕不韦是阳翟的大商人，他往来各地，以低价买进，高价卖出，积累起千金的家产。

秦昭王四十年，太子死。到了昭王四十二年，他把第二个儿子安国君立为太子。而安国君有二十多个儿子。安国君有个非常宠爱的姬妾，立她正夫人，称之为华阳夫人。华阳夫人没有儿子。安国君有个排行居中的儿子名叫子楚，子楚的母亲叫夏姬，不受宠爱。子楚作为秦国的人质被派到赵国。秦国多次攻打赵国，赵国因而对子楚也不以礼相待。

子楚是秦王庶出的孙子，在赵国做人质，他乘的车马和日常的财用都不富足，生活困窘，很不得志。吕不韦到邯郸去做生意，见到子楚后非常喜欢，说：“子楚就像一件奇货，可以囤积起来。”于是他就前去拜访子楚，对他游说道：“我能光大您的门庭。”子楚笑着说：“你姑且先光大自己

---

①稍侵：逐渐受到逼迫。 ②鸩：毒酒。 ③茝阳：即“芷阳”。 ④及：连及。贵：使之贵。 ⑤验：验证。 ⑥郊：古代祭天的礼节。 ⑦矫：假传命令。 ⑧绌：通“黜”，贬退。 ⑨引自《论语·颜渊》第二十章，子曰：“夫闻者也，色取仁而行违，居之不疑，在邦必闻，在家必闻。”闻：指骗取名望，这里指言行表里不一的人的表现。

的门庭，然后再来光大我的门庭吧！”吕不韦说：“您不懂啊，我的门庭要等待您的门庭光大了才能光大。”子楚心知吕不韦所言之意，就拉他坐在一起深谈。吕不韦说：“秦王已老了，安国君被立为太子。我私下听说安国君非常宠爱华阳夫人，华阳夫人没有儿子，能够选立嫡子的只有华阳夫人一个。现在你的兄弟有二十多人，你又排行中间，不受秦王宠幸，长期被留在诸侯国做人质。即使是秦王死去，安国君继位为王，你也不要指望同你长兄和早晚都在父亲身边的其他兄弟们争太子之位啦。”子楚说：“是这样，但该怎么办呢？”吕不韦说：“你很贫穷，又客居在此，也拿不出什么来献给亲长，结交宾客。我吕不韦虽然不富有，但愿意拿出千金来为你西去秦国游说，侍奉安国君和华阳夫人，让他们立你为嫡子。”子楚于是叩头拜谢道：“如果实现了您的计划，我愿意分秦国的土地和您共享。”

吕不韦于是拿出五百金送给子楚，作为日常生活和交结宾客之用；又拿出五百金买珍奇玩物，自己带着西去秦国游说，先拜见华阳夫人的姐姐，把带来的东西统统献给华阳夫人。顺便谈及子楚聪明贤能，所结交的诸侯宾客，遍及天下，常常说“我子楚把夫人看成天一般，日夜哭泣思念太子和夫人”。夫人非常高兴。吕不韦乘机又让华阳夫人的姐姐劝说华阳夫人道：“我听说用美色来侍奉别人的，一旦色衰，宠爱也就随之减少。现在夫人您侍奉太子，十分受宠，却没有儿子，何不趁这时早一点在太子的儿子中结交一个有才能而孝顺的人，立他为继承人而又像亲生儿子一样对待他。那么，丈夫在世时受到尊重，丈夫死后，自己立的儿子继位为王，最终也不会失势，这就是人们所说的一句话能得到万世的好处啊。不在容貌美丽之时树立好根本，假使等到容貌衰竭，宠爱减退后，虽想和太子说上一句话，还有可能吗？现在子楚贤能，而自己也知道排行居中，按次序是不能被立为继承人的，而他的生母又不受宠爱，自己主动依附于夫人。夫人若真能在此时提拔他为继承人，那么夫人您一生在秦国都要受到尊宠啦。”华阳夫人听了认为是这样，就趁太子方便时，委婉地谈到在赵国做人质的子楚非常有才能，来往的人都称赞他。接着就哭着说:“我有幸能填充后宫,但不幸没生育儿子,我希望能立子楚为继承人,以便我日后有个依靠。”安国君答应了,就和夫人刻下玉符,决定立子楚为继承人,安国君和华阳夫人都送好多礼物给子楚,而请吕不韦做他的老师,因此子楚的名声在诸侯中越来越大。

吕不韦选了一个姿色漂亮而又善于跳舞的邯郸女子一起同居,知道她怀了孕。子楚有一次和吕不韦一起饮酒,看到此女后非常爱慕,就站起身来向吕不韦祝酒,请求把此女赐给他。吕不韦很生气,但转念一想,已为子楚破费了大量家产,为的借以钓取奇货,于是就献出这个女子。此女隐瞒了自己怀孕在身,到十二个月之后,生下儿子名政。子楚就立此姬为夫人。

秦昭王五十年,派王齮围攻邯郸,情况非常紧急,赵国想杀死子楚。子楚就和吕不韦密谋,拿出六百斤金子送给守城官吏,得以脱身,逃到秦军大营,这才得以回国。赵国又想杀子楚的妻子和儿子,子楚的夫人是赵国富豪人家的女儿,才得以隐藏起来,因此母子二人竟得活命。秦昭王五十六年死,太子安国君继位为王,华阳夫人为王后,子楚为太子。赵国也护送子楚的夫人和儿子嬴政回到秦国。

秦王继位一年后死去,谥号为孝文王。太子子楚继位,这就是庄襄王。庄襄王尊奉为母的华阳王后为华阳太后,生母夏姬被尊称为夏太后。庄襄王元年,任命吕不韦为丞相,封为文信侯,将河南洛阳十万户作为他的食邑。

庄襄王即位三年后死去,太子嬴政继立为王,尊奉吕不韦为相国,称他为“仲父”。秦王年幼,太后常常和吕不韦私通。吕不韦家有奴仆万人。

那时,魏国有信陵君,楚国有春申君,赵国有平原君,齐国有孟尝君,他们都礼贤下士,结交宾客。并在这方面互相竞争。吕不韦认为秦国如此强大,把不如他们当成一件令人羞愧的事,所以他也招罗文人学士,给他们优厚的待遇,门下食客多达三千人。那时各诸侯国有许多才辩之士,像荀卿那班人,著书立说,流行天下。吕不韦就命他的食客各自将所见所闻记下，综合在一起成为八览、六论、十二纪，共二十多万言。自己认为其中包括了天地万物古往今来的事理，所以号称《吕氏春秋》。并将它刊布在咸阳的城门，上面悬挂着一千金的赏金，遍请各国的游士宾客，声称若有人能增删一字，就给予一千金的奖励。

秦始皇越来越大了，但太后还是一直淫乱不止。吕不韦唯恐事情败露，灾祸降临在自己头上，就暗地寻求了一个阴茎特别大的人嫪毐作为门客，不时让演员歌舞取乐，命嫪毐用他的阴茎穿在桐木车轮上，使之转动而行，以此事引诱太后。太后听说之后，真的表示想在暗中占有嫪毐。吕不韦就进献嫪毐，假装让人告发他犯下了该受宫刑的罪。吕不韦又暗中对太后说："你可以让嫪毐假装受了宫刑，就可以在供职宫中的人员中得到他。"太后就偷偷地送给主持宫刑的官吏许多东西，假装处罚嫪毐，拔掉了他的胡须假充宦官，这就得以侍奉太后。太后暗和他私通，特别喜爱他。后来太后怀孕在身，唯恐别人知道，假称算卦不吉，需要换一个环境来躲避一下，就迁移到雍地的宫殿中来居住。嫪毐总是随从左右，所受的赏赐非常优厚，事事都由嫪毐决定。嫪毐家中有奴仆几千人。那些为求得官职来做嫪毐家门客的多达一千余人。

秦始皇七年，庄襄王的生母夏太后死。孝文王后叫华阳太后，和孝文王合葬在寿陵。夏太后的儿子庄襄王葬在芷阳，所以夏太后另外单独埋葬在杜原之东，称"向东可以望见我的儿子，向西可以看到我的丈夫。在百年之后，旁边定会有个万户的城邑"。

秦始皇九年，有人告发嫪毐实际并不是宦官，常常和太后淫乱私通，并生下两个儿子，都把他们隐藏起来。还和太后谋议说"若是秦王死去，就立这儿子继位"。于是秦始皇命法吏严查此事，把事情真相全部弄清，事情牵连到相国吕不韦。这年九月，把嫪毐家三族人众全部诛杀，又杀了太后所私生的那两个儿子，并把太后迁到雍地居住。嫪毐家的食客们都被没收家产，迁往蜀地。秦王想杀掉相国吕不韦，但因其侍奉先王功劳极大，又有许多宾客辩士为他求情说好话，秦王不忍将他绳之以法。

秦始皇十年十月，免去了吕不韦的相国职务。等到齐人茅焦劝说秦王，秦王这才到雍地迎接太后，使她又回归咸阳，但把吕不韦遣出京城，前往封地河南。

又过了一年多，各诸侯国的宾客使者络绎不绝，前来问候吕不韦。秦王怕他发动叛乱，就写信给吕不韦说："你对秦国有何功绩？秦国封你在河南，食邑十万户。你与秦王有什么亲？而号称仲父。你与你的家属都一概迁到蜀地居住！"吕不韦一想到自己已逐渐被逼迫，害怕日后被杀，就喝下毒酒自杀而死。秦王所痛恨的吕不韦、嫪毐都已死去，就让迁徙到蜀地的嫪毐门客又都回到京城。

秦始皇十九年，太后死，谥号为帝太后，与庄襄王合葬在芷阳。

太史公说：吕不韦带及嫪毐贵显起来，吕不韦封号文信侯。有人告发嫪毐，嫪毐听到此事。秦始皇查讯左右，事情还未败露。秦王到雍地祭天，嫪毐害怕大祸临头，就和他的同党密谋，盗用太后大印调动士兵在蕲年宫造反。秦王调动官兵攻打嫪毐，嫪毐失败逃走，追到好畤将其斩首，就把他满门抄斩。而吕不韦也由此被贬斥。孔子所说的"闻"，指的大概就是吕不韦这样的人吧！

【鉴赏】

吕不韦本是韩国商贾出身，投机政治，凭时势、借机缘而入秦为相。传文以吕不韦"大贾人"的身份为一篇之骨，扣住其长于经营、善于投机的商人特点，将复杂残酷的政治斗争写得如同一笔笔交易：叙其立楚子进赵姬，是贾国之策；叙其招贤纳士以作《吕氏春秋》，是贾名之举；叙其为固宠而私通太后、进嫪毐秽乱秦宫，是为贾祸之行。是以清人吴见思说："写吕不韦阴谋，始而贾国，始而贾祸，一篇权术狙诈，写来如见。"而文中凡"贩卖""累千金""奇货可居""以千金为子西游""以五百金与子楚""以五百金买奇物玩好""欲以钓奇""行金六百金""市门前悬千金"数语，尽皆商贾文字，随处点染，以相联络，是精于行文之法。传文写吕不韦事迹或详或略：吕不韦做相之后所行政务，并无一语涉及；所重笔渲染者，倒是其秽乱秦宫私通太后、进嫪毐及事败饮鸩身亡事。文章详略分明，是而褒贬自辨，而篇末论赞也直接表明了司马迁对吕不韦一生行径的嘲讽态度。

本篇除着力塑造了吕不韦这个唯利是图的政客形象外,还写到子楚的平庸好色,邯郸歌女的放荡淫乱,秦始皇的凶狠残暴。他们都是作者所憎恶和痛恨的一类人物。传文通过记述这些人物的所作所为,对统治阶层的腐朽丑恶进行了无情的揭露。

史记卷八十六·刺客列传第二十六

《刺客列传》是一篇不以人物名篇的类传,《史记》人物类传本着“以类相从”的原则,将行事相同或性质相类的人物归为一传,以概括典型。本文依时序记叙了春秋战国时代五位扶弱济危、不畏强暴的著名刺客的事迹:鲁国曹沫劫齐桓公,迫其归还侵鲁之地;吴国专诸刺杀吴王僚,为公子光夺取王位;晋人豫让谋刺赵襄子,以报智伯的知遇之恩;魏人聂政杖剑至韩刺杀韩相侠累,以报严仲子;卫人荆轲行刺秦王,以报燕太子丹而事败身死。而其中荆轲之事最为详细精彩。

曹沫者,鲁人也,以勇力事鲁庄公。庄公好力①。曹沫为鲁将,与齐战,三败北②。鲁庄公惧,乃献遂邑之地以和。犹复以为将。

齐桓公许与鲁会于柯而盟。桓公与庄公既盟于坛上,曹沫执匕首劫齐桓公③,桓公左右莫敢动,而问曰:“子将何欲?”曹沫曰:“齐强鲁弱,而大国侵鲁亦甚矣。今鲁城坏即压齐境,君其图之。”桓公乃许尽归鲁之侵地。既已言,曹沫投其匕首,下坛,北面就群臣之位,颜色不变④,辞令如故。桓公怒,欲倍⑤其约。管仲曰:“不可。夫贪小利以自快,弃信于诸侯,失天下之援⑥,不如与之。”于是桓公乃遂割鲁侵地,曹沫三战所亡地尽复予鲁。

其后百六十有⑦七年而吴有专诸之事。

①好力:爱好勇士。 ②败北:战败逃跑。 ③匕首:短剑。 ④颜色:脸色。 ⑤倍:通“背”,背弃,违背。 ⑥援:支持,拥护。 ⑦有:又。

专诸者，吴堂邑人也。伍子胥之亡楚而如吴也，知专诸之能。伍子胥既见吴王僚，说以伐楚之利。吴公子光曰："彼伍员父兄皆死于楚而员言伐楚，欲自为报私仇也，非能为吴。"吴王乃止。伍子胥知公子光之欲杀吴王僚，乃曰："彼光将有内志①，未可说以外事。"乃进②专诸于公子光。

光之父曰吴王诸樊。诸樊弟三人：次曰馀祭，次曰夷眛，次曰季子札。诸樊知季子札贤而不立太子，以次传三弟，欲卒致国于季子札。诸樊既死，传馀祭。馀祭死，传夷眛。夷眛死，当传季子札；季子札逃不肯立，吴人乃立夷眛之子僚为王。公子光曰："使以兄弟次邪，季子当立；必以子乎，则光真適嗣，当立。"故尝阴养③谋臣以求立。

光既得专诸，善客待之。九年而楚平王死。春，吴王僚欲因楚丧，使其二弟公子盖馀、属庸将兵围楚之灊；使延陵季子于晋，以观诸侯之变④。楚发兵绝吴将盖馀、属庸路，吴兵不得还。于是公子光谓专诸曰："此时不可失！不求何获⑤？且光真王嗣，当立，季子虽来，不吾废也。"专诸曰："王僚可杀也。母老子弱，而两弟将兵伐楚，楚绝其后。方今吴外困于楚，而内空无骨鲠之臣⑥，是无如我何。"公子光顿首曰⑦："光之身，子之身也。"

四月丙子，光伏甲士于窟室中⑧，而具酒请王僚。王僚使兵陈自宫至光之家，门户阶陛⑨左右皆王僚之亲戚也⑩。夹立侍，皆持长铍⑪。酒既酣，公子光详为足疾，入窟室中，使专诸置匕

①内志：在国内欲夺取王位的意图。志：志向，意图。②进：推荐。③阴养：秘密地供养。④变：动态。⑤不求何获：不努力争取，就不会有收获。⑥骨鲠之臣：正直敢言的忠臣。鲠：通"骾"。⑦顿首：以头叩地以示感谢。⑧甲士：身着铠甲的武士。窟室：密室，地下室。⑨阶陛：台阶。⑩亲戚：此指亲信。⑪铍(pī)：两面皆有锋刃的长刀。

首鱼炙之腹中而进之[①]。既至王前，专诸擘鱼[②]，因以匕首刺王僚，王僚立死。左右亦杀专诸。王人扰乱。公子光出其伏甲以攻王僚之徒，尽灭之。遂自立为王，是为阖闾。阖闾乃封专诸之子以为上卿。

其后七十馀年而晋有豫让之事。

豫让者，晋人也，故尝事范氏及中行氏，而无所知名。去而事智伯，智伯甚尊宠之。及智伯伐赵襄子，赵襄子与韩、魏合谋灭智伯，灭智伯之后而三分其地。赵襄子最怨智伯，漆其头以为饮器[③]。豫让遁逃山中，曰："嗟乎！士为知己者死，女为说己者容。今智伯知我，我必为报仇而死，以报智伯，则吾魂魄不愧矣。"乃变名姓为刑人，入宫涂厕[④]，中挟匕首，欲以刺襄子。襄子如厕，心动[⑤]，执问涂厕之刑人，则豫让，内持刀兵，曰："欲为智伯报仇！"左右欲诛之。襄子曰："彼义人也，吾谨避之耳。且智伯亡无后，而其臣欲为报仇，此天下之贤人也。"卒释去之。

居顷之，豫让又漆身为厉[⑥]，吞炭为哑[⑦]，使形状不可知，行乞于市，其妻不识也。行见其友，其友识之，曰："汝非豫让邪？"曰："我是也。"其友为泣曰："以子之才，委质[⑧]而臣事襄子，襄子必近幸子[⑨]。近幸子，乃为所欲，顾不易邪？何乃残身苦形，欲以求报襄子，不亦难乎！"豫让曰："既委质臣事人，而求杀之，是怀二心以事其君也。且吾所为者极难耳！然所以为此者，将以愧天下后世之为人臣怀二心以事其君者也。"

既去，顷之，襄子当出，豫让伏于所当过之桥下。襄子至

---

①鱼炙：烤熟的整条鱼。进：献上。 ②擘：拆，掰开，分开。 ③漆其头以为饮器：把智伯的头盖骨涂以漆做为酒器。 ④涂厕：修治厕所。 ⑤心动：心惊。 ⑥漆身为厉：以漆涂身，使肌肤肿烂，像患癞病。厉：癞疮，即麻风病。 ⑦吞炭为哑：吞炭以使声音变得嘶哑。 ⑧委质：送礼托身为臣。 ⑨近幸：亲近宠爱。

桥，马惊，襄子曰："此必是豫让也。"使人问之，果豫让也。于是襄子乃数[①]豫让曰："子不尝事范、中行氏乎？智伯尽灭之，而子不为报仇，而反委质臣于智伯。智伯亦已死矣，而子独何以为之报仇之深也？"豫让曰："臣事范、中行氏，范、中行氏皆众人遇我，我故众人报之。至于智伯，国士[②]遇我，我故国士报之。"襄子喟然叹息而泣曰："嗟乎豫子！子之为智伯，名既成矣，而寡人赦子，亦已足矣。子其自为计，寡人不复释子！"使兵围之。豫让曰："臣闻明主不掩人之美，而忠臣有死名之义，前君已宽赦臣，天下莫不称君之贤。今日之事，臣固伏诛，然愿请君之衣而击之焉，以致报仇之意，则虽死不恨。非所敢望也，敢布腹心！"于是襄子大义之，乃使使持衣与豫让。豫让拔剑三跃而击之，曰："吾可以下报智伯矣！"遂伏剑自杀。死之日，赵国志士闻之，皆为涕泣。

其后四十馀年而轵有聂政之事。

聂政者，轵深井里人也。杀人避仇，与母、姊如齐，以屠为事。

久之，濮阳严仲子事韩哀侯，与韩相侠累有郤。严仲子恐诛，亡去，游求人可以报侠累者。至齐，齐人或言聂政勇敢士也，避仇隐于屠者之间。严仲子至门请[③]，数反[④]，然后具酒自畅[⑤]聂政母前。酒酣，严仲子奉黄金百溢[⑥]，前为聂政母寿。聂政惊怪其厚，固谢[⑦]严仲子。严仲子固进，而聂政谢曰："臣幸有老母，家贫，客游以为狗屠，可以旦夕得甘毳以养亲[⑧]。亲供养备，不敢当仲子之赐。"严仲子辟人，因为聂政言曰："臣有仇，而

---

①数：列举罪过而责备之。②国士：一国内杰出之士。③至门请：登门拜访。④数反：多次往返拜访。反：同"返"，返回。⑤畅：敬酒。⑥溢：即"镒"，古代重量单位，二十四两为一镒。⑦固谢：坚决辞谢。⑧甘毳(cuì)：指甜脆食物。

行游诸侯众矣；然至齐，窃闻足下义甚高，故进百金者，将用为大人粗粝之费①，得以交足下之欢，岂敢以有求望邪！”聂政曰：“臣所以降志辱身居市井屠者，徒幸以养老母；老母在，政身未敢以许人也。”严仲子固让，聂政竟不肯受也。然严仲子卒备宾主之礼而去。

久之，聂政母死。既已葬，除服②，聂政曰：“嗟乎！政乃市井之人，鼓刀以屠；而严仲子乃诸侯之卿相也，不远千里，枉③车骑而交臣。臣之所以待之，至浅鲜矣④，未有大功可以称者，而严仲子奉百金为亲寿，我虽不受，然是者徒深知政也⑤。夫贤者以感忿睚眦之意而亲信穷僻之人，而政独安得嘿然而已乎！且前日要政⑥，政徒⑦以老母；老母今以天年终，政将为知己者用。”乃遂西至濮阳，见严仲子曰：“前日所以不许严仲子者，徒以亲在，今不幸而母以天年终。仲子所欲报仇者为谁？请得从事焉！”严仲子具告曰：“臣之仇韩相侠累，侠累又韩君之季父也，宗族盛多，居处兵卫甚设⑧，臣欲使人刺之，终莫能就。今足下幸而不弃，请益其车骑壮士可为足下辅翼者⑨。”聂政曰：“韩之与卫，相去中间不甚远，今杀人之相，相又国君之亲，此其势不可以多人，多人不能无生得失⑩，生得失则语泄，语泄是韩举国而与仲子为仇，岂不殆哉⑪！”遂谢车骑人徒，聂政乃辞独行。

杖⑫剑至韩，韩相侠累方坐府上，持兵戟而卫侍者甚众。聂政直入，上阶刺杀侠累，左右大乱。聂政大呼，所击杀者数十人，因自皮面决眼⑬，自屠出肠，遂以死。

---

①大人：对他人父母的敬称。粗粝：粗糙的粮食，此系谦辞。 ②除服：丧服期满。 ③枉：屈，委屈。 ④鲜：少，稀少。 ⑤徒：独，特别。知：了解，赏识。 ⑥要：邀请。 ⑦徒：只是。 ⑧甚设：警卫森严。 ⑨辅翼：助手，辅助。 ⑩生得失：出岔子。 ⑪殆：危险。 ⑫杖：持，携带。 ⑬皮面决眼：割破脸面，挖出眼珠，欲使人不识。

韩取聂政尸暴于市[①],购问莫知谁子[②]。于是韩县[③]购之,有能言杀相侠累者予千金。久之,莫知也。

政姊荣闻人有刺杀韩相者,贼不得,国不知其名姓,暴其尸而县之千金,乃于邑曰[④]:"其是吾弟与?嗟乎,严仲子知吾弟!"立起,如韩,之市,而死者果政也,伏尸哭极哀,曰:"是轵深井里所谓聂政者也。"市行者诸众人皆曰:"此人暴虐吾国相,王县购其名姓千金,夫人不闻与?何敢来识之也?"荣应之曰:"闻之。然政所以蒙污辱自弃于市贩之间者,为老母幸无恙[⑤],妾未嫁也。亲既以天年下世,妾已嫁夫,严仲子乃察举[⑥]吾弟困污之中而交之,泽厚矣,可奈何!士固为知己者死,今乃以妾尚在之故,重自刑以绝从[⑦],妾其奈何畏殁[⑧]身之诛,终灭贤弟之名!"大惊韩市人。乃大呼天者三,卒于邑悲哀而死政之旁。

晋、楚、齐、卫闻之,皆曰:"非独政能也,乃其姊亦烈女也。乡使政诚知其姊无濡忍之志[⑨],不重[⑩]暴骸之难,必绝险千里以列其名,姊弟俱僇于韩市者,亦未必敢以身许严仲子也。严仲子亦可谓知人能得士矣!"

其后二百二十馀年秦有荆轲之事。

荆轲者,卫人也。其先[⑪]乃齐人,徙[⑫]于卫,卫人谓之庆卿。而之燕,燕人谓之荆卿。

荆轲好读书击剑,以术说卫元君,卫元君不用。其后秦伐魏,置东郡,徙卫元君之支属于野王。

---

①暴于市:暴露在街头。 ②购问:悬赏询问。谁子:哪家的人。 ③县:同"悬"。 ④于邑:同"呜咽",哭泣声。 ⑤无恙:平安无事。恙:忧,病。 ⑥察举:挑选,看中。 ⑦重自刑:深深地毁坏自己的面容肢体。绝从:以免牵连亲人受株连。从:连带治罪。 ⑧殁:死。 ⑨乡:同"向",从前,过去。濡忍:含忍,忍耐。 ⑩不重:不顾惜。 ⑪先:先人,祖先。 ⑫徙:迁移。

荆轲尝游过榆次,与盖聂论剑,盖聂怒而目之[①]。荆轲出,人或言复召荆卿。盖聂曰:“曩者吾与论剑有不称者[②],吾目之;试往,是宜去,不敢留。”使使往之主人,荆卿则已驾而去榆次矣。使者还报,盖聂曰:“固去也,吾曩者目摄之[③]。”

荆轲游于邯郸,鲁句践与荆轲博[④],争道[⑤],鲁句践怒而叱之,荆轲嘿而逃去,遂不复会。

荆轲既至燕,爱燕之狗屠及善击筑[⑥]者高渐离。荆轲嗜酒,日与狗屠及高渐离饮于燕市,酒酣以往,高渐离击筑,荆轲和而歌于市中,相乐也,已而相泣,旁若无人者。荆轲虽游于酒人乎,然其为人沉深[⑦]好书;其所游诸侯,尽与其贤豪长者相结。其之燕,燕之处士田光先生亦善待之,知其非庸人也。

居顷之,会燕太子丹质秦亡归燕[⑧]。燕太子丹者,故尝质于赵,而秦王政生于赵,其少时与丹欢。及政立为秦王,而丹质于秦。秦王之遇燕太子丹不善,故丹怨而亡归。归而求为报秦王者,国小,力不能。其后秦日出兵山东以伐齐、楚、三晋,稍[⑨]蚕食诸侯,且[⑩]至于燕。燕君臣皆恐祸之至。太子丹患之,问其傅鞠武。武对曰:“秦地遍天下,威胁韩、魏、赵氏。北有甘泉、谷口之固,南有泾、渭之沃,擅[⑪]巴、汉之饶,右陇、蜀之山,左关、崤之险,民众而士厉[⑫],兵革有馀。意有所出,则长城之南,易水以北,未有所定也。奈何以见陵[⑬]之怨,欲批其逆鳞哉[⑭]!”丹曰:“然则何由?”对曰:“请入图之。”

---

①目:瞪眼逼视。 ②曩者:过去,这里指刚才。有不称者:论剑不投机,有不合适的言辞。 ③摄:通“慑”,威慑,威吓。 ④博:下棋。 ⑤争道:争执棋子的胜负。 ⑥筑:古代一种弦乐器。 ⑦沉深:深沉稳重。 ⑧会:适逢,正赶上。质:做人质。 ⑨稍:逐渐。 ⑩且:将。 ⑪擅:拥有,据有。 ⑫士厉:士兵勇猛。厉:磨炼。 ⑬见陵:被欺凌。见:被。陵:欺凌。 ⑭批:触动,触犯。逆鳞:传说中龙喉下生有倒鳞,触及倒鳞,龙即发怒,此喻暴君发怒。

居有间，秦将樊於期得罪于秦王，亡之燕，太子受而舍之[①]。鞠武谏曰："不可。夫以秦王之暴而积怒于燕，足为寒心[②]，又况闻樊将军之所在乎？是谓'委肉当饿虎之蹊'也[③]，祸必不振矣[④]！虽有管、晏，不能为之谋也。愿太子疾遣樊将军入匈奴以灭口[⑤]。请西约三晋，南连齐、楚，北购[⑥]于单于，其后乃可图也。"太子曰："太傅之计，旷日弥久，心惛然[⑦]，恐不能须臾。且非独于此也，夫樊将军穷困于天下，归身于丹，丹终不以迫于强秦而弃所哀怜之交，置之匈奴。是固丹命卒之时也，愿太傅更虑之。"鞠武曰："夫行危欲求安，造祸而求福，计浅而怨深，连结一人之后交[⑧]，不顾国家之大害，此所谓'资怨而助祸'矣。夫以鸿毛燎于炉炭之上[⑨]，必无事矣。且以雕鸷[⑩]之秦，行怨暴之怒，岂足道哉！燕有田光先生，其为人智深而勇沉[⑪]，可与谋。"太子曰："愿因太傅而得交于田先生，可乎？"鞠武曰："敬诺。"出见田先生道："太子愿图国事于先生也。"田光曰："敬奉教。"乃造焉[⑫]。

太子逢迎，却行为导[⑬]，跪而蔽席[⑭]。田光坐定，左右无人，太子避席[⑮]而请曰："燕、秦不两立，愿先生留意也。"田光曰："臣闻骐骥[⑯]盛壮之时，一日而驰千里；至其衰老，驽马[⑰]先之。今太子闻光盛壮之时，不知臣精已消亡矣。虽然，光不敢以图国事，所善荆卿可使也。"太子曰："愿因先生得结交于荆卿，可乎？"田光曰："敬诺。"即起，趋出。太子送至门，戒曰[⑱]："丹所

---

①舍之：收容下来。 ②寒心：提心吊胆。 ③委：抛弃。蹊：路口。 ④不振：不可挽救。⑤灭口：消除某事的借口。 ⑥购：通"媾"，媾和。 ⑦惛然：忧闷烦乱。 ⑧后交：新交。⑨鸿毛：野鸭羽毛。炉：烧。 ⑩雕鸷：两类凶猛的禽鸟，喻秦国之凶残。 ⑪勇沉：勇气潜于内心。 ⑫造：拜访。 ⑬却行为导：（太子）倒退着走，为（田光）引路。 ⑭蔽：拂拭，掸。⑮避席：离开座席请教，以示敬意。 ⑯骐骥：良马。 ⑰驽马：劣马。 ⑱戒：同"诫"，嘱托。

报，先生所言者，国之大事也，愿先生勿泄也！”田光俯而笑曰：“诺。”偻行见荆卿，曰：“光与子相善，燕国莫不知。今太子闻光壮盛之时，不知吾形已不逮也[①]，幸而教之曰‘燕、秦不两立，愿先生留意也’。光窃不自外，言足下于太子也。愿足下过太子于宫。”荆轲曰：“谨奉教。”田光曰：“吾闻之，长者为行，不使人疑之。今太子告光曰‘所言者，国之大事也，愿先生勿泄’，是太子疑光也。夫为行而使人疑人，非节侠也[②]。”欲自杀以激荆卿，曰：“愿足下急过太子，言光已死，明不言也。”因遂自刎而死。

荆轲遂见太子，言田光已死，致[③]光之言。太子再拜而跪，膝行流涕，有顷而后言曰：“丹所以诫田先生毋言者，欲以成大事之谋也。今田先生以死明不言，岂丹之心哉！”荆轲坐定，太子避席顿首曰：“田先生不知丹之不肖，使得至前，敢有所道，此天之所以哀燕而不弃其孤也。今秦有贪利之心，而欲不可足也。非尽天下之地，臣[④]海内之王者，其意不厌[⑤]。今秦已虏韩王，尽纳其地。又举兵南伐楚，北临赵。王翦将数十万之众距漳、邺，而李信出太原、云中。赵不能支秦，必入臣[⑥]，入臣则祸至燕。燕小弱，数困于兵，今计举国不足以当秦。诸侯服秦，莫敢合从。丹之私计愚，以为诚得天下之勇士使于秦，窥[⑦]以重利，秦王贪，其势必得所愿矣。诚得劫秦王，使悉反诸侯侵地，若曹沫之与齐桓公，则大善矣；则[⑧]不可，因而刺杀之。彼秦大将擅兵于外而内有乱，则君臣相疑，以其间诸侯得合从，其破秦必矣。此丹之上愿，而不知所委命，唯荆卿留意焉。”久之，荆轲曰：“此国之大事也，臣驽下[⑨]，恐不足任使。”太子前顿首，固请

---

①不逮：不及。 ②节侠：有节操、讲义气的侠士。 ③致：转达。 ④臣：使之臣服，称臣。 ⑤厌：同“餍”，满足。 ⑥入臣：前往秦国称臣。 ⑦窥：示，引诱。 ⑧则：倘若。 ⑨驽下：才智低下，此系谦辞。

毋让[①],然后许诺。于是尊荆卿为上卿,舍上舍。太子日造门下,供太牢具[②],异物间进,车骑美女恣荆轲所欲[③],以顺适其意。

久之,荆轲未有行意。秦将王翦破赵,虏赵王,尽收入其地,进兵北略地至燕南界。太子丹恐惧,乃请荆轲曰:“秦兵旦暮[④]渡易水,则虽欲长侍足下,岂可得哉!”荆轲曰:“微太子言[⑤],臣愿谒之[⑥]。今行而毋信,则秦未可亲也。夫樊将军,秦王购之金千斤,邑万家。诚得樊将军首与燕督亢之地图,奉献秦王,秦王必说见臣,臣乃得有以报。”太子曰:“樊将军穷困来归丹,丹不忍以己之私而伤长者之意,愿足下更虑之!”

荆轲知太子不忍,乃遂私见樊於期曰:“秦之遇将军可谓深矣[⑦],父母宗族皆为戮没[⑧]。今闻购将军首金千斤,邑万家,将奈何?”於期仰天太息流涕曰:“於期每念之,常痛于骨髓,顾[⑨]计不知所出耳!”荆轲曰:“今有一言可以解燕国之患,报将军之仇者,何如?”於期乃前曰:“为之奈何?”荆轲曰:“愿得将军之首以献秦王,秦王必喜而见臣,臣左手把其袖,右手揕其匈[⑩],然则将军之仇报而燕见陵之愧除矣。将军岂有意乎?”樊於期偏袒搤捥[⑪]而进曰:“此臣之日夜切齿腐心也[⑫],乃今得闻教!”遂自刭。太子闻之,驰往,伏尸而哭,极哀。既已不可奈何,乃遂盛樊於期首函封之[⑬]。

---

①让:推辞。 ②太牢:牛、羊、猪三牲各一头谓太牢,是古代祭祀的重礼。此借指备办宴席招待荆轲。 ③恣:听任,放纵。 ④旦暮:早晚,喻时间短暂。 ⑤微:无,没有。 ⑥谒:提出请求。 ⑦遇:此指秦王对樊于期的迫害。深:残酷,刻毒。 ⑧戮:杀死。没:没入官府为奴婢。 ⑨顾:只是,但。 ⑩揕(zhèn):刺杀。匈:同“胸”,胸膛。 ⑪偏袒搤捥:脱下右边衣袖,露出臂膀,左手紧握右腕,以示极度激愤。搤:同“扼”,掐住,捉住。捥:同“腕”。 ⑫切齿腐心:咬牙切齿,愤恨得连心都碎了。 ⑬函封:装入匣子,封存起来。

于是太子豫求[①]天下之利匕首，得赵人徐夫人匕首，取之百金，使工以药淬之[②]，以试人，血濡缕，人无不立死者。乃装[③]为遣荆卿。燕国有勇士秦舞阳，年十三，杀人，人不敢忤视[④]。乃令秦舞阳为副。荆轲有所待，欲与俱；其人居远未来，而为治行[⑤]。顷之，未发，太子迟之，疑其改悔，乃复请曰："日已尽矣！荆卿岂有意哉？丹请得先遣秦舞阳。"荆轲怒，叱太子曰："何太子之遣？往而不返者，竖子也！且提一匕首入不测之强秦，仆所以留者，待吾客与俱，今太子迟之，请辞决矣[⑥]！"遂发。

太子及宾客知其事者，皆白衣冠以送之。至易水之上，既祖[⑦]，取道[⑧]，高渐离击筑，荆轲和而歌，为变徵之声[⑨]，士皆垂泪涕泣。又前而为歌曰："风萧萧兮易水寒，壮士一去兮不复还！"复为羽声慷慨[⑩]，士皆瞋目，发尽上指冠。于是荆轲就车而去，终已不顾。

遂至秦，持千金之资币物，厚遗[⑪]秦王宠臣中庶子蒙嘉。嘉为先言于秦王曰："燕王诚振怖[⑫]大王之威，不敢举兵以逆军吏，愿举国为内臣，比[⑬]诸侯之列，给贡职如郡县，而得奉守先王之宗庙。恐惧不敢自陈，谨斩樊於期之头，及献燕督亢之地图，函封，燕王拜送于庭，使使以闻大王，唯大王命之。"秦王闻之，大喜，乃朝服，设九宾[⑭]，见燕使者咸阳宫。

荆轲奉樊於期头函，而秦舞阳奉地图匣，以次进。至陛，秦舞阳色变振恐，群臣怪之。荆轲顾笑舞阳，前谢曰："北蕃蛮夷

---

①豫求：预先访求。 ②以药淬之：把烧红的匕首放到毒汁里浸染。 ③装：行装。 ④忤：逆，抵触。 ⑤治行：整治行装。 ⑥辞决：告别。决：同"诀"。 ⑦祖：祭祀路神，饯行。 ⑧取道：上路。 ⑨变徵（zhǐ）之声：古乐音分宫、商、角、变徵、徵、羽、变宫七调，变徵调苍凉、凄婉，宜放悲声。 ⑩羽声：音调高亢，声音慷慨激昂。 ⑪遗：赠送。 ⑫振怖：内心恐惧。 ⑬比：排列。 ⑭九宾：外交上极其隆重的礼仪，由傧相九人依次接引上殿。

之鄙人，未尝见天子，故振慑[①]。愿大王少假借之[②]，使得毕使于前。”秦王谓轲曰：“取舞阳所持地图。”轲既取图奏之秦王，发图[③]，图穷而匕首见[④]。因左手把秦王之袖，而右手持匕首揕之。未至身，秦王惊，自引而起，袖绝。拔剑，剑长，操其室[⑤]。时惶急，剑坚，故不可立拔。荆轲逐秦王，秦王环柱而走。群臣皆愕，卒起不意，尽失其度[⑥]。而秦法，群臣侍殿上者不得持尺寸之兵；诸郎中执兵皆陈殿下，非有诏召不得上。方急时，不及召下兵，以故荆轲乃逐秦王。而卒惶急，无以击轲，而以手共搏之。是时侍医夏无且以其所奉药囊提[⑦]荆轲也。秦王方环柱走，卒惶急，不知所为，左右乃曰：“王负剑！”负剑，遂拔以击荆轲，断其左股。荆轲废，乃引其匕首以擿秦王，不中，中桐柱。秦王复击轲，轲被八创。轲自知事不就，倚柱而笑，箕踞[⑧]以骂曰：“事所以不成者，以欲生劫之，必得约契以报太子也。”

于是左右既前杀轲，秦王不怡[⑨]者良久。已而论功，赏群臣及当坐[⑩]者各有差，而赐夏无且黄金二百溢，曰：“无且爱我，乃以药囊提荆轲也。”

于是秦王大怒，益发兵诣赵[⑪]，诏王翦军以伐燕。十月而拔蓟城。燕王喜、太子丹等尽率其精兵东保于辽东。秦将李信追击燕王急，代王嘉乃遗燕王喜书曰：“秦所以尤追燕急者，以太子丹故也。今王诚杀丹献之秦王，秦王必解，而社稷幸得血食[⑫]。”其后李信追丹，丹匿衍水中，燕王乃使使斩太子丹，欲献之秦。秦复进兵攻之。后五年，秦卒灭燕，虏燕王喜。

---

①振慑：惊恐畏惧。 ②假借：宽容。 ③发图：展开地图。 ④穷：尽。见：同“现”，出现。 ⑤室：剑鞘。 ⑥度：常态。 ⑦提：打，投击。 ⑧箕踞：伸开两脚坐于地，如同簸箕。 ⑨不怡：不愉快。 ⑩坐：治罪，办罪。 ⑪益：增加。诣：往，到某地去。 ⑫社稷幸得血食：国家侥幸能得到保存。

其明年，秦并天下，立号为皇帝。于是秦逐太子丹、荆轲之客，皆亡。高渐离变名姓为人庸保[①]，匿作于宋子。久之，作苦，闻其家堂上客击筑，傍徨不能去。每出言曰："彼有善有不善。"从者以告其主，曰："彼庸乃知音，窃言是非。"家丈人[②]召使前击筑，一坐称善，赐酒。而高渐离念久隐畏约无穷时，乃退，出其装匣中筑与其善衣，更容貌而前。举坐客皆惊，下与抗礼[③]，以为上客。使击筑而歌，客无不流涕而去者。宋子传客之。闻于秦始皇。秦始皇召见，人有识者，乃曰："高渐离也。"秦皇帝惜其善击筑，重赦之，乃矐其目[④]，使击筑，未尝不称善。稍益近之。高渐离乃以铅置筑中，复进得近，举筑朴[⑤]秦皇帝，不中。于是遂诛高渐离，终身不复近诸侯之人。

鲁勾践已闻荆轲之刺秦王，私曰："嗟乎，惜哉其不讲[⑥]于刺剑之术也！甚矣吾不知人也！曩者吾叱之，彼乃以我为非人也[⑦]！"

太史公曰：世言荆轲，其称太子丹之命，"天雨粟，马生角"也[⑧]，太过。又言荆轲伤秦王，皆非也。始公孙季功、董生与夏无且游，具知其事，为余道之如是。自曹沬至荆轲五人，此其义[⑨]或成或不成，然其主意较然[⑩]，不欺其志[⑪]，名垂后世，岂妄也哉！

---

①庸保：为人帮工。庸：同"佣"。 ②家丈人：东家，主人。 ③抗礼：用平等的礼节相待。 ④矐(huò)其目：弄瞎他的眼睛。矐：熏瞎。 ⑤朴：撞击。 ⑥讲：讲究，精通。 ⑦非人：不是同道中人。 ⑧天雨粟，马生角：此系传说中天助燕太子丹的故事，据《燕丹子》载："丹求归，秦王曰：'乌头白，马生角，乃许耳。'丹乃仰天长叹，乌头即白，马亦生角。"雨：下雨。 ⑨义：义举，此指行刺之举。 ⑩较：通"皎"，洁白。 ⑪欺：违背。志：志向，此指刺客们所行之义。

【译文】

曹沫，鲁国人，凭勇敢和力气侍奉鲁庄公。庄公喜爱勇武的人。曹沫任鲁国的将军，与齐国作战，多次战败逃跑。鲁庄公害怕了，就献出遂邑地区求和。但还是继续让曹沫任将军。

齐桓公答应与鲁庄公在柯地会见，订立盟约。桓公和庄公在盟坛上订立盟约时，曹沫手拿匕首胁迫齐桓公，桓公的侍卫人员没有谁敢轻举妄动，桓公问："您打算干什么？"曹沫回答说："齐国强大而鲁国弱小，以大国侵略小国也太过分了。如今鲁国都城一倒塌就会压到齐国的边境了，您应当考虑考虑这个问题。"于是齐桓公答应全部归还鲁国被侵占的土地。说完以后，曹沫扔下匕首，走下盟坛，回到面向北的臣子的位置上，面不改色，谈吐如常。桓公很生气，打算背弃自己的诺言。管仲说："不可以。贪图小的利益用来求得一时的快意，就会在诸侯面前丧失信用，失去天下人对您的支持，不如把土地还给他。"于是，齐桓公就归还占领的鲁国的土地，曹沫多次打仗所丢失的土地全部都回归鲁国。

此后一百六十七年，吴国有专诸的事迹。

专诸，是吴国堂邑人。伍子胥逃离楚国前往吴国时，知道专诸有才能。伍子胥进见吴王僚后，用攻打楚国的好处来游说他。吴公子光说："那个伍员，他的父亲、哥哥都是被楚国杀死的，他这是为了报自己的私仇，并不是真替吴国打算。"吴王就不再议伐楚的事。伍子胥知道公子光打算杀掉吴王僚，就说："那个公子光有在国内夺取王位的企图，现在还不能劝说他向国外出兵。"于是就把专诸推荐给公子光。

公子光的父亲是吴王诸樊。诸樊有三个弟弟：按兄弟次序排，大弟弟叫余祭，二弟弟叫夷眛，最小的弟弟叫季子札。诸樊知道季子札贤明，就不立太子，想依照兄弟的次序把王位传递下去，最后好把国君的位子传给季子札。诸樊死后王位传给了余祭。余祭死后，传给夷眛。夷眛死后本当传给季子札，季子札却逃避不肯继承王位，吴国人就拥立夷眛的儿子僚为国君。公子光说："如果按兄弟的次序，季子当立；如果一定要传给儿子的话，那么我才是真正的嫡子，应当立我为君。"所以他经常秘密地供养一些有智谋的人，以便靠他们的帮助取得王位。

公子光得到专诸以后，用客礼好好地款待他。吴王僚九年，楚平王死。这年春天，吴王僚想趁着楚国办丧事时，派他的两个弟弟公子盖余、属庸率兵包围楚国的灊城；派延陵季子到晋国，用以观察各国的动静。楚国出动军队，断绝了吴将盖余、属庸的退路，吴国军队不能归还。这时公子光对专诸说："这个机会不能失掉，不去争取，哪里会获得！况且我是真正的继承人，应当立为国君，季子即使回来，也不会废掉我。"专诸说："吴王僚是可以杀掉的。母老子弱，两个弟弟带着军队攻打楚国，楚国军队断绝了他们的退路。当前吴军在外被楚国围困，而国内没有正直敢言的忠臣。这样吴王僚还能把我们怎么样呢？"公子光以头叩地说："我公子光的身体就是您的身体，您身后的事都由我承担。"

这年四月丙子日，公子光在地下室埋伏下身穿盔甲的武士，备办酒席宴请吴王僚。吴王僚派出卫队，从王宫一直排列到公子光的家里，门户、台阶两旁，都是吴王僚的亲信。夹道站立的侍卫，都举着长矛。酒兴正浓之际，公子光假装脚痛，进入地下室，让专诸把匕首放到烤鱼的肚子里，然后把鱼进献上去。到吴王僚跟前，专诸擘开鱼，趁势用匕首刺杀吴王僚，吴王僚当时就死了。侍卫人员也杀死了专诸，吴王僚手下的人一时混乱不堪。公子光指挥埋伏的武士攻击吴王僚的部下，全部消灭了他们，于是自立为国君，这就是吴王阖闾。阖闾于是封专诸的儿子为上卿。

此后七十多年，晋国有豫让的事迹。

豫让，晋国人，以前曾服侍过范氏和中行氏两家大臣，没什么名声。他离开那里去事奉智伯，智伯特别地尊重宠幸他。等到智伯攻打赵襄子时，赵襄子和韩、魏合谋消灭了智伯，三家分割了他的国土。赵襄子最恨智伯，就把他的头盖骨漆成饮具。豫让逃到山中，说："唉！好男儿应当为了解自己的人去死，好女子应该为爱慕自己的人梳妆打扮。智伯是我的知己，我一定要替他报仇而献出生命，用以报答他，那么，我就是死了，魂魄也没有什么可惭愧的了。"于是更名改姓，伪装成被判罪罚作苦役的人，进入赵襄子宫中修整厕所，身上藏着匕首，想要用它刺杀赵襄子。赵襄子到厕所去，心中一惊，拘问修整厕所的刑人，才知道是豫让，衣服里面还别着利刃，豫让说："我要替智伯报仇！"侍卫要杀掉他。襄子说："他是义士，我谨慎小心地回避他就是了。况且智伯身死没有后代，而他的家臣想替他报仇，这是天下的贤人啊。"最后还是把他放走了。

过了不久，豫让又把漆涂在身上，使肌肤肿烂，像得了癞疮，吞炭使声音变得嘶哑，使自己的形体相貌不可辨认，沿街讨饭，就连他的妻子也不认识他了。朋友在路上遇见他了，辨认出来，说："你不是豫让吗？"回答说："是我。"朋友为他流着眼泪说："以您的才能，委身侍奉赵襄子，襄子一定会亲近宠爱您。亲近宠爱您，您再干您所想干的事，难道不是很容易的吗？何苦自己摧残身体，丑化形貌，想要用这样的办法达到向赵襄子报仇的目的，不是更困难吗？"豫让说："托身侍奉人家以后，又想要杀掉他，这是怀着异心侍奉他的君主啊。我知道我这样的做法是非常困难的，可是我之所以选择这样的做法，就是要使天下后世的那些怀着异心侍奉国君的臣子感到羞愧！"

豫让说完就走了，不久，襄子正赶上外出，豫让潜藏在他必定经过的桥下。襄子来到桥上，马忽然受惊，襄子说："这一定是豫让。"派人去查问，果然是豫让。于是襄子就责问他说："您不是曾侍奉过范氏、中行氏吗？智伯把他们都消灭了，而您不替他们报仇，反而托身为智伯的家臣。智伯已死，您为什么单单要如此急切地为他报仇呢？"豫让说："我侍奉范氏、中行氏，他们都把我当作一般人看待，所以我像一般人那样报答他们。至于智伯，他把我当作国士看待，所以我就像国士那样报答他。"襄子喟然长叹，流着泪说："哎呀，豫让先生！您为智伯报仇，已算成名了；而我宽恕你，也足够了。您应该自己作个打算，我不能再放过您了！"于是命士兵团团围住他。豫让说："我听说贤明的君主不埋没别人的美名，而忠臣有为美名去死的道理。以前您宽恕了我，普天下没有谁不称道您的贤明。今天的事，我本当受死，但我希望能得到您的衣服砍它几下，这样也就达到我报仇的意愿了，就是死了也没有遗憾了。我不敢指望您答应我的要求，只是冒昧地说出我的心意！"襄子非常赞赏他的侠义，就派人拿着自己的衣裳给豫让。豫让拔出宝剑多次跳起来砍它,说:“我可以报答智伯于九泉之下了!”于是以剑自杀。他自杀那天,赵国有志之士听到这个消息,都为之哭泣。

此后四十多年,轵邑有聂政的事迹。

聂政是轵邑深井里人。因为杀了人而躲避仇家,和母亲、姐姐逃往齐国,以屠宰牲畜为职业。

过了很久,濮阳严仲子事奉韩哀侯,和韩国国相侠累结仇。严仲子怕遭杀害,逃走了,他四处游历,寻访能替他向侠累报仇的人。到了齐国,齐国有人说聂政是个勇敢之士,因为回避仇人躲藏在屠夫中间。严仲子登门拜访,多次往返,然后备办了宴席,亲自捧杯给聂政的母亲敬酒。喝到畅快兴浓时,严仲子献上黄金一百镒,为聂政的母亲祝福。聂政面对厚礼感到奇怪,坚决谢绝严仲子。严仲子却执意要送,聂政辞谢说:“我幸有老母健在,家中虽贫穷,客居在此,以杀猪宰狗为业,早晚之间买些甘甜松脆的东西奉养老母。老母的供养还算齐备,可不敢接受仲子的赐与。”严仲子避开别人,趁机对聂政说:“我有仇人,我周游各国,都没找到为我报仇的人;但来到齐国,私下听说您很重义气,所以献上百金,将作为你母亲大人一点粗粮的费用,表示我愿意跟您交个朋友,哪里敢有别的索求和指望!”聂政说:“我所以使心志卑下,屈辱身份,与市井屠夫为伍,只是希望借此奉养老母;老母在世,我不敢对别人以身相许。”严仲子执意赠送,聂政却始终不肯接受。但是严仲子终于尽到了宾主相见的礼仪才告辞离去。

过了很久,聂政的母亲死,安葬后,直到丧服期满,聂政说:“唉!我不过是平民百姓,拿着刀杀猪宰狗;而严仲子是诸侯的卿相,却不远千里,委屈身份与我结交。我待人家的情谊是太浅薄了,没什么大的功劳可当得起他对我的恩情,而严仲子献上百金为老母祝福,我虽没有接受,可这件事足以说明他是特别了解我啊。贤德的人因感愤于一点小的仇恨,把我这个处于偏僻的穷困屠夫视为亲信,我怎么能一味地默不作声,就此完事了呢!况且他前次来邀请我,我只是因为老母在世,才没有答应。而今老母享尽天年，我该要为了解我的人出力了。”于是就向西到濮阳，见到严仲子说：“以前所以没答应仲子的邀请，仅仅是因为老母在世；如今不幸老母已享尽天年。仲子要报复的仇人是谁？请让我办这件事吧！”严仲子原原本本地告诉他说：“我的仇人是韩国宰相侠累，侠累又是韩国国君的叔父，宗族旺盛，人丁众多，居住的地方士兵防卫严密，我想要派人刺杀他，始终也没有得手。如今承蒙您不嫌弃我，应允下来，请增加车骑壮士作为您的助手。”聂政说：“韩国与卫国，中间距离不太远，如今刺杀人家的宰相，宰相又是国君的亲属，在这种情势下不能去很多人，人多了难免发生意外，发生意外就会走漏消息，消息一走漏，那就等于整个韩国的人与您为敌，这难道不是太危险了吗！”于是谢绝车骑人众，辞别严仲子只身去了。

聂政带着宝剑到韩国都城，韩国宰相侠累正好坐在堂上，持刀荷戟的护卫很多。聂政径直而入，走上台阶刺杀侠累，侍从人员大乱。聂政高声大叫，被他击杀的有几十个人，又趁势毁坏自己的面容，剜出眼睛，剖开肚皮，流出肠子，就这样死了。

韩国把聂政的尸体陈列在街市上，出赏金查问凶手是谁家的人，没有人知道。于是韩国悬赏征求，有人能说出杀死宰相侠累的人，赏给千金。过了很久，还是没有人知道。

聂政的姐姐聂荣听说有人刺杀了韩国的宰相，却不知道凶手到底是谁，全韩国的人都不知他的姓名，陈列着他的尸体，悬赏千金，叫人们辨认，就抽泣着说：“大概是我弟弟吧？哎呀，严仲子知道我弟弟！”于是马上动身，前往韩国的都城，来到街市，死者果然是聂政，就趴在尸体上痛哭，极为哀伤，说道：“这就是轵邑深井里的聂政啊。”街上的行人们都说：“这个人残酷地杀害我国宰相，君王悬赏千金征求他的姓名，夫人没听说吗？怎么敢来认尸啊？”聂荣回答他们说：“我听说了。可是聂政所以承受羞辱不惜置身于市贩之中，是因为老母健在，我还没有出嫁。老母享尽天年去世后，我已嫁人，严仲子从穷困低贱的处境中把我弟弟挑选出来结交他，恩义深厚，我弟弟还能怎么办呢！士本来应该替知己的人牺牲性命,如今因为我还活在世上的缘故,又自行摧残面容躯体,使人不能辨认,以免牵连别人,我怎么能害怕杀身之祸,而永远埋没弟弟的英名呢!”这一番话使整个街市上的人都大为震惊。聂荣于是高喊三声“天哪”,终于因为过度哀伤而死在聂政身旁。

晋、楚、齐、卫等国的人听到这个消息,都说:“不单是聂政了不起,就是他姐姐也是烈性女子。假使聂政果真知道他姐姐没有含忍的性格,不顾惜露尸于外的苦难,一定要越过千里的艰难险阻来公开他的姓名,情愿姐弟二人一同死在韩国的街市,那他也未必敢对严仲子以身相许。严仲子也可以说是识人,才能够赢得贤士啊!”

从此以后二百二十多年,秦国有荆轲的事迹。

荆轲是卫国人,他的祖先是齐国人,后来迁移到卫国,卫国人称呼他庆卿。到燕国后,燕国人称呼他荆卿。

荆卿喜爱读书、击剑,凭借着剑术游说卫元君,卫元君没有任用他。此后秦国攻打魏国,设置了东郡,把卫元君和他的旁支亲属迁移到野王。

荆轲漫游曾路经榆次,与盖聂谈论剑术,盖聂对他怒目而视。荆轲出去后,有人劝盖聂再把荆轲叫回来。盖聂说:“刚才我和他谈论剑术,他谈的有不甚得当的地方,我用眼瞪了他;去找找看吧,我用眼瞪他,他应当走了,不敢再逗留在这里了。”派人到荆轲住处询问房东,荆轲已乘车离开榆次。派去的人回来报告,盖聂说:“本来就该走了,刚才我用眼睛瞪他,他害怕了。”

荆轲漫游邯郸,鲁句践跟荆轲下棋,争执棋子的胜负,鲁句践发怒呵斥了他,荆轲却默无声息地逃走了,于是不再见面。

荆轲到燕国后,喜欢上一个以宰狗为业的人和擅长击筑的高渐离。荆轲特别好饮酒,天天和那个屠夫及高渐离在燕市上喝酒,喝得似醉非醉以后,高渐离击筑,荆轲就和着拍节在街市上唱歌,相互娱乐,不一会儿又相互哭泣,好像身旁没有人的样子。荆轲虽说混在酒徒中,可以他的为人却深沉稳重,爱好读书;他游历过诸侯各国时,都是与当地贤士豪杰德高望重的人相结交。他到燕国后,燕国隐士田光先生也友好地对待他，知道他不是平庸的人。

过了不久，适逢在秦国作人质的燕太子丹逃回燕国。燕太子丹，过去曾在赵国作人质，而秦王嬴政出生在赵国，他少年时和太子丹要好。等到嬴政被立为秦王，太子丹又到秦国作人质。秦王对待燕太子不友好，所以太子丹因怨恨而逃回来。回国后就寻求报复秦王的办法，燕国弱小，力不能及。此后秦国天天出兵山东，攻打齐、楚和三晋，像蚕吃桑叶一样，逐渐地侵吞各国。战火将波及燕国，燕国君臣唯恐大祸临头。太子丹为此忧虑，请教他的老师鞠武。鞠武回答说："秦国的土地遍天下，威胁到韩国、魏国、赵国。它北面有甘泉、谷口那样险要的地势，南面有泾水、渭水流域那样肥沃的土地，据有富饶的巴郡、汉中地区，右边有陇、蜀崇山峻岭为屏障，左边有崤山、函谷关做要塞，人口众多而士兵训练有素，武器装备绰绰有余。有意图向外扩张，那么长城以南，易水以北就没有安稳的地方了。为什么您还因为被欺侮的怨恨，要去触动秦王的逆鳞呢！"太子丹说："既然如此，那么我们怎么办呢？"鞠武回答说："让我仔细考虑考虑。"

过了些时候，秦将樊于期得罪了秦王，逃到燕国，太子接纳了他，并让他住下来。鞠武规劝说："不行。秦王本来就很凶暴，再积怒到燕国，已够可怕的了，又何况他听到樊将军住在这里呢？这叫作'把肉放置在饿虎经过的小路上'啊，祸患是不可挽救了！即使有管仲、晏婴，也不能为您出谋划策了。希望您赶快送樊将军到匈奴去，以消除秦国攻打我们的借口。请您向西与三晋结盟，向南联络齐、楚，向北与单于和好，然后才可以想办法对付秦国了。"太子丹说："老师的计划，需要的时间太长了，我的心里忧闷烦乱，恐怕连片刻也等不及了。不仅如此，樊将军在天下已是穷途末路，投奔于我，我总不能因为迫于强暴的秦国而抛弃我所哀怜的朋友，把他送到匈奴去。这应当是我生命完结的时刻，希望老师另想别的办法。"鞠武说："选择危险的行动想求得安全，制造祸患而祈请幸福，计谋浅薄而怨恨深重，为了结交一个新朋友，而不顾国家的大祸患，这就是所谓'积蓄仇怨而助长祸患'了。拿大雁的羽毛放在炉炭上一下子就烧光了。何况是雕鸷一样凶猛的秦国，对燕国发泄仇恨残暴的怒气，难道用得着说吗！燕国有一位田光先生，他这个人智谋深邃而勇敢沉着，可以和他商量。”太子说：“希望通过老师而得以结交田先生，行吗？”鞠武说：“遵命。”鞠武便出去拜会田先生，说：“太子希望跟田先生一同谋划国事。”田光说：“谨领教。”就前去拜访太子。

太子上前迎接，倒退着走为田光引路，跪下来拂拭座位给田光让座。田光坐稳后，左右没别人，太子离开自己的座席向田光请教说：“燕国与秦国誓不两立，希望先生留意。”田光说：“我听说骐骥盛壮的时候，一日可奔驰千里；等到它衰老了，就是劣等马也能跑到它的前边。现在太子光听说我盛壮之年的情景，却不知道我精力已衰竭了。虽然如此，我不能冒昧地谋划国事，我的好朋友荆卿可以差遣。”太子说：“希望能通过先生和荆卿结交，可以吗？”田光说：“遵命。”于是即刻起身，急忙出去了。太子送到门口，告诫说：“我所讲的，先生所说的，是国家的大事，希望先生不要泄露！”田光俯下身去笑着说：“是。”田光弯腰驼背地走着去见荆卿，说：“我和您彼此要好，燕国没有谁不知道。如今太子听说我盛壮之年时的情景，却不知道我的身体已力不从心了，我荣幸地听他教诲说：‘燕国、秦国誓不两立，希望先生留意。’我私下和您不见外，已把您介绍给太子。希望您前往宫中拜访太子。”荆轲说：“谨领教。”田光说：“我听说，年长老成的人行事，不能让别人怀疑他。如今太子告诫我说‘所说的，是国家大事，希望先生不要泄露’，这是太子怀疑我。一个人的行为如果让别人怀疑他，他就不算是有节操、讲义气的人。”他要用自杀来激励荆卿，说：“希望您立即去见太子，就说我已死，表明我不会泄露机密。”于是就刎颈自杀了。

荆轲于是便去会见太子，告诉他田光已死，转达了田光的话。太子拜了两拜跪下去，跪着前进，痛哭流涕，过了一会说：“我之所以告诫田先生不要讲，是想要保证大事的谋划得以成功。如今田先生用死来表明他不会说出去，这哪里是我的初衷呢！”荆轲坐稳，太子离开座位以头叩地说：“田先生不知道我不上进，使我能够到您跟前，不揣冒昧地有所陈述，这是上天哀怜燕国，不抛弃我啊。如今秦王贪得无厌，而他的欲望是不会满足的。不占尽天下的土地，不降服各国的君王，他的野心是不会满足的。如今秦国已俘虏了韩王，占领了他的全部领土。他又出动军队向南攻打楚国，向北逼近赵国。王翦率领几十万大军抵达漳水、邺县一带，而李信出兵太原、云中。赵国抵挡不住秦军，一定会向秦国臣服；赵国一臣服，那么灾祸就降临到燕国。燕国弱小，多次被战争所困扰，如今估计，调动全国的力量也不能够抵挡秦军。各国畏服秦国，没有谁敢提倡合纵政策。我私下有个不成熟的计策，认为如果真能得到天下的勇士，派往秦国，用重利诱惑秦王，秦王贪婪，其情势一定能达到我们的愿望。果真能够劫持秦王，让他全部归还侵占各国的土地，像曹沫劫持齐桓公那样，那就太好了；如果不行，就趁势杀死他。他们秦国的大将在国外独揽兵权，而国内出了乱子，那么君臣互相猜疑，趁此机会，东方各国得以联合起来，就一定能够打败秦国。这是我最高的愿望，但不知道把这使命委托给谁，希望荆卿仔细地考虑这件事。”过了好一会儿，荆轲说：“这是国家的大事，我的才能低劣，恐怕不能胜任。”太子上前以头叩地，坚决请求不要推托，而后荆轲答应了。当时太子就尊奉荆卿为上卿，住进上等的宾馆。太子天天到荆轲的住所去问候，供给贵重的饮食，时不时地还献上奇珍异物，车马美女任荆轲随心所欲，以便满足他的心意。

过了很久，荆轲仍没有行动的表示。这时，秦将王翦已攻破赵国的都城，俘虏了赵王，把赵国的领土全部纳入秦国的版图。大军挺进，向北夺取土地，直抵燕国南部边界。太子丹害怕了，于是请求荆轲说：“秦国军队早晚之间就要横渡易水，那时即使我想要长久地侍奉您，怎么能办得到呢！”荆轲说：“太子就是不说，我也要请求行动了。现在到秦国去，没有让秦王相信我的东西，那么秦王就不可以接近。那樊将军，秦王悬赏黄金千斤、封邑万户来购买他的脑袋。果真得到樊将军的脑袋和燕国督亢的地图，进献给秦王，秦王一定高兴接见我，这样我才能够有机会报效您。”太子说：“樊将军到了穷途末路才来投奔我，我不忍心为自己的私利而伤害这位长者的心，希望您考虑别的办法吧！”

荆轲明白太子不忍心，就私下会见樊于期说："秦国对待将军可说是非常残酷了，父母、家族都被杀尽。如今听说用黄金千斤、封邑万户，购买将军的首级，您打算怎么办呢？"于期仰望苍天，叹息流泪说："我每每想到这些，就痛入骨髓，却想不出办法来！"荆轲说："现在我有一句话可解除燕国的祸患，洗雪将军的仇恨，怎么样？"于期凑向前说："怎么办？"荆轲说："希望得到将军的首级献给秦王，秦王一定会高兴地召见我，我左手抓住他的衣袖，右手用匕首直刺他的胸膛，那么将军的仇恨可以洗雪，而燕国被欺凌的耻辱也可以涤除，将军是否有这个心意呢？"樊于期脱掉一边衣袖，露出臂膀，一只手紧紧握住另一只手腕，走近荆轲说："这是我日日夜夜切齿碎心的仇恨，如今才听到您的教诲！"于是就自刎了。太子听到这个消息，驾车奔驰前往，趴在尸体上痛哭，十分悲哀。已没法挽回，于是就把樊于期的首级装到匣子里密封起来。

当时太子已预先寻找天下最锋利的匕首，找到赵国人徐夫人的匕首，花了百镒黄金买下它，让工匠用毒水淬它，用人试验，只要见一丝儿血，没有不立即死的。于是就准备行装，送荆轲出发。燕国有位勇士叫秦舞阳，十三岁上就杀人，别人都不敢正面对着看他。于是就派秦舞阳做助手。荆轲等待一个人，打算一道出发；那个人住得很远，还没赶到，而荆轲已替那个人准备好了行装。又过了些日子，荆轲还没有出发，太子认为他拖延时间，怀疑他反悔，就再次促请说："日子不多了，荆卿有动身的打算吗？请允许我派遣秦舞阳先行。"荆轲发怒，斥责太子道："太子这样派遣是什么意思？只顾去而不顾完成使命回来，那是没出息的小子！况且是拿一把匕首进入难以测度的强暴的秦国，我所以暂留的原因，是等待另一位朋友同去。眼下太子认为我拖延了时间，那就告辞诀别吧！"便出发了。

太子及宾客中知道这件事的，都穿着白衣戴着白帽去为荆轲送行。到易水岸边，祭了路神，然后上路，高渐离击筑，荆轲和着拍节唱歌，发出苍凉凄婉的声调，送行的人都流泪哭泣，一边前进一边唱道："风萧萧兮易水寒，壮士一去兮不复还！"复又发出慷慨激昂的声调，送行的人们都怒目圆睁，头发直竖，把帽子都顶起来。于是荆轲就上车走了，始终连头也不回。

一到秦国，荆轲带着价值千金的礼物，厚赠秦王宠幸的臣子中庶子蒙嘉。蒙嘉替荆轲先在秦王面前说："燕王实在因大王的威严震慑得心惊胆战，不敢出兵抗拒大王的将士，情愿全国上下做秦国的臣子，比照其他诸侯国排列其中，像直属郡县一样交纳贡物和赋税，使得以奉守先王的宗庙。因为慌恐畏惧不敢亲自前来陈述，谨此砍下樊于期的首级并献上燕国督亢地区的地图，用匣子密封，燕王还在朝廷上举行了拜送仪式，派出使臣把这种情况禀明大王，敬请大王指示。"秦王听到这个消息，非常高兴，就穿上了礼服，安排了外交上极为隆重的九宾仪式，在咸阳宫召见燕国的使者。

荆轲捧着樊于期的首级，秦舞阳捧着地图匣子，按次序前进。走到殿前台阶下，秦舞阳脸色突变，害怕得发抖，大臣们都感到奇怪。荆轲回头朝秦舞阳笑笑，上前谢罪说："北方藩属蛮夷之地的粗野之人，没有见过天子，所以心惊胆颤。希望大王稍微宽容他，让他能够在大王面前完成使命。"秦王对荆轲说："递上舞阳拿的地图。"荆轲取过地图献上，秦王展开地图，图卷展到尽头，匕首露出来。荆轲趁机左手抓住秦王的衣袖，右手拿着匕首直刺。还未近身，秦王大惊，自己抽身跳起，衣袖挣断。慌忙抽剑，剑太长，只是抓住剑鞘。一时惊慌急迫，剑又套得很紧，所以不能立刻拔出。荆轲追赶秦王，秦王绕柱奔跑。大臣们吓得发呆，突然发生意外事变，大家都失去常态。而秦国的法律规定，殿上侍从的大臣不允许携带任何兵器；各位侍卫武官也只能拿着武器都依序守卫在殿外，没有皇帝的命令，不准进殿。正当危急时刻，来不及传唤下边的侍卫官兵，因此荆轲能够追赶秦王。仓促之间，惊慌急迫，没有用来攻击荆轲的武器，只能赤手空拳和荆轲搏击。这时，侍从医官夏无且用他所捧的药袋投击荆轲。正当秦王围着柱子跑，仓猝惊惶之际，不知如何是好，侍从们喊道："大王，把剑推到背后！"秦王把剑推到背后，才拔出宝剑攻击荆轲，砍断他的左腿。荆轲残废，就举起他的匕首直接投刺秦王，没有击中,却击中了铜柱。秦王接连攻击荆轲,荆轲被刺伤八处。荆轲知道大事不能成功了,就倚在柱子上大笑,张开两腿坐在地上骂道:“大事之所以没能成功,是因为我想劫持你,迫使你订立归还诸侯们土地的契约去回报太子。”

这时侍卫们冲上前来杀死荆轲,而秦王也不高兴了好一会儿。过后评论功过,赏赐群臣以及处置应当办罪的官员都各有差别,赐给夏无且黄金二百镒,说:“无且爱我,才用药袋投击荆轲啊。”

于是秦王大怒,增派军队前往赵国,命王翦的军队去攻打燕国,十个月攻克了蓟城。燕王喜、太子丹等率领着全部精锐部队向东退守辽东。秦将李信紧紧地追击燕王,代王赵嘉就写信给燕王喜说:“秦军之所以追击燕军特别急迫,是因为太子丹的缘故。现在您如果杀掉太子丹,把他的人头献给秦王,一定会得到秦王宽恕,而燕国社稷或许也侥幸得到祭祀。”此后李信率军追赶太子丹,太子丹隐藏在衍水河中,燕王就派使者杀了太子丹,准备把他的人头献给秦王。秦王又派兵攻打燕国。此后五年,秦国终于灭掉了燕国,俘虏了燕王喜。

第二年,秦王吞并了天下,立号为皇帝。下令通缉太子丹和荆轲的门客,门客们都潜逃了。高渐离改名换姓给人家做酒保,隐藏在宋子这个地方做工。时间长了,觉得很劳累,听到主人家堂上有客人击筑,走来走去舍不得离开。常常脱口而出说:“那筑的声调有好的地方,也有不好的地方。”侍候的人把高渐离的话告诉主人,说:“那个庸工懂得音乐,私下评论好坏。”家主人叫高渐离到堂前击筑,满座宾客都说他击得好,赏给他酒喝。高渐离考虑到长期隐姓埋名,担惊受怕地躲藏下去没有尽头,便退下堂来,把自己的筑和衣裳从行装匣子里拿出来,改装整容来到堂前。满座宾客大吃一惊,离开座位用平等的礼节接待他,尊为上宾。请他击筑唱歌,宾客们听了,没有不被感动得流着泪而去的。宋子城里的人轮流请他去做客,这消息被秦始皇听到。秦始皇召令他进见,有认识他的人,就说:“这是高渐离。”秦始皇怜惜他擅长击筑,特别赦免了他的死罪,于是薰瞎了他的眼睛,让他击筑,没有一次不说好。渐渐地更加接近秦始皇。高渐离便将铅放进筑中，再进宫击筑靠近时，举筑撞击秦始皇，没有击中。于是秦始皇就杀掉了高渐离，终身不敢再接近从前六国的人了。

鲁句践听到荆轲行刺秦王的事，私下说："唉！太可惜啦，他不讲究刺剑的技术啊，我太不了解这个人了！当初我呵斥过他，他就以为我不是同路人了。"

太史公说：世间谈论荆轲，当说到太子丹的命运时，说什么"天上像下雨一样落下谷子来，马头上长出角来！"这太过分了。又说荆轲刺伤了秦王，这都不是事实。当初公孙季功、董先生和夏无且交游，都知道这件事，他们告诉我的就像我记载的。从曹沫到荆轲五个人，他们的侠义之举有的成功，有的不成功，但他们的志向意图都很清楚明白，都没有违背自己的良心，声名流传到后代，这难道是虚妄的吗！

【鉴赏】

刺客被清人吴见思称为"天壤间第一种激烈人"，而《刺客列传》则被其称许为《史记》中"第一种激烈文字"。篇中所记曹沫、专诸、豫让、聂政、荆轲数人之行事固非圣贤之道，"然其主意较然，不欺其志"，而且皆出于"士为知己者死"之精神，故而方能"名垂后世"。然观其立志之刚烈，行事之悲壮，真正是天地间第一种激烈人。

全篇记五人行事，并非均匀用力，而是一节胜似一节，一步高似一步，由刺君刺相，直至荆轲刺不可一世的秦王，而成最为激烈之文字，是为一篇之重心。从篇幅上看，全传凡五千余字，而荆轲一人就占去三千多字。从故事之剪裁布局看，作者倾注全部心力，将刺秦王场面写得惊心动魄，抓住刺秦王时"舞阳色变振恐""图穷而匕见"，荆轲"顾笑舞阳"、秦王"环柱而走"、荆轲"倚柱而笑，箕踞而骂"等若干场面细节，进一步丰满了荆轲临危不惧、镇定自若、视死如归的人物形象。而每传之末，用钩联之笔引出下传，曹沫传末曰"其后百六十有七年而吴有专诸之事"，专诸传末曰"其后七十余年而晋有豫让之事"，豫让传末曰"其后四十余年而轵有聂政之事"，聂政传末曰"其后二百二十余年秦有荆轲之事"，上下钩绾，遂使洋洋千言，直如一气贯注，真可称是全书中"第一种激烈文字"。

史记卷八十七·李斯列传第二十七

《李斯列传》是《史记》中的名篇之一，记述李斯一生行迹，具有很高的史学价值和文学价值。司马迁既肯定了李斯辅秦称帝之功，叙其辅佐秦始皇并吞六国统一天下，创建制度，身居高位；又谴责了他贪图禄位助赵高、二世为虐之罪，记其畏首畏尾、患得患失与赵高合谋杀扶苏立胡亥，为求自保而曲意迎合秦二世大行暴政，导致民变四起，秦朝覆灭，自己也终于遭到身死族灭的惨祸。传中所录几乎囊括了李斯大部分重要文章，如《谏逐客书》《焚书书》《赐扶苏书》《督责书》《言赵高之短书》及《狱中上书》等。赵高的阴谋活动也都记述在本传。

李斯者，楚上蔡人也。年少时，为郡小吏，见吏舍厕中鼠食不絜①，近人犬，数惊恐之。斯入仓，观仓中鼠，食积粟②，居大庑之下③，不见人犬之忧。于是李斯乃叹曰："人之贤不肖譬如鼠矣，在所自处耳！"

乃从荀卿学帝王之术。学已成，度楚王不足事④，而六国皆弱，无可为建功者，欲西入秦。辞于荀卿曰："斯闻得时无怠⑤，今万乘方争时⑥，游者主事。今秦王欲吞天下，称帝而治，此布衣驰骛之时而游说者之秋也⑦。处卑贱之位而计不为者，此禽鹿⑧视肉，人面而能强行者耳。故诟⑨莫大于卑贱，而悲莫甚于

---

①絜：同"洁"。 ②积粟：存粮。 ③大庑：堂下周围有廊檐的大房子。 ④度：揣测，估计。事：侍奉，服侍。 ⑤得时无怠：抓到机会就不应松懈。时：时机，机会。 ⑥万乘：周制，天子地方千里，出兵车万乘。因此以万乘称天子，此处实指诸侯。 ⑦布衣：指平民百姓。驰骛：东奔西走。 ⑧禽鹿：犹"禽兽"。 ⑨诟：耻辱。

穷困。久处卑贱之位，困苦之地，非[1]世而恶利，自托于无为[2]，此非士之情也。故斯将西说秦王矣。”

至秦，会[3]庄襄王卒，李斯乃求为秦相文信侯吕不韦舍人。不韦贤之[4]，任以为郎[5]。李斯因此得说，说秦王曰：“胥人者[6]，去其几也[7]。成大功者，在因瑕衅而遂忍之[8]。昔者秦穆公之霸，终不东并六国者，何也？诸侯尚众，周德未衰，故五伯迭兴，更尊周室。自秦孝公以来，周室卑微，诸侯相兼，关东为六国，秦之乘胜役[9]诸侯，盖六世矣[10]。今诸侯服秦，譬若郡县。夫以秦之强，大王之贤，由灶上骚除[11]，足以灭诸侯，成帝业，为天下一统，此万世之一时也。今怠而不急就[12]，诸侯复强，相聚约从，虽有黄帝之贤，不能并也。”秦王乃拜斯为长史，听其计，阴遣谋士赍持金玉以游说诸侯。诸侯名士可下以财者，厚遗[13]结之，不肯者，利剑刺之。离其君臣之计，秦王乃使其良将随其后。秦王拜斯为客卿。

会韩人郑国来间秦，以作注溉渠[14]，已而觉。秦宗室大臣皆言秦王曰：“诸侯人来事秦者，大抵为其主游间于秦耳，请一切[15]逐客。”李斯议亦在逐中。斯乃上书曰：

> 臣闻吏议[16]逐客，窃以为过矣。昔穆公求士，西取由余于戎，东得百里奚于宛，迎蹇叔于宋，来丕豹、公孙支于晋。此五子者，不产[17]于秦，而穆公用之，并国二十，遂霸西戎。孝公用商鞅之法，移风易俗，民以殷盛，国以富强，百姓乐

---

①非：非议，责难。 ②无为：无欲，无争。 ③会：恰巧，正逢。 ④贤之：认为他贤能。 ⑤郎：宫廷的宿卫侍从官。 ⑥胥人：坐等别人衰敝的人。胥：同“须”，等待。 ⑦几：同“机”，时机，机会。 ⑧瑕衅：空隙，可乘之机。忍：下狠心。 ⑨役：役使。 ⑩六世：指秦孝公、惠文王、武王、昭襄王、孝文王、庄襄王。 ⑪由：通“犹”，如同，好像。骚：通“扫”。 ⑫急就：赶紧去做。 ⑬遗：馈赠，收买。 ⑭作注溉渠：修建灌溉用渠，此渠既郑国渠。 ⑮一切：一概，一律。 ⑯吏议：朝臣建议。 ⑰产：出生。

用①,诸侯亲服,获楚、魏之师,举地千里②,至今治强。惠王用张仪之计,拔三川之地,西并巴、蜀,北收上郡,南取汉中,包③九夷,制鄢、郢,东据成皋之险,割膏腴之壤,遂散六国之从,使之西面事秦,功施④到今。昭王得范雎,废穰侯,逐华阳,强公室,杜私门,蚕食诸侯,使秦成帝业。此四君者,皆以客之功。由此观之,客何负于秦哉!向使四君却客而不内⑤,疏士⑥而不用,是使国无富利之实而秦无强大之名也。

今陛下致昆山之玉,有随、和之宝⑦,垂明月之珠⑧,服太阿之剑⑨,乘纤离之马⑩,建翠凤之旗⑪,树灵鼍之鼓⑫。此数宝者,秦不生一焉,而陛下说之,何也?必秦国之所生然后可,则是夜光之璧不饰朝廷,犀象之器不为玩好,郑、卫之女不充后宫,而骏良駃騠不实外厩,江南金锡不为用,西蜀丹青不为采⑬。所以饰后宫充下陈⑭娱心意说耳目者,必出于秦然后可,则是宛珠之簪、傅玑之珥、阿缟之衣、锦绣之饰不进于前⑮,而随俗雅化⑯佳冶窈窕赵女不立于侧也。夫击瓮叩缶弹筝搏髀⑰,而歌呼呜呜快耳者,真秦之声也;《郑》《卫》《桑间》⑱《昭》《虞》《武》《象》者,异国之乐也。今弃击瓮叩缶而就《郑》《卫》,退弹筝而取《昭》《虞》,

---

①乐用:乐于为国家效力。 ②举:攻占。 ③包:吞并之意。 ④施(yì):延续。 ⑤却:拒绝。内(nà):通"纳"。 ⑥疏士:疏远游士。 ⑦随、和之宝:指随侯之珠、和氏之璧。 ⑧明月之珠:夜光珠。 ⑨服:佩带。太阿:利剑名,春秋时吴国干将所铸。 ⑩纤离:亦作"纤骊",骏马名。 ⑪翠凤之旗:用翠凤羽毛装饰的旗子。 ⑫灵鼍(tuó):一名鼍龙,又名猪婆龙,今称扬子鳄,古代用其皮蒙鼓。 ⑬丹青:指绘画的颜料。采:同"彩"。 ⑭下陈:侍妾。 ⑮宛珠:宛地所产的珍珠。傅玑:镶着小珠子。傅:通"附",附着。玑:不圆的珠子,这里泛指珠子。珥:耳环。阿缟:齐国东阿出产的白绢。 ⑯随俗雅化:娴雅变化而能应时随俗。 ⑰搏髀:拍击着大腿打拍子。髀(bì):大腿。 ⑱桑间:卫国地名,此特指地方音乐。

若是者何也？快意当前，适观而已矣。今取人则不然。不问可否，不论曲直，非[①]秦者去，为客者逐。然则是所重者在乎色乐珠玉，而所轻者在乎人民也。此非所以跨海内制诸侯之术也。

臣闻地广者粟多，国大者人众，兵强则士勇。是以太山不让土壤，故能成其大；河海不择细流，故能就其深；王者不却众庶，故能明其德。是以地无四方，民无异国，四时[②]充美，鬼神降福，此五帝、三王之所以无敌也。今乃弃黔首以资敌国[③]，却宾客以业[④]诸侯，使天下之士退而不敢西向，裹足不入秦，此所谓"藉寇兵而赍盗粮"者也。

夫物不产于秦者，可宝者多；士不产于秦，而愿忠者众。今逐客以资敌国，损民以益仇，内自虚而外树怨于诸侯，求国无危，不可得也。

秦王乃除逐客之令，复李斯官，卒用其计谋。官至廷尉。二十馀年，竟并天下，尊主为皇帝，以斯为丞相。夷郡县城[⑤]，销[⑥]其兵刃，示不复用。使秦无尺土之封，不立子弟为王，功臣为诸侯者，使后无战攻之患。

始皇三十四年，置酒[⑦]咸阳宫，博士仆射周青臣等颂称始皇威德。齐人淳于越进谏曰："臣闻之，殷、周之王千馀岁，封子弟功臣自为支辅[⑧]。今陛下有海内，而子弟为匹夫，卒[⑨]有田常、六卿之患，臣无辅弼，何以相救哉？事不师古而能长久者，非所闻也。今青臣等又面谀[⑩]以重陛下过，非忠臣也。"

---

①非：除掉。 ②时：一季。 ③黔首：庶民，百姓。资：资助。 ④业：成就。 ⑤夷郡县城：去掉郡县的城防设施。夷：削平。 ⑥销：熔化销毁。 ⑦置酒：设宴。 ⑧支辅：枝派、辅佐。 ⑨卒：通"猝"，仓猝，突然。 ⑩面谀：当人之面阿谀奉承。重：加重。

始皇下其议丞相。丞相谬其说，绌[①]其辞，乃上书曰：

古者天下散乱，莫能相一，是以诸侯并作，语皆道古以害今，饰虚言以乱实。人善其所私学，以非上所建立。今陛下并有天下，别白黑而定一尊，而私学乃相与非法教之制。闻令下，即各以其私学议之，入则心非，出则巷议。非主[②]以为名，异趣[③]以为高，率群下以造谤。如此不禁，则主势降乎上，党与[④]成乎下。禁之便[⑤]。臣请诸有文学《诗》《书》、百家语者[⑥]，蠲除去之[⑦]。令到满三十日弗去，黥为城旦[⑧]。所不去者，医药卜筮种树之书。若有欲学者，以吏为师。

始皇可其议，收去《诗》《书》、百家之语。以愚百姓，使天下无以古非今。明法度，定律令，皆以始皇起。同文书。治离宫别馆，周遍天下。明年，又巡狩，外攘四夷，斯皆有力焉。

斯长男由为三川守[⑨]，诸男皆尚秦公主，女悉嫁秦诸公子。三川守李由告归咸阳，李斯置酒于家，百官长皆前为寿[⑩]，门廷车骑以千数。李斯喟然[⑪]而叹曰："嗟乎！吾闻之荀卿曰'物禁太盛'。夫斯乃上蔡布衣，闾巷之黔首，上不知其驽下[⑫]，遂擢至此。当今人臣之位无居臣上者，可谓富贵极矣。物极则衰，吾未知所税驾也[⑬]！"

始皇三十七年十月，行出游会稽，并海上，北抵琅邪。丞相斯、中车府令赵高兼行[⑭]符玺令事，皆从。始皇有二十馀子，长

---

①绌：通"黜"，排斥，批驳。 ②非主：批评皇上。 ③异趣：标新立异。 ④党与：朋党。 ⑤便：有利。 ⑥文学：文章学问，泛指所有的文化典籍。百家语：诸子百家的著作。 ⑦蠲：除，废除。 ⑧黥：黥刑，即墨刑，以刀刺人面额然后用墨涅之。城旦：秦汉时刑名，判处服四年筑城劳役。 ⑨守：郡守。 ⑩寿：祝酒。 ⑪喟然：长叹的样子。 ⑫驽下：才能低下。 ⑬税驾：解驾，停车，休息，长眠地下。 ⑭行：暂时代管。

子扶苏以数直谏上，上使监兵上郡，蒙恬为将。少子胡亥，爱①，请从，上许之。馀子莫从。

其年七月，始皇帝至沙丘，病甚，令赵高为书赐公子扶苏曰："以兵属蒙恬，与丧会咸阳而葬。"书已封，未授使者，始皇崩。书及玺皆在赵高所，独子胡亥、丞相李斯、赵高及幸宦者五六人知始皇崩，馀群臣皆莫知也。李斯以为上在外崩，无真太子，故秘之②。置始皇居辒辌车中③，百官奏事上食如故，宦者辄从辒辌可诸奏事。

赵高因留所赐扶苏玺书，而谓公子胡亥曰："上崩，无诏封王诸子而独赐长子书。长子至，即立为皇帝，而子无尺寸之地，为之奈何?"胡亥曰："固也。吾闻之，明君知臣，明父知子。父捐命④，不封诸子，何可言者!"赵高曰："不然。方今天下之权，存亡在子与高及丞相耳，愿子图之⑤。且夫臣人与见臣于人⑥，制人与见制于人，岂可同日道哉!"胡亥曰："废兄而立弟，是不义也；不奉父诏而畏死，是不孝也；能薄而材谫⑦，强因人之功，是不能也；三者逆德，天下不服，身殆倾危⑧，社稷不血食⑨。"高曰："臣闻汤、武杀其主，天下称义焉，不为不忠。卫君杀其父，而卫国载其德，孔子著之，不为不孝。夫大行不小谨，盛德不辞让，乡曲⑩各有宜而百官不同功。故顾小而忘大，后必有害；狐疑犹豫，后必有悔。断而敢行，鬼神避之，后有成功。愿子遂之⑪!"胡亥喟然叹曰："今大行未发⑫，丧礼未终，岂宜以此事干

---

①少子：小儿子。爱：受宠爱。 ②秘之：秘不发丧。 ③辒辌车：古代一种既能保温又能通风的卧车。 ④捐命：舍弃生命。 ⑤图之：考虑此事。 ⑥臣人：使人为臣。见臣于人：给人为臣。 ⑦谫：浅陋。 ⑧殆：差不多。倾危：倒覆，陷入绝灭的危险。 ⑨社稷不血食：指国破家亡。血食：古代杀牲畜取血，用以祭祀，故称祭祀为血食。 ⑩乡曲：乡里。 ⑪遂之：听之。 ⑫大行：皇帝死亡称大行。

丞相哉!”赵高曰:“时乎时乎,间不及谋①! 赢粮跃马②,唯恐后时!”

胡亥既然③高之言,高曰:“不与丞相谋,恐事不能成,臣请为子与丞相谋之。”高乃谓丞相斯曰:“上崩,赐长子书,与丧会咸阳而立为嗣。书未行④,今上崩,未有知者也。所赐长子书及符玺皆在胡亥所,定太子在君侯⑤与高之口耳。事将何如?”斯曰:“安得亡国之言! 此非人臣所当议也!”高曰:“君侯自料能孰与蒙恬? 功高孰与蒙恬? 谋远不失孰与蒙恬? 无怨于天下孰与蒙恬? 长子旧而信之孰与蒙恬?”斯曰:“此五者皆不及蒙恬,而君责之何深也?”高曰:“高固内官之厮役也⑥,幸得以刀笔之文⑦进入秦宫,管事二十馀年,未尝见秦免罢丞相功臣有封及二世者也,卒皆以诛亡。皇帝二十馀子,皆君之所知。长子刚毅而武勇,信人而奋士⑧,即位,必用蒙恬为丞相,君侯终不怀通侯之印归于乡里,明矣。高受诏教习胡亥,使学以法事⑨数年矣,未尝见过失。慈仁笃厚,轻财重士,辩于心而诎于口⑩,尽礼敬士,秦之诸子未有及此者,可以为嗣。君计而定之。”斯曰:“君其反位⑪! 斯奉主之诏,听天之命,何虑之可定也?”高曰:“安可危也,危可安也。安危不定,何以贵圣?”斯曰:“斯,上蔡闾巷布衣也,上幸擢为丞相,封为通侯,子孙皆至尊位重禄者,故将以存亡安危属臣也。岂可负哉! 夫忠臣不避死而庶几⑫,孝子不勤劳而见危,人臣各守其职而已矣。君其勿复言,将令

---

①时:时机。间:空隙,极言时间之紧迫。 ②赢:携带,背负。 ③然:同意,赞成。 ④未行:未发出。 ⑤君侯:古时尊称列侯为君侯。 ⑥内官:宦官。厮役:仆役。 ⑦刀笔之文:指刑法文书。 ⑧信人:能使人信赖。奋士:能使部下为之效忠。 ⑨法事:关于法律之事。 ⑩诎于口:言语迟钝,口才不好。 ⑪反位:回到本来的职位上。反:通“返”。 ⑫庶几:差不多,此处有苟且从事之意。

斯得罪。”高曰：“盖闻圣人迁徙[①]无常，就变而从时[②]，见末而知本，观指而睹归。物固有之，安得常法哉！方今天下之权命悬于胡亥，高能得志焉！且夫从外制中谓之惑，从下制上谓之贼。故秋霜降者草花落，水摇动[③]者万物作，此必然之效也，君何见之晚[④]？”斯曰：“吾闻晋易太子，三世不安[⑤]，齐桓兄弟争位，身死为戮[⑥]；纣杀亲戚[⑦]，不听谏者，国为丘墟[⑧]，遂危社稷：三者逆天，宗庙不血食。斯其犹人哉，安足为谋！”高曰：“上下合同，可以长久；中外若一，事无表里。君听臣之计，即长有封侯，世世称孤，必有乔、松之寿[⑨]，孔、墨之智[⑩]。今释此而不从，祸及子孙，足以为寒心。善者因祸为福，君何处焉？”斯乃仰天而叹，垂泪太息曰：“嗟乎！独遭乱世，既以不能死，安托命哉！”于是斯乃听高。高乃报胡亥曰：“臣请奉太子之明命以报[⑪]丞相，丞相斯敢不奉命！”

于是乃相与谋，诈为受始皇诏丞相，立子胡亥为太子。更为书赐长子扶苏曰：“朕巡天下，祷祠[⑫]名山诸神以延寿命。今扶苏与将军蒙恬将师数十万以屯边[⑬]，十有馀年矣，不能进而前，士卒多耗，无尺寸之功，乃反数上书直言诽谤我所为，以不得罢归为太子，日夜怨望[⑭]。扶苏为人子不孝，其赐剑以自裁！将军恬与扶苏居外，不匡正，宜知其谋。为人臣不忠，其赐死，

---

①迁徙：改变主意。②就变：服从于变化。从时：顺应时代潮流。③水摇动：指春天冰雪消融而水动。④晚：迟钝，不开窍。⑤晋易太子，三世不安：春秋时晋献公宠爱骊姬，废太子申生，改立骊姬子奚齐，导致晋国陷入奚齐、悼子、夷吾争位的长期混乱。⑥齐桓兄弟争位，身死为戮：齐桓公与兄长公子纠争位，桓公掌权后迫使鲁国杀死公子纠。⑦纣杀亲戚：商纣王杀死其叔父比干。⑧丘墟：废墟，此指国破。⑨乔、松：指王子乔和赤松子。二人皆为古代传说中的仙人。⑩孔、墨：指孔丘、墨翟。⑪报：通报。⑫祷祠：祈祷祭祠。⑬将师：率领军队。将：率领。屯边：在边境上驻守。⑭怨望：怨恨不满。

以兵属裨将①王离。”封其书以皇帝玺，遣胡亥客奉书赐扶苏于上郡。

使者至，发书，扶苏泣，入内，欲自杀。蒙恬止扶苏曰：“陛下居外，未立太子，使臣将三十万众守边，公子为监，此天下重任也。今一使者来，即自杀，安知其非诈？请复请，复请而后死，未暮也②。”使者数趣③之。扶苏为人仁，谓蒙恬曰：“父而赐子死，尚安复请！”即自杀。蒙恬不肯死，使者即以属吏，系于阳周。

使者还报，胡亥、斯、高大喜。至咸阳，发丧，太子立为二世皇帝。以赵高为郎中令，常侍中用事④。

二世燕居⑤，乃召高与谋事，谓曰：“夫人生居世间也，譬犹骋六骥过决隙也⑥。吾既已临⑦天下矣，欲悉耳目之所好，穷心志之所乐，以安宗庙而乐万姓，长有天下，终吾年寿，其道可乎？”高曰：“此贤主之所能行也，而昏乱主之所禁也。臣请言之，不敢避斧钺⑧之诛，愿陛下少留意焉。夫沙丘之谋，诸公子及大臣皆疑焉，而诸公子尽帝兄，大臣又先帝之所置也。今陛下初立，此其属意怏怏皆不服，恐为变。且蒙恬已死，蒙毅将兵居外，臣战战栗栗，唯恐不终。且陛下安得为此乐乎？”二世曰：“为之奈何？”赵高曰：“严法而刻刑，令有罪者相坐诛⑨，至收族⑩，灭大臣而远骨肉；贫者富之，贱者贵之。尽除去先帝之故臣，更置陛下之所亲信者近之。此则阴德⑪归陛下，害除而奸谋塞，群臣莫不被润泽，蒙厚德，陛下则高枕肆志宠乐矣。计莫出

①裨将：副将，偏将。 ②暮：晚，迟。 ③趣：催促。 ④侍中：指在宫中服侍皇帝。用事：掌握政权。 ⑤燕居：闲居。 ⑥骋：奔驰。六骥：六匹骏马。此指由六匹骏马所驾的车子。决隙：裂缝。 ⑦临：统治。 ⑧斧钺：本指两种兵器，此处泛指刑罚、杀戮。 ⑨相坐：连带治罪。 ⑩收族：满门抄斩。族：灭族。 ⑪阴德：私心感激。

于此。”二世然高之言，乃更为法律。于是群臣、诸公子有罪，辄下高，令鞠治之①。杀大臣蒙毅等。公子十二人僇死咸阳市，十公主磔死于杜，财物入于县官②。相连坐者不可胜数。

公子高欲奔，恐收族，乃上书曰：“先帝无恙时③，臣入则赐食，出则乘舆。御府④之衣，臣得赐之；中厩之宝马⑤，臣得赐之。臣当从死而不能，为人子不孝，为人臣不忠。不忠者无名以立于世，臣请从死，愿葬郦山之足⑥。唯上幸哀怜之。”书上，胡亥大说，召赵高而示之，曰：“此可谓急乎⑦？”赵高曰：“人臣当忧死而不暇，何变之得谋！”胡亥可其书，赐钱十万以葬。法令诛罚日益刻深，群臣人人自危，欲畔者众。又作阿房之宫。治直道、驰道，赋敛愈重、戍徭无已。于是楚戍卒陈胜、吴广等乃作乱，起于山东，杰俊相立，自置为侯王，叛秦，兵至鸿门而却。

李斯数欲请间谏⑧，二世不许。而二世责问李斯曰：“吾有私议而有所闻于韩子也⑨，曰‘尧之有天下也，堂高三尺，采椽不斫⑩，茅茨不翦，虽逆旅⑪之宿不勤于此矣。冬日鹿裘，夏日葛衣⑫，粢粝之食⑬，藜藿之羹⑭，饭土匦，啜土铏⑮，虽监门之养不觳于此矣⑯。禹凿龙门，通大夏，疏九河，曲九防，决渟水⑰致之海，而股无胈⑱，胫无毛，手足胼胝⑲，面目黎黑，遂以死于外，葬于会稽，臣虏之劳不烈无此矣’。然则夫所贵于有天下者，岂欲

①鞠治：审讯法办。鞠：同“鞫”，审讯犯人。 ②县官：指官府。 ③无恙：无病，此指健在。 ④御府：皇帝内府。 ⑤中厩：宫中养马的地方。 ⑥郦山：即骊山。秦始皇陵墓所在地，在今陕西临潼东南。 ⑦急：窘迫无路。 ⑧请间：希望能给一个机会，单独和二世谈话。间：间隙。 ⑨私议：个人想法。韩子：指韩非。 ⑩采：木名，即柞木。斫(zhuó)：砍，削。 ⑪逆旅：旅店。 ⑫鹿裘：粗裘。葛衣：麻布衣。 ⑬粢粝：粗劣的食物。 ⑭藜藿：藜草和豆叶，此泛指野菜。 ⑮土匦(guǐ)：椭圆形陶土制的食器。土铏：陶土制的鼎器。 ⑯监门：看门人。觳：简陋。 ⑰渟水：积水。 ⑱股：大腿。胈(bá)：白肉。 ⑲胼胝：手掌和脚掌上因劳作而生出的厚皮，俗称老茧。

苦形劳神，身处逆旅之宿，口食监门之养，手持臣虏[1]之作哉？此不肖人之所勉也，非贤者之所务也。彼贤人之有天下也，专用天下适己而已矣，此所以贵于有天下也。夫所谓贤人者，必能安天下而治万民，今身且不能利，将恶能治天下哉！故吾愿赐志广欲，长享天下而无害，为之奈何？"

李斯子由为三川守，群盗吴广等西略地，过去弗能禁。章邯以破逐广等兵，使者覆案三川相属[2]，诮让[3]斯居三公位，如何令盗如此。李斯恐惧，重爵禄，不知所出，乃阿二世意，欲求容，以书对曰：

夫贤主者，必且能全道而行督责之术者也[4]。督责之，则臣不敢不竭能以徇其主矣。此臣主之分定，上下之义明，则天下贤不肖莫敢不尽力竭任以徇其君矣。是故主独制于天下而无所制也，能穷乐之极矣。贤明之主也，可不察焉。

故申子曰"有天下而不恣睢[5]，命之曰以天下为桎梏"者，无他焉，不能督责，而顾以其身劳于天下之民，若尧、禹然，故谓之"桎梏"也。夫不能修申、韩之明术，行督责之道，专以天下自适也，而徒务苦形劳神，以身徇百姓，则是黔首之役，非畜[6]天下者也，何足贵哉！夫以人徇己，则己贵而人贱；以己徇人，则己贱而人贵。故徇人者贱，而人所徇者贵，自古及今，未有不然者也。凡古之所为尊贤者，为其贵也；而所为恶不肖者，为其贱也。而尧、禹以身徇天下者也，因随而尊之，则亦失所为尊贤之心矣，夫可谓大缪

---

①臣虏：奴隶，仆役。②覆案：调查，核实。属：连接。③诮让：责备。④督责之术：督察臣下的过失而处以刑罚的一整套方法。⑤申子：指申不害。恣睢：放纵，纵情肆欲。⑥畜：治理。

矣。谓之为“桎梏”，不亦宜乎？不能督责之过也。

故韩子曰“慈母有败子而严家无格虏[①]”者，何也？则能罚之加焉必也。故商君之法，刑弃灰于道者。夫弃灰，薄罪也[②]；而被刑，重罚也。彼唯明主为能深督轻罪。夫罪轻且督深，而况有重罪乎？故民不敢犯也。是故韩子曰“布帛寻常[③]，庸人不释，铄金百镒[④]，盗跖不搏”者，非庸人之心重，寻常之利深，而盗跖之欲浅也。又不以盗跖之行，为轻百镒之重也。搏必随手刑，则盗跖不搏百镒；而罚不必行也，则庸人不释寻常。是故城高五丈，而楼季不轻犯也；泰山之高百仞，而跛牂牧其上。夫楼季也而难五丈之限，岂跛牂也而易百仞之高哉？峭堑之势异也。明主圣王之所以能久处尊位，长执重势，而独擅天下之利者，非有异道也[⑤]，能独断而审督责，必深罚，故天下不敢犯也。今不务所以不犯，而事慈母之所以败子也，则亦不察于圣人之论矣。夫不能行圣人之术，则舍为天下役何事哉？可不哀邪！

且夫俭节仁义之人立于朝，则荒肆之乐辍矣；谏说论理之臣间于侧，则流漫之志诎矣[⑥]；烈士死节之行显于世，则淫康之虞废矣[⑦]。故明主能外[⑧]此三者，而独操主术以制听从之臣，而修其明法，故身尊而势重也。凡贤主者，必将能拂世摩俗[⑨]，而废其所恶，立其所欲，故生则有尊重之势，死则有贤明之谥也。是以明君独断，故权不在臣也。

①格虏：桀骜不驯的奴隶。 ②薄罪：轻罪。 ③寻常：古以八尺为寻，二寻为常，此指数量少。 ④铄金：成色好的金子。铄：美。 ⑤异道：特别的方法。 ⑥流漫：放肆无忌。诎：受屈，受压抑。 ⑦淫康之虞：指纵情享受的思虑。虞：思虑。 ⑧外：排除。 ⑨拂世摩俗：扭转世俗的风气，使之服从自己。

然后能灭仁义之涂，掩驰说之口，困烈士之行。塞聪掩明①，内独视听②。故外不可倾以仁义烈士之行，而内不可夺以谏说忿争之辩。故能荦然独行恣睢之心而莫之敢逆③。若此，然后可谓能明申、韩之术，而修商君之法。法修术明而天下乱者，未之闻也。故曰"王道约而易操"也，唯明主为能行之。若此则谓督责之诚，则臣无邪，臣无邪则天下安，天下安则主严尊，主严尊则督责必，督责必则所求得，所求得则国家富，国家富则君乐丰。故督责之术设，则所欲无不得矣。群臣百姓救过不给，何变之敢图？若此则帝道备，而可谓能明君臣之术矣④。虽申、韩复生，不能加也⑤。

书奏，二世悦。于是行督责益严，税民⑥深者为明吏。二世曰："若此则可谓能督责矣。"刑者相半于道，而死人日成积于市⑦。杀人众者为忠臣。二世曰："若此则可谓能督责矣。"

初，赵高为郎中令，所杀及报私怨众多，恐大臣入朝奏事毁恶之。乃说二世曰："天子所以贵者，但以闻声，群臣莫得见其面，故号曰'朕'。且陛下富于春秋⑧，未必尽通诸事，今坐朝廷，谴举⑨有不当者，则见短⑩于大臣，非所以示神明于天下也。且陛下深拱禁中⑪，与臣及侍中习法者待事，事来有以揆之⑫。如此则大臣不敢奏疑事，天下称圣主矣。"二世用其计，乃不坐朝廷见大臣，居禁中。赵高常侍中用事，事皆决于赵高。

高闻李斯以为言，乃见丞相曰："关东群盗多，今上急益发

---

①塞聪掩明：塞上臣民的耳朵，蒙上他们的眼睛。 ②内独视听：即内视独听，一切视听全凭自己内心独断。 ③荦然：卓然独立的样子。逆：违反。 ④明：通晓。君臣：驾驭群臣。 ⑤加：超过。 ⑥税民：向百姓征税。 ⑦成积：成堆。 ⑧富于春秋：年纪轻。 ⑨谴举：谴责和赏拔。 ⑩见短：现出短处。 ⑪拱：拱手，无为。 ⑫揆之：权衡处理。

徭治阿房宫，聚狗马无用之物。臣欲谏，为位贱。此真君侯之事，君何不谏？”李斯曰：“固也，吾欲言之久矣。今时上不坐朝廷，上居深宫，吾有所言者，不可传也，欲见无间。”赵高谓曰：“君诚能谏，请为君候上间语君。”

于是赵高待二世方燕乐[①]，妇女居前，使人告丞相：“上方间，可奏事。”丞相至宫门上谒，如此者三。二世怒曰：“吾常多间日，丞相不来；吾方燕私，丞相辄来请事。丞相岂少我哉？且固我哉[②]？”赵高因曰：“如此殆矣！夫沙丘之谋，丞相与焉。今陛下已立为帝，而丞相贵不益，此其意亦望裂地而王矣。且陛下不问臣，臣不敢言。丞相长男李由为三川守，楚盗陈胜等皆丞相傍县之子[③]，以故楚盗公行[④]过三川，城守不肯击。高闻其文书相往来，未得其审[⑤]，故未敢以闻。且丞相居外，权重于陛下。”二世以为然，欲案[⑥]丞相，恐其不审，乃使人案验三川守与盗通状。李斯闻之。

是时二世在甘泉[⑦]，方作觳抵优俳之观[⑧]。李斯不得见，因上书言赵高之短曰：“臣闻之，臣疑其君[⑨]，无不危国；妾疑其夫，无不危家。今有大臣于陛下擅利擅害，与陛下无异，此甚不便。昔者司城子罕相宋，身行刑罚，以威行之，期年[⑩]遂劫其君。田常为简公臣，爵列无敌于国，私家之富与公家均，布惠施德，下得百姓，上得群臣，阴取齐国，杀宰予于庭，即弑简公于朝，遂有齐国。此天下所明知也。今高有邪佚之志，危反之行，如子罕相宋也；私家之富，若田氏之于齐也。兼行田常、子罕之逆道而劫陛下之威信，其志若韩玘为韩安相也。陛下不图，臣恐其为

---

①燕乐：退朝取乐时。②少：轻视，看不起。固：鄙陋。③傍县：旁县，邻县。④公行：公开横行。⑤审：真实情况。⑥案：治罪。⑦甘泉：宫名。⑧觳抵：同“角抵”，角力之戏。优俳：古代的杂戏表演。⑨疑：通“拟”，齐，等。⑩期年：一周年。

变也。”二世曰：“何哉？夫高，故宦人也，然不为安肆志①，不以危易心②，洁行修善，自使至此，以忠得进，以信守位，朕实贤之，而君疑之，何也？且朕少失先人，无所识知，不习治民，而君又老，恐与天下绝矣。朕非属赵君，当谁任哉？且赵君为人精廉强力，下知人情，上能适朕。君其勿疑。”李斯曰：“不然。夫高，故贱人也，无识于理，贪欲无厌，求利不止，列势次主③，求欲无穷，臣故曰殆。”二世已前信赵高，恐李斯杀之，乃私告赵高。高曰：“丞相所患者独高，高已死，丞相即欲为田常所为。”于是二世曰：“其以李斯属郎中令④。”

赵高案治李斯。李斯拘执束缚⑤，居囹圄中⑥，仰天而叹曰：“嗟乎，悲夫！不道之君，何可为计哉！昔者桀杀关龙逄，纣杀王子比干，吴王夫差杀伍子胥。此三臣者，岂不忠哉，然而不免于死，身死而所忠者非也。今吾智不及三子，而二世之无道过于桀、纣、夫差，吾以忠死，宜矣。且二世之治岂不乱哉！日者⑦夷其兄弟而自立也，杀忠臣而贵贱人，作为阿房之宫，赋敛天下。吾非不谏也，而不吾听也。凡古圣王，饮食有节，车器有数，宫室有度，出令造事，加费而无益于民利者禁，故能长久治安。令行逆于昆弟，不顾其咎⑧；侵杀忠臣，不思其殃；大为宫室，厚赋天下，不爱其费：三者已行，天下不听。今反者已有天下之半矣，而心尚未寤也⑨，而以赵高为佐，吾必见寇至咸阳，麋鹿游于朝也。”

于是二世乃使高案丞相狱，治罪，责斯与子由谋反状，皆收

---

①安：处于顺境。肆志：为所欲为。②易心：变心，不忠。③列势：地位，权势。④属郎中令：交给郎中令赵高查办。⑤拘执：被捕。束缚：套上刑具。⑥囹圄：监狱。⑦日者：指不久以前。⑧顾：考虑。咎：祸患。⑨寤：通“悟”，觉悟，醒悟。

捕宗族宾客。赵高治斯，榜掠[1]千馀，不胜痛，自诬服[2]。斯所以不死者，自负其辩，有功，实无反心，幸得上书自陈，幸二世之寤而赦之。李斯乃从狱中上书曰："臣为丞相治民，三十馀年矣，逮[3]秦之地陕隘。先王之时秦地不过千里，兵数十万。臣尽薄材，谨奉法令，阴行[4]谋臣，资之金玉，使游说诸侯；阴修甲兵，饰政教，官[5]斗士，尊功臣，盛其爵禄。故终以胁韩弱魏，破燕、赵，夷齐、楚，卒兼六国，虏其王，立秦为天子。罪一矣。地非不广，又北逐胡、貉，南定百越，以见秦之强。罪二矣。尊大臣，盛其爵位，以固其亲。罪三矣。立社稷，修宗庙，以明主之贤。罪四矣。更克画[6]，平斗斛度量，文章[7]布之天下，以树秦之名。罪五矣。治驰道，兴游观，以见主之得意。罪六矣。缓刑罚，薄赋敛，以遂主得众之心，万民戴主，死而不忘。罪七矣。若斯之为臣者，罪足以死固久矣。上幸尽其能力，乃得至今，愿陛下察之！"书上，赵高使吏弃去不奏，曰："囚安得上书！"

赵高使其客十馀辈诈为御史、谒者、侍中，更往复讯斯。斯更以其实对，辄使人复榜之。后二世使人验斯，斯以为如前，终不敢更言，辞服[8]。奏当上，二世喜曰："微赵君[9]，几为丞相所卖[10]。"及二世所使案三川之守至，则项梁已击杀之。使者来，会丞相下吏，赵高皆妄为反辞。

二世二年七月，具斯五刑[11]论，腰斩咸阳市。斯出狱，与其中子[12]俱执，顾谓其中子曰："吾欲与若复牵黄犬俱出上蔡东门逐狡兔，岂可得乎！"遂父子相哭。而夷三族。

---

①榜掠：严刑拷打。②诬服：屈服认罪。③逮：及，赶上。④行：派遣，派出。⑤官：用如动词，授官给某人。⑥更：改变。克：通"刻"。⑦平：统一。斛（hú）：量器，一斛为十斗。文章：即文字、文书、奏议等。⑧辞服：招供认罪。⑨微：没有。⑩几：差不多。卖：欺骗。⑪五刑：黥、劓、笞、斩首、碎尸五种刑罚。⑫中子：次子。

李斯已死，二世拜赵高为中丞相，事无大小辄决于高。高自知权重，乃献鹿，谓之马。二世问左右："此乃鹿也？"左右皆曰："马也。"二世惊，自以为惑，乃召太卜，令卦之。太卜曰："陛下春秋郊祀，奉宗庙鬼神，斋戒不明①，故至于此。可依盛德而明斋戒。"于是乃入上林斋戒。日游弋猎②，有行人入上林中，二世自射杀之。赵高教其女婿咸阳令阎乐劾不知何人贼杀人移上林。高乃谏二世曰："天子无故贼杀不辜人③，此上帝之禁也，鬼神不享④，天且降殃，当远避宫以禳之⑤。"二世乃出居望夷之宫。

留三日，赵高诈诏卫士，令士皆素服持兵内乡，入告二世曰："山东群盗兵大至！"二世上观而见之，恐惧，高即因劫⑥令自杀。引玺而佩之，左右百官莫从；上殿，殿欲坏者三。高自知天弗与，群臣弗许，乃召始皇帝⑦，授之玺。

子婴即位，患之，乃称疾不听事，与宦者韩谈及其子谋杀高。高上谒，请病⑧，固召入，令韩谈刺杀之，夷其三族。

子婴立三月，沛公兵从武关入，至咸阳，群臣百官皆畔，不适⑨。子婴与妻子自系其颈以组⑩，降轵道旁。沛公因以属吏。项王至而斩之。遂以亡天下。

太史公曰：李斯以闾阎历诸侯，入事秦，因以瑕衅，以辅始皇，卒成帝业。斯为三公，可谓尊用矣。斯知六艺之归⑪，不务明政以补主上之缺，持爵禄之重，阿顺苟合，严威酷刑，听高邪

---

①斋戒不明：指在斋戒时不够庄敬，不洁净。 ②弋猎：射猎。 ③不辜人：无罪之人。 ④不享：不享用祭祀品，即不接受祭祀。 ⑤禳：祭祀祈祷以免灾祸。 ⑥劫：强迫。 ⑦始皇帝：卷六《秦始皇本纪》则作"立二世之兄子公子婴为秦王"。 ⑧请病：询问病情。 ⑨适：通"敌"。 ⑩自系其颈以组：这是古代君主投降的礼节。组：丝织带子。 ⑪六艺：指《诗》《书》《礼》《乐》《易》《春秋》。归：旨归，旨趣。

说，废嫡立庶①。诸侯已畔，斯乃欲谏争，不亦末乎！人皆以斯极忠而被五刑死，察其本，乃与俗议之异。不然，斯之功且与周、召列矣。

【译文】

李斯，楚国上蔡人。他年轻时，曾在郡里做小吏，看到办公处附近厕所里的老鼠吃着脏东西，每逢有人或狗走来时，就受惊逃跑。后来李斯又走进粮仓，看到粮仓中的老鼠，吃的是囤积的粟米，住在大屋子之下，不受人和狗的惊扰。于是李斯就慨然叹息道："一个人有出息还是没出息，就如同老鼠一样，在于让自己处于怎样的环境里罢了！"

于是李斯就跟荀子学习治理天下的学问。学业完成后，李斯估量楚王是不值得侍奉的，而六国国势都已衰弱，没有为它们建功立业的希望，就想西行到秦国去。在临行之前，向荀子辞行说："我听说一个人若遇到机会，千万不可松懈错过。如今各诸侯国都争取时机，游说之士掌握实权。现在秦王想吞并各国，称帝治理天下，这正是平民出身的政治活动家和游说之士奔走四方、施展抱负的好时机。一个人地位卑贱，而不想着去求取功名富贵，就如同禽兽一般，只等看到现成的肉才想去吃，白白长了一副人的面孔勉强直立行走。所以说，人最大的耻辱莫过于卑贱，最大的悲哀莫过于贫穷。长期处于卑贱的地位和贫困的环境之中，却还要非难社会、厌恶功名利禄，标榜自己与世无争，这不是士子的本愿。所以我就要到西方去游说秦王了。"

李斯到秦国后，正赶上秦庄襄王死，李斯就请求充当秦相国文信侯吕不韦舍人；吕不韦很赏识他，任命他做郎官。这样就使李斯有游说的机会，他对秦王说："平庸的人往往失去时机，而成大功业的人就在于他能利用机会并能下狠心。从前秦穆公虽称霸，但终究没东进吞并山东六国，这是什么原因呢？原因在于当时诸侯还多，周朝的德望也没有衰落，

①嫡：指始皇长子扶苏。庶：指胡亥。

因此五霸交替兴起，相继推尊周朝。自从秦孝公以来，周朝卑弱衰微，诸侯间互相兼并，函谷关以东地区成为六国，秦国乘胜控制诸侯已经六代。现如今诸侯服从秦国就如同郡县服从朝廷一样。以秦国的强大，大王的贤明，就像扫除灶上的灰尘一样，足以扫平诸侯，成就帝业，统一天下，这是万世难逢的一个最好时机。倘若现在懈怠而不抓紧此事的话，等到诸侯再强盛起来，又订立合纵盟约，虽有黄帝一样的贤明，也不能吞并它们了。”秦始皇就命李斯为长史，听从了他的计谋，暗中派谋士带着金玉珍宝去各国游说。对各国著名人物能收买的，就多送礼物加以收买；不能收买的，就用利剑刺杀他们。这些都是离间诸侯国君臣关系的计策，接着，秦王就派良将随后攻打。秦王命李斯为客卿。

恰在此时韩国人郑国以修筑渠道为名，来到秦国做间谍，不久被发觉。秦国的王族大臣们都对秦王说：“从各国来事奉秦王的人，大都是为他们的国君来游说、做间谍的，请求大王把宾客一概驱逐。”李斯也在被驱逐之列。于是李斯就上书说：

听说大臣们建议要驱逐宾客，我私下认为这是错误的。从前秦穆公招揽贤才，从西戎找到由余，从东边楚国的宛地得到百里奚，从宋国迎来蹇叔，从晋国招来丕豹、公孙支。这五人都不生于秦国，而秦穆公重用他们，吞并了二十多个国家，也就得以在西戎称霸。秦孝公采用商鞅的新法，移风易俗，百姓因此殷实，国家因此富足强大，百姓们愿为国家效力，其他国家也诚心归附，击败楚国、魏国的军队，攻取千里土地，至今政治安定，国家强盛。秦惠王用张仪的计策，攻取三川地区，向西又吞并巴、蜀，向北占领上郡，向南攻占汉中，囊括九夷，控制鄢、郢，在东面占据险要的成皋，取得肥沃的土地，并进一步瓦解六国的合纵联盟，使他们面向西方，事奉秦国，功绩一直延续到今天。秦昭王得到范雎，废黜穰侯，驱逐华阳君，使公室强大，杜绝了私门权贵的势力，像蚕吃桑叶一般，逐渐吞并各国，终于使秦国奠定了统一天下大业的基础。这四位君主，都是依靠别国人士的力量。由此看来，别国人士有哪一点对不起秦国呢？假使这四位君主拒绝外国人士而不接受他们，疏远士人而不重用，这就使秦国既无富足之实，又无强大之名。

现在皇上您罗致昆山的美玉，拥有随侯之珠、和氏之璧，挂着明月珠，佩着太阿剑，驾着纤离马，竖着翠凤旗，摆着灵鼍鼓。这些宝物，并没有一样是秦国出产的，但陛下您非常喜爱它们，这是为什么呢？若是一定要秦国所产然后才使用的话，那么夜光之璧就不能用来装饰朝廷，犀角象牙制品就不能为您所赏玩，郑国、卫国的美女也不能列于您的后宫之中，而駃騠良马也不能养在您的马房里。江南的金锡也不该用，西蜀的丹青也不应用来做颜料。如果您用来装饰后宫、充当姬妾、赏心乐意、怡目悦耳的，一定要出自秦国然后才用的话，那么，用宛地珍珠装饰的簪子，玑珠镶嵌的耳坠，东阿白绢缝制的衣服、刺绣华美的装饰品，就不能进献在您的面前，那时髦而又高雅，漂亮而又文静的赵国女子就不能侍立在您的身边。而那些敲打瓦坛瓦罐、弹着秦筝、拍着大腿、呜呜叫喊以满足欣赏要求的，才是正宗的秦国音乐。像《郑》《卫》《桑间》《昭》《虞》《武》《象》这些乐曲，都是其他国家的音乐。现在您抛弃敲打瓦坛瓦罐这一套秦国音乐而听《郑》《卫》之声，不去听弹筝而欣赏《昭》《虞》之曲，这是什么原因呢？只不过是图眼前快乐，宜于观赏而已。而现在您用人却不是这样，不问此人能用不能用，也不问是非曲直，只要不是秦国人一律辞退，只要是别国之人一律驱逐。这样看来，陛下所看重的是美女、音乐、珍珠、宝玉，而看轻的是人才了。这并不是统一天下、制服诸侯的策略。

我听说过土地广阔所产粮食就充足，国家广大人口就众多，军队强盛士兵就勇敢。因此泰山不排斥泥土，才能堆积得那样高大；河海不挑剔细小的溪流，才能变得如此深广；成就王业的人不抛弃民众，才能显出他的盛德。所以他无论东南西北，民众不分这国那国，一年四季五谷丰登，鬼神赐予福泽，这就是五帝三王无敌于天下的原因所在。而现在陛下您抛弃百姓来帮助敌国，排斥宾客而使他们为他国建功立业，使天下有才之士后退而不敢西行，停住脚步而不敢进入秦国，这正是人们所说的“借武器给敌人，送粮食给盗贼”啊！

非秦国出产的物品，值得珍视的很多；非秦国出生的士人，愿意效忠的也不少。现在您驱逐客卿来资助敌国，损害百姓以帮助仇人，在内部削弱自己而在外面又和各国结下怨恨，这样下去，要想国家没有危险，是不可能的。

于是，秦王就废除了逐客令，恢复了李斯的官职，终于采用了他的计策，他的官位也升到廷尉。经过了二十多年，终于统一了天下，尊称秦王为“皇帝”。皇帝又任命李斯为丞相。并拆平了各国郡县的城墙，销毁了各地的武器，表示不再使用。使秦国没有一寸分封的土地，也不立皇帝子弟为王，更不把功臣作为诸侯，以便使国家从此之后再也没有战争祸患。

秦始皇三十四年，在咸阳宫摆酒设宴招待群臣，博士仆射周青臣等人称颂秦始皇的武威盛德。齐人淳于越劝谏道：“我听说殷商和周朝统治达一千多年，分封子弟及功臣作为膀臂辅翼。而现在陛下您虽统一天下，但子弟却还是平民，若一旦出现田常、六卿夺权篡位那样的祸患，在朝中又没有强有力的辅佐之臣，靠谁来相救呢？办事不学习古代经验而长期统治的朝代，我还没有听说过。现在周青臣等人又当面阿谀奉承以助长您的错误，不是忠臣。”

始皇把这种议论交给李斯处理，李斯认为这种论点是荒谬的，因此废弃不用，就上书给皇帝说：

古时候天下分散败乱，彼此之间互不服从，所以才诸侯并起，一般舆论都称道古代以否定当代，装点一些虚夸不实的文辞来扰乱社会的实际，人们都认为自己的一派学问最好，用来否定皇帝的政策法令。现在陛下统一了天下，分辨了是非黑白，使海内共同尊崇皇帝一人；而诸子百家各个学派却任意非议朝廷的法令制度，听说朝廷令下，立刻就以自己学派的观点来议论它，回家便心中不满，出门则在街头巷尾纷纷议论，以批评君主来显扬自己的名声，认为和朝廷不一样便是本领高，并带领下层群众来制造诽谤。这样下去而不加以禁止的话，上面君主的权力威望就要下降，下面私人的帮派也要形成。因此，还是以禁止为妥。我请求把人们收藏的《诗》《书》和诸子百家的著作，都一律扫除干净。命令下达三十天后，若还有人不服从，判处黥刑并罚做筑城苦役。不在清除之列的，是医药、占卜、种植等类书籍。若有想学习法令的，以官吏为老师。

秦始皇批准了他的建议，没收了《诗经》《尚书》和诸子百家的著作，以便使人民愚昧无知，使天下人无法用古代之事来批评当前朝廷。修明法制，制定律令，都从秦始皇开始。统一文字，在全国各地修建离宫别馆。第二年，始皇又到各地去巡视，平定了四方少数民族，这些措施，李斯都出了不少力。

李斯的长子李由做三川郡守，儿子们娶的是秦公主，女儿们嫁的都是皇室子弟。三川郡守李由请假回咸阳时，李斯在家中设下酒宴，文武百官都前去给李斯敬酒祝贺。门前的车马数以千计。李斯慨然长叹道："哎呀！我曾听荀卿说过'事情不要搞得过了头'。我李斯原是上蔡的平民，街巷里的百姓，皇帝不了解我才能低下，才把我提拔到这样高的地位。现如今做臣子的没有人比我职位更高，可以说是富贵荣华到了极点。然而事物发展的极点就要开始衰落，我还不知道归宿在哪里啊！"

秦始皇三十七年十月，巡行出游到会稽山，沿海北上，到达琅邪山。丞相李斯和中车府令兼符玺令赵高都随同前往。秦始皇有二十多个儿子，长子扶苏因多次直言劝谏皇帝，始皇派他到上郡监督军队，蒙恬任将军。小儿子胡亥很受宠爱，要求随行，始皇答应了。其他儿子都没跟着去。

这一年七月，秦始皇达到沙丘，病得非常严重，命赵高写好诏书给公子扶苏说："把军队交给蒙恬，赶快到咸阳参加葬礼，然后安葬。"诏书都已封好，但还没交给使者，秦始皇就驾崩了。诏书和印玺都在赵高手里，只有小儿子胡亥，丞相李斯和赵高以及五六个亲信宦官知道始皇驾崩，其余群臣都不知道。李斯认为皇帝在外面驾崩,又没有正式确立太子,所以保守秘密,把始皇的尸体安放在一辆既能保温又能通风凉爽的车子中,百官奏事及进献饮食还像往常一样,宦官就假托皇帝从车中批准百官上奏的政务。

赵高因此扣留了始皇赐给扶苏的诏书,而对公子胡亥说:"皇帝驾崩了,没有诏书封诸子为王而只赐给长子扶苏一封诏书。长子到后,就会登位做皇帝,而您却连尺寸的封地也没有,这怎么办呢?"胡亥说:"是啊,我听说过,圣明的君主最了解臣子,圣明的父亲最了解儿子。父亲临终时既未下命令分封诸子,那还有什么可说的呢?"赵高说:"并非如此。当今天下的大权,无论谁的生死存亡,都在您、我和李斯手里掌握着啊!希望您好好考虑考虑。更何况驾驭群臣和向人称臣,统治别人和被人统治,难道可以同日而语吗!"胡亥说:"废除兄长而立弟弟,这是不义;不服从父亲的遗命而惧怕死亡,这是不孝;自己才能浅薄,依靠别人的帮助而勉强登位,这是无能:这三件事都是大逆不道的,天下人也不服从,我自身遭受祸殃,国家还会灭亡。"赵高说:"我听说过商汤、周武杀死他们的君主,天下人都称赞他们行为符合道义,不能算是不忠。卫君杀死他的父亲,而卫国人称颂他的功德,孔子记载了这件事,不能算是不孝。更何况办大事不能拘于小节,行大德也用不着再三谦让,乡间的习俗各有习惯,百官的工作方式也各不一样。所以顾忌小事而忘了大事,日后必生祸患;关键时刻犹豫不决,将来一定要后悔。果断而大胆地去做,连鬼神都要回避,将来一定会成功。希望你按我说的去做。"胡亥长叹一声说道:"现在皇帝驾崩还未发丧,丧礼也未结束,怎么好拿这件事来求丞相呢?"赵高说:"时光啊时光,短暂得来不及谋划!我就像携带干粮骑上快马赶路一样,唯恐耽误了时机!"

胡亥同意赵高的话后,赵高说:"不和丞相商议,恐怕事情还不能成功,我请求能替你与丞相商议。"赵高就对丞相李斯说道:"始皇驾崩,赐给长子扶苏诏书,命他到咸阳参加丧礼,并立为继承人。诏书未送,皇帝驾崩,还没人知道此事。皇帝赐给长子的诏书和符玺都在胡亥手里,立谁为太子只在于您和我的一句话罢了。您看这事该怎么办?”李斯说:“您怎能说出这种亡国的话呢!这不是作为人臣所应当议论的事!”赵高说:“您自己估计一下,和蒙恬相比,谁有本事?谁的功劳更高?谁更谋略深远而不失误?天下百姓更拥戴谁?与长子扶苏的关系谁更好?”李斯说:“在这五个方面我都比不上蒙恬,但您为什么这样苛求我呢?”赵高说:“我本来就是一个宦官的奴仆,有幸能凭熟悉狱法文书进入秦宫,管事二十多年,还未曾见过被秦王罢免的丞相或功臣有封爵而又传给下一代的,结果都是以被杀告终。皇帝有二十多个儿子,这些都是您所知道的。长子扶苏刚毅而且勇武,信任人而又善于激励士人,即位后一定要用蒙恬任丞相,这是显而易见的,您最终也是不能怀揣通侯之印退职还乡了。我受皇帝之命教育胡亥,让他学法律已有好几年了,还没见过他有什么错误。他慈悲仁爱,诚实厚道,轻视钱财,尊重士人,心里聪明,只是不善言辞,竭尽礼节尊重贤士,在秦始皇的儿子中,没人能赶得上他,可立为继承人。希望您考虑一下再决定。”李斯说:“您还是守自己的本分吧!我李斯只执行皇帝遗诏,自己的命运听从上天安排,有什么可考虑决定的呢?”赵高说:“看来平安却可能是危险的,危险又可能是平安的。在安危面前不早做决定,又怎能算是聪明人呢?”李斯说:“我李斯本是上蔡街巷里的平民百姓,承蒙皇上提拔,让我任丞相,封为通侯,子孙都得到尊贵的地位和优厚的待遇,所以皇上才把国家安危存亡的重任交给我,我又怎能辜负他的重托呢?忠臣不因怕死而苟且从事,孝子不因过分操劳而损害健康,做臣子的各守各的职分而已。请您不要再说了,不要让我李斯也跟着犯罪。”赵高说:“我听说圣人并不循规蹈矩,而是适应变化,顺从潮流,看到事情发展的苗头就能预知根本,看到事物发展的动向就能预知其结果。而事物本来就是如此,哪有什么一成不变的道理呢!现如今天下的权力和命运都掌握在胡亥手里,我赵高能猜出他的心志。更何况从外部来制服内部就是逆乱,从下面来制服上面就是反叛。所以秋霜一降花草就随之凋落,冰消雪化就万物更生,这是自然界必然的结果。您怎么连这些都没意识到呢?”李斯说:“我听说晋国改换太子,三代不安宁;齐桓公兄弟争夺王位,哥哥被杀死;商纣杀死亲戚,又不听从臣下劝谏,都城夷为废墟,随着危及社稷:这三件事都违背天意,所以才落得宗庙没人祭祀。我李斯还是人啊,怎能参与这些阴谋呢!"赵高说:"上下齐心协力,事业可以长久;内外配合如一,事情就没差错。您听从我的计策,就会长保封侯,并永世相传,一定有仙人王子乔、赤松子那样的长寿,孔子、墨子那样的智慧。现在放弃这个机会而不听从我的意见,必将祸及子孙,足以令人心寒。善于为人处世,相机而动的人是能够转祸为福的,您打算怎么办呢?"李斯仰天长叹,挥泪叹息道:"哎呀!偏偏遭逢乱世,既然已不能以死尽忠了,将向何处寄托我的命运呢!"于是李斯就依从了赵高。赵高便回报胡亥说:"我奉太子您的命令去通知丞相李斯,他怎敢不服从命令呢!"

于是他们就一同商议,伪造了秦始皇给丞相李斯的诏书,立胡亥为太子。又伪造了一份赐给长子扶苏的诏书说:"我巡视天下,祈祷祭祀各地名山的神灵以求长寿。现在扶苏和将军蒙恬带领几十万军队驻守边疆,已十余年了,不能向前进军,而士兵伤亡很多,没有立下半点功劳,反而多次上书直言诽谤我的所作所为,因不能解职回京做太子,日夜怨恨不满。扶苏作为人子而不孝,赐剑自杀!将军蒙恬和扶苏一同在外,不纠正他的过失,也应知道他的谋划。作为人臣而不尽忠,一同赐命自杀,把军队交给副将王离。"把诏书封好,加盖了皇上的玉玺,让胡亥的门客捧着诏书到上郡交给扶苏。

使者到达后,打开诏书,扶苏就哭泣起来,进入内室想自杀。蒙恬阻止扶苏说:"皇上在外巡视,没有立下太子,派我带领三十万大军守卫边疆,公子做监军,这是天下的重任啊。现在只有一个使者来,您就立刻自杀,怎能知道其中没有虚假呢?希望您再请示一下,经过再次请示后再死也不晚。"使者连连催促。扶苏为人仁爱,对蒙恬说:"父亲命儿子死去,还要请示什么!"立刻自杀而死。蒙恬不肯自杀,使者立刻把他交付法吏,关押在阳周。

使者回来汇报,胡亥、李斯、赵高都非常高兴。到咸阳后发布丧事,太子胡亥立为二世皇帝。任命赵高做郎中令，常在宫中服侍二世，掌握了大权。

秦二世在宫中闲居无事，就把赵高叫来一同商议，对赵高说："人活在世上，就如同驾驭着六匹骏马从缝隙前飞过一样短暂。我既然已统治天下了，想尽量满足耳目方面的一切欲望，享受尽我所能想到的一切乐趣，使国家安宁，百姓快乐，永保江山，以享天年，这种想法能行得通吗？"赵高说："这对贤明的君主来说是能够做到的，而对昏乱的君主来说是应禁忌的。我冒昧地说一句不怕杀头的话，请陛下稍加注意一点。对于沙丘的密谋策划，各位公子和大臣都有怀疑，而这些公子都是您的兄长，这些大臣都是先帝所任用的。现在陛下您刚刚登皇位，这些人都心中怨恨不服，恐怕他们要闹事。更何况蒙恬虽已死去，蒙毅还在外面带兵，我之所以提心吊胆，只是害怕会有不好的结果。陛下您又怎么能为此而行乐呢？"二世说："这可怎么办呢？"赵高说："实行严峻的法律和残酷的刑罚，把犯法的和受牵连的人统统杀死，直至灭族，诛杀当朝大臣，而疏远您的骨肉兄弟，让原来贫穷的人富有起来，让原来卑贱的人高贵起来。全部铲除先帝的旧臣，重新任命您信任的人在身边任职。这样就使他们从心底对您感恩戴德，根除了祸害而杜绝了奸谋，群臣上下没有人不得到您的恩泽，承受您的厚德，陛下您就可以高枕无忧，纵情享受了。没有比这更好的计策了。"二世认为赵高的话是对的，就重新修订法律。于是群臣和公子们有罪，二世总是把他们交付赵高，命他审讯法办。杀死了大臣蒙毅等人，十二位公子在咸阳街头斩首示众，十个公主也在杜县被分裂肢体处死，财物没收归皇帝所有，连带一同治罪的不计其数。

公子高想外出逃命，又怕被满门抄斩，就上书说："先帝活着的时候，我进宫就给吃的东西，出宫就让乘车。皇帝内府中的衣服，先帝赐给我；宫中马棚里的宝马，先帝也赐给我。我本该与先帝一起死去而没做到，这是我做人子的不孝，为人臣的不忠。而不忠的人没有理由活在世上，请允许我随先帝死去，希望能把我埋在骊山脚下。只求皇上哀怜答应我。"此书上奏以后，胡亥非常高兴，叫来赵高并把此书指示给他看，说：

“这可以说是窘急无奈了吧?”赵高说:“在大臣们整天担心自己死亡还来不及的时候,哪里还能图谋造反呢!”胡亥答应了公子高的请求,赐给他十万钱予以安葬。当时的法令刑罚一天比一天残酷,群臣上下人人自危,想反叛的人很多。二世又建造阿房宫,修筑直道、驰道,赋税越来越重,兵役劳役没完没了。于是从楚地征来戍边的士卒陈胜、吴广等就起兵造反,在崤山以东起事,英雄豪杰纷纷起事,自立为侯王,反叛秦朝,他们的军队一直攻到鸿门才退去。

李斯多次想找机会进谏,但二世不允许。还反倒责备李斯说:“我有个看法,是从韩非子那里听来的,他说‘尧统治天下,殿堂只不过三尺高,柞木椽子直接使用而不加砍削,茅草做屋顶而不加修剪,即使是旅店中的住宿条件也不会比这更艰苦。冬天穿鹿皮袄,夏天穿麻布衣,粗米做饭,野菜做汤,用土罐吃饭,用土钵喝水,即使是看门人的生活也不会比这更清寒。夏禹凿开龙门,开通大夏水道,又疏通多条河流,曲折地筑起多道堤防,把积水引导入海,大腿上没了白肉,小腿上没了汗毛,手掌脚底都结满了厚茧,面孔漆黑,最终还累死在外,葬在会稽山上,即使是奴隶的劳苦也不会比这更厉害了’。然而把统治天下看得无尚尊贵的人,其目的难道就是想操心费力,栖身旅店一样的宿舍,吃看门人吃的食物,干奴隶干的活计吗?这些事都是才能低下的人该努力去干的,并非贤明的人所从事的。那些贤明的人统治天下,只是把天下的一切都拿来满足自己的欲望而已,这正是把统治天下看得无尚尊贵的原因所在。所谓贤明之人,一定能安定天下、治理万民,倘若连自己都没捞到好处,又怎能治理天下呢!所以我才想恣心广欲,永远享有天下而不致发生祸害。这该怎么办呢?”

李斯的儿子李由任三川郡守,群起造反的吴广等向西攻占地盘,任意往来,李由不能阻止。章邯在击败并驱逐吴广等的军队后,派到三川去调查的使者一个接着一个,并责备李斯身居三公之位,为何让盗贼猖狂到这种地步。李斯很是害怕,又贪恋爵位俸禄,不知如何是好,就曲意阿顺二世的心意,想求得宽容,便上书回答二世说:

贤明的君主，必将是能够全面掌握为君之道，又对下行使督责的统治术的君主。对下严加督责，臣子就不敢不竭尽全力为君主效命。这样，君臣的职分一经确定，上下关系的准则也明确了，那么天下不论是有才能的还是没有才能的，都不敢不竭尽全力为君主效命了。因此君主才能专制天下而不受任何约束，能享尽达到极致的乐趣。贤明的君主啊，又怎能看不清这一点呢！

所以申不害先生说"占有天下要是还不懂得纵情恣欲，这就叫把天下当成自己的镣铐"这样的话，并没有别的意思，只是讲不督责臣下，而自己反辛辛苦苦为天下百姓操劳，像尧和禹那样，所以称之为"镣铐"。他们不能学习申不害、韩非的高明法术，推行督责措施，一心以天下使自己舒服快乐，而只是白白地操心费力，拼命为百姓干事，那就成为百姓的奴仆，并不是统治天下的帝王，这有什么值得尊贵的呢！让别人为自己献身，就自己尊贵而别人卑贱；让自己为别人献身，就自己卑贱而别人尊贵。所以献身的人卑贱，接受献身的人尊贵，从古到今，没有不是这样的。自古以来之所以尊重贤人，是因为受尊重的人自己尊贵；之所以讨厌不肖的人，是因为不肖的人自己卑贱。而尧、禹是为天下献身的人，因袭世俗的评价而予以尊重，这也就失去了所以尊贤的用心了，这可说是绝大的错误。说尧、禹把天下当作自己的"镣铐"，不也是很合适的吗？这就是不能督责的过错。

所以韩非先生说"慈爱的母亲会养出败家的儿子，而严厉的主人家中没有强悍的奴仆"，是什么道理呢？这是由于能严加惩罚的必然结果。所以商鞅的新法规定，在道路上撒灰的人就要判刑。撒灰于道是轻罪，而判刑却是重罚。只有贤明的君主才能严厉地督责轻罪。轻罪尚且严厉督责，何况犯有重罪呢？所以百姓就不敢犯法了。因此韩非先生又说："对几尺绸布，一般人见到就会顺手拿走，百镒成色上好的黄金，盗跖不会夺取"，并不因为常人贪心严重，几尺绸布价值极高，盗跖利欲淡泊；也不是因为盗跖行为高尚，轻视百镒黄金的重利。原因是一旦夺取，随手就要受刑，所以盗跖不敢夺取白镒黄金；若是不坚决施行刑罚的话，那么一般人也就不会放弃几尺绸布。所以五丈高的城墙，楼季不敢轻易冒犯；泰山高达百仞，而跛脚的牧羊人却敢在上面放牧。难道楼季把攀越五丈高的城墙看得很难，而跛脚的牧羊人登上百仞高的泰山看得很容易吗？这是因为陡峭和平缓，两者形势不同。圣明的君主之所以能久居尊位，长掌大权，独自垄断天下利益，其原因并不在于他们有什么特殊的办法，只是由于他们能够独揽大权，精于督责，对犯法的人一定严加惩处，所以天下人不敢违犯。现在不制订防止犯罪的措施，去仿效慈母养成败家子的做法，那就太不了解前代圣哲的论说了。不能实行圣人治理天下的好方法，除去给天下做奴仆还能干什么呢？这不是太令人悲伤的事吗！

更何况节俭仁义的人在朝中任职，那荒诞放肆的乐趣就得停止；规劝陈说，高谈道理的臣子在身边干预，放肆无忌的念头就要收敛；烈士死节的行为受到世人的推崇，纵情享受的娱乐就要放弃。所以圣明的君主能排斥这三种人，而独掌统治大权，驾驭言听计从的臣子，建立严明的法制，所以自身尊贵而权势威重。凡是贤明的君主，都能拂逆世风、扭转民俗，废弃他所厌恶的，树立他所喜欢的，因此在他活着的时候才能拥有尊贵的威势，在他死后才有贤明的谥号。正因为这样，贤明的君主才集权专制，使权力不落入臣下手中，然后才能斩断仁义之路，堵住游说之口，困厄烈士的死节行为，闭目塞听，任凭自己独断专行，这样在外就不致被仁义节烈之士的行为所动摇，内心也不会被劝谏争论所迷惑。因此才能逞其为所欲为的心志，而没有人敢反抗。像这样，才可以说是了解了申不害、韩非的统治术，学会了商鞅的法制。法制和统治术都精通了，天下还会大乱，这样的事我还没听说过。所以，有人说："帝王的统治术是简约易行的。"只有贤明君主才能这么做。像这样，才可以说是真正实行了督责，臣下才能没有离异之心，天下才能安定，天下安定才能有君主的尊严，君主有了尊严才能使督责严格执行，督责严格执行后君主的欲望才能得到满足，满足之后国家才能富强，国家富强了君主才能享受得更多。所以只要督责之术一确立，君主就任何欲望都能满足了。群臣百姓想补救自己的过失都来不及，哪里还敢谋反？像这样，就可以说是掌握了帝王的统治术，也可以说了解了驾驭群臣的方法。即使申不害、韩非复生，也不能超过了。

这封答书上奏后，二世非常高兴。于是更加严厉地实行督责，向百姓收税越多越是贤明的官员。二世说："像这样才可称得上善于督责了。"路上的行人，有一半是受刑的犯人，在街市上每天都堆积着刚杀死的人的尸体，而且杀人越多的越是忠臣。二世说："像这样才可以称得上实行督责了。"

起初，赵高在做郎中令时，被他杀害的和为了报私仇而陷害的人非常多，唯恐大臣们在入朝奏事时向二世揭发他，就劝说二世道："天子之所以尊贵，就在于大臣只能听到他的声音，而不能看到他的面容，所以才自称为'朕'。况且陛下还年轻，未必对什么事情都熟悉，现在坐在朝廷上，若惩罚和奖励有不妥当的地方，就会把自己的短处暴露给大臣，这也就不能向天下人显示您的圣明了。陛下不妨深居宫中，和我及熟悉法律的侍中在一起，等待大臣把公事呈奏上来，等公文一旦呈上，我们就可以研究决定。这样，大臣们就不敢把疑难的事情报上来，天下的人也就称您为圣明之主了。"二世采纳了赵高的建议，就不再坐在朝廷上接见大臣，深居在宫禁之中。赵高总在皇帝身边侍奉办事，一切公务都由赵高决定。

赵高听说李斯对此有不满的言论，就找到李斯说："函谷关以东地区盗贼很多，而现在皇上却加紧遣发劳役修建阿房宫，搜集狗马等没用的玩物。我想劝谏，但我的地位卑贱。这可实在是您丞相的责任，为什么不劝谏呢？"李斯说"确实这样，我早就想说话了。可是现在皇帝不临朝听政，常居深宫之中，我虽然有话想说，又不便让别人传达，想见皇帝却又没有机会。"赵高对他说："您若真能劝谏的话，请允许我替你打听，只要皇上一有空闲,我立刻通知你。”于是赵高趁二世在闲居娱乐,美女在前的时候,派人告丞相说:“皇上正有空闲,可以进宫奏事。”丞相李斯就到宫门求见,接连三次都是这样。二世非常生气地说:“我平时空闲的日子很多,丞相都不来。每当我在寝室休息时,丞相就来请示奏事。丞相是瞧不起我呢?还是故意让我难堪呢?”赵高又乘机说:“您这样说话可太危险了!沙丘的密谋,丞相是参与了的。现在陛下您已即位皇帝,而丞相的地位却没有提高,显然他的意思是想割地封王呀!如果皇帝您不问我,我不敢说。丞相的长子李由做三川郡守,楚地强盗陈胜等人都是丞相故乡邻县的人,因此他们才敢公开横行,经过三川时,李由只是守城而不肯出击。我曾听说他们之间有书信来往,但还没有调查清楚,所以没敢向陛下报告。更何况丞相在外,权力比陛下还大。”二世认为赵高的话没错,想惩办丞相,但又担心情况不实,就派人去调查三川郡守与盗贼勾结的具体情况。李斯知道了这个消息。

当时二世正在甘泉宫观看摔跤和滑稽戏表演。李斯不能进见,就上书揭发赵高的短处说:“我听说,臣子比同君主,没有不危害国家的;妾比同丈夫,没有不危害家庭的。现在有的大臣专擅着陛下的赏罚大权,和您没有什么不同,这是很不妥当的。从前司城子罕做宋国丞相,自己掌握刑罚大权,用威权行事,一年之后就劫持了宋国国君,篡夺了王位。田常做齐简公的臣子,爵位高到全国无人与他相匹敌,自家的财富和公家的一样多,他行恩施惠,在下得百姓的爱戴,在上得群臣的拥护,暗中窃取了齐国的权力,在厅堂里杀死了宰予,又在朝廷上杀害了齐简公,这样,就完全控制了齐国。这是天下周知的事情。现在赵高有邪辟过分的心志和险诈叛逆的行为,就如同子罕做宋国丞相时的所作所为;而他私人占有的财富,也正像田常在齐国那样多。他一并使用田常、子罕的叛逆方式而又窃取了陛下您的威信,他志向就如同韩玘做韩安的宰相时一样。陛下你不早打算,我怕他是会作乱的。”二世说:“这是什么话?赵高原本是个宦官,但他不因处境安逸就为所欲为,也不因处境危险而改变忠心,他品行廉洁,一心向善,靠自己的努力才得到今天的地位,因忠心耿耿才被提拔，因讲信义才保住职位，我确实认为他是贤才，而你怀疑他，这是为什么呢？再加上我年纪轻轻就失去了父亲，没什么知识，不知如何管理百姓，而你年纪又大了，我担心与天下人隔绝了。我如果不依靠赵高，还应当用谁呢？况且赵先生为人精明廉洁，竭尽其力，下能了解民情，上能顺适我的心意，请你不要怀疑了。”李斯说：“并非如此。赵高从前是卑贱的人，并不懂道理，贪得无厌，求利不止，地位权势仅次于陛下，但他追求地位和权势的欲望没有止境，所以我说是很危险的。”二世早上已相信了赵高，担心李斯杀掉他，就暗中把这些话告诉了赵高。赵高说：“丞相所忧虑的只有我赵高，我死后，丞相就可以干田常所干的那些事了。”于是二世说：“就把李斯交给郎中令查办吧！”

赵高查办李斯。李斯被捕，套上了刑具，关在监狱中，仰天长叹道：“哎呀！可悲啊！无道的昏君，怎么能为他出谋划策呢！从前夏桀杀死关龙逢，商纣杀死王子比干，吴王夫差杀死伍子胥。这三个大臣，难道不忠吗！然而免不了一死，他们虽尽忠而死，只可惜忠非其人。现在我的智慧赶不上这三个人，而二世的暴虐无道超过了桀、纣、夫差，我因尽忠而死，也是应该的呀。况且二世治国不是胡搞么！不久前杀死自己的兄弟而自立为皇帝，又杀害忠良，重用低贱的人，修建阿房宫，对天下百姓横征暴敛。并不是我不劝谏，而是他不听我的话呀。凡是古代圣明的帝王饮食都有一定节制，车马器物有一定数量，宫殿都有一定限度，颁布命令和办事情，增加费用而不利于百姓的一律禁止，所以才能长治久安。现在二世对自己的兄弟，施以违反常情常理的残暴手段，不考虑后果；杀戮忠臣，也不考虑会有什么灾殃；大力修筑宫殿，加重对天下百姓的税收，不吝惜钱财：这三件措施实行后，天下百姓不服从。现在造反的人已占天下人的一半，但他心中还未醒悟，居然用赵高为辅佐，我一定会看到盗贼攻进咸阳，使朝廷变为麋鹿嬉游的地方。”

于是二世就派赵高审理丞相一案，对他加以惩处，查问李斯和儿子李由谋反的情状，将其宾客和家族全部逮捕。赵高惩治李斯，拷打他一千多下，李斯不能忍受痛苦的折磨，冤屈地招供了。李斯之所以不自杀而死，是他自以为能言善辩，又对秦国有大功，确实没有反叛之心，希望能够上书为自己辩护，希望二世能觉悟过来并赦免他。李斯于是在狱中上书说："臣做丞相治理百姓，已三十多年了。我来秦国赶上领土还很狭小。先王的时候，秦国的土地不过千里，士兵不过几十万。我竭尽自己微薄的才能，小心谨慎地执行法令，暗中派遣谋臣，资助他们金银珠宝，让他们到各国游说，暗中准备武装，整顿政治和教化，任用英勇善战的人为官，尊重功臣，给他们很高的爵位和俸禄，所以终于威胁韩国，削弱魏国，击败了燕国、赵国，削平了齐国、楚国，最后兼并六国，俘获了他们的国王，拥立秦王为天子。这是我的第一条罪状。秦国的疆域并不是不广阔，还要在北方驱逐胡人、貉人，在南方平定百越，以显示秦国的强大。这是我的第二条罪状。尊重大臣，提高他们的爵位，用以巩固他们同皇帝的亲密关系。这是我的第三条罪状。建立社稷，修建宗庙，以显示主上的贤明。这是我的第四条罪状。更改尺度衡器上所刻的标志，统一度量衡和文字，颁布天下，以树立秦朝的威名。这是我的第五条罪状。修筑驰道，兴建游观之所，以显示主上志满意得。这是我的第六条罪状。减轻刑罚，减少赋税，以满足主上赢得民众的心愿，使万民百姓都拥戴皇帝，至死都不忘记皇帝的恩德。这是我的第七条罪状。像我李斯这样做臣子的，所犯罪状足以处死，本来已很久了，皇帝希望我竭尽所能，才得以活到今天，希望陛下明察。"奏书呈上后，赵高让狱吏丢在一边而不上报，说："囚犯怎能上书！"

赵高派他的门客十多人假扮成御史、谒者、侍中，轮番审问李斯。李斯改为以实对答时，赵高就让人再拷打他。后来二世派人去验证李斯的口供，李斯以为还和以前一样，终不敢再改口供，在供词上承认了自己的罪状。赵高把判决书呈给皇帝，二世皇帝很高兴地说："没有赵君，我几乎被丞相出卖了。"等二世派的使者到达三川调查李由时，项梁已将他杀死。使者返回时，正当李斯已被交付狱吏看管，赵高就编造了李由谋反的罪状。

二世二年七月，李斯被判处五刑，判在咸阳街市上腰斩。李斯出狱时，跟他的次子一同被押解，他回头对次子说："我想和你再牵着黄狗一同出上蔡东门去打猎追逐狡兔，又怎能办得到呢！"于是父子二人相对而哭，三族的人都被处死了。

李斯死后，二世任命赵高任中丞相，无论大事小事都由赵高决定。赵高自知权力过重，就献上鹿，称它为马。二世问左右侍从说："这是鹿吧？"左右都说："是马"。二世惊慌起来，以为自己迷惑，就把太卜招来，叫他占上一卦。太卜说："陛下春秋两季到郊外祭祀，供奉宗庙鬼神，斋戒时不虔诚，所以才到这种地步。可依照圣明君主的样子再虔诚地斋戒一次。"于是，二世就到上林苑中去斋戒。整天在上林苑中游玩打猎，一次有个行人走进上林苑中，二世亲手把他射死。赵高就让他的女婿咸阳令阎乐出面弹劾，说是不知谁杀死了人，把尸体搬进上林苑中。赵高就劝谏二世说"天子无缘无故杀死没有罪的人，这是上帝所不允许的，鬼神也不会接受您的祭祀，上天将会降下灾祸，应该远远地离去皇宫以祈祷消灾"。二世就离开皇宫到望夷宫去居住。

二世在望夷宫里住了三天，赵高就假托二世的命令，让卫士们都穿着白色的衣服，手持兵器面向宫内，自己进宫告诉二世说："山东各路强盗大批大批地来了！"二世上楼台观看，看见了他们，非常害怕，赵高就趁机逼迫二世自杀了。然后取过玉玺把它带在自己身上，身边的文武百官无一人跟从；他登上大殿时，大殿有好几次都像要倒塌似的。赵高自知上天不给予他皇帝之位，群臣也不会允许，就把秦始皇的弟弟叫来，把玉玺交给了他。

子婴即位后，担心赵高再作乱，就假称有病不上朝处理政务，与宦官韩谈和他的儿子商量如何杀死赵高。赵高前来求见，询问病情，子婴就把他召进皇宫，让韩谈刺杀了他，诛灭他的三族。

子婴即位三个月，刘邦的军队就从武关打了进来，到达咸阳，文武百官都起义叛秦，不抵抗沛公。子婴和妻子儿女都用丝带系在自己脖子上，到轵道亭旁去投降。刘邦把他们交给部下官吏看押。项羽到达咸阳后，把他们杀了，秦就这样失去了天下。

太史公说：李斯以一个里巷平民的身份，游历各国，入关事奉秦国，抓住机会，辅佐秦始皇，终于完成统一大业。李斯位居三公，可以称得上是很受重用了。李斯知道儒家《六经》的要旨，却不致力于修明政治，用以弥补皇帝的过失，而是凭仗他显贵的地位，阿谀奉承，随意附和，推行酷刑峻法，听信赵高的邪说，废掉嫡子扶苏而立庶子胡亥。等到各地已群起反叛，李斯这才想直言劝谏，这不是舍本逐末吗！人们都认为李斯忠心耿耿，反受五刑而死，但我仔细考察事情的真相，就和世俗的看法有所不同。不然的话，李斯的功绩真的要和周公，召公相提并论了。

【鉴赏】

李斯其人，钟惺称之为“古今第一热中富贵人”，一生功过是非，可怜可憎又可叹。传文以李斯一生之“五叹”为纲目叙事，既述其一生盛衰始末，又以细腻的笔触描绘了他的心理活动。篇首写李斯见厕中鼠、仓中鼠处境之异，兴“人之贤不肖譬如鼠矣，在所自处耳”之叹，见其未遇之时既生趋时自处之志；篇中写李斯贵为丞相而兴喟然之叹，回顾自身“乃上蔡布衣，闾巷之黔首”而能“富贵极矣”，发“物极则衰”之忧，见其已富贵而忧其不保之思；既而“仰天而叹，垂泪太息”云云，是因求自保而堕入赵高计中，见其听命于赵高而不能自主之叹；及至身陷囹圄之中，又仰天而叹曰：“嗟乎！悲夫！”，乃兴自怨自悔之叹；至腰斩咸阳，死身族灭之际，对其子“吾欲与若复牵黄犬俱出上蔡东门逐狡兔，岂可得乎”之语，是谓无可奈何之叹。凡此五叹，明李斯之悲剧在一生喜的是富贵，悲的是贫贱，故而趋时自处，诡合求荣，与赵高合谋，助二世为虐，终造成秦朝之速亡，也给个人带来了悲剧。因此清人吴见思曰：“李斯凡五叹，而盛衰贵贱，俱于叹中关合照应，以为文情，令人为之低回。”

另外，本篇录有李斯大部分重要文章，有助于揭示他的性格、心理。同时，还有明其助秦“竟并天下”之功、“遂以亡天下”之罪的作用：如《谏逐客书》明其得以留秦，《焚书书》明其助始皇行暴政，《督责书》则明其助二世为虐，《狱中上书》明其悲剧结局。

史记卷八十八·蒙恬列传第二十八

本篇载蒙恬、蒙毅兄弟一生事迹。蒙氏一族,世代为秦将,蒙恬祖父蒙骜、父亲蒙武在秦吞并六国的战争中,皆有战功。蒙恬做了将军,也大败齐军,屡立战功。秦朝建立后,蒙恬手握三十万重兵,威震匈奴,筑万里长城,颇受始皇尊宠;其弟蒙毅为始皇亲随臣子,颇得始皇信任,被誉为忠信大臣。秦始皇死后,兄弟二人为赵高谗害,蒙冤受诛。在篇末论赞中,批评了蒙恬在人心未定,痍伤未瘳的情况下,"不以此时强谏",辅助秦始皇行仁政,却"阿意兴功",终于国破身亡,流露出了无限的感慨之意。

蒙恬者,其先齐人也①。恬大父②蒙骜,自齐事秦昭王,官至上卿。秦庄襄王元年,蒙骜为秦将,伐韩,取成皋、荥阳,作置③三川郡。二年,蒙骜攻赵,取三十七城。始皇三年,蒙骜攻韩,取十三城。五年,蒙骜攻魏,取二十城,作置东郡。始皇七年,蒙骜卒。骜子曰武,武子曰恬。恬尝书狱典文学④。始皇二十三年,蒙武为秦裨将军⑤,与王翦攻楚,大破之,杀项燕。二十四年,蒙武攻楚,虏楚王。蒙恬弟毅。

始皇二十六年,蒙恬因家世得为秦将,攻齐,大破之,拜为内史⑥。秦已并天下,乃使蒙恬将三十万众北逐戎狄⑦,收⑧河南;筑长城,因地形,用制险塞⑨,起临洮,至辽东,延袤⑩万馀

①先:祖先。 ②大父:祖父。 ③作置:设置。 ④书狱:指任审理诉讼时的文书工作。狱:诉讼。典文学:指主管文件和狱讼档案等工作。 ⑤裨将军:副将,偏将。裨:辅助。 ⑥拜:授予官职。内史:掌理国都咸阳的行政长官。 ⑦戎狄:泛指我国西部、北部少数民族。 ⑧收:攻取。 ⑨用:以。制:设立。 ⑩延袤:绵延不断。袤(mào):长,长度。

里。于是渡河,据阳山,逶蛇[①]而北。暴[②]师于外十馀年,居上郡。是时蒙恬威振匈奴,始皇甚尊宠蒙氏,信任贤之[③]。而亲近蒙毅,位至上卿,出则参乘,入则御前。恬任外事而毅常为内谋,名为忠信。故虽诸将相莫敢与之争焉。

赵高者,诸赵疏远属也[④]。赵高昆弟[⑤]数人,皆生隐宫[⑥],其母被刑僇[⑦],世世卑贱。秦王闻高强力,通于狱法,举[⑧]以为中车府令。高即私事公子胡亥,喻之决狱[⑨]。高有大罪,秦王令蒙毅法治之。毅不敢阿法[⑩],当[⑪]高罪死,除其宦籍。帝以高之敦于事也[⑫],赦之,复其官爵。

始皇欲游天下,道[⑬]九原,直抵甘泉。乃使蒙恬通道,自九原抵甘泉,堑山堙谷[⑭],千八百里。道未就[⑮]。

始皇三十七年冬,行出游会稽,并海上,北走琅邪。道病,使蒙毅还祷山川[⑯],未反。

始皇至沙丘崩,秘之,群臣莫知。是时丞相李斯、公子胡亥、中车府令赵高常从。高雅得幸于胡亥[⑰],欲立之,又怨蒙毅法治之而不为己也,因有贼心,乃与丞相李斯、公子胡亥阴谋[⑱],立胡亥为太子。太子已立,遣使者以罪赐公子扶苏、蒙恬死。扶苏已死,蒙恬疑而复请之。使者以蒙恬属吏[⑲],更置[⑳]。胡亥以李斯舍人为护军。使者还报,胡亥已闻扶苏死,即欲释蒙恬。

---

①逶蛇:即"逶迤",弯曲而延续不断的样子。 ②暴(pù):同"曝",日晒。 ③贤之:认为蒙氏贤良。 ④诸赵:指赵国王族的各支派。疏远属:赵王室远房宗室。 ⑤昆弟:同母兄弟。 ⑥隐宫:即宫刑。因受宫刑而被阉割的人需一百日隐于荫室养伤,所以称隐宫。 ⑦刑僇:即"刑戮"。僇(lù):通"戮"。 ⑧举:提拔。 ⑨喻:教。决狱:审理、判决狱讼。 ⑩阿(ē)法:歪曲法律,不按法律办理。 ⑪当:依法判罪。 ⑫敦于事:尽力做事。 ⑬道:路经,经由。 ⑭堑:同"堑",挖掘。堙:填,堵塞。 ⑮未就:没有完工。就:完成。 ⑯祷山川:祭祀山川之神以祈福。 ⑰雅:平素,一向。幸:宠信。 ⑱阴谋:暗中策划。 ⑲属吏:交给主管官吏处理。 ⑳更置:易换,代替。

赵高恐蒙氏复贵而用事①，怨之。

毅还至，赵高因为胡亥忠计，欲以灭蒙氏，乃言曰："臣闻先帝欲举贤立太子久矣，而毅谏曰'不可'。若知贤而俞②弗立，则是不忠而惑主也。以臣愚意，不若诛之。"胡亥听而系③蒙毅于代。前已囚蒙恬于阳周。丧至咸阳④，已葬，太子立为二世皇帝，而赵高亲近，日夜毁恶蒙氏，求其罪过，举劾之⑤。

子婴进谏曰："臣闻故赵王迁杀其良臣李牧而用颜聚，燕王喜阴用荆轲之谋而倍秦之约，齐王建杀其故世忠臣而用后胜之议。此三君者，皆各以变古者失其国而殃及其身⑥。今蒙氏，秦之大臣谋士也，而主欲一旦弃去之，臣窃以为不可。臣闻轻虑⑦者不可以治国，独智⑧者不可以存君。诛杀忠臣而立无节行之人，是内使群臣不相信而外使斗士之意离也⑨，臣窃以为不可。"

胡亥不听，而遣御史曲宫乘传之代⑩，令蒙毅曰："先主欲立太子而卿难之，今丞相以卿为不忠，罪及其宗。朕不忍，乃赐卿死，亦甚幸矣。卿其图⑪之！"毅对曰："以臣不能得先主之意，则臣少宦，顺幸没世⑫，可谓知意矣。以臣不知太子之能，则太子独从，周旋天下，去诸公子绝远，臣无所疑矣。夫先主之举用太子，数年之积也，臣乃何言之敢谏，何虑之敢谋！非敢饰辞以避死也，为羞累先主之名。愿大夫为虑焉，使臣得死情实。且夫顺成全者，道之所贵也⑬；刑杀者，道之所卒也。昔者秦穆公杀三良而死⑭，罪百里奚而非其罪也，故立号曰'缪'⑮。昭襄王杀

---

①用事：当权，执政。②俞：通"愈"，越，更加。③系：拘禁。④丧：丧车，灵柩。⑤举劾：列举蒙氏的罪过而弹劾之。劾：揭发罪状。⑥变古：改革陈规、归制。殃及：遭受祸害。殃：祸害。⑦轻虑：轻率地考虑问题。⑧独智：刚愎自用，自以为是。⑨离：离心离德。⑩御史：御史大夫。乘：乘坐。传：驿车，传达命令的马车。⑪图：考虑。⑫顺幸：遂顺心意、得到宠幸。没世：死，一直到死。⑬贵：推崇，崇尚。⑭杀三良：以奄息、仲行、针虎三位良臣为秦穆公殉葬。⑮缪：缪误，又作"穆"。

武安君白起，楚平王杀伍奢，吴王夫差杀伍子胥。此四君者，皆为大失，而天下非之，以其君为不明，以是籍①于诸侯。故曰‘用道治者不杀无罪，而罚不加于无辜’。唯大夫留心！”使者知胡亥之意，不听蒙毅之言，遂杀之。

二世又遣使者之阳周，令蒙恬曰：“君之过多矣，而卿弟毅有大罪，法及内史②。”恬曰：“自吾先人及至子孙，积功信③于秦三世矣。今臣将兵三十馀万，身虽囚系，其势足以倍畔④，然自知必死而守义者，不敢辱先人之教，以不忘先主也。昔周成王初立，未离襁褓，周公旦负王以朝，卒定天下。及成王有病甚殆，公旦自揃其爪以沈于河⑤，曰：‘王未有识，是旦执事⑥。有罪殃，旦受其不祥。’乃书而藏之记府⑦，可谓信矣。及王能治国，有贼臣言：‘周公旦欲为乱久矣，王若不备，必有大事⑧。’王乃大怒，周公旦走而奔于楚。成王观于记府，得周公旦沈书，乃流涕曰：‘孰谓周公旦欲为乱乎！’杀言之者而反⑨周公旦。故《周书》曰‘必参而伍之’⑩。今恬之宗，世无二心，而事卒如此，是必孽臣逆乱⑪，内陵之道也⑫。夫成王失而复振则卒昌；桀杀关龙逢，纣杀王子比干而不悔，身死则国亡。臣故曰过可振⑬而谏可觉也。察于参伍，上圣之法也。凡臣之言，非以求免于咎也⑭，将以谏而死，愿陛下为万民思从道也。”使者曰：“臣受诏行法于将军，不敢以将军言闻于上也。”蒙恬喟然太息曰：“我何罪于天，无过而死乎？”良久，徐曰：“恬罪固当死矣。起临洮属之

---

①籍：通“藉”，声名狼藉。 ②法及：按法律牵连到，株连。内史：指蒙恬。 ③功信：功劳，忠信。 ④倍畔：即背叛。倍：通“背”。畔：通“叛”。 ⑤揃（jiǎn）：剪下，剪断。爪：指甲。 ⑥执事：指执掌国家大事。 ⑦记府：收藏文书史册的地方。 ⑧大事：此指叛乱。 ⑨反：同“返”，召还。 ⑩《周书》：即《逸周书》，旧题《汲冢周书》。必参而伍之：一定要反复考虑，参照各种证据。 ⑪孽臣：作孽、谋乱之臣，暗指赵高。 ⑫内陵：内部自相残害倾轧。陵：欺侮，侵犯。 ⑬过可振：犯了过失可以振救。 ⑭咎：罪责。

辽东,城堑①万馀里,此其中不能无绝地脉哉②? 此乃恬之罪也。"乃吞药自杀。

太史公曰:吾适北边,自直道归,行观蒙恬所为秦筑长城亭障③,堑山堙谷,通直道,固轻百姓力矣。夫秦之初灭诸侯,天下之心未定,痍伤者未瘳④,而恬为名将,不以此时强谏,振百姓之急,养老存孤,务修众庶⑤之和,而阿意兴功⑥,此其兄弟遇诛,不亦宜乎! 何乃罪地脉哉!

【译文】

蒙恬,他的祖先是齐国人。蒙恬的祖父蒙骜,从齐国来到秦国侍奉秦昭王,官做到上卿。秦庄襄王元年,蒙骜做秦国的将领,攻打韩国,占领了成皋、荥阳等地,设置了三川郡。庄襄王二年,蒙骜攻打赵国,夺取了三十七座城池。秦始皇三年,蒙骜攻打韩国,夺取了十三座城池。始皇五年,蒙骜攻打魏国,夺取了二十座城池,设置了东郡。始皇七年,蒙骜死。蒙骜的儿子叫蒙武,蒙武的儿子叫蒙恬。蒙恬曾学习刑法,负责掌管有关文件和狱讼档案。秦始皇二十三年,蒙武做秦国的副将,和王翦一同攻打楚国,大败楚军,杀死项燕。始皇二十四年,蒙武又攻打楚国,俘虏了楚王。蒙恬的弟弟叫蒙毅。

秦始皇二十六年,蒙恬由于出身将门得以做秦国将军,率兵攻打齐国,大败齐军,被授以他内史的官职。秦国兼并天下后,就派蒙恬带领三十万人的庞大军队,向北驱逐戎族和狄族,收复黄河以南的土地。修筑长城,凭借地形,设置要塞,西起临洮,东到辽东,绵延一万余里。于是渡过黄河,占据阳山,逶迤向北延伸。烈日寒霜,风风雨雨,在外十余年,驻守上郡。这时,蒙恬的声威震慑匈奴,秦始皇特别尊重推崇蒙氏,信任并

---

①城堑:护城壕沟。 ②绝地脉:挖断地脉。当时人认为,断地脉将遭天谴。 ③亭障:边塞堡垒。 ④痍伤:创伤。瘳(chōu):痊愈。 ⑤众庶:百姓。 ⑥阿意:迎合君主的心意。阿:曲从,迎合。

赏识他们的才能。因而亲近蒙毅，让他官至上卿，外出就陪着始皇同坐一辆车子，回到朝廷就侍奉在国君跟前。蒙恬在外担当着军事重任，而蒙毅经常在朝廷出谋划策，被誉为忠信大臣。因此，就是其他的将相们也没有敢和他们争宠的。

赵高，是赵国王族中疏远的亲属。赵高兄弟几人，都是生下来就被阉割而成为宦者的，他的母亲也以犯法而被处以刑罚，所以世世代代地位卑贱。秦王听说赵高办事能力很强，精通刑狱法令，就提拔他做了中车府令。赵高就私下侍奉公子胡亥，教导胡亥决断讼案。赵高犯了大罪，秦王让蒙毅依照法令惩处他。蒙毅不敢枉曲法令，准备依法处死赵高，剥夺他的官籍。始皇因为赵高办事勤勉尽力，赦免了他，恢复了他原来的官职。

始皇打算巡游天下，路经九原郡，直达甘泉宫。就派蒙恬为他开路，从九原到甘泉，打通山脉，填塞深谷，长达一千八百里。然而，这条通道没能完成。

始皇三十七年冬天，御驾外出巡游会稽，沿海北上，直奔琅邪。半途得了重病，派蒙毅转回祷告山川神灵，没有返回。

始皇走到沙丘就死了，始皇驾崩的消息被封锁了，大臣们都不知道。这时丞相李斯、公子胡亥、中车府令赵高，经常侍奉在秦始皇左右。赵高平常就得到胡亥的宠幸，打算立胡亥继承王位，又怨恨蒙毅依法惩处他而没有袒护他，于是就产生了杀害之心，就和丞相李斯、公子胡亥暗中策划，拥立胡亥为太子。太子拥立之后，派遣使者，捏造罪名，命公子扶苏和蒙恬自杀。扶苏自杀后，蒙恬产生怀疑而请求申诉。使者就把蒙恬交给主管官吏处理，另外派人接替他的职务。胡亥用李斯的家臣做护军。使者回来报告时，胡亥已听到扶苏的死讯，就打算释放蒙恬。赵高唯恐蒙氏再次显贵当权执政，怨恨他们。

蒙毅祈祷山川神灵后返回来，赵高装作替胡亥尽忠献策，想要借机铲除蒙氏兄弟，就对胡亥说："我听说先帝很久以前就想选贤用能，册立您为太子，而蒙毅劝阻说：'不可以。'如果他知道您贤明有才能而长久拖延不让册立，那么，就是不忠而又蛊惑先帝了。依我的愚见，不如杀死他。”胡亥听从了赵高的话，就在代郡把蒙毅囚禁起来。在此以前，已把蒙恬囚禁在阳周。等到秦始皇的灵车回到咸阳，安葬以后，太子就登位为二世皇帝，赵高最得宠信，日日夜夜毁谤蒙氏，搜罗他们的罪过，检举弹劾他们。

子婴进言规劝道：“我听说过去赵王迁杀死他的贤明臣子李牧而改用颜聚，燕王喜暗地里采用荆轲的计谋而背弃与秦国的盟约，齐王建杀死他前代的忠臣而改用后胜的计策。这三位国君，都是各自因为改变旧规丧失了他们的国家，以至大祸殃及他们自身。如今蒙氏兄弟是秦国的大臣和谋士，而主上打算一下子就抛弃他们，我私下认为是不可以的。我听说草率考虑问题的人不可以治理国家，独断专行、自以为是的人能保全君位。诛杀忠良臣子而起用没有品行节操的人，那是对内使群臣不能相互信任，对外使战士们涣散斗志啊，我私下认为是不可以的。”

胡亥听不进子婴的规劝，派遣御史曲宫乘坐驿车前往代郡，命蒙毅说：“先主要册立太子而你却加以阻挠，现今丞相认为你不忠诚，罪过牵连到你们家族。我不忍心，就赐予你自杀吧，也算是很幸运了。你应当自己考虑！”蒙毅回答说：“要是认为我不能博得先主的心意，那么，我年轻时做官为宦，就能顺意得宠，直到先主仙逝，可以说是能顺应先主的心意了吧。要是说我不了解太子的才能，那么唯有太子能陪侍先主，周游天下，远远超过其他的公子，我还有什么怀疑的。先主举用太子，是多年的深思积虑，我还有什么话敢进谏，还有什么计策敢谋划呢！不是我找借口来逃避死罪，只怕牵连羞辱了先主的名誉。希望大夫为此认真考虑，让我死于应有的罪名。况且顺理成全，是道义所崇尚的；严刑杀戮，是道义所不容的。从前秦穆公杀死车氏三良为他殉葬，判处百里奚以不应得的罪名，因此，谥号为‘缪’。昭襄王杀死武安君白起，楚平王杀死伍奢，吴王夫差杀了伍子胥。这四位国君，都犯了重大的过错，而遭到普天下人对他们的非议，认为他们不是明察的国君，因此，在各国中声名狼藉。所以说：‘用道义治理国家的人，不杀害没罪的臣民，而刑罚不施于无辜的人身上。'希望大夫认真地考虑!"使者知道胡亥的意图,不听蒙毅的申诉,就把他杀了。

二世皇帝又派遣使者前往阳周,命蒙恬说:"您的罪过太多了,而您的弟弟蒙毅犯有重罪,依法要牵连到您。"蒙恬说:"从我的祖先到后代子孙,为秦国累积大功,建立威信,已三代了。如今我带兵三十多万,即使是我被囚禁,但是我的势力足够叛乱,然而,我知道必死无疑却坚守节义,是不敢辱没先人的教诲,不敢忘掉先主的恩宠。从前周成王刚刚即位,还是个幼儿,周公姬旦背负着成王接受群臣的朝见,终于平定了天下。到成王病情严重得很危险的时候,周公旦剪下自己的指甲沉入黄河,祈祷说:'国君年幼无知,是我当权执政。若有罪过祸患,应该由我承受惩罚。'就把这些祷告书写下来,收藏在档案馆里,这可以说是尽力效忠了。到了成王能亲自治理国家时,有奸臣造谣说:'周公旦想要作乱已很久了,大王若不戒备,一定要发生大的变故。'成王听了,就大发雷霆,周公旦逃奔到楚国。成王到档案馆审阅档案,发现周公旦的祷告书,就流着眼泪说:'谁说周公旦想要作乱呢!'杀了造谣生事的那个大臣,迎回周公旦。所以《周书》上说:'一定要多方询问,反复审察。'如今我蒙氏宗族,世世代代没有二心,而事情最终落到这样的结局,这一定是谋乱之臣叛逆作乱、欺君罔上的缘故。周成王犯有过失而能改过振作,终于使周朝兴旺昌盛;夏桀杀死关龙逢,商纣杀死王子比干而不后悔,最终落个身死国亡。所以我说犯有过失可以改正,听从规劝可以察觉警醒,有事多审察,是圣明国君治国的原则。我说的这些话,不是用以逃避罪责,而是要用忠心规劝而死,希望陛下为黎民百姓考虑应遵循的正确道路。"使者说:"我接受诏令对将军施以刑法,不敢把将军的话转报皇上听。"蒙恬沉重地叹息说:"我对上天犯了什么罪,竟然没有过错就处死呢?"过了很久,才慢慢地说:"我的罪过本来该当死罪啊。从临洮起连接到辽东,筑长城、挖壕沟一万余里,这中间能没有截断地脉的地方吗?这就是我的罪过了。"于是吞下毒药自杀了。

太史公说:我到北方边境,从直道返回,沿途实地观察了蒙恬替秦国修筑的长城和边塞堡垒，挖掘山脉，填塞深谷，连通直道，真是太耗费百姓的人力物力了。秦国刚刚灭掉其他诸侯的时候，天下人心未定，创伤累累尚未痊愈，而蒙恬身为名将，不在这时尽力谏诤，赈救百姓的急难，恤养老人，抚育孤儿，致力于维护百姓的安定生活，反而迎合始皇的心意，大规模地修筑长城，他们兄弟遭到杀身之祸，不也是顺理成章的事吗？怎么能归罪于挖断地脉呢？

【鉴赏】

这篇传记主要记述了秦朝开国功臣蒙恬及其弟蒙毅事迹，行文极为干净简练。

首先，传文以叙蒙恬事为主，蒙毅事迹或与之并提，或与之对叙，将蒙氏兄弟之权势盛衰作为一篇之纲领：开篇叙其家世，以其祖蒙骜、其父蒙武在秦统一天下过程中所立战功为蒙氏兄弟权势之伏埋；其后以“因家世得为秦将”呼应前文所伏，又有“始皇尊宠蒙氏，信任贤之”“诸侯相莫敢与争”若干语以明蒙氏兄弟权势之盛；最后，用子婴谏词中“今蒙氏，秦之大臣谋士也”、蒙恬临死对词“积功信于秦三世矣”数语，以照应前文所言蒙氏当日之功高势盛，更衬今时权势之穷。因此子婴的谏词、蒙毅和蒙恬的辩冤之词，三者互相照应，前后起结，不作枝蔓，笔法简括。而蒙恬自杀前将自己的罪归于挖绝地脉而受上天惩罚，这又是以极简之语委婉曲折地表达了对蒙氏兄弟惨烈遭遇的同情，不露声色地揭斥了当权者残害功臣的无耻行径。

其次，传文在简练的记述中巧用对比映衬之法，以赵高之奸反衬蒙氏之忠，以子婴之谏映衬蒙氏之冤，对烘托蒙氏兄弟的形象起到了很好的作用。赵高可以视为本传之附传人物，前有《李斯列传》记赵高一生之末，后有此传记其一生之始，以一人之事，附记于前后两传之中，这在《史记》中也是创格。

史记卷八十九·张耳陈馀列传第二十九

本篇是张耳、陈馀二人合传，附载张耳之子张敖袭爵为汉赵王及其事高祖故事。传文主要记述张耳、陈馀在从患难到显贵的过程中二人关系的发展变化。张、陈二人在患难之中结为刎颈之交，情比父子，誓同生死；在反秦起义中，他们齐心协力建立赵国，而为将相；在权力面前，两人矛盾渐渐激化，反友为仇，以至誓不两立；陈馀继续拥赵而张耳归汉，后陈馀为韩信所杀而张耳被刘邦封为赵王。篇末论赞中，司马迁讥刺二人实为势利之交，对他们交友不忠表达了深深的感慨。

张耳者，大梁人也。其少时，及魏公子毋忌为客①。张耳尝亡命②游外黄。外黄富人女甚美，嫁庸奴，亡其夫③，去抵父客④。父客素知张耳，乃谓女曰："必欲求贤夫，从张耳⑤。"女听，乃卒为请决⑥，嫁之张耳。张耳是时脱身游，女家厚奉给张耳，张耳以故致千里客⑦。乃宦⑧魏为外黄令，名由此益贤。

陈馀者，亦大梁人也，好儒术，数游赵苦陉。富人公乘氏以其女妻之，亦知陈馀非庸人也。馀年少，父事张耳⑨，两人相与为刎颈交。

秦之灭大梁也，张耳家外黄。高祖为布衣时，尝数从张耳游，客数月。秦灭魏数岁，已闻此两人魏之名士也，购求⑩有得张耳千金，陈馀五百金。张耳、陈馀乃变名姓，俱之陈，为里监

---

①为客：为魏公子毋忌之客。 ②亡命：因某事犯罪在逃。 ③亡其夫：逃离她的丈夫。④去抵父客：离开家到父亲旧时宾客家里躲藏。抵：投奔，投靠。 ⑤从张耳：嫁张耳。⑥请决：要求离婚。 ⑦致：罗致，招致。 ⑧宦：做官。 ⑨父事：当父辈尊重。 ⑩购求：悬赏缉拿。

门以自食。两人相对。里吏尝有过笞陈馀[①]，陈馀欲起，张耳蹑之[②]，使受笞。吏去，张耳乃引陈馀之桑下而数之曰："始吾与公言何如？今见小辱而欲死一吏乎？"陈馀然之。秦诏书购求两人，两人亦反用门者以令里中。

陈涉起蕲，至入陈，兵数万。张耳、陈馀上谒陈涉。涉及左右生平数闻张耳、陈馀贤，未尝见，见即大喜。

陈中豪杰父老乃说陈涉曰："将军身被坚执锐，率士卒以诛暴秦，复立楚社稷，存亡继绝，功德宜为王。且夫监临[③]天下诸将，不为王不可，愿将军立为楚王也。"陈涉问此两人，两人对曰："夫秦为无道，破人国家，灭人社稷，绝人后世，罢[④]百姓之力，尽百姓之财。将军瞋目张胆[⑤]，出万死不顾一生之计，为天下除残也。今始至陈而王之，示天下私。愿将军毋王，急引兵而西，遣人立六国后，自为树党[⑥]，为秦益敌也。敌多则力分，与众则兵强。如此野无交兵，县无守城，诛暴秦，据咸阳以令诸侯。诸侯亡而得立，以德服之，如此则帝业成矣。今独王陈，恐天下解也[⑦]。"陈涉不听，遂立为王。

陈馀乃复说陈王曰："大王举梁、楚而西，务在入关，未及收河北也。臣尝游赵，知其豪杰及地形，愿请奇兵北略[⑧]赵地。"于是陈王以故所善陈人武臣为将军，邵骚为护军，以张耳、陈馀为左右校尉，予卒三千人，北略赵地。

武臣等从白马渡河，至诸县，说其豪杰曰："秦为乱政虐刑以残贼天下，数十年矣。北有长城之役，南有五岭之戍，外内骚

---

①里吏：乡长。笞：用竹板或荆条抽打。 ②蹑之：踩陈馀的脚以示意其忍受。蹑：踩，踏。 ③监临：监督察看。 ④罢(pí)：使之疲困，劳乏。 ⑤瞋目：瞪大眼睛怒视。张胆：放开胆量。 ⑥树党：结为朋党。 ⑦解：瓦解，懈怠。 ⑧略：夺取，攻占。

动，百姓罢敝，头会箕敛[①]，以供军费，财匮力尽，民不聊生。重之以苛法峻刑，使天下父子不相安。陈王奋臂为天下倡始，王楚之地，方二千里，莫不响应，家自为怒[②]，人自为斗，各报其怨而攻其仇，县杀其令丞，郡杀其守尉。今已张大楚[③]，王陈，使吴广、周文将卒百万西击秦。于此时而不成封侯之业者，非人豪也。诸君试相与计之！夫天下同心而苦秦久矣。因天下之力而攻无道之君，报父兄之怨而成割地有土之业，此士之一时也[④]。"豪杰皆然其言。乃行收兵，得数万人，号武臣为武信君。下[⑤]赵十城，馀皆城守，莫肯下。

乃引兵东北击范阳。范阳人蒯通说范阳令曰："窃闻公之将死，故吊。虽然，贺公得通而生。"范阳令曰："何以吊之？"对曰："秦法重，足下为范阳令十年矣，杀人之父，孤人之子，断人之足，黥人之首，不可胜数。然而慈父孝子莫敢傳[⑥]刃公之腹中者，畏秦法耳。今天下大乱，秦法不施，然则慈父孝子且傳刃公之腹中以成其名，此臣之所以吊公也。今诸侯畔秦矣，武信君兵且至，而君坚守范阳，少年皆争杀君，下武信君。君急遣臣见武信君，可转祸为福，在今矣。"

范阳令乃使蒯通见武信君曰："足下必将战胜然后略地，攻得然后下城，臣窃以为过矣。诚听臣之计，可不攻而降城，不战而略地，传檄而千里定，可乎？"武信君曰："何谓也？"蒯通曰："今范阳令宜整顿其士卒以守战者也，怯而畏死，贪而重富贵，故欲先天下降，畏君以为秦所置吏，诛杀如前十城也。然今范阳少年亦方杀其令，自以城距君。君何不赍[⑦]臣侯印，拜范阳

---

①头会箕敛：家家按人头向官府交纳粮食，用簸箕收敛，喻赋税之重。 ②怒：奋发。 ③张大楚：陈胜称王，国号为"张楚"，此指扩大楚国的势力。张：扩大，伸展。 ④一时：难得的时机。 ⑤下：攻占，降服。 ⑥傳（zì）：刺入，插入。 ⑦赍（jī）：携带。

令，范阳令则以城下君，少年亦不敢杀其令。令范阳令乘朱轮华毂[①]，使驱驰燕、赵郊。燕、赵郊见之，皆曰此范阳令，先下者也，即喜矣，燕、赵城可毋战而降也。此臣之所谓传檄而千里定者也。”武信君从其计，因使蒯通赐范阳令侯印。赵地闻之，不战以城下者三十馀城。

至邯郸，张耳、陈馀闻周章军入关，至戏却[②]；又闻诸将为陈王徇地，多以谗毁得罪诛，怨陈王不用其策，不以为将而以为校尉。乃说武臣曰：“陈王起蕲，至陈而王，非必立六国后。将军今以三千人下赵数十城，独介居[③]河北，不王无以填之。且陈王听谗，还报，恐不脱于祸。又不如立其兄弟；不，即立赵后。将军毋失时，时间不容息[④]。”武臣乃听之，遂立为赵王。以陈馀为大将军，张耳为右丞相，邵骚为左丞相。

使人报陈王，陈王大怒，欲尽族武臣等家，而发兵击赵。陈王相国房君谏曰：“秦未亡而诛武臣等家，此又生一秦也。不如因而贺之，使急引兵西击秦。”陈王然之，从其计，徙系武臣等家宫中[⑤]。封张耳子敖为成都君。

陈王使使者贺赵，令趣[⑥]发兵西入关。张耳、陈馀说武臣曰：“王王赵，非楚意，特以计贺王[⑦]。楚已灭秦，必加兵于赵。愿王毋西兵，北徇燕、代，南收河内以自广。赵南据大河，北有燕、代，楚虽胜秦，必不敢制赵。”赵王以为然，因不西兵，而使韩广略燕，李良略常山，张黡略上党。

韩广至燕，燕人因立广为燕王。赵王乃与张耳、陈馀北略

①朱轮华毂：豪华的车子。朱轮：红漆的车轮。华毂：彩绘的车毂。毂：车轮中心的圆木。②却：退却。③介居：独处，独居。④时间不容息：时机紧迫，不容片刻停留。间(jiàn)：间隔。⑤徙系：迁移囚禁。⑥趣：通“促”，急促，赶快。⑦特：只是。计：策略。

地燕界。赵王间出[①]，为燕军所得。燕将囚之，欲与分赵地半，乃归王。使者往，燕辄杀之以求地。张耳、陈馀患之。有厮养卒谢其舍中曰[②]："吾为公说燕，与赵王载归。"舍中皆笑曰："使者往十馀辈，辄死，若何以能得王？"乃走燕壁。燕将见之，问燕将曰："知臣何欲？"燕将曰："若欲得赵王耳。"曰："君知张耳、陈馀何如人也？"燕将曰："贤人也。"曰："知其志何欲？"曰："欲得其王耳。"赵养卒乃笑曰："君未知此两人所欲也。夫武臣、张耳、陈馀杖马棰[③]下赵数十城，此亦各欲南面而王，岂欲为卿相终已邪？夫臣与主岂可同日而道哉，顾其势初定，未敢参分而王，且以少长先立武臣为王，以持赵心。今赵地已服，此两人亦欲分赵而王，时未可耳。今君乃囚赵王。此两人名为求赵王，实欲燕杀之，此两人分赵自立。夫以一赵尚易燕，况以两贤王左提右挈，而责杀王之罪，灭燕易矣。"燕将以为然，乃归赵王。养卒为御而归。

李良已定常山，还报，赵王复使良略太原。至石邑，秦兵塞井陉，未能前。秦将诈称二世使人遗李良书，不封，曰："良尝事我得显幸。良诚能反赵为秦，赦良罪，贵良。"良得书，疑不信。乃还之邯郸，益请兵。未至，道逢赵王姊出饮，从百馀骑。李良望见，以为王，伏谒[④]道旁。王姊醉，不知其将，使骑谢李良。李良素贵，起，惭其从官。从官有一人曰："天下畔秦，能者先立。且赵王素出将军下，今女儿乃不为将军下车，请追杀之。"李良已得秦书，固[⑤]欲反赵，未决，因此怒，遣人追杀王姊道中。乃遂将其兵袭邯郸。邯郸不知，竟杀武臣、邵骚。赵人多为张耳、陈

①间出：微服而出。 ②厮养卒：干杂活的兵。谢：告辞。 ③杖马棰：拿着马鞭子。杖：持，拿着。棰：鞭子。 ④伏谒：伏地而拜。 ⑤固：本来。

馀耳目者，以故得脱出。收其兵，得数万人。客有说张耳曰："两君羁旅，而欲附赵，难；独立赵后，扶以义，可就功。"乃求得赵歇，立为赵王，居信都。李良进兵击陈馀，陈馀败李良，李良走归章邯。

章邯引兵至邯郸，皆徙其民河内，夷[①]其城郭。张耳与赵王歇走入巨鹿城，王离围之。陈馀北收常山兵，得数万人，军巨鹿北。章邯军巨鹿南棘原，筑甬道属河[②]，饷[③]王离。王离兵食多，急攻巨鹿。巨鹿城中食尽兵少，张耳数使人召前陈馀，陈馀自度兵少，不敌秦，不敢前。数月，张耳大怒，怨陈馀，使张黡、陈泽往让陈馀曰："始吾与公为刎颈交，今王与耳旦暮且死，而公拥兵数万，不肯相救，安在其相为死！苟必信，胡不赴秦军俱死？且有十一二相全[④]。"陈馀曰："吾度前终不能救赵，徒尽亡军。且馀所以不俱死，欲为赵王、张君报秦。今必俱死，如以肉委饿虎，何益？"张黡、陈泽曰："事已急，要以俱死立信，安知后虑！"陈馀曰："吾死顾[⑤]以为无益。必如公言。"乃使五千人令张黡、陈泽先尝秦军，至皆没。

当是时，燕、齐、楚闻赵急，皆来救。张敖亦北收代兵，得万馀人，来，皆壁[⑥]馀旁，未敢击秦。项羽兵数绝[⑦]章邯甬道，王离军乏食，项羽悉引兵渡河，遂破章邯。章邯引兵解，诸侯军乃敢击围巨鹿秦军，遂虏王离。涉间自杀。卒存巨鹿者，楚力也。

于是赵王歇、张耳乃得出巨鹿，谢诸侯。张耳与陈馀相见，责让陈馀以不肯救赵，及问张黡、陈泽所在。陈馀怒曰："张黡、陈泽以必死责臣，臣使将五千人先尝秦军，皆没不出。"张耳不

---

①夷：荡平，摧毁。 ②甬道：通道，战壕。属：连接。 ③饷：供给军粮。 ④十一二相全：十分之一二的保全希望。 ⑤顾：考虑，认为。 ⑥壁：营垒，此指驻扎、安营扎寨。 ⑦绝：切断。

信，以为杀之，数问陈馀。陈馀怒曰："不意君之望①臣深也！岂以臣为重去将哉？"乃脱解印绶，推予张耳。张耳亦愕不受。陈馀起如厕。客有说张耳曰："臣闻'天与不取，反受其咎'。今陈将军与君印，君不受，反天不祥，急取之！"张耳乃佩其印，收其麾下。而陈馀还，亦望张耳不让，遂趋出。张耳遂收其兵。陈馀独与麾下所善数百人之河上泽中渔猎。由此陈馀、张耳遂有郤。

赵王歇复居信都。张耳从项羽诸侯入关。汉元年二月，项羽立诸侯王，张耳雅游②，人多为之言。项羽亦素数闻张耳贤，乃分赵立张耳为常山王，治信都。信都更名襄国。

陈馀客多说项羽曰："陈馀、张耳一体有功于赵。"项羽以陈馀不从入关，闻其在南皮，即以南皮旁三县以封之，而徙赵王歇王代。

张耳之国，陈馀愈益怒，曰："张耳与馀功等也，今张耳王，馀独侯，此项羽不平。"及齐王田荣畔楚，陈馀乃使夏说说田荣曰："项羽为天下宰不平，尽王诸将善地，徙故王王恶地，今赵王乃居代！愿王假③臣兵，请以南皮为扞蔽④。"田荣欲树党于赵以反楚，乃遣兵从陈馀。陈馀因悉三县兵袭常山王张耳，张耳败走，念诸侯无可归者，曰："汉王与我有旧故⑤，而项羽又强，立我！我欲之楚。"甘公曰："汉王之入关，五星聚东井⑥。东井者，秦分也。先至必霸。楚虽强，后必属汉。"故耳走汉。汉王亦还定三秦，方围章邯废丘。张耳谒汉王，汉王厚遇之。

陈馀已败张耳，皆复收赵地，迎赵王于代，复为赵王。赵王

---

①望：怨恨，责备。②雅游：素来好交游。雅：一向，素来。③假：借。④扞蔽：屏障。扞：护卫，遮挡。⑤旧故：老交情。⑥五星聚：亦名五星连珠。指金、木、水、火、土五大行星同时见于一方。

德陈馀，立以为代王。陈馀为赵王弱，国初定，不之国，留傅赵王①，而使夏说以相国守代。

汉二年，东击楚，使使告赵，欲与俱。陈馀曰："汉杀张耳乃从。"于是汉王求人类张耳者斩之，持其头遗陈馀。陈馀乃遣兵助汉。汉之败于彭城西，陈馀亦复觉张耳不死，即背汉。

汉三年，韩信已定魏地，遣张耳与韩信击破赵井陉，斩陈馀泜水上，追杀赵王歇襄国。汉立张耳为赵王。汉五年，张耳薨，谥为景王。子敖嗣立为赵王。高祖长女鲁元公主为赵王敖后。

汉七年，高祖从平城过赵，赵王朝夕袒韝蔽②，自上食，礼甚卑，有子婿礼。高祖箕踞詈③，甚慢易之。赵相贯高、赵午等年六十馀，故张耳客也。生平为气，乃怒曰："吾王孱王也④！"说王曰："夫天下豪杰并起，能者先立。今王事高祖甚恭，而高祖无礼，请为王杀之！"张敖啮其指出血，曰："君何言之误！且先人亡国，赖高祖得复国，德流子孙，秋毫皆高祖力也。愿君无复出口。"贯高、赵午等十馀人皆相谓曰："乃吾等非也。吾王长者，不倍德。且吾等义不辱，今怨高祖辱我王，故欲杀之，何乃污王为乎？令事成归王，事败独身坐耳。"

汉八年，上从东垣还，过赵，贯高等乃壁人柏人⑤，要之置厕⑥。上过欲宿，心动，问曰："县名为何？"曰："柏人。""柏人者，迫于人也！"不宿而去。

汉九年，贯高怨家知其谋，乃上变告之⑦。于是上皆并逮捕赵王、贯高等。十馀人皆争自刭，贯高独怒骂曰："谁令公为之？

---

①傅：辅佐。 ②韝：革制的护臂，用以束衣袖、射箭或操作。 ③箕踞：席地而坐，伸直两腿，状如簸箕，此为傲慢不敬之态。詈（lì）：骂，责骂。 ④孱（chán）：软弱。 ⑤壁人：把人藏于夹壁墙之中。 ⑥要：半途截杀。厕：通"侧"，旁边，引申为隐蔽处。 ⑦上变告之：向皇帝秘密报告贯高谋反。

今王实无谋,而并捕王;公等皆死,谁白①王不反者!”乃辒车胶致②,与王诣长安。治张敖之罪。上乃诏赵群臣宾客有敢从王皆族。贯高与客孟舒等十馀人,皆自髡钳③,为王家奴,从来。贯高至,对狱④,曰:“独吾属为之,王实不知。”吏治榜笞数千,刺剟⑤,身无可击者,终不复言。吕后数言张王以鲁元公主故,不宜有此。上怒曰:“使张敖据天下,岂少而女乎!”不听。廷尉以贯高事辞闻,上曰:“壮士!谁知者,以私问之。”中大夫泄公曰:“臣之邑子⑥,素知之。此固赵国立名义不侵为然诺者也。”上使泄公持节问之箯舆前⑦。仰视曰:“泄公邪?”泄公劳苦如生平欢,与语,问张王果有计谋不。高曰:“人情宁不各爱其父母妻子乎?今吾三族皆以论死,岂以王易吾亲哉!顾为王实不反,独吾等为之。”具道本指所以为者王不知状⑧。于是泄公入,具以报,上乃赦赵王。

上贤贯高为人能立然诺,使泄公具告之,曰:“张王已出。”因赦贯高。贯高喜曰:“吾王审⑨出乎?”泄公曰:“然。”泄公曰:“上多⑩足下,故赦足下。”贯高曰:“所以不死一身无馀者,白张王不反也。今王已出,吾责已塞⑪,死不恨矣。且人臣有篡杀之名,何面目复事上哉!纵上不杀我,我不愧于心乎?”乃仰绝肮⑫,遂死。当此之时,名闻天下。

张敖已出,以尚鲁元公主故,封为宣平侯。于是上贤张王诸客,以钳奴从张王入关,无不为诸侯相、郡守者。及孝惠、高后、文帝、孝景时,张王客子孙皆得为二千石。

---

①白:辩白,洗刷。②辒车:带有笼子的囚车。胶致:牢牢封闭。③髡(kūn)钳:剃去头发,带上刑具。④对狱:接受审问。⑤榜笞:鞭打。刺剟(duō):铁锥刺身。⑥邑子:同乡。⑦节:符节,凭证。箯(biān)舆:竹编的舆床。⑧本指:原意。指:通“旨”。状:情况。⑨审:确实。⑩多:推重,赞美。⑪塞:满。⑫绝:断。肮:喉咙。

张敖,高后六年薨。子偃为鲁元王。以母吕后女故,吕后封为鲁元王。元王弱,兄弟少,乃封张敖他姬子二人:寿为乐昌侯,侈为信都侯。高后崩,诸吕无道,大臣诛之,而废鲁元王及乐昌侯、信都侯。孝文帝即位,复封故鲁元王偃为南宫侯,续张氏。

太史公曰:张耳、陈馀,世传所称贤者;其宾客厮役,莫非天下俊杰,所居国无不取卿相者。然张耳、陈馀始居约时①,相然信以死,岂顾问哉②。及据国争权,卒相灭亡,何乡者③相慕用之诚,后相倍之戾也④!岂非以势利交哉?名誉虽高,宾客虽盛,所由殆与太伯、延陵季子异矣。

【译文】

张耳,魏国大梁人。他年轻时,曾赶上作魏公子无忌的门客。张耳曾隐姓埋名逃亡在外,来到外黄。外黄有一个富豪人家的女儿,长得很美,却嫁了一个愚蠢平庸的丈夫,就逃离了她的丈夫,去投奔她父亲旧时的一个朋友。她父亲的朋友平素就了解张耳,于是对这美女说:“你如果一定要嫁个有才能的丈夫,就嫁给张耳吧。”美女听从了他的意见,终于断绝了同她丈夫的关系,改嫁给张耳。张耳这时从困窘中摆脱出来,广泛交游,女家给张耳的供给丰厚,张耳因此得以招致千里以外的宾客。于是张耳在魏国外黄做了县令,他的名声从此日益大起来。

陈馀,也是魏国大梁人,爱好儒家学说,曾多次游历赵国的苦陉。一位很有钱的公乘氏把女儿嫁给他,也知道陈馀不是一般平庸无为的人。陈馀年轻,他就像对待父亲一样侍奉张耳,两人建立了生死与共的患难情谊。

---

①始居约时:当初贫贱时。 ②顾问:顾虑,顾及。 ③乡者:从前,过去。乡:同“向”。④戾:乖张,暴戾。

秦国灭亡大梁时，张耳家住在外黄。高祖还是普通平民百姓时，曾多次追随张耳交往，在张耳家一住就是几个月。秦国灭亡魏国几年后，已听说这两个人是魏国的知名人士，就悬赏拘捕，有捉住张耳的人赏给千金，捉到陈馀的人赏给五百金。张耳、陈馀就改名换姓，一块儿逃到陈地，充当里门看守维持生活，两人相对而处。里中小吏曾因陈馀犯了小的过失鞭打他，陈馀打算起来反抗，张耳赶快用脚踩他，示意他忍受鞭打，小吏走后，张耳就把陈馀带到桑树下，责备他说："当初和你怎么说的？如今受到小小的屈辱，就想要跟一个小吏拼命吗？"陈馀认为他说得对。秦国发出命令文告，悬赏拘捕他两人，他俩也利用里门看守的身份向里中的居民传达上边的命令。

陈涉在蕲州起义，打到陈地时，军队已扩充到几万人。张耳、陈馀求见陈涉。陈涉和他的亲信们平时多次听说张耳、陈馀有才能，只是没有见过面，这次相见非常高兴。

陈地豪杰、父老就劝陈涉道："将军身穿坚固铠甲，手拿锐利武器，率兵讨伐暴虐的秦国，重立楚国社稷，使灭亡的国家得以复存，使断绝的子嗣得以延续，功德无量，应该称王。况且还要督统天下各路将领，不称王是不行的，希望将军立为楚王。"陈涉就此征求陈馀、张耳的看法，二人回答说："秦国无道，占领别人的国家，毁灭别人的社稷，断绝别人的后代，掠尽百姓财产。将军怒目圆睁，放开胆量，不顾万死一生，是为替天下除害。如今刚打到陈地就称王，在天下人面前显出自己的私心。愿将军不要称王，赶快率兵向西挺进，派人拥立六国后代，替自己树立党羽，给秦国增加敌对势力。给它树敌越多，它的力量就越分散，我们党羽越多，兵力就越强大。这样就用不着在辽阔的旷野荒原上互相厮杀，也不存在坚守难攻的城邑，推翻暴虐的秦国，就可占据咸阳向诸侯发号施令。各国在灭亡后又得以复立，施以恩德感召他们，如能这样，那么帝王大业就成功了。如今只在陈地称王，恐怕天下诸侯就会懈怠不从。"陈涉不听，于是自立称王。

陈馀再次规劝陈王说："大王调遣梁地、楚地的军队向西挺进，当务之急是攻破函谷关，来不及收复黄河以北的地区。我曾游历赵国，熟悉那里的人物和地形，希望派一支军队，向北出其不意地夺取赵国的土地。”于是，陈王任命自己的老朋友，陈地人武臣为将军，邵骚为护军，张耳、陈馀为左右校尉，拨给三千人的军队，向北攻占赵地。

武臣等人从白马津渡过黄河，到各县对当地豪杰游说道：“秦国暴政酷刑残害天下百姓，已几十年了。北部边境有修筑万里长城的苦役，南边广征兵丁戍守五岭，国内外骚动不安，百姓疲惫不堪，横征暴敛以供给军费开支，财尽力竭，民不聊生。加上严重的苛法酷刑，致使天下的父子不得安宁。陈王振臂而起，首先倡导天下，在楚地称王，纵横两千里，没有不响应的，家家义愤填膺，人人斗志旺盛，有怨的报怨，有仇的报仇，县里杀了他们的县令县丞，郡里杀了他们的郡守郡尉。如今已建立了大楚，在陈地称王，派吴广、周文率百万大军向西进攻秦军。在这时不成就封侯大业的，不是人中的豪杰。请诸位互相筹划一番！天下所有的人一致认为苦于秦国的暴政时间太长久了。凭借普天下的力量攻打无道昏君，报父兄的怨仇，完成割据土地的大业，这是有志之士不可错过的时机啊。”所有的豪杰都认为这话说得很对。于是行军作战、收编队伍，扩充到几万人的军队，武臣自己立号称武信君。攻克赵国十座城池，其余的都据城坚守，不肯投降。

于是带兵朝东北方向攻击范阳。范阳人蒯通规劝范阳令说：“我私下听说您快要死了，所以前来表示哀悼慰问。虽然如此，但是还要恭贺您因为有了我蒯通而能获得复生。”范阳令说：“为什么对我哀悼慰问？”蒯通回答说：“您做了十年的范阳县令，杀死多少父老，造成多少孤儿寡母，砍断人家脚的，在人家脸上刺字的，数也数不清。然而慈父孝子没有人敢把刀子插入您肚子里的原因，只是害怕秦国的酷法罢了。如今天下大乱。秦国的法令不能施行了，然而，那些慈父孝子就会把利刃插进您肚子而成就他们的名声，这就是我来哀悼慰问您的原因啊。如今，各路诸侯都已背叛了秦廷，武信君的人马即将到来，您却要死守范阳，年轻的人都争先要杀死您，投奔武信君。您应该迫不及待地派我去面见武信君,可以转祸为福就在而今了。”

范阳令就派蒯通去见武信君说:“您一定要打了胜仗而后夺取土地,攻破了守敌然后占领城池,我私下认为这样做是错的。您果真能听从我的计策,就可以不去攻打而使城邑降服,不通过战斗而夺取土地,只要发出征召文告就让您平定广阔的土地,可以吗?”武信君说:“你说的是什么意思?”蒯通说:“如今范阳令应当整顿他的人马用来坚守抵抗,可他胆怯怕死,贪恋财富而爱慕尊贵,所以他本打算走在天下人的前面来投降,又害怕您认为他是秦国任命的官吏,像以前被攻克的十座城池的官吏一样被诛杀。可是,如今范阳城里的年轻人也正想杀掉他,自己据守城池来抵抗您。您为什么不把侯印让我带去,委任范阳令,范阳令就会把城池献给您,年轻人也不敢杀他们的县令了。让范阳令坐着彩饰豪华的车子,奔驰在燕国、赵国的郊野。燕国、赵国郊野的人们看见他,都会说这就是范阳令,他是率先投降的啊,马上就得到如此优厚的待遇了,燕、赵的城池就可以不用攻打而投降了。这就是我说的传檄而平定广阔土地的计策。”武信君听从了他的计策,就派遣蒯通赐给范阳令侯印。赵国人听到这个消息,不战而降的有三十余座城池。

到达邯郸,张耳、陈馀听说周章的部队已进入关中,到戏水地区又败退下来;又听说为陈王攻城略地的各路将领,多被谗言所毁,获罪被杀,又怨恨陈王不采纳他们的计谋,不能晋升为将军,而让他们做校尉。于是就规劝武臣说:“陈王在蕲县起兵,到了陈地就自立称王,看来不一定要拥立六国诸侯的后代。如今,将军用三千人马夺取了几十座城池,独自据有河北广大区域,如不称王,就不足以使社会安定下来。况且陈王听信谗言,若是有人回去报告,恐怕难免祸患。还不如拥立其兄弟为王;要不然,就拥立赵国的后代。将军不要失掉机会,时机紧迫,不容喘息。”武臣听从了他们的意见,于是自立为赵王。任用陈馀做大将军,张耳做右丞相,邵骚做左丞相。

派人回报陈王,陈王听了大发雷霆,想要把武臣等人的家族杀尽,而发兵攻打赵王。陈王的国相房君劝阻说:“秦国还没有灭亡而诛杀武臣等人的家族，这等于又树立了一个像秦国一样强大的敌人。不如趁此机会向他祝贺，让他急速带领军队向西挺进，攻打秦朝。”陈王认为他说得对，听从了他的计策，把武臣等人的家属迁移到宫里，软禁起来。并封张耳的儿子张敖为成都君。

陈王派使者向赵王祝贺，让他急速调动军队向西进入关中。张耳、陈馀规劝武臣说：“大王在赵地称王，这并不是楚国的本意，只不过是将计就计来祝贺大王。楚王灭掉秦国后，一定会加兵于赵。希望大王不要向西进兵，要向北发兵夺取燕、代，向南进军收缴河内，扩充自己的势力范围。这样，赵国向南依靠大河，向北拥有燕、代，楚王即使战胜秦国，也一定不敢压制赵国。”赵王认为他们讲得对，因而，不向西发兵，而派韩广夺取燕地，李良夺取常山，张黡夺取上党。

韩广的军队到达燕地，燕地人就趁势拥立韩广做燕王。赵王就和张耳、陈馀向北进攻燕国的边界。赵王在空闲时外出，被燕军抓获。燕国的将领把他囚禁起来，要瓜分赵国一半土地，才归还赵王。赵国派使者前去交涉，燕军就把他们杀死，要求割地。张耳、陈馀为这件事忧虑重重。有一个干勤杂的士兵对他同宿舍的伙伴说：“我要替张耳、陈馀去游说燕军，就能和赵王一同坐着车回来。”同住的伙伴们都讥笑他说：“使臣派去了十几位，去了就立即被杀死，你有什么办法能救出赵王呢？”于是，他就跑到燕军的大营。燕军的将领见到他，他却问燕将说：“知道我来干什么？”燕将回答说：“你打算救出赵王。”他又问：“您知道张耳、陈馀是什么样的人吗？”燕将说：“是贤明的人。”他继续问：“您知道他们的意图是什么？”燕将回答说：“不过是要救他们的赵王罢了。”赵国的勤杂兵就笑着说：“您还不了解这两个人的打算。武臣、张耳、陈馀手执马鞭指挥军队攻占了赵国几十座城池，他们各自也都想面南而称王，难道甘心终身做别人的卿相吗？做臣子和做君主难道可以相提并论吗？只是顾虑到局势初步稳定，还没有敢三分国土各立为王，权且按年龄的大小为序先立武臣为王，以维系赵国的民心。如今赵地已稳定平服，这两个人也要瓜分赵地自立称王，只是时机还没成熟罢了。如今，您囚禁了赵王，这两个人表面上是为了救赵王，实际上是想让燕军杀死他，这两个人好瓜分赵国自立为王。以原来一个赵国的力量就能轻而易举地攻下燕国，何况两位贤王相互支持，以杀害赵王的罪名来讨伐，灭亡燕国就很容易了。”燕国将领认为他说得有道理，就归还赵王，勤杂兵就驾着车子，与赵王一同归来。

李良平定常山以后，回来报告，赵王再派李良夺取太原。李良的部队到了石邑，秦军已严密封锁了井陉关，不能向前挺进。秦国的将领谎称二世皇帝派人送给李良一封信，没有封口，信中说：“李良曾侍奉我得到显贵宠幸。李良如果能弃赵反正归秦，就饶恕李良的罪过。使李良显贵。”李良接到这封信，很怀疑。于是兵回邯郸，请求增加兵力。还没回到邯郸，路上遇到赵王的姐姐外出赴宴而归，跟着一百多随从的人马。李良远远望见如此气魄，以为是赵王，便伏在地上通报姓名。赵王姐姐喝醉了，也不知他是将军，只是让随从的士兵答谢李良。李良一向显贵，从地上站起来，当着随从官员的面，感到很羞愧。随行官中有一个人说：“天下人都背叛暴秦，有本领的人便先立为王，况且赵王的地位一向在将军之下，而今，一个女儿家竟不为将军下车，请让我追上去杀了她。”李良已收到秦二世的书信，本来就想反赵，尚未决断，又遇上这件事，因而发怒，派人追赶赵王的姐姐，杀死在道中，于是就率军队袭击邯郸。邯郸方面不了解内变，武臣、邵骚竟被杀死。赵人很多是张耳、陈馀的耳目，因此能够逃脱。收拾武臣的残破军队，得到五万人。有的宾客劝告张耳说：“您们二位都是外乡人，客居在此，要想让赵国人归附，很困难；只有拥立六国时赵王的后代，以正义扶持，可以成就功业。”于是寻访到赵歇，拥立为赵王，让他迁居信都。李良进兵攻打陈馀，陈馀反而打败了李良，李良只好逃回去，投奔秦将章邯。

章邯领兵到邯郸，把那里的百姓都迁到河内，摧毁了那里的城郭和建筑物。张耳和赵王歇逃入巨鹿城，被秦将王离团团围住。陈馀在北边收集了常山的残余部队几万人，驻扎在巨鹿城以北。章邯的军队驻扎在巨鹿城以南的棘原，修筑甬道与黄河接连，给王离供应军粮。王离兵多粮足,急攻巨鹿。巨鹿城内粮食已尽,兵力很弱,张耳多次派人召陈馀前来救援,陈馀考虑到自己的兵力不足,敌不过秦军,不敢前往。过了几个月,不见救兵,张耳大怒,怨恨陈馀,派张黡、陈泽前去责备陈馀道:“当初我和您结为生死之交,现在赵王和我将要死于早晚之间,而您拥兵数万,不肯相救,那同生共死的交情在哪儿呢?假如您要信守诺言,为什么不和秦军决一死战?何况还有十分之一二获胜的希望。”陈馀说:“我估计即使向前进军,最终不光救不成赵,还要白白地全军覆没。况且我不去同归于尽,还要为赵王、张先生向秦国报仇。如今一定要去同归于尽,如同把肉送给饥饿的猛虎,有什么好处呢?”张黡、陈泽说:“事已迫在眉睫,需要以同归于尽来确立诚信,哪里还管得了以后的事呢!”陈馀说:“我死不要紧,只是死而无益,但是我一定按照二位的话去做。”就派了五千人马让张黡、陈泽带领着试攻秦军,到了前线便全军覆没了。

正当这时,燕国、齐国、楚国听说赵国危急,都来救援。张敖也向北收聚代地兵力一万多人赶来,都在陈馀旁边安营扎寨,却不敢进攻秦军。项羽的军队多次截断了章邯的甬道,王离的军粮缺乏,项羽率领全部军队渡过黄河,终于打败了章邯。章邯带兵溃退,各国诸侯的军队才敢攻击围困巨鹿的秦国军队,于是俘虏了王离。秦将涉间自杀身亡。最终保全巨鹿的,是楚军的力量。

这时赵王歇、张耳才得以出巨鹿城,感谢各国诸侯。张耳和陈馀相见,责备陈馀不肯救赵,并追问张黡、陈泽的下落。陈馀恼怒地说:“张黡、陈泽以同归于尽责备我,我派他们带领五千人马先尝试攻打秦军,结果全军覆没,没一个人幸免。”张耳不信,认为把他们杀了,多次追问陈馀。陈馀大怒,说:“想不到您对我的怨恨是如此深啊!难道您以为我舍不得放弃这将军的职位吗?”就解下印信,推给张耳。张耳也感到惊愕不肯接受。陈馀站起身来上厕所了。有的宾客规劝张耳:“我听说‘天上的赐予不去接受,反而会遭到祸殃’。如今,陈将军把印信交给您,您不接受,违背天意不吉祥。赶快接收它!”张耳就佩带陈馀的大印,接收他的部下。陈馀回来,也怨恨张耳不辞让就收缴了大印,于是疾步走出去。

张耳就收编了他的军队。陈馀独自和他部下亲信几百人到黄河边的湖泽中打鱼捕猎去了。从此以后,陈馀、张耳就在感情上产生了裂痕。

赵王歇又回到信都居住,张耳随着项羽和其他诸侯进入关中。汉元年二月,项羽封诸侯为王,张耳向来交游很广,很多人替他说好话。项羽平常也听说张耳有才能,于是分割赵国的土地封张耳做常山王,建都信都,并把信都改名为襄国。

陈馀旧有的宾客中很多人规劝项羽说:"陈馀、张耳同样对赵国有功。"可是项羽认为他不随从入关,又听说他在南皮,就把南皮周围的三个县封给他,而把赵王歇迁都代县,改封为代王。

张耳到他的封国去,陈馀更加恼怒,说:"张耳与我功劳相等,张耳封王,而我只封侯,这是项羽不公平。"待到齐王田荣背叛楚国,陈馀便派夏说游说田荣道:"项羽作为天下的主宰,却不公平,把好地方都分封给将军们去称王,把原来称王的都迁到坏地方,如今,把赵王迁居代县!希望大王借给我军队,以南皮作为您遮挡防卫的屏障。"田荣想在赵国树立党羽以反对楚国,就派兵跟随陈馀。因此,陈馀调动了所属三个县的全部兵力袭击常山王张耳,张耳败逃,想到各诸侯之中没有可以投奔的,说:"汉王虽然和我有老交情,可是项羽的势力强大,又是他分封的我,我想投奔楚国。"甘公说:"汉王入关,五星会聚于井宿天区。井宿天区是秦国的分星。先到的,一定功成霸业。即使现在楚国强大,日后一定归属于汉。"所以,张耳决定奔汉。汉王也回师平定了三秦,正在废丘围攻章邯的军队。张耳晋见汉王,汉王以优厚的礼遇接待了他。

陈馀打败张耳以后,全部收复了赵国的土地,把赵王从代县迎接回来,又做了赵国的国君。赵王对陈馀感恩戴德,分封陈馀为代王。陈馀因为赵王软弱,国内局势刚刚稳定,不到封国去,留下来辅佐赵王,而派夏说以国相的身份镇守代国。

汉二年,汉王向东进击楚国,派使者通知赵国,要和赵国共同伐楚。陈馀说:"只要汉王杀掉张耳,赵国就追随。"于是汉王找到一个和张耳长得相像的人斩首,派人拿着人头送给陈馀。陈馀才发兵助汉。汉王在彭城以西打了败仗，陈馀又觉察到张耳没死，就背叛了汉王。

汉三年，韩信平定魏地不久，就派张耳和韩信攻破了赵国的井陉，在泜水河畔杀死了陈馀，在襄国追杀了赵王歇。汉封张耳为赵王。汉五年，张耳死，谥号为景王。张耳的儿子张敖接续他父亲做了赵王，汉高祖的长女鲁元公主嫁给赵王张敖做王后。

汉七年，高祖从平城经过赵国，赵王脱去外衣，戴上袖套，从早到晚亲自侍奉饮食，态度很谦卑，尽到了子婿的礼节。高祖却席地而坐，像簸箕一样，伸开两只脚责骂，对他非常傲慢。赵国国相贯高、赵午等人都已六十多岁了，是张耳的旧时的宾客。他们的性格生平豪爽、易于冲动，就愤怒地说："我们的王是懦弱的王啊！"就规劝赵王说："当初天下豪杰并起，有才能的先立为王。如今您侍奉皇上那么恭敬，而皇上对您却粗暴无礼，请让我们替您杀掉他！"张敖听了，便把手指咬出血来，说："你们怎么说出这样的错话！况且先父亡了国，是依赖皇上才能够复国，恩德泽及子孙，所有一丝一毫都是皇上出的力啊。希望你们不要再这么说。"贯高、赵午等十多人都相互议论说："都是我们的不对。我们的王是仁厚的人，不肯背负恩德。况且我们的原则是不受侮辱，如今怨恨皇上侮辱我王，所以要杀掉他，为什么要玷污了我们的王呢？假使事情成功了，功劳归王所有，失败了，我们自己承担罪责！"

汉八年，皇上从东垣回来，经过赵国，贯高等人在柏人县馆舍的夹壁墙中隐藏武士，想要拦截杀死他。皇上经过那里想要留宿，心有所动，就问道："这个县的名称叫什么？"回答说："柏人。""柏人，就是被人迫害啊！"没有留宿就离开了。

汉九年，贯高仇人知道他的计谋，就向皇上秘报贯高谋反。于是把赵王、贯高等一并逮捕，十多人都争相刎颈自杀，只有贯高愤怒地骂道："谁让你们自杀？如今这事，大王确实没有参与，却要一并逮捕；你们都死了，谁替大王伸冤呢！"于是被囚禁在栅槛密布而又坚固的囚车里和赵王一起押送到长安。朝廷审判张敖的罪行。皇上向赵国发布文告说群臣和宾客有追随赵王的全部灭族。贯高和宾客孟舒等十多人，都自己剃掉头发，用铁圈锁住脖子，装作赵王家奴跟着赵王来京。贯高一到，出庭受审，说："只有我们这些人参与了，赵王确实不知。"官吏审讯，严刑鞭打几千下，用烧红的铁条去刺，身上没一处是完好的，但始终再没说话。吕后几次说到张敖因鲁元公主的缘故，不应当有这事。皇上愤怒地说："若是让张敖据有了天下，难道还会考虑你的女儿吗！"不听吕后的劝告。廷尉把审理贯高的情形和供词报告皇上，皇上说："真是壮士啊！谁了解他，通过私情问问他。"中大夫泄公说："他是我的同乡，一向了解他。他本来就是为赵国树名立义、不肯背弃承诺的人。"皇上派泄公拿着符节到舆床前问他。贯高仰起头看看说："是泄公吗？"泄公慰问、寒暄，像平常一样和他交谈，问张敖到底有没有参与这个计谋。贯高说："人之常情，有谁不爱他的父母妻子呢？如今我三族都因此事已被判处死罪，难道会用我亲人的性命去换赵王吗！但赵王确实没谋反，只是我们这些人干的。"他详细说出了所以要谋杀皇上的本意，和赵王不知内情的情状。于是泄公进宫，把了解的情况详细做了报告，皇上便赦免了赵王。

皇上赞赏贯高是讲信义的人，就派泄公把赦免赵王的事告诉他，说："赵王已从囚禁中释放出来。"因而也赦免贯高。贯高喜悦地说："我们赵王的确被释放了吗？"泄公说："是。"泄公又说："皇上称赞您，所以赦免了您。"贯高说："我被打得体无完肤而不死的原因，是为了辩白张敖王确实没有谋反。如今张王已被释放，我的责任已得到补救，死了也不遗憾啦。况且为人臣子有了篡杀的名声，还有什么脸面再侍奉皇上呢！纵然皇上不杀我，我内心不感到惭愧吗？"于是仰起头来割断咽喉而死。那时，他已天下闻名。

张敖被释放不久，因为娶的是鲁元公主的缘故，被封为宣平侯。当时皇上称赞张敖的宾客，凡是自己束颈以家奴身份随张王入关的，没有不做到诸侯、卿相、郡守的。一直到孝惠、高后、文帝、景帝时，张王宾客的子孙们都做到二千石俸禄的高官。

张敖，在高后六年死。张敖的儿子张偃被封为鲁元王。因为张偃的母亲是吕后女儿的缘故，吕后封他做鲁元王。元王弱，兄弟小，就分封张敖其他姬妾生的两个儿子：张寿为乐昌侯，张侈为信都侯。高后驾崩后，吕氏族人为非作歹，不走正道，被大臣们诛杀了，而且废黜了鲁元王以及乐昌侯、信都侯。孝文帝即位后，又分封原来鲁元王张偃为南宫侯，延续张氏的后代。

太史公说：张耳、陈馀在社会传说中是贤能的人，他们的宾客奴仆，没有不是天下的英雄豪杰，在所居国家，没有不取得卿相地位的。然而，当初张耳、陈馀贫贱不得志时，互相信任，誓同生死，难道不是义无反顾的吗？等他们据有了国土，争权夺利的时候，最终还是相互残杀，恨不得把对方消灭。为什么以前是那样真诚地相互倾慕信任，而后来又相互背叛，彼此的态度是那样的凶残呢？难道不是为了权势、利害相互交往吗？虽然他们的名誉高、宾客多，而他们的行迹，恐怕和吴太伯、延陵季子相比，就大不相同了。

【鉴赏】

《张耳陈馀列传》为我们活画出一幅势利之交的世情图。首先，传文抓住张耳、陈馀关系的发展变化这条主线，勾勒出二人从患难中的刎颈之交到显贵后的反目成仇这一过程。全传以“由此陈馀、张耳遂有郤”一句为关目，此前极写二人之合，记述二人在反秦起义中，齐心协力建立赵国的功业；此后笔锋忽一陡转，以张耳困于巨鹿而陈馀不肯救之事写二人始生嫌隙，以张耳收缴陈馀印信事写二人之决裂，以陈馀以“汉杀张耳”为条件要求汉王事写二人誓不两立，一步步写二人之离。通篇用“两人”处，凡十一处，以见其情比父子，誓同生死；而与二人后来之反友为仇相较，以明作者讥讽之意。其次，传文对张耳、陈馀二人采取了欲抑先扬的手法，造成了极佳的戏剧性效果：开篇写张耳贤名之高、宾客之盛，又以“陈馀非庸人”见陈馀之不俗，更以“余年少，父事张耳，两人相与为刎颈交”一句极力渲染其交谊；至写二人在反秦起义中共患难历艰难成就事业，二人之贤才及交谊之厚被渲染到极致，二人后来一旦生隙即誓不两立之事，才更有讽刺意味。最后，传末所附张耳之子张敖袭爵为汉赵王及其事高祖事中有贯高事迹，以此“立名义不侵然诺”之人，更反衬二人势利交之不堪，篇末论赞中更以太伯、延陵季子之高义与张耳、陈馀这两位“世传所称贤者”的势利之交相较，以揭文章之旨。

史记卷九十·魏豹彭越列传第三十

本篇为魏豹、彭越二人合传。二人都曾在魏地,又都在秦末起义之中建立功业;都曾投汉,却又皆为汉家所诛,司马迁本着以类相从的著述精神,将之合为一传。魏豹原为六国时魏国之诸公子,在秦末势变中兴起,反秦投楚而被立为西魏王,叛楚归汉既而叛汉,终遭诛杀。彭越则是本篇记述的重点,他出身盗寇,乘秦末之乱聚集徒众,归汉击楚,最后率兵与刘邦、韩信等消灭项羽于垓下,因功封为梁王,后为刘邦、吕后猜忌而强加罪名杀害并灭族,在他被杀后,刘邦还将其剁成肉酱分赐诸侯群臣。对彭越的悲剧结局,太史公自然也是无限感慨。

魏豹者,故魏诸公子也。其兄魏咎,故魏时封为宁陵君。秦灭魏,迁咎为家人①。陈胜之起王也,咎往从之。陈王使魏人周市徇②魏地,魏地已下,欲相与立周市为魏王。周市曰:"天下昏乱,忠臣乃见。今天下共畔秦,其义必立魏王后乃可。"齐、赵使车各五十乘,立周市为魏王。市辞不受,迎魏咎于陈。五反③,陈王乃遣立咎为魏王。

章邯已破陈王,乃进兵击魏王于临济。魏王乃使周市出请救于齐、楚。齐、楚遣项它、田巴将兵随市救魏。章邯遂击破杀周市等军,围临济。咎为其民约降④。约定,咎自烧杀。

魏豹亡走楚。楚怀王⑤予魏豹数千人,复徇魏地。项羽已破秦,降章邯,豹下魏二十馀城,立豹为魏王。豹引精兵从项羽

---

①家人:庶人。 ②徇:攻占,夺取。 ③反:同"返",返回。 ④约降:约定条件而后投降。 ⑤楚怀王:此楚怀王名熊心,乃项梁所立,为感召民众而用楚怀王之号。

入关。汉元年，项羽封诸侯，欲有梁地，乃徙魏王豹于河东，都平阳，为西魏王。

汉王还定三秦，渡临晋，魏王豹以国属焉，遂从击楚于彭城。汉败，还至荥阳，豹请归视亲病，至国，即绝河津畔汉①。汉王闻魏豹反，方东忧楚，未及击，谓郦生曰："缓颊②往说魏豹，能下之③，吾以万户侯封若。"郦生说豹。豹谢曰："人生一世间，如白驹过隙耳。今汉王慢而侮人，骂詈诸侯群臣如骂奴耳，非有上下礼节也，吾不忍复见也。"于是汉王遣韩信击虏豹于河东，传诣荥阳，以豹国为郡。汉王令豹守荥阳。楚围之急，周苛遂杀魏豹。

彭越者，昌邑人也，字仲。常渔巨野泽中④，为群盗。陈胜、项梁之起，少年或谓越曰："诸豪杰相立畔秦⑤，仲可以来，亦效之。"彭越曰："两龙方斗，且待之。"

居岁馀，泽间少年相聚百馀人，往从彭越，曰："请仲为长。"越谢曰："臣不愿与诸君。"少年强请，乃许。与期旦日⑥日出会，后期⑦者斩。旦日日出，十馀人后，后者至日中。于是越谢曰："臣老，诸君强以为长。今期而多后，不可尽诛，诛最后者一人。"令校长⑧斩之。皆笑曰："何至是？请后不敢。"于是越乃引一人斩之，设坛祭，乃令徒属⑨。徒属皆大惊，畏越，莫敢仰视。乃行略地⑩，收诸侯散卒，得千馀人。

沛公之从砀北击昌邑，彭越助之。昌邑未下，沛公引兵西。彭越亦将其众居巨野中，收魏散卒。项籍入关，王诸侯，还归，

---

①绝：断绝。津：渡口。畔：通"叛"，背叛，叛乱。 ②缓颊：拉长面皮，厚着脸皮。③下：引申为说服。 ④渔：捕鱼。巨野泽：古泽名，在今山东巨野县北。 ⑤桀：优秀，杰出。⑥旦日：明天。 ⑦后期：误期，迟到。 ⑧校长：校尉长。 ⑨徒属：徒众，众属。 ⑩略：攻占，夺取。

彭越众万馀人毋所属。汉元年秋，齐王田荣畔项王，汉乃使人赐彭越将军印，使下济阴以击楚。楚命萧公角将兵击越，越大破楚军。汉王二年春，与魏王豹及诸侯东击楚，彭越将其兵三万馀人归汉于外黄。汉王曰："彭将军收魏地得十馀城，欲急立魏后。今西魏王豹亦魏王咎从弟也，真魏后。"乃拜彭越为魏相国，擅将其兵，略定梁地。

汉王之败彭城解而西也，彭越皆复亡其所下城，独将其兵北居河上。汉王三年，彭越常往来为汉游兵①，击楚，绝其后粮于梁地。汉四年冬，项王与汉王相距荥阳，彭越攻下睢阳、外黄十七城。项王闻之，乃使曹咎守成皋，自东收彭越所下城邑，皆复为楚。越将其兵北走谷城。汉五年秋，项王之南走阳夏，彭越复下昌邑旁二十馀城，得谷十馀万斛，以给汉王食。

汉王败，使使召彭越并力击楚。越曰："魏地初定，尚畏楚，未可去。"汉王追楚，为项籍所败固陵。乃谓留侯曰："诸侯兵不从，为之奈何？"留侯曰："齐王信之立，非君王之意，信亦不自坚。彭越本定梁地，功多，始君王以魏豹故，拜彭越为魏相国。今豹死毋后，且越亦欲王，而君王不蚤定。与此两国约：即胜楚，睢阳以北至谷城，皆以王彭相国；从陈以东傅海②，与齐王信。齐王信家在楚，此其意欲复得故邑。君王能出捐③此地许二人，二人今可致；即不能，事未可知也。"于是汉王乃发使使彭越，如留侯策。使者至，彭越乃悉引兵会垓下。遂破楚。五年，项籍已死。春，立彭越为梁王，都定陶。

六年，朝陈④。九年，十年，皆来朝长安。

---

①游兵：流动游击。 ②傅海：沿海一带土地。傅：通"附"，附着，靠近。 ③捐：舍弃，放弃。 ④朝：朝拜，朝见。

十年秋，陈豨反代地，高帝自往击，至邯郸，征兵梁王。梁王称病，使将将兵诣邯郸。高帝怒，使人让[①]梁王。梁王恐，欲自往谢。其将扈辄曰："王始不往，见让而往，往则为禽矣[②]。不如遂发兵反。"梁王不听，称病。梁王怒其太仆，欲斩之。太仆亡走汉，告梁王与扈辄谋反。于是上使使掩[③]梁王，梁王不觉，捕梁王，囚之洛阳。有司治反形已具[④]，请论如法[⑤]。上赦以为庶人，传处蜀青衣。西至郑，逢吕后长安来，欲之洛阳，道见彭王。彭王为吕后泣涕自言无罪，愿处故昌邑。吕后许诺，与俱东至洛阳。吕后白上曰："彭王壮士，今徙之蜀，此自遗患，不如遂诛之。妾谨与俱来。"于是吕后乃令其舍人告彭越复谋反。廷尉王恬开奏请族之[⑥]。上乃可，遂夷越宗族，国除[⑦]。

太史公曰：魏豹、彭越虽故贱，然已席卷[⑧]千里，南面称孤，喋血[⑨]乘胜日有闻矣。怀畔逆之意，乃败，不死[⑩]而虏囚，身被刑戮，何哉？中材已上且羞其行[⑪]，况王者乎！彼无异故，智略绝人，独患无身耳。得摄尺寸之柄[⑫]，其云蒸龙变[⑬]，欲有所会其度[⑭]，以故幽囚而不辞云。

【译文】

魏豹，原是六国时魏国的公子。他的哥哥叫魏咎，原来魏国时被封为宁陵君。秦国灭亡魏国以后，就把他放逐到外地废作平民。陈胜起义称王，魏咎前往追随他。陈王派魏国人周市带兵夺取魏国的土地，魏地

---

①让：指责，责备。 ②为禽：被擒拿。禽：同"擒"，擒拿，捕捉。 ③掩：乘人不备而进袭或逮捕。 ④有司：专管某一方面的官吏。反形已具：谋反的证据确凿。 ⑤论如法：依法判处。论：判罪。 ⑥奏：进言或上书。族：灭族。 ⑦国除：封国被废除。 ⑧席卷：像卷席一样全部占有。 ⑨喋血：形容战斗激烈，流血很多。 ⑩不死：不自杀。 ⑪已：通"以"。羞其行：指受囚辱之行。 ⑫尺寸之柄：比喻极小的权力。柄：权柄。 ⑬云蒸龙变：云气蒸腾，蛟龙变幻，比喻天下大乱。 ⑭会其度：施展他们的谋略，实现他们的愿望。

被攻占后，大家互相商量，想要拥立周市为魏王，周市说："天下混乱，忠臣才能显现出来。现在天下都背叛秦国，从道义上讲，一定要拥立魏王的后代才行。"齐国、赵国各派战车五十辆，支持周市做魏王。周市辞谢不肯接受，却到陈国迎接魏咎。往返五次，陈王才答应把魏咎放回去立为魏王。

章邯打败陈王不久，便进兵临济攻击魏王，魏王派周市到齐国、楚国去请求救兵。齐、楚派遣项它、田巴带领着军队随周市援救魏国。章邯竟然击败了援军，杀死了周市，包围了临济。魏咎为了他的百姓身家性命的安全，请求投降。谈判成功，魏咎就自焚而死。

魏豹逃往楚国，楚怀王给了魏豹几千人马，回去夺取魏地。这时项羽已打败秦军，降服章邯。魏豹接连攻克了二十多座城池。项羽就封魏豹为魏王。魏豹率领着精锐部队跟着项羽入关了。汉元年，项羽分封诸侯，自己想占有梁地，就把魏王豹迁往河东，建都平阳，封为西魏王。

汉王回师平定了三秦，从临晋率兵横渡黄河，魏豹就把整个国家归属汉王，随着汉王攻打彭城。汉王战败，回师荥阳，魏豹请假回家探望老人病情，回国后，就马上断绝了黄河渡口，背叛了汉王。汉王虽然听到魏豹反叛的消息，可是正在忧虑东边的楚国，来不及攻打魏国，就对郦生说："你去替我婉言劝说魏豹，如果能说服他，我就封你为万户侯。"郦生就前去游说魏豹。魏豹婉转地拒绝说："人生一世是非常短促的，就像日影透过墙壁的空隙那样迅速。如今汉王对人傲慢而侮辱，责骂诸侯群臣如同责骂奴仆一样，没有上下礼节，我没法忍耐着去见他。"于是汉王派韩信去攻打魏豹，在河东俘虏了魏豹，让他坐着驿站的车子押送到荥阳，将魏豹原有的国土改设为郡。汉王命魏豹驻守荥阳。当楚军围攻紧的时候，周苛就把魏豹杀了。

彭越，昌邑人，别号彭仲。常在巨野湖泽中打鱼，伙同一帮人做强盗。陈胜、项梁揭竿而起，有的年轻人就对彭越说："很多豪杰都自立旗号，背叛秦朝，你可以站出来，咱们也效仿他们那样干。"彭越说："现在两条龙刚刚搏斗，还是等一等吧。"

过了一年多，泽中年轻人聚集了一百多，前去追随彭越，说："请你做我们的首领。"彭越拒绝说："我不愿和你们一块干。"年轻人们执意请求，才答应了。跟他们约好明天太阳出来集合，迟到的人杀头。第二天太阳出来时，迟到的有十多人，最后一个人直到中午才来。当时，彭越很抱歉地说："我老了，你们执意要我做首领。现在，约定好的时间而有很多人迟到，不能都杀头，只杀最后到达的一个人。"命校尉长杀掉他。大家都笑着说："何必这样呢，今后不敢再迟到就是了。"于是彭越就拉过最后到的那个人杀了，设置土坛，用人头祭奠，号令所属众人。众人都大为震惊，畏惧彭越，没有谁敢抬头看他。于是就带领大家出发夺取土地，收集诸侯逃散的士兵，得到一千多人。

沛公从砀北上攻击昌邑，彭越援助他。昌邑没有攻下来，沛公带领军队向西进发。彭越也领着他的人马驻扎在巨野泽中，收编魏国逃散的士兵。项籍进入关中，分封诸侯后，就回国去了，彭越的部队已发展到一万多人却没有归属。汉元年秋天，齐王田荣背叛项王，就派人赐给彭越将军印信，让他进军济阴攻打楚军。楚军命萧公角率兵迎击彭越，却被彭越打得大败。汉王二年春天，汉王和魏王豹以及各路诸侯向东攻打楚国，彭越率领他的部队三万多人在外黄归附汉王。汉王说："彭将军收复魏地十几座城池，急于拥立魏王的后代。如今，魏王豹是魏王咎的堂弟，是真正的魏王后代。"就任命彭越做魏国国相，独揽兵权，平定梁地。

汉王在彭城战败，军队向西溃退，彭越把他攻占的城池又都丢掉，独自带领他的军队向北驻守在黄河沿岸。汉王三年，彭越经常往来出没替汉王游动出兵，攻击楚军，在梁地断绝他们的后援粮草。汉四年冬天，项王和汉王在荥阳相持，彭越攻下睢阳、外黄等十七座城邑。项王听到这个消息，便派曹咎驻守城皋，亲自向东收复了彭越攻克的城邑，又都归复楚国所有。彭越带着他的队伍北上谷城。汉五年秋，项王的军队向南撤退到阳夏，彭越又攻克昌邑旁二十多个城邑，缴获谷物十多万斛，用作汉王的军粮。

汉王打了败仗，派使者叫彭越合力攻打楚军。彭越说："魏地刚刚平定，还害怕楚军袭击，不能前往。”汉王举兵追击楚军，却被项籍在固陵战败。便对留侯说：“诸侯的军队不跟着来参战，可怎么办呢？”留侯说：“齐王韩信自立，不是您的本意，韩信自己也不放心。彭越本来平定了梁地，战功累累，当初您因为魏豹的缘由，只任命彭越做魏国的国相。如今，魏豹死后又没有留下后代，何况彭越也打算称王，而您却没有早作决断。您和两国约定：假如战胜楚国，睢阳以北到各城的土地，都分封给彭相国为王；从陈以东的沿海地区，分封给齐王韩信。齐王韩信的家乡在楚国，他的本意是想再得到自己的故乡。您能拿出这些土地答应分给二人，这两个人马上就可以招来；即使不能来，事情发展也不致完全绝望。”于是汉王派出使者到彭越那里，按照留侯的策划行事。使者一到，彭越就率领着全部人马在垓下和汉王的军队会师，于是大败楚军。汉五年，项籍已死。那年春天，封彭越为梁王，建都定陶。

汉六年，彭越到陈地，朝见汉高祖。九年，十年，都来长安朝见。

汉十年秋天，陈豨在代地造反，汉高帝亲自率领部队前去讨伐，到达邯郸，向梁王征兵。梁王说有病，派出将领带着军队到邯郸。高帝很生气，派人去责备梁王。梁王害怕，想亲自前往谢罪。他的部将扈辄说：“大王当初不去，被他责备了才去，去了就会被捕。不如就此出兵造反。”梁王不听从他的意见，仍然说有病。梁王对他的太仆很生气，打算杀掉他。太仆慌忙逃到汉高帝那儿，控告梁王和扈辄谋反。于是皇上派使臣出其不意地袭击梁王，梁王不曾察觉，逮捕了梁王，把他囚禁在洛阳。经主管官吏审理，认为他谋反的罪证具备，请求皇上依法判处。皇上赦免了他，废为平民百姓，流放到蜀地青衣县。向西走到郑县，正赶上吕后从长安来，打算前往洛阳，路上遇见彭王。彭王对着吕后哭泣，亲自说明无罪，希望回到故乡昌邑。吕后答应下来，和他一块向东去洛阳。吕后向皇上陈述说：“彭王是豪壮而勇敢的人，如今把他流放蜀地，这是给自己留下祸患，不如杀掉他。所以，我带着他一起回来了。”于是，吕后就让彭越的门客告他再次阴谋造反。廷尉王恬开呈请诛灭彭越家族，皇上就批准，于是诛杀了彭越，灭其家族，封国被废除。

太史公说：魏豹、彭越虽出身微贱，然而他们像卷席子一样，占有了千里广阔的土地，南面称王，他们踏着敌人的血迹乘胜追击，名声日益显扬。然而胸怀叛逆的心志，等到失败了，没能杀身成名而甘做阶下囚徒，以致身被杀戮，为什么呢？中等才智以上的人尚且为他们的行为感到羞耻，何况称王道孤的人呢！他们之所以忍辱不死，没有别的缘故，正是由于他们的智慧、谋略高人一筹，唯恐不能保全自身的性命。只要他们能掌握一点点权力，政治风云一有变幻，就能施展他们的作为，因此被囚禁起来而不逃避啊。

【鉴赏】

魏豹、彭越二人都有借秦末动乱之势由“固贱”到“南面称孤”的传奇经历，都曾投汉，又都未能逃脱被汉家所诛的悲剧命运。司马迁基于以类相从的著述精神，将二人合为一传。传文之极出色者，首先在于详略得当，各有侧重。通篇来看是以悲壮惨烈之彭越为重点，笔墨饱满酣畅。而各人又各有详有略。魏豹传详叙周市立魏咎事以引出魏豹事迹，传叙过程中侧重写魏豹从汉叛汉之反复无常，以魏豹指“汉王慢而侮人”“非有上下礼节”诸语明其叛汉之因，行文之中毫不涉枝曼。彭越传则以“渔巨野泽中”引其事，开篇以浓重笔墨写其在初聚少年起事时以“诛最后者一人”明号令，以见其才干，传叙过程中叙其投汉击楚、攻城略地事则不厌其详，以明其战功赫赫。行文之中以“朝陈”“皆来朝长安”“梁王恐，欲自往谢”“梁王不觉”“自言无罪”诸语随处点染，以明其无反意，反衬其身死族灭之悲。司马迁因自身遭遇往往特别关注那些悲剧性的历史人物，本篇除彭越是作者浓墨记述的人物外，魏咎的豪迈悲壮的描述也给人留下了深刻的印象。

篇末论赞中，总述魏豹、彭越一生“席卷千里，南面称孤，喋血乘胜日有闻矣”，可谓轰轰烈烈，而事败后“不死而虏囚”，或欲有所作为，即太史公所谓“其云蒸龙变，欲有所会其度，以故幽囚而不辞云”。司马迁因李陵案下狱受腐刑，忍耻而生，魏豹、彭越事触动其心，故于此赞中曲致意，言外有无穷伤感之意。

史记卷九十一·黥布列传第三十一

本篇主要记述了黥布富于传奇色彩的一生。他本名英布，因坐秦法受黥刑，史称黥布，是与彭越、韩信齐名的汉初三杰。黥布原为项羽爱将，勇冠三军，常为先锋，在反秦斗争中屡建奇功，被封为九江王；后受随何诱说，叛楚投汉，为汉立功，被封为淮南王；因高祖先后诛韩信、彭越，英布恐诛，暗中聚兵伺警，其部属贲赫上书告变，他被逼谋反，为长沙哀王所诛。论赞中，太史公既对黥布"功冠诸侯"进行称道，也对其助项羽坑杀秦卒、击杀义帝进行了谴责，对其遭祸被灭也颇为感慨。

黥布者，六人也，姓英氏。秦时为布衣。少年，有客相之曰："当刑而王。"及壮，坐法黥[①]。布欣然笑曰："人相我当刑而王，几是乎[②]？"人有闻者，共俳笑之[③]。布已论输丽山[④]，丽山之徒数十万人，布皆与其徒长豪杰交通[⑤]，乃率其曹偶[⑥]，亡之江中为群盗。

陈胜之起也，布乃见番君，与其众叛秦，聚兵数千人。番君以其女妻之。章邯之灭陈胜，破吕臣军，布乃引兵北击秦左右校，破之清波，引兵而东。闻项梁定江东会稽，涉江而西。陈婴以项氏世为楚将，乃以兵属项梁，渡淮南，英布、蒲将军亦以兵属项梁。

项梁涉淮而西，击景驹、秦嘉等，布常冠军。项梁至薛，闻陈王定死[⑦]，乃立楚怀王。项梁号为武信君，英布为当阳君。项

---

①坐法：犯法被判罪。坐：因某事获罪。黥：即墨刑。 ②几：近似，差不多。 ③俳笑：戏笑，嘲笑。 ④论：判罪。丽山：即骊山。 ⑤交通：来往，交往。 ⑥乃：于是。曹偶：同样的囚徒。 ⑦定死：确实已死。定：的确，确实。

梁败死定陶，怀王徙都彭城，诸将英布亦皆保聚彭城。当是时，秦急围赵，赵数使人请救。怀王使宋义为上将，范曾为末将，项籍为次将，英布、蒲将军皆为将军，悉属宋义，北救赵。及项籍杀宋义于河上，怀王因立籍为上将军，诸将皆属项籍。项籍使布先渡河击秦，布数有利，籍乃悉引兵涉河从之，遂破秦军，降章邯等。楚兵常胜，功冠诸侯。诸侯兵皆以服属楚者，以布数以少败众也。

项籍之引兵西至新安，又使布等夜击坑①章邯秦卒二十馀万人。至关，不得入，又使布等先从间道②破关下军，遂得入，至咸阳。布常为军锋③。项王封诸将，立布为九江王，都六。

汉元年四月，诸侯皆罢戏下，各就国。项氏立怀王为义帝，徙都长沙，乃阴令九江王布等行击之。其八月，布使将击义帝，追杀之郴县。

汉二年，齐王田荣畔楚，项王往击齐，征兵九江，九江王布称病不往，遣将将数千人行。汉之败楚彭城，布又称病不佐楚。项王由此怨布，数使使者诮让④召布，布愈恐，不敢往。项王方北忧齐、赵，西患汉，所与者独九江王，又多⑤布材，欲亲用之，以故未击。

汉三年，汉王击楚，大战彭城，不利，出梁地，至虞，谓左右曰："如彼等者，无足与计天下事。"谒者⑥随何进曰："不审陛下所谓。"汉王曰："孰能为我使淮南，令之发兵倍楚，留项王于齐数月，我之取天下可以百全。"随何曰："臣请使之。"乃与二十人俱，使淮南。至，因⑦太宰主之，三日不得见。随何因说太宰曰：

---

①坑：坑杀活埋。②间道：小道。③军锋：军队的先锋。④诮让：责问，谴责。⑤多：推重，赞美。⑥谒者：为国君掌管接待宾客，传达文书的人。⑦因：投托。

"王之不见何，必以楚为强，以汉为弱。此臣之所以为使。使何得见，言之而是邪，是大王所欲闻也；言之而非邪，使何等二十人伏斧质淮南市，以明王倍汉而与楚也。"太宰乃言之王，王见之，随何曰："汉王使臣敬进书大王御者，窃怪大王与楚何亲也。"淮南王曰："寡人北乡而臣事之。"随何曰："大王与项王俱列为诸侯，北乡而臣事之，必以楚为强，可以托国也。项王伐齐，身负板筑[①]，以为士卒先；大王宜悉淮南之众，身自将之，为楚军前锋，今乃发四千人以助楚。夫北面而臣事人者，固若是乎？夫汉王战于彭城，项王未出齐也，大王宜骚[②]淮南之兵渡淮，日夜会战彭城下；大王抚万人之众，无一人渡淮者，垂拱[③]而观其孰胜。夫托国于人者，固若是乎？大王提空名以乡楚，而欲厚自托，臣窃为大王不取也。然而大王不背楚者，以汉为弱也。夫楚兵虽强，天下负之以不义之名，以其背盟约[④]而杀义帝也。然而楚王恃战胜自强，汉王收诸侯，还守成皋、荥阳，下蜀、汉之粟，深沟壁垒，分卒守徼乘塞[⑤]。楚人还兵，间以梁地，深入敌国八九百里，欲战则不得，攻城则力不能，老弱转粮千里之外；楚兵至荥阳、成皋，汉坚守而不动，进则不得攻，退则不得解。故曰楚兵不足恃也。使楚胜汉，则诸侯自危惧而相救。夫楚之强，适足以致天下之兵耳。故楚不如汉，其势易见也。今大王不与万全之汉而自托于危亡之楚，臣窃为大王惑之。臣非以淮南之兵足以亡楚也。夫大王发兵而倍楚，项王必留；留数月，汉之取天下可以万全。臣请与大王提剑而归汉，汉王必裂地[⑥]而封大王，又况淮南？淮南必大王有也！故汉王敬使使臣

---

①板筑：筑墙的用具。板：筑墙用的夹板。筑：夯土的杵。 ②骚：通"扫"。 ③垂拱：垂衣拱手，比喻毫不费力。 ④背盟约：指项羽违背楚怀王与诸侯"先入关中者王之"的约定，不以刘邦为关中王。 ⑤徼（jiào）：边界。乘：登上。 ⑥裂地：分割土地。

进愚计，愿大王之留意也。”淮南王曰：“请奉命。”阴许畔楚与汉，未敢泄也。

楚使者在，方急责英布发兵，舍传舍[1]。随何直入，坐楚使者上坐，曰：“九江王已归汉，楚何以得发兵？”布愕然。楚使者起。何因说布曰：“事已构[2]，可遂杀楚使者，无使归，而疾走汉并力[3]。”布曰：“如使者教，因起兵而击之耳。”于是杀使者，因起兵而攻楚。楚使项声、龙且攻淮南，项王留而攻下邑。数月，龙且击淮南，破布军。布欲引兵走汉，恐楚王杀之，故间行与何俱归汉。

淮南王至，上方踞床洗[4]，召布入见，布大怒，悔来，欲自杀。出就舍，帐御饮食从官如汉王居，布又大喜过望。于是乃使人入九江。楚已使项伯收九江兵，尽杀布妻子。布使者颇得故人幸臣，将众数千人归汉。汉益分布兵而与俱北，收兵至成皋。四年七月，立布为淮南王，与击项籍。

汉五年，布使人入九江，得数县。六年，布与刘贾入九江，诱大司马周殷，周殷反楚，遂举九江兵与汉击楚，破之垓下。

项籍死，天下定，上置酒。上折随何之功[5]，谓何为腐儒[6]，为天下安用腐儒[7]。随何跪曰：“夫陛下引兵攻彭城，楚王未去齐也，陛下发步卒五万人，骑五千，能以取淮南乎？”上曰：“不能。”随何曰：“陛下使何与二十人使淮南，至，如陛下之意，是何之功贤于步卒五万人、骑五千也。然而陛下谓何腐儒，为天下安用腐儒，何也？”上曰：“吾方图子之功。”乃以随何为护军中尉。布遂剖符为淮南王，都六，九江、庐江、衡山、豫章郡皆属

①舍：住。传舍：旅馆，宾馆。②构：结成，造成。③疾走汉：赶快归汉。④踞床洗：蹲坐在床边洗脚。⑤折：折损，贬低。⑥腐儒：迂腐保守之儒生。⑦为天下：治天下。

布。

七年,朝陈。八年,朝洛阳。九年,朝长安。

十一年,高后诛淮阴侯,布因心恐。夏,汉诛梁王彭越,醢之①,盛其醢遍赐诸侯。至淮南,淮南王方猎,见醢,因大恐,阴令人部聚兵②,候伺旁郡警急。

布所幸姬疾③,请就医,医家与中大夫贲赫对门,姬数如医家,贲赫自以为侍中,乃厚馈遗④,从姬饮医家。姬侍王,从容语次,誉赫长者也。王怒曰:"汝安从知之?"具说状。王疑其与乱。赫恐,称病。王愈怒,欲捕赫。赫言变事⑤,乘传诣长安。布使人追,不及。赫至,上变⑥,言布谋反有端⑦,可先未发诛也。上读其书,语萧国相。国相曰:"布不宜有此,恐仇怨妄诬之。请系赫,使人微验⑧淮南王。"淮南王布见赫以罪亡,上变,固已疑其言国阴事;汉使又来,颇有所验,遂族赫家,发兵反。反书闻,上乃赦贲赫,以为将军。

上召诸将问曰:"布反,为之奈何?"皆曰:"发兵击之,阬竖子耳⑨,何能为乎?"汝阴侯滕公召故楚令尹问之。令尹曰:"是故当反。"滕公曰:"上裂地而王之,疏爵⑩而贵之,南面而立万乘之主,其反何也?"令尹曰:"往年杀彭越,前年杀韩信,此三人者,同功一体之人也。自疑祸及身,故反耳。"滕公言之上曰:"臣客故楚令尹薛公者,其人有筹策之计⑪,可问。"上乃召见,问薛公。薛公对曰:"布反不足怪也。使布出于上计,山东非汉之

---

①醢:把人剁成肉酱,古代酷刑之一。 ②部聚:集结,部署。 ③疾:病。 ④馈遗:赠送。 ⑤言变事:上书告变事。汉制,臣下如有谋反,知情者直接向皇帝上书揭发,称之为告变事。 ⑥上变:向皇上上书报告谋反事态。 ⑦有端:有征兆,有苗头。 ⑧微验:暗中探察。 ⑨坑:活埋坑杀。竖子:小子。是对人鄙薄的称呼。 ⑩疏爵:分别赐予爵位。疏:分。 ⑪筹策:策划谋略。

有也；出于中计，胜败之数未可知也；出于下计，陛下安枕而卧矣。”上曰：“何谓上计？”令尹对曰：“东取吴，西取楚，并齐取鲁，传檄燕、赵，固守其所，山东非汉之有也。”“何谓中计？”“东取吴，西取楚，并韩取魏，据敖庾[①]之粟，塞成皋之口，胜败之数未可知也。”“何谓下计？”“东取吴，西取下蔡，归重[②]于越，身归长沙，陛下安枕而卧，汉无事矣。”上曰：“是计将安出？”令尹对曰：“出下计。”上曰：“何谓废上中计而出下计？”令尹曰：“布故丽山之徒也，自致万乘之主，此皆为身，不顾后为百姓万世虑者也，故曰出下计。”上曰：“善。”封薛公千户。乃立皇子长为淮南王。上遂发兵自将东击布。

布之初反，谓其将曰：“上老矣，厌兵[③]，必不能来。使诸将，诸将独患淮阴、彭越，今皆已死，馀不足畏也。”故遂反。果如薛公筹之，东击荆，荆王刘贾走死富陵。尽劫其兵，渡淮击楚。楚发兵与战徐、僮间，为三军，欲以相救为奇。或说楚将曰：“布善用兵，民素畏之。且兵法，诸侯战其地为散地[④]。今别为三，彼败吾一军，馀皆走，安能相救！”不听。布果破其一军，其二军散走。

遂西，与上兵遇蕲西，会甀。布兵精甚，上乃壁[⑤]庸城，望布军置陈[⑥]如项籍军，上恶之。与布相望见，遥谓布曰：“何苦而反？”布曰：“欲为帝耳。”上怒骂之。遂大战。布军败走，渡淮，数止战，不利，与百馀人走江南。布故与番君婚，以故长沙哀王使人绐[⑦]布，伪与亡，诱走越，故信而随之番阳。番阳人杀布兹乡民田舍，遂灭黥布。

---

①敖庾：即敖仓，汉时大粮仓。 ②重：辎重。 ③厌兵：厌恶作战。 ④散地：兵士易败散之地。古兵法认为，在自己领地与敌作战，士卒在危急时容易逃散。 ⑤壁：藏于壁垒，坚守不出。 ⑥陈：同“阵”。 ⑦绐：欺骗。

立皇子长为淮南王，封贲赫为期思侯，诸将率多以功封者。

太史公曰：英布者，其先岂《春秋》所见楚灭英、六，皋陶之后哉？身被[①]刑法，何其拔兴之暴也[②]！项氏之所坑杀人以千万数，而布常为首虐。功冠诸侯，用此得王，亦不免于身，为世大僇。祸之兴自爱姬殖[③]，妒媢[④]生患，竟以灭国！

【译文】

黥布，六县人，姓英。秦朝时是个平民百姓。小时候，有位客人给他看相，说："应当在受刑之后称王。"等到壮年，犯了法，受了黥刑。黥布愉快地笑着说："有人给我看了相，说我当在受刑之后称王，现在，大概就是这种情形了吧？"听到他这么说的人，都取笑他。黥布定罪后不久被押送到骊山服劳役，骊山刑徒有几十万人，黥布专和刑徒的头目、英雄豪杰来往，终于带着这一班人逃到长江之中做了群盗。

陈胜起事时，黥布就去见番县令吴芮，并跟他的部下一起反叛秦朝，聚集了几千人的队伍。番县令还把自己的女儿嫁给他。章邯消灭陈胜、打败吕臣的军队后，黥布就带兵北上攻打秦左、右校的军队，在清波打败了他们，就带兵向东挺进。听说项梁平定了江东会稽，渡过长江向西进发，陈婴因为项氏世世代代是楚国将领，就带领着自己的军队归属项梁，向南渡过淮河，英布、蒲将军也带着军队归属项梁。

项梁率师渡过淮河向西进发，进攻景驹、秦嘉等人的战斗中，黥布骁勇善战，总是列于众军之首。项梁到达薛地，听说陈王的确已死，就拥立楚怀王。项梁号称武信君，英布为当阳君。项梁在定陶战败而死，楚怀王迁都到彭城，将领们和英布也都聚集在彭城守卫。正当这时，秦军加紧围攻赵国，赵国多次派人来请求救援。楚怀王派宋义做上将军，范曾做末将军，项籍做次将军，英布、蒲将军都为将军，全部隶属宋义统帅，向

---

①被：遭受。 ②拔兴：迅速兴起。暴：突然。 ③殖：根殖，祸胎。 ④妒媢：嫉妒。媢(mào)：男子嫉妒称为媢。

北救助赵国。等到项籍在黄河之畔杀死宋义，怀王趁势改任项籍为上将军，各路将领都归属项籍统辖。项籍派英布率先渡过黄河攻击秦军，英布屡立战功占有优势，项籍就率领着全部人马渡过黄河，跟英布协同作战，于是打败了秦军，迫使章邯等人投降。楚军屡战屡胜，在诸侯中功劳是最大的。各路诸侯的军队都能逐渐归附楚国的原因，是因为英布指挥军队作战能以少胜多啊！

项籍带领着军队向西到达新安，又派英布等人领兵趁夜袭击并活埋章邯部下二十多万人。到达函谷关，不能进入，又派英布等人先从隐蔽的小道打败了守关的军队，才得以进关，一直到达咸阳。英布常常做军队的前锋。项王分封诸将时，封英布为九江王，建都六县。

汉元年四月，诸侯都离开项王营帐，各自回到封国。项王拥立怀王为义帝，迁都长沙，却暗中命九江王英布等人，在半路上偷袭他。这年八月，英布派将领袭击义帝，追到郴县将他杀死。

汉二年，齐王田荣背叛楚国，项王前往攻打齐国，向九江征调军队，九江王托辞病重不能前往，只派将领带着几千人应征。汉王在彭城打败楚军，英布又托辞病重不去帮助楚国。项王因此怨恨英布，屡次派使者前去责备英布，并召他前往，英布越发地恐慌，不敢前往。项王正为北方的齐国、赵国担心，西边又忧患汉王起兵，亲近的只有九江王，又推重英布的才能，打算亲近他、任用他，因此没有攻打他。

汉三年，汉王攻打楚国，在彭城展开大规模的战争，失利后从梁地撤退，来到虞县，对身边的人说：“像你们这些人，不值得一同谋划天下大事。”负责传达禀报的随何上前说：“我不理解陛下说的是什么意思。”汉王说：“谁能替我出使淮南，让他们出兵背叛楚国，在齐国把项王牵制几个月，我夺取天下就万无一失了。”随何说：“我请求出使淮南。”汉王给了他二十人一同出使淮南。到达后，通过太宰作介绍，等了三天也没能见到淮南王。随何趁机游说太宰说：“大王不召见我，一定是认为楚国强大，汉国弱小，这正是我出使的原因。使我得以召见，我的话要是说得对呢，那正是大王想听的；我的话说得不对呢，让我们二十人躺在砧板之上，在淮南广场用斧头剁死，用以表明大王背弃汉国亲近楚国之心。”太宰这才把话转告淮南王，淮南王接见了他。随何说：“汉王派我恭敬地上书大王驾前，我私下感到奇怪的是，大王为什么和楚国那么亲近。”淮南王说：“我面向北边以臣子的身份侍奉他。”随何说：“大王和项王都列为诸侯，北向而以臣子的身份侍奉他，一定是认为楚国强大，可以把国家托付给他。项王攻打齐国时，他亲自背负着筑墙的工具，身先士卒；大王应当出动淮南全部人马，亲自率领着他们，做楚军的前锋，如今只派四千人去帮助楚国。面北而侍奉人家的臣子，本来是这个样子吗？汉王在彭城作战，项王还未曾出兵齐国，大王就应该出动淮南所有的人马，渡过淮河，帮助项王与汉王日夜会战于彭城之下；大王拥有万人之众，却没有一个人渡过淮河，这是垂衣拱手地观看他们谁胜谁败。把国家托付给人家的人，本来就是这个样子吗？大王挂着归向楚国的空名，却想扎扎实实地依靠自已，我私下认为大王这样做是不可取的。可是，大王不背弃楚国，是认为汉国弱小。楚国的军队即使强大，却背负着天下不义的名声，因为他背弃盟约而又杀害义帝。可是楚王凭借着战争的胜利自认为强大，汉王收拢诸侯后，回师驻守城皋、荥阳，从蜀郡、汉中郡运来粮食，深挖壕沟，高筑壁垒，分兵把守着边境要塞。楚国要想撤回军队，中间有梁国相隔，深入敌人国土八九百里，想打又打不赢，攻城又攻不下，老弱残兵辗转运粮千里之外；等到楚国军队到达荥阳、成皋，汉王的军队却坚守不动，进不能攻取，退又不能脱身。所以说楚国的军队是不足以依靠的。假使楚军战胜了汉军，那么诸侯们自身危惧，必然要相互救援。一旦楚国强大，恰好会招来天下军队的攻击。所以楚国比不上汉国，那形势是显而易见的。如今大王不和万无一失的汉国友好，却自身托付于危在旦夕的楚国，我私下替大王感到迷惑。我不认为淮南的军队足够用来灭亡楚国。只要大王出兵背叛楚国，项王一定会被牵制；只要牵制几个月，汉王夺取天下就可以万无一失了。我请求给大王提着宝剑归附汉国，汉王一定会割地封赐大王，又何况还有这淮南国，淮南国必定为大王所有啊。因此，汉王严肃地派出使臣，进献不成熟的计策，希望大王认真地考虑。”

淮南王说:“遵命。”暗中答应叛楚归汉,但不敢泄露这个秘密。

这时,楚国的使者也在淮南,正迫不及待地催促英布出兵,住在宾馆里。随何径直闯进去,坐在楚国使者的上席,说:“九江王已归附汉王,楚国凭什么让他发兵?”英布显出吃惊的样子。楚国使者站起来要走。随何趁机劝英布说:“大事已成,就可以杀死楚国的使者,不能让他回去,我们赶快向汉靠拢,协力作战。”英布说:“就按照你的指教,出兵攻打楚国罢了。”于是杀掉使者,出兵攻打楚国。楚国便派项声、龙且进攻淮南,项王留下来进攻下邑。战争持续了几个月,龙且在攻打淮南的战役中,打败了英布的军队。英布想带兵撤退到汉国,又怕楚国的军队拦截杀掉他,所以,和随何一道从隐蔽的小道逃归汉国。

淮南王到时,汉王正坐在床上洗脚,就叫英布进去见他。英布见状,怒火燃胸,后悔前来,想要自杀。当他退出来,来到为他准备的宾馆,见到帐幔、用器、饮食、侍从官员一如汉王那么豪华,英布出乎意料,特别高兴。于是就派人进入九江。这时楚王已派项伯收编九江王的部队,杀尽英布的妻子儿女。英布派去的人找到当时的宠臣故友,带着几千人马回到汉国。汉王又给英布增加了兵力一道北上,到成皋招兵买马。汉四年七月,汉王封英布为淮南王,共同攻打项籍。

汉五年,英布又派人进入九江,夺得了好几个县。汉六年,英布和刘贾进入九江,诱降大司马周殷,周殷反叛楚国后,就调动九江的军队和汉军共同攻打楚国,大败楚军于垓下。

项籍一死,天下平定,皇上置酒设宴。皇上贬低随何的功劳,说随何是书呆子,治理天下怎能任用这样的人呢。随何跪在皇上面前说:“当陛下带兵攻打彭城时,项王还未曾出兵去齐国,陛下调动步兵五万,骑兵五千,能凭这点兵力夺取淮南吗?”皇上说:“不能。”随何说:“陛下派我和二十人出使淮南,一到,陛下就如愿以偿,这是我的功劳比步兵五万,骑兵五千还要大呀。可陛下说我是书呆子,这是怎么回事呢?”皇上说:“我正在考虑您的功劳。”于是就任用随何为护军中尉。英布就被剖符封为淮南王,建都六县,九江、卢江、衡山、豫章郡都归属英布。

汉七年,英布到陈县朝见皇上。汉八年,到洛阳朝见。汉九年到长安朝见。

汉十一年,高后诛杀了淮阴侯,英布因此内心恐惧。这年夏天,汉王诛杀了梁王彭越,并把他剁成了肉酱,又把肉酱装好分别赐给诸侯。送到淮南,淮南王正在打猎,看到肉酱,特别害怕,暗中派人部署集结军队,守候并侦察邻郡的意外警急。

英布宠幸的爱妾病了,请求治疗,医师的家和中大夫贲赫家住对门,爱妾多次去医师家治疗,贲赫认为自己是侍中,就送去丰厚的礼物,随爱妾在医家饮酒。爱妾侍奉淮南王时,在闲谈之间,称赞贲赫是忠厚老实的人。淮南王生气地说:“你怎么知道的呢?”爱妾就把相交往的情况全都告诉他。淮南王疑心她和贲赫有淫乱关系。贲赫惊惧,借口有病。淮南王更加恼怒,就要逮捕贲赫。贲赫要告发英布叛变,就坐着驿车前往长安。英布派人追赶,没赶上。贲赫到了长安,上书告变,说英布有造反的迹象,可以在叛乱之前诛杀他。皇上看了他的报告,与萧相国商量。相国说:“英布不应该有这样的事,恐怕是因结有怨仇诬陷他。请把贲赫关押起来,派人暗中验证淮南王。”淮南王见贲赫畏罪潜逃,上书言变,本来已怀疑他会说出自己暗中部署的情况;汉王使臣又来了,有所验证,就杀死贲赫全家,起兵反叛。消息传到长安,皇上就释放了贲赫,封他为将军。

皇上召集将领们问道:“英布造反,对他怎么办?”将领们都说:“出兵打他,活埋了这小子,还能怎么办!”汝阴侯滕公招来原楚国令尹问这事。令尹说:“他本来就会要造反。”滕公说:“皇上分割土地立他为王,分赐爵位让他显贵,面南听政立为万乘之主,他为什么反呢?”令尹说:“往年杀死彭越,前年杀死韩信,这三个人有同样的功劳,是同一类的人。自然会怀疑祸患殃及本身,所以造反了。”滕公把这些话告诉皇上说:“我的门客原楚国令尹薛公,这个人很有韬略,可以问问他。”皇上就召见了薛公。薛公回答说:“英布造反不值得奇怪。假使英布采用上策,山东地区就不归汉王所有了;采用中策,谁胜谁败很难说了;采用下策,陛下就可以安枕无忧了。”皇上说:“什么是上策?”令尹回答说:“向东夺取吴国,向西攻取楚国,吞并齐国,占领鲁国,传一纸檄文,叫燕国、赵国固守他的本土,山东地区就不再归汉王所有了。”皇上再问:“什么是中策?”令尹回答说:“向东攻取吴国,向西攻占楚国,吞并韩国占领魏国,占有敖仓的粮食,封锁成皋的要道,谁胜谁败就很难预料了。”皇上又问:“什么是下策?”令尹回答说:“向东夺取吴国,向西攻取下蔡,把辎重财宝迁到越国,自身跑到长沙,陛下就可以安枕无虑了。汉就没事了。”皇上说:“英布将会选择哪种计策?”令尹回答说:“选择下策。”皇上说:“他为什么放弃上策、中策而选择下策呢?”令尹说:“英布本是原先骊山的刑徒,自己奋力做到了万乘之主,这都是为了自身的富贵,不懂得为当今百姓、子孙后代考虑,所以说他选用下策。”皇上说:“说得好。”赐封薛公为千户侯。册封皇子刘长为淮南王。皇上就调动军队,亲自率领着向东攻打英布。

英布造反之初,对他的将领们说:“皇上老了,厌恶打仗了,一定不会亲自带兵前来。派遣将领,将领之中我只害怕淮阴、彭越,如今他们都已死,其余的将领没什么可怕的。”所以造反了。果真如薛公预料的,向东攻打荆国,荆王刘贾出逃,死在富陵。英布劫持了他所有的部队,渡过淮河攻打楚国。楚国调动军队在徐、僮之间和英布作战,楚国分兵三路,想采用相互救援的奇策。有人劝告楚国将领说:“英布擅长用兵打仗,百姓们一向畏惧他。况且兵法上说:‘诸侯在自己的领地和敌人作战,一旦士卒危急,就会逃散。’如今兵分三路,他们只要战败我们其中的一路军队,其余的就都跑了,怎么能互相救援呢!”楚将不听忠告。英布果然打垮其中一路军队,其他两路军队都四散逃跑了。

英布的军队向西挺进,在蕲县以西的会甀和皇上的军队相遇。英布的军队非常精锐,皇上就躲进庸城,坚守不出,见英布列阵一如项籍的军队,皇上非常厌恶他。和英布遥相望见,远远地对英布说:“何苦要造反呢?”英布说:“想做皇帝罢了!”皇上大怒,骂他,随即两军大战。英布的军队战败逃走,渡过淮河,几次停下来交战,都不顺利,和一百多人逃到长江以南。英布原来和番县令通婚,因此,长沙哀王派人诱骗英布,谎称和英布一同逃亡，引诱他逃到南越，所以英布相信他，就随他到了番阳，番阳人在兹乡百姓的民宅里杀死了英布，终于灭掉了英布。

皇上册立皇子刘长为淮南王，封贲赫为期思侯，将领们大多因战功受到封赏。

太史公说：英布，他的祖先大概是《春秋》所载被楚国灭亡的英国、六国皋陶的后代吧？他自身遭受黥刑，为什么能兴起发迹得那么迅速啊！项氏击杀活埋的人千千万万，而英布常常是罪魁祸首。他的功劳列于诸侯之冠，因此得以称王，也免不掉自身遭受当世最大的耻辱。祸根是由爱妾引起的，因妒嫉而酿成祸患，竟使国家灭亡。

【鉴赏】

《黥布列传》全篇满是奇气。传主英布本身就是一位奇人，乍一出场，就有相士为之作“当刑而王”的奇特预言，是谓出身之奇。犯法黥面后，反“欣然笑曰：‘人相我当刑而王，几是乎”，是谓出语之奇。黥布以大盗出身而为项羽爱将，勇冠三军，常为先锋，即所谓“楚兵常胜，功冠诸侯。诸侯兵皆以服属楚者，以布数以少败众也”。他能在反秦斗争中屡建奇功，也说明其用兵之奇。他始被项羽封为九江王，既而因受随何策反，叛楚投汉，又被封为淮南王，相士当日预言应验，是谓遇事之奇。黥布初投汉，以刘邦召见时“踞床洗”为辱，以至“大怒，悔来，欲自杀”，后见“帐御饮食从官如汉王居”，又大喜过望；汉朝建立后，因韩信受诛而心恐，因彭越之醢大恐，仍只“阴令人部聚兵，候伺旁郡警急”，并未公开谋反，却只因一宠姬而导致部属贲赫上书告变，终至被逼反叛，一生之行事可谓奇矣。

有此奇人奇事，司马迁不免以奇笔成文，以旁写取胜：前以项羽事迹相伴成文，以项羽与之皆一时之英雄，又为同事，夹写项羽之英雄正是写黥布之英雄，借笔反衬，益见奇妍。后写随何说黥布事，以明黥布归汉之始末；黥布反汉后，则重写滕公薛公问答，一句“是故当反”揭黥布叛汉之因果。汤谐所谓“此文自始至终，一片奇气”，实乃妙评。

史记卷九十二·淮阴侯列传第三十二

本传主要叙述淮阴侯韩信一生事迹，着重突出他的卓越才能和盖世战功以及夷灭宗族的结局。他本为淮阴一名游荡青年，衣食无着；在秦末势变中始投项羽，不得重用；转投刘邦，受萧何力荐被拜为大将军，此所谓“成也萧何”；在楚汉相争中，率军一路势如破竹，为汉降魏、破代、拔赵、收燕、平齐、败楚，立下赫赫战功；汉四年，自请为齐王，深为刘邦疑忌，不久被徙为楚王；汉六年，刘邦用陈平计伪游云梦将其擒系，出言“狡兔死，良狗烹”，被赦罪而为淮阴侯；最终被吕后用萧何之计缚杀，并夷灭三族，此所谓“败也萧何”。在篇末论赞中，司马迁既对韩信的卓著功绩予以肯定，又以曲折语对他的悲剧结局深表感慨与惋惜。

淮阴侯韩信者，淮阴人也。始为布衣时，贫无行①，不得推择②为吏，又不能治生商贾③，常从人寄食饮，人多厌之者。常数从其下乡南昌亭长寄食，数月，亭长妻患之，乃晨炊蓐食④。食时信往，不为具食。信亦知其意，怒，竟绝去。

信钓于城下，诸母漂⑤，有一母见信饥，饭信，竟漂数十日⑥。信喜，谓漂母曰：“吾必有以重报母。”母怒曰：“大丈夫不能自食，吾哀王孙⑦而进食，岂望报乎！”

淮阴屠中少年有侮信者，曰：“若虽长大⑧，好带刀剑，中情⑨怯耳。”众辱⑩之曰：“信能死⑪，刺我；不能死，出我袴下⑫。”

---

①无行：放纵不拘礼节。 ②推择：推举选用。 ③治生商贾：以做生意来维持生计。 ④晨炊蓐食：提前做好早饭，在被子里吃掉。蓐：同“褥”，被褥。 ⑤母：对老年妇女尊称。漂：冲洗丝棉之类。 ⑥竟：到底、完毕。 ⑦王孙：公子，少年，古时对青年人的敬称。 ⑧长大：高大。 ⑨中情：内心。 ⑩众辱：当众污辱。 ⑪能死：不怕死。 ⑫袴：同“胯”，两腿之间。

于是信孰视之，俯出袴下，蒲伏[①]。一市人皆笑信，以为怯。

及项梁渡淮，信杖剑从之，居戏下[②]，无所知名。项梁败，又属项羽，羽以为郎中。数以策干[③]项羽，羽不用。汉王之入蜀，信亡楚归汉，未得知名，为连敖[④]。坐法当斩，其辈十三人皆已斩，次至信，信乃仰视，适见滕公，曰："上不欲就天下乎？何为斩壮士？"滕公奇其言，壮其貌，释而不斩。与语，大说之。言于上，上拜以为治粟都尉，上未知奇也。

信数与萧何语，何奇之。至南郑，诸将行道亡者数十人。信度何等已数言上，上不我用，即亡。何闻信亡，不及以闻，自追之。人有言上曰："丞相何亡。"上大怒，如失左右手。居一二日，何来谒上[⑤]，上且怒且喜，骂何曰："若亡，何也？"何曰："臣不敢亡也，臣追亡者。"上曰："若所追者谁何？"曰："韩信也。"上复骂曰："诸将亡者以十数，公无所追；追信，诈也。"何曰："诸将易得耳。至如信者，国士无双[⑥]。王必欲长王汉中，无所事信；必欲争天下，非信无所与计事者。顾[⑦]王策安所决耳。"王曰："吾亦欲东耳，安能郁郁久居此乎？"何曰："王计必欲东，能用信，信即留；不能用，信终亡耳。"王曰："吾为公以为将。"何曰："虽为将，信必不留。"王曰："以为大将。"何曰："幸甚。"于是王欲召信拜之。何曰："王素慢[⑧]无礼，今拜大将如呼小儿耳，此乃信所以去也。王必欲拜之，择良日，斋戒[⑨]，设坛场[⑩]，具礼，乃可耳。"王许之。诸将皆喜，人人各自以为得大将。至拜大将，乃韩信

---

①蒲伏：同"匍匐"，跪地爬行。 ②戏（huī）下：即麾下，帐下。戏：同"麾"，军中指挥作战的旗子。 ③干：求取，求见。 ④连敖：管理粮仓的小官。 ⑤谒：进见，拜见。 ⑥国士：国中杰出的人才。 ⑦顾：但，只是。 ⑧素慢：一向傲慢。素：向来。 ⑨斋戒：古人在祭祀等大典前，先行沐浴、更衣、戒酒、独宿、素食以示敬重。 ⑩坛场：此指拜将的场所。坛：土台。

也，一军皆惊。

信拜礼毕，上坐。王曰："丞相数言将军，将军何以教寡人计策？"信谢，因问王曰："今东乡争权天下，岂非项王邪？"汉王曰："然。"曰："大王自料勇悍仁强孰与项王？"汉王默然良久，曰："不如也。"信再拜贺曰①："惟信亦为大王不如也。然臣尝事之，请言项王之为人也。项王喑噁叱咤②，千人皆废③，然不能任属贤将，此特匹夫之勇耳。项王见人恭敬慈爱，言语呕呕④，人有疾病，涕泣分食饮。至使人有功当封爵者，印刓敝⑤，忍不能予，此所谓妇人之仁也。项王虽霸天下而臣诸侯，不居关中而都⑥彭城。有背义帝之约，而以亲爱王，诸侯不平。诸侯之见项王迁逐义帝置江南，亦皆归逐其主而自王善地。项王所过无不残灭者，天下多怨，百姓不亲附，特劫于威强耳⑦。名虽为霸，实失天下心。故曰其强易弱。今大王诚能反其道，任天下武勇，何所不诛！以天下城邑封功臣，何所不服！以义兵从思东归之士，何所不散！且三秦王为秦将，将秦子弟数岁矣，所杀亡⑧不可胜计；又欺其众降诸侯，至新安，项王诈坑秦降卒二十馀万，唯独邯、欣、翳得脱，秦父兄怨此三人，痛入骨髓。今楚强以威王此三人，秦民莫爱也。大王之入武关，秋毫无所害，除秦苛法，与秦民约，法三章耳⑨，秦民无不欲得大王王秦者。于诸侯之约，大王当王关中，关中民咸知之。大王失职入汉中，秦民无不恨者。今大王举而东，三秦可传檄⑩而定也。"于是汉王大喜，自以为得信晚。遂听信计，部署诸将所击。

---

①贺：赞同，称许。 ②喑（yīn）噁（wù）叱咤：咆哮、斥骂声。 ③废：伏，瘫软。 ④呕呕：温和的样子。 ⑤刓（wán）：同"玩"。敝：磨损，坏了。 ⑥都：建都。 ⑦特劫于威强：只不过是在淫威下勉强屈服。 ⑧杀亡：战死的和逃亡的。 ⑨法三章：即约法三章，"杀人者死，伤人及盗抵罪"。 ⑩传檄：发布声讨敌人的文告。

八月，汉王举兵东出陈仓，定三秦。汉二年，出关，收魏、河南，韩、殷王皆降。合齐、赵共击楚。四月，至彭城，汉兵败散而还。信复收兵与汉王会荥阳，复击破楚京、索之间，以故楚兵卒不能西。

汉之败却①彭城，塞王欣、翟王翳亡汉降楚，齐、赵亦反汉与楚和。六月，魏王豹谒归视亲②疾，至国，即绝河关反汉，与楚约和。汉王使郦生说豹③，不下④。其八月，以信为左丞相，击魏。魏王盛兵蒲坂，塞临晋。信乃益为疑兵，陈船欲渡临晋，而伏兵从夏阳以木罂缻⑤渡军，袭安邑。魏王豹惊，引兵迎信。信遂虏豹，定魏为河东郡。汉王遣张耳与信俱，引兵东，北击赵、代。后九月，破代兵，禽夏说阏与。信之下魏破代，汉辄使人收其精兵，诣荥阳以距楚。

信与张耳以兵数万，欲东下井陉击赵。赵王、成安君陈馀闻汉且袭之也，聚兵井陉口，号称二十万。广武君李左车说成安君曰："闻汉将韩信涉西河，虏魏王，禽夏说，新喋血⑥阏与，今乃辅以张耳，议欲下赵，此乘胜而去国远斗，其锋不可当。臣闻千里馈粮，士有饥色，樵苏后爨⑦，师不宿饱。今井陉之道，车不得方轨⑧，骑不得成列，行数百里，其势粮食必在其后。愿足下假臣奇兵三万人，从间道绝其辎重⑨。足下深沟高垒⑩，坚营勿与战。彼前不得斗，退不得还，吾奇兵绝其后，使野无所掠，不至十日，而两将之头可致于戏下。愿君留意臣之计。否，必为二子所禽矣。"成安君，儒者也，常称义兵不用诈谋奇计，曰："吾

---

①却：退，退却。 ②亲：母亲。 ③说：规劝。 ④不下：没有成功。 ⑤木罂缻（fǒu）：木盆木桶之类。 ⑥喋血：形容战争激烈，血流成河。 ⑦樵：砍柴。苏：割草。爨：烧火做饭。 ⑧方轨：两车并行。 ⑨绝：截断。辎重：军用物资，此指粮草。 ⑩深沟高垒：深挖战壕，加高兵营之营垒。

闻兵法十则围之，倍则战[①]。今韩信兵号数万，其实不过数千。能千里而袭我，亦已罢极。今如此避而不击，后有大者，何以加之！则诸侯谓吾怯，而轻来伐我。”不听广武君策。广武君策不用。

韩信使人间视[②]，知其不用，还报，则大喜，乃敢引兵遂下。未至井陉口三十里，止舍。夜半传发，选轻骑二千人，人持一赤帜，从间道萆[③]山而望赵军，诫曰：“赵见我走，必空壁[④]逐我，若疾入赵壁，拔赵帜，立汉赤帜。”令其裨将传飧[⑤]，曰：“今日破赵会食！”诸将皆莫信，详应曰：“诺。”谓军吏曰：“赵已先据便地为壁，且彼未见吾大将旗鼓，未肯击前行。恐吾至阻险而还。”信乃使万人先行，出，背水陈[⑥]。赵军望见而大笑。平旦[⑦]，信建大将之旗鼓，鼓行出井陉口，赵开壁击之，大战良久。于是信、张耳详弃鼓旗，走水上军。水上军开入之，复疾战。赵果空壁争汉鼓旗，逐韩信、张耳。韩信、张耳已入水上军，军皆殊死战，不可败。信所出奇兵二千骑，共候赵空壁逐利[⑧]，则驰入赵壁，皆拔赵旗，立汉赤帜二千。赵军已不胜，不能得信等，欲还归壁，壁皆汉赤帜，而大惊，以为汉皆已得赵王将矣，兵遂乱，遁走[⑨]，赵将虽斩之，不能禁也。于是汉兵夹击，大破虏赵军，斩成安君泜水上，禽赵王歇。

信乃令军中毋杀广武君，有能生得者购千金。于是有缚广武君则致戏下者，信乃解其缚，东乡坐，西乡对，师事之。

---

①出自《孙子·谋攻》：“故用兵之法，十则围之，五则攻之，倍则分之”。 ②间视：暗中打探，窥伺。 ③萆：同“蔽”，隐蔽。 ④空壁：全军倾巢而出。 ⑤裨将：偏将，副将。传飧：分配早点。飧（sūn）：小食。 ⑥陈：同“阵”。 ⑦平旦：天刚亮。 ⑧逐利：追夺战利品。 ⑨遁走：潜逃四散奔走。

诸将效首虏[①]，毕贺，因问信曰："兵法右倍山陵，前左水泽[②]，今者将军令臣等反背水阵，曰破赵会食，臣等不服。然竟以胜，此何术也？"信曰："此在兵法，顾诸君不察耳。兵法不曰'陷之死地而后生，置之亡地而后存'[③]？且信非得素拊循[④]士大夫也，此所谓'驱市人[⑤]而战之'，其势非置之死地，使人人自为战；今予之生地，皆走，宁尚可得而用之乎！"诸将皆服曰："善。非臣所及也。"

于是信问广武君曰："仆[⑥]欲北攻燕，东伐齐，何若[⑦]而有功？"广武君辞谢曰[⑧]："臣闻败军之将，不可以言勇；亡国之大夫，不可以图存。今臣败亡之虏，何足以权大事乎！"信曰："仆闻之，百里奚居虞而虞亡，在秦而秦霸[⑨]，非愚之虞而智于秦也，用与不用，听与不听也。诚令成安君听足下计，若信者亦已为禽矣。以不用足下，故信得侍耳。"因固问曰："仆委心归计[⑩]，愿足下勿辞。"广武君曰："臣闻智者千虑，必有一失；愚者千虑，必有一得。故曰'狂夫之言，圣人择焉'。顾恐臣计未必足用，顾效愚忠。夫成安君有百战百胜之计，一旦而失之，军败鄗下，身死泜上。今将军涉西河，虏魏王，禽夏说阏与，一举而下井陉，不终朝破赵二十万众，诛成安君。名闻海内，威震天下，农夫莫不辍耕释耒，褕衣甘食，倾耳以待命者[⑪]。若此，将军之所长也。

---

①效：呈献，贡献。首虏：首级与俘虏。 ②出自《孙子·行军篇》："丘陵隍防，必处其阳面而背之。"也就是说，行军布阵应该右面和背后靠山，前面和左面临水。 ③出自《孙子·九地篇》，即把士兵置之非死战而不能生的境地，只有死战，死中求生而获胜。 ④拊循：抚慰，顺从，此处为受过训练，听从指挥之意。 ⑤市人：集市上的人，指没受过严格训练的士兵。 ⑥仆：自我谦称。 ⑦何若：如何。 ⑧辞谢：谦让。 ⑨百里奚：春秋时虞国大夫。虞被晋所灭，百里奚被晋所俘，辗转流落楚国为奴，秦穆公闻其贤，用五张羊皮赎回，用为相，秦穆公遂霸。事见卷五《秦本纪》。 ⑩委心归计：倾心听从你的计谋。 ⑪以上三句意思是说，敌国农民预感到兵灾临头，停止耕作，吃好穿好，等待命运的安排。辍耕：停止耕作。释耒：放下农具。

然而众劳卒罢，其实难用。今将军欲举倦弊之兵，顿之燕坚城之下，欲战恐久力不能拔，情见势屈[①]，旷日粮竭，而弱燕不服，齐必距境以自强也。燕、齐相持而不下，则刘项之权未有所分也。若此者，将军所短也。臣愚，窃以为亦过矣。故善用兵者不以短击长，而以长击短。”韩信曰：“然则何由？”广武君对曰：“方今为将军计，莫如案甲休兵[②]，镇赵，抚其孤，百里之内，牛酒日至，以飨士大夫酧兵[③]，北首燕路[④]；而后遣辩士奉咫尺之书，暴其所长于燕，燕必不敢不听从。燕已从，使喧言者[⑤]东告齐，齐必从风而服，虽有智者，亦不知为齐计矣。如是，则天下事皆可图也。兵固有先声而后实者，此之谓也。”韩信曰：“善。”从其策，发使使燕，燕从风而靡[⑥]。乃遣使报汉，因请立张耳为赵王，以镇抚其国。汉王许之，乃立张耳为赵王。

楚数使奇兵渡河击赵，赵王耳、韩信往来救赵，因行定赵城邑，发兵诣汉。楚方急围汉王于荥阳，汉王南出，之宛、叶间，得黥布，走入成皋，楚又复急围之。六月，汉王出成皋，东渡河，独与滕公俱，从张耳军修武。至，宿传舍[⑦]。晨自称汉使，驰入赵壁。张耳、韩信未起，即其卧内上夺其印符，以麾召诸将，易置之[⑧]。信、耳起，乃知汉王来，大惊。汉王夺两人军，即令张耳备守赵地，拜韩信为相国，收赵兵未发者击齐。

信引兵东，未渡平原，闻汉王使郦食其已说下齐，韩信欲止。范阳辩士蒯通说信曰：“将军受诏击齐，而汉独发间使下齐[⑨]，宁有诏止将军乎？何以得毋行也！且郦生一士，伏轼掉三

---

①情见势屈：实情暴露，主动权就要受到挫减。见：同“现”，出现。势：态势。②案甲休兵：停止战争。甲：铠甲。兵：武器。③酧兵：醉酒。④首：向。⑤喧言者：指辩士。⑥靡：草随风倒，此指投降。⑦传舍：客舍，宾馆。⑧易置：更换，调动职位。⑨独：只，只不过。间使：派去作间谍的使臣。

寸之舌[①]，下齐七十馀城，将军将数万众，岁馀乃下赵五十馀城。为将数岁，反不如一竖儒[②]之功乎？”于是信然之[③]，从其计，遂渡河。齐已听郦生，即留纵酒，罢备汉守御。信因袭齐历下军，遂至临菑。齐王田广以郦生卖己[④]，乃亨之，而走高密，使使之楚请救。韩信已定临菑，遂东追广至高密西。楚亦使龙且将，号称二十万，救齐。

齐王广、龙且并军与信战，未合[⑤]，人或说龙且曰：“汉兵远斗穷战[⑥]，其锋不可当。齐、楚自居其地战，兵易败散。不如深壁，令齐王使其信臣招所亡城，亡城闻其王在，楚来救，必反汉。汉兵二千里客居，齐城皆反之，其势无所得食，可无战而降也。”龙且曰：“吾平生知韩信为人，易与耳[⑦]。且夫救齐不战而降之，吾何功？今战而胜之，齐之半可得，何为止！”遂战，与信夹潍水陈。韩信乃夜令人为万馀囊，满盛沙，壅水上流，引军半渡，击龙且，详不胜，还走。龙且果喜曰：“固知信怯也。”遂追信渡水。信使人决壅囊，水大至，龙且军大半不得渡。即急击，杀龙且。龙且水东军散走，齐王广亡去。信遂追北[⑧]至城阳，皆虏楚卒。

汉四年，遂皆降平齐。使人言汉王曰：“齐伪诈多变，反复之国也，南边楚，不为假王[⑨]以镇之，其势不定。愿为假王便。”当是时，楚方急围汉王于荥阳，韩信使者至，发书[⑩]，汉王大怒，骂曰：“吾困于此，旦暮望若来佐我，乃欲自立为王！”张良、陈平蹑汉王足，因附耳语曰：“汉方不利，宁能禁信之王乎？不如因而立，善遇之，使自为守。不然，变生[⑪]。”汉王亦悟，因复骂曰：

①伏轼：乘车人把身子俯在车前横木上。掉：摇动，翻动。 ②竖儒：对读书人的蔑称。③然之：赞同。 ④卖己：出卖自己。 ⑤未合：尚未交战。 ⑥穷战：尽力作战。穷：尽，极。⑦易与耳：容易对付。 ⑧追北：追赶败逃的敌军。 ⑨假王：暂时代理的王。 ⑩发书：打开书信。 ⑪变生：发生变故。

“大丈夫定诸侯，即为真王耳，何以假为！”乃遣张良往立信为齐王，征其兵击楚。

楚已亡龙且，项王恐，使盱眙人武涉往说齐王信曰：“天下共苦秦久矣，相与戮力①击秦。秦已破，计功割地，分土而王之，以休士卒。今汉王复兴兵而东，侵人之分，夺人之地，已破三秦，引兵出关，收诸侯之兵以东击楚，其意非尽吞天下者不休，其不知厌足如是甚也。且汉王不可必②，身居项王掌握中数矣，项王怜而活之，然得脱，辄倍约，复击项王，其不可亲信如此。今足下虽自以与汉王为厚交，为之尽力用兵，终为之所禽矣。足下所以得须臾至今者，以项王尚存也。当今二王之事，权在足下。足下右投则汉王胜，左投则项王胜。项王今日亡，则次取足下。足下与项王有故，何不反汉与楚连和，参分天下王之？今释此时，而自必于汉以击楚，且为智者固若此乎？”韩信谢曰：“臣事项王，官不过郎中，位不过执戟，言不听，画不用③，故倍楚而归汉。汉王授我上将军印，予我数万众，解衣衣我，推食食我，言听计用，故吾得以至于此。夫人深亲信我，我倍之，不祥。虽死不易④！幸⑤为信谢项王！”

武涉已去，齐人蒯通知天下权在韩信，欲为奇策而感动之，以相人⑥说韩信曰：“仆尝受相人之术。”韩信曰：“先生相人何如？”对曰：“贵贱在于骨法⑦，忧喜在于容色，成败在于决断，以此参之，万不失一。”韩信曰：“善。先生相寡人何如？”对曰：“愿少间⑧。”信曰：“左右去矣。”通曰：“相君之面⑨，不过封侯，又危不安。相君之背，贵乃不可言。”韩信曰：“何谓也？”蒯通曰：“天

①戮力：合力。②必：相信，信赖。③画：计策，谋略。④易：变心。⑤幸：希望。⑥相人：给人看相。⑦骨法：骨骼，骨相。⑧愿少间：希望周围的人暂时回避。间：间隙，回避。⑨“之面”与下文“之背”均为双关语。面：向着刘邦。背：是背叛刘邦。

下初发难也[①],俊雄豪杰建号壹呼[②],天下之士云合雾集,鱼鳞杂遝[③],熛至风起[④]。当此之时,忧在亡秦而已。今楚汉分争,使天下无罪之人肝胆涂地,父子暴骸骨于中野,不可胜数。楚人起彭城,转斗逐北,至于荥阳,乘利席卷,威震天下。然兵困于京、索之间,迫西山而不能进者,三年于此矣。汉王将数十万之众,距巩、洛,阻山河之险,一日数战,无尺寸之功,折北不救[⑤],败荥阳,伤成皋,遂走宛、叶之间,此所谓智勇俱困者也。夫锐气挫于险塞,而粮食竭于内府[⑥],百姓罢极怨望,容容[⑦]无所倚。以臣料之,其势非天下之贤圣固不能息天下之祸。当今两主之命县于足下,足下为汉则汉胜,与楚则楚胜。臣愿披腹心,输肝胆,效愚计,恐足下不能用也。诚能听臣之计,莫若两利而俱存之,参分天下,鼎足而居,其势莫敢先动。夫以足下之贤圣,有甲兵之众,据强齐,从燕、赵,出空虚之地而制其后,因民之欲,西乡为百姓请命,则天下风走而响应矣,孰敢不听!割大弱强,以立诸侯,诸侯已立,天下服听而归德于齐。案[⑧]齐之故,有胶、泗之地,怀诸侯以德,深拱揖让[⑨],则天下之君王相率而朝于齐矣。盖闻天与弗取,反受其咎;时至不行,反受其殃。愿足下孰虑之。"

韩信曰:"汉王遇我甚厚,载我以其车,衣我以其衣,食我以其食。吾闻之,乘人之车者载人之患,衣人之衣者怀人之忧,食人之食者死人之事,吾岂可以乡利倍义乎[⑩]?"蒯生曰:"足下自以为善汉王,欲建万世之业,臣窃以为误矣。始常山王、成安君为布衣时,相与为刎颈之交,后争张黡、陈泽之事,二人相怨。

---

①发难:起事。 ②建号:建立名号,指称王。 ③杂遝:众多的样子。 ④熛:火焰迸飞。 ⑤折北不救:受挫败逃不能自救。 ⑥内府:府库。 ⑦容容:动摇不安的样子。 ⑧案:安定。 ⑨深拱揖让:拱手以示谦让。 ⑩乡利倍义:见利忘义。

常山王背项王，奉项婴头而窜逃，归于汉王。汉王借兵而东下，杀成安君泜水之南，头足异处，卒为天下笑。此二人相与，天下至欢也。然而卒相禽者，何也？患生于多欲而人心难测也。今足下欲行忠信以交于汉王，必不能固于二君之相与也，而事多大于张黡、陈泽。故臣以为足下必汉王之不危己，亦误矣。大夫种、范蠡存亡越，霸勾践，立功成名而身死亡。野兽已尽而猎狗亨。夫以交友言之，则不如张耳之与成安君者也；以忠信言之，则不过大夫种、范蠡之于勾践也。此二人者，足以观矣。愿足下深虑之。且臣闻勇略震主者身危，而功盖天下者不赏。臣请言大王功略：足下涉西河，虏魏王，禽夏说，引兵下井陉，诛成安君，徇赵，胁燕，定齐，南摧楚人之兵二十万，东杀龙且，西乡以报，此所谓功无二于天下，而略不世出者也。今足下戴震主之威，挟不赏之功，归楚，楚人不信；归汉，汉人震恐：足下欲持是安归乎？夫势在人臣之位而有震主之威，名高天下，窃为足下危之。"韩信谢曰："先生且休矣，吾将念之①。"

后数日，蒯通复说曰："夫听者事之候也②，计者事之机也③，听过计失而能久安者，鲜矣④。听不失一二者，不可乱以言；计不失本末者，不可纷以辞。夫随厮养之役者，失万乘之权；守儋石之禄者⑤，阙卿相之位⑥。故知者决之断也，疑者事之害也，审毫氂之小计，遗天之大数⑦，智诚知之，决弗敢行者，百事之祸也。故曰'猛虎之犹豫，不若蜂虿之致螫⑧；骐骥之跼躅⑨，不如驽马之安步⑩；孟贲之狐疑，不如庸夫之必至也；虽有

---

①念：考虑。②听：指听取意见。候：征候，征兆。③机：关键。④鲜：少。⑤儋石之禄：俸禄微薄。儋：同"担"，石。⑥阙：缺，失去。⑦大数：大事。⑧虿（chài）：蝎子一类的毒虫。致螫：用毒刺刺人。⑨骐骥：千里马。跼躅：徘徊不前的样子。⑩安步：稳步前进。

舜、禹之智，吟而不言，不如喑聋之指麾也'[1]。此言贵能行之。夫功者难成而易败，时者难得而易失也。时乎时，不再来，愿足下详察之。"韩信犹豫，不忍倍汉，又自以为功多，汉终不夺我齐，遂谢蒯通。蒯通说不听，已，详狂为巫。

汉王之困固陵，用张良计，召齐王信，遂将兵会垓下。项羽已破，高祖袭夺齐王军。汉五年正月，徙齐王信为楚王，都下邳。

信至国，召所从食漂母，赐千金。及下乡南昌亭长，赐百钱，曰："公，小人也，为德不卒。"召辱己之少年令出胯下者以为楚中尉。告诸将相曰："此壮士也。方辱我时，我宁不能杀之邪？杀之无名，故忍而就于此。"

项王亡将钟离眜家在伊庐，素与信善。项王死后，亡归信。汉王怨眜，闻其在楚，诏楚捕眜。信初之国，行县邑[2]，陈兵出入。汉六年，人有上书告楚王信反。高帝以陈平计，天子巡狩会诸侯，南方有云梦，发使告诸侯会陈："吾将游云梦。"实欲袭信，信弗知。高祖且至楚，信欲发兵反，自度无罪，欲谒上，恐见禽。人或说信曰："斩眜谒上，上必喜，无患。"信见眜计事。眜曰："汉所以不击取楚，以眜在公所。若欲捕我以自媚于汉，吾今日死，公亦随手亡矣。"乃骂信曰："公非长者！"卒自刭。信持其首，谒高祖于陈。上令武士缚信，载后车。信曰："果若人言'狡兔死，良狗亨；高鸟尽，良弓藏；敌国破，谋臣亡'。天下已定，我固当亨！"上曰："人告公反。"遂械系信[3]。至洛阳，赦信罪，以为淮阴侯。

---

①指麾：用手势示意。麾：同"挥"。 ②行：巡视，巡察。 ③械系：用刑具锁绑。

信知汉王畏恶其能，常称病不朝从[①]。信由此日夜怨望，居常鞅鞅[②]，羞与绛、灌等列。信尝过樊将军哙，哙跪拜送迎，言称臣，曰："大王乃肯临臣！"信出门，笑曰："生乃与哙等为伍[③]！"

上常从容与信言诸将能不，各有差。上问曰："如我能将几何？"信曰："陛下不过能将十万。"上曰："于君何如？"曰："臣多多而益善耳。"上笑曰："多多益善，何为为我禽？"信曰："陛下不能将兵，而善将将，此乃信之所以为陛下禽也。且陛下所谓天授，非人力也。"

陈豨拜为巨鹿守，辞于淮阴侯。淮阴侯挈其手[④]，辟左右与之步于庭[⑤]，仰天叹曰："子可与言乎？欲与子有言也。"豨曰："唯将军令之。"淮阴侯曰："公之所居，天下精兵处也；而公，陛下之信幸臣也[⑥]。人言公之畔，陛下必不信；再至，陛下乃疑矣；三至，必怒而自将[⑦]。吾为公从中起，天下可图也。"陈豨素知其能也，信之，曰："谨奉教！"汉十年，陈豨果反。上自将而往，信病不从。阴使人至豨所，曰："第[⑧]举兵，吾从此助公。"信乃谋与家臣夜诈诏赦诸官徒奴[⑨]，欲发以袭吕后、太子。部署已定，待豨报。其舍人得罪于信，信囚，欲杀之。舍人弟上变[⑩]，告信欲反状于吕后。吕后欲召，恐其党不就[⑪]，乃与萧相国谋，诈令人从上所来，言豨已得死，列侯群臣皆贺。国相给信曰[⑫]："虽疾，强入贺。"信入，吕后使武士缚信，斩之长乐钟室。信方斩，曰："吾悔不用蒯通之计，乃为儿女子所诈[⑬]，岂非天哉！"遂夷信三

---

①不朝从：不朝见，不随从侍行。 ②鞅鞅：通"怏怏"，愁烦失意的样子。 ③生：一辈子。为伍：同列。 ④挈：拉着。 ⑤辟：同"避"，使周围的人退避。 ⑥信幸臣：亲信宠幸的臣子。 ⑦自将：亲征。 ⑧第：但，只管。 ⑨诸官徒奴：各官府中所属的服役罪犯和奴隶。 ⑩上变：上书皇帝告发非常之事。 ⑪党：通"倘"，或者，万一。 ⑫绐：欺骗。 ⑬儿女子：妇女小孩子。

族。

高祖已从豨军来，至，见信死，且喜且怜之，问："信死亦何言？"吕后曰："信言恨不用蒯通计。"高祖曰："是齐辩士也。"乃诏齐捕蒯通。蒯通至，上曰："若教淮阴侯反乎？"对曰："然，臣固教之，竖子不用臣之策，故令自夷①于此。如彼竖子用臣之计，陛下安得而夷之乎！"上怒曰："亨之。"通曰："嗟乎，冤哉亨也！"上曰："若教韩信反，何冤？"对曰："秦之纲绝而维弛②，山东大扰，异姓并起，英俊乌集。秦失其鹿③，天下共逐之，于是高材疾足者先得焉。跖之狗吠尧，尧非不仁，狗因吠非其主。当是时，臣唯独知韩信，非知陛下也。且天下锐精持锋欲为陛下所为者甚众，顾力不能耳，又可尽亨之邪？"高帝曰："置之④。"乃释通之罪。

太史公曰：吾如淮阴，淮阴人为余言，韩信虽为布衣时，其志与众异。其母死，贫无以葬，然乃行营⑤高敞地，令其旁可置万家。余视其母冢，良然。假令韩信学道谦让，不伐己功，不矜其能，则庶几哉，于汉家勋可以比周、召、太公之徒，后世血食矣⑥。不务出此，而天下已集⑦，乃谋畔逆，夷灭宗族，不亦宜乎！

【译文】

淮阴侯韩信，淮阴人。当初为平民百姓时，贫穷，没有好的品行，不能够被推选去做官，又不能做买卖维持生活，经常寄居在别人家吃闲饭，人们大多厌恶他。曾多次前往下乡南昌亭亭长处吃闲饭，接连数月，亭

---

①自夷：自取灭亡。 ②纲绝而维弛：喻国家法纪败坏，政权瓦解。纲：网上的总绳。维：系车盖的大绳。 ③鹿：与"禄"谐音，喻皇帝之位。 ④置之：释放他。 ⑤行营：四处奔走寻找。 ⑥血食：受享祭。古人祭祀，宰杀牲畜做祭品，所以叫血食。 ⑦集：安定。

长的妻子嫌恶他，就提前做好早饭，端到内室床上去吃掉。开饭时，韩信去了，却不给他准备饭食。韩信也明白他们的用意。一怒之下，离开了。

韩信在城下钓鱼，有几位老妇漂洗丝绵，其中有位老妇看见韩信饿了，就拿出饭来给韩信吃，一连几十天都如此，直到漂洗完毕。韩信很高兴，对那位老妇说："我一定重重地报答老人家。"老妇生气地说："大丈夫不能养活自己，我是可怜你这位公子才给你饭吃，难道是希望你报答吗？"

淮阴屠户中有个年轻人侮辱韩信说："你虽长得高大，喜欢佩带刀剑，其实是个胆小鬼罢了。"又当众侮辱他说："你要不怕死，就拿剑刺我；如果怕死，就从我胯下爬过去。"韩信仔细打量了他一番，低下身去，趴在地上，从他的胯下爬了过去。满街的人都笑话韩信，认为他胆小怕事。

等到项梁率军渡过了淮河，韩信持剑追随他，留在项梁部下，默默无闻。项梁战败，又隶属项羽，项羽让他做了郎中。他屡次向项羽献策，以求重用，但项羽没有采纳。汉王刘邦入蜀，韩信脱离楚军归顺了汉王，因为没有什么名声，只做了管理粮仓的小官。后来犯法判处斩刑，同伙十三人都被杀了，轮到韩信，他抬头仰视，恰好看见滕公，说："汉王不想成就统一天下的功业吗？为什么要斩壮士！"滕公感到他的话不同凡响，见他相貌堂堂，就放了他。和韩信交谈，很欣赏他，把这事报告汉王，汉王任命韩信为治粟都尉，但还是没有发现他的特别才干。

韩信多次跟萧何谈话，萧何认为他是位奇才。到达南郑，各路将领在半路上逃跑的有几十人。韩信估计萧何等人已多次向汉王推荐自己，汉王不任用，也就逃走了。萧何听说韩信逃跑了，来不及报告汉王，亲自追赶他。有人报告汉王说："丞相萧何逃跑了。"汉王大怒，如同失去了左右手。过了一两天，萧何来拜见汉王，汉王又是恼怒又是高兴。骂萧何道："你逃跑，为什么？"萧何说："我不敢逃跑，我去追赶逃跑的人。"汉王说："你追赶的人是谁呢？"回答说："是韩信。"汉王又骂道："各路将领逃跑了几十人，您没去追一个；却去追韩信，那是骗人。"萧何说："那些将领容易得到。至于像韩信这样的杰出人物，普天之下找不出第二个人。大王如果只要长期在汉中称王,自然用不着韩信;如果一定要争夺天下,除了韩信就再没有可以和您计议大事的人了。就看大王怎么决策了。”汉王说:“我是要向东发展啊,怎么能够内心苦闷地长期呆在这里呢?”萧何说:“大王决意向东发展,能够重用韩信,韩信就会留下来;不能重用,韩信终究要逃跑的。”汉王说:“我看在您的份上,让他做将吧。”萧何说:“即使是做将,韩信一定不肯留下。”汉王说:“任命他做大将。”萧何说:“太好了。”于是汉王就要把韩信招来任命他。萧何说:“大王向来对人轻慢,不讲礼节,如今任命大将就像呼喊小孩儿一样,这就是韩信要离去的原因啊。大王决心要任命他,要选择良辰吉日,亲自斋戒,设置高坛和广场,礼仪要完备才可以呀。”汉王答应了萧何的要求。众将听到要拜大将都很高兴,人人都以为自己要做大将了。等到任命大将时,被任命的竟然是韩信,全军都感到惊讶。

任命韩信的仪式结束后,汉王就座。汉王说:“丞相多次称道将军,将军拿什么计策指教我呢?”韩信谦让了一番,趁势问汉王说:“如今向东争夺天下,难道敌人不就是项王吗?”汉王说:“是。”韩信说:“大王自己估计在勇敢、强悍、仁厚、兵力各方面与项王相比,谁强?”汉王沉默了好长时间,说:“不如项王。”韩信拜了两拜,赞成地说:“我也认为大王比不上他呀。不过,我曾侍奉过他,请让我说说项王的为人吧。项王震怒咆哮时,吓得千百人不敢动弹,但不能放手任用有才能的将领,这只不过是匹夫之勇罢了。项王待人恭敬慈爱,言语温和,有生病的人,会同情得流泪,将自己的饮食分给他。等到有的人立下战功,该加封晋爵时,却把刻好的大印放在手里玩磨得失去了棱角,舍不得给人,这就是所说的妇人之仁啊。项王即使是称霸天下,使诸侯臣服,但他放弃了关中的有利地形,而建都彭城。又违背了义帝的约定,将自己的亲信分封为王,诸侯们愤愤不平。诸侯们看到项王把义帝迁移到江南,也都回去驱逐自己的国君,占据了好的地方自立为王。项王军队所经过的地方,没有不横遭摧残毁灭的,天下的人大都怨恨,百姓不愿归附,只不过迫于威势,勉强服从罢了。名义上虽然是霸主,实际上却失去了天下的民心。所以说他的优势很容易转化为劣势。如今大王果真能够与他反其道而行:任用天下英勇善战的人才,有什么敌人不可以被诛灭的呢?用天下的城邑分封给有功之臣,有什么人不心服口服呢?以正义之师,顺从将士东归的心愿,有什么样的敌人打不垮呢?况且项羽分封的三个王,原来都是秦朝的将领,率领秦地的子弟打了好几年仗,被杀死和逃跑的多到没法计算;又欺骗他们的部下向诸侯投降,到达新安,项王狡诈地活埋了已投降的秦军二十多万人,唯独章邯、司马欣和董翳得以留存,秦地的父老兄弟把这三个人恨入骨髓。而今项羽凭恃着威势,强行封立这三个人为王,秦地的百姓并不爱戴他们。而大王进入武关,秋毫无犯,废除了秦朝的苛酷法令,与秦地百姓约法三章,秦地百姓没有不想要大王在秦地做王的。根据诸侯的成约,大王理当在关中做王,关中的百姓都知道这件事。大王失掉了应得的爵位进入汉中,秦地百姓没有不怨恨的。如今大王发动军队向东挺进,只要一道文书三秦封地就可以平定了。"于是汉王特别高兴,自认为得到韩信太晚了。就听从韩信的计策,部署各路将领攻击的目标。

八月,汉王出兵经陈仓向东挺进,平定三秦。汉二年,兵出函谷关,收服魏王、河南王,韩王、殷王也相继投降。汉王又联合齐王、赵王共同攻击楚军。四月,到彭城,汉军战败,溃散而回。韩信又收集溃散的人马与汉王在荥阳会合,在京县、索亭之间又摧垮楚军。因此楚军始终不能西进。

汉军在彭城败退后,塞王司马欣、翟王董翳叛汉降楚,齐国和赵国也背叛汉王跟楚国讲和。六月,魏王豹以探望老母疾病为由请假回乡,一到封国,立即切断黄河渡口临晋关的交通要道,背叛汉王,与楚军订约讲和。汉王派郦生游说魏豹,没有成功。这年八月,汉王任命韩信为左丞相,攻打魏王豹。魏王把主力部队驻扎在蒲坂,堵塞了黄河渡口临晋关。韩信就增设疑兵,故意排列开战船,假装要在临晋渡河,而隐蔽的部队却从夏阳用木制的盆瓮浮水渡河,偷袭安邑。魏王豹惊慌失措,带领军队迎击韩信,韩信就俘虏了魏豹,平定了魏地,设置河东郡。汉王派张耳和韩信一起，领兵向东进发，向北攻击赵国和代国。这年闰九月打垮了代国军队。在阏与生擒了夏说。韩信攻克魏国，摧毁代国后，汉王每每派人调走韩信的精锐部队，开往荥阳去抵御楚军。

韩信和张耳率领几万人马，想要突破井陉口，攻击赵国。赵王、成安君陈余听说汉军将要来袭击赵国，在井陉口聚集兵力，号称二十万大军。广武君李左车向成安君献计说："听说汉将韩信渡过西河，俘虏魏豹，活捉夏说，新近血洗阏与，如今又以张耳辅助，计议要夺取赵国，这是乘胜利的锐气离开本国远征，其锋芒不可阻挡。可是，我听说千里运送粮饷，士兵们就会面带饥色，临时砍柴割草烧火做饭，军队就不能经常吃饱。眼下井陉这条道路，两辆战车不能并列行走，骑兵不能排成行列，行进的军队迤逦数百里，运粮食的队伍势必远远地落到后边。希望您临时拨给我奇兵三万人，从隐蔽小路拦截他们的粮草。您就深挖战壕，高筑营垒，坚守军营，不与交战。他们向前不得战斗，向后无法撤兵，我出奇兵截断他们的后路，使他们在荒野什么给养也抢掠不到，用不了十天，两将的人头就可送到将军帐下。希望您仔细考虑我的计策。否则，一定会被他二人俘虏。"成安君，是信奉儒家学说的书呆子，经常宣称正义的军队不用欺骗诡计，说道："我听说兵书上讲，兵力十倍于敌人，就可以包围它，超过敌人一倍就可以交战。现在韩信的军队号称数万，实际上不过数千。竟然跋涉千里来袭击我们，已经极其疲惫。如今像这样回避不出击，强大的后续部队到来，又怎么对付呢？诸侯们会认为我们胆小，就会轻易地来攻打我们。"不采纳广武君的计策。

韩信派人暗中打探，了解到没有采纳广武君的计策，回来报告，韩信大喜，才敢领兵进入井陉狭道。离井陉口还有三十里，停下来宿营。半夜时传令出发，挑选了两千名轻装骑兵，每人拿一面红旗，从隐蔽小道上山，在山上隐蔽着观察赵国的军队。韩信告诫说："交战时，赵军见我军败逃，一定会倾巢出动追赶我军，你们便火速冲进赵军的营垒，拔掉赵军的旗帜，插上汉军的红旗。"又让副将传达开饭的命令，说："今天打垮了赵军正式会餐"。将领们都不相信，假意回答道："好。"韩信对手下军官说:“赵军已先占据了有利地形筑造了营垒,他们看不到我们大将旗帜、仪仗,就不肯攻击我军的先头部队,怕我们到了险要的地方退回去。”韩信就派出万人为先头部队,出了井陉口,背靠河水摆开战斗队列。赵军远远望见,大笑不止。天亮后,韩信设置起大将的旗帜和仪仗,大吹大擂地开出井陉口,赵军打开营垒攻击汉军,激战了很长时间。这时,韩信、张耳假装抛旗弃鼓,逃回河边的阵地。河边阵地的部队打开营门放他们进去。然后再和赵军激战。赵军果然倾巢出动,争夺汉军的旗鼓、追逐韩信、张耳。韩信、张耳已进入河边阵地,全军拼死作战,赵军无法把他们打败。韩信预先派出去的两千轻骑兵,等到赵军倾巢出动去追逐战利品的时候,就火速冲进赵军空虚的营垒,把赵军的旗帜全部拔掉,竖立起汉军的两千面红旗。这时,赵军已不能取胜,又不能俘获韩信等人,想要退回营垒,营垒插满了汉军的红旗,大为震惊,以为汉军已全部俘获了赵王的将领,于是军队大乱,纷纷逃跑,赵将即使诛杀逃兵,也不能禁止。于是汉兵前后夹击,彻底摧垮了赵军,俘虏了大批人马,在泜水岸边斩了成安君,生擒了赵王歇。

韩信传令下去,不要杀害广武君,有能活捉他的赏给千金。于是就有人捆着广武君送到军营,韩信亲自给他解开绳索,请他面向东坐,自己面向西对坐着,像对待老师那样对待他。

众将献上首级和俘虏,向韩信祝贺,趁机向韩信说:“兵法上说:‘行军布阵应该右边和背后靠山,前边和左边临水。’这次将军反而叫我们背水列阵,说‘打垮了赵军正式会餐’,我等并不信服,然而竟真取得了胜利,这是什么战术啊?”韩信回答说:“这也在兵法上,只是诸位没留心罢了。兵法上不是说‘陷之死地而后生,置之亡地而后存’吗?况且我平素没有得到机会训练诸位将士,这就是所说的‘赶着街市平民去打仗’,在这种形势下不把将士们置之死地,使人人为保全自己而非战不可;如果给他们留有生路,就都跑了,怎么还能用他们取胜呢?”将领们都佩服地说:“好。将军的谋略不是我们所能赶得上的呀。”

于是韩信问广武君说:“我要向北攻打燕国,向东讨伐齐国,怎么办才能成功呢?”广武君推辞说:“我听说‘打了败仗的将领,没有资格谈论勇敢;亡了国的大夫,没有资格谋划国家的生存’。而今我是兵败国亡的俘虏,有什么资格商议大事呢?”韩信说:“我听说,百里奚在虞国而虞国灭亡了,在秦国而秦国却能称霸,这并不是因为他在虞国愚蠢,而到了秦国就聪明了,而在于国君任用不任用他,采纳不采纳他的意见。果真让成安君采纳了你的计谋,像我韩信这样的人也早被生擒了。因为没采纳您的计谋,所以我才能够侍奉您啊。”韩信坚决请教说:“我倾心听从你的计谋,希望您不要推辞。”广武君说:“我听说‘智者千虑,必有一失;愚者千虑,必有一得’。所以俗话说‘狂人的话,圣人也可以选择’。只恐怕我的计谋不足以采用,但我愿献愚诚,忠心效力。成安君本来有百战百胜的计策,然而一旦失掉它,军队在鄗城之下战败,自己在泜水之上亡身。而今将军横渡西河,俘虏魏王,在阏与生擒夏说,一举攻克井陉,不到一早晨的时间就打垮了赵军二十万,诛杀了成安君。英名传扬四海,声威震动天下,农民们预感到兵灾临头,没有不放下农具,停止耕作,穿好的,吃好的,打发日子,等待命运的安排。像这些,都是将军在策略上的长处。然而,眼下百姓劳苦,士卒疲惫,很难用以作战。如果将军发动疲惫的军队,停留在燕国坚固的城池之下,要战恐怕时间过长,力量不足不能攻克,实情暴露,威势就会减弱,旷日持久,粮食耗尽,而弱小的燕国不肯降服,齐国必然拒守边境,以图自强。燕、齐两国坚持不肯降服,那么,刘项双方的胜负就不能断定。像这样,就是将军战略上的短处。我的见识浅薄,但我私下认为攻燕伐齐是失策啊。所以,善于带兵打仗的人不拿自己的短处攻击敌人的长处,而是拿自己的长处去攻击敌人的短处。”韩信说:“虽然如此,那么应该怎么办呢?”广武君回答说:“如今替将军打算,不如按兵不动,安定赵国,抚恤阵亡将士的遗孤,方圆百里之内,每天送来的牛肉美酒,用以犒劳将士,摆出向北进攻燕国的姿态;而后派出说客,拿着书信,在燕国显示自己战略上的长处,燕国一定不敢不听从。燕国顺从之后,再派说客往东劝降齐国,齐国就会闻风而降服,即使有聪明睿智的人,也不知该怎样替齐国谋划了。如果这样,那么,天下的大事就都好办了。用兵本来就有先虚张声势,而后采取实际行动的,我说的就是这种情况。”韩信说:“好。”听从了他的计策。派遣使者出使燕国,燕国听到消息果然立刻降服。于是派人报告汉王,并请求立张耳为赵王来镇抚赵国。汉王答应了他的请求,就封张耳为赵王。

楚国多次派出奇兵渡过黄河攻击赵国。赵国张耳和韩信往来救援,在行军中安定赵国的城邑,调兵去支援汉王。楚军正把汉王紧紧地围困在荥阳,汉王从南面突围,到宛县、叶县一带,接纳了黥布,奔入成皋,楚军又急忙包围了成皋。六月间,汉王逃出成皋,向东渡过黄河,只有滕公相随,投奔张耳军队在修武的驻地。一到,就住进客馆里。第二天早晨,他自称是汉王的使臣,骑马奔入赵军的营垒。韩信、张耳还没有起床,汉王就在他们的卧室里夺取了他们的印信和兵符,用军旗召集众将,更换了他们的职位。韩信、张耳起床后,才知道汉王来了,大为震惊。汉王夺了他二人统率的军队,命张耳防守赵地,任命韩信为国相,让他收集赵国还没有发往荥阳的部队,去攻打齐国。

韩信领兵向东进发,还没渡过平原津,听说汉王已派郦食其说服齐王归顺了,韩信打算停止进军。范阳说客蒯通规劝韩信说:“将军是奉诏攻打齐国,汉王只不过暗中派遣一个密使游说齐国投降,难道有诏令停止将军进攻吗?为什么不进军呢?况且郦生不过是个读书人,坐着车子,鼓动三寸之舌,就收服齐国七十多座城邑。将军率领数万大军,一年多的时间才攻克赵国五十多座城邑。为将多年,反倒不如一个读书小子的功劳吗?”于是韩信认为他说得对,听从他的计策,就率军渡过黄河。齐王听从郦生的规劝以后,挽留郦生开怀畅饮,撤去了防备汉军的设施。韩信乘机突袭齐国历下的军队,很快就打到国都临淄。齐王田广认为被郦生出卖了,就把他煮死,而后逃往高密,派出使者前往楚国求救。韩信平定临淄以后,就向东追赶田广,一直追到高密城西。楚国也派龙且率领兵马,号称二十万,前来援救齐国。

齐王田广和司马龙且两支部队合兵一起与韩信作战,还没交锋,有人规劝龙且说:“汉军远离本土,拚死作战,其锋芒锐不可当。齐、楚两军在本乡本土作战，士兵容易逃散。不如深沟高垒，坚守不出，让齐王派他的亲信大臣去安抚已沦陷的城邑，这些城邑的官吏和百姓知道他们的国王还在，楚军又来援救，一定会反叛汉军。汉军客居两千里之外，齐国城邑的人都纷纷起来反叛他们，那势必得不到粮食，这就可以迫使他们不战而降。"龙且说："我一向了解韩信的为人，容易对付他。而且援救齐国，不战而使韩信投降，那我还有什么功劳？如今战胜他，齐国一半土地可以分封给我，为什么不打！"于是决定开战，与韩信隔着潍水摆开阵势。韩信下令连夜赶做一万多口袋，装满沙土，堵住潍水上游，带领一半军队渡过河去，攻击龙且，假装战败，往回跑。龙且果然高兴地说："本来我就知道韩信胆小害怕。"于是就渡过潍水去追击韩信。韩信下令挖开堵塞潍水的沙袋，河水汹涌而来，龙且的军队一多半还没渡过河去，韩信立即回师猛烈反击，杀死了龙且。龙且在潍水东岸尚未渡河的部队，见势四散逃跑，齐王田广也逃跑了。韩信追赶败兵直到城阳，把楚军的士兵全部俘虏了。

汉四年，韩信降服且平定了整个齐国。派人向汉王上书，说："齐国狡诈多变，反复无常，南面的边境与楚国交界，若不设立一个暂时代理的王来镇抚，局势一定不能稳定。为有利于当前的局势，希望允许我暂时代理齐王。"正当这时，楚军在荥阳紧紧地围困着汉王，韩信的使者到了，汉王打开书信一看，勃然大怒，骂道："我被围困在这儿，日夜盼着你来帮助我，你却想自立为王！"张良、陈平暗中踩汉王的脚，凑近汉王的耳朵说："目前汉军处境不利，怎么能禁止韩信称王呢？不如趁机册立他为王，很好地待他，让他自己镇守齐国。不然可能发生变乱。"汉王醒悟，又故意骂道："大丈夫平定了诸侯，就做真王罢了，何必做个代理的王呢？"就派遣张良前往，册立韩信为齐王，征调他的军队攻打楚军。

楚军失去龙且后，项王害怕了，派盱眙人武涉前往规劝齐王韩信说："天下人对秦朝的统治痛恨已久了，因此合力攻打它。秦朝破灭后，按照功劳裂土分封，各自为王，以便休兵罢战。如今汉王又兴师东进，侵犯他人的境界，掠夺他人的封地，已攻破三秦，率领军队开出函谷关，收集各路诸侯的军队向东进击楚国，他的意图是不吞并整个天下就不肯罢休，他贪心不足到这步田地，也太过分了。况且汉王不可信任，自身落到项王的掌握之中多次了，是项王的怜悯使他活下来，然而一经脱身，就背弃盟约，重新进攻项王，他是这样的不可亲近，不可信任。如今您即使自认为和汉王交情深厚，替他尽力作战，最终还得被他所擒。您所以能够延续到今天，是因为项王还存在啊。当前刘、项的胜败，关键是您。您向右边站，那么汉王胜，您向左边站，那么项王胜。假若项王今天被消灭，下一个就该消灭您了。您和项王有旧交情，为什么不反汉与楚联和，三分天下自立为王呢？如今放过这个机会，必然要站到汉王一边攻打项王，一个聪明睿智的人，难道应该这样做吗？”韩信辞谢说：“我侍奉项王，官不过郎中，职位不过是个持戟的卫士，言不听，计不用，所以我背楚归汉。汉王授予我上将军的印信，给我几万人马，脱下他身上的衣服给我穿，把好食物分给我吃，言听计用，所以我才能够到今天这个样子。人家对我亲近、信赖，我背叛他就不吉祥，即使到死也不变心。希望您替我辞谢项王的盛情！”

武涉走后，齐国人蒯通知道天下局势的关键在于韩信，想出奇计打动他，就用看相的身份规劝韩信，说道：“我曾学过看相技艺。”韩信说：“先生给人看相用什么方法？”蒯通回答说：“人的高贵卑贱在于骨相，忧愁、喜悦在于面色，成功、失败在于决断。用这三项验证人相万无一失。”韩信说：“好，先生看我的相怎么样？”蒯通回答说：“希望随从人员暂时回避一下。”韩信说：“左右的人离开吧。”蒯通说：“看您的面相，只不过是封侯，而且还有危险不安全。看您的背相，却显贵而不可言。”韩信说：“这话是什么意思呢？”蒯通说：“当初，天下举兵起事时，英雄豪杰纷纷建立名号，一声呼喊，天下有志之士像云雾那样汇合，像鱼鳞那样杂沓，如同火焰迸飞，狂风骤起。正当这时，关心的只是灭亡秦朝罢了。而今，楚汉分争，使天下无辜的百姓肝胆涂地，父子的尸骨暴露在荒郊野外，数不胜数。楚国人从彭城起兵，转战四方，追逐败兵，直到荥阳，乘着胜利，像卷席子一样向前挺进，声势震动天下。然后军队被困在京、索之间，被阻于成皋以西的山岳地带不能再前进，这样已三年了。汉王统领几十万人马在巩县、洛阳一带抗拒楚军，凭借着山河的险要，虽然一日数战，却无尺寸之功，以至遭受挫折失败，几乎不能自救。在荥阳战败，在成皋受伤，于是逃到宛县和叶县之间，这就是所说的智尽勇乏了。将士的锐气长期困顿于险要关塞而被挫伤，仓库的粮食也消耗殆尽，百姓筋疲力尽，怨声载道，人心动荡，无依无靠。以我估计，这样的局面不是天下的圣贤就不能平息这场天下的祸乱。当今刘、项二王的命运都悬挂在您的手里，您协助汉王，汉王就胜利；您帮助楚王，楚王就胜利。我愿意披肝沥胆，敬献愚计，只恐怕您不采纳啊。果真能听从我的计策，不如让楚、汉双方都不受损害，同时存在下去，你和他们三分天下，鼎足而立，形成那种局面，就没有谁敢轻举妄动。凭借您的贤才圣德，拥有众多的人马装备，占据强大的齐国，迫使燕、赵屈从，出兵到刘、项两军的空虚地带，牵制他们的后方，顺应百姓的愿望，向西去制止刘、项分争，为军民百姓请求保全生命，那么，天下就会迅速地群起而响应，谁敢不听从！而后，割取大国的疆土，削弱强国的威势，用来分封诸侯，诸侯恢复之后，天下就会信服听从，而把功德归于齐国。稳守齐国故有的疆土，据有胶河、泗水流域，用恩德感召诸侯，恭谨谦让，那么天下的君王就会相继前来朝拜齐国。听说'苍天所赐予的好处不接受，反而会受到惩罚；时机到了不采取行动，反而要遭受祸殃'。希望您仔细地考虑这件事。"

韩信说："汉王给我的待遇很优厚，把他的车子给我坐，把他的衣裳给我穿，把他的食物给我吃。我听说，坐人家车子的人，要分担人家的祸患；穿人家衣裳的人，心里要想着人家的忧患；吃人家食物的人，要为人家的事业而死，我怎么能够图谋私利而背信弃义呢！"蒯通说："你自认为跟汉王友好，想建立万代的功业，我私下认为这种想法错了。当初常山王、成安君还是平民时，结成生死至交，后来因为张黡、陈泽的事发生争执，使得二人彼此仇恨。常山王背叛项王，捧着项婴的人头逃跑，归降汉王。汉王借给他军队向东进击，在泜水以南杀死了成安君，身首异处，被天下人耻笑。这两个人的交情，可以说是天下最要好的。然而到头来，都想把对方置于死地，这是为什么呢？祸患就产生于贪得无厌而人心又难以猜测。如今您打算用忠诚、信义与汉王结交，一定不可能比张耳、陈余的结交更稳固，而你们之间的关联的事情又比张黡、陈泽的事件重要得多。所以我认为您断定汉王不会危害自己，也错了。大夫文种、范蠡使濒临灭亡的越国保存下来，辅佐勾践称霸诸侯，功成名就之后，文种被迫自杀，范蠡被迫逃亡。野兽已打尽了，猎犬被烹杀。以交情友谊而论，您和汉王就比不上张耳与成安君了；以忠诚信义而论也就赶不上大夫文种、范蠡与越王勾践了。成安君、大夫文种这两个人的例子，足够您借鉴的了。希望您深思熟虑地考虑。况且我听说，勇敢、谋略使君主感到威胁的人，有危险；而功勋卓著冠盖天下的人得不到赏赐。请让我说一说大王的功绩和谋略吧：您横渡西河，俘虏赵王，活捉夏说，带领军队夺取井陉，杀死成安君，攻占了赵国，以声威镇服燕国，平定安抚齐国，向南摧毁楚国军队二十万，向东杀死楚将龙且，西面向汉王捷报，这可以说是功劳天下无二。而计谋出众，世上少有。如今您拥有威胁君主的威势，持有不能封赏的功绩，归附楚国，楚国人不信任；归附汉国，汉国人震惊恐惧：您带着这样大的功绩和声威，哪里是您可去的地方呢？身处臣子地位而有着使国君感到威胁的震动，名望比天下任何人都高，我私下为您感到忧惧。”韩信说：“先生暂且说到这儿吧！让我考虑考虑。”

此后过了数日，蒯通又劝韩信说：“善于听取他人的意见，就能预见事情发展变化的征兆，能反复思考，就能把握事情成败的关键。听取意见不能做出正确的判断，决策失误而能够长治久安的人，实在少有。听取意见很少判断失误的人，就无法用花言巧语去惑乱他；计谋筹划周到不本末倒置的人，就不能用花言巧语去扰乱他。甘心做劈柴喂马差事的人，就会失掉争取万乘之国权柄的机会；安心微薄俸禄的人，就得不到公卿宰相的高位。所以做事坚决是聪明人果断的表现，犹豫不决是办事情的祸害，专在细小的事情上用心思，就会丢掉天下的大事，有判断是非的智慧，决定后又不敢贸然行动，这是一切事情的祸根。所以俗话说：‘猛虎犹豫不能决断，不如黄蜂、蝎子敢于放出毒刺去螫；骏马徘徊不前，不如劣马稳步前进；勇士孟贲狐疑不定，不如凡夫俗子要达到目的的实干；即使有虞舜、夏禹的智慧，闭上嘴巴不讲话，不如聋哑人借助打手势起作用。'这些俗语都说明付诸行动是最可宝贵的。功业难以成功而容易失败，时机难以抓住而容易失掉。时机啊时机，丢掉了就不会再来。希望您仔细地考虑斟酌。"韩信犹豫不决，不忍心背叛汉王，又自认为功勋卓著，汉王终究不会夺去自己的齐国，于是谢绝了蒯通。蒯通的规劝没有被采纳，后来就装疯做了巫师。

汉王被围困在固陵时，采用了张良的计策，征召齐王韩信，于是韩信率领军队在垓下与汉王会师。项羽被打败后，高祖用突然袭击的办法夺取了齐王的军权。汉五年正月，改封齐王韩信为楚王，建都下邳。

韩信到了下邳，召见曾分给他饭吃的那位漂母，赐给她黄金千斤。轮到下乡南昌亭亭长，赐给他百钱，说："您，是小人，做好事有始无终。"召见曾侮辱过自己、让自己从他胯下爬过去的年轻人，任用他做了中尉。并告诉将相们说："这是个壮士。当侮辱我的时候，我难道不能杀死他吗？杀掉他没有意义，所以我忍受了一时的侮辱，才成就了今天的功业。"

项王部下逃亡的将领钟离眜，家住伊庐，向来与韩信友好。项王死后，他逃出来归附韩信。汉王怨恨钟离眜，听说他在楚国，诏令楚国逮捕钟离眜。韩信初到楚国，巡行所属县邑，进进出出都带着武装卫队。汉六年，有人上书告发韩信谋反。高帝采纳陈平的计谋，假托天子外出巡视会见诸侯，南方有个云梦泽，派使臣通告各诸侯到陈县聚会，说："我要巡视云梦泽。"其实是想袭击韩信，韩信却不知道。高祖将要到达楚国时，韩信曾想发兵反叛，又认为自己没有罪，想朝见高祖，又怕被擒。有人对韩信说："杀了钟离眜去朝见皇上，皇上一定高兴，就没有祸患了。"韩信去见钟离眜商量。钟离眜说："汉王所以不攻打楚国，是因为我在您这里。如果您想逮捕我取悦汉王，我今天死，您也会紧跟着死的。"于是骂韩信说："您不是个忠厚的人！"终于刎颈而死。韩信拿着他的人头，到陈县朝拜高帝。皇上命武士捆绑了韩信，押在随行的车上。韩信说："果真像人们说的‘狡兔死了，出色的猎狗就遭到烹杀；高翔的飞禽光了，优良的弓箭就要收藏起来；敌国破灭，谋臣就要死亡’。现在天下已平定，我本来应当遭烹杀！”皇上说：“有人告发你谋反。”就给韩信带上了刑具。到了洛阳，赦免了韩信的罪过，改封为淮阴侯。

韩信知道汉王畏忌自己的才能，常常托病不参加朝见和侍行。从此，韩信日夜怨恨，在家闷闷不乐，对与绛侯、灌婴处于同等地位感到羞耻。韩信曾拜访樊哙将军，樊哙跪拜送迎，自称臣子。说：“大王怎么竟肯光临。”韩信出门笑着说：“我这辈子竟然和樊哙这般人为伍了。”皇上曾和韩信议论将军们的高下，认为他们各有长短。皇上问韩信：“像我的才能能统率多少兵马？”韩信说：“陛下不过能统率十万。”皇上说：“你怎么样？”回答说：“我是越多越好。”皇上笑着说：“您越多越好，为什么还被我俘虏了？”韩信说：“陛下不能带兵，却善于驾驭将领，这就是我被陛下俘虏的原因。况且陛下的地位是上天赐予的，不是人力能做到的。”

陈豨被任命为钜鹿郡守，向淮阴侯辞行。淮阴侯拉着他的手避开左右侍从在庭院里踱步，仰望苍天叹息说：“您可以听听我的知心话吗？有些心里话想跟您谈谈。”陈豨说：“一切听任将军吩咐！”淮阴侯说：“您管辖的地区，是天下精兵聚集的地方；而您又是陛下信任宠幸的臣子。如果有人告发说您反叛，陛下一定不会相信；再次告发，陛下就怀疑了；三次告发，陛下必然大怒而亲自率兵前来围剿。我为您在京城做内应，天下就可以取得了。”陈豨一向知道韩信的雄才大略。深信不疑，说：“我一定听从您的指教！”汉十年，陈豨果然反叛。皇上亲自率领兵马前往，韩信托病没有随从。暗中派人到陈豨处说：“只管起兵，我在这里协助您。”韩信就与家臣商量，夜里假传诏书赦免各官府服役的罪犯和奴隶，打算发动他们去袭击吕后和太子。部署完毕，等待着陈豨的消息。他的一位家臣得罪了韩信，韩信把他囚禁起来，准备杀掉他。家臣的弟弟上书告变，向吕后告发了韩信准备反叛的情况。吕后打算把韩信招来，又怕他不肯就范，就和萧相国谋划，令人假说从皇上那儿来，说陈豨已被俘获处死，列侯群臣都来祝贺。萧相国欺骗韩信说：“即使有病，也要强打精神进宫祝贺一下吧。”韩信进宫，吕后命武士把韩信捆起来，在长乐宫的钟室杀掉了。韩信临斩时说：“我后悔没有采纳蒯通的计谋，以至被妇女小子所欺骗，这难道不是天意吗?”于是诛杀了韩信三族。

高祖从平叛陈豨的军中回到京城，见韩信已死，又高兴又是怜悯他，问道：“韩信临死时说过什么话?”吕后说：“韩信说悔恨没有采纳蒯通的计谋。”高祖说：“那人是齐国的说客。”就诏令齐国捕捉蒯通。蒯通被带到，皇上说：“你唆使过淮阴侯反叛吗?”回答说：“是。我的确教过他，那小子不采纳我的计策，所以有自取灭亡的下场。假如那小子采纳我的计策，陛下怎能够灭掉他呢?”皇上生气地说：“煮了他。”蒯通说：“哎呀，煮死我，冤枉啊!”皇上说：“你唆使韩信造反，有什么冤枉?”蒯通说：“秦朝法度败坏，政权瓦解的时候，山东六国大乱，各路诸侯纷纷起事，一时天下英雄豪杰像乌鸦一样聚集。秦朝失去了他的帝位，天下英杰都来抢夺它，于是本领高强，行动敏捷的人率先得到它。盗跖的狗对着尧狂叫，并不是尧不仁德，只因为他不是狗的主人。正当这时，我只知道有个韩信，并不知道有陛下。况且天下磨快武器、手执利刃想干陛下所干的事业的人太多了，只是能力不行罢了。您怎么能把他们都煮死呢?”高祖说：“放掉他。”就赦免了蒯通的罪过。

太史公说：我到淮阴，淮阴人对我说，韩信即使是平民百姓时，他的心志也与一般人不同。他的母亲死了，家中贫困无法埋葬，可他还是到处寻找又高又宽敞的坟地，让坟墓旁可以安置万户人家。我看了他母亲的坟墓，的确如此。假使韩信能够谦恭退让，不夸耀自己的功劳，不自恃自己的才能，那么就差不多了。他在汉的功勋可以和周朝的周公、召公、太公这些人相比，世世代代就可以享祭不绝。可是，他没能致力于这样做，天下已安定，反而图谋叛乱，诛灭宗族，不也是应该的么。

【鉴赏】

本篇记载淮阴侯韩信一生事迹，是司马迁倾心力动深情而成就的千古名篇。

文章倾心力处，在于其剪裁之工，取舍之妙，以至全篇行文，虚实相参，疏密互见，曲尽极妙。传文前半部分，实笔描摹萧何追亡、韩信拜将两段，详写其登坛拜将后与刘邦一篇宏论，以见其人气质与胸中韬略；而对韩信击楚、魏、赵、代之功、木罂渡军之奇，却只用虚笔略写，至井陉一战方又是详写，以此战突出表现其知己知彼、灵活运筹、卓绝奇特的军事才能。传文后半部分，则详写武涉、蒯通二段，不厌其烦、反复陈说，以明韩信无反志。文章倾心力处，也在传文之细节描写：面对胯下之辱，韩信“孰视之，俯出胯下，蒲伏”的动作描写，展现了他能忍常人所不能忍的个性，面对亭长妻子的羞辱怠慢，“怒，竟绝去”的细节描写，也使青年韩信能忍能怒的特殊气质跃然而出。

作者动深情处，既在称赞韩信佐汉之功勋，又在痛惜其不幸之终局。赞其功者，有篇末论赞中“于汉家勋可以比周、召、太公之徒”之语，亦有《太史公自序》中“拔魏赵，定燕齐，使汉三分天下有其二，以灭项籍”之评；惜其不幸者，有韩信“狡兔死，良狗烹；高鸟尽，良弓藏；敌国破，谋臣亡”之叹，更有篇末论赞中“假令韩信学道谦让，不伐己功，不矜其能”“而天下已集，乃谋叛逆，夷灭宗族，不亦宜乎”等语，前人多指其似大有深意。

史记卷九十三·韩信卢绾列传第三十三

本篇实为韩信、卢绾、陈豨合传。此三人皆为刘邦亲信部下，到后来却被刘邦猜疑而背汉投靠匈奴，又终被刘邦讨平，故而为一传。传文记述了三人主要经历及反叛始末：韩王韩信本为六国时韩襄王后裔，后追随高祖破秦灭楚，被封为韩王，因被疑忌，恐遭诛灭，投降匈奴；卢绾本与刘邦世交友好，最为刘邦亲幸，被封为燕王，因刘邦大肆诛杀功臣，为求自保，不得已逃往匈奴，晚景颇为凄凉；陈豨因军功被高祖封为阳夏侯，监赵、代边兵，却因周昌之诬告逼反而被讨杀。与淮南王黥布、梁王彭越、淮阴侯韩信等一样，他们都是遭疑忌而无奈走向反叛的功臣。由此，“狡兔死，良狗烹”也就不是一个人的命运，而是一群人的命运，是历史上许多王朝功臣的命运。

韩王信者，故韩襄王孽孙也①，长八尺五寸。及项梁之立楚后怀王也，燕、齐、赵、魏皆已前王，唯韩无有后，故立韩诸公子②横阳君成为韩王，欲以抚定韩故地。项梁败死定陶，成奔怀王。沛公引兵击阳城，使张良以韩司徒降下韩故地，得信，以为韩将，将其兵从沛公入武关。

沛公立为汉王，韩信从入汉中，乃说汉王曰：“项王王诸将近地，而王独远居此，此左迁也。士卒皆山东人，跂而望归③，及其锋东乡④，可以争天下。”汉王还定三秦，乃许信为韩王，先拜信为韩太尉，将兵略韩地⑤。

---

①孽孙：庶出的孙子。 ②诸公子：诸侯之庶出子。 ③跂：踮起脚尖。 ④东乡：向东进军。乡：通“向”。锋：锐气。 ⑤略：掠夺，夺取。

项籍之封诸王皆就国，韩王成以不从无功，不遣就国，更以为列侯①。及闻汉遣韩信略韩地，乃令故项籍游吴时吴令郑昌为韩王以距汉②。汉二年，韩信略定韩十馀城。汉王至河南，韩信急击韩王昌阳城。昌降，汉王乃立韩信为韩王，常将韩兵从。三年，汉王出荥阳，韩王信、周苛等守荥阳。及楚败荥阳，信降楚，已而得亡，复归汉，汉复立以为韩王，竟从击破项籍，天下定。五年春，遂与剖符为韩王，王颍川。

明年春，上以韩信材武③，所王北近巩、洛，南近宛，叶，东有淮阳，皆天下劲兵处，乃诏徙韩王信王太原以北，备御胡，都晋阳。信上书曰："国被边，匈奴数入，晋阳去塞远，请治马邑。"上许之，信乃徙治马邑。秋，匈奴冒顿大围信，信数使使胡求和解。汉发兵救之，疑信数间使，有二心，使人责让信④。信恐诛，因与匈奴约共攻汉，反，以马邑降胡，击太原。

七年冬，上自往击，破信军铜鞮，斩其将王喜。信亡走匈奴。其将白土人曼丘臣、王黄等立赵苗裔赵利为王⑤，复收信败散兵，而与信及冒顿谋攻汉。匈奴使左右贤王将万馀骑与王黄等屯广武以南，至晋阳，与汉兵战，汉大破之，追至于离石复破之。匈奴复聚兵楼烦西北，汉令车骑击破匈奴。匈奴常败走，汉乘胜追北，闻冒顿居代谷，高皇帝居晋阳，使人视冒顿，还报曰"可击"。上遂至平城。上出白登，匈奴骑围上，上乃使人厚遗阏氏⑥。阏氏乃说冒顿曰："今得汉地，犹不能居；且两主不相厄。"居七日，胡骑稍引去。时天大雾，汉使人往来，胡不觉。护军中尉陈平言上曰："胡者全兵⑦，请令强弩傅两矢外向，徐行出

---

①更：改。 ②距：通"拒"，抵抗。 ③材武：有力能且又勇武。 ④让：责备。 ⑤白土：县名，在今陕西神木县西。苗裔：后代。 ⑥阏氏：单于之正妻，相当于汉之王后。 ⑦全兵：指全用弓矛等利器。

围。"入平城,汉救兵亦到,胡骑遂解去。汉亦罢兵归。韩信为匈奴将兵往来击边。

汉十年,信令王黄等说误陈豨。十一年春,故韩王信复与胡骑入居参合,距汉。汉使柴将军击之,遗信书曰:"陛下宽仁,诸侯虽有畔亡[①],而复归,辄复故位号,不诛也。大王所知。今王以败亡走胡,非有大罪,急自归!"韩王信报曰:"陛下擢仆起闾巷,南面称孤,此仆之幸也。荥阳之事,仆不能死,囚于项籍,此一罪也。及寇攻马邑,仆不能坚守,以城降之,此二罪也。今反为寇将兵,与将军争一旦之命,此三罪也。夫种、蠡无一罪[②],身死亡;今仆有三罪于陛下,而欲求活于世,此伍子胥所以偾于吴也[③]。今仆亡匿山谷间,旦暮乞贷蛮夷,仆之思归,如痿人不忘起[④],盲者不忘视也,势不可耳。"遂战。柴将军屠参合,斩韩王信。

信之入匈奴,与太子俱[⑤];及至颓当城,生子,因名曰颓当。韩太子亦生子,命曰婴。至孝文十四年,颓当及婴率其众降汉。汉封颓当为弓高侯,婴为襄城侯。吴楚军时,弓高侯功冠诸将。传子至孙,孙无子,失侯。婴孙以不敬失侯。颓当孽孙韩嫣,贵幸,名富显于当世。其弟说,再封,数称将军,卒为案道侯。子代,岁馀,坐法死。后岁馀,说孙曾拜为龙额侯,续说后。

卢绾者,丰人也,与高祖同里[⑥]。卢绾亲与高祖太上皇相爱[⑦],及生男,高祖、卢绾同日生,里中持羊酒贺两家。及高祖、卢绾壮,俱学书,又相爱也。里中嘉两家亲相爱,生子同日,壮又相爱,复贺两家羊酒。高祖为布衣时,有吏事辟匿,卢绾常随

---

①畔亡:背叛逃亡。畔:通"叛"。 ②种、蠡:文种、范蠡。 ③偾(fèn):僵仆,坏事。 ④痿人:瘫痪的人。 ⑤太子:韩王信的太子。俱:一道同行。 ⑥同里:同乡。 ⑦亲:父母,此指父亲。太上皇:指汉高祖刘邦之父。爱:友爱。

出入上下。及高祖初起沛，卢绾以客从，入汉中，为将军，常侍中。从东击项籍，以太尉常从，出入卧内，衣被饮食常赐，群臣莫敢望，虽萧、曹等，特以事见礼，至其亲幸，莫及卢绾。绾封为长安侯，长安，故咸阳也。

汉五年冬，以破项籍，乃使卢绾别将，与刘贾击临江王共尉，破之。七月还，从击燕王臧荼，臧荼降。高祖已定天下，诸侯非刘氏而王者七人。欲王卢绾，为群臣觖望[①]。及虏臧荼，乃下诏诸将相列侯，择群臣有功者以为燕王。群臣知上欲王卢绾，皆言曰："太尉长安侯卢绾常从平定天下，功最多，可王燕。"诏许之。汉五年八月，乃立卢绾为燕王。诸侯王得幸莫如燕王。

汉十一年秋，陈豨反代地，高祖如邯郸击豨兵，燕王绾亦击其东北。当是时，陈豨使王黄求救匈奴。燕王绾亦使其臣张胜于匈奴，言豨等军破。张胜至胡，故燕王臧荼子衍出亡在胡，见张胜曰："公所以重于燕者，以习胡事也。燕所以久存者，以诸侯数反，兵连不决也。今公为燕，欲急灭豨等，豨等已尽，次亦至燕，公亦且为虏矣。公何不令燕且缓陈豨而与胡和？事宽，得长王燕；即有汉急，可以安国。"张胜以为然，乃私令匈奴助豨等击燕。燕王绾疑张胜与胡反，上书请族张胜。胜还，具道所以为者。燕王寤，乃诈论他人，脱胜家属，使得为匈奴间，而阴使范齐之陈豨所，欲令久亡，连兵勿决。

汉十二年，东击黥布，豨常将兵居代，汉使樊哙击斩豨。其裨将降[②]，言燕王绾使范齐通计谋于豨所。高祖使使召卢绾，绾称病。上又使辟阳侯审食其、御史大夫赵尧往迎燕王，因验问

---

①觖(jué)望：不满，怨望。 ②裨将：副将。

左右。绾愈恐，闭匿，谓其幸臣曰："非刘氏而王，独我与长沙耳。往年春[①]，汉族淮阴，夏，诛彭越，皆吕后计。今上病，属任吕后[②]。吕后妇人，专欲以事诛异姓王者及大功臣。"乃遂称病不行。其左右皆亡匿。语颇泄，辟阳侯闻之，归具报上，上益怒。又得匈奴降者，降者言张胜亡在匈奴，为燕使。于是上曰："卢绾果反矣！"使樊哙击燕。燕王绾悉将其宫人家属骑数千居长城下，候伺，幸上病愈[③]，自入谢。四月，高祖崩，卢绾遂将其众亡入匈奴，匈奴以为东胡卢王。绾为蛮夷所侵夺[④]，常思复归。居岁馀，死胡中。

高后时，卢绾妻子亡降汉，会高后病，不能见，舍燕邸，为欲置酒见之。高后竟崩，不得见。卢绾妻亦病死。

孝景中六年，卢绾孙他之以东胡王降，封为亚谷侯。

陈豨者，宛朐人也，不知始所以得从。及高祖七年冬，韩王信反，入匈奴，上至平城还，乃封豨为列侯，以赵相国将监赵、代边兵，边兵皆属焉。

豨常告归过赵[⑤]，赵相周昌见豨宾客随之者千馀乘，邯郸官舍皆满。豨所以待宾客布衣交，皆出客下。豨还之代，周昌乃求入见。见上，具言豨宾客盛甚，擅兵于外数岁，恐有变。上乃令覆案豨客居代者财物诸不法事，多连引豨。豨恐，阴令客通使王黄、曼丘臣所。及高祖十年七月，太上皇崩，使人召豨，豨称病甚。九月，遂与王黄等反，自立为代王，劫略赵、代。

上闻，乃赦赵、代吏人为豨所诖误劫略者[⑥]，皆赦之。上自往，至邯郸，喜曰："豨不南据漳水，北守邯郸，知其无能为也。"

---

①往年：去年。②属：委托，交付。③幸：希望。④侵夺：遭侵犯掠夺。⑤常：通"尝"，曾经。⑥诖误：贻误，连累。劫略：被胁迫。

赵相奏斩常山守、尉，曰："常山二十五城，豨反，亡其二十城。"上问曰："守、尉反乎？"对曰："不反。"上曰："是力不足也。"赦之，复以为常山守、尉。上问周昌曰："赵亦有壮士可令将者乎？"对曰："有四人。"四人谒，上谩骂曰："竖子能为将乎？"四人惭伏。上封之各千户，以为将。左右谏曰："从入蜀、汉，伐楚，功未遍行，今此何功而封？"上曰："非若所知！陈豨反，邯郸以北皆豨有，吾以羽檄征天下兵，未有至者，今唯独邯郸中兵耳。吾胡爱四千户封四人，不以慰赵子弟！"皆曰："善。"于是上曰："陈豨将谁？"曰："王黄、曼丘臣，皆故贾人。"上曰："吾知之矣。"乃各以千金购黄、臣等。

十一年冬，汉兵击斩陈豨将侯敞、王黄于曲逆下，破豨将张春于聊城，斩首万馀。太尉勃入定太原、代地。十二月，上自击东垣，东垣不下，卒骂上；东垣降，卒骂者斩之，不骂者黥之①。更名东垣为真定。王黄、曼丘臣其麾下受购赏之，皆生得，以故陈豨军遂败。

上还至洛阳。上曰："代居常山北，赵乃从山南有之，远。"乃立子恒为代王，都中都，代、雁门皆属代。

高祖十二年冬，樊哙军卒追斩豨于灵丘。

太史公曰：韩信、卢绾非素积德累善之世，徼一时权变②，以诈力成功③，遭汉初定，故得列地，南面称孤。内见疑强大，外倚蛮貊以为援，是以日疏自危，事穷智困，卒赴匈奴，岂不哀哉！陈豨，梁人，其少时数称慕魏公子；及将军守边，招致宾客而下士，名声过实。周昌疑之，疵瑕颇起④，惧祸及身，邪人进说，遂

①黥：同"剠"，墨刑。 ②徼：侥幸。权变：权谋变化。 ③诈力：欺诈和勇力。 ④疵瑕：过失，罪过。

陷无道。于戏悲夫[①]！夫计之生孰成败于人也深矣！

【译文】

韩王韩信，是原来韩襄王的庶出孙子，身高八尺五寸。到了项梁拥立楚王的后代楚怀王时，燕国、齐国、赵国、魏国都早已有了王，只有韩国没有后继的王，所以才立了韩国诸公子中的横阳君韩成做了韩王，想以此来占据平定韩国原有的土地。项梁在定陶战败而死，韩成投奔楚怀王。沛公带军队进攻阳城时，命张良以韩国司徒的身份降服了韩国原有地盘，得到韩信，任命他为韩国将军，带领他的军队随从沛公进入武关。

沛公被立为汉王，韩信随从沛公进入汉中，就游说汉王道："项羽把自己的部下都封在中原附近地区，只把您封到这偏远的地方，这就是贬职啊！您部下士兵都是崤山以东的人，他们都踮着脚尖，急切地盼望返回故乡，趁着他们锐气强盛向东进发，就可以争夺天下。"汉王回军平定三秦时，就答应让韩信做韩王，先任命他为韩太尉，带兵去攻取韩国旧地。

项羽所封的诸侯王都到各自的封地去，韩王韩成因没随项羽征战，没有战功，不派他到封地去，改封为列侯。等到听说汉王派韩信攻取韩地，就命自己游历吴地时的吴县县令郑昌做韩王以抵抗汉军。汉高祖二年，韩信平定了韩国的十几座城邑。汉王到达河南，韩信在阳城猛攻韩王郑昌。郑昌投降，汉王就立韩信为韩王，经常带领韩地军队跟随汉王。汉高祖三年，汉王撤出荥阳，韩王韩信和周苛等人守卫荥阳。等到楚军攻破荥阳，韩信投降了楚军，不久得以逃出，又归附汉王，汉王再次立他为韩王，最终跟从汉王击败项羽，平定了天下。汉高祖五年春天，汉高祖就和韩信剖符为信，正式封他做韩王，封地在颍川。

第二年春天，高祖认为韩信雄壮勇武，封地颍川北边靠近巩县、洛阳，南边逼近宛县、叶县，东边则是重镇淮阳，这些都是天下的战略要地，

---

①於戏：同"呜呼"。

就下令韩王韩信迁移到太原以北地区，以防备抵抗匈奴，建都晋阳。韩信上书说："我的封国紧靠边界，匈奴多次入侵，晋阳距离边境较远，请允许我建都马邑。"皇上答应了，韩信就把都城迁到马邑。这年秋天，匈奴冒顿单于重重包围了韩信，韩信多次派使者到匈奴处求和。汉高祖派兵前往援救，但怀疑韩信多次私派使者，有背叛汉之心，派人责备韩信。韩信害怕被杀，于是就和匈奴约定好共同进攻汉，起兵造反，把国都马邑拿出投降匈奴，并率军进攻太原。

高祖七年冬，皇上亲自率军出征，在铜鞮击败韩信的军队，斩杀其部将王喜。韩信逃跑投奔匈奴，他的部将白土县人曼丘臣、王黄等人拥立赵王后代赵利为王，又收集起韩信被击败逃散的军队，并和韩信及匈奴冒顿单于合谋攻打汉。匈奴派左右贤王统率一万多骑兵和王黄等人驻扎在广武以南地区，到达晋阳时，与汉军交战，汉军将他们打得大败，乘胜追到离石，又把他们打败。匈奴再次在楼烦西北地区聚集军队，高祖命令车骑把他们打败。匈奴常败退逃跑，汉军乘胜追击败兵，听说冒顿单于驻扎在代谷，汉高祖当时在晋阳，派人去侦察冒顿，侦察人员回来报告说"可以进击"。皇上也就到达平城。皇上出城登上白登山，被匈奴骑兵团团围住，皇上就派人送给匈奴阏氏许多礼物。阏氏便劝冒顿单于说："现在已攻取了汉土地，但还是不能居住下来；更何况两国君主不应互相危害。"过了七天，匈奴骑兵逐渐撤去。当时天降大雾，汉派人在白登山和平城之间往来，匈奴一点也没察觉。护军中尉陈平对皇上说："匈奴人都用长枪弓箭，请命士兵每张强弩朝外搭两支利箭，从容地撤出包围。"撤进平城后，汉的救兵也赶到，匈奴的骑兵这才解围而去。汉也收兵而归。韩信为匈奴人带兵往来在边境一带袭击汉军。

汉高祖十年，韩信命王黄等人劝说陈豨，使其误信而反。十一年春天，前韩王韩信又与匈奴骑兵一起侵入参合，对抗汉。汉派遣柴将军带兵前去迎击，柴将军先写信给韩信说："皇上宽厚仁爱，尽管有些诸侯背叛逃亡，但只要他们能再度归顺，总是恢复其原有的爵位名号，并不加诛杀。这些都是大王您所知道的。现在您是因为战败才逃归匈奴的，并没有大罪,您应该赶快来归顺!”韩王韩信回信道:“皇上把我从里巷平民中提拔上来,使我南面称王,这对我来说是万分荣幸的。在荥阳保卫战中,我不能以身殉职,而被项籍关押。这是我的第一条罪状。等到匈奴进犯马邑,我不能坚守,献城投降。这是我的第二条罪状。现在反而为敌人带兵,与将军争战,争这早晚难保的性命。这是我的第三条罪状。文种、范蠡没有一条罪状,但在成功之后,一个被杀一个逃亡;现在我对皇上犯下了三条罪状,还想在世上求得活命,这是伍子胥在吴国之所以被杀的原因。现在我逃命隐藏在山谷之中,每天都靠向蛮夷乞讨过活,我思归之心,就同瘫痪的人不忘记直立行走,盲人不忘记睁眼观看一样,只不过是情势不允许啊。”于是两军交战,柴将军血洗参合城,斩杀韩王韩信。

韩信投靠匈奴时,带着自己的太子同行;等到了颓当城,生了一个儿子,因而取名叫颓当。韩太子也生下一个儿子,取名为婴。到孝文帝十四年,韩颓当和韩婴率领部下归降汉。汉封韩颓当为弓高侯,韩婴为襄城侯。在平定吴楚七国之乱时,弓高侯的军功超过其他将领。爵位传给儿子再传到孙子,他的孙子没有儿子,侯爵被取消。韩婴的孙子因犯有不敬之罪,侯爵被取消。韩颓当庶出的孙子韩嫣,很受皇上宠爱,名声和富贵都荣显于当世。他的弟弟韩说,再度被封侯,并多次受命为将军,死时是案道侯。其子继承侯爵,一年多后因犯法被处死。又过一年多,韩说的孙子韩曾被封为龙额侯,延续了韩说的后代。

卢绾,丰邑人,与汉高祖是同乡。卢绾的父亲和高祖的父亲非常要好,等到生儿子时,汉高祖和卢绾又是同一天出生,乡亲们抬着羊酒去两家祝贺。等到高祖、卢绾长大了,在一块读书,又非常要好。乡亲们见这两家父辈非常要好,儿子同日出生,长大后又很要好,再次抬着羊酒前去祝贺。高祖还是平民百姓时,被官吏追拿需要躲藏,卢绾总是随着他东奔西走。到高祖从沛县起兵时,卢绾以宾客的身份相随,到汉中后,升为将军,总是陪伴在高祖身边。跟从高祖东击项羽时,以太尉的身份不离左右,可以在高祖的卧室内进进出出,衣被饮食方面的赏赐丰厚无比,其他大臣没人能企及,即使萧何、曹参等人,也只是因事功而受到礼遇,至于说到亲近宠幸，没人能赶得上卢绾。卢绾被封为长安侯，长安，就是原来的咸阳啊。

汉高祖五年冬，已击败了项籍，就派卢绾另带一支军队，同刘贾一道攻打临江王共尉，将他击败。七月凯旋，跟随皇上攻打燕王臧荼，臧荼投降。高祖平定天下后，在诸侯中不是刘姓而被封王的共有七个人。高祖想封卢绾为王，但又害怕群臣怨恨不满。等到俘虏臧荼后，就下诏封将相们为列侯，在群臣中挑选有功的人封为燕王。群臣都知道皇上想封卢绾为王，就一齐上言道："太尉长安侯卢绾经常跟随皇上平定天下，功劳最多，可以封为燕王。"皇上下诏批准了此项建议。汉高祖五年八月，就立卢绾为燕王。所有诸侯王受到的宠幸都比不上燕王。

汉高祖十一年秋天，陈豨在代地造反，高祖到邯郸去攻打陈豨的部队，燕王卢绾也率军攻打他的东北部。在这时，陈豨派王黄去向匈奴求救。燕王卢绾也派部下张胜出使匈奴，声称陈豨等人的部队已被击败。张胜到匈奴以后，前燕王臧荼的儿子臧衍逃亡在匈奴，拜会张胜说："您之所以在燕国受重用，是因为您熟悉匈奴事务。燕国之所以能长期存在，是因为诸侯多次反叛，战争连年不断。现在您想为燕国尽快消灭陈豨等人，但陈豨等人被消灭之后，接着就要轮到燕国，您这班人也要成为俘虏了。您为什么不叫燕国延缓攻打陈豨而与匈奴修好呢？战争延缓了，能使卢绾长期为燕王；如果汉有紧急事变，也可以借此安定国家。"张胜认为他的话是对的，就擅自让匈奴帮助陈豨攻打燕国。燕王卢绾怀疑张胜和匈奴勾结，一起反叛，就上书皇上请求把张胜满门抄斩。张胜返回，把之所以这样干的原因全部告诉了卢绾。卢绾醒悟了，就找了一些替身治罪处死了，把张胜的家属解脱出来，使张胜成为匈奴的间谍，又暗中派遣范齐到陈豨的处所，想让他长期叛逃在外，连年游击不作决战。

汉高祖十二年，东征黥布，陈豨经常率军在代地驻扎，汉派遣樊哙攻打陈豨并将其斩杀。他的一员副将投降，说燕王卢绾派范齐到陈豨处互通计谋。高祖派使臣召卢绾进京，卢绾称病推托不往。皇上又派辟阳侯审食其、御史大夫赵尧前去迎接燕王，并顺便查问燕王部下臣子。卢绾更加害怕,闭门躲藏不出,对自己的心腹说:“不是刘姓而被封为王的,只有我卢绾和长沙王吴芮了。去年春天,汉把淮阴侯韩信满门抄斩,夏天,又杀掉了彭越,这都是吕后的计谋。现在皇上重病在身,把国事全部交给了吕后。而吕后是个妇人,总想找个借口杀掉异姓诸侯王和功高的大臣。”于是卢绾还是推托有病,拒绝进京。卢绾的部下臣子都逃跑躲藏。但卢绾的话泄露出一些,辟阳侯听到了,便把这一切都报告了皇上,皇上更加生气。后来,汉又得到一些投降的匈奴人,说张胜逃到匈奴中,是燕王的使者。于是皇上说:“卢绾真的反了!”就派樊哙攻打燕国。燕王卢绾把自己所有的宫人家属以及几千名骑兵安顿在长城下,等待机会,希望皇上痊愈,亲自进京谢罪。四月,高祖驾崩,卢绾也就带领部下逃入匈奴,匈奴封他为东胡卢王。卢绾受到匈奴的侵凌掠夺,总是想着重返汉。过了一年多,卢绾死在匈奴。

吕后时,卢绾的妻子儿女逃出匈奴重投汉,正赶上吕后病重,不能接见,安排她们住在了燕王在京的府邸,准备在病好后再设宴相见。但高后竟死了,未能见面。卢绾的妻子也因病而死。

汉景帝中元六年,卢绾的孙子卢他之以东胡王的身份向汉投降,被封为亚谷侯。

陈豨,宛朐人,不知当初是什么原因得以跟从高祖的。到高祖七年冬天,韩王韩信反叛,逃入匈奴,皇上到平城而回,就封陈豨为列侯,以赵国相国的身份率领督统赵国、代国的边防部队,这一带戍卫边疆的军队统归他管辖。

陈豨曾休假回乡路过赵国,赵相国周昌看到陈豨的随行宾客有一千多辆车子,把邯郸所有的官舍全部住满。而陈豨对待宾客用的是平民百姓之间的交往礼节,而且总是谦卑待人。陈豨回到代国,周昌就请求进京朝见。见到皇上后,把陈豨宾客众多,在外独掌兵权好几年,恐怕会有变故等事全盘说出。皇上就让人追查陈豨的宾客在财物等方面种种违法的事,其中不少事情牵连到陈豨。陈豨非常害怕,暗中派宾客到王黄、曼丘臣处通消息。到高祖十年七月,太上皇死了,皇上派人召陈豨进京,但陈豨称自己病情严重。九月间，便与王黄等人一同反叛，自立为代王，劫掠了赵、代两地。

皇上听说后，就一律赦免了被陈豨蛊惑贻误或挟持胁迫的赵、代官吏。皇上亲自前往，到达邯郸后高兴地说："陈豨不在南面占据漳水，北面守住邯郸，足见他不会有所作为。"赵相国上奏请求把常山的郡守、郡尉斩首，说："常山共有二十五座城池，陈豨反叛，失掉了其中二十座。"皇上问："郡守、郡尉反叛了吗？"赵相国回答说："没有反叛。"皇上说："这是力量不足的缘故。"赦免了他们，同时还恢复了他们的守尉职务。皇上问周昌说："赵国还有能带兵打仗的壮士吗？"周昌回答说："有四个人。"然后让这四个人拜见皇上，皇上一见面就骂道："你们这些小子们能带兵打仗吗？"四个人惭愧地伏在地上。但皇上还是各封给他们一千户的食邑，任用为将。左右近臣谏劝道："有不少人随您进入蜀郡、汉中，其后又征伐西楚，有功却未得到普遍封赏，现在这几个人有什么功劳而予以封赏？"皇上说："这就不是你们所能懂得的了！陈豨反叛，邯郸以北都被他所占领，我用紧急文告来征集各地军队，但至今仍未有人到达，现在可用的就只有邯郸一处的军队而已。我怎么能吝惜封给四个人的四千户，不用它来抚慰赵地的年轻人呢！"左右近臣都说："对。"于是皇上又问："陈豨的将领都有谁？"左右回答说："有王黄、曼丘臣，以前都是商人。"皇上说："我知道了。"就各悬赏千金来求购王黄、曼丘臣等人。

高祖十一年冬天，汉军在曲逆城下攻击并斩杀了陈豨的大将侯敞、王黄，又在聊城打败陈豨的大将张春，斩首一万多人。太尉周勃进军平定了太原和代郡。十二月，皇上亲自率军攻打东垣，但未能攻克，叛军士卒辱骂皇上；不久东垣投降，凡是骂皇上的士卒一律斩首，其他没骂的士卒则处以黥刑。将东垣改名真定。王黄、曼丘臣的部下所有被悬赏征求的，一律都被活捉，因此陈豨的军队也就彻底覆灭了。

皇上回到洛阳。皇上说："代郡地处常山的北面，赵国却从山南来控制它，太遥远了。"于是就封儿子刘恒为代王，以中都为国都，代郡、雁门都隶属代国。

高祖十二年冬天，樊哙的部队追到灵丘把陈豨斩首。

太史公说：韩信、卢绾并不是一向积德累善的人，而是侥幸于一时的机遇，以机智勇敢获得成功，正赶上汉刚刚建立，所以才能够分封领土，南面称王。在内由于势力强大而被怀疑，在外倚仗着外族作援助，因此日益被皇上疏远而自陷危境，走投无路，无计可施，最终迫不得已投奔匈奴，难道不可悲吗！陈豨是梁地人，在他年轻时，总是称赞、倾慕魏公子信陵君；等到后来他守卫边疆，招集宾客，礼贤下士，名声超出了实际。周昌怀疑他，问题也就从这里产生了，由于害怕灾祸临头，奸邪小人又乘机进说，于是终于使自己陷于大逆不道的境地。哎呀，可悲呀！谋虑的成熟与否和成败如何，这对于一个人的影响太深远了！

【鉴赏】

韩信与卢绾以异姓封王，皆反叛汉而投靠匈奴，其子孙又回归汉，陈豨与二人同为汉北境边患，是而二人合传，以陈豨事迹附传。此三人皆曾是汉高祖刘邦部下，其中卢绾更与刘邦世代交好最得信任，而三人皆叛汉，其过程和原因颇值得玩味，故而本篇在行文之中也注意展示三人叛汉之过程。韩王信传文只写其一生之大节，大致述其将韩兵略韩地之事，而注意交代韩王信因被怀疑与匈奴勾结，恐遭诛灭而投降匈奴的过程。卢绾传文更以细腻的笔触揭示其反叛过程，传文之前半部分极写其与汉高祖刘邦之亲密，用“卢绾亲与高祖太上皇相爱”“及高祖、卢绾壮，俱学书，又相爱也”“两家亲相爱”“壮又相爱”等四处“相爱”字样以明二人早年之亲密关系，以“出入卧内”“群臣莫敢望”“至其亲幸，莫及卢绾”数语以见卢绾在高祖群臣中的特殊地位；传文之后半部分，着重写卢绾在被封为燕王后，在刘邦大肆诛杀功臣的政治高压下，自疑自保，不得已逃往匈奴，行文所用力处，在于极写二人关系之由亲爱而相憎这一过程，与张耳、陈馀二人相较更是势利之交。陈豨传文也详细记载了周昌在陈豨这件事上所起的作用：周昌因看到陈豨宾客车骑甚盛而向皇上汇报，怀疑陈豨要造反，使本已极度紧张的君臣关系加剧恶化，终于逼反陈豨。纵观三人之反叛，受朝廷猜忌、为形势所逼反似乎是必然结果。

史记卷九十四·田儋列传第三十四

本传用合传体记载了秦末和楚汉相争之际齐国田氏后裔田儋等事迹。全传叙及当时田氏家族的十几个人物，主要传载田儋及其从弟田荣、田横三人事迹：田儋在秦末变乱中起兵反秦，自立为齐王，却为章邯所杀；田荣自立为王，为项羽击败而死；田横事迹为全篇之重点，田横本已降汉，因遭韩信用蒯通计偷袭而怒烹郦生，汉兴起后，高祖召之，他自刭而死，尤为悲壮者，其随从二客及海岛五百壮士悉数自杀就义。田横高节为司马迁所欣慕，在篇末论赞中称道："田横之高节，宾客慕义而从横死，岂非至贤！"

田儋者，狄人也。故齐王田氏族也①。儋从弟田荣②，荣弟田横，皆豪③，宗强④，能得人。

陈涉之初起王楚也，使周市略定魏地，北至狄，狄城守。田儋详为缚其奴⑤，从少年之廷⑥，欲谒杀奴⑦。见狄令，因击杀令，而召豪吏子弟曰："诸侯皆反秦自立，齐，古之建国，儋，田氏，当王。"遂自立为齐王，发兵以击周市。周市军还去，田儋因率兵东略定齐地。

秦将章邯围魏王咎于临济，急，魏王请救于齐，齐王田儋将兵救魏。章邯夜衔枚击⑧，大破齐、魏军，杀田儋于临济下。儋弟田荣收儋馀兵东走东阿。

---

①狄：县名，在今山东博兴县西。故齐王：从前的齐王，即春秋末年及战国时期的齐王。②从弟：堂弟。③豪：才力过人。④宗强：宗族势力强大。⑤详：通"佯"，假装。⑥从少年：随从都是身强力壮的青年。⑦谒(yè)：拜见。⑧枚：形状如筷子，是古代行军时士卒衔之在口以防止喧哗的器具。

齐人闻王田儋死，乃立故齐王建之弟田假为齐王，田角为相，田间为将，以距诸侯[①]。

田荣之走东阿，章邯追围之。项梁闻田荣之急，乃引兵击破章邯军东阿下。章邯走而西[②]，项梁因追之。而田荣怒齐之立假，乃引兵归，击逐齐王假。假亡走楚[③]，齐相角亡走赵，角弟田间前求救赵，因留不敢归。田荣乃立田儋子市为齐王，荣相之，田横为将，平齐地。

项梁既追章邯，章邯兵益盛，项梁使使告赵、齐，发兵共击章邯。田荣曰："使楚杀田假，赵杀田角、田间，乃肯出兵。"楚怀王曰："田假，与国之王[④]，穷而归我[⑤]，杀之不义。"赵亦不杀田角、田间以市于齐[⑥]。齐曰："蝮螫手则斩手[⑦]，螫足则斩足。何者？为害于身也。今田假、田角、田间于楚、赵，非直手足戚也[⑧]，何故不杀？且秦复得志于天下，则齮龁用事者坟墓矣[⑨]。"楚、赵不听，齐亦怒，终不肯出兵。章邯果败杀项梁，破楚兵，楚兵东走，而章邯渡河围赵于巨鹿。项羽往救赵，由此怨田荣。

项羽既存赵[⑩]，降章邯等，西屠咸阳，灭秦而立侯王也，乃徙齐王田市更王胶东，治即墨[⑪]。齐将田都从共救赵，因入关，故立都为齐王，治临淄。故齐王建孙田安，项羽方渡河救赵，田安下济北数城，引兵降项羽，项羽立田安为济北王，治博阳。田荣以负项梁不肯出兵助楚、赵攻秦，故不得王；赵将陈馀亦失职，不得王。二人俱怨项羽。

---

①距：通"拒"，抵抗。 ②走而西：向西败逃。 ③假亡走楚：田假逃跑到楚国。 ④与国：相与友好的同盟国家。 ⑤穷：困窘，处境艰难。 ⑥市：交易，做买卖。 ⑦蝮：蝮蛇，一种毒蛇。螫：毒虫刺人。 ⑧非直：不值，不是。手足戚：有血缘关系的亲戚。 ⑨齮龁（yǐ hé）：侧齿咬，此为杀害之意。用事者：此指反秦起义的首领们。 ⑩存赵：保全赵国，使之没被秦军攻陷。 ⑪徙（xǐ）：迁移，调动。治：指王都和地方官署所在地。

项王既归，诸侯各就国[①]，田荣使人将兵助陈馀，令反赵地，而荣亦发兵以距击田都，田都亡走楚。田荣留齐王市，无令之胶东。市之左右曰："项王强暴，而王当之胶东，不就国，必危。"市惧，乃亡就国。田荣怒，追，击杀齐王市于即墨，还，攻杀济北王安。于是田荣乃自立为齐王，尽并三齐之地。

项王闻之，大怒，乃北伐齐。齐王田荣兵败，走平原，平原人杀荣。项王遂烧夷齐城郭[②]，所过者尽屠之。齐人相聚畔之。

荣弟横，收齐散兵，得数万人，反击项羽于城阳。而汉王率诸侯败楚，入彭城。项羽闻之，乃释齐而归，击汉于彭城，因连与汉战，相距荥阳。以故田横复得收齐城邑，立田荣子广为齐王，而横相之，专国政，政无巨细皆断于相。

横定齐三年，汉王使郦生往说下齐王广及其相国横[③]。横以为然，解其历下军。汉将韩信引兵且东击齐[④]。齐初使华无伤、田解军于历下以距汉。汉使至，乃罢守战备，纵酒，且遣使与汉平[⑤]。汉将韩信已平赵、燕，用蒯通计，度平原，袭破齐历下军，因入临淄。齐王广、相横怒，以郦生卖己，而亨郦生[⑥]。齐王广东走高密，相横走博，守相田光走城阳，将军田既军于胶东。楚使龙且救齐，齐王与合军高密。汉将韩信与曹参破杀龙且，虏齐王广。汉将灌婴追得齐守相田光。至博阳，而横闻齐王死，自立为齐王，还击婴，婴败横之军于嬴下。田横亡走梁，归彭越。彭越是时居梁地，中立，且为汉，且为楚。韩信已杀龙且，因令曹参进兵破杀田既于胶东，使灌婴破杀齐将田吸于千乘。韩信遂平齐，乞自立为齐假王[⑦]，汉因而立之。

---

①就国：到自己的封地去。②烧夷：烧平。③郦生：指郦食其。④且：将要。⑤平：媾和。⑥亨：通"烹"，古时酷刑之一，用鼎锅将人煮死。⑦乞：请求。假王：暂时代行权力的诸侯王。

后岁馀，汉灭项籍，汉王立为皇帝，以彭越为梁王。田横惧诛，而与其徒属五百馀人入海，居岛中。高帝闻之，以为田横兄弟本定齐，齐人贤者多附焉，今在海中不收，后恐为乱，乃使使赦田横罪而召之。田横因谢曰："臣亨陛下之使郦生，今闻其弟郦商为汉将而贤，臣恐惧，不敢奉诏，请为庶人，守海岛中。"使还报，高皇帝乃诏卫尉郦商曰："齐王田横即至，人马从者敢动摇者致族夷①！"乃复使使持节具告以诏商状，曰："田横来，大者王，小者乃侯耳；不来，且举兵加诛焉。"田横乃与其客二人乘传诣洛阳。

未至三十里，至尸乡厩置②，横谢使者曰："人臣见天子当洗沐。"止留。谓其客曰："横始与汉王俱南面称孤③，今汉王为天子，而横乃为亡虏而北面事之④，其耻固已甚矣。且吾亨人之兄，与其弟并肩而事其主，纵彼畏天子之诏，不敢动我，我独不愧于心乎？且陛下所以欲见我者，不过欲一见吾面貌耳。今陛下在洛阳，今斩吾头，驰三十里间，形容尚未能败⑤，犹可观也。"遂自刭，令客奉其头，从使者驰奏之高帝。高帝曰："嗟乎，有以也夫⑥！起自布衣，兄弟三人更王，岂不贤乎哉！"为之流涕，而拜其二客为都尉，发卒二千人，以王者礼葬田横。

既葬，二客穿其冢旁孔，皆自刭，下从之⑦。高帝闻之，乃大惊，以田横之客皆贤："吾闻其馀尚五百人在海中。"使使召之。至则闻田横死，亦皆自杀。于是乃知田横兄弟能得士也。

太史公曰：甚矣，蒯通之谋⑧！乱齐、骄淮阴⑨，其卒亡此两

---

①族夷：灭族。②厩置：马房。③南面称孤：面朝南称王。④北面事之：臣子拜见皇帝皆面朝北，指作为臣子侍奉皇帝。⑤败：腐败变质。⑥以：代指原因，缘故。⑦下从之：倒进墓穴，以死从殉田横。⑧蒯通之谋：指蒯通说韩信袭破齐国之谋。⑨骄淮阴：淮阴侯韩信破齐后自以为功高，乞立为王。

人。蒯通者，善为长短说[1]，论战国之权变，为八十一首[2]。通善齐人安期生，安期生常干项羽，项羽不能用其策。已而项羽欲封此两人，两人终不肯受，亡去。田横之高节，宾客慕义而从横死，岂非至贤！余因而列焉[3]。不无善画者，莫能图，何哉？

【译文】

田儋，狄县人，是战国时齐王田氏的同族。田儋的堂弟田荣，田荣的弟弟田横，是当地有势力的人物，宗族强盛，很得人心。

在陈涉开始起兵自称楚王时，派遣周市攻取并平定了魏地，向北打到狄县，狄县固守城邑。田儋假装绑住自己的家奴，带领着手下的年轻人去县府，称在拜见县令之后斩杀有罪的家奴。在拜见县令时，他们乘机杀死他，然后又召集有势力的官吏和年轻人说："各地诸侯都已反秦自立，齐地自古就是国家的建制，而我田儋，是齐王田氏的同族，应当为王。"于是，田儋自立为齐王，并且起兵攻打周市。周市的军队撤走以后，田儋乘机率军东进，占领了齐国故地。

秦将章邯带兵在临济围攻魏王咎，情况紧急，魏王派人向齐国来求救。齐王田儋带领军队援救魏国。章邯在夜间让兵马口中衔枚，趁夜偷袭，把齐魏联军打得大败，在临济城下杀死田儋。田儋的堂弟田荣收集田儋的余部向东逃跑到了东阿。

齐国人听说田儋战死的消息后，就拥立以前齐王田建的弟弟田假为齐王，田角为丞相，田间为大将，以此来对抗诸侯。

田荣在败逃东阿时，章邯进行围追阻截。项梁听说田荣情况危急，于是就率军来到东阿城下，一举击败章邯。章邯往西逃跑，项梁则乘胜追击。但田荣对齐人立田假为齐王一事非常恼恨，于是就带兵回去，击逐齐王田假。田假逃到楚国，丞相田角逃到赵国，田角的弟弟田间在此

①长短说：意即策士言论，纵横捭阖之说。 ②权变：随机应变。八十一首：蒯通整理的纵横家言论集《隽永》，共八十一篇。首：章，篇。 ③列：叙述，论列。

以前已到赵国求救，也就留在赵国不敢回国。田荣于是立田儋的儿子田市为齐王，自任丞相，田横为大将，平定了齐地。

项梁追击章邯后，章邯的军队反倒日渐强盛，于是项梁就派遣使者通报赵国和齐国，要两国共同发兵攻打章邯。田荣说："如果楚国杀死田假，赵国杀死田角、田间，我们就肯出兵。"楚怀王说："田假是我们同盟国的君王，在走投无路时来投靠我们，杀了他是不合道义的。"赵国也不愿意用杀田角、田间来和齐国做交易。齐国使者说："手被蝮蛇咬了就要砍掉手，足被蝮蛇咬了就要砍掉足。为什么呢？因为倘若不这样的话，就要害及全身。而现在田假、田角、田间对于楚国、赵国来说，谈不上手足骨肉之亲吧，为什么不杀掉他们呢？况且若是秦朝再得志于天下的话，那么不仅我们要身受其辱，而且连祖坟恐怕也要被人挖出呢。"楚国、赵国都不肯依从齐国，齐国也非常生气，始终也不肯出兵援救。章邯果然击败了楚军，并且杀了项梁，楚军向东溃逃，而章邯也就乘机渡过黄河，围攻赵国的巨鹿。项羽前往援救赵国，由此怨恨田荣。

项羽已保全了赵国，又降服了章邯等人，西向入咸阳进行杀戮，灭了秦朝，然后又分封诸侯王，于是他把齐王田市改封为胶东王，建都即墨。齐国将领田都因随项羽共同救赵，接着又进军关中，因此项羽立田都为齐王，建都临淄。前齐王田建的孙子田安，他在项羽正渡河救赵时，接连攻下了济北城池多座，然后带兵投降了项羽，项羽因此立田安为济北王，建都博阳。田荣因为违背项羽不肯出兵援助楚、赵两国攻打秦朝，因此未得封王；赵国将领陈余也因为失职，没有被封为王，这两个人都很怨恨项羽。

项羽既已回到楚国，所封诸侯也就各自回到自己的封地，田荣派人带兵帮助陈余，让他在赵地反叛项羽，田荣自己也发兵抗击田都，田都逃到楚国。田荣扣留了齐王田市，不让他到胶东。田市手下的人说："项羽强大而凶暴，而您作为齐王，应该到自己的封国胶东去，若是不去的话，一定有危险。"田市非常害怕，于是就偷偷跑到胶东。田荣得知后勃然大怒，急忙带人追赶齐王田市，在即墨把他杀死了，回来又攻打济北王田安，并且把他杀死。于是，田荣就自立为齐王，全部占有了三齐之地。

项羽听到这个消息后，大发脾气，于是就出兵北伐齐国。齐王田荣被打得大败，逃跑到平原，平原人把田荣杀死了。项羽就烧毁荡平了齐国都城的城郭，所过之处都大加屠戮，齐国人互相聚集起来反叛他。

田荣的弟弟田横，收募起齐国的散兵，得到好几万人马，在城阳反击项羽。而在这时，汉王刘邦带领诸侯的军队击败楚军，进入彭城。项羽听到这个消息后，就放开齐军返回，在彭城对汉兵发起攻击，接着就是与汉军的多次交锋，在荥阳相持不下。因此田横再次得以收复齐国大小城邑，立田荣之子田广为齐王，田横自为丞相辅佐他，统管国家政务，所有政事，无论大小，皆由田横决定。

田横平定齐国三年之后，汉王刘邦派郦食其到齐国，向齐王田广和丞相田横游说，要他们归顺汉。田横认为此事可行，就解除了齐国在历下对汉军的防备。汉将韩信本来带兵将要向东攻打齐国。齐国起初曾派华无伤、田解带领军队在历下驻扎以抵抗汉军。等到汉使者到来，就解除了守城的战备，放任兵士饮酒，并派使者与汉讲和。但汉将韩信在平定赵国、燕国后，用蒯通的计策，越过平原，突然出击，打败了齐国在历下驻扎的守军，接着又攻入临淄。齐王田广、丞相田横非常生气，认为自己被郦生出卖了，立刻烹杀郦生。齐王田广往东逃到高密，丞相田横逃到博阳，守相田光逃向城阳，将军田既带领军队驻守胶东。这时，楚国派来龙且带领军队救助齐国，齐王田广与龙且在高密会师。汉将韩信与曹参在高密大破齐楚联军，杀死楚将龙且，俘虏齐王田广。汉将灌婴追击并俘虏了齐国守相田光。灌婴继续进军，到达博阳。而田横听到齐王田广已死，就自立为齐王，反击灌婴，在嬴下，田横的军队被灌婴打得大败。田横逃到梁地，归附彭越。这时，彭越拥兵梁地，在楚汉之间保持中立，又想帮汉王，又想帮楚王。韩信在杀死了楚将龙且后，接着便命曹参继续向胶东进军，在这里大败田既并在战斗中杀死了他；韩信又命灌婴追击齐将田吸，在千乘将他击败并斩杀他。这样，韩信便平定了齐地，向刘邦上书，请立自己为齐国假王，刘邦也就顺势立韩信为齐王。

过后一年多，汉王刘邦消灭项籍，就自立为皇帝，封彭越为梁王。田横害怕被杀，就带领他的部下五百多人逃入海中，居住在一个小岛之上。高祖刘邦听到这个消息后，认为田横兄弟本来就平定了齐国，齐国的贤士大都依附于他，如今要让他流落在海中而不加以招抚的话，以后恐怕难免有祸患，因此就派使者赦免田横之罪并且召他入朝。田横却辞谢说："我曾烹杀了陛下的使者郦生，现在我又听说郦生的弟弟郦商是汉很得力的将领，所以非常害怕，不敢奉诏进京，请您允许我做个平民百姓，呆在这海岛上。"使者回来报告，高祖立刻下诏给卫尉郦商说："齐王田横将要到京，谁要敢动一下他的随从，立即满门抄斩！"接着又派使者拿着符节把皇帝下诏指示郦商的情况原原本本地告知田横，并且说："田横若是来京，最大可封为王，最小也可封为侯；若是不来的话，将派军队加以诛伐。"田横于是和他的两个门客一块乘坐驿站的马车前往洛阳。

在离洛阳三十里远，田横等人到达尸乡驿站，田横对汉使说："作为人臣拜见天子应该沐浴一新。"于是就住下来。田横对他的门客说："我田横起初和汉王都是南面称孤的王，而现在汉王做了天子，而我田横却成了亡国奴，而要北面称臣侍奉他，这耻辱本来就够大了。更何况我烹杀了人家的兄长，再与他的弟弟来并肩侍奉同一个主子，纵然他害怕皇帝的诏命，不敢动我，难道我于心就毫不羞愧吗？再说，皇帝陛下召我来的原因，不过是想见一下我的面貌罢了。如今皇帝就在洛阳，现在我割下我的头颅，快马飞奔三十里的功夫，我的容貌还不会改变，还是能够看一下我究竟是什么样子的。"于是就自刎了，命两个门客手捧他的头，随使者飞驰入朝，奏知汉高祖。汉高祖说道："哎呀！是有因由的啊！从平民百姓起家，兄弟三个人接连为王，难道不是贤能的人吗！"汉高祖忍不住为他流下了眼泪，任命田横的两个门客为都尉，并且派两千名士卒，以诸侯王的丧礼安葬了田横。

安葬完田横后，两个门客在田横墓旁挖了个洞，然后自刎，倒在洞里，追随田横死去。汉高祖听说此事后，大为吃惊，认为田横的门客都是贤才："我听说田横手下还有五百人在海岛上。"派使者召他们进京。进京后，这五百门客听到田横已死，他们也都自杀了。由此更可以了解田横兄弟确实是能够得到贤士拥戴的人。

太史公说：蒯通的计谋真是厉害呀！它既搞乱了齐国而又骄纵坏了淮阴侯，最后害死了田横、韩信这两个人！蒯通擅长于纵横之说，曾写书论战国时期的权变方策，总共八十一篇。蒯通与齐国人安期生要好，安期生曾谋求项羽任用他，但项羽不能采用他的策谋。后来项羽又想封他们二人爵位，但他们不肯接受，就逃走了。田横节操高尚，宾客仰慕他的高义而愿意随他去死，这难道还不是至为贤能的人吗？我因此把他的事迹记录在这里。不是没有善于谋划的人，竟不能谋划田横之事，什么原因呢？

【鉴赏】

本传所记田儋、田荣、田横三人，皆齐国田氏后裔，兴起于秦末和楚汉相争之际。此前数篇，有《张耳陈馀列传》以结赵局，《魏豹彭越列传》以结魏局，《韩信卢绾列传》以韩王信传文结韩局，以卢绾传文结燕局。《田儋列传》则以田儋、田荣、田横事迹为主，以齐国田氏家族在秦末和楚汉相争之际的兴衰成败为总纲，了结齐局。传文最引人注目处也是齐国田氏后裔之结局，即田横事迹，田横之自刭已是一段慷慨壮烈文字，其随从二客及海岛五百壮士皆慕义从死则更是悲壮至极，死与生的价值和意义在此得到很好的诠释。因此作者司马迁要在论赞中慨然叹曰："田横之高节，宾客慕义而从横死，岂非至贤！"

汉高祖刘邦曾称田儋、田荣、田横三人"起自布衣，兄弟三人更王，岂不贤乎哉！"传文以高祖之言为一篇之骨，以称三人"能得人"开篇，以田横随从二客及海岛五百壮士悉数自杀就义之千古壮烈事以明其意，篇末则以"于是乃知田横兄弟能得士也"为结语以照应前文。传文将田儋、田荣、田横三人事迹一一串起，而兼及当时田氏家族的十几个人物如田假、田角、田间、田都、田安等人，其间虽枝叶繁生、纷乱如丝，却指画分明，皆因行文之间能紧紧抓住齐国田氏因贤而兴这一线索，首尾关合，处处照应。无怪清人吴见思要称赏此传"处处关合，首尾照映""乃史公极有行列文字"。

史记卷九十五·樊郦滕灌列传第三十五

本传是汉初开国功臣樊哙、郦商、夏侯婴、灌婴四人合传。舞阳侯樊哙不仅在秦末战争中多次率先登城，立功扬名；更于鸿门宴中护驾沛公，建立奇功。曲周侯郦商早年在秦末反秦之战与楚汉之争中攻城拔塞，汉兴之后又在平定吴、楚、齐、赵诸异姓王中立下功绩。汝阴侯夏侯婴更是有功于汉两代君王，他早年与刘邦过从甚密，秦末战争中助刘邦率先入关攻破咸阳，下邑之战中载救刘邦之子孝惠帝、女鲁元公主于危难之中；吕后驾崩后，又废少帝，迎立高祖之子文帝。颍阴侯灌婴不仅在西汉开创过程中建立奇功，后来又诛诸吕，安刘姓。此四人，皆起自寒微，秦末追随高祖起兵，成就一世奇功伟业，故被置于一传，并对他们因时势而显达的命运颇为感慨。

舞阳侯樊哙者，沛人也。以屠狗为事，与高祖俱隐。

初从高祖起丰，攻下沛。高祖为沛公，以哙为舍人。从攻胡陵、方与，还守丰，击泗水监丰下，破之。复东定沛，破泗水守薛西，与司马𡰖战砀东，却敌①，斩首十五级，赐爵国大夫。常从，沛公击章邯军濮阳，功城先登，斩首二十三级，赐爵列大夫。复常从，从攻城阳，先登。下户牖②，破李由军，斩首十六级，赐上间爵。从攻围东郡守尉于成武，却敌，斩首十四级，捕虏十一人，赐爵五大夫。从击秦军，出亳南。河间守军于杠里，破之。击破赵贲军开封北，以却敌先登，斩侯一人③，首六十八级，捕虏二十七人，赐爵卿。从攻破杨熊军于曲遇。攻宛陵，先登，斩首

①却敌：杀退敌军。 ②下：攻克，攻占。 ③候：军候，军中负责侦察敌情的军官。

八级，捕虏四十四人，赐爵封号贤成君。从攻长社、轘辕，绝河津[①]，东攻秦军于尸，南攻秦军于犨。破南阳守齮于阳城。东攻宛城，先登。西至郦，以却敌，斩首二十四级，捕虏四十人，赐重封。攻武关，至霸上，斩都尉一人，首十级，捕虏百四十六人，降卒二千九百人。

项羽在戏下，欲攻沛公。沛公从百馀骑因项伯面见项羽[②]，谢无有闭关事。项羽既飨军士[③]，中酒[④]，亚父谋欲杀沛公[⑤]，令项庄拔剑舞坐中，欲击沛公，项伯常屏蔽之。时独沛公与张良得入坐，樊哙在营外，闻事急，乃持铁盾入到营。营卫止哙，哙直撞入，立帐下。项羽目之，问为谁。张良曰："沛公参乘樊哙。"项羽曰："壮士！"赐之卮酒彘肩[⑥]。哙既饮酒，拔剑切肉食，尽之。项羽曰："能复饮乎？"哙曰："臣死且不辞，岂特卮酒乎！且沛公先入定咸阳，暴师霸上[⑦]，以待大王。大王今日至，听小人之言，与沛公有隙，臣恐天下解[⑧]，心疑大王也。"项羽默然。沛公如厕，麾[⑨]樊哙去。既出，沛公留车骑，独骑一马，与樊哙等四人步从，从间道山下归走霸上军，而使张良谢项羽。项羽亦因遂已，无诛沛公之心矣。是日微樊哙奔入营诮让项羽[⑩]，沛公事几殆[⑪]。

明日，项羽入屠咸阳。立沛公为汉王。汉王赐哙爵为列侯，号临武侯。迁为郎中，从入汉中。

还定三秦，别击西丞白水北[⑫]，雍轻车骑于雍南[⑬]，破之。

---

①绝：封锁。河津：指黄河的重要渡口平阴津。 ②因：通过。 ③飨：用酒肉犒赏军士。 ④中酒：酒兴正浓之际。 ⑤亚父：指谋臣范增，此系项羽对他的尊称。 ⑥卮(zhì)：一种盛酒器皿，圆形。彘肩：猪前腿。 ⑦暴(pù)师：指军队露宿。 ⑧解：解体，分裂。 ⑨麾：同"挥"，挥手招呼。 ⑩微：非，没有。诮让：谴责，责备。 ⑪殆：危险。 ⑫西丞：西县县丞。 ⑬雍：前一个"雍"指雍王章邯。后一个"雍"字指雍县。

从攻雍、斄城，先登。击章平军好畤，攻城，先登陷阵，斩县令丞各一人，首十一级，虏二十人，迁郎中骑将。从击秦车骑壤东，却敌，迁为将军。攻赵贲，下郿、槐里、柳中、咸阳；灌废丘，最[①]。至栎阳，赐食邑杜之樊乡。从攻项籍，屠煮枣。击破王武、程处军于外黄。攻邹、鲁、瑕丘、薛。项羽败汉王于彭城，尽复取鲁、梁地。哙还至荥阳，益食平阴二千户，以将军守广武，一岁，项羽引而东。从高祖击项籍，下阳夏，虏楚周将军卒四千人。围项籍于陈，大破之，屠胡陵。

项籍既死，汉王为帝，以哙坚守战有功，益食八百户。从高帝攻反燕王臧荼，虏荼，定燕地。楚王韩信反，哙从至陈，取信，定楚。更赐爵列侯，与诸侯剖符[②]，世世勿绝，食舞阳，号为舞阳侯，除前所食。以将军从高祖攻反韩王信于代。自霍人以往至云中，与绛侯等共定之[③]，益食千五百户。因击陈豨与曼丘臣军，战襄国，破柏人，先登，降定清河、常山凡二十七县，残东垣，迁为左丞相。破得綦毋卬、尹潘军于无终、广昌。破豨别将胡人王黄军于代南。因击韩信军于参合，军所将卒斩韩信，破豨胡骑横谷，斩将军赵既，虏代丞相冯梁、守孙奋、大将王黄、将军太仆解福等十人。与诸将共定代乡邑七十三。其后燕王卢绾反，哙以相国击卢绾，破其丞相，抵蓟南，定燕地，凡县十八，乡邑五十一。益食邑千三百户，定食舞阳五千四百户。从，斩首百七十六级，虏二百八十八人。别[④]，破军七，下城五，定郡六，县五十二，得丞相一人，将军十二人，二千石已下至三百石十一人。

---

①最：功劳最大。 ②剖符：将受封凭证（符）剖分为二，帝王和受封者各执其一，以示信用。 ③绛侯：指周勃。 ④别：指作为主将单独率军，上文之“从”指跟随刘邦作战。

哙以吕后女弟吕须为妇[①]，生子伉，故其比诸将最亲。

先黥布反时，高祖尝病甚，恶见人，卧禁中，诏户者无得入群臣[②]。群臣绛、灌等莫敢入。十馀日，哙乃排闼直入[③]，大臣随之。上独枕一宦者卧。哙等见上，流涕曰："始陛下与臣等起丰沛，定天下，何其壮也！今天下已定，又何惫也！且陛下病甚，大臣震恐，不见臣等计事，顾独与一宦者绝乎[④]？且陛下独不见赵高之事乎？"高帝笑而起。

其后卢绾反，高帝使哙以相国击燕。是时高帝病甚，人有恶哙党于吕氏，即上一日宫车晏驾，则哙欲以兵尽诛灭戚氏，赵王如意之属。高帝闻之大怒，乃使陈平载绛侯代将，而即军中斩哙。陈平畏吕后，执哙诣长安。至则高祖已崩，吕后释哙，使复爵邑。

孝惠六年，樊哙卒，谥为武侯。子伉代侯。而伉母吕须亦为临光侯。高后时用事专权，大臣尽畏之。伉代侯九岁，高后崩，大臣诛诸吕、吕须媭属[⑤]，因诛伉。舞阳侯中绝数月。孝文帝既立，乃复封哙他庶子市人为舞阳侯，复故爵邑。市人立二十九岁卒，谥为荒侯。子他广代侯。六岁，侯家舍人得罪他广，怨之，乃上书曰："荒侯市人病不能为人[⑥]，令其夫人与其弟乱而生他广，他广实非荒侯子，不当代后。"诏下吏。孝景中六年，他广夺侯为庶人，国除。

曲周侯郦商者，高阳人。陈胜起时，商聚少年东西略人，得数千。沛公略地至陈留，六月馀，商以将卒四千人属沛公于岐。从攻长社，先登，赐爵封信成君。从沛公攻缑氏，绝河津，破秦

---

①女弟：妹妹。 ②户者：看守宫门的人。 ③排闼：推门。闼：门。 ④顾：难道。 ⑤媭属：通"眷属"。 ⑥为人：此指行人道，即生育能力。

军洛阳东。从攻下宛、穰,定十七县。别将攻旬关,定汉中。

项羽灭秦,立沛公为汉王。汉王赐商爵信成君,以将军为陇西都尉。别将定北地、上郡。破雍将军焉氏[①],周类军栒邑,苏驵军于泥阳。赐食邑武成六千户。以陇西都尉从击项籍军五月。出巨野,与钟离眜战,疾斗,受梁相国印,益食邑四千户。以梁相国将从击项羽二岁三月,攻胡陵。

项羽既已死,汉王为帝。其秋,燕王臧荼反,商以将军从击荼,战龙脱,先登陷阵,破荼军易下,却敌,迁为右丞相,赐爵列侯,与诸侯剖符,世世勿绝,食邑涿五千户,号曰涿侯。以右丞相别定上谷,因攻代,受赵国相印。以右丞相赵相国别与绛侯等定代、雁门,得代丞相程纵,守相郭同,将军已下至六百石十九人。还,以将军为太上皇卫一岁七月。以右丞相击陈豨,残东垣。又以右丞相从高帝击黥布,攻其前拒[②],陷两陈,得以破布军。更食曲周五千一百户,除前所食。凡别破军三,降定郡六,县七十三,得丞相、守相、大将各一人,小将二人,二千石已下至六百石十九人。

商事孝惠,高后时,商病,不治[③]。其子寄,字况,与吕禄善。及高后崩,大臣欲诛诸吕,吕禄为将军,军于北军[④]。太尉勃不得入北军,于是乃使人劫郦商,令其子况绐吕禄[⑤],吕禄信之,故与出游,而太尉勃乃得入据北军,遂诛诸吕。是岁商卒,谥为景侯。子寄代侯。天下称"郦况卖交"也[⑥]。

孝景前三年,吴、楚、齐、赵反,上以寄为将军,围赵城十月,不能下。得俞侯栾布自平齐来,乃下赵城,灭赵,王自杀,除国。

①雍将军:指雍王章邯的将军。 ②前拒:前沿阵地。 ③不治:不能理事。 ④北军:西汉禁军有南军、北军之分,因驻扎长安城北称北军。 ⑤绐:欺骗。 ⑥卖交:出卖朋友。

孝景中二年，寄欲取平原君为夫人[①]，景帝怒，下寄吏，有罪，夺侯。景帝乃以商他子坚封为缪侯，续郦氏后。缪靖侯卒，子康侯遂成立。遂成卒，子怀侯世宗立。世宗卒，子侯终根立，为太常，坐法[②]，国除。

汝阴侯夏侯婴，沛人也。为沛厩司御[③]。每送使客还，过沛泗上亭，与高祖语，未尝不移日也[④]。婴已而试补县吏[⑤]，与高祖相爱。高祖戏而伤婴，人有告高祖。高祖时为亭长，重坐伤人[⑥]，告故不伤婴，婴证之。后狱覆[⑦]，婴坐高祖系岁馀[⑧]，掠笞数百[⑨]，终以是脱高祖[⑩]。

高祖之初与徒属欲攻沛也，婴时以县令史为高祖使。上降沛一日，高祖为沛公，赐婴爵七大夫，以为太仆。从攻胡陵，婴与萧何降泗水监平，平以胡陵降，赐婴爵五大夫。从击秦军砀东，攻济阳，下户牖，破李由军雍丘下，以兵车趣攻战疾[⑪]，赐爵执帛。常以太仆奉车从击章邯军东阿、濮阳下，以兵车趣攻战疾，破之，赐爵执珪。复常奉车从击赵贲军开封、杨熊军曲遇。婴从捕虏六十八人，降卒八百五十人，得印一匮。因复常奉车从击秦军洛阳东，以兵车趣攻战疾，赐爵封转为滕公。因复奉车从攻南阳，战于蓝田、芷阳，以兵车趣攻战疾，至霸上。项羽至，灭秦，立沛公为汉王。汉王赐婴爵列侯，号昭平侯。复为太仆，从入蜀、汉。

还定三秦，从击项籍，至彭城，项羽大破汉军。汉王败，不利，驰去。见孝惠、鲁元，载之。汉王急，马罢，虏在后，常蹶两

---

①取：同“娶”。平原君：景帝王皇后之母臧儿封平原君。 ②坐法：因犯法而被判罪。 ③厩：马房。司御：掌管养马驾车的人。 ④移日：日影移动位置，形容时间较长。 ⑤已而：不久。试：试用。补：充任。 ⑥重坐伤人：加重治罪。 ⑦狱覆：翻案复审。 ⑧系：关押。 ⑨掠笞：鞭打。 ⑩脱：开脱，免于刑罚。 ⑪趣攻：急速进攻。趣：同“促”。

儿欲弃之[①]，婴常收，竟载之，徐行面雍树乃驰[②]。汉王怒，行欲斩婴者十馀，卒得脱，而致孝惠、鲁元于丰。

汉王既至荥阳，收散兵，复振，赐婴食祈阳。复常奉车从击项籍，追至陈，卒定楚，至鲁，益食兹氏。

汉王立为帝。其秋，燕王臧荼反，婴以太仆从击荼。明年，从至陈，取楚王信。更食汝阴，剖符世世勿绝。以太仆从击代，至武泉、云中，益食千户。因从击韩信军胡骑晋阳旁，大破之。追北至平城[③]，为胡所围，七日不得通。高帝使使厚遗阏氏，冒顿开围一角。高帝出欲驰，婴固徐行，弩皆持满外向，卒得脱。益食婴细阳千户。复以太仆从击胡骑句注北，大破之。以太仆击胡骑平城南，三陷陈，功为多，赐所夺邑五百户。以太仆击陈豨、黥布军，陷陈却敌，益食千户，定食汝阴六千九百户，除前所食。

婴自上初起沛，常为太仆，竟高祖崩。以太仆事孝惠，孝惠帝及高后德[④]婴之脱孝惠、鲁元于下邑之间也，乃赐婴县北第第一[⑤]，曰"近我"，以尊异之。孝惠帝崩，以太仆事高后。高后崩，代王之来，婴以太仆与东牟侯入清宫[⑥]，废少帝，以天子法驾迎代王代邸[⑦]，与大臣共立为孝文皇帝，复为太仆。八岁，卒，谥为文侯。子夷侯灶立，七年卒。子共侯赐立，三十一年卒。子侯颇尚平阳公主，立十九岁，元鼎二年，坐与父御婢奸罪，自杀，国除。

颍阴侯灌婴者，睢阳贩缯者也。高祖之为沛公，略地至雍

---

①蹶：踢，用脚推。 ②雍树：当时南方方言，指面对面抱小孩子。意思是小孩抱着大人的脖子，像吊在树上一般。 ③追北：追击逃跑的败军。 ④德：感恩戴德。 ⑤县北第：指皇宫北面的住宅。 ⑥清宫：清理宫廷。此应指入宫逐吕后所立之少帝。 ⑦法驾：天子的车驾。代邸：代王的府邸。

丘下，章邯败杀项梁，而沛公还军于砀。婴初以中涓从击破东郡尉于成武及秦军于扛里，疾斗，赐爵七大夫。从攻秦军亳南、开封、曲遇，战疾力，赐爵执帛，号宣陵君。从攻阳武以西至洛阳，破秦军尸北，北绝河津，南破南阳守齮阳城东，遂定南阳郡。西入武关，战于蓝田，疾力，至霸上，赐爵执珪，号昌文君。

沛公立为汉王，拜婴为郎中。从入汉中，十月，拜为中谒者。从还定三秦，下栎阳，降塞王。还围章邯于废丘，未拔。从东出临晋关，击降殷王，定其地。击项羽将龙且，魏相项他军定陶南，疾战，破之。赐婴爵列侯，号昌文侯，食杜平乡。

复以中谒者从降下砀，以至彭城。项羽击，大破汉王。汉王遁而西，婴从还，军于雍丘。王武、魏公申徒反，从击破之。攻下黄，西收兵，军于荥阳。楚骑来众，汉王乃择军中可为骑将者，皆推故秦骑士重泉人李必、骆甲习骑兵，今为校尉，可为骑将。汉王欲拜之，必、甲曰："臣故秦民，恐军不信臣，臣愿得大王左右善骑者傅之①。"灌婴虽少，然数力战，乃拜灌婴为中大夫，令李必、骆甲为左右校尉，将郎中骑兵击楚骑于荥阳东，大破之。受诏别击楚军后，绝其饷道②，起阳武至襄邑。击项羽之将项冠于鲁下，破之，所将卒斩右司马、骑将各一人。击破柘公王武军于燕西，所将卒斩楼烦将五人，连尹一人。击王武别将桓婴白马下，破之，所将卒斩都尉一人。以骑渡河南，送汉王到洛阳，使北迎相国韩信军于邯郸。还至敖仓，婴迁为御史大夫。

三年，以列侯食邑杜平乡。以御史大夫受诏将郎中骑兵东属相国韩信，击破齐军于历下，所将卒虏车骑将军华毋伤及将吏四十六人。降下临菑，得齐守相田光。追齐相田横至嬴、博，

---

①傅：辅佐。 ②饷道：粮道。

破其骑，所将卒斩骑将一人，生得骑将四人。攻下嬴、博，破齐将田吸于千乘，所将卒斩吸。东从韩信攻龙且、留公旋于高密，卒斩龙且，生得右司马、连尹各一人，楼烦将十人，身生得亚将周兰①。

齐地已定，韩信自立为齐王，使婴别将击楚将公杲于鲁北，破之。转南，破薛郡长，身虏骑将一人。攻博阳，前至下相以东南僮、取虑、徐。度淮，尽降其城邑，至广陵。项羽使项声、薛公、郯公复定淮北。婴度淮北，击破项声、郯公下邳，斩薛公，下下邳。击破楚骑于平阳，遂降彭城，虏柱国项佗，降留、薛、沛、酂、萧、相。攻苦、谯，复得亚将周兰。与汉王会颐乡。从击项籍军于陈下，破之，所将卒斩楼烦将二人，虏骑将八人。赐益食邑二千五百户②。

项籍败垓下去也，婴以御史大夫受诏将车骑别追项籍至东城，破之。所将卒五人共斩项籍，皆赐爵列侯。降左右司马各一人，卒万二千人，尽得其军将吏。下东城、历阳。渡江，破吴郡长吴下，得吴守，遂定吴、豫章、会稽郡。还定淮北，凡五十二县。

汉王立为皇帝，赐益婴邑三千户。其秋，以车骑将军从击破燕王臧荼。明年，从至陈，取楚王信。还，剖符，世世勿绝，食颍阴二千五百户，号曰颍阴侯。

以车骑将军从击反韩王信于代，至马邑，受诏别降楼烦以北六县，斩代左相，破胡骑于武泉北。复从击韩信胡骑晋阳下，所将卒斩胡白题③将一人。受诏并将燕、赵、齐、梁、楚车骑，击破胡骑于硰石。至平城，为胡所围，从还军东垣。

---

①身生得：亲自活捉得到。亚将：副将。 ②益：增加。 ③白题：匈奴的一支。

从击陈豨，受诏别攻豨丞相侯敞军曲逆下，破之，卒斩敞及特将五人。降曲逆、卢奴、上曲阳、安国、安平。攻下东垣。

黥布反，以车骑将军先出，攻布别将于相，破之，斩亚将楼烦将三人。又进击破布上柱国军及大司马军。又进破布别将肥诛。婴身生得左司马一人，所将卒斩其小将十人，追北至淮上。益食二千五百户。布已破，高帝归，定令婴食颍阴五千户，除前所食邑。凡[①]从得二千石二人，别破军十六，降城四十六，定国一，郡二，县五十二，得将军二人，柱国、相国各一人，二千石十人。

婴自破布归，高帝崩，婴以列侯事孝惠帝及吕太后。太后崩，吕禄等以赵王自置为将军，军长安，为乱。齐哀王闻之，举兵西，且入诛不当为王者。上将军吕禄等闻之，乃遣婴为大将，将军往击之。婴行至荥阳，乃与绛侯等谋，因屯兵荥阳，风齐王以诛吕氏事[②]，齐兵止不前。绛侯等既诛诸吕，齐王罢兵归，婴亦罢兵自荥阳归，与绛侯、陈平共立代王为孝文皇帝。孝文皇帝于是益封婴三千户，赐黄金千斤，拜为太尉。

三岁，绛侯勃免相就国，婴为丞相，罢太尉官。是岁，匈奴大入北地、上郡。令丞相婴将骑八万五千往击匈奴。匈奴去，济北王反，诏乃罢婴之兵。后岁馀，婴以丞相卒，谥曰懿侯。子平侯阿代侯。二十八年卒，子强代侯。十三年，强有罪，绝。二岁，元光三年，天子封灌婴孙贤为临汝侯，续灌氏后。八岁，坐行赇有罪[③]，国除。

太史公曰：吾适丰沛，问其遗老，观故萧、曹、樊哙、滕公之

---

①凡：总共，共计。 ②风：通“讽”，示意，暗示。 ③赇：贿赂。

家，及其素[①]，异哉所闻！方其鼓刀屠狗卖缯之时[②]，岂自知附骥之尾[③]，垂名汉廷，德流子孙哉！余与他广通，为言高祖功臣之兴时若此云。

【译文】

舞阳侯樊哙，沛县人。以杀狗卖狗肉为生，为了避祸，曾和汉高祖一起隐藏在乡间。

当初，樊哙跟从高祖在丰邑起兵，攻取了沛县。高祖做了沛公，就用樊哙做舍人。接着，他随沛公攻打胡陵、方与，回过头来又镇守丰邑，在丰邑一带击败了泗水郡郡监的军队。再次平定沛县，在薛县西部，击败了泗水郡守的军队。在砀县东面，樊哙与章邯的部下司马𡰖交锋，击退敌军，斩敌首十五级，被赐爵为国大夫。樊哙经常随在沛公身边，沛公在濮阳攻打章邯的军队，攻城时樊哙率先登城。斩首二十三级，被赐爵为列大夫。他随沛公攻打城阳，又是率先登城，同时还攻下了户牖，打败了秦将李由的军队，斩首十六级，被赐上间爵。在成武，樊哙随沛公围住了东郡守尉，击退敌军，斩首十四级，俘虏十一人，被赐爵五大夫。跟随沛公袭击秦军，出兵亳南，在杠里击败了河间郡守的军队。在开封以北又大败赵贲的军队，因为在战斗中英勇杀敌，率先登城，杀死一个侦察兵的头目，斩首六十八级，俘虏二十七人，被赐卿爵。在曲遇，跟随沛公攻破杨熊的军队。攻宛陵时，率先登城，斩首八级，俘虏四十四人，被赐爵，封号贤成君。随沛公攻打长社、轘辕，断绝了黄河渡口，向东攻打尸一带的秦军，又向南攻打犨邑的秦军。在阳城打垮了南阳郡郡守吕齮的军队。向东攻打宛城，率先登城。再向西攻郦县，樊哙因为击退敌军，斩首二十四级，俘虏四十人，沛公对他再加封赏。进军武关，来到霸上，杀秦都尉一人，斩首十级，俘虏一百四十六人，收降士卒两千九百人。

①素：平素，此指平素为人。 ②鼓刀：屠宰敲击其刀有声，故称操刀为鼓刀。 ③附骥之尾：苍蝇附于千里马尾上可以致千里。此指樊哙等人因跟随刘邦征战。

项羽驻军戏下，准备进攻沛公。沛公带领一百多骑兵来到项营，通过项伯的关系面见项羽，向项羽谢罪，说明并没有封锁函谷关的事。项羽设宴犒赏军中将士，正在大家喝得似醉非醉时，亚父范增想谋杀沛公，命项庄在席前舞剑，想乘机击杀沛公，而项伯却一再挡在沛公的前面。这时只有沛公和张良在酒席宴中，樊哙在大营之外，听说事情紧急，就手持铁盾牌来到大营前。守营卫士阻挡樊哙，樊哙径直撞了进去，站立在帐下。项羽注视着他，问他是谁。张良说："他是沛公的参乘樊哙。"项羽称赞道："真是个壮士！"说罢，就赏给他一大碗酒和一条猪腿。樊哙举杯一饮而尽，然后拔出宝剑切开猪腿，把它全部吃了下去。项羽问他："还能再喝一碗酒吗？"樊哙说道："我连死都不怕，难道还在乎这一碗酒吗！况且我们沛公首先进入并平定咸阳，露宿霸上，以等待您的到来。大王您今天一到这里，就听信了小人的胡言乱语，跟沛公有了隔阂，我担心天下从此又要四分五裂，百姓们都怀疑您啊！"项羽听罢，沉默不语。沛公借口要去上厕所，暗示樊哙一同离去。出营之后，沛公把随从车马留下，独自骑一匹马，让樊哙等四个人步行跟随，从一条山间小路跑回霸上的军营，叫张良代替自己向项羽辞谢。项羽也就至此了事，没有诛杀沛公的念头了。这天若不是樊哙闯进大营谴责项羽的话，沛公的事业几乎就完了。

第二天，项羽带领军队进入咸阳，大肆烧杀，立沛公为汉王。汉王也就封樊哙为列侯，号临武君。后又提升郎中，随汉王进入汉中。

当汉王回军平定三秦时，樊哙单独带兵在白水北面攻打西城县丞的军队，又在雍县之南攻打雍王章邯的轻车骑兵，都打败了他们。跟从汉王攻打雍县、斄县，率先登城。在好畤攻打章平的军队，攻城时樊哙又先登城，带头冲锋陷阵，斩杀县令一人，县丞一人，斩首十一级，俘虏二十人，升任郎中骑将。随汉王在壤东攻打秦军的车骑部队，击退敌人的进攻，升任将军。在进攻赵贲的军队时，攻取郿县、槐里、柳中、咸阳；以及引水灌废丘的敌军，樊哙的功劳都最大。到了栎阳，汉王把杜陵的樊乡赐给樊哙当作食邑。随汉王进攻项羽，血洗了煮枣。在外黄，击败了王武、程处所带领的部队。接着又先后攻打邹县、鲁城、瑕丘和薛县。项羽在彭城把汉王打得大败,全部收复了鲁、梁地区。樊哙回军到荥阳,汉王又给他增加了平阴两千户作为他的食邑,以将军的身份守卫广武。一年之后,项羽带兵东去。樊哙又跟从汉王攻打项羽,攻取了阳夏,俘虏了楚国周将军的士卒四千人。把项羽围困在陈县,把他打得大败,樊哙血洗了胡陵。

项羽死后,汉王做了皇帝,因樊哙坚守城池和出击作战有功,又加封食邑八百户。樊哙随高祖攻打反叛的燕王臧荼,并俘虏了他,平定了燕地。楚王韩信发动叛乱,樊哙随高祖到陈县,逮捕了韩信,平定了楚地。高祖改赐列侯的爵位,与诸侯剖符为信,让他们世代相传不绝。高祖把樊哙以前的食邑除去,赐食舞阳,称为舞阳侯。樊哙又以将军的身份随高祖前往代地,攻打反叛的韩王信。从霍人一直打到云中,都是樊哙和绛侯周勃等人共同平定的,于是又增加食邑一千五百户。后来,樊哙又率领人马袭击叛臣陈豨和曼丘臣的军队,在襄国大战,攻取柏人县,率先登城,又降服平定了清河、常山两郡的二十七个县,捣毁了东垣城邑,升任左丞相。在无终、广昌,击破了綦毋卬、尹潘的军队,并活捉了他们二人。在代地南部,击破了陈豨手下的胡人将领王黄所带领的军队。接着,又进军参合,攻打韩王信的军队,他所带领的将士斩杀韩王信。在横谷,大败陈豨的胡人骑兵部队,斩杀了将军赵既,俘虏了代国丞相冯梁、郡守孙奋,大将军王黄、将军太仆解福等十人。和诸将领共同平定了代地的乡邑七十三个。此后燕王卢绾反叛,樊哙以相国身份带兵攻打卢绾,在蓟县之南击破卢绾丞相所带领的军队,平定了燕地共十八个县,五十一个乡邑。于是高祖又给樊哙增加食邑一千三百户,确定他作为舞阳侯的食邑共五千四百户。樊哙跟从高祖征战时,共斩敌人首级一百七十六个,俘虏敌兵一百八十八人。他自己单独带兵打仗,打垮过七支敌军,攻下过五座城池,平定了六郡,五十二个县,并俘虏过敌人丞相一人,将军十二人,二千石以下到三百石的官员十一人。

樊哙娶了吕后的妹妹吕须为妻,生下儿子吕伉,因此与其他将领相比，高祖对樊哙更为亲近。

以前在黥布反叛时，高祖曾病得很厉害，他躺在宫禁之中讨厌见人，诏令守门人不得让群臣进去。群臣中如绛侯周勃、灌婴等都不敢进宫。这样过了十多天，有一次樊哙推开宫门，径直闯了进去，大臣们紧紧跟随。看到高祖独自枕着一个宦官躺在床上。樊哙等见到皇帝后，痛哭流涕地说："想当初陛下和我们一道从丰沛起兵，平定天下，那是什么样的壮举啊！而如今天下已安定，您又是何等的疲惫啊！况且陛下病得不轻，大臣们都惊慌失措，您又不肯接见我们这些人来讨论国家大事，难道您只想和一个宦官诀别吗？再说您难道不知道赵高作乱的往事吗？"高祖听罢，笑着起来了。

后来卢绾谋反，高祖命樊哙以相国的身份去攻打燕国。这时高祖又病得很厉害，有人诋毁樊哙和吕氏结党，说皇上假如有一天驾崩的话，那么樊哙就要带兵把戚夫人和赵王如意这帮人全部杀死。高祖听说之后，勃然大怒，就派陈平用车载着绛侯周勃去代替樊哙，并在军中立刻把樊哙斩首。陈平因惧怕吕后，把樊哙解赴长安。到达长安时，高祖已经驾崩，吕后就释放了樊哙，并恢复了他的爵位和食邑。

惠帝六年时，樊哙死，谥号为武侯。其子樊伉代其侯位。而樊伉的母亲吕须也被封为临光侯。在高后时，吕须也掌管政事，十分专断，大臣们没有不畏惧她的。樊伉为侯九年后，吕后驾崩，大臣们诛杀吕氏宗族和吕须的亲属，因而杀死了樊伉。舞阳侯这个爵位中断好几个月。等到汉文帝即位，这才封樊哙的庶子樊市人为舞阳侯，恢复了原来的爵位和食邑。樊市人在位二十九年死去，谥号为荒侯。其子樊他广继承侯位。六年后，舞阳侯家中舍人得罪了樊他广，非常怨恨他，于是就上书说："荒侯市人因为有病而丧失生育能力，就让他的夫人和他的弟弟淫乱而生下他广，他广事实上并不是荒侯的儿子，因此不应当继承侯位。"皇上下令把此事交给官吏去审理。汉景帝中元六年，剥夺了樊他广的侯位，降他为平民百姓，封国食邑也一并被废除。

曲周侯郦商，高阳人。陈胜起兵反秦时，他聚集了一伙年轻人四处招兵买马，得到好几千人。沛公攻城夺地来到陈留，过了六个多月，郦商就率领将士四千多人到岐投归沛公。随沛公攻打长社，率先登城，赐爵封为信成君。随沛公攻打缑氏，封锁了黄河渡口，在洛阳东面大破秦军。跟着沛公攻取宛、穰两地，另外又平定了十七个县。自己单独率军攻打旬关，平定汉中。

项羽灭秦后，封沛公为汉王。汉王赐给郦商信成君的爵位，并以将军的身份做陇西都尉。郦商自己单独率军平定了北地和上郡。在焉氏打败了雍王章邯部下所率领的军队，在栒邑打败了周类所率领的军队，在泥阳打败了苏驵所率领的军队。于是汉王把武成县的六千户赐给郦商作食邑。他以陇西都尉的职位随沛公攻打项羽的军队达五个月之久，出兵巨野，与钟离昧交战，因激战有功，沛公授予他梁国相印，又增封食邑四千户。以梁国相国的职位随汉王与项羽作战达两年三个月，攻取胡陵。

项羽死后，汉王立为皇帝。这年秋天，燕王臧荼反叛，郦商以将军的身份随高帝攻打臧荼，在龙脱大战时，郦商冲锋陷阵，率先登城，在易下击败臧荼的军队，因杀敌有功，被升为右丞相，赐给他列侯的爵位，和其他诸侯一样剖符为信，世代相传，以涿邑五千户作为他的食邑，封号叫涿侯。他以右丞相的身份单独带兵平定上谷，接着又攻打代，高祖授予他赵国的相国之印。又以右丞相加赵国相国的身份带兵和绛侯周勃等一起平定了代和雁门，活捉了代国丞相程纵，守相郭同，将军以下到六百石的官员共十九人。凯旋后，以将军的身份做太上皇的护卫一年零七个月。然后又以右丞相身份攻打陈豨，捣毁东垣。又以右丞相的身份随高帝进攻反叛的黥布，郦商领兵向敌人前沿阵地猛攻，夺取了两个阵地，从而使汉军能够打垮黥布的军队。高帝把他的封邑改在曲周，增加到五千一百户，收回以前所封的食邑。总计郦商一共击垮三支敌军，降服平定六个郡、七十三个县，俘获丞相、守相、大将各一人，小将二人，二千石以下到六百石的官员十九人。

郦商在侍奉孝惠和吕后时，因身体不好，不能料理政事。他的儿子郦寄，字况，与吕禄很要好。等到高后驾崩时，大臣们想诛杀吕氏家族，但是吕禄身为将军，统领北军。太尉周勃无法进入北军的大营，于是就派人威胁强迫郦商，让他的儿子郦况去欺骗吕禄，吕禄听信了郦况的话，就和他一起出去游玩，使得太尉周勃才能够进入军营，控制北军，这样，才杀掉了吕氏家族。也就在这一年，郦商死，谥号为景侯。其子郦寄继承侯位。天下人都说郦况出卖朋友。

孝景帝前元三年，吴、楚、齐、赵等诸侯国起兵反叛，皇上任命郦寄为将军，围攻赵国的都城，但十个月都没有攻克。等到俞侯栾布平定了齐国前来助战，这才拿下了赵国都城，扫平了赵国，赵王刘遂自杀，封国被废除。景帝中元二年，郦寄打算娶景帝王皇后的母亲平原君为妻，景帝大怒，把郦寄交给法吏去审理，判定他有罪，剥夺了侯爵爵位。景帝把郦商的另外一个儿子郦坚封为缪侯，以延续郦氏的后代。缪靖侯郦坚死后，其子康侯郦遂成继位。郦遂成死后，其子怀侯郦世宗继位。郦世宗死后，其子郦终根继承侯位，任太常，后来因为犯法，封国被废除。

汝阴侯夏侯婴，沛县人。开始在沛县县府的马房里掌管养马驾车。每当他驾车送完使者或客人返回时，经过沛县泗上亭，与高祖聊天，一聊就是大半天。后来，夏侯婴做了试用的县吏，与高祖更加要好。有一次，高祖因为开玩笑而误伤了夏侯婴，被别人告发到官府。当时高祖身为亭长，伤了人要加重治罪，因此高祖申诉本来没有伤害夏侯婴，夏侯婴也证明自己没有被伤害。后来这个案子又翻了过来，夏侯婴因为高祖的牵连，被关押了一年多，挨了几百板子，但终归因此使高祖免于刑罚。

当初，高祖带领他的徒众准备攻打沛县时，夏侯婴以县令属官的身份与高祖去联络。就在高祖降服沛县的那天，高祖做了沛公，赐给夏侯婴七大夫的爵位，并用他做太仆。在随高祖攻打胡陵时，夏侯婴和萧何一起招降了泗水郡郡监平，平献出胡陵投降了，高祖赐给夏侯婴五大夫的爵位。他随高祖在砀县以东袭击秦军，攻打济阳，攻下户牖，在雍丘一带击败李由的军队，他在战斗中驾兵车快速进攻，作战勇猛，高祖赐给他执帛的爵位。夏侯婴又曾以太仆的身份指挥兵车跟从高祖在东阿、濮阳一带袭击章邯，在战斗中驾兵车快速进攻，作战勇猛，大破秦军，高祖赐给他执珪的爵位。他又曾指挥兵车随高祖在开封袭击赵贲的军队，在曲遇袭击杨熊的军队。在战斗中，夏侯婴俘虏六十八人，收降士兵八百五十人，并缴获金印一匣。接着又曾指挥兵车随高祖在洛阳以东袭击秦军，他驾车冲锋陷阵，奋力拼杀，高祖赐予他滕公的封爵。接着又指挥兵车随高祖攻打南阳，在蓝田、芷阳大战，他驾兵车奋力冲杀，英勇作战，一直打到了霸上。项羽进关后，灭了秦朝，封沛公为汉王。汉王赐给夏侯婴列侯的爵位，号为昭平侯。又以太仆的身份，随汉王进军蜀、汉地区。

后来汉王回军平定了三秦，夏侯婴随从汉王攻击项羽的军队。进军彭城，项羽把汉军打得大败。汉王因兵败不利，乘车马急速逃跑。在半路上遇到孝惠帝和鲁元公主，就把他们收上车来。马已跑得十分疲乏，敌人又紧追在后，汉王特别着急，有好几次用脚把两个孩子踢下车去，打算抛弃他们，但每次都是夏侯婴下车把他们收上来，一直把他们载在车上。夏侯婴赶着车子，先是慢慢行走，等到两个吓坏了的孩子抱紧了自己的脖子后，才驾车奔驰。汉王为此非常生气，一路上有十多次想要杀死夏侯婴，但最终还是逃出险境，把孝惠帝、鲁元公主安然无恙地送到丰邑。

汉王到荥阳后，收集被击溃的军队，重振军威，汉王把祈阳赐给夏侯婴作为食邑。在此之后，夏侯婴又指挥兵车随汉王攻打项羽，一直追击到陈县，最后终于平定了楚地，行至鲁地，汉王又给他增加了兹氏一县作为食邑。

汉王立为皇帝的这一年秋天，燕王臧荼起兵造反，夏侯婴以太仆的身份随高帝攻打臧荼。第二年，又随高帝到陈县，逮捕了楚王韩信。高帝把夏侯婴的食邑改封在汝阴，剖符为信，使爵位世代相传。夏侯婴又以太仆的身份随高帝攻打代地，一直打到武泉、云中，高帝给他增加食邑一千户。接着又随汉王到晋阳附近，把隶属于韩信的匈奴骑兵打得大败。当追击败军到平城时，被匈奴骑兵团团围住，困了整整七天不能解脱。后来高帝派人送给匈奴阏氏好多礼物，匈奴单于冒顿这才把包围圈打开一角。高帝脱围刚出平城就想驱车快跑，夏侯婴坚决止住车马慢慢行走，命弓箭手都拉满弓向外，最后终于脱离险境。高帝把细阳一千户加封给夏侯婴作食邑。夏侯婴又以太仆的身份随高帝在勾注山以北地区攻打匈奴骑兵，获得大胜。以太仆的身份在平城南边攻击匈奴骑兵，多次攻破敌阵，功劳最多，高帝就把夺来的城邑中的五百户赐给他作为食邑。又以太仆的身份攻打陈豨、黥布的叛军，冲锋陷阵，击退敌军，又加封食邑一千户。最后，皇帝把夏侯婴的食邑定在汝阴，共六千九百户，撤销以前所封的食邑。

夏侯婴自从随皇上在沛县起兵，长期做太仆，一直到高祖驾崩。之后又作为太仆侍奉孝惠帝。孝惠帝和吕后非常感激夏侯婴在下邑的路上救了孝惠帝和鲁元公主，就把紧靠在皇宫北面的第一等宅第赐给他，名为“近我”，以此表示对夏侯婴的格外尊宠。孝惠帝死去后，他又以太仆的身份侍奉吕后。等到吕后驾崩，代王来到京城时，夏侯婴又以太仆的身份和东牟侯刘兴居一起入宫廷清理宫室，废去了少帝，用天子的法驾到代王府第里去迎接代王，和大臣们一起立代王为孝文皇帝，夏侯婴仍然做太仆。八年后死去，谥号为文侯。其子夷侯夏侯灶继承侯位，七年后死去。其子共侯夏侯赐继承侯位，三十一年后死去。他的儿子夏侯颇娶了平阳公主，在他继承侯位十九年时，也就是元鼎二年，因为和他父亲的御婢私通，畏罪自杀，封国也被废除。

颍阴侯灌婴原是睢阳县一个贩卖丝缯的小商人。高祖自立为沛公时，攻城略地来到雍丘城下，章邯击败项梁并杀死了他，而沛公也撤回砀县一带。灌婴起初以内侍中涓官的身份随沛公，在成武打败东郡郡尉的军队，在杠里打败驻守的秦军，因为杀敌英勇，被赐给七大夫的爵位。后又跟随沛公在亳县以南及开封、曲遇一带与秦军交战，因奋力拼杀，被赐给执帛的爵位，号为宣陵君。又跟随沛公在阳武以西至洛阳一带与秦军交战，在尸乡以北地区击败秦军，再向北切断黄河渡口，然后又领兵南下，在南阳以东打垮了南阳郡郡守吕齮的军队，这样就平定了南阳郡。向西进入武关，在蓝田与秦军交战，因为英勇奋战，一直打到霸上，被赐给执珪的爵位,号为昌文君。

沛公被封为汉王后,拜灌婴做郎中。他随汉王进军汉中,十月间,又被任命为中谒者。跟从汉王还师平定了三秦,攻取了栎阳,降服了塞王司马欣。回军又把章邯围在了废丘,但未能攻克。后又随汉王东出临晋关,攻打并降服了殷王董翳,平定了他所统辖的地区。在定陶以南地区与项羽的部下龙且、魏国丞相项他的军队交战,经过激烈的战斗,最后击败敌军。因功被赐给列侯的爵位,号为昌文侯,杜县的平乡被封作他的食邑。

以后,他又以中谒者的身份随汉王拿下砀县,进军彭城。项羽带领军队出击,把汉王打得大败。汉王向西逃跑,灌婴随汉王撤退,驻扎在雍丘。王武、魏公申徒谋反,灌婴随从汉王出击,并打垮了他们。攻克了外黄,再向西招募士卒,驻扎在荥阳。项羽的军队又来进攻,其中骑兵很多,汉王就在军中挑选能够做骑兵将领的人,大家都推举原来的秦朝骑士重泉人李必、骆甲,说他俩对骑兵很在行,同时现在又都做校尉,因此可以做骑兵将领。汉王准备任命他们,但他们二人说:“我们原为秦民,恐怕军中士卒觉得我们靠不住,所以请您委派一名常在您身边而又善于骑射的人做我们的首领。”当时灌婴年轻,但在多次战斗中都能勇猛拼杀,所以就任命他为中大夫,让李必、骆甲做左右校尉,带领郎中骑兵在荥阳以东和楚国骑兵交战,把楚军打得大败。又奉汉王命令自己单独率领军队袭击楚军的后方,截断了楚军从阳武到襄邑的粮食供应线。在鲁国一带,打败了项羽将领项冠的军队,部下将士们斩杀楚军的右司马、骑将各一人。击败柘公王武,军队驻扎在燕国西部一带,部下将士们斩杀楼烦将领五人,连尹一人。在白马附近,大破王武的别将桓婴,所统帅的士兵斩都尉一人。又带领骑兵南渡黄河,护送汉王到达洛阳,然后汉王又派遣灌婴到邯郸去迎接相国韩信的部队。回来到敖仓时,他被提任为御史大夫。

汉王三年时,灌婴以列侯的爵位得到了杜县的食邑平乡。其后,他以御史大夫的身份率领郎中骑兵,隶属于相国韩信,在历下击败了齐国的军队，他所率领的士卒俘虏了车骑将军华毋伤及将吏四十六人。迫使敌兵投降，拿下了临淄，俘获齐国守相田光。又追击齐国相国田横到嬴、博，击败齐国骑兵，所率领的士卒斩杀齐国骑将一人，活捉骑将四人。攻克嬴、博，在千乘把齐国将军田吸打得大败，所率士卒将田吸斩首。然后随韩信引兵向东，在高密攻打龙且和留公旋的军队，所率领的士卒将龙且斩首，活捉右司马、连尹各一人、楼烦将领十人，自己活捉了亚将周兰。

齐地平定之后，韩信自立为齐王，派遣灌婴单独率军去鲁北攻打楚将公杲的军队，获得全胜。灌婴挥师南下，打败了薛郡郡守所率领的军队，亲自俘虏骑将一人。接着又攻打博阳，进军到达下相东南的僮城、取虑和徐城一带。渡过淮河，全部降服了淮南的城邑，然后到达广陵。其后项羽派项声、薛公和郯公又重新收复淮北。因此灌婴渡过淮河北上，在下邳击败了项声、郯公，并将薛公斩首，拿下下邳。在平阳击败了楚军骑兵，接着就降服了彭城，俘获了楚国的柱国项佗，降服了留、薛、沛、酂、萧、相等县。进攻苦县，谯县，再次俘获亚将周兰。然后在颐乡和汉王会师。随汉王在陈县一带击败项羽的军队，所率领的士卒斩楼烦骑将二人，俘获骑将八人。汉王给灌婴增加食邑二千五百户。

项羽在垓下战败，然后突围逃跑，这时，灌婴以御史大夫的身份受汉王命令带领车骑部队追击项羽，在东城彻底击垮了他。所率领的将士五人共同斩杀了项羽，他们都被封为列侯。又降服了左右司马各一人，士兵一万二千人，俘获了项羽军中的全部将领和官吏。接着，又攻克了东城、历阳。渡过长江，在吴县一带打败了吴郡郡守所率领的军队，俘获了吴郡郡守，这样，也就平定了吴、豫章、会稽三郡。然后回军平定淮北地区，一共五十二个县。

汉王立为皇帝后，又给灌婴加封食邑三千户。这一年的秋天，他以车骑将军的身份随高帝击败燕王臧荼的军队。第二年，随高帝到达陈县，逮捕了楚王韩信。回京之后，高帝剖符为信，使其世代相传，把颍阴的两千五百户封给灌婴作为食邑，号为颍阴侯。

此后，灌婴又作为车骑将军随高帝到代国，去讨伐谋反的韩王信，到马邑时,奉皇帝命令率军降服了楼烦以北的六个县,斩了代国的左丞相,在武泉以北击败了匈奴骑兵。又随高帝在晋阳一带袭击隶属于韩王信的匈奴骑兵,所统帅的士卒斩杀匈奴白题将一人。奉命一并率领燕、赵、齐、梁、楚等国的车骑部队,在硰石打败了匈奴的骑兵。到平城时,被匈奴大军团团围住,随高帝回军到东垣。

在随高帝攻打陈豨时,灌婴受皇帝的命令单独在曲逆一带攻击陈豨丞相侯敞的军队,大败敌军,所率领的士卒斩杀侯敞和特将五人。降服曲逆、卢奴、上曲阳、安国、安平等地。攻下东垣。

黥布造反时,灌婴以车骑将军的身份率军先行出征,在相县,大败黥布别将的军队,斩杀亚将、楼烦将共三人。又进军攻打黥布上柱国的军队和大司马的军队。又进军击破黥布别将肥诛的军队。灌婴亲手活捉左司马一人,所率士卒斩其小将十人,追击敌人的败将残兵一直到淮河沿岸。因此,皇帝又给他增加食邑二千五百户。讨平黥布之后,高祖还朝,确定灌婴在颍阴的食邑共五千户,撤销以前所封的食邑。灌婴随高帝作战,总计俘获二千石的官吏二人,另外击破敌军十六支,降服城池四十六座,平定了一个诸侯国、两个郡、五十二个县,俘获将军二人,柱国、相国各一人,二千石的官员十人。

灌婴在打败了黥布回到京城时,高帝驾崩,灌婴就以列侯身份侍奉孝惠帝和吕太后。太后驾崩后,吕禄等人以赵王的身份自置为将军,驻军长安,妄图发动叛乱。齐哀王刘襄得知此事以后,发兵西进向京城而来,说要诛杀不应该为王的人。上将军吕禄等听说后,就派遣灌婴为大将,带领军队前去阻击。灌婴来到荥阳,就和绛侯周勃等人商议,决定大军暂时在荥阳驻扎,向齐哀王暗中示意准备诛杀吕氏的事,齐兵因此也就屯兵不前。绛侯周勃等人杀死诸吕后,齐王收兵回到封地,灌婴也收兵从荥阳回到京城,与周勃、陈平共同立代王为孝文皇帝。孝文皇帝就加封灌婴食邑三千户,赐黄金一千斤,同时任命他为太尉。

三年以后,绛侯周勃免除丞相职务回到自己封地上去了,灌婴做丞相,撤销了太尉职务。这一年,匈奴大举入侵北地和上郡,皇帝命丞相灌婴带领骑兵八万五千人，前去迎击匈奴。匈奴逃跑后，济北王刘兴居造反，皇帝命灌婴收兵回京。又过了一年多，灌婴死在丞相任上，谥号为懿侯。其子平侯灌阿继承侯位。二十八年后死去，其子灌强继承侯位。十三年之后，因为灌强有罪，侯位中断两年。元光三年，天子封灌婴的孙子灌贤为临汝侯，延续灌婴的后代。八年之后，灌贤因犯行贿罪，封国被撤销。

太史公说：我曾到过丰县、沛县，访问当地的遗老，考察原来萧何、曹参、樊哙、滕公居住的地方，打听他们当年的有关故事，所听到的真是令人惊异呀！当他们操刀宰狗、贩卖丝缯的时候，哪里就能知道日后能附骥尾，垂名汉室，德惠传及子孙后代呢？我和樊哙的孙子樊他广有过交往，他对我谈到高祖的功臣们兴起时的情况，就是以上我所记述的这些。

【鉴赏】

本传所记四人，樊哙本为杀狗之屠夫，郦商聚一伙少年起事于高阳，灌婴原是贩布之小贩，而夏侯婴则为马车夫，皆起自寒微，而追随高祖起兵一片赤诚，成就一世功业，并为汉初之开国功臣，以身份相同而合作一传。传文以记四人战功为主，故四篇笔法看似相同：即将四人之战功一一叙载，如斩首若干，俘虏若干，皆不厌其烦，颇似一篇流水文字。然细细体察，叙各人之功各有不同：樊哙攻城野战，多次率先登城，鸿门宴上，直撞入帐中救刘邦于危急之中，黥布反时又闯宫力谏，使刘邦带病出征而平定叛乱；夏侯婴横扫千里，助刘邦迅速入关攻破咸阳；灌婴追击并围项羽于垓下，最终消灭项羽。至于文法也篇篇相异：樊哙以亲谊之故而追随高祖转战南北，因而其传文用“从”字相缀；郦商传文则以其官名为提纲；夏侯婴出身马车夫，故其传文中屡见“以兵车趣攻战疾”“疾战”之语；灌婴作战勇敢，故传文叠用“疾力”“疾战”字样。四人传文虽皆以峻洁取胜，而又富有变化。使本文生变化之姿者，也在于其行文间有穿插之妙。传文将四人之战功一一叙载，其间又穿插以若干事件，如樊哙鸿门宴中护驾沛公、闯入禁中强谏高祖事；又如夏侯婴在下邑之战中载救刘邦之子孝惠帝、女鲁元公主使他们免于一死事，其文笔虽简，却极生动，大增文章之起伏变化。

史记卷九十六·张丞相列传第三十六

本篇主要记述丞相张苍、御史大夫周昌、御史大夫任敖、丞相申屠嘉的生平事迹,后人所补者又有武帝后期及武帝之后的几位丞相,是文帝、景帝、武帝时一群御史大夫或丞相的合传。汉初的萧何、曹参、王陵、陈平、周勃、灌婴等都是靠军功谋略而为丞相的,而本篇所记诸人所生活和任职的时代太平无事,他们又多持法守成,“殆与萧、曹、陈平异矣”,多“无所能发明功名有著于当世者”,故而列为一传。而张苍是继灌婴之后为丞相的,是他们当中的第一任丞相,故以《张丞相列传》为篇题。至于其中叙述几位御史大夫,是因当时的丞相是由御史大夫递补升任,故而先行叙及。

张丞相苍者,阳武人也。好书律历。秦时为御史,主柱下方书。有罪,亡归。及沛公略地过阳武,苍以客从攻南阳。苍坐法①当斩,解衣伏质②,身长大,肥白如瓠。时王陵见而怪其美士,乃言沛公,赦勿斩。遂从西入武关,至咸阳。沛公立为汉王,入汉中,还定三秦。陈馀击走常山王张耳,耳归汉,汉乃以张苍为常山守。从淮阴侯击赵,苍得陈馀。赵地已平,汉王以苍为代相,备边寇。已而徙为赵相,相赵王耳。耳卒,相赵王敖。复徙相代王。燕王臧荼反,高祖往击之,苍以代相从攻臧荼有功,以六年中封为北平侯,食邑③千二百户。

迁为计相,一月,更以列侯为主计四岁。是时萧何为相国,

---

①坐法:因犯法被治罪。 ②质:杀人时作垫用的砧板。 ③食邑:皇帝赐给诸侯、卿大夫的封地,收其赋税而食,故名食邑。

而张苍乃自秦时为柱下史，明习[①]天下图书计籍。苍又善用算律历，故令苍以列侯居相府，领主郡国上计者。黥布反亡，汉立皇子长为淮南王，而张苍相之。十四年，迁为御史大夫。

周昌者，沛人也。其从兄曰周苛，秦时皆为泗水卒史。及高祖起沛，击破泗水守监，于是周昌、周苛自卒史从沛公。沛公以周昌为职志[②]，周苛为客。从入关，破秦。沛公立为汉王，以周苛为御史大夫，周昌为中尉。

汉王四年，楚围汉王荥阳急，汉王遁出，去，而使周苛守荥阳城。楚破荥阳城，欲令周苛将。苛骂曰："若趣[③]降汉王！不然，今为虏矣！"项羽怒，亨[④]周苛。于是乃拜周昌为御史大夫。常从击破项籍。以六年中与萧、曹等俱封，封周昌为汾阴侯；周苛子周成以父死事，封为高景侯。

昌为人强力[⑤]，敢直言，自萧、曹等皆卑下之。昌尝燕时[⑥]入奏事，高帝方拥戚姬。昌还走，高帝逐得，骑周昌项，问曰："我何如主也？"昌仰曰："陛下即桀、纣之主也。"于是上笑之，然尤惮[⑦]周昌。及帝欲废太子，而立戚姬子如意为太子，大臣固争之，莫能得；上以留侯策即止。而周昌廷争之强。上问其说，昌为人吃，又盛怒，曰："臣口不能言，然臣期期[⑧]知其不可。陛下虽欲废太子，臣期期不奉诏。"上欣然而笑。既罢，吕后侧耳于东厢听，见周昌，为跪谢曰："微君，太子几废。"

是后戚姬子如意为赵王，年十岁，高祖忧即万岁之后不全也。赵尧年少，为符玺御史。赵人方与公谓御史大夫周昌曰：

---

①明：清楚，熟悉，通晓。习：熟悉，通晓。 ②志：通"帜"，旗帜。 ③若：你们。趣（cù）：同"促"，赶快。 ④亨：通"烹"，古代一种用鼎锅煮杀人的酷刑。 ⑤强力：刚强不屈。⑥燕时：闲暇休息时。燕：舒适，安闲。 ⑦惮：敬畏，惧怕。 ⑧期期：口吃者说不成话的着急之声。

“君之史赵尧，年虽少，然奇才也，君必异之，是且代君之位。”周昌笑曰：“尧年少，刀笔吏耳，何能至是乎！”居顷之，赵尧侍高祖。高祖独心不乐，悲歌，群臣不知上之所以然。赵尧进请问曰：“陛下所为不乐，非为赵王年少而戚夫人与吕后有郤邪？备万岁之后而赵王不能自全乎？”高祖曰：“然。吾私忧之，不知所出。”尧曰：“陛下独宜为赵王置贵强相，及吕后、太子、群臣素所敬惮乃可。”高祖曰：“然。吾念之欲如是，而群臣谁可者？”尧曰：“御史大夫周昌，其人坚忍质直，且自吕后、太子及大臣皆素敬惮之。独昌可。”高祖曰：“善。”于是乃召周昌，谓曰：“吾欲固烦公，公强为我相赵王。”周昌泣曰：“臣初起从陛下，陛下独奈何中道而弃之于诸侯乎？”高祖曰：“吾极知其左迁[①]，然吾私忧赵王，念非公无可者。公不得已强行！”于是徙御史大夫周昌为赵相。

既行久之，高祖持御史大夫印弄之，曰：“谁可以为御史大夫者？”孰视[②]赵尧，曰：“无以易[③]尧。”遂拜赵尧为御史大夫。尧亦前有军功食邑，及以御史大夫从击陈豨有功，封为江邑侯。

高祖崩，吕太后使使召赵王，其相周昌令王称疾不行。使者三反[④]，周昌固为不遣赵王。于是高后患之，乃使使召周昌。周昌至，谒高后，高后怒而骂周昌曰：“尔不知我之怨戚氏乎？而不遣赵王，何？”昌既征，高后使使召赵王，赵王果来。至长安月馀，饮药而死。周昌因谢病不朝见，三岁而死。

后五岁，高后闻御史大夫江邑侯赵尧高祖时定赵王如意之画[⑤]，乃抵尧罪[⑥]，以广阿侯任敖为御史大夫。

---

①左迁：降职，贬谪。②孰视：注目细看。孰：通“熟”。③易：替换。④反：通“返”，返回，往返。⑤画：谋划，计策。⑥抵尧罪：指免去赵尧位，以抵其罪。

任敖者，故沛狱吏。高祖尝辟吏①，吏系吕后，遇之不谨②。任敖素善高祖，怒，击伤主吕后吏。及高祖初起，敖以客从，为御史，守丰二岁。高祖立为汉王，东击项籍，敖迁为上党守。陈豨反时，敖坚守，封为广阿侯，食千八百户。高后时为御史大夫。三岁免，以平阳侯曹窋为御史大夫。高后崩，与大臣共诛吕禄等，免。以淮南相张苍为御史大夫。

苍与绛侯等尊立代王为孝文皇帝。四年，丞相灌婴卒，张苍为丞相。

自汉兴至孝文二十馀年，会天下初定，将相公卿皆军吏。张苍为计相时，绪正③律历。以高祖十月始至霸上，因故秦时本以十月为岁首，弗革。推五德④之运，以为汉当水德之时，尚黑如故。吹律调乐，入之音声，及以比定律令。若百工，天下作程品，至于为丞相，卒就之。故汉家言律历者，本之张苍。苍本好书，无所不观，无所不通，而尤善律历。

张苍德王陵。王陵者，安国侯也。及苍贵，常父事⑤王陵。陵死后，苍为丞相，洗沐⑥，常先朝陵夫人上食，然后敢归家。

苍为丞相十馀年，鲁人公孙臣上书言汉土德时，其符有黄龙当见⑦。诏下其议张苍，张苍以为非是，罢之。其后黄龙见成纪，于是文帝召公孙臣以为博士，草土德之历制度，更元年。张丞相由此自绌⑧，谢病称老。苍任人为中候，大为奸利⑨，上以让⑩苍，苍遂病免。苍为丞相十五岁而免。孝景前五年，苍卒，

---

①辟吏：因犯法而躲避官吏追捕。辟：通“避”。 ②遇：对待。不谨：不郑重，不礼貌。 ③绪正：修正，订正，整理调度，使之有序。 ④五德：即水、火、木、金、土，阴阳家以五行相生相克、终而复始附会王朝更替叫五德终始。 ⑤父事：像对待父亲一样侍奉。 ⑥洗沐：沐浴，借指假日，又叫“休沐”。 ⑦见：通“现”，出现。 ⑧绌：通“黜(chù)”，废掉，降职，贬斥。 ⑨奸利：指用不正当手段谋利之类的事。 ⑩让：责备，怪罪。

谥为文侯。子康侯代，八年卒。子类代为侯，八年，坐①临诸侯丧，后就位，不敬，国除。

初，张苍父长不满五尺，及生苍，苍长八尺馀，为侯、丞相。苍子复长。及孙类，长六尺馀，坐法失侯。苍之免相后，老，口中无齿，食乳，女子为乳母。妻妾以百数，尝孕者不复幸②。苍年百有馀岁而卒。

申屠丞相嘉者，梁人，以材官蹶张③从高帝击项籍，迁为队率④。从击黥布军，为都尉。孝惠时，为淮阳守。孝文帝元年，举故吏士二千石从高皇帝者，悉以为关内侯，食邑二十四人，而申屠嘉食邑五百户。张苍已为丞相，嘉迁为御史大夫。张苍免相，孝文帝欲用皇后弟窦广国为丞相，曰："恐天下以吾私⑤广国。"广国贤有行，故欲相之，念久之，不可。而高帝时大臣又皆多死，馀见无可者，乃以御史大夫嘉为丞相，因故邑封为故安侯。

嘉为人廉直，门不受私谒。是时太中大夫邓通方隆爱幸，赏赐累巨万。文帝尝宴饮通家，其宠如是。是时丞相入朝，而通居上傍，有怠慢之礼。丞相奏事毕，因言曰："陛下爱幸臣，则富贵之；至于朝廷之礼，不可以不肃！"上曰："君勿言，吾私之。"罢朝坐府中，嘉为檄召邓通诣丞相府。不来，且斩通。通恐，入言文帝。文帝曰："汝第往，吾今⑥使人召若。"通至丞相府，免冠，徒跣⑦，顿首谢。嘉坐自如，故不为礼，责曰："夫朝廷者，高皇帝之朝廷也。通小臣，戏殿上，大不敬，当斩。吏今行斩之！"

---

①坐：因某事而犯罪。 ②不复幸：不再亲近。 ③材官：勇武的士卒。蹶张：以脚踏弩，使之张开，此处指能拉开强弓的大力士。 ④队率：队长。率：通"帅"。 ⑤私：偏爱。 ⑥今：立刻，不久。 ⑦徒跣（xiǎn）：光着脚，这是古人认罪、请罪的样子。

通顿首,首尽出血,不解[①]。文帝度丞相已困通,使使者持节召通,而谢丞相曰:"此吾弄臣,君释之。"邓通既至,为文帝泣曰:"丞相几杀臣。"

嘉为丞相五岁,孝文帝崩,孝景帝即位。二年,晁错为内史,贵幸用事,诸法令多所请变更,议以谪罚[②]侵削诸侯。而丞相嘉自绌所言不用,疾[③]错。错为内史,门东出,不便,更穿一门南出。南出者,太上皇庙堧垣[④]。嘉闻之,欲因此以法错擅穿宗庙垣为门,奏请诛错。错客有语错,错恐,夜入宫上谒,自归景帝。至朝,丞相奏请诛内史错。景帝曰:"错所穿非真庙垣,乃外堧垣,故地官居其中;且又我使为之,错无罪。"罢朝,嘉谓长史曰:"吾悔不先斩错,乃先请之,为错所卖[⑤]。"至舍,因呕血而死,谥为节侯。子共侯蔑代,三年卒。子侯去病代,三十一年卒。子侯臾代,六岁,坐为九江太守受故官送[⑥]有罪,国除。

自申屠嘉死之后,景帝时开封侯陶青、桃侯刘舍为丞相。及今上时,柏至侯许昌、平棘侯薛泽、武强侯庄青翟、高陵侯赵周等为丞相。皆以列侯继嗣,娖娖[⑦]廉谨,为丞相备员[⑧]而已,无所能发明[⑨]功名有著于当世者。

太史公曰:张苍文学[⑩]律历,为汉名相,而绌贾生、公孙臣等言正朔服色[⑪]事而不遵,明用秦之颛顼历,何哉?周昌,木强[⑫]人也。任敖以旧德用。申屠嘉可谓刚毅守节矣,然无术学,殆与萧、曹、陈平异矣。

---

①不解:怒气不消,即不饶恕。 ②谪罚:寻找过失加以处罚。 ③疾:通"嫉",妒忌,嫉恨。 ④堧(ruán)垣:宫殿的外墙。 ⑤卖:哄骗,捉弄。 ⑥送:指送礼品,贿赂。 ⑦娖娖(chuò):谨慎小心的样子。 ⑧备员:充数。 ⑨发明:发扬光大。 ⑩文学:指文章学问。 ⑪正朔:一年的第一天。正:一年的第一个月。朔:一月的第一天。古时改朝换代,新王朝为表示应天承运,须重定正朔。服色:指车驾、服饰所应采用的颜色。 ⑫木彊:质直倔强。

孝武时丞相多甚，不记，莫录其行起居状略，且纪征和以来。

有车丞相，长陵人也，卒，而有韦丞相代。韦丞相贤者，鲁人也，以读书术为吏，至大鸿胪。有相工相之，当至丞相。有男四人，使相工相之，至第二子，其名玄成。相工曰："此子贵，当封。"韦丞相言曰："我即为丞相。有长子，是安从得之？"后竟为丞相，病死，而长子有罪论，不得嗣，而立玄成。玄成时佯狂，不肯立，竟立之，有让国之名。后坐骑至庙，不敬，有诏夺爵一级，为关内侯，失列侯，得食其故国邑。韦丞相卒，有魏丞相代。

魏丞相相者，济阴人也。以文吏至丞相。其人好武，皆令诸吏带剑，带剑前奏事。或有不带剑者，当入奏事，至乃借剑而敢入奏事。

其时京兆尹赵君，丞相奏以免罪，使人执①魏丞相，欲求脱罪而不听。复使人胁恐魏丞相，以夫人贼杀②侍婢事而私独奏请验之，发吏卒至丞相舍，捕奴婢笞击问之，实不以兵刃杀也。而丞相司直繁君奏京兆尹赵君迫胁丞相，诬以夫人贼杀婢，发吏卒围捕丞相舍，不道；又得擅屏骑士事，赵京兆坐要③斩。又有使掾陈平等劾中尚书，疑以独擅劫事而坐之，大不敬，长史以下皆坐死，或下蚕室④。而魏丞相竟以丞相病死，子嗣。后坐骑至庙，不敬，有诏夺爵一级，为关内侯，失列侯，得食其故国邑。魏丞相卒，以御史大夫邴吉代。

邴丞相吉者，鲁国人也。以读书好法令至御史大夫。孝宣帝时，以有旧故，封为列侯，而因为丞相。明于事，有大智，后世

---

①执：挟制。 ②贼杀：残杀，杀害。 ③要："腰"的古字。 ④蚕室：受宫刑者住的地方。犯人受宫刑后，畏惧风寒，所以在室内生火，温暖如蚕室，故名。

称之。以丞相病死。子显嗣。后坐骑至庙，不敬，有诏夺爵一级，失列侯，得食故国邑。显为吏至太仆，坐官耗乱[①]，身及子男有奸赃，免为庶人。

邴丞相卒，黄丞相代。长安中有善相工田文者，与韦丞相、魏丞相、邴丞相微贱时会于客家，田文言曰："今此三君者，皆丞相也。"其后三人竟更相代为丞相，何见之明也！

黄丞相霸者，淮阳人也。以读书为吏，至颍川太守。治颍川，以礼义条教喻告化之。犯法者，风晓[②]令自杀。化大行，名声闻。孝宣帝下制曰："颍川太守霸，以宣布诏令治民，道不拾遗，男女异路，狱中无重囚。赐爵关内侯，黄金百斤。"征为京兆尹而至丞相，复以礼义为治。以丞相病死，子嗣，后为列侯。黄丞相卒，以御史大夫于定国代。于丞相已有廷尉传，在张廷尉语中[③]。于丞相去，御史大夫韦玄成代。

韦丞相玄成者，即前韦丞相子也。代父，后失列侯。其人少时好读书，明于《诗》《论语》。为吏至卫尉，徙为太子太傅。御史大夫薛君免，为御史大夫。于丞相乞骸骨[④]免，而为丞相，因封故邑为扶阳侯。数年，病死。孝元帝亲临丧，赐赏甚厚。子嗣后。其治容容，随世俗浮沈[⑤]，而见谓谄巧[⑥]。而相工本谓之当为侯代父，而后失之；复自游宦而起，至丞相。父子俱为丞相，世间美之，岂不命哉！相工其先知之。韦丞相卒，御史大夫匡衡代。

丞相匡衡者，东海人也。好读书，从博士受《诗》，家贫，衡

---

①耗乱：昏乱不明。 ②风晓：通过暗示，使之明白。 ③张廷尉："张廷尉"即"张释之"，事见《张释之冯唐列传》，其中无于定国事。 ④乞骸骨：一种谦辞，指因年岁较大自请退职。⑤容容：同"庸庸"，指与世和同，平庸而不标新立异。沈：同"沉"。 ⑥见谓谄巧：被人称之为阿谀奉承，投机取巧。

佣作[①]以给食饮。才下，数射策[②]不中，至九，乃中丙科。其经以不中科故明习。补平原文学卒史。数年，郡不尊敬。御史征之，以补百石属。荐为郎，而补博士，拜为太子少傅，而事孝元帝。孝元好《诗》，而迁为光禄勋，居殿中为师，授教左右，而县官[③]坐其旁听，甚善之，日以尊贵。御史大夫郑弘坐事免，而匡君为御史大夫。岁馀，韦丞相死，匡君代为丞相，封乐安侯。以十年之间，不出长安城门而至丞相，岂非遇时而命也哉！

太史公曰：深惟[④]士之游宦所以至封侯者微甚[⑤]，然多至御史大夫即去者。诸为大夫而丞相次也，其心冀幸丞相物故[⑥]也。或乃阴私相毁害，欲代之。然守[⑦]之日久不得，或为之日少而得之，至于封侯，真命也夫！御史大夫郑君守之数年不得，匡君居之未满岁，而韦丞相死，即代之矣，岂可以智巧得哉！多有贤圣之才，困厄不得者众甚也。

【译文】

丞相张苍，阳武人。他好读书，擅长律度与历法。秦朝时任御史，掌管宫中文书档案。后因有罪，逃回家中。等沛公攻城略地经过阳武时，张苍就以宾客的身份随沛公攻打南阳。后来张苍因犯法应当斩首，脱下衣服，伏在砧板上时，身体又高又大，又肥又白如同瓠瓜一样。凑巧被王陵看见，惊叹张苍长得好，就向沛公说情，赦免而没有斩杀他。张苍便随沛公向西进入武关，到了咸阳。沛公被立为汉王，进入汉中，不久又回师平定三秦。陈余打败赶跑常山王张耳，张耳归附汉王，汉王就任命张苍为常山郡守。随淮阴侯攻打赵国，张苍擒获陈余。赵地平定后，汉王任

---

①佣作：给人干活，当雇工。 ②射策：主试者出题写在简策上，应试者作文对答，能否回答满意如射箭能否射中箭靶，故称。 ③县官：指皇帝。古人认为王畿内县即国都，王者主宰国都官天下，故称之为县官。 ④深惟：深思，细想。 ⑤微甚：很少。 ⑥冀幸：希望。物故：死去。 ⑦守：等候。

命张苍为代国相国，防备边境敌寇。不久，又被改任为赵国相国，辅佐赵王张耳。张耳死后，辅佐赵王张敖。又改任代国相国，辅佐代王。燕王臧荼谋反时，高祖带兵前往攻打，张苍以代国相国的身份随高祖攻打臧荼有功，在高祖六年中被封为北平侯，食邑一千二百户。

后来，张苍被升任为计相。一个月后，张苍以列侯的爵位改任主计达四年。此时萧何任相国，而张苍是从秦时就任柱下史，熟悉清楚天下的图书和各地出产及应向朝廷所交贡赋的簿籍。再加上他很精通计算、律度和历法，因此就让他以列侯的爵位在相府任职，负责管理各郡国向朝廷交纳的钱粮。黥布谋反未成而逃亡，高祖立皇子刘长做淮南王，命张苍为相国辅佐他。十四年后，张苍升任御史大夫。

周昌是沛县人。他的堂兄叫周苛，秦时二人都是泗水卒史。等高祖在沛县起事，打败泗水郡郡守、郡监，于是周昌、周苛就以卒史的资历随沛公。沛公命周昌任掌管旗帜的官，周苛为帐下宾客。后来他们都随沛公入关，灭了秦朝。沛公被封为汉王，任用周苛为御史大夫，周昌为中尉。

汉王四年，楚军在荥阳围困汉王，情况紧急，汉王悄悄逃了出去，令周苛留守荥阳城。楚军攻破荥阳城，想令他为将军。周苛骂道："你们赶快投降汉王，不然，很快就要被俘虏了！"项羽大怒，烹杀周苛。于是，汉王就拜周昌为御史大夫。周昌常随汉王，多次击败项羽军。高祖六年，周昌和萧何、曹参一起受封，封周昌为汾阴侯；周苛之子周成因父亲为汉而死，被封为高景侯。

周昌为人刚强不屈，敢于直言，自萧何、曹参等都敬畏他。周昌曾有一次在高帝休息时进宫奏事，高帝正和戚姬拥抱。周昌回头便跑，高帝追上扯住他，骑在周昌脖子上问道："我是什么样的皇帝？"周昌昂起头说："陛下就是夏桀、商纣一样的皇帝。"高帝听了大笑，却更敬畏周昌。等高帝想废掉太子，立戚姬之子如意为太子时，大臣坚决争谏，都不能奏效；皇上因留侯张良为吕后定的计策而将此事放下。而周昌在朝廷中极力争辩，高帝问他理由。周昌本来就口吃，又赶上非常气愤，他说："臣的口才虽不太好,但臣期期知道这样做不行。陛下您虽想废掉太子,但臣期期不奉诏。”高帝高兴地笑了。事后,吕后因在东厢侧耳听到这些话,见到周昌时,就跪谢说:“若不是您,太子几乎被废掉了。”

此后,戚姬之子如意立为赵王,年龄才十岁,高祖担忧如果自己死后,赵王不能保全。有个名叫赵尧的人,年纪轻,是掌管符玺的御史。赵国人方与公对御史大夫周昌说:“您的御史赵尧,年纪虽轻,但却是个奇才,您对他一定要另眼看待,他将来要代替您的职位。”周昌笑着说:“赵尧年轻,只不过是个刀笔小吏罢了,哪里会到这种地步!”过了不久,赵尧去侍奉高祖。有一天,高祖独自心中不乐,慷慨悲歌,群臣不知皇上为什么会这样。赵尧上前请问道:“皇帝您闷闷不乐的原因,莫非是为赵王年少而戚夫人和吕后又不和睦吗?是担心在您万岁之后而赵王不能保全自己吗?”高祖说:“对。我私下里非常担心这些,但却不知怎么办才好。”赵尧说:“陛下最好为赵王派去一个地位高贵而又坚强有力的相国,这个人还得是吕后、太子和群臣平素都敬畏的人才行。”高祖说道:“对。我也是这样考虑的,但群臣中谁能担此重任呢?”赵尧说道:“御史大夫周昌,这个人坚忍耿直,且从吕后、太子到大臣都敬畏他,因此,只有他才能担此重任。”高祖说:“好。”于是高祖就召见周昌,对他说:“我想一定得麻烦您,您无论如何也要为我去辅佐赵王,做他的相国。”周昌哭着回答:“臣从一开始就随陛下,您为什么单单要在半路上把我扔给了诸侯王呢?”高祖说:“我非常了解这是降职,但我私下里为赵王担忧,再三考虑,除了您其他人谁也不行。真是迫不得已,您就为我勉强走一遭吧!”于是御史大夫周昌就被改任为赵国相国。

周昌走后,过了很久,高祖手拿御史大夫印,抚弄着说:“谁可以做御史大夫呢?”然后仔细看着赵尧,说道:“没有人比赵尧更合适了。”就拜授赵尧为御史大夫。赵尧以前也有军功食邑,等他以御史大夫的身份随从攻打陈豨立功,被封为江邑侯。

高祖驾崩后,吕太后派使臣召赵王入朝,相国周昌让赵王推说身体不好,不能前往。使者往返三次,周昌一直坚持不送赵王进京。于是高后很是忧虑，就派使者召周昌进京。周昌进京后，拜见高后，高后生气地骂周昌道："难道你不知道我非常恨戚夫人吗？而你却不让赵王进京，为什么？"周昌被召进京后，高后又派使者召赵王，赵王果然来到京城。到长安一个多月后，赵王就被迫喝下毒药而死。周昌因此称病引退，不再上朝拜见太后。三年之后，他也死去。

周昌死后五年，高后听说御史大夫江邑侯赵尧在高祖时定下了保全赵王如意的计策，就除去他江邑侯爵位以抵其罪，并让广阿侯任敖任御史大夫。

任敖，原是沛县的一名狱吏。高祖早年曾躲避官司，狱吏找不到高祖，便拘囚吕后，并对她很不礼貌。任敖平素和高祖要好，见此情景非常生气，就打伤了拘管吕后的那位狱吏。等高祖开始起兵时，任敖就以宾客的身份跟随，后来任御史，驻守丰邑两年。高祖立为汉王，向东进击项籍，任敖升任上党郡守。陈豨反叛时，任敖坚守城池，因功被封为广阿侯，食邑一千八百户。高后时，任御史大夫。三年后被免职，任命平阳侯曹窋为御史大夫。高后驾崩，曹窋和大臣共同诛杀吕禄等人，后被免去官职，任命淮南王相国张苍为御史大夫。

张苍和绛侯周勃等尊立代王为孝文皇帝。文帝四年，丞相灌婴死，张苍继任丞相。

从汉兴到孝文帝的二十多年时间，正值天下刚刚平定，朝中将相公卿都是军吏出身。而张苍做计相时，就致力于修正律度历法。因高祖是在十月入关灭秦返回霸上的，所以原来秦时以十月为一年开端的历法没改变。他又推求金、木、水、火、土五德运行变化的情形，认为汉正值水德旺盛的时期，所以仍像秦时那样崇尚黑色。张苍还吹奏律管，调整乐调，使其合于五声八音，并以此推类制定各种律令。还由此制定出各种器物的度量标准，以作为天下百工的规范。到了他做丞相时，终于把这一切都完成了。所以汉家研究律度历法的学者，都源本于张苍。而张苍又本来就喜欢图书，他什么书都读，什么学问都精通，而尤其擅长律度历法。

张苍对曾救过自己的王陵感恩戴德。王陵就是安国侯。等张苍显贵后，常把王陵当父亲一般侍奉。王陵死后，张苍做丞相，但每逢假日，总是先拜见王陵夫人侍候她吃饭，然后才敢回家。

张苍任丞相十几年后，鲁国人公孙臣上书说汉属于土德旺盛时期，其征兆是不久将有黄龙出现。皇帝下诏将此事交给张苍裁定，张苍认为并非如此，把这事否定了。但后来黄龙果然出现在成纪，于是文帝就召见公孙臣命他为博士，让他草拟与土德相应的历法制度，并改定元年。丞相张苍因此自行引退，推说年老有病，不再上朝。张苍曾保举某人做中候官，但这个人利用不正当手段大谋私利，皇帝以此怪罪张苍，张苍于是告病退职。张苍做了十五年丞相被免职。孝景帝前元五年，张苍死，谥号为文侯。其子康侯继承侯位，八年后死。康侯之子张类继承侯位，八年后，因犯下参加诸侯丧礼后而就位不敬的罪名，封邑被废除。

当初，张苍之父身高不足五尺，等生下张苍，张苍身高八尺有余，被封为侯，又做了丞相。张苍之子也很高大。到了孙子张类，身高六尺多，因犯法而失去侯位。张苍免去丞相后，年岁已很大，嘴里没有牙齿，靠吃人奶度日，让一些女子做他的乳母。他的妻妾众多，达百人左右，凡是曾孕育过的就不再亲近。张苍活到一百多岁才死。

丞相申屠嘉，梁人，以能拉强弓硬弩的武士的身份，随高帝攻打项羽，升任队率。随高帝攻打黥布叛军时，任都尉。孝惠帝时，任淮阳郡守。孝文帝元年，选拔那些曾随高帝征战的二千石官员，全都封为关内侯，得封此爵的共二十四人，而申屠嘉得到五百户食邑。张苍任丞相后，申屠嘉升任御史大夫。张苍免去丞相后，孝文帝想任用皇后的弟弟窦广国为丞相，但又说："我担心这样会使天下人认为我偏爱广国。"窦广国很有才能，品德也好，因此皇上才想命他为丞相，但考虑很久后，还是认为他不合适。而高帝时的大臣又多已死去，其他现存的旧功臣中也没合适人选，就任命御史大夫申屠嘉为丞相，以原来的食邑封他为故安侯。

申屠嘉为人廉洁正直，在家里不接受私事拜访。当时太中大夫邓通特别受皇帝宠爱，赏赐给他的钱财已达万万。文帝曾到他家宴饮，由此可见皇帝对他多么宠爱。当时丞相申屠嘉入朝拜见，而邓通站在皇帝身边，礼数上有些怠慢。申屠嘉奏事完毕，接着说道："皇上喜爱宠臣，可以让他富贵；至于朝廷上的礼节，不能不严肃对待。"皇上说："您不要再说了，我私下诫教他。"申屠嘉上朝回来坐在相府中，下了一道令，让邓通到相府来，如果不来，就把邓通斩首。邓通非常害怕，进宫告诉文帝。文帝说："你尽管前去，我立刻派人召见你。"邓通来到丞相府，除去帽子，光着脚，向申屠嘉叩头请罪。申屠嘉很随便地坐在那里，故意不以礼节对待他，还斥责他说："朝廷嘛，是高祖皇帝的朝廷。你邓通只不过是个小臣，却胆敢在大殿之上随随便便，犯有大不敬之罪，应该杀头。来人哪，现在就执行，把他斩了！"邓通磕头，头上碰得鲜血直流，但申屠嘉仍没说饶他。文帝估计丞相已让邓通吃尽苦头，就派使者拿着节旄召邓通进宫，并向丞相表示歉意说："这是我亲近的臣子，您就饶了他吧！"邓通回到宫中后，哭着对文帝说："丞相差点杀了臣！"

申屠嘉任丞相五年后，孝文帝驾崩，孝景帝即位。景帝二年，晁错任内史，因受皇帝宠爱，位高权大，许多法令他都奏请皇帝变更，同时还议论如何寻诸侯的过错来削弱他们。而丞相申屠嘉也因自己所说的话不被采纳嫉恨晁错。晁错任内史，内史府大门本由东边通出宫外，进出多有不便，他就改凿一道门向南通出。而向南出的门所凿开的墙，正是太上皇宗庙的外墙。申屠嘉听说后，就想借晁错擅自凿开宗庙围墙为门的理由，将他治罪，奏请皇上杀掉他。晁错门客中有人把此事告诉了他，晁错非常害怕，连夜入宫拜见皇上，自己向景帝请罪。第二天上朝，丞相申屠嘉奏请诛杀内史晁错。景帝说道："晁错所凿的墙并不是真正的宗庙墙，而是宗庙的外围矮墙，所以才有其他官员住在里面；况且又是我让他这样做的，晁错没什么罪。"退朝后，申屠嘉对长史说："我后悔没先杀晁错，却先奏请皇上，结果反被晁错捉弄。"回到相府后，因气愤吐血而死，谥号为节侯。其子共侯申屠蔑继承侯位，三年后死。共侯之子申屠去病继承侯位，三十一年后死。申屠去病之子申屠臾继承侯位，六年后，因身为九江太守接受原任官员贿赂而犯罪，封国被废除。

自从申屠嘉死去后，景帝时开封侯陶青、桃侯刘舍先后做丞相。到了当今皇上时，柏至侯许昌、平棘侯薛泽、武强侯庄青翟、高陵侯赵周等相继为丞相。他们都是世袭的列侯，谨小慎微，做丞相只不过是充数而已，没一个能以有所建树、功名显赫而著称当世的。

太史公说：张苍的文章学问、律度历法都很精通，是汉代名相，但他却把贾生、公孙臣等提出的重定历法、改变服色的主张抛在一边不加采用，却偏偏采用秦所实行的颛顼历，这是为什么呢？周昌，是个像木石般质直倔强的人。任敖靠他对吕后有恩德被重用。申屠嘉可以说是刚正坚毅、守持操行的人，但他不懂谋略又没有学问，和萧何、曹参、陈平相比，恐怕要逊色多啦。

孝武帝时丞相很多，不一一记名，也不记录他们的出身、籍贯以及品行、事迹等等，暂且记下武帝征和年间以来的丞相。

车千秋丞相，长陵人，他死后由韦丞相接替。韦丞相名贤，鲁国人，他因读儒书习儒术而任小吏，升官到大鸿胪。曾有相面的人给他相面，说他可以官至丞相。他有四个儿子，也让相面的人给他们相面，相到第二个名叫韦玄成的儿子时，相面的人说："这个儿子大富大贵，应当封侯。"韦丞相说："即使我做了丞相，被封为侯，继承侯位的是长子，怎么会轮到他封侯呢？"后来，韦玄果然做了丞相，因病死去，而长子因犯罪不能继承侯位，因此立韦玄成。韦玄成当时假装疯癫，不肯继承侯位，但最终还是让他继承了侯位，还赢得了封侯将临而让给别人的好名声。后来因骑马径直闯进宗庙，被判为不敬之罪，皇帝下诏，降爵一级，成为关内侯，失去了列侯的爵位，但以前的封邑依然享有。韦丞相死后，由魏丞相接任他为丞相。

魏丞相名叫魏相，济阴人。由文职小吏升迁到丞相。他这人喜好武艺，要求属下的诸吏员都要佩带宝剑，并规定只有佩带宝剑才能上前奏事。若有没带宝剑的下属官吏，有事需入内禀奏，以至于要向他人借宝剑带上才敢进府奏事。

当时的京兆尹是赵君广汉，魏丞相上奏皇帝，说赵广汉犯了应该免职的罪，赵广汉派人挟持魏丞相，想得到使自己免罪的目的，但魏丞相不答应。赵广汉又派人威胁恐吓魏丞相，把丞相夫人杀死侍从婢女一事抬了出来，私下奏请皇帝请求派人查验，并派官吏士卒到丞相住宅，逮捕丞相府的家奴婢女鞭笞拷打，审问此事，最后问出的结果是死去的婢女并非魏夫人用利器所杀。丞相手下的法吏繁君就上奏皇帝，说京兆尹赵广汉威胁丞相，诬告丞相夫人残杀婢女，派官吏士卒包围搜查丞相住宅，逮捕丞相家人，犯下残害无辜的不道之罪；同时查出他擅自逐遣骑士的事，赵广汉被判处腰斩。后来又有掾使陈平等揭发中尚书，涉嫌擅自劫持、威胁当事人，被判为大不敬之罪，致使长史以下数名官员都被处死，还有一些人被处以宫刑。而魏丞相最后在丞相之位上因病死去，其子继承了爵位。后因骑马闯进宗庙，犯下不敬之罪，皇帝下诏，降爵一级，成为关内侯，失去列侯的爵位，但依然享有他的故地封邑。魏丞相死后，御史大夫邴吉接任他为丞相。

邴丞相名叫邴吉，鲁国人。因喜欢读书和喜好法令而官至御史大夫。孝宣帝时，因和皇帝有旧交的缘故，被封为列侯，接着又做了丞相。他非常明了事理，且有超乎常人的聪明和智慧，为后世所称颂。他在丞相任上因病而死，儿子邴显继承爵位。后来邴显因骑马闯进宗庙，犯下不敬之罪，皇帝有诏降爵一级，失去列侯的爵位，但依然享有故地封邑。邴显官一直做到太仆，因任太仆时昏乱不明，自己和儿子都有贪赃不法的行为，被免官，降为平民。

邴丞相死后，黄丞相接任。长安城中有个善相面的人，名叫田文，他和当时身处微贱的韦丞相、魏丞相、邴丞相在一家做客时见了面，田文说："现在这里的三位先生，将来都能做丞相。"后来，这三个人果然相继为丞相。这个人怎看得这么高明啊！

黄丞相名叫黄霸，淮阳人。因喜欢读书而任官吏，官至颍川太守。治理颍川时，用礼义教令来教喻感化百姓。若是犯有重罪应当斩首的，暗示他令其自杀。教化大行，名声远近皆知。孝宣帝为此颁下诏制称："颍川太守黄霸，用宣布国家诏令来治理百姓，道路之上不拾丢失的东西，男女分路而行，监狱之中没犯重罪的囚犯。特赐给关内侯的爵位，黄金一百斤。”后被皇帝征召到京城任京兆尹，后又官至丞相，在任丞相期间，又以礼义治理国家。最后病死在丞相任上，其子继承爵位，后来被封为列侯。黄丞相死后，皇帝任命御史大夫于定国接任他为丞相。于定国丞相已有廷尉传，在《张廷尉》一传中有记载。于丞相去职后，御史大夫韦玄成接任他为丞相。

韦玄成丞相就是前边所说的韦贤丞相之子。他继承父亲的封爵，后因犯法失去列侯的爵位。韦玄成从小就喜欢读书，对《诗经》和《论语》都很通晓。做官到卫尉时，升迁为太子太傅。御史大夫薛君被免职后，韦玄成任御史大夫。于丞相请求告老还乡而被免职后，韦玄成做了丞相，皇帝以他的旧日封邑封他为扶阳侯。数年后，因病而死。孝元帝亲自参加他的丧礼，赏赐特别丰厚。其子继承他的爵位。韦玄成治理国家和同，平庸不立异，能随世俗而上下浮沉，但有人称他是阿谀取巧。而相面的人很早就说他应当代替其父，继承侯位，但他得到侯位后又失去了；他又再次通过游学做官，官至丞相。他们父子两人都做了丞相，被世人传为美谈，这难道不是命运的安排吗？相面的人事先就知道会有这样的事。韦丞相死后，御史大夫匡衡接任他为丞相。

丞相匡衡，东海人。他喜好读书，曾随太学博士学习《诗经》。因家境贫寒，靠给人做工糊口。他才能低下，多次参加考试都没考中，一直考到第九回才考中丙科。对于经书，由于他多次应考不中反复读习，所以非常通晓谙熟。后来，他补任平原郡文学卒史。又过了数年，郡里的人都对他不尊敬。这时，御史征调他进京，先补任百石小吏，后被荐举为郎官，又补任博士，拜为太子少傅，侍奉孝元帝。孝元帝喜欢《诗经》，就升任匡衡为光禄勋，让他身居宫中做老师，教授皇帝的侍臣，而皇帝也坐在他的旁边听讲，非常喜欢他，因此，他也就日益尊贵起来。御史大夫郑弘因犯法被免官，匡衡继任为御史大夫。一年多之后，韦玄成丞相死，匡君继任为丞相，被封为乐安侯。十年之间，他不出长安城门而官至丞相，这难道不是遇到好机会和命中注定吗？

太史公说：我曾反复地思索，读书人四海游宦，但能得到封侯的人实在太少了！不少人升到御史大夫，也就上不去了。这些人已做了御史大夫，离丞相之位也就只差一点了，他们心里都盼着丞相赶快死去。有些人暗中诋毁中伤，想以此取相位而代之。但有的人在御史任上等了好久也没等上；而有的人没等多久就登上相位，被封为列侯。这真是命运的安排啊！御史大夫郑君等了多年没登上相位，而匡君却任御史大夫未满一年，韦丞相就死了，立刻接替他做了丞相，难道这个位置是可以用智巧得到的吗？而那些有贤圣之才，却困厄多年不能被用的，实在太多了！

【鉴赏】

本篇以类而聚，在结构布局上十分巧妙。因张苍是由御史大夫递补升任为丞相的，当时的丞相也是如此。故而本篇首先记述御史大夫事，后记丞相事，且记御史大夫与丞相都以叙张苍为先，对应篇题。具体而言，传文以张苍为谋篇布局之关节，开篇先记述张苍因精通历算而为计相，并以“迁为御史大夫”之语暂时停下对张苍的记叙，而随后展开对御史大夫周昌、任敖等的记述，又以曹窋为御史大夫免职，“淮南相张苍为御史大夫”之语照应，从而转入对张苍做丞相时事迹的记述，之后又以“张苍免相”“乃以御史大夫嘉为丞相”，自然转入对丞相申屠嘉之事的记述。

本篇在人物刻画方面也很见功力，司马迁善于通过人物在具体事件中的言行举止来表现他们的性格。如刘邦想废太子而立赵王如意，周昌在朝廷上激烈反对，“上问其说，昌为人吃，又盛怒，曰：‘臣口不能言，然臣期期知其不可。陛下虽欲废太子，臣期期不奉诏。’”通过如此个性化的语言，将周昌敢于直言，及因盛怒而口吃更厉害的情态表现得极为淋漓尽致。而周昌在刘邦闲时入宫奏事，刘邦正拥戚姬，周昌赶忙逃走，于是有刘邦追及而“骑周昌项”和周昌“仰曰”之动作及对答之语，二人之个性也在这一细节中被刻画得惟妙惟肖。再如，写张苍感激王陵，作者以“陵死后，苍为丞相，洗沐，常先朝陵夫人上食，然后敢归家”数语直述其行动，表现他的知恩报德。

中华经典全本译注评

4

〔西汉〕司马迁　著
甘宏伟　江俊伟　译注

长江出版传媒　崇文书局

史记卷九十七·郦生陆贾列传第三十七

本篇主要记述郦食其和陆贾的生平事迹,并附有朱建事。他们都善于口辩,大有战国纵横家的遗风。郦食其早年家贫落魄,后得见沛公刘邦,常为说客,本篇则主要记述了楚汉相争时,郦生献计刘邦坚守敖仓,并为汉王说齐王田广,后又被齐王烹杀事,突出了他疏阔耿直、临死不屈的性格。对陆贾,则写他为汉王说南越王尉他称臣,及为陈平谋划诛杀诸吕等事,突出了他的政治才干。至于朱建则不可与郦生、陆贾二人同日而语,只因"平原君子与余善",所以记了他与辟阳侯审食其的一段故事。

郦生食其者,陈留高阳人也。好读书,家贫落魄,无以为衣食业,为里监门吏。然县中贤豪不敢役,县中皆谓之狂生。

及陈胜、项梁等起,诸将徇①地过高阳者数十人,郦生闻其将皆握龊,好苛礼自用②,不能听大度之言,郦生乃深自藏匿。后闻沛公将兵略地陈留郊,沛公麾下③骑士适郦生里④中子也,沛公时时问邑中贤士豪俊。骑士归,郦生见谓之曰:"吾闻沛公慢而易人⑤,多大略,此真吾所愿从游,莫为我先⑥。若见沛公,谓曰'臣里中有郦生,年六十馀,长八尺,人皆谓之狂生,生自谓我非狂生'。"骑士曰:"沛公不好儒,诸客冠儒冠来者,沛公辄解其冠,溲溺⑦其中。与人言,常大骂。未可以儒生说也。"郦生

①徇(xùn):带兵巡行,发布号令,遂占有其地。 ②握龊:同"龌龊(wò chuò)",器量狭小,行止卑微。苛礼:苛细繁琐的礼节。自用:自以为是。 ③麾下:部下。麾:指挥军队作战用的旗帜。 ④里:古时居民聚居的地方。 ⑤易:轻视,看不起。 ⑥先:先导,引见,介绍。 ⑦溲溺(sōu niào):撒尿。溺:古"尿"字。

曰："弟[①]言之。"骑士从容言如郦生所诫者[②]。

沛公至高阳传舍[③]，使人召郦生。郦生至，入谒[④]，沛公方倨[⑤]床使两女子洗足，而见郦生。郦生入，则长揖不拜[⑥]，曰："足下欲助秦攻诸侯乎？且欲率诸侯破秦也？"沛公骂曰："竖[⑦]儒！夫天下同苦秦久矣，故诸侯相率而攻秦，何谓助秦攻诸侯乎？"郦生曰："必聚徒合义兵诛无道秦，不宜倨见长者。"于是沛公辍洗，起摄衣，延郦生上坐，谢之。郦生因言六国从横[⑧]时。沛公喜，赐郦生食，问曰："计将安出？"郦生曰："足下起纠合之众，收散乱之兵，不满万人，欲以径入强秦，此所谓探虎口者也。夫陈留，天下之冲[⑨]，四通五达之郊也，今其城又多积粟。臣善[⑩]其令，请得使之，令下[⑪]足下。即不听，足下举兵攻之，臣为内应。"于是遣郦生行，沛公引兵随之，遂下陈留。号郦食其为广野君。

郦生言其弟郦商，使将数千人从沛公西南略地。郦生常为说客，驰使诸侯。

汉三年秋，项羽击汉，拔荥阳，汉兵遁保巩、洛。楚人闻淮阴侯破赵，彭越数反梁地，则分兵救之。淮阴方东击齐，汉王数困荥阳、成皋，计欲捐[⑫]成皋以东，屯巩、洛以拒楚。郦生因曰："臣闻知天之天[⑬]者，王事可成；不知天之天者，王事不可成。王者以民为天，而民以食为天。夫敖仓，天下转输久矣。臣闻其

---

①弟：但，只管。 ②从容：很自然地，随便地。诫：叮嘱，告诉。 ③传（zhuàn）舍：古时供往来行人居住的客舍。 ④谒：进见，拜见，一般用于下对上，幼对长。这里指请见的名帖。 ⑤倨：通"踞"，叉开双腿坐着。以这种姿势见宾客，是一种不礼貌的态度。 ⑥长揖不拜：行一个大的拱手礼而没有跪拜，表示不十分尊敬的态度。 ⑦竖：竖子，小子。 ⑧从横：即"纵横"，合纵连横，六国联合反秦为合纵，六国分而和秦为连横。从：通"纵"。 ⑨冲：交通要道，大路交叉之处。 ⑩善：亲善，要好。 ⑪下：投降，归附。 ⑫捐：舍弃，丢弃。 ⑬天之天：比喻在重要事物中的最重要部分。

下乃有藏粟甚多。楚人拔荥阳，不坚守敖仓，乃引而东，令適卒①分守成皋，此乃天所以资汉也。方今楚易取而汉反却，自夺②其便，臣窃以为过矣。且两雄不俱立，楚汉久相持不决，百姓骚动，海内摇荡，农夫释耒③，工女下机，天下之心未有所定也。愿足下急复进兵，收取荥阳，据敖仓之粟，塞成皋之险，杜大行之道④，距蜚狐之口⑤，守白马之津，以示诸侯效实形制之势，则天下知所归矣。方今燕、赵已定，唯齐未下。今田广据千里之齐，田解将二十万之众，军于历城，诸田宗强，负海阻河、济⑥，南近楚，人多变诈，足下虽遣数十万师，未可以岁月破也。臣请得奉明诏说齐王，使为汉而称东藩⑦。"上曰："善。"

乃从其画，复守敖仓，而使郦生说齐王曰："王知天下之所归乎？"王曰："不知也。"曰："王知天下之所归，则齐国可得而有也；若不知天下之所归，即齐国未可得保也。"齐王曰："天下何所归？"曰："归汉。"曰："先生何以言之？"曰："汉王与项王戮力西面击秦，约先入咸阳者王之。汉王先入咸阳，项王负约不与而王之汉中。项王迁⑧杀义帝，汉王闻之，起蜀汉之兵击三秦，出关而责义帝之处，收天下之兵，立诸侯之后。降城即以侯其将，得赂⑨即以分其士，与天下同其利，豪英贤才皆乐为之用。诸侯之兵四面而至，蜀汉之粟方船⑩而下。项王有倍约之名，杀义帝之负；于人之功无所记，于人之罪无所忘；战胜而不得其赏，拔城而不得其封；非项氏莫得用事；为人刻印，刓⑪而不能

①適卒：因罪被征发的士兵。適：通"谪"，因罪被罚戍边。 ②夺：失掉，这里指"放弃"。 ③释耒：放下农具。耒：古时农民翻土用的一种农具。 ④杜：截断，堵塞。大：通"太"。 ⑤距：通"拒"，抵御，拒守。蜚：通"飞"。 ⑥负海阻河济：指齐国背靠大海，倚仗黄河、济水为天然屏障。负：背靠。阻：凭藉，倚仗。 ⑦东藩：东面的属国。藩：藩篱，古代用以称诸侯国，诸侯国是宗主国的藩篱屏障。 ⑧迁：放逐，流放。 ⑨赂：财物。 ⑩方船：两船相并，船挨着船。 ⑪刓(wán)：通"玩"，反复抚摸。

授；攻城得赂，积而不能赏。天下畔之，贤才怨之，而莫为之用。故天下之士归于汉王，可坐而策[①]也。夫汉王发蜀汉，定三秦；涉西河之外，援上党之兵，下井陉，诛成安君，破北魏，举三十二城：此蚩尤之兵也，非人之力也，天之福也。今已据敖仓之粟，塞成皋之险，守白马之津，杜大行之阪，拒蜚狐之口，天下后服者先亡矣。王疾先下汉王，齐国社稷可得而保也；不下汉王，危亡可立而待也。"田广以为然，乃听郦生，罢历下兵守战备，与郦生日纵酒。

淮阴侯闻郦生伏轼[②]下齐七十馀城，乃夜度兵平原袭齐。齐王田广闻汉兵至，以为郦生卖己，乃曰："汝能止汉军，我活汝；不然，我将亨[③]汝！"郦生曰："举大事不细谨，盛德不辞让[④]。而公不为若更言！"齐王遂亨郦生，引兵东走。

汉十二年，曲周侯郦商以丞相将兵击黥布有功。高祖举[⑤]列侯功臣，思郦食其。郦食其子疥数将兵，功未当侯，上以其父故，封疥为高梁侯。后更食武遂，嗣三世。元狩元年中，武遂侯平坐诈诏[⑥]衡山王取百斤金，当弃市[⑦]，病死，国除也。

陆贾者，楚人也。以客从高祖定天下，名为有口辩士，居左右，常使诸侯。

及高祖时，中国初定，尉他平南越，因王之，高祖使陆贾赐尉他印为南越王。陆生至，尉他魋结箕倨[⑧]见陆生。陆生因进说他曰："足下中国人，亲戚昆弟坟墓在真定。今足下反天性，

---

①坐而策：毫不费力地任意驱使。策：鞭策，驱赶。 ②伏轼：凭轼，手扶车轼，这里指乘车。轼：车厢前面的扶手横木。 ③亨：通"烹"，烹煮，此指烹杀，一种用大锅煮杀人的酷刑。④不辞让：不怕别人责难。让：怪罪，责备。 ⑤举：此处指分封。 ⑥坐诈诏：因为假冒皇帝的诏书而犯罪。 ⑦弃市：处死刑。古代处犯人死刑，多在街市上执行，表示与众共弃之。⑧魋结（chuí jì）：同"椎髻"，挽发于顶，形如椎。箕倨：伸开两脚坐，如簸箕，是无礼的会客姿态。

弃冠带，欲以区区之越与天子抗衡为敌国，祸且及身矣。且夫秦失其政，诸侯豪杰并起，唯汉王先入关，据咸阳。项羽倍约，自立为西楚霸王，诸侯皆属，可谓至强。然汉王起巴、蜀，鞭笞[①]天下，劫略[②]诸侯，遂诛项羽灭之。五年之间，海内平定，此非人力，天之所建也。天子闻君王王南越，不助天下诛暴逆，将相欲移兵而诛王，天子怜百姓新劳苦，故且休之，遣臣授君王印，剖符[③]通使。君王宜郊迎，北面称臣，乃欲以新造未集[④]之越，屈强[⑤]于此。汉诚闻之，掘烧王先人冢，夷灭宗族，使一偏将将十万众临越，则越杀王降汉，如反覆手耳。”

于是尉他乃蹶然[⑥]起坐，谢陆生曰：“居蛮夷中久，殊失礼义。”因问陆生曰：“我孰与萧何、曹参、韩信贤？”陆生曰：“王似贤。”复曰：“我孰与皇帝贤？”陆生曰：“皇帝起丰沛，讨暴秦，诛强楚，为天下兴利除害，续五帝三王之业，统理中国。中国之人以亿计，地方万里，居天下之膏腴[⑦]，人众车舆[⑧]，万物殷富，政由一家，自天地剖泮[⑨]未始有也。今王众不过数十万，皆蛮夷，崎岖山海间，譬若汉一郡，王何乃比于汉！”尉他大笑曰：“吾不起中国，故王此。使我居中国，何渠不若汉？”乃大说陆生，留与饮数月。曰：“越中无足与语，至生来，令我日闻所不闻。”赐陆生橐中装直千金[⑩]，他送亦千金。陆生卒拜尉他为南越王，令称臣奉汉约。归报，高祖大悦，拜贾为太中大夫。

陆生时时前说称《诗》《书》。高帝骂之曰：“乃公居马上而

---

①鞭笞：用鞭子抽打，此指征服。 ②劫略：以威力征服和控制。略：通“掠”，夺取，占有。 ③剖符：古时天子分封王、侯的凭证。剖分为二，帝王与诸侯各执其一，故称剖符。 ④集：安定，稳定。 ⑤屈强：通“倔强”，刚强不顺服。 ⑥蹶（guì）然：急忙起身的样子。 ⑦膏腴：土地肥沃，此指天下最富饶的地方。 ⑧人众车舆：人口众多，车马殷盛。 ⑨天地剖泮：开天辟地。剖：剖开，分开。泮（pàn）：从中间分开，散开。 ⑩橐（tuó）中装：指珠玉之类质轻价重的宝物。橐（tuó）：口袋。直：通“值”。

得之，安事《诗》《书》！”陆生曰：“居马上得之，宁可以马上治之乎？且汤、武逆取而以顺守之[1]，文武并用，长久之术也。昔者吴王夫差、智伯，极武而亡；秦任刑法不变，卒灭赵氏[2]。乡使秦已并天下，行仁义，法先圣，陛下安得而有之？”高帝不怿而有惭色，乃谓陆生曰：“试为我著秦所以失天下，吾所以得之者何，及古成败之国。”陆生乃粗述存亡之征，凡著十二篇。每奏一篇，高帝未尝不称善，左右呼万岁，号其书曰“新语”。

孝惠帝时，吕太后用事，欲王诸吕，畏大臣有口者，陆生自度不能争之，乃病免家居。以好畤田地善，可以家焉。有五男，乃出所使越得橐中装卖千金，分其子，子二百金，令为生产。陆生常安车驷马[3]，从歌舞鼓琴瑟侍者十人，宝剑直百金，谓其子曰：“与汝约：过汝，汝给吾人马酒食，极欲，十日而更。所死家，得宝剑车骑侍从者。一岁中往来过他客，率不过再，三过，数见不鲜。无久慁公[4]为也。”

吕太后时，王诸吕，诸吕擅权，欲劫少主，危刘氏。右丞相陈平患之，力不能争，恐祸及己，常燕居深念[5]。陆生往请，直入坐，而陈丞相方深念，不时见陆生。陆生曰：“何念之深也？”陈平曰：“生揣我何念？”陆生曰：“足下位为上相，食三万户侯，可谓极富贵无欲矣。然有忧念，不过患诸吕、少主耳。”陈平曰：“然。为之奈何？”陆生曰：“天下安，注意相；天下危，注意将。将相和调，则士务附[6]；士务附，天下虽有变，即权不分。为社稷

①逆取：使用武力以下伐上取得天下。顺守：行仁义之道以治理国家。 ②赵氏：指秦王朝。秦始皇祖先的一支造父曾被封在赵城，因此姓赵。 ③安车驷马：用四匹马拉的用于乘坐的舒适车辆。 ④慁(hùn)：烦扰，惊动。公：称其子，君称臣为公，父称子为公，长官称属下为公，汉时常见。 ⑤燕居：安居，指退朝后在家中闲居。深念：深思，这里指很是忧虑。⑥务附：就会归附。

计，在两君掌握耳。臣常欲谓太尉绛侯，绛侯与我戏，易吾言[①]。君何不交欢太尉，深相结？”为陈平画吕氏数事。陈平用其计，乃以五百金为绛侯寿，厚具乐饮；太尉亦报如之。此两人深相结，则吕氏谋益衰。陈平乃以奴婢百人，车马五十乘，钱五百万，遗陆生为饮食费。陆生以此游汉廷公卿间，名声藉甚。

及诛诸吕，立孝文帝，陆生颇有力焉。孝文帝即位，欲使人之南越。陈丞相等乃言陆生为太中大夫，往使尉他，令尉他去黄屋称制[②]，令比诸侯，皆如意旨。语在南越语中。陆生竟以寿终。

平原君朱建者，楚人也。故尝为淮南王黥布相，有罪去，后复事黥布。布欲反时，问平原君，平原君止之，布不听而听梁父侯，遂反。汉已诛布，闻平原君谏，不与谋，得不诛。语在黥布[③]语中。

平原君为人辩有口，刻廉刚直，家于长安。行不苟合，义不取容[④]。辟阳侯行不正，得幸吕太后。时辟阳侯欲知[⑤]平原君，平原君不肯见。及平原君母死，陆生素与平原君善，过之。平原君家贫，未有以发丧，方假贷服具，陆生令平原君发丧。陆生往见辟阳侯，贺曰：“平原君母死。”辟阳侯曰：“平原君母死，何乃贺我乎？”陆贾曰：“前日君侯欲知平原君，平原君义不知君，以其母故。今其母死，君诚厚送丧，则彼为君死矣。”辟阳侯乃奉百金往税[⑥]。列侯贵人以辟阳侯故，往税凡五百金。

辟阳侯幸吕太后，人或毁辟阳侯于孝惠帝，孝惠帝大怒，下

---

①易吾言：不重视我的话。 ②黄屋称制：指僭位称帝的行为。黄屋：指帝王车盖，以黄缯为盖里。制：专指皇帝命令。 ③黥布：指卷九十一《黥布列传》，但此传中并未载朱建谏黥布之事。 ④取容：曲从讨好，取悦于人。 ⑤知：结交，交好。 ⑥税：通“襚（suì）”，向死者赠送衣被，此指给丧家送礼。

吏，欲诛之。吕太后惭，不可以言。大臣多害①辟阳侯行，欲遂诛之。辟阳侯急，因使人欲见平原君。平原君辞曰："狱急，不敢见君。"乃求见孝惠幸臣闳籍孺，说之曰："君所以得幸帝，天下莫不闻。今辟阳侯幸太后而下吏，道路②皆言君谗，欲杀之。今日辟阳侯诛，旦日太后含怒，亦诛君。何不肉袒③为辟阳侯言于帝？帝听君出辟阳侯，太后大欢。两主共幸君，君贵富益倍矣。"于是闳籍孺大恐，从其计，言帝，果出辟阳侯。辟阳侯之囚，欲见平原君，平原君不见辟阳侯，辟阳侯以为倍己，大怒。及其成功出之，乃大惊。

吕太后崩，大臣诛诸吕，辟阳侯于诸吕至深，而卒不诛，计画所以全者，皆陆生、平原君之力也。

孝文帝时，淮南厉王杀辟阳侯，以诸吕故。文帝闻其客平原君为计策，使吏捕欲治④。闻吏至门，平原君欲自杀。诸子及吏皆曰："事未可知，何早自杀为？"平原君曰："我死祸绝，不及而⑤身矣。"遂自刭。孝文帝闻而惜之，曰："吾无意杀之。"乃召其子，拜为中大夫。使匈奴，单于无礼，乃骂单于，遂死匈奴中。

初，沛公引兵过陈留，郦生踵⑥军门上谒曰："高阳贱民郦食其，窃闻沛公暴露⑦，将兵助楚讨不义，敬劳从者，愿得望见，口画天下便事。"使者入通，沛公方洗，问使者曰："何如人也？"使者对曰："状貌类大儒，衣儒衣，冠侧注⑧。"沛公曰："为我谢之，言我方以天下为事，未暇见儒人也。"使者出谢曰："沛公敬谢先

①害：痛恨。 ②道路：指道路上的人。 ③肉袒：解开上衣，露出身体，表示请罪。秦汉时人道歉请罪多作此态。 ④治：治罪，惩治。 ⑤而：通"尔"，你，你们。 ⑥踵（zhǒng）：至，到。 ⑦暴露：露天而处，言行军辛苦。暴："曝"的古字，日晒。露：露宿。 ⑧冠侧注：头戴侧注冠。侧注冠：又名高山冠，战国时齐王赐给拜见者的头冠。

生，方以天下为事，未暇见儒人也。”郦生瞋目案剑①叱使者曰：“走！复入言沛公，吾高阳酒徒也，非儒人也。”使者惧而失谒，跪拾谒，还走，复入报曰：“客，天下壮士也，叱臣，臣恐，至失谒。曰‘走！复入言，而公高阳酒徒也’。”沛公遽雪足杖矛②曰：“延客入！”

郦生入，揖沛公曰：“足下甚苦，暴衣露冠，将兵助楚讨不义，足下何不自喜③也？臣愿以事见，而曰‘吾方以天下为事，未暇见儒人也’。夫足下欲兴天下之大事而成天下之大功，而以目皮相④，恐失天下之能士。且吾度足下之智不如吾，勇又不如吾。若欲就天下而不相见，窃为足下失之。”沛公谢曰：“乡者⑤闻先生之容，今见先生之意矣。”乃延而坐之，问所以取天下者。郦生曰：“夫足下欲成大功，不如止⑥陈留。陈留者，天下之据冲⑦也，兵之会地也，积粟数千万石，城守甚坚。臣素善其令，愿为足下说之。不听臣，臣请为足下杀之，而下陈留。足下将陈留之众，据陈留之城，而食其积粟，招天下之从兵⑧；从兵已成，足下横行天下，莫能有害足下者矣。”沛公曰：“敬闻命矣。”

于是郦生乃夜见陈留令，说之曰：“夫秦为无道而天下畔之，今足下与天下从则可以成大功，今独为亡秦婴城⑨而坚守，臣窃为足下危之。”陈留令曰：“秦法至重也，不可以妄言，妄言者无类⑩，吾不可以应。先生所以教臣者，非臣之意也，愿勿复道。”郦生留宿卧，夜半时斩陈留令首，逾⑪城而下报沛公。沛公

---

①瞋目案剑：瞪圆双眼，手按宝剑，骂人的怒态。案：通“按”。 ②遽（jù）：急忙，马上。雪足：擦干了脚。杖：拄着。 ③不自喜：不自爱，不自重，此指说话、办事莽撞、欠考虑。 ④以目皮相：指只从外表来看人取士。 ⑤乡者：刚才。乡：同“向”，从前，刚才。 ⑥止：停息，居住，此指占据。 ⑦据冲：可以据守的交通要地。 ⑧从兵：可以联络、联合的人马。从：通“纵”，联合。 ⑨婴城：指依靠城墙的保护。婴：围绕，环绕。 ⑩无类：无遗类，指灭族。 ⑪逾（yú）：跳过，越过。

引兵攻城，县[①]令首于长竿以示城上人，曰："趣下[②]，而令头已断矣！今后下者必先斩之！"于是陈留人见令已死，遂相率而下沛公。沛公舍陈留南城门上，因其库，兵食积粟，留，出入三月，从兵以万数，遂入破秦。

太史公曰：世之传郦生书，多曰汉王已拔三秦，东击项籍而引军于巩、洛之间，郦生被儒衣往说汉王，乃非也。自沛公未入关，与项羽别而至高阳，得郦生兄弟。余读陆生《新语》书十二篇，固当世之辩士。至平原君子与余善，是以得具论之。

【译文】

郦生名为食其，陈留高阳人。他喜好读书，家贫落魄，没有什么供自己穿衣吃饭的产业，只得做了一名看管里门的下贱小吏。但县中的贤士和豪强却不敢役使他，县里的人都称他为狂生。

到陈胜、项梁等起事时，各路将领攻城略地经过高阳的有数十人，但郦食其听说他们都器量狭小，喜好烦琐的礼节，而又自以为是，不能听大度之言，因此他就深居简出，隐匿起来。后来，他听说沛公带兵攻城略地来到陈留郊外，沛公部下有个骑士刚好是郦食其邻里故人之子，沛公时常向他打听他家乡的贤士豪俊。一天，骑士回家，郦食其看见他，对他说："我听说沛公傲慢而看不起人，但他有远大的谋略，这才是我真正想要追随的人，只是没人替我介绍。你见到沛公，可对他说'臣的家乡有位郦生，年纪已有六十多岁，身高八尺，人们都称他为狂生，但他自己说他并非狂生'。"骑士说："沛公并不喜欢儒生，许多人头戴儒生的帽子来见他，他就立刻把他们的帽子取下来，在里边撒尿。和人说话时，常破口大骂。您不要以儒生的身份去向他游说。"郦食其说："你只管这样说。"骑

---

①县："悬"的本字，悬挂。 ②趣下：赶快投降。趣（cù）：同"促"，尽快，赶快。下：投降。

士回去后,就按郦生嘱咐的,瞅时机很自然地告诉了沛公。

沛公来到高阳,在传舍住下,派人召请郦食其。郦生来到传舍,递进自己的名帖,沛公正叉开腿坐在床边让两个女子洗脚,就叫郦生来见。郦生进去,只作个长揖而没有倾身下拜,说:“您是想帮助秦国攻打诸侯呢,还是想率领诸侯灭掉秦国?”沛公骂道:“你个奴才相儒生!天下一起怨恨秦已很久了,所以诸侯才陆续起兵攻打暴秦,你怎么说帮助秦国攻打诸侯呢?”郦生说:“如果您下决心聚合百姓,召集义兵诛讨无道的秦朝,就不该用这种傲慢的态度接见长者。”于是沛公停下洗脚,站起身整理好衣服,把郦生请到上宾的座位,并向他致歉。郦生于是谈了六国合纵连横时可供借鉴的谋略。沛公非常高兴,命人端上饭,让郦生进餐,然后问道:“那您看现在的计谋该怎么定呢?”郦生说:“您把纠合之众,散乱之兵收集起来,不满一万人,如果以此来直接和强秦对抗,那就是人们所说的探虎口。陈留是天下的交通要道,四通八达的地方,如今城里又有很多存粮。臣和陈留县令很要好,请您派我到他那里去,让他来归顺您。如果他不听从,您就发兵攻城,臣在城内做内应。”于是沛公就派郦生前往,自己带兵紧随其后,于是攻取陈留。赐给郦食其广野君的称号。

郦生又荐举他的弟弟郦商,让他带领数千人随沛公向西南攻城略地。而郦生常做说客,以使臣的身份奔走于诸侯之间。

汉三年秋,项羽攻打汉王,攻克荥阳城,汉兵逃走去守卫巩、洛。不久,楚人听说淮阴侯韩信已攻破赵国,彭越又多次在梁地反叛,就分兵前往营救。淮阴侯正在东方攻打齐国,汉王又多次在荥阳、成皋被项羽围困,因此想放弃成皋以东之地,屯兵巩、洛以与楚军对抗。郦生便就此进言说:“臣听说能知道天之天的人,可成就帝王大业;而不知道天之天的人,帝王大业不可成就。能成就大业的王者以百姓为天,而百姓又以食为天。敖仓这个地方,天下在此地转运粮食已有很久了。臣听说此处贮藏的粮食非常多。楚人攻克荥阳,却不坚守敖仓,而是带兵东去,只是让被谪戍的士卒分守成皋,这是上天要把这些粮食资助给汉军。如今楚军很容易击败,而我们却反要退守,自己放弃这有利时机,臣私下认为这样做错了。何况两个强有力的对手不能同时并立,楚汉长久相持不下,百姓骚动不安,全国混乱动荡,农夫放下农具不再耕种,织女走下织机不再纺织,天下百姓心向哪一方还没定下来。愿您赶快再次进军,收取荥阳,占有敖仓的粮食,阻塞成皋的险要,截断太行要道,扼守住蜚狐关口,把守住白马渡口,让诸侯看看当今的实际形势,那么天下百姓也就知道该归顺哪一方了。如今燕、赵都已平定,只有齐国还没攻打下来。如今田广占据着幅员千里的齐国,田解率领着二十万大军,屯驻在历城,各支田氏宗族都力量强大,他们背靠大海,倚仗黄河、济水为天然屏障,南面接近楚国,齐国人又多诈变无常,您即使是派数十万军队,也不可能在一年或几个月内攻破它。臣请求奉您的诏命去游说齐王,让他归附汉而成为东方的属国。"汉王说:"很好,就这样办!"

汉王听从郦生的计策,再次出兵据守敖仓,同时派郦生前往齐国。郦生对齐王说:"您知道天下人心的归向吗?"齐王回答:"不知道。"郦生说:"大王知道了天下人心的归向,那么齐国就可以保全了;要是不知道天下人心的归向,那么齐国就不可能保全了。"齐王问道:"天下人心归向谁呢?"郦生说:"归向汉王。"齐王问:"先生凭什么这样说呢?"郦生回答:"汉王和项王合力向西进军攻秦,在义帝面前约定先攻入咸阳的人就在那里为王。汉王先攻入咸阳,但项王却背弃盟约,不让他在关中为王,而让他到汉中为王。项王迁徙义帝并派人刺杀了他,汉王闻知后,发动蜀汉之兵攻打三秦,出函谷关而责问义帝迁徙的地方,收集天下的军队,拥立六国诸侯的后代。攻下城池立刻封有功的将领为侯,缴获财宝立刻就分赠给士兵,和天下人同得其利,英雄豪杰、贤能之才都乐意为他效力。诸侯的军队从四面八方来归顺,蜀汉的粮食船挨着船顺流而下源源不断运来。项王既有背弃盟约的坏名声,又有杀死义帝的负义行为;对别人的功劳从来不记,对别人的罪过又从来不忘;将士打了胜仗得不到奖赏,攻下城池得不到封爵;不是项氏家族的没有谁得到重用;对有功的人刻下侯印,反复把玩而不愿授给他们;攻城得到财物,宁可堆积起来也不肯赏赐给大家。所以天下人背叛他,贤能之才怨恨他,没人愿为他效力。

因此天下之士都投归汉王，汉王安坐就可驱使他们。汉王率领蜀汉的军队，平定三秦，占领西河以外大片土地，率投诚来的上党之兵，攻下井陉，杀死成安君，击败河北魏豹，占有三十二座城池：这就如同所向无敌的蚩尤的军队一样，并不是靠人的力量，而是靠上天的保佑。如今汉王已占有敖仓的粮食，阻塞成皋的险要，守住白马渡口，截断太行要道，扼守蜚狐关口，天下诸侯若想最后归附那就先被灭掉。大王若是赶快归顺汉王，那么齐国的社稷还能保全下来；若是不投降汉王，那么危亡的时刻立刻就会到来。”田广认为有理，就听从郦生，撤除了历下的兵守战备，每日和郦生纵酒为乐。

淮阴侯韩信听说郦生仅靠坐乘车游说便取得了齐国七十多城，心中很不服气，就趁夜间带兵越过平原渡口偷偷袭击齐国。齐王田广听说汉兵已到，认为是郦生出卖自己，便对郦生说：“如果你能阻止汉军进攻，我就让你活着；若不然，我就烹杀你！”郦生说：“干大事的人不拘小节，有大德的人不怕别人责备。你老子我不会替你去游说韩信！”齐王于是烹杀郦生，带兵向东逃去。

高祖十二年，曲周侯郦商以丞相的身份带兵攻打黥布有功。高祖分封列侯功臣，非常思念郦食其。郦食其之子郦疥多次领兵打仗，但所立军功还不应当封侯，皇上因他父亲的缘故，封郦疥为高梁侯。后来又改封食邑在武遂，侯位传了三代。元狩元年时，武遂侯郦平因诈称皇帝诏命骗取衡山王一百斤黄金，所犯之罪应当弃市处死，却因病而死，封邑被废除。

陆贾，楚人。以宾客的身份随高祖平定天下，人们称他是很有口才的说客，伴随高祖身边，常出使诸侯。

到高祖时，中国刚刚平定，尉他也平定南越，便在那里称王。高祖派陆贾带着赐给尉他的南越王之印前往。陆生到了南越，尉他挽发于顶，梳着锥子一样的发髻，并伸开两腿如簸箕的样子坐着，接见陆生。陆生就此向尉他说道：“您本是中国人，亲戚、兄弟和祖先的坟墓都在真定。如今您却一反中国人的习俗，舍弃衣冠巾带，想凭弹丸之地的南越和天子抗衡，成为敌国，那大祸就要临身了。况且秦朝搞糟了它的政令，诸侯豪杰纷纷起事，只有汉王首先入关，占据咸阳。项羽背叛盟约，自立为西楚霸王，诸侯都归附他，可称得上是强大无比。但汉王从巴、蜀出兵后，征服天下，平定诸侯，杀死项羽，灭掉楚国。五年之间，海内平定，这不是人力所能办到的，而是上天福佑的结果。如今天子听说您在南越称王，不帮助天下人诛讨暴逆，将相都想移兵来消灭您，但天子怜惜百姓，想到他们刚经历了战争的劳苦乱离，因此暂且罢兵，派臣授予您南越王的金印，剖符为信，互通使节。君王您应到郊外远迎，面向北方，拜倒称臣，但您却想凭藉刚刚建立、尚未稳定的南越，在此桀骜不驯。倘若让汉朝廷知道了此事，挖掘烧毁您祖先的坟墓，诛灭您的宗族，再派一名偏将带领十万人马来到越地，那么南越人杀死您投降汉，就易如反掌了。”

于是尉他急忙起身跪坐，向陆生致歉说：“我在蛮夷中居住久了，所以太失礼义了。”接着他又问陆生：“我和萧何、曹参、韩信相比，谁更贤能呢?”陆生说：“您似乎比他们强一点。”尉他又问：“那我和皇帝相比呢?”陆生回答：“皇帝从丰沛起兵，讨伐暴秦，诛灭强楚，为天下人兴利除害，继承五帝三皇的业绩，统理整个中国。中国的人口以亿来计算，土地方圆万里，处于天下最富饶的地域，人多车众，物产丰富，政令出于一家，这是从开天辟地以来从未有过的。而现在您的人口不过数十万，又都是未开化的蛮夷，且居住在崎岖狭小的山地海隅之间，只不过如同汉的一个郡，您怎么竟同汉相比!”尉他听了，哈哈大笑，说：“我不能在中国起家，所以才在此称王。假使我占据中国，又哪里比不上汉王呢?”尉他于是非常喜欢陆生，留他饮酒取乐好几个月。尉他说：“南越人当中没有谁和我谈得来，等到你来这里后，才让我每天都能听到过去所未曾听到的事情。”尉他还送给陆生装有金宝珠玉的包裹，价值千金，另外还送给他不少其他礼品，也价值千金。陆生终于完成拜尉他为南越王的使命，使他向汉称臣，服从汉的约束。陆贾还朝向高祖禀报了这些情况，高祖非常高兴，拜授陆贾为太中大夫。

陆生在皇帝面前时常谈论《诗经》《尚书》。高帝骂他道：“你老子的天下是靠骑在马上南征北战打出来的，哪里用得着《诗》《书》！”陆生回答说：“您在马上可以取得天下，难道您也可以在马上治理天下吗？且商汤、周武都是以武力征服天下，然后顺应形势以仁义之道治理天下，文治武功并用，这才是使国家长治久安的最好办法啊。从前吴王夫差、智伯都是因极力炫耀武功而致使国家灭亡；秦朝也是一味使用严刑酷法而不知变更，最后导致灭亡。假使秦并吞天下后，实行仁义之道，效法先圣，陛下又怎么能取得天下呢？”高帝听后，心情不悦，但露出惭愧的神色，就对陆生说：“那就请试着为我总结一下秦之所以失去天下，我之所以得到天下的原因以及古代各国成败的原因在哪里。”陆生就大略陈述了国家兴衰存亡的征兆和原因，一共写了十二篇。每写完一篇就上奏皇帝，高帝没有不称赞的，左右群臣也是呼喊万岁，把他这部书称为《新语》。

孝惠帝时，吕太后执掌政事，想立吕氏诸人为王，畏惧大臣中那些能言善辩的人，而陆生也深知自己强力争辩也无济于事，就称病辞职，闲居家中。因好畤一带田地肥沃，就在这里定居下来。陆生有五个儿子，就把出使南越所得的一包金玉珠宝拿出卖了千金，分给儿子，每人二百金，让他们从事生产。陆生则时常坐着四匹马拉的舒适车辆，带着歌舞和弹琴鼓瑟的侍从十个人，佩带着价值百金的宝剑到处游玩，他曾对儿子们说：“我和你们约定好：当我出游经过你们家时，要让我的人马吃饱喝足，尽量让我感到满意，每十天换一家。我死在谁家，就把宝剑车骑以及侍从人员归谁所有。我还要到其他朋友那里去，一年当中到你们各家大概不过两三次，总来见你们就不新鲜了，用不着总惊扰你们。”

吕太后时，封诸吕为王，诸吕专揽大权，想劫持幼主，夺取刘氏天下。右丞相陈平对此很担忧，但自己力量有限，不能强争，害怕祸及自己，常闲居家中反复思虑。有一次，陆生前去请安，径直到陈平身边坐下，而陈丞相正在深思，没及时发觉陆生到了。陆生问道：“您的忧虑为什么如此深呢？”陈平说：“你猜我忧虑什么？”陆生说：“您老先生位居右丞相，是有三万户食邑的列侯，可以说富贵到了无以复加的地步，应该说是没有这方面的欲望了。然而若说有什么忧愁，那只不过是担忧诸吕和幼主而已。”陈平说：“你猜得很对，你看该怎么办呢？”陆生说：“天下平安无事，要注意丞相；天下动乱不安，要注意大将。如果大将和丞相配合默契，那么士人就会归附；士人归附，天下即使有意外变故发生，朝廷大权也不会分散。为社稷考虑，这事都在您和周勃两人掌握之中了。臣常想把这些话对太尉周勃讲明白，但他总和我开玩笑，不太重视我的话。您为什么不和太尉交好，建立非常亲密的关系？”接着，陆生又为陈平筹划出对付吕氏的多种办法。陈平就用他的计策，拿出五百金为绛侯周勃祝寿，并准备丰盛的宴会招待他；而太尉周勃也以同样的方式回报陈平。陈平、周勃这两人就建立了非常亲密的关系，而吕氏篡权的阴谋也就更难实现了。陈平又把一百个奴婢、五十辆车马、五百万钱送给陆生作为饮食资费。陆生就用这些资费在汉朝廷公卿大臣中游说，名声很大。

等诛杀诸吕后，迎立孝文帝，陆生出了不少力。孝文帝即位后，想派人出使南越。陈平丞相等就推荐陆生为太中大夫，派他出使南越，命南越王尉他取消黄屋称制等越礼行为，让他采用各诸侯王一样的礼节仪式，一切都按皇帝意旨行事。关于此事的详情，记在《南越列传》中。陆生最后以年老而终。

平原君朱建，楚人。开始他曾任淮南王黥布的国相，因有罪而离去，后来重又事奉黥布。黥布想造反时，向平原君询问，平原君反对他那样做，但黥布没听从他的意见，而是按梁父侯所说的去做，便起兵造反。等汉诛杀黥布后，听说平原君曾劝谏黥布不要造反，且没参与造反的阴谋活动，就没诛杀平原君。有关此事，在《黥布列传》中有记载。

平原君这个人能言善辩，口才很好，而且清廉无私，刚正不阿，家住长安。他行事决不随便附和，坚持道义而不肯屈从取悦于人。辟阳侯审食其品行不正，靠阿谀奉承深得吕太后宠爱。当时辟阳侯很想和平原君交好，平原君就是不肯见他。等平原君母亲死时，因陆生和平原君一直很要好，所以就前去吊唁。平原君家境贫寒，连给母亲发丧的钱都没有，正要去借钱置办殡丧用品，陆生却让平原君只管发丧，不必去借钱。然后，陆生到辟阳侯家中，向他祝贺说：“平原君的母亲死了。”辟阳侯说：

“平原君的母亲死了，为什么竟然来祝贺我?”陆贾说道:“以前您一直想和平原君交好，但他讲究道义不和你往来，这是因为他母亲的缘故。如今他母亲已死，您若是赠送厚礼为他母亲送丧，那么他一定愿为您拼死效劳。”于是辟阳侯就给平原君送去价值一百金的厚礼。列侯贵人因辟阳侯送重礼的缘故，也送去了共五百金的钱物。

辟阳侯特别受吕太后宠爱，有人就在孝惠帝面前说他的坏话，孝惠帝大怒，把他交给官吏审讯，想借此机会杀掉他。吕太后感到惭愧，又不能替他说情。大臣大都痛恨辟阳侯的丑行，更想杀掉他。辟阳侯很着急，就派人对平原君说自己想见见他。平原君推辞说:“您的案子现在正紧，我不敢见您。”然后平原君请求会见孝惠帝的宠臣闳籍孺，劝说他道:“您受皇帝宠爱的原因，天下的人谁都知道。现在辟阳侯受宠于太后，却被下交官吏处置，满城的人都说是您给说的坏话，想杀掉他。如果今天辟阳侯被皇上杀了，那么明天早上太后发火，也会杀掉您。您为什么不脱衣光膀，替辟阳侯到皇帝那里求个情呢?如果皇帝听了您的话，放出辟阳侯，太后定会非常高兴。太后、皇帝两人都宠爱您，那么您就会倍加富贵。”于是闳籍孺非常害怕，听从了平原君的主意，向皇帝给辟阳侯说情，皇帝果然放出辟阳侯。辟阳侯在被囚禁时，很想见平原君，但平原君却不肯见辟阳侯，辟阳侯认为这是背叛自己，非常恼恨。等平原君将他成功救出后，才感到特别吃惊。

吕太后驾崩，大臣诛杀诸吕。辟阳侯和诸吕关系很深，但最终没被诛杀，保全辟阳侯的计划之所以能实现，都是陆生、平原君的力量。

孝文帝时，淮南厉王杀死辟阳侯，这是因他和诸吕关系至深的缘故。文帝又听说辟阳侯的许多事情都是他的门客平原君出谋划策的，就派官吏去逮捕他，想治他的罪。听到官吏已到家门，平原君就想自杀。他的几个儿子和来逮捕他的官吏都说:“事情究竟如何，现在还不清楚，你为什么要这么早自杀呢?”平原君对儿子们说:“我死了，一家人的灾祸也就没了，也就不会使你们受到牵连。”于是拔剑自杀而死。孝文帝闻知此事非常惋惜，说:“我并没杀他的意思。”于是把他的儿子召进朝廷，任命为中大夫。后来出使匈奴，由于匈奴君主无礼，就大骂他，死在了匈奴。

当初，沛公带兵经过陈留时，郦生到军门递上自己的名帖说："高阳的卑贱百姓郦食其，私下听说沛公行军在外，露天而处，不辞劳苦，率兵帮助楚军征讨暴虐无道的秦朝，敬请劳驾诸位侍从通禀一声，说我想见到沛公，和他谈论天下大事。"使者进去禀告，沛公正在洗脚，就问使者："来者是什么样的人?"使者回答说："看他相貌像个有学问的大儒，身穿读书人的衣服，头戴高山冠。"沛公说："请替我谢绝他，说我正忙于讨平天下的大事，没时间见儒生。"使者出来推辞说："沛公恭敬地辞谢先生，他正忙于讨平天下的大事，没时间见儒生。"郦生听罢，圆瞪双目，手持宝剑，斥责使者说："快去！再去告诉沛公，我是高阳酒徒，并不是儒生。"使者见此，惊慌失措，吓得把名帖都掉在地上，然后又跪下捡起，飞转身跑进去，再次向沛公通报："外边那个客人，真正是天下壮士，他大声斥责臣，臣很是害怕，吓得把名片都掉在地上。他说'快去！再次通报，你家老子是个高阳酒徒'。"沛公立刻擦干了脚，手拄着长矛说道："请客人进来!"

郦生进去后，向沛公作个长揖说："您暴衣露冠，行军在外，很是辛苦，率兵帮助楚军征讨暴虐无道的秦朝，但您为什么不知自爱呢？臣想见到您以讨论天下大事，而您却说'我正忙于讨平天下的大事，没时间见儒生'。您想实现平定天下的大事，成就天下最大的功业，却从外表来看人，这样恐怕要失去天下有才能的人。况且我揣度您才智不如我，勇敢又不如我。您如果想成就平定天下的大业而不想见到我，我认为您这样做是不对的。"沛公连忙致歉说："刚才我只听说了您的外貌，现在我真正知道了先生的心志。"于是请他就座，问他平定天下的良策。郦生说："您如果想成就平定天下的大功业，不如先占据陈留。陈留是个可以据守的交通要冲之地，也是兵家会聚之地，城里贮藏有数千万石粮食，城墙守卫工事非常坚固。而臣和陈留县令一向要好，愿为您前去劝说他，让他归附您。若是他不听臣的，请允许臣替您杀掉他，然后拿下陈留。您率领陈留的兵将，占据坚固的陈留城，吃陈留的存粮，召集天下想投靠您的兵马;等兵力强大后,您就可横行天下,就没有谁能够威胁您了。”沛公说:“恭敬地听从您的教诲。”

于是郦生就趁夜里去见陈留守令,劝说他道:“秦朝暴虐无道而天下人都反叛它,如今您和天下人一起造反就能成就大功,而您却独自一人为将要灭亡的秦朝环城固守,臣私下为您的危险处境担忧。”陈留县令说:“秦朝法令非常严酷,不可随便胡说,倘若这样就要灭族,我不能按你所说的做。先生指教臣的话,并不是臣的意图,请您不要再说下去。”这天夜里郦生在城中留下来休息,到了半夜时分,他悄悄斩下陈留县令的头,越过城墙而下,禀报沛公得知。沛公带领人马,攻打城池,将县令的头挂在长竿上给城上的人看,并说:“赶快投降吧,你们县令的脑袋已被我们砍下来了!现在谁后投降,就一定先杀掉他!”这时陈留人见县令已死,便相继投降了沛公。沛公进城后,就住在陈留南城门楼上,用的是陈留武库里的兵器,吃的是城里的存粮,在这里出入逗留了三个月,招募的士兵达数万人,然后就入关攻破了秦朝。

太史公说:世上流传的写郦生的传记,大多说汉王平定三秦后,回军向东攻打项羽,带领军队活动在巩、洛一带时,郦生才身穿儒衣前去游说汉王。这种说法是错误的。实际上是在沛公攻入函谷关前,与项羽分开来到高阳,得到了郦生兄弟。我读陆贾的《新语》书十二篇,可以看出他真是当代少有的辩士。而平原君之子和我关系要好,因此才能详细地记录下他的事迹。

【鉴赏】

郦食其、陆贾皆以口辩闻名于世,所以本篇就通过记述他们的一些说辞来分别表现其在助刘邦平定天下及征服南越、诛灭诸吕过程中所发挥的重要作用及所表现出的卓越才能。如郦食其劝刘邦坚守敖仓及为刘邦而说齐王田广之辞,即多以短而工整的排比句造成一种咄咄逼人的气势,并将项羽遭“天下畔之,贤才怨之”的劣势与刘邦之“天下后服者先亡矣”的优势进行对比,气盛言宜。陆贾说南越王尉他也是如此。虽然这些说辞不能体现出他们的个性,但也足可以说明,郦食其、陆贾之闻名于世,也不全在口辩,更有他们非凡的才智和洞察形势的远见。

本篇在人物个性的刻画上也颇为出色。如郦食其初见刘邦一节。郦食其被县中之人谓为狂生,他请沛公麾下骑士引见,骑士告诉他“沛公不好儒,诸客冠儒冠来者,沛公辄解其冠,溲溺其中。与人言,常大骂。未可以儒生说也”。可郦生偏偏儒衣儒冠前往进见。于是出现了戏剧性的场面,沛公“方倨床使两女子洗足”召见他,他则还之以“长揖不拜”并直言相质。人物之神态言行如在目前,沛公的慢而易人、郦食其的狂介疏阔因而得以生动逼真地表现出来。后来面对齐王田广因受郦食其的欺骗而向他发出威胁:“汝能止汉军,我活汝;不然,我将亨汝!”他则以“举大事不细谨,盛德不辞让。而公不为若更言”拒斥并侮辱他。短短数语之间,不仅郦生疏落不检的性格再次得以强化,而且其耿介正直的品行、轻生死外身世的志节也跃然而出。

史记卷九十八·傅靳蒯成列传第三十八

傅宽、靳歙、周緤都是很早就随刘邦起事并为其近身侍从的部将，他们因功分别被封为阳陵侯、武信侯、蒯成侯。本篇是他们三人的合传，主要记述了他们随从刘邦征战及升迁的过程及子孙继嗣情况。三人当中傅宽、靳歙在刘邦的部将中可以说战功仅次于樊哙、郦商、滕婴、灌婴，尤其是靳歙在霸上时就因战功被赐爵建武侯，后又在还定三秦、攻击项羽、击黥布等诸多攻战中立下显赫战功，传文即详细开列了其战利封赏情况。而周緤是刘邦同乡，最为贴身，虽无战功，但始终忠于刘邦，“身不见疑”，所以《太史公自序》说：“欲详知秦楚之事，维周緤常从高祖，平定诸侯。”刘邦论功行赏时，他得以凭此忠心被封为侯也是自然。

阳陵侯傅宽，以魏五大夫骑将从，为舍人，起横阳。从攻安阳、杠里，击赵贲军于开封，及击杨熊曲遇、阳武，斩首十二级，赐爵卿。从至霸上。沛公立为汉王，汉王赐宽封号共德君。从入汉中，迁为右骑将。从定三秦，赐食邑雕阴。从击项籍，待怀，赐爵通德侯。从击项冠、周兰、龙且，所将卒斩骑将一人敖下，益食邑。

属①淮阴，击破齐历下军，击田解。属相国参，残②博，益食邑。因定齐地，剖符③世世勿绝，封为阳陵侯，二千六百户，除前所食。为齐右丞相，备齐。五岁为齐相国。

四月，击陈豨，属太尉勃，以相国代丞相哙击豨。一月，徙

①属：隶属，管辖，此指跟随，随从。 ②残：迫害，杀害，此指屠戮，屠杀。 ③剖符：帝王分封诸侯或功臣的凭证。剖分为二，帝王与诸侯各执其一，故称剖符。

为代相国，将屯。二岁，为代丞相，将屯。

孝惠五年卒，谥为景侯。子顷侯精立，二十四年卒。子共侯则立，十二年卒。子侯偃立，三十一年，坐①与淮南王谋反，死，国除。

信武侯靳歙，以中涓②从，起宛朐。攻济阳。破李由军。击秦军亳南、开封东北，斩骑千人将一人，首五十七级，捕虏七十三人，赐爵封号临平君。又战蓝田北，斩车司马二人，骑长一人，首二十八级，捕虏五十七人。至霸上。沛公立为汉王，赐歙爵建武侯，迁为骑都尉。

从定三秦。别西击章平军于陇西，破之，定陇西六县，所将卒斩车司马、候各四人，骑长十二人。从东击楚，至彭城。汉军败，还保雍丘，去击反者王武等。略③梁地，别将击邢说军菑南，破之，身④得说都尉二人，司马、候十二人，降吏卒四千一百八十人。破楚军荥阳东。三年，赐食邑四千二百户。

别之河内，击赵将贲郝军朝歌，破之，所将卒得骑将二人，车马二百五十匹。从攻安阳以东，至棘蒲，下七县。别攻破赵军，得其将司马二人，候四人，降吏卒二千四百人。从攻下邯郸。别下平阳，身斩守相⑤，所将卒斩兵守、郡守各一人，降邺。从攻朝歌、邯郸，及别击破赵军，降邯郸郡六县。还军敖仓，破项籍军成皋南，击绝楚饷道。起荥阳至襄邑。破项冠军鲁下，略地东至缯、郯、下邳，南至蕲、竹邑。击项悍济阳下。还击项籍陈下，破之。别定江陵，降江陵柱国、大司马以下八人，身得江陵王，生致之洛阳，因定南郡。从至陈，取楚王信，剖符世世

①坐：因某事而犯罪。 ②中涓：帝王的内室侍奉官员，负责宫中清洁扫除。 ③略：夺取，攻占。 ④身：亲自。 ⑤守相：代理相国。临时任官或代理官职均可称“守”。

勿绝，定食四千六百户，号信武侯。

以骑都尉从击代，攻韩信平城下，还军东垣。有功，迁为车骑将军，并将梁、赵、齐、燕、楚车骑，别击陈豨丞相敞，破之，因降曲逆。从击黥布有功，益封，定食五千三百户。凡斩首九十级，虏百三十二人；别破军十四，降城五十九，定郡、国各一，县二十三；得王、柱国各一人，二千石以下至五百石三十九人。

高后五年，歙卒，谥为肃侯。子亭代侯。二十一年，坐事国人过律[①]，孝文后三年，夺侯，国除。

蒯成侯緤者，沛人也，姓周氏。常为高祖参乘[②]，以舍人从起沛。至霸上，西入蜀、汉，还定三秦，食邑池阳。东绝甬道[③]，从出度[④]平阴，遇淮阴侯兵襄国，军乍利乍不利，终无离上心。以緤为信武侯，食邑三千三百户。高祖十二年，以緤为蒯成侯，除前所食邑。

上欲自击陈豨，蒯成侯泣曰："始秦攻破天下，未尝自行。今上常自行，是为无人可使者乎？"上以为"爱我"，赐入殿门不趋[⑤]，杀人不死。

至孝文五年，緤以寿终，谥为贞侯。子昌代侯，有罪，国除。至孝景中二年，封緤子居代侯。至元鼎三年，居为太常，有罪，国除。

太史公曰：阳陵侯傅宽、信武侯靳歙皆高爵，从高祖起山东，攻项籍，诛杀名将，破军降城以十数，未尝困辱，此亦天授也。蒯成侯周緤操心坚正，身不见疑，上欲有所之，未尝不垂涕，此有伤心[⑥]者然，可谓笃厚君子矣。

---

①事：役使。过律：超越律令规定。 ②参乘：即"骖乘"，与君主同车，站在君主右侧做护卫的侍从，又叫车右。 ③甬道：两侧筑墙的通道，这里指运粮通道。 ④度：通"渡"，渡过。 ⑤趋：小步快走，以示尊敬。 ⑥伤心：内心慈善，好关心人。

【译文】

阳陵侯傅宽，由魏国五大夫爵位的骑将转而跟从沛公为舍人，起事于横阳。他随沛公进攻安阳、杠里，在开封攻打秦将赵贲的军队，以及在曲遇、阳武击败秦将杨熊的军队，曾斩获敌人首级十二个，沛公赐给他卿的爵位。后随沛公驻军霸上。沛公立为汉王后，赐给傅宽共德君的封号。随即跟着汉王进入汉中，升为右骑将。不久又随汉王平定三秦，汉王赐给他雕阴作为食邑。后又随汉王进击项羽，奉命在怀县接应汉王，汉王赐给他通德侯的爵位。随汉王攻打项羽部将项冠、周兰、龙且时，他率领的士兵在敖仓山下斩获敌骑将一人，因而增加了食邑。

傅宽曾随淮阴侯韩信，击破齐国在历下的驻军，打败齐国守将田解。后又随相国曹参，屠戮博县，又增加了食邑。因平定齐地有功，汉王剖符为凭，使他的爵位世代相传，封为阳陵侯，食邑二千六百户，免除先前受封的食邑。后任齐国右丞相，在齐地屯兵守卫。五年后，改任齐相国。

高祖十一年四月，攻打陈豨，傅宽随从太尉周勃，以相国的身份代替汉丞相樊哙击败陈豨。第二年一月，改任代国相国，带兵驻守边郡。两年后，任代国丞相，继续带兵驻守边郡。

孝惠帝五年傅宽死，谥号为景侯。其子顷侯傅精继承侯位，二十四年后死。其子共侯傅则继承侯位，十二年后死。其子傅偃继承侯位，三十一年后，因与淮南王刘安谋反，处死，封国被废。

信武侯靳歙，以主管洒扫的侍从官的身份随沛公，起事于宛朐。曾攻打济阳。击败过秦将李由的军队。又在亳县南和开封东北攻打秦军，斩杀一名统领千人骑兵的将官，斩获首级五十七个，俘虏七十三人，赐爵封号为临平君。又在蓝田北进行战斗，斩秦军车司马二人，骑兵长官一人，斩获首级二十八个，俘虏五十七人。又率军到霸上。沛公立为汉王后，赐封靳歙建武侯爵位，并升任他为骑都尉。

靳歙曾随汉王平定三秦。另外又带兵西进在陇西攻打秦将章平的军队，大败秦军，平定陇西六县，所率领的士兵斩杀秦军车司马、军侯各四人，骑兵长官十二人。随后，跟着汉王东进攻打楚军，到达彭城。汉军战败，靳歙力守雍丘，后离开雍丘去攻打叛汉的王武等。夺取梁地后，又率兵攻打驻守菑南的楚将邢说的军队，大败邢说，亲自俘获了邢说的都尉二人，司马、军侯十二人，招降了敌军吏卒四千一百八十人。又在荥阳东大败楚军。高祖三年，被赐食邑四千二百户。

靳歙还曾率兵抵达河内，攻打驻守在朝歌的赵将贲郝，大败贲郝，所率的士兵俘获骑将二人，缴获战马二百五十四。又随汉王进攻安阳以东之地，直达棘蒲，攻下七个县。又另率兵攻破赵军，活捉赵将的司马二人，军侯四人，招降赵军吏卒二千四百人。又随从汉王攻克邯郸。另又率兵攻下平阳，亲自斩杀驻守平阳的赵国代理相国，所率领的士兵斩杀兵守、郡守各一人，迫使邺城投降。这次随汉王进攻朝歌、邯郸，又另外击败赵军，迫使邯郸郡的六个县投降。率军返回敖仓后，又在成皋南击败项羽的军队，击毁断绝了楚军从荥阳到襄邑的运送粮饷的通道。又在鲁城下大败项冠军队，夺取东至缯、郯、下邳，南至蕲、竹邑的大片土地。又在济阳城下击败项悍军队。然后返回，在陈县城下攻击项羽部队，大败项羽。此外，还平定江陵，招降了江陵柱国、大司马及其部下八人，亲自俘获了江陵王，并把他押送到洛阳，于是平定了南郡。此后随汉王到陈县，捕捉了楚王韩信，汉王剖符为信，使他的爵位世代相传，规定食邑四千六百户，封号为信武侯。

后来，靳歙以骑都尉身份随高帝攻打代国，在平城下击败代王韩信，随即率军返回东垣。因为有功，提升为车骑将军，接着率领梁、赵、齐、燕、楚几个诸侯王的车马，分路进攻陈豨的丞相侯敞，把他打得大败，于是降服了曲逆。后又随高祖攻打黥布有功，增加封赐规定食邑五千三百户。靳歙共斩敌首级九十个，俘虏一百三十二人；另大败敌军十四次，降服城邑五十九座，平定郡、国各一个，县城二十三个；活捉诸侯王、柱国各一人，二千石以下至五百石官员三十九人。

高后五年，靳歙死，谥号为肃侯。其子靳亭继承侯爵。二十一年后，因驱役百姓超过了律令规定，在孝文帝后元三年，被剥夺爵位，废除封国。

蒯成侯名緤,沛县人,姓周。曾任高祖侍卫,是以舍人的身份随高祖起事的。他曾陪高祖到霸上,又西去进入蜀、汉,后随高帝返回平定三秦,受封池阳作为食邑。他奉命率兵向东进发切断了敌方的运输通道,随后跟着高祖出征渡过平阴渡口,在襄国与淮阴侯韩信兵会合。当时作战时而获胜时而战败,情势不利,但周緤始终没有背离高祖的意思。高祖赐封他为信武侯,食邑三千三百户。高祖十二年,又封周緤为蒯成侯,撤销原先的食邑。

高祖曾要亲自攻打陈豨,蒯成侯流着泪劝阻道:"从前秦王攻取天下,不曾亲自出征。现在您经常亲自出征,这难道是没有人可派遣了吗?"高帝认为周緤是由衷地爱护自己,恩准他进入殿门不必小步快走,杀了人不定死罪。

到文帝五年,周緤年老而终,谥号为贞侯。其子周昌继承侯爵,后因犯罪,废除封国。到景帝中元二年,封周緤之子周居继承侯爵。到武帝元鼎三年,周居任太常,因犯罪,封国被废除。

太史公说:阳陵侯傅宽、信武侯靳歙都获得了很高的爵位,随高祖从山东起兵,攻打项羽,诛杀名将,击败敌军几十次,降伏城邑数十座,而不曾遭到困厄侮辱,这也是上天赐给的啊。蒯成侯周緤心地坚定忠良,从不被人怀疑,高祖每有出征的行动,他不曾不流泪哭泣,这只有内心慈善的人才能做到,可以说是个忠诚厚道的君子啦。

【鉴赏】

本篇可谓是相当纯正的史家之文。史家的撰述原则就是存"天下所以存亡"之事,而本篇主要就是简要记述说明傅宽、靳歙、周緤三人的功劳,所列之事也基本是他们在随从刘邦平定天下的过程中所经历的大小战事、所取得的战功、所受的封赏及子孙继嗣和最终封国皆被废除的情况。本篇的语言也完全是一种历史的叙述话语,文中几乎没有人物思想性格的描写,没有如同《李斯列传》中对李斯见仓中之鼠与厕中之鼠时那样的心理活动和私言密语的描写,甚至连人物语言也只有一句"蒯成侯泣曰"之语,也没有写战国纵横家时那样的夸张之辞。

正因为如此,本篇所写的几位人物就没有什么突出的个性。就傅宽、靳歙而言,其功可谓大矣,但在文中他们只是刘邦攻取天下时的棋子,他们也至多具有战将能攻城夺地这一类人的共性。周緤似乎在本篇有些个性,其实也不然。他"常为高祖参乘""军乍利乍不利,终无离上心"。刘邦要亲自率兵攻击陈豨,蒯成侯泣曰:"始秦攻破天下,未尝自行;今上常自行,是为无人可使者乎?"这是本传唯一的描写句子,表现了他邀宠取媚的奴相,可这也只是贴身侍从这一类人的特征。他几乎没有战功,却得封信武侯,食邑三千三百户,并特别赏赐"入殿门不趋,杀人不死",也只是因为他在行使奴才的职责时做得好一些而已。

史记卷九十九·刘敬叔孙通列传第三十九

本篇是汉初重要臣僚刘敬和叔孙通的合传。刘敬本名娄敬，因最先劝说刘邦建都关中之利而后被采纳，赐姓刘。汉七年，奉命出使匈奴探听虚实，认为匈奴必为使诈以出奇兵，劝刘邦不可进击匈奴，因而获罪被拘系，后来匈奴果然出奇兵围困刘邦于平城，因此又被赦而封为侯。文中还记述了他献言和亲匈奴并出使匈奴订立和亲之约，以及建言迁徙山东诸侯后裔豪强十万余口以充实关中之事。叔孙通曾为秦代博士，精通朝廷礼仪制度，秦灭随项羽，不久又率儒生弟子百余人降汉王。他采取古礼、结合秦仪并投合高祖所好，定立了朝仪制度及汉宗庙仪法等。但叔孙通为人圆滑多变，司马迁在论赞中称他“希世度务，制礼进退，与时变化”，嘲讽之意非常明显。

刘敬者，齐人也。汉五年，戍陇西，过洛阳，高帝在焉。娄敬脱輓辂①，衣其羊裘，见齐人虞将军曰：“臣愿见上言便事②。”虞将军欲与之鲜衣③，娄敬曰：“臣衣帛，衣帛见；衣褐④，衣褐见。终不敢⑤易衣。”于是虞将军入言上。上召入见，赐食。

已而问娄敬，娄敬说曰：“陛下都洛阳，岂欲与周室比隆哉？”上曰：“然。”娄敬曰：“陛下取天下与周室异。周之先自后稷，尧封之邰，积德累善十有馀世。公刘避桀居豳。太王以狄伐故去豳，杖马箠⑥居岐，国人争随之。及文王为西伯⑦，断虞、

①脱輓辂：放下拉车的横木。輓（wǎn）：牵引，拉。辂（hé）：绑在车辕上用来牵拉车子的横木。 ②便事：有利于国家的事情。 ③鲜衣：又新又干净的好衣服。 ④褐（hè）：粗布衣服，古时贫者所穿。 ⑤不敢：不忍，不肯。 ⑥杖马箠：拄着马鞭。杖：拄着。箠（chuí）：马鞭子。 ⑦西伯：西方诸侯之长。

芮之讼，始受命，吕望、伯夷自海滨来归之。武王伐纣，不期而会孟津之上八百诸侯，皆曰纣可伐矣，遂灭殷。成王即位，周公之属傅相①焉，乃营成周洛邑，以此为天下之中也，诸侯四方纳贡职②，道里均矣，有德则易以王，无德则易以亡。凡居此者，欲令周务以德致人，不欲依阻险，令后世骄奢以虐民也。及周之盛时，天下和洽，四夷乡风③，慕义怀德，附离④而并事天子。不屯一卒，不战一士，八夷大国之民莫不宾服，效其贡职。及周之衰也，分而为两，天下莫朝，周不能制也。非其德薄也，而形势弱也。今陛下起丰沛，收卒三千人，以之径往而卷蜀、汉，定三秦，与项羽战荥阳，争成皋之口，大战七十，小战四十，使天下之民肝脑涂地，父子暴⑤骨中野，不可胜数，哭泣之声未绝，伤痍⑥者未起。而欲比隆于成康之时，臣窃以为不侔⑦也。且夫秦地被山带河，四塞以为固，卒然⑧有急，百万之众可具⑨也。因秦之故，资⑩甚美膏腴之地，此所谓天府⑪者也。陛下入关而都之，山东虽乱，秦之故地可全而有也。夫与人斗，不搤其亢、拊其背，未能全其胜也。今陛下入关而都，案⑫秦之故地，此亦搤天下之亢而拊其背也。"

高帝问群臣，群臣皆山东人，争言周王数百年，秦二世即亡，不如都周。上疑未能决。及留侯明言入关便，即日车驾西都关中。

于是上曰："本言都秦地者娄敬，'娄'者乃'刘'也。"赐姓刘

---

①傅相：二字同义，辅佐。②贡职：贡赋，贡物。③四夷：古代指华夏族以外的各少数民族。乡风：归附。乡：通"向"。④附离：即"附丽"，贴近，依附。离：通"丽"，依附，附着。⑤暴："曝"的古字，日晒。⑥痍(yí)：伤痛，创伤。⑦侔(móu)：相等，等同。⑧卒然：突然。卒：通"猝"，突然。⑨具：准备，防备。⑩资：依靠，凭借，依托。⑪天府：指形势险要、物产丰饶之地。⑫案：通"按"，控制。

氏，拜为郎中，号为奉春君。

汉七年，韩王信反，高帝自往击之。至晋阳，闻信与匈奴欲共击汉，上大怒，使人使匈奴。匈奴匿其壮士、肥牛马，但见老弱及羸畜[①]。使者十辈[②]来，皆言匈奴可击。上使刘敬复往使匈奴，还报曰："两国相击，此宜夸矜[③]见所长。今臣往，徒见羸瘠老弱，此必欲见短，伏奇兵以争利。愚以为匈奴不可击也。"是时汉兵已逾句注，二十馀万兵已业行。上怒，骂刘敬曰："齐虏[④]！以口舌得官，今乃妄言沮[⑤]吾军！"械系敬广武。遂往，至平城，匈奴果出奇兵围高帝白登，七日然后得解。高帝至广武，赦敬，曰："吾不用公言，以困平城。吾皆已斩前使十辈言可击者矣。"乃封敬二千户，为关内侯，号为建信侯。

高帝罢平城归，韩王信亡入胡。当是时，冒顿为单于，兵强，控弦[⑥]三十万，数苦[⑦]北边。上患之，问刘敬。刘敬曰："天下初定，士卒罢[⑧]于兵，未可以武服也。冒顿杀父代立，妻群母，以力为威，未可以仁义说也。独可以计久远子孙为臣耳，然恐陛下不能为。"上曰："诚可，何为不能！顾[⑨]为奈何？"刘敬对曰："陛下诚能以適[⑩]长公主妻之，厚奉遗之，彼知汉適女，送厚，蛮夷必慕以为阏氏[⑪]，生子必为太子，代单于。何者？贪汉重币。陛下以岁时汉所馀彼所鲜[⑫]数问遗，因使辩士风谕[⑬]以礼节。冒顿在，固为子婿；死，则外孙为单于。岂尝闻外孙敢与大父抗礼者哉？兵可无战以渐臣也。若陛下不能遣长公主，而令宗室

---

①见：通"现"，显示，显露。羸（léi）：瘦弱。 ②辈：批。 ③夸矜：炫耀。 ④虏（lǔ）：对人的蔑称。 ⑤沮（jǔ）：止，阻止。 ⑥控弦：拉弓，这里代称善射的士兵。 ⑦苦：困苦，使困辱，侵扰。 ⑧罢：通"疲"，疲惫。 ⑨顾：只是，不过。 ⑩適：通"嫡（dí）"，正房妻室所生长子，正妻。此指皇后。 ⑪蛮夷：古称偏远之地的少数民族，此指匈奴君主冒顿。阏氏（yān zhī）：汉时匈奴称君主正妻。 ⑫鲜（xiǎn）：少。 ⑬风谕：劝告，开导，使明白。风：通"讽"，用话暗示、启发。

及后宫诈称公主，彼亦知，不肯贵近，无益也。”高帝曰：“善。”欲遣长公主。吕后日夜泣，曰：“妾唯太子、一女，奈何弃之匈奴！”上竟不能遣长公主，而取家人子名为长公主，妻单于。使刘敬往结和亲约。

刘敬从匈奴来，因言“匈奴河南白羊、楼烦王，去长安近者七百里，轻骑一日一夜可以至秦中。秦中新破，少民，地肥饶，可益实。夫诸侯初起时，非齐诸田，楚昭、屈、景莫能兴。今陛下虽都关中，实少人，北近胡寇，东有六国之族，宗强，一日有变，陛下亦未得高枕而卧也。臣愿陛下徙齐诸田，楚昭、屈、景，燕、赵、韩、魏后，及豪桀①名家居关中。无事，可以备胡；诸侯有变，亦足率以东伐。此强本弱末之术也。”上曰：“善。”乃使刘敬徙所言关中十馀万口。

叔孙通者，薛人也。秦时以文学②征，待诏博士。数岁，陈胜起山东，使者以闻，二世召博士诸儒生问曰：“楚戍卒攻蕲入陈，于公如何？”博士诸生三十馀人前曰：“人臣无将③，将即反，罪死无赦。愿陛下急发兵击之。”二世怒，作色④。叔孙通前曰：“诸生言皆非也。夫天下合为一家，毁郡县城，铄⑤其兵，示天下不复用。且明主在其上，法令具于下，使人人奉职，四方辐辏⑥，安敢有反者！此特⑦群盗鼠窃狗盗耳，何足置之齿牙间！郡守尉今捕论⑧，何足忧！”二世喜曰：“善。”尽问诸生，诸生或言反，或言盗。于是二世令御史案⑨诸生言反者下吏，非所宜言。诸言盗者皆罢之。乃赐叔孙通帛二十匹，衣一袭，拜为博士。叔

---

①桀(jié)：优秀、出众的人物。②文学：文章博学。③将：带兵统率，此指聚众为将。④作色：脸变色。⑤铄(shuò)：销熔，熔化。⑥辐辏(còu)：车轮上的辐条集中到毂上，比喻人或事物归集一处。⑦特：仅是，只不过。⑧今：即将，不久。论：判罪，治罪。⑨案：审问，审查。

孙通已出宫，反舍，诸生曰："先生何言之谀也？"通曰："公不知也，我几不脱于虎口！"乃亡去，之薛，薛已降楚矣。及项梁之薛，叔孙通从之。败于定陶，从怀王。怀王为义帝，徙长沙，叔孙通留事项王。汉二年，汉王从[①]五诸侯入彭城，叔孙通降汉王。汉王败而西，因竟从汉。

叔孙通儒服，汉王憎之。乃变其服，服短衣，楚制，汉王喜。

叔孙通之降汉，从儒生弟子百馀人，然通无所言进，专言诸故群盗壮士进之。弟子皆窃骂曰："事先生数岁，幸得从降汉，今不能进臣等，专言大猾[②]，何也？"叔孙通闻之，乃谓曰："汉王方蒙矢石[③]争天下，诸生宁能斗乎？故先言斩将搴旗之士。诸生且待我，我不忘矣。"汉王拜叔孙通为博士，号稷嗣君。

汉五年，已并天下，诸侯共尊汉王为皇帝于定陶，叔孙通就其仪号。高帝悉去秦苛仪法，为简易。群臣饮酒争功，醉或妄呼，拔剑击柱，高帝患之。叔孙通知上益厌之也，说上曰："夫儒者难与进取，可与守成。臣愿征鲁诸生，与臣弟子共起朝仪。"高帝曰："得无难乎？"叔孙通曰："五帝异乐，三王不同礼。礼者，因时世人情为之节文[④]者也。故夏、殷、周之礼所因损益可知者，谓不相复也。臣愿颇采古礼与秦仪杂就之。"上曰："可试为之，令易知，度吾所能行为之。"

于是叔孙通使征鲁诸生三十馀人。鲁有两生不肯行，曰："公所事者且[⑤]十主，皆面谀以得亲贵。今天下初定，死者未葬，伤者未起，又欲起礼乐。礼乐所由起，积德百年而后可兴也。吾不忍为公所为。公所为不合古，吾不行。公往矣，无污我！"

---

①从：使之从，率领。 ②大猾：特别奸诈狡猾的人。 ③蒙：冒着。矢石：箭和石，古时作战以射箭投石打击敌人。 ④节文：节制或修饰。 ⑤且：接近，将近。

叔孙通笑曰:"若真鄙儒也,不知时变。"

遂与所征三十人西,及上左右为学者与其弟子百馀人为绵蕞[①]野外。习之月馀,叔孙通曰:"上可试观。"上既观,使行礼,曰:"吾能为此。"乃令群臣习肄[②]。会十月。

汉七年,长乐宫成,诸侯群臣皆朝十月。仪:先平明,谒者治礼,引以次入殿门,廷中陈车骑步卒卫宫,设兵张旗志[③]。传言"趋"。殿下郎中侠陛[④],陛数百人。功臣列侯诸将军军吏以次陈西方,东乡;文官丞相以下陈东方,西乡。大行设九宾,胪传[⑤]。于是皇帝辇[⑥]出房,百官执职传警[⑦],引诸侯王以下至吏六百石以次奉贺。自诸侯王以下莫不振恐[⑧]肃敬。至礼毕,复置法酒[⑨]。诸侍坐殿上皆伏抑首,以尊卑次起上寿。觞九行,谒者言"罢酒"。御史执法举不如仪者辄引去。竟朝置酒,无敢欢哗失礼者。于是高帝曰:"吾乃今日知为皇帝之贵也。"乃拜叔孙通为太常,赐金五百斤。

叔孙通因进曰:"诸弟子儒生随臣久矣,与臣共为仪,愿陛下官之。"高帝悉以为郎。叔孙通出,皆以五百斤金赐诸生。诸生乃皆喜曰:"叔孙生诚圣人也,知当世之要务。"

汉九年,高帝徙叔孙通为太子太傅。汉十二年,高祖欲以赵王如意易太子,叔孙通谏上曰:"昔者晋献公以骊姬之故废太子,立奚齐,晋国乱者数十年,为天下笑。秦以不蚤定扶苏,令赵高得以诈立胡亥,自使灭祀,此陛下所亲见。今太子仁孝,天

---

①绵:指用绳索表示演习礼仪的处所。蕞(zuì):指用结扎的茅草表示演习礼仪的尊卑位次。 ②习肄(yì):练习,学习。 ③旗志:旗帜。志:通"帜"。 ④侠:通"夹"。陛:宫殿的台阶。 ⑤胪传:由上到下传呼。胪(lú):陈述,传告。 ⑥辇:皇帝乘坐的车子。此处为动词,乘辇。 ⑦职:通"帜",旗帜。传警:指帝辇出房,百官呼警。 ⑧振恐:因威严而畏惧。振:通"震",震惊,惊恐,害怕。 ⑨法酒:朝廷举行大礼时的礼节性宴饮。

下皆闻之;吕后与陛下攻苦食啖,其可背哉!陛下必欲废適而立少,臣愿先伏诛,以颈血污地。”高帝曰:“公罢矣,吾直戏耳。”叔孙通曰:“太子天下本,本一摇,天下振动,奈何以天下为戏?”高帝曰:“吾听公言。”及上置酒,见留侯所招客从太子入见,上乃遂无易太子志矣。

高帝崩,孝惠即位,乃谓叔孙生曰:“先帝园陵寝庙[①],群臣莫习。”徙为太常,定宗庙仪法。及稍定汉诸仪法,皆叔孙生为太常所论箸也。

孝惠帝为东朝长乐宫,及间往[②],数跸[③]烦人,乃作复道。方筑武库南,叔孙生奏事,因请间[④]曰:“陛下何自筑复道高寝,衣冠月出游高庙?高庙,汉太祖,奈何令后世子孙乘宗庙道上行哉?”孝惠帝大惧,曰:“急坏之。”叔孙生曰:“人主无过举[⑤]。今已作,百姓皆知之,今坏此,则示有过举。愿陛下为原庙渭北,衣冠月出游之,益广多宗庙,大孝之本也。”上乃诏有司立原庙[⑥]。原庙起,以复道故。

孝惠帝曾春出游离宫,叔孙生曰:“古者有春尝果,方今樱桃孰,可献,愿陛下出,因取樱桃献宗庙。”上乃许之。诸果献由此兴。

太史公曰:语曰“千金之裘,非一狐之腋也;台榭之榱[⑦],非一木之枝也;三代之际,非一士之智也”。信哉!夫高祖起微细,定海内,谋计用兵,可谓尽之矣。然而刘敬脱輓辂一说,建

---

①寝庙:古代宗庙分两部分,庙居前,为奉祖接神之处;寝居后,为藏衣冠遗物之处。 ②间往:正式朝拜之间的小谒见。 ③跸(bì):帝王出行时开路清道,不准行人通过。④请间:指请求秘密谈话。 ⑤过举:错误的举动。 ⑥原庙:指在正庙之外另立的祠庙。⑦榭:建在高台上的敞屋。榱(cuī):椽子。

万世之安，智岂可专邪！叔孙通希世度务[①]制礼，进退与时变化，卒为汉家儒宗。“大直若诎，道固委蛇”[②]，盖谓是乎？

【译文】

刘敬，齐国人，汉五年，他到陇西戍守，路过洛阳，当时高帝正在那里。娄敬进城后就放下拉车的横木，穿着羊皮衣，去见齐人虞将军说：“臣希望见到皇上谈谈有利于国家的大事。”虞将军要给他换上鲜洁的好衣服，娄敬说：“我穿着丝绸衣服来，就穿着丝绸衣服去拜见；穿着粗布衣服来，就穿着粗布衣服去拜见。我是不会换衣服的。”于是虞将军进宫禀报皇上。皇上召娄敬进宫来见，并赐给他饭吃。

过了一会儿，皇帝就问娄敬要谈什么大事，娄敬便劝皇帝说：“陛下建都洛阳，难道是要跟周朝比试兴隆吗？”皇帝说：“是的。”娄敬说：“陛下取得天下跟周朝是不同的。周朝的先祖从后稷开始，尧封他于邰，积累德政善事十几代。公刘为躲避夏桀的暴政而到豳居住。太王因狄族侵扰的缘故，离开豳，拄着马鞭只身移居岐山，国内的人都争着随他去岐山。到周文王做西方诸侯之长时，曾调解了虞、芮两国的争端，从此开始承受天命，贤能之士吕望、伯夷从海边回来归附他。周武王讨伐纣王时，不约而同到孟津会盟的八百诸侯，都说纣王可以讨伐了，于是就灭掉了殷。周成王即位，周公等人辅佐他，就在洛邑营造成周城，把它作为天下的中心，四方各地的诸侯前往交纳贡物赋税，道路都是均等的，这样君主有德行就容易靠它称王统治天下，没德行就容易因此灭亡。凡是建都于此的，都想要像周朝一样务必用德政来感召百姓，而不想依靠险要的地形，让后代君主骄奢淫逸来虐待百姓。周朝鼎盛时，天下和睦，四方各族心向洛邑归附周朝，仰慕周君的道义，感念他的恩德，依附而且一起事奉周天子。不驻一兵防守，不用一卒出战，八方大国的百姓没有不归顺臣

①希世：迎合世情。希：迎合。度务：揣度世务。 ②语出《老子》。诎：屈曲。道：指事理，规律。委蛇：即“逶迤”，弯弯曲曲延续不断的样子。

服的，都向周王室进献贡物和赋税。到周王室衰败时，分为西周和东周两小国，天下没谁再来朝拜，周王室已不能控制天下。不是它的恩德太少，而是形势太弱了。如今陛下从丰邑沛县起事，招集三千士卒，带着他们直接投入战斗便席卷蜀、汉，平定三秦，与项羽在荥阳交战，争夺成皋之险，大战七十次，小战四十次，使天下百姓肝脑涂地，父子枯骨曝露于荒野，横尸遍野不可胜数，悲惨的哭声不绝于耳，伤病残疾的人们欲动不能。如今却要与周成王、康王时比兴盛，臣私下认为这是不能相比的。再说秦地有高山被覆，黄河环绕，四面边塞可以作为坚固的防线，即使突然有危急情况，百万雄兵也是可以防备的。借着秦国原来经营的底子，又以肥沃的土地为依托，这就是所谓的形势险要、物产丰饶的'天府'之地啊。陛下进入函谷关把都城建在那里，崤山以东即使有祸乱，秦国原有的地方也是可以保全并占有的。与别人搏斗，不掐住他的咽喉，击打他的后背，是不能完全获胜的。如果陛下进入函谷关在那里建都，控制着秦国原有的地域，这也就是掐住了天下的咽喉而击打它的后背啊。"

高帝征求大臣的意见，群臣都是崤山以东的人，争着申辩说周朝建都洛阳称王天下数百年，秦朝建都关内到二世就灭亡了，不如建都在周都城。皇上犹疑不决。等留侯张良明确阐述了入关建都的便利后，当日皇上就乘车西行到关中建都。

于是皇上说："本来主张建都在秦地的是娄敬，'娄'就是'刘'啊。"就赐娄敬改姓刘，拜授他为郎中，称号叫奉春君。

汉七年，韩王信反叛，高帝亲自前往讨伐他。到晋阳时，得知韩王信与匈奴勾结要共同进攻汉，皇上大怒，就派使臣出使匈奴摸清底细。匈奴把他们强壮能战的士兵和肥壮的牛马都藏了起来，只显露出年老衰弱的士兵和瘦弱的牲畜。派去的使臣有十多批，他们回来，都说匈奴可以攻击。皇上派刘敬再次前往出使匈奴，他回来报告说："两国交兵，这时该炫耀显示自己的长处才是。现在臣去那里，只看到瘦弱的牲畜和老弱的士兵，这一定是故意显露自己的短处，而埋伏奇兵以争取胜利。我以为匈奴是不能攻打的。"这时汉军已越过句注山，二十多万大军已经出征。皇上听了刘敬的话非常恼怒，骂刘敬道：“齐虏！凭着口舌捞得官做，现在竟敢胡言乱语阻止我的大军。”就用枷锁把刘敬拘禁起来押在广武。高帝率军前往，到平城，匈奴果然出奇兵将高帝围困在白登山上，七天后才得以解围。高帝回到广武，便赦免刘敬，对刘敬说：“我不听您的意见，因而被困平城。我已把前面那十来批出使匈奴说匈奴可以攻打的人都斩首了。”于是封赏刘敬食邑二千户，封为关内侯，号为建信侯。

高帝撤出平城返回京城，韩王信逃入匈奴。这时，冒顿是匈奴君主，兵力强盛，善射的士兵有三十万，屡次侵扰北部边境。皇上对此很忧虑，就向刘敬询问对策。刘敬说：“天下刚刚平定，士卒被兵火搞得疲惫不堪，是不能用武力制服匈奴的。冒顿杀了他父亲做了君主，又把他父亲的许多姬妾做自己的妻子，凭武力树威势，是不能用仁义之道说服的。只能从长计议让他的子孙向汉称臣，然而恐怕陛下不能办到。”皇上说：“果真可行的话，为什么不能办！不过该怎么办呢？”刘敬回答说：“陛下如果能把皇后生的长公主嫁给冒顿为妻，并赠送给他丰厚的礼物，他知道是汉皇后生的女儿，又送来丰厚的礼物，冒顿一定爱慕而把长公主做正妻，生下的儿子必定是太子，将来继承君位。为什么要这样办？因为匈奴贪图汉的丰厚财礼。陛下拿一年四季汉多余而匈奴少有的东西多次抚慰赠送，顺便派能言善辩之人用礼节来劝导他。冒顿在位，当然是汉的女婿；他死了，那汉的外孙就是匈奴君主。哪曾听说外孙敢同外祖父分庭抗礼的呢？军队可不出战便使匈奴逐渐臣服。如果陛下不能打发长公主去，而让皇族女子或嫔妃诈称公主，他也会知道，就不肯尊贵亲近她，就没什么好处了。”高帝说：“好。”便要送长公主去匈奴。吕后得知后日夜哭啼，对皇帝说：“我只有太子和一个女儿，怎么忍心舍弃她让她远嫁匈奴！”皇上终究不能送出大公主，便找个宫女以长公主的名义，嫁给冒顿君主为妻。并派刘敬前往与匈奴订立议和联姻盟约。

刘敬从匈奴回来，便说“匈奴在黄河以南的白羊、楼烦两个部落，离长安最近的只有七百里路，轻装骑兵一天一夜就可到达关中。关中刚脱离战争之苦还很残破，人口稀少，而土地肥沃，可大大加以充实。当初各地诸侯起兵时，若不是有齐国田氏各族以及楚国昭、屈、景三大宗族参加是不能兴盛起来的。如今陛下虽把都城建在关中，但实际缺少人口，北边临近匈奴敌寇，东边有六国的旧族，宗族势力很强，一旦有变故，陛下也是不能高枕而卧的。臣愿陛下把齐国田氏各族，楚国昭、屈、景三大宗族，燕、赵、韩、魏等国的后裔，以及豪门名家都迁移到关中居住。国内平安无事，可以防备匈奴；若诸侯王有变故，也能率他们东进讨伐。这是加强本干，削弱枝叶的办法啊。”皇帝说：“很好。”于是派刘敬按他自己提出的意见把十万多人口迁到关中。

叔孙通，薛县人。秦时以长于文章，博学多识被征召入宫，等待诏命为博士。数年后，陈胜在崤山以东起兵，使者将此报告给朝廷，二世召来博士和诸位儒生问道：“楚地戍边的士卒攻下蕲县进入陈县，诸位怎么看？”博士和诸位儒生三十多人向前说道：“做臣子的不能聚众为将，聚众为将就是造反，这是死罪不能宽赦。愿陛下赶快发兵攻打他们。”二世大怒，脸色顿时大变。这时叔孙通走向前说：“诸位儒生的话都不对。当今天下已合为一家，毁掉郡县城池，销熔各种兵器，向天下人昭示不再用它。何况有贤明的君主在上，给下面制定了完备的法令，使人人奉法守职，四方八面都归附朝廷，哪有敢造反的！这只是一伙盗贼鼠窃狗盗罢了，何足挂齿。郡守郡尉很快就会把他们逮捕治罪，不值得忧虑！”二世高兴地说：“很好。”又向每个儒生问了一遍，儒生们有的说是造反，有的说是盗贼。于是二世命御史审查每个儒生说的话，凡说是造反的都交给官吏治罪，二世认为他们不该说这样的话。那些说是盗贼的都免掉职务。却赐给叔孙通二十匹帛，一套衣服，并拜授他为博士。叔孙通出宫后，回到居舍，诸位儒生问道：“先生怎么说出这样讨好的话？”叔孙通说：“各位不知道啊，我几乎逃不出虎口！”于是逃离京城，到了薛县，当时薛县已投降楚军。等项梁到了薛县，叔孙通便跟随了他。后来项梁在定陶战死，叔孙通又跟随了楚怀王。怀王被项羽封为义帝，迁往长沙，叔孙通便留下事奉项羽。汉二年，汉王带领五个诸侯王攻进彭城，叔孙通就投降了汉王。汉王战败西去，叔孙通也跟了去，终于投靠了汉王。

叔孙通穿儒服，汉王很讨厌。他就换了衣服，穿上短衣，且是按楚地习俗裁制，汉王很高兴。

叔孙通投降汉王时，随从的儒生弟子有一百多人，可叔孙通从来不推荐他们，而专门称说推荐那些曾聚众偷盗的壮士。弟子们都暗地骂他道："事奉先生数年，幸好能跟他投降汉王，如今不能推荐我们，却专门称道特别奸诈狡猾的人，为什么呢？"叔孙通闻知后，就对他们说："汉王正冒着利箭坚石争夺天下，诸位儒生难道能搏斗吗？所以我要先称道斩将夺旗能冒死厮杀的勇士。各位暂且等等我，我不会忘记你们的。"汉王拜授叔孙通为博士，号为稷嗣君。

汉五年，天下已统一，诸侯在定陶共同推尊汉王为皇帝，叔孙通负责拟定仪式礼节。高帝全部取消了秦朝严苛的仪礼法令，只定了些简单易行的规矩。可群臣在朝中饮酒取乐争论功劳，有的醉后狂呼乱叫，甚至拔出剑来击打庭中立柱，高帝为此感到头疼。叔孙通知道皇上愈来愈讨厌这类事，就劝说道："儒生很难为您进攻夺取，可能帮您保守成果。臣愿征召鲁地的一些儒生，和臣的弟子一起制定朝廷上的仪礼。"高帝说："该不会繁琐难行吧？"叔孙通说："五帝有不同的礼乐，三王有不同的礼节。礼，就是按当时的世事人情给人们制定出节制或修饰的法则。从夏、殷、周三代的礼节有所沿袭、删减和增加的情况就可知道这一点，就是说不同朝代的礼节是不相重复的。臣愿略用古代礼节与秦时的礼仪糅合起来制定新礼节。"皇帝说："可以试一下，但要让它容易知晓，要考虑我能做得到的。"

于是叔孙通奉命征召鲁地儒生三十多人。鲁地有两个儒生不愿随行，说："您所事奉的将近十位君主，都是靠当面阿谀奉承取得亲近、显贵的。如今天下刚刚平定，死去的还来不及埋葬，伤残的还欲动不能，又要制定礼乐。从礼乐兴办的缘由看，只有积累功德百年后才能兴盛起来。我们不忍心替您办这种事。您办的事不合古法，我们不走。您去吧，不要玷污我们！"叔孙通笑着说："你们真是鄙陋的儒生啊，一点也不懂时世变化。"

叔孙通就与征召来的三十人向西来到京城，和皇帝左右有学问的侍从以及叔孙通的弟子一百多人，在野外拉起绳子表示施礼处所，立上茅草代表位次尊卑进行演习。演习了一个多月，叔孙通说："皇上可试看一下。"皇上看后，让他们向自己行礼，然后说："我能做到这些。"于是命群臣都来学习。这时正巧是十月。

汉七年，长乐宫建成，诸侯群臣都来朝拜皇帝，参加十月的岁首大典。礼仪是：先在天刚亮时，谒者开始主持礼仪，引导诸侯群臣依次进入殿门，廷中排列着战车、骑兵、步兵和宫廷侍卫，摆设着各种兵器，树立着各式旗帜。谒者传呼"趋"。于是大殿下郎中侍立在台阶两侧，台阶上立有数百人。功臣、列侯、将军军吏都依次排列在西边，面向东；文官从丞相以下起依次排列在东边，面向西。大行令安排九个礼宾官，从上到下传呼。于是皇帝乘辇从宫房里出来，百官各就各位，各司其职，传报圣驾到，然后引导诸侯王以下至六百石以上的官员依次恭敬地向皇帝施礼道贺。诸侯王以下的官员没有一个不惊惧肃敬的。等施礼完毕，再摆设酒宴。诸侯群臣坐在大殿上都敛声屏气低着头，按尊卑次序站起来向皇帝祝颂敬酒。斟酒九巡，谒者宣布"罢酒"。最后御史执行礼仪法规，找出行礼不合规定的人并把他们带走。从朝见到宴会结束，没一个敢大声说话和行动失当的人。大典之后，高帝得意地说："我今天才知道当皇帝的尊贵啊。"于是拜授叔孙通为太常，赏赐黄金五百斤。

叔孙通顺便进言说："各位弟子儒生跟随臣时间很久了，跟我一起制定朝廷仪礼，愿陛下授给他们官职。"高帝让他们都做了郎官。叔孙通出宫后，把五百斤黄金都分赠给诸位儒生了。这些儒生都高兴地说："叔孙先生真是大圣人，知晓当世的紧要事务。"

汉九年，高帝改任叔孙通为太子太傅。汉十二年，高帝想让赵王如意代替太子，叔孙通劝进谏皇帝说："从前，晋献公因宠幸骊姬的缘故废掉太子，立奚齐，使晋国大乱数十年，被天下人耻笑。秦始皇因不早定扶苏为太子，让赵高得以用欺诈手段立胡亥，使秦朝宗祀断绝，这是陛下亲眼见到的。如今太子仁义忠孝，天下人都知道；吕后与陛下同历艰难困苦,同吃粗茶淡饭,患难与共,怎么可以背弃她呢!陛下一定要废掉嫡长子而立小儿子,臣愿先受一死,以颈血染地。"高帝说:"您算了吧,我只不过随便说说罢了。"叔孙通说:"太子是天下的根本,根本一动,天下就会震动,怎能拿天下的根本之事作为戏言呢?"高帝说:"我听从您的意见。"等皇帝设宴款待宾客,看到张良招来的四位年长高士都随太子进宫拜见,皇帝于是再没有更换太子的想法了。

高帝驾崩,孝惠帝即位,就对叔孙先生说:"先帝陵园宗庙的礼仪,群臣都不熟悉。"于是叔孙通又被改任为太常,他制定了宗庙的仪礼制度。此后又陆续地制定了汉诸多仪礼制度,这些都是叔孙通任太常时论定著录下来的。

孝惠帝要到东边的长乐宫朝拜吕太后,还常有小的谒见,每次出行都要开路清道,禁止行人通过很是烦扰别人,于是就修了一座复道。正好建在武库的南面。叔孙通向孝惠帝奏事,趁机请求秘密谈话说:"陛下怎能擅自把复道修建在每月从高寝送衣冠出游到高庙的通道上面呢?高庙,是汉太祖的所在,怎能让后代子孙登上通往宗庙通道的上面行走呢?"孝惠帝非常惊惧,说:"赶快毁掉它。"叔孙先生说:"做君主的不能有错误的举动。如今复道已建成了,百姓全知道这件事,如果又要毁掉它,那就显示出您有错误的举动。愿陛下在渭水北面另立一座原样的祠庙,把高帝衣冠在每月出游时送到那里,更要扩建、多建宗庙,这是大孝的根本。"皇帝就下诏让有司另立原庙。建造原庙,就是由于复道的缘故。

孝惠帝曾在春天到离宫出游,叔孙先生说:"古时候有春天给宗庙进献果品的仪礼,现在正当樱桃成熟的季节,可以进献,希望陛下出游时,顺便采些樱桃献给宗庙。"皇帝同意了。向宗庙进献各种果品的礼仪就是由此兴盛起来的。

太史公说:俗语说"价值千金的皮衣,不是一只狐狸腋下的毛皮;楼台亭榭的椽子,不是一棵树上的枝条;三代的当世业绩,也不是一个贤士的才智"。确实如此呀!高祖从卑微的平民起事,平定天下,谋划大计,用兵作战,可以说极尽能事了。然而刘敬放下拉车的横木去见皇帝一次进言，便建立了万代相传的稳固功业，才智怎能为少数人专有呀！叔孙通迎合世情，揣度世务，制定礼仪制度或取或舍，能随时世进行变化，最终成了汉代儒家的宗师。“最正直的人好似屈曲，事理本来就是逶迤曲折的”，大概说的就是这类事情吧？

【鉴赏】

本篇是相当精彩的历史人物传记。刘敬和叔孙通皆为才智之士，因顺应时势机缘建言献策而得官，但两人性格为人却迥然相异。作者通过对穿衣态度的对比就表现出二人的不同。刘敬坚持“衣帛，衣帛见；衣褐，衣褐见，终不敢易衣”而见刘邦，而叔孙通则本“儒服，汉王憎之。乃变其服，服短衣，楚制，汉王喜”。前后呼应，刘敬之秉直，叔孙通之阿谀已凸现，真可谓妙笔。相较而言，本文对叔孙通及其弟子的丑态之刻画更为鲜明突出。如写叔孙通为秦博士时，面对秦二世的召问，他的颠倒黑白之辞充分暴露了其善于见风使舵、委曲取容。在刘邦欲废太子立赵王如意这件事上，他的谏言似乎凛然有正气，但他方为太子太傅，对惯于与时变化的叔孙通来说，当时的情势他也必定了然于胸，黄震所言为是：“向使高帝未老，吕后不强，度如意可攘太子位，又安知其不反其说以阿意耶？随时上下，委曲取容，名虽为儒，非刘敬矣。”而叔孙通的弟子暗骂叔孙通以及叔孙通的答话，则将一群龌龊儒生的真实面目以幽默嘲弄的笔法入木三分地刻画了出来。本文除了在通过强烈的对比衬托和运用传神的人物对话、独白刻画历史人物的性格和为人方面十分出色外，在场面描写方面也很有特色。这主要体现在对十月朝会仪式的描写上，传文以时间为序描绘了整个仪式的程序、文武百官序位尊卑和现场的庄重气氛、人物音容等，十分全面而又具体。并以刘邦的一句得意之言“吾乃今日知为皇帝之贵也”写活了这种仪式场面的尊宠华贵，可谓点睛之笔。

史记卷一百·季布栾布列传第四十

本篇是季布、栾布二人合传，还记载了季布之弟季心和其舅丁公的事迹。季布先是楚将，楚汉相争时曾数窘汉王。因此项羽被灭之后，刘邦悬赏千金捉拿季布，并下令有胆敢窝藏者要夷灭三族，后来得濮阳周氏和汝阴侯滕公夏侯婴设计相救被赦免并拜为郎中。栾布当初与彭越要好，后被人劫掠卖于燕地为奴，后被臧荼任用为将，臧荼反栾布被俘，得到已为梁王的彭越相救，彭越被杀后他毅然为其收尸，结果被捉拿要用汤镬煮死，陈词力争，得以免祸。二人的经历都带有传奇色彩。太史公在论赞中对季布"受辱而不羞""重其死"和栾布的"不自重其死"表达了自己由衷的赞赏和深深的感慨。

季布者，楚人也。为气任侠①，有名于楚。项籍使将兵，数窘汉王。及项羽灭，高祖购求②布千金，敢有舍匿，罪及三族。季布匿濮阳周氏。周氏曰："汉购将军急，迹且至臣家，将军能听臣，臣敢献计；即不能，愿先自刭③。"季布许之。乃髡钳④季布，衣褐衣，置广柳车⑤中，并与其家僮数十人，之鲁朱家所卖之。朱家心知是季布，乃买而置之田。诫其子曰："田事听此奴，必与同食。"朱家乃乘轺车⑥之洛阳，见汝阴侯滕公。滕公留朱家饮数日。因谓滕公曰："季布何大罪，而上求之急也？"滕公曰："布数为项羽窘上，上怨之，故必欲得之。"朱家曰："君视季

①为气任侠：好逞意气而以侠义自任。气：意气。②购求：悬赏征求。购：悬赏捉拿，重金收买。③自刭：自刎而死。刭（jǐng）：用刀割脖子，砍头。④髡（kūn）：给犯人剃去头发。钳：用铁箍束住犯人颈部。这里周氏是让季布扮作犯罪的囚徒。⑤广柳车：拉东西用的粗笨大车。⑥轺（yáo）车：小而轻便的马车。

布何如人也?”曰:“贤者也。”朱家曰:“臣各为其主用,季布为项籍用,职耳。项氏臣可尽诛耶?今上始得天下,独以己之私怨求一人,何示天下之不广[①]也!且以季布之贤而汉求之急如此,此不北走胡即南走越耳。夫忌壮士以资敌国,此伍子胥所以鞭荆平王之墓也。君何不从容[②]为上言邪?”汝阴侯滕公心知朱家大侠,意[③]季布匿其所,乃许曰:“诺。”待间[④],果言如朱家指[⑤]。上乃赦季布。当是时,诸公皆多[⑥]季布能摧刚为柔,朱家亦以此闻名当世。季布召见,谢[⑦],上拜为郎中。

孝惠时,为中郎将。单于尝为书嫚[⑧]吕后,不逊[⑨],吕后大怒,召诸将议之。上将军樊哙曰:“臣愿得十万众,横行匈奴中。”诸将皆阿[⑩]吕后意,曰:“然。”季布曰:“樊哙可斩也!夫高帝将兵四十馀万众,困于平城,今哙奈何以十万众横行匈奴中?面欺!且秦以事于胡,陈胜等起。于今创痍未瘳[⑪],哙又面谀,欲摇动天下。”是时殿上皆恐,太后罢朝,遂不复议击匈奴事。

季布为河东守,孝文时,人有言其贤者,孝文召,欲以为御史大夫。复有言其勇,使酒难近。至,留邸[⑫]一月,见罢。季布因进曰:“臣无功窃宠,待罪河东。陛下无故召臣,此人必有以臣欺陛下者;今臣至,无所受事,罢去,此人必有以毁臣者。夫陛下以一人之誉而召臣,一人之毁而去臣,臣恐天下有识闻之有以窥陛下也。”上默然惭,良久曰:“河东吾股肱[⑬]郡,故特召君耳。”布辞之官。

---

①不广:指气度狭隘,器量狭小。 ②从容:很自然地,寻找机会。 ③意:猜测,意料,料想。 ④待间(jiàn):等待合适的机会。 ⑤指:通“旨”,意旨,意思。 ⑥多:称道,称赞。 ⑦谢:认错,请罪。 ⑧嫚(màn):侮辱。 ⑨不逊:指有不敬重的话。 ⑩阿:曲从,附和,迎合。 ⑪痍(yí):伤痛,创伤。瘳(chōu):病愈,痊愈。 ⑫邸(dǐ):客馆,旅舍。 ⑬股肱:比喻辅佐,此指非常重要。股:大腿。肱(gōng):手臂。

楚人曹丘生，辩士，数招权顾[①]金钱。事贵人赵同等，与窦长君善。季布闻之，寄书谏窦长君曰："吾闻曹丘生非长者，勿与通。"及曹丘生归，欲得书请季布。窦长君曰："季将军不说足下，足下无往。"固请书，遂行。使人先发书，季布果大怒，待曹丘。曹丘至，即揖季布曰："楚人谚曰'得黄金百，不如得季布一诺'，足下何以得此声于梁、楚间哉？且仆楚人，足下亦楚人也。仆游扬[②]足下之名于天下，顾[③]不重邪？何足下距仆之深也！"季布乃大说，引入，留数月，为上客，厚送之。季布名所以益闻者，曹丘扬之也。

季布弟季心，气盖关中，遇人恭谨，为任侠，方数千里，士皆争为之死。尝杀人，亡之吴，从袁丝匿。长事[④]袁丝，弟畜[⑤]灌夫、籍福之属。尝为中司马，中尉郅都不敢不加礼。少年多时时窃籍[⑥]其名以行。当是时，季心以勇，布以诺，著闻关中。

季布母弟丁公，为楚将。丁公为项羽逐窘高祖彭城西，短兵接，高祖急，顾丁公曰："两贤岂相厄[⑦]哉！"于是丁公引兵而还，汉王遂解去。及项王灭，丁公谒见高祖。高祖以丁公徇[⑧]军中，曰："丁公为项王臣不忠，使项王失天下者，乃丁公也。"遂斩丁公，曰："使后世为人臣者无效丁公！"

栾布者，梁人也。始梁王彭越为家人[⑨]时，尝与布游[⑩]。穷困，赁佣于齐，为酒人保。数岁，彭越去，之巨野中为盗，而布为人所略[⑪]卖为奴于燕。为其家主报仇，燕将臧荼举以为都尉。臧荼后为燕王，以布为将。及臧荼反，汉击燕，虏布。梁王彭越

---

①顾：通"雇"，纳，取得。 ②游扬：周游天下，到处宣扬。 ③顾：反而，难道。 ④长事：像对待兄长那样事奉。 ⑤弟畜：像弟弟一样对待。畜：养，此引申为看待，对待。 ⑥籍：通"借"，假借，凭借。 ⑦厄：煎迫，为难。 ⑧徇(xùn)：示众。 ⑨家人：平民，百姓。 ⑩游：交往。 ⑪略：通"掠"，掳掠，劫掠。

闻之，乃言上，请赎布以为梁大夫。

使于齐，未还，汉召彭越，责以谋反，夷三族。已而枭①彭越头于洛阳下，诏曰："有敢收视②者，辄捕之。"布从齐还，奏事彭越头下，祠而哭之。吏捕布以闻。上召布，骂曰："若与彭越反邪？吾禁人勿收，若独祠而哭之，与越反明矣。趣亨之③。"方提趣汤，布顾曰："愿一言而死。"上曰："何言？"布曰："方上之困于彭城，败荥阳、成皋间，项王所以不能遂西，徒以彭王居梁地，与汉合从④苦楚也。当是之时，彭王一顾，与楚则汉破，与汉而楚破。且垓下之会，微彭王，项氏不亡。天下已定，彭王剖符受封，亦欲传之万世。今陛下一征兵于梁，彭王病不行，而陛下疑以为反。反形未见，以苛小案⑤诛灭之，臣恐功臣人人自危也。今彭王已死，臣生不如死，请就亨。"于是上乃释布罪，拜为都尉。

孝文时，为燕相，至将军。布乃称曰："穷困不能辱身下志，非人也；富贵不能快意，非贤也。"于是尝有德者厚报之，有怨者必以法灭之。吴楚反时，以军功封俞侯，复为燕相。燕齐之间皆为栾布立社⑥，号曰栾公社。

景帝中五年薨。子贲嗣，为太常，牺牲⑦不如令，国除。

太史公曰：以项羽之气，而季布以勇显于楚，身屦典军搴旗者数矣⑧，可谓壮士。然至被刑戮⑨，为人奴而不死，何其下也！彼必自负其材⑩，故受辱而不羞，欲有所用其未足也，故终为汉

---

①枭(xiāo)：悬首示众。 ②收视：收殓埋葬。 ③趣：通"促"，赶快，急忙。亨：通"烹"，烹杀，用鼎镬煮杀人的一种酷刑。 ④合从：即"合纵"，这里是联合的意思。从：通"纵"。⑤苛小：琐细小事。案：通"按"，查办，判罪。 ⑥社：为活着的人建立的祈祷祝福的祠庙。⑦牺牲：祭祀用的牲畜，如牛羊猪等。 ⑧屦(jù)：践踏，消灭。典：衍文。搴(qiān)：拔取。⑨被：遭受。刑戮：指受髡钳衣褐之辱。 ⑩材：通"才"，能力，才干。

名将。贤者诚重其死。夫婢妾贱人感慨[1]而自杀者，非能勇也，其计画无复之耳[2]。栾布哭彭越，趣汤如归者，彼诚知所处，不自重其死。虽往古烈士[3]，何以加哉！

【译文】

季布，楚人。为人任侠使气，在楚地很有名。项羽派他领兵，曾数次使汉王身处困窘之境。等项羽灭亡后，高祖悬赏千金捉拿季布，并下令有胆敢藏匿季布的论罪要灭三族。季布藏在濮阳一个姓周的人家。周家说："汉王悬赏捉拿将军非常紧急，追踪搜查就要到我家了，将军如果能听从我的话，我冒昧给您献个计策；如果不能，我情愿先自杀。"季布答应了他。周氏便剃掉季布的头发，用铁箍束住他的脖子，穿上粗布衣服，将他放在运东西的大车里，和家中的数十个家僮一起卖给鲁地的朱家。朱家心里知道是季布，便买下来把他安置在田地里耕作。并且告诫自己的儿子说："田间耕作的事，这个佣人干不干听其自便，一定要和他一同吃饭。"朱家便乘坐轻便马车到洛阳去拜见汝阴侯滕公。滕公留朱家饮酒数日。朱家乘机对滕公说："季布犯了什么大罪，皇上悬赏捉拿他这么急迫？"滕公说："季布多次替项羽使皇上处于困窘之境，皇上怨恨他，所以一定要抓到他。"朱家说："您看季布是怎样的人呢？"滕公说："他是个贤能的人。"朱家说："做臣下的各受自己的主上差遣，季布受项羽差遣，这是职分内的事。项羽的臣下难道可以全都诛杀吗？如今皇上刚刚夺得天下，仅因自己的私怨而悬赏捉拿一个人，为什么要向天下人显出自己器量狭小呢！再说凭着季布的贤能，汉王追捕又如此急迫，这样，他不是向北逃到匈奴，就是要向南逃到越地。忌恨壮士而资助敌国，这就是伍子胥之所以要鞭打楚平王尸体的原因啊。您为什么不寻找机会向皇上说明呢？"汝阴侯滕公心里知道朱家是位大侠，料到季布隐藏在他那

---

①感慨：感愤，遇事动起气来。 ②计画无复之：指打算谋虑无法实现，没有别的办法了。 ③烈士：指壮怀激烈的有志之士或重义轻生的人。

里，便答应说："好。"滕公寻找机会，果真按朱家的意思向皇上奏明。皇上于是赦免了季布。这时，许多有名望的人都称赞季布能变刚强为柔顺，朱家也因此而在当时出了名。后来季布被皇上召见，表示服罪，皇上拜授他为郎中。

孝惠帝时，季布做中郎将。匈奴王单于曾写信侮辱吕后，且出言不逊，吕后大怒，召集诸将商议此事。上将军樊哙说："臣愿率领十万人马，横行匈奴中。"诸将都迎合吕后的心意，说："太好了。"季布说："樊哙真该斩首啊！当年，高帝率领四十余万大军尚且被围困在平城，如今樊哙凭什么用十万人马就能横扫匈奴呢？这是当面撒谎！再说秦朝因对匈奴用兵，引起陈胜等起事造反。直到现在战争创伤还没有治好，而樊哙又当面阿谀逢迎，要使天下动荡不安。"此时，殿上诸将都十分惊恐，吕后因此退朝，终于不再商议攻打匈奴之事。

季布做了河东郡守，孝文帝时，有人说他很有才能，孝文帝便召见他，打算让他做御史大夫。又有人说他很勇敢，但好饮酒纵性，难以接近。季布到了京城，在客馆居留了一个月，皇帝召见后就让他回去。季布就对皇上说："臣没什么功劳却受到恩宠，在河东任郡守。陛下无缘无故召见臣，这一定是有人妄誉臣欺蒙陛下；现在臣到了京城，没有接受任何事情，就让臣回去，这一定是有人在陛下面前毁谤我。陛下因一个人的赞誉就召见臣，又因一个人的毁谤而遣臣回去，臣担心天下有见识的人闻听此事，就看到了陛下处事的轻率了。"皇上默然不作声，很是难为情，过了很久才说："河东对我来说是一个非常重要的郡，好比是我的大腿和臂膀，所以我特地召见你啊！"于是季布辞别皇上，回到河东郡守任上。

楚人曹丘先生，擅长辞令，能言善辩，多次借重权势获得钱财。他侍奉过赵同等贵人，与窦长君也有交情。季布闻听此事便寄信劝窦长君说："我听说曹丘先生不是个长者，您不要和他来往。"等到曹丘先生要回故乡，想让窦长君写封信以便回去求见季布。窦长君说："季将军不喜欢您，您不要去。"曹丘坚决请求窦长君写了信，便起程去了。曹丘先派人送信给季布，季布果然大怒，等待着曹丘。曹丘到了，就对季布作了个揖，说道："楚人有句谚语说：'得到黄金百斤，不如得到季布的一句诺言。'您怎么能在梁、楚一带获得这样的声誉呢？再说我是楚地人，您也是楚地人。我周游天下到处传扬您的名字，难道不好吗？您为什么这样坚决地拒绝我呢！"季布于是非常高兴，请曹丘进来，留他住了几个月，并把他当作尊贵的客人，送给他丰厚的礼物。季布的名声之所以更加远播，都是曹丘替他传扬的啊！

季布的弟弟季心，勇气名盖关中，待人恭敬谨慎，因任侠使气，周围数千里的士人都争着替他效命。季心曾杀过人，逃到吴地，投靠到袁丝那里躲藏起来。季心像对待兄长那样侍奉袁丝，对待灌夫、籍福这些人像弟弟一样。他曾任中尉属下的司马，中尉郅都对他也不敢不以礼相待。许多年轻人常常暗中假冒他的名号行事。那时，季心因勇气，季布因重诺，都名声显著于关中。

季布的舅舅丁公为楚将。丁公曾在彭城西替项羽追击高祖，使高祖陷于窘迫，短兵相接时，高祖急迫，回头对丁公说："两个好汉难道要互相为难吗！"于是丁公领兵返回，汉王终于脱身解围。等项羽灭亡后，丁公拜见高祖。高祖把他拿下并在军中示众说："丁公做项王的臣下不尽忠，使项王失去天下的，就是丁公啊！"于是斩了丁公，说道："让后代做臣下的人不要效仿丁公！"

栾布，梁地人。起初梁王彭越做平民时曾和栾布交往。栾布家里贫困，在齐地受人雇用，替卖酒的人家做佣工。几年后，彭越到巨野做了强盗，而栾布却被人劫持卖到燕地为奴。栾布曾为他的主人报了仇，燕将臧荼荐举他做了都尉。后来臧荼做燕王，就任用栾布为将。等臧荼反叛，汉进攻燕国，俘虏了栾布。梁王彭越闻听此事，便向皇上进言，请求赎回栾布让他做梁国大夫。

后来栾布出使齐国，还没有返回，汉王召见彭越，以谋反的罪名责罚他，诛灭三族。之后又把彭越的头悬挂在洛阳城门下示众，并下诏说："有胆敢收殓或埋葬的，立即逮捕他。"这时栾布从齐国返回，便在彭越的头下禀奏出使的情况，且边祭祀边哭泣。吏卒逮捕了他，并报告给了皇上。皇上召见栾布，骂道："你要和彭越一同谋反吗？我禁令任何人不得收尸，你偏偏要祭他哭他，那你同彭越一起造反已很清楚了。赶快烹杀了他！"正抬起栾布走向开水锅时，栾布回头说："希望能让我说句话再死。"皇上说："你要说什么？"栾布说："当皇上被困彭城，兵败荥阳、成皋一带时，项王之所以不能顺利西进，就是因为彭王据守梁地，跟汉联合而给楚为难的缘故啊。在那时，只要彭王调头一走，跟楚联合，汉就失败；跟汉联合，楚就失败。再说垓下之战，没有彭王，项羽不会灭亡。天下已经平定，彭王接受符节被封为王，也想把这个封爵世世代代传下去。如今陛下仅为了向梁国征兵，彭王因病不能前来，陛下就怀疑他要谋反。可谋反的形迹没有显露，却因琐细小节判罪诛灭了他的家族，臣担心有功之臣人人都会感到自己危险了。现在彭王已死，臣活着倒不如死去，就请烹了我吧。"于是皇上就赦免了栾布的罪过，拜授他为都尉。

孝文帝时，栾布做燕国国相，后又官至汉将军。栾布曾宣称说："穷困时不能辱身降志的，称不上是好汉；富贵时不能称心快意的，也不是贤才。"于是对曾有恩于自己的人，便优厚地报答他；对有怨仇的人，一定借用法令除掉他。吴楚反叛时，栾布因有军功被封为俞侯，重做燕国国相。燕、齐一带都为栾布建造祠庙，叫作栾公社。

景帝中元五年栾布死。其子栾贲继承爵位，做太常，因祭祀所用的牲畜不合礼法规定，封国被废除。

太史公说：在项羽那样的勇猛、气势面前，季布居然出能凭着勇敢在楚军扬名，他亲身消灭敌军，拔取敌人军旗有多次，可称得上是壮士了。然而他遭受髡钳衣褐之辱，给人做奴仆不肯死去，多么卑下啊！他一定是自负有才能，这才蒙受屈辱而不以为羞耻，想要发挥他未曾施展的才干，所以终于成了汉的名将。贤能的人真正能看重他的死。至于奴婢、姬妾这些低贱的人由于感愤而自杀的，算不得勇敢，那是因为他们认为再也没有别的办法了。栾布痛哭彭越，把赴汤镬就死看得如同回家一样，他真正晓得要死得其所，而不是吝惜自己的生命。即使往古重义轻生的人，又怎能超过他呢！

【鉴赏】

太史公在篇末论赞中称季布“然至被刑戮，为人奴而不死，何其下也！彼必自负其材，故受辱而不羞，欲有所用其未足也，故终为汉名将。贤者诚重其死”。同时又将其与栾布的“不自重其死”进行了对照。借对二人之事的感慨表达自己的生死荣辱观，可以说寄托着司马迁太多的身世之感。而本篇的选材剪裁也正是围绕这一感情基调进行的。当刘邦悬赏捉拿季布时，他甘愿为人奴而求生，摧刚为柔，是因为有材还未足用，后来吕后召诸将议击匈奴时，他当廷直言“樊哙可斩也”，一时殿上皆恐，由此可知司马迁笔下的季布凛然有正气，自非贪生怕死之辈。而栾布也同样在生死面前表现得豪迈壮烈，他哭彭越之任气，“趣汤如归”之轻生，真正是壮怀激烈之士！可他又非一味无端就死，所以在即将就烹之时，出以凛然之辞，直言为彭越申冤叫屈，竟得被释并拜为都尉。司马迁将生与死的意义通过季布和栾布的为人行事作了很好的诠释。

本篇在表现历史人物的志节品行时，则采用了对比衬托的笔法。有季布、栾布之视死如归、侠肝义胆与刘邦之残忍奸诈、气量狭小的对比，有季布季心兄弟二人重诺与侠勇的映衬，有栾布之对有德者和有怨者的恩怨分明。尤其是本篇在记述季布之舅丁公的事迹时，只言及一事，即他为项羽逐窘刘邦，短兵相接之时又放走刘邦，等项羽灭亡，又被刘邦以“为项王臣不忠”为由而将他在军中示众后斩杀。丁公之事正是对季布栾布之为人行事的一个有力的反衬。如此选材谋篇极是匠心独运。

史记卷一百一·袁盎晁错列传第四十一

本篇记述了文帝景帝时的大臣袁盎和晁错的生平事迹，并附有邓公之事。袁盎在文帝时由兄长袁哙保任而为中郎，侍从皇帝，因淮南厉王事多次向文帝劝谏献言而名重朝廷，深得信任。但终因数次直谏而不容于朝中先后迁为齐相、吴相。景帝时因收受吴王财物被查办，降为庶人。吴楚之乱时，与晁错相互争斗，谗杀晁错。后因谏阻梁王为嗣而被梁王派人刺杀。晁错在文帝时多次进言而不得用，却深得太子宠幸，太子即位，是为景帝，晁错为内史，一度宠压九卿，因力主削弱诸侯而引发吴楚七国之乱，景帝听信袁盎之辞将其赐死。篇末太史公对二人的为人行事作了评论，批评袁盎的“好声矜贤”和晁错的“不急匡救，欲报私仇”，而对晁错有更多微词。

袁盎者，楚人也，字丝。父故为群盗，徙处安陵。高后时，盎尝为吕禄舍人①。及孝文帝即位，盎兄哙任②盎为中郎。

绛侯为丞相，朝罢趋③出，意得甚。上礼之恭，常自送之。袁盎进曰：“陛下以丞相何如人？”上曰：“社稷④臣。”盎曰：“绛侯所谓功臣，非社稷臣。社稷臣主在与在，主亡与亡。方吕后时，诸吕用事，擅相王，刘氏不绝如带。是时绛侯为太尉，主兵柄，弗能正。吕后崩，大臣相与共畔⑤诸吕，太尉主兵，适会其成功。所谓功臣，非社稷臣。丞相如有骄主色，陛下谦让，臣主失礼，窃为陛下不取也。”后朝，上益庄，丞相益畏。已而绛侯望⑥袁盎

①舍人：家臣。 ②任：保举。汉代规定，凡二千石以上官员，任职三年后，可保举其子或同胞兄弟一人为郎。 ③趋：小步快走，表示恭敬。 ④社稷：社指土神，稷指谷神，古代帝王都祭祀社稷，故以社稷代指国家。 ⑤畔：通“叛”，背叛，背离。 ⑥望：埋怨，怨恨。

曰:“吾与而兄善[①],今儿廷毁我!”盎遂不谢[②]。

及绛侯免相之国,国人上书告以为反,征系请室[③],宗室诸公莫敢为言,唯袁盎明绛侯无罪。绛侯得释,盎颇有力。绛侯乃大与盎结交。

淮南厉王朝,杀辟阳侯,居处[④]骄甚。袁盎谏曰:“诸侯大骄必生患,可適[⑤]削地。”上弗用。淮南王益横。及棘蒲侯柴武太子谋反事觉,治[⑥],连淮南王,淮南王征。上因迁[⑦]之蜀,槛车传送[⑧]。袁盎时为中郎将,乃谏曰:“陛下素骄淮南王,弗稍禁,以至此,今又暴[⑨]摧折之。淮南王为人刚,如有遇雾露,行道死,陛下竟为以天下之大弗能容,有杀弟之名,奈何?”上弗听,遂行之。

淮南王至雍病死,闻,上辍食,哭甚哀。盎入,顿首请罪。上曰:“以不用公言至此。”盎曰:“上自宽,此往事,岂可悔哉!且陛下有高世之行者三,此不足以毁名。”上曰:“吾高世行三者何事?”盎曰:“陛下居代时,太后尝病,三年,陛下不交睫[⑩],不解衣,汤药非陛下口所尝弗进。夫曾参以布衣犹难之,今陛下亲以王者修之,过曾参孝远矣。夫诸吕用事,大臣专制,然陛下从代乘六乘传[⑪]驰不测之渊,虽贲、育之勇不及陛下。陛下至代邸,西向让天子位者再,南面让天子位者三。夫许由一让,而陛下五以天下让,过许由四矣。且陛下迁淮南王,欲以苦其志,使改过,有司卫不谨,故病死。”于是上乃解,曰:“将奈何?”盎曰:

---

①而:通“尔”,你。善:要好,有交情。 ②谢:谢罪,致歉。 ③系:囚禁,拘禁。清室:也作“请室”,专门囚禁官吏的监狱。 ④居处:指平时待人处世,行为举止。 ⑤適:通“谪”,谴责,责罚。 ⑥治:追究查办。 ⑦迁:贬谪,流放。 ⑧槛车:囚车。传送:辗转押送。 ⑨暴:又猛又急,突然。 ⑩交睫:合眼,此指睡好觉。 ⑪六乘(shèng)传(zhuàn):用六匹马拉的传车,以表示乘车者的身份高。

“淮南王有三子，唯在陛下耳。”于是文帝立其三子皆为王。盎由此名重朝廷。

袁盎常引大体忼慨[①]。宦者赵同以数[②]幸，常害[③]袁盎，袁盎患之。盎兄子种为常侍骑，持节夹乘[④]，说盎曰：“君与斗，廷辱之，使其毁不用。”孝文帝出，赵同参乘[⑤]，袁盎伏车前曰：“臣闻天子所与共六尺舆者，皆天下豪英。今汉虽乏人，陛下独奈何与刀锯余人[⑥]载！”于是上笑，下赵同。赵同泣下车。

文帝从霸陵上，欲西驰下峻阪[⑦]。袁盎骑，并车揽辔[⑧]。上曰：“将军怯邪？”盎曰：“臣闻千金之子坐不垂堂[⑨]，百金之子不骑衡[⑩]，圣主不乘危而徼幸[⑪]。今陛下骋六騑[⑫]，驰下峻山，如有马惊车败，陛下纵自轻，奈高庙、太后何？”上乃止。

上幸上林，皇后、慎夫人从。其在禁中，常同席坐。及坐，郎署长布席，袁盎引却[⑬]慎夫人坐。慎夫人怒，不肯坐。上亦怒，起，入禁中。盎因前说曰：“臣闻尊卑有序则上下和。今陛下既已立后，慎夫人乃妾，妾主岂可与同坐哉！适所以失尊卑矣。且陛下幸之，即厚赐之。陛下所以为慎夫人，适所以祸之。陛下独不见‘人彘’乎[⑭]？”于是上乃说，召语慎夫人。慎夫人赐盎金五十斤。

然袁盎亦以数直谏，不得久居中[⑮]，调为陇西都尉。仁爱士卒，士卒皆争为死。迁为齐相，徙为吴相，辞行，种谓盎曰：“吴

---

①大体：事关大体的礼法制度等。忼(kāng)慨：通“慷慨”，激愤，慨叹的样子。 ②数：数术。 ③害：嫉恨。 ④节：符节。夹乘：皇帝左右的护卫。 ⑤参乘：即“骖(cān)乘”，与君主同乘一车，既示优宠，亦做侍卫。 ⑥刀锯余人：指受过宫刑的人，即指宦官。 ⑦峻阪：陡坡。阪(bǎn)：小山坡，斜坡。 ⑧并：通“傍”，傍着。揽辔(pèi)：拉着马缰绳。 ⑨垂堂：靠近房檐。 ⑩骑衡：倚在楼台的栏杆上。 ⑪徼幸：希求幸运。徼(yāo)：求取。 ⑫騑(fēi)：驾在车辕两旁的马，也叫“骖”。 ⑬引却：向后拉。 ⑭独：难道。人彘(zhì)：人猪，指戚夫人。事见卷九《吕太后本纪》。 ⑮中：指朝廷。

王骄日久，国多奸。今苟欲劾治[1]，彼不上书告君，即利剑刺君矣。南方卑湿[2]，君能日饮，毋苛[3]，时说王曰‘毋反’而已。如此幸得脱。”盎用种之计，吴王厚遇盎。

盎告归，道逢丞相申屠嘉，下车拜谒，丞相从车上谢袁盎。袁盎还，愧其吏，乃之丞相舍上谒[4]，求见丞相。丞相良久而见之。盎因跪曰：“愿请间[5]。”丞相曰：“使君所言公事，之曹[6]与长史掾议，吾且奏之；即私邪，吾不受私语。”袁盎即跪说曰：“君为丞相，自度孰与陈平、绛侯？”丞相曰：“吾不如。”袁盎曰：“善，君即自谓不如。夫陈平、绛侯辅翼高帝，定天下，为将相，而诛诸吕，存刘氏；君乃为材官蹶张[7]，迁为队率，积功至淮阳守，非有奇计攻城野战之功。且陛下从代来，每朝，郎官上书疏，未尝不止辇受其言。言不可用，置之；言可受，采之，未尝不称善。何也？则欲以致天下贤士大夫。上日闻所不闻，明所不知，日益圣智；君今自闭钳[8]天下之口而日益愚。夫以圣主责愚相，君受祸不久矣。”丞相乃再拜曰：“嘉鄙野人，乃不知，将军幸教。”引入与坐，为上客。

盎素不好晁错，晁错所居坐，盎去；盎坐，错亦去。两人未尝同堂语。及孝文帝崩，孝景帝即位，晁错为御史大夫，使吏案[9]袁盎受吴王财物，抵罪[10]。诏赦以为庶人。

吴楚反闻，晁错谓丞史曰：“夫袁盎多受吴王金钱，专为蔽匿，言不反。今果反，欲请治盎，宜知计谋。”丞史曰：“事未发，治之有绝。今兵西乡，治之何益！且袁盎不宜有谋。”晁错犹

---

①劾(hé)治：揭发惩治。 ②卑：地势低下。 ③毋苛：不要管什么事。 ④谒：求见时用的名帖。 ⑤请间：请求避开他人，给个空隙，单独会见。 ⑥曹：古代分科办事的官署。 ⑦材官：力大善射的武士。蹶张：脚踏弓弩，使它张开。 ⑧闭钳：封闭。 ⑨案：通“按”，查问，查办。 ⑩抵罪：按犯罪的轻重，给予应得的惩罚。

与[1]未决。人有告袁盎者，袁盎恐，夜见窦婴，为言吴所以反者，愿至上前口对状。窦婴入言上，上乃召袁盎入见。晁错在前，及盎请辟人赐间，错去，固[2]恨甚。袁盎具言吴所以反状，以错故，独急斩错以谢吴，吴兵乃可罢。其语具在吴事中。使袁盎为太常，窦婴为大将军。两人素相与善。逮吴反，诸陵长者、长安中贤大夫争附两人，车随者日数百乘。

及晁错已诛，袁盎以太常使吴。吴王欲使将，不肯；欲杀之，使一都尉以五百人围守盎军中。袁盎自其为吴相时，有从史尝盗爱[3]盎侍儿，盎知之，弗泄，遇之如故。人有告从史，言"君知尔与侍者通"，乃亡归。袁盎驱自追之，遂以侍者赐之，复为从史。及袁盎使吴见守[4]，从史适为守盎校尉司马。乃悉以其装赍置二石醇醪[5]，会天寒，士卒饥渴，饮酒醉，西南陬[6]卒皆卧。司马夜引袁盎起，曰："君可以去矣，吴王期旦日斩君[7]。"盎弗信，曰："公何为者？"司马曰："臣故为从史盗君侍儿者。"盎乃惊谢曰："公幸有亲，吾不足以累公。"司马曰："君弟[8]去，臣亦且亡，辟吾亲，君何患！"乃以刀决张[9]，道从醉卒隧直出[10]。司马与分背，袁盎解节毛[11]怀之，杖，步行七八里，明，见梁骑，骑驰去，遂归报。

吴楚已破，上更以元王子平陆侯礼为楚王，袁盎为楚相。尝上书有所言，不用。袁盎病免居家，与闾里浮沉[12]，相随行，斗鸡走狗。洛阳剧孟尝过[13]袁盎，盎善待之。安陵富人有谓盎曰：

---

①犹与：即犹豫。 ②固：通"故"，因此。 ③盗爱：私相爱悦。 ④见守：被围。 ⑤赍：通"资"，财物。石：一百二十斤为一石。醪(láo)：渣汁混合的酒，又称浊酒。 ⑥陬(zōu)：角落。 ⑦期：约定时间。旦日：明天一早。 ⑧弟：只管，尽管。 ⑨决：割开，割破。张：通"帐"，帐篷。 ⑩道：通"导"，引导。隧：道路，此指割破的窟窿。 ⑪节毛：即节旄，使臣所持的信物，用竹子做成，柄长八尺，因上缀有牦牛尾的饰物，故名。 ⑫闾里：里巷，乡里。浮沉：指随俗混日子。 ⑬过：拜访。

"吾闻剧孟博徒,将军何自通之?"盎曰:"剧孟虽博徒,然母死,客送葬千馀乘,此亦有过人者。且缓急[①]人所有,夫一旦有急叩门,不以亲为解,不以存亡为辞,天下所望者,独季心、剧孟耳。今公常从数骑,一旦有缓急,宁足恃乎!"骂富人,弗与通。诸公闻之,皆多[②]袁盎。

袁盎虽家居,景帝时时使人问筹策。梁王欲求为嗣,袁盎进说,其后语塞。梁王以此怨盎,曾使人刺盎。刺者至关中,问袁盎,诸君誉之皆不容口[③]。乃见袁盎曰:"臣受梁王金来刺君。君长者,不忍刺君。然后刺君者十馀曹[④],备之!"袁盎心不乐,家又多怪,乃之棓生所问占。还,梁刺客后曹辈果遮[⑤]刺杀盎安陵郭门外。

晁错者,颍川人也。学申、商刑名于轵张恢先所,与洛阳宋孟及刘礼同师。以文学为太常掌故。

错为人峭直刻深。孝文帝时,天下无治《尚书》者,独闻济南伏生故秦博士,治《尚书》,年九十馀,老不可征,乃诏太常使人往受之。太常遣错受《尚书》伏生所。还,因上便宜事[⑥],以《书》称说。诏以为太子舍人、门大夫、家令。以其辩得幸太子,太子家号曰"智囊"。数上书孝文,时言削诸侯事,及法令可更定者。书数十上,孝文不听,然奇其材,迁为中大夫。当是时,太子善错计策,袁盎诸大功臣多不好错。

景帝即位,以错为内史。错常数请间言事,辄听,宠幸倾九卿,法令多所更定。丞相申屠嘉心弗便,力未有以伤。内史府居太上庙堧[⑦]中,门东出,不便,错乃穿两门南出,凿庙堧垣。丞

---

①缓急:偏义复词,急,此指急事,危难之事。 ②多:称赞,称道。 ③不容口:指赞不绝口。 ④曹:辈,批。 ⑤遮:遮拦,阻拦。 ⑥便宜事:当前应该做的事。 ⑦堧(ruán):城郭旁或河边的空地。这里指太上庙内外墙之间的空地。

相嘉闻，大怒，欲因此过为奏，请诛错。错闻之，即夜请间，具为上言之。丞相奏事，因言错擅凿庙垣为门，请下廷尉诛。上曰："此非庙垣，乃壖中垣，不致于法。"丞相谢。罢朝，怒谓长史曰："吾当先斩以闻，乃先请，为儿所卖，固误。"丞相遂发病死。错以此愈贵。

迁为御史大夫，请诸侯之罪过，削其地，收其枝郡[①]。奏上，上令公卿列侯宗室集议，莫敢难，独窦婴争之，由此与错有郤。错所更令三十章，诸侯皆喧哗疾晁错。错父闻之，从颍川来，谓错曰："上初即位，公为政用事，侵削诸侯，别疏人骨肉，人口议多怨公者，何也？"晁错曰："固也。不如此，天子不尊，宗庙不安。"错父曰："刘氏安矣，而晁氏危矣，吾去公归矣！"遂饮药死，曰："吾不忍见祸及吾身。"死十馀日，吴楚七国果反，以诛错为名。及窦婴、袁盎进说，上令晁错衣朝衣斩东市。

晁错已死，谒者仆射邓公为校尉，击吴楚军为将。还，上书言军事，谒见上。上问曰："道[②]军所来，闻晁错死，吴楚罢不？"邓公曰："吴王为反数十年矣，发怒削地，以诛错为名，其意非在错也。且臣恐天下之士噤口，不敢复言也！"上曰："何哉？"邓公曰："夫晁错患诸侯强大不可制，故请削地以尊京师，万世之利也。计画始行，卒受大戮，内杜忠臣之口，外为诸侯报仇，臣窃为陛下不取也。"于是景帝默然良久，曰："公言善，吾亦恨之。"乃拜邓公为城阳中尉。

邓公，成固人也，多奇计。建元中，上招贤良，公卿言邓公。时邓公免，起家为九卿。一年，复谢病免归。其子章以修黄老言显于诸公间。

---

①枝郡：指诸侯国都所在郡以外的其他郡。 ②道：从，经由。

太史公曰：袁盎虽不好学，亦善傅会①，仁心为质，引义慷慨。遭孝文初立，资适逢世。时以变易，及吴楚一说，说虽行哉，然复不遂。好声矜贤②，竟以名败。晁错为家令时，数言事不用；后擅权，多所变更。诸侯发难，不急匡救，欲报私仇，反以亡躯。语曰"变古乱常，不死则亡"，岂错等谓邪！

【译文】

袁盎，楚地人，字丝。他的父亲从前曾与强盗为伍，后来搬迁定居安陵。高后时，袁盎曾做过吕禄的家臣。等孝文帝即位，袁盎的兄长袁哙保举他做了中郎。

绛侯周勃任丞相，朝拜之后，便小步快走而出，神情很是得意。皇上对他非常恭敬，常亲自送他。袁盎进谏说："陛下以为丞相是什么样的人？"皇上说："他是社稷重臣。"袁盎说："绛侯是通常所说的功臣，并不是社稷重臣。社稷重臣君主在他与之同在，君主亡他与之同亡。当年吕后时，诸吕执掌政事，擅自争相为王，以致刘氏天下就像丝带一样细微，几乎快要断绝。这时，绛侯周勃为太尉，手握兵权，不能匡正挽救刘氏天下。吕后驾崩，大臣们一起共同反对诸吕，太尉主管兵权，又恰好遇到那个成功的机会。所以他是通常所说的功臣，而不是社稷重臣。丞相如果对皇上显出骄傲的神色，而陛下却谦恭礼让，臣下与主上都违背了礼节，臣私下认为陛下不应采取这种态度。"以后上朝时，皇上逐渐威严起来，丞相也逐渐敬畏起来。不久，丞相怨恨袁盎说："我与你的兄长有交情，现在你小子却在朝廷上毁谤我！"袁盎一直不向他谢罪。

等绛侯被免除丞相的职位，回到自己的封地，封国中有人上书告发他谋反，绛侯被召进京，囚禁在狱中。皇族中的公侯都不敢替他说话，只有袁盎证明绛侯无罪。绛侯被释放，袁盎出了不少力。绛侯于是与袁盎

①傅会：即附会，融会贯通。 ②矜贤：以才能自矜。矜（jīn）：骄傲，得意，自我夸耀。

倾心结交。

淮南厉王刘长进京朝见时，杀死了辟阳侯审食其，他平时行为举止也很骄横。袁盎劝谏说："诸侯过分骄横必然会生祸患，应予以谴责并削减其封地。"皇上没采纳他的意见。淮南王更加骄横。等棘蒲侯柴武的太子谋反的事被发觉，追究查办此事，牵连到淮南王，淮南王被征召至京。皇上便将他放逐到蜀地，用囚车转送。袁盎当时任中郎将，便劝谏说："陛下向来骄纵淮南王，不对他稍加限制，以至到了这种地步，如今又突然摧折他。淮南王为人刚直，万一遇到风寒死在半道上，陛下就会被认为以天下之大却容不得他，而背上杀死弟弟的名声，到时怎么办呢？"皇上不听，终于将淮南王用囚车迁往蜀地。

淮南王到了雍地就病死了，消息传至京城，皇上不吃不喝，哭得很悲哀。袁盎进宫，叩头请罪。皇上说："因为没采用你的意见，才到这种地步。"袁盎说："皇上请自己宽心，这已是过去的事了，难道还可以追悔吗！再说陛下有三种高出世人的行为，此事不足以毁坏陛下的名声。"皇上说："我高于世人的三种行为是什么？"袁盎说："陛下居代为王时，太后曾患病，三年当中，陛下不曾睡个好觉，睡觉也不曾脱衣，汤药不是陛下亲口尝过，就不奉给太后。曾参作为平民百姓尚且难以做到这样，如今陛下以王者的身份亲自做到了，比起曾参的孝真是超过很多了。诸吕执掌朝政，后又大臣独断专行，而陛下从代地乘坐六匹马拉的传车，奔驰到祸福难料的京城，即使是孟贲、夏育那样的勇士，也比不上陛下。陛下抵达代王在京城的客馆，面向西辞让天子位两次，面向南辞让天子位三次。许由辞让天下只是一次，而陛下五次辞让天下，超过许由四次。再说陛下放逐淮南王，是想让他的心志受些劳苦，使他改正过错，由于有司护卫不谨慎，所以才病死。"于是皇上才感到宽慰，说道："那以后怎么办呢？"袁盎说："淮南王有三个儿子，随陛下安排罢了。"于是文帝便把淮南王的三个儿子都封为王。袁盎因此在朝廷中名声大振。

袁盎常称引一些事关大体的礼制，说得慷慨激昂。宦官赵同靠数术受皇上宠幸，常嫉恨袁盎，袁盎为此而忧虑。袁盎的侄儿袁种做皇上骑从侍卫，持节护卫在皇帝左右，就劝袁盎说："您和他相斗，在朝廷上侮辱他，使他的毁谤不起作用。"孝文帝出巡，赵同陪乘，袁盎伏在车前，说道："臣听说陪同天子共乘高大车舆的人，都是天下英雄豪杰。如今汉即使缺乏人才，也不至于使陛下只能和受过刀锯切割的人同坐一辆车啊！"于是皇上笑着让赵同下去，赵同流着泪下了车。

文帝从霸陵上山，打算从西边的陡坡奔驰而下。袁盎骑着马，紧靠着皇帝的车子，还拉着马缰绳。皇上说："将军害怕吗？"袁盎说："臣听说'家有千金的人就座时不靠近屋檐边，家有百金的人不倚在楼台的栏杆上，圣明的君主不去到危险的地方而希求幸运'。现在陛下放纵驾车的六匹马，从高坡上奔驰下去，假如有马匹受惊车辆毁坏的事，陛下纵然看轻自己，可高祖和太后怎么办？"皇上这才改变想法。

皇上驾临上林苑，窦皇后、慎夫人跟从。她们在宫中时，常同席而坐。这次，等到就座时，郎署长布置座席，袁盎把慎夫人的座席向后拉了一些。慎夫人生气，不肯就座。皇上也发怒，起身回到宫中。袁盎就上前劝道："臣听说尊卑有区别，才能上下和睦。如今陛下既然已确立皇后，慎夫人只是妾，妾和主上怎么可以同席而坐呢！这恰恰失去尊卑的分别了。再说陛下宠爱她，就厚厚赏赐她。陛下以为是为了慎夫人，其实恰好成了祸害她的根由。陛下难道没有看见过'人彘'吗？"皇上这才高兴，招来慎夫人，把袁盎的话告诉了她。慎夫人赐给袁盎黄金五十斤。

然而袁盎也因多次直言劝谏，不能长久在朝中任职，被调任陇西都尉。他对士卒仁慈爱护，士卒都争相为他效死。后来，他被升迁为齐相。又调任为吴相，辞别起程时，袁种对袁盎说："吴王骄横已很久了，国中有许多奸诈之人。现在如果您要揭发惩办他们，他们不是上书诬告您，就是用利剑把您刺死。南方地势低洼潮湿，您每日只管饮酒，不要管什么事，时常劝说吴王不要反叛就是了。这样您就可能侥幸摆脱祸患。"袁盎采纳了袁种之计，吴王厚待袁盎。

袁盎告假回家，路上遇到丞相申屠嘉，下车行礼拜见，丞相只从车上表示问候。袁盎回去后，在下属官吏面前感到羞愧，于是到丞相府递上名帖，要求拜见丞相。丞相过了好久才见他。袁盎便跪下说："愿请求他人回避。"丞相说："如果您所说的是公事，请到官署与长史掾商议，我将如实替您上奏皇帝；如果是私事，我不接受私下谈话。"袁盎就跪着劝说道："您做丞相，请自己衡量一下，您与陈平、绛侯相比怎么样？"丞相说："我不如他们。"袁盎说："好，你自己都说不如他们。陈平、绛侯辅佐保护高帝，平定天下，做了将相，诛杀诸吕，保全刘氏天下；您只是脚踏弓弩的力大善射的武士，又升迁为队长，累积功劳做到淮阳郡守，并没出什么奇计，在攻城夺地、野外厮杀中立下战功。再说陛下从代地来，每次上朝，郎官呈上奏书，未尝不停下辇车来接受奏书的。意见不能采用的，就放在一边；可以接受的，就采纳，从来没有人不称道赞许。这是为了什么呢？是想以此来招纳天下贤能的士大夫。皇上每天听到自己从前没听过的事，明白以前不曾明白的道理，越来越圣明；您现在让人不敢在您面前说话，越来越愚昧。以圣明的君主来督责愚昧的丞相，这样您遭受祸患的日子不远了。"丞相于是拜了两拜，说道："我是个粗鄙平庸的人，竟不懂这些道理，幸蒙将军教诲。"申屠嘉请袁盎入内室同坐，将他作为上客。

袁盎向来不喜欢晁错，只要晁错在哪里，袁盎就离去；只要袁盎在哪里，晁错也就离去。两人从没有在一起谈过话。等孝文帝驾崩，孝景帝即位，晁错做了御史大夫，派官吏查办袁盎收受吴王刘濞财物的事，要按罪行轻重给予相应惩罚。皇帝下诏赦免了他，将他废为平民。

吴楚反叛，消息传到京城，晁错对丞史说："袁盎收受吴王许多金钱，专门为他遮掩，说他不会反叛。如今果然反叛，我打算请求惩治袁盎，他应当知道反叛的阴谋。"丞史说："事情还没暴露出来，惩治他还可能中断反叛阴谋。如今叛军已向西进发，惩治袁盎有什么用！再说袁盎也不该有阴谋。"晁错犹豫未决。有人将此事告诉袁盎，袁盎非常害怕，当夜去见窦婴，向他说明吴王所以反叛的原因，愿到皇上面前亲口对质。窦婴进宫禀报皇上，皇上就召袁盎进宫会见。晁错就在面前，等袁盎向皇上请求避开别人奏事，晁错退去，心里非常怨恨。袁盎详奏吴王谋反的情况，说是因晁错的缘故，只有赶快杀掉晁错向吴王致歉，吴军才可罢兵。他的这些话都记在《吴王濞列传》中。皇上命袁盎为太常，窦婴为大将军。这两人向来有交情。等吴王反叛，居住在诸陵中的长者、长安城中的贤大夫都争着依附他们两人，驾车跟随在后的每天有数百辆。

等晁错已被诛杀，袁盎以太常的身份出使吴国。吴王想让他为将统兵，袁盎不肯。吴王想杀死他，派一名都尉带领五百人把袁盎围在军中。袁盎在做吴国国相时，曾有一个从史与他的婢女私相爱悦。袁盎知道了此事，没有泄露，对待从史仍像从前一样。有人告诉从史，说袁盎知道他跟婢女私相爱悦的事，从史便逃跑回家。袁盎亲自驱驾追得从史，就把婢女赐给他，仍让他做从史。等袁盎出使吴国被围，从史刚好是围困袁盎的校尉司马。他就把随身携带的全部财物卖掉买了两石浓酒，正赶上天气寒冷，士卒们又渴又饿，喝了酒，都醉了，围守城西南角的士卒都醉倒了。司马趁夜间领袁盎起身，说道："您可以走了，吴王定好明天一早杀您。"袁盎不相信，说："您是干什么的？"司马说："臣原先是做从史与您的婢女私相爱悦的人。"袁盎才吃惊地道谢说："您幸有父母在堂，我可不能因此连累您。"司马说："您只管走，我也就要逃走，把我的父母藏匿起来，您又何必担忧呢！"于是用刀割破帐篷，带着袁盎从士卒醉倒的窟窿处钻了出来。司马与袁盎分路背道离去，袁盎解下节旄揣在怀中，拄着杖，步行七八里，天亮时，遇见梁国的骑兵，骑马奔驰而去，终于返回京城将出使吴国的情况禀报给皇上。

吴楚已被攻破，皇上改封楚元王之子平陆侯刘礼为楚王，袁盎任楚相。袁盎曾上书有所进言，但未被采纳。袁盎因病免官，闲居在家，和乡人混在一起，相随而行，跟他们斗鸡赛狗。洛阳人剧孟曾拜访袁盎，袁盎热情接待他。安陵有个富人对他说："我听说剧孟是个赌徒，将军为什么和这种人来往？"袁盎说："剧孟虽是赌徒，但他母亲死时，送葬的客人车子有一千多辆，这也是他有过人之处。再说危难事人人都有，一旦人有急事敲门求救，不以家有父母而推辞，不以生死安危而拒绝，天下所仰望的人只有季心、剧孟而已。如今您身后常有数位骑兵随从，一旦有急事，这些人难道可以依靠?”袁盎痛骂富人,从此不再与他来往。众人闻听此事,都称道袁盎。

袁盎虽闲居在家,景帝时常派人向他询问计策谋略。梁王想成为景帝的继承人,袁盎进言劝说,此后,景帝和太后不再提传位于梁王的事。梁王因此怨恨袁盎,曾派人刺杀袁盎。刺客来到关中,打听袁盎到底是怎样的人,众人都赞不绝口。刺客便去见袁盎说:“臣收受梁王的钱财来刺杀您,您是个长者,我不忍心刺杀您。但后面跟着来刺杀您的人还有十多批,希望您作好防备!”袁盎心中很不愉快,家里又发生了许多怪事,便到棓生那里去占问吉凶。回家时,随后派来的梁国刺客果然在安陵外城门外拦住袁盎,刺杀了他。

晁错,颍川人。曾在轵县张恢先生那里学习申不害和商鞅的刑名之学,与洛阳宋孟和刘礼跟随一个老师学习。凭着文章学术做了太常掌故。

晁错为人严峻刚直而又苛刻严酷。孝文帝时,天下没有研习《尚书》的人,只听说济南伏生是原来秦朝的博士,研习《尚书》,年纪已九十多岁,因太老无法征召到京城,文帝于是诏令太常派人前往受学。太常派晁错前往伏生那里学习《尚书》。学成归来后,趁机向皇帝上奏当前应该做的事,并称引《尚书》进行解说。文帝先后下诏让他做太子舍人、门大夫、太子家令。晁错凭着他的辩才,得到太子宠幸,太子家称他为“智囊”。孝文帝时,晁错多次上书,谈到削减诸侯的事,以及法令中可更改修定的地方。数十次上书,孝文帝都没采纳,但认为他有奇特的才能,升迁为中大夫。当时,太子称赏晁错的计策谋略,袁盎和诸位大功臣却大多不喜欢晁错。

景帝即位,命晁错为内史。晁错数次请求皇帝避开他人谈论政事,景帝总是听从,对他的宠幸超过九卿,法令也多被他更改修定。丞相申屠嘉心中不满,但又没足够的力量毁伤他。内史府建在太上庙围墙里的空地上,门朝东,出入不便,晁错便向南开了两个门出入,因而凿开了太上庙的外围墙。丞相申屠嘉闻听后,大怒。打算就这次晁错的过失奏请诛杀他。晁错闻听消息，当夜请求单独进见皇上，向皇上详细说明此事。丞相上朝奏事，乘机禀奏晁错擅自凿开太上庙的围墙开门，请求皇上把他交给廷尉处死。皇上说："晁错所凿的墙不是太上庙的墙，而是庙外空地上的围墙，不至于触犯法令。"丞相谢罪。退朝后，生气地对长史说："我应当先杀了他再奏报皇上，竟然先奏请，被这小子给出卖，实在是大错。"丞相于是发病而死。晁错因此更加显贵。

晁错被升迁为御史大夫，请求按诸侯罪过削减他们的封地，收回各诸侯国都所在郡以外的其他郡。奏章呈上，皇上命公卿、列侯和刘氏宗室一起商讨，没人敢非难晁错的建议，只有窦婴与他争辩，因此和晁错有了隔阂。晁错所更改的法令有三十章，诸侯都吵嚷着反对，怨恨晁错。晁错的父亲听到此消息，就从颍川赶来，对晁错说："皇上刚即位，你执掌政事，侵害削弱诸侯，疏离人家的骨肉，人们纷纷议论怨恨你，为什么要这样做呢?"晁错说："事情本来就应该这样。不这样，天子不会尊崇，宗庙不会安宁。"晁错的父亲又说："照这样，刘氏的天下安宁了，而晁氏却危险了，我要离开你回去了。"于是服毒药而死，死前说道："我不忍心看到祸患殃及自己。"晁错的父亲死后十多天，吴楚七国果然反叛，而以诛杀晁错为名。等到窦婴、袁盎进言，皇上就命晁错穿着朝服，在东市把他处死。

晁错死后，谒者仆射邓公任校尉，攻打吴楚军时为将。回京城后，上书禀报军情，晋见皇上。皇上问道："你从军中来，听到晁错死了，吴楚罢兵没有?"邓公说："吴王蓄意谋反已有数十年了，他为你削减其封地而发怒，就以诛杀晁错为名，他的本意并不在晁错呀。再说臣担心天下的士人从此都将闭口，再也不敢进言了。"皇上说："为什么呢?"邓公说："晁错担心诸侯强大了不能制服，所以请求削减诸侯封地以尊宠朝廷，这实在是关乎万世的好事啊。谋划才开始实行，竟遭到杀戮，对内杜塞忠臣的口，对外反而替诸侯报了仇，臣私下认为陛下这样做是不足取的。"此时景帝沉默了好久，说："您说得对，我也悔恨这件事。"于是拜授邓公为城阳中尉。

邓公，成固人，多有出人意料的妙计。建元年间，皇上招纳贤良之士，公卿都推举邓公，当时邓公免官，便由在家闲居被起用而位列九卿。一年后，又推托有病辞职回家。其子邓章因治习黄帝、老子的学说在诸位公卿当中很有名望。

太史公说：袁盎虽然不好学，可他善于融会贯通，以仁慈之心为本，常称引大义，慷慨陈词。赶上孝文帝刚即位，他的才智恰好碰上了施展的时机。时势变化，等吴楚反叛时，请求诛杀晁错，建议虽被采纳实行，然而却不再被任用。爱好名声夸耀才能，终于因此而声名遭到毁坏。晁错做太子家令时，多次进言而不被采用；后来擅权，法令多被变更。诸侯发动叛乱，晁错不急于匡正挽救危机，却想报个人私仇，反而因此招来杀身之祸。俗话说："改变古法，搞乱常规，不是身死，就是逃亡"，难道说的就是晁错之类的人吗？

【鉴赏】

本篇将在文帝景帝时先后受宠的两位大臣合为一传，二人之事迹互有照应分合，分得清楚，合得自然，而又浑然一体。在袁盎传中，先交代了两人的势不两立："盎素不好晁错，晁错所居坐，盎去；盎坐，错亦去。两人未尝同堂语。"接着写二人假公以报私仇，晁错得宠时查办袁盎，吴楚反时袁盎夜见窦婴，终于谗杀晁错，颇有些圆滑险恶。在晁错传中，则交代了窦婴与晁错有隔阂的缘由，并记述了晁错已死之后，吴楚继续为乱而景帝悔恨之状。二人之传借吴楚七国之乱这一重要历史事件前后勾连，并通过二人前后的言行展示了他们的为人行事与性格。

在司马迁笔下，对袁盎用笔较多，所以性格也更为突出。他为人敢言直谏，注重等级名分。传文中写袁盎谏说皇帝、丞相、诸侯王等的几件事都是表现了这一点。尤其是文帝幸临上林苑，皇后、慎夫人随从，等布置座席时，袁盎将慎夫人的座席向后拉这件事，慎夫人和文帝都因此发怒，他还能从容言说"尊卑有序则上下和"之礼，不仅博得皇上喜悦，还得到慎夫人的赏赐。还有他先以"丞相骄主"劝谏皇上，令绛侯对他心生怨恨，而他终不谢罪，可后来有人告发绛侯反时，"唯袁盎明绛侯无罪。"这又显出他行事为人有主心骨，是个颇为精明的人。而文中写晁错，则偏重于他的"峭直刻深"，这似乎与司马迁对法家人物的态度有关。

史记卷一百二·张释之冯唐列传第四十二

张释之、冯唐都是汉文帝时正直敢言的才俊之士。司马迁称“张季之言长者,守法不阿意;冯公之论将率,有味哉!有味哉!”对他们的无偏无私进行了热情的称颂。本篇即主要记述了二人的一些可资传扬的事迹。对张释之主要写了他谏阻文帝拜虎圈啬夫为上林令和追止太子、梁王无得入殿门事,这表现了他的直言敢谏;而秉法处置惊皇帝车驾的县人和盗宗庙服御物者,则显示出他不偏心、不阿私。对冯唐主要记述了他直言下情,大胆为魏尚申冤之事,表现出他敢于犯颜直谏。

张廷尉释之者,堵阳人也,字季。有兄仲同居。以訾①为骑郎,事孝文帝,十岁不得调②,无所知名。释之曰:“久宦减仲之产,不遂③。”欲自免归。中郎将袁盎知其贤,惜其去,乃请徙释之补谒者。

释之既朝毕,因前言便宜事④。文帝曰:“卑之⑤,毋甚高论,令今可施行也。”于是释之言秦汉之间事,秦所以失而汉所以兴者久之。文帝称善,乃拜释之为谒者仆射。

释之从行,登虎圈。上问上林尉诸禽兽簿,十馀问,尉左右视,尽不能对。虎圈啬夫从旁代尉对上所问禽兽簿甚悉,欲以观⑥其能口对响应无穷者。文帝曰:“吏不当若是邪?尉无赖⑦!”乃诏释之拜啬夫为上林令。释之久之前曰:“陛下以绛侯周勃何如人也?”上曰:“长者也。”又复问:“东阳侯张相如何如

---

①訾:通“资”,资财,钱财。②调:升迁,提拔。③遂:顺心,如意。④便宜事:当前应该做的事。⑤卑之:指谈话要触及现实。卑:低。⑥观:显示,表现。⑦无赖:不可依赖,不可依靠。

人也?”上复曰:“长者。”释之曰:“夫绛侯、东阳侯称为长者,此两人言事曾不能出口,岂敩此啬夫谍谍利口捷给哉[①]! 且秦以任刀笔之吏,吏争以亟疾苛察相高,然其敝,徒文具耳[②],无恻隐[③]之实。以故不闻其过,陵迟[④]而至于二世,天下土崩。今陛下以啬夫口辩而超迁之,臣恐天下随风靡靡[⑤],争为口辩而无其实。且下之化上疾于景响[⑥],举错不可不审也[⑦]。”文帝曰:“善。”乃止,不拜啬夫。

上就车,召释之参乘[⑧],徐行,问释之秦之敝,具以质言。至宫,上拜释之为公车令。

顷之,太子与梁王共车入朝,不下司马门,于是释之追止太子、梁王无得入殿门。遂劾不下公门不敬[⑨],奏之。薄太后闻之,文帝免冠谢曰:“教儿子不谨。”薄太后乃使使承诏赦太子、梁王,然后得入。文帝由是奇释之,拜为中大夫。

顷之,至中郎将。从行至霸陵,居北临厕[⑩]。是时慎夫人从,上指示慎夫人新丰道,曰:“此走邯郸道也。”使慎夫人鼓瑟,上自倚瑟而歌,意惨凄悲怀,顾谓群臣曰:“嗟乎! 以北山石为椁[⑪],用纻絮斫陈[⑫],蕠漆[⑬]其间,岂可动哉!”左右皆曰:“善。”释之前进曰:“使其中有可欲者,虽锢南山犹有郄;使其中无可欲者,虽无石椁,又何戚[⑭]焉!”文帝称善。其后拜释之为廷尉。

---

①敩(xiào):同“学”,效法。利口捷给:口才好,反应快,指能言善辩。 ②敝:通“弊”,弊端。徒文具:徒然具有官样文书的形式。 ③恻(cè)隐:真诚,诚恳,出自内心的。 ④陵迟:日益衰败。 ⑤随风靡靡:追随附和这种风气。靡:倒下。 ⑥景响:影子和回声。景:通“影”。 ⑦举错:做事情。举:兴办。错:通“措”,施行。审:审慎。 ⑧参乘:即“骖(cān)乘”,与君主同乘一车,既示优宠,亦做侍卫。 ⑨劾(hé):参劾,揭发罪行。公门:君门,此指司马门。 ⑩厕:通“侧”。 ⑪椁(guǒ):外棺,棺材外面套的大棺材。 ⑫纻(zhù):苧麻。斫(zhuó):斩,切。陈:填塞。 ⑬蕠(rú):黏合。漆:涂漆。 ⑭戚:悲伤,忧虑。

顷之，上行出中渭桥，有一人从桥下走出，乘舆[①]马惊。于是使骑捕，属之廷尉。释之治问，曰："县人，来，闻跸[②]，匿桥下。久之，以为行已过，即出，见乘舆车骑，即走耳。"廷尉奏当[③]，一人犯跸，当罚金。文帝怒曰："此人亲惊吾马，吾马赖柔和，令他马，固不败伤我乎？而廷尉乃当之罚金！"释之曰："法者，天子所与天下公共也。今法如此而更重之，是法不信于民也。且方其时，上使立诛之则已。今既下廷尉，廷尉，天下之平也，一倾而天下用法皆为轻重，民安所措其手足？唯陛下察之。"良久，上曰："廷尉当是也。"

其后有人盗高庙坐[④]前玉环，捕得，文帝怒，下廷尉治。释之案[⑤]律盗宗庙服御物者为奏，奏当弃市。上大怒曰："人之无道，乃盗先帝庙器！吾属廷尉者，欲致之族[⑥]，而君以法奏之，非吾所以共承[⑦]宗庙意也。"释之免冠顿首谢曰："法如是足也。且罪等，然以逆顺为差[⑧]。今盗宗庙器而族之，有如万分之一，假令愚民取长陵一抔土，陛下何以加其法乎？"久之，文帝与太后言之，乃许廷尉当。

是时，中尉条侯周亚夫与梁相山都侯王恬开见释之持议平，乃结为亲友。张廷尉由此天下称之。

后文帝崩，景帝立，释之恐，称病。欲免去，惧大诛至；欲见谢，则未知何如。用王生计，卒见谢，景帝不过[⑨]也。

王生者，善为黄老言，处士[⑩]也。尝召居廷中，三公九卿尽

---

①乘舆：此处指皇帝乘坐的车。 ②跸(bì)：帝王出行时清道开路，不准行人通过。 ③当：判决，判处。 ④坐：通"座"，神座。 ⑤案：通"按"，按照，依据。 ⑥族：灭族，一人有罪而诛杀他的家族。 ⑦共承：恭敬承奉。共：通"恭"，恭敬。 ⑧以逆顺为差：指根据犯罪的轻重加以区别。 ⑨过：斥责，责备。 ⑩处士：有才德而未仕或隐居不仕的人。

会立，王生老人，曰“吾袜解[①]”，顾谓张廷尉：“为我结袜！”释之跪而结之。既已，人或谓王生曰：“独奈何廷辱张廷尉，使跪结袜？”王生曰：“吾老且贱，自度终无益于张廷尉。张廷尉方今天下名臣，吾故聊辱廷尉，使跪结袜，欲以重之。”诸公闻之，贤王生而重张廷尉。

张廷尉事景帝岁馀，为淮南王相，犹尚以前过也[②]。久之，释之卒。其子曰张挚，字长公，官至大夫，免。以不能取容[③]当世，故终身不仕。

冯唐者，其大父赵人。父徙代。汉兴，徙安陵。唐以孝著，为中郎署长，事文帝。文帝辇过，问唐曰：“父老何自为郎？家安在？”唐具以实对。文帝曰：“吾居代时，吾尚食监高祛数为我言赵将李齐之贤，战于巨鹿下。今吾每饭，意未尝不在巨鹿也。父知之乎？”唐对曰：“尚不如廉颇、李牧之为将也。”上曰：“何以？”唐曰：“臣大父在赵时，为官卒将，善李牧。臣父故为代相，善赵将李齐，知其为人也。”上既闻廉颇、李牧为人，良说[④]，而搏髀[⑤]曰：“嗟乎！吾独不得廉颇、李牧时为吾将，吾岂忧匈奴哉！”唐曰：“主臣[⑥]！陛下虽得廉颇、李牧，弗能用也。”上怒，起入禁中。良久，召唐让曰：“公奈何众辱我，独无间处乎[⑦]？”唐谢曰：“鄙人不知忌讳。”

当是之时，匈奴新大入朝那，杀北地都尉卬。上以胡寇为意，乃卒复问唐曰：“公何以知吾不能用廉颇、李牧也？”唐对曰：

---

①解：通“懈”，松懈。②尚：追论，追究。尚：上。以前过：指从前弹劾景帝、梁王“不敬”事。③取容：曲从，迎合，取悦人。④良说：非常高兴。说：通“悦”，高兴。⑤搏髀（bì）：拍击大腿。⑥主臣：畏惧之语。或欲称主，或又称臣，以见其惶恐之状。⑦独：难道。间处：无人之处，适当的间隙，合适的机会。间：私下。

"臣闻上古王者之遣将也，跪而推毂①，曰：'阃以内者，寡人制之；阃以外者，将军制之。'②军功爵赏皆决于外，归而奏之。此非虚言也。臣大父言，李牧为赵将居边，军市之租皆自用飨士，赏赐决于外，不从中扰也。委任而责成功，故李牧乃得尽其智能，遣选车千三百乘，彀骑③万三千，百金之士十万，是以北逐单于，破东胡，灭澹林，西抑强秦，南支韩、魏。当是之时，赵几霸。其后会赵王迁立，其母倡也。王迁立，乃用郭开谗，卒诛李牧，令颜聚代之。是以兵破士北，为秦所禽灭。今臣窃闻魏尚为云中守，其军市租尽以飨士卒，出私养钱，五日一椎牛④，飨宾客军吏舍人，是以匈奴远避，不近云中之塞。虏曾一入，尚率车骑击之，所杀甚众。夫士卒尽家人子⑤，起田中从军，安知尺籍伍符⑥。终日力战，斩首捕虏，上功莫府⑦，一言不相应，文吏以法绳之。其赏不行而吏奉法必用。臣愚，以为陛下法太明，赏太轻，罚太重。且云中守魏尚坐上功首虏差六级⑧，陛下下之吏，削其爵，罚作⑨之。由此言之，陛下虽得廉颇、李牧，弗能用也。臣诚愚，触忌讳，死罪死罪！"文帝说，是日令冯唐持节赦魏尚，复以为云中守，而拜唐为车骑都尉，主中尉及郡国车士。

七年，景帝立，以唐为楚相，免。武帝立，求贤良，举冯唐。唐时年九十馀，不能复为官，乃以唐子冯遂为郎。遂字王孙，亦奇士，与余善。

太史公曰：张季之言长者，守法不阿意；冯公之论将率，有

---

①毂(gǔ)：车轮中间有孔可以插入车轴的圆木，此指车。②阃(kǔn)：门槛。阃以内者：指朝中的事。阃以外者：指军中的事。③彀骑：持弓弩的骑兵。彀(gòu)：将弓拉满。④椎牛：杀牛。⑤家人子：百姓的子弟。⑥尺籍伍符：指法令律例。尺籍：将杀敌功绩写在一尺长的竹板上称尺籍。伍符：军中为约束部下使各伍相保而立的符信。⑦莫：通"幕"，幕府，将帅出征时设在野外的营帐。⑧坐：因某事获罪。首虏：斩获敌人的首级。⑨罚作：犯轻罪者罚做劳役。

味哉！有味哉！语曰“不知其人，视其友”。二君之所称诵，可著廊庙①。《书》曰：“不偏不党，王道荡荡；不党不偏，王道便便。”②张季、冯公近之矣。

【译文】

廷尉张释之，堵阳人，字季。和兄长仲生活在一起。由于家中资财多而做了骑郎，事奉孝文帝，十年得不到升迁，默默无名。释之说：“长久做郎官，耗减了哥哥的资财，使人不安。”想自己辞职回家。中郎将袁盎知道他贤能，惋惜他离去，就请求文帝调补他做谒者。

释之朝见文帝已毕，就上前陈说当前应做的大事。文帝说：“说些实际的事，不要高谈阔论，说的应该现在就能实施。”于是，释之谈了秦汉之间的事，及秦之所以灭亡而汉之所以兴盛的原因，谈了很久。文帝很是称赏，就拜授他为谒者仆射。

一次，释之随文帝出行，登临虎圈。文帝询问上林尉簿册上登记的禽兽的情况，问了十几个问题，上林尉只是左右看视，全都不能对答。看管虎圈的啬夫从旁边代上林尉回答了皇帝所问的问题，答得很周全，想借此显示自己能对答有如声响回应那样快且无法问倒。文帝说：“官吏不该像这样吗？上林尉不可依靠。”于是诏令张释之拜授啬夫做上林令。张释之过了好久才上前说：“陛下认为绛侯周勃是怎样的人呢？”文帝说：“是长者啊！”又再问：“东阳侯张相如是怎样的人呢？”文帝又回答说：“是个长者。”张释之说：“绛侯、东阳侯都被称为长者，可这两人商议事情时都不善言谈，现在这样做，难道让人们去效法这个喋喋不休伶牙俐齿的啬夫吗！而且秦由于重用舞文弄法的官吏，所以官吏争着以办事迅急苛刻督责为高，然而这样做的弊端在于徒然具有官样文书的形式，而没有出自内心的实情。因此秦君听不到自己的过失，国势日衰，到二世时，秦

①廊庙：指朝廷。 ②出自《尚书·洪范》。偏：偏私。党：阿附。荡荡：平坦宽广。便便：通“辩辩”，明辩。

国就土崩瓦解了。如今陛下因啬夫伶牙俐齿就越级升迁他,臣恐怕天下人都会追随这种风气,争相施展口舌之能而不求实际。况且在下的人被在上的人感化,快得就像影之随形、声之回应一样,陛下做事都不可不审慎啊!”文帝说:“好吧!”于是,取消原来的打算,不再拜授啬夫为上林令。

文帝上了车,召命张释之陪乘,车慢慢前行,文帝问张释之秦政的弊端,张释之都实言相告。到了宫中,文帝就拜授张释之为公车令。

不久,太子与梁王同乘一辆车入朝,到了皇宫外的司马门也没下车,于是张释之追上去阻止太子、梁王,不让他们进入殿门。还参劾他们在司马门不下车犯下“不敬”罪,上奏给了皇帝。薄太后闻知此事,文帝脱帽谢罪说:“怪我教导儿子不严。”薄太后就派使臣带着她的诏书前往赦免太子、梁王,太子、梁王才得以进入宫中。文帝由此更加觉得张释之与众不同,拜授他为中大夫。

又过了不久,张释之升任中郎将。随皇帝到霸陵,文帝站在霸陵的北边上眺望。当时慎夫人也跟随着,皇帝用手指示着通往新丰的道路给她看,并说:“这是通往邯郸的道路啊。”接着,让慎夫人弹瑟,皇帝自己合着瑟的曲调歌唱,神情凄惨悲伤,回头对着群臣说:“唉!用北山的石头做椁,用切碎的苧麻丝絮填塞石椁缝隙,再用漆粘涂在上面,哪还能打得开呢?”左右近侍都说:“是啊。”张释之走上前说道:“假若里面有了引发人们贪欲的东西,即使封铸南山做棺椁,那它还会有缝隙;假若里面没有引发人们贪欲的东西,即使没有石椁,又哪里用得着忧虑呢!”文帝称赞他说得好。后来拜授他做了廷尉。

此后不久,皇帝出巡经过中渭桥,有个人突然从桥下跑了出来,皇帝车驾的马受到惊吓。于是命骑士捉住此人,交给廷尉张释之。张释之审问他,那人说:“我是乡下人,来到京城,听到清道禁止行人通过的命令,就躲在桥下。过了好久,以为皇帝的车队已过去,就从桥下出来,一下子看见了皇帝的车队,马上就跑起来。”廷尉向皇帝奏报判处的结果,说他触犯了清道的禁令,应当处以罚金。文帝发怒说:“这个人亲自惊了我的马,我的马幸亏驯良温和,要是别的马,岂不摔伤了我吗?可廷尉才判处他罚金!”张释之说:“法令是天子和天下人所共同遵守的。现在法令就这样规定,却要再加重处罚,这样法令就不能取信于民。而在那时,皇上您让人立刻杀了他也就罢了。如今既然把他交给廷尉,廷尉是天下公正执法的带头人,稍一偏失,天下执法者都会任意或轻或重,百姓岂不会手足无措?愿陛下明察。”许久,皇帝才说:“廷尉的判处是对的。”

后来,有人盗取高祖庙神座前的玉环,被抓到了,文帝发怒,交给廷尉治罪。张释之按法令所规定的偷盗宗庙服饰御用器物之罪奏报皇帝,判处弃市处死。皇上大怒说:“这人无法无天,竟偷盗先帝庙中的器物。我把他交给廷尉,是想要给他灭族的惩处,而你却按法令条文奏报对他的惩处,这不是我恭敬奉承宗庙的本意啊。”张释之脱帽叩头谢罪说:“依照法令这样处罚已足够了。况且罪名相同,也要根据犯罪轻重有所区别。现在偷盗宗庙的器物就要灭族,万一假使有愚蠢的人挖长陵一捧土,陛下用什么刑罚惩处他呢?”过了些时候,文帝和薄太后谈论了此事,才同意了廷尉的判决。

当时,中尉条侯周亚夫与梁国国相山都侯王恬开见张释之执法论事公平,就和他结为亲密的朋友。张释之由此得到天下人的称赞。

后来,文帝驾崩,景帝即位,张释之内心恐惧,假托生病。想辞官离去,又担心招致被诛杀;想当面向景帝谢罪,又不知怎么办好。用了王生的计策,终于见到景帝谢罪,景帝没有责怪他。

王生是喜好黄老之术的处士。曾被召进朝廷中,三公九卿全都聚齐站立,王生是位老人,说:“我的袜带松脱了。”回过头对张廷尉说:“给我系好袜带!”张释之就跪下为他系好袜带。事后,有人问王生说:“为什么在朝廷上羞辱张廷尉,让他跪着系袜带?”王生说:“我年老,又地位卑下。自己料想最终不能给张廷尉什么好处。张廷尉是当今天下名臣,我故意羞辱张廷尉,让他跪下结袜带,想以此增加他的名望。”诸位公卿听说后,都称赞王生的贤德且敬重张廷尉。

张廷尉事奉景帝一年多,被贬为淮南王的丞相,还是由于以前得罪景帝的缘故。过了些时候,张释之死去。他的儿子叫张挚,字长公,官做到大夫，后被免职。因不能迎合当时的权贵显要，所以直到死也没有再做官。

冯唐，他的祖父是战国时赵国人。他的父亲移居代地。汉建立后，又迁居安陵。冯唐以孝行著称，被举荐为中郎署长，事奉文帝。一次文帝乘辇车经过冯唐任职的官署，问冯唐说："老人家怎么还在做郎官？家在哪里？"冯唐都如实对答。文帝说："我在代地时，我的尚食监高祛多次和我谈到赵将李齐的贤能，讲了他在巨鹿城下作战的情形。如今我每次吃饭时，心里总会想起巨鹿之战时的李齐。老人家知道这个人吗？"冯唐回答说："他还比不上廉颇、李牧为将的才能。"文帝说："凭什么这样说呢？"冯唐说："臣的祖父在赵国时，做过官率将，和李牧交情很好。臣的父亲从前做过代相，和赵将李齐也有很好的交情，知道他的为人。"文帝听了冯唐述说廉颇、李牧的为人，很高兴，拍着大腿说："唉！我偏偏得不到廉颇、李牧这样的人做将领，不然，我怎还会忧虑匈奴啊！"冯唐说："臣诚惶诚恐，陛下即使得到廉颇、李牧，也不会用他们。"文帝大怒，起身回宫。过了好久，又召见冯唐责备他说："你为什么当众侮辱我？难道就不能私下告诉我吗？"冯唐谢罪说："我这个鄙陋之人不知忌讳。"

正当此时，匈奴人新君侵犯朝那，杀死北地都尉孙卬。文帝为匈奴入侵而忧虑，就终于再次询问冯唐："您怎么知道我不能用廉颇、李牧呢？"冯唐回答说："我听说上古君王派遣将军时，亲自跪下为他推着车毂说：'朝中的事，由我决断，军中的事，由将军裁定。'军中因功封爵奖赏的事，都由将军在外决定，归来再奏报朝廷。这不是虚夸之言呀。臣的祖父说，李牧在赵国边境统兵时，把征收的租税都自行用来犒赏部下，赏赐由将军在外决定，朝廷不从中干预。君王委他以重任，督责他成功，所以李牧才能充分发挥他的才能，派遣精选的兵车一千三百辆，善骑射的士兵一万三千人，曾获百金这赏的勇士十万人，因此能向北驱逐单于，大破东胡，消灭澹林，向西抑制强秦，向南面支援韩、魏。在那时，赵国几乎成为霸主。后来恰逢赵王迁即位，他的母亲是歌舞伎女。赵王迁一即位，就听信郭开的谗言，最终杀了李牧，让颜聚取代他。因此军溃兵败，被秦人俘虏消灭。如今臣听说魏尚做云中郡守,他把军市上的租税全都用来犒赏士兵,还拿出个人养家的钱,五天杀一次牛,宴请宾客、军吏、亲近左右,因此匈奴人远远躲开,不敢靠近云中边塞。匈奴曾入侵一次,魏尚率领兵马出击,杀死很多敌军。那些士兵都是百姓家的子弟,从村野来参军,哪里知道"尺籍""伍符"这些法令律例呢?他们只知整天拼力作战,杀敌捕俘,而到幕府报功时,只要一句话不合实际,死守条文的法吏就用法令制裁他们。应得的奖赏不能兑现,文吏却依法必究。臣愚笨,认为陛下的法令太严明,奖赏太轻,惩罚太重。况且云中郡守魏尚只犯了多报斩获敌人首级六人的罪,陛下就把他交给法吏,削夺他的爵位,罚他做劳役。由此说来,陛下即使得到廉颇、李牧,也是不能重用的。臣确实愚笨,触犯了忌讳,该当死罪,该当死罪!"文帝听了很高兴。当日就命冯唐拿着符节前往赦免魏尚,重新让他做云中郡守,而拜授冯唐为车骑都尉,掌管中尉和各郡国的车战之士。

文帝后元七年,景帝即位,让冯唐做楚国丞相,不久被免职。武帝即位,征求贤良之士,众人举荐冯唐。冯唐已九十多岁,不能再做官了,于是任用他的儿子冯遂做了郎官。冯遂字王孙,也是善出奇策之士,和我要好。

太史公说:张释之称赞长者的话,和他严守法度不迎合皇帝心意;以及冯公谈论任用将帅,有味啊!有味啊!俗话说:"不了解那个人,看他结交的朋友就可知道。"他们两位赞许长者将帅的话,应该标著于朝廷。《尚书》说:"不偏私不结党,王道才会畅行;不结党不偏私,王道才能明辩。"张季与冯公接近于这样了!

【鉴赏】

本篇无论叙述语言还是人物语言都十分朴实,但却寄寓着司马迁深挚的感情。历史的叙述必然带有叙述者的主观思想和感情倾向,所谓"孔子作《春秋》,而乱臣贼子惧",正是因为它寓褒贬爱憎于记事之中。司马迁为李陵进言被刑,使其以忍辱负重、发愤著书以自励,所以他选择和叙述着的历史人物和历史事件常寄寓着或强或弱的身世感慨。就本篇来说,司马迁对张释之、冯唐的敢于犯颜直谏是热情称颂的,而对他们能遇到文帝那样从谏如流的圣明君王是企慕不已的。这种感情是通过作者精心的选材、鲜明的对比和巧妙的点评体现出来的。在传文中,无论是张释之还是冯唐他们的纳谏,文帝都能勇于采纳。如冯唐论将帅一节,他不知忌讳惹怒文帝,但过后文帝还是再次召他询问"公何以知吾不能用廉颇、李牧也?"冯唐则出于公义又大胆为魏尚申冤,文帝不仅采纳了他的献言,还拜他为车骑都尉。文帝的谦让宽仁形象树立起来。再看张释之、冯唐与景帝的遭遇。景帝为太子时,和梁王共车入朝经过司马门没有下车,张释之追上不让他们入殿门。后来景帝即位后不久,将他徙为淮南王相。前后呼应,而且作者还特地画龙点睛般地写下一句:"犹尚以前过也。"景帝的忌刻和反复无常也因此而凸显出来。而作者对文帝和景帝的好恶之情也就很明显了。

史记卷一百三·万石张叔列传第四十三

本篇所记人物以万石君始，而以御史大夫张叔终，故名《万石张叔列传》。而所谓万石君，是因石奋与四个儿子石建、石庆等都官至二千石，汉景帝于是称石奋为万石君。除石氏父子外，本篇还记有建陵侯卫绾、塞侯直不疑、郎中令周文、御史大夫张叔的居官任职情形。这些人有一个共同之处就是恭谨为臣，所以司马迁将他们合为一传。他们既不举贤荐能，也不问社稷苍生，更不去匡补时弊，是一群庸碌无为之辈。然而就恭谨这一点来说，也只是为臣的恭谨，为人却颇有“微巧”“处谄”者。

万石君名奋，其父赵人也，姓石氏。赵亡，徙居温。高祖东击项籍，过河内，时奋年十五，为小吏，侍高祖。高祖与语，爱其恭敬，问曰：“若何有？”对曰：“奋独有母，不幸失明。家贫。有姊，能鼓琴。”高祖曰：“若能从我乎？”曰：“愿尽力。”于是高祖召其姊为美人，以奋为中涓，受书谒①，徙其家长安中戚里②，以姊为美人故也。其官至孝文时，积功劳至大中大夫。无文学③，恭谨无与比。

文帝时，东阳侯张相如为太子太傅，免。选可为傅者，皆推奋，奋为太子太傅。及孝景即位，以为九卿；迫近，惮之，徙奋为诸侯相。奋长子建，次子甲，次子乙，次子庆，皆以驯行孝谨，官皆至二千石。于是景帝曰：“石君及四子皆二千石，人臣尊宠乃集其门。”号奋为万石君。

---

①受书谒：受理文书和谒见。 ②中戚里：汉代京城中外戚居住的地方。 ③文学：当时称通六经知礼乐的人为“文学之士”，这里指儒术，儒学。

孝景帝季[①]年，万石君以上大夫禄归老于家，以岁时为朝臣。过宫门阙，万石君必下车趋[②]，见路马必式焉[③]。子孙为小吏，来归谒，万石君必朝服见之，不名。子孙有过失，不谯让[④]，为便坐[⑤]，对案不食。然后诸子相责，因长老肉袒[⑥]固谢罪，改之，乃许。子孙胜冠[⑦]者在侧，虽燕居[⑧]必冠，申申如[⑨]也。童仆訢訢如[⑩]也，唯谨。上时赐食于家，必稽首俯伏而食之，如在上前。其执丧，哀戚甚悼。子孙遵教，亦如之。万石君家以孝谨闻乎郡国，虽齐鲁诸儒质行，皆自以为不及也。

建元二年，郎中令王臧以文学获罪。皇太后以为儒者文多质少，今万石君家不言而躬行，乃以长子建为郎中令，少子庆为内史。

建老，白首，万石君尚无恙。建为郎中令。每五日洗沐[⑪]归谒亲。入子舍[⑫]，窃问侍者，取亲中帬厕腧[⑬]，身自浣涤，复与侍者，不敢令万石君知，以为常。建为郎中令，事有可言，屏人恣言[⑭]，极切；至廷见，如不能言者。是以上乃亲尊礼之。

万石君徙居陵里。内史庆醉归，入外门[⑮]不下车。万石君闻之，不食。庆恐，肉袒请罪，不许。举宗及兄建肉袒，万石君让曰："内史贵人，入闾里，里中长老皆走匿，而内史坐车中自如，固当！"乃谢罢庆。庆及诸子弟入里门，趋至家。

---

①季：一个时代或一个朝代的末期。 ②趋：小步快走，进见君长时表示礼敬的走路姿势。 ③路马：天子所乘之马，此指天子车驾。路：通"辂（lù）"，天子乘坐的大车。式：通"轼"，车前的横木。古人乘车时常以伏在车前横木上表示敬意。 ④谯（qiào）让：申斥，责备。 ⑤便坐：不处正室，别坐他处。 ⑥肉袒：裸露上体表示请罪。 ⑦胜冠：够戴帽子的年龄，古人年二十而行加冠礼，表示已经成年。 ⑧燕居：闲居。燕：舒适，安闲。 ⑨申申如：庄重严肃的样子。 ⑩訢訢如：恭敬慈和的样子。 ⑪洗沐：汉制，官吏五天休假一天以沐浴。 ⑫子舍：附属的房舍，下人所居的小房。 ⑬中帬：内裤。厕腧：内衣。腧（tóu）：通"褕（tóu）"，贴身穿的内衣。 ⑭屏人：此指避开他人。恣言：纵情地说。 ⑮外门：指里巷的门。

万石君以元朔五年中卒。长子郎中令建哭泣哀思，扶杖乃能行。岁馀，建亦死。诸子孙咸孝，然建最甚，甚于万石君。

建为郎中令，书奏事，事下，建读之，曰："误书！'马'者与尾当五，今乃四，不足一。上谴，死矣！"甚惶恐。其为谨慎，虽他皆如是。

万石君少子庆为太仆，御[①]出，上问车中几马，庆以策数马毕，举手曰："六马。"庆于诸子中最为简易[②]矣，然犹如此。为齐相，举齐国皆慕其家行，不言而齐国大治，为立石相祠。

元狩元年，上立太子，选群臣可为傅者，庆自沛守为太子太傅，七岁迁为御史大夫。

元鼎五年秋，丞相有罪，罢。制诏御史："万石君先帝尊之，子孙孝，其以御史大夫庆为丞相，封为牧丘侯。"是时汉方南诛两越，东击朝鲜，北逐匈奴，西伐大宛，中国多事。天子巡狩海内，修上古神祠，封禅[③]，兴礼乐。公家用少，桑弘羊等致利，王温舒之属峻法，兒宽等推文学至九卿，更进用事，事不关决[④]于丞相，丞相醇[⑤]谨而已。在位九岁，无能有所匡言。尝欲请治上近臣所忠、九卿咸宣罪，不能服，反受其过，赎罪。

元封四年中，关东流民二百万口，无名数者四十万，公卿议欲请徙流民于边以適[⑥]之。上以为丞相老谨，不能与其议，乃赐丞相告归，而案[⑦]御史大夫以下议为请者。丞相惭不任职，乃上书曰："庆幸得待罪丞相，罢驽[⑧]无以辅治，城郭仓库空虚，民多

---

①御：通"驭"，驾驭车马。②简易：指不太拘泥礼法。③封禅：帝王祭天地之礼。在泰山上筑土为坛祭天为封，在泰山下的梁父山上辟场祭地为禅。④关决：通过，取决。⑤醇：通"淳"，淳厚。⑥適：通"谪"，谪罚，此指发配守边。⑦案：通"按"，查办，惩治。⑧罢：通"疲"，疲劳，疲钝。驽：劣马，指才能低下。

流亡，罪当伏斧质[①]，上不忍致法。愿归丞相侯印，乞骸骨归，避贤者路。”天子曰：“仓廪[②]既空，民贫流亡，而君欲请徙之；摇荡不安，动危之，而辞位，君欲安归难乎？”以书让庆，庆甚惭，遂复视事。

庆文深审谨，然无他大略为百姓言。后三岁馀，太初二年中，丞相庆卒，谥为恬侯。庆中子德，庆爱用之，上以德为嗣，代侯。后为太常，坐法当死，赎免为庶人。庆方为丞相，诸子孙为吏更至二千石者十三人。及庆死后，稍以罪去，孝谨益衰矣。

建陵侯卫绾者，代大陵人也。绾以戏车为郎，事文帝，功次迁为中郎将，醇谨无他。孝景为太子时，召上左右饮，而绾称病不行。文帝且崩时，属孝景曰：“绾长者，善遇之。”及文帝崩，景帝立，岁馀不诮呵[③]绾，绾日以谨力。

景帝幸上林，诏中郎将参乘[④]，还而问曰：“君知所以得参乘乎？”绾曰：“臣从车士幸得以功次迁为中郎将，不自知也。”上问曰：“吾为太子时召君，君不肯来，何也？”对曰：“死罪，实病。”上赐之剑。绾曰：“先帝赐臣剑凡六，剑，不敢奉诏。”上曰：“剑，人之所施易[⑤]，独至今乎？”绾曰：“具在。”上使取六剑，剑尚盛[⑥]，未尝服也。郎官有谴，常蒙其罪；不与他将争，有功，常让他将。上以为廉，忠实无他肠，乃拜绾为河间王太傅。吴楚反，诏绾为将，将河间兵击吴楚有功，拜为中尉。三岁，以军功，孝景前六年中封绾为建陵侯。

其明年，上废太子，诛栗卿[⑦]之属。上以为绾长者，不忍，乃赐绾告归，而使郅都治捕栗氏。既已，上立胶东王为太子，召

---

①斧：斩人用的刑具。质：通“锧”，斩人时作垫用的砧板。 ②仓廪（lǐn）：粮仓。 ③诮呵：申斥。 ④参乘：即“骖（cān）乘”，与君主同乘一车，既示优宠，亦做侍卫。 ⑤施：佩带。易：交换。 ⑥盛：此指剑装在剑鞘中。 ⑦栗卿：栗姬的兄弟，太子的舅父。

绾，拜为太子太傅。久之，迁为御史大夫。五岁，代桃侯舍为丞相，朝奏事如职所奏。然自初官以至丞相，终无可言。天子以为敦厚，可相少主，尊宠之，赏赐甚多。

为丞相三岁，景帝崩，武帝立。建元年中，丞相以景帝疾时诸官囚多坐不辜者，而君不任职，免之。其后绾卒，子信代，坐酎金[①]失侯。

塞侯直不疑者，南阳人也。为郎，事文帝。其同舍有告归，误持同舍郎金去。已去而金主觉，妄意[②]不疑，不疑谢[③]有之，买金偿。而告归者来而归金，而前郎亡金者大惭，以此称为长者。文帝称举[④]，稍迁至太中大夫。朝，廷见，人或毁曰："不疑状貌甚美，然独无奈其善盗[⑤]嫂何也！"不疑闻，曰："我乃无兄。"然终不自明也。

吴楚反时，不疑以二千石将兵击之。景帝后元年，拜为御史大夫。天子修[⑥]吴楚时功，乃封不疑为塞侯。武帝建元年中，与丞相绾俱以过免。

不疑学老子言。其所临，为官如故，唯恐人知其为吏迹也。不好立名称，称为长者。不疑卒，子相如代。孙望，坐酎金失侯。

郎中令周文者，名仁，其先故任城人也。以医见。景帝为太子时，拜为舍人，积功稍迁，孝文帝时至太中大夫。景帝初即位，拜仁为郎中令。

仁为人阴重不泄[⑦]，常衣敝补衣溺袴[⑧]，期为不洁清，以是

---

①酎(zhòu)金：汉朝规定，诸侯每年应向朝廷进献助祭的黄金，即酎金。 ②妄：没有根据，胡乱地。意：猜测，怀疑。 ③谢：道歉，致歉。 ④称举：称赞、提拔。 ⑤盗：此指私通。 ⑥修：找补，再次褒奖。 ⑦阴重：深隐持重，沉默寡言。不泄：不泄露别人的话。 ⑧溺：衍文。袴(kù)：无裆的套裤，古人套在有裆裤外面的下裳。

得幸。景帝入卧内，于后宫秘戏，仁常在旁。至景帝崩，仁尚为郎中令，终无所言。上时问人，仁曰："上自察之。"然亦无所毁。以此景帝再自幸其家。家徙阳陵，上所赐甚多，然常让，不敢受也。诸侯群臣赂遗[1]，终无所受。

武帝立，以为先帝臣，重之。仁乃病免，以二千石禄归老。子孙咸至大官矣。

御史大夫张叔者，名欧，安丘侯说之庶子[2]也。孝文时，以治刑名言，事太子。然欧虽治刑名家，其人长者。景帝时尊重[3]，常为九卿。至武帝元朔四年，韩安国免，诏拜欧为御史大夫。自欧为吏，未尝言案人，专以诚长者处官。官属以为长者，亦不敢大欺。上具[4]狱事，有可却，却之；不可者，不得已，为涕泣面对而封之。其爱人如此。

老病笃[5]，请免。于是天子亦策[6]罢，以上大夫禄归老于家。家于阳陵。子孙咸至大官矣。

太史公曰：仲尼有言曰"君子欲讷于言而敏于行"[7]，其万石、建陵、张叔之谓邪？是以其教不肃而成，不严而治。塞侯微巧，而周文处谄[8]，君子讥之，为其近于佞也。然斯可谓笃行君子矣！

【译文】

万石君名奋，他的父亲是赵国人，姓石。赵国灭亡后，迁居到温县。高祖东进攻打项羽，路过河内郡，当时石奋只有十五岁，做小吏，事奉高祖。高祖和他谈话，喜爱他的恭敬，问他说："你家有些什么人？"回答说：

---

①赂遗：赠送。 ②庶子：非正妻所生的儿子。 ③尊重：位尊权重。 ④具：备办。 ⑤病笃(dǔ)：病重。 ⑥策：皇帝命令的一种，多用于封土授爵、任免三公。 ⑦出自《论语·里仁》。讷(nè)：木讷，言语迟钝。 ⑧谄：同"谄"，阿谀奉承。

“我家中只有母亲，不幸失明。家中贫穷。还有个姐姐，会弹琴。”高祖问：“你能跟随我吗？”回答说：“愿尽力侍奉。”于是，高祖召他的姐姐入宫做了美人，让他做了中涓，受理大臣进献文书和谒见之事，他的家也迁到长安的中戚里，这是因他姐姐做了美人的缘故。他的官职到文帝时，累积功劳升至太中大夫。他不通儒术，可恭敬谨慎无人可比。

文帝时，东阳侯张相如做太子太傅，后被免职。文帝选可做太傅的人，众人都推举石奋，石奋做了太子太傅。等景帝即位，他位近九卿，因过于恭敬谨慎，景帝也敬畏他，调任他做诸侯丞相。他的长子石建，二子石甲，三子石乙，四子石庆，都因性情驯顺，孝敬谨慎，而做官至二千石。于是景帝说：“石君和四个儿子都官至二千石，人臣的尊宠竟然集中在他们一家。”就称石奋为万石君。

孝景帝末年，万石君享受上大夫的俸禄告老回家，只在年节和时令交替时进宫朝见皇帝。每次朝见经过皇宫门楼时，万石君必定下车小步急走以示恭敬，见到皇帝车驾必定手扶车轼以示敬意。他的子孙做小吏，回家看望他，万石君也必定穿朝服见他们，且不直呼他们的名字。子孙有了过失，不申斥他们，而是坐到侧位上，对着餐桌不肯吃饭。然后其他子孙就纷纷责备那个有过失的人，再通过族中老人代为求情，本人裸露上身诚恳谢罪，并坚决改正，才应允他们的请求。已成年的子孙在身边时，即使闲居在家，他也必定穿戴整齐，显出庄重严肃的样子。在仆人面前也很是恭敬慈和，特别谨慎。皇帝有时赏赐食物送到他家，他必定叩头跪拜后才俯身低头去吃，如同在皇帝面前。他主持丧事时，非常悲哀伤悼。子孙遵从他的教诲，也像他那样去做。万石君一家因孝顺谨慎闻名于各郡县诸侯，即使齐鲁之地品行朴实的儒生，也都自认为不如他们。

建元二年，郎中令王臧因推崇儒学获罪。皇太后认为儒生大多文饰浮夸而不够朴实，如今万石君一家不夸夸其谈而能身体力行，就让其长子石建做了郎中令，小儿子石庆做了内史。

石建已年老发白，万石君还健康无疾。石建做了郎中令，每逢五日一休假回家拜见父亲时，先是进入侍者的小屋，悄悄向侍者询问父亲的情况，拿走他的内衣亲自洗涤，再交给侍者，不敢让万石君知道，且经常如此。石建做郎中令时，有可向皇帝谏说的事，能避开他人时就畅所欲言，说得急切；到了在朝廷谒见时，则显出不善说话的样子。因此皇帝就对他亲自表示尊敬和礼遇。

万石君迁居陵里。做内史的儿子石庆醉酒回来，进入里巷的门时没有下车。万石君闻知此事，不肯吃饭。石庆恐惧，袒露上身请求恕罪，万石君仍不应允。全族人和兄长石建也袒露上身请求恕罪，万石君才推辞斥责说："内史是尊贵的人，进入里巷的门时，里中的父老都急忙回避，而内史坐在车中依然故我，本是应该的嘛！"这才向众人致意，答应石庆违礼之事算是过去了。从此以后，石庆和石家的子弟进入里巷的门时，都下车小步快走回家。

万石君在武帝元朔五年死。长子郎中令石建哀思痛哭，以致手扶拐杖才能行路。过了一年多，石建也死了。万石君的子孙都很孝顺，然而石建最突出，超过了万石君。

石建做郎中令时，一次上书奏事，奏章批复下来，石建再读时，惊呼道："写错了！'马'字下面四点和下曲的马尾应该五笔，现在才写四笔，少了一笔。皇上要责怪我了，我该死啊！"他因此很惊恐。他为人谨慎，即使对其他事也都如此。

万石君的小儿子石庆做太仆，为皇帝驾车外出，皇帝问驾车的马有几匹，石庆用马鞭一一点数马匹后，才举手说："六匹。"石庆在万石君的几个儿子当中算是最不拘礼法的了，然而尚且如此谨慎。石庆做齐国的国相，齐国上下都敬慕他们的家风，所以不用发布政令齐国就非常安定，人们为他立了石相祠。

武帝元狩元年，皇上确立太子，从群臣中挑选能做太子师傅的人。石庆就从沛守任上调为太子太傅，过了七年升任御史大夫。

武帝元鼎五年秋，丞相赵周有罪被罢官。皇帝下诏给御史："先帝很敬重万石君，他们的子孙都很孝顺，命御史大夫石庆任丞相，封为牧丘侯。”这时，汉正在南方诛讨两越，在东方攻打朝鲜，在北方驱逐匈奴，在西方征伐大宛，国家多事。加上天子巡视各地，修复上古神庙，行封禅大典，大兴礼乐。朝廷用度不足，皇帝就让桑弘羊等谋取财利，王温舒等实行严苛的法令，兒宽等推尊儒学官至九卿，他们相继升迁执掌政事，做什么事都不通过丞相，丞相只是一味忠厚谨慎罢了。丞相在位九年，不能有匡正进谏之言。他曾想请求惩治皇上的近臣所忠、九卿咸宣的罪过，未能使他们服罪，反而遭受了惩处，纳米粟入官才得免罪。

武帝元封四年，关东百姓有两百万人流离失所，没有户籍的有四十万人，公卿大臣商议想请求皇上把流民发配到边疆，让他们在那里守卫。皇上认为丞相年老谨慎，不可能参与这种商议，就让他告假回家，而查办御史大夫以下商议提出这种请求的官吏。丞相愧疚自己不能胜任职务，就上书给皇上说：“臣石庆承蒙宠幸得以位居丞相，可自己笨拙无能不能辅佐陛下治理国家，以致城郭仓库空虚，百姓多流离失所，罪该处死，皇上不忍心处治臣。臣愿归还丞相和侯爵的印信，请求告老还乡，给贤能的人让位。”皇帝说：“粮仓已经空虚，百姓贫困流亡，而你居然还提出要发配他们；流民已骚动不安了，动荡已使国家发生危机，你却想辞去职位，你要把麻烦推给谁去承担呢？”皇上下诏书责斥石庆，石庆非常惭愧，于是重新处理政事。

石庆为人礼节周备，处事审慎拘谨，却没什么远大的谋略，也从不为百姓说话。此后又过了三年多，在太初二年，丞相石庆死，谥号为恬侯。石庆的次子名德，石庆喜爱并器重他，皇帝让石德做石庆的继承人，承袭侯爵。后来官至太常，因触犯法令应当处死，他交纳钱物赎罪免死，成为平民。石庆做丞相时，他的子孙中从小吏升到两千石职位的有十三人。等石庆死后逐渐因不同罪名而被免职，孝顺谨慎的家风也更加衰落了。

建陵侯卫绾，代郡大陵人。卫绾靠表演车技做了郎官，事奉文帝，因功逐渐升迁为中郎将，忠厚谨慎别无他心。景帝做太子时，请皇上身边的近臣饮宴，而卫绾借口生病不肯去。文帝临死时嘱咐景帝说：“卫绾是位长者，你要好好待他。”等文帝驾崩，景帝即位，景帝一年多没责斥过卫绾,卫绾每日依旧谨慎尽职。

景帝有一次幸临上林苑,诏命中郎将卫绾陪乘,回来后问卫绾:“你知道为什么能和我同乘一车吗?”卫绾说:“臣从一个小小的车士幸运地能因功逐渐升迁为中郎将,自己不知道是什么缘故。”景帝又问:“我做太子时召请你宴饮,你不肯来,为什么呢?”回答说:“臣该死,实在是生病了!”景帝赐给他一把剑。卫绾说:“先皇帝曾赐给臣总共六把剑,不敢再接受陛下的赏赐。”景帝说:“剑是人们所喜爱佩带的,常用来送人或交换他物,难道你能保存到现在吗?”卫绾说:“都还在。”皇帝派人去取那六把剑,宝剑还完好地在剑鞘中,不曾佩带过。中郎将属下的郎官有了过失,卫绾常为他们遮掩;不和别的郎将争,有了功劳,常谦让给他人。皇上认为他品行方正,对自己忠诚没有他念,就拜授他为河间王太傅。吴楚反叛时,皇帝诏命卫绾为将军,率领河间王的军队攻打吴楚叛军有功,拜授他为中尉。过了三年,因为战功,在景帝前元六年受封为建陵侯。

第二年,景帝废黜栗太子刘荣,杀了太子的舅父等人。景帝认为卫绾是忠厚长者,不忍心让他审理此案,就赐假让他回家,而让郅都审理逮捕栗氏。处理完此案,景帝确立胶东王刘彻为太子,征召卫绾,拜授他为太子太傅。又过了些时候,升迁为御史大夫。五年后,代替桃侯刘舍做了丞相,在朝廷上奏事只奏职分内的事。然而从他最初做官起直到位列丞相,终究没什么可称道或指责之处。天子认为他敦厚,可以辅佐少主,对他很尊宠,赏赐东西很多。

卫绾做丞相三年,景帝驾崩,武帝即位。建元年间,因景帝卧病时,各官署的囚犯多是无辜受冤屈的人,他身为丞相却未能尽职,被免去丞相。后来卫绾死,其子卫信承袭建陵侯爵位。后来因所献酎金不合规定而失去侯位。

塞侯直不疑,南阳人。做郎官侍奉文帝。与他同住一室的人告假探家,误拿走他人的金子离去。过了些时候,金子的主人发觉,就胡乱猜疑直不疑,直不疑向他道歉说确有此事,买金子偿还了他。等告假探家的人回来归还了金子,那个先前丢失金子的人极为惭愧,因此众人都称直不疑是个忠厚的人。文帝也称赏提拔了他，逐渐升迁至太中大夫。一次朝见时，有人谗毁他说："直不疑相貌很美，然而唯独没办法处置他喜欢和嫂子私通的事啊！"直不疑听说后，说："我是没有兄长的。"然后他终究不再辩解。

吴楚反叛时，直不疑以二千石官员的身份率兵攻打叛军。景帝后元年拜授他为御史大夫。景帝再次褒奖平定吴楚叛乱的功劳，封直不疑为塞侯。武帝建元年间，和丞相卫绾都因过失免官。

直不疑研习老子的学说。他治理每个地方，做官都因循前任所为，唯恐人们知道他做官的事迹。他不喜欢树立自己的名声，被人称为长者。直不疑死，其子相如承袭侯爵。到孙子望时，由于进献酎金不合规定而失去侯爵。

郎中令周文，名仁，他的祖先原是任城人。凭借医术谒见天子。景帝做太子时，拜授他为舍人，累积功劳逐渐升迁，孝文帝时官至太中大夫。景帝刚继位，就拜授周仁为郎中令。

周仁为人深隐持重不泄露别人的话，常穿着破旧缀有补丁的上衣和套裤，故意弄得不洁净，由于皇帝觉得放心，所以得到宠幸。景帝进入寝宫和妃嫔嬉乐，周仁常在旁边。到景帝驾崩，周仁还在做郎中令，可他始终无所进言。皇上有时询问别人如何，周仁总说："皇上亲自考察他吧。"然而也没讲别人的什么坏话。因此景帝曾一再幸临他家。他家后来迁到阳陵，皇帝赏赐东西很多，他却常推让，不敢接受。诸侯百官赠送的东西，他始终没有接受。

武帝即位，认为他是先帝的大臣而尊重他。周仁因病免职，朝廷让他享受每年二千石的俸禄返乡养老，他的子孙都做到了大官。

御史大夫张叔，名欧，是安丘侯张说的庶子。孝文帝时以治习刑名之术事奉太子。尽管张欧治习刑名之术，却是个忠厚长者。景帝时位尊权重，常位居九卿。到了武帝元朔四年，韩安国被免官，皇帝下诏拜授张欧为御史大夫。自从张欧做官以来，没有说过惩办人的话，专门以诚恳忠厚的态度做官。下属都认为他是位长者，也不敢过分欺骗他。皇上将备办的案子交给他，有疑问应进一步查实的，就退回让下面重新查对；不能退回重新查对的，因事不得已，就流泪而哭，亲自看着封好文书。他爱别人就是如此。

后来他年老病重，请求辞去官职。于是天子也就颁布诏书，准许他的请求，按上大夫的俸禄让他回乡养老。他家住阳陵。他的子孙都做到了大官。

太史公说：孔子曾说“君子要言语迟钝而做事敏捷”，大概万石君、建陵侯和张叔就是这样吧！因此他们做事不峻急却能办成事，措施不严厉而能使百姓安定。塞侯直不疑有些巧诈，而周文失于卑恭谄媚，君子讥讽他们，因他们近于谄佞。但他们也可算是行为敦厚的君子了。

【鉴赏】

本篇紧紧围绕若干人物的某一共同特征进行描述，展开对他们生平行事的记叙，使得主旨十分突出。传文中所记诸公皆以恭谨为臣，石奋“恭谨无与比”，石建“甚为谨慎”，石庆“文深审谨”，建陵侯卫绾“醇谨无他”，塞侯直不疑“不好立名称，称为长者”，周文“阴重不泄”，御史大夫“专以诚长者处官”，史公将他们以类相聚，互为映衬，反复渲染，使他们奴态得以凸显。其中着墨最多，最为突出的是万石君石奋。石奋随从刘邦不是以战功或才智，而是凭其恭敬之态博得刘邦喜爱的。这种出身经历使他一生以孝谨治家行事。如文中记述他过宫门阙时“必下车趋，见路马必式焉”；子孙从朝中归来见他，他也“必朝服见之，不名”；“上时赐食于家，必稽首俯伏而食之，如在上前”，恭敬如此，令人失笑。儿子石庆只因醉酒回家时进入里门没有下车，他就不饮食，举宗肉袒请罪才训责作罢。作者就是在这种不动声色的叙述将他们的种种虚伪无耻之态勾画了出来，并流露出对他们的否定和厌恶之情。

在表现人物的为人行事时，本篇的细节描写十分生动逼真。如石建作郎中令，归家谒亲时，总是先“入子舍，窃问侍者，取亲中裙厕牏，身自浣涤，复与侍者，不敢令万石君知”，将其虚伪做作之态活画而出。如写皇上问车中有几马，石庆则“以策数马毕，举手曰：‘六马。’”小心谨慎的神态跃然而出。

史记卷一百四·田叔列传第四十四

司马迁在本篇中主要记述了田叔的事迹，并简叙了田叔之子田仁之事，褚少孙补写的一段文字具体写了田仁与任安事。传文中，作者以称颂的态度突出表现了田叔为人“刻廉自喜”、忠心仗义以及为官尽心尽职、善于规谏的品行。作者之所以描写这样一个历史人物，正如《太史公自序》中所说，是因为田叔“守节切直，义足以言廉，行足以厉贤”。田仁与司马迁友善，所以本篇记述了田仁因放走太子而被诛杀之事，但也只是一带而过，没有细讲。褚少孙补叙的文字能让人了解到田仁与任安的友情和遭遇，文笔上也可与司马迁相媲美。

田叔者，赵陉城人也。其先，齐田氏苗裔也。叔喜剑，学黄老术于乐巨公所。叔为人刻廉自喜，喜游诸公。赵人举之赵相赵午，午言之赵王张敖所，赵王以为郎中。数岁，切直廉平，赵王贤之，未及迁。

会陈豨反代。汉七年，高祖往诛之，过赵，赵王张敖自持案①进食，礼恭甚，高祖箕踞②骂之。是时赵相赵午等数十人皆怒，谓张王曰：“王事上礼备矣，今遇王如是，臣等请为乱。”赵王啮指出血，曰：“先人失国，微③陛下，臣等当虫出④。公等奈何言若是！毋复出口矣！”于是贯高等曰：“王长者，不倍⑤德。”卒私相与谋弑上。会事发觉，汉下诏捕赵王及群臣反者。于是赵

①案：形似托盘的盛食物的器具，下有足。 ②箕踞（jī jù）：席地而坐，伸开两脚，手扶膝，像簸箕状，是为傲慢不敬之态。 ③微：没有，假如没有。 ④虫出：用齐桓公死不能下葬以至尸体生蛆事表达死而不能下葬意。事见《齐世家》。虫：指蛆。 ⑤倍：通“背”，背叛，背弃。

午等皆自杀，唯贯高就系。是时汉下诏书："赵有敢随王者罪三族。"唯孟舒、田叔等十馀人赭衣自髡钳[①]，称王家奴，随赵王敖至长安。贯高事明白，赵王敖得出，废为宣平侯，乃进言田叔等十馀人。上尽召见，与语，汉廷臣毋能出其右者[②]。上说[③]，尽拜为郡守、诸侯相。叔为汉中守十馀年，会高后崩，诸吕作乱，大臣诛之，立孝文帝。

孝文帝既立，召田叔问之曰："公知天下长者乎？"对曰："臣何足以知之！"上曰："公，长者也，宜知之。"叔顿首曰："故云中守孟舒，长者也。"是时孟舒坐[④]虏大入塞盗劫，云中尤甚，免。上曰："先帝置孟舒云中十馀年矣，虏曾[⑤]一入，孟舒不能坚守，毋故士卒战死者数百人。长者固杀人[⑥]乎？公何以言孟舒为长者也？"叔叩头对曰："是乃孟舒所以为长者也。夫贯高等谋反，上下明诏，赵有敢随张王，罪三族。然孟舒自髡钳，随张王敖之所在，欲以身死之，岂自知为云中守哉！汉与楚相距，士卒罢敝。匈奴冒顿新服北夷，来为边害，孟舒知士卒罢敝，不忍出言。士争临城死敌，如子为父，弟为兄，以故死者数百人。孟舒岂故驱战之哉！是乃孟舒所以为长者也。"于是上曰："贤哉孟舒！"复召孟舒以为云中守。

后数岁，叔坐法失官。梁孝王使人杀故吴相袁盎，景帝召田叔案[⑦]梁，具得其事，还报。景帝曰："梁有之乎？"叔对曰："死罪！有之。"上曰："其事安在？"田叔曰："上毋以梁事为也。"上曰："何也？"曰："今梁王不伏诛，是汉法不行也；如其伏法，而太

①赭(zhě)衣：犯人所穿赤褐色囚衣。髡(kūn)：剃去头发的刑罚。钳：箍在犯人脖子上的刑具。 ②毋：通"无"。出其右者：古人以右为尊，这里指没有能超出田叔他们的人。 ③说：通"悦"，高兴，愉快。 ④坐：因某事而获罪。 ⑤曾：才，仅，只有。 ⑥杀人：此指使人无故被杀。 ⑦案：通"按"，查办，审查。

后食不甘味，卧不安席，此忧在陛下也。”景帝大贤之，以为鲁相。

鲁相初到，民自言相，讼王取其财物百馀人。田叔取其渠率[①]二十人，各笞五十，馀各搏[②]二十，怒之曰：“王非若主邪？何自敢言若主！”鲁王闻之大惭，发中府钱，使相偿之。相曰：“王自夺之，使相偿之，是王为恶而相为善也，相毋与偿之。”于是王乃尽偿之。

鲁王好猎，相常从入苑中，王辄休相就馆舍[③]，相出，常暴坐待王苑外。王数使人请相休，终不休，曰：“我王暴露苑中，我独何为就舍！”鲁王以故不大出游。

数年，叔以官卒，鲁以百金祠[④]，少子仁不受也，曰：“不以百金伤先人名。”

仁以壮健为卫将军舍人[⑤]，数从击匈奴。卫将军进言仁，仁为郎中。数岁，为二千石丞相长史，失官。其后使刺举[⑥]三河。上东巡，仁奏事有辞，上说，拜为京辅都尉。月馀，上迁拜为司直。数岁，坐太子事。时左丞相自将兵，令司直田仁主闭守城门，坐纵太子，下吏诛死。仁发兵，长陵令车千秋上变[⑦]仁，仁族[⑧]死。陉城今在中山国。

太史公曰：孔子称曰“居是国必闻其政”，田叔之谓乎！义不忘贤，明主之美以救过。仁与余善，余故并论之。

褚先生曰：臣为郎时，闻之曰田仁故与任安相善。任安，荥阳人也。少孤，贫困，为人将车之长安，留，求事为小吏，未有因

---

①渠率：首领。②搏：击，拍，此指打手掌。③辄：总是。休：使动用法，使之休息。④祠：本义是春天举行的祭礼，此指祭礼。⑤舍人：王公权贵的亲近左右，家臣。⑥刺举：侦视纠察。⑦上变：指上书奏报田仁兵变。⑧族：灭族。

缘[①]也，因占著名数。武功，扶风西界小邑也，谷口蜀刬道[②]近山。安以为武功小邑，无豪，易高也。安留，代人为求盗亭父。后为亭长。邑中人民俱出猎，任安常为人分麋鹿雉兔，部署老小当壮剧易处[③]，众人皆喜，曰："无伤也，任少卿分别平，有智略。"明日复合会，会者数百人。任少卿曰："某子甲何为不来乎？"诸人皆怪其见[④]之疾也。其后除为三老[⑤]，举为亲民，出为三百石长，治民。坐上行出游共[⑥]帐不办，斥免。

乃为卫将军舍人，于田仁会，俱为舍人，居门下，同心相爱。此二人家贫，无钱用[⑦]以事将军家监，家监使养恶啮马[⑧]。两人同床卧，仁窃言曰："不知人哉家监也！"任安曰："将军尚不知人，何乃家监也！"卫将军从此两人过平阳主，主家令两人与骑奴[⑨]同席而食，此二子拔刀列[⑩]断席别坐。主家皆怪而恶之，莫敢呵。

其后有诏募择卫将军舍人以为郎，将军取舍人中富给者，令具鞍马绛衣玉具剑，欲入奏之。会贤大夫少府赵禹来过卫将军，将军呼所举舍人以示赵禹。赵禹以次问之，十馀人无一人习事有智略者。赵禹曰："吾闻之，将门之下必有将类。传曰'不知其君，视其所使；不知其子，视其所友'。今有诏举将军舍人者，欲以观将军而能得贤者文武之士也。今徒取富人子上之，又无智略，如木偶人衣之绮绣耳，将奈之何？"于是赵禹悉召卫将军舍人百馀人，以次问之，得田仁、任安，曰："独此两人可

---

①因缘：机会。 ②刬道：栈道，山间以竹木搭成的空中通道。刬：通"栈"。 ③当壮：正值年壮，壮年人。剧：不好做的事。易：容易做的事。 ④见：识别。 ⑤除：除授，授职。三老：汉代十亭一乡，乡设三老一职，主持教化之事。 ⑥共：通"供"，供给，供应。 ⑦钱用：钱财物品。 ⑧恶啮马：凶暴咬人、踢人的烈马。 ⑨骑奴：骑马侍从主人的家奴。 ⑩列：通"裂"，裂开，割开。

耳,馀无可用者。”卫将军见此两人贫,意不平。赵禹去,谓两人曰:“各自具鞍马新绛衣。”两人对曰:“家贫,无用[①]具也。”将军怒曰:“今两君家自为贫,何为出此言?鞅鞅如有移德于我者[②],何也?”将军不得已,上籍[③]以闻。有诏召见卫将军舍人,此二人前见,诏问能略相推第[④]也。田仁对曰:“提桴[⑤]鼓立军门,使士大夫乐死战斗,仁不及任安。”任安对曰:“夫决嫌疑,定是非,辩治官,使百姓无怨心,安不及仁也。”武帝大笑曰:“善。”使任安护北军,使田仁护边,田谷于河上。此两人立名天下。

其后用任安为益州刺史,以田仁为丞相长史。

田仁上书言:“天下郡太守多为奸利[⑥],三河尤甚,臣请先刺举三河。三河太守皆内倚中贵人,与三公有亲属,无所畏惮,宜先正三河以警天下奸吏。”是时河南、河内太守皆御史大夫杜父兄子弟也,河东太守石丞相子孙也。是时石氏九人为二千石,方盛贵。田仁数上书言之。杜大夫及石氏使人谢,谓田少卿曰:“吾非敢有语言也,愿少卿无相诬污也。”仁已刺三河,三河太守皆下吏诛死。仁还奏事,武帝说,以仁为能不畏强御,拜仁为丞相司直,威振天下。

其后逢太子有兵事,丞相自将兵,使司直主城门。司直以为太子骨肉之亲,父子之间不甚欲近,去之诸陵过。是时武帝在甘泉,使御史大夫暴君下责丞相“何为纵太子”,丞相对言“使司直部守城门而开太子”。上书以闻,请捕系司直。司直下吏,诛死。

是时任安为北军使者护军,太子立车北军南门外,召任安,

---

①用:通“以”。 ②鞅鞅:通“快快”,不服气,不满意。移德:移恨,迁怒。 ③籍:名籍,名单。 ④推第:推举别人居自己之前。第:等第,等级。 ⑤桴(fú):鼓槌。 ⑥奸:作奸犯法。利:谋私利。

与节令发兵。安拜受节，入，闭门不出。武帝闻之，以为任安为详邪，不傅事，何也①？任安笞辱北军钱官小吏，小吏上书言之，以为受太子节，言"幸与我其鲜好者"。书上闻，武帝曰："是老吏也，见兵事起，欲坐观成败，见胜者欲合从②之，有两心。安有当死之罪甚众，吾常活之，今怀诈，有不忠之心。"下安吏，诛死。

夫月满则亏，物盛则衰，天地之常也。知进而不知退，久乘③富贵，祸积为祟④。故范蠡之去越，辞不受官位，名传后世，万岁不忘，岂可及哉！后进者慎戒之。

【译文】

田叔，赵国陉城人。他的祖先是齐国田氏的后代。田叔喜欢剑术，曾在乐巨公那里学习黄老之术。田叔为人严谨正直，并以此自喜，喜欢和那些德高名重的人交游。赵国人把他举荐给赵相赵午，赵午又在赵王张敖那里称道他，赵王让他做了郎中。任职数年，他严厉刚直清廉公平，赵王赏识他，却没来得及升迁他。

恰逢陈豨在代地谋反，汉七年，高祖前往诛讨，途径赵国，赵王张敖亲自端食盘献食，礼节十分恭敬，高祖却傲慢地平伸两腿坐着大骂他。当时赵相赵午等数十人都为此发怒，对赵王张敖说："您侍奉皇上礼节周全，现在对待大王您竟是如此，臣等请求造反。"赵王咬破手指出了血，说："我的先人失去了封国，没有陛下，我们会死后尸体生蛆而不能安葬。你们怎能这样说话呢？不要再说了！"于是贯高等说："赵王是忠厚长者，不肯背弃皇上的恩德。"就私下一起谋划弑杀皇上。恰好事情被发觉，汉下诏命令捉拿赵王和谋反的群臣。于是赵午等人自杀，只有贯高愿被囚系。这时汉又下诏书说："赵国有胆敢跟随赵王的罪及三族。"只有孟舒、

①傅：通"附"，附和，归附。何：《史记索隐》作"不傅事，可也。" ②合从：同"合纵"，联合，此指顺从附和。 ③乘：坐，居。 ④祟：灾祸，祸患。

田叔等十多人穿着赤褐色囚衣，自己剃掉头发，颈上带着刑具，称是赵王家奴，随赵王张敖到了长安。贯高等人谋反的事弄清后，赵王张敖被释放出狱，废为宣平侯，就举荐称赞田叔等十多人。皇上全都召见了他们，和他们谈话，觉得朝中大臣没能超过他们的。皇上很高兴，拜授他们做郡守或诸侯相国。田叔做汉中郡守十多年，正逢高后驾崩，诸吕作乱，大臣诛杀了他们，拥立孝文帝。

孝文帝即位后，召见田叔问他说："先生知道谁是天下的忠厚长者吗？"田叔回答说："臣哪里能够知道！"皇上说："先生是长者啊，应该能知道。"田叔叩头说："原云中郡守孟舒是长者。"当时孟舒因匈奴大举入塞劫掠而云中郡尤为严重而获罪，被免职。皇上说："先帝让孟舒做云中郡守十多年了，匈奴才入侵一次，孟舒就不能坚守，无缘无故让士兵战死数百人。长者本该使人无故被杀吗？您怎么说孟舒是长者呢？"田叔叩头回答说："这就是孟舒所以是长者的原因。贯高等人谋反，皇上下了明确的诏书，赵国有敢随赵王张敖的罪及三族。然而孟舒自己剃掉头发颈带刑具，随赵王张敖到他要去的地方，想为他效死，自己哪会料到要做云中郡守呢！汉和楚长期对峙，士兵疲劳困乏。匈奴王冒顿刚刚征服北夷，又来我们的边塞为害，孟舒知道士兵疲劳困乏，不忍心下令让他们出战。士兵登城拼死作战，像儿子为父亲、弟弟为兄长打仗一样，因此战死者有数百人。孟舒哪里是故意驱使他们作战呢！这就是孟舒是长者的原因。"于是皇上说："孟舒真是贤德啊！"就又召回孟舒，让他重新做了云中郡守。

几年后，田叔因罪失去汉中郡守的职事。梁孝王派人刺杀原吴国丞相袁盎，景帝召回田叔让他到梁国办理此案，田叔查清此案全部事实，回朝奏报。景帝问："梁王有派人刺杀袁盎的事吗？"回答说："臣死罪！有这事！"皇上说："罪证在哪里？"田叔说："皇上不要再追问梁王的事。"皇帝说："为什么呢？"田叔说："现在梁王如不伏法被处死，这是汉法令不能实行；如果他伏法而死，太后就会吃不香，睡不安，这又是陛下的忧虑啊！"景帝认为他很贤能，让他做了鲁国丞相。

鲁相田叔刚到任，就有一百多位百姓自己找到他，讼告鲁王夺取他们的财物。田叔抓住为首的二十人，每人笞打五十，其余的人各打手掌二十，愤怒地对他们说："鲁王不是你们君主吗？怎敢毁谤你们君主呢！"鲁王闻知，很惭愧，就从内库中拿出钱让丞相偿还他们。田叔说："君王自己夺来的，让丞相偿还，这是君王做坏事而丞相做好事。丞相不能参与偿还的事。"于是鲁王就尽数偿还给百姓。

鲁王喜欢打猎，田叔常跟随进入狩猎的苑囿，鲁王总是要他到馆舍休息，田叔就走出去，常在苑囿外面露天坐着等候鲁王。鲁王多次派人请他去休息，他终究不肯去休息，说："我们鲁王在苑囿中遭受风吹日晒，我怎能独自到馆舍中呢！"鲁王因这个缘故不大再出外游猎。

几年后，田叔在鲁国丞相任上死去，鲁王送百斤黄金给他做祭礼，他的小儿子田仁不肯接受，说："不能因百斤黄金损害先父的声名。"

田仁因身壮体健做了卫青将军的门客，多次随他攻打匈奴。卫将军举荐称道田仁，田仁做了郎中。几年后，做享有两千石俸禄的丞相长史，接着又失去官位。后来派他侦视纠察河南、河东、河内三郡。皇上到东方巡察，田仁奏事言辞巧妙，皇上很高兴，拜授他做了京辅都尉。过了一个多月，皇上又升迁他做了司直。几年后，因太子谋反事受到牵连。当时左丞相亲自领兵和太子作战，命司直田仁负责关闭守卫城门，因田仁故意放走太子而获罪，被交给法吏处死。又说田仁带兵到长陵，长陵令车千秋告发田仁反叛，田仁被灭族处死。陉城现在属中山国。

太史公说：孔子称道说"居住在这个国家一定会参与它的政事"，田叔大概是这样吧！他仗义直言，不忘贤德之人，使君王的美德得以彰显，还能纠正君王的过失。田仁和我要好，我所以把田叔、田仁放在一起叙述。

褚先生说：我做侍郎时，听说田仁早先就和任安要好。任安，荥阳人。幼年时就成了孤儿，生活贫困，给别人驾车到了长安，留了下来，想找个做小吏的差事，没有机会。就把姓名、年龄登记在武功县的户籍上，在那里安家。武功是扶风郡西部边界的小县，离谷口不远处有通往蜀地的栈道。任安认为武功是个小县，没豪门大族，容易出人头。任安就留居下来，替别人做求盗、亭父。后来做了亭长。县中百姓都出城打猎，任安常给人分发麇鹿、野鸡、野兔等，合理安排老人、孩子和壮年人到或难或易的地方，众人都很高兴，说："没关系，任少卿分别事情公平，有智谋。"第二天又集合聚会，聚会的有数百人。任少卿说："某某的儿子甲，为什么不来？"众人都奇怪他认识人这么快。后来他被授职为三老，又被举荐为亲民之吏，后又被升任为享受三百石俸禄的官，治理百姓。由于皇上出巡时陈设帷帐供给用度的事没办好，被斥责免官。

此后就做了卫青将军的门客，和田仁在一起，都做门客，住在将军府里，知心友爱。这二人都家中贫困，没钱物去给将军的管家送礼，管家就让他们喂养主人的烈马。两人同床而卧，田仁悄悄地说："太不了解人了，这个管家！"任安说："将军尚且不了解人，何况他是管家呢！"一次卫将军让他俩随自己拜访平阳公主，公主家的人让他俩和骑奴同在一张席子上吃饭，这两人拔刀割裂席子和骑奴分席别坐。公主家的人都惊异而厌恶他俩，但没谁敢大声呵斥。

后来皇帝下诏征募择取卫将军的门客做郎官，将军挑选了门客中富裕的人，让他们准备好鞍马、绛衣和用玉装饰的剑，然后想进宫禀奏。正好贤大夫、少府赵禹前来拜访卫将军，将军召集所举荐的门客给赵禹看。赵禹依次询问他们，十多人中没一个通晓事理有智谋的。赵禹说："我听说，将军家中必有能做将军的人才。古书上说：'不了解那个国君，就看看他任用的人；不了解那个人，就看看他结交的朋友。'如今皇帝下诏命令举荐将军门客的原因，是想以此看看将军能得到怎样贤德的人和文武人才。现在只是挑选有钱人的子弟上奏，这些人没有智谋，就像木偶人穿上锦绣衣服罢了，您准备怎么办呢？"于是赵禹召集卫将军的全部门客一百多人，又依次询问他们，发现了田仁、任安，说："只有这两人行啊，其余的都没有可任用的。"卫将军看到这两人贫困，心里忿忿不平。赵禹走后，对他们两人说："各自准备鞍马和新绛衣等。"两人回答说："家中贫困，无法准备。"卫将军愤怒地说："现在您两位自己是贫穷的，为什么说出这样的话呢？愤愤不平的样子好像迁怒于我，这是为什么？”卫将军无可奈何，只得将二人的名字奏报皇上知道。皇上下诏召见卫将军的门客，这两个人前去拜见，皇上下诏询问他们的才能谋略，两人彼此互相推崇。田仁回答说：“手执鼓槌，站立军门，使部下甘心为战斗而死，我不如任安。”任安回答说：“决断疑难的问题，判定是非，处理好所治理的事务，使百姓没有怨恨之心，我不如田仁。”武帝大笑说：“好！”就派任安监护北军，派田仁到黄河边上监护边塞的屯田和生产谷物的事。这两人马上名播天下。

后来，任用任安做了益州刺史，让田仁做了丞相长史。

田仁曾上书给皇帝说：“天下各郡太守中很多人作奸犯法而谋私利，三河地方尤为严重，臣请求首先侦视督察三河地区。三河地区的太守都在朝中倚仗皇上宠幸的太监，和三公有亲属关系，无所畏惧忌惮，应该先纠察三河太守来警告天下作奸犯法的官吏。”当时，河南、河内太守都是御史大夫杜周的子弟，河东太守是丞相石庆的子孙。这时石家有九人为享受二千石俸禄的官吏，正当兴盛显贵之时。田仁数次上书谈及他们的问题。御史大夫杜周和石氏派人来谢罪，对田少卿说：“我不敢说三道四，愿少卿不要诬告玷污我们。”田仁侦视督察三河后，三河太守都被送交法吏处死。田仁回朝奏明此事，武帝很高兴，认为田仁有才干，不畏惧强暴有权势的人，拜授田仁为丞相司直，声威震动天下。

后来遇上太子谋反事发，丞相亲自率兵，命司直田仁守卫城门。田仁认为太子和皇帝是骨肉之亲，不想逼得太紧，就放他从先代皇帝陵墓方向逃走了。这时武帝正在甘泉宫，派御史大夫暴胜之前来责问丞相“为什么放跑太子”，丞相回答说“我命令司直守卫城门他却开门放了太子”。御史大夫上奏皇帝，请求捉拿囚禁司直。司直被送交法吏处死。

这时任安任北军使者护军，太子在北军的南门外停下车，召见任安，把符节给他，命他调动北军。任安下拜接受符节，进去后，关上军门不再出来。武帝闻知后，认为任安是假装受节，不肯附和太子，还可以。任安曾笞打羞辱北军掌管钱财的小吏，小吏趁机上书说这事，揭发他接受太子符节，还说“希望日后多给我些美差”。武帝看过小吏的上书，说：“这是老于世故的官吏，看到太子谋反的事发生，想坐观成败，见谁胜利就附和顺从谁，有二心。任安犯有应当处死的罪不是一次了，我常让他活下来，现在竟心怀欺诈，有不忠之心。”就把任安交给法吏处死。

月亮圆了就会亏缺，事物极盛就会衰弱，这是天地万物的常法。只知进取却不知后退，长时间居于富贵之位，会因祸殃积累而给人带来灾难。所以范蠡离开越国，不肯接受官职爵位，才名声传于后世，万年不被人遗忘，一般人哪能比得上他呢！后来者千万要以田仁、任安为戒。

【鉴赏】

在这篇传文中，作者选取富有典型意义的事件进行描写，刻画了田叔这一守节切直、有义有行的形象。在汉廷拘捕赵王并下诏“赵有敢随王者罪三族”的情况下，他作为赵王郎中和孟舒等十余人“赭衣自髡钳”扮为家奴跟随赵王进京，这是他的忠义勇敢；向景帝辩言孟舒之贤，这是他的正直敢言；处理梁王派人刺杀袁盎事，劝景帝不要再追问，则是他善为王者谋；规劝鲁王数事，则是显示他柔中有刚，善于“明主之美以救过”。通过对这些事件进行具体生动的记述，田叔鲜明的个性和特有的风姿就展示出来了。在田叔传文的末尾，记述田叔死，其子田仁辞受鲁王祠金之事，真可谓子承父风，一脉相传。更重要的还在于，如此安排，是为勾连上下之妙笔，既是为田叔传文作结，又自然转至田仁之事的记述，转接自然，浑然一体。叙及田仁纵太子而遭难之事，则一略而过，并在论赞中以“仁与余善，余故并论之”之虚语暗寓深切同情之意。

褚先生补写的田仁与任安之事也是叙事生动，人物个性鲜明。补写之文先叙任安之生平，重点写其公正爱人有智略。而后，记写二人同为卫将军舍人时的虽贫穷不遇却同心相爱、正直守节。诏募将军舍人一节，笔墨极为生动，人物语言口吻毕肖，而卫将军的目光短浅、嫌贫重富，赵禹的处事有方、善识人才，田仁、任安的愤怒机智、相互推荐都表现得活灵活现。

史记卷一百五·扁鹊仓公列传第四十五

这是一篇记叙战国时期的扁鹊和西汉初年的仓公淳于意两位古代名医事迹的合传。他们不仅善于运用望、闻、问、切的方法诊断多种疾病;也能使用汤剂、针灸、药酒、药熨、按摩、食疗等各种手段治疗疾病。写扁鹊,主要选取他为赵简子、虢太子、齐桓侯诊病治病的经历,表现了他精湛的医术和崇高的医德,还写了他被秦太医令李醯所嫉妒而遭到刺杀的结局。写淳于意,主要写了他学医及因行医获罪,而被小女缇萦上书营救的经过,并以奏对的形式记录了二十多个病例。在篇末论赞中,太史公对两位名医因医技高超而见殃遭祸表现出了极大的同情,对"女无美恶,居宫见妒;士无贤不肖,入朝见疑"的人世险恶表示了极大的悲愤。

扁鹊者,勃海郡郑①人也,姓秦氏,名越人。少时为人舍长。舍客长桑君过,扁鹊独奇之,常谨遇之。长桑君亦知扁鹊非常人也。出入十馀年,乃呼扁鹊私坐,闲与语曰:"我有禁方,年老,欲传与公,公毋泄。"扁鹊曰:"敬诺。"乃出其怀中药予扁鹊:"饮是以上池之水②,三十日当知物③矣。"乃悉取其禁方书尽与扁鹊。忽然不见,殆非人也。

扁鹊以其言饮药三十日,视见垣一方④人。以此视病,尽见五脏症结,特以诊脉为名耳。

为医,或在齐,或在赵。在赵者名扁鹊。

---

①郑:据《史记索隐》渤海郡无郑县,郑当作鄚(mào)。 ②上池之水:指草木上的露水。 ③知物:指下文所说的隔墙见人、隔着肚皮能见内脏等本领。物:秦汉时称具有特异功能的精灵。 ④垣(yuán):墙。一方:另一边。

当晋昭公时，诸大夫强而公族弱，赵简子为大夫，专国事。简子疾，五日不知人，大夫皆惧，于是召扁鹊。扁鹊入视病，出，董安于问扁鹊，扁鹊曰："血脉治[①]也，而[②]何怪！昔秦穆公尝如此，七日而寤[③]。寤之日，告公孙支与子舆曰：'我之帝所甚乐。吾所以久者，适有所学也。帝告我："晋国且大乱，五世不安。其后将霸，未老而死。霸者之子且令而国男女无别。"'公孙支书而藏之，秦策[④]于是出。夫献公之乱，文公之霸，而襄公败秦师于殽[⑤]而归纵淫，此子之所闻。今主君之病与之同，不出三日必间[⑥]，间必有言也。"

居二日半，简子寤，语诸大夫曰："我之帝所甚乐，与百神游于钧天[⑦]，广乐九奏万舞，不类三代之乐，其声动心。有一熊欲援我，帝命我射之，中熊，熊死。有罴来，我又射之，中罴，罴死。帝甚喜，赐我二笥[⑧]，皆有副。吾见儿在帝侧，帝属我一翟犬[⑨]，曰：'及而子之壮也以赐之。'帝告我：'晋国且世衰，七世而亡。嬴姓将大败周人于范魁之西，而亦不能有也。'"董安于受言，书而藏之。以扁鹊言告简子，简子赐扁鹊田四万亩。

其后扁鹊过虢。虢太子死，扁鹊至虢宫门下，问中庶子喜方者曰："太子何病，国中治穰[⑩]过于众事？"中庶子曰："太子病血气不时，交错而不得泄，暴发于外，则为中害[⑪]。精神[⑫]不能止邪气，邪气畜积而不得泄，是以阳缓而阴急，故暴蹶而死。"扁鹊曰："其死何如时？"曰："鸡鸣至今。"曰："收乎？"曰："未也，其

①治：正常。 ②而：通"尔"，你，你们。 ③寤(wù)：醒。 ④策：此指史书。 ⑤殽(xiáo)：通"崤(xiáo)"。 ⑥间：病愈。 ⑦钧天：天的中央。 ⑧笥(sì)：盛东西的方形竹器。 ⑨属：通"嘱"，嘱托，托付。翟：通"狄"，古代北方一个民族。 ⑩穰(ráng)：通"禳(ráng)"，古代祭祀鬼神以祈求消除灾祸。 ⑪中害：指内脏受到伤害。 ⑫精神：指人体的正气。

死未能半日也。""言臣齐勃海秦越人也,家在于郑,未尝得望精光①侍谒于前也。闻太子不幸而死,臣能生之。"中庶子曰:"先生得无诞之乎②?何以言太子可生也!臣闻上古之时,医有俞跗,治病不以汤液醴洒③,镵石、挢引、案扤、毒熨④,一拨见病之应⑤,因五脏之输⑥,乃割皮解肌,诀脉结筋⑦,搦⑧髓脑,揲荒爪幕⑨,湔浣⑩肠胃,漱涤五脏,练精易形⑪。先生之方能若是,则太子可生也;不能若是而欲生之,曾不可以告咳婴之儿⑫!"终日,扁鹊仰天叹曰:"夫子之为方也,若以管窥天,以郄视文⑬。越人之为方也,不待切脉、望色、听声、写形⑭,言病之所在。闻病之阳⑮,论得其阴⑯;闻病之阴,论得其阳。病应见于大表⑰,不出千里,决者至众,不可曲止⑱也。子以吾言为不诚,试入诊太子,当闻其耳鸣而鼻张,循其两股以至于阴,当尚温也。"中庶子闻扁鹊言,目眩然而不瞚⑲,舌挢然而不下⑳,乃以扁鹊言入报虢君。

虢君闻之,大惊,出见扁鹊于中阙㉑,曰:"窃闻高义之日久矣,然未尝得拜谒于前也。先生过小国,幸而举之㉒,偏国寡臣

---

①精光:神采。 ②得无:莫不是,该不是。诞:荒诞,引申为说大话。 ③汤液:汤剂。醴(lǐ)洒:指酒剂,药酒。 ④镵(chán)石:治病所用石针。挢(jiǎo)引:导引,古代体育疗法。案扤(wù):按摩。毒熨:用药物热敷在患处使药力透入体内的疗法。 ⑤拨:解衣诊视,指对病人进行诊视检查。应:反应,此指病因。 ⑥输:通"腧(shù)",中医针灸穴位名。 ⑦诀脉:疏导血脉。结筋:结扎筋腱。 ⑧搦(nuò):按治。 ⑨揲(shé):持,触动。荒:通"肓(huāng)",膏肓,古代医学指心脏与膈膜间的部位,也指药力达不到的地方。爪:通"抓",用手指疏理。幕:通"膜",指横隔膜。 ⑩湔浣(jiān huàn):浣洗,清洗。 ⑪练精易形:修炼精气,改变气色。 ⑫曾:简直。咳婴之儿:刚会笑的婴儿。 ⑬郄:通"隙",孔隙,缝隙。文:通"纹",花纹,斑纹。 ⑭写形:审察病人体态神情等外部症状。 ⑮闻:闻知,诊视到。阳:指外在症状。 ⑯论:推论,推知。阴:指内在病因。 ⑰大表:体表。 ⑱不可曲止:不能一一具体言说其中原委。 ⑲眩(xuàn):眼睛昏花,此指眼神呆滞。瞚(shùn):通"瞬",眨眼。 ⑳挢然而不下:翘起不能放下。这句和上句都是形容惊讶的神情。 ㉑中阙:王宫的中门。 ㉒幸:希望。举:帮助,救助。

幸甚！有先生则活，无先生则弃捐填沟壑①，长终而不得反②。”言未卒，因嘘唏服臆③，魂精泄横④，流涕长潸⑤，忽忽承睫⑥，悲不能自止，容貌变更。扁鹊曰：“若太子病，所谓‘尸蹷’⑦者也。夫以阳入阴中，动胃缠缘⑧，中经维络⑨，别下于三焦⑩、膀胱，是以阳脉下遂⑪，阴脉上争，会气闭而不通，阴上而阳内行，下内鼓而不起，上外绝而不为使，上有绝阳之络，下有破阴之纽⑫，破阴绝阳，色废⑬脉乱，故形静如死状。太子未死也。夫以阳入阴支兰⑭藏者生，以阴入阳支兰藏者死。凡此数事，皆五藏蹷中⑮之时暴作也。良工取之，拙者疑殆⑯。”

扁鹊乃使弟子子阳厉针砥石⑰，以取外三阳五会⑱。有间，太子苏。乃使子豹为五分之熨，以八减之齐⑲和煮之，以更熨两胁下。太子起坐。更适阴阳，但服汤二旬而复故。故天下尽以扁鹊为能生⑳死人。扁鹊曰：“越人非能生死人也，此自当生者，越人能使之起㉑耳。”

扁鹊过齐，齐桓侯客之。入朝见，曰：“君有疾在腠理㉒，不治将深。”桓侯曰：“寡人无疾。”扁鹊出，桓侯谓左右曰：“医之好利也，欲以不疾者为功。”后五日，扁鹊复见，曰：“君有疾在血

---

①弃捐填沟壑：死的委婉说法。弃捐：抛弃。 ②反：同“返”，指复生。 ③嘘唏（xū xī）：抽咽，哽咽。服臆：因悲痛气结于胸。服：通“愊（bì）”，充满。臆（yì）：胸。 ④魂精泄横：精神散乱恍惚。魂精：精神。 ⑤长潸（shān）：泪水不停地流。 ⑥忽忽：泪珠滚落的样子。睫（jié）：同“睫”，眼睫毛。 ⑦尸蹷：突然昏迷摔倒，其状如尸的病症。 ⑧缠缘：缠绕，盘绕。缠（chán）：同“缠”。缘：缠绕。 ⑨中经维络：损伤了经脉，阻塞了络脉。 ⑩三焦：包括上焦、中焦、下焦。横膈以上为上焦，脘腹部为中焦，肚脐以下为下焦。此所指三焦，是第三焦，即下焦。 ⑪遂：通“坠”。 ⑫纽：赤脉，筋纽，中医脉络名。 ⑬色废：容颜变色、失常。 ⑭支兰：遮拦，阻隔。兰：通“拦”。 ⑮蹷中：上逆之气郁结于胸腹之中。蹷：气逆。 ⑯取：攻取，指治愈病患。疑：疑惑，困惑。殆：危险。 ⑰厉：通“砺”，粗磨刀石，此为动词，磨。砥：细磨刀石，此为动词，磨。 ⑱三阳五会：百会穴的别名。《针灸大成》卷七说，“百会一名三阳，一名五会。” ⑲齐：通“剂”，药剂。 ⑳生：使动用法，使之复生。 ㉑起：指活过来，恢复健康。 ㉒腠（còu）理：指皮肤的纹理或皮下肌肉间的空隙，这里指皮肤和肌肉之间。

脉，不治恐深。”桓侯曰：“寡人无疾。”扁鹊出，桓侯不悦。后五日，扁鹊复见，曰：“君有疾在肠胃间，不治将深。”桓侯不应。扁鹊出，桓侯不悦。后五日，扁鹊复见，望见桓侯而退走①。桓侯使人问其故。扁鹊曰：“疾之居腠理也，汤熨之所及也；在血脉，针石之所及也；其在肠胃，酒醪②之所及也；其在骨髓，虽司命③无奈之何。今在骨髓，臣是以无请也。”后五日，桓侯体病，使人召扁鹊，扁鹊已逃去。桓侯遂死。

使圣人预知微④，能使良医得蚤从事⑤，则疾可已，身可活也。人之所病⑥，病疾多；而医之所病，病道少。故病有六不治：骄恣不论于理，一不治也；轻身重财，二不治也；衣食不能适，三不治也；阴阳并⑦，藏气不定，四不治也；形羸⑧不能服药，五不治也；信巫不信医，六不治也。有此一者，则重难治也。

扁鹊名闻天下。过邯郸，闻贵⑨妇人，即为带下医⑩；过洛阳，闻周人爱老人，即为耳目痹⑪医；来入咸阳，闻秦人爱小儿，即为小儿医：随俗为变。秦太医令李醯自知伎⑫不如扁鹊也，使人刺杀之。至今天下言脉者，由扁鹊也。

太仓公者，齐太仓长，临菑人也，姓淳于氏，名意。少而喜医方术。高后八年，更受师同郡元里公乘阳庆。庆年七十馀，无子，使意尽去其故方，更悉以禁方予之，传黄帝、扁鹊之脉书，五色诊病，知人死生，决嫌疑⑬，定可治，及药论，甚精。受之三年，为人治病，决死生多验。然左右行游诸侯，不以家为家，或

---

①退：返回，往回走。走：跑。 ②酒醪（láo）：醇酒或浊酒，这里指药酒。 ③司命：传说中掌管人生命的神。 ④微：细微，此指外部症状很不明显的疾病。 ⑤蚤：通“早”。从事：治疗，诊治。 ⑥病：发愁，忧虑。 ⑦并：交合，此指错乱。 ⑧羸（léi）：瘦弱。 ⑨贵：尊重，重视。 ⑩带下：用以指妇科疾病，因妇科疾病多发生于围绕腰部的带脉以下，故称。 ⑪痹（bì）：风、寒、湿等侵犯肌体引起关节肌肉疼痛麻木的病症。 ⑫伎：通“技”，才能，此指医术。 ⑬嫌疑：疑难病症。

不为人治病，病家多怨之者。

文帝四年中，人上书言意，以刑罪当传[①]西之长安。意有五女，随而泣。意怒，骂曰："生子不生男，缓急[②]无可使者！"于是少女缇萦伤父之言，乃随父西。上书曰："妾父为吏，齐中称其廉平，今坐法当刑。妾切痛死者不可复生，而刑者不可复续[③]，虽欲改过自新，其道莫由，终不可得。妾愿入身为官婢，以赎父刑罪，使得改行自新也。"书闻，上悲其意，此岁中亦除肉刑法。

意家居，诏召问所为治病死生验者几何人也，主名为谁。

诏问故太仓长臣意："方伎所长，及所能治病者？有其书无有？皆安受学？受学几何岁？尝有所验，何县里人也？何病？医药已，其病之状皆何如？具悉[④]而对。"臣意对曰：

自意少时，喜医药，医药方试之多不验者。至高后八年，得见师临菑元里公乘阳庆。庆年七十馀，意得见事之。谓意曰："尽去而方书[⑤]，非是也。庆有古先道[⑥]遗传黄帝、扁鹊之脉书，五色诊病，知人生死，决嫌疑，定可治，及药论书，甚精。我家给富[⑦]，心爱公，欲尽以我禁方书悉教公。"臣意即曰："幸甚，非意之所敢望也。"臣意即避席[⑧]再拜谒，受其脉书上下经、五色诊、奇咳术[⑨]、揆度阴阳外变、药论、石神[⑩]、接阴阳[⑪]禁书，受读解验之，可一年所[⑫]。明岁即验之，有验，然尚未精也。要[⑬]事之三年所，即尝已为人治，诊病决死生，有验，精良。今庆已死十年所，臣意年尽三年，

①传(zhuàn)：驿站的车马，此指用传车押送。 ②缓急：偏义复词，急。 ③续：连接，接续。 ④具悉：全部。具：通"俱"，全部。 ⑤而：通"尔"，你的。方书：有关诊病、处方的书。 ⑥先道：先辈医家。 ⑦给富：富裕，富足。给(jǐ)：丰足。 ⑧避席：离座而起，表示敬意。 ⑨奇(jī)咳术：有人说是指听诊术，从声音辨别病症。咳(gāi)：病人发出的声音。 ⑩石神：指用针石治病的方法。 ⑪接阴阳：指房中术，男女交合之术。 ⑫可：大约。所：表示约数，左右，上下。 ⑬要：总共，一共。

年三十九岁也。

齐侍御史成自言病头痛，臣意诊其脉，告曰："君之病恶，不可言也。"即出，独告成弟昌曰："此病疽也，内发于肠胃之间，后五日当臃肿，后八日呕脓死。"成之病得之饮酒且内[①]。成即如期死。所以知成之病者，臣意切其脉，得肝气[②]。肝气浊而静，此内关之病[③]也。脉法曰"脉长而弦，不得代[④]四时者，其病主在于肝。和即经主病也[⑤]，代则络脉有过[⑥]"。经主病和者，其病得之筋髓里。其代绝而脉贲者[⑦]，病得之酒且内。所以知其后五日而臃肿，八日呕脓死者，切其脉时，少阳初代。代者经病，病去过人[⑧]，人则去。络脉主病，当其时，少阳初关一分[⑨]，故中热而脓未发也，及五分，则至少阳之界，及八日，则呕脓死，故上二分而脓发，至界而臃肿，尽泄而死。热上则熏阳明，烂流络[⑩]，流络动则脉结发[⑪]，脉结发则烂解，故络交。热气已上行，至头而动，故头痛。

齐王中子诸婴儿小子病，召臣意诊切其脉，告曰："气鬲病[⑫]。病使人烦懑，食不下，时呕沫，病得之心忧[⑬]，数忔[⑭]食饮。"臣意即为之作下气汤以饮之，一日气下，二日能食，三日即病愈。所以知小子之病者，诊其脉，心气[⑮]也，浊

①内：房事。 ②气：脉气，脉象。 ③内关之病：指外部症状不明显而实际很严重的疾病。内关：中医诊脉，左右手各取"寸、关、尺"以候脏腑。桡骨茎突处为关，关前为寸，关后为尺。关居其中，故称内关。 ④代：替代，指变化。 ⑤和：此指脉象均匀调和。 ⑥代：此指脉象时疏时密时大时小杂乱无序而又躁动有力。过：失度，引申为病邪，有病。 ⑦绝：断，因代脉脉象是几动一止，故曰绝。贲：指脉象贲涌而有力。 ⑧病去过人：指病情扩展到全身。过：经过，遍及。 ⑨初关一分：左手关部一分。初关：少阳经脉切脉部位，在左手腕关节桡骨茎突处。 ⑩流络：支络，络脉的分支。 ⑪动：变动，病变。结：结系，郁结。发：发病，发肿。 ⑫鬲：通"膈"，胸膈。 ⑬心忧：此指心脉壅闭。 ⑭忔(qì)：厌恶。 ⑮心气：心有病的脉象。

躁而经[①]也，此络阳病也。脉法曰“脉来数疾去难而不一者[②]，病主在心”。周身热，脉盛者为重阳[③]。重阳者，逿[④]心主。故烦懑食不下则络脉有过，络脉有过则血上出，血上出者死。此悲心所生也，病得之忧也。

齐郎中令循病，众医皆以为蹷入中，而刺之。臣意诊之，曰：“涌疝也，令人不得前后溲[⑤]。”循曰：“不得前后溲三日矣。”臣意饮以火齐汤，一饮得前后溲，再饮大溲，三饮而疾愈。病得之内。所以知循病者，切其脉时，右口气急，脉无五藏气，右口脉大而数。数者中下热而涌，左为下，右为上，皆无五藏应，故曰涌疝。中热，故溺赤也。

齐中御府长信病，臣意入诊其脉，告曰：“热病气也。然暑汗，脉少[⑥]衰，不死。”曰：“此病得之当浴流水而寒甚，已则热。”信曰：“唯，然！往冬时，为王使于楚，至莒县阳周水，而莒桥梁颇坏，信则擥[⑦]车辕未欲渡也，马惊，即堕，信身入水中，几死，吏即来救信，出之水中，衣尽濡[⑧]，有间而身寒，已热如火，至今不可以见寒。”臣意即为之液汤火齐逐热，一饮汗尽，再饮热去，三饮病已。即使服药，出入二十日，身无病者。所以知信之病者，切其脉时，并阴[⑨]。脉法曰“热病阴阳交者死”。切之不交，并阴。并阴者，脉顺清而愈，其热虽未尽，犹活也。肾气有时间浊，在太阴脉口而希[⑩]，是水气也。肾固主水，故以此知之。失治一时，即

---

①经：或以为当作“轻”，轻浮。 ②数（shào）：数脉，指一呼一吸之间脉搏跳动五次以上的脉象。疾：疾脉，指一呼一吸之间脉搏跳动七至八次以上的脉象。难：涩，指脉象滞涩。③重（chóng）阳：阳气重叠，指阳热过盛。 ④逿（táng）：通“荡”，摇荡，此指侵犯，冲击。⑤前后溲（sōu）：前溲即小便，后溲即大便。 ⑥少：通“稍”。 ⑦擥（lǎn）：通“揽”。⑧濡（rú）：浸湿。 ⑨并阴：指热并入于内。阴：里，内部。 ⑩希：同“稀”，弱。

转为寒热。

齐王太后病，召臣意入诊脉，曰："风瘅客脬[①]，难于大小溲，溺赤。"臣意饮以火齐汤，一饮即前后溲，再饮病已，溺如故。病得之流汗出滫[②]。滫者，去衣而汗晞[③]也。所以知齐王太后病者，臣意诊其脉，切其太阴之口，湿然风气也。脉法曰"沉之而大坚，浮之而大紧者，病主在肾[④]"。肾切之而相反也，脉大而躁。大者，膀胱气也；躁者，中有热而溺赤。

齐章武里曹山跗病，臣意诊其脉，曰："肺消瘅也，加以寒热。"即告其人曰："死，不治。适其共养[⑤]，此不当医治。"法曰"后三日而当狂，妄[⑥]起行，欲走；后五日死"。即如期死。山跗病得之盛怒而以接内。所以知山跗之病者，臣意切其脉，肺气热也。脉法曰"不平不鼓，形弊[⑦]"。此五藏高之远数以经病也[⑧]，故切之时不平而代。不平者，血不居其处；代者，时参击[⑨]并至，乍躁乍大也。此两络脉绝，故死不治。所以加寒热者，言其人尸夺[⑩]。尸夺者，形弊；形弊者，不当关灸镵石及饮毒药也[⑪]。臣意未往诊时，齐太医先诊山跗病，灸其足少阳脉口，而饮之半夏丸，病者即泄注，腹中虚；又灸其少阴脉，是坏肝刚绝深，如是重损病者气，以

---

①风瘅客脬：风热侵入膀胱。瘅（dān）：热症。客：中医称风寒侵入为客。脬（pāo）：膀胱。 ②滫：通"滫（xiǔ）"，臭水，此指小便。 ③晞（xī）：干，晾干。 ④沈：同"沉"，此指用力较重切脉，手指重按至骨。下文"浮"指用力较轻切脉，手指触及皮肤表面。 ⑤适：适合，满足。共：通"供"。 ⑥妄：胡乱，引申为神志不清。 ⑦形弊：形体衰败。弊：即"毙"，垮，衰败。 ⑧高：高脏，心、肺位于五脏之上，故称高脏，此处特指肺。远：远脏，肝、肾离心较远，故称远脏，此处特指肝。以：同"已"。经：经历。 ⑨参：长，引申为缓长。击：搏，引申为急促。 ⑩尸夺：神形耗散，躯体如尸。 ⑪关：用，通过。灸：点燃艾炷或艾卷，烧灼穴位来治病。毒药：药性猛烈的药物。

故加寒热。所以后三日而当狂者,肝一络连属结绝乳下阳明①,故络绝,开②阳明脉,阳明脉伤,即当狂走。后五日死者,肝与心相去五分,故曰五日尽③,尽即死矣。

齐中尉潘满如病小腹痛,臣意诊其脉,曰:"遗积瘕也④。"臣意即谓齐太仆臣饶、内史臣繇曰:"中尉不复自止于内,则三十日死。"后二十馀日,溲血死。病得之酒且内。所以知潘满如病者,臣意切其脉深小弱,其卒然合合也,是脾气也。右脉口气至紧小,见瘕气也。以次相乘⑤,故三十日死。三阴俱抟者⑥,如法;不俱抟者,决在急期;一抟一代者,近⑦也。故其三阴抟,溲血如前止。

阳虚侯相赵章病,召臣意。众医皆以为寒中,臣意诊其脉曰:"迵风。"迵风者,饮食下嗌⑧而辄出不留。法曰"五日死"。而后十日乃死。病得之酒。所以知赵章之病者,臣意切其脉,脉来滑,是内风气也。饮食下嗌而辄出不留者,法五日死,皆为前分界法。后十日乃死,所以过期者,其人嗜粥,故中藏实;中藏实,故过期。师言曰"安谷⑨者过期,不安谷者不及期。"

济北王病,召臣意诊其脉,曰:"风蹶胸满。"即为药酒,尽三石⑩,病已。得之汗出伏地。所以知济北王病者,臣意切其脉时,风气也,心脉浊。病法"过入其阳⑪,阳气尽而阴

---

①连属:联结。结:联结。绝:横穿,横过。 ②开:打开,此即指侵入。 ③尽:指(肝脏之气)耗尽。 ④遗:遗存,引申为患。积瘕(jiǎ):腹腔内有肿块的病。 ⑤以次相乘:中医认为,五脏之间有着相生相克的关系,如相克太过,叫作相乘,五日乘一脏,这里潘满如的病是脾乘肾,肾乘心,心乘肺,肺乘肝,肝乘脾,故三十日死。 ⑥三阴:指上述"沉""小""弱"三种属阴的脉象。抟(tuán):会合在一起,此指同时出现。 ⑦近:指死期临近。 ⑧嗌(yì):咽喉。 ⑨安穀:指肠胃能接纳食物。 ⑩石:或以为"日"。 ⑪阳:指体表。体表在外为阳,脏腑在内为阴。

气入”。阴气入张[①]，则寒气上而热气下，故胸满。汗出伏地者，切其脉，气阴。阴气者，病必入中，出及瀺水也[②]。

齐北宫司空命妇出於病，众医皆以为风入中，病主在肺，刺其足少阳脉。臣意诊其脉，曰：“病气疝，客于膀胱，难于前后溲，而溺赤。病见寒气则遗溺，使人腹肿。”出於病得之欲溺不得，因以接内。所以知出於病者，切其脉大而实，其来难，是蹶阴之动[③]也。脉来难者，疝气之客于膀胱也。腹之所以肿者，言蹶阴之络结小腹也。蹶阴有过则脉结动，动则腹肿。臣意即灸其足蹶阴之脉，左右各一所，即不遗溺而溲清，小腹痛止。即更为火齐汤以饮之，三日而疝气散，即愈。

故济北王阿母自言足热而懑，臣意告曰：“热蹶也。”则刺其足心各三所，案之无出血，病旋已。病得之饮酒大醉。

济北王召臣意诊脉诸女子侍者，至女子竖，竖无病。臣意告永巷长曰：“竖伤脾，不可劳，法当春呕血死。”臣意言王曰：“才人女子竖何能？”王曰：“是好为方，多伎能，为所是案法新[④]，往年市之民所，四百七十万，曹偶[⑤]四人。”王曰：“得毋有病乎？”臣意对曰：“竖病重，在死法中。”王召视之，其颜色不变，以为不然，不卖诸侯所。至春，竖奉[⑥]剑从王之厕，王去，竖后，王令人召之，即仆于厕，呕血死。病得之流汗[⑦]。流汗者，法病内重，毛发面色泽[⑧]，脉不衰，此亦内关之病也。

①张：嚣张，肆虐。 ②及：随着。瀺（chán）：汗液，汗水。 ③动：变动，引申为发病。④为所是案法新：《史记索隐》认为是“谓于旧方技能生新意也”。案：通“按”，查考。法：旧例，古法。新：指新法，新意。 ⑤曹偶：同类，指同样的人。 ⑥奉：通“捧”。 ⑦流汗：此指辛劳过度。 ⑧色泽：面色润泽。

齐中大夫病龋齿，臣意灸其左大阳明脉，即为苦参汤，日嗽[①]三升，出入五六日，病已。得之风，及卧开口食，食而不嗽。

菑川王美人怀子而不乳[②]，来召臣意。臣意往，饮以莨药一撮，以酒饮之，旋乳。臣意复诊其脉，而脉躁。躁者有馀病，即饮以消石一齐，出血，血如豆比[③]五六枚。

齐丞相舍人奴从朝入宫，臣意见之食闺门外，望其色有病气。臣意即告宦者平。平好为脉，学臣意所，臣意即示之舍人奴病，告之曰："此伤脾气也，当至春鬲塞不通，不能食饮，法至夏泄血死。"宦者平即往告相曰："君之舍人奴有病，病重，死期有日。"相君曰："卿何以知之？"曰："君朝时入宫，君之舍人奴尽食闺门外，平与仓公立，即示平曰病如是者死。"相即召舍人而谓之曰："公奴有病不？"舍人曰："奴无病，身无痛者。"至春果病，至四月，泄血死。所以知奴病者，脾气周乘[④]五藏，伤部[⑤]而交，故伤脾之色也，望之杀然黄[⑥]，察之如死青之兹[⑦]。众医不知，以为大虫，不知伤脾。所以至春死，病者胃气黄，黄者土气也，土不胜木，故至春死。所以至夏死者，脉法曰"病重而脉顺清[⑧]者曰内关"，内关之病，人不知其所痛，心急然无苦。若加以一病，死中春[⑨]；一愈[⑩]顺，及一时。其所以四月死者，诊其人时愈顺。愈顺者，人尚肥也。奴之病得之流汗数出，炙[⑪]于火

①嗽：通"漱"，含漱，漱口。 ②不乳：难产。乳：生孩子。 ③比：像，类似。 ④周乘：遍乘，此指脾气普遍影响五脏。 ⑤部：色部，脸上某些部位的色泽能反映五脏的病变，医家称之为色部。 ⑥杀然黄：枯黄色。杀（sà）：暗淡无光的样子。 ⑦死青：暗淡的青灰色。兹：草席，意谓死草。 ⑧脉顺清：脉象正常。顺：脉象与时合相顺应。清：清正，无浊邪。 ⑨中春：即仲春，阴历二月。 ⑩愈：通"愉"，愉快。 ⑪炙：烘烤。

而以出见大风也。

菑川王病，召臣意诊脉，曰："蹶上为重，头痛身热，使人烦懑。"臣意即以寒水拊其头，刺足阳明脉，左右各三所，病旋已。病得之沐发未干而卧。诊如前，所以蹶，头热至肩。

齐王黄姬兄黄长卿家有酒召客，召臣意。诸客坐，未上食。臣意望见王后弟宋建，告曰："君有病，往四五日，君要[①]胁痛不可俯仰，又不得小溲。不亟治，病即入濡肾。及其未舍[②]五藏，急治之。病方今客肾濡，此所谓'肾痹'也。"宋建曰："然，建故有要脊痛。往四五日，天雨，黄氏诸倩见建家京下方石[③]，即弄之，建亦欲效之，效之不能起，即复置之。暮，要脊痛，不得溺，至今不愈。"建病得之好持重。所以知建病者，臣意见其色，太阳色干，肾部上及界要以下者枯四分所，故以往四五日知其发也。臣意即为柔汤使服之，十八日所而病愈。

济北王侍者韩女病要背痛，寒热，众医皆以为寒热也。臣意诊脉，曰："内寒，月事不下也。"即窜[④]以药，旋下，病已。病得之欲男子而不可得也。所以知韩女之病者，诊其脉时，切之，肾脉也，啬而不属[⑤]。啬而不属者，其来难，坚，故曰月不下。肝脉弦，出左口，故曰欲男子不可得也。

临菑汜里女子薄吾病甚，众医皆以为寒热笃[⑥]，当死，不治。臣意诊其脉，曰："蛲瘕。"蛲瘕为病，腹大，上肤黄

①要："腰"的古字。②舍：进入，停留。③倩：女婿。京：仓廪，仓库。④窜：熏炙使药力达到患处。⑤啬而不属：涩滞不连续。啬：通"涩"，不滑利，闭塞不畅。属：连续，即流畅。⑥笃：病势沉重。

粗,循之戚戚然[①]。臣意饮以芫华[②]一撮,即出蛲可数升,病已,三十日如故。病蛲得之于寒湿,寒湿气宛笃[③]不发,化为虫。臣意所以知薄吾病者,切其脉,循其尺,其尺索刺粗,而毛美奉发,是虫气也。其色泽者,中藏无邪气及重病。

齐淳于司马病,臣意切其脉,告曰:“当病迥风。迥风之状,饮食下嗌辄后[④]之。病得之饱食而疾走。”淳于司马曰:“我之王家食马肝,食饱甚,见酒来,即走去,驱疾至舍,即泄数十出。”臣意告曰:“为火齐米汁饮之,七八日而当愈。”时医秦信在旁,臣意去,信谓左右阁都尉曰:“意以淳于司马病为何?”曰:“以为迥风,可治。”信即笑曰:“是不知也。淳于司马病,法当后九日死。”即后九日不死,其家复召臣意。臣意往问之,尽如意诊。臣即为一火齐米汁,使服之,七八日病已。所以知之者,诊其脉时,切之,尽如法,其病顺[⑤],故不死。

齐中郎破石病,臣意诊其脉,告曰:“肺伤,不治,当后十日丁亥溲血死。”即后十一日,溲血而死。破石之病,得之堕马僵[⑥]石上。所以知破石之病者,切其脉,得肺阴气,其来散,数道至而不一也。色又乘之。所以知其堕马者,切之得番[⑦]阴脉。番阴脉入虚里,乘肺脉。肺脉散者,固色[⑧]变也乘之。所以不中期死者,师言曰“病者安谷即过期,不安谷则不及期”。其人嗜黍,黍主肺,故过期。所以

---

①循:指触按患病部位。戚戚然:忧惧的样子,形容病人因疼痛拒按。 ②华:同“花”。 ③宛:通“郁”,郁结,郁积。 ④后:《史记集解》徐广曰:“如厕。” ⑤病顺:病情和脉象相顺应。 ⑥僵:仰面向后倒。 ⑦番:同“翻”,反。 ⑧固色:本来的颜色,肺病面色白。

溲血者，诊脉法曰“病养喜阴处者顺死[1]，养喜阳处者逆死”。其人喜自静，不躁，又久安坐，伏几而寐，故血下泄。

齐王侍医遂病，自练五石[2]服之。臣意往过之，遂谓意曰：“不肖[3]有病，幸诊遂也。”臣意即诊之，告曰：“公病中热。论曰‘中热不溲者，不可服五石’。石之为药精悍[4]，公服之不得数溲，亟勿服。色将发臃。”遂曰：“扁鹊曰‘阴石以治阴病，阳石以治阳病’。夫药石者有阴阳水火之齐，故中热，即为阴石柔齐治之；中寒，即为阳石刚齐治之。”臣意曰：“公所论远矣。扁鹊虽言若是，然必审诊，起度量，立规矩，称权衡，合色脉表里有馀不足顺逆之法，参其人动静与息相应，乃可以论。论曰‘阳疾处内，阴形应外者，不加悍药及镵石’。夫悍药入中，则邪气辟[5]矣，而宛气愈深。诊法曰‘二阴应外，一阳接内者，不可以刚药’。刚药入则动阳，阴病益衰，阳病益箸，邪气流行，为重困于俞[6]，忿发为疽。”意告之后百馀日，果为疽发乳上，入缺盆，死。此谓论之大体也，必有经纪。拙工有一不习，文理[7]阴阳失矣。

齐王故为阳虚侯时，病甚，众医皆以为蹶。臣意诊脉，以为痹，根在右胁下，大如覆杯，令人喘，逆气不能食。臣意即以火齐粥且饮，六日气下；即令更服丸药，出入六日，病已。病得之内。诊之时不能识其经解，大识其病所在。

臣意尝诊安阳武都里成开方，开方自言以为不病，臣意谓之病苦沓风，三岁四支[8]不能自用，使人喑[9]，喑即死。今闻其四支不能用，喑而未死也。病得之数饮酒以见大风

---

①养：调养。阴：指静。顺死：气血下行而死。②练五石：炼五石散。练：通“炼”。③不肖：自谦之词。④精悍：指药性猛烈。⑤辟：聚，壅聚。⑥俞：通“腧(shù)”，腧穴，或泛指各种穴位。⑦文理：条理。⑧支：通“肢”。⑨喑(yīn)：哑。

气。所以知成开方病者，诊之，其脉法奇咳言曰“藏气相反者死”。切之，得肾反肺，法曰“三岁死”也。

安陵阪里公乘项处病，臣意诊脉，曰：“牡疝。”牡疝在鬲下，上连肺。病得之内。臣意谓之：“慎毋为劳力事，为劳力事则必呕血死。”处后蹴踘[①]，要蹶寒[②]，汗出多，即呕血。臣意复诊之，曰：“当旦日日夕死。”即死。病得之内。所以知项处病者，切其脉得番阳。番阳入虚里，处旦日死。一番一络者，牡疝也。

臣意曰：“他所诊期决死生及所治已病众多，久颇忘之，不能尽识[③]，不敢以对。”

问臣意：“所诊治病，病名多同而诊异，或死或不死，何也？”对曰：“病名多相类，不可知，故古圣人为之脉法，以起度量，立规矩，县权衡[④]，案绳墨[⑤]，调阴阳[⑥]，别人之脉各名之，与天地相应，参合于人，故乃别百病以异之，有数[⑦]者能异之，无数者同之。然脉法不可胜验，诊疾人以度异之，乃可别同名，命[⑧]病主在所居。今臣意所诊者，皆有诊籍。所以别之者，臣意所受师方适成，师死，以故表[⑨]籍所诊，期决死生，观所失所得者合脉法，以故至今知之。”

问臣意曰：“所期病决死生，或不应期，何故？”对曰：“此皆饮食喜怒不节，或不当饮药，或不当针灸，以故不中期死也。”

问臣意：“意方能知病死生，论药用所宜，诸侯王大臣有尝

①蹴（cù）：踢。踘（jū）：通“鞠”，古代的一种用革制成的供踢打玩耍的球。 ②要：“腰”的古字。蹶：同“厥”，冷。 ③识：通“志”，记住。 ④县权衡：斟酌权衡。县：“悬”的本字。⑤案绳墨：依照规则。案：通“按”，按照。绳墨：木工画线取直的工具，此指法度，规则。⑥调阴阳：测度阴阳的盛衰。调：测量，测度。 ⑦数：通“术”，方术，此指医术。 ⑧命：说出。 ⑨表：表明，记明。

问意者不？及文王病时，不求意诊治，何故？”对曰：“赵王、胶西王、济南王、吴王皆使人来召臣意，臣意不敢往。文王病时，臣意家贫，欲为人治病，诚恐吏以除拘①臣意也，故移名数②左右，不修家生，出行游国中，问善为方数③者事之久矣，见事数师，悉受其要事④，尽其方书意，及解论之。身居阳虚侯国，因事侯。侯入朝，臣意从之长安，以故得诊安陵项处等病也。”

问臣意：“知文王所以得病不起之状？”臣意对曰：“不见文王病，然窃闻文王病喘，头痛，目不明。臣意心论之，以为非病也。以为肥而蓄精，身体不得摇，骨肉不相任⑤，故喘，不当医治。脉法曰‘年二十脉气当趋，年三十当疾步，年四十当安坐，年五十当安卧，年六十已上气当大董’⑥。文王年未满二十，方脉气之趋也而徐⑦之，不应天道四时。后闻医灸之即笃，此论病之过也。臣意论之，以为神气争⑧而邪气入，非年少所能复之⑨也，以故死。所谓气⑩者，当调饮食，择晏日⑪，车步广志⑫，以适筋骨肉血脉，以泻气。故年二十，是谓‘易贸’⑬，法不当砭灸，砭灸至气逐。”

问臣意：“师庆安受之？闻于齐诸侯不？”对曰：“不知庆所师受。庆家富，善为医，不肯为人治病，当以此故不闻。庆又告臣意曰：‘慎毋令我子孙知若学我方也。’”

问臣意：“师庆何见于意而爱意，欲悉教意方？”对曰：“臣意不闻师庆为方善也。意所以知庆者，意少时好诸方事，臣意试

---

①除：除授，委任。拘：拘禁，此指强行留下。②名数：名籍，户籍。③方数：方术，此指医术。④要事：此指主要本领。⑤任：支撑。⑥已：通“以”。董：深藏。⑦徐：慢，缓慢，此指懒于活动。⑧神气：指人体正气。争：引，引申为去，衰减。⑨复：恢复，此指抵抗。⑩气：精神，此处指调养身体，即文王疗疾之法。⑪晏：天气晴朗。⑫车步：驾车、步行。广志：开阔心胸。⑬贸：《史记集解》作“质”，质实。

其方，皆多验，精良。臣意闻菑川唐里公孙光善为古传方，臣意即往谒之。得见事之，受方化阴阳及传语法①，臣意悉受书之。臣意欲尽受他精方，公孙光曰：‘吾方尽矣，不为爱②公所。吾身已衰，无所复事之。是吾年少所受妙方也，悉与公，毋以教人。’臣意曰：‘得见事侍公前，悉得禁方，幸甚。意死不敢妄传人。’居有间，公孙光闲处，臣意深论方，见言百世为之精也。师光喜曰：‘公必为国工。吾有所善者皆疏，同产处临菑，善为方，吾不若，其方甚奇，非世之所闻也。吾年中时，尝欲受其方，杨中倩③不肯，曰“若非其人也”。胥与公往见之，当知公喜方也。其人亦老矣，其家给富。’时者未往，会庆子男殷来献马，因师光奏马王所，意以故得与殷善。光又属意于殷曰：‘意好数，公必谨遇之，其人圣儒④。’即为书以意属阳庆，以故知庆。臣意事庆谨，以故爱意也。”

问臣意曰：“吏民尝有事学意方，及毕尽得意方不？何县里人？”对曰：“临菑人宋邑。邑学，臣意教以五诊，岁馀。济北王遣太医高期、王禹学，臣意教以经脉高下及奇络结，当论俞所居，及气当上下出入邪正逆顺，以宜镵石，定砭灸处，岁馀。菑川王时遣太仓马长冯信正方，臣意教以案法逆顺，论药法，定五味及和齐汤法。高永侯家丞杜信，喜脉，来学，臣意教以上下经脉五诊，二岁馀。临菑召里唐安来学，臣意教以五诊上下经脉，奇咳，四时应阴阳重，未成，除为齐王侍医。”

问臣意：“诊病决死生，能全无失乎？”臣意对曰：“意治病人，必先切其脉，乃治之。败逆者不可治，其顺者乃治之。心不

①化：变化，调理。传语法：口头流传下来的治疗方法。②爱：吝惜，保留。③杨：通“阳”，庆字中倩。杨中倩即阳庆。④圣：尊奉，倾慕。

精[1]脉,所期死生视可治,时时失之,臣意不能全也。”

太史公曰:女无美恶,居宫见妒;士无贤不肖,入朝见疑。故扁鹊以其伎见殃,仓公乃匿迹自隐而当刑。缇萦通尺牍,父得以后宁。故老子曰“美好者不祥之器”,岂谓扁鹊等邪?若仓公者,可谓近之矣。

【译文】

扁鹊,渤海郡鄚人,姓秦,名越人。年轻时做人家客馆的主事。有个叫长桑君的客人常路过客馆,只有扁鹊觉得他是个奇人,时常恭敬地接待他。长桑君也知道扁鹊不是平常人。他在客馆出入十多年,有一天喊扁鹊和自己坐在一起,悄悄对扁鹊说:“我有秘藏的医方,我老了,想传给你,你不要泄漏出去。”扁鹊说:“遵命。”他就从怀中拿出药给扁鹊,并告诉他:“用草木上的露水送服此药,三十天后就能有奇特的本领。”又取出全部秘方之书都给了扁鹊。忽然,这位老者不见了,大概他不是凡人吧。

扁鹊按他说的服药三十天,就能看见墙另一边的人。因此给人看病时,能看见五脏内所有病症,只是表面上还是为病人切脉。

他有时在齐国行医,有时在赵国行医。在赵国时名叫扁鹊。

在晋昭公时,诸大夫势力强而国君力量弱,赵简子做大夫,独掌国事。赵简子病了,五天不省人事,大夫们都很忧惧,于是招来扁鹊。扁鹊入室诊视病后走出,大夫董安于询问扁鹊,扁鹊说:“他血脉正常,你们何必惊怪!从前秦穆公曾出现这种病状,昏迷七天才苏醒。醒来的当天,告诉公孙支和子舆说:‘我到天帝那里非常快乐。我所以去这么久,正好碰上天帝要指教我。天帝告诉我:“晋国将要大乱,会五代不安宁。之后将有人成为霸主,称霸不久就会死去。霸主的儿子将使你的国家男女淫乱。”’公孙支把这些话记下并收藏起来,后来秦国史书于是记载了此事。

---

①精:精到,引申为分辨,辨别。

晋献公时的内乱，晋文公的称霸，及晋襄公打败秦军在崤山后放纵淫乱，这是你所闻知的。如今你们主君的病和他相同，不出三天就会病愈，病愈后必定也会说一些话。”

过了两天半，赵简子醒过来，告诉诸大夫说：“我到天帝那里非常快乐，与百神在天的中央游玩，那里有着各种乐器，奏着多种乐曲，跳着各式舞蹈，不像三代时的乐舞，那里的乐声动人心魄。有一只熊要抓我，天帝命我射它，我射中了熊，熊死了。有一只罴走过来，我又射它，又射中了，罴也死了。天帝非常高兴，赏赐我两个竹笥，里边都装有饰物。我看见儿子在天帝身边，天帝把一只狄犬托付给我，并说：‘等你的儿子长大时赐给他。’天帝告诉我说：‘晋国将会一代代衰弱下去，过了七代就会灭亡。嬴姓的诸侯国将在范魁的西边打败周人的诸侯国，但他们也不能拥有他的封国。’”董安于听了这些话后，记下并收藏起来。人们把扁鹊说的话告诉赵简子，赵简子赐给扁鹊田地四万亩。

后来扁鹊路过虢国。正碰上虢太子死去，扁鹊来到虢国王宫门前，问一位喜好医术的中庶子说：“太子什么病，为什么国中举行除邪去病的祭祀超过了其他许多事？”中庶子说：“太子的病是血气运行不正常，阴阳交错而不能疏泄，剧烈地暴发在体外，就造成内脏受到伤害。人体的正气不能制止邪气，邪气蓄积而不能疏泄，因此阳脉弛缓阴脉急迫，所以突然晕蹶不省人事。”扁鹊问：“他什么时候死的？”中庶子回答：“从鸡鸣到现在。”又问：“收殓了吗？”回答说：“还没有，他死还不到半天呢。”“请禀告虢君说，臣是齐渤海郡的秦越人，家在郑地，未曾仰望君王的神采而拜见侍奉在他的面前。听说太子不幸死去，臣能使他复生。”中庶子说：“先生该不是说大话吧？凭什么说太子可以复生呢！臣听说上古时，有个叫俞跗的医生，治病不用汤剂、药酒，石针、导引，按摩、热敷等疗法，一解衣诊视就知道病因，顺着五脏的腧穴，然后割开皮肤剖开肌肉，疏通经脉，结扎筋腱，按治脑髓，触动膏肓，疏理隔膜，清洗肠胃，洗涤五脏，修炼精气，改变气色。先生的医术能如此，太子就能再生了；不能做到如此，却想使他再生，简直不能用这样的话哄骗刚会笑的婴儿。”过了好久，扁鹊仰天叹道："您说的那些治疗方法，就像从竹管中看天，从缝隙中看花纹一样。我用的治疗方法，不需给病人切脉、察看他的气色、听他发出的声音、观察他的体态神情，就能说出病因在哪里。知道疾病的外在症状就能推知内在病因；知道疾病的内在病因，就能推知外在症状。体内有病会反应在体表，身不出千里之外，闻其症状就能诊断出很多病症，治的方法很多，不能一一具体言说其中原委。你如果认为我的话不可信，你试着进去诊视太子，应当听到他耳有鸣响，看到鼻翼搧动，顺着两腿摸到阴部，应该还是温热的。"中庶子听完扁鹊的话，眼神呆滞瞪着不能眨，舌头翘着说不出话来，才进去把扁鹊的话禀报虢君。

虢君闻听非常惊讶，走出内廷在王宫的中门接见扁鹊，说："我听到您高尚的德行已很久了，然而不曾能在您面前拜见您。这次先生路经小国，希望您能帮助我们，我这个偏远国家的君王真是太幸运了。有先生就能救活我的儿子，没有先生他就会抛身野外填塞沟壑，永远离去而不能复生。"话没说完，他就悲伤抽噎气结胸中，精神散乱恍惚，泪水不停地流，泪珠滚落不断，悲哀不能自制，容颜变色。扁鹊说："您太子的病，就是人们所说的'尸蹶'。那是因阳气陷入阴脉，脉气缠绕胃部，伤害了胃，损伤了经脉，阻塞了络脉，分别下行注入下焦、膀胱，因此阳脉下坠，阴脉上升，阴阳两气聚塞，不能通畅，阴气又逆而上行，阳气只好向内运行，阳气居下居内鼓动却不能上升与外运，居上居外的阳气被阻绝又不能被遣使，在上有隔绝阳气的脉络，在下有破坏阴气的筋纽，这样阴气破坏阳气隔绝，使人的面色失常血脉混乱，所以人的身体安静得像死去的样子。其实太子没有死。因为阳气侵入阴分而阻隔了脏气的病人是可以救活的，阴气侵入阳分而阻隔了脏气的必死。这些情况，都会在五脏之气上逆郁结于胸腹之中时突然发作。高明的医生能治愈这种病，拙劣的医生会因困惑而坐视死亡。"

扁鹊就叫他的弟子子阳磨砺针石，取百会穴下针。过了一会儿，太子苏醒。又让弟子子豹准备五分剂量的熨药，再加上八分剂量的药剂混合煎煮，交替在两胁下熨敷。太子能坐起来了。再调和阴阳，只服了汤剂二十天身体就恢复如前了。因此天下都认为扁鹊能使死人复生。扁鹊说："我不是能使死人复生啊，这是他应该活下去，我能做的只是促使他恢复健康罢了。"

扁鹊经过齐国，齐桓侯把他当客人招待。他到朝中拜见桓侯，说："您有小病在皮肤和肌肉之间，不治将会加深。"桓侯说："寡人没病。"扁鹊出宫后，桓侯对身边的人说："医生喜好功利，想拿没病的人显示自己的本领。"过了五天，扁鹊再去见桓侯，说："您的病已在血脉里，不治恐怕会加深。"桓侯说："寡人没病。"扁鹊出去后，桓侯不高兴。过了五天，扁鹊又去见桓侯，说："您的病已在肠胃间，不治将更加深入体内。"桓侯不肯答话。扁鹊出去后，桓侯不高兴。过了五天，扁鹊又去见桓侯，远远望见桓侯就转身跑走了。桓侯派人问他缘故。扁鹊说："疾病在皮肉之间，用汤剂、药熨能治好；疾病在血脉中，用针石能治好；疾病在肠胃中，用药酒能治好；疾病进入骨髓，就是掌管生命的神也无可奈何。如今疾病已深入骨髓，臣因此不再请求为他治病。"过了五天，桓侯身体疼痛，派人召请扁鹊，扁鹊已逃离齐国。桓侯就病死了。

假使桓侯能预先知道症状很不明显的疾病，能让高明的医生及早诊治，那么疾病就能治好，性命就能保住。人们发愁的是疾病太多，医生忧虑的是治病的办法太少。所以有六种病不能医治：骄横恣纵不讲道理，是一不治；轻视身体看重钱财，是二不治；衣着饮食不能调节适当，是三不治；阴阳错乱，五脏之气紊乱，是四不治；形体瘦弱，不能服药的，是五不治；迷信巫术不相信医术的，是六不治。有这些情形中的一种，那就很难医治了。

扁鹊名声传扬天下。他经过邯郸，闻知当地人尊重妇女，就做妇科医生；经过洛阳，闻知周人敬爱老人，就做专治耳聋眼花四肢麻木疼痛的医生；到了咸阳，闻知秦人喜爱孩子，就做治小孩疾病的医生：他总是随各地习俗改变医治范围。秦国的太医令李醯自知医术不如扁鹊，派人刺杀了扁鹊。到如今天下谈论诊脉的医生，都遵奉扁鹊。

太仓公，齐国都城管理粮仓的长官，临菑人，姓淳于，名意。年轻时喜好医术。高后八年,二次拜师向同郡元里有公乘爵的阳庆学习医术。这时阳庆已七十多岁,没有能继承医术的后代,就让淳于意把从前学的医方全部抛开,然后把自己掌握的秘方全传给了他,并传授给他黄帝、扁鹊的脉书,如何观察病人的面色来诊病,使他预先知道病人的生死,诊断疑难病症,确定能否治疗,以及药剂的理论,都十分精辟。学了三年后,为人治病,预断死生,多能应验。然而他却在各诸侯国到处游历,很少居家,有时不肯为人治病,因此许多病家怨恨他。

文帝四年,有人上书朝廷控告他,根据刑律和罪状,要用传车将他押送到长安。淳于意有五个女儿,跟在后面哭泣。他很恼怒,骂道:“生孩子不生男孩,到紧要关头没有可用的人!”于是最小的女儿缇萦听了父亲的话很悲伤,就随父亲西行到了长安。向朝廷上书说:“我父亲做官,齐国人称赞他廉洁公正,现在触犯法令应当受刑。我非常痛心处死的人不能复生,而被斩断的肢体不能再接上,即使想改过自新,也无路可走,最终不能如愿。我情愿自己身入官府做奴婢,来赎父亲的刑罪,使父亲能有改过自新的机会。”文帝看了缇萦的上书,悲悯她的诚意,赦免了淳于意,并在这一年废除了肉刑法。

淳于意居住在家,皇上下诏问他所诊治的病人中,起死回生的有多少人,都姓什么,叫什么。

皇上诏问原太仓粮仓的长官淳于意:“医术有什么专长,及能治什么病?有没有医书?都是从哪里学来的?拜师学了几年?曾治好哪些人?他们是什么地方的人?得的什么病?治疗用药后,病情都怎样?全部详细对答。”淳于意回答说:

自臣年轻时,就喜好医术药剂之方,用学到的医术方剂试着给人看病大多没有效验。到了高后八年,得以拜师临淄元里的公乘阳庆。阳庆这时七十多岁,臣得以拜见事奉他。他对臣说:“全部抛掉你学的医书,那些都是错误的。我有古代先辈医家留传下来的黄帝、扁鹊的脉书,以及如何观察面色来诊病的方法,使你能预断病人的生死,诊断疑难病症,确定能否医治,还有药剂理论的书,都非常精辟。我家中富足,只因我心里喜欢你,才想把自己收藏的秘方和书全传给你。”臣就说:“太幸运了,这些不是我所敢奢望的。”说完臣就离开座席再次拜谢老师,臣学了他传授的脉书上下经、依据面色诊病之术、听诊术、从外部变化推测阴阳之术、药理、针石术、房中术等秘藏书籍和医术,学习、诵读、解析、体验它,用了大约一年时间。第二年,臣试着为人治病,有了疗效,然而还不精通。总共跟着他学了约三年,就已尝试为人治病,诊视病情预决生死,都有效,已达到了精妙的程度。如今阳庆已死十来年,臣曾向他学习三年,现在已三十九岁了。

齐国名叫成的侍御史自述得了头痛病,臣诊完脉,告诉他说:“您病情严重,不能一下子说清。”出来后,只告诉他的弟弟昌说:“这是疽病,内发于肠胃间,五天后就会肿起来,再过八天就会吐脓血而死。”成的病是酗酒后行房事得的。成果然如期死去。臣能诊知成的病,是因切脉时,切得肝脏有病的脉气。肝气重浊而迟缓,这是内里严重而外表不明显的病。脉法说“脉长且像弓弦一样挺直,不能随四季而变化,病主要在肝脏。脉均匀调和,就是肝的经脉有病,脉象时疏时密时大时小杂乱无序而又躁动有力,就是肝的络脉有病”。肝的经脉有病而脉象均匀调和的,这是筋髓受伤所致。脉象时疏时密忽停止忽有力,他的病是酗酒后房事所致。臣之所以知道五天后会肿起来,再过八天吐脓血而死,是因切他的脉时,发现少阳经络出现了代脉脉象。出现代脉是因经脉生病传入络脉,病情扩展遍及全身,病人就会死去。络脉出现病症,这时,在左手关上一分处出现代脉,这是热积郁体中而脓血未出,到了关上五分处,就到了少阳经脉的边界,等八天后会吐脓血而死,所以到了关上二分处会产生脓血,到了少阳经脉的边界就会肿胀,其后疮破脓泄而死。热邪往上去则熏灼阳明经脉,进而灼伤细小的络脉,络脉病变就会使经脉郁结发肿,经脉郁结发肿其后就会糜烂离解,所以络脉之间交互阻塞。热邪已上侵头部,头部受到侵扰,因此头疼。

齐王次子的男孩生病，召臣去切脉诊治，臣告诉他说："这是气膈病。这种病使人心中烦闷，吃不下东西，时常呕出粘沫。得这种病是因心脉壅闭，时常厌食的缘故。"臣当即为他调制下气汤给他喝下，一天膈气下消，两天能吃东西，三天病就痊愈。臣之所以知道这个男孩的病，是因切脉时，诊到心有病的脉象，脉象浊重急躁而轻浮，这是络阳病。脉法说"切脉时脉搏到达指下时迅速，离开指下时滞涩而前后不一，病在心脏"。全身发热，脉气壮盛，称作重阳。重阳就会热气上行冲击心脏。所以病人心中烦闷吃不下东西，就会络脉有病，络脉有病就会血从上出，血从上出的人定会死亡。这是内心悲戚所生的病，因忧郁而致病。

齐国名叫循的郎中令生病，许多医生都认为是逆行之气向上进入腹胸中所致，而用针刺为他治疗。臣诊视后，说："这是涌疝，这种病使人不能大小便。"循回答说："不能大小便三天了。"臣用火剂汤给他服用，服一剂能大小便，服两剂大小便大为通畅，服完三剂就痊愈了。他的病是因房事所致。臣之所以能知道循的病，是因切脉时，他右手寸口脉象急迫，脉象反映不出五脏患有病症，右手寸口脉象壮盛而快。脉快是中焦、下焦热邪涌动，左手脉快是热邪下行，右手脉快是热邪上涌，都没有五脏病气的脉象，所以说是涌疝。中焦积热，所以尿是赤红色。

齐国名叫信的中御府长病了，臣去他家诊治，切脉后告诉他说："是热病的脉气。然而暑热多汗，脉稍衰，不致于死。"又说："得这种病是因曾在冰冷的流水中洗浴，洗浴后身体就发热了。"他说："嗯，是这样！去年冬天，我为齐王出使楚国，走到莒县阳周水边，看到莒桥坏得很厉害，我就揽住车辕不想过河，马突然受惊，一下子坠入河中，我的身子也淹进水里，差点儿淹死，随从官吏马上跑来救我，我从水中出来，衣服全浸湿了，过了一会儿身体寒冷，冷一止住就发热如火，到现在不能受寒。"臣立即为他调制液汤火剂驱除热邪，服一剂药不再出汗，服两剂药热退去，服三剂药病止住了。就让他服药大约二十天，身体就像没病的人了。臣所以知道信的病，是因切脉时，发现他的脉象属热邪归并于体内的并阴脉。脉法说“热病阴脉阳脉杂乱出现的死”。臣切他的脉时，没有发现阴脉阳脉杂乱出现，都是并阴脉。并阴脉，脉状顺的能用清法治愈，热邪虽没完全消除，仍能治好保住性命。他的肾气时而微微重浊，臣在太阴寸口依稀能切到，那是水气。肾本是主管水液运行的，所以由此知道他的病情。如果一时失治，就会变成时寒时热的病。

齐王太后有病，召臣去诊脉，臣说：“是风热侵袭膀胱，大小便困难，尿色赤红的病。”臣用火剂汤给她喝下，服一剂就能大小便，服两剂病就退去了，尿色也和从前一样。这是出汗时解小便得的病。病是脱去衣服而汗被吹干得的。臣之所以知道齐王太后的病，是因臣为她切脉时，发现太阴寸口湿润，这是受风的脉气。脉法说“用力切脉时脉象大而坚实有力，轻轻切脉时大而紧张有力，是肾脏有病”。但切肾部脉时情况相反，脉象粗大躁动。粗大的脉象是显示膀胱有病；躁动的脉象显示中焦有热，而尿色赤红。

齐国章武里的曹山跗有病，臣为他诊脉后说：“这是肺消病，加上寒热的伤害。”臣就告诉他的家人说：“这种病必死，无法医治。你们就满足病人要求，去供养他，不必再治了。”病理说“这种病三天后会发狂，乱走乱跑；五天后就死”。后来果然如期而死。山跗的病，是因大怒后行房事得的。臣之所以知道山跗的病，是因臣切他的脉，脉象显示他肺脏有热。脉法说“脉搏起伏不定鼓动无力的，形体衰改”。这是五脏中从肺到肝已多次患病的结果，所以臣切脉时，脉状起伏不定且有代脉脉象。脉起伏不定，是血气不能归于肝脏；代脉的脉象是时而缓长，时而急促，时而躁动，时而洪大。这是肺、肝两脏络脉已失去生机，所以说是死而不能医治。之所以说加以寒热，是因他神形耗散，躯体如尸。神形耗散躯体如尸的人，身体必定衰败；对身体衰败的人，不能用艾烧灼穴位、针灸和服用药性猛烈的药来治疗。臣没有前往为他诊治时，齐国太医已先诊治他的病，在他的足少阳脉口施灸,而且让他服用半夏丸,病人马上下泄,腹中虚弱;又在他的少阴脉施灸,这样便重伤了病人肝脏的阳气,更加损伤了病人元气,如此严重损伤病人的元气,因此说它是加上寒热的伤害。所以说他三天后当会发狂,是因肝脏有一条络脉横过乳下与阳明经联结,所以络脉的横过使热邪侵入阳明经脉,阳明经脉受伤,人就会疯狂奔走。过五天后死,是因肝脉和心脉相隔五分,肝脏的元气五天耗尽,元气耗尽人就死了。

齐国中尉潘满如患小腹痛的病,臣切他的脉后说:"患的是积聚症瘕一类的病。"臣就对齐国名叫饶的太仆、名叫繇的内史说:"中尉如不能自己停止房事,就会三十天内死去。"过了二十多天,他就尿血而死。他的病是因酒后行房而得。臣之所以知道潘满如的病,是因臣给他切脉,脉象沉而小弱,这三种情形突然合在一起,是脾有病的脉气。且右手寸口脉象来时紧而小,显出瘕病的脉象。五脏依次相克太过,所以三十天内会死。沉、小、弱三种阴脉脉象同时出现,就符合三十天内死的规律;三种阴脉不同时出现,决断生死的时间会更短;三种阴脉一齐出现的同时还和代脉交替出现,死期就近了。所以他的三阴脉同时出现,就像前边说的那样尿血而死。

阳虚侯的丞相赵章生病,召臣去。许多医生都认为是腹中虚寒,臣为他诊脉后说:"是迥风病"。迥风病,就是饮食咽下,总又吐出来,食物不能容留胃中。病理说"五天会死"。结果过了十天才死。这种病因酗酒而生。臣所以能知道赵章的病,因切他的脉时,脉象滑,是内风病的脉象。咽下食物总又吐出,胃中不能容纳,病理说五天会死,这是前面所说齐御史成病例中的分界法。十天后才死,之所以过期,是他喜好吃粥,因此胃中充实,胃中充实所以超过预定的死期。臣的老师说过:"能接纳食物的就能超过预定的死期,不能接纳食物的就捱不到预定的死期。

济北王有病,召臣去为他诊脉,臣说:"这是风蹶引起胸中胀满。"就为他调制药酒,喝了三天,病就好了。他的病是因出汗时睡在地上而得。臣之所以知道济北王的病，是臣为他切脉时，呈现出风症的脉象，心脉重浊。依照病理“病邪入侵人体肌表，肌表的阳气耗尽，阴气就会侵入”。阴气入侵肆虐，就使寒气上逆而热气下行，就使人胸中胀满。出汗时睡在地上的人，切他的脉时，他的脉气阴寒。脉气阴寒的人，病邪必然会侵入内里，治疗时应使阴寒随着汗液而外出。

齐国北宫司空的夫人出于有病，许多医生都认为是风气入侵体内，疾病在肺部，就针刺足少阳经脉。臣诊脉后说：“是疝气病，疝气侵入膀胱，大小便困难，尿色赤红。这种病遇到寒气就会小便失禁，使人小腹肿胀。”她的病，是因想解小便又不能解，然后行房事才得的。臣之所以知道，是因为她切脉时，脉象大而有力，但脉来得艰难，那是蹶阴肝经发病。脉来艰难，那是疝气侵入膀胱。小腹之所以肿胀，是因蹶阴肝经的络脉连结小腹。蹶阴脉有病，和它相连的部位也会发生病变，这种病变就使得小腹肿胀。臣就在她的足蹶阴肝经脉施灸，左右各灸一穴，就不再遗尿而尿清，小腹也止住了痛。再用火剂汤给她服用，三天后，疝气消散，病就好了。

已故济北王的奶妈自己说足心发热胸闷，臣告诉她：“是热蹶病。”就在她的足心各刺三穴，出针时，用于按住穴孔，不要让它出血，病很快就好了。她的病是因喝酒大醉而得。

济北王召臣给他的侍女们诊脉，诊到名叫竖的女子时，看起来她没有病。臣告诉永巷长说：“竖伤了脾脏，不能太劳累，依病理看，到了春天会吐血而死。”臣问济北王：“才人女子竖有什么才能？”济北王说：“她喜好方技，有多种技能，能在旧方技中创出新意来，去年从民间买的，和她同样有技能的四个人，共用四百七十万钱。”又问：“她是不是有病？”臣回答说：“她病得很重，依病理会死去。”济北王召她来再次就诊，她的面色没有变化，认为臣说的不对，没有把她卖给其他诸侯。到了春天，她捧着剑随济北王去厕所，济北王离去，她仍留在后边，济北王派人去叫她，她已仆倒在厕所里，吐血而死。她的病是因辛劳过度引起。辛劳过度的病人，依病理是病重在脏腑，从表面看，毛发润泽，脸色有光泽，脉气不衰，这也是内里严重而外表不明显的病。

齐国中大夫患龋齿病，臣灸他的左手阳明大肠经脉，又立即为他调制苦参汤，每天用三升漱口，经过五六天，病就好了。他的病得自风气，以及睡觉时张口，食后不漱口。

菑川王的美人怀孕难产，来召臣诊治。臣前往，用莨菪药末一撮，用酒送服，很快就生下来了。臣又为她诊脉，发现脉象急躁。脉急就还有其他的病，就用消石一剂给她喝下，阴部流出血来，血中有像豆粒大小的血块五六枚。

齐国丞相门客的奴仆随主人上朝入宫，臣见他在闺门外吃东西，望见他的面色有病气。臣当即告诉了名叫平的宦官。宦官平喜好诊脉，随臣学看病，臣就用这个奴仆做例子教他，告诉他说："这是伤害脾脏的面色，应当在到春天时，胸膈阻塞不通，不能吃东西，依病理到夏天将泄血而死。"宦官平就到丞相那里禀告说："您的门客的奴仆有病，病得很重，死期指日可待。"丞相问："您怎么知道的？"他回答说："丞相上朝入宫时，您的门客的奴仆在闺门外不停地吃东西，我和太仓公站在那里，太仓公就告诉我，患这样的病是要死的。"丞相就召请这个门客来问他："您的奴仆有病吗？"门客说："我的奴仆没有病，身体没有疼痛的地方。"到了春天果然病了，又到了四月，泄血而死。臣之所以能知道这个奴仆的病，是因脾气普遍影响到五脏，脾脏受损就会在面部相应部位交错出现病色，所以伤脾之色，看上去脸色是枯黄的，仔细察看是青中透灰的死草色。许多医生不知道这种情形，认为是体内有寄生虫，不知是损伤了脾。此人之所以到春天病重而死，是因脾胃病脸色发黄，黄色在五行属土，脾土不能胜肝木，所以到了肝木强盛的春天就会死去。他之所以到夏天死，依照病理"病情严重，而脉象正常的是内关病"。内关病，病人不会感到疼痛，心中没有一点儿痛苦。如果再添任何一种病，就会死在仲春的二月；如果精神愉快，顺天养性，则可延长一段时间的生命。他之所以在四月死，是因臣诊他的脉时，他精神愉快，顺天养性。他能够做到这样，人还算养得丰满肥腴，也就能拖延一些时候了。他的病是因流汗太多，受火烤后又在外面受了风寒而得。

菑川王病，召臣去诊脉，臣说："这是热邪逆侵上部症状严重的蹶病，头痛身热，使人烦闷。"臣就用冷水拍他的头，并针刺足阳明经脉，左右各刺三穴，病很快好了。他的病是因洗完头发，头发没干就去睡觉引起的。臣前边的诊断是对的，之所以称蹶，是因热气逆行到头和肩部。

齐王黄姬的兄长黄长卿在家设酒宴请客，请了臣。客人入座，还没上饭菜。臣望见王后的弟弟宋建，就对他说："您有病，四五天前，您腰胁痛得不能俯仰，也不能小便。不赶快医治，病邪就会侵入浸润肾脏。趁着还没浸入五脏，赶快医治。现在您的病只是病邪刚刚浸入肾脏，这就是人们所说的'肾痹'。"宋建说："你说对了，我确实曾腰脊疼过。四五天前，天正下雨，黄氏的女婿们到我家里，看到库房墙下的方石，就举起来，我也想效仿他们，举不起来，就又把它放下了。到了黄昏，就腰脊疼痛，不能小便了，到现在也没痊愈。"他的病是因喜好举重物引起。臣之所以能诊治宋建的病，是因看到他的面色，太阳穴处色泽枯干，肾部上至交界处与腰以下色部色泽干枯约四分，所以知道四五天前他的病发作。臣就为他调制柔汤服用，约十八天病就痊愈了。

济北王有个姓韩的侍女腰背疼，恶寒发热，许多医生都认为是寒热病。臣诊脉后说："是内寒，月经不通。"臣用药为她熏灸，很快月经来了，病也好了。她的病是因想接近男子却不能得到引起的。臣之所以能知道韩女的病，是诊她的脉时，切脉发现肾脉有病气，脉象涩滞不畅。这种脉象，来得艰难而又坚实有力，所以就月经不通。她的肝脉硬直而长，像弓弦一样，超出左手寸口的位置，所以说她的病是想接近男子却不能得到引起的。

临菑氾里有个叫薄吾的女子病得很重，许多医生都认为是严重的寒热病，会死，无法医治。臣诊她的脉后说：“这是蛲瘕病。”蛲虫积聚而成瘕病，肚腹大，腹部皮肤黄而粗糙，用手触摸肚腹病人感到难受。臣用芫花一撮用水送服，随即泄出约有几升蛲虫，病也就好了，三十天后，身体恢复如前。蛲瘕病得自寒湿气，寒湿气郁积太多，不能发散，变化为虫。臣之所以能知道薄吾的病，是因臣切她的脉时，循按尺部脉位，她尺部脉象紧而粗大有力，毛发又有光泽，这是有虫的病状。她的脸色有光泽，是内脏没有邪气和重病的缘故。

齐国姓淳于的司马病了，臣诊他的脉后，对他说：“应该是迵风病。迵风病的症状是，饮食咽下后就如厕。得这种病是因吃饱饭就快走的缘故。”淳于司马说：“我到君王家吃马肝，吃得很饱，见送上酒来，就跑开，后来又骑着快马回家，到家就下泄数十次。”臣告诉他说：“把火剂汤米汁调和服用，过七八天就会痊愈。”当时医生秦信在一边，臣离去后，他对左右阁的都尉说：“淳于意认为司马得的什么病?”回答说：“认为是迵风病，可以治好。”秦信就笑着说：“这是不懂病啊。淳于司马的病，依照病理会在九天后死去。”过了九天没有死，司马家又召请臣去。臣去后询问病情，全像臣所诊断的。臣就为他调制火剂米汤，让他服用，七八天后病就好了。臣之所以能知道他的病，是因诊他的脉时，脉象完全符合常法。他的病和脉象顺应，所以才不会死去。

齐国名叫破石的中郎有病，臣诊他的脉后，告诉他说：“肺伤，不能医治了，会在十天后的丁亥日尿血而死。”就在十一天后，他尿血而死。破石的病，是因从马上摔下来倒在石头上而得。臣之所以能诊知破石的病，是因切他的脉，切得肺阴脉脉象，脉象来得散乱，好像从几条脉道而来，又不一致。同时他脸色赤红，是心脉压肺脉的表现。臣之所以知道他是从马上摔下来的，是因切得反阴脉。反阴脉进入虚里的胃大络脉，然后侵袭肺脉。他的肺脉又出现散脉，原应脸色白却变红，那是心脉侵袭肺脉的表现。他之所以没如期而死的原因是，臣的老师说“病人能吃食物就能拖延死期，不能吃食物会不到期就死去”。此人喜欢吃黍米，黍能补肺气，所以就拖延死期。他之所以尿血，正如诊脉之法所说“病人调养时喜欢静的就会气血下行而死，好动的就会气血上逆而死”。此人喜欢安静，不急躁，又能长时间安坐，伏在几案上睡觉，所以血就会下泄而出。

齐王名叫遂的侍医生病，自己炼五石散服用。臣去探望他，他对臣说：“我有病，有幸请您为我诊治。”臣就为他诊治，告诉他：“您得的是内脏有热邪的病。病理说‘内脏有热邪，不能小便的，不能服用五石散’。石药药性猛烈，您服后小便次数减少，赶快别再服用。看您的气色，要生疮肿。”他说：“扁鹊说过‘阴石可以治阴虚有热的病，阳石可以治阳虚有寒的病’。药石有阴阳寒热的不同方剂，所以内脏有热，就用阴石柔剂医治；内脏有寒的，就用阳石刚剂医治。”臣说：“您的谈论错了。扁鹊虽这样说，但必须审慎诊断，确立标准，订立规矩，斟酌权衡，参合色脉、表里、盛衰、顺逆的法则，参验病人的动静与呼吸相互谐调的情况，才可以下结论。药理说“热邪潜于体内，寒症显露在体表的，不能用猛烈的药和针石医治”。因猛烈的药进入体内，邪气就会壅聚，热气会郁积更深。诊法说“外寒多于内热的病，不能用猛烈的药”。因猛烈的药进入体内就会催动阳气，阴虚病症就会更严重，阳气更加强盛，邪气流行，就会重重团聚在腧穴，最后激发为疽。”臣告诉他一百多天后，果然疽发在乳上，蔓延到锁骨上窝的缺盆穴，就死了。这就是说理论只是概括大体情形，提出大体原则。平庸的医生如有一处没能深入研习，就会使识辨阴阳条理出现差错。

齐王原先是阳虚侯时，病得很重，许多医生都认为是蹶病。臣为他诊脉，认为是痹症，病根在右胁下部，大小像扣着的杯子，使人气喘，逆气上升，吃不下东西。臣就用火剂粥暂且给他服用，过了六天，逆气下行；再让他改服丸药，大约过了六天，病就好了。他的病是因房事不当而得。臣为他诊脉时，不知如何用经脉理论解释这种病，只是大体知道疾病所在的部位。

臣曾为安阳武都里的成开方诊病，开方称自己没病，臣说他将被沓风病所苦，三年后四肢将不能动，而且会哑，这时就会死去。现在听说他的四肢已不能动了，虽哑却还没有死。他的病是多次喝酒后受了风邪引起的。臣之所以知道成开方的病，是因给他诊脉时，发现他的脉象符合《奇咳术》所说的“脏气相反的会死”。切他的脉，得到肾气反冲肺气的脉象，依此病理三年后会死。

安陵坂里的公乘项处有病，臣为他诊脉，说：“这是牡疝病。”牡疝是发生在胸膈下，上连肺脏的病。是因房事不节制而得。臣对他说：“千万不能做辛劳用力的事，做这样的事就会吐血死去。”项处后来却去踢球，结果腰部寒冷，出很多汗，吐了血。臣再次为他诊脉后说：“会在第二天黄昏时死去。”到时就死了。他的病是因房事而得。臣之所以能知道项处的病，是因切脉时得到反阳脉。反阳的脉气进入上虚，第二天就会死。既出现反阳脉，又上连于肺，这就是牡疝。

臣淳于意说：“其他诊治的能预断生死以及治愈的病太多了，时间一久多忘记了，不能完全记住，所以不敢用这些来回答。”

又问淳于意：“你所诊治的病，许多病名相同，诊断结果却不同，有的人死了，有的人还活着，这是为什么?”回答说：“从前病名大多类似，不能确切辨知，所以古代的圣人创立脉法，使人能依照这些确立的标准，订立的规矩，斟酌权衡，依照规则，测度阴阳，区别人的脉象后各自命名，注意与自然变化相应，参合人体状况，才能辨别各种疾病使它们相互区别，医术高明的人能指出病的不同，医术不高的人看到的病是相同的。然而脉法不能完全应验，诊治病人要用分度脉的方法区别，才能区别相同名称的疾病，说出病因在什么地方。现在臣诊治的病人，都有诊治记录。臣之所以这样区别疾病，是因臣从师学医刚完成，老师就死去了，因此记明诊治的情形，预期决断生死的时间，来验证自己治病的成败是否合乎脉法，所以才能清楚地记着这些病例。”

又问淳于意：“你预断病人死生的时间，有时也不符合预断的日期，是为什么?"回答说:"这都是因病人饮食喜怒不加节制,或因不恰当地服药,或因不恰当地用针灸治疗,所以会与预断的日期不相应而死。"

又问淳于意:"在你正能够诊治病情的生死,掌握药物的适应症时,诸侯王的大臣有曾向你请教的吗?齐文王生病时,不请你去诊治,是什么缘故?"回答说:"赵王、胶西王、济南王、吴王都曾派人召请臣,臣不敢前往。齐文王生病时,臣家中贫穷,要为人治病谋生,实在担心官吏委任臣为侍医而强行留下臣,所以把户籍迁到亲戚邻居名下,不置办家产,到处行医游学,长期寻访医术精妙的人向他求教,臣拜过几位老师,全学到了他们的主要本领,领会了他们的医方医书,以及对方书的解释和评议。臣住在阳虚侯的封国中,于是事奉他。阳虚侯入朝,臣随他到了长安,因此才得以给安陵的项处等人看病。"

又问淳于意:"你知道齐文王生病不起的原因吗?"臣回答说:"臣没亲眼见文王的病情,不过臣听说文王气喘,头痛,眼不明。臣心中推想,认为这不是病。因为他身体肥胖聚积了精气,身体得不到活动,骨骼不能支撑肉躯,所以才气喘,用不着医治。脉法说'二十岁时人的脉气正旺应当多走动,三十岁时应当快步行走,四十岁时应当安坐,五十岁时应当安卧,六十岁以上时应当使元气深藏"。齐文王年龄不满二十岁,脉气正旺应当多走动却懒于活动,这是不顺应四季春生、夏长、秋收、冬藏的自然规律。后来听说医生用灸法为他治疗,马上就严重起来,这是论断病情上的错误。据臣分析,这是体内正气衰减而病邪之气侵入的表现,这种病症不是年轻人所能抵抗得住的,因此他死了。对这样的病,应当调和饮食,选择天气晴朗的日子,驾车或者步行,以开阔心胸,调和筋骨、肌肉、血脉,以疏泻体内郁积的旺气。所以二十岁时,是人们说的"气血质实"的时期,从医法看不应当用砭灸的疗法,使用这种疗法会导致气血奔逐不定。

又问淳于意:"你的老师阳庆是跟谁学的医术?齐国诸侯是否知道他?"淳于意回答说:"臣不知道阳庆跟谁学的。阳庆家中富有,他精通医术,却不肯为人治病,也许因为这样他才不出名。阳庆又告诉臣说:'千万别让我的子孙知道你向我学过医术。'"

又问淳于意:"你的老师阳庆是怎么看中并喜爱你的?怎么会想把全部秘方医术传授给你?"淳于意回答说:"臣本来不知老师阳庆的医术精妙。臣后来知道,是因臣年轻时喜欢各家医术医方,臣尝试这些医方,大多有效,而且精妙。臣听说菑川唐里的公孙光擅长运用古代传下来的医方,就前往拜见他。臣得以拜见事奉他,从他那里学到调理阴阳的医方以及口头流传下来的疗法,臣全部学习记录下来。臣想全部学到他精妙的医术,公孙光说:'我的秘方医术都拿出来了,我对你没有保留的地方。我已老了,不能再干这一行。这些都是我年轻时所学到的精妙医方,全教给你了,不要再教给别人。'臣说:'我能侍奉在您的面前,得到全部秘方医术,这非常幸运。我就是死了也不敢随便传给别人。'过了些日子,公孙光闲着没事,臣就深入论说医方,他见臣说的都是历代精辟的医法,就高兴地说:'你一定会成为国中技艺高超的良医。我所擅长的医术都荒疏了,我的同胞兄弟住在临菑,精于医术,我不如他,他的医方非常奇妙,不是一般人所能了解的。我中年时,曾想学他的医术,杨中倩不同意,说:"你不是那种能学好医术的人。"等我和你一起前往拜见他,他就会知道您喜爱医术了。他也老了,但家中富有。'当时没去,正好阳庆的儿子阳殷来给齐王献马,通过臣的老师公孙光将马献给了齐王,由于这个缘故臣和阳殷认识了。公孙光又把臣嘱托给阳殷说:'淳于意喜好医术,你一定要好好礼待他,他是倾慕圣人之道的人。'就写信把臣推荐给阳庆,因此认识了阳庆。臣侍奉阳庆很恭谨,所以他喜爱臣。"

又问淳于意:"官吏或百姓曾有人向你学医术吗?有人把你的医术全学会了吗?他们是哪里人?"淳于意回答说:"临菑人宋邑。他向臣学医,臣教他五诊脉论之术,学了一年多。济北王派太医高期、王禹向臣学医,臣教给他们经脉上下分布的部位和奇经络脉的联结之处,正确认识各种穴位所处方位,以及经络之气上下出入的情况和区别邪正顺逆的方法,如何确定针对病症需要砭石针灸治疗的穴位,学了一年多。菑川王时常派遣太仓署中管理马匹的长官冯信前来,让臣指教医术,臣教他按摩的逆顺手法，论述用药的方法，以及鉴定药的性味与调和方剂汤药的方法。高永侯的家丞杜信，喜好诊脉，前来学医，臣把上下经脉的分布、五诊脉论之术教给了他，他学了两年多。临菑召里叫唐安的人来学医，臣教给他五诊脉论之术，上下经脉的分布，奇咳术，以及四时和阴阳相应各有偏重的道理，没有学成，就被委任为齐王的侍医。”

又问淳于意：“你给人诊治疾病预断人的死生，能完全没有失误吗？”淳于意回答说：“臣医治病人时，必定先为他切脉，才去医治。脉象衰败与病情背逆的不给他医治，脉象和病情相顺应的才给他医治。心神不能分辨脉象时，把本来无法治好的病也看作能治好的病，也时常出现差错，臣不能完全没有失误。”

太史公说：女人无论美与丑，住进宫中就会被人嫉妒；士人无论贤与不贤，进入朝廷就会遭人疑忌。所以扁鹊因为他的高超医术遭殃，太仓公于是自隐形迹却又被处以刑罚。缇萦上书皇帝，她的父亲才得到后来的平安。所以老子说“美好的东西都是不祥之物”，难道说的是扁鹊这样的人吗？像太仓公这样的人，也可以说与这句话所说的接近啊。

【鉴赏】

这篇医学传记最突出的特色是写实性与传奇性的结合恰到好处。扁鹊是一位带有神奇色彩的名医。他学医的经过本身就带有神奇性。他做客馆主事时恭敬地对待客人长桑君，如此出入十余年，长桑君“乃悉取其禁方书尽与扁鹊。忽然不见，殆非人也。扁鹊以其言饮药三十日，视见垣一方人”。这种笔法亦真亦幻，似幻亦真。幻者，扁鹊与长桑君遇十余年方得传禁方书和奇药；真者，言扁鹊学医之勤奋艰辛和医术之精湛。《留侯世家》中尚有张良与圯上老人之奇遇，此皆出一辙。这一笔法亦为后世戏曲小说写师徒际遇所常用。传文中所选取的扁鹊诊治的三个典型病例也很富有神奇性。但这种神奇性经扁鹊一一道来之后又在情理之中，而这又充分表现了扁鹊的医术之高超乃非常人所能得。他的察微见著的本领和高尚的医德也在其为病人进行诊治的言行之中表现得十分真切。淳于意的形象也带有一定的传奇性，这自然体现在他得“传黄帝、扁鹊之脉书”，通五色诊病，“决生死多验”的精良医术上。而他的小女上书救父之行也令人称奇,可这种奇又是缘于他们遇上了文帝这样一个宽仁的明君。本篇就是在这样的真幻交织之中记述了两位个性鲜明的历史人物形象,让人读来感觉神奇而不荒诞,夸张而又不失真切。

本篇所谈主要是专业性强的医术,但细细读来饶有趣味,这是因为司马迁在选写众多的病例时绝不雷同冗长,倒像讲一段段精彩的小故事,不仅详略得当,而且人物言行神态也栩栩如生。

史记卷一百六·吴王濞列传第四十六

刘濞是刘邦兄长刘仲之子,因在攻击淮南王黥布时有功,被封为吴王。因吴王刘濞是景帝时七国之乱的谋划者和首难者,所以本篇详细记述了吴楚之乱由萌发、兴起直至被最终平定的全过程。吴王刘濞凭借山海之利,苦心经营,国富民饶,渐生反叛之心。景帝为太子时,曾因下棋争执打死吴王太子,此为旧仇。景帝即位后,从御史大夫晁错之议,侵削吴楚等诸侯封地,此为新恨。吴王刘濞趁机联结胶西王、菑川王、胶东王、济南王、楚王、赵王以"诛晁错"为名发动叛乱,但很快即被汉将周亚夫等讨平。吴王刘濞最终身死国削。本篇还记述了汉朝廷内部尖锐复杂的矛盾,如晁错、袁盎之间的钩心斗角、借刀杀人,此可与《袁盎晁错列传》互见;景帝在镇压吴楚之乱时,借机削弱梁国之谋,则可与《梁孝王世家》互见等等。

吴王濞者,高帝兄刘仲之子也。高帝已定天下,七年,立刘仲为代王。而匈奴攻代,刘仲不能坚守,弃国亡,间行①走洛阳,自归②天子。天子为骨肉故,不忍致法③,废以为郃阳侯。高帝十一年秋,淮南王英布反,东并荆地,劫其国兵,西度淮,击楚,高帝自将往诛之。刘仲子沛侯濞年二十,有气力,以骑将从破布军蕲西,会甀,布走。荆王刘贾为布所杀,无后。上患吴、会稽轻悍,无壮王以填之④,诸子少,乃立濞于沛为吴王,王三郡五十三城。已拜受印,高帝召濞相之,谓曰:"若状有反相。"心独悔,业已拜,因拊其背,告曰:"汉后五十年东南有乱者,岂若邪?

---

①间行:抄小路而行。 ②自归:自首,请罪。 ③致法:依律治罪。致:给。 ④填:通"镇"。

然天下同姓为一家也，慎①无反！”濞顿首曰：“不敢。”

会孝惠、高后时，天下初定，郡国诸侯各务自拊循②其民。吴有豫章郡铜山，濞则招致天下亡命者盗铸钱，煮海水为盐，以故无赋，国用③富饶。

孝文时，吴太子入见，得侍皇太子饮博④。吴太子师傅皆楚人，轻悍，又素骄，博，争道⑤，不恭，皇太子引博局提吴太子⑥，杀之。于是遣其丧归葬。至吴，吴王愠曰：“天下同宗，死长安即葬长安，何必来葬为！”复遣丧之长安葬。吴王由此稍失藩臣之礼，称病不朝。京师知其以子故称病不朝，验问实不病，诸吴使来，辄系责治之⑦。吴王恐，为谋滋甚。及后使人为秋请⑧，上复责问吴使者，使者对曰：“王实不病，汉系治使者数辈，以故遂称病。且夫‘察见渊中鱼，不祥’。今王始诈病，及觉，见责急，愈益闭⑨，恐上诛之，计乃无聊⑩。唯上弃之而与更始⑪”。于是天子乃赦吴使者归之，而赐吴王几杖，老，不朝。吴得释其罪，谋亦益解⑫。然其居国以铜盐故，百姓无赋。卒践更⑬，辄与平贾⑭。岁时存问茂材⑮，赏赐闾里。佗郡国吏欲来捕亡人者⑯，讼⑰共禁弗予。如此者四十余年，以故能使其众。

晁错为太子家令，得幸太子，数从容言吴过可削⑱。数上书说孝文帝，文帝宽，不忍罚，以此吴日益横。及孝景帝即位，错

---

①慎：千万。②拊循：通“抚循”，安抚。③用：用度。④饮博：饮酒下棋。博：下棋。⑤争道：指为下棋子于何方而争执。⑥博局：棋盘。提：掷击，抡打。⑦系：捆缚，拘禁。责：责问，拷问。治：惩治，治罪。⑧秋请：古代诸侯到京城朝见天子，春天称“朝”，秋天称“请”。⑨闭：封闭，隐秘。⑩无聊：无可奈何，没有办法。⑪弃之：捐弃前嫌，指放过他以前的那些错误。更始：重新开始。⑫解：通“懈”，松懈，放松，此指打消。⑬践更：汉的兵役称“践”，凡亲自前去服役叫“践更”。⑭平贾：公平的价格，指按当时雇工的价钱。贾：通“价”。⑮存问：慰问。茂材：有才能的人。⑯佗：通“他”。亡人：指逃亡的犯人。⑰讼：公开。⑱从容：很自然地，寻找机会。削：削减封地。

为御史大夫，说上曰："昔高帝初定天下，昆弟少，诸子弱，大封同姓，故王孽子[①]悼惠王王齐七十馀城，庶弟元王王楚四十馀城，兄子濞王吴五十馀城。封三庶孽，分天下半。今吴王前有太子之郄，诈称病不朝，于古法当诛，文帝弗忍，因赐几杖。德至厚，当改过自新。乃益骄溢，即山铸钱，煮海水为盐，诱天下亡人，谋作乱。今削之亦反，不削之亦反。削之，其反亟，祸小；不削，反迟，祸大。"三年冬，楚王朝，晁错因言楚王戊往年为薄太后服[②]，私奸服舍，请诛之。诏赦，罚削东海郡。因削吴之豫章郡、会稽郡。及前二年赵王有罪，削其河间郡。胶西王印以卖爵有奸，削其六县。

汉廷臣方议削吴。吴王濞恐削地无已，因以此发谋，欲举事。念诸侯无足与计谋者，闻胶西王勇，好气，喜兵，诸齐皆惮畏，于是乃使中大夫应高誂[③]胶西王。无文书，口报曰："吴王不肖，有宿夕之忧[④]，不敢自外，使喻其欢心。"王曰："何以教之？"高曰："今者主上兴于奸，饰[⑤]于邪臣，好小善，听谗贼，擅变更律令，侵夺诸侯之地，征求滋多，诛罚良善，日以益甚。里语[⑥]有之，'舐糠及米'[⑦]。吴与胶西，知名诸侯也，一时见察，恐不得安肆矣[⑧]。吴王身有内病，不能朝请二十馀年，尝患见疑，无以自白，今胁肩累足[⑨]，犹惧不见释。窃闻大王以爵事有适[⑩]，所闻诸侯削地，罪不至此，此恐不得削地而已。"王曰："然，有之。子将奈何？"高曰："同恶相助，同好相留，同情相成，同欲相趋，同

①孽子：非嫡妻所生的儿子，又称庶子、庶孽。②服：居丧。旧时，在一定时间内为死者尽礼示哀叫居丧，也叫守服。③誂(tiǎo)：引诱，劝诱，煽动。④宿夕：一夜，比喻短时间内。⑤饰：修饰，指被蒙蔽。⑥里语：同"俚语"，俗语。⑦舐糠及米：在米糠上舔来舔去，就会舔到米，此比喻受侵削越来越厉害。⑧安：安然，安宁。肆：放纵，自由。⑨胁肩累足：缩敛肩膀小步走路的样子。形容小心畏惧。累足：收拢双脚。⑩適：通"谪"，惩罚。

利相死。今吴王自以为与大王同忧，愿因时循理，弃躯以除患害于天下，亿亦可乎①？”王瞿然②骇曰：“寡人何敢如是？今主上虽急，固有死耳，安得不戴？”高曰：“御史大夫晁错，荧惑③天子，侵夺诸侯，蔽忠塞贤，朝廷疾怨，诸侯皆有倍畔之意，人事极矣。彗星出，蝗虫数起，此万世一时，而愁劳圣人之所以起也。故吴王欲内以晁错为讨，外随大王后车，彷徉④天下，所乡者降，所指者下，天下莫敢不服。大王诚幸而许之一言，则吴王率楚王略函谷关，守荥阳敖仓之粟，距汉兵。治次舍⑤，须⑥大王。大王有幸而临之，则天下可并，两主分割，不亦可乎？”王曰：“善。”高归报吴王，吴王犹恐其不与，乃身自为使，使于胶西，面结之。

胶西群臣或闻王谋，谏曰：“承一帝，至乐也。今大王与吴西乡，弟令事成⑦，两主分争，患乃始结。诸侯之地不足为汉郡什二，而为畔逆以忧太后，非长策也。”王弗听。遂发使约齐、菑川、胶东、济南、济北，皆许诺，而曰“城阳景王有义，攻诸吕，勿与，事定分之耳”。

诸侯既新削罚，振⑧恐，多怨晁错。及削吴会稽、豫章郡书至，则吴王先起兵，胶西正月丙午诛汉吏二千石以下，胶东、菑川、济南、楚、赵亦然，遂发兵西。齐王后悔，饮药自杀，畔约。济北王城坏未完⑨，其郎中令劫守⑩其王，不得发兵。胶西为渠率⑪，胶东、菑川、济南共攻围临菑。赵王遂亦反，阴使匈奴与连兵。

---

①亿：通“意”，揣度之词，预料，估计。②瞿(jù)然：瞪起眼睛吃惊的样子。③荧惑：惑乱，迷惑。④彷徉(fǎng yáng)：徘徊，游荡，此指自由驰骋。⑤次舍：军队驻扎的处所，此指住处。⑥须：等待。⑦弟：通“第”，假使。⑧振：通“震”。⑨完：完工，竣工。⑩劫守：劫持，控制。⑪渠率：首领。

七国之发也，吴王悉其士卒，下令国中曰："寡人年六十二，身自将。少子年十四，亦为士卒先。诸年上与寡人比，下与少子等者，皆发。"发二十馀万人。南使闽越、东越，东越亦发兵从。

孝景帝三年正月甲子，初起兵于广陵。西涉淮，因并楚兵。发使遗诸侯书曰："吴王刘濞敬问胶西王、胶东王、菑川王、济南王、赵王、楚王、淮南王、衡山王、庐江王、故长沙王子：幸教寡人！以汉有贼臣，无功天下，侵夺诸侯地，使吏劾系讯治①，以僇辱之为故②，不以诸侯人君礼遇刘氏骨肉，绝先帝功臣，进任奸宄③，诖乱④天下，欲危社稷。陛下多病志失⑤，不能省察。欲举兵诛之，谨闻教。敝国虽狭，地方三千里；人虽少，精兵可具五十万。寡人素事南越三十馀年，其王君皆不辞分其卒以随寡人，又可得三十馀万。寡人虽不肖，愿以身从诸王。越直长沙者⑥，因王子定长沙以北，西走蜀、汉中。告越、楚王、淮南三王，与寡人西面；齐诸王与赵王定河间、河内，或入临晋关，或与寡人会洛阳；燕王、赵王固与胡王有约，燕王北定代、云中，抟⑦胡众入萧关，走长安，匡正天子，以安高庙。愿王勉之。楚元王子、淮南三王或不沐洗十馀年，怨入骨髓，欲一有所出之久矣，寡人未得诸王之意，未敢听。今诸王苟能存亡继绝，振弱伐暴，以安刘氏，社稷之所愿也。敝国虽贫，寡人节衣食之用，积金钱，修兵革，聚谷食，夜以继日，三十馀年矣。凡为此，愿诸王勉用之。能斩捕大将者，赐金五千斤，封万户；列将，三千斤，封五千户；裨将，二千斤，封二千户；二千石，千斤，封千户；千石，五

---

①劾：弹劾。讯：审讯。 ②僇辱：侮辱。故：事，能事。 ③奸宄(guǐ)：指犯法作乱的坏人。 ④诖乱：惑乱。诖(guà)：欺诈，哄骗。 ⑤志失：神志失常。 ⑥直：相接，对着。 ⑦抟(tuán)：集聚，会聚，此指统领。

百斤，封五百户：皆为列侯。其以军若城邑降者，卒万人，邑万户，如得大将；人户五千，如得列将；人户三千，如得裨将；人户千，如得二千石；其小吏皆以差次受爵金。佗封赐皆倍军法①。其有故爵邑者，更益勿因。愿诸王明以令士大夫，弗敢欺也。寡人金钱在天下者往往而有，非必取于吴，诸王日夜用之弗能尽。有当赐者告寡人，寡人且往遗之。敬以闻。”

七国反书闻天子，天子乃遣太尉条侯周亚夫将三十六将军，往击吴楚；遣曲周侯郦寄击赵；将军栾布击齐；大将军窦婴屯荥阳，监齐赵兵。

吴楚反书闻，兵未发，窦婴未行，言故吴相袁盎。盎时家居，诏召入见。上方与晁错调兵笇军食②，上问袁盎曰：“君尝为吴相，知吴臣田禄伯为人乎？今吴楚反，于公何如？”对曰：“不足忧也，今破矣。”上曰：“吴王即山铸钱，煮海水为盐，诱天下豪杰，白头举事。若此，其计不百全，岂发乎？何以言其无能为也？”袁盎对曰：“吴有铜盐，利则有之，安得豪杰而诱之！诚令吴得豪杰，亦且辅王为义，不反矣。吴所诱皆无赖子弟，亡命铸钱奸人，故相率以反。”晁错曰：“袁盎策之善。”上问曰：“计安出？”盎对曰：“愿屏左右。”上屏人，独错在。盎曰：“臣所言，人臣不得知也。”乃屏错。错趋避东厢，恨甚。上卒问盎，盎对曰：“吴楚相遗书，曰‘高帝王子弟各有分地，今贼臣晁错擅適过诸侯，削夺之地’。故以反为名，西共诛晁错，复故地而罢。方今计独斩晁错，发使赦吴楚七国，复其故削地，则兵可无血刃而俱罢。”于是上嘿然良久，曰：“顾诚何如，吾不爱一人以谢天下。”盎曰：“臣愚，计无出此，愿上孰计之。”乃拜盎为太常，吴王弟子

①《史记集解》服虔曰：“封赐倍汉之常法。” ②调：计算。笇：通“算”，计算。

德侯为宗正。盎装治行①。后十馀日，上使中尉召错，绐②载行东市。错衣朝衣斩东市。则遣袁盎奉宗庙，宗正辅亲戚，使告吴如盎策。至吴，吴楚兵已攻梁壁矣。宗正以亲故，先入见，谕吴王使拜受诏。吴王闻袁盎来，亦知其欲说己，笑而应曰："我已为东帝，尚何谁拜？"不肯见盎而留之军中，欲劫使将。盎不肯，使人围守，且杀之。盎得夜出，步亡去，走梁军，遂归报。

条侯将乘六乘传③，会兵荥阳。至洛阳，见剧孟，喜曰："七国反，吾乘传至此，不自意全。又以为诸侯已得剧孟，剧孟今无动。吾据荥阳，以东无足忧者。"至淮阳，问父绛侯故客邓都尉曰："策安出？"客曰："吴兵锐甚，难与争锋。楚兵轻，不能久。方今为将军计，莫若引兵东北壁昌邑，以梁委吴，吴必尽锐攻之。将军深沟高垒，使轻兵绝淮泗口，塞吴饷道④。彼吴梁相敝而粮食竭⑤，乃以全强制其罢极，破吴必矣。"条侯曰："善。"从其策，遂坚壁昌邑南，轻兵绝吴饷道。

吴王之初发也，吴臣田禄伯为大将军。田禄伯曰："兵屯聚而西，无佗奇道，难以就功。臣愿得五万人，别循江、淮而上，收淮南、长沙，入武关，与大王会，此亦一奇也。"吴王太子谏曰："王以反为名，此兵难以藉人⑥，藉人亦且反王，奈何？且擅兵而别，多佗利害，未可知也，徒自损耳。"吴王即不许田禄伯。

吴少将桓将军说王曰："吴多步兵，步兵利险；汉多车骑，车骑利平地。愿大王所过城邑不下，直弃去，疾西据洛阳武库，食敖仓粟，阻山河之险以令诸侯，虽毋入关，天下固已定矣。即大王徐行，留下城邑，汉军车骑至，驰入梁、楚之郊，事败矣。"吴王

---

①装：收拾行装。治行：作出发的准备。 ②绐（dài）：欺骗。 ③六乘（shèng）传：六匹马拉的传车。传（zhuàn）：传车，驿车。 ④饷道：运粮的道路。 ⑤相敝：指因互相攻战而共同疲敝。 ⑥藉：依靠，交给。

问诸老将,老将曰:“此少年推锋之计可耳,安知大虑乎!”于是王不用桓将军计。

吴王专并将其兵,未度淮,诸宾客皆得为将、校尉、候、司马,独周丘不得用。周丘者,下邳人,亡命吴,酤酒无行,吴王濞薄之,弗任。周丘上谒,说王曰:“臣以无能,不得待罪行间[①]。臣非敢求有所将,愿得王一汉节,必有以报王。”王乃予之。周丘得节,夜驰入下邳。下邳时闻吴反,皆城守。至传舍[②],召令。令入户,使从者以罪斩令。遂召昆弟所善豪吏告曰:“吴反兵且至,至,屠下邳不过食顷[③]。今先下[④],家室必完,能者封侯矣。”出乃相告,下邳皆下。周丘一夜得三万人,使人报吴王,遂将其兵北略城邑。比至城阳,兵十馀万,破城阳中尉军。闻吴王败走,自度无与共成功,即引兵归下邳。未至,疽发背死。

二月中,吴王兵既破,败走,于是天子制诏将军曰:“盖闻为善者,天报之以福;为非者,天报之以殃。高皇帝亲表功德,建立诸侯,幽王、悼惠王绝无后,孝文皇帝哀怜加惠,王幽王子遂、悼惠王子卬等,令奉其先王宗庙,为汉藩国,德配天地,明并日月。吴王濞倍德反义,诱受天下亡命罪人,乱天下币,称病不朝二十馀年,有司数请濞罪,孝文皇帝宽之,欲其改行为善。今乃与楚王戊、赵王遂、胶西王卬、济南王辟光、菑川王贤、胶东王雄渠约从反,为逆无道,起兵以危宗庙,贼杀大臣及汉使者,迫劫万民,夭杀无罪,烧残民家,掘其丘冢,甚为暴虐。今卬等又重逆无道,烧宗庙,卤[⑤]御物,朕甚痛之。朕素服避正殿[⑥],将军其劝士大夫击反虏。击反虏者,深入多杀为功,斩首捕虏比三百

①待罪:古代做官任职时的谦称。行间:行列中,军中。 ②传舍:客舍。 ③食顷:吃顿饭的功夫,形容时间短。 ④下:指投降。 ⑤卤:通“掳”,掠夺,夺取。 ⑥素服避正殿:帝王遇有非常事变穿素服到偏殿处理政事,以示戒惧不忘之意。

石以上者皆杀之，无有所置[①]。敢有议诏及不如诏者，皆要斩[②]。"

初，吴王之度淮，与楚王遂西败棘壁，乘胜前，锐甚。梁孝王恐，遣六将军击吴，又败梁两将，士卒皆还走梁。梁数使使报条侯求救，条侯不许。又使使恶[③]条侯于上，上使人告条侯救梁，复守便宜[④]不行。梁使韩安国及楚死事相弟张羽为将军[⑤]，乃得颇[⑥]败吴兵。吴兵欲西，梁城守坚，不敢西，即走条侯军，会下邑。欲战，条侯壁，不肯战。吴粮绝，卒饥，数挑战，遂夜奔条侯壁，惊东南。条侯使备西北，果从西北入。吴大败。士卒多饥死，乃畔散。于是吴王乃与其麾下壮士数千人夜亡去，度江走丹徒，保[⑦]东越。东越兵可万馀人，乃使人收聚亡卒。汉使人以利啖东越，东越即绐吴王，吴王出劳军，即使人鏦杀吴王，盛其头，驰传以闻。吴王子子华、子驹亡走闽越。吴王之弃其军亡也，军遂溃，往往稍降太尉、梁军。楚王戊军败，自杀。

三王之围齐临菑也，三月不能下。汉兵至，胶西、胶东、菑川王各引兵归。胶西王乃袒跣[⑧]，席稿[⑨]，饮水，谢太后。王太子德曰："汉兵远[⑩]，臣观之已罢[⑪]，可袭，愿收大王馀兵击之，击之不胜，乃逃入海，未晚也。"王曰："吾士卒皆已坏，不可发用。"弗听。汉将弓高侯颓当遗王书曰："奉诏诛不义，降者赦其罪，复故；不降者灭之。王何处，须以从事。"王肉袒叩头汉军壁，谒曰："臣卬奉法不谨，惊骇百姓，乃苦将军远道至于穷国，敢请菹

---

①置：释放。 ②要：通"腰"。 ③恶（wù）：告状。 ④便宜：应办的事，有利的事。 ⑤死事：为国事而死。此指张相的兄长楚相张尚因劝阻刘戊叛乱被杀。 ⑥颇：稍微。 ⑦保：归依，投靠。 ⑧袒：裸露上体。跣：光着脚。 ⑨席稿：坐在禾秆编的草席上。稿：禾秆编的席子。袒跣、席稿和饮水，为认罪、请罪的情态。 ⑩远：指远道而来。 ⑪罢：通"疲"。

醢[①]之罪。"弓高侯执金鼓见之，曰："王苦军事，愿闻王发兵状。"王顿首膝行对曰："今者，晁错天子用事臣，变更高皇帝法令，侵夺诸侯地。卬等以为不义，恐其败乱天下，七国发兵，且以诛错。今闻错已诛，卬等谨以罢兵归。"将军曰："王苟以错不善，何不以闻？乃未有诏、虎符[②]，擅发兵击义国。以此观之，意非欲诛错也。"乃出诏书为王读之。读之讫，曰："王其自图。"王曰："如卬等死有馀罪。"遂自杀。太后、太子皆死。胶东、菑川、济南王皆死，国除，纳于汉。郦将军围赵十月而下之，赵王自杀。济北王以劫故，得不诛，徙王菑川。

初，吴王首反，并将楚兵，连齐、赵。正月起兵，三月皆破，独赵后下。复置元王少子平陆侯礼为楚王，续元王后。徙汝南王非王吴故地，为江都王。

太史公曰：吴王之王，由父省也[③]。能薄赋敛，使其众，以擅山海利。逆乱之萌，自其子兴。争技[④]发难，卒亡其本；亲越谋宗，竟以夷陨[⑤]。晁错为国远虑，祸反近身。袁盎权说，初宠后辱。故古者诸侯地不过百里，山海不以封。"毋亲夷狄，以疏其属"[⑥]，盖谓吴邪？"毋为权首，反受其咎"[⑦]，岂盎、错邪？

【译文】

吴王刘濞，是高帝兄长刘仲的儿子。高帝平定天下七年后，封刘仲为代王。后来，匈奴攻代，刘仲不能坚守，丢掉代国独自逃走，抄小路逃

---

①菹醢(zū hǎi)：古代的酷刑，把人剁成肉酱。 ②虎符：古代皇帝授予朝廷官员兵权或调动军队的虎形信物。 ③省：减，贬低爵位。高祖刘邦贬吴王的父亲为郃阳侯后，才封刘濞为吴王的。 ④争技：指吴太子与皇太子因下棋发生争执。 ⑤夷陨：消亡，毁灭，此指被杀。 ⑥毋亲夷狄，以疏其属：出自《逸周书》。夷：东方的部族。狄：北方的部族。夷狄：古代对各部族的蔑称。 ⑦毋为权首，反受其咎：出自《逸周书》。权首：指主谋者。咎：罪，灾祸。

归洛阳，向天子请罪。天子因为是骨肉兄弟的缘故，不忍依律治罪，只是废黜王号贬他做郃阳侯。高祖十一年秋，淮南王英布反叛，向东吞并了荆地，挟持荆地诸侯国的军队，西渡淮水，攻击楚国，高帝亲自率军诛讨他。刘仲之子刘濞这年二十岁，强壮有力，以骑将的身份随高帝在蕲县西边的会甀打败英布的军队，英布逃走。荆王刘贾被英布杀死，没有能继嗣为王的后代。高帝忧虑吴地、会稽的人轻浮强悍，没有勇壮的王来镇守这里，自己的儿子都还年幼，就封立刘濞在沛地做吴王，统辖三郡五十三个城。已经拜官授印，高帝召刘濞前来审视刘濞的面相，对他说："你的容貌有反叛之相。"心中也后悔起来，但已经拜授过，就轻拍他的后背，告诫他说："汉在五十年后东南方将有叛乱者，难道是你吗？然而天下同姓是一家人，你千万不要反！"刘濞叩头说："不敢。"

到孝惠帝、高后时，天下刚刚安定，一些郡国的诸侯各自努力安抚自己的百姓。吴国拥有豫章郡的铜矿山，刘濞就招募天下亡命之徒私下铸钱，煮海水制盐，因此不向百姓征收赋税，而整个吴国用度富足。

孝文帝时，吴王太子入京朝见，得以陪侍皇太子饮酒下棋。吴太子的师傅都是楚地人，轻浮强悍，又平素骄纵，与皇太子下棋时，发生争执，态度不恭敬，皇太子拿起棋盘掷打吴王太子，打死了他。于是把他的遗体送回吴国埋葬。到了吴国，吴王恼怒地说："天下同姓一家，死在长安就应葬在长安，何必送来吴国下葬呢！"又将遗体送到长安下葬。吴王自此逐渐背弃藩臣应守的礼节，称病不再进京朝见。京城的人知道他因儿子的缘故才称病不肯入朝的，经查问确实没有病，此后吴王的使臣一来，就拘禁责问并治罪。吴王惊恐，图谋造反越来越厉害。后来吴王派人进京行秋请的礼节，皇帝又责问吴王使者，使者回答说："吴王确实没病，朝廷拘禁惩治好几批使者，因此就称病不来。而且有这样的话'看得清深水中的鱼是不吉祥的'。如今吴王开始假称生病，等被察觉，遭到严厉责问时，就只好越发装病隐瞒，因为怕皇上诛杀他，也只好用那样的办法了。请求皇上捐弃前嫌给吴王重新开始的机会。"于是天子就赦免吴国使者让他们回去，并赐给吴王几杖，体谅他年老，可以不进京朝见。吴王得以解除他的罪过,图谋造反的事也就渐渐打消了。然而他的封国因为有铜盐的收入,百姓没有赋税。士兵服役就按当时雇工的价钱发给钱。吴王按年节和时令慰问有才能的人,赏赐百姓。其他郡国法吏有要来追捕逃犯的,吴王就公开收容逃犯而不交出。就这样有四十多年,吴王就能支使他的百姓了。

晁错做太子家令时,得到太子宠幸,多次寻找机会向太子说吴王有罪应削减他的封地。也多次上书劝说文帝,文帝宽仁,不忍处罚他,因此吴王更加骄横。等孝景帝即位,晁错做御史大夫,又劝皇上说:"从前高帝刚刚平定天下时,兄弟少,儿子弱小,就大封同姓之人,所以封庶子悼惠王为齐王统辖七十多座城,庶弟刘交做楚元王统辖四十多座城,兄长之子刘濞为吴王统辖五十多座城。封这三个人,就分去天下的一半。如今吴王因以前有杀子之仇,假称生病不肯入京朝见,依照古法应当诛杀,文帝不忍心,就赐给他几杖。对他的恩德非常优厚,他本当改过自新。却更加骄横,依靠铜矿铸钱,煮海水制盐,引诱天下亡命之徒,图谋作乱。如今削弱他也是造反,不削弱他也是造反。削弱他,反得快,灾祸小;不削弱他,反得晚,灾祸大。"景帝三年冬,楚王来朝见,晁错借此机会说楚王刘戊去年为薄太后服丧时,在服丧房舍里偷偷淫乱,请求诛杀他。景帝下诏赦免了他的死罪,只是削减东海郡作为惩罚。随之削减了吴王的豫章郡、会稽郡。还有两年前赵王有罪,削减了他的河间郡。胶西王刘印因为售卖爵位时有诈伪,削减了他的六个县。

汉廷大臣正在商议削减吴王封地。吴王刘濞担心削地不止,就借此机会公开反叛的图谋,想起兵发难。又考虑到诸侯中没有能足以与之谋划的人,闻知胶西王勇壮,好任性使气,喜好兵事,齐地的几个诸侯王都畏惧他,于是派中大夫应高去劝诱胶西王。应高不带文书,只是口头报告说:"吴王不才,有眼前之忧,他不敢把自己当作外人,派我来表明他的好意。"胶西王说:"有何指教?"应高说:"如今皇上内生奸诈之心,被奸邪之臣蒙蔽,喜好小的利益,听信谗言,擅自变更法令,侵夺诸侯封地,对诸侯征求越来越多,诛杀惩罚善良的人,这些情形日益严重。俗话说'在米糠上舔来舔去，就会舔到米’。吴王和胶西王是有名的诸侯，一旦被朝廷盯上，恐怕就不能安宁自由了。吴王身患内疾，不能朝见皇帝二十多年了，曾经遭到猜疑，又没有办法解释，现在缩紧双肩小步走路，尚且害怕不被谅解。私下听说大王因为卖爵的事而受到谪罚，我听说过其他诸侯遭到削地，您所犯罪过不该这样处罚，这种惩罚恐怕不只削地就能罢休的。”胶西王说：“是的，有这样的事。你说怎么办呢？”应高说：“憎恶相同的互相帮助，爱好相同的互相欣赏，情感相同的互相成全，愿望相同的共同追求，利益相同的死在一起。现在吴王自认为和大王有相同的忧虑，愿借着时机顺应事理，放弃个人身躯为天下除害，想来也该可以吧？”胶西王吃惊地说：“寡人哪里敢这样做呢？如今皇上即使逼迫很急，可我本来就有死罪啊，怎能不拥戴他呢？”应高说：“御史大夫晁错，迷惑天子，侵夺诸侯，蔽塞忠贞贤良的人，朝廷之臣都有憎恨怨怒之心，诸侯都有背叛之意，人心向背已到了极点。如今彗星出现，蝗灾不断发生，这是万世难逢的一个时机，而忧愁劳苦的时候就是圣人之所以产生的时代。所以吴王想对内以讨伐晁错为借口，在外追随大王车后，驰骋天下，使面对着的地方投降，使手指着的地方归附，天下没有敢不顺从的。大王您假使能够答应我一句话，那么吴王就率领楚王攻下函谷关，守住荥阳敖仓的粮食，抗拒汉兵。给您修治好住处，等待大王前往。大王真的能够幸临，那么天下就可以并吞，两个君主分治天下，不也是可以的吗？”胶西王说：“好。”应高回去报告吴王，吴王尚且担心胶西王不参与起兵发难，就亲自做使者，出使胶西，当面和胶西王订立盟约。

胶西王的群臣中有人知道了胶西王的反叛之谋，劝谏说：“侍奉一个皇帝，是最快乐的事。如今大王和吴王向西进兵，即使事情成功了，两主定会有分歧争端，灾难就会开始缠身。诸侯的土地不足朝廷各郡的十分之二，而背叛朝廷也会使太后担忧，这不是长远之计啊。”胶西王不听。于是派使者联合齐王、菑川王、胶东王、济南王、济北王，都答应了，而且说：“城阳景王有义，攻打诸吕，不要让他参与起兵，事成之后分些土地给他就行了。”

诸侯新近受到削减土地的惩罚，都震惊恐惧，大多怨恨晁错。等到削减吴国会稽郡、豫章郡的文书发到吴国，吴王先起兵作乱，胶西王在正月丙午这天诛杀朝廷派来的二千石以下的官员，胶东王、菑川王、济南王、楚王、赵王也都如此，于是向西进兵。齐王后悔，服毒自杀，背弃盟约。济北王的城墙损坏尚未修好，他的郎中令劫持他，使他不能发兵。胶西王为首，和胶东王、菑川王、济南王一起率兵围攻临菑。赵王刘遂也反叛了，暗中派使者到匈奴商议联合发兵的事。

七国发难时，吴王征召他的全部士兵，并在国内下令说："寡人年纪六十二岁，亲自统率军队。小儿子年龄十四岁，也身先士卒。凡是年长的和寡人比，年轻的和我的小儿子比，都要出征。"征发了二十多万人。并派人到南边的闽越、东越去，东越也发兵跟随吴王。

孝景帝三年正月甲子日，吴王先从广陵起兵出发。向西渡过淮河，于是和楚军会合。派使者给诸侯送信说："吴王刘濞恭敬地问候胶西王、胶东王、菑川王、济南王、赵王、楚王、淮南王、衡山王、庐江王、已故的长沙王之子：有幸得到你们的指教！因为汉有贼臣，对天下没有功劳，却侵夺诸侯土地，派法吏弹劾囚系审讯惩治诸侯，专以侮辱诸侯为能事，不用诸侯人君的礼仪对待刘氏骨肉，抛开先帝功臣，进用坏人，惑乱天下，想要危害社稷。陛下体弱多病神志失常，不能明察。我想起兵诛讨他们，恭敬地听从你们指教。我吴国虽狭小，土地也方圆三千里；人口虽少，精锐的士兵也能准备五十万。寡人一向侍奉南越三十多年，他们的君主都不拒绝征召分派士兵随寡人进兵，又可得到三十多万人。寡人虽不才，愿亲自追随诸王。越正和长沙接壤，他们可随长沙王之子平定长沙以北，然后迅速向西进攻蜀地、汉中。派人告诉东越、楚、淮南三王，和寡人一起向西进攻；齐地诸王和赵王平定河间、河内后，或进入临晋关，或与和寡人在洛阳会和；燕王、赵王本来与匈奴王有盟约，燕王在北方平定代郡、云中郡，然后统领匈奴军队进入萧关，直取长安，纠正天子的错误，来安定高祖庙。愿诸王勉力去做。楚元王之子、淮南的淮南王、衡山王、庐江王各自心有怨恨已十多年，怨恨深入骨髓，想要有所行动已很久了，只是寡人不得知诸王的心意，不敢听命。如今诸王如能保存延续将要灭绝的国家，扶弱伐暴，来安定刘氏，这是社稷所希望的。我吴国虽然贫穷，但寡人节省衣食之用，积蓄金钱，修治兵器甲胄，积聚粮食，夜以继日的努力，有三十多年了。都是为的今天，希望诸王努力利用这些条件。能捕杀大将军的，赏赐黄金五千斤，封邑万户；捕杀将军的，赏赐黄金三千斤，封邑五千户；捕杀副将的，赏赐黄金二千斤，封邑二千户；捕杀二千石官员的，赏赐黄金一千斤，封邑一千户；捕杀一千石官员的，赏赐黄金五百斤，封邑五百户：如上有功之人都可被封为列侯。那些带着军队或者城邑来投降的，士兵有万人，城中户数万户，如同得到大将军；士兵及城中户数五千的，如同得到将军；士兵及城中户数三千的，如同得到副将；士兵及城中户数一千的，如同得到二千石官员；那些投降的小官吏也依职位差别将得到封爵赏金。其他封赏都比朝廷的规定多一倍。那些原有封爵城邑的人，只会增加不会保持原状。希望诸王明确地向士大夫们宣布，寡人不敢欺骗他们。寡人的金钱天下到处都有，不一定到吴国来取，诸王日夜使用也不能用完。有应赏赐的人告诉寡人，寡人将亲自前往送给他。恭敬地奉告诸王。”

七国反叛的书信报知天子后，天子派太尉条侯周亚夫率三十六位将军，前往攻打吴、楚；派曲周侯郦寄攻打赵；将军栾布攻打齐；大将军窦婴驻扎荥阳，协调攻打齐、赵的军队。

吴楚反叛的书信报告给天子时，汉兵还未出动，窦婴也未出发，就向皇上称赞过去吴王的丞相袁盎。袁盎当时正闲居在家，皇上下诏召他进见。皇上正和晁错一起商议调兵和筹算军粮，皇上问袁盎说：“你曾作过吴王的丞相，知道吴国臣子田禄伯的为人吗？如今吴楚反叛，你怎么看？”袁盎回答说：“不值得忧虑，马上就能打败他们。”皇上说：“吴王依靠铜矿铸钱，煮海水制盐，引诱天下豪杰，头发白了还举兵作乱。像这样，如果计谋不周全，哪里会发兵反叛呢？为什么说他不能有所作为呢？”袁盎回答说：“吴国有铜矿煮盐之利那是确实的，哪里能得到豪杰并且诱惑他们呢！假如吴王真能得到豪杰，也应该辅佐吴王做合乎道理的事，就不会反叛了。吴王所诱惑的都是无赖子弟，亡命铸钱的奸邪之徒，所以才互相勾结而反叛。”晁错说：“袁盎说得对。”皇帝问：“怎样才能拿出好的对策呢？”袁盎说：“愿屏退左右。”皇帝让身边的人退下去，只有晁错还在。袁盎说：“臣所说的，为人臣的也不能知道。”于是又屏退晁错。晁错急忙到东厢回避，对此十分恼恨。皇上最后又问袁盎，袁盎回答说：“吴、楚相互往来的书信说‘高帝封立刘氏子弟为王并有各自的分封土地，如今贼臣晁错擅自贬谪责罚诸侯，削夺诸侯的土地’。他们以造反为名，一起发兵向西联合诛讨晁错，恢复了原来封地就会罢兵。如今的计策只有斩了晁错，派使者赦免吴、楚七国，恢复他们原来被削减的封地，那么就能兵不血刃而让他们全部罢兵。”于是皇上沉默了好久，说：“只是真实的情况会怎样呢，我不会因为吝惜一个人而拒绝天下的。”袁盎说：“臣愚蠢的计策没有能超出这个的了，愿皇上仔细考虑。”于是任命袁盎做了太常，吴王弟弟的儿子德侯做了宗正。袁盎收拾行装准备出发。十多天后，皇上派中尉召晁错，骗晁错乘车巡行东市。晁错穿着上朝的衣服在东市被斩。然后就派袁盎以侍奉宗庙的太常身份，德侯以辅助亲戚的宗正身份，按袁盎的计策前往告知吴王。到了吴国，吴楚的军队已经进攻梁国营垒了。宗正因有亲戚的关系，先进见吴王，谕告吴王跪拜接受诏令。吴王听说袁盎来了，也知道他要说服自己，笑着回答说：“我已经成为东帝，还跪拜谁呢？”不肯见袁盎而把他扣留在军中，想胁迫袁盎做将军。袁盎不肯，就派人包围守卫着他，将要杀他。袁盎得以趁夜色逃出，徒步逃去，跑到梁王的军营，而后归朝报告。

条侯乘坐六匹马拉的传车，会兵荥阳。到了洛阳，见到剧孟，高兴地说：“七国反叛，我乘传车到这里，自己没想到会安然抵达。还以为诸侯已经捉到剧孟，剧孟现在没有起兵的举动。我又占据荥阳，荥阳以东没有值得忧虑的了。”到达淮阳，询问父亲绛侯以前的门客邓都尉说：“怎样才能拿出好的计策呢？”门客说：“吴兵锐气正盛，和他交战很难取胜。楚兵浮躁，锐气不能保持长久。如今为将军考虑，不如率兵在东北的昌邑筑垒坚守，把梁国放弃给吴军，吴军必定会用全部精锐之兵攻打梁。将军深沟高垒坚守，派轻兵断绝淮河泗水交汇处，阻塞吴军粮道。吴梁之间因相持疲惫而且粮草耗尽，然后用保持强盛锐气的军队制服那些疲惫已极的军队，打败吴国是必然的。”条侯说：“好。”就依从他的计策，坚守在昌邑南边，接着派轻兵断绝吴军粮道。

吴王刚起兵时，吴臣田禄伯做大将军。田禄伯说：“军队集结在一起西进，没有其他道路出奇兵，难于成功。臣愿率五万人，另外沿着长江、淮水而上，收聚淮南、长沙之兵，攻入武关，和大王会师，这也是一条奇计啊。”吴王太子劝谏说：“父王是以造反为旗号的，这样的军队是难以交给他人的，交给他人如果他也反叛大王，该怎么办呢？而且握有兵权的大将一旦分兵行动，许多其他的利害，不可能预先知道，徒然损害自己罢了。”吴王就没有应允田禄伯。

吴国的一员少将桓将军对吴王说：“吴国大多是步兵，步兵适宜在险要之地作战；汉军多战车骑兵，战车骑兵适宜在平地作战。希望大王对途经的城邑不必攻下，径直放弃离开，迅速西进占据洛阳武库，吃敖仓之粮，依靠山河的险要来命令诸侯，即使不能入关，天下大势实际已经决定了。假如大王行进迟缓，停下来攻打城池，汉军的战车骑兵一到，冲入梁楚的郊野，事情也就失败了。”吴王征询诸位老将的意见，老将们说：“这作为年轻人勇往争先的计策还可以，他哪里知道深远的谋略呢？”于是吴王没有采纳桓将军的计策。

吴王将所有将士集中归自己统领，还没渡过淮河，众多的宾客都被授予将军、校尉、候、司马等职，只有周丘没被任用。周丘，下邳人，亡命逃到吴国，喜欢喝酒名声不好，吴王刘濞鄙薄他，才没任用。周丘拜见吴王，对吴王说：“臣因无能，不能在军中任职。臣不敢要求率领多少人马，希望得到大王一个朝廷的符节，必定能报答大王。”吴王就给了他符节。周丘得到符节，连夜驱驰进入下邳。下邳当时听说吴王反叛，都去守城。周丘到了客舍，招来下邳县令。县令走进门来，就让随从人员以一罪名斩杀了他。于是召集他的弟兄交好的富豪官吏，告诉他们说：“吴王造反的军队将到，到后，屠杀下邳城不过是一顿饭的时间。如今先投降的，家室必定能保全，有才能的人还可以封侯。”这些人出去后互相转告，下邳人全投降了。周丘一夜工夫得到三万人，派人报告吴王，就率领他的军队向北攻占城邑。等到了城阳，军队已达到十多万人，攻破城阳中尉的军队。后来听说吴王战败逃走，自己估计无法和吴王共同成就事业，就率兵返回下邳。还没到达，就后背毒疮发作而死。

二月中旬，吴王军队已被击垮，战败而逃，于是皇帝颁布诏令给诸位将军说：“听说行善的人，上天会用福祥报答他；作恶的人，上天会用灾祸报应他。高祖皇帝亲自表扬功德，封立诸侯，幽王、悼惠王的封爵断绝了，孝文皇帝哀怜他们格外给予恩惠，封立幽王之子刘遂、悼惠王之子刘卬等为王，让他们奉祀先王的宗庙，做汉的藩国，恩德与天地相配，圣明与日月同光。吴王刘濞违背恩德违反道义，引诱天下亡命的罪人，扰乱天下的钱币，称病不入京朝见二十多年，有司多次呈请惩治刘濞的罪行，孝文皇帝宽恕他，希望他能改过从善。如今竟然与楚王刘戊、赵王刘遂、胶西王刘卬、济南王刘辟光、菑川王刘贤、胶东王刘雄渠盟约反叛，做出叛逆无道的事，发兵危害宗庙，残杀大臣和汉使者，胁迫千万百姓，乱杀无辜，烧毁民舍，挖掘坟墓，极为暴虐。如今胶西王刘卬等更加大逆无道，烧毁宗庙，掠夺宗庙中皇室的器物，朕甚为痛恨他们。朕穿着白色衣服避开正殿，将军们要勉励士大夫攻击叛敌。攻击叛敌时，深入敌军多杀敌人才是有功，捉到的官员在三百石以上的都杀死，不要释放。胆敢有议论诏书和不按诏书做的，都处以腰斩。”

当初，吴王渡过淮河，与楚王向西进军，在棘壁打败汉军，乘胜向前，锐气极盛。梁孝王恐惧，派六位将军攻打吴兵，梁王的两个将军又被打败，士卒都逃回梁。梁王多次派使者向条侯报告情况并请求援救，条侯不应允。又派使者在皇帝面前告条侯的状，皇上派人让条侯救援梁国，条侯还是坚持对有利的计策不肯出兵。梁王派韩安国和为国事被杀的楚国丞相的弟弟张羽为将军，才得以稍稍打败吴兵。吴兵想西进，梁国据城坚守，吴兵不敢西去，就跑到条侯驻军的地方，在下邑与条侯的军队相遇。吴军想与条侯交战，条侯坚守营垒，不肯出战。吴军粮食断绝，士兵饥饿，多次向条侯挑战没有结果，就趁夜里奔袭条侯的营垒，惊扰东南方向。条侯派人防备西北方向，敌人果然从西北方向侵入。吴军大败，士兵大多饿死，就叛逃溃散。于是吴王和他的部下壮士数千人连夜逃走，渡过长江逃到丹阳，投靠东越。东越有军队大约一万多人，又派人收容集中吴国的逃兵。汉派人用厚利诱惑东越，东越就哄骗吴王，让吴王出去慰劳军队，随即派人用矛戟刺杀吴王，盛起他的头，派一辆传车急驰报知皇上。吴王之子子华、子驹逃到闽越。吴王丢下军队逃跑时，他的军队就溃散了，大多陆续投降了太尉、梁王的军队。楚王刘戊兵败，自杀而亡。

齐地的胶西王、胶东王、菑川王围攻齐国的临菑，三个月不能攻下。汉兵到来，胶西王、胶东王、菑川王各自率兵回去。胶西王于是赤膊光脚，坐在草席上，饮冷水，向他的母亲王太后谢罪。王太子刘德说："汉兵远道而来，臣看他们已经很疲惫了，可以袭击他们，希望收集大王剩余之兵进攻汉军，进攻不能取胜，就逃入大海，也不算晚啊。"胶西王说："我的士兵已经溃散，不能发动了。"没有听从太子的话。汉将弓高侯颓当给胶西王送信说："奉诏令前来诛讨不义的人，投降的赦免罪过，恢复原来的爵位封地；不投降的诛灭他们。大王何去何从，我等待你的答复以采取相应行动。"胶西王到汉军营垒前赤膊叩头请求说："臣刘卬没有认真遵奉法令，惊骇百姓，才使劳苦将军远道来到这个穷国，请求惩处我碎尸万段的罪。"弓高侯手持金鼓来见他，说："大王忙于战事，辛苦了，希望知道大王发兵的情况。"胶西王叩头膝行回答说："先前，晁错是皇帝执政的大臣，他改变高祖皇帝的法令，侵夺诸侯的土地。卬等以为这是不道义的，担心他会败乱天下，所以七国发兵，将要诛杀晁错。现在听说晁错已被诛杀，卬等就收兵而归。"将军说："大王如果认为晁错不好，为什么不报告天子？没有得到皇帝的诏书虎符，擅自发兵攻打遵守王法的正义之国。由此看来，你们的本意并非要杀晁错啊。"就拿出诏书给他宣读。读完后，说："大王自己考虑怎么办吧！"胶西王说："像卬等这样的人死有余辜。"就自杀了。太后、太子也都跟着死去。胶东王、菑川王、济南王也先后死去，封国被废除，收归朝廷。郦将军围攻赵十个月才攻克，赵王自杀。济北王因被劫持的缘故，才得以未被诛杀，被徙封为菑川王。

当初，吴王刘濞带头反叛，把楚军和吴军合在一起率领，联合齐、赵的军队。正月起兵作乱，三月就被攻破，只有赵国最后被攻下。景帝又封立楚元王的小儿子平陆侯刘礼为楚王，作为楚元王的继嗣人。改封汝南王刘非统辖吴国原有封地，做江都王。

太史公说：吴王刘濞之所以被封为王，是由于父亲被贬的缘故。吴王能够免除赋税，支使民众，是因他拥有铜矿海盐的便利。叛逆作乱的念头是因儿子被打死而萌生的。因下棋争执而发难，最后国灭身亡；亲近外族的越人而谋害同宗，最后自己也被杀。晁错为国家深谋远虑，灾祸反而降到自己身上。袁盎善于权变游说，最初受到宠信，后来遭受屈辱。所以古时候诸侯封地不超过百里，山海也不分封给诸侯。“不亲近夷狄，以致疏远宗亲”，大概说的就是吴国这种情况吧？“不要做出谋划策的人，反而会受到惩罚”，难道说的不是袁盎、晁错这样的人吗？

【鉴赏】

史家的重要使命之一就是为后世提供历史经验的借鉴。本篇即通过对吴楚七国之乱前因后果的记述展示了吴王刘濞等之所以灭亡的必然性，这是历史和个人等的多重因素所决定的。应当说吴王刘濞是一位相当有谋有勇的人物。他依山海之利，“积金钱，修兵革，聚谷食”，设法收拢人心，招致亡命之徒，如此“夜以继日”数十年，可谓深谋远虑，非等闲之辈；他借诸侯封地被侵削之机，先是派人“无文书”而口说胶西王，后方亲自出面结盟，继而施以唇舌煽惑并利诱鼓动，可谓老谋深算，非平庸之辈。他发兵之前下令“寡人年六十二，身自将。少子年十四，亦为士卒先。诸年上与寡人比，下与少子等者，皆发。”也颇有些豪迈慷慨之气。但他还是很快败亡了。这首先在于经过数年的战乱之后，海内一统，人心思定，欲分天下而治之的刘濞自以为只要一首先发难，天下王侯会群起响应，结果是转眼之间便众叛亲离，对形势的错误估计是他之所以灭亡的根本原因。本篇还刻画了他多侧面的性格，这是他之所以灭亡的重要因素。他先是称病不朝，后来摇唇鼓舌发动叛乱，面对汉使宣称“我已为东帝，尚何谁拜?”。其桀骜不驯、狂妄自大之态跃然而出。他不听部将之谏，反而“专并将其兵”，“留下城邑”则显出他的不擅任用、刚愎自用。就这样一个悲剧性的反面人物就在司马迁的笔下活起来了。本文中袁盎的阴险刁钻、景帝的骄奢无情也都在本篇中表现得相当充分，如文中写他为皇太子时随意打死吴太子、平定吴楚时诏命“深入多杀为功”等事。

史记卷一百七·魏其武安侯列传第四十七

本篇是窦婴、田蚡和灌夫三人的合传。窦婴是汉文帝窦皇后从兄的儿子，景帝时因平定吴楚之乱有功被封为魏其侯，窦太后死而失势；田蚡是汉景帝王皇后的同母弟弟，在景帝后三年被封武安侯：二人都是权重一时的外戚。灌夫，其父为颍阴侯灌婴舍人，因吴楚乱时有军功被封为中郎将，又先后为诸侯国相，后获罪失势。窦婴、灌夫互相借重与田蚡进行争斗，最终二人被害。这篇传文主要记述了他们三人之间的恩怨与争斗，并以此展示了皇帝和太后之间、旧戚和新贵外戚之间尖锐复杂的权势之争，以及当时那种冷暖炎凉的人情世态。从这一点上来说，本篇就具有更为深刻和典型的意义。相较而言，太史公对窦婴、灌夫是有所赞赏同情的，对田蚡及王太后则是极力鞭挞的，而对宫廷的互相倾轧残害又是无比厌恶的。

魏其侯窦婴者，孝文后从兄子也。父世①观津人。喜宾客。孝文时，婴为吴相，病免。孝景初即位，为詹事。

梁孝王者，孝景弟也，其母窦太后爱之。梁孝王朝，因昆弟燕②饮。是时上未立太子，酒酣，从容③言曰："千秋之后传梁王。"太后欢。窦婴引卮酒进上，曰："天下者，高祖天下，父子相传，此汉之约也，上何以得擅传梁王！"太后由此憎窦婴。窦婴亦薄其官，因病免。太后除窦婴门籍④，不得入朝请⑤。

孝景三年，吴楚反，上察宗室诸窦毋⑥如窦婴贤，乃召婴。

---

①父世：父辈以上世世代代。 ②燕：通"宴"。 ③从容：随便。 ④门籍：进出宫门的凭证。 ⑤朝请：诸侯朝见天子，春天叫朝，秋天称请。这里指每逢节日入宫进见。 ⑥毋：通"无"。

婴入见,固辞谢病不足任。太后亦惭。于是上曰:“天下方有急,王孙宁可以让邪?”乃拜婴为大将军,赐金千斤。婴乃言袁盎、栾布诸名将贤士在家者进之。所赐金,陈之廊庑下,军吏过,辄令财[①]取为用,金无入家者。窦婴守荥阳,监齐、赵兵。七国兵已尽破,封婴为魏其侯。诸游士宾客争归魏其侯。孝景时每朝议大事,条侯、魏其侯,诸列侯莫敢与亢礼[②]。

孝景四年,立栗太子,使魏其侯为太子傅。孝景七年,栗太子废,魏其数争不能得。魏其谢病,屏居[③]蓝田南山之下数月,诸宾客辩士说[④]之,莫能来。梁人高遂乃说魏其曰:“能富贵将军者,上也;能亲将军者,太后也。今将军傅太子,太子废而不能争;争不能得,又弗能死。自引谢病,拥赵女,屏间处[⑤]而不朝。相提而论,是自明扬主上之过。有如两宫螫将军[⑥],则妻子毋类矣[⑦]。”魏其侯然之,乃遂起,朝请如故。

桃侯免相,窦太后数言魏其侯。孝景帝曰:“太后岂以为臣有爱,不相魏其?魏其者,沾沾自喜耳,多易[⑧]。难以为相持重[⑨]。”遂不用,用建陵侯卫绾为丞相。

武安侯田蚡者,孝景后同母弟也,生长陵。魏其已为大将军后,方盛,蚡为诸郎,未贵,往来侍酒魏其,跪起如子姓[⑩]。及孝景晚节[⑪],蚡益贵幸,为太中大夫。蚡辩有口,学《槃盂》[⑫]诸书,王太后贤之。孝景崩,即日太子立,称制[⑬],所镇抚多有田蚡宾客计策。蚡弟田胜,皆以太后弟,孝景后三年封蚡为武安侯,

①财:通“裁”,酌量。 ②亢礼:平起平坐,以平等礼相待。亢:通“抗”。 ③屏居:隐居。④说:劝说。 ⑤屏间处:退隐闲居。间:通“闲”。 ⑥有如:假如。两宫:此指太后(住在东宫)和景帝(住在西宫)。螫(shì):本指蜂、蝎子等刺人,这里是恼怒、加害的意思。 ⑦毋类:一个不留,指全家被杀。 ⑧易:轻率。 ⑨持重:担当重任。 ⑩子姓:子孙。 ⑪晚节:晚年。 ⑫槃盂:传说为黄帝史官孔甲所作的铭文,共二十六篇,刻在盘盂等器物上。 ⑬称制:代行天子的职权。由于武帝尚未成年,所以王太后代武帝临朝听政。

胜为周阳侯。

武安侯新欲用事为相，卑下宾客，进名士家居者贵之，欲以倾魏其诸将相[①]。建元元年，丞相绾病免，上议置丞相、太尉。籍福说武安侯曰："魏其贵久矣，天下士素归之。今将军初兴，未如魏其，即上以将军为丞相，必让魏其。魏其为丞相，将军必为太尉。太尉、丞相尊等耳，又有让贤名。"武安侯乃微言太后风上[②]，于是乃以魏其侯为丞相，武安侯为太尉。籍福贺魏其侯，因吊[③]曰："君侯资性喜善疾恶，方今善人誉君侯，故至丞相；然君侯且疾恶，恶人众，亦且毁君侯。君侯能兼容，则幸久；不能，今以毁去矣。"魏其不听。

魏其、武安俱好儒术，推毂[④]赵绾为御史大夫，王臧为郎中令。迎鲁申公，欲设明堂[⑤]，令列侯就国[⑥]，除关[⑦]，以礼为服制，以兴太平。举適诸窦宗室毋节行者[⑧]，除其属籍[⑨]。时诸外家为列侯，列侯多尚[⑩]公主，皆不欲就国，以故毁日至窦太后。太后好黄老之言，而魏其、武安、赵绾、王臧等务隆推儒术，贬道家言，是以窦太后滋不说魏其等[⑪]。及建元二年，御史大夫赵绾请无奏事东宫。窦太后大怒，乃罢逐赵绾、王臧等，而免丞相、太尉，以柏至侯许昌为丞相，武彊侯庄青翟为御史大夫。魏其、武安由此以侯家居。

武安侯虽不任职，以王太后故，亲幸，数言事，多效，天下吏士趋势利者，皆去魏其归武安。武安日益横。建元六年，窦太

①倾：压倒，超过。 ②微言：委婉进言，隐约其词。风：通"讽"，用含蓄的话暗示。③吊：告诫，提醒。 ④推毂：推车，这里借指推荐。毂(gǔ)：车轮中间的圆木，车轴。⑤明堂：天子朝会诸侯之处。 ⑥就国：回到自己的封地。国：指封地。 ⑦除关：废除关禁。诸侯到京城不受检查，可以自由往来，以示天下一家。 ⑧举適：检举，揭发。 ⑨属籍：指族谱。 ⑩尚：娶公主为妻称尚。 ⑪滋：更加。说：通"悦"，高兴，喜欢。

后崩，丞相昌、御史大夫青翟坐丧事不办，免。以武安侯蚡为丞相，以大司农韩安国为御史大夫。天下士郡诸侯愈益附武安。

武安者，貌侵①，生贵甚。又以为诸侯王多长②，上初即位，富于春秋③，蚡以肺腑为京师相，非痛折节以礼诎之④，天下不肃⑤。当是时，丞相入奏事，坐语移日⑥，所言皆听。荐人或起家至二千石，权移主上。上乃曰："君除吏已尽未？吾亦欲除⑦吏。"尝请考工地益宅⑧，上怒曰："君何不遂取武库！"是后乃退⑨。尝召客饮，坐其兄盖侯南乡，自坐东乡⑩，以为汉相尊，不可以兄故私桡⑪。武安由此滋骄，治宅甲诸第，田园极膏腴，而市买郡县器物相属于道⑫。前堂罗钟鼓，立曲旃⑬；后房妇女以百数。诸侯奉金玉狗马玩好，不可胜数。

魏其失窦太后，益疏不用，无势，诸客稍稍自引而怠傲⑭，唯灌将军独不失故。魏其日默默不得志，而独厚遇灌将军。

灌将军夫者，颍阴人也。夫父张孟，尝为颍阴侯婴舍人，得幸，因进之至二千石，故蒙灌氏姓为灌孟。吴楚反时，颍阴侯灌何为将军，属⑮太尉，请灌孟为校尉。夫以千人与父俱。灌孟年老，颍阴侯强请之，郁郁不得意，故战常陷坚，遂死吴军中。军法，父子俱从军，有死事，得与丧归。灌夫不肯随丧归，奋曰："愿取吴王若将军头⑯，以报父之仇。"于是灌夫被甲持戟，募军

---

①貌侵：矮小丑陋，其貌不扬。侵：通"寝"，貌丑。②多长：多数人都年纪大了，比自己年长。③富于春秋：指年轻。春秋：指岁月，年龄。④痛：狠狠地。折节：压制。诎：通"屈"，使之屈服。⑤肃：敬畏。⑥移日：日影移动了位置，表示过了很长的时间。⑦除：除授，任命。⑧考工：督造器械的官衙。益宅：扩建私宅。⑨退：收敛。⑩东乡：当时以东向座为尊，南向座次之，兄长屈居下坐，可见田蚡的倨傲。乡：通"向"，朝着，面向。⑪桡：通"挠"，枉曲，屈尊。⑫市：买。郡县：这里泛指各地。相属于道：谓接连不断。⑬曲旃：曲柄长幡，用整幅素帛制成。钟鼓、曲旃都是帝王的摆设物。⑭自引：自动离去。怠傲：懈怠傲慢。⑮属：隶属于。⑯若：或者。

中壮士所善愿从者数十人。及出壁门[①]，莫敢前。独二人及从奴十数骑驰入吴军，至吴将麾下，所杀伤数十人。不得前，复驰还，走入汉壁，皆亡其奴，独与一骑归。夫身中大创十馀，适有万金良药，故得无死。夫创少瘳，又复请将军曰："吾益知吴壁中曲折，请复往。"将军壮义之，恐亡夫，乃言太尉，太尉乃固止之。吴已破，灌夫以此名闻天下。

颍阴侯言之上，上以夫为中郎将。数月，坐法去[②]。后家居长安，长安中诸公莫弗称之。孝景时，至代相。孝景崩，今上初即位，以为淮阳天下交，劲兵处，故徙夫为淮阳太守。建元元年，入为太仆。二年，夫与长乐卫尉窦甫饮，轻重不得[③]，夫醉，搏甫。甫，窦太后昆弟也。上恐太后诛夫，徙为燕相。数岁，坐法去官，家居长安。

灌夫为人刚直使酒[④]，不好面谀。贵戚诸有势在己之右[⑤]，不欲加礼，必陵[⑥]之；诸士在己之左，愈贫贱，尤益敬，与钧[⑦]。稠人广众，荐宠下辈。士亦以此多之[⑧]。

夫不喜文学[⑨]，好任侠，已然诺[⑩]。诸所与交通[⑪]，无非豪杰大猾。家累数千万，食客日数十百人。陂池田园[⑫]，宗族宾客为权利，横于颍川[⑬]。颍川儿乃歌之曰："颍水清，灌氏宁；颍水浊，灌氏族[⑭]。"

灌夫家居虽富，然失势，卿相侍中宾客益衰[⑮]。及魏其侯失

---

①壁门：营门。壁：营垒。 ②坐法去：因犯法而被免官。 ③轻重不得：指饮酒时礼数不合适而发生争执。一说言谈间意见不合。 ④使酒：借酒使性。 ⑤势在己之右：有势力在自己上面的人。右：古代以右为上位，左为下位。 ⑥陵：通"凌"，凌辱，侵犯。 ⑦与钧：和他们平等相处。钧：通"均"。 ⑧多：推重，赞许。 ⑨文学：文章学术。 ⑩已然诺：意谓已经答应了别人的事，一定办到。 ⑪交通：交游往来。 ⑫陂池田园：指蓄水灌溉田地，兴修水利。陂(bēi)：蓄水的池塘。 ⑬横：横行，胡作非为。 ⑭族：灭族。 ⑮卿相侍中：指达官显贵。衰：少。

势，亦欲倚灌夫引绳批根生平慕之后弃之者[①]。灌夫亦倚魏其而通列侯宗室为名高[②]。两人相为引重，其游如父子然，相得欢甚，无厌，恨相知晚也。

灌夫有服[③]，过丞相。丞相从容曰："吾欲与仲孺[④]过魏其侯，会仲孺有服。"灌夫曰："将军乃肯幸临况[⑤]魏其侯，夫安敢以服为解[⑥]！请语魏其侯帐具[⑦]，将军旦日蚤临。"武安许诺。灌夫具语魏其侯如所谓武安侯。魏其与其夫人益市牛酒[⑧]，夜洒埽，早帐具至旦。平明，令门下候伺。至日中，丞相不来。魏其谓灌夫曰："丞相岂忘之哉？"灌夫不怿，曰："夫以服请，宜往。"[⑨]乃驾，自往迎丞相。丞相特[⑩]前戏许灌夫，殊无意往。及夫至门，丞相尚卧。于是夫入见，曰："将军昨日幸许过魏其，魏其夫妻治具，自旦至今，未敢尝食。"武安鄂[⑪]谢曰："吾昨日醉，忽忘与仲孺言。"乃驾往。又徐行，灌夫愈益怒。及饮酒酣，夫起舞属丞相[⑫]，丞相不起，夫从坐上语侵之[⑬]。魏其乃扶灌夫去，谢丞相。丞相卒饮至夜，极欢而去。

丞相尝使籍福请[⑭]魏其城南田。魏其大望[⑮]曰："老仆虽弃，将军虽贵，宁可以势夺乎！"不许。灌夫闻，怒，骂籍福。籍福恶两人有郄，乃谩自好谢丞相曰："魏其老且死，易忍，且待之。"已而武安闻魏其、灌夫实怒不予田，亦怒曰："魏其子尝杀

---

①引绳：原指木匠用墨线检验木材的方正，这里是纠正，打击之意。批根：原指批削树根，这里是清算之意。生平：平日，平素。 ②为名高：指抬高自己的名声。 ③有服：正在服丧。 ④仲孺：灌夫的字。 ⑤临况：光临。况：通"贶"，赏光，惠顾。 ⑥解：推辞，推脱。 ⑦语(yù)：告诉。帐具：设置帷帐，备办酒宴。 ⑧益市牛酒：多买牛肉和酒。 ⑨夫以服请：我不嫌忌在服丧期间邀请他来赴宴。宜往：应该再去看看。 ⑩特：只不过，仅仅。 ⑪鄂：通"愕"，惊讶，惊异。 ⑫起舞：宴会上的一种礼仪，以表示宾客对主人的感谢。属(zhǔ)：邀请。 ⑬坐：通"座"，座位。侵：触犯，讽刺。 ⑭请：索求。 ⑮望：怨恨。

人,蚡活之。蚡事魏其侯无所不可,何爱数顷田?且灌夫何与也[①]?吾不敢复求田。”武安由此大怨灌夫、魏其。

元光四年春,丞相言灌夫家在颍川,横甚,民苦之,请案[②]。上曰:“此丞相事,何请。”灌夫亦持丞相阴事,为奸利,受淮南王金与语言。宾客居间,遂止,俱解。

夏,丞相取燕王女为夫人,有太后诏,召列侯宗室皆往贺。魏其侯过灌夫,欲与俱。夫谢曰:“夫数以酒失得过丞相[③],丞相今者又与夫有郄。”魏其曰:“事已解。”强与俱。饮酒酣,武安起为寿,坐皆避席伏[④]。已[⑤]魏其侯为寿,独故人避席耳,馀半膝席[⑥]。灌夫不悦,起行酒,至武安,武安膝席曰:“不能满觞。”夫怒,因嘻笑曰:“将军贵人也,属之[⑦]!”时武安不肯。行酒次至临汝侯,临汝侯方与程不识耳语,又不避席。夫无所发怒,乃骂临汝侯曰:“生平毁程不识不直一钱,今日长者为寿,乃效女儿呫嗫[⑧]耳语!”武安谓灌夫曰:“程李俱东西宫卫尉,今众辱程将军,仲孺独不为李将军地[⑨]乎?”灌夫曰:“今日斩头陷匈[⑩],何知程、李乎!”坐乃起更衣[⑪],稍稍去。魏其侯去,麾灌夫出[⑫]。武安遂怒曰:“此吾骄灌夫罪。”乃令骑留灌夫。灌夫欲出不得。籍福起为谢,案灌夫项令谢。夫愈怒,不肯谢。武安乃麾骑缚夫置传舍[⑬],召长史曰:“今日召宗室,有诏。”劾灌夫骂坐不敬,系居室。遂按其前事,遣吏分曹逐捕诸灌氏支属[⑭],皆得弃市罪[⑮]。魏其侯大愧,为资使宾客请,莫能解。武安吏皆为耳目,诸灌氏

---

①与:参与,干预。 ②案:通“按”,查办。 ③酒失:酒醉失礼。得过:得罪。 ④避席伏:离开自己的席位,伏在地上,表示不敢当。 ⑤已:不久。 ⑥膝席:跪在席上。言其只是欠身直腰跪起,而身未离席。 ⑦属:托付,这里是强行劝酒的意思。 ⑧呫嗫(chèn niè):窃窃私语,小声说话。 ⑨地:这里是留余地,留面子的意思。 ⑩陷匈:穿胸。匈:通“胸”。 ⑪坐:通“座”,座中人。更衣:委婉说法,上厕所。 ⑫麾:通“挥”,挥手示意。 ⑬传舍:驿馆,客馆。 ⑭分曹:分班,分头。支属:指宗族的分支。 ⑮弃市:处死弃市,杀头示众。

皆亡匿，夫系，遂不得告言武安阴事。

魏其锐身[①]为救灌夫。夫人谏魏其曰："灌将军得罪丞相，与太后家忤[②]，宁可救邪？"魏其侯曰："侯自我得之，自我捐之，无所恨。且终不令灌仲孺独死，婴独生。"乃匿其家[③]，窃出上书。立召入，具言灌夫醉饱事，不足诛。上然之，赐魏其食，曰："东朝廷辩之。"

魏其之东朝，盛推灌夫之善，言其醉饱得过，乃丞相以他事诬罪之。武安又盛毁灌夫所为横恣，罪逆不道。魏其度不可奈何，因言丞相短。武安曰："天下幸而安乐无事，蚡得为肺腑，所好音乐狗马田宅。蚡所爱倡优巧匠之属，不如魏其、灌夫日夜招聚天下豪桀壮士与论议，腹诽而心谤，不仰视天而俯画地，辟倪[④]两宫间，幸[⑤]天下有变，而欲有大功。臣乃不知魏其等所为。"于是上问朝臣："两人孰是？"御史大夫韩安国曰："魏其言灌夫父死事，身荷戟驰入不测之吴军，身被数十创，名冠三军，此天下壮士。非有大恶，争杯酒，不足引他过以诛也。魏其言是也。丞相亦言灌夫通奸猾，侵细民，家累巨万，横恣颍川，凌轹[⑥]宗室，侵犯骨肉，此所谓'枝大于本，胫大于股，不折必披[⑦]'，丞相言亦是。唯明主裁之。"主爵都尉汲黯是魏其。内史郑当时是魏其，后不敢坚对。馀皆莫敢对。上怒内史曰："公平生数言魏其、武安长短，今日廷论，局趣效辕下驹[⑧]，吾并斩若属矣。"即罢起入，上食太后。太后亦已使人候伺，具以告太后。太后怒，不食，曰："今我在也，而人皆藉[⑨]吾弟，令我百岁后，皆鱼肉之矣。且帝宁能为石人邪！此特帝在，即录录[⑩]，设百岁

---

①锐身：挺身而出。 ②忤(wǔ)：违逆，不顺从。 ③匿其家：瞒着家里人。匿：隐瞒。 ④辟倪：窥探。 ⑤幸：希望。 ⑥凌轹：欺压。 ⑦披：分裂。 ⑧局趣：同"局促"，畏首畏尾的样子。辕下驹：套在车辕下的小马。 ⑨藉：作践，践踏。 ⑩录录：随声附和，没有主见。

后，是属宁有可信者乎？”上谢曰：“俱宗室外家，故廷辩之。不然，此一狱吏所决耳。”是时郎中令石建为上分别言两人事。

武安已罢朝，出止车门，召韩御史大夫载①，怒曰：“与长孺共一老秃翁，何为首鼠两端？”韩御史良久谓丞相曰：“君何不自喜②？夫魏其毁君，君当免冠解印绶归，曰‘臣以肺腑幸得待罪，固非其任，魏其言皆是。’如此，上必多君有让，不废君。魏其必内愧，杜门齰舌自杀。今人毁君，君亦毁人，譬如贾竖③女子争言，何其无大体也！”武安谢罪曰：“争时急，不知出此。”

于是上使御史簿责魏其所言灌夫，颇不雠④，欺谩。劾系都司空。孝景时，魏其常受遗诏，曰“事有不便，以便宜论上”。及系，灌夫罪至族，事日急，诸公莫敢复明言于上。魏其乃使昆弟子上书言之，幸得复召见。书奏上，而案尚书大行无遗诏⑤。诏书独藏魏其家，家丞封。乃劾魏其矫先帝诏，罪当弃市。五年十月，悉论⑥灌夫及家属。魏其良久乃闻，闻即恚⑦，病痱⑧，不食欲死。或闻上无意杀魏其，魏其复食，治病。议定不死矣，乃有蜚语为恶言闻上⑨，故以十二月晦论弃市渭城。

其春，武安侯病，专呼服谢罪。使巫视鬼者视之，见魏其、灌夫共守，欲杀之。竟死。子恬嗣。元朔三年，武安侯坐衣襜褕⑩入宫，不敬。

淮南王安谋反觉，治⑪。王前朝⑫，武安侯为太尉，时迎王至霸上，谓王曰：“上未有太子，大王最贤，高祖孙，即宫车晏驾，

---

①载：同乘一辆车。 ②自喜：自爱自重。 ③贾（gǔ）竖：对商人的蔑称。 ④雠（chóu）：此指相符，符合。 ⑤案尚书：查阅尚书保管的档案。大行：指死去的皇帝。 ⑥论：论死，处决。 ⑦恚（huì）：愤怒，怨恨。 ⑧病痱：得了中风病。 ⑨蜚：同“飞”。闻上：传到武帝耳中。 ⑩襜褕（chān yú）：短衣。入宫应穿朝服，穿短衣入宫不合礼节。 ⑪治：追究查问。 ⑫前朝：前次来朝。这是倒叙发生在建元二年（前139）的事。

非大王立，当谁哉！”淮南王大喜，厚遗金财物。上自魏其时不直[①]武安，特为太后故耳。及闻淮南王金事，上曰：“使武安侯在者，族矣。”

太史公曰：魏其、武安皆以外戚重，灌夫用一时决策而名显。魏其之举以吴楚，武安之贵在日月之际[②]。然魏其诚不知时变，灌夫无术而不逊，两人相翼，乃成祸乱。武安负贵而好权，杯酒责望，陷彼两贤。呜呼哀哉！迁怒及人，命亦不延。众庶不载[③]，竟被恶言。呜呼哀哉！祸所从来矣！

【译文】

魏其侯窦婴，是孝文帝皇后堂兄的儿子。他的父辈以上世世代代是观津人。他喜欢宾客。孝文帝时，窦婴任吴相，因病免职。孝景帝刚即位时，他任詹事。

梁孝王是孝景帝的弟弟，他的母亲窦太后很疼爱他。有一次梁孝王入朝，孝景帝以兄弟的身份与他一起宴饮。当时孝景帝还没立太子，酒兴正浓时，孝景帝随便说：“我死后把帝位传给梁王。”太后非常高兴。这时窦婴端起一杯酒献给皇上，说道：“天下是高祖打下的天下，帝位应当父子相传，这是汉立下的规矩，皇上凭什么要擅自传给梁王！”窦太后因此憎恨窦婴。窦婴也嫌詹事的官职太小，就借口生病辞职。窦太后于是除去了窦婴进出宫门的名籍，不准他进宫朝请。

孝景帝三年，吴楚反叛，皇上考察刘氏宗室和窦姓诸人没有谁像窦婴那样贤能，于是召见窦婴。窦婴入宫拜见，坚决推辞，借口有病不能胜任。太后也感到惭愧。于是皇上说：“天下正有急难，你怎么可以推辞呢？”于是拜授窦婴为大将军，赏赐他黄金千斤。窦婴就向皇上推荐袁

---

①直：赞成。 ②日月之际：指汉武帝即位，王太后执政的时候。 ③众庶不载：指灌夫在颍川横行不法，得不到百姓拥戴。载：通“戴”，拥护。

盎、栾布诸位闲居在家的名将贤士，请求起用他们。皇上赏赐给他的黄金，都陈列在走廊穿堂里，属下的军吏经过时，就让他们酌量取用，一点儿也没有带回家。窦婴驻守荥阳时，协调进攻齐国和赵国的两路兵马。等七国叛军全部被打败后，皇上就封窦婴为魏其侯。当时那些游士宾客都争相归附魏其侯。孝景帝时每次朝廷商议大事，所有列侯都不敢与条侯周亚夫、魏其侯窦婴分庭抗礼。

孝景帝四年，立栗太子，派魏其侯任太子傅。孝景帝七年，栗太子被废，魏其侯多次为栗太子争辩都没有结果。魏其侯就推辞有病，隐居在蓝田南山下有数月，许多宾客、辩士都来劝说他，但没人能说服他回到京城来。梁人高遂于是劝魏其侯说："能使将军富贵的是皇上，能使将军成为朝廷亲信的是太后。如今您任太子的师傅，太子被废黜而不能力争；力争不能成功，又不能去殉职。自己托病引退，拥抱着歌姬美女，退隐闲居而不参加朝会。相比而言，这是您自己要明扬皇上的过失。假如皇上和太后都要加害于您，那您的妻子儿女都会一个不剩地被杀害。"魏其侯认为他说得很对，于是就回到朝中，朝见如同过去一样。

在桃侯刘舍被免去丞相时，窦太后多次言说让魏其侯做丞相。孝景帝说："太后难道认为臣有所吝啬，而不让魏其侯做丞相吗？魏其侯这个人骄傲自满，做事轻率。难以做丞相，担当重任。"终于没有任用他，而任用建陵侯卫绾为丞相。

武安侯田蚡，是孝景帝皇后的同母弟弟，生在长陵。魏其侯已经做了大将军后，正当显赫时，田蚡还是个郎官，没有显贵，往来于魏其侯家中，陪侍宴饮，跪拜起立如同魏其侯的子孙。等到孝景帝晚年，田蚡也显贵起来，受到宠信，做了太中大夫。田蚡能言善辩，口才很好，学过《槃盂》之类的书，王太后认为他有才能。汉景帝驾崩，当日太子即位，王太后摄政，她的镇压、安抚行动，大多采用田蚡门下宾客的策略。田蚡和他的弟弟田胜，都因为是王太后的弟弟，在孝景帝后三年，封田蚡为武安侯，封田胜周阳侯。

武安侯刚想执掌政事做丞相，所以对他的宾客非常谦卑，推荐闲居在家的名士出来做官，让他们显贵，想以此压倒魏其侯窦婴等将相的势力。建元元年，丞相卫绾因病免职，皇上酝酿安排丞相、太尉。籍福劝武安侯说："魏其侯显贵已经很久了，天下有才能的人向来归附他。如今您刚刚发迹，不能和魏其侯相比，就是皇上任命您做丞相，也一定要让给魏其侯。魏其侯做丞相，您一定会做太尉。太尉、丞相的尊贵是相同的，您还有让相位给贤者的好名声。"武安侯就委婉进言让太后暗示皇上，于是便命魏其侯为丞相，武安侯为太尉。籍福去向魏其侯道贺，就便提醒他说："您的天性是喜欢好人憎恨坏人，当今好人称赞您，所以您做了丞相；然而您也憎恨坏人，坏人相当多，他们也会毁谤您的。如果您能兼容好人和坏人，那么您丞相的职位就可以保持长久；如果不能这样，很快就会受到毁谤而离职。"魏其侯不听。

魏其侯窦婴、武安侯田蚡都喜好儒术，推举赵绾为御史大夫，王臧为郎中令。他们把鲁人申培迎到京师，准备设立明堂，命列侯回自己的封地，废除关禁，按礼法来规定各种场合的服饰和制度，以此表明太平气象。同时检举揭发窦氏家族和皇族成员中品德不好的人，除去他们的族籍。这时诸外戚为列侯，列侯大多娶公主为妻，都不愿回封地去，因这个缘故，毁谤魏其侯等人的言语每天都传到窦太后那里。窦太后喜好黄老之言，而魏其侯、武安侯、赵绾、王臧等则努力推崇儒术，贬低道家之言，因此窦太后更加不喜欢魏其侯等人。到了建元二年，御史大夫赵绾请皇上不要把政事禀奏给太后。窦太后大怒，便罢免并驱逐赵绾、王臧等人，还免除了丞相、太尉的职务，命柏至侯许昌为丞相，武强侯庄青翟为御史大夫。魏其侯、武安侯从此以列侯身份闲居家中。

武安侯虽不任官职，但因为王太后的缘故，仍受到皇上宠信，多次进言政事且大多见效，天下趋炎附势的官吏士人，都离开魏其侯归附武安侯。武安侯日益骄横。建元六年，窦太后驾崩，丞相许昌、御史大夫庄青翟因丧事办得不周到，被免职。于是任用武安侯田蚡为丞相，任用大司农韩安国为御史大夫。天下士人郡守和诸侯王更加依附武安侯。

武安侯身材矮小，其貌不扬，刚出生就很尊贵。他又认为诸侯王都年纪大了，皇上刚刚即位，年纪很轻，自己以皇帝的至亲心腹任朝廷的丞相，如果不狠狠整顿一番，用礼法来使他们屈服，天下就不会敬畏。在那时，丞相入朝廷奏事，往往一坐就是很长时间，他所进言的皇帝都听。所推荐的人有的从闲居一下子提拔为二千石官员，把皇帝的权力转移到自己手上。皇上于是说："你要任命的官吏任命完没有？我也想任命官吏呢。"他曾要求把考工署的地盘划给自己扩建住宅，皇上生气地说："你何不把武器库也取走！"此后才收敛一些。有一次，他请客人宴饮，让他的兄长盖侯面向南坐，自己面向东坐，认为汉丞相尊贵，不可以因为是兄长就私自屈尊自己。武安侯从此更加骄纵，他修建住宅，其规模、豪华超过了所有贵族的府第，田地庄园都极其肥沃，他派到各地去购买器物的人在大路上络绎不绝。前堂摆设着钟鼓，竖立着曲柄长幡；在后房的美女数以百计。诸侯奉送给他的珍宝金玉、狗马和玩好器物，不可胜数。

魏其侯自从没了窦太后，皇上更加疏远不重用他，没有权势，诸位宾客渐渐自动离去，甚至对他懈怠傲慢，只有灌将军一人依然如故。魏其侯每日闷闷不乐，唯独对灌将军格外厚待。

灌将军灌夫，颍阴人。灌夫的父亲是张孟，曾做过颍阴侯灌婴的家臣，受到灌婴宠信，便推举他，官至二千石，所以冒用灌氏姓叫灌孟。吴楚反叛时，颍阴侯灌何任将军，是太尉周亚夫的部下，他向太尉推举灌孟任校尉。灌夫带领一千人与父亲一起从军。灌孟年老，颍阴侯勉强推举他，所以灌孟郁郁不得志，每逢作战，常攻击敌阵坚固处，因而战死在吴军中。按当时军法规定，父子一起从军参战，有一个为国战死，未死者可以扶丧回家。灌夫不肯随同父亲的灵柩回去，他奋勇地说："愿斩取吴王或者吴将军的头，以替父报仇。"于是灌夫披上铠甲，手持戈戟，招募军中与他素来有交情又愿跟他同去的壮士数十人。等到走出营门，没有人敢再前进。只有两人和灌夫属下的奴仆共十多个骑兵飞奔冲入吴军中，一直到达吴军的将旗之下，杀死杀伤敌军数十人。不能再继续前进了，又飞马返回汉军营中，随从去的奴仆全都战死，只有他和一个骑兵回来。灌夫身上受重伤十多处，恰好有名贵的良药，所以才得不死。灌夫的伤稍稍好转，又向将军请求说："我现在更加了解吴军营垒中的路径曲折，请您让我再次前往。"将军认为他勇敢有义气，恐怕灌夫战死，便向太尉周亚夫报告，太尉便坚决阻止了他。等吴军被攻破，灌夫也因此名闻天下。

颍阴侯把灌夫的情况奏给皇上，皇上任命灌夫为中郎将。过了几个月，因为犯法而丢了官。后来在长安安了家，长安城中的许多显贵没有不称赞他的。孝景帝时，灌夫官至代国国相。孝景帝驾崩，当今皇上刚即位，认为淮阳是天下的枢纽，必须驻扎强大的兵力加以防守，因此调任灌夫为淮阳太守。建元元年，又调灌夫到朝中为太仆。二年，灌夫与长乐卫尉窦甫饮酒，发生争执，灌夫喝醉了，打了窦甫。窦甫，是窦太后的兄弟。皇上恐怕窦太后杀灌夫，调任他为燕国国相。数年后，又因犯法丢官，闲居在长安家中。

灌夫为人刚强直爽，好借酒使性，不喜欢当面奉承人。对皇亲国戚及有势力的人，凡是地位在自己以上的，他不但不想对他们表示尊敬，反而想办法凌辱他们；对地位在自己之下的许多士人，越是贫贱的，就越加恭敬，跟他们平等相处。在大庭广众之中，推举赞扬那些比自己地位低的人。士人也因此而推崇他。

灌夫不喜欢文章学术，爱任侠使气，已经答应了别人的事，一定办到。凡和他交往的那些人，无不是豪杰大猾。他家中积累的财产有数千万，每天的食客少则几十，多则百人。为了在田园中挖塘筑堤，蓄水灌田，他的宗族宾客作威作福，在颍川一带横行霸道。颍川的儿童于是作歌唱道："颍水清，灌氏宁；颍水浊，灌氏族。"

灌夫闲居在家虽然富有，但失去了权势，达官显贵及宾客越来越少。等到魏其侯失去权势，也想依靠灌夫去报复那些平日仰慕自己，失势后又抛弃了自己的人。灌夫也想依靠魏其侯去结交列侯和皇族以抬高自己的声名。两人互相援引借重，他们的交往如同父子那样密切。彼此十分要好，没有嫌忌，只恨相知太晚。

灌夫在服丧**期内**去拜访丞相。丞相随便地说："我想和你一起去拜访魏其侯，恰值你现在服丧不便前往。”灌夫说：“您竟肯屈驾光临魏其侯，我灌夫怎敢因为服丧而推辞呢！请允许我告诉魏其侯设置帷帐，备办酒席，将军明天早点光临。”武安侯答应了。灌夫详细地告诉了魏其侯，就像他对武安侯所说的那样。魏其侯和他的夫人特地多买了牛肉和酒，连夜洒扫，布置帷帐，准备酒宴，一直忙到天亮。天刚亮，就让府中管事的人在宅前伺候。等到中午，不见丞相到来。魏其侯对灌夫说：“丞相难道忘记了这件事？”灌夫很不高兴，说：“我灌夫不嫌忌丧服在身而应他之约，我应该再看看。”于是便驾车，亲自前往迎接丞相。丞相前一天只不过开玩笑似地答应了灌夫，实在没有打算来的意思。等到灌夫来到门前，丞相还在睡觉。于是灌夫进门去见他，说：“将军昨天幸蒙答应拜访魏其侯，魏其侯夫妻备办了酒食，从早晨到现在，没敢吃一点东西。”武安侯装作惊讶地道歉说：“我昨天喝醉了，忽然忘记了跟您说的话。”便驾车前往，但又走得很慢，灌夫更加生气。等到喝酒喝醉了，灌夫舞蹈了一番，舞毕邀请丞相，丞相不起身，灌夫在酒宴上用话讽刺他。魏其侯便扶灌夫离去，向丞相致歉。丞相一直喝到天黑，尽欢才离去。

丞相曾派籍福去索求魏其侯在城南的田地。魏其侯大为怨恨地说：“我虽被废弃不用，将军虽然显贵，怎么可以仗势硬夺我的田地呢！”不答应。灌夫听说后，也生气，大骂籍福。籍福不愿两人有仇怨，就自己编造了好话向丞相道歉说：“魏其侯年事已高，就快死了，还不能忍耐吗，姑且等等吧！”不久，武安侯听说魏其侯、灌夫实际是愤怒而不肯让给田地，也恼怒地说：“魏其侯的儿子曾经杀人，我救了他的命。我服事魏其侯没有不听从他的，为什么他竟舍不得数顷田地？再说灌夫为什么要干预呢？我不敢再要这块田地了！”武安侯从此十分怨恨灌夫、魏其侯。

元光四年春，丞相向皇上说灌夫家住颍川，十分横行，百姓都受其苦，请求皇上查办。皇上说：“这是丞相的职责，何必请示。”灌夫也抓住了丞相的秘事，他用非法手段谋取利益，接受淮南王的财物并说了些不该说的话。宾客从中调解，双方才停止互相攻击，彼此和解。

同年夏，丞相娶燕王的女儿做夫人，太后下了诏令，召请列侯和皇族都前往祝贺。魏其侯拜访灌夫，打算同他一起去。灌夫推辞说："我多次因为酒醉失礼得罪丞相，丞相近来又和我有嫌隙。"魏其侯说："事情已经和解了。"硬拉他一道去。酒喝到差不多时，武安侯起身敬酒祝寿，在座的宾客都离开席位，伏在地上。过了一会儿，魏其侯起身为大家敬酒祝寿，只有那些魏其侯的老朋友离开了席位，其余半数的人身未离席，只是稍微欠了欠上身。灌夫不高兴，他起身依次敬酒，敬到武安侯时，武安侯身未离席，只是稍欠了一下上身说："不能喝满杯。"灌夫很生气，便嬉笑着说："您是个贵人，这杯就托付给你了！"当时武安侯不肯答应。敬酒敬到临汝侯，临汝侯正跟程不识附耳说悄悄话，又不离开席位。灌夫没有地方发泄怒气，便骂临汝侯说："平时诋毁程不识不值一钱，今天长辈给你敬酒祝寿，你却像丫头那样在那儿同程不识咬耳说话！"武安侯对灌夫说："程将军和李将军都是东西两宫的卫尉，现在当众侮辱程将军，仲孺难道不给李将军留面子吗？"灌夫说："今天杀我的头，穿我的胸，我都不在乎。还顾什么程将军、李将军！"座中人便装作起身上厕所，渐渐离去。魏其侯也离去，挥手示意让灌夫出去。武安侯于是怒道："这是我骄纵灌夫的过错。"便命骑士扣留灌夫。灌夫想出去又不能。籍福起身替灌夫道歉，并按着灌夫的脖子让他道歉。灌夫越发恼怒，不肯道歉。武安侯便指挥骑士们捆绑灌夫放在客馆中，叫来长史说："今天请宗室宾客来参加宴会，是有太后诏令的。"弹劾灌夫，说他在宴席上辱骂宾客，犯了不敬诏令之罪，把他囚禁在拘囚犯罪官员的居室里。于是追查他以前的事情，派遣差吏分头追捕所有灌氏的分支亲属，都判为处死弃市之罪。魏其侯非常惭愧，出钱让宾客向田蚡求情，也不能使灌夫获释。武安侯的属吏都是他的耳目，所有灌氏的人都逃跑躲藏起来了，灌夫被拘禁，于是无法告发武安侯的秘事。

魏其侯挺身而出营救灌夫。他的夫人劝他说："灌将军得罪了丞相，和太后家的人作对，怎么能救得了呢？"魏其侯说："侯爵是我挣来的，现在由我把它丢掉，没有什么可遗憾的。再说我总不能让灌仲孺自己去死，而我独自活着。"于是就瞒着家人，偷着出来上书给皇帝。皇帝马上把他召进宫,魏其侯就把灌夫因为喝醉而失言的情况详细地说了一遍,认为不足以处死。皇上认为他说得对,赏赐魏其侯一同进餐,说:"到太后那里去辩明这件事"。

魏其侯到东宫,极力夸赞灌夫的长处,说他酗酒获罪,而丞相却拿别的事诬陷治灌夫的罪。武安侯又竭力诋毁灌夫骄横放纵,犯了大逆不道的罪。魏其侯思忖没有别的办法对付,便攻击丞相的短处。武安侯说:"天下幸而太平无事,我才得以做皇上的心腹,爱好音乐、狗马和田宅。我所喜欢的不过是倡优巧匠这些人,不像魏其侯、灌夫那样,招集天下的豪桀壮士,不分白天黑夜地商议讨论,腹诽心谤,深怀对朝廷的不满,不是抬头观天象,就是低头画地理,窥测于东、西两宫之间,希望天下发生变故,好让他们立功成事。臣倒不明白魏其侯他们到底要做些什么。"于是皇上向在朝的大臣问道:"他们两人的话谁的对呢?"御史大夫韩安国说:"魏其侯说灌夫的父亲为国战死,灌夫手持戈戟冲入到情况不熟的吴军中,身受创伤数十处,名冠三军,这是天下的壮士。如果不是有特别大的罪恶,只是因为喝了酒而引起口舌之争,是不值得援引其他的罪过来处死的。魏其侯的话是对的。丞相又说灌夫同大奸巨猾结交,欺压平民百姓,积累家产数万万,横行颍川,凌辱宗室,侵犯骨肉,这是所谓'树枝比树干大,小腿比大腿粗,其后果不是折断,就是裂开',丞相的话也不错。愿圣明的主上裁决此事。"主爵都尉汲黯认为魏其侯对。内史郑当时也认为魏其侯对,但后来又不敢坚持自己的意见。其余的人都不敢回答。皇上怒斥内史道:"你平日多次说到魏其侯、武安侯的长处和短处,今天当庭辩论,畏首畏尾像驾在车辕下的马驹,我将一并杀掉你们这些人。"马上起身罢朝,进入宫内侍奉太后进餐。太后也已派人在朝廷上探听消息,他们把廷辩的情况详细报告了太后。太后发怒,不吃东西,说:"现在我还活着,别人竟敢都作践我的弟弟,假若我百年后,都会像宰割鱼肉那样宰割他了。再说皇帝怎么能像石头人一样自己不做主张呢!现在幸亏皇帝还在,这班大臣就随声附和,假设皇帝百年以后,这些人还有可以信赖的吗?"皇上道歉说:"都是皇室的外家,所以在朝廷上辩论他们的事。不然的话,只要一个狱吏就可以解决了。”这时郎中令石建向皇上分别陈述了魏其侯、武安侯两人的事。

武安侯既已退朝,出了止车门,请韩御史大夫同乘一辆车,生气地说:“我和你共同对付一个老秃翁,你为什么还畏首畏尾,左右为难?”韩御史大夫过了好一会儿才对丞相说:“您怎么这样不自爱自重?他魏其侯毁谤您,您应当摘下官帽,解下印绶,还给皇上,说:‘臣以皇帝的心腹,侥幸得此相位,本是不胜任的,魏其侯说的都对’。这样,皇上必定会称赞您有谦让的美德,不会免黜您。魏其侯必定内心惭愧,闭门咬舌自杀。现在别人诋毁您,您也诋毁人家,就像商人、女人吵嘴一般,多不识大体啊!”武安侯认错说:“争辩时太性急了,没想到应该这样做”。

于是皇上派御史按文簿所记灌夫的罪行追查,与魏其侯所说的有很多不相符的地方,犯了欺骗皇上的罪行。被弹劾,拘禁在都司空狱中。孝景帝时,魏其侯曾接收皇帝遗诏,上面写道:“假如遇到对你有什么不方便的事,可随机应变,把你的意见呈报给皇帝。”等到自己被拘禁,灌夫定罪要灭族,情况一天比一天紧急,大臣们谁也不敢再向皇帝说明此事。魏其侯便让兄弟之子上书向皇帝报告接受遗诏的事,希望再次得到皇上召见。奏书呈送皇上,可查对尚书保管的档案,却没景帝的这份遗诏。这道诏书只封藏在魏其侯家中,是由魏其侯的家臣盖印加封的。于是便弹劾魏其侯矫造先帝诏书,应当处斩首示众的罪。元光五年十月,灌夫和他的家属全被处决。魏其侯过了好久才听到这个消息,听到后很愤怒,患了中风,东西也不吃,打算死。有人听说皇上无意杀魏其侯,魏其侯又开始吃东西,开始治病。商议决定不处死刑了。竟然有流言蜚语,制造了许多诽谤魏其侯的话让皇上听到,因此就在十二月的最后一天将魏其侯在渭城大街上斩首示众。

这年的春天,武安侯有病,嘴里老是叫喊,讲的都是服罪谢过的话。让能看见鬼的巫师来诊视他的病,巫师看见魏其侯和灌夫两个人的鬼魂共同监守着武安侯,要杀死他。终于死了。儿子田恬继承爵位。元朔三年,武安侯田恬因穿短衣进入宫中,犯了不敬之罪。

淮南王刘安谋反的事被发觉了，皇上让追查此事。淮南王前次来朝，武安侯任太尉，当时到霸上迎接淮南王，对他说："皇上没有太子，大王最贤明，又是高祖的孙子，一旦皇上晏驾，不是大王继承皇位，还应该是谁呢！"淮南王大喜，送给武安侯许多金银财物。皇上自从魏其侯的事发生时就不认为武安侯是对的，只是碍着太后的缘故罢了。等听到淮南王向武安侯送金银财物的事时，皇上说："假使武安侯还活着的话，该灭族了。"

太史公说：魏其侯、武安侯都凭外戚的关系身居显要职位，灌夫因为一次下定决心冒险立功而显名于当时。魏其侯的被重用，是由于平定吴、楚叛乱；武安侯的显贵是由于利用了皇帝刚即位，王太后掌权的机会。然而魏其侯实在是太不懂时势的变化，灌夫不学无术又不谦逊，两人互相庇护，酿成了这场祸乱。武安侯依仗显贵的地位而且喜欢玩弄权术，由于一杯酒的怨愤，陷害了两位贤人。可悲啊！灌夫迁怒于别人，以致自己的性命也不长久。灌夫得不到百姓的拥戴，终究落了坏名声。可悲啊！由此可知灌夫灾祸的根源啦！

【鉴赏】

这篇传文是一篇绝好文章。首先，本篇布局谋篇极是巧妙，有详有略，有分有合，转合自然。文中先交代魏其侯窦婴的出身和在景帝时的经历，随后写武安侯田蚡，三言两语介绍其出身后，即记述窦婴已为大将军正显赫时，田蚡方为郎官，侍奉窦婴"跪起如子姓"，后来田蚡亦得显贵，传文随即叙二人同为列侯同朝共事，而又因尊儒之事都被窦太后免职家居，此为一合。然后又分而述之：详记田蚡因王太后故虽不任仍被亲幸，日益骄横贪婪，专权跋扈；简述窦婴失势冷落而与灌夫相互厚待，从而自然引出灌夫。写他因功受封直至失势，于是二人互相引重，此又为一合。此后传文便展开了对窦婴、灌夫同田蚡结怨到相互争斗直至被害的过程的记述，此为一大合，也是本篇的重点。本篇在谋篇布局上的另一个特点是，明线和暗线两条线索相辅相成。全篇以三人的恩怨争斗为明线，而又以景帝与窦太后、王太后与窦太后、武帝与王太后之间的权力之争为暗线，充分展示了当时统治集团内部矛盾斗争的尖锐复杂和残酷无情。

其二，本篇在通过带有戏剧性的场面描写表现人物性格方面非常出色，这也是文章写得最精彩的地方。在魏其设宴、灌夫骂座、东朝廷辩这三个场景中，不仅窦婴、灌夫、田蚡的性格栩栩如生，而且各色人相都得到了淋漓尽致的表现。如在田蚡娶妻的婚宴上灌夫的欺强倔强，田蚡的小人得志，诸列侯宗室的趋炎附势，东朝廷辩上韩安国的首鼠两端。

史记卷一百八·韩长孺列传第四十八

韩安国,字长卿,本传以其字名篇。本篇主要记述了他的生平行事。景帝时,他事奉梁孝王,平定吴楚叛乱时因功而显名。曾作为梁王使节出使朝廷,巧言替梁孝王饰辩,调和景帝与梁孝王兄弟之间的尖锐矛盾,深为窦太后赏识。因为这个缘故,他得从狱囚而补缺为梁国内史。梁孝王为谋继嗣为帝事派人刺杀景帝谋臣袁盎,并藏匿谋划此事的公孙诡、羊胜,韩安国以情理劝说梁孝王交出二人,得以化解此事,由此更得景帝和太后器重。武帝时,韩安国以财物贿赂权臣田蚡,又得从失官居家而为北地都尉,并不断升迁,官至御史大夫,名列三公,其间主张与匈奴和亲。田蚡死后,韩安国逐渐失势,遭遇坎坷,最终抑郁而死,太史公对此深为感慨。但韩安国在田蚡与窦婴、灌夫的争斗中,明则首鼠两端,暗则与田蚡同谋,为人行事颇为险恶。

御史大夫韩安国者,梁成安人也,后徙睢阳。尝受《韩子》、杂家说于驺①田生所。事梁孝王为中大夫。吴楚反时,孝王使安国及张羽为将,扞②吴兵于东界。张羽力战,安国持重③,以故吴不能过梁。吴楚已破,安国、张羽名由此显。

梁孝王,景帝母弟,窦太后爱之,令得自请置相、二千石,出入游戏,僭④于天子。天子闻之,心弗善⑤也。太后知帝不善,乃怒梁使者,弗见,案⑥责王所为。韩安国为梁使,见大长公主而泣曰:"何梁王为人子之孝,为人臣之忠,而太后曾弗省⑦也?

①驺:通"邹"。 ②扞(hàn):同"捍",防御,抵御。 ③持重:稳固防守。 ④僭(jiàn):超越本分。 ⑤善:满意,高兴。 ⑥案:通"按",查问。 ⑦曾:竟然。省(xǐng):明白,明察。

夫前日吴、楚、齐、赵七国反时，自关以东皆合从西乡[1]，惟梁最亲为艰难[2]。梁王念太后、帝在中，而诸侯扰乱，一言泣数行下，跪送臣等六人，将兵击却吴楚，吴楚以故兵不敢西，而卒破亡，梁王之力也。今太后以小节苛礼责望[3]梁王。梁王父兄皆帝王，所见者大，故出称跸，入言警[4]，车旗皆帝所赐也，即欲以侘鄙县[5]，驱驰国中，以夸诸侯，令天下尽知太后、帝爱之也。今梁使来，辄案责之。梁王恐，日夜涕泣思慕，不知所为。何梁王之为子孝，为臣忠，而太后弗恤[6]也？"大长公主具[7]以告太后，太后喜曰："为言之帝。"言之，帝心乃解，而免冠谢太后曰："兄弟不能相教，乃为太后遗忧。"悉见梁使，厚赐之。其后梁王益亲欢。太后、长公主更赐安国可直千馀金[8]。名由此显，结于汉。

其后安国坐法抵罪[9]，蒙狱吏田甲辱安国。安国曰："死灰独不复然乎[10]？"田甲曰："然即溺[11]之。"居无何，梁内史缺，汉使使者拜安国为梁内史，起徒中为二千石。田甲亡走。安国曰："甲不就官，我灭而[12]宗。"甲因肉袒谢。安国笑曰："可溺矣！公等足与治乎？"卒善遇之。

梁内史之缺也，孝王新得齐人公孙诡，说之，欲请以为内史。窦太后闻，乃诏王以安国为内史。

公孙诡、羊胜说孝王求为帝太子及益地事，恐汉大臣不听，乃阴使人刺汉用事谋臣。及杀故吴相袁盎，景帝遂闻诡、胜等计画[13]，乃遣使捕诡、胜，必得。汉使十辈至梁，相以下举国大

①合从：指联合。从：通"纵"。乡：通"向"。②艰难：难以逾越的障碍。③望：埋怨，抱怨。④出称跸，入言警：互文见义，出入都清道禁行，加强戒备。跸（bì）：帝王出行时开路清道。⑤侘：通"诧"，夸耀。鄙：僻陋边远的地方。⑥恤：顾怜，怜惜。⑦具：通"俱"，全部。⑧可：大约。直：通"值"，价值。⑨坐：获罪，因某事而犯罪。抵：使相当，承担，此指被判罪。⑩独：难道。然："燃"的本字。⑪溺："尿"的古字。⑫而：通"尔"，你的。宗：宗族。⑬画：通"划"，谋划。

索，月馀不得。内史安国闻诡、胜匿孝王所，安国入见王而泣曰："主辱臣死。大王无良臣，故事[①]纷纷至此。今诡、胜不得，请辞赐死。"王曰："何至此？"安国泣数行下，曰："大王自度于皇帝孰与太上皇之与高皇帝及皇帝之与临江王亲？"孝王曰："弗如也。"安国曰："夫太上、临江亲父子之间，然而高帝曰'提三尺剑取天下者朕也'，故太上皇终不得制事，居于栎阳。临江王，適长太子也，以一言过，废王临江；用宫垣事[②]，卒自杀中尉府。何者？治天下终不以私乱公。语曰：'虽有亲父，安知其不为虎？虽有亲兄，安知其不为狼？'今大王列在诸侯，悦一邪臣浮说，犯上禁，桡[③]明法。天子以太后故，不忍致法于王。太后日夜涕泣，幸大王自改，而大王终不觉寤[④]。有如太后宫车即晏驾[⑤]，大王尚谁攀乎？"语未卒，孝王泣数行下，谢安国曰："吾今出诡、胜。"诡、胜自杀。汉使还报，梁事皆得释，安国之力也。于是景帝、太后益重安国。

孝王卒，共王即位，安国坐法失官，居家。

建元中，武安侯田蚡为汉太尉，亲贵用事，安国以五百金物遗蚡。蚡言安国太后，天子亦素闻其贤，即召以为北地都尉，迁为大司农。闽越、东越相攻，安国及大行王恢将。未至越，越杀其王降，汉兵亦罢。建元六年，武安侯为丞相，安国为御史大夫。

匈奴来请和亲，天子下议。大行王恢，燕人也，数为边吏，习知胡事。议曰："汉与匈奴和亲，率不过数岁即复倍约。不如勿许，兴兵击之。"安国曰："千里而战，兵不获利。今匈奴负戎

---

①故事：麻烦的事情。 ②用：因。宫垣事：指刘荣建宫室时侵占了祖庙墙内的空地。事见卷五十九《五宗世家》。 ③桡：通"挠"，阻挠，破坏。 ④寤：通"悟"。 ⑤宫车即晏驾：车驾不能按时出宫，婉言帝后之死。即：如果。晏：迟，晚。

马之足，怀禽兽之心，迁徙鸟举[①]，难得而制也。得其地不足以为广，有其众不足以为强，自上古不属为人。汉数千里争利，则人马罢[②]，虏以全制其敝。且强弩之极，矢不能穿鲁缟[③]；冲风之末，力不能漂鸿毛。非初不劲，末力衰也。击之不便，不如和亲。”群臣议者多附安国，于是上许和亲。

其明年，则元光元年，雁门马邑豪聂翁壹因大行王恢言上曰：“匈奴初和亲，亲信边，可诱以利。”阴使聂翁壹为间[④]，亡入匈奴，谓单于曰：“吾能斩马邑令丞吏，以城降，财物可尽得。”单于爱信之，以为然，许聂翁壹。聂翁壹乃还，诈斩死罪囚，县其头马邑城，示单于使者为信。曰：“马邑长吏已死，可急来。”于是单于穿塞将十馀万骑，入武州塞。

当是时，汉伏兵车骑材官[⑤]三十馀万，匿马邑旁谷中。卫尉李广为骁骑将军，太仆公孙贺为轻车将军，大行王恢为将屯将军，太中大夫李息为材官将军。御史大夫韩安国为护军将军，诸将皆属护军。约单于入马邑而汉兵纵发。王恢、李息、李广别从代主击其辎重。于是单于入汉长城武州塞。未至马邑百馀里，行掠卤[⑥]，徒见畜牧于野，不见一人。单于怪之，攻烽燧，得武州尉史。欲刺问尉史。尉史曰：“汉兵数十万伏马邑下。”单于顾谓左右曰：“几为汉所卖！”乃引兵还。出塞，曰：“吾得尉史，乃天也。”命尉史为“天王”。塞下传言单于已引去。汉兵追至塞，度弗及，即罢。王恢等兵三万，闻单于不与汉合，度往击辎重，必与单于精兵战，汉兵势必败，则以便宜[⑦]罢兵。皆无功。

天子怒王恢不出击单于辎重，擅引兵罢也。恢曰：“始约虏

---

①迁徙鸟举：迁移就像鸟飞一般。举：飞，飞翔。 ②罢：通“疲”，疲劳，疲惫。 ③鲁缟（gǎo）：鲁地出产的一种白色的生绢，以轻、薄闻名。 ④间：间谍。 ⑤材官：力大善射的武士。 ⑥行：要，将要。卤：通“掳”，掠夺。 ⑦便宜：看怎样方便适宜，就怎样处理。

入马邑城，兵与单于接，而臣击其辎重，可得利。今单于闻，不至而还，臣以三万人众不敌，禔[①]取辱耳。臣固知还而斩，然得完陛下士三万人。”于是下恢廷尉。廷尉当恢逗桡[②]，当斩。恢私行千金丞相蚡。蚡不敢言上，而言于太后曰：“王恢首造[③]马邑事，今不成而诛恢，是为匈奴报仇也。”上朝太后，太后以丞相言告上。上曰：“首为马邑事者，恢也，故发天下兵数十万，从其言，为此。且纵单于不可得，恢所部击其辎重，犹颇可得，以慰士大夫心。今不诛恢，无以谢天下。”于是恢闻之，乃自杀。

安国为人多大略，智足以当世取合，而出于忠厚焉。贪嗜于财，所推举皆廉士，贤于己者也。于梁举壶遂、臧固、郅他，皆天下名士，士亦以此称慕之，唯天子以为国器。安国为御史大夫四岁馀，丞相田蚡死，安国行丞相事，奉引堕车蹇[④]。天子议置相，欲用安国，使使视之，蹇甚，乃更以平棘侯薛泽为丞相。安国病免数月，蹇愈，上复以安国为中尉。岁馀，徙为卫尉。

车骑将军卫青击匈奴，出上谷，破胡茏城。将军李广为匈奴所得，复失之；公孙敖大亡卒，皆当斩，赎为庶人。明年，匈奴大入边，杀辽西太守，及入雁门，所杀略[⑤]数千人。车骑将军卫青击之，出雁门。卫尉安国为材官将军，屯于渔阳。安国捕生虏，言匈奴远去。即上书言方田作时[⑥]，请且罢军屯。罢军屯月馀，匈奴大入上谷、渔阳。安国壁[⑦]乃有七百馀人，出与战，不胜，复入壁。匈奴虏略千馀人及畜产而去。天子闻之，怒，使使责让安国。徙安国益东，屯右北平，是时匈奴虏言当入东方。

安国始为御史大夫及护军，后稍斥疏，下迁；而新幸壮将军

---

①禔：通“祇”，只能，仅仅。 ②逗桡：《集解》引《汉书音义》曰：“逗，曲行避敌也；桡，顾望，军法语也。” ③造：作，此指倡议。 ④奉引：给皇帝导引车驾。蹇(jiǎn)：跛足。 ⑤略：通“掠”，掳掠，劫掠。 ⑥田作：农耕，农事繁忙。 ⑦壁：营垒，军营。

卫青等有功，益贵。安国既疏远，默默[①]也；将屯又为匈奴所欺，失亡多，甚自愧。幸得罢归，乃益东徙屯。意忽忽[②]不乐，数月，病欧[③]血死。安国以元朔二年中卒。

太史公曰：余与壶遂定律历，观韩长孺之义，壶遂之深中隐厚。世之言梁多长者，不虚哉！壶遂官至詹事，天子方倚以为汉相，会遂卒，不然。壶遂之内廉行修，斯鞠躬[④]君子也。

【译文】

御史大夫韩安国，梁国成安人，后迁居睢阳。曾在邹县田生那里学习《韩非子》和杂家学说。事奉梁孝王任中大夫。吴楚反叛时，孝王派韩安国和张羽为将，在东部边界抵御吴兵。张羽奋力作战，韩安国稳固防守，因此吴军不能越过梁国。吴楚被打败，韩安国、张羽的名声从此显扬。

梁孝王，是景帝的同母弟弟，窦太后宠爱他，允许他自己委任梁国国相和二千石官员，他出入游戏的礼仪，比拟天子，超越了臣子的本分。景帝闻知后，心中很不高兴。窦太后知道景帝不满，就迁怒于梁国派来的使者，拒绝接见他们，而向他们查问责备梁王的所作所为。当时韩安国是梁国的使者，便去晋见大长公主，哭着说："为什么太后对于梁王作为儿子的孝心、作为臣下的忠心，竟然不能明察呢？先前吴、楚、齐、赵等七国反时，从函谷关向东的诸侯都联合起来向西进兵，只有梁国与皇上关系最亲，是叛军难以逾越的障碍。梁王顾念太后、皇上在关中，而诸侯作乱，一谈起此事，眼泪就纷纷下落，跪着送臣等六人领兵击退吴楚叛军，吴楚叛军因此不敢向西进兵，因而最终败亡，这是梁王的力量啊。现在太后却为了一些苛细的礼节责怪抱怨梁王。梁王的父兄都是皇帝，所见到的都是大排场，因此出入都清道禁行，加强戒备，梁王的车驾、旌旗都

---

①默默：郁郁不得志的样子。 ②忽忽：失意的样子。 ③欧：通"呕"，吐。 ④鞠躬：谦恭谨慎的样子。

是皇帝所赏赐的，他就是想用这些在边远的小县炫耀，在封国内驱车奔驰，向诸侯显耀，让天下人都知道太后、皇帝喜爱他。如今梁使到来，就查问责备。梁王恐惧，日夜流泪思念，不知如何是好。为什么梁王作为儿子孝顺，作为臣下忠心，而太后竟不怜惜呢？”大长公主把这些话全都告诉了窦太后，窦太后高兴地说：“我替他把这些话告诉皇帝。”太后转告后，景帝心中的疙瘩才解开，而且脱下帽子向太后致歉说：“我们兄弟间不能互相劝教，竟给太后您添了忧愁。”于是接见了梁王派来的所有使者，重重赏赐了他们。此后梁王更受宠爱了。窦太后、大长公主又赏赐韩安国价值约千余金的财物。他的名声因此显著，而且与朝廷建立了联系。

后来韩安国因犯法被判罪，蒙县的狱吏田甲侮辱韩安国。韩安国说：“死灰难道就不会复燃吗？”田甲说：“要是再燃烧就撒泡尿浇灭它。”过了不久，梁国内史职位空缺，朝廷派使者拜授韩安国为梁国内史，从囚徒而被起用为二千石官员。田甲弃官而逃。韩安国说：“田甲不回来就任，我就灭你的宗族。”田甲便袒露上身谢罪。韩安国笑着说：“你可以撒尿了！你们这号人值得我惩治吗？”最终友善地对待他。

梁国内史空缺时，梁孝王刚刚得到齐人公孙诡，很喜欢他，打算请求让他作内史。窦太后闻听，于是就诏命梁孝王任用韩安国作内史。

公孙诡、羊胜游说梁孝王，劝他向景帝请求作皇位继承人和增加封地的事，恐怕朝廷大臣不肯答应，就暗地派人行刺执掌政事的谋臣。竟然杀害了原吴国国相袁盎，景帝终于闻知公孙诡、羊胜等人的谋划，于是派使者捉拿公孙诡、羊胜，要求务必捉到。朝廷派了十批使者前往梁国，自梁国国相以下全国大搜查一个多月还是没抓到。内史韩安国听到公孙诡、羊胜藏匿在梁孝王宫中，韩安国入宫进见梁孝王，哭着说：“主上受辱臣下当死。大王没有好的臣下，所以事情才纷乱到这种地步。如今抓不到公孙诡、羊胜，请让我向您辞行，干脆把我杀掉算了。”梁孝王说：“为何至于这么说呢？”韩安国眼泪滚滚而下，说道：“大王自己想想，您与皇上的关系比起太上皇与高皇帝以及皇上与临江王，哪个更亲呢？”梁孝王说:"比不上他们亲。"韩安国说:"太上皇、临江王与高皇帝、皇上都是父子之间的关系,但高皇帝说'拿着三尺宝剑夺取天下的人是朕啊',所以太上皇最终也不能过问政事,住在栎阳宫。临江王是嫡长太子,只因他母亲一句话的过错,被废黜为临江王;又因建宫室侵占祖庙墙内空地的事,终于自杀于中尉府中。为什么呢? 因为治理天下终究不能因私情而损害公事。俗话说:'即使是亲生父亲怎能知道他不会变成老虎? 即使是亲兄弟怎么知道他不会变成恶狼?'现在大王您位列诸侯,却听信一个邪恶臣子的虚妄之说,冒犯皇上禁令,阻挠彰明法纪。天子因太后的缘故,不忍心用法令来对付您。太后日夜哭泣,希望大王能自己改过,可是大王最终也不能觉悟。假如太后突然晏驾,大王您还依靠谁呢?"话还没说完,梁孝王痛哭流涕,向韩安国谢罪,并说:"我现在就交出公孙诡、羊胜。"公孙诡、羊胜自杀。朝廷的使者回去禀报了情况,梁国的事情都得到了解决,这是韩安国的力量啊。于是景帝、窦太后更加看重韩安国。

梁孝王死,共王即位,韩安国因犯法丢官,闲居在家。

建元年间,武安侯田蚡任汉太尉,受宠尊贵执掌政事,韩安国用价值五百金的东西送给田蚡。田蚡向王太后说起韩安国,天子平素也闻知韩安国的贤能,就把他招来作北地都尉,后来升迁为大司农。闽越、东越互相攻伐,韩安国和大行王恢领兵前往。还没到达越地,越人就杀死了他们的君王向汉朝廷投降,汉兵也就撤回。建元六年武安侯田蚡任丞相,韩安国任御史大夫。

匈奴派人前来请求和亲,天子交给朝臣讨论。大行王恢是燕地人,多次做边郡官吏,熟悉了解匈奴的情况。他议论说:"汉和匈奴和亲,大抵过不了几年匈奴就又背弃盟约。不如不答应,发兵攻打他。"韩安国说:"派兵去千里之外作战,不会获得胜利。现在匈奴依仗军马充足,怀着禽兽心肠,迁移如同鸟飞一般来去无常,很难追上并控制他们。我们得到它的土地也不能算开疆拓土,拥有了他的百姓也不能算强大,从上古起他们就不属于我们的百姓。汉军到几千里以外去争夺利益,就会人马疲惫,敌人就会凭借全面的优势对付我们的弱点。况且强弩飞到最后，连鲁地所产的最薄的白绢也射不穿；巨风到了最后，连飘起鸿毛的力量都没有了。并不是它们开始时力量不强，而是到了最后，力量衰竭了。所以发兵攻打匈奴实在不利，不如跟他们和亲。”群臣的议论多数附和韩安国，于是皇上便同意与匈奴和亲。

和亲的第二年，就是元光元年，雁门郡马邑城的豪绅聂翁壹通过大行王恢上书皇上说：“匈奴刚与汉和亲，亲近信任边地之民，可用财利引诱他们。”于是暗中派聂翁壹为间谍，逃入匈奴，对单于说：“我能杀死马邑城的县令县丞等官吏，将马邑城献给您投降，财物可以全部得到。”单于喜欢信任他，认为他说的可行，便答应了聂翁壹。聂翁壹于是回来，斩了死囚的头诈称是马邑城官吏的头，并将死囚的头悬挂在马邑城上，以取信于单于派来的使者。说道：“马邑城的长官已死，你们可以赶快来。”于是单于率十余万骑兵穿过边塞，进入武州塞。

正当此时，汉埋伏下战车、骑兵、材官三十多万，隐藏在马邑城旁的山谷中。卫尉李广任骁骑将军，太仆公孙贺任轻车将军，大行王恢任将屯将军，太中大夫李息任材官将军。御史大夫韩安国任护军将军，诸将都隶属护军将军。互相约定，单于进入马邑城时汉军伏兵就奔驰出击。王恢、李息、李广另外从代郡负责攻取匈奴的辎重物资。当时单于进入汉长城武州塞。距离马邑城还有一百多里，将要抢夺劫掠，可只见牲畜放养在荒野之中，不见一个人。单于觉得奇怪，就攻打烽火台，俘虏了武州尉史。想向尉史探问情况。尉史说：“汉军有几十万人埋伏在马邑城下。”单于回头对左右侍从说：“差点儿被汉所欺骗！”就率兵返回。出了边塞，说：“我们捉到武州尉史，真是天意啊！”称尉史为“天王”。塞下传说单于已退兵回去。汉军追到边塞，估计追不上，就撤兵返回。王恢等人的部队三万人，听说单于没跟汉军交战，估计攻取匈奴辎重物资，必定会与单于的精兵交战，汉兵的形势必定失败，于是权衡利害而决定撤兵，所以汉军都无功而返。

天子恼怒王恢不攻击匈奴的辎重物资，擅自领兵撤退。王恢说：“当初约定匈奴一进入马邑城，汉兵就与单于交战，而后臣率兵攻取匈奴的辎重物资,这样才有利可图。如今单于听到消息,没有到达马邑城就回去了,臣以为三万人的兵卒打不过他,只会招致耻辱。臣本来就知道回来就会被杀头,但这样可以保全陛下的军士三万人。”皇上于是把王恢交给廷尉治罪。廷尉判他曲行避敌观望不前,应当杀头。王恢暗中送给丞相田蚡一千金。田蚡不敢替他向皇帝求情,而对王太后说道:“王恢首先倡议马邑诱敌之计,如今没有成功而杀了王恢,这是替匈奴报仇。”皇上朝见王太后时,王太后就把丞相的话告诉了皇上。皇上说:“最先倡议马邑之计的人,是王恢,所以发动天下士兵几十万人,听从他的计谋,出击匈奴。再说这次即使抓不到单于,如果王恢的所率之兵攻取匈奴的辎重物资,也还很可能有些收获,以此来安慰士大夫的心。现在不杀王恢就无法向天下人谢罪。”于是王恢听了这话就自杀了。

韩安国为人有韬略,他的才智足以迎合世变,但都出于忠厚之心。他贪嗜钱财,他所推举的都是廉洁士人,比自己贤能。在梁国他推举了壶遂、臧固、郅他,都是天下的名士,士人因此称道和仰慕他,就是天子也认为他是治国之才。韩安国任御史大夫四年多,丞相田蚡死,韩安国代理丞相之事,为皇帝导引车驾时堕下车,跌伤了脚。天子商议任命丞相,打算任用韩安国,派使者去看望他,脚伤得很厉害,于是改用平棘侯薛泽任丞相。韩安国因病免职几个月,脚伤好了,皇上又任命韩安国任中尉。一年多后,调任卫尉。

车骑将军卫青攻打匈奴,从上谷郡出塞,在茏城打败了匈奴。将军李广被匈奴所俘虏,又逃脱了;公孙敖伤亡了大量士兵,他们都该杀头,后来出钱赎罪成为庶人。第二年,匈奴大举入侵边境,杀了辽西太守,于是侵入雁门,杀死和掳去几千人。车骑将军卫青出兵追击,从雁门郡出塞。卫尉韩安国任材官将军,驻屯驻在渔阳。韩安国抓到俘虏,俘虏供说匈奴已远去。韩安国立即上书皇帝说现在正是农事繁忙的时节,请求暂时停止屯军使其回家务农。停止屯军一个多月,匈奴又大举入侵上谷、渔阳。韩安国的军营中仅有七百多人,出营与匈奴交战,没有取胜,又退回军营中。匈奴俘虏掠夺了一千多人和牲畜财物离去。天子听到这个消息，十分恼怒，派使者怪罪韩安国。调韩安国再向东移兵，屯驻右北平。因为当时匈奴的俘虏供说他们要侵入东方。

韩安国当初任御史大夫和护军将军，后来渐渐被排斥疏远，贬官降职；而新得宠的年轻将军卫青等又有军功，更加受到皇上重用。韩安国既被疏远，很不得志；领兵驻防又被匈奴所欺侮，损失伤亡很多，心里非常惭愧。希望能够罢去边职，回到朝廷，却又被移兵东边驻守，心中非常失意而闷闷不乐，过了几个月，生病吐血而死。韩安国在元朔二年中死去。

太史公说：我和壶遂审定律度历法，观察韩长孺的行事得体，从壶遂的沉稳厚道来看，世人说梁国多忠厚长者，这话确实不错啊！壶遂官做到詹事，天子正要任命他做可以倚仗的汉丞相，偏又碰上壶遂死去。不然的话，以壶遂廉正的品德和美好的操行，真是一个谦恭谨慎的君子啊。

【鉴赏】

本篇多侧面地展示了韩安国复杂独特的性格为人。司马迁在传文中称他"为人多大略，智足以当世取合，而出于忠厚焉"。作者选取了他事奉梁孝王时的两件典型事例加以表现。第一件是梁孝王恃仗窦太后的宠爱，"出入游戏，僭于天子"，景帝很不高兴，令窦太后也左右为难，因此迁怒于梁王使者。韩安国精明地看到，这是他们家庭内部母子、兄弟间的事，所以还得从他们家庭内部找人斡旋，只有如此，才会既不获罪于任何一方，又可能化解矛盾。于是他就找到窦太后之女、景帝和梁孝王的同胞姐姐大长公主泣诉，为梁孝王饰辩，恰中太后下怀，终使一家皆大欢喜。他也因此而名显朝廷，后来坐法蒙狱时之所以能那么自负绝非无端而来。第二件仍是发生在景帝与梁孝王之间为继嗣而起的事。梁孝王因谋求继嗣为帝之事被袁盎阻塞，数次派人刺杀，并隐匿谋划此事的亲信。韩安国则洞悉情势，则动之以情、晓之以理说服梁孝王，迫使公孙诡、羊胜自杀，既维护了朝廷的尊严，又保护了梁孝王，景帝和太后为此更加垂青他，梁孝王也对他感激涕零。传文通过对两件关乎"天下"之事进行具体细致的描写刻画，表现了他工于心计、谙熟为官之道的智谋韬略。司马迁对韩安国主张和亲匈奴是肯定的，对他多能推举比自己贤能的廉士也深为赞赏。当然文中也记述了他的贪嗜于财、行贿弄权等。

史记卷一百九·李将军列传第四十九

本篇为汉代名将李广的传记，并附其孙李陵事迹。李广的一生是坎坷不幸的一生，是悲剧的一生，正所谓“惜乎，子不遇时！如令子当高帝时，万户侯岂足道哉！”他英勇善战，智勇双全，是一位带有传奇色彩的英雄，被匈奴人称为“飞将军”。一生与匈奴战斗七十余次，令匈奴人闻风丧胆，远而避之，或许因为这个缘故，每次出征常常是劳而无功，诸将中有许多名声远不如他的都因斩获敌人首级多而得以加官晋爵，他却终身未得封爵，不被重用，遭受排挤，终于被倾轧逼迫含愤自杀，结局悲惨。太史公对这样的一位奇将是无限敬仰和满怀同情的。文中还附记了李广整个家族的悲剧，主要是李广之孙李陵的不幸，司马迁正是为李陵辩护而惨遭辱刑的，所以本篇更是寄寓着作者自己的满腔悲愤和辛酸痛楚。

李将军广者，陇西成纪人也。其先曰李信，秦时为将，逐得燕太子丹者也。故槐里，徙成纪。广家世世受射。孝文帝十四年，匈奴大入萧关，而广以良家子从军击胡，用善骑射，杀首虏多，为汉中郎。广从弟李蔡亦为郎，皆为武骑常侍，秩①八百石。尝从行，有所冲陷折关②及格猛兽，而文帝曰：“惜乎，子不遇时！如令子当高帝时，万户侯岂足道哉！”

及孝景初立，广为陇西都尉，徙为骑郎将。吴楚军时，广为骁骑都尉，从太尉亚夫击吴楚军，取旗，显功名昌邑下。以梁王授广将军印，还，赏不行。徙为上谷太守，匈奴日以合战。典属

---

①秩：俸禄。②折：摧折，挫败。关：抵挡，抵御。

国公孙昆邪为上泣曰:“李广才气,天下无双,自负其能,数与虏敌战,恐亡之。”于是乃徙为上郡太守。后广转为边郡太守,徙上郡。尝为陇西、北地、雁门、代郡、云中太守,皆以力战为名。

匈奴大入上郡,天子使中贵人从广勒习兵击匈奴[①]。中贵人将骑数十纵[②],见匈奴三人,与战。三人还射,伤中贵人,杀其骑且[③]尽。中贵人走广。广曰:“是必射雕[④]者也。”广乃遂从百骑往驰三人。三人亡[⑤]马步行,行数十里。广令其骑张左右翼,而广身自射彼三人者,杀其二人,生得一人,果匈奴射雕者也。已缚之上马,望匈奴有数千骑,见广,以为诱骑,皆惊,上山陈[⑥]。广之百骑皆大恐,欲驰还走。广曰:“吾去大军数十里,今如此以百骑走,匈奴追射我立尽。今我留,匈奴必以我为大军之诱,必不敢击我。”广令诸骑曰:“前!”前未到匈奴陈二里所,止,令曰:“皆下马解鞍!”其骑曰:“虏多且近,即[⑦]有急,奈何?”广曰:“彼虏以我为走,今皆解鞍以示不走,用坚其意。”于是胡骑遂不敢击。有白马将出护其兵,李广上马与十馀骑奔射杀胡白马将,而复还至其骑中,解鞍,令士皆纵马卧。是时会暮,胡兵终怪之,不敢击。夜半时,胡兵亦以为汉有伏军于旁欲夜取之,胡皆引兵而去。平旦,李广乃归其大军。大军不知广所之,故弗从。

居久之,孝景崩,武帝立,左右以为广名将也,于是广以上郡太守为未央卫尉,而程不识亦为长乐卫尉。程不识故与李广俱以边太守将军屯[⑧]。及出击胡,而广行无部伍行陈,就善水草

①中贵人:宫中受宠的人,指宦官。勒习:部署训练。 ②纵:纵马驰骋。 ③且:几乎,将近。 ④雕:猛禽,飞翔力极强而且迅猛,能射雕的人必有很高的射箭本领。 ⑤亡:通“无”。 ⑥陈:通“阵”,列阵,摆开阵势。 ⑦即:假如,如果。 ⑧将军屯:率领军队屯驻。

屯，舍止，人人自便，不击刀斗[①]以自卫，莫府[②]省约文书籍事，然亦远斥候[③]，未尝遇害。程不识正部曲行伍营陈[④]、击刁斗，士吏治军簿至明，军不得休息，然亦未尝遇害。不识曰："李广军极简易，然虏卒[⑤]犯之，无以禁也；而其士卒亦佚[⑥]乐，咸乐为之死。我军虽烦扰，然虏亦不得犯我。"是时汉边郡李广、程不识皆为名将，然匈奴畏李广之略，士卒亦多乐从李广而苦程不识。程不识孝景时以数直谏为太中大夫。为人廉，谨于文法。

后汉以马邑城诱单于，使大军伏马邑旁谷，而广为骁骑将军，领属护军将军。是时单于觉之，去，汉军皆无功。其后四岁，广以卫尉为将军，出雁门击匈奴。匈奴兵多，破败广军，生得广。单于素闻广贤，令曰："得李广必生致之。"胡骑得广，广时伤病，置广两马间，络[⑦]而盛卧广。行十馀里，广详死，睨其旁有一胡儿骑善马，广暂[⑧]腾而上胡儿马，因推堕儿，取其弓，鞭马南驰数十里，复得其馀军，因引而入塞。匈奴捕者骑数百追之，广行取胡儿弓，射杀追骑，以故得脱。于是至汉，汉下广吏。吏当[⑨]广所失亡多，为虏所生得，当斩，赎为庶人。

顷之，家居数岁。广家与故颍阴侯孙屏野[⑩]居蓝田南山中射猎。尝夜从一骑出，从人田间饮。还至霸陵亭，霸陵尉醉，呵止广。广骑曰："故李将军。"尉曰："今将军尚不得夜行，何乃故也！"止广宿亭下。居无何，匈奴入杀辽西太守，败韩将军，韩将军后徙右北平。于是天子乃召拜广为右北平太守。广即请霸

---

①刀斗：即刁斗，铜制的军用锅，白天用它做饭，夜里敲它巡更。 ②莫府：军队出征驻屯，将帅的办公机构设在帐幕中，称为"幕府"。莫：通"幕"。籍：簿册。 ③斥候：侦视敌情的士兵。 ④部曲：古代军队编制，将军率领的军队，下有部，部下有曲，曲下有屯。行伍：古代军的基层编制，五人为伍，二十五人为行。营陈：即"营阵"，营地和军队的阵势。 ⑤卒：通"猝（cù）"，突然。 ⑥佚（yì）：安逸，舒适。 ⑦络：用绳子编结的网兜。 ⑧暂：突然。 ⑨当：判决。 ⑩屏野：退隐田野。屏：隐居。

陵尉与俱，至军而斩之。

广居右北平，匈奴闻之，号曰“汉之飞将军”，避之，数岁不敢入右北平。

广出猎，见草中石，以为虎而射之，中石没镞[①]。视之，石也，因复更射之，终不能复入石矣。广所居郡闻有虎，尝自射之。及居右北平射虎，虎腾伤广，广亦竟射杀之。

广廉，得赏赐辄分其麾下，饮食与士共之。终广之身，为二千石四十馀年，家无馀财，终不言家产事。广为人长，猿臂，其善射亦天性也，虽其子孙他人学者，莫能及广。广讷口少言，与人居则画地为军陈，射阔狭[②]以饮。专以射为戏，竟死。广之将兵，乏绝[③]之处，见水，士卒不尽饮，广不近水；士卒不尽食，广不尝食。宽缓不苛，士以此爱乐为用。其射，见敌急[④]，非在数十步之内，度不中不发，发即应弦而倒。用此[⑤]，其将兵数困辱，其射猛兽亦为所伤云。

居顷之，石建卒，于是上召广代建为郎中令。元朔六年，广复为后将军，从大将军军出定襄击匈奴。诸将多中首虏率[⑥]，以功为侯者，而广军无功。后二岁，广以郎中令将四千骑出右北平，博望侯张骞将万骑与广俱，异道。行可数百里，匈奴左贤王将四万骑围广，广军士皆恐，广乃使其子敢往驰之。敢独与数十骑驰，直贯胡骑，出其左右而还，告广曰：“胡虏易与耳。”军士乃安。广为圜[⑦]陈外向，胡急击之，矢下如雨。汉兵死者过半，汉矢且尽。广乃令士持满毋发，而广身自以大黄射其裨将[⑧]，杀

---

①镞（zú）：箭头。 ②射阔狭：即比谁射得准。阔狭：指射中的地方与规定射到的地方的距离大小。 ③乏绝：指缺水断粮。 ④急：逼近。 ⑤用此：因此。 ⑥首虏率：斩杀敌人首级和俘获敌人的数量规定。率（lǜ）：标准，规定。 ⑦圜：同“圆”。 ⑧裨（pí）将：副将，偏将。

数人，胡虏益[①]解。会日暮，吏士皆无人色，而广意气自如，益治军。军中自是服其勇也。明日，复力战，而博望侯军亦至，匈奴军乃解去。汉军罢，弗能追。是时广军几没，罢归。汉法，博望侯留迟后期，当死，赎为庶人。广军功自如[②]，无赏。

初，广之从弟李蔡与广俱事孝文帝。景帝时，蔡积功劳至二千石。孝武帝时，至代相。以元朔五年为轻车将军，从大将军击右贤王，有功中率[③]，封为乐安侯。元狩二年中，代公孙弘为丞相。蔡为人在下中，名声出广下甚远，然广不得爵邑，官不过九卿，而蔡为列侯，位至三公。诸广之军吏及士卒或取封侯。广尝与望气王朔燕语[④]，曰："自汉击匈奴而广未尝不在其中，而诸部校尉以下，才能不及中人，然以击胡军功取侯者数十人，而广不为后人，然无尺寸之功以得封邑者，何也？岂吾相不当侯邪？且固命也？"朔曰："将军自念，岂尝有所恨乎？"广曰："吾尝为陇西守，羌尝反，吾诱而降，降者八百馀人，吾诈而同日杀之。至今大恨独此耳。"朔曰："祸莫大于杀已降，此乃将军所以不得侯者也。"

后二岁，大将军、骠骑将军大出击匈奴，广数自请行。天子以为老，弗许；良久乃许之，以为前将军。是岁，元狩四年也。

广既从大将军青击匈奴，既出塞，青捕虏知单于所居，乃自以精兵走[⑤]之，而令广并于右将军军，出东道。东道少回远，而大军行水草少，其势不屯行[⑥]。广自请曰："臣部为前将军，今大将军乃徙令臣出东道，且臣结发[⑦]而与匈奴战，今乃一得当单

---

①益：渐渐，逐渐。 ②军功自如：指功过相当。 ③率：即上文的"首虏率"，见前注④。 ④望气：古代通过观测某地云气占卜人事吉凶祸福的活动。燕语：闲谈。燕：通"晏"，安闲。 ⑤走：追逐。 ⑥屯行：停止行进。屯：驻扎，此指停止。 ⑦结发：即束发，古代男子十五岁即可束发。这里的意思是指少年或年轻之时。

于，臣愿居前，先死单于。”大将军青亦阴受上诫，以为李广老，数奇[①]，毋令当单于，恐不得所欲。而是时公孙敖新失侯，为中将军从大将军，大将军亦欲使敖与俱当单于，故徙前将军广。广时知之，固自辞于大将军。大将军不听，令长史封书与广之莫府，曰：“急诣部，如书。”广不谢大将军而起行，意甚愠怒而就部，引兵与右将军食其合军出东道。军亡导，或[②]失道，后大将军。大将军与单于接战，单于遁走，弗能得而还。南绝幕[③]，遇前将军、右将军。广已见大将军，还入军。大将军使长史持糒醪[④]遗广，因问广、食其失道状，青欲上书报天子军曲折[⑤]。广未对，大将军使长史急责广之幕府对簿[⑥]。广曰：“诸校尉无罪，乃我自失道。吾今自上簿。”

至莫府，广谓其麾下曰：“广结发与匈奴大小七十馀战，今幸从大将军出接单于兵，而大将军又徙广部行回远，而又迷失道，岂非天哉！且广年六十馀矣，终不能复对刀笔之吏。”遂引刀自刭。广军士大夫[⑦]一军皆哭。百姓闻之，知与不知，无老壮，皆为垂涕。而右将军独下吏，当死，赎为庶人。

广子三人，曰当户、椒、敢，为郎。天子与韩嫣戏，嫣少不逊[⑧]，当户击嫣，嫣走。于是天子以为勇。当户早死，拜椒为代郡太守，皆先广死。当户有遗腹子名陵。广死军时，敢从骠骑将军。广死明年，李蔡以丞相坐侵孝景园壖地[⑨]，当下吏治，蔡亦自杀，不对狱，国除。李敢以校尉从骠骑将军击胡左贤王，力

---

①数奇：命运不好。数：命运；奇（jī）：不偶，不合。或以为古代占卜以得偶为吉，奇为不吉。 ②或：通“惑”，迷惑，此指迷失方向。 ③绝：横渡，横穿。幕：通“漠”，沙漠。 ④糒（bèi）：干粮，干饭。醪（láo）：浊酒。 ⑤曲折：指出兵不利的具体情况。 ⑥对簿：回答质问。 ⑦士大夫：这里指军中的将士。 ⑧不逊：不恭敬，放肆。 ⑨坐：因某事犯罪。壖地：指陵园内神道（直通陵墓的大道）两旁空地。壖（ruán）：空地，余地。

战，夺左贤王鼓旗，斩首多，赐爵关内侯，食邑二百户，代广为郎中令。顷之，怨大将军青之恨其父，乃击伤大将军，大将军匿讳[①]之。居无何，敢从上雍，至甘泉宫猎。骠骑将军去病与青有亲，射杀敢。去病时方贵幸，上讳云鹿触杀之。居岁馀，去病死。而敢有女为太子中人[②]，爱幸，敢男禹有宠于太子，然好利，李氏陵迟[③]衰微矣。

李陵既壮，选为建章监，监诸骑。善射，爱士卒。天子以为李氏世将，而使将八百骑。尝深入匈奴二千馀里，过居延视地形，无所见虏而还。拜为骑都尉，将丹阳楚人五千人，教射酒泉，张掖以屯卫胡，数岁。

天汉二年秋，贰师将军李广利将三万骑击匈奴右贤王于祁连天山，而使陵将其射士步兵五千人出居延北可[④]千馀里，欲以分匈奴兵，毋令专走贰师也。陵既至期还，而单于以兵八万围击陵军。陵军五千人，兵矢既尽，士死者过半，而所杀伤匈奴亦万馀人。且引且战，连斗八日，还未到居延百馀里，匈奴遮狭绝道[⑤]，陵食乏而救兵不到，虏急击，招降陵。陵曰："无面目报陛下。"遂降匈奴。其兵尽没，馀亡散得归汉者四百馀人。

单于既得陵，素闻其家声，及战又壮[⑥]，乃以其女妻陵而贵之。汉闻，族[⑦]陵母妻子。自是之后，李氏名败，而陇西之士居门下者皆用为耻焉。

太史公曰：《传》[⑧]曰"其身正，不令而行；其身不正，虽令不

---

①匿讳：隐瞒，隐而不说。 ②中人：宫人，指宫中无号位的姬妾。 ③陵迟：衰落，衰败。④可：大概，大约。 ⑤遮：遮拦，拦阻。狭：指狭窄的山谷。绝：断绝。道：指李陵军的退路。⑥壮：强壮，勇猛。 ⑦族：灭族，这里指杀其全家。 ⑧传：汉人称《诗》《书》《易》《礼》《春秋》为经，解说经书的著作都称为"传"。这里的传是指《论语》。因《论语》是孔子弟子及再传弟子所记，不是孔子亲笔著述，所以也称为传。

从。”其李将军之谓也？余睹李将军悛悛如鄙人[①]，口不能道辞。及死之日，天下知与不知，皆为尽哀。彼其忠实心诚信于士大夫也！谚曰“桃李不言，下自成蹊[②]”。此言虽小，可以谕[③]大也。

【译文】

将军李广，陇西郡成纪县人。他的先祖叫李信，秦朝时做将军，就是追获燕太子丹的那位将军。他家原住在槐里，后迁到成纪。李广家世代传习射箭之术。文帝十四年，匈奴人大举侵入萧关，李广以良家子弟的身份从军抗击匈奴，因善于骑马射箭，斩杀敌人首级很多，被任为汉中郎。李广的堂弟李蔡，也作中郎，二人又都作武骑常侍，俸禄八百石。李广曾随皇帝出行，常有冲锋陷阵、抵御挫败敌人，以及格杀猛兽的事，文帝说：“可惜啊！你没遇到时机，如果让你正赶上高祖的时代，封个万户侯岂在话下！”

到孝景帝即位，李广任陇西都尉，又改任骑郎将。吴、楚七国反叛时，李广为骁骑都尉，随从太尉周亚夫反击吴、楚叛军，在昌邑城下夺取了叛军的旗帜，立功扬名。可由于梁孝王私自把将军印授给李广，回朝后，朝廷没对他进行封赏。调任他为上谷太守，匈奴每天都来交战。做典属国之官的公孙昆邪对皇上哭着说：“李广的才气，天下无双，他自己仗恃有本领，屡次和敌人交战，恐怕会失去这员良将。”于是就调任他为上郡太守。以后李广辗转任边境各郡太守，又调任上郡太守。他曾任陇西、北地、雁门、代郡、云中各地太守，都以奋力作战而出名。

匈奴大举侵入上郡，天子派来一名宦官随李广部署训练军队，抗击匈奴。这位宦官率几十名骑兵纵马驰骋，遇到三个匈奴人，与他们交战。三个匈奴人回身放箭，射伤了宦官，几乎杀光他带的骑兵。宦官逃回李

---

①悛（xún）悛：也作“恂恂”，老实厚道的样子。鄙人：乡下人。 ②蹊（xī）：小路。③谕：告知，使知道，使明白。

广那里。李广说:“他们一定是匈奴的射雕能手。”李广于是就带上一百名骑兵前去追赶那三个匈奴人。那三个人没有骑马,徒步前行,走了几十里。李广命他的骑兵左右散开,两路包抄,他亲自去射那三个人,射死了两个,活捉了一个,果然是匈奴的射雕手。把他捆绑上马之后,远远望见几千名匈奴骑兵,他们看到李广,以为是诱敌的骑兵,都很吃惊,跑上山去摆好阵势。李广的百名骑兵也都大为惊恐,想回马飞奔逃跑。李广说:“我们离开大军几十里,照现在这样的情况,我们这一百名骑兵只要一跑,匈奴就要来追击射杀,我们会立刻被杀光。现在我们停留不走,匈奴必定以为我们是大军派来诱敌的,必定不敢攻击我们。”李广命令诸位骑兵:“前进!”骑兵向前进发,到了离匈奴阵地不足二里的地方,停了下来,下令说:“全部下马解鞍!”骑兵们说:“敌人那么多,又离得近,如果有了紧急情况,怎么办?”李广说:“那些敌人以为我们会逃跑,现在都解下马鞍向他们表示我们不逃,这样就能使他们更加坚信我们是诱敌之兵。”于是匈奴骑兵终于不敢来攻击。有一名骑白马的匈奴将领出阵监护他的士兵,李广立即上马和十几名骑兵一起奔驰,射死了骑白马的匈奴将领,之后又回到自己的骑兵队中,解下马鞍,让士兵们都放开马,随便躺卧。这时正值黄昏,匈奴兵始终觉得奇怪,不敢进攻。到了半夜,匈奴兵又以为汉有伏兵在附近,想趁夜偷袭他们,因而匈奴就领兵撤离了。第二天早晨,李广才回到他的大军中。大军不知道李广的去向,所以无法随后接应。

过了好几年,景帝驾崩,武帝即位,左右近臣都认为李广是名将,于是李广由上郡太守调任未央宫卫尉,程不识也来任长乐宫卫尉。程不识和李广从前都任边郡太守率领军队屯驻边地。到出兵攻打匈奴时,李广行军没有严格的队伍编制、行军队列,常靠近水丰草茂的地方驻扎,停宿下来,人人自便,不打更巡逻以自卫,幕府简化各种文书簿册,但也远远地布置了侦视敌情的士兵,不曾遭受危险。程不识对队伍的编制、行军队列、驻营阵势等要求严格,夜里打更巡逻,文书军吏处理公文簿册要到天明,军队得不到休息,但也不曾遇到危险。程不识说:“李广治军简便易行，然而敌人如果突然进犯他，他就无法阻挡了；而他的士卒倒也安逸快乐，都甘心为他拼死。我的军队虽军务纷繁忙碌，但敌人也不敢侵犯我。”那时汉边郡的李广、程不识都是名将，但匈奴人害怕李广的谋略，士兵也大多愿意跟随李广而苦于跟随程不识。程不识在孝景帝时由于屡次直言进谏被封为太中大夫。他为人清廉，谨守朝廷规章法令。

后来，汉用马邑城引诱单于，派大军在马邑城旁边的山谷中埋伏，李广任骁骑将军，受护军将军韩安国统领节制。当时单于发觉了汉军的计谋，逃去，汉军都没有战功。四年以后，李广由卫尉被任为将军，出雁门关进击匈奴。匈奴兵多，打败了李广的军队，并生擒了李广。单于平时就听说李广很有才能，下令说：“捉得李广一定要活着送来。”匈奴骑兵俘虏了李广，当时李广受伤生病，就把李广放在两匹马中间，躺着装在绳编的网兜里。走了十多里，李广假装死去，斜眼看到他旁边的一个匈奴少年骑着一匹好马，李广突然纵身跳上匈奴少年的马，趁势把少年推下去，夺了他的弓，打马向南飞驰数十里，重又遇到他的残部，于是带领他们进入关塞。匈奴出动追捕的骑兵数百名追赶他，李广一边逃一边拿起匈奴少年的弓，射杀追来的骑兵，因此得以逃脱。于是回到汉京城，朝廷把李广交给法吏。法吏判处李广因损失伤亡太多，又被敌人活捉，应当斩首，李广用钱物赎了死罪，削职为民。

转眼间，李广在家已闲居数年。李广家和原颍阴侯灌婴的孙子灌强隐居在蓝田，常到南山中射猎。曾在一天夜里带着一名骑马的随从外出，和别人一起在田野间饮酒。回来时走到霸陵亭，霸陵尉喝醉了，大声呵斥不让李广通行。李广的随从说：“这是前任李将军。”霸陵尉说：“现任将军尚且不许夜间通行，何况是前任呢！”便扣留李广，让他停宿在霸陵亭下。没过多久，匈奴入侵杀死辽西太守，打败了韩将军，后来韩将军迁调右北平。于是天子就召见李广，拜授他为右北平太守。李广随即请求派霸陵尉一起赴任，到了军中就把他杀了。

李广驻守右北平，匈奴听说后，称他为“汉的飞将军”，躲避他数年，不敢侵入右北平。

李广外出打猎，看见草丛中的一块石头，以为是老虎就向它射去，射中石头，箭头都射进去了，过去一看，原来是石头。接着再重新射，始终不能再射进石头了。李广驻守各郡，听说有老虎，常亲自去射杀。到驻守右北平时，一次射虎，老虎跳起来伤了李广，李广也最终射死了老虎。

李广为官清廉，得到赏赐就分给他的部下，饮食总与士兵在一起。李广一生到死，做二千石的官共四十多年，家中没有多余的财物，始终也不言及家产之事。李广身材高大，两臂如猿，他善于射箭也是天赋，即便是他的子孙或外人向他学射箭，也没人能赶上他。李广语言迟钝，说话不多，与别人在一起就在地上画军阵，然后比射箭，看谁射得准与不准来定罚谁喝酒。他专门以射箭为消遣，一直到死。李广带兵，遇到缺粮断水的地方，见到水，士兵还没全喝到水，李广不去靠近水；士兵还没全吃上饭，李广就不尝饭。李广对士兵宽厚和缓不严苛，士兵因此爱戴他，乐于为他所用。他射箭，看见敌人逼近，如果不在数十步之内，估计射不中，就不射出，只要一射出，敌人立即随弓弦之声倒地。因此，他领兵有数次被困受辱，射猛兽也曾被猛兽所伤。

没过多久，石建死，于是皇上召见李广，让他接替石建任郎中令。元朔六年，李广又被任为后将军，跟随大将军卫青的军队从定襄出塞，攻击匈奴。许多将领都达到斩杀敌人首级和俘获敌人的数量规定，以战功被封侯，而李广的军队却没有战功。过了两年，李广以郎中令的身份率领四千骑兵从右北平出塞，博望侯张骞率领一万骑兵与李广一同出征，分路而行。行军约数百里，匈奴左贤王率领四万骑兵包围了李广，李广的士兵都很害怕，李广就派他的儿子李敢骑马驰往匈奴军中。李敢独自和数十名骑兵飞奔，直穿匈奴骑兵阵，又从其左右两翼突围而出，回来向李广报告说："匈奴敌兵很容易对付啊！"士兵们这才安心。李广布成圆形兵阵，面向外，匈奴猛攻，箭如雨下。汉兵死了一半多，箭也快用光了。李广就命士兵拉满弓不要放箭，而李广亲自用大黄弩弓射匈奴的副将，杀死好几人，匈奴兵渐渐散去。这时天色已晚，军吏士兵都面无人色，可是李广却神态自如，更加精神十足地整顿队伍。军中从此都很佩服他的勇敢。第二天,又奋力作战,博望侯的军队也赶到,匈奴军才解围退去。汉军非常疲惫,所以也不能去追击。当时李广军几乎全军覆没,只好收兵回朝。按汉法令,博望侯行军迟缓,延误限期,应当处死,用钱赎罪,削职为民。李广功过相抵,没有封赏。

当初,李广的堂弟李蔡和李广一起事奉孝文帝。景帝时,李蔡累积功劳已官至二千石。孝武帝时,做到代国的国相。元朔五年被任为轻车将军,跟随大将军卫青攻打匈奴右贤王有功,达到斩杀敌人首级和俘获敌人的数量规定,被封为乐安侯。元狩二年间,代公孙弘任丞相。李蔡的才能在下等之中,名声比李广差得很远,然而李广得不到封爵和封地,官位没超过九卿,可李蔡却被封为列侯,官位达到三公。李广属下的军吏和士兵,也有人得到封侯。李广曾和善于望气测吉凶祸福的王朔闲谈时说:“自从汉攻打匈奴以来,我没有一次不在其中,可是各部校尉以下的军官,才能还不如中等人,然而由于攻打匈奴有军功被封侯的有几十人,我李广不算比别人差,但没有一点功劳用来得到封地,这是为什么呢?难道是我的骨相就不该封侯吗?还是本来就命该如此呢?”王朔说:“将军自己回想一下,难道是曾有过值得悔恨的事吗?”李广说:“我曾做过陇西太守,羌人曾经反叛,我诱骗他们投降,投降的有八百多人,我用欺诈手段在同一天把他们都杀了。直到今天我最大的悔恨只有这件事。”王朔说:“能使人受祸的事,没有比杀死已投降的人更大的了,这就是将军不能封侯的原因吧。”

过了两年,大将军卫青、骠骑将军霍去病大举出兵攻打匈奴,李广数次亲自请求随行。天子认为他已年老,没有答应;好久才准许他随行,让他做前将军。这一年是元狩四年。

李广不久随大将军卫青出征匈奴,出边塞以后,卫青捉到匈奴俘虏,知道了单于住的地方,就自己带领精兵追逐单于,而命李广和右将军的队伍合兵从东路出击。东路有些迂回绕远,而且大军走在水草缺少的地方,势必不会停止行进。李广就亲自请求说:“臣的职务是前将军,如今大将军却命臣改从东路出兵,况且臣从年轻时就与匈奴作战,到今天才得到一次与单于对敌的机会，臣愿作前锋，先和单于决一死战。”大将军卫青曾暗中受到皇上告诫，认为李广年老，命运不好，不要让他与单于对敌，恐怕不能实现他的愿望。而那时公孙敖刚刚失去侯爵，任中将军，随从大将军出征，大将军也想让公孙敖跟自己一起与单于对敌，因此把前将军李广调开。李广当时也知道内情，所以坚决要求大将军收回命令。大将军不答应他的请求，命长史写文书发到李广的幕府，对他说：“赶快到右将军部队中去，照文书上写的办。”李广不向大将军告辞就起程了，心中非常恼怒地前往自己的队伍中，领兵与右将军赵食其合兵后从东路出发。军队没有向导，迷失方向，走错了路，结果落在大将军之后。大将军与单于交战，单于逃跑，卫青没有战果只好回兵。大将军向南行横穿沙漠，遇到了前将军和右将军。李广谒见大将军后，回到自己军中。大将军派长史带着干粮和酒送给李广，顺便询问李广和赵食其迷失道路的情况，卫青要给天子上书报告详细的军情。李广没有回答，大将军派长史急切责令李广幕府的人前去回答质问。李广说：“校尉们没有罪，是我自己迷失道路。我现在亲自到大将军幕府去回答对质。”

到了大将军幕府，李广对他的部下说：“我李广从年轻时起与匈奴交战大小七十多次，如今有幸随大将军出征同单于军队交战，可大将军又迁调我的队伍去走迂回绕远的路，偏又迷失道路，难道不是天意吗！况且我李广已六十多岁了，毕竟不能再受那些刀笔吏的侮辱。”于是拔刀自刎。李广军中的所有将士都为之痛哭。百姓听到这个消息，不论认识的不认识的，不论老年人壮年人都为李广落泪。而右将军赵食其单独被交给法吏，判为死罪，用财物赎罪，降为平民。

李广有三个儿子，名叫当户、椒、敢，都任郎官。一次天子和韩嫣戏耍，韩嫣有点放肆，李当户就击打韩嫣，韩嫣逃走。于是天子认为当户很勇敢。当户死得早，李椒被封为代郡太守，二人都比李广先死。当户有遗腹子名李陵。李广死在军中时，李敢正跟随骠骑将军霍去病。李广死后第二年，李蔡在丞相之位时因侵占孝景帝陵园神道两旁的空地而获罪，应当送交法吏查办，李蔡也自杀，不愿受审对质，封国被废除。李敢以校尉的身份随从骠骑将军出击匈奴左贤王,奋力作战,夺得左贤王的战鼓和军旗,斩杀敌人首级很多,赐封他关内侯的爵位,封给食邑二百户,接替李广任郎中令。不久,李敢怨恨大将军卫青使他父亲饮恨自杀,就打伤了大将军,大将军将此事隐瞒下来,没有说出去。又过了不久,李敢随从皇上去雍县,到甘泉宫打猎。骠骑将军霍去病和卫青有亲戚关系,就射死了李敢。霍去病当时正显贵受宠,皇上就隐瞒真相,说李敢是被鹿撞死的。又过一年多,霍去病死去。李敢有个女儿是太子的侍妾,很受宠爱,李敢的儿子李禹也受太子宠爱,但他贪财好利,李氏家族日渐败落衰微了。

李陵到壮年以后,被选任为建章监,监管所有骑兵。他善于射箭,爱护士卒。天子认为李家世代为将,因而让李陵率领八百骑兵。李陵曾深入匈奴境内两千多里,穿过居延海,观察地形,没有遇见敌人就回来了。后被拜授为骑都尉,统率丹阳的楚兵五千人,在酒泉、张掖教习射箭,屯驻在那里防备匈奴。

数年后,天汉二年秋,贰师将军李广利率三万骑兵在祁连天山进攻匈奴右贤王,皇帝派李陵率他的步兵射手五千人,出兵到居延海以北大约一千里的地方,想以此分散匈奴的兵力,不让他们专门去对付贰师将军。李陵已到预定期限就要回兵,而单于用八万大军包围截击李陵的队伍。李陵的军队只有五千人,箭已射光,士兵死了大半,但他们杀伤匈奴也有一万多人。李陵军边退边战,接连战斗了八天,还没走到离居延海一百多里的地方,匈奴兵拦堵住狭窄的山谷,截断了他们的退路。李陵军队粮食缺乏,救兵也不到,敌人加紧进攻,并劝诱李陵投降。李陵说:“没脸面去回报皇帝了!”就投降了匈奴。他的军队全军覆没,余下逃散能回到汉的只有四百多人。

单于得到李陵后,因平素就听说过李陵家的名声,作战时又很勇敢,就把自己的女儿嫁给李陵,使他显贵。汉朝廷闻知后,就杀了李陵的母亲妻儿。从此以后,李家名声败落,陇西一带的人士曾为李氏门下宾客的,都以此为耻辱。

太史公说:《论语》里说“自身行为端正,就是不发命令,下面的人也知道该怎么做;自身行为不端正,即使三令五申也没有人听从”。大概李将军就是这样吧!我看到的李将军,老实厚道像个乡下人,口不善讲话。可在他死的那天,天下人无论认识他的还是不认识他的,都为他尽情哀痛。他那忠实的品格确实得到了将士的信赖呀!谚语说“桃树李树不会讲话,树下却自然地被人踩出一条小路”。这话虽然说的是小事,但可以告诉人们大道理呀。

【鉴赏】

本篇是史传文学的又一篇经典杰作。在司马迁的笔下,李广可以说是融“奇才”“奇勇”与“奇悲”于一身。称他“奇才”,是指他的射技之奇、治军用兵之奇。尤其是对李广的射技之奇,文中多次进行了细致描写,如他在做上郡太守时,追击并射杀匈奴射雕者,与数千匈奴骑兵遭遇而又射杀敌军白马将;还有马邑战时射退匈奴数百追骑而得脱,出猎时将草中石误以为虎而力射没簇,平时还以射箭与将士赌赛饮酒等等。唐代诗人卢纶有《塞下曲》专咏李广射技:“林暗草惊风,将军夜引弓。平明寻白羽,没入石棱中。”他的治军用兵更是奇之又奇,可谓从古至今绝无仅有。他治军极简易,行军时士卒皆任意而行,“无部伍行陈”,宿营时也不打更巡逻,只是远放哨探,未曾遇害,士卒“佚乐,咸乐为之死”。面对数千骑兵,他命随从的百骑解鞍纵马而卧,最终震慑匈奴兵而化险为夷。称他“奇勇”,每与匈奴兵遭遇,他总是身先士卒,甚至孤军深入,身处险境而又镇定自若。如面对匈奴左贤王四万骑兵的包围,“汉兵死者过半,汉矢且尽”“吏士皆无人色”,而李广“意气自如,益治军”。令军中佩服不已。称他“奇悲”,是指他一生虽战功卓著又备受士卒爱戴,然而按朝廷的论功制度他又总是无功无赏,最终又遭逼迫而死。李广愤而自杀的消息传出后,“广军士大夫一军皆哭。百姓闻之,知与不知,无老壮皆为垂涕”。真是一位令人可为之痛哭的悲剧人物!

本文在表现李广的“奇才”“奇勇”与“奇悲”时采用了反面对比与侧面衬托等手法,将这位悲剧英雄的形象写得生动传神,感人至深,令人嘘唏。

史记卷一百十·匈奴列传第五十

匈奴是古代生活在我国北方的一个重要的游牧民族。司马迁认为匈奴的先祖是夏禹的后裔，他们同“中国”人、秦人、楚人、越人、西南夷人都是炎黄子孙。司马迁在本篇中追溯了匈奴的历史演变，描述了匈奴的习俗、人情、制度等，记述了匈奴单于的世系，其中对冒顿单于发展、壮大匈奴之叙写最为详细。而秦汉以来匈奴与周边民族尤其是与汉王朝的关系则是本篇的重点：汉初高祖至文帝、景帝时，匈奴与汉时而征战、时而和亲，匈奴时常背信弃义，显得反复无常；武帝时，对匈奴大举征伐，炫耀武功，虽使匈奴一度远而避之，但终究是劳民伤财，得不偿失。太史公对匈奴与汉双方的攻杀掠夺、挑起战事都做了含蓄指责，论赞中则对武帝时大臣的“务谄纳其说，以便偏指”进行了批评，寓含着对武帝不知择贤、任人失当的讥讽。

匈奴，其先祖夏后氏之苗裔也，曰淳维。唐虞以上有山戎、猃狁、荤粥①，居于北蛮，随畜牧而转移。其畜之所多则马、牛、羊，其奇畜则橐駞、驴、鸁、駃騠、騊駼、驒騱②。逐水草迁徙，毋城郭常处耕田之业③，然亦各有分地④。毋文书，以言语为约束。儿能骑羊，引弓射鸟鼠；少长则射狐兔，用为食。士力能弯弓⑤，尽为甲骑。其俗，宽则随畜，因射猎禽兽为生业，急则人习战攻以侵伐，其天性也。其长兵则弓矢，短兵则刀铤。利则进，不利

①服虔曰：“尧时曰荤粥（xūn yù），周曰猃狁（xiǎn yǔn），秦曰匈奴。” ②橐駞（jué tá）：同“橐驼”，即骆驼。鸁：通“骡”，母马与公驴杂交而生。駃騠（jué tí）：母驴与公马杂交而生的驴骡。騊駼（táo tú）：北方的良马。驒騱（tuó tī）：野马名。 ③毋：通“无”。常处：固定的居处。 ④分地：领地。分：通“份”。 ⑤弯弓：贯弓，拉开弓。

则退，不羞遁走。苟利所在，不知礼义。自君王以下，咸食畜肉，衣其皮革，被旃裘①。壮者食肥美，老者食其馀。贵壮健，贱老弱。父死，妻其后母；兄弟死，皆取②其妻妻之。其俗有名不讳，而无姓字。

夏道衰，而公刘失其稷官，变于西戎，邑于豳。其后三百有馀岁，戎狄攻大③王亶父，亶父亡走岐下，而豳人悉从亶父而邑焉，作周。其后百有馀岁，周西伯昌伐畎夷氏。后十有馀年，武王伐纣而营洛邑，复居于酆鄗④，放逐戎夷泾、洛之北，以时入贡，命曰"荒服"⑤。其后二百有馀年，周道衰，而穆王伐犬戎，得四白狼四白鹿以归。自是之后，荒服不至。于是周遂作《甫刑》之辟⑥。穆王之后二百有馀年，周幽王用⑦宠姬褒姒之故，与申侯有郤。申侯怒而与犬戎共攻杀周幽王于骊山之下，遂取周之焦获，而居于泾、渭之间，侵暴中国。秦襄公救周，于是周平王去酆鄗而东徙洛邑。当是之时，秦襄公伐戎至岐，始列为诸侯。是后六十有五年，而山戎越燕而伐齐，齐釐公与战于齐郊。其后四十四年，而山戎伐燕。燕告急于齐，齐桓公北伐山戎，山戎走。其后二十有馀年，而戎狄至洛邑，伐周襄王，襄王奔于郑之氾邑。初，周襄王欲伐郑，故娶戎狄女为后，与戎狄兵共伐郑。已而黜狄后，狄后怨，而襄王后母曰惠后，有子子带，欲立之，于是惠后与狄后、子带为内应，开戎狄，戎狄以故得入，破逐周襄王，而立子带为天子。于是戎狄或居于陆浑，东至于

①被：通"披"。旃（zhān）裘：用兽毛兽皮制成的衣服。 ②取：通"娶"。 ③大：通"太"。 ④鄗（hào）：通"镐（hào）"。 ⑤荒服：离王都最远之地。《尚书·禹贡》把古代王都以外的地方分为五服，即甸服、侯服、绥服、要服、荒服。每服五百里，则荒服离王都二千五百里。 ⑥辟：法，法令。 ⑦用：因为。

卫，侵盗暴虐中国。中国疾之，故诗人歌之曰“戎狄是应”[①]，“薄伐猃狁，至于大原”[②]，“出舆彭彭”，“城彼朔方”[③]。周襄王既居外四年，乃使使告急于晋。晋文公初立，欲修霸业，乃兴师伐逐戎翟[④]，诛子带，迎内[⑤]周襄王，居于洛邑。

当是之时，秦、晋为强国。晋文公攘戎翟，居于河西圁、洛之间，号曰赤翟、白翟。秦穆公得由余，西戎八国服于秦，故自陇以西有緜诸、绲戎、翟、豲之戎，岐、梁山、泾、漆之北有义渠、大荔、乌氏、朐衍之戎。而晋北有林胡、楼烦之戎，燕北有东胡、山戎。各分散居溪谷，自有君长，往往而聚者百有馀戎，然莫能相一。

自是之后百有馀年，晋悼公使魏绛和戎翟，戎翟朝晋。后百有馀年，赵襄子逾句注而破并代以临胡貉。其后既与韩魏共灭智伯，分晋地而有之，则赵有代、句注之北，魏有河西、上郡，以与戎界边。其后义渠之戎筑城郭以自守，而秦稍蚕食，至于惠王，遂拔义渠二十五城。惠王击魏，魏尽入西河及上郡于秦。秦昭王时，义渠戎王与宣太后乱，有二子。宣太后诈而杀义渠戎王于甘泉，遂起兵伐残义渠。于是秦有陇西、北地、上郡，筑长城以拒胡。而赵武灵王亦变俗胡服，习骑射，北破林胡、楼烦。筑长城，自代并阴山下，至高阙为塞，而置云中、雁门、代郡。其后燕有贤将秦开，为质于胡，胡甚信之。归而袭破走东胡，东胡却千馀里。与荆轲刺秦王秦舞阳者，开之孙也。燕亦

①戎狄是应：引自《诗经·鲁颂·閟宫》，意为抗击戎狄。应：原文作“膺”，抵抗，抗击。②薄伐猃狁，至于大原：引自《诗经·小雅·六月》，意为驱逐猃狁，至太原之北。薄：句首助词。伐：讨伐，驱逐。③出舆彭彭，城彼朔方：引自《诗经·小雅·出车》，意为出动兵车，战马盛多，筑城北方。彭（bāng）彭：盛多的样子。城：筑城。朔方：北方。④戎翟：戎狄。翟：同“狄”。⑤内：通“纳”，接纳，收容。

筑长城，自造阳至襄平。置上谷、渔阳、右北平、辽西、辽东郡以拒胡。当是之时，冠带[①]战国七，而三国边于匈奴。其后赵将李牧时，匈奴不敢入赵边。后秦灭六国，而始皇帝使蒙恬将十万之众北击胡，悉收河南地。因河为塞，筑四十四县城临河，徙適戍[②]以充之。而通直道，自九原至云阳，因边山险堑溪谷可缮者治之，起临洮至辽东万馀里。又度河据阳山、北假中。

当是之时，东胡强而月氏盛。匈奴单于曰头曼，头曼不胜秦，北徙。十馀年而蒙恬死，诸侯畔秦，中国扰乱，诸秦所徙適戍边者皆复去，于是匈奴得宽，复稍度河南与中国界于故塞。

单于有太子名冒顿。后有所爱阏氏[③]，生少子。而单于欲废冒顿而立少子，乃使冒顿质于月氏。冒顿既质于月氏，而头曼急击月氏。月氏欲杀冒顿，冒顿盗其善马，骑之亡归。头曼以为壮，令将万骑。冒顿乃作为鸣镝，习勒[④]其骑射，令曰："鸣镝所射而不悉射者，斩之。"行猎鸟兽，有不射鸣镝所射者，辄斩之。已而冒顿以鸣镝自射其善马，左右或不敢射者，冒顿立斩不射善马者。居顷之，复以鸣镝自射其爱妻，左右或颇恐，不敢射，冒顿又复斩之。居顷之，冒顿出猎，以鸣镝射单于善马，左右皆射之。于是冒顿知其左右皆可用。从其父单于头曼猎，以鸣镝射头曼，其左右亦皆随鸣镝而射杀单于头曼，遂尽诛其后母与弟及大臣不听从者。冒顿自立为单于。

冒顿既立，是时东胡强盛，闻冒顿杀父自立，乃使使谓冒顿，欲得头曼时有千里马。冒顿问群臣，群臣皆曰："千里马，匈奴宝马也，勿与。"冒顿曰："奈何与人邻国而爱一马乎？"遂与之

---

①冠带：戴帽子，束腰带，意指"文明之国"、"礼仪之邦"。 ②適戍：因犯罪被罚守边的人。適（zhé）：通"谪"，犯罪被放逐。 ③阏氏（yān zhī）：匈奴单于的正妻。 ④习勒：训练。

千里马。居顷之，东胡以为冒顿畏之，乃使使谓冒顿，欲得单于一阏氏。冒顿复问左右，左右皆怒曰："东胡无道，乃求阏氏！请击之。"冒顿曰："奈何与人邻国爱一女子乎？"遂取所爱阏氏予东胡。东胡王愈益骄，西侵。与匈奴间，中有弃地，莫居，千馀里，各居其边为瓯脱①。东胡使使谓冒顿曰："匈奴所与我界瓯脱外弃地，匈奴非能至也，吾欲有之。"冒顿问群臣，群臣或曰："此弃地，予之亦可，勿予亦可。"于是冒顿大怒曰："地者，国之本也，奈何予之！"诸言予之者，皆斩之。冒顿上马，令国中有后者斩，遂东袭击东胡。东胡初轻冒顿，不为备。及冒顿以兵至，击，大破灭东胡王，而虏其民人及畜产。既归，西击走月氏，南并楼烦、白羊河南王②。悉复收秦所使蒙恬所夺匈奴地者，与汉关故河南塞，至朝那、肤施，遂侵燕、代。是时汉兵与项羽相距，中国罢于兵革，以故冒顿得自强，控弦之士三十馀万。

自淳维以至头曼千有馀岁，时大时小，别散分离，尚③矣，其世传不可得而次云。然至冒顿而匈奴最强大，尽服从北夷，而南与中国为敌国，其世传国官号乃可得而记云。

置左右贤王，左右谷蠡王，左右大将，左右大都尉，左右大当户，左右骨都侯。匈奴谓贤曰"屠耆"，故常以太子为左屠耆王。自如左右贤王以下至当户，大者万骑，小者数千，凡二十四长，立号曰"万骑"。诸大臣皆世官。呼衍氏，兰氏，其后有须卜氏，此三姓其贵种也。诸左方王将居东方，直④上谷以往者，东接秽貉、朝鲜；右方王将居西方，直上郡以西，接月氏、氐、羌；而单于之庭直代、云中：各有分地，逐水草移徙。而左右贤王、左

---

①瓯脱：边界的防御工事。或释为缓冲地带。 ②白羊河南王：匈奴的一个王。白羊为匈奴的别部，居住在河套以南，故有此称。 ③尚：通"上"，久远。 ④直：通"值"，正对着。

右谷蠡王最为大，左右骨都侯辅政。诸二十四长亦各自置千长、百长、什长、裨小王、相封、都尉、当户、且渠之属。

岁正月，诸长小会单于庭，祠。五月，大会茏城，祭其先、天地、鬼神。秋，马肥，大会蹛林，课校人畜计[①]。其法，拔刃尺[②]者死，坐盗[③]者没入其家；有罪，小者轧[④]，大者死。狱久者不过十日，一国之囚不过数人。而单于朝出营，拜日之始生，夕拜月。其坐，长左而北乡[⑤]。日上[⑥]戊己。其送死，有棺椁金银衣裘，而无封树[⑦]丧服；近幸臣妾从死者，多至数千百人[⑧]。举事而候[⑨]星月，月盛壮则攻战，月亏则退兵。其攻战，斩首虏赐一卮酒[⑩]，而所得卤获[⑪]因以予之，得人以为奴婢。故其战，人人自为趣[⑫]利，善为诱兵以冒[⑬]敌。故其见敌则逐利，如鸟之集；其困败，则瓦解云散矣。战而扶舆死者[⑭]，尽得死者家财。

后北服浑庾、屈射、丁零、鬲昆、薪犁之国。于是匈奴贵人大臣皆服，以冒顿单于为贤。

是时汉初定中国，徙韩王信于代，都马邑。匈奴大攻围马邑，韩王信降匈奴。匈奴得信，因引兵南逾句注，攻太原，至晋阳下。高帝自将兵往击之。会冬大寒雨雪，卒之堕指[⑮]者十二三，于是冒顿详败走，诱汉兵。汉兵逐击冒顿，冒顿匿其精兵，见其羸弱。于是汉悉兵，多步兵，三十二万，北逐之。高帝先至平城，步兵未尽到，冒顿纵精兵四十万骑围高帝于白登，七日，

①课校：清点。计：数目。 ②拔刃尺：有意要杀人而把刀拔出刀鞘一尺。 ③坐盗：犯偷盗罪。坐：因之而获罪。家：指家产。 ④轧（yà）：用车辗轧人骨节的一种酷罚。一说是刺面的刑罚。 ⑤乡：通“向”，面向，朝向。 ⑥上：通“尚”，尊崇，崇尚。 ⑦封树：坟上作为标志的树木。封：堆积泥土成坟叫封。 ⑧数千百人：《汉书·匈奴传》作“数十百人”。 ⑨候：观测，观察。 ⑩斩首虏：杀敌和俘虏敌人。卮（zhī）：酒器。 ⑪卤获：掠获的财物，战利品。卤：通“掠”。 ⑫趣：通“趋”，向，谋取。 ⑬冒：迎击，袭击。 ⑭扶舆死者：把战死者的尸体运回来。 ⑮堕指：冻掉手指。

汉兵中外不得相救饷。匈奴骑，其西方尽白马，东方尽青駹马，北方尽乌骊马，南方尽骍马。高帝乃使使间厚遗阏氏，阏氏乃谓冒顿曰："两主不相困。今得汉地，而单于终非能居之也。且汉王亦有神，单于察之。"冒顿与韩王信之将王黄、赵利期[1]，而黄、利兵又不来，疑其与汉有谋，亦取阏氏之言，乃解围之一角。于是高帝令士皆持满傅矢[2]外乡，从解角直出，竟与大军合，而冒顿遂引兵而去。汉亦引兵而罢，使刘敬结和亲之约。

是后韩王信为匈奴将，及赵利、王黄等数倍约，侵盗代、云中。居无几何，陈豨反，又与韩信合谋击代。汉使樊哙往击之，复拔代、雁门、云中郡县，不出塞。是时匈奴以汉将众往降，故冒顿常往来侵盗代地。于是汉患之，高帝乃使刘敬奉宗室女公主为单于阏氏，岁奉匈奴絮缯酒米食物各有数，约为昆弟以和亲，冒顿乃少止。后燕王卢绾反，率其党数千人降匈奴，往来苦上谷以东。

高祖崩，孝惠、吕太后时，汉初定，故匈奴以骄。冒顿乃为书遗高后，妄言。高后欲击之，诸将曰："以高帝贤武，然尚困于平城。"于是高后乃止，复与匈奴和亲。

至孝文帝初立，复修和亲之事。其三年五月，匈奴右贤王入居河南地，侵盗上郡葆[3]塞蛮夷，杀略人民。于是孝文帝诏丞相灌婴发车骑八万五千，诣高奴，击右贤王。右贤王走出塞。文帝幸太原。是时济北王反，文帝归，罢丞相击胡之兵。

其明年，单于遗汉书曰："天所立匈奴大单于敬问皇帝无恙。前时皇帝言和亲事，称书意[4]，合欢。汉边吏侵侮右贤王，

---

①期：约定日期。 ②傅矢：箭上弦。傅：同"附"，此处指搭箭。 ③葆：通"堡"，小城，堡垒。 ④称：相称。书意：信中的旨意。

右贤王不请，听后义卢侯难氏等计，与汉吏相距，绝二主之约，离兄弟之亲。皇帝让书再至，发使以书报，不来，汉使不至，汉以其故不和，邻国不附。今以小吏之败约故，罚右贤王，使之西求月氏击之。以天之福，吏卒良，马强力，以夷灭月氏，尽斩杀降下之。定楼兰、乌孙、呼揭及其旁二十六国，皆以为匈奴。诸引弓之民，并为一家。北州已定，愿寝兵①休士卒养马，除前事，复故约，以安边民，以应始古，使少者得成其长，老者安其处，世世平乐。未得皇帝之志也，故使郎中系雩浅奉书请，献橐他一匹，骑马二匹，驾二驷。皇帝即②不欲匈奴近塞，则且③诏吏民远舍。使者至，即遣之。"以六月中来至薪望之地。书至，汉议击与和亲孰便。公卿皆曰："单于新破月氏，乘胜，不可击。且得匈奴地，泽卤④，非可居也。和亲甚便。"汉许之。

孝文皇帝前六年，汉遗匈奴书曰："皇帝敬问匈奴大单于无恙。使郎中系雩浅遗朕书曰：'右贤王不请，听后义卢侯难氏等计，绝二主之约，离兄弟之亲，汉以故不和，邻国不附。今以小吏败约，故罚右贤王使西击月氏，尽定之。愿寝兵休士卒养马，除前事，复故约，以安边民，使少者得成其长，老者安其处，世世平乐。'朕甚嘉之，此古圣主之意也。汉与匈奴约为兄弟，所以遗单于甚厚。倍约离兄弟之亲者，常在匈奴。然右贤王事已在赦前，单于勿深诛⑤。单于若称书意，明告诸吏，使无负约，有信，敬如单于书。使者言单于自将伐国有功，甚苦兵事。服⑥绣袷绮衣、绣袷长襦、锦袷袍各一，比余⑦一，黄金饰具带一，黄金胥纰⑧一，绣十匹，锦三十匹，赤绨、绿缯各四十匹，使中大夫意、

①寝兵：休兵，停战。②即：如果。③且：将要。④泽卤：低洼盐碱地。⑤诛：责罚。⑥服：天子所穿戴的衣物。⑦比余：金制的似梳的发饰。比：通"篦"。⑧胥纰：或作"犀毗"，金制衣带钩。

谒者令肩遗单于。”

后顷之，冒顿死，子稽粥立，号曰老上单于。

老上稽粥单于初立，孝文皇帝复遣宗室女公主为单于阏氏，使宦者燕人中行说傅[①]公主。说不欲行，汉强使之。说曰：“必我行也，为汉患者。”中行说既至，因降单于，单于甚亲幸之。

初，匈奴好汉缯絮食物，中行说曰：“匈奴人众不能当汉之郡，然所以强者，以衣食异，无仰于汉也。今单于变俗好汉物，汉物不过什二，则匈奴尽归于汉矣。其得汉缯絮，以驰草棘中，衣袴皆裂敝，以示不如旃裘之完善也。得汉食物皆去之，以示不如湩酪[②]之便美也。”于是说教单于左右疏记[③]，以计课[④]其人众畜物。

汉遗单于书，牍以尺一寸，辞曰“皇帝敬问匈奴大单于无恙”，所遗物及言语云云。中行说令单于遗汉书以尺二寸牍，及印封皆令广大长[⑤]，倨傲其辞曰“天地所生日月所置匈奴大单于敬问汉皇帝无恙”，所以遗物言语亦云云。

汉使或言曰：“匈奴俗贱老。”中行说穷[⑥]汉使曰：“而[⑦]汉俗屯戍从军当发者，其老亲岂有不自脱温厚肥美以赍送饮食行戍乎[⑧]？”汉使曰：“然。”中行说曰：“匈奴明以战攻为事，其老弱不能斗，故以其肥美饮食壮健者，盖以自为守卫，如此父子各得久相保，何以言匈奴轻老也？”汉使曰：“匈奴父子乃同穹庐而卧。父死，妻其后母；兄弟死，尽取其妻妻之。无冠带之饰，阙庭之礼。”中行说曰：“匈奴之俗，人食畜肉，饮其汁，衣其皮；畜食草

---

①傅：辅佐，教导。 ②湩（dòng）：乳汁。酪（lào）：乳汁制品。 ③疏记：用文字记事。 ④计课：计算，统计。 ⑤印：印章。封：封泥。 ⑥穷：使之困窘，使之无法回答。 ⑦而：通“尔”，你，你们。 ⑧脱：让出。温厚：指暖和的衣服。肥美：肥肉美肴，此泛指美好的食物。赍（jī）：送给。行戍：外出戍守的人。

饮水，随时转移。故其急则人习骑射，宽则人乐无事，其约束轻，易行也。君臣简易[①]，一国之政犹一身也。父子兄弟死，取其妻妻之，恶种姓之失也。故匈奴虽乱，必立宗种。今中国虽详不取其父兄之妻，亲属益疏则相杀，至乃易姓，皆从此类。且礼义之敝[②]，上下交怨望，而室屋之极，生力必屈。夫力耕桑以求衣食，筑城郭以自备，故其民急则不习战功，缓则罢于作业。嗟土室之人，顾[③]无多辞，令喋喋而占占[④]，冠固何当？”

自是之后，汉使欲辩论者，中行说辄曰：“汉使无多言，顾汉所输匈奴缯絮米蘖，令其量中，必善美而已矣，何以为言乎？且所给备善则已；不备，苦恶[⑤]，则候秋孰，以骑驰蹂而稼穑耳。”日夜教单于候利害处。

汉孝文皇帝十四年，匈奴单于十四万骑入朝那、萧关，杀北地都尉卬，虏人民畜产甚多，遂至彭阳。使奇兵入烧回中宫，候骑至雍甘泉。于是文帝以中尉周舍、郎中令张武为将军，发车千乘，骑十万，军长安旁以备胡寇。而拜昌侯卢卿为上郡将军，宁侯魏遬为北地将军，隆虑侯周灶为陇西将军，东阳侯张相如为大将军，成侯董赤为前将军，大发车骑往击胡。单于留塞内月馀乃去，汉逐出塞即还，不能有所杀。匈奴日已骄，岁入边，杀略人民畜产甚多，云中、辽东最甚，至代郡万馀人。汉患之，乃使使遗匈奴书。单于亦使当户报谢，复言和亲事。

孝文帝后二年，使使遗匈奴书曰：“皇帝敬问匈奴大单于无恙。使当户且居雕渠难、郎中韩辽遗朕马二匹，已至，敬受。先帝制：长城以北，引弓之国，受命单于；长城以内，冠带之室，朕

---

①简易：指礼节简便易行。 ②敝：通“弊”，弊病。 ③顾：姑且。 ④占占：义同“呫(chè)呫”，唠叨不停的样子。 ⑤苦恶：粗劣，质量不好。

亦制之。使万民耕织射猎衣食，父子无离，臣主相安，俱无暴逆。今闻渫恶民贪降其进取之利①，倍义绝约，忘万民之命，离两主之欢，然其事已在前矣。书曰：'二国已和亲，两主欢说，寝兵休卒养马，世世昌乐，闟然②更始。'朕甚嘉之。圣人者日新，改作更始，使老者得息，幼者得长，各保其首领而终其天年③。朕与单于俱由此道，顺天恤民，世世相传，施④之无穷，天下莫不咸便。汉与匈奴邻国之敌⑤，匈奴处北地，寒，杀气早降，故诏吏遗单于秫糵金帛丝絮佗⑥物岁有数。今天下大安，万民熙熙，朕与单于为之父母。朕追念前事，薄物细故⑦，谋臣计失，皆不足以离兄弟之欢。朕闻天不颇覆，地不偏载。朕与单于皆捐往细故，俱蹈大道，堕坏前恶⑧，以图长久，使两国之民若一家子。元元⑨万民，下及鱼鳖，上及飞鸟，跂行喙息蠕动之类⑩，莫不就安利而辟危殆。故来者不止，天之道也。俱去前事：朕释逃虏民，单于无言章尼等。朕闻古之帝王，约分明而无食言。单于留志⑪，天下大安，和亲之后，汉过不先。单于其察之。"

单于既约和亲，于是制诏御史曰："匈奴大单于遗朕书，言和亲已定，亡人不足以益众广地，匈奴无入塞，汉无出塞，犯今约者杀之，可以久亲，后无咎⑫，俱便，朕已许之。其布告天下，使明知之。"

后四岁，老上稽粥单于死，子军臣立为单于。既立，孝文皇帝复与匈奴和亲。而中行说复事之。

---

①渫(xiè)：污浊。贪降：贪恋。 ②闟(xī)然：安定、稳定的样子。 ③首领：此指生命。天年：自然寿命。 ④施：延续。 ⑤敌：势力相当。 ⑥佗：同"他"。 ⑦薄物细故：微小的事。 ⑧堕坏：此指忘记。前恶：以前不愉快的事。 ⑨元元：善良之意。 ⑩跂(qí)行：虫类爬行，此指爬行类的动物。喙(huì)息：鸟用嘴呼吸，此指鸟类。 ⑪留志：留意，留心。 ⑫咎：祸殃，祸患。

军臣单于立四岁，匈奴复绝和亲，大入上郡、云中各三万骑，所杀略甚众而去。于是汉使三将军军屯北地，代屯句注，赵屯飞狐口，缘边亦各坚守以备胡寇。又置三将军，军长安西细柳、渭北棘门、霸上以备胡。胡骑入代句注边，烽火通于甘泉、长安。数月，汉兵至边，匈奴亦去远塞，汉兵亦罢。后岁馀，孝文帝崩，孝景帝立，而赵王遂乃阴使人于匈奴。吴楚反，欲与赵合谋入边。汉围破赵，匈奴亦止。自是之后，孝景帝复与匈奴和亲，通关市，给遗匈奴，遣公主，如故约。终孝景时，时小入盗边，无大寇。

今帝即位，明和亲约束，厚遇，通关市，饶给之。匈奴自单于以下皆亲汉，往来长城下。

汉使马邑下人聂翁壹奸兰①出物与匈奴交，详为卖马邑城以诱单于。单于信之，而贪马邑财物，乃以十万骑入武州塞。汉伏兵三十馀万马邑旁，御史大夫韩安国为护军，护②四将军以伏单于。单于既入汉塞，未至马邑百馀里，见畜布野而无人牧者，怪之，乃攻亭。是时雁门尉史行徼③，见寇，葆④此亭，知汉兵谋。单于得，欲杀之，尉史乃告单于汉兵所居。单于大惊曰："吾固疑之。"乃引兵还。出曰："吾得尉史，天也，天使若⑤言。"以尉史为"天王"。汉兵约单于入马邑而纵⑥。单于不至，以故汉兵无所得。汉将军王恢部出代击胡辎重，闻单于还，兵多，不敢出。汉以恢本造兵谋而不进，斩恢。自是之后，匈奴绝和亲，攻当路塞⑦，往往入盗于汉边，不可胜数。然匈奴贪，尚乐关市，嗜汉财物，汉亦尚关市不绝以中⑧之。

---

①奸兰：违犯禁令。奸：干犯，违犯。兰：通"栏"，此指约束人们的禁令。 ②护：协调，统领。 ③行徼：巡察边塞哨所。徼（jiào）：边界，边境。 ④葆：通"保"，依托，躲藏。 ⑤若：你。 ⑥纵：纵兵，出击。 ⑦攻当路塞：直通要道的边塞。 ⑧中：迎合，投其所好。

自马邑军后五年之秋，汉使四将军各万骑击胡关市下。将军卫青出上谷，至茏城，得胡首虏七百人。公孙贺出云中，无所得。公孙敖出代郡，为胡所败七千馀人。李广出雁门，为胡所败，而匈奴生得广，广后得亡归。汉囚敖、广，敖、广赎为庶人。其冬，匈奴数入盗边，渔阳尤甚。汉使将军韩安国屯渔阳备胡。其明年秋，匈奴二万骑入汉，杀辽西太守，略二千馀人。胡又入败渔阳太守军千馀人，围汉将军安国。安国时千馀骑亦且尽，会燕救至，匈奴乃去。匈奴又入雁门，杀略千馀人。于是汉使将军卫青将三万骑出雁门，李息出代郡，击胡，得首虏数千人。其明年，卫青复出云中以西至陇西，击胡之楼烦、白羊王于河南，得胡首虏数千，牛羊百馀万。于是汉遂取河南地，筑朔方，复缮故秦时蒙恬所为塞，因河为固。汉亦弃上谷之什辟[①]县造阳地以予胡。是岁，汉之元朔二年也。

其后冬，匈奴军臣单于死。军臣单于弟左谷蠡王伊稚斜自立为单于，攻破军臣单于太子于单。于单亡降汉，汉封于单为涉安侯，数月而死。

伊稚斜单于既立，其夏，匈奴数万骑入杀代郡太守恭友，略千馀人。其秋，匈奴又入雁门，杀略千馀人。其明年，匈奴又复入代郡、定襄、上郡，各三万骑，杀略数千人，匈奴右贤王怨汉夺之河南地而筑朔方，数为寇，盗边，及入河南，侵扰朔方，杀略吏民甚众。

其明年春，汉以卫青为大将军，将六将军，十馀万人，出朔方、高阙击胡。右贤王以为汉兵不能至，饮酒醉，汉兵出塞六七百里，夜围右贤王。右贤王大惊，脱身逃走，诸精骑往往随后

---

①什辟：通“斗僻”，曲折幽僻，此指与匈奴地界交错而偏僻之地。

去。汉得右贤王众男女万五千人，裨小王十馀人。其秋，匈奴万骑入杀代郡都尉朱英，略千馀人。

其明年春，汉复遣大将军卫青将六将军，兵十馀万骑，乃再出定襄数百里击匈奴，得首虏前后凡万九千馀级，而汉亦亡两将军军三千馀骑。右将军建得以身脱，而前将军翕侯赵信兵不利，降匈奴。赵信者，故胡小王，降汉，汉封为翕侯，以前将军与右将军并军分行，独遇单于兵，故尽没。单于既得翕侯，以为自次王，用其姊妻之，与谋汉。信教单于益北绝幕[①]，以诱罢汉兵，徼[②]极而取之，无近塞。单于从其计。

其明年，胡骑万人入上谷，杀数百人。

其明年春，汉使骠骑将军去病将万骑出陇西，过焉支山千馀里，击匈奴，得胡首虏万八千馀级，破得休屠王祭天金人。其夏，骠骑将军复与合骑侯数万骑出陇西、北地二千里，击匈奴。过居延，攻祁连山，得胡首虏三万馀人，裨小王以下七十馀人。是时匈奴亦来入代郡、雁门，杀略数百人。汉使博望侯及李将军广出右北平，击匈奴左贤王。左贤王围李将军，卒可[③]四千人，且尽，杀虏亦过当[④]。会博望侯军救至，李将军得脱。汉失亡数千人，合骑侯后骠骑将军期，及与博望侯皆当死，赎为庶人。

其秋，单于怒浑邪王、休屠王居西方为汉所杀虏数万人，欲召诛之。浑邪王与休屠王恐，谋降汉，汉使骠骑将军往迎之。浑邪王杀休屠王，并将其众降汉。凡四万馀人，号十万。于是汉已得浑邪王，则陇西、北地、河西益少胡寇，徙关东贫民处所

---

①益北：再向北迁移。绝幕：越过沙漠。幕：通“漠”。 ②徼：通“邀”，求得，等待。③可：大约。 ④过当：杀死敌兵数目超过自己军队损失的数目。

夺匈奴河南、新秦中以实之,而减北地以西戍卒半。其明年,匈奴入右北平、定襄各数万骑,杀略千馀人而去。

其明年春,汉谋曰“翕侯信为单于计,居幕北,以为汉兵不能至”。乃粟马[①],发十万骑,私负[②]从马凡十四万匹,粮重不与焉[③],令大将军青、骠骑将军去病中分军,大将军出定襄,骠骑将军出代,咸约绝幕击匈奴。单于闻之,远其辎重,以精兵待于幕北。与汉大将军接战一日,会暮,大风起,汉兵纵左右翼围单于。单于自度战不能如汉兵,单于遂独身与壮骑数百溃汉围西北遁走。汉兵夜追不得。行斩捕匈奴首虏万九千级,北至阗颜山赵信城而还。

单于之遁走,其兵往往与汉兵相乱而随单于。单于久不与其大众相得,其右谷蠡王以为单于死,乃自立为单于。真单于复得其众,而右谷蠡王乃去其单于号,复为右谷蠡王。

汉骠骑将军之出代二千馀里,与左贤王接战,汉兵得胡首虏凡七万馀级,左贤王将皆遁走。骠骑封[④]于狼居胥山,禅[⑤]姑衍,临翰海而还。

是后匈奴远遁,而幕南无王庭。汉度河自朔方以西至令居,往往通渠置田官,吏卒五六万人,稍蚕食,地接匈奴以北。

初,汉两将军大出围单于,所杀虏八九万,而汉士卒物故[⑥]亦数万,汉马死者十馀万。匈奴虽病[⑦],远去,而汉亦马少,无以复往。匈奴用赵信之计,遣使于汉,好辞请和亲。天子下其议,或言和亲,或言遂臣之。丞相长史任敞曰:“匈奴新破,困,宜可使为外臣,朝请[⑧]于边。”汉使任敞于单于。单于闻敞计,大怒,

---

①粟马:用粟米喂马。 ②私负:指自愿担负衣食马匹随军队出征的人。 ③粮重:指粮食辎重。与:指计算在内。 ④封:在山上建神坛祭天。 ⑤禅:在山下建场祭地。 ⑥物故:死亡。 ⑦病:疲惫。 ⑧朝请:诸侯王朝见天子,春天朝见叫朝,秋天朝见称请。

留之不遣。先是汉亦有所降匈奴使者，单于亦辄留汉使相当①。汉方复收士马，会骠骑将军去病死，于是汉久不北击胡。

数岁，伊稚斜单于立十三年死，子乌维立为单于。是岁，汉元鼎三年也。乌维单于立，而汉天子始出巡郡县。其后汉方南诛两越，不击匈奴，匈奴亦不侵入边。

乌维单于立三年，汉已灭南越，遣故太仆贺将万五千骑出九原二千馀里，至浮苴井而还，不见匈奴一人。汉又遣故从骠侯赵破奴万馀骑出令居数千里，至匈河水而还，亦不见匈奴一人。

是时天子巡边，至朔方，勒兵十八万骑以见武节②，而使郭吉风③告单于。郭吉既至匈奴，匈奴主客问所使，郭吉礼卑言好，曰："吾见单于而口言。"单于见吉，吉曰："南越王头已悬于汉北阙。今单于即能前与汉战，天子自将兵待边；单于即不能，即南面而臣于汉。何徒远走，亡匿于幕北寒苦无水草之地，毋为也。"语卒而单于大怒，立斩主客见者，而留郭吉不归，迁之北海上。而单于终不肯为寇于汉边，休养息士马，习射猎，数使使于汉，好辞甘言求请和亲。

汉使王乌等窥匈奴。匈奴法，汉使非去节而以墨黥其面者不得入穹庐④。王乌，北地人，习胡俗，去其节，黥面，得入穹庐。单于爱之，详许甘言，为遣其太子入汉为质，以求和亲。

汉使杨信于匈奴。是时汉东拔秽貉、朝鲜以为郡，而西置酒泉郡以鬲⑤绝胡与羌通之路。汉又西通月氏、大夏，又以公主妻乌孙王，以分匈奴西方之援国。又北益广田至眩雷为塞，而

①相当：相抵。 ②见：通"现"，显示，炫耀。武节：军威，武力。 ③风：通"讽"，婉言劝告。 ④节：使者用作凭证的信物。黥(qíng)：此指以墨涂面。 ⑤鬲：通"隔"。

匈奴终不敢以为言。是岁，翕侯信死，汉用事者以匈奴为已弱，可臣从也。杨信为人刚直屈强，素非贵臣，单于不亲。单于欲召入，不肯去节，单于乃坐穹庐外见杨信。杨信既见单于，说曰："即欲和亲，以单于太子为质于汉。"单于曰："非故约。故约，汉常遣翁主[①]，给缯絮食物有品，以和亲，而匈奴亦不扰边。今乃欲反古，令吾太子为质，无几[②]矣。"匈奴俗，见汉使非中贵人，其儒先，以为欲说，折其辩；其少年，以为欲刺[③]，折其气。每汉使入匈奴，匈奴辄报偿。汉留匈奴使，匈奴亦留汉使，必得当乃肯止。

杨信既归，汉使王乌，而单于复谄[④]以甘言，欲多得汉财物，绐[⑤]谓王乌曰："吾欲入汉见天子，面相约为兄弟。"王乌归报汉，汉为单于筑邸于长安。匈奴曰："非得汉贵人使，吾不与诚语。"匈奴使其贵人至汉，病，汉予药，欲愈之，不幸而死。而汉使路充国佩二千石印绶往使，因送其丧，厚葬直数千金，曰"此汉贵人也"。单于以为汉杀吾贵使者，乃留路充国不归。诸所言者，单于特空绐王乌，殊无意入汉及遣太子来质。于是匈奴数使奇兵侵犯边。汉乃拜郭昌为拔胡将军，及浞野侯屯朔方以东，备胡。路充国留匈奴三岁，单于死。

乌维单于立十岁而死，子乌师庐立为单于。年少，号为儿单于。是岁元封六年也。自此之后，单于益西北，左方兵直[⑥]云中，右方直酒泉、敦煌郡。

儿单于立，汉使两使者，一吊单于，一吊右贤王，欲以乖[⑦]其国。使者入匈奴，匈奴悉将致单于。单于怒而尽留汉使。汉使

---

①翁主：汉代诸侯之女。汉与匈奴约定时，都说是嫁以"公主"。 ②几：希望，指望。③刺：指刺，指责。 ④谄（chǎn）：同"谄"，谄媚，阿谀，奉承。 ⑤绐（dài）：哄骗，欺骗。⑥直：通"值"，冲着，正对着。 ⑦乖：离间，使之不和。

留匈奴者前后十馀辈[1]，而匈奴使来，汉亦辄留相当。

是岁，汉使贰师将军广利西伐大宛，而令因杅将军敖筑受降城。其冬，匈奴大雨雪，畜多饥寒死。儿单于年少，好杀伐，国人多不安。左大都尉欲杀单于，使人间告汉曰："我欲杀单于降汉，汉远，即兵来迎我，我即发。"初，汉闻此言，故筑受降城，犹以为远。

其明年春，汉使浞野侯破奴将二万馀骑出朔方西北二千馀里，期至浚稽山而还。浞野侯既至期而还，左大都尉欲发而觉，单于诛之，发左方兵击浞野。浞野侯行捕首虏得数千人。还，未至受降城四百里，匈奴兵八万骑围之。浞野侯夜自出求水，匈奴间捕，生得浞野侯，因急击其军。军中郭纵为护，维王为渠[2]，相与谋曰："及诸校尉畏亡将军而诛之，莫相劝归。"军遂没于匈奴。匈奴儿单于大喜，遂遣奇兵攻受降城。不能下，乃寇入边而去。其明年，单于欲自攻受降城，未至，病死。

儿单于立三岁而死。子年少，匈奴乃立其季父[3]乌维单于弟右贤王呴犁湖为单于。是岁太初三年也。

呴犁湖单于立，汉使光禄徐自为出五原塞数百里，远者千馀里，筑城鄣[4]列亭至庐朐，而使游击将军韩说、长平侯卫伉屯其旁，使强弩都尉路博德筑居延泽上。

其秋，匈奴大入定襄、云中，杀略数千人，败数二千石而去，行破坏光禄所筑城列亭鄣。又使右贤王入酒泉、张掖，略数千人。会任文击救，尽复失所得而去。是岁，贰师将军破大宛，斩其王而还。匈奴欲遮[5]之，不能至。其冬，欲攻受降城，会单于

---

①辈：批。 ②渠：渠帅，首领。 ③季：古人以伯（孟）、仲、叔、季排行，"季"指同辈人中年纪最小的。季父：小叔父。 ④鄣（zhàng）：小的城堡。 ⑤遮：拦阻，阻击。

病死。

呴犁湖单于立一岁死，匈奴乃立其弟左大都尉且鞮侯为单于。

汉既诛大宛，威震外国。天子意欲遂困胡，乃下诏曰：“高皇帝遗朕平城之忧，高后时单于书绝①悖逆。昔齐襄公复九世之仇，《春秋》大②之。”是岁太初四年也。

且鞮侯单于既立，尽归汉使之不降者，路充国等得归。单于初立，恐汉袭之，乃自谓“我儿子，安敢望汉天子！汉天子，我丈人行也③”。汉遣中郎将苏武厚币赂遗单于④。单于益骄，礼甚倨，非汉所望也。其明年，浞野侯破奴得亡归汉。

其明年，汉使贰师将军广利以三万骑出酒泉，击右贤王于天山，得胡首虏万馀级而还。匈奴大围贰师将军，几不脱，汉兵物故什六七。汉复使因杅将军敖出西河，与强弩都尉会涿涂山，毋所得。又使骑都尉李陵将步骑五千人，出居延北千馀里，与单于会，合战，陵所杀伤万馀人，兵及食尽，欲解归⑤，匈奴围陵，陵降匈奴，其兵遂没，得还者四百人。单于乃贵陵，以其女妻之。

后二岁，复使贰师将军将六万骑、步兵十万，出朔方。强弩都尉路博德将万馀人，与贰师会。游击将军说将步骑三万人，出五原。因杅将军敖将万骑、步兵三万人，出雁门。匈奴闻，悉远其累重于余吾水北，而单于以十万骑待水南，与贰师将军接战。贰师乃解而引归，与单于连战十馀日。贰师闻其家以巫蛊族灭，因并众降匈奴，得来还千人一两人耳。游击说无所得。

---

①绝：极其，极端。 ②大：赞颂，赞美。 ③丈人：对年长的尊称。行：辈分。 ④币：礼物。赂(lù)：赠送的财物。 ⑤解：解除困境，摆脱困境。

因杅敖与左贤王战，不利，引归。是岁汉兵之出击匈奴者不得言功多少，功不得御①。有诏捕太医令随但，言贰师将军家室族灭，使广利得降匈奴。

太史公曰：孔氏著《春秋》，隐、桓之间则章②，至定、哀之际则微③，为其切当世之文而罔褒，忌讳之辞也。世俗之言匈奴者，患其徼④一时之权，而务谄纳其说，以便偏指⑤，不参⑥彼己；将率席中国广大⑦，气奋，人主因以决策，是以建功不深。尧虽贤，兴事业不成，得禹而九州宁。且欲兴圣统，唯在择任将相哉！唯在择任将相哉！

【译文】

匈奴的祖先是夏后氏的后代，叫淳维。唐尧、虞舜以前就有山戎、猃狁、荤粥，居住在北方蛮荒之地，随着放牧而迁移。他们的牲畜较多是马、牛、羊，他们珍贵的牲畜是骆驼、驴、骡、駃騠、騊駼、驒騱。他们追寻水草而迁徙，没有城郭和固定的居处，不搞耕田农事，但也各有自己的领地。没有文字和书籍，用言语来约束人们的行动。儿童即能骑羊，拉弓射杀鸟和鼠；稍微长大就能射杀狐兔，用作食物。成年男子能拉开弓的，全都披铠甲骑战马。匈奴的风俗，没有战事，则随意游牧，以射猎飞禽走兽为谋生之业；有了战事，则人人练习攻战本领，以侵袭掠夺，这是他们的天性。他们的长兵器有弓和箭，短兵器有刀和小矛。形势有利就进攻，不利就后退，不以逃跑为羞耻之事。只要有利可得，就不管礼义是否允许。自君王以下，都以牲畜之肉为主食，穿牲畜的皮革做的衣服，披着兽毛兽皮做的衣服。强壮的人吃肥美的食物，老人则吃剩余的食物。他们看重壮健之人，轻视老弱者。父亲死去，儿子则以后母为妻；兄弟死

---

①御：相抵，相当。 ②章：通“彰”，显著，明白直露。 ③微：隐晦含蓄。 ④徼：同“邀”，获得，求取。 ⑤偏指：同“偏旨”，偏颇的主张。 ⑥参：考察，考虑。 ⑦率：通“帅”。席：凭恃，依仗。

去,活着的兄弟就娶他的妻子为妻。匈奴人的习俗有名却不避讳,但没有姓和字。

夏朝政道衰微,公刘失去了稷官的职事,改变西戎的风俗,在豳地建立都邑。之后三百多年,戎狄进攻周太王亶父,亶父逃到岐山下,而豳地百姓都随亶父来到岐山下,在此营造城邑,兴建周国。之后一百多年,周西伯姬昌讨伐畎夷氏。之后十多年,周武王讨伐商纣王,并营建洛邑,重又回到酆京、镐京居住,把戎夷放逐到泾水和洛水以北,让他们按时向周进贡,称为"荒服"。之后二百余年,周朝政道衰微,周穆王讨伐犬戎,获得四条白狼和四只白鹿返回。从此以后,荒服的戎夷之人不再来镐京进贡。于是周王朝就制定了《甫刑》的法令。穆王之后二百余年,周幽王因为宠幸褒姒的缘故,与申侯有了仇怨。申侯发怒,就和犬戎一起在骊山之下攻打并杀死了周幽王,犬戎就夺得了周朝的焦获,居住到泾水、渭水之间,侵犯中国。这时秦襄公援救周王朝,于是周平王离开酆京、镐京,向东迁徙到洛邑。就在这时,秦襄公攻打戎人来到岐山,开始被封为诸侯。此后六十五年,山戎越过燕国进攻齐国,齐釐公同山戎在齐国都城郊外交战。此后四十四年,山戎进攻燕国。燕国向齐国告急,齐桓公北上讨伐山戎,山戎逃走。此后二十多年,戎狄来到洛邑,攻打周襄王,襄王逃奔到郑国的氾邑。最初,周襄王想讨伐郑国,所以娶了戎狄的女子做王后,同戎狄之兵一起讨伐郑国。不久,襄王废黜狄后,狄后怨恨,而襄王的后母叫惠后,有个儿子叫子带,想立他为王,于是惠后同狄后、子带为内应,为戎狄打开城门,因此戎狄得以进城,打败并赶走周襄王,而立子带为天子。于是戎狄中的一些人就住到陆浑,向东到达卫国,侵犯虐害中国。中国人痛恨他们,所以诗人作诗说"戎狄是应","薄伐猃狁,至于大原","出舆彭彭,城彼朔方"。周襄王在外住了四年,于是派使者向晋国告急。当时晋文公刚刚即位,想要创建霸业,就发兵讨伐驱逐了戎狄,杀了子带,迎回周襄王,居住在洛邑。

在那时候,秦、晋是强国。晋文公赶跑的戎狄,居住在河西的圁水、洛水之间,称为赤狄、白狄。秦穆公得到由余的辅助,使西戎八国都服从秦国，所以从陇地往西有緜诸、绲戎、狄、豲等戎族，岐山、梁山、泾水、漆水以北，有义渠、大荔、乌氏、朐衍等戎族。而晋国北部有林胡、楼烦等戎族，燕国北部有东胡和山戎。各自分散居住在溪谷里，都有自己的君长，常常聚在一起的有一百多个戎族部落，但都不能相互统一。

此后过了一百多年，晋悼公派魏绛与戎狄讲和，戎狄朝见晋国。又过了一百多年，赵襄子越过句注山，击败并吞并了代地，逼近胡人和貉人地区。此后，赵襄子与韩康子、魏桓子共同消灭了智伯，瓜分了晋国并占有了它的土地，这样，赵国就占有了代地和句注山以北的土地，魏国占有了河西和上郡，因此就和戎人接界。之后，义渠的戎人修筑城郭守卫自己，而秦国逐渐蚕食他们，到了惠王时，就攻取了义渠的二十五城。惠王攻打魏国，魏国把西河和上郡都给了秦国。秦昭王时，义渠戎王与宣太后淫乱，生下两个孩子。宣太后在甘泉宫谋杀了义渠戎王，于是发兵讨伐并消灭了义渠。于是秦国占有了陇西、北地、上郡，修筑长城抵御匈奴。而赵武灵王也改变风俗，穿起胡服，练习骑马射箭，打败了北方的林胡、楼烦。修筑长城，从代地沿着阴山修下去，直到高阙，建起关塞，并设置云中郡、雁门郡、代郡。此后燕国有位贤能的将领秦开，到胡人那里做人质，胡人特别信任他。他回国后袭击并赶跑了东胡，东胡后退一千多里。当年那位同荆轲一起去刺杀秦王的秦舞阳，就是秦开的孙子。燕国也修筑长城，从造阳修到襄平。设置了上谷、渔阳、右北平、辽西、辽东郡来抵御胡人。这个时候，具有文明礼俗但常彼此攻伐的大国共有七个，而其中三个和匈奴临界。后来李牧做赵国将军时，匈奴不敢进入赵国边境。其后秦灭亡了六国，秦始皇帝便派蒙恬率十万大军向北攻打匈奴，把黄河以南的土地全部收复。凭借黄河为边塞，靠近黄河修筑起四十四座城邑，迁徙因犯罪而被罚守边的人到这里，充实这些城邑。又修起直通大道，从九原直到云阳，利用山边、险要的沟堑、溪谷等可以修缮的地方筑起城池，起自临洮，终于辽东，长达万余里。又渡过黄河，占据了阳山、北假一带。

这时，东胡强大而月氏兴盛。匈奴的单于叫头曼，头曼打不过秦，就向北迁徙。过了十多年，蒙恬死去，诸侯反叛了秦国，中国混乱，那些被秦谪罚守边的人也都离此而去，于是匈奴得到宽缓，又渐渐渡过黄河，在黄河以南与中国旧有的关塞接界。

单于有太子叫冒顿。后来单于所爱的阏氏生了个小儿子。单于就想废除冒顿而立小儿子为太子，于是便派冒顿到月氏去做人质。冒顿到月氏做了人质，头曼就急攻月氏。月氏想杀掉冒顿，冒顿偷了月氏的良马，骑着它逃回匈奴。头曼认为他勇猛，就命他统领一万骑兵。冒顿就制造了一种响箭，训练他的部下骑马射箭，下令说："凡是我的响箭所射的目标，如果谁不跟着我全力去射它，就斩首。"首先射猎鸟兽，有人不射响箭所射的目标，冒顿就把他斩了。不久，冒顿以响箭射自己的良马，左右之人有不敢射的，冒顿又斩了他们。过了些日子，冒顿又用响箭射击自己的心爱的妻子，左右之人有感到恐惧的，不敢射击，冒顿又把他们斩了。又过了些日子，冒顿出去打猎，用响箭射击单于的良马，左右之人都跟着射。于是冒顿知道他左右的人都是可以用的人。他跟随单于头曼去打猎，用响箭射头曼，他左右的人也都随响箭射死了单于头曼，于是把他的后母及弟弟和不服从的大臣全部杀死。冒顿自立为单于。

冒顿做了单于后，这时东胡强盛，听说冒顿杀父自立，就派使者对冒顿说，想得到头曼时的千里马。冒顿问群臣，群臣都说："千里马是匈奴的宝马，不要给。"冒顿说："怎么同人家是邻国却吝惜一匹马呢？"于是就把千里马给了东胡。过了些时候，东胡以为冒顿畏惧他，就派使者对冒顿说，想要单于的一个阏氏。冒顿又问左右大臣，左右大臣都发怒说："东胡没有道理，竟然想要阏氏！请出兵攻打他。"冒顿说："怎么同人家为邻国却吝惜一个女子呢？"于是就把自己喜爱的阏氏送给了东胡。东胡王越来越骄横，向西进犯侵扰。东胡与匈奴之间有一块空地，没人居住，这块空地方圆一千多里，双方各在自己的一边修筑防御工事。东胡派使者对冒顿说："匈奴同我们交界的防御工事以外的空地，你们匈奴不能到达那里，我们想拥有它。"冒顿问群臣，群臣中有人说："这是被丢弃的空地，给他们也可以，不给他们也可以。"于是冒顿大怒说："土地，是国家的根本,怎可给他们!”那些说给东胡空地的人都被斩了。冒顿上马,命令国内如有后退者就斩首,于是向东袭击东胡。东胡最初轻视匈奴,因此没做防备。等到冒顿领兵到来,一开战就大败东胡,消灭了东胡王,而且俘虏了东胡百姓,掠夺了牲畜财产。匈奴冒顿归来后,又向西赶跑了月氏,向南吞并了楼烦、白羊诸河南王。全部收复了秦派蒙恬从匈奴人那里夺去的土地,与汉以原来的河南塞为界,直到朝那、肤施,于是侵犯燕、代。这时汉兵正与项羽相互抗拒,中国被战争搞得疲惫不堪,因此冒顿得以独自强大,拥有能拉弓射箭的士兵三十余万。

从淳维到头曼有一千多年,匈奴势力时大时小,经常离散分化,因时间久远,所以他们的世系不能依次排列出来。但到了冒顿做单于时,匈奴最强大,完全使北方夷人服从了它,而与南方的中国成为敌国,此后,他们的世系、国家的官位名号才得以记录下来。

匈奴设置左右贤王,左右谷蠡王,左右大将,左右大都尉,左右大当户,左右骨都侯。匈奴人把贤者称为“屠耆”,所以常让太子做左屠耆王。从左右贤王以下直到当户,官职大的拥有万名骑兵,小的有数千骑兵,共有二十四位长官,确立名号称“万骑”。诸位大臣的官职是世袭的。呼衍氏、兰氏,后来又有须卜氏,这三姓是他们的贵族。左方的王和将居住在东方,正对着汉的上谷郡以东地区,东边与秽貉、朝鲜接界;右方的王和将居住在西方,正对着汉的上郡以西地区,和月氏、氐、羌接壤;而单于王庭所在地正对着汉的代郡、云中郡:他们各有自己的领地,追寻水草而迁徙居处。左右贤王、左右谷蠡王是最大的,左右骨都侯辅佐单于治国。二十四长官也各自设置千长、百长、什长、裨小王、相封、都尉、当户、且渠等属官。

每年正月,诸位长官在单于王庭有小的聚会,举行祭祀。五月,在茏城有大的聚会,祭祀祖先、天地、鬼神。秋天,马肥壮之时,在蹛林有大的集会,清点人口和牲畜的数目。匈奴的法律规定,有意杀人并将刀剑拔出刀鞘一尺的就判死刑,犯盗窃罪的没收他的家产;犯罪轻者判压碎骨节的刑罚,重者处死。坐牢最久者不过十天,一国的犯人不过数人而已。

单于在早晨走出营地，拜初升的太阳，傍晚拜月亮。就座时，年长的在左边，而且面向北方。对于日期，他们崇尚戊日和己日。他们安葬死者，有棺椁、金银和衣裘，但没有坟和树以及丧服；单于死后，他所亲近和宠幸的大臣妻妾陪葬的，多至数十人或上百人。准备打仗时，要先观测星月，如果月亮圆满就去进攻，月亮亏缺就退兵。匈奴人在攻伐征战时，谁杀死或俘虏敌人，都要赏赐一壶酒，所缴获的财物也分给他们，抓到的人也给他们充作奴婢。所以在打仗时，每个人都为自己谋利，善于埋伏军队以袭击敌人。所以他们见到敌兵就去追逐利益，如同鸟儿飞集一处；如果遇到危难失败，队伍就会瓦解，如同云雾消散。作战中谁能将战死者的尸体运回来，就可得到死者的全部家财。

后来，冒顿又征服了北方的浑庾、屈射、丁零、鬲昆、薪犁诸国。于是匈奴的贵族、大臣都心服冒顿，认为冒顿单于贤能。

这时，汉刚刚平定了中国，把韩王信迁徙到代地，建都马邑城。匈奴大规模进攻围困马邑，韩王信投降了匈奴。匈奴得到了韩信，于是率兵向南越过句注山，攻打太原，直到晋阳城下。高帝亲自领兵前往迎击匈奴。正遇上冬天严寒下雪的天气，士卒冻掉手指的有十分之二三，于是冒顿假装战败逃跑，引诱汉兵。汉兵追击冒顿，冒顿把他的精锐之兵隐匿起来，只出现了一些老弱残兵。于是汉出动全部军队，大多是步兵，共三十二万，向北追击匈奴。高帝率先到达平城，步兵还未全到，冒顿纵发精锐骑兵四十万把高帝围困在白登山，有七天，汉兵内外不能相互救助粮饷。匈奴的骑兵，在西方的全是白马，在东方的全是青駹马，在北方的全是黑骊马，在南方的全是赤色马。高帝就派使者秘密送给阏氏很多礼物，阏氏就对冒顿说："两方的君王不能相困。如果得到汉的土地，单于终究是不能在那里居住的。而且汉王也有神的帮助，愿单于认真考虑此事。"冒顿与韩王信的将军王黄和赵利约定了会师的日期，但王黄、赵利的军队又没到来，冒顿疑心他们与汉兵有预谋，就采纳了阏氏的建议，解除了包围圈的一角。于是高帝命士卒都拉满弓，箭上弦，面朝外，从冒顿解围的那个一角直冲出去，最后与大军会合，冒顿于是领兵而去。高帝也率兵返回,派刘敬到匈奴缔结和亲的盟约。

此后,韩王信做了匈奴的将军,他同赵利、王黄多次违背汉与匈奴所订的盟约,侵扰掠夺代郡、云中郡。过了不久,汉将陈豨谋反,又同韩信合谋进攻代地。汉派樊哙前往阻击他们,重新攻占代、雁门、云中各郡县,但没越过边塞。这时,匈奴因众多汉将前往投降,所以冒顿常往来于代地,进行侵扰掠夺。于是汉对此感到忧虑,高帝就派刘敬送汉皇族的公主给单于做阏氏,每年奉送给匈奴一定数量的棉絮、缯、酒、米和食物,相互结为兄弟,实行和亲之策,冒顿才稍微停止侵扰。后来,燕王卢绾造反,率领他的党徒数千人投降匈奴,往来于上谷以东,困苦当地人。

高祖驾崩,孝惠帝、吕太后时,汉王朝刚刚安定,所以匈奴显得骄横。冒顿送信给吕太后,妄言胡说。吕太后想攻打匈奴,诸将说:"凭着高帝的贤明和英武,尚且在平城被围困。"于是吕太后才放弃进攻的想法,又和匈奴和亲。

到孝文帝刚刚继位时,又推行和亲之事。孝文帝三年五月,匈奴右贤王进入河南地居住,侵扰掠夺上郡边塞小城的蛮夷之人,屠杀抢掠百姓。于是孝文帝下诏命丞相灌婴出动八万五千战车和骑兵,前往高奴,攻打右贤王。右贤王逃跑到塞外。文帝亲自到太原。这时济北王刘兴居造反,文帝就返回京城,撤回了丞相派去攻打匈奴的军队。

第二年,匈奴单于给汉送信说:"上天所立的匈奴大单于恭敬地问候皇帝平安。前些时候,皇帝说过和亲的事,与所致书意相合,双方都高兴。汉边境的官吏侵扰侮辱右贤王,右贤王没有请示单于,却听信后义卢侯难氏等人的计谋,同汉官吏相抗拒,断绝了匈奴单于与汉皇帝订立的和约,离间了汉与匈奴的兄弟情谊。皇帝责备匈奴的书信第二次送来,我们派使者送信报告情况,结果使者被汉扣留未归,而汉的使者也不到匈奴来,汉因为这个缘故不同我们和解,我们邻国也不能归附。如今因为小官吏破坏了和约的缘故,我惩罚右贤王,派他到西边去寻找月氏攻打他们。依靠上天的福佑,官吏士卒都很精良,战马强壮有力,因此已平灭了月氏,把反抗不服的全部杀死,并降服了百姓。平定了楼兰、乌孙、呼揭和他们旁边的二十六个国家,都变成匈奴的臣民。那些善于弯弓射箭的百姓,合并成一家。北方已经安定,我们愿意停战,休养兵士,喂养马匹,消除从前令人不快的事,恢复原有的条约,以使边疆百姓得到安宁,顺应匈奴与汉人从古以来的友好关系,使少年能成长起来,老人能平安生活,世世代代和平安乐。我们还不知道皇帝的心意,所以派郎中系雩浅呈送书信请示皇上,并献上骆驼一匹,战马二匹,驾车之马八匹。皇帝如果不希望匈奴靠近汉的边塞,那么我就诏告官吏百姓居住到远离汉边塞的地方。使者到达后,请即刻让他回来。"在六月中旬,匈奴使者来到薪望这个地方。书信送到后,汉就商议攻打与和亲哪个更有利。公卿们都说:"单于刚打败月氏,正处在胜利的有利时机,不能攻打他。况且得到匈奴的土地,都是低洼的盐碱地,不能居住。还是和亲更有利。"汉答应了匈奴的请求。

孝文皇帝前元六年,汉送给匈奴的信中说:"皇帝敬问匈奴大单于平安。使者郎中系雩浅送给朕的信中说:'右贤王没请示单于,听信后义卢侯难氏等的计谋,断绝了匈奴单于和汉皇帝的和约,离间了兄弟情谊,汉因此不肯与我们和解,邻国也不能归附。如今因为小官吏破坏了和约,所以罚右贤王让他到西边攻打月氏,完全平定了他们。愿意停战,休养士卒,喂养马匹,消除从前令人不快的事,恢复原有的和约,以使边民得到安宁,使少年能成长起来,老人能安定地生活,世世代代和平安乐。'朕很赞赏这一想法,这是古代圣明君主的心意啊。汉与匈奴缔结和约,结为兄弟,用来送给匈奴的东西非常丰厚。违背和约、离间兄弟情谊却常是匈奴。但右贤王的事已经出现在大赦之前,单于不要深责此事。单于的行动如果能同来信中所表示的相符合,明确告知诸位官吏,让他们不要违背和约,守信用,朕将恭敬地按单于信中的请求对待此事。使者说单于亲自率军讨伐别的国家有功劳,却很为兵事而苦恼。现在有天子所穿的绣袷绮衣、绣袷长襦、锦袷袍各一件,发饰比余一个,黄金装饰的衣带一件,黄金带钩一件,绣花绸十匹,锦缎三十匹,赤绨、绿缯各四十匹,派中大夫意、谒者令肩赠送给单于。"

此后不久，冒顿死去，他的儿子稽粥做君王，称为老上单于。

老上稽粥单于刚刚继位，孝文皇帝又遣送皇族女子充作公主去做单于的阏氏，让宦官燕人中行说去辅佐公主。中行说不愿去，汉强行派他去。他说："一定让我去，我将成为汉的祸患。"中行说到达后，就投降了单于，单于特别宠信他。

最初，匈奴喜欢汉的缯絮和食物，中行说说："匈奴的人口抵不上汉的一个郡，然而之所以强大的原因，就在于衣食与汉人不同，不依赖于汉。如今单于改变自己的风俗而喜欢汉的衣食，汉给的东西不超过其总数的十分之二，那么匈奴就会完全归属于汉了。希望把从汉得到的缯絮做成衣裤，穿上它在杂草棘丛中骑马奔驰，让衣裤破裂损坏，以显示汉的缯絮不如匈奴的旃衣皮袄结实完美。把从汉得来的食物都丢掉，以显示它们不如匈奴的乳汁和乳汁品方便味美。"于是中行说教单于左右的人分条记事的方法，以便计算他们的人口和牲畜的数目。

汉送给单于的书信，写在一尺一寸的木简上，开头言辞是"皇帝恭敬地问候匈奴大单于平安"，及写上所送的东西和要说的话。中行说就让单于给汉皇帝写信时用一尺二寸的木简，并且把印章和封泥的尺寸都加长加宽加大，把开头的言辞说得很傲慢"天地所生日月所置的匈奴大单于恭敬地问候汉皇帝平安"，再写上所送东西和要说的话。

汉使者中有人说："匈奴风俗轻视老人。"中行说诘难汉使者说："你们汉风俗，凡有被派去戍守从军将要出发的，他们年老的父母难道有不自己省下暖和的衣物和肥美的食品，而用来送给就要外出戍守的孩子吃穿的吗？"汉使者说："是这样。"中行说说："匈奴明白战争是重要的事，那些年老体弱的人不能打仗，所以把那些肥美的饮食给壮健的人吃喝，大概这是为了保卫自己，这样，父子才能长久相保，怎么可以说匈奴人轻视老人呢？"汉使者说："匈奴人父子竟然同在一个毡房睡觉。父亲死后，儿子竟以后母做妻子；兄弟死后，活着的兄弟把他的妻子都娶做自己的妻子。没有帽子、衣带等服饰，缺少朝廷礼节。"中行说说："匈奴风俗，人人吃牲畜的肉，喝它们的乳汁，用它们的皮做衣服穿；牲畜吃草喝水，随着时序而转移地点。所以他们有战事时,就人人练习骑马射箭,没有战事时,人们都欢乐无事,他们受到的约束很少,容易做到。君臣间的礼节简便易行,处理一个国家的政事就像一个人支配自己的身体一样。父子兄弟死了,活着的娶他们的妻子做自己的妻子,这是惧怕种族的消失。所以匈奴虽然伦常混乱,但却一定要立本族的子孙。如今中国人虽然假装正派,不娶他父兄的妻子,可是亲属关系却越来越疏远,而且相互残杀,甚至竟改朝易姓,都是由于这类原因造成的。况且礼义的弊端,使君王臣民之间产生怨恨,而且极力修造宫室房屋,必然使民力耗尽。努力耕田种桑而求得衣食之用,修筑城郭以自己防备,所以百姓在有战事时不去练习攻战本领,没有战事时却又被劳作搞得很疲惫。唉!生活在土石房屋里的人,姑且不要多说话,喋喋不休,说个没完,你们戴上帽子又究竟能干什么?”

自此之后,汉使者有想辩论的,中行说就说:“汉使者不要多说话,只想着汉输送给匈奴的缯絮米蘖,一定要使其数量足,质量好就行了,何必要说话呢?而且供给匈奴的东西一定要齐全美好;如果不齐全,粗劣,那么等到庄稼成熟时,匈奴就要骑着马奔驰践踏你们成熟待收的庄稼。”中行说日夜教单于刺探有利的进攻时机和地点。

汉孝文皇帝十四年,匈奴单于率十四万骑兵攻入朝那、萧关,杀死北地都尉孙卬,劫掠很多百姓和牲畜,就到达彭阳。又出奇兵攻入回中宫,把它烧毁,侦察骑兵到了雍地的甘泉宫。于是文帝命中尉周舍、郎中令张武为将军,派出千辆兵车,十万骑兵,驻在长安旁边以防御匈奴的侵扰。同时又拜授昌侯卢卿为上郡将军,宁侯魏遬为北地将军,隆虑侯周灶为陇西将军,东阳侯张相如为大将军,成侯董赤为前将军,派出大量兵车和骑兵前往攻打匈奴。匈奴单于呆在汉边塞以内一个多月才离去,汉兵马将他们追出塞外就返回,没能斩杀敌军。匈奴一天比一天骄肆,每年都闯入边塞,杀害和掠夺许多百姓和牲畜,云中、辽东受害最为严重,连同代郡有万余人被杀掠。汉忧患此事,就派使者给匈奴送信。单于也派当户来汉送信以示答谢,双方再次商量和亲之事。

孝文帝后元二年,派使者给匈奴送信说:“皇帝敬问匈奴大单于平安。你派当户且居雕渠难、郎中韩辽送给朕两匹马,已经到达,朕恭敬地接受。汉先帝制诏说:长城以北,是拉弓射箭者的国家,属于单于统辖;长城以内,是戴冠束带者的家室,朕也要控制它。要让万民种地、织布、射猎而获得衣食,使父子不相分离,君主和臣民相互安心,都没有暴虐和叛逆之事。如今朕听说邪恶之民贪图掠取的利益,违背道义,断绝和约,忘却千万百姓的生命,离间两国君主的友好,但这都是以前的事了。你的信中说:‘两国已经和亲,两国君王都高兴,停止兵事,休养士卒,喂养马匹,世代昌盛和乐,安定和乐的局面重新开始。’朕特别赞赏这个想法。圣明的人天天都能有新的进步,改正不足,重新作起,使老人得到安养,年幼的人能够成长,各自享受生命,自然度过一生。朕和单于都遵循这个道理,顺应天意,安抚百姓,世代相传,永远延续下去,天下之人莫不获得利益。汉与匈奴是势力相当的邻国,匈奴地处北方,天气寒冷,肃杀之气到来较早,所以朕命官吏每年都送给单于一定数量的秫蘖、金帛、丝絮和其他物品。如今天下特别安宁,万民喜乐,朕和单于是他们的父母。朕回想从前的事,都是些微末小事,是谋臣失策所致,都不足以离间兄弟间的情谊。朕听说天不会只覆盖一方,大地也不会只承载一处。朕和单于都要抛弃从前的小误会,都遵循正大的道理行事,忘掉过去的不愉快,考虑长远,使两国百姓如同一家的儿女。善良的千千万万的百姓,以及水中的鱼鳖,天上的飞鸟,地上爬行、喘息、蠕动的各种兽类和虫类,没有不追寻安全有利而躲避危险的。所以前来归顺的都不阻止,这是天经地义的道理。以前的事都不再追究:朕赦免自己逃往匈奴和被匈奴俘虏的汉人,单于也不要再责难逃往汉的章尼等人。朕听说古代帝王订立条约,约定分明,从不背弃。希望单于留心盟约,天下定会特别安宁,和亲以后,汉不会首先负约。请单于明察此事。”

单于已经订立和亲盟约,于是文帝就下诏给御史说:“匈奴大单于送给朕的信中说,和亲已确定,逃亡的人不足以增加民众和扩大土地,今后匈奴人不再闯入边塞,汉人也不要走出边塞,违犯现今条约的就处死,这就可以长久保持亲近友好，以后不再有祸患，对双方都有利。朕已答应了他的要求。希望向天下发布告示，让百姓知道此事。”

文帝后元四年，老上稽粥单于死，他的儿子军臣继位做了单于。军臣单于继位后，孝文皇帝再次与匈奴和亲。而中行说仍然侍奉军臣单于。

军臣单于继位四年后，匈奴又断绝了和亲，大举进攻上郡、云中郡，分别派出三万骑兵，杀死许多汉人，抢掠大量财物离去。于是汉派出三位将军率兵屯驻在北地，代地的守军屯驻句注山，赵地的守军屯驻飞狐口，沿途边塞之地，也各派兵坚守，防备匈奴入侵。又安置三位将军率兵驻守长安西边的细柳，渭河北岸的棘门、霸上，以防御匈奴。匈奴骑兵侵入代地句注边界，烽火便一直传到甘泉宫、长安。数月后，汉兵马到达边境，匈奴也远远地离开边塞，汉兵也就作罢。此后一年多，孝文帝驾崩，孝景帝继位，赵王刘遂就暗中派人与匈奴联结。吴楚反叛时，匈奴想与赵国联合，侵入边塞。后来，汉围困并攻破赵国，匈奴也停止了入侵的举动。从此以后，孝景帝又和匈奴和亲，互通关市，送给匈奴礼物，遣送公主嫁给单于，按以前的盟约行事。直到孝景帝驾崩，匈奴虽时有小的骚扰边境的举动，却没有大的侵掠行动。

当今皇帝继位，申明和亲的举约定，宽厚地对待匈奴，互通关市，赠送给丰厚的财物。匈奴从单于以下都亲近汉，往来于长城之下。

汉派马邑城的商人聂翁壹故意违犯禁令，将货物运出边塞同匈奴交易，佯称叛卖马邑城以引诱单于。单于相信了他，又贪恋马邑城的财物，就率十万骑兵侵入武州边塞。这时，汉在马邑城附近埋伏下三十余万大军，御史大夫韩安国任护军将军，统领四位将军准备伏击单于。单于已经进入汉边塞，离马邑城尚有一百余里，看到牲畜遍野却没有放牧之人，感到奇怪，就去攻打汉的瞭望亭。这时，雁门郡的尉史正在巡察边塞哨所，见到敌军，就躲在哨所内，他知道汉兵的计谋。单于捉到了尉史，想杀死他，尉史就将汉兵埋伏的地点告诉了单于。单于大惊说：“我本来就疑心此事。”于是单于就率兵返回。走出汉边境时说道：“我得到尉史，是天意,天让你来告诉我们。”就封尉史做“天王”。汉军约定,单于进入马邑城就纵兵攻杀。如今单于未到马邑,所以汉兵一无所获。汉将军王恢所率的军队越出代郡攻击匈奴的辎重,听说单于已经返回,兵卒多,因而不敢出击。汉认为王恢本是这次伏击的谋划者,却不敢进攻,因而斩了王恢。从此以后,匈奴断绝和亲,攻击直通要道的边塞,常常侵入汉边境抢掠,次数多得无法计算。但匈奴贪则,还是喜欢与汉互通关市,非常喜欢汉的财物,汉也仍然不断绝关市以投其所好。

自马邑之谋后五年的秋天,汉派四位将军各率一万骑兵,在关市附近攻击匈奴。将军卫青率兵出上谷,到达茏城,杀死和俘获匈奴七百余人。公孙贺率兵出云中,没有收获。公孙敖率兵出代郡,被匈奴打败,损失七千余人。李广率兵出雁门,被匈奴打败,匈奴人活捉了李广,后来李广得以逃归。汉囚禁公孙敖、李广,公孙敖、李广以财物赎罪,成为平民。这年冬天,匈奴数次闯进边境抢掠,渔阳受害尤其严重。汉派将军韩安国屯驻渔阳防备匈奴。第二年秋,匈奴两万骑兵侵入汉,杀死辽西太守,掠走两千余人。匈奴又侵入渔阳,打败渔阳太守一千多人的军队,围困汉将军韩安国。这时韩安国的一千多骑兵也将要全部被歼,恰巧燕王救兵赶到,匈奴才离去。匈奴又侵入雁门郡,杀死和抢走一千余人。于是汉派将军卫青率三万骑兵出雁门,李息率兵逼出代郡,攻击匈奴,杀死和俘虏匈奴数千人。第二年,卫青又出云中郡以西至于陇西一带,在黄河南岸攻打匈奴属下的楼烦、白羊王,杀死和俘虏数千人,得到牛羊百余万头。于是汉就夺取黄河南岸的土地,修筑朔方城,又修缮从前秦时蒙恬所修建的关塞,凭借黄河作为坚固防线。汉也放弃上谷与匈奴地界交错的偏远县如造阳一带给匈奴。这一年是武帝元朔二年。

后一年的冬天,匈奴军臣单于死去。军臣单于的弟弟左谷蠡王伊稚斜自立为单于,打败了军臣单于的太子于单。于单逃走降汉,汉封于单为涉安侯,数月后死去。

伊稚斜单于继位后的夏天,匈奴数万骑兵攻入代郡,杀死太守恭友,抢掠一千余人。当年秋天,匈奴又攻入雁门,杀死和抢走一千余人。第二年,匈奴又各派三万骑兵攻入代郡、定襄、上郡,杀死和抢走数千人。匈奴右贤王怨恨汉夺走黄河南岸的土地,并修筑朔方城,因而数次侵扰,到边境抢掠,以及攻入黄河南岸,侵扰朔方城,杀死和抢劫很多官吏和平民。

第二年春天,汉用卫青做大将军,统领六位将军,十余万人,出朔方、高阙攻击匈奴。右贤王以为汉兵不能到来,喝醉了酒,汉兵出塞外六七百里,趁夜间包围了右贤王。右贤王大惊,脱身逃跑,许多精锐骑兵也都跟着离去。汉俘虏右贤王属下的男女一万五千人,裨小王十余人。这年秋天,匈奴一万骑兵攻入代郡,杀死代郡都尉朱英,掠走一千余人。

下一年春天,汉又派遣大将军卫青率领六将军,十余万骑兵,再次出定襄数百里攻打匈奴,前后共杀死和俘获一万九千余人,而汉也损失了两位将军和他们统领的三千多骑兵。右将军苏建得以只身脱逃,而前将军翕侯赵信出军不利,投降匈奴。赵信本是匈奴的小王,投降汉,汉封他为翕侯,因为前将军与右将军两军合并,而又与大队军马分开行进,独自遇上了单于的军队,所以全军覆没。单于既已得到翕侯,就封他为自次王,并将其姐姐嫁给他做妻子,同他商量对付汉。赵信教单于更加向北迁移,越过沙漠,以引诱汉军,使其疲惫,待他们极度疲劳时再攻取他们,不要靠近汉边塞。单于听从了他的计谋。

第二年,匈奴一万骑兵攻入上谷郡,杀死数百人。

第二年春天,汉派骠骑将军霍去病率一万骑兵出陇西,越过焉支山一千余里,攻击匈奴,斩杀和俘虏匈奴一万八千余人,打败休屠王,获得了祭天金人。这年夏天,骠骑将军又与合骑侯率数万骑兵出陇西、北地二千余里,攻击匈奴。经过居延,攻击祁连山,杀死和俘虏匈奴三万余人,裨小王以下官长七十余人。这时匈奴也侵入代郡、雁门郡,杀死和抢走数百人。汉派博望侯张骞和将军李广出右北平,进击匈奴左贤王。左贤王围困了李将军,李将军的兵卒约四千人,即将被消灭,但他们所杀匈奴人的数目也超过了自己军队损失的数目。正好博望侯的救兵赶到,李将军得以逃脱。汉伤亡数千人,合骑侯耽误了骠骑将军规定的日期,所以他与博望侯张骞都被判处死，交纳钱物赎罪免死，成为平民。

这年秋天，单于对浑邪王、休屠王居住西方而被汉杀死和俘虏数万人的事感到愤怒，想召见并诛杀他们。浑邪王与休屠王感到恐惧，密谋降汉，汉派骠骑将军前往迎接他们。浑邪王杀了休屠王，合并他的军队投降了汉。总共四万余人，号称十万。于是汉自从接受浑邪王投降后，陇西、北地、河西遭受匈奴侵扰的事越来越少，就开始把关东的贫民迁移到从匈奴那里夺回的黄河南岸、新秦中，充实这里的人口，并将北地以西的戍卒减少一半。第二年，匈奴向右北平、定襄各派数万骑兵入侵，杀死和抢夺千余人后离去。

第二年春天，汉君臣谋划对付匈奴的事，说："翕侯赵信向单于献计，居住到大沙漠以北去，认为汉兵不能到达"。就用粟米喂马，发动十万骑兵，再加上自愿担负粮食马匹随军出征的总共有十四万人，粮食和辎重不计算在内，命大将军卫青、骠骑将军霍去病将军队分成两半，大将军率兵出定襄，骠骑将军率兵出代郡，彼此约定越过沙漠攻击匈奴。单于闻听，把辎重运往远处，率精兵守候在漠北。匈奴与汉大将军卫青的军队交战一天，赶上日暮时分，刮起了大风，汉兵从左右两翼急速围攻单于。单于自己料定打下去不能战胜汉兵，于是独自与数百名健壮的骑兵，冲破汉兵的包围圈，向西北逃跑。汉兵趁夜追赶，没有捉到他。但在行进中却杀死和活捉匈奴一万九千人，到达北边阗颜山的赵信城就退回来了。

单于逃跑时，他的士兵常常同汉兵混战在一起，并设法追随单于。单于很久没有和他的大队人马相会，他的右谷蠡王以为单于死了，就自立为单于。真单于又找到了他的大军，于是右谷蠡王就去掉他的单于王号，仍做右谷蠡王。

汉骠骑将军霍去病出代郡两千余里，同左贤王交战，汉兵杀死和俘虏匈奴共七万多人，左贤王与其将军都逃跑了。骠骑将军便在狼居胥山祭天，在姑衍山祭地，直到大沙漠才回师。

此后，匈奴逃向远处，大沙漠以南没有匈奴王庭。汉军渡过黄河，从朔方向西直到令居，常在那里修通沟渠，开垦田地，有官吏士卒五六万人，渐渐蚕食北方土地，地界接近匈奴旧地以北。

当初，汉的两位将军大规模出兵围攻单于，杀死和俘虏八九万人，而汉士卒也死了好几万，汉的马匹死了十多万。匈奴虽搞得疲惫而远去，但汉也因为马匹少，无法再去追击。匈奴采用赵信的计谋，向汉派遣使者，说好话请求和亲。天子把这事交给臣下商议，有人说和亲，有人说趁机让匈奴臣服于汉。丞相长史任敞说："匈奴刚刚遭受失败，处境困难，应当让他们做外臣，每年春秋两季到边境朝拜皇上。"汉就派任敞出使匈奴，去见单于。单于听了任敞的计谋，大怒，把他扣留在匈奴，不让他回汉。在此之前，汉也招降过匈奴使者，单于也扣留汉使者相抵偿。汉正在重新收集士卒兵马，却赶上骠骑将军霍去病死，于是汉很久没有北上攻打匈奴。

几年后，伊稚斜单于继位十三年死去，他的儿子乌维继位做了单于。这一年，是武帝元鼎三年。乌维单于继位，汉天子开始出京巡视郡县。这以后汉正在诛讨南方的南越和东越，没有攻击匈奴，匈奴也没有侵入汉边塞。

乌维单于继位三年，汉已诛灭南越，就派遣原来的太仆公孙贺率一万五千骑兵出九原二千余里，到达浮苴井才返回，没看到一个匈奴人。汉又派遣原来的从骠侯赵破奴率一万多骑兵出令居数千里，到达匈河水才返回，也没看到一个匈奴人。

这时，天子巡视边境，到达朔方，统率十八万骑兵以显军威，又派郭吉委婉劝告单于。郭吉到了匈奴，匈奴主客询问他出使为何，郭吉礼数谦卑，态度和好，说："我见到单于再亲口对他说。"单于接见郭吉，郭吉说："南越王的人头已悬在汉京城的北阙之上。如今单于若是能前去与汉交战，天子将亲自领兵在边境等你；单于要是不能前去，就应面朝南方向汉称臣。何必只顾向远处逃跑，躲藏在沙漠以北寒冷艰苦又缺少水草的地方，没什么必要。"郭吉说完，单于大怒，立刻斩了带郭吉进见的那位主客，并扣留郭吉，不让他回汉，把他迁移到北海。单于也始终不敢到汉边境去侵扰抢夺，只是休养士卒马匹，训练射箭打猎，数次派使者到汉，说好话，请求和亲。

汉派遣王乌等去窥探匈奴的情况。匈奴的法令规定，汉使者若不放弃符节并以墨涂面就不能进入毡帐。王乌是北地人，熟悉匈奴风俗，就放弃符节，用墨涂面，得以进入毡帐。单于喜爱他，假装用好话许诺，派太子到汉做人质，以此请求与汉和亲。

汉派杨信出使匈奴。这时，汉在东边攻取了秽貉、朝鲜，并设置了郡，而西边设置了酒泉郡，以隔绝匈奴和羌人的通路。汉又向西沟通了月氏、大夏，又把公主嫁给乌孙王为妻，以此分离匈奴和西方援国的关系。汉又向北扩大田地，直到胘雷，作为边塞，匈奴始终不敢对此表示不满。这一年，翕侯赵信死去，汉的执掌政事者认为匈奴已经衰弱，可以把他们变为属臣。杨信为人刚直倔强，一向不是汉尊贵的大臣，单于不亲近他。单于想召他到毡帐里，但他不肯放弃符节，单于就坐在毡帐外面接见杨信。杨信见到单于后，说："若想和亲，就把单于太子做人质送到汉。"单于说："这不是以前的盟约。从前的盟约，汉常遣送公主来匈奴，还送来有一定规格的绸布、丝棉和食物，以同匈奴和亲，而匈奴也不侵扰汉边境。现在竟然想改变故约，让我的太子去做人质，这是没有指望的。"匈奴风俗，看到汉使者不是皇宫中受宠的宦官，而是儒生，就认为他是来游说的，便想法驳倒他的说辞；如果是少年，就认为他是来指责匈奴，便设法挫败他的气势。每次汉使者来到匈奴，匈奴总要派使者回访。如果汉扣留匈奴使者，匈奴也扣留汉使者，一定要使双方扣留的人数相当才肯停止。

杨信返回汉后，汉又派王乌出使匈奴，而单于又用好话奉承他，想多得些汉财物，便哄骗王乌说："我想到汉拜见天子，当面缔约结为兄弟。"王乌归来报告汉朝廷，汉就为单于在长安修筑官邸。匈奴说："不见到汉的尊贵之人充当的使者，我不同他说实话。"匈奴派他的尊贵之人出使汉，得了病，汉给他用药，想治好他的病，可他不幸死去。汉使者路充国佩带二千石的印信出使匈奴，顺便护送他归葬，装殓丰厚价值数千金，说

“这是汉的贵人”。单于认为汉杀死了他的尊贵使者，就扣留路充国，不让他返回汉。单于所说的那些话，只是白白地哄仅仅是哄骗王乌，根本无意到汉拜见天子，也无意派太子到汉做人质。于是匈奴数次出奇兵侵犯汉边境。汉就拜授郭昌为拔胡将军，同浞野侯屯驻朔方以东，防备匈奴。路充国被扣留在匈奴三年时，单于死去。

乌维单于继位十年死去，他的儿子乌师庐继位做了单于。乌师庐年少，称为儿单于。这一年是武帝元封六年。从此以后，单于越发向西北迁移，左方军队正对着云中郡，右方军队正对着酒泉、敦煌郡。

儿单于继位后，汉派遣两位使者，一位慰吊单于，一位慰吊右贤王，想以此离间他们，使其国家混乱。使者进入匈奴，匈奴人把他们全都送到单于那儿。单于发怒，把汉使者全部扣留。汉使者被扣留在匈奴的前后有十多批，匈奴使者来到汉，汉也扣留相当数量的匈奴使者。

这一年，汉派贰师将军李广利向西讨伐大宛，而命因杅将军公孙敖建造受降城。这年冬天，匈奴下了大雪，牲畜多半因饥饿寒冷而死去。儿单于年少，喜好杀伐，国人大多不安。左大都尉想杀单于，派人私下报告汉朝廷说：“我想杀死单于降汉，汉遥远，如果汉派兵来迎我，我就立刻杀单于。”起初，汉听到这话，所以修了受降城，左大都尉还认为城离匈奴遥远。

第二年春天，汉派浞野侯赵破奴率两万多骑兵出朔方郡西北二千余里，约定到达浚稽山才回师。浞野侯按时到达约定地点才返回，左大都尉想杀单于而被发觉，单于杀了他，派出左方的军队攻击浞野侯。浞野侯边走边捕杀匈奴数千人。浞野侯回到离受降城四百里的地方，匈奴八万骑兵围攻他。浞野侯在夜晚独自出去找水，匈奴暗中袭捕，活捉了浞野侯，趁机急攻他的军队。汉军中郭纵任护军，维王任首领，两人互相商谋道：“趁诸位校尉害怕失掉将军会遭汉君诛杀，不要相互劝说归汉。”汉军于是陷没在匈奴。匈奴儿单于大喜，就派出奇兵进攻受降城。受降城没攻下来，就抢掠边塞后离去。第二年，单于想亲自攻打受降城，但未到受降城，就病死了。

儿单于继位三年就死去。他的儿子年幼，匈奴就立他的叔父乌维单于的弟弟右贤王呴犁湖为单于。这一年是武帝太初三年。

呴犁湖单于继位，汉派光禄徐自为出五原塞数百里，远的一千余里，修筑城堡和哨所，直到庐朐，并派游击将军韩说、长平侯卫伉在这地方驻军，又派强弩都尉路博德在居延泽修建城堡。

这年秋天，匈奴大举入侵定襄、云中，杀死和抢掠数千人，打败数位二千石官员后离去，行军途中破坏了光禄徐自为所修的城堡。又派右贤王侵入九泉、张掖，抢掠数千人。正遇上汉将军任文截击相救，匈奴又全部丢掉抢到的东西和人离去。这一年，贰师将军李广利攻破大宛，斩了大宛王返回。匈奴想拦阻李广利，却未能赶到。这年冬天，匈奴想攻打受降城，恰赶上单于病死。

呴犁湖单于继位一年死去，匈奴便立他的弟弟左大都尉且鞮侯做了单于。

汉诛杀大宛国王后，威震国外。天子想乘机围困匈奴，就下诏说："高皇帝留给朕要雪平城之辱的忧虑，高后时，单于来信所言极其大逆不道。从前齐襄公报了九世之前的怨仇，《春秋》大加赞美。"这一年是武帝太初四年。

且鞮侯单于继位后，把被扣留而不肯投降的汉使者送回，路充国等人得以回汉。单于刚刚继位，恐怕汉袭击他，就自己说："我是晚辈，哪敢同汉天子相比！汉天子是我的长辈。"汉派中郎将苏武给单于送去丰厚的礼物。单于越发骄纵，礼节非常不恭敬，汉大失所望。第二年，浞野侯赵破奴逃离匈奴，返回汉。

第二年，汉派贰师将军李广利率三万骑兵出酒泉，在天山攻击右贤王，杀死和俘虏匈奴一万多人返回。途中，匈奴人包围了贰师将军，几乎没有逃脱，汉兵死去十分之六七。汉又派因杅将军公孙敖出西河，与强弩都尉在涿涂山会合，什么也没有得到。又派骑都尉李陵率步兵五千人，出居延以北一千余里，同单于相遇，双方交战，李陵的军队杀死杀伤匈奴一万余人，最后武器和粮食用完了，李陵想摆脱困境返回，可匈奴却包围了李陵,李陵投降匈奴,他的军队就覆没了,能回到汉的只有四百人。单于于是尊宠李陵,把他的女儿嫁给李陵为妻。

此后第二年,汉又派贰师将军率六万骑兵、十万步兵出朔方。强弩都尉路博德率一万余人,与贰师将军会合。游击将军韩说率步兵和骑兵三万人出五原。因杅将军公孙敖率一万骑兵、三万步兵出雁门。匈奴闻知,就把他们贵重的东西远远运到余吾水以北,而单于率十万骑兵在余吾水以南等候汉军,与贰师将军交战。贰师将军就离开原地,领兵往回走,同单于连续交战十多天。贰师将军听说他家因为巫蛊之罪而被灭族,因而就与他的军队一并投降了匈奴,他的士兵能回到汉的一千人中只有一两人罢了。游击将军韩说一无所得。因杅将军公孙敖与左贤王交战,形势不利,就领兵返回。这一年汉兵出边塞与匈奴交战的,都不能谈功劳的多少,因为他们的功劳都不能和损失相抵偿。皇帝下令逮捕太医令随但,因为是他说出了贰师将军家被灭族的消息,致使李广利投降了匈奴。

太史公说:孔子著《春秋》,对于鲁隐公、鲁桓公时的事写得明白直露,到了鲁定公、鲁哀公时,则记述得隐晦含蓄,因为这是切近当世而不加褒贬,是忌讳的文辞。世俗人中那些谈论匈奴的人,错误就在于他们想获得一时的权势,因而努力进献谄媚迎合之辞,以有利于其偏颇的主张,而不考虑匈奴和汉的实际情况;将帅们对付匈奴只是依仗中国土地的广大,士气的雄壮,天子就根据这些决定对策,所以建立的功业不深。尧虽贤明,还有好多事情没办成,得到大禹以后,九州才得以安宁。要想发扬光大圣王的传统,只在于选择任用将相啊!只在于选择任用将相啊!

【鉴赏】

本篇以匈奴与"中国"的关系为主线,对自上古以来直至汉武帝时匈奴与"中国"之间或战或和的历史进行了有详有略的叙述,并在叙述中表现出作者的"一家之言"。如,自先秦以来,"中国"的统治者一直持有"内中国而外夷狄"之类的观念,而司马迁则赞同匈奴与"中国"同为炎黄子孙,所以在传文中对匈奴不同于“中国”的风俗人情作了较为客观的描述。再如，文中记述了汉高祖、高后、文帝、景帝时同匈奴以和亲为主，以及武帝时以攻伐为主所产生的不同结果。“终孝景时，时小入盗边，无大寇”，正是长期和亲的结果；而大肆征伐则给双方士卒百姓造成了巨大灾难。两相对比之中，显示出作者的态度倾向。文中还不惜笔墨引录汉寄匈奴的两封书信以及文帝所下诏书，以明和亲可以“使万民耕织射猎衣食，父子无离，臣主相安，俱无暴逆”“世世昌乐”，此即顾炎武所谓“史家于序事中寓论断法”。

另外，本篇在记述匈奴发展壮大的过程中，也塑造了冒顿单于这位匈奴民族英雄的形象。文中以几段曲折生动的文字使其性格跃然纸上。鸣镝射杀一段，冒顿为训练绝对效忠他的军兵，从命左右射鸟兽、射其善马，到射其爱妻、射单于善马，最终射杀其父单于头曼，在层层蓄势的笔墨中，表现了他的刚毅果决、野心勃勃。袭击东胡一段，亦是同样笔墨，由不爱一马到不爱一女，使东胡骄纵并轻视他而不加防备，最终得以袭击破灭东胡，则表现了他的深明韬略、贪婪暴戾。

史记卷一百一十一·卫将军骠骑列传第五十一

本篇是汉武帝时两位名将卫青和霍去病的合传,并附列二人属下诸位裨将的生平、功业等,是一篇类传。卫青、霍去病都是以外戚而显,因伐匈奴而尊贵的,因此传文就主要记述了二人数次率兵出击匈奴的经历和战功。对于汉与匈奴之间的相互攻战,无论是匈奴的频繁侵扰汉边境,还是武帝时率先挑起战端,大肆征伐,司马迁都是不赞同的。但他又对卫青、霍去病等人的军事才能和卓著战功进行了详细的记述,并表示出由衷的佩服。这同他在《匈奴列传》中记述冒顿单于壮大匈奴功业时的态度是一样的。而对卫氏自兴起始,“凡二十四岁而五侯尽夺”的结局流露出叹惜同情之意。至于对卫、霍二人的为人行事又借苏建之语表示了某种不满与遗憾。

大将军卫青者,平阳人也。其父郑季,为吏,给事平阳侯家,与侯妾卫媪通,生青。青同母兄卫长子,而姊卫子夫自平阳公主家得幸天子,故冒姓为卫氏。字仲卿。长子更字长君。长君母号为卫媪。媪长女卫孺,次女少儿,次女即子夫。后子夫男弟步、广皆冒卫氏。

青为侯家人,少时归其父,其父使牧羊。先母之子皆奴畜之,不以为兄弟数。青尝从入至甘泉居室①,有一钳徒②相青曰:“贵人也,官至封侯。”青笑曰:“人奴之生,得毋③笞骂即足矣,安得封侯事乎!”

青壮,为侯家骑,从平阳主。建元二年春,青姊子夫得入宫

---

①居室:也称保宫,关押犯人的地方。 ②钳徒:脖子上套着铁箍的犯人。 ③毋:通“无”。

幸上。皇后，堂邑大长公主女也，无子，妒。大长公主闻卫子夫幸，有身[①]，妒之，乃使人捕青。青时给事建章，未知名。大长公主执囚青，欲杀之。其友骑郎公孙敖与壮士往篡[②]取之，以故得不死。上闻，乃召青为建章监，侍中，及同母昆弟贵，赏赐数日间累千金。孺为太仆公孙贺妻。少儿故与陈掌通，上召贵掌。公孙敖由此益贵。子夫为夫人。青为大[③]中大夫。

元光五年，青为车骑将军，击匈奴，出上谷；太仆公孙贺为轻车将军，出云中；大中大夫公孙敖为骑将军，出代郡；卫尉李广为骁骑将军，出雁门：军各万骑。青至茏城，斩首虏[④]数百。骑将军敖亡七千骑；卫尉李广为虏所得，得脱归：皆当斩，赎为庶人。贺亦无功。

元朔元年春，卫夫人有男，立为皇后。其秋，青为车骑将军，出雁门，三万骑击匈奴，斩首虏数千人。明年，匈奴人杀辽西太守，虏略[⑤]渔阳二千馀人，败韩将军军。汉令将军李息击之，出代；令车骑将军青出云中以西至高阙。遂略河南地，至于陇西，捕首虏数千，畜数十万，走白羊、楼烦王。遂以河南地为朔方郡。以三千八百户封青为长平侯。青校尉苏建有功，以一千一百户封建为平陵侯。使建筑朔方城。青校尉张次公有功，封为岸头侯。天子曰："匈奴逆天理，乱人伦，暴长虐老，以盗窃为务，行诈诸蛮夷，造谋藉兵[⑥]，数为边害，故兴师遣将，以征厥罪。《诗》不云乎，'薄伐猃狁，至于太原'[⑦]；'出车彭彭，城彼朔

---

①有身：身怀有孕。 ②篡：抢夺。 ③大：同"太"。 ④斩首虏：杀死和俘虏敌人。⑤虏略：掳掠。略：通"掠"。 ⑥造谋：策划阴谋。藉兵：仗恃武力。 ⑦薄伐猃狁，至于太原：引自《诗经·小雅·六月》，意为驱逐猃狁，至太原之北。薄：句首助词。伐：讨伐，驱逐。

方'[①]。今车骑将军青度西河至高阙，获首虏二千三百级，车辎畜产毕收为卤[②]，已封为列侯，遂西定河南地，按[③]榆谿旧塞，绝[④]梓领，梁[⑤]北河，讨蒲泥，破符离，斩轻锐之卒，捕伏听者三千七十一级，执讯获丑[⑥]，驱马牛羊百有馀万，全甲兵而还，益封青三千户。"其明年，匈奴入杀代郡太守友，入略雁门千馀人。其明年，匈奴大入代、定襄、上郡，杀略汉数千人。

其明年，元朔之五年春，汉令车骑将军青将三万骑，出高阙；卫尉苏建为游击将军，左内史李沮为强弩将军，太仆公孙贺为骑将军，代相李蔡为轻车将军，皆领属车骑将军，俱出朔方；大行李息、岸头侯张次公为将军，出右北平：咸击匈奴。匈奴右贤王当卫青等兵，以为汉兵不能至此，饮醉。汉兵夜至，围右贤王，右贤王惊，夜逃，独与其爱妾一人壮骑数百驰，溃围北去。汉轻骑校尉郭成等逐数百里，不及。得右贤裨王十馀人，众男女万五千馀人，畜数千百万，于是引兵而还。至塞，天子使使者持大将军印，即军中拜车骑将军青为大将军，诸将皆以兵属大将军，大将军立号而归。天子曰："大将军青躬率戎士，师大捷，获匈奴王十有馀人。益封青六千户。"而封青子伉为宜春侯，青子不疑为阴安侯，青子登为发干侯。青固谢曰："臣幸得待罪行间[⑦]，赖陛下神灵，军大捷，皆诸校尉力战之功也。陛下幸已益封臣青。臣青子在襁褓中，未有勤劳，上幸列[⑧]地封为三侯，非臣待罪行间所以劝士力战之意也。伉等三人何敢受封！"天子

---

①出车彭彭，城彼朔方：引自《诗经·小雅·出车》，意为出动兵车，战马盛多，筑城北方。彭(bāng)彭：盛多的样子。城：筑城。朔方：北方。 ②辎：辎重。卤：通"掳"，此指缴获的战利品。 ③按：巡行，巡查。 ④绝：翻越，越过。 ⑤梁：架桥。 ⑥执讯：捉到敌人讯问。获丑：俘获敌人。丑：对敌人的蔑称。 ⑦待罪：做官供职的谦辞。行间：行伍之间，即军中。 ⑧列：通"裂"。

曰："我非忘诸校尉功也，今固且图之[①]。"乃诏御史曰："护军都尉公孙敖三从大将军击匈奴，常护军，傅校获王[②]，以千五百户封敖为合骑侯。都尉韩说从大将军出窳浑，至匈奴右贤王庭，为麾下[③]搏战获王，以千三百户封说为龙頟侯。骑将军公孙贺从大将军获王，以千三百户封贺为南窌侯。轻车将军李蔡再从大将军获王，以千六百户封蔡为乐安侯。校尉李朔，校尉赵不虞，校尉公孙戎奴，各三从大将军获王，以千三百户封朔为涉轵侯，以千三百户封不虞为随成侯，以千三百户封戎奴为从平侯。将军李沮、李息及校尉豆如意有功，赐爵关内侯，食邑各三百户。"其秋，匈奴入代，杀都尉朱英。

其明年春，大将军青出定襄。合骑侯敖为中将军，太仆贺为左将军，翕侯赵信为前将军，卫尉苏建为右将军，郎中令李广为后将军，左内史李沮为强弩将军，咸属大将军，斩首数千级而还。月馀，悉复出定襄击匈奴，斩首虏万馀人。右将军建、前将军信并军三千馀骑，独逢单于兵，与战一日馀，汉兵且尽。前将军故胡人，降为翕侯，见急，匈奴诱之，遂将其馀骑可[④]八百奔降单于。右将军苏建尽亡其军，独以身得亡去，自归大将军。大将军问其罪正[⑤]闳、长史安、议郎周霸等："建当云何？"霸曰："自大将军出，未尝斩裨将[⑥]。今建弃军，可斩以明将军之威。"闳、安曰："不然。兵法'小敌之坚，大敌之禽也'。今建以数千当单于数万，力战一日馀，士尽，不敢有二心，自归。自归而斩之，是示后无反意也。不当斩。"大将军曰："青幸得以肺腑待罪行间，不患无威，而霸说[⑦]我以明威，甚失臣意。且使臣职虽当斩将，

①固：本来。且：将要，就要。图：考虑。 ②傅：率领。校：五百人为一校。获王：捉到匈奴王。 ③麾下：此指主帅，主将。麾：指挥军队作战用的旗帜。 ④可：大约。 ⑤正：军正，军中的法吏。 ⑥裨(pí)将：偏将，副将。 ⑦说(shuì)：劝说。

以臣之尊宠而不敢自擅专诛于境外，而具归天子，天子自裁之，于是以见为人臣不敢专权，不亦可乎？”军吏皆曰“善”。遂囚建诣行在所[①]。入塞罢兵。

是岁也，大将军姊子霍去病年十八，幸，为天子侍中。善骑射，再从大将军，受诏与壮士，为剽姚校尉，与轻勇骑八百直弃大军数百里赴利[②]，斩捕首虏过当[③]。于是天子曰：“剽姚校尉去病斩首虏二千二十八级，及相国、当户，斩单于大父行[④]籍若侯产，生捕季父罗姑比，再冠军，以千六百户封去病为冠军侯。上谷太守郝贤四从大将军，捕斩首虏二千馀人，以千一百户封贤为众利侯。”是岁，失两将军军，亡翕侯，军功不多，故大将军不益封。右将军建至，天子不诛，赦其罪，赎为庶人。

大将军既还，赐千金。是时王夫人方幸于上，宁乘说大将军曰：“将军所以功未甚多，身食万户，三子皆为侯者，徒以皇后故也。今王夫人幸而宗族未富贵，愿将军奉所赐千金为王夫人亲寿[⑤]。”大将军乃以五百金为寿。天子闻之，问大将军，大将军以实言，上乃拜宁乘为东海都尉。

张骞从大将军，以尝使大夏，留匈奴中久，导军，知善水草处，军得以无饥渴，因前使绝国功[⑥]，封骞博望侯。

冠军侯去病既侯三岁，元狩二年春，以冠军侯去病为骠骑将军，将万骑出陇西，有功。天子曰：“骠骑将军率戎士逾乌盭，讨遬濮，涉狐奴，历五王国，辎重人众慑慴[⑦]者弗取，冀获单于子。转战六日，过焉支山千有馀里，合短兵，杀折兰王，斩卢胡

---

①诣(yì)：前往，到某地去。行在所：天子巡行时所居处的地方。 ②直弃：径直抛开。赴利：奔向有利之处，以消灭敌人。 ③过当：指斩杀捕获敌人的数目超过了自己军队的伤亡数目。 ④大父行(háng)：祖父辈。 ⑤奉：通“捧”。亲：指父母。寿：祝寿。 ⑥绝国：极远的国家。 ⑦慑慴(zhé)：畏惧而服从。

王,诛全甲,执浑邪王子及相国、都尉,首虏八千馀级,收休屠祭天金人,益封去病二千户。”

其夏,骠骑将军与合骑侯敖俱出北地,异道;博望侯张骞、郎中令李广俱出右北平,异道,皆击匈奴。郎中令将四千骑先至,博望侯将万骑在后至。匈奴左贤王将数万骑围郎中令,郎中令与战二日,死者过半,所杀亦过当。博望侯至,匈奴兵引去。博望侯坐行留,当斩,赎为庶人。而骠骑将军出北地,已遂深入,与合骑侯失道,不相得,骠骑将军逾居延至祁连山,捕首虏甚多。天子曰:“骠骑将军逾居延,遂过小月氏,攻祁连山,得酋涂王,以众降者二千五百人,斩首虏三万二百级,获五王,五王母,单于阏氏、王子五十九人,相国、将军、当户、都尉六十三人,师大率减什三①,益封去病五千户。赐校尉从至小月氏爵左庶长。鹰击司马破奴再从骠骑将军斩遬濮王,捕稽且王,千骑将得王、王母各一人,王子以下四十一人,捕虏三千三百三十人,前行捕虏千四百人,以千五百户封破奴为从骠侯。校尉句王高不识,从骠骑将军捕呼于屠王王子以下十一人,捕虏千七百六十八人,以千一百户封不识为宜冠侯。校尉仆多有功,封为辉渠侯。”合骑侯敖坐行留不与骠骑会,当斩,赎为庶人。诸宿将所将士马兵亦不如骠骑,骠骑所将常选,然亦敢深入,常与壮骑先其大军,军亦有天幸,未尝困绝也。然而诸宿将常坐留落不遇②。由此骠骑日以亲贵,比③大将军。

其秋,单于怒浑邪王居西方数为汉所破,亡数万人,以骠骑之兵也。单于怒,欲召诛浑邪王。浑邪王与休屠王等谋欲降

①大率:大抵,大概。什三:十分之三。 ②坐:因为。留落:行动迟缓,落在后边。不遇:遇不上好的战机。 ③比:并列。

汉,使人先要①边。是时大行李息将城河上,得浑邪王使,即驰传②以闻。天子闻之,于是恐其以诈降而袭边,乃令骠骑将军将兵往迎之。骠骑既渡河,与浑邪王众相望。浑邪王裨将见汉军而多欲不降者,颇遁去。骠骑乃驰入与浑邪王相见,斩其欲亡者八千人,遂独遣浑邪王乘传先诣行在所,尽将其众渡河,降者数万,号称十万。既至长安,天子所以赏赐者数十巨万。封浑邪王万户,为漯阴侯。封其裨王呼毒尼为下摩侯,鹰庇为煇渠侯,禽梨为河綦侯,大当户铜离为常乐侯。于是天子嘉骠骑之功曰:"骠骑将军去病率师攻匈奴西域王浑邪,王及厥众萌咸相奔③,率以军粮接食。并将控弦④万有馀人,诛獟骍⑤,获首虏八千馀级,降异国之王三十二人。战士不离⑥伤,十万之众咸怀集服⑦,仍与之劳⑧,爰⑨及河塞,庶几无患,幸既永绥矣。以千七百户益封骠骑将军。"减陇西、北地、上郡戍卒之半,以宽天下之繇。

居顷之,乃分徙降者边五郡故塞外,而皆在河南,因其故俗,为属国。其明年,匈奴入右北平、定襄,杀略汉千馀人。

其明年,天子与诸将议曰:"翕侯赵信为单于画计,常以为汉兵不能度幕轻留⑩,今大发士卒,其势必得所欲。"是岁元狩四年也。

元狩四年春,上令大将军青、骠骑将军去病将各五万骑,步兵转者踵军数十万⑪,而敢力战深入之士皆属骠骑。骠骑始为

---

①要:寻找,迎接。 ②传(zhuàn):传车,驿站上供过往使者所用的马车。 ③厥:其。萌:通"氓",民众,百姓。咸:皆。奔:投奔。 ④控弦:拉弓,此指拉弓的士卒。 ⑤獟(xiāo)骍:本为剽悍勇敢之人,此指妄图逃亡的匈奴人。 ⑥离:通"罹",遭受。 ⑦怀集:归顺。 ⑧仍与之劳:意为承担了战争的劳苦。仍:频繁。与:《汉书》作"兴"。 ⑨爰(yuán):于是,因而。 ⑩度:越过,跨越。幕:通"漠",沙漠。轻留:轻易停留。 ⑪转者:运辎重者,运军中所物资者。踵军:后续的军兵。踵:紧跟,接续。

出定襄，当单于。捕虏言单于东，乃更令骠骑出代郡，令大将军出定襄。郎中令为前将军，太仆为左将军，主爵赵食其为右将军，平阳侯襄为后将军，皆属大将军。兵即度幕，人马凡五万骑，与骠骑等咸击匈奴单于。赵信为单于谋曰："汉兵既度幕，人马罢，匈奴可坐收虏耳。"乃悉远北其辎重，皆以精兵待幕北。而适值大将军军出塞千馀里，见单于兵陈[①]而待，于是大将军令武刚车自环为营，而纵五千骑往当匈奴。匈奴亦纵可万骑。会日且入，大风起，沙砾击面，两军不相见，汉益纵左右翼绕单于。单于视汉兵多，而士马尚强，战而匈奴不利。薄莫[②]，单于遂乘六赢[③]，壮骑可数百，直冒汉围西北驰去。时已昏，汉、匈奴相纷挐[④]，杀伤大当[⑤]。汉军左校捕虏言单于未昏而去，汉军因发轻骑夜追之，大将军军因随其后。匈奴兵亦散走。迟明[⑥]，行二百馀里，不得单于，颇捕斩首虏万馀级，遂至窴颜山赵信城，得匈奴积粟食军。军留一日而还，悉烧其城馀粟以归。

大将军之与单于会也，而前将军广、右将军食其军别从东道，或失道，后击单于。大将军引还过幕南，乃得前将军、右将军。大将军欲使使归报，令长史簿责[⑦]前将军广，广自杀。右将军至，下吏，赎为庶人。大将军军入塞，凡斩捕首虏万九千级。

是时匈奴众失单于十馀日，右谷蠡王闻之，自立为单于。单于后后得其众，右王乃去单于之号。

骠骑将军亦将五万骑，车重与大将军军等，而无裨将。悉以李敢等为大校，当裨将，出代、右北平千馀里，直左方兵[⑧]，所

①陈：通"阵"，阵列，阵势。 ②薄莫：傍晚。薄：迫，临近。莫：同"暮"。 ③六赢：六匹骡子拉的车。赢：同"骡"。 ④纷挐(rú)：杂乱，混乱，混杂。 ⑤大当：大致相当。 ⑥迟明：天将亮时。 ⑦簿责：依文书上所列罪状责问。 ⑧直：通"值"，面对。左方兵：匈奴左方的军队，即左贤王的军队。

斩捕功已多大将军。军既还,天子曰:“骠骑将军去病率师,躬将所获荤粥之士[①],约轻赍[②],绝大幕,涉,获章渠,以诛比车耆;转击左大将,斩获旗鼓;历涉离侯,济弓闾,获屯头王、韩王等三人,将军、相国、当户、都尉八十三人,封[③]狼居胥山,禅[④]于姑衍,登临翰海[⑤]。执卤[⑥]获丑七万有四百四十三级,师率减什三,取食于敌,逴[⑦]行殊远而粮不绝。以五千八百户益封骠骑将军。”右北平太守路博德属骠骑将军,会与城,不失期,从至梼余山,斩首捕虏二千七百级,以千六百户封博德为符离侯。北地都尉邢山从骠骑将军获王,以千二百户封山为义阳侯。故归义[⑧]因淳王复陆支、楼专王伊即靬皆从骠骑将军有功,以千三百户封复陆支为壮侯,以千八百户封伊即靬为众利侯。而骠侯破奴、昌武侯安稽从骠骑有功,益封各三百户。校尉敢得旗鼓,为关内侯,食邑二百户。校尉自为爵大庶长。军吏卒为官,赏赐甚多。而大将军不得益封,军吏卒皆无封侯者。

两军之出塞,塞阅,官及私马凡十四万匹,而复入塞者不满三万匹。乃益置大司马位,大将军、骠骑将军皆为大司马。定令,令骠骑将军秩禄与大将军等。自是之后,大将军青日退,而骠骑日益贵。举大将军故人门下多去事骠骑,辄得官爵,唯任安不肯。

骠骑将军为人少言不泄,有气敢任。天子尝欲教之孙吴兵法,对曰:“顾方略何如耳,不至学古兵法。”天子为治第,令骠骑视之,对曰:“匈奴未灭,无以家为也。”由此上益重爱之。然少

---

①躬将:亲自率领。荤粥(xūn yù):指匈奴的别称,殷代称匈奴为荤粥。 ②约轻赍:轻装。约、轻:二字同义。赍:通“资”,资用,物资。 ③封:在山上建神坛祭天。 ④禅:在山下建场祭地。 ⑤翰海:大沙漠。 ⑥卤:通“虏”,俘虏。 ⑦逴(chuò):远。 ⑧归义:归附有义之国,此指降汉。

而侍中，贵，不省士[①]。其从军，天子为遣太官赍数十乘[②]，既还，重车馀弃粱肉，而士有饥者。其在塞外，卒乏粮，或不能自振[③]，而骠骑尚穿域蹋鞠[④]。事多此类。大将军为人仁善退让，以和柔自媚于上，然天下未有称也。

骠骑将军自四年军后三年，元狩六年而卒。天子悼之，发属国玄甲[⑤]军，陈自长安至茂陵，为冢象祁连山。谥之，并武与广地曰景桓侯[⑥]。子嬗代侯。嬗少，字子侯，上爱之，幸其壮而将之。居六岁，元封元年，嬗卒，谥哀侯。无子，绝，国除。

自骠骑将军死后，大将军长子宜春侯伉坐法失侯。后五岁，伉弟二人，阴安侯不疑及发干侯登皆坐酎金[⑦]失侯。失侯后二岁，冠军侯国除。其后四年，大将军青卒，谥为烈侯。子伉代为长平侯。

自大将军围单于之后十四年而卒。竟不复击匈奴者，以汉马少，而方南诛两越，东伐朝鲜，击羌、西南夷，以故久不伐胡。

大将军以其得尚[⑧]平阳长公主故，长平侯伉代侯。六岁，坐法失侯。

左方[⑨]两大将军及诸裨将名：

最[⑩]大将军青，凡七出击匈奴，斩捕首虏五万馀级。一与单于战，收河南地，遂置朔方郡，再益封，凡万一千八百户。封三子为侯，侯千三百户。并之，万五千七百户。其校尉裨将以从大将军侯者九人。其裨将及校尉已为将者十四人。为裨将者

---

①省（xǐng）士：关心士卒。 ②赍（jī）：赠送。乘（shèng）：古时称一车四马为乘。 ③振：站立。 ④穿域：划定地段为球场。蹋鞠：古代的一种踢球游戏。 ⑤玄甲：黑甲，铁甲。 ⑥武与广地：勇武与扩大边地。按谥法，"布义行刚曰景"，"辟土服远日桓"。 ⑦酎（zhòu）金：汉王朝举行宗庙祭祀，诸王和列侯都要进献助祭之金，称酎金。 ⑧尚：娶公主为妻曰尚。 ⑨左方：犹言"下列"，因为古代文字竖写，由右向左，故云。 ⑩最：总计。

曰李广，自有传。无传者曰：

将军公孙贺。贺，义渠人，其先胡种。贺父浑邪，景帝时为平曲侯，坐法失侯。贺，武帝为太子时舍人。武帝立八岁，以太仆为轻车将军，军马邑。后四岁，以轻车将军出云中。后五岁，以骑将军从大将军有功，封为南窌侯。后一岁，以左将军再从大将军出定襄，无功。后四岁，以坐酎金失侯。后八岁，以浮沮将军出五原二千馀里，无功。后八岁，以太仆为丞相，封葛绎侯。贺七为将军，出击匈奴无大功，而再侯，为丞相。坐子敬声与阳石公主奸，为巫蛊①，族灭，无后。

将军李息，郁郅人。事景帝。至武帝立八岁，为材官将军，军马邑。后六岁，为将军，出代。后三岁，为将军，从大将军出朔方。皆无功。凡三为将军，其后常为大行。

将军公孙敖，义渠人。以郎事武帝。武帝立十二岁，为骑将军，出代，亡卒七千人，当斩，赎为庶人。后五岁，以校尉从大将军有功，封为合骑侯。后一岁，以中将军从大将军再出定襄，无功。后二岁，以将军出北地，后骠骑期，当斩，赎为庶人。后二岁，以校尉从大将军，无功。后十四岁，以因杅将军筑受降城。七岁，复以因杅将军再出击匈奴，至余吾，亡士卒多，下吏，当斩，诈死，亡居民间五六岁。后发觉，复系。坐妻为巫蛊，族。凡四为将军，出击匈奴。一侯。

将军李沮，云中人。事景帝。武帝立十七岁，以左内史为强弩将军。后一岁，复为强弩将军。

将军李蔡，成纪人也。事孝文帝、景帝、武帝。以轻车将军从大将军有功，封为乐安侯。已为丞相，坐法死。

---

①巫蛊：诅咒人使之患病致死。

将军张次公，河东人。以校尉从卫将军青有功，封为岸头侯。其后太后崩，为将军，军北军。后一岁，为将军，从大将军，再为将军，坐法失侯。次公父隆，轻车武射也。以善射，景帝幸近之也。

将军苏建，杜陵人。以校尉从卫将军青，有功，为平陵侯，以将军筑朔方。后四岁，为游击将军，从大将军出朔方。后一岁，以右将军再从大将军出定襄，亡翕侯，失军，当斩，赎为庶人。其后为代郡太守，卒，冢在大犹乡。

将军赵信，以匈奴相国降，为翕侯。武帝立十七岁，为前将军，与单于战，败，降匈奴。

将军张骞，以使通大夏，还，为校尉。从大将军有功，封为博望侯。后三岁，为将军，出右北平，失期，当斩，赎为庶人。其后使通乌孙，为大行，而卒，冢在汉中。

将军赵食其，祋祤人也。武帝立二十二岁，以主爵为右将军，从大将军出定襄，迷失道，当斩，赎为庶人。

将军曹襄，以平阳侯为后将军，从大将军出定襄。襄，曹参孙也。

将军韩说，弓高侯庶孙也。以校尉从大将军有功，为龙頟侯，坐酎金失侯。元鼎六年，以待诏为横海将军，击东越有功，为按道侯。以太初三年为游击将军，屯于五原外列城。为光禄勋，掘蛊太子宫，卫太子杀之。

将军郭昌，云中人也。以校尉从大将军。元封四年，以太中大夫为拔胡将军，屯朔方。还击昆明，毋功，夺印。

将军荀彘，太原广武人。以御见①，侍中，为校尉，数从大将

①御：御马，赶车。见：求见皇上，自荐其能。

军。以元封三年为左将军击朝鲜,毋功。以捕楼船将军坐法死。

最骠骑将军去病,凡六出击匈奴,其四出以将军,斩捕首虏十一万馀级。及浑邪王以众降数万,遂开河西酒泉之地,西方益少胡寇。四益封,凡万五千一百户。其校吏有功为侯者凡六人,而后为将军二人。

将军路博德,平州人。以右北平太守从骠骑将军有功,为符离侯。骠骑死后,博德以卫尉为伏波将军,伐破南越,益封。其后坐法失侯。为强弩都尉,屯居延,卒。

将军赵破奴,故九原人。尝亡入匈奴,已而归汉,为骠骑将军司马。出北地,时有功,封为从骠侯。坐酎金失侯。后一岁,为匈河将军,攻胡至匈河水,无功。后二岁,击虏楼兰王,复封为浞野侯。后六岁,为浚稽将军,将二万骑击匈奴左贤王,左贤王与战,兵八万骑围破奴,破奴生为虏所得,遂没其军。居匈奴中十岁,复与其太子安国亡入汉。后坐巫蛊,族。

自卫氏兴,大将军青首封,其后枝属①为五侯。凡二十四岁而五侯尽夺,卫氏无为侯者。

太史公曰:苏建语余曰:"吾尝责大将军至尊重,而天下之贤大夫毋称焉,愿将军观②古名将所招选择贤者,勉之哉。大将军谢③曰:'自魏其、武安之厚宾客,天子常切齿。彼亲附士大夫,招贤绌④不肖者,人主之柄也。人臣奉法遵职而已,何与⑤招士!'"骠骑亦放⑥此意,其为将如此。

①枝属:宗族。 ②观:学习,效法。 ③谢:谢绝,拒绝。 ④绌:通"黜",废黜,罢斥。 ⑤与:参与,介入。 ⑥放:通"仿",仿效,效法。

【译文】

大将军卫青，平阳人。他的父亲郑季，做小吏，在平阳侯家做事，曾与平阳侯的小妾卫媪私通，生了卫青。卫青的同母兄长卫长子，同母姐姐卫子夫在平阳公主家得到天子的宠幸，所以假充姓卫。卫青，字仲卿。卫长子改表字为长君。长君的母亲叫卫媪。卫媪的大女儿叫卫孺，二女儿叫卫少儿，三女儿就是卫子夫。后来卫子夫的弟弟步和广都假充姓卫。

卫青是平阳侯家的仆人，小时候回到父亲郑季家里，父亲让他牧羊。郑季前妻生的儿子都把他当作奴仆来对待，不把他视为兄弟。卫青曾跟人来到甘泉宫的居室，有个脖子上套着铁枷的犯人给卫青相面说："你是个贵人，将来能做官封侯！"卫青笑笑说："我是奴仆生的孩子，能不挨他人打骂就心满意足了，怎能想到封侯的事呢！"

卫青长大后，做了平阳侯家的骑兵，时常跟随平阳公主。武帝建元二年春天，卫青的姐姐卫子夫进入宫中，受到皇上宠幸。皇后陈阿娇是堂邑大长公主刘嫖的女儿，没有儿子，却嫉妒别人。大长公主听说卫子夫受到武帝宠幸，且有了身孕，很嫉妒她，就派人捕捉卫青。当时卫青在建章宫当差，尚不出名。大长公主捉得并囚禁卫青，想杀掉他。卫青的朋友骑郎公孙敖就和一些壮士把他抢了出来，因此得以不死。皇上闻听，就招来卫青，让他做建章监，加侍中官衔，连同他的同母兄弟都得到显贵，皇上给他们的赏赐，数日之间竟累积千金之多。卫孺做了太仆公孙贺的妻子。卫少儿原来同陈掌私通，皇上便招来陈掌，使他显贵。公孙敖因此也更加显贵。卫子夫做了皇上的夫人。卫青升为太中大夫。

元光五年，卫青做了车骑将军，攻击匈奴，从上谷出兵；太仆公孙贺为轻车将军，由云中出兵；大中大夫公孙敖为骑将军，由代郡出兵；卫尉李广为骁骑将军，由雁门出兵：每军各有一万骑兵。卫青领兵到达茏城，斩杀和俘虏敌人数百人。骑将军公孙敖损失七千名骑兵；卫尉李广被敌人俘获，逃脱而回：公孙敖和李广都被判处死，交纳赎金免死，成为平民。公孙贺也没有功劳。

元朔元年春，卫子夫生了男孩，被立为皇后。这年秋天，卫青为车骑将军，从雁门出境，率三万骑兵攻打匈奴，斩杀俘获敌人数千人。第二年，匈奴侵入边塞，杀死辽西太守，掳掠渔阳郡二千多人，打败了韩安国将军的军队。汉命李息将军攻打匈奴，从代郡出兵；又命车骑将军卫青从云中出兵，向西攻打匈奴，直到高阙。于是攻取了黄河以南地区，直到陇西，捕获俘虏敌人数千名，缴获牲畜十万头，赶跑了白羊王、楼烦王。汉就把黄河以南地区设为朔方郡。并以三千八百户封卫青为长平侯。卫青的校尉苏建有军功，以一千一百户封苏建为平陵侯。并派苏建修筑朔方城。卫青的校尉张次公有军功，被封为岸头侯。天子说："匈奴悖逆天理，悖乱人伦，侵凌长辈，虐待老人，专以盗窃为事，欺诈各个蛮夷之国，策划阴谋，凭借武力，数次侵害汉边境，所以朝廷才调动军队，派遣将领，去讨伐它的罪恶。《诗经》上不是说吗，'薄伐猃狁，至于太原'；'出车彭彭，城彼朔方'。如今车骑将军卫青越过西河地区，直到高阙，斩获敌人首级二千三百，缴获全部战车、辎重和畜产，已被封为列侯，于是往西平定河南地区，巡查榆谿的旧有要塞，越过梓领，在北河架设桥梁，讨伐蒲泥，攻破符离，斩杀敌人的轻捷精锐的士卒，捕获敌人的侦察士卒三千零七十一人，捉到敌人的活口讯问，俘获很多敌人，赶回一百多万只马、牛、羊，保全大军，胜利回师，加封卫青三千户。"第二年，匈奴侵入边境，杀死代郡太守共友，侵入雁门，抢掠一千余人。下一年，匈奴大规模入侵代郡、定襄、上郡，斩杀抢掠汉百姓数千人。

第二年，即元朔五年春，朝廷命车骑将军卫青率三万骑兵，从高阙出兵；命卫尉苏建为游击将军，左内史李沮为强弩将军，太仆公孙贺为骑将军，代相李蔡为轻车将军，都隶属车骑将军卫青统领，一同从朔方出兵；又命大行李息、岸头侯张次公为将军，从右北平出兵：他们全都去攻打匈奴。匈奴右贤王正对着卫青等人的军队，以为汉兵不能到达他们那里，便喝起酒来。夜里汉兵赶到，包围了右贤王，右贤王大惊，连夜逃跑，独自同他的一个爱妾和几百名精壮的骑兵，急驰突围，向北逃去。汉轻骑校尉郭成等追赶了数百里，没有追上，捕获了右贤王的裨王十多人，男女百姓一万五千余人，牲畜数千百万头，于是卫青便领兵返回。卫青的军队走到边塞，武帝派使者持大将军印，就在军中拜授车骑将军卫青为大将军，诸将都率兵隶属于大将军，大将军确立名号，班师回京。天子说："大将军卫青亲自率领战士攻杀，军队获得大捷，俘虏匈奴之王十多人，加封卫青六千户。"又封卫青的儿子卫伉为宜春侯，卫不疑为阴安侯，卫登为发干侯。卫青坚决推辞说："臣侥幸能在军中为官，依赖陛下的神圣威灵，才使军队获得大捷，这也是各位校尉拼力奋战的功劳。陛下已经降恩加封臣。臣卫青的儿子们年龄还小，没有征战的劳苦和功绩，皇上降恩，割地封他们三人为侯，这不是臣在军中为官，用来鼓励战士奋力攻战的本意啊。卫伉等三人怎敢接受封赏。"天子说："我并非忘却诸位校尉的功劳，我将马上考虑他们的奖赏。"天子就下诏给御史说："护军都尉公孙敖三次随大将军出击匈奴，经常接应各军，率领一校人马，捕获匈奴小王，以一千五百户封公孙敖为合骑侯。都尉韩说随大将军从窳浑出兵，直打到匈奴右贤王的王庭，在大将军旗下搏杀奋战，俘获匈奴小王，以一千三百户封韩说为龙頟侯。骑将军公孙贺随大将军俘获匈奴小王，以一千三百户封公孙贺为南窌侯。轻车将军李蔡两次随大将军俘获匈奴小王，以一千六百户封李蔡为乐安侯。校尉李朔，校尉赵不虞，校尉公孙戎奴，每人都三次随大将军俘获匈奴小王，以一千三百户封李朔为涉轵侯，以一千三百户封赵不虞为随成侯，以一千三百户封公孙戎奴为从平侯。将军李沮、李息及校尉豆如意有军功，赐给关内侯的爵位，每人食邑三百户。"这年秋天，匈奴侵入代郡，杀死都尉朱英。

第二年春天，大将军卫青从定襄出兵。合骑侯公孙敖为中将军，太仆公孙贺为左将军，翕侯赵信为前将军，卫尉苏建为右将军，郎中令李广为后将军，左内史李沮为强弩将军，他们都隶属大将军，斩杀敌人数千人而回。一个多月后，他们又全都从定襄出兵攻打匈奴，斩杀俘虏敌人一万多人。右将军苏建、前将军赵信的军队合为一军，共三千多骑兵，单独遇上匈奴单于的军队，同他们交战一天多，汉兵将要被全歼。前将军赵信原本是匈奴人，降汉被封为翕侯，如今看到情势危急，匈奴人又引诱他，于是率剩余的大约八百骑兵，跑到单于那儿投降。右将军苏建把他的军队全部损失了，独自一人逃回，自己回到大将军卫青那里。大将军卫青就苏建的罪过向军正闳、长史安、议郎周霸等问道："苏建的罪应怎样定？"周霸说道："自从大将军出征，不曾杀过副将。如今苏建弃军而回，可斩苏建以显明大将军的威严。"闳、安都说："不能这样。兵法上说'两军交锋，军队少的一方坚战，只有被军队多的一方擒杀'。如今苏建率数千军队抵挡单于的数万军队，奋力战斗了一天多，士卒全部战死，仍然不敢有背叛汉的心意，自己归来。自己归来而被斩杀，这是告诉士卒今后若要失败不可返回汉。不应当斩苏建。"大将军卫青说："卫青侥幸以皇上必腹在军中为官，不忧虑没有威严，而周霸劝我严明威严，大失做人臣的旨意。况且即使做臣子的职权允许我斩杀有罪的将军，但凭着做臣子的尊宠也不敢在境外擅自诛杀，而要把情况向天子详细报告，让天子自己裁决，由此表现出做人臣的不敢专权，不也可以吗？"军中官吏都说"好！"于是囚系苏建，送往皇上的巡行所居处的地方。卫青领兵进入边塞，停止了对匈奴的征伐。

这一年，大将军卫青姐姐的儿子霍去病十八岁，受到宠爱，做了皇帝的侍中。霍去病擅长骑马射箭，两次随大将军出征，大将军奉皇上诏命，拨给他一些勇壮的士卒，命他为剽姚校尉，他同八百名轻捷勇敢的骑兵，径直抛开大军数百里，寻找有利的机会攻杀敌人，所斩杀捕获的敌人数量超过了他们的损失。于是天子说："剽姚校尉霍去病斩杀俘获敌人二千零二十八人，其中包括匈奴相国、当户，斩杀单于祖父的籍若侯产，活捉单于叔父罗姑比，他的功劳在军中两次数第一，以一千六百户封霍去病为冠军侯。上谷太守郝贤四次随大将军出征，捕获斩杀敌军二千余名，以一千一百户封郝贤为众利侯。"这一年，损失了两位将军的军队，翕侯赵信逃亡，军功不多，所以大将军卫青没加封。右将军苏建回来后，天子没杀他，赦免他的罪过，交纳赎金，成为平民。

大将军卫青回到京城后，皇上赏赐他千金。这时，王夫人正受到皇上的宠幸，宁乘劝说卫青道："将军您之所以军功还不太多，却食邑万户，三个儿子都受封为侯，只是因为皇后的缘故。如今王夫人得幸，而她的宗族还没有富贵，愿将军捧着皇上赏赐的千金，去给王夫人的双亲祝寿。”于是大将军卫青就用五百金给王夫人的双亲祝寿。天子闻听，就问大将军卫青，大将军卫青如实禀报了皇上，皇上就拜授宁乘为东海都尉。

张骞随大将军出征，因为他曾出使大夏，被扣留在匈奴很长时间，这次他为大军做向导，熟知有水草的好地方，因而使大军免于饥渴，再加上他以前出使遥远国家的功劳，封张骞为博望侯。

冠军侯霍去病被封侯三年，在元狩二年春，皇帝命冠军侯霍去病为骠骑将军，率一万骑兵，从陇西出击匈奴，有军功。天子说：“骠骑将军率士卒越过乌盭山，讨伐遬濮，渡过狐奴河，经过五个匈奴王国，不掠取财物和畏惧服从的百姓，只希望捕获单于的儿子。转战六天，越过焉支山一千余里，与敌人短兵相接，杀死折兰王，斩了卢胡王，诛杀浑身穿戴铠甲的敌兵，抓获浑邪王的儿子及匈奴相国、都尉，斩杀俘获八千余人，缴获了休屠王的祭天金人，加封霍去病二千户。”

这年夏天，骠骑将军与合骑侯公孙敖都从北地出兵，分两路行进；博望侯张骞、郎中令李广都从右北平出兵，分两路行进，他们都去攻打匈奴。郎中令率四千骑兵首先到达，博望侯率一万骑兵随后到达。匈奴左贤王率数万骑兵围攻郎中令李广，郎中令与敌兵战斗了两天，士卒死去过半，但杀死敌人的数目超过了损失的数目。博望侯领兵赶到时，匈奴兵已撤走。博望侯犯有行军迟缓延误军机的罪过，被判斩首，交纳赎金免死，成为平民。骠骑将军出了北地后，已远远深入匈奴境内，与合骑侯公孙敖走迷了路，没能相会，骠骑将军越过居延，到达祁连山，捕获斩杀很多敌人。天子说：“骠骑将军越过居延，于是经过小月氏，攻到祁连山，俘虏酋涂王，率众投降的有二千五百人，杀敌三万零二百人，俘获五个匈奴小王，五个匈奴小王的母亲，单于的妻子、匈奴王子五十九个，还俘获匈奴相国、将军、当户、都尉六十三人，汉兵仅大约减损十分之三，加封霍去病五千户。赏赐随霍去病到达小月氏的校尉左庶长的爵位。鹰击司马赵破奴两次随骠骑将军出征，斩杀遬濮王，俘获稽且王，千骑将捉到匈奴小王、小王的母亲各一人,王子以下四十一人,俘虏敌兵三千三百三十人,先头部队俘虏敌兵一千四百人,以一千五百户封赵破奴为从骠侯。校尉句王高不识,随骠骑将军霍去病俘虏呼于屠王和王子以下十一人,俘虏敌兵一千七百六十八人,以一千一百户封高不识为宜冠侯。校尉仆多有军功,封为烸渠侯。”合骑侯公孙敖犯了行军滞留未能与骠骑将军会师的罪过,判处斩首,交纳赎金免死,成为平民。诸老将所率士兵和马匹武器也不如骠骑将军的,骠骑将军所率的通常是经过挑选的士兵,但他敢于深入匈奴境内作战,常常和壮健的骑兵跑在大军的前面,他的军队也有好运气,未曾遇到困绝之境。但诸位老将却常因行军迟缓遇不上好的战机。从此以后,骠骑将军更加被皇上亲近,更加显贵,荣宠和大将军卫青并列。

这年秋天,匈奴单于因为居处西方的浑邪王数次被骠骑将军率领的汉军打败,损失数万人而大怒。想招来浑邪王,把他杀死。浑邪王和休屠王等想降汉,就先派人到边境寻找汉人。这时,大行李息率兵在黄河岸边筑城,见到浑邪王的使者,立即命传车急驰飞报皇上。天子听过禀报,于是恐怕浑邪王用诈降的办法偷袭边境,就命骠骑将军领兵前往迎接。骠骑将军已经渡过黄河,与浑邪王的部队相互远望。浑邪王的副将看见汉军,多数不想投降,有好多人逃跑而去。骠骑将军就急驰进入对方营中,与浑邪王相见,斩了想逃走的八千人,于是命浑邪王一个人乘着传车,先到皇帝的巡行居处的地方,然后由他领着浑邪王的军队渡过黄河,投降者有数万人,号称十万。他们到达长安后,天子用来赏赐的钱就有数十万万。以一万户封浑邪王为漯阴侯。封他的小王呼毒尼为下摩侯,鹰庇为烸渠侯,禽梨为河綦侯,大当户铜离为常乐侯。于是天子称赞骠骑将军霍去病的功劳说:“骠骑将军霍去病率军队攻打匈奴西域浑邪王,浑邪王及其士卒百姓都相约投奔汉,用军粮接济汉军。骠骑将军一并率领他们的善射兵卒一万余人,诛杀了妄图逃亡的凶悍之人,斩杀八千多人,使异国之王三十二人降汉。汉军士卒没有伤亡,十万匈奴大军全部归顺,由于他们承担了战争的劳苦,因而使河塞地区几乎消除了边患，有幸将永保安宁。以一千七百户加封骠骑将军。”于是就减少了一半戍守陇西、北地、上郡的士卒，以此使天下百姓的徭役得到宽缓。

过了不久，朝廷就把归降的匈奴人分别迁徙到边境五郡原先的边塞以外，但都在黄河以南，并按他们原有的习俗，作为汉的属国。第二年，匈奴侵入右北平、定襄，杀死抢掠汉一千多人。

第二年，天子与诸将商议说：“翕侯赵信替匈奴单于出谋划策，常以为汉兵不能越过沙漠轻易留在那里，现在派大军出击，势必能实现我们的愿望。”这一年是元狩四年。

元狩四年春，天子命大将军卫青、骠骑将军霍去病各率五万骑兵，数十万步兵、转运物资的士卒以及后续的军兵，而敢于奋力战斗、深入敌境的士兵都隶属骠骑将军。骠骑将军开始要从定襄出兵，迎击单于。后来捕到的匈奴俘虏说单于向东去了，于是改令骠骑将军从代郡出兵，命大将军卫青从定襄出兵。郎中令李广为前将军，太仆公孙贺为左将军，主爵都尉赵食其为右将军，平阳侯曹襄为后将军，他们都隶属大将军。大军随即越过沙漠，共五万骑人马，与骠骑将军等都攻打匈奴单于。赵信替单于谋划说：“汉兵已越过沙漠，人困马疲，匈奴可以坐收汉军俘虏了。”于是把他们的辎重全部运到遥远的北方，以全部精兵在大漠以北等待汉军。正碰上大将军卫青的军队开出塞外一千多里，看见单于的军队列阵等在那里，于是大将军下令让武刚车排成环形营垒，又命五千骑兵纵马急驰，前往迎击匈奴。匈奴也约有一万骑兵急驰而来。恰巧太阳将落，刮起大风，沙石打在脸上，两军都看不见对方，汉军又命左右两翼急驰向前，包抄单于。单于见汉兵很多，而且士卒和战马还很强壮，若是交战，对匈奴不利。傍晚时，单于就乘六头骡子拉的车子，与大约数百名壮健骑兵，径直冲开汉军包围圈，向西北奔驰而去。这时，天已黄昏，汉兵和匈奴兵相互混杂在一起，杀伤的人数大体相当。汉军左校尉捕到匈奴俘虏，说单于在天未黑时已离去，于是汉军就派出轻骑兵连夜追击，大将军的军队也跟随其后。匈奴士卒四散奔逃。到天快亮时，汉军已行走二百余里，没追到单于，但俘获斩杀匈奴兵一万多人，于是到达寘颜山赵信城，取得匈奴积存的粮食供军队食用。汉军留住一日而后返回，把城中剩余的粮食全部烧掉才回来。

大将军卫青与单于会战时，前将军李广、右将军赵食其的军队另外从东路进军，迷了路，没能如期赶上大将军合攻单于。直到大将军卫青领兵回到大漠以南，才遇到前将军、右将军。大将军想派使者回京报告天子，就命长史按文书所列罪状责问前将军李广，李广自杀。右将军赵食其回到京城，被交给法吏，交纳赎金免死，成为平民。大将军的军队进入边塞，此次共斩杀俘获敌兵一万九千人。

这时，匈奴的部众失去单于十多天，右谷蠡王闻听，就自己做了单于。单于后来又与他的部众会合，右谷蠡王就去掉了单于之号。

骠骑将军也率五万骑兵，所带车辆辎重与大将军卫青相当，但没有副将。他就任用李敢等为大校，充当副将，从代郡、右北平出兵一千余里，正好遇上左贤王的军队，斩杀俘获敌兵的功劳已经远远超过了大将军卫青。大军全部归来时，天子说："骠骑将军霍去病率军出征，又亲自率领所俘虏的匈奴士兵，轻装前行，越过大沙漠，渡河捕获单于近臣章渠，诛杀匈奴小王比车耆；转而攻击匈奴左大将，斩杀敌将，夺取其军旗战鼓；又翻越离侯山，渡过弓闾河，捕获匈奴屯头王、韩王等三人，以及将军、相国、当户、都尉等八十三人，然后在狼居胥山祭天，在姑衍山祭地，并登临大沙漠。捉到敌人的活口讯问，进而俘获斩杀敌人七万零四百四十三人，汉军只大约减损十分之三，他们从敌人那里取得粮食，能够远行到极远的地方而没有断绝军粮。以五千八百户加封骠骑将军霍去病。"右北平太守路博德隶属于骠骑将军，与骠骑将军在与城会师，没有错过约定日期，随骠骑将军到达梼余山，俘虏和斩杀匈奴二千七百人，以一千六百户封路博德为符离侯。北地都尉邢山随骠骑将军捕获匈奴小王，以一千二百户封邢山为义阳侯。以前降汉的匈奴因淳王复陆支、楼专王伊即靬都随骠骑将军攻匈奴有功，以一千三百户封复陆支为壮侯，以一千八百户封伊即靬为众利侯。从骠侯赵破奴、昌武侯赵安稽随骠骑将军攻打匈奴有功，各加封三百户。校尉李敢夺取了匈奴的军旗战鼓，封为关内侯，赐食邑二百户。校尉徐自为授予大庶长的爵位。另外骠骑将军属下的小吏士卒做官和受赏的人很多。而大将军卫青没能得到加封，军中的官吏士卒没有被封侯的。

当卫青、霍去病所率的两支大军出塞时，曾在边塞检阅兵马，当时官府和私人马匹共十四万匹，而他们返回塞内时，所剩战马不满三万匹。于是朝廷增设大司马官位，大将军、骠骑将军都做了大司马。而且定下法令，让骠骑将军的官阶俸禄与大将军相当。从此以后，大将军卫青的权势日益减退，而骠骑将军日益显贵。大将军的故人和门客多半离开了他，而去奉事骠骑将军，这些人常常因此而得到官爵，只有任安不肯这样做。

骠骑将军为人寡言少语，不泄露别人说的话，有义气，敢做敢当。天子曾想教他孙吴兵法，他回答说："作战关键在于临机应变的本领如何罢了，不在于学古代兵法。"天子为他修造府第，让骠骑将军去看，他回答说："匈奴还没有消灭，无心考虑自家的事。"从此以后，皇上更加看重和喜爱他。但是，霍去病从少年时起，就做侍中在宫中侍候皇帝，得到显贵，却不知体恤士卒。他出兵打仗时，天子派遣太官送他数十车食物，待他回来时，辎重车上还有吃不完扔掉的米和肉，而他的士卒还有忍饥挨饿的。他在塞外打仗时，士卒缺粮，有的饿得站不起来，而骠骑将军还在画定球场，踢球游戏。他做事多半如此。大将军卫青为人仁爱善良，善退让，以宽和柔顺取悦皇上，但天下之人没有称赞他的。

骠骑将军自元狩四年出击匈奴以后三年，即元狩六年死去。天子对他的死很悲伤，调遣边境五郡的铁甲军，从长安到茂陵排列成阵，给霍去病修的坟墓外形像祁连山。赐给他谥号，因他既有勇武又有扩大边地之功，称他为景桓侯。其子霍嬗继承了他的侯位。霍嬗年龄小，字子侯，皇上喜爱他，希望长大后任命他为将军。过了六年，即元封元年，霍嬗死去，皇上赐他哀侯的谥号。他没有儿子，后代断绝，封国被废除。

自骠骑将军死后，大将军的长子宜春侯卫伉因犯法而失去侯位。五年后，卫伉的两个弟弟阴安侯卫不疑和发干侯卫登，都因犯了向朝廷进献酎金不合规定的罪而失去侯位。失去侯位后二年，冠军侯的封国被废除。此后四年，大将军卫青死去，赐给他谥号为烈侯。卫青的儿子卫伉接替爵位做了长平侯。

自从大将军围攻匈奴单于之后十四年而死去。汉终于没再攻打匈奴的原因，是汉马匹少，而且正在讨伐南方的东越和南越，讨伐东方的朝鲜，攻击羌人和西南夷，因此很长时间没讨伐匈奴。

因为大将军卫青娶了平阳公主的缘故，所以长平侯卫伉才得以接替侯位。六年后，他又因犯法而失掉侯爵。

下面是两位大将军及其诸位副将的名单：

总计大将军卫青的功劳，他出击匈奴共七次，斩杀俘虏敌兵五万余人。同单于交战一次，收复黄河以南之地，于是设置了朔方郡，两次加封，共受封一万一千八百户。他的三个儿子都被封侯，每人受封一千三百户。卫家受封的户数合并起来，共有一万五千七百户。大将军的校尉副将因随他有功而被封侯的共有九人。他的副将及校尉已经做了将军的十四人。做副将的有李广，自有列传。其他没有列传的有：

将军公孙贺。他是义渠人，祖先是匈奴人。公孙贺的父亲浑邪，景帝时被封为平曲侯，因为犯法而失掉侯位。公孙贺在武帝还是太子时做舍人。武帝即位八年，以太仆的身份做了轻车将军，驻军在马邑。过了四年，以轻车将军的身份从云中出发攻打匈奴。又过了五年，以骑将军的身份随大将军打匈奴有功，被封为南窌侯。一年后，以左将军的身份两次随大将军从定襄出兵攻打匈奴，没有功劳。四年后，因为犯了向朝廷进献的酎金不合规定的罪而失掉侯爵。八年后，以浮沮将军的身份从五原出兵，远征两千余里攻打匈奴，没有功劳。过了八年，以太仆的身份做丞相，受封葛绎侯。公孙贺七次做将军，出击匈奴没有建立大功，而两次被封侯，做了丞相。后来因儿子公孙敬声与阳石公主私通，又因巫蛊之罪，被灭族，没有留下后代。

将军李息，郁郅人。曾服事景帝。到武帝即位八年时，做了材官将军，驻军马邑。六年后，做将军，从代郡出兵攻打匈奴。三年后，做将军，随大将军从朔方出兵打匈奴。每次都没有功劳。李息共三次做将军,后来常做大行。

将军公孙敖,义渠人。最初以郎官身份服事武帝。武帝即位十二年,做了骑将军,从代郡出兵攻打匈奴,损失士卒七千人,被判处斩首,交纳赎金免死,成为平民。五年后,以校尉身份随大将军攻打匈奴有功,被封为合骑侯。一年后,以中将军身份随大将军两次从定襄出兵攻打匈奴,没有战功。两年后,以将军身份从北地出兵,延误了与骠骑将军约定的时间,被判处斩首,交纳赎金免死,成为平民。两年后,以校尉的身份随大将军攻打匈奴,没有战功。十四年后,以因杅将军的身份负责修筑受降城。七年后,又以因杅将军的身份再次出兵攻打匈奴,进军到余吾,因为损失士卒多,被交付法吏,判处斩首,诈称已死,逃亡到民间五六年。后来,此事被发觉,又囚系了他。因妻子搞巫蛊之事,被灭族。他共做过四次将军,出兵攻击匈奴,一次被封侯。

将军李沮,云中人。曾服事景帝。武帝即位十七年时,以左内史的身份做了强弩将军。一年后,又做强弩将军。

将军李蔡,成纪人。曾服事孝文帝、景帝、武帝。曾以轻车将军的身份随大将军攻打匈奴有功,被封为乐安侯。以后做了丞相,因犯法被杀。

将军张次公,河车人。曾以校尉身份随卫将军攻打匈奴有功,封为岸头侯。后来王太后驾崩,他做了将军,驻守北军。一年后,做了将军,随大将军卫青攻打匈奴。他两次做将军,因犯法而失掉侯位。张次公的父亲张隆,是驾驭轻便战车的勇敢射手。因善于射箭,景帝就宠幸亲近他。

将军苏建,杜陵人。以校尉的身份随卫青将军攻打匈奴,因为有战功而被封为平陵侯,并且以将军身份负责修筑朔方城。四年后,他做了游击将军,随大将军卫青从朔方出兵攻打匈奴。一年后,以右将军的身份再次随大将军从定襄出兵攻打匈奴,结果翕侯叛逃匈奴,大军遭受损失,被判处斩首,交纳赎金免死,成为平民。之后,他做了代郡太守。死后,坟墓在大犹乡将军赵信，以匈奴相国的身份降汉，做了翕侯。武帝即位十七年，赵信做了前将军，与匈奴单于交战，失败后投降了匈奴。

将军张骞，以使者的身份出访大夏，返回后做了校尉。随大将军卫青攻打匈奴有功，被封为博望侯。三年后，做了将军，从右北平出击匈奴，因为误了约定的军期，被判处斩首，赎罪免死成为平民。此后，他作为使者出使乌孙，后来又做了大行，便死去，他的坟墓在汉中。

将军赵食其，祋祤人。武帝即位二十二年，他以主爵都尉的身份做了右将军，随大将军卫青从定襄出兵攻打匈奴，因为迷路延误了军期，被判处斩首，交纳赎金免死，成为平民。

将军曹襄，以平阳侯的身份做后将军，随大将军卫青从定襄出兵攻打匈奴。曹襄是曹参的孙子。

将军韩说是弓高侯韩颓当的庶出孙子。以校尉的身份随大将军卫青攻打匈奴有功，被封为龙额侯，因进献酎金不合规定之获罪而失掉侯位。元鼎六年，以待诏的身份做了横海将军，攻打东越有功，被封为按道侯。在太初三年，做了游击将军，屯驻在五原以外的一些城堡。后来，做了光禄勋，因为到太子宫挖掘巫蛊罪证，被卫太子杀死。

将军郭昌，云中人。以校尉身份随大将军卫青攻打匈奴。元封四年，以太中大夫的身份做了拔胡将军，驻军朔方。回来以后，领兵攻打昆明，没有功劳，被收回将军印。

将军荀彘，太原广武人。以善于驾车求见皇上，做了侍中，后来做了校尉，数次随大将军卫青攻打匈奴。元封三年，他做了左将军，领兵攻打朝鲜，没有功劳。因为袭捕楼船将军杨仆犯了罪，被处死。

总计骠骑将军霍去病的功劳，他共六次出击匈奴，其中四次出击是以将军的身份，共斩杀俘获匈奴兵十一万多人。等浑邪王率数万人投降后，于是开拓了河西、酒泉等地，使西方匈奴的侵扰越来越少。他被四次加封，食邑共一万五千一百户。他的校尉因有功被封侯的共有六人，以后成为将军的有两人。

将军路博德，平州人。以右北平太守的身份随骠骑将军攻打匈奴有功，被封为符离侯。骠骑将军死后，路博德以卫尉的身份做了伏波将军，讨伐并打败南越，受到加封。此后他因犯法而失掉侯位。后来，他做了强弩都尉，驻军居延，直到死去。

将军赵破奴，原来是九原人。曾逃到匈奴，后来又回归汉，做了骠骑将军的司马。领兵从北地出击匈奴时有功，被封为从骠侯。后来因犯了向朝廷进献酎金不合规定的罪失掉侯位。一年后，做了匈河将军，攻打匈奴直到匈河水，没有战功。两年后，攻打并俘虏楼兰王，又被封为浞野侯。六年后，做了浚稽将军，率两万骑兵攻打匈奴左贤王，左贤王与赵破奴交战，用八万骑兵围困了他，赵破奴被敌人活捉，他的军队全部覆灭。他在匈奴住了十年，又与他的长子安国逃回汉。后来，因为犯了巫蛊罪，被灭族。

自从卫氏兴起，大将军卫青首先被封侯，后来他的子孙有五人被封侯。总共经历了二十四年，五个侯爵全被剥夺，卫氏没有人再为侯。

太史公说：苏建曾对我说："我曾责备大将军卫青极尊贵，而天下的贤士大夫却不称赞他，愿将军能效法古代那些招选贤人的名将，努力去做吧。大将军谢绝说：'自从魏其侯窦婴、武安侯田蚡厚待宾客，天子常切齿痛恨。那亲近和安抚士大夫，招选贤才，罢斥不肖者的事，是国君的权力。做人臣的只须遵守法度做好职分内的事，何必参与招选贤士的事呢？'"骠骑将军霍去病也仿效这种做法，他们做将军就是这样。

【鉴赏】

在武帝时与匈奴作战的名将中，有三位是司马迁为其立传的，即李广、卫青、霍去病。三人同为名将，但一生遭遇却十分不同：李广出身"世世受射"之家，凭其奇才、奇勇而令匈奴人闻风丧胆，然而却劳而无功，终生未得为侯，最终因被逼迫而含愤自杀；卫青生为奴仆之家，出身微贱，后因姐姐卫子夫为武帝宠幸之故而得显贵，又因战功而被封侯，为大将军，两次加封；霍去病亦出身微贱，但同卫青一样，都因是外戚而为天子宠幸，因战功被封冠军侯，为骠骑将军，四次加封。太史公在为三人立传时，在记叙的侧重点和用笔上也颇为不同：对李广详细叙写了他在与匈奴作战中几次带有传奇色彩的险中取胜的经历，所展现的是其天下无双的才气与勇敢；对卫青则多直接陈述其战功之著；对霍去病也是偏于对其战功的记述，但多通过记载皇帝褒功封赏的诏辞显其功。在为人上，三人也各不相同，李广仁爱士卒，“乏绝之处，见水，士卒不尽饮，广不近水；士卒不尽食，广不尝食”，所以他自杀之后，一军士大夫皆哭，“百姓闻之，知与不知，无老壮皆为垂涕”；霍去病则“不省士”，“其从军，天子为遣太官赍数十乘，既还，重车余粱肉，而士有饥者”；卫青“为人仁，善退让，以和柔自媚于上，然天下未有称也”。为士卒百姓爱者，一生坎坷悲惨；天下未有称者，一生尊宠荣耀。由此让人深深感到，作者是把无限的敬慕与景仰、无限的惋惜与同情给予了李广的，同时也让人看到了战争的极端残酷，“一将功成万骨枯”的触目惊心以及武帝的好战喜功与用人唯幸、用人唯佞。

史记卷一百一十二·平津侯主父列传第五十二

本篇是汉武帝时的宠臣公孙弘和主父偃的合传,在主父偃传中载录了徐乐、严安的两篇奏疏。太史公论赞后所附汉平帝太皇太后褒扬公孙弘的诏书和班固的赞语,皆为后人所为。公孙弘以学《春秋》杂说,在元光五年武帝诏征文学之士时,七十一岁而被拜为博士开始发达,元朔三年七十五岁时任御史大夫而位列三公,并最终官至丞相,封平津侯,是汉武帝尊儒而被"首举"的受益者。主父偃早年数不遇于诸侯,后以上书阙下谏伐匈奴和言律令而受到武帝赏识,并拜官得宠。他献上"令诸侯得推恩分子弟"之计,以一种诸侯喜于接受的方式,使诸侯藩国化大为小,达到了削弱诸侯的目的,彻底解决了汉兴以来诸侯王尾大不掉的问题,从此诸侯王再也无力与朝廷抗衡。徐乐"土崩"与"瓦解"之言,严安"周失之强,秦失之弱"之论及谏止结怨匈奴,则与公孙弘、主父偃在不主张大肆用兵等方面有相通之处。

丞相公孙弘者,齐菑川国薛县人也,字季。少时为薛狱吏,有罪,免。家贫,牧豕海上。年四十馀,乃学《春秋》杂说。养后母孝谨。

建元元年,天子初即位,招贤良文学之士。是时弘年六十,征以贤良为博士。使匈奴,还报,不合上意,上怒,以为不能,弘乃病免归。

元光五年,有诏征文学,菑川国复推上公孙弘。弘让,谢国人曰:"臣已尝西应命,以不能罢归。愿更推选。"国人固推弘,弘至太常。太常令所征儒士各对策，百馀人，弘第①居下。策奏，天子擢②弘对为第一。召入见，状貌甚丽，拜为博士。是时通西南夷道，置郡，巴蜀民苦之，诏使弘视之。还奏事，盛毁③西南夷无所用，上不听。

弘为人恢奇多闻，常称以为人主病不广大，人臣病不俭节。弘为布被，食不重肉。后母死，服丧三年。每朝会议，开陈其端，令人主自择，不肯面折庭争。于是天子察其行敦厚，辩论有馀，习文法吏事，而又缘饰以儒术，上大说④之。二岁中，至左内史。弘奏事，有不可，不庭辩之。尝与主爵都尉汲黯请间⑤，汲黯先发之，弘推其后，天子常说，所言皆听，以此日益亲贵。尝与公卿约议，至上前，皆倍⑥其约以顺上旨。汲黯庭诘弘曰⑦："齐人多诈而无情实⑧，始与臣等建此议，今皆倍之，不忠。"上问弘。弘谢曰："夫知臣者以臣为忠，不知臣者以臣为不忠。"上然弘言。左右幸臣每毁弘，上益厚遇之。

元朔三年，张欧免，以弘为御史大夫。是时通西南夷，东置沧海，北筑朔方之郡。弘数谏，以为罢敝⑨中国以奉无用之地，愿罢之。于是天子乃使朱买臣等难弘置朔方之便。发十策，弘不得一。弘乃谢曰："山东鄙人，不知其便若是，愿罢西南夷、沧海而专奉朔方。"上乃许之。

汲黯曰："弘位在三公，奉禄甚多，然为布被，此诈也。"上问弘。弘谢曰："有之。夫九卿与臣善者无过黯，然今日庭诘弘，诚中弘之病。夫以三公为布被，诚饰诈欲以钓名。且臣闻管仲

---

①第：名次，等级。②擢(zhuó)：提拔，选拔。③盛毁：极力诋毁。④说：通"悦"，高兴，喜欢。⑤尝：通"常"，经常，时常。请间：请求单独召见。间：私下，避开众人。⑥倍：通"背"，违背。⑦庭：通"廷"，朝廷。诘：责难，责备。⑧情实：真情实意。⑨罢敝：疲惫，耗损人力物力。罢：通"疲"。奉：供给。

相齐，有三归，侈拟于君，桓公以霸，亦上僭[①]于君。晏婴相景公，食不重肉，妾不衣丝，齐国亦治，此下比于民。今臣弘位为御史大夫，而为布被，自九卿以下至于小吏，无差，诚如汲黯言。且无汲黯忠，陛下安得闻此言！”天子以为谦让，愈益厚之。卒以弘为丞相，封平津侯。

弘为人意忌，外宽内深。诸尝与弘有郤者，虽详与善，阴报其祸。杀主父偃，徙董仲舒于胶西，皆弘之力也。食一肉脱粟之饭。故人所善宾客，仰衣食，弘奉禄皆以给之，家无所馀。士亦以此贤之。

淮南、衡山谋反，治党与[②]方急。弘病甚，自以为无功而封，位至丞相，宜佐明主填抚[③]国家，使人由臣子之道。今诸侯有畔逆之计，此皆宰相奉职不称，恐窃病死，无以塞责。乃上书曰："臣闻天下之通道[④]五，所以行之者三。曰君臣，父子，兄弟，夫妇，长幼之序，此五者，天下之通道也。智，仁，勇，此三者，天下之通德，所以行之者也。故曰'力行近乎仁，好问近乎智，知耻近乎勇'[⑤]。知此三者，则知所以自治；知所以自治，然后知所以治人。天下未有不能自治而能治人者也，此百世不易之道也。今陛下躬行大孝，鉴三王，建周道，兼文武，厉[⑥]贤予禄，量能授官。今臣弘罢驽[⑦]之质，无汗马之劳，陛下过意擢臣弘卒伍之中，封为列侯，致位三公。臣弘行能不足以称，素有负薪之病[⑧]，恐先狗马填沟壑[⑨]，终无以报德塞责。愿归侯印，乞骸骨[⑩]，避

①僭(jiàn)：地位低的人越礼冒用地位高的人的名分、礼仪、器物的行为称僭。 ②党与：共同参与之人，同党之人。 ③填抚：镇抚，安定。填：通"镇"。 ④通道：人人都要遵行的大道。通：普遍。 ⑤出自《礼记·中庸》。力行：身体力行。 ⑥厉：通"励"，勉励，激励。 ⑦罢驽：疲惫的劣马，此指才能低下。 ⑧负薪之病：自称有病，不能胜任的谦辞。 ⑨先狗马填沟壑：谦辞，意谓随时都会突然死去。 ⑩乞骸骨：乞求保全尸骨，这是官员向皇帝告老退职的谦辞。

贤者路。”天子报曰：“古者赏有功，褒有德，守成尚文，遭遇右武[①]，未有易此者也。朕宿昔庶几获承尊位[②]，惧不能宁，惟所与共为治者，君宜知之。盖君子善善恶恶，君若谨行，常在朕躬。君不幸罹霜露之病，何恙不已，乃上书归侯，乞骸骨，是章朕之不德也。今事少闲，君其省思虑，一精神[③]，辅以医药。”因赐告[④]牛酒杂帛。居数月，病有瘳[⑤]，视事。

元狩二年，弘病，竟以丞相终。子度嗣为平津侯。度为山阳太守十馀岁，坐法失侯。

主父偃者，齐临菑人也。学长短纵横[⑥]之术，晚乃学《易》《春秋》、百家言。游齐诸生间，莫能厚遇也。齐诸儒生相与排摈，不容于齐。家贫，假贷无所得，乃北游燕、赵、中山，皆莫能厚遇，为客甚困。孝武元光元年中，以为诸侯莫足游者，乃西入关见卫将军。卫将军数言上，上不召。资用乏，留久，诸公宾客多厌之，乃上书阙下[⑦]。朝奏，暮召入见。所言九事，其八事为律令，一事谏伐匈奴。其辞曰：

臣闻明主不恶切谏以博观，忠臣不敢避重诛以直谏，是故事无遗策而功流万世。今臣不敢隐忠避死以效愚计，愿陛下幸赦而少察之。

《司马法》曰：“国虽大，好战必亡；天下虽平，忘战必危。”天下既平，天子大凯[⑧]，春蒐秋狝[⑨]，诸侯春振旅[⑩]，秋治兵，所以不忘战也。且夫怒者逆德也，兵者凶器也，争者

---

①遭遇：指遇到祸患。右武：崇尚武功。右：古代以右为尊，此为崇尚。 ②宿昔：从前，以前。庶几：幸运，勉强，谦辞。 ③一精神：指专心静养。 ④赐告：恩准继续休假。 ⑤瘳(chōu)：病愈。 ⑥长短纵横：“长短”与“纵横”义同。 ⑦阙下：帝王宫门左右立有双阙，故称宫门之前为阙下。 ⑧大凯：古代军队凯旋回师时所奏的音乐。 ⑨蒐(sōu)：同“狩(sōu)”，春季打猎。狝(xiǎn)：秋天打猎。 ⑩振旅：训练军队。

末节也。古之人君一怒必伏尸流血，故圣王重行之。夫务战胜穷武事者，未有不悔者也。昔秦皇帝任战胜之威，蚕食天下，并吞战国，海内为一，功齐三代。务胜不休，欲攻匈奴。李斯谏曰："不可。夫匈奴无城郭之居，委积之守，迁徙鸟举[①]，难得而制也。轻兵深入，粮食必绝；踵粮以行，重不及事。得其地不足以为利也，遇其民不可役而守也。胜必杀之，非民父母也。靡敝[②]中国，快心匈奴，非长策也。"秦皇帝不听，遂使蒙恬将兵攻胡，辟地千里，以河为境。地固泽卤，不生五谷。然后发天下丁男以守北河。暴兵露师十有馀年，死者不可胜数，终不能逾河而北。是岂人众不足，兵革不备哉？其势不可也。又使天下蜚刍輓粟[③]，起于黄、腄、琅邪负海之郡，转输北河，率三十钟[④]而致一石。男子疾耕不足于粮饷，女子纺绩不足于帷幕。百姓靡敝，孤寡老弱不能相养，道路死者相望，盖天下始畔秦也。

及至高皇帝定天下，略地于边，闻匈奴聚于代谷之外而欲击之。御史成进谏曰："不可。夫匈奴之性，兽聚而鸟散，从之如搏影。今以陛下盛德攻匈奴，臣窃危之。"高帝不听，遂北至于代谷，果有平城之围。高皇帝盖悔之甚，乃使刘敬往结和亲之约，然后天下忘干戈之事。故兵法曰"兴师十万，日费千金"。夫秦常积众暴兵数十万人，虽有覆军杀将系虏单于之功，亦适足以结怨深仇，不足以偿天下之费。夫上虚府库，下敝百姓，甘心于外国，非完事也。

①鸟举：像鸟儿飞翔。举：飞起，飞翔。 ②靡敝：使其疲敝。 ③蜚刍挽粟：快速转运粮草。蜚：通"飞"。刍：喂牛马之草。挽：用车子运送（谷物）。 ④钟：一钟等于六石四斗。

夫匈奴难得而制，非一世也。行盗侵驱，所以为业也，天性固然。上及虞夏殷周，固弗程督[①]，禽兽畜之，不属为人。夫上不观虞夏殷周之统，而下循近世之失，此臣之所大忧，百姓之所疾苦也。且夫兵久则变生，事苦则虑易。乃使边境之民靡敝愁苦而有离心，将吏相疑而外市[②]，故尉佗、章邯得以成其私也。夫秦政之所以不行者，权分乎二子，此得失之效也。故《周书》曰"安危在出令，存亡在所用"。愿陛下详察之，少加意而熟虑焉。

是时赵人徐乐、齐人严安俱上书言世务，各一事。

徐乐曰：

臣闻天下之患在于土崩，不在于瓦解，古今一也。何谓土崩？秦之末世是也。陈涉无千乘之尊[③]，尺土之地，身非王公大人名族之后，无乡曲之誉，非有孔、墨、曾子之贤，陶朱、猗顿之富也，然起穷巷，奋棘矜[④]，偏袒大呼而天下从风[⑤]，此其故何也？由民困而主不恤，下怨而上不知，俗已乱而政不修，此三者陈涉之所以为资也。是之谓土崩。故曰天下之患在于土崩。何谓瓦解？吴、楚、齐、赵之兵是也。七国谋为大逆，号皆称万乘之君，带甲数十万，威足以严其境内，财足以劝其士民，然不能西攘尺寸之地而身为禽于中原者，此其故何也？非权轻于匹夫而兵弱于陈涉也，当是之时，先帝之德泽未衰而安土乐俗之民众，故诸侯无境外之助。此之谓瓦解。故曰天下之患不在瓦解。由是观之，天下诚有土崩之势，虽布衣穷处之士或首恶而危

①程：按规矩管理。督：严厉惩治。 ②外市：与外敌勾结。 ③千乘之尊：大国诸侯的尊贵地位。 ④棘矜（jǐ qín）：戟矛等之类的兵器。棘：通"戟"。 ⑤偏袒：袒露出一只胳膊，古人宣誓时常有此姿势。从风：指闻风响应。

海内，陈涉是也，况三晋之君或存乎！天下虽未有大治也，诚能无土崩之势，虽有强国劲兵，不得旋踵[①]而身为禽矣，吴、楚、齐、赵是也，况群臣百姓能为乱乎哉！此二体者，安危之明要也，贤主所留意而深察也。

间者[②]关东五谷不登，年岁未复，民多穷困，重之以边境之事，推数循理而观之，则民且有不安其处者矣。不安故易动。易动者，土崩之势也。故贤主独观万化之原，明于安危之机，修之庙堂之上，而销未形之患。其要，期使天下无土崩之势而已矣。故虽有强国劲兵，陛下逐走兽，射蜚鸟，弘游燕之囿[③]，淫纵恣之观，极驰骋之乐，自若也。金石丝竹之声不绝于耳，帷帐之私俳优侏儒[④]之笑不乏于前，而天下无宿忧。名何必汤武，俗何必成康！虽然，臣窃以为陛下天然之圣，宽仁之资，而诚以天下为务，则汤武之名不难侔[⑤]，而成、康之俗可复兴也。此二体者立，然后处尊安之实，扬名广誉于当世，亲天下而服四夷，馀恩遗德为数世隆，南面负扆摄袂而揖王公[⑥]，此陛下之所服[⑦]也。臣闻图王不成，其敝[⑧]足以安。安则陛下何求而不得，何为而不成，何征而不服乎哉！

严安上书曰：

臣闻周有天下，其治三百馀岁，成、康其隆也，刑错[⑨]四十馀年而不用。及其衰也，亦三百馀岁，故五伯更起[⑩]。五

---

①旋踵：转身，极言时间之短。踵：脚后跟。 ②间者：前者，前些时候。 ③弘：扩大，扩建。游燕：游玩宴饮。燕：通“宴”。 ④俳(pái)优：演杂戏的艺人。侏儒：身材矮小的人，廷中常以之逗乐取笑。 ⑤侔(móu)：等同，并立。 ⑥负扆：背靠屏风。扆(yǐ)：天子御座后面画有斧形图案的屏风。摄袂：卷起衣袖，清闲无事的样子。揖：使某人前来拜见。 ⑦服：从事。 ⑧敝：此指最不好的结果。 ⑨错：通“措”，放置，搁置不用。 ⑩伯：通“霸”。春秋时先后成为霸主的有齐桓公、晋文公、楚庄王、秦穆公、宋襄公等。更：相替出现。

伯者，常佐天子兴利除害，诛暴禁邪，匡正海内，以尊天子。五伯既没[①]，贤圣莫续，天子孤弱，号令不行。诸侯恣行，强陵弱，众暴[②]寡，田常篡齐，六卿分晋，并为战国，此民之始苦也。于是强国务攻，弱国备守，合从连横，驰车击毂[③]，介胄[④]生虮虱，民无所告愬[⑤]。

及至秦王，蚕食天下，并吞战国，称号曰皇帝。主海内之政，坏诸侯之城，销其兵，铸以为钟虡[⑥]，示不复用。元元[⑦]黎民得免于战国，逢明天子，人人自以为更生。向使秦缓其刑罚，薄赋敛，省徭役，贵仁义，贱权利，上[⑧]笃厚，下智巧，变风易俗，化于海内，则世世必安矣。秦不行是风，而循其故俗，为智巧权利者进，笃厚忠信者退；法严政峻，谄谀者众，日闻其美，意广心轶[⑨]。欲肆威海外，乃使蒙恬将兵以北攻胡，辟地进境，戍于北河，蜚刍挽粟以随其后。又使尉屠睢将楼船之士[⑩]南攻百越，使监禄凿渠运粮，深入越，越人遁逃。旷日持久，粮食绝乏，越人击之，秦兵大败。秦乃使尉佗将卒以戍越。当是时，秦祸北构于胡，南挂于越，宿兵无用之地，进而不得退。行十馀年，丁男被甲，丁女转输，苦不聊生，自经[⑪]于道树，死者相望。及秦皇帝崩，天下大叛。陈胜、吴广举陈，武臣、张耳举赵，项梁举吴，田儋举齐，景驹举郢，周市举魏，韩广举燕，穷山通谷豪士并起，不可胜载也。然皆非公侯之后，非长官之吏也。无尺寸之势，起闾巷，杖棘矜，应时而皆动，不谋而俱起，不约而

---

①没：通"殁"，死去。 ②暴(bào)：欺侮，欺凌。 ③击毂：车轴相互碰撞，极言车多。毂(gǔ)：车轮中心用来插轴的圆木。 ④介：甲衣。胄：头盔。 ⑤愬：同"诉"，诉说，申诉，求告。 ⑥钟：古代乐器。虡(jù)：挂钟磬的架子。 ⑦元元：善良的。 ⑧上：通"尚"，崇尚。 ⑨轶：通"溢"，满，放纵。 ⑩楼船之士：指水兵。 ⑪经：吊死。

同会，壤长地进，至于霸王，时教使然也。秦贵为天子，富有天下，灭世绝祀者，穷兵之祸也。故周失之弱，秦失之强，不变之患也。

今欲招南夷，朝夜郎，降羌僰，略涉州，建城邑，深入匈奴，燔①其茏城，议者美之。此人臣之利也，非天下之长策也。今中国无狗吠之惊，而外累于远方之备，靡敝国家，非所以子民②也。行无穷之欲，甘心快意，结怨于匈奴，非所以安边也。祸结而不解，兵休而复起，近者愁苦，远者惊骇，非所以持久也。今天下锻甲砥剑，桥③箭累弦，转输运粮，未见休时，此天下之所共忧也。夫兵久而变起，事烦④而虑生。今外郡之地或几千里，列城数十，形束壤制，旁胁诸侯，非公室之利也。上观齐、晋之所以亡者，公室卑削，六卿大盛也；下观秦之所以灭者，严法刻深，欲大无穷也。今郡守之权，非特⑤六卿之重也；地几千里，非特闾巷之资也；甲兵器械，非特棘矜之用也；以遭万世之变，则不可称讳也。

书奏天子，天子召见三人，谓曰："公等皆安在？何相见之晚也！"于是上乃拜主父偃、徐乐、严安为郎中。偃数见，上疏言事，诏拜偃为谒者，迁为中大夫。一岁中四迁偃。

偃说上曰："古者诸侯不过百里，强弱之形易制。今诸侯或连城数十，地方千里，缓则骄奢易为淫乱，急则阻其强而合从以逆京师。今以法割削之，则逆节⑥萌起，前日晁错是也。今诸侯子弟或十数，而適嗣代立，馀虽骨肉，无尺寸地封，则仁孝之道

---

①燔（fán）：放火焚烧。 ②子民：养育百姓。 ③桥：通"矫"，矫正。 ④烦：通"繁"，繁杂。 ⑤非特：不只是。 ⑥逆节：反叛、叛逆之事。

不宜。愿陛下令诸侯得推恩分子弟，以地侯之。彼人人喜得所愿，上以德施，实分其国，不削而稍弱矣。”于是上从其计。又说上曰：“茂陵初立，天下豪杰并兼之家，乱众之民，皆可徙茂陵，内实京师，外销奸猾，此所谓不诛而害除。”上又从其计。

尊立卫皇后，及发燕王定国阴事，盖偃有功焉。大臣皆畏其口，赂遗累千金。人或说偃曰：“太横矣。”主父曰：“臣结发游学四十馀年，身不得遂，亲不以为子，昆弟不收，宾客弃我，我阸[①]日久矣。且丈夫生不五鼎食，死即五鼎烹耳。吾日暮途远，故倒行暴施之。”

偃盛言朔方地肥饶，外阻河[②]，蒙恬城之以逐匈奴，内省转输戍漕，广中国，灭胡之本也。上览其说，下公卿议，皆言不便。公孙弘曰：“秦时常[③]发三十万众筑北河，终不可就，已而弃之。”主父偃盛言其便。上竟用主父计，立朔方郡。

元朔二年，主父言齐王内淫佚行僻，上拜主父为齐相。至齐，遍召昆弟宾客，散五百金予之，数之曰：“始吾贫时，昆弟不我衣食，宾客不我内[④]门；今吾相齐，诸君迎我或千里。吾与诸君绝矣，毋复入偃之门！”乃使人以王与姊奸事动王，王以为终不得脱罪，恐效燕王论死，乃自杀。有司以闻。

主父始为布衣时，尝游燕、赵，及其贵，发燕事。赵王恐其为国患，欲上书言其阴事，为偃居中，不敢发。及为齐相，出关，即使人上书，告言主父偃受诸侯金，以故诸侯子弟多以得封者。及齐王自杀，上闻大怒，以为主父劫其王令自杀，乃征下吏治。主父服受诸侯金，实不劫王令自杀。上欲勿诛，是时公孙弘为

---

①阸：同“厄”，困厄。 ②阻河：以黄河为险阻。 ③常：通“尝”，曾经。 ④内：通“纳”，接纳，允许。

御史大夫，乃言曰："齐王自杀无后，国除为郡入汉，主父偃本首恶，陛下不诛主父偃，无以谢天下。"乃遂族主父偃。

主父方贵幸时，宾客以千数，及其族死，无一人收者，唯独洨孔车收葬之。天子后闻之，以为孔车长者也。

太史公曰：公孙弘行义虽修，然亦遇时。汉兴八十馀年矣，上方乡①文学，招俊乂②，以广儒墨，弘为举首。主父偃当路，诸公皆誉之，及名败身诛，士争言其恶。悲夫！

太皇太后诏大司徒大司空："盖闻治国之道，富民为始；富民之要，在于节俭。《孝经》曰'安上治民，莫善于礼'。'礼，与奢也宁俭'。昔者管仲相齐桓，霸诸侯，有九合一匡之功，而仲尼谓之不知礼，以其奢泰③侈拟于君故也。夏禹卑宫室，恶衣服，后圣不循。由此言之，治之盛也，德优矣，莫高于俭。俭化俗民，则尊卑之序得，而骨肉之恩亲，争讼之原息。斯乃家给人足，刑错之本与欤？可不务哉！夫三公者，百寮之率④，万民之表⑤也。未有树直表而得曲影者也。孔子不云乎'子率而正，孰敢不正'，'举善而教不能则劝'。维汉兴以来，股肱宰臣身行俭约，轻财重义，较然著明，未有若故丞相平津侯公孙弘者也。位在丞相而为布被，脱粟之饭，不过一肉。故人所善宾客皆分奉禄以给之，无有所馀。诚内自克约而外从制。汲黯诘之，乃闻于朝，此可谓减于制度而可施行者也。德优则行，否则止，与内奢泰而外为诡服以钓虚誉者殊科⑥。以病乞骸骨，孝武皇帝即制曰'赏有功，褒有德，善善恶恶，君宜知之。其省思虑，存精神，辅以医药'。赐告治病，牛酒杂帛。居数月，有瘳，视事。至

---

①乡：通"向"，向往，喜爱，此指崇尚。文学：指儒家学说及其典籍。 ②乂（yì）：有出色才能的人。 ③泰：通"太"，太过，过度。 ④寮：通"僚"，官吏，官僚。率：通"帅"，主帅，长官。 ⑤表：表率，榜样。 ⑥殊科：不是一类。

元狩二年，竟以善终于相位。夫知臣莫若君，此其效也。弘子度嗣爵，后为山阳太守，坐法失侯。夫表德章义，所以率俗厉化，圣王之制，不易之道也。其赐弘后子孙之次当为后①者爵关内侯，食邑三百户，征诣公车，上名尚书，朕亲临拜焉。”

班固称曰：“公孙弘、卜式、兒宽皆以鸿渐之翼困于燕雀，远迹羊豕之间，非遇其时，焉能致此位乎？是时汉兴六十馀载，海内乂安②，府库充实，而四夷未宾③，制度多阙④，上方欲用文武，求之如弗及。始以蒲轮迎枚生，见主父而叹息。群臣慕向，异人并出。卜式试于刍牧，弘羊擢于贾竖，卫青奋于奴仆，日磾出于降虏，斯亦曩时⑤版筑饭牛之朋矣。汉之得人，于兹为盛。儒雅则公孙弘、董仲舒、兒宽，笃行则石建、石庆，质直则汲黯、卜式，推贤则韩安国、郑当时，定令则赵禹、张汤，文章则司马迁、相如，滑稽则东方朔、枚皋，应对则严助、朱买臣，历数则唐都、落下闳，协律则李延年，运筹则桑弘羊，奉使则张骞、苏武，将帅则卫青、霍去病，受遗则霍光、金日磾。其馀不可胜纪⑥。是以兴造功业，制度遗文，后世莫及。孝宣承统，纂修洪业⑦，亦讲论六艺⑧，招选茂异⑨，而萧望之、梁丘贺、夏侯胜、韦玄成、严彭祖、尹更始以儒术进，刘向、王褒以文章显。将相则张安世、赵充国、魏相、邴吉、于定国、杜延年，治民则黄霸、王成、龚遂、郑弘、邵信臣、韩延寿、尹翁归、赵广汉之属，皆有功迹见述于后。累⑩其诸名臣，亦其次也。”

---

①次当为后：按次序当为后代者，意谓嫡系子孙。 ②乂(yì)安：安定。“乂”、“安”同义。 ③宾：宾服，顺服。 ④阙：通“缺”。 ⑤曩(nǎng)时：从前，过去。 ⑥纪：通“记”。 ⑦纂修：继续推行。纂：通“缵(zuǎn)”，继承，继续。洪业：大业。 ⑧六艺：指六经，即《诗》《书》《礼》《易》《乐》《春秋》。 ⑨茂异：优秀特异的人才。 ⑩累：依《汉书》当作“参”，比较，参看。

【译文】

丞相公孙弘，齐地菑川国薛县人，字季。年轻时做过薛县狱吏，因为有罪，被免职。他家中贫穷，就到海边放猪。四十多岁时，才学习《春秋》杂说。他奉养后母孝顺谨慎。

建元元年，天子刚即位，招选贤良文学之士。这时，公孙弘已六十岁，以贤良的身份被征召至朝廷，做了博士。他出使匈奴，回来后向天子禀报，不合皇上的心意，皇上发怒，认为公孙弘无能，公孙弘就推托有病，被免官归家。

元光五年，皇帝下诏，征召文章博学之士，菑川国又推荐公孙弘。公孙弘向国人辞谢说："臣已曾经西去京城接受皇上的任命，因为无能而罢官归来。愿你们改变推举的人选。"国人坚决推举公孙弘，公孙弘就到了太常那里。太常让所征召的一百多名儒士分别对策，公孙弘的对策被置于下等。对策奏给皇上，天子把公孙弘的对策提拔为第一。皇帝召公孙弘进见，见他相貌非常漂亮，就拜授他为博士。这时，汉开通往西南夷的道路，在那里设置郡县，巴蜀百姓深为怨恨，皇帝诏命公孙弘前去察看。公孙弘回来后，向皇帝奏报，极力诋毁西南夷没有用处，皇上没采纳他的意见。

公孙弘为人恢奇，见闻广博，经常说人主的缺点在于心胸不广大，人臣的缺点在于不节俭。公孙弘盖布做的被子，吃饭时只吃一样肉菜。后母死了，他服丧三年。他每次上朝同大家议论政事，总是把解决问题的一些方案讲出来，让皇上自己选择，不肯当面驳斥和在朝廷上争论。于是皇上见他品行敦厚，善于言谈，熟悉文书法令和官吏事务，而又能用儒术加以文饰，皇上非常喜欢他。两年之内，他便官至左内史。公孙弘向皇帝奏事，有时不被采纳，也不在朝廷中辩白。他时常与主爵都尉汲黯请求皇上避开众人单独接见他们，每次总是汲黯先说，公孙弘再接着进行申说，皇上常常很高兴，所说的事都被采纳，从此，公孙弘日益受到皇帝的亲幸，地位显贵起来。有一次，他曾与公卿事先约定好要在皇帝面前提出一项建议，但到了皇上面前，却违背事先的约定，顺从皇上的意旨。汲黯在朝廷上责备公孙弘说:“齐地之人多爱欺诈而无真情,他开始时同臣等一起提出这个建议,现在全都违背了,不忠诚。”皇上问公孙弘。公孙弘谢罪说:“了解臣的人认为臣忠诚,不了解臣的人认为臣不忠诚。”皇上赞赏公孙弘。皇上身边的宠臣时常诋毁公孙弘,但皇上却更加厚待他。

元朔三年,张欧被免官,皇上任命公孙弘为御史大夫。这时,汉正在开通西南夷,在东边设置沧海郡,在北边修建朔方郡城。公孙弘数次劝谏皇上,认为这些都是耗损中国的人力物力经营的却是无用的地方,希望停止做这些事。于是,天子就让朱买臣等以设置朔方郡的好处来诘难公孙弘。朱买臣等提出十个问题,公孙弘一个也对答不上来。公孙弘便道歉说:“臣是山东的鄙陋之人,不知筑朔方郡有这些好处,希望停做通西南夷和置沧海郡的事,集中力量经营朔方郡城。”皇上就答应了。

汲黯说:“公孙弘位列三公,俸禄很多,但却盖布被,这是诈伪。”皇上问公孙弘。公孙弘谢罪说:“有这样的事。九卿中与臣要好的人没有超过汲黯的,但他今天在朝廷上诘难我,确实说中了我的毛病。我有三公的尊贵却盖布被,确实是巧行诈伪,想钓取美名。况且臣听说管仲做齐国的相,有三处住宅,其奢侈可与他的国君相比,齐桓公依靠管仲称霸,也是对在上位的国君的越礼行为。晏婴做齐景公的相,吃饭时只吃一样肉菜,他的妾不穿丝织衣服,齐国也治理得很好,这是晏婴向下面的百姓看齐。如今臣做了御史大夫,却盖布被,都像臣这样,那从九卿以下直到普通小吏就没有贵贱的差别了,真像汲黯所说的那样。况且没有汲黯的忠诚,陛下怎能听到这些话呢!”武帝认为公孙弘谦让有礼,更加厚待他。终于让公孙弘做了丞相,封为平津侯。

公孙弘为人猜疑忌恨,外表宽和厚道,内心却城府很深。那些曾与公孙弘有仇怨的人,他虽表面假装与他们要好,但暗中却嫁祸于人予以报复。杀死主父偃,把董仲舒迁徙到胶西,都是公孙弘的主意。他每顿饭只吃一个肉菜和粗米饭。老朋友和他喜欢的宾客,都仰靠他供给衣食,公孙弘的俸禄都用来供给他们,家中没有余财。士人也因为这个缘故认为他贤明。

淮南王、衡山王谋反，朝廷追查其同党之人正紧急。公孙弘病得很厉害，他自己认为没有功劳而被封侯，官至丞相，应当辅助贤明的君王安定国家，使人人都遵循为臣子之道。如今诸侯有反叛朝廷的阴谋，这都是宰相没能奉行职守造成的，害怕突然病死，没有办法搪塞责任。就向皇帝上书说："臣听说天下都要遵行的常道有五种，用来实行这五种常道的有三种美德。君臣、父子、兄弟、夫妇和长幼的次序，这五方面是天下的常道。智慧、仁爱和勇敢，这三方面是天下的美德，是用来实行常道的。所以说'力行近乎仁，好问近乎智，知耻近乎勇'。知道这三个方面，就知道如何自我修养了；知道如何自我修养，然后就知道如何治理别人。天下没有不能自我修养却能去治理别人的，这是百代不变的道理。如今陛下亲行大孝，以三王为借鉴，建立起像周代那样的治国之道，兼备文王的才德和武王的武功，激励贤才给予俸禄，根据才能授予官职。如今臣才能低下，没有汗马之劳，陛下特意把臣从行伍之间提拔起来，封为列侯，置于三公之位。臣的品行才能不能同这样的官位相称，时常有病，恐怕先于陛下的狗马而死去，最终无法报答陛下的恩德和搪塞责任。臣愿交回侯印，辞官归家，给贤者让路。"天子答复他说："古代奖赏有功的人，褒扬有德的人，守住先人已成的事业要崇尚文德教化，遭遇祸患要崇尚武功，没有改变这个道理的。朕以前幸运地得以继承皇位，害怕不能安宁，全都仰仗你们这些大臣与朕共同治理天下，你应当知道这些。大概君子都喜欢善良的人，憎恶丑恶的人，你若谨慎行事，就可常留朕的身边。你不幸得了霜露风寒之病，何必忧虑不愈，竟然上书要交回侯印，辞官归家，这样做就是显扬朕的无德呀！现在事情稍微少了些，希望你少用心思，专心静养，再以医药辅助治疗。"于是，天子恩准公孙弘继续休假，并赐给他牛酒和各种布帛。过了几个月，公孙弘病情有所好转，就上朝理事了。

元狩二年，公孙弘发病，最终在丞相职位上死去。他的儿子公孙度继承了平津侯的爵位。公孙度做山阳太守十多年，因为犯法而失去侯爵。

主父偃，齐地临菑人。他学习纵横家的学说，晚年才开始学习《周易》《春秋》、百家学说。他游学于齐地诸多儒生之间，没有谁肯厚待他。齐地的诸多儒生相互联合起来排斥他，他无法在齐地呆下去。他家生活贫困，向人家借贷也借不到，就到北方的燕、赵、中山游学，都没有人厚待他，做宾客很是困窘。孝武帝元光元年，他认为诸侯都不值得去游学，就西入函谷关去拜见大将军卫青。卫将军数次向皇上推举他，皇上不肯召见。他带的钱财已经花光，留在长安已经很久，诸侯的宾客大多都讨厌他，于是就向皇帝上书。早晨呈上奏书，傍晚时皇帝召见了他。他所说的九件事，其中八件是关于法律条令的事，一件是关于谏议征伐匈奴的事。他的奏辞说：

臣听说贤明的君主不厌恶直切的谏言而是广博地观览，忠诚的大臣不敢逃避重罚而直言劝谏，因此处理政事的好策略才不被遗漏，而使功名流传万世。如今臣不敢隐瞒忠心，逃避诛罚，而要向陛下陈述愚昧的想法，希望陛下赦免臣的罪过，稍微考虑一下臣的想法。

《司马法》上说："国家虽然大，若是喜好战争，就必然灭亡；天下虽然太平，若是忘掉战争，就必然危险。"天下既已平定，天子就要奏凯旋班师的军乐，春秋两季分别举行打猎活动，诸侯们借以春练军队，秋整武器，用以表示不忘战争。况且发怒是悖逆的德行，武器是凶恶的东西，斗争是最差的节操。古代人君一旦发怒则必然杀人，尸倒血流，所以圣明的君王对待发怒的事非常慎重。那些致力于打仗取胜、用尽武力的人，没有不最终后悔的。从前秦始皇凭借战胜对手的兵威，蚕食天下，吞并与其交战的国家，统一天下，其功业可与三代开国之君相齐。但他一心求胜，不肯休止，竟想攻打匈奴。李斯劝谏说："不可以攻匈奴。那匈奴没有城郭之类可居住，也无藏积的财物可守，到处迁徙，如同鸟儿飞翔，难以得到他们加以控制。如果派轻兵深入匈奴，那么军粮必定断绝；如果携带许多粮食进军，物资沉重难运,也无济于事。就是得到匈奴的土地,也无利可得,遇到匈奴百姓,也不能役使他们让他们守护。战胜他们就必然要杀死他们,这不是为民父母的君王所应做的事。使中国疲惫,而以打匈奴为一时痛快之事,这不是长久之策。”秦始皇不听从,就派蒙恬率兵攻打匈奴,开辟了千里土地,以黄河为边界。这些土地本是盐碱地,不生五谷。这以后,秦调发天下的成年男子去守卫北河之地。让军兵在风吹日晒中呆了十多年,死的人不可胜数,始终没能越过黄河北进。这难道是人马不足,兵器甲盾不齐备吗?这是情势不允许呀!秦朝又让天下百姓快速转运粮草,从黄、腄、琅邪等靠海的郡县,转运到北河,大致运三十钟粮食才能送到一石。男子拼力种田,也不能满足粮饷的需求,女子拼力纺布绩麻也不能满足帷幕的需求。百姓疲惫不堪,孤儿寡母和老弱之人不能得到供养,路上的死人一个挨一个,大概由于这些原因,天下百姓开始背叛秦王朝。

待到高皇帝平定天下,攻取了边境的土地,听说匈奴聚集在代郡的山谷之外,就想攻打他们。御史成进谏说:“不可以进攻匈奴。那匈奴的习性,像群兽一般聚集,如众鸟一般飞散,追赶他们就像捕捉影子一样。如今凭借陛下的盛德去攻打匈奴,臣私下认为是危险的。”高帝不听从,于是向北进兵到代郡的山谷,果然遭到平城之围。高皇帝大概很后悔,就派刘敬前往匈奴缔结和亲之约,这以后,天下百姓才忘记了战争的事。所以兵法上说“发兵十万,每天耗费千金”。秦朝经常聚积民众屯兵数十万人,虽然有全歼敌军,杀死敌将、俘虏匈奴单于的军功,但这也恰恰足以结下深仇大恨,不足以抵偿天下耗费的资财。这种上使国库空虚,下使百姓疲惫,扬威国外而求一时痛快的事,并非是完美之事。匈奴难以得到并进行控制,并非一代之事。他们走到哪里劫取到哪里,侵夺驱驰,以此为生业,天性本来如此。所以上自虞夏商周,本来都不按法令道德的要求来严厉惩治他们,只将他们视为禽兽加以畜养,而不把他们与中原人一样看待。不取上策借鉴虞夏商周的经验,而取下策遵循近世的错误做法，这正是臣最大的忧虑，百姓最为疾苦的事情。况且战争持续久了，就会有变乱发生；做事很苦，就会使想法发生改变。这样就使边境的百姓疲惫愁苦，产生背离之心，使将军和官吏相互猜疑而与外敌勾结，所以尉佗、章邯才得以实现他们个人的野心。秦的政令所以不能推行，就是因为朝廷大权被两人所分的结果，这就是政令得失的明证。所以《周书》上说“国家的安危在于君王发布什么政令，国家的存亡在于君王用什么样的人”。愿陛下仔细考虑这个问题，对此稍加注意，深思熟虑。

这时，赵人徐乐、齐人严安都向皇帝上书，谈论当世之要务，每人讲了一件事。

徐乐说：

臣听说天下的忧患在于土崩，不在于瓦解，从古到今都是一样的。什么是土崩呢？秦朝末年就是这样。陈涉没有大国诸侯那样的尊贵地位，也没有一尺一寸的封地，自己也不是王公大人和有名望的贵族的后代，没有家乡人的赞誉，没有孔丘、墨翟、曾参的贤能，没有陶朱、猗顿的富有，但是，他从贫穷的陋巷中起兵，挥舞着戟矛，赤膊振臂大呼，天下就闻风响应，这里的原因是什么呢？这是由于百姓贫困而国君不知体恤，下面的民众怨恨而在上位者并不知道，世俗已经败坏而朝廷政事不明，这三种情况就是陈涉所凭藉的东西。这就是土崩。所以说天下的忧患在于土崩。什么是瓦解呢？吴、楚、齐、赵的反叛就是这样。吴楚七国之王阴谋反叛，他们都自称万乘之君，有披甲的士卒数十万，他们的威严足以使其封国之民畏服，财物足以收买其封国的百姓，然而却不能向西夺取尺寸土地，自己却在中原被擒，这是什么原因呢？不是他们权势比平民百姓轻，不是他们的兵力比陈涉小，是因为这个时候，先帝的德泽还没有衰弱，而安于乡土、喜欢时俗的百姓很多，所以诸侯没有得到境外的援助。这就是瓦解。所以说天下的忧患不在于瓦解。由此可见，天下真要是有土崩的形势，即使是处于穷困境地的平民百姓，只要他们中有人首先发难，就可能使海内遭到危害，陈涉就是这样，何况或许还有三晋等诸侯的后代存在呢！天下即使没有大治，若真能没有土崩的形势，虽然有强大的侯国和强大的军队起来造反，自身也不能不很快被擒，吴、楚、齐、赵就是这样，何况群臣百姓起来造他们的反呢！这两种不同的形势，是社稷安与危的明显的标志，希望贤明的君主多多留意，深深明察。

前些时候关东五谷歉收，至今尚未获得好收成，百姓多半都很穷困，再加上边境的战事，推究如今的情势，按照一般常理来看，百姓将有不安于其所处之境的心情了。不安心就容易流动。容易流动就是土崩的形势。所以，贤明的君主能独自看到各种变化的原因，明察安危的关键，在朝廷上修明政事，就可以消除尚未表现出来的祸患。这样做的目的，就是想使国家不出现土崩的形势罢了。所以即使有强大的侯国和强大的军队想作乱，陛下仍然可以追赶走兽，射击飞鸟，扩建游宴的苑囿，纵情地观赏玩乐，尽情地享受驰骋的欢乐，一切都安然自若。金石丝竹等各种乐器的演奏声不绝于耳，帷帐中与姬妾的狎笑和俳优侏儒的笑声时常出现于面前，然而天下却没有积久的忧患。名望何必定要像商汤、周武王那样，世俗何必定要像周成王、周康王时那样！虽然这样，臣私下认为陛下是天生的圣人，具有宽厚仁爱的天资，而且确实把治理天下作为自己的根本要务，这样即使与商汤和周武王并立的名望也不难得到，而周成王、周康王时的世俗就可重新出现。这两种局面确立了，然后就可以处于尊贵安全的境地，传扬美名、扩大声誉于当世，使天下之人亲近陛下，使四方边远之民归服陛下，陛下的余恩和遗德将使子孙数代安享太平，面朝南方，背靠屏风，卷起衣袖，使王公大臣前来拜见，这是陛下现在应做的事情。臣听说希求创立“三王”一样的功业，即使达不到那样的局面，最不好的结果也可以使天下安宁。只要安宁，陛下想求什么还有得不到的吗？想做什么还有做不成的吗？想征讨谁还有不降服的吗？

严安上书说：

臣听说周朝享有天下时，把天下治理得很好的时间有三百多年，成王和康王时期是最隆盛的，刑罚搁置四十多年不用。等到周朝政令衰微了，也还经过了三百多年，所以五霸才能相替兴起。五霸经常辅佐天子兴利除害，诛伐暴虐，禁止奸邪，在天下扶持正道，以此使天子尊贵。五霸过后，贤圣之人没有继起者，使天子处于孤立软弱的境地，号令不能施行。诸侯恣意行事，强大的欺凌弱小的，兵多的欺侮兵少的，田常篡夺了齐国的政权，六卿瓜分了晋国的土地，共同形成了战国纷争的局面，这是百姓苦难的开始。于是强国致力于攻战，弱国备战防守，合纵连横随之出现，使者的车子往来疾驰，多得车轴相撞，战士的铠甲帽盔生满虮虱，百姓的苦难无处申诉。

等到秦王嬴政时，蚕食天下，并吞战国，号称皇帝。统一国内的政令，毁坏诸侯的都城，销毁诸侯的兵器，熔铸成钟虡，显示不再用兵。善良的黎民百姓得以免于战争，遇上圣明的天子，人人都认为获得了新生。假如秦朝宽缓其刑罚，减征赋税，减轻徭役，尊重仁义，轻视权势利益，崇尚忠厚，鄙视智巧，改变风俗，教化海内百姓，那么世世代代都会安宁。但是秦朝不推行这种政令，却因循以前的那一套，使那些专做智巧权利之事的人得以进用，而那些笃厚忠信的人却被斥退；法律严酷，政令严峻，谄媚阿谀的人众多，天天听到他们的赞美声，于是不加收敛，想入非非。一心想要肆威于海外，就派蒙恬率兵向北攻打匈奴，扩张土地，推进国境，戍守在黄河以北，让百姓急运粮草，紧随其后。又派尉官屠睢率水兵向南攻打百越，派监御史禄凿通河渠，运送粮食，深入越地，越人逃跑。经过很长时间的相持，粮食乏绝，越人攻击秦兵，秦兵大败。秦就派尉佗率兵戍守越地。正在这时，秦在北方同匈奴结怨，在南方同越人结仇，在无用的地方驻兵，只能进而不能退。经过十多年，成年男子穿上铠甲上战场，成年女子转运粮食，困苦得无法活下去，有的吊死在路旁的树上,死的人一个接着一个。等到秦皇帝驾崩,天下百姓大多反叛秦朝。陈胜、吴广举事于陈,武臣、张耳举事于赵,项梁举事于吴,田儋举事于齐,景驹举事于郢,周市举事于魏,韩广举事于燕,穷山深谷中的豪杰之士一同起兵,记也记不完。然而他们都不是公侯的后代,也并非长官的下属。他们没有尺寸土地的势力,从闾巷兴起,手持戟矛,顺应时势,都行动起来,没有预先谋划却同时起兵,没有约定却同时会合,不断扩大土地,最后成为霸王,这是当时的教化使他们成为这样的。秦是高贵的天子,拥有天下之富,但却灭绝世袭断绝祭祀,这是穷兵黩武的祸害。所以周的败亡在于国势软弱,秦的败亡在于国势强大,这是不会因时而变的所遭致的。

如今想招降南夷,使夜郎前来朝拜,降服羌僰,攻取涉州,建造城邑,深入匈奴,烧毁它们的茏城,议论此事的人都加以赞美。这是做人臣者的利益,并非是天下的长远大计。如今中国没有狗叫的惊扰,却让防备远方之敌成为国家的牵累,使国家破败,这不是养育百姓的办法。实行无穷无尽的欲望,使心意畅快,而同匈奴结怨,这并不是安定边疆的办法。结下怨恨而不能消除,战事休止而又重新兴起,使近者蒙受愁苦,远者感到惊骇,这不是持久的办法。如今全国锻造铠甲,磨砺刀剑,矫正箭杆,积累弓弦,转运粮食,看不到停止的时候,这是天下百姓共同忧虑的事。兵事持续时间长,变故就会产生,事情繁杂,忧患就会产生。如今外郡的土地有几千里,列城数十个,各郡地形与邻近诸侯犬牙交错,胁迫邻近的诸侯,这不是社稷的利益。远看过去齐国和晋国之所以灭亡的原因,就是公室的势力卑下衰弱,六卿势力太大;近看秦朝之所以灭亡的原因,就是刑法严酷,欲望大得无穷无尽。如今郡守的权力,不只如六卿那样重;土地几千里,不只是闾巷那点凭借;铠甲兵器和各种军械,不只是戟矛那点用处;如果一旦碰上万世难逢的变乱,那么其后果就不可讳言了。

他们的上书奏给天子,天子召见了三人,对他们说:"你们都在哪里啊?为何我们相见得这样晚啊!"于是,皇上就拜授主父偃、徐乐、严安为郎中。主父偃数次晋见皇上，上疏陈说政事，皇帝下诏拜授他为谒者，又升迁为中大夫。一年之中，四次提升主父偃。

主父偃劝皇上说：“古代诸侯的土地不超过百里，强弱的形势很容易控制。如今的诸侯有的竟然拥有相连的数十座城市，土地方圆千里，天下形势宽缓时，则容易骄傲奢侈，做出淫乱的事；形势急迫时，则容易依仗他们的强大，联合起来反叛朝廷。现在如果用法令强行削减他们的土地，那么反叛的事就会产生，前些时候晁错的做法就出现了这种情况。如今，诸侯的子弟有的是十几个，而只有嫡长子代其父继立，其余的虽然也是诸侯王的亲骨肉，却没有尺寸之地的可以封立，那么仁爱孝亲之道就得不到宣扬。愿陛下命诸侯可以推广恩德，把他的土地分割给子弟，封他们为侯。这些子弟人人高兴地实现了他们的愿望，皇上用这种办法施以恩德，实际上却分割了诸侯王的国土，不必削减他们的封地，却削弱了他们的势力。”于是，皇上听从了他的计策。主父偃又劝皇上说：“茂陵刚刚成为一个县，天下的豪杰富人，诱惑百姓作乱的人，都可以迁徙到茂陵，内则充实京城，外则消除奸猾之人，这就是不诛杀而祸害被消除。”皇上又听从了他的计策。

尊立卫子夫为皇后，以及揭发燕王刘定国的阴私之事，都有主父偃的功劳。大臣都畏惧主父偃的口，贿赂和赠送给他的财物累计有千金之多。有人劝主父偃说：“你太横行了。”主父偃说：“臣从束发游学以来已有四十余年，自己的志向得不到实现，父母不把我当儿子看，兄弟不肯收留我，宾客抛弃我，我困厄的时日很久了。况且大丈夫活着，如不能列五鼎而食，那么死时就受五鼎烹煮好了。我已到日暮途远之时，所以要悖逆情理，横暴行事。”

主父偃极力言称朔方土地肥沃富饶，外有黄河为险阻，蒙恬在此筑城以驱逐匈奴，内地就可省去转运和戍守漕运之劳，这是扩大中国土地，消灭匈奴的根本。皇上看完他的建议，就交给公卿商议，大家都说不利。公孙弘说：“秦时曾经征发三十万人在黄河以北修城，最终也未修成，不久就放弃了。”主父偃极力言其便利。皇上竟采纳了主父偃的计策，设置朔方郡。

元朔二年，主父偃向皇上讲了齐王刘次景在宫内淫乱邪僻之行，皇上拜授他为齐相。主父偃到了齐国，把他的兄弟和宾客都招来，散发五百金给他们，数落他们说："开始我贫穷的时候，兄弟不给我衣食，宾客不让我进门；如今我做了齐相，诸君有人到千里以外迎接我。我与诸君绝交了，不要再进我主父偃的家门！"于是他派人用齐王与其姐姐私通的事来触动齐王，齐王以为终究不能逃脱罪责，害怕像燕王刘定国那样被判处死，就自杀了。有司将此事报告给了皇上。

主父偃开始做平民百姓时，曾经游历燕地和赵地，等他显贵后，就揭发了燕王的阴私之事。赵王害怕他成为赵国的祸患，想要上书皇帝言说他的阴私，因为主父偃在朝中，不敢揭发。等他做了齐相，走出函谷关，赵王就派人上书，告发主父偃接受诸侯贿赂，因此，诸侯子弟中有很多因为这个原因而被封侯。等到齐王自杀，皇上闻听，大怒，认为是主父偃逼迫齐王使其自杀的，就交给下吏惩治。主父偃承认接受诸侯贿赂，实际上没有逼迫齐王使他自杀。皇上不想诛杀主父偃，这时公孙弘为御史大夫，就对皇上说："齐王自杀，没有后代，封国被废除而变成郡，归入朝廷，主父偃是此事的罪魁，陛下不杀主父偃，无法向天下交代。"于是皇上就把主父偃灭族。

主父偃正显贵受宠时，宾客数以千计，等到他被灭族而死，没有一个人为他收尸，唯独洨县人孔车为他收尸并埋葬了他。天子后来听说了此事，认为孔车是个长者。

太史公说：公孙弘的品行举止虽好，但也是因为遇到了好时机。汉兴起八十多年了，皇上正崇尚儒家之术，招揽才能超群的人才，以推广儒家和墨家学说，公孙弘是个被首选出来的人。主父偃身居要职，朝中诸公都称赞他，等到他名声败坏，自身被杀，士人都争着讲他的罪过，真是可悲呀！

太皇太后王政君向大司徒马宫和大司空甄丰下诏说："听说治理国家之道，首先要使百姓富裕起来；使百姓富裕的关键，在于节俭。《孝经》

上说'使皇上平安,使百姓得到治理,没有比用礼更好的了'。'礼,如其奢侈,宁愿节俭'。从前,管仲做齐桓公的相,使齐桓公称霸诸侯,有九合诸侯一匡天下的大功,然而仲尼说他不知礼,这是因为他太过奢侈而效仿国君的缘故。夏禹住矮小的宫室,穿粗劣的衣服,后代圣人不遵循他的做法。由此可以说,国家隆盛时,君王的德行美好,却没有高过节俭的。用节俭的美德教化俗民,那么尊卑的次序就会形成,而骨肉恩情就会更加亲密,纷争诉讼的根源就会消失。这不就是家给人足,不用刑罚就能治好国家的根本吗?怎能不努力去做呢!三公是百官的统帅,是万民的表率。没有树立起直的标杆却得到弯曲影子的。孔子不是说过吗,'你领着走正路,谁敢不走正路?''选拔贤能的人,教导不贤能的人,那么本来不贤能的人就能受到鼓励而逐渐变好'。汉兴起以来,作为皇上股肱之臣的宰相能亲身厉行节俭,轻视钱财,重视道义,表现得非常突出的,没有像以前的丞相平津侯公孙弘那样的了。他身居丞相之位却盖着布被,吃粗糙饭食,每顿只不过吃一个肉菜。但对故人和所喜欢的宾客,却都分出自己的俸禄供给他们,自己没有剩余的钱财。他确实能够内心自我克制,而外表上又遵守制度。汲黯诘难他,这些事才被皇上知道,这可以说是比制度规定的还要低而又可以施行的。只有德行美好的才能做到,否则就做不到,这同背地里过度奢侈而外表上假装节俭,以钓取虚名的人不是一类。他以有病为由乞求告老回家,孝武皇帝马上下诏令说'奖赏有功的,褒扬有德的,喜欢善良的人,憎恶丑恶的人,这是你应当知道的。希望你少用心思,专心静养,用医药辅助治疗'。于是恩准休假,让他治病,并赏赐他牛酒和各种布帛。过了几个月,公孙弘的病好了,就上朝理事了。到元狩二年,他终于在丞相位上得以善终。了解大臣的没有超过国君的了,这就是例证。公孙弘的儿子公孙度继承了父亲的爵位,后来做了山阳太守,因犯法失掉侯爵。表扬美德彰显大义,是为了引导时俗之人,勉励教化,这是圣王的制度,是不可变易之道。将恩赐公孙弘后代子孙中的嫡系者以关内侯的爵位,食邑三百户,用公车把他们送到京城,将他们的名字报到尚书那里,朕要亲临拜授其爵位。"

班固称赞说:“公孙弘、卜式、兒宽都曾以大雁奋飞之翼困厄于平凡的燕雀之群,远行于猪羊之间,如果不是遇到好的机会,怎能得到公卿之位呢?当时,汉兴起六十余年,海内安定,府库充实,而四方的蛮夷还没有顺服,制度还有缺漏,皇上正想举用有文才武略的人,选求这样的人好像害怕追不上似的。汉武皇帝开始用安车蒲轮迎接枚乘,看到主父偃而叹息相见太晚。因此,群臣羡慕向往,有奇异才能的人同时出现。卜式从割草牧羊的人中被选出,桑弘羊从商人中被选拔起来,卫青奋起于奴仆之间,金日磾从投降的人中被选拔出来,这些人都是从前那筑墙的傅说、喂牛的宁戚一类的人啊。汉得到人才,以孝武皇帝时为最多。学识渊博而又风度雍容的有公孙弘、董仲舒、兒宽,忠厚老实、勤奋做事的有石建、石庆,质朴刚直的有汲黯、卜式,善于推举贤才的有韩安国、郑当时,制定律令的则有赵禹、张汤,善写文章的有司马迁、司马相如,诙谐滑稽的有东方朔、枚皋,善于应对的有严助、朱买臣,擅长历法算数的有唐都、落下闳,调协乐律的有李延年,擅长运筹的有桑弘羊,奉命出使的有张骞、苏武,杰出的将帅则有卫青、霍去病,接受皇帝遗诏辅助幼主的有霍光、金日磾。其余多得记不过来。因此这个时期兴建的功业,遗留的制度和文献典籍,后世没有能赶得上的。孝宣帝继承大统,继续推行大业,也讲论六艺,招选优秀特异的人才,因而萧望之、梁丘贺、夏侯胜、韦玄成、严彭祖、尹更始因为精通儒术而被任用,刘向、王褒因为善写文章而显贵。著名的将相有张安世、赵充国、魏相、邴吉、于定国、杜延年,治理百姓成效好的有黄霸、王成、龚遂、郑弘、邵信臣、韩延寿、尹翁归、赵广汉这些人,他们都有功勋事迹被后世人所称道记述。参看这些名臣的事迹,可以说是仅次于孝武皇帝时。”

【鉴赏】

景帝时有袁盎、晁错的相互倾轧,武帝时有公孙弘、主父偃的暗中报怨。《史记》中将这样的冤家对头分别合传,可以更好地显示出统治集团内部的残酷争斗和他们阴险狡猾的一面。这是司马迁在安排某些人物合传时的一个特点。但二人除了相互争斗之外,也有其一致的地方,即他们都反对无视百姓疾苦,穷兵征伐,而疲惫于内结怨于外的做法,所以本篇在传文中插入了与主父偃同时被拜为郎中的徐乐和严安的奏疏,就显得自然契合,浑然一体,并强化了传文的主旨,其谋篇布局之缜密严谨也由此可见。此为以人而论。若以选材而论,本篇以对征伐匈奴和通西南夷这一武帝时的重要问题上的态度为主线记述,使得二人之传前后照应而又十分紧凑。在记述方式上,则简约记事,详引奏疏,史实与议论浑融相间,作者的态度倾向也因此得以表现。

这篇列传所记的两个人物也颇有特点。公孙弘身居高位而躬行节俭,但他又"为人意忌,外宽内深",对待故人及所善宾客供给衣食,家无所余,而对与自己有嫌隙的人则表面友善而"阴报其祸",他做御史大夫时谏言族灭主父偃,董仲舒讨厌他希世从谀,他建言武帝迁董仲舒为胶西王相,以借刀杀人皆为此类。他阿意诈饰,而又颇有策略。文中记汲黯两度诘难他,他都巧为对言,不仅使诋毁之言不起作用,反而使武帝更加厚遇他。主父偃未得志时,"昆弟不我衣食,宾客不我内门",齐地诸儒相与排摈,可谓尝尽人间冷暖,而他相齐时,诸人又千里相迎,一睹而尽见势利之态。他的做法也令人惊愕,"至齐,遍召昆弟宾客,散五百金予之",数落一番又言"吾与君绝矣,毋复入偃之门!"司马迁对主父偃得志后的倒行暴施是讽刺的,但对他的不幸也颇为感慨。传文中记主父偃族死后,千余宾客"无一人收者,唯独洨孔车收葬之",论赞中有"主父偃当路,诸公皆誉之,及名败身诛,士争言其恶"之语,一讽一赞,相为映照,更让人悲叹人情世态之炎凉,这其中又寄寓着司马迁多么浓重的身世之悲啊!

史记卷一百一十三·南越列传第五十三

先秦时将今广东、福建、浙江以及广西东部、湖南南部、江西南部、越南北部等广大地区统称为“扬越”或“百越”，这里居住着众多民族，蒙文通《越史丛考》认为其中比较重要的派系有居住在今江、浙、闽一带的“东瓯”与“闽越”、居住在今广东一带的南越、居住在广西境内的西瓯、居住在今越南北部一带的骆越。这篇列传记述了尉佗趁秦末大乱之际，建南越国称王，并在汉初高祖、吕后、文帝、景帝时与汉和睦而处的史实，南越后来又经历了四王，终于在武帝必欲使之“比内诸侯”而兴兵攻击下亡国，前后共九十三年。本文陆贾说尉他一事与《郦生陆贾列传》互见，须参照阅读。

南越王尉佗者，真定人也，姓赵氏。秦时已并天下，略①定杨越，置桂林、南海、象郡，以谪徙民，与越杂处十三岁。佗，秦时用为南海龙川令。至二世时，南海尉任嚣病且死，召龙川令赵佗语曰：“闻陈胜等作乱，秦为无道，天下苦之，项羽、刘季、陈胜、吴广等州郡各共兴军聚众，虎争天下，中国扰乱，未知所安，豪杰畔②秦相立。南海僻远，吾恐盗兵侵地至此，吾欲兴兵绝新道，自备，待诸侯变，会病甚。且番禺负③山险，阻④南海，东西数千里，颇有中国人相辅，此亦一州之主也，可以立国。郡中长吏无足与言者，故召公告之。”即被⑤佗书，行南海尉事。嚣死，佗即移檄告横浦、阳山、湟谿关曰：“盗兵且至，急绝道聚兵自

①略：攻取。 ②畔：通“叛”，背弃，背叛。 ③负：背靠，背向，此指背后紧靠着。 ④阻：依仗，此指以某地为屏障。 ⑤被：给予，发给。

守!”因稍[①]以法诛秦所置长吏,以其党为假守[②]。秦已破灭,佗即击并桂林、象郡,自立为南越武王。高帝已定天下,为中国劳苦,故释佗弗诛。汉十一年,遣陆贾因立佗为南越王,与剖符[③]通使,和集百越,毋为南边患害,与长沙接境。

高后时,有司请禁南越关市[④]铁器。佗曰:“高帝立我,通使物,今高后听谗臣,别异蛮夷,隔绝器物,此必长沙王计也,欲倚中国,击灭南越而并王之,自为功也。”于是佗乃自尊号为南越武帝,发兵攻长沙边邑,败数县而去焉。高后遣将军隆虑侯灶往击之。会暑湿,士卒大疫,兵不能逾岭。岁馀,高后崩,即罢兵。佗因此以兵威边,财物赂遗[⑤]闽越、西瓯、骆,役属焉,东西万馀里。乃乘黄屋左纛[⑥],称制,与中国侔[⑦]。

及孝文帝元年,初镇抚天下,使告诸侯四夷从代来即位意,喻盛德焉。乃为佗亲冢在真定,置守邑,岁时奉祀。召其从昆弟,尊官厚赐宠之。诏丞相陈平等举可使南越者,平言好畤陆贾,先帝时习使南越。乃召贾以为太中大夫,往使。因让[⑧]佗自立为帝,曾无一介之使报者。陆贾至南越,王甚恐,为书谢,称曰:“蛮夷大长老夫臣佗,前日高后隔异南越,窃疑长沙王谗臣,又遥闻高后尽诛佗宗族,掘烧先人冢,以故自弃[⑨],犯长沙边境。且南方卑湿,蛮夷中间,其东闽越千人众号称王,其西瓯骆裸国亦称王。老臣妄窃帝号,聊以自娱,岂敢以闻天王哉!”乃顿首谢,愿长为藩臣,奉贡职。于是乃下令国中曰:“吾闻两雄不俱

---

①稍:渐渐,逐渐。 ②假守:代理,代替。 ③剖符:帝王分封诸侯或功臣时,把竹制的符信剖成两半,帝王与诸侯各执一半,以为凭信。 ④关:边境市场,此为状语,在边境市场上。市:购买。 ⑤赂:送给财物。遗(wèi):赠送。 ⑥黄屋:用黄绸做顶的车驾,帝王所乘。左纛(dào):插在车左边用旄牛尾或雉尾制的饰旗,为帝王车驾的装饰。 ⑦侔(móu):相当,等同。 ⑧让:责问,责难。 ⑨弃:绝,断绝来往。

立，两贤不并世。皇帝，贤天子也。自今以后，去帝制黄屋左纛。”陆贾还报，孝文帝大说。遂至孝景时，称臣，使人朝请[①]。然南越其居国窃如故号名，其使天子，称王朝命如诸侯。至建元四年卒。

佗孙胡为南越王。此时闽越王郢兴兵击南越边邑，胡使人上书曰：“两越俱为藩臣，毋得擅兴兵相攻击。今闽越兴兵侵臣，臣不敢兴兵，唯天子诏之。”于是天子多[②]南越义，守职约，为兴师，遣两将军往讨闽越。兵未逾岭，闽越王弟馀善杀郢以降，于是罢兵。

天子使庄助往谕意南越王，胡顿首曰：“天子乃为臣兴兵讨闽越，死无以报德！”遣太子婴齐入宿卫。谓助曰：“国新被寇，使者行矣。胡方日夜装入见天子。”助去后，其大臣谏胡曰：“汉兴兵诛郢，亦行以惊动南越。且先王昔言，事天子期无失礼，要之不可以说好语入见。入见则不得复归，亡国之势也。”于是胡称病，竟不入见。后十馀岁，胡实病甚，太子婴齐请归。胡薨[③]，谥为文王。

婴齐代立，即藏其先武帝玺。婴齐其入宿卫在长安时，取邯郸樛氏女，生子兴。及即位，上书请立樛氏女为后，兴为嗣。汉数使使者风[④]谕婴齐，婴齐尚乐擅杀生自恣[⑤]，惧入见要用汉法，比内诸侯，固称病，遂不入见。遣子次公入宿卫。婴齐薨，谥为明王。

太子兴代立，其母为太后。太后自未为婴齐姬时，尝与霸陵人安国少季通。及婴齐薨后，元鼎四年，汉使安国少季往谕

---

①朝请：汉时诸侯王朝见天子，在春天时叫朝，在秋天时叫请。 ②多：称道，称赞。 ③薨(hōng)：古代诸侯王等死叫薨。 ④风：暗示，婉言劝告。 ⑤尚乐：动词连用，喜欢。擅：专擅，专有。

王、王太后以入朝，比内诸侯；令辩士谏大夫终军等宣其辞，勇士魏臣等辅其缺，卫尉路博德将兵屯桂阳，待使者。王年少，太后中国人也，尝与安国少季通，其使，复私焉。国人颇知之，多不附太后。太后恐乱起，亦欲倚汉威，数劝王及群臣求内属。即因使者上书，请比内诸侯，三岁一朝，除边关。于是天子许之，赐其丞相吕嘉银印，及内史、中尉、大傅印，馀得自置。除其故黥劓刑，用汉法，比内诸侯。使者皆留填抚[①]之。王、王太后饬治行装重赍，为入朝具[②]。

其相吕嘉年长矣，相三王，宗族官仕为长吏者七十馀人，男尽尚[③]王女，女尽嫁王子兄弟宗室，及苍梧秦王有连。其居国中甚重，越人信之，多为耳目者，得众心愈于王。王之上书，数谏止王，王弗听。有畔心，数称病不见汉使者。使者皆注意嘉，势未能诛。王、王太后亦恐嘉先事发，乃置酒，介[④]汉使者权，谋诛嘉等。使者皆东向，太后南向，王北向，相嘉、大臣皆西向，侍坐饮。嘉弟为将，将卒居宫外。酒行，太后谓嘉曰："南越内属，国之利也，而相君苦不便者，何也？"以激怒使者。使者狐疑相杖[⑤]，遂莫敢发。嘉见耳目非是，即起而出。太后怒，欲鏦嘉以矛，王止太后。嘉遂出，分其弟兵就舍，称病，不肯见王及使者。乃阴与大臣作乱。王素无意诛嘉，嘉知之，以故数月不发。太后有淫行，国人不附，欲独诛嘉等，力又不能。

天子闻嘉不听王，王、王太后弱孤不能制，使者怯无决。又以为王、王太后已附汉，独吕嘉为乱，不足以兴兵，欲使庄参以二千人往使。参曰："以好往，数人足矣；以武往，二千人无足以

---

①填抚：安抚。填：通"镇"。 ②具：准备。 ③尚：娶公主为妻称尚。 ④介：借助，倚仗。 ⑤相杖：相持，犹豫不决的样子。

为也。”辞不可，天子罢参也。郏壮士故济北相韩千秋奋曰：“以区区之越，又有王、太后应，独相吕嘉为害，愿得勇士二百人，必斩嘉以报。”于是天子遣千秋与王太后弟樛乐将二千人往。入越境，吕嘉等乃遂反，下令国中曰：“王年少。太后，中国人也，又与使者乱，专欲内属，尽持先王宝器入献天子以自媚，多从人，行至长安，虏卖以为僮仆。取自脱一时之利，无顾赵氏社稷，为万世虑计之意。”乃与其弟将卒攻杀王、太后及汉使者。遣人告苍梧秦王及其诸郡县，立明王长男越妻子术阳侯建德为王。而韩千秋兵入，破数小邑。其后越直开道给食，未至番禺四十里，越以兵击千秋等，遂灭之。使人函封汉使者节①置塞上，好为谩辞②谢罪，发兵守要害处。于是天子曰：“韩千秋虽无成功，亦军锋之冠。”封其子延年为成安侯。樛乐，其姊为王太后，首愿属汉，封其子广德为龙亢侯。乃下赦曰：“天子微，诸侯力政，讥臣不讨贼③。今吕嘉、建德等反，自立晏如④，令罪人及江淮以南楼船⑤十万师往讨之。”

元鼎五年秋，卫尉路博德为伏波将军，出桂阳，下汇水；主爵都尉杨仆为楼船将军，出豫章，下横浦；故归义越侯二人为戈船、下厉将军，出零陵，或下离水，或抵苍梧；使驰义侯因巴蜀罪人，发夜郎兵，下牂柯江。咸会番禺。

元鼎六年冬，楼船将军将精卒先陷寻陕，破石门，得越船粟，因推而前，挫越锋，以数万人待伏波。伏波将军将罪人，道远，会期后，与楼船会乃有千馀人，遂俱进。楼船居前，至番禺。建德、嘉皆城守。楼船自择便处，居东南面；伏波居西北面。会

---

①节：符节，帝王使者出使时所持的信物。 ②谩辞：骗人的文辞。谩（mán）：欺骗，哄骗。 ③此处为武帝引据经典，为伐南越找借口。政：通“征”，征伐。 ④晏如：安然，公然。 ⑤楼船：大战船，此指水军。

暮，楼船攻败越人，纵火烧城。越素闻伏波名，日暮，不知其兵多少。伏波乃为营，遣使者招降者，赐印，复纵令相招。楼船力攻烧敌，反驱而入伏波营中。犁旦[①]，城中皆降伏波。吕嘉、建德已夜与其属数百人亡入海，以船西去。伏波又因问所得降者贵人，以知吕嘉所之，遣人追之。以其故校尉司马苏弘得建德，封为海常侯；越郎都稽得嘉，封为临蔡侯。

苍梧王赵光者，越王同姓，闻汉兵至，及越揭阳令定，自定属汉；越桂林监居翁，谕瓯骆属汉：皆得为侯。戈船、下厉将军兵及驰义侯所发夜郎兵未下，南越已平矣。遂为九郡。伏波将军益封。楼船将军兵以陷坚为将梁侯。

自尉佗初王后，五世九十三岁而国亡焉。

太史公曰：尉佗之王，本由任嚣。遭汉初定，列为诸侯。隆虑离湿疫[②]，佗得以益骄。瓯骆相攻，南越动摇。汉兵临境，婴齐入朝。其后亡国，征自樛女；吕嘉小忠，令佗无后。楼船从欲，怠傲失惑[③]；伏波困穷，智虑愈殖，因祸为福[④]。成败之转，譬若纠墨[⑤]。

【译文】

南越王尉佗，真定人，姓赵。秦国吞并天下，攻取平定杨越后，设置

---

①犁旦：等到天亮，黎明。犁：通“黎”，等到。 ②离：通“罹”，遭遇。湿疫：指天热地湿，疾疫盛行。 ③从：通“纵”，放纵。失：通“佚”，骄纵。据《汉书·酷吏传·杨仆传》载，武帝曾令杨仆伐东越，杨仆自夸伐南越之功，遭武帝训斥。《史记·朝鲜列传》载杨仆与荀彘共击朝鲜，杨仆擅自行动，而不与荀彘同心合作，造成重大损失，被判死罪，赎为庶民。此所言当指上述诸事。 ④据《史纪》《汉书》记载，路博德于元狩四年因打匈奴有功被封为邳离侯，元鼎六年因打南越有功而益封，太初元年因罪失侯，三年后又被任为强弩都尉，驻军居延至死。 ⑤纠墨：指绳索纠结，此处比喻祸福成败彼此倚伏，难以预料。墨：通“纆(mò)”，绳索，绳子。

了桂林、南海、象郡，把犯罪的人迁徙到这些地方，同越人杂居了十三年。尉佗，秦时被任命为南海郡龙川县令。到秦二世时，南海郡尉任嚣有病将死，把龙川令赵佗招来，对他说："听说陈胜等发动了叛乱，秦推行暴虐无道的政令，天下为此感到怨恨，项羽、刘邦、陈胜、吴广等都在各自的州郡同时兴起军队，聚集民众，像猛虎般争夺天下，中国扰攘动乱，不知何时方得安宁，豪杰背叛秦朝，纷纷自立。南海郡偏僻遥远，我怕强盗之兵侵夺土地，打到这里，我想兴兵切断通往中国的新开的大道，自己早作防备，等待诸侯的变乱情势，恰逢我病得厉害。而且番禺这个地方，背后有险要的山势可以依靠，南有大海作屏障，东西数千里，还有些中国人辅助我们，这也能做一州之主，可以建立国家。南海郡的长官中没有谁值得我与他说这事的，所以把你招来告诉你这些事。"任嚣当即发给赵佗委任的文书，让他代行南海郡尉的职事。任嚣死后，赵佗就向横浦、阳山、湟谿关发布檄文，说："强盗之兵将要到来，要疾速断绝道路，集合军兵，守卫自己。"赵佗借此机会，逐渐找借口用法令诛杀了秦朝所安置的长吏，而用他的党羽代替。秦朝被消灭后，赵佗就攻击并兼并了桂林、象郡，自立为南越武王。高祖平定天下后，因为中国百姓劳顿困苦，所以就放过了赵佗，没有诛讨他。汉十一年，派遣陆贾去南越，趁势立赵佗为南越王，与他剖符定约，互通使者，让他协调百越，使其和睦相处，不要成为南方边地的忧患和祸害，南越与长沙边境相接。

高后时，有司请求禁止南越在边境市场上购买铁器。赵佗说："高帝立我为南越王，双方互通使者和器物，如今高后听信谗臣，对蛮夷另眼看待，断绝我们所需要的器物的来源，这必定是长沙王的计策，他想依靠中国，消灭南越，兼作南越王，自己建立功劳。"于是赵佗就擅加尊号，自称南越武帝，发兵攻打长沙国的边境城邑，打败了数个城邑才离去。高后派遣将军隆虑侯周灶前往攻打赵佗。正遇上酷暑潮湿的天气，士卒大多得了疾疫，致使大军无法越过阳山岭。一年多后，高后驾崩，汉军就罢兵而去。赵佗乘此机会凭借他的军队在边境扬威，并用财物贿赂闽越、西瓯、骆越，使他们都归属南越，他的领地从东到西长达一万余里。赵佗于是乘坐帝王黄屋左纛的车驾，以皇帝之名发号施令，与中国的皇帝一样。

到了孝文帝元年，天子刚刚安定天下，便派出使者向诸侯和四方蛮夷的君长告知自己从代国来京即位的意图，让他们知道天子的盛德。于是为赵佗在真定的父母的坟墓，设置守墓的官吏，每年按时进行祭祀。又招来他的堂兄弟，用尊贵的官职和丰厚的赏赐表示对他们的宠爱。天子诏命丞相陈平等推举可以出使南越的人，陈平说居住在好畤的陆贾在先帝时曾多次出使南越。天子就招来陆贾，命他为太中大夫，前往出使南越。趁机责问赵佗自立为帝，竟然不派一位使者向天子报告。陆贾到了南越，南越王特别恐惧，向天子致书谢罪，说："蛮夷大长老夫臣尉佗，以前高后另眼看待南越，臣私下疑心长沙王说臣的坏话，又在这遥远之地听说高后杀尽了赵佗的宗族，挖掘并烧毁祖先的坟墓，因此断绝了与朝廷的来往，侵犯长沙的边境。而且南方为低湿之地，又在蛮夷中间，东边的闽越只有上千民众，却称其君长为王，西面的西瓯和骆越这样穿衣少的国家也称王。所以老臣也妄自窃取皇帝的尊号，聊以自娱，怎敢把这事禀告天子呢！"赵佗叩头谢罪，表示愿长久做汉的藩臣，遵奉向天子纳贡的职责。于是赵佗就向全国下令说："我听说两个英雄是不能并立的，两位贤哲也不能共生一世。汉皇帝，是贤明的天子。从今以后，我去掉帝制，不再乘坐黄屋左纛的车驾。"陆贾返回禀报此事，孝文帝非常高兴。于是到孝景帝时，赵佗一直向汉称臣，春秋两季派人到长安朝见天子。然而在南越国内，赵佗一直窃用皇帝的名号，只是他派使者朝见天子时才称王，接受天子朝命如同诸侯。到建元四年，赵佗死去。

赵佗的孙子赵胡做了南越王。这时闽越王郢发兵攻打南越边境城邑，赵胡派人向天子上书说："南越和闽越都是汉的藩臣，不能擅自发兵相互攻击。如今闽越发兵侵犯臣，臣不敢兴兵抗击，愿天子下诏制止他。"于是天子称赞南越忠义，遵守职责和盟约，为他们出兵，派遣两位将军前往讨伐闽越。汉兵还没越过阳山岭，闽越王的弟弟余善杀死了郢，投降汉，于是汉军罢兵。

天子派庄助前往向南越王晓谕朝廷的意思，赵胡叩头说："天子是为臣发兵讨伐闽越的，臣死也无法报答天子的恩德！”赵胡就派太子婴齐到朝廷去充当侍卫。他又对庄助说：“国家刚刚遭受敌人的侵略，请使者先走吧。赵胡正在日夜准备行装，去京城朝见天子。”庄助离去后，他的大臣向赵胡进谏说：“汉发兵诛杀郢，也是以此来警告南越。而且先王过去曾说过，事奉天子只希望不要失礼，重要的是不可因喜欢听使者的好话而去朝见天子。要是去朝见天子就不能再回来了，这是亡国的形势啊。”于是赵胡就以生病为借口，最终也没去朝见天子。过了十多年，赵胡真的病得很严重，太子婴齐请求回国。赵胡死后，赐给他文王的谥号。

婴齐代立为南越王，就把他祖先武帝的印玺收了起来。婴齐在长安入宫做侍卫时，娶了邯郸樛家的女儿，生下儿子赵兴。等他即位为王，便向天子上书，请求立樛氏为王后，赵兴为太子。汉数次派使者婉转劝告婴齐朝拜天子，婴齐喜欢自己专擅随意杀生之权，惧怕入京朝拜天子，会被强迫比照内地诸侯，执行汉法令，居然托称有病，竟不入京朝见天子。只派遣儿子次公入京做侍卫。婴齐死去，赐给他明王的谥号。

太子赵兴代立为南越王，他的母亲做了太后。太后在没嫁给婴齐为姬妾时，曾与霸陵人安国少季私通。等婴齐死后，元鼎四年，汉派安国少季前往规劝南越王和王太后，让他们比照内地诸侯，进京朝拜天子；命辩士谏大夫终军等逞其辞令说服南越王，让勇士魏臣等弥补他的不足，卫尉路博德率兵屯驻桂阳，等待使者。南越王年轻，王太后是中国人，曾与安国少季私通，安国少季来做使者，又和她私通。南越国的人多半知道这事，大多不依附王太后。太后害怕发生动乱，也想依靠汉的威势，数次劝说南越王和群臣请求归属汉。于是就通过使者上书天子，请求比照内地诸侯，三年朝见天子一次，撤除边境的关塞。于是天子答应了他们，赐给南越丞相吕嘉银印，也赐给内史、中尉、大傅官印，其余的官职由南越自己安置。废除他们从前的黥刑和劓刑，用汉的法律，比照内地诸侯。使者都留下来镇抚南越。南越王、王太后整治行装和贵重财物，为进京朝见天子做准备。

南越丞相吕嘉年长，辅佐过三位国王，他的宗族内当官做长吏的就有七十多人，男的都娶王女为妻，女的都嫁给王子及其兄弟宗室，同苍梧郡的秦王有联姻。他在南越国内的地位非常显要，南越人都信任他，很多人都成了他的耳目，在得民心方面超过了南越王。南越王要上书天子，他数次谏止南越王，南越王不听。他产生了背叛南越王的心，数次称病不去会见汉使者。使者都注意吕嘉，但为形势所限，没能诛杀他。南越王和王太后也怕吕嘉首先发难，就安排酒宴，想借助汉使者的权势，谋划诛杀吕嘉等人。宴席上，使者都面向东，太后面向南，王面向北，丞相吕嘉和大臣都面向西，陪坐饮酒。吕嘉的弟弟为将，率兵守候在宫外。饮酒当中，太后对吕嘉说："南越归属汉，是国家的利益，而丞相嫌这样做不利，是什么原因?"王太后想以此激怒汉使者。使者犹豫不决，你看我，我看你，终究没敢动手杀吕嘉。吕嘉看到周围人不是自己的亲信，随即起身走了出去。王太后发怒，想用矛投刺吕嘉，南越王阻止了太后。吕嘉于是出去，并把弟弟的兵卒分出一部分，安排到自己的住处周围，称病不肯去见南越王和使者。吕嘉就暗中与大臣准备发动叛乱。南越王一向无意诛杀吕嘉，吕嘉知道这一点，因此几个月过去了，仍没有反叛。王太后有淫乱行为，南越国的人都不归附她，她想独自诛杀吕嘉，又没有能力做成此事。

天子闻听吕嘉不听从南越王，南越王和王太后力弱势孤，不能控制吕嘉，使者又胆怯不能决断。又以为南越王和王太后已归附汉，独有吕嘉作乱，不值得发兵，想派庄参率两千人出使南越。庄参说："若是为友好前往，几个人就足够了；若是为动武而去，两千人也不足以干出大事。"庄参推辞不肯去，天子罢免了他的官职。郏地壮士原济北王的相韩千秋奋勇说道："这么一个小小的南越，又有南越王和王太后为内应，独有丞相吕嘉从中为害，臣愿意得到二百个勇士前往南越，必杀死吕嘉而返回向天子报告。"于是天子派遣韩千秋和王太后的弟弟樛乐，率兵两千人前往。进入南越境内，吕嘉等终于造反，并向南越国的人下令说："国王年轻。太后是中国人，又与汉使者淫乱，一心想归属汉，把先王的珍宝重器全部带走献给汉天子以取媚，带走很多随从的人，走到长安，便把他们卖给汉人作僮仆。她只想求得自己免祸，取一时之利，没有顾及赵氏的社稷，没有为后世永久之计而谋划的意思。”于是吕嘉就与他弟弟率兵攻击并杀了南越王、王太后和汉使者。他又派人告知苍梧秦王和各郡县，立明王长子与南越妻子所生的儿子术阳侯赵建德为南越王。这时韩千秋的军队进入南越，攻破数座小城邑。其后，南越人径直让开道路，供给饮食，韩千秋的军队走到离番禺不到四十里的地方，南越以兵攻击韩千秋等，于是把他们全部消灭。吕嘉派人把汉使者的符节用木匣装好封上，放在边塞之上说了些骗人的好听话向汉谢罪，同时派兵守卫在要害的地方。于是天子说：“韩千秋虽然没有成功，但也够得上军中先锋之冠了。”天子封韩千秋的儿子韩延年为成安侯。樛乐，他的姐姐是王太后，首先愿意归属汉，因此封樛乐的儿子樛广德为龙亢侯。天子就发布赦令说：“周天子衰微，诸侯恃强肆行征伐，《春秋》就讽刺大臣不知讨伐叛贼。如今吕嘉、赵建德等造反，公然自立为王，朕命令罪人以及江淮以南的水军十万人前往讨伐他们。”

元鼎五年秋，卫尉路博德为伏波将军，率兵出桂阳，直下汇水；主爵都尉杨仆为楼船将军，率兵出豫章，直下横浦；原来归降汉而被封侯的两个南越人为戈船将军和下厉将军，率兵出零陵，然后一军直下离水，一军直抵苍梧；派驰义侯利用巴蜀的罪人，征调夜郎兵，直下牂柯江。最后都在番禺会师。

元鼎六年冬，楼船将军率精锐兵卒首先攻陷寻陕，随后攻破石门，缴获了南越的战船和粮食，乘机向前推进，挫败南越的先锋部队，率数万大军等候伏波将军。伏波将军率领罪人，路途遥远，误了约定的日期，因此与楼船将军会师的才有一千余人，于是一同前进。楼船将军在前边，直打到番禺。赵建德、吕嘉都在城中防守。楼船将军自己选择有利的地方，驻兵在番禺的东南面；伏波将军驻兵在番禺的西北面。正赶上天黑，楼船将军攻击并打败了南越人，放大火烧番禺城。南越人平时就听过伏波将军的大名，如今天黑，不知道他有多少军兵。伏波将军就多为营垒，派使者招来那些投降的人，赐给他们官印，又放他们回去招降别的人。

楼船将军奋力攻击，焚烧敌人，反而驱使乱兵跑入伏波将军的营中去投降。等到天亮，城中的敌兵都投降了伏波将军。吕嘉、赵建德已趁夜里与属下数百人逃入大海，乘船西去。伏波将军又乘机询问已投降的南越贵人，因此知道吕嘉的去向，派人去追击他。原校尉现为伏波将军司马的苏弘捉到赵建德，被封为海常侯；南越人郎官都稽抓到吕嘉，被封为临蔡侯。

苍梧王赵光，与南越王同姓，闻听汉兵已到，就与南越名叫定的揭阳县令，自己决定归属汉；南越桂林郡监居翁，告知瓯骆归属汉：他们都被封侯。戈船将军、下厉将军的兵，以及驰义侯所征调的夜郎兵还未到达，南越已经平定了。于是汉在此设置了九个郡。伏波将军受到加封，楼船将军的军兵攻破敌人的坚固防守，被封为将梁侯。

从赵佗最初称王以后，传国五世，共九十三年，南越国灭亡。

太史公说：尉佗做南越王，本是由于任嚣的提拔和劝说。正赶上汉刚刚安定，他被封为诸侯。隆虑侯领兵伐南越，碰上天热潮湿，士卒多染上疾疫，无法进兵，致使赵佗越发骄纵。因与瓯骆互相攻击，南越国势动摇。汉兵临境，南越太子婴齐只得入朝做宿卫。后来南越亡国，征兆由婴齐娶樛氏女而开始显现；吕嘉小小的忠诚，致使赵佗断绝了继嗣。楼船将军放纵欲望，变得怠惰傲慢，骄纵惑乱；伏波将军大志不顺，智谋思虑越来越多，因祸得福。可见成败的转换，就绳索纠结一样彼此倚伏，难以预料。

【鉴赏】

本篇在记事、写人以及场面、细节描写等方面颇有特色，时出妙笔。在记事上，对尉佗建国及向汉称臣奉职、吕嘉为乱及汉兵平定南越之事进行了较为详细的记述。这两件事，一件是汉越和睦相处，一件事是汉征南越。作者选取这两件事，体现出了对偏远少数民族的平等相看，同时在两相对比之中，表达了对民族和睦的热情赞颂以及对武帝兴兵挞伐的含蓄批评，这是司马迁在《史记》中的一种基本的感情态度。本篇在记事上还显得井井有条，南越与汉之间关系的纵横脉络，南越君臣之间的此消彼长，南越王君臣、樛太后与汉使者之间关系的错综复杂，在作者简括的笔墨中都表现得极其明晰生动。在写人上，本篇对南越王尉佗和吕嘉这两个人物表现得相当真切生动。他在豪杰叛秦相立、虎争天下之时，乘势果断聚兵而守，自立为王，颇显英豪气概；高祖、文帝先后派陆贾出使南越劝说尉佗，他先倨后恭，顿首称谢说“老臣妄窃帝号，聊以自娱，岂敢以闻天王哉！”他豪爽朴实而诙谐狡狯的性格则又跃然而出。吕嘉这个有些“忠”勇色彩但却优柔寡断的人物形象也写得相当动人。至于在场面和细节描写上，本篇有两处值得细加品味，南越王兴与太后置酒设宴，欲借汉使者之权诛杀吕嘉一节，南越王、太后、汉使者、吕嘉等的情势心理都表现得相当微妙。汉兵四路大军出征的气势也写得“极其神妙，可云神化之笔”(吴见思《史记论文》)。另外本篇的太史公赞语几乎全为四字韵语，齐整和谐，在《史记》赞语中为不多见之例。

史记卷一百一十四·东越列传第五十四

东越大致居住在今江、浙、闽一带。本篇记述了秦代至汉武帝时东越的变迁。闽越王无诸及越东海王摇，在秦并天下后被废为君长，其地为闽中郡。汉五年，无诸重被立为闽越王；汉孝惠三年，摇被立为东海王，因都城在东瓯，俗称之为东瓯王。东瓯在武帝建元三年因遭闽越围攻，后举国迁往江淮，国遂不存。建元六年，闽越王郢被其弟余善所杀，无诸之孙丑立为越繇王，后来余善立为东越王，两王并处。元鼎六年，余善反汉被杀，武帝下诏将其地民众全部迁往江淮，国灭地虚。史家认为东瓯、闽越是春秋末年吴、越两国的后代，但司马迁则将其上溯，说吴国是吴太伯之后，勾践是大禹之后，恐属子虚乌有，但论赞中称颂越族祖先大禹的功德表现了司马迁对古贤圣帝王的崇敬之情。

闽越王无诸及越东海王摇者，其先皆越王勾践之后也，姓驺氏。秦已并天下，皆废为君长，以其地为闽中郡。及诸侯畔秦，无诸、摇率越归鄱阳令吴芮，所谓鄱君者也，从诸侯灭秦。当是之时，项籍主命，弗王，以故不附楚。汉击项籍，无诸、摇率越人佐汉。汉五年，复立无诸为闽越王，王闽中故地，都东冶。孝惠三年，举高帝时越功，曰闽君摇功多，其民便附①，乃立摇为东海王，都东瓯，世俗号为东瓯王。

后数世，至孝景三年，吴王濞反，欲从闽越，闽越未肯行，独东瓯从吴。乃吴破，东瓯受汉购②，杀吴王丹徒，以故皆得不诛③，归国。

---

①便附：愿意归附。 ②购：重金收买。 ③诛：责罚，惩治。

吴王子子驹亡走闽越，怨东瓯杀其父，常劝闽越击东瓯。至建元三年，闽越发兵围东瓯。东瓯食尽，困，且降，乃使人告急天子。天子问太尉田蚡，蚡对曰："越人相攻击，固其常，又数反覆，不足以烦中国往救也。自秦时弃弗属。"于是中大夫庄助诘蚡曰："特患力弗能救，德弗能覆；诚能，何故弃之？且秦举咸阳而弃之，何乃越也！今小国以穷困来告急天子，天子弗振①，彼当安所告愬②？又何以子③万国乎？"上曰："太尉未足与计。吾初即位，不欲出虎符④发兵郡国。"乃遣庄助以节⑤发兵会稽。会稽太守欲距不为发兵，助乃斩一司马，谕意指⑥，遂发兵浮海救东瓯。未至，闽越引兵而去。东瓯请举国徙中国，乃悉举众来，处江、淮之间。

至建元六年，闽越击南越。南越守天子约，不敢擅发兵击而以闻。上遣大行王恢出豫章，大农韩安国出会稽，皆为将军。兵未逾岭，闽越王郢发兵距险。其弟馀善乃与相、宗族谋曰："王以擅发兵击南越，不请，故天子兵来诛。今汉兵众强，今即幸胜之，后来益多，终灭国而止。今杀王以谢⑦天子，天子听，罢兵，固一国完；不听，乃力战，不胜，即亡入海。"皆曰"善"。即鏦⑧杀王，使使奉其头致大行。大行曰："所为来者诛王。今王头至，谢罪，不战而耘⑨，利莫大焉。"乃以便宜案兵告大农军⑩，而使使奉王头驰报天子。诏罢两将兵，曰："郢等首恶，独无诸孙繇君丑不与谋焉。"乃使郎中将立丑为越繇王，奉闽越先祭祀。

---

①振：拯救，救援。 ②安所：何处。愬：同"诉"，诉求，求告。 ③子：此处为统治，享有。④虎符：兵符，古代调兵遣将的信物。 ⑤节：符节，帝王使者出使时所持的信物。 ⑥指：通"旨"，旨意，意图。 ⑦谢：谢罪。 ⑧鏦（cōng）：小矛，这里指用矛戟投刺。 ⑨耘：锄草，此指消除。 ⑩便宜：便利适宜之事，有利的情况。案：通"按"，止住，使停止。

馀善已杀郢，威行于国，国民多属，窃自立为王。繇王不能矫其众持正①。天子闻之，为馀善不足复兴师，曰："馀善数与郢谋乱，而后首诛郢，师得不劳。"因立馀善为东越王，与繇王并处。

至元鼎五年，南越反，东越王馀善上书，请以卒八千人从楼船将军击吕嘉等。兵至揭扬，以海风波为解②，不行，持两端③，阴使南越。及汉破番禺，不至。是时楼船将军杨仆使使上书，愿便引兵击东越。上曰士卒劳倦，不许，罢兵，令诸校屯豫章梅领④待命。

元鼎六年秋，馀善闻楼船请诛之，汉兵临境，且往，乃遂反，发兵距汉道。号将军驺力等为"吞汉将军"，入白沙、武林、梅岭，杀汉三校尉。是时汉使大农张成、故山州侯齿将屯，弗敢击，却就便处，皆坐⑤畏懦诛。

馀善刻"武帝"玺自立，诈其民，为妄言。天子遣横海将军韩说出句章，浮海从东方往；楼船将军杨仆出武林；中尉王温舒出梅岭；越侯为戈船、下濑将军，出若邪、白沙。元封元年冬，咸入东越。东越素⑥兵发距险，使徇北将军守武林，败楼船军数校尉，杀长吏。楼船将军率钱唐辕终古斩徇北将军，为御兒侯。

自兵未往，故越衍侯吴阳前在汉，汉使归谕馀善，馀善弗听。及横海将军先至，越衍侯吴阳以其邑七百人反，攻越军于汉阳。从建成侯敖，与其率⑦，从繇王居股谋曰："馀善首恶，劫守吾属。今汉兵至，众强，计杀馀善，自归诸将，傥⑧幸得脱。"乃遂俱杀馀善，以其众降横海将军，故封繇王居股东成侯，万户；

---

①持正：持行正道。 ②解：托辞，借口。 ③持两端：观望成败。 ④领：通"岭"。 ⑤坐：因某事而获罪。 ⑥素：一向，向来。 ⑦率：率领，此指敖所率领的部下。 ⑧傥：通"倘"，或许，可能。

封建成侯敖为开陵侯；封越衍侯吴阳为北石侯；封横海将军说为按道侯；封横海校尉福为缭荌侯。福者，成阳共王子，故为海常侯，坐法失侯。旧从军无功，以宗室故侯。诸将皆无成功，莫封。东越将多军，汉兵至，弃其军降，封为无锡侯。

于是天子曰东越狭多阻，闽越悍，数反覆。诏军吏皆将其民徙处江、淮间，东越地遂虚。

太史公曰："越虽蛮夷，其先岂尝有大功德于民哉，何其久也！历数代常为君王，勾践一称伯①。然馀善至大逆，灭国迁众，其先苗裔繇王居股等犹尚封为万户侯，由此知越世世为公侯矣。盖禹之余烈②也。

【译文】

闽越王无诸及越东海王摇，他们的祖先都是越王勾践的后代，姓驺。秦吞并天下后，都被废除王号，成为君长，把他们的地方设置为闽中郡。等到诸侯反叛秦，无诸、摇便率越人归附鄱阳县令吴芮，就是人们所说的鄱君，随诸侯灭了秦。在当时，项籍发号施令，没有立无诸、摇为王，因此，他们没有归附楚王。汉王攻击项籍，无诸和摇就率越人辅助汉王。汉王五年，重新立无诸为闽越王，统辖闽中的故地，建都东冶。孝惠帝三年，列举高帝时越人的辅佐之功，认为闽君摇的功劳多，他的百姓也愿意归附，于是立摇为东海王，建都在瓯，世俗称他为东瓯王。

过了数代之后，到孝景帝三年，吴王刘濞谋反，想让闽越随他反叛，闽越不肯行动，只有东瓯随吴王造反。等到吴国被攻破，东瓯接受了汉的重金收买，在丹徒杀死了吴王刘濞，因此都没有受到责罚，回到了自己的国中。

吴王的儿子子驹逃亡到闽越，怨恨东瓯杀了他的父亲，经常劝说闽

---

①伯：通"霸"。 ②余烈：遗留下来的功业。

越攻打东瓯。到建元三年,闽越发兵围攻东瓯。东瓯粮食用尽,处于困境,将要投降,于是派人向天子告急。天子向太尉田蚡询问此事,田蚡回答说:“越人之间相互攻击,本是常有的事,他们又反复无常,不值得烦扰中国前往救援。从秦朝时就开始抛弃他们,不把他们当作从属国。”于是中大夫庄助就诘难田蚡说:“只是担心力量不足,援救不了他们,恩德浅薄,不能覆盖他们;如果真有能力救援,为何要抛弃他们呢?而且秦国连整个咸阳都抛弃了,何况是越人呢!如今小国在遭遇困境时来向天子告急,天子不去救援,他们到哪里去诉告求救呢?天子又怎样来统治万国民众呢?”天子说:“太尉不值得与他商议。我刚即位,也不想动用虎符从郡国发兵。”于是派遣庄助带着符节到会稽去调兵。会稽太守想抗拒命令,不让庄助调兵,庄助就斩了一位司马,申明天子的旨意,会稽太守才发兵从海上去救援东瓯。军队尚未到达东瓯,闽越就领兵撤离。东瓯请求把全国百姓都迁徙到中国去,于是就率全国百姓到中国,居住在江淮之间。

到建元六年,闽越攻打南越。南越遵守天子的约束,不敢擅自发兵回击,而把这事禀报天子。天子派遣大行王恢率兵出豫章,大农韩安国率兵出会稽,都做将军。他们的军队还未越过阳山岭,闽越王郢就派兵拒守在险要的地方。郢的弟弟余善就和东越的相及宗族之人商议说:“国王因为擅自发兵攻打南越,没有向天子请示,所以天子派兵来讨伐。如今汉兵众多而强大,现在即使侥幸战胜他们,以后派来的军队会更多,直到把国家消灭为止。现在如果我们杀了国王,向天子谢罪,天子要是接受了我们的请求,就能罢兵,国家必定会完整保存下来;如果天子不理睬我们,我们就奋力战斗,要是不能取胜,就逃到海里去。”大家都说“好主意!”于是就用矛戟杀死了郢,派使者带着他的头送给大行王恢。大行说:“我们来这里就是为了诛杀东越王。如今东越王的头已经送到,东越也已谢罪,没有打仗就消除了祸患,没有比这更大的好处了。”就根据现有的便利情况按兵不再前进,并把情况告知了大农韩安国,又派使者携带东越王的头急驰长安,报告天子。天子下诏让王恢和韩安国罢兵,并说："东越王郢等首先作恶，只有无诸的孙子繇君丑没有参与这个阴谋。"天子便派郎中将立丑为越繇王，侍奉对闽越王的祭祀。

馀善杀了郢以后，他的威行传布全国，国中百姓多半归属他，他就暗中自立为王。繇王不能使国人改而归属自己，使他们持行正道。天子闻听此事后，认为不值得为余善的事再兴师动众，说："余善数次与郢阴谋作乱，后来却首先杀了郢，使汉军得以避免劳苦。"于是就立余善为东越王，与繇王同时并处。

到了元鼎五年，南越造反，东越王余善向天子上书，请求率兵八千人随楼船将军攻打吕嘉等。等他的军队到达揭扬时，就以海上出现大风巨浪为借口，不再向前进兵，而是观望成败，暗中又派使者与南越勾结。等到汉兵攻破番禺，东越的军队也未到。这时楼船将军杨仆派使者向天子上书，愿乘便领兵攻打东越。天子说士卒已经劳累疲倦，没有允许楼船将军的请求，让他罢兵，并下令让诸位校官屯驻豫章的梅岭等候命令。

元鼎六年秋，余善闻听楼船将军请求讨伐他，而且汉兵已经逼近东越边境，将要攻过来，于是就造反，派兵到汉军的必经之路拒守。他还给将军驺力等加上了"吞汉将军"的封号，进入白沙、武林、梅岭，杀了汉军的三个校尉。这时，汉派大农张成、原山州侯刘齿统领屯驻在梅岭的兵马，不敢进攻东越的军队，却退到有利的地方，呆在那里，后来他们犯了畏惧敌人、怯懦软弱的罪而被杀。

馀善刻了"武帝"的印玺而自立为皇帝，欺诈他的百姓，说了些虚妄的话。天子派遣横海将军韩说从句章出兵，渡海从东方进军；楼船将军杨仆从武林出兵；中尉王温舒从梅岭出兵；降汉而被封侯的两个越人为戈船将军和下濑将军，他们从若邪、白沙出兵。元封元年冬，这些将军都率兵进入东越。东越一向派兵拒守在险要的地方，派徇北将军守武林，打败了楼船将军的数名校尉，杀死了长吏。楼船将军率钱塘人辕终古斩了徇北将军，被封作御兒侯。

他自己的军队却没有前往武林，原来的越衍侯吴阳在此之前留在汉，汉派他回到东越劝说余善，余善不听劝告。等到横海将军韩说率兵先到了东越，越衍侯吴阳就率领他邑中的七百人反叛东越，在汉阳攻击东越的军队。他随建成侯敖及其部下，与繇王居股商议说："余善首先作乱，劫持我们这些人。如今汉兵已到，兵多势强，我们设计杀死余善，各自归顺汉的诸将，或许能侥幸免罪。"于是就一起杀了余善，率领他们的士卒投降了横海将军，因此汉封繇王居股为东成侯，食邑一万户；封建成侯敖为开陵侯；封越衍侯吴阳为北石侯；封横海将军韩说为按道侯；封横海校尉刘福为缭荌侯。刘福是成阳共王刘喜的儿子，原先为海常侯，因为犯法而失掉侯爵。以前从军也没立军功，因为是宗室子弟的缘故而被封侯。其余诸将都无战功，没有受封。东越的将军多军，在汉兵到来时，放弃了他的军队投降，因而被封为无锡侯。

于是天子说东越狭小而多险阻之地，闽越强悍，数次反复无常。因而诏命军吏率领全部东越百姓迁徙到江淮之间居住，东越于是成了空虚之地。

太史公说：越国虽然是蛮夷，他的祖先难道对百姓曾经有过很大的功德吗，不然，为何世代相传得那么久远？经历了数代都常常做君王，而勾践竟还一度称霸。然而余善竟然做出大逆不道的事，国家被消灭，百姓被迁徙，他们祖先的后代子孙繇王居股等还被封为万户侯，由此可知，东越世世代代都为公侯。大概这就大禹留下来的功业吧。

【鉴赏】

这篇列传记述朴实简练，平淡中亦见奇异。如文中有建元三年，闽越围攻东瓯，东瓯向天子告急，武帝就是否前往相救向群臣征问一节。当时武帝刚即位不久，其母王太后称制，而实际上祖母窦太后权势最大。田蚡是王太后同母弟，在建元二年被罢免太尉职事，但因王太后故仍得亲幸，数次言事。庄助则是建元元年，诏举贤良直言极谏之士时被武帝擢拔为大夫，并尝令庄助等与大臣辩论，大臣屡为之屈。这里所记田蚡的对答与庄助的反诘即显示出各人自怀不同的心事。武帝说："太尉未足与计。吾初即位，不欲出虎符发兵郡国。"也是符合当时情势之语，也颇可细细体味。传文还在简短的叙事之中使得余善这个人物的面貌颇为清晰。他数次与南越王郢谋攻他国；建元六年,闽越攻击南越,因而汉兵临境时,他又以保全国家为名,与南越之相、宗族谋划刺杀了兄长郢。及至无诸之孙丑被立为越繇王,他又借威行“窃自立为王”。元鼎五年,南越反,他又上书请击南越,可兵至之后,又“持两端”以观望成败,并暗中与南越勾结。最终在汉兵诛讨之下,属下反叛,将其杀死。一个反复无常、狡诈好战的人物形象在十分简括的笔墨中倒也鲜活生动。作者在篇中以闽越为重点,在对闽越围东瓯、击南越直至反汉被“灭国迁众”的如实记述中表现了对他们的谴责之意,当然也表达了对越族能经历数世变迁的深深感慨之情。

史记卷一百一十五·朝鲜列传第五十五

司马迁在记述周围民族地区历史时,认为所谓“夷”“夏”实则同根同源,如匈奴先祖为夏后氏之苗裔,南越王尉佗为真定人,东越之王先祖皆为越王勾践之后,将兵循江略巴、黔中以西的庄蹻为楚庄王苗裔,滇王亦为楚之苗裔,既然同为炎黄子孙,就应当和睦而处,反对“以夏变夷”。本篇所记朝鲜王卫满亦原为燕人。战国时燕国最强盛时真番、朝鲜臣属,汉初燕王卢绾造反,卫满亡命朝鲜,自立为王。传国至其孙右渠时终于在武帝大张旗鼓的讨伐下被消灭而置四郡。《匈奴列传》《南越列传》《东越列传》《西南夷列传》在记事时段上都侧重于武帝时,本篇也是如此。篇末论赞中,作者固然对右渠的负固反汉颇致批评,但对汉将官则有更多微词。

朝鲜王满者,故燕人也。自始全燕时尝略属①真番、朝鲜,为置吏,筑鄣塞②。秦灭燕,属辽东外徼③。汉兴,为其远,难守,复修辽东故塞,至浿水为界,属燕。燕王卢绾反,入匈奴,满亡命,聚党千馀人魋结④蛮夷服而东走出塞,渡浿水,居秦故空地上下鄣,稍役属真番、朝鲜蛮夷及故燕、齐亡命者王之⑤,都王险。

会孝惠、高后时天下初定,辽东太守即约满为外臣,保⑥塞外蛮夷,无使盗边⑦;诸蛮夷君长欲入见天子,勿得禁止。以闻,

①略:攻取,攻击。属:使之归属。 ②鄣:通“障”,边塞险要的地方用来御敌的城堡。塞:边界险要之处。 ③徼(jiào):边境,边界。 ④魋结:古代少数民族的一种发式,将头发盘在头顶,上尖如椎。魋:通“椎”。 ⑤稍:逐渐。役属:使之归属,受己役使。 ⑥保:安抚,使安定。 ⑦无:通“毋”,不要。盗:侵扰。

上许之，以故满得兵威财物侵降其旁小邑，真番、临屯皆来服属，方数千里。

传子至孙右渠，所诱汉亡人滋多，又未尝入见；真番旁众国欲上书见天子，又拥阏①不通。元封二年，汉使涉何谯谕②右渠，终不肯奉诏。何去至界上，临浿水，使御刺杀送何者朝鲜裨王③长，即渡，驰入塞，遂归报天子曰"杀朝鲜将"。上为其名美，即不诘④，拜何为辽东东部都尉。朝鲜怨何，发兵袭攻杀何。

天子募罪人击朝鲜。其秋，遣楼船将军杨仆从齐浮渤海，兵五万人，左将军荀彘出辽东，讨右渠。右渠发兵距⑤险。左将军卒正多率辽东兵先纵，败散，多还走，坐⑥法斩。楼船将军将齐兵七千人先至王险，右渠城守，窥知楼船军少，即出城击楼船，楼船军败散走。将军杨仆失其众，遁山中十馀日，稍求收散卒，复聚。左将军击朝鲜浿水西军，未能破，自前。

天子为两将未有利，乃使卫山因兵威往谕右渠。右渠见使者顿首谢："愿降，恐两将诈杀臣；今见信节⑦，请服降。"遣太子入谢，献马五千匹，及馈军粮。人众万馀，持兵，方渡浿水，使者及左将军疑其为变，谓太子已服降，宜命人毋持兵。太子亦疑使者、左将军诈杀之，遂不渡浿水，复引归。山还报天子，天子诛山。

左将军破浿水上军，乃前，至城下，围其西北。楼船亦往会，居城南。右渠遂坚守城，数月未能下。

左将军素侍中，幸，将燕、代卒，悍，乘胜，军多骄。楼船将齐卒，入海，固已多败亡；其先与右渠战，因辱亡卒，卒皆恐，将

---

①拥阏(è)：阻塞，堵塞。拥：通"壅"。 ②谯(qiào)：通"诮(qiào)"，责备。谕：明白相告。 ③裨王：小王，偏裨之王。裨(pí)：附属，附佐。 ④诘(jié)：追究，查办。 ⑤距：通"拒"，抵御，抗拒。 ⑥坐：犯法，获罪。 ⑦信节：符节，皇帝使者所持的信物。

心惭,其围右渠,常持和节[①]。左将军急击之,朝鲜大臣乃阴间[②]使人私约降楼船,往来言,尚未肯决。左将军数与楼船期战,楼船欲急就其约,不会;左将军亦使人求间郤[③]降下朝鲜,朝鲜不肯,心附楼船。以故两将不相能[④]。左将军心意楼船前有失军罪,今与朝鲜私善而又不降,疑其有反计,未敢发。天子曰将率不能前,乃使卫山谕降右渠,右渠遣太子,山使不能剸决[⑤],与左将军计相误,卒沮[⑥]约。今两将围城,又乖异[⑦],以故久不决。使济南太守公孙遂往正[⑧]之,有便宜得以从事[⑨]。遂至,左将军曰:"朝鲜当下久矣,不下者有状[⑩]。"言楼船数朝不会,具以素所意告遂,曰:"今如此不取,恐为大害,非独楼船,又且与朝鲜共灭吾军。"遂亦以为然,而以节召楼船将军入左将军营计事,即命左将军麾下执捕楼船将军,并其军,以报天子。天子诛遂。

左将军已并两军,即急击朝鲜。朝鲜相路人、相韩阴、尼溪相参、将军王唊相与谋曰:"始欲降楼船,楼船今执,独左将军并将,战益急,恐不能与[⑪],王又不肯降。"阴、唊、路人皆亡降汉。路人道死。元封三年复,尼溪相参乃使人杀朝鲜王右渠来降。王险城未下,故右渠之大臣成巳又反,复攻吏。左将军使右渠子长降、相路人之子最告谕其民,诛成巳,以故遂定朝鲜,为四郡。封参为澅清侯,阴为狄苴侯,唊为平州侯,长降为几侯。最以父死颇有功,为温阳侯。

---

①和节:议和的符节。 ②阴:私下。间:寻找机会。 ③间郤:机会。郤:通"隙",间隙,空隙。 ④能:和睦,协调。 ⑤剸决:独自处理,当机立断。:通"专",专一,专断。 ⑥沮(jǔ):败坏,破坏。 ⑦乖异:相互背离,不能协调。 ⑧正:调停,裁决,分辨是非曲直。 ⑨便宜:方便有利的情况。从事:处理事情。 ⑩有状:有情况,有原因。 ⑪与:相敌,坚持下去。

左将军征至，坐争功相嫉，乖计，弃市[①]。楼船将军亦坐兵至洌口当待左将军，擅先纵，失亡多，当诛，赎为庶人。

太史公曰：右渠负固[②]，国以绝祀。涉何诬功，为兵发首。楼船将狭，及难离咎[③]。悔失番禺，乃反见疑。荀彘争劳，与遂皆诛。两军俱辱，将率莫侯矣。

【译文】

朝鲜王卫满，原是燕国人。最初，在燕国全盛时，曾经攻取真番、朝鲜，使它们归属燕国，并为其设置官吏，在边塞修筑城堡。秦国灭掉燕国，朝鲜就成了辽东郡界外属地。汉兴起后，因为朝鲜离得远，难以防守，所以重新修复辽东郡以前的那些关塞，一直到浿水为界，属燕国管辖。后来燕王卢绾造反，逃到匈奴，卫满也亡命在外，聚集同党一千多人，梳着椎形发髻，穿上蛮夷服装，向东走出塞外，渡过浿水，居住到秦国原来的空地名为上下鄣的地方，并逐渐役使真番、朝鲜蛮夷以及原来的燕国和齐国的逃亡者，使他们归属自己，并称王，建都王险。

正当孝惠帝、高后时，天下刚刚安定，辽东太守就约定卫满为汉的外臣，安抚边塞以外的蛮夷，不要让他们到边境来侵扰抢夺；诸蛮夷的君长想到汉进见天子，不要禁止。辽东太守把情况禀报天子，天子应允，因此，卫满得以凭借他的兵威和财物侵犯、招降他周围的小国，真番、临屯都来投降归属卫满，他统辖的地方方圆数千里。

卫满传位给儿子，再传给孙子右渠，这时被朝鲜引诱来的汉的逃亡之人越来越多，而右渠又不曾进见汉天子；真番周围许多小国想上书拜见汉天子，却又被阻塞，无法直接上达天子；元封二年，汉派涉何责备右渠，但右渠终究不肯接受汉的诏命。涉何离开朝鲜，来到边界，面对浿水，就派驾车的车夫刺杀了护送涉何的朝鲜裨王长，然后立即渡河，疾驰

①弃市：在闹市处死，并暴尸于市，以示与国人共弃之。 ②负固：依仗地势险要牢固。负：依仗，凭藉。 ③离：通“罹”，遇到，遭遇。咎：祸。

进入汉边塞，于是回到京城向天子禀报说“杀了朝鲜的一个将军。”天子认为他有杀死朝鲜将军的美名，就不再追究他的过失，并拜授他为辽东东部都尉。朝鲜怨恨涉何，发兵偷袭，杀了涉何。

天子下令招募罪人攻打朝鲜。元封二年秋，汉派楼船将军杨仆从齐地乘船渡过渤海，率兵五万人；左将军荀彘率兵出辽东，一同讨伐右渠。右渠调兵在险要之处抵御汉军。左将军属下名为多的卒正首先率辽东兵出击敌人，结果失败，队伍走散，多数人跑回来，他因此犯了军法被斩。楼船将军率齐地兵士七千人，首先到达王险城，右渠据城而守，探知楼船将军兵少，就出城攻打楼船将军，楼船将军的军队失败四散奔逃。杨仆失去了他的军队，逃到山中藏了十多天，逐渐找回四散的兵卒，重新聚到一起。左将军荀彘攻击驻守浿水西边的朝鲜军队，未能从前面攻破敌军。

天子因为两将军没能取得胜利，就派卫山凭借兵威前往明告右渠。右渠会见了汉使者，叩头谢罪说：“愿意投降，只怕杨、荀二将军用欺诈的手段杀死臣；如今臣看到了使者的符节，请允许我们投降归顺。”右渠就派遣太子前往汉谢罪，献上五千匹马，又向在朝鲜的汉军赠送军粮。有一万多朝鲜人众，手里拿着兵器，正要渡过浿水，使者和左将军怀疑朝鲜人生变，说太子已投降归顺，应当命人们不要携带兵器。太子也怀疑汉使者和左将军要欺骗杀害自己，于是就不再渡浿水，又率朝鲜民众归去。卫山回到京城向天子禀报，天子杀了卫山。

左将军攻破浿水上的朝鲜军，才向前进兵，直到王险城下，包围了城的西北方。楼船将军也前往会师，驻军城南。右渠于是坚守王险城，几个月过去了，汉军也未能攻下王险城。

左将军一向在宫中侍奉天子，得宠，他所率领的是燕国和代国的士卒，很凶悍，又因打了胜仗，军中多数士卒都很骄傲。楼船将军率领齐地士卒，从海上进兵，本来就有许多伤亡；他们先前和右渠交战时，又遭到困辱，伤亡很多士卒，士卒都恐惧，将官心中也觉惭愧，在包围右渠时，楼船将军经常手持议和的符节。左将军急攻敌城，朝鲜大臣就暗中寻机派人和楼船将军私下约降，双方往来会谈，还没有做出决定。左将军数次与楼船将军约定同时进击的日期，楼船将军想尽快与朝鲜达成降约，所以不派兵与左将军会合；左将军也派人寻求机会让朝鲜投降，朝鲜不肯降左将军，心中想归附楼船将军。因此，两位将军不能相互协调，共同对敌。左将军心想楼船将军以前有丧失军队的罪过，如今又与朝鲜私下友好，而朝鲜又不肯投降，就怀疑楼船将军有造反阴谋，只是未敢采取行动。天子说将帅无能，不久前才派卫山去晓谕右渠投降，右渠派遣太子前来谢罪，而卫山这个使者却不能当机立断处理事情，与左将军谋事失误，终于毁坏了朝鲜投降的约定。如今两将军围攻王险城，又相互背离不能协调行动，因此长时间不能解决问题。就派遣济南太守公孙遂前往调停解决，如有方便有利的情况，可以随时自行处理。公孙遂到朝鲜后，左将军说："朝鲜早就可以攻下了，现在还未攻下是有原因的。"他说了多次与楼船将军约定进兵日期，而楼船将军不来会师的事，并把平时对楼船将军的种种怀疑都告诉了公孙遂，说："如今到了这种地步还不拿下他，恐怕会成为大害，不仅是楼船将军要谋反，而且他又要联合朝鲜一起消灭我军。"公孙遂也认为是这样，就用符节召楼船将军来左将军营中议事，当即命左将军的部下捉拿拘捕了楼船将军，并把他的军队并到左将军手下，然后把此事禀报了天子。天子杀了公孙遂。

左将军合并两支军队，就急攻朝鲜。朝鲜相路人、相韩阴、尼溪相参、将军王唊等相互商议说："开始要投降楼船将军，如今楼船将军被捉拿，只有左将军率领合并的军队，战事越来越急，我们恐怕不能坚持下去，国王又不肯投降。"韩阴、王唊、路人都逃到汉军那里，向汉投降。路人在途中死去。元封三年夏，尼溪相参就派人杀死了朝鲜王右渠，向汉投降。王险城还没攻下来，因此右渠的大臣成巳又造反，并攻击不随他造反的朝鲜官吏。左将军派右渠的儿子长降、相路人的儿子路最晓谕朝鲜百姓，杀了成巳，因此汉终于平定了朝鲜，设立四个郡。天子封参为澅清侯，韩阴为狄苴侯，王唊为平州侯，长降为几侯。路最因为父亲已死，又很有功劳，被封为温阳侯。

左将军被召到京城，犯了争功而相互嫉妒，违背作战计划的罪过，被弃市处死。楼船将军也犯了军队到达洌口，应当等候左将军，却擅自抢先攻击敌人，致使伤亡很多的罪过，被判处死，他交纳钱物赎罪免死，成为平民。

太史公说：朝鲜王右渠依仗地势的险固，国家因此被灭绝。涉何骗功，为中国和朝鲜的战事开了头。楼船将军行事，心胸狭小，遇到危难就遭受祸殃。后悔曾在攻陷番禺时失利，却反而被人怀疑要造反。荀彘争功，与公孙遂都被斩杀。征讨朝鲜的杨仆和荀彘的两支军队都遭受困辱，将帅没有被封侯。

【鉴赏】

本篇记事虽十分简约，却也曲尽其致，别具一格。作者对武帝兴兵讨伐朝鲜之事的前后原委交代极为清晰，战事的发端为“涉何诬功”，战事的失利为“楼船将狭”“荀彘争劳”，战事的结局是“两军俱辱，将率莫侯”。在具体的记述过程中，作者善以对照之笔，将诸如涉何、杨仆、荀彘、卫山、公孙遂等汉使汉将卑劣的人品、愚蠢的才智写得相当逼真鲜明。先写涉何奉命出使朝鲜，责让朝鲜王右渠无果，遂将送行的朝鲜使者刺杀，诬报“杀朝鲜将”以邀功，武帝不但不加追究反而信其美言，拜授这个极度愚笨而又卑鄙无耻之人为辽东东部都尉，等到朝鲜因怨攻杀涉何，武帝又大肆兴兵讨伐，战端由此而起。后写卫山奉命出使朝鲜，朝鲜王右渠顿首谢罪服降，并遣太子入汉谢罪，献马馈粮，在此情况下，则又疑其生变，以致出使无果，战事遂又陷于僵持。卫山其人之鼠目短浅毕现于笔端。两次出使所导致的恶果，汉使者难辞其咎，尽管他们一个被攻杀，一个被诛杀。对这两次出使的描写前后照应，事态的发展也因此而被写得波澜起伏。楼船将军在攻击南越时，因自己力攻烧敌反而使得番禺一城皆降伏波将军。此次围攻朝鲜，他依然疑人争功，遂汲取教训，一心想招诱朝鲜投降，谁知时异境迁，反被猜疑而遭执捕。左将军荀彘更是疑心重重，先是与使者卫山谋事失误而使招朝鲜投降之事终致败坏，后与楼船将军围攻右渠时又争功相嫉，意测楼船将军有反计，虽然得并两军平定朝鲜，却也终被弃市处死。两将之愚蠢褊狭亦相照应，再加上一个同样愚蠢褊狭的调停人公孙遂，于是事态变得一团糟，最终也自食其咎。李景星《史记评议》称本篇“节节相配，段段相生，极递换脱卸之妙”，甚得其味。

史记卷一百一十六·西南夷列传第五十六

西南夷是对巴蜀以西、以南地区各少数民族的总称，居住在今四川西部、南部，贵州、云南以及滇、黔、桂交界地区等一带，包括众多不同的氏族、部落和民族，他们或聚居或杂居，或邑聚或移徙，其中较大的有夜郎、滇、邛都、昆明等。本篇记述了西南夷在秦汉时的许多部落的地理分布、风俗、民情、物产等，以及自战国中期至汉武帝时与"中国"的关系，尤其详细记述了武帝时通西南夷、平定西南夷设郡置吏的经过，这对"王者一统"局面的形成是有利的，但司马迁也认为武帝通西南夷是疲民耗财之举，而对唐蒙、张骞、司马相如等这样的生事之臣都颇致微词，这在《大宛列传》《司马相如列传》以及《平准书》中能更清晰地看到。

西南夷君长以什①数，夜郎最大。其西，靡莫之属以什数，滇最大；自滇以北君长以什数，邛都最大：此皆魋结②，耕田，有邑聚③。其外，西自同师以东，北至楪榆，名为巂、昆明，皆编④发，随畜迁徙，毋常处，毋⑤君长，地方可⑥数千里。自巂以东北，君长以什数，徙、筰都最大；自筰以东北，君长以什数，冉駹最大。其俗或士箸⑦，或移徙，在蜀之西。自冉駹以东北，君长以什数，白马最大，皆氐类也。此皆巴蜀西南外蛮夷也。

始楚威王时，使将军庄跻将兵循江上，略⑧巴、黔中以西。庄跻者，故楚庄王苗裔也。跻至滇池，方三百里，旁平地，肥饶数千里，以兵威定属楚。欲归报，会秦击夺楚巴、黔中郡，道塞不

---

①什：通"十"。数：统计，计算。 ②魋结：古代少数民族的一种发式，将头发盘在头顶，上尖如椎。魋：通"椎"。 ③邑：城邑。聚：村落。 ④编发：把头发梳成辫。编：通"辫"。 ⑤毋：通"无"，没有。 ⑥可：大约，大概。 ⑦士箸：定居某地。箸：通"著"。 ⑧略：攻取。

通，因还，以其众王滇，变服，从其俗，以长①之。秦时常頞略通五尺道，诸此国颇置吏焉。十馀岁，秦灭。及汉兴，皆弃此国而关蜀故徼②。巴、蜀民或窃出商贾，取其筰马、僰僮、髦牛③，以此巴、蜀殷富。

建元六年，大行王恢击东越，东越杀王郢以报④。恢因兵威使番阳令唐蒙风指晓南越⑤。南越食蒙蜀枸酱，蒙问所从来，曰"道⑥西北牂柯，牂柯江广数里，出番禺城下"。蒙归至长安，问蜀贾人，贾人曰："独蜀出枸酱，多持窃出市夜郎。夜郎者，临牂柯江，江广百馀步，足以行船。南越以财物役属夜郎，西至同师，然亦不能臣使也。"蒙乃上书说上曰："南越王黄屋左纛⑦，地东西万馀里，名为外臣，实一州主也。今以长沙、豫章往，水道多绝，难行。窃闻夜郎所有精兵，可得十馀万，浮船牂柯江，出其不意，此制越一奇也。诚以汉之强，巴蜀之饶，通夜郎道，为置吏，易甚。"上许之。乃拜蒙为郎中将，将千人，食重万馀人，从巴蜀筰关入，遂见夜郎侯多同。蒙厚赐，喻以威德，约为置吏，使其子为令。夜郎旁小邑皆贪汉缯帛，以为汉道险，终不能有也，乃且听蒙约。还报，乃以为犍为郡。发巴蜀卒治道。自僰道指牂柯江。蜀人司马相如亦言西夷邛、筰可置郡。使相如以郎中将往喻，皆如南夷，为置一都尉，十馀县，属蜀。

当是时，巴蜀四郡通西南夷道，戍转相饷⑧。数岁，道不通，士罢饿离湿⑨死者甚众；西南夷又数反，发兵兴击，耗费无功。

---

①长：头领，此为动词，做君长。 ②徼(jiào)：边界。 ③髦牛：即牦牛。 ④报：回报，此指谢罪。 ⑤风：通"讽"，暗示，委婉劝告。指：通"旨"，旨意，意图。 ⑥道：经由，从。⑦黄屋：帝王之车，其车以黄缎饰里，故称。左纛(dào)：插在车左边的用旄牛尾或雉尾装饰的旗子，是皇帝的车饰。 ⑧戍：戍守的士卒。转：指转运物资的人。饷：指运送粮饷。⑨罢：通"疲"。离：通"罹"，遭受。

上患之，使公孙弘往视问焉。还对，言其不便。及弘为御史大夫，是时方筑朔方以据河逐胡，弘因数言西南夷害，可且罢，专力事匈奴。上罢西夷，独置南夷夜郎两县一都尉，稍令犍为自葆就①。

及元狩元年，博望侯张骞使大夏来，言居大夏时见蜀布、邛竹杖，使问所从来，曰“从东南身毒国，可数千里，得蜀贾人市”。或闻邛西可二千里有身毒国。骞因盛言大夏在汉西南，慕中国，患匈奴隔其道，诚②通蜀，身毒国，道便近，有利无害。于是天子乃令王然于、柏始昌、吕越人等，使间③出西夷西，指求身毒国④。至滇，滇王尝羌乃留，为求道西十馀辈。岁馀，皆闭⑤昆明，莫能通身毒国。

滇王与汉使者言曰：“汉孰与我大？”及夜郎侯亦然。以道不通故，各自以为一州主，不知汉广大。使者还，因盛言滇大国，足事亲附。天子注意焉。

及至南越反，上使驰义侯因犍为发南夷兵。且兰君恐远行，旁国虏其老弱，乃与其众反，杀使者及犍为太守。汉乃发巴蜀罪人尝击南越者八校尉击破之。会越已破，汉八校尉不下，即引兵还，行诛头兰。头兰，常隔滇道者也。已平头兰，遂平南夷为牂柯郡。夜郎侯始倚南越，南越已灭，会还诛反者，夜郎遂入朝。上以为夜郎王。

南越破后，及汉诛且兰、邛君，并杀筰侯，冉駹皆振⑥恐，请臣置吏。乃以邛都为越巂郡，筰都为沈犁郡，冉駹为汶山郡，广汉西白马为武都郡。

①葆：通“保”。就：成就。 ②诚：果真，如果。 ③间：走小路，捷径。 ④指：通“旨”，意旨。 ⑤闭：阻塞，拦阻。 ⑥振：通“震”，震惊，惊恐。

上使王然于以越破及诛南夷兵威风喻滇王入朝。滇王者，其众数万人，其旁东北有劳浸、靡莫，皆同姓相扶，未肯听。劳浸、靡莫数侵犯使者吏卒。元封二年，天子发巴蜀兵击灭劳浸、靡莫，以兵临滇。滇王始首善，以故弗诛。滇王离难西南夷，举国降，请置吏入朝。于是以为益州郡，赐滇王王印，复长其民。

西南夷君长以百数，独夜郎、滇受王印。滇小邑，最宠焉。

太史公曰：楚之先岂有天禄哉？在周为文王师，封楚。及周之衰，地称五千里。秦灭诸侯，唯楚苗裔尚有滇王。汉诛西南夷，国多灭矣，唯滇复为宠王。然南夷之端，见枸酱番禺，大夏杖邛竹。西夷后揃①，剽②分二方，卒为七郡。

【译文】

西南夷的君长多得要用十来计数，其中夜郎最大。它西面的靡莫之夷也多得要用十来计数，其中滇最大；从滇往北，那里的君长也多得用十来计数，其中邛都最大：这些夷人都头梳椎髻，耕种田地，有城邑、村落。滇与邛都以外，西面从同师往东，北至楪榆，称为巂、昆明，这些夷人都把头发结成辫子，随着放牧的牲畜到处迁徙，没有固定的居处，也没有君长，他们活动的地方约有几千里。从巂往东北去，君长多得要用十来计数，其中徙、筰最大；从筰往东北去，君长多得要用十来计数，其中冉、駹最大。他们的风俗，有的是定居某地，有的是四处移徙，都在蜀的西面。从冉、駹往东北去，君长多得要用十来计数，其中白马最大，都是氐族一类。这些都是巴蜀西南以外的蛮夷。

当初在楚威王时，派将军庄跻率兵沿江而上，攻取了巴、黔中以西的地方。庄跻是原楚庄王的后代子孙。庄跻到达滇池，这里方圆三百里，旁边都是平地，肥沃富饶的土地有数千里，庄跻依靠他的兵威平定了这

①揃(jiǎn)：被分割，被割开。 ②剽(piāo)：分割，分开。

个地方，让它归属楚国。他想回楚国禀告，正赶上秦国攻打并夺取了楚国巴郡、黔中郡，道路被阻塞而不能通过，因而又返回滇池，借助他的军队做了滇王，改换服式，顺从当地习俗，因此做了滇人的君长。秦朝时，常颏开通了五尺道，并在这些国家设置官吏。过了十多年，秦朝灭亡。等到汉兴起，把这些国家都丢弃了，而将蜀郡原来的边界当作关塞。巴、蜀百姓有些人偷偷越过边塞做买卖，换取筰地的马，僰地的僮仆、牦牛，因此巴、蜀殷实富有。

建元六年，大行王恢攻打东越，东越杀死东越王郢以向汉谢罪。王恢凭借兵威派番阳令唐蒙把汉出兵的意图委婉地告诉了南越。南越拿蜀地出产的枸酱招待唐蒙吃，唐蒙询问从何处得来，南越说“从西北牂柯得来，牂柯江宽数里，流经番禺城下”。唐蒙回到长安，询问蜀地商人，商人说：“只有蜀郡出产枸酱，当地人多半拿它偷偷到夜郎去卖。夜郎紧靠牂柯江，江面宽百余步，完全可以行船。南越想用财物使夜郎归属自己，它的势力直达西边的同师，但也没能把夜郎像臣下那样加以役使。”唐蒙就上书皇上说：“南越王乘坐黄屋之车，车上插着左纛之旗，他的土地东西一万多里，名义上是外臣，实际上是一州之主。如今从长沙、豫章郡前往，水路多半被阻绝，难以前行。臣私下听说夜郎所拥有的精兵能有十多万，乘船沿牂柯江而下，出其不意而加以攻击，这是制服南越的一条奇计。如果真能以汉的强大，巴蜀的富饶，打通前往夜郎的道路，在那里设置官吏，是很容易的。”皇上应允了他。就拜授他为郎中将，率领一千人，以及运送粮食、财物辎重者一万多人，从巴蜀筰关进入夜郎，于是见到了夜郎侯多同。唐蒙给了他很多赏赐，又用汉的威势和恩德开导他，约定给他们设置官吏，让他的儿子做县令。夜郎旁边小城邑的人都贪图汉的丝绸布帛，认为汉到夜郎的道路险阻，终究不能占有自己，就暂且接受了唐蒙的盟约。唐蒙回到京城向皇上禀告，皇上就把夜郎改设为犍为郡。这以后就征发巴、蜀士卒修筑道路，从僰道直修到牂柯江。蜀郡人司马相如也向皇帝说西夷的邛、筰可以设郡。皇帝就派司马相如以郎中将的身份前往西夷，晓喻他们，汉将如同对南夷那样对待他们，在那里设置了一个都尉,十几个县,归属蜀郡。

这时,巴蜀四郡开通西南夷的道路,戍守的士卒、运送物资和粮饷的人很多。过了数年,道路也没修通,士卒疲惫饥饿和遭受潮气的熏蒸,死去很多;西南夷又多次造反,发兵攻击,耗费钱财和人力,却无成效。皇上忧虑此事,便派公孙弘前往察看询问。公孙弘回京禀告皇上,言说通西南夷没有便利。等到公孙弘做了御史大夫,这时汉正修筑朔方城,以便凭借黄河驱逐匈奴,公孙弘乘机数次陈说开发西南夷的害处,可暂时停下来,集中力量对付匈奴。皇上下令停止对西夷的活动,只在南夷的夜郎设置两县一都尉,命犍为郡自谋生存逐渐发展。

到了元狩元年,博望侯张骞出使大夏回来后,说他住在大夏时曾见到过蜀地出产的布帛、邛都的竹杖,让人询问这些东西从哪里得来,他们说"东南的身毒国,离这儿约有数千里,可以从到那里做买卖的蜀地的商人手中买来"。有人听说邛地以西大约二千里处有个身毒国。张骞乘机大谈大夏在汉西南方,仰慕中国,忧虑匈奴阻隔他们与中国的通道,如果能开通蜀地的道路,身毒国的路既方便又近,对汉有利无害。于是天子就命王然于、柏始昌、吕越人等,让他们走捷径从西夷的西边出发,奉旨寻找身毒国。他们到了滇国,滇王尝羌就留下他们,并为他们派出十多批到西边去寻找道路的人。过了一年多,寻路的人全被昆明国阻拦,没能通往身毒国。

滇王与汉使者说:"汉和我国相比,哪个大?"汉使者到达夜郎,夜郎也这样问。这是因为道路不通的缘故,各自以为自己是一州之主,不知道汉的广大。汉使者回到京城,于是极力言说滇是大国,值得让他亲近和归附汉。天子就对这事专心留意了。

等到南越造反时,皇上派驰义侯以犍为郡的名义征调南夷兵。且兰君害怕他的军队远行后,旁边的国家会乘机掳掠他的老弱之民,于是就与他的军队造反,杀了汉使者和犍为郡太守。汉就征调巴蜀两地罪犯,由原想去攻打南越的八个校尉率领攻打且兰,把它平定了。正赶上南越已被攻破,汉的八个校尉尚未沿牂柯江南下,就领兵撤回,在行军中诛灭了头兰。头兰是常阻隔汉与滇国通道的国家。头兰被平定后,就平定了南夷,在那儿设置了牂柯郡。夜郎侯开始依靠南越,南越被消灭后,正赶上汉军回来诛杀反叛者,夜郎侯就到汉京城朝见天子。天子封他为夜郎王。

南越破灭后,以及汉诛杀且兰君、邛君,并且杀了筰侯,冉、駹都震惊恐怖,便向汉称臣,让他们设置官吏。汉就把邛都设置为越嶲郡,筰都设置为沈犁郡,冉、駹设置为汶山郡,广汉西面的白马设置为武都郡。

皇上派王然于利用破南越及诛杀南夷君长的兵威,委婉劝告滇王前来朝见汉天子。滇王有军队数万人,他旁边东北方有劳浸、靡莫,都和滇王同姓,相互依靠,不肯听从劝告。劳浸、靡莫数次侵犯汉使者和吏卒。元封二年,天子调动巴蜀兵攻打并消灭了劳浸、靡莫,以兵逼近滇国。滇王开始就对汉怀有善意,因此没有被诛杀。滇王于是离开西南夷,全国向汉投降,请求为他们设置官吏,并进京朝见。于是汉就把滇国设置为益州郡,赐给滇王王印,仍然做他的臣民的君长。

西南夷的君长多得可用百来计数,唯独夜郎、滇的君长得到了汉授予的王印。滇是个小城邑,却最受汉宠爱。

太史公说:楚国的祖先难道有上天赐给的禄位吗?在周朝时,他们的先祖鬻熊做了周文王的师傅,后来的熊绎又被周成王封到楚地而立国。等到周朝衰微时,楚国领土号称五千里。秦国灭亡诸侯,唯独楚国的后代子孙还有滇王存在。汉诛杀西南夷,那里的国家多半被消灭,只有滇王又受到汉天子的宠爱。但平定南夷的开始,是由于唐蒙在番禺见到了枸酱,张骞在大夏看到了邛竹杖。西夷后来被分割,分成西、南两方,最终被汉分设为七个郡。

【鉴赏】

司马迁曾在元鼎六年奉使西征巴、蜀以南,南略邛、筰、昆明,实地考察了当地的部落情势、风土人情。所以这篇列传开篇以地理空间为序,以夜郎为始,由西而北,由近而远,由内而外,由大而小,依次道来,文字极简,却将西南夷众多少数民族的分布方位、强弱形势、风习人情等介绍得十分清晰明了,令人感到仿佛是在司马迁的引导下到他熟知的一个风情殊异的地方出游。紧接着作者转入了对西南夷与“中国”关系的记述。记述中又略古详今,以武帝时为主;其间又以夜郎与滇受印为主,杂以其余部落叛服置吏之事。如此安排,使得传文重点突出,井然有序。传文在具体记述夜郎与滇时,又以建元六年唐蒙出使南越得食蜀枸酱而上书谏通夜郎道,与元狩元年张骞出使大夏见蜀布、邛竹杖而盛言通身毒国遂至滇二事前后勾连照应,并分别展开对武帝时两次用事于西南夷的记述,其中妙处,正如李景星《史记评议》所言“无隙可蹈,无懈可击”。另外,文中的前后对照之笔也颇有意味。传文对武帝大肆用兵于西南夷进行了重点记述,先是通西南夷道而使士卒“罢饿离湿,死者甚众”,“西南夷又数反,发兵兴击,耗费无功”;然后是兴兵讨伐,诛服西南夷。这是令司马迁颇有微词的举动。于是他笔下的庄跻就成了一位可爱的人物,庄跻居滇,“以其众王滇,变服,从其俗,以长之”。这与《南越列传》中尉佗魋髻于顶、《朝鲜列传》中卫满“魋结蛮夷服”、《赵世家》中赵武灵王胡服骑射等的入乡随俗一样,是与周边民族友好相处的善举。

史记卷一百一十七·司马相如列传第五十七

司马相如是著名赋家。这篇列传记述了司马相如的一生行事。他小时好读书击剑,后以赀为郎事孝景帝而为武骑常侍,然终非所好,于是从梁孝王游,著《子虚赋》。梁孝王死,归家得娶卓文君而为富人。得同邑人杨得意之举,奏《上林赋》得拜为郎。后奉命出使巴蜀而作《喻巴蜀檄》。此后,司马相如主张通西南夷,武帝遂拜他为中郎将持节出使,略定西南夷。但因通西南夷疲民伤财,且多生事端,遭蜀长老和朝中大臣反对,司马相如不敢再建言,于是作《难蜀父老》以风天子。其后因出使时接受钱财而失官,又复召为郎,而作《上书谏猎》《哀二世赋》,为孝园令而作《大人赋》。因病免官居家,临终而作《封禅文》。本篇在《史记》中是收传主文章最多的,作者司马迁称其辞赋"虽多虚辞滥说,然其要归引之节俭""归于无为"。

司马相如者,蜀郡成都人也,字长卿。少时好读书,学击剑,故其亲名之曰"犬子"。相如既学,慕蔺相如之为人,更名相如。以赀为郎[①],事孝景帝,为武骑常侍,非其好也。会景帝不好辞赋,是时梁孝王来朝,从游说之士齐人邹阳、淮阴枚乘、吴庄忌夫子之徒,相如见而说之,因病免,客游梁。梁孝王令与诸生同舍,相如得与诸生游士居数岁,乃著《子虚之赋》。

会梁孝王卒,相如归,而家贫,无以自业。素与临邛令王吉相善,吉曰:"长卿久宦游不遂,而来过我[②]。"于是相如往,舍都

---

①以赀为郎:按汉法,功臣的子弟、二千石以上的显宦高官子弟,皆可凭恩荫为郎。另外家财超过四万的良家子弟,也可被选为郎。赀:通"资",钱财。 ②而:通"尔",你。过:拜访。

亭[1]。临邛令缪[2]为恭敬，日往朝[3]相如。相如初尚见之，后称病，使从者谢吉，吉愈益谨肃。临邛中多富人，而卓王孙家僮八百人，程郑亦数百人，二人乃相谓曰："令有贵客，为具召之[4]。"并召令。令既至，卓氏客以百数。至日中，谒司马长卿，长卿谢病不能往，临邛令不敢尝食，自往迎相如。相如不得已，强往，一坐尽倾。酒酣，临邛令前奏琴曰："窃闻长卿好之，愿以自娱。"相如辞谢，为鼓一再行[5]。是时卓王孙有女文君新寡，好音，故相如缪与令相重，而以琴心挑之[6]。相如之临邛，从车骑，雍容闲雅甚都；及饮卓氏，弄琴，文君窃从户窥之，心悦而好之，恐不得当也。既罢，相如乃使人重赐文君侍者通殷勤。文君夜亡奔相如，相如乃与驰归成都。家徒四壁立。卓王孙大怒曰："女至不材[7]，我不忍杀[8]，不分一钱也。"人或谓王孙，王孙终不听。文君久之不乐，曰："长卿第俱如临邛[9]，从昆弟假贷犹足为生，何至自苦如此！"相如与俱之临邛，尽卖其车骑，买一酒舍酤酒，而令文君当炉[10]。相如身自著犊鼻裈[11]，与保庸杂作[12]，涤器于市中。卓王孙闻而耻之，为杜门不出。昆弟诸公更谓王孙曰："有一男两女，所不足者非财也。今文君已失身于司马长卿，长卿故倦游，虽贫，其人材足依也。且又令客，独奈何相辱如此！"卓王孙不得已，分予文君僮百人，钱百万，及其嫁时衣被

---

①都亭：城邑里的客馆。②缪：通"谬"，假装。③朝：拜访，拜见。④为具：设筵，置办酒食。召：邀请。⑤鼓：弹奏。一再行：一两支曲子。行：指乐曲，如《长歌行》，《东门行》。⑥琴心：指琴声中蕴含的感情。据《史记索隐》载，司马相如所配曲辞是："凤兮凤兮归故乡，游遨四海求其皇，有一艳女在此堂，室迩人遐毒我肠，何由交接为鸳鸯。"又："凤兮凤兮从皇栖，得托子尾永为妃。交情通体必和谐，中夜相徒别有谁？"两诗皆富深情。挑：引诱，此指司马相如用琴声诱发卓文君的爱慕之情。⑦至：极。不材：不成材，没出息。⑧杀：伤害。⑨第：但，只管。俱如：一同前往。如：前往，到某地去。⑩当炉：主持卖酒，给顾客打酒。炉：通"垆（lú）"，酒家安放酒坛的土台子。⑪著：穿。犊鼻裈：形似牛犊之鼻的围裙，或说是形如牛犊之鼻的短裤。⑫保庸：雇工，或释为奴婢之贱称。

财物。文君乃与相如归成都，买田宅，为富人。

居久之，蜀人杨得意为狗监，侍上。上读《子虚赋》而善之，曰："朕独不得与此人同时哉！"得意曰："臣邑人司马相如自言为此赋。"上惊，乃召问相如。相如曰："有是。然此乃诸侯之事，未足观也。请为天子游猎赋，赋成奏之。"上许，令尚书给笔札。相如以"子虚"，虚言也，为楚称；"乌有先生"者，乌有此事也，为齐难；"无是公"者，无是人也，明天子之义。故空藉此三人为辞，以推天子诸侯之苑囿。其卒章归之于节俭，因以风[①]谏。奏之天子，天子大说。其辞曰：

楚使子虚使于齐，齐王悉发境内之士，备车骑之众，与使者出田[②]。田罢，子虚过诧[③]乌有先生，而无是公在焉。坐定，乌有先生问曰："今日田乐乎？"子虚曰："乐。""获多乎？"曰："少。""然则何乐？"曰："仆乐齐王之欲夸仆以车骑之众，而仆对以云梦之事也。"曰："可得闻乎？"

子虚曰："可。王驾车千乘，选徒万骑，田于海滨。列卒满泽，罘罔弥山[④]，揜兔辚鹿[⑤]，射麋脚麟。骛于盐浦[⑥]，割鲜染轮[⑦]。射中获多，矜而自功。顾谓仆曰：'楚亦有平原广泽游猎之地饶乐若此者处？楚王之猎何与寡人？'仆下车对曰：'臣，楚国之鄙人也，幸得宿卫十有馀年，时从出游，游于后园，览于有无，然犹未能遍睹也，又恶足以言其外泽者乎！'齐王曰：'虽然，略以子之所闻见而言之。'

"仆对曰：'唯唯。臣闻楚有七泽，尝见其一，未睹其馀

---

①风：通"讽"，委婉含蓄地劝告。 ②田：通"畋（tián）"，狩猎，打猎。 ③过：拜访。诧：夸耀。 ④罘罔：此泛指捕禽兽的网。 ⑤揜（yǎn）：覆而取之，捕取。辚（lín）：车轮，此指用车轮辗轧。 ⑥骛（wù）：奔驰，奔跑。盐浦：海边盐滩。 ⑦鲜：指鸟兽的生肉。染轮：血染车轮。此句言猎获之物甚多。

也。臣之所见，盖特其小小者耳，名曰云梦。云梦者，方九百里，其中有山焉。其山则盘纡岪郁①，隆崇嵂崒②；岑岩③参差，日月蔽亏④；交错纠纷，上干⑤青云；罢池陂陁⑥，下属江河。其土则丹青赭垩，雌黄白坿，锡碧金银，众色炫耀，照烂龙鳞。其石则赤玉玫瑰，琳瑉琨珸，瑊玏玄厉，碝石武夫。其东则有蕙圃衡兰，芷若射干，穹穷昌蒲，江离蘪芜，诸蔗猼且。其南则有平原广泽，登降陁靡⑦，案衍坛曼⑧。缘以大江，限以巫山。其高燥则生葴菥苞荔，薛莎青薠。其卑湿则生藏莨蒹葭，东蘠雕胡，莲藕菰芦，菴蕳轩芋，众物居之，不可胜图。其西则有涌泉清池，激水推移，外发芙蓉菱华⑨，内隐钜石白沙。其中则有神龟蛟鼍，玳瑁鳖鼋。其北则有阴林巨树，楩楠豫章，桂椒木兰，蘖离朱杨，樝梨梬栗，橘柚芬芳。其上则有赤猿蠷蝚，鹓雏孔鸾，腾远射干。其下则有白虎玄豹，蟃蜒貙豻，兕象野犀，穷奇獌狿。

"'于是乃使专诸之伦，手格此兽。楚王乃驾驯驳之驷⑩，乘雕玉之舆。靡鱼须之桡旃⑪，曳明月之珠旗。建⑫干将之雄戟，左乌嗥之雕弓，右夏服⑬之劲箭。阳子骖乘⑭，纤阿为御，案节未舒⑮，即陵狡兽。蹸邛邛，蹴距虚，

---

①盘纡(yū)：盘旋曲折。岪(fú)郁：山势蜿蜒曲折。 ②隆崇：山势高耸。嵂崒(lǜ zú)：山势高峻险要。 ③岑(cén)岩：山势险要高峻。 ④日月蔽亏：日月被山峰遮蔽，极言山势之高。 ⑤干(gān)：冲，犯。 ⑥罢池(pí tuó)陂陁(pō tuó)：山势倾斜而下。 ⑦登降：升降，指地势高低不平。陁(yí)靡：地势宽广绵延。 ⑧案衍：地势低下。坛曼：地势平坦。 ⑨外：指水面上。发：开放。芙蓉：即荷花。菱华：即菱花。华：同"花"。 ⑩驯：驯服。驳：毛色不纯的马。驷(sì)：古代四匹马驾一车称驷，此泛指马。 ⑪靡：通"麾"，挥动。鱼须：大鱼之须，用做旗子的穗饰。桡(náo)：弯曲。旃(zhān)：红色曲柄旗。 ⑫建：举起，举着。 ⑬夏服：通"夏箙(fú)"，盛箭的袋子。相传善射的夏后羿有良弓繁弱，还有良箭，装在箭袋中，此箭袋即称夏服。 ⑭骖(cān)乘：陪乘的人。 ⑮案节：按辔徐行，马走得缓慢而有节奏。未舒：指马足尚未尽情奔驰。

轶[①]野马而𨍭騊駼，乘遗风[②]而射游骐。倏眒凄浰[③]，雷动熛至[④]，星流霆击[⑤]。弓不虚发，中必决眦[⑥]，洞胸达腋，绝乎心系[⑦]。获若雨兽，掩草蔽地。于是楚王乃弭节裴回[⑧]，翱翔容与[⑨]。览乎阴林，观壮士之暴怒，与猛兽之恐惧。徼𠞰受诎[⑩]，殚睹[⑪]众物之变态。

"'于是郑女曼姬[⑫]，被阿锡[⑬]，揄纻缟[⑭]，杂纤罗[⑮]，垂雾縠[⑯]；襞积褰绉[⑰]，纡徐委曲[⑱]，郁桡溪谷[⑲]；衯衯裶裶[⑳]，扬袘恤削[㉑]，蜚纤垂髾[㉒]；扶与猗靡[㉓]，噏呷萃蔡[㉔]。下摩[㉕]兰蕙，上拂羽盖。错翡翠之威蕤[㉖]，缪绕玉绥[㉗]；缥乎忽忽[㉘]，若神仙之仿佛[㉙]。

"'于是乃相与獠[㉚]于蕙圃，媻珊勃窣上金堤[㉛]。揜翡

①轶：袭击，突击。②遗风：千里马名，言其速度比风速快。③倏：疾速。眒（shēn）：快速。凄浰：迅疾的样子。④雷动：像惊雷那样震动，言车马气势勇猛。熛（biāo）：闪光，像闪光那样迅疾，此言车骑神速。⑤星流：流星飞坠。霆（tíng）：迅疾的雷。⑥中：射中。决：裂开。眦（zì）：眼眶，眼角。⑦绝：断裂。心系：连接心脏的血管。⑧弭（mǐ）：停止。节：策，马鞭。裴回：通"徘徊"，意满自得的样子。⑨翱翔：意同"徘徊"。容与：安逸自得的样子。⑩徼（yāo）：拦劫。𠞰（jù）：极度疲倦。诎（qū）：穷尽，此指精疲力竭。⑪殚睹：尽观。殚（dān）：穷尽，竭尽。⑫曼姬：美女。曼：皮肤细嫩柔美。⑬被：通"披"，穿着。阿：轻细的丝织品。锡：通"緆"，细布。⑭揄（yú）：牵引，拖曳。纻（zhù）：苎麻织成的布。缟（gǎo）：白色的绢。⑮杂：诸色相间，此处用作动词，身披。纤罗：细而薄的轻罗。⑯垂：身披。雾縠（hú）：像烟雾一样轻柔的细纱。⑰襞（bì）积：形容衣衫绉褶纡曲繁多。褰（qiān）绉（zhòu）：形容衣服上的褶绉很多。⑱纡徐委曲：形容衣服的线条婉曲多姿。⑲郁桡：深曲的样子。⑳衯（fēn）衯裶（fēi）裶：衣衫长长的样子。㉑扬：举起，掀起。袘（yì）：曳，拖起。恤（xù）削：裙缘整齐的样子。㉒蜚：通"飞"，飘动。纤：衣衫上的飘带。髾（shāo）：本指妇女燕尾形的发髻，此指衣服上像燕尾的装饰物。㉓扶与猗靡：体态婀娜的样子。㉔噏（xī）呷（xiā）萃（cuì）蔡：皆为象声词，走路时衣服发出摩擦声。㉕摩：拂动。㉖错：杂错。威蕤（ruí）：用羽毛装饰的首饰。㉗缪（liáo）绕：缠绕，披戴。玉绥：用玉装饰的帽缨。㉘缥（piāo）乎：隐隐约约，若有若无的样子。忽忽：飘忽不定的样子。㉙仿佛：隐约缥缈的样子。㉚獠（liáo）：宵猎，在夜间狩猎。㉛媻珊（pán shān）：走路缓慢的样子。勃窣（sū）：缓缓前行的样子。金堤：坚固的堤堰。

翠,射鵕鸃,微矰[①]出,纤缴[②]施。弋[③]白鹄,连[④]驾鹅,双鸧下,玄鹤加[⑤]。怠而后发[⑥],游于清池。浮文鹢[⑦],扬桂枻[⑧],张翠帷,建羽盖,罔[⑨]瑇瑁,钓紫贝;摐[⑩]金鼓,吹鸣籁,榜人[⑪]歌,声流喝[⑫],水虫骇,波鸿沸[⑬],涌泉起,奔扬会[⑭],礧石[⑮]相击,硠硠礚礚,若雷霆之声,闻乎数百里之外。

"'将息獠者,击灵鼓,起烽燧,车案[⑯]行,骑就队,纚乎淫淫[⑰],班乎裔裔[⑱]。于是楚王乃登阳云之台,泊乎无为[⑲],澹乎自持[⑳],勺药之和具而后御之[㉑]。不若大王终日驰骋而不下舆,脟割轮淬[㉒],自以为娱。臣窃观之,齐殆不如。'于是王默然无以应仆也。"

乌有先生曰:"是何言之过也!足下不远千里,来况[㉓]齐国,王悉发境内之士,而备车骑之众,以出田,乃欲戮力致获[㉔],以娱左右[㉕]也,何名为夸哉!问楚地之有无者,愿闻大国之风烈[㉖],先生之馀论也。今足下不称楚王之德厚,而盛推云梦以为高,奢言淫乐而显侈靡,窃为足下不取也。

---

①微矰:射鸟的小箭。矰(zhuó):一种拴着丝绳用来射鸟的短箭。 ②缴(zhuó):射鸟时系在箭上方便收回的生丝绳。 ③弋(yì):用带丝绳的箭射飞鸟。 ④连:射,此指用带丝线的箭射鸟。 ⑤加:箭加其身,即射中。 ⑥怠:厌倦,倦怠。发:指开船。 ⑦文鹢(yì):有彩色羽毛的水鸟,此指绘有彩色水鸟的画船。 ⑧枻(yì):船桨。 ⑨罔:通"网",用网捕取。⑩摐(chuāng):撞击。 ⑪榜人:船夫。榜:通"舫",船夫。 ⑫流喝:声调悲楚嘶哑。喝(yè):嗓音嘶哑的样子。 ⑬鸿:通"洪",大。沸:指波涛翻滚。 ⑭奔扬会:与波涛相互汇聚撞击。 ⑮礧(léi)石:作战时从高处往下推滚以打击敌人的石头。或谓"礧"通"磊",则为众石。 ⑯案:通"按",按照,依次。 ⑰纚(lí)乎:连续不断的样子。淫淫:此指队伍缓缓前行的样子。 ⑱班乎:依次而行的样子。裔(yì)裔:络绎不绝地向前行进的样子。 ⑲泊:安静,恬静。无为:泰然无事。 ⑳澹(dàn):安静,恬淡。自持:保持恬淡逸适的心情。 ㉑和:调和。具:通"俱",齐备。御:进献。 ㉒脟(luán):通"脔(luán)",把肉切成小块。轮淬(cuì):在车轮间烤肉吃。淬:《文选》作"焠",烧,烤灼。 ㉓来况:光临。况:通"贶(kuàng)",赐,此指赐教。 ㉔勠力:齐心合力。致获:获得禽兽。 ㉕左右:敬称对方。 ㉖风:风俗,风教。烈:功业。

必若所言，固非楚国之美也。有而言之，是章君之恶；无而言之，是害足下之信。章君之恶而伤私义，二者无一可，而先生行之，必且轻于齐而累于楚矣。且齐东陼巨海，南有琅邪，观乎成山，射乎之罘，浮勃澥，游孟诸，邪[①]与肃慎为邻，右以汤谷为界。秋田乎青丘，傍偟乎海外，吞若云梦者八九，其于胸中曾不蒂芥[②]。若乃俶傥瑰伟[③]，异方殊类，珍怪鸟兽，万端鳞萃[④]，充仞[⑤]其中者，不可胜记，禹不能名，契不能计。然在诸侯之位，不敢言游戏之乐，苑囿之大；先生又见客[⑥]，是以王辞而不复，何为无用[⑦]应哉！”

无是公听然[⑧]而笑曰：“楚则失矣，齐亦未为得也。夫使诸侯纳贡者，非为财币，所以述职也；封疆画界者，非为守御，所以禁淫也。今齐列为东藩，而外私肃慎，捐国逾限[⑨]，越海而田，其于义故未可也。且二君之论，不务明君臣之义而正诸侯之礼，徒事争游猎之乐，苑囿之大，欲以奢侈相胜，荒淫相越，此不可以扬名发誉，而适足以贬君自损也。“且夫齐、楚之事又焉足道邪！君未睹夫巨丽也，独不闻天子之上林乎？

“左苍梧，右西极，丹水更其南，紫渊径其北；终始霸浐，出入泾渭；酆鄗潦潏，纡余委蛇[⑩]，经营[⑪]乎其内。荡荡兮八川分流，相背而异态，东西南北，驰骛[⑫]往来，出乎椒丘

---

①邪：通“斜”，旁，侧，此指东北方向。 ②蒂芥：指小小的梗塞物。 ③俶傥（tì tǎng）：卓越不凡，超凡卓异。俶：通“倜”。瑰伟：奇伟，此指珍奇特异之物。 ④鳞萃：像鱼鳞般地聚集、荟萃在一起。 ⑤仞：通“牣（rèn）”，充满。 ⑥见客：被当作贵客，故齐王不与之争竞。⑦无用：无以。 ⑧听（yǐn）然：笑的样子。 ⑨捐：丢弃，此为离开。限：界限，边界，指国界。⑩纡（yū）余：水流曲折的样子。委蛇（yí）：水流宛转的样子。 ⑪经营：曲折穿流的样子。⑫驰骛（wù）：形容水势纵横奔流的样子。

之阙①,行乎洲淤之浦②,径乎桂林之中,过乎泱莽③之野。汩乎浑流④,顺阿⑤而下,赴隘陕⑥之口。触穹石,激堆埼⑦,沸乎暴怒,汹涌滂潰⑧。滭浡滵汩⑨,湢测泌㴸⑩。横流逆折,转腾潎洌⑪。澎濞沆瀣⑫,穹隆云挠⑬,蜿灗胶戾⑭。逾波趋浥⑮,莅莅下濑⑯。批岩冲壅⑰,奔扬滞沛⑱。临坻注壑⑲,瀺灂霣坠⑳。湛湛隐隐㉑,砰磅訇礚㉒。潏潏淈淈㉓,湁潗㉔鼎沸。驰波跳沫,汩濦漂疾㉕,悠远长怀。寂漻㉖无声,肆乎㉗永归。然后灏溔潢漾㉘,安翔徐徊㉙。翯乎滈滈㉚,东注大湖,衍溢陂池㉛。于是乎蛟龙赤螭,䱭䲛蜥离。鰅鳙鰬魠,禺禺魼鳎。揵鳍擢尾㉜,振鳞奋翼,潜处于深岩。鱼鳖讙声,万物众夥㉝。明月珠子,玓瓅江靡㉞。蜀

①阙:缺口,此言两山相对峙,中有缺口(山谷)。 ②洲淤:即水中沙滩。浦(pǔ):水边,岸边。 ③泱莽(yǎng mǎng):广阔无边的样子。 ④汩(yù):水流疾速的样子。浑流:水势盛大。 ⑤阿(ē):高丘。 ⑥隘陕:即"狭隘",指河两岸相近之处。 ⑦激:激荡。堆埼:沙石壅积所形成的曲岸。埼(qí):曲折的堤岸。 ⑧滂潰:同"澎湃",波涛撞击发出的声音。 ⑨滭浡(bì bó):水喷涌而出的样子。滵汩(mì yù):水流迅疾的样子。 ⑩湢(bì)测泌㴸(jié):水流迫蹙相撞击的样子。 ⑪潎洌(piè liè):水流轻而疾速的样子。 ⑫澎濞沆瀣:水流到不平的地方发出的声响。 ⑬穹隆:水势高耸的样子。云挠:水势回旋的样子。 ⑭蜿灗:水回旋的样子。胶戾:水流蜿蜒曲绕的样子。 ⑮逾波趋浥:后浪越前浪争相流向低处。浥(yà):低下之处。 ⑯莅莅:水急流发出的声音。濑:流过沙石的急水。 ⑰批:撞击。壅:水堤,河堤。 ⑱奔扬:指水奔腾飞扬翻滚。滞沛:水奔扬不可阻挡的样子。 ⑲坻(chí):水中的小洲或高地。壑:山沟,山谷。 ⑳瀺灂(chán zhuó):水流下注的声音。霣坠:陨落,此指水流入沟谷中。霣:通"陨"。 ㉑湛湛:水深的样子。隐隐:水盛大的样子。 ㉒砰磅訇礚(pēng páng hōng kē):水流激荡奔腾撞击所发出的巨大声响。 ㉓潏潏(jué):水涌出的样子。淈淈(gǔ):水涌出而混浊的样子。 ㉔湁潗(chì jí):水波涌起而沸腾的样子。 ㉕汩濦(yù):水流急转的样子。漂疾:水流轻浮迅疾的样子。漂:通"剽",轻捷迅疾。 ㉖寂漻:形容水平静无声的样子。 ㉗肆乎:安静的样子。 ㉘灏溔(hào yǎo)潢漾:水大无边的样子。 ㉙安翔徐徊:形容水流疏缓迂回的样子。 ㉚翯(hè)乎滈(hào)滈:水势浩大而泛起白光的样子。 ㉛衍溢:大水满溢于外。陂池:指大池以外的小水池。 ㉜揵(qián):扬起。擢(zhuó):摇动。 ㉝夥(huǒ):多。 ㉞玓瓅(dì lì):光彩闪耀的样子。江靡:江边。靡:通"湄(méi)",水边。

石黄碝，水玉磊砢①。磷磷烂烂，采色澔旰②，丛积乎其中。鸿鹔鹔鸨，駕鹅鸀玛，鸡鶄鹮目，烦鹜鹔𪈼，𪆟䴔鸡鸬，群浮乎其上。泛淫泛滥③，随风澹淡④。与波摇荡，掩薄草渚⑤。唼喋⑥菁藻，咀嚼菱藕。

“于是乎崇山矗矗，崔巍嵯峨⑦。深林巨木，崭岩参差⑧。九嵕巀嶭，南山峨峨。岩陁甗锜⑩，摧崣崛崎⑪，振溪通谷，蹇产沟渎⑫。谽呀豁閜⑬，阜陵别岛⑭，崴磈嵔瘣⑮，丘墟崛礨⑯，隐辚郁𡾊⑰，登降施靡⑱，陂池貏豸⑲。沇溶淫鬻⑳，散涣夷陆㉑。亭皋㉒千里，靡不被筑㉓。掩以绿蕙，被以江离，糅以蘼芜，杂以流夷。尃㉔结缕，欑㉕戾莎，揭车衡兰，稿本射干。茈姜蘘荷，葴橙若荪。鲜枝黄砾，蒋苎青薠，布濩闳泽㉖，延曼太原㉗。丽靡广衍㉘，应风披靡㉙。吐芳扬烈㉚，郁郁斐斐㉛。众香发越，肸蚃布写㉜，晻暧苾勃㉝。

①磊砢：石累积的样子。 ②澔旰(hào hàn)：玉石色彩相互辉映的样子。 ③泛淫：浮游不定的样子。泛滥：水漫溢横流的样子。 ④澹淡：水波摇荡不定的样子。 ⑤掩：遮盖。薄：本为草丛生，这里指水鸟聚积。草渚：长满野草的沙洲。 ⑥唼喋(shà dié)：成群的鱼或鸟吃东西发出的声音。 ⑦宠嵸(lǒng zǒng)：山势峻拔高耸的样子。 ⑧崔巍嵯峨(cuó'é)：山高峻挺拔的样子。 ⑨崭岩：山高险峻的样子。参嵯：山势高低不齐的样子。 ⑩岩：险峻。陁(zhì)：倾斜。甗(yǎn)：上下大而中间小的山。锜(qí)：古炊器，即三足锅，此形容山势险峻。 ⑪摧崣：同“崔巍”，山高峻的样子。崛崎：同“崎岖”，山路不平。 ⑫蹇(jiǎn)产：曲折的样子。沟渎(dú)：河沟，沟渠。 ⑬谽呀(hān xiā)：山谷空旷的样子。豁閜(xià)：开阔空旷的样子。 ⑭阜(fǔ)：土山，土丘。 ⑮崴磈嵔瘣(wēi kuǐ wēi huì)：山势高峻的样子。 ⑯丘墟：堆积不平的样子。崛礨：山势不平的样子。 ⑰隐辚(lín)郁𡾊：山势不平的样子。 ⑱登降：地势有高有低。施(yì)靡：山势绵延的样子。 ⑲貏豸(bǐ zhì)：山势渐平的样子。 ⑳沇(yǎn)溶淫鬻：水流缓慢的样子。 ㉑散涣：水泛滥四散。夷陆：平坦的原野。 ㉒亭：平坦。皋：水边之地。 ㉓被筑：水边土地被冲得又平又硬。 ㉔尃：同“敷”，布满，遍地生长。 ㉕欑(cuán)：聚集，丛生。 ㉖布濩(hù)：遍布。闳(hóng)：大。 ㉗延曼：蔓延，遍布。太原：广阔的原野。 ㉘丽靡：相连不绝。广衍：广泛分布。 ㉙披靡：草木起伏。 ㉚扬烈：散发浓烈的香味。 ㉛郁郁：香味浓郁。斐斐：香味扩散的样子。 ㉜肸蚃(xī xiǎng)：香气四溢，沁人心脾。写：通“泄”，溢。 ㉝晻暧(yān'ài)：香气散发。苾(bì)：香气怡人。勃：香气浓郁。

“于是乎周览泛观，瞋盼轧沕①，芒芒恍忽②。视之无端，察之无崖。日出东沼，入于西陂。其南则隆冬生长，踊水跃波③；兽则㺎旄貘犛，沈牛麈麋，赤首圜题，穷奇象犀。其北则盛夏含冻裂地，涉冰揭河④；兽则麒麟角端，騊駼橐驰，蛩蛩驒騱，駃騠驴骡。

“于是乎离宫别馆，弥山跨谷。高廊四注⑤，重坐曲阁⑥。华榱璧珰，辇道骊属⑦，步櫩周流⑧，长途中宿。夷嵏筑堂⑨，累台增成⑩。岩突洞房⑪，俯杳眇⑫而无见，仰攀橑而扪天⑬。奔星更于闺闼⑭，宛虹拖于楯轩⑮。青虬蚴蟉⑯于东箱，象舆婉蝉于西清⑰。灵圄燕于间观⑱，偓佺之伦暴于南荣。醴泉涌于清室，通川过乎中庭。盘石裖崖⑲，嵚岩倚倾⑳，嵯峨磼碟㉑，刻削㉒峥嵘。玫瑰碧琳，珊瑚丛生。瑉玉旁唐㉓，玢豳文鳞。赤瑕驳荦㉔，杂臿㉕其间，垂绥琬琰，和氏出焉。

“于是乎卢橘夏孰，黄甘橙楱，枇杷橪柿，楟柰厚朴，梬枣杨梅，樱桃蒲陶，隐夫郁棣，榙㯓荔枝，罗乎后宫，列乎北

---

①瞋(chēn)盼：睁大眼睛观望。轧沕(yà wù)：分辨不清楚。 ②芒芒：通“茫茫”，广阔的样子。恍忽：通“恍惚”，隐约看不清的样子。 ③踊(yǒng)水：流水奔涌。跃波：波浪翻滚。 ④揭河：原指撩起衣襟过河，此指踏着坚冰过河。 ⑤四注：四通八达，相互通连。 ⑥重坐：上下两层的游廊、阁道。曲阁：阁道曲折相连。 ⑦骊(lí)属：连绵不断的样子。 ⑧步櫩：即步檐，可以步行的长廊。周流：周游。 ⑨夷：削平。嵏(zōng)：此指高耸的山。 ⑩增成：通“层成”，层层。 ⑪岩突(yào)：深幽的样子。洞房：洞穴一样的通道。 ⑫杳眇：遥远的样子。 ⑬橑(lǎo)：屋椽。扪(mén)：摸。 ⑭更：经过。闺闼：此泛指门。 ⑮宛虹：弯曲的虹。拖：加于其上，横挂。楯(shǔn)轩：窗外的栏杆。 ⑯蚴蟉(yǒu liú)：龙身蜿曲的样子。 ⑰象舆：用大象驾驭的车子。婉蝉：蜿蜒行走的样子。西清：清静的西厢。 ⑱燕：通“晏”，舒适，安闲。 ⑲盘石：磐石，巨大的石头。裖(zhèn)崖：垒起池塘的堤岸。 ⑳嵚(qīn)岩：高峻的样子。倚 yǐ)倾：倚侧倾斜的样子。 ㉑磼碟(jié yè)：山势高峻的样子。 ㉒刻削：指山形奇特，如同刻削过一样。 ㉓旁唐：庞大的样子。 ㉔驳荦：指玉石纹采交错的样子。 ㉕臿：通“插”。

园。貤①丘陵，下平原，杨翠叶，杌②紫茎，发红华，秀朱荣，煌煌扈扈③，照曜巨野。沙棠栎槠，华氾檘栌，留落胥馀，仁频并闾，欃檀木兰，豫章女贞，长千仞，大连抱，夸条直畅，实叶葰④茂，攒立丛倚，连卷累佹⑤，崔错癹骫⑥，阬衡閜砢⑦，垂条扶於⑧，落英幡纚⑨，纷容萧蔘⑩，旖旎⑪从风，浏莅卉吸⑫，盖象金石之声，管籥之音。柴池茈虒⑬，旋环后宫。杂遝累辑⑭，被山缘谷，循阪下隰⑮，视之无端，究之无穷。

“于是玄猿素雌，蜼玃飞鸓，蛭蜩蠼蝚，螹胡豰蛫，栖息乎其间；长啸哀鸣，翩幡互经⑯，夭矫枝格⑰，偃蹇杪颠⑱。于是乎隃绝梁⑲，腾殊榛⑳，捷㉑垂条，踔稀间㉒，牢落陆离㉓，烂曼㉔远迁。

“若此辈者数千百处。嬉游往来，宫宿馆舍，庖厨不徙，后宫不移，百官备具。

“于是乎背秋涉冬，天子校猎。乘镂象，六玉虬，拖蜺

---

①貤：通“迤(yí)”，绵延。 ②杌：通“扤(wù)”，随风摇动。 ③煌(huáng)煌扈(hù)扈：光彩繁盛的样子。 ④葰(jùn)：硕大。 ⑤连卷：同“连蜷”，指树枝相连蜷曲的样子。累佹(guǐ)：聚集重叠。 ⑥崔错：繁茂交错。癹骫(bá wěi)：树枝盘曲纠结的样子。 ⑦阬衡：树木树干高举横出的样子。阬：通“抗”。閜砢(kě luó)：树枝相倚相扶的样子。 ⑧扶於：树枝四散伸展的样子。 ⑨幡纚(fān sǎ)：飞舞飘落的样子。 ⑩纷容：繁茂硕大的样子。萧蔘：草木高大茂盛。蔘(shēn)：同“槮(shēn)”，树木高耸直立。 ⑪旖旎(yǐ nǐ)：轻盈柔顺、婀娜多姿的样子。 ⑫浏莅：风吹草木所发出的凄清声。卉吸：风吹草木声，或释为风声迅速。 ⑬柴(cī)池茈虒(cí chí)：参差不齐、错落有致的样子。 ⑭杂遝：同“杂沓”，杂乱众多的样子。辑：通“积”。 ⑮阪(bǎn)：小山坡，斜坡。隰(xí)：低湿的地方。 ⑯翩幡：原指鸟上下飞翔，此指猿轻捷跳跃的样子。互经：交互窜跳。 ⑰夭矫：猴子在树上共同嬉戏的姿态。格：树木的长枝条。 ⑱偃蹇：宛转灵活的样子。杪颠：树梢顶端。 ⑲隃：通“逾”，越过。绝梁：断桥，此指无桥可渡的山涧。 ⑳榛：丛生的树木。 ㉑捷：通“接”，扯着。 ㉒踔(chuō)：腾跃，跳来跳去。稀间：稀枝疏条的间隙。 ㉓牢落：散漫奔走的样子。陆离：参差不齐的样子。 ㉔烂曼：散乱任意奔走的样子。

旌，靡①云旗，前皮轩，后道游；孙叔奉辔，卫公骖乘②，扈从横行，出乎四校之中。鼓严簿③，纵獠④者，江河为阹⑤，泰山为橹⑥，车骑雷起，隐天动地，先后陆离，离散别追，淫淫裔裔⑦，缘陵流泽，云布雨施。

“生⑧貔豹，搏豺狼，手熊罴，足野羊，蒙鹖苏，绔⑨白虎，被豳文，跨埜马。陵三嵕之危，下碛历之坻⑩；俓陖⑪赴险，越壑厉⑫水。推蜚廉，弄解豸，格瑕蛤，铤猛氏，罥⑬騕褭，射封豕。箭不苟害，解脰⑭陷脑；弓不虚发，应声而倒。

“于是乎乘舆弥节裴回，翱翔往来，睨部曲之进退⑮，览将率之变态。然后浸潭促节⑯，儵敻⑰远去。流离⑱轻禽，蹴履狡兽⑲。轊⑳白鹿，捷狡兔。轶㉑赤电，遗光耀。追怪物，出宇宙。弯繁弱，满白羽，射游枭，栎㉒蜚虡。择肉后发，先中命处。弦矢分，艺殪㉓仆。

“然后扬节而上浮，陵惊风，历骇飙，乘虚无，与神俱。辚玄鹤，乱昆鸡，遒㉔孔鸾，促鵕鸃，拂翳鸟，捎凤皇，捷鸳雏，掩焦明。

---

①靡：通“麾”，挥动。 ②骖（cān）乘：坐在车的右侧陪乘的侍卫。 ③鼓：击鼓。严簿：森严的卤簿。天子出外时，为其护卫的仪仗队称卤簿。 ④獠（liáo）：在夜间打猎，这里即指狩猎。 ⑤阹（qū）：此指行猎时遮拦禽兽的栅栏。 ⑥泰山：这里指苑中的高山。橹：战场上用来瞭望敌方动静的楼。 ⑦淫淫裔裔：形容狩猎的人很多，漫山遍野。 ⑧生：活捉。 ⑨绔：通“袴”、“裤”，裤子。 ⑩碛（qì）历：山坡不平的样子。坻（dǐ）：山坡。 ⑪俓：同“径”，直往。陖：山高而陡。 ⑫厉：通“历”，涉水渡河。 ⑬罥（juān）：挂，此指用绳索绊取野兽。 ⑭脰（dòu）：脖颈。 ⑮睨（nì）：注视。部曲：指士卒的行伍。 ⑯浸潭（xún）：逐渐。促节：加快步伐，由缓渐疾。 ⑰儵：同“倏（shū）”，疾速，迅速。敻（xiòng）：远。 ⑱流离：指用网捕捉禽鸟，使其困苦而无所逃。 ⑲蹴（cù）履：践踏。狡：轻捷狡猾。 ⑳轊（wèi）：车轴头，这里用作动词，用车轴撞击。 ㉑轶（yì）：超越，超过。 ㉒栎（lì）：搏击。 ㉓艺：箭靶。殪（wèi）：射死。 ㉔遒（qiú）：迫近，此指迫近而捕捉。

“道尽涂殚①，回车而还。招摇乎襄羊②，降集乎北纮③。率乎直指④，闇乎反乡⑤。蹷⑥石阙，历封峦，过鳷鹊，望露寒。下棠梨，息宜春，西驰宣曲，濯⑦鹢牛首。登龙台，掩⑧细柳。观士大夫之勤略，钧⑨獠者之所得获。徒车之所辚轹⑩，乘骑之所蹂若⑪，人民之所蹈躤⑫。与其穷极倦𨉷⑬，惊惮慑伏，不被创刃而死者，佗佗籍籍⑭，填坑满谷，揜⑮平弥泽。

“于是乎游戏懈怠，置酒乎昊天⑯之台，张乐乎轇轕之宇⑰；撞千石之钟，立万石之钜⑱；建翠华之旗，树灵鼍之鼓。奏陶唐氏之舞，听葛天氏之歌。千人唱，万人和。山陵为之震动，川谷为之荡波。巴俞宋蔡，淮南《于遮》，文成颠⑲歌。族举⑳递奏，金鼓迭起，铿鎗铛𩐨，洞心骇耳。荆、吴、郑、卫之声，《韶》《濩》《武》《象》之乐，阴淫案衍㉑之音，鄢郢缤纷㉒，《激楚》结风㉓，俳优侏儒，狄鞮之倡，所以娱耳目而乐心意者，丽靡烂漫㉔于前，靡曼㉕美色于后。

“若夫青琴宓妃之徒，绝殊离俗，姣冶娴都。靓妆刻

---

①涂：通“途”。殚（dān）：穷尽。 ②招摇：逍遥。襄羊：即“徜徉”，自由往来的样子。 ③降集：停留。北纮（hóng）：北方，最北边的地方。 ④率乎：一直前行的样子。直指：一直往前。 ⑤闇：通“奄（yǎn）”，忽然。反：通“返”。乡：通“向”。 ⑥蹷（jué）：踏上，登览。 ⑦濯：通“櫂（zhào）”，用船桨划船。 ⑧掩：休息。 ⑨钧：通“均”，均分。 ⑩辚轹：践踏辗轧。 ⑪蹂若：践踏。 ⑫蹈躤（jiè）：践踏。 ⑬穷极：走投无路。倦𨉷：疲惫。 ⑭佗（tuó）佗籍（jiè）籍：形容禽兽尸体纵横交错满地堆积的样子。 ⑮揜（yǎn）：遮蔽，覆盖。 ⑯昊（hào）天：天空。 ⑰轇轕（jiāo gé）：广阔辽远的样子。宇：寰宇。 ⑱钜：通“虡（jù）”，悬挂钟的座架。 ⑲颠：同“滇”，西南夷地区的古国名。 ⑳族举：众乐同时并举。 ㉑阴淫案衍：淫靡放纵。淫：放滥。衍：溢。 ㉒缤纷：舞姿飘逸的样子。 ㉓结风：形容歌舞激昂急切。 ㉔丽靡烂漫：形容音乐之声美妙动听。 ㉕靡曼：形容女子的皮肤细嫩润泽。

饬[1]，便嬛[2]绰约，柔桡[3]嫚嫚，妩媚姌袅[4]；抴独茧之褕袘[5]，眇阎易以戌削[6]，媥姺徶循[7]，与世殊服；芬香沤郁[8]，酷烈淑郁[9]；皓齿粲烂，宜笑的皪[10]；长眉连娟[11]，微睇绵藐[12]；色授魂与[13]，心愉于侧。

"于是酒中乐酣，天子芒然而思，似若有亡。曰：'嗟乎，此泰奢侈！朕以览听余闲[14]，无事弃日，顺天道以杀伐，时休息于此，恐后世靡丽，遂往而不反，非所以为继嗣创业垂统也。'于是乃解酒罢猎，而命有司曰：'地可以垦辟，悉为农郊，以赡萌隶[15]；陨墙填堑[16]，使山泽之民得至焉。实陂池而勿禁，虚宫观而勿仞。发仓廪以振贫穷，补不足，恤鳏寡，存孤独。出德号，省刑罚，改制度，易服色[17]，更正朔[18]，与天下为始。'

"于是历吉日以齐戒[19]，袭朝衣，乘法驾，建华旗，鸣玉鸾，游乎六艺之囿，骛乎仁义之涂，览观《春秋》之林，射《貍首》，兼《驺虞》，弋玄鹤，建干戚，载云罕[20]，掩群《雅》[21]，悲

---

①靓妆：以白粉墨黛妆饰容貌。刻饬：同"刻饰"，用胶刷鬓发，使其整齐熨帖。 ②便嬛(pián xuān)：形容女子轻盈美丽的样子。 ③柔桡：形容女子身材柔曲的样子。 ④姌袅(rǎn niǎo)：姿容美好使人愉悦。 ⑤抴(yè)：同"曳"，拖，拉。独茧：指一个茧所抽出的丝，形容色泽纯正。褕(yú)：罩在外边的直襟单衣。袘(yí)：衣袖。 ⑥眇：衣衫轻柔飘动的样子。阎易：衣服长大的样子。戌削：形容衣服十分合身。 ⑦媥姺徶循(piān xiān bié xiè)：衣服轻盈飘舞的样子。 ⑧沤郁：香气浓郁。 ⑨酷烈淑郁：香气清醇浓厚。 ⑩宜笑：露齿微笑。的皪(dì lì)：牙齿洁白的样子。 ⑪连娟：眉毛弯曲细长的样子。 ⑫微睇绵藐：目光转动美好的样子。睇(dì)：斜着眼看。绵藐：远视的样子。 ⑬色授：指女子向别人显露其表情和眼神。魂与：心灵与人相接触。 ⑭览听：指处理政事。余闲：闲暇。 ⑮赡：供养。萌隶：指平民百姓。萌：通"氓"。 ⑯陨(tuí)：使倒塌，推倒。堑：壕沟。 ⑰服色：指车驾、服饰所应采用的颜色。 ⑱正朔：指历法。正：正月。朔：每月初一。 ⑲历：选择。齐：通"斋"。 ⑳云罕：本是张设于云天的捕鸟之网，此处指天子出行时所执的一种旗帜。 ㉑群雅：指《诗经》中《大雅》与《小雅》诸诗，这里比喻广求贤才。

《伐檀》，乐《乐胥》[1]，修容乎《礼》园，翱翔乎《书》圃，述《易》道，放怪兽，登明堂，坐清庙，恣[2]群臣，奏得失，四海之内，靡不受获。于斯之时，天下大说，向风而听，随流而化，喟然兴道而迁义，刑错[3]而不用。德隆乎三皇，功羡[4]于五帝。若此，故猎乃可喜也。

"若夫终日暴露[5]驰骋，劳神苦形，罢[6]车马之用，抏[7]士卒之精，费府库之财，而无德厚之恩，务在独乐，不顾众庶，忘国家之政，而贪雉兔之获，则仁者不由也。从此观之，齐、楚之事，岂不哀哉！地方不过千里，而囿居九百，是草木不得垦辟，而民无所食也。夫以诸侯之细，而乐万乘之所侈，仆恐怕百姓之被其尤[8]也。"

于是二子愀然[9]改容，超若自失，逡巡[10]避席曰："鄙人固陋，不知忌讳，乃今日见教，谨闻命矣。"

赋奏，天子以为郎。无是公言天子上林广大，山谷水泉万物，及子虚言楚云梦所有甚众，侈靡过其实，且非义理所尚，故删取其要，归正道而论之。

相如为郎数岁，会唐蒙使略通夜郎西僰中，发巴蜀吏卒千人，郡又多为发转漕[11]万馀人，用兴法诛其渠帅，巴蜀民大惊恐。上闻之，乃使相如责唐蒙，因喻[12]告巴蜀民以非上意。檄曰：

告巴蜀太守：蛮夷自擅，不讨之日久矣，时侵犯边境，劳士大夫。陛下即位，存抚天下，辑[13]安中国。然后兴师出

---

①《乐胥》：指《诗经·小雅·桑扈》，其诗中有"君子乐胥，受天之祜"的诗句，这里指天子读到"乐胥"诗句，为多得才智之士而感到高兴。 ②恣：放纵，此处指遍命群臣奏议。 ③错：通"措"，放置。 ④羡：超越。 ⑤暴露(pù lù)：在户外遭日晒。 ⑥罢：通"疲"，疲乏，疲劳，此指耗费。 ⑦抏(wán)：损耗，消耗。 ⑧尤：过错，罪过，此指祸害。 ⑨愀(qiǎo)然：容色变得忧惧和严肃的样子。 ⑩逡(qūn)巡：徘徊后退，不知所措的样子。 ⑪转漕(cáo)：指转运粮草。车运粮食为转，水运粮食为漕。 ⑫喻：通"谕"，晓谕，告知。 ⑬辑：和谐，和睦。

兵,北征匈奴,单于怖骇,交臂受事,诎[①]膝请和。康居西域,重译[②]请朝,稽首来享。移师东指,闽越相诛。右吊番禺,太子入朝。南夷之君,西僰之长,常效贡职,不敢怠堕,延颈举踵,喁喁然[③]皆争归义,欲为臣妾,道里辽远,山川阻深,不能自致。夫不顺者已诛,而为善者未赏,故遣中郎将往宾[④]之,发巴蜀士民各五百人,以奉币帛,卫使者不然,靡有兵革之事,战斗之患。今闻其乃发军兴制,惊惧子弟,忧患长老。郡又擅为转粟运输,皆非陛下之意也。当行者或亡逃自贼[⑤]杀,亦非人臣之节也。

夫边郡之士,闻烽举燧燔[⑥],皆摄弓而驰,荷兵而走,流汗相属,唯恐居后;触白刃,冒流矢,义不反顾,计不旋踵,人怀怒心,如报私仇。彼岂乐死恶生,非编列之民,而与巴蜀异主哉?计深虑远,急国家之难,而乐尽人臣之道也。故有剖符[⑦]之封,析珪而爵,位为通侯,居列东第。终则遗显号于后世,传土地于子孙,行事甚忠敬,居位甚安佚[⑧],名声施[⑨]于无穷,功烈著而不灭。是以贤人君子,肝脑涂中原,膏液润野草而不辞也。今奉币役至南夷,即自贼杀,或亡逃抵诛,身死无名,谥为至愚,耻及父母,为天下笑。人之度量相越,岂不远哉!然此非独行者之罪也,父兄之教不先,子弟之率不谨也,寡廉鲜耻而俗不长厚也。其被刑戮,不亦宜乎!

陛下患使者有司之若彼,悼[⑩]不肖愚民之如此,故遣信

---

①诎:通“屈”。 ②重译:因语言不通,需辗转翻译。 ③喁(yóng)喁:众人仰慕归向的样子。 ④宾:以礼安抚,招纳。 ⑤贼:杀害,残杀。 ⑥烽、燧:古时遇警则点火报警,夜里点火叫烽,白天烧烟叫燧。 ⑦剖符:帝王分封诸侯或功臣时,把竹制的凭证剖成两半,帝王与诸侯各执一半,以为凭信。 ⑧佚:通“逸”。 ⑨施(yì):延续。 ⑩悼:哀伤。

使晓喻百姓以发卒之事，因数之以不忠死亡之罪，让三老孝弟以不教诲之过。方今田时，重烦百姓，已亲见近县，恐远所溪谷山泽之民不遍闻，檄到，亟下县道，使咸知陛下之意，唯毋忽也。

相如还报。唐蒙已略通夜郎，因通西南夷道，发巴、蜀、广汉卒，作者数万人。治道二岁，道不成，士卒多物故①，费以巨万计。蜀民及汉用事者多言其不便。是时邛、筰之君长闻南夷与汉通，得赏赐多，多欲愿为内臣妾，请吏，比南夷。天子问相如，相如曰："邛、筰、冉、駹者近蜀，道亦易通，秦时尝通为郡县，至汉兴而罢。今诚复通，为置郡县，愈于南夷。"天子以为然，乃拜相如为中郎将，建节往使。副使王然于、壶充国、吕越人驰四乘之传②，因巴蜀吏币物以赂西夷。至蜀，蜀太守以下郊迎，县令负弩矢先驱，蜀人以为宠。于是卓王孙、临邛诸公皆因门下献牛酒以交欢。卓王孙喟然而叹，自以得使女尚司马长卿晚，而厚分与其女财，与男等同。司马长卿便略定西夷。邛、筰、冉、駹、斯榆之君皆请为内臣。除边关，关益斥，西至沬、若水，南至牂柯为徼③，通零关道，桥孙水以通邛都。还报天子，天子大说。

相如使时，蜀长老多言通西南夷不为用，唯大臣亦以为然。相如欲谏，业已建之，不敢，乃著书，籍以蜀父老为辞，而己诘难之，以风④天子，且因宣其使指⑤，令百姓知天子之意。其辞曰：

汉兴七十有八载，德茂存乎六世，威武纷纭，湛恩汪濊⑥，群生澍濡⑦，洋溢乎方外。于是乃命使西征，随流而

①物故：死亡。 ②传（zhuàn）：传车，驿站上供过往使者所用的马车。 ③徼（jiào）：边境，边界。 ④风：通"讽"，委婉含蓄地劝说。 ⑤指：通"旨"，意图。 ⑥湛恩：深厚的恩德。汪濊（shù）：深广的样子。 ⑦澍（shù）：本义为时雨，引申为沾湿，滋润。濡（rú）：湿润，浸湿。

攘，风之所被，罔不披靡。因朝冉从駹，定笮存邛，略斯榆，举苞满，结轶还辕[①]，东乡将报，至于蜀都。

耆老大夫荐绅先生之徒二十有七人，俨然造焉[②]。辞毕，因进曰："盖闻天子之于夷狄也，其义羁縻[③]勿绝而已。今罢三郡之士，通夜郎之涂，三年于兹，而功不竟，士卒劳倦，万民不赡。今又接以西夷，百姓力屈，恐不能卒业，此亦使者之累也，窃为左右患之。且夫邛、笮、西僰之与中国并也，历年兹多，不可记已。仁者不以德来，强者不以力并，意者其殆不可乎！今割齐民[④]以附夷狄，弊所恃以事无用，鄙人固陋，不识所谓。"

使者曰："乌谓此邪？必若所云，则是蜀不变服而巴不化俗也。余尚[⑤]恶闻若说。然斯事体大，固非观者之所觏[⑥]也。余之行急，其详不可得闻已，请为大夫粗陈其略。

"盖世必有非常之人，然后有非常之事；有非常之事，然后有非常之功。非常者，固常人之所异也。故曰非常之原，黎民惧焉；及臻厥成[⑦]，天下晏如[⑧]也。

"昔者鸿水浡出[⑨]，泛滥衍溢，民人登降移徙，陭陬而不安。夏后氏戚之，乃堙[⑩]鸿水，决江疏河。漉沈赡灾[⑪]，东归之于海，而天下永宁。当斯之勤，岂唯民哉。心烦于虑而身亲其劳，躬胝无胈[⑫]，肤不生毛。故休烈[⑬]显乎无穷，

---

①结轶：车辙相旋，车马往来络绎不绝。轶：通"辙"。还辕：掉转车头往回返。 ②俨然：庄重恭敬的样子。造：造访。 ③羁縻(mí)：束缚，牵制。 ④齐民：平民，百姓。 ⑤尚：通"常"。 ⑥觏(gòu)：遇见，此指看出，看见。 ⑦臻：至，达到。厥：其，它的。 ⑧晏如：晏然，安乐太平的样子。 ⑨浡(bó)：水喷涌而出。 ⑩堙(yīn)：堵塞，填塞。 ⑪漉(lù)：渗出，此指分开，导开。沈：同"沉"，深水，此指洪水。赡：通"澹(dàn)"，安定。 ⑫胝(zhī)：脚掌上的厚皮。胈(bá)：白肉，嫩肉。 ⑬休烈：美好的功业。休：美好。

声称浃乎于兹①。

"且夫贤君之践位也，岂特委琐握龊②，拘文牵俗，循诵习传，当时取说云尔哉！必将崇论闳议③，创业垂统，为万世规。故驰骛④乎兼容并包，而勤思乎参天贰地⑤。且《诗》不云乎：'普天之下，莫非王土；率土之滨，莫非王臣。'是以六合之内，八方之外，浸浔衍溢⑥，怀生之物有不浸润于泽者，贤君耻之。今封疆之内，冠带之伦，咸获嘉祉⑦，靡有阙遗⑧矣。而夷狄殊俗之国，辽绝异党之地，舟舆不通，人迹罕至，政教未加，流风犹微。内之则犯义侵礼于边境，外之则邪行横作，放弑其上。君臣易位，尊卑失序，父兄不辜，幼孤为奴，系累号泣，内向而怨，曰'盖闻中国有至仁焉，德洋而恩普，物靡不得其所，今独曷为遗己'。举踵思慕，若枯旱之望雨。盭夫⑨为之垂涕，况乎上圣，又恶能已？故北出师以讨强胡，南驰使以诮⑩劲越。四面风德，二方之君鳞集仰流，愿得受号者以亿计。故乃关沬、若，徼牂柯，镂零山，梁孙原⑪。创道德之涂，垂仁义之统。将博恩广施，远抚长驾，使疏逖不闭⑫，阻深闇昧⑬得耀乎光明，以偃甲兵于此，而息诛伐于彼。遐迩一体，中外提福⑭，不亦康乎？夫拯民于沉溺，奉至尊之休德，反衰世之陵迟⑮，继周氏之绝业，斯乃天子之急务也。百姓虽劳，又恶可以已哉？

"且夫王事固未有不始于忧勤，而终于佚乐者也。然

---

①声称：声望，声誉。浃(jiā)：彻，透。 ②特：只，仅仅。委琐：细微琐碎。握龊：同"龌龊"，气度偏狭，谨小慎微。 ③崇论闳议：指见解高远。 ④驰骛：追赶，追求，此指竭力，尽力。 ⑤参天贰地：指功德可与天地并列。 ⑥浸浔(xún)衍溢：雨露满布的样子。 ⑦嘉祉(zhǐ)：快乐幸福。 ⑧阙遗：遗漏，缺少。阙：通"缺"。 ⑨盭(lì)："戾"的古字，凶狠，狠毒。 ⑩诮(qiào)：责备。 ⑪原：水源，源头。 ⑫逖(tì)：远。闭：此指蔽塞，隔闭。 ⑬闇(àn)昧：愚昧，糊涂。 ⑭提：通"禔(tí)"，安宁。 ⑮反：通"返"，此指挽救。陵迟：衰败。

则受命之符,合在于此矣。方将增泰山之封,加梁父之事,鸣和鸾,扬乐颂,上咸五,下登三。观者未睹指,听者未闻音,犹鹪明已翔乎寥廓,而罗者犹视乎薮[①]泽。悲夫!"

于是诸大夫芒然丧其所怀来而失厥所以进,喟然并称曰:"允哉汉德,此鄙人之所愿闻也。百姓虽怠,请以身先之。"敞罔靡徙[②],因迁延[③]而辞避。

其后人有上书言相如使时受金,失官。居岁馀,复召为郎。

相如口吃而善著书。常有消渴疾。与卓氏婚,饶于财。其进仕宦,未尝肯与公卿国家之事,称病闲居,不慕官爵。常从上至长杨猎。是时天子方好自击熊彘,驰逐野兽,相如上疏谏之。其辞曰:

臣闻物有同类而殊能者,故力称乌获,捷言庆忌,勇期贲、育。臣之愚,窃以为人诚有之,兽亦宜然。今陛下好陵阻险,射猛兽,卒然遇轶材之兽[④],骇不存之地,犯属车之清尘[⑤],舆不及还辕,人不暇施巧,虽有乌获、逢蒙之伎,力不得用,枯木朽株尽为害矣。是胡越起于毂下[⑥],而羌夷接轸[⑦]也,岂不殆哉!虽万全无患,然本非天子之所宜近也。

且夫清道而后行,中路而后驰,犹时有衔橛之变[⑧],而况涉乎蓬蒿,驰乎丘坟,前有利兽之乐而内无存变之意,其为祸也不亦难矣!夫轻万乘之重不以为安,而乐出于万有一危之途以为娱,臣窃为陛下不取也。

---

①薮(sǒu):指水少而草木多的湖泽,水草地。 ②敞罔:通"怅惘",失意的样子。靡徙:徘徊,进退失据的样子。 ③迁延:手足无措的样子。 ④卒:通"猝",突然。轶(yì)材:指本领超群的野兽。 ⑤属车:皇帝的副车。清尘:天子车驾所泛起的尘土,此指代天子的车驾。⑥毂(gǔ):车轮中间车轴贯入处的圆木,此处指天子的车乘。 ⑦接:紧挨着。轸(zhěn):车后横木,此指处指天子车驾。 ⑧衔橛之变:指马的缰绳嚼子出问题,以造成突然的灾祸。衔、橛:马嚼子,衔在马口中以便于驾驭的东西。

盖明者远见于未萌,而智者避危于无形。祸固多藏于隐微而发于人之所忽者也。故鄙谚曰“家累千金,坐不垂堂”。此言虽小,可以喻大。臣愿陛下之留意幸察。

上善之。还过宜春宫,相如奏赋以哀二世行失也。其辞曰:

登陂阤[①]之长岩阪兮,坌入曾宫之嵯峨[②]。临曲江之隑州兮[③],望南山之参差。岩岩深山之谾谾[④]兮,通谷豁兮谽谺[⑤]。汩淢噏习[⑥]以永逝兮,注平皋之广衍[⑦]。观众树之蓊薆[⑧]兮,览竹林之榛榛。东驰土山兮,北揭石濑[⑨]。弥节容与兮,历吊二世。持身不谨兮,亡国失势。信谗不寤兮,宗庙灭绝。呜呼哀哉!操行之不得兮,坟墓芜秽而不修兮,魂无归而不食。夐邈绝而不齐兮[⑩],弥久远而愈佅[⑪]。精罔阆[⑫]而飞扬兮,拾[⑬]九天而永逝。呜呼哀哉!

相如拜为孝文园令。天子既美子虚之事,相如见上好仙道,因曰:“上林之事未足美也,尚有靡者。臣尝为《大人赋》,未就,请具而奏之。”相如以为列仙之传居山泽间,形容甚臞[⑭],此非帝王之仙意也,乃遂就《大人赋》。其辞曰:

世有大人兮,在于中州。宅弥万里兮,曾不足以少留。悲世俗之迫隘[⑮]兮,朅[⑯]轻举而远游。垂绛幡之素蜺兮[⑰],

---

①陂阤(bēi zhì):倾斜的样子。 ②坌(bèn):并,一齐。曾:通“层”,层层,重叠。 ③隑(qǐ):长。州:同“洲”,水中陆地。 ④谾谾(hóng):山谷空深的样子。 ⑤豁兮谽谺(hán xià):山谷空阔的样子。 ⑥汩(yù)淢(yù)噏(xī)习:水流疾速翻滚的样子。 ⑦皋(gāo):水边的高地。衍(yǎn):低而平坦之地。 ⑧蓊薆(wěng'ài):茂密多荫的样子。 ⑨揭(qì):把衣襟撩起来涉浅水。石濑(lài):从沙石上流过的湍急的水。 ⑩夐(xiòng):远。邈(miǎo):远。绝:极远。不齐:没有边际。 ⑪佅:通“昧”,隐匿。 ⑫罔阆:同“魍魉”,传说中的怪物。 ⑬拾:通“涉”,经过。 ⑭臞(qú):清瘦。 ⑮迫隘(ài):狭窄,窄小,这里指胁迫困厄。 ⑯朅(jiē):离去,离开。 ⑰绛幡:红色旗幡。素蜺:白色的虹。

载云气而上浮。建格泽之长竿兮①，总光耀之采旄②。垂旬始以为幓兮③，抴彗星而为髾④。掉指桥以偃蹇兮⑤，又旖旎以招摇。揽欃枪以为旌兮，靡屈虹而为绸⑥。红杳渺以眩湣兮⑦，猋⑧风涌而云浮。驾应龙象舆之蠖略逶丽兮⑨，骖赤螭青虬之蚴蟉蜿蜒⑩。低卬夭蟜据以骄骜兮⑪，诎折隆穷蠼以连卷⑫。沛艾赳螑仡以佁拟兮⑬，放散畔岸骧以孱颜⑭。跮踱辖辖容以委丽兮⑮，绸缪偃蹇怵㚟以梁倚⑯。纠蓼叫奡蹋以艐路兮⑰，蔑蒙踊跃腾而狂趡⑱。莅飒卉翕熛至电过兮⑲，焕然雾除，霍然云消。

邪绝少阳而登太阴兮⑳，与真人乎相求。互折窈窕以右转兮㉑，横厉㉒飞泉以正东。悉征灵圉㉓而选之兮，部乘众神于瑶光。使五帝先导兮，反太一而从陵阳。左玄冥而右含雷兮，前陆离而后潏湟。厮征伯侨而役羡门兮，属岐

①格泽：状如烟火的云气。②总：系结。旄：古人旗竿头上常以旄牛尾做装饰。③幓(shān)：旌旗上的飘带。④抴(yè)：同"曳"，拖，拉拽。髾(shāo)：旌旗上下垂的羽毛。⑤掉：摇摆。指桥(jiāo)：随风飘动。偃蹇：逶迤婉转的样子。⑥靡：通"縻(mí)"，缠绕。绸：缠绕旗杆的东西。⑦杳渺：深远。眩湣：浑沌不清的样子。⑧猋：通"飙"，狂风，旋风。⑨蠖(huò)略：行步进止像尺蠖那样有尺度。尺蠖行进时身体一屈一伸，如用拇指与中指量尺寸一样。逶丽：行进屈伸的样子。⑩蚴蟉(yōu liú)：屈伸行进的样子。⑪卬：通"昂"。夭蟜(jiǎo)：通"夭矫"，屈曲自如的样子。据：通"倨"，龙昂首腾飞的样子。骄骜：纵恣的样子。⑫诎：通"屈"。隆穷：即"隆穹"，屈曲隆起的样子。穷：通"穹"。连卷：蜷曲。卷：通"蜷"。⑬沛艾：此指龙摇头的样子。赳螑(xiù)：龙伸颈高低起伏而行的样子。仡(yì)：举头，抬头。佁儗(yǐ yì)：痴呆蠢笨，此指憨态可爱的样子。⑭放散：放任散漫。畔岸：放纵任性的样子。骧(xiāng)：马头昂起，此指龙头昂起。孱(chán)颜：参差不齐的样子。⑮跮(zhì)踱：行进忽进忽退的样子。辖(gé)辖：摇目吐舌的样子。容：急速趋翔的样子。委丽：摇摇摆摆的样子。⑯绸缪：即"蜩蟉"，龙首动的样子。怵：恐惧。㚟(chuò)：传说中像兔而鹿脚的青色野兽。梁倚：奔走迅疾的样子。⑰纠蓼：缠绕。蓼：通"缭"。叫奡：喧呼。奡：通"嚣"。蹋：同"踏"。艐(jiè)：同"届"，到。⑱蔑蒙：飞奔。趡(chǐ)：奔跃。⑲莅飒：迅捷飞翔的样子。卉翕(xī)：相互追逐。熛(biāo)：疾速，迅疾。⑳邪：通"斜"。绝：横渡。少阳：东极。太阴：北极。㉑互折：曲折。窈窕：深远。㉒厉：渡过。㉓灵圉(yǔ)：众仙所居之处，此指众仙。

伯使尚方①。祝融惊而跸御②兮，清雰气③而后行。屯余车其万乘兮，綷云盖而树华旗④。使勾芒其将行⑤兮，吾欲往乎南嬉。

历唐尧于崇山兮，过虞舜于九疑。纷湛湛其差错兮⑥，杂遝胶葛以方驰⑦。骚扰冲苁其相纷挐兮⑧，滂濞泱轧洒以林离⑨。钻罗列聚丛以茏茸兮⑩，衍曼流烂坛以陆离⑪。径入雷室之砰磷郁律兮⑫，洞出鬼谷之崫礨嵬磈⑬。遍览八纮而观四荒兮⑭，朅渡九江而越五河。经营⑮炎火而浮弱水兮，杭绝浮渚而涉流沙⑯。奄息总极泛滥水嬉兮⑰，使灵娲鼓瑟而舞冯夷。时若薆薆⑱将混浊兮，召屏翳诛风伯而刑雨师。西望昆仑之轧沕洸忽⑲兮，直径驰乎三危，排阊阖而入帝宫兮，载玉女而与之归。舒阆风而摇集兮⑳，亢乌腾而一止㉑。低回阴山翔以纡曲㉒兮，吾乃今目睹西王母曤然㉓白首。载胜㉔而穴处兮，亦幸有三足乌为之使。必长生若此而不死兮，虽济万世不足以喜。

---

①尚：主持，掌管。方：药方。 ②跸(bì)：古代帝王出行时开路清道，不准行人通过。御：防备，警戒。 ③雰(fēn)气：浊恶之气。 ④綷(cuì)：颜色相杂的样子。云盖：以彩云为车盖。 ⑤将行：引路。⑥湛湛：繁多的样子。差错：纵横交错。 ⑦杂遝：即"杂沓"，众多杂乱的样子。胶葛：杂乱的样子。方驰：并驾而驰。 ⑧冲苁(sǒng)：纠结相撞。纷挐(rú)：纠缠纷乱的样子。 ⑨滂濞：水大的样子。濞：通"沛"。泱轧：无边无际的样子。林离：通"淋漓"，指水恣意奔流。 ⑩钻：通"攒"，集聚，簇积。茏茸：聚集茂盛的样子。 ⑪衍曼流烂：蔓延遍布的样子。坛：繁盛的样子。陆离：参差散乱的样子。 ⑫雷室：雷渊，雷神出入之处。砰磷郁律：雷声。 ⑬崫礨嵬磈(kǔ lěi wéi huí)：崎岖而错落不平的样子。 ⑭八纮(hóng)：八方极远的地方。荒：偏远的地方。 ⑮经营：往来。 ⑯杭：通"航"，方舟，两船相并。浮渚：水中的小块陆地。 ⑰奄(yǎn)息：忽然。氾：通"泛"，水向四处溢的样子。⑱薆(ài)薆：通"暧(ài)暧"，昏暗朦胧的样子。 ⑲轧沕(wù)洸忽：恍惚不清的样子。 ⑳舒：从容登上。摇：通"嗂"，喜悦，愉快。集：停下休息。 ㉑亢：高。乌腾：象乌鸟飞腾一样。一：少许，稍微。 ㉒纡(yū)曲：回旋。 ㉓曤(hè)然：雪白的样子。 ㉔载：通"戴"。胜：妇女所戴的首饰。

回车朅来兮，绝道不周，会食幽都。呼吸沆瀣[①]兮餐朝霞，噍咀芝英兮叽琼华[②]。嬐侵浔而高纵兮[③]，纷鸿涌而上厉[④]。贯列缺之倒景兮[⑤]，涉丰隆之滂沛[⑥]。驰游道而脩降兮[⑦]，骛遗雾[⑧]而远逝。迫区中之隘陕兮[⑨]，舒节出乎北垠[⑩]。遗屯骑于玄阙兮[⑪]，轶先驱于寒门[⑫]。下峥嵘[⑬]而无地兮，上寥廓而无天。视眩眠[⑭]而无见兮，听惝恍而无闻。乘虚无而上假兮[⑮]，超无友[⑯]而独存。

相如既奏《大人之颂》，天子大说，飘飘有凌云之气，似游天地之间意。

相如既病免，家居茂陵。天子曰："司马相如病甚，可往后悉取其书；若不然，后失之矣。"使所忠往，而相如已死，家无书。问其妻，对曰："长卿固未尝有书也。时时著书，人又取去，即空居。长卿未死时，为一卷书，曰有使者来求书，奏之。无他书。"其遗札书言封禅[⑰]事，奏所忠。忠奏其书，天子异之。其书曰：

伊上古之初肇[⑱]，自昊穹兮生民，历撰列辟[⑲]，以迄于秦。率迩者踵武[⑳]，逖听者风声[㉑]。纷纶葳蕤[㉒]，堙灭[㉓]而

---

①沆瀣(hàng xiè)：露气，晚间的水气。 ②噍(jiào)咀：咀嚼。芝英：灵芝的花。叽(jī)：稍吃一点。琼华：琼树之花，相传食之可长生。 ③嬐(yǐn)：通"僸(jìn)"，仰望。侵浔(xún)：逐渐，渐进。 ④鸿涌：腾跃，腾起。厉：疾飞，飞升。 ⑤贯：穿过。列缺：闪电。景："影"的古字。 ⑥滂沛：雨水盛多的样子。 ⑦游道：指游车与导车，此处泛指天子出游的车乘。道：通"导"，引导。脩降：指从高处向低处奔驰。脩：通"修"，高。 ⑧骛遗雾：冲出云雾。 ⑨区中：指人世间，尘世。陕："狭"的正字，狭窄。 ⑩舒节：缓慢行走。北垠：北方的边际。 ⑪屯骑：指天子的随从诸骑。玄阙：北极之山。 ⑫轶：超越。寒门：北极之门。 ⑬峥嵘：深远的样子。 ⑭眩眠：眼睛昏花。 ⑮虚无：指天空，也指虚空的境界。假：通"遐(xiá)"，远。 ⑯超：超然，离世脱俗的样子。无友：即"无有"。 ⑰封禅：帝王祭天地的典礼，在泰山上祭天称封，在泰山下的梁父山祭地称禅。 ⑱伊：发语词。肇(zhào)：开始。 ⑲历撰：历数。辟：天子，君王。 ⑳率：依循。迩(ěr)：近。踵：追随，追寻。武：足迹。 ㉑逖(tì)：远。风声：遗风名声。 ㉒纷纶葳蕤(wēi ruí)：纷乱众多的样子。 ㉓堙灭：湮灭，埋没。堙(yīn)：通"湮"。

不称者，不可胜数也。续《韶》、《夏》，崇号谥，略可道者七十有二君。罔若淑[①]而不昌，畴[②]逆失而能存？

轩辕之前，遐哉邈乎，其详不可得闻也。五三六经载籍之传，维见可观也。《书》曰“元首明哉，股肱良哉”。因斯以谈，君莫盛于唐尧，臣莫贤于后稷。后稷创业于唐，公刘发迹于西戎，文王改制，爰周郅隆[③]，大行越成[④]，而后陵夷衰微，千载无声[⑤]，岂不善始善终哉！然无异端[⑥]，慎所由于前，谨遗教于后耳。故轨迹夷易[⑦]，易遵也；湛恩濛涌[⑧]，易丰也；宪度著明，易则也；垂统理顺，易继也。是以业隆于襁褓而崇冠于二后[⑨]。揆厥所元[⑩]，终都攸卒[⑪]，未有殊尤绝迹可考于今者也[⑫]。然犹蹑梁父，登泰山，建显号，施尊名。大汉之德，逢涌原泉[⑬]，沕潏漫衍[⑭]，旁魄四塞[⑮]，云尃[⑯]雾散，上畅九垓[⑰]，下溯八埏[⑱]。怀生之类沾濡浸润，协气横流，武节飘逝，迩陕游原，迥阔泳沫，首恶湮没，闇昧昭晢[⑲]，昆虫凯泽[⑳]，回首面内。然后囿驺虞之珍群，徼[㉑]麋鹿之怪兽，導[㉒]一茎六穗于庖，牺双觡共抵之兽[㉓]，获周余珍收龟于岐[㉔]，招翠黄乘龙于沼。鬼神接灵

①罔：无，没有。若：顺。淑：善，好。 ②畴(chóu)：谁。 ③爰(yuán)：于是。郅(zhì)：大而盛的样子。 ④大行：大道，即太平之道。越：于是。 ⑤无声：没有恶名声。 ⑥无异端：没有别的原因。 ⑦轨迹：法度，制度。夷易：平易。 ⑧濛涌：广大。 ⑨襁褓(qiǎng bǎo)：本是包裹婴儿的被子，此指幼小的周成王。崇冠：超越。 ⑩揆(kuí)：量度，考察。厥：其。元：始。 ⑪都：于。攸：所。卒：终。 ⑫殊尤：特别突出。绝迹：超凡而无法企及的业绩。考：比较。 ⑬逢涌：盛涌而出。 ⑭沕潏(wù yù)漫衍：泉流衍溢的样子。 ⑮旁魄：通“磅礴(páng bó)”，广大无边际的样子，这里用作动词。四塞：四方边塞之地。 ⑯尃：同“敷”，布满，散布。 ⑰垓(gāi)：边际，界限。 ⑱泝(sù)：流，流向。埏(yán)：边远的地方。 ⑲晢(zhé)：本义指日光明亮，此指光明，明亮。 ⑳凯泽：蒙受恩泽。 ㉑徼(yāo)：捕捉。 ㉒導(dào)：选择米。 ㉓觡(gé)：骨角，麋鹿的角。抵：通“柢(dǐ)”，树根，此指角根。 ㉔余珍：遗留下来的珍宝。收龟：畜养的龟。

囿，宾于闲馆。奇物谲诡[1]，俶傥穷变。钦哉，符瑞臻兹，犹以为薄，不敢道封禅。盖周跃鱼陨杭[2]，休之以燎[3]，微夫斯之为符也，以登介丘，不亦恧[4]乎！进让之道，其何爽[5]与？

于是大司马进曰："陛下仁育群生，义征不憓[6]，诸夏乐贡，百蛮执贽[7]，德侔[8]往初，功无与二，休烈浃洽[9]，符瑞众变，期应绍至，不特创见[10]。意者泰山、梁父设坛场望幸，盖号以况荣[11]，上帝垂恩储祉[12]，将以荐成[13]，陛下谦让而弗发也，挈[14]三神之欢，缺王道之仪，群臣恧焉。或谓且天为质闇，珍符固不可辞；若然辞之，是泰山靡记而梁父靡几也[15]。亦各并时而荣，咸济世而屈[16]，说者尚何称于后，而云七十二君乎？夫修德以锡[17]符，奉符以行事，不为进越。故圣王弗替[18]，而修礼地祇，谒款天神，勒功中岳，以彰至尊，舒盛德，发号荣，受厚福，以浸黎民也。皇皇哉斯事！天下之壮观，王者之丕业，不可贬也。愿陛下全之。而后因杂荐绅先生之略术，使获耀日月之末光绝炎，以展采错事[19]，犹兼正列其义，校饬厥文，作《春秋》一艺。将袭旧六为七，摅[20]之无穷，俾[21]万世得激清流，扬微波，蜚[22]英声，腾茂实。前

①谲(jué)诡：神奇怪异，变化莫测。 ②陨杭：落入船中。杭：通"航"，船。相传武王伐纣渡河时，白鱼跳入船中，武王取之祭祀。 ③休：美，认为好。燎(liǎo)：烘烤，此指燎之以祭天。 ④恧(nǜ)：惭愧，惭愧。 ⑤爽：差别。 ⑥憓(huì)：通"譓(huì)"，顺从，依从。 ⑦贽(zhì)：古人初次拜见尊长时所送的礼物。 ⑧侔(móu)：相等，等同。 ⑨休烈：美好的功业。浃(jiā)洽：和谐融洽。 ⑩创见：初次显现。见：通"现"，呈现，出现。 ⑪盖：加封。况：通"贶(kuàng)"，赐，赐予。 ⑫祉(zhǐ)：福，吉祥。 ⑬荐：进献，此指协助。 ⑭挈(qì)：通"契"，断绝，违逆。 ⑮靡记：没有表记，即没有刻石。靡几：没有希望，指无人祭祀。 ⑯济世：毕世，终世。屈(jué)：同"绝"，绝尽。 ⑰锡：通"赐"，赐予，给予。 ⑱替：废弃，废除。 ⑲错：通"措"，安排，此指专心做好诸事。 ⑳摅(shū)：传布。 ㉑俾(bǐ)：使，使得。 ㉒蜚：通"飞"，传扬。

圣之所以永保鸿名而常为称首者用此[①]。宜命掌故悉奏其义[②]而览焉。”

于是天子沛然改容，曰：“愉[③]乎，朕其试哉！”乃迁思回虑，总公卿之议，询封禅之事，诗大泽之博，广符瑞之富。乃作颂曰：

“自我天覆，云之油油。甘露时雨，厥壤可游。滋液渗漉[④]，何生不育！嘉谷六穗，我穑曷蓄[⑤]？

非唯雨之，又润泽之；非唯濡之，氾尃濩之[⑥]。万物熙熙，怀而慕思。名山显位，望君之来。君乎君乎，侯不迈[⑦]哉！

般般之兽[⑧]，乐我君囿；白质黑章，其仪可喜；旼旼睦睦[⑨]，君子之能[⑩]。盖闻其声，今观其来。厥涂靡踪，天瑞之征。兹亦于舜，虞氏以兴。

濯濯[⑪]之麟，游彼灵畤。孟冬十月，君徂[⑫]郊祀。驰我君舆，帝以享祉[⑬]。三代之前，盖未尝有。

宛宛[⑭]黄龙，兴德而升；采色炫耀，熿炳煇煌。正阳显见，觉寤黎烝[⑮]。于传载之，云受命所乘。

厥之有章，不必谆谆。依类托寓，谕以封峦。”

披艺[⑯]观之，天人之际已交，上下相发允答[⑰]。圣王之

---

①用此：因此，就在于。 ②义：通“仪”，礼仪，仪式。 ③愉：通“俞(yú)”，然，可以。 ④漉(lù)：渗入。 ⑤穑(sè)：收割庄稼。曷：通“何”，哪里。 ⑥氾(fàn)尃(fū)濩(huò)之：指大雨下得普遍广泛。 ⑦迈：行，来。 ⑧般般之兽：指驺虞。般般：同“斑斑”，文彩斑斓的样子。 ⑨旼(mín)旼：和乐满足的样子。睦睦：同“穆穆”，恭敬的样子。 ⑩能：通“態”、“态”，情态，仪表。 ⑪濯(zhuó)濯：肥壮的样子。 ⑫徂：《汉书》作“徂(cú)”，到，往。 ⑬享祉：天帝享用祭品而答以吉祥。 ⑭宛宛：屈伸的样子。 ⑮黎烝(zhēng)：民众，百姓。 ⑯披：翻开。艺：指经典。 ⑰允答：和美，和谐。答：通“洽”。

德，兢兢翼翼也[1]。故曰“兴必虑衰，安必思危”。是以汤、武至尊严，不失肃祗[2]；舜在假典[3]，顾省厥遗：此之谓也。

司马相如既卒五岁，天子始祭后土。八年而遂先礼中岳，封于太山，至梁父禅肃然。

相如他所著，若《遗平陵侯书》《与五公子相难》《草木书》篇不采，采其尤著公卿者云。

太史公曰：《春秋》推见至隐，《易》本隐之以显，《大雅》言王公大人而德逮黎庶，《小雅》讥小己之得失，其流及上。所以言虽外殊，其合德一也。相如虽多虚辞滥说，然其要归引之节俭，此与《诗》之风谏何异？扬雄以为靡丽之赋，劝百风一，犹驰骋郑卫之声，曲终而奏雅，不已亏乎？余采其语可论者著于篇。

【译文】

司马相如，蜀郡成都人，字长卿。他少年时喜欢读书，也学习击剑，所以他父母叫他“犬子”。司马相如完成学业后，仰慕蔺相如的为人，就改名相如。最初，他因家中资财多而被授予郎官，侍奉孝景帝，做了武骑常侍，但这并非他的喜好。正好孝景帝不喜欢辞赋，这时梁孝王来京城朝见景帝，跟他来的善于游说的人，有齐人邹阳、淮阴人枚乘、吴县人庄忌先生这些人。相如见到他们这些人就喜欢上了，就托病辞免官职，客游梁国。梁孝王让相如与诸位门客一同居住，相如得以有机会与诸位门客和游说之士共同居处数年，于是写了《子虚之赋》。

后来赶上梁孝王死，相如只好返回成都，然而家中贫寒，又没有可以维持生活的产业。相如一向与临邛县令王吉交情很好，王吉说：“长卿，你长期周游四方求官，不太顺心，你来我这里看看。”于是，相如前往临邛，住在城中的客馆中。临邛县令假装恭敬，每天都前往拜访相如。最

①兢兢翼翼：戒慎恭敬的样子。 ②祗(qí)：恭敬。 ③假典：指高位，重位。假：大。

初，相如还见他，后来，就谎称有病，让随从谢绝王吉的拜访，王吉却更加谨慎恭敬。临邛县里富人多，像卓王孙家就有家奴八百人，程郑家也有数百人，二人互相商量说："县令有贵客，我们备办酒食，邀请他。"并把县令也请来。县令到了卓家后，卓家的客人已经上百了。到了中午，去请司马长卿，长卿却推托有病，不肯前往，临邛令见相如没来，不敢进食，亲自前往迎接相如。相如不得已，勉强来到卓家，满座客人无不为他的品貌人才所倾倒。酒兴正浓时，临邛县令走上前去，捧上一张琴，对相如说："我私下听说长卿喜欢弹琴，希望聆听一曲，以助欢乐。"相如辞谢一番，便弹奏了一两支曲子。当时，卓王孙有个女儿叫文君，刚守寡不久，喜好音乐，所以相如假装与县令相互敬重，而以琴声暗自诱发她的爱慕之情。相如来临邛时，车马随从其后，仪表堂堂，举止文雅，非常漂亮；等到在卓王孙家饮酒，弹奏琴曲时，卓文君从门缝里偷偷看他，心中高兴，很爱慕他，又担心配不上。酒宴结束，相如就托人以重金赏赐文君的侍者，以此向她转达倾慕之情。于是，卓文君乘夜逃出家门，私奔相如，相如便同文君急忙赶回成都。家里只有四面墙壁立在那里，空无一物。卓王孙得知后，大怒道："女儿没出息到了家，我不忍心伤害她，但也不分给她一个钱。"有人劝说卓王孙，卓王孙始终不肯听。过了好久，文君感到不快乐，说："长卿，只管一起前往临邛，向兄弟们借贷也完全可以维持生计，何至于让自己困苦到这个样子！"相如就与文君一起来到临邛，把自己的车马全部卖掉，买下一家酒店卖酒，并让文君亲自给顾客打酒。相如自己穿起犊鼻裤，与雇工们一起跑堂打杂，在闹市中洗涤酒器。卓王孙闻听后，感到耻辱，因此闭门不出。兄弟和诸位年长者轮番劝说卓王孙说："你就有这么一个儿子两个女儿，家中所缺少的不是钱财。如今，文君已经失身于司马长卿，长卿本来也已厌倦了宦游，虽然贫穷，但他确实是个人才，完全可以依靠。况且他又是县令的贵客，为什么偏偏这样轻视他呢！"卓王孙不得已，只好分给文君家奴百人，钱百万，以及她出嫁时的衣服被褥和各种财物。文君就与相如回到成都，买了田地房屋，成为富有的人家。

过了很久，蜀郡人杨得意做狗监，事奉皇上。一天，皇上读到《子虚赋》，认为写得好，说："朕偏偏不能与这个人同时。"杨得意说："臣的同乡司马相如自称，是他写了这篇赋。"皇上很惊喜，就招来相如询问。相如说："有这事。然而这篇赋只是写的诸侯之事，不值得看。请让我写篇天子游猎赋，赋写成后就奏报皇上。"皇上应允，命令尚书给他笔和木简。相如用"子虚"，"子虚"就是虚构的言辞，以之代表楚国，以称述楚国之美；"乌有先生"，就是没有此事，以之代表齐国，替齐国辩难楚国；"无是公"就是没有此人，以之阐明天子的美德。所以凭空假借这三个虚拟的人物作成文辞，以推赞天子和诸侯的苑囿。赋的最后一章归结到节俭上去，借以规劝皇帝。赋进献给天子后，天子非常高兴。赋的文辞说：

楚王派子虚出使齐国，齐王发动境内所有的士卒，准备了众多的车马，与使者一同出外打猎。打猎完毕，子虚前往拜访乌有先生并向他夸耀楚国田猎的盛大，无是公也在那里。大家落座后，乌有先生问子虚道："今天打猎快乐吗？"子虚说："快乐。""猎物很多吧？"子虚回答道："很少。""既然如此，那么乐从何来？"子虚回答说："我高兴的是齐王本想向我夸耀他的车马众多，而我却用楚王在云梦泽打猎的盛况来回答他。"乌有先生说道："可以说出来听听吗？"

子虚说："可以。齐王指挥千辆兵车，挑选万名骑手，到东海之滨打猎。士卒排满草泽，捕兽的罗网布满山冈，兽网罩住野兔，车轮辗死大鹿，射中麋鹿，捉住麟的小腿。车骑驰骋在海边的盐滩，宰杀禽兽的鲜血染红车轮。射中禽兽，猎物很多，齐王便得意地夸耀自己的功劳。他回过头对我说：'楚国也有供游玩打猎的平原广泽，可以使人这样富于乐趣的地方吗？楚王的游猎与寡人相比，哪个更壮观？'我下车回答说：'臣只不过是楚国一个见识鄙陋的人，有幸在楚宫中做了十多年的侍卫，常随楚王出游打猎，猎场就在王宫的后苑，可以顺便观赏周围的景色，但还不能遍览全部盛况，又哪里足以谈论远离王都的大泽盛景呢？'齐王说：'虽然如此，还是请大略谈谈你的所见所闻吧！'

“我回答说：‘是，是。臣听说楚国有七个大泽，臣曾经见过一个，其余的没见过。臣所看到的这个，只是七个大泽中最小的一个，名叫云梦。云梦方圆九百里，其中有山。其山势盘旋曲折，高耸险峻；参差不齐，日月被其遮蔽；群山错落重叠，直上青云；山坡倾斜连绵而下，山脚与江河相连。那里的土壤中有朱砂、石青、赤土、白土、雌黄、石英、锡土、碧玉、黄金、白银，五颜六色，炫耀夺目，像龙鳞般灿烂辉煌。那里的美石有赤玉、玫瑰、琳玉、瑁石、琨珸、瑊玏、玄厉、瑌石、武夫。东面有蕙圃、衡兰、白芷、杜若、射干、穹穷、菖蒲、江离、蘼芜、诸蔗、猼且。它的南面有平原大泽，地势或高低绵延，或低洼平坦，沿着大江延伸，直到巫山为界。那高而干燥的地方，生长着马蓝、薪草、苞草、荔草、赖蒿、莎草、青薠。那低而潮湿的地方，生长着藏莨、蒹葭、东蔷、雕胡、莲藕、葫芦、菴蕳、轩芋，众多草木生长在这里，数不胜数。它的西面则有奔涌的泉水，清澈的水池，水波激荡，翻滚向前；水面上开放着荷花与菱花，水面下隐伏着巨石和白沙。水中有神龟、蛟龙、鼍龙、玳瑁、鳖鼋。它的北面则有茂密幽深的森林和巨大的树木，有楩木、楠木、豫木、樟木、桂树、花椒、木兰、黄蘖、山梨、朱杨、樝树、梨树、黑枣、栗树、橘柚，芳香远溢。那些树上有赤猿、猕猴、鹓雏、孔雀、翠鸾、腾远、射干。树下则有白虎、玄豹、蟃蜒、貙犴、兕牛、大象、野犀、穷奇、獌狿。

“‘于是就派专诸之类的勇士，空手格杀这些野兽。楚王就驾驭着驯服的杂杂之马，乘坐着美玉雕饰的车舆，挥动着用鱼须作穗饰的曲柄旗，摇动着缀有明月珍珠的旗帜，高举着像干将一样锋利的长戟，左手拿着雕有花纹的乌嗥名弓，右手拿着夏箙中的强劲之箭。阳子做骖乘，纤阿做御者，车马按辔徐行，尚未尽情驰骋，就已踏倒了强健的猛兽。车轮辗轧住了邛邛，践踏住了距虚，袭击野马，轴头撞死騊駼，乘着千里马，箭射游骐。楚王的车骑迅疾异常，有如惊雷滚动，好似闪光驰过，像流星飞坠，若雷霆撞击。弓不虚发，箭箭都射裂禽兽的眼眶，或穿透胸膛，直达腋下，断裂其连着心脏的血管。

猎获的野兽,像下雨一样纷纷而落,覆盖了野草,遮蔽了大地。于是楚王就停鞭慢行,徘徊自得,安逸自舒,游览茂密的森林,观赏壮士的暴怒,以及野兽的恐惧。拦劫捕捉那精疲力竭的野兽,尽观众兽各种不同的姿态。

"'于是,郑女曼姬,细嫩柔美,披着轻丝细布做成的上衣,拖着麻布白娟做成的裙子,装点着纤薄的罗绮,垂挂着轻雾般的柔纱;她们的衣衫褶绉重叠,线条婉曲柔和,好似深曲的溪谷;美女们穿着修长的衣衫,时而举起时而拖曳着整齐的裙幅,衣上的飘带随风飞舞,燕尾形的衣饰垂挂身间;体态婀娜多姿,走路时衣裙相磨,发出噏呷萃蔡的响声。美女们飘动的衣裙下摩地上的兰花蕙草,飘扬的巾饰上拂羽毛插饰的车盖。头发上杂缀着翡翠的羽毛做为饰物,颈上缠绕着用玉装饰的帽缨;隐隐约约,恍恍惚惚,就像神仙般的缥缈仿佛。

"'于是楚王就和众多美女一起在蕙圃宵猎,从容而缓慢地走上坚固的堤堰。网罗翡翠,箭射鵕鸃,射出小短箭,箭上系着细丝绳。射落了白鹄,击中了驾鹅,双鸧从天而落,玄鹤被箭射中。倦于狩猎之后,又划动游船,泛舟清池之中。划着画有彩色鹢鸟的船,扬起桂木制成的船桨,张挂起画有翠鸟的帷幔,树起羽毛装饰的伞盖,用网捞取玳瑁,钓取紫贝;撞击金鼓,吹起鸣籁,船夫唱起歌来,声调悲楚嘶哑,水虫为此惊骇,波涛为之翻滚,泉水涌起,与浪涛汇聚,波涛卷动石块相互碰撞,发出硠硠礚礚的响声,就像雷霆轰鸣,声闻数百里之外。

"'宵猎将停,敲起灵鼓,燃起火把,车队依次前进,骑兵归队而行。队伍接续不断,缓慢行进。于是,楚王就登上阳云之台,显出泰然自若安然无事的神态,保持着安静逸适的心情,等用芍药调和的食物备齐之后,就献给楚王品尝。不像大王终日奔驰,不下车舆,甚至切割肉块,也在轮间烧烤而吃,而自以为乐。臣私下观察,以为齐国恐怕不如楚国。'于是,齐王默默无言,无法应答我。"

乌有先生说："这话为什么说得如此过分呢？您不远千里光临赐惠齐国，齐王发动境内的所有士卒，准备众多车马，和您外出打猎，是想齐心合力猎获禽兽，使您感到快乐，怎能称作夸耀呢！询问楚国有无游猎的平原广泽，是希望听听楚国的风俗与功业，以及先生的高论。如今您不称颂楚王的厚德，却盛赞云梦泽以为高论，大谈纵情游乐，炫耀奢侈靡费，我私下以为您不应当这样做。如果真像您所说的那样，本来也算不上是楚国的美好之事。若是有这些事，您把它说出来，这就是宣扬国君的丑恶；如果没有这些事，您却说有，这就有损于您的声誉。宣扬国君的丑恶，损害自己的信誉，这两件事没有一样是可做的，而先生却做了，这必将被齐国所轻视，而楚国的声誉也会受到牵累。况且齐国东临大海，南有琅琊，在成山观赏美景，在之罘山狩猎，在渤海泛舟，在孟诸泽中游猎，东北与肃慎为邻，右边以汤谷为界限。秋天在青丘打猎，自由漫步在海外，像云梦这样的大泽，纵然吞下八九个，胸中也毫无梗塞之感。至于那超凡卓异之物，异方的奇特物类，珍奇怪异的鸟兽，万物聚集，好像鱼鳞般荟萃在一起，充满其中，不可胜记，就是大禹也辨不清它们的名字，契也不能计算它们的数目。但是，齐王处在诸侯的地位，不敢陈说游猎和嬉戏的欢乐、苑囿的广大；先生又是被当作贵客的人，所以齐王让着您，没有回答您，怎能说他没有什么来应对呢！"

无是公微笑着说："楚国固然错了，齐国也未必对。天子之所以让诸侯交纳贡品，并不是为了财物，而是为了让他们到朝廷陈述其任职的情况；之所以要划分诸侯封地的疆界，并非为了守御边境，而是为了禁止诸侯国肆意侵占他国的疆土。如今，齐国位列东方的藩国，却与国外的肃慎私相勾结，弃离封国，越过边界，越过大海，到海上诸岛去游猎，这种做法就诸侯应遵奉的道义来说，是不允许的。况且你们二位先生所论，都不是致力于阐明君臣之间的道义，也不是端正诸侯的礼仪，而只是去争论游猎的欢乐，苑囿的广大，想以奢侈争胜负、以荒淫比高低，这样做不但不能使你们的国君显扬名望，提高声誉，却恰恰能够贬低声望，使自己蒙受损失。况且那齐国、楚国的事又哪里值得称道呢！你们没有亲眼看到那浩大壮丽的场面，难道没有听说过天子的上林苑吗？

“上林苑左边是苍梧，右边是西极，丹水流过它的南侧，紫渊直穿它的北部；霸水和浐水的源头与终端都在上林苑，泾水和渭水流进去又流出来；酆水、鄗水、潦水、潏水，曲折盘旋，在上林苑中迂回穿过。浩浩荡荡的八条河川，流向相背，姿态各异，东西南北，往来奔流，从两山对峙的椒丘山谷流出，流经沙石堆积的小洲，穿过桂树林，流过茫茫无边的原野。水流迅疾盛大，沿着高丘奔腾而下，直赴狭窄的隘口。撞击着巨石，激荡着沙石壅积形成的曲折河岸，水流涌起，暴怒异常，汹涌澎湃。河水喷涌，水流迅疾，波浪迫蹙，相互撞击。横流回环，旋转奔跃，翻腾疾去。急流冲击着不平的河岸，轰鸣震响，水势高耸，浪花回旋，卷曲如云，蜿蜒萦绕，后浪推击着前浪，流向低处，形成湍急的水流，冲过沙石之上，拍击着岩石，冲击着河堤，奔腾翻滚，不可阻挡，大水冲过小洲，流入山谷，水势渐缓，水声渐细，跌落于沟谷深潭之中。有时潭深水大，水流激荡，发出乒乓轰隆的巨响。有时水波翻涌飞扬，如同鼎中热水沸腾。水波急驰，泛起层层白沫，跳跃不止。有时水流急转，轻疾奔扬，流向远方，长归大湖。有时水面平静无声，安然地向着远方流去。然后，无边无际的大水，迂回徐缓，银光闪闪，奔向东方，注入太湖，湖水满溢，流进附近的池塘。于是，蛟龙、赤螭、䱭䲛、螹、离、鰅、鳙、鰬、魠、禺禺、魼、鳎，都扬起背鳍，摇动鱼尾，振抖鱼鳞，奋扬鱼翅，潜处于深渊岩谷之中。鱼鳖欢跃喧哗，万物成群结伙。明月、珠子，在江边光彩闪烁。蜀石、黄碝、水晶，层层堆积，灿烂夺目，光彩映照，聚积在水中。大雁、天鹅、鹔鸟、鸨鸟、驾鹅、鸀鳿、鵁鶄、䴔目、烦鹜、鷛鶏、鳡䴖、䴔鸬，成群结队，浮游在水上。任凭河水横流浮动，随风漂流，乘着波涛，自由摇荡。有时，成群的鸟儿聚积在野草覆盖的沙洲上，口衔着菁、藻，唼喋作响，口含着菱、藕，咀嚼不停。

“于是高山挺拔耸立，巍峨雄峻。广阔的山林中生长着高大的树木。山高险峻，高低不齐。九嵏山、巀嶭山、终南山巍峩耸立，或奇险，或倾斜，有的上下大，中间小，有的像锜，三足直立，险峻异常，陡峭崎岖。有的地方是收蓄流水的山溪，有的地方是水流贯通的山谷，溪水曲折，流入沟渎。溪谷开阔空旷，水中的丘陵隔离为岛，高高耸立，层叠不平。山势起伏，忽高忽低，连绵不绝，山坡倾斜，渐趋平缓。河水缓缓流动，溢出河面，四散于平坦的原野。水边平地，一望千里，被水冲得又平又硬。地上长满绿蕙，覆盖着江离，间杂着蘼芜和流夷，结缕满布，戾莎丛生，还有揭车、杜蘅、兰草、稿本、射干、茈姜、蘘荷、葴、橙、杜若、荪、鲜枝、黄砾、蒋、苎、青薠，遍布于广阔的大泽中和辽阔的平原上。花草绵延不绝，广布繁衍，随风起伏，吐露芬芳，散发着浓烈的香味，郁郁菲菲，香气四溢，沁人心脾，更令人感到芳香浓烈。

“于是浏览四周，广泛观赏，睁大眼睛也辨识不清，只见茫茫一片，恍恍惚惚，放眼望去，没有边际；仔细察看，宽广无涯。早晨，太阳从苑东的池沼升起，傍晚，太阳由苑西的陂池落下。苑南在严冬也依然生长草木，河水奔涌翻腾。这里的野兽有犕、旄、貘、犛、沈牛、麈、麋、赤首、圜题、穷奇、象、犀。苑北在盛夏季节也是河水结冰，大地冻裂，踏着坚冰就可过河。这里的野兽有麒麟、角䚥、騊駼、橐驼、蛩蛩、驒騱、駃騠、驴、骡。

“于是离宫别馆，布满山坡，横跨溪谷。高大的游廊，相互通连，双层的游廊阁道曲折相连。绘花的屋椽子，璧玉装饰的瓦珰。辇道连绵不绝，在长廊之中周游，路程遥远，须在中途住宿。削平高山，构筑殿堂，修起层层台榭，山下有幽深的孔道相通。俯视山下，遥远而什么也看不见，仰视天空，攀上屋椽几乎可以摸到苍天。流星从峰顶殿阁的门户中穿过，弯曲的彩虹横挂在窗板与栏杆之上。青虬蜿蜒在东厢，象舆行走在清静的西厢。众神休息在清闲的馆舍，偓佺那样的仙人在南檐下沐浴阳光。甘甜的泉水从清室中涌出，流动的河水经过院中。用巨石修整河岸，高峻险要，倚侧倾斜。山岩巍峨高耸，峥嵘奇特，好像工匠刻削而成。这里的玫瑰、碧、琳、珊瑚丛生，瑉玉庞大，瑸斒光彩斑斓似鱼鳞，赤玉纹采交错，杂插其间。垂绥、琬琰、和氏璧都出在这里。

“于是卢桔在夏天成熟，黄柑、橙子、榛、枇杷、橪、柿子、楟、柰、厚朴、梬枣、杨梅、樱桃、葡萄、隐夫、郁棣、榙樑、荔枝等果树，生在后宫之中，植于北园之内。绵延至丘陵之上，下至于平原之间，摆动起翠绿的树叶，摇动着紫色的茎干，开放着红色的花朵，吐出了朱红的小花。光彩繁盛，照耀着广阔的原野。沙棠、栎、槠、桦树、枫树、枰、栌、留落、胥余、仁频、并闾、欃檀、木兰、豫、章、女贞，有的树木高达千仞，粗得要几个人才能合抱，花朵和枝条生长得畅达舒展，果实硕大，叶子茂密。各种树木或聚集而直立，或丛聚而相倚，树枝蜷曲相连，交叉重叠，繁茂交错，盘曲纠结，高举横出，相倚相扶，下垂的枝条四散伸展，落花飞扬；树木繁茂高大，随风摇荡，婀娜多姿；风吹草木，凄清作响，有如钟磬之声，好似管龠之音。树木高低不齐，环绕着后宫；众多草木重叠累积，覆盖着山野，沿着溪谷生长，顺着山坡，直下低湿之地，放眼望去，没有边际，仔细探究，又无穷无尽。

“于是玄猿、素雌、蜼玃、飞鸓、蛭蜩、蠼蝚、螹胡、豰蛫都栖息在林间，有的长啸，有的哀鸣，上下跳跃，轻捷如飞，交互往来，在树枝间共同嬉戏，宛转跳跃，直上树梢。于是越过山涧，跃过奇异的丛林，扯着下垂的枝条，或分散奔走，或杂乱相聚，散乱远去。

“像这样的地方有数千百处。可供往来嬉戏游乐，住宿在离宫，歇息在别馆，厨师不需要迁徙，后宫妃嫔也不必跟随，文武百官也已齐备。

“于是从秋至冬，天子开始校猎。乘坐着象牙雕饰的车子，驾驭六条白色的虬龙，摇动着五彩旌旗，挥舞着云旗。前面有蒙着虎皮的车子开路，后边有导游之车护行。孙叔手执缰绳驾车，卫公做骖乘，为天子护驾的侍卫簇拥而行，穿越在四校之中。在森严的卤薄里敲起鼓，猎手们便一齐出击；江河是遮拦禽兽的栅栏，大山是望楼。车马飞奔，如雷声忽起，震天动地。猎手们四散分离，各自追逐自己的目标。行猎的人漫山遍野，他们沿着山陵，顺着沼泽，像云雾密布，如大雨普降。

“活捉貔豹，搏击豺狼，空手捕捉熊罴，用脚踏倒野羊。猎手们头戴鹖尾装饰的帽子，穿着画有白虎的裤子，披服有斑纹的衣服，骑着野马。登上三层峰峦的顶处，走下崎岖不平的山坡，直奔高陡险要的山峰，越过谷沟，涉水渡河。要弄蜚廉，摆布解豸，搏杀瑕蛤，刺杀猛氏，绊取騕褭，射杀大野猪。箭不随意射杀野兽，一箭射出，则必破解颈项，穿裂头脑。弓不虚发，野兽都应声而倒。

于是，天子便乘着车子，收住缰绳，缓慢前行，自由自在地往来遨游，观看士卒队伍的进退，浏览将帅应变的神态。然后，车驾由慢行而逐渐加快，疾速远去。用网捕捉轻捷飞翔的禽鸟，践踏敏捷狡猾的野兽。用车轴撞击白鹿，迅速捕获狡兔，其速度之快，超越赤色的闪电，把闪电的光亮抛在后边。追逐怪兽，仿佛跑出了天地之外。拉弯繁弱良弓，张满白羽之箭，射杀飞窜的枭羊，搏击蜚虡。选好肉肥的野兽然后发箭，指到哪里，射中哪里。弓箭分离，射中的猎物就倒在地上。

“然后，天子挥动马鞭，对天上的飞禽发起攻击，心也随着上浮，驾驭着疾风，越过狂飙，升上天空，与神灵同处。辗轧玄鹤，扰乱昆鸡，逼近捕捉孔鸾，捉取鵕鸃，击落鹥鸟，击打凤凰，疾取鸳雏，掩捕焦明。

“直到道路的尽头，才掉转车头而回。逍遥往来，停留在上林苑的最北的地方。一直前行，忽然间返回。踏上石阙，经过封峦，路过鳷鹊，望见露寒。下抵棠梨宫，休息在宜春宫，再奔驰到宣曲宫，划起绘有鹢鸟图案的船，在牛首池中荡漾。然后登上龙台观，到细柳观休息。观察士大夫们的辛勤与收获，平均分享猎者所捕获的猎物。至于步卒和车驾所践踏辗轧而死的、骑兵所踏死的，大臣与侍从所蹂死的，以及那走投无路、疲惫不堪、惊惧伏地、没受刀刃的创伤就死去的野兽，纵横交错，填满坑谷，覆盖平原，弥漫大泽。

“于是游乐嬉戏倦怠松懈，在上接云天的台榭上摆酒设宴，在广阔无边的寰宇之中演奏音乐。撞击千石的大钟，竖起万石的钟架；高擎着翠羽装饰的旗帜，放好灵鼍皮制成的大鼓；奏起唐尧时的舞曲，聆听葛天氏的乐曲；千人同唱，万人相和；山陵被这歌声震动，河川之水被激起大波。巴渝的舞蹈，宋、蔡的歌曲，淮南的《于遮》，文成和滇地的民歌，众乐同时并举，轮番演奏。钟鼓之声此起彼伏，铿锵铛鼛，惊心震耳。荆、吴、郑、卫的歌声，《韶》《濩》《武》《象》的音乐，淫靡放纵的乐曲，鄢、郢之地的飘逸舞姿，《激楚》之音高亢激越，俳优侏儒的表演，西戎的乐伎，用来使娱悦耳目、欢愉心情的东西，应有尽有，美妙悦耳的音乐在君王面前回荡，细嫩柔美的美女站立在君王身后。

“像那仙女青琴、宓妃之流的美女，超群脱俗，美丽高雅。面施粉黛，刻画鬓发，体态轻盈，绰约多姿，柔弱美妙，妩媚婀娜。身穿色泽纯正的外衫，拖着衣袖，衣衫轻柔飘动，长短极为合身，轻盈飘舞，与世俗的衣服不同。散发着浓郁的芳香，清醇浓烈。洁白的牙齿，微露含笑，光洁动人。眉毛修长弯曲，双目含情，顾盼流神，摄人心魂，有她们在身边就使人满心愉悦。

“于是酒饮到酣畅之时，音乐也正演奏得起劲，天子茫然而思，若有所失。说道：‘唉，这太奢侈了！朕在理政的闲暇之时，不愿虚度时日，顺应天道，前来上林苑猎杀野兽，时时在此休息。生怕后代子孙奢侈淫靡，循此而行，不肯休止，这不是为后人创功立业发扬传统的行为。’于是就撤去酒宴，不再打猎，而命令有司说：‘凡是可以开垦的土地，都变为农田，用以养育黎民百姓。推倒围墙，填平壕沟，使山泽之民都可以来此谋生。陂池中满是捕捞者也不要禁止，废弃苑中的宫观，不再修整。打开粮仓，赈济贫穷的百姓，救助不足，抚恤鳏寡，慰问孤儿和无子的老人。发布施恩德给百姓的政令，减轻刑罚，改变制度，变换服色，更改历法，与天下百姓一起从头开始。

“于是选择吉日进行斋戒，穿上朝服，乘坐天子的车驾，高举翠华之旗，响起玉饰的鸾铃，游观于《六艺》的苑囿，奔驰在仁义的大道上，观览《春秋》之林，演奏《貍首》，兼及《驺虞》的乐章，举行射礼。射中玄鹤，举起盾牌和大斧，尽情而舞。车载着高张云天的旗子，搜罗天下的贤才；为《伐檀》的慨叹而悲伤，为多得才智之士而快乐，在《礼》园中修饰容仪，在《书》圃中徘徊游赏，阐释《周易》之道，放走上林苑中各种珍禽怪兽。登上明堂，坐在清庙之中，君王遍命群臣，尽奏朝政的得失，使四海之内，无不受益。正当此时，天下百姓都非常喜悦。他们顺应天子的风教，听从政令，顺应潮流，接受教化。圣明之道喟然而振兴，百姓都归向仁义，刑罚被废弃而不用。君王的恩德高于三皇，功业超越五帝。如果达到这个地步，游猎才是可喜的事。

“如果整天在户外不顾日晒而驰骋在苑囿之中，劳神苦形，耗废弃车马的功用，损伤士卒的精力，浪费府库的钱财，而对百姓却没有厚德大恩，只是专心个人的娱乐，不考虑众多的百姓，忘掉国家大政，却贪图野鸡兔子的猎获，这是仁爱之君不肯做的事情。由此看来，齐国和楚国游猎之事，怎不令人悲哀！两国各有土地不过方圆千里，而苑囿却占据九百里，这样一来，草木之野不能开垦耕田，百姓就没有粮食可吃。他们凭借诸侯的微贱地位，却去享受万乘之君的奢侈快乐，我害怕百姓将因为他们而遭受祸患。”

于是子虚和乌有两位先生都变了容色，怅然若失，徘徊后退，离开座席，说道：“鄙人原本浅薄无知，不知忌讳，却在今天受到教诲，我要认真领教。”

赋写成后上奏天子，天子即命司马相如为郎官。无是公称说天子上林苑的广大，山谷、水泉和万物，以及子虚称说云梦泽所有之物很多，奢侈淫靡，言过其实，而且也不是义理所崇尚的，所以节取其中的要点，归之于正道,加以论述。

相如做郎官数年后,正逢上唐蒙受命打通夜郎及其西面的僰中,征发巴、蜀二郡的官吏士卒上千人,郡中又多为他征发转运粮草的人一万多。他又用军法诛杀了他们的大首领,巴、蜀百姓非常惊恐。皇上听到这种情况,就派相如去责备唐蒙,趁机晓谕巴、蜀百姓,唐蒙所为并非皇上的本意。檄文说:

告示巴、蜀太守:蛮夷自专其事,不服朝廷,久未讨伐,时常侵犯边境,使士大夫蒙受劳苦。陛下即位,存恤安抚天下,使中国安宁和睦。然后兴师出兵,北上讨伐匈奴,使单于恐怖震惊,拱手称臣,屈膝求和。康居与西域诸国,也都辗转翻译,请求朝见天子,虔敬地叩头,进献贡物。然后发兵直指东方,闽越之君被诛杀。接着军至番禺,南越王派太子入朝。南夷的君主,西僰的首领,都经常进献贡赋,不敢怠慢,伸长脖颈,提起脚跟,仰慕天子,争归仁义,愿做汉的臣仆,只是道路遥远,山川阻隔,不能亲自来朝向汉君致意。如今,不顺从者已被诛杀,而行善者尚未奖赏,所以派中郎将前往以礼相待,使其归服。至于征发巴、蜀的士卒百姓各五百人,只是为了供奉礼品,保卫使者不发生意外,并不想有兵革之事和战斗的祸患。如今,皇上听说中郎将竟然用军法,使巴、蜀子弟惊惧,巴、蜀父老长者忧患,郡中又擅自为中郎将转运粮食,这都不是陛下的本意。至于被征当行的人,有的逃跑,有的自相残杀,这也不是为人臣者的节操。

那边疆郡县的士卒,听到烽火高举、燧烟点燃的消息,都张弓待射,驰马进击,扛着兵器,奔向战场,人人汗流浃背,唯恐落后;打起仗来,就是身触利刃,冒着流矢射中的危险,也义无反顾,从没想到掉转脚跟,向后逃跑,人人怀着愤怒的心情,如报私仇一般。他们难道乐意死去而厌恶生存,不是名在户籍的良民,而与巴、蜀不是同一个君主吗?只是他们思虑深远,一心想着国家的危难,而乐于尽臣民的道义罢了。所以他们当中有人得到剖符拜官的封赏,有的分珪受爵，位在通侯，住宅排列在东第。他们死后可将显贵的谥号流传后世，把封赏的土地传给子孙。他们做事非常忠诚恭敬，做官也特别安逸，好的名声延续到久远的后世，功业卓著，永不泯灭。因此有贤德的人们都能肝脑涂中原，血液润泽野草而在所不辞。如今只是承担供奉币帛的差役去到南夷，就自相杀害，或者逃跑被诛杀，身死而无美名，其谥号应称为“至愚”，其耻辱牵连到父母，被天下人嘲笑。人的气度和识见的差距，难道不是很远么！然而这也不只是应征之人的罪过，父兄们平素没给他很严格的教导，也没有谨慎地给子弟做表率；人们缺少清廉的美德，不知羞耻，那么风俗也就不淳厚了。因而他们被判处杀戮，不也是应当的吗！

陛下忧虑使者和有司就像那个样子，哀伤不贤的愚民像这个样子，所以派遣信使把征发士卒的事清清楚楚地告知百姓，趁机责备他们不能忠于朝廷，不能为国事而死的罪过，斥责三老和孝悌没能很好地教诲他们的过失。如今正是农忙时节，不好再烦扰百姓，已经亲眼看到了附近县邑的情况，担心偏远的溪谷山泽间的百姓不能全都听到陛下的意旨，待檄文一到，急忙下发到县道百姓那里，使他们全都知道陛下的心意，千万不要疏忽。

相如返回朝中奏报天子。唐蒙已经打通夜郎，趁机要开通西南夷的道路，征发巴、蜀、广汉的士卒，参加修路的有数万人。修路二年，没有修成，士卒多死亡，耗费的钱财要用亿来计算。蜀地民众和汉执掌政事的人大言说通西南夷的不便之处。这时，邛、筰的君长听说南夷已与汉通使，得到很多赏赐，大多都想做汉的臣仆，希望比照南夷，请求汉给他们设置官吏。天子向相如询问此事，相如说：“邛、筰、冉、駹都离蜀地很近，道路容易开通。秦朝时就已通使设置郡县，到汉兴起时才废除。如今真要重新开通，为他们设置郡县，其利益超过南夷。”天子以为相如说得对，就拜授他为中郎将，命他持节出使。并命副使王然于、壶充国、吕越人乘坐四匹马驾驭的传车驰往，靠着巴、蜀的官吏和财物去赂通西南夷。相如等到了蜀郡，蜀郡太守及其属官都到城外迎接相如，县令背负着弓箭在前面开路，蜀人都以此为荣。于是卓王孙、临邛诸位父老都趁势来到相如门下，献上牛和酒，与相如畅叙欢乐之情。卓王孙喟然感叹，自以为把女儿嫁给司马长卿的时间太晚，便把丰厚的财物分给了文君，使她与儿子所分的等同。司马长卿就便平定了西南夷。邛、筰、冉、駹、斯榆的君长都请求成为汉的内臣。于是除去关隘，使边关增大，西边到达沫水、若水，南边到达牂柯，以此为边界，开通了零关道，在孙水上建桥，直通邛都。相如返回奏报天子，天子非常高兴。

相如出使西南夷时，蜀地的长老大多都说开通西南夷没有用，即使朝廷大臣也有人这样认为。相如想向皇上进谏，谏辞也已写好，但不敢再奏，于是就著书为文，假借蜀郡父老的语气写成文辞，而自己来诘难他们，以此讽谏皇上，并借此说明自己出使的意图，让百姓知道天子的心意。那文辞说：

汉兴起已经七十八年，德行丰厚，存在于六代君王当中，威武之功盛多，深厚的恩德广大，不但所有生灵承受恩泽，就连四方之外也得到余恩。于是天子才命使者西征，一路前行，一路开拓，德教之风所到之处，无不随风归顺。因而使冉夷臣服，駹夷顺从，平定了筰，存恤了邛，略取了斯榆，攻占了苞满。然后络绎不绝的车马掉转车辕，起程向东，将要返回京城禀报天子，到达蜀郡成都。

这时耆老、大夫、荐绅、先生之徒二十七人，庄重恭敬地前来拜访。寒暄已毕，趁机进言道："听说天子对于夷狄之人的态度，只是牵制他们不使断绝关系而已。而如今却让三郡的士卒疲困不堪，去打通夜郎的道路，至今三年了，修路的还没有完成，士卒已劳苦疲倦，千万百姓已衣食不足。如今又要接着开通西夷，百姓劳力已经耗尽，恐怕不能最终完成此事，这也是使者的牵累啊，我私下为您忧虑。况且那邛、筰、西僰与中国并列，已经过许多年了，记都记不清了。仁德的君王不能靠仁德招服他们，势强的君王也不能靠武力兼并他们，想来恐怕这种做法行不通吧！如今分割百姓的财物送给夷狄，使汉所依赖的百姓遭受疲困，而去事奉无用的夷狄，鄙陋之人见识短浅,不知道所说的是不是对。”

使者说:“怎么说这样的话呢?如果像你说的那样,那么蜀地人的服饰就不会改变,巴地人的风俗也不会变化了。我常讨厌听这种说法。然而这件事情的重大意义,本来不是旁观者所能看出来的。我行程急促,其详情不能细说给你们听,请让我为大夫们粗略地陈说一番。

“大概世上必定有非同寻常的人,才会有非同寻常的事;有了非同寻常的事,才会有非同寻常的功业。非同寻常的东西,当然是常人感到奇异的。所以说非同寻常的事开始出现时,百姓会惊惧;等到事办成了,天下也就安然太平了。

“从前洪水涌出,四处泛滥,百姓上下迁移,心情不安宁。大禹为此忧虑,就堵塞洪水,导引江水,疏通河道,分散洪水,消除灾害,使洪水向东流入大海,让天下永保安宁。承受这样的劳苦,难道只有百姓?大禹心神烦劳,终日思虑,还要亲身参加劳作,累得手脚生出老茧,身上没有白肉,皮肤磨得生不出汗毛。所以他的美好功业显赫于无穷的后世,声望传扬至今。

“况且贤明的君主即位后,难道只是委琐龌龊,被文法所拘束,被世俗所牵制,因循旧习,取悦当世吗?应当有高远的见解,开创业绩,传留法统,成为后世遵行的规范。所以要尽力做到兼容并包,要勤勉思考使自己的功德可与天地并列。况且《诗经》里不是说过:‘普天之下,没有哪个地方不是周王的领土;四海之内,没有哪个人不是周王的臣民。’所以六合之内,八方之外,雨露满布,如果有生命之物没受君恩的滋润,贤君将视为耻辱。如今疆界以内,文武官员,都获得了快乐幸福,没有遗漏。而夷狄是风俗殊异的国家,是与我们遥远隔绝、族类不同的地方,那里车船不通,人迹罕至,政事教化还没有达到那里,风气还很微下。如果接纳他们,他们将在边境做些违犯义礼的事;把他们排斥在外,他们就会在自己国内为非作歹,放逐或杀害他们的君王。君臣颠倒,尊卑失序,父兄无罪被杀,幼儿与孤儿做奴隶,被捆绑者哀号哭泣,一心向汉,抱怨说“听说中国有最仁爱的君主,美德盛大,恩泽普及,万物没有找不到自己所处地方的,如今为什么只遗弃了我们?”踮起脚跟,思慕不已,就像大旱之时盼望雨水一样。就是凶狠之人也为之感动流泪,更何况当今皇上圣明,又怎么可以就此作罢?所以出师北方,讨伐强大的匈奴,派使者急驰南方,责备强劲的越国。四方邻国都受仁德的教化,南夷与西夷的君长像游鱼聚集,仰面迎向水流,愿意得到汉封号的以亿计。所以才以沫水、若水为关塞,以牂柯为边界,凿通零山道,在孙水源头架起桥梁。开创了通向道德的坦途,留下热爱仁义的统绪。将要广施恩德,安抚驾驭边远之地的百姓,使边远之国不被隔闭,使居住在偏僻之地的愚昧百姓得到光明,在这里停止战争,在那里消除杀伐。使远近一体,中外安宁幸福,不是安乐之事吗?把百姓从困境中拯救出来,尊奉天子的美德,挽救世风的衰败,继承周代已经断绝的业绩,这是天子的当务之急。百姓纵然有些劳苦,又怎么可以停止呢?

“况且帝王之事本来就没有不从忧劳开始,而以逸乐结束的。这样说来,那么承受天命的祥瑞,正在通西夷这件事上。如今天子将要在泰山筑台祭天,在梁父山下拓场祭地,鸣响鸾铃,高扬音乐和颂歌,汉天子之德上同五帝,下超三王。旁观者没看到事情的意图,没有听到事情的根本,如同鷦明已在寥廓的天空飞翔,而捕鸟的人还眼盯着草泽。可悲啊!”

于是诸位大夫心情茫然,忘却了来意,也忘记了想进谏的话,深有感慨地一同说道:“的确如此啊,汉的美德!这是鄙陋之人愿意听到的。百姓虽然有些怠惰,请允许我们给做个表率。”大夫们惆怅不已,进退失据,手足无措,辞别而去。

其后不久,有人上书告发相如出使时接受了别人的钱财,因而,他失去官职。在家呆了一年多,又被召回做了郎官。

相如口吃,但却善于著书为文。他常患消渴疾。与卓文君结为婚姻后，很有钱。他出仕做官，不曾愿意参与公卿们商讨的国家大事，而是称病在家闲居着，不追慕官爵。他曾随皇上到长杨宫打猎，这时，天子正喜欢亲自击杀熊和猪，驰马追逐野兽，相如上疏劝谏天子。疏辞写道：

臣听说，万物中有同类而能力却不同的，所以说到力大就称赞乌获，谈到轻捷就推言庆忌，说到勇猛必称孟贲、夏育。臣愚昧，私下以为人有这种情况，兽也应有这种情况。如信陛下喜欢登上险阻之地，射击猛兽，突然遇到本领超群的野兽，在意想不到的地方，它狂暴进犯，向着车驾冲来，车驾来不及旋转车辕，人也没机会施展技巧，纵然有乌获、逢蒙的本领，才力也不能用上，干枯的树木和腐朽的树桩都可以变成祸害。这就像胡人、越人出现在车乘之下，羌人、夷人紧跟在车驾后面，难道不很危险吗！即使是绝对安全而无一点害处，然而这也本不是天子应该接近的。

况且清除道路而后行走，选择道路中央驱马奔驰，有时还会有马口中的衔铁断裂突然出现灾祸的事发生，更何况在蓬蒿中跋涉，在荒丘废墟上奔驰，前面有猎获野兽的快乐，内心却没有应付突然事故的准备，大概出现祸患也就不难了。看轻万乘之尊的高贵地位，不以此为安乐，却乐意出现在虽有万全准备而仍有一丝危险的地方，臣私自以为陛下不应该这样做。

大概明察之人能远在事情发生前，就预见它的出现，智慧之人能在危险还没形成前就避开它。祸患本来就大多隐藏在暗处，发生在人疏忽的时候。所以谚语说："家中积累有千金，不坐在堂屋檐底下。"这句话虽然说的是小事，但却可以用来比喻大事。臣愿陛下留意明察。

皇上认为司马相如说得很好。返回路过宜春宫时，相如向皇上献赋，哀伤秦二世行事的过失。赋的文辞说：

登上倾斜的漫长山坡，一同走进高峻的层叠宫殿。俯视曲江池中的长洲，望着高低不齐的南山。山岩高耸而山谷空深，通畅的溪谷豁然开朗而空阔。溪水疾速翻滚着远远流去，注入宽广低平的地方。观赏各种树木繁茂多荫蔽的美景，浏览茂密丛生的竹林。向东边的土山奔驰，向北提衣涉过沙石上的急流。缓步前行，路过并凭吊二世之墓。他自身行事不谨慎，使国家灭亡，权势丧失。他听信谗言，不肯醒悟，使得宗庙灭绝。呜呼哀哉！他的操行不端正，坟墓荒芜而无人修整，魂魄无处可归，也无人向他祭祀。飘逝到极远无边的地方，越来越久远，越来越不被人所知。像魍魉似的魂魄升空飞扬，经历广大的九天而远远逝去。呜呼哀哉！

相如被拜授为孝文帝的陵园令。天子既然赞美子虚之事，相如又看出皇上喜爱仙道，趁机说："上林之事算不得最美好，还有更美的。臣曾经写过《大人赋》，没写完，请允许臣写完献给皇上。"相如认为传说中的众仙人居住在山林沼泽间，形体容貌特别清瘦，这不是帝王心意中的仙人，于是就写成《大人赋》。赋中写道：

世上有位大人啊，居住在中州。房宅满布万里啊，竟不足以使他稍微停留。悲伤世俗的胁迫困厄啊，于是离世轻飞而向着远方漫游。跨着红色旗幡作装饰的白色的虹啊，乘着云气而上浮。竖起状如烟火的云气长竿啊，系着光芒闪耀的五彩旌旗。悬挂起用旬始星做成的旌旗飘带啊，拖着彗星作为旌旗垂羽。旌旗随风飘动而逶迤婉转啊，婀娜多姿地摇摆。揽取欃枪做旌旗啊，旗杆上缠绕着弯曲的彩虹作为绸。天空赤红深远而又浑沌不清啊，狂飙奔涌而云气飘浮。驾着应龙、象车屈伸有度地前行啊，以赤螭、青虬为骖马屈曲蜿蜒行进。有时龙身屈曲起伏，昂首腾飞，恣意飞驰啊，有时又曲折隆起，盘绕蜷曲。时而摇头伸颈，起伏前进啊，时而举头不前，憨态可爱。时而放任散漫，放纵任性啊，时而昂首不齐。有时忽进忽退，摇目吐舌，急速飞翔，摇摇摆摆啊，有时龙头摇动，屈曲婉转，像惊兔奔跑，迅疾而驰。或缠绕喧嚣踏到路上啊，或飞奔跳跃，奔腾狂驰。或迅捷飞翔，相互追逐，疾如闪电啊，突然间雾气散去，云气消失。

斜渡东极而登上北极啊，与仙人们相互交游。走过曲折深远的地方向右转啊，横渡飞泉向着正东。把众仙全都招来进行挑选啊，在瑶光之上部署众神。让五帝做先导啊，使太一返回，让仙人陵阳做侍从。左边是玄冥右边是含雷啊，前面有陆离后面有潏湟。让征伯侨做小厮，令羡门高做差役啊，嘱咐岐伯掌管药方。火神祝融警戒清道啊，消除恶气，然后前进。聚集我的车子有万乘之多啊，杂合彩云做成车盖，树起华丽的旗帜。让句芒引路啊，我要前往南方去嬉戏。

经过崇山见到唐尧啊，拜访虞舜在九疑。车骑纷繁纵横交错啊，众多杂乱并驰向前。纷扰纠结相撞而杂乱啊，大水无边无际恣意奔流。群山簇聚罗列，万物丛集茂盛啊，蔓延遍布，繁盛而又参差散乱。径直驰入雷声隆隆的雷室啊，穿过崎岖不平的鬼谷。遍览八纮而远望四荒啊，渡过九江越过五河。往来于炎火山，泛舟在弱水河啊，方舟横渡浮渚，涉过流沙河。休息在总极山，在泛滥的河水中嬉游啊，使灵娲奏瑟，让冯夷起舞。天色昏暗混浊啊，招来雷师屏翳，诛责风神而惩治雨师。西望昆仑恍恍惚惚啊，径直驰向三危山。推开天门闯进帝宫啊，载着玉女与她同归。从容登上阆风山而愉快地停下歇息啊，就像乌鸟高飞而稍稍休息。在阴山上徘徊，回旋飞翔啊，我今天才目睹满头白发的西王母。她头戴玉胜住在洞穴中啊，而幸有三足乌供她役使。一定要像这样长生不死啊，纵然能活万世也不值得高兴。

回转车头离去而归来啊，走到不周山路断绝，会食在幽都。呼吸露气而餐食朝霞啊，咀嚼芝英，稍食琼华。抬头仰望而身体渐渐高纵啊，纷然腾跃疾飞上天。穿过闪电的倒影啊，涉过丰隆兴云而生的滂沛雨水。驰骋游车和导车从长空而降啊，冲出云雾而疾驰远去。迫于人世间的狭隘啊，缓缓走出北方的边际。把随从诸骑留在北极之山啊，在北极之门超越先驱。下界深远而不见大地啊，上方空阔而看不到天边。视线模糊看不清啊，听觉恍惚而听不清。腾空而上到达远方啊，超然无有而独自长存。

相如既已献上《大人之颂》，天子非常高兴，飘飘然有凌驾云天的气概，心情好似遨游天地之间那样的意气。

相如因病免官后，家住茂陵。天子说："司马相如病得很厉害，可派人去把他的书全部取回来；如果不这样，以后就散失了。"就派所忠前往茂陵，而相如已经死去，家中没有书。询问相如之妻，她回答说："长卿本来不曾有书。他时时写书，别人就时时取走，因而家中总是空空的。长卿没死时，写过一卷书，他说如有使者来取书，就把它献上。再没有别的书了。"他留下来的书上写的是封禅的事，就进献给所忠。所忠把书再奏给天子，天子惊异其书。那书上写道：

上古开始之时，由天降生万民，历数各代君王，一直到秦。沿着近世君王的足迹追寻，聆听远古帝王的遗风美名，众多而纷乱，被湮没而不称道的，不可胜数。能够继承舜、禹，尊号美谥的，稍可称道的只有七十二君。顺从善道行事，没有谁不昌盛；违逆常理，失德行事，谁能长存？

轩辕以前，时间久远，情事邈茫，其详细情况不能得知。五帝三王的一些事迹，都记载在《六经》典籍和其他诸书中，可以看到大概的情况。《尚书》说："君王贤明啊，大臣杰出。"根据这一记载可以说，君王圣明没有超过唐尧的，大臣贤良没有比得上后稷的。后稷在唐尧时创建业绩，公刘在西戎之地由隐微而显赫，文王改易礼制，于是周朝隆盛，太平之道形成。其后虽然陵夷衰微，但千载以来没有恶名声，难道不是善始善终吗？然而周王朝所以能这样，没有别的原因，只是前代先王能谨慎从事，又能严谨垂教后世罢了。前人法则平易，易于遵循；深恩广大，容易丰足；制度显明，易于效法；世代相继之法统顺乎情理，容易继承。所以周公辅佐年幼的成王而业绩隆盛，而功德之高超越文王、武王。考察其所始，至于其所终，并没有特别优异超凡的业绩，可与当今相比。然而，周人尚且走上梁父山，登上泰山，建立显贵的封号，施加尊崇的美名。大汉的盛德，像源泉奔涌而出，衍溢扩散，广布四方；如同云雾散布，上通九天，下至八方极远之地。一切生灵，皆受恩德，和畅之气，广泛散布，威武之节，传于远方。近狭之地如同畅游于恩泽的源头，广远之地好似浮泳在恩惠的余沫。领头作恶的被湮没，暗昧之人得到光明。连昆虫也都蒙受恩泽，回头面向大汉。然后，聚养驺虞之类的珍异之兽，捕捉麋鹿之类的怪兽，在庖厨中选出一茎六穗的嘉禾以供祭祀，用双觡共抵之兽做牺牲，在岐山获得了周朝遗留的宝鼎和蓄养的神龟，从沼泽里招来了翠黄、乘龙。鬼神迎接神仙灵圉，在闲馆中待以宾客之礼。珍奇之物，神奇怪异，卓异不凡，变化无穷。令人钦敬啊，祥瑞的征兆都显现在此，还认为自己功德微薄，不敢称道封禅之事。从前周武王渡河时，有条白鱼跳到船中，武王认为是美好的祥瑞，就用这白鱼燎祭上天。其实这种符兆十分细微，但却因此登上泰山，不是太惭愧了吗？周不该封禅而封禅，汉应该封禅却不封禅，相差多么鲜明啊。

于是大司马进谏说："陛下以仁德抚育天下百姓，凭借道义征伐不肯顺服者，华夏诸侯乐意进贡，蛮夷也都持礼物朝拜天子，美德与往初的圣君等同，功业也无二致，美好的功业和谐融洽，祥瑞的征兆众多而且种类不断变化，应验之期将相继而至，不只是初次呈现。我想大概在泰山、梁父山设立祭坛、场地，是盼望汉天子幸临，加以尊号，赐予荣耀，上帝降下恩泽和吉祥，是准备协助陛下完成这件事，陛下却谦让而不封禅。这是惹上帝、泰山、梁父山三神不高兴，使王道的礼仪缺失，群臣对此感到惭愧。有人说那天道是质直幽微的，珍奇的符兆本来是不能拒绝的。如果这样推辞它，是使泰山没有作表记的机会，而梁父山也没有被祭祀的希望了。如果古帝王都只顾他当时的荣耀，终世之后而无所闻，那么说者还有什么可以向后世陈述的呢，还能有七十二君封禅的说法吗？若修明道德则天赐祥瑞，顺应祥瑞以行封禅之事，不能算作越礼。所以圣明的君王不废除封禅之礼，而是修行礼仪，尊奉地神，诚恳地谒告天神，在中岳刻石记功，以彰显最尊贵的地位，宣扬盛明的德行，给泰山之神以尊号与荣耀，授与厚福，以求让上天降福泽于百姓。封禅之事堂皇伟大啊，是天下的壮观，称王者的大业，不可贬损。愿陛下成全它。然后杂取荐绅先生的道术，使他们获得日月余光远炎的照耀，以施展做官的才能，专心办好政事。还要兼正天时、叙列人事，阐述封禅大义，校订润色其文，作成像《春秋》一样的经书，将沿袭旧有“六经”，增为“七经”，并传布无穷，使万世之后仍能激发清流之士，扬起微波，传扬英明之声，传送茂盛的果实。前代圣贤所以能永远保持鸿大的名声而常常被称赞的原因，就在于行封禅之礼，应当命掌故把封禅的礼仪全都奏报陛下，以备观览。”

于是天子似有所悟而改变了神色，说：“好啊，朕就试试看吧！”于是思来想去，总汇公卿们的议论，询问封禅之事，作诗歌颂恩泽的博大，宣扬符瑞的繁富。于是写了颂歌，说：

“覆盖我的苍天，云朵油然飘荡。普降甘露和及时雨，其地可以遨游。滋润万物的雨水渗入土地，万物无不受到滋养。好谷物一茎生出六穗，我收获的谷物哪里蓄积？

不但降下雨水，又把大地润泽；不但沾濡我一人，而且广泛散布。万物熙熙和乐，既怀恋又思慕。名山应当有显赫的地位，盼望圣君到来。君王啊，君王！为何还不来？

文彩斑斓的驺虞，喜欢在我们天子的苑囿里；白黑相间的皮毛，它的样子令人喜爱；温和恭敬，宛如君子之态。从前只听到它的名声，如今看到它的降临。那路上没留下足迹，这是天降祥瑞的征兆。此兽也曾在虞舜时出现，虞舜因此而兴旺。

肥壮的白麟啊，曾在五畤戏游。正是孟冬十月，皇上前往郊祀。白麟奔驰到君王车前，这是天帝享用了君王的祭品而以吉祥报答。三代以前，大概不曾有此奇事。

宛屈伸展的黄龙，因遇圣德而升天。色彩闪耀夺目，光辉灿烂。龙体显现，必能使众民觉悟。在《易经》中曾有记载，这正是授命天子所乘。

天的符瑞已经明白显示，不必再谆谆告诫。应当依此类推，告诉君王举行封禅大典。”

翻开典籍可以看到，天道和人事已经贯通，上下感应融洽和谐。圣明君王的美德，就是戒慎恭敬。所以说‘兴旺时要考虑到衰微，太平安乐时要想到危难’。因此，商汤、周武王虽然位居至尊，却仍然保持严肃恭敬的美德。虞舜在高位之上，总是反省自己的缺失。说的就是这个道理。

司马相如已死五年，天子才开始祭祀土地神。他死后八年，天子终于首先祭祀中岳，然后又在泰山祭天，再到梁父山、肃然山祭地。

相如其他所著之书，如《遗平陵侯书》《与五公子相难》《草木书》篇没有收录，只收录了在公卿中尤其被称著的作品。

太史公说：《春秋》能推究至事物的极隐微处，《易经》原本隐微却能阐释得浅显，《大雅》说的是王公大人，却使他们的德行普及黎民百姓，《小雅》讥刺卑微个人的得失，却能影响达到朝廷。所以言辞的外在表现虽然不同，但其合于道德却是一致的。相如的文章虽然多假托言辞和夸张之说，但其主旨却归于节俭，这同《诗经》的讽谏之旨有何不同？扬雄认为相如的华丽辞赋，鼓励奢侈的言辞有一百，而倡言节俭的言辞只有一，就如同尽情演奏郑、卫之音，而在曲终之时演奏一点雅乐一样。这不是贬损了相如的辞赋吗？我采录了他的一些可以著论的文字，写在这篇文章中。

【鉴赏】

本篇简于人物生平行事之传述，而详于“长篇录入于全传”，以见“其人之极思”者，即是章学诚《文史通义·诗教下》中所说的“以文传人”之法。具体说来，司马相如的才能主要是他善于著书作赋，因与卓文君成婚，而财用丰饶，“其进仕宦，未尝肯与公卿国家之事，称病间居，不慕官爵”。所以本篇对司马相如只简单记述了其游梁、娶文君、通西南夷等数事，而对其赋与文诸如《子虚赋》《上林赋》《喻巴蜀檄》《难蜀父老》《上书谏猎》《哀二世赋》《大人赋》《封禅文》却不厌其繁全文收录，甚至可以说，其间记述也可视为是对每篇创作背景、目的及义理等的交待，如《上林赋》是“明天子之义”，“其卒章归之于节俭，因以风谏”;《喻巴蜀檄》是针对唐蒙诛杀巴蜀吏卒首领导致巴蜀民大为惊恐之事，而“喻告巴蜀民以非上意”等等。这些赋与文本身就能极为有力的表现出传主卓著的才华、为人行事及身处盛世气象之下的思虑情态。当然司马迁在收录这些文赋之时，也是天然契合，不着痕迹，正如李景星《史记评议》所谓“驱相如之文以为己文”。

这篇列传的开场记述司马相如与卓文君故事的一段文字也极为新奇生动，富于情趣，这应当是史家著文中的特例，因为史家著史是以“非天下所以存亡”之事而“不著”为准则的，这也是司马迁在《留侯世家》中所提出来的。但司马迁又时常好奇，所以在《史记》就留下了不少传奇性的文字。对本篇来说这样的情节又与传主司马相如的才华和身份极为相合。

史记卷一百一十八·淮南衡山列传第五十八

本篇是淮南厉王刘长父子的合传。刘长是汉高祖刘邦的小儿子，文帝的异母兄弟。高祖十一年，灭淮南王黥布后，刘长被立为淮南王。文帝六年，刘长因谋反事发获罪而被流放蜀地，押送途中绝食而死。文帝八年，刘长四子刘安、刘勃、刘赐、刘良同被封侯。文帝十六年，三分淮南王故地而封刘安为淮南王，刘勃为衡山王，刘赐为庐江王。景帝四年，徙刘勃为济北王，刘赐为衡山王。其中刘良、刘勃皆早死无事，故本篇主要是写淮南厉王刘长、淮南王刘安及衡山王刘赐之事。后刘安、刘赐也都先后因谋反事发而自杀国除。如果按《史记》的正常体例，诸侯王应当列入"世家"，这里却将刘长父子归于"列传"，此与吴王刘濞相同，都是因为他们有谋反叛逆之罪，故司马迁作如此变通。这反映了作者赞成"王者一统"，反对分裂的态度。与此相关，作者在本篇借淮南王刘安之臣伍被之口对武帝和卫青颇加赞扬，这在《史记》中极为少见。

淮南厉王长者，高祖少子也，其母故赵王张敖美人。高祖八年，从东垣过赵，赵王献之美人。厉王母得幸焉，有身。赵王敖弗敢内宫①，为筑外宫而舍之。及贯高等谋反柏人事发觉，并逮治王，尽收捕王母兄弟美人，系②之河内。厉王母亦系，告吏曰："得幸上，有身。"吏以闻上，上方怒赵王，未理厉王母。厉王母弟赵兼因辟阳侯言吕后，吕后妒，弗肯白，辟阳侯不强争。及厉王母已生厉王，恚，即自杀。吏奉厉王诣上，上悔，令吕后母之，而葬厉王母真定。真定，厉王母之家在焉，父世县也。

---

①内：同"纳"，接纳。 ②系：拘囚。

高祖十一年七月，淮南王黥布反，立子长为淮南王，王黥布故地，凡四郡。上自将兵击灭布，厉王遂即位。厉王蚤[①]失母，常附吕后，孝惠、吕后时以故得幸无患害，而常心怨辟阳侯，弗敢发。及孝文帝初即位，淮南王自以为最亲，骄蹇[②]，数不奉法。上以亲故，常宽赦之。三年，入朝，甚横。从上入苑囿猎，与上同车，常谓上"大兄"。厉王有材力，力能扛鼎。乃往请辟阳侯。辟阳侯出见之，即自袖铁椎椎辟阳侯，令从者魏敬刭[③]之。厉王乃驰走阙下，肉袒谢曰："臣母不当坐赵事，其时辟阳侯力能得之吕后，弗争，罪一也。赵王如意子母无罪，吕后杀之，辟阳侯弗争，罪二也。吕后王诸吕，欲以危刘氏，辟阳侯弗争，罪三也。臣谨为天下诛贼臣辟阳侯，报母之仇，谨伏阙下请罪。"孝文伤其志，为亲故，弗治，赦厉王。当是时，薄太后及太子诸大臣皆惮厉王，厉王以此归国益骄恣，不用汉法，出入称警跸[④]，称制，自为法令，拟于天子。

六年，令男子但等七十人与棘蒲侯柴武太子奇谋，以辇车四十乘反谷口，令人使闽越、匈奴。事觉，治之，使使召淮南王。淮南王至长安。

"丞相臣张仓、典客臣冯敬、行御史大夫事宗正臣逸、廷尉臣贺、备盗贼中尉臣福昧死言：淮南王长废先帝法，不听天子诏，居处无度，为黄屋盖乘舆，出入拟于天子，擅为法令，不用汉法。及所置吏，以其郎中春为丞相，聚收汉诸侯人及有罪亡者，匿与居，为治家室，赐其财物爵禄田宅，爵或至关内侯，奉[⑤]以二千石所不当得，欲以有为。大夫但、士五[⑥]开章等七十人与棘蒲

---

①蚤：通"早"。 ②骄蹇：傲慢，不顺从。 ③刭：以刀割脖子。 ④警跸：警戒清道，断绝行人，是帝王出入时的规制。 ⑤奉：通"俸"，俸禄。 ⑥士五：有罪失官爵者。

侯太子奇谋反，欲以危宗庙社稷。使开章阴告长，与谋使闽越及匈奴发其兵。开章之淮南见长，长数与坐语饮食，为家室娶妇，以二千石俸奉之。开章使人告但，已言之王。春使使报但等。吏觉知，使长安尉奇等往捕开章。长匿不予，与故中尉蕑忌谋，杀以闭口。为棺椁[①]衣衾，葬之肥陵邑，谩吏曰'不知安在'。又详聚土，树表[②]其上，曰'开章死，埋此下'。及长身自贼杀无罪者一人；令吏论杀无罪者六人；为亡命弃市罪诈捕命者以除罪；擅罪人，罪人无告劾，系治城旦舂[③]以上十四人；赦免罪人，死罪十八人，城旦舂以下五十八人；赐人爵关内侯以下九十四人。前日长病，陛下忧苦之，使使者赐书、枣脯。长不欲受赐，不肯见拜使者。南海民处庐江界中者反，淮南吏卒击之。陛下以淮南民贫苦，遣使者赐长帛五千匹，以赐吏卒劳苦者。长不欲受赐，谩言曰'无劳苦者'。南海民王织上书献璧皇帝，忌擅燔其书，不以闻。吏请召治忌，长不遣，谩言曰'忌病'。春又请长，愿入见，长怒曰'女[④]欲离我自附汉'。长当弃市，臣请论如法。"

制曰："朕不忍致法于王，其与列侯二千石议。"

"臣仓、臣敬、臣逸、臣福、臣贺昧死言：臣谨与列侯吏二千石臣婴等四十三人议，皆曰'长不奉法度，不听天子诏，乃阴聚徒党及谋反者，厚养亡命，欲以有为'。臣等议论如法。"

制曰："朕不忍致法于王，其赦长死罪，废勿王。"

"臣仓等昧死言：长有大死罪，陛下不忍致法，幸赦，废勿王。臣请处蜀郡严道邛邮，遣其子母[⑤]从居，县为筑盖家室，皆

---

①椁：棺外的套棺。衾：殓尸的包被。 ②表：标记。 ③城旦：一种刑罚，命男犯服劳役四年，白天戍守，夜晚筑城。舂：一种徒刑，罚女犯舂米。 ④女：同"汝"，你。 ⑤子母：指妾中生有子女者。

廪食，给薪、菜、盐、豉、炊食器、席蓐。臣等昧死请，请布告天下。”

制曰：“计食：长给肉日五斤，酒二斗。令故美人才人得幸者十人从居。他可。”

尽诛所与谋者。于是乃遣淮南王，载以辎车，令县以次传[①]。是时袁盎谏上曰：“上素骄淮南王，弗为置严傅[②]相，以故至此。且淮南王为人刚，今暴摧折之，臣恐卒逢雾露[③]病死，陛下为有杀弟之名，奈何！”上曰：“吾特苦之耳，今复之。”县传淮南王者皆不敢发车封[④]。淮南王乃谓侍者曰：“谁谓乃公勇者？吾安能勇！吾以骄故不闻吾过至此。人生一世间，安能邑邑[⑤]如此！”乃不食死。至雍，雍令发封，以死闻。上哭甚悲，谓袁盎曰：“吾不听公言，卒亡淮南王。”盎曰：“不可奈何，愿陛下自宽。”上曰：“为之奈何？”盎曰：“独斩丞相、御史以谢天下乃可。”上即令丞相、御史逮考诸县传送淮南王不发封馈侍者，皆弃市。乃以列侯葬淮南王于雍，守冢三十户。

孝文八年，上怜淮南王，淮南王有子四人，皆七八岁，乃封子安为阜陵侯，子勃为安阳侯，子赐为阳周侯，子良为东成侯。

孝文十二年，民有作歌歌淮南厉王：“一尺布，尚可缝；一斗粟，尚可舂。兄弟二人不能相容。”上闻之，乃叹曰：“尧舜放逐骨肉，周公杀管、蔡，天下称圣。何者？不以私害公。天下岂以我为贪淮南王地邪？”乃徙城阳王王淮南故地，而追尊谥淮南王为厉王，置园复如诸侯仪。

孝文十六年，徙淮南王喜复故城阳。上怜淮南厉王废法不

---

①以次传：按顺序传押。 ②傅：教导，辅佐帝王或王子的人。 ③逢雾露：指身染风寒。 ④发车封：打开囚车的门封。 ⑤邑邑：同“悒悒”，愁闷不安的样子。

轨，自使失国蚤死，乃立其三子：阜陵侯安为淮南王，安阳侯勃为衡山王，阳周侯赐为庐江王，皆复得厉王时地，叁分之。东成侯良前薨，无后也。

孝景三年，吴楚七国反，吴使者至淮南，淮南王欲发兵应之。其相曰："大王必欲发兵应吴，臣愿为将。"王乃属相兵。淮南相已将兵，因城守，不听王而为汉，汉亦使曲城侯将兵救淮南，淮南以故得完。吴使者至庐江，庐江王弗应，而往来使越。吴使者至衡山，衡山王坚守无二心。孝景四年，吴楚已破，衡山王朝，上以为贞信，乃劳苦之曰："南方卑湿。"徙衡山王王济北，所以褒之。及薨，遂赐谥为贞王。庐江王边越，数使使相交，故徙为衡山王，王江北。淮南王如故。

淮南王安为人好读书鼓琴，不喜弋猎狗马驰骋，亦欲以行阴德拊循[①]百姓，流誉天下。时时怨望[②]厉王死，时欲畔逆，未有因也。及建元二年，淮南王入朝。素善武安侯，武安侯时为太尉，乃逆[③]王霸上，与王语曰："方今上无太子，大王亲高皇帝孙，行仁义，天下莫不闻。即宫车一日晏驾[④]，非大王当谁立者！"淮南王大喜，厚遗武安侯金财物。阴结宾客，拊循百姓，为畔逆事。建元六年，彗星见，淮南王心怪之。或说王曰："先吴军起时，彗星出长数尺，然尚流血千里。今彗星长竟天，天下兵当大起。"王心以为上无太子，天下有变，诸侯并争，愈益治器械攻战具，积金钱赂遗郡国诸侯游士奇材。诸辨士为方略者，妄作妖言，谄谀王，王喜，多赐金钱，而谋反滋甚。

淮南王有女陵，慧，有口辩。王爱陵，常多予金钱，为中诇[⑤]

---

①拊循：安抚。 ②望：怨恨。 ③逆：迎。 ④晏驾：车驾迟行，用皇上乘坐宫车延迟起驾婉言其死。 ⑤诇：侦察，刺探。

长安，约结上左右。元朔三年，上赐淮南王几杖，不朝。淮南王王后荼，王爱幸之。王后生太子迁，迁取王皇太后外孙修成君女为妃。王谋为反具，畏太子妃知而内泄事，乃与太子谋，令诈弗爱，三月不同席。王乃详为怒太子，闭太子使与妃同内三月，太子终不近妃。妃求去，王乃上书谢归去之。王后荼、太子迁及女陵得爱幸王，擅国权，侵夺民田宅，妄致系人。

元朔五年，太子学用剑，自以为人莫及。闻郎中雷被巧，乃召与戏。被一再辞让，误中太子。太子怒，被恐。此时有欲从军者辄诣京师，被即愿奋击匈奴。太子迁数恶被于王，王使郎中令斥免，欲以禁后。被遂亡至长安，上书自明。诏下其事廷尉、河南。河南治，逮淮南太子。王、王后计欲无遣太子，遂发兵反，计犹豫，十馀日未定。会有诏，即讯太子。当是时，淮南相怒寿春丞留太子逮①不遣，劾不敬。王以请相，相弗听。王使人上书告相，事下廷尉治。踪迹连王，王使人候伺②汉公卿，公卿请逮捕治王。王恐事发，太子迁谋曰："汉使即逮王，王令人衣卫士衣，持戟居庭中，王旁有非是③，则刺杀之，臣亦使人刺杀淮南中尉，乃举兵，未晚。"是时上不许公卿请，而遣汉中尉宏即讯验王。王闻汉使来，即如太子谋计。汉中尉至，王视其颜色和，讯王以斥雷被事耳，王自度无何，不发。中尉还，以闻。公卿治者曰："淮南王安拥阏④奋击匈奴者雷被等，废格⑤明诏，当弃市。"诏弗许。公卿请废勿王，诏弗许。公卿请削五县，诏削二县。使中尉宏赦淮南王罪，罚以削地。中尉入淮南界，宣言赦王。王初闻汉公卿请诛之，未知得削地，闻汉使来，恐其捕

---

①逮：逗留。 ②候伺：窥伺，侦察。 ③非是：指不正常的情况。 ④拥阏：阻塞，此指阻挠。 ⑤废格：阻挠执行诏令。

之，乃与太子谋刺之如前计。及中尉至，即贺王，王以故不发。其后自伤曰："吾行仁义见削，甚耻之。"然淮南王削地之后，其为反谋益甚。诸使道从长安来，为妄妖言，言上无男，汉不治，即喜；即言汉廷治，有男，王怒，以为妄言，非也。

王日夜与伍被、左吴等案①舆地图，部署兵所从入。王曰："上无太子，宫车即晏驾，廷臣必征胶东王，不即②常山王。诸侯并争，吾可以无备乎！且吾高祖孙，亲行仁义，陛下遇我厚，吾能忍之；万世之后，吾宁能北面臣事竖子乎！"

王坐东宫，召伍被与谋，曰："将军上。"被怅然曰："上宽赦大王，王复安得此亡国之语乎！臣闻子胥谏吴王，吴王不用，乃曰'臣今见麋鹿游姑苏之台也'。今臣亦见宫中生荆棘，露沾衣也。"王怒，系伍被父母，囚之三月。复召曰："将军许寡人乎？"被曰："不，直来为大王画耳。臣闻聪者听于无声，明者见于未形，故圣人万举万全。昔文王一动而功显于千世，列为三代，此所谓因天心以动作者也，故海内不期而随。此千岁之可见者。夫百年之秦，近世之吴楚，亦足以喻国家之存亡矣。臣不敢避子胥之诛，愿大王毋为吴王之听。昔秦绝圣人之道，杀术士，燔《诗》《书》，弃礼义，尚诈力，任刑罚，转负海之粟致之西河③。当是之时，男子疾耕不足于糟糠，女子纺绩不足于盖形。遣蒙恬筑长城，东西数千里，暴④兵露师常数十万，死者不可胜数，僵尸千里，流血顷亩，百姓力竭，欲为乱者十家而五。又使徐福入海求神异物，还，为伪辞曰：'臣见海中大神，言曰："汝西皇之使邪？"臣答曰："然。""汝何求？"曰："愿请延年益寿药。"神曰："汝

---

①案：考察。②不即：要不就是。③转：运输。负海之粟：海边的谷子。④暴：同"曝"，显露。

秦王之礼薄，得观而不得取。"即从臣东南至蓬莱山，见芝成宫阙，有使者铜色而龙形，光上照天。于是臣再拜问曰："宜何资以献?"海神曰："以令名男子若振女与百工之事[①]，即得之矣。"'秦皇帝大说[②]，遣振男女三千人，资之五谷百工而行。徐福得平原广泽，止王不来。于是百姓悲痛相思，欲为乱者十家而六。又使尉佗逾五岭攻百越。尉佗知中国劳极，止王不来，使人上书，求女无夫家者三万人，以为士卒衣补。秦皇帝可其万五千人。于是百姓离心瓦解，欲为乱者十家而七。客谓高皇帝曰：'时可矣。'高皇帝曰：'待之，圣人当起东南间。'不一年，陈胜、吴广发矣。高皇始于丰沛，一倡天下不期而响应者不可胜数也。此所谓蹈瑕候间[③]，因秦之亡而动者也。百姓愿之，若旱之望雨，故起于行陈[④]之中而立为天子，功高三王，德传无穷。今大王见高皇帝得天下之易也，独不观近世之吴楚乎？夫吴王赐号为刘氏祭酒[⑤]，复不朝，王四郡之众，地方数千里，内铸消[⑥]铜以为钱，东煮海水以为盐，上取江陵木以为船，一船之载当中国数十两[⑦]车，国富民众。行珠玉金帛赂诸侯宗室大臣，独窦氏不与。计定谋成，举兵而西。破于大梁，败于狐父，奔走而东，至于丹徒，越人禽之，身死绝祀，为天下笑。夫以吴越之众不能成功者何？诚逆天道而不知时也。方今大王之兵众不能十分吴楚之一，天下安宁有万倍于秦之时，愿大王从臣之计。大王不从臣之计，今见大王事必不成而语先泄也。臣闻微子过故国而悲，于是作《麦秀之歌》，是痛纣之不用王子比干也。故《孟子》

---

①令名男子：良家男童。若：和。振女：童女。"振"：通"侲"。 ②说：通"悦"。 ③瑕：空隙，薄弱环节。间：空隙。 ④行：行伍。陈：通"阵"。 ⑤祭酒：指很受尊敬的人。古代宴会和祭典时，先由有声望的人举酒示祭，故祭酒者位尊。 ⑥消：通"销"，熔化金属。 ⑦两：通"辆"。

曰‘纣贵为天子，死曾不若匹夫’，是纣先自绝于天下久矣，非死之日而天下去之。今臣亦窃悲大王弃千乘之君，必且赐绝命之书，为群臣先，死于东宫也。”于是气怨结而不扬，涕满匡[①]而横流，即起，历阶而去。

王有孽子不害，最长，王弗爱，王、王后、太子皆不以为子兄数。不害有子建，材高有气[②]，常怨望太子不省[③]其父；又怨时诸侯皆得分子弟为侯，而淮南独二子，一为太子，建父独不得为侯。建阴结交，欲告败太子，以其父代之。太子知之，数捕系而榜笞建[④]。建具知太子之谋欲杀汉中尉，即使所善寿春庄芷以元朔六年上书于天子曰：“毒药苦于口利于病，忠言逆于耳利于行。今淮南王孙建，材能高，淮南王王后荼、荼子太子迁常疾害建。建父不害无罪，擅数捕系，欲杀之。今建在，可征问，具知淮南阴事。”书闻，上以其事下廷尉，廷尉下河南治。是时故辟阳侯孙审卿善丞相公孙弘，怨淮南厉王杀其大父，乃深购[⑤]淮南事于弘，弘乃疑淮南有畔逆计谋，深穷[⑥]治其狱。河南治建，辞引淮南太子及党与。淮南王患之，欲发，问伍被曰：“汉廷治乱？”伍被曰：“天下治。”王意不说，谓伍被曰：“公何以言天下治也？”被曰：“被窃观朝廷之政，君臣之义，父子之亲，夫妇之别，长幼之序，皆得其理，上之举错[⑦]遵古之道，风俗纪纲未有所缺也。重装富贾，周流天下，道无不通，故交易之道行。南越宾服，羌僰入献，东瓯入降，广长榆，开朔方，匈奴折翅伤翼，失援不振。虽未及古太平之时，然犹为治也。”王怒，被谢死罪。王又谓被曰：“山东即有兵，汉必使大将军将而制山东，公以为大

---

①匡：通“眶”。 ②有气：意气强盛，不肯屈居他人之下的意思。 ③省：探视问候。 ④榜：捶击，捶打。笞：鞭打，杖击。 ⑤购：通“构”，构陷罪状。 ⑥穷：追究到底。 ⑦错：通“措”。

将军何如人也？”被曰：“被所善者黄义，从大将军击匈奴，还，告被曰：‘大将军遇士大夫有礼，于士卒有恩，众皆乐为之用。骑上下山若蜚[1]，材干绝人。’被以为材能如此，数将习兵，未易当也。及谒者曹梁使长安来，言大将军号令明，当敌勇敢，常为士卒先。休舍[2]，穿井未通，须士卒尽得水，乃敢饮。军罢，卒尽已渡河，乃渡。皇太后所赐金帛，尽以赐军吏。虽古名将弗过也。”王默然。

淮南王见建已征治，恐国阴事且觉，欲发，被又以为难，乃复问被曰：“公以为吴兴兵是邪非也？”被曰：“以为非也。吴王至富贵也，举事不当，身死丹徒，头足异处，子孙无遗类。臣闻吴王悔之甚。愿王孰虑之，无为吴王之所悔。”王曰：“男子之所死者一言耳。且吴何知反，汉将一日过成皋者四十馀人。今我令楼缓先要[3]成皋之口，周被下颍川兵塞轘辕、伊阙之道，陈定发南阳兵守武关。河南太守独有洛阳耳，何足忧。然此北尚有临晋关、河东、上党与河内、赵国。人言曰‘绝成皋之口，天下不通’。据三川之险，招山东之兵，举事如此，公以为何如？”被曰：“臣见其祸，未见其福也。”王曰：“左吴、赵贤、朱骄如皆以为有福，什事九成，公独以为有祸无福，何也？”被曰：“大王之群臣近幸素能使众者，皆前系诏狱[4]，馀无可用者。”王曰：“陈胜、吴广无立锥之地，千人之聚，起于大泽，奋臂大呼而天下响应，西至于戏而兵百二十万。今吾国虽小，然而胜兵者可得十馀万，非直適戍[5]之众，钒凿棘矜也[6]，公何以言有祸无福？”被曰：“往者秦为无道，残贼天下。兴万乘之驾，作阿房之宫，收太半之赋。

---

①蜚：通“飞”。 ②休舍：休息住宿，此指行军途中驻扎下来。 ③要：半路拦截。 ④诏狱：皇上交办的案子。 ⑤適戍：被迫戍边。 ⑥钒凿：凿木制成弩机。钒：通“机”，弓弩上的发射装置。棘：通“戟”，兵器名。矜：木柄。

发闾左之戍，父不宁子，兄不便弟，政苛刑峻，天下熬然若焦，民皆引领而望，倾耳而听，悲号仰天，叩心而怨上。故陈胜大呼，天下响应。当今陛下临制天下，一齐海内，泛爱蒸庶[①]，布德施惠。口虽未言，声疾雷霆，令虽未出，化驰如神，心有所怀，威动万里，下之应上，犹影响也[②]。而大将军材能不特[③]章邯、杨熊也。大王以陈胜、吴广谕[④]之，被以为过矣。”王曰：“苟如公言，不可徼幸[⑤]邪？”被曰：“被有愚计。”王曰：“奈何？”被曰：“当今诸侯无异心，百姓无怨气。朔方之郡田地广，水草美，民徙者不足以实其地。臣之愚计，可伪为丞相御史请书，徙郡国豪杰任侠及有耐[⑥]罪以上，赦令除其罪，产五十万以上者，皆徙其家属朔方之郡，益发甲卒，急其会日。又伪为左右都司空、上林中都官诏狱书，逮诸侯太子幸臣。如此则民怨，诸侯惧，即使辩武[⑦]随而说之，傥可侥幸什得一乎？”王曰：“此可也。虽然，吾以为不至若此。”于是王乃令官奴入宫，作皇帝玺，丞相、御史、大将军、军吏、中二千石、都官令、丞印，及旁近郡太守、都尉印，汉使节法冠，欲如伍被计。使人伪得罪而西，事大将军、丞相。一日发兵，使人即刺杀大将军青，而说丞相下之，如发蒙耳[⑧]。

王欲发国中兵，恐其相、二千石不听。王乃与伍被谋，先杀相、二千石。伪失火宫中，相、二千石救火，至即杀之。计未决，又欲令人衣求盗衣[⑨]，持羽檄，从东方来，呼曰“南越兵入界”，欲因以发兵。乃使人至庐江、会稽为求盗，未发。王问伍被曰：“吾举兵西乡，诸侯必有应我者；即无应，奈何？”被曰：“南收衡

①蒸：通“烝”，众多。 ②犹影响：好像影随形、响应声一样迅速。响：回声。 ③不特：不只是。 ④谕：通“喻”。 ⑤徼幸：侥幸。 ⑥耐：通“耏”，古代一种剃掉须鬓的刑罚。 ⑦辩武：善言辞的人。 ⑧发蒙：揭开蒙盖器物的布，比喻行事轻而易举。 ⑨求盗：掌追捕盗贼的士卒。

山以击庐江，有寻阳之船，守下雉之城，结九江之浦，绝豫章之口，强弩临江而守，以禁南郡之下；东收江都、会稽，南通劲越，屈强[①]江、淮间，犹可得延岁月之寿。”王曰：“善，无以易此。急则走越耳。”

于是廷尉以王孙建辞连淮南王太子迁闻。上遣廷尉监因拜淮南中尉，逮捕太子。至淮南，淮南王闻，与太子谋召相、二千石，欲杀而发兵。召相，相至；内史以出为解。中尉曰：“臣受诏使，不得见王。”王念独杀相而内史、中尉不来，无益也，即罢相。王犹豫，计未决。太子念所坐[②]者谋刺汉中尉，所与谋者已死，以为口绝，乃谓王曰：“群臣可用者皆前系，今无足与举事者。王以非时发，恐无功，臣愿会逮。”王亦偷[③]欲休，即许太子。太子即自刭，不殊[④]。伍被自诣吏，因告与淮南王谋反，反踪迹具如此[⑤]。

吏因捕太子、王后，围王宫，尽求捕王所与谋反宾客在国中者，索得反具以闻。上下公卿治，所连引与淮南王谋反列侯二千石豪杰数千人，皆以罪轻重受诛。衡山王赐，淮南王弟也，当坐收，有司请逮捕衡山王。天子曰：“诸侯各以其国为本，不当相坐。与诸侯王列侯会肄[⑥]丞相诸侯议。”赵王彭祖、列侯臣让等四十三人议，皆曰：“淮南王安甚大逆无道，谋反明白，当伏诛。”胶西王臣端议曰：“淮南王安废法行邪，怀诈伪心，以乱天下，荧惑百姓，倍畔宗庙，妄作妖言。《春秋》曰‘臣无将[⑦]，将而诛’。安罪重于将，谋反形已定。臣端所见其书节印图及他逆

①屈强：委屈和强大，此指势力的收缩和扩张。 ②坐：因某事获罪。 ③偷：苟且，能罢就罢。 ④不殊：不死。殊：指身首异处。 ⑤具如此：指把所知内情和盘供出。具：通“俱”，全部，都。 ⑥会肄：聚集起来商议。肄：研习。 ⑦无：通“毋”，不，不要。将：率领，此指率众作乱。

无道事验明白，甚大逆无道，当伏其法。而论国吏二百石以上及比者，宗室近幸臣不在法中者，不能相教，当皆免官削爵为士伍，毋得宦为吏。其非吏，他赎死金二斤八两。以章[①]臣安之罪，使天下明知臣子之道，毋敢复有邪僻倍畔之意。”丞相弘、廷尉汤等以闻，天子使宗正以符节治王。未至，淮南王安自刭杀。王后荼、太子迁诸所与谋反者皆族。天子以伍被雅辞多引汉之美，欲勿诛。廷尉汤曰：“被首为王画反谋，被罪无赦。”遂诛被。国除为九江郡。

衡山王赐，王后乘舒生子三人，长男爽为太子，次男孝，次女无采。又姬徐来生子男女四人，美人厥姬生子二人。衡山王、淮南王兄弟相责望礼节，间不相能[②]。衡山王闻淮南王作为畔逆反具，亦心结宾客以应之，恐为所并。

元光六年，衡山王入朝，其谒者卫庆有方术，欲上书事天子。王怒，故劾庆死罪，强榜服之[③]。衡山内史以为非是，却其狱。王使人上书告内史，内史治，言王不直。王又数侵夺人田，坏人冢以为田。有司请逮治衡山王，天子不许，为置吏二百石以上。衡山王以此恚，与奚慈、张广昌谋，求能为兵法候星气者，日夜从容[④]王密谋反事。

王后乘舒死，立徐来为王后。厥姬俱幸。两人相妒，厥姬乃恶王后徐来于太子曰：“徐来使婢蛊道杀太子母。”太子心怨徐来。徐来兄至衡山，太子与饮，以刃刺伤王后兄。王后怨怒，数毁恶太子于王。太子女弟无采，嫁弃归，与奴奸，又与客奸。太子数让[⑤]无采，无采怒，不与太子通。王后闻之，即善遇无采。

①章：通“彰”。 ②间：隔阂，疏远。能：和睦。 ③强榜服之：用严刑拷打强迫人服罪。④从容：纵容，怂恿。从：通“纵”。 ⑤让：责备。

无采及中兄孝少失母，附王后，王后以计爱之，与共毁太子，王以故数击笞太子。元朔四年中，人有贼伤王后假母[①]者，王疑太子使人伤之，笞太子。后王病，太子时称病不侍。孝、王后、无采恶太子："太子实不病，自言病，有喜色。"王大怒，欲废太子，立其弟孝。王后知王决废太子，又欲并废孝。王后有侍者，善舞，王幸之，王后欲令侍者与孝乱以污之，欲并废兄弟而立其子广代太子。太子爽知之，念后数恶己无已时，欲与乱以止其口。王后饮，太子前为寿，因据王后股，求与王后卧。王后怒，以告王。王乃召，欲缚而笞之。太子知王常欲废己立其弟孝，乃谓王曰："孝与王御者奸，无采与奴奸，王强食，请上书。"即倍王去。王使人止之，莫能禁，乃自驾追捕太子。太子妄恶言，王械系[②]太子宫中。孝日益亲幸。王奇孝材能，乃佩之王印，号曰将军，令居外宅，多给金钱，招致宾客。宾客来者，微知淮南、衡山有逆计，日夜从容劝之。王乃使孝客江都人救赫、陈喜作棚车镞矢[③]，刻天子玺，将相军吏印。王日夜求壮士如周丘等，数称引吴楚反时计画，以约束。衡山王非敢效淮南王求即天子位，畏淮南起并其国，以为淮南已西，发兵定江、淮之间而有之，望如是。

元朔五年秋，衡山王当朝，过淮南，淮南王乃昆弟语，除前郤，约束反具[④]。衡山王即上书谢病，上赐书不朝。

元朔六年中，衡山王使人上书请废太子爽，立孝为太子。爽闻，即使所善白嬴之长安上书，言孝作棚车镞矢，与王御者奸，欲以败孝。白嬴至长安，未及上书，吏捕嬴，以淮南事系。

---

①假母：继母或庶母。一说"傅母"，即保育、教导贵族子女的老妇。 ②械系：用器械囚禁。 ③棚车：古代的一种战车。镞矢：泛指有箭头的箭支。 ④约束：此指约定。

王闻爽使白嬴上书，恐言国阴事，即上书反告太子爽所为不道弃市罪事。事下沛郡治。元狩元年冬，有司公卿下沛郡求捕所与淮南谋反者，未得，得陈喜与衡山王子孝家。吏劾孝首匿喜。孝以为陈喜雅[①]数与王计谋反，恐其发之；闻律先自告除其罪[②]，又疑太子使白嬴上书发其事，即先自告，告所与谋反者救赫、陈喜等。廷尉治验，公卿请逮捕衡山王治之。天子曰："勿捕。"遣中尉安、大行息即问王，王具以情实对。吏皆围王宫而守之。中尉、大行还，以闻，公卿请遣宗正、大行与沛郡杂治王。王闻，即自刭杀。孝先自告反，除其罪；坐与王御婢奸，弃市。王后徐来亦坐蛊杀前王后乘舒，及太子爽坐王告不孝，皆弃市。诸与衡山王谋反者皆族。国除为衡山郡。

太史公曰：《诗》之所谓"戎狄是膺，荆舒是惩"[③]，信哉是言也。淮南、衡山亲为骨肉，疆土千里，列为诸侯，不务遵蕃臣职以承辅天子，而专挟邪僻之计，谋为畔逆，仍[④]父子再亡国，各不终其身，为天下笑，此非独王过也，亦其俗薄[⑤]，臣下渐靡使然也[⑥]。夫荆楚僄勇轻悍[⑦]，好作乱，乃自古记之矣。

【译文】

淮南厉王刘长，是高祖的小儿子，他母亲是过去赵王张敖的美人。高祖八年，高帝从东垣经过赵国，赵王把厉王的母亲献给他。她受到皇上宠幸，怀下身孕。从此赵王张敖不敢让她住在宫内，为她另建外宫居住。次年赵相贯高等人在柏人谋弑高祖的事被朝廷发觉，赵王也一并被

①雅：平素，向来。 ②先自告：抢先自首。此句是说依汉律，自首者可免罪。 ③引自《诗经·鲁颂·閟宫》，原诗赞扬鲁僖公参加齐桓公的会盟，惩治了楚国。膺：抗击。 ④仍：沿袭。 ⑤俗薄：世风浇薄。 ⑥渐：浸染。渐靡：比喻逐渐影响。靡：通"摩"，抚摩。 ⑦僄：轻捷。悍：凶狠。

捕获罪，他的母亲、兄弟和妃嫔都遭到拘捕，囚入河内郡官府。厉王母亲在囚禁中对狱吏说："我受到皇上宠幸，已有身孕。"狱吏如实禀报，皇上正因赵王的事气恼，没理会厉王母亲的申诉。厉王母亲的弟弟赵兼拜托辟阳侯审食其告知吕后，吕后妒忌，不肯向皇上进言求情，辟阳侯便不再尽力相劝。厉王母亲生下王后，心中怨恨而自杀。狱吏抱着厉王送到皇上面前，皇上后悔莫及，下令吕后收养他，并在真定安葬了厉王的母亲。真定是厉王母亲的故乡，她的祖辈就居住在那里。

高祖十一年七月，淮南王黥布谋反，皇上遂立儿子刘长为淮南王，让他掌管昔日黥布领属的四郡封地。皇上亲自率军出征，剿灭了黥布，于是厉王即淮南王位。厉王自幼丧母，一直依附吕后长大，因此孝惠帝和吕后当政时期他有幸免遭政治祸患，但是，他心中一直怨恨辟阳侯而不敢发作。至孝文帝即位，淮南王自视与皇上关系最亲，骄横不逊，一再违法乱纪。皇上念及手足亲情，时常宽容赦免他的过失。孝文帝三年，淮南王自封国入朝，态度甚为傲慢。他跟随皇上到御苑打猎，和皇上同乘一辆车驾，还常常称呼皇上为"大兄"。厉王有才智和勇力，能奋力举起重鼎。于是前往辟阳侯府上求见。辟阳侯出来见他，他便取出藏在袖中的椎捶击辟阳侯，又命随从魏敬杀死了他。事后厉王驰马奔至宫中，向皇上袒身谢罪道："我母亲本不该因赵国谋反事获罪，那时辟阳侯若肯竭力相救就能得到吕后的帮助，但他不力争，这是第一桩罪。赵王如意母子无罪，吕后蓄意杀害他们，而辟阳侯不尽力劝阻，这是第二桩罪。吕后封吕家亲戚为王，意欲危夺刘氏天下，辟阳侯不挺身抗争，这是第三桩罪。我为天下人杀死危害社稷的奸臣辟阳侯，为母亲报了仇，特来朝中跪伏请罪。"皇上哀悯厉王的心愿，出于手足亲情，不予治罪，赦免了他。这一时期，薄太后和太子以及列位大臣都惧怕厉王，因此厉王返国后越发骄纵肆志，不依朝廷法令行事，出入宫中皆号令警戒清道，还称自己发布的命令为"制"，自己制定法令，一切都比拟天子。

孝文帝六年，厉王让无官爵的男子组成七十人和棘蒲侯柴武之子柴奇商议，策划用四十辆大货车在谷口县谋反起事，并派出使者前往闽越、匈奴各处联络。朝廷发觉此事，治罪谋反者，派使臣召淮南王入京，他来到长安。

“丞相臣张仓、典客臣冯敬、行御史大夫事宗正臣逸、廷尉臣贺、备盗贼中尉臣福冒死罪启奏：淮南王刘长废弃先帝文法，不服从天子诏令，起居从事不遵法度，自制天子所乘张黄缎伞盖的车驾，出入模仿天子声威，擅为法令，不实行汉家王法。他擅自委任官吏，让手下的郎中春任国相，网罗收纳各郡县和诸侯国的人以及负罪逃亡者，把他们藏匿起来安置住处，安顿家人，赐给钱财、物资、爵位、俸禄和田宅，有的人爵位竟封至关内侯，享受二千石的优宠，淮南王给予他们不应得到的这一切，是想图谋不轨。大夫但与有罪失官的开章等七十人，伙同棘蒲侯柴武之子柴奇谋反，意欲危害宗庙社稷。他们让开章去密报刘长，商议使人联络闽越和匈奴发兵响应。开章赴淮南见到刘长，刘长多次与他晤谈宴饮，还为他成家娶妻，供给二千石的薪俸。开章教人报告大夫但，诸事已与淮南王谈妥。国相春也遣使向但通报。朝中官吏发觉此事后，派长安县县尉奇等前去拘捕开章。刘长藏人不交，和原中尉蔄忌密议，杀死开章灭口。他们置办棺椁、丧衣、包被，葬开章于肥陵邑，而欺骗办案的官员说‘不知道开章在哪里’。后来又伪造坟冢，在坟上树立标记，说‘开章尸首埋在这里’。刘长还亲自杀过无罪者一人；命令官吏论罪杀死无辜者六人；藏匿逃亡在外的死刑犯，并抓捕未逃亡的犯人为他们顶罪；他任意加人罪名，使受害者无处申冤，被判罪四年劳役以上，如此者十四人；又擅自赦免罪人，免除死罪者十八人，服四年劳役以下者五十八人；还赐爵关内侯以下者九十四人。前些时刘长患重病，陛下为他忧烦，遣使臣赐赠信函、枣脯。刘长不想接受赐赠，便不肯接见使臣。住在庐江郡内的南海民造反，淮南郡的官兵奉旨征讨。陛下体恤淮南民贫苦，派使臣赐赠刘长布帛五千匹，令转发出征官兵中的辛劳穷苦之人。刘长不想接受，谎称‘军中无劳苦者’。南海人王织上书向皇帝敬献玉璧，忌烧了信，不予上奏。朝中官员请求传唤忌论罪，刘长拒不下令，谎称‘忌有病’。国相春又请求刘长准许自己，刘长大怒，说‘你想背叛我去投靠汉廷’，遂判处春死罪。臣等请求陛下将刘长依法治罪。”

皇上下诏说:“朕不忍心依法制裁淮南王,交列侯与二千石官商议吧。”

“臣仓、臣敬、臣逸、臣福、臣贺冒死罪启奏:臣等已与列侯和二千石官吏臣婴等四十三人论议,大家都说‘刘长不遵从法度,不听从天子诏命,竟然暗中网罗党徒和谋反者,厚待负罪逃亡之人,是想图谋不轨’。臣等议决应当依法惩治刘长。”

皇上下诏说:“朕不忍心依法惩处淮南王,赦免他的死罪,废掉他的王位吧。”

“臣仓等冒死罪启奏:刘长犯有大死之罪,陛下不忍心依法惩治,施恩赦免,废其王位。臣等请求将刘长遣往蜀郡严道邛崃山邮亭,令其妾中有生养子女的随行居处,由县署为他们兴建屋舍,供给粮食、柴草、蔬菜、食盐、豆豉、炊具食具和席蓐。臣等冒死罪请求,将此事布告天下。”

皇上下诏说:“准请供给刘长每日食肉五斤,酒二斗。命令昔日受过宠幸的妃嫔十人随往蜀郡同住。其他皆准奏。”

朝廷尽杀刘长的同谋者,于是命淮南王启程,一路用辎车囚载,令沿途各县递解入蜀。当时袁盎劝谏皇上说:“皇上一向娇宠淮南王,不为他安排严正的太傅和国相去劝导,才使他落到如此境地。再说淮南王性情刚烈,现在粗暴地摧折他,臣很担忧他会突然在途中身染风寒患病而死,陛下若落得杀弟的恶名如何是好!”皇上说:“我只是让他尝尝苦头罢了,就会让他回来的。”沿途各县送押淮南王的人都不敢打开囚车的封门。于是淮南王对仆人说:“谁说你老子我是勇猛的人?我哪里还能勇猛!我因为骄纵听不到自己的过失终于陷入这种困境。人生在世,怎能忍受如此郁闷!”于是绝食身亡。囚车行至雍县,县令打开封门,把刘长的死讯上报天子。皇上哭得很伤心,对袁盎说:“我不听你的劝告,终至淮南王身死。”袁盎说:“事已无可奈何,望陛下好自宽解。”皇上说:“怎么办好呢?”袁盎回答:“只要斩丞相、御史来向天下人谢罪就行了。”于是皇上命令丞相、御史收捕拷问各县押送淮南王而不予开封进食者,一律弃市问斩。然后按照列侯的礼仪在雍县安葬了淮南王，并安置三十户人家守冢祭祀。

孝文帝八年，皇上怜悯淮南王，淮南王有儿子四人，年龄都是七八岁，于是封其子刘安为阜陵侯，其子刘勃为安阳侯，其子刘赐为阳周侯，其子刘良为东成侯。

孝文帝十二年，有百姓作歌歌唱淮南厉王的遭遇说："一尺麻布，尚可缝；一斗谷子，尚可舂。兄弟二人不能相容。"皇上听到后，就叹息说："尧舜放逐自己的家人，周公杀死管叔蔡叔，天下人称赞他们贤明。为什么呢？因为他们能不因私情而损害王朝的利益。天下人难道认为我是贪图淮南王的封地吗？"于是徙封城阳王刘喜去统领淮南王的故国，而谥封已故淮南王为厉王，并按诸侯仪制为他建造了陵园。

孝文帝十六年，皇上迁淮南王刘喜复返城阳故地。皇上哀怜淮南厉王因废弃王法图谋不轨，而自惹祸患失国早死，便封立他的三个儿子：阜陵侯刘安为淮南王，安阳侯刘勃为衡山王，阳周侯刘赐为庐江王，他们都重获厉王时封地，三分共享。东成侯刘良此前已死，没有后代。

孝景帝三年，吴楚七国反叛，吴国使者到淮南联络，淮南王意欲发兵响应。淮南国相说："大王如果非要发兵响应吴王，臣愿为统军将领。"淮南王就把军队交给了他，淮南国相得到兵权后，指挥军队据城防守叛军，不听淮南王的命令而为朝廷效劳，朝廷也派出曲城侯蛊捷率军援救淮南，淮南国因此得以保全。吴国使者来到庐江，庐江王不肯响应，而派人与越国联络。吴国使者往衡山，衡山王效忠朝廷，坚守城池毫无二心。孝景帝四年，吴楚叛军已被破败，衡山王入朝，皇上认为他忠贞守信，便慰劳他说："南方之地低洼潮湿。"改任衡山王掌管济水以北的地区，以此作为褒奖。他死后便赐封为贞王。庐江王的封地邻近越国，屡次派遣使臣与之结交，因此被北迁为衡山王，统管长江以北地区。淮南王依然如故。

淮南王刘安性喜读书弹琴，不爱射猎放狗跑马，他也想暗中做好事来安抚百姓，流播美誉于天下。他常常怨恨厉王之死，常想反叛朝廷，但没有机会。到了建元二年,淮南王入京朝见皇上。与他一向交好的武安侯田蚡,当时做太尉,田蚡在霸上迎候淮南王,告诉他说:"现今皇上没有太子,大王您是高皇帝的亲孙,施行仁义,天下无人不知。假如有一天皇上晏驾,不是您又该谁继位呢!"淮南王大喜,厚赠武安侯金银钱财物品。淮南王暗中结交宾客,安抚百姓,谋划叛逆之事。建元六年,彗星出现,淮南王心生怪异。有人劝说淮南王道:"先前吴军起兵时,彗星出现仅长数尺,而兵战仍然血流千里。现在彗星长至满天,天下兵战应当大兴。"淮南王心想皇上没有太子,若天下发生变故,诸侯王将一齐争夺皇位,便更加加紧整治兵器和攻战器械,积聚黄金钱财贿赠郡守、诸侯王、说客和有奇才的人。各位能言巧辩的人为淮南王出谋划策,都胡乱编造荒诞的邪说,阿谀逢迎淮南王。淮南王心中十分欢喜,赏他们很多钱财,而谋反之心更甚。

淮南王有女儿名刘陵,她聪敏,有口才。淮南王喜爱刘陵,经常多给她钱财,让她在长安刺探朝中内情,结交皇上亲近的人。元朔三年,皇上赏赐淮南王几案手杖,恩准他不必入京朝见。淮南王王后名荼,淮南王很宠幸她。王后生太子刘迁,刘迁娶王皇太后外孙修成君的女儿做妃子。淮南王策划制造谋反的器具,害怕太子的妃子知道后向朝中泄露机密,就和太子策划,让他假装不爱妃子,三个月不和她同席共寝。于是淮南王佯装恼怒太子,把他关起来,让他和妃子同居一室三月,而太子始终不亲近她。妃子请求离去,淮南王便上奏朝廷致歉,把她送回娘家。王后荼、太子刘迁和女儿刘陵受淮南王宠爱,专擅国权,侵夺百姓田地房宅,任意加罪拘捕无辜之人。

元朔五年,太子学习使剑,自以为剑术高超,无人可比。听说郎中雷被剑艺精湛,便召他前来较量。雷被一次二次退让之后,失手击中太子。太子动怒,雷被恐惧。这时凡想从军的人总是投奔京城,雷被当即决定去从军击匈奴。太子刘迁屡次向淮南王说雷被的坏话,淮南王就让郎中令斥退罢免了他的官职,以此警示后人。于是雷被逃到长安,向朝廷上书申诉冤屈。皇上诏令廷尉、河南郡审理此事。河南郡议决,追捕淮南王太子到底。淮南王、王后打算不遣送太子，趁机发兵反叛，可是反复谋划犹豫，十几天未能定夺。适逢朝中又有诏令下达，让就地传讯太子。就在这时，淮南国相恼怒寿春县丞听任太子逗留，不立即遣送，控告他犯有“不敬”之罪。淮南王请求国相不追究此事，国相不听。淮南王便派人上书控告国相，皇上将此事交付廷尉审理。办案中有线索牵连到淮南王，淮南王派人暗中打探朝中公卿大臣的意见，公卿大臣请求逮捕淮南王治罪。淮南王害怕事发，太子刘迁献策说：“如果朝廷使臣来逮捕父王，父王可叫人身穿卫士衣裳，持戟站立庭院之中，父王身边一有不测发生，就刺杀他，我也派人刺死淮南国中尉，就此举兵起事，尚不为迟。”这时皇上不批准公卿大臣的奏请，而改派朝中中尉殷宏赴淮南国就地向淮南王询问查证案情。淮南王闻讯朝中使臣前来，立即按太子的计谋做了准备。朝廷中尉到达后，淮南王看他态度温和，只询问自己罢免雷被的因由，揣度不会定什么罪，就没有发作。中尉还朝，把查询的情况上奏。公卿大臣中负责办案的人说：“淮南王刘安阻挠雷被从军奋击匈奴等行径，破坏了执行天子明确下达的诏令，应判处弃市死罪。”皇上诏令不许。公卿大臣请求废其王位，皇上诏令不许。公卿大臣请求削夺其五县封地，皇上诏令削夺二县。朝廷派中尉殷宏去宣布赦免淮南王的罪过，用削地以示惩罚。中尉进入淮南国境，宣布赦免淮南王。淮南王起初听说朝中公卿大臣请求杀死自己，并不知道获得宽赦削地，他听说朝廷使臣已动身前来，害怕自己被捕，就和太子按先前的计谋准备刺杀他。待到中尉已至，立即祝贺淮南王获赦，淮南王因此没有起事。事后他哀伤自己说：“我行仁义之事却被削地，此事太耻辱了。”然而淮南王削地之后，策划反叛的阴谋更为加剧。诸位使者从长安来，制造荒诞骗人的邪说，凡声称皇上无儿，汉家天下不太平的，淮南王闻之即喜；如果说汉朝廷太平，皇上有男儿，淮南王就恼怒，认为是胡言乱语，不可信。

淮南王日夜和伍被、左吴等察看地图，部署进军的路线。淮南王说：“皇上没有太子，一旦过世，官中大臣必定征召胶东王，要不就是常山王，诸侯王一齐争夺皇位，我可以没有准备吗？况且我是高祖的亲孙，亲行仁义之道，陛下待我恩厚，我能忍受他的统治；陛下万世之后，我岂能事奉小儿北向称臣呢！”

淮南王坐在东宫，召见伍被一起议事，招呼他说：“将军上殿。”伍被不高兴地说：“皇上刚刚宽恕赦免了大王，您怎能又说这亡国之话呢！臣听说伍子胥劝谏吴王，吴王不用其言，于是伍子胥说‘臣即将看见麋鹿在姑苏台上出入游荡了’。现在臣也将看到宫中遍生荆棘，露水沾湿衣裳了。”淮南王大怒，囚禁起伍被的父母，关押了三个月。然后淮南王又把伍被招来问道：“将军答应寡人吗？”伍被回答：“不，我只是来为大王筹划而已。臣听说听力好的人能在无声时听出动静，视力好的人能在未成形前看出征兆，所以最智慧、最有道德的圣人做事总是万无一失。从前周文王为灭商纣率周族东进，一行动就功显千代，使周朝继夏、商之后，列入‘三代’，这就是所谓顺从天意而行动的结果，因此四海之内的人都不约而同地追随响应他。这是千年前可以看见的史实。至于百年前的秦王朝，近代的吴楚两国，也足以说明国家存亡的道理。臣不敢逃避伍子胥被杀害的厄运，希望大王不要重蹈吴王不听忠谏的覆辙。过去秦朝弃绝圣人之道，坑杀儒生，焚烧《诗》《书》，抛弃礼义，崇尚伪诈和暴力，凭借刑罚，强迫百姓把海滨的谷子运送到西河。在那个时候，男子奋力耕作却吃不饱糟糠，女子织布绩麻却衣不蔽体。秦皇派蒙恬修筑长城，东西绵延数千里，长年戍边、风餐露宿的士兵常常有数十万人，死者不可胜数，尸暴野千里，流血遍及百亩，百姓气力耗尽，想造反的十家有五。秦皇帝又派徐福入东海访求神仙和珍奇异物，徐福归来编造假话说：‘臣见到海中大神，他问道：“你是西土皇帝的使臣吗？”臣答道：“是的。”“你来寻求何物？”臣答：“希望求得延年益寿的仙药。”海神说：“你们秦王礼品菲薄，仙药可以观赏却不能拿取。”当即海神随臣向东南行至蓬莱山，看到了用灵芝草筑成的宫殿，有使者肤色如铜身形似龙，光辉上射映照天宇。于是臣两拜而问，说：“应该拿什么礼物来奉献？”海神说：“献上良家男童和女童以及百工的技艺，就可以得到仙药了。”’皇帝大喜，遣发童男童女三千人，并供给海神五谷种子和各种工匠前往东海。途中徐福觅得一片辽阔的原野和湖泽，便留居那里自立为王不再回朝。于是百姓悲痛思念亲人，想造反的十家有六。秦皇帝又派南海郡尉赵佗越过五岭攻打百越。赵佗知道中原疲敝已极，就留居南越称王不归，并派人上书，要求朝廷征集无婆家的妇女三万人，来替士兵缝补衣裳。秦皇帝同意给他一万五千人。于是百姓人心离散犹如土崩瓦解，想造反的十家有七。宾客对高皇帝说：'时机到了。'高皇帝说：'等等看，当有圣人起事于东南方。'不到一年，陈胜、吴广揭竿造反了。高皇帝自丰邑沛县起事，一发倡议全天下不约而同的响应者便不可胜数。这就是所谓踏到了缝隙窥伺到时机，借秦朝的危亡而举事。百姓期望他，犹如干旱盼雨水，所以他能起于军伍而被拥立为天子，功业高于夏禹、商汤和周文王，恩德流被后世无穷无尽。如今大王看到了高皇帝得天下的容易，却偏偏看不到近代吴楚的覆亡么？那吴王被赐号为刘氏祭酒，颇受尊宠，又被恩准不必依例入京朝见，他掌管着四郡的民众，地域广至方圆数千里，在国内可自行冶铜铸造钱币，在东方可烧煮海水贩卖食盐，溯江而上能采江陵木材建造大船，一船所载抵得上中原数十辆车的容量，国家殷富百姓众多。吴王拿珠玉金帛贿赂诸侯王、宗室贵族和朝中大臣，唯独不给皇戚窦氏。反叛之计谋划已成，吴王便发兵西进。但吴军在大梁被攻克，在狐父被击败，吴王逃奔东归，行至丹徒，让越人俘获，身死绝国，令天下人耻笑。为什么吴楚有那样众多的军队都不能成就功业？实在是违背了天道而不识时势的缘故。如今大王兵力不及吴楚的十分之一，天下安宁却比秦皇帝时代好万倍，希望大王听从臣下的意见。若大王不听臣的劝告，势必眼见大事不成言语却已先自泄露天机。臣听说微子路过殷朝故都时心中很悲伤，于是作《麦秀之歌》，这首歌就是哀痛纣王不听从王子比干的劝谏而亡国。所以《孟子》说'纣王贵为天子，死时竟不及平民'，这是因为纣王生前早已自绝于天下人，而不是死到临头天下人才背弃他。现在臣也暗自悲哀大王若抛弃了诸侯国君的尊贵，朝廷必将赐给绝命之书，令大王身先群臣，死于东宫。"于是，伍被怨哀之气郁结胸中而神色黯然，泪水盈眶而满面流淌，即刻站起身，一级级走下台阶离去了。

淮南王有个庶出的儿子名叫刘不害，年纪最大，淮南王不喜爱他，王后和太子也都不把他视为儿子或兄长。刘不害有儿子名叫刘建，他才高负气，时常怨恨太子不来问候自己的父亲；又埋怨当时诸侯王都可以分封子弟为诸侯，而淮南王只有两个儿子，一个做了太子，唯独刘建父亲不得封侯。刘建暗中结交人，想要告发击败太子，让他的父亲取而代之。太子知悉此事，多次拘囚并拷打刘建。刘建尽知太子意欲杀害朝廷中尉的阴谋，就让和自己私交很好的寿春县人庄芷在元朔六年向天子上书说："毒药苦口利于病，忠言逆耳利于行。如今淮南王的孙子刘建才能高，淮南王后荼和荼的儿子太子刘迁常常妒忌迫害他。刘建父亲刘不害无罪，他们多次拘囚想杀害他。今有刘建人在，可招来问讯，他尽知淮南王的隐密。"书奏上达，皇上将此事交付廷尉，廷尉又下达河南郡府审理。这时，原辟阳侯的孙子审卿与丞相公孙弘交好，他仇恨淮南厉王杀死自己的祖父，就极力向公孙弘构陷淮南王的罪状，于是公孙弘怀疑淮南王有叛逆的阴谋，决意深入追究查办此案。河南郡府审问刘建，他供出了淮南王太子及其朋党。淮南王担忧事态严重，意欲举兵反叛，就向伍被问道："汉的天下太平不太平？"伍被回答："天下太平。"淮南王心中不悦，对伍被说："您根据什么说天下太平？"伍被回答："臣私下观察朝政，君臣间的礼义，父子间的亲爱，夫妻间的区别，长幼间的秩序，都合乎应有的原则，皇上施政遵循古代的治国之道，风俗和法度都没有缺失。满载货物的富商周行天下，道路无处不畅通，因此贸易之事盛行。南越称臣归服，羌僰进献物产，东瓯内迁降汉，朝廷拓广长榆塞，开辟朔方郡，使匈奴折翅伤翼，失去援助而萎靡不振。这虽然还不赶不上古代的太平岁月，但也算是天下安定了。"淮南王大怒，伍被连忙告谢死罪。淮南王又对伍被说："崤山之东若发生兵战，朝廷必使大将军卫青来统兵镇压，您认为大将军人怎样？"伍被说："我的好朋友黄义，曾跟随大将军攻打匈奴，归来告诉我说：'大将军对待士大夫有礼貌，对士卒有恩德，众人都乐意为他效劳。大将军骑马上下山冈疾驶如飞，才能出众过人。'我认为他武艺这般高强，屡次率兵征战通晓军事，不易抵挡。又谒者曹梁出使长安归来，说大将军号令严明，对敌作战勇敢，时常身先士卒。安营扎寨休息，井未凿通时，必须士兵人人喝上水，他才肯饮。军队出征归来，士兵渡河已毕，他才过河。皇太后赏给的钱财丝帛，他都转赐手下的军官。即使古代名将也无人比得过他。”淮南王听罢沉默无语。

淮南王眼看刘建被召受审，害怕国中密谋造反之事败露，想抢先起兵，但伍被认为难以成事，于是淮南王再问他道：“您以为当年吴王兴兵造反是对还是错？”伍被说：“我认为错了。吴王富贵已极，却做错了事，身死丹徒，头足分家，殃及子孙无人幸存。臣听说吴王后悔异常。愿大王三思熟虑，勿做吴王所悔恨的蠢事。”淮南王说：“男子汉甘愿赴死，只是为了自己说出的一句话罢了。况且吴王哪里懂得造反，竟让汉将一日之内有四十多人闯过了成皋关隘。现在我令楼缓首先扼住成皋关口，令周被攻下颍川郡率兵堵住轘辕关、伊阙关的道路，令陈定率南阳郡的军队把守武关。河南郡太守只剩有洛阳罢了，何足担忧。不过，这北面还有临晋关、河东郡、上党郡和河内郡、赵国。人们说‘扼断成皋关口，天下就不能通行了’。我们凭借雄踞三川之地的成皋险关，招集崤山之东各郡国的军队响应，这样起事，您以为如何？”伍被答道：“臣看得见它失败的灾祸，看不见它成功的福运。”淮南王说：“左吴、赵贤、朱骄如都认为有福运，十之有九会成功。您偏偏认为有祸无福，是为什么？”伍被说：“受大王宠信的群臣中平素能号令众人的，都在前次皇上诏办的罪案中被拘囚了，余下的已没有可以倚重的人。”淮南王说：“陈胜、吴广身无立锥之地，聚集起一千人，在大泽乡起事，奋臂大呼造反，天下就群起响应，他们西行到达戏水时已有一百二十万人相随。现今我国虽小，可是会用兵器打仗者十几万，他们绝非被迫戍边的乌合之众，所持也不是木弩和戟柄，您根据什么说起事有祸无福？”伍被说：“从前秦朝暴虐无道，残害天下百姓。朝廷征发民间万辆车驾，营建阿房宫，收取百姓大半的收入作为赋税，还征调家居闾左的贫民远戍边疆，弄得父亲无法保护儿子平安，哥哥不能让弟弟过上安逸生活，政令苛严刑法峻急，天下人忍受百般熬煎几近枯焦，百姓都延颈盼望，侧耳倾听，仰首向天悲呼，捶胸怨恨皇上，因而陈胜大呼造反，天下人立刻响应。如今皇上临朝治理天下，统一海内四方，泛爱普天黎民，广施德政恩惠。他即使不开口讲话，声音传播也如雷霆般迅疾；诏令即使不颁布，而教化的飞速推广也似有神力；他心有所想，便威动万里，下民响应主上，就好比影之随形、响之应声一般。而且大将军卫青的才能不是秦将章邯、杨熊可比的。因此，大王您以陈胜、吴广反秦来自喻，我认为不当。”淮南王说：“假如真像你说的那样，不可以侥幸成功吗?”伍被说：“我倒有一条愚蠢的计策。”淮南王说：“怎么办呢?”伍被答道：“当今诸侯对朝廷没有二心，百姓对朝廷没有怨气。但朔方郡田地广阔，水草丰美，已迁徙的百姓还不足以充实那个地区。臣的愚计是，可以伪造丞相、御史写给皇上的奏章，请求再迁徙各郡国的豪强、义士和处以耏罪以上的刑徒充边，下诏赦免犯人的刑罪，凡家产在五十万钱以上的人，都携同家属迁往朔方，而且更多调发一些士兵监督，催迫他们如期到达。再伪造宗正府左右都司空、上林苑和京师各官府下达的皇上亲发的办案文书，去逮捕诸侯的太子和宠幸之臣。如此一来就会民怨四起，诸侯恐惧，紧接着让摇唇鼓舌的说客去鼓动说服他们造反，或许可以侥幸得到十分之一的成功把握吧!”淮南王说：“此计可行。虽然你的多虑有道理，但我以为成就此事并不至于难到如此程度。”于是淮南王命令官奴入宫，伪造皇上印玺，丞相、御史、大将军、军史、中二千石、京师各官府令和县丞的官印，邻近郡国的太守和都尉的官印，以及朝廷使臣和法吏所戴的官帽，打算一切按伍被的计策行事。淮南王还派人假装获罪后逃出淮南国而西入长安，给大将军和丞相供事。意欲一旦发兵起事，就让他们立即刺杀大将军卫青，然后再说服丞相屈从臣服，便如同揭去一块盖布那么轻而易举了。

淮南王想要发动国中的军队，又恐怕自己的国相和大臣们不听命。他就和伍被密谋先杀死国相与二千石大臣。为此假装宫中失火，国相、二千石大臣必来救火，人一到就杀死他们。谋议未定，又计划派人身穿抓捕盗贼的兵卒的衣服，手持羽檄，从东方驰来，大呼“南越兵入界了”，以借机发兵进军。于是他们派人到庐江郡、会稽郡实施冒充追捕盗贼的计策，没有立即发兵。淮南王问伍被说："我率兵向西挺进，诸侯一定该有响应的人；要是没人响应怎么办？"伍被回答说："可向南夺取衡山国来攻打庐江郡，占有寻阳的战船，守住下雉的城池，扼住九江江口，阻断豫章河水北入长江的彭蠡湖口这条通道，以强弓劲弩临江设防，来禁止南郡军队沿江而下；再东进攻占江都国、会稽郡，和南方强有力的越国结交，这样在长江、淮水之间屈伸自如，犹可拖延一些时日。"淮南王说："很好，没有更好的计策了。要是事态危急就奔往越国吧。"

于是廷尉把淮南王孙刘建供词中牵连出淮南王太子刘迁的事呈报了皇上。皇上派廷尉监趁前往拜见淮南中尉的机会，逮捕太子。廷尉监来到淮南，淮南王得知，和太子谋划，打算召国相和二千石大臣前来，杀死他们就发兵。召国相入宫，国相来了；内史因外出得以脱身。中尉则说："臣在迎接皇上派来的使臣，不能前来见王。"淮南王心想只杀死国相一人而内史、中尉不肯前来，没什么益处，就罢手放走了国相。他再三犹豫，定不下行动的计策。太子想到自己所犯的是阴谋刺杀朝廷中尉的罪，而参与密谋的人已死，便以为活口都堵住断绝，就对父王说："群臣中可依靠的先前都拘捕了，现今已没有可以倚重举事的人。您在时机不成熟时发兵，恐怕不会成功，臣甘愿前往廷尉处受捕。"淮南王心中也暗想罢手，就答应了太子的请求。于是太子刎颈自杀，却未能丧命。伍被独自往见法吏，告发自己参与淮南王谋反的事，将谋反的详情全部供了出来。

法吏因而逮捕了太子、王后，包围了王宫，将国中参与谋反的淮南王的宾客全部搜查抓捕起来，还搜出了谋反的器具，然后书奏向上呈报。皇上将此案交给公卿大臣审理，案中牵连出与淮南王一同谋反的列侯、二千石、地方豪强有几千人，一律按罪行轻重处以死刑。衡山王刘赐，是淮南王的弟弟，被判同罪应予收捕，负责办案的官员请求逮捕衡山王。天子说："侯王各以自己的封国为立身之本，不应彼此牵连。你们与诸侯王、列侯一道去跟丞相会集商议吧。"赵王彭祖、列侯曹襄等四十三人商议后，都说："淮南王刘安极其大逆无道，谋反之罪明白无疑，应当诛杀不赦。”胶西王刘端发表意见说：“淮南王刘安无视王法肆行邪恶之事，心怀欺诈，扰乱天下，迷惑百姓，背叛祖宗，妄生邪说。《春秋》曾说‘臣子不可率众作乱，率众作乱就应诛杀’。刘安的罪行比率众作乱更严重，其谋反态势已成定局。臣所见他伪造的文书、符节、印墨、地图以及其他大逆无道的事实都有明白的证据，其罪极其大逆无道，理应依法处死。至于淮南国中官秩二百石以上和比二百石少的官吏，宗室的宠幸之臣中未触犯法律的人，他们不能尽责匡正阻止淮南王的谋反，也都应当免官削夺爵位贬为士兵，今后不许再做官为吏。那些并非官吏的其他罪犯，可用二斤八两黄金抵偿死罪。朝廷应公开揭露刘安的罪恶，好让天下人都清楚地懂得为臣之道，不敢再有邪恶的背叛皇上的野心。”丞相公孙弘、廷尉张汤等把大家的议论上奏，天子便派宗正手持符节去审判淮南王。宗正还未行至淮南国，淮南王刘安已提前自刎而死。王后荼、太子刘迁和所有共同谋反的人都被满门杀尽。天子因为伍被劝阻淮南王刘安谋反时言词雅正，说了很多称美朝政的话，想不杀他。廷尉张汤说：“伍被最先为淮南王策划反叛的计谋，他的罪不可赦免。”于是杀了伍被。淮南国被废为九江郡。

衡山王名刘赐，王后乘舒生了三个孩子，长男刘爽立为太子，二儿刘孝，三女刘无采。又有姬妾徐来生儿女四人，妃嫔厥姬生儿女二人。衡山王和淮南王两兄弟在礼节上相互责怪抱怨，关系疏远，不相和睦。衡山王闻知淮南王制造用于叛逆谋反的器具，也倾心结交宾客来防范他，深恐被他吞并。

元光六年，衡山王入京朝见，他的谒者卫庆懂方术，想上书请求事奉天子。衡山王很恼怒，故意告发卫庆犯下死罪，用严刑拷打逼他认可。衡山国内史认为不对，不肯审理此案。衡山王便指使人上书控告内史，内史被迫办案，但直言衡山王理屈。衡山王又多次侵夺他人田产，毁坏他人坟墓辟为田地。有司请求逮捕并追究衡山王的罪责，天子不同意，只收回他原先可以自行委任本国官秩二百石以上的官吏的权力，改为由天子任命。衡山王因此心怀愤恨，和奚慈、张广昌谋划，四处访求谙熟兵法和会观测星象以占卜吉凶的人，他们日夜鼓动衡山王密谋反叛之事。

王后乘舒死去，衡山王立徐来为王后。厥姬也同时得到宠幸。两人互相嫉妒，厥姬就向太子说王后徐来的坏话。她说："徐来指使婢女用巫蛊邪术杀害了太子的母亲。"从此太子心中怨恨徐来。徐来的哥哥来到衡山国，太子与他饮酒，席间用刀刺伤了王后的哥哥。王后怨恨恼怒，屡次向衡山王诋毁太子。太子的妹妹刘无采出嫁后被休归娘家，就和奴仆私通，又和宾客私通。太子屡次责备刘无采，无采很恼火，不再和太子来往。王后得知此事，就殷勤关怀无采。无采和二哥刘孝因年少便失去母亲，不免依附王后徐来，她就巧施心计爱护他们，让他们一起毁谤太子，因此衡山王多次毒打太子。元朔四年中，有人杀伤王后的继母，衡山王怀疑是太子指使人所为，就用竹板毒打太子。后来衡山王病了，太子经常声称有病不去服侍。刘孝、王后、刘无采都说他的坏话："太子其实没病，而自称有病，脸上还带有喜色。"衡山王大怒，想废掉他的太子名分，改立其弟刘孝。王后知道衡山王已决意废除太子，就又想一并也废除刘孝。王后有一个女仆善于跳舞，衡山王宠爱她，王后打算让女仆和刘孝私通来玷污陷害他，好一起废掉太子兄弟而把自己的儿子刘广立为太子。太子刘爽知道了王后的诡计，心想王后屡次诽谤自己不肯罢休，就算计与她发生奸情来堵她的口。一次王后饮酒，太子上前敬酒祝寿，趁势坐在了王后的大腿上，要求与她同宿。王后很生气，把此事告诉了衡山王。于是衡山王召太子来，打算把他捆起来毒打。太子知道父王常想废掉自己而立弟弟刘孝，就对他说："刘孝和父王宠幸的女仆私通，无采和奴仆私通，父王打起精神加餐吧，我请求给朝廷上书。"说罢背向衡山王离去了。衡山王派人去阻止他，不能奏效，就亲自驾车去追捕太子。太子乱说坏话，衡山王便用镣铐把他囚禁在宫中。刘孝越来越受到衡山王的亲近和宠幸。衡山王很惊异刘孝的才能，就给他佩上王印，号称将军，让他住在宫外的府第中，给他很多钱财，用以招揽宾客。登门投靠的宾客，暗中知道淮南王、衡山王都有背叛朝廷的谋划，就日夜奉迎鼓励衡山王。于是衡山王指派刘孝的宾客江都人救赫、陈喜制造战车和箭支，刻天子印玺和将相军吏的官印。衡山王日夜访求像周丘一样的壮士，多次称赞和例举吴楚反叛时的谋略，用它规范自己的谋反计划。衡山王不敢仿效淮南王希冀篡夺天子之位，他害怕淮南王起事吞并自己的国家，认为等待淮南王西进之后，自己可乘虚发兵平定并占有长江和淮水之间的领地，他期望能够如愿。

元朔五年秋，衡山王将入京朝见天子。经过淮南时，淮南王竟说了些兄弟情谊的话，消除了从前的嫌隙，彼此约定一起制造谋反器具。衡山王便上书推说身体有病，皇上赐书准许他不入朝。

元朔六年中，衡山王指使人上书皇上请求废掉太子刘爽，改立刘孝为太子。刘爽闻讯，就派和自己很要好的白嬴前往长安上书，控告刘孝私造战车箭支，还和淮南王的侍女私通，意欲以此挫败刘孝。白嬴来到长安，还没来得及上书，官吏就逮捕了他，因他与淮南王谋反事有牵连予以囚禁。衡山王听说刘爽派白嬴去上书，害怕他讲出国中不可告人的隐秘，就上书反告太子刘爽干了大逆不道的事应处死罪。朝廷将此事下交沛郡审理。元狩元年冬，负责办案的公卿大臣下至沛郡搜捕与淮南王共同谋反的罪犯，没有捕到，却在衡山王儿子刘孝家抓到陈喜。官吏控告刘孝带头藏匿陈喜。刘孝以为陈喜平素数次和衡山王计议谋反，很害怕他会供出此事；他听说律令规定事先自首可免除其罪责，又怀疑太子指使白嬴上书将告发谋反之事，就抢先自首，控告救赫、陈喜等参与谋反。廷尉审讯验证属实，公卿大臣便请求捕审衡山王。天子说："不要逮捕。"他派中尉司马安、大行令李息赴衡山国就地查问衡山王，衡山王一一据实做了回答。官吏把王宫都包围起来严加看守。中尉、大行还朝，将情况上奏，公卿大臣请求派宗正、大行和沛郡府联合审判衡山王。衡山王闻讯便刎颈自杀。刘孝因主动自首谋反之事，被免罪；但他犯下与衡山王女侍私通之罪，仍处死弃市。王后徐来也犯有以巫蛊谋杀前王后乘舒罪，连同太子刘爽犯了被衡山王控告不孝的罪，都被处死弃市。所有参与衡山王谋反事的罪犯一概满门杀尽。衡山国废为衡山郡。

太史公说：《诗经》上说"抗击戎狄，惩治楚人"，此话不假啊！淮南王、衡山王虽是骨肉至亲，拥有千里疆土，封为诸侯，但是不致力于遵守藩臣的职责去辅助天子，反而一味心怀邪恶之计，图谋叛逆，致使父子相继二次亡国，人人都不得尽享天年，而受到天下人耻笑。这不只是他们的过错，也是当地习俗浇薄和居下位的臣子影响不良的结果。楚国人轻捷勇猛凶悍，喜好作乱，这是早自古代就记载于书的了。

【鉴赏】

本篇在选材上的突出特点就是围绕主旨，集中笔墨，专记刘长父子谋反叛逆而终致丧身失国的经过。如淮南王刘安曾招致宾客方术之士数千人，编《淮南鸿烈》一书，《汉书》称他"辩博善为文辞"，初入朝见武帝，"献所作《内篇》，新出，上爱秘之。使为《离骚传》，旦受诏，日食时上。"显然，刘安是一位很有才气的人物，他的一生也绝非"谋为畔逆"所可论定。但本篇对其谋逆而外之事，只以一句"为人好读书鼓琴，不喜弋猎狗马驰骋，亦欲以行阴德拊循百姓，流誉天下"带过，随即切入"时时怨望厉王死，时欲畔逆"，以大量篇幅详尽记述了他从"欲谋反"到"谋反滋甚"，从反复与伍被商谋到数次患此患彼、犹豫不决，终因内部相残导致事发自刭而死的过程，其间情节十分清晰周全。同时本篇对刘长、刘安、刘赐父子三人谋反的起因和必然覆亡的结局也从多方面进行了揭示。他们的谋反既有其骄纵自恃的原因，也是皇帝的姑息纵容所致。他们的覆亡既有其狂妄自大、误判形势之必然，也有内部荒淫相争、彼此残害而导致事发之偶然。

本篇虽然角度较为单一，但笔墨也各有侧重，笔法也颇有变化。如就整篇而言以刘安事最详，刘长、刘赐事稍略；刘长事多引奏章侧笔道出，刘安、刘赐事则以正笔步步写来；刘安事多记言语对话，并不惜笔墨引述大段人物对天下形势的长篇宏论，而且气势酣畅淋漓，情文并茂，刘赐事则多以简洁之语记述。

史记卷一百一十九·循吏列传第五十九

太史公在开篇的序赞中说:“奉职循理,亦可以为治,何必威严哉?”“奉职循理”者就是循吏,而靠“威严”为吏者自然就是酷吏了。这篇以类相从的传记,主要记述了春秋战国时期五位修身正己、奉职循理的官吏的事迹。他们当中,孙叔敖为楚相“施教导民”“政缓禁止”;子产为郑相使郑国大治,深受百姓爱戴;公休仪为鲁相清廉自守并不与民争利;石奢为楚昭王相“坚直廉正,无所阿避”;李离为晋文公法吏因“过听杀人”而以死殉法。先代的这些循吏们的政绩和风范是令司马迁满怀崇敬,倾心向慕的。

太史公曰:法令所以导民也,刑罚所以禁奸也。文武①不备,良民惧然身修者,官未曾乱也。奉职循理,亦可以为治,何必威严哉?

孙叔敖者,楚之处士也②。虞丘相进之于楚庄王,以自代也。三月为楚相,施教导民,上下和合,世俗盛美,政缓禁止,吏无奸邪,盗贼不起。秋冬则劝民山采,春夏以水③,各得其所便,民皆乐其生。

庄王以为币轻,更以小为大,百姓不便,皆去其业。市令言之相曰:“市乱,民莫安其处,次行不定④。”相曰:“如此几何顷乎⑤?”市令曰:“三月顷。”相曰:“罢,吾今令之复矣。”后五日,朝,相言之王曰:“前日更币,以为轻。今市令来言曰‘市乱,民

①文武:文治和武功,这里指法令和刑律。 ②处士:有才德而未仕或隐居不仕的人。 ③春夏以水:春夏时节借河水上涨使采伐的林木顺流而下运出去。 ④次行:次序,秩序。 ⑤几何顷:有多久。顷:时间短,此泛指时间。

莫安其处,次行之不定’。臣请遂令复如故。”王许之,下令三日而市复如故。

楚民俗好庳车[①],王以为庳车不便马,欲下令使高之。相曰:“令数下,民不知所从,不可。王必欲高车,臣请教闾里使高其梱[②]。乘车者皆君子,君子不能数下车。”王许之。居半岁,民悉自高其车。

此不教而民从其化,近者视而效之,远者四面望而法之。故三得相而不喜,知其材自得之也;三去相而不悔,知非己之罪也。

子产者,郑之列大夫也。郑昭君之时,以所爱徐挚为相,国乱,上下不亲,父子不和。大宫子期言之君,以子产为相。为相一年,竖子不戏狎[③],斑白不提挈[④],僮子不犁畔[⑤]。二年,市不豫贾[⑥]。三年,门不夜关,道不拾遗。四年,田器不归。五年,士无尺籍[⑦],丧期不令而治。治郑二十六年而死,丁壮号哭,老人儿啼,曰:“子产去我死乎!民将安归?”

公仪休者,鲁博士也。以高弟为鲁相。奉法循理,无所变更,百官自正。使食禄者不得与下民争利,受大者不得取小。

客有遗[⑧]相鱼者,相不受。客曰:“闻君嗜鱼,遗君鱼,何故不受也?”相曰:“以嗜鱼,故不受也。今为相,能自给鱼;今受鱼而免,谁复给我鱼者?吾故不受也。”

食茹[⑨]而美,拔其园葵而弃之。见其家织布好,而疾出其家

---

①庳车:矮车,车的底座低。庳(bēi):低矮。 ②梱(kǔn):通“阃(kǔn)”,门槛。 ③戏狎(xiá):打闹,轻浮嬉戏。 ④斑白:鬓发花白,此借指老人。提挈:提重物。挈(qiè):拎,提。 ⑤僮子:儿童。畔:地边,地界。 ⑥不豫贾:不事先抬高物价,指买卖双方公平议价。豫:通“预”。贾:通“价”。 ⑦无尺籍:没有战功。把杀敌斩首的功劳记录在一尺长的竹板上,称“尺籍”。此句是说男子不必再服兵役。 ⑧遗(wèi):赠送,送给。 ⑨茹:蔬菜。下文“葵”亦指蔬菜,互文见义。

妇，燔[①]其机，云“欲令农士工女安所雠其货乎[②]？”

石奢者，楚昭王相也。坚直廉正，无所阿避[③]。行县，道有杀人者，相追之，乃其父也。纵其父而还自系焉。使人言之王曰：“杀人者，臣之父也。夫以父立政[④]，不孝也；废法纵罪，非忠也；臣罪当死。”王曰：“追而不及，不当伏罪，子其治事矣。”石奢曰：“不私[⑤]其父，非孝子也；不奉主法，非忠臣也。王赦其罪，上惠也；伏诛而死，臣职也。”遂不受令，自刎而死。

李离者，晋文公之理[⑥]也。过听杀人[⑦]，自拘当死。文公曰：“官有贵贱，罚有轻重。下吏有过，非子之罪也。”李离曰：“臣居官为长，不与吏让位；受禄为多，不与下分利。今过听杀人，傅[⑧]其罪下吏，非所闻也。”辞不受令。文公曰：“子则自以为有罪，寡人亦有罪邪？”李离曰：“理有法，失刑则刑，失死则死。公以臣能听微决疑，故使为理。今过听杀人，罪当死。”遂不受令，伏剑而死。

太史公曰：孙叔敖出一言，郢市复。子产病死，郑民号哭。公仪子见好布而家妇逐。石奢纵父而死，楚昭名立。李离过杀而伏剑，晋文以正国法。

【译文】

太史公说：“法令是用来引导百姓向善的，刑罚是用来阻止百姓作恶的。文法与刑律不齐备时，善良的百姓依然心存戒惧地自我约束修身，是因为居官者不曾违乱纲纪。只要官吏奉公尽职按原则行事，也可以此治理好天下，为什么非用严刑峻法不可呢？

---

①燔（fán）：焚烧。 ②工女：此指织妇。雠（chóu）：出售。 ③阿：阿谀。避：逃避。 ④立政：树立政绩，维护政令的尊严。 ⑤私：偏袒，偏爱。 ⑥理：法官，法吏。 ⑦过听杀人：听察案情有过失而错杀人命。 ⑧傅：附着，此指把罪责推到别人身上。

孙叔敖是楚国的隐者。国相虞丘把他举荐给楚庄王,想让他接替自己的职务。孙叔敖为官三月就升为楚相,他实施教化,引导百姓,使得上下和睦同心,风俗十分淳美,政令宽缓却有禁必止,官吏不做奸邪之事,国中也无盗贼发生。秋冬两季则鼓励百姓进山采伐木材,春夏时借上涨的河水把木材运出山外,百姓各有便利的谋生之业,都生活得很安乐。

庄王认为楚国的钱币太轻,就下令把小钱改铸为大钱,百姓用起来很不方便,纷纷放弃了自己的本业。市令向国相孙叔敖说:“市场乱了,百姓无人安心在那里做买卖,秩序很不稳定。”国相问:“这种情况有多久了?”市令回答:“有三个月了。”国相说:“不必多言,我很快就让市场恢复正常。”五天后,他上朝劝谏庄王说:“先前更改钱币,是认为旧币太轻了。如今市令来报告说‘市场混乱,百姓无人安心在那里谋生,秩序很不稳定’。臣请求立即下令恢复旧币。”庄王同意了,颁布命令才三天,市场就恢复如故。

楚国的民俗是爱坐矮车,楚王认为矮车不便于驾马,想下令把矮车改高。国相孙叔敖说:“政令屡出,百姓就无所适从,不可这样。如果大王一定想把车改高,臣请求让乡里升高里门的门槛。乘车人都是有身份的君子,他们不能为过门槛频繁下车,自然就会把车的底座造高了。”楚王答应了他的请求。过了半年,百姓都自动把坐的车子造高了。

这就是孙叔敖不用下令管束,百姓就自然顺从了他的教化,身边的人亲眼看到他的言行便仿效他,离得远的人观望四周人们的变化也跟着效法他。所以孙叔敖三次荣居相位并不沾沾自喜,他明白这是自己凭借才干获得的;三次离开相位也并不感到受侮,因为他知道自己没有过错。

子产,是郑国的大夫。郑昭君在位时,曾任用自己宠信的徐挚为国相,国政昏乱,上下不亲和,父子不和睦。大宫子期把这些情况告诉郑昭君,昭君就任子产为国相。子产执政一年,浪荡子不再轻浮嬉戏,老年人不再手提重物,儿童也懂得耕田不犯地界。两年之后,市场上买卖公平,商人不再预定高价。三年过去,人们夜不闭户,路不拾遗。四年后,农民收工不必把农具带回家。五年后,男子无需服兵役,遇有丧事则自觉敬执丧葬之礼。子产治理郑国二十六年而死，青壮年痛哭失声，老人像孩童一样哭泣，说："子产离开我们死去了啊，百姓将来依靠谁!"

公仪休，是鲁国的博士。由于才学优异做了鲁国国相。他遵奉法度，按原则行事，丝毫不改变规矩，因此百官品行自然端正。他命令为官者不许和百姓争夺利益，做大官的不许再占小便宜。

有位客人给国相送鱼，他不肯收纳。客人说："听说您极爱吃鱼，才送鱼来，为什么不接受呢?"公仪休说："正因为很爱吃鱼，才不能接受啊。如今我做国相，自己还买得起鱼吃；如果因为今天收下你的鱼而被免官，今后谁还再肯给我鱼吃？所以我决不能收下。"

公仪休吃了蔬菜感觉味道很好，就把自家园中的蔬菜都拔下来扔掉。他看见自家织的布好，就立刻把妻子逐出家门，还烧毁了织机。他说："难道想要让农工和织妇无处卖掉他们生产的货物吗?"

石奢，是楚昭王的国相。他为人刚强正直廉洁公正，既不阿谀逢迎，也不胆小避事。一次出行属县，恰逢途中有凶手杀人，他追捕凶犯，竟是自己的父亲。他放走父亲，归来便把自己囚禁起来。他派人对昭王说："杀人凶犯，是臣的父亲。若以惩治父亲来树立政绩，这是不孝；若废弃法度纵容犯罪，又是不忠；因此臣该当死罪。"昭王说："你追捕凶犯而没抓到，不该论罪伏法，你还是去治理国事吧。"石奢说："不偏袒自己的父亲，不是孝子；不遵奉王法，不是忠臣。您赦免我的罪责，是主上的恩惠；伏诛而死，则是臣的职责。"于是石奢不听从楚王之命，自刎而死。

李离，是晋文公的法吏。他听察案情有误而枉杀人命，发觉后就把自己拘禁起来判以死罪。文公说："官有贵贱，刑罚也有轻重。这是你手下官吏有过失，不是你的罪责。"李离说："臣做的是长官，不曾把高位让给下属；领取的俸禄很多，也不曾把好处分给他们。如今我听察案情有误而枉杀人命，却要把罪责推给下属，这种道理我没有听过。"他拒绝接受文公之命。文公说："你认定自己有罪，那么寡人也有罪吗?"李离说："法吏断案有法规，错判刑就要亲自受刑，错杀人就要以死偿命。您因为臣能听察细微隐情事理，决断疑难案件，才让臣做法吏。现在臣听察案情有误而枉杀人命，罪当处死。”于是不接受晋文公的赦令，伏剑自刎而死。

太史公说：孙叔敖口出一言，郢都的市场秩序得以恢复。子产病逝，郑国百姓失声痛哭。公仪休看到妻子织出的布好就把她赶出家门。石奢放走父亲而自杀顶罪，使楚昭王树立了美名。李离错判杀人而伏剑身亡，帮助晋文公整肃了国法。

【鉴赏】

《循吏列传》与稍后的《酷吏列传》可视为姊妹篇，两传形成对照。颇有意味的是，《循吏列传》所写全为先秦时人，《酷吏列传》所写则多为武帝时人，作者似乎在于有意通过两者的对照，表达对当世多欲政治所导致局面的讥刺。而且应当说本文所记五人之事也多是有所针对的。如写孙叔敖劝楚王恢复旧币，结果“下令三日而市复如故”，而武帝为了加紧聚敛财货，对钱币朝令夕改正是“令数下，民不知所从”之举；再如写子产治郑国时的景象是“市不豫贾”，“门不夜关，道不拾遗”，“士无尺籍”，写公休仪则记他为官清廉、不与民争利，而武帝时积货逐利，强买强卖，大肆兴兵，搞得士民皆苦，“民将安归”就成了一个突出的问题。

本篇笔墨极为简净，所记之事、所写之人却也细致传神。如写子产死，“丁壮号哭，老人儿啼”，寥寥几语就将他与郑国百姓相得的一生点画出来。写公休仪，也是以至为简要之笔墨，记述他嗜鱼而不受鱼、“食茹而美”则拔掉自家园葵、家中织布好则逐其妇燔其机三件生活小事，一个奉法循理、不与民争利的形象就呼之欲出。还有楚昭王相石奢纵父而自刎，晋文公之臣李离为过听杀人而伏剑，所记之事也都是他们一生中的一鳞半爪，但人物在所记之事件当中都处于生死抉择的境地，而他们义无反顾地选择了舍生取义。文笔虽简，意味却极为浓厚，所以后人称赞：“太史公《循吏传》文简而高，意淡而远，班孟坚《循史传》不及也。”

史记卷一百二十·汲郑列传第六十

从汉初至景帝之时尚黄老之术，崇无为而治，到了武帝时则尊儒术行峻法。武帝即位之初，还在好黄老的窦太后与推儒术的皇帝大臣之间发生过一场权势争斗。司马迁则向往黄老清静无为思想、尊敬先秦时的那种儒术，对武帝名为尊儒实为“多欲”做“缘饰”，并重用生事之儒臣与酷吏极为不满，这也是他对武帝好大喜功、严刑峻法持否定态度的根本原因。而汲黯与郑当时二人也都好黄老之言，内行修絜，并且都中途遭废而家贫，死后家无余财，无论是为政为人都是令司马迁敬佩的人，所以作者将他们合为一传。而且本篇以敢于犯颜直谏、敢于面折大臣的汲黯为重点，表现了对武帝时尊崇儒术、征伐四夷、盐铁官营、任用酷吏等一系列政策和对一些祸国害事的为政者的反对。同时，司马迁在论赞中还对汲黯、郑当时因其升沉遭遇所折射出的世态炎凉表示了深深的悲慨。

汲黯字长孺，濮阳人也。其先有宠于古之卫君。至黯七世，世为卿大夫。黯以父任①，孝景时为太子洗马，以庄见惮②。孝景帝崩，太子即位，黯为谒者。东越相攻，上使黯往视之。不至，至吴而还，报曰：“越人相攻，固其俗然，不足以辱天子之使。”河内失火，延烧千馀家，上使黯往视之。还报曰：“家人失火，屋比③延烧，不足忧也。臣过河南，河南贫人伤水旱万馀家，或父子相食，臣谨以便宜④，持节发河南仓粟以振⑤贫民。臣请归节，伏矫制⑥之罪。”上贤而释之。迁为荥阳令。黯耻为令，病

---

①任：保举。汉制规定，凡居官二千石以上者，任职满三年可保举兄弟或儿子一人为郎官。②惮（dàn）：畏惧，令人敬畏。③比：紧挨着。④便宜：趁便见机行事。⑤振：通“赈”，救济。⑥矫制：假借君主名义发布命令。

归田里。上闻，乃召拜为中大夫。以数切谏，不得久留内，迁为东海太守。黯学黄老之言，治官理民，好清静，择丞史而任之。其治，责大指而已，不苛小。黯多病，卧闺阁[①]内不出。岁馀，东海大治，称之。上闻，召以为主爵都尉，列于九卿。治务在无为而已，弘大体，不拘文法。

黯为人性倨[②]，少礼，面折[③]，不能容人之过。合己者善待之，不合己者不能忍见[④]，士亦以此不附焉。然好学，游侠，任气节，内行修洁[⑤]，好直谏，数犯主之颜色，常慕傅柏、袁盎之为人也。善灌夫、郑当时及宗正刘弃。亦以数直谏，不得久居位。

当是时，太后弟武安侯蚡为丞相，中二千石来拜谒，蚡不为礼。然黯见蚡未尝拜，常揖之。天子方招文学儒者，上曰吾欲云云，黯对曰："陛下内多欲而外施仁义，奈何欲效唐虞之治乎！"上默然，怒，变色而罢朝。公卿皆为黯惧。上退，谓左右曰："甚矣，汲黯之戆也[⑥]！"群臣或数[⑦]黯，黯曰："天子置公卿辅弼之臣，宁令从谀承意，陷主于不义乎？且已在其位，纵爱身，奈辱朝廷何！"

黯多病，病且满三月，上常赐告者数[⑧]，终不愈。最后病，庄助为请告。上曰："汲黯何如人哉？"助曰："使黯任职居官，无以逾人。然至其辅少主，守城深坚，招之不来，麾[⑨]之不去，虽自谓贲、育亦不能夺之矣。"上曰："然。古有社稷之臣，至如黯，近之矣。"

---

①闺阁：指内室。 ②倨：傲慢。 ③面折：当面拒斥。折：断，此指拒斥，驳回。 ④忍见：耐着性子见面。 ⑤内行：平日居家的品行。 ⑥戆(zhuàng)：憨厚刚直。 ⑦数：列举过失，指责。 ⑧汉制规定，居官者病满三月当免官，而武帝数次特许汲黯可以不免官而居家养病。告：休假。 ⑨麾：通"挥"，挥手令去。

大将军青侍中，上踞厕①而视之。丞相弘燕见②，上或时不冠。至如黯见，上不冠不见也。上尝坐武帐中③，黯前奏事，上不冠，望见黯，避帐中，使人可其奏。其见敬礼如此。

张汤方以更定律令为廷尉，黯数质责汤于上前，曰："公为正卿，上不能褒先帝之功业，下不能抑天下之邪心，安国富民，使囹圄空虚，二者无一焉。非苦就行④，放析就功⑤，何乃取高皇帝约束纷更之为⑥？公以此无种矣。"黯时与汤论议，汤辩常在文深小苛，黯伉厉守高不能屈⑦，忿发骂曰："天下谓刀笔吏不可以为公卿，果然。必汤也，令天下重足而立⑧，侧目而视矣！"

是时，汉方征匈奴，招怀四夷。黯务少事，乘上间，常言与胡和亲，无起兵。上方向儒术，尊公孙弘。及事益多，吏民巧弄，上分别文法，汤等数奏决谳⑨以幸。而黯常毁儒，面触弘等徒怀诈饰智以阿人主取容，而刀笔吏专深文巧诋⑩，陷人于罪，使不得反其真，以胜为功。上愈益贵弘、汤，弘、汤深心疾黯，唯天子亦不说也⑪，欲诛之以事。弘为丞相，乃言上曰："右内史界部中多贵人宗室，难治，非素重臣不能任，请徙黯为右内史。"为右内史数岁，官事不废。

大将军青既益尊，姊为皇后，然黯与亢礼⑫。人或说黯曰："自天子欲群臣下大将军，大将军尊重益贵，君不可以不拜。"黯曰："夫以大将军有揖客，反不重邪？"大将军闻，愈贤黯，数请问

---

①厕：通"侧"，指床边。②燕见：闲暇时进见。燕：通"宴"，安闲。③武帐：御殿内四周陈设着五种兵器（矛、戟、钺、楯、弓矢）的帐帷，以示威武。④非苦就行：明知事错还努力去做，以求造就好名声。非：错误。就：实现，达到。行：德行。⑤放析就功：肆意增繁律令破坏旧制，成就个人功绩。放：放纵，随意。析：劈开，此指破坏。⑥纷：纷乱，这里有任意增繁加多意。更：更改。⑦伉厉：刚直严厉。守高：保持高昂的志气。⑧重足而立：两脚并拢站立，形容极其恐惧拘束而不敢行走。⑨谳：审判定案。⑩深文巧诋：深抠文法，巧言进行诋毁。⑪唯：虽然，纵然。说：同"悦"，喜欢。⑫亢：通"抗"，匹敌，相当。

国家朝廷所疑，遇黯过于平生。

淮南王谋反，惮黯，曰："好直谏，守节死义，难惑以非。至如说丞相弘，如发蒙振落耳[①]。"

天子既数征匈奴有功，黯之言益不用。

始黯列为九卿，而公孙弘、张汤为小吏。及弘、汤稍益贵，与黯同位，黯又非毁弘、汤等。已而弘至丞相，封为侯；汤至御史大夫；故黯时丞相史皆与黯同列，或尊用过之。黯褊心[②]，不能无少望[③]，见上，前言曰："陛下用群臣如积薪耳，后来者居上。"上默然。有间黯罢[④]，上曰："人果不可以无学，观黯之言也日益甚。"

居无何，匈奴浑邪王率众来降，汉发车二万乘。县官无钱[⑤]，从民贳马[⑥]。民或匿马，马不具。上怒，欲斩长安令。黯曰："长安令无罪，独斩黯，民乃肯出马。且匈奴畔其主而降汉，汉徐以县次传之，何至令天下骚动，罢弊[⑦]中国而以事夷狄之人乎！"上默然。及浑邪至，贾人与市者，坐当死者五百馀人。黯请间[⑧]，见高门，曰："夫匈奴攻当路塞，绝和亲，中国兴兵诛之，死伤者不可胜计，而费以巨万百数。臣愚以为陛下得胡人，皆以为奴婢以赐从军死事者家；所卤获[⑨]，因予之，以谢天下之苦，塞百姓之心。今纵不能，浑邪率数万之众来降，虚府库赏赐，发良民侍养，譬若奉骄子。愚民安知市买长安中物而文吏绳以为阑出财物于边关乎[⑩]？陛下纵不能得匈奴之资以谢天下，又以

①发蒙：揭开盖东西的蒙布。振落：振掉快落的树叶。此句比喻事情好办，可轻易得手。 ②褊心：心胸狭隘。 ③望：怨恨。 ④有间：有顷，一会儿。罢：退下。 ⑤县官：当时天子或朝廷的代称，此指国库。 ⑥贳(shì)：借贷。 ⑦罢弊：疲乏，疲劳。罢：通"疲"。 ⑧请间：请求单独接见。 ⑨卤：通"掳"，抢掠。 ⑩绳：依法处罚。阑：没有官府允许的凭证而擅自出入边关。

微文[①]杀无知者五百馀人，是所谓'庇其叶而伤其枝'者也，臣窃为陛下不取也。"上默然，不许，曰："吾久不闻汲黯之言，今又复妄发矣。"后数月，黯坐小法，会赦，免官。于是黯隐于田园。

居数年，会更五铢钱，民多盗铸钱，楚地尤甚。上以为淮阳，楚地之郊，乃召拜黯为淮阳太守。黯伏谢不受印，诏数强予，然后奉诏。诏召见黯，黯为上泣曰："臣自以为填沟壑，不复见陛下，不意陛下复收用之。臣常有狗马病[②]，力不能任郡事，臣愿为中郎，出入禁闼[③]，补过拾遗，臣之愿也。"上曰："君薄淮阳邪？吾今召君矣。顾淮阳吏民不相得[④]，吾徒得君之重，卧而治之。"黯既辞行，过大行李息，曰："黯弃居郡，不得与朝廷议也。然御史大夫张汤智足以拒谏，诈足以饰非，务巧佞之语，辩数之辞，非肯正为天下言，专阿主意。主意所不欲，因而毁之；主意所欲，因而誉之。好兴事，舞文法，内怀诈以御[⑤]主心，外挟贼吏以为威重。公列九卿，不早言之，公与之俱受其僇[⑥]矣。"息畏汤，终不敢言。黯居郡如故治，淮阳政清。后张汤果败，上闻黯与息言，抵息罪。令黯以诸侯相秩[⑦]居淮阳。七岁而卒。

卒后，上以黯故，官其弟汲仁至九卿，子汲偃至诸侯相。黯姑姊子司马安亦少与黯为太子洗马。安文深巧善宦，官四至九卿，以河南太守卒。昆弟以安故，同时至二千石者十人。濮阳段宏始事盖侯信，信任宏，宏亦再至九卿。然卫人仕者皆严惮汲黯，出其下。

郑当时者，字庄，陈人也。其先郑君尝为项籍将；籍死，已而属汉。高祖令诸故项籍臣名籍，郑君独不奉诏。诏尽拜名籍

---

①微文：苛细的文法。 ②狗马病：对人称说自己疾病的谦辞。 ③此句是说希望随侍皇帝左右做近臣。禁闼：宫廷门户。 ④顾：但，只。 ⑤御：迎。 ⑥僇：通"戮"。 ⑦秩：等级。

者为大夫，而逐郑君。郑君死孝文时。

郑庄以任侠自喜，脱张羽于厄，声闻梁、楚之间。孝景时，为太子舍人。每五日洗沐，常置驿马长安诸郊，存[1]诸故人，请谢宾客，夜以继日，至其明旦，常恐不遍。庄好黄老之言，其慕长者如恐不见。年少官薄，然其游知交皆其大父行，天下有名之士也。武帝立，庄稍迁为鲁中尉、济南太守、江都相，至九卿为右内史。以武安侯、魏其时议，贬秩为詹事，迁为大农令。

庄为太史，诫门下："客至，无贵贱无留门者。"执宾主之礼，以其贵下人。庄廉，又不治其产业，仰奉赐以给诸公。然其馈遗人，不过算器食[2]。每朝，候上之间，说未尝不言天下之长者。其推毂[3]士及官属丞史，诚有味其言之也，常引以为贤于己。未尝名吏[4]，与官属言，若恐伤之。闻人之善言，进之上，唯恐后。山东士诸公以此翕然称郑庄。

郑庄使视决河，自请治行[5]五日。上曰："吾闻'郑庄行，千里不赍粮'，请治行者何也？"然郑庄在朝，常趋和承意，不敢甚引当否[6]。及晚节，汉征匈奴，招四夷，天下费多，财用益匮。庄任人宾客为大农僦人[7]，多逋负[8]。司马安为淮阳太守，发其事，庄以此陷罪，赎为庶人。顷之，守长史。上以为老，以庄为汝南太守。数岁，以官卒。

郑庄、汲黯始列为九卿，廉，内行修洁。此两人中废，家贫，宾客益落。及居郡，卒后家无馀资财。庄兄弟子孙以庄故，至二千石六七人焉。

太史公曰：夫以汲、郑之贤，有势则宾客十倍，无势则否，况

---

①存：存问，看望问候。②算器：竹制器皿。③推毂：推车，此处借言推举人才。④名吏：直呼吏员的名字。⑤治行：准备行装。⑥甚引：很明确地表示意见。引：引决，决定。当否：是非。⑦僦：运输。⑧逋负：拖欠，此指亏欠承办运输的钱款。

众人乎！下邽翟公有言，始翟公为廷尉，宾客阗门；及废，门外可设雀罗。翟公复为廷尉，宾客欲往，翟公乃大署其门曰："一死一生，乃知交情。一贫一富，乃知交态。一贵一贱，交情乃见。"汲、郑亦云，悲夫！

【译文】

汲黯字长孺，濮阳人。他的祖先曾受古卫国国君恩宠。到他已是第七代，代代都在朝中荣任卿、大夫。靠父亲保举，孝景帝时汲黯做了太子洗马，因为人严正而被人敬畏。景帝死后，太子继位，命他做谒者。闽越人和瓯越人互相攻战，皇上派汲黯前往察看。他未到达东越，行至吴县便折返而归，禀报说："越人相攻，是当地民俗本来就如此好斗，不值得烦劳天子的使臣去过问。"河内郡发生了火灾，绵延烧及一千余户人家，皇上又派汲黯去视察。他回来报告说："那里普通人家不慎失火，由于住房密集，火势便蔓延开去，不必多忧。我路过河南郡时，眼见当地贫民饱受水旱灾害之苦，灾民多达万余家，有的竟至于父子相食，我就趁便凭所持的符节，下令发放了河南郡官仓的储粮，赈济当地灾民。现在我请求缴还符节，承受假传圣旨的罪责。"皇上认为汲黯贤良，免他无罪，调任为荥阳县令。汲黯认为做县令耻辱，便称病辞官还乡。皇上闻讯，召汲黯还朝任中大夫。由于屡次向皇上直言谏诤，他仍不得久留朝中，被外放做了东海郡太守。汲黯崇仰道家学说，治理官府和处理民事，喜好清静少事，把事情都交托自己挑选出的得力的郡丞和书史去办。他治理郡务，不过是督查下属按大原则行事罢了，并不苛求小节。他体弱多病，经常躺在内室休息不出门。一年多的时间，东海郡便十分清明太平，人们都很称赞他。皇上得知后，召汲黯回京任主爵都尉，比照九卿的待遇。他为政力求无为而治，弘其大要而不拘守法令条文。

汲黯与人相处很傲慢，不讲究礼数，当面顶撞人，容不得别人的过错。与自己心性相投的，他就亲近友善；与自己合不来的，就不耐烦相见，士人也因此不愿依附他。但汲黯好学，又好仗义行侠，重志气节操。

他品行美好纯正，喜欢直言劝谏，屡次触犯皇上的面子，时常仰慕傅柏和袁盎的为人。他与灌夫、郑当时和宗正刘弃交好。他们也因为多次直谏而不得久居其官位。

就在汲黯任主爵都尉而位列九卿的时候，窦太后的弟弟武安侯田蚡做了宰相，年俸中二千石的高官来谒见时都行跪拜之礼，田蚡竟然不予还礼。而汲黯求见田蚡时从不下拜，经常向他拱手作揖完事。这时皇上正在招揽文学之士和崇奉儒学的儒生，说我想要如何如何，汲黯便答道："陛下心里欲望很多，只在表面上施行仁义，怎么能真正仿效唐尧虞舜的政绩呢！"皇上沉默不语，心中恼怒，脸一变就罢朝了。公卿大臣都为汲黯惊恐担心。皇上退朝后，对身边的近臣说："太过分了，汲黯太愚直！"群臣中有人责怪汲黯，汲黯说："天子设置公卿百官这些辅佐之臣，难道是让他们一味屈从取容，阿谀奉迎，将君主陷于违背正道的窘境吗？何况我已身居九卿之位，纵然爱惜自己的生命，但要是损害了朝廷大事，那可怎么办！"

汲黯多病，而且已抱病三月之久，皇上多次恩准他休假养病，他的病体却始终不愈。最后一次病得很厉害，庄助替他请假。皇上问道："汲黯这个人怎么样？"庄助说："让汲黯做官执事，没有过人之处。然而他能辅佐年少的君主，坚守已成的事业，以利诱之他不会来，以威驱之他不会去，即使有人自称像孟贲、夏育一样勇武非常，也不能撼夺他的志节。"皇上说："是的。古代有所谓安邦保国的忠臣，像汲黯就很近似他们了。"

大将军卫青入侍宫中，皇上曾蹲在厕所内接见他。丞相公孙弘平时有事求见，皇上有时连帽子也不戴。至于汲黯进见，皇上不戴好帽子是不会接见他的。皇上曾经坐在威严的武帐中，适逢汲黯前来启奏公事，皇上没戴帽，望见他就连忙躲避到帐内，派近侍代为批准他的奏议。汲黯被皇上尊敬礼遇到了这种程度。

张汤刚以更改制定刑律法令做了廷尉，汲黯就曾多次在皇上面前质问指责张汤，说："你身为正卿，却对上不能弘扬先帝的功业，对下不能遏止天下人的邪恶欲念，安国富民，使监狱空无罪犯，这两方面你都一事无成。相反，错事你竭力去做，大肆破坏律令，以成就自己的事业，尤为甚者，你怎么竟敢把高祖皇帝定下的规章制度也乱改一气呢？你这样做会断子绝孙的。”汲黯时常和张汤争辩，张汤辩论起来，总爱故意深究条文，苛求细节，汲黯则出言刚直严肃，志气昂奋，不肯屈服，他怒不可遏地骂张汤说：“天下人都说绝不能让刀笔之吏身居公卿之位，果真如此。如果非依张汤之法行事不可，必令天下人恐惧得双足并拢站立而不敢迈步，眼睛也不敢正视！”

这时，汉正在征讨匈奴，招抚各地少数民族。汲黯力求国家少事，常借向皇上进言的机会建议与胡人和亲，不要兴兵打仗。皇上正倾心于儒家学说，尊用公孙弘，对此不以为意。及至国内事端纷起，下层官吏和不法之民都弄巧逞志以逃避法网，皇上这才要分条别律，严明法纪，张汤等也便不断进奏所审判的要案，以此博取皇上的宠幸。而汲黯常常诋毁儒学，当面抨击公孙弘之流内怀奸诈而外逞智巧，以此阿谀主上取得欢心；刀笔吏专门苛究深抠法律条文，巧言加以诋毁，构陷他人有罪，使事实真相不得昭示，并把胜狱作为邀功的资本。于是皇上越发倚重公孙弘和张汤，公孙弘、张汤则深恨汲黯，就连皇上也不喜欢他，想借故杀死他。公孙弘做了丞相，向皇上建议说：“右内史管界内多有达官贵人和皇室宗亲居住，很难管理，不是素来有声望的大臣不能当此重任，请调任汲黯为右内史。”汲黯做了几年右内史，任中政事井井有条，从未废弛荒疏过。

大将军卫青已经越发地尊贵了，他的姐姐卫子夫做了皇后，但是汲黯仍与他行平等之礼。有人劝汲黯说：“从天子那里就想让群臣居于大将军之下，大将军如今受到皇帝的尊敬和器重，地位更加显贵，你不可不行跪拜之礼。”汲黯答道：“因为大将军有拱手行礼的客人，就反倒使他不受敬重了吗？”大将军听到他这么说，更加认为汲黯贤良，多次向他请教国家与朝中的疑难之事，看待他胜过平素所结交的人。

淮南王刘安阴谋反叛，畏惧汲黯，说：“汲黯爱直言相谏，固守志节宁为正义而死，很难用不正当的事诱惑。至于游说丞相公孙弘，就像揭掉盖东西的蒙布或把快落的树叶振掉那么容易。”

天子已多次征讨匈奴有功，汲黯主张与胡人和亲而不必兴兵征讨的话，他就更听不进去了。

当初汲黯享受九卿待遇时，公孙弘、张汤不过还是一般小吏而已。等到公孙弘、张汤日渐显贵，和汲黯官位相当时，汲黯又责难诋毁他们。不久，公孙弘升为丞相，封为平津侯；张汤官至御史大夫；昔日汲黯手下的郡丞、书史也都和汲黯同级了，有的被重用，地位甚至还超过了他。汲黯心窄性躁，不可能没有一点儿怨言，朝见皇上时，他走上前说道："陛下使用群臣就像堆柴垛一样，后来的堆在上面。"皇上沉默不语。一会儿汲黯退了下去，皇上说："一个人确实不可以没有学识，看汲黯这番话，他的愚直越来越严重了。"

时隔不久，匈奴浑邪王率部众降汉，朝廷征发两万车辆前去接运。官府无钱，便向百姓借马。有的人把马藏起来，马无法凑齐。皇上大怒，要杀长安县令。汲黯说："长安县令没有罪，只要杀了我，百姓就肯献出马匹了。况且匈奴将领背叛他们的君主来投降汉，朝廷可以慢慢地让沿途各县准备车马把他们顺序接运过来，何至于让全国骚扰不安，使我国人疲于奔命地去侍奉那些匈奴的降兵降将呢！"皇上沉默无言。及待浑邪王率部到来，商人因与匈奴人做买卖，被判处死罪的有五百多人。汲黯请得被接见的机会，在未央宫的高门殿见到了皇上，他说："匈奴攻打我们设在往来要路上的关塞，断绝和亲的友好关系，我国发兵征讨他们，战死疆场与负伤的人数不胜数，而且耗费了数以百亿计的巨资。臣我愚蠢，以为陛下抓获匈奴人，会把他们都作为奴婢赏给从军而死的家属；并将掳获的财物也就便送给他们，以此告谢天下人付出的辛劳，满足百姓的心愿。这一点现在即使做不到，浑邪王率领几万部众前来归降，也不该倾尽官家府库的财物赏赐他们，征调老实本分的百姓去伺候他们，把他们捧得如同宠儿一般。无知的百姓哪里懂得让匈奴人购买长安城中的货物，就会被死抠法律条文的法吏视为将财物非法走私出关而判罪呢？陛下纵然不能缴获匈奴的物资来慰劳天下人，又要用苛严的法令杀戮五百多无知的老百姓，这就是所谓'保护树叶而损害树枝'的做法，我私下认为陛下此举是不可取的。”皇上沉默,不予赞同,而后说:“我很久没听到汲黯的话了,今日他又一次信口胡说了。”事后数月,汲黯因犯小法被判罪,适逢皇上大赦,他仅遭免官。于是汲黯归隐于田园。

过了几年,遇上国家改铸五铢钱,老百姓很多人私铸钱币,楚地尤其严重。皇上认为淮阳郡是通往楚地的交通要道,就征召汲黯任他为淮阳郡太守。汲黯拜伏于地辞谢圣旨,不肯接印,皇上屡下诏令强迫给他,他才领命。皇上下诏召见汲黯,汲黯哭着对皇上说:“我自以为死后尸骨将被弃置沟壑,再也见不到陛下了,想不到陛下又收纳任用我。我常有狗病马病的,体力难以胜任太守职事的烦劳。我希望做中郎,出入宫禁之门,为您纠正过失,补救缺漏,这就是我的愿望。”皇上说:“你看不上淮阳郡太守这个职位吗?过些时候我会招你回来的。只因淮阳地方官民关系紧张,我只好借助你的威望,请你躺在家中去治理吧。”汲黯向皇上告别后,又去探望大行令李息,他说:“我被弃置于外郡,不能参与朝廷的议政了。可是,御史大夫张汤他的智巧足以阻挠他人的批评,奸诈足以文饰自己的过失,他专用机巧谄媚之语,强辩挑剔之词,不肯堂堂正正地替天下人说话,而一心去迎合主上的心思。皇上不想要的,他就顺其心意诋毁;皇上想要的,他就跟着夸赞。他喜欢无事生非,搬弄法令条文,在朝中他深怀奸诈以逢迎皇上的旨意,在朝外挟制为害社会的官吏来加强自己的威势。您位居九卿,若不及早向皇上进言,您和他都会被诛杀的。”李息害怕张汤,始终不敢向皇上进谏。汲黯治理郡务,一如往昔作风,淮阳郡政治清明起来。后来,张汤果然身败名裂,皇上得知汲黯当初对李息说的那番话后,判李息有罪。诏令汲黯享受诸侯国相的俸禄待遇,依旧掌管淮阳郡。七年后汲黯死去。

汲黯死后,皇上因为汲黯的缘故,让他的弟弟汲仁官至九卿,儿子汲偃官至诸侯国相。汲黯姑母的儿子司马安年轻时也与汲黯同为太子洗马,他擅长玩弄法律条文,巧于为官,其官位四次做到九卿,在河南郡太守任上死去。他的弟兄们由于他的缘故,同时官至二千石职位的达十人。濮阳人段宏起初侍奉盖侯王信,王信保举段宏,段宏也两次官至九卿。但是濮阳同乡做官的人都很敬畏汲黯，甘居其下。

郑当时，字庄，陈县人。他的祖先郑君曾做项籍手下的将领；项籍死后，不久就归属了汉。高祖下令所有项籍的旧部下在提到项籍时都要直呼其名，郑君偏偏不服从诏令。高祖下旨把那些肯直呼项籍名讳的人都拜为大夫，而赶走了郑君。郑君死于孝文帝时。

郑庄以仗义行侠为乐事，解救张羽的危难，声名传遍梁、楚之间。孝景帝时，他做太子舍人。每逢五天一次的休假日，他经常在长安四郊置备马匹，骑着马去看望各位老友，邀请拜谢宾朋，夜以继日通宵达旦，还总是担心有所疏漏。郑庄喜爱道家学说，仰慕年长者，那种情意殷切的劲儿，就好像唯恐见不到人家一样。他年纪轻，官职卑微，但交游的相知友都是祖父一辈的人，天下知名的人物。武帝即位后，郑庄由鲁国中尉、济南郡太守、江都国相，一步步地升到九卿中的右内史。由于评议武安侯田蚡和魏其侯窦婴的纷争意见不当，他被贬为詹事，又调任大农令。

郑庄做右内史时，告诫属下官吏说："有来访者，不论尊贵或低贱，一律不得让人滞留门口等候。"他敬执主人待客之礼，以自己的高贵身份屈居于客人之下。郑庄廉洁，又不添置私产，仅依靠官俸和赏赐所得供给各位年长的友人。而所馈送的礼物，只不过是用竹器盛的些许吃食。每逢上朝，遇有向皇上进言的机会，他必得称道天下的德高望重的人。他推举士人和属下的丞、史诸官吏，委实津津乐道，饶有兴味，言语中时常称举他们比自己贤能。他从不对吏员直呼其名，与属下谈话时，谦和得好像生怕伤害了对方。听到别人有高见，便马上报告皇上，唯恐延迟误事。因此，崤山以东广大地区的士人和知名长者都众口一词称赞他的美德。

郑庄被派遣视察黄河决口，他请求给五天时间准备行装。皇上说："我听说'郑庄远行，千里不带粮'，为什么还要请求准备行装的时间？"郑庄在外人缘虽好，但在朝中常常附和顺从主上之意，不敢过于明确表示自己的是非主张。到他晚年，汉征讨匈奴，招抚各地少数民族，天下耗费财物很多，国家财力物力更加匮乏。郑庄保举的人及其宾客，替大农令承办运输,亏欠钱款甚多。司马安任淮阳郡太守,检举此事,郑庄因此落下罪责,赎罪后削职为平民。不久,入丞相府暂行长史的职事。皇上认为他年事已高,让他去做汝南郡太守。几年后,卒于任上。

郑庄、汲黯当初位列九卿,为政清廉,平日居家品行也纯正。这两人中途都曾被罢官,家境清贫,宾客遂日趋没落。待到做郡守,死后家中没有剩余的财物。郑庄的兄弟子孙因他的缘故,官至二千石者有六七人之多。

太史公说:凭着汲黯、郑当时为人那样贤德,有权势时宾客十倍,无权势时情形就全然相反,他们尚且如此,更何况一般人呢!下邽翟公曾说过,起初他做廷尉,家中宾客盈门;待到一丢官,门外便冷清得可以张罗捕雀。他复官后,宾客们又想往见,翟公就在大门上写道:“一死一生,乃知交情。一贫一富,乃知交态。一贵一贱,交情乃见。”汲黯、郑庄也有此不幸,可悲啊!

【鉴赏】

清人牛运震在《史记评注》中说过:“汲黯乃太史公最得意人,故特出色写之。当其时,势焰横赫如田蚡,阿谀固宠怀诈饰智如公孙弘、张汤等,皆太史公所深嫉痛恶而不忍见者,故于灌夫骂坐,汲黯面诋弘、汤之事,皆津津道之,如不容口,此太史公胸中垒块借此一发者也。”就本篇的主旨意蕴和所要寄寓的感情来说的确如此。所以本篇以汲黯为记述重点,并直录那些激切犀利而又极具个性的言语,突出他的忠直敢谏,倨傲严正。如皇帝招文学儒者,并想说些“吾欲”如何如何的话,他则迎头对以“陛下内多欲而外施仁义,奈何欲效唐虞之治乎!”武帝重用公孙弘、张汤等,他直责:“陛下用群臣如积薪耳,后来者居上。”武帝虚府库而赏赐来降的匈奴浑邪王,他谏诤:“何至令天下骚动,罢弊中国而以事夷狄之人乎!”言辞都无所顾忌,十分尖锐,可以说这都是司马迁积郁胸中想说而不能说的话。对皇帝都能如此,对权贵他更是从不屈从,敢于当面质责,令朝中上下皆感敬畏。如对丞相田蚡和大将军卫青只是拱手作揖,对丞相公孙弘和御史大夫张汤则多次当面指斥忿骂。真不愧为汉廷第一直臣为人行事之气节!

本篇在记人叙事上则是各有侧重,各有详略,笔法也较为多变,或侧笔反衬或直笔简括。如本篇写汲黯为详,郑当时为略;写汲黯重在他的敢于犯颜直谏,写郑当时重在他的敬贤举贤。写汲黯或以武安侯、大将军、司马安等为烘衬,或以庄助、淮南王、皇帝之言论其为人;写郑当时则笔墨较为省净,简括直述。所以清人吴见思评本篇说:"忽序事,忽行文,忽而简质,忽而铺排,逐段变换,又有山回谷转、云破月来之妙。"

史记卷一百二十一·儒林列传第六十一

《史记》在《孔子世家》《仲尼弟子列传》《孟子荀卿列传》等篇章中对先秦之时的儒学进行了较为详细的记述，本篇首先概述了自孔子及其弟子而后，至秦汉以来直至武帝时儒学的兴衰历程，记述了汉武帝采纳公孙弘之议而尊儒兴儒的情况，接着按照《诗经》《尚书》《礼》《易》《春秋》的先后次序，记叙了汉兴以来五经儒学大师及其传承弟子的学问、为政、为人等事，反映了武帝时在“罢黜百家、独尊儒术”的情势下儒学的“兴盛”状况。本篇合写了众多的儒学之士，故而以“儒林”为题。

太史公曰：余读功令①，至于广厉学官之路②，未尝不废书而叹也。曰：嗟乎！夫周室衰而《关雎》作，幽厉微而礼乐坏，诸侯恣行，政由强国。故孔子闵③王路废而邪道兴，于是论次④《诗》《书》，修起礼乐。适齐闻《韶》，三月不知肉味。自卫返鲁，然后乐正，《雅》《颂》各得其所。世以混浊莫能用，是以仲尼干⑤七十馀君无所遇，曰“苟有用我者，期月⑥而已矣”。西狩获麟⑦，曰“吾道穷矣”。故因史记作《春秋》，以当王法，以辞微而指⑧博，后世学者多录焉。

自孔子卒后，七十子之徒散游诸侯，大者为师傅⑨卿相，小者友教士大夫，或隐而不见。故子路居卫，子张居陈，澹台子羽

---

①功令：朝廷考核选用学官的法令。 ②厉：通“励”，勉励。学官：掌管教育的朝官，此偏重指经学博士官。 ③闵：忧虑。 ④论次：整理编定。 ⑤干：求取。 ⑥期月：一年。 ⑦西狩获麟：传说麒麟是祥瑞之物。据说鲁哀公十四年，哀公在城西狩猎，捉到一只众人都不识的奇兽，孔子听人一描述，就知是麟，并为其在乱世中出现而推及自己像这只麟一样生不逢时。 ⑧指：意图。 ⑨师傅：教导、辅佐君王及王子的人。

居楚，子夏居西河，子贡终于齐。如田子方、段干木、吴起、禽滑釐之属，皆受业于子夏之伦①，为王者师。是时独魏文侯好学。后陵迟②以至于始皇，天下并争于战国，儒术既绌焉③，然齐鲁之间学者独不废也。于威、宣之际，孟子、荀卿之列，咸遵夫子之业而润色之，以学显于当世。

及至秦之季世，焚《诗》《书》，坑术士，六艺从此缺焉。陈涉之王也，而鲁诸儒持孔氏之礼器往归陈王。于是孔甲为陈涉博士，卒与涉俱死。陈涉起匹夫，驱瓦合適戍④，旬月以王楚，不满半岁竟灭亡，其事至微浅，然而缙绅先生之徒负孔子礼器往委质为臣者，何也？以秦焚其业，积怨而发愤于陈王也。

及高皇帝诛项籍，举兵围鲁，鲁中诸儒尚讲诵习礼乐，弦歌之音不绝，岂非圣人之遗化，好礼乐之国哉？故孔子在陈，曰“归与归与！吾党⑤之小子狂简，斐然成章，不知所以裁⑥之”。夫齐鲁之间于文学，自古以来，其天性也。故汉兴，然后诸儒始得修其经艺，讲习大射乡饮之礼⑦。叔孙通作汉礼仪，因为太常，诸生弟子共定者，咸为选首⑧，于是喟然叹兴于学。然尚有干戈，平定四海，亦未暇遑庠序之事也⑨。孝惠、吕后时，公卿皆武力有功之臣。孝文时颇征用，然孝文帝本好刑名之言。及至孝景，不任儒者，而窦太后又好黄老之术，故诸博士具官待问，未有进者。

及今上即位，赵绾、王臧之属明儒学，而上亦乡之⑩，于是招

①伦：类。②陵迟：衰颓。③绌：通“黜”，贬斥。④瓦合：如破瓦相合，此指临时凑集。適：通“谪”，被流放或贬职。⑤党：古代五百家为一党，此泛言乡里。⑥裁：剪裁，此处喻为教导。⑦大射：周代为祭祀而举行的射礼。乡饮：即乡饮酒之礼。古代乡学，三年业成，经考核选取品德与才学兼优者举荐于君主，行前由乡大夫主持设宴饯行，此礼仪称“乡饮”。⑧选首：选用的对象，此指被选用为朝官。⑨未暇遑：没有时间顾及。暇遑：空闲。庠序：学校。⑩乡：通“向”，倾向，趋向。

方正贤良文学之士。自是之后，言《诗》于鲁则申培公，于齐则辕固生，于燕则韩太傅。言《尚书》自济南伏生。言《礼》自鲁高堂生。言《易》自菑川田生。言《春秋》于齐鲁自胡毋生，于赵自董仲舒。及窦太后崩，武安侯田蚡为丞相，绌黄老、刑名百家之言，延文学儒者数百人，而公孙弘以《春秋》白衣为天子三公，封以平津侯。天下之学士靡然乡风矣。

公孙弘为学官，悼道之郁滞[①]，乃请曰："丞相御史言：制曰'盖闻导民以礼，风之以乐。婚姻者，居室之大伦也。今礼废乐崩，朕甚愍焉[②]。故详延天下方正博闻之士，咸登诸朝。其令礼官劝学，讲议洽闻[③]兴礼，以为天下先。太常议，与博士弟子，崇乡里之化，以广贤材焉'。谨与太常臧、博士平等议曰：闻三代之道，乡里有教，夏曰校，殷曰序，周曰庠。其劝善也，显之朝廷；其惩恶也，加之刑罚。故教化之行也，建首善自京师始，由内及外。今陛下昭至德，开大明，配天地，本人伦，劝学修礼，崇化厉贤，以风四方，太平之原也。古者政教未洽[④]，不备其礼，请因旧官而兴焉。为博士官置弟子五十人，复[⑤]其身。太常择民年十八已上，仪状端正者，补博士弟子。郡国县道邑有好文学，敬长上，肃政教，顺乡里，出入不悖所闻者，令相长丞上属[⑥]所二千石，二千石谨察可者，当与计偕[⑦]，诣太常，得受业如弟子。一岁皆辄试，能通一艺以上，补文学掌故缺；其高弟[⑧]可以为郎中者，太常籍奏[⑨]；即有秀才异等，辄以名闻。其不事学若下材及不能通一艺，辄罢之，而请诸不称者罚。臣谨案诏书律令下者，

---

①郁滞：滞结不通畅，此指思想、学说不能被宣扬。 ②愍：忧虑。 ③洽闻：识见广博。④洽：谐和融洽。 ⑤复：免除赋税徭役。 ⑥上属：指向上举荐。属：托付，此指举荐。⑦计：指郡守下属的上计吏。偕：偕同。 ⑧高弟：一作"高第"，才优而学业品第高。⑨籍奏：记入名籍上奏。

明天人分际，通古今之义，文章尔雅，训辞深厚，恩施甚美。小吏浅闻，不能究宣[①]，无以明布谕下。治礼次治掌故，以文学礼义为官，迁留滞。请选择其秩比二百石以上，及吏百石通一艺以上，补左右内史、大行卒史；比百石已下，补郡太守卒史。皆各二人，边郡一人。先用诵多者[②]，若不足，乃择掌故补中二千石属[③]，文学掌故补郡属，备员。请著功令。佗如律令。"制曰："可。"自此以来，则公卿大夫士吏斌斌[④]多文学之士矣。

申公者，鲁人也。高祖过鲁，申公以弟子从师入见高祖于鲁南宫。吕太后时，申公游学长安，与刘郢同师。已而郢为楚王，令申公傅其太子戊。戊不好学，疾申公。及王郢卒，戊立为楚王，胥靡[⑤]申公。申公耻之，归鲁，退居家教，终身不出门，复谢绝宾客，独王命召之乃往。弟子自远方至受业者百馀人。申公独以《诗》经为训以教，无传，疑者则阙不传。

兰陵王臧既受《诗》，以事孝景帝为太子少傅，免去。今上初即位，臧乃上书宿卫上，累迁，一岁中为郎中令。及代赵绾亦尝受《诗》申公，绾为御史大夫。绾、臧请天子，欲立明堂以朝诸侯，不能就其事，乃言师申公。于是天子使使束帛加璧安车驷马迎申公，弟子二人乘轺传从[⑥]。至，见天子。天子问治乱之事，申公时已八十馀，老，对曰："为治者不在多言，顾力行何如耳。"是时天子方好文词，见申公对，默然。然已招致，则以为太中大夫，舍鲁邸[⑦]，议明堂事。太皇窦太后好老子言，不说儒术，得赵绾、王臧之过以让上[⑧]，上因废明堂事，尽下赵绾、王臧吏，后皆自杀。申公亦疾免以归，数年卒。

---

①究宣：尽宣，即透彻无误地讲解。 ②诵多者：指熟知经书能大量诵讲的人。 ③属：属官。 ④斌斌：同"彬彬"，文质兼备。 ⑤胥靡：禁锢。 ⑥轺传：一马或二马拉的驿站之车，供使者乘用。 ⑦邸：侯王或朝见皇帝的官员在京城的住所。 ⑧让：责备。

弟子为博士者十馀人:孔安国至临淮太守,周霸至胶西内史,夏宽至城阳内史,砀鲁赐至东海太守,兰陵缪生至长沙内史,徐偃为胶西中尉,邹人阙门庆忌为胶东内史。其治官民皆有廉节,称其好学。学官弟子行虽不备,而至于大夫、郎中、掌故以百数。言《诗》虽殊,多本于申公。

清河王太傅辕固生者,齐人也。以治《诗》,孝景时为博士。与黄生争论景帝前。黄生曰:“汤、武非受命,乃弑也。”辕固生曰:“不然。夫桀、纣虐乱,天下之心皆归汤、武,汤、武与天下之心而诛桀、纣,桀、纣之民不为之使而归汤、武,汤、武不得已而立,非受命为何?”黄生曰:“冠虽敝,必加于首;履虽新,必关于足。何者? 上下之分也。今桀、纣虽失道,然君上也;汤、武虽圣,臣下也。夫主有失行,臣下不能正言匡过以尊天子,反因过而诛之,代立践南面,非弑而何也?”辕固生曰:“必若所云,是高帝代秦即天子之位,非邪?”于是景帝曰:“食肉不食马肝,不为不知味;言学者无言汤、武受命,不为愚。”遂罢。是后学者莫敢明受命放杀者。

窦太后好《老子》书,召辕固生问《老子》书。固曰:“此是家人言耳。”太后怒曰:“安得司空城旦①书乎?”乃使固入圈刺豕。景帝知太后怒而固直言无罪,乃假固利兵,下圈刺豕,正中其心,一刺,豕应手而倒。太后默然,无以复罪,罢之。居顷之,景帝以固为廉直,拜为清河王太傅。久之,病免。

今上初即位,复以贤良征固。诸谀儒多疾毁固,曰“固老”,罢归之。时固已九十馀矣。固之征也,薛人公孙弘亦征,侧目而视固。固曰:“公孙子,务正学以言,无曲学以阿世!”自是之

---

①城旦:秦汉时一种判罚四年苦役的刑罚。

后，齐言《诗》皆本辕固生也。诸齐人以《诗》显贵，皆固之弟子也。

韩生者，燕人也。孝文帝时为博士，景帝时为常山王太傅。韩生推《诗》之意而为内外传数万言，其语颇与齐鲁间殊，然其归一也。淮南贲生受之。自是之后，而燕赵间言《诗》者由韩生。韩生孙商为今上博士。

伏生者，济南人也。故为秦博士。孝文帝时，欲求能治《尚书》者，天下无有，乃闻伏生能治，欲召之。是时伏生年九十馀，老，不能行，于是乃诏太常使掌故朝错①往受之。秦时焚书，伏生壁藏之。其后兵大起，流亡，汉定，伏生求其书，亡数十篇，独得二十九篇，即以教于齐鲁之间。学者由是颇能言《尚书》，诸山东大师无不涉《尚书》以教矣。

伏生教济南张生及欧阳生，欧阳生教千乘兒宽。兒宽既通《尚书》，以文学应郡举，诣博士受业，受业孔安国。兒宽贫无资用，常为弟子都养②，及时时间行佣赁③，以给衣食。行常带经，止息则诵习之。以试第次，补廷尉史。是时张汤方乡学，以为奏谳掾④，以古法议决疑大狱，而爱幸宽。宽为人温良，有廉智，自持，而善著书、书奏，敏于文，口不能发明⑤也。汤以为长者，数称誉之。及汤为御史大夫，以兒宽为掾，荐之天子。天子见，问，说之。张汤死后六年，兒宽位至御史大夫。九年而以官卒。

宽在三公位，以和良承意从容得久，然无有所匡谏。于官，官属易⑥之，不为尽力。张生亦为博士。而伏生孙以治《尚书》征，不能明也。

---

①朝错：即晁错。 ②都养：为众人当炊事员。 ③间行：暗中行动。佣赁：受雇做工。 ④奏谳掾：负责呈报罪案的属官。谳：审判定案。掾：古代属官的通称。 ⑤发明：阐发明白。 ⑥易：轻视。

自此之后，鲁周霸、孔安国，洛阳贾嘉，颇能言《尚书》事。孔氏有古文《尚书》，而安国以今文读之，因以起其家。逸《书》得十馀篇，盖《尚书》滋多于是矣。

诸学者多言《礼》，而鲁高堂生最本①。《礼》固自孔子时而其经不具②，及至秦焚书，书散亡益多，于今独有《士礼》，高堂生能言之。

而鲁徐生善为容③。孝文帝时，徐生以容为礼官大夫。传子至孙徐延、徐襄。襄，其天资善为容，不能通《礼经》；延颇能，未善也。襄以容为汉礼官大夫，至广陵内史。延及徐氏弟子公户满意、桓生、单次，皆尝为汉礼官大夫。而瑕丘萧奋以《礼》为淮阳太守。是后能言《礼》为容者，由徐氏焉。

自鲁商瞿受《易》孔子，孔子卒，商瞿传《易》，六世至齐人田何，字子庄，而汉兴。田何传东武人王同子仲，子仲传菑川人杨何。何以《易》，元光元年征，官至中大夫。齐人即墨成以《易》至城阳相。广川人孟但以《易》为太子门大夫。鲁人周霸，莒人衡胡，临菑人主父偃，皆以《易》至二千石。然要言《易》者本于杨何之家。

董仲舒，广川人也。以治《春秋》，孝景时为博士。下帷讲诵④，弟子传以久次⑤相受业，或莫见其面。盖三年董仲舒不观于舍园，其精⑥如此。进退容止，非礼不行，学士皆师尊之。今上即位，为江都相。以《春秋》灾异之变推阴阳所以错行⑦，故求雨闭诸阳，纵诸阴，其止雨反是。行之一国，未尝不得所欲。中废为中大夫，居舍，著《灾异之记》。是时辽东高庙灾，主父偃疾

---

①最本：此指最切近本义。本：本原。 ②经：经籍。具：完备。 ③善为容：擅长于礼节仪式。容：仪容，此指礼仪。 ④下帷：放下室内悬挂的帷幕，指居家教书。 ⑤以久次：根据时间先后的次序。 ⑥精：心志专一。 ⑦错行：交替运行。

之，取其书奏之天子。天子召诸生示其书，有刺讥。董仲舒弟子吕步舒不知其师书，以为下愚。于是下董仲舒吏，当死，诏赦之。于是董仲舒竟不敢复言灾异。

董仲舒为人廉直。是时方外攘四夷，公孙弘治《春秋》不如董仲舒，而弘希世[①]用事，位至公卿。董仲舒以弘为从谀，弘疾之，乃言上曰："独董仲舒可使相胶西王。"胶西王素闻董仲舒有行，亦善待之。董仲舒恐久获罪，疾免居家。至卒，终不治产业，以修学著书为事。故汉兴至于五世之间，唯董仲舒名为明于《春秋》，其传公羊氏也。

胡毋生，齐人也。孝景时为博士，以老归教授。齐之言《春秋》者多受胡毋生，公孙弘亦颇受焉。

瑕丘江生为穀梁《春秋》。自公孙弘得用，尝集比其义，卒用董仲舒。

仲舒弟子遂者：兰陵褚大，广川殷忠，温吕步舒。褚大至梁相。步舒至长史，持节使决淮南狱，于诸侯擅专断，不报，以《春秋》之义正之，天子皆以为是。弟子通者，至于命大夫；为郎、谒者、掌故者以百数。而董仲舒子及孙皆以学至大官。

【译文】

太史公说：我阅读朝廷考选学官的法规，读到广开勉励学官兴办教育之路时，总是禁不住放下书本而慨叹，说道：唉，周王室衰微了，讽刺时政的《关雎》诗就出现了；周厉王、周幽王的统治衰败了，礼崩乐坏，诸侯便恣意横行，政令全由势力强大的国家发布。所以孔子担忧王道废弛邪道兴起，于是编定《诗》《书》，整理礼仪音乐。他到齐国听到了美妙的

---

①希世：迎合世俗。

《韶》乐，便沉迷不已，三个月品尝不出肉的美味。他从卫国返回鲁国之后，开始校正音乐，使《雅》《颂》乐歌各归其位，有条不紊。由于世道混乱污浊，无人起用他，因此孔子周游列国向七十几位国君求官都得不到知遇。他感慨地说："要是有人肯用我，只需一年就可以治理好国政了。"鲁国西郊有人猎获了麒麟，孔子闻知后哀叹"我的理想不能实现了"，于是他借助鲁国已有的历史记录撰写《春秋》，用它来表现天子的王法，其文辞精约深隐而寓意丰富博大，后代学者很多人都学习传录它。

自孔子死后，他的七十余名好学生纷纷四散去交游诸侯，成就大的做了诸侯国君的老师和卿相，成就小的结交、教导士大夫，有的则隐居不仕。所以子路在卫国做官，子张在陈国做官，澹台子羽住在楚国，子夏在西河教授，子贡终老于齐。像田子方、段干木、吴起、禽滑釐这些人，都曾受业于子夏之辈，然后做了诸侯国君的老师。那时只有魏文侯最虚心求教于儒学，后来儒学渐趋衰颓直到在秦始皇手中遭受灭顶之灾。战国时期天下群雄并争，儒学已经受到排斥，但是在齐国和鲁国一带，学习研究它的人独独不曾废弃。在齐威王、齐宣王当政时期，孟子、荀子等人，都继承了孔子的事业而发扬光大，凭自己的学说显名于当世。

到了秦末，秦始皇焚烧《诗》《书》，坑杀儒生，儒家六艺从此残缺。陈涉起事反秦，自立为王，鲁地的儒生们携带孔子家传的礼器去投奔他。于是孔甲做了陈涉的博士，最终和他同归于尽。陈涉起步于普通百姓，驱使一群戍边的乌合之众，一个月内就在楚地称王，而不到半年竟又复归灭亡。他的事业十分微小浅薄，体面的士大夫们却背负孔子的礼器去追随归顺向他称臣，为什么呢？因为秦王朝焚毁了他们的书籍学业，积下了仇怨，这迫使他们投奔陈王来发泄满腔的愤懑。

到高祖皇帝杀死项籍，率兵包围了鲁国，其时鲁国中的儒生们仍在讲诵经书演习礼乐，弦歌之声不绝于耳，这难道不是古代圣人遗留的风范，难道不是一个深爱礼乐的国家吗？所以孔子出游到陈国后，说："回去吧！回去吧！我们乡里的青年人志向高远，文采熠熠如锦绣，我不知怎么教导他们才好。"齐鲁一带重视爱好文化仪典，自古以来就是如此，这已成为自然风尚。汉建立后，儒生们开始获得重新研究经学的机会，又讲授演习起了大射和乡饮的礼仪。叔孙通制定汉廷礼仪后，做了太常官，和他一同制定礼仪的儒生弟子们，也都被选为朝官，于是人们喟然感叹，对儒学产生了兴趣。但是，当时天下战乱尚未止息，皇上忙于平定四海，还无暇顾及兴办学校之事。孝惠帝、吕后当政时，公卿大臣都是武艺高强战功卓著的人。孝文帝时略微起用儒生为官，但是孝文帝原本只爱刑名学说。等到孝景帝即位，不用儒生，而且窦太后又喜好道家思想，因此列位博士官职只是备员待诏，徒有其名，儒生无人进身受到重用。

直到当今皇上即位，赵绾、王臧等人深明儒学，而皇上也心向往之，于是朝廷下令举荐品德贤良方正而且通晓经学的文士学者。从此以后，讲《诗》的在鲁地有申培公，在齐地有辕固生，在燕地则有韩太傅。讲《尚书》的有济南伏生。讲《礼》的有鲁地高堂生。讲《易》的有在菑田生。讲《春秋》的在齐鲁两地有胡毋生，在赵地有董仲舒。到窦太后驾崩，武安侯田蚡做了丞相，他废弃道家、刑名家等百家学说，延请治经学的儒生数百人入朝为官，而公孙弘竟以精通《春秋》步步高升，从一介平民荣居天子左右的三公尊位，封为平津侯。从此，天下学子莫不心驰神往，潜心钻研儒学了。

公孙弘曾拜为博士，他害怕儒学被阻滞得不到传扬，做了丞相后就上奏请求说："丞相御史启禀皇上：陛下曾下令说'听说为政者应该用礼仪教导百姓，用音乐感化他们。婚姻之事，乃是夫妇间最重要的伦理。如今礼乐被破坏废弃了，我深感忧虑。所以大力延请天下品德方正学识广博的人都来入朝做官。我下令礼官勤奋学习，讲论儒术，要学识渊博，复兴礼乐，以此作为天下人的表率。又命太常商议，给博士配置弟子，使民间都崇尚教化，来开拓培养贤才的道路'。按陛下的旨意，臣与太常臧、博士平等认真商议决定：听说夏、商、周三代的治国之道，是乡里之间都有教育的场所，夏代称校，殷代称序，周代称庠。他们勉励为善者，就让他在朝中显达扬名；惩治作恶者，就施以刑罚。所以教化的实施，要首先从京城开始树立榜样，再从京城推广到地方。如今陛下已明示无上的恩德，放射出日月般的光辉，它符合天地大道，是以整饬人伦为根本，鼓励术学，讲究礼仪，崇尚教化，奖励贤良，以此使海内四方从风向善，这正是实现太平之治的本原啊！古代的政治教化不协和，礼仪不完备，现在请求借助原有的官职来兴盛它。请为博士官配置弟子五十人，免除他们的赋税徭役。让太常从百姓中挑选十八岁以上仪表端正的人，补充博士弟子。郡国、县、道、邑中有喜好经学，尊敬长上，严守政教，友爱乡邻，出入言行皆不违背所学教诲的人，县令、侯国相、县长、县丞要向郡守和诸侯王国相举荐，经其认真察看合格者，应与上计吏同赴京师太常处，接受和博士弟子相同的教育。他们学满一年都要考试，能够精通一种经书以上的人，补充文学掌故的缺官；其中成绩好名次高的可以任用为郎中，由太常造册上奏；若是特别优异出众的，可直接将其姓名向上呈报。那些不努力学习才能低下者，和不能通晓一种经学的人，就要罢斥，并惩罚举荐他们的不称职的官吏。臣认真领会陛下所下达的诏书和律令，它们阐明了天道和人道关系，贯通了自古及今的治国义理，文章雅正、教诲之辞含义深刻丰富，它恩德无量将深深造福于社稷百姓。但是小官吏们见识浅陋，不能透彻地讲解诏书律令，无法明白地将陛下的旨意传布晓喻天下。而治礼、掌故的职事，是由懂经学礼仪的人担当的，他们的升迁很缓慢造成了人才积压。因此请求挑选其中官秩比同二百石以上的人，和百石以上能通晓一种经学的小吏，升补左右内史、大行卒史；挑选比同百石以下的人补郡太守卒史。各郡定员二人，边郡定员一人。优先选用熟知经书能大量讲诵的人，若人不够，就选用掌故补中二千石的属吏，选用文学掌故补郡国的属吏，将人员备齐。请把这些记入考选学官的法规。其他仍依照律令。”皇上批示说：“准奏。”从此以后，公卿大夫和一般士吏中就有很多文质彬彬的经学儒生了。

申公，是鲁国人。高祖经过鲁国，申公以弟子身份跟着老师到鲁国南宫去拜见他。吕太后时，申公到长安交游求学，和刘郢同在老师浮丘伯门下受业。后来刘郢封为楚王，便让申公做他的太子刘戊的老师。刘戊不好学习，憎恨申公。等到楚王刘郢死去，刘戊立为楚王，就把申公禁锢起来。申公感到耻辱，就回到鲁国，隐退在家中教书，终身不出家门，又谢绝一切宾客，唯有鲁恭王刘余招请他才前往。从远方慕名而来向他求学的弟子有百余人。申公教授《诗经》，只讲解词义，而无阐发经义的著述，凡有疑惑处，便阙而存之，不强作传授。

兰陵人王臧向申公学《诗》之后，用它事奉孝景帝，做了太子少傅，后免官离朝。当今皇上刚即位，王臧就上书请求入宫为皇上值宿侍卫，他不断升迁，一年中做到郎中令。而代人赵绾也曾向申公学习《诗经》，他做了御史大夫。赵绾、王臧请示皇上，想建造明堂用来召集诸侯举行朝会，他们不能说服皇上同意此事，就举荐老师申公。于是皇上派使臣携带贵重礼物束帛和玉璧，驾着驷马安车去迎请申公，赵绾、王臧二位弟子则乘坐着普通的驿车随行。申公来到，拜见天子。天子向他询问社稷安危之事，申公当时已年高八十多岁，人老了，他回答说："当政的人不必多说话，只看尽力把事做得如何罢了。"这时天子正喜好文辞夸饰，见申公如此答对，默然不乐。但是已经把申公招到朝中，就让他做了太中大夫，住在鲁邸，商议修建明堂的事宜。太皇窦太后喜好老子学说，不喜欢儒术，她找出赵绾、王臧的过失来责备皇上，皇上因此停止商议建造明堂的事，把赵绾、王臧都交付法吏论罪，后二人皆自杀。申公也以病免官返回鲁国，数年后死去。

申公弟子中拜为博士者有十几人：孔安国官至临淮太守，周霸官至胶西内史，夏宽官至城阳内史，砀鲁赐官至东海太守，兰陵人缪生官至长沙内史，徐偃官至胶西中尉，邹人阙门庆忌官至胶东内史。他们治理官吏百姓都廉洁有节操，人们称赞他们好学。其他学官弟子，品行虽不完美，但官至大夫、郎中和掌故的人也有百余。他们讲解《诗经》虽有所不同，但大都依循申公的见解。

清河王刘承的太傅辕固生，是齐国人。因为研究《诗经》，孝景帝时拜为博士。他和黄生在景帝面前争论。黄生说："汤王、武王并不是秉承天命继位天子，而是弑君篡位。"辕固生反驳说："不对。那夏桀、殷纣暴虐昏乱，天下人的心都归顺汤、武，汤、武赞同天下人的心愿而杀死桀、纣，桀、纣的百姓不肯为他们效命而心向汤、武，汤、武迫不得已才立为天子，这不是秉承天命又是什么？”黄生说：“帽子虽然破旧，但是一定戴在头上；鞋虽然新，但是必定穿在脚下。为什么呢？这正是上下有别的道理。桀、纣虽然无道，但是身为君主而在上位；汤、武虽然圣明，却是身为臣子而居下位。君主有了过错，臣子不能直言劝谏纠正它来保持天子的尊严，反而借其有过而诛杀君主，取代他自登南面称王之位，这不是弑君篡位又是什么？”辕固生答道：“如果非按你的说法来断是非，那么这高皇帝取代秦朝即天子之位，也不对吗？”于是景帝说：“吃肉不吃马肝，不算不知肉的美味；谈学问的人不谈汤、武是否受天命继位，不算愚笨。”于是争论止息。此后学者再无人胆敢争辩汤、武是受天命而立还是放逐桀、纣篡夺君权的问题了。

窦太后喜欢《老子》这本书，招来辕固生问他读此书的体会。辕固生说：“这不过是普通人的言论罢了。”窦太后恼怒道：“它怎么能比得上管制犯人似的儒家诗书呢！”于是让辕固生入兽圈刺杀野猪。景帝知道太后发怒了而辕固生直言并无罪过，就借给他锋利的兵器，他下到兽圈内去刺杀野猪，正中其心，一刺，野猪便应手倒地。太后无语，没理由再治他的罪，只得作罢。过不久，景帝认为辕固生廉洁正直，拜他为清河王刘承的太傅。很久之后，他因病免官。

当今皇上刚即位，又以品德贤良征召辕固生入朝。那些喜好阿谀逢迎的儒生们多有嫉妒诋毁辕固生之语，说“辕固生老了”，于是他被罢官遣归。这时辕固生已经九十多岁了。他被征召时，薛邑人公孙弘也被征召，却不敢正视辕固生。辕固生对他说：“公孙先生，务必以正直的学问论事，不要用邪曲之说去迎合世俗。”自此之后，齐人讲《诗》都依据辕固生的见解。一些齐人因研究《诗经》有成绩而仕途显贵，他们都是辕固生的弟子。

韩生，燕郡人。文帝时做博士，景帝时任常山王刘舜的太傅。韩生推究《诗》的旨意而撰述《内传》《外传》达数万言，书中用语和齐鲁两地颇为不同，但旨归一致。淮南贲生受业于他。自此之后，燕赵一带讲《诗》

的人都因循韩生的见解。韩生的孙子韩商是当今皇上委任的博士。

伏生，是济南郡人。先前做过秦朝博士。孝文帝时，他想找到能研究《尚书》的人，遍寻天下不得，后听说伏生会讲授，就打算召用他。当时伏生已年寿九十余岁，人很老了，不能行走，于是文帝就下令太常派掌故晁错前往伏生处向他学习。秦朝焚烧儒书时，伏生把《尚书》藏在墙壁里。后来战乱大起，伏生出走流亡，汉平定天下后，他返回寻找所藏的《尚书》，已丢失了几十篇，只得到二十九篇，于是他就在齐鲁一带教授残存的《尚书》。自此学者们都很会讲解《尚书》，峭山以东诸位著名学者无不涉猎《尚书》来教授学生了。

伏生教济南人张生和欧阳生，欧阳生教千乘兒宽。兒宽精通《尚书》之后，凭借经学方面的成绩参加郡中选举，前往博士官门下学习，从师于孔安国。兒宽家贫没有资财，时常做学生们的厨工，还经常偷偷外出打工挣钱，来供给自己的衣食之需。他外出时常常看经书，休息时就朗读体会它。依照考试成绩的名次，他补了廷尉史的缺官。当时张汤正爱好儒学，就让兒宽做自己的掾吏，负责呈报案情。兒宽根据经义古法论事判决疑难大案，因而张汤很宠用他。兒宽为人温和善良，有廉洁的操守和聪敏的智慧，能把握自己的言行，而且擅长著书、起草奏章，文思敏捷，但是口拙不会阐述。张汤认为他是忠厚之人，多次赞扬他。等到张汤做了御史大夫，就让兒宽做掾吏，向天子举荐他。天子召见询问兒宽后，很喜欢他。张汤死后六年，兒宽便官至御史大夫，在职九年死去。

兒宽身居三公之位，由于性情谦和驯良，能顺从皇上之意，善于调解纠纷，而得以官运久长，但是他没有匡正劝谏过皇上的过失。居官期间，属下的官员轻视他，不为他尽力。张生也做了博士官。而伏生的孙子也因研究《尚书》被征召，但是他并不能阐明《尚书》的经义。

从此以后，鲁人周霸，孔安国，洛阳人贾嘉，都很会讲授《尚书》的内容。孔家有用先秦古文撰写的《尚书》，而孔安国用时下隶书字体把它们重新摹写讲读，因此就兴起了他自己的学术流派。孔安国得到了《尚书》中失传的十几篇，大约自此《尚书》的篇目就增多起来了。

许多学者都解说《礼经》,而鲁郡人高堂生的见解是最切近本义的。《礼经》本来自孔子时起就不完整,到了秦始皇焚书后,此书散失的篇目更多,今日只有《士礼》尚存,高堂生能讲解它。

鲁国徐生善于演习礼仪。孝文帝时,徐生以此做了礼官大夫。他传习礼仪于儿子至孙子徐延、徐襄。徐襄,天性便擅长演习礼仪,但是不能通晓《礼经》;徐延很通晓《礼经》,却不善于演习礼节仪式。徐襄以擅长演习礼节仪式做了汉王朝的礼官大夫,官至广陵内史。徐延及徐家弟子公户满意、桓生、单次,都曾做汉的礼官大夫。而瑕丘人萧奋以通晓《礼经》做了淮阳太守。此后能够讲解《礼经》并演习礼节仪式的人,都出自徐氏一家。

自从鲁国商瞿从师孔子学习《易经》,孔子死后,商瞿便传授《易经》,历经六代而传至齐郡人田何,田何字子庄,而后汉兴起。田何传授于东武人王同字子仲,子仲传于菑川人杨何。杨何因通晓《易经》,于元光元年被朝廷征召,官至中大夫。齐人即墨成因通晓《易经》官至城阳国相。广川人孟但因通晓《易经》做了太子门大夫。鲁人周霸,莒人衡胡,临菑人主父偃,都是因通晓《易经》官至二千石。但是对《易经》能讲授得精当的,是源自于杨何一家的学说。

董仲舒,是广川郡人。因研究《春秋》,孝景帝时曾拜为博士。他居家教书,上门求学的人很多,不能一一亲授,弟子之间便依学辈先后辗转相传,有的人甚至没见过他的面。董仲舒足不出户,三年间不曾到屋旁的园圃观赏,他治学心志专一到了如此程度。他出入时的仪容举止,无一不合乎礼仪的矩度,学生们都师法、敬重他。当今皇上即位后,他做江都国相。他依据《春秋》记载的自然灾害和特异现象的变化来推求阴阳之道交替运行的原因,因而求雨时关闭种种阳气,放出种种阴气,止雨时则方法与之相反。这种做法在江都国实行,无不实现了预期的效果。后来他被贬为中大夫,居家写作了《灾异之记》。这时辽东高帝庙发生火灾,主父偃嫉妒他,就窃取了他的书上奏天子。天子召集众儒生把书拿给他们看,儒生们认为其中含有指责讥讽朝政之意。董仲舒的学生吕步舒不知道这是自己老师的著作，认为它愚蠢至极。于是把董仲舒交法吏论罪，判罪处死，但皇上降诏赦免了他。于是董仲舒始终不敢再讲论灾异之说。

董仲舒为人廉洁正直。当时朝廷正用兵向外排除四夷的侵扰，公孙弘研究《春秋》成就不及董仲舒，但是他行事善于迎合世俗，因此能身居高位做了公卿大臣。董仲舒认为公孙弘为人阿谀逢迎，公孙弘憎恨他，就对皇上说："只有董仲舒可以担当胶西王的国相。"胶西王为人狠毒暴戾，但是一向听说董仲舒有美德，也很好地礼遇他。董仲舒害怕居官日久会惹祸上身，就称病辞官回家。直至死去，他始终不曾营治私产，而一心以研究学问写作论著为本职。所以自汉开国以来历经五朝，期间只有董仲舒对《春秋》最为精通，名望甚高，他师承传授的是《春秋》公羊学。

胡毋生，是齐郡人。孝景帝时拜为博士，后因年老返归故里讲授《春秋》。齐地解说《春秋》的人很多受教于胡毋生，公孙弘也受过他的教诲。

瑕丘人江生研究《春秋》穀梁学。自从公孙弘受到重用，他曾收集比较了穀梁学和公羊学的经义，最后采用了董仲舒所传授的公羊氏的学说。

董仲舒的弟子中有成就的人是：兰陵人褚大，广川人殷忠，温人吕步舒。褚大官至梁王国相。吕步舒官至长史，手持符节出使去决断淮南王刘安谋反的罪案，对诸侯王敢于自行裁决，而不加请示。他根据《春秋》经义公正断案，天子都认为很对。弟子中官运通达的，做到了大夫；官至谒者、掌故的则有百余人。而董仲舒的儿子和孙子也都因精通儒学做了高官。

【鉴赏】

本篇可以分为两大部分：前一部分为序赞，采用亦叙亦议的方式，述论了自孔子以来至于汉武帝时儒学的兴衰历程；后一部分为传记，记述汉初至武帝时治习五经的知名儒生之事。这两部分在写法上显示出不同的特色。前一部分，开篇即以感慨之语，阐发孔子于礼崩乐坏、诸侯恣行之际，论《诗》《书》，修礼乐，正《雅》《颂》，作《春秋》之伟业，并为孔子之出于乱世不得用其志深深慨叹。其间用语颇有唱叹之味者，如“儒术既绌焉，然齐鲁之间学者独不废也”，言儒术虽经历劫难，但在孔子的家乡齐鲁之地却绵绵不绝，深入人心，并相继出现了孟子、荀卿等学显于世者；“自此以来，则公卿大夫士吏斌斌多文学之士矣”，言由于武帝的重儒术造成了一种天下学士靡然向风的局面。而序的最后一大段文字，详录丞相公孙弘的奏章，而又契合一体，以“明天人分际，通古今之义”之深邃眼光阐发了当世儒学兴盛的必然。后一部分为叙事文字。按《诗经》《尚书》《礼》《易》《春秋》的顺序逐一记人叙事，其间又以《诗经》为最详，分述鲁人申公、齐人辕固生、燕人韩生及其弟子，即所谓“三家诗”；《尚书》《春秋》其次，而《礼》《易》最略。就记人而言，兒宽、董仲舒、公孙弘等最为鲜明。兒宽以古法决疑大狱，位至三公，却和良承意，无所匡谏。董仲舒为人廉直，指责公孙弘“从谀”，即看风使舵，阿意曲容，他就排挤陷害，献言皇上让董仲舒做胶西王相，以借刀杀人。总之通过本传所记人和事，既可以让人感到儒学之士在当时所受到的尊宠，又可看到被重用的儒生专以阿谀逢迎、功名利禄为事的面目，他们已远不同于先秦儒学之士的有节操有行义，自然也是司马迁所深恶痛绝的。

史记卷一百二十二·酷吏列传第六十二

这是与《循吏列传》相对应的一篇类传，其所记均是“以酷烈为声”的官吏，其中郅都为景帝时中尉，宁成景帝时官至中尉，武帝时为内史，周阳由、赵禹、张汤、义纵、王温舒、尹齐、杨仆、减宣、杜周均为武帝时官吏。本篇重在记述这些酷吏们繁刑峻法、肆行诛戮、妄杀无辜的残酷狠毒以及由此造成的冤狱横生，吏民调弊，“盗贼滋起”的局面。这些官吏虽然惨酷，令人极为愤激，但司马迁又不是把他们写得一无是处，而是以公允的态度表现了他们某些好的品质和职称其位的治绩，如郅都伉直公廉，在济南太守任上使得“郡中不拾遗”等。

孔子曰：“导之以政，齐之以刑，民免①而无耻。导之以德，齐之以礼，有耻且格②。”老氏称：“上德不德③，是以有德；下德不失德，是以无德。”“法令滋章④，盗贼多有。”太史公曰：信哉是言也！法令者治之具，而非制治清浊之源也。昔天下之网尝密矣，然奸伪萌起，其极也，上下相遁⑤，至于不振。当是之时，吏治若救火扬沸，非武健严酷，恶⑥能胜其任而愉快乎！言道德者，溺⑦其职矣。故曰“听讼，吾犹人也，必也使无讼乎”。“下士闻道大笑之”。非虚言也。汉兴，破觚而为圜⑧，斫雕而为朴，网漏于吞舟之鱼，而吏治烝烝，不至于奸，黎民艾安⑨。由是观之，在彼不在此。

高后时，酷吏独有侯封，刻轹宗室，侵辱功臣。吕氏已败，

---

①免：希图幸免。 ②格：正，走上正路。 ③上德：具有高尚道德的人。不德：不表现为形式上的德。 ④滋章：越发繁兴。章：通“彰”。 ⑤遁：欺瞒。 ⑥恶：怎么。 ⑦溺：丧失。 ⑧觚：古代有棱角的酒器。圜：通“圆”。 ⑨艾安：太平无事。艾：通“乂(yì)”。

遂夷侯封之家。孝景时，晁错以刻深，颇用术辅其资，而七国之乱，发怒于错，错卒以被戮。其后有郅都、宁成之属。

郅都者，杨人也。以郎事孝文帝。孝景时，都为中郎将，敢直谏，面折大臣于朝。尝从入上林，贾姬如厕，野彘卒[①]入厕。上目都，都不行。上欲自持兵救贾姬，都伏上前曰："亡一姬复一姬进，天下所少宁贾姬等乎？陛下纵自轻，奈宗庙太后何！"上还，彘亦去。太后闻之，赐都金百斤，由此重郅都。

济南瞯氏宗人三百馀家，豪猾，二千石莫能制，于是景帝乃拜都为济南太守。至则族灭瞯氏首恶，馀皆股栗[②]。居岁馀，郡中不拾遗。旁十馀郡守畏都如大府。

都为人勇，有气力，公廉，不发私书，问遗无所受，请寄[③]无所听。常自称曰："已倍亲而仕，身固当奉职死节官下，终不顾妻子矣。"

郅都迁为中尉，丞相条侯至贵倨也，而都揖丞相。是时民朴，畏罪自重，而都独先严酷，致行法不避贵戚，列侯宗室见都，侧目而视，号曰"苍鹰"。

临江王征诣中尉府对簿，临江王欲得刀笔为书谢上，而都禁吏不予。魏其侯使人以间与临江王。临江王既为书谢上，因自杀。窦太后闻之，怒，以危法中都，都免归家。孝景帝乃使使持节拜都为雁门太守，而便道之官，得以便宜从事[④]。匈奴素闻郅都节，居边，为引兵去，竟郅都死不近雁门。匈奴至为偶人象郅都[⑤]，令骑驰射，莫能中，见惮如此。匈奴患之。窦太后乃竟中都以汉法。景帝曰："都忠臣。"欲释之。窦太后曰："临江王

---

①卒：通"猝"，突然。 ②栗：通"慄"。 ③请寄：私人请托。 ④便宜从事：根据情况进行处理。 ⑤至：竟然。偶人：木偶人。

独非忠臣邪?"于是遂斩郅都。

宁成者,穰人也。以郎谒者事景帝。好气,为人小吏,必陵其长吏;为人上,操下如束湿薪①。滑贼任威。稍迁至济南都尉,而郅都为守。始前数都尉皆步入府,因吏谒守如县令,其畏郅都如此。及成往,直陵都出其上。都素闻其声,于是善遇,与结欢。久之,郅都死,后长安左右宗室多暴犯法,于是上召宁成为中尉。其治效郅都,其廉弗如,然宗室豪杰皆人人惴恐。

武帝即位,徙为内史。外戚多毁成之短,抵罪髡钳②。是时九卿罪死即死,少被刑③,而成极刑,自以为不复收④,于是解脱,诈刻传⑤出关归家。称曰:"仕不至二千石,贾不至千万,安可比人乎!"乃贳贷买陂田千馀顷⑥,假贫民⑦,役使数千家。数年,会赦。致产数千金,为任侠,持吏长短⑧,出从数十骑。其使民威重于郡守。

周阳由者,其父赵兼以淮南王舅父侯周阳,故因姓周阳氏。由以宗家任为郎,事孝文及景帝。景帝时,由为郡守。武帝即位,吏治尚循谨甚,然由居二千石中,最为暴酷骄恣。所爱者,挠法活之;所憎者,曲法诛灭之。所居郡,必夷其豪。为守,视都尉如令。为都尉,必陵太守,夺之治。与汲黯俱为忮⑨,司马安之文恶⑩,俱在二千石列,同车未尝敢均茵伏⑪。

由后为河东都尉,时与其守胜屠公争权,相告言罪。胜屠公当抵罪,义不受刑,自杀,而由弃市。

---

①操下:控制下属。束湿薪:湿物易束,此比喻顺从服帖之状。 ②抵罪:判罪。髡钳:剃光头发的刑罚称髡,拿铁箍束颈称钳。 ③被:加。 ④收:录用。 ⑤传(zhuàn):出关的凭信、文字刻于木板之上。 ⑥贳(shì):赊贷。陂(bēi)田:有水可灌溉的田地。 ⑦假:租给。 ⑧持:掌握,要挟。长短:指是非。 ⑨忮:忌恨,刻毒。 ⑩文恶:以法害人。 ⑪茵:车坐垫。伏:指车前横木,即车轼。

自宁成、周阳由之后，事益多，民巧法，大抵吏之治类多成、由等矣。

赵禹者，斄人。以佐史补中都官，用廉为令史，事太尉亚夫。亚夫为丞相，禹为丞相史，府中皆称其廉平。然亚夫弗任，曰："极知禹无害①，然文深②，不可以居大府。"今上时，禹以刀笔吏积劳，稍迁为御史。上以为能，至太中大夫。与张汤论定诸律令，作见知③，吏传得相监司④。用法益刻，盖自此始。

张汤者，杜人也。其父为长安丞，出，汤为儿，守舍。还而鼠盗肉，其父怒，笞汤。汤掘窟得盗鼠及馀肉，劾鼠掠治⑤，传爰书⑥，讯鞫论报⑦，并取鼠与肉，具狱磔堂下⑧。其父见之，视其文辞如老狱吏，大惊，遂使书狱。父死后，汤为长安吏，久之。

周阳侯始为诸卿时，尝系长安，汤倾身为之⑨。及出为侯，大与汤交，遍见汤贵人。汤给事内史，为宁成掾，以汤为无害，言大府，调为茂陵尉，治方中⑩。

武安侯为丞相，征汤为史，时荐言之天子，补御史，使案事⑪。治陈皇后蛊狱，深竟党与⑫。于是上以为能，稍迁至太中大夫。与赵禹共定诸律令，务在深文，拘⑬守职之吏。已而赵禹迁为中尉，徙为少府，而张汤为廷尉，两人交欢，而兄事禹。禹为人廉倨，为吏以来，舍毋食客。公卿相造⑭请禹，禹终不报谢，务在绝知友宾客之请，孤立行一意而已。见文法辄取⑮，亦不覆

---

①无害：无人能胜过。②文深：行法严苛。③见知：即"见知法"，官吏明知他人犯罪，却不揭露检举，则此官吏与罪人同罪。④监司：相互监视。⑤劾：审判。掠治：拷打审问。⑥传：发出。爰书：记录罪犯供词的文书。⑦讯鞫：反复审问，穷究罪行。论报：把判决的罪罚报告上级。⑧具狱：把应具备的审讯材料全部备齐，最后定案。磔：古代分尸酷刑。⑨倾身：用尽全身力量。为之：替他辩护。⑩方中：汉称天子预修的墓穴叫方中。⑪案事：查验办理狱事。案：通"按"。⑫竟：穷究。党与：同党。⑬拘：约束。⑭造：往。⑮文法：法令条文。辄：就。

案[①],求官属阴罪[②]。汤为人多诈,舞智以御人。始为小吏,乾没[③],与长安富贾田甲、鱼翁叔之属交私。及列九卿,收接天下名士大夫,己心内虽不合,然阳[④]浮慕之。

是时上方乡文学[⑤],汤决大狱,欲傅古义[⑥],乃请博士弟子治《尚书》《春秋》补廷尉史,亭[⑦]疑法。奏谳[⑧]疑事,必豫先为上分别其原[⑨],上所是,受而著谳决法廷尉,絜令[⑩]扬主之明。奏事即谴,汤应谢,乡上意所便,必引正、监、掾史贤者,曰:"固为臣议,如上责臣,臣弗用,愚抵于此。"罪常释。间即奏事,上善之,曰:"臣非知为此奏,乃正、监、掾史某为之。"其欲荐吏,扬人之善蔽人之过如此。所治即上意所欲罪,予监史深祸者;即上意所欲释,与监史轻平者。所治即豪,必舞文巧诋;即下户羸弱,时口言[⑪],虽文致法[⑫],上财察[⑬]。于是往往释汤所言。汤至于大吏,内行修也。通宾客饮食,于故人子弟为吏及贫昆弟,调护之尤厚。其造请诸公,不避寒暑。是以汤虽文深意忌不专平,然得此声誉。而刻深吏多为爪牙用者,依于文学之士,丞相弘数称其美。及治淮南、衡山、江都反狱,皆穷根本。严助及伍被,上欲释之。汤争曰:"伍被本画反谋,而助亲幸出入禁闼[⑭]爪牙臣,乃交私诸侯如此,弗诛,后不可治。"于是上可论之。其治狱所排大臣自为功,多此类。于是汤益尊任,迁为御史大夫。

会浑邪等降,汉大兴兵伐匈奴,山东水旱,贫民流徙,皆仰给县官,县官空虚。于是丞上指[⑮],请造白金及五铢钱,笼[⑯]天

---

①案:再审案。 ②阴罪:尚未暴露的罪行。 ③乾没:白白吞没别人的财物,此处指利用职权与商人合谋取利。 ④阳:通"佯"。 ⑤乡:通"向",倾向,崇尚。文学:指儒术。 ⑥傅:附会。古义:指儒家经书上的说法。 ⑦亭:平判,平断。 ⑧谳:审理定案。 ⑨豫:通"预"。原:原委。 ⑩絜:通"契",用刀刻。 ⑪口言:口头上奏。 ⑫文致法:按法令衡量是否犯法。 ⑬财:通"裁",判定。 ⑭禁闼:禁中,即皇帝居住之处。 ⑮丞:通"承",秉承,顺从。指:通"旨",心意。 ⑯笼:通"垄",垄断。

下盐铁，排富商大贾，出告缗令[①]，锄豪强并兼之家，舞文巧诋以辅法。汤每朝奏事，语国家用，日晏[②]，天子忘食。丞相取充位[③]，天下事皆决于汤。百姓不安其生，骚动。县官所兴，未获其利，奸吏并侵渔，于是痛绳以罪。则自公卿以下，至于庶人，咸指汤。汤尝病，天子至自视病，其隆贵如此。

匈奴来请和亲，群臣议上前。博士狄山曰："和亲便。"上问其便，山曰："兵者凶器，未易数动。高帝欲伐匈奴，大困平城，乃遂结和亲。孝惠、高后时，天下安乐。及孝文帝欲事匈奴，北边萧然苦兵矣。孝景时，吴楚七国反，景帝往来两宫间，寒心者数月。吴楚已破，竟景帝不言兵，天下富实。今自陛下举兵击匈奴，中国以空虚，边民大困贫。由此观之，不如和亲。"上问汤，汤曰："此愚儒，无知。"狄山曰："臣固愚忠，若御史大夫汤乃诈忠。若汤之治淮南、江都，以深文痛诋诸侯，别疏骨肉，使蕃臣不自安。臣固知汤之为诈忠。"于是上作色曰："吾使生居一郡，能无使虏入盗乎？"曰："不能。"曰："居一县？"对曰："不能。"复曰："居一障间[④]？"山自度辩穷且下吏，曰："能。"于是上遣山乘鄣[⑤]。至月馀，匈奴斩山头而去。自是以后，群臣震慴。

汤之客田甲，虽贾人，有贤操。始汤为小吏时，与钱通，及汤为大吏，甲所以责汤行义过失，亦有烈士风。

汤为御史大夫七岁，败。

河东人李文尝与汤有郤[⑥]，已而为御史中丞，恚，数从中文书事有可以伤汤者，不能为地[⑦]。汤有所爱史鲁谒居，知汤不

---

①告缗令：动员百姓纳税和揭发偷漏税的法令。 ②日晏：傍晚。晏：晚。 ③充位：备丞相的空位，此指丞相清闲无事。 ④障：边塞御敌的小城堡。 ⑤乘：登。鄣：通"障"，边塞御敌的小城堡。 ⑥郤：通"隙"，间隙，此指怨恨，隔阂。 ⑦不能为地：不留余地，加以利用。

平，使人上蜚变告文奸事[①]，事下汤，汤治论杀文，而汤心知谒居为之。上问曰："言变事纵迹安起？"汤详惊曰："此殆文故人怨之。"谒居病卧闾里主人，汤自往视疾，为谒居摩足。赵国以冶铸为业，王数讼铁官事，汤常排赵王。赵王求汤阴事。谒居尝案赵王，赵王怨之，并上书告："汤，大臣也，史谒居有病，汤至为摩足，疑与为大奸。"事下廷尉，谒居病死，事连其弟，弟系导官。汤亦治他囚导官，见谒居弟，欲阴为之，而详不省。谒居弟弗知，怨汤，使人上书告汤与谒居谋，共变告李文。事下减宣。宣尝与汤有郤，及得此事，穷竟其事，未奏也。会人有盗发孝文园瘗钱[②]，丞相青翟朝，与汤约俱谢，至前，汤念独丞相以四时行园，当谢，汤无与也，不谢。丞相谢，上使御史案其事。汤欲致其文丞相见知，丞相患之。三长史皆害汤，欲陷之。

始长史朱买臣，会稽人也。读《春秋》。庄助使人言买臣，买臣以《楚辞》与助俱幸，侍中，为太中大夫，用事；而汤乃为小史，跪伏使买臣等前。已而汤为廷尉，治淮南狱，排挤庄助，买臣固心望[③]。及汤为御史大夫，买臣以会稽守为主爵都尉，列于九卿。数年，坐法废，守[④]长史，见汤，汤坐床上，丞史遇买臣弗为礼。买臣楚士，深怨，常欲死之。王朝，齐人也。以术至右内史。边通，学长短[⑤]，刚暴强人也。官再至济南相。故皆居汤右，已而失官，守长史，诎体于汤。汤数行丞相事，知此三长史素贵，常凌折之。以故三长史合谋曰："始汤约与君谢，已而卖君；今欲劾君以宗庙事，此欲代君耳。吾知汤阴事。"使吏捕案汤左[⑥]田信等，曰"汤且欲奏请，信辄先知之，居物致富，与汤分

①蜚：通"飞"，流言。变告：因事紧急，越级匿名上告。奸：坏事。 ②瘗：埋。 ③望：怨恨。 ④守：暂时代理。 ⑤长短：指战国纵横家的思想。 ⑥左：通"佐"，此指知情的证人。

之”。及他奸事。事辞颇闻。上问汤曰:“吾所为,贾人辄先知之,益居其物,是类有以吾谋告之者。”汤不谢。汤又详惊曰:“固宜有。”减宣亦奏谒居等事。天子果以汤怀诈面欺,使使八辈簿责汤[1]。汤具自道无此,不服。于是上使赵禹责汤。禹至,让汤曰:“君何不知分也。君所治夷灭者几何人矣?今人言君皆有状,天子重致君狱,欲令君自为计,何多以对簿为?”汤乃为书谢曰:“汤无尺寸功,起刀笔吏,陛下幸致为三公,无以塞责。然谋陷汤罪者,三长史也。”遂自杀。

汤死,家产直不过五百金,皆所得奉赐,无他业。昆弟诸子欲厚葬汤,汤母曰:“汤为天子大臣,被污恶言而死,何厚葬乎!”载以牛车,有棺无椁。天子闻之,曰:“非此母不能生此子。”乃尽案诛三长史。丞相青翟自杀。出田信。上惜汤,稍迁其子安世。

赵禹中废,已而为廷尉。始条侯以为禹贼深,弗任。及禹为少府,比九卿。禹酷急,至晚节,事益多,吏务为严峻,而禹治加缓,而名为平。王温舒等后起,治酷于禹。禹以老,徙为燕相。数岁,乱悖有罪,免归,后汤十馀年,以寿卒于家。

义纵者,河东人也。为少年时,尝与张次公俱攻剽[2]为群盗。纵有姊姁,以医幸王太后。王太后问:“有子兄弟为官者乎?”姊曰:“有弟无行,不可。”太后乃告上,拜义姁弟纵为中郎,补上党郡中令。治敢行,少蕴藉[3],县无逋事[4],举为第一。迁为长陵及长安令,直法行治,不避贵戚。以捕案太后外孙修成君子仲,上以为能,迁为河内都尉。至则族灭其豪穰氏之属,河

---

①辈:批。簿责:按记录在案的罪行责问张汤。 ②攻剽:抢夺。 ③蕴藉:宽和有涵养。 ④逋:逃亡。

内道不拾遗。而张次公亦为郎，以勇悍从军，敢深入，有功，为岸头侯。

宁成家居，上欲以为郡守。御史大夫弘曰："臣居山东为小吏时，宁成为济南都尉，其治如狼牧羊。成不可使治民。"上乃拜成为关都尉。岁馀，关东吏隶郡国出入关者，号曰："宁见乳虎，无值宁成之怒。"义纵自河内迁为南阳太守，闻宁成家居南阳，及纵至关，宁成侧行送迎，然纵气盛，弗为礼。至郡，遂案宁氏，尽破碎其家。成坐有罪，及孔、暴之属皆奔亡，南阳吏民重足一迹[①]。而平氏朱强、杜衍杜周为纵牙爪之吏，任用，迁为廷史。军数出定襄，定襄吏民乱败，于是徙纵为定襄太守。纵至，掩定襄狱中重罪轻系二百馀人，及宾客昆弟私入相视亦二百馀人。纵一捕鞠[②]，曰"为死罪解脱"。是日皆报杀四百馀人。其后郡中不寒而栗，猾民佐吏为治。

是时赵禹、张汤以深刻为九卿矣，然其治尚宽，辅法而行，而纵以鹰击毛挚[③]为治。后会五铢钱白金起，民为奸，京师尤甚，乃以纵为右内史，王温舒为中尉。温舒至恶，其所为不先言纵，纵必以气凌之，败坏其功。其治，所诛杀甚多，然取[④]为小治，奸益不胜，直指始出矣。吏之治以斩杀缚束为务，阎奉以恶用矣。纵廉，其治放[⑤]郅都。上幸鼎湖，病久，已而卒起幸甘泉，道多不治。上怒曰："纵以我为不复行此道乎？"嗛之[⑥]。至冬，杨可方受告缗，纵以为此乱民，部吏捕其为可使者。天子闻，使杜式治，以为废格沮事[⑦]，弃纵市。后一岁，张汤亦死。

王温舒者，阳陵人也。少时椎埋[⑧]为奸。已而试补县亭长，

---

①重足：叠脚而行。一迹：一个脚印，此句极言谨慎恐惧。 ②一：全部。捕鞠：逮捕起来，加以审讯。 ③鹰击毛挚：喻酷烈凶狠。挚：攫取。 ④取：通"趣"，急促。 ⑤放：通"仿"，效法。 ⑥嗛：含恨。 ⑦废格：废弃敬君之礼。格：通"恪"，敬。沮：破坏。 ⑧椎埋：盗墓。

数废。为吏，以治狱至廷史。事张汤，迁为御史。督盗贼，杀伤甚多，稍迁至广平都尉。择郡中豪敢任吏十馀人，以为爪牙，皆把其阴重罪，而纵使督盗贼。快其意所欲得，此人虽有百罪，弗法；即有避，因其事夷之，亦灭宗。以其故齐赵之郊盗贼不敢近广平，广平声为道不拾遗。上闻，迁为河内太守。

素居广平时，皆知河内豪奸之家，及往，九月而至。令郡具私马五十匹，为驿自河内至长安，部吏如居广平时方略，捕郡中豪猾，郡中豪猾相连坐千馀家。上书请，大者至族，小者乃死，家尽没入偿臧[①]。奏行不过二三日，得可事。论报，至流血十馀里。河内皆怪其奏，以为神速。尽十二月，郡中毋声，毋敢夜行，野无犬吠之盗。其颇不得，失[②]之旁郡国，黎来[③]，会春，温舒顿足叹曰："嗟乎，令冬月益展一月，足吾事矣！"其好杀伐行威不爱人如此。天子闻之，以为能，迁为中尉。其治复放河内，徙诸名祸猾吏与从事，河内则杨皆、麻戊，关中杨赣、成信等。义纵为内史，惮未敢恣治。及纵死，张汤败后，徙为廷尉，而尹齐为中尉。

尹齐者，东郡茌平人。以刀笔稍迁至御史。事张汤，张汤数称以为廉武，使督盗贼，所斩伐不避贵戚。迁为关内都尉，声甚于宁成。上以为能，迁为中尉，吏民益凋敝。尹齐木彊少文，豪恶吏伏匿而善吏不能为治，以故事多废，抵罪。上复徙温舒为中尉，而杨仆以严酷为主爵都尉。

杨仆者，宜阳人也。以千夫为吏。河南守案举以为能，迁为御史，使督盗贼关东。治放尹齐，以为敢挚行[④]。稍迁至主爵

①偿臧：偿还过去所得的赃物。臧：通"赃"。 ②失：通"逸"，逃亡。 ③黎来：追捕抓来。 ④敢挚行：行事凶猛而有胆量。挚：通"鸷"。

都尉,列九卿,天子以为能。南越反,拜为楼船将军,有功,封将梁侯。为荀彘所缚。居久之,病死。

而温舒复为中尉。为人少文,居廷惛惛[①]不辩,至于中尉则心开。督盗贼,素习关中俗,知豪恶吏,豪恶吏尽复为用,为方略。吏苛察,盗贼恶少年投缿[②]购告言奸,置伯格长以牧司奸盗贼[③]。温舒为人谄,善事有势者,即无势者,视之如奴。有势家,虽有奸如山,弗犯;无势者,贵戚必侵辱。舞文巧诋下户之猾,以焄[④]大豪。其治中尉如此。奸猾穷治,大抵尽靡烂狱中,行论无出者。其爪牙吏虎而冠。于是中尉部中中猾以下皆伏,有势者为游声誉,称治。治数岁,其吏多以权富。

温舒击东越还,议有不中意者,坐小法抵罪免。是时天子方欲作通天台而未有人,温舒请覆中尉脱卒[⑤],得数万人作。上说,拜为少府。徙为右内史,治如其故,奸邪少禁。坐法失官。复为右辅,行中尉事,如故操。

岁馀,会宛军发,诏征豪吏,温舒匿其吏华成。及人有变告温舒受员骑钱、他奸利事,罪至族,自杀。其时两弟及两婚家亦各自坐他罪而族。光禄徐自为曰:"悲夫,夫古有三族,而王温舒罪至同时而五族乎!"

温舒死,家直累千金。后数岁,尹齐亦以淮阳都尉病死,家直不满五十金。所诛灭淮阳甚多,及死,仇家欲烧其尸,尸亡去归葬。

自温舒等以恶为治,而郡守、都尉、诸侯二千石欲为治者,其治大抵尽放温舒,而吏民益轻犯法,盗贼滋起。南阳有梅免、

①惛惛:昏聩糊涂的样子。 ②缿:古代接受告密文书的器具。 ③伯格:通"陌落",街道和村落。牧司:通"牧伺",督察。 ④焄:通"熏",以火烟熏炙,此指胁迫。 ⑤覆:考核。脱卒:逃兵。

白政,楚有殷中、杜少,齐有徐勃,燕、赵之间有坚卢、范生之属。大群至数千人,擅自号,攻城邑,取库兵,释死罪,缚辱郡太守、都尉,杀二千石,为檄告县趣具食①;小群以百数,掠卤②乡里者,不可胜数也。于是天子始使御史中丞、丞相长史督之。犹弗能禁也,乃使光禄大夫范昆、诸辅都尉及故九卿张德等衣绣衣,持节,虎符发兵以兴击,斩首大部或至万馀级,及以法诛通饮食。坐连诸郡,甚者数千人。数岁,乃颇得其渠率③。散卒失亡,复聚党阻山川者,往往而群居,无可奈何。于是作"沈命法"④,曰群盗起不发觉,发觉而捕弗满品者,二千石以下至小吏主者皆死。其后小吏畏诛,虽有盗不敢发,恐不能得,坐课累府⑤,府亦使其不言。故盗贼寖多⑥,上下相为匿,以文辞避法焉。

减宣者,杨人也。以佐史无害给事河东守府。卫将军青使买马河东,见宣无害,言上,征为大厩丞。官事辨,稍迁至御史及中丞。使治主父偃及治淮南反狱,所以微文深诋,杀者甚众,称为敢决疑。数废数起,为御史及中丞者几二十岁。王温舒免中尉,而宣为左内史。其治米盐,事大小皆关其手,自部署县名曹实物,官吏令丞不得擅摇⑦,痛以重法绳之。居官数年,一切郡中为小治辨,然独宣以小致大,能因力行之,难以为经⑧。中废。为右扶风,坐怨成信,信亡藏上林中,宣使郿令格杀信,吏卒格信时,射中上林苑门,宣下吏诋罪⑨,以为大逆,当族,自杀。而杜周任用。

---

①趣:通"促",催促。具食:准备粮食。 ②卤:通"掳",抢掠。 ③渠率:通"渠帅",首领。 ④沈命法:隐藏亡命者而被论罪的法令。沈:同"沉",藏匿。命:亡命。 ⑤坐课:犯法被判刑。累:连累。 ⑥寖:通"浸",更加。 ⑦擅摇:擅自更动。 ⑧经:常道。 ⑨诋罪:判罪。诋:通"抵"。

杜周者，南阳杜衍人。义纵为南阳守，以为爪牙，举为廷尉史。事张汤，汤数言其无害，至御史。使案边失亡，所论杀甚众。奏事中上意，任用，与减宣相编，更为中丞十馀岁。

其治与宣相放，然重迟，外宽，内深次骨。宣为左内史，周为廷尉，其治大放张汤而善候伺。上所欲挤者，因而陷之；上所欲释者，久系待问而微见其冤状，客有让周曰："君为天子决平，不循三尺法，专以人主意指为狱。狱者固如是乎？"周曰："三尺安出哉？前主所是著为律，后主所是疏为令。当时为是，何古之法乎？"

至周为廷尉，诏狱亦益多矣。二千石系者新故相因，不减百馀人，郡吏大府举之廷尉，一岁至千馀章。章大者连逮证案数百，小者数十人；远者数千，近者数百里。会狱，吏因责如章告劾，不服，以笞掠定之。于是闻有逮皆亡匿。狱久者至更数赦十有馀岁而相告言，大抵尽诋以不道以上。廷尉及中都官诏狱逮至六七万人，吏所增加十万馀人。

周中废，后为执金吾，逐盗，捕治桑弘羊、卫皇后昆弟子刻深，天子以为尽力无私，迁为御史大夫。家两子，夹河为守。其治暴酷皆甚于王温舒等矣。杜周初征为廷史，有一马，且不全；及身久任事，至三公列，子孙尊官，家訾①累数巨万矣。

太史公曰：自郅都、杜周十人者，此皆以酷烈为声。然郅都伉直，引是非，争天下大体。张汤以知阴阳，人主与俱上下，时数辩当否，国家赖其便。赵禹时据法守正。杜周从谀，以少言为重。自张汤死后，网密，多诋严，官事寖以耗废。九卿碌碌奉其官，救过不赡，何暇论绳墨之外乎！然此十人中，其廉者足以

①訾：通"赀（zī）"，钱财。

为仪表，其污者足以为戒，方略教导，禁奸止邪，一切亦皆彬彬，质有其文武焉。虽惨酷，斯称其位矣。至若蜀守冯当暴挫①，广汉李贞擅磔人，东郡弥仆锯项，天水骆璧推成②，河东褚广妄杀，京兆无忌、冯翊殷周蝮鸷③，水衡阎奉朴击卖请④，何足数哉！何足数哉！

【译文】

孔子说："用政治法令来引导百姓，用刑罚来约束百姓，百姓就会希图幸免，没有羞耻之心。如果用道德来引导百姓，用礼仪来约束百姓，那么百姓就会有羞耻之心，并改正错误，走上正道。"老子说："具有高尚道德的人，不表现在形式上的德，因此才有德；道德低下的人，执守着形式上的德，因此没有实际的德。""法令越是严酷，盗贼反而更多。"太史公说：这些话可信啊！法令是政治的工具，而不是管理政治清浊的根源。从前天下的法网是很密的，但是奸邪诈伪的事情却产生出来，这情况发展到最严重的时候，官吏和百姓竟然相互欺骗，达到国家一蹶不振的地步。在这个时候，官吏管理政事就像抱薪救火，扬汤止沸一样，如果不用强健有力的人和严酷的法令，怎么能胜其任而愉快呢？如果让倡言道德的人来干这些事，一定会失职的。所以孔子说"审理诉讼，我同别人一样；一定要有不同，那就让人们不要再发生诉讼的事"。老子说"愚蠢浅漏的人听到道德之言，就会大笑起来"。这些话并不是虚妄之言。汉建立后，破坏了方形的，换成圆形的，对秦朝法律作了较大变动，如同砍掉外部的雕饰，露出质朴自然的本质一样，法律由繁苛而至宽简，就像可以漏掉吞舟之鱼的渔网，然而官吏的治绩纯厚美盛，不至于做出奸邪之事，百姓也都平安无事。由此可见，国家政治的美好，在于君王的宽厚，而不在法律的严酷。

---

①暴挫：凶暴地摧残人。 ②推成：或以为当作"椎成"，椎击之以成狱。 ③蝮鸷：凶狠。蝮：通"愎"。 ④朴击：用木棒打人。卖请：逼人拿钱求得宽免。

高后时代，酷吏只有侯封，苛刻欺压皇族，侵犯侮辱有功之臣。诸吕彻底失败后，朝廷就杀了侯封的全家。孝景帝时代，晁错用心苛刻严酷，多用法术来施展他的才能，因而吴、楚等七国叛乱，把愤怒发泄到晁错身上，晁错因此被杀。这以后有郅都和宁成之辈。

郅都是杨县人，以郎官的身份服事孝文帝。景帝时，郅都做了中郎将，敢于向朝廷直言进谏，在朝廷上当面使人折服。他曾经跟随天子到上林苑，贾姬到厕所去，野猪突然闯进厕所。皇上用眼示意郅都，郅都不肯行动。皇上想亲自拿着武器去救贾姬，郅都跪在皇上面前说："失掉一个姬妾，还会有个姬妾进宫，天下难道会缺少贾姬这样的人吗？陛下纵然看轻自己，而祖庙和太后怎么办呢？"皇上回转身来，野猪也离开了。太后听说了这件事，赏赐郅都黄金百斤，从此重视郅都。

济南瞷姓的宗族共有三百多家，强横奸猾，济南太守不能制服他们，于是景帝就命郅都为济南太守。郅都来到济南郡所，就把瞷氏家族首恶分子的全家都杀了，其余瞷姓坏人都吓得大腿发抖。过了一年多，济南郡路不拾遗。周围十多个郡的郡守畏惧郅都就像畏惧上级官府一样。

郅都为人勇敢，有气力，公正廉洁，不翻开私人求情的信，送礼，他不接受，私人的请托他不听。他常常自己说："已经背离父母而来做官，我就应当在官位上奉公尽职，保持节操而死，终究不能顾念妻子儿女。"

郅都调升中尉之官，丞相周亚夫官最高而又傲慢，而郅都见到他只是作揖，并不跪拜。这时，百姓质朴，怕犯罪，都守法自重，郅都却首先施行严酷的刑法，以致执法不畏避权贵和皇亲，连列侯和皇族之人见到他，都要侧目而视，称呼他为"苍鹰"。

临江王被召到中尉府受审问，临江王想得到书写工具，给皇上写信，表示谢罪，郅都却告诉官吏不给他书写工具。魏其侯派人暗中给临江王送去书写工具。临江王给皇上写了谢罪的信，于是就自杀了。窦太后听到这个消息，发怒了，用严法中伤郅都，郅都被免官归家。汉景帝就派使者拿着符节任命郅都为雁门太守，并让他乘便取道上路，直接去雁门上任，根据实际情况独立处理政事。匈奴人一向听说郅都有节操，现在由他守卫边境，所以匈奴人便领兵离开汉边境，直到郅都死去时，一直没敢靠近雁门。匈奴甚至做了像郅都模样的木偶人，让骑兵们奔跑射击，没有人能射中，害怕郅都到了如此的程度。匈奴人以郅都为祸患。窦太后最后竟以汉法律中伤郅都。景帝说："郅都是忠臣。"想释放他。窦太后说："临江王难道就不是忠臣吗？"于是就把郅都杀了。

宁成，穰县人，做侍卫随从之官服事汉景帝。他为人好胜，做人家的小官时，一定要欺陵他的长官；做了人家的长官，控制下属就像捆绑湿柴一样随便。他狡猾凶残，任性使威。逐渐升官，做了济南都尉，这时郅都是济南太守。在此之前的几个都尉都是步行走入太守府，通过下级官吏传达，然后进见太守，就像县令进见太守一样，他们畏惧郅都就是这个样子。等到宁成前来，却一直越过郅都，走到他的上位。郅都一向听说过他的名声，于是很好地对待他，同他结成友好关系。过了好久，郅都死去，后来长安附近皇族中的好多人凶暴犯法，于是皇上召宁成为中尉，他的治理办法仿效郅都，他的廉洁不如郅都，但是皇族豪强人人都恐惧不安。

武帝即位，宁成改任为内史。外戚们多诽谤宁成的缺点，他被依法判处剃发和以铁缚脖子的刑罚。这时九卿犯罪该处死的就处死，很少遭受一般刑罚，而宁成却遭受极重的刑罚，他自己认为朝廷不会再用他做官，于是就解脱刑具，私刻假的有关文件，出了函谷关回到家中。他扬言说："做官做不到二千石的高官，经商挣不到一千万贯钱，怎能同别人相比呢？"于是他借钱买了一千多顷可灌溉的土地，出租给贫苦的百姓，给他种地受奴役的有几千家。几年以后，遇上大赦。他已有了几千斤黄金的家产，专好打抱不平，掌握官吏们的短处，出门时有几十个骑马的人跟随其后。他驱使百姓的权威比郡守还大。

周阳由，他父亲赵兼以淮南王刘长舅父的身份被封为周阳侯，所以姓周阳。周阳由因为是外戚被任命为郎官，服事孝文帝和孝景帝。景帝时，周阳由做了郡守。武帝即位后，官员处理政事，崇尚遵循法度，谨慎行事，然而周阳由在二千石的官员中，是最暴虐残酷、骄傲放纵的人。他所喜爱的，如果犯了死罪，就曲解法律使那人活下来；他所憎恶的，他就歪曲法令把他杀死。他在哪个郡做官，就一定要消灭那个郡的豪门。他做郡太守，就把都尉视同县令一般。他做都尉，必定欺凌太守，侵夺他的权力。他和汲黯都属于强狠之人，还有司马安善用法令条文害人，都身居二千石官员的行列，可是汲黯与司马安若与周阳由同车都不敢和周阳由均分坐垫与同伏车栏。

周阳由后来做了河东郡的都尉，经常同郡太守申屠公争权，互相告状。结果申公被判决有罪，但他坚持道义，不肯接受刑罚而自杀，周阳由被处以弃市之刑。

从宁成、周阳由之后，政事更加繁杂，百姓用巧诈的手段对付法律，多数官吏治理政事都像宁成和周阳由一样。

赵禹，斄人，以佐史的身份补任京城官府的官员，因为廉洁升为令史，服事周亚夫。周亚夫做丞相，赵禹做丞相史，丞相府中的人都称赞他廉洁公平。但周亚夫不重用他，说："我很知道赵禹有杰出无比的才干，但他执法深重严酷，不能在大的官府做官。"武帝时代，赵禹因为从事文书工作而积累功劳，逐渐升为御史。皇上认为他能干，又升到太史大夫。他和张汤共同制定各种法令，制作"见知法"，让官吏互相监视，相互检举。汉法律越发严厉，大概就从这时开始。

张汤，杜人。他父亲做长安县丞，有一次出门去，张汤当时是小孩，父亲就让他在家看门。父亲回家后，看到老鼠偷了肉，就对张汤发怒，用鞭子打了他。张汤掘开鼠洞，找到偷肉的老鼠和没吃完的肉，就举告老鼠的罪行，加以拷打审问，记录审问过程，反复审问，把判决的罪状报告上级，并且把老鼠和剩肉取来，当堂最后定案，把老鼠分尸处死。他父亲看到这情景，又看到那判决辞就像老练的法吏所写，特别惊讶，于是就让他学习断案的文书。父亲死后，张汤就做了长安的官员，做了很长一段时间。

周阳侯田胜开始做九卿之官时，曾经被拘禁在长安，张汤尽其全力加以保护。待田胜出狱封了侯，与张汤密切交往，并把当朝权贵一一介绍给张汤,让张汤同他们相识。张汤在内史任职,做宁成的属官,因为张汤才华无比,宁成就向上级官府推荐,被调升为茂陵尉,主持建造陵墓。

武安侯田蚡做了丞相,征召张汤做内史,经常向天子推荐他,被任命为御史,让他处理案件。他主持处理陈皇后巫蛊案件时,深入追究同党。于是汉武帝认为他有办事能力,逐步提拔他做了太中大夫。他与赵禹一起制定各种法律条文,务求苛刻严峻,约束在职的官吏。不久,赵禹提升为中尉,又改任少府,而张汤做了廷尉,两人友好交往,张汤以对待兄长的礼节对待赵禹。赵禹为人廉洁傲慢,做官以来,家中没有食客。三公九卿前来拜访,赵禹却始终不回访答谢,务求断绝与知心朋友和宾客的来往,独自一心一意地处理自己的公务。他看到法令条文就取来,也不去复查,以求追究从属官员的隐秘的罪过。张汤为人多诈,善施智谋控制别人。他开始做小官时,就喜欢以权自谋私利,曾与长安富商田甲、鱼翁叔之流勾结。待到了九卿之官时,便结交天下名士大夫,自己内心虽然同他们不合,但表面却装出仰慕他们的样子。

这时,武帝正心向儒家学说,张汤判决大案,就想附会儒家观点,因此就请博士弟子们研究《尚书》《春秋》,他做廷尉史,就请他们评判法律的可疑之处。每次上报判决的疑难案件,都预先给皇上分析事情的原委,皇上认为对的,就接受并记录下来,作为判案的法规,以廷尉的名义加以公布,颂扬皇上的圣明。如果奏事遭到谴责,张汤就认错谢罪,顺着皇上的心意,一定要举出正、左右监和贤能的属吏,说:“他们本来向我提议过,就像皇上责备我的那样,我没采纳,愚蠢到这种地步。”因此,他的罪常被皇上宽恕不究。他有时向皇上呈上奏章,皇上认为好,他就说:“臣我不知道写这奏章,是正、左右监、椽史中某某人写的。”他想推荐官吏,表扬人家的好处,掩蔽别人的过失,常常这样做。他所处理的案件,如果是皇上想要加罪的,他就交给执法严酷的监史去办理;要是皇上想宽恕的,他就交给执法轻而公平的监史去办理。他所处理的如果是豪强,则一定要玩弄法律条文,巧妙地进行诬陷;如果是平民百姓和瘦弱的人,则常常用口向皇上陈述,虽然按法律条文应当判刑,但请皇上明察裁定。于是,皇上往往就宽释了张汤所说的人。张汤虽做了大官,自身修养很好。与宾客交往,同他们喝酒吃饭,对于老朋友做官的子弟以及贫穷的兄弟们,照顾得尤其宽厚。他拜问三公,不避寒暑。所以张汤虽然执法严酷,内心嫉妒,处事不纯正公平,却得到这个好名声。那些执法酷烈刻毒的官吏都被他用为属吏,又都依从于儒学之士,丞相公孙弘屡次称赞他的美德。待到他处理淮南王、衡山王、江都王谋反的案件,都能穷追到底。严助和伍被,皇上本想宽恕他们,张汤争辩说:"伍被本来是策划谋反的人,严助是皇上亲近宠幸的人,是出入宫廷禁门的护卫之臣,竟然这样私交诸侯,如不杀他,以后就不好管理臣下了。"于是,皇上同意对他们的判决。他处理案子打击大臣,自己邀功的情况,多半如此。于是,张汤更加受到尊宠和信任,升为御史大夫。

正巧赶上匈奴浑邪王等投降汉,汉出动大军讨伐匈奴,山东遇到水涝和干旱的灾害,贫苦百姓流离失所,都依靠朝廷供应衣食,朝廷因此仓库空虚。于是张汤按皇上旨意,请铸造银钱和五铢钱,垄断天下的盐铁经营权,打击富商大贾,发布告缗令,铲除豪强兼并之家的势力,玩弄法律条文巧言诬陷,来辅助法律的推行。张汤每次上朝奏事,谈论国家的财用情况,一直谈到傍晚,天子也忘记了吃饭时间。丞相无事可做,空占相位,天下的事情都取决于张汤。致使百姓不能安心生活,骚动不宁。朝廷兴办的事,得不到利益,而奸官污吏却一起侵夺盗窃,于是就彻底以法惩办。从三公九卿以下,直到平民百姓,都指责张汤。张汤曾经生病,天子亲自前去看望他,他的高贵达到这种地步。

匈奴来汉请求和亲,群臣都到天子跟前议论此事。博士狄山说:"和亲有利。"皇上问他有利在何处?狄山说:"武器是凶险的东西,不可以屡次动用。高帝想讨伐匈奴,被围在平城,就和匈奴结成和亲之好。孝惠、高后时期,天下安定快乐。待到孝文帝时,想征讨匈奴,结果北方骚扰不安、百姓苦于战争。孝景帝时,吴、楚七国叛乱,景帝往来于未央宫和长乐宫之间,忧心了几个月。吴楚七国叛乱平定后,直到景帝死不再谈论战争,天下却富裕殷实。如今自从陛下发兵攻打匈奴,国内因此而财用空虚,边境百姓极为困苦。由此可见,用兵不如和亲。”皇上又问张汤,张汤说:“这是愚蠢的儒生,无知。”狄山说:“我固然是愚忠,像御史大夫张汤却是诈忠。像张汤处理淮南王和江都王的案子,用严酷的刑法,放肆地诋毁诸侯,离间骨肉之亲,使各封国之臣自感不安。我本来就知道张汤是诈忠。”于是皇上变了脸色,说:“我派你驻守一个郡,你能不让匈奴进京来抢掠吗?”狄山说:“不能。”皇上说:“驻守一个县呢?”狄山回答说:“不能。”皇上又说:“驻守一个边境城堡呢?”狄山自己想到,如果辩论到无话回答,皇上就要把自己交给法吏治罪,因此说:“能。”于是皇上就派遣狄山登上边塞城堡。过了一个多月,匈奴斩下狄山的头就离开了。从此以后,群臣震惊恐惧。

张汤的门客田甲虽是商人,却有贤良的品行。张汤开始做小官时,他与张汤以钱财交往,待张汤做了大官,他责备张汤品德道义方面的过错,很有忠义之士的风度。

张汤做了七年御史大夫,衰败。

河东人李文曾经同张汤有嫌隙,以后他做了御史中丞,心中怨恨张汤,屡次从宫中文书里寻找可以用来伤害张汤的材料,不留余地。张汤有个喜爱的下属叫鲁谒居,知道张汤对此心中不平,就让人以流言向皇上密告李文的坏事,而这事正好交给张汤处理,张汤就判决李文死罪,把他杀了,他也知道这事是鲁谒居干的。皇上问道:“匿名上告李文的事是怎样发生的?”张汤假装惊讶地说:“这大概是李文的老朋友怨恨他。”后来鲁谒居病倒在同乡主人的家中,张汤亲自去看望他的病情,替鲁谒居按摩脚。赵国人以冶炼铸造为职业,赵王刘彭祖屡次同朝廷派来主管铸铁的官员打官司,张汤常常打击赵王。赵王寻找张汤的隐私之事。鲁谒居曾经检举过赵王,赵王怨恨他,于是就上告他们二人,说:“张汤是大臣,其属官鲁谒居有病,张汤竟然给他按摩脚,我怀疑两人必定一同做了大的坏事。”这事交给廷尉处理,鲁谒居病死了,事情牵连到他的弟弟,就把他弟弟拘禁在导官署。张汤也到导官署审理别的囚犯,看到鲁谒居的弟弟,想暗中帮助他,所以假装不察看他。鲁谒居的弟弟不知道这个情况，怨恨张汤，因此就让人上告张汤和鲁谒居搞阴谋，共同匿名告发了李文。这事交给减宣处理。减宣曾同张汤有嫌隙，待他接受了这案子，把案情查得水落石出，没有上报。正巧有人偷挖了孝文帝陵园里的殉葬钱，丞相庄青翟上朝，同张汤约定一同去谢罪，到了皇上面前，张汤想只有丞相必须按四季巡视陵园，丞相应当谢罪，与我张汤没关系，不肯谢罪。丞相谢罪后，皇上派御史查办此事。张汤想按法律条文判丞相明知故纵的罪过，丞相忧虑此事。丞相手下的三个长史都嫉恨张汤，想陷害他。

最初，长史朱买臣是会稽人，攻读《春秋》。庄助让人向皇帝推荐朱买臣，朱买臣因为熟悉《楚辞》的缘故，同庄助都得到皇上的宠幸，从侍中升为太中大夫，当权；这时张汤只是个小官，在朱买臣等面前下跪听候差遣。不久，张汤做了廷尉，办理淮南王案件，排挤庄助，朱买臣心里本来怨恨张汤。待张汤做了御史大夫，朱买臣从会稽太守的职位上调任主爵都尉，位列九卿之中。几年后，因犯法罢官，代理长史，去拜见张汤，张汤坐在日常所坐的椅子上接见朱买臣，他的丞史一类的属官也不以礼对待朱买臣。朱买臣是楚地士人，深深怨恨张汤，常想把他整死。王朝是齐地人，凭着儒术做了右内史。边通，学习纵横家的思想学说，是个性格刚强暴烈的强悍之人。做官，两次做济南王的丞相。从前，他们都比张汤的官大，不久丢了官，代理长史，对张汤行屈体跪拜之礼。张汤屡次兼任丞相的职务，知道这三个长史原来地位很高，就常常欺负压制他们。因此，三位长史合谋并对庄青翟说："开始张汤同你约定一起向皇上谢罪，紧接着就出卖了你；现在又用宗庙之事控告你，这是想代替你的职位。我们知道张汤的不法隐私。"于是就派属吏逮捕并审理张汤的同案犯田信等人，说张汤将要向皇上奏请政事，田信则预先就知道，然后囤积物资，发财致富，同张汤分赃，还有其他坏事。有关此事的供词被皇上听到了，皇上向张汤说："我所要做的事，商人则预先知道此事，越发囤积那些货物，这好像有人把我的想法告诉了他们一样。"张汤不谢罪，却又假装惊讶地说："应该说一定有人这样做了。"这时减宣也上奏书报告张汤和鲁谒居的犯法之事。天子果然以为张汤心怀巧诈,当面欺骗君王,派八批使者按记录在案的罪证审问张汤。张汤自己说没有这些罪过,不服。于是皇上派赵禹审问张汤。赵禹来了以后,责备张汤说:"皇上怎能不知道情况呢? 你办理案件时,被夷灭家族的有多少人呢? 如今人家告你的罪状都有证据,天子难以处理你的案子,想让你自己想法自杀,何必多对证答辩呢?"张汤就写信谢罪说:"张汤没有尺寸之功,起初只做文书小吏,陛下宠幸我,让我位列三公之位,无法推卸罪责。然而阴谋陷害张汤的罪人是三位长史。"张汤于是就自杀了。

张汤死时,家产总值不超过五百金,都是所得的俸禄和皇上的赏赐,没有其他的产业。张汤兄弟和儿子们仍想厚葬张汤,他母亲说:"张汤是天子的大臣,遭受恶言诬告而死,何必厚葬呢?"于是就用牛车拉着棺材,没有外椁。天子听到这情况后,说:"没有这样的母亲,生不出这样的儿子。"就穷究此案,把三个长史全都杀了。丞相庄青翟也自杀。田信被释放出去。皇上怜惜张汤,逐渐提拔他的儿子张安世。

赵禹中途被罢官,不久做了廷尉。最初,条侯周亚夫认为赵禹残酷阴谋,不肯重用。待赵禹做了少府,与九卿并列。赵禹做事严酷急躁,到晚年时,国家事情越来越多,官吏致力于施行严刑峻法,而赵禹却执法清缓,被称为平和。王温舒等人是后起之官,执法比赵禹严酷。因为赵禹年老,改任燕国丞相。几年后,犯有昏乱悖逆之罪,被免官,在张汤死后十余年,老死在家中。

义纵,河东人。少年时代,曾与张次公一块抢劫,结为强盗团伙。义纵有个姐姐叫姁,凭医术受到太后的宠幸。王太后问姁说:"你有儿子和兄弟做官吗?"义纵的姐姐说:"有个弟弟,品行不好,不能做官。"太后就告诉皇上,任义姁的弟弟义纵为中郎,改任上党郡中某县的县令。义纵执法严酷,很少有宽和包容的情形,因此县里没有逃亡的事,被推荐为第一。后来改任长陵和长安的县令,依法办理政事,不回避贵族和皇亲。因为逮捕审讯太后的外孙修成君的儿子仲,皇上认为他有能力,任为河内都尉。到任后,他就把当地豪强穰氏之流灭了族,使河内出现道不拾遗的局面。张次公也做了郎官，凭着他的勇敢剽悍当了兵，因为作战敢于深入敌军，获得军功，封为岸头侯。

宁成在家闲居时，皇帝想让他做太守。御史大夫公孙弘说："我在山东做小官时，宁成做济南都尉，他处理政事就像狼牧羊一样凶。宁成不可以用来治理百姓。"皇上就任命宁成做关都尉。一年以后，关东郡国的官吏察看郡国中出入关口的人，都扬言说："宁肯看到幼崽哺乳的母虎，也不要遇到宁成发怒。"义纵从河内调任南阳太守，听说宁成在南阳家中闲居，等到义纵到达南阳关口，宁成跟随身后，往来迎送，但是义纵盛气凌人，不以礼相待。到了郡府，义纵就审理宁氏家的罪行，完全粉碎了有罪的宁氏家族。宁成也被株连有罪，至于孔姓和暴姓之流的豪门都逃亡而去，南阳的官吏百姓都怕得谨慎行动，不敢有错。平氏县的朱强、杜衍县的杜周都是义纵的得力属官，受到重用，升为廷史。这时汉军屡次从定襄出兵打匈奴，定襄的官吏和百姓人心散乱、世风败坏，朝廷于是改派义纵做定襄太守。义纵到任后，捕取定襄狱中没有戴刑具的重罪犯人二百人，以及他们的宾客兄弟私自探监的也有二百余人。义纵把他们全部逮捕起来加以审讯，罪名是"为死罪解脱"。这天都上报杀人数目，共四百余人。这之后，郡中人都不寒而栗，连刁猾之民也辅佐官吏治理政事。

这时，赵禹、张汤都因执法严酷而做了九卿之官，但是他们的治理办法还算宽松，都以法律辅助行事，而义纵却以酷烈凶狠治理政事。后来正赶上五铢钱和白金起用，豪民乘机施展奸诈手段，京城尤其严重，朝廷就用义纵做右内史，王温舒做中尉。王温舒极凶恶，他所做的事若不预先告知义纵，义纵必定施展个人义气欺凌他，破坏他干的事。他治理政事，杀的人很多，但是急促治理，非但成效不大，反而奸邪之事越来越多，因而直指之官开始出现了。官吏治理政事以斩杀和捆缚为主要任务，阎奉以凶恶被任用。义纵廉洁，他治理政事仿效郅都。皇上驾幸鼎湖，病了好长一段时间，病好了突然驾幸甘泉宫，所行之路多半没有修整，皇上发怒说："义纵以为我不再走这条路了吧？"心中怀恨义纵。到了冬天，杨可正受命主持处理"告缗"案件，义纵以为这将扰乱百姓，部署官吏逮捕那些替杨可出去干事的人。天子听说了这件事，派杜式去处理，认为义纵的做法，是废弃了敬君之礼，破坏了君王要办的事，将义纵弃市。过了一年，张汤也死了。

王温舒，阳陵人。年轻时做盗墓等坏事。不久，做了县里的亭长，屡次被免职。后来做了小官，因善于处理案件升为廷史。服事张汤，升为御史。他督捕盗贼，杀伤的人很多，逐渐升为广平都尉。他选择郡中豪放勇敢的十余人做属官，让他们做得力帮手，掌握他们每个人的隐秘的重大罪行，从而放手让他们去督捕盗贼。如果谁捕获盗贼使王温舒很满意，此人虽然有百种罪恶也不加惩治；若是有所回避，就依据他过去所犯的罪行杀死他，甚至灭其家族。因为这个原因，齐地和赵地乡间的盗贼不敢接近广平郡，广平郡有了道不拾遗的好名声。皇上听说后，升任王温舒为河内太守。

王温舒以前居住在广平时，完全熟悉河内的豪强奸猾的人家，待他前往广平，九月份就上任了。他下令郡府准备私马五十匹，从河内到长安设置了驿站，部署手下的官吏就像在广平时所用的办法一样，逮捕郡中豪强奸猾之人，郡中豪强奸猾相连坐犯罪的有一千余家。上书请示皇上，罪大者灭族，罪小者处死，家中财产完全没收，偿还从前所得到的赃物。奏书送走不过两三日，就得到皇上的可以执行的答复。案子判决上报，竟至于流血十余里。河内人都奇怪王温舒的奏书，以为神速。十二月结束了，郡里没有人敢说话，也无人敢夜晚行走，郊野没有因盗贼引起狗叫的现象。那少数没抓到的罪犯，逃到附近的郡国去了，待到把他们追捕抓回来，正赶上春天了，王温舒跺脚叹道："唉！如果冬季再延长一个月，我的事情就办完了。"他喜欢杀伐、施展威武及不爱民就是这个样子。天子听了，以为他有才能，升为中尉。他治理政事还是效仿河内的办法，调来那些著名祸害和奸猾官吏同他一起共事，河内的有杨皆与、麻戊，关中的有杨赣和成信等。因为义纵做内史，王温舒怕他，因此还未敢恣意地实行严酷之政。等到义纵死去，张汤失败之后，王温舒改任廷尉，尹齐做了中尉。

尹齐，东郡茌平人，从文书小吏升为御史。服事张汤，张汤屡次称赞他廉洁勇敢，派他督捕盗贼，所要斩杀的人不回避权贵皇亲。他升为关内都尉，好名声超过宁成。皇上认为他有才能，升他为中尉，而官吏和平民生活更加困苦不堪。尹齐处事死板，不讲求礼仪，强悍凶恶的官吏隐藏起来，而善良的官员又不能独自有效地去处理政事，因此政事多半都废弛了，被判了罪。皇上又改任王温舒为中尉，而杨仆凭借他的严峻酷烈做了主爵都尉。

杨仆，宜阳人，以千夫的身份做了小官。河南太守考核并推荐他有才能而升为御史，派到关东去督捕盗贼。他治理政事仿效尹齐，被认为做事凶猛而有胆量。逐渐升为主爵都尉，位列九卿之中，皇上认为他有才能。在南越反叛时，他被任命为楼船将军，因有军功，被封为将梁侯。后被荀彘所捆缚。过了很久，他得病而死。

王温舒又做了中尉，他为人缺少斯文，在朝廷办事，思想糊涂，不辨是非，到他做中尉以后，则心情开朗。他督捕盗贼，原来熟悉关中习俗，了解当地豪强和凶恶的官吏，所以豪强和凶恶官吏都愿意为他出力，为他出谋划策。官吏严苛侦察，盗贼和凶恶少年就用投书和检举箱的办法，收买告发罪恶的情报，设置伯格长以督察奸邪之人和盗贼。王温舒为人谄媚，善于巴结有权势的人，若是没有权势的人，他对待他们就像对待奴仆一样。有权势的人家，虽然奸邪之事堆积如山，他也不去触犯；无权势的，就是高贵的皇亲，他也一定要欺侮。他玩弄法令条文巧言诋毁奸猾的平民，而威迫大的豪强。他做中尉时就这样处理政事，对于奸猾之民，必定穷究其罪，大多都被打得皮开肉绽，烂死狱中，判决有罪的，没有一个人走出狱中。他的得力部下都像戴着帽子的猛虎一样。于是在中尉管辖范围的中等以下的奸猾之人，都隐伏不敢出来，有权势的都替他宣扬名声，称赞他的治绩。他治理了几年，他的属官多因此而富有。

王温舒攻打东越回来后，议事不合天子的旨意，犯了小法被判罪免官。这时，天子正想修建通天台，还没人主持这事，王温舒请求考核中尉部下逃避兵役的人，查出几万人可去参加劳动。皇上很高兴，任命他为少府。又改任右内吏,处理政事同从前一样,奸邪之事稍被禁止。后来犯法丢掉官职。不久又被任命为右辅,代理中尉的职务,处理政事同原来的做法一样。

一年多以后,正赶上征讨大宛的军队出发,朝廷下令征召豪强官吏,王温舒把他的属官华成隐藏起来。待到有人告发王温舒接受在额骑兵的赃款和其他的坏事,罪行之重应当灭族,他就自杀了。这时,他的两个弟弟以及两个姻亲之家,各自都犯了其他的罪行而被灭族。光禄徐自为说:“可悲啊,古代有灭三族的事,而王温舒犯罪竟至于同时夷灭五族!”

王温舒死后,他的家产价值累积有一千金。以后好多年,尹齐也在淮阳都尉的任上病死,他的家产价值不足五十金。他所杀的淮阳人很多,待到他死了,怨仇之家想烧他的尸体,家属偷偷地把他的尸体运回来安葬。

自从王温舒用严酷凶恶手段处理政事,其后郡守、都尉、诸侯和二千石的官员想要治理政事,他们的治理办法,大都效法王温舒,然而官吏和百姓越发轻易犯法,盗贼越来越多起来。南阳有梅免、白政,楚地有殷中、杜少,齐地有徐勃,燕、赵之间有坚卢、范生之流。大的团伙多达数千人,擅自称王称号,攻打城邑,夺取武器库中的兵器,释放判死罪的犯人,捆缚侮辱郡太守、都尉,杀二千石的官员,发布檄文,催促各县为他们所准备粮食;小的团伙有几百人,抢劫乡村的数也数不过来。于是天子开始派御史中丞、丞相长史督办剿灭之事。但还是不能禁止,就派光禄大夫范昆、诸位辅都尉及原九卿张德等人,穿着绣衣,拿着符节和虎符,发兵攻击,对于大的团伙杀头的竟多至一万多人,以及按法律杀死那些给作乱者送去饮食的人。株连数郡、被杀的多达数千人。几年后,才捕到他们的大首领。但是走散的士卒逃跑了,又聚集成党,占据险要的山川作乱,往往群居一处,对他们无可奈何。于是朝廷颁行“沈命法”,说群盗产生而官吏没有发觉,或发觉却没有捕捉到规定的数额、有关的二千石以下至小的官员,凡主持此事的都要处死。这以后,小官员怕被诛杀,纵然有盗贼也不敢上报,害怕捕不到,犯法被判刑又连累上级官府,上级官府也让他们不要上报。所以盗贼更加多起来，上下互相隐瞒，玩弄文辞，逃避法律制裁。

减宣，杨地人，因为做佐史无比能干，被调到河东太守府任职。将军卫青派人到河东买马，看到减宣能干无比，就向皇上推荐，被征召到京城做了大厩丞。做官做事很公平，逐渐升任御史和中丞。皇上派他处理主父偃和淮南王造反的案件，他用隐微的法律条文深究诋毁，所以被杀的人很多，被称赞为敢于判决疑难案件。他屡次被免官又屡次被起用，做御史及中丞之官差不多有二十年。王温舒免去中尉之官，而减宣做左内史。他管理米和盐的事，无论事大或事小都要亲自经手，自己安排县中各具体部门的财产器物，官吏中县令和县丞也不得擅自改动，甚至用重法来管制他们。做官几年，其他各郡都办好了一些小事而已，但是唯独减宣却能从小事办到大事，能凭借他的力量加以推行，当然他的办法也难以作为常法。他中途被罢官。后来又做了右扶风，因为怨恨他的属官成信，成信逃走藏到上林苑中，减宣派郿县县令击杀成信，官吏和士卒射杀成信时，射中了上林苑的门，减宣被交付法吏判罪，法吏认为他犯大逆不道的罪，判定为灭族，减宣就自杀了。杜周得到任用。

杜周，南阳杜衍人。义纵做南阳太守，把杜周当作得力助手，荐举他做廷尉史。他服事张汤，张汤屡次说他才能无比，官职升到御史。派他审理边境士卒逃亡的事，被判死刑的很多。他上奏的事情合乎皇上的心意，被任用，同减宣相接替，改任中丞十多年。

杜周治理政事与减宣相仿，但是处事慎重，决断迟缓，外表宽松，内心深刻切骨。减宣做左内史，杜周做廷尉，他治理政事仿效张汤，而善于窥测皇上的意图。皇上想要排挤的，就趁机加以陷害；皇上想要宽释的，就长期囚禁待审，暗中显露他的冤情。门客有人责备杜周说："为皇上公平断案，不遵循三尺法律，却专以皇上的意旨来断案。法吏本来应当这样吗？"杜周说："三尺法律是怎样产生的？从前的国君认为对的就写成法律，后来的国君认为对的就记载为法令。适合当时的情况就是正确的、何必要遵循古代法律呢？"

等到杜周做了廷尉，皇上命令办的案子也越发多了。二千石官员被拘捕的新旧相连，不少于一百人。郡国官员和上级官府送交尉办的案件，一年中多达一千多个。每个奏章所举报的案子，大的要逮捕有关证人数百人，小的也要逮捕数十人；这些人，远的几千里，近的数百里。案犯被押到京师会审时，官吏就要求犯人像奏章上说的那样来招供，如不服，就用刑具拷打定案。于是人们听到逮捕人的消息，都逃跑和藏匿起来。案件拖得久的，甚至经过几次赦免，十多年后还会被告发，大多数都以大逆不道以上的罪名加以诬陷。廷尉及中都官奉诏办案所逮捕的人多达六七万，属官所捕又要增加十多万。

杜周中途被罢官，后来做了执金吾，追捕盗贼，逮捕查办桑弘羊和卫皇后兄弟的儿子，严苛酷烈，天子认为他尽职而无私，升任御史大夫。他的两个儿子，分别做了河内和河南太守。他治理政事残暴酷烈比王温舒等更厉害。杜周开始做廷史时，只有一匹马，而且配备也不全；等到他长久做官，位列三公，子孙都做了高官，家中钱财积累数目多达好多万。

太史公说：从郅都到杜周十个人，都以严酷暴烈而闻名。但郅都刚烈正直，辩说是非，争与国家有益的重大原则。张汤因为懂得观察君王的喜怒哀乐而投其所好，皇上与他上下配合，当时屡次辩论国家大事的得失，国家靠他而得到益处。赵禹时常依据法律坚持正道。杜周则顺从上司的意旨、阿谀奉承，以少说话为重要原则。从张汤死后，法网严密，办案多诋毁严酷，政事逐渐败坏荒废。九卿之官碌碌无为，只求保护官职，他们防止发生过错尚且来不及，哪有时间研究法律以外的事情呢？但是这十个人中，那廉洁的完全可以成为人们的表率，那污浊的足以做人们的鉴戒，他们谋划策略，教导人们，禁止奸邪，一切作为，斯文有礼，恩威并施。执法虽然严酷，但这与他的职务是相称的。至于像蜀郡太守冯当凶暴地摧残人，广汉郡李贞擅自肢解百姓，东郡弥仆锯断人的脖子。天水郡骆壁椎击犯人逼供定案，河东郡褚广妄杀百姓，京兆的无忌、冯翊殷周的凶狠，水衡都尉阎奉拷打逼迫犯人出钱买得宽恕，哪里值得陈说！哪里值得陈说！

【鉴赏】

《史记》中有好多类传，但司马迁总能将那些以类而从的人物写得又各具面目，这篇《酷吏列传》也是如此。如本篇所写酷吏均以“酷烈为声”，但他们又有各自的为人行事。如写郅都“行法不避贵戚”，“不发私书，问遗无所受，请寄无所听”，“奉职死节官下，终不顾妻子”，多显其廉洁奉公，甚至称“其廉者足以为仪表”，而对其严酷行事则简括言及；而宁成则“滑贼任威”，“其治如狼牧羊”，令宗室豪桀人人惴恐，其廉不如郅都。写周阳由则直述其“最为暴酷骄恣”，而“所爱者，挠法活之；所憎者，曲法诛灭之”；义纵直法行治，不避贵戚，然其治令“南阳吏民重足一迹”，“郡中不寒而栗”。王温舒好杀伐行威，其治令“郡中毋声，毋敢夜行，野无犬吠之盗”，而又以私枉法，“快其意所欲得，此人虽有百罪，弗法；即有避，因其事夷之，亦灭宗。”“有势家，虽有奸如山，弗犯；无势者，贵戚必侵辱”。则纯粹是一个无德无行、千夫所指的奸猾恶吏。杜周“外宽，内深次骨”，又完全是一个专以人主意指为狱的阿谀暴酷之徒，“上所欲挤者，因而陷之；上所欲释者，久系待问而微见其冤状”。吏治到了这个地步，武宣“盛世”的基础也就最终确立了。

作者笔下的这些人物各有其面目，而记述的笔法也各有所异，有的简括精炼，有的详尽曲折；有的记事为主，有的叙评为主，有的叙议相得益彰。如全篇以张汤为记述重点。首先记述了他为吏之前的一件小事，因老鼠盗肉，他遭到父亲的怒笞，于是掘窟得盗鼠及余肉，并设公堂，传文书，刑讯定罪，将老鼠处以极刑，磔于堂下。通过这颇有寓意的一件小事，让人可见酷吏行事之一斑。传文中还详细记述了他因此而得到武帝的尊宠并遭人指目怨恨，最终被人谋陷害死的经过。总之，全篇在盎然可掬的叙述之中，作者的好恶爱憎、深慨之情、悲世之意也溢于言表。

史记卷一百二十三·大宛列传第六十三

世界闻名的"丝绸之路"是古代联系欧亚的交通要道,而"丝绸之路"的第一次打通就发生在汉武帝时代,这就是本篇所记的张骞奉命两次出使西域,和张骞死后汉与西域诸国的往来,以及武帝命李广利两次远征大宛。篇中所记述的西域国家有大宛、乌孙、康居、奄蔡、大小月氏、安息、条枝、大夏等,而之所以以《大宛列传》为名,是因为本篇以大宛事为主,又以大宛事开端,以大宛事终结。本篇在记述时与《匈奴列传》《朝鲜列传》等篇一样,都是以诸国与"中国"尤其是汉王朝武帝时的关系为主而展开的,兼及诸国的物产风情等。

大宛之迹,见①自张骞。张骞,汉中人,建元中为郎。是时天子问匈奴降者,皆言匈奴破月氏王,以其头为饮器,月氏遁逃,而常怨仇匈奴,无与共击之。汉方欲事灭胡,闻此言,因欲通使。道必更②匈奴中,乃募能使者。骞以郎应募,使月氏,与堂邑氏胡奴甘父俱出陇西。经匈奴,匈奴得之,传诣单于。单于留之,曰:"月氏在吾北,汉何以得往使?吾欲使越,汉肯听我乎?"留骞十馀岁,与妻,有子,然骞持汉节不失。

居匈奴中,益宽,骞因与其属亡乡月氏③,西走数十日,至大宛。大宛闻汉之饶财,欲通不得,见骞,喜,问曰:"若欲何之④?"骞曰:"为汉使月氏,而为匈奴所闭道。今亡,唯王使人导送我。诚得至,反⑤汉,汉之赂遗⑥王财物不可胜言。"大宛以为然,遣

①见:通"现",发现。 ②更:经过。 ③亡:逃。乡:通"向",朝向。 ④若:你。之:往,到某地去。 ⑤反:通"返"。 ⑥赂遗:馈赠。

骞，为发导绎[1]，抵康居，康居传致[2]大月氏。大月氏王已为胡所杀，立其太子为王。既臣大夏而居，地肥饶，少寇，志安乐。又自以远汉，殊无报胡之心。骞从月氏至大夏，竟不能得月氏要领[3]。

留岁馀，还，并[4]南山，欲从羌中归，复为匈奴所得。留岁馀，单于死，左谷蠡王攻其太子自立，国内乱，骞与胡妻及堂邑父俱亡归汉。汉拜骞为太中大夫，堂邑父为奉使君。

骞为人强力，宽大信人，蛮夷爱之。堂邑父故胡人，善射，穷急射禽兽给食。初，骞行时百馀人，去十三岁，唯二人得还。

骞身所至者大宛、大月氏、大夏、康居，而传闻其旁大国五六，具[5]为天子言之。曰：

大宛在匈奴西南，在汉正西，去汉可[6]万里。其俗土著，耕田，田[7]稻麦。有蒲陶酒[8]。多善马，马汗血，其先天马子也。有城郭屋室。其属邑大小七十馀城，众可数十万。其兵弓矛骑射。其北则康居，西则大月氏，西南则大夏，东北则乌孙，东则扜罙、于窴。于窴之西，则水皆西流，注西海；其东水东流，注盐泽。盐泽潜行地下，其南则河源出焉，多玉石，河注中国。而楼兰、姑师邑有城郭，临盐泽。盐泽去长安可五千里。匈奴右方居盐泽以东，至陇西长城，南接羌，鬲汉道焉。

乌孙在大宛东北可二千里，行国[9]，随畜，与匈奴同俗。控弦者数万[10]，敢战。故服匈奴，及盛，取其羁属[11]，不肯往

①发：派遣。导：向导。绎：通“译”，翻译。 ②传致：转送到。 ③要领：比喻人的意旨。要：通“腰”，指衣腰。领：指衣领。 ④并：通“旁”，靠近。 ⑤具：通“俱”，皆。 ⑥可：大约。 ⑦田：种。 ⑧蒲陶：同“葡萄”。 ⑨行国：民众不定居的国家，即游牧之国。 ⑩控弦：拉弓，此指能拉弓打仗的士卒。 ⑪羁属：被束缚的亲属，实指人质。

朝会焉。

康居在大宛西北可二千里，行国，与月氏大同俗。控弦者八九万人。与大宛邻国。国小，南羁事[①]月氏，东羁事匈奴。

奄蔡在康居西北可二千里，行国，与康居大同俗。控弦者十馀万。临大泽，无崖，盖乃北海云。

大月氏在大宛西可二三千里，居妫水北。其南则大夏，西则安息，北则康居。行国也，随畜移徙，与匈奴同俗。控弦者可一二十万。故时强，轻匈奴，及冒顿立，攻破月氏。至匈奴老上单于，杀月氏王，以其头为饮器。始月氏居敦煌、祁连间，及为匈奴所败，乃远去，过宛，西击大夏而臣之，遂都妫水北，为王庭。其馀小众不能去者，保南山羌，号小月氏。

安息在大月氏西可数千里。其俗土著，耕田，田稻麦，蒲陶酒。城邑如大宛。其属大小数百城，地方数千里，最为大国。临妫水，有市，民商贾用车及船，行旁国或数千里。以银为钱，钱如其王面，王死辄更钱，效王面焉。画革旁行以为书记[②]。其西则条枝，北有奄蔡、黎轩。

条枝在安息西数千里，临西海。暑湿。耕田，田稻。有大鸟，卵如瓮。人众甚多，往往有小君长，而安息役属之，以为外国。国善眩[③]。安息长老传闻条枝有弱水、西王母，而未尝见。

大夏在大宛西南二千馀里妫水南。其俗土著，有城

---

①羁事：被迫服事别人。 ②画革：在皮革上画记号。旁行：横行。书记：文字。 ③眩：通“幻”，幻术，即魔术。

屋，与大宛同俗。无大君长，往往城邑置小长。其兵弱，畏战。善贾市。及大月氏西徙，攻败之，皆臣畜[①]大夏。大夏民多，可百馀万。其都曰蓝市城。有市贩贾诸物。其东南有身毒国。

骞曰："臣在大夏时，见邛竹杖、蜀布。问曰：'安得此？'大夏国人曰：'吾贾人往市之身毒。身毒在大夏东南可数千里。其俗土著，大与大夏同，而卑湿暑热云。其人民乘象以战。其国临大水焉。'以骞度之，大夏去汉万二千里，居汉西南。今身毒国又居大夏东南数千里，有蜀物，此其去蜀不远矣。今使大夏，从羌中，险，羌人恶之；少北，则为匈奴所得；从蜀宜径[②]，又无寇。"天子既闻大宛及大夏、安息之属皆大国，多奇物，土著，颇与中国同业，而兵弱，贵汉财物；其北有大月氏、康居之属，兵强，可以赂遗设利朝也[③]。且诚得而以义属之，则广地万里，重九译[④]，致殊俗，威德遍于四海。天子欣然，以骞言为然，乃令骞因蜀犍为发间使[⑤]，四道并出：出駹，出冄，出徙，出邛、僰，皆各行一二千里。其北方闭[⑥]氐、筰，南方闭巂、昆明。昆明之属无君长，善寇盗，辄杀略[⑦]汉使，终莫得通。然闻其西可千馀里有乘象国，名曰滇越，而蜀贾奸出[⑧]物者或至焉，于是汉以求大夏道始通滇国。初，汉欲通西南夷，费多，道不通，罢之。及张骞言可以通大夏，乃复事西南夷。

骞以校尉从大将军击匈奴，知水草处，军得以不乏，乃封骞为博望侯。是岁元朔六年也。其明年，骞为卫尉，与李将军俱出右北平击匈奴。匈奴围李将军，军失亡多；而骞后期[⑨]当斩，

---

①臣：以之为臣。蓄：蓄养。 ②宜径：应是直道。 ③设利：施以好处。朝：使之来朝。④重九译：多次辗转翻译。 ⑤因：从。发：派遣。间使：秘密行动的使者。 ⑥闭：关闭，不通。 ⑦杀略：斩杀掠夺。 ⑧奸出：偷运出境。 ⑨后期：耽误了规定的时间。

赎为庶人。是岁汉遣骠骑破匈奴西域数万人，至祁连山。其明年，浑邪王率其民降汉，而金城、河西西并南山至盐泽空无匈奴。匈奴时有候者到，而希①矣。其后二年，汉击走单于于幕②北。

是后天子数问骞大夏之属。骞既失侯，因言曰："臣居匈奴中，闻乌孙王号昆莫，昆莫之父，匈奴西边小国也。匈奴攻杀其父，而昆莫生弃于野。乌嗛肉蜚其上③，狼往乳之。单于怪以为神，而收长之。及壮，使将兵，数有功，单于复以其父之民予昆莫，令长守于西域。昆莫收养其民，攻旁小邑，控弦数万，习攻战。单于死，昆莫乃率其众远徙，中立④，不肯朝会匈奴。匈奴遣奇兵击，不胜，以为神而远之，因羁属之，不大攻。今单于新困于汉，而故浑邪地空无人。蛮夷俗贪汉财物，今诚以此时而厚币赂乌孙，招以益东，居故浑邪之地，与汉结昆弟，其势宜听，听则是断匈奴右臂也。既连乌孙，自其西大夏之属皆可招来而为外臣。"天子以为然，拜骞为中郎将，将三百人，马各二匹，牛羊以万数，赍⑤金币帛直数千巨万，多持节副使，道可使，使遗之他旁国。

骞既至乌孙，乌孙王昆莫见汉使如单于礼，骞大惭，知蛮夷贪，乃曰："天子致赐，王不拜则还赐。"昆莫起拜赐，其他如故。骞谕使指曰："乌孙能东居浑邪地，则汉遣翁主为昆莫夫人。"乌孙国分，王老，而远汉，未知其大小，素服属匈奴日久矣，且又近之，其大臣皆畏胡，不欲移徙，王不能专制。骞不得其要领。昆莫有十馀子，其中子曰大禄，强，善将众，将众别居万馀骑。大

①希：同"稀"，少。 ②幕：通"漠"。 ③嗛：通"衔"，叼在口中。蜚：通"飞"。 ④中立：独立。 ⑤赍：携带。

禄兄为太子，太子有子曰岑娶，而太子蚤死。临死谓其父昆莫曰："必以岑娶为太子，无令他人代之。"昆莫哀而许之，卒以岑娶为太子。大禄怒其不得代太子也，乃收其诸昆弟，将其众畔，谋攻岑娶及昆莫。昆莫老，常恐大禄杀岑娶，予岑娶万馀骑别居，而昆莫有万馀骑自备，国众分为三，而其大总取羁属昆莫，昆莫亦以此不敢专约于骞。

骞因分遣副使使大宛、康居、大月氏、大夏、安息、身毒、于窴、扜罙及诸旁国。乌孙发导译送骞还，骞与乌孙遣使数十人，马数十匹报谢，因令窥汉，知其广大。

骞还到，拜为大行，列于九卿。岁馀，卒。

乌孙使既见汉人众富厚，归报其国，其国乃益重汉。其后岁馀，骞所遣使通大夏之属者皆颇与其人俱来，于是西北国始通于汉矣。然张骞凿空[①]，其后使往者皆称博望侯，以为质于外国，外国由此信之。

自博望侯骞死后，匈奴闻汉通乌孙，怒，欲击之。乃汉使乌孙，若出其南，抵大宛、大月氏相属，乌孙乃恐，使使献马，愿得尚[②]汉女翁主，为昆弟。天子问群臣议计，皆曰"必先纳聘，然后乃遣女"。初，天子发书《易》，云"神马当从西北来"。得乌孙马好，名曰"天马"。及得大宛汗血马，益壮，更名乌孙马曰"西极"，名大宛马曰"天马"云。而汉始筑[③]令居以西，初置酒泉郡以通西北国。因益发使抵安息、奄蔡、黎轩、条枝、身毒国。而天子好宛马，使者相望于道。诸使外国一辈大者数百，少者百馀人，人所赍操大放博望侯时[④]。其后益习而衰少焉。汉率一

①凿空：犹言"凿孔"，开辟孔道，此指开辟通往西域的道路。 ②尚：娶公主为妻。 ③筑：指修筑亭障。 ④赍操：携带。放：通"仿"，效仿。

岁中使多者十馀，少者五六辈，远者八九岁，近者数岁而反。

是时汉既灭越，而蜀、西南夷皆震，请吏入朝。于是置益州、越嶲、牂柯、沈黎、汶山郡，欲地接以前通大夏。乃遣使柏始昌、吕越人等，岁十馀辈，出此初郡抵大夏，皆复闭昆明，为所杀，夺币财，终莫能通至大夏焉。于是汉发三辅罪人，因巴蜀士数万人，遣两将军郭昌、卫广等往击昆明之遮汉使者，斩首虏数万人而去。其后遣使，昆明复为寇，竟莫能得通。而北道酒泉抵大夏，使者既多，而外国益厌汉币，不贵其物。

自博望侯开外国道以尊贵，其后从吏卒皆争上书言外国奇怪利害，求使。天子为其绝远，非人所乐往，听其言，予节，募吏民毋问所从来，为具备人众遣之，以广其道。来还不能毋侵盗币物，及使失指，天子为其习之，辄覆案①致重罪，以激怒令赎，复求使。使端无穷，而轻犯法。其吏卒亦辄复盛推外国所有，言大者予节，言小者为副，故妄言无行之徒皆争效之。其使皆贫人子，私县官赍物②，欲贱市以私其利外国。外国亦厌汉使人人有言轻重，度汉兵远，不能至，而禁其食物以苦汉使。汉使乏绝积怨，至相攻击。而楼兰、姑师小国耳，当空道③，攻劫汉使王恢等尤甚。而匈奴奇兵时时遮击使西国者。使者争遍言外国灾害，皆有城邑，兵弱易击。于是天子以故遣从骠侯破奴将属国骑及郡兵数万，至匈河水，欲以击胡，胡皆去。其明年，击姑师，破奴与轻骑七百馀先至，虏楼兰王，遂破姑师。因举兵威以困乌孙、大宛之属。还，封破奴为浞野侯。王恢数使，为楼兰所苦，言天子，天子发兵令恢佐破奴击破之，封恢为浩侯。于是酒

---

①覆案：深究罪行。 ②私：私自占有。县官：朝廷。赍物：送给西域各国的礼物。
③当空道：处于交通要道之上。空：通“孔”。

泉列亭鄣至玉门矣。

乌孙以千匹马聘汉女，汉遣宗室女江都翁主往妻乌孙，乌孙王昆莫以为右夫人。匈奴亦遣女妻昆莫，昆莫以为左夫人。昆莫曰“我老”，乃令其孙岑娶妻翁主。乌孙多马，其富人至有四五千匹马。

初，汉使至安息，安息王令将二万骑迎于东界。东界去王都数千里。行比至，过数十城，人民相属甚多。汉使还，而后发使随汉使来观汉广大，以大鸟卵及黎轩善眩人献于汉。及宛西小国驩潜、大益，宛东姑师、扜罙、苏薤之属，皆随汉使献见天子。天子大悦。

而汉使穷河源，河源出于寘，其山多玉石，采来，天子案①古图书，名河所出山曰昆仑云。

是时上方数巡狩海上，乃悉从外国客，大都多人则过之，散财帛以赏赐，厚具以饶给之，以览示汉富厚焉。于是大觳抵②，出奇戏诸怪物，多聚观者，行赏赐，酒池肉林，令外国客遍观各仓库府藏之积，见汉之广大，倾骇之。及加其眩者之工。而觳抵奇戏岁增变甚盛益兴，自此始。

西北外国使，更来更去。宛以西，皆自以远，尚骄恣晏然，未可诎以礼羁縻而使也③。自乌孙以西至安息，以近匈奴，匈奴困月氏也，匈奴使持单于一信，则国国传送食，不敢留苦；及至汉使，非出币帛不得食，不市畜不得骑用。所以然者，远汉，而汉多财物，故必市乃得所欲，然以畏匈奴于汉使焉。宛左右以蒲陶为酒，富人藏酒至万馀石，久者数十岁不败。俗嗜酒，马嗜

①案：考查，察看。②觳抵：角抵之戏，类似今之摔跤。觳：通“角”。③诎：通“屈”。羁縻：束缚。

苜蓿。汉使取其实来，于是天子始种苜蓿、蒲陶肥饶地。及天马多，外国使来众，则离宫别观旁尽种蒲陶、苜蓿极望。自大宛以西至安息，国虽颇异言，然大同俗，相知言。其人皆深眼，多须髯，善市贾，争分铢。俗贵女子，女子所言而丈夫乃决正。其地皆无丝漆，不知铸钱器。及汉使亡卒降，教铸作他兵器。得汉黄白金，辄以为器，不用为币。

而汉使者往既多，其少从率多进熟于天子，言曰："宛有善马在贰师城，匿不肯与汉使。"天子既好宛马，闻之甘心，使壮士车令等持千金及金马以请宛王贰师城善马。宛国饶汉物，相与谋曰："汉去我远，而盐水中数败，出其北有胡寇，出其南乏水草。又且往往而绝邑，乏食者多。汉使数百人为辈来，而常乏食，死者过半，是安能致大军乎？无奈我何。且贰师马，宛宝马也。"遂不肯予汉使。汉使怒，妄言，椎①金马而去。宛贵人怒曰："汉使至轻我！"遣汉使去，令其东边郁成遮攻杀汉使，取其财物。于是天子大怒。诸尝使宛姚定汉等言宛兵弱，诚以汉兵不过三千人，强弩射之，即尽虏破宛矣。天子已尝使浞野侯攻楼兰，以七百骑先至，虏其王，以定汉等言为然，而欲侯宠姬李氏，拜李广利为贰师将军，发属国六千骑，及郡国恶少年数万人，以往伐宛。期至贰师城取善马，故号"贰师将军"。赵始成为军正，故浩侯王恢使导军，而李哆为校尉，制军事。是岁太初元年也。而关东蝗大起，蜚西至敦煌。

贰师将军军既西过盐水，当道小国恐，各坚城守，不肯给食。攻之不能下。下者得食，不下者数日则去。比至郁成，士至者不过数千，皆饥罢。攻郁成，郁成大破之，所杀伤甚众。贰

---

①椎：击打。

师将军与哆、始成等计："至郁成尚不能举，况至其王都乎？"引兵而还。往来二岁。还至敦煌，士不过什一二。使使上书言："道远多乏食，且士卒不患战，患饥。人少，不足以拔宛。愿且罢兵。益发而复往。"天子闻之，大怒，而使使遮玉门，曰军有敢入者辄斩之！贰师恐，因留敦煌。

其夏，汉亡浞野之兵二万馀于匈奴。公卿及议者皆愿罢击宛军，专力攻胡。天子已业诛宛，宛小国而不能下，则大夏之属轻汉，而宛善马绝不来，乌孙、仑头易苦汉使矣，为外国笑。乃案言伐宛尤不便者邓光等，赦囚徒材官①，益发恶少年及边骑，岁馀而出敦煌者六万人，负私从者不与。牛十万，马三万馀匹，驴骡橐它以万数。多赍粮，兵弩甚设，天下骚动，传相奉伐宛，凡五十馀校尉。宛王城中无井，皆汲城外流水，于是乃遣水工徙其城下水空以空其城。益发戍甲卒十八万，酒泉、张掖北，置居延、休屠以卫酒泉。而发天下七科適②，及载糒③给贰师。转车人徒相连属至敦煌。而拜习马者二人为执驱校尉，备破宛择取其善马云。

于是贰师后复行，兵多，而所至小国莫不迎，出食给军。至仑头，仑头不下，攻数日，屠之。自此而西，平行至宛城，汉兵到者三万人。宛兵迎击汉兵，汉兵射败之，宛走入葆乘其城④。贰师兵欲行攻郁成，恐留行而令宛益生诈，乃先至宛，决其水源，移之，则宛固已忧困。围其城，攻之四十馀日，其外城坏，虏宛贵人勇将煎靡。宛大恐，走入中城。宛贵人相与谋曰："汉所为攻宛，以王毋寡匿善马而杀汉使。今杀王毋寡而出善马，汉兵

①材官：指勇敢的士卒。或释为武官名。②適：通"谪"，罚罪。③糒（bèi）：干粮。④葆：通"保"。乘：依靠。

宜解;即不解,乃力战而死,未晚也。”宛贵人皆以为然,共杀其王毋寡,持其头遣贵人使贰师,约曰:“汉毋攻我,我尽出善马,恣所取,而给汉军食。即不听,我尽杀善马,而康居之救且至。至,我居内,康居居外,与汉军战。汉军熟计之,何从?”是时康居候视汉兵,汉兵尚盛,不敢进。贰师与赵始成、李哆等计:“闻宛城中新得秦人,知穿井,而其内食尚多。所为来,诛首恶者毋寡。毋寡头已至,如此而不许解兵,则坚守,而康居候汉罢①而来救宛,破汉军必矣。”军吏皆以为然,许宛之约。宛乃出其善马,令汉自择之,而多出食食给汉军。汉军取其善马数十匹,中马以下牡牝三千馀匹,而立宛贵人之故待遇汉使善者名昧蔡以为宛王,与盟而罢兵。终不得入中城,乃罢而引归。

初,贰师起敦煌西,以为人多,道上国不能食,乃分为数军,从南北道。校尉王申生、故鸿胪壶充国等千馀人,别到郁成。郁成城守,不肯给食其军。王申生去大军二百里,偩而轻之②,责郁成。郁成食不肯出,窥知申生军日少,晨用三千人攻,戮杀申生等,军破,数人脱亡,走贰师。贰师令搜粟都尉上官桀往攻破郁成。郁成王亡走康居,桀追至康居。康居闻汉已破宛,乃出郁成王予桀,桀令四骑士缚守诣大将军。四人相谓曰:“郁成王汉国所毒,今生将去,卒③失大事。”欲杀,莫敢先击。上邽骑士赵弟最少,拔剑击之,斩郁成王,赍头。弟、桀等逐及大将军。

初,贰师后行,天子使使告乌孙,大发兵并力击宛。乌孙发二千骑往,持两端,不肯前。贰师将军之东,诸所过小国闻宛破,皆使其子弟从军入献,见天子,因以为质焉。贰师之伐宛也,而军正赵始成力战,功最多;及上官桀敢深入,李哆为谋计,

---

①罢:通“疲”。 ②偩:依仗。 ③卒:通“猝”,突然。

军入玉门者万馀人，军马千馀匹。贰师后行，军非乏食，战死不能多，而将吏贪，多不爱士卒，侵牟之，以此物故众。天子为万里而伐宛，不录过，封广利为海西侯。又封身斩郁成王者骑士赵弟为新畤侯，军正赵始成为光禄大夫，上官桀为少府，李哆为上党太守。军官吏为九卿者三人，诸侯相、郡守、二千石者百馀人，千石以下千馀人。奋行者官过其望，以適过行者皆绌[①]其劳。士卒赐直四万金。伐宛再反，凡四岁而得罢焉。

汉已伐宛，立昧蔡为宛王而去。岁馀，宛贵人以为昧蔡善谀，使我国遇屠，乃相与杀昧蔡，立毋寡昆弟曰蝉封为宛王，而遣其子入质于汉。汉因使使赂赐以镇抚之。

而汉发使十馀辈至宛西诸外国，求奇物，因风览以伐宛之威德[②]。而敦煌置酒泉都尉，西至盐水，往往有亭。而仑头有田卒数百人，因置使者护田积粟，以给使外国者。

太史公曰：《禹本纪》言“河出昆仑。昆仑其高二千五百馀里，日月所相避隐为光明也。其上有醴泉、瑶池”。今自张骞使大夏之后也，穷河源，恶睹本纪所谓昆仑者乎？故言九州山川，《尚书》近之矣。至《禹本纪》《山海经》所有怪物，余不敢言之也？

【译文】

大宛这地方是由张骞发现的。张骞是汉中人，武帝建元年间做过郎官。这时，天子问投降的匈奴人，他们都说匈奴攻打并战胜月氏王，用他的头骨做饮酒的器皿，月氏逃跑了，因而常常怨恨匈奴，只是没有朋友和他们一块去打匈奴。这时汉正想攻打匈奴，听到这些说法，因此想派使

①绌：免除。 ②风：通“讽”，晓谕。览：考察。

者去月氏联络。但是去月氏必须经过匈奴，于是就招募能够出使的人。张骞以郎官身份应招，出使月氏，和堂邑氏人原来匈奴奴隶名叫甘父的一同从陇西出境。经过匈奴时，被匈奴抓到，又移送给单于。单于留住张骞，说："月氏在我们北边，汉怎能派使者前去呢？我们要想派使者去南越，汉能允许我们吗？"扣留张骞十余年，给他娶了妻子，生了孩子，但是张骞一直保持着汉使者的符节，没有丢失。

张骞留居匈奴，匈奴对他的看护渐渐宽松，张骞因而得以同他的随从逃向月氏，向西跑了几十天，到达大宛。大宛听说汉钱财丰富，本想与汉沟通，却未成功，如今见到张骞，心中高兴，便向张骞问道："你想到哪儿去？"张骞说："我为汉出使月氏，却被匈奴拦住去路。如今逃出匈奴，希望大王派人引导护送我们去月氏。若真能到达月氏，我们返回汉，汉赠送给大王的财物是用言语说不尽的。"大宛认为张骞的话是真实的，就让张骞出发，并给他派了向导和翻译，到达康居，康居又把他转送到大月氏。这时，大月氏的国王已经被匈奴杀死，又立了他的太子做国王。这位国王已把大夏征服，并在这里居住下来，这地方土地肥美富饶，很少有敌人侵犯，心情安适快乐。自己又认为离汉很远，根本没有向匈奴报仇的心意。张骞从月氏到了大夏，终究没有得到月氏对联汉击匈奴的明确态度。

张骞在月氏住了一年多，回国而来，他沿着南山行进，想从羌人居住的地方回到长安，却又被匈奴捉到了。他在匈奴住了一年多，单于死了，匈奴左谷蠡王攻击太子，自立为单于，国内大乱，张骞乘机与胡人妻子和堂邑父一起逃回汉。汉封张骞为太中大夫，封堂邑父为奉使君。

张骞为人坚强有力量，心胸宽大，诚实可信，蛮夷之人都喜欢他。堂邑父是匈奴人，善于射箭，每当穷困危急之时，就射杀飞禽走兽当饭吃。最初，张骞出使时有一百多随从，离开汉十三年，只有他和甘父两个人回到汉。

张骞所到的大宛、大月氏、大夏、康居，传说这些国家的旁边还有五六个大国，他都一一向汉天子陈述了情况，说：

大宛在匈奴西南，在汉正西面，离汉大约一万里。当地的风俗是定居一处，耕种田地，种稻子和麦子。出产葡萄酒。有很多好马，马出汗带血，它的祖先是天马的儿子。那里有城郭房屋。归它管辖的大小城镇有七十多座，民众大约有几十万。大宛的兵器是弓和矛，人们骑马射箭。它的北边是康居，西边是大月氏，西南是大夏，东北是乌孙，东边是扜罙、于窴。于窴的西边，河水都西流，注入西海；于窴东边的河水都向东流，注入盐泽。盐泽的水在地下暗中流淌，它的南边就是黄河的源头，黄河水由此流出，那儿盛产玉石，黄河水流入中国。楼兰和姑师的城镇都有城郭，靠近盐泽。盐泽离长安大约五千里。匈奴的右边正处在盐泽以东，直到陇西长城，南边与羌人居住区相接，阻隔了通往汉的道路。

乌孙在大宛东北大约二千里，是个百姓不定居一处的国家，人们随着放牧的需要而迁移，和匈奴的风俗相同。拉弓打仗的兵卒有几万人，勇敢善战。原先服从于匈奴，待到强盛后，就取回被束缚在匈奴的人质，不肯去朝拜匈奴。

康居在大宛西北大约二千里，是个百姓不定居一处的国家，与月氏的风俗大多相同。拉弓打仗的战士有八九万人。同大宛是邻国。国家小，南边被迫服侍月氏，东边被迫服侍匈奴。

奄蔡在康居西北大约二千里，是个百姓不定居一处的国家，与康居的风俗大多相同。拉弓作战的战士有十多万。它靠近一个大的水泽，无边无岸，大概就是北海吧。

大月氏在大宛西边大约二三千里，处于妫水之北。它南边是大夏，西边是安息，北边是康居。是个百姓不定居一处的国家，人们随着放牧的需要而迁移，同匈奴的风俗一样。拉弓打仗的战士也一二十万。从前强大时，轻视匈奴，等到冒顿立为单于，打败月氏。到了匈奴老上单于时，杀死了月氏王，用月氏王的头骨做饮酒器皿。开始时，月氏居住在敦煌、祁连之间，待到被匈奴打败，大部分人就远远离开这里，经过大宛，向西去攻打大夏，并把它打败，令其臣服于月氏，于是建都在妫水之北，作为王庭。而其余一小部分不能离开的月氏人，就保全了南山和羌人居住的地方，称为小月氏。

安息在大月氏西边大约几千里的地方。它们的习俗是定居一处，耕种田地，种植稻子和麦子，出产葡萄酒。它的城镇如同大宛一样。它所管辖的大小城镇有数百座，国土方圆数千里，是最大的国家。靠近妫水，有集市，人们为做生意，用车和船装运货物，有时运到附近的国家或者几千里以外的地方。他们用银作钱币，钱币铸称象国王容貌的样子，国王死去，就改换钱币，这是因为要模仿国王的面貌。他们在皮革上画横作为文字。它西边是条枝，北边是奄蔡、黎轩。

条枝在安息西边数千里，靠近西海。那里天气炎热潮湿。人们耕种田地，种植稻子。那里出产一种大鸟，它的蛋就像瓮坛那样大。人口众多，有的地方往往有小君长，而安息役使管辖他们，把它当做外围国家。条枝国的人善长魔术。安息的老年人传说条枝国有弱水和西王母，却不曾见过。

大夏在大宛西南二千余里的妫水南面。其地风俗是人们定居一处，有城镇和房屋，与大宛的风俗相同。没有大君长，往往是每个城镇设置小君长。这个国家的军队软弱，害怕打仗。人们善于做买卖。待到大月氏西迁时，打败了大夏，统治了整个大夏。大夏的民众很多，大约有一百多万。它的都城叫蓝市城。这里有贸易市场，商人贩卖各种物品。大夏东南有身毒国。

张骞说："我在大夏时，看见过邛竹杖、蜀布，便问他们：'从哪儿得到了这些东西？'大夏国的人说：'我们的商人到身毒国买回来的。身毒国在大夏东南大约几千里。那里的风俗是人们定居一处，大致与大夏相同，但地势却低湿，天气炎热。它的人民骑着大象打仗。那里临近大水。'我估计，大夏离汉一万二千里，处于汉西南。身毒国又处于大夏东南几千里，有蜀郡的产品，这就说明他离蜀郡不远了。如今出使大夏，要是从羌人居住区经过，则地势险要，羌人厌恶；要是稍微向北走，就会被匈奴俘获；从蜀地前往，应是直道，又没有侵扰者”。天子已经听说大宛和大夏、安息等都是大国，出产很多奇特物品，人民定居一处，与汉人的生活颇相似，而他们的军队软弱，很看重汉的财物；北边有大月氏、康居这些国家，他们的军队强大，但可以用赠送礼物，给予好处的办法，诱使他们来朝拜汉天子。而且若是真能得到他们，并用道义使其为属，那么就可以扩大万里国土，经过辗转翻译，招来不同风俗的人民，使汉天子的声威和恩德传遍四海内外。汉武帝心中高兴，认为张骞的话是对的，于是命令张骞从蜀郡、犍为郡派遣秘密行动的使者，分四路同时出发：一路从駹出发，一路从冉起程，一路从徙出动，一路从邛、僰启行，都各自行走一二千里。结果北边那一路被氐和筰所阻拦，南边那一路被嶲和昆明所阻拦。昆明之类的国家没有君长，善于抢劫偷盗，常杀死和抢掠汉使者，汉使者终究没能通过。但是，听说昆明西边一千余里的地方，有个人民都骑象的国家，名叫滇越，蜀郡偷运物品出境的商人中有的到过那里，于是汉因为要寻找前往大夏的道路而开始同滇国沟通。最初，汉想开通西南夷，浪费了很多钱财，道路也没开通，就作罢了。待到张骞说可以由西南夷通往大夏，汉又重新从事开通西南夷的事情。

张骞以校尉的身份跟随大将军卫青去攻打匈奴，因为他知道有水草的地方，所以军队能够不困乏，皇上就封张骞为博望侯。这是汉武帝元朔六年的事。第二年，张骞做了卫尉，同李广将军一同从右北平出发去攻打匈奴。匈奴大兵包围了李将军，他的军队伤亡很多；而张骞因为误了约定的时间，被判为死刑，花钱赎罪，成为平民百姓。这一年，汉派遣骠骑将军霍去病在西边大败匈奴的几万人，来到祁连山下。第二年，匈奴浑邪王率领他的百姓投降了汉，从此金城、河西西边及南山到盐泽一带，再也没有匈奴人了。匈奴有时派侦察兵来这里，而这种事情也很少发生。这以后整整二年，汉就把匈奴单于赶跑到大沙漠以北。

这以后，天子屡次向张骞询问大夏等国的事情。这时张骞已经失去侯爵，于是就说：“我在匈奴时，听说乌孙国王叫昆莫，昆莫的父亲，是匈奴西边一个小国的君王。匈奴攻打并杀了昆莫的父亲，而昆莫出生后就被抛弃到旷野里。鸟儿口衔着肉飞到他身上，喂他；狼跑来给他喂奶。单于感到奇怪，以为他是神，就收留了他，让他长大。等他成年后，就让他领兵打仗，屡次立功，单于就把他父亲的百姓给了他，命令他长期驻守在西域。昆莫收养他的百姓，攻打旁边的小城镇，逐渐有了几万名能拉弓打仗的兵士，熟悉攻伐战争的本领。单于死后，昆莫就率领他的民众远远的迁移，保持独立，不肯去朝拜匈奴。匈奴派遣突击队攻打昆莫，没有取胜，认为昆莫是神人而远离了他，对他采取约束控制的办法，而不对他发动重大攻击。如今单于刚被汉打得很疲惫，而原来浑邪王控制的地方又没人守卫。蛮夷的习俗是贪图汉的财物，若真能在这时用丰厚的财物赠送乌孙，招引他再往东迁移，居住到原来浑邪王控制的地方，同汉结为兄弟，根据情势看，昆莫应该是能够接受的，如果他接受了这个安排，那么这就是砍断了匈奴的右臂。联合了乌孙之后，它西边的大夏等国都可以招引来作为外臣属国”。汉武帝认为张骞说得对，任命他为中郎将，率领三百人，每人两匹马，牛羊几万只，携带钱财布帛，价值几千万；还配备了好多个持符节的副使，如果道路能打通，就派遣他们到旁边的国家去。

张骞已经到了乌孙，乌孙王昆莫接见汉使者，如同对待匈奴单于的礼节一样，张骞内心很羞愧，他知道蛮夷之人贪婪，就说：“天子赠送礼物，如果国王不拜谢，就把礼物退回来。”昆莫起身拜谢，接受了礼物，其他做法照旧。张骞向昆莫说明了他出使的旨意，说：“如果乌孙能向东迁移到浑邪王的旧地去，那么汉将送一位诸侯的女儿嫁给昆莫做妻子。”这时乌孙国已经分裂，国王年老，又远离汉，不知道它的大小，原先归属匈奴已经很久了，而且又离匈奴近，大臣们都怕匈奴，不想迁移，国王不能独自决定。张骞因而没能得到乌孙王的明确态度。昆莫有十多个儿子，其中有个儿子叫大禄，强悍，善长领兵，他率领一万多骑兵居住在另外的地方。大禄的哥哥是太子，太子有个儿子叫岑娶，太子早就死了。他临死时，对父亲昆莫说：“一定要以岑娶做太子，不要让别人代替他。”昆莫哀伤的答应了他，终于让岑娶做了太子。大禄对自己没能取代太子很愤怒，于是收罗他的兄弟们，率领他的军队造反了，蓄谋攻打岑娶和昆莫。昆莫年老了，常常害怕大禄杀害岑娶，就分给岑娶一万多骑兵，居住到别的地方去，而昆莫自己还有一万多骑兵用以自卫。这样一来，乌孙国一分为三，而大体上仍是归属于昆莫，因此昆莫也不敢独自与张骞商定这件事。

张骞于是就分派副使分别出使大宛、康居、大月氏、大夏、安息、身毒、于寘、扜罙及旁边的几个国家。乌孙国派出向导和翻译送张骞回国，张骞和乌孙国派出的使者共几十人，带来几十匹马，回报和答谢汉天子，顺便让他们窥视汉情况，了解汉的广大。

张骞返回汉，被任命为大行，官位排列在九卿之中。过了一年多，他就死了。

乌孙的使者已经看到汉人多而且财物丰厚，回去报告了国王，乌孙国就越发重视汉。过了一年多，张骞派出的沟通大夏等国的使者，多半都和所去国家的人一同回到汉。于是，西北各国从这时开始和汉有了交往。然而这种交往是张骞开创的，所以，以后前往西域各国的使者都称博望侯，以此取信于外国，外国也因此而信任汉使者。

自从博望侯张骞死后，匈奴听说汉和乌孙有了往来，很气愤，想攻打乌孙。待到汉出使乌孙，而且从它南边到达大宛、大月氏，使者接连不断，乌孙才感到恐惧，派使者向汉献马，希望能娶汉诸侯女儿做妻子，同汉结为兄弟。天子向群臣征求意见，群臣都说："一定要先让他们送来聘礼，然后才能把诸侯女儿嫁过去。"最初，天子翻开《易经》占卜，书上写道："神马当从西北来。"得到乌孙的良马后，天子就命名那马为"天马"。待到得了大宛的汗血马，越发健壮，就改名乌孙马为"西极"，命名大宛马为"天马"。这时汉开始修筑令居以西的长城亭障，初设酒泉郡，以便沟通西北各国。于是加派使者抵达安息、奄蔡、黎轩、条枝、身毒国。而汉天子喜欢大宛的马，因此出使大宛的使者络绎不绝。那些出使外国的使者每批多者数百人，少者百余人，每人所携带的东西大体和博望侯所带的相同。此后出使之事习以为常，所派人数就减少了。汉大致一年要派出的使者,多的时候十余批,少的时候五六批。远的地方,使者八九年才能回来,近的地方,几年就可以返回来。

这时汉已经灭亡了南越,蜀地和西南夷诸国都震恐,请求汉为他们设置官吏和入朝拜见汉天子。于是汉设置了益州、越嶲、牂柯、沈黎、汶山等郡,想使土地连成一片,再向前通往大夏。于是汉一年内就派遣使者柏始昌、吕越人等十余批,从这些新设的郡出发,直到大夏,但又被昆明所阻拦,使者被杀,钱物被抢,最终也没能到达大夏。于是汉调遣三辅的罪人,再加上巴、蜀的战士几万人,派遣郭昌、卫广两位将军去攻打昆明阻拦汉使者的人,杀死和俘获了几万人就离开了。这以后汉派出使者,昆明又进行抢杀,最后还是未能沟通大夏。而北边通过酒泉抵达大夏的路上,使者已经很多,外国人越发满足了汉的布帛财物,对这些东西不再感到贵重。

自从博望侯因为开辟了通往外国的道路而得到尊官和富贵,以后跟随出使的官吏和士卒都争着上书,陈述外国的珍奇之物、怪异之事和利害之情,要求充当使者。汉天子认为外国非常遥远,并非人人乐意前往,就接受他们的要求,赐予符节,招募官吏和百姓而不问他的出身,为他们配备人员,派遣他们出使,以扩大沟通外国的道路。出使归来的人不能不出现侵吞布帛财物的情况,以及背离天子之意的事情,天子认为他们熟悉西域和使者的工作,常常深究他们的罪行,以此激怒他们,令其出钱赎罪,再次要求充任使者。这样一来出使的事端层出不穷,而他们也就轻易犯法了。那些官吏士卒也常常反复称赞外国有的东西,说大话的人被授予符节做正使,浮夸小的人被任为副使,所以那些胡说而又无德行的人争相效法他们。那些出使者都是穷人的子弟,把官府送给西域各国的礼物占为已有,想用低价卖出,在外国获取私利。外国也讨厌汉使者人人说的话都有轻重不真实的成分,他们估计汉大军离得远,不能到达,因而断绝他们的食物,使汉使者遭受困苦。汉使者生活困乏,物资被断绝,因而对西域各国产生了积怨,以至于相互攻击。楼兰、姑师是小国,正处于交通要道,因而他们攻击汉使者王恢等尤其厉害。匈奴的突击部队也时时阻拦攻击出使西域诸国的汉使者。使者争相详谈外国的危害，虽然各国都有城镇，但是军队软弱，容易攻击。于是天子因此派遣从骠侯赵破奴率领属国骑兵及各郡士兵几万人，开赴匈河水，想攻打匈奴，匈奴人都离开了。第二年，攻打姑师，赵破奴和轻骑兵七百多人首先到达，俘虏了楼兰王，于是攻陷姑师。乘着胜利的军威围困乌孙、大宛等国。回汉后，赵破奴受封为浞野侯。王恢屡次出使，被楼兰搞得很困苦，他把这事告诉天子，天子发兵，命令王恢辅佐赵破奴打败敌人，因此封王恢为浩侯。于是，汉从酒泉修筑亭鄣，直修到玉门关。

乌孙王用一千匹马聘娶汉女，汉派遣皇族江都王刘建的女儿嫁给乌孙王为妻，乌孙王昆莫以她为右夫人。匈奴也派遣公主嫁给昆莫，昆莫以她为左夫人。昆莫说“我老了”，就命令他孙子岑娶公主为妻子。乌孙盛产马，那些富有人家的马竟多至四五千匹。

最初，汉使者到达安息，安息王命令有关人率领二万骑兵在东部国境上迎接。东部国境与王都相离数千里。待走到王都要经过几十座城镇，百姓相连，人口甚多。汉使者归来，安息派使者随汉使来观察汉的广大，把大鸟蛋和黎轩善变魔术的人献给汉。至于大宛西边的小国驩潜、大益，大宛东边的姑师、扜罙、苏薤等国，都随汉使者来进献贡品和拜见天子。天子非常高兴。

汉使者极力探寻黄河的源头，源头出在于寘国，那里的山上盛产玉石，使者们采回来，天子依据古代图书加以考查，命名黄河发源的山叫昆仑山。

这时，天子正屡次到海边之地视察，每次都让外国客人跟随其后，大凡人多的城镇都要经过，并且散发钱财赏赐他们，准备丰厚的礼物多多供给他们，以此展示汉的富有。于是大规模地搞角抵活动，演出奇戏，展出许多怪物，引来许多人围观，天子便进行赏赐，聚酒成池，挂肉成林，让外国客人遍观各地仓库中储藏的物资，以表现汉的广大，使他们倾倒惊骇。待增加那魔术的技巧后，角抵和奇戏每年都变化出新花样，这些技艺的越发兴盛，就从这时开始。

西域的外国使者,换来换去,往来不断。但大宛以西诸国使者,都认为远离汉,还骄傲放纵,安逸自适,汉还不能以礼约束他们,使他们顺从地听候吩咐。从乌孙以西直到安息诸国,因为靠近匈奴,匈奴使月氏处于困扰之中,所以匈奴使者拿着单于的一封信,则这些国家就轮流供给他们食物,不敢阻留使他们受苦;至于汉使者到达,不拿出布帛财物就不供给饮食,不买牲畜就得不到坐骑。所以出现这种情况,就是因为汉遥远,而汉又有钱有物,所以一定要买才能得到想要的东西,但也是由于他们畏惧匈奴使者甚于汉使者的缘故。大宛左右的国家都用蒲陶做酒,富有人家藏的酒多达一万余石,保存时间久的几十年都不坏。当地风俗是特爱喝酒,马喜欢吃苜蓿草。汉使者取回蒲陶、苜蓿的种子,于是天子开始在肥沃的土地上种植蒲陶、苜蓿。得到天马多了,外国的使者来的多了,则汉的离宫别苑旁边都种上蒲陶、苜蓿,一望无边。从大宛以西到安息,各国虽然语言不同,但风俗大致相同,彼此可以相互了解。那里的人都眼睛凹陷,胡须很重,善于做买卖,连一分一铢都要争执。当地风俗尊重女人,女子说话,丈夫就坚决照办而不敢违背。那里到处都没有丝和漆,不懂得铸钱和器物。等到汉使者的逃亡士卒投降了他们,就教他们铸造兵器和器物。他们得到汉的黄金和白银,就用来铸造器皿,不用来做钱币。

汉使者出使西域的渐渐多起来,那自少年时代就随着出使的人,大多都把自己熟悉的情况向天子汇报,说:“大宛有好马,在贰师城,他们把它藏匿起来,不肯给汉使者。”天子已经喜欢大宛的马,听到这消息,心里甜滋滋的,就派遣壮士车令等拿着千金和金马,去请求大宛王交换贰师城的好马。大宛国已经有很多汉的东西,宛王与大臣相互商议说:“汉离我们远,而经过盐泽来我国屡有死亡,若从北边来又有匈奴侵扰,从南边来又缺少水草。而且往往没有城镇,饮食很缺乏。汉使者每批几百人前来,而常常因为缺乏食物,死的人超过一半,这种情况怎能派大军前来呢?他们对我们无可奈何。况且贰师的马是大宛的宝马。”就不肯给汉使者。汉使者发怒,随便扬言要砸碎金马离去。大宛贵族官员发怒说:

“汉使者太轻视我们！”就遣送汉使者离开，并命令东边的郁成国阻击并杀死汉使者，抢去他们的财物。于是天子大怒，诸位曾出使大宛的人，如姚定汉等人说大宛兵弱，若真能率领不足三千汉兵，用强弓劲弩射击他们，就可以全部俘获他们的军队，打败大宛。因为天子曾经派浞野侯攻打楼兰，他率领七百骑兵抢先攻到楼兰，俘虏楼兰王，所以天子认为姚定汉说的对，而且想使他的宠姬李夫人家得以封侯，所以天子就任命李夫人之兄李广利为贰师将军，调发属国的六千骑兵，以及各郡国的不规少年几万人，前去讨伐大宛。目的是到贰师城取回良马，所以号称“贰师将军”。赵始成做军正，原来的浩侯王恢做军队的向导，李哆做校尉，掌握军中的事情。这一年是汉武帝太初元年(前104)。这时关东出现严重蝗灾，蝗虫飞到西边的敦煌。

贰师将军的军队已经过了西部的盐泽，所路过的小国都害怕，各自坚守城堡，不肯供给汉军食物。汉军攻城又攻不下来。攻下城来才能得到饮食，攻不下来，几天内就得离开那里。待到汉军到达郁成，战士跟上来的不过数千人，都饥饿疲劳。他们攻打郁成，郁成大败他们，汉军被杀伤的人很多。贰师将军与李哆、赵始成等商量，说：“到达郁成尚且不能攻下来，何况到达其国王的都城呢?”于是就领兵退回，往来经过二年。他们退到敦煌时，所剩士兵不过十分之一二。他们派使者向天子报告说：“道路遥远，经常缺乏食物，而且士卒不怕打仗，只忧虑挨饿。人少，不足以攻取大宛。希望暂时收兵。将来多派军队再前去讨伐。”天子听后，大怒，就派使者把他们阻止在玉门关，说军队中有敢进入玉门关的就杀头。贰师将军害怕，于是就留在敦煌。

太初二年夏，汉在匈奴损失了浞野侯的军队二万多人。公卿和议事的官员都希望停止打大宛的军事行动，集中力量攻打匈奴。天子已经讨伐大宛，宛是小国却没能攻下，那么大夏等国就会轻视汉，而大宛的良马也绝不会弄来，乌孙和仑头就会轻易地给汉使者增添烦扰，被外国人嘲笑。于是就惩治了说讨伐大宛尤为不利的邓光等，并赦免囚徒和勇敢的犯了罪的士卒，增派品行恶劣的少年和边地骑兵，一年多的时间里就有六万士兵从敦煌出发,这还不包括那些自带衣食随军参战的人。这些士兵携带着十万头牛,三万多匹马,还有无数的驴、骆驼等物。他们还带了很多粮食,各种兵器都很齐备,当时全国骚动,相传奉命征伐大宛的校尉共有五十余人。宛王城中没有水井,都要汲取城外流进城内的流水,汉军就派遣水工改变城中的水道,使城内无水可用。汉还增派了十八万甲兵,戍守在酒泉、张掖以北,并设置居延、休屠两个县以护卫酒泉。汉还调发全国七种犯罪之人,载运干粮供应贰师将军。转运物资的人员络绎不绝,直到敦煌。又任命两位熟悉马匹的人做执驱校尉,准备攻破大宛后选取它的良马。

于是贰师将军后来又一次出征,所率兵士很多,所到小国没有不迎接的,都拿出食物供应汉军。他们到达仑头国,仑头国不肯投降,攻打了几天,血洗全国。由仑头往西去,平安地到达宛城,汉军到达的有三万人。宛军迎击汉军,汉军射箭打败了宛军,宛军退入城中依靠城墙守卫。贰师将军的大兵要攻打郁城,害怕滞留不进而让大宛越发做出诡诈之事,就先攻大宛城,断绝他的水源,改变水道,则大宛已深感忧愁困危。汉军包围大宛城,攻打四十多天,外城被攻坏,俘虏了大宛贵人中的勇将煎靡。大宛人非常恐惧,都跑进城中。大宛高级官员们相互商议说:"汉所以攻打大宛,是因为大宛王毋寡藏匿良马而又杀了汉使者的缘故。如今要是杀死宛王毋寡而且献出良马,汉军大概会解围而去;若是不解围而去,再拼力战斗而死,也不晚。"大宛高官们都认为此话正确,便共同杀死宛王毋寡,派遣贵人拿着毋寡的人头去见贰师将军,与他相约道:"汉军不要进攻我们,我们把良马全部交出,任凭你们挑选,并供应汉军饮食。如果你们不接受我们的要求,我们就把良马全杀死,而康居的援兵也将到来。如果他们的军队赶到了,我们的军队在城里,康居的军队在城外,同汉兵作战。希望汉军仔细考虑,何去何从?"这时康居的侦察兵在窥视汉军的情况,因为汉军还强大,不敢进攻。贰师将军李广利和赵始成、李哆等商议道:"听说大宛城里最近找来了秦人,这人熟悉打井技术,而且城中粮食还挺多。我们来这里的目的就是要杀罪魁祸首毋寡。

毋寡的人头已到手，却又不答应人家的解围撤兵的要求，那么他们就会坚决固守，而康居军队窥视汉军疲惫时再来救助大宛，那时必定会打败汉军。”军官们都认为说得对，便答应了大宛的要求。大宛才献出他们的良马，让汉军自己选择，而且拿出许多粮食供给汉军。汉军选取了他们的几十匹良马，以及中等以下的公马与母马三千多匹，又立了大宛贵人中从前对待汉使很好的名叫昧蔡的为大宛王，同他们订立盟约而撤兵。汉军始终没有进入大宛城内，就撤军回到汉。

最初，贰师将军从敦煌以西启程，以为人多，所经过的国家无力供给粮食，就把军队分成几支，从南和北两路前进。校尉王申生、原鸿胪壶充国等率领一千余人，从另一条路到达郁成。郁成人坚持守城，不肯向汉军供应粮食。王申生离开大军二百里，认为有所依仗而轻视郁成，向郁成求索粮食，郁成不肯给，并窥视汉军，知道王申生的军队逐日减少，就在某个早晨用三千人攻打王申生的军队，杀死了王申生等，军队被摧毁，只有几个人逃脱，跑回贰师将军那里。贰师将军命令搜粟都尉上官桀前去攻打郁成。郁成王逃到康居，上官桀追到康居。康居听说汉军已攻下大宛，就把郁成王献给了上官桀，上官桀就命令四个骑兵捆缚郁成王并押解到贰师将军那里。四个骑兵互相商议说：“郁成王是汉所恨的人，如今若是活着送去，突然发生意外就是大事。”想杀他，又没人敢先动手。上邽人骑士赵弟年龄最小，拔出宝剑砍去，杀了郁成王，带上他的人头。赵弟和上官桀等追上了贰师将军李广利。

最初，贰师将军后一次出兵，天子派使者告诉乌孙，要求他们多派兵与汉军联合攻打大宛。乌孙出动二千骑兵前往大宛，但却采取骑墙态度，观望不前。贰师将军胜利东归，所路过的各个小国，听说大宛已被打败，都派他们的子弟随汉军前往汉进贡，拜见天子，顺便留在汉作人质。贰师将军攻打大宛，军正赵始成奋力战斗，功劳最大；上官桀勇敢地率兵深入，李哆能够出谋划策，使军队回到玉门关的有一万多人，军马一千多匹。贰师将军后一次出兵，军队并非缺乏食物，战死者也不能算多，而他手下将吏们贪污，大多不爱士卒，侵夺粮饷，因此死人很多。天子因为他们是远行万里讨伐大宛，不记他们的过失，而封李广利为海西侯。又封亲手杀郁成王的骑士赵第为新畤侯，军正赵始成为光禄大夫，上官桀为少府，李哆为上党太守。军官中被升为九卿的有三人，升任诸侯国相、郡守、二千石官员的共有一百多人，升为千石以下的官员有一千多人。自愿参军者所得到的军职超过了他们的愿望，因被罚罪而参军的人都免罪而不计功劳。对士卒的赏赐价值四万金。两次讨伐大宛，总共四年时间才得以结束军事行动。

汉讨伐大宛以后，立昧蔡为大宛王之后就撤离了。过了一年多，大宛高级官员认为昧蔡善于阿谀，使大宛遭到杀戮，于是他们相互谋划杀了昧蔡，立毋寡的兄弟名叫蝉封的做了大宛国王，而派遣他的儿子到汉做人质。汉也派使者向大宛赠送礼物加以安抚。

后来汉派了十多批使者到大宛西边的一些国家，去寻求奇异之物，顺便晓谕和考察讨伐大宛的威武和功德。敦煌和酒泉从此设置了都尉，一直到西边的盐水，路上往往设有亭鄣。而仑头有屯田士卒几百人，于是汉在那儿设置了使者，以保护田地，积聚粮食，供给出使外国的使者们。

太史公说：《禹本纪》说"黄河发源于昆仑。昆仑高达二千五百余里，是日月相互隐避和各自发出光明之处。昆仑之上有醴泉和瑶池"。现在从张骞出使大夏之后，最终找到了黄河的源头，从哪儿能看到《禹本纪》所说的昆仑山呢？所以谈论九州山川，《尚书》所说的是最接近实际情况的。至于《禹本纪》和《山海经》里所记载的怪物，我不敢说。

【鉴赏】

本篇在写法上与《匈奴列传》《西南夷列传》等篇相比颇有特色。作者不是直接记述西域诸国，而是以张骞奉命两次出使西域及武帝命李广利两次远征大宛为主线结构全篇，以事传人，以人系事。所以本篇的前半部分可视为张骞的传记，写武帝欲灭匈奴，他奉命通使月氏，途经匈奴被扣十余年，娶妻生子，仍持汉节不失，后伺机逃向月氏，西至大宛，返汉时又被匈奴所获，一年多后才乘匈奴内乱归汉。其间艰险困苦与富贵均不能改变他对汉的忠诚，其气节品质绝不比持节牧羊之苏武逊色。本来张骞是被司马迁列入“生事之臣”行列的，然而作者还是充分表现了他非凡的意志品格，这也是司马迁的非凡之处，不以偏好而虚美隐恶，也不以厌恶而全然毁废。而在张骞的传记中又直录他向武帝的陈述见闻之辞，介绍了大宛、乌孙、康居、奄蔡、大小月氏、安息、条枝、大夏八国的地理方位、风土民情等。后又有张骞第二次通西域，而以记乌孙国事为详，张骞死后十余年，西域诸国与汉王朝相互往来，又进一步介绍乌孙、大宛等国之物产习俗等，兼及附记扜罙、于寘、楼兰、姑师、黎轩、身毒、驩潜、大益、苏薤等国之事。武帝一心欲以“威德遍于四海”，更想得到大宛的宝马，于是命李广利远征大宛。首次出征，往来二岁，一无所获，而士卒返回的不过十之一二。二次远征，发兵数万，携牛马驴骡十几万，并发动人徒转运粮草相连于道，经竭尽全力攻破大宛，得到了三千多匹大宛良马，然而经数年征战，回来的士卒仅万余人。虽然本篇对此始终未曾有半句微词，然而其寓指也许正在这平淡的叙述之中。

史记卷一百二十四・游侠列传第六十四

本篇主要记述了汉代著名侠士朱家、剧孟和郭解的生平行事。朱家、剧孟振人不赡，趋人之急，甚己之私，各被称慕于一方。郭解则平生尚侠，但最终被公孙弘等舞文弄法所杀害。在传前的序和篇末的论赞中，司马迁对那些“其言必信，其行必果，已诺必诚，不爱其躯，赴士之厄困”的游侠进行了称扬，并视布衣之侠、乡曲之侠、闾巷之侠等被排摈不载以至湮灭不现为恨憾之事，称他们为济人之困而敢触世网与那些暴豪之徒绝不可同日而语，因此对郭解等遭受迫害诛杀、死蒙奸盗之名表示了无限的悲慨与惆惜。到了班固那里这些游侠已被视为“罪已不容于诛”，司马迁也因此而被指为“退处士而进奸雄”。

韩子曰：“儒以文乱法，而侠以武犯禁。”二者皆讥，而学士多称于世云。至如以术取宰相卿大夫，辅翼其世主，功名俱著于春秋，固无可言者。及若季次、原宪，闾巷人也，读书怀独行君子之德①，义不苟合当世，当世亦笑之。故季次、原宪终身空室蓬户，褐衣疏食不厌②。死而已四百馀年，而弟子志③之不倦。今游侠，其行虽不轨于正义，然其言必信，其行必果，已诺必诚，不爱其躯，赴士之阸困。既已存亡死生矣，而不矜其能，羞伐④其德，盖亦有足多者焉。

且缓急，人之所时有也。太史公曰：昔者虞舜窘于井廪⑤，伊尹负于鼎俎⑥，傅说匿于傅险，吕尚困于棘津，夷吾桎梏，百里

---

①独行：特异之行，不同凡俗的操节。 ②褐衣：粗布上衣。疏食：粗糙低劣的饭食。厌：通“餍”，足。 ③志：记，怀念。 ④伐：夸耀。 ⑤窘：困迫。井廪：水井和仓廪。 ⑥负：背。鼎：古炊具。俎：切肉的案板。

饭牛，仲尼畏匡，菜色陈、蔡。此皆学士所谓有道仁人也，犹然遭此灾，况以中材而涉乱世之末流乎？其遇害何可胜道哉！

鄙人有言曰："何知仁义，已飨[①]其利者为有德。"故伯夷丑[②]周，饿死首阳山，而文、武不以其故贬王[③]；跖、蹻暴戾，其徒诵义无穷。由此观之，"窃钩者诛，窃国者侯，侯之门仁义存"，非虚言也。

今拘学或抱咫尺之义，久孤于世，岂若卑论侪俗[④]，与世沉浮而取荣名哉！而布衣之徒，设取予然诺，千里诵义，为死不顾世，此亦有所长，非苟而已也。故士穷窘而得委命，此岂非人之所谓贤豪间者邪？诚使乡曲之侠，予季次、原宪比权量力，效功于当世，不同日而论矣。要以功见言信，侠客之义又曷可少哉！

古布衣之侠，靡得而闻已。近世延陵、孟尝、春申、平原、信陵之徒，皆因王者亲属，藉于有土卿相之富厚，招天下贤者，显名诸侯，不可谓不贤者矣。比如顺风而呼，声非加疾，其势激也。至如闾巷之侠，修行砥名[⑤]，声施[⑥]于天下，莫不称贤，是为难耳。然儒、墨皆排摈不载。自秦以前，匹夫之侠，湮灭不见，余甚恨之。以余所闻，汉兴有朱家、田仲、王公、剧孟、郭解之徒，虽时扞当世之文罔[⑦]，然其私义廉洁退让，有足称者。名不虚立，士不虚附。至如朋党宗强比周[⑧]，设财役贫，豪暴侵凌孤弱，恣欲自快，游侠亦丑之。余悲世俗不察其意，而猥[⑨]以朱家、郭解等令与暴豪之徒同类而共笑之也。

鲁朱家者，与高祖同时。鲁人皆以儒教，而朱家用侠闻。

---

①飨：享受。②丑：认为可耻。③贬：贬损，损害声誉。④侪俗：迁就世俗之人。侪：同类，此为迁就，看齐。⑤砥名：砥砺名节，提高名声。⑥施（yì）：延，传播。⑦扞（hàn）：违。文罔：文网，法律禁令。罔：通"网"。⑧比周：互相勾结。⑨猥：谬，错误。

所藏活豪士以百数，其馀庸人不可胜言。然终不伐其能，歆其德[①]，诸所尝施，唯恐见之。振人不赡[②]，先从贫贱始。家无馀财，衣不完采，食不重味，乘不过軥牛[③]。专趋人之急，甚己之私。既阴脱季布将军之厄，及布尊贵，终身不见也。自关以东，莫不延颈愿交焉。

楚田仲以侠闻，喜剑，父事朱家，自以为行弗及。田仲已死，而洛阳有剧孟。周人以商贾为资，而剧孟以任侠显诸侯。吴楚反时，条侯为太尉，乘传车将至河南，得剧孟，喜曰："吴楚举大事而不求孟，吾知其无能为已矣。"天下骚动，宰相得之若得一敌国云。剧孟行大类朱家，而好博，多少年之戏。然剧孟母死，自远方送丧盖千乘。及剧孟死，家无馀十金之财。而符离人王孟亦以侠称江淮之间。

是时济南瞯氏、陈周庸亦以豪闻，景帝闻之，使使尽诛此属。其后代诸白、梁韩无辟、阳翟薛兄、陕韩孺纷纷复出焉。

郭解，轵人也，字翁伯，善相人者许负外孙也。解父以任侠，孝文时诛死。解为人短小精悍，不饮酒。少时阴贼、慨不快意，身所杀甚众。以躯借交报仇[④]，藏命作奸剽攻[⑤]不休，乃铸钱掘冢，固不可胜数。适有天幸[⑥]，窘急常得脱，若遇赦。及解年长，更折节为俭[⑦]，以德报怨，厚施而薄望[⑧]。然其自喜为侠益甚。既已振人之命，不矜其功，其阴贼著于心，卒发于睚眦如故云[⑨]。而少年慕其行，亦辄为报仇，不使知也。解姊子负解之

---

①歆：欣喜，自我欣赏。 ②振：通"赈"，救济。赡：足。 ③軥牛：用牛驾车。軥(qú)：车辕前端驾于马脖子上的弯曲横木。 ④借：助。交：指朋友。 ⑤命：指亡命。作奸：干坏事。⑥适：遇到。天幸：上下保佑。 ⑦更：改。折节：改变操行。俭：通"检"，检束，检点。⑧薄望：怨恨小。望：怨恨，仇怨。 ⑨卒：通"猝"，突然。睚眦：怒目而视。

势，与人饮，使之嚼①。非其任，强必灌之。人怒，拔刀刺杀解姊子，亡去。解姊怒曰："以翁伯之义，人杀吾子，贼不得。"弃其尸于道，弗葬，欲以辱解。解使人微知贼处。贼窘自归，具以实告解。解曰："公杀之固当，吾儿不直②。"遂去其贼，罪其姊子，乃收而葬之。诸公闻之，皆多解之义，益附焉。

解出入，人皆避之。有一人独箕倨视之③，解遣人问其名姓。客欲杀之，解曰："居邑屋至不见敬，是吾德不修也，彼何罪！"乃阴属尉史曰："是人，吾所急也，至践更时脱之④。"每至践更，数过⑤，吏弗求。怪之，问其故，乃解使脱之。箕踞者乃肉袒谢罪。少年闻之，愈益慕解之行。

洛阳人有相仇者，邑中贤豪居间者以十数，终不听。客乃见郭解。解夜见仇家，仇家曲听解⑥。解乃谓仇家曰："吾闻洛阳诸公在此间，多不听者。今子幸而听解，解奈何乃从他县夺人邑中贤大夫权乎！"乃夜去，不使人知，曰："且无用⑦，待我去，令洛阳豪居其间，乃听之。"

解执⑧恭敬，不敢乘车入其县廷。之旁郡国，为人请求事，事可出，出之；不可者，各厌⑨其意，然后乃敢尝酒食。诸公以故严重之⑩，争为用。邑中少年及旁近县贤豪，夜半过⑪门常十馀车，请得解客舍养之。

及徙豪富茂陵也，解家贫，不中訾⑫，吏恐，不敢不徙。卫将军为言"郭解家贫不中徙"。上曰："布衣权至使将军为言，此其

---

①嚼：通"釂"，干杯。 ②不直：理曲。 ③箕倨：岔开两腿坐着，像簸箕之状，是一种无礼不恭敬的表现。倨：通"踞"。 ④践更：按汉法，在籍男丁每年在地方服役一个月，称为卒更。贫苦者想得到雇更钱的，可由当出丁者出钱，每月二千钱，称践更。脱：免。 ⑤数过：多次轮到。 ⑥曲听：委屈心意而听从，以示对劝说人的尊重。 ⑦且：暂时。无用：不便听我的话。 ⑧执：谨守。 ⑨厌：通"餍"，满足。 ⑩严重：尊重。为用：替他出力。 ⑪过：拜访。 ⑫訾：通"资"，钱财。

家不贫。”解家遂徙。诸公送者出千馀万。轵人杨季主子为县掾,举[①]徙解。解兄子断杨掾头。由此杨氏与郭氏为仇。

解入关,关中贤豪知与不和,闻其声,争交欢解。解为人短小,不饮酒,出未尝有骑。已又杀杨季主。杨季主家上书,人又杀之阙下。上闻,乃下吏捕解。解亡,置其母家室夏阳,身至临晋。临晋籍少公素不知解,解冒[②],因求出关。籍少公已出解,解转入太原,所过辄告主人家。吏逐之,迹至籍少公。少公自杀,口绝。久之,乃得解。穷治所犯,为解所杀,皆在赦前。轵有儒生侍使者坐,客誉郭解,生曰:“郭解专以奸犯公法,何谓贤!”解客闻,杀此生,断其舌。吏以此责解,解实不知杀者。杀者亦竟绝,莫知为谁。吏奏解无罪。御史大夫公孙弘议曰:“解布衣为任侠行权,以睚眦杀人,解虽弗知,此罪甚于解杀之。当大逆无道。”遂族郭解翁伯。

自是之后,为侠者极众,敖[③]而无足数者。然关中长安樊仲子,槐里赵王孙,长陵高公子,西河郭公仲,太原卤公孺,临淮兒长卿,东阳田君孺,虽为侠而逡逡[④]有退让君子之风。至若北道姚氏,西道诸杜,南道仇景,东道赵他、羽公子,南阳赵调之徒,此盗跖居民间者耳,曷足道哉!此乃乡[⑤]者朱家之羞也。

太史公曰:吾视郭解,状貌不及中人,言语不足采者。然天下无贤与不肖,知与不知,皆慕其声,言侠者皆引以为名。谚曰:“人貌荣名,岂有既[⑥]乎!”於戏[⑦],惜哉!

【译文】

韩非子说:“儒生以儒家经典来破坏法度,而侠士以勇武的行为违犯

①举:检举。 ②冒:冒昧,此指贸然相见。 ③敖:通“傲”。 ④逡逡:谦虚退让的样子。 ⑤乡:通“向”,从前。 ⑥既:尽。 ⑦於戏:同“呜呼”,表感叹。

法令。”韩非对这两种人都加以讥笑，但儒生却多被世人所称扬。至于用权术取得宰相卿大夫的职位，辅助当代天子，功名都被记载在史书之中，这本来没有什么可说的。至于像季次、原宪，是平民百姓，用功读书，怀抱着特异的君子的德操，坚守道义，不与当代世俗苟合，当代世俗之人也嘲笑他们。所以季次、原宪一生住在空荡荡的草屋之中，穿着粗布衣服，连粗饭都吃不饱。他们死了四百余年了，而他们的世代相传的弟子们，却不知倦怠地怀念着他们。现在的游侠者，他们的行为虽然不符合道德法律的准则，但是他们说话一定守信用，做事一定果敢决断，已经答应的必定实现，以示诚实，肯于牺牲生命，去救助别人的危难。已经经历了生死存亡的考验，却不自我夸耀本领，也不好意思夸耀自己功德，大概这也是很值得赞美的地方吧！

况且危急之事，是人们时常能遇到的。太史公说：“从前虞舜在淘井和修廪时遇到了危难，伊尹曾背负鼎俎做厨师，傅说曾藏身傅岩服苦役，吕尚曾在棘津遭困厄，管仲曾经戴过脚镣与手铐，百里奚曾经喂牛做奴隶，孔子曾经在匡遭拘囚，在陈、蔡遭饥饿。这些人都是儒生所称扬的有道德的仁人，尚且遭遇这样的灾难，何况是中等才能而又遇到乱世的人呢？他们遇到的灾难怎么可以说得完呢？

世俗人有这样的说法：“何必去区别仁义与否，已经受利的就是有德。”所以伯夷以吃周粟为可耻，竟饿死在首阳山；而文王和武王却没有因此而损害王者的声誉；盗跖和庄跻，凶暴残忍，而他们的党徒却歌颂他们道义无穷。由此可见，“偷盗衣带钩的要杀头，窃取国家政权的却被封侯，受封为侯的人家就有仁义了”，这话并非虚假不实之言。

现在拘泥于片面见闻的学者，有的死守着狭隘的道理，长久地孤立于世人之外，哪能比得上以低下的观点迁就世俗，随世俗的沉浮而猎取荣耀和名声的人呢？而平民百姓之人，看重取予皆符合道义，应允能实现的美德，千里之外去追随道义，为道义而死却不顾世俗的责难，这也是他们的长处，并非随便就可做到的。所以读书人处在穷困窘迫的情况下，愿意托身于他，这难道不就是人们所说的贤能豪侠中间的人吗？如果真能让民间游侠者与季次、原宪比较权势和力量，比对当今社会的贡献，是不能同日而语的。总之，从事情的显现和言必有信的角度来看，侠客的正义行为又怎么可以缺少呢！

古代的平民侠客，没有听说过。近代延陵季子、孟尝君、春申君、平原君、信陵君这些人，都因为是君王的亲属，依仗封国及卿相的雄厚财富，招揽天下的贤才，在各诸侯国中名声显赫，不能说他们不是贤才。这就比如顺风呼喊，声音并非更加洪亮，而听的人感到清楚，这是风势激荡的结果。至于闾巷的布衣侠客，修行品行，磨砺名节，好的名望传布天下，无人不称赞他的贤德，这是难以做到的。然而儒家和墨家都排斥扬弃他们，不在他们的文献中加以记载。从秦朝以前，平民侠客的事迹，已经被埋没而不能见到，我很感遗憾。据我听到的情况来看，汉兴起以来，有朱家、田仲、王公、剧孟、郭解这些人，他们虽然时常违犯汉的法律禁令，但是他们个人的行为符合道义，廉洁而有退让的精神，有值得称赞的地方。他们的名声并非虚假地树立起来的，读书人也不是没有根据地附和他们的。至于那些结成帮派的豪强，互相勾结，依仗财势奴役穷人，凭借豪强暴力欺凌孤独势弱的人，放纵欲望，自己满足取乐，这也是游侠之士认为可耻的。我哀伤世俗之人不能明察这其中的真意，却错误地把朱家和郭解等人与暴虐豪强之流的人视为同类，一样地加以嘲笑。

鲁国的朱家与高祖是同一时代的人。鲁国人都喜欢搞儒家思想的教育，而朱家却因为是侠士而闻名。他所藏匿和救活的豪杰有几百个，其余普通人被救的说也说不完。但他始终不夸耀自己的才能，不自我欣赏他对别人的恩德，那些他曾经给予过施舍的人，唯恐再见到他们。他救济别人的困难，首先从贫贱的开始。他家中没有剩余的钱财，衣服破得连完整的彩色都没有，每顿饭只吃一样菜，乘坐的不过是个牛拉的车子。他一心救援别人的危难，超过为自己办私事。他曾经暗中使季布将军摆脱了被杀的厄运，待到季布将军地位尊贵之后，他却终身不肯与季布相见。从函谷关往东，人们莫不伸长脖子盼望同他交朋友。

楚地的田仲因为是侠客而闻名，他喜欢剑术，像服侍父亲那样对待朱家，他认为自己的操行赶不上朱家。田仲死后，洛阳出了个剧孟。周地人靠经商为生，而剧孟因为行侠显名于诸侯。吴、楚七国叛乱时，条侯周亚夫做太尉，乘坐着驿站的车子，将到洛阳时得到剧孟，高兴地说："吴、楚七国发动叛乱而不求剧孟相助，我知道他们是无所作为的。"天下动乱，太尉得到他就像得到了一个相等的国家一样。剧孟的行为大致类似朱家，却喜欢博棋，他所做的多半是少年人的游戏。但是剧孟的母亲死了，从远方来送丧的，大概有上千辆车子。等到剧孟死时，家中连十金的钱财也没有。这时符离人王孟也因为行侠闻名于长江和淮河之间。

这时，济南瞯姓的人家，陈地的周庸也因为豪侠而闻名，汉景帝听说后，派使者把这类人全都杀死了。这以后，代郡姓白的、梁地的韩无辟、阳翟的薛兄、陕地的韩孺，又纷纷出现了。

郭解，轵县人，字翁伯，他是善给人相面的许负的外孙子。郭解的父亲因为行侠，在文帝时被杀。郭解为人个子矮小，精明强悍，不喝酒。他小时候残忍狠毒，心中愤慨不快时，亲手杀的人很多。他不惜牺牲生命去替朋友报仇，藏匿亡命徒去犯法抢劫，停下来就私铸钱币，盗挖坟墓，他的不法活动数也数不清。但却能遇到上天保佑，在窘迫危急时常常脱身，或者遇到大赦。等郭解年纪大了，就改变行为，检点自己，用恩惠报答怨恨自己的人，多多地施舍别人，而且对别人怨恨很少。但他自己喜欢行侠的思想越来越强烈。已经救了别人的生命，却不自夸功劳，但其内心仍然残忍狠毒，为小事突然怨怒行凶的事依然如故。当时的少年仰慕他的行为，也常常为他报仇，却不让他知道。郭解姐姐的儿子依仗郭解的势力，同别人喝酒，让人家干杯。如果人家的酒量小，不能再喝了，他却强行灌酒。那人发怒，拔刀刺死了郭解姐姐的儿子，就逃跑了。郭解姐姐发怒说道："以弟弟翁伯的义气，人家杀了我的儿子，凶手却捉不到。"于是她把儿子的尸体丢弃在道上，不埋葬，想以此羞辱郭解。郭解派人暗中探知凶手的去处。凶手窘迫，自动回来把真实情况告诉了郭解。郭解说："你杀了他本来应该，我的孩子无理。"于是放走了那个凶手，把罪责归于姐姐的儿子，并收尸埋葬了他。人们听到这消息，都称赞郭解的道义行为,更加依附于他。

郭解每次外出或归来,人们都躲避他,只有一个人傲慢地坐在地上看着他,郭解派人去问他的姓名。门客中有人要杀那个人,郭解说:“居住在乡里之中,竟至于不被人尊敬,这是我自己道德修养得还不够,他有什么罪过。”于是他就暗中嘱托尉史说:“这个人是我最关心的,轮到他服役时,请加以免除。”以后每到服役时,有好多次,县中官吏都没找这位对郭解不礼貌的人。他感到奇怪,问其中的原因,原来是郭解使人免除了他的差役。于是,他就袒露身体,去找郭解谢罪。少年们听到这消息,越发仰慕郭解的行为。

洛阳人有相互结仇的,城中有数以十计的贤人豪杰从中调解,两方面始终不听劝解。门客们就来拜见郭解,说明情况。郭解晚上去会见结仇的人家,仇家出于对郭解的尊重,委屈心意地听从了劝告,准备和好。郭解就对仇家说:“我听说洛阳诸公为你们调解,你们多半不肯接受。如今你们幸而听从了我的劝告,郭解怎能从别的县跑来侵夺人家城中贤豪大夫们的调解权呢?”于是郭解当夜离去,不让人知道,说:“暂时不要听我的调解,待我离开后,让洛阳豪杰从中调解,你们就听他们的。”

郭解保持着恭敬待人的态度,不敢乘车走进县衙门。他到旁的郡国去替人办事,事能办成的,一定把它办成;办不成的,也要使有关方面都满意,然后才敢去吃人家酒饭。因此大家都特别尊重他,争着为他效力。城中少年及附近城邑的贤人豪杰,半夜上门拜访郭解的常常有十多辆车子,请求把郭解家的门客接回自家供养。

等到朝廷要将各郡国的豪富人家迁往茂陵居住,郭解家贫,不符合资财三百万的迁转标准,但迁移名单中有郭解的名字,因而官吏害怕,不敢不让郭解迁移。当时卫青将军替郭解向皇上说:“郭解家贫,不符合迁移的标准。”但是皇上说:“一个百姓的权势竟能使将军替他说话,这就可见他家不穷。”郭解于是被迁徙到茂陵。人们为郭解送行共出钱一千余万。轵人杨季主的儿子做县椽,是他提名迁徙郭解的。郭解哥哥的儿子砍掉杨县椽的头。从此杨家与郭家结了仇。

郭解迁移到关中，关中的贤人豪杰无论从前是否知道郭解，如今听到他的名声，都争着与郭解结为好朋友。郭解个子矮，不喝酒，出门不乘马。后来又杀死杨季主。杨季主的家人上书告状，有人又把告状的在宫门下给杀了。皇上听到这消息，就向官吏下令捕捉郭解。郭解逃跑，把他母亲安置在夏阳，自己逃到临晋。临晋籍少公平素不认识郭解，郭解冒昧会见他，顺便要求他帮助出关。籍少公把郭解送出关后，郭解转移到太原，他所到之处，常常把自己的情况告诉留他食宿的人家。官吏追逐郭解，追踪到籍少公家里。籍少公无奈自杀，口供断绝了。过了很久，官府才捕到郭解。并彻底深究他的犯法罪行，发现一些人被郭解所杀的事，都发生在赦令公布之前。一次，轵县有个儒生陪同前来查办郭解案件的使者闲坐，郭解门客称赞郭解，他说："郭解专爱做奸邪犯法的事，怎能说他是贤人呢？"郭解门客听到这话，就杀了这个儒生，割下他的舌头。官吏以此责问郭解，令他交出凶手，而郭解确实不知道杀人的是谁。杀人的人始终没查出来，不知道是谁。官吏向皇上报告，说郭解无罪。御史大夫公孙弘议论道："郭解以平民身份任侠，玩弄权诈之术，因为小事而杀人，郭解自己虽然不知道，这个罪过比他自己杀人还严重。判处郭解大逆无道的罪。"于是就诛杀了郭解翁伯的家族。

从此以后，行侠的人特别多，但都傲慢无礼没有值得称道的。但是关中长安的樊仲子，槐里赵王孙，长陵的高公子，西河的郭公仲，太原的卤公孺，临淮的兒长卿，东阳的田君孺，虽然行侠却能有谦虚退让的君子风度。至于像北道的姚氏，西道的一些姓杜的，南道的仇景，东道的赵他、羽公子，南阳赵调之流，这些都是处在民间的盗跖罢了，哪里值得一提呢！这都是从前朱家那样的人引以为耻的。

太史公说：我看郭解，状貌赶不上中等人才，语言也无可取的地方。但天下的人们，无论是贤人还是不肖之人，无论是认识他还是不认识他，都仰慕他的名声，谈论游侠的都标榜郭解以提高自己的名声。谚语说："人可用光荣的名声作容貌，难道会有穷尽的时候吗？"唉，可惜呀！

【鉴赏】

《游侠列传》是《史记》名篇之一。这首先在于本篇在传人记事之中寄寓了深深爱憎与愤慨。武帝时尊宠儒生，重用酷吏，这些生事儒臣、惨酷之吏多阿谀奉迎，唯皇帝之欲是从，结果造成冤狱横生，民不聊生，天下骚动。在这样的情况下出现了朱家、田仲、王公、剧孟、郭解等一些敢于触犯当世之文网、不爱其躯而救人于急难的游侠。作者言以虞舜、伊尹、傅说、吕尚、夷吾、百里奚、仲尼等这些有道仁人尚且遭受困厄，何况许多身处乱世之末流的平凡之人呢？他们之遇害更是不可胜道，何其痛彻之语！于是那些虽不轨于正义、然而"千里诵义，为死不顾世"的游侠就更可足称道了，而这些游侠却又被那些以术取宰相卿大夫的取名当世的无行无耻之徒所残害。无耻者居上，侠义者遭恶，司马迁对这种是非颠倒的极度不公表示了无比的愤慨，于是盛推"窃钩者诛，窃国者侯，侯之门仁义存"之不虚。作者不仅在序赞中如此感愤，而且还在这些游侠的传记中，通过表现他们的私义廉洁退让等高贵品德，以及儒臣舞文弄法务求诛杀他们的记述中表现自己爱憎与愤激不平之气。

在具体写法上，篇中对郭解这个人物表现得很是生动感人。作者是以叙议结合、正笔侧笔并用的方式对其进行表现的。他"以德报怨，厚施而薄望"，因此"少年慕其行，亦辄为报仇，不使知也"。入关后，"关中贤豪知与不知，闻其声，争交欢解"。如此皆以侧笔。作者还选择了一些细节小事表现他的为人，如其姊之子因恃仗他的名势而强人之难被刺杀，他得知实情后，不仅不怪罪，反而说"公杀之固当"；因有一人对他不敬，他不但不怪罪反而设法解脱他，令其"肉袒谢罪"。这些不同笔法的使用，使得本篇回环转折，曲尽宛转。

史记卷一百二十五·佞幸列传第六十五

佞幸就是靠巧于谄佞或以色艺取媚而得到君王宠幸的弄臣。这些人没有德行，只需凭善于察言观色，敏于逢迎拍马，顺承人主之意即得以邀宠固宠，为人所不齿。然而这种人一旦受到君王宠幸，就可以大富大贵，骄横一时，因此就有人梦寐以求之，他们不择手段甚至丧尽人格而为之。所以在秦汉时"力田不如逢年，善仕不如遇合"的俗谚已流传开来。司马迁在本篇中就记述了汉代几位佞臣之事，有文帝时士人邓通和武帝时士人孙嫣、宦者李延年等。传文既写了他们的发迹，也写了他们的败亡，并由此在论赞中推断此代后代之佞臣都不会得以善终。

谚曰："力田不如逢年，善仕不如遇合①。"固无虚言。非独女以色媚，而士宦亦有之。

昔以色幸者多矣。至汉兴，高祖至暴抗也②，然籍孺以佞幸。孝惠时有闳孺。此两人非有材能，徒以婉佞贵幸，与上卧起，公卿皆因关说③。故孝惠时郎侍中皆冠鵕鸃④，贝带，傅脂粉⑤，化⑥闳、籍之属也。两人徙家安陵。

孝文时中宠臣，士人则邓通，宦者则赵同、北宫伯子。北宫伯子以爱人长者⑦；而赵同以星气幸⑧，常为文帝参乘⑨；邓通无伎能⑩。

---

①遇合：指君臣和谐，国君器重大臣。 ②暴抗：暴猛刚直。抗：通"伉"。 ③关说：通其说辞。关：通。 ④鵕鸃：鸟名，此指用鵕鸃羽毛装饰的帽子。 ⑤傅：通"敷"，涂抹。 ⑥化：感染，影响。 ⑦爱人：仁慈的。 ⑧星气：观察星象和望气。 ⑨参乘：即"骖（cān）乘"，此指在车上右边护卫或陪侍的人。 ⑩伎：通"技"。

邓通，蜀郡南安人也，以濯船[①]为黄头郎。孝文帝梦欲上天，不能，有一黄头郎从后推之上天，顾见其衣裻带后穿[②]。觉而之渐台[③]，以梦中阴自[④]求推者郎，即见邓通，其衣后穿，梦中所见也。召问其名姓，姓邓氏，名通，文帝说焉，尊幸之日异。通亦愿谨[⑤]，不好外交，虽赐洗沐[⑥]，不欲出。于是文帝赏赐通巨万以十数，官至上大夫。文帝时时如邓通家游戏。然邓通无他能，不能有所荐士，独自谨其身以媚上而已。上使善相者相通，曰"当贫饿死"。文帝曰："能富通者在我也，何谓贫乎？"于是赐邓通蜀严道铜山，得自铸钱，"邓氏钱"布天下。其富如此。

文帝尝病痈，邓通常为帝唶吮之[⑦]。文帝不乐，从容问通曰："天下谁最爱我者乎？"通曰："宜莫如太子。"太子入问病，文帝使唶痈，唶痈而色难之。已而闻邓通常为帝唶吮之，心惭，由此怨通矣。及文帝崩，景帝立，邓通免，家居。居无何，人有告邓通盗出徼[⑧]外铸钱。下吏验问，颇有之，遂竟案[⑨]，尽没入邓通家，尚负责[⑩]数巨万。长公主赐邓通，吏辄随没入之，一簪不得著身。于是长公主乃令假衣食[⑪]。竟不得名[⑫]一钱，寄死人家。

孝景帝时，中无宠臣，然独郎中令周文仁，仁宠最过庸[⑬]，乃不甚笃[⑭]。

今天子中宠臣，士人则韩王孙嫣，宦者则李延年。嫣者，弓高侯孽孙也[⑮]。今上为胶东王时，嫣与上学书相爱。及上为太子，愈益亲嫣。嫣善骑射，善佞。上即位，欲事伐匈奴，而嫣先

---

①濯船：用桨划船。濯（zhào）：同"棹（zhào）"。 ②裻（dú）：上衣的背缝。穿：打结。③之：往。 ④阴自：暗中看着。 ⑤愿谨：性格老实谨慎。 ⑥洗沐：休假。按汉制，官吏五日一洗沐。 ⑦唶（zé）吮：吮吸。 ⑧徼：边境。 ⑨竟案：结案。 ⑩责：通"债"。 ⑪假：借。⑫名：占有。 ⑬庸：指平常人，一般人。 ⑭笃：厚。 ⑮孽孙：庶孙，即媵妾所生之孙。

习胡兵，以故益尊贵，官至上大夫，赏赐拟于邓通。时嫣常与上卧起。江都王入朝，有诏得从入猎上林中。天子车驾跸道[1]未行，而先使嫣乘副车，从数十百骑，骛驰视兽。江都王望见，以为天子，辟从者[2]，伏谒道傍。嫣驱不见。既过，江都王怒，为皇太后泣曰："请得归国入宿卫，比韩嫣。"太后由此嗛嫣[3]。嫣侍上，出入永巷不禁，以奸闻皇太后。皇太后怒，使使赐嫣死。上为谢，终不能得，嫣遂死。而案道侯韩说，其弟也，亦佞幸。

李延年，中山人也。父母及身兄弟及女[4]，皆故倡也[5]。延年坐法腐[6]，给事狗中[7]。而平阳公主言延年女弟善舞，上见，心说之，及入永巷，而召贵延年。延年善歌，为变新声，而上方兴天地祠，欲造乐诗歌弦之。延年善承意，弦次初诗。其女弟亦幸，有子男。延年佩二千石印，号协声律。与上卧起，甚贵幸，埒[8]如韩嫣也。久之，寖[9]与中人乱，出入骄恣。及其女弟李夫人卒后，爱弛，则禽诛延年昆弟也。

自是之后，内宠嬖臣大底外戚之家，然不足数也。卫青、霍去病亦以外戚贵幸，然颇用材能自进。

太史公曰：甚哉爱憎之时！弥子瑕之行，足以观后人佞幸矣。虽百世可知也。

【译文】

俗语说："努力种田，不如遇到丰年。好好为官，不如碰到赏识自己的君王。"这不是没有根据的空话。不但是女子用美色谄媚取宠，就是士人和宦者也有这种情况。

---

①跸道：古代天子出行要先清道，禁止行人通过，称为跸道。 ②辟：通"避"，躲避。 ③嗛：怀恨。 ④身：自己。女：指姐妹。 ⑤倡：歌伎艺人。 ⑥腐：宫刑。 ⑦狗中：即狗监，官名。 ⑧埒(liè)：相等。 ⑨寖：渐渐。

从前用美色取得宠幸的人很多。到汉兴起时,高祖为人极暴猛刚直,但却有籍孺以谄媚得宠。孝惠帝时有个闳孺也是这样。这两个人并没有才能,只是靠婉顺和谄媚得到了显贵和宠爱,竟同皇上同起同卧,连公卿大臣都要通过他们去向皇上沟通自己的说词。所以孝惠帝时,郎官和侍中都戴着用鵔鸃鸟毛装饰的帽子,系着饰有贝壳的衣带,涂脂抹粉,这是受了闳孺和籍孺之流感染影响的结果。后来,闳孺和籍孺都把家搬到了安陵。

文帝时的宫中宠臣,士人有邓通,宦官有赵同、北宫伯子。北宫伯子因为是仁爱的长者而受到宠幸;赵同因善于观察星象和望气而受到宠幸,常常做文帝的陪乘;邓通没有什么技能。

邓通是蜀郡南安人,因善于划船做了黄头郎。汉文帝做梦想升天,不能上,有个黄头郎从背后推着他上了天,他回头看见那人衣衫的横腰部分,衣带在背后打了结。梦醒后,文帝前往渐台,按梦中所见暗自寻找推他上天的黄头郎,果然看到邓通,他的衣带在身后打了结,正是梦中所见的那人。文帝把他招来询问他的姓名,他姓邓名通,文帝喜欢他,一天比一天地更加尊重和宠爱他。邓通也老实谨慎,不喜欢和外人交往,虽然皇帝给予休假的恩赐,他也不想外出。这时皇帝赏赐他十多次,总共上亿的金钱,官职升到上大夫。文帝常常到邓通家玩耍。但是邓通没有别的什么才能,不能推荐贤士,只是自己处事谨慎,谄媚皇上而已。有一次,皇上让善于相面的人给邓通相面,那人相面以后说:“邓通当贫饿而死。”文帝说:“能使邓通富有的就在我,怎能说他会贫困呢?”于是文帝把蜀郡严道的铜山赐给了邓通,并给他自己铸钱的特权,从此“邓氏钱”流传全国。他的富有达到了这个程度。

文帝曾经得了痈疽病,邓通常为文帝吮吸脓血。文帝心中不高兴,从容地问邓通说:“天下谁最爱我呢?”邓通说:“应该没有谁比得上太子更爱你的了。”太子前来看望文帝病情,文帝让他给吮吸脓血,太子虽然吮吸了脓血,可是脸上却显露出难为情的样子。过后太子听说邓通常为文帝吮吸脓血,心里感到惭愧,也因此而怨恨邓通。等到文帝死去,汉景帝即位，邓通被免职，在家闲居。过了不久，有人告发邓通偷盗了境外的铸钱。景帝把这事交给法吏审理，结果确有此事，于是就结案，把邓通家的钱财全部没收充公，还欠好几亿钱。长公主刘嫖赏赐邓通钱财，官吏就马上没收顶债，连一只簪子也不让邓通戴在身上。于是长公主就命令手下的人只借给邓通衣食的费用。竟使他不能占有一个钱，寄食在别人家里，直到死去。

景帝时，宫中没有受宠的臣子，但只有郎中令周仁，最受宠爱，超过一般人，然而仍不深厚。

当今天子汉武帝的宫中受宠的臣子，士人则有韩王的子孙韩嫣，宦官则有李延年。韩嫣是弓高侯韩颓当的庶孙。当今皇上做胶东王时，韩嫣同皇上一同学书法而相互友爱。等到皇上做了太子时，越发亲近韩嫣。嫣善于骑马射箭，善于谄媚。皇上即位，想讨伐匈奴，韩嫣就首先练习匈奴的兵器，因为这个原因，他越来越尊贵，官职升为上大夫，皇上的赏赐比拟于邓通。当时，韩嫣常常和皇上同睡同起。一次，江都王刘非进京朝见武帝，皇帝有令，他可随皇帝到上林苑打猎。皇上的车驾因为清道还没有出发，就先派韩嫣乘坐副车，后边跟随着上百个骑兵，狂奔向前，去观察兽类的情况。江都王远远望见，以为是皇上前来，便让随从者躲避起来，自己趴伏在路旁拜见。韩嫣却打马急驰而过，不见江都王。韩嫣过去后，江都王感到愤怒，就向皇太后哭着说："请允许我把封国归还朝廷，回到皇宫做个值宿警卫，和韩嫣一样。"太后由此怀恨韩嫣。韩嫣侍奉皇上，出入永巷不受禁止，他的奸情终于被太后知道。皇太后大怒，派使者命令韩嫣自杀。武帝替他向太后谢罪，终于没被接受，韩嫣自杀了。案道侯韩说是他的弟弟，也因谄媚而得到宠爱。

李延年是中山国的人。他父母和他以及兄弟姐妹们，原来都是歌舞演员。李延年因犯法被宫刑，然后到狗监任职。武帝的姐姐平阳公主向武帝说起李延年妹妹擅长舞蹈的事，武帝见到李延年的妹妹，心里很喜欢她，待到李延年妹妹被召进宫中后，又召李延年进宫，使他显贵起来。李延年善于唱歌，创作了新的歌曲，这时皇上正修造天地庙，想创作歌词配乐歌唱。李延年善于迎合皇上的心意办事，配合乐曲唱了新作的歌词。他妹妹也得到武帝的宠幸，生了男孩子。李延年佩带二千石官的印章，称作“协声律”。他同皇上同卧同起，非常显贵，而且受宠爱，和韩嫣受到的宠幸相似。过了很长时间，李延年渐渐和宫女有淫乱行为，出入皇宫骄傲放纵。待到他妹妹李夫人死后，皇帝对他的宠爱衰减了，于是李延年及其兄弟们被拘捕而杀死。

从此以后，宫内被皇上宠幸的臣子，大都是外戚之家，但是这些人都不值得一谈。至于卫青、霍去病也因为外戚的关系而得到显贵和宠幸，但他们都能凭自己的才能求得上进。

太史公说：帝王宠爱和憎恶的时机太可怕了！从弥子瑕的经历完全可以看到后代佞幸之人的结局啊。哪怕是百代以后，也是可以知道的。

【鉴赏】

《佞幸列传》虽篇幅不长，叙事简洁，但却将佞幸之臣的可鄙与可怜刻画得入骨三分，并揭示了他们的败亡只是迟早之事。写邓通，选择他为文帝唶吮病痈之事，此事连文帝都颇为不乐，他却能从容为之，其平日逢迎取宠之媚态已无须多言矣。作者通过记细微小事而将深植于人物灵魂深处的丑恶表现得形神毕现，真是令人叫绝。而他败亡的下场也早已注定，太子问病，文帝让他唶痈，太子极不乐意，闻知邓通常为之，于是怨恨邓通。更何况他恃仗文帝的尊幸，依铜山而铸钱，竟使得“邓氏钱”遍布天下。如此一来，太子即位，他被查办也就是必然的了。至于韩嫣虽善骑射，李延年也“善歌，为变新声”，不像邓通那样“无伎能”，但他们受尊宠也是靠善承圣意而德行俱无，且恃宠骄恣甚而至于与嫔妃宫人奸乱，遭到诛杀也是君后爱憎之间的事。

本篇于叙事之中深寓感慨，感情委曲婉转。作者引用俗谚以开篇，并指出“非独女以色媚，而士宦亦有之”，对那些凭巧言令色而获宠者进行了讥讽。然而“昔以色幸者多矣”，今世亦不少。感慨之际，展开了对当朝佞幸的记述，其间又适时插入顿挫之语以为慨叹，或言其发迹之尊幸：“独自谨其身以媚上而已”，“与上卧起，甚贵幸，埒如韩嫣也”，或讥其下场之败亡：“竟不得名一钱，寄死人家”，“爱弛，则禽诛延年昆弟也”。篇末则直抒胸臆，以更为深沉的慨叹收尾。

史记卷一百二十六·滑稽列传第六十六

本篇记述了淳于髡、优孟、优旃的事迹。六艺可以治世,谈言微中可以解纷乱亦是治,也许这是司马迁为他们立传的意义所在。因此作者对他们不仅具有令人主和悦的讽谏才能,而且有“不流世俗,不争势利”的可贵精神进行了称道。本篇褚少孙补记了六个故事:郭舍人以反语讽谏而成,东方朔数次与武帝谈论令其“未尝不说”,东郭先生为卫青划策而得荣宠,淳于髡巧辞慰娱人主转祸为福,王先生以教人辞令而获荣显,西门豹顺水推舟为民除害。这些事虽有贤有谄,有公有私,但应当说也是基本符合于司马迁开篇所言“谈言微中,亦可以解纷”之意的。

孔子曰:“六艺于治一也。《礼》以节人,《乐》以发和①,《书》以道事,《诗》以达意,《易》以神化,《春秋》以义。”太史公曰:天道恢恢,岂不大哉!谈言微中②,亦可以解纷。

淳于髡者,齐之赘婿也。长不满七尺,滑稽多辩,数使诸侯,未尝屈辱。齐威王之时,喜隐③,好为淫乐长夜之饮,沉湎不治,委政卿大夫。百官荒乱,诸侯并侵,国且危亡,在于旦暮,左右莫敢谏。淳于髡说之以隐曰:“国中有大鸟,止王之庭,三年不蜚④又不鸣,王知此鸟何也?”王曰:“此鸟不飞则已,一飞冲天;不鸣则已,一鸣惊人。”于是乃朝诸县令长七十二人,赏一人,诛一人,奋兵而出。诸侯振惊⑤,皆还齐侵地。盛行三十六年。语在《田完世家》中。

---

①发和:促进和谐。 ②微中:微妙而切中事理。 ③隐:隐语,谜语。 ④蜚:通“飞”。 ⑤振:通“震”。

威王八年，楚大发兵加齐。齐王使淳于髡之赵请救兵，赍[①]金百斤，车马十驷[②]。淳于髡仰天大笑，冠缨索绝[③]。王曰："先生少之乎？"髡曰："何敢！"王曰："笑，岂有说乎？"髡曰："今者臣从东方来，见道傍有禳田者[④]，操一豚蹄，酒一盂，祝曰：'瓯窭满篝[⑤]，污邪[⑥]满车，五谷蕃熟，穰穰[⑦]满家。'臣见其所持者狭而所欲者奢，故笑之。"于是齐威王乃益赍黄金千镒，白璧十双，车马百驷。髡辞而行，至赵，赵王与之精兵十万，革车千乘。楚闻之，夜引兵而去。

威王大说，置酒后宫，召髡赐之酒，问曰："先生能饮几何而醉？"对曰："臣饮一斗亦醉，一石亦醉。"威王曰："先生饮一斗而醉，恶[⑧]能饮一石哉！其说可得闻乎？"髡曰："赐酒大王之前，执法在傍，御使在后，髡恐惧俯伏而饮，不过一斗径醉矣。若亲有严客[⑨]，髡帣鞲鞠𧖴[⑩]，侍酒于前，时赐余沥[⑪]，奉觞上寿[⑫]，数起，饮不过二斗径醉矣。若朋友交游，久不相见，卒然相睹，欢然道故，私情相语，饮可五六斗径醉矣。若乃州闾之会[⑬]，男女杂坐，行酒稽留[⑭]，六博投壶[⑮]，相引为曹[⑯]，握手无罚，目眙[⑰]不禁，前有堕珥，后有遗簪，髡窃乐此，饮可八斗而醉二参[⑱]。日暮酒阑，合尊促坐[⑲]，男女同席，履舄[⑳]交错，杯盘狼藉，堂上烛灭，主人留髡而送客，罗襦襟解，微闻芗[㉑]泽，当此之时，髡心最欢，能饮

---

①赍(jī)：携带。 ②驷(sì)：古代一车四马叫一驷。 ③索：尽。绝：断。 ④傍：通"旁"。禳：古代以祭祷以消除灾祸。 ⑤瓯窭：犹杯窭，形容高地狭小之处。篝：竹笼。 ⑥污邪：低洼田地。 ⑦穰穰：丰盛众多的样子。 ⑧恶：如何，怎么。 ⑨严客：尊客。严：尊严，敬重。 ⑩帣鞲：卷着袖子。帣(quàn)：通"絭(quàn)"，束紧衣袖。鞲(gōu)：袖套。鞠𧖴：弯腰跪着。𧖴(jì)：同"跽(jì)"，长跪，挺直上身，双膝着地。 ⑪余沥：残酒。 ⑫奉：捧。觞：盛酒器。 ⑬若乃：至于。州闾：乡里。 ⑭稽留：延长，停留。 ⑮六博：古代的一种博戏。投壶：古代宴会的游戏。 ⑯曹：侪辈，此指伙伴。 ⑰眙(chì)：直视，瞪着眼。 ⑱参：犹"三"。 ⑲尊：同"樽"，酒器。促坐：挤在一起坐。 ⑳履：鞋子。舄(xì)：木底的鞋。 ㉑芗：同"香"。

一石。故曰酒极则乱,乐极则悲,万事尽然。言不可极,极之而衰。”以讽谏焉。齐王曰:“善。”乃罢长夜之饮,以髡为诸侯主客。宗室置酒,髡尝[①]在侧。

其后百馀年,楚有优孟。

优孟者,故楚之乐人也。长八尺,多辩,常以谈笑讽谏。楚庄王之时,有所爱马,衣以文绣,置之华屋之下,席以露床[②],啖[③]以枣脯。马病肥死,使群臣丧之,欲以棺椁大夫礼葬之。左右争之,以为不可。王下令曰:“有敢以马谏者,罪至死。”优孟闻之,入殿门,仰天大哭。王惊而问其故。优孟曰:“马者王之所爱也,以楚国堂堂之大,何求不得,而以大夫礼葬之,薄,请以人君礼葬之。”王曰:“何如?”对曰:“臣请以雕玉为棺,文梓为椁,楩枫豫章为题凑[④],发甲卒为穿圹[⑤],老弱负土,齐、赵陪位于前,韩、魏翼卫其后,庙食太牢[⑥],奉以万户之邑。诸侯闻之,皆知大王贱人而贵马也。”王曰:“寡人之过一至此乎!为之奈何?”优孟曰:“请为大王六畜葬之,以垅灶为椁,铜历[⑦]为棺,赍[⑧]以姜枣,荐[⑨]以木兰,祭以粮稻,衣以火光,葬之于人腹肠。”于是王乃使以马属太官,无令天下久闻也。

楚相孙叔敖知其贤人也,善待之。病且死,属其子曰:“我死,汝必贫困。若往见优孟,言‘我孙叔敖之子也’。”居数年,其子穷困负薪,逢优孟,与言曰:“我,孙叔敖子也。父且死时,属我贫困往见优孟。”优孟曰:“若无远有所之。”即为孙叔敖衣冠,抵掌谈语。岁馀,像孙叔敖,楚王及左右不能别也。庄王置酒,

---

①尝:通“常”。 ②露床:没有帐幔的床。 ③啖:喂。 ④章:通“樟”。题凑:下葬时将木材累积在棺外,用来护棺。木头都向内,叫作题凑。 ⑤穿圹:挖掘墓穴。 ⑥太牢:牛、羊、猪各一头,是最高的祭礼。 ⑦历:通“鬲(lì)”,鼎一类的东西。 ⑧赍:通“剂”,调配。 ⑨荐:托付,垫进。

优孟前为寿。庄王大惊,以为孙叔敖复生也,欲以为相。优孟曰:“请归与妇计之,三日而为相。”庄王许之。三日后,优孟复来。王曰:“妇言谓何?”孟曰:“妇言慎无为,楚相不足为也。如孙叔敖之为楚相,尽忠为廉以治楚,楚王得以霸。今死,其子无立锥之地,贫困负薪以自饮食。必如孙叔敖,不如自杀。”因歌曰:“山居耕田苦,难以得食。起而为吏,身贪鄙者馀财,不顾耻辱。身死家室富,又恐受赇[①]枉法,为奸触大罪,身死而家灭。贪吏安可为也!念为廉吏,奉法守职,竟死不敢为非。廉吏安可为也!楚相孙叔敖持廉至死,方今妻子穷困,负薪而食,不足为也!”于是庄王谢优孟,乃召孙叔敖子,封之寝丘四百户,以奉其祀。后十世不绝。此知[②]可以言时矣。

其后二百馀年,秦有优旃。

优旃者,秦倡侏儒也。善为笑言,然合于大道。秦始皇时,置酒而天雨,陛楯者[③]皆沾寒。优旃见而哀之,谓之曰:“汝欲休乎?”陛楯者皆曰:“幸甚。”优旃曰:“我即呼汝,汝疾应曰诺。”居有顷,殿上上寿呼万岁。优旃临槛大呼曰:“陛楯郎!”郎曰:“诺。”优旃曰:“汝虽长,何益,幸雨立。我虽短也,幸休居。”于是始皇使陛楯者得半相代。

始皇尝议欲大苑囿,东至函谷关,西至雍、陈仓。优旃曰:“善。多纵禽兽于其中,寇从东方来,令麋鹿触之足矣。”始皇以故辍止。

二世立,又欲漆其城。优旃曰:“善。主上虽无言,臣固将请之。漆城虽于百姓愁费,然佳哉!漆城荡荡[④],寇来不能上。

---

①赇:贿赂。 ②知:通“智”。 ③陛楯者:在殿前阶下持武器警卫的武士。陛:台阶,这里指王宫的台阶。楯:通“盾”。 ④荡荡:漂亮、阔气。

即欲就之，易为漆耳，顾难为荫室。”于是二世笑之，以其故止。居无何，二世杀死，优旃归汉，数年而卒。

太史公曰：淳于髡仰天大笑，齐威王横行。优孟摇头而歌，负薪者以封。优旃临槛疾呼，陛楯得以半更。岂不亦伟哉！

褚先生曰：臣幸得以经术为郎，而好读外家传语。窃不逊让，复作故事滑稽之语六章，编之于左。可以览观扬意①，以示后世好事者读之，以游心骇耳②，以附益上方太史公之三章。

武帝时有所幸倡郭舍人者，发言陈辞虽不合大道，然令人主和说。武帝少时，东武侯母常养帝，帝壮时，号之曰“大乳母”。率一月再朝。朝奏入，有诏使幸臣马游卿以帛五十匹赐乳母，又奉饮糒飧养乳母③。乳母上书曰：“某所有公田，愿得假倩之④。”帝曰：“乳母欲得之乎？”以赐乳母。乳母所言，未尝不听。有诏得令乳母乘车行驰道⑤中。当此之时，公卿大臣皆敬重乳母。乳母家子孙奴从者横暴长安中，当道掣顿⑥人车马，夺人衣服。闻于中⑦，不忍致之法。有司请徙乳母家室，处之于边。奏可。乳母当入至前，面见辞。乳母先见郭舍人，为下泣。舍人曰：“即入见辞去，疾步数还顾。”乳母如其言，谢去，疾步数还顾。郭舍人疾言骂之曰：“咄！老女子！何不疾行！陛下已壮矣，宁尚须汝乳而活邪？尚何还顾！”于是人主怜焉悲之，乃下诏止无徙乳母，罚谪谮之者⑧。

武帝时，齐人有东方生名朔，以好古传书，爱经术，多所博观外家之语。朔初入长安，至公车上书，凡用三千奏牍。公车

①览观扬意：看了可以扩大见闻。②游心骇耳：舒畅心怀，耸动听闻。③饮：酒类。糒（bèi）：干粮。飧：熟食。④假：借。倩：请。⑤驰道：御道。⑥掣顿：牵扯，拦阻。⑦中：朝中，内廷。⑧谪：谴责，此指惩罚。谮：说坏话诬陷别人。

令两人共持举其书,仅然能胜之。人主从上方[1]读之,止,辄乙[2]其处,读之二月乃尽。诏拜以为郎,常在侧侍中。数召至前谈语,人主未尝不说也。时诏赐之食于前。饭已,尽怀其馀肉持去,衣尽污。数赐缣帛[3],檐揭而去[4]。徒用所赐钱帛,取少妇于长安中好女。率取妇一岁所者即弃去,更取妇。所赐钱财尽索之于女子。人主左右诸郎半呼之"狂人"。人主闻之,曰:"令朔在事无为是行者,若等安能及之哉!"朔任其子为郎,又为侍谒者,常持节出使。朔行殿中,郎谓之曰:"人皆以先生为狂。"朔曰:"如朔等,所谓避世于朝廷间者也。古之人,乃避世于深山中。"时坐席中,酒酣,据地歌曰:"陆沉[5]于俗,避世金马门。宫殿中可以避世全身,何必深山之中,蒿庐之下。"金马门者,宦者署门也,门傍有铜马,故谓之曰"金马门"。

时会聚宫下博士诸先生与论议,共难之曰:"苏秦、张仪一当万乘之主,而都卿相之位,泽及后世。今子大夫修先王之术,慕圣人之义,讽诵《诗》《书》、百家之言,不可胜数。著于竹帛,自以为海内无双,即可谓博闻辩智矣。然悉力尽忠以事圣帝,旷日持久,积数十年,官不过侍郎,位不过执戟,意者尚有遗行[6]邪?其故何也?"东方生曰:"是固非子所能备也。彼一时也,此一时也,岂可同哉!夫张仪、苏秦之时,周室大坏,诸侯不朝,力政[7]争权,相禽以兵,并为十二国,未有雌雄,得士者强,失士者亡,故说听行通,身处尊位,泽及后世,子孙长荣。今非然也。圣帝在上,德流天下,诸侯宾服,威振四夷,连四海之外以为席,

---

①上方:指宫禁,内廷。 ②乙:这里是作划断的记号。 ③缣帛:绸绢的通称。 ④檐:通"担",肩挑。揭:高举。 ⑤陆沉:陆地无水而下沉,比喻沦落。 ⑥遗行:有失检点的行为。 ⑦政:通"征"。

安于覆盂[①]，天下平均，合为一家，动发举事，犹如运之掌中。贤与不肖，何以异哉？方今以天下之大，士民之众，竭精驰说，并进辐凑者[②]，不可胜数。悉力慕义，困于衣食，或失门户[③]。使张仪、苏秦与仆并生于今之世，曾不能得掌故[④]，安敢望常侍侍郎乎！传曰：'天下无害灾，虽有圣人，无所施其才；上下和同，虽有贤者，无所立功。'故曰时异则事异。虽然，安可以不务修身乎？《诗》曰：'鼓钟于宫，声闻于外。''鹤鸣九皋[⑤]，声闻于天。'苟能修身，何患不荣！太公躬行仁义七十二年，逢文王，得行其说，封于齐，七百岁而不绝。此士之所以日夜孜孜，修学行道，不敢止也。今世之处士，时虽不用，崛然独立，块然独处，上观许由，下察接舆，策同范蠡，忠合子胥，天下和平，与义相扶，寡偶少徒，固其常也。子何疑于余哉！"于是诸先生默然无以应也。

建章宫后阁重栎中有物出焉，其状似麋。以闻，武帝往临视之。问左右群臣习事通经术者，莫能知。诏东方朔视之，朔曰："臣知之，愿赐美酒粱饭大飧臣，臣乃言。"诏曰："可。"已飧，又曰："某所有公田鱼池蒲苇数顷，陛下以赐臣，臣朔乃言。"诏曰："可。"于是朔乃肯言，曰："所谓驺牙者也。远方当来归义，而驺牙先见。其齿前后若一，齐等无牙，故谓之驺牙。"其后一岁所，匈奴混邪王果将十万众来降汉。乃复赐东方生钱财甚多。

至老，朔且死时，谏曰："《诗》云'营营青蝇[⑥]，止于蕃[⑦]。恺

---

①覆盂：倒置的盂。盂的上口大，下脚小，倒覆过来，稳定不致倾倒，以此喻稳固。②辐凑：车轮上每根辐子凑集到中心的车毂上，比喻从四面八方集中一处。③门户：指进身做官的门路。④掌故：指掌管礼乐制度等故事的官吏。⑤九皋：幽深遥远的沼泽淤地。⑥营营：蝇飞之声。⑦蕃：通"藩"，篱笆。

悌[①]君子，无信谗言。谗言罔极[②]，交乱四国'。愿陛下远巧佞，退谗言。"帝曰："今顾东方朔多善言？"怪之。居无几何，朔果病死。传曰："鸟之将死，其鸣也哀；人之将死，其言也善。"此之谓也。

武帝时，大将军卫青者，卫后兄也，封为长平侯。从军击匈奴，至余吾水上而还，斩首捕虏，有功来归，诏赐金千斤。将军出宫门，齐人东郭先生以方士待诏公车，当道遮卫将军车，拜谒曰："愿白事。"将军止车前，东郭先生旁[③]车言曰："王夫人新得幸于上，家贫。今将军得金千斤，诚以其半赐王夫人之亲，人主闻之必喜。此所谓奇策便计也。"卫将军谢之曰："先生幸告之以便计，请奉教。"于是卫将军乃以五百金为王夫人之亲寿。王夫人以闻武帝。帝曰："大将军不知为此。"问之安所受计策，对曰："受之待诏者东郭先生。"诏召东郭先生，拜以为郡都尉。东郭先生久待诏公车，贫困饥寒，衣敝，履不完。行雪中，履有上无下，足尽践地。道中人笑之，东郭先生应之曰："谁能履行雪中，令人视之，其上履也，其履下处乃似人足者乎？"及其拜为二千石，佩青緺[④]出宫门，行谢主人，故所以同官待诏者，等比祖道于都门外[⑤]。荣华道路，立名当世。此所谓衣褐怀宝者也。当其贫困时，人莫省视；至其贵也，乃争附之。谚曰："相马失之瘦，相士失之贫。"其此之谓邪？

王夫人病甚，人主至自往问之曰："子当为王，欲安所置之？"对曰："愿居洛阳。"人主曰："不可。洛阳有武库、敖仓，当关口，天下咽喉。自先帝以来，传[⑥]不为置王。然关东国莫大于

---

①恺悌：和乐简易。 ②罔极：没有止境。 ③旁：通"傍"，依傍，挨近。 ④青緺：紫青色的丝绸带子。 ⑤等比：排列，依次。祖道：设宴送行。 ⑥传：历来。

齐，可以为齐王。”王夫人以手击头，呼“幸甚”。王夫人死，号曰“齐王太后薨”。

昔者，齐王使淳于髡献鹄于楚。出邑门，道飞其鹄，徒揭空笼，造诈成辞，往见楚王曰：“齐王使臣来献鹄，过于水上，不忍鹄之渴，出而饮之，去我飞亡。吾欲刺腹绞颈而死，恐人之议吾王以鸟兽之故令士自伤杀也。鹄，毛物，多相类者，吾欲买而代之，是不信而欺吾王也。欲赴佗[①]国奔亡，痛吾两主使不通。故来服过，叩头受罪大王。”楚王曰：“善，齐王有信士若此哉！”厚赐之，财倍鹄在也。

武帝时，征北海太守诣行在所[②]。有文学卒史王先生者，自请与太守俱：“吾有益于君。”君许之。诸府掾功曹白云：“王先生嗜酒，多言少实，恐不可与俱。”太守曰：“先生意欲行，不可逆。”遂与俱。行至宫下，待诏宫府门。王先生徒怀钱沽酒，与卫卒仆射饮，日醉，不视其太守。太守入跪拜。王先生谓户郎曰：“幸为我呼吾君至门内遥语[③]。”户郎为呼太守。太守来，望见王先生。王先生曰：“天子即问君何以治北海令无盗贼，君对曰何哉？”对曰：“选择贤材，各任之以其能，赏异等，罚不肖。”王先生曰：“对如是，是自誉自伐功，不可也。愿君对言：非臣之力，尽陛下神灵威武所变化也。”太守曰：“诺。”召入，至于殿下，有诏问之曰：“何以治北海，令盗贼不起？”叩头对言：“非臣之力，尽陛下神灵威武之所变化也。”武帝大笑，曰：“於乎！安得长者之语而称之！安所受之？”对曰：“受之文学卒史。”帝曰：“今安在？”对曰：“在宫府门外。”有诏召拜王先生为水衡丞，以

①佗：通“他”。 ②行在所：简称行在，是皇帝出行临时居住的地方。 ③遥语：隔着一段路交谈。

北海太守为水衡都尉。传曰:“美言可以市,尊行可以加人。君子相送以言,小人相送以财。”

魏文侯时,西门豹为邺令。豹往到邺,会长老,问之民所疾苦。长老曰:“苦为河伯娶妇,以故贫。”豹问其故,对曰:“邺三老、廷掾常岁赋敛百姓,收取其钱得数百万,用其二三十万为河伯娶妇,与祝巫共分其馀钱持归。当其时,巫行视小家女好者,云‘是当为河伯妇’,即娉取[①]。洗沐之,为治新缯绮縠衣[②],间居[③]斋戒;为治斋宫河上,张缇绛帷[④],女居其中。为具牛酒饭食,十馀日。共粉饰之,如嫁女床席,令女居其上,浮之河中。始浮,行数十里乃没。其人家有好女者,恐大巫祝为河伯取之,以故多持女远逃亡。以故城中益空无人,又困贫,所以来久远矣。民人俗语曰‘即不为河伯娶妇,水来漂没,溺其人民’云。”西门豹曰:“至为河伯娶妇时,愿三老、巫祝、父老送女河上,幸来告语之,吾亦往送女。”皆曰:“诺。”

至其时,西门豹往会之河上。三老、官属、豪长者、里父老皆会,以人民往观之者三二千人。其巫,老女子也,已年七十。从弟子女十人所,皆衣缯单衣,立大巫后。西门豹曰:“呼河伯妇来,视其好丑。”即将女出帷中,来至前。豹视之,顾谓三老、巫祝、父老曰:“是女子不好,烦大巫妪为入报河伯,得更求好女,后日送之。”即使吏卒共抱大巫妪投之河中。有顷,曰:“巫妪何久也?弟子趣之[⑤]!”复以弟子一人投河中。有顷,曰:“弟子何久也?复使一人趣之!”复投一弟子河中。凡投三弟子。西门豹曰:“巫妪弟子是女子也,不能白事,烦三老为入白之。”

---

①娉:通“聘”,订婚。 ②缯:丝织品的总称。绮:有花纹的丝织品。縠(hú):有绉纹的纱。 ③间居:单独居住。 ④缇(tí):橘红色的丝织品。绛:深红色。帷:帐子。 ⑤趣:通“促”,催促。

复投三老河中。西门豹簪笔磬折①，向河立待良久。长老、吏傍观者皆惊恐。西门豹顾曰："巫妪、三老不来还，奈之何？"欲复使廷掾与豪长者一人入趣之。皆叩头，叩头且破，额血流地，色如死灰。西门豹曰："诺，且留待之须臾。"须臾，豹曰："廷掾起矣。状河伯留客之久，若皆罢去归矣。"邺吏民大惊恐，从是以后，不敢复言为河伯娶妇。

西门豹即发民凿十二渠，引河水灌民田，田皆溉。当其时，民治渠少②烦苦，不欲也。豹曰："民可以乐成，不可与虑始。今父老子弟虽患苦我，然百岁后期令父老子孙思我言。"至今皆得水利，民人以给足富。十二渠经绝驰道，到汉之立，而长吏以为十二渠经绝驰道，相比近，不可。欲合渠水且至驰道，合三渠，为一桥。邺民人父老不肯听长吏，以为西门君所为也，贤君之法式不可更也。长吏终听置之。故西门豹为邺令，名闻天下，泽流后世，无绝已时，几③可谓非贤大夫哉！

传曰："子产治郑，民不能欺；子贱治单父，民不忍欺；西门豹治邺，民不敢欺。"三子之才能谁最贤哉？辨治者当能别之。

【译文】

孔子说："六经对于治理国家来讲，作用是相同的。《礼》是用来规范人的生活方式的，《乐》是用来促进人们和谐团结的，《书》是用来记述往古事迹和典章制度的，《诗》是用来抒情达意的，《易》是用来窥探天地万物的神奇变化的，《春秋》是用来通晓微言大义、衡量是非曲直的。"太史公说：世上的道理广阔无垠，难道不伟大么！言谈话语果能稍稍切中事理，也是能排解不少纷扰的。

---

①簪笔磬折：帽子上插着类似毛笔的簪子，像石磬那样弯着腰，做出毕恭毕敬的样子。②少：稍微。③几：通"岂"，难道。

淳于髡是齐国的一个入赘女婿。身高不足七尺，为人滑稽，能言善辩，屡次出使诸侯之国，从未受过屈辱。齐威王在位时，喜好说隐语，又好彻夜宴饮，逸乐无度，陶醉于饮酒之中，不管政事，把政事委托给卿大夫。文武百官荒淫放纵，各国都来侵犯，国家危亡，就在旦夕之间，齐王身边近臣都不敢进谏。淳于髡用隐语来规劝讽谏齐威王，说："都城中有只大鸟，落在了大王的庭院里，三年不飞又不叫，大王知道这只鸟是怎么一回事吗？"齐威王说："这只鸟不飞则已，一飞就直冲云霄；不叫则已，一叫就使人惊异。"于是就诏令全国七十二个县的长官全来入朝奏事，奖赏一人，诛杀一人，又发兵御敌。诸侯十分惊恐，都把侵占的土地归还齐国。齐国的声威竟维持达三十六年。这些话全记载在《田完世家》里。

齐威王八年，楚军大举侵犯齐境。齐王派淳于髡出使赵国请求救兵，让他携带礼物黄金百斤，驷马车十辆。淳于髡仰天大笑，将系帽子的带子都笑断了。威王说："先生是嫌礼物太少么？"淳于髡说："怎么敢嫌少！"威王说："那你笑，难道有什么说辞吗？"淳于髡说："今天我从东边来时，看到路旁有个祈祷田神的人，拿着一个猪蹄、一杯酒，祈祷说：'高地上收获的谷物盛满篝笼，低田里收获的庄稼装满车辆，五谷繁茂丰熟，米粮堆积满仓。'我看见他拿的祭品很少，而所祈求的东西太多，所以笑他。"于是齐威王就把礼物增加到黄金千镒、白璧十对、驷马车百辆。淳于髡告辞起行，来到赵国。赵王拨给他十万精兵、一千辆裹有皮革的战车。楚国听到这个消息，连夜退兵而去。

齐威王非常高兴，在后宫设置酒肴，召见淳于髡，赐他酒喝。问他说："先生能够喝多少酒才醉？"淳于髡回答说："我喝一斗酒也能醉，喝一石酒也能醉。"威王说："先生喝一斗就醉了，怎么能喝一石呢？能把这个道理说给我听听吗？"淳于髡说："大王当面赏酒给我，法吏站在旁边，御史站在背后，我心惊胆战，低头伏地地喝，喝不了一斗就醉了。假如父母有尊贵的客人来家，我卷起袖子，躬着身子，奉酒敬客，客人不时赏我残酒，屡次举杯敬酒应酬，喝不到两斗就醉了。假如朋友间交游，好久不曾见面，忽然间相见了，高兴地讲述以往情事，倾吐衷肠，大约喝五六斗就醉了。至于乡里之间的聚会，男女杂坐，彼此敬酒，没有时间的限制，又作六博、投壶一类的游戏，呼朋唤友，相邀成对，握手言欢不受处罚，眉目传情不遭禁止，面前有落下的耳环，背后有丢掉的发簪，在这种时候，我最开心，可以喝上八斗酒，也不过两三分醉意。天黑了，酒也快完了，把残余的酒并到一起，大家促膝而坐，男女同席，鞋子木屐混杂在一起，杯盘杂乱不堪，堂屋里的蜡烛已经熄灭，主人单留住我，而把别的客人送走，绫罗短袄的衣襟已经解开，略略闻到阵阵香味，这时我心里最为高兴，能喝下一石酒。所以说，酒喝得过多就容易出乱子，欢乐到极点就会发生悲痛之事。所有的事情都是如此。"这番话是说，无论什么事情不可走向极端，到了极端就会衰败。淳于髡以此来婉转地劝说齐威王。威王说："好。"于是，威王就停止了彻夜欢饮之事，并任用淳于髡为接待诸侯宾客的宾礼官。齐王宗室设置酒宴，淳于髡常常作陪。

在淳于髡之后一百多年，楚国出了个优孟。

优孟原是楚国的老歌舞艺人。他身高八尺，富有辩才，时常用说笑方式劝诫楚王。楚庄王时，他有一匹喜爱的马，给它穿上华美的绣花衣服，养在富丽堂皇的屋子里，睡在没有帐幔的床上，用蜜饯的枣干来喂它。马因为得肥胖病而死了，庄王派群臣给马办丧事，要用棺椁盛殓，依照大夫那样的礼仪来葬埋死马。左右近臣争论此事，认为不可以这样做。庄王下令说："有谁再敢以葬马的事来进谏，就处以死刑。"优孟听到此事，走进殿门，仰天大哭。庄王吃惊地问他哭的原因。优孟说："马是大王所喜爱的，就凭楚国这样强大的国家，有什么事情办不到，却用大夫的礼仪来埋葬它，太薄待了，请用人君的礼仪来埋葬它。"庄王问："那怎么办?"优孟回答说："我请求用雕刻花纹的美玉做棺材，用细致的梓木做套材，用楩、枫、豫、樟等名贵木材做护棺的木块，派士兵给它挖掘墓穴，让老人儿童背土筑坟，齐国、赵国的使臣在前面陪祭，韩国、魏国的使臣在后面护卫，建立祠庙，用牛羊猪祭祀，封给万户大邑来供奉。诸侯听到这件事，就都知道大王轻视人而看重马了。"庄王说："我的过错竟到这种地步吗？该怎么办呢?"优孟说："请大王准许按埋葬畜牲的办法来葬埋它:在地上堆个土灶当作套材,用大铜锅当作棺材,用姜枣来调味,用香料来解腥,用稻米作祭品,用火做衣服,把它安葬在人的肚肠中。”于是庄王派人把马交给了主管宫中膳食的太官,不让天下人长久传扬此事。

楚国宰相孙叔敖知道优孟是位贤人,待他很好。孙叔敖患病临终前,叮嘱他的儿子说:“我死后,你一定很贫困。那时,你就去拜见优孟,说‘我是孙叔敖的儿子’。”过了几年,孙叔敖的儿子果然十分贫困,靠卖柴为生,一次路上遇到优孟,就对优孟说:“我是孙叔敖的儿子。父亲临终前,嘱咐我贫困时就去拜见优孟。”优孟说:“你不要到远处去。”于是,他就立即缝制了孙叔敖的衣服帽子穿戴起来,模仿孙叔敖的言谈举止,音容笑貌。过了一年多,模仿得活像孙叔敖,连楚庄王左右近臣都分辨不出来。楚庄王设置酒宴,优孟上前为庄王敬酒祝福。庄王大吃一惊,以为孙叔敖又复活了,想要让他做楚相。优孟说:“请允许我回去和妻子商量此事,三日后再来就任楚相。”庄王答应了他。三日后,优孟又来见庄王。庄王问:“你妻子怎么说的?”优孟说:“妻子说千万别做楚相,楚相不值得做。像孙叔敖那样地做楚相,忠正廉洁地治理楚国,楚王才得以称霸。如今死了,他的儿子竟无立锥之地,贫困到每天靠打柴谋生。如果要像孙叔敖那样做楚相,还不如自杀。”接着唱道:“住在山野耕田辛苦,难以获得食物。出外做官,自身贪赃卑鄙的,积有余财,不顾廉耻。自己死后家室虽然富足,但又恐惧贪赃枉法,干非法之事,犯下大罪,自己被杀,家室也遭诛灭。贪官哪能做呢?想要做个清官,遵纪守法,忠于职守,到死都不敢做非法之事。唉,清官又哪能做呢?像楚相孙叔敖,一生坚持廉洁的操守,现在妻儿老小却贫困到靠打柴为生。清官实在不值得做啊!”于是,庄王向优孟表示了歉意,当即召见孙叔敖的儿子,把寝丘这个四百户之邑封给他,以供祭祀孙叔敖之用。自此之后,十年没有断绝。优孟的这种聪明才智,可以说是正得其宜,抓住了发挥的时机。

在优孟以后二百多年,秦国出了个优旃。

优旃是秦国的歌伎艺人,个子非常矮小。他擅长说笑话,然而都能合乎大道理。秦始皇时,宫中设置酒宴,正遇上天下雨,殿阶下执楯站岗的卫士都淋着雨,受着风寒。优旃看见了十分怜悯他们,对他们说:"你们想要休息么?"卫士们都说:"非常希望。"优旃说:"如果我叫你们,你们要很快地答应我。"过了一会儿,宫殿上向秦始皇祝酒,高呼万岁。优旃靠近栏杆旁大声喊道:"卫士!"卫士答道:"有。"优旃说:"你们虽然长得高大,有什么好处?只有幸站在露天淋雨。我虽然长得矮小,却有幸在这里休息。"于是,秦始皇准许卫士减半值班,轮流接替。

秦始皇曾经计议要扩大射猎的区域,东到函谷关,西到雍县和陈仓。优旃说:"好。多养些禽兽在里面,敌人从东面来侵犯,让麋鹿用角去抵触他们就足以应付了。"秦始皇听了这话,就停止了扩大猎场的计划。

秦二世即位,又想用漆涂饰城墙。优旃说:"好。皇上即使不讲,我本来也要请您这样做的。漆城墙虽然给百姓带来愁苦和耗费,可是很美呀!城墙漆得漂漂亮亮的,敌人来了也爬不上来。要想成就这件事,涂漆倒是容易的,但是难办的是要找一所大房子,把漆过的城墙搁进去,使它阴干。"于是二世皇帝笑了起来,因而取消了这个计划。不久,二世皇帝被杀死,优旃归顺了汉,几年后就死了。

太史公说:淳于髡仰天大笑,齐威王因而横行天下。优孟摇头歌唱,打柴为主的人因而受到封赏。优旃靠近栏杆大喊一声,阶下卫士因而得以减半值勤,轮流倒休。这些难道不都是伟大而可颂扬的么!

褚少孙先生说:我有幸能因通晓经学而做了郎官,而且喜欢读史传杂说一类的书。不自量力,又写了六章滑稽故事,编在太史公原著的后面。可供阅览,扩充见闻,以便流传给后代不怕絮烦的人浏览,以舒畅心胸,警醒听闻,特把它增附在上面太史公三则滑稽故事的后面。

武帝时,有个受宠爱的艺人姓郭,他发言讲话虽然不合乎大道理,却能使皇上听了心情和悦。武帝年幼时,东武侯的母亲曾经乳养过他,武帝长大后,就称她为"大乳母"。大概每月入朝两次。每次入朝的通报呈送进去,必有诏旨派宠爱的侍臣马游卿拿五十匹绸绢赏给乳母,并备饮食供养乳母。乳母上书说:"某处有块公田,希望拨借给我使用。"武帝说:"乳母想得到它吗?"便把公田赐给了她。乳母所说的话,没有不听的。又下诏乳母所乘坐的车子可以在御道上行走。在这个时候,公卿大臣都敬重乳母。乳母家里的子孙奴仆等人在长安城中横行霸道,当道拦截人家的车马,抢夺别人的衣物。消息传入朝中,武帝不忍心用法律来制裁乳母。主管的官吏奏请把乳母一家迁移到边疆去。武帝批准了。乳母理当进宫到武帝前面辞行。乳母先会见了郭舍人,为此而流泪。郭舍人说:"马上进去面见辞行,快步退出,多回过身来望几次皇帝。"乳母照他说的做了,面见武帝辞行,快步退出,屡屡转过身来看武帝。郭舍人大声骂乳母说:"啐!老婆子,为什么不快点走!皇上已经长大了,难道还要等你喂奶才能活命么?还转身看什么!"于是武帝可怜她,不禁悲伤起来,就下令制止,不准迁移乳母一家,还处罚了说乳母坏话的人。

武帝时,齐地有个人叫东方朔,因喜欢古代流传下来的书籍,爱好儒家经术,广泛地阅览了诸子百家的书。东方朔刚到长安时,到公车府那里上书给皇帝,共用了三千个木简。公车府派两个人一起来抬他的奏章,刚好抬得起来。武帝在宫内阅读东方朔的奏章,需要停阅时,便在那里划个记号,读了两个月才读完。武帝下令任命东方朔为郎官,他经常在皇上身边侍奉。屡次叫他到跟前谈话,武帝从未有过不高兴的。武帝时常下诏赐他御前用饭。饭后,他便把剩下的肉全都揣在怀里带走,把衣服都弄脏了。皇上屡次赐给他绸绢,他都是肩挑手提地拿走。他专用这些赐来的钱财绸绢,娶长安城中年轻漂亮的女子为妻。大多娶过来一年光景便抛弃了,再娶一个。皇上所赏赐的钱财完全用在女人身上。皇上身边的侍臣有半数称他为"疯子"。武帝听到了说:"假如东方朔做官行事没有这些荒唐行为,你们哪能比得上他呢?"东方朔保举他的儿子做郎官,又升为侍中的谒者,常常衔命奉使,公出办事。一天东方朔从殿中经过,郎官们对他说:"人们都以为先生是位狂人。"东方朔说:"像我这样的人,就是所谓在朝廷里隐居的人。古时候的人,都是隐居在深山里。"他时常坐在酒席中,酒喝得畅快时,就趴在地上唱道:"隐居在世俗中,避世在金马门。宫殿里可以隐居起来,保全自身,何必隐居在深山之中,茅舍里面。"所谓金马门,就是宦者衙署的门,大门旁边有铜马,所以叫做

"金马门"。

当时正值朝廷召集学宫里的博士先生们参与议事，大家一同诘难东方朔说："苏秦、张仪偶然遇到大国的君主，就能居于卿相的地位，恩泽留传后世。现在您老先生研究先王治国御臣的方术，仰慕圣人立身处世的道理，熟习《诗》《书》和诸子百家的言论，不能一一例举。又有文章著作，自以为天下无双，就可以称是见多识广、聪敏才辩了。可是您竭尽全力、忠心耿耿地事奉圣明的皇帝，旷日持久，累积长达数十年，官衔不过是个侍郎，职位不过是个卫士，看来您还有不够检点的行为吧？这是什么原因呢?"东方朔说："这本来就不是你们所能完全了解的。那时是一个时代，现在是另一个时代，怎么可以相提并论呢？张仪、苏秦的时代，周朝十分衰败，诸侯都不去朝见周天子，用武力征伐夺取权势，用军事手段相互侵犯，天下兼并为十二个诸侯国，势力不相上下，得到士人的就强大，失掉士人的就灭亡，所以对士人言听计从，使士人身居高位，恩泽流留传后代，子孙长享荣华。如今不是这样。圣明的皇帝在上执掌朝政，恩泽遍及天下，诸侯归顺服从，威势震慑四方，将四海之外的疆土连接成像座席那样的一片乐土，比倒放的盘盂还要安稳，天下统一，融为一体，凡有所举动，都如同在手掌中转动一下那样轻而易举。贤与不贤，凭什么来辨别呢？当今因天下广大，士民众多，竭尽精力，奔走游说，就如辐条凑集到车毂一样，竞相集中到京城里向朝廷献计献策的人，数也数不清。尽管竭力仰慕道义，仍不免被衣食所困，有的竟连进身的门路也找不到。假使张仪、苏秦和我同生在当今时代，他们连一个掌管旧制旧例等故事的小官都得不到，怎么敢期望做常侍郎呢？古书上说：'天下没有灾害，即使有圣人，也没有地方施展他的才华；君臣上下和睦同心，即使有贤人，也没有地方建立他的功业。'所以说，时代不同，事情也就随之而有所变化。尽管如此，怎么可以不努力去修养自身呢?《诗》说：'在宫内敲钟，声音可以传到外面。''鹤在遥远的水泽深处鸣叫，声音可以传到天上。'如果能够修养自身，还担忧什么不能获得荣耀！齐太公亲身实行仁义七十二年，遇到周文王，才得以施行他的主张，封在齐国，其思想影响流传七百年而不断绝。这就是士人所以日日夜夜，孜孜不倦，研究学问，推行自己的主张，而不敢停止的原因。如今世上的隐士，一时虽然不被任用，却能超然自立，孑然独处，远观许由，近看接舆，智谋如同范蠡，忠诚可比伍子胥，天下和平，修身自持，而却寡朋少侣，这本来是件很平常的事情。你们为什么对我有疑虑呢？"于是那些先生们一声不响，无话回答了。

建章宫后阁的双重栏杆中，有一只动物跑出来，它的形状像麋鹿。消息传到宫中，武帝亲自到那里观看。问身边群臣中熟悉事物而又通晓经学的人，没有一个人能知道它是什么动物。下诏叫东方朔来看，东方朔说："我知道这个东西，请赐给我美酒好饭让我饱餐一顿，我才说。"武帝说："可以。"吃过酒饭，东方朔又说："某处有公田、鱼池和苇塘好几顷，陛下赏赐给我，我才说。"武帝说："可以。"于是东方朔才肯说道："这是叫驺牙的动物。远方当有前来投诚的事，因而驺牙便先出现。它的牙齿前后一样，大小相等而没有大牙，所以叫它驺牙。"后来过了一年左右，匈奴混邪王果然带领十万人来归降汉。武帝于是又赏赐东方朔很多钱财。

到了晚年，东方朔临终时，规劝武帝说："《诗经》上说'飞来飞去的苍蝇，落在篱笆上面。慈祥善良的君子，不要听信谗言。谗言没有止境，四方邻国不得安宁。'希望陛下远离巧言谄媚的人，斥退他们的谗言。"武帝说："如今回过头来看东方朔，仅仅是善于言谈吗？"对此感到惊奇。过了不久，东方朔果然病死了。古书上说："鸟到临死时，它的叫声特别悲哀；人到临终时，它的言语非常善良。"说的就是这个意思吧。

汉武帝时，大将军卫青是卫皇后的哥哥，被封为长平侯。他带领军队出击匈奴，追到余吾水边才返回，斩杀大量敌兵，捕获许多俘虏，立下战功，胜利归来，武帝下令赏赐黄金千斤。大将军从宫门出来，齐地人东郭先生以方士身份在公车府候差，当道拦住卫将军的车马，拜见说："有事禀告大将军。"卫将军停在车前，东郭先生靠在车旁说："王夫人新近得到皇帝的宠爱，家里贫困。如今将军获得黄金千斤，如果用其中的一半送给王夫人的父母，皇上知道了一定很高兴。这就是所谓巧妙而便捷的计策啊。"卫将军感谢他说："先生幸亏把这便捷的计策告诉我，一定遵从指教。”于是卫将军就用五百斤黄金作为给王夫人父母的赠礼。王夫人将此事告诉了武帝。武帝说：“大将军不懂得做这件事。”问卫青从哪里得来的计策，回答说：“从候差的东郭先生那里得来的。”于是下令召见东郭先生，任命他为郡都尉。东郭先生长期在公车府候差，贫困饥寒，衣服破旧，鞋子也不完好。走在雪地里，鞋子有面无底，脚全都踩在地上。过路人嘲笑他，东郭先生回答他们说：“谁能穿鞋走在雪地里，让人看去，鞋上面是鞋子，鞋子下面竟像人的脚呢？”等到他被任命为俸禄二千石的官，佩戴着青绶，走出宫门，去辞谢他的主人时，旧时同他一起候差的，都分批的在都城郊外为他饯行。一路荣华显耀，名扬当代。这就是所谓的身穿粗布衣服，怀里却揣着珍宝的人。当他贫困时，大家都不理睬他；等到他显贵时，就争着去依附他。俗话说：“相马因其外表消瘦而漏掉良马，相士因其外貌贫困而漏失人才。”难道说的就是这种情景吗？

王夫人病重，皇上亲自探望，问她说：“你的儿子应当封为王，你要封他在哪里呢？”回答说：“希望封在洛阳。”皇上说：“不行。洛阳有兵器库、敖仓，又位于交通关口，是天下的咽喉要道。从先帝以来，相传不在洛阳一带封王。不过关东一带的封国，没有比齐国更大的，可以封他为齐王。”王夫人用手拍着头，口呼：“太幸运了”。王夫人死后，就称为“齐王太后薨”。

从前，齐王派淳于髡去楚国进献黄鹄。出了都城门，中途那只黄鹄飞走了，他只好托着空笼子，编造了一篇假话，前去拜见楚王说：“齐王派我来进献黄鹄，从水上经过，不忍心黄鹄干渴，放出让它喝水，不料离开我飞走了。我想要刺腹或勒脖子而死，又担心别人非议大王因为鸟兽的缘故致使士人自杀。黄鹄是羽毛类的东西，相似的很多，我想买一个相似的来代替，这既不诚实，又欺骗了大王。想要逃奔到别的国家去，又痛心齐楚两国君主之间的通使由此断绝。所以前来服罪，向大王叩头，请求责罚。”楚王说：“很好，齐王竟有这样忠信的人。”用厚礼赏赐淳于髡，财物比进献黄鹄多一倍。

汉武帝时，召北海郡太守到皇帝行宫。有个执掌文书的府吏王先生，自动请求与太守一同前往，说："我会对您有好处。"太守答应了他。太守府中的许多府吏、功曹禀告说："王先生爱喝酒，闲话多，务实少，恐怕不宜同行。"太守说："王先生想要去，不好违背他的意愿。"于是就和他一同去了。来到宫门外，在宫府门待命。王先生只顾揣着钱买酒，与卫队长官叙饮，整天醉醺醺的，不去看望太守。太守入宫拜见皇上。王先生对守门郎官说："请替我呼唤我们太守到宫门口来，跟他远远地讲几句话。"守门郎官替他去呼唤太守。太守出来，看见了王先生。王先生说："皇上假如问您如何治理北海郡，使那里没有盗贼，您对答些什么呢？"太守回答说："选择贤能的人，按照他们的能力分别任用，奖赏才能超群的，处罚不图上进的。"王先生说："这样对答是自己称颂自己，自己夸耀功劳，不行啊。希望您回答说：不是臣的力量，完全是陛下神明威武发生的作用。"太守说："好吧。"太守被召进宫中，走到殿下，有诏令问他说："你是怎么治理北海郡，使盗贼不敢泛起的？"太守叩头回答说："这不是臣的力量，完全是陛下神明威武发生的作用。"武帝大笑说："啊呀！哪里学得长者的言语而称颂起来？何处听来的？"太守回答说："是文学卒史教给的。"武帝说："他现在何处？"太守回答说："在宫府门外。"武帝下诏召见，任命王先生为水衡丞，北海太守做水衡都尉。古书上说："美好的言辞可以出卖，高贵的品行可以超人。君子用美言赠人，小人以钱财送人。"

魏文侯时，西门豹做邺县令。西门豹到了邺县，召集年高而有名望的人，询问民间感痛苦的事情。那些人回答说："苦于给河神娶媳妇，因为这个缘故弄得贫困。"西门豹问其原因，回答说："邺地的三老、廷掾常年向百姓征收赋税，收取他们的钱达数百万之多，用其中的二三十万为河神娶媳妇，再同庙祝、巫婆一同瓜分其余的钱，拿回家去。那期间，巫婆四处巡视，见到贫苦人家的女儿中长得漂亮的，就说这应该做河神的媳妇，当即下聘礼娶走。为她洗澡沐浴，给她缝制新的绸绢衣服，独住下来，静心养性；替她在河边盖起斋居的房子，挂上大红厚绢的帐子，让女孩住在里面。又给她宰牛造酒准备饭食，折腾十几天。到时，大家一同来装点乘浮之具，像出嫁女儿的床帐枕席一样，让这女孩坐在上面，放到河中漂行。起初漂在水面,漂流几十里就沉没了。那些有漂亮女子的人家,害怕大巫婆替河神娶他们的女儿,因此大多带着女儿远远地逃离了。所以城里越来越空虚,人越来越少,更加贫困了,这种情况已经很久了。民间俗话说'假如不给河神娶媳妇,河水冲来淹没田产,淹死那些老百姓'。"西门豹说:"等到为河神娶媳妇时,请三老、巫婆、父老们到河边去送新娘,也希望来告诉我,我也要去送新娘。"大家说:"是。"

到了那天,西门豹到河边同大家相会。三老、官吏、豪绅以及乡间的父老们都到了,连同观看的百姓共二三千人。那个大巫婆是个老太婆,年纪已有七十岁。随从的女弟子十几个,都穿着绸子单衣,站在大巫婆后面。西门豹说:"叫河神的媳妇过来,看看她美不美。"巫婆们就将新娘从帐子里扶出,来到西门豹面前。西门豹看了看,回头对三老、庙祝、巫婆及父老们说:"这个女孩不美,烦劳大巫婆到河中报告河神,需要调换一个漂亮女孩,后天送她来。"就让士兵一齐抱起大巫婆投进河里。过了一会儿,西门豹说:"大巫婆怎么一去这么久,还不回来呢?徒弟去催促她一下。"又把一个徒弟投进河中。过了一会儿,又说:"徒弟怎么一去这么久不回来呢?再派一个人去催促她们!"又把一个徒弟投进河里。总共投进河里三个徒弟。西门豹说:"巫婆、徒弟是女人,不会禀告事由,烦劳三老替我进去禀告河神。"又把三老投进河里。西门豹头上插着类似毛笔的簪子,弯着腰,面对河水站着等了很长时间。长老、官吏和旁观者都非常害怕。西门豹回头说:"巫婆、三老不回来,怎么办?"想再派廷掾和一个豪绅进去催促他们。廷掾和豪绅都跪在地上磕头,把头都磕破了,血流在地上,脸色如死灰一样。西门豹说:"好吧,暂且等待一会儿。"待了一会儿,西门豹说:"廷掾起来吧。看情景河神留客太久了,你们都离开这里回家吧。"邺县的官吏、百姓都很害怕,从此以后,不敢再说替河神娶媳妇了。

西门豹就征发百姓开凿了十二条渠道,引漳河水浇灌农田,农田都得到灌溉。在开凿河渠时,老百姓开渠多少是有些劳苦的,不很愿意干。西门豹说:"百姓可以同他们安享其成,却不可以同他们谋划事业的开创。现在父老子弟虽然以为我给他们带来辛苦,但是百年以后,希望让父老子弟们再想想我所说的话。”直到现在,那里都得到河水的利益,百姓因此富裕起来。十二条河渠横穿御道,到汉兴起时,地方官吏认为十二条河渠上的桥梁截断了御道,彼此相距又很近,不行。想合并渠水,并把流经御道的那段,三条渠水合为一条,只架一桥。邺地的百姓不肯听从地方官吏的意见,认为那些渠道是经西门先生规划开凿的,贤良长官的法度规范是不能更改的。地方长官终于听取了大家的意见,放弃了并渠计划。所以西门豹做邺县令,名闻天下,恩德流传后世,难道能说他不是贤大夫吗?

古书上说:“子产治理郑国,百姓不能欺骗他;子贱治理单父,百姓不忍心欺骗他;西门豹治理邺县,百姓不敢欺骗他。”他们三个人的才能,谁最高明呢?研究治道的人,当会分辨出来。

【鉴赏】

传中所写三人皆出身微贱,淳于髡为齐之赘婿,优孟为楚之乐人,优旃为秦倡侏儒,然而他们所行却并非鄙亵之事,而是关乎“天下所以存亡”的大事。淳于髡以诙谐之隐语劝齐威王罢长夜之饮而使齐国大振,优孟以谈笑讽谏楚庄王改过而尊贤,优旃以合于大道之笑言劝谏秦始皇、二世止欲,都莫不如此。由此也可见出司马迁与褚少孙之高下。所以本篇名为《滑稽列传》,开首从六艺而起就是开宗明义之笔了。以下紧扣此义按时代先后依次写来,淳于髡一段多以四字之语铺排,句法奇秀,布局又极精巧,层层迭起,妙趣盎然;优孟一段先写楚王爱马而改过,后写尊贤而爱才,正可谓欲言此而先言彼,缓缓蓄势,姗姗来迟,及至最后,方解原来史公之意乃在于此,不禁令人拍案;优旃一段,以张大之语夸其利,称其当,实则言正而意反,暴主之欲竟以禁,读来也令人击节;篇末论赞又与篇首小序呼应,所谓“天道恢恢,岂不大哉!”三人之行事“岂不亦伟哉!”正是通篇一气,酣畅淋漓。故而李景星《史记评议》称赞本篇“赞语若雅若俗,若正若反,若有理,若无理,若有情,若无情,数句之中,极嘻笑怒骂之致,真是神品”。

至于褚少孙所补虽与史公之文有高下之别,但也自有妙处,尤其西门豹治邺一段,以娓娓道来之笔,画出西门豹之贤能与机智,整个故事读来也是趣味无穷。清人吴见思《史记论文》评之:“序来楚楚如生,历历如画,读之如亲见其事,若再加劲肆,当不失史公之后尘。”

史记卷一百二十七·日者列传第六十七

日者，即古时卜筮占测时日吉凶的人。《太史公自序》说："齐、楚、秦、赵为日者，各有俗所用。欲循观其大旨，作《日者列传》。"据此，《日者列传》应该是一篇日者的类传，而本篇却主要是楚人司马季主驳斥蔑视占卜的贾谊、宋忠之辞，无齐、秦、赵诸国日者之事。并且本篇与下篇《龟策列传》均写卜筮者，前后重复，而"日者"与"卜者"在古代界线是很清楚的。因此有学者认为《日者列传》已经失传，而现存的这篇不知出自何人之手。本篇的主旨是借司马季主之言，讥刺贾谊、宋忠所谓的贤者只不过是不忠不才的窃位之徒，远不如有礼有德、不求尊誉的日者。

自古受命而王，王者之兴何尝不以卜筮决于天命哉！其于周尤甚，及秦可见。代王之入，任于卜者。太卜之起，由汉兴而有。

司马季主者，楚人也。卜于长安东市。

宋忠为中大夫，贾谊为博士，同日俱出洗沐[①]，相从论议，诵易先王圣人之道术[②]，究遍人情[③]，相视而叹。贾谊曰："吾闻古之圣人，不居朝廷，必在卜医之中。今吾已见三公九卿朝士大夫，皆可知矣。试之卜数中以观采[④]。"二人即同舆而之市，游于卜肆中。天新雨，道少人，司马季主闲坐，弟子三四人侍，方辩天地之道，日月之运，阴阳吉凶之本。二大夫再拜谒。司马季主视其状貌，如类有知者，即礼之，使弟子延之坐。坐定，司马

①洗沐：沐浴，借指假日，又叫"休沐"。汉时规定，官员每五日一休息，用于沐浴等事。②道术：治理天下之术。③究遍：广泛探究。人情：指世道人心。④之：到某地去。观采：观其风采，物色。

季主复理[①]前语，分别[②]天地之终始，日月星辰之纪[③]，差次仁义之际[④]，列吉凶之符[⑤]，语数千言，莫不顺理。

宋忠、贾谊瞿然[⑥]而悟，猎缨[⑦]正襟危坐，曰："吾望先生之状，听先生之辞，小子窃观于世，未尝见也。今何居之卑，何行之污？"

司马季主捧腹大笑曰："观大夫类[⑧]有道术者，今何言之陋也，何辞之野也！今夫子所贤者何也？所高者谁也？今何以卑污长者？"

二君曰："尊官厚禄，世之所高也，贤才处之。今所处非其地，故谓之卑。言不信，行不验，取不当，故谓之污。夫卜筮者，世俗之所贱简[⑨]也。世皆言曰：'夫卜者多言夸严以得人情，虚高人禄命以说人志，擅言祸灾以伤人心，矫言鬼神以尽人财，厚求拜谢以私于己。'此吾之所耻，故谓之卑污也。"

司马季主曰："公且安坐。公见夫被发童子乎？日月照之则行，不照则止。问之日月疵瑕吉凶，则不能理[⑩]。由是观之，能知别贤与不肖者寡矣。

"贤之行也，直道以正谏，三谏不听则退。其誉人也不望其报，恶人也不顾其怨，以便国家利众为务。故官非其任不处也，禄非其功不受也；见人不正，虽贵不敬也；见人有污，虽尊不下也；得不为喜，去不为恨；非其罪也，虽累辱[⑪]而不愧也。

"今公所谓贤者，皆可为羞矣。卑疵[⑫]而前，孅趋[⑬]而言；相

---

①理：接续，接着。 ②分别：分辨，分析。 ③纪：规律，法度。 ④差次：区分差别等次。际：交接，会合。 ⑤列：排列，列举。符：符应，即吉凶祸福的征兆。 ⑥瞿然：惊异的样子。 ⑦猎缨：整理冠带，使之端正，表示恭敬。 ⑧类：像，好像。 ⑨贱简：鄙视，看不起。简：忽视，怠慢。 ⑩理：整理，此处意为解释说明，讲出道理。 ⑪累辱：受累遭到屈辱。累：通"缧"，捆绑犯人的绳子。 ⑫卑疵：卑躬屈膝，低声下气的样子。 ⑬孅(xiān)趋：过分谦恭，谄媚讨好。

引以势，相导以利；比周宾正[①]，以求尊誉，以受公奉[②]；事私利，枉主法，猎[③]农民；以官为威，以法为机[④]，求利逆暴[⑤]：譬无异于操白刃劫人者也。

“初试官时，倍力为巧诈，饰虚功执空文以罔主上[⑥]，用居上为右；试官不让贤陈功，见伪增实，以无为有，以少为多，以求便势尊位；食饮驱驰，从姬歌儿，不顾于亲，犯法害民，虚公家。此夫为盗不操矛弧者也，功而不用弦刃者也，欺父母未有罪而弑君未伐者也，何以为高贤才乎？

“盗贼发不能禁，夷貊不服不能摄[⑦]，奸邪起不能塞[⑧]，官耗乱[⑨]不能治，四时不和不能调，岁谷不孰不能适。才贤不为，是不忠也；才不贤而托官位，利上奉，妨贤者处，是窃位也；有人者进，有财者礼，是伪也。子独不见鸱枭之与凤皇翔乎？兰芷芎䓖弃于广野[⑩]，蒿萧成林，使君子退而不显众，公等是也。

“述而不作，君子义也。今夫卜者，必法天地，象四时，顺于仁义，分策[⑪]定卦，旋式正棋[⑫]，然后言天地之利害，事之成败。昔先王之定国家，必先龟策[⑬]日月，而后乃敢代；正时日，乃后入家；产子必先占吉凶，后乃有之。自伏羲作八卦，周文王演三百八十四爻而天下治。越王勾践仿文王八卦以破敌国，霸天下。由是言之，卜筮有何负[⑭]哉！

“且夫卜筮者，埽除设坐[⑮]，正其冠带，然后乃言事，此有礼

---

①比周：相互曲从，相互勾结。宾正：排挤正直的人。宾：通“摈”，排挤。 ②奉：通“俸”，俸禄。 ③猎：猎取，掠取。 ④为机：此指以机关、陷阱等猎人捕兽之举动比喻官吏之蓄意害民。 ⑤逆暴：逆行残暴。 ⑥调：通“罔”，欺罔，哄骗。 ⑦摄：通“慑”，慑服，震慑。 ⑧塞：阻止，禁止。 ⑨耗乱：亏损消耗，毫无秩序。 ⑩兰芷芎䓖：泛指香草。 ⑪策：占卜用的蓍草。 ⑫旋式：旋转栻盘。式：通“栻”。栻盘，占卜用具。正棋：占卜作卦。棋：指筮策之状。 ⑬龟策：动词，用龟策占测。 ⑭负：亏缺，短处。 ⑮埽：通“扫”。坐：座位。

也。言而鬼神或以飨[1]，忠臣以事其上，孝子以养其亲，慈父以畜[2]其子，此有德者也。而以义置数十百钱，病者或以愈，且死或以生，患或以免，事或以成，嫁子娶妇或以养生。此之为德，岂直数十百钱哉！此夫老子所谓'上德不德，是以有德'。今夫卜筮者利大而谢少，老子之云岂异于是乎？

"庄子曰：'君子内无饥寒之患，外无劫夺之忧，居上而敬，居下不为害，君子之道也。'今夫卜筮者之为业也，积之无委聚[3]，藏之不用府库，徙之不用辎车，负装之不重，止而用之无尽索之时。持不尽索之物，游于无穷之世，虽庄氏之行未能增于是也，子何故而云不可卜哉？天不足西北，星辰西北移；地不足东南，以海为池；日中必移，月满必亏；先王之道，乍存乍亡[4]。公责卜者言必信，不亦惑乎！

"公见夫谈士辩人乎？虑事定计，必是人也，然不能以一言说人主意，故言必称先王，语必道上古；虑事定计，饰先王之成功，语其败害，以恐喜人主之志，以求其欲。多言夸严，莫大于此矣。然欲强国成功，尽忠于上，非此不立。今夫卜者，导惑教愚也。夫愚惑之人，岂能以一言而知之[5]哉！言不厌多。

"故骐骥不能与罢驴为驷[6]，而凤皇不与燕雀为群，而贤者亦不与不肖者同列。故君子处卑隐以辟[7]众，自匿以辟伦，微见德顺以除群害，以明天性，助上养下，多其功利，不求尊誉。公之等喁喁者也[8]，何知长者之道乎！"

宋忠、贾谊忽而自失，芒乎无色，怅然噤口[9]不能言。于是摄衣而起，再拜而辞。行洋洋也，出门仅能自上车，伏轼低头，

---

①飨：通"享"，此处指享用祭品。 ②畜：抚养，抚育。 ③委聚：堆积，聚集成堆。 ④乍：忽然。 ⑤知之：使他聪明。知：通"智"。 ⑥罢：通"疲"。驷：同驾一辆车的四匹马。 ⑦辟：通"避"。 ⑧喁(yóng)喁：随声附和的样子。 ⑨噤口：闭口。

卒不能出气。

居三日，宋忠见贾谊于殿门外，乃相引屏语相谓自叹曰："道高益安，势高益危。居赫赫之势，失身且有日矣。夫卜而有不审，不见夺糈[1]；为人主计而不审，身无所处。此相去远矣，犹天冠地屦也。此老子之所谓'无名者，万物之始也'。天地旷旷，物之熙熙[2]，或安或危，莫知居之。我与若，何足预彼哉！彼久而愈安，虽曾氏之义未有以异也。"

久之，宋忠使匈奴，不至而还，抵罪。而贾谊为梁怀王傅，王堕马薨，谊不食，毒恨[3]而死。此务华绝根者也[4]。

太史公曰：古者卜人所以不载者，多不见于篇。及至司马季主，余志而著之。

褚先生曰：臣为郎时，游观长安中，见卜筮之贤大夫，观其起居行步，坐起自动，誓[5]正其衣冠而当乡人也，有君子之风。见性好解妇来卜[6]，对之颜色严振[7]，未尝见齿而笑也。从古以来，贤者避世，有居止舞泽者[8]，有居民间闭口不言，有隐居卜筮间以全身者。夫司马季主者，楚贤大夫，游学长安，通《易经》，术[9]黄帝、老子，博闻远见。观其对二大夫贵人之谈言，称引古明王圣人道，固非浅闻小数之能[10]。及卜筮立名声千里者，各往往而在。传曰："富为上，贵次之；既贵，各各学一伎能立其身。"黄直，大夫也；陈君夫，妇人也；以相马立名天下。齐张仲、曲成侯以善击刺学用剑，立名天下。留长孺以相彘立名。荥阳褚氏以相牛立名。能以伎能立名者甚多，皆有高世绝人之风，何可

①不见夺糈：不会被夺去糈米。见：被。糈（xǔ）：粮食。 ②熙熙：和乐的样子。 ③毒恨：痛恨，此处是指痛恨自己。 ④务：追求。根：根本，指性命。 ⑤誓：谨慎。 ⑥性好解妇：指性情喜爱解疑的妇人，即乐于卜筮的妇人。 ⑦严振：严肃。 ⑧舞：通"芜"，荒芜。 ⑨术：通"述"，讲述，陈述。 ⑩固：原本。小数：小术。数：技艺，方术。

胜言。故曰:“非其地,树之不生;非其意,教不之成。”夫家之教子孙,当视其所以好,好含苟生活之道,因而成之。故曰:“制宅命子,足以观士;子有处所,可谓贤人。”

臣为郎时,与太卜待诏为郎者同署,言曰:“孝武帝时,聚会占家问之,某日可取妇乎?五行家曰可,堪舆家曰不可,建除家曰不吉,丛辰家曰大凶,历家曰小凶,天人家曰小吉,太一家曰大吉。辩讼不决,以状闻。制曰:‘避诸死忌,以五行为主。’”人取于五行者也。

【译文】

自古以来承受天命的人方能成为国君,而君王的兴起又何尝不是用卜筮来判断天命呢!这种情形在周朝尤为盛行,到了秦代还可以看到。代王入朝继承王位,也是听任于占卜者。至于卜官的出现,早在汉兴以来就已经有了。

司马季主是楚国人。他在长安东市卜卦。

宋忠此时任中大夫,贾谊任博士,一天二人一同外出洗沐,边走边谈,讨论讲习先王圣人的治道方法,广泛地探究世道人情,相视慨叹。贾谊说:“我听说古代的圣人,如不在朝做官,就必在卜者、医师行列之中。现在,我已见识过三公九卿及朝中士大夫,他们的才学人品都可说了解了。我们试着去看看卜者的风采吧。”二人即同车到市区去,在卜筮的馆子里游览。天刚下过雨,路上行人很少,司马季主正闲坐馆中,三四个弟子陪侍着他,正在讲解天地间的道理,日月运转的情形,阴阳吉凶的本源。两位大夫向司马季主拜了两拜。司马季主打量他们的状貌,好像是有知识的人,就还礼作答,叫弟子引他们就座。坐定之后,司马季主重新疏解前面讲的内容,分析天地的起源与终止,日月星辰的运行法则,区分仁义的差别关系,列举吉凶祸福的朕兆,讲了数千言,无不顺理成章。

宋忠、贾谊十分惊异而有所领悟,整理冠带,端正衣襟,恭敬地坐着,说:“我看先生的容貌,听先生的谈吐,晚辈私下观看当今之世,还未曾见到过。现在,您为什么地位如此低微,为什么职业如此污浊?

司马季主捧腹大笑说:“看两位大夫好像是有道术的人,现在怎么会说出这种浅薄的话,措辞这样粗野呢?你们所认为的贤者是什么样的人呢?所认为高尚的人是谁呢?凭什么将长者视为卑下污浊呢?”

两位大夫说:“高官厚禄,是世人所认为高尚的,贤能的人占据那种地位。如今先生所处的不是那种地位,所以说是低微的。所言不真实,所行不灵验,所取不恰当,所以说是污浊的。卜筮者,是世俗所鄙视的。世人都说:‘卜者多用夸大怪诞之辞,来迎合人们的心意;虚假抬高人们的禄命,来取悦人心;编造灾祸,以使人悲伤;假借鬼神,以骗尽钱财;贪求酬谢,以利于自身。’这都是我们认为可耻的行径,所以说是低微污浊的。”

司马季主说:“二位且安坐。你们见过那披发童子吧?日月照着,他们就走路;不照,他们就不走。问他们日月之食和人事吉凶,就不能解释说明。由此看来,能识别贤与不肖的人太少了。

“大凡贤者居官做事,都遵循正直之道以正言规劝君王,多次劝谏不被采纳就引退下来。他们称誉别人并不图其回报,憎恶别人也不顾其怨恨,只以对国家和百姓有利为己任。所以,官职不是自己所能胜任的就不做,俸禄不是自己功劳所应得到的就不接受;看到心术不正的人,虽位居显位也不恭敬他;看到染有污点的人,虽高居尊位也不屈就他;得到荣华富贵也不以为喜,失去富贵荣华也不以为恨;如果不是他的过错,虽牵累受辱也不感到羞愧。

“现在你们所说的贤者,都是些足以为他们感到羞愧的人。他们低声下气地趋奉,过分谦恭地讲话;凭权势相勾引,以利益相诱导;植党营私,排斥正人君子,以骗取尊宠美誉,以享受公家俸禄;谋求个人的利益,歪曲君主的法令,掠夺农民的财产;依仗官位逞威风,利用法律做工具,追逐私利,逆行横暴:好像与手持利刃威胁别人没有什么不同。

“刚做官时,竭力要弄巧诈伎俩,粉饰虚假的功劳,拿着华而不实的文书去欺骗君王，以便爬上高位；被委任官职后，不肯让贤者陈述功劳，却自夸其功，把假的说成实的，把没有的变成有的，把少的改为多的，以求得权势尊位；大吃大喝，到处游乐，犬马声色，无所不有，不顾父母亲人死活，专做犯法害民勾当，肆意挥霍，虚耗公家。这其实是做强盗而不拿弓矛，攻击他人而不用刀箭，虐待父母而未曾定罪，杀害国君而未被讨伐的一伙人。凭什么认为他们是高明贤能者呢？

“盗贼发生而不能禁止，蛮夷不从而不能慑服，奸邪兴起而不能遏止，公家损耗而不能整治，四时不和而不能调节，年景不好而不能调剂。有才学而不去做，这是不忠；没有才学而寄居官位，享受皇上的俸禄，妨碍贤能者的地位，这是窃居官位；有关系的就进用做官，有钱财的就礼遇尊敬，这叫作虚伪。你们难道没有见过鸱鸮也同凤凰一起飞翔吗？兰芷芎䓖被遗弃在旷野里，而蒿萧却长得茂密成林，使正人君子隐退而不能扬名显众，即是在位诸公所致。

“述而不作，是君子的本意。如今卜者占卜，一定效法天地，取象四时的变化，顺应仁义的原则，分辨筮策，判定卦象，旋转栻盘，占卜作卦，然后解说天地间的厉害，人事的吉凶成败。以前先王安定国家，必先用龟策占卜日月，然后才敢代天治理百姓；选准吉日，随后才能进入国都；家中生子必先占卜吉凶，然后才敢养育。从伏羲氏创制八卦，周文王演化成三百八十四爻而后天下得以大治。越王勾践仿照文王八卦行事而大破敌国，称霸天下。由此说来，卜筮有什么亏缺和短处呢？

“再说卜筮者，扫除洁净然后设座，端正冠带然后谈论吉凶之事，这是合礼仪的表现。他们的言论，使鬼神或许因而享用祭品，忠臣因而奉事他的国君，孝子因而供养他的双亲，慈父因而抚育他的孩子，这是有道德的表现。而问卜者出于道义花费几十、上百个钱，生病的人或许因而痊愈，将死的人或许因而得生，祸患或许因而免除，事情或许因而成功，嫁女娶妇或许因而得以养生。这种功德，难道只值几十、上百个钱吗！这就是老子所说的‘具有大德者并不以有德自居，所以他才有德’。今天的卜筮者待人好处多而受人之谢少，老子所说的难道同卜筮者的所作所为有什么不同吗？

“庄子说：‘君子内无饥寒的忧患，外无被劫夺的顾虑，居上位慎重严谨，处下位不妒忌他人，这就是君子之道。’如今，卜筮者所从事的职业，积蓄无须成堆，储藏不用府库，迁徙不用辎车，装备简单轻便，停留下来就能使用，并且没有用完之时。拿着使用不尽的东西，游于没有尽头的世上，即使庄子的行为也不能比这更好。你们为什么却说不可以卜筮呢？天不足西北，星辰移向西北；地不足东南，就用海为池；太阳到了中午必定向西移动，月亮到了满圆后必定出现亏缺；先王的圣道，忽存忽亡。而二位大夫要求卜筮者说话必定信实，不也足令人疑惑不解吗？

“你们见过说客辩士吧？思考问题，决策谋划，必须靠这种人，然而他们不能用只言片语使人主喜悦，所以讲话必托称先王，论说必引述上古；考虑问题，决策谋划，或夸饰先王事业的成功，或述说其失利败坏的情形，使人主的心意或有所喜，或有所惧，以实现他们的欲望。多讲虚夸之词，没有比这更厉害的了。可是要想使国家富强，事业成功，能够效忠君王，不这样做又不行。现在的卜筮者，是解答人们的疑问，教化百姓的愚昧。那些愚昧迷惑的人，怎么能用一句话就使他们聪明起来！因此，说话不厌其多。

“所以骐骥不能和疲驴同驾一车，凤凰不同燕子麻雀为群，而贤者也不跟不肖者同伍。所以君子常处于卑下不显眼的地位，以避开大众，自己隐匿起来以避开人伦的束缚，暗中察明世间道德顺应之情状，以消除种种祸害，以表明上天的本性，帮助上天养育生灵，希求更多的功利，而不求什么尊位与荣誉。你们二位不过是随声附和的人，怎么会知道长者的道理呢！”

宋忠和贾谊听得精神恍惚而若有所失，茫然失色，神情惆怅，闭口不能说话。于是整衣起身，拜了又拜，辞别司马季主。二人走起路来，不辨东西南北，出门只能自己上车，趴在车栏上，不敢抬头，始终像是透不过气来。

过了三天，宋忠在殿门外见到贾谊，便凑到一起避开旁人谈论此事，慨叹地说:“道德越高越安稳,权势越高越危险。处在显赫的地位,丧身将指日可待。卜筮即便不周密,也不会被夺去应得的精米;替君王出谋划策如果不周密,就没有立身之地。这二者相差太远了,就像天冠地覆不可同日而语一样。这正如老子所说的‘无名是产生天地万物的本源’呵!天地空阔无边,万物兴盛和乐,有的安稳,有的危险,不知所处。我和你,哪里值得干预他们卜者之事呢!他们日子愈久就越安稳,即使庄子的主张也没有什么与此不同之处。”

过了很久,宋忠出使匈奴,没有到达那里就返回来了,因而被判了罪行。贾谊做梁怀王的太傅,梁怀王不慎坠马而死,贾谊引咎绝食,痛恨而死。这都是追求华贵而断绝性命的事例啊。

太史公说:古时候的卜者,所以不被记载的原因,是因为他们的事迹多不见于文献。待到司马季主,我便将其言行记述成篇。

褚先生说:我做郎官时,曾在长安城中游览,见过从事卜筮职业的贤士大夫,观察他们的起居行走、行动都由自己,常常谨慎地整理好衣服帽子来接待乡野之民,有君子的风范。遇到性情喜爱解疑、乐于卜筮的妇人来问卜,对待她们态度严肃,不曾露齿而笑。自古以来,贤者逃避世俗社会,有的栖息于荒芜的洼地,有的生活在民间而闭口不言,有的隐居在卜筮者中间以保全自己。司马季主是楚国的贤大夫,在长安游学,通晓《易经》,能够陈述黄帝、老子之道,知识广博,远见卓识。看他对答二位大夫贵人的话语,引述古代明王圣人的道理,原本不是见识浅薄能力低下之辈。至于以卜筮为业名扬千里之外的,往往到处都有。传记上说:“富为上,贵次之;已经显贵了,各自还须学会一技之长以立身于社会之中。”黄直是位大夫,陈君夫是个妇女,以擅长相马而立名天下。齐国张仲和曲成侯以擅长用剑击刺而扬名天下。留长孺因善于相猪而出名。荥阳褚氏因善于相牛而成名。能够因技能立名的人很多,都有高于世俗和超过常人的风范,怎么能说得尽呢?所以说:“不是适当之地,种什么也不生长;不合他的意向,教什么也难以成就。”大凡家庭教育子女,应当看看他们喜好什么,爱好如果包容生活之道,就顺其爱好因势利导而造就他。所以说："建造什么住宅，为子取用何名，足以看出士大夫的志趣所在；儿子有了安身之处，可以称得上是贤人了。"

我做郎官时，与太卜待诏为郎官的同事在同一衙门办公，他们说："孝武帝时，曾召集从事占卜的各类专家来询问，某日可以娶儿媳吗？五行家说可以，堪舆家说不可以，建除家说不吉利，丛辰家说是大凶，历家说是小凶，天人家说是小吉，太一家说是大吉。各家争议辩论，不能做出决定，只能将有关情况奏明皇上。皇上下令说：'避开死凶忌讳，应以五行家的意见为依据。'"这就是人们采用五行家的意见的原因。

【鉴赏】

此篇为辞赋体之文，假托司马季主驳难宋忠、贾谊，以表达愤世嫉俗之情。司马季主的说辞犀利透辟，语言形象而很有说服力，并且颇具个性。说辞首先直言贤人之行应是"誉人也不望其报，恶人也不顾其怨，以便利国家利众为务"，随后以铺排之言直斥如今所谓贤者，只不过是一群卑躬谄媚、朋比为奸、徇私枉法、为逆行暴而"无异于操白刃劫人"的犯法害民之徒，只不过是一群巧诈欺妄、妨贤窃位、见伪增实、饰功邀宠而"为盗不操矛弧""攻而不用弦刃""欺父母未有罪而弑君未伐"的为非作歹之徒。这是将真正的贤人之行与所谓尊官厚禄的"贤者"之丑恶面目进行对照。这些所谓的贤者"盗贼发不能禁，夷貊不服不能摄，奸邪起不能塞，官秏乱不能治，四时不和不能调，岁谷不熟不能适"，实际是不忠不贤的伪诈之徒。与日者相比，正是一为鸱鸮，一为凤凰；一为蒿萧，一为兰芷；一为罢驴，一为骐骥。不肖与贤，相互映衬，爱憎分明。通篇说辞以恣肆之笔、酣畅之语、愤激之言抨击了世之所高的"贤才"，颂扬了世之所贱简的"卜筮者"，流露出对真正贤者与不肖者颠倒错位的极度愤慨。此一篇文字，读来的确令人有淋漓痛快之感。文中还通过写宋忠、贾谊听司马季主之论后的神态与叹服之言，以及二人日后的悲惨结局反衬居官之势位显赫，不如卜者之卑隐避众。

史记卷一百二十八·龟策列传第六十八

“龟策”是指龟甲和蓍草，古人用它们来占卜吉凶：烧灼龟甲，根据其裂纹预测吉凶称“卜”；排列蓍草，根据所呈状况以定吉凶称“筮”。本篇即是记述卜筮活动的。篇首之序赞为司马迁所作，追述了卜筮活动从上古以至汉武帝时演变状况，并述及武帝时重卜筮占候、信蛊道巫术，致使不少人骤然贵宠、很多人破族灭门的闹剧和悲剧，而最后引君子、《尚书》之言称，“轻卜筮、无神明”不可，“背人道、信祯祥”亦不得其正，应当“明有而不专之道”，即不弃卜筮，又不专痴卜筮。而后面的占龟之说，卫平为宋元王占梦并劝其杀龟取甲的故事，以及各种卦体与命兆之辞为褚少孙所补写，对了解古人方术占卜颇为珍贵。

太史公曰：自古圣王将建国受命，兴动事业，何尝不宝①卜筮以助善！唐虞以上，不可记已。自三代之兴，各据祯祥②。涂山之兆从而夏启世，飞燕之卜顺故殷兴，百谷之筮吉故周王。王者决定诸疑，参以卜筮，断以蓍龟，不易之道也。

蛮夷氐羌虽无君臣之序，亦有决疑之卜。或以金石，或以草木，国不同俗。然皆可以战伐攻击，推兵求胜，各信其神，以知来事。

略闻夏殷欲卜者，乃取蓍龟，已则弃去之，以为龟藏则不灵，蓍久则不神。至周室之卜官，常宝藏蓍龟；又其大小先后，各有所尚，要其归等耳③。或以为圣王遭事无不定，决疑无不

①宝：看重，重视。 ②祯祥：吉祥，吉兆。 ③要：概括，总归。归：旨归。

见，其设稽神[①]求问之道者，以为后世衰微，愚不师智，人各自安，化分为百室，道散而无垠，故推归之至微，要絜于精神也。或以为昆虫之所长，圣人不能与争。其处吉凶，别然否，多中于人。至高祖时，因秦太卜官。无下始定，兵革未息。及孝惠享国日少，吕后女主，孝文、孝景因袭掌故[②]，未遑[③]讲试。虽父子畴官，世世相传，其精微深妙，多所遗失。至今上即位，博开艺能之路，悉延百端之学，通一伎之士咸得自效，绝伦超奇者为右，无所阿私，数年之间，太卜大集。会上欲击匈奴，西攘大宛，南收百越，卜筮至预见表象，先图其利。及猛将推锋执节，获胜于彼，而蓍龟时日亦有力于此。上尤加意，赏赐至或数千万。如丘子明之属，富溢贵宠，倾于朝廷。至以卜筮射蛊道[④]，巫蛊时或颇中。素有眦睚[⑤]不快，因公行诛，恣意所伤，以破族灭门者，不可胜数。百僚荡恐，皆曰龟策能言。后事觉奸穷，亦诛三族。

夫擿策定数[⑥]，灼龟观兆，变化无穷，是以择贤而用占焉，可谓圣人重事者乎！周公卜三龟，而武王有瘳[⑦]。纣为暴虐，而元龟不占[⑧]。晋文将定襄王之位，卜得黄帝之兆，卒受彤弓[⑨]之命。献公贪骊姬之色，卜而兆有口象，其祸竟流五世。楚灵将背周室，卜而龟逆，终被乾溪之败。兆应信诚于内，而时人明察见之于外，可不谓两合者哉！君子谓夫轻卜筮、无神明者悖[⑩]；背人道、信祯祥者，鬼神不得其正。故《书》建稽疑，五谋而卜筮

①稽神：考究神意。稽：考究，了解。 ②掌故：即旧制旧例。 ③未遑：来不及，顾不上。遑(huáng)：闲暇，空暇。 ④射：猜度，猜测。蛊道：巫师用诅咒等邪术加害他人。 ⑤眦睚(zì yá)：怒目而视，借指小忿小怨。 ⑥擿(pěng)：捧，执持。 ⑦瘳(chōu)：病愈。 ⑧不占：得不到吉兆。 ⑨彤弓：红色的弓。天子赐彤弓于诸侯，诸侯就有了征伐大权。 ⑩悖：惑乱，糊涂。

居其二，五占从其多，明有而不专之道也。

余至江南，观其行事，问其长老，云龟千岁乃游莲叶之上，蓍百茎共一根。又其所生，兽无虎狼，草无毒螫。江傍家人常畜龟饮食之，以为能导引致气，有益于助衰养老，岂不信哉！

褚先生曰：臣以通经术，受业博士，治《春秋》，以高第为郎，幸得宿卫，出入宫殿中十有馀年。窃好《太史公传》。太史公之传曰："三王不同龟，四夷各异卜，然各以决吉凶，略窥其要，故作《龟策列传》。"臣往来长安中，求《龟策列传》不能得，故之大卜官，问掌故文学长老习事者，写取龟策卜事，编于下方。

闻古五帝、三王发动举事，必先决蓍龟。传曰："下有伏灵，上有兔丝；上有捣蓍，下有神龟。"所谓伏灵者，在兔丝之下，状似飞鸟之形。新雨已，天清静无风，以夜捎兔丝去之，即以篝烛此地，烛之，火灭，即记其处，以新布四丈环置之，明即掘取之。入四尺至七尺，得矣，过七尺不可得。伏灵者，千岁松根也，食之不死。闻蓍生满百茎者，其下必有神龟守之，其上常有青云覆之。传曰："天下和平，王道得，而蓍茎长丈，其丛生满百茎。"方今世取蓍者，不能中古法度，不能得满百茎长丈者，取八十茎已上，蓍长八尺，即难得也。人民好用卦者，取满六十茎已上，长满六尺者，即可用矣。记曰："能得名龟者，财物归之，家必大富至千万。"一曰"北斗龟"，二曰"南辰龟"，三曰"五星龟"，四曰"八风龟"，五曰"二十八宿龟"，六曰"日月龟"，七曰"九州龟"，八曰"玉龟"，凡八名龟。龟图各有文在腹下，文云云者，此某之龟也。略记其大指，不写其图。取此龟不必满尺二寸，民人得长七八寸，可宝矣。今夫珠玉宝器，虽有所深藏，必见其光，必出其神明，其此之谓乎！故玉处于山而木润，渊生珠而岸不枯者，润泽之所加也。明月之珠出于江海，藏于蚌中，蛟龙伏之。

王者得之，长有天下，四夷宾服[①]。能得百茎蓍，并得其下龟以卜者，百言百当，足以决吉凶。

神龟出于江水中，庐江郡常岁时生龟长尺二寸者二十枚输太卜官，太卜官因以吉日剔取其腹下甲。龟千岁乃满尺二寸。王者发军行将，必钻龟庙堂之上，以决吉凶。今高庙中有龟室，藏内[②]以为神宝。

传曰："取前足臑[③]骨穿佩之，取龟置室西北隅悬之，以入深山大林中，不惑。"臣为郎时，见《万毕石朱方》传曰："有神龟在江南嘉林中。嘉林者，兽无虎狼，鸟无鸱枭，草无毒螫，野火不及，斧斤不至，是为嘉林。龟在其中，常巢于芳莲之上。左胁[④]书文曰：'甲子重光，得我者匹夫为人君，有土正[⑤]，诸侯得我为帝王。'求之于白蛇蟠杅[⑥]林中者，斋戒以待，譺然[⑦]，状如有人来告之，因以醮酒佗发[⑧]，求之三宿而得。"由是观之，岂不伟哉！故龟可不敬欤？

南方老人用龟支床足，行二十馀岁，老人死，移床，龟尚生不死。龟能行气导引。问者曰："龟至神若此，然太卜官得生龟，何为辄杀取其甲乎？"近世江上人有得名龟，畜置之，家因大富。与人议，欲遣去。人教杀之勿遣，遣之破人家。龟见梦曰："送我水中，无[⑨]杀吾也。"其家终杀之。杀之后，身死，家不利。人民与君王者异道。人民得名龟，其状类不宜杀也。以往古故事言之，古明王圣主皆杀而用之。

宋元王时得龟，亦杀而用之。谨连其事于左方，令好事者

---

①宾：服从，归顺。 ②内：通"纳"，收纳，收藏。 ③臑（nào）：人体上肢或动物的前肢。 ④胁：胸部的两侧。 ⑤土正：有管辖领域的官长。 ⑥蟠杅：蟠绕。杅（wū）：牵制，此作缠绕。 ⑦譺（yí）然：恭恭敬敬的样子。 ⑧醮（jiào）：祈祷。佗：通"拖"。 ⑨无：通"毋"，不要。

观择其中焉。

宋元王二年，江使神龟使于河，至于泉阳，渔者豫且举网得而囚之，置之笼中。夜半，龟来见梦于宋元王曰："我为江使于河，而幕网当吾路。泉阳豫且得我，我不能去。身在患中，莫可告语。王有德义，故来告诉。"元王惕然而悟①。乃召博士卫平而问之曰："今寡人梦见一丈夫，延颈而长头，衣玄绣之衣而乘辎车，来见梦于寡人曰：'我为江使于河，而幕网当吾路。泉阳豫且得我，我不能去。身在患中，莫可告语。王有德义，故来告诉。'是何物也？"卫平乃援式②而起，仰天而视月之光，观斗所指，定日处乡。规矩为辅，副以权衡。四维已定，八卦相望。视其吉凶，介虫先见。乃对元王曰："今昔③壬子，宿在牵牛。河水大会，鬼神相谋。汉④正南北，江河固期，南风新至，江使先来。白云壅⑤汉，万物尽留。斗柄指日，使者当囚。玄服而乘辎车，其名为龟。王急使人问而求之。"王曰："善。"

于是王乃使人驰而往问泉阳令曰："渔者几何家？名谁为豫且？豫且得龟，见梦于王，王故使我求之。"泉阳令乃使吏案籍视图⑥，水上渔者五十五家，上流之庐，名为豫且。泉阳令曰："诺。"乃与使者驰而问豫且曰："今昔汝渔何得？"豫且曰："夜半时举网得龟。"使者曰："今龟安在？"曰："在笼中。"使者曰："王知子得龟，故使我求之。"豫且曰："诺。"即系龟而出之笼中，献使者。

使者载行，出于泉阳之门。正昼无见，风雨晦冥。云盖其上，五采青黄；雷雨并起，风将而行。入于端门，见于东箱。身

---

①惕然：担心，害怕的样子。悟：通"寤"。睡醒。 ②式：古代一种占时日的仪器。 ③昔：通"夕"。 ④汉：银河。 ⑤壅：堵塞。 ⑥案：查阅。籍：户口册。

如流水，润泽有光。望见元王，延颈而前，三步而止，缩颈而却，复其故处。元王见而怪之，问卫平曰："龟见寡人，延颈而前，以何望也？缩颈而复，是何当也？"卫平对曰："龟在患中，而终昔囚，王有德义，使人活之。今延颈而前，以当谢也，缩颈而却，欲亟去也。"元王曰："善哉！神至如此乎，不可久留；趣驾送龟[①]，勿令失期。"

卫平对曰："龟者是天下之宝也，先得此龟者为天子，且十言十当，十战十胜。生于深渊，长于黄土，知天之道，明于上古。游三千岁，不出其域。安平静正，动不用力。寿蔽天地，莫知其极。与物变化，四时变色。居而自匿，伏而不食。春苍夏黄，秋白冬黑。明于阴阳，审于刑德[②]。先知利害，察于祸福。以言而当，以战而胜，王能宝之，诸侯尽服。王勿遣也，以安社稷。"

元王曰："龟甚神灵，降于上天，陷于深渊。在患难中，以我为贤，德厚而忠信，故来告寡人。寡人若不遣也，是渔者也。渔者利其肉，寡人贪其力，下为不仁，上为无德。君臣无礼，何从有福？寡人不忍，奈何勿遣！"

卫平对曰："不然。臣闻盛德不报，重寄不归；天与不受，天夺之宝。今龟周流天下，还复其所，上至苍天，下薄泥涂。还[③]遍九州，未尝愧辱，无所稽留。今至泉阳，渔者辱而囚之。王虽遣之，江河必怒，务求报仇。自以为侵，因神与谋。淫雨不霁[④]，水不可治。若为枯旱，风而扬埃，蝗虫暴生，百姓失时。王行仁义，其罚必来。此无佗故[⑤]，其祟在龟[⑥]，后虽悔之，岂有及哉！王勿遣也。"

---

①趣：通"促"。驾：驾车。 ②刑德：处罚和恩惠。 ③还：通"环"，环绕。 ④霁：雨雪停止，天放晴。 ⑤佗：通"他"，其他。 ⑥祟：鬼神作怪。

元王慨然而叹曰："夫逆人之使，绝人之谋，是不暴乎？取人之有，以自为宝，是不强乎？寡人闻之，暴得者必暴亡，强取者必后无功。桀、纣暴强，身死国亡。今我听子，是无仁义之名而有暴强之道。江河为汤、武，我为桀、纣。未见其利，恐离其咎[①]。寡人狐疑，安事此宝，趣驾送龟，勿令久留。"

卫平对曰："不然，王其无患。天地之间，累石为山。高而不坏，地得为安。故云物或危而顾安[②]，或轻而不可迁；人或忠信而不如诞谩[③]，或丑恶而宜大官，或美好佳丽而为众人患。非神圣人，莫能尽言。春秋冬夏，或暑或寒；寒暑不和，贼气相奸[④]。同岁异节，其时使然。故令春生夏长，秋收冬藏。或为仁义，或为暴强。暴强有乡，仁义有时。万物尽然，不可胜治。大王听臣，臣请悉言之。天出五色，以辨白黑。地生五谷，以知善恶。人民莫知辨也，与禽兽相若。谷居而穴处，不知田作。天下祸乱，阴阳相错。匆匆疾疾，通而不相择。妖孽数见，传为单薄。圣人别其生，使无相获。禽兽有牝牡[⑤]，置之山原；鸟有雌雄，布之林泽；有介之虫，置之溪谷。故牧人民，为之城郭，内经闾术[⑥]，外为阡陌。夫妻男女，赋之田宅，列其室屋。为之图籍，别其名族。立官置吏，劝以爵禄。衣以桑麻，养以五谷。耕之耰之[⑦]，锄之耨之[⑧]。口得所嗜，目得所美，身受其利。以是观之，非强不至。故曰田者不强，囷[⑨]仓不盈；商贾不强，不得其赢；妇女不强，布帛不精；官御不强，其势不成；大将不强，卒不使令；侯王不强，没世无名。故云强者，事之始也，分之理也，物

---

①离：通"罹"，遭受。咎：灾祸。 ②顾：反而。 ③诞：欺骗。谩：怠慢。 ④奸：干扰。 ⑤牝牡：雌雄。 ⑥经：划分界限。闾：二十五家为闾。术：城邑中的道路。 ⑦耰（yōu）：一种农具，形如大木榔头，用来捣碎土块，平整土地，此用作动词。 ⑧耨（nòu）：锄草农具，此用作动词，锄草。 ⑨囷（qūn）：圆形的谷仓。

之纪也。所求于强，无不有也。王以为不然，王独不闻玉椟只雉①，出于昆山；明月之珠，出于四海；镌石拌蚌②，传卖于市。圣人得之，以为大宝。大宝所在，乃为天子。今王自以为暴，不如拌蚌于海也；自以为强，不过镌石于昆山也。取者无咎，宝者无患。今龟使来抵网，而遭渔者得之，见梦自言，是国之宝也，王何忧焉！"

元王曰："不然。寡人闻之，谏者福也，谀者贼也。人主听谀，是愚惑也。虽然，祸不妄至，福不徒来。天地合气，以生百财。阴阳有分，不离四时，十有二月，日至为期。圣人彻焉，身乃无灾。明王用之，人莫敢欺。故云福之至也，人自生之；祸之至也，人自成之。祸与福同，刑与德双。圣人察之，以知吉凶。桀、纣之时，与天争功，拥遏鬼神，使不得通。是固已无道矣，谀臣有众。桀有谀臣，名曰赵梁。教为无道，劝以贪狼。系汤夏台，杀关龙逢。左右恐死，偷谀于傍。国危于累卵，皆曰无伤。称乐万岁，或曰未央③。蔽其耳目，与之诈狂。汤卒伐桀，身死国亡。听其谀臣，身独受殃。《春秋》著之，至今不忘。纣有谀臣，名为左强。夸而目巧，教为象郎④。将至于天，又有玉床。犀玉之器，象箸而羹。圣人剖其心，壮士斩其胻⑤。箕子恐死，被发佯狂。杀周太子历，囚文王昌，投之石室，将以昔至明。阴兢活之，与之俱亡。入于周地，得太公望。兴卒聚兵，与纣相攻。文王病死，载尸以行。太子发代将，号为武王。战于牧野，破之华山之阳。纣不胜，败而还走，围之象郎。自杀宣室，身死不葬。头悬车轸⑥，四马曳行。寡人念其如此，肠如涫汤⑦。是

---

①玉椟：玉匣子。雉：野鸡。 ②镌：凿。拌：通"判"，分开，剖割。 ③未央：未尽。 ④象郎：以象牙为饰的廊庑，极言宫室建筑之豪华。郎：通"廊"。 ⑤胻(héng)：脚胫，即小腿。 ⑥轸(zhěn)：车箱底部后面的横木。 ⑦涫(guàn)：沸滚。

人皆富有天下而贵至天子,然而大傲。欲无厌时,举事而喜高,贪很而骄。不用忠信,听其谀臣,而为天下笑。今寡人之邦,居诸侯之间,曾不如秋毫。举事不当,又安亡逃!”

卫平对曰:“不然。河虽神贤,不如昆仑之山;江之源理,不如四海,而人尚夺取其宝,诸侯争之,兵革为起。小国见亡,大国危殆,杀人父兄,虏人妻子,残国灭庙,以争此宝。战攻分争,是暴强也。故云取之以暴强而治以文理,无逆四时,必亲贤士;与阴阳化,鬼神为使;通于天地,与之为友。诸侯宾服,民众殷①喜。邦家安宁,与世更始。汤武行之,乃取天子;《春秋》著之,以为经纪②。王不自称汤、武,而自比桀、纣。桀、纣为暴强也,固以为常。桀为瓦室,纣为象郎。征丝灼之,务以费氓③。赋敛无度,杀戮无方。杀人六畜,以韦④为囊。囊盛其血,与人县而射之,与天帝争强。逆乱四时,先百鬼尝。谏者辄死,谀者在傍。圣人伏匿,百姓莫行。天数枯旱,国多妖祥。螟虫岁生,五谷不成。民不安其处,鬼神不享⑤。飘风日起,正昼晦冥。日月并蚀,灭息无光。列星奔乱,皆绝纪纲。以是观之,安得久长!虽无汤、武,时固当亡。故汤伐桀,武王克纣,其时使然。乃为天子,子孙续世,终身无咎,后世称之,至今不已。是皆当时而行,见事而强,乃能成其帝王。今龟,大宝也,为圣人使,传之贤王。不用手足,雷电将之,风雨送之,流水行之。侯王有德,乃得当之。今王有德而当此宝,恐不敢受;王若遣之,宋必有咎。后虽悔之,亦无及已。”

元王大悦而喜。于是元王向日而谢,再拜而受。择日斋

①殷:富裕。 ②经纪:纲常,法度。 ③氓:百姓。 ④韦:熟皮,加工过的皮子。
⑤享:鬼神享用的祭品。

戒，甲乙最良。乃刑白雉，及与骊羊；以血灌龟，于坛中央。以刀剥之，身全不伤。脯酒礼之，横其腹肠。荆支卜之，必制其创[1]。理达于理，文相错迎。使工占之，所言尽当。邦福[2]重宝，闻于傍乡。杀牛取革，被郑之桐。草木毕分，化为甲兵。战胜攻取，莫如元王。元王之时，卫平相宋，宋国最强，龟之力也。

故云神至能见梦于元王，而不能自出渔者之笼。身能十言尽当，不能通使于河，还报于江。贤能令人战胜攻取，不能自解于刀锋，免剥刺之患。圣能先知亟见，而不能令卫平无言。言事百全，至身而挛[3]；当时不利，又焉事贤！贤者有恒常，士有适然。是故明有所不见，听有所不闻；人虽贤，不能左画方，右画圆。日月之明，而时蔽于浮云。羿名善射，不如雄渠、蠭门；禹名为辩智，而不能胜鬼神。地柱折，天故毋椽，又奈何责人于全？孔子闻之曰："神龟知吉凶，而骨直空枯。日为德而君于天下，辱于三足之乌。月为刑而相佐，见食于虾蟆。蝟辱于鹊，腾蛇之神而殆于即且。竹外有节理，中直空虚；松柏为百木长，而守门闾。日辰不全，故有孤虚。黄金有疵，白玉有瑕。事有所疾，亦有所徐。物有所拘，亦有所据。网有所数，亦有所疏。人有所贵，亦有所不如。何可而适乎？物安可全乎？天尚不全，故世为屋，不成三瓦而陈之，以应之天。天下有阶，物不全乃生也。"

褚先生曰：渔者举网而得神龟，龟自见梦宋元王，元王召博士卫平告以梦龟状，平运式，定日月，分衡度，视吉凶，占龟与物色同。平谏王留神龟以为国重宝，美矣。古者筮必称龟者，以其令名，所从来久矣。余述而为传。

---

①创：兆文。 ②福：藏。 ③挛（luán）：卷曲而不能伸展。

三月 二月 正月 十二月 十一月 中关内高外下 四月 首仰 足开 肣[①]开 首俯大 五月 横吉 首

俯大 六月 七月 八月 九月 十月

卜禁曰[②]:“子亥戌,不可以卜及杀龟。日中如食已卜。暮昏龟之徼也[③],不可以卜。庚辛可以杀,及以钻之。常以月旦祓[④]龟,先以清水澡之,以卵祓之,乃持龟而遂之,若常以为祖。人若已卜不中,皆祓之以卵,东向立,灼以荆若刚木,土卵指之者三,持龟以卵周环之,祝曰:“今日吉,谨以粱卵焍黄祓去玉灵之不祥[⑤]。”玉灵必信以诚,知万事之情,辩兆皆可占。不信不诚,则烧玉灵,扬其灰,以征[⑥]后龟。其卜必北向,龟甲必尺二寸。

卜先以造灼钻[⑦],钻中已,又灼龟首,各三;又复灼所钻中曰正身,灼首曰正足,各三。即以造三周龟,祝曰:“假之玉灵夫子。夫子玉灵,荆灼而心,令而先知。而上行于天,下行于渊,诸灵数箣[⑧],莫如汝信,今日良日,行一良贞。某欲卜某,即得而喜,不得而悔。即得,发乡我,身长大,首足收人,皆上偶。不得,发乡我,身挫折,中外不相应,首足灭去。”

灵龟卜祝曰:“假之灵龟,五巫五灵,不如神龟之灵,知人死,知人生。某身良贞[⑨],某欲求某物。即得也,头见,足发[⑩],内外相应;即不得也,头仰,足肣,内外自垂。可得占。”

卜占病者祝曰:“今某病困。死,首上开,内外交骇,身节

---

①肣(qín):烧灼龟甲,甲上裂纹末端的部分向内敛收称肣。 ②卜禁:占卜禁忌。 ③徼(jiǎo):纠缠不清。 ④祓(fú):为除灾求福而祭祀。 ⑤焍(dì):灼龟的木材。黄:祓龟时包裹粱卵的黄绢。 ⑥征:通“惩”,惩戒。 ⑦造:烧荆的地方,燃烧着的荆条木材。 ⑧箣:占卜用的筮策的另一种称呼。 ⑨良贞:非常喜好占卜。良:甚,很,非常。贞:占卜。 ⑩头见,足发:兆头、兆足都显露出来。发:显露。

折；不死，首仰，足肣。”卜病者祟曰：“今病有祟，无呈；无祟，有呈。兆有中，祟有内；外祟，有外。”

卜系者出不出。不出，横吉安；若出，足开，首仰，有外。

卜求财物，其所当得。得，首仰足开，内外相应；即不得，呈兆首仰足肣。

卜有卖若买臣妾马牛。得之，首仰足开，内外相应；不得，首仰足肣，呈兆若横吉安。

卜击盗聚若干人，在某所，今某将卒若干人，往击之。当胜，首仰足开身正，内自桥，外下；不胜，足肣首仰，身首内下外高。

卜求当行不行。行，首足开；不行，足肣首仰，若横吉安，安不行。

卜往击盗，当见不见。见，首仰足肣有外；不见，足开首仰。

卜往候盗，见不见。见，首仰足肣，肣胜有外；不见，足开首仰。

卜闻盗来不来。来，外高内下，足肣首仰；不来，足开首仰，若横吉安，期之自次。

卜迁徙去官不去。去，足开有肣外首仰；不去，自去，即足肣，呈兆若横吉安。

卜居官尚吉不。吉，呈兆身正，若横吉安；不吉，身节折，首仰足开。

卜居室家吉不吉。吉，呈兆身正，若横吉安；不吉，身节折，首仰足开。

卜岁中禾稼孰不孰。孰，首仰足开，内外自桥外自垂；不孰，足肣首仰有外。

卜岁中民疫不疫。疫，首仰足肣，身节有彊外；不疫，身正首仰足开。

卜岁中有兵无兵。无兵，呈兆若横吉安；有兵，首仰足开，身作外彊情。

卜见贵人吉不吉。吉，足开首仰，身正，内自桥；不吉，首仰，身节折，足肣有外，若无渔。

卜请谒于人得不得。得，首仰足开，内自桥；不得，首仰足肣有外。

卜追亡人当得不得。得，首仰足肣，内外相应；不得，首仰足开，若横吉安。

卜渔猎得不得。得，首仰足开，内外相应；不得，足肣首仰，若横吉安。

卜行遇盗不遇。遇，首仰足开，身节折，外高内下；不遇，呈兆。

卜天雨不雨。雨，首仰有外，外高内下；不雨，首仰足开，若横吉安。

卜天雨霁不霁。霁，呈兆足开首仰；不霁，横吉。

命曰横吉安。以占病，病甚者一日不死；不甚者卜日瘳，不死。系者重罪不出，轻罪环[①]出；过一日不出，久毋伤也。求财物买臣妾马牛，一日环得；过一日不得。行者不行。来者环至；过食时不至，不来。击盗不行，行不遇；闻盗不来。徙官不徙。居官家室皆吉。岁稼不孰。民疾疫，无疾。岁中毋兵。见人行，不行不喜。请谒人不行不得。追亡人、渔猎不得。行不遇盗。雨，不雨。霁，不霁。

命曰呈兆。病者，不死。系者，出。行者，行。来者，来。

---

①环：通“旋”，旋即，很快。

市买,得。追亡人,得;过一日不得。问行者,不到。

命曰柱彻。卜病,不死。系者,出。行者,行。来者,来。市买,不得。忧者,毋忧。追亡人,不得。

命曰首仰足肣有内无外。占病,病甚,不死。系者,解。求财物买臣妾马牛,不得。行者,闻言不行。来者,不来。闻盗,不来。闻言,不至。徙官,闻言不徙。居官有忧。居家多灾。岁稼中孰。民疾疫多病。岁中有兵,闻言不开。见贵人,吉。请谒不行,行不得善言。追亡人,不得。渔猎,不得。行,不遇盗。雨,不雨甚。霁,不霁。故其莫字皆为首备。问之曰,备者仰也,故定以为仰。此私记也。

命曰首仰足肣有内无外。占病,病甚不死。系者不出。求财买臣妾不得。行者不行。来者不来。击盗不见。闻盗来,内自惊,不来。徙官不徙。居官家室吉。岁稼不孰。民疾疫有病甚。岁中毋兵。见贵人吉。请谒追亡人不得。亡财物,财物不出得。渔猎不得。行不遇盗。雨,不雨。霁,不霁。凶。

命曰呈兆首仰足肣。以占病,不死。系者,未出。求财物买臣妾马牛,不得。行,不行。来,不来。击盗,不相见。闻盗来,不来。徙官,不徙。居官,久,多忧。居家室,不吉。岁稼不孰。民病疫。岁中毋兵。见贵人,不吉。请谒,不得。渔猎,得少。行,不遇盗。雨,不雨。霁,不霁。不吉。

命曰呈兆首仰足开。以占病,病笃死①。系囚,出。求财物买臣妾马牛,不得。行者,行。来者,来。击盗,不见盗。闻盗来,不来。徙官,徙。居官不久。居家室不吉。岁稼不孰。民疾疫有而少。岁中毋兵。见贵人,不见,吉。请谒、追亡人、渔

①病笃(dǔ):病沉重。

猎,不得。行,遇盗。雨,不雨。霁小吉。

命曰首仰足肣。以占病,不死。系者,久,毋伤也。求财物买臣妾马牛,不得。行者,不行。击盗,不行。来者,来。闻盗来。徙官,闻言不徙。居家室不吉。岁稼不孰。民疾疫少。岁中毋兵。见贵人,得见。请谒、追亡人、渔猎,不得。行,遇盗。雨,不雨。霁,不霁。吉。

命曰首仰足开有内。以占病者,死。系者,出。求财物买臣妾马牛,不得。行者,行。来者,来。击盗,行,不见盗。闻盗来,不来。徙官,徙。居官不久。居家室不吉。岁孰。民疾疫有而少。岁中毋兵。见贵人,不吉。请谒、追亡人、渔猎,不得。行,不遇盗。雨,霁。霁小吉,不霁吉。

命曰横吉内外自桥。以占病,卜日毋瘳,死。系者,毋罪出。求财物买臣妾马牛,得。行者,行。来者,来。击盗,合交等。闻盗来,来。徙官,徙。居家室,吉。岁孰。民疫无疾。岁中无兵。见贵人、请谒、追亡人、渔猎,得。行,遇盗。雨,霁,雨霁大吉。

命曰横吉内外自吉。以占病,病者死。系,不出。求财物、买臣妾马牛、追亡人、渔猎,不得。行者,不来。击盗,不相见。闻盗,不来。徙官,徙。居官,有忧。居家室、见贵人、请谒,不吉。岁稼不孰。民疾疫。岁中无兵。行,不遇盗。雨,不雨。霁,不霁。不吉。

命曰渔人。以占病者,病者甚,不死。系者,出。求财物、买臣妾马牛、击盗、请谒、追亡人、渔猎,得。行者,行,来。闻盗来,不来。徙官,不徙。居家室,吉。岁稼不孰。民疾疫。岁中毋兵。见贵人,吉。行,不遇盗。雨,不雨。霁,不霁。吉。

命曰首仰足肣内高外下。以占病,病者甚,不死。系者,不出。求财物、买臣妾马牛、追亡人、渔猎，得。行，不行。来者，来。击盗，胜。徙官，不徙。居官，有忧，无伤也。居家室，多忧病。岁大孰。民疾疫。岁中有兵不至。见贵人、请谒，不吉。行，遇盗。雨，不雨。霁，不霁。吉。

命曰横吉上有仰下有柱。病久，不死。系者，不出。求财物、买臣妾马牛、追亡人、渔猎，不得。行，不行。来，不来。击盗，不行；行，不见。闻盗来，不来。徙官，不徙。居家室、见贵人，吉。岁大孰。民疾疫。岁中毋兵。行，不遇盗。雨，不雨。霁，不霁。大吉。

命曰横吉榆仰。以占病，不死。系者，不出。求财物、买臣妾马牛，至，不得。行，不行。来，不来。击盗，不行；行，不见。闻盗来，不来。徙官，不徙。居官家室、见贵人，吉。岁孰。岁中有疾疫，毋兵。请谒、追亡人，不得。渔猎，至，不得。行，不得。行，不遇盗。雨霁，不霁。小吉。

命曰横吉下有柱。以占病，病甚，不环有瘳无死。系者，出。求财物、买臣妾马牛、请谒、追亡人、渔猎，不得。行来，不来。击盗，不合。闻盗来，来。徙官、居官，吉，不久。居家室，不吉。岁不孰。民毋疾疫。岁中毋兵。见贵人，吉。行，不遇盗。雨，不雨。霁。小吉。

命曰载所。以占病，环有瘳无死。系者，出。求财物、买臣妾马牛、请谒、追亡人、渔猎，得。行者，行。来者，来。击盗，相见，不相合。闻盗来，来。徙官，徙。居家室，忧。见贵人，吉。岁孰。民毋疾疫。岁中毋兵。行，不遇盗。雨，不雨。霁，霁。吉。

命曰根格。以占病者，不死。系，久毋伤。求财物、买臣妾马牛、请谒、追亡人、渔猎，不得。行，不行。来，不来。击盗，盗行,不合。闻盗,不来。徙官,不徙。居家室,吉。岁稼中。民疾疫,无死。见贵人,不得见。行,不遇盗。雨,不雨。大吉。

命曰首仰足肣外高内下。卜有忧,无伤也。行者,不来。病,久、死。求财物,不得。见贵人者,吉。

命曰外高内下。卜病,不死,有祟。市买,不得。居官家室,不吉。行者,不行。来者,不来。系者,久、毋伤。吉。

命曰头见足发有内外相应。以占病者,起①。系者,出。行者,行。来者,来。求财物,得。吉。

命曰呈兆首仰足开。以占病,病甚,死。系者,出,有忧。求财物、买臣妾马牛、请谒、追亡人、渔猎,不得。行,不行。来,不来。击盗,不合。闻盗来,来。徙官、居官家室不吉。岁恶②。民疾疫,无死。岁中毋兵。见贵人,不吉。行,不遇盗。雨,不雨。霁。不吉。

命曰呈兆首仰足开外高内下。以占病,不死,有外祟。系者,出,有忧。求财物、买臣妾马牛,相见不会。行,行。来,闻言不来。击盗,胜。闻盗来,不来。徙官、居官家室、见贵人,不吉。岁中③。民疾疫,有兵。请谒、追亡人、渔猎,不得。闻盗,遇盗。雨,不雨。霁。凶。

命曰首仰足肣身折内外相应。以占病,病甚,不死。击者,久不出。求财物、买臣妾马牛、渔猎,不得。行,不行。来,不来。击盗,有用,胜④。闻盗来,来。徙官,不徙。居官家室不吉。岁不孰。民疾疫。岁中。有兵不至。见贵人,喜。请谒、追亡人,不得。遇盗,凶。

命曰内格外垂。行者,不行。来者,不来。病者,死。系

①起:指病愈。 ②岁恶:年景不好。 ③岁中:指中等年景。 ④有用,胜:有办法取胜。

者，不出。求财物，不得。见人，不见。大吉。

命曰横吉内外相应自桥榆仰上柱足肣。以占病，病甚不死。系，久，不抵罪。求财物、买臣妾马牛、请谒、追亡人、渔猎，不得。行，不行。来，不来。居官家室、见贵人吉。徙官，不徙。岁不大孰。民疾疫。有兵，有兵不会。行，遇盗，闻言不见。雨，不雨。霁，霁。大吉。

命曰头仰足肣内外自垂。卜忧病者，甚，不死。居官，不得居。行者，行。来者，不来。求财物，不得。求人，不得。吉。

命曰横吉下有柱。卜来者，来。卜日即不至，未来。卜病者，过一日毋瘳死。行者，不行。求财物，不得。系者，出。

命曰横吉内外自举。以占病者，久不死。系者，久不出。求财物，得而少。行者，不行。来者，不来。见贵人，见。吉。

命曰内高外下疾轻足发。求财物，不得。行者，行。病者，有瘳。系者，不出。来者，来。见贵人，不见。吉。

命曰外格。求财物，不得。行者不行。来者，不来。系者，不出。不吉。病者，死。求财物，不得。见贵人，见。吉。

命曰内自举外来正足发。行者，行。来者，来。求财物，得。病者，久，不死。系者，不出。见贵人，见。吉。

此横吉上柱外内自举足肣。以卜有求，得。病，不死。系者，毋伤，未出。行，不行。来，不来。见人，不见。百事尽吉。

此横吉上柱外内自举柱足以作。以卜有求，得。病死环起。系留毋伤，环出。行，不行。来，不来。见人，不见。百事吉。可以举兵。

此挺诈有外。以卜有求，不得。病，不死，数起[①]。系，祸、

①数起：屡次好转，病时好时坏。

罪。闻言毋伤。行,不行。来,不来。

此挺诈有内。以卜有求,不得。病,不死,数起。系留,祸罪无伤出。行,不行。来者,不来。见人,不见。

此挺诈内外自举。以卜有求,得。病,不死。系,毋罪。行,行。来,来。田贾市渔猎尽喜。

此狐狢。以卜有求,不得。病,死,难起。系留,无罪难出。可居宅。可娶妇嫁女。行,不行。来,不来。见人,不见。有忧,不忧。

此狐彻。以卜有求,不得。病者,死。系留,有抵罪。行,不行。来,不来。见人,不见。言语定。百事尽不吉。

此首俯足肣身节折。以卜有求,不得。病者,死。系留,有罪。望行者,不来。行,行。来,不来。见人,不见。

此挺内外自垂。以卜有求,不晦。病,不死,难起。系留,毋罪,难出。行,不行。来,不来。见人,不见。不吉。

此横吉榆仰首俯。以卜有求,难得。病,难起,不死。系,难出,毋伤也。可居家室,以娶妇嫁女。

此横吉上柱载正身节折内外自举。以卜病者,卜日不死,其一日乃死。

此横吉上柱足肣内自举外自垂。以卜病者,卜日不死,其一日乃死。

首俯足诈有外无内。病者占龟未已,急死。卜轻失大,一日不死。

首仰足肣。以卜有求,不得。以系,有罪。人言语恐之,毋伤。行,不行。见人,不见。

大论曰:外者人也,内者自我也;外者女也,内者男也。首俯者忧。大者身也,小者枝也。大法,病者,足肣者,生;足开者，死。行者，足开，至；足肣者，不至。行者，足肣，不行；足开，行。有求，足开，得；足肣者，不得。系者，足肣不出；开，出。其卜病也，足开而死者，内高而外下也。

【译文】

太史公说：自古以来的圣明君王将要建立国家承受天命，兴办事业，哪有不曾尊用卜筮以助成善事的！唐尧虞舜以前的，无法记述了。从夏、商、周三代的兴起看，都是各有卜筮的吉祥之兆以为根据的。大禹娶涂山氏之女卜兆得吉，于是夏启建立了世代相传的夏朝；简狄吞飞燕之卵生契，卜兆吉顺，所以殷朝兴起；善于播种百谷的后稷蓍筮得吉，因而周国国君终于成为天下王。君王决断疑难事，参考着用蓍龟所做的卜筮结果以作最终决定，这是沿用不变的路途。

蛮、夷、氐、羌，虽然没有华夏式的君臣上下等级，但也有决断疑惑的占卜习俗。有的用金石，有的用草木，各国占卜习俗不同。但都可以用来指导战争行动，研究、获取战争的胜利。各自崇信卜筮的神灵，借以预测未来事务。

我粗略听说，夏、殷时期，临到要卜筮时，才找来蓍龟，用完就丢弃，因为他们认为，龟甲蓍草，收藏久了，就丧失神灵了。到周朝，卜官却总是珍藏蓍草龟甲备用。另外，龟蓍的灵通谁大谁小？使用龟蓍，哪个在前哪个在后？每个朝代各有不同崇尚。但总的来看，用龟蓍卜筮办法帮助人们预测未来这一目的是一致的。有人认为，圣王碰上事，没有拿不定主意的时候；解决疑难，没有缺乏真知灼见的时候。他们所以要搞一套求神问卜程式，是因为担心后代衰败，愚蠢人不向聪明人学习，人人各自满足于自己的见识，教化分歧杂出，大道理被拆得七零八落无法掌握，所以才把物情事理推归到最微妙的境界即神灵，求纯真于精神。也有人认为，灵龟所擅长的，圣人是赶不上的。它的判断吉凶，区别是非，往往比人的预测更准确。到高祖即位后，因袭秦朝制度，设立太卜官。当时全国刚刚统一，战争还没有停止。到孝惠皇帝，在位时间短，吕后是女主，孝文帝，孝景帝也只是因袭旧制度，没有来得及对卜筮深入研究。所以卜官虽然父子相承，代代相传，但其中精微深妙的道理与方法，却已经失传了不少。到当今皇帝即位，广开贤能之士的上进之路，遍招各种学者，通晓一种技能的，都有献力效劳机会，技艺超众的，更得优待，实事求是，没有偏私，几年之间，太卜官署聚集了很多人才。此时正碰上皇帝要北击匈奴，西攻大宛，南取百越，卜筮能做到预测事情变化，提示趋利避害办法。到后来，猛将受命率兵冲锋，在疆场上获胜，这其中也含有卜筮在庙堂里事先谋划的贡献。皇帝因此对卜筮官更加重视，赏赐有时多至数千万钱。如丘子明等人，财富暴增，大受宠幸，压倒满朝公卿。甚至以卜筮猜测巫蛊行为，巫蛊行为有时也能被猜得很准。对于平素稍稍得罪过他们的人，就寻机公报私仇，肆意迫害，因此而破族灭家的，无法计算。文武百官惶惶不安，都奉承说龟策蓍草说的灵验。后来卜官诬陷的真情败露，也被灭了三族。

由于布列蓍草推定吉凶，烧灼龟甲来观察征兆，变化无穷，因此要选用贤人做卜官，这可说是圣人对卜筮大事的重视吧！周公连卜三龟，武王的病就好了。纣王暴虐，用大龟也得不到吉兆。晋文公将要恢复周襄王的王位，卜得黄帝战胜于阪泉的吉兆，终于成功，获得周襄王彤弓之赏，成为侯伯。晋献公贪图骊姬美色，要攻骊戎，卜得“胜而不吉”的口象之兆，这场伐骊戎的祸患竟然延及了晋国五世君主。楚灵王将要背叛周天子，占卜不吉利，终于招致乾溪败亡。龟兆预示出内在的趋势，当时人能看到外部的表现，能不说这是两相符合吗？君子认为，那些轻视卜筮不信神明的人，是糊涂；背弃人谋只信从吉祥之兆，鬼神也得不到应有的对待。所以《尚书》记载了解决疑难的正确方法，要参考五种见解，卜和筮为其中两种，五种意见不一致时，要顺从其中占多数的意见，这表明，虽有卜筮，但并不专信卜筮。

我到江南考察时，了解过龟蓍的事，访问过当地老年人，他们说龟活到一千岁，能在莲叶上走动，蓍草长到一百枝梗茎仍然共有一条根。还说，龟蓍生长的地方，没有虎狼一类凶兽，没有毒草。江边居民常常养龟，供应其饮食，认为龟能帮人调节呼吸增加元气，可助人抗衰养老，这些话难道不真实吗！

褚先生说：我由于学习经学，做博士弟子，研究《春秋》，考试成绩高，被任用为郎，有幸能得宿卫，出入宫殿中十多年。私自喜好《太史公传》。太史公的传里说"夏、商、周三朝龟卜办法不同，四方各民族卜筮也各不一样，但都是用来判断吉凶，我统观它们的要点，写《龟策列传》。"我在长安城中反复寻找，没能找到《龟策列传》，所以往访大卜官，请教年岁大知道事情多的掌故、史学官员，写下了解到的龟筮事情，编在下面。

听说古代五帝、三王出发行动举办事情，必定事先卜筮以做决断。古代占卜书说："下面有伏灵，上面有兔丝；上面有丛蓍，下面有神龟。"所谓伏灵这种东西，生长在兔丝下面，样子像飞动的鸟。第一次春雨以后，如果天气清静没有风，就可在夜里割去兔丝，拿灯笼来照，如果灯笼一照火就灭掉，就记住这个地方，用四丈新布把这个地方围起来，天亮了往下挖，挖到四尺七尺之间就能挖得，超过七尺就没有了。伏灵就是千年老松树根，人吃了可以长生不死。据说蓍草枝梗长满一百根时，它下面就有神龟守护，上面常有青云笼罩。古书上说："天下和平，王道实现，蓍草就能长出一丈长的茎，一丛能长满一百条梗枝。"当今寻取蓍草，不能达到古书上的要求，找不到长满百茎长一丈的。寻取八十茎以上、八尺长的，就难得了。人民喜好用卦的，找到满六十茎以上、长满六尺的，就可以用了。古书说："能得到名龟的，财物跟着就到，他家一定发大财，富到千万钱。"名龟中，第一叫"北斗龟"，二叫"南辰龟"，三叫"五星龟"，四叫"八风龟"，五叫"二十八宿龟"，六叫"日月龟"，七叫"九州龟"，八叫"玉龟"，一共八种名龟。古书所画龟图的腹下各有字，写明是哪种龟。我这里只略写出它们的名称，不画龟图。寻取这类龟，不必满一尺二寸，民间得到七八寸长的，就是宝贝了。珠玉宝器，就是藏得再深，也会透露出光芒，显现出神灵，道理和名龟到来则财富到来一样。所以玉蕴藏在山里，山上树木就得到水分，深潭有珍珠，岸上草木就不枯，就是因为得到了玉石珍珠的润泽。有名的明月珠，出产在江海里，藏在蚌中，上面趴着蛟龙。君王若能得到它,就可长保天下,四夷来服。有谁能得到百茎的蓍草,同时又得到它下面的神龟用来占卜,那就能百问百应,足以决定吉凶。

神龟出在长江水中,庐江郡每年按时给太卜官送去一尺二寸的活龟二十个,太卜官在吉日剔取龟的腹甲。龟活一千岁才能长到一尺二寸长。君王调兵遣将,必先在庙堂上钻龟占卜以定吉凶。现在高庙中有一个龟室,藏着这种龟,并看作神宝。

古代占卜书说:"断取龟的前足臑骨穿起来佩带在身上,在室内西北角悬挂一只龟,这样,走进深山老林时就不会迷惑。"我做郎时,看过《万毕石朱方》,书中说:"在江南嘉林中有神龟。嘉林这个地方,没有虎狼类猛兽,鸱鸮类恶鸟,没有毒草,野火烧不到,樵夫砍柴足迹不到,所以叫嘉林。龟在嘉林中,常在芳莲上筑巢。它的胁上写着字:'甲子重光,得到我的,原是平民百姓的,可以成为官长;原是诸侯的,可以成为帝王。'在白蛇蟠绕林中寻取龟的人,都是斋戒了以后专程等候,就像专程等待别人来报信一样,同时敬酒祈祷,披散头发行礼,这样连续三天,才能得到龟。"由此看来,寻取龟的仪式多么庄严隆重!所以,对龟能不非常敬重吗?

有一位南方老人用龟垫床脚,过了二十多年,老人死去,移开床脚,龟还依然活着。这是因为龟具有一种特殊的调节呼吸的方法。有人问:"龟的神通这样大,但为什么太卜官得到活龟总是杀了剔取它的腹甲呢?"不久以前,长江边上有个人得到一只名龟,养在家里,因此家里发了大财。和人商量,要把龟放了。人教他别放,杀了,说放了,家要衰败。龟给他托梦说:"把我放到水里去,不要杀我。"这家人到底把龟杀了。杀龟之后,这家主人死了,家庭也倒了霉。人民和君王处理事情应遵循的办法不一样。老百姓得到名龟,看来好像不应当杀。根据古代惯例来说,圣明君王得到名龟都是杀了,供占卜用。

宋元王时得到一只龟,也杀掉用了。现在谨把此事接写在下面,供有兴趣的人阅读参考。

宋元王二年，长江之神派遣神龟出使黄河，神龟游到泉阳，被打鱼人豫且用网捞起来关在笼子里。半夜里，神龟托梦给宋元王说："我奉长江神之命出使黄河，渔网挡住我的去路。泉阳的豫且捉住了我，我走不掉。身处患难之中，无处求告。听说您的德义，所以来向您求救。"元王听罢一惊，醒了。马上招来博士卫平商量："刚才我梦见一个男子，伸着脖子，长长的头，身穿带刺绣的黑衣，乘着辎车，来给我托梦。他说：'我奉长江神之命出使黄河，渔网挡住我的去路。泉阳的豫且捉住了我，我走不掉。身处患难之中，无处求告。听说您有德义，所以来向您求救。'这来托梦的是什么东西呢？"卫平拿起式，仰天察看月光，观测北斗星斗柄的指向，估量太阳运行位置。先测定东、西、北、南方位，又测定东南、西南、西北、东北方位，于是布列好八卦。考察其中吉凶预兆，首先发现龟的形象。于是对元王说："昨夜是壬子日，太阳行至牵牛宿。正是河水大会，鬼神相谋的时候。银河正处于南北走向的时候，长江、黄河之神原先有约，南风开始吹的时候，长江神使者先来拜会黄河神。现在天象是白云堵塞了银河，什么东西也无法航行了。北斗斗柄又指向太阳所在星官，这是说长江神使者被囚禁了。您梦见的穿黑衣裳而乘辎车的男子，那是龟。请您马上派人去找。"王说："好。"

于是王就派人乘车急去询问泉阳令："你县有几家渔民？谁的名字叫豫且？豫且捉到了龟，龟托梦给王，所以王叫我来找龟。"泉阳令就叫县吏查阅户籍簿和地区，发现本县河边渔民五十五家，上游地区住着一个渔民叫豫且。泉阳令说："好。"就和使者乘车急忙找到豫且说："昨天夜里你打鱼打到了什么？"豫且说："半夜时候一提网捉到了一只龟。"使者说："现在龟在哪里？"回答说："关在笼子里。"使者说："王知道你捉到了龟，所以叫我来找龟。"豫且说："好。"就用绳拴绑了龟，从笼里提出来，献给使者。

使者带龟上车驶出泉阳城门。这是白天，但又是风又是雨，一片昏暗。青黄五彩云罩在上空，接着雷电大作，风吹送车子前行。进了国都端门，在东厢房前取出龟。那龟身如流水，润泽有光。望见元王，伸开脖子往前爬，爬三步停住，又缩回脖子后退到原处。元王见了奇怪，问卫平说："龟见了我，伸开脖子往前爬，有什么目的呢？缩回脖子退到原处，又表示什么意思？"卫平回答："龟在患难中，整夜被囚禁，王有德义，派人解救它出来。现在伸脖子向前爬，是表示感谢，缩脖子后退，是希望尽快离开。"元王说："好啊！这龟神灵到这种地步，不可长期扣留它，立即派人驾车送龟，别让它耽误了出使期限。"

卫平回答说："龟是天下之宝，先得此龟的为天子，而且十言十灵，十战十胜。它生于深渊，长于黄土，知晓天道，明白上古以来大事。漫游三千年，不出它应游的地域。安详平稳，从容端庄，行动自然，不用拙力。寿命超过天地，没有谁知道它的寿命极限。它顺随万物变化，四时变化着体色。平时自己藏在一边，爬伏在那里不吃东西。春天呈现青色，夏天变为黄色，秋天呈为白色，冬天变成黑色。它懂得阴阳，精晓刑德。预知利害，明察祸福。卜问了它，则说话无失误，作战得胜利，王能宝藏住它，诸侯都得降服。王不要放走他，用它来安定国家。"

元王说："这龟很有神灵，从天上降下来，陷在深渊。在患难中，认为我贤明，敦厚而忠信，所以来求救于我。如果不放走它，我也成了一个渔人了。渔人看重它的肉，我贪图它的神力，臣下不仁，君上无德。君臣无礼，国家还有什么福？我不忍心这样办，为什么不放掉它！"

卫平回答说："不是这样，我听说，大恩德不会得到报答，贵重之物寄存出去得不到归还，现在天赐宝物你不接受，天就要夺回它的宝物了。这龟周游天下还要再回归原住地去，它上达苍天，下至大地，走遍九州，也未曾受过辱，也未遇到阻拦。而现在到了泉阳，打鱼的却折辱了它，把它囚禁起来。王虽然施大恩放了它，长江、黄河之神必怒，一定会设法报仇。龟自己认为被侵害了，要和神合谋报复。那时将淫雨不晴，大水泛滥无法治理。或者制造枯旱，大风扬尘，蝗虫突然出现，百姓错过农时。王施行了放龟的仁义，而天的惩罚必然降临。这并非别的原因，祸害出在龟身上。以后您就是后悔，难道还来得及吗？王别放掉龟啊。"

元王感叹地说："这拦劫人家使者，破坏别人计划，不算是凶暴吗？

夺取别人的东西，当作自己的宝物，这不算强横吗？我听说，凶暴地夺来的东西，必然要被人凶暴地夺去；强抢别人东西，最后还是一无所获。桀、纣都是凶暴强横不讲理的，自己被杀死，国家也亡了。如果我听了你的建议，这就丧失了仁义名声而有了凶暴强横不讲理行为。长江、黄河之神将成为仁义的汤、武，我将成为凶暴强横而被征伐的桀、纣。没看到什么好处，恐怕要陷进灾祸。我拿不定这个主意，怎么能事奉好这个宝物，赶快驾车送龟走，不要让它在此久留。”

卫平回答说：“不是这样，王不要担心。天地之间，有的地方石头堆石头，堆成了山，虽然高耸，并不坍塌，大地能得平安。所以说，有的东西虽然看起来危险，却很平安；看起来很轻，却搬移不动。有的人忠厚老实，并不如大言欺诈的人；有的面貌丑恶，却适合于做大官；有的漂亮，却成为危害大众的祸根。这些现象，不是神和圣人，说不清楚。春夏秋冬，有时热有时冷；冷热并不互融，而相互冲突区别。同一年内，有不同季节，这是根据四时冷热不同确定的。所以让植物春天出生，夏天成长，秋天要收获，冬天就收藏。有时要行仁义，有时要施强暴。强暴有目标，仁义有时机。万物都是这样，不可胜言。大王请接受我的建议，让我彻底说清楚。根据天的五种颜色，可以辨别白天黑夜。根据地生的五谷，可以分辨好坏植物。当初人民不懂得这样辨别，和禽兽一样。住在山谷洞穴里，不懂得种田，天下灾祸频生，阴阳季节混乱。匆匆忙忙过日子，大家都是这样，不会区分黑白善恶。妖孽常常出现，人民一代代勉强传留下来。后来圣人区分万物生存特点，使他们互相不做侵害。禽兽有牝有牡，把它们放到山里；鸟有雌有雄，都把它们放进树林、水边；带甲壳生物，安置在溪谷。所以管理人民，就为他们建立城郭，城内设立街巷，城外开辟田畦通路。根据夫妻男女，给他们田宅、房屋。建立户籍，一一登记其姓名。设立官吏，用爵位俸禄予以鼓励。种桑麻有衣穿，种五谷有饭吃。人民辛勤耕作，于是能吃到想吃的东西，看到想看的东西，穿到想穿的东西。由此可见，舍弃强力，就没有成果。所以，种地的不用强力，粮食不能丰收；商人不用强力，赚不到钱；妇女不用强力，布就织不好；做官的不用强力，就没有威势；大将不用强力，兵不听令；侯王不用强力，到死也没有大名。所以说，施用强力，是事业的起点，是当然的道理，是万物的法则。从施用强力入手，没有得不到的东西。大王如果不同意这个看法，您难道没听说过，那带有野雉雕饰的玉匣，本出自昆山；明月之珠，本出于四海；凿雕昆山之石成为玉匣，割剥海中之蚌取出明月之珠传卖于市；圣人得到匣珠，当作大宝。得大宝的，就成了天子。现在您自认为凶暴了，其实不如那海上剖蚌的；您自以为强，其实赶不上那凿昆山之石的。那些制匣取珠的没有错，宝藏匣珠的没有祸。现在龟因出使而碰网，被渔人抓获，又托梦给您自我介绍，这是国家之宝，您担什么心呢？”

元王说：“不是这样。我听说，谏诤是国之福，阿谀是国之祸。君主听从阿谀奉承，是愚昧糊涂。虽然一般道理是这样，但祸也不会无缘无故降，福也不会随便就来。天气地气相合，生出各种财富。阴阳各有界限，不偏离四时，一年十二个月，用夏至冬至定其周期。圣人明白这个道理，自己没有灾难。明王运用这个规律，没人敢来欺骗。所以，福的来到，是人自己创造的；灾难降临，是人自己招致的。祸福可能性同时存在，刑德互相关联；圣人辨察它们，预测吉凶。桀、纣时，和天争功，阻遏鬼神，使它们不能通显其灵。这本来已经是无道了，而谄谀之臣又多。桀有谀臣，名叫赵梁。教桀做无道之事，怂恿他贪婪凶狠。把汤囚进夏台，杀害关龙逢。左右大臣怕死，都在一旁苟且偷生阿谀逢迎。国势危如累卵，却都说无妨。赞美欢呼万岁，或者说国运远没有完结。蔽遮桀的耳目，和他一起自欺欺人。汤终于伐桀，桀身死，夏灭亡。听信谀臣，自己倒了霉。《春秋》写明了这段史实，使人至今不忘。纣有谀臣，名叫左强。浮夸不实，自诩目测能力强，不必借助规矩绳墨就能设计施工，教纣筑造象廊。高达于天，室内又陈设玉床犀玉之器，用象牙筷子吃饭。剖圣人比干的心，砍断壮士的小腿。箕子怕死，披头散发装疯。纣王杀周太子历，囚禁周文王昌，把他投进石头屋子，打算从早到晚囚禁。阴兢救出文王，和他一起逃亡到周国。文王得到太公望，发动军队和纣作战。文王病死，大臣用车载着文王尸首前进。太子发代替文王统帅军队，号为武王。和纣在牧野大战，在华山之南击溃纣军。纣不能胜，败退回去，武王把他围在象廊。纣自杀在宣室，死后得不到安葬。头被砍下悬挂在车上，四匹马拉着走。我想到桀纣遭遇，肚子里如有开水滚沸。他们都曾富有天下贵为天子，但太骄傲。贪得无厌，办事就好高骛远。贪婪凶狠而又骄慢。不用忠诚老实人，听信阿谀之臣，于是被天下耻笑。现在我的国家处在诸侯之间，简直小得如秋毫。办事一有不当之处，怎能逃脱灭亡下场。"

卫平回答："不是这样。黄河虽然神灵贤明，赶不上昆仑山；长江虽然水源通畅，不如四海浩荡。昆仑山、四海，人还夺取其宝呢，诸侯争夺那些宝物，有时因此引起战争。小国被灭亡，大国遭遇危险，为了这些宝物而杀人父兄，虏人妻儿，割裂国土，毁人宗庙。攻战争夺，这就是强暴。所以说，夺取时应用强暴，统治时应用文理，不违背四季天时，总是亲近贤士；顺应阴阳变化，借助鬼神作用；了解协调与天地关系，与天地为友。诸侯来归服，人民富裕愉快。国家民户安宁，与社会一起开创新局面。汤、武这样做，于是取得天下之位；《春秋》记载了这些事，作为办事楷模。王不自比汤、武，却自比桀、纣。桀、纣施行强暴，是把强暴看成永恒持续，不需要用仁义补充的办法。桀修瓦屋，纣建象廊。还征收丝絮用为燃料，一心要耗费人民资财。税敛没有限度，杀人没有标准。杀了人民的牲畜，用熟皮做成袋。皮袋装牲畜血，悬挂起来带领人用箭射，和天帝争强。搅乱四时顺序，在祭祀鬼神之前抢先品尝四时产品。有人谏止，就被杀死；只有谀臣，侍在身旁。圣人躲了，百姓不敢外出。天气多次干旱，国家多有妖异。年年有螟虫，五谷长不熟。人民不能安居，鬼神不能享用。大风天天刮，白天一片暗。日蚀又月蚀，熄灭无光亮。群星天上乱走，全然没有规律。从这些现象看，怎么能够久长？纵然没有汤、武，按时运来说也应当灭亡。所以汤伐桀，武王克纣，是那个时势造成的。他们由此做了天子，子孙相续，终身无灾，后世赞颂，直到今天不停。这都是根据时势行动，按照事理要求须强就强，才成就了他们帝王之业。现在，这个龟是大宝，为圣人出使，传给了贤明的王。它行动不用手足，雷电带着它，风雨护送它，流水浮涌它前进。侯王有德的，才能遇到它。现在王有德，遇到这个宝，却恐惧不敢接受；王如把龟放走，宋国必然有灾。以后即使后悔，也来不及了。”

元王听了，大为高兴。于是元王对着太阳拜谢上天，拜了两次，接受了龟。选择吉日斋戒，认为甲乙两日最吉。于是杀了白雉和黑羊；在祭坛中央用血灌龟。用刀解剖，龟甲没有弄残。又用酒肉祭祀一遍，剔出腹肠。然后用荆枝烧灼，求兆，坚持要烧出兆纹来。果然兆纹显现，条理清楚。叫卜官占视，所说的都很恰当。国家藏有如此重宝，消息径直传到国外。于是杀牛取皮，蒙在郑国产的桐木上做成战鼓。分别草木特性做成各种武器。打起仗来，无人是元王对手。元王的时候，卫平做宋国的相，宋国力量在天下最强，这都是龟的神力。

所以说，龟虽有大到能托梦于元王的神灵，但却不能自己逃出渔人的笼子。自己能够每言必灵，却不能通使于黄河，还报长江。本领大到让别人战必胜攻必取，却不能使自己避开刀锋，免除被宰剥的灾难。非凡聪明能先知未来，迅速看出祸福，却不能让卫平不向宋元王说出不利于己的那番话。预言事情，无不周全，及于自身，却被拘禁不得解脱；事情一到个人头上就无法避害趋利，要贤能本领又有什么用？不过，话要说回来，贤只是指他有贤的一面，一般人也是这样。所以说，视力好也有看不到的地方，听力好也有听不到的方面；人的本领再大，也不能在同时既用左手画方又用右手画圆；日月明亮，却有时要被浮云遮挡。羿号称射箭技艺高，也有不如雄渠、蠭门之处；禹号称善辩多智，却不能胜过鬼神。地柱折断过，天本来也没有椽，又为什么要对人求全责备？孔子听了神龟和宋元王的事之后，说：“神龟能知道事情吉凶，但自己只有一副中空的空骨架。太阳能普施恩德君临天下，却受三只脚乌鸦的欺侮。月亮能动用刑罚辅佐太阳，却被蛤蟆啃咬。刺猬被喜鹊欺辱，有神通的腾蛇却不是蜈蚣的对手。竹子外面有节有段，里面却是又直又空；松柏是百木之长，却被栽在大门旁充当卫士。日辰也不能周全，所以有孤有虚。黄金有疵，白玉有瑕。事情有时进展快，有时进展慢。物品性能有局限，也有其专门擅长。网孔有时显得太细密,也有时显得太粗疏。人有贵过他人之处,也有不如人的地方。怎么办才好呢?怎样做才全面周到呢?天还不能十全十美呢,所以世人盖屋,少放三块瓦以便安放房栋,表示不是十全十美,以便和天的不十全十美相适应。天下万物有差异,事物都因为有所不全才得以生存于世间。”

褚先生说:渔人提网捉到了神龟,龟自己托梦给宋元王,宋元王召博士卫平把梦见龟的情形告诉他,卫平拿起式推算,确定日月位置,分辨星官关系,推测吉凶,看出龟和所观测推算的形象相同,卫平力劝元王留住神龟作为国宝,这件事真好啊。古时候谈到卜筮必然称道龟,因为龟有灵验好名声,由来悠久了。我因此写下这篇传记。

三月 二月 正月 十二月 十一月 中关内高外下 四月 首仰 足开 肣开首俛大 五月 横吉 首俛大 六月 七月 八月 九月 十月

占卜的禁忌规定:子时、亥时、戌时不可以占卜及杀龟。白天遇到日食,要停止占卜。暮色时龟徼绕不明,不可以占卜。庚日辛日可以杀龟,或在龟甲上钻凿。常在每月初一替龟洗涤,以除不祥。办法是先用清水给龟洗澡,再以鸡蛋在龟上摩擦,然后再拿龟去占卜,这是用龟的通常办法。如果占卜不灵,都要用鸡蛋摩擦龟以驱除不祥,面朝东站着,用荆枝或硬木灼龟,用土捏成卵形来指龟三遍,然后拿起龟用土卵绕一圈,祝祷说:“今天是吉日,谨以精米鸡卵荆木黄绢,袚除玉龟的不祥。”这样,玉灵必然诚实可信,因而知道万事情况,什么事都能辨以兆文占卜明白。如果占卜不信不诚,就烧掉玉灵,扬弃其灰,以警告以后使用的龟。占卜时必须面向北,龟甲要用一尺二寸的。

凡进行占卜,先用燃烧的荆灼龟上钻凹,灼毕中部的,再灼龟首部的,各灼三次;再灼中部的,叫正身,灼首部的,叫正足,各灼三次。再以荆枝火灼龟四周凿凹,绕灼三遍,祝祷说:“借助你玉灵夫子神力。夫子非常灵验,我用荆枝灼烤您的心,让您能预知未来。您能上行于天,下行于渊,各种灵策,都不如您诚信。今天是好日子,求一个好卜兆。我想卜某事,如果得到适当兆文就高兴,得不到就懊恼。如果我求的能得到,请向我呈现长又大的兆身，首足收敛，兆文成对向上扬。如果我求的不能得到，请向我呈现弯折不直的兆文，中心和边缘兆文不相对应，首足不现兆文。”

用灵龟卜者祝祷说：“借助您灵龟神力。五巫五灵，不如神龟的灵，预知人死人活。我要得个好卜兆，我想求得某物。如能得到，请将兆头兆足显现出来，兆文内外相应；如果得不到，就请兆头上仰，兆足收敛，内外自垂。您这样显示，我就得到占卜结果了。”

为病人占卜时祝祷说：“现在某人病得厉害，如果必死，显出如此兆文：兆首上开，内外乱交错，兆身曲曲折折；如果死不了，现一个兆首上仰兆足收敛的兆文。”

卜问病者是否有祟时祝祷说：“这个病人如果中了邪祟，请勿现兆文，没有中邪，就现出兆文。兆有中祟，有内，外祟，有外。”

卜问被囚的能否出狱。不能出，兆横吉安；若能出，兆足张开，兆首仰起，有外。

卜问财物能否得到。能得到，兆首仰足开，内外相应；如得不到，呈现兆首仰足收敛兆文。

卜问买卖臣妾马牛能否如愿。如愿，首仰足开，内外相应；不能如愿，首仰足收敛，呈兆如横吉安。

卜问袭击在某处聚集若干人的盗匪团伙，现在带兵若干人去袭击。能胜，首仰足开身正，内高起，四外下。不胜，足敛首仰，身首内下外高。

卜问该不该出行。当行，首足开；不宜行，足敛首仰，横吉安，安即不宜出行。

卜问出发攻打强盗，能否碰见。能见，首仰足敛，有外；见不到，足开首仰。

卜问到某处去等候盗，能否见到。能见，首仰足敛，敛胜有外；见不到，足开首仰。

卜问听说有盗，盗来不来。来，外高内下，足敛首仰；不来，足开首仰，若横吉安，以后来。

卜问调动职务会否丢官。丢官，足开肣外首仰；不丢官，或自己辞职才丢官，就足敛，呈兆如横吉安。

卜问做官还吉不吉。吉，呈兆身正，如横吉安；不吉，兆身曲折，首仰足开。

卜问平常在家吉不吉。吉，呈兆身正，如横吉安；不吉，兆身曲折、首仰足开。

卜问年内庄稼能否成熟。熟，首仰足开，内外自桥外自垂；不熟，足敛首仰有外。

卜问年内民间有无瘟疫。有疫，首仰足敛，身节有强外；无疫，身正首仰足开。

卜问年内有无战争。无战争，呈兆若横吉安；有战争，首仰足开，身作外强情。

卜问见贵人吉不吉。吉，足开首仰，身正，内自高起；不吉，首仰，身曲折，足敛有外，若无渔。

卜问求见他人有无收获。有收获，首仰足开，内自高起；无收获，首仰足敛有外。

卜问追捕逃亡者能否追到。追捕到，首仰足敛，内外相应；追捕不到，首仰足开，如横吉安。

卜问渔猎能否有收获。有收获，首仰足开，内外相应；无收获，足敛首仰，如横吉安。

卜问出行会不会遇盗。遇盗，首仰足开，身曲折，外高内下；不遇，呈兆。

卜问下不下雨。下雨，首仰有外，外高内下；不下雨，首仰足开，如横吉安。

卜问雨能否转晴。晴，呈现足开首仰兆象；不晴，横吉。

一种兆象名为横吉安。根据这种兆象，问病情。病重的，一天之内不会死；病不重的，占卜当天就痊愈，不会死。问被囚者情况。罪重的，不会获释，轻罪环出；过一天则不获释，不过，长期囚禁也无危险。问求财物买臣妾马牛能否得到。一日环得；过一天，买不到。问宜不宜出行。不宜出行。问有人要来，还来不来。来者环至；过了吃饭时候不到就不来了。问去不去攻打盗贼。不去，去也碰不上。问听说盗贼要来，究竟来不来。不会来。问会不会调动官职。不会。问在官任上在家中生活都吉不吉。都吉。问当年年成如何。不丰收。问民间有无瘟疫。没有。问年内有无战争。没有。问去不去见贵人。去，不去不喜。问去不去拜见人请求帮助，不去得不到帮助。问追捕逃亡人、渔猎结果如何。都没有收获。问出行会不会遇盗。不会遇盗。问下不下雨。不下雨。问转晴不转晴。不转晴。

一种兆象名为呈兆。卜得此兆的，问病人情况如何。不会死。问被囚的怎样。要获释。问出不出行。出行。问要来的人还来不来。来。问要买的东西能否买得到。能。问追捕逃亡者能否追回。能。过一天再追就追不到。问出行的能否抵达目的地。不能抵达。

一种兆象名为柱彻。卜得此兆的，问病情能否致死。不会。问被囚者如何。将要获释。问应否出行。出行。问要来的人来不来。来。问要买的能否买到。买不到。问所忧虑的事值得不值得忧虑。不须忧虑。问能否追回逃亡者。不能。

一种兆象名为首仰足敛有内无外。卜得此兆，问病情。病情很重，但不会死。问被囚的如何。将被释放。问求财物买臣妾马牛的如何。买不到。问出行者听到某种话了还出行否。不出行。问要来的人来不来。不来。卜问听说有盗要来还来不来。不来。卜问听说某人要来还来不来。不来。卜问听说要徙官还徙不徙。不徙。问居官如何。有忧。问居家如何。多灾。问今年收成如何。中等收成。问民间疫情如何。疾疫多病。问年内有无战争。有。闻言不开。问见贵人如何。吉。问去不去拜谒人。不去。去了也听不到好话。问能否追回逃亡者。追不到。问渔猎收获如何。没有收获。问出行会不会遇盗。不会遇盗。问有没有雨。有雨，雨不大。问转晴否。不转晴。故其莫字皆为首备。问大卜官说，备是仰的意思，所以定为仰字。这是我私下记的，不是原卜书上的话。

一种兆象名为首仰足敛有内无外。卜得此兆的，问病。病很重，但不会死。问囚者如何。不会获释。卜问求财买臣妾如何。买不到。问宜不宜出行。不宜出行。问要来的人来不来。不来。问去攻打盗行不行。去攻打也碰不上盗。卜问听说盗要来，自己很吃惊，盗来不来。盗不来。问调动不调动官职。不调动。问做官、在家吉不吉。吉。问今年年成如何。歉收。问民间有无疫情。有疾疫。有的还很重。问年内有无战争。没有。问见贵人吉不吉。吉。问求见他人，追捕逃亡者如何。都要失望。问丢了财物能否找回。财物并没有运走，能找回来。问渔猎有无收获。没有收获。问出行会不会遇盗。不会遇盗。问下不下雨。不下雨。问转不转晴。不转晴。问吉凶如何。凶。

一种兆象名为呈兆首仰足敛。卜得此兆的，问病。不会死。问被囚者如何。还没获释。问求财物买臣妾马牛如何。买不到。问出行不出行。不出行。问要来的来不来。不来。问攻打盗贼如何。碰不见盗。卜问听说盗要来，究竟来不来。不来。问调动不调动官职。不调动。问官做长了怎样。会有很多忧愁事。问在家住着怎样。不吉。问今年年成怎样。歉收。问民间有无瘟疫。有疾疫。问年内有无战争。没有战争。问见贵人吉不吉。不吉。问拜见人有无收获。没有收获。问渔猎有无收获。有少量收获。问出行会不会遇盗。不会遇盗。问下不下雨。不会下雨。问转不转晴。不转晴。问吉不吉。不吉。

一种兆象名为呈兆首仰足开。卜得此兆的，问病情怎样。病重而死。问被囚者如何。将被释放。问求财物买臣妾牛马怎样。买不到。问出不出行。出行。问要来的来不来。来。问攻打盗贼怎么样。碰不见盗。卜问听说盗要来还来不来。不来。问会不会调动官职。会调动。问官做得长不长。不长。问住在家吉不吉。不吉。问今年年成怎样。歉收。问民间有无瘟疫。有，但不多。问年内有无战争。没有战争。问见贵人吉不吉。不去见贵人吉。问去拜见人、追捕逃亡者、渔猎怎样。都没有收获。问出行会不会遇盗。会遇盗。问下不下雨。不下雨。问转晴吉不吉。小吉。

一种兆象名为首仰足敛。卜得此兆的问病情。不会死。问被囚很久了怎么样。没什么关系。问求财物买臣妾马牛怎样。达不到目的。想出行的出不出行。不出行。问将出发攻打盗贼的出行不出行。不出行。问要来的还来不来。来。卜问听说盗贼要来还来不来。来。卜问听说要调动官职。还调动不调动。不调动。问在家住吉不吉。不吉。问年成怎样。歉收。问民间有无瘟疫。有瘟疫。但得病的不多。问年内有无战争。没有战争。问去见贵人能否见得到。能见到。问去拜见人、追捕逃亡者、渔猎怎样。都没有收获。问出行会不会遇盗。会遇盗。问下不下雨。不下雨。问转晴不转晴。不转晴。问吉不吉。吉。

一种兆象名为首仰足开有内。卜得此兆的问病情。将要死。问被囚的怎样。将获释。问求财物买臣妾马牛怎样。没有收获。问出行不出行。出行。问要来的来不来。来。问去攻盗怎样。去了也碰不上盗。卜问听说盗要来,来不来。不来。问调不调动官职。调动。问做官长不长。不长。问在家住吉不吉。不吉。问年成。丰收。问民间瘟疫情况。有瘟疫但人数少。问年内有无战争。没有。问见贵人吉不吉。不吉。问拜见人、追捕逃亡者、渔猎有无收获。没有收获。问出行会不会遇盗,不会遇盗。问雨转不转晴。转晴。问转晴吉不吉。小吉。问不转晴吉不吉。吉。

一种兆象名为横吉内外自桥。卜得此兆的问病情。占卜当天就要不愈而死。问被囚的怎样。不判刑。释放了。问求财物买臣妾马牛。都能得到。问出行不出行。出行。问要来的来不来。来。问去攻盗贼怎样。交战了,不分胜负。卜问听说盗要来,来不来。来。问调不调动官职。调动。问在家住着吉不吉。吉。问年成。丰收。问民间有没有瘟疫。没有。问年内有无战争。没有。问去见贵人,去拜见人、追捕逃亡者、渔猎有无收获。有收获。问出行会不会遇盗。遇盗。问雨转不转晴。转晴。问转晴吉不吉。大吉。

一种兆象名为横吉内外自吉。卜得此兆的,问病情。病人要死。问被囚的怎样。不能获释。问求财物、买臣妾马牛,追捕逃亡、渔猎怎样。都没有收获。问出行的来不来。不来。问去攻盗贼怎样。碰不见盗。卜问听说盗来了,来不来。不来。问官职调动不调动。调动。问做官有无忧愁事。有忧愁。问在家住着、见贵人、拜见人怎样。不吉。问今年年成。歉收。问民间有无瘟疫。有瘟疫。问年内有无战争。没有战争。问出行会不会遇盗。不会遇盗。问下不下雨。不下雨。问转不转晴。不转晴。问吉不吉。不吉。

一种兆象名为渔人。卜得此兆的,问病情。病很重,但不会死。问被囚的。将获释。问求财物、买臣妾马牛、攻打盗、拜见人、追捕逃亡者、渔猎怎样。都有收获。问出行不出行。出行,还要回来。卜问听说盗来,来不来。不来。问官职调不调动。不调动。问在家住着吉不吉。吉。问出行会不会遇盗。不会遇盗。问下不下雨。不下雨。问转不转晴。不转晴。问吉不吉。吉。

一种兆象名为首仰足肣内高外下。卜得此兆的,问病情,病得厉害,但不死。问被囚者怎样。不会获释。问求财物、买臣妾马牛、追捕逃亡者、渔猎。都有收获。问出行不出行。不出行。问来的来不来。来。问攻打强盗能不能胜。能胜。问官职调不调动。不调动。问做官有没有忧愁事。有忧愁事,但没有什么关系。问住在家忧愁疾病多不多。多。问年成怎样。大丰收。问民间有无瘟疫。有瘟疫。问年内有没有战争。有战争,但不会波及本地。问见贵人、拜见人吉不吉。不吉。问出行会不会遇盗贼。会遇盗贼。问下不下雨。不下雨。问转不转晴。不转晴。问吉不吉。吉。

一种兆象名为横吉上有仰下有柱。卜得此兆的,问病情。病拖得久,但不会死。问被囚的怎样。不会获释。问求财物、买臣妾马牛、追捕逃亡者、渔猎怎样。都无收获。问出不出行。不出行。问来者来不来。不来。问去不去攻打强盗。不去,去也碰不上盗贼。卜问听说盗贼要来,还来不来。不来。问官职调不调动。不调动。问在家住着、去见贵人都吉不吉。吉。问年成怎样。大丰收。问民间有无瘟疫。有疾疫。

问年内有无战争。没有战争。问出行会不会遇强盗。不会遇强盗。问下不下雨。不下雨。问转不转晴。不转晴。问吉不吉。大吉。

一种兆象名为横吉榆仰。卜得此兆的，问病情。不会死。问被囚者怎样。不会获释。问求财物、买臣妾马牛，已经到手了，怎么样。到手了也保不住。问出不出行。不出行。问要来的还来不来。不来。问攻打盗贼出发不出发。不出发，出发也碰不上盗贼。卜问听说盗贼要来，还来不来。不来。问官职调不调动。不调动。问做官、在家住着、去见贵人吉不吉。吉。问年成。丰收。问年内有无瘟疫、有无战争。有瘟疫，无战争。问拜见人、追捕逃亡者有无收获。没有收获。问渔猎有无收获。到了地点也没有收获。问出行有无收获。出行无收获。问出行会不会遇到盗贼。出行不会遇盗贼。问雨能不能转晴。不能转晴。问吉不吉。小吉。

一种兆象名为横吉下有柱。卜得此兆的，问病情。病得厉害，不好转，但不会死。问被囚的怎样。获释。问求财物、买臣妾马牛、拜见人、追捕逃亡者、渔猎有无收获。没有收获。问出行的来不来。不来。问攻打强盗怎样。不会和强盗交锋。卜问听说强盗要来，到底来不来。强盗的确要来。问调动官职、做官会怎样。吉。但持续时间不长。问在家住着吉不吉。不吉。问年成怎样。歉收。问民间有无瘟疫。没有。问年内有无战争。没有。问去见贵人吉不吉。吉。问出行遇不遇盗贼。不遇盗。问下不下雨。不下雨。问转不转晴。转晴。问吉不吉。小吉。

一种兆象为载所。卜得此兆的，问病情。有好转，不会死。问被囚的怎样。获释。问求财物、买臣妾马牛、拜见人、追捕逃亡者、渔猎怎样。有收获。问出行的出不出行。出行。问要来的来不来。来。问攻盗贼怎样。能见到，但交不了锋。卜问听说盗贼要来，还来不来。来。问调不调动官职。调动。问在家住着有无忧愁事。有。问见贵人吉不吉。吉。问年成。丰收。问民间有无瘟疫。没有。问年内有无战争。没有。问出行会不会遇盗。不会遇盗。问下不下雨。不下雨。问转不转晴。转晴。问吉不吉。吉。

一种兆象名为根格。卜得此兆的，问病情。不会死。问被囚的怎样。长期关押，但没有关系。问求财物、买臣妾马牛、拜见人、追捕逃亡者、渔猎怎样。没有收获。问出行不出行。不出行。问要来的来不来。不来。问攻盗贼怎样。去攻盗贼，盗贼走了，没交上锋。听说盗贼要来还来不来。不来。问调不调动官职。不调动。问在家居住吉不吉。吉。问年成。中等收获。问民间有无瘟疫。有瘟疫。但没有人死。问去见贵人怎样。见不到。问出行会不会遇盗贼。不会。问下不下雨。不下雨。问吉不吉。大吉。

一种兆象名为首仰足敛内高外下。卜得此兆的，问有无忧愁事。有忧愁，但没有什么关系。问出行的来不来。不来。问病情。病将拖得很久，最后还是死。问求财物怎样。没有收获。问见贵人怎样。吉。

一种兆象名为外高内下。卜得此兆的问病情。不会死，但有鬼神闹灾。问做买卖，没有收获。问在家住着吉不吉。不吉。问出行的，出不出行。不出行。问要来的来不来。不来。问被囚的怎样。将长期关押，但没有妨害。问吉不吉。吉。

一种兆象名为头见足发有内外相应。卜得此兆的，问病情。将能起床。问被囚的怎样。获释。问出不出行。出行。问要来的来不来。来。问求财物怎样。有收获。问吉不吉。吉。

一种兆象名为呈兆首仰足开。卜得此兆的，问病情。病得厉害，要死。问被囚的怎样。获释，有忧愁事。问求财物、买臣妾马牛、拜见人、追捕逃亡者、渔猎怎样。没有收获。出不出行。不出行。问要来的来不来。不来。问攻打盗贼怎样。交不上锋。卜问听说盗贼要来，来不来。来。问调动官职、在家居住吉不吉。不吉。问年成。收成坏。问民间有无瘟疫。有瘟疫。但没有人死亡。问年内有无战争。没有。问见贵人吉不吉。不吉。问出行会不会遇盗贼。不会遇盗贼。问下不下雨。不下雨。问转不转晴。转晴。问吉不吉。不吉。

一种兆象名为呈兆首仰足开外高内下。卜的此兆的，问病情。不会死。但有外鬼闹灾。问被囚的，获释。有忧愁事。问求财物、买臣妾马牛怎样。当面错过机会。问出不出行。出行。问要来的听说要来，还来不来。不来。问攻打盗贼怎样。能胜利。卜问听说盗贼要来到底来不来。不来。问调动官职、在家住着、见贵人都吉不吉。不吉。问年成。中等收获。问民间有无瘟疫，有无战争。有瘟疫。有战争。问拜见人、追捕逃亡者、渔猎有无收获。没有收获。卜问听说有盗贼，会不会遇上盗贼。会遇上盗贼。问下不下雨。不下雨。问转不转晴。转晴。问吉不吉。凶。

一种兆象名为首仰足敛身折内外相应。卜得此兆的，问病。病得厉害，但不会死。问被囚的怎样。长期关押不能获释。问求财物、买臣妾马牛、渔猎怎样。没有收获。问出不出行。不出行。问要来的来不来。不来。问攻打盗贼怎样。有办法取胜。卜问听说盗贼要来还来不来。来。问调不调动官职。不调动。问在家住着吉不吉。不吉。问年成、歉收。问民间有无瘟疫。有瘟疫。问年成。中等收获。问有无战争。有战争，但波及不到本地。问见贵人怎样。有喜事。问拜见人、追捕逃亡者怎样。没有收获。问遇上盗贼结果怎样。凶。

一种兆象名为内格外垂。卜得此兆的，问出不出行。不出行。问要来的来不来。不来。问病情。要死。问被囚的怎样。不得获释。问求财物怎样。没有收获。问去见人怎样。见不到。问吉不吉。大吉。

一种兆象名为横吉内外相应自桥榆仰上柱足敛。卜得此兆的，问病情。病得厉害，但不会死。问被囚的怎样。关押很久，但不会被判抵罪。问求财物、买臣妾马牛、拜见人、追捕逃亡者、渔猎怎样。没有收获。问出不出行。不出行。问要来的来不来。不来。问做官、在家居住、见贵人吉不吉。吉。问调不调动官职。不调动。问年成怎样。没有大丰收。问民间有无瘟疫，有无战争。有瘟疫，有战争。问有战争会不会波及本人头上。不会。问出行会不会遇盗。会遇盗。卜问听说要见到的人能否见到。见不到。问下不下雨。不下雨。问转不转晴。转晴。问吉不吉。大吉。

一种兆象名为头仰足敛内外自垂。卜得此兆的，问忧愁生病的情况。病得厉害,但不会死。问官能不能做下去。做不下去。问出不出行。出行。问要来的来不来。不来。问求财物有无收获。没有收获。问寻求人能否寻求得到。寻求不到。问吉不吉。吉。

一种兆象名为横吉下有柱。卜得此兆的,问要来的来不来。来。如果占卜当日还没有到,那是还没有来。问病情,过一天还没好就要死。问出不出行。不出行。问求财物有无收获。没有收获。问被囚的怎样。获释。

一种兆象名为横吉内外自举。卜得此兆的,问病情。病得时间长,不会死。问被囚的怎样。长期关押,不会获释。问财物有无收获。有收获,但很少。问出不出行。不出行。问要来的来不来。不来。问见贵人能否见到。见得到。问吉不吉。吉。

一种兆象名为内高外下疾轻足发。卜得此兆的,问求财物有无收获。没有收获。问出不出行。出行。问病情。有好转。问被囚的怎样。不能获释。问要来的来不来。来。问见贵人能否见到。见不到。问吉不吉。吉。

一种兆象名为外格。卜得此兆的,问求财物有无收获。没有收获。问出不出行。不出行。问要来的来不来。不来。问被囚的怎样。不会获释。问吉不吉。不吉。问病情。要病死。问求财物有无收获。没有收获。问见贵人能否见得到。能见到。问吉不吉。吉。

一种兆象名为内自举外来正足发。卜得此兆的,问出不出行。出行。问要来的来不来。不来。问求财物有无收获。有收获。问病情。病得时间长,但不会死。问被囚的怎样。不能获释。问见贵人能否见到。能见到。问吉不吉。吉。

这是横吉上柱外内自举足敛兆。据此兆问有所求,结果将怎样。能有收获。问病情不会死。问被囚的情况,没有妨害,还不能获释。问出不出行。不出行。问要来的来不来。不来。问见不见人。不见。问什么都吉。

这是横吉上柱外内自举柱足以作兆。据此兆问有所求结果将怎样。

能有收获。问病情。病死环起。问被囚的怎样。继续关押,没有妨害。环出。问出不出行。不出行。问要来的来不来。不来。问见不见人。不见。问各事吉不吉。吉。问可不可以发兵。可以。

这是挺诈有外兆。据此兆问有所求结果将怎样。没有收获。问病情。不会死,多次好转。问被囚的怎样。有祸,要抵罪。卜问听说有妨害,到底有无妨害。没有妨害。问出不出行。不出行。问要来的来不来。不来。

这是挺诈有内兆。据此兆问有所求结果将怎样。没有收获。问病情。不会死,多次好转。问被囚的怎样。有祸,将要抵罪,但没有妨害,要获释。问出不出行。不出行。问要来的来不来。不来。问见不见人。不见。

这是挺诈内外自举兆。据此兆问有所求结果将怎样。有收获。问病情。不会死,问被囚的怎样。不会被判罪。问出不出行。出行。问要来的来不来。来。问种地、做买卖、渔猎怎样。都遇喜事。

这是狐貉兆。据此兆问有所求结果将怎样。没有收获。问病情。要死,很难好转。问被囚的怎样。继续关押,不会判罪,也难获释。问可不可以在这里建住宅。可以。问可不可以娶妻嫁女。可以。问出不出行。不出行。问要来的来不来。不来。问见不见人。不见。问有没有忧愁事。虽有忧愁事但不值得忧愁。

这是狐彻兆。据此兆问有所求结果将怎样。没有收获。问病情。要死。问被囚的怎样。继续关押,要抵罪。问出不出行。不出行。问要来的来不来。不来。问见不见人。不见。问所谈的事怎样。将确定下来。问各种事情怎样。都不吉。

这是首俯足肣身节折兆。据此兆问有所求结果将怎样。没有收获。问病情。要死。问被囚的怎样。继续关押,要判罪。问盼望着出行的到来还来不来。不来。问出行不出行。出行。问要来的来不来。不来。问见不见人。不见。

这是挺内外自垂兆。据此兆问有所求结果将怎样。所求之事将会清清楚楚而不会晦暗不明。问病情。不会死,但难于起床。问被囚的怎样。继续关押,不会判刑,也难获释。问出不出行。不出行。问要来的来不来。不来。问见不见人。不见。问吉不吉。不吉。

这是横吉榆仰首俯兆。据此兆问有所求结果将怎样。难有收获。问病情。难起床,但不会死。问被囚的怎样。难获释,也无妨害。问可不可以在此安家娶妻嫁女。可以。

这是横吉上柱载正身节折内外自举兆。据此兆问病情。占卜当天不死,有一天要死。

首府足诈有外无内兆。病者占龟没结束,立即死了。卜问轻的,将失掉的是大的。一天之内不会死。

首仰足肣兆。据此兆问有所求结果将怎样。没有收获。问被囚的怎样。将被判刑。问有人用话来恐吓结果将怎样。没有妨害。问出不出行。不出行。问见不见人。不见。

大致地说:卜书上说的外,是指他人,内是指自我;有时外指女,内指男。首俛,是说忧。大,指兆身;小,指兆文末枝。大略的辨别兆文的原因是,问病情的,兆文足敛的能活,足开的要死。问出行的,兆文足开的能到达目的地,足敛的到达不了。问出不出行,足敛的不宜出行,足开的可以出行。卜问有所求结果怎样的,足开的有收获,足敛的没有收获。问被囚的,足敛的不能获释,足开的能获释。那些问病的,足开的就死了,是因为内高而外下的缘故。

【鉴赏】

关于本篇,刘知几在《史通》中指称:"寻子长之列传也,其所编者唯人而已矣。至于龟策异物,不类肖形,而辄与黔首同科,俱谓之传,不其怪乎?且龟策所记,全为志体,向若与八书齐列,而定以书名,庶几物得其朋,同声相应者矣。"然而《太史公自序》曰:"三王不同龟,四夷各异卜,然各以决吉凶。略窥其要,作《龟策列传》。"司马迁此举也有其用意。以其仅存序赞论之,史公之寄意也颇为微妙。赞辞首先述列三代之兴,各有祯祥,所谓"涂山之兆从而夏启世,飞燕之卜顺故殷兴,百谷之筮吉故周王"。以此言明"圣人重事",故而“择贤而用占”之意。周公卜三龟，晋文公得黄帝之兆，是重神明而崇人道，故而各得祯祥；殷纣王肆行暴虐，晋献公宠幸骊姬，楚灵王悖逆周室，是轻神明而背人道，故而各得凶兆。卜筮之分别吉凶，应之善恶，极是两相契合，即篇中所谓“兆应信诚于内，而时人明察见之于外”，此正是史公以对照之笔显其命意。文中又详述武帝之时，对外南收北击，东讨西攘，常以卜筮图其利，至于“猛将推锋执节获胜于彼，而蓍龟时日亦有力于此”，此语似乎意在讥刺；在内则信巫蛊，以至于“破族灭门者，不可胜数”，令百官惶恐，如此闹剧所导致的诸多诛杀更不是史公所可称颂的了。

至于褚先生所补内容，存录之功不可没，而宋元王与卫平的劝对之辞则围绕是否杀龟取甲之事洋洋洒洒数千言，也颇富情理趣味，亦可一读。

史记卷一百二十九·货殖列传第六十九

货殖是指商贾等通过经营以谋求资货财利。本篇主要述论了商业、商人出现和存在的合理性、必然性,以及先秦至汉武帝时商业发展的历史,记载了历代一些著名商人的货殖活动和各地的物产风俗、商贾状况,是一篇反映司马迁经济思想的重要篇章。先秦至汉以来,以农为本,商为末,重本抑末,农重商轻等之类的观念反复被倡言,而且汉武帝时实施的平准均输更是从根本上抑制商人逐利,对工商业造成了严酷的打击。司马迁则认为,农工商虞都是百姓"衣食之原",关乎民生日用,既能富国,又能富家,求富又是"人之情性,所不学而俱欲者也",况且"布衣匹夫之人,不害于政,不妨百姓,取与以时而息财富",更无足羞,对待他们应是"善者因之,其次利道之,其次教诲之,其次整齐之",尤其反对与民争利。

老子曰:"至治之极,邻国相望,鸡狗之声相闻,民各甘其食,美其服,安其俗,乐其业,至老死不相往来。"必用此为务①,挽近世涂民耳目②,则几无行矣③。

太史公曰:夫神农以前,吾不知已。至若《诗》《书》所述虞夏以来,耳目欲极声色之好,口欲穷刍豢之味④,身安逸乐,而心夸矜势能之荣⑤,使俗之渐⑥民久矣。虽户说以眇论⑦,终不能化。故善者因之,其次利道⑧之,其次教诲之,其次整齐之,最下者与之争。

---

①必:如果,假若。用:以。 ②輓:通"晚"。涂:堵塞。 ③几:几乎。无行:不可行。④刍:吃草的牲畜,如牛羊。豢(huàn):吃粮食的牲畜,如猪狗。 ⑤矜:骄傲,夸耀。势能:权势和才能。 ⑥渐:浸,浸染。 ⑦眇:通"妙",美,好。 ⑧道:通"导"。

夫山西饶[①]材、竹、穀、纑、旄、玉石；山东多鱼、盐、漆、丝、声色；江南出楠、梓、姜、桂、金、锡、连、丹沙、犀、玳瑁、珠玑、齿革；龙门、碣石北多马、牛、羊、旃裘、筋角；铜、铁则千里往往山出棋置。此其大较也。皆中国人民所喜好，谣俗被服[②]饮食奉生送死之具也。故待农而食之，虞[③]而出之，工而成之，商而通之。此宁有政教发征期会哉[④]？人各任其能，竭其力，以得所欲。故物贱之征贵，贵之征贱，各劝[⑤]其业，乐其事，若水之趋下，日夜无休时，不召而自来，不求而民出之。岂非道之所符，而自然之验邪？

《周书》曰："农不出则乏其食，工不出则乏其事，商不出则三宝绝，虞不出则财匮少。"财匮少而山泽不辟矣。此四者，民所衣食之原也。原大则饶，原小则鲜[⑥]。上则富国，下则富家。贫富之道，莫之夺予，而巧者有馀，拙者不足。故太公望封于营丘，地潟卤[⑦]，人民寡，于是太公劝其女功，极技巧，通鱼盐，则人物归之，繦至而辐凑[⑧]。故齐冠带衣履天下，海岱之间敛袂而往朝焉。其后齐中衰，管子修之，设轻重[⑨]九府，则桓公以霸，九合诸侯，一匡天下；而管氏亦有三归，位在陪臣，富于列国之君。是以齐富强至于威、宣也。

故曰："仓廪实而知礼节，衣食足而知荣辱。"礼生于有而废于无。故君子富，好行其德；小人富，以适其力。渊深而鱼生之，山深而兽往之，人富而仁义附焉。富者得势益彰，失势则客无所之，以而不乐。夷狄益甚。谚曰："千金之子，不死于市[⑩]。"

---

①饶：富有。 ②被服：穿戴。被：通"披"。 ③虞：掌管山林水泽的官员，包括开发山泽的人。 ④发征：征发。征：求取。期会：约期会集。 ⑤劝：劝勉，努力。 ⑥鲜：少。 ⑦潟(xì)卤：不适宜耕种的盐碱地。 ⑧繦(qiǎng)：用绳索穿好的钱串。辐：车轮中间的直木。凑：聚集。 ⑨轻重：指钱，货币。 ⑩不死于市：不会因犯法而在闹市处死。

此非空言也。故曰:“天下熙熙,皆为利来;天下壤壤①,皆为利往。”夫千乘之王,万家之侯,百室之君,尚犹患贫,而况匹夫编户之民乎!

昔者越王勾践困于会稽之上,乃用范蠡、计然。计然曰:“知斗则修备,时用则知物,二者形则万货之情可得而观已。故岁在金,穰②;水,毁;木,饥;火,旱。旱则资舟,水则资车,物之理也。六岁穰,六岁旱,十二岁一大饥。夫粜,二十病农,九十病末③。末病则财不出,农病则草不辟矣。上不过八十,下不减④三十,则农末俱利,平粜齐物⑤,关市不乏,治国之道也。积著⑥之理,务完物,无息币。以物相贸易,腐败而食⑦之货勿留,无敢居贵。论其有馀不足,则知贵贱。贵上极则反贱,贱下极则反贵。贵出如粪土,贱取如珠玉。财币欲其行如流水。”修之十年,国富,厚赂战士,士赴矢石,如渴得饮,遂报强吴,观兵中国,称号“五霸”。

范蠡既雪会稽之耻,乃喟然而叹曰:“计然之策七,越用其五而得意。既已施于国,吾欲用之家。”乃乘扁舟浮于江湖,变名易姓,适齐为鸱夷子皮,之陶为朱公。朱公以为陶天下之中,诸侯四通,货物所交易也。乃治产积居,与时逐而不责于人。故善治生者,能择人而任时。十九年之中三致千金,再分散与贫交疏昆弟。此所谓富好行其德者也。后年衰老而听子孙,子孙修业而息⑧之,遂至巨万。故言富者皆称陶朱公。

子赣既学于仲尼,退而仕于卫,废著鬻财⑨于曹、鲁之间,七十子之徒,赐最为饶益。原宪不厌糟糠,匿于穷巷。子贡结驷

---

①壤壤:通“攘攘”,纷乱的样子。 ②穰(ráng):丰收。 ③末:古时以农为本,工商业为末。 ④减:低于,少于。 ⑤平粜:平价卖粮。齐物:调整物价。 ⑥著:通“贮”,积蓄,囤积。 ⑦食:同“蚀”,受侵蚀。 ⑧息:增长,盈利。 ⑨废著:卖贵买贱。废:卖出。鬻财:经商。

连骑，束帛之币以聘享诸侯，所至，国君无不分庭与之抗礼。夫使孔子名布扬于天下者，子贡先后①之也。此所谓得势而益彰者乎？

白圭，周人也。当魏文侯时，李克务尽地力，而白圭乐观时变，故人弃我取，人取我与。夫岁孰取谷，予之丝漆；茧出取帛絮，予之食。太阴在卯，穰；明岁衰恶。至午，旱；明岁美。至酉，穰；明岁衰恶。至子，大旱；明岁美，有水。至卯，积著率岁倍②。欲长钱，取下谷；长石斗，取上种。能薄饮食，忍嗜欲，节衣服，与用事僮仆同苦乐，趋时若猛兽挚鸟之发。故曰："吾治生产，犹伊尹、吕尚之谋，孙、吴用兵，商鞅行法是也。是故其智不足与权变，勇不足以决断，仁不能以取予，强不能有所守，虽欲学吾术，终不告之矣。"盖天下言治生祖白圭。白圭其有所试矣，能试有所长，非苟而已也。

猗顿用盬盐起。而邯郸郭纵以铁冶成业，与王者埒富③。

乌氏倮畜牧，及众，斥卖④，求奇缯物，间献遗戎王⑤。戎王什倍其偿，与之畜，畜至用谷⑥量马牛。秦始皇帝令倮比⑦封君，以时与列臣朝请⑧。而巴寡妇清，其先得丹穴，而擅其利数世，家亦不訾⑨。清，寡妇也，能守其业，用财自卫，不见侵犯。秦皇帝以为贞妇而客之，为筑女怀清台。夫倮，鄙人牧长，清，穷乡寡妇，礼抗万乘，名显天下，岂非以富邪？

汉兴，海内为一，开关梁⑩，弛山泽之禁，是以富商大贾周流天下，交易之物莫不通，得其所欲，而徙豪杰诸侯强族于京师。

---

①先后：辅助，相助。 ②率：大致，大概。岁倍：每年增长一倍。 ③埒（liè）：相等，等同。 ④斥卖：变卖，拿去卖掉。 ⑤间：秘密地，悄悄地。遗（wèi）：赠送，给予。 ⑥谷：山谷。 ⑦比：比照，并列。 ⑧以时：按规定时间。朝请：诸侯朝见天子，春天叫朝，秋天称请。 ⑨家：家产。不訾：不计其数。訾（zī）：通"赀（zī）"，计量。 ⑩关：关口。梁：桥梁。

关中自汧、雍以东至河、华，膏壤沃野千里，自虞夏之贡以为上田，而公刘适邠，大王、王季在岐，文王作丰，武王治镐，故其民犹有先王之遗风，好稼穑，殖[①]五谷，地重[②]，重为邪。及秦文、德、穆居雍，隙[③]陇蜀之货物而多贾。献公徙栎邑，栎邑北却戎翟，东通三晋，亦多大贾。孝、昭治咸阳，因以汉都，长安诸陵，四方辐凑并至而会，地小人众，故其民益玩巧而事末也。南则巴蜀。巴蜀亦沃野，地饶卮、姜、丹沙、石、铜、铁、竹木之器。南御滇、僰，僰僮。西近邛、笮，笮马、旄牛。然四塞，栈道千里，无所不通，唯褒斜绾毂[④]其口，以所多易所鲜。天水、陇西、北地、上郡与关中同俗，然西有羌中之利，北有戎翟之畜，畜牧为天下饶。然地亦穷险，唯京师要其道。故关中之地，于天下三分之一，而人众不过什三；然量其富，什居其六。

昔唐人都河东，殷人都河内，周人都河南。夫三河在天下之中，若鼎足，王者所更[⑤]居也，建国各数百千岁，土地小狭，民人众，都国诸侯所聚会，故其俗纤俭习事[⑥]。杨、平阳西贾秦、翟，北贾种、代。种、代，石北也，地边胡，数被寇，人民矜懻忮[⑦]，好气，任侠为奸，不事农商。然迫近北夷，师旅亟[⑧]往，中国委输时有奇羡[⑨]。其民羯羠不均[⑩]，自全晋之时固已患其僄悍，而武灵王益厉之，其谣俗犹有赵之风也。故杨、平阳陈掾[⑪]其间，得所欲。温、轵西贾上党，北贾赵、中山。中山地薄人众，犹有沙丘纣淫地馀民，民俗懁急[⑫]，仰机利而食。丈夫相聚游戏，悲歌

①殖：通“植”，种植。②重：看重，被看重。③隙：孔道，此指通。④绾毂：控制。⑤更：更迭，交替。⑥纤俭：小气俭省。习事：熟悉世故。⑦懻忮(jì zhì)：性情执拗。⑧亟：屡次。⑨委输：运送。奇羡：剩余，赢余。⑩羯羠(jié sì)：强悍。均：通“耘”，耕耘。⑪陈掾：驰逐，经营驰逐。⑫懁急：急躁。懁(juān)：性急。

忼慨[①]，起则相随椎剽[②]，休则掘冢作巧奸冶[③]，多美物，为倡优。女子则鼓鸣瑟，跕屣[④]，游媚贵富，入后宫，遍诸侯。

然邯郸亦漳、河之间一都会也。北通燕、涿，南有郑、卫。郑、卫俗与赵相类，然近梁、鲁，微重而矜节[⑤]。濮上之邑徙野王，野王好气任侠，卫之风也。

夫燕亦勃、碣之间一都会也。南通齐、赵，东北边胡。上谷至辽东，地踔远[⑥]，人民希[⑦]，数被寇，大与赵、代俗相类，而民雕捍[⑧]少虑，有鱼盐枣栗之饶。北邻乌桓、夫馀，东绾[⑨]秽貉、朝鲜、真番之利。

洛阳东贾齐、鲁，南贾梁、楚。故泰山之阳则鲁，其阴则齐。

齐带山海，膏壤千里，宜桑麻，人民多文彩布帛鱼盐。临菑亦海岱之间一都会也。其俗宽缓阔达，而足智，好议论，地重，难动摇，怯于众斗，勇于持刺，故多劫人者，大国之风也，其中具五民。

而邹、鲁滨洙、泗，犹有周公遗风，俗好儒，备于礼，故其民龊龊[⑩]，颇有桑麻之业，无林泽之饶。地小人众，俭啬，畏罪远邪。及其衰，好贾趋利，甚于周人。

夫自鸿沟以东，芒、砀以北，属巨野，此梁、宋也。陶、睢阳亦一都会也。昔尧作于成阳，舜渔于雷泽，汤止于亳。其俗犹有先王遗风，重厚多君子，好稼穑，虽无山川之饶，能恶衣食[⑪]，致其蓄藏。

---

①忼慨：激愤慨叹的样子。忼：通“慷”。 ②椎：同“槌”，用槌击人。剽（piāo）：抢劫财物。 ③作巧：制作假的，冒充真的。奸冶：私自熔炼钱币。奸：私下。 ④跕屣（tiē xǐ）：拖拉着鞋走路。 ⑤重：庄重，端重。矜节：顾惜节操。矜：顾惜，注重。 ⑥踔：通“逴（chuò）”，远。 ⑦希：通“稀”，少。 ⑧雕捍：迅捷，凶猛。捍：通“悍”。 ⑨绾（wǎn）：联系，集结。 ⑩龊（chuò）龊：小心拘谨，注意小节。 ⑪恶衣食：指不择衣食，省吃俭用。

越、楚则有三俗。夫自淮北沛、陈、汝南、南郡，此西楚也。其俗剽轻，易发怒，地薄，寡于积聚。江陵故郢都，西通巫、巴，东有云梦之饶。陈在楚、夏之交，通鱼盐之货，其民多贾。徐、僮、取虑，则清刻[①]，矜已诺。

彭城以东，东海、吴、广陵，此东楚也。其俗类徐、僮。朐、缯以北，俗则齐。浙江南则越。夫吴自阖庐、春申、王濞三人招致天下之喜游子弟，东有海盐之饶，章山之铜，三江、五湖之利，亦江东一都会也。

衡山、九江、江南、豫章、长沙，是南楚也。其俗大类西楚。郢之后徙寿春，亦一都会也。而合肥受南北潮，皮革、鲍、木输会[②]也。与闽中、于越杂俗，故南楚好辞，巧说少信。江南卑湿[③]，丈夫早夭。多竹木。豫章出黄金，长沙出连、锡，然堇堇[④]物之所有，取之不足以更费[⑤]。九疑、苍梧以南至儋耳者，与江南大同俗，而杨越多焉。番禺亦其一都会也，珠玑、犀、玳瑁、果、布之凑[⑥]。

颍川、南阳，夏人之居也。夏人政尚忠朴，犹有先王之遗风。颍川敦愿[⑦]。秦末世，迁不轨之民于南阳。南阳西通武关、郧关，东南受汉、江、淮。宛亦一都会也。俗杂好事，业多贾。其任侠，交通颍川，故至今谓之“夏人”。

夫天下物所鲜所多，人民谣俗，山东食海盐，山西食盐卤，领南、沙北固往往出盐，大体如此矣。

总之，楚越之地，地广人希，饭稻羹鱼，或火耕而水耨[⑧]，果

---

①清刻：清廉苛严，意为要求自己很严格。②输会：集散地。③卑湿：地势低洼潮湿。④堇堇：仅仅，不多。堇：通“仅”。⑤更费：抵偿费用。⑥凑：聚集会合之地。⑦敦愿：敦厚老实。⑧火耕：烧去杂草，种植杂粮或引水种稻。水耨(nòu)：灌水除草。

隋蠃蛤[①]，不待贾而足，地势饶食，无饥馑之患，以故呰窳偷生[②]，无积聚而多贫。是故江淮以南，无冻饿之人，亦无千金之家。沂、泗水以北，宜五谷桑麻六畜，地小人众，数被水旱之害，民好畜藏，故秦、夏、梁、鲁好农而重民。三河、宛、陈亦然，加以商贾。齐、赵设智巧，仰机利。燕、代田畜而事蚕。

由此观之，贤人深谋于廊庙，论议朝廷，守信死节隐居岩穴之士设为名高者安归乎？归于富厚也。是以廉吏久，久更富，廉贾归富。富者，人之情性，所不学而俱欲者也。故壮士在军，攻城先登，陷阵却敌，斩将搴旗，前蒙矢石，不避汤火之难者，为重赏使也。其在闾巷少年，攻剽椎埋[③]，劫人作奸，掘冢铸币，任侠并兼，借交报仇，篡逐幽隐[④]，不避法禁，走死地如骛者[⑤]，其实皆为财用耳。今夫赵女郑姬，设形容[⑥]，揳鸣琴[⑦]，揄长袂[⑧]，蹑利屣[⑨]，目挑心招，出不远千里，不择老少者，奔富厚也。游闲公子，饰冠剑，连车骑，亦为富贵容也。弋射[⑩]渔猎，犯晨夜，冒霜雪，驰坑谷，不避猛兽之害，为得味也。博戏驰逐，斗鸡走狗，作色相矜，必争胜者，重失负也。医方诸食技术之人，焦神极能，为重糈[⑪]也。吏士舞文弄法，刻章伪书，不避刀锯之诛者，没于赂遗也。农工商贾畜长[⑫]，固求富益货也。此有知尽能索耳，终不馀力而让[⑬]财矣。

谚曰："百里不贩樵，千里不贩籴。"居之一岁，种之以谷；十岁，树之以木；百岁，来之以德。德者，人物之谓也。今有无秩

---

①果隋：果蓏（luǒ），瓜果。蠃：通"螺"。蛤：蛤蜊。 ②呰窳（zì yǔ）：苟且，偷懒。 ③攻剽：抢劫财物。椎埋：杀人埋尸。 ④篡逐幽隐：在昏暗隐蔽之处追逐强夺。 ⑤骛：马奔驰。 ⑥设：化妆，打扮。形容：身段容貌。 ⑦揳：通"戛（jiá）"，敲击，弹奏。 ⑧揄（yú）：拉，提起。袂：衣袖。 ⑨利屣：轻便的舞鞋。 ⑩弋射：用绳系在箭上射。 ⑪糈（xǔ）：原指祭神的精米，后用以指报谢巫祝及占卜相面等方伎之士的财礼。 ⑫畜长：储积各种财物。 ⑬让：通"攘"，窃取，侵夺。

禄之奉，爵邑之入，而乐与之比者，命曰“素封”。封者食租税，岁率户二百。千户之君则二十万，朝觐聘享出其中。庶民农工商贾，率亦岁万息二千，百万之家则二十万，而更傜租赋出其中。衣食之欲，恣所好美矣。故曰陆地牧马二百蹄，牛蹄角千，千足羊，泽中千足彘，水居千石鱼陂，山居千章之材。安邑千树枣；燕、秦千树栗；蜀、汉、江陵千树橘；淮北、常山已南，河济之间千树萩；陈、夏千亩漆；齐、鲁千亩桑麻；渭川千亩竹；及名国万家之城，带郭千亩亩钟之田，若千亩卮茜，千畦姜韭：此其人皆与千户侯等。然是富给之资也，不窥市井，不行异邑，坐而待收，身有处士之义而取给焉。若至家贫亲老，妻子软弱，岁时无以祭祀进醵[①]，饮食被服不足以自通，如此不惭耻，则无所比矣。是以无财作力，少有斗智，既饶争时，此其大经也。今治生不待危身取给，则贤人勉焉。是故本富为上，末富次之，奸富最下。无岩处奇士之行，而长贫贱，好语仁义，亦足羞也。

凡编户之民，富相什则卑下之[②]，伯[③]则畏惮之，千则役，万则仆，物之理也。夫用贫求富，农不如工，工不如商，刺绣文不如倚市门。此言末业，贫者之资也。通邑大都，酤一岁千酿[④]，醯酱千瓨[⑤]，浆千甔[⑥]，屠牛羊彘千皮，贩谷粜千钟，薪稿千车，船长千丈，木千章，竹竿万个，其轺车[⑦]百乘，牛车千两，木器髹[⑧]者千枚，铜器千钧，素木铁器若卮茜千石，马蹄躈千，牛千足，羊彘千双，僮手指千，筋角丹沙千斤，其帛絮细布千钧，文采千匹，榻布皮革千石，漆千斗，糵曲盐豉千荅，鲐鮆千斤，鲰千

---

①醵(jù)：凑钱饮酒或聚集饮食。②富相什：财富相差十倍。什：即“十”。③伯：即“百”。④酤：酒。千酿：千瓮酒。⑤醯(xī)酱：醋。瓨(hóng)：瓦器。⑥甔(dān)：坛子一类的贮物瓦器。⑦轺(yáo)车：小型轻便的马车。⑧髹：通“髤(xiū)”，用漆涂器物。

石，鲍千钧，枣栗千石者三之[①]，狐鼦裘千皮，羔羊裘千石，旃席千具，佗果菜千钟，子贷金钱千贯，节驵会[②]，贪贾三之，廉贾五之，此亦比千乘之家，其大率也。佗杂业不中什二，则非吾财也。

请略道当世千里之中，贤人所以富者，令后世得以观择焉。

蜀卓氏之先，赵人也，用铁冶富。秦破赵，迁卓氏。卓氏见虏略[③]，独夫妻推辇，行诣迁处。诸迁虏少有馀财，争与吏，求近处，处葭萌。唯卓氏曰："此地狭薄。吾闻汶山之下，沃野，下有蹲鸱，至死不饥。民工于市，易贾。"乃求远迁。致之临邛，大喜，即铁山鼓铸，运筹策，倾滇蜀之民，富至僮千人。田池射猎之乐，拟于人君。

程郑，山东迁虏也，亦冶铸，贾椎髻之民，富埒卓氏，俱居临邛。

宛孔氏之先，梁人也，用铁冶为业。秦伐魏，迁孔氏南阳。大鼓铸，规陂池，连车骑，游诸侯，因通商贾之利，有游闲公子之赐与名。然其赢得过当，愈于纤啬[④]，家致富数千金。故南阳行贾尽法孔氏之雍容。

鲁人俗俭啬，而曹邴氏尤甚，以铁冶起，富至巨万。然家自父兄子孙约：俯有拾，仰有取。贳贷[⑤]行贾遍郡国。邹、鲁以其故多去文学而趋利者，以曹邴氏也。

齐俗贱奴虏，而刁闲独爱贵之。桀黠奴[⑥]，人之所患也，唯刀闲收取，使之逐渔盐商贾之利，或连车骑，交守相，然愈益任之。终得其力，起富数千万。故曰"宁爵毋刀"，言其能使豪奴

①千石者三之：一千石的三倍，即三千石。 ②驵(zǎng)会：说合牲畜交易，从中谋利的人。会：即"侩"。 ③见：被。略：通"掠"。 ④愈于纤啬：胜于悭吝的商人。纤啬：小气吝啬。 ⑤贳(shì)贷：租赁，放贷。 ⑥桀黠奴：凶残狡猾的奴虏。

自饶而尽其力。

周人既纤，而师史尤甚，转毂以百数，贾郡国，无所不至。洛阳街居在齐秦楚赵之中，贫人学事富家，相矜以久贾，数过邑不入门，设任此等[①]，故师史能致七千万。

宣曲任氏之先，为督道仓吏。秦之败也，豪杰皆争取金玉，而任氏独窖仓粟。楚汉相距荥阳也，民不得耕种，米石至万，而豪杰金玉尽归任氏，任氏以此起富。富人争奢侈，而任氏折节为俭，力田畜。田畜人争取贱贾，任氏独取贵善。富者数世。然任公家约，非田畜所出弗衣食，公事不毕则身不得饮酒食肉。以此为闾里率[②]，故富而主上重之。

塞之斥也[③]，唯桥姚已致马千匹，牛倍之，羊万头，粟以万钟计。吴楚七国兵起时，长安中列侯封君行从军旅，赍贷子钱[④]，子钱家以为侯邑国在关东，关东成败未决，莫肯与。唯无盐氏出捐千金贷，其息什之。三月，吴楚平。一岁之中，则无盐氏之息什倍，用此富埒关中。

关中富商大贾，大抵尽诸田，田啬、田兰。韦家栗氏，安陵、杜杜氏，亦巨万。

此其章章[⑤]尤异者也。皆非有爵邑奉禄弄法犯奸而富，尽椎埋去就[⑥]，与时俯仰，获其赢利，以末致财，用本守之，以武一切[⑦]，用文持之，变化有概，故足术[⑧]也。若至力农畜[⑨]，工虞商贾，为权利以成富，大者倾郡，中者倾县，下者倾乡里者，不可胜数。

---

①设：筹划。此等：此辈，这类人。 ②率：表率，榜样。 ③塞：边塞。斥：开拓。 ④赍：送物给人。贷：借贷。子钱：指贷与他人取息之钱。 ⑤章章：即“彰彰”，显著。 ⑥椎埋：推理。去就：进退，取舍。 ⑦以武一切：用强力去掠夺一切。 ⑧术：通“述”，记述。 ⑨至力：致力。

夫纤啬筋力[①]，治生之正道也，而富者必用奇胜。田农，掘[②]业，而秦扬以盖一州。掘冢，奸事也，而田叔以起。博戏，恶业也，而桓发用富。行贾，丈夫贱行也，而雍乐成以饶。贩脂，辱处也，而雍伯千金。卖浆，小业也，而张氏千万。洒削[③]，薄技也，而郅氏鼎食。胃脯[④]，简微耳，浊氏连骑。马医，浅方，张里击钟[⑤]。此皆诚壹之所致。

由是观之，富无经业[⑥]，则货无常主，能者辐凑，不肖者瓦解。千金之家比一都之君，巨万者乃与王者同乐。岂所谓"素封"者邪？非也？

【译文】

老子说："太平盛世到了全盛时，虽然邻近的国家互相望得见，鸡鸣狗吠之声互相听得到，而各国人民却都以自家的饮食最甘美，自己的服装最漂亮，习惯于本地的习俗，喜爱自己所事行业，以至于老死也不互相往来。"到了近世，如果还要按这一套去办事，那就等于堵塞人民的耳目，几乎是无法行得通。

太史公说：神农氏以前的情况，我不了解。至于像《诗》《书》所述虞舜、夏朝以来的情况则是人们耳目总要听到最好听的，看到最好看的，口味总想尝遍各种肉类的美味，身体安于舒适快乐的环境，心中又夸耀有权势、有才干的光荣。统治者让这种风气浸染百姓，已经很久了，即使用老子的这些妙论挨门逐户地去劝说开导，终不能感化谁。所以，最好的办法是听其自然，其次是随势引导，其次是加以教诲，再次是制定规章制度加以约束，最坏的做法是与民争利。

太行山以西盛产木材、竹子、楮木、野麻、旄牛尾、玉石；太行山以东

---

①纤啬筋力：精打细算，勤苦劳动。 ②掘：同"拙"，笨拙。 ③洒削：洒水磨刀。 ④胃脯：胃干，以胃做成的卤干。 ⑤击钟：击钟佐食，指吃饭时奏乐。 ⑥经：固定，永恒。

多有鱼、盐、漆、丝、美女；江南出产楠木、梓树、生姜、桂花、金、锡、铅、朱砂、犀牛、玳瑁、珠子、象牙兽皮；龙门、碣石山以北地区盛产马、牛、羊、毡裘、兽筋兽角；铜和铁则分布在周围千里远近，山中到处都是，有如棋子满布。这是关于各地物产分布的大致情况。这些都是中国人民所喜好的，习用的穿着、饮食、养生、送死之物。所以，人们要靠农民耕种，取得食物，要靠虞人进山开采、渔夫下水捕捉，获得物品，要靠工匠制造，取得器具，要靠商人贸易，流通货物。这难道还需要官府发布政令，征发百姓，限期会集吗？人们都凭自己的才能，竭尽自己的力量，来满足自己的欲望。所以，低价的货物能够高价出售，高价的货物能够低价购进。人们各自努力经营自己的本业，乐于从事自己的工作，就像水从高处流向低处那样，日日夜夜没有休止的时候，不用招唤便会自动前来，不用请求便会生产出来。这难道不是符合规律而得以自然发展的证明吗？

《周书》里说："农民不种田，粮食就会缺乏；工匠不做工生产，器具就会缺少；商人不做买卖，吃的、用的和钱财这三种宝物就会断绝来路；虞人不开发山泽，资源就会短缺。"资源匮乏了，山泽就不能进一步开发。"农、工、商、虞这四个方面，是人民衣食的来源。来源大则富裕，来源小则贫困；来源大了，上可以富国，下可以富家。或贫或富，没有谁能剥夺或施予，但机敏的人总是财富有余，而愚笨的人却往往衣食不足。所以，姜太公被封在营丘时，那里本来多是盐碱地，人烟稀少，于是姜太公便鼓励妇女致力于纺织刺绣，极力提倡工艺技巧，又让人们把鱼类、海盐返运到其他地区去，结果别国的人和财物纷纷流归于齐国，就像钱串那样，络绎不绝，就像车辐那样，聚集于此。所以，齐国因能制造冠带衣履供应天下所用，东海、泰山之间的诸侯们便都整理衣袖去朝拜齐国。后来，齐国中途衰落，管仲重新修治姜太公的事业，设立管理财政的九个官府，使齐桓公得以称霸，多次以霸主身份会合诸侯，使天下得到匡正；而管仲本人也有了三归台，官位虽只是陪臣，却比各国的君主还富有。从此，齐国富强，一直延续到威王、宣王时。

所以说："粮仓充实了，百姓就会懂得礼节；衣食丰足了，百姓就会知道荣辱。”礼产生于富有，而废弃于贫穷。因此，君子富有了，就喜好去做仁德之事；小人富有了，就会随心所欲地做他能做的事。江河深，鱼就在那里生存；山林深，野兽就在那里藏身；人富有了，仁义就会依附于他。富有者得了势越发显赫，失了势，依附于他的宾客也便无处容身，因而心情不快。夷狄那里，这种情况更为突出。谚语说：“家有千金的人，不会犯法受刑死于闹事。”这不是空话。所以说：“天下之人，熙熙攘攘，都是为利而来，为利而往。”那些拥有千辆兵车的天子，享有万户封地的诸侯，占有百室封邑的大夫。尚且担心贫穷，何况编入户口册内的普通老百姓呢！

从前，越王勾践被围困在会稽山上，于是任用范蠡、计然。计然说：“知道要打仗，就要做好战备；了解货物何时为人需求购用，才算懂得商品货物，善于将时与用二者相对照，那么各种货物的供需行情就能看得很清楚。所以，岁星在金时，就丰收；岁星在水时，就歉收；岁星在木时，就饥馑；岁星在火时，就干旱。旱时，就要备船以待涝；涝时，就要备车以待旱，这样做符合事物发展的规律。一般说来，六年一丰收，六年一干旱，十二年有一次大饥荒。出售粮食，每斗价格二十钱，农民会受损害；每斗价格九十钱，商人要受损失。商人受损失，钱财就不能流通到社会；农民受损害，田地就要荒芜。粮价每斗价格最高不超过八十钱，最低不少于三十钱，那么农民和商人都能得利。粮食平价出售，并平抑调整其他物价，关卡税收和市场供应都不缺乏，这是治国之道。至于积贮货物，应当务求完好牢靠，没有滞留的货币资金。买卖货物，凡属容易腐败和腐蚀的物品不要久藏，切忌冒险囤居以求高价。研究商品过剩或短缺的情况，就会懂得物价涨跌的道理。物价贵到极点，就会返归于贱；物价贱到极点，就要返归于贵。当货物贵到极点时，要及时卖出，视同粪土；当货物贱到极点时，要及时购进，视同珠宝。货物钱币的流通周转要如同流水那样。”勾践照计然策略治国十年，越国富有了，能用重金去收买兵士，使兵士们冲锋陷阵，不顾箭射石击，就像口渴时求得饮水那样，终于报仇雪耻，灭掉吴国，继而耀武扬威于中原，号称“五霸”之一。

范蠡既已协助越王洗雪了会稽被困之耻，便长叹道："计然的策略有七条，越国只用了其中五条，就实现了雪耻的愿望。既然施用于治国很有效，我要把它用于治家。"于是，他便乘坐小船漂泊江湖，改名换姓，到齐国改名叫鸱夷子皮，到了陶邑改名叫朱公。朱公认为陶邑居于天下中心，与各地诸侯国四通八达，交流货物十分便利。于是就治理产业，囤积居奇，随机应变，与时逐利，而不责求他人。所以，善于经营致富的人，要能择用贤人并把握时机。十九年期间，他三次赚得千金之财，两次分散给贫穷的朋友和远房同姓的兄弟。这就是所谓君子富有便喜好去做仁德之事了。范蠡后来年老力衰而听凭子孙，子孙继承了他的事业并有所发展，终致有了巨万家财。所以，后世谈论富翁时，都称颂陶朱公。

子赣曾在孔子那里学习，离开后到卫国做官，又利用卖贵买贱的方法在曹国和鲁国之间经商，孔门七十多个高徒之中，端木赐(即子贡)最为富有。孔子的另一位高徒原宪穷得连糟糠都吃不饱，隐居在简陋的小巷子里。而子贡却乘坐四马并辔齐头牵引的车子，携带束帛厚礼去访问、馈赠诸侯，所到之处，国君与他只行宾主之礼，不行君臣之礼。使孔子得以名扬天下的原因，是由于有子贡在人前人后辅助他。这就是所谓得到形势之助而使名声更加显著吧？

白圭是西周人。当魏文侯在位时，李克正致力于开发土地资源，而白圭却喜欢观察市场行情和年景丰歉的变化，所以当货物过剩低价抛售时，他就收购；当货物不足高价索求时，他就出售。谷物成熟时，他买进粮食，出售丝、漆；蚕茧结成时，他买进绢帛棉絮，出售粮食。他了解，太岁在卯位时，五谷丰收；转年年景会不好。太岁在午宫时，会发生旱灾；转年年景会很好。太岁在酉位时，五谷丰收；转年年景会变坏。太岁在子位时，天下会大旱；转年年景会很好，有雨水。太岁复至卯位时，他囤积的货物大致比常年要增加一倍。要增长钱财收入，他便收购质次的谷物；要增长谷子石斗的容量，他便去买上等的谷物。他能不讲究吃喝，控制嗜好，节省穿戴，与雇用的僮仆同甘共苦，捕捉赚钱的时机就像猛兽猛禽捕捉食物那样迅捷。因此他说："我干经商致富之事，就像伊尹、吕尚筹划谋略，孙子、吴起用兵打仗，商鞅推行变法那样。所以，如果一个人的智慧够不上随机应变，勇气够不上果敢决断，仁德不能够正确取舍，强健不能够有所坚守，虽然他想学习我的经商致富之术，我终究不会教给他的。”因而，天下人谈论经商致富之道都效法白圭。白圭大概是有所尝试，尝试而能有所成就，这不是马虎随便行事就能成的。

猗顿是靠经营池盐起家。而邯郸郭纵以冶铁成就家业，其财富可与王侯相比。

乌氏倮经营畜牧业，等到牲畜繁殖众多之时，便全部卖掉，再购求各种奇异之物和丝织品，暗中献给戎王。戎王以十倍于所献物品的东西偿还给他，送他牲畜，牲畜多到以山谷为单位来计算牛马的数量。秦始皇诏令乌氏倮位与封君同列，按规定时间同诸大臣进宫朝拜。而巴郡寡妇清的先祖自得到朱砂矿，竟独揽其利达好几代人，家产也多得不计其数。清是个寡妇，能守住先人的家业，用钱财来保护自己，不被别人侵犯。秦始皇认为她是个贞妇而以客礼对待她，还为她修筑了女怀清台。乌氏倮不过是个边鄙之人、畜牧主，巴郡寡妇清是个穷乡僻壤的寡妇，却能与皇帝分庭抗礼，名扬天下，这难道不是因为他们富有吗？

汉兴起，天下统一，便开放关卡要道，解除开采山泽的禁令，因此富商大贾得以通行天下，交易的货物无不畅通，他们的欲望都能满足，汉又迁徙豪杰、诸侯和大户人家到京城。

关中地区从汧、雍二县以东至黄河、华山，膏壤沃野方圆千里，从有虞氏、夏后氏实行贡赋时起就把这里作为上等田地，后来公刘迁居到邠，周太王、王季迁居岐山，文王兴建丰邑，武王治理镐京，因而这些地方的人民仍有先王的遗风，喜好农事，种植五谷，重视土地的价值，把做坏事看得很严重。直到秦文公、德公、穆公定都雍邑，这里地处陇、蜀货物交流的要道，商人很多。秦献公迁居栎邑，栎邑北御戎狄，东通三晋，也有许多大商人。秦孝公和秦昭襄王治理咸阳，汉藉此作为都城；长安附近的诸陵，四方人、物辐凑集中于此，地方很小，人口又多，所以当地百姓越来越玩弄奇巧，从事商业。关中地区以南则有巴郡、蜀郡。巴蜀地区也是一片沃野，盛产栀子、生姜、朱砂、石材、铜、铁和竹木之类的器具。南边抵御滇、僰，僰地多出僮仆。西边邻近邛、笮，笮地出产马和旄牛。然而巴蜀地区四周闭塞，有千里栈道，与关中无处不通，唯有褒斜通道控扼其口，沟联四方道路，用多余之物来交换短缺之物。天水、陇西、北地和上郡与关中风俗相同，而西面有羌中的地利，北面有戎狄的牲畜，畜牧业居天下首位。可是这里地势险要，只有京城长安要扼制着它的通道。所以，整个关中之地占天下三分之一，人口也不过占天下十分之三；然而计算这里的财富，却占天下十分之六。

古时，唐尧定都河东晋阳，殷人定都河内殷墟，东周定都河南洛阳。河东、河内与河南这三地居于天下的中心，好像鼎的三个足，是帝王们更迭建都的地方，建国各有数百年乃至上千年，这里土地狭小，人口众多，是各国诸侯集中聚会之处，所以当地民俗为小气俭省，熟悉世故。杨与平阳两邑人民，向西可到秦和戎狄地区经商，向北可到种、代地区经商。种、代在石邑以北，地靠匈奴，屡次遭受掠夺，人民崇尚强直、好胜，以扶弱抑强为己任，不愿从事农商诸业。但因邻近北方夷狄，军队经常往来，中原运输来的物资，时有剩余。当地人民强悍而不务耕耘，从三家尚未分晋之时就已经对其慓悍感到忧虑，而到赵武灵王时就更加助长了这种风气，当地习俗仍带有赵国的遗风。所以杨和平阳两地的人民经营驰逐于其间，能得到他们所想要的东西。温、轵地区的人民向西可到上党地区经商，向北可到赵、中山一带经商。中山地薄人多，在沙丘一带还有纣王留下的殷人后代，百姓性情急躁，仰仗投机取巧度日谋生。男子们常相聚游戏玩耍，慷慨悲声歌唱，白天纠合一起杀人抢劫，晚上挖坟盗墓、制作赝品、私铸钱币，多有美色男子，去做歌舞艺人。女子们常弹奏琴瑟，拖着鞋子，到处游走，向权贵富豪献媚讨好，有的被纳入后宫，遍及诸侯之家。

然而邯郸也是漳水、黄河之间的一个都市。北面通燕、涿，南面有郑、卫。郑、卫风俗与赵相似，但因地靠梁、鲁，稍显庄重而又注重节操。卫君曾从濮上的帝丘迁徙到野王，野王地区民俗崇尚气节，扶弱抑强，这是卫国的遗风。

燕国故都蓟也是渤海、碣石山之间的一个都市。南面通齐、赵，东北面与胡人交界。从上谷到辽东一带，地方遥远，人口稀少，屡次遭侵扰，民俗大致与赵、代地区相似，而百姓迅捷凶悍，不爱思考问题，当地盛产鱼、盐、枣、栗。北面邻近乌桓、夫余，东面处于控扼秽貊、朝鲜、真番的有利地位。

洛阳东去可到齐、鲁经商，南去可到梁、楚经商。所以泰山南是鲁故地，泰山北是齐故地。

齐地被山海环抱，方圆千里一片沃土，适宜种植桑麻，人民多有彩色丝绸、布帛和鱼盐。临淄也是东海与泰山之间的一个都市。当地民俗从容宽厚，通情达理，而又足智多谋，爱发议论，乡土观念很重，不易浮动外流，怯于聚众斗殴，而敢于暗中伤人，所以常有劫夺别人财物者，这是大国的风尚。这里士、农、工、商、贾五民俱备。

而邹、鲁两地滨临洙水、泗水，还保存着周公传留的风尚，民俗喜好儒术，讲究礼仪，所以当地百姓小心拘谨。颇多经营桑麻产业，而没有山林水泽的资源。土地少，人口多，人们节俭吝啬，害怕犯罪，远避邪恶。等到衰败之时，人们爱好经商追逐财利，比周地百姓还厉害。

从鸿沟以东，芒山、砀山以北，直到巨野，这是过去梁、宋的地方。陶邑、睢阳也是都会。以前，唐尧兴起于成阳，虞舜在雷泽打过鱼，商汤曾定都于亳。这里的民俗还存有先王遗风，宽厚庄重，君子很多，喜好农事，虽没有富饶的山河物产，人们却能省吃俭用，以求得财富的积蓄。

越、楚地带有西楚、东楚和南楚三个地区的不同风俗。从淮北沛郡到陈郡、汝南、南郡，这是西楚地区。这里民俗慓悍轻捷，容易发怒，土地贫瘠，少有蓄积。江陵原为楚国国都，西通巫县、巴郡，东有云梦，物产富饶。陈在楚、夏交接之处，流通鱼盐货物，居民多经商。徐、僮、取虑一带的居民清廉苛严，信守诺言。

彭城以东，包括东海、吴、广陵一带，这是东楚地区。这里风俗与徐、僮一带相似。朐、缯以北，风俗与齐地相同。浙江以南风俗与越地相同。

吴地从吴王阖闾、楚春申君和汉初吴王刘濞招致天下喜好游说的子弟以来，东有丰富的海盐，以及章山的铜矿，三江五湖的资源，也是江东的一个都市。

衡山、九江、江南、豫章、长沙一带是南楚地区。这里风俗与西楚地区大体相似。楚失郢都后，迁都寿春，寿春也是一个都市。而合肥县南有长江，北有淮河，是皮革、鲍鱼、木材汇聚之地。因与闽中、于越习俗混杂，所以南楚居民善于辞令，说话乖巧，少有信用。江南地方地势低下，气候潮湿，男子寿命不长。竹木很多。豫章出产黄金，长沙出产铅、锡。但矿产蕴藏量极为有限，开采所得不足以抵偿支出费用。九疑山、苍梧以南至儋耳，与江南风俗大体相同，其中混杂着许多杨越风俗。番禺也是当地的一个都市，是珠玑、犀角、玳瑁、水果、葛布之类的集中地。

颍川、南阳是原夏朝人居住之地。夏人为政崇尚忠厚朴实，还有先王传留下来的风尚。颍川人敦厚老实。秦朝末年，曾经迁徙不法之民到南阳。南阳西通武关、郧关，东南面临汉水、长江、淮水。宛也是一个都市。当地民俗混杂，好事，多以经商为业。居民以抑强扶弱为己任，与颍川地区相交往，所以直到现在还被称作“夏人”。

天下物产各地不均，有少有多，民间习俗各有不同，山东地区吃海盐，山西地区吃池盐，岭南和大漠以北本来也有许多地方出产盐，这方面情况大体如此。

总而言之，楚越地区，地广人稀，以稻米为饭，以鱼类为菜，刀耕火种，水耨除草，瓜果螺蛤，不须从外地购买，便能自给自足。地形有利，食物丰足，没有饥馑之患，因此人们苟且偷生，没有积蓄，多为贫穷人家。所以，江淮以南既无挨饿受冻之人，也无千金富户。沂水、泗水以北地区，适合种植五谷桑麻，饲养六畜，地少人多，屡次遭受水旱灾害，百姓喜好积蓄财物，所以秦、夏、梁、鲁地区勤于农业而重视劳力。三河地区以及宛、陈等地也是这样，再加上经商贸易。齐、赵地区的居民聪明灵巧，靠投机求财利。燕、代地区的居民能种田、畜牧，并且养蚕。

由此看来，贤能之人在朝廷上出谋划策，论辩争议，守信尽节及隐居深山之士自命清高,保全名声,他们究竟都是为着什么呢?都是为了财富。因此,为官清廉就能长久做官,时间长了,便会更加富有;商人买卖公道,营业发达,就能多赚钱而致富。求富,是人们的本性,用不着学习,就都会去追求。所以,壮士在军队中,打仗时攻城先登,遇敌时冲锋陷阵,斩将夺旗,冒着箭射石击,不避赴汤蹈火,艰难险阻,是因为重赏的驱使。那些住在乡里的青少年,杀人埋尸,拦路抢劫,盗掘坟墓,私铸钱币,伪托侠义,侵吞霸占,借助同伙,图报私仇,暗中追逐掠夺,不避法律禁令,往死路上跑如同快马奔驰,其实都是为了钱财罢了。如今赵国、郑国的女子,打扮得漂漂亮亮,弹着琴瑟,舞动长袖,踩着轻便舞鞋,用眼挑逗,用心勾引,出外不远千里,不择年老年少,招来男人,也是为财利而奔忙。游手好闲的贵族公子,帽子宝剑装饰讲究,外出时车辆马匹成排结队,也是为大摆富贵的架子。猎人渔夫,起早贪黑,冒着霜雪,奔跑在深山大谷,不避猛兽伤害,为的是获得各种野味。进出赌场,斗鸡走狗,个个争得面红耳赤,自我夸耀,必定要争取胜利,是因为重视输赢。医生方士及各种靠技艺谋生的人,劳神过度,极尽其能,是为了得到更多的报酬。官府吏士,舞文弄墨,私刻公章,伪造文书,不避斫脚杀头,这是由于陷没在他人的贿赂之中。至于农、工、商、贾储蓄增殖,原本就是为了谋求增添个人的财富。如此绞尽脑汁,用尽力量地索取,终究是为了不遗余力地争夺财物。

谚语说:“贩柴的不出一百里,贩粮的不出一千里。”在某地住上一年,就要种植谷物;住上十年,就要栽种树木;住上百年,就应招来德行。所谓德,就是人的才德名望和财物。现在有些人,没有官职俸禄或爵位封地收入,而生活欢乐富有,可与有官爵者相比,被称作“素封”。有封地的人享受租税,每户每年缴入二百钱。享有千户的封君,每年租税收入可达二十万钱,朝拜天子、访问诸侯和祭祀馈赠,都要从这里开支。普通百姓如农、工、商、贾,家有一万钱,每年利息可得二千钱,拥有一百万钱的人家,每年可得利息二十万钱,而更徭租赋的费用要从这里支出。这种人家,就能随心所欲地吃喝玩乐了。所以说陆地牧马五十匹,养牛一百六七十头，养羊二百五十只，草泽里养猪二百五十口，水中占有年产鱼一千石的鱼塘，山里拥有成材大树一千株。安邑有千株枣树；燕、秦有千株栗子树；蜀郡、汉水、江陵地区有千株橘树；淮北、常山以南和黄河、济水之间有千株萩树；陈、夏有千亩漆树；齐、鲁有千亩桑麻；渭川有千亩竹子；还有名扬国内、万户人家的都城，郊外有亩产一钟的千亩良田，或者千亩栀子、茜草，千畦生姜、韭菜：诸如此类的人，其财富都可与千户侯的财富相等。然而这些成为富足的资本，人们不用到市上去察看，不用到外地奔波，坐在家中即可不劳而获，身有处士之名，而取用丰足。至于那些贫穷人家，父母年老，妻子儿女瘦弱不堪，逢年过节无钱祭祀祖宗鬼神、赠人路费、聚集饮食，吃喝穿戴都难以自足，如此贫困，还不感到羞愧，那就没有什么可比拟的了。所以，没有钱财只能出卖劳力，稍有钱财便玩弄智巧，已经富足便争时逐利，这是常理。如今谋求生计，谁能不冒生命危险，即可取得所需物品，那就应受到贤人的鼓励。所以，靠从事农业生产而致富为上，靠从事商工而致富次之，靠玩弄智巧、甚至违法而致富是最低下的。没有深居山野不肯做官的隐士之行，而长期处于贫贱地位，妄谈仁义，也足以值得羞愧了。

凡是编户的百姓，对于财富比自己多出十倍的人就会低声下气，多出百倍的就会惧怕人家，多出千倍的就会被人役使，多出万倍的就会为人奴仆，这是事物的常理。要从贫穷达到富有，务农不如做工，做工不如经商，刺绣织锦不如倚门卖笑。这里所说的经商末业，是穷人致富凭借的手段。在交通发达的大都市，每年酿一千瓮酒，一千缸醋，一千甑饮浆，屠宰一千张牛羊猪皮，贩卖一千钟谷物，一千车柴草，总长千丈的船只，一千株木材，一万棵竹竿，一百辆马车，一千辆牛车，一千件涂漆木器，一千钧铜器，一千担原色木器、铁器及染料，二百匹马，二百五十头牛，一千只猪羊，一百个奴隶，一千斤筋角、丹砂，一千钧棉絮、细布，一千匹彩色丝绸，一千担粗布、皮革，一千斗漆，一千瓶酒曲、盐豆豉，一千斤鲐鱼、鮆鱼，一千石小杂鱼，一千钧腌咸鱼，三千石枣子、栗子，一千件狐貂皮衣，一千石羔羊皮衣，一千条毛毡毯，以及一千种水果蔬菜，还有一千贯放高利贷的资金，促成牲畜交易的掮客或贪心的商人获利十分之三，廉正的商人获利十分之五，这一类人也可与千乘之家相比，这是大概的情况。至于其他杂业，如果利润不足十分之二，那就不是我说的好的致富行业。

请让我简略说明当代千里范围内那些贤能者之所以能够致富的情况，以便使后世的人得以考察选择。

蜀地卓氏的祖先是赵国人，靠冶铁致富。秦国击败赵国时，迁徙卓氏。卓氏被掳掠，只有他们夫妻二人推着车子，去往迁徙地方。其他同时被迁徙的人，稍有多余钱财，便争着送给主事的官吏，央求迁徙到近处，近处是在葭萌县。只有卓氏说："葭萌地方狭小，土地瘠薄，我听说汶山下面是肥沃的田野，地里长着大芋头，形状像蹲伏的鸱鸟，人到死也不会挨饿。那里的百姓善于交易，容易做买卖。"于是就要求迁到远处。结果被迁移到临邛，他非常高兴，就在有铁矿的山里熔铁铸械，用心筹划计算，财势压倒滇蜀地区的居民，以至富有到奴仆多达一千人。他在田园水池尽享射猎游玩之乐，可以比得上国君。

程郑是从太行山以东迁徙来的降民，也经营冶铸业，常把铁器制品卖给西南地区少数民族，他的财富与卓氏相等，与卓氏同住在临邛。

宛县孔氏的先祖是梁国人，以冶铁为业。秦国攻伐魏国后，把孔氏迁到南阳。他便大规模地经营冶铸业，并规划开辟鱼塘养鱼，车马成群结队，并经常游访诸侯，借此牟取经商发财的便利，博得了游闲公子乐施好赐的美名。然而他赢利很多，大大超出施舍花费的那点钱，胜过吝啬小气的商人，家中财富多达数千金。所以，南阳人做生意全部效法孔氏的从容稳重和举止大方。

鲁地民俗节俭吝啬，而曹邴氏尤为突出，他靠冶铁起家，财富多达几万钱。然而，他家父兄子孙都遵守这样的家规：低头抬头都要有所得，一举一动都要不忘利。他家租赁、放债、做买卖遍及各地。由于这个缘故，邹鲁地区有很多人丢弃儒学而追求发财，这是受曹邴氏的影响。

齐地风俗是鄙视奴仆，而刀闲却偏偏重视他们。凶恶狡猾的奴仆是人们所担忧的，唯有刀闲收留使用，让他们追逐渔盐商业上的利益，或者让他们乘坐成队的车马，去结交地方官员，并且更加信任他们。刀闲终于获得他们的帮助，致富达数千万钱。所以有人说："与其出外求取官爵，不如在刀家为奴"，说的就是刀闲能使豪奴自身富足而又能为他竭尽其力。

周地居民原本就很吝啬，而师史尤为突出，他以车载货返运赚钱，车辆数以百计，经商于各郡诸侯之中，无所不到。洛阳道处齐、秦、楚、赵等国的中心，街巷的穷人在富家学做生意，常以自己在外经商时间长相互夸耀，屡次路过乡里也不入家门，因能筹划任用这样的人，所以师史能致富达七千万钱。

宣曲任氏的先祖，是督道仓的守吏。秦朝败亡之时，豪杰全都争夺金银珠宝，而任氏独自用地窖储藏米粟。后来，楚汉两军相持于荥阳，农民无法耕种田地，米价每石涨到一万钱，任氏卖谷大发其财，豪杰的金银珠宝全都归于任氏，任氏因此发了财。一般富人都争相奢侈，而任氏却屈己从人，崇尚节俭，致力于农田畜牧。田地、牲畜，一般人都争着低价买进，任氏却专门买进贵而好的。任家数代都很富有。但任氏家约规定，不是自家种田养畜得来的物品不穿不吃，公事没有做完自身不得饮酒吃肉。以此作为乡里表率，所以他富有而皇上也尊重他。

边疆地区开拓之际，只有桥姚取得马千匹，牛二千头，羊一万只，粟以万钟计算。吴楚七国起兵反叛时，长安城中的列侯封君要从军出征，需借贷有息之钱，高利贷者认为列侯封君的食邑都国均在关东，而关东战事胜负尚未决定，没有人肯把钱贷给他们。只有无盐氏拿出千金放贷给他们，其利息为本钱的十倍。三个月后，吴楚被平定。一年之中，无盐氏得到十倍于本金的利息，以此富至与关中富豪相匹敌。

关中地区的富商大贾，大都是姓田的那些人家，如田啬、田兰。还有韦家栗氏、安陵和杜县的杜氏，家产也达万万钱。

以上这些人都是显赫有名、与众不同的人物。他们都不是有爵位封邑、俸禄收入或者靠舞文弄法、作奸犯科而发财致富的，全是靠推测事理，进退取舍，随机应变，获得赢利，以经营商工末业致富，用购置田产从事农业守财，以各种强有力的手段夺取一切，用法律政令等文字方式维持下去，变化多端大略如此，所以是值得记述的。至于那些致力于农业、畜牧、手工、山林、渔猎或经商的人，凭藉权势和财利而成为富人，大者压倒一郡，中者压倒一县，小者压倒乡里，那更是多得不可胜数。

精打细算、勤劳节俭，是发财致富的正路，但想要致富的人还必须出奇制胜。种田务农是笨重的行业，而秦扬却靠它成为一州的首富。盗墓本来是犯法的勾当，而田叔却靠它起家。赌博本来是恶劣的行径，而桓发却靠它致富。行走叫卖是男子汉的卑贱行业，而雍乐成却靠它发财。贩卖油脂是耻辱的行当，而雍伯靠它挣到了千金。卖水浆本是小本生意，而张氏靠它赚了一千万钱。磨刀本是小手艺，而郅氏靠它富到列鼎而食。卖羊肚儿本是微不足道的事，而浊氏靠它富至车马成行。给马治病是浅薄的小术，而张里靠它富到击钟佐食。这些人都是由于心志专一而致富的。

由此看来，致富并不靠固定的行业，而财货也没有一定的主人，有本领的人能够集聚财货，没有本领的人则会破败家财。有千金的人家可以比得上一个都会的封君，有巨万家财的富翁便能同国君一样的享乐。这是否所谓的“素封”者？难道不是吗？

【鉴赏】

本篇有一个突出的特点就是以论为纲，叙论相间，融为一体。文章先以老子所云“民各甘其食，美其服，安其俗，乐其业，至老死不相往来”之不可行于世而立言，各地财物须“待农而食之，虞而出之，工而成之，商而通之”，这是合于大道、合于自然的事。随后举以太公望、管子治齐之事，证言农虞工商都可以强国富家，求富患贫是事势事理之必然。此为一段论辞。接着记述了越王勾践用计然之谋，农末俱利而国富兵强遂报强吴；范蠡全身而退，善治生而富至巨万；子赣废著鬻财而饶富，令国君与之分庭抗礼，使孔子名扬天下；倮鄙人牧长、巴寡妇清皆以富而礼抗万乘，名显天下。其间虽为记事，而述中有论，以述为论，与前段论辞契合极为自然，并将其向前推进一步，商贾致富亦有其智勇仁强之术，亦可以全身显名。随而转及载述汉兴以来各地因其地理物产、风俗人情而农工商贾各有所兴、交易之物周流天下的盛况。然后总而观之，继续推论道："贤人深谋于廊庙，论议朝廷，守信死节隐居岩穴之士设为名高者安归乎？归于富厚也。"并列以在军壮士、闾巷少年、赵女郑姬、游闲公子、弋射渔猎、博戏驰逐、医方诸食技术之人等不遗余力求富益货都是"人之情性"，那些"无岩处奇士之行，而长贫贱，好语仁义"，是足以羞耻的。进而论述贤人也可以求财致富以"素封"，这既是对以上论述的继续推演，也是后面内容的总述。因此紧接着文章记述了汉兴以来一些"千金之家比一都之君，巨万者乃与王者同乐"的富商大贾之事，仍是以述为论，并生发出"富无经业，则货无常主，能者辐凑，不肖者瓦解"之论，归结全篇。所以此篇文字，叙事流畅、论理精辟，又浑然一体，确为史公一大妙笔。

史记卷一百三十・太史公自序第七十

《太史公自序》是《史记》的最后一篇，也是太史公的自传，也是《史记》一书之总纲。它追溯了太史公的谱系家世，介绍了司马谈的学术生平，并收录了其论阴阳、儒、墨、法、名、道六家的要旨，随后叙述自己早年读书游历，承继父亲遗志而矢志著史，以及遭李陵之祸后忍辱发愤的情景。在《自序》后半部分，逐一叙述了《史记》一百三十篇的大纲细目、基本内容或主旨命意，以及《史记》十二本纪、十表、八书、三十世家、七十列传之体例的要旨意图。所以本篇对认识太史公父子的生平经历、思想学术都具有很重要的意义，班固的《汉书・司马迁传》就主要是根据本篇与《报任安书》写成。同时，本篇对更深刻地理解《史记》各篇之要义及全书之体要也都非常重要。

昔在颛顼，命南正重以司天，北正黎以司地。唐虞之际，绍[①]重黎之后，使复典之，至于夏商，故重黎氏世序天地。其在周，程伯休甫其后也。当周宣王时，失其守而为司马氏。司马氏世典[②]周史。惠襄之间，司马氏去周适晋[③]。晋中军随会奔秦，而司马氏入少梁。

自司马氏去周适晋，分散，或在卫，或在赵，或在秦。其在卫者，相中山。在赵者，以传剑论显，蒯聩其后也。在秦者名错，与张仪争论，于是惠王使错将伐蜀，遂拔，因而守之。错孙靳，事武安君白起。而少梁更名曰夏阳。靳与武安君阬[④]赵长平军，还而与之俱赐死杜邮，葬于华池。靳孙昌，昌为秦主铁

①绍：继承。 ②典：掌管。 ③去：离开。适：到某地去。 ④阬：同“坑”，坑杀，活埋。

官，当始皇之时。

蒯聩玄孙卬为武信君将而徇朝歌。诸侯之相王[①]，王卬于殷。汉之伐楚，卬归汉，以其地为河内郡。昌生无泽，无泽为汉市长。无泽生喜，喜为五大夫，卒，皆葬高门。喜生谈，谈为太史公。

太史公学天官于唐都，受《易》于杨何，习道论于黄子。太史公仕于建元、元封之间，愍学者之不达其意而师悖[②]，乃论六家之要指[③]曰：

《易大传》："天下一致而百虑，同归而殊途。"夫阴阳、儒、墨、名、法、道德，此务为治者也，直[④]所从言之异路，有省[⑤]不省耳。尝窃观阴阳之术，大祥而众忌讳[⑥]，使人拘而多所畏；然其序四时之大顺，不可失也。儒者博而寡要，劳而少功，是以其事难尽从；然其序君臣父子之礼，列夫妇长幼之别，不可易也。墨者俭而难遵，是以其事不可遍循；然其强本节用，不可废也。法家严而少恩；然其正君臣上下之分，不可改矣。名家使人俭[⑦]而善失真；然其正名实，不可不察也。道家使人精神专一，动合无形，赡足万物。其为术也，因阴阳之大顺，采儒、墨之善，撮名、法之要，与时迁移，应物变化，立俗施事，无所不宜，指约而易操，事少而功多。儒者则不然。以为人主天下之仪表也，主倡而臣和，主先而臣随。如此，则主劳而臣逸。至于大道之要，去健羡，绌[⑧]聪明，释此而任术。夫神大用则竭，形大劳则敝，形神骚动，欲与天地长久，非所闻也。

---

①相王：相互尊称为王。②愍(mǐn)：忧虑。悖：惑，谬误。③指：通"旨"，意图，主旨。④直：仅，只是。⑤省：明白，显明。⑥大祥：以祥为大，重视吉凶的预兆。众忌讳：讲究的忌讳多。⑦俭：通"检"，约束，拘于。⑧绌：通"黜"，废弃。

夫阴阳四时、八位、十二度、二十四节各有教令①，顺之者昌，逆之者不死则亡。未必然也，故曰“使人拘而多畏”。夫春生夏长，秋收冬藏，此天道之大经也，弗顺则无以为天下纲纪，故曰“四时之大顺，不可失也”。

夫儒者以六艺为法，六艺经传以千万数，累世不能通其学，当年不能究其礼②，故曰“博而寡要，劳而少功”。若夫列君臣父子之礼，序夫妇长幼之别，虽百家弗能易也。

墨者亦尚尧舜道，言其德行曰：“堂高三尺，土阶三等，茅茨不剪，采椽不刮。食土簋③，啜土刑④，粝粱之食，藜藿之羹。夏日葛衣，冬日鹿裘。”其送死，桐棺三寸，举音不尽其哀。教丧礼，必以此为万民之率。使天下法若此，则尊卑无别也。夫世异时移，事业不必同，故曰“俭而难遵”。要曰强本节用，则人给家足之道也。此墨子之所长，虽百家弗能废也。

法家不别亲疏，不殊贵贱，一断于法，则亲亲尊尊之恩绝矣。可以行一时之计，而不可长用也，故曰“严而少恩”。若尊主卑臣，明分职不得相逾越，虽百家弗能改也。

名家苛察缴绕⑤，使人不得反其意，专决于名而失人情，故曰“使人俭而善失真”。若夫控名责实⑥，参伍不失，此不可不察也。

道家无为，又曰无不为，其实易行，其辞难知。其术以虚无为本，以因循为用。无成势，无常形，故能究万物之情。不为物先，不为物后，故能为万物主。有法无法，因时

①教令：指各种“宜”、“忌”的规定。 ②当年：有生之年，一辈子。 ③簋(guǐ)：古时盛食物的圆形器具。 ④刑：通“铏”，盛羹的器皿。 ⑤苛察：苛刻烦琐。缴(jiǎo)绕：缠绕，纠缠不清。 ⑥控名责实：由名以求实，使名实相符。控：按照。责：求。

为业;有度无度,因物与合。故曰“圣人不朽,时变是守”。虚者道之常也,因者君之纲也。群臣并至,使各自明也。其实中其声者谓之端,实不中其声者谓之窾[①]。窾言不听,奸乃不生,贤不肖自分,白黑乃形。在所欲用耳,何事不成。乃合大道,混混冥冥。光耀天下,复反[②]无名。凡人所生者神也,所托者形也。神大用则竭,形大劳则敝,形神离则死。死者不可复生,离者不可复反,故圣人重之。由是观之,神者生之本也,形者生之具也。不先定其神形,而曰“我有以治天下”,何由哉?

太史公既掌天官,不治民。有子曰迁。

迁生龙门,耕牧河山之阳。年十岁则诵古文。二十而南游江、淮,上会稽,探禹穴,窥九疑,浮于沅、湘;北涉汶、泗,讲[③]业齐、鲁之都,观孔子之遗风,乡射[④]邹、峄;厄困鄱、薛、彭城,过梁、楚以归。于是迁仕为郎中,奉使西征巴、蜀以南,南略[⑤]邛、笮、昆明,还报命。

是岁天子始建汉家之封[⑥],而太史公留滞周南,不得与从事,故发愤且卒[⑦]。而子迁适使反,见父于河、洛之间。太史公执迁手而泣曰:“余先周室之太史也。自上世尝显功名于虞夏,典天官事。后世中衰,绝于予乎?汝复为太史,则续吾祖矣。今天子接千岁之统,封泰山,而余不得从行,是命也夫,命也夫!余死,汝必为太史;为太史,无忘吾所欲论著矣。且夫孝始于事亲,中于事君,终于立身。扬名于后世,以显父母,此孝之大者。夫天下称诵周公,言其能论歌文、武之德,宣周、邵之风,达太

①窾:通“款”,空。 ②反:通“返”。 ③讲:研习。 ④乡射:州(乡)官在春秋两季召集乡民按一定仪式举行饮酒与射箭,称乡射。 ⑤略:巡行,行视。 ⑥封:帝王在泰山上筑坛祭天称封。 ⑦且:将要。

王、王季之思虑，爰及公刘，以尊后稷也。幽、厉之后，王道缺，礼乐衰，孔子修旧起废，论《诗》《书》，作《春秋》，则学者至今则之[①]。自获麟以来四百有馀岁，而诸侯相兼，史记放绝[②]。今汉兴，海内一统，明主贤君忠臣死义之士，余为太史而弗论载，废天下之史文，余甚惧焉，汝其念哉！”迁俯首流涕曰：“小子不敏，请悉论先人所次旧闻，弗敢阙[③]。”

卒三岁而迁为太史令，紬史记石室金匮之书[④]。五年而当太初元年，十一月甲子朔旦冬至，天历始改，建于明堂，诸神受纪。

太史公曰：“先人有言：‘自周公卒五百岁而有孔子。孔子卒后至于今五百岁，有能绍明世，正《易传》，继《春秋》，本《诗》《书》《礼》《乐》之际？’意在斯乎！意在斯乎！小子何敢让[⑤]焉。”

上大夫壶遂曰：“昔孔子何为而作《春秋》哉？”太史公曰：“余闻董生曰：‘周道衰废，孔子为鲁司寇，诸侯害之，大夫壅之[⑥]。孔子知言之不用，道之不行也，是非二百四十二年之中，以为天下仪表，贬天子，退诸侯，讨大夫，以达王事而已矣。’子曰：‘我欲载之空言，不如见之于行事之深切著明也。’夫《春秋》，上明三王之道，下辨人事之纪，别嫌疑，明是非，定犹豫，善善恶恶，贤贤贱不肖，存亡国，继绝世，补敝起废，王道之大者也。《易》著天地阴阳四时五行，故长于变；《礼》经纪人伦，故长于行；《书》记先王之事，故长于政；《诗》记山川溪谷禽兽草木牝牡雌雄，故长于风；《乐》乐所以立，故长于和；《春秋》辩是非，故长于治人。是故《礼》以节人，《乐》以发和，《书》以道事，《诗》以

---

①则之：以之为准则。 ②放：弃置。绝：中断。 ③阙：遗漏。 ④紬：即“籀（zhòu）”，缀集。石室金匮：都是朝廷收藏图书、档案的地方。 ⑤让：辞让，推辞。 ⑥壅：阻挠。

达意,《易》以道化,《春秋》以道义。拨乱世反之正,莫近于《春秋》。《春秋》文成数万,其指数千。万物之散聚皆在《春秋》。《春秋》之中,弑君三十六,亡国五十二,诸侯奔走不得保其社稷者不可胜数。察其所以,皆失其本已。故《易》曰'失之豪[①]厘,差以千里'。故曰'臣弑君,子弑父,非一旦一夕之故也,其渐久矣'。故有国者不可以不知《春秋》,前有谗而弗见,后有贼[②]而不知。为人臣者不可以不知《春秋》,守经事而不知其宜,遭变事而不知其权[③]。为人君父而不通于《春秋》之义者,必蒙首恶之名。为人臣子而不通于《春秋》之义者,必陷篡弑之诛,死罪之名。其实皆以为善,为之不知其义,被之空言而不敢辞。夫不通礼义之旨,至于君不君,臣不臣,父不父,子不子。夫君不君则犯[④],臣不臣则诛,父不父则无道,子不子则不孝。此四行者,天下之大过也。以天下之大过予之,则受而弗敢辞。故《春秋》者,礼义之大宗也。夫礼禁未然之前,法施已然之后;法之所为用者易见,而礼之所为禁者难知。"

壶遂曰:"孔子之时,上无明君,下不得任用,故作《春秋》,垂[⑤]空文以断礼义,当一王之法。今夫子上遇明天子,下得守职,万事既具,咸各序其宜,夫子所论,欲以何明?"

太史公曰:"唯唯,否否,不然。余闻之先人曰:'伏羲至纯厚,作《易》八卦。尧舜之盛,《尚书》载之,礼乐作焉。汤武之隆,诗人歌之。《春秋》采善贬恶,推三代之德,褒周室,非独刺讥而已也。'汉兴以来,至明天子,获符瑞,封禅,改正朔[⑥],易服色,受命于穆清[⑦],泽流罔极[⑧],海外殊俗,重译款塞[⑨],请来献见

①豪:通"毫"。 ②贼:杀人者,此指弑杀王的人。 ③权:权变,变通。 ④犯:指被臣下所干犯。 ⑤垂:流传。 ⑥改正朔:修订历法。正:一年的开始。朔:一月的开始。 ⑦穆清:指天。 ⑧罔极:无边,无极。 ⑨重译:辗转翻译。款塞:叩塞门。

者，不可胜道。臣下百官力诵圣德，犹不能宣尽其意。且士贤能而不用，有国者之耻；主上明圣而德不布闻，有司之过也。且余尝掌其官，废明圣盛德不载，灭功臣世家贤大夫之业不述，堕①先人所言，罪莫大焉。余所谓述故事，整齐其世传，非所谓作也，而君比之于《春秋》，谬矣。”

于是论次其文。七年而太史公遭李陵之祸，幽于缧绁②。乃喟然而叹曰：“是余之罪也夫！是余之罪也夫！身毁不用矣。”退而深惟③曰：“夫《诗》《书》隐约者，欲遂其志之思也。昔西伯拘羑里，演《周易》；孔子厄陈、蔡，作《春秋》；屈原放逐，著《离骚》；左丘失明，厥④有《国语》；孙子膑脚，而论兵法；不韦迁蜀，世传《吕览》；韩非囚秦，《说难》《孤愤》；《诗》三百篇，大抵贤圣发愤之所为作也。此人皆意有所郁结，不得通其道也，故述往事，思来者。”于是卒述陶唐以来，至于麟止⑤。自黄帝始。

维昔黄帝，法天则地。四圣遵序，各成法度；唐尧逊位，虞舜不台⑥；厥美帝功，万世载之。作《五帝本纪》第一。

维禹之功，九州攸同，光唐虞际，德流苗裔⑦；夏桀淫骄，乃放鸣条。作《夏本纪》第二。

维契作商，爰⑧及成汤；太甲居桐，德盛阿衡；武丁得说，乃称高宗；帝辛湛湎⑨，诸侯不享⑩。作《殷本纪》第三。

维弃作稷，德盛西伯；武王牧野，实抚天下；幽、厉昏乱，既丧酆、镐；陵迟⑪至赧，洛邑不祀。作《周本纪》第四。

维秦之先，伯翳佐禹；穆公思义，悼豪之旅；以人为殉，诗歌

---

①堕：通“隳（huī）”，毁坏，废弃。②缧绁：系犯人的绳索，此指牢狱。③惟：思，考虑。④厥：乃，才。⑤至于麟止：谓《史记》述事止于武帝获麟之年，犹《春秋》止于获麟。武帝获麟在元狩元年。⑥台：通“怡”，快乐，高兴。⑦苗裔：后代。⑧爰（yuán）：乃，于是。⑨湛湎：即沉湎，沉溺于。⑩享：用食物供奉鬼神，引申为进献，朝拜。⑪陵迟：逐渐衰落。

《黄鸟》；昭襄业帝[1]。作《秦本纪》第五。

始皇既立，并兼六国；销锋铸鐻[2]，维偃干革[3]，尊号称帝，矜武任力；二世受运，子婴降虏。作《始皇本纪》第六。

秦失其道，豪桀并扰；项梁业之，子羽接之；杀庆救赵，诸侯立之；诛婴背怀，天下非之。作《项羽本纪》第七。

子羽暴虐，汉行功德；愤发蜀汉，还定三秦；诛籍业帝，天下惟宁，改制易俗。作《高祖本纪》第八。

惠之早霣[4]，诸吕不台；崇强禄、产，诸侯谋之；杀隐幽友，大臣洞疑[5]，遂及宗祸。作《吕太后本纪》第九。

汉既初兴，继嗣不明，迎王践祚[6]，天下归心；蠲除[7]肉刑，开通关梁，广恩博施，厥称太宗。作《孝文本纪》第十。

诸侯骄恣，吴首为乱，京师行诛，七国伏辜，天下翕然[8]，大安殷富。作《孝景本纪》第十一。

汉兴五世，隆在建元，外攘夷狄，内修法度，封禅，改正朔，易服色。作《今上本纪》第十二。

维三代尚[9]矣，年纪不可考，盖取之谱牒旧闻，本于兹，于是略推，作《三代世表》第一。

幽、厉之后，周室衰微，诸侯专政，《春秋》有所不纪[10]；而谱牒经略[11]，五霸更盛衰，欲睹周世相先后之意，作《十二诸侯年表》第二。

春秋之后，陪臣秉政，强国相王；以至于秦，卒并诸夏，灭封地，擅其号。作《六国年表》第三。

---

①业帝：开创帝业。 ②销锋：销毁兵器。鐻（jù）：古代悬挂钟的架子两旁的柱子。 ③偃：停止，停息。干革：兵器，此指战争。 ④霣：通“殒”，死亡。 ⑤洞疑：恐惧。洞：通“恫”。 ⑥践祚：即位。祚（zuò）：通“阼”，帝位，王位。 ⑦蠲（juān）除：免除。 ⑧翕（xī）然：安定的样子。 ⑨尚：通“上”，年代久远。 ⑩纪：通“记”，记载。 ⑪经略：统绪，纲领，指记述简单。

秦既暴虐，楚人发难，项氏遂乱，汉乃扶义征伐；八年之间，天下三嬗，事繁变众，故详著《秦楚之际月表》第四。

汉兴已来，至于太初百年，诸侯废立分削，谱纪不明，有司靡踵①，强弱之原云以世。作《汉兴已来诸侯年表》第五。

维高祖元功，辅臣股肱，剖符而爵，泽流苗裔，忘其昭穆，或杀身陨国。作《高祖功臣侯者年表》第六。

惠景之间，维申功臣宗属爵邑②，作《惠景间侯者年表》第七。

北讨强胡，南诛劲越，征伐夷蛮，武功爰列。作《建元以来侯者年表》第八。

诸侯既强，七国为从③，子弟众多，无爵封邑，推恩行义，其势销弱，德归京师。作《王子侯者年表》第九。

国有贤相良将，民之师表也。维见汉兴以来将相名臣年表，贤者记其治，不贤者彰其事。作《汉兴以来将相名臣年表》第十。

维三代之礼，所损益各殊务，然要以近性情，通王道，故礼因人质为之节文，略协古今之变。作《礼书》第一。

乐者，所以移风易俗也。自《雅》《颂》声兴，则已好郑卫之音，郑卫之音所从来久矣。人情之所感，远俗则怀④。比《乐书》以述来古，作《乐书》第二。

非兵不强，非德不昌，黄帝、汤、武以兴，桀、纣、二世以崩，可不慎欤？《司马法》所从来尚矣，太公、孙、吴、王子能绍而明之，切近世，极人变。作《律书》第三。

---

①靡：不，没有。踵：跟随，继承，此指接续往下记录。 ②申：同“伸”，舒展，这里指扩增封爵的范围。爵邑：爵位和封邑。 ③从：通“纵”，连成一片。 ④怀：人心归向。

律居阴而治阳，历居阳而治阴，律历更相治，间不容翲忽[①]。五家之文怫异[②]，维太初之元论。作《历书》第四。

星气之书，多杂禨祥[③]，不经[④]；推其文，考其应，不殊。比集论其行事，验于轨度以次，作《天官书》第五。

受命而王，封禅之符罕用，用则万灵罔不禋祀[⑤]。追本诸神名山大川礼，作《封禅书》第六。

维禹浚川，九州攸宁；爰及宣防，决渎通沟。作《河渠书》第七。

维币之行，以通农商；其极则玩巧，并兼兹殖[⑥]，争于机利，去本趋末。作《平准书》以观事变，第八。

太伯避历，江蛮是适；文武攸兴，古公王迹。阖庐弑僚，宾服荆楚；夫差克齐，子胥鸱夷；信嚭亲越，吴国既灭。嘉伯之让，作《吴世家》第一。

申、吕肖[⑦]矣，尚父侧微[⑧]，卒归西伯，文武是师；功冠群公，缪权于幽[⑨]；番番黄发[⑩]，爰飨[⑪]营丘。不背柯盟，桓公以昌，九合诸侯，霸功显彰。田阚争宠，姜姓鲜亡。嘉父之谋，作《齐太公世家》第二。

依之违之，周公绥之；愤发文德，天下和之；辅翼成王，诸侯宗周。隐、桓之际，是独何哉？三桓争强，鲁乃不昌。嘉旦《金縢》，作《周公世家》第三。

武王克纣，天下未协而崩。成王既幼，管、蔡疑之，淮夷叛

---

①翲(piāo)忽：毫厘，丝毫。 ②怫异：违背，违异。怫：通“悖”。 ③禨(jī)祥：祈神以求福去灾。 ④不经：荒诞不经，不合常理。 ⑤禋(yīn)祀：祭祀。 ⑥兹殖：使财货越滚越多。兹：通“滋”。殖：增长，增加。 ⑦肖：通“痟(xiāo)”，衰微。 ⑧侧微：卑贱，微贱。 ⑨缪(móu)：绸缪，紧缠密绕，此处意为周密。幽：暗中。 ⑩番番：通“皤(pó)皤”，形容头发白。 ⑪飨：享有。

之，于是召公率德，安集王室，以宁东土。燕哙之禅，乃成祸乱。嘉《甘棠》之诗，作《燕世家》第四。

管、蔡相武庚，将宁旧商；及旦摄政，二叔不飨；杀鲜放度，周公为盟；大任十子，周以宗强。嘉仲悔过，作《管蔡世家》第五。

王后不绝，禹舜是说：维德休明，苗裔蒙烈①。百世享祀，爰周陈杞，楚实灭之。齐田既起，舜何人哉？作《陈杞世家》第六。

收殷馀民，叔封始邑，申②以商乱，《酒》《材》是告，及朔之生，卫顷不宁；南子恶蒯聩，子父易名。周德卑微，战国既强，卫以小弱，角独后亡。嘉彼《康诰》，作《卫世家》第七。

嗟箕子乎！嗟箕子乎！正言不用，乃反为奴。武庚既死，周封微子。襄公伤于泓，君子孰称。景公谦德，荧惑退行③。剔成暴虐，宋乃灭亡。嘉微子问太师，作《宋世家》第八。

武王既崩，叔虞邑唐。君子讥名，卒灭武公。骊姬之爱，乱者五世；重耳不得意，乃能成霸。六卿专权，晋国以秏④。嘉文公锡珪鬯⑤，作《晋世家》第九。

重黎业之，吴回接之；殷之季世，粥子牒之。周用熊绎，熊渠是续。庄王之贤，乃复国陈；既赦郑伯，班师华元。怀王客死，兰咎屈原；好谀信谗，楚并于秦。嘉庄王之义，作《楚世家》第十。

少康之子，实宾南海，文身断发，鼋鳝与处，既守封禺，奉禹之祀。勾践困彼，乃用种、蠡。嘉勾践夷蛮能修其德，灭强吴以尊周室，作《赵王勾践世家》第十一。

---

①蒙：承受，承蒙。烈：事业，功绩。 ②申：申饬，告诫。 ③荧惑：即火星，古人认为荧惑退行表示天罚。 ④秏：通“耗”，尽，灭亡。 ⑤锡：通“赐”。珪：同“圭”，朝会、祭祀典礼时所持的玉器。鬯（chàng）：祭祀用的香酒。

桓公之东，太史是庸[①]。及侵周禾，王人是议。祭仲要盟[②]，郑久不昌。子产之仁，绍世称贤[③]。三晋侵伐，郑纳于韩。嘉厉公纳惠王，作《郑世家》第十二。

维骥騄耳，乃章[④]造父。赵夙事献，衰续厥绪。佐文尊王，卒为晋辅。襄子困辱，乃禽智伯。主父生缚，饿死探爵[⑤]。王迁辟淫，良将是斥。嘉鞅讨周乱，作《赵世家》第十三。

毕万爵魏，卜人知之。及绛戮[⑥]干，戎翟[⑦]和之。文侯慕义，子夏师之。惠王自矜，齐秦攻之。既疑信陵，诸侯罢之。卒亡大梁，王假厮之[⑧]。嘉武佐晋文申霸道，作《魏世家》第十四。

韩厥阴德[⑨]，赵武攸兴。绍绝立废，晋人宗之。昭侯显列，申子庸之。疑非不信，秦人袭之。嘉厥辅晋匡周天子之赋，作《韩世家》第十五。

完子避难，适齐为援，阴施五世，齐人歌之。成子得政，田和为侯。王建动心，乃迁于共。嘉威、宣能拨浊世而独宗周，作《田敬仲完世家》第十六。

周室既衰，诸侯恣行。仲尼悼礼废乐崩，追修经术，以达王道，匡乱世反之于正，见其文辞，为天下制仪法，垂六艺之统纪于后世。作《孔子世家》第十七。

桀、纣失其道而汤、武作，周失其道而《春秋》作。秦失其政，而陈涉发迹，诸侯作难，风起云蒸，卒亡秦族。天下之端，自涉发难。作《陈涉世家》第十八。

成皋之台，薄氏始基。诎[⑩]意适代，厥崇诸窦。栗姬偩[⑪]贵，

---

①庸：用，任用。 ②要：威胁，要挟，此指被迫接受。 ③绍世：继世，犹言后世。 ④章：通“彰”。 ⑤爵：通“雀”。 ⑥戮：羞辱。 ⑦翟：通“狄”，古代北部的少数民族。 ⑧厮之：为之厮，指假被秦俘虏后，让他做厮养卒。 ⑨阴德：暗中施德于人。 ⑩诎：通“屈”，委屈。 ⑪偩：同“负”，恃，依仗。

王氏乃遂。陈后太骄，卒尊子夫。嘉夫德若斯，作《外戚世家》第十九。

汉既谲谋，禽信于陈；越荆剽轻，乃封弟交为楚王，爰都彭城，以强淮泗，为汉宗藩。戊溺于邪，礼复绍之。嘉游辅祖，作《楚元王世家》第二十。

维祖师旅，刘贾是与；为布所袭，丧其荆、吴。营陵激吕，乃王琅邪；怵午信齐[1]，往而不归，遂西入关，遭立孝文，获复王燕。天下未集[2]，贾、泽以族[3]，为汉藩辅。作《荆燕世家》第二十一。

天下已平，亲属既寡；悼惠先壮，实镇东土。哀王擅兴，发怒诸吕，驷钧暴戾，京师弗许。厉之内淫，祸成主父。嘉肥股肱，作《齐悼惠王世家》第二十二。

楚人围我荥阳，相守三年；萧何填[4]抚山西，推计踵兵[5]，给粮食不绝，使百姓爱汉，不乐为楚。作《萧相国世家》第二十三。

与信定魏，破赵拔齐，遂弱楚人。续何相国，不变不革，黎庶攸宁。嘉参不伐功矜能，作《曹相国世家》第二十四。

运筹帷幄之中，制胜于无形，子房计谋其事，无知[6]名，无勇功，图难于易，为大于细。作《留侯世家》第二十五。

六奇既用，诸侯宾从于汉；吕氏之事，平为本谋，终安宗庙，定社稷。作《陈丞相世家》第二十六。

诸吕为从[7]，谋弱京师，而勃反经[8]合于权；吴楚之兵，亚夫驻于昌邑，以厄齐赵，而出委[9]以梁。作《绛侯世家》第二十七。

七国叛逆，蕃屏京师，唯梁为扞[10]；偩爱矜功，几获于祸。嘉其能距吴楚，作《梁孝王世家》第二十八。

---

①怵(xù)：诱惑，哄骗。②集：通“辑”，安定。③以族：因为是同族。④填：通“镇”，安定，安抚。⑤推计：登记户籍，推算人口。踵：补充，输送。⑥知：通“智”。⑦从：通“纵”，放纵。⑧经：常，常规。⑨委：委弃，抛弃。⑩扞：同“捍”，抵御，守卫。

五宗既王，亲属洽和，诸侯大小为藩，爰得其宜，僭拟之事稍衰贬矣①。作《五宗世家》第二十九。

三子之王，文辞可观。作《三王世家》第三十。

末世争利，维彼奔义；让国饿死，天下称之。作《伯夷列传》第一。

晏子俭矣，夷吾则奢；齐桓以霸，景公以治。作《管晏列传》第二。

李耳无为自化，清净自正；韩非揣事情，循势理。作《老子韩非列传》第三。

自古王者而有《司马法》，穰苴能申明之。作《司马穰苴列传》第四。

非信廉仁勇不能传兵论剑书，与道同符，内可以治身，外可以应变，君子比德焉。作《孙子吴起列传》第五。

维建遇谗，爰及子奢，尚既匡父，伍员奔吴。作《伍子胥列传》第六。

孔氏述文，弟子兴业，咸为师傅，崇仁厉义。作《仲尼弟子列传》第七。

鞅去卫适秦，能明其术，强霸孝公，后世遵其法。作《商君列传》第八。

天下患衡秦毋餍②，而苏子能存诸侯，约从以抑贪强。作《苏秦列传》第九。

六国既从③亲，而张仪能明其说，复散解诸侯。作《张仪列传》第十。

---

①僭拟：僭位而自拟于天子。僭（jiàn）：超越本分。拟：比拟于天子。衰贬：衰减，减少。 ②衡：通“横”，指连横。毋餍：贪得无厌。毋：通“无”。餍（yàn）：饱，满足。 ③从：同“纵”，指合纵。

秦所以东攘雄诸侯，樗里、甘茂之策。作《樗里甘茂列传》第十一。

苞[①]河山，围大梁，使诸侯敛手而事秦者，魏冉之功。作《穰侯列传》第十二。

南拔鄢郢，北摧长平，遂围邯郸，武安为率[②]；破荆灭赵，王翦之计。作《白起王翦列传》第十三。

猎儒墨之遗文，明礼义之统纪，绝惠王利端，列往世兴衰。作《孟子荀卿列传》第十四。

好客喜士，士归于薛，为齐扞楚、魏。作《孟尝君列传》第十五。

争冯亭以权，如楚以救邯郸之围，使其君复称于诸侯。作《平原君虞卿列传》第十六。

能以富贵下贫贱，贤能诎于不肖，唯信陵君为能行之。作《魏公子列传》第十七。

以身徇君[③]，遂脱强秦，使驰说之士南乡走楚者[④]，黄歇之义。作《春申君列传》第十八。

能忍诟[⑤]于魏齐，而信[⑥]威于强秦，推贤让位，二子有之。作《范雎蔡泽列传》第十九。

率行其谋，连五国兵，为弱燕报强齐之仇，雪其先君之耻。作《乐毅列传》第二十。

能信意强秦，而屈体廉子，用徇其君，俱重于诸侯。作《廉颇蔺相如列传》第二十一。

湣王既失临淄而奔莒，唯田单用即墨破走骑劫，遂存齐社

①苞：通“包”，包容，席卷。 ②率：同“帅”，主将。 ③徇：通“殉”。 ④乡：通“向”，面向，朝向。走：奔向，趋向。 ⑤诟(gòu)：羞辱，耻辱。 ⑥信：通“伸”，伸展。

稷。作《田单列传》第二十二。

能设诡说解患于围城，轻爵禄，乐肆志。作《鲁仲连邹阳列传》第二十三。

作辞以讽谏，连类以争义，《离骚》有之。作《屈原贾生列传》第二十四。

结子楚亲，使诸侯之士斐然争入事秦。作《吕不韦列传》第二十五。

曹子匕首，鲁获其田，齐明其信；豫让义不为二心。作《刺客列传》第二十六。

能明其画①，因时推秦，遂得意于海内，斯为谋首。作《李斯列传》第二十七。

为秦开地益众，北靡匈奴，据河为塞，因山为固，建榆中。作《蒙恬列传》第二十八。

填赵塞常山以广河内，弱楚权，明汉王之信于天下。作《张耳陈馀列传》第二十九。

收西河、上党之兵，从至彭城；越之侵掠梁地以苦项羽。作《魏豹彭越列传》第三十。

以淮南叛楚归汉，汉用②得大司马殷，卒破子羽于垓下。作《黥布列传》第三十一。

楚人迫我京、索，而信拔魏赵，定燕、齐，使汉三分天下有其二，以灭项籍。作《淮阴侯列传》第三十二。

楚汉相距巩、洛，而韩信为填颍川，卢绾绝籍粮饷。作《韩信卢绾列传》第三十三。

诸侯畔项王，唯齐连③子羽城阳，汉得以间遂入彭城。作

---

①画：谋划，策划。 ②用：因而，因此。 ③连：牵制。

《田儋列传》第三十四。

攻城野战，获功归报，哙、商有力焉，非独鞭策[①]，又与之脱难。作《樊郦列传》第三十五。

汉既初定，文理未明，苍为主计，整齐度量，序律历。作《张丞相列传》第三十六。

结言通使，约怀[②]诸侯；诸侯咸亲，归汉为藩辅。作《郦生陆贾列传》第三十七。

欲详知秦楚之事，维周緤常从高祖，平定诸侯。作《傅靳蒯成列传》第三十八。

徙强族，都关中，和约匈奴；明朝廷礼，次宗庙仪法。作《刘敬叔孙通列传》第三十九。

能摧刚作柔，卒为列臣[③]；栾公不劫于势而倍死[④]。作《季布栾布列传》第四十。

敢犯颜色以达主义，不顾其身，为国家树长画。作《袁盎晁错列传》第四十一。

守法不失大理，言古贤人，增主之明。作《张释之冯唐列传》第四十二。

敦厚慈孝，讷于言，敏于行，务在鞠躬，君子长者。作《万石张叔列传》第四十三。

守节切直，义足以言廉，行足以厉贤，任重权不可以非理挠[⑤]。作《田叔列传》第四十四。

扁鹊言医，为方者[⑥]宗，守数[⑦]精明；后世循序，弗能易也，而仓公可谓近之矣。作《扁鹊仓公列传》第四十五。

---

①鞭策：马鞭子，此指驱使，督促。 ②怀：安抚。 ③列臣：刚正之臣。列：通“烈”，刚烈，刚正。 ④劫：威逼，胁迫。倍死：背叛死者。 ⑤挠：通“桡”，弯曲，引申为屈服。 ⑥方者：泛指医家。方：医方，药方。 ⑦守数：所操的技艺。数：技艺，方术。

维仲之省[1]，厥濞王吴，遭汉初定，以填抚江、淮之间。作《吴王濞列传》第四十六。

吴楚为乱，宗属唯婴贤而喜士，士向之，率师抗山东荥阳。作《魏其武安列传》第四十七。

智足以应近世之变，宽足用得人。作《韩长孺列传》第四十八。

勇于当敌，仁爱士卒，号令不烦，师徒向之[2]。作《李将军列传》第四十九。

自三代以来，匈奴常为中国患害，欲知强弱之时，设备[3]征讨，作《匈奴列传》第五十。

直曲塞，广河南，破祁连，通西国，靡[4]北胡。作《卫将军骠骑列传》第五十一。

大臣宗室以侈靡相高，唯弘用节衣食为百吏先。作《平津侯列传》第五十二。

汉既平中国，而佗能集杨越以保南藩，纳贡职。作《南越列传》第五十三。

吴之叛逆，瓯人斩濞，葆[5]守封禺为臣。作《东越列传》第五十四。

燕丹散乱辽间，满收其亡民，厥聚海东，以集真藩，葆塞为外臣。作《朝鲜列传》第五十五。

唐蒙使略[6]通夜郎，而邛、笮之君请为内臣受吏。作《西南夷列传》第五十六。

《子虚》之事，《大人》赋说，靡丽多夸，然其指[7]风谏，归于无

---

①省：削减。 ②师徒：泛指军队将士。 ③设备：设防备，防守。 ④靡：倒下，此指使屈服，使逃遁。 ⑤葆：通“保”。 ⑥使：出使。略：经略。 ⑦风：通“讽”。

为。作《司马相如列传》第五十七。

黥布叛逆，子长国之，以填江、淮之南，安剽楚庶民。作《淮南衡山列传》第五十八。

奉法循理之吏，不伐功矜能，百姓无称，亦无过行。作《循吏列传》第五十九。

正衣冠立于朝廷，而群臣莫敢言浮说，长孺矜①焉；好荐人，称长者，壮有溉②。作《汲郑列传》第六十。

自孔子卒，京师莫崇庠序，唯建元、元狩之间，文辞粲如也。作《儒林列传》第六十一。

民倍本多巧，奸轨③弄法，善人不能化，唯一切严削为能齐之。作《酷吏列传》第六十二。

汉既通使大夏，而西极远蛮，引领④内乡，欲观中国。作《大宛列传》第六十三。

救人于厄，振人不赡⑤，仁者有乎；不既信⑥，不倍言，义者有取焉。作《游侠列传》第六十四。

夫事人君能说主耳目，和主颜色，而获亲近，非独色爱，能亦各有所长。作《佞幸列传》第六十五。

不流世俗，不争势利，上下无所凝滞，人莫之害，以道之用。作《滑稽列传》第六十六。

齐、楚、秦、赵为日者⑦，各有俗所用。欲循观其大旨，作《日者列传》第六十七。

三王不同龟⑧，四夷各异卜，然各以决吉凶。略窥其要，作《龟策列传》第六十八。

---

①矜：庄重，严肃。 ②溉：《史记集解》作"概"，气节。 ③轨：通"宄"，犯法作乱的人。④引领：伸长脖子，形容盼望急切。 ⑤振：通"赈"，救济。赡：足。 ⑥既：尽，实现。⑦日者：占测时日吉凶的人。 ⑧龟：用龟甲占卜的方法。

布衣匹夫之人，不害于政，不妨百姓，取与以时而息财富[①]，智者有采焉。作《货殖列传》第六十九。

维我汉继五帝末流[②]，接三代统业。周道废，秦拨去古文，焚灭诗书，故明堂石室金匮玉版图籍散乱。于是汉兴，萧何次律令，韩信申军法，张苍为章程，叔孙通定礼仪，则文学彬彬稍进，《诗》《书》往往间出矣。自曹参荐盖公言黄老，而贾生、晁错明申、商，公孙弘以儒显，百年之间，天下遗文古事靡不毕集太史公。太史公仍父子相续纂其职[③]。曰："於戏！余维先人尝掌斯事，显于唐虞，至于周复典之，故司马氏世主天官。至于余乎，钦念哉！钦念哉！"罔罗[④]天下放失旧闻，王迹所兴，原始察终，见盛观衰，论考之行事，略推三代，录秦汉，上记轩辕，下至于兹，著十二本纪，既科条[⑤]之矣。并时异世，年差不明，作十表。礼乐损益，律历改易，兵权、山川、鬼神，天人之际，承敝通变[⑥]，作八书。二十八宿环北辰，三十辐共一毂，运行无穷，辅拂[⑦]股肱之臣配焉，忠信行道，以奉主上，作三十世家。扶义俶傥[⑧]，不令己失时，立功名于天下，作七十列传。凡百三十篇，五十二万六千五百字，为《太史公书》。序略。以拾遗补艺，成一家之言，厥协六经异传，整齐百家杂语，藏之名山，副在京师，俟[⑨]后世圣人君子。第七十。

太史公曰：余述历黄帝以来至太初而讫，百三十篇。

---

①取与：指买卖。以时：根据时机。息：增长。 ②末流：末世，遗风。 ③仍：重，又。纂：通"缵(zuǎn)"，继承，继续。 ④罔罗：收集，寻找。罔：通"网"，捕鱼之网。罗：捕鸟的网。⑤科条：列出纲目。 ⑥承敝通变：趁着其衰败进行变革。承：通"乘"，趁着。敝：衰败。⑦辅拂：辅弼，辅佐。拂：通"弼"，辅助。 ⑧俶傥(tì tǎng)：卓越不凡。 ⑨俟(sì)：等待，期待。

【译文】

从前颛顼统治天下时，任命南正重掌管天文，北正黎掌管地理。唐虞之际，又让重黎的后代继续掌管天文、地理，直到夏商时期，所以，重黎氏世代掌管天文地理。周朝时候，程伯休甫就是他们的后裔。当周宣王时，重黎氏因失去官守而成为司马氏。司马氏世代掌管周史。周惠王和周襄王统治时期，司马氏离开周都，到了晋国。后来，晋国中军元帅随会逃奔秦国，司马氏也迁居少梁。

自从司马氏离周到晋之后，族人分散各地，有的在卫国，有的在赵国，有的在秦国。在卫国的，做了中山国的相。在赵国的，以传授剑术理论而显扬于世，蒯聩就是他们的后代。在秦国的名叫司马错，曾与张仪发生争论，于是秦惠王派司马错率军攻打蜀国，攻取后，又让他做了蜀地郡守。司马错之孙司马靳，事奉武安君白起。而少梁已更名为夏阳。司马靳与武安君坑杀赵国长平军，回来后与武安君一起被赐死于杜邮，埋葬在华池。司马靳之孙司马昌，是秦国主管冶铸铁器的官员，生活在秦始皇时代。

蒯聩玄孙司马卬，曾为武安君部将并带兵攻占朝歌。诸侯争相为王时，司马卬在殷地称王。汉王刘邦攻打楚霸王项羽时，司马卬归降汉王，汉以殷地为河内郡。司马昌生司马无泽，司马无泽做了汉市长。无泽生司马喜，司马喜封爵五大夫，死后都埋葬在高门。司马喜生司马谈，司马谈做了太史公。

太史公从师唐都学习天文，从师杨何学习《易》，从师黄子学习道家理论。太史公在建元至元封年间做官，他忧虑学者不能通晓各学派的要义而所学悖谬，于是论述阴阳、儒、墨、名、法和道德六家的要旨说：

《易大传》说："天下人追求相同，而具体谋虑却多种多样；达到的目的相同，而采取的途径却不一样。"阴阳家、儒家、墨家、名家、法家和道德家都是致力于如何达到太平治世的学派，只是他们所遵循依从的学说不是一个路子，有的显明，有的不显明罢了。我曾经在私下里研究过阴阳之术，发现它注重吉凶祸福的预兆，禁忌避讳很多，使人受到束缚并多有所畏惧；但阴阳家关于一年四季运行顺序的道理，是不可丢弃的。儒家学说广博但殊少抓住要领，花费了气力却很少功效，因此该学派的主张难以完全遵从；然而它所序列君臣父子之礼，夫妇长幼之别则是不可改变的。墨家俭啬而难以依遵，因此该派的主张不能全部遵循，但它关于强本节用的主张，则是不可废弃的。法家主张严刑峻法却刻薄寡恩；但它辨正君臣上下名分的主张，则是不可更改的。名家使人受约束而容易失去真性；但它辨正名与实的关系，则是不能不认真考察的。道家使人精神专一，行动合乎无形之“道”，使万物丰足。道家之术是依据阴阳家关于四时运行顺序之说，吸收儒、墨两家之长，撮取名、法两家之精要，随着时势的发展而发展，顺应事物的变化，树立良好风俗，应用于人事，无不适宜，意旨简约扼要而容易掌握，用力少而功效多。儒家则不是这样。他们认为君主是天下人的表率，君主倡导，臣下应和，君主先行，臣下随从。这样一来，君主劳累而臣下却得安逸。至于大道的要旨，是舍弃刚强与贪欲，去掉聪明智慧，将这些放置一边而用智术治理天下。精神过度使用就会衰竭，身体过度劳累就会疲惫，身体和精神受到扰乱，不得安宁，却想要与天地共长久，则是从未听说过的事。

阴阳家认为四时、八位、十二度和二十四节气各有一套宜、忌规定，顺应它就会昌盛，违背它不死则亡。这未必是对的，所以说阴阳家“使人受束缚而多所畏惧”。春生、夏长、秋收、冬藏，这是自然界的重要规律，不顺应它就无法制定天下纲纪，所以说“四时的运行是不能舍弃的”。

儒家以六艺为法式，而六艺的本文和释传以千万计，几代相继不能弄通其学问，有生之年不能穷究其礼仪，所以说儒家“学说广博但殊少抓住要领，花费了力气却很少功效”。至于序列君臣父子之礼，夫妇长幼之别，即使百家之说也是不能改变它的。

墨家也崇尚尧舜之道，谈论他们的品德行为说：“堂口三尺高，堂下土阶只有三层，用茅草搭盖屋顶而不加修剪，用栎木做椽子而不经刮削。用陶簋吃饭，用陶铏喝汤，吃的是糙米粗饭和藜藿做的野菜羹。夏天穿葛布衣，冬天穿鹿皮裘。”墨家为死者送葬只做一副厚仅三寸的桐木棺材，送葬者恸哭而不能尽诉其哀痛。教民丧礼，必须以此为万民的统一标准。假使天下都照此法去做，那贵贱尊卑就没有区别了。世代不同，时势变化，人们所做的事业不一定相同，所以说墨家“俭啬而难以遵从”。墨家学说的要旨强本节用，则是人人丰足，家家富裕之道。这是墨子学说的长处，即使百家学说也是不能废弃它的。

法家不区别亲疏远近，不区分贵贱尊卑，一律依据法令来决断，那么亲亲属、尊长上的恩爱关系就断绝了。这些可作为一时之计来施行，却不可长用，所以说法家“严酷而刻薄寡恩”。至于说到法家使君主尊贵，使臣下卑下，使上下名分、职分明确，不得相互逾越的主张，即使百家之说也是不能更改的。

名家刻细烦琐，纠缠不清，使人不能反求其意，一切取决于概念名称却失却了一般常理，所以说它“使人受约束而容易丧失真性”。至于循名责实，要求名称与实际进行比较验证，这是不可不予以认真考察的。

道家讲“无为”，又说“无不为”，其实际主张容易施行，其文辞则幽深微妙，难以明白通晓。其学说以虚无为理论基础，以顺应自然为实用原则。道家认为事物没有既成不变之势，没有常存不变之形，所以能够探求万物的情理。不做超越物情的事，也不做落后物情的事，所以能够成为万物的主宰。有法而不任法以为法，要顺应时势以成其业；有度而不恃度以为度，要根据万物之形各成其度而与之相合。所以说“圣人的思想和业绩之所以不可磨灭，就在于能够顺应时势的变化。”虚无是道的永恒规律，顺天应人是国君治国理民的纲要。群臣一齐来到面前，君主应让他们各自明确自己的职分，其实际情况符合其言论名声者，叫作“端”；实际情况不符合其言论声名者，叫作“窾”。不听信“窾言”即空话，奸邪就不会产生，贤与不肖自然分清，黑白也就分明。问题在于想不想运用，只要肯运用，什么事办不成呢。这样才会合乎大道，一派混混冥冥的境界。光辉照耀天下，重又返归于无名。大凡人活着是因为有精神，而精神又寄托于形体。精神过度使用就会衰竭，形体过度劳累就会疲惫，形、神分离就会死亡。死去的人不能复生，神、形分离便不能重新结合在一起，所以圣人重视这个问题。由此看来，精神是人生命的根本，形体是生命的依托。不先安定自己的精神和身体，却侈谈“我有办法治理天下”，凭借的又是什么呢？

太史公职掌天文，不管民事。太史公有子名迁。

司马迁生于龙门，在黄河之北、龙门山之南过着耕种畜牧生活。年仅十岁便已习诵古文。二十岁开始南游江、淮地区，登会稽山，探察禹穴，观览九疑山，泛舟于沅水、湘水之上；北渡汶水、泗水，在齐、鲁两地的都会研讨学问，考察孔子的遗风，在邹县、峄山行乡射之礼；困厄于鄱、薛、彭城，经过梁、楚之地回到家乡。于是司马迁出仕为郎中，奉命出使西征巴、蜀以南，往南经略邛、笮、昆明，归来向朝廷复命。

这一年，天子开始举行汉家封禅典礼，而太史公被滞留在周南，不能参与其事，所以心中愤懑，致病将死。其子司马迁适逢出使归来，在黄河、洛水之间拜见了父亲。太史公握着司马迁的手哭着说：“我们的先祖是周朝的太史。远在上古虞夏之世便显扬功名，职掌天文之事。后世衰落，今天会断绝在我手里吗？你继做太史，就会接续我们祖先的事业了。现在天子继承汉千年一统的大业，在泰山举行封禅典礼，而我不能随行，这是命啊，是命啊！我死之后，你必定要做太史；做了太史，不要忘记我想要撰写的著述啊。再说孝道始于奉养双亲，进而侍奉君主，最终在于立身扬名。扬名后世来显耀父母，这是最大的孝道。天下称道歌颂周公，说他能够论述歌颂文王、武王的功德，宣扬周、邵的风尚，通晓太王、王季的思虑，乃至于公刘的功业，并尊崇始祖后稷。周幽王、厉王以后，王道衰败，礼乐衰颓，孔子研究整理旧有的典籍，修复振兴被废弃破坏的礼乐，论述《诗经》《书经》，写作《春秋》，学者至今以之为准则。自获麟以来四百余年，诸侯相互兼并，史书丢弃殆尽。如今汉兴起，海内统一，明主贤君忠臣死义之士，我作为太史都未能予以论评载录，断绝了天下的修史传统，对此我甚感惶恐，你可要记在心上啊！"司马迁低下头流着眼泪说："儿子虽然驽笨，但我会详述先人所整理的历史旧闻，不敢稍有缺漏。"

司马谈死后三年司马迁任太史令，开始缀集历史书籍及国家收藏的档案文献。司马迁任太史令五年正当汉太初元年，十一月甲子朔旦冬至，汉的历法开始改用夏正，即以农历一月为正月，天子在明堂举行实施新历法的仪式，诸神皆受瑞纪。

太史公说："先人说过：'自周公死后五百年而有孔子。孔子死后到现在五百年，有能继承清明之世，正定《易传》，接续《春秋》，意本《诗》《书》《礼》《乐》的人吗？'其用意就在于此，在于此吧！我又怎敢推辞呢。"

上大夫壶遂问："从前孔子为什么要写作《春秋》呢？"太史公说："我听董生讲：'周朝王道衰败废弛，孔子做鲁国司寇，诸侯嫉害他，卿大夫阻挠他。孔子知道自己的意见不被采纳，政治主张无法实行，便褒贬评定二百四十二年间的是非，作为天下评判是非的标准，贬抑无道的天子，斥责为非的诸侯，声讨乱政的大夫，为使国家政事通达而已。'孔子说：'我与其载述空洞的说教，不如举出在位者所作所为以见其是非美恶，这样就更加深切显明了。'《春秋》这部书，上阐明三王的治道，下辨别人事的纪纲，辨别嫌疑，判明是非，论定犹豫不决之事，褒善怨恶，尊重贤能，贱视不肖，使灭亡的国家存在下去，断绝了的世系继续下去，补救衰敝之事，振兴废弛之业，这是最大的王道。《易》载述天地、阴阳、四时、五行，所以在说明变化方面见长；《礼》规范人伦，所以在行事方面见长；《书》记述先王事迹，所以在政治方面见长；《诗》记山川溪谷、禽兽草木、牝牡雌雄，所以在风土人情方面见长；《乐》是论述音乐立人的经典，所以在和谐方面见长；《春秋》论辩是非，所以在治人方面见长。由此可见《礼》是用来节制约束人的，《乐》是用来诱发人心平和的，《书》是来述说政事的，

《诗》是用来表达情意的,《易》是用来讲变化的,《春秋》是用来论述道义的。平定乱世,使之复归正道,没有什么著作比《春秋》更切近有效。《春秋》不过数万字,而其要旨就有数千条。万物的离散聚合都在《春秋》之中。在《春秋》一书中,记载弑君事件三十六起,被灭亡的国家五十二个,诸侯出奔逃亡不能保其国家的数不胜数。考察其变乱败亡的原因,都是丢掉了作为立国立身根本的春秋大义。所以《易》中讲'失之毫厘,差以千里'。又说'臣弑君,子弑父,并非一朝一夕的缘故,其发展渐进已是很久了'。因此,做国君的不可以不知《春秋》,否则就是谗佞之徒站在面前也看不见,奸贼之臣紧跟在后面也不会发觉。做人臣者不可以不知《春秋》,否则就只会株守常规之事却不懂得因事制宜,遇到突发事件则不知如何灵活对待。做人君、人父若不通晓《春秋》的要义,必定会蒙受首恶之名。做人臣、人子如不通晓《春秋》要义,必定会陷于篡位杀上而被诛伐的境地,并蒙死罪之名。其实他们都认为是好事而去做,只因为不懂得《春秋》大义,而蒙受史家口诛笔伐的不实之言却不敢推卸罪名。如不明了礼义的要旨,就会弄到君不像君,臣不像臣,父不像父,子不像子的地步。君不像君,就会被臣下干犯,臣不像臣就会被诛杀,父不像父就会昏聩无道,子不像子就会忤逆不孝。这四种恶行,是天下最大的罪过。把天下最大的罪过加在他身上,也只得接受而不敢推卸。所以《春秋》这部经典是礼义根本之所在。礼是禁绝坏事于发生之前,法规施行于坏事发生之后;法施行的作用显而易见,而礼禁绝的作用却隐而难知。"

壶遂说:"孔子时候,上没有圣明君主,他处在下面又得不到任用,所以撰写《春秋》,留下一部空洞的史文来裁断礼义,当作一代帝王的法典。现在先生上遇圣明天子,下能做官供职,万事已经具备,而且全部各得其所,井然相宜,先生所要撰述的想要阐明的是什么呢?"

太史公说:"是,是啊,不不,不完全是这么回事。我听先人说过:'伏羲最为纯厚,作《易》八卦。尧舜的强盛,《尚书》做了记载,礼乐在那时兴起。商汤周武时代的隆盛,诗人予以歌颂。《春秋》扬善贬恶,推崇夏、商、周三代盛德,褒扬周王室,并非仅仅讽刺讥斥呀'。汉兴建以来,至当今英明天子，获见符瑞，举行封禅大典，改订历法，变换服色，受命于上天，恩泽流布无边，海外不同习俗的国家，辗转几重翻译到中国边关来，请求进献朝见的不可胜数。臣下百官竭力颂扬天子的功德，仍不能完全表达出他们的心意。再说士贤能而不被任用，是做国君的耻辱；君主明圣而功德不能广泛传扬使大家都知道，是有关官员的罪过。况且我曾做太史令，若弃置天子圣明盛德而不予记载，埋没功臣、世家、贤大夫的功业而不予载述，违背先父的临终遗言，罪过就实在太大了。我所说的缀述旧事，整理有关人物的家世传记，并非所谓著作呀，而您拿它与《春秋》相比，那就错了。”

于是开始论述编次所得文献和材料。到了第七年，太史公遭逢李陵之祸，被囚禁狱中。于是喟然而叹道：“这是我的罪过啊！这是我的罪过啊！身体残毁没有用了。”退而深思道：“《诗》《书》含义隐微而言辞简约，是作者想要表达他们的心志和情绪。从前周文王被拘禁羑里，推演了《周易》；孔子遭遇陈、蔡的困厄，作有《春秋》；屈原被放逐，著了《离骚》；左丘明双目失明，才编撰了《国语》；孙子的腿受了膑刑，却论述兵法；吕不韦被贬徙蜀郡，世上才流传《吕览》；韩非被囚禁在秦国，才写有《说难》《孤愤》；《诗》三百篇，大都是圣人贤士抒发愤懑而作的。这些人都是心中聚集郁闷忧愁，理想主张不得实现，因而追述往事，考虑未来。”于是终于下定决心记述陶唐以来直到武帝获麟那一年的历史，而始自黄帝。

从前黄帝以天为法，以地为则。颛顼、帝喾、尧、舜四位圣明帝王先后相继，各建成一定法度；唐尧让位于虞舜，虞舜因觉自己不能胜其任而不悦；这些帝王的美德丰功，万世流传。作《五帝本纪》第一。

大禹治水之功，九州同享其成，光耀唐虞之际，恩德流传后世；夏桀荒淫骄横，于是被放逐鸣条。作《夏本纪》第二。

契建立商国，传到成汤；太甲被放逐居桐地改过反善，阿衡功德隆盛；武丁得有傅说辅佐，才被称为高宗；帝辛沉湎无道，诸侯不再进贡。作《殷本纪》第三。

弃发明种谷，西伯姬昌时功德隆盛；武王在牧野伐纣，安抚天下百姓；幽王、厉王昏暴淫乱，丧失了丰、镐二京；王室衰败直至赧王，洛邑断绝了周室宗庙的祭祀。作《周本纪》第四。

秦的祖先伯翳，曾经辅佐大禹；秦穆公思及君义，祭悼秦国在崤战死的将士；穆公死后以活人殉葬，《黄鸟》一诗诉其哀伤；昭襄王开创了帝业。作《秦本纪》第五。

秦始皇即位，兼并了六国；销毁兵器，铸为钟镰，希望干戈止息，尊号称为皇帝，耀武扬威，专凭暴力；秦二世承受国运，子婴投降做了俘虏。作《始皇本纪》第六。

秦朝丧失王道，豪杰并起造反；项梁开创反秦大业，项羽接续；项羽杀了庆子冠军宋义，解救了赵国，诸侯拥立他；可他诛杀子婴，背弃义帝怀王，天下都责难他。作《项羽本纪》第七。

项羽残酷暴虐，汉王建功施德；发愤于蜀、汉，率军北还平定三秦；诛灭项羽建立帝业，天下安定，又改革制度，更易风俗。作《高祖本纪》第八。

惠帝早死，诸吕用事使百姓不悦；吕后提高吕禄、吕产的地位，加强他们的权力，诸侯图谋剪除他们；吕后杀害赵隐王，又囚杀赵幽王刘友，朝中大臣疑惧，终于导致吕氏宗族覆灭之祸。作《吕太后本纪》第九。

汉初建，惠帝死后帝位继承人不明，众臣迎立代王刘恒即位，天下心服；文帝废除肉刑，开通水陆要道，博施恩惠，死后被称为太宗。作《孝文本纪》第十。

诸侯王骄横放肆，吴王率先叛乱，朝廷派兵讨伐，叛乱七国先后服罪，天下安定，太平富裕。作《孝景本纪》第十一。

汉兴建五世，兴隆盛世在建元年间，天子外攘夷狄，内修法度，举行封禅，修订历法，改变服色。作《今上本纪》第十二。

夏、商、周三代太久远了，具体年代已不可考，大致取之于传世的谱牒旧闻，以此为据，进而大略地推断，作《三代世表》第一。

幽王、厉王之后，周朝王室衰落，诸侯各自为政，《春秋》有些未作记载；而谱牒只记概要，五霸又交替盛衰，为考察周朝各诸侯国的先后关系，作《十二诸侯年表》第二。

春秋以后，陪臣执政，强国之君竞相称王，及至秦王嬴政，终于吞并各国，铲除封地，独享尊号。作《六国年表》第三。

秦帝暴虐，楚人陈胜发难，项氏又自乱反秦阵营，汉王于是仗义征伐；八年之间，天下三易其主，事变繁多，所以详著《秦楚之际月表》第四。

汉兴以来，直到太初一百年间，诸侯废立分削的情况，谱录记载不明，主管的官员也无法接着记下去，但可据其世系推知其强弱的缘由。作《汉兴已来诸侯年表》第五。

高祖始取天下，辅佐他创业的功臣，都得剖符封爵，恩泽传给他们的子孙后代，有的忘其亲疏远近，分不出辈分，也有的竟至杀身亡国。作《高祖功臣侯者年表》第六。

惠帝、景帝年间，增封功臣宗属爵位和食邑。作《惠景间侯者年表》第七。

北面攻打强悍的匈奴，南面诛讨强劲的越人，征伐四方蛮夷，不少人以武功封侯。作《建元以来侯者年表》第八。

诸侯国日渐强大，吴楚七国南北连成一片，诸侯王子弟众多，没有爵位封邑，朝廷下令推行恩义，分封诸侯王子弟为侯，致使诸侯日益削弱，而德义归于朝廷。作《王子侯者年表》第九。

国家的贤相良将，是民众的表率。曾看到汉兴以来将相名臣年表，对贤者则记其治绩，对不贤者则明其劣迹。作《汉兴以来将相名臣年表》第十。

夏、商、周三代之礼，各有所增减而不同，但总的来看，其要领都在于使礼切近人的情性，通于王道，所以礼根据人的质朴本性而制成，减掉了那些繁文缛节，大体顺应了古今之变。作《礼书》第一。

乐是用来移风易俗的。自《雅》《颂》之声兴起，人们就已经喜好郑、卫之音，郑、卫之音由来已久了。被人情所感发，那远方异俗之人就会归附。仿照已有《乐书》来论述自古以来音乐的兴衰，作《乐书》第二。

没有军队国家就不会强大，没有德政国家就不会昌盛，黄帝、商汤、周武王以明于此而兴，夏桀、商纣、秦二世以昧于此而亡，怎么可以对此不慎重呢？《司马法》产生已很久了，姜太公、孙武、吴起、王子成甫能继承并有所发明，切合近世情况，极尽人事之变。作《律书》第三。

乐律处于阴而治阳，历法处于阳而治阴，律历交替相治，其间不容许丝毫差错。原有五家的历书相互悖逆不同，只有太初元年所论历法为是。作《历书》第四。

星气之书，杂有许多求福去灾、预兆吉凶的内容，荒诞不经；推究其文辞，考察其应验，并无什么特别之处。待到武帝召集专人研讨此事，并依次用轨度加以验证。作《天官书》第五。

承受天命做了帝王，封禅这样的符瑞之事不可轻易举行，如果举行，那一切神灵没有不受祭祀的。追溯祭祀名山大川诸神之礼，作《封禅书》第六。

大禹疏通河川，九州得以安宁；及至建立宣防宫时，河道沟渠更被疏浚。作《河渠书》第七。

钱币的流通，是为沟通农商；其弊端竟发展到玩弄智巧，兼并发财，争相投机牟利，舍本逐末，去农经商。作《平准书》来考察事情的变化发展，这是第八。

太伯为让季历继位，避居江南蛮夷之地，文王、武王才得以振兴周邦，发展了古公亶父的王业。阖庐杀了吴王僚，夺取王位，降服楚国；夫差战胜齐国，逼杀伍子胥以革囊盛其尸；听信伯嚭的话亲善越国，最终被越国所灭。为赞许太伯让位的美德，作《吴世家》第一。

申、吕两国衰弱，尚父微贱坎坷，终于投归西伯，为文王、武王之师；他的功劳为群臣之首，长于暗中设计权谋；头发斑白，受封于齐，建都营丘，成为齐国始祖。齐桓公不背弃与鲁国在柯地所订盟约，事业由此昌盛，多次会合诸侯，霸功显赫。田恒与阚止争宠，姜姓齐国于是瓦解灭亡。为赞美尚父的宏谋，作《齐太公世家》第二。

诸侯和部属对周无论是依顺的，还是违抗的，周公都安抚他们；他努力宣扬文德，天下都响应随和；辅佐保护成王，诸侯以周天子为天下宗主。隐公、桓公之际却屡屡发生悖德非礼之事，这是为什么呢？只因三桓争强，鲁国国运不昌。赞美周公旦的《金縢》策文，作《周公世家》第三。

武王战胜商纣，天下尚未协洽他便驾崩。成王年幼，管叔、蔡叔怀疑周公篡位，淮夷也起兵叛乱，于是召公以其高德率先支持周公，使王室团结安定，保证了周公东征的胜利，使东方得以安宁。燕王哙的禅位，才造成了祸乱。赞赏《甘棠》诗篇，作《燕世家》第四。

管、蔡二叔辅佐武庚，想要安定商朝旧地；周公旦摄政，二叔不服；周公便杀死管叔鲜，流放蔡叔度，周公盟誓忠于成王；太任生育十个儿子，周室以宗族繁盛而强大。表彰蔡仲悔过，作《管蔡世家》第五。

先王后代延继不绝，舜、禹为此而感到高兴：他们功德美好清明，后代得以承其功业。百世享受祭祀，到了周时，封有陈国、杞国，后被楚国灭掉。齐田氏又使之兴起，舜是位多么了不起的人啊！作《陈杞世家》第六。

收纳殷的遗民，康叔始封邑。周公用商朝乱德亡国的教训申饬他，写了《酒诰》《梓材》等辞来告诫他，到卫公子朔出生，卫国开始倾危不宁；南子憎恶蒯聩，造成儿子和父亲名分颠倒。周朝统治日益衰微，各诸侯国日益强大，卫国因为弱小，国君角反而后亡。赞美《康诰》，作《卫世家》第七。

可叹啊，箕子！可叹啊，箕子！正确的意见没有被采纳，反被迫害装疯为奴。武庚死后，周朝封微子于宋。宋襄公在泓水之战中受伤，又有哪位君子称道？景公有自谦爱民之德，荧惑为之退行。剔成暴虐无道，宋国因而灭亡。赞美微子请教太师，作《宋世家》第八。

武王死后，叔虞封邑于唐。君子讥讽晋穆公为儿子取名之事，武公终于灭而代之。献公宠爱骊姬，造成五世之乱；重耳不得志，却能威霸诸侯。六卿专权，晋国衰亡。赞美文公因功得天子珪鬯，作《晋世家》第九。

重黎创业，吴回继承；殷朝末年，有简札记述粥子为楚国始祖。周成王任用熊绎封为楚子，熊渠继承先世之业。楚庄王贤明，又恢复陈国；赦免了郑伯之罪，又因华元之言而班师回国。怀王客死于秦，子兰归咎屈原，楚君喜阿谀信谗言，终于被秦所吞并。赞美庄王的德义，作《楚世家》第十。

少康之子远弃南海，文身断发，与鼋鳝相处，守在封山禺山，事奉大禹的祭祀。勾践受到夫差的困辱，于是信用文种、范蠡。赞美勾践身在夷蛮能修其德，消灭强大吴国以尊奉周室，作《越王勾践世家》第十一。

桓公东迁，信用太史之言。庄公派兵侵犯周土，割取庄稼，受到周王臣民的非议。祭仲被宋胁迫结盟，郑国长期不得昌兴。子产的仁政，后世称道贤明。三晋侵犯征伐，郑终被韩吞并。赞美郑厉公接纳周惠王，作《郑世家》第十二。

骥騄骏马使造父彰名。赵夙事奉晋献公，赵衰继承他的事业。辅佐晋文公尊奉国王，终于成为晋国辅臣。赵襄子被困辱，却擒捉了智伯。主父遭臣子围困，掏雀充饥活活饿死。赵王迁邪僻淫乱，贬斥迫害良将。表彰赵鞅子讨平周王室之乱，作《赵世家》第十三。

毕万在魏封爵，卜官预知其后代必昌盛。及至魏绛羞辱杨干，负罪完成与戎翟媾和之命。文侯仰慕仁义，拜子夏为师。惠王骄傲自大，受到齐国、秦国的攻打。安釐王怀疑信陵君，因而诸侯疏远魏国。魏终于被秦所灭，魏王假做了厮养卒。赞美魏武子佐助晋文公创立霸业，作《魏世家》第十四。

韩阙善积阴德，赵武才得兴立。使灭国者重新振起，使废弃者得以再立，晋人尊崇他。韩昭侯在诸侯中地位显要，重用申不害。韩王怀疑韩非而不信任他，秦攻袭韩。赞赏韩厥辅佐晋君，匡正周王室的兵赋，作《韩世家》第十五。

完子避难，出奔到齐国请求援助，田氏暗施恩惠于民相继五世，齐人歌颂他。田成子夺得齐国政权，田和成为诸侯。齐王建被奸计说动，使齐迁于共。赞赏齐威王、齐宣王能冲破污浊之世而独尊崇周天子，作《田敬仲完世家》第十六。

周王室已经衰落，诸侯恣意而行。孔子伤感礼乐崩废，因而追研经术，以重建王道，匡正乱世，使之返于正道，观其著述，为天下制定礼仪法度。留下六艺纲纪于后世。作《孔子世家》第十七。

桀、纣丧失王道而汤、武兴起，周失其王道而《春秋》一书问世。秦失其为政之道，陈涉发起反秦义举，诸侯相继造反，风起云涌，终于灭掉秦国。天下亡秦之端，始于陈涉发难。作《陈涉世家》第十八。

成皋台是薄氏的肇基之地。窦太后被迫到了代国，才使窦氏家族得以富贵。栗姬依仗地位尊贵而自骄于人，王氏才得以顺达显贵。陈皇后过于娇贵，终于使子夫受到尊宠。赞美卫子夫德行如此之好，作《外戚世家》第十九。

高祖设诡计在陈擒拿韩信；越、楚之民慓悍轻捷，于是封其弟刘交做了楚王，建都彭城，以加强淮、泗地区的统治，成为汉王朝的宗属国。楚王刘戊溺于邪僻合谋反叛，刘礼又被封为楚王继承王业。赞赏刘交辅佐高祖，作《楚元王世家》第二十。

高祖率军反秦，刘贾加入其行列；后被英布攻袭，丧失了他的荆、吴之地。营陵侯使人游说感动吕后，被封为琅琊王；被祝午诱骗轻信齐王，前往齐国不得归返，用计离齐，西入关中，又遇到迎立孝文帝的事，获封燕王。当天下未安定之时，刘贾、刘泽以高祖同族兄弟身份，成为其藩属。作《荆燕世家》第二十一。

天下平定后，高祖亲属已不多；齐悼惠王先长大成人，镇守东部国土。齐哀王擅自出兵是因为对诸吕用事感到愤怒，驷钧粗暴乖戾，朝廷不准立其为帝。厉王亲属内部淫乱，杀身之祸成于主父偃之手。表彰悼惠王刘肥为辅佐天子的股肱，作《齐悼惠王世家》第二十二。

楚霸王围汉于荥阳，相持三年；萧何镇抚山西，计算人口输送兵员，粮食供给不断，使百姓爱戴汉王，而不愿为楚王出力。作《萧相国世家》第二十三。

与韩信一起平定魏地，又打败赵国，攻取齐地，削弱楚霸王的势力。继萧何之后成为汉相国，凡事不做变更，百姓得以安宁。赞美曹参不夸耀自己的功劳和才能，作《曹相国世家》第二十四。

运筹策划于帷幄之中，无形之中克敌制胜，子房谋划克敌制胜之事，没有智巧之名，没有勇武之功，从易处着手解决难题，从小处着手成就大事。作《留侯世家》第二十五。

六出奇计都被高祖采用，诸侯归附于汉；消灭诸吕之事，陈平为主谋，终于安定王室和国家。作《陈丞相世家》第二十六。

诸吕勾结，阴谋削弱皇室，周勃在剪灭诸吕的问题上，背离常规而合于权变之道；吴楚七国起兵叛乱，周亚夫驻军于昌邑，以扼制齐赵之军，放弃了求救的梁王。作《绛侯世家》第二十七。

吴楚七国叛逆，藩屏天子的同姓王中只有梁孝王抵御敌国；但他自恃宠爱夸耀前功，几乎遭到杀身之祸。表彰他能抵抗吴楚叛军，作《梁孝王世家》第二十八。

五宗封王以后，天子亲属融洽和睦，诸侯或大或小皆为藩屏，各得其宜，僭位而自拟于天子之事逐渐减少。作《五宗世家》第二十九。

当今皇上三位皇子被封为王，策文文辞典雅可观。作《三王世家》第三十。

末世争权夺利，而伯夷、叔齐兄弟却趋向仁义；为让君位，双双饿死，天下称赞他们的美德。作《伯夷列传》第一。

晏子节俭，管仲则奢侈；齐桓公因得管仲辅佐而称霸，齐景公因得晏子辅佐而国治。作《管晏列传》第二。

李耳主张无为而治，使百姓自化于善，清静寡欲，使百姓自归于正；韩非揣度事物的实际情况，遵循事物发展的趋势和道理。作《老子韩非列传》第三。

自古做帝王的都有《司马法》，穰苴能够对其阐述发挥。作《司马穰苴列传》第四。

没有信、廉、仁、勇不能传授兵法论说剑术，兵法剑术与道相符，内可以修身，外可以应变，君子对此重视并以之为德。作《孙子吴起列传》第五。

太子建遇谗毁，祸及伍奢，伍尚救父，伍员逃奔吴国。作《伍子胥列传》第六。

孔子传述文德，弟子振兴其业，都成为师傅，教导人们尊仁行义。作《仲尼弟子列传》第七。

商鞅离卫到秦，能阐明实施他的治国之术，使秦孝公强盛称霸，后世遵循其法度。作《商君列传》第八。

天下忧虑连横秦将贪得无厌，苏秦能保存诸侯利益，约定合纵来抑制秦的贪婪强横。作《苏秦列传》第九。

六国合纵相互亲近，而张仪明了合纵的主张，所以能针锋相对，使联合起来的诸侯再次离散瓦解。作《张仪列传》第十。

秦国之所以能够向东侵伐，称雄诸侯，是樗里、甘茂的良策。作《樗里甘茂列传》第十一。

席卷河山，围困大梁，使诸侯拱手而服事秦国，是魏冉的功劳。作《穰侯列传》第十二。

南面攻占鄢郢，北面摧毁长平守军，进而围困赵都邯郸，武安君是主将；破楚灭赵，是王翦的计谋。作《白起王翦列传》第十三。

涉猎儒墨的遗文，阐明礼义的纪纲，根绝梁惠王逐利的念头，陈述往世的兴衰。作《孟子荀卿列传》第十四。

喜爱门客、士人，士人归附薛公，为齐抵御楚、魏。作《孟尝君列传》第十五。

出于权变争得冯亭所献上党之地，为解邯郸之围亲自赶楚救赵，使其国君得以再次称雄于诸侯。作《平原君虞卿列传》第十六。

身为富贵而能尊重贫贱者，自身贤能而能屈就不肖，只有信陵君能够如此。作《魏公子列传》第十七。

舍身以救其主，终于逃离强秦，使游说之士向南趋赴楚国，这是黄歇的忠义所致。作《春申君列传》第十八。

能忍辱于魏齐，却扬威于强秦，推举贤能让出相位，范雎、蔡泽都有这样的美德。作《范雎蔡泽列传》第十九。

身为主将施展谋略，联合五国军队，为弱燕报复了强齐侵凌的仇恨，洗雪了燕国先君的耻辱。作《乐毅列传》第二十。

能在强秦朝廷上陈述己意，又能对廉颇忍让谦恭，以尽忠其君，将相二人名重于诸侯。作《廉颇蔺相如列传》第二十一。

齐湣王丢失临淄后逃到莒邑，只有田单凭借即墨打败敌军驱逐骑劫，才保住齐国江山。作《田单列传》第二十二。

能用巧妙的说辞解除围城之患，轻视爵位利禄，却以尽其志趣为乐。作《鲁仲连邹阳列传》第二十三。

创作诗赋文章进行讽喻，连类比附来伸张正义，《离骚》有这样的特色。作《屈原贾生列传》第二十四。

与子楚结交，使各诸侯国的士人争相入秦，为秦效力。作《吕不韦列传》第二十五。

曹沫凭借匕首使鲁国重获失去的土地，也使齐君昭信于诸侯；豫让守义，忠于其君而无二心。作《刺客列传》第二十六。

能够阐明自己的谋略，顺应时势推尊秦国，终于使秦得志于海内，李斯实为谋首。作《李斯列传》第二十七。

为秦开拓疆土，增聚民众，北面击败匈奴，据黄河为要塞，依山岭为固垒，建榆中。作《蒙恬列传》第二十八。

平定赵国要塞常山，扩张河内，削弱西楚霸王的势力，彰明汉王的信义于天下。作《张耳陈馀列传》第二十九。

收拢西河、上党之兵，跟随高祖直到彭城；彭越侵掠梁地以困扰项羽。作《魏豹彭越列传》第三十。

黥布以淮南之地叛楚归汉，汉王通过他而得到楚大司马周殷，最后在垓下打败项羽。作《黥布列传》第三十一。

楚军困迫汉军于京、索，韩信攻克魏、赵，平定燕、齐，使三分天下汉得其二，奠定消灭项羽的基础。作《淮阴侯列传》第三十二。

楚汉相持于巩、洛，韩信为汉镇守颍川，卢绾断绝了项羽军队的粮饷。作《韩信卢绾列传》第三十三。

诸侯背叛项王，唯有齐王在城阳牵制项羽，使汉王得机攻入彭城。作《田儋列传》第三十四。

攻打城池，战于旷野，获功归报，樊哙、郦商是出力最多的战将，不仅随时听命汉王的驱遣，又常和汉王一起摆脱危难。作《樊郦列传》第三十五。

汉天下初定，文治条理未明，张苍做主计，统一度量衡，编订律历。作《张丞相列传》第三十六。

游说通使，笼抚诸侯；诸侯都亲附汉，归汉成为藩属辅臣。作《郦生陆贾列传》第三十七。

想要详细了解秦楚之际的事情，只有周緤最清楚，因为他经常跟随高祖，参加平定诸侯的军事活动。作《傅靳蒯成列传》第三十八。

迁徙豪强大族，建都关中，与匈奴和亲；明辨朝廷之礼，制订宗庙仪法。作《刘敬叔孙通列传》第三十九。

季布能改其刚戾而为柔顺，终于成为汉名臣；栾公不被威势所迫背叛死者。作《季布栾公列传》第四十。

敢于犯颜强谏，使主上言行合于道义，不顾自身安危，为国家建立长远方案。作《袁盎晁错列传》第四十一。

维护法律不失大节，言称古代贤人，增长君主之明。作《张释之冯唐列传》第四十二。

敦厚慈孝，不善言辞，敏于行事，致力于谦恭，堪为君子长者。作《万石张叔列传》第四十三。

恪守节操，恳切刚直，义足以称清廉，行足以激励贤能，担任要职而不能以无理使之屈服。作《田叔列传》第四十四。

扁鹊论医，为医家所尊奉，医术精细高明；后世遵循其法，不能改易，而仓公可谓接近扁鹊之术了。作《扁鹊仓公列传》第四十五。

刘仲被削夺王爵，其子刘濞受封为吴王，适逢汉初定天下，让他镇抚江淮之间。作《吴王濞列传》第四十六。

吴、楚叛乱，宗室亲属中只有窦婴贤能而喜好士人，士人归心于他，率军在荥阳抵抗叛军。作《魏其武安侯列传》第四十七。

智谋足以应付近世之变，宽厚足以得人。作《韩长孺列传》第四十八。

勇于抗敌，仁爱士卒，号令简明不烦，将士归心于他。作《李将军列传》第四十九。

自夏、商、周三代以来，匈奴常为中原祸害，为要了解强弱时势，设防征讨，作《匈奴列传》第五十。

拓直曲曲折折的边塞，扩展河南之地，攻破祁连山，打开通往西域各国的道路，击败北方匈奴。作《卫将军骠骑列传》第五十一。

大臣宗室以奢侈浪费争高强，只有公孙弘节衣缩食为百官表率。作《平津侯列传》第五十二。

汉已平定中国，而赵佗能安定杨越以保卫南方藩属，纳贡尽职。作《南越列传》第五十三。

吴国叛逆，东瓯人斩杀刘濞，保卫封禺山，终为汉臣。作《东越列传》第五十四。

燕太子丹败散于辽东地区，卫满收拢其逃亡百姓，聚集海东，以安定真藩等部，保卫边塞而成为塞外之臣。作《朝鲜列传》第五十五。

唐蒙出使，经略西南，通使夜郎，而邛、笮之君请求成为汉内臣并接受朝廷所派官吏。作《西南夷列传》第五十六。

司马相如作《子虚赋》《大人赋》之事，深得君主喜欢，虽然文辞过于华丽夸张，但其旨意在于讽谏，归结于无为而治。作《司马相如列传》第五十七。

黥布叛逆，高祖少子刘长封为那里的国王，镇守江淮之间，安抚剽悍的楚地百姓。作《淮南衡山列传》第五十八。

遵奉法律、按照情理办事的官吏，不自夸其功劳贤能，百姓对其无所称赞，也没有什么过失行为。作《循吏列传》第五十九。

端正衣冠立于朝廷，群臣没人敢说虚浮不实的话，汲长孺刚正庄重；好荐贤人，称道长者，郑庄慷慨有节操。作《汲郑列传》第六十。

自孔子死后，在京师没有谁重视立学校兴教育，只有建元至元狩之间，文教事业灿烂辉煌。作《儒林列传》第六十一。

人们背弃本业而多巧诈，作奸犯科，玩弄法律，善人也不能感化他们，只有一切依法严酷惩治才能使他们整齐划一，遵守社会秩序。作《酷吏列传》第六十二。

汉与大夏通使之后，西方极远的蛮族，伸长脖子望着内地，想观瞻中国文明。作《大宛列传》第六十三。

救人于难，济人于贫，仁者有此美德吧；不失信用，不背诺言，义者有可取之处。作《游侠列传》第六十四。

侍奉君主能使其耳目愉快，脸色和悦，同时得到主上的亲近，这不仅是美色招人喜爱，技能也各有特长。作《佞幸列传》第六十五。

不流于世俗，不争夺势利，上下无所阻碍，没有人能伤害他们，因善用其道。作《滑稽列传》第六十六。

齐、楚、秦、赵占卜者，各有随俗所用的方法。想要总览其要旨，作《日者列传》第六十七。

夏、商、周三代君主占卜之法不同，四方蛮夷卜筮风俗各异，但都以卜筮判断吉凶祸福。粗略考察卜筮的要略，作《龟策列传》第六十八。

布衣匹夫这种普普通通的人，不妨害政令，也不妨害百姓，据时买卖增殖财富，智者在他们那里可取得借鉴。作《货殖列传》第六十九。

想我大汉王朝继承五帝的遗风，接续三代中断的大业。周朝王道废弛，秦朝毁弃古代文化典籍，焚毁《诗》《书》，所以明堂石室金匮玉版图籍散失错乱。这时汉兴起，萧何修订法律，韩信申明军法，张苍制立章程，叔孙通确定礼仪，于是品学兼优的文学之士逐渐进用，《诗》《书》不断地在各地发现。自曹参荐举盖公讲论黄老之道，而贾生、晁错通晓申不害、商鞅之法，公孙弘以儒术显贵，百年之间，天下遗文古事无不汇集于太史公。太史公父子相继执掌这职务。太史公说："呜呼！我先人曾职掌此事，扬名于唐虞之世，直到周朝，再次职掌其事，所以司马氏世代相继主掌天官之事。难道终止于我这一代吗？敬记在心，敬记在心啊！"网罗搜集天下散失的旧闻，对帝王兴起的事迹溯源探终，既要看到它的兴盛，也要看到它的衰亡，研讨考察各代所行之事，简略推断三代，详细载录秦汉，上记轩辕，下至于今，著十二本纪，已按类别加以排列。有的同时异世，年代差误不明，作十表。礼乐增减，律历改易，兵法权谋，山川鬼神，天和人的关系，趁其衰败实行变革，作八书。二十八宿列星环绕北辰，三十根车辐集于车毂，运行无穷，辅弼股肱之臣与此相当，他们忠信行道，以事奉主上，作三十世家。有些人仗义而行，倜傥不羁，不使自己失去时机，立功名于天下，作七十列传。总计一百三十篇，五十二万六千五百字，称为《太史公书》。序略。以拾遗补充六艺，成为一家之言，协和六经异传，整齐百家杂语，藏之于名山，留副本在京都，留待后世圣人君子观览。第七十。

太史公说：我历述黄帝以来史事至太初年止，共一百三十篇。

【鉴赏】

《太史公自序》是历来一直被称颂的《史记》中的名篇。全篇从重黎氏世序天地、司马氏世典周史开始，写到司马谈、司马迁终生倾尽心力于著史；由司马谈深以自己身为太史而不能竟续天下之史文为憾事，到司马迁谨受先人遗命立志载圣人之盛德、述功臣世家贤士大夫之业，再到司马迁遭李陵之祸而忍辱发愤终于完成《太史公书》；随即又先排列各篇条目旨趣，最后总叙“成一家之言”之作意。全篇系次井然，气势贯通。其间又分别顺势摄入一段段精妙感人文字。如太史公遗命受教一节，父子二人执手相泣，父痛言憾事以著史相托，子俯首流涕而受，其场面至为凝重，其言语又至为感人心魄。而忍辱发愤一段文字更为沉重，是司马迁遭辱后的悲痛发愤之言，文情并茂、意气郁结、悲慨淋漓，这段文字也被司马迁写入《报任安书》中，千百年来广为人们所传诵。本篇所收录司马谈“论六家之要指”也是一节灿然夺目的奇文。这节文字先总述五家之得失，又分别指陈阴阳、儒、墨、法、名五家各有所长，也各有所短，最后总归于道家能兼有五家之所长而去五家之所短，所谓“因阴阳之大顺，采儒墨之善，撮名法之要，与时迁移，应物变化，立俗施事，无所不宜”。并特意将儒道进行了对比，称“儒者博而寡要，劳而少功”，而道术“指约而易操，事少而功多”，以此言明推崇老氏道德之意。另有太史公应对上大夫壶遂之文字也以情驭理，情理相重，而显得气势夺人。

图书在版编目（CIP）数据

史记译注评 /（西汉）司马迁著；甘宏伟，江俊伟译注．
—武汉 ：崇文书局，2017.1（2021.8 重印）
（中华经典全本译注评丛书）
ISBN 978-7-5403-4204-3

Ⅰ．①史…
Ⅱ．①司… ②甘… ③江…
Ⅲ．①中国历史－古代史－纪传体②《史记》－译文③《史记》－注释
Ⅳ．①K204.2

中国版本图书馆 CIP 数据核字（2016）第 261573 号

史记译注评

责任编辑　王重阳　程可嘉
责任校对　董　颖
责任印刷　李佳超
出版发行　长江出版传媒｜崇文书局
地　　址　武汉市雄楚大街 268 号 C 座 11 层
电　　话　（027）87680797　邮政编码　430070
印　　刷　中印南方印刷有限公司
开　　本　880mm×1230mm　1/32
印　　张　79
字　　数　2000 千字
版　　次　2017 年 1 月第 1 版
印　　次　2021 年 8 月第 4 次印刷
定　　价　178.00 元（全四册）